JPSC

झारखंड लोक सेवा आयोग

मुख्य परीक्षा

सामाजिक विज्ञान

इतिहास एवं भूगोल

JPSC

झारखंड लोक सेवा आयोग

मुख्य परीक्षा

सामाजिक विज्ञान

इतिहास एवं भूगोल

डॉ. मनीष रंजन (IAS)

प्रभात
एग्जाम
www.prabhatexam.com

प्रकाशक

प्रभात एग्जाम

प्रभात प्रकाशन प्रा. लि. का उपक्रम

4/19 आसफ अली रोड, नई दिल्ली-110002

फोन: 23289555 • 23289666 • 23289777 • हेल्पलाइन/ 7827007777

इ-मेल : prabhatbooks@gmail.com ❖ वेब ठिकाना : www.prabhatexam.com

मूल्य

चार सौ पंचानवे रुपए

अ.मा.पु.स. 978-81-970526-9-9

मुद्रक

एस.एस. जापान आर्ट, दिल्ली

★

JPSC MUKHYA PAREEKSHA
SAMAJIK VIGYAN
ITIHAS EVAM BHUGOL
Dr. Manish Rannjan (IAS)

ISBN 978-81-970526-9-9

₹ 495.00

पाठ्यक्रम

झारखंड लोक सेवा आयोग (मुख्य परीक्षा)

सामाजिक विज्ञान (इतिहास एवं भूगोल)

खंड (अ)- इतिहास

(1) प्राचीन कालः

(i) सिन्धु घाटी सभ्यताः उद्भव, पुरातनता, सीमा, रचनाकारिता तथा मुख्य विशेषताएँ।

(ii) आर्यों का उद्भव।

(iii) वैदिक साहित्य की पुरातनता तथा विभाजनः आरम्भिक (ऋग्वेद)काल के दौरान समाज, अर्थव्यवस्था तथा धर्म।

(iv) लिच्छवि तथा उनका गणतांत्रिक संविधान।

(v) मगध साम्राज्य का अभ्युदय।

(vi) मौर्यों का कालः साम्राज्य का विस्तार, कलिंग का युद्ध तथा इसके प्रभाव, अशोक का धम्म, विदेश नीति, मौर्य काल के दौरान कला तथा स्थापत्य का विकास।

(vii) कुषाण वंशः कनिष्कः साम्राज्य का विस्तार, उसकी धार्मिक नीति, कुषाण काल के दौरान कला, स्थापत्य तथा संचार का विकास।

(viii) गुप्त वंशः साम्राज्य का विस्तार, गुप्त काल के दौरान भाषा, कला तथा स्थापत्य का विकास।

(ix) हर्षवर्धनः उत्तरी भारत का अंतिम महान हिन्दू शासक, उसके काल के दौरान प्राप्त होने वाली सांस्कृतिक उपलब्धियाँ।

(x) चोल वंशः दक्षिण-पूर्व एशियाई देशों में नौवहन गतिविधियाँ, सांस्कृतिक उपलब्धियाँ, कला तथा स्थापत्य।

(xi) पल्लवों की सांस्कृतिक उपलब्धियाँ।

(2) मध्य कालः

(xii) भारत पर अरबों का आक्रमण।

(xiii) भारत पर गजनवियों का आक्रमण।

(xiv) दिल्ली सल्तनतः अलाउद्दीन खिलजी के बाज़ारी तथा सैन्य सुधार, मुहम्मद बिन तुगलक की काल्पनिक नीतियाँ।

(xv) भारत पर मंगोलों का आक्रमण।

(xvi) धार्मिक आन्दोलनः (1) सूफी (2) भक्ति आंदोलन।

(xvii) नई इस्लामिक संस्कृति का आगमनः इंडो-इस्लामिक स्थापत्य, हिंदी व उर्दू भाषाओं का विकास।

(xviii) मुगल कालः पानीपत का प्रथम युद्ध, शेर शाह सूरी की उपलब्धियाँ, मुगल साम्राज्य का एकीकरण, अकबर के शासनकाल के अंतर्गत जागीरदारी तथा मनसबदारी व्यवस्था का प्रतिष्ठापन, अकबर का धर्म और राजपूत नीतियाँ, औरंगजेब का धर्म और राजपूत नीतियाँ, मुगल स्थापत्य और चित्रकारी, मुगल काल के दौरान आर्थिक स्थिति।

(xix) मराठों का उदय : शिवाजी की उपलब्धियाँ, मराठों का उत्तर की ओर विस्तार तथा उनका पतन।

(3) आधुनिक कालः

(xx) यूरोपीय औपनिवेशीकरण की शुरुआतः ईस्ट इंडिया कंपनी का निर्माण तथा विकास, भारत में ब्रिटिश शक्ति का समेकन, प्लासी तथा बक्सर के युद्ध, मैसूर पर नियंत्रण, सहायक गठबंधन, चूक का सिद्धांत; राजगामी होने का सिद्धांत।

(xxi) औपनिवेशिक शासन का विरोधः किसानों, जनजातियों तथा सांस्कृतिक विरोध, 1857 की क्रांति।

(xxii) हिन्दू समुदाय में समाज सुधार आन्दोलनः ब्रह्म समाज, आर्य समाज, राम कृष्ण मिशन, प्रार्थना समाज तथा भारत की थियोसोफिकल सोसाइटी।

(xxiii) मुस्लिम समुदाय में समाज सुधार आन्दोलनःवहाबी आन्दोलन तथा अलीगढ़ आन्दोलन।

(xxiv) महिलाओं की स्थिति में सुधार हेतु संघर्षः सती प्रथा का उन्मूलन, विधवा विवाह अधिनियम,सहमति विधेयक, महिला शिक्षा पर दबाव।

(xxv) ब्रिटिश शासन के अंतर्गत भूमि राजस्व प्रशासनः स्थायी बंदोबस्तः रैयतवाड़ी तथा महालवाड़ी व्यवस्था।

(xxvi) उन्नीसवीं सदी में भारत में राष्ट्रवाद का उदय : भारतीय राष्ट्रीय कांग्रेस का गठन, नरमपंथी तथा गरमपंथी, स्वदेशी आन्दोलन, होम रूल लीग आन्दोलन, खिलाफत आन्दोलन।

(xxvii) महात्मा गांधी और जनसामूहिक राजनीतिः असहयोग आन्दोलन, सविनय अवज्ञा आन्दोलन, भारत छोड़ो आन्दोलन।

(xxviii) भारत का विभाजन तथा इसके परिणाम।

(xxix) स्वतंत्रता के पश्चात् भारतः भारतीय संघ में देशी रियासतों का विलय, भाषायी आधार पर राज्यों का पुनर्गठन, नेहरू तथा इंदिरा गांधी के अंतर्गत गुटनिरपेक्ष की नीति, बांग्लादेश की आज़ादी।

(4) झारखंड का इतिहासः

(xxx) आदि धर्म जैसे- झारखंड की जनजातियों का सरना सम्प्रदाय।

(xxxi) सदान अवधारणा तथा नागपुरिया भाषा का उद्भव।

(xxxii) झारखंड में जनजाति संघर्ष तथा राष्ट्रवादी संघर्ष।

(xxxiii) बिरसा आंदोलन।

(xxxiv) ताना भगत आन्दोलन।

(xxxv) झारखंड में स्वतंत्रता आन्दोलन।

खंड (ब)-भूगोल

(1) भौतिक भूगोल (सामान्य सिद्धांत):

(i) पृथ्वी की उत्पत्ति क्रमिक विकास, पृथ्वी का आंतरिक भाग, वेगनर का महाद्वीपीय विस्थापन सिद्धांत, प्लेट विवर्तनिकी सिद्धांत, ज्वालामुखी, भूकंप और सुनामी।

(ii) चट्टानों के प्रमुख प्रकार और उनकी विशेषताएँ, नदी, हिमनदों, शुष्क और कर्स्ट क्षेत्रों में भू-आकृतियो का क्रमिक विकास तथा विशेषताएँ।

(iii) भू-आकृतिक प्रक्रियाएँ: अपक्षयण, वृहद् क्षरण, अपरदन और निक्षेपण, मृदा का निर्माण, भू-चक्र, डेविस तथा पेंक के विचार।

(iv) वायुमंडल की संरचना,बनावट तथा स्तरीकरण।

(v) सूर्यताप पृथ्वी का ऊष्मा बजट।

(vi) तापमान का क्षैतिज तथा लंबवत वितरण, तापमान का व्युत्क्रमण।

(vii) वायु भार तथा वाताग्र, उष्णकटिबंधीय तथा शीतोष्ण चक्रवात।

(viii) वाष्पीकरण तथा संघननः ओस, पाला, कोहरा, धुंध और बादल, वर्षा।

(ix) जलवायु का वर्गीकरण (कोपेन तथा थोर्नथ्वेट), हरित गृह प्रभाव, वैश्विक तापन तथा जलवायु परिवर्तन।

(x) जलीय चक्र, महासागरों व समुन्द्रों में तापन तथा सोलीसीट्स का वितरण, तरंगे, ज्वार तथा धाराएँ, महासागरीय तल के उच्चावचिय गुण।

(2) भारत का भौतिक तथा मानव भूगोल:

(xi) बनावट,उच्चावच और प्राकृतिक भूगोल संबंधी विभाजन,हिमालय तथा प्रायद्वीप की जल-अपवाह प्रणाली।

(xii) भारतीय मानसून, प्रणाली, इसका आरम्भ और समाप्ति, जलवायु के प्रकार (कोपेन तथा थोर्नथ्वेट), हरित क्रांति और भारत की मुख्य फसलों पर इसका प्रभाव, खाद्य अल्पता।

(xiii) प्राकृतिक वनस्पतियाँ: वनों के प्रकार एवं वितरण, वन्य जीवन, संरक्षण, जैवमंडलीय रिजर्व।

(xiv) मृदा के मुख्य प्रकार (आईसीएआर का वर्गीकरण) तथा उनका वितरण, मदा का निम्नीकरण और संरक्षण।

(xv) प्राकृतिक आपदाएँ: बाढ़, सुखा, चक्रवात, भूस्खलन।

(xvi) जनसंख्या वृद्धि,वितरण और घनत्व।

(xvii) आयु: लिंगानुपात, ग्रामीण-शहरी संरचना।

(xviii) जनसंख्या: पर्यावरण और विकास।

(xix) बस्तियों के प्रकार: ग्रामीण तथा शहरी शहरी बनावट शहरी बस्तियों का कार्यात्मक वगीकरण, भारत में मानव बस्तियों की समस्याएँ।

(3) भारत के प्राकृतिक संसाधनः विकास और उपयोगः

(xx) भूमि संसाधनः सामान्य भूमि का प्रयोग, कृषि भूमि का प्रयोग, मुख्य फसलों की भौगोलिक स्थिति तथा उनका वितरण जैसे-चावल, गेहूँ, कॉटन, जूट, गन्ना, रबर, चाय तथा कॉफी।

(xxi) जल संसाधनः औद्योगिक तथा अन्य उद्देश्यों के लिये उपलब्धता तथा उपयोग, सिंचाई, जल की अल्पता, संरक्षण की विधियाँ जैसे- वर्षा जल कृषि और जल विभाजक प्रबंधन, सतही जल प्रबंधन।

(xxii) खनिज व ऊर्जा संसाधनः वितरण और उपयोगिता:1) धात्विक खनिज (लौह अयस्क, कॉपर, बॉक्साइट, मेगनीज) 2 अधात्विक खनिज और परम्परागत खनिज (कोयला, पेट्रोलियम और प्राकृतिक गैस) 3 जल विद्युत और ऊर्जा के गैर-परम्परागत स्रोत (सौर, वायु तथा बायोगैस)

(xxiii) उद्योगों का विकासः उद्योगों के प्रकार; औद्योगिक अवस्थिति के कारण, चुनिंदा उद्योगों (लौह व स्टील, कॉटन टेक्सटाइल, चीनी व पेट्रोरसायन) का वितरण और परिवर्तित होता स्वरूप, वेबर का उद्योगों की अवस्थिति का सिद्धांत व आधुनिक विश्व में इसकी प्रासंगिकता।

(xxiv) परिवहन,संचार और अंतर्राष्ट्रीय व्यापार:

(a) सड़क, रेलवे और जल मार्ग।

(b) अंतर्राष्ट्रीय व्यापार का आधार, भारत के विदेशी व्यापार के बदलते स्वरूप।

(4) झारखंड का भूगोल और इसके संसाधनों की उपयोगिता:

(xxv) भूगर्भीय इतिहास, भू-आकृतियाँ, अपवाह प्रणाली, जलवायु, मृदा के प्रकार और वन, कृषि और सिंचाई, दामोदर और सुवणरिखा प्रोजेक्ट, झारखण्ड के खनिज संसाधन, उनका निष्कर्षण और उपयोग।

(xxvi) जनसंख्या-वृद्धि, वितरण, घनत्व, जनजातीय जनसंख्या और उनका वितरण, जनजातियों की समस्याएँ औँर जनजातीय विकास योजनाएँ, उनके रिवाज, अनुष्ठान, त्यौहार आदि।

(xxvii) औद्योगिक और शहरी विकास, मुख्य उद्योग-लौह, स्टील और सीमेंट, कुटीर उद्योग।

(xxvii) शहरी बस्ती के प्रकार और जनसांख्यिकीय समस्याएँ।

विषय-सूची

मध्य काल

आधुनिक काल

झारखंड का इतिहास

भौतिक भूगोल (सामान्य सिद्धांत)

भारत का भौतिक एवं मानव भूगोल

भारत के प्राकृतिक संसाधनः विकास एवं उपयोगिता

झारखंड का भूगोल और इसके संसाधनों का उपयोग

इतिहास

प्राचीन काल

अध्याय 1

सिंधु घाटी सभ्यता

[उत्पत्ति, पुरावशेष एवं मुख्य विशेषताएँ]

परिचय

अत्यंत प्राचीन काल में सिंध और बलूचिस्तान के प्रदेशों में ताम्रयुग की जिस सभ्यता का विकास हुआ था, उसके बाद की सिंधु घाटी सभ्यता (पश्चिमी भारत की सभ्यता) अत्यंत उन्नत एवं समृद्ध आयाम तक पहुंची। हड़प्पा एवं मोहनजोदड़ो स्थानों पर इस महान् सभ्यता के भग्नावशेष मिले हैं। इसका विस्तार पूर्व में हरियाणा, राजस्थान तथा गुजरात से आरंभ होकर पश्चिम के मकरान तट तक है। उत्तर में हिमालय तक फैले हुए इस प्रदेश का नाम सिंधु नदी के नाम पर पड़ा। इस सभ्यता के प्रमुख स्थल हड़प्पा और मोहनजोदड़ो हैं, जिनकी खुदाइयों में दो विशाल नगर, कुछ कस्बे व छोटे नगर मिले हैं। गत वर्षों में राजस्थान, हरियाणा एवं गुजरात में भी इस सभ्यता के अवशेष मिले हैं।

इस विस्तृत सभ्यता का वर्णन सर्वप्रथम 1826 में एक लेख में **सी. मैस्सन** ने किया था, जिसकी खोज उन्होंने 1826 में की थी। 1834 में बर्नेस ने भी इसका उल्लेख किया था। लेकिन इस महान् सभ्यता की खोज 1853 व 18 56 में **एलेक्जेंडर कनिंघम** ने की। सीमित उत्खनन के पश्चात् वहाँ का एक मानचित्र प्रकाशित किया गया। भारतीय पुरातत्त्व सर्वेक्षण विभाग के तत्कालीन महानिदेशक **जॉन मार्शल** एवं **एम.एस.वत्स** की खोजों ने हमें प्राचीन भारतीय सभ्यता के उस आयाम से परिचित करवाया, जो उन्नत थी, लेकिन उनकी भाषा अपठनीय थी और देवतागण हिन्दू देवताओं से कुछ साम्यता रखते थे। 1921 में **दयाराम साहनी** एवं 1922 में **राखलदास बनर्जी** द्वारा क्रमशः हड़प्पा और मोहनजोदड़ो की खुदाई ने भारत को विश्व के ऐतिहासिक मानाचित्र पर मिस्र एवं मेसोपोटामिया की महान सभ्यता के समतुल्य स्थान पर ला दिया। **एस.जे. मार्शल** द्वारा 1922-27 के बीच मोहनजोदड़ो के उत्खनन ने इस संस्कृति को विश्व मान्य बना दिया।

कालक्रम

हड़प्पा सभ्यता के कालक्रम का निर्धारण विभिन्न विद्वानों ने अपने-अपने अनुसार किया है। कालक्रम को निर्धारित करने में अनेक बाधाओं का सामना करना पड़ा, जैसे कि रेडियो कार्बन (C-14)के निर्धारणों में भिन्नता पाई गई है तथा उत्खनित स्थानों के लिए असंशोधित तिथियों को प्रस्तुत किया गया है।

कुछ विद्वानों द्वारा दिए कालक्रम निम्न हैं—

- **जॉन मार्शल** ने मोहनजोदड़ो का कालक्रम 3250 ई.पू. से 2750 ई. पू. निर्धारित किया है। उनके अनुसार, यह सभ्यता 500 वर्ष तक आबाद रही।
- **विद्वान् मैके** के अनुसार, यह सभ्यता लगभग 300 वर्षों तक रही। उन्होंने 2800 ई.पू. से 2500 ई.पू. का काल निर्धारण किया है। मैके ने 1927-28 में सिंधु सभ्यता के स्थलों का उत्खनन कार्य किया था।
- 1921-31 के मध्य एम.एस. वत्स ने हड़प्पा की खुदाई का कार्य कराया था, उनके अनुसार 3500 ई. पू. से 2500 ई. पू. तक हड़प्पा सभ्यता का कालक्रम रहा है।
- **आर. एम. ह्वीलर और स्टुअर्ट पिगॉट** ने 2500 ई. पू. से 1500 ई. पू. को हड़प्पाई काल निर्धारित किया है।
- **1964 में डी. पी. अग्रवाल** ने हड़प्पाई वस्तुओं के आधार पर लगभग 24 तिथियां निश्चित की हैं, जिनमें कोटदीजी, अमरी, कालीबंगा और लोथल की तिथियां शामिल हैं। इनके आधार पर डी.पी. अग्रवाल ने हड़प्पा का कालक्रम 2300 ई.पू. से 1750 ई.पू. तक माना है।

सिंधु घाटी की सभ्यता एक ऐसे आद्य-ऐतिहासिक युग का प्रतिनिधित्व करती है, जहाँ (भाषा) लिपि, नगर-योजना, मुहरें, जल निकास प्रणाली, भवन एवं कला का पर्याप्त विकास हुआ था । हड़प्पा सभ्यता का महत्व उसके खंडहरों में नहीं, बल्कि इस तथ्य में है कि आज से लगभग 2500 ई. पू. भारत विश्व के मानचित्र पर एक सर्वश्रेष्ठ उन्नत देश था।

विस्तार

अब तक सिंधु सभ्यता से संबंधित लगभग 1500 स्थानों का उत्खनन हो चुका है, जिसमें 220 पूर्ण विकसित हड़प्पाई स्थल हैं। 1947 से पूर्व उत्खनन कार्य से नगरों के विकास की रेडियोकार्बन डेटिंग पद्धति के अभाव के कारण स्पष्ट और निश्चित जानकारी नहीं मिल पाई थी। दूसरी ओर प्रमुख हड़प्पाई स्थल, जैसे कि मोहनजोदड़ो, हड़प्पा और चंहूदड़ों पाकिस्तान में चले गए हैं। केवल पंजाब में सतलुज के किनारे रोपड़ के पास कोटला विहंग खान और काठियावाड़ गुजरात में भादर नदी के किनारे रंगपुर ही भारत में रह गए हैं। श्री अजय घोष ने विलुप्त सरस्वती (घग्गर) और उत्तरी राजस्थान के गंगानगर जिले में इसकी सहायक नदी दृषद्वती (चौतांग) की खोज का कार्य किया है। सूरजभान ने बनावली, राखीगढ़ी और मीथाथल की खोज सरस्वती नदी की घाटी में की थी। पाकिस्तान में कोटदीजी, अमरी, गुमला, जलीलपुर, अल्लाहदीनो, बालाकोट आदि स्थानों में हड़प्पाकालीन स्रोत मिले हैं।

यह स्पष्ट है कि इस सभ्यता का प्रमुख केंद्र सिंधु (पंजाब) क्षेत्र है, लेकिन इसका विस्तार हरियाणा, सिंध, बलूचिस्तान, गुजरात, राजस्थान, पश्चिमी उत्तर प्रदेश तथा उत्तरी महाराष्ट्र तक था। इस सभ्यता की सीमा पश्चिम में बलूचिस्तान

के दक्षिणी समुद्र तट पर स्थित सुत्कागेंडोर से पूर्व में उत्तर प्रदेश में ऊपरी गंगा-यमुना दोआब में आलमगीरपुर तक और उत्तर में जम्मू में मांडा से लेकर दक्षिण में गोदावरी नदी के मुहाने पर स्थित दायमाबाद (महाराष्ट्र) तक फैली थी। यह पूरा क्षेत्र त्रिभुजाकार है। इसका क्षेत्रफल लगभग 1,299,600 वर्ग कि.मी. है। उत्तरी स्थल से दक्षिणी स्थल की दूरी लगभग 1,100 कि.मी. तथा पश्चिम से पूर्व की दूरी 1,550 कि.मी. है।

सिंधु सभ्यता के प्रमुख नगर

प्रमुख नगर
↓
- हड़प्पा
- मोहनजोदड़ो
- धौलावीरा

हड़प्पा

यह स्थल पाकिस्तान के पंजाब प्रांत में मोंटगोमरी जिले में रावी नदी के तट पर स्थित है। 1921 में दयाराम सहनी ने हड़प्पा स्थल की खुदाई करवाई थी। इस स्थल की खुदाई में दो विशाल एवं ध्वस्त टीले मिले। पश्चिमी टीला चतुर्भुज दुर्ग के समान था, यह 420 मी. से 196 मी. तक लंबा-चौड़ा था। यह टीला 13.7 से 15.2 मी. ऊंचा था। किले को बुर्ज बनाकर मजबूत बनाया गया था। किले के बाहर कर्मचारियों के निवास व भवन, कारीगरों की कार्यशाला और अन्नागार बने हुए थे। कर्मचारियों के निवास किले के उत्तरी-पश्चिमी कोने में दस छोटे आयताकार भवन थे। वहीं आस-पास ही नाशपाती के आकार की 16 भट्ठियां मिली हैं। इन भट्ठियों में कोयले और गोबर की राख मिली है। लगभग 32 मी. दूर अन्नागार बने हुए हैं। इसके दक्षिण में अनाज की कुटाई के लिए ईंट के गोलाकार चबूतरे बने हुए हैं। हड़प्पा नगर के पार 'सिंहद्वार नगर' था, जोकि गोमल से आने वाले एवं ईरानी पठार को जाने वाले रास्तों को जोड़ता था।

इस काल में भौतिकतावाद को महत्वपूर्ण स्थान प्राप्त था, इस तथ्य को सिद्ध करते हैं, हड़प्पा स्थल से पाए गए मिट्टी के बरतन, शृंग पत्थर के फलक, तांबे और कांसे के औजार, पकाई हुई मिट्टी की आकृतियां तथा छोटी-बड़ी मुहरें। दो ऐसी मूर्तियां मिली हैं, जिनके सिरों को कील के जरिए अन्य अंगों से जोड़ा गया है। एक मूर्ति का पेट उभरा हुआ है, जिसको यक्ष आदि का रूप माना जाता है। दूसरी मूर्ति धूसर पत्थर से बनी एक पुरुष की है। एक अन्य मूर्ति मिली है। नृत्य मुद्रा की इस मूर्ति की एक टांग उठी हुई है। मार्शल इसे नारी मूर्ति भी मानते हैं। यहाँ से जल प्रणाली वाले जलाशय, हाथी दांत की मुहर, तीखे नोंकवाला सुआ, दुधारी चाकू, चिमटी तथा अन्य औजार भी मिले हैं।

हड़प्पा नगर में शवाधान किले के दक्षिण में होता था। खुदाई में लगभग 57 शवाधान मिले हैं। मृतक के साथ उसके उपयोग में आने वाली दैनिक वस्तुएं भी दफना दी जाती थीं। लगभग 12 शवाधानों में कांस्य के दर्पण मिले हैं। एक में सुरमा लगाने की सलाई तथा एक से सीपी की करछुल तथा पत्थर के फलक मिले हैं। कुछ शवाधानों के चारों ओर ईंटों की चिनाई भी की गई थी।

मोहनजोदड़ो

यह हड़प्पा से लगभग 483 कि.मी. दक्षिण में सिंध के लरकाना जिले में स्थित है। मोहनजोदड़ो का शाब्दिक अर्थ है—**'मृतकों का टीला'**। आर. डी. बनर्जी एवं दयाराम साहनी ने 1922 में इस इलाके की खुदाई करवाई। इस उत्खनन में दो टीले निकले। पश्चिमी टीले के बीच एक नगर दुर्ग (200 × 400 मी.) तथा पूर्वी टीले के नीचे मोहनजोदड़ो के निचले नगर (400×800 मी.) दबे हुए थे। जॉन मार्शल ने 1922-30 ई., जे.एच. मैके ने 1927-31 ई., आर.एम. व्हीलर ने 1930-47 ई. तथा जी.एफ. डेल्स ने 1964-66 में इस स्थान का उत्खनन करवाया। इन खोजों में भवनों के सात क्रमिक स्तर मिले हैं।

सिन्धु घाटी के प्रमुख स्थल एवं खोजकर्ता

स्थल	खोजकर्ता
मोहनजोदड़ो	राखलदास बनर्जी
हड़प्पा	दयाराम साहनी
रंगपुर	ब्रजबासी लाल, रंगनाथ राव, माधोस्वरूप वत्स
कोटदीजी	फजल अहमद
लोथल	रंगनाथ राव
चन्हूदड़ो	एन.जी. मजूमदार

मोहनजोदड़ो के भवनों में जल-आपूर्ति, स्नान एवं जल निकास के लिए नालियां बनी हुई थीं। कुछ घरों में दोनों मंजिलों पर पाश्चात्य शैली के शौचालयों के चिह्न भी मिले हैं। मल की निकासी के लिए इन्हें ढालदार बनाया गया था। कुछ में मेहराबदार नालियां बनी हुई थीं, जो दीवार से होकर मिट्टी के भांडों में या गली की नाली में मल पहुंचाती थीं। प्रत्येक गली व सड़क के साथ-साथ पानी निकलने के लिए नाली बनी हुई थी। सड़क के साथ-साथ की गलियों की नालियां प्रायः छोटी होती थीं। छोटी नालियां प्रायः ईंटों से ढंकी होती थीं। चौड़ी नालियों को ढकने के लिए पत्थर की शिलाएं प्रयुक्त की जाती थीं। शहर की कुछ नालियां 6-7 फीट तक चौड़ी होती थीं। इन नालियों में कहीं-कहीं सीढ़ियां भी बनी हुई थीं, ताकि नीचे उतरकर सफाई की जा सके।

जल व्यवस्था का भी उत्तम प्रबंध था। पानी के लिए कुएं बने हुए थे। भग्नावशेषों में मिले कुओं की मेढ़ (किनारों) पर रस्सी के निशान भी मिले हैं। अधिकतर मकान 26×36 फीट के होते थे, लेकिन कुछ मकान इनसे दुगने व और अधिक बड़े होते थे। मोटी दीवारें मकानों के बहुमंजिला होने का साक्ष्य देती हैं। दीवारें 25 फीट के लगभग ऊंची मिली हैं, जिनमें छेद भी हैं। शहतीरें लगाकर दूसरी मंजिल बनाई गई थी। कमरों के दरवाजे अनेक प्रकार के होते थे। छोटे दरवाजे 3 फीट 4 इंच चौड़े होते थे। बड़े दरवाजों से बैलगाड़ियां, पशु और रथ आदि निकल जाते थे। अलमारियां दीवार के साथ बनी हुई थीं।

मोहनजोदड़ो का सबसे प्रसिद्ध भवन विशाल स्नानागार है। दुर्ग इलाके में ईंटों से बना हुआ यह भवन उत्कृष्ट है। जलाशय आयताकार है, जोकि उत्तर से दक्षिण 11.88 मी. लंबा तथा 7.01 मी. चौड़ा और 2.43 मी. गहरा है। उत्तर और दक्षिण की तरफ सीढ़ियां हैं, जो जलाशय के तट तक जाती हैं। जल रिसाव रोकने के लिए चूने के गारे का प्रयोग किया गया है। बाहरी दीवार और ईंटों के बीच तारकोल की परत लगाई गई है। सीढ़ियों के ऊपरी तल पर तारकोल की मदद से लकड़ी लगाई गई है। स्नानागार में जल की आपूर्ति कुओं के द्वारा होती थी। स्नानागार के चारों ओर मंडप एवं कक्ष बने हुए थे। ऐसा प्रतीत होता है कि इन कक्षों को विशेष पुरोहित प्रयोग में लाते थे। वे निर्धारित समय पर स्नान

या धार्मिक अनुष्ठान करने नीचे आते थे। कुछ विद्वान् मानते हैं कि इन कक्षों का इस्तेमाल कपड़े बदलने के लिए किया जाता था। लेकिन यह सत्य है कि धार्मिक समारोहों में इनका प्रयोग होता था। इस विशाल स्नानागार के उत्तर-पूर्व में एक लंबा भवन था, जिसका उपयोग एक उच्चाधिकारी, संभवत: मुख्य पुरोहित के आवास अथवा पुरोहितों के सभाकक्ष के रूप में किया जाता था। इसमें 10 वर्ग. मी. का खुला आंगन था। इस कक्ष के ठीक पश्चिम में कमरों के परिसर में बैठे हुए पुरुष की पत्थर की मूर्ति मिली है। इसके पास बड़े तराशे हुए पत्थर के छल्ले मिले हैं। ये शायद धार्मिक अनुष्ठान प्रस्तर स्तंभ के टुकड़े हैं। मोहनजोदड़ो से अनेक भौतिक अवशेष मिले हैं। यहाँ से लगभग 1398 मुहरें मिली हैं। पत्थर, कांस्य और पकाई गई मिट्टी की मूर्तियों से नागरिकों की सौंदर्यानुभूति का भान होता है। मुहरों पर पशु बलि, मातृदेवी की उपासना, पशु एवं वृक्ष पूजा तथा शिव-पशुपति आदि का चित्रण भी मिला है। पत्थर की मुहर पर जहाज का चित्रण, ताबीज पर जहाज का चित्रण, बैठी हुई महिला की मृणमूर्ति, बच्चे को दूध पिलाती हुई माता की मूर्ति, चीनी मिट्टी की गिलहरी की लघु आकृति, कुत्ते के शरीर पर दाढ़ीयुक्त मानव सिर आदि से यह स्पष्ट है कि इस काल की कला एवं संस्कृति अति विशिष्ट थी।

धौलावीरा

यह स्थल **गुजरात के कच्छ जिले** के भुचाऊ तालुके में स्थित है। इसकी खोज **डॉ. आर. जी. पी. जोशी** ने की थी। सन् 1990-91 में डॉ. आर.एस. विष्ट ने यहाँ व्यापक रूप से उत्खनन कार्य किया। यह एक विशाल दुर्ग एवं सुरक्षा व्यवस्था से युक्त नगर था। यहाँ सुचारू जल व्यवस्था थी। यहाँ पर नगर तीन भागों में विभाजित था, दो भाग आयताकार प्राचीरों द्वारा घिरे हुए थे। यहाँ 70 से 140 मी. चौड़े विशाल खुले क्षेत्र थे। ये आंतरिक एवं बाह्य सुरक्षात्मक प्राचीरों से जुड़े हुए हैं। धौलावीरा की बस्तियों में प्रवेश के लिए भव्य प्रवेशद्वार बने हुए थे। पास में ही रक्षकों के प्रकोष्ठ भी बने हुए थे। इस काल का एकमात्र क्रीड़ागार (stadium) भी यहीं पर पाया गया है। यहाँ का समाज कई स्तरों में बंटा हुआ था। यहाँ के निवासी जल संरक्षण करने में कुशल थे। रोक-बांध एवं जलाशयों में पानी एकत्रित किया जाता था। 80.4 मी.×12 मी. विशाल जलाशय 7.5 मी. गहरा था, जिसमें 2,50,000 घन मीटर पानी जमा हो सकता था। यह नगर इन विशेषताओं के कारण सिंधु सभ्यता के उत्कृष्ट नगरों की श्रेणी में आ गया।

राखीगढ़ी

यह स्थान **हरियाणा के हिसार जिले** में स्थित है। इस स्थल की खोज वर्ष 1969 में सूखयान ने की थी। उत्खनन के दौरान यहाँ से दो संस्कृतियों के साक्ष्य मिले हैं—प्राक् हड़प्पाकालीन एवं परिपक्व हड़प्पाकालीन। यह 230 हेक्टेयर बड़ा है एवं प्राचीन दृषद्वती नदी के मैदानी इलाके में स्थित है। इस घाटी के प्रवेश स्थल पर गोलाकार स्थापत्य ढांचे पाए गए हैं, जो प्रारंभिक हड़प्पा काल की विशेषता हैं। इन ढांचों के बाहर मिट्टी की ईंटों की दो या तीन परतें थीं, जिनके बीच-बीच में स्तंभों के लिए छेद बने हुए थे। शवाधानों में मृतकों के सिर के पीछे बरतन रखे होते थे। दो महिलाओं के शवों के हाथों में सीपी की चूड़ियां भी मिली हैं।

सुत्कागेंडोर

एक अन्य महत्वपूर्ण सिंधुकालीन नगर अरब सागर के तट से 56.32 कि.मी. और **कराची के** पश्चिम से लगभग 500 कि.मी. दूर ईरान से लगी सीमा के पास दाश्क नदी पर स्थित सुत्कागेंडोर है। 1929 में **सर मार्क ऑरेल स्टाइन** ने इसकी खोज की थी। यह मूलत: एक बंदरगाह था। लेकिन आर.एस. डायसन इसे सैनिक चौकी मानते हैं। इसकी दुर्गबंदी उत्तर से दक्षिण में 150 मी. और पूर्व से पश्चिम में 110 मी. थी। यह मिट्टी से चिनी गई अनगढ़ चतुर्भुजाकार प्रस्तर खंड के आकार की थी। 1960 में डेल्स ने उत्खनन के दौरान पाया कि यह दो भागों 'निचला' एवं 'नगर दुर्ग' में विभाजित क्षेत्र था तथा इसका दुर्ग एक प्राकृतिक चट्टान पर स्थित था। किले की चहारदीवारी 7.62 मी. चौड़ी थी।

बालाकोट

जॉर्ज. एफ. डेल्स ने 1963-1979 के दौरान कराची से 98 कि.मी. उत्तर में लासबेला नगर से करीब 20 कि.मी. और सोमानी खाड़ी के दक्षिण-पूर्व में खुटकोड़ा के कछारी मैदान के लगभग मध्य में स्थित इस स्थान की खोज की। प्रारंभिक चरण के अनेक भग्नावशेष जैसे-दीवारें, खड़ंजे लगे फर्श, कच्ची ईंटों के छोटे चबूतरे (10×20×40 से.मी.) पाए गए हैं। पूर्व से पश्चिम की ओर दो अन्य छोटी गलियों के साथ इस क्षेत्र को समकोण पर बीच से काटती एक चौड़ी सड़क मिली है। भवनों का निर्माण कच्ची मिट्टी से होता था। कुछ नालियां पक्की ईंटों से बनी थीं। फर्श पर पतले-पतले प्लास्टर भी पाए गए हैं। कुछ भवनों में भट्ठियां भी थीं, भंडारण पात्र भी मिले हैं। मिट्टी का टब, जमीन में गढ़ा हुआ जलपात्र, चूल्हा और मिट्टी के टूटे बर्तन भी मिले हैं। एक सुरक्षित स्नानागार-शौचालय भी मिला है।

अल्लाहदीनो

यह स्थान पाकिस्तान में कराची से लगभग 40 कि. मी. पूर्व में स्थित है। **डब्ल्यू. ए. फेयरसर्विस** ने इस स्थान के उत्खनन में सहायता की। तीन पुरातात्त्विक उत्खननों के बाद फेयरसर्विस को 300,000 से अधिक बर्तनों के टुकड़े, 24,000 द्विकोण, 2,600 मिट्टी के त्रिकोण, 1,500 चूड़ियां और 2,600 तांबे के टुकड़े मिले हैं। चाँदी, सोना एवं अल्प मूल्य पत्थर भी मिले हैं। मृदभांड आदि वस्तुएं यहाँ उत्पादित नहीं होती थीं। मिट्टी की ईंटों और पत्थर से बने एवं मिट्टी के प्लास्टरवाले भवनों के अवशेष मिले हैं। भवन आयताकार और चौकोर आकार के थे। यहाँ छोटे-छोटे झरोखों वाली पत्थर की दीवार भी मिली है। भवन VII के एक कक्ष में एक छोटे बर्तन में आभूषण मिले हैं। इनमें एक कंठी है, जिसमें 36 लंबे गोमेद पत्थर लगे हैं। कुनाल में भी चाँदी के आभूषणों का विशाल भंडार मिला है, जिसमें गोमेद के मनके, शिरोवस्त्र एवं नाना प्रकार के चाँदी के आभूषण शामिल हैं।

लोथल

एस. आर. राव द्वारा 1954-62 के दौरान इस स्थान की खुदाई की गई। उनके अनुसार, 2450 ई.पू. में व्यापार हेतु हड़प्पावासी यहाँ आए थे, लेकिन बाढ़ आने के कारण यह स्थान नष्ट हो गया। लोथल की नगर योजना बहुत ही उत्कृष्ट थी। यहाँ की सड़कें बिल्कुल सीधी थीं, जो चारों मुख्य दिशाओं की ओर जाती थीं। यह स्थल आयताकार था, लेकिन उत्तर से दक्षिण का हिस्सा लंबा था। बाढ़ से बचाव के लिए ईंटों की दीवारें बनी हुई थीं। ईंटों से बने 3.5 मी. ऊंचे चबूतरे पर

स्थानीय शासक का आवास था। इसमें नालियां तथा स्नानागार बने हुए थे। नगर दुर्ग के पास ईंटों के चबूतरे (48.5×42.5×3.5 मी) पर 12 प्रकोष्ठों में विभक्त एक अन्नागार था। नगर दुर्ग के पश्चिमी कोने में एक भंडारगृह भी था। ऊंचे चबूतरों पर अन्य भवन भी बने हुए थे। यहाँ 12 स्नानागार और नालियां पाई गई हैं। निचला नगर औद्योगिक स्थल था, जहाँ बाजार एवं दो से पांच कमरों वाले मकानों के अवशेष भी मिले हैं। सीपी की वस्तुएं बनाने वाले कारखाने भी यहाँ थे। नगर के पश्चिमी भाग में मनके बनाने का कारखाना था। यहाँ से बहुमूल्य पत्थरों से बने दो मर्तबान, 600 मनकों से भरे हुए मिले हैं, जो निर्माण के विभिन्न चरणों में थे। सूखा स्थान कम होने के कारण शवाधान के लिए एक ही कब्र में दो-दो शवों को दफनाया गया है। **लोथल से धान उगाने के साक्ष्य मिले हैं।** यहाँ की जनसंख्या लगभग 15000 थी।

अन्य नगर

चंहुदड़ो : यह स्थल पाकिस्तान के सिंध प्रांत में सरकंड के पास मोहनजोदड़ो से 130 कि. मी. दक्षिण में था। 1931 में एन. जी. मजूमदार ने इसकी खोज की थी।

कोटदीजी : मोहनजोदड़ो के पूर्व में 50 कि. मी. की दूरी पर सिंधु नदी के बाएं तट पर स्थित इस स्थान की खोज 1955 और 1957 में एफ. ए. खान ने की थी। कृषि के लिए यह सर्वोत्तम भूमि थी।

सुरकोटदा : यह स्थल गुजरात के कच्छ जिले में भुज के उत्तर-पूर्व में लगभग 160 कि.मी. की दूरी पर स्थित है। इसका उत्खनन जे. पी. जोशी ने करवाया था। यहाँ दुर्ग पीली कुटी हुई मिट्टी से निर्मित चबूतरे पर बनाया गया था। इस स्थल के अंतिम चरण में घोड़े की हड्डियां मिली थीं।

देसलपुर : भुज जिले के नखश्राण तालुका में गुंथाली के पास भादर नदी के किनारे स्थित देसलपुर में सिंधु सभ्यता के अवशेष प्राप्त हुए हैं।

रोजदी : यह हड़प्पाकालीन स्थान राजकोट से 50 किमी. दक्षिण में भादर नदी के बाएं तट पर स्थित है।

मांडा : जम्मू से 28 कि.मी. दूर अखनूर जिले में चिनाब नदी के दाहिने तट पर पीर पंजाल पर्वत श्रृंखला की तराई में मांडा स्थित है। इसका उत्खनन 1982 ई. में मधुबाला व जगपति जोशी ने करवाया था।

रोपड़ : पंजाब में बाड़ा से 25 कि.मी. पूर्व में, सतलुज नदी के संगम के पास स्थित रोपड़ में भी हड़प्पाकालीन साक्ष्य मिले हैं।

कालीबंगा (काली चूड़ियां) : हड़प्पा से 200 कि.मी. दक्षिण-पूर्व तथा कोटदीजी से 480 कि. मी. उत्तर-पूर्व में सूखी घग्गर नदी के तट पर यह स्थल स्थित है।

बनावली : आर.एस. विष्ट द्वारा उत्खनन करवाया गया, यह स्थल हरियाणा के हिसार जिले में सरस्वती नदी थाले के बरसाती नाले रगोंई के किनारे बसा था।

कुनाल : 1986 में जे. एस. खत्री और एम. आचार्य ने इस टीले की खुदाई करवाई। यह हरियाणा में हिसार जिले की रतिया तहसील में सरस्वती नदी के तट पर स्थित है।

उत्पत्ति

सिंधु घाटी सभ्यता की उत्पत्ति से संबंधित समस्त जानकारियाँ पुरातात्विक साक्ष्यों के आधार पर आधारित है, जो कि अत्यंत विवादास्पद है। इसकी उत्पत्ति एवं विकास कैसे हुई, यह साक्ष्यों से स्पष्ट ज्ञात नहीं होता है। अनेकों विद्वानों ने सिंधु घाटी सभ्यता की उत्पत्ति के संबंध में विभिन्न विचार प्रकट किए है। इनसे सिंधु घाटी सभ्यता की उत्पत्ति एवं विकास पर कुछ निष्कर्ष निकाले जा सकते हैं। सिंधु घाटी सभ्यता की उत्पत्ति के संबंध में विभिन्न विचार निम्नलिखित है:

सिंधु घाटी सभ्यता पर मेसोपोटामियाई सभ्यता का प्रभाव- इस संबंध में **सर मार्टिमर व्हीलर, गॉर्डन चाइल्ड, डी. डी. कौशांबी** इत्यादि का विचार है कि सिंधु घाटी सभ्यता का विकास मेसोपोटामियाई सभ्यता के प्रभाव के कारण हुआ। इन्होंने अपने पक्ष में विभिन्न तर्क प्रस्तुत किए हैं। अतः इस संदर्भ में समानता के लक्षणों को प्रमाण के रूप में प्रस्तुत करते हैं।

- हड़प्पा के चबूतरे और मेसोपोटामिया के जेगुरेट, जो एक ही राजतंत्र से प्रेरित हैं।
- दोनों ही नगरी सभ्यता थी।
- दोनों ही सभ्यताओं के भवन निर्माण में पक्की ईंटों एवं शहतीरों का प्रयोग किया जाता था।
- दोनों सभ्यताओं के अन्नागार में समानता थी। इन समानता के लक्षणों के विरोध में भी विभिन्न तर्क प्रस्तुत किए गए है।
- पक्की ईंटों का प्रयोग जितनी मात्रा और जितनी कुशलता से सिंधु घाटी सभ्यता में दिखाई देता है, वहीं मेसोपोटामियाई नगरों में कच्चे ईंटों का प्रयोग किया जाता था।
- सिंधु घाटी सभ्यता की लिपि चित्रात्मक या सांकेतिक थी, जबकि मेसोपोटामियाई लिपि कीलनुमा थी।
- हड़प्पाई मानक मोहरें वर्गाकार या आयताकार सेलखड़ी की बनी होती थी। जबकि मेसोपोटामियाई मोहरें बेलनाकार तथा मिट्टी से बनी होती थी।
- सिंधु घाटी सभ्यता के नगर-नियोजन की व्यवस्था मेसोपोटामियाई सभ्यता से ज्यादा उन्नत थी।
- सिंधु घाटी सभ्यता में मंदिरों एवं पुरोहितों के अस्तित्व के साक्ष्य स्पष्ट नहीं दिखते, जबकि मेसोपोटामियाई सभ्यता में मंदिरों एवं पुरोहितों का महत्वपूर्ण स्थान है।
- सिंधु घाटी सभ्यता में मेसोपोटामिया की सभ्यता की भांति आलीशान कब्रगाह नहीं पाए गए हैं।

उपरोक्त मतों को देखते हुए यह निष्कर्ष नहीं निकाला जा सकता है कि सिंधु घाटी सभ्यता की उत्पत्ति मेसोपोटामियाई सभ्यता से हुई है। संभवतः दोनों ही सभ्यताओं के बीच व्यापारिक संबंध होगें, इस कारण मेसोपोटामिया की वस्तुएँ सिंधु घाटी में तथा सिंधु घाटी की वस्तुएँ मेसोमोटामिया से प्राप्त हुई हैं।

बलूची ग्राम्य संस्कृति का क्रमिक विकास

इस मत के प्रतिपादकों में फेयर सर्विस, ऑलचिन महोदय, रोमिला थापर आदि हैं। इनका मानना है कि सिंधु घाटी सभ्यता की उत्पति इन ग्राम्य संस्कृतियों के क्रमिक विकास की प्रक्रिया के द्वारा हुई है। इस मत के प्रतिपादकों ने प्राप्त पुरातात्विक साक्ष्यों के आधार पर क्रमिक विकास के पाँच प्रमुख चरणों की ओर इंगित किया है। जिसमें कृषि की महत्वपूर्ण भूमिका थी।

प्रथम चरण: सीमित कृषि एवं ग्राम्यता (3300 ईसा पूर्व)
द्वितीय चरण: उन्नत कृषि एवं ग्राम्यता (3300-2500 ईसा पूर्व)
तृतीय चरण: स्थायी एवं विकसित ग्राम्य संस्कृति (2500-2200 ईसा पूर्व)
चतुर्थ चरण: नगरीकरण (2300-1700 ईसा पूर्व)
पंचम चरण: आर्थिक पतन व पलायन (1700-800 ईसा पूर्व)

द्रविड़ों के द्वारा स्थापित सभ्यता

कुछ इतिहासकारों का मानना है कि सिंधु घाटी सभ्यता की स्थापना द्रविड़ों के द्वारा की गई थी। क्योंकि आर्यों से पूर्व द्रविड़ ही सिंधु घाटी सभ्यता में निवास करते थे। इस विचार के पीछे निम्न तर्क प्रस्तुत किए गए हैं:

- सिंधु घाटी सभ्यता की लिपि द्रविड़ लिपि से मिलती-जुलती है।
- लिंग-योनि की पूजा, शिव, मातृ देवी की पूजा आदि धार्मिक क्रियाकलाप द्रविड़ों के धार्मिक क्रियाकलाप से मिलती-जुलती है।

इन तर्कों को मानने में अनेक कठिनाई है, क्योंकि दोनों ही सभ्यताओं में भिन्नता थी। द्रविड़ सभ्यता ग्राम्य प्रकृति की थी, जबकि सिंधु घाटी सभ्यता नगरीकरण थी।

आर्यों की देन

इस मत के विद्वानों का मानना है कि सिंधु सभ्यता के संस्थापक आर्य थे। इस मत के पीछे निम्न तर्क दिए गए हैं–

- सिंधु घाटी सभ्यता के निवासी और आर्य संस्कृति के निवास क्षेत्र एक ही थे। खुदाई में इसके साक्ष्य प्राप्त हुए हैं।
- ऋग्वेद में 'हरयुपिया' शब्द का प्रयोग किया गया है, जिसकी पहचान विद्वानों ने हड़प्पा से की है।

इस मत को मानने में भी अनेक कठिनाइयाँ है, क्योंकि दोनों सभ्यताओं के मध्य समायांतर बहुत बड़ा है। सिंधु घाटी सभ्यता एक नगरीय सभ्यता थी, जबकि आर्य ऋग्वेद काल में घुमंतू जीवन जी रहे थे। सिंधु घाटी सभ्यता की लिपि पायी गई है, जबकि ऋग्वेद काल में लिपि के अवशेषों का पता नहीं चलता है। वैदिक काल में प्रमुख देवता इंद्र को पुरंदर अर्थात् नगरों का विनाशक कहा गया है, जबकि सिंधु घाटी एक नगरीय सभ्यता थी।

नगर नियोजन

सिंधु घाटी सभ्यता की महत्वपूर्ण विशेषता वहाँ की नगर योजना थी। इस सभ्यता में नगरों के निर्माण में समरूपता देखने को मिलती है। सिंधु घाटी सभ्यता में नगर-नियोजक को देखने से विकसित नगर पालिका के प्रशासकीय स्वरूप का अंदाजा लगाया जा सकता है।

- सिंधु घाटी सभ्यता में पूर्व और पश्चिम दिशा में दो टीले मिले हैं अर्थात् दो-स्तरीय नगरों का निर्माण किया जाता था। पूर्व दिशा में स्थित होने पर नगर या आवास के साक्ष्य तथा पश्चिम के टीले पर गढ़ी या दुर्ग के साक्ष्य मिले हैं।
- सिंधु घाटी सभ्यता में नगर को कई भागों में विभाजित कर सड़कों का जाल बनाया गया था ताकि अवागमन में सुविधा हो। सड़कें पूर्व से पश्चिम तथा उत्तर से दक्षिण की ओर जाती हुई एक दूसरे को समकोण पर काटती थी। सड़कें ढलवाँ बनायी जाती थी ताकि सड़कों पर पानी का जमाव न हो सके।
- सिंधु घाटी सभ्यता के नगरों में पीने के पानी तथा नालियों का उचित प्रबंध किया गया था। प्रत्येक घर में पीने के पानी के लिए कुएँ की व्यवस्था थी। पानी की निकासी के लिए नालियों की उचित व्यवस्था थी। प्रत्येक सड़क व गली के किनारे वर्षा तथा घर का पानी निकलने के लिए पक्की ईंटों की नालियाँ बनाई गई थी। नालियाँ ढ़की हुई हुआ करती थी। भवन के ऊपरी मंजिलों से पानी नीचे लाने के लिए पाईपनुमा नालियाँ बनाई गई थी।
- सिंधु घाटी सभ्यता के भवन बड़े ही योजनाबद्ध तरीके से बनाए जाते थे। प्रत्येक भवन के बीच में एक आंगन तथा चारों तरफ कमरे बनाए जाते थे। भवनों में पानी संग्रह तथा निकासी की उचित व्यवस्था होती थी। भवनों में खिड़कियों के स्थान पर हवा और रोशनी के लिए ऊँचाई पर झरोखे बनाए जाते थे।

आर्थिक जीवन

विशाल नगरों की संपन्नता इस बात का द्योतक है कि इस काल में आर्थिक जीवन संपन्न था। इस समय का प्रमुख व्यवसाय कृषि था। भोजन शाकाहारी एवं मांसाहारी दोनों प्रकार का था। मांस, मछली, अंडे, खजूर, दूध, घी आदि का प्रयोग भोजन के रूप में होता था। गाय, भैंस, बैल, भेड़, बकरी, हाथी, सूअर, कुत्ते आदि पशु पाले जाते थें, लेकिन ऊंट के चिह्न नहीं मिले हैं। मनुष्य सूती कपड़े का प्रयोग करते थे, क्योंकि उत्खनन में चाँदी के एक कलश से सूती कपड़े का टुकड़ा चिपका मिला है। यह टुकड़ा आज के खादी से मिलता-जुलता है। अधोवस्त्र का ही प्रयोग किया जाता था। स्त्रियों और पुरुषों के वस्त्रों में कुछ खास अंतर नहीं था। सोने और चाँदी के बटन भी मिले हैं। ऋतु के अनुसार वस्त्र पहने जाते थे। नाना प्रकार के आभूषणों का प्रयोग भी होता था। अनेक प्रकार के मनकों की माला भी पहनी जाती थीं।

शिल्प एवं व्यवसाय

सिंधु घाटी में कृषि एवं पशुपालन के साथ-साथ मिट्टी के बर्तन भी बनाए जाते थे। मिट्टी के बर्तन चाक पर पत्थर बनाए जाते थे। बड़े-बड़े भांड अन्न रखने के लिए बनाए जाते थे। मिट्टी के खिलौनों के अतिरिक्त चूहेदानी तथा पिंजरे भी बनाए जाते थे। बढ़ई खिड़कियां, दरवाजे और लकड़ी की अनेक वस्तुएं बनाते थैं। लोहार धातुओं के बरतन और औजार बनाते थे। कटार, बरछा, भाला, तलवार, बाण, छुरी, छैनी आदि उत्खनन में मिले हैं। कपड़े सीने की सुईयां तथा मछली मारने के कांटे भी मिले हैं। स्वर्णकारों का कार्य भी बहुत उन्नत था। धातुकार सोना, चाँदी, तांबे के सुंदर आभूषण बनाते थे। कंठहारों में सोने के चिपटे गुरियों का प्रयोग होता था। माला के दाने भी मिले हैं। धनी वर्ग सोने-चाँदी के आभूषण पहनते थे, लेकिन निर्धन वर्ग हाथी-दांत, हड्डी, तांबे, पीतल और कांसे के जेवर बनवाते थे। गहनों में प्रमुख थे—हार, बाजूबंध, कंगन, अंगूठी, पाजेब आदि।

तौल और माप के साधन

सिंधु सभ्यता के स्थलों की खुदाई में तौल के बहुत से बाट उपलब्ध हुए हैं। ये बाट पत्थर के बने हुए हैं। इन्हें चौकोर घन के आकार में बनाया गया था। सबसे छोटा बाट तौल में 13.64 ग्राम के बराबर है। इस छोटे बाट को अगर इकाई मान लिया जाए तो 1, 2, 4, 8, 32, 64, 160, 200, 640 इकाइयों के वजन के

बाट उपलब्ध हुए हैं। धातु के बने एक तराजू के भी अनेक खंड इस सभ्यता के अवशेषों में मिले हैं। मोहनजोदड़ो के अवशेषों में सीपी का बना एक फूट का एक टुकड़ा मिला है, जिसमें 9 को 0.264 के हिस्सों में बांटा गया है। हड़प्पा के अवशेषों में एक कांसे की शलाका भी मिली है, जिस पर नापने के लिए छोटे-छोटे विभाग अंकित हैं। ये विभाग लंबाई में 0.3676 इंच हैं। इन फूटों के आधार पर विद्वानों ने निष्कर्ष निकाला है कि एक फीट 13.2 इंच लंबा होता था।

व्यापार

माप-तौल के निश्चित मापदंडों का विधान यह स्पष्ट करता है कि इस काल में व्यापार अति उन्नत था। सिंधु सभ्यता के अनेक स्थलों के उत्खनन में अनेक वस्तुएं ऐसी मिली हैं, जो सुदूरवर्ती प्रदेशों से व्यापार द्वारा प्राप्त की गई थीं। सिंधु घाटी में ताँबा, चाँदी, सोना आदि धातुएं नहीं मिलती थीं। चाँदी, टिन, सीसा और सोना अफगानिस्तान व ईरान से आयात किया जाता था। बहुमूल्य पत्थर बदख्शां से आते थे। ताँबा राजस्थान से मंगवाया जाता था। काठियावाड़ के समुद्र तट से मूंगा, मोती आदि बहुमूल्य रत्न भी आते थे। भग्नावशेषों में देवदार के शहतीर मिले हैं। देवदार का वृक्ष केवल पहाड़ों पर होता है। अत: यह स्पष्ट है कि आंतरिक और विदेशी व्यापार के उन्नत होने का कारण यातायात के विकसित साधन भी थे। विदेशी व्यापार समुद्र के रास्ते होता था। व्यापारी जल और स्थल मार्ग से दूर-दूर तक, जैसे ईरान, सुमेर, बलूचिस्तान तथा एशिया के अन्य पड़ोसी देशों में व्यापार के लिए जाते थे।

हड़प्पा संस्कृति की अनेक वस्तुएं, जैसे कि माला के दाने, एक पिन पर बना स्वर्णिम बंदर, अनेक मुहरें मेसोपोटामिया से मिली हैं। सिंधु और मेसोपोटामिया के बीच दिलमुन (आधुनिक बहरीन) एक महत्वपूर्ण व्यापारिक विनिमय स्थल था। अनुमानत: भारतीय व्यापारी मिट्टी के बरतन, अनाज, सूती कपड़ा, मोती तथा शृंगार की सामग्री निर्यात करते थे। फारस की खाड़ी के क्षेत्र से भी व्यापारिक संबंध विकसित थे।

छोटे-छोटे जहाजों और नावों के द्वारा व्यापार होता था, क्योंकि उत्खनन से प्राप्त एक मुहर पर एक जहाज की आकृति सुंदर रूप से अंकित की गई है। इसी प्रकार मिट्टी के बरतन के एक टुकड़े पर भी जहाज का चित्र बना हुआ मिला है। स्थलमार्ग द्वारा आवागमन घोड़े, गधे, बैलगाड़ी और रथ द्वारा होता था। इस युग में इक्कों का प्रयोग भी होता था। हड़प्पा के भग्नावशेषों में कांसे का बना एक इक्का भी मिला है।

धर्म

मोहनजोदड़ो और हड़प्पा के भग्नावशेषों में कुछ वस्तुएं ऐसी मिली हैं, जो इस काल के धर्म के विषय में सूचना देती हैं। मुद्राओं, पत्थर व मिट्टी की बनी मूर्तियों से धार्मिक स्थिति का पता चलता है। एक मुद्रा पर किसी नग्न देवता की मूर्ति अंकित है, जिसके तीन मुख हैं और सिर पर सींग बने हुए हैं। चारों ओर अनेक पशु बने हुए हैं, जैसे—**हिरण, गैंडा, हाथी, शेर और भैंसा**। विद्वान् इन्हें शिव मानते हैं। इससे यह सिद्ध होता है कि संसार का प्राचीनतम धर्म शैव था।

सिंधु सभ्यता में मातृ-देवी की पूजा के साथ-साथ प्रजनन शक्ति की उपासना भी की जाती थी। ऐसे अनेक प्रस्तर मिले हैं, जिन्हें विद्वान् लोग योनि और लिंग के प्रतीक मानते हैं। शैव धर्म में इस प्रकार की पूजा सम्मिलित है और अनेक शैव मंदिरों में योनि और लिंग की प्रतिमा स्थापित की जाती है। इस काल के भग्नावशेषों से प्राप्त अनेक मुद्राओं पर पीपल का वृक्ष अंकित है। पीपल का वृक्ष आज भी हिंदू धर्म और बौद्ध धर्म में पूज्य है। बोधिवृक्ष भी पीपल सदृश है। अनेक मुद्राओं पर कतिपय पशुओं की आकृतियां भी मिली हैं। मोर, बैल, शेर और मूषक आदि पशु-पक्षी आज भी हिन्दू देवी-देवताओं के वाहन माने जाते हैं।

इस काल की एक मूर्ति मिली है, जो नीचे से टूटी हुई है। इसने एक ऐसा चोगा पहना हुआ है, जो बाएं कंधे से दाईं भुजा के नीचे तक गया है। चोगे के ऊपर पुष्पाकृति बनी है। यह एक धार्मिक चिह्न भी हो सकता है। मूर्ति में पुरुष बिना मूंछों का है और दाढ़ी कुछ बढ़ी है। प्राचीन सुमेरियाई सभ्यता में भी इस प्रकार की मानुषी मूर्ति की आंखें बंद हैं, जो लगता है ध्यानमग्न हों। यह योगदशा होती है। यह मूर्ति हड़प्पाकाल के किसी देवता की है। इसके अतिरिक्त एक स्त्री की प्रतिमा भी मिली है, जो अधोवस्त्र पहने हुए है। मूर्ति पर बहुत से आभूषण अंकित हैं। सिर की टोपी पंखे के आकार की है, जिसके दोनों ओर दो प्याले या दीपक हैं, जिनमें धूम्र के निशान हैं, जिससे सूचित होता है कि इनमें तेल या धूप जलाई जाती थी। ये स्त्री मूर्तियां पूजा के काम आती थीं। मातृपूजा इस काल के धर्म का अभिन्न अंग प्रतीत होती है।

सिंधु सभ्यता के प्रतीक चिह्न

प्रतीक चिह्न	महत्व
भैंसा	देवता की शत्रुओं पर विजय का प्रतीक
कांस्य नर्तकी	नृत्य की कल्पना
स्वास्तिक	सूर्य उपासना का प्रतीक
ताबीज	प्रजनन शक्ति का प्रतीक
योगी शिव	योगीश्वर
शृंग	शिव का रूप
बैल	शिव का वाहन

लिपि और लेखन कला

मोहनजोदड़ो के भग्नावशेषों में जो मुद्राएं मिली हैं, उन पर अनेक प्रकार के लेख उत्कीर्ण हैं। लेकिन इस लिपि को पढ़ा नहीं जा सका है। सिंधु सभ्यता के ये लेख चित्रलिपि में हैं, जिसका प्रत्येक चिह्न किसी विशेष शब्द या भाव को प्रकट करता है। इसमें लगभग 400-500 चिह्न हैं।

मुद्राओं, ताम्रपत्रों, कुल्हाड़ियों तथा मृदभांडों पर हड़प्पाई लिपि के अनेक नमूने मिले हैं। कुछ विद्वान् इस लिपि का संबंध द्रविड़ या आद्य द्रविड़ भाषा से जोड़ते हैं। संस्कृत और सुमेरी से भी इसका संबंध जोड़ा जाता है। दाईं से बाईं ओर लिखी जाने वाली इस भाषा के जनक हड़प्पाई लोग ही थे।

निवासी

मोहनजोदड़ो और हड़प्पा की खुदाई में प्राप्त अस्थि-पिंजर किसी एक जाति के मनुष्यों के नहीं हैं, जिसका कारण है कि व्यापार, नौकरी व अन्य कारणों

से आकृष्ट होकर लोग यहाँ आकर बस गए थे। **कर्नल स्यूअल** और **डॉ. गुहा** के अनुसार, इन नगरों में चार प्रकार की नस्लें विद्यमान थीं—ऑस्ट्रेलॉयड, भूमध्यसागरीय, मंगोलियन और अल्पाइन। मंगोलियन एवं अल्पाइन नस्ल की केवल एक-एक खोपड़ी ही मिली है। सिंधु प्रदेश के बहुसख्यंक निवासी ऑस्ट्रेलॉयड तथा भूमध्यसागरीय नस्ल के थे। आर्य जाति के आविर्भाव से पूर्व पृथ्वी के अधिकतर भागों में सामूहिक रूप से भूमध्यसागरीय नस्ल ने ही मानव सभ्यता का विकास किया था। भारतीय द्रविड़ भी इसी आइबीरियन नस्ल की एक शाखा माने जाते हैं। विद्वानों के मतानुसार, सिंधु-सभ्यता का विकास इन्हीं द्रविड़-आइबीरियन लोगों द्वारा हुआ था। लेकिन सिंधु सभ्यता के निवासियों का द्रविड़ होना सभी विद्वान् नहीं मानते हैं।

इस सभ्यता में मानव समाज 3 भागों में विभाजित था—

1. विशेष वर्ग-जो नगर से जुड़ा हुआ था। यहाँ शासक व उच्चाधिकारी रहते थे।
2. संपन्न मध्यम वर्ग, जिसमें व्यापारी, लिपिक व अन्य कुशल कारीगर आते थे।
3. इस वर्ग में किसान, मजदूर तथा अन्य श्रमजीवी आते थे।

मनोरंजन

सिंधु निवासी अपने जीवन में आमोद-प्रमोद को यथोचित स्थान देते थे। उनके मनोरंजन के विभिन्न साधन थे। विभिन्न प्रकार के खेल, शिकार आदि से वे अपना समय व्यतीत करते थे। कुछ मुहरों पर अंकित चित्रों से पता लगता है कि सिंधुवासी तीर-धनुष के द्वारा हिरण, जंगली बकरे आदि का शिकार करते थे। पशु-पक्षियों को पालना तथा पशुओं के मध्य लड़ाई कराना भी मनोरंजन के साधन थे। चौपड़ और शतरंज भी खेली जाती थीं। मुहरों पर चित्रित वाद्य यंत्रों से यह लगता है कि संगीत में भी सिंधुवासियों की रुचि थी। कांसे की एक नग्न नर्तकी की मूर्ति हड़प्पा निवासियों की नृत्य की रुचि को दर्शाती है। बच्चों के खेलने के भी अनेक खिलौने मिले हैं। ये मिट्टी के बने हैं। झुनझुने, गोलियां, सीटियां एवं मिट्टी की खिलौनानुमा गाड़ियां भी खुदाई में मिली हैं। गुड़िया आदि भी बनाई जाती थीं। इन गुड़ियों का निर्माण मिट्टी, पत्थर, हाथी दांत एवं सोने-चाँदी से किया जाता था। इन पर रंग एवं पॉलिश भी की जाती थी।

यूनानी और बेबीलोनियन कपास को 'सिंधम' कहते थे। प्रसिद्ध इतिहासकार **गॉर्डन चाइल्ड** के अनुसार, सैंधव सभ्यता यूनानी सभ्यता के बराबर है। विद्वानों का अनुमान है कि हड़प्पा संस्कृति का समस्त शासन प्रबंध एक ही व्यक्ति-राजा या सरदार द्वारा किले से ही चलाया जाता था।

सिंधु घाटी की जनता सभ्य और अनुशासित थी, लेकिन विश्व की समकालीन सभ्यताएं कम परिपक्व एवं अनुशासित थीं।

सिंधु घाटी सभ्यता के पतन के कारण

इस विषय पर निश्चित रूप से कुछ नहीं कहा जा सकता कि हड़प्पा सभ्यता का विनाश कब और कैसे हुआ? इतनी उन्नत सभ्यता किसी एक कारण से विनिष्ट नहीं हो सकती। इसके लोप के अनेक कारण हो सकते हैं। **बी. जी. गोखले** के अनुसार, "प्रकृति तथा मानव ने मिलकर ही इस सभ्यता का पूर्ण रूप से विनाश किया होगा।" निश्चित प्रमाणों के अभाव में विभिन्न विद्वानों ने सिंधु घाटी सभ्यता के पतन के अनेक प्रकार के कारण प्रस्तुत किए हैं, जैसे कि—

हड़प्पा संस्कृति का पतन : कारण व मत के संस्थापक

	पतन का कारण	मत के संस्थापक
1.	भूकंप	जॉन मार्शल
2.	नदी का सूखना	डॉ. सूद व डी.पी. अग्रवाल
3.	बाह्य आक्रमण	गार्डन चाइल्ड व व्हीलर
4.	प्राकृतिक आपदा	के.यू.आर. कैनेडी
5.	आर्यों का आक्रमण	आर. मार्टीमर व्हीलर
4.	अस्थिर नदी प्रणाली	लैंब्रिक
7.	पारिस्थितिक असंतुलन	फेयर सर्विस
8.	जलवायु परिवर्तन	आरेल स्टीन

विदेशी आक्रमण

कुछ विद्वानों के मतानुसार, विदेशी आक्रमण के कारण इस सभ्यता का विनाश हुआ था। मोहनजोदड़ो में मिले 48 नरकंकालों को देखने से आक्रमण की पुष्टि होती है। इन पर किसी तेज हथियार संभवतः तलवार की चोट के निशान हैं। लेकिन आक्रमणकारी कौन थे, सुनिश्चित नहीं है। अधिकतर विद्वान् मानते हैं कि आर्य ही आक्रमणकारी थे। ऋग्वेद में भी इस बात के प्रमाण मिले हैं कि आर्यों के प्रमुख देवता इंद्र द्वारा अनेक नगरों व दुर्गों को नष्ट किया गया है, जिनमें से हरियुपिए शहर भी है। संभवतः यह हड़प्पा शहर ही है। परंतु **प्रो. आर. एस. शर्मा** का मत है कि ये नए लोग इतनी बड़ी संख्या में नहीं थे कि हड़प्पा जैसी विकसित सभ्यता को विनिष्ट कर सकते। प्रसिद्ध विद्वान् **व्हीलर** ने विदेशी आक्रमण को ही इस सभ्यता का विनाशकर्ता माना है। परंतु इस तर्क को पूर्णतः नहीं माना जा सकता, क्योंकि हड़प्पा सभ्यता का विनाश 1800 ई. पू. के आस-पास माना जाता है, लेकिन यह स्पष्ट हो चुका है कि आर्य भारत में 1800 ई. पू. से पहले नहीं आए थे। अतः निष्कर्ष रूप से कहा जा सकता है कि हड़प्पा सभ्यता का पतन अचानक नहीं हुआ। पुरातात्विक साक्ष्यों से यह स्पष्ट होता है कि पतन की प्रक्रिया 600 वर्षों (1900 ई. पू. से 1300 ई. पू.) के लंबे काल तक चलती रही।

बाढ़

कुछ विद्वानों का मत है कि सिंधु घाटी के विनाश का कारण भयंकर बाढ़ भी हो सकता है। मोहनजोदड़ो की खुदाई में सात परतों के मिलने से इस नगर के सात बार नष्ट होने की संभावना है। बार-बार की बाढ़ ने इस नगर को पूर्णतः नष्ट कर दिया। मोहनजोदड़ो के घर और सड़कों में मिट्टी की गाद (कीचड़) भरी पाई गई हैं। **आर.एल. रेक्स ने** इसका समर्थन किया है। उनके अनुसार, इस बाढ़ से 30-30 फीट तक पानी भर गया था। लंबे समय तक पानी भरे रहने के कारण पूरी सभ्यता नष्ट हो गई।

भूकंप

कुछ विद्वानों के अनुसार, भयंकर भूकंप के कारण ही इस सभ्यता का विनाश हो गया। भूकंप की बड़ी-बड़ी दरारों में पूरा नगर विलुप्त हो गया। इस भूकंप

के कारण आग भी लग गई थी। भूकंप ने सिंधु नदी का मार्ग भी बदल दिया। ब्लूचिस्तान की खुदाई में कई घर जली हुई अवस्था में मिले हैं और मानव अंस्थि-पंजर मकानों में दबे मिले हैं।

सूखा

ऐसा भी लगता है कि भयंकर सूखे के कारण अकाल पड़ गया होगा। लंबे समय तक वर्षा न होने के कारण हरे-भरे क्षेत्र मरुस्थल में बदल गए। 2000 ई. पू. से इस क्षेत्र में वर्षा कम होने लगी थी और यह प्रदेश रेगिस्तान में बदलने लगा। अतः लोग इस स्थान को छोड़कर कहीं और रहने चले गए। **डॉ. सूद और डी. पी. अग्रवाल** के अनुसार, घग्गर नदी का सूखना भी इस सभ्यता के विनाश का कारण है।

मार्ग परिवर्तन

एच. टी. लैंब्रिक के मतानुसार, सिंधु नदी के मार्ग परिवर्तन के कारण इस सभ्यता का पतन हो गया। कालांतर में सिंधु नदी मोहनजोदड़ो से 30 कि.मी. दूर चली गई। कृषि प्रधान सभ्यता का मुख्य व्यवसाय असंभव हो गया था, लेकिन यह कारण संपूर्ण सभ्यता के नाश का कारण नहीं बन सकता।

आर्थिक अस्थिरता एवं महामारी भी इस सभ्यता के विनाश के कारण हो सकते हैं।

सिंधु सभ्यता की देन

यद्यपि सिंधु सभ्यता का विनाश हजारों वर्ष पूर्व हो गया था, परंतु हिंदू समाज में आज भी उस सभ्यता की अनेक विशेषताएं दिखाई देती हैं। अनार्य होते हुए भी यह शुद्ध भारतीय सभ्यता थी। धार्मिक क्षेत्र में तो इसका अमिट प्रभाव दिखाई देता है। शिव-पार्वती की पूजा, वृक्षों की पूजा, देवी चंडी, काली, सरस्वती, लक्ष्मी आदि की आराधना आज भी विद्यमान है। हिन्दू समाज का एक बड़ा भाग आज भी जादू-टोना, तंत्र-मंत्र, भूत-प्रेत तथा गंडे-ताबीज में विश्वास करता है। चूहा, मोर, गरूड़, हाथी, बैल, भैंसा, सिंह आदि पशुओं को हड़प्पाकाल के समान आज भी देवताओं का वाहन माना जाता है। विवाह और धार्मिक उत्सवों पर ढोल आदि बजाना, अनेक आभूषण, शतरंज का खेल आदि इसी महान् सभ्यता की देन हैं। सिंधु सभ्यता ने ही आज के मानव को नगर योजना, जल प्रबंधन एवं जल निकासी के ज्ञान दिया। इसके अतिरिक्त स्वास्थ्य रक्षा के सिद्धांत, स्वच्छता का महत्व आदि विषय इस सभ्यता की अमूल्य देन हैं।

महत्वपूर्ण बिंदु

* 1921 में दयाराम साहनी एवं 1922 में राखल दास बनर्जी द्वारा क्रमशः हड़प्पा एवं मोहनजोदड़ो की खोज की।
* सिंधु घाटी सभ्यता को कांस्य युगीय सभ्यता कहा गया।
* सिंधु घाटी सभ्यता की सीमा पश्चिम में बलूचिस्तान के दक्षिणी समुद्र तट पर स्थित सुत्कागेंडोर से पूर्व में उत्तर-प्रदेश में ऊपरी गंगा-यमुना दोआब में आलमगीरपुर तक और उत्तर में जम्मू में मांडा से लेकर दक्षिण में गोदावरी नदी के मुहाने पर स्थित दायमाबाद (महाराष्ट्र) तक फैली है।
* राखीगढ़ी सिंधु सभ्यता का सबसे बड़ा पुरातात्विक स्थल है।
* लोथल तथा सुत्कागेंडोर सिंधु सभ्यता के बंदरगाह है।
* मोहनजोदड़ो से प्राप्त अन्नागार सिंधु सभ्यता की सबसे बड़ी इमारत है, यहाँ का स्नानागार एक प्रमुख स्मारक है।
* कालीबंगन से जुते हुए खेत और नक्काशीदार ईंटों के प्रयोग का साक्ष्य मिला है।
* लोथल तथा कालीबंगन से अग्निकुंड के साक्ष्य मिले हैं।
* मोहनजोदड़ो से कांस्य की नर्तकी की मूर्ति मिली है।

❑❑❑

अध्याय 2

आर्यों की उत्पत्ति

भारत में आर्य जाति का प्रवेश 2000 से 1500 ई. पू. के मध्य में हुआ था। सैंधव सभ्यता के पतन के बाद आर्य सभ्यता स्थापित हुई; क्योंकि इस सभ्यता का ज्ञान वेदों से प्राप्त होता है अत: इसे वैदिक काल कहा जाता है। प्रश्न यह उठता है कि आर्य कौन थे? 'आर्य' शब्द का अर्थ है 'पवित्र वंश या जन्मवाला' अर्थात् **आर्य शब्द श्रेष्ठता का द्योतक है**। 'ऋग्वेद' ग्रंथ में आर्यों से संबंधित धार्मिक ऋचाओं का संकलन है। ऋग्वेद में उल्लेखित 'सप्त सिंधु' नामक क्षेत्र में आर्यों का बसाव इस उपमहाद्वीप के बाहर से हुए प्रवास से अथवा अनेक बार के प्रवास के द्वारा हुआ। आर्यों के भारत-प्रवास का उल्लेख किसी भी लिखित दस्तावेज में नहीं मिलता और न ही पुरातात्त्विक रूप से अभी तक इस बात के प्रमाण खोजे जा सके हैं।

आर्य जाति का मूल अभिजन (निवासस्थान)

आर्यों की उत्पत्ति एवं उनके मूल निवास स्थान के विषय में विद्वानों में मतभेद हैं। कुछ विद्वान् उन्हें विदेशी और कुछ विद्वान् भारत के मूल निवासी मानते हैं। तथापि आम सहमति इस बात पर बनी कि आर्यों का मूल निवास मध्य एशियाई क्षेत्र में कहीं था। कुछ विद्वानों के मतानुसार, मूल स्थान का चार साधनों के आधार पर अन्वेषण किया जा सकता है—1. भाषा 2. पुरातत्वों के निरीक्षण 3. जातीय विशेषताएं तथा 4. शब्दार्थ। इनके आधार पर इतिहासकारों ने चार प्रमुख सिद्धांतों का प्रतिपादन किया है, जो इस प्रकार हैं—

1. यूरोपीय सिद्धांत 2. मध्य एशिया का सिद्धांत 3. आर्कटिक प्रदेश का सिद्धांत 4. भारतीय सिद्धांत।

यूरोपीय सिद्धांत

इस पक्ष के विद्वान यह मानते हैं कि आर्य यूरोप के किसी देश से भारत में आए थे। इस अनुमान का मुख्य आधार एशिया माइनर के बोगाजकोई नामक स्थान पर 14वीं शताब्दी ई.पू. के कुछ लेख मिलना है। इन लेखों में ऐसे राजाओं के उल्लेख हैं, जिनके नाम आर्यों जैसे थे। ये लोग इन्द्र, वरुण, मित्र, नासत्य आदि देवताओं की आराधना करते थे। आर्यों का हित्ती और कस्सी आदि जातियों के साथ भी संबंध था। भारत आने से पूर्व आर्य इन स्थानों पर घूमते-फिरते थे।

तुलनात्मक भाषा विज्ञान के अनुसार आधुनिक यूरोप की सभी भाषाएं उसी परिवार की थीं, जिसकी संस्कृत और प्राचीन ईरानी भाषा थीं। इस सिद्धांत का प्रतिपादन सर्वप्रथम सर विलियम जोंस ने किया था। उनके अनुसार पितृ, मातृ जैसे शब्द यूरोपियन भाषाओं के शब्दों से मिलते-जुलते हैं। भाषा के आधार पर अनेक विद्वानों ने आर्यों को मूलत: यूरोपियन माना है। लेकिन आलोचकों के अनुसार भाषा का साम्य केवल इसलिए नहीं हो सकता है कि उसके भाषा-भाषी एक ही जाति के हों। किसी एक ही स्थान पर दो विभिन्न जातियां रह सकती हैं, जिनमें भाषा संबंधी साम्य हो सकता है। दूसरे, ऐसा भी संभव है कि शक्तिशाली भाषा का प्रभाव दूसरी भाषाओं पर भी पड़ सकता है, यदि इन दोनों का आपसी संबंध हो।

हंगरी का मैदान

डॉ. पी. गाइल्स के अनुसार, इन भाषाओं को बोलने वाले बहुत दिनों तक एक क्षेत्र में रहते होंगे। इन भाषाओं के अध्ययन से यह बात स्पष्ट है कि आर्य लोग कृषि करके अन्न उत्पन्न करते थे और गाय, घोड़े तथा बैल पालते थे। ये सब चीजें यूरोप में स्थित हंगरी के मैदान में पाई जाती हैं। अत: यह क्षेत्र आर्यों का आदि-देश था। यहीं से आर्य लोग अन्य देशों में गए थे। सर्वप्रथम वे एशिया माइनर पहुंचे और वहाँ से ईरान पहुंचे। प्रसिद्ध विद्वान् पी. गाइल्स के विचारानुसार, वैदिक साहित्य में वर्णित पेड़-पौधे, पशु-पक्षी आदि सभी भारत में नहीं मिलते। अत: आर्य किसी ऐसी जगह से आए, जहाँ के लोगों को इन सभी वस्तुओं और पशुओं का ज्ञान था। संभवत: यह जगह हंगरी, ऑस्ट्रिया, बोहेमिया या डेन्यूब नदी की घाटी रही हो। पी. गाइल्स के इस मत से विद्वान् सहमत नहीं हैं। उनके अनुसार, गाइल्स ने अपना मत भाषा विज्ञान के आधार पर निश्चित किया था। जब तक इसकी तुलना जीवन विज्ञान, प्राणि विज्ञान, पुरातत्व विज्ञान आदि से न हो जाए, तब तक इसे सर्वसम्मत नहीं माना जा सकता।

आर्यों के मूल स्थल

मूल स्थल	प्रतिपादक
मध्य एशिया	मैक्समूलर
सप्तसैंधव क्षेत्र	डॉ. अविनाश चंद्र तथा संपूर्णानंद
कश्मीर व हिमालय देश	एल.डी. कल्ला
देविका प्रदेश (मुल्तान)	डी.एस. त्रिवेदी
पामीर का पठार	मेयर, कील, ओल्डर्न वर्ग
जर्मनी	पेंका और हर्ट
तिब्बत	स्वामी दयानंद
दक्षिणी रूस	ब्रैंडेस्टीन

जर्मन प्रदेश

प्रो. पेंका तथा कुछ अन्य विद्वानों ने जर्मन प्रदेश को आर्यों का आदि प्रदेश माना है। यह सिद्धांत प्रजाति पर आधारित है। उनके अनुसार, जर्मनी में गौरवर्ण, भूरे

बाल आदि के जातीय लक्षण प्राचीन आर्यों से बिल्कुल मिलते-जुलते हैं। वहाँ पर खुदाई में ऐसे पात्र मिले हैं, जो आर्यों द्वारा निर्मित लगते हैं। लेकिन ऐसी समानता न सिर्फ जर्मनी, बल्कि दक्षिणी रूस, पोलैंड और यूक्रेन में भी देखने को मिलती है।

मध्य एशिया का सिद्धांत

कुछ विद्वानों ने एक ईरानी अनुश्रुति के आधार पर यह मतैक्य दिया है कि आर्य मध्य एशिया के निवासी थे। आर्यों की भाषा और धर्म का ईरानियों की भाषा और धर्म से घनिष्ठ संबंध है। बहुत से शब्द, यहाँ तक कि कुछ वाक्य तक, भारतीय भाषा से ईरानी भाषा में लाए जा सकते हैं। ईरानियों के देवता भी आर्यों के देवता सदृश थे। एडवर्ड मेयर के मतानुसार, पामीर प्रदेश आर्यों का आदि देश था। उनके अनुसार, इंडो-ईरानी लोग पामीर के पठार के आस-पास कहीं रहते थे। आर्यों के ग्रंथ **ऋग्वेद** तथा ईरानियों के ग्रंथ **अवेस्ता** में अनेक समान वस्तुओं का उल्लेख है, जैसे कि घोड़ा, प्राचीन गाँव, नाव खेने तथा कई वृक्षों का वर्णन। वृक्षों में पीपल प्रमुख है। ऐसी भूमि पामीर प्रदेश ही है, क्योंकि यहाँ ये सारी वस्तुएं पाई जाती हैं। रेकॉर्ड ने कहा कि आर्यों का मूल स्थान मध्य एशिया ही था। उसने कहा है कि प्रारंभ में आर्य बैक्ट्रिया और उसके निकटवर्ती भूभाग पर निवास करते थे। इस स्थान पर जनसंख्या अधिक हो जाने के कारण बहुत से लोग पूर्व-पश्चिम और उत्तर की ओर प्रस्थान कर गए।

प्रसिद्ध जर्मन विद्वान् प्रो. मैक्समूलर के अनुसार, आर्य जाति और उसकी सभ्यता का ज्ञान हमें वेदों और अवेस्ता से मिलता है। इनके अनुसार भारतीय तथा ईरानी आर्य एक लंबे समय तक साथ-साथ रहें, अत: इनका आदि देश भारत और ईरान के समीपवर्ती था। वहीं से एक शाखा ईरान को, दूसरी भारत को तथा तीसरी यूरोप को गई होगी, क्योंकि प्राचीन आर्य पशुपालन और कृषि कार्य करते थे, अतएव वे एक बड़े मैदान में रहते हैं। इन तथ्यों के आधार पर ही मैक्समूलर और अन्य विद्वान् यह मानते हैं कि मध्य एशिया ही आर्यों का मूल देश है।

दक्षिणी रूस का सिद्धांत

प्रो. मायर्स ने सर्वप्रथम इस तथ्य को प्रतिपादित किया कि आर्य कैस्पियन सागर के पूर्व में रूस के दक्षिणी भाग के मूल निवासी थे। प्रो. चाइल्ड ने भी पुरातत्व संबंधी अवशेषों के आधार पर इस मत का समर्थन किया है। अनेक आधुनिक यूरोपियन विद्वान् भी अब इस मत से सहमत हैं। इस क्षेत्र में एक प्राचीन सभ्यता के अनेक अवशेष मिले हैं, जो ईसा से लगभग तीन सहस्राब्दी पूर्व के माने जाते हैं। इस सभ्यता के लोग पशुपालक दशा से ऊपर उठकर कृषि कार्य करने लगे थे। बस्तियां भी स्थिर हो गई थीं। औजार बनाने के लिए ये पत्थर के अतिरिक्त धातु का उपयोग भी करते थे। सोने और चाँदी से भी ये परिचित थे। ये लोग भेड़, बकरी, गाय, घोड़े आदि पशुओं का पालन करते थे। उनमें राजनीतिक संगठन का विकास भी हो चुका था। मुख्य कार्यकर्ता (सरदार) अन्य ग्रामीणों की अपेक्षा अधिक वैभव का जीवन व्यतीत करते थे। ये लोग मृतकों को दफनाते थे। उसके ऊपर समाधियां बनाते थे। **प्रो. चाइल्ड** एवं अन्य विद्वानों का मत है कि कैस्पियन सागर के पूर्व में, दक्षिणी रूस प्रदेश के विविध स्थानों में पाई गई अनेक समाधियां आर्य लोगों की ही हैं; क्योंकि प्राचीन काल में आर्य लोग यहाँ रहते थे और बाद में अन्य स्थानों पर चले गए थे। लेकिन इस सिद्धांत को भी पूरी तरह मान्यता नहीं दी गई है।

आर्कटिक प्रदेश का सिद्धांत

अनेक विद्वानों का यह भी मत है कि आर्य लोगों का मूल अभिजन उत्तरी ध्रुव क्षेत्र है। प्रसिद्ध भारतीय विद्वान् लोकमान्य बालगंगाधर तिलक ने इस मत का प्रतिपादन किया है। तिलक ने इस मत का प्रतिपादन वैदिक संहिताओं के आधार पर किया है। सबसे पहले आर्य सप्त सैंधव (पंजाब व समीपवर्ती प्रदेश) में बसे। यह स्थान परिवर्तन ध्रुव प्रदेश में जलवायु में परिवर्तन होने के कारण था। आर्यों में अभी तक उत्तरी ध्रुव के निवास की स्मृतियां विद्यमान थीं। ऋग्वेद के अनेक सूक्तों में छह मास के दिन का वर्णन आता है। एक सूक्त में उषा काल की स्तुति की गई है; क्योंकि उत्तरी ध्रुव में ही उषा लंबी अवधि तक रहती थी। भारत का उषा काल तो छोटा है। महाभारत में सुमेरु पर्वत का वर्णन आता है, जहाँ देव लोग वास करते हैं। यहाँ एक वर्ष का अहोरात्र होता था। जिस पर्वत पर अहोरात्र होता है, वह केवल उत्तरी ध्रुव क्षेत्र में ही हो सकता है। महाभारत के इस वर्णन में उस समय की स्मृतियां सुरक्षित हैं, जब आर्य उत्तरी ध्रुव पर वास करते थे। यह वर्णन तब का है, जब वह प्रदेश वनस्पति आदि से परिपूर्ण होने के कारण मनुष्य के रहने योग्य था। यहाँ से आ जाने के बाद भी आर्य अपने प्राचीन अभिजन को सम्मान की दृष्टि से देखते थे और देवताओं का निवास भी मानते थे।

ईरानियों के धर्मग्रंथ 'जेंद अवेस्ता' में भी आर्यों के मूल अभिजन का वर्णन है। उसके अनुसार, अहुरमज्द ने पहले-पहल 'ऐर्थ्यन वेइजी' (आर्यों का मूल या बीज) का निर्माण किया। इस प्रदेश में सर्दी के 10 महीने और गर्मी के दो महीने होते थे। अनेक विद्वानों के मतानुसार 'ऐर्थ्यन वेइजी' प्रदेश उत्तरी ध्रुव के समीप ही कहीं स्थित था। 'जेंद अवेस्ता' में अहुरमज्द द्वारा निर्मित विविध देशों का जो क्रम लिखा गया है, शायद वह आर्यों के विस्तार का सूचक है। 'ऐर्थ्यन वेइजी' स्थल उत्तरी ध्रुव में है या ईरान में, इस पर अभी मतभेद है। विद्वान् इसे भाषा विज्ञान की दृष्टि से काल्पनिक मानते हैं।

अविनाश चंद्र तथा अन्य कई इतिहासकारों के अनुसार हिम युग और उत्तर हिमयुग में पृथ्वी पर अनेक परिवर्तन हुए तथा पृथ्वी की जलवायु, वनस्पति आदि में अनेक परिवर्तन हुए हैं, जिनके कारण आदि मानवों के विभिन्न जनसमूहों को अपनी जन्मभूमि से बार-बार स्थानांतरित होना पड़ा। इसलिए कौन सा समूह, कहाँ जाकर बस गया, किसी को नहीं मालूम। अत: किस जनजाति का मूल अभिजन कौन सा था, कोई नहीं जानता। हरविलास शारदा ने 'जेंद अवेस्ता' को अथर्ववेद का रूपांतरण मात्र माना है।

भारतीय सिद्धांत

अनेक विद्वानों का यह मत है कि आर्यों का मूल अभिजन भारत ही है। उनके अनुसार, वेदों, पुराणों या हिंदुओं के अन्य ग्रंथों में किसी भी स्थान पर आर्यों का बाहर से आने का वर्णन नहीं मिलता। यह भी असंभव लगता है कि आर्य अपना मूल स्थान बिल्कुल भूल गए। जबकि पुराने मिस्रवासियों तथा पारसियों को अपना आदि देश याद रहा।

दूसरा तर्क यह है कि जिन आर्यों ने ऋग्वेद को रचा, वे पंजाब और कश्मीर के निवासी थे। लेकिन ऋग्वेद में चावल, नमक, बाघ, हस्ति आदि का वर्णन नहीं है। यदि आर्यों का मूल स्थान पंजाब होता तो ऋग्वेद में इनका विवरण अवश्य होता, लेकिन यह उक्ति भी निरर्थक है। यदि ऋग्वेद में इन वस्तुओं का विवरण नहीं है तो ऐसा भी नहीं है कि आर्य इनसे अपरिचित थे। आर्यों के

सबसे पुराने ग्रंथ वेद, ब्राह्मण और संहिता आदि हैं, यदि आर्यों का मूल स्थान भारत से बाहर है तो यह साहित्य भारत में ही क्यों पाया जाता है। अत: ऐसा लगता है कि उत्तरी भारत का पंजाब ही आर्यों का मूल स्थान है। दूसरा उदाहरण इस पक्ष में यह है कि संहिताओं में उल्लेखित यज्ञादि अनुष्ठानों में सोम पान किया जाता था। सोम उत्तरी पंजाब की मजबूत पहाड़ियों पर उपलब्ध होता था। अत: स्पष्ट है कि यज्ञादि का विकास पंजाब में ही हुआ था।

अविनाश चंद्र दास का कथन है कि ऋग्वेद की रचना जिस सप्त सिंधु प्रदेश में हुई थी, वह भारत का प्राचीन भाग था, जो पूर्व, पश्चिम और दक्षिण में समुद्रों से घिरा हुआ था। यह क्षेत्र गंगा-यमुना की घाटी, राजपूत और अनेक राज्यों में फैला हुआ था। इन समुद्रों के दक्षिण में भारत एक विशाल महाद्वीप के रूप में पूर्वी अफ्रीका, बर्मा और ऑस्ट्रेलिया तक फैला हुआ था। सप्त सैंधव प्रदेश के उत्तर में भी एक विशाल समुद्र उत्तरी ध्रुव महासागर से लेकर कृष्ण सागर तक फैला हुआ था। इस प्रकार सप्तसिंधु प्रदेश तीन ओर से समुद्र से घिरा हुआ था। ऋग्वेद में इसी प्रकार के सप्तसिंधु क्षेत्र का विवरण दिया हुआ है। अनादिकाल से आर्य सप्तसिंधु क्षेत्र में रहते आए हैं। ऋग्वेद में दक्षिण पांचाल, मगध, विदेह आदि का उल्लेख नहीं है, क्योंकि इस काल में राजपूताने की मरुभूमि, पांचाल, विदेह और मगध के स्थान पर एक विशाल समुद्र फैला हुआ था।

भाषा को लेकर भी विद्वान् यह भी मत देते हैं कि आर्य भाषा के मूल शब्दों की बड़ी संख्या संस्कृत से संबंधित है। यहाँ तक कि सस्कृत परिवार की भारतीय भाषाओं में ये शब्द विद्यमान हैं। यद्यपि यहाँ पर हजारों वर्षों तक विभिन्न प्रजातियां निवास करती थीं। अत: यदि वैदिक भाषा ही आर्यों की भाषा थी, तो यूरोपीय भाषाओं का विकास भारत होकर जाने वाले आर्यों और यूरोप से अनार्य आदिवासियों के संपर्क से हुआ। यहाँ तक कि लाटविया और एस्टोनिया (बाल्टिक तट) के प्राचीन महाकाव्यों में भी इस बात का उल्लेख मिलता है। इन देशों में भारतीय उस समय पहुँचे, जब असुर और देवता (यानी अनार्य और आर्य) साथ-साथ रहते थे और आर्यजन यहाँ से यूरोप के अन्य स्थानों पर भी पहुँच गए होंगे। इस सिद्धांत की भी मान्यता सिद्ध नहीं हो सकी है। विद्वान् यह मानते हैं कि यदि आर्य भारत के मूल निवासी हैं, तो उन्होंने पूरे भारत का आर्यीकरण क्यों नहीं किया, क्योंकि संपूर्ण दक्षिण भारत और कुछ उत्तर भारत के भाग अनार्य हैं। दूसरे सिंधु सभ्यता (जोकि आर्यों से पूर्व की सभ्यता है) यदि अनार्य है, तो भारत आर्यों का देश नहीं हो सकता। कुछ विद्वानों ने दजला और फरात (युफ्रेटस और टिग्रिस) नदियों की घाटी में विद्यमान सुमेरियन सभ्यता को ही आर्य सभ्यता माना है। **प्रो. वाडेल** के मतानुसार, सुमेर के भग्नावशेषों में मिली विविध मुहरों पर जिन राजाओं के नाम उत्कीर्ण हैं, वे भारतीय पौराणिक राजाओं के नामों के सदृश हैं। उनके अनुसार, पौरव, इक्ष्वाकु आदि राजा दजला और फरात की घाटी में शासन करते थे। राजा रघु, दिलीप और दशरथ के काल के अवशेष भी भारत में नहीं मिले हैं। इनके अवशेष इराक में मिले हैं। लेकिन वैज्ञानिकों के मध्य इस विषय पर भारी मतभेद हैं।

ये सभी सिद्धांत अकाट्य नहीं हैं, लेकिन किसी को पूर्णरूपेण स्वीकार भी नहीं किया जा सकता। परंतु अधिकांश विद्वानों का मत है कि आर्यों ने भारत में बाहर से प्रवेश किया तथा सिंधु सभ्यता का विनाश कर अपना राज्य स्थापित किया। उनका आगमन किन प्रदेशों से हुआ, इस पर विद्वान् के बीच एक मत नहीं हैं, किंतु अधिकतर इतिहासकारों का विचार है कि आर्यों का आदि देश कैस्पियन सागर के पूर्व आक्सस नदी के समीप कहीं पर स्थित था। यहाँ से विभिन्न शाखाओं में विभाजित होकर आर्य प्राचीनतम सभ्यताओं के क्षेत्रों में प्रविष्ट हुए। यूरोप में ग्रीक व लैटिन लोगों से पहले भी कैल्टिक जाति के रूप में आर्य जाति की एक धारा प्रवेश कर चुकी थी। **डॉ. हार्नली** के मतानुसार आर्य भारत में भी दो धाराओं में प्रविष्ट हुए। पहली धारा उत्तर-पश्चिम की ओर से प्रविष्ट होकर भारत के मध्यप्रदेश (गंगा-यमुना) तक चली गई। दूसरी धारा ने मध्य हिमालय (किन्नर देश, गढ़वाल और कूर्मांचल) के रास्ते से प्रविष्ट किया तथा पहले से बसे हुए आर्यों को पूर्व, पश्चिम की ओर भगा दिया। पहले आने वाले आर्य मानव वंश के थे और दूसरे ऐल वंश के थे।

भारत में आर्यों ने प्रवेश चाहे कितनी भी धाराओं में किया हो, लेकिन अधिकतर विद्वान् इसी मत को मानते हैं कि आर्यों का मूल अभिजन कैस्पियन सागर के पूर्व से लेकर वक्षु (आक्सस) नदी तक के किसी क्षेत्र में था। यहाँ से विभिन्न शाखाओं में विभाजित होकर आर्य अन्य स्थानों में फैले। एक शाखा ईरान पहुंची और दूसरी भारत में प्रविष्ट हुई। सर्वप्रथम अफगानिस्तान और पंजाब के प्रदेशों में उनकी सभ्यता का विकास हुआ। यहाँ के मूल द्रविड़ निवासियों को निष्कासित कर आर्यों ने अपना प्रभुत्व स्थापित किया।

महत्वपूर्ण बिंदु

* आर्यों को भारतीय सभ्यता व संस्कृति का संस्थापक माना जाता है।
* आर्य शब्द मुख्यत: 'अरि' से निकला है, जिसका अर्थ 'विदेशी' होता है।
* बाल गंगाधर तिलक ने आर्यों का स्थान आर्कटिक प्रदेश माना है।
* आर्य शब्द संस्कृत भाषा का शब्द है, जिसका अर्थ श्रेष्ठ या उत्तम माना जाता है।
* भारत में आर्यो की जानकारी का स्रोत ऋग्वेद है।
* प्रो. मैक्समूलर का मानना है कि आर्य मूलत: मध्य एशिया से भारत आए थे।

❑❑❑

अध्याय

3

वैदिक साहित्य की प्राचीनता और स्तरीकरण

[ऋग्वैदिक काल के दौरान समाज, अर्थव्यवस्था एवं धर्म]

वैदिक युग की सभ्यता और संस्कृति

आर्य लगभग 1500 ई. पू. में भारत में आए थे। उनके इतिहास के प्राचीनतम युग को 'वैदिक युग' कहते हैं, इसलिए वेद आर्यों के प्राचीनतम ग्रंथ हैं। ये ग्रंथ हमें आर्यों की सभ्यता, संस्कृति, धर्म के संबंध में पूर्ण ज्ञान प्रदान करते हैं। वास्तव में मनु से महाभारत तक के काल को वैदिक युग माना जा सकता है। इस लंबी अवधि (जो लगभग 1500 वर्ष थी) में वैदिक सूक्तों के द्वारा ही इस काल का सामाजिक, आर्थिक, राजनीतिक एवं दार्शनिक परिचय मिलता है।

वैदिक संहिता

वेदों का तात्पर्य है, ज्ञान। ये पद्य में लिखे गए हैं। कुछ अंश गद्य में भी हैं। ये पद्य 'ऋचा' या 'युग' कहलाते हैं। गद्य को 'यजुष्' कहते हैं। वैदिक मंत्रों के संकलन को 'संहिता' कहते हैं। महान् मुनि वेदव्यास ने इनका संकलन चार भागों में किया, ये हैं—ऋग्वेद, यजुर्वेद, सामवेद, अथर्ववेद। वेद संस्कृत के 'विद' शब्द से बना है, जिसका अर्थ है— 'क्रमबद्ध' ज्ञान होना।'

ऋग्वेद

इसमें विभिन्न देवताओं की स्तुति में गाये गये मंत्रों का संग्रह हैं। यह 1028 सूक्तों का संकलन है। सूक्त का अर्थ है 'अच्छी उक्ति'। प्रत्येक सूक्त में तीन से लेकर सौ तक मंत्र हैं। यह दस मण्डलों में विभक्त है। इसमें आर्यों की धार्मिक भावनाओं और देवताओं का विवरण मिलता है। साथ ही प्रत्येक मण्डल में भिन्न-भिन्न आर्य राजाओं का वर्णन है। इसमें आर्यों का भारत में विस्तार, अनार्यों के साथ हुए युद्ध, आर्य वंशों के परस्पर युद्ध, प्रमुख ऋषि घरानों की भी संपूर्ण जानकारी मिलती है। अत: ऋग्वेद एक ऐतिहासिक महत्वपूर्ण ग्रंथ है।

सामवेद

साम का अर्थ 'गान' से है। सामवेद में 1875 श्लोक हैं। सोम-यज्ञ के समय विशेष श्रेणी के ब्राह्मणों, जिन्हें 'उद्‌गाता' कहा जाता था, द्वारा इन श्लोकों का गान किया जाता था। इस वेद में वास्तव में नई बात कुछ भी नहीं है। केवल 75 श्लोकों को छोड़कर शेष सामग्री 'ऋग्वेद संहिता' से ग्रहण की गई है। सामवेद के अध्ययन से ज्ञात होता है कि आर्य लोग संगीतप्रिय थे।

यजुर्वेद

यजुर्वेद में यज्ञ-संबंधी विधि-विधानों का वर्णन है। यजुर्वेद के दो भेद हैं—शुक्ल यजुर्वेद और कृष्ण यजुर्वेद। शुक्ल यजुर्वेद में केवल श्लोक ही पढ़ने को मिलते हैं, किंतु कृष्ण यजुर्वेद में श्लोकों के साथ-साथ उनकी व्याख्या भी मिलती है।

अथर्ववेद

बहुत काल तक अथर्ववेद को वेद नहीं माना गया, लेकिन अब ऐसी बात नहीं है। यद्यपि ऐतिहासिक और वैज्ञानिक दृष्टि से यह ऋग्वेद से मिलता-जुलता है, फिर भी इसका अपना महत्व अवश्य है। विदेशी भाष्यकारों के मुताबिक, इसमें भूत-प्रेत आदि को वश में करने के लिए अनेक मंत्र दिए गए हैं। लेकिन आर्य समाज के संस्थापक **दयानंद सरस्वती** के अनुसार भूगोल, खगोल, वनस्पति विद्या, आयुर्वेद, अर्थशास्त्र, राष्ट्रभाषा की महिमा, शल्य चिकित्सा आदि विषयों का निरूपण अथर्ववेद में दिया गया है।

उपवेद

चारों वेदों का एक-एक उपवेद भी है। इस प्रकार उपवेदों की संख्या भी चार है— आयुर्वेद, धनुर्वेद, गंधर्ववेद तथा स्थापत्यवेद।

आयुर्वेद

यह ऋग्वेद का उपवेद है। इसके कर्ता धन्वंतरी हैं। इसमें रसायनशास्त्र, खनिज विज्ञान, वनस्पति-विज्ञान, शल्य-चिकित्सा, विष-चिकित्सा, आयुर्विज्ञान आदि के वर्णन किए गए हैं। इसके रचयिताओं में प्रमुख हैं—आचार्य अश्विनी कुमार, धन्वंतरी, बाणभट्ट, सुश्रुत, माधव, जीवन, लोलिंबराज और पतंजलि आदि।

धनुर्वेद

यह यजुर्वेद का उपवेद है। इसके कर्ता विश्वामित्र हैं। इसमें अस्त्र-शस्त्र चलाने, उन्हें बनाने और उनमें प्रवीणता प्राप्त करने की विधियों का उल्लेख है। वैदिक काल के युद्ध-विद्या के सुप्रसिद्ध आचार्यों ने इसमें शस्त्रों के संचालन की विधियों पर प्रकाश डाला है। जमदग्नि, परशुराम, विश्वामित्र, द्रोणाचार्य, कृपाचार्य आदि इसके कतिपय प्रमुख आचार्य हैं।

गंधर्ववेद

यह सामवेद का उपवेद है। इसके कर्ता नारद मुनि हैं। इसमें गान विद्या के प्रमुख अंगों, जैसे- गायन, वादन, नृत्य आदि का विशद वर्णन दिया हुआ है। विश्वावसु, नारद, तुंबुरु, शंकर, शिलालि, भरत आदि इसके आचार्य हैं।

स्थापत्य वेद

यह अथर्ववेद का उपवेद है। स्थापत्य वेद के कर्ता विश्वकर्मा हैं। इसमें वास्तुशास्त्र, शिल्पकला, हस्तकला इत्यादि का विवरण है। वेदों के अतिरिक्त वैदिक साहित्य के अंतर्गत अनेक ग्रंथों की रचना हुई हैं—

ब्राह्मण ग्रंथ

ये वे टीकाएं हैं, जोकि वेद मंत्रों की व्याख्या करती हैं। ये कुरु तथा पांचाल देशों

में रचे गए थे। इसमें पद्य रूप में धार्मिक नियमों और निषेधों की रचना करके पूजा विधि को निश्चित रूपरेखा प्रदान की गई।

आरण्यक

इन ग्रंथों का अध्ययन एकांत वनों में किया जाता था। इनमें आत्मा, मृत्यु और जीवन जैसे अनेक महत्वपूर्ण विषयों पर चर्चा की गई है। वर्तमान में 7 प्रमुख आरण्यक उपलब्ध है।

उपनिषद्

ब्राह्मण ग्रंथों के भाग 'उपनिषद्' कहलाते हैं। सृष्टि की उत्पत्ति, आत्मा क्या है, सृष्टि के कार्यकलाप, जीवधारियों की चेतना शक्ति आदि गूढ़ विषयों पर एकांत में बैठकर मनन किया जाता था और इन्हें उपनिषद् कहते हैं, क्योंकि उपनिषद् का अर्थ है 'निकट बैठना'। उपनिषदों की कुल संख्या 108 है। तथा ये वेदों से संबंधित है। उपनिषदों में कार्य तथा फल का सिद्धांत इस प्रकार निश्चित किया गया है कि 'मनुष्य जैसा कर्म करेगा, उसे वैसा ही फल भुगतना पड़ेगा। मनुष्य का मुख्य उद्देश्य मोक्ष प्राप्त करना है।'

वैदिक साहित्य में वेदांग

वैदिक साहित्य के कुल छह वेदांग हैं :—

1. शिक्षा का संबंध व्याकरण से है।
2. व्याकरण का संबंध भाषा के शुद्ध प्रयोग से है।
3. छंद की रचना शेषनाग ने की। छंद को 'पिंगल शास्त्र' भी कहते हैं। छंद दो प्रकार के हैं—लौकिक और अलौकिक।
4. निरुक्त—इसके रचयिता आचार्य यास्क हैं। इसमें वेदों में आए हुए शब्दों की उत्पत्ति एवं अर्थों की व्याख्या समाहित है।
5. ज्योतिष—यह गणित ज्योतिष तथा फलित ज्योतिष दो भागों में विभाजित है। इसमें समय, तिथि, संवत् आदि जानने की विधियों का वर्णन किया गया है। सूर्य, चंद्र, पृथ्वी, बुध, मंगल आदि ग्रहों की गतियों का विवरण गणित की सहायता से किया जाता है।
6. कल्प— ऐसे सूत्र जिनमें नियमों एवं विधियों का प्रतिपादन किया जाता है, कल्पसूत्र कहलाते हैं।

श्रौतसूत्र

इसमें वैदिक यज्ञों के विधि-विधान का वर्णन है।

गुह्य सूत्र

इसमें जन्म से लेकर मृत्यु तक मनुष्य के कर्तव्यों का वर्णन है। इसमें आठ प्रकार की विवाह पद्धतियां दी गई हैं—ब्रह्म, दैव, आर्ष, प्रजापत्य, असुर, गंधर्व, राक्षस, पैशाच।

धर्मसूत्र

इनमें वर्णधर्म, राजा को कर्तव्य, प्रायश्चित विधान, न्यायालयों की स्थापना, कराधान, वियोग नियम, तथा ग्रहस्थ कर्तव्यों का विवरण आदि दिया गया है।

शुल्व सूत्र

'शुल्व' का तत्पर्य है - मापने की डोरी। इसमें यज्ञ की वेदियों को नापने, स्थान चयन एव निर्माण आदि का वर्णन है।

दर्शन

भारतीय दर्शन की छह शाखाएं हैं, जिन्हें 'षड्दर्शन' कहा जाता है। ये हैं—न्याय, वैशेषिक, सांख्य, योग, पूर्व मीमांसा तथा उत्तर मीमांसा। इनमें जीवन मूल्यों का वर्णन किया गया है और बाह्य कर्मकाडों का विरोध।

दर्शन	प्रतिपादक
सांख्य	कपिल
न्याय	गौतम
योग	पतंजलि
वैशेषिक	कणाद
पूर्व मीमांसा	बादरायण

आर्य संस्कृति

आर्य जिस क्षेत्र में आकर बसे, उसे 'सप्त सिंधु' कहते थे। कुछ इसे देश के संदर्भ में प्रयुक्त करते थे और कुछ इस शब्द का प्रयोग सात नदियों के संदर्भ में करते थे। 'इंडिया' या 'हिंदुस्तान' शब्द का तारतम्य भी सिंधु अथवा प्राचीन ईरानी अभिलेखों के 'हिन्दू' शब्द से जोड़ा जाता है। आर्यों की सबसे महत्वपूर्ण जनजाति थी 'भरत' और इसी आधार पर इसे 'भारत' कहा जाता था। इसका दूसरा नाम 'आर्यावर्त' था। इस काल के साहित्य में हिमालय या हिमवंत का उल्लेख तो मिलता है, लेकिन विंध्य और सतपुड़ा पर्वत का नहीं। इससे यह लगता है कि आर्यों ने दक्षिणी दिशा में अपना प्रभुत्व कायम नहीं किया था।

'सप्त-सिंधु' नाम से विख्यात इस देश में सतलुज, रावी, व्यास, चेनाब, झेलम, कुभा, सरस्वती, नर्मदा, सिंधु और कावेरी नामक सात नदियां प्रमुख थीं। ऋग्वैदिक आर्य किसी भी प्रकार के मरुस्थल से परिचित नहीं लगते, परंतु 'तैत्तिरीय उपनिषद' में कुरुक्षेत्र के निकट मरुस्थलीय टीलों के संदर्भ में एक स्थान पर 'मरु' शब्द का उल्लेख मिलता है। ऋग्वेद काल में सप्तसिंधु क्षेत्र की सीमाएं पूर्व में हिमालय एवं तिब्बत तक थीं। उत्तर में तुर्किस्तान, पश्चिम में अफगानिस्तान और दक्षिण में अरावली तक थीं।

आर्यों की कुछ टुकड़ियां विंध्य पर्वत पार कर 'ध्रुव मध्यम देश', जो सरस्वती से लेकर गंगा के दोआब तक फैला हुआ था, पहुँच गई थीं। यहाँ से ब्राह्मण सभ्यता कोशल, काशी, विदेह, विदर्भ, अंग, मगध, पुंड्र, पुलिंद, सवर एवं आंध्रों के देश तक फैलीं। कुरु साम्राज्य की राजधानी असंदीवट में थी और पांचालों की राजधानी कांपिल्य में बताई जाती है।

धार्मिक विचारधाराएं एवं अनुष्ठान

इस काल में आर्य आस्तिक थे। वे अनेक धारणाओं में विश्वास रखते थे। उनका विश्वास था कि समस्त प्राकृतिक घटनाएं उनके अधिष्ठाता देवताओं के द्वारा संचालित होती हैं। जीवन चक्र का विधाता मानव जीवन का चालक और कर्मों का संचालक माना जाता है। वैदिक आर्यों के धर्म में एक प्रकार की प्रकृति को दैवीय रूप दिया जाता था, जैसे वरुण, इंद्र, मित्र आदि आकाश के देवता थे। आकाश में निश्चित मार्ग पर परिक्रमा करनेवाले प्रकाश पुंजों को देवस (देवता) मानते थे। देवताओं को तीन भागों में विभाजित किया गया है:—

- पृथ्वी स्थान—पृथ्वी, अग्नि, सोम, बृहस्पति और नदियां।

- वायु स्थान—इंद्र, अपानपात्, विष्णु, आदित्य, रुद्र, अहिबुधंय, वायुवत्, पर्जन्य, आप:, मातरिश्वन्।
- द्युस्थान—द्यौस, वरुण, मित्र, सूर्य, सवितु, पूषण, विष्णु, उषा एवं अश्विन। देवताओं की संख्या लगभग 33 मानी गई है। देवताओं की उत्पत्ति का उल्लेख तो मिलता है, लेकिन जन्मकाल निश्चित नहीं है। देवता दयावान हैं तथा सदाचारियों को पुरस्कृत करते हैं।

महत्वपूर्ण देवता

वैदिक काल के कुछ देवता निम्न थे—

1. **इंद्र :** ऋग्वेद में इंद्र को 250 सूक्त समर्पित हैं। इंद्र आर्यों के युद्ध और मौसम के देवता हैं। इंद्र एक शक्तिशाली देवता है, जिसे शतक्रतु, वृत्रहन, मधवान भी कहा जाता था। उनकी पत्नी का नाम है इंद्राणी या शची (ऊर्जा)।
2. **अग्नि :** ऋग्वेद में अग्नि के लिए 200 सूक्त समर्पित है। अग्नि के माध्यम से देवताओं को आहुति प्रदान की जाती थी। वह पुरोहितों के भी देवता थे। वास्तव में अग्नि देवता को देवताओं और मनुष्य के बीच का मध्यस्थ माना गया है।
3. **रुद्र :** ये तूफान के प्रतीक हैं। महामारी और महाविनाश को दूर रखने के लिए उनकी पूजा की जाती है। ये आरोग्यकारी जड़ी-बूटी के संरक्षक भी हैं।
4. **सूर्य :** माना जाता है कि सूर्य किरणों के रथ पर सवार होकर आकाश में घूमते हैं। गायत्री मंत्र उन्हें समर्पित है। वे समस्त संसार को रोशनी प्रदान करते हैं।
5. **सोम :** सोम चंद्रमा के प्रतीक हैं। इन्हें अमरत्व प्राप्त था।
6. **पृथ्वी :** पृथ्वी को माता का स्थान दिया जाता है। जहाँ वनस्पतियां और जीव पलते हैं।

   विविध देवता—अन्य महत्वपूर्ण देवता हैं—वायु, विष्णु, द्यौस, अदिति, सवितृ, पूषण, विश्वदेव, मरुत।

   देवियां—सर्वाधिक पूजनीय देवियां थीं—पृथ्वी, अरण्यनी, पिशान्, इला, पुरामाधि।

आर्यों के सोलह संस्कार			
1.	गर्भाधान संस्कार	:	संतान प्राप्ति हेतु पुरुष एवं स्त्री द्वारा की जाने वाली क्रिया।
2.	पुंसवन संस्कार	:	पुत्र की प्राप्ति हेतु मंत्रों का उच्चारण।
3.	सीमंतोन्नयन	:	गर्भ में पल रही संतान की रक्षा हेतु किया जाने वाला संस्कार।
4.	जात कर्म	:	बच्चे के पैदा होने पर पिता द्वारा उसे शहद या घी चटाने की क्रिया।
5.	नामकरण संस्कार	:	बच्चे का नाम रखने का संस्कार।
6.	निष्क्रमण संस्कार	:	घर से पहली बार बच्चे के निकलने पर किया जाने वाला संस्कार।
7.	अन्नप्राशन्न	:	बच्चे को अन्न देना प्रारंभ करना।
8.	चूड़ा कर्म	:	मुंडन संस्कार।
9.	कर्णवेध	:	कान में छेद करना।
10.	विद्यारंभ	:	शिशु को अक्षर ज्ञान कराना।
11.	उपनयन	:	यज्ञोपवीत धारण करने की क्रिया तथा उसके पश्चात् बच्चा शिक्षा ग्रहण करने योग्य बन जाता है।
12.	वेदारंभ	:	वेदों का अध्ययन प्रारंभ करने के लिए किया जाने वाला संस्कार।
13.	समावर्तन संस्कार	:	शिक्षा की समाप्ति पर।
14.	विवाह संस्कार	:	वर-वधू का परिणय सूत्र में बंधना।
15.	वानप्रस्थ	:	सांसारिकता से दूर रहना।
16.	अंत्येष्टि संस्कार	:	मृत्यु के पश्चात् होने वाला अंतिम संस्कार।

दर्शन एवं नैतिक विचार

ऋग्वेद के विद्वान् मानते हैं कि सृष्टि 'हिरण्यगर्भ' से उत्पन्न हुई है। एक सूक्त में कवि इसे 'तपस' की उत्पत्ति मानते हैं। तत्पश्चात् ऋतु, सत्य, रात्रि और सागर उत्पन्न हुए। ऋग्वेद के अनुसार सत् अर्थात् सत्य, जोकि ब्रह्म है, वह सर्वोच्च और एक परम आत्मा है।

ऋतु की धारणा के अनुसार, ब्रह्मांड अपने नियमित मार्ग पर चलता है। रात के बाद दिन, गरमी, सर्दी, वर्षा आदि ऋतुएं, स्वत: आते रहते हैं। मनुष्य ऋतु के अनुसार ही रहना चाहता है एवं प्रकृति के नियमों का पालन करना चाहता है। आर्य मृत्यु के बाद जीवन की धारणा पर विश्वास करते थे। मोक्ष प्राप्त करना ही उनका लक्ष्य था। यम मृत्यु प्राप्त करने वाले प्रथम नश्वर प्राणी हैं, जो मृत्यु पश्चात् अमर होकर मृत्युलोक के देवता बन गए। मृत्यु पश्चात् प्रत्येक प्राणी यम एवं यमी (यम की आदिम जुड़वां बहन) के लोक में प्रविष्ट होते हैं। सदाचारी एवं ईश्वर भक्त **इष्टपुर्त** (स्वर्ग) जाएंगे एवं दुराचारी **अव्रतस** (नरक) जाएंगे। आत्माएं अमर हैं और जीवित व्यक्तियों द्वारा अर्पित यज्ञ एवं अंत्येष्टि के समय अर्पित सामग्री (श्राद्ध) स्वीकार करती हैं और पुनर्जन्म धारण करती हैं।

आर्यों के अनुसार, आदर्श जीवन के लिए यज्ञ और अन्य धार्मिक अनुष्ठान करने चाहिए। ईश्वर के नियमों का पालन न करना पाप है। दुर्व्यवहार नहीं करना चाहिए। झूठ बोलना, क्रोध में दुराचार करना, मद्यपान करना और जुआ खेलना पाप है।

यज्ञ

यह ईश्वर की उपासना की सर्वोपरि पद्धति थी। इसका प्रमुख लक्ष्य परमात्मा को प्रसन्न करना था। यज्ञ में हवनकुंड में अग्नि प्रज्ज्वलित कर ऋग्वेद की ऋचाओं का पाठ करते हुए अग्नि में आहुतियां दी जाती हैं। ऋग्वेद में दो प्रकार के यज्ञों का उल्लेख है—1. गृहस्थादि समारोह के अवसरों पर जैसे—विवाह जन्म इत्यादि के समय 2. इंद्र से संबंधित अनुष्ठान, जो केवल शासक या धनी वर्ग ही करता था। यज्ञ विशाल स्तर पर होता था अश्वमेध, राजसूय, वाजपेय इत्यादि प्रमुख यज्ञ थे। अश्वमेध यज्ञ में चार अनुष्ठाता, चार रानियां और उनके

400 अनुचर भाग लेते थे। यह दो या तीन दिन चलता था। अथर्ववेद में किसानों सहित सब के लिए 12 यज्ञों का प्रावधान है। इनका उद्देश्य धनप्राप्ति और देव लोक की प्राप्ति था। इन यज्ञों में ब्राह्मणों को गाय, बैल, सोना, पकाए हुए चावल, कुटिया एवं उपजाऊ खेत दान में दिए जाते थे।

राजनीतिक जीवन

पूर्व वैदिक काल में राज्यक्षेत्र की अवधारणा नहीं थी। राजन् शब्द सैन्य प्रमुख के लिए प्रयुक्त न होकर पशुधन पर अधिकार रखने वाले के लिए किया जाता था। लेकिन ऋग्वैदिक युग में राजा का राजत्व लोगों की इच्छा पर निर्भर करता था। राजत्व या प्रमुखत्व कुछ परिवारों तक ही सीमित रहता था। लेकिन लंबे समय तक के लिए कोई वंश राजकीय प्रमुख नहीं रहा। अत: आनुवांशिक उत्तराधिकार के अभाव में राजा अधिक सशक्त नहीं था। सभा, समिति, विद्वत परिषद् गण तथा जनजातीय जनसभाओं के कारण उसके अधिकार और भी कम हो जाते थे। इस काल का दूसरा सर्वाधिक प्रभावशाली व्यक्ति था—पुरोहित, जो राजा के साथ युद्ध में जाता था और प्रार्थनाओं एवं मंत्रों द्वारा उसका मनोबल बढ़ाता था। राजा के पास अनेक दास और पशुधन था। राजा को बलि या अर्पित वस्तुएं प्राप्त होती थीं, जिसके द्वारा प्रशासन चलता था। यह कर नहीं था, क्योंकि यह नियमित रूप से नहीं लिया जाता था। सेना भी नियमित नहीं थी। ब्राजपति, कुलप, ग्रामणी सेनानायक के रूप में कार्य करते थे। 'पुरपति' के पास प्रतिरक्षा के नियमित स्थायी अड्डे थे। जनता के आचरण पर दृष्टि रखने के लिए 'उग्र' एवं 'जीवाग्रभ' कर्मचारी और विवाद निपटाने के लिए 'मध्यमासी' कर्मचारी होते थे। अन्य प्रमुख अधिकारी होते थे—पुरोहित, सूत (राजा का सारथी), रथिक, तक्षण (बढ़ई), दूत आदि।

समिति और सभा

जनता द्वारा चयन के बाद राजा सभा-समिति नामक, दो संस्थाओं की सहायता से राजकार्य चलाता था। समिति में संपूर्ण जन भाग लेते थे। प्राचीन ग्रीक नगर राज्यों की लोक सभाओं में भी सब नागरिक सदस्य-रूप में भाग लेते थे। समिति में न केवल राजनीति, बल्कि विविध विषयों पर खुला विवाद होता था। अनेक वक्ता अपनी वक्तव्य शक्ति का परिचय देते थे। समिति के अध्यक्ष को 'ईशान' कहते थे। समिति की कार्यप्रणाली का सभापति 'ईशान' ही होता था।

वैदिक युग में सभा एक महत्वपूर्ण संस्था थी। वेदों में समिति और सभा को राजा की 'दुहिता' कहा गया है। सभा एक छोटी संस्था थी। इसके सदस्य केवल बड़े या पितर ही होते थे। इन सदस्यों को 'सभासद' कहा जाता था। इन्हें 'वृद्ध' या 'पितर' भी कहा जाता था। इस सभा के सम्मुख न्याय के लिए जिस व्यक्ति को प्रस्तुत किया जाता था, उसे 'सभाचर' कहा जाता था।

गण

जनतंत्र को 'गण' कहा जाता था। आर्यों का यह एक प्रकार का कुलीन संगठन था। गण के मुखिया को 'गणपति' कहते थे। उन्हें 'गणस्य राजा' भी कहते थे।

परिषद्

उत्तर वैदिक काल में यह अंशत: एक शाही परिषद् थी, जिसमें पुरोहितों का वर्चस्व होता था। इसके सदस्य शिक्षकों एवं सलाहकारों के रूप में कार्य करते थे।

सामाजिक जीवन

ऋग्वेद काल में चार वर्ण प्रणाली नहीं थी, अपितु केवल तीन वर्ण थे—ब्राह्म, क्षात्र और विश, जो अपने कार्यों के कारण विभाजित थे। ऋग्वेद के 10वाँ मंडल के पुरुषसूक्त में प्रथम बार चातुर्वर्ण (ब्रह्मण, क्षत्रिय, वैश्य, शुद्र का उल्लेख हुआ है।) सूक्तों में वर्ण का अर्थ है—रंग या प्रकाश। आर्यों ने स्थानीय निवासियों को दास वर्ण में विभाजित कर दिया। विजित किए जाने पर इन्हें 'दास', 'दस्यु' अथवा 'शूद्र' नाम से पुकारा जाने लगा। इसी कारण ऋग्वेद के अंतिम चरण में आते-आते समाज चार वर्णों में विभाजित हो गया था।

वैदिक काल से ही परिवार सामाजिक जीवन के आधार थे। वेदों के अनुशीलन से यह स्पष्ट है कि विवाह संस्था का प्रावधान था। आर्य वैवाहिक बंधन में बंधकर पारिवारिक जीवन व्यतीत करते थे। बहन और भाई में विवाह निषिद्ध था। बाल विवाह प्रथा भी नहीं थी। महिलाएं शिक्षित होती थीं। लोपामुद्रा, अपाला, घोषा, गार्गी आदि स्त्रियां वेदों में निपुण थीं। स्त्रियां स्वयं अपने पति का वरण करती थीं। राजकुमारियों का स्वयंवर होता था। 'विवाह सूक्त' के अनुसार, वर पक्ष का परिवार वर सहित वधू पक्ष के घर जाता था। वहाँ सुसज्जित वधू के साथ पाणिग्रहण संस्कार किया जाता था। इस संस्कार में वधू का हाथ थामकर अग्नि की प्रदक्षिणा कर सात फेरे लेने होते थे। इसे 'सप्तपदी' भी कहते हैं। **विधवा या सती प्रथा का उल्लेख नहीं मिलता है।**

शिक्षा

वैदिक काल में शिक्षा के लिए आश्रमों की व्यवस्था थी। वहाँ गुरु वेद पाठ करवाते थे। शिक्षा के अनुदेश मौखिक होते थे, क्योंकि लेखन कला का विकास नहीं हुआ था। महिला शिक्षिकाएं एवं गुरु भी होती थीं। पढ़ाए जाने वाले विषयों में वेद, ब्रह्म विद्या, इतिहास, व्याकरण आदि थे। खगोलशास्त्र और सैन्य विज्ञान की शिक्षा भी दी जाती थी। वेदांगों की शिक्षा का प्रावधान भी था।

आर्थिक जीवन

वैदिक काल के प्रमुख व्यवसाय थे- **कृषि और पशुपालन**। आर्यों के पास गाय, बैल, घोड़ा, भेड़, बकरी, कुत्ते और गधे थे। गाय को उच्च स्थान प्राप्त था। उसे मारना पाप समझा जाता था। बैल का उपयोग खेतों को जोतने के लिए किया जाता था। खेतों में उत्पन्न होने वाले अनाज थे—जौ, गेहूँ, धान व तिल कृषि के अतिरिक्त तक्ष्मन् (बढ़ई), हिरण्यकार (सुनार), कर्मकार (धातु शिल्पी), चर्मकार (मोची), तंतुवाय (जुलाहा) आदि अनेक व्यवसायियों का उल्लेख है। कारु (शिल्पी), भिषक (चिकित्सक) आदि का व्यवसाय भी होता था।

आर्य शब्द की उत्पत्ति 'अर' धातुरूप से हुई है, जिसका अर्थ है 'खेती करना' लेकिन कृषि के साथ-साथ पशुपालन आर्यों का प्रमुख व्यवसाय था, क्योंकि ऋग्वेद में 176 बार गौ (गाय) शब्द का प्रयोग हुआ है। देवताओं की चार श्रेणियों में से एक को 'गोजात' भी कहा जाता था। पुत्री के लिए 'दुहिती' शब्द का प्रयोग इसलिए किया जाता था, क्योंकि वह गाय का दूध निकाला करती थी। एक अन्य शब्द 'पस्तय', जिसका मूल अर्थ है 'विशाल चारागाह' का अनेक बार उल्लेख आया है। 'वृजन' अर्थात् बाड़ा, गोष्ठ अर्थात् पशु संग्रह एवं 'वृज' अर्थात् 'चारागाह' शब्दों को भी प्रयुक्त किया गया है।

आर्य अपने लिए सुंदर शालाओं (घर) का निर्माण करते थे, जिसके लिए लकड़ी का प्रयोग किया जाता था। वस्त्र-शिल्प भी उन्नत था। ऊन और रेशम

के कपड़े बुने जाते थे। रूई का उपयोग भी खूब होता था, जो सिंधु सभ्यता से ही प्रयुक्त होती थी। आर्य सिर पर उष्णीय (पगड़ी), नीचे अधोवस्त्र (धोती या साड़ी) तथा ऊपर उत्तरीय (चादर) का प्रयोग करते थे। आभूषण स्त्री और पुरुष दोनों पहनते थे। कुंडल, केयूर, निष्कग्रीव आदि आभूषणों का प्रचलन था।

आर्यों का व्यापार भी उन्नत था। वैदिक साहित्य में 'पणि' नामक व्यापारियों का उल्लेख आता है। इन्हें 'असुर' भी कहा गया है। संभवतः 'फिनीशियन' (जिन्हें लैटिन में 'पूनि' कहते थे) ही 'पणि' थे। ये दूर-दूर के देशों तक व्यापार करने जाते थे। व्यापार में वस्तु-विनिमय का प्रचलन था। संभवतः गौ (गाय) को मूल्य की इकाई मानकर विनिमय किया जाता था।

आर्थिक परिवर्तन

इस काल में अनेक आर्थिक परिवर्तन होने लग गए थे। वनों को आग द्वारा साफ करने की प्रक्रिया शुरू हो गई थी। लोहे के अन्य औजारों का भी आविष्कार होने लगा था। कुल्हाड़ी की खोज 'नोन' में हुई है। 'कृष्ण अयस्' और 'श्याम अयस्' (लोहा) के उल्लेख भी मिले हैं। घमित (धौकनी) या 'भाष्ट्र' के भी साक्ष्य मिले हैं। निष्क, शतमान और कृष्णल का प्रयोग विनिमय के लिए किया जाता था।

सिंधु सभ्यता और वैदिक सभ्यता

भारत के प्राचीन इतिहास की सबसे प्राचीनतम दो सभ्यताओं में बहुत कुछ असामान्य होते हुए भी बहुत सी समानताएं थीं।

'गोत्र' शब्द अत्यंत महत्वपूर्ण है। ऋग्वेद में इसका अर्थ है 'गोशाला'। ऐसा संभव है कि पशुओं को एक स्थान पर रखा जाता था और उसे 'गोत्र' कहा जाता था। बाद में यह शब्द एक 'बहिर्विवाही' संस्था के रूप में स्थापित हो गया क्योंकि समस्त चरागाह भूमि पर पूरे समुदाय का नियंत्रण होता था। राजा और ब्राह्मण को अर्पित करने वाली वस्तुओं में पशु अत्यंत महत्वपूर्ण थे। लेन-देन में भी पशु और प्रमुखतः गाय का उपयोग होता था। 'हल' शब्द का प्रयोग नहीं हुआ। 'लंगल' (हल) शब्द भी 'मुंड' जाति से लिया गया है।

समानताएं

भौतिक रूप से दोनों पक्षों में समृद्धता थी। कुछ धार्मिक मान्यताएँ भी समान हैं। सिंधु सभ्यता के गणित से आर्यों का गणित भी प्रभावित है। दोनों सभ्यताओं के धातु विज्ञान में भी साम्यता है। पक्की ईंटों, पहिएदार गाड़ियाँ, वैयक्तिक स्वच्छता आदि के संदर्भ में दोनों सभ्यताओं में समानताएं थीं। इन दोनों सभ्यताओं ने भारतीय सभ्यता के लिए उत्कृष्ट एवं उन्नत नींव रखी।

असमानताएं

हड़प्पाई भारतीय मूल के थे। इनकी कद-काठी अलग थी। वे छोटे कदवाले, छोटी नाक, छोटी आँखों, मोटे होंठों एवं कृष्ण वर्ण के थे। आर्य लंबे, ऊंचे, हृष्ट-पुष्ट, सुंदर-लंबी नाक, मोटी आँखों, चौड़े कंधे एवं गौर वर्ण के थे।

भोजन में हड़प्पा निवासी गेहूँ और जौ की रोटी खाते थे, जबकि आर्य लोग दूध, घी, मक्खन, सोमरस आदि का सेवन अधिक करते थे। आर्य यज्ञ में बलि दिए गए पशु के मांस को भी खाते थे।

वस्त्रों में आर्य चमड़े, छाल, ऊनी एवं जरीदार वस्त्र धारण करते थे। हड़प्पा में सूती वस्त्रों का प्रयोग अधिक होता था। स्त्रियां घाघरा पहनती थीं तथा पुरुष केवल अधोवस्त्र धारण करते थे। हड़प्पाई सभ्यता में लिखित प्रमाण मिले हैं। यह लिपि अपठित है और साहित्यिक विकास की जानकारी नहीं है। हालांकि वैदिक संस्कृत भारत की समस्त गैर-द्रविड़ भाषाओं की जननी है, लेकिन इसके लेखन का प्रमाण वैदिक ग्रंथों में नहीं है। वैदिक धर्म हड़प्पाई धर्म से भिन्न था। आर्य यज्ञ करते थे और वरुण, इंद्र, आदि देवताओं की पूजा करते थे। हड़प्पा में लोग पशुपति, मातृ देवी, पशुओं, सर्पदेवता और प्रकृति की पूजा करते थे। केवल कालीबंगा में एक यज्ञस्थल मिला है।

हड़प्पा में बरतनों को चाक पर बनाया जाता था, परंतु आर्यों के धूसर मृदभांड होते थे। सबसे महत्वपूर्ण अंतर जीवन शैली का था। आर्यों की ग्रामीण आधारित जीवन शैली थी। वे मिट्टी की प्राचीरों से रक्षित किलों में रहते थे, नगरों का पूर्णतः अभाव था। लेकिन हड़प्पा में नगरीय व्यवस्था थी। नगर सुनियोजित थे, जल निकास प्रणाली उत्तम थी। नगर दो भागों में विभाजित थे। सिंधु सभ्यता में लोहे का प्रयोग नहीं होता था। ताम्र और कांस्य का प्रचलन था। वैदिक काल में लोहे का प्रचलन आरंभ हो गयाथा।

आर्यों की युद्धकला में घोड़ों की निर्णायक भूमिका होती थी। सिंधु घाटी सभ्यता में घोड़ों का ज्ञान नहीं था। सिंधु घाटी के नागरिक शांतिप्रिय थे, अतः उनके शस्त्र आदिम युगीन थे। कवच, शिरस्त्राण, शरीरत्राण आदि के साक्ष्य नहीं मिले हैं। जबकि आर्यों को समस्त शस्त्रों की जानकारी थी। वे युद्धकला में निपुण थे। अतः पारंपरिक अस्त्रों तथा कवचों से भी आर्य परिचित थे।

महत्वपूर्ण बिंदु

* वैदिक काल का विभाजन-ऋग्वैदिक काल 1500-1000 ईसा पूर्व. और उत्तर वैदिक काल 1000-600 ईसा पूर्व. में किया गया है। इसके संस्थापक आर्य थे।
* ऋग्वैदिक लोगों द्वारा सर्वप्रथम तांबे का प्रयोग किया गया था, ऋग्वेद में अयस् नामक धातु का उल्लेख है।
* मैक्स मूलर ने आर्यों का मूल निवास स्थान मध्य एशिया को माना है।
* आर्य समाज पितृप्रधान था। समाज की सबसे छोटी इकाई कुल थी, जिनका मुखिया 'कुलप' कहलाता था।
* आर्यों ने कुल, ग्राम, विश, जन तथा राष्ट्र में प्रशासनिक इकाईयों को विभाजित किया।
* ग्राम का मुखिया 'ग्रामीणी' एवं विश का प्रधान 'विशपति' कहलाते थे। जन के शासक को राजन् कहा जाता था।
* सभा एवं समिति राजा को सलाह देने वाली संस्था थी। सभा श्रेष्ठ एवं संभ्रात लोगों की संस्था थी।
* ऋग्वैदिक काल में महिलाएँ भी सभा एवं विदथ में भाग लेती थी।
* ऋग्वेद में 25 नदियों का उल्लेख है, जिसमें सरस्वती सबसे महत्वपूर्ण तथा पवित्र नदी थी।
* स्त्रियाँ शिक्षा ग्रहण करती थी। ऋग्वेद में लोपामुद्रा, घोषा, सिकता, आपला एवं विश्वारा जैसी विदुषी स्त्रियों का वर्णन है।
* आर्यों का मुख्य पेय पदार्थ सोमरस था।
* ऋग्वैदिक काल का मुख्य व्यवसाय पशुपालन एवं कृषि था।
* कृषि संबंधी प्रक्रिया से संबंधित उल्लेख ऋग्वेद के चतुर्थ मण्डल में मिलता है।
* आर्यों के मुख्य देवता इंद्र तथा प्रिय पशु घोड़ा था।
* व्यापारी वर्ग को 'पणि' कहा जाता था।

❑❑❑

अध्याय

4

लिच्छवी एवं उनका गणतांत्रिक संविधान

लिच्छवी, जिनका उल्लेख प्रायः बुद्धमत के ग्रंथों में आता है, वृज्जि या वज्जि (Vriggian), संघ (Confederation) का बलवान कबीला था। उनकी राजधानी जिला मुजफ्फरपुर में वैशाली के स्थान पर थी। उनकी सरकार कुलीनतंत्र गणराज्य से थी। जिसमें मुखियाओं की एक सभा होती थी और उस सभा का अध्यक्ष निर्वाचित सरदार होता था। **डॉ. स्मिथ** के अनुसार लिच्छवी मंगोलों व तिब्बतियों से मिलते-जुलते पहाड़ी इलाकों के रहने वाले लोग थे। इससे यह परिणाम निकलता है कि वे तिब्बतियों की भाँति अपने मृतकों को ऐसे ही फेंक देते थे। वह इस बात से भी इस परिणाम पर पहुँचा कि मनु ने उन्हें पतित क्षत्रिय का नाम दिया है, परन्तु यह विचार असंगत मालूम होता है। मुर्दों को ऐसे ही फेंक देने का रिवाज केवल तिब्बतियों में ही नहीं पाया जाता, बल्कि ईरानियों में भी यह रिवाज पाया जाता है। दूसरे वैदिक साक्षी से यह स्पष्ट प्रतीत होता है कि वृत्या या पतित क्षत्रिय आर्य लोग थे या कट्टर ब्राह्मणवाद की सीमा से बाहर। प्रकट परिणाम यह जान पड़ता है कि ये वे स्वदेशीय क्षत्रिय थे, जिनका पतन हो चुका था और जो ब्राह्मणों के रीति-रिवाजों को न मानते थे।

कई शताब्दियों तक लिच्छवियों की स्थिति बहुत मेल-जोल की रही। वे जैनमत तथा बुद्धमत के अग्रणी समर्थक रहे। सम्राट बिंबिसार ने लिच्छवी वंश की स्त्री से विवाह करके अपनी स्थिति सुदृढ़ कर ली। 17वीं शताब्दी तक नेपाल की घाटी के शासक इसी कबीले से सम्बन्ध रखते थे।

लिच्छवी संविधान–लिच्छवी के संविधान का अटूट कथा में उल्लेख है। तीन उच्च अधिकारियों का उल्लेख है–"राजा या राष्ट्रपति, उपराजा या उपराष्ट्रपति और सेनापति। एक जातक में वित्त मंत्री या भंडागारिक का भी उल्लेख है। उपरोक्त चारों उच्च अधिकारियों से ही मंत्रिमण्डल बनता था। सरकार का मुख्यालय वैशाली में था। वे सभी शासन करने के अधिकारी थे। वे राष्ट्रपति, उपराष्ट्रपति, मुख्य सेनापति और वित्तमंत्री बनते थे। यहाँ की पूर्ण जनसंख्या 1,68,000 थी। उनमें देशी और विदेशी भी थे। शासक को राजतिलक देकर पवित्र किया जाता है।" ललित विस्तार में लिखा है कि–"उनमें (वैशलियों) में उच्चस्थ तथा माध्यमिक वृद्धों, या नाते में बड़े होने के आदर का नियम नहीं माना जाता था। प्रत्येक अपने को राजा समझता था, मैं राजा हूँ, मैं राजा हूं कोई किसी का अनुयायी नहीं बनता था।

डॉ. आर.के. मुखर्जी का कथन है : "आन्तरिक रूप में गणराज्य की शासक संस्था में वैशाली के 7707 राजा होते थे। उनको 84,000 की दुगुनी जनसंख्या अर्थात् 1,68,000 वैशाली के नागरिक चुनते थे। उनमें अनेक उपराजा, उपनेता, सेनापति, जनरल, भंडारिक, कोषाध्यक्ष तथा लोकतन्त्रीय संस्था के सदस्य होते थे। वे सभी तर्कों तथा विवादों के लिए कुख्यात थे।" यह राजसभा पुरातन परंपरा के अनुसार थी, जिसका उल्लेख **पाणिनी** ने किया है। उसके अनुसार गण की शासन संस्था में ऐसे क्षत्रिय होते थे, जिन्हें विशेष रूप से शासन करने की दीक्षा दी गयी थी और राजा कहलाते थे। कौटिल्य ने भी राजाओं पर आधारित संघों का उल्लेख किया है। संभवतः इन राजाओं में से प्रत्येक अपने-अपने क्षेत्र में शासक होगा और इस प्रकार से 7707 सदस्यों की सभा संघीय सभा होगी, जिसमें वज्जि संघ की संपूर्ण जनसंख्या के निर्वाचक परिवारों के प्रतिनिधि शामिल होते होंगे।

लिच्छवियों के विदेशी मामलों की देखभाल 9 लिच्छवियों की एक समिति करती थी। न्यायिक प्रशासन 8 सदस्यों की परिषद संभालती थी। अताकुलक न्याय का सर्वोच्च न्यायालय था और न्याय कुशल प्रशासन हेतु विशेषज्ञ रखे जाते थे।

जब वैशाली के नागरिक कानून भवन में आते थे तो ढोल बजाए जाते थे। राजनीतिक, सैन्य, वाणिज्यिक या कृषि संबंधी मामलों पर विचार होता था। कभी-कभी लिच्छवी गण अधिवेशन काल में किसी व्यक्ति को महत्तक या विशिष्ट सदस्य नियुक्त करता था, और महत्वपूर्ण संदेश देने के लिए विशेष दूत नियुक्त किया जाता था।

न्याय व्यवस्था

राजा या राष्ट्रपति सर्वोच्च न्यायिक अथॉरिटी था। जनता की स्वतंत्रता की रक्षा के लिए सभी प्रकार की सावधानियां बरती जाती थीं। किसी नागरिक को उस समय तक अपराधी नहीं माना जाता था, जब तक राजा, उपराजा और सेनापति अलग-अलग उस मामले की जाँच करने के बाद स्वीकारात्मक निर्णय पर न पहुँचे। न्यायालयों द्वारा निर्णित मुकदमों का नियमित रिकॉर्ड रखा जाता था।

विभिन्न अवसरों पर लिच्छवियों ने विदेहों और मल्लों से मिलकर संघ का निर्माण किया। मल्लों और लिच्छवियों के संघ की संघीय सभा में 18 सदस्य थे, जिसमें मल्लों और लिच्छवियों को समान प्रतिनिधित्व दिया गया था। संघीय सभा के सदस्यों को गण राजा की पदवी मिलती थी। मल्ल लिच्छवियों के समान राजनीतिक रूप से शक्तिशाली नहीं थे, किन्तु संघीय सभा में दोनों को समान प्रतिनिधित्व प्राप्त था अर्थात् दोनों की आवाज बराबर थी।"

राजतंत्र और गणतंत्र

- बुद्ध के काल में दो प्रमुख राजशासन व्यवस्थाएं थीं—राजतंत्रात्मक व्यवस्था और गणतंत्रात्मक व्यवस्था।

- वत्स, अवंति, कोशल राजतंत्रात्मक प्रदेश थे। जबकि गांधार गणतंत्रात्मक था।
- शाक्य, कलिंग, मल्ल, भग्ग, मोरिय, बुली, कालाम भी गणतंत्रात्मक थे।
- गणतंत्र में राजत्व आनुवांशिक नहीं था। राज्याध्यक्ष का चुनाव चयन द्वारा होता था। राजस्व पर अधिकार केवल राजा का न होकर प्रत्येक जनजातीय मुखिया का होता था।
- गणतंत्र उत्तर प्रदेश और बिहार प्रदेशों में था। मुख्यत: मध्य गंगा के मैदान और उसके आस-पास के कृषि प्रधान क्षेत्रों में गणतंत्र था। मौर्यकाल के बाद गणतंत्रात्मक परंपरा कमजोर हो गई।
- गणतंत्र में कोई वंशक्रमानुगत राजा नहीं होता था। लिच्छवि राज्य में प्रत्येक नागरिक को 'राजा' कहते थे।
- इन गणराज्यों में शासन कार्य के लिए एक परिषद् होती थी। इसका अधिवेशन सभागार में होता था। शासन संबंधी महत्वपूर्ण विषय परिषद् के सम्मुख प्रस्तुत किए जाते थे और वही उनका निर्णय करती थी।
- गणराज्यों की परिषद् का निर्माण प्रत्येक कुल के मुखिया मिलकर करते थे।
- परिषद् के सदस्यों की नियुक्ति चुनाव द्वारा नहीं होती थी।
- प्रत्येक कुल का ज्येष्ठ पुरुष, जिनको पाणिनि के 'अष्टाध्यायी' में 'गोत्रापत्य' कहा गया है, परिषद् के सदस्य होते थे।
- बौद्ध साहित्य में गणराज्यों की न्याय व्यवस्था का भी विवरण मिलता है।

ग्रीक विवरण के अनुसार, क्षुद्रक, मालव आदि जनपदों में ग्रीस के लोकतंत्र (डेमोक्रेटिक) के समान ही प्रशासन तंत्र था। कौटिल्य 'अर्थशास्त्र' में दो गणराज्यों व संघों का उल्लेख मिलता है—राजशब्दोपजीवी एवं वार्ताशस्त्रोजीवी। पहली कोटि में सभी नागरिक राजा कहलाते थे। कोई किसी से हीन नहीं था। लिच्छवि संघ इसका उदाहरण है। दूसरी श्रेणी के प्रमुख संघ थे आग्रेय, यौधेय, क्षत्रिय, श्रेणि आदि, जहाँ नागरिक-कृषि, पशुपालन और वाणिज्य द्वारा निर्वाह करते थे। सैनिक उत्कृष्ट होते थे। पाणिनि ने इन्हें 'आयुधजीवी संघ' कहा है। वज्जि में प्रशासन के लिए नागरिक मिलकर बैठक करते थे। उनकी अध्यक्षता (महल्लक) वृद्ध नेता करते थे। वे परंपरागत एवं विहित नियमों का पालन करते थे। सभा में बैठने के लिए विभिन्न आसन होते थे। आसनों की व्यवस्था के लिए 'आसनप्रज्ञापक' नामक अधिकारी होता था।

संघ में जिस विषय पर विचार होना हो, उसे पहले प्रस्ताव के रूप में पेश किया जाता था। प्रस्ताव रखने से पूर्व उसकी सूचना या विज्ञप्ति प्रसारित की जाती थी। बौद्ध साहित्य में इसे 'प्रतिज्ञा' (प्रस्ताव) कहा जाता था। सभा में प्रस्ताव के पक्षवाले सदस्य चुप रहते थे, लेकिन विरोधवाले अपने मंतव्य स्पष्ट करते थे। बहुसम्मति से ही प्रस्ताव पारित किया जाता था। संघ में कोरम का नियम भी था। एक निश्चित संख्या में सदस्यों की उपस्थिति अनिवार्य थी। बौद्ध ग्रंथों में वोट के लिए 'छंद' शब्द का प्रयोग किया गया। वोट पर्चियों को 'शलाका' कहते थे। सदस्य शलाका-ग्रहण (वोट एकत्रित) करने का काम भी करते थे। इस प्रकार उस काल में भी गणतंत्र व्यवस्था जनसाधारण के सहयोग से चलती थी, आधुनिक काल की तरह।

राजतंत्र

- इस काल में राजत्व की दैवीय प्रकृति पूर्ण रूप से संस्थापित थी और इस दैवीय राजत्व को विशाल यज्ञों, जैसे—राजसूय, अश्वमेध, वाजपेय आदि द्वारा पुष्ट किया जाता था।
- प्रत्येक कुलतंत्र में राजा के पास नियमित सेना थी। राजस्व मूल रूप से आनुवांशिक होता था। क्षत्रिय राजाओं को प्राथमिकता मिलती थी। राजा को राज्य का स्वामी नहीं माना जाता था। उसका कार्य केवल प्रजा का पालन करना तथा अपराधियों को दंड देना था।
- राजतंत्र राज्यों में राजा प्राय: वंशक्रमानुगत होते थे। राजा बनने के लिए उन्हें यह सिद्ध करना पड़ता था कि वह राज्य संचालन में सिद्धहस्त हैं।
- यदि राजा का बेटा अयोग्य होता था तो अमात्य किसी अन्य योग्य व्यक्ति को राजा बना देता था।
- राजा के 10 धर्म हैं—दान, शील, परित्याग, उमर्जव, मार्दव, तप, अक्रोध, अहिंसा, शांति और अविराधन। राजा दानशील भी होना चाहिए।
- राजतंत्र में एक नए वर्ग का उदय हुआ था और वह था उच्चाधिकारियों का। इसे 'महामात्र' कहते थे।
- कुछ महामात्र सामान्य कार्य (सर्वार्थक) करवाते थे। दूसरे महामात्र न्याय संबंधी (व्यावहारिक) मामले देखते थे।
- 'राज्जुग्रहकों' को राजस्व सर्वेक्षण अथवा उत्पाद में राज्य के भाग के निर्धारण के कार्य सौंपे गए थे।
- 'गणक' प्रमुख लेखाकार था। 'सेनानायक' सेना का कार्य देखते थे। लेकिन सारी शक्ति राजा के पास निहित थी।
- राजतंत्र में अमात्यों का स्थान महत्वपूर्ण था। वह राजा के 'धर्म और अर्थ' दोनों का अनुशासक था। अमात्यों के लिए सब विद्याओं व शिल्पों में निष्णात होना आवश्यक था। राजा की मृत्यु के बाद अमात्य ही अगले राजा बनने तक राजकार्य देखते थे। आवश्यकता पड़ने पर नए राजा भी नियुक्त करते थे। प्राचीन भारत के राजतंत्रराज्यों में मंत्रि-परिषद् का बहुत महत्व था। अमात्यों में सबसे प्रमुख स्थान पुरोहित का होता था। वह अकसर वंशानुगत होता था। राजतंत्र राजस्व वसूल कर चलता था।

महत्वपूर्ण बिंदु

* लिच्छवी गणराज्य का विस्तार मुजफ्फरपुर के वैशाली स्थान पर था।
* लिच्छवी संविधान सम्मत अपने राज्य को चलाते थे।
* लिच्छवी प्रशासन में राजा सर्वोच्च अधिकारी होता था।
* विदेशी मामलों हेतु 9 सदस्यों की एक समिति थी, वहीं न्यायिक प्रशासन के लिए 8 सदस्यों की एक समिति थी।
* लिच्छवी के संघीय सभा में कुल 18 सदस्य शामिल थे।

❑❑❑

अध्याय

5

मगध साम्राज्य का उदय

छठी शताब्दी ई.पू. से ही मगध राज्य का विस्तार शुरू हो गया था, हालांकि नंदों और मौर्यों के अधीन इसमें तेजी आई। विभिन्न भागों में अशोक के अभिलेखों की उपस्थिति से यह संकेत मिलता है कि सुदूर पूरब और दक्षिण के क्षेत्रों को छोड़कर भारतीय उपमहाद्वीप का अधिकांश भाग मगध संप्रभुता के अधीन था। मगध के क्षेत्रीय विस्तार पर विस्तार से चर्चा करने के बाद हम इस तथ्य पर भी विचार करेंगे कि मगध साम्राज्य की बनावट और संरचना में इतनी विविधता थी और इसका फैलाव इतना व्यापक था कि प्रत्यक्षतः राजनीतिक नियंत्रण रखना संभवतः बहुत कठिन था।

मगध की भौगोलिक स्थिति

ये महाजनपद गंगा घाटी के बड़े भू-भाग में फैले हुए थे; कुछ इसके उत्तर-पश्चिम और दक्षिण-पश्चिम में भी स्थित थे। हालांकि चार में से तीन महत्वपूर्ण राज्य (कोशल, वज्जि गणराज्य और मगध) मध्य गंगा घाटी में स्थित थे, चौथा शक्तिशाली राज्य अवंति पश्चिम मालवा में था। **मगध के पूरब में अंग, उत्तर में वज्जि गणराज्य, पश्चिम में काशी और सुदूर पश्चिम में कोशल राज्य था।**

मगध वर्तमान बिहार राज्य के पटना, गया, नालंदा और शाहाबाद के कुछ हिस्सों में फैला हुआ था। भौगोलिक दृष्टि से मगध जहाँ स्थित था, वहाँ की मिट्टी जलोढ़ और उपजाऊ थी। मगध की आरंभिक राजधानी राजगृह, नदी से दूर दक्षिण क्षेत्र में स्थित थी। इसका कारण संभवतः इसकी सामरिक भौगोलिक स्थिति हो सकती है। इस इलाके में लौह खनिज पर्याप्त मात्रा में उपलब्ध था। इसके अतिरिक्त यहाँ ताँबा भी सुलभ था। गंगा, गंडक, सोन और पुनपुन जैसी नदियों के मुहाने पर बसा था। मौर्यों ने पाटलिपुत्र को मगध की राजधानी बनाया। मगध ने विभिन्न राज्यों से सम्पर्क स्थापित करने में नदी-मार्ग का उपयोग किया और भारी सामान लाने ले जाने के लिए सुगम यातायात उपलब्ध हो सका। इस प्रकार, अपने समकालीन शक्तिशाली राज्यों की अपेक्षा मगध को कुछ प्राकृतिक लाभ प्राप्त हुए। मगध के दक्षिण-पश्चिम में अवंति, इसके उत्तर पश्चिम में कोशल और उसके उत्तर में वज्जि गणराज्य, छठी शताब्दी ई.पू. में मगध के समान ही शक्तिशाली थे।

हाल के शोधों से यह स्पष्ट है कि लोहे की सुलभ प्राप्ति ने दो राज्यों मगध और अवंति के विकास में भरपूर योगदान दिया। इससे न केवल हथियार बनाने में सहायता मिली, बल्कि कृषि के औजार भी बनाने में सुविधा हुई। इससे कृषि अर्थव्यवस्था का विकास हुआ, अधिशेष उत्पादन हुआ और राज्य को कर के रूप में यह अधिशेष प्राप्त हुआ। इससे उन्हें अपने क्षेत्रीय आधार के विस्तार और विकास में सहायता मिली। यह ध्यान देने योग्य बात है कि कुछ समय तक अवंति मगध के लिए सबसे बड़ा खतरा था और पूर्वी मध्य प्रदेश में स्थित लोहे की खानें भी उसकी पहुँच से दूर नहीं थी।

स्रोतों पर एक नजर

आरम्भिक बौद्ध और जैन साहित्य में मध्य गंगा के मैदान, जहाँ मगध स्थित था, की घटनाओं और परम्पराओं का काफी उल्लेख किया गया है। बौद्ध परम्परा की कुछ साहित्य त्रिपिटकों और जातकों में संगृहीत है। हालांकि ये सभी ग्रंथ छठी शताब्दी ई.पू. के बाद विभिन्न चरणों में लिखे और संगृहीत हुए ब्राह्मण ग्रंथों (जैसे ''पुराण'') से अधिक प्रामाणिक रूप में और सीधे तौर पर प्रस्तुत करते हैं। पुराणों में गुप्तकाल तक के शाही राजवंशों का इतिहास प्रस्तुत करने की कोशिश की गई है। **महावंश** और **दीपवंश** प्रमुख परवर्ती बौद्ध ऐतिहासिक ग्रंथ हैं, जिनका संग्रहण श्रीलंका में हुआ। ये ग्रंथ अशोक के शासनकाल के महत्वपूर्ण स्रोत हैं। इसके अतिरिक्त, **दिव्यावदान**, भारत के बाहर तिब्बत और चीनी बौद्ध स्रोतों में सुरक्षित एक महत्वपूर्ण बौद्ध ग्रंथ हैं।

विदेशी स्रोत

विदेशी स्रोतों से प्राप्त सूचनाएं अपेक्षाकृत अधिक प्रासंगिक और लगभग समकालीन हैं। इनमें यूनानी और लैटिन के ''क्लासिकल ग्रंथों'' से प्राप्त सूचनाएं उल्लेखनीय हैं। यह उन लोगों का लिखा यात्रा-वृत्तांत है, जिन्होंने उस समय भारत का भ्रमण किया। इनमें मेगस्थनीज काफी चर्चित और जाना-पहचाना नाम है, जो चंद्रगुप्त मौर्य के काल में भारत आया था और वह राजा के दरबार में भी गया था। मेगस्थनीज का वृतांत हमें प्रथम शताब्दी ई.पू. के **स्ट्रैबो** और **हेरोडोरस** तथा द्वितीय शताब्दी ई.पू. के एरियन के यूनानी ग्रंथों के द्वारा मिलता है। छठी शताब्दी ई.पू. से चौथी शताब्दी ई.पू. तक उत्तर-पश्चिमी भारत विदेशी शासकों के अधीन था। अतः अखमनी (ईरानी) शासन और बाद में सिकन्दर के आक्रमण के विषय में जानकारी हमें फारसी अभिलेखों और डायोडोरस की रचना जैसे यूनानी स्रोतों से मिलती है।

कौटिल्य के **अर्थशास्त्र** को मौर्य काल से संबंधित महत्वपूर्ण स्रोत के रूप में माना जाता है। हाल ही में, अर्थशास्त्र के लेखन-काल के संबंध में नए विचार सामने आए हैं, जिनके अनुसार इस ग्रंथ का लेखन पूर्ण रूप से मौर्य काल में नहीं हुआ था। सांख्यिकीय गणना के आधार पर यह मान्यता सामने आई है कि अर्थशास्त्र के कुछ अध्यायों का लेखन काल ईसा बाद की प्रथम दो शताब्दियों में हुआ होगा। इसके बावजूद कई अन्य विद्वान

इस ग्रंथ के अधिकांश हिस्से को मौर्य काल का लेखन मानते हैं। उनकी मान्यता है कि मूल ग्रंथ चंद्रगुप्त के मंत्री, कौटिल्य द्वारा लिखा गया था; बाद के वर्षों में अन्य विद्वानों ने इसकी टिप्पणी लिखी और सम्पादन किया।

अभिलेख और सिक्के मौर्य काल की जानकारी के अन्य महत्वपूर्ण स्रोत हैं, जो प्राचीन भारत में मौर्य काल की महत्ता पर प्रकाश डालते हैं। हालांकि इस काल के सिक्कों पर राजा का नाम अंकित नहीं है और उन्हें पंच मार्क्ड सिक्के कहा जाता है, क्योंकि उन पर कई प्रकार के चिन्ह अंकित होते थे। हालांकि इस प्रकार के **पंच मार्क सिक्के** लगभग पाँचवीं शताब्दी ई.पू. से ही मिलने लगते हैं, परन्तु मौर्य काल के पंच मार्क सिक्के इस दृष्टि से महत्वपूर्ण थे कि वे शायद एक केन्द्रीय प्राधिकरण द्वारा जारी किए जाते थे, क्योंकि उनके चिन्हों में एकरूपता है। सिक्कों के अलावा अन्य अभिलेखीय सामग्री, खासकर अशोक मौर्य के शासन के संदर्भ में महत्वपूर्ण सूचनाएं देते हैं और यह अपने आप में एक विशेष बात है। अशोक के 14 वृहद शिलालेख, सात लघु शिलालेख, सात स्तम्भ लेख और अन्य अभिलेख पूरे भारतीय उपमहाद्वीप के महत्वपूर्ण नगरों और व्यापार मार्गों पर पाए जाते हैं। ये अभिलेख अशोक के शासन के अंतिम चरण में मौर्य साम्राज्य के विस्तार के साक्षात प्रमाण हैं।

हाल के वर्षों में, पुरातात्विक जानकारी एक महत्वपूर्ण स्रोत के रूप में सामने आई है और इससे गंगा घाटी की भौतिक संस्कृति के महत्वपूर्ण तथ्य सामने आए हैं। पुरातात्विक उपलब्धियों और सामग्रियों पर प्रकाश डाला जा चुका है। हम जानते हैं कि उत्तरी काली पॉलिश किए बर्तनों के काल के पुरातात्विक साक्ष्य उस समय से सम्बद्ध है, जब शहरों और नगरों का उदय हुआ। पुरातात्विक साक्ष्य इस तथ्य को सामने लाते हैं कि मौर्य काल में लोगों के भौतिक जीवन में और भी परिवर्तन आए। पुरातत्व की सहायता से ही हम यह भी जान पाते हैं कि भौतिक संस्कृति के कई गंगा घाटी से बाहर फैलने लगे और वे मौर्य शासन से संबंधित माने जाने लगे।

मौर्यों से पहले मगध का राजनीतिक इतिहास

हर्यक वंश

बिम्बिसार

ई.पू. छठी-पाँचवीं शताब्दी के दौरान बिम्बिसार के नेतृत्व में मगध मध्य गंगा के मैदान के प्रमुख दावेदार के रूप में तेजी से उभरा। **बिम्बिसार बुद्ध का समकालीन था।** बिम्बिसार मगध का प्रथम महत्वपूर्ण शासक माना जाता है। राजनीतिक दूरदर्शिता का परिचय देते हुए उसने कोशल के राजघराने से वैवाहिक संबंध स्थापित किया। इस शादी में उसे काशी जिला दहेज के रूप में मिला। गांधार के राज्य के साथ उसका संबंध सौहार्दपूर्ण था। इन कूटनीतिक संबंधों को मगध की शक्ति का प्रतीक माना जा सकता है। मगध के उत्तर में अंग राज्य था, जिसकी राजधानी चम्पा एक महत्वपूर्ण व्यापारिक केन्द्र थी। चम्पा एक महत्वपूर्ण नदी-बंदरगाह था। कहा जाता है कि बिम्बिसार के आधिपत्य में 80,000 गाँव थे। परम्परागत सूत्रों से पता चलता है कि अजातशत्रु ने अपने पिता बिम्बिसार को बंदी बना लिया था और वह (बिम्बिसार) भूख से तड़प-तड़प कर मर गया था। ऐसा माना जाता है कि यह घटना ई.पू. 492 के आसपास की थी।

अजातशत्रु

अजातशत्रु के गद्दी पर बैठने से मगध के नेतृत्व में कोई परिवर्तन नहीं हुआ। नये मगध के राजा ने आक्रामक नीति अपनाई और अपने राज्य क्षेत्र का विस्तार किया। उसने काशी पर अधिकार कर लिया और अपने मामा, कोशल के नरेश से सौहार्द का संबंध समाप्त कर उन पर आक्रमण कर दिया। गंगा के दक्षिण तक फैला हुआ वज्जि गणराज्य अजातशत्रु के आक्रमण का अगला निशाना बना। वज्जि संघ के साथ युद्ध का सिलसिला लगभग 16 वर्षों तक चलता रहा। अंत में अजातशत्रु वहाँ आंतरिक कलह पैदा कर धोखे से उसे पराजित करने में सफल हुआ। अपने शक्तिशाली शत्रु अवंती पर आक्रमण की पूरी तैयारी अजातशत्रु ने कर ली थी परन्तु आक्रमण किन्हीं कारणों से सम्पन्न न हो सका। फिर भी, उसके शासनकाल में काशी और वैशाली (वज्जि महाजनपद की राजधानी) मगध के अधीन आ चुके थे। इस प्रकार मगध गांगेय प्रदेश में सबसे शक्तिशाली राज्य माना जाने लगा।

उदायिन

यह माना जाता है कि अजातशत्रु ने 492 से 460 ई.पू. तक राज्य किया। उदायिन (460-444 ई.पू.) उसका उत्तराधिकारी था। उदायिन के राज्यकाल में मगध का क्षेत्र हिमालय के उत्तर से लेकर छोटा नागपुर की पहाड़ियों के दक्षिण तक फैला हुआ था। यह कहा जाता है कि उसने गंगा और सोन के मुहाने पर एक किला बनवाया था। उदायिन के शासन काल में राज्य क्षेत्र काफी विस्तृत था, परन्तु वह इन पर कुशल शासन करने में असक्षम था। उदयन के बाद चार शासक एक के बाद एक गद्दी पर बैठे, परन्तु ये अयोग्य सिद्ध हुए। ऐसा माना जाता है कि अंतिम राजा को मगध की जनता ने राज सिंहासन से उतार दिया। 413 ई.पू. में बनारस के राज्यपाल शिशुनाग को राजा नियुक्त किया गया। शिशुनाग वंश ने थोड़े समय तक राज्य किया और महापद्मनन्द ने राज्य पर अधिकार कर नंद वंश की शुरुआत की।

नंद वंश

326 ई.पू. में उत्तरी-पश्चिमी भारत का सिकन्दर के समय मगध और लगभग सम्पूर्ण गंगा के मैदान में नन्द वंश का शासन था। यहीं से भारतीय इतिहास का ऐतिहासिक काल शुरू होता है। इस कारण नंदों को कभी-कभी भारत का प्रथम साम्राज्य-निर्माता कहा जाता है। उन्हें केवल मगध का राज्य विरासत में मिला था और उसके बाद उन्होंने उसकी सीमा का और विस्तार किया।

परवर्ती पुराण ग्रंथों में महापद्मनन्द का उल्लेख क्षत्रियों के विनाशकर्ता के रूप में हुआ है। यह भी कहा गया है कि उसने समकालीन सभी राजघरानों से शक्ति छीन ली। यूनानी ग्रंथ नंद साम्राज्य की शक्ति का उल्लेख करते हुए बताते हैं कि नंदों के पास विशाल सेना थी, जिसमें 20,000 घुड़सवार, 2,00,000 पैदल सैनिक, 2,000 रथ और 3,000 हाथी थे। इस बात के भी संकेत मिले हैं कि नंदों का संबंध दक्कन और दक्षिण भारत से भी था। राजा खारवेल के हाथीगुम्फा अभिलेख में इस बात का संकेत है कि कलिंग (आधुनिक उड़ीसा) के कुछ हिस्सों पर नंद वंश का अधिकार था। राजा खारवेल का शासन काल प्रथम शताब्दी ई.पू. के मध्य में था।

दक्षिण कर्नाटक प्रदेश के कुछ बाद के अभिलेखों से भी पता चलता है कि नंद वंश के नेतृत्व में दक्कन के कुछ हिस्से पर मगध का अधिकार था। अधिकांश इतिहासकारों का यह मानना है कि महापद्मनंद के शासन काल के अंतिम चरण में मगध साम्राज्य के विस्तार और सुदृढ़ीकरण का पहला चरण समाप्त हो गया। सिकन्दर के आक्रमण का हवाला देते हुए यूनानी ग्रंथ उल्लेख करते हैं कि इस समय उत्तर-पश्चिमी क्षेत्र छोटे-छोटे राज्य वंशों के बीच विभक्त था। यह भी स्पष्ट है कि मगध राज्य और यूनानी विजेता के बीच कोई युद्ध नहीं हुआ।

321 ई.पू. में नंद वंश का पतन हो गया। इस दौरान 9 नंद राजाओं ने शासन किया और यह कहा जाता है कि अपने शासन के अंतिम दिनों में वे काफी अलोकप्रिय हो गएं थे। चंद्रगुप्त मौर्य ने इस स्थिति का फायदा उठाया और मगध के सिंहासन पर अधिकार जमा लिया। इन सभी परिवर्तनों के बावजूद मगध गंगा घाटी का सर्वशक्तिमान राज्य बना रहा। मगध की भौगोलिक स्थिति उसकी सफलता के कारणों में प्रमुख है। इसके अतिरिक्त लोहा उन्हें सहज सुलभ था और प्रमुख स्थल और जल व्यापार मार्ग पर उनका नियंत्रण था।

मौर्य शासन का उद्भव

डी.डी. कौशाम्बी का यह मानना है कि सिकन्दर के उत्तर, पश्चिम पर आक्रमण का तात्कालिक और अप्रत्याशित परिणाम यह हुआ कि इसने सम्पूर्ण देश पर मौर्यों की विजय का रास्ता प्रशस्त कर दिया। उनका तर्क है कि इससे पंजाब के गणराज्य कमजोर हो गए और चंद्रगुप्त के नेतृत्व में मगध की सेना को पूरे पंजाब पर विजय हासिल करने में किसी विशेष कठिनाई का सामना नहीं करना पड़ा। गंगा घाटी के अधिकांश भाग पर मगध का पहले से ही अधिकार था। भारतीय और अन्य ''क्लासिकल स्रोत'' इस बात का हवाला देते हैं कि सिकंदर के वापस जाने से एक रिक्तता का माहौल कायम हो गया और इसके बाद चंद्रगुप्त के लिए यूनानी दुर्गों पर अधिकार जमाना कठिन कार्य नहीं रहा। इसके बावजूद यह स्पष्ट नहीं है कि चंद्रगुप्त ने यह कार्य गद्दी प्राप्त करने के बाद किया या उससे पहले ही उसने इन इलाकों पर अधिकार जमा लिया था। कुछ विद्वान उसके राज्यारोहण का वर्ष 324 ई.पू. मानते हैं, परन्तु अब 321 ई.पू. का समय सर्वमान्य है।

भारतीय परम्परागत स्रोत के अनुसार चंद्रगुप्त ने कौटिल्य ब्राह्मण, जो चाणक्य या विष्णुगुप्त के नाम से भी जाना जाता था, की सहायता से मगध का राज सिंहासन प्राप्त किया था। छठी शताब्दी ई. में लिखे नाटक में भी यह कहा गया है कि 25 वर्ष की आयु में जिस समय चंद्रगुप्त ने नंद वंश को अपदस्थ किया था, उस समय चंद्रगुप्त एक कमजोर शासक था और वास्तविक सत्ता चाणक्य के हाथ में थी। **अर्थशास्त्र के लेखक चाणक्य** के बारे में बताया जाता है कि वह न केवल युद्ध के राजनीतिक सिद्धांतों का ज्ञाता था, बल्कि वह साम्राज्य को ध्वस्त होने से बचाने के लिए उपयुक्त राज्य और समाज के गठन के विषय में भी अच्छी जानकारी रखता था।

हालांकि चंद्रगुप्त के शासन के आरंभिक वर्षों के बहुत कम तथ्य प्रकाश में आए हैं, परन्तु अधिकांश इतिहासकार इस बात से सहमत हैं कि मौर्य परिवार का संबंध किसी निम्न जाति या कबीले से था। कुछ तथ्य इस बात का संकेत करते हैं कि चंद्रगुप्त अंतिम नंद राजा और निम्न जाति की स्त्री मुरा का पुत्र था, इसी से उस परिवार का नाम मौर्य पड़ गया। बौद्ध स्रोतों के अनुसार वह पिप्लिवन के मोरिया वंश के परिवार का सदस्य था। इन स्रोतों के अनुसार वह चंद्रगुप्त का संबंध उस शाक्य कबीले से था, जिसमें बुद्ध का जन्म हुआ था। इस कथन के अनुसार मौर्य नाम उस कबीले के नाम से उद्भूत हुआ है। अप्रत्यक्ष रूप से इसका अर्थ यह है कि चंद्रगुप्त एक पुराने सरदार का वंशज था और इस प्रकार उसका संबंध किसी-न-किसी प्रकार क्षत्रिय कुल से था। पुराणों में नंद वंश और मौर्य राजवंश में कोई संबंध नहीं बताया गया है, परन्तु वे भी मौर्यों को शूद्र का दर्जा देते हैं। हालांकि ब्राह्मण ग्रंथों की यह समझ उस आरंभिक मगध के समाज पर आधारित थी, जिसमें अनैतिकता का बोलबाला था और जाति संकर मिश्रित थी। ''क्लासिकल ग्रंथों'' में भी अंतिम नंद राजा और चंद्रगुप्त (सैंड्रोकोटस के रूप में) का उल्लेख है, परन्तु वे इन दोनों राज्य वंशों में किसी संबंध की बात नहीं करते। यह भी कहा गया है कि चंद्रगुप्त के नाम में ''गुप्त'' लगा होना और अशोक द्वारा अपनी बेटी की शादी विदिशा के व्यापारी से करना, इस तथ्य को पुष्ट करता है कि मौर्यों का संबंध वैश्य जाति से था।

हालांकि मौर्यों की जाति के संबंध में स्थिति अस्पष्ट है, परन्तु यह उल्लेखनीय है कि इस राजवंश के अधिकांश महत्वपूर्ण राजाओं ने अपने जीवन के अंतिम समय में असनातनीय धर्मों को ही अपनाया। दूसरी तरफ इस तथ्य को भी नजरअंदाज नहीं किया जा सकता है कि चंद्रगुप्त के परामर्शदाता और प्रेरक शक्ति के रूप में ब्राह्मण कौटिल्य ने महत्वपूर्ण भूमिका निभाई। पुराणों में तो यहाँ तक कहा गया है कि चाणक्य ने चंद्रगुप्त को राजा नियुक्त किया था। ऐसा कहा जा सकता है कि मौर्यों ने उस समाज में सत्ता प्राप्त की, जो कभी भी रूढ़िवादी नहीं था। उत्तर-पश्चिम में विदेशियों के साथ काफी सम्पर्क बना रहा। रूढ़िवादी ब्राह्मण परम्परा में मगध को हमेशा नीची दृष्टि से देखा गया है। मगध बुद्ध और महावीर के विचारों से भी काफी प्रभावित था। इस प्रकार, एक सामाजिक और राजनीतिक अव्यवस्था के बीच चंद्रगुप्त मगध का सिंहासन प्राप्त करने में सफल हुआ।

आरंभिक मौर्य-चंद्रगुप्त और बिन्दुसार

चंद्रगुप्त मौर्य

चन्द्रगुन्त मौर्य ने नंद वंश के अंतिम राजा को अपदस्थ कर राजधानी पाटलिपुत्र पर अधिकार जमाया और 321 ई.पू. में मगध के राज सिंहासन पर बैठा। चंद्रगुप्त के राजनीतिक उत्थान का संबंध उत्तर-पश्चिम में सिकन्दर के आक्रमण से भी था। 325 ई.पू. से 323 ई.पू. का काल इस दृष्टि से निर्णायक था, क्योंकि सिकन्दर के आक्रमण के बाद उत्तर-पश्चिम में नियुक्त उसके सारे सेनापतियों का या तो कत्ल हो चुका था या वे वापस लौट गए थे। चंद्रगुप्त ने इस स्थिति का फायदा उठाया और इन इलाकों पर अधिकार जमा लिया। यहाँ, इस बात को लेकर विवाद है कि चंद्रगुप्त ने पहले नंदों को उखाड़ फेंका या पहले विदेशियों को हराया। कुछ भी हो, यह कार्य 321 ई.पू. तक सम्पन्न हो चुका था और राज्य के सुदृढ़ीकरण का रास्ता प्रशस्त हो गया था। सैनिक विजय की दृष्टि से चंद्रगुप्त मौर्य की पहली उपलब्धि 305 ई.पू. के आसपास सेल्यूकस निकेटर से युद्ध करना

था। सेल्यूकस सिंधु नदी के पश्चिमी प्रदेश पर राज्य करता था। 303 ई.पू. में अंततः लम्बे युद्ध के बाद चंद्रगुप्त की विजय हुई और यूनानी दूत के साथ एक संधि हुई। इस संधि के मुताबिक चंद्रगुप्त ने सेल्यूकस को 500 हाथी दिए, बदले में सेल्यूकस ने चंद्रगुप्त को अफगानिस्तान, ब्लूचिस्तान और सिंधु का पश्चिमी इलाका दे दिया।

एक वैवाहिक संबंध भी स्थापित हुआ। सेल्यूकस का राजदूत मेगस्थनीज कई वर्षों तक चंद्रगुप्त के दरबार में रहा। यह एक महत्वपूर्ण उपलब्धि थी, क्योंकि इस प्रकार सिंधु एवं गंगा का मैदान चंद्रगुप्त के नियंत्रण में आ गए और मौर्य साम्राज्य की सीमाएं निर्धारित हो गयीं।

अधिकांश विद्वानों का यह मानना है कि चंद्रगुप्त ने केवल उत्तर-पश्चिमी क्षेत्र और गंगा के मैदान पर ही अपना प्रभुत्व स्थापित नहीं किया था, बल्कि पश्चिमी भारत और दक्कन के क्षेत्रों पर भी उसका नियंत्रण था। केवल आधुनिक केरल, तमिलनाडु और भारत के उत्तर-पश्चिमी इलाके उसके राज्य-क्षेत्र में शामिल नहीं थे। परन्तु इन विजय-अभियानों का विस्तृत ब्यौरा अभी तक प्राप्त नहीं हुआ है। यूनानी लेखकों ने अपने ग्रंथों में केवल इस बात का संकेत दिया है कि चंद्रगुप्त मौर्य ने 6,00,000 की अपनी विशाल सेना की सहायता से पूरे भारत को रौंद डाला था।

दूसरी शताब्दी ई. के मध्य के रुद्रदामन के जूनागढ़ शिला अभिलेख से पता चलता है कि चंद्रगुप्त ने सुदूर पश्चिम में सौराष्ट्र या काठियावाड़ पर विजय प्राप्त की थी और उसे अपने साम्राज्य में मिला लिया था। इसमें चंद्रगुप्त के राजदूत पुष्यगुप्त का उल्लेख है, जिसने प्रसिद्ध सुदर्शन झील का निर्माण करवाया था। इससे यह भी पता चलता है कि मालवा क्षेत्र भी चंद्रगुप्त के नियंत्रण में था। बाद के स्रोतों से यह भी पता चलता है कि दक्कन के क्षेत्र पर भी उसका अधिकार था। कुछ मध्ययुगीन पुरालेखों में इस बात का उल्लेख है कि चंद्रगुप्त ने कर्नाटक के कुछ हिस्सों को सुरक्षा प्रदान की थी।

संगम ग्रंथों में प्रारंभिक तमिल लेखकों ने ''मोरियार'' का उल्लेख किया है, यह माना जाता है कि यह मौर्यों का ही उल्लेख है, जिनका दक्षिण से संपर्क हुआ था; परन्तु संभवतः यह चंद्रगुप्त के उत्तराधिकारी के शासन का हवाला देता है। अंततः जैन परम्परा से सूचना मिलती है कि अपने अंतिम दिनों में चंद्रगुप्त ने जैन धर्म अपना लिया था। उसने राजसिंहासन त्याग दिया और एक जैन साधु भद्रबाहु के साथ दक्षिण की ओर चला गया। दक्षिण कर्नाटक में स्थित जैनों के तीर्थस्थान श्रवणबेलगोला में उसने अपने अंतिम दिन बिताए और एक कट्टर जैन की तरह भूखे रहकर धीरे-धीरे प्राण त्याग दिए।

बिन्दुसार

चंद्रगुप्त का पुत्र बिन्दुसार 297 ई.पू. में गद्दी पर बैठा भारतीय और ''क्लासिकल स्रोतों'' में उसका कम उल्लेख हुआ है। यूनानी बिंदुसार को अमिट्रोक्रेटस के नाम से पुकारते थे। यूनानी स्रोतों में इस बात का भी उल्लेख है कि बिन्दुसार का संबंध सीरिया के सेल्यूसिड वंश के राजा एंटियोकस प्रथम के साथ था, जिससे उसने मीठी मदिरा, सूखा अंजीर और एक तार्किक अथवा दार्शनिक भेजने का आग्रह किया था।

16वीं शताब्दी में तिब्बत के एक बौद्ध पुजारी तारानाथ ने अपनी रचना में बिंदुसार का युद्ध संबंधी वर्णन लिखा है। कहते हैं उसने पूर्वी और पश्चिमी समुद्रों के बीच का भाग जीत लिया था और 16 नगरों के राजाओं और सरदारों को हरा दिया था। दक्षिण के प्रारंभिक तमिल कवियों ने भूमि पर मौर्यों के रथों के गरजते हुए चलने का जिक्र किया है। शायद यह बिंदुसार का ही शासनकाल होगा। बहुत से इतिहासकारों का मानना है कि चूँकि अशोक ने केवल कलिंग पर ही विजय प्राप्त की थी, अतः तुंगभद्रा तक का प्रदेश उसके पूर्व शासकों के काल में ही मगध का अंग बन चुका होगा। इसके आधार पर यह अनुमान लगाया जाता है कि बिंदुसार ने दक्कन पर नियंत्रण स्थापित किया और मौर्य साम्राज्य को प्रायद्वीप में सुदूर दक्षिण स्थित मैसूर तक विस्तार किया।

हालांकि बिंदुसार को ''शत्रु का संहारक'' कहा जाता है, उसके शासनकाल का ब्यौरा भी ठीक से नहीं मिलता है। उसके विजय अभियानों का अनुमान केवल अशोक के साम्राज्य के विस्तार को देखकर लगाया जा सकता है, क्योंकि अशोक ने केवल कलिंग (उड़ीसा) पर विजय प्राप्त की थी। उसका धार्मिक झुकाव आजीवकों की तरफ था। बौद्ध स्रोतों के अनुसार बिंदुसार की मृत्यु 273-272 ई.पू. के आसपास हुई थी। उसकी मृत्यु के बाद उसके पुत्रों के बीच राजसिंहासन के लिए चार वर्षों तक संघर्ष होता रहा। अंततः 269-268 ई.पू. के आसपास अशोक बिंदुसार का उत्तराधिकारी बना।

अशोक मौर्य

सम्राट अशोक द्वारा प्रवर्तित कुल 33 अभिलेख प्राप्त हुए हैं, जिनमें ब्राह्मी लिपि में लिखी एक शिलालेख में 'देवानांप्रिय पियदस्सी' (देवताओं के प्रिय, प्रियदर्शी) नामक एक राजा का उल्लेख था। इसकी तुलना श्रीलंका के **इतिवृत्त महावंश** में उल्लिखित पियदस्सी से की गई और वस्तुतः तब यह साबित हो सका कि शिलालेख में वर्णित राजा अशोक मौर्य ही था। युद्ध से विमुखता और धम्म के सिद्धांतों के आधार पर शासन की स्थापना ने अशोक को विशेष प्रसिद्धि दी है।

अपने पिता के शासनकाल में अशोक ने उज्जैन और तक्षशिला में राजदूत के रूप में कार्य किया था। यह बताया जाता है कि उसे तक्षशिला में एक विद्रोह को कुचलने के लिए भेजा गया था। बौद्ध स्रोतों से पता चलता है कि तक्षशिला में सफलता प्राप्त करने के बाद उसे उज्जैन भेजा गया था। यह भी कहा जाता है कि उसके व्यक्तिगत जीवन की घटनाओं, जैसे- विदिशा के व्यापारी की पुत्री से उसका विवाह और उससे महेन्द्र और संघमित्रा नामक दो संतानों की प्राप्ति, ने भी अशोक को बौद्ध धर्म अपनाने की दिशा में प्रवृत्त किया। उसके आरंभिक जीवन की जानकारी ज्यादातर बौद्ध इतिवृत्तों से होती है। अतः इसकी प्रामाणिकता कुछ संदिग्ध है।

अशोक के राज्यारोहण से संबंधित भी कई किवदंतियां प्रचलित हैं, परन्तु इस तथ्य पर मोटे तौर पर सहमति है कि अशोक युवराज नहीं था। इसलिए सिंहासन प्राप्त करने के लिए उसे अन्य राजकुमारों के साथ संघर्ष करना पड़ा था। बौद्ध स्रोतों में यह बताया गया है कि बौद्ध धर्म अपनाने से पूर्व अशोक एक दुष्ट राजा था। यह निश्चित रूप से बढ़ा-चढ़ाकर कही हुई है। इसका उद्देश्य अशोक की बौद्ध धर्म के प्रति निष्ठा को प्रतिष्ठित करना है। यह बात ध्यान में रखनी चाहिए कि अशोक के परवर्ती जीवन में बौद्ध धर्म की महत्वपूर्ण भूमिका रही, परन्तु उसे कट्टर और दुराग्रही

बताने वाले कथनों की सही जांच-परख करनी होगी। अशोक के व्यक्तित्व और विचारों का उल्लेख विस्तृत रूप में उसके कई अभिलेखों शिलालेखों में हुआ है, जिसमें उसकी सार्वजनिक और राजनीतिक भूमिका पर प्रकाश डाला गया है। उनसे यह भी पता चलता है कि कलिंग युद्ध के बाद अशोक ने बौद्ध धर्म को अपनाया था।

हालांकि अशोक के पूर्वजों ने दक्कन और दक्षिण के प्रदेशों में प्रवेश पा लिया था और शायद कुछ हिस्सों को जीत भी लिया था, परन्तु कलिंग (आधुनिक उड़ीसा) अभी तक अविजित था और उसे मौर्य-साम्राज्य के नियंत्रण के अधीन लाने का कार्य शेष था। इस इलाके का सामरिक महत्व था, क्योंकि स्थल और समुद्र, दोनों से दक्षिण भारत को जाने वाले मार्गों पर कलिंग का नियंत्रण था। अशोक ने खुद शिलालेख XIII में यह बताया है कि उसके अभिषेक के आठ वर्ष बाद अर्थात् **261 ई.पू. के आसपास कलिंग के साथ युद्ध हुआ था।** इस युद्ध में कलिंगवासियों को पूरी तरह कुचल दिया गया और "एक लाख व्यक्ति मारे गए और इससे कई गुना नष्ट हो गए"। अभिलेखों में आगे बताया गया है कि अशोक इस युद्ध में विजयी हुआ, परन्तु युद्ध की विनाशलीला ने सम्राट को शोकाकुल बना दिया और तब उसने अचानक बौद्ध धर्म स्वीकार कर लिया। युद्ध विजय का स्थान धम्म विजय ने ले लिया। यह नीति व्यक्तिगत और राजकीय, दोनों स्तरों पर अपनाई गई और प्रजा के प्रति सम्राट और उसके अधिकारियों में मूलभूत परिवर्तन आया।

अशोक की मृत्यु के समय मगध

विभिन्न स्थानों पर पाये जाने वाले शिलालेखों और स्तम्भ अभिलेखों, जिनमें अशोक ने अपनी धम्म नीति की चर्चा की है, से अशोककालीन मगध साम्राज्य के क्षेत्रीय-विस्तार पर काफी प्रकाश पड़ता है। अशोक के 14 बृहद शिलालेख, सात स्तम्भ लेख जूनागढ़ के निकट गिरनार में और कुछ लघु शिलालेख प्राप्त हुए हैं। बड़े शिलालेख पेशावर के निकट शाहबाजगढ़ी और मानसेहरा में, देहरादून के निकट कालसी में, महाराष्ट्र के थाना जिले में सोपारा, गुजरात कठियावाड़ा में, भुवनेश्वर के निकट धौली में और उड़ीसा के गंजम जिले के जौगढ़ में पाए गए हैं। लघु शिलालेख कर्नाटक के सिद्धपुरा, जतिंग-रामेश्वर और ब्रह्मगिरि स्थानों में मिले हैं। इसके अतिरिक्त अन्य लघु शिलालेख मध्य प्रदेश में जबलपुर के निकट रूपनाथ में, बिहार के सासाराम में, जयपुर के निकट बैराट में और कर्नाटक के मास्की में मिलते हैं। स्तम्भ लेख, जिसमें अशोक के फरमान हैं, दिल्ली में पाया गया है। मूल रूप में इसकी प्राप्ति अम्बाला और मेरठ के निकट टोपरा नामक स्थान से हुई थी। इसके अतिरिक्त, इस प्रकार के अभिलेख उत्तर प्रदेश के कौशाम्बी में, बिहार के लौरिया-अरेराज, लौरिया-नन्दनगढ़ और रामपुरवा भोपाल के समीप सांची, बनारस के निकट सारनाथ और नेपाल में रूम्मिनदेई नामक स्थानों पर मिले हैं। ब्रह्मगिरी इन अभिलेखों के स्थापन पर गौर करने से यह भी स्पष्ट हो जाएगी कि प्रयत्नपूर्वक इन्हें महत्वपूर्ण समुद्र और स्थल व्यापारिक मार्गों पर स्थापित किया गया था। इसके आधार पर आधुनिक इतिहासकार इस निष्कर्ष पर पहुंचे हैं कि इसके पीछे उपमहाद्वीप पर नियंत्रण रखना भी एक उद्देश्य था, परन्तु मूल उद्देश्य कच्चे माल के स्रोत पर अधिकार बनाए रखना था।

ये लेख साम्राज्य की सीमा पर रहने वाले लोगों की भी चर्चा करते हैं, इससे ऊपर वर्णित राज्य की सीमा-रेखा की पुष्टि होती है। दक्षिण में चोल, पांड्य सतियपुत्र और केरलपुत्र का उल्लेख हुआ है, जो मौर्य साम्राज्य की परिधि से बाहर थे। साम्राज्य के भीतर भी लोगों की जाति और संस्कृति में काफी भिन्नता थी। उदाहरण के लिए उत्तर-पश्चिम प्रदेश के कम्बोजों और यवनों का उल्लेख मिलता है। उनकी चर्चा के साथ-साथ भोजों, पितनिकों, आंध्रों और पुलिंदों का भी उल्लेख किया गया है, जो पश्चिमी भारत और दक्कन में बसे हुए थे। मानचित्र पर अशोक के लेखों के फैलाव के अलावा कुछ और तथ्यों से भी उसके साम्राज्य के विस्तार को पता चलता है। विजय से हासिल राज्य क्षेत्र को विजित और "शासकीय राज्य-क्षेत्र" को राजा विषय कहा गया था, सीमांत राज्य क्षेत्रों को प्रत्यन्त की संज्ञा दी गई है। मगध साम्राज्य की सीमा के बाहर उत्तर-पश्चिम में सेल्यूकस राजा एंटिओकस-द्वितीय का राज्य था, दक्षिण में चोल, पांड्य, केरलपुत्र और सतियपुत्र के राज्य तथा श्रीलंका द्वीप भी साम्राज्य की सीमा से बाहर थे। ऐसा प्रतीत होता है कि पूरब में उत्तरी और दक्षिण बंगाल मौर्यों के साम्राज्य का अंग था।

इस प्रकार, अशोक के राज्य-काल में मगध साम्राज्य का क्षेत्रीय विस्तार अपनी चरम सीमा पर था। परन्तु, इसके साथ-ही-साथ यह प्रयत्न भी चल रहा था कि साम्राज्य के अंदर होने वाले सभी युद्धों को समाप्त कर दिया जाए। अहिंसा की नीति को राज्य-नीति के रूप में अपनाया जाना अपने आप में एक अनूठी घटना थी, क्योंकि भारत के राजनीतिक इतिहास में इसे दोहराया नहीं गया। विभिन्न इतिहासकारों ने बार-बार अशोक को उदार तानाशाह के रूप में चित्रित किया है। यह धारणा धम्म के व्यावहारिक पक्ष को नजरअंदाज कर देती है। अशोक ने इसके माध्यम से एक विचार पद्धति का सहारा लेकर विशाल साम्राज्य पर नियंत्रण करने की कोशिश की, जिसके अभाव में शासन करना बहुत मुश्किल था। मौर्यों के अभिलेख कुछ महत्वपूर्ण व्यापारिक मार्गों और साम्राज्य के सीमांत प्रदेशों से प्राप्त हुए हैं। परन्तु यह सवाल अभी तक अपनी जगह खड़ा है कि वे क्षेत्र जहाँ अभिलेख पाए गए और वे क्षेत्र जहाँ अभिलेख नहीं पाए गए हैं, क्या समान रूप से नियंत्रित किए जाते थे।

महत्वपूर्ण बिंदु

* मगध के प्रारंभिक राजवंश की स्थापना 'वसु' के पुत्र जरासंध के पिता 'वृहद्रथ' ने की।
* बिंबिसार ने मगध में लगभग 545 ई. पू. में हर्यंक वंश की स्थापना की एवं राजगृह को अपनी राजधानी बनाया।
* जैन साहित्य में इसे 'श्रेणिक' कहा गया है।
* बिंबिसार ने अंग महाजनपद को मगध साम्राज्य में मिला लिया था।
* महात्मा बुद्ध की सेवा में बिंबिसार ने राजवैद्य जीवक को भेजा। अंवति के राजा चंड प्रद्योत जब पांडु रोग से ग्रसित हो गए थे, उस समय बिंबिसार ने जीवक को उनकी सेवा के लिए सुश्रुषा भेजा था।
* अजातशत्रु अपने पिता बिंबिसार की हत्या कर 493 ईसा पूर्व. में मगध का शासक बना।
* अजातशत्रु ने वैशाली के विरुद्ध 'महाशिलाकंटक' तथा 'रथमूसल' नामक अस्त्र-शस्त्र का प्रयोग किया।
* अजातशत्रु का सुयोग्य मंत्री 'वर्षकार' (वस्सकार) था। इसी की सहायता से अजातशत्रु को वैशाली पर विजय पाने में सफलता।

* अजातशत्रु ने कोसल के राजा प्रसेनजित को पराजित कर काशी का प्रदेश प्राप्त किया और उसकी पुत्री वजिरा से विवाह किया।
* अजातशत्रु की हत्या 461 ईसा पूर्व. में उसके पुत्र उदयन ने की और स्वंय मगध का शासक बना।
* उदयन ने 'गार्गी संहिता' तथा 'वायु पुराण' के अनुसार 'पाटलिपुत्र' नामक राजधानी की स्थापना की।
* हर्यंक वंश का अंतिम राजा उदायिन का पुत्र नागदशक था। जिसकी हत्या 412 ईसा पूर्व उसके मंत्री शिशुनाग ने कर दी और नए राज्य शिशुनाग वंश की स्थापना की।
* शिशुनाग ने अपनी राजधानी पाटलिपुत्र से बदलकर वैशाली में स्थापित की।
* शिशुनाग का उत्तराधिकारी कालाशोक पुनः राजधानी को पाटलिपुत्र ले गया।
* कालाशोक के शासन काल में द्वितीय बौद्ध संगीति का आयोजन हुआ।
* शिशुनाग के बाद कालाशोक सिंहासन पर बैठा।
* नंदवंश का संस्थापक महापद्मनंद था।
* व्याकरणाचार्य पाणिनी महापद्मनंद के मित्र थे।
* नंदवंश का अंतिम शासक घनानंद था। यह सिंकदर का समकालीन था।

❑❑❑

अध्याय

6

मौर्य साम्राज्य

[विस्तार, कलिंग युद्ध एवं इसका प्रभाव, अशोक का धम्म, विदेश नीति, मौर्य काल के समय कला एवं स्थापत्य विकास]

मौर्य साम्राज्य की स्थापना अखंड भारत निर्माण की ओर एक सुदृढ़ कदम था। यह भारत के प्रथम और महानतम साम्राज्यों में से एक था। मगध में नंद वंश एवं उत्तरी-पश्चिमी सीमांत में यूनानी क्षत्रपों की सत्ता का विनाश कर इस वंश के संस्थापक चंद्रगुप्त मौर्य ने दक्कन सहित भारत के अधिकतर भूभाग पर अधिकार कर लिया था। चंद्रगुप्त मौर्य ने उत्तर-पश्चिम में आक्सस की घाटी से लेकर दक्षिण में कावेरी नदी तक अपने साम्राज्य का विस्तार किया। प्रथम बार भारत में किसी शासक ने एकछत्र प्रभुसत्ता कायम करने का प्रयत्न किया। उसने उत्तर भारत का राजनीतिक एकीकरण करके विंध्य पर्वतमालाओं के दक्षिणी भाग में भी अपना साम्राज्य फैलाया। इस काल की सबसे महत्वपूर्ण विशेषता यह है कि इस काल के इतिहास के स्पष्ट, प्रामाणिक एवं विश्वसनीय प्रमाण उपलब्ध हैं।

साक्ष्य और स्रोत

मौर्यकालीन इतिहास की जानकारी के लिए अनेक साक्ष्य प्राप्त हुए हैं। इन साक्ष्यों या स्रोतों का वर्णन निम्नानुसार है—

शिलालेख

शिलालेखीय साक्ष्य मौर्य इतिहास के अत्यंत प्रामाणिक या विश्वसनीय स्रोत हैं। अशोक के अभिलेख भारत के प्राचीनतम, सर्वाधिक सुरक्षित एवं सुनिश्चित तिथियुक्त आलेख हैं। **1837 में जेम्स प्रिंसेप** ने इन अभिलेखों की ब्राह्मी लिपि का गूढ़ वाचन करके इनके रहस्य को उद्घाटित किया। प्रिंसेप ने श्रीलंकाई इतिवृत्तों, जिनमें अशोक को 'पियदस्सी' की उपाधि से संबोधित किया गया है, के आधार पर इन अभिलेखों में उल्लिखित राजा 'प्रियदर्शी' की साम्यता सम्राट् अशोक से की।

अशोक के शिलालेखों दो समूह हैं—लघु समूह वाले शिलालेखों में एक साधारण बौद्ध धर्मानुयायी के रूप में प्रसारित वे राजाज्ञाएं (या शास्ताएं) हैं, जिनमें उसके द्वारा बौद्ध धर्म अंगीकार करने तथा संघ के साथ उसके संबंधों का उल्लेख है। दूसरे समूह में वृहद् एवं लघु शिलालेखों तथा स्तंभलेखों सहित वे महत्वपूर्ण उद्घोषणाएं (शासन) हैं, जिनमें उनकी प्रसिद्ध धम्म संबंधी नीति का उल्लेख किया गया है। प्रस्तर खंडों और स्तंभों पर उत्कीर्ण इन शिलालेखों को नगरों के निकट या महत्वपूर्ण व्यापारिक एवं यात्रा-मार्गों अथवा धार्मिक स्थानों और धार्मिक महत्व के स्थानों के निकट प्रमुख स्थानों में प्रतिष्ठापित किया गया था। स्तंभ लेखों को कुछ महत्वपूर्ण घटनाओं की स्मृति के रूप में स्थापित किया गया था। कुछ शिलालेखों को उनके मूल स्थानों से स्थानांतरित भी किया गया। फिरोज तुगलक द्वारा दो स्तंभों में से एक को टोपरा से (अंबाला जिला, हरियाणा) एवं दूसरे को मेरठ से स्थानांतरित करके दिल्ली लाया गया। इलाहाबाद का स्तंभ मूलतः कौशांबी में था, जिसे अकबर द्वारा स्थानांतरित कर इलाहाबाद लाया गया। बैराट (जयपुर, राजस्थान) के स्तंभ को कनिंघम द्वारा कलकत्ता ले जाया गया। विषयवस्तु, स्वरूप तथा कालक्रम के आधार पर इन शिलालेखों को 9 समूहों में वर्गीकृत किया गया है—

1. 14 **वृहद् शिलालेख** : बड़े-बड़े शिलाखंडों पर उत्कीर्ण ये 14 वृहद् शिलालेख निम्नलिखित स्थानों पर स्थित थे: कलसी (देहरादून, उत्तराखंड), मानसेहरा (पाकिस्तान) और शाहबाजगढ़ी (पेशावर जिला, पाकिस्तान), गिरनार (गुजरात), सोपारा (मुंबई के पास महाराष्ट्र), धौली और जौगढ़ (दोनों उड़ीसा में), मास्की और एर्रगुडि (दोनों आंध्र प्रदेश में)।
2. **लघु शिलालेख** : जिन स्थानों से ये शिलालेख प्राप्त हुए, वे हैं : रूपनाथ (जबलपुर, मध्य प्रदेश) सासाराम (शाहाबाद, बिहार), (राजस्थान), गुर्जरा (दतिया, मध्य प्रदेश), मास्की (रायचूर, कर्नाटक), ब्रह्मगिरि (चिंतलदुर्ग, कर्नाटक), सिद्धपुर (ब्रह्मगिरि के पश्चिम में), जाटिंग रामेश्वर (ब्रह्मगिरि के उत्तर-पश्चिम में लगभग 4 कि.मी. दूर), गोविमठ (हासपेट के निकट, कर्नाटक), पालार्कगुंड (गोविमठ से 5 कि.मी. दूर), एर्रगुडि (कुर्नूल, आंध्र प्रदेश), राजुल मंडागिरि (कुर्नूल, आंध्र प्रदेश), अहरौरा (मिर्जापुर, उत्तर प्रदेश), दिल्ली, भाब्रू, (बैराट) जयपुर, राजस्थान।
3. **उत्तरी शिलालेख** : दो उत्तरी शिलालेखों में तक्षशिला (पाकिस्तान) से भग्न दशा में प्राप्त एक शिलालेख अरमाइक भाषा में है। दूसरा शिलालेख अफगानिस्तान में कंधार नगर के समीप मिला है, जो यूनानी (ग्रीक) और अरमाइक दो भाषाओं में है। चूँकि इस प्रदेश में यूनानी भाषा बोलने वाले लोग रहते थे, अतः इसे यूनानी एवं स्थानीय अरमाइक भाषाओं में उत्कीर्ण कराया गया। तीसरा उत्तरी शिलालेख लगमान (जलालाबाद के निकट अफगानिस्तान) से प्राप्त हुआ है, जो अरमाइक भाषा में है। इस शिलालेख में भी 'देवानामप्रिय' के धम्म संबंधी प्रयासों का उल्लेख है। चौथा उत्तरी शिलालेख 1963 में स्ट्रासबर्ग विश्वविद्यालय (जर्मनी) के **प्रो. श्लुंबर्गर** को प्राप्त हुआ था। इस शिलालेख की भाषा यूनानी है तथा लिपि उत्कृष्ट है।
4. **स्तंभलेख** : छह स्तंभलेख निम्नलिखित स्थानों से प्राप्त हुए हैं—
   (i) **दिल्ली टोपरा स्तंभ-लेख** : यह मूलतः टोपरा (अंबाला, हरियाणा) में स्थित था और इसे फिरोजशाह तुगलक द्वारा टोपरा से अपनी नवीन राजधानी कोटला फिरोजशाह (दिल्ली) में स्थापित किया गया।
   (ii) **दिल्ली-मेरठ स्तंभ-लेख** : फिरोजशाह तुगलक द्वारा एक दूसरे स्तंभ-लेख को मेरठ से लाकर अपनी नवीन राजधानी में स्थापित किया गया था। परंतु कहा जाता है कि फर्रुखसियर के शासनकाल (1713-19)

में बारूदखाने में विस्फोट के कारण यह स्तंभ खंडित हो गया और बाद में 1867 में इसे पुनर्स्थापित किया गया।

(iii) **प्रयाग (इलाहाबाद) स्तंभ-लेख :** वर्तमान समय में यह स्तंभ इलाहाबाद के किले के अंदर है, पर विश्वास किया जाता है कि यह मूलत: कौशांबी में था। अशोक द्वारा उत्कीर्ण यह स्तंभ-लेख कौशांबी के महामात्य के नाम से आदेश के रूप में है। इसमें यह चेतावनी दी गई कि ''यदि कोई भिक्षु या भिक्षुणी संघ को भंग करने का प्रयास करेगा, तो उसे श्वेत वस्त्र पहनाकर संघ से बाहर निकाल दिया जाएगा।'' इसी स्तंभ पर अशोक का दूसरा अभिलेख भी उत्कीर्ण है, जिसमें अशोक द्वितीय पत्नी या रानी कारूवाकी (अथवा कालुबाकी या चारूबाकी), जो तीवर की माता थी, द्वारा बौद्ध संघ को प्रदत्त दान का उल्लेख है। इसी कारण इसे 'रानी अभिलेख' (Queen Edict) भी कहा जाता है। इसी स्तंभ पर परवर्ती काल में दो अन्य अभिलेख उत्कीर्ण कराए गए। पहला अभिलेख गुप्त सम्राट् समुद्रगुप्त की प्रसिद्ध प्रयागप्रशस्ति है, जिसकी रचना कवि हरिषेण ने की थी और जिसमें समुद्रगुप्त की विजयों का उल्लेख है। इसी स्तंभ पर दूसरा अभिलेख जहाँगीर द्वारा उत्कीर्ण कराया गया।

(iv) **लौरिया अरेराज स्तंभ-लेख :** यह स्तम्भ लेख बिहार के चंपारण जिले में स्थित है। इस स्तंभ का शीर्षभाग कमलाकार है, जिसमें ऊपर की ओर मुख किए हुए सिंह की मूर्ति उत्कीर्ण है और शीर्ष के नीचे उपखंड पर राजहंसों की पंक्तियों को मोती चुगते दिखाया गया है। इस स्तंभ पर भी दिल्ली-टोपरा वाले छह अभिलेख उत्कीर्ण हैं।

(v) **रामपुरवा स्तंभ-लेख :** बिहार के चंपारण जिले में बेतिया के उत्तर में रामपुरवा नामक स्थान से यह स्तंभ प्राप्त हुआ है। इसके शीर्ष पर सिंह की मूर्ति और वृषभ (नटुवा बैला) की प्रतिमाएँ निर्मित्त है। इस स्तम्भ से 'सप्त स्तम्भ आदेश' लेख प्राप्त हुए हैं। इन लेखों में अशोक की धार्मिक घोषणाएँ तथा उसके धार्मिक कार्यों का विवरण दिया गया है।

(vi) **लौरिया नंदनगढ़ :** बिहार के चंपारण जिले में स्थित है। इस समय पर अशोक के सप्त धम्म लेख अंकित हैं। स्तम्भ के शीर्ष भाग पर बैठे हुए सिंह बने हुए हैं। इस स्तम्भ की ऊँचाई लगभग 40 फुट है। स्तभपर चमकते हुए शीशे की तरह पॉलिश है।

(vii) **तीन लघु स्तंभ-लेख :** तीन लघु स्तंभ-लेख सारनाथ, सांची तथा कौशांबी से प्राप्त हुए हैं। सारनाथ स्तंभलेख में भी बौद्ध संघ में फूट डालने वाले भिक्षु या भिक्षुणियों के लिए दंड की व्यवस्था की गई है। इलाहाबाद स्तंभ पर उत्कीर्ण 'रानी अभिलेख' को भी लघु स्तंभलेखों की श्रेणी में गिना जाता है।

प्रथम कलिंग शिलालेख

नवविजित कलिंग प्रदेश में अशोक ने धौली (भुवनेश्वर से 8 कि.मी. दक्षिण में स्थित, उड़ीसा) और जौगढ़ (गंजाम जिले में, आंध्र प्रदेश) दो पृथक् शिलालेख प्रतिष्ठापित किए थे। ये दो शिलालेख 14 वृहद् शिलालेखों की शृंखला के अनुपूरक हैं। इन शिलालेखों में अशोक की पैतृक राजतंत्रीय अवधारणा का वर्णन है—''सभी मनुष्य मेरी संतान (प्रजा) की भांति हैं और जैसे मैं अपनी संतान के लिए इहलौकिक और पारलौकिक कल्याण की कामना करता हूं, उसी प्रकार मैं सभी मनुष्यों के लिए भी कल्याण की कामना करता हूं।''

इन पृथक् शिलालेखों में शासन संचालन के उन मानवोचित सिद्धांतों का भी वर्णन है, जिनके आधार पर नव-विजित कलिंग प्रांत पर शासन किया जाना था।

भाब्रू शिलालेख : यह एक शिलाखंड पर उत्कीर्ण है, जोकि अब कलकत्ता (कोलकाता) में है। इसे बैराट की एक पहाड़ी की चोटी से हटाकर यहाँ लाया गया था। इससे बौद्ध धर्म के प्रति अशोक की श्रद्धा प्रकट होती है।

गुफा अभिलेख : बिहार में गया के पास (बराबर) की पहाड़ियों में अशोक के तीन गुफा अभिलेख मिले हैं, जिनमें इन गुफाओं को अशोक द्वारा आजीवक संप्रदाय के भिक्षुओं को दान में दिए जाने की सूचना है। अशोक के समय में बराबर पहाड़ी का नाम खलतिक पहाड़ी था। समीपवर्ती नागार्जुनी गुफा में अशोक के पौत्र दशरथ के तीन गुफा लेख हैं।

संनाताई लघु शिलालेख : अशोक के तीन और शिलालेख हाल ही में कर्नाटक के गुलबर्गा जिले के संनाताई गाँव में पाए गए हैं। इस खोज से इतिहासकारों की धारणा बनी है कि अशोक ने तीसरी शताब्दी ई. पू. में कर्नाटक के उत्तरी भाग तथा आंध्र प्रदेश के समीपवर्ती भागों को विजित कर अपने अधिकार में कर लिया था। ये शिलालेख विषयवस्तु, लिपि, शैली तथा भाषा में कुर्नूल जिले (आंध्र प्रदेश) के एर्रगुडी में पाए गए शिलालेखों के समान हैं।

अशोक के शिलालेखों की लिपि और भाषा

अशोक के अभिलेख खरोष्ठी और ब्राह्मी नामक दो लिपियों में लिखे हुए मिलते हैं। खरोष्ठी दाएं से बाएं लिखी जाने वाली लिपि है। अशोक के शिलालेखों में केवल शाहबाजगढ़ी और मानसेहरा स्थित अभिलेख ही इस लिपि में लिखित हैं। अशोक के अन्य सभी अभिलेख बाएं से दाएं लिखी जाने वाली लोक प्रचलित ब्राह्मी लिपि में लिखे हुए मिलते हैं। यही ब्राह्मी लिपि भारत की अधिकांश लिपियों तथा दक्षिण-पूर्व एशिया की अनेक लिपियों, जैसे-बर्मी, तिब्बती, सिंहली आदि भाषाओं की मातृलिपि है। तक्षशिला एवं कंधार से प्राप्त दो अभिलेख यूनानी एवं आरमाइक लिपियों में अभिलिखित हैं। उपरोक्त इन अभिलेखों के अतिरिक्त अशोक के अन्य अभिलेखों की **भाषा प्राकृत है**, पर विभिन्न अभिलेखों की प्राकृत भाषा में क्षेत्रीय अंतर स्पष्टत: दृष्टिगोचर होता है। यह एक रोचक तथ्य है कि अशोक ने सर्वसाधारण द्वारा बोली जाने वाली प्राकृत भाषा का ही लगातार प्रयोग किया, न कि संस्कृत का, जो विशिष्ट जनों की भाषा थी।

मौर्योत्तर अभिलेख

अन्य अभिलेखों में, जिनका प्रत्यक्ष संबंध मौर्यकाल से है, और जो अनिवार्यत: अशोककालीन नहीं हैं, तक्षशिला के प्रियदर्शी अभिलेख, लंपाक या लमगान अभिलेख (अफगानिस्तान में जलालाबाद के निकट काबुल नदी के तट पर स्थित), सहगौरा (उत्तर प्रदेश के गोरखपुर जिले) के ताम्रपत्र अभिलेख तथा तीसरी शताब्दी ई. पू. राजस्थान का बोगरा जिले का महास्थान अभिलेख उल्लेखनीय हैं। अंतिम दो अभिलेखों में अकाल के समय किए गए राहत उपायों का उल्लेख है। 150 ई. के रुद्रदामन के जूनागढ़ के अभिलेख में मौर्यों का प्रासंगिक संदर्भ मिलता है।

अशोक के अभिलेखों से हमें उनकी प्रशासनिक, धार्मिक, नैतिक, विदेशी तथा आंतरिक नीतियों की प्रत्यक्ष जानकारी मिलती है और इन अभिलेखों के प्राप्त स्थलों के आधार पर मौर्य साम्राज्य के विस्तार तथा साथ ही समकालीन सामाजिक और धार्मिक विश्वासों के बारे में परोक्ष अनुमान लगाए जा सकते हैं।

बौद्ध और जैन ग्रंथ

धार्मिक स्रोतों में बौद्ध साहित्य अत्यधिक महत्त्वपूर्ण है। हालांकि जातक कथाओं में गौतम बुद्ध के पिछले जन्म की कथाओं का वर्णन है, लेकिन उनसे हमें समकालीन सामाजिक व्यवस्था, शिल्प-श्रेणियों के अस्तित्व, लोक प्रचलित प्रथाओं तथा मौर्य युग तक प्रचलित बौद्धकालीन सामाजिक तथा आर्थिक स्थिति के सामान्य स्वरूप के बारे में भी जानकारी मिलती है।

'अशोकावदान' तथा 'दिव्यावदान' दो अन्य बौद्ध ग्रंथ हैं, जिनमें अशोक के व्यक्तित्व के संबंध में बहुत-सी किंवदंतियां मिलती हैं और ये भारत से बाहर मुख्यतः तिब्बती तथा चीनी बौद्ध स्रोतों में संरक्षित हैं। इन दो अवदानों में बिंदुसार के शासनकाल में हुए तक्षशिला के विद्रोह का दमन करने के लिए अशोक के सैनिक अभियान एवं उसके द्वारा बौद्ध धर्म अपनाने के बारे में भी जानकारी प्राप्त होती है। श्रीलंकाई इतिवृत्त 'दीपवंश' और 'महावंश' को भी स्रोत सामग्री माना जा सकता है, क्योंकि उनमें श्रीलंका में बौद्ध धर्म का प्रसार करने में अशोक की भूमिका का विस्तृत विवरण मिलता है। दीपवंश का संकलन तीसरी शताब्दी ई. पू. और चौथी शताब्दी ई. के मध्य हुआ था। ऐतिहासिक दृष्टि से महावंश एक उत्कृष्ट ग्रंथ है, जिसकी रचना पांचवीं शताब्दी ई. में रचित महावंश टीका या वंशथपकासिनी महावंश की टीका है, जिसमें मौर्य काल से संबंधित अनेक कथानक प्राप्त होते हैं।

बौद्ध धार्मिक ग्रंथों में महायान ग्रंथ 'मंजुश्रीमूलकल्प' का उल्लेख किया जा सकता है, जिसमें सातवीं शताब्दी ई. पू. से लेकर आठवीं शताब्दी ई. तक इसमें नंदों तथा मौर्यों के संबंध में जानकारी के साथ-साथ बहुत से अन्य महत्वपूर्ण तथ्यों का भी उल्लेख है।

प्रसिद्ध जैन विद्वान् हेमचंद्र द्वारा लिखित स्थविरवली या परिशिष्टवर्मन (चाणक्य का जीवनचरित) से चंद्रगुप्त मौर्य के प्रारंभिक जीवन, मगध विजय तथा शासनकाल के अंतिम दिनों में जैन धर्म अंगीकार कर लेने के संबंध में अत्यंत रोचक जानकारी प्राप्त होती है।

ब्राह्मण धर्मीय ग्रंथों में पुराण विशेष रूप से उल्लेखनीय हैं, जिनमें विषयों से संबंधित कथानकों के संदर्भ में मौर्यों के इतिहास की भी कुछ जानकारी मिलती है। पुराणों में कुछ पुरानी परंपराएं सम्मिलित हैं तथा उनमें मौर्यों का जो कालानुक्रम मिलता है, वह कुछ भ्रांतिपूर्ण है। **विष्णु पुराण में नंदवंश की उत्पत्ति** तथा कौटिल्य और चंद्रगुप्त मौर्य द्वारा उन्हें सत्ताच्युत करने का वर्णन है।

कौटिल्य का अर्थशास्त्र

मौर्यों के इतिहास से संबंधित सबसे महत्वपूर्ण स्रोत कौटिल्य द्वारा रचित 'अर्थशास्त्र' है। यह राजनीतिशास्त्र और लोक प्रशासन से संबंधित एक विशाल ग्रंथ है। यह 15 अधिकरणों (खंडों) और 180 प्रकरणों (अध्यायों) में विभाजित है। इसकी रचना संस्कृत गद्य और पद्य में रचित है। 'अर्थशास्त्र' में मौर्य वंश की चर्चा कहीं नहीं है। पुष्पिका में यह लिखा है कि 'इस ग्रंथ की रचना उस व्यक्ति ने की थी, जो नंद राजाओं के नियंत्रणाधीन भूमि का स्वामी था।' आर. के मुखर्जी, के. नीलकंठ शास्त्री, कृष्णा राव, रोमिला थापर आदि विद्वानों का विभिन्न साक्ष्यों के आधार पर मंतव्य है कि यह एक मौर्यकालीन रचना है और इसका लेखक चंद्रगुप्त मौर्य का प्रधानमंत्री था।

अन्य साहित्यिक स्रोत		
मुद्राराक्षस	–	विशाखदत्त
राजतरंगिणी	–	कल्हण
कथासरितसागर	–	सोमदेव
बृहत्कथा-मंजरी	–	क्षेमचंद्र

विदेशी स्रोत

सिकंदर के आक्रमण ने भारत के द्वार बाहरी संसार के लिए खोल दिए। अनेक यूनानी विद्वानों ने भारत में आगमन कर यहाँ की जानकारी बाहरी दुनिया को प्रदान की।

- ओनेसीक्रीटस इसने नियार्कस की समुद्री-यात्रा में उसका साथ दिया। इसने भारतीय यात्रा पर अपनी पुस्तक भी लिखी।
- एरिस्टोबुलस सिकंदर के साथ भारत में युद्धों में साथ दिया। तत्पश्चात् मौर्य दरबार में यूनानी राज्यों के अनेक राजदूत आए।
- **मेगस्थनीज**-जिसे फारस और बेबीलोन के यूनानी शासक सेल्यूकस निकेटर ने **चंद्रगुप्त मौर्य** के दरबार में राजदूत के रूप में भेजा था।
- **बिंदुसार** के दरबार में **डायमेकस** नाम का राजदूत आया, जो पाटलिपुत्र में बहुत समय तक रहा।
- सेल्यूकस का नौसेनाध्यक्ष **पैट्रोक्लिज और डायनोसियस** भी भारत में **राजदूत** बनकर आए थे।
- इन सब विद्वानों ने भारत के विषय में वृत्तांत लिखे, लेकिन **मेगस्थनीज की 'इंडिका'** का बहुत महत्वपूर्ण स्थान है। परंतु उसकी मूल कृति (इंडिका) का पता नहीं लग पाया है, इसलिए परवर्ती यूनानी लेखकों द्वारा दिए गए उद्धरणों से उसमें दिए गए विवरण का पता चलता है। कुछ महत्वपूर्ण विवरण निम्नलिखित हैं-
- स्ट्रैबो ने एक महत्वपूर्ण भौगोलिक कृति की रचना की थी, जिसके प्रथम अध्याय में सिकंदर और मेगस्थनीज के साथियों से प्राप्त जानकारी के आधार पर भारत का वर्णन किया। स्ट्रैबो ने सेल्यूकस और चंद्रगुप्त मौर्य के बीच वैवाहिक संबंध स्थापित होने तथा चंद्रगुप्त मौर्य की महिला अंगरक्षकों का भी वर्णन किया है।
- डायोडोरस ने भी मेगस्थनीज के विवरणों के आधार पर भारत के विषय में लिखा।
- प्लिनी ज्येष्ठ की विश्वकोशीय रचना 'प्राकृतिक इतिहास' का आधार यूनानी स्रोतों और पश्चिमी व्यापारियों के विवरणों को बताया गया है।
- एरियन ने मेगस्थनीज और एरेटोस्थनीज की रचनाओं के आधार पर भारत के भूगोल और सामाजिक जीवन के विषय में लिखा है।
- प्लूटार्क ने अपने विवरणों में चंद्रगुप्त और सिकंदर की मुलाकात के विषय में लिखा है। चंद्रगुप्त का एंड्रोकोट्टस के नाम से उल्लेख किया गया है।
- सिकंदर की मृत्यु के बाद का वर्णन जस्टिन ने 'सार संग्रह' (Epitome) में किया है। उसके अनुसार सिकंदर की मृत्यु के बाद भारत ने अपनी दासता का जुआ उतारकर फेंक दिया और यूनानी क्षत्रपों (गवर्नरों) की हत्या कर डाली।
- जे. डब्ल्यू. मैक्रिंडिल ने अपने तीन प्रसिद्ध ग्रंथों में इन यूनानी और लैटिन स्रोतों का संकलन किया है।

- प्रख्यात चीनी यात्री फाहियान और ह्वेनसांग ने, जो चौथी और सातवीं शताब्दी में भारत आए थे, मौर्यों के विषय में भी विवरण दिया है। ये उस काल के विभिन्न आयामों को स्पष्ट करते हैं।

पुरातात्विक उत्खनन

समय-समय पर भारत में उत्खनन का कार्य भारतीय पुरातत्व सर्वेक्षण विभाग के द्वारा होता रहता है। उत्तर-पश्चिम भारत तथा गंगा के मैदान में अनेक मौर्यकालीन स्थलों पर उत्खनन कार्य भी किए गए। चंद्रगुप्त मौर्य के भव्य राजमहल के अवशेष पटना के निकट कुम्हरार तथा बुलंदी बाग में मिले हैं। कौशांबी, राजगीर, पाटलिपुत्र, हस्तिनापुर, तक्षशिला आदि प्रदेशों में अनेक मौर्यकाल संबंधी सामग्री प्राप्त हुई हैं, जिनमें से चमकदार काले मृदभांड लगभग समस्त मौर्य साम्राज्य में प्राप्त हुए हैं।

कला संबंधी साक्ष्य

विगत वर्षों में उत्तर-पश्चिम भारत तथा गंगा के मैदान में अनेक मौर्यकालीन पुरातात्विक उत्खनन हुए हैं। इसमें अनेक कलात्मक पुरावशेष भी मिले हैं। मौर्यकालीन स्तूप, विहार तथा अशोक के स्तंभों के शीर्ष पर प्रतिष्ठापित पशु मूर्तियां भी सम्मिलित हैं। कुछ कृतियों पर राजाज्ञाएं उत्कीर्ण हैं।

मुद्रा साक्ष्य

नंद तथा मौर्य साम्राज्य के उत्थान से पूर्व भारत में मानकों के आधार पर मौद्रिक अर्थव्यवस्था का विकास हो चुका था। अत: मौर्य साम्राज्य की भी मौद्रिक अर्थव्यवस्था थी। चाणक्य रचित 'अर्थशास्त्र' में चाँदी के 'पण' को उसके उपविभाजनों सहित मानक-मुद्रा के रूप में स्वीकार किया गया है। तांबे के मसक को उसके उपविभाजन सहित 'आहत' या 'पंचमार्क' कहा जाता है। इन पर वृक्ष सूर्य, चंद्रमा, पर्वत, पशु-पक्षियों आदि के चिह्न बने हुए थे। विशेष बात यह है कि इन सिक्कों पर न तो किसी सम्राट् की आकृति अंकित है और न ही तिथि के चिह्न मिले हैं। 'पंचमार्क' या 'आहत' शब्द प्रारंभिक भारतीय चाँदी और तांबे के विभिन्न आकार-प्रकार हैं। इन पर जो चिह्न अंकित हैं, उनका संभवत: स्थानीय वाणिज्यिक शिल्प निगमों, स्थानीय या प्रांतीय प्रशासन, शाही और राजवंशीय प्रतीकों से कुछ-न-कुछ संबंध अवश्य था।

मौर्य राजवंश का आरंभिक इतिहास

मौर्य साम्राज्य 327-325 ई. पू. के काल में उत्तर-पश्चिम भारत में सिकंदर के विजय अभियानों के तत्काल बाद स्थापित हुआ। यह काल भारतीय इतिहास की सबसे महत्वपूर्ण अवधि है। सिकंदर उत्तर-पश्चिम क्षेत्र को जीत चुका था और इन क्षेत्रों के क्षत्रपों को निहत्था कर यूनानी राज्यों की स्थापना कर चुका था। दूसरी ओर भारत के उत्तरी और पूर्वी भाग में नंदवंश का अलोकप्रिय एवं क्रूर, बलात् धन एकत्रित करने के कारण घनानंद नाम का राजा था, पुराणों में उसे 'महापद्मपति' के रूप में जाना जाता है। यूनानी उसे 'अग्रमीज' कहते थे।

बौद्ध साहित्य की एक प्रसिद्ध लोककथा के अनुसार अंतिम नंद राजा ने चाणक्य नामक ब्राह्मण का अपने दरबार में अपमान किया तो उस ब्राह्मण चाणक्य ने संपूर्ण नंदवंश को समाप्त करने का प्रण लिया। इसी योजना के अंतर्गत चाणक्य ने चंद्रगुप्त को अपने संरक्षण में लेकर संभावित राजा के रूप में तैयार किया। चंद्रगुप्त मौर्य के पूर्व वृत्तांत के संबंध में प्राचीन साहित्य में अनेक मत पाए गए हैं, जिनमें से तीन प्रमुख हैं—

1. नंदवंश के राजा घनानंद की मुरा नामक शूद्र पत्नी थी। चंद्रगुप्त मुरा का बेटा था। अंतत: उसे 'मौर्य' नाम मिला।
2. दूसरा पक्ष 'कथासरितसागर' में है, जिसके अनुसार चंद्रगुप्त नंद राजा की इकलौती संतान थी।
3. महावंश के मतानुसार चंद्रगुप्त पिप्पलिवन के मोरिय गण का राजकुमार था। नंद के साथ उसका कोई संबंध नहीं था।

चंद्रगुप्त मौर्य के पूर्वजन्म का महावंश और उसकी टीका में दिया गया वृत्तांत ही ऐतिहासिक दृष्टि से सत्य प्रतीत होता है।

- 'महापरिनिब्बानसुत्त' के अनुसार, महात्मा बुद्ध के देहांत के पश्चात् पिप्पलिवन के मौर्यों ने कुशीनारा के मल्लों के पास संदेश भेजा था कि, 'जैसे आप क्षत्रिय हैं, वैसे हम भी क्षत्रिय हैं। अत: हमें भी भगवान् के शरीर के एक भाग को पाने का अधिकार है। हम भी भगवान् के शरीर पर एक महान् स्तूप का निर्माण करेंगे।'
- हेमचंद्र के 'परिशिष्टवर्मन' में दी गई जैन परंपरा में चंद्रगुप्त को 'मोर पालकों के प्रमुख की पुत्री का पुत्र' बताया गया है।
- विशाखदत्त के 'मुद्राराक्षस' में चंद्रगुप्त के लिए 'वृषल' और 'कुलहीन' शब्दों का प्रयोग किया गया है।
- 'कुलहीन' शब्द का प्रयोग संभवत: अज्ञात परिवार से लिया गया है। वैसे अधिकांश बौद्ध ग्रंथों में चंद्रगुप्त को मोरिय कुल से संबंधित बताया गया है।

महावंश की कथा के अनुसार चाणक्य और चंद्रगुप्त ने नंदवंश का नाश करने के उद्देश्य से आपस में मित्रता कर ली। आरंभ में चंद्रगुप्त ने नंदवंश के राजा के पास नौकरी की। अनुश्रुति के अनुसार सिंहल द्वीप के शासक ने नंद राजा के दरबार में एक मोम से बने हुए पिंजड़े में बंद एक सिंह भेजा और संदेश भी दिया कि जो व्यक्ति इस शेर को बिना पिंजरा खोले बाहर निकाल देगा, वही सबसे अधिक प्रतिभावान होगा। चंद्रगुप्त ने एक लोहे की शलाका को गरम करके सिंह को लगा दी, जिससे वह पिघलकर लुप्त हो गया। चंद्रगुप्त को सेनापति बना दिया गया। लेकिन कुछ ऐसी परिस्थितियां उत्पन्न हो गईं, जिसके कारण चंद्रगुप्त प्राण-रक्षा के लिए भाग निकला। साथ ही उसने नंद वंश के विनाश का संकल्प भी लिया। उधर घनानंद से अपमानित होकर चाणक्य भी नंदवंश को समाप्त करने का प्रण किए बैठा था। चंद्रगुप्त और चाणक्य ने मिलकर नंद राजा के विरुद्ध विद्रोह कर दिया। नंद राजा ने विद्रोह का दमन तो कर दिया, लेकिन इन दोनों को पकड़ नहीं सका।

घनानंद के अत्याचार बहुत बढ़ गए थे। अत: चंद्रगुप्त ने एक बार फिर से नंदवंश को खत्म करने का निर्णय लिया। गुप्तवेश में घूमते हुए चंद्रगुप्त को एक छोटी सी घटना ने प्रेरणा दी। एक बार वह किसी के घर रुका था। एक वृद्धा ने अपने बच्चे को रोटी दी। उतावलेपन के कारण बच्चे ने रोटी बीच से खानी आरंभ कर दी, जिस कारण उसका मुँह जल गया। वृद्धा ने बच्चे को समझाया कि रोटी किनारे से खानी चाहिए थी। इस घटना ने चंद्रगुप्त को शिक्षा दी और उसे भी अपनी गलती का अनुभव हो गया। इसलिए उन्होंने निश्चय किया कि साम्राज्य के बाहर कहीं सैनिक आधार बनाकर वहाँ से साम्राज्य के सीमांत पर आक्रमण शुरू कर देंगे। चाणक्य और चंद्रगुप्त ने उत्तरापथ को अपना संघर्ष स्थल बनाया। सिकंदर की मृत्यु हो गई और उसके विजित स्थलों में विद्रोह आरंभ हो गए। इसका लाभ उठाते हुए चंद्रगुप्त ने एक बड़े भाग पर अधिकार कर लिया। लेकिन उसका उद्देश्य तो नंद साम्राज्य पर आधिपत्य करने का

था। अतः पंजाब पर विजय करने के बाद वह पूरब की ओर बढ़ा तथा दो वर्षों में हरिद्वार से इलाहाबाद तक गंगा की संपूर्ण उत्तरी और मध्य घाटी पर अपना आधिपत्य स्थापित कर लिया। अब चंद्रगुप्त के पास सशक्त सेना एवं विशाल भूभाग था। कुछ राज्यों के साथ संधि करके भी उसने स्वयं को मजबूत बना लिया।

मगध विजय

मगध पर प्रथम आक्रमण में उसे विफलता मिली। अब सशक्त सेना के साथ चंद्रगुप्त ने फिर से आक्रमण किया। इस महत्वपूर्ण घटना की अधिक जानकारी प्राप्त नहीं है। जैन कृति 'परिशिष्टवर्मन' में यह वर्णन मिला है कि चाणक्य ने पड़ोसी राजा पर्वतक के साथ चंद्रगुप्त का गठबंधन करवाया और दोनों की संयुक्त सेना ने पाटलिपुत्र पर आक्रमण किया। नंदों ने आत्मसमर्पण कर दिया। लेकिन चंद्रगुप्त ने नंद नरेश को जीवनदान देकर उसे परिवार सहित एक रथ में भरपूर खजाना देकर पाटलिपुत्र छोड़कर जाने दिया। संस्कृत नाटक 'मुद्राराक्षस' का विषय मगध की विजय के लिए चाणक्य के षड्यंत्रात्मक युद्ध पर ही केंद्रित है। **बौद्ध रचना 'मिलिंदपंहो'** में भी नंद सेना (जिसका नेतृत्व सेनापति भद्रसाल कर रहा था) का चंद्रगुप्त की सेना के साथ युद्ध का वर्णन करते हुए लिखा है 'ऐंड्रोकोट्टस (चंद्रगुप्त) ने सिंहासन पर आरूढ़ होने के कुछ समय बाद ही सेल्यूकस को 500 हाथी उपहार में दिए तथा अपनी 6,00,000 सैनिकों की सेना से समूचे भारत को कुचलकर अपने नियंत्रण में कर लिया।' यहाँ 'सिंहासन' से तात्पर्य पंजाब और मगध साम्राज्य से है।

चंद्रगुप्त मौर्य की दिग्विजय

भारतीय इतिहास का संभवतः यह पहला उदाहरण था कि अपने बलबूते एवं पौरूष पर साधारण स्थिति का व्यक्ति सम्राट् बना। चंद्रगुप्त के लिए संतोष का अधिक अवसर था, किंतु महत्वाकांक्षी चंद्रगुप्त के हृदय में एक अत्यंत विस्तृत एवं सुगठित साम्राज्य स्थापित करने की इच्छा थी। वह किसी प्रकार भी इस सीमित मगध राज्य से संतुष्ट नहीं हो सकता था। चंद्रगुप्त ने सिकंदर कालीन भारत की राजनीतिक अवस्था का भली-भांति अध्ययन किया था। उसने यह देखा था कि देश का छोटे-छोटे विभिन्न राज्यों में विभक्त रहना कितना हानिप्रद होता है और इससे बाह्य आक्रमणकारी की सफलता तथा देशी राज्यों की असफलता को कितना प्रोत्साहन मिलता है। चंद्रगुप्त ने जिस परिश्रम द्वारा मगध का राज्य प्राप्त किया था, उसे स्थायित्व तथा दृढ़ता प्रदान करने के लिए यह आवश्यक था कि वह अपने साम्राज्य की सीमा का विस्तार करे, जिससे विशाल साम्राज्य की स्थापना के पश्चात् सैनिक तथा धार्मिक स्थिति काफी अच्छी हो सके।

सर्वप्रथम चंद्रगुप्त ने पंजाब पर आक्रमण किया और वहाँ से यूनानी-विजय के अवशेष चिह्नों का सर्वदा के लिए अंत कर दिया। अब भारतवर्ष में यूनानी राज्य का नाम तक शेष नहीं रह गया था। देश को विदेशियों के हाथ से मुक्त कराने के पश्चात् चंद्रगुप्त ने भारत में अन्य प्रांतों को जीतने का निश्चय किया। चंद्रगुप्त की अन्य विजयों का हमें विस्तृत वृत्तांत नहीं मिलता, किंतु उसके साम्राज्य के विस्तार से ही स्पष्ट है कि उसका लगभग संपूर्ण जीवन सैन्य अभियानों में ही बीता होगा। यूनानी लेखक **जस्टिन** तथा **प्लूटार्क** ने तो यहाँ तक लिखा है कि उसने छह लाख सेना को लेकर समस्त भारत को पदाक्रांत कर दिया। अशोक के लेखों से विदित होता है कि उसका साम्राज्य दक्षिण में मैसूर तक फैला हुआ था। जूनागढ़ में रूद्रदामन प्रथम का एक उत्कीर्ण लेख है, जिससे पता लगता है कि चंद्रगुप्त ने उस प्रदेश पर शासन करने के लिए पुष्यगुप्त नामक एक व्यक्ति को सूबेदार नियुक्त किया था और वहाँ सिंचाई के लिए सुदर्शन नामक एक झील का निर्माण कराया था।

सेल्यूकस के साथ संघर्ष

चंद्रगुप्त का अंतिम संघर्ष सिकंदर के सेनापति सेल्यूकस के साथ हुआ। जिस समय चंद्रगुप्त भारत को विजय करने में लगा हुआ था, उसी समय पश्चिम एशिया में सेल्यूकस भारत पर आक्रमण करने की तैयारी कर रहा था। सेल्यूकस सिकंदर के उन सेनानायकों में था, जिन्होंने उसकी मृत्यु के बाद उसके साम्राज्य को आपस में बांट लिया था। उसने सिकंदर का अनुसरण करते हुए 305 ई.पू. में भारत पर आक्रमण कर दिया। सिकंदर द्वारा जीते गए जिन प्रदेशों पर चंद्रगुप्त ने अपना प्रभुत्व स्थापित कर लिया था, उन्हें सेल्यूकस पुनः प्राप्त करना चाहता था। लेकिन सिकंदरकालीन भारत तथा चंद्रगुप्तकालीन भारत में महान् अंतर था। सिकंदर को छोटे-छोटे दुर्बल भारतीय राजाओं का सामना करना पड़ा था। उसका संघर्ष उन राज्यों से हुआ था, जिनमें न केवल सैनिक दुर्बलता थी, प्रत्युत्त उनमें पारस्परिक द्वेष एवं ईर्ष्या भी कूट-कूट कर भरी हुई थी। इसके विपरीत सेल्यूकस एक ऐसी शक्ति का सामना करने जा रहा था, जो अपने राजनीतिक एवं सैनिक संगठन में अब तक के भारतीय इतिहास में अद्वितीय थी। आक्रमण के उद्देश्य से सेल्यूकस सिंध पहुंचा। उधर चंद्रगुप्त ने भी देश की पश्चिमोत्तर सीमा की सुरक्षा की पूर्ण व्यवस्था कर ली थी। निश्चय ही यूनानी रण-प्रणाली विश्व-विख्यात थी और इस प्रणाली से अपरिचित किसी भी शक्ति के लिए यूनानी सेना का दमन करना कठिन अवश्य था। किंतु चंद्रगुप्त ने यूनानी शिविर में इस रण-प्रणाली की शिक्षा प्राप्त की थी। अतः वह इसकी चालों, नियमों और सिद्धांतों से पूर्णतया परिचित था। उसकी सेना ने सिंध के उस पार ही सेल्यूकस की सेना को रोक दिया। बाद में दोनों पक्षों के बीच भीषण संग्राम हुआ। इस युद्ध में चंद्रगुप्त मौर्य ने सेल्यूकस को बुरी तरह पराजित कर दिया। सेल्यूकस को चंद्रगुप्त के साथ संधि करनी पड़ी। इस संधि की चार शर्तें थीं—

- वर्तमान में अफगानिस्तान तथा ब्लूचिस्तान के क्षेत्र में से सरिया (हेरात), आरकोसिया (कंधार), जेड्रोसिया एवं पेरोपनिसडाई (काबुल) को दे दिया।
- सेल्यूकस ने अपनी कन्या का विवाह चंद्रगुप्त के साथ कर दिया।
- चंद्रगुप्त ने 500 हाथी उपहार के रूप में सेल्यूकस को भेंट किए।
- दूत विनिमय करने का निश्चय किया गया। एक यूनानी राजदूत पाटलिपुत्र में आया।

चंद्रगुप्त की इस विजय का एक अत्यंत महत्वपूर्ण परिणाम यह हुआ कि उत्तर-पश्चिम में चंद्रगुप्त के साम्राज्य की एक निश्चित भौगोलिक सीमा निर्धारित हो गई। इस विजय के महत्व पर प्रकाश डालते हुए **वी. ए. स्मिथ** ने लिखा है— ''इसके परिणामस्वरूप दो हजार वर्ष पूर्व चंद्रगुप्त के साम्राज्य की सीमाएं इस प्रकार विस्तृत हो गईं कि उससे सैकड़ों वर्ष बाद आने वाले अंग्रेज भी इस नियमानुकूल सीमाओं को स्थापित न कर सके और मुगल सम्राट् भी 16वीं-17वीं शताब्दियों में उस साम्राज्य को अक्षुण्ण नहीं रख सके।''

इन विजयों के फलस्वरूप चंद्रगुप्त का राज्य काफी विस्तृत हो गया। उसका विशाल साम्राज्य उत्तर में कश्मीर से लेकर पश्चिम में हेरात, काबुल, कंधार, बलूचिस्तान तक फैला हुआ था। उसके साम्राज्य की सीमाएं हिंदुकुश पर्वत के

पश्चिम में दूर तक फैली हुई फारस की सीमा को स्पर्श कर रही थीं। इतना बड़ा साम्राज्य इससे पहले भारत में किसी राजा ने कायम नहीं किया था।

चंद्रगुप्त एक महान् विजेता ही नहीं वरन् एक योग्य शासक भी था। उसने विशाल साम्राज्य को सुव्यवस्थित शासन से सुदृढ़ किया। चंद्रगुप्त स्वयं एक कुशल शासक तो था ही, उसे चाणक्य जैसे राजनीतिज्ञ का सहयोग भी प्राप्त था। इन दोनों ने मिलकर जिस शासन-व्यवस्था की स्थापना की, वह अत्यंत सुव्यवस्थित एवं उच्चकोटि की थी, और जो उसके बाद शताब्दियों तक भारतीय नरेशों और सम्राटों के लिए अनुकरणीय बनी रही।

चंद्रगुप्त के शासन-प्रबंध का ज्ञान हमें मेगस्थनीज की 'इंडिका' तथा कौटिल्य के 'अर्थशास्त्र' से प्राप्त होता है।

चंद्रगुप्त मौर्य का प्रशासन

मौर्य सम्राट् निरंकुश होते थे। सम्राट् संपूर्ण शासन का प्रधान होता था। साम्राज्य की सारी शक्ति उसी में केंद्रित रहती थी। व्यवस्थापिका, कार्यकारिणी, न्याय तथा सेना संबंधी सभी विषयों में अंतिम सत्ता सम्राट् के हाथ में थी। वह प्रधान सेनापति, प्रधान न्यायाधीश और प्रधान दंडाधिकारी होता था। वह राजाज्ञा निकालता तथा प्रधान कर्मचारियों की नियुक्ति करता था। राज्य की आय-व्यय का निरीक्षण वह स्वयं करता था।

युद्ध-संचालन तथा न्याय कार्य उसके प्रधान कार्य थे। उसकी स्थिति वैधानिक राजा की नहीं थी और न जनता उस पर किसी प्रकार का नियंत्रण रखती थी। यद्यपि वह अपने मंत्रियों की सलाह से ही शासन-कार्य को संभालता था, परंतु वह मंत्रियों की सलाह मानने के लिए बाध्य नहीं था। फिर भी वह स्वेच्छाचारी नहीं होता था। चाणक्य का विचार था कि राजा को अपने द्वार पर किसी न्यायाकांक्षी प्रजाजन को अधिक समय तक प्रतीक्षा में खड़ा नहीं रहने देना चाहिए। चंद्रगुप्त चाणक्य के इस विचार का समर्थक था, इसलिए हर समय वह अपनी प्रजा की कोई भी शिकायत सुनने के लिए तैयार रहता था। मेगस्थनीज के अनुसार, उसे प्रजा की शिकायत सुनने में कोई संकोच नहीं था। वह प्रजा का शोषक न होकर उनका पोषक था। संक्षेप में, उसके शासन में उदारता, न्याय और निरंकुशता का समुचित समावेश था।

मंत्रिमण्डल

एक व्यक्ति के लिए इतने बड़े साम्राज्य का संचालन करना संभव नहीं था। अतएव सम्राट् की सहायता के लिए मंत्रियों की एक समिति होती थी, जो 'मंत्रिपरिषद्' कहलाती थी। इसमें 12 से लेकर 20 तक अथवा आवश्यकतानुसार कम या अधिक मंत्री होते थे। सभी मंत्री सुयोग्य, विद्वान् और अनुभवी होते थे, परंतु वे सम्राट् द्वारा नियुक्त होने के कारण जनता के प्रतिनिधि नहीं थे। सम्राट् अपनी इच्छानुसार उन्हें नियुक्त या पदमुक्त कर सकता था। मंत्रिपरिषद् के सदस्यों का कर्त्तव्य केवल सलाह देना था। ऐसे परामर्शों को मानना या न मानना राजा पर निर्भर करता था। चाणक्य के अनुसार मंत्रियों का कार्य बड़ा ही महत्वपूर्ण था। उन्हें 48,000 पण वार्षिक वेतन मिला करता था। वे अमात्यों की परीक्षा और उनकी नियुक्ति में सम्राट् को सलाह दिया करते थे। राजकुमारों पर भी उनका नियंत्रण रहता था। मंत्रिपरिषद् के प्रमुख मंत्रियों के अतिरिक्त कुछ और मंत्री होते थे, जिन्हें 1200 पण वार्षिक वेतन दिया जाता था। इनका पद मंत्रिपरिषद् के सदस्यों के पद से कुछ निम्न कोटि का था।

अमात्य मण्डल

मंत्रिपरिषद् के मंत्रियों के अतिरिक्त अमात्यों का एक अलग वर्ग होता था। शासन की सुविधा के लिए केंद्रीय शासन कई भागों में विभक्त था, जिनको 'तीर्थ' कहते थे। प्रत्येक विभाग का एक अध्यक्ष होता था, जो 'अमात्य' कहलाता था। इन अमात्यों के नीचे कई उपविभागों के अध्यक्ष भी होते थे। इनकी स्थिति बड़ी ही महत्वपूर्ण होती थी। वे मजिस्ट्रेटों का काम किया करते थे। इनमें से कुछ हाट का, कुछ नगर का और कुछ सेना का प्रबंध किया करते थे। कुछ लोग नदियों का निरीक्षण करते थे और कुछ भूमि की नाप का कार्य किया करते थे। आखेट का भी इन्हें प्रबंध करना पड़ता था। वे दंड तथा पुरस्कार भी दे सकते थे। वे कर वसूलने का कार्य भी करते थे। केंद्रीय शासन में कुल 18 विभाग थे।

18 अमात्य

(1) पुरोहित, (2) मंत्री, (3) सेनाध्यक्ष, (4) दंडपाल अर्थात् पुलिस का प्रधान, (5) दौवारिक अथवा द्वारपाल, (6) युवराज, (7) दुर्गपाल अथवा गृह अधिकारी, (8) अंतपाल अर्थात् सीमारक्षाधिकारी, (9) आन्तर्वंशिक अथवा अंत: पुररक्षाधिकारी, (10) सन्निधाता अर्थात् राजकोष, अस्त्रागार और कोषागार का अधिकारी (11) प्रशास्त अर्थात् कारागार का अधिकारी, (12) समाहर्त्ता अर्थात् राज्य की संपत्ति एवं आय-व्यय का अधिकारी, (13) नायक अर्थात् नगर रक्षक, (14) प्रदेष्टा अर्थात् कमिश्नर, (15) व्यावहारिक अर्थात् प्रधान न्यायाधीश, (16) नागरक (पौर) यानी कोतवाल, (17) मंत्रि-मण्डलाध्यक्ष, तथा (18) कार्मांतिक अर्थात् कारखानों का अधिकारी।

उपर्युक्त विभागों के पदाधिकारियों के अतिरिक्त कुछ अन्य पदाधिकारी भी थे, जो निम्नलिखित विभागों के अध्यक्ष थे—

कोषागार (खान), लौह (धातुएं), लक्षण (टकसाल), लवण, सुवर्ण, कोष्ठागार (भंडार), पण्य (राजकीय व्यवसाय), कुप्प (वन विभाग), आयुधागार (शस्त्रालय), सुरा, सूना (कसाईखाना), मुद्रा (पासपोर्ट), विवीत (चरागाह), द्यूत (जुआ), बंधनागार (जेल), गौ (मवेशी), नौ (नौका), पत्तन (बंदरगाह), माणिका संस्था (व्यापार), देवता (मंदिर), मान (स्थान एवं काल की माप) और समय संबंधी विभाग, अश्व, हस्ति, पदाति तथा रथ विभाग।

प्रांतीय प्रशासन

चंद्रगुप्त एक विशाल साम्राज्य का शासक था। अत: एक स्थान से प्रशासन व्यवस्था को चलाना अति कठिन था। अतएव, प्रशासन को सुचारू रूप से चलाने के लिए साम्राज्य को अनेक भागों में बांट दिया गया था। मुख्यत: पांच या छ: प्रांत थे—

- **उत्तरापथ** : इसकी राजधानी **तक्षशिला** थी। अफगानिस्तान, ब्लूचिस्तान, सिंध, पंजाब और कश्मीर पर शासन यहीं से होता था।
- **अवंतिपुर** : इसकी राजधानी **उज्जैयिनी** थी। मालवा और गुजरात का प्रशासन यहीं से होता था।
- **दक्षिणापथ** : इसकी राजधानी **सुर्वणगिरी** थी।
- **कलिंग** : इसकी राजधानी **तोसली** थी।
- **प्राच्य** : इसकी राजधानी **पाटलिपुत्र** थी।

माना जाता है कि कलिंग पर अशोक ने विजय प्राप्त की थी, अतः चंद्रगुप्त मौर्य के साम्राज्य में केवल चार प्रांत थे। उसने राजकुमारों को इन प्रांतों के प्रशासन के लिए नियुक्त किया। प्राच्य तथा मध्यदेश के प्रांतों का प्रबंध सम्राट् अमात्यों के साथ स्वयं करता था। सौराष्ट्र का प्रबंध पुष्यगुप्त नामक एक वैश्य करता था। यह व्यवस्था उस समय की सर्वोत्कृष्ट व्यवस्था थी।

नगरों की व्यवस्था

चंद्रगुप्त मौर्य ने सुचारू शासन व्यवस्था के लिए नगरों में स्थानीय स्वराज्य संस्थाओं का प्रावधान किया। मेगस्थनीज ने केवल पाटलिपुत्र के नगरीय प्रशासन का वर्णन किया। पाटलिपुत्र के लिए तीन अध्यक्षों का एक आयोग था। इस आयोग को पाँच-पाँच सदस्यों की छह समितियों में बांटा गया था। प्रत्येक समिति के कार्यक्षेत्र एवं अधिकारक्षेत्र अलग-अलग थे। ऐसा लगता है कि अन्य प्रांतों में भी ऐसा ही प्रशासनिक प्रावधान था।

पाटलिपुत्र में अनेक शिल्पकार थे। औद्योगिक विकास भी चरम सीमा पर था। अतः औद्योगिक कलाओं के निरीक्षण के लिए शिल्पकला समिति का निर्माण किया गया। यह समिति शिल्पकारों एवं अन्य श्रमिकों के पारिश्रमिक भी निर्धारित करती थी। उत्पादन की शुद्धता का भी उत्तरदायित्व इन पर था।

वैदेशिक समिति राज्य में निवास करने वाले विदेशियों की सुरक्षा के लिए उनकी मृत्यु के पश्चात् अंतिम संस्कार करना, उनकी धन-संपत्ति का निबटारा करना, रहने का प्रबंध करना आदि इस समिति का कार्य था।

जनसंख्या समिति प्रांतों की जनसंख्या की गणना, जन्म-मरण का पंजीकरण आदि का कार्य करती थी। वाणिज्य समिति सामान्य व्यापारियों एवं दुकानदारों के नाप-तौल तथा वस्तु की गुणवत्ता पर नियंत्रण रखती थी। नई एवं पुरानी वस्तुएं भी पृथक्-पृथक् बेची जाती थीं। गाँवों का संचालन करने के लिए ग्राम पंचायत होती थी। इसमें गाँव के बड़े-बूढ़े और अनुभवी सदस्य होते थे। पंचायत का सरपंच ग्राम का प्रमुख होता था, जिसे 'ग्रामिक' कहा जाता था। सम्राट् की ओर से कर वसूलने के लिए एक 'ग्रामभृतक' कर्मचारी होता था। 10 ग्रामों के ऊपर एक 'गोप' होता था, गोपों के ऊपर 'स्थानिक' होता था और इनसे ऊपर के अधिकारी को 'समकृर्त' कहते थे।

चंद्रगुप्त ने एक विशाल चतुरंगिणी सेना—हाथी, रथ, घोड़ा, पैदल का संगठन किया था। सम्राट् स्वयं ही सेना का सेनापति होता था। युद्धों का संचालन वह स्वयं करता था। संपूर्ण सेना का प्रबंध 30 सदस्यों वाली समिति करती थी। सेना का प्रबंध छह भागों में विभक्त था तथा पाँच सदस्यों की समिति प्रत्येक विभाग का प्रबंध करती थी—

1. जलसेना, 2. थलसेना, 3. अश्वारोहियों का दल, 4. हाथी सेना, 5. रथ सेना, 6. इन सब विभागों की सामग्री और रसद का प्रबंध करना।

आंतरिक सुरक्षा के लिए पुलिस का भी प्रबंध था, जिसमें दो विभाग थे—प्रकट और गुप्तचर। स्त्रियां भी गुप्तचरों का कार्य करती थीं। प्रकट पुलिस को 'रक्षित' कहते थे।

न्याय और दंड विधान

मौर्य साम्राज्य में सम्राट् ही सर्वोच्च न्यायाधिकारी था। नगरों और जनपदों के लिए अलग-अलग न्यायालय बने हुए थे। नगर न्यायाधीशों को 'व्यावहारिक महामात्र' कहा जाता था। जनपद न्यायाधीश को 'रज्जुक' कहा जाता है। न्यायालय दीवानी और फौजदारी दो प्रकार के होते थे। दो जनपदों के मामलों का निर्णय 'संधि न्यायालय' करते थे। सम्राट् का निर्णय अंतिम होता था। दंडविधान कठोर होने के कारण अपराध कम होते थे।

राजस्व

भूमि कर ही राज्य की आय का प्रमुख स्रोत था। **उपज का छठा भाग राज्य कर के रूप में वसूल किया जाता था।** इसे 'भाग' (कर) कहते थे। विशेष कारणों से चौथाई या आठवां भाग भी लिया जाता था। राजस्व वसूलने के लिए पदाधिकारी थे, जिन्हें यूनानी लेखकों ने 'अग्रोनोमोई' नाम दिया है। इसके अतिरिक्त चुंगी कर एवं विदेशी व्यापारियों पर कर, राजपरिवार, धार्मिक कार्य, सेना, सरकारी कर्मचारियों के वेतन, शिक्षा-दान, यातायात तथा अन्य लोकसेवा कार्यों पर भी कर होता था।

लोकहित कार्य

चंद्रगुप्त का शासन जनहितकारी था। प्रजा को सुरक्षा एवं सुख प्रदान करना सम्राट् का लक्ष्य था।

- उसने यातायात के समुचित प्रबंध के लिए आवागमन के नए-नए मार्गों का निर्माण करवाया। पुरानी सड़कों की मरम्मत करवाई।
- सौराष्ट्र में सुदर्शन नामक झील बनवाई। नहरों और सिंचाई का विशेष प्रबंध करवाया।
- नगर की स्वच्छता के लिए कर्मचारियों का प्रबंध था। आकस्मिक संकटों, महामारी आदि में प्रजा की सहायता की जाती थी।

मूल्यांकन

वह एक महान् विजेता और निर्भीक सेनानायक था। चंद्रगुप्त मौर्य का साम्राज्य बहुत विस्तृत था। यह राज्य उत्तर में हिमालय पर्वत से लेकर दक्षिण में मैसूर एवं हैदराबाद तक फैला हुआ था। दूसरी ओर पूर्व में बंगाल से लेकर उत्तर में आधुनिक कंधार, हेरात, काबुल, ब्लूचिस्तान, पंजाब, उत्तर-प्रदेश, बिहार, बंगाल, काठियावाड़ तथा दक्षिण के कुछ प्रदेश सम्मिलित थे। पाटलिपुत्र इसकी राजधानी थी। उसने सदा आपस में लड़ने वाले राज्यों को समाप्त कर भारत में राजनैतिक एकता स्थापित की। **डॉ. बी.जी. गोखले** के अनुसार, ''संभवतः किसी और भारतीय शासक ने इतनी राजनैतिक सफलताएं प्राप्त नहीं कीं, जितनी कि मौर्य साम्राज्य के संस्थापक चंद्रगुप्त मौर्य ने प्राप्त की थीं। पंजाब और सिंध को विदेशियों से मुक्त करवाया, मगध के क्रूर एवं अत्याचारी शासक घनानंद से छुटकारा दिलाया।''

चंद्रगुप्त एक उच्च कोटि का शासक था। उसकी स्थापित शासन व्यवस्था इतनी सुव्यवस्थित और उच्चकोटि की थी कि शताब्दियों तक भारत के सम्राटों के लिए अनुकरणीय रही। 'मुद्राराक्षस' में चंद्रगुप्त को 'अवतरित देवता' घोषित किया गया है, जो सुख और समृद्धि प्रदान करने के लिए स्वर्ग से उतरा है। चंद्रगुप्त ने जनमत, प्रथाओं तथा परंपराओं को पूर्ण सम्मान प्रदान करते हुए एक लोकहितकारी शासन की स्थापना की, जिसकी मिसाल पर चलकर अनेक राजाओं ने राज्य किया। लेकिन चंद्रगुप्त के पश्चात् के मौर्य सम्राट् इस साम्राज्य को संभाल नहीं सके। उनका पुत्र बिंदुसार 298 से 270 ई. पू. तक सम्राट् रहा।

बिंदुसार

चंद्रगुप्त अपना शासनभार पुत्र बिंदुसार को सौंपकर वनवास चले गए। यूनानी इतिहासकारों ने उसे 'अमित्रघात' लिखा है। इसका अर्थ है शत्रु का नाश

करनेवाला। लेकिन यह स्पष्ट नहीं है कि बिंदुसार के आंतरिक मामलों के विषय में बहुत कम वर्णित क्यों किया है? **जैन इतिहासकार हेमचंद्र** तथा **तिब्बती इतिहासकार तारानाथ** का कहना है कि चाणक्य चंद्रगुप्त की मृत्यु तक रहा। बिंदुसार ने अपने पिता की दिग्विजय की नीति को अपनाया। उसने लगभग 16 राज्यों को नष्ट कर पूर्वी तथा पश्चिमी समुद्रों के बीच की संपूर्ण पृथ्वी पर अपना साम्राज्य स्थापित कर लिया। चाणक्य के सहयोग से उसने अपने पिता के साम्राज्य का विस्तार किया। कुछ विद्वानों का यह भी मत है कि शायद इन 16 राज्यों में विद्रोह हुआ था और चाणक्य की सहायता से बिंदुसार ने इनका दमन किया था।

'दिव्यावदान' के अनुसार बिंदुसार के शासनकाल में उत्तरापथ की राजधानी तक्षशिला तथा उसके आस-पास के इलाकों में विद्रोह उत्पन्न हो गया। बिंदुसार ने अपने बड़े पुत्र सुसीम, जो तक्षशिला का सूबेदार था, उसको इस विद्रोह को दबाने के लिए भेजा, लेकिन सुसीम इसमें सफल नहीं हुआ। बिंदुसार ने अब अपने दूसरे पुत्र उज्जैयिनी के सूबेदार अशोक को इस विद्रोह का दमन करने के लिए भेजा। अशोक को सफलता मिली और जनता से यह भी पता चला कि विद्रोह का कारण सम्राट् नहीं थे, बल्कि उनके मंत्री थे, जिनकी नीतियों से जनता दुःखी थी। बिंदुसार पिता से प्राप्त विशाल साम्राज्य की रक्षा करने में सफल रहा। शायद वह कोई भी नवीन राज्य को जीत नहीं पाया।

चाणक्य बिंदुसार के साथ कुछ काल तक रहा। अतः अपने पिता के समान ही वह चाणक्य की नीतियों पर चलता था। विदेश नीति के अंतर्गत बिंदुसार ने पश्चिमी-यूनानी शासकों के साथ मित्रतापूर्ण संबंध स्थापित किए। सीरिया के राजा ने मेगस्थनीज के स्थान पर डायमेकस को अपना राजदूत बनाकर बिंदुसार के दरबार में भेजा। प्लिनी के अनुसार मिस्र के राजा टॉलमी द्वितीय ने भारतीय सम्राट् बिंदुसार और सीरिया के राजा एंटिओकस 'प्रथम' के साथ मित्रतापूर्ण पत्र-व्यवहार भी किया था। बिंदुसार के अनेक पुत्र और पुत्रियां थीं। अशोक नाम का उसका पुत्र बहुत वीर था। बौद्ध ग्रंथ 'दिव्यावदान' में बिंदुसार के दो अन्य पुत्र सुसीम तथा विगतशोक का उल्लेख भी मिलता है।

बिंदुसार पराक्रमी और दूरदर्शी सम्राट् थे। उसकी नीतियां शांतिपूर्ण थीं। उसने युद्धों में अपनी शक्तियों को व्यर्थ करने की बजाय प्रशासन को सुदृढ़ करने के लिए कार्य किया। वह सुसंस्कृत सम्राट् था। साहित्य, दर्शन एवं कलाप्रिय इस सम्राट् की मृत्यु 273 ई.पू. में हो गई।

प्रियदर्शी अशोक

बिंदुसार की मृत्यु के पश्चात् पाटलिपुत्र के सिंहासन पर अशोक आसीन हुआ। मौर्य वंश का यह सम्राट् प्राचीन भारत ही नहीं, संपूर्ण विश्व की एक महान् विभूति था। उसकी तुलना इजरायल के डेविड और सोलमन, रोम के मार्क्स और अरिलियस, तथा शार्लमा आदि महान शासकों से की जाती है।

प्रारंभिक जीवन

अशोक के जन्म व प्रारंभिक जीवन के संबंध में बहुत कम जानकारी उपलब्ध है। उसके पिता बिंदुसार की कई पत्नियां थीं। अशोक की माता के संबंध में भी इतिहासकारों में मतभेद हैं। कुछ विद्वानों का मत है कि अशोक सम्राट् बिंदुसार की यूनानी रानी से उत्पन्न हुआ था। 'दिव्यावदान' में उल्लेख आता है कि अशोक की माता का नाम 'जनपदकल्याणी' था। कहीं-कहीं उसका नाम सुभद्रांगी भी आता है। कहा जाता है कि वह चंपा के ब्राह्मण की पुत्री थी और परम सुंदरी थी। उसी से अशोक तथा विगताशोक नामक दो पुत्र पैदा हुए थे।

अशोक की शिक्षा

अशोक की शिक्षा-दीक्षा अपने सहोदर भाई तिष्य तथा अन्य सौतेले भाइयों के साथ हुई थी। वह पढ़ने-लिखने, हथियार चलाने आदि में अन्य सभी राजकुमारों से अधिक चुस्त, चालाक और योग्य था। उसकी प्रतिभा, योग्यता और बुद्धि अपने सभी भाइयों से अधिक बढ़ी-चढ़ी थी। सुसीम उसका सौतेला बड़ा भाई था। सुसीम इसीलिए उससे भारी द्वेष रखता था। सम्राट् बिंदुसार ने अशोक को उज्जैन तथा बाद में तक्षशिला का सूबेदार बनाया। तक्षशिला के विद्रोह को जब अशोक का बड़ा भाई सुसीम न दबा सका, तो बिंदुसार ने अशोक की प्रतिभा और योग्यता से प्रभावित होकर उसे तक्षशिला भेजा था। अतएव उसे युवराज का पद प्रदान किया गया।

अशोक के प्रारंभिक जीवन का एक और उल्लेख मिलता है। कहा जाता है कि जब वह उज्जयिनी की सूबेदारी का कार्यभार संभालने जा रहा था तो मार्ग में विदिशा में ठहरा। वहाँ एक व्यापारी की देवी नामक पुत्री पर वह आसक्त हो गया और उससे विवाह कर लिया। इस पत्नी से अशोक को महेंद्र नामक पुत्र तथा संघमित्रा नामक एक पुत्री हुई। बौद्ध धर्म के इतिहास में इन दोनों को महत्वपूर्ण स्थान प्राप्त हैं।

साम्राज्य के लिए संघर्ष

बिंदुसार की मृत्यु के पूर्व ही उनकी बीमारी का समाचार प्राप्त करके अशोक, जो उस समय उज्जैन का प्रतिनिधि शासक था, पाटलिपुत्र चला आया। अशोक, सम्राट् बिंदुसार का द्वितीय पुत्र था। बिंदुसार की कई रानियाँ और बहुत से पुत्र थे। उसके सबसे बड़े पुत्र का नाम सुमन अथवा सुसीम था। वह अशोक का सौतेला भाई था। बिंदुसार की दूसरी रानी से दो पुत्र उत्पन्न हुए थे, जिनके नाम अशोक और तिष्य थे। तिष्य का ही दूसरा नाम विगताशोक अथवा बीताशोक था। 'दिव्यावदान' के अनुसार अशोक को राजसिंहासन की प्राप्ति के लिए अपने बड़े भाई के साथ घोर संघर्ष करना पड़ा। उस संघर्ष में अंततः अशोक को विजय प्राप्त हुई और अपने पिता की मृत्यु के चार वर्ष उपरांत 269 ई.पू. में वह पाटलिपुत्र के राजसिंहासन पर बैठा।

बौद्ध अनुश्रुतियों में अशोक के सिंहासनारोहण के संबंध में भिन्न-भिन्न कथाएं मिलती हैं। एक में कहा गया है कि अपने भाइयों में अशोक सबसे क्रूर तथा अत्याचारी था। सिंहासन पर बैठने से पहले उसने 99 भाइयों का वध किया था। परंतु आधुनिक इतिहासकार इन कहानियों को कपोल-कल्पित मानते हैं। उनका कहना है कि बौद्धों ने इस प्रकार की कहानियाँ यह दिखाने के लिए गढ़ ली होंगी कि किस प्रकार एक क्रूर तथा अत्याचारी सम्राट् बौद्ध धर्म के प्रभाव से दयावान हो गया!

सिंहासन पर बैठने के समय अशोक ने 'देवानामप्रिय' तथा 'प्रियदर्शी' की उपाधियां धारण कीं।

अशोक का साम्राज्य विस्तार

अशोक ने सम्राट् बनने के बाद अपने पूर्वजों की भांति साम्राज्यवादी नीति का अनुसरण किया और साथ ही कुछ देशों के साथ मैत्रीपूर्ण संबंध कायम रखने की नीति का भी पालन किया। उसने यवन राज्यों में अपने राजदूत भेजे और उनके राजदूतों का स्वागत किया। उसने यवन पदाधिकारियों को अपने राज्य में नियुक्त किया। लेकिन आंतरिक क्षेत्र में उसकी नीति राज्य-विस्तार की थी। भारत में प्राचीन राजाओं की परंपरा के अनुसार उसका भी राजनीतिक आदर्श दिग्विजय का था। फलतः भारत के जो प्रांत अभी तक मौर्य साम्राज्य के अंतर्गत

नहीं थे, उन पर आक्रमण करने का उसने संकल्प किया। सर्वप्रथम उसने कश्मीर पर आक्रमण किया और उस पर विजय प्राप्त करके उसे अपने साम्राज्य में मिला लिया। कश्मीर के प्राचीन ऐतिहासिक ग्रंथों में अशोक को मौर्य देश का प्रथम सम्राट् कहा गया है। इससे यह अनुमान किया जाता है कि चंद्रगुप्त या बिंदुसार का कश्मीर पर अधिकार नहीं था।

कलिंग का युद्ध

अपने शासनकाल के 13वें तथा राज्याभिषेक के 8वें वर्ष में अशोक ने कलिंग राज्य पर आक्रमण कर दिया। कलिंग उस समय एक प्रबल राज्य था और उसके पास एक विशाल सेना थी। नंदवंश के अंतिम राजा घनानंद के शासनकाल में कलिंग मगध साम्राज्य का एक अंग था। ऐसा मालूम होता है कि नंदवंश के पतन और मौर्य वंश की स्थापना के संक्रमणकाल से लाभ उठाकर कलिंग ने अपनी स्वतंत्रता कायम कर ली, पर मगध के लिए अपने पड़ोस के ऐसे शक्तिशाली राज्य का होना असहनीय था। अतएव अशोक ने कलिंग की स्वतंत्रता समाप्त कर देने का निश्चय किया। अतः उसने कलिंग पर आक्रमण करने की योजना बनाई और इसके लिए विशाल सेना का संगठन किया। पूरी तैयारी के उपरांत कलिंग पर आक्रमण किया गया। अशोक के 13वें शिलालेख से हमें ज्ञात होता है कि अशोक ने कलिंग से युद्ध करके उसे अपने साम्राज्य में सम्मिलित कर लिया। इसके लिए बड़ा ही भीषण युद्ध हुआ था। कहा जाता है कि इस युद्ध में डेढ़ लाख से अधिक व्यक्ति घायल हुए और इतने ही मारे गए। इन हताहतों में सैनिक, अधिकारी, योद्धा और साधारण व्यक्ति सम्मिलित थे। लगभग 15,000 व्यक्ति बंदी बनाए गए। कई लाख स्त्रियां और बच्चे अनाथ बन गए। इतने रक्तपात और निर्मम हत्याकांड के उपरांत कलिंग का राज्य मगध साम्राज्य का प्रांत बना लिया गया और एक राजकुमार तोसली में रहकर वहाँ के शासन की देखभाल करने लगा।

महत्व

कलिंग का युद्ध अशोक के जीवन की दिशा परिवर्तन का आयाम था। इसने अशोक के हृदय का परिवर्तन कर दिया। साम्राज्यवाद की नीति का परित्याग कर अशोक ने अहिंसा का मार्ग अपना लिया। उस काल के एक शिलालेख के अनुसार सम्राट् ने स्वयं लिखा है—''अपने अभिषेक के आठ वर्ष बाद देवानामप्रिय राजा प्रियदर्शी ने कलिंग देश को विजित कर लिया। वहाँ डेढ़ लाख व्यक्ति बंदी बनाकर बाहर भेज दिए गए, एक लाख मारे गए और इससे कई गुने नष्ट हो गए।'' इस यथार्थ ने अशोक को पूर्णतः परिवर्तित कर दिया। उसने यह निश्चय किया कि वह राज्य-विस्तार की नीति का परित्याग कर देगा और भविष्य में कभी युद्ध नहीं करेगा। युद्ध के स्थान पर सबसे मैत्री रखेगा और राज्य-विजय के स्थान पर धर्म-विजय करेगा। कलिंग-विजय के बाद अशोक ने घोषणा की कि 'कलिंग देश की विजय के समय जितने मनुष्य मारे गए अथवा बंदी बनाए गए, उसके शतांश अथवा सहस्रांश की भी आज हानि हो तो देवनामप्रिय को भारी दुःख होगा। यही नहीं, यदि देवानामप्रिय को कोई हानि भी पहुंचाए तो सहन कर लेना चाहिए। अब सम्राट् के विचार में वास्तविक विजय धर्म विजय ही थी। अतएव रणभेरी के घोष की जगह धर्म-घोष की गूंज सुनाई देगी और दिग्विजय के स्थान पर धर्म-विजय का प्रयत्न किया जाएगा।' अशोक के यह विचार केवल सैद्धांतिक नहीं थे, बल्कि पूर्णरूप से व्यावहारिक थे। अशोक ने सदैव के लिए अपनी तलवार म्यान में रख ली। मौर्य साम्राज्य की सीमाएं विस्तृत थीं। अशोक ने उसको और विस्तृत नहीं किया। उसने अपने पुत्र और पौत्र को भी अहिंसा का पाठ पढ़ाया।

विदेशियों के साथ भी अशोक का व्यवहार सहिष्णु था। 13वें अभिलेख में यवन राजाओं एवं दक्षिण भारत के शासकों का उल्लेख है। सीरिया का राजा एंटियोकस II, मकदूनिया का राजा अलेक्जेंडर आदि अशोक के अहिंसक एवं सद्भावना के विचारों से प्रभावित थे। अशोक ने इन देशों में अपने दूत भी भेजे थे। चोल, पांडय, सतियपुत्र, केरलपुत्र एवं ताम्रपर्णी में भी अशोक के दूत पहुंचे। **हेमचंद्र राय चौधरी** के अनुसार, ''कलिंग की विजय मगध तथा भारतवर्ष के इतिहास में एक महान् सीमा चिह्न है। यह विजय विकास की उस नीति का अंत करती है, जिसका आरंभ बिंबिसार ने अंगदेश पर विजय प्राप्त करके किया था। यह एक नए युग का प्रारंभ करता है। यह युग शांति का, सामाजिक उन्नति का, धार्मिक प्रचार का, राजनीतिक अवरोध का और सैनिक पतन का युग था। इस काल में सेना के प्रयोग के अभाव के कारण साम्राज्यवादी मगध के सैनिक उत्साह का उत्तरोत्तर विनाश होता गया। आध्यात्मिक विजय या धर्म-विजय का युग आरंभ होने वाला था।''

इस प्रकार यह सिद्ध हो जाता है कि यह भारतीय इतिहास का एक परिवर्तनशील युग था। कलिंग युद्ध के पश्चात् सम्राट् अशोक का शस्त्रत्याग संसार की एक अनूठी घटना थी, क्योंकि युद्ध में विजय पाने के बाद विजय की लालसा और भी बढ़ जाती है, परंतु अशोक ने दिग्विजय के स्थान पर धर्म-विजय का संकल्प किया। बौद्ध धर्म का वरण कर सम्राट् अशोक तन-मन-धन से इसके प्रचार में लग गए। न केवल भारत में, बल्कि विदेशों तक इस धर्म के प्रचारक पहुंच गए। श्रीलंका में बौद्ध धर्म प्रचार के लिए उसने अपने पुत्र महेंद्र तथा पुत्री संघमित्रा को भेजा। यहाँ तक कि अशोक के भाई तिष्य ने भी सपरिवार बौद्ध धर्म को अपना लिया। बौद्ध संघ के साथ अशोक का संबंध एक महान् राजकीय संरक्षण का था। अतः अपने लघु शिलालेख में सम्राट् ने बार-बार सावधान किया है कि ''जो कोई भी भिक्षु या भिक्षुणी संघ में विघटन पैदा करेगा, उसे सफेद वस्त्र पहनाकर संघ से बाहर निकाल दिया जाएगा।'' अशोक ने देश के विभिन्न स्थलों की यात्रा की और बहुत से स्तूप एवं विहार बनवाए।

अशोक ने बौद्ध धर्म को अपनाया, लेकिन वह कट्टरपंथी नहीं था। अन्य धर्मों के प्रति वह सहिष्णु था। सभी धर्मों की एकता में उसे विश्वास था। अशोक ने सातवें शिलालेख में स्वयं कहा है कि 'सभी पंथों के मध्य आत्मनियंत्रण और मन की पवित्रता विद्यमान होनी चाहिए।' बारहवें शिलालेख में उसने धार्मिक सहिष्णुता की अपनी नीति को अधिक स्पष्ट करते हुए लिखा है, ''देवानाम्प्रिय, राजा प्रियदर्शी सभी धर्मों का सम्मान करता है, इसलिए वह संन्यासियों तथा साधारण व्यक्तियों, दोनों को ही भेंट तथा विभिन्न प्रकार की मान्यताएं प्रदान करता है।'' आगे लिखा है कि ''जो कोई अपने धर्म का आदर करता है, अपने धर्म के प्रति लगाव के कारण दूसरों के धर्म का अनादर करता है, वह इस प्रकार अपने ही धर्म को हानि पहुंचाता है'' स्तंभ शिलालेख में वह लिखता—''मैं सभी संप्रदायों का ध्यान रखता हूं, क्योंकि मैं सभी संप्रदायों के अनुयायियों का सम्मान करता हूं। फिर भी उनके प्रति व्यक्तिगत आदर प्रदर्शित करना मेरे विचार से मुख्य बात है।'' अशोक के मतानुसार सभी धर्मों का सार एकता, आत्मसंयम, मन की पवित्रता, प्रेम एवं नैतिकता है। अतः 'सर्वधर्म समान' की नीति का पालन इस काल में होता था।

अशोक का धम्म

कलिंग के महाविनाश और नरसंहार के बाद सम्राट् अशोक का आदर्श एवं उद्देश्य शांति स्थापित करना था। साथ ही धम्म का प्रचार करना था। धम्म

एक धर्म या धार्मिक व्यवस्था नहीं, बल्कि एक 'नैतिक व्यवस्था' अथवा एक सामान्य आचार संहिता है, जो सभी धर्मों का मिलन स्थल है। द्वितीय स्तंभ लेख में अशोक स्वयं ही यह प्रश्न करता है—''धम्म साधु, कियम'' अर्थात् धर्म अच्छा है परंतु धर्म है क्या? वह आगे चलकर धर्म की दो मूल विशेषताओं का उल्लेख करता है। कम-से-कम दुष्कर्म या पाप और अधिक-से-अधिक सत्कर्म या कल्याणकारी कार्य। फिर उसने इसी तथा अन्य शिलालेखों में उल्लेख किया है—'आसिनव या पापों, जैसे क्रोध या उन्माद, नृशंसता, क्रोध, अभिमान और ईर्ष्या से बचना चाहिए और बहुत से सत्कर्म दया, उदारता, सत्य-सज्जनता, आत्म-नियंत्रण, मन की पवित्रता, नैतिकता से लगाव, आंतरिक और बाह्य शुद्धि आदि, जिनका अधिकाधिक अनुगमन किया जाना चाहिए।' उपर्युक्त दो विशेषताएं अशोक के धम्म के सैद्धांतिक या नकारात्मक और सकारात्मक पक्ष हैं।

अशोक द्वारा विभिन्न स्थानों पर भेजे गए धर्म प्रचारक

स्थान/देश	धर्म प्रचारक का नाम
श्रीलंका	महेंद्र तथा संघमित्रा
महाराष्ट्र	महाधर्मरक्षित
यवनदेश	महारक्षित
कश्मीर तथा गांधार	मजझांतिक
सुवर्ण भूमि	सोन तथा उत्तरा
अपरांतक	धर्मरक्षित
महिषमण्डल (मैसूर)	महादेव

किंतु जीवन में इन गुणों का अनुपालन कैसे करें? इस संबंध में अशोक ने अपने तेरहवें तथा अन्य बहुत से शिलालेखों में कर्तव्य संहिता या व्यावहारिक धम्म का वर्णन किया है, जिसमें निम्नलिखित निर्देश सम्मिलित हैं—

- **सुश्रूषा**—माता-पिता, बड़ों, गुरुओं तथा अन्य श्रद्धेय व्यक्तियों की आज्ञा का पालन।
- **अपिचिति**—गुरुओं का आदर।
- **संप्रतिपत्ति**—संन्यासियों, ब्राह्मणों और श्रमणों, दोनों संबंधियों, दासों, सेवकों और आश्रितों, दीन तथा दुःखी जनों और मित्रों से अच्छा व्यवहार करना।
- **दानम्**—संन्यासियों, मित्रों, साथियों, संबंधियों तथा वृद्ध व्यक्तियों के प्रति उदारता।
- **अनारंभों प्राणानाम्**—जीवित प्राणियों के प्रति अहिंसा की भावना।
- **अविहिंसा भूतानाम्**—सभी जीवित प्राणियों के प्रति अक्षति की भावना।
- **अपव्ययता अपभांडता**—कम धन व्यय करना तथा कम धन का संचय करना या खर्च और बचत में संयम बरतना।
- **मार्दवम्**—सभी जीवित प्राणियों से सौम्य व्यवहार करना।
- **सत्यम्**—सच्चाई।
- **धम्म**-रीति—नैतिकता का पालन।
- **भाव**-शुद्धि—मन या विचारों की पवित्रता।

शिलालेखों में निर्दिष्ट धम्म केवल कर्तव्य का पथ-प्रदर्शक ही नहीं है, इसकी साम्यता अनेक विशिष्ट सिद्धांतों तथा दार्शनिक अवधारणाओं से की गई है, जिनसे अशोक के नैतिक सुधार संबंधी या धम्म के आदर्शों की मौलिकता स्पष्ट होती है। भारत जैसे बहुधर्मी देश में धार्मिक सहिष्णुता को परम कर्तव्य के रूप में स्वीकार करने पर जोर दिया गया था। अशोक ने जीवन के हर क्षेत्र में इस नैतिक संहिता को शासी सिद्धांत और नियंत्रक शक्ति के रूप में प्रतिष्ठापित करने तथा राजनीति और सभी मानवीय क्रियाकलापों को आध्यात्मिक रूप देने का प्रयास किया। इस प्रकार इन शिलालेखों में प्रतिपादित किया गया धम्म केवल नैतिक या सदाचारी जीवन का पर्याय नहीं है अपितु सभी धर्मों का समान मिलन-स्थल ही इसका केंद्रबिंदु है। किसी भी रूप में यह साम्प्रदायिक नहीं है, बल्कि पूर्णतया सर्वदेशीय है, जोकि सभी धर्मों के सारतत्त्व के रूप में सार्वभौम अनुप्रयोग तथा स्वीकृति योग्य है। इस प्रकार उसने एक सार्वभौम धर्म की आधारशिला रखी और शायद वह ऐसा करने वाला विश्व इतिहास में पहला महान् व्यक्ति था।

अशोक ने धम्म के सिद्धांतों का प्रतिपादन क्यों किया और इतनी उत्सुकता से उसका प्रचार-प्रसार क्यों किया? कलिंग युद्ध के उपरांत अशोक ने धम्म-विजय को धर्मनिष्ठा और नैतिकता पर आधारित विजय माना, जोकि वास्तविक विजय है। प्रथम स्तंभ लेख में उसने यह कहते हुए अपने उद्देश्यों को संक्षेप में प्रकट किया है कि वह धम्म का अनुसरण करने वाले लोगों के संपोषण, शासन, सुख और सुरक्षा की कामना करता है। उसने राजतंत्र की पितृवादी अवधारणा पर भी जोर दिया—''सभी मनुष्य मेरी संतान हैं। जैसे मैं अपनी संतान के लिए इहलौकिक और पारलौकिक कल्याण की कामना करता हूं, उसी प्रकार मैं सब मनुष्यों के लिए भी कामना करता हूं।'' अशोक के धम्म का उद्देश्य सामाजिक एकता या सामाजिक संबंधों को सुदृढ़ करना था, चाहे वे संबंध माता-पिता और बच्चों, बड़ों और छोटों के बीच के हों या विभिन्न वैचारिक संप्रदायों के बीच के। इस उद्देश्य को एक नैतिक अवधारणा के रूप में लिया गया था, जिसका संबंध उसके समाज के संदर्भ में व्यक्ति से था।

धम्म प्रचार के उपाय

अशोक ने अपने संपूर्ण साम्राज्य में धम्म के प्रचार के लिए बहुत से उपाय किए। उसने अपने निजी जीवन तथा सार्वजनिक नीतियों के शासी सिद्धांत के रूप में धम्म के सिद्धांतों को क्रियान्वित किया। इस संबंध में उसने जो महत्वपूर्ण उपाय किए, उनमें से कुछ निम्नलिखित थे—

धम्म प्रचार के उपाय

- शिलालेखों तथा स्तंभ लेखों के रूप में क्रमशः धम्म लिपियां और धम्म-स्तंभ प्रस्थापित करना, जिनमें धम्म के गुणों का वर्णन किया गया।
- धम्म-महामात्रों की नियुक्ति।
- धम्म-यात्राएं, धम्म के प्रचारार्थ राजकीय यात्राएं।
- धम्म-मंगल, धम्म की भावना के अनुसार सार्वजनिक कल्याणकारी कार्य।
- विनियमों तथा अनुनय-विनय के द्वारा धम्म का प्रचार करना, और
- धम्म के सिद्धांतों के अनुरूप प्रशासनिक उपाय।

अशोक द्वारा शुरू किए गए जनकल्याणकारी कार्य और प्रशासनिक सुधार—अशोक के 14 वृहद् शिलालेखों तथा स्तंभलेखों से हमें उसके द्वारा शुरू किए गए कल्याणकारी उपायों तथा प्रशासनिक सुधारों के बारे में जानकारी प्राप्त होती है—

अशोक द्वारा प्रारंभ किए गए कुछ कल्याणकारी कार्यों तथा प्रशासनिक सुधारों

की सूची आगे दी गई है, जिनके साथ आवश्यकतानुसार संबंधित शिलालेखों का उल्लेख भी किया गया है—

1. समाजों या हर्षोत्सवों तथा राजकीय पाकशाला में दो मयूरों एवं एक हिरण के अतिरिक्त सभी पशुओं की हत्या पर प्रतिबंध।
2. सार्वजनिक उपयोगिता के कार्य-मनुष्यों और पशुओं के लिए चिकित्सालय खोलना, जड़ी-बूटियों, कंद-मूल और फलों सहित औषधीय पौधों के संवर्धन के लिए वानस्पतिक उद्यान, यात्रियों और पशुओं की सुविधा के लिए सड़कों के किनारे कुएं खुदवाना तथा वृक्ष लगाना।
3. धम्म के प्रचार तथा प्रशासनिक कार्य के लिए अधिकारियों द्वारा पंचवार्षिक निरीक्षण यात्राएं करना।
4. धम्म के प्रचार के लिए धम्म-महामात्रों की नियुक्ति, उनके द्वारा अन्याय एवं प्रजा की शिकायतों का निराकरण तथा मौर्य साम्राज्य की प्रजा के साथ-साथ विदेशियों को धर्मार्थ उपहार प्रदान करने की व्यवस्था करना।
5. स्त्रियों के कल्याण के लिए तथा उनमें धम्म के प्रचार हेतु स्त्री अध्यक्ष महामात्रों की नियुक्ति।
6. संन्यासियों, वृद्धों तथा शारीरिक रूप से अशक्त व्यक्तियों को दान देना तथा धम्म का प्रचार करने के लिए धार्मिक राजकीय यात्राएं करना।
7. पशु-पक्षियों, जैसे-तोता, मैना, चक्रवाक, हंस, कबूतर, चमगादड़, केंकड़े, अस्थिविहीन मछली, हिरण, पालतू पशुओं और ऐसे सभी चौपायों, जिनका कोई भी उपयोग न होता हो और जो न भोजन के रूप में खाए जाते हों, ऐसे सभी पशुओं की हत्या एवं अंग-भंग को प्रतिबंधित करने के संबंध में नियम बनाए गए। प्रत्येक माह के कुछ दिनों में पशु-पक्षियों को पकड़ने, उनकी हत्या एवं बंध्याकरण पर भी प्रतिबंध लगाया गया।
8. अशोक के राज्याभिषेक की वर्षगांठ के अवसरों पर मानवीय आधार पर बंदियों की समय-पूर्व मुक्ति।
9. मृत्युदंड से दंडित अपराधियों के प्राणदंड को तीन दिनों में प्रविलंबित किया गया, ताकि वे अपने पापों का प्रायश्चित कर सकें तथा अगले जीवन में बेहतर पुनर्जन्म (या उत्तम योनि में पुनर्जन्म) के लिए उपवास एवं दान दे सकें।
10. निष्पक्ष न्याय, न्यायिक एवं दंड प्रक्रिया में समानता की स्थापना के लिए न्यायिक सुधार एवं न्यायिक व्यवस्था का दुरुपयोग रोकने के लिए उपाय।
11. जनकल्याण संबंधी कार्यों के अंतर्गत मनुष्यों एवं पशुओं के लिए चिकित्सालय खोले गए। औषधीय पौधों को उगाने के लिए वानस्पतिक उद्यान, जड़ी-बूटियों तथा फलों के बाग लगाए गए और पशुओं एवं यात्रियों की सुख-सुविधा के लिए सड़कों के किनारे छायादार वृक्ष लगाए गए।
12. अशोक महान् के कार्यों में सार्वजनिक निर्माण कार्यों का कार्यक्रम, जिसके अंतर्गत सड़कों के किनारे छायादार बरगद के पेड़ और आम के वृक्षों के बाग लगाना, सड़क पर प्रत्येक आधे कोस की दूरी पर कुएं खुदवाना, विश्राम-गृहों का निर्माण, मानव तथा पशुओं आदि के उपयोग के लिए प्याऊ और जल-कुटीरों की व्यवस्था करना आदि शामिल थे।

अशोक के शिलालेखों से हमें उसके साम्राज्य के प्रशासनिक मण्डलों तथा अधिकारियों सहित उसके प्रशासन की एक संक्षिप्त झलक प्राप्त होती है। अशोक ने अपने पिता तथा पितामह से उत्तराधिकार में प्राप्त प्रशासनिक व्यवस्था को बनाए रखा। किंतु उसने प्रशासन में कतिपय अभिनव परिवर्तन भी किए तथा धम्म महामात्रों जैसे कुछ नए अधिकारियों को नियुक्त किया। उसके शिलालेखों के आधार पर उसके प्रशासन का संक्षिप्त विवरण निम्नानुसार है:

अशोक के धम्म लेख

अशोक के धम्म लेखों को आठ वर्गों में विभाजित किया जाता है। इन लेखों की भाषा प्राकृत है एवं लिपि ब्राह्मी है। केवल दो लेख खरोष्ठी लिपि में हैं। लेखों का विवरण निम्नानुसार है—

1. **दो लघु शिलालेख** : पहला शिलालेख अशोक के व्यक्तिगत जीवन पर है, जो सिद्धपुर, जटिंग रामेश्वर, ब्रह्मगिरी में पाया गया है। ये तीनों स्थान मैसूर के चित्तल दुर्ग में स्थित हैं। पहला लेख पूर्वोक्त स्थानों के अतिरिक्त रूपनाथ, सासाराम, बैराट, मास्की, गोविमठ, पालकीगुंडु, एर्रागुडी में भी पाया जाता है। मास्की में प्राप्त लेख महत्वपूर्ण है, क्योंकि यहाँ से प्राप्त लेख में 'अशोक' नाम आता है, बाकी सबमें 'देवानामप्रिय' 'प्रियद्दसिन' या 'पियदसिन' शब्द का प्रयोग आता है।
2. **भाब्रू का लेख** : इस लेख में अशोक के बौद्ध होने के स्पष्ट प्रमाण मिलते हैं। इसमें सम्राट् की बौद्ध धर्म के प्रति निष्ठा का उल्लेख है।
3. **चौदह शिलालेख** : इनमें अशोक की नीति तथा शासन संबंधी सिद्धांतों की विवेचना है। ये लेख निम्न स्थानों से मिले हैं:
   शाहबाजगढ़ी (पेशावर)
   मानसेहरा (हजारा जिले में)
   कालसी (देहरादून)
   धौली (उड़ीसा के पुरी जिले में)
   गिरिनार (काठियावाड़ में जूनागढ़)
   जौगढ़ (गंजाम से 18 मील उत्तर-पश्चिम)
   एर्रागुडी (करनाल गूटी से 18 मील उत्तर)
   सोपारा (बंबई (मुंबई) के थाना में)।
4. **कलिंग के दो पृथक् लेख** : इनकी संख्या दो है। उड़ीसा के पुरी जिले में धौली नामक स्थान तथा आंध्र प्रदेश के जिला गंजाम में जौगढ़ नामक स्थान पर पाए गए हैं। इनकी निर्माण तिथि 256 ई.पू. है। अशोक ने इन पर वे नियम खुदवाए, जिनके आधार पर कलिंग और उसके साथ लगे अविजित प्रदेशों की जनता के साथ कर्मचारियों को व्यवहार करना चाहिए।
5. **गुफा शिलालेख** : गया से 19 मील की दूरी पर बराबर की चार गुफाएं हैं। उनमें से तीन दीवारों पर अशोक के लेख हैं, जो आजीवक संप्रदाय के भिक्षुओं को समर्पित की गई हैं।
6. **सात स्तंभ शिलालेख** : इनका निर्माण 242 ई.पू. में करवाया गया।
   (i) इनमें से दिल्ली टोपरा स्तंभ पहले खिज्राबाद जिले के टोपरा ग्राम में स्थित था। फिरोज तुगलक उसे दिल्ली ले गया था। (ii) मेरठ स्तंभ, इसे भी फिरोज तुगलक दिल्ली ले गया। (iii) एक अन्य स्तंभ अभिलेख इलाहाबाद में है, जिसे अकबर कौशांबी से ले गया था। (iv) लौरिया-अरेराज स्तंभ। (v) लौरिया-नंदनगढ़ स्तंभ। (vi) रामपुरवा स्तंभ। अंतिम तीन बिहार के चंपारण जिले में हैं।
7. **लघु स्तंभ लेख** : यह लेख इलाहाबाद, साँची तथा सारनाथ में पाए गए हैं।
8. **तराई स्तंभ लेख** : ये लेख रूम्मिनदेई तथा निग्लिवा में पाए गए हैं। ये

स्थान नेपाल की तराई में स्थित हैं। इन लेखों से अशोक का बुद्ध का अनुयायी होना सिद्ध होता है। बुद्ध का अनुयायी होने के बाद अशोक ने धर्म एवं संस्कृति का प्रचार-प्रसार दूर-दराज क्षेत्रों में किया।

अशोक का राजत्व-सिद्धांत

अशोक को उत्तराधिकार के रूप में केवल एक विस्तृत सामाज्य ही नहीं प्राप्त हुआ था, अपितु एक सुव्यवस्थित एवं सुदृढ़ शासन-व्यवस्था भी प्राप्त हुई थी। चंद्रगुप्त मौर्य ने एक अत्यंत सुसंगठित प्रशासन-व्यवस्था का निर्माण किया था। इसलिए अशोक को उसमें विशेष परिवर्तन करने अथवा कोई नई प्रणाली कायम करने की आवश्यकता नहीं हुई। कम-से-कम कलिंग-युद्ध तक उसने इस शासन-व्यवस्था की प्रमुख विशेषताओं को कायम रखा। लेकिन कलिंग-युद्ध का अशोक के सिद्धांतों तथा दृष्टिकोण पर व्यापक प्रभाव पड़ा। अशोक के मानसिक और धार्मिक परिवर्तन ने उनके राजनीतिक आदर्श और शासन प्रबंध को भी प्रभावित किया। सिद्धांत रूप में तो उससे पहले भी प्रजा का हित करना राजा का धर्म माना जाता था, परंतु व्यवहार में वह यंत्रवत् चलता था और बहुत से राजा अपने व्यक्तिगत सुख को प्रजा-पालन से अधिक महत्व देते थे। अशोक ने अपने धार्मिक और नैतिक विश्वासों के कारण अपना सारा राजनीतिक और व्यक्तिगत जीवन प्रजा की सेवा में अर्पित कर दिया। उसने राजनीति में नए-नए सिद्धांतों एवं आदर्शों का समावेश किया। इस हालत में पुरानी शासन-प्रणाली में कुछ महत्वपूर्ण परिवर्तन आवश्यक हो गए तथा अशोक को शासन के ढांचे में कई परिवर्तन करने पड़े। यद्यपि यहाँ ढांचा पहले जैसा ही रहा, लेकिन उसकी आत्मा बिल्कुल बदल गई और उसमें नवीन प्राण फूंक दिए गए।

माननीय सिद्धांतों और आदर्शों को अशोक ने अपनी शासन-व्यवस्था का आधार बनाया और तदनुसार उसमें कुछ परिवर्तन भी किए। सबसे महत्वपूर्ण परिवर्तन था धर्म महामात्रों की नियुक्ति व स्त्रियों के बीच काम करने के लिए स्त्री-महामात्र, चारागाहों में बसने वाली जातियों में काम करने के लिए बज्रभूमिक और सीमांत प्रदेशों के लिए अंत महामात्र नियुक्त किए गए। इसके अतिरिक्त राजुक, प्रादेशिक, युक्त आदि पदाधिकारियों को राज्य में दौरा करने का आदेश दिया गया।

प्रतिवेदकों को आज्ञा दी गई कि वे सम्राट् को जनता के सुख-दुःख की सूचना दें, वह कहीं भी हों और कुछ भी कर रहा हो। राजुकों को दंड तथा सम्मान देने के विषय में अधिक स्वतंत्रता दे दी गई, जिससे वे अपना कर्तव्य अधिक विश्वास और निर्भयता के साथ निभा सकें।

सीमांत की अर्द्ध-सभ्य और लड़ाकू जातियों के प्रति कठोरता की नीति त्याग दी गई और उनके साथ उदारता का बरताव किया गया और उनकी आर्थिक तथा नैतिक उन्नति की ओर विशेष ध्यान दिया गया। अशोक ने अपनी प्रजा की आध्यात्मिक तथा नैतिक उन्नति में ही केवल दिलचस्पी नहीं ली थी, उसने उसकी भौतिक उन्नति और सुख के लिए भी अनेक कार्य किए। अशोक ने सदैव जन-हित के कार्य किए। उसे राजत्व सिद्धांतों का ज्ञान था। धर्म-परिवर्तन के साथ ही उसने चाणक्य की कूटनीति का भी त्याग कर दिया। वह पवित्रता, आदर्शवादिता, प्रजाप्रियता, नैतिकता, मौलिकता के सिद्धांतों का पालन करता था।

अशोक का केंद्रीय शासन

12वें शिलालेख के अनुसार अशोक के साम्राज्य के अंतर्गत भारत का विशाल खंड था। उसके प्रशासन का प्रबंध अपने पिता एवं पितामह के सिद्धांतों के अनुसार चल रहा था। समयानुसार परिवर्तनों के साथ अशोक ने अपने पूर्वजों की केंद्रीय कौंसिल को स्थापित रखा, जिसे 'परिषद्' कहा जाता था। शिलालेख तीन और छह में इसका उल्लेख है। यह परिषद् परामर्शदाता थी। इसके मंत्री राज्य संचालन में सहायता करते थे। आवश्यक निर्णय इस परिषद् द्वारा लिए जाते थे। राजा की आज्ञा का पालन करवाना परिषद् का कार्य था। वास्तव में परिषद् राजा और कर्मचारी के बीच की कड़ी का काम करती थी। ये राजा की आज्ञाओं पर भी अकुंश का काम करती थी। परिषद् के प्रमुख कार्य निम्न थे—

1. राजा की आज्ञाओं का पालन करना।
2. मतभेद होने पर विवादास्पद विषयों को राजा के पास भेजना।
3. राजाज्ञाओं को कार्यरूप में परिणत करना।
4. कर्मचारियों के कामों पर निगरानी रखना।
5. उचित विषयों पर कर्मचारियों को परामर्श देना।
6. कर्मचारियों से कार्य करवाना।
7. गणना विभाग की देखभाल करना।

राज्य के प्रमुख कर्मचारियों के लिए पुरुष, वर्ग, मुख, महामात्र आदि शब्दों का प्रयोग किया जाता था। 'पुरुष' उच्चाधिकारी वे थे, जो राजा के सबसे निकट थे। प्रथम स्तंभलेख में 'पुरुष' की तीन श्रेणियां वर्णित हैं—ये हैं उत्कृष्ट, निकृष्ट एवं मध्यम पुरुष। ये राजा के आदेशानुसार कार्य करते थे। 'वर्ग' शब्द जनसाधारण और कर्मचारी, दोनों के लिए प्रयुक्त होता था। 'मुख' का प्रयोग विभागाध्यक्ष या प्रमुख राज्याधिकारी के अर्थ में प्रयोग में लाया जाता था। ऊँचे कर्मचारियों के लिए 'महामात्र' शब्द का प्रयोग होता था। महामात्र से पूर्व कुछ शब्दों का प्रयोग होता था, जैसे-धर्म महामात्र, स्त्री अध्यक्ष महामात्र, महामात्र, नगर व्यावहारिक आदि।

प्रांतीय शासन

अशोक का साम्राज्य चार प्रांतों में विभाजित था। प्रत्येक प्रांत का शासक राजकुमार होता था। दूरस्थ प्रदेशों में प्रांतीय शासक होते थे। सम्राट् के विश्वासपात्र लोगों को ही इन स्थानों पर नियुक्त किया जाता था। इन्हें 'प्रदेशी' कहा जाता था। इनका काम कर वसूलना, फौजदारी के मुकदमे देखना, चोरों को पकड़ना और आदिवासियों पर नियंत्रण रखना था।

अशोक के पितामह चंद्रगुप्त के समय से ही पाटलिपुत्र (पटना) राजधानी थी। कौशांबी (इलाहाबाद, उत्तर प्रदेश के पास), उज्जैयिनी (मध्य प्रदेश), कलिंग (उड़ीसा), तोसली (धौली) और समापा (जौगढ़ के पास) प्रांतीय प्रशासन के महत्वपूर्ण केंद्र भी रहे होंगे। 150 ई. के रुद्रदामन के जूनागढ़ शिलालेख में यवन राजा तुष्सास्प का सौराष्ट्र में अशोक के प्रांतीय गवर्नर के रूप में उल्लेख है।

पृथक् कलिंग शिलालेखों में तोसली और उज्जैयिनी के प्रांत प्रमुखों को 'कुमार' या 'आर्यपुत्र' कहा गया है, ब्रह्मगिरि-सिद्धपुर के शिलालेखों में सुवर्णगिरि के प्रांत प्रमुख को 'आर्यपुत्र' के नाम से संबोधित किया गया है। तोसली, सुवर्णगिरि, उज्जैयिनी और तक्षशिला प्रत्येक राजपरिवार के राजकुमार के अधीन थे।

अधिकारी : शिलालेखों में विभिन्न प्रकार के अधिकारियों का भी उल्लेख मिलता है, जो निम्नानुसार हैं:

1. महामात्र और इस श्रेणी के अन्य अधिकारी, जैसे धम्म-महामात्र, अंत-महामात्र और स्त्री-अध्यक्ष महामात्र, 2. रज्जुक और राष्ट्रिक (रथिक), 3. प्रादेशिक, 4. युक्त, 5. प्रतिवेदक, 6. पुलिस, 7. ब्रजभूमिक, 8. नगर व्यावहारिक (नगल-वियोहालिक)।

1. **महामात्र :** महामात्र और धम्म-महामात्र शब्द अधिकारियों के पदक्रम में निश्चित ही उच्च स्तर का सूचक था। उन्हें साम्राज्य के प्रत्येक बड़े नगर तथा जिले में नियुक्त किया जाता था। शिलालेखों में पाटलिपुत्र, कौशांबी, तोसली, समापा, सुवर्णगिरि तथा इसिला के महामात्रों का उल्लेख मिलता है। इनमें से प्रत्येक महामात्र को प्रदान की गई 'आत' विशिष्ट उपाधियों से ही उनके कर्त्तव्यों की जानकारी हो जातीहै।

   अशोक ने अपने राज्याभिषेक के 13 वर्ष पश्चात् धम्म-महामात्रों के पद का सृजन किया था। इसका उल्लेख पाँचवें शिलालेख में है। इस शिलालेख में कुछ विस्तार से उनके कर्तव्यों के बारे में बताया गया है। सातवें स्तंभलेख से भी उनके कर्तव्यों पर प्रकाश डाला गया है। धम्म महामात्रों का कर्तव्य देश में सभी संप्रदायों के बीच धम्म प्रवर्तन करना तथा उसको बढ़ावा देना और धम्म से संबद्ध लोगों की सुख-शांति का संवर्धन करना था। वे न्यायालयों द्वारा प्रदान किए गए समस्त दंडों पर पुनर्विचार करते थे तथा प्रत्येक मामले की विशेष परिस्थितियों को ध्यान में रखते हुए दंड को कम या समाप्त कर सकते थे। उनके क्रियाकलापों पर अधिक प्रकाश डालते हुए सातवें स्तंभलेख में उल्लेख किया गया है कि उन्हें बौद्ध संघों तथा विभिन्न अन्य संप्रदायों की गतिविधियों की देखभाल करने के लिए भी आदेश दिया जाता था।

   अंत महामात्र : अंत महामात्र सीमाओं पर किए जाने वाले अभियानों के अध्यक्ष होते थे, जो सीमाओं पर तथा अन्यत्र जनजातियों में धम्म का प्रचार करते थे।

2. स्त्री अध्यक्ष महामात्र के नाम से ही स्पष्ट है कि वे स्त्रियों के कल्याण से संबंधित अधिकारी थे। लेकिन इनके कर्तव्यों का वास्तविक विवरण नहीं मिल पाया है।

3. तीसरे वृहद् शिलालेख तथा प्रथम एवं चतुर्थ स्तंभलेखों में राजुकों का उन अधिकारियों के रूप में उल्लेख किया गया है, जिनके अधिकार क्षेत्र के अंतर्गत लाखों लोग निवास करते थे। इनका कार्य जनपद के कल्याण का संवर्धन करना था। अशोक ने राजुकों को दंड एवं पुरस्कार प्रदान करने की स्वतंत्रता भी दी थी। दंड देने के संदर्भ से यह पता चलता है कि राजुक न्यायिक कार्य भी करते थे। अशोक ने उन्हें अपने उत्तरदायित्वों का निर्भय एवं आश्वस्त होकर निर्वाह करने का परामर्श दिया था। सम्राट् की अपेक्षा थी कि "जैसे कोई (माता-पिता) योग्य धाय के हाथों में अपनी संतान का उचित पालन-पोषण करेगी, उसी प्रकार मैंने अपनी प्रजा के हित-कल्याण के लिए राजुकों को नियुक्त किया है।"

4. तृतीय वृहद् शिलालेखों में युक्तों को अधीनस्थ अधिकारियों के रूप में उल्लिखित किया गया है। उन्हें संभवत: सचिवालय संबंधी एवं लेखा कार्य सौंपा गया था।

5. चतुर्थ वृहद् शिलालेखों में प्रतिवेदक का उल्लेख है, जो राजा को शासन और जनता संबंधी समस्त सूचनाएं प्रेषित करता था।

6. अशोक के अन्य एक शिलालेख में राजुकों के साथ 'पुलिस' (पुरुष) का उल्लेख है, जो राजा के लिए जनसंपर्क अधिकारी के रूप में कार्य करता था।

7. गोशाला के निरीक्षक को 'वचभूमिक' कहा जाता था।

8. पृथक् धौली (कलिंग) शिलालेख में नगल-वियोहालक (नगर व्यावहारिक) नामक कर्मचारी होता था। यह नगर व्यावहारिक प्रशासन व्यवस्था के साथ-साथ न्यायाधीश का कार्य भी देखता था।

स्वायत्त शासन

अशोक के 13वें शिलालेख के आधार पर यह ज्ञात होता है कि इस काल में कुछ ऐसे भी प्रदेश थे, जो अशोक के अधीन होने के साथ-साथ स्वायत्त भी थे, जैसे-यवन, कांबोज, नाभक, नाभपति, आंध्र, भोज आदि।

न्याय व्यवस्था

चतुर्थ स्तंभ अभिलेख और द्वितीय कलिंग शिलालेख में अशोक की न्याय व्यवस्था का वर्णन है। राजा सर्वोच्च न्यायाधीश होता था। उस काल में भी न्यायपालिका पर कार्यपालिका का नियत्रंण नहीं होता था। राजुक (न्यायाधीश) निर्भीक होकर कार्य करते थे। राजा का कोई हस्तेक्षप नहीं होता था। अशोक के अनुसार, "उनका जो अभिहार (उपहार-पुरस्कार) या दंड देने का अधिकार है, वह मेरे द्वारा उनके मार्फत कर दिया गया है, जिससे राजुक आश्वस्त और निर्भीक कामों में प्रवृत्त हों।" इससे राजुक जनपद के जन का हित और उन्हें सुख प्रदान करें। न्याय शासन के लिए राज्य को कुछ निश्चित क्षेत्रों में बांट दिया गया था। न्यायाधीश दंड देने के साथ-साथ पुरस्कार भी देते थे।

अशोक ने फौजदारी कानून की कठोरता को कुछ कम कर दिया। राज्याभिषेक की प्रत्येक वर्षगांठ पर वह बहुत सारे कैदियों को छोड़ देता था। अशोक ने न्याय की कठोरता में दया का सम्मिश्रण किया, पर उसने दंडविधान को हटाया नहीं। शांति और व्यवस्था के लिए वह दंड-विधान को आवश्यक मानता था।

अशोक के सुधार

तत्कालीन भारतीय राजनीतिक सिद्धांत के अनुसार दो पड़ोसी राज्य बैरी समझे जाते थे और शक्तिशाली राजा अपने पड़ोसी राज्य को हर प्रकार से शक्तिहीन बनाने का प्रयास किया करता था, किंतु अशोक ने अपने पड़ोसी जातियों के अभयदान की घोषणा इस प्रकार की— "सीमांत जातियां मुझसे भय न खाएं, वे मुझ पर विश्वास करें और मुझसे सुख प्राप्त करें। वे कभी दु:ख न पावें और इस बात का सदैव विश्वास रखें कि जहाँ तक क्षमा करना संभव है, राजा उनके साथ करेगा।"

सम्राट् अशोक ने शासन-प्रबंध में सबसे बड़ा सुधार यह किया कि उसने सामाजिक जीवन में परिवर्तन लाकर जीवन-स्तर ऊँचा करने का प्रयास किया। इसके लिए उसने कुछ हिंसात्मक समारोहों एवं उत्सवों को बंद करा दिया। मदिरा, मांस, नृत्य आदि में समय अथवा धन का अपव्यय होता था, उसे रोकने का भी अशोक ने पूर्ण प्रयास किया।

उपर्युक्त विवरण से यह स्पष्ट हो जाता है कि अशोक के शासन-प्रबंध तथा तत्संबंधी सुधारों पर उनकी नैतिकता प्रधान धार्मिकता की पूर्ण छाप थी। जिन नए पदाधिकारियों की नियुक्ति अशोक द्वारा की गई, वे राजनीतिक क्षेत्र में भले ही महत्वपूर्ण कार्य न कर सके हों, पर सामाजिक, धार्मिक तथा आर्थिक क्षेत्र में उन्होंने प्रशंसनीय कार्य किए। अब तक के सांस्कृतिक इतिहास में जिन नवीन पृष्ठों को जोड़कर जिस आदर्श भारतीय संस्कृति का उदाहरण अशोक ने प्रस्तुत किया, वह चिरस्मरणीय है।

अशोक की शासन व्यवस्था का मूल्यांकन

सम्राट् अशोक एक महान् शासक था। संभवत: वह इतिहास का प्रथम ऐसा शासक था; जिसका शासन शक्ति जनित भय के आधार के बदले सदेच्छा, सहनशीलता, सहिष्णुता और सहमति पर आधारित था। कलिंग युद्ध के उपरांत अशोक ने अपना संपूर्ण समय प्रजा का पुत्रवत् पालन करने, लोक हितकारी कार्यों को संपन्न करने तथा प्रजा की भलाई के लिए कल्याणकारी कार्यों के चिंतन में व्यतीत करना आरंभ कर दिया। उसने अपनी प्रजा के नैतिक तथा धार्मिक स्तर को ऊँचा उठाने के लिए काफी प्रयत्न किए तथा उसे सदाचारी और धर्मपरायण बनाया। उसने स्थान-स्थान पर बड़ी-बड़ी शिलाओं और स्तंभों पर उपदेश एवं आदेश खुदवाए। उसने चरित्र एवं आचरण की जांच करने के लिए निरीक्षक नियुक्त किए। उसने मनुष्यों तथा पशुओं के लिए अधिक संख्या में चिकित्सालय खुलवाए और यात्रियों की सुविधा के लिए सड़कों के किनारे छायादार वृक्ष लगवाए, कुएं खुदवाए और धर्मशालाएं तैयार कराईं। उसका शासन इतना संगठित और सुव्यवस्थित था कि लगभग 40 वर्षों तक साम्राज्य में विद्रोह नहीं हुआ। साम्राज्य में शांति थी। सरकारी कर्मचारी, धम्म महामात्र तथा राजकीय धर्मोपदेशक जनता को धर्मपरायण, सदाचारी, कर्तव्यशील और गुरुजनों में भक्ति रखने वाली बनाने का प्रयत्न करते रहते थे। भिक्षु का जीवन बिताने वाले सम्राट् सदैव जनकल्याण कार्य करने के लिए तत्पर रहते थे। सम्राट् के सार्वजनिक एवं वैयक्तिक जीवन में अंतर नहीं था। ऐसा महान् सम्राट् विश्वभर में आज तक न हुआ और न ही आगे होने की संभावना है।

इतिहास में अशोक का स्थान

सम्राट् अशोक भारतीय इतिहास के सर्वाधिक अमूल्य रत्न थे। सर्वशक्तिमान सम्राट् विजेता और शासक होने के साथ-साथ शांति और धर्म का प्रचारक भी था। उसका जीवन बहुत ही शुद्ध, पवित्र और दयामय बन गया था। उसके जीवन में केवल दो प्रधान लक्ष्य थे—पहला बौद्ध धर्म का प्रचार तथा दूसरा प्रजा की भौतिक, नैतिक एवं आध्यात्मिक उन्नति। उसके शासनकाल में भारत का सर्वोमुखी विकास हुआ।

अशोक एक साम्राज्य निर्माता था। सिंहासन पर बैठने से पूर्व उज्जैन अशोक के अधीन था। फिर वह साम्राज्यवादी बन गया। अभिषेक के सात वर्षों तक वह साम्राज्य-विस्तार में लगा रहा। उसने कश्मीर और खोतान को विजयी किया। आठवें वर्ष में कलिंग पर आक्रमण किया। इस युद्ध के रक्तपात और विनाश से उसका हृदय व्याकुल हो गया। अत: युद्ध-नीति को त्यागकर अशोक ने बौद्ध धर्म को अपना लिया। अब तक वह एक विशाल साम्राज्य का सम्राट् बन चुका था।

अशोक का व्यक्तित्व

अशोक का व्यक्तित्व महान् था। कलिंग युद्ध के पूर्व अशोक का जीवन विलासितापूर्ण था। उसका उद्देश्य अधिक-से-अधिक क्षेत्रों पर अधिकार करना था। शायद वह क्रूर, निर्दयी, रक्तपिपासु तथा विलासी था, लेकिन कलिंग युद्ध से उसका जीवन दर्शन बदल गया। विलासी और साम्राज्यवादी जीवन को त्यागकर वह सत्यनिष्ठ, दयालु और शांति की पुजारी बन गया। अब वह अपनी प्रजा के हित में सदैव सोचते थे।

अशोक ने बौद्ध धर्म अपनाने से पूर्व सभी राजसी सुख त्याग दिए। अब उसका जीवन बड़ा ही शुद्ध, पवित्र और दयामय हो गया। आत्म-संयम तथा आत्म-नियंत्रण में वह पूर्णरूप से सफल रहा और आत्म-त्याग उसके जीवन का मूलमंत्र बन गया। वह सत्यनिष्ठ, दयालु तथा शांति का पुजारी हो गया। अब वह सदा अपनी प्रजा के हित-चिंतन में संलग्न रहने लगा। अशोक के अभिलेखों से पता चलता है कि वह अपने युग का श्रेष्ठतम महामानव था। श्लाघनीय कार्यों को करने में उसे इतनी अभिरुचि उत्पन्न हो गई कि उसने अपने जीवन के दो प्रधान लक्ष्य बना लिए अर्थात् बौद्ध-धर्म का प्रचार तथा अपनी प्रजा की भौतिक, नैतिक और आध्यात्मिक उन्नति। वास्तव में वह मानव रूप में एक देवता था और इस देवत्व के कारण उसे महान् ही नहीं, बल्कि महानतम व्यक्ति स्वीकार करने में संकोच नहीं करना चाहिए।

योग्य सेनानायक

प्रारंभ से ही अशोक में योग्य सेनानायक के सभी गुण विद्यमान थे। कुशल सैनिक होने के नाते वह युद्ध की भीषणता से कभी घबराता नहीं था। तक्षशिला में विद्रोह का दमन कर कश्मीर तथा कलिंग पर विजय प्राप्त कर उसने अपनी सैनिक कुशलता का परिचय दिया। उसके अपने शासनकाल में भी जब तक्षशिला में विद्रोह हुआ, तब उसने उसे सख्ती से दबाया। ये सारी बातें उसके सफल एवं योग्य सेनानायक होने के स्पष्ट प्रमाण हैं।

महान् शासक

सम्राट् अशोक महान् शासक भी था। उसकी गणना विश्व के महान् शासकों में होती है। प्रजापालन तथा उसका हित-चिंतन अशोक ने अपने जीवन का लक्ष्य माना और प्रजा को संतानवत् मानकर उसी के हित-चिंतन में व्यस्त रहने लगा। उसने विहार यात्राओं को बंद करके धर्म-यात्रा शुरू की। उसका शासन इतना संगठित और सुव्यवस्थित था कि उसके शासन-काल में कोई आंतरिक विद्रोह या उपद्रव नहीं हुआ और प्रजा ने सुख और शांति के वातावरण में अपना जीवन व्यतीत किया। अशोक ने अपनी प्रजा की नैतिक, भौतिक तथा आध्यात्मिक उन्नति की पूरी व्यवस्था की। इसके लिए वह सदैव प्रयत्नशील रहता था। इसके लिए उसने महामात्रों की नियुक्ति की और सरकारी कर्मचारियों को यह आदेश दिया कि वे घूम-घूमकर प्रजा के आचरण का निरीक्षण करें। एक शासक के रूप में अशोक की महानता इस बात में व्यक्त होती है कि देश के राजनीतिक जीवन में उसने आदर्शवादिता, पवित्रता तथा कर्तव्यपरायणता का समावेश किया तथा एक भिक्षु जैसा सादा जीवन बिताकर और राजसुलभ सभी सुखों को त्यागकर प्रजा के हित-चिंतन में संलग्न रहा। किसी भी महान् शासक के लिए यह गौरव की बात हो सकती है।

महान् धर्मवेत्ता तथा धर्म-प्रचारक

सम्राट् अशोक का नाम इतिहास में युद्धों द्वारा विजयों की एक गौरवशाली पंक्ति-निर्माण करने के लिए उतना प्रसिद्ध नहीं है, जितना कि धार्मिक क्षेत्र में अपनी विजय-पताका फहराने के लिए प्रसिद्ध है। कलिंग युद्ध के पश्चात् उसने एक सरल, त्यागमय, आत्म-नियंत्रित एवं आत्म-संयमित जीवन व्यतीत करना आरंभ कर दिया। अशोक ने बुद्ध और ईसा मसीह के समान प्रेम बल एवं त्याग बल से धर्म-विजय प्राप्त की। उसने बड़े-बड़े धार्मिक उपदेशकों धर्म-प्रचारकों, साधु-महात्माओं और धर्मनिष्ठ व्यक्तियों की एक विशाल सेना बनाई, जिन्होंने सद्भावना, सद्व्यवहार, सद्वचन और सद्विचारों के हथियारों को सुसज्जित कर न केवल भारत, बल्कि सिंहल द्वीप, स्वर्णभूमि, चीन, जापान आदि देशों के साथ-साथ उत्तरी-पश्चिमी एशिया के यवन राज्यों पर अपने

धर्म का परचम फहराया। अशोक की धर्म पताका एशिया, यूरोप और अफ्रीका महाद्वीपों के ज्ञात भूभागों में लहराने लगी। अशोक की यह विजय स्थायी सिद्ध हुई। सदियों तक इन देशों में बौद्ध धर्म का वर्चस्व रहा, और आज भी है। अशोक के समान विश्व में कोई सम्राट् या नेता ऐसी विजय प्राप्त नहीं कर सका।

महान् निर्माता

अशोक बौद्ध धर्म को अपनाने के पश्चात् संन्यासी नहीं बन गया, बल्कि जनकल्याण के लिए उसने पुल आदि का निर्माण करवाया। अनुश्रुतियों के अनुसार कश्मीर, श्रीनगर, नेपाल में ललित पाटता नामक नगरों का निर्माण करवाया। महावंश के अनुसार, अशोक ने संपूर्ण भारत में 84,000 स्तूपों का निर्माण करवाया था। फाह्यान ने पाटलिपुत्र में अशोक के महल को देखकर कहा था, ''इसे कोई मानव हाथ इस संसार में नहीं बना सकता।'' अशोक ने गया जिले की बराबर की पहाड़ियों में आजीवकों के निवास के लिए गुफाओं का निर्माण करवाया। इनकी गुफाओं की छतें और दीवारें वज्रलेप के कारण शीशे के समान चमकती थीं। उसने अनेक स्तंभ बनवाए। इलाहाबाद, दिल्ली और सारनाथ के स्तंभ दर्शनीय हैं। ये चुनार के पत्थरों से बने हैं तथा नीचे से मोटे और ऊपर से पतले हैं। 40 से 50 फीट लंबे और लगभग 50 टन भारी ये स्तंभ शिखर पट्टिका पर घंटाकार हैं और बिल्कुल ऊपर सिंह, बैल अथवा घोड़े-हाथी की आकृतियाँ हैं, जो बिल्कुल सजीव दिखते हैं। अशोक के सभी स्तंभलेख कलात्मक हैं।

महान् आदर्शवादी

अशोक भारतीय इतिहास के वह सम्राट् हैं, जो अपने उच्च आदर्शों तथा सिद्धांतों के लिए अमर हो गए हैं। राजनीतिक क्षेत्र में उसने युद्धों के स्थान पर धर्म-विजय का मार्ग अपनाया, पड़ोसियों के साथ मैत्रीपूर्ण व्यवहार रखा। सामाजिक क्षेत्र में वह महान् लोकतंत्रवादी था। जनकल्याण को सदैव महत्व देने वाले इस सम्राट् की नीतियां स्वतंत्रता, समानता, बंधुत्व और सहनशीलता पर आधारित थीं।

अशोक की गणना विश्व की महानतम विभूतियों में की जाती है। रोमन सम्राट् कांस्टेंटाइन तथा अरिलियस, मुगल सम्राट् अकबर, खलीफा उमर, ईसाई धर्म प्रचारक सेंट जान पॉल से अशोक की तुलना की गई है। एक प्रसिद्ध इतिहासकार ने लिखा है कि ''इतिहास के पृष्ठ सहस्त्रों राजाओं और महाराजाओं के नामों से भरे पड़े हैं। उन सब में अशोक का नाम अकेला तारे की भांति चमकता है। वोल्गा से लेकर जापान तक अभी भी उसका नाम सम्मान से लिया जाता है। चीन, तिब्बत और भारत में उसकी महानता की परंपराएं चली आ रही हैं। कांस्टेंटाइन तथा सार्लमा का नाम जितने मनुष्यों ने सुना होगा, उससे कहीं अधिक जीवित स्त्री-पुरुष आज अशोक की स्मृति को हृदय में रखे हुए हैं।''

एच.सी. रालिसन के अनुसार, ''बहुधा अशोक की तुलना मार्कस अरिलियस, सेंट पॉल और कांसटेंटाइन से की जाती है, किंतु किसी भी ईसाई सम्राट् ने ईसा मसीह द्वारा पहाड़ पर दिए गए उपदेश को एक बड़े साम्राज्य का आधार नहीं बनाया और न ही किसी सम्राट् ने अपनी प्रजा के सामने यह घोषणा की ''सम्राट् को कोई मनुष्य हानि ही क्यों न पहुंचाए, किंतु उसका यह मत है कि उसको जहाँ तक हो सके, धैर्य के साथ सहन करना चाहिए।'' ईसा से 250 वर्ष पूर्व अशोक ने एक सफल युद्ध के परिणामों के पश्चात् भी नरसंहार को देखकर सदैव के लिए युद्ध त्याग दिया। न केवल मनुष्य बल्कि पशुओं पर होने वाले अत्याचार भी बंद करवा दिए। वास्तव में अशोक ने अफलातून (प्लेटो) के उस आदर्श को पूरा कर दिखाया, जिसमें 'शासक दार्शनिक और दार्शनिक शासक होना चाहिए।' अशोक एक ऐसे युगपुरुष थे, जिनके आदर्श विश्व की महत्वपूर्ण आध्यात्मिक पूंजी हैं। वास्तव में वह विश्व-शांति का सच्चा समर्थक और महान् अग्रदूत था। उक्त विद्वानों के विचारों पर ध्यानपूर्वक मनन करने के उपरांत हम इस निष्कर्ष पर पहुंचते हैं कि इतिहास में उसका स्थान बहुत ही उच्च है और वह संसार का महानतम सम्राट् था।

मौर्यकालीन कला एवं स्थापत्य

राज्य की समृद्धि तथा मौर्यों की कला के प्रति झुकाव के कारण मौर्य काल में कला का चहुंमुखी विकास हुआ। हालांकि उस समय तकनीकी का उन्नयन नहीं हुआ था, इसके बावजूद भी मौर्य काल की कला व स्थापत्य कला अपने समय से आगे थी। इस काल में कला दो रूपों में दिखाई देती है- राजकीय कला तथा लोक कला।

राजकीय कला: राजकीय कला के अंतर्गत मौर्य शासकों के प्रयास से सुंदर कला-कृतियाँ बनाई गई। इसका सबसे अच्छा उदाहरण चंद्रगुप्त मौर्य द्वारा पाटलिपुत्र के कुम्हरार में निर्मित राजप्रसाद है, जिसका विशद वर्णन **यूनानी लेखक एरियन** ने किया है, इसके अनुसार पाटलिपुत्र नगर की सुंदरता अद्वितीय थी। पाटलिपुत्र के कुम्हरार की खुदाई में राज प्रसाद के जो अवशेष प्राप्त हुए हैं, इससे राजप्रसाद की विशालता का पता चलता है। इसकी लंबाई करीब 140 फीट तथा चौड़ाई 120 फीट थी। संभवतः इसका फर्श और छत लकड़ी का बना हुआ था। खुदाई के दौरान करीब 40 पाषाण स्तंभ जमीन में धँसे हुए पाए गए है। भवन का स्तंभ बलुका पत्थर के बने हुए है और उन पर चमकदार पालिश की गई थी। **चीनी यात्री फाह्यिान** ने भी इस राज प्रसाद की प्रशंसा की है, वह कहता है "यह प्रसाद मानव की कृति नहीं है बल्कि देवताओं ने इसका निर्माण किया है।" फहियान ने अपने यात्रा वृतांत में बताता है कि राजप्रसाद के स्तंभ पत्थरों से बने हुए हैं और उन पर सुंदर उभरे हुई आकृतियाँ बनायी गई है। संभवतः अशोक के समय इस भवन का और विस्तार किया गया था। **हेव्नसांग** भी अशोक द्वारा बनाए गए भवनों की चर्चा करता है।

यूनानी राजदूत मेगस्थनीज के अनुसार पाटलिपुत्र नगर गंगा और सोन के संगम पर बसा था। नगर की लंबाई 9½ मील और चौड़ाई ½ मील थी। नगर की सुरक्षा के लिए चारों ओर लकड़ी की दीवार बनी हुई थी। इनमें जगह-जगह तीर चलाने के लिए छिद्र बनाए गए थे। चारदीवारी के बाहर चारों ओर 60 फीट गहरी तथा 600 फीट चौड़ी खाई बनाई गई थी। नगर में आने-जाने के लिए 64 प्रवेश द्वार बने हुए थे। दीवारों पर बुर्ज बनाई गई थी। जिनकी संख्या 570 थी। बुलंदीबाग एवं अन्य समीपवर्ती स्थानो के उत्खननों से चारदीवारी तथा स्तंभों के अवशेष प्राप्त हुए हैं। बुलंदीबाग में 150 फीट लंबी प्राचीर के अवशेष प्राप्त हुए हैं। प्राचीर का निर्माण लकड़ी के खंभों की दो पंक्तियों से हुआ था। खंभे 14½ फीट के अंतर पर लगाए गए थे। स्तम्भ जमीन के अंदर 5 फीट धँसे थे तथा सतह से ऊँचाई 12½ फीट थे।

अशोक के समय की कला का सर्वोत्कृष्ट नमूना उसके द्वारा बनाए गए एकाश्म स्तंभ हैं। ये सभी स्तंभ पत्थर के एक ही टुकड़े को काटकर बनाए गए है। इनकी संख्या 20 से अधिक बतायी गई है। इनके निर्माण में

चुनार का बलुआ पत्थर उपयोग में लाया गया था। इन स्तंभ की ऊँचाई करीब 40-50 फीट और वजन लगभग 50 टन तक है। इन्हें अशोक ने अपने शासनादेशों तथा धम्म के प्रचार के लिए देश के विभिन्न भागों में स्थापित किये थे। ये स्तंभ अनेक जगहों से प्राप्त हुए हैं, जैसे- रामपुरवा, लौरिया-अरेराज, लौरिया-नंदनगढ़, सारनाथ, कौशांबी इत्यादी। चुनार की खानों से पत्थरों को काटकर निकालना, शिल्पकला में इन एकाश्मक स्तंभों को काटकर तराशकर वर्तमान रूप देना, इन स्तंभों को देश के विभिन्न भागों में पहुँचाना, शिल्पकला तथा इंजीनियरी कौशल का अनोखा उदाहरण है। इनमें से प्रत्येक स्तंभ के मूलक: दो भाग है- स्थूल या स्तंभ यष्टि या गावदुम लाट तथा शीर्ष। स्तंभों का आधार मोटा तथा उपरी भाग क्रमशः पतला होता चला गया है। इन स्तंभो पर चमकदार पॉलिश की गई थी। शीर्ष पर घंटा की आकृति को भारतीय विद्वानों ने अवांगमुखी कमल कहा है। इसके ऊपर गोल अंड अथवा चौकी है। कुछ चौकियों पर चार पशु और चक्र अंकित है तथा कुछ पर हंस पंक्ति अंकित है। चौकी पर अश्व, बैल, हाथी तथा सिंह की अनुकृति आसीन है। जैसे- सारनाथ स्तंभ पर चार सिंह पीठ सटाए बैठे हैं। ये चार सिंह एक चक्र धारण किए हुए है। यह चक्र बुद्ध द्वारा धर्मचक्र प्रवर्तन का प्रतीक है। वहीं रामपुरवा में स्तंभशीर्ष पर एक बैल सुशेभित है, जो प्राचीन सिंधु घाटी से प्रवाहमान परंपरा के अनुकूल है, इसी प्रकार लौरिया-नंदनगढ़ स्तंभ के शीर्ष पर एक सिंह की ही अनुकृति है। इस प्रकार अशोक के स्तंभ अपनी सुंदरता, विशालता एवं पशुओं के जीवंत अनुकृति के लिए विश्व प्रसिद्ध है।

अशोक ने स्तूप निर्माण की कला को भी प्रोत्साहन दिया। हेवृनसांग के अनुसार अशोक ने बुद्ध के स्तूपों पर 84,000 स्तूपों का निर्माण करवाया। यद्यपि यह संख्या अतिशयोक्ति पूर्ण हो सकती है। साँची, भरहुत स्तूपों का निर्माण मूल रूप से अशोक ने ही आरंभ करवाया था। अशोककालीन स्तूपों के अवशेष हमें इन जगहों से प्राप्त हुए थे, जैसे- पिपहरवा, सारनाथ, तक्षशिला इत्यादि। अशोक ने भिक्षुओं के लिए विहार भी बनवाए।

कला के क्षेत्र में अशोक ने एक नई शैली का प्रारंभ किया, ठोस पहाड़ की चट्टानों को काटकर गुफाओं का निर्माण। गया के निकट बराबर की पहाड़ियों में ऐसी गुफाओं का निर्माण करवाया गया। जहाँ से अशोक के अभिलेख भी प्राप्त हुए हैं। अशोक ने अपने राज्याभिषेक के 12वें वर्ष में बराबर की पहाड़ियों की पहली गुफा सुदामा गुफा आजीवक भिक्षुओं को दान में दी। इस गुफा में दो प्रकोष्ठ है। बाहरी कक्ष 32.9 फीट लंबा तथा 19½ फीट चौड़ा है। इसके पीछे 19.11 × 19 फीट का कक्ष है। एक कक्ष गोल व्यास का है, जिसकी छत अर्धवृत है। प्रकोष्ठ का बाह्य मुखमंडप आयताकार और छत गोलाई लिए हुए है, छत तथा भित्ति पर शीशे जैसी चमकती पॉलिश भी है। अशोक के पुत्र दशरथ ने भी नागार्जुन की पहाड़ियों में तीन गुफाएँ बनाकर आजीवकों को दान में दी। इन गुफाओं के आधार पर ही कालांतर में महाराष्ट्र के भाजा, कन्हेरी और कार्ले में चैत्यगृहों का निर्माण हुआ।

लोक कला:-मौर्यकाल में राजकीय कला के अतिरिक्त स्वतंत्र रूप से लोक कलाओं का भी विकास हुआ। मौर्यकालीन लोक कला का ज्ञान उन महाकाय यक्ष-यक्षिणियों की मूर्तियों से प्राप्त होता है, जिनका निर्माण स्थानीय मूर्तिकारों ने किया था। मौर्यकालीन मूर्तियों ने पटना तथा मथुरा से प्राप्त यक्ष की मूर्तियाँ, दीदारगंज से प्राप्त चामर ग्रहणी यक्षी की मूर्ति, लोहानीपुर से प्राप्त नग्न तीर्थंकर की मूर्ति, बेसनगर से प्राप्त यक्षी की प्रतिमा इत्यादि है। ये मूर्तियाँ महाकाय हैं और मांसपेशियों की बलिष्ठता एवं दृढ़ता उनमें जीवंतता को व्यक्त करती है। दीदारगंज की यक्षी की प्रतिमा मौर्यकालीन में मिट्टी के सुंदर बर्तन, खिलौने इत्यादि का भी निर्माण किया गया। मिट्टी के बरतनों पर काली पॉलिश कर उन्हें चमकदार बनाया जाता था।

अशोक के उत्तराधिकारी

232 ई. पू. में अशोक की मृत्यु हो गई। उसके कई पुत्र थे, किंतु शिलालेखों में उसके केवल एक पुत्र तीवर का उल्लेख किया गया है। उसकी माता रानी कारुवाकी का भी एक शिलालेख मिलता है। लेकिन प्राचीन अनुश्रुतियों में अशोक के अन्य पुत्रों का भी उल्लेख मिला है। अभिलेखों में उसकी पुत्री संघमित्रा तथा पुत्र महेंद्र का उल्लेख मिलता है। कुणाल उसका सबसे बड़ा पुत्र था, जिसे रानी तिष्यरक्षिता की ईर्ष्या का शिकार होना पड़ा था। तिब्बती साहित्य में अशोक के एक पुत्र कुस्तन का भी उल्लेख मिलता है, जिसने खोतान में एक स्वतंत्र भारतीय उपनिवेश की स्थापना की थी। भिक्षु होकर महेंद्र लंका में बौद्ध धर्म के प्रचार हेतु गया था। कल्हण की 'राजतरंगिणी' में अशोक के एक पुत्र जालौक का भी उल्लेख मिलता है, जिसने पिता की मृत्यु के पश्चात् कश्मीर में स्वतंत्र राज्य की स्थापना की थी। 'साहित्यिक अनुश्रुति' में कुमार तीवर का उल्लेख नहीं मिलता, शायद वह अशोक के जीवन काल में ही परलोकवासी हो गया था।

राजा कुणाल

'वायु पुराण' से विदित होता है कि अशोक की मृत्यु के पश्चात् उसके पुत्र कुणाल को सिंहासन प्राप्त हुआ। इसके पुत्र का नाम सुपथ भी था। रानी तिष्यरक्षिता के कपट लेख पर आश्रित व अशोक की दंतमुद्रा से अंकित राजाज्ञा से उसे अंधा कर दिया गया था। अत: वह राज्य कार्य करने में असमर्थ था। अशोक के समय में ही कुणाल का पुत्र संप्रति युवराज के पद पर नियुक्त था। कुणाल के समय में उसने शासन कार्य की देखभाल की। इसी कारण कुछ ग्रंथों में अशोक के पश्चात् संप्रति को मौर्य-सम्राट् दर्शाया गया है।

कुणाल के शासनकाल में विशाल तथा शक्तिशाली मगध-साम्राज्य के टुकड़े-टुकड़े होने प्रारंभ हो गए थे। कश्मीर पाटलिपुत्र के प्रभुत्व से मुक्त हो गया था और वहाँ अशोक के पुत्र जालौक ने अपना पृथक् राज्य स्थापित कर लिया था। संभवत: अशोक के शासनकाल के अंतिम समय में यवनों ने मगध साम्राज्य पर आक्रमण करना प्रारंभ कर दिया था, जिनका मुकाबला करने के लिए अशोक ने जालौक को नियुक्त किया था। जालौक ने यद्यपि शक्तिशाली सेना के सहयोग से यवनों को परास्त कर दिया तथा इसी सेना से उसने पश्चिमोत्तर प्रदेश में पृथक् राज्य कायम किया, ऐसा 'राजतरंगिणी' से विदित होता है—

''क्योंकि देश में म्लेच्छ लोग छा गए थे, अत: उनके विनाश के लिए अशोक ने भूतेश को प्रसन्न कर एक पुत्ररत्न प्राप्त किया, जिसका नाम जालौक था। मलेच्छों ने जब सारी वसुधा को आक्रांत कर दिया तो जालौक ने उन्हें निकालकर वायुमण्डल को शुद्ध किया और उनके अन्य देशों को भी विजय किया।''

उपरोक्त विवरण से स्पष्ट हो जाता है कि अशोक के समय में ही म्लेच्छों व यवनों के बीच युद्ध शुरू हो गए थे और उनका मुकाबला करने के लिए जालौक को नियुक्त किया गया था। बाद में वह कश्मीर का स्वतंत्र शासक बन बैठा। 'राजतंरगिणी' के अनुसार कश्मीर में अशोक के पश्चात् जालौक ही शासक हुआ।

आंध्र भी कुणाल के समय में ही स्वतंत्र हो गया था। बिंदुसार ने इसे जीतकर अपने साम्राज्य में सम्मिलित किया था। मौर्य साम्राज्य में इसकी स्थिति अधीनस्थ राज्य की थी, किंतु अशोक का साम्राज्य से शक्तिशाली नियंत्रण हटते ही यह राज्य स्वतंत्र हो गया, जहाँ आगे चलकर नवीन वंश तथा साम्राज्य का उदय हुआ, जिसका संस्थापक सीमुक था, जो 230 ई. पू. के लगभग मौर्यों की अधीनता से स्वतंत्र हो गया था। इस तरह कुणाल का साम्राज्य 232 ई. पू. से 224 ई. पू. तक, अर्थात् मात्र आठ वर्षों तक रहा।

राजा दशरथ

कुणाल की मृत्यु के पश्चात् उसका पुत्र दशरथ गद्दी पर बैठा। 'वायु पुराण' के अनुसार कुणाल के उत्तराधिकारी का नाम बंधुपालित था। संभवतः यह दशरथ का ही उपनाम था। अनुश्रुतियों से ऐसा ज्ञात होता है कि इस काल में भी शासन की बागडोर संप्रति के हाथों में रही। संप्रति व दशरथ दोनों भाई थे। संप्रति योग्य युवराज होने के कारण अशोक, कुणाल तथा दशरथ, तीनों के समय में शासन-कार्य करता रहा। संभवतः इसीलिए दशरथ को 'बंधुपालित' जैसा विशेषण दिया गया है। चाहे जो भी हो, दशरथ धार्मिक प्रवृत्ति का था। उसने आजीविकों के लिए नागार्जुनी की पहाड़ियों में गुफा-विहार बनवाया। इस शासक के काल में भी मगध साम्राज्य निरंतर विनाश की ओर अग्रसर होता गया। कलिंग इसके काल में स्वतंत्र हो गया। खारवेल के हाथी गुम्फा शिलालेख से विदित होता है कि वह, पुष्यमित्र शुंग का समकालीन था और उसके पूर्व कलिंग में दो स्वतंत्र शासक हो चुके थे। अतः यह अनुमान उचित है कि कलिंग 223 ई. पू. में मौर्य साम्राज्य से स्वतंत्र हुआ था।

संप्रति

दशरथ का कोई पुत्र नहीं था, इसलिए उसका भाई संप्रति सिंहासन पर बैठा। वास्तव में संप्रति अशोक के समय से ही प्रभावशाली था। कहा जाता है कि उसने अशोक को राजकोष से बौद्ध संघ को दान देने का निषेध कर दिया था। कुणाल तथा दशरथ के समय में भी शासन की वास्तविक शक्ति उसी के हाथों में रही, इसीलिए अनेक प्राचीन ग्रंथों तथा अनुश्रुतियों में उसे अशोक का उत्तराधिकारी लिखा गया है। वास्तव में बौद्ध साहित्य में जो स्थान अशोक का है, जैन साहित्य में वही स्थान संप्रति का है। जैन अनुश्रुति के अनुसार वह जैन धर्म अनुयायी था। संप्रति ने सम्राट् अशोक के समान जैन धर्म के प्रचार-प्रसार में योगदान दिया। उसने अनेक साधुओं को अनार्य प्रदेशों में जैन धर्म के प्रसार हेतु भेजा। निर्धनों के लिए मुफ्त भोजनशालाएं खुलवाईं। विधवाओं को अनेक प्रकार से आर्थिक सहयोग प्रदान किया। उज्जयिनी और पाटलिपुत्र इसकी दो प्रमुख राजधानियां थीं। अनेक विद्वान् उसे चंद्रगुप्त के समकक्ष मानते थे। संप्रति की मृत्यु 207 ई.पू. हुई में थी।

शालिशुक

संप्रति की मृत्यु के पश्चात् 207 ई. पू. में पाटलिपुत्र के सम्राट् शालिशुक बने। अपने बड़े भाई को मारकर यह गद्दी पर बैठा था। 'गार्गी संहिता' के अनुसार, यह 'दुष्टात्मा' प्रियविग्रह, अपने राष्ट्र का घोर मर्दन करनेवाला, धर्मवादी किंतु अधार्मिक था। कश्मीर के राजा जालौक ने मगध पर इसी के काल में आक्रमण किया था। सिंध के पश्चिमोत्तर प्रदेश पर संप्रति के लड़के वृषसेन ने अपना स्वतंत्र राज्य स्थापित किया। इसी समय यूनानी राजा एंटियोकस III ने भारत पर आक्रमण कर दिया। लेकिन सुभगसेन से संधि करके सीमा से लौट गया।

देववर्मा, शतधन्वा और वृहद्रथ

राजा देववर्मा शालिशुक के पश्चात् पाटलिपुत्र का राजा बना। उसने 206 ई. पू. से 199 ई. पू. तक राज्य किया। बैक्ट्रिया के राजा डेमेट्रियस ने 200 ई.पू. में भारत पर आक्रमण किया। इस काल में ही भारत के पश्चिमोत्तर हिस्से पर यवनों ने अधिकार स्थापित कर लिया था। दूसरी ओर विदर्भ देश भी मगध साम्राज्य से स्वतंत्र हो गया। अनेक प्राचीन गणराज्य भी इस काल में स्वतंत्र हो गए।

शतधन्वा के पश्चात् 191 ई. पू. में वृहद्रथ मगध का राजा बना। वह शतधन्वा का भाई था। वृहद्रथ मौर्य वंश का अंतिम सम्राट् था। सेना के सहयोग से पुष्यमित्र ने वृहद्रथ की हत्या करके पाटलिपुत्र में अपना शासन स्थापित किया। अंततः महाशक्तिशाली मौर्य साम्राज्य 184 ई. पू. में विलीन हो गया।

मौर्यों की विदेश नीति

मौर्यों की विदेश नीति साम्राज्यवादी हितों से परिचालित थी। साम्राज्य का विस्तार, साम्राज्य की सुरक्षा और राजकोष को समृद्ध बनाने के लिए मौर्यों ने विदेश नीति अपनायी। इसी नीति को विभिन्न चरणों के माध्यम से क्रियान्वित किया गया।

युद्ध एवं विजय की नीतिः- इसके तहत चंद्रगुप्त मौर्य ने सेल्यूकस के विरुद्ध अभियान कर मौर्य साम्राज्य की सीमा ईरान एवं अफगनिस्तान तक पहुँचा दिया। फलतः साम्राज्य को प्राकृतिक सुरक्षा और सीमा प्राप्त हुई तथा व्यापारिक मार्ग भी मिले। इन क्षेत्रों से मौयों का उत्तम नस्ल के घोड़े और सैनिकों की प्राप्ति हुई। फलतः सैन्य संगठन में वृद्धि हुई।

अशोक ने इसी नीति का पालन करते हुए कलिंग पर आक्रमण कर मौर्य साम्राज्य के नियंत्रण में लाया। इस विजय के साथ मौर्यों का पूर्वी तट के व्यापार पर पूर्ण नियंत्रण कायम हुआ। साथ ही दक्षिणापथ के व्यापारिक लाभ को भी सुरक्षित किया। इतना ही नहीं दक्षिण-पूर्व एशिया से व्यापारिक संबंधों पर भी पर्याप्त नियंत्रण स्थापित किया।

कूटनीति एवं मैत्री पूर्ण संबंधों की नीतिः- चंद्रगुप्त मौर्य ने यूनानियों से मैत्रीपूर्ण संबंध स्थापित करके यूनानी दूत मेगस्थनीज को अपने दरबार में शरण दी। अशोक के समय केवल यूनान से ही नहीं बल्कि अन्य विदेशी शक्तियों के साथ भी द्विपक्षीय संबंध कायम हुए। अशोक ने मिस्र, सीरिया, श्रीलंका आदि राज्यों के यहाँ धम्म दूत भेजे।

मौर्यों की विदेश नीति में युद्ध और विजय के साथ-साथ कूटनीतिक संबंध भी शामिल थे। अशोक के समय वैदेशिक संबंधों में धम्म विजय की नीति महत्वपूर्ण हो गयी। शांति और सौहार्द एवं सहअस्तित्व विदेश नीति का अंग बन गया।

मौर्य साम्राज्य के पतन के कारण

चंद्रगुप्त और अशोक जैसे महान् सम्राटों द्वारा स्थापित यह साम्राज्य पुष्यमित्र द्वारा बालू के ढेर के समान गिरा दिया गया। 233-232 ई.पू. में अशोक की मृत्यु के पश्चात् लगभग 50 वर्षों के भीतर ही मौर्य साम्राज्य का विघटन हो गया। अनेक विद्वान् इस पतन का उत्तरदायी सम्राट् अशोक को ही मानते हैं।

महामहोपध्याय हरप्रसाद शास्त्री के मतानुसार, अशोक की नीतियों के चलते एवं ब्राह्मण प्रतिक्रिया के कारण मौर्य साम्राज्य पतनोन्मुख हो गया। अशोक ने पशुबलि पर प्रतिबंध लगा दिया, धर्म महामात्रों की नियुक्ति की, जिन्होंने ब्राह्मणों का विरोध और दमन किया। शूद्र शासकों (मौर्यों) द्वारा ब्राह्मणों के विशेषाधिकार समाप्त कर दिए जाने के कारण पुष्यमित्र (ब्राह्मण) ने ही अंतिम मौर्य सम्राट् वृहद्रथ की हत्या कर अपना साम्राज्य स्थापित किया। **डॉ. हेमचंद्र राय चौधरी** भी अशोक को मौर्य साम्राज्य का विनाशक मानते हैं। **प्रो. योगेंद्र मिश्र** ने अपनी पुस्तक 'अशोक' में लिखा है कि ''मौर्य साम्राज्य का पतन अशोक की ब्राह्मण नीति से विक्षुब्ध ब्राह्मणों का षड्यंत्र नहीं हो सकता, न ही कलिंग युद्ध के परिणाम साम्राज्य के लिए विनाशकारी थे, बल्कि धम्मविजय मूर्खता न होकर बुद्धिमानी का कार्य था। इसके बावजूद हिंसा न तो पूर्णरूप से बंद कर दी गई और न ही सेना भंग कर दी गई। अत: अशोक को मौर्य साम्राज्य के पतन का आरोपी नहीं मानना चाहिए।

अशोक पर आरोप है कि उसने चीन के शासक शी-हवांग टी के समान 'चीन की दीवार' नहीं बनाई, परिणामत: बर्बर जातियों ने चीन को छोड़कर भारत में आतंक फैलाया। लेकिन यह सत्य नहीं है। अशोक के काल में भारत पर ऐसा कोई आक्रमण नहीं हुआ था।

मौर्य साम्राज्य के पतन के अन्य अनेक कारण थे, जैसे कि—

साम्राज्य की विशालता

चंद्रगुप्त मौर्य और अशोक ने एक विशाल साम्राज्य स्थापित किया। अशोक के समय में यह चरमोत्कर्ष पर था। भारत की राजनीतिक एकता की नींव रखी चंद्रगुप्त मौर्य ने और उसे मजबूत बनाया अशोक ने। लेकिन अशोक की मृत्यु के पश्चात् उसके उत्तराधिकारी उसकी नीतियों को सुदृढ़ नहीं रख पाए और अंतत: पुष्यमित्र के सामने घुटने टेक दिए।

अशोक के उत्तराधिकारी

अशोक की मृत्यु के 50 वर्षों के बाद ही मौर्य साम्राज्य का विघटन हो गया था। अनेक राजा आए और चले गए। मौर्य साम्राज्य का भार कोई भी नहीं उठा सका। अशोक की मृत्यु के पश्चात् उसके पुत्र जालौक ने कश्मीर में अपना स्वतंत्र शासन स्थापित कर लिया। वीरसेन ने गांधार पर अधिकार स्थापित कर लिया। इस तरह से साम्राज्य का पतन होता गया। मौर्य साम्राज्य पर पुष्यमित्र का अधिकार हो गया। कलिंग के राजा ने भी स्वयं को स्वतंत्र घोषित कर दिया।

प्रांतपतियों का अत्याचार

मौर्य साम्राज्य में प्रांतों का अधिकार वहाँ के गवर्नरों के पास था, लेकिन अकसर ये गवर्नर प्रजा के प्रति कठोर हो जाते थे। बिंदुसार के समय तक्षशिला के लोगों ने वहाँ के शासक के अन्यायपूर्ण व्यवहार के विरुद्ध विद्रोह कर दिया और उसके गवर्नर को दुष्ट कहकर पुकारा। अशोक के काल में भी तक्षशिला में विद्रोह हुआ, लेकिन अशोक ने अपने पुत्र कुणाल को इस विद्रोह को दबाने के लिए भेजा। जनता ने उसे वहाँ के अन्यायी शासक को हटाने के लिए कहा। कलिंग में पाए गए अशोक के एक शिलालेख में इन अधिकारियों के प्रति अप्रसन्नता प्रकट की गई है।

यातायात के साधनों का अभाव

मौर्य साम्राज्य पूर्व से लेकर पश्चिम तक और उत्तर से लेकर दक्षिण तक फैला हुआ था। जिस पर नियंत्रण रखना कठिन कार्य था। आवागमन के साधनों के अभाव में इन सुदूर क्षेत्रों तक पहुँच पाना दुष्कर था। अत: शासन व्यवस्था शिथिल होने लगी। प्रांतीय शासक और अधिकारी स्वार्थी एवं स्वच्छंद हो गए थे। मौका देखते ही वे स्वतंत्रता की घोषणा कर देते थे। इस प्रकार मौर्य साम्राज्य अशोक के देहावसान के बाद कुछ वर्षों में विघटित हो गया। इसके प्रमुख तीन कारण थे—अकेंद्री भाव की बलवती प्रवृत्तियां, जनपदों व गणराज्यों में अपनी पृथक् अनुभूति और धर्म-विजय की नीति का दुरूपयोग।

महत्वपूर्ण बिंदु

* चंद्रगुप्त मौर्य ने चाणक्य की सहायता से नंदशासक घनानंद का वध करके मौर्य साम्राज्य की स्थापना की थी।
* चंद्रगुप्त मौर्य ने कश्मीर के राजा पर्वतक की सहायता से नंद वंश का विनाश किया।
* 'चंद्रगुप्त' के प्रशासन का प्राचीन अभिलेखीय साक्ष्य रूद्रदामन के जूनागढ़ अभिलेख से मिलता है।
* सेल्यूकस का राजदूत मेगस्थनीज चंद्रगुप्त के दरबार में आया, जिसने 'इंडिका' नामक पुस्तक लिखी।
* मेगस्थनीज ने पाटलिपुत्र को 'पालिब्रोथा' कहा है।
* चंद्रगुप्त मौर्य का पुत्र बिंदुसार 298 ई. पू. में मगध की राजगद्दी पर बैठा।
* बिंदुसार आजीवक संप्रदाय का अनुयायी था।
* अशोक 269 ई. पू. में मगध की राजगद्दी पर बैठा।
* अशोक की माता का नाम सुभद्रांगी था।
* राजगद्दी पर बैठने के समय अशोक अवंति का राज्यपाल था।
* अशोक ने बौद्ध धर्म के प्रचार के लिए अपने पुत्र महेन्द्र एवं पुत्री संघमित्रा को श्रीलंका भेजा।
* चारूमती और संघमित्रा अशोक की दो पुत्रियाँ थी।
* अशोक ने अपने अभिषेक के आठवें वर्ष लगभग 261 ई. पू. में कलिंग पर आक्रमण किया।
* अशोक के शिलालेख की खोज 1750 में टीफेन्थेलर ने की थी। इनकी संख्या 14 है।
* अशोक के अभिलेखों को 1837 ई. में जेम्स प्रिंसेप ने सर्वप्रथम पढ़ा।
* टोपरा और मेरठ के स्तम्भों को फिरोजशाह तुगलक ने दिल्ली मगवाया।
* कौशाम्बी स्तम्भ को अकबर इलाहाबाद लाया था, जिसपर अशोक ने स्तंभलेख उत्कीर्ण करवाये थे।
* मौर्य साम्राज्य का अंतिम शासक वृहद्रथ था।
* उपगुप्त नामक बौद्ध भिक्षु ने अशोक को बौद्ध धर्म की दीक्षा दी थी।
* अशोक ने भाब्रू शिलालेख में स्वयं को पियदसिम राजा मगधे कहा है।
* अशोक ने आजीवकों के रहने हेतु बराबर की पहाड़ियों में चार गुफाओं का निर्माण करवाया था।
* अशोक के पौत्र दशरथ ने आजीवकों को नागार्जुन गुफा प्रदान की थी।
* अशोक का सबसे छोटा स्तंभ लेख रूम्मिन्देई है।
* राज्य की आय का मुख्य स्त्रोत भूमिकर या जो उपज का 1/6 भाग होता था।
* सरकारी भूमि को 'सीता भूमि' कहा जाता था।
* बिना वर्षा के अच्छी खेती होने वाली भूमि को 'अदेवमातृक' कहा जाता था।

❑❑❑

अध्याय

7

कुषाण वंश

[कनिष्क–राज्य विस्तार, धार्मिक नीति, कुषाण काल में कला एवं साहित्य]

परिचय

भारत में मौर्य साम्राज्य के पतन के पश्चात् शुंग और कण्व वंश का साम्राज्य स्थापित हुआ। सातवाहनों के विघटन के बाद कुषाण वंश का आधिपत्य स्थापित हुआ। कुषाण विदेशी थे। इनके मूल और प्राचीन इतिहास का विवरण चीनी ग्रंथों में मिलता है। इसके अनुसार, कुषाण यू-ची जाति की शाखा के थे। यू-ची खानाबदोश थे एवं आधुनिक चीन के सीमांत प्रदेशों में रहते थे। द्वितीय शताब्दी ई.पू. के मध्य वे पड़ोसी बर्बर जाति हूणों के साथ संघर्ष में लिप्त हो गए थे। यू-ची नरेश परास्त हो गए और शत्रु के हाथों मारे गए। यू-ची लोगों को अपना निवास स्थान छोड़कर दूसरे प्रदेशों में जाना पड़ा और वे आधुनिक कुचला, तिब्बत की सीमा, सरदरिया आदि स्थानों में बस गए। शक जाति को परास्त कर उनके चरागाहों पर उन्होंने अपना अधिकार स्थापित कर लिया। यू-ची की पाँच शाखाएं बन गई थीं। इनमें से एक शाखा कुर्हशांग अथवा कुषाण थी। कालांतर में कुषाणों के सरदार ने अन्य चारों शाखाओं पर विजय प्राप्त कर ली। यू-ची अब 'कुषाण' कहलाने लगे।

उनका पहला राजा कुजुल कडफिसस प्रथम था। वह कुषाण वंश का प्रथम शासक था। वह अति महत्वाकांक्षी और शक्तिशाली राजा था। उसके साम्राज्य में बैक्ट्रिया, संपूर्ण वर्तमान अफगानिस्तान, ईरान का पूर्वी छोर तथा भारत के उत्तरी-पश्चिमी सीमा प्रांत के परवर्ती प्रदेश सम्मिलित थे। इनमें कोई संदेह नहीं कि कुजुल कदफिसीस का जीवन सैन्य संघर्षों और उन पर विजय प्राप्त करने के सफल प्रयत्नों का जीवन था।

कडफिसस द्वितीय 'विमा कडफिसस' भी कहलाता है। वह कडफिसस प्रथम का पुत्र था और अपने पिता की ही भांति योग्य, महत्त्वाकांक्षी एवं उत्साही था। उसने भारत के आंतरिक भागों में साम्राज्य विस्तार की नीति को कायम रखा। चीनी लेखकों ने उसे '**भारत का विजेता**' लिखा है। यह उसके सिक्कों के अध्ययन से विदित होता है कि उसने हिन्दू धर्म स्वीकार कर लिया था। उसके सिक्कों पर 'माहेश्वर' लिखा मिलता है और उन पर एक ओर शिव और नंदी की आकृति खुदी है, जिससे उसका शैव होना प्रमाणित होता है।

कनिष्क

राज्यारोहण तथा तिथि—विम कडफिसस के बाद साधारणतया कनिष्क का राजा होना इतिहासकार मानते हैं, परंतु वास्तव में कुषाण वंश का तिथिक्रम भारतीय इतिहास का सबसे उलझा हुआ प्रश्न है। वैसे तो भारतीय इतिहास में कई स्थलों पर तिथियों को लेकर वाद-विवाद हो जाता है, लेकिन कुषाण काल के लिए यह झगड़ा कई कारणों से उलझ गया है। अन्य स्थलों में झगड़ा यदि है, तो प्रायः तिथियों के आगे-पीछे होने का है, परंतु कुषाण कुल के संबंध में इस झगड़े के अतिरिक्त राजाओं के वंशानुगतक्रम में भी शंकाएं की जाती हैं। **डॉ. फ्लीट** के मतानुसार कनिष्क का शासनकाल कडफिसस राजाओं से पहले था और कनिष्क ने नए संवत् का आरंभ किया था। **इतिहासकार केनेडी, कनिंघम** तथा **डाउसन** आदि ने यह दावा किया है। इसके अतिरिक्त ह्वेनसांग के अनुसार गांधार में कनिष्क का शासन न होकर **यिन-मो-फू** का शासन था। **डॉ. टॉमस** के अन्वेषण द्वारा तक्षशिला स्तूप से जो सिक्के निकाले गए हैं, उनमें कनिष्क के सिक्के कडफिसस के सिक्कों से ऊपर मिले हैं। इस प्रकार डॉ. फ्लीट के मत का खंडन हो जाता है।

डॉ. स्मिथ, सर जॉन मार्शल तथा **स्टोल** का विचार है कि कनिष्क का शासन 125 ई. से आरंभ होकर ईसा की दूसरी शताब्दी के उत्तरार्द्ध तक चलता है। परंतु जूनागढ़ तथा बिहार के अभिलेखों द्वारा इस मत का खंडन हो जाता है। रुद्रदामन के जूनागढ़ अभिलेख से यह सिद्ध होता है कि इस प्रदेश पर एकमात्र उसका राज्य था। इस प्रकार एक स्वतंत्र प्रदेश पर एक ही समय में दो शासकों का नियंत्रण होने की बात तर्गसंगत नहीं प्रतीत होती।

प्रो. रैप्सन, टॉमस, फर्गूसन तथा **बनर्जी** आदि विद्वानों के अनुसार कनिष्क शक संवत् का प्रवर्तक था, जिसका प्रारंभ 78 ई. से होता है। **प्रो. जीवो रुबरुयल** ने इस मत के खंडन में अनेक तर्क दिए हैं, जो अमान्य हैं। चीनी इतिहासकारों के कथनानुसार स्पष्ट हो जाता है कि 'शक' संवत् का प्रवर्तक कनिष्क ही था। इस प्रकार कनिष्क का शासनकाल 78 तथा 125 ई. के बीच में होना अधिक उचित प्रतीत होता है।

कनिष्क की राजधानी

जिस समय कनिष्क सिंहासन पर बैठा, उस समय कुषाण साम्राज्य मध्य एशिया, अफगानिस्तान तथा पश्चिमोत्तर भारत में फैला हुआ था, इसलिए सामरिक आवश्यकताओं को ध्यान में रखते हुए उसने पुरुषपुर (पेशावर) को अपनी राजधानी बनाया था। यह स्थान उसके साम्राज्य के मध्य में स्थित था और वहाँ से मध्य एशिया, अफगानिस्तान और भारतीय प्रांतों पर सरलता से नियंत्रण रखा जा सकता था।

प्राचीन भारतीय साम्राज्यवादी राजाओं में कनिष्क को एक विशिष्ट स्थान प्राप्त है। वह बड़ा ही महत्त्वाकांक्षी और वीर राजा था और विजय प्राप्त करने की कामना से ओत-प्रोत था। उसने भारत के भीतर ही नहीं, वरन् बाहर भी आक्रमण करके अनेक विजय हासिल कीं। उसने उत्तरी सिंध और कश्मीर पर विजय प्राप्त की तथा वहाँ कुछ नए नगर बसाए। उसने उत्तर प्रदेश और बिहार पर भी आधिपत्य जमाया और स्वयं अपनी सेना सहित पाटलिपुत्र पहुंचा। यहीं उसकी बौद्ध दार्शनिक अश्वघोष से मुलाकात हुई। कनिष्क उसके उपदेशों से इतना प्रभावित हुआ कि वह उसे अपने साथ अपनी राजधानी ले गया। इस

प्रकार लगभग संपूर्ण उत्तरी भारत उसके साम्राज्य में सम्मिलित हो गया। उसके साम्राज्य की दक्षिणी सीमा नर्मदा नदी के तट तक जा लगी थी। उसकी मुद्राओं के मिलने के स्थानों तथा अभिलेखों से प्रतीत होता है कि सिंध, पंजाब, कश्मीर, उत्तर प्रदेश और बिहार आदि उसके विशाल साम्राज्य में सम्मिलित थे।

भारत के बाहर भी कनिष्क ने अपने साम्राज्य का विस्तार करने के उद्देश्य से कई सैनिक अभियान किए और विशाल भू-भागों को अपने विस्तृत साम्राज्य में मिलाया। चीनी स्रोत के अनुसार, कुषाण सम्राट् (विमा कडफिसस द्वितीय अथवा कनिष्क) चीन की राजकुमारी से विवाह करना चाहता था। उसने चीन सम्राट् के पास अपने राजदूत के द्वारा संदेश भिजवाया। चीन सम्राट् ने उसकी प्रार्थना अस्वीकृत करते हुए राजदूत को वापस लौटा दिया। इस पर कुषाण सम्राट् ने चीन पर आक्रमण कर दिया। चीनी सेनापति ने अपना अपूर्व युद्ध कौशल प्रकट करते हुए उसे संधि पर हस्ताक्षर करने के लिए विवश किया। प्राचीन ग्रंथों में इस बात का स्पष्ट उल्लेख नहीं मिला कि वह कुषाण सम्राट् विमा कडफिसस द्वितीय था अथवा कनिष्क। संधि के फलस्वरूप कनिष्क ने चीन सम्राट् को वार्षिक कर देना स्वीकार किया। इसके विपरीत कुछ इतिहासकार यह मत व्यक्त करते हैं कि कनिष्क ने चीनी सेनाओं को पराजित करके चीनी सम्राट् को संधि करने के लिए विवश किया था और दो चीनी राजकुमारों को अपने दरबार में बंधक रखा था।

इस प्रकार, उसके विशाल साम्राज्य में भारत से बाहर अफगानिस्तान, ब्लूचिस्तान, गांधार, बैक्ट्रिया, ताशकंद, खोतान, हेरात, गजनी और सिस्तान आदि अनेक प्रांत सम्मिलित थे। इतने विशाल साम्राज्य के सभी दूरस्थ प्रांतों पर वह भली-भांति नियंत्रण रख सकता था। पामीर पठार और हिंदुकुश पर्वत के उस पार तक अपने साम्राज्य का प्रसार करने का श्रेय कनिष्क को ही प्राप्त है। इस प्रकार यदि हम कनिष्क की साम्राज्य सीमाओं पर विचार करें, तो हमें स्वीकार करना पड़ता है कि वह एक बहुत बड़े भू-भाग का स्वामी था। अपने समय के सबसे प्रभावशाली शासकों में वह अवश्य रहा होगा।

कनिष्क का धर्म

कनिष्क चंद्रगुप्त मौर्य की तरह साम्राज्यवादी था और अशोक तथा हर्ष की तरह एक धर्म प्रचारक भी। वह भारतीय इतिहास में विजेता की अपेक्षा बौद्ध धर्म का अनुयायी होने के कारण ही विशेष रूप से प्रसिद्ध है। कनिष्क किस धर्म को मानने वाला था, यह हमें उसकी मुद्राओं से मालूम होता है। इसकी प्रथम कोटि की वे मुद्राएं हैं, जिन पर यूनानी देवता सूर्य तथा चंद्रमा के चित्र मिलते हैं। दूसरी कोटि की मुद्राएं वे हैं, जिन पर ईरानी-देवता अग्नि के चित्र मिलते हैं और उसकी तीसरी कोटि की वे मुद्राएं हैं, जिन पर गौतम बुद्ध के चित्र मिलते हैं। इस आधार पर कुछ विद्वानों ने यह निष्कर्ष निकाला है कि कनिष्क पहले यूनानी धर्म को मानता था, उसके बाद उसने ईरानी-धर्म स्वीकार कर लिया और अंत में वह बौद्ध हो गया। लेकिन कुछ विद्वानों ने इस तथ्य से यह निष्कर्ष निकाला है कि कनिष्क में उच्च कोटि की धार्मिक सहिष्णुता थी और वह सभी धर्मों को आदर की दृष्टि से देखता था। इसी कारण अपनी मुद्राओं में उसने यूनानी, ईरानी तथा भारतीय तीनों के देवताओं को स्थान देकर उन्हें सम्मानित किया।

प्रारंभ में कनिष्क चाहे जिस धर्म को मानता रहा हो, परंतु मगध विजय के उपरांत वह निश्चित रूप से बौद्ध हो गया। बौद्ध अनुश्रुतियों के अनुसार, अशोक की भांति कनिष्क भी बौद्ध धर्म स्वीकार करने के पूर्व बड़ा ही कठोर तथा निर्दयी था। लेकिन जब उसने बौद्ध धर्म स्वीकार कर लिया, तो वह उदार और दयालु बन गया। पर, अशोक और कनिष्क में एक महान् अंतर था। बौद्ध धर्म मान लेने के बाद अशोक ने युद्ध करना बंद कर दिया था, परंतु, कनिष्क बौद्ध धर्म स्वीकार करने के उपरांत भी युद्ध करता रहा। फिर भी इन दोनों सम्राटों में उच्चकोटि की धार्मिक सहिष्णुता थी। यद्यपि इन दोनों सम्राटों ने बौद्ध धर्म को अपना आश्रय दिया था, परंतु अन्य धर्मों के साथ उन्होंने किसी प्रकार का अत्याचार नहीं किया, वरन् उन्हें भी आदर की दृष्टि से देखा और उनकी सहायता की। उसके विशाल साम्राज्य में विभिन्न धर्मों के अनुयायी निवास करते थे, जिनमें सबके साथ उसने धार्मिक निष्पक्षता तथा सहिष्णुता का व्यवहार किया। उसके सिक्कों से उसकी धर्म संबंधी धारणा का परिचय हमें स्पष्ट हो जाता है। उसके सिक्कों पर यूनानी, ईरानी और हिंदू देवताओं के चित्र मिलते हैं। इन देवताओं के नाम इस प्रकार हैं—हेराक्लीज, सेरापिज, सूर्य, चंद्र, शिव और अग्नि आदि। उसकी राजसभा में सभी धर्मों के अनुयायी रहते थे।

अशोक की भांति कनिष्क ने भी बौद्ध धर्म के प्रचार के लिए प्रयत्न किए। अशोक के मरने के बाद बौद्ध धर्म के विरुद्ध प्रतिक्रिया होने लगी थी और मौर्य साम्राज्य के अवशेष पर ब्राह्मण वंश का उदय होने लगा था। ऐसा लगता था कि बौद्ध धर्म निर्मूल हो जाएगा, किंतु कनिष्क के प्रयत्न से उसमें नवजीवन का संचार हो गया। उसने कई विहारों एवं स्तूपों का निर्माण कराया। पुराने मठों की मरम्मत कराई। बौद्ध-संस्थाओं को दान दिया। उसने बौद्ध धर्म के संबंध में विचार-विमर्श करने के लिए चौथी संगीति भी बुलाई थी।

चतुर्थ बौद्ध संगीति

कनिष्क के समय तक बौद्ध धर्म में अनेक वांछित और अनेक अवांछित तत्त्व समाहित हो गए थे। इसकी बहुत सी शाखाएं और उपशाखाएं फूट निकली थीं। अत: बौद्ध धर्म में अनेक विकार आ गए थे। इसलिए बौद्ध धर्म की त्रुटियों तथा दोषों को दूर करने, मतभेदों को मिटाने तथा बौद्ध ग्रंथों में संशोधन करके उसे समयानुकूल बनाने के लिए कनिष्क ने कश्मीर के कुंडलवन में चतुर्थ बौद्ध संगीति का आयोजन किया। कनिष्क को इसकी आज्ञा उनके गुरु पार्श्व ने दी थी। इस सभा में बौद्ध धर्म के त्रिपिटक पर प्रामाणिक भाष्य रचा गया, जिन्हें कनिष्क ने ताम्रपत्रों पर खुदवाया और पत्थर के संदूक में रखकर उस पर स्तूप बनवाया। इस सभा में बौद्ध धर्म की त्रुटियों को दूर करने का प्रयत्न भी किया गया। इस महासभा में संस्कृत भाषा का प्रयोग किया गया, प्राकृत भाषा का प्रयोग नहीं किया गया। हालांकि पुराने संप्रदायों और दलों के मतभेद कम तो हुए, लेकिन महायान संप्रदाय का विकास भी तीव्रता से होने लगा।

कनिष्क का शासन प्रबंध

कनिष्क के शासन प्रबंध के विषय में विस्तार से जानकारी नहीं मिलती। लेकिन इतना ज्ञात है कि कनिष्क ने अपने साम्राज्य को प्रांतों में बांट रखा था। इन प्रांतों के प्रशासन के लिए क्षत्रपों को नियुक्त किया गया था। ये क्षत्रप कनिष्क के सरदारों में से थे।

कनिष्क का कला तथा साहित्य प्रेम

कनिष्क के शासनकाल में कला एवं साहित्य का भी विकास हुआ। कनिष्क के समय धर्म-निरपेक्ष और धर्म-सापेक्ष संस्कृत साहित्य की उच्चकोटि की रचनाओं का निर्माण हुआ। प्रसिद्ध रचनाएं '**बुद्धचरित**' तथा '**सूत्रालंकार**' इसी

काल में रची गईं। 'बुद्धचरित' में महात्मा बौद्ध की कथा का वर्णन संस्कृत के पदों में किया गया है। यह बुद्ध धर्म का महाकाव्य माना जाता है। इसके रचयिता अश्वघोष थे। उसके काव्य ग्रंथ 'सौदंरानंद' में बुद्ध के चचेरे भाई नंद के बुद्ध धर्म में दीक्षित होने का वर्णन है। उन्होंने नौ अंकों का प्रसिद्ध नाटक 'सारिपुत्र प्रकरण' संस्कृत नाट्यशास्त्र की परंपराओं के अनुकूल लिखा था। इसके नौ अंक हैं। उसके काल में प्रसिद्ध विद्वान् नागार्जुन भी हुए हैं। वह महायान मत का निपुण पंडित तथा शून्यवाद का प्रकांड विद्वान् तथा दार्शनिक था। उसके शून्यवाद ने शंकराचार्य के मायावाद को प्रभावित किया। वह एक वैज्ञानिक दृष्टिकोण भी रखते थे। उसने अपने ग्रंथ 'माध्यमिक सूत्र' में 'सृष्टि सिद्धांत' (Theory of Relativity) का प्रतिपादन किया। उसे 'भारतीय आइंस्टाइन' भी कहा गया है।

वसुमित्र भी कनिष्क के साम्राज्य के प्रभावशाली विद्वान्, दार्शनिक, धर्माचार्य एवं वक्ता थे। यह प्रसिद्ध विद्वान् ही चतुर्थ बौद्ध सभा के अध्यक्ष थे। उन्होंने बौद्ध धर्म के त्रिपिटक पर 'महाविभाषासूत्र' नामक टीका लिखी, जिसे बौद्ध धर्म का शब्दकोश माना जाता है। अन्य विद्वानों में पार्श्व व चरक थे। **चरक ने 'चरक संहिता' ग्रंथ की रचना की थी।** यह भारतीय आयुर्वेद की बहुमूल्य संपदा है। एक प्रसिद्ध राजनीतिज्ञ मंथर भी कनिष्क के दरबार में था। यूनानी अजेसिलास कनिष्क का प्रमुख इंजीनियर था। यह निश्चित है कि कनिष्क के युग में अनेक विश्व प्रसिद्ध धर्म ग्रंथ, दर्शन ग्रंथ रचे गए। साथ ही अनेक अन्य कलाएं भी विकसित हुईं। उसने अनेक सुंदर भवनों एवं नगरों का निर्माण करवाया। तक्षशिला के पास सिरसुख एवं कश्मीर में कनिष्कपुर बसाया, जिसे आजकल 'सोपोर' कहा जाता है। पुरुषपुर, मथुरा तथा तक्षशिला में अनेक भवन, स्तूप, विहार और प्रस्तर मूर्तियों का निर्माण किया गया। पुरुषपुर में उसके द्वारा बनवाया गया स्तंभ 13 मंजिलों का था। इस स्तंभ के पास में ही एक बौद्ध विहार भी बनाया गया था। इस स्थान की खुदाई करने पर एक पिटारी मिली; उसमें बुद्ध के अस्थि अवशेष हैं और उसके किनारे में बुद्ध तथा बोधिसत्वों के चित्र अंकित हैं। उस पर एक लेख उत्कीर्ण है, जिसके अनुसार बुर्ज का निर्माण एक यूनानी अजेसिलास ने किया था। उसने मूर्तिकला को भी प्रोत्साहित किया। यह गांधार शैली की मूर्तिकला थी। गांधार कला शैली में बुद्ध, बोधिसत्व और अन्य देवी-देवताओं की मूर्तियां निर्मित की गईं। इस काल में मुद्रा कला का भी विकास हुआ। अनेक सुंदर तथा अच्छे आकार वाली स्वर्ण मुद्राएं मिली हैं। इन मुद्राओं पर अनेक देवी-देवताओं के चित्र अंकित हैं। महात्मा बुद्ध के भी चित्र अनेक मुद्राओं पर पाए गए हैं।

मृत्यु

कनिष्क की साम्राज्यवादी प्रकृति और निरंतर युद्धों के कारण उसके सैनिक, सेनापति, मंत्री तथा सभी अधिकारी उससे तंग आ गए थे। इसलिए उन्होंने कनिष्क की हत्या का षड्यंत्र रचकर उसका अंत कर दिया। 45 वर्ष तक राज करने के बाद 123 ई. में कनिष्क अपने ही लोगों के हाथों मारा गया।

कनिष्क का मूल्यांकन

न केवल कुषाण वंश बल्कि प्राचीन भारत के नरेशों में भी कनिष्क का स्थान उच्च एवं महत्त्वपूर्ण है। वह एक वीर योद्धा एवं महान् सेनापति था। किसी भी भारतीय शासक के साम्राज्य में मध्य एशिया का इतना भाग सम्मिलित नहीं था। वह एक महान् प्रशासक था, जिसकी क्षत्रप शासन प्रणाली सफल थी। उसने विशाल साम्राज्य की सुव्यवस्थित ढंग से व्यवस्था की। ऐसी प्रशासकीय प्रतिभा अन्य किसी कुषाण शासक में विद्यमान नहीं थी।

वह धर्मनिष्ठ एवं धर्म के प्रति सहिष्णु था। अनेक ललित कलाओं तथा साहित्यिक रचनाओं का प्रतिपादन इसके काल में हुआ। उसने अनेक भवनों, स्तूपों का निर्माण कर भवन-निर्माण कला को भी प्रोत्साहित किया। उसने बौद्ध विहारों, मठों और स्तूपों का पुनरुद्धार कर भिक्षुओं के रहने योग्य बनाया। कनिष्क ने महात्मा बुद्ध की अस्थियों पर लकड़ी का 400 फीट ऊँचा एक विशाल स्तूप अपनी राजधानी पुरुषपुर (पेशावर) में बनवाया। राजधानी को भव्य इमारतों से अलंकृत कराया। अतः कनिष्क को महान् सम्राट् कहना अतिश्योक्ति नहीं है।

कनिष्क के उत्तराधिकारी

वासिष्क

कनिष्क के बाद वासिष्क राजा बना। **मथुरा और साँची में उसके उत्कीर्ण लेख मिले हैं।** भारत के अन्य भागों में उसका कोई अभिलेख नहीं मिला। संभवतः उसका साम्राज्य भारत के अन्य भागों में नहीं रह गया था और उसका शासनकाल भी संक्षिप्त था।

कनिष्क द्वितीय

वासिष्क के बाद कनिष्क द्वितीय सिंहासन पर बैठा। इसका पता अटक के 10 मील दक्षिण में सिंधु नदी के तट पर आरा नाम के स्थान से प्राप्त एक लेख से चलता है। इस लेख में कनिष्क को 'वाझेष्कपुत्र' लिखा गया है। इसके अनुसार 'महाराजाधिराज देवपुत्र कइसर वाझेष्कपुत्र कनिष्क' के शासनकाल में दशव्हर नामक व्यक्ति द्वारा एक कुआं खुदवाने की बात लिखी है। कनिष्क द्वितीय ने 108 से 120 ईस्वी तक शासन किया। यह तथ्य विचारणीय है कि उपरोक्त लेख में 'कइसर' शब्द का प्रयोग किया गया है। 'कडैसर', और 'कैसर' या 'सीजर' रोमन सम्राटों की उपाधि थी। इस युग में रोमन साम्राज्य के साथ अच्छे संबंध होने के कारण ही कनिष्क द्वितीय ने 'कइसर' उपाधि ग्रहण की। इस काल में भारत और रोम में व्यापारिक संबंध भी विद्यमान थे। बहुत से रोमन सिक्के दक्षिणी भारत में मिले हैं। कुषाण राजाओं के सिक्के और रोमन सिक्कों में सादृश्यता दिखती है।

हुविष्क

कनिष्क द्वितीय के बाद हुविष्क कुषाण सम्राट् बना। अफगानिस्तान में इस काल के अनेक सिक्के बरामद हुए हैं, लेकिन आश्चर्य का विषय है कि इन सिक्कों पर महात्मा बुद्ध का एक भी चित्र अंकित नहीं है, बल्कि उन पर उसकी अपनी प्रतिमा के साथ-साथ स्कंद, विशाख आदि पौराणिक देवताओं के चित्र अंकित हैं। हुविष्क के समय का एक लेख काबुल से तीस मील पश्चिम में खवत नामक स्थान की खुदाई करते समय स्तूप में से मिला है। इसे भगवान् शाक्य मुनि की प्राण-प्रतिष्ठा के उपलक्ष्य में कमगुल्मपुत्र वमग्रेग ने लिखवाया था। अन्य लेख खोतान प्रदेश से प्राप्त हुए हैं, जो कील मुद्राओं (विशेष प्रकार की लकड़ी की तख्तियाँ) पर लिखे गए हैं। ये लेख प्राकृत भाषा में तथा खरोष्ठी लिपि में लिखे गए हैं। हुविष्क ने कश्मीर में अपने नाम का एक नगर 'हुविष्कनगर' बसाया था। इसके अवशेष बारामूला के दर्रे के समीप उस्कूल गाँव में आज भी विद्यमान हैं। हुविष्क ने 120 से 145 ई. के लगभग राज्य किया।

वासुदेव

हुविष्क के बाद वासुदेव कुषाण साम्राज्य का अधिपति बना। वह 145 ई. से 176 ई. तक राजा रहा। उसके उत्कीर्ण लेख मथुरा में मिले हैं। संभवत: भारत का पश्चिमोत्तर भाग और भारत के बाहर के भाग कुषाण साम्राज्य के हाथ से निकल चुके थे। वह शैव मतावलंबी था, क्योंकि उसके सिक्कों पर शिव और नंदी के चित्र अंकित हैं। वासुदेव के ही समय में कुषाण वंश का पतन आरंभ हो गया था।

कुषाण वंश के पतन के कारण

जिस तेजी से कुषाण वंश की स्थापना तथा विकास हुआ, वैसे ही इसका पतन हो गया। पतन के कारण निम्न थे—

1. **उत्तराधिकारियों की अयोग्यता :** कनिष्क के उत्तराधिकारी निर्बल एवं दृढ़ इच्छा से विहीन थे। अत: वह इस साम्राज्य को संभाल नहीं सके।
2. **साम्राज्य की विशालता :** कुषाण साम्राज्य नर्मदा नदी से लेकर मध्य एशिया तक फैला हुआ था। हिंदुकुश पर्वत भी इस साम्राज्य के अंतर्गत था। साम्राज्य की यह विशालता ही उसके पतन का कारण बनी। अयोग्य और दुर्बल उत्तराधिकारियों से यह संभाला नहीं जा सका। वे दूरस्थ स्थानों को संभाल नहीं पाए। कनिष्क के मरते ही यह विशाल साम्राज्य छिन्न-भिन्न होने लग गया।
3. **विदेशी कारण :** कुषाण लोग विदेशी थे, अत: भारतीय प्रजा का उन पर पूर्णत: विश्वास और प्रेम नहीं था। कनिष्क के बाद भारतीय जनता कुषाण शासकों की अयोग्यता के कारण उनके शासन के प्रति पूर्णत: उदासीन हो गई और साम्राज्य पतनोन्मुख हो गया। वे निरंतर आक्रमणों से अपने राजतंत्र को सुरक्षित नहीं रख पाए। नागवंश और गुप्तवंश का उदय भी इसी काल में होने लगा था।

कुषाण युग की महत्ता

भारतीय संदर्भ में कुषाण युग के 200 वर्ष अति महत्त्वपूर्ण हैं। सांस्कृतिक, आर्थिक एवं सामाजिक समृद्धि से परिपूर्ण इस काल ने हमारे इतिहास को सुदृढ़ता प्रदान की है।

प्रशासन

कुषाणों के सिक्कों और अभिलेखों से उस समय की भारत की व्यवस्था की जानकारी मिलती है। कुषाणों ने क्षत्रप व्यवस्था के द्वारा प्रांतों में वायसराय या गवर्नर नियुक्त कर प्रशासन को नया आयाम दिया। विदेशी कर्मचारी भी थे, जैसे स्ट्रैटेजस (सेनानी या सैनिक गवर्नर), मैरिउच (जिला न्यायाधीश), आमात्य तथा महासेनापति आदि।

गणतंत्र का उल्लेख तो है, लेकिन प्रमुखत: राजतंत्र ही था। कुषाण शासकों ने अनेक उपाधियां धारण कीं, जैसे 'देवपुत्र केसर' तथा 'शाही शाहानुशाही'। कुषाण साम्राज्य विभिन्न इकाइयों में विभक्त था, जैसे राष्ट्र, अहार, जनपद और विषय आदि।

आर्थिक दशा

देश में शांति और व्यवस्था थी, अत: व्यापार और उद्योग उन्नत थे। साम्राज्य के विभिन्न भागों से विदेशों में माल भेजा जाता था। रोमन साम्राज्य के साथ व्यापार उन्नत था। वहाँ से सोना आता था और सूती कपड़ा, खासकर मलमल रोम जाता था। रोम के साथ व्यापार पश्चिमी तथा दक्षिणी बंदरगाहों से होता था। इन प्रदेशों से रोम के सिक्के भी मिले हैं।

मुद्रा

कुषाण युग के सिक्के बहुत अच्छे और सुगढ़ थे। कनिष्क प्रथम, हुविष्क और वासिष्क ने भी सोने के सिक्के चलाए। कुषाणों ने अपनी प्रजा के धर्मानुसार अनेक देवी-देवताओं के चित्रों को अंकित करवाया, जैसे कि वृत्रावहन, मिहिर, चंद्रमस, यम, वरुण, महासेन, विशारता, उमा और वाट आदि। दूसरी ओर मालवों ने तांबे के सिक्के भी चलाए।

धार्मिक स्थिति

बौद्ध धर्म की महायान शाखा का आरंभ कुषाण काल में ही हुआ था। कनिष्क ने बौद्ध धर्म को अपनाया, लेकिन अपने व्यक्तिगत धर्म को प्रजा पर नहीं थोपा और न ही किसी धर्म को राजधर्म का स्थान दिया।

साहित्य

कुषाण काल में साहित्य का विकास भी अपनी पराकाष्ठा पर पहुँचा। अनेक उच्चकोटि की साहित्य रचनाएं भी इस काल में रची गईं। अश्वघोष ने 'बुद्धचरित', 'सौंदरानंद काव्य', 'सारिपुत्र प्रकरण' और 'ब्रजसूची' की रचना की। नागार्जुन ने प्राक्षपरामित, 'सूत्रशास्त्र' की रचना की। वासुदेव ने 'महाविभाषाशास्त्र' की रचना की। चरक ने 'चरक शास्त्र' और 'सुश्रुत' नामक ग्रंथ लिखा।

कला

कुषाण नरेश कला मर्मज्ञ थे। कनिष्क ने पुरुषपुर, सिरमुख और कनिष्कपुर नगर बसाए और अनेक भवन निर्मित करवाए। कुषाणों की गांधार शैली सर्वप्रसिद्ध है। इस शैली में भारतीय विषयवस्तु तथा भारतीय रीति-रिवाज हैं, लेकिन निर्माण शैली यूनानी है। गांधार-कला की विशेषताएं हैं—संवेदना की उग्रता, प्रचंड यथार्थवाद, व्यक्तित्व का प्रदर्शन, वेश-भूषा और पारदर्शक वस्त्रों और उनकी सिलवटों का स्पष्ट विन्यास और अंकन, मांसपेशियों तथा अंग-प्रत्यंगों का विश्लेषण। इस कला को 'इंडो-ग्रीक कला' का नाम दिया है। इस काल की मूर्तियां यूनानी शैली में निर्मित हैं। इसका प्रमाण है कि इन मूर्तियों में गौतम बुद्ध का केश विन्यास दिखाया गया है। लेकिन बुद्ध ने संन्यास ग्रहण करने से पूर्व केशमुंडित करवाए थे। बोधिसत्वों की प्रतिमाएं अलंकृत थीं, उनमें वीतरागता की कमी थी।

कुषाण युग में गांधार के अतिरिक्त और भी कला केंद्र थे, जहाँ की कला उन्नत थी। ये केंद्र सारनाथ, अमरावती और मथुरा में थे। इनमें से प्रत्येक की एक अलग शैली थी। सारनाथ और मथुरा से प्राप्त मूर्तियों की निर्माण कला में कुछ समानताएं हैं। हालांकि मथुरा की मूर्तियों में भारतीयता का प्रभाव स्पष्टत: दृष्टिगत होता है। गांधार कला में बुद्ध को प्राय: पद्मासन में बैठा दिखाया जाता है, जबकि मथुरा की मूर्तियों में प्राय: सिंहासन पर बैठा दिखाया जाता है। तेजस्विता दोनों की निर्मित मूर्तियों में दृष्टिगत होती है। मथुरा की कुषाण कालीन प्रतिमाओं के दाएं कंधे पर वस्त्र नहीं होता। दायां हाथ अभय मुद्रा में दिखाया

जाता है। मथुरा की कला के साथ भरहुत तथा साँची की कला का निकट संबंध है। रॉलिंसन के मतानुसार, ''मथुरा कला का उदय ही भरहुत तथा साँची की कला से हुआ, फिर भी मथुरा की कला में अपनी पूर्ववर्तिनी (भरहुत तथा साँची की) कलाओं में प्राप्त सूक्ष्म सांकेतिकता तथा प्रतीकात्मकता का अभाव है।'' भरहुत तथा सांची की कलाकृतियों में वृक्ष, लतादि के मध्य स्थित या खड़ी हुई नारी के उन्नत उरोजों तथा विकसित नितंबों को देखकर प्राकृतिक उर्वरता की अनुभूति होती है। साथ ही, यह भी ज्ञात होता है कि इनके रचयिता कलाकारों का जीवन के प्रति नकारात्मक दृष्टिकोण न था, अपितु प्रकृति तथा मानव के प्रति उनका अनुराग दृढ़ था। इतना होने पर उसमें इंद्रिय शक्ति का आभास मात्र भी नहीं है। उनकी ध्वनिपूरक अभिव्यक्ति शारीरिक नहीं, अपितु मानसिक है, जो दर्शक को इहलौकिक जीवन के चित्रण द्वारा पारलौकिक-आध्यात्मिक आनंद की अनुभूति कराते हैं। परंतु मथुरा की कला इस क्षेत्र में पीछे है। इसमें अंत: तथा स्वत: प्रेरणा के अभाव के साथ कृत्रिमता की अनुभूति होती है। मथुरा की दक्षिणी प्रतिमाएं मानव-इंद्रियों को अवश्य आंदोलित करती हैं, पर हृदय पर उनका प्रभाव कम ही होता है। मथुरा की कला में अध्यात्म पक्ष की अपेक्षा इंद्रिय परायणता तथा कामुकता अधिक है। ऐसा प्रतीत होता है, मानो कलाकृतियों के निर्माताओं का उद्देश्य भी यही था। यदि ये दक्षिणी प्रतिमाएं प्रथम शती के बाद की मानी जाएं तो इस पर गांधार कला का प्रभाव स्पष्ट प्रतीत होता है, क्योंकि गांधार कला में मानवाकृति को यथावत् चित्रित करने की परंपरा थी। यदि यह बात न भी मानी जाए तो भी इतना तो निश्चित है कि इस कला में कुछ दोष थे, जिनका परिमार्जन गुप्त युग के कलाकारों ने किया।

महत्वपूर्ण बिंदु

* कुषाण वंश को प्रमुख रूप से चीन से आया हुआ माना जाता है।
* चीनी लेखक फाह्यान ने कुषाणों को 5 हिस्सों में बँटा हुआ माना है।
* प्राचीन भारत में मथुरा की मूर्तिकला में कुषाणों का अत्यधिक प्रभाव पड़ा।
* मथुरा कला का स्वर्णिम काल कनिष्क, वासुदेव और हुविष्क के समय में हुआ था।
* कुषाण कला में मानव का विविध रूपों में चित्रण हुआ है।
* विशेष व्यक्तियों की मूर्तियों का निर्माण भी कुषाण काल में ही आरम्भ हुआ।
* कुषाण काल में प्रकृति के चित्रण को बढ़ावा मिला तथा इनमें मगर, मछलियाँ, मोर, हंस, तोते, हाथी, बन्दर आदि का अंकन हुआ।
* कुषाण काल में यूनानी कला से मिश्रित रूप में एक नवीन शैली गांधार कला का विकास हुआ।
* कनिष्क काल में ही 'बुद्धचरित' तथा 'सूत्रालंकार' जैसी प्रसिद्ध रचनाएँ हुई।
* वसुमित्र कनिष्क सम्राज्य का प्रभावशाली विज्ञान, दर्शनिक, धर्माचार्य एवं वक्ता थे।
* कनिष्क का साम्राज्य प्रांतों में बंटा था तथा प्रांत के प्रशासन के लिए क्षत्रपों की नियुक्ति की गई थी।
* कनिष्क के काल में ही चतुर्थ बौद्ध संगीति का आयोजन कश्मीर के कुंडलवन में सम्पन्न हुआ था।

❑❑❑

अध्याय 8

गुप्त साम्राज्य

[साम्राज्य विस्तार, भाषा और साहित्य का विकास, गुप्त काल में कला एवं स्थापत्य कला का विकास]

स्थापना तथा उदय

तीसरी शताब्दी के अंत और चौथी शताब्दी ई. के आस-पास भारत की राजनीतिक परिस्थिति एक साम्राज्य की स्थापना के लिए प्रबल संभावनाओं से परिपूर्ण थी। इन परिस्थितियों में जिस गुप्त साम्राज्य की स्थापना हुई, उसे भारतीय इतिहास का 'शास्त्रीय' या 'क्लासिकल' युग कहा जाता है। इस काल को 'स्वर्ण युग' की संज्ञा भी दी जाती है।

गुप्त वंश की वंशावली के अनुसार इस वंश का संस्थापक श्री गुप्त नामक व्यक्ति था। श्री गुप्त और उसके पुत्र घटोत्कच का नाम पहली बार 'इलाहाबाद' स्तंभलेख (समुद्रगुप्त की प्रयागप्रशस्ति) में उल्लिखित है।

अत: ऐसा कहा जाता था कि वह मगध का शासक था। लेकिन यह तथ्य प्रामाणिक नहीं है। इस बात की संभावना अधिक प्रतीत होती है कि उसका शासन पूर्वी उत्तर प्रदेश में था, क्योंकि उसने बनारस के पास एक मंदिर का निर्माण करवाया था। अत: ऐसी संभावना है कि गुप्त राजवंश का उदय ऊपरी गंगा घाटी के पूर्वी भाग में हुआ। तीसरी शताब्दी ई. के अंतिम चरण में इस संपूर्ण क्षेत्र में राजनीतिक अस्थिरता का माहौल था। राजसत्ता में शीघ्रता से परिवर्तन आ रहा था। ऐसे में श्री गुप्त ने परिस्थितियों का लाभ उठाते हुए अपना छोटा सा स्वतंत्र राज्य स्थापित कर लिया था। संभवत: वे कौशांबी के शासकों नव और पुष्पश्री के शासन में मंत्री या सेनानी थे। अनेक इतिहासकार मानते हैं कि गुप्त कुषाण काल के सामंत थे और बाद में उनके ही उत्तराधिकारी बन गए। इसलिए गुप्तकालीन राजनीतिक तंत्र में कुषाण काल के अनेक प्रभाव दिखते हैं।

गुप्त अभिलेखों में सबसे महत्त्वपूर्ण समुद्रगुप्त की 'प्रयाग-प्रशस्ति' है। यह लेख कौशांबी में स्थित मौर्य सम्राट् अशोक के शिलालेख के निचले भाग में खुदा है। वर्तमान समय में यह स्तंभ इलाहाबाद किले में स्थित है। 'हरिषेण' इस प्रशस्ति के लेखक हैं। चंद्रगुप्त प्रथम ने 320 ई. से 350 ई. तक राज्य किया। गुप्तों के मूलस्थान के विषय में भी विद्वानों में मतभेद रहा है। इत्सिंग के विवरण के आधार पर तो 'मगध' गुप्तों का मूलस्थान माना जा सकता है। अभिलेखीय प्रमाणों के अनुसार भी गुप्तों का निवासस्थान पूर्वी उत्तर प्रदेश में ही था। प्रारंभ से लेकर स्कंदगुप्त के काल तक के 15 अभिलेखों में से 8 पूर्वी उत्तर प्रदेश से मिले हैं। बिहार में से सिर्फ दो अभिलेख (समुद्रगुप्त का गया एवं नालंदा ताम्रपत्र अभिलेख) मिले हैं। बंगाल में मिले 5 अभिलेख दानपत्र हैं। इससे यह प्रमाणित होता है कि गुप्तों का निवास पूर्वी उत्तर प्रदेश था। पुराणों में भी गुप्तवंश का वर्णन मिलता है। 'वायु पुराण' के अनुसार ''गुप्तवंशीय नरेश अनुगंगा प्रयाग, साकेत और मगध को भोगेंगे।''

श्रीगुप्त

कुषाण साम्राज्य के पतन काल में अनेक सामंत एवं प्रांतीय शासकों ने अपना स्वतंत्र शासन स्थापित कर लिया। उनमें से एक सामंत श्रीगुप्त थे। प्रभावती गुप्त के पूना ताम्रपत्र अभिलेख में श्रीगुप्त को 'गुप्त वंश का आदिराज' बताया गया था। गुप्त आलेखों में 'महाराज' की उपाधि श्रीगुप्त और घटोत्कच दोनों के लिए प्रयुक्त की गई है। आमतौर पर सामंत इस पदवी को धारण करते थे।

घटोत्कच

घटोत्कच को गुप्त आलेखों में श्रीगुप्त का पुत्र तथा उत्तराधिकारी बताया गया है। हालांकि चंद्रगुप्त द्वितीय की पुत्री प्रभावती गुप्त के दो अभिलेखों में घटोत्कच को प्रथम गुप्त राजा कहा गया है। श्री गुप्त का उत्तराधिकारी घटोत्कच था, क्योंकि कुछ मुद्राएं ऐसी मिली हैं, जिन पर 'श्री घटोत्कचगुप्तस्य' या केवल 'घट' लिखा हुआ है। लेकिन श्रीगुप्त और घटोत्कच गुप्त के विषय में इससे अधिक जानकारी उपलब्ध नहीं है।

चंद्रगुप्त प्रथम

घटोत्कच का पुत्र 'चंद्रगुप्त प्रथम' कहलाया। उसने 'महाराजाधिराज' की पदवी धारण की, क्योंकि अपने पिता एवं दादा के समान अधीनस्थ राजा न होकर वह एक स्वतंत्र राजा था। उस काल के मिले अनेक सिक्कों से इस बात की पुष्टि होती है। गुप्तों की शक्ति एवं साम्राज्य वृद्धि में इसका महत्त्वपूर्ण योगदान रहा है। चंद्रगुप्त प्रथम ने अपना एक संवत् भी चलाया, जो 20 दिसंबर 318 ई. या 26 फरवरी 320 ई. से प्रारंभ होता था।

चंद्रगुप्त ने लिच्छवी वंश की राजकुमारी 'कुमारदेवी' से विवाह किया। लिच्छवि-गुप्त विवाह संबंध का राजनीतिक महत्त्व इस तथ्य में निहित था कि दो महान् साम्राज्य का आपसी संबंध स्थापित होने से चंद्रगुप्त को 'महाराजाधिराज' की उपाधि मिल गई। कुमारदेवी का कोई भाई नहीं था और उसके पिता का देहावसान चंद्रगुप्त प्रथम से पूर्व हो गया था, अत: चंद्रगुप्त प्रथम ने समुद्रगुप्त के राज्यारोहण से बहुत पहले ही लिच्छवी राज्य पर अपना प्रभुत्व कायम कर लिया था। यह घटना लगभग 319 ई. के आस-पास की मानी जाती है। इस वैवाहिक संबंध से गुप्त साम्राज्य की आर्थिक स्थिति भी सुदृढ़ हो गई थी। मगध के अधिग्रहण से गुप्त राजा और व्यापारियों को वर्तमान झारखंड की बहुमूल्य खानों पर भी नियंत्रण मिल गया, जिसका उन्होंने पूर्णत: दोहन किया।

चंद्रगुप्त प्रथम के सिक्के

कुमारदेवी के अंकित सिक्के गुप्त साम्राज्य के प्रथम सिक्के थे। **डॉ. अल्तेकर** के अनुसार, इन सिक्कों को चंद्रगुप्त प्रथम ने अपने और कुमारदेवी की उभय सत्ता के अंतर्गत प्रसारित किया होगा।

राज्य-सीमा

चंद्रगुप्त प्रथम का विजय-विस्तार का वर्णन अधिक नहीं है। **इतिहासकार स्मिथ** के अनुसार चंद्रगुप्त प्रथम का अधिकार तिरहुत, दक्षिण बिहार, अवध तथा इसके सभी पर्वतीय प्रदेशों पर था। 'वायु पुराण' से पता चलता है कि गुप्त के वंशज अनुगंगा प्रयाग, साकेत और मगध पर राज्य करेंगे। वैशाली पर भी चंद्रगुप्त का अधिकार माना गया है, परंतु इसके स्पष्ट प्रमाण नहीं मिलते। कुछ विद्वानों का मत है कि चंद्रगुप्त ने शकों और कुषाणों को हराया था और पाटलिपुत्र उसका पैतृक राज्य था। काशी प्रसाद जायसवाल ने 'कौमुदी-महोत्सव' नाटक के आधार पर यह स्थापित किया है कि चंद्रगुप्त ने मगध नरेश सुंदरवर्मा की हत्या कर मगध पर अपना अधिकार कर लिया था। **आर. जी. बसाक** और **एस. के. आयंगर** ने महरौली अभिलेख में वर्णित 'चंद्र' में भी इसे ही प्रमाणित किया है, लेकिन प्रमाण रहित यह तथ्य कहाँ तक सत्य है, कहा नहीं जा सकता। प्रमाणों के आधार पर यह कहा जाता है कि जीवन के अंतिम समय में चंद्रगुप्त ने समुद्रगुप्त को अपना उत्तराधिकारी घोषित किया। प्रयाग प्रशस्ति में हरिषेण के अनुसार चंद्रगुप्त ने, जिसके रोम हर्ष से खड़े थे और नेत्रों में हर्ष के आंसू थे, समुद्रगुप्त को 'तुम सर्वश्रेष्ठ' हो कहकर गले लगा लिया और उससे समस्त पृथ्वी पर शासन करने को कहा। इस घोषणा की पुष्टि एरण अभिलेख और सिद्धपुर दान पत्र से भी होती है। समुद्रगुप्त के गया ताम्रलेख के अनुसार चंद्रगुप्त प्रथम का निधन लगभग 328 ई. में हुआ था।

समुद्रगुप्त

गुप्त वंश का सबसे पराक्रमी एवं प्रतापी शासक चंद्रगुप्त प्रथम का पुत्र समुद्रगुप्त था। वह लगभग 330 ई. से 375-76 ई. तक शासक रहा। समुद्रगुप्त ने संपूर्ण गंगा घाटी को अपने शासनांतर्गत एकीभूत करने का प्रयास किया। एरण के शिलालेख उसे 'धरती से राजाओं की संपूर्ण जाति' को अपदस्थ करने का श्रेय प्रदान करते हैं। कुछ आधुनिक इतिहासकार जैसे कि विंसेट स्मिथ उसकी प्रशंसा करते हुए उसे '**भारत का नेपोलियन**' मानते हैं। हरिषेण द्वारा रचित इलाहाबाद स्तंभ शिलालेख (प्रयाग-प्रशस्ति) में समुद्रगुप्त के यशोगान का वर्णन मिलता है। समुद्रगुप्त का राज्यारोहण संभवत: 330 ई. के लगभग हुआ।

समुद्रगुप्त की विजय-यात्रा

समुद्रगुप्त (जिसे भारत का नेपोलियन कहा जाता है) ने अपने साम्राज्य के विस्तार के लिए आदर्श स्थापित किए। उसका आदर्श भारत के प्राचीन क्षत्रियों का परंपरागत आदर्श दिग्विजय और भारत का राजनीतिक एकीकरण था। उसके सामने महापद्मनंद और चंद्रगुप्त मौर्य का उदाहरण था। उसके सिक्कों पर उसकी एक प्रमुख उपाधि 'सर्वराजोच्छेता' (सब छोटे-छोटे राज्यों का उच्छेद करनेवाला) थी। समुद्रगुप्त ने प्रयाग स्तंभ पर अपने साम्राज्यवादी आदर्श और दिग्विजय की प्रशस्ति अंकित करवाई। समुद्रगुप्त के समय में भारत की स्थिति अत्यंत दयनीय हो चुकी थी, पश्चिमी पंजाब और सीमांत प्रदेश उसके अधीन थे। लेकिन आस-पास अनेक स्वतंत्र राज्य स्थापित हो चुके थे। मध्य भारत, बुंदेलखंड तथा विंध्य के दुर्गम प्रदेशों में भी स्वतंत्र जातियों का निवास था, जो स्थानीय सामंतों के आधीन थीं। देश में कोई केंद्रीय शासन नहीं था। राजनीतिक अवस्था मौर्य-साम्राज्य के पतन के समय के समान अव्यवस्थित थी। महत्वाकांक्षी समुद्रगुप्त इस अव्यवस्था को समाप्त करने के लिए दृढ़ निश्चयी था। इसके लिए उसने दिग्विजय की नीति अपनाई। समुद्रगुप्त की विजयों को पांच श्रेणियों में बांटा जा सकता है—

1. **आर्यावर्त्त :** प्राचीनकाल में विंध्यपर्वत तथा हिमाचल के बीच का प्रदेश 'आर्यावर्त्त' के नाम से जाना जाता था। इसे 'उत्तरी भारत प्रदेश' भी कहा जाता था। समुद्रगुप्त ने इस भाग में लगभग नौ प्रमुख राज्यों को पराजित कर अपना साम्राज्य विस्तार किया।
2. **आटविक राज्य :** उत्तरी भारत को पराजित करने के पश्चात् समुद्रगुप्त ने दक्षिण भारतीय राज्यों को पराजित करने का प्रयास आरंभ किया। उससे पूर्व उसने मध्य भारत के विस्तृत जंगलों के इलाकों गाजीपुर से लेकर जबलपुर तक फैले आटविक राज्यों पर विजय प्राप्त की थी। आटविक राज्यों की संख्या 18 थी। यह क्षेत्र 'महाकांतार' भी कहलाता था। इस क्षेत्र पर विजय पाने के पश्चात् समुद्रगुप्त दक्षिणापथ की ओर बढ़ा।
3. **दक्षिण भारत की विजय-यात्रा :** प्रयाग प्रशस्ति में उन दक्षिण राज्यों का उल्लेख किया गया है, जिन पर समुद्रगुप्त ने विजय पाई। यह युद्ध 345-346 ई. के लगभग हुआ। कतिपय विद्वानों के मतानुसार, यह युद्ध अनेक दक्षिणी नरेशों के साथ अलग-अलग स्थानों पर हुआ। दक्षिणी नरेश पराजित हुए और समुद्रगुप्त की अधीनता स्वीकार कर ली। पराजित दक्षिण नरेश निम्न थे—

   कोशल का महेंद्र, महाकांतर का व्याघ्रराज, केरल का मंतराज, एरंडपल्ली की पराजय, कांची का विष्णुगोप, वेंगी का हस्तिवर्मा, पल्लक का उग्रसेन, देवराष्ट्र का कुबेर, कोस्थलपुर का धनंजय, अवमुक्त का नीलराज।
4. **गणराज्य :** भारत के पश्चिमी क्षेत्रों में प्राचीन काल से ही गणों (संघों) का प्रभुत्व था। मौर्यों और कुषाणों ने इनकी ओर ध्यान नहीं दिया, परंतु समुद्रगुप्त ने इन गणराज्यों को पराजित कर इनकी स्वतंत्रता समाप्त कर दी। ये गणराज्य निम्न थे—

1. **मालव गणराज्य :** अजमेर से चितौड़ तक का राज्य।
2. **अर्जुनायन :** अलवर तथा भरतपुर जिले का क्षेत्र।
3. **आभीर :** सौराष्ट्र तथा मध्य भारत क्षेत्र पर्वतीय और बेतवा नदी के बीच का प्रदेश था।
4. **मद्रक :** रावी और चिनाब का क्षेत्र।
5. **यौधेय गणराज्य :** यह यमुना और सतलुज नदी के बीच का क्षेत्र था।
6. **अर्जुन गणराज्य :** यह मध्य प्रदेश के नरसिंहपुर जिले के समीप था।
7. **खरपरिक गणराज्य :** यह मध्य प्रदेश के दमोह जिले के क्षेत्र में था।
8. **सनकानिक :** यह जाति भिलसा के आस-पास रहती थी।
9. **काक :** यह गणराज्य विदिशा के समीपवर्ती क्षेत्र में स्थित था। समुद्रगुप्त ने पूरे भारत में अपना साम्राज्य-विस्तार अभियान को सफल किया। उसने दिग्विजय के नियमों के अनुसार केवल आर्यावर्त के शासकों को छोड़कर अन्य शासकों को अपने-अपने राज्यों में स्वतंत्र रूप से शासन करने के लिए छोड़ दिया। वह इन शासकों से वार्षिक कर तथा अन्य सेवाएं लेता था।

विदेशी राज्य

समुद्रगुप्त के साम्राज्य की सीमाओं से परे भारत और उसके बाहर विदेशी राज्य थे, जैसे-सिंहल और समुद्रपार के द्वीप। प्रमुखः तीन विदेशी राज्य विद्यमान थे (1) देवपुत्रशाही शाहानुशाही-ये उत्तर-पश्चिम में शासन करने वाले कुषाण

थे। (2) शक-ये भारत के उत्तर-पश्चिमी भाग के शासक थे। (3) मुरुंड-ये कुषाणों की जाति थी। ये पश्चिमी पंजाब के शासक थे। प्रयाग के अशोक स्तंभ पर अंकित समुद्रगुप्त की प्रशस्ति में इनका उल्लेख है। समुद्रगुप्त इन सबसे मैत्री के संबंध रखना चाहता था, जिससे वह शांतिपूर्वक अपने साम्राज्य की प्रगति की ओर ध्यान दे सके। इसलिए उसने इन राज्यों से अनेक मैत्री-संधियां की, जैसे कि—

1. आत्मनिवेदन (मैत्री का प्रस्ताव)।
2. कन्योपायम (महल की सेवा के लिए कन्याओं का उपहार) एवं अन्य स्थानीय भेंटें।
3. गत्मंदकस्वविषय मुक्ति शासन याचना अर्थात् उनकी स्वायत्तता एवं सुरक्षा की प्रमाणित करने वाली मुद्रांकित सनदों का याचन करना। सिंहलद्वीप का राजा मेघवर्ण समुद्रगुप्त कालीन था। मेघवर्ण ने कुछ बौद्ध भिक्षुओं को बोधगया की तीर्थयात्रा के लिए भेजा। भिक्षुओं को अनेक असुविधाओं का सामना करना पड़ा। अत: मेघवर्ण ने उन्हें अनेक उपहार एवं मणि-मणियों के साथ समुद्रगुप्त के दरबार में भेजा। समुद्रगुप्त ने मेघवर्ण को बोधगया में विहार बनाने की अनुमति प्रदान थी। मेघवर्ण ने अपार धनराशि लगाकर एक विशाल विहार निर्मित करवाया। गौतम बुद्ध की रत्नजड़ित मूर्ति प्रतिष्ठित करवाई। यह विहार 'महाबोधि संघाराम' के नाम से प्रसिद्ध हुआ।

समुद्रगुप्त का साम्राज्य-विस्तार

डॉ. आर. सी. मजूमदार के अनुसार समुद्रगुप्त के साम्राज्य में ''कश्मीर, पश्चिमी पंजाब, पश्चिमी राजपूताना, सिंध और गुजरात'' के अतिरिक्त शेष सारा भारत सम्मिलित था। छत्तीसगढ़ और उड़ीसा के प्रदेश तथा पूर्वी तट के साथ-साथ दक्षिण में विंगलपट समुद्रगुप्त के शासन के अधीन थे। आर. के. मुखर्जी के अनुसार समुद्रगुप्त ने अपना साम्राज्य पूर्व में ब्रह्मपुत्र तक, दक्षिण में नर्मदा तक और उत्तर में हिमालय तथा कश्मीर तक बढ़ाया। **डॉ. वी.ए. स्मिथ** के अनुसार ''चौथी शताब्दी के मध्य में उत्तरी भारत के सर्वाधिक जनसंख्या वाले तथा उपजाऊ प्रदेश समुद्रगुप्त के साम्राज्य में सम्मिलित थे।'' पूर्व में ब्रह्मपुत्र से पश्चिम में यमुना तथा चंबल तक तथा उत्तर में हिमालय के आधार से दक्षिण में नर्मदा तक यह साम्राज्य फैला हुआ था। इन विस्तृत सीमाओं से आगे असम तथा गंगा के डेल्टा सीमावर्ती राज्य और हिमाचल की दक्षिणी ढलानों के राज्य तथा राजपूताना और मालवा की स्वतंत्र जातियां साम्राज्य के साथ मैत्रीपूर्ण संधियों से संबंधित थीं और दक्षिण के लगभग सभी राज्यों पर सम्राट् की सेना ने विजय प्राप्त की थी और उन्होंने उसकी आरोध्य शक्ति को स्वीकार किया था। इस प्रकार यह साम्राज्य अशोक के छह शताब्दियों पूर्व के अशोक के साम्राज्य के पश्चात् भारत में सबसे बड़ा था। विदेशी साम्राज्य भी इस विशाल साम्राज्य के स्वामी का सम्मान करते थे।

साम्राज्य का संगठन

समुद्रगुप्त एक महान् संगठनकर्ता भी था। विजित देशों को संगठित करने में समुद्रगुप्त ने जिस बुद्धि का प्रमाण दिया, उसका उदाहरण इतिहास में बहुत कम मिलता है। इसके लिए उसकी दूरदर्शिता एवं राजनीतिज्ञता को श्रेय देना चाहिए। वह महत्त्वाकांक्षी था और सार्वदेशिक साम्राज्य की स्थापना करना चाहता था। किंतु उसने समस्त साम्राज्य पर एक केंद्र से शासन करने का प्रयत्न नहीं किया। उसने केंद्रीय और स्थानीय स्वायत्तता के सिद्धांतों पर प्रशासन को सुदृढ़ किया। उसने विकेंद्रीयकरण की प्रवृत्ति को रोकने के लिए एक सुदृढ़ केंद्रीय सत्ता स्थापित की। इसके लिए उसने दूर-दराज के विजित प्रदेशों के राजाओं को 'करद' बनाकर छोड़ दिया। साथ ही शांतिपूर्ण राज करने के लिए विदेशों के साथ भी मैत्रीपूर्ण संबंध बनाए। इससे उसका साम्राज्य विदेशी आक्रमणों से सुरक्षित रहकर प्रगति करता रहा।

अश्वमेध यज्ञ

सम्राट् समुद्रगुप्त ने अपनी महान् विजय के उपलक्ष्य में अश्वमेध यज्ञ करने का निश्चय किया। अश्वमेध का अनुष्ठान सार्वभौम प्रभुता का सूचक था। दान देने के लिए उसने सोने के सिक्के भी ढलवाए। उन सिक्कों पर एक ओर यज्ञ स्तंभ में बंधे हुए घोड़े की मूर्ति थी, दूसरी ओर हाथ में चंवर लिए समुद्रगुप्त की महारानी का चित्र था और उन सिक्कों पर अश्वमेध पराक्रम लिखा हुआ था। प्रभावती गुप्त के पूना ताम्रपत्र अभिलेख के अनुसार समुद्रगुप्त ने एक से अधिक अश्वमेधों का अनुष्ठान किया। इससे वैदिक धर्म का पुनरुत्थान हुआ और साथ ही भारत में राजनीतिक एकता की स्थापना हुई।

मुद्राएं

समुद्रगुप्त ने अनेक प्रकार की मुद्राएं जारी कीं। उनसे सम्राट् के गुण एवं कर्म प्रदर्शित होते थे। ध्वज प्रकार की मुद्राओं से उसकी प्रभुशक्ति प्रकट होती है, धनुर्धर और युद्ध-परशु प्रकारों से उसकी सामरिक शक्ति का आभास मिलता है। वीणावादक प्रकार से उसके संगीत-प्रेम की रुचि स्पष्ट होती है। उसकी मुद्राओं पर राजा की वेश-भूषा, दुर्गा, लक्ष्मी, कार्तिकेय आदि देवी-देवताओं के चित्रों का अंकन मिलता है। इसके अतिरिक्त व्याघ्र, सिंह, गैंडा, हाथी आदि भारतीय पशुओं की आकृतियां तथा गरुड़ध्वज से अंकित मुद्राएं भी मिली हैं।

समुद्रगुप्त की शासन प्रणाली

समुद्रगुप्त एक महान् एवं पराक्रमी सम्राट् था। उस काल में उसके समान कुशल प्रशासक, राजनीतिज्ञ एवं दूरदर्शी सम्राट् कोई अन्य नहीं था। उसने सम्राट् अशोक के पश्चात् एक विशाल साम्राज्य की न केवल स्थापना की, बल्कि उसको एक सुसंगठित केंद्रीय शक्ति के रूप में स्थापित किया। उसने शासन को केंद्रीयकरण की नीति पर आधारित किया और साम्राज्य को अनेक प्रांतों में विभक्त करके उनमें प्रांतीय शासक नियुक्त किए। इन शासकों पर उसका पूर्ण नियंत्रण था। केंद्रीय शासन को भी अनेक विभागों में विभाजित किया गया था। ये विभाग सुसंगठित एवं व्यवस्थित थे। राज्य में एक मंत्रिमण्डल का भी संगठन था। यह मंत्रिमण्डल राजा को शासन के कार्यों में सहायता करता था। इन मंत्रियों को अनेक उपाधियों से नवाजा गया था। प्रधान सेनापति को '**महाबलाधिकृत**' और प्रधान न्यायधीश को '**महादंडनायक**' कहा जाता था। वह इतना तीव्र बुद्धिमान था कि किसी भी शत्रु का उसके विरुद्ध षड्यंत्र करने का कभी साहस नहीं हुआ। किसी ने उसके राज्य पर कभी आक्रमण भी नहीं किया।

समुद्रगुप्त का धर्म

धार्मिक क्षेत्र में समुद्रगुप्त ने परंपरागत वैदिक धर्म की मर्यादा को पुनर्स्थापित किया। उसे 'धर्म प्राचीर बंध:' कहा जाता था। उसे सूक्तमार्ग: अर्थात् शास्त्रों में विहित मार्ग पर चलने वाला कहते थे। वह कृपण, दीन, अनाथ और आतुरजनों

का उद्धारक था। लोकानुग्रह (संसार के ऊपर अनुग्रह करने वाला) उसका परम कर्तव्य था। उसकी गुरुदमङ्क (गरुड़ की मूर्ति से अंकित मुद्रा) से यह मालूम होता है कि समुद्रगुप्त गरुड़वाहक विष्णु का भक्त था। परंतु वह धर्मनिरपेक्ष नीति का पालन करता था। बौद्ध धर्म के प्रति उसका आदरभाव इस बात से पता चलता है कि उसने सिंहल के राजा मेघवर्मन को बोधगया में मंदिर बनाने की अनुमति दी।

समुद्रगुप्त का मूल्यांकन

समुद्रगुप्त की गणना भारत के महान् विजेताओं और साम्राज्य निर्माताओं में की जाती है। उसका पैतृक राज्य बहुत छोटा था। अपने पराक्रम एवं बुद्धि से लगभग संपूर्ण भारत पर अपना एकछत्र साम्राज्य स्थापित कर लिया। इतिहासकार स्मिथ ने उसे 'भारतीय नेपोलियन' कहा है। उसने अपने जीवन में अनेक युद्ध किए और सफलता प्राप्त की।

- **व्यक्तित्व** : सम्राट् समुद्रगुप्त के वैयक्तिक गुणों और चरित्र का वर्णन प्रयाग-प्रशस्ति में किया गया है। "उसका मन विद्वानों के सत्संग सुख का व्यसनी था। वह वैदिक मार्ग का अनुयायी था। उसका काव्य ऐसा था कि कवियों की बुद्धि के वैभव का भी उससे विकास होता था।

  समुद्रगुप्त का कोई काव्यग्रंथ उपलब्ध नहीं है, परंतु उसके एक प्रकार के स्वर्ण सिक्कों पर उसे एक उच्च-पीठ पर आसीन और घुटने पर रखी वीणा बजाते हुए दिखाया गया है। इसी कारण से उसे 'कविराज' की उपाधि से भी विभूषित किया गया है। उसे 'कृष्णचरितम्' नामक एक ग्रंथ का लेखक माना गया है।

- **महान् विजेता** : समुद्रगुप्त एक महान् विजेता था। संपूर्ण उत्तर भारत, मध्य भारत, दक्षिण भारत तथा सीमांत प्रदेश का सफल विजेता था। उसने आर्यावर्त के नौ राज्यों तथा आटविक प्रदेश के 18 राजाओं को पराजित किया। दक्षिण-विजय के पश्चात् समुद्रगुप्त की चक्रवर्ती सम्राट् बनने की आकांक्षा पूर्ण हुई।
- **महान् शासक** : समुद्रगुप्त अपने काल का एक महान् प्रशासक था। अपने विशाल साम्राज्य में शासन करने के लिए उसने सामंती प्रथा का प्रचलन किया। साम्राज्य के दूरस्थ स्थानों पर उसने शासन का भार सामंतों को सौंप दिया। ये सम्राट् के प्रतिनिधि माने जाते थे। संधिविग्राहक, कुमारामात्य, महादंडनायक आदि विभिन्न बड़े-बड़े पदाधिकारी थे। स्वयं हरिषेण संधि विग्राहक था, परराष्ट्रमंत्री था। 'कुमारामात्य' साम्राज्य के सबसे उच्चकोटि के पदाधिकारी थे। प्रयाग-प्रशस्ति के अनुसार, 'समुद्रगुप्त ने अपने साम्राज्य को अनेक युक्तियों तथा विषयों में विभाजित कर दिया। एक शक्तिशाली, कुशल एवं कार्य-निपुण मंत्रिमण्डल के द्वारा सम्राट् अपने प्रशासन को चलाता था और उसने अपने साम्राज्य को अक्षुण्ण रखा।'

  मुद्रा में भी अनेक सुधार लाकर समुद्रगुप्त ने अपने साम्राज्य की नींव सुदृढ़ की। उसने उत्तरकालीन कुषाणों की निम्नकोटि की स्वर्णमुद्राओं का परित्याग कर शुद्ध स्वर्ण मुद्राओं का प्रचलन करवाया। इनमें प्रथम तीन प्रकार की मुद्राएं (गरुड़, धनुर्धर एवं परशु) सम्राट् के सैनिक एवं वन जीवन से संबंधित हैं। बयाना निधि में समुद्रगुप्त की 183 मुद्राएं मिली हैं, जिनमें से 136 मुद्राएं गरुड़ प्रकार की हैं। दिग्विजय होने के उपलक्ष्य में उसने अश्वमेध मुद्राओं का प्रचलन भी किया। व्याघ्रनिहंता, वीणाधारण मुद्राएं भी उसने प्रचलित कीं। वर्तमान में उसकी यह मुद्राएं ब्रिटिश संग्रहालय, लखनऊ संग्रहालय, बयाना-निधि, भारतीय संग्रहालय, आक्सफोर्ड संग्रहालय आदि में सुरक्षित हैं।

- **उदार एवं धर्म सहिष्णु** : समुद्रगुप्त वीर और पराक्रमी होने के साथ-साथ उदार एवं दानी सम्राट् थे। वह विद्वानों और ब्राह्मणों को भरपूर दान-दक्षिणा देता था। गुप्तवंशीय अभिलेखों में उसे कोटि गायों एवं सुवर्ण मुद्राओं का प्रदाता (अनेक गौ-हिरण्य-प्रदस्य) कहा गया है। (साद्धवसाधूदय-प्रलय-हेतु-पुरुषस्य)। वह असहाय, दीन, अनाथ तथा रोगी लोगों का अवलंब था। समुद्रगुप्त एक प्रजावत्सल सम्राट् था। वैदिक हिन्दू धर्मावलंबी होने के साथ वह अन्य धर्मों के प्रति भी सहिष्णु था। वह वैष्णव था। उसकी राजाज्ञाएं गरुड़ मुद्रा से अंकित हुआ करती थीं। उसके सिक्कों पर गरुड़ध्वज एवं वैष्णव धर्म के प्रतीक अंकित हैं। किंतु वह अन्य धर्मों जैसे जैन और बौद्ध के प्रति सहिष्णु था। प्रसिद्ध बौद्ध विद्वान् वसुबंधु उसके दरबार में था। समुद्रगुप्त की उपमा चार देवताओं से इलाहाबाद के लेख में की गई है। इसमें लिखा है कि वह कुबेर के समान धनी, बरुण के समान दानी, इंद्र के समान वीर तथा यम के समान दंड देने में कठोर था। इन गुणों के सम्मिश्रण से समुद्रगुप्त का पारिवारिक जीवन सुखी और शांतिमय था। 375 ई. में उसकी मृत्यु हो गई।

रामगुप्त

आरंभ में यह माना जाता था कि चंद्रगुप्त द्वितीय ही समुद्रगुप्त के पश्चात् राजा बना, लेकिन अभिलेख प्रमाण के आधार पर यह माना जाता है कि समुद्रगुप्त का उत्तराधिकारी रामगुप्त था। विशाखदत्त रचित 'देवी चंद्रगुप्तम' नाटक के कुछ उदाहरण मिले हैं, जिसके अनुसार रामगुप्त ही समुद्रगुप्त के बाद सम्राट् बना। किंतु वह निर्बल और कायर था। एक बार किसी शक राजा से उसका युद्ध छिड़ गया। वह शत्रुओं से घिर गया और भीषण परिस्थिति में फंस गया। अंततः उसने अपनी और प्रजा की रक्षा करने के लिए अपनी रानी ध्रुवदेवी (ध्रुवस्वामिनी) को शक राजा के रनिवास में भेजना स्वीकार कर लिया। छोटा भाई चंद्रगुप्त इस अपमान को सह न सका। अपने वंश एवं भाभी के सम्मान की रक्षा करने के लिए उसने एक चाल खेली। वह स्वयं ध्रुवस्वामिनी के वेश में शक राजा के खेमे में पहुंचा और उसकी हत्या कर दी। इस घटना से चंद्रगुप्त का सम्मान ध्रुवस्वामिनी और प्रजा के सामने बढ़ गया, लेकिन रामगुप्त की प्रतिष्ठा को चोट पहुंची। इससे दोनों भाइयों में मन-मुटाव हो गया। चंद्रगुप्त को आत्मरक्षा के लिए पागल बनने का नाटक करना पड़ा। अंततः रामगुप्त को मारकर चंद्रगुप्त सिंहासन पर बैठा और साथ ही ध्रुवस्वामिनी को अपनी पत्नी बना लिया। इस कथ्य के पक्ष-विपक्ष में अनेक वृत्तांत हैं। बाणभट्ट रचित 'हर्षचरित' में प्राप्त उल्लेखों के आधार पर इस घटनाक्रम की पुष्टि की गई है। गुप्तों की वंशावली में भी रामगुप्त का नाम नहीं है। लेकिन इस कथा को काल्पनिक भी नहीं माना जा सका। 'देवी चंद्रगुप्त' से प्राप्त वृत्तांत में कुछ-कुछ यथार्थ भी है, क्योंकि चंद्रगुप्त और ध्रुवस्वामिनी ऐतिहासिक व्यक्तित्व रखते हैं।

चंद्रगुप्त द्वितीय विक्रमादित्य

रामगुप्त के अल्पकालीन राज्य के पश्चात् समुद्रगुप्त का दूसरा पराक्रमी पुत्र चंद्रगुप्त द्वितीय गुप्त साम्राज्य का सम्राट् बना। इस सम्राट् की जानकारी

अभिलेखों, सिक्कों तथा फाहियान द्वारा लिखित विवरण से मिलती है। उसके सिंहासन पर बैठने की तिथि लगभग 380 ई. थी। उसकी माता का नाम दत्तदेवी था। उसका प्रारंभिक नाम चंद्रगुप्त था। बाद में उसने 'विक्रमादित्य' की उपाधि धारण की। गुप्त और वाकाटक अभिलेखों के अनुसार उसके अन्य नाम देवराज या देवगुप्त थे। उसकी प्रथम रानी का नाम कुबेरनागा था, जो एक नागकन्या थी। इसी रानी से उसकी पुत्री प्रभावती गुप्त उत्पन्न हुई। ध्रुवदेवी या ध्रुवस्वामिनी उसकी दूसरी पत्नी थी, जिससे गोविंदगुप्त एवं कुमारगुप्त उत्पन्न हुए। जिस समय चंद्रगुप्त मगध की गद्दी पर बैठा, उस समय रामगुप्त के शिथिल होने से गुप्त साम्राज्य की मान-मर्यादा को धक्का लगा। लेकिन चंद्रगुप्त द्वितीय ने अति कुशलता से अपने पिता के साम्राज्य को संगठित किया—

- **गणराज्यों का विनाश** : पश्चिमोत्तर भारत के कुषाण और अवंति के महाक्षत्रपों के बीच में अनेक छोटे-छोटे गण थे। ये गण स्वतंत्रता-प्रेमी थे, लेकिन किसी विदेशी आक्रमण का सामना करने में असमर्थ थे। अत: चंद्रगुप्त द्वितीय ने पहले इन गणों को पराजित किया।
- **अवंति के क्षत्रपों का अंत** : मध्य भारत के गणों को पराजित करने के पश्चात् चंद्रगुप्त ने उसी दिशा में अपनी विजय-यात्रा जारी रखी और अवंति के क्षत्रपों का विनाश किया। रुद्रसिंह तृतीय के 388 ई.के सिक्के मिलते हैं। इसके बाद का कोई सिक्का नहीं मिलता, क्योंकि वह अंतिम क्षत्रप था, जिसका वध चंद्रगुप्त ने किया था।
- **पूर्वी प्रत्यंतर राज्यों का अंत** : महरौली लौहस्तंभ लेख से यह ज्ञात होता है कि चंद्रगुप्त द्वितीय ने बंग में एक शत्रु संघ का नाश भी किया था। उसने सिंध के सात मुहानों को पार करके भी अनेक राज्य जीते थे। गुप्त साम्राज्य के शत्रु प्रत्यंत, नृपति समतट, दवाक और कामरूप के राजा बंगाल में गुप्त साम्राज्य पर आक्रमण करने के लिए एकत्रित हो गए थे, लेकिन अपनी शक्ति से उनको पराजित कर चंद्रगुप्त ने अपना साम्राज्य असम तक फैला लिया।
- **पश्चिमोत्तर भारत पर आधिपत्य** : चंद्रगुप्त अपने पिता के समान ही कुशल रणनीतिज्ञ सिद्ध हुआ। पूर्व के प्रत्यंत राज्यों को भंग करके उसने पश्चिमोत्तर के कुषाणों पर आक्रमण किया। महरौली के लौहस्तंभ लेख से पता चलता है कि उसने सिंधु नदी की सात सहायक नदियों को पारकर 'वाहल्को' (बल्ख) को पराजित किया। कई शताब्दियों तक शक भारतीय राजनीति की बहुत बड़ी समस्या बने रहे। 57 ई. पू. में उज्जयिनी के विक्रमादित्य ने शकों को हराकर संवत् का प्रवर्तन किया था उसी के अनुकरण पर चंद्रगुप्त द्वितीय ने उत्तरापथ और अवंति के शक राज्यों का उच्छेद करके 'विक्रमादित्य' की उपाधि धारण की। अपने प्रताप और बल से चंद्रगुप्त ने अपना आधिपत्य स्थापित किया। वैसे कुछ इतिहासकार विक्रम संवत चलाने वाले चंद्रगुप्त और चंद्रगुप्त द्वितीय को एक ही व्यक्ति मानते हैं।
- **दक्षिण पथ** : समुद्रगुप्त के काल में ही संभवत: दक्षिण के राज्यों ने स्वतंत्र होने का प्रयास आरंभ किया होगा। लेकिन चंद्रगुप्त द्वितीय ने सम्राट् बनते ही यहां के विरोध को दबाकर फिर से अपना आधिपत्य सुदृढ़ किया।

चंद्रगुप्त द्वितीय के समय में गुप्त साम्राज्य अपनी शक्ति की चरम सीमा तक पहुंच गया था। समुद्रगुप्त द्वारा विजित दक्षिण के राजा अविकल रूप से चंद्रगुप्त की अधीनता भी स्वीकार करते थे। शक-महाक्षत्रपों और गांधार-कांबोज के शक-मुरूंडों के परास्त हो जाने से गुप्त साम्राज्य का विस्तार पश्चिम में अरब सागर तक हिंदूकुश के पार वक्षु नदी तक हो गया था।

चंद्रगुप्त द्वितीय के नवरत्न		
व्यक्ति	**क्षेत्र**	**उल्लेखनीय कार्य**
धन्वंतरि	चिकित्सा	आयुर्वेद
कालिदास	साहित्य	मेघदूत
अमर सिंह	व्याकरण	अमरकोश
क्षपणक	ज्योतिष	ज्योतिषशास्त्र
वेतालभट्ट	मांत्रिक	मंत्रशास्त्र
वररुचि	व्याकरण	व्याकरण (संस्कृत)
शंकु	स्थापत्य	शिलाशास्त्र
घटकर्पर	काव्य	काव्यरचना
वराहमिहिर	गणित	गणित और ज्योतिष

उपाधियां

चंद्रगुप्त की उपाधि केवल 'विक्रमादित्य' ही नहीं थी, बल्कि उन्होंने 'सिंह विक्रम' 'सिंह चंद्र', 'साहसांक', 'विक्रमांक', 'देवराज' आदि अनेक उपाधियां भी धारण कीं। अनेक सिक्कों पर उसे सिंहों से लड़ता हुआ दिखाया गया।

सिक्के

मुद्रा-निर्माण की ओर भी चंद्रगुप्त द्वितीय की विशेष रुचि थी। उसने **सोने के सिक्कों** के साथ-साथ **चाँदी एवं तांबे के सिक्के** भी प्रचलित किए, जो शक क्षत्रपों की मुद्राओं से प्रभावित थे। चंद्रगुप्त द्वितीय के अनेक चाँदी के सिक्के भी मिले हैं, इनमें सम्राट् के अर्धशरीर (बस्ट) की मूर्ति है और दूसरी ओर गरुड़ का चित्र है।

चित्रों के अनुसार मुद्रा के प्रकार

1. इनके एक ओर धनुष बाण लिए हुए चंद्रगुप्त द्वितीय की खड़ी हुई मूर्ति है और साथ में गरुड़ ध्वज है। दूसरी ओर लक्ष्मी की मूर्ति, जो कमलासन पर बैठी हुई हैं।
2. इन सिक्कों पर एक ओर खड़े हुए राजा की मूर्ति है, जिसका एक हाथ तलवार की मूठ पर है और पीछे वामन छत्र लिए खड़ा है और दूसरी ओर कमल पर खड़ी लक्ष्मी की मूर्ति है।
3. कुछ सिक्कों पर सम्राट् की पर्यंक (बिस्तर) पर बैठी हुई मूर्ति है और उसके दाएं हाथ में कमल है और बायां हाथ पर्यंक पर टिका है। सिक्के के दूसरी ओर सिंहासन पर बैठी लक्ष्मी का चित्र है।
4. इनमें एक ओर सम्राट् को धनुष-बाण द्वारा सिंह को मारते हुए दिखाया गया है और दूसरी ओर सिंह पर विराजमान लक्ष्मी की मूर्ति है।
5. कुछ सिक्कों पर घोड़े पर विराजमान सम्राट् का चित्र है। दूसरी ओर आसन पर विराजमान लक्ष्मी की मूर्ति है, जिसके हाथ में कमल का फूल है।

धर्म

गुप्त सम्राट् वैष्णव धर्म का पालन करते थे। विष्णु का वाहन गरुड़ था और राष्ट्रध्वज का चिह्न भी गरुड़ था। उदयगिरि गुफा में विष्णु और लक्ष्मी से संबंधित अनेक मूर्तियां मिली हैं। वहाँ वराह अवतार की भी एक वृहद् मूर्ति

विद्यमान है। दूसरी गुफा शंभु को समर्पित है। मथुरा के शिलालेख से माहेश्वर नामक एक शैव संप्रदाय का भी पता चला है। चंद्रगुप्त द्वितीय धर्म सहिष्णु था। उसका मंत्री वीरसेन शैव था।

राजधानी

चंद्रगुप्त की राजधानी प्रायः पाटलिपुत्र को माना जाता है। परंतु जब शकों ने आक्रमण की तैयारी की, तो उसने गुप्त साम्राज्य की अस्थायी राजधानी पूर्वी मालवा में विदिशा बनाई। शकों के प्रभाव के पश्चात् उसकी राजधानी उज्जैन हो गई। चंद्रगुप्त द्वितीय को लेखों में 'श्रेष्ठतम नगर उज्जैन का स्वामी' और 'सर्वश्रेष्ठ नगर पाटलिपुत्र' का स्वामी कहा गया है। संभवतः पश्चिमोत्तर क्षेत्र में विजय-अभियान के समय 'अयोध्या' भी उसकी राजधानी रही थी। वसुबंधु की जीवन कथा में भी इस बात का उल्लेख है। कुछ विद्वान् मानते हैं कि चंद्रगुप्त ने उज्जैन से उत्तरी भारत की ओर जाने वाले राजमार्ग पर स्थित 'कौशांबी' भी अपनी अस्थायी राजधानी बनाई थी। चंद्रगुप्त द्वितीय के तांबे के सिक्के प्रायः अयोध्या के पास पाए गए हैं।

चंद्रगुप्त द्वितीय का मूल्यांकन

समुद्रगुप्त के पश्चात् भारत की अक्षुण्णता को बनाए रखने में सर्वाधिक योगदान चंद्रगुप्त द्वितीय का रहा है। वह अपने पिता के समान अदम्य योद्धा था। दोनों ही प्रखर साम्राज्यवादी थे। जिस प्रकार समुद्रगुप्त ने 'संपूर्ण पृथ्वी की विजय' के लिए अनेक युद्ध किए, उसी प्रकार चंद्रगुप्त द्वितीय ने भी अपने साम्राज्य विस्तार के लिए अनेक युद्ध लड़े और विजयी भी हुआ। उसने शकों और कुषाणों आदि, विदेशी शासकों की शक्ति का पूर्णतः ह्रास कर दिया। देशी सत्ता का परचम बंगाल तक फहरा दिया।

चंद्रगुप्त द्वितीय ने वाकाटक और नाग वंशों द्वारा आरंभ किए गए भारतीय एकल राष्ट्र के अभियान को पूरा करने में विजय पाई। शकों को पराजित करने के कारण उसे 'शक्रादित्य' कहा गया। विदेशियों को पराजित करने के लिए उसको 'विक्रमादित्य' की उपाधि प्राप्त हुई, जिसका वह पूर्णतः हकदार था। 'विक्रमादित्य' के अतिरिक्त वह 'विक्रमांक', 'अजितविक्रम', 'सिंहविक्रम', 'सिंहचंद्र', 'नरेंद्रचंद्र' आदि उपाधियों को धारण करने वाला था।

चंद्रगुप्त द्वितीय साहित्य व कला का पोषक था। वह स्वयं विद्यानुरागी था। महाकवि कालिदास ने लिखा है कि परस्पर विरोधी स्थानों में रहने वाली देवी लक्ष्मी और सरस्वती ने इस नरेश में अपना निवासस्थान बना लिया था। 'काव्य मीमांसा' के रचयिता राजशेखर ने कहा कि सम्राट् ने अपने अंतःपुर में एकमात्र संस्कृत भाषा के प्रयोग की आज्ञा दे रखी थी। सुबंधु ने भी अपने ग्रंथ 'वासवदत्ता' में विक्रमादित्य के काव्य-प्रेम की प्रशंसा करते हुए लिखा है कि उसके निधन से काव्य का ह्रास हो गया।

वह कवियों तथा कलाकारों का संरक्षक था। उसके दरबार में नवरत्न धन्वंतरि, क्षपणक, उदय सिंह शंकु, वेतालभट्ट, घटकपर्र, कालिदास, वराहमिहिर तथा वररुचि रहते थे। कालिदास अत्यंत प्रसिद्ध कवि हैं, जिनकी रचनाएं रघुवंश, मेघदूत, कुमारसंभव, ऋतु-संहार, अभिज्ञान शाकुंतलम् आदि हैं। विक्रमादित्य का संधिविग्राहक मंत्री वीरसेन एक उच्चकोटि का व्याकरणाचार्य, नैयायिक, राजनीतिज्ञ एवं कवि था। राजशेखर की 'काव्य मीमांसा' से प्रतीत होता है कि उज्जैयिनी और पाटलिपुत्र में विशेषज्ञ परिषदें थीं, जो काव्यकारों की परीक्षा लिया करती थीं।

कूटनीतिज्ञ

चंद्रगुप्त विद्वान् होने के साथ-साथ एक कूटनीतिज्ञ भी था। अपने भाई रामगुप्त की पत्नी एवं वंश की मर्यादा की रक्षा के लिए उसने शकपति के पास महिला वेश-भूषा में जाकर उसकी हत्या कर दी। तदुपरांत अपनी प्राण रक्षा के लिए रामगुप्त के समक्ष पागल होने का नाटक कर उसकी भी हत्या कर दी। यह कूटनीति के परिचायक तत्त्व हैं। वैवाहिक कूटनीति के अंतर्गत अपने विवाहों के पश्चात् अपनी पुत्री प्रभावती गुप्त का विवाह वाकाटक सम्राट् रुद्रसेन के साथ तथा पुत्र कुमारगुप्त का विवाह कदंबवंशीय राजकुमारी के साथ करके अपनी राजनीतिक स्थिति को सुदृढ़ बना लिया। वह राजनीति का प्रकांड विद्वान् था तथा परिस्थितिनुकूल कार्य करता था।

चंद्रगुप्त द्वितीय की अंतिम ज्ञात तिथि गुप्त संवत् 93 (412-413) है और उसने इस तिथि के बाद बहुत देर तक शासन नहीं किया, क्योंकि उसके पुत्र कुमारगुप्त का शासन संवत् 96 (415-16) में प्रारंभ हो गया था। चंद्रगुप्त द्वितीय ने लगभग 32 वर्ष भारत पर राज्य किया।

फाहियान का वर्णन

प्राचीन भारत में समय-समय पर अनेक विदेशी यात्री भारत-भ्रमण के लिए आए। उन्होंने भारत की संपूर्ण दशा का वर्णन लिखकर अपने पास रखा। उस काल के इतिहास को जानने के लिए ये वृत्तांत एक अच्छा स्रोत हैं। फाहियान एक चीनी यात्री था, जो चंद्रगुप्त द्वितीय के काल में भारत आया था। वह बचपन में अनाथ हो गया था, अतः सांसारिक बातों से विमुख होकर वह बौद्ध भिक्षु बन गया था। चीनी भाषा में 'फा' का अर्थ 'धर्म' और 'हयान' का अर्थ आचार्य है। अतः फाहियान का शाब्दिक अर्थ है 'धर्माचार्य'। बौद्ध धर्म के धार्मिक स्थलों की दर्शनाभिलाषा उसे भारत लाई थी। 15 वर्षों की यात्रा के बाद वह भारत पहुंचा। पाटलिपुत्र में तीन वर्ष रहा और छह वर्षों तक भारत-भ्रमण कर स्वदेश लौटा। उसके वृतांत अनुसार भारत की राजनीतिक, सामाजिक, आर्थिक स्थिति का विवरण निम्नानुसार है—

राजनीतिक दशा

फाहियान के अनुसार चंद्रगुप्त द्वितीय का शासन श्रेष्ठ और जनकल्याणकारी था। राज्य का जन-जीवन में हस्तक्षेप कम था तथा लोग स्वतंत्रतापूर्वक अपना व्यवसाय करते थे। क्रय-विक्रय में कौड़ियों का प्रयोग होता था। समस्त साम्राज्य का प्रशासन पाटलिपुत्र से संचालित होता था। समस्त शक्तियां केंद्रीभूत थी। शासन चलाने के लिए एक मंत्रिमण्डल था। इनका पद प्रायः पैतृक होता था। प्रशासन की सुविधा के लिए संपूर्ण साम्राज्य प्रांतों में विभाजित था, जिन्हें देश या '**भुक्ति**' कहते थे और इसके अधिकारी को '**उपरिक**' कहा जाता था, जो राजपरिवार का ही होता था। राज्य की आय का स्रोत भूमिकर था, जिसे 'उद्रंग' कहते थे। यह उपज का 16 प्रतिशत भाग होता था। वट, भृत, धान्य (अनाज कर), मूल्यवान धातुओं पर कर, न्याय शुल्क अर्थदंड, भोग कर (व्यापारिक वस्तुओं पर) आदि अन्य कर थे। अधिकारियों को राज्य की ओर से वेतन मिलता था और वह निष्ठा तथा ईमानदारी से काम करते थे। देश में शांति एवं व्यवस्था थी। चोरी या लूट आदि की घटनाएं नहीं होती थीं। फाहियान वर्षों तक भारत घूमता रहा, परंतु किसी प्रकार की लूटपाट का उसे सामना नहीं करना पड़ा। अतिथियों का पूर्ण सम्मान होता था। सारिपुत्त, मोग्गलान, अभिधम्म,

आनंद, विनय व सुत्तों के सम्मान में पेगोडा बनाए जाते थे। आम जनता सुख और शांति का जीवन व्यतीत करती थी।

सामाजिक दशा

गुप्त काल भारत का स्वर्णिम युग था। यह शांति, समृद्धि, सुव्यवस्था, उदारता, सहिष्णुता, विद्यानुराग एवं ललित, कलाओं के संरक्षण में सामाजिक सृजन का वातावरण था। फाहियान के अनुसार, इस युग के लोगों में अतिथि सत्कार, सदाचारिता, दान, उच्च नैतिकता आदि गुण विद्यमान थे। लोग ईमानदार थे। लेन-देन के लिए लिखा-पढ़ी नहीं होती थी। मदिरापान बुरा माना जाता था। लोग मांस, लहसुन और प्याज नहीं खाते थे। शक, पल्लव, हूण, यूनानी व कुषाण आदि विदेशी भी भारतीय रंग में रंग गए थे। समाज वर्ण व्यवस्था पर आधारित था। ब्राह्मण, क्षत्रिय, वैश्य और शूद्र वर्णों के साथ ब्रह्मचर्य, गृहस्थ, वानप्रस्थ तथा संन्यास आश्रम का प्रचलन था। संयुक्त परिवार प्रथा का प्रचलन था। दास प्रथा भी थी। ये खरीदे और बेचे जाते थे। परदे की प्रथा थी। स्त्रियां पुरुषों के साथ-साथ सामाजिक कार्य में भी भाग लेती थीं। समाज में एक विवाह प्रथा थी, परंतु उच्च वर्ग में बहुपत्नी प्रथा भी थी। विभिन्न जातियों में अंतर्जातीय विवाह होते थे। समाज में अनुलोम और प्रतिलोम विवाह प्रचलित थे। स्त्री और पुरुष दोनों सूती वस्त्र पहनते थे। ऊनी और रेशमी वस्त्र भी प्रयोग किए जाते थे। पुरुष एक ऊपरी वस्त्र तथा नीचे धोती पहनते थे। स्त्रियां साड़ी, लुंगी व चोली धारण करती थीं। कुछ स्त्रियां छोटा घाघरा व दुपट्टा भी पहनती थीं। महिलाएं एवं पुरुष श्रृंगारप्रिय थे। नाना प्रकार के उबटन और चंदन पाउडर प्रयुक्त किया जाता था। फाहियान को भी एक उत्सव में इत्र लगाया गया। केशों में सुगंधित तेल लगाया जाता था। आभूषणों में बालियां, मोतियों की मालाएं, चंपाकली, बाजूबंध, चूड़ियां व अंगूठियों का प्रचलन था। नथ का प्रयोग नहीं होता था।

आर्थिक दशा

फाहियान के अनुसार इस काल में देश धन-धान्य से भरपूर था। लोग आर्थिक रूप से सुदृढ़ थे। उनका मुख्य व्यवसाय कृषि था। गेहूं, दाल, चावल, जूट, मक्का, कपास, विभिन्न फल व सब्जियां, मसाले, सुपारी, नील आदि की खेती की जाती थी। कपड़ा उद्योग भी प्रचलित था। रेशमी वस्त्र बनारस व मथुरा में बनाए जाते थे। धातुओं को गलाकर विभिन्न वस्तुएं बनाई जाती थीं। महरौली का लौहस्तंभ उस युग की धातुकला का सर्वश्रेष्ठ उदाहरण है, जो शताब्दियों के बाद भी जंगरहित है। विभिन्न प्रकार के रत्नों से आभूषण बनाए जाते थे। गुप्तकाल में जल व स्थल दोनों मार्गों से व्यापार होता था। व्यापार के प्रमुख केंद्र विदिशा, उज्जैन, मथुरा, साकेत, प्रयाग, बनारस, गया, ताम्रलिप्ति, भृगुकच्छ (भड़ौच), पुष्पपुर आदि थे। रोमन साम्राज्य को श्रृंगार प्रसाधन की विभिन्न वस्तुएं भेजी जाती थीं। चीन से रेशमी वस्त्र आता था। व्यापार-विनिमय में विभिन्न प्रकार के सोने, चाँदी व तांबे के सिक्कों का प्रयोग किया जाता था।

धार्मिक दशा

इस चीनी यात्री ने भारत की धार्मिक दशा का वर्णन भी किया है। उसके अनुसार ब्राह्मण धर्म का महत्त्व अधिक था। चंद्रगुप्त द्वितीय वैष्णव धर्म का पालन करता था। परंतु भारत के कुछ भागों में बौद्ध धर्म का प्रभाव बहुत था। तक्षशिला, गांधार और पेशावर में भी अनेक बौद्ध विहार तथा हजारों बौद्ध भिक्षु थे। पंजाब, मथुरा, श्रावस्ती, लुंबिनी, वैशाली, नालंदा, गया, बोधगया और राजगृह की यात्राओं में भी उसने अनेक बौद्ध विहार देखे। वैदिक धर्म के पालन के साथ-साथ देश में बौद्ध धर्म के अनुयायी भी बहुत थे। अतः यह स्पष्ट हो जाता है कि वह काल धर्मनिरपेक्ष राजतंत्र का था।

शिक्षा

गुप्तकाल में शिक्षा की भी पूर्णतः व्यवस्था थी। राज्य की ओर से सुसंगठित संस्थाओं का अभाव था, लेकिन गुरुओं ने अपने आश्रम स्थापित किए हुए थे। इन आश्रमों में विद्यार्थी निवास करते थे और शिक्षा ग्रहण करते थे। पूजा-पाठ, दान-दक्षिणा तथा राज्य के सहयोग से उनका आश्रम चलता था। प्रमुख शिक्षा केंद्र पाटलिपुत्र, पद्मावती, मथुरा, उज्जैयिनी, अयोध्या, वत्सगुल्म वाराणसी, नासिक व कलसी थे। मंत्र, सूत्रों व भाष्यों में अयोध्या के विद्वान् बहुत प्रसिद्ध थे। तक्षशिला की बजाय नालंदा एक महान् विश्वविद्यालय के रूप में विकसित होने लगा। भूमरा (मध्य प्रदेश) का शिव मंदिर, नचना कुठार (मध्य प्रदेश) का पार्वती मंदिर, भीतरगाँव (कानपुर) का मंदिर, भितरी का ईंटों का मंदिर, शिरपुर का लक्ष्मण मंदिर, देवगढ़ का दशावतार मंदिर, उदयगिरि का विष्णु मंदिर, इस काल की देन हैं। इस काल में बौद्ध धर्म के भी अनेक विहार, स्तूप, चैत्य निर्मित किए गए थे। सारनाथ में गुप्तकालीन अनेक बौद्ध विहार, साँची और बोधगया के बौद्ध मंदिर भी गुप्तकालीन हैं। उदयगिरी के पहाड़ों को काटकर वैष्णव और शैवमत की मूर्तियां बनाई गई थीं। अजता, एलोरा (महाराष्ट्र), बाघ (मध्य प्रदेश) की गुफाएं भी पहाड़ी को काटकर बनाई गई हैं। दक्षिणी भारत की भोगलराजपुटम और अखन्न-मदन्न की गुफाएं भी गुप्तकाल में निर्मित की गई थीं। इस काल में प्रस्तर और ध्वज स्तंभ भी निर्मित किए गए। देवगढ़ के दशावतार के मंदिर का शिखर 40 फीट ऊँचा था।

फाहियान के अनुसार, इस युग में कोई भी क्षेत्र ऐसा न रह गया था, जिसमें उन्नति अपनी चरम सीमा पर न पहुंच गई हो। साहित्य, कला, विज्ञान, धर्म, समाज, संस्कृति, व्यापार, उद्योग-धंधे, कृषि, शासन व्यवस्था और विदेशों के साथ संपर्क आदि सभी क्षेत्रों में महान् प्रगति हुई थी। गुप्त सम्राटों के उदार दृष्टिकोण, कला-प्रेम और संस्कृति के संरक्षण ने इसमें बहुमुखी प्रतिभाओं का उदय किया था। इन्हीं कारणों से गुप्तकाल को 'भारतीय इतिहास का स्वर्ण युग' माना जाता है। किंतु कुछ ऐसे भी तत्त्व मौजूद थे, जो इस युग के महत्त्व को कम करते हैं। समाज, अर्थव्यवस्था, प्रशासन तथा सेना का स्वरूप सामंतवादी था। अतः गुप्त युग हिन्दू धर्म के पुनरुत्थान का काल था।

कुमारगुप्त (415 ई.)

सम्राट् चंद्रगुप्त द्वितीय की मृत्यु के उपरांत उसका पुत्र कुमारगुप्त राजसिंहासन पर बैठा। उसके काल में गुप्त साम्राज्य की शक्ति स्थिर रही, किंतु अंतिम वर्षों में पुष्यमित्र शुंग के वंशजों ने गुप्त साम्राज्य पर भीषण आक्रमण आरंभ कर दिए। कुमार गुप्त ने वृद्धावस्था एवं अस्वस्थता के कारण आक्रमणकारियों का सामना करने के लिए अपने पुत्र स्कंदगुप्त को राज्य सौंप दिया, लेकिन कुछ विद्वानों का मत है कि युद्ध करते हुए कुमारगुप्त की मृत्यु हो गई और उसके बाद स्कंदगुप्त युद्ध करने के लिए गया और उसने शत्रुओं को पराजित किया। कुमारगुप्त के शासनकाल के अनेक अभिलेख उपलब्ध हो चुके हैं। उनसे यह स्पष्ट होता है कि उसने पिता एवं दादा के राज्य को अक्षुण्ण रखा। उसने अश्वमेघ यज्ञ भी किया था।

कुमारगुप्त ने अनेक सैनिक सिक्के प्रचलित किए। एक सिक्के में एक ओर कार्तिकेय को मोर पर सवार दिखाया गया है और दूसरी ओर राजा मोर का अभिवादन कर रहा है। ऐसा लगता है कि वह कार्तिकेय का परम भक्त था।

स्कंदगुप्त

गुप्त शासनकाल के 136वें वर्ष में स्कंदगुप्त सम्राट् बना। उसने 12 वर्ष तक शासन किया। वह अपने पिता एवं दादा के समान ही पराक्रमी एवं साहसी था। पिता के काल में ही उसने पुष्यमित्रों के वंशजों के आक्रमण से गुप्त साम्राज्य की रक्षा की थी। ऐसा प्रतीत होता है कि उसका राज्यारोहण शांतिपूर्वक नहीं हुआ था। यह तथ्य भितरी प्रस्तर स्तंभ अभिलेख से मिलता है। कुमारगुप्त की मृत्यु के पश्चात् लगता है, भ्रातृहंता युद्ध हुआ था, जिसमें स्कंदगुप्त अपने सब भाइयों और पुरुगुप्त, जो गद्दी का वास्तविक अधिकारी था, को पराजित कर गद्दी पर बैठा। लेकिन कुछ विद्वानों का मत है कि स्कंदगुप्त ने कुमारगुप्त के जीवन काल में ही साम्राज्य की बागडोर संभाल ली थी, क्योंकि कुमारगुप्त वृद्धावस्था में एकांतवासी हो गए थे। स्कंदगुप्त ने 'क्रमादित्य' तथा 'विक्रमादित्य' की उपाधियां धारण कीं। 'आर्यमंजूश्री मूलकल्प' में उसे 'देवराज' तथा कहौम अभिलेख में उसे 'शुक्रोपण' कहा गया है। भितरी अभिलेख तथा जूनागढ़ प्रशस्ति में निम्नलिखित चार प्रकार के शत्रुओं का उल्लेख है, जिन पर स्कंदगुप्त ने विजय पाई—

1. भितरी अभिलेख के पुष्यमित्र।
2. जूनागढ़-प्रशस्ति के शत्रु राजाओं का समूह।
3. हूण या म्लेच्छ।
4. सम्राट् के अन्य पुत्र।

स्कंदगुप्त गुप्तवंश के अंतिम शक्तिशाली सम्राट् थे। उसका साम्राज्य भी उसके पिता एवं पितामह के समान विस्तृत था। वह अति कुशल, प्रभावपूर्ण और शक्तिशाली शासक था। विदेशी आक्रमण के समय भी देश में शांति बनी रही। प्रजा की आर्थिक स्थिति समुन्नत रही। उसके काल में सौराष्ट्र की सुदर्शन झील का बांध टूट जाने से वहाँ की जनता पर बाढ़ आने का खतरा आया। जनसाधारण की बहुत हानि हुई। स्कंदगुप्त ने अपार धन-राशि व्यय करके बांध की मरम्मत करवाई। उसने जनता की आर्थिक सहायता करके उनके कष्टों को दूर किया। जूनागढ़ अभिलेख से ज्ञात होता है कि उसने पर्णदत्त को सौराष्ट्र का गवर्नर नियुक्त किया। देवताओं को संतुष्ट करने के लिए यज्ञ किए गए तथा सुदर्शन झील के पास ही एक विष्णु भगवान् का मंदिर बनाया। स्कंदगुप्त के अभिलेखों से स्थानीय प्रशासन पर भी कुछ प्रकाश पड़ता है। बिहार शिलालेख में अग्रहारिक, शौलिक तथा गौल्मिक नामक अधिकारियों का उल्लेख किया गया है। इनमें से पहले शुल्क वसूल करने वाले थे और दूसरे जंगलों की रक्षा करने वाले। जूनागढ़ अभिलेख से शहरों के प्रधान नगर रक्षक के विषय में वर्णन हैं। चक्रपालित ऐसा ही एक नगर रक्षक था। स्कंदगुप्त अपनी वीरता, जनकल्याण की भावना के कारण विख्यात था। उसकी तुलना इंद्र व राम से की गई है। वह धर्मपरायण एवं सत्यवादी राजा था। उसकी समानता धर्मराज युधिष्ठिर से की गई है। उसकी कुछ मुद्राओं पर 'परहितकार' भी अंकित है। वैष्णव धर्म का पालन करनेवाला स्कंदगुप्त धर्मनिरपेक्ष नीति का अनुसरण करता था 'आर्यमंजूश्री मूलकल्प' के लेखक ने उसको 'उस अधम युग' में शासन करने वाला 'श्रेष्ठ', 'बुद्धिमान' और 'धर्मवत्सल' राजा बतलाया है।

पुरुगुप्त तथा कुमारगुप्त द्वितीय

पुरुगुप्त 467 ई. में सिंहासन पर बैठा। वह स्कंदगुप्त का सौतेला भाई था और कुमारगुप्त की मुख्य रानी अनंतदेवी का पुत्र था। उसके सिक्कों पर 'श्रीविक्रम' और 'प्रकाशादित्य' अंकित हैं। संभवत: उसने ये पदवियां धारण की थीं। इस काल में कुमारगुप्त द्वितीय का उल्लेख भी आता है। वह 474 ई. में राज्य करता था। कुछ विद्वानों का अनुमान है कि वह स्कंदगुप्त का बेटा था। उसे हटाकर पुरुगुप्त ने सिंहासन प्राप्त कर लिया था।

बुद्धगुप्त

पुरुगुप्त का उत्तराधिकारी बुद्धगुप्त था। उसके अनेक उत्कीर्ण लेख मिले हैं। वह 477 ई. में शासन कर रहा था। उसने लगभग 20 वर्ष तक शासन किया। उसके काल में ही हूणों ने शक्ति बढ़ा ली थी और संभवत: स्वतंत्र हो राज्य कर रहे थे। बुद्धगुप्त लगभग 500 ई. तक शासक रहा। उसकी शक्ति तो पहले ही स्थानीय स्वायत्तता की द्योतक प्रवृत्ति के कारण कमजोर हो गई थी। हूणों का आक्रमण, गृहयुद्ध तथा वाकाटकों के आक्रमण ने गुप्त साम्राज्य की जड़ें हिला दी थीं।

अंतिम गुप्त शासक

बुद्धगुप्त के बाद उसका भाई नरसिंहगुप्त राजा बना। उसके बाद कुमारगुप्त तृतीय और विष्णुगुप्त शासक हुए। इन तीनों का साम्राज्य लगभग 570 ई. तक रहा। इसी काल में वैन्यगुप्त तथा भानुगुप्त दो अन्य गुप्त भी हुए हैं। गुप्त वंश के साथ इनका क्या संबंध था, स्पष्ट नहीं है। नरसिंह अंतिम प्रसिद्ध गुप्त सम्राट् था। इसने 'बालादित्य' की उपाधि धारण की थी। उसके काल में ही मालवा में यशोवर्मन ने गुप्त साम्राज्य को महान् क्षति पहुंचाई। उसने अनेक प्रदेशों पर कब्जा कर लिया। इस काल में मिहिरकुल हूण ने भी साम्राज्य पर बार-बार आक्रमण करके कर देने के लिए बाध्य कर दिया। लेकिन नरसिंह बालादित्य ने मिहिरकुल हूण को पराजित किया। नरसिंह गुप्त बौद्ध धर्म का अनुयायी था। लेकिन नरसिंह के बाद कोई भी शक्तिशाली गुप्त सम्राट् नहीं रह गया और धीरे-धीरे गुप्त साम्राज्य का सूर्य अस्त हो गया।

गुप्त कालीन प्रशासन

गुप्त कुषाणों के सामंत थे। जिन्होने उत्तर भारत में मौर्यो के पश्चात् तीसरी-चौथी शताब्दी में सबसे बड़े साम्राज्य का निर्माण किया। गुप्तकालीन अभिलेखों, मुद्रा साक्ष्यों तथा साहित्यिक स्त्रोतों से गुप्तकालीन प्रशासनिक व्यवस्था के विषय में जानकारी मिलती है। गुप्तकालीन प्रशासनिक व्यवस्था विकेंद्रीकरण तथा वंशानुगत राजतंत्र पर आधारित थी। यहाँ तीन सामंती संरचना मौजूद थी और शासन में स्थानीय तत्वों की भूमिका तथा सहभागिता थी।

केन्द्रिय प्रशासन

शासन में सर्वोच्च अधिकारी राजा होता था। जनता की सुरक्षा और वर्णाश्रम धर्म का पालन उसका मुख्य कर्तव्य था। राजत्व का दैवीय सिद्धांत मौजूद था। सम्राट को देवता के समान माना गया। राजा के सहयोग के लिए एक मंत्रिपरिषद् थी और मंत्री राजा के द्वारा नियुक्ति किए जाते थे। मौर्य शासन के विपरित मंत्रियों का पद वंशानुगत होने लगा। मंत्रियों की सहायता के लिए नौकरशाही का गठन किया गया। गुप्तों की नौकरशाही

में 'कुमारामात्य' नामक उच्च प्रशासनिक वर्ग था। इसी वर्ग से विभिन्न क्षेत्रों में अधिकारियों की नियुक्ति की जाती थी। इस काल में अधिकारियों का पद भी वंशानुगत होने लगा और एक ही साथ अन्य पदों पर भी एक ही व्यक्ति की नियुक्ति की गई। जैसे-हरिषेण संधिविग्रहक के साथ-साथ 'महादंडनायक' के पद पर भी था। यह स्थिति साम्राज्य की संकुचित होती शक्ति की ओर संकेत करती है। अधिकारियों का वेतन नगद और भूमि में दिया जाता था।

गुप्तों के पास एक नियमित सैन्य संगठन नहीं था। सामंतों और अधीनस्थों की सेनाएँ शासक की सहायता करती थी। इसी तरह गुप्तों के यहाँ अश्वरोही सेना का महत्व बढ़ गया। अश्व सेना के प्रधान को 'महाश्रपति' कहा जाता था। गज सेना के प्रधान को 'महापीलुपति' कहा जाता था।

गुप्त काल में न्यायिक प्रणाली विकसित थी। यहाँ पहली बार दीवानी और फौजदारी कानूनों को स्पष्ट रूप से परिभाषित किया गया और विधि ग्रंथों संकलन हुआ। 'नारद', 'वृहस्पति' जैसे स्मृतिकारों ने संपति अधिकारों की विवेचना की। न्यायिक प्रणाली में वर्ग व्यवस्था को आधार माना गया और अपराधियों से दिव्य परीक्षा ली जाती थी। गुप्तकालीन न्यायिक प्रणाली को सामाजिक-आर्थिक परिवर्तनों के परिप्रेक्ष्य में देखा गया। भूमिदान प्रथा से एक नये सामंत वर्ग का उद्भव हुआ और अपने अधिकारों को अधीनस्थों पर लागू करने के लिए न्यायिक प्रणाली उपयुक्त माध्यम बना। भूमिदान से भूमि विवादों का जन्म हुआ और इसके समाधान के लिए कानून की स्पष्ट व्याख्या की गई।

गुप्तकाल में आय का प्रमुख स्त्रोत भू-राजस्व था। इसे 'भाग' कर या 'उद्रंग' कहा जाता था। जो उपज का 1/6 होता था। यह कर अनाज और नकद दोनों में लिया जाता था। आय के अन्य स्त्रोत जुर्माना, उपहार, शुल्क आदि थे। राजा को भूमिकर प्रत्यक्ष रूप से न मिलकर ब्राह्मणों एवं सामंतों के माध्यम से मिलता था। जिससे राजकोष पर प्रतिकूल प्रभाव पड़ा।

प्रांतीय प्रशासन

शासन की सुविधा के लिए गुप्त साम्राज्य अनेक 'राष्ट्रों' अथवा 'देशों' में विभक्त था। प्रत्येक 'देश' में अनेक 'भुक्तियाँ' होती थी। 'भुक्ति' से छोटी इकाई 'विषय' थी। सौराष्ट्र, सुकुली (मध्य भारत) इत्यादि राष्ट्र थे। राष्ट्रों का शासक 'गोप्ता' होता था।

अभिलेखों में तीर भुक्ति (तिरहुत) और मालवा भुक्ति (मध्यप्रदेश), पुंड्रवर्धन (उत्तरी बंगाल) इत्यादि के नाम मिलते हैं। 'भुक्ति' का प्रधान 'उपरिक' कहलाता था। भुक्ति से छोटी इकाई 'विषय' थी, जिसका प्रधान विषयपति कहलाता है। 'राष्ट्रों में' राजकुमार अथवा अत्यंत योग्य कर्मचारी नियुक्त किए जाते थे। इनकी नियुक्ति सम्राट द्वारा की जाती थी। स्कंदगुप्त के समय सौराष्ट्र का प्रमुख पर्णदत्त के पुत्र चक्रपालित ने सुदर्शन झील की मरम्मत करवायी। 'विषयपति' के माध्यम से विषय का शासन किया जाता था। इसकी नियुक्ति राज्यपाल स्वयं करता था और सहायता के लिए चार सदस्यों की 'विषय परिषद्' को एक समिति होती थी। इस परिषद् के सदस्य 'सार्थवाह', 'प्रथम कुलिक', 'प्रथम कायस्थ' तथा 'नगरश्रेष्ठि' होते थे। विषय को 'वीथियों' में बाँटा गया था। वीथि की समिति से भू-स्वामियों एवं सैनिक कार्यों से संबद्ध व्यक्तियों को रखा गया था।

स्थानीय प्रशासन

'ग्राम' प्रशासन की सबसे छोटी इकाई थी। इसका कार्य ग्राम सभा द्वारा संपादित होता था। ग्राम सभा का मुखिया ग्रामिक या मुखिया कहलाता था। अन्य सदस्य 'महत्तर' कहलाते थे, जो गाँव के प्रतिष्ठित कुलीन होते थे। ग्राम सभा का मुख्य कार्य सभा गृह का निर्माण, सरोवर निर्माण, अन्य व्यक्तियों के लिए भोजन एवं वस्त्र का प्रबन्ध करना, सफाई करना इत्यादि।

नगर प्रशासन स्थानीय शासन का अंग था। नगर का प्रमुख 'नागरक' कहलाता था। कहीं-कहीं इसे 'पुरपाल' या 'द्रांगिक' भी कहते थे। नगर प्रशासन के लिए नगर परिषद् मौजूद थी, जिसमें व्यावसायिक समूह की भागीदारी होती थी। नगर के प्रमुख का कर्तव्य था नगर की रक्षा करना तथा दुष्टों का दमन करना। इन अधिकारियों का व्यवहार नगरवासियों के साथ सहानुभूति तथा आत्मीयता से परिपूर्ण था। गिरनार का प्रधान अधिकार 'चक्रपालित' यहाँ के नागरिकों को पुत्र के समान मानता था। स्थानीय विवादों का निपटारा करने के लिए समितियाँ थी। जिनमें 'श्रेणी', 'पूग' एवं 'कुल' उल्लेखनीय थी।

गुप्तकाल में सांस्कृतिक विकास

गुप्तकाल को सांस्कृतिक विकास का काल माना जाता है। इस काल में साहित्य, शिक्षा, विज्ञान, कला तथा दर्शन के क्षेत्र में अद्भुत प्रगति देखी गई। इस कारण अनेक विद्वानों ने गुप्तकाल को स्वर्णयुग माना है।

साहित्य

गुप्तकाल में साहित्य एवं संस्कृत भाषा के विकास में अभूतपूर्व प्रगति देखी गई। गुप्तकाल में संस्कृत भाषा राजकीय भाषा थी, जो अभिजात्य वर्ग की प्रमुख भाषा बन गई। अतः संस्कृत भाषा का पर्याप्त विकास हुआ इस काल में संस्कृत भाषा में अनेक नाटक, धार्मिक ग्रंथों एवं प्रशस्तियों की रचना हुई। कालिदास ने 'रघुवंशम', 'मेघदूत', 'अभिज्ञान शाकुंतलम्' जैसे ग्रंथों की रचना की। इनकी काव्य शैली यूरोपियों को शेक्सपियर के समान दिखायी पड़ी। अतः कालिदास को भारत का शेक्सपियर कहा गया। कालिदास ने संस्कृति भाषा में जिस साहित्य का सृजन किया, वस्तुतः वही साहित्य आज संस्कृत भाषा को जीवित बनाए हुए है। कालिदास के ग्रंथों में कुलीन वर्ग के पात्र संस्कृत भाषा का प्रयोग करते हैं।

जबकि सामान्य लोग एवं स्त्रियाँ प्रकृति भाषा का प्रयोग करते हैं। शूद्रक ने 'मृच्छकटिकम' नामक ग्रंथ लिखा, जिससे तत्कालीन समाज में मौजूद भ्रष्टाचार पर प्रकाश पड़ता है। विशाखादत्त ने 'मुद्राराक्षस' और 'देवीचंद्रगुप्तम्' जैसे नाटकों की रचना की। वात्सयायन ने 'कामसूत्र' की रचना की, जिसमें कलाओं के 64 रूप का उल्लेख किया गया है। विष्णुशर्मा ने 'पंचतंत्र' पुस्तक की रचना की, जो नैतिक मूल्यों से युक्त है। कामांदक ने 'नीतिसार' की रचना की, जिसमें कौटिल्य की शिक्षाओं को आधार बनाया गया है। इस काल की अन्य साहित्यिक उपलब्धियों में प्रमुख भास का 'वासवदत्ता', आर्यभट्ट का 'आर्यभटीय', अमर सिंह का 'नारद स्मृति' एवं 'अमर कोश', वराहमिहिर की 'वृहत्संहिता' है।

गुप्त काल में ही रामायण एवं महाभारत का अंतिम रूप से संकलन हुआ। अनेक पुराणों की रचना इसी काल में हुई, जिससे अनेक भारतीय शासकों की वंशावलियों की स्पष्ट जानकारी प्राप्त होती है। नारद, कात्यायन, पराशर और वृहस्पति जैसे स्मृतिकारों ने स्मृतिग्रंथों की रचना

की, जो सामाजिक विधि-विधान की पुस्तक मानी जाती है। वृहस्पति को प्रथम विधि-निर्माता माना जाता है। गुप्त काल में कई बौद्ध ग्रंथों की भी रचना की गई, जैसे-असंग की योगाचार भूमिशास्त्र, वसुबंध की अभिधम्मधोष आदि। गुप्त काल में अनेक-महत्वपूर्ण अभिलेखों की रचना हुई, जैसे- हरिषेण द्वारा रचित 'समुद्रगुप्त की प्रयास प्रशक्ति', वासुकी द्वारा रचित 'मंदसौर प्रशस्ति' आदि।

शिक्षा

गुप्तकाल में शिक्षा के क्षेत्र में पर्याप्त विकास हुआ। गुप्तकालीन अभिलेखों में 14 प्रकार की विद्याओं का उल्लेख है, जिनकी शिक्षा दी जाती थी। नालंदा, वल्लभी, पाटलिपुत्र, मथुरा, काशी तथा उज्जैन इस काल के प्रमुख शिक्षा के केंद्र थे। कुमार गुप्त ने पाँचवीं शताब्दी में नालंदा महाविहार की स्थापना की थी। इन शिक्षा केंद्रों पर दूर-दूर से लोग शिक्षा ग्रहण करने के लिए आते थे। गुप्तकाल में शिक्षा का उद्देश्य व्यक्तित्व का विकास और नैतिक मूल्यों को प्राप्त करना था। यहाँ गुरुकुल शिक्षा पद्धति प्रचलित थी। फाहियान ने भी लिखा कि "मौखिक शिक्षा ही अधिक प्रचलित थी। शिक्षा मुख्यतः प्रश्नोत्तर, वार्तालाप पद्धति से दी जाती थी। पाठ्यक्रम में वेद, पुराण, धर्मशास्त्र, अर्थशास्त्र, आयुर्वेद प्रमुख रूप से शामिल थे। राजदरबार के लोगों को विशेष गुरुकुल में शिक्षा दी जाती थी और शिक्षण संस्थाओं को राजा की तरफ से दान दिया जाता था।"

विज्ञान एवं तकनीक

गुप्तकाल को विज्ञान और तकनीक के विकास का काल माना जाता है। गणित, ज्योतिष, रसायन, परमाणु विज्ञान के क्षेत्र में उल्लेखनीय विकास हुआ। इस काल के प्रमुख गणितज्ञ आर्यभट्ट ने सूर्यग्रहण एवं चंद्रग्रहण के संदर्भ में स्थितियों को स्पष्ट करते हुए पृथ्वी की परिधि का मान बतलाकर स्पष्ट किया कि पृथ्वी अपनी धुरी पर घूमती है। अपनी पुस्तक 'आर्यभट्टीय' में उन्होंने दशमलव प्रणाली का वर्णन किया। वस्तुतः आर्यभट्ट ने गणित को ज्योतिष से अलग कर एक स्वतंत्र विषय बनाया। इसी तरह प्रमुख गणितज्ञ एवं ज्योतिषविद् वराहमिहिर ने 'पंचसिद्धांतिका', वृहत्संहिता 'वृहज्जातक' एवं 'लघुजातक' की रचना की। इसमें ज्योतिष-विज्ञान के सिद्धांतों का उल्लेख किया। इसी काल में ब्रह्मगुप्त ने 'ब्रह्मसिद्धांत' में बताया कि प्रकृति के नियमों के अनुसार सारी वस्तुएँ पृथ्वी पर गिरती है। क्योंकि पृथ्वी का स्वभाव सभी को अपनी ओर आकृष्ट करता है। न्यूटन से पहले ही ब्रह्मगुप्त ने गुरुत्वाकर्षण का सिद्धांत दे दिया था। भास्कर प्रथम खगोलशास्त्री थे, जिनका प्रमुख ग्रंथ 'भास्कराचार्य' है। बौद्ध दार्शनिक नार्गाजुन रसायन व धातुविज्ञान के ज्ञाता थे। उन्होंने रस चिकित्सा की खोज की। पारा की खोज भी इसी काल में हुई थी। 'अष्टांगहृदय' की रचना इसी काल में हुई। हाथियों की चिकित्सा पर हस्तायुर्वेद की रचना की गई। इस काल में धनवंतरि ने आयुर्वेद के क्षेत्र में उल्लेखनीय कार्य किया और शल्य चिकित्सा के संदर्भ में भी विचार दिया। धनवंतरि चंद्रगुप्त द्वितीय के दरबार में थे। गुप्तकालीन धातुकला का सबसे अच्छा उदाहरण मेहरौली का लौह-स्तंभ एवं सुल्तानगंज से प्राप्त ताम्रनिर्मित बुद्ध की प्रतिमा है।

कला

गुप्तकाल में स्थापत्य, चित्रकला एवं मूर्तिकला का विकास भी हुआ। इस काल में कला धर्म से प्रभावित थी। स्थापत्य के क्षेत्र में मंदिर तथा स्तूपों का निर्माण हुआ। इस काल के उल्लेखनीय मंदिर- एरण का वराह एवं विष्णु मंदिर, देवगढ़ का दशावतार मंदिर, भितरगाँव का विष्णु मंदिर आदि है। अधिकांश मंदिर विष्णु के हैं। सारनाथ का विशाल धम्मेख-स्तूप इसी काल का है। स्थापत्य कला का अन्य उदाहरण ब्राह्मण तथा बौद्धगुहा मंदिरों में मिलता है। इस क्षेणी में उदयगिरि का मंदिर, बाघ तथा अजंता की गुफाएँ महत्वपूर्ण है। बाघ तथा अजंता की गुफाओं में बुद्ध एवं उनके जीवन से संबद्ध घटनाओं को दर्शाया गया है। इस काल में मथुरा-मूर्तिकला का विकास तेजी से हुआ। मथुरा, पाटलिपुत्र तथा सारनाथ मूर्तिकला के प्रमुख केंद्र थे। विष्णु की प्रतिमा को मानव आकार दिया गया। गुप्तकालीन चित्रकला के सर्वोत्कृष्ट नमूने अजंता एवं बाघ की गुफाओं से मिलते हैं।

दर्शन

गुप्तकाल में ही **षड्दर्शन का विकास** हुआ। जिनमें न्याय, सांख्य, वैशेषिक, मीमांस, योग आदि है। गुप्तकाल में ही बौद्ध धर्म के दोनों शाखाओं की दो-दो उपशाखाएँ विकसित हुई, महायान की माध्यमिक एवं योगाचार तथा हीनयान की थेरवाद एवं सर्वास्तिवाद शाखाएँ थी।

गुप्त साम्राज्य के पतन के कारण

चंद्रगुप्त प्रथम, समुद्रगुप्त तथा चंद्रगुप्त द्वितीय ने गुप्त साम्राज्य को बहुत परिश्रम एवं बुद्धिमानी से संपूर्ण भारत में फैलाया था, लेकिन परवर्ती गुप्त राजा दुर्बल निकले और पतन की प्रक्रिया को रोक न सके। यह एक आकस्मिक घटना नहीं थी। यह एक क्रमिक प्रक्रिया थी। इस पतन के प्रमुख कारण निम्न हैं—

अयोग्य उत्तराधिकारी

स्कंदगुप्त तक गुप्त साम्राज्य सशक्त रहा, लेकिन उसके बाद के सम्राट् कमजोर शासक निकले। उनमें न तो बल पराक्रम था और न सुयोग्य शासक के गुण ही थे। परिणामस्वरूप केंद्रीय प्रशासन शिथिल पड़ गया और गुप्त काल का सूर्य अस्त हो गया।

विदेशी आक्रमण

इस काल में अनेक विदेशी आक्रमणों ने गुप्त साम्राज्य को हानि पहुंचाई। पुष्यमित्र के वंशजों ने गुप्तों पर आक्रमण कर उनकी प्रतिष्ठा को ठेस पहुंचाई। उससे भी अधिक घातक हूणों का आक्रमण था। इस आक्रमण ने गुप्त सम्राटों की प्रतिष्ठा एवं उनकी अजेयता को सदा के लिए समाप्त कर दिया। पुरुगुप्त के समय से हूणों के हौंसले बहुत बढ़ गए थे। पाँचवीं शताब्दी के अंतिम दिनों में हूणों के अनेक आक्रमण होने लग गए। उत्तरी भारत में उनका शासन स्थापित हो गया था। तोरमाण एवं मिहिरकुल के नेतृत्व में हूणों ने साम्राज्य पर आक्रमण कर गुप्त काल को समाप्ति की ओर धकेल दिया। गुप्त साम्राज्य के पतन में हूणों से भी अधिक महत्त्वाकांक्षी सरदार 'यशोवर्मन' का हाथ था।

नई शक्तियों का उदय

गुप्त साम्राज्य की शक्ति शिथिलता एवं विदेशी आक्रमणों के कारण अनेक देशी राज्य सिर उठाने लगे। इन सब में अधिक शक्तिशाली मालवा का यशोवर्मन था, जिसने गुप्त सम्राट् की अवहेलना करके अनेक प्रदेशों पर अपना आधिपत्य

स्थापित कर लिया। राहु-केतु की तरह यशोवर्मन ने गुप्त साम्राज्य को ग्रास लिया। मंदसौर-स्तंभलेख के अनुसार उसने अपने वंश को 'अलौकिक वंश' कहा है। शक्ति संवर्द्धन कर अपनी स्वतंत्रता घोषित कर दी। उसका साम्राज्य पूर्वी सागर से लेकर लोहित नदी के उनकंठ तक विस्तृत था। उसने इसी काल में संभवत: हूण नरेश मिहिरकुल को भी पराजित किया। उसके इस कदम से अन्य राज्य भी स्वतंत्र होने के लिए कुलबुलाने लगे। फलस्वरूप गुप्तों का अधिकार सिमटकर मगध और निकटवर्ती प्रदेशों तक सीमित रह गया। मौखरी, मैत्रक और गौड़ आदि शक्तिशाली राज्यों का जन्म हो चुका था। दक्षिण भारत में भी गुप्तों का आधिपत्य समाप्तप्राय: हो चुका था।

उत्तराधिकारी के नियम

गुप्तकाल में स्कंदगुप्त के पश्चात् अनेक कारणों से दुर्बलता आने लग गई थी। गुप्त व्यवस्था में सबसे बड़ी कमजोरी उत्तराधिकारी के नियम की थी। समुद्रगुप्त के समय से ही ज्येष्ठ पुत्र को सिंहासन से वंचित कर उसके बदले अन्य राजपुत्र को गद्दी पर बैठाने की जो प्रथा शुरू हुई, तो उसके बाद प्रत्येक उत्तराधिकारी को अनिश्चितता का सामना करना पड़ा एवं गद्दी के लिए संघर्ष करना पड़ा। यहाँ तक गुप्त वंश के असंतुष्ट राजकुमारों, जैसे हरिगुप्त और प्रकाशादित्य ने हूण आक्रमणकारियों का साथ भी दिया। इस प्रकार आंतरिक दृष्टि से साम्राज्य कमजोर पड़ने लगा।

प्रशासनिक कमजोरियां

गुप्त साम्राज्य के पतन का एक प्रमुख कारण वहाँ की प्रशासनिक व्यवस्था थी। समुद्रगुप्त ने अपने साम्राज्य की अनेक सामंती इकाइयों के संघ के रूप में संगठित किया था। गंगा घाटी के बाहर के क्षेत्रों के गणराज्यों को आंशिक स्वतंत्रता प्रदान की गई थी। उसके उत्तराधिकारियों ने भी यही किया। गुप्त साम्राज्य में मालवा की विशेष स्थिति थी। वहाँ के राजा गुप्त साम्राज्य के अधीन होते हुए भी गुप्त संवत् का उल्लेख नहीं करते थे, क्योंकि उन्हें विशेष छूट मिली थी और यह प्रावधान गुप्तों के लिए बहुत घातक सिद्ध हुआ। भूमि अनुदान की प्रथा ने तो स्वतंत्र सामंतों की संख्या में और भी वृद्धि कर दी। ये प्रथाएं केवल सुयोग्य एवं सशक्त सम्राट् ही चला सकता था। बाद के गुप्त शासक अशक्त थे और अधीनस्थ शासकों पर नियंत्रण नहीं रख पाए। इन राजाओं ने समय का औचित्य देखकर गुप्त सम्राटों के विरुद्ध सिर उठाना शुरू कर दिया। दूसरी ओर उनके भाई-बंधु भी उनके विरुद्ध होने लग गए।

आर्थिक कारण

गुप्त साम्राज्य के पतन का एक अन्य प्रमुख कारण आर्थिक भी था। गुप्त काल के पहले से ही भूमि अनुदान की प्रथा चल रही थी, जिसके साथ खानें और नमक का स्वामित्व भी दे दिया गया था। उन्हें कुछ प्रशासनिक अधिकार भी दे दिए गए थे। इससे सम्राट् की शक्ति में ह्रास तो हुआ ही, साथ ही कृषि में भी गिरावट आ गई, क्योंकि नए सामंतों का कृषि पर ध्यान कम हो गया। दूसरी समस्या यह थी कि व्यापार कौड़ियों में होता था। मुद्रा अर्थव्यवस्था के अभाव में भी व्यापार, नगर एवं उद्योग-धंधे पनप नहीं सके। ग्रामीण अर्थव्यवस्था अधिक मजबूत होने लग गई। स्कंदगुप्त के समय से ही सोने के सिक्कों में गिरावट आनी शुरू हो गई थी। विदेशी आक्रमणों ने भी अर्थव्यवस्था पर भयंकर चोट पहुंचाई थी। विदेशी और आंतरिक व्यापार में भी गिरावट आने लग गई थी। इन कारणों से अर्थव्यवस्था चरमरा गई थी।

सामंतों के विद्रोह

प्रयाग-प्रशस्ति के अनुसार समुद्रगुप्त के काल तक सामंत सम्राट् को सब प्रकार के कर देते थे। ये प्रथा चंद्रगुप्त द्वितीय तक चली। इनमें से अधिकतर राजा स्वतंत्र रूप से सामंत विशेष राजनीतिक अधिकारों से विभूषित थे। इन सामंतों ने अनुकूल परिस्थितियों एवं समयानुसार विद्रोहात्मक रवैया अपना लिया। सर्वप्रथम वल्लभी मैत्रक वंश के शासकों ने गुप्त साम्राज्य से स्वयं को स्वतंत्र किया। द्रोण सिंह के उत्तराधिकारियों के अभिलेखों में गुप्त काल का कोई उल्लेख नहीं है। छठी शताब्दी के मध्य तक मौखरियों ने ईशान वर्मा के नेतृत्व में कान्यकुब्ज में एक स्वतंत्र राजवंश की नींव डाली। उसके हरहा लेख 554 ई. में गुप्त सत्ता को स्वीकार करने का कोई उल्लेख नहीं है। ईशान वर्मा ने 'महाराजाधिराज' की उपाधि धारण कर ली। 543 ई. के बाद बंगाल गुप्तों के हाथ से निकल गया। और भी सुदूर प्रांत गुप्तों से स्वतंत्र हो गए।

सैनिक कारण

गुप्त साम्राज्य के पास मौर्यों के समान विशाल कुशल और सुसंगठित सेना नहीं थी। कहीं पर भी गुप्तों की सेना का उल्लेख नहीं है। यहाँ तक कि फाहियान ने भी गुप्त सेना के संख्यात्मक स्वरूप का कहीं उल्लेख नहीं किया। ऐसा प्रतीत होता है कि गुप्त राजाओं को सामंती और अधीनस्थ राजाओं पर ही निर्भर रहना पड़ता था। लेकिन केंद्रीय प्रशासन के दुर्बल हो जाने पर इन राजाओं ने गुप्त सम्राटों की सहायता करनी बंद कर दी। अत: विद्रोही और विदेशी आक्रमणों का सामना करने के लिए गुप्तों के पास कोई सशक्त सेना नहीं थी।

धार्मिक कारण

आरंभ में गुप्त सम्राट् वैष्णव धर्म का पालन करते थे, लेकिन बाद के सम्राटों ने बौद्ध धर्म को अपना लिया। इससे गुप्त सम्राटों ने अपनी साम्राज्यवादी नीतियों को त्याग दिया एवं अहिंसा का मार्ग अपना लिया। इस कारण साम्राज्य की सुरक्षा एवं स्थायित्व खतरे में पड़ गया। बौद्ध नीतियों के कारण गुप्तों की सैन्य कार्यों के प्रति पूर्ण उदासीनता आ गई थी। उन्होंने सेना की ओर ध्यान देना बंद कर दिया। अशक्त सेना के कारण वे अपने साम्राज्य की रक्षा करने में असमर्थ रहे।

साम्राज्य की विशालता

समुद्रगुप्त और चंद्रगुप्त द्वितीय ने गुप्त साम्राज्य की सीमाएं इतनी विस्तृत कर ली थीं कि उसको संभाल पाना कठिन हो गया। उस काल में आवागमन के साधन विकसित नहीं थे। गुप्तचरों का भी अभाव था। अत: इतने विशाल साम्राज्य को संगठित रखना अति कठिन था। योग्य प्रशासकों ने तो इस साम्राज्य की एकता बनाए रखी, लेकिन पूर्वोत्तर शासकों की कमजोरी के कारण यह साम्राज्य गुप्त वंश के हाथ से निकल गया।

गुप्तकालीन दंडनीति

दंडनीति बहुत ही नम्र थी। बड़े-बड़े अपराधों की सजा भी बहुत कठोर नहीं होती थी। अत: अपराधी बेखौफ होकर प्रशासन के प्रति विद्रोह कर देते

थे। साथ ही गुप्त साम्राज्य के पूर्वोत्तर शासकों ने अपनी विदेश नीति में भी परिवर्तन कर दिया। चंद्रगुप्त प्रथम ने लिच्छवी वंश से संबंध बनाए, समुद्रगुप्त ने विदेशी जातियों से तथा चंद्रगुप्त द्वितीय ने वाकाटक, नाग और कदंबों के साथ कूटनीतिक एवं वैवाहिक संबंध स्थापित किए। लेकिन बाद के शासकों ने इस प्रकार के संबंधों को बनाने का कोई प्रयत्न नहीं किया।

प्रशासनिक कमजोरियां

प्रो. रोमिला थापर एवं प्रो. गोयल के अनुसार, गुप्त-साम्राज्य की अवनति एवं पतन का मुख्य कारण वह प्रशासकीय व्यवस्था थी, जिसकी आधारशिला समुद्रगुप्त ने रखी थी। उसने अपने साम्राज्य को अनेक सामंती इकाइयों के संघ के रूप में संगठित किया था। गंगा घाटी के बाहर के क्षेत्रों के राजाओं एवं गणराज्यों को आंशिक स्वतंत्रता प्रदान की गई थी। ये परिव्रजिका एवं उच्चकल्प के रूप में गुप्त-साम्राज्य द्वारा जीते गए विशाल भू-भाग पर अपना सामंती अधिकार बनाए हुए थे। साम्राज्य के प्रमुख केंद्रों पर ही सम्राटों का सीधा नियंत्रण था। गुप्त राजाओं ने जो उपाधियां धारण कीं—परमेश्वर, महाराजाधिराज, परम भट्टारक इत्यादि, उनसे गुप्तों के अधीन सामंतों या अधीनस्थ शासकों का स्पष्ट रूप से पता चलता है। समुद्रगुप्त के उत्तराधिकारी ने भी अधीनस्थ शासकों की संख्या को कम करने के बदले उसमें वृद्धि ही की। गुप्त-साम्राज्य में मालवा की तो विशेष स्थिति थी। वहाँ के राजा गुप्तों के अधीन होते हुए भी गुप्त-संवत् का उल्लेख नहीं करते थे। इससे स्पष्ट हो जाता है कि उन्हें विशेष छूट दी गई थी। मालवा में वंशानुगत शासन करनेवाले राजाओं के अस्तित्व को सहन किया गया था। यह गुप्त शासकों की एक भयंकर भूल थी, जिसका परिणाम उन्हें आगे भुगतना पड़ा। भूमि अनुदान की प्रथा ने तो उन सामंतों की संख्या में और वृद्धि कर दी। ऐसी व्यवस्था सुयोग्य शासक के काल में ही टिक सकती थी। दुर्बल गुप्त शासक इन अधीनस्थ राजाओं को अपने नियंत्रण में नहीं रख सके। मौके का फायदा उठाकर ये स्वतंत्र हो गए। इतना ही नहीं, इनमें से बहुतों ने गुप्तों के विपरीत आक्रमणकारियों एवं नवोदित शासकों का साथ भी दिया। इन सब कारणों के चलते गुप्त-साम्राज्य के पतन की प्रगति तीव्र हो चली। उपरोक्त कारण गुप्त साम्राज्य को लगभग 596 ई. में पतनोन्मुख की ओर ले गया। चंद्रगुप्त प्रथम, समुद्रगुप्त, चंद्रगुप्त द्वितीय और स्कंदगुप्त तक तो यह साम्राज्य सुदृढ़ और संगठित रहा, लेकिन बाद के निर्बल एवं अदूरदर्शी सम्राटों के कारण गुप्त वंश समाप्त हो गया।

महत्वपूर्ण बिंदु

* श्रीगुप्त ने 240 ई. में गुप्त राजवंश की स्थापना की थी।
* गुप्तों के पूना एवं सिद्धपुर ताम्रपत्र अभिलेखों में घटोत्कच को प्रथम गुप्त राजा माना है।
* प्रसिद्ध गुप्त संवत् 319 ई. से शुरू किया गया था।
* चंद्रगुप्त प्रथम (319-335 ई.) महाराज की उपाधि धारण करने वाला प्रथम गुप्त शासक था।
* समुद्रगुप्त का दरबारी कवि 'हरिषेण' था, जिसने इलाहाबाद के प्रयाग प्रशस्ति लेख में समुद्रगुप्त की विजयों का वर्णन किया।
* वी. ए. स्मिथ ने समुद्रगुप्त को 'भारतीय नेपोलियन' कहा।
* समुद्रगुप्त ने महान बौद्ध भिक्षु वसुबंधु को संरक्षण दिया था।
* श्रीलंका के शासक मेघवर्मन ने समुद्रगुप्त से 'गया' में एक बुद्ध मंदिर बनवाने की अनुमति मांगी थी।
* समुद्रगुप्त के प्रयाग अभिलेख में उसे 'लिच्छवी दौहित्र' बताया गया है।
* रामगुप्त ने शक राजा से पराजित होकर प्रजा की रक्षा हेतु अपनी पत्नी ध्रुवदेवी को शक शासक को देना स्वीकार किया था।
* चंद्रगुप्त-II (375-414 ई.) ने नागवंश की राजकुमारी 'कुबेरनागा' से विवाह किया।
* चंद्रगुप्त-II ने उज्जैन को गुप्त साम्राज्य की दूसरी राजधानी बनाया।
* चीनी यात्री फाह्यान (399-411 ई.) चंद्रगुप्त द्वितीय के समय भारत आया।
* फाहियान ने नालंदा में बुद्ध के शिष्य सारिपुत्र की अस्थियों से निर्मित स्तूप का उल्लेख किया है।
* कुमारगुप्त प्रथम के काल में नालंदा विश्वविद्यालय की स्थापना की गई।
* हूणों को परास्त कर स्कंदगुप्त ने विक्रमादित्य की उपाधि धारण की।
* स्कंदगुप्त ने गिरनार पर्वत पर स्थित सुदर्शन झील का पुनरूद्धार किया।
* स्कंदगुप्त ने पर्णदत्त को सौराष्ट्र का गवर्नर नियुक्त किया।
* अंतिम गुप्त शासक भानुगुप्त था।
* गुप्तों के समय में भू-राजस्व कुल उत्पादन का $\frac{1}{4}$ से $\frac{1}{6}$ भाग तक हुआ करता था।
* सती होने का प्रथम अभिलेखीय साक्ष्य 510 ई. के भानुगुप्त के एरण अभिलेख से मिलता है।
* अजंता की गुफाएँ बौद्ध धर्म की महायान शाखा से संबंधित है।

अध्याय 9

हर्षवर्धन : उत्तर भारत का अंतिम महान हिन्दू शासक

[हर्षवर्धन के काल की सांस्कृतिक उपलब्धियाँ]

हर्षवर्धन

हर्षवर्धन अंतिम हिंदू सम्राट् था, जिसने पंजाब छोड़कर शेष समस्त उत्तरी भारत पर राज्य किया। हर्षवर्धन से पूर्व छठी शताब्दी ई. के मध्यकाल की भारतीय राजनीतिक दशा अति शोचनीय थी। गुप्त वंश के पतन के बाद देश की शक्तियों का विकेंद्रीकरण होने लग गया था। उत्तरी भारत का विघटन और आपसी संघर्ष होने लग गया था। चंद्रगुप्त द्वितीय के बाद स्कंदगुप्त ने गुप्त साम्राज्य को अक्षुण्ण रखा। परवर्ती गुप्त सम्राटों ने विघटनकारी शक्तियों को दबाने का प्रयत्न तो किया, लेकिन असफल रहे। इस काल में निम्न नवीन राज्यों की स्थापना हुई—

गुप्त राज्य

छठी शताब्दी के प्रारंभ से 530 ई. तक गुप्तवंश ने शासन किया। तत्पश्चात् मूल शाखा की ही एक शाखा ने अपना राज्य मगध में स्थापित कर लिया। इस शाखा का संस्थापक कृष्ण गुप्त था। उन राजाओं के नाम हैं 1. कृष्णगुप्त, 2. हर्षगुप्त, 3. जीवित गुप्त, 4. कुमारगुप्त, 5. दामोदर गुप्त, 6. महासेन गुप्त, 7. माधवगुप्त, 8. आदित्य गुप्त। इन गुप्त शासकों को कन्नौज के मौखरियों तथा बंगाल के गौड़ शासकों के विरुद्ध भारी संघर्ष करना पड़ा। अंतत: आदित्य गुप्त के उत्तराधिकारियों को हराकर बंगाल के गौड़ नरेशों ने इस वंश का अंत कर डाला।

हूण राज्य

छठी शताब्दी ई. के मध्य तक भारत के बहुत से उत्तरी-पश्चिमी इलाकों पर हूणों का अधिकार हो गया था। उनका साम्राज्य अफगानिस्तान के काबुल, कंधार आदि प्रांतों तक फैला हुआ था। गुप्त वंश से उन्होंने उत्तरी-पश्चिमी भारत के हिस्सों को छीन लिया था। उनकी राजधानी स्यालकोट थी। ये विस्तार तोरमाण और मिहिरकुल राजाओं ने किया था, परंतु उनकी मृत्यु के पश्चात् हूणों की शक्ति क्षीण हो गई।

मालवा

मालवा गुप्त साम्राज्य का ही अंश था। लेकिन परवर्ती गुप्त राजाओं की दुर्बलता के कारण वहाँ के शासक यशोवर्मन ने गुप्त राज्य से अपना संबंध विच्छेद कर स्वयं को स्वतंत्र घोषित कर दिया था। यशोवर्मन ने हूण राजा मिहिरकुल से युद्ध करके उसकी शक्ति नष्ट कर दी थी। मंदसौर के स्तंभलेख से जानकारी मिलती है कि मालवा का राज्य-विस्तार महेंद्र पर्वत से लेकर ब्रह्मपुत्र तक फैला हुआ था।

वल्लभी

वल्लभी में मैत्रक राजकुल का उदय भारत के पश्चिम में हुआ। इस कुल का संस्थापक सौराष्ट्र का सेनापति भट्टारक था। पहले ये स्वयं को सेनापति ही कहलाते थे, लेकिन बाद में राजा-महाराजा की उपाधि ग्रहण कर ली। शिलादित्य धरसेन तृतीय, ध्रुवसेन द्वितीय तथा धरसेन द्वितीय शक्तिशाली और प्रसिद्ध राजा हुए। ध्रुवसेन द्वितीय हर्ष का समकालीन था और दोनों में मुठभेड़ भी हुई थी। अरब आक्रमणकारियों ने 250 वर्षों के पश्चात् (509-770) इस वंश की सत्ता को समाप्त कर दिया।

वाकाटक वंश

बरार में वाकाटक वंश का राज्य था। तीसरी शताब्दी ई. में दक्षिण के सातवाहनों की शक्ति नष्ट हो जाने के कारण छोटे-छोटे राज्य स्थापित होने लग गए थे। वाकाटक की स्थापना भी इसी काल में हुई थी। यह साम्राज्य बरार मध्य भारत का बुंदेलखंड तथा दक्षिण के उत्तरी भाग तक फैला हुआ था। विंध्य शक्ति ने इस साम्राज्य की नींव रखी थी, जिसने 255 से 275 ई. तक राज्य किया। इसके पुत्र प्रवरसेन ने वाकाटकों के साम्राज्य को शक्ति एवं विस्तार प्रदान किया। प्रवरसेन के बाद उसका पौत्र रुद्रसेन 335 ई. में शासक बना। इसने 360 ई. तक शासन किया। तत्पश्चात् उसका पुत्र पृथ्वीसेन सिंहासन पर बैठा। वह विक्रमादित्य का समकालीन था। विक्रमादित्य ने अपनी पुत्री प्रभावती की शादी पृथ्वीसेन के पुत्र रुद्रसेन द्वितीय के साथ कर दी। उसके शासन में वाकाटक साम्राज्य में आर्थिक समृद्धि हुई। पृथ्वीसेन ने कुंतल पर विजय प्राप्त की। रुद्रसेन ने 385 से 390 तक शासन किया। तत्पश्चात् वाकाटक पर अनेक शक्तिशाली राजाओं ने, जैसे कि प्रवरसेन द्वितीय, नरेंद्रसेन, देवसेन, हरिसेन आदि ने शासन किया। गुप्त वंश की निर्बलता ने वाकाटकों की शक्ति को और मजबूत कर दिया। परंतु हरिसेन की मृत्यु के पश्चात् इनकी शक्ति भी क्षीण होने लगी थी। हर्षवर्धन तक इनका पूर्णत: पतन हो गया था।

दक्षिण के राज्य

वर्धन के साम्राज्य काल में ही दक्षिण भारत विभिन्न भागों में बंट गया था। चोल, पांड्य, चालुक्य, पल्लव आदि अनेक राज्य थे। इनमें आपस में भी संघर्ष होता रहता था। राजनीतिक अस्थिरता के कारण अशांति का वातावरण था। दक्षिण का प्रसिद्ध राज्य चालुक्य महाराष्ट्र में था। यह उस काल का सर्वश्रेष्ठ एवं सशक्त राज्य था, जिसे पुलकेशिन द्वितीय ने अपने बाहुबल से विस्तृत एवं सुदृढ़ बनाया था। दक्षिण में हर्षवर्धन को भी उसने हराया था। दक्षिण में दूसरा प्रमुख राज्य पांड्य था। इसे 'मलकूट देश' भी कहा जाता था। पांड्य राज्य के

उत्तर में पल्लव राज्य था। मैसूर के निकट गंगवादी और कोकणपुर में कदंब लोगों का शासन था।

बंगाल

इस काल में बंगाल में गौड़ वंश का राज्य था। यह एक शक्तिशाली राज्य था। इसका प्रसिद्ध एवं बुद्धिमान शासक शशांक था। वह हर्षवर्धन का समकालीन था। उसने मालवा के शासक देवगुप्त के साथ मिलकर गृहवर्मन पर आक्रमण कर उसे मार डाला। बाद में हर्षवर्धन ने शशांक से अपने बहनोई और भाई का बदला लिया।

असम

हर्षवर्धन के काल में असम भी एक स्वतंत्र साम्राज्य था। भास्कर वर्मन ने असम का प्रशासन बहुत अच्छी तरह संभाल रखा था। वह हर्षवर्धन का मित्र था।

मौखरी वंश की सत्ता

कन्नौज मौखरी वंश की सत्ता का केंद्र था। इसकी स्थापना का श्रेय ईशान वर्मन नामक सामंत को जाता है। वह एक साहसी, वीर और सफल सेनापति था। उसने युद्धों में विजय पाकर अपनी राज्य-सीमा का विस्तार किया। आरंभ में गुप्तों के साथ मैत्रीपूर्ण संबंध बनाए थे। बंगाल के गौड़ों के विरुद्ध युद्ध में मौखरी वंश ने मगध के गुप्तों की सहायता की थी। लेकिन मौखरियों की बढ़ती हुई शक्ति, कीर्ति, वैभव और राज्य की सीमाओं के विस्तार ने गुप्तों के मन में उनके प्रति शंका एवं द्वेष की भावना हो जाने के कारण हूणों और गुप्तों का सामना करने में मौखरी सक्षम हो गए। ईशान वर्मन के बाद उसका पुत्र सर्ववर्मन राजा बना। उसने गुप्तवंश के राजा दामोदर गुप्त को युद्ध में परास्त कर मार डाला था और साम्राज्य सीमा का विस्तार किया। गृहवर्मन इस वंश का दूसरा प्रसिद्ध राजा था। वह प्रभाकर वर्धन का दामाद और हर्षवर्धन का बहनोई था। सातवीं सदी के प्रारंभ में बंगाल नरेश शशांक और मालव नरेश देवगुप्त ने मिलकर गृहवर्मन के विरुद्ध युद्ध किया और उसका वध कर डाला। तदुपरांत कन्नौज थानेश्वर साम्राज्य में सम्मिलित हो गया।

थानेश्वर

गुप्त वंश के विनाश के पश्चात् थानेश्वर में वर्धन वंश का राज्य स्थापित हुआ। इसका सबसे प्रसिद्ध सम्राट् हर्षवर्धन था। वह भारत का अंतिम महान् हिन्दू सम्राट् माना जाता है।

हर्षकालीन स्रोत

हर्षकाल के इतिहास को जानने के अनेक स्रोत हैं—

ह्वेनसांग का विवरण

वह एक चीनी यात्री था, जो 630 ई. में भारत आया था। उसका प्रमुख उद्‌देश्य बौद्ध धर्म का विस्तार से ज्ञान प्राप्त करना था। वह 15-20 वर्ष तक भारत में रहा तथा अनेक धार्मिक ग्रंथों का संग्रह एवं अध्ययन किया। उसने अपनी पुस्तक सी-भू-की में उस काल का पूरा वर्णन लिखा। उसके वर्णन से हमें सामाजिक, आर्थिक एवं राजनीतिक दशा का पता लगता है।

हर्ष की रचनाएं

सम्राट् हर्षवर्धन स्वयं एक उच्चकोटि का विद्वान् एवं लेखक था। उसने अनेक नाटक एवं कविताओं का सृजन किया। उसने **'प्रियदर्शिका'** **'रत्नावली'** और **'नागानंद'** नाम के तीन नाटक लिखे। इन नाटकों में उसने विस्तार सहित उस काल के प्रत्येक पक्ष को उजागर किया है। इन तीनों नाटकों में उस काल के राजमहलों के वातावरण, रहन-सहन और वैभव का भी वृतांत मिलता है।

बाणभट्ट की रचनाएं

बाणभट्ट हर्षवर्धन के राजकवि थे। उसने दो ग्रंथों की रचना की थी, जिनकी मूल प्रतियां आज भी विद्यमान हैं। **'हर्षचरित'** और **'कादंबरी'** नामक इन ग्रंथों का विवरण प्रामाणिक है, क्योंकि बाणभट्ट ने जो आँखों से देखा, उसका वर्णन ही लिखा, हालांकि राजकवि होने के कारण उसके वृतांत में अतिश्योक्तियां भी हैं। 'हर्षचरित' में उसने अपने सम्राट् के जीवनकाल की घटनाओं का विस्तृत वर्णन दिया है। इसके अतिरिक्त उस काल के रीति-रिवाजों और धर्म एवं संस्कृति का भी वृतांत इस पुस्तक में मिलता है। बाणभट्ट की दूसरी पुस्तक 'कादंबरी' में मुख्यत: हर्ष के काल की सामाजिक, आर्थिक और धार्मिक घटनाओं की जानकारी भी मिलती है। सातवीं शताब्दी का जीवंत वृतांत इन दोनों पुस्तकों से मिलता है।

लेख

हर्षकालीन दो ताम्रलेख भी मिले हैं। एक बांस-खेड़ा तथा दूसरा मधुबन के नाम से प्रसिद्ध है। इन लेखों से हर्ष के वंश का परिचय मिलता है। सोनीपत में तांबे की एक मुहर मिली है, जो इस काल से संबंधित है। चालुक्य शासक पुलकेशिन द्वितीय के भी कुछ लेख मिले हैं, जिनसे हर्ष की दक्षिण विजय का वर्णन मिलता है। चीन के सरकारी रिकॉर्ड से हर्ष और चीन के संबंधों पर भी प्रकाश पड़ता है।

मुद्रा

हर्ष की मुद्राएं भी उस काल के विषय में जानकारी देती हैं। कन्नौज और प्रयाग की सभाओं में बांटे गए सिक्के उस समय की राजनीतिक, धार्मिक और आर्थिक स्थिति को स्पष्ट करते हैं। इनसे तत्कालीन तिथियों का भी पता चलता है।

थानेश्वर का वर्धन वंश

इस वंश का उदय थानेश्वर में हुआ और पुष्यभूति इस वंश का आदि पुरुष था। प्रभाकर वर्धन इस वंश का प्रथम प्रसिद्ध राजा था। उसके दो लड़के थे—राज्यवर्धन और हर्षवर्धन तथा एक कन्या थी—राज्यश्री। कन्नौज के मौखरी वंशीय राजा गृहवर्मन से राज्यश्री का विवाह हुआ था, जो उत्तरी भारत के शक्तिशाली राजा थे। प्रभाकरवर्धन की 605 ई. में मृत्यु हो गई और उसकी रानी भी सती हो गई थी। उस समय राज्यवर्धन हूणों से युद्ध करने गया हुआ था। पिता की मृत्यु का समाचार सुनकर तुरंत लौटा और सिंहासनारूढ़ हुआ। इसी समय में मालवा के राजा मालव गुप्त और गौड़ के राजा शशांक ने मिलकर कन्नौज पर आक्रमण कर दिया। राज्यश्री को शत्रुओं ने कारावास में डाल दिया और थानेश्वर पर आक्रमण की तैयारी भी करने लगे। राज्यवर्धन एक विशाल सेना लेकर कन्नौज रवाना हुआ। उसने मालवा को तो हरा दिया, किंतु शशांक

ने धोखे से राज्यवर्धन की हत्या कर दी। राज्यश्री कारागार से भाग निकली। ऐसी स्थिति में हर्ष ने कन्नौज व थानेश्वर दोनों का कार्यभार संभाला। हर्ष ने समस्याओं का सामना डटकर किया। सर्वप्रथम उसने अपनी बहन राज्यश्री की खोज करवाई। शशांक बंगाल लौट गया। हर्ष ने कन्नौज को अपनी राजधानी बनाया। हर्षवर्धन ने अब अन्य राज्यों पर विजय प्राप्त करने का अभियान शुरू किया।

हर्ष के सैनिक अभियान

कन्नौज तथा थानेश्वर के समन्वय होने से हर्ष की सेना की वृद्धि हो गई। अब उसके पास 50 सहस्त्र अश्वारोही, 50 हजार पैदल तथा 5 हजार हाथी थे। इस विशाल सेना के कारण ही हर्षवर्धन ने अपना सैन्य अभियान आरंभ किया।

हर्ष एवं असम की संधि

सर्वप्रथम हर्ष अपने पुराने शत्रु शशांक से बदला लेने के लिए आगे बढ़ा। मार्ग में उसे असम के राजा भास्करवर्मन का एक राजदूत मिला और जिसने अपने शासक की तरफ से हर्षवर्धन के साथ मैत्री का हाथ बढ़ाया। भास्करवर्मन की शशांक से शत्रुता थी। अत: हर्ष ने आसाम (प्रागज्योतिष्पुर) के राजा के साथ संधि कर ली।

शशांक पर आक्रमण

बंगाल (गौड़) का नरेश शशांक था। हर्षवर्धन को उससे अपने भाई राज्यवर्धन तथा बहनोई की हत्या का प्रतिशोध लेना था। शशांक शैव मतावलंबी था, अत: उसने अनेक बौद्ध विहारों का नाश कर दिया। हर्ष ने शशांक को पराजित करने का प्रयास किया। उसके कुछ हिस्सों पर तो हर्ष विजित रहा, लेकिन शशांक की मृत्यु के पश्चात् हर्ष ने भास्करवर्मन को पूर्वी बंगाल का तथा पश्चिमी बंगाल, उड़ीसा और मगध का राज्य दे दिया।

मालवा राज्य

तत्पश्चात् हर्षवर्धन मालवा की ओर बढ़ा। मालवा के शासक देवगुप्त ने शशांक के साथ मिलकर ग्रहवर्मन की हत्या कर दी थी। हर्ष के मन में इसके प्रति रोष था और वह इसका बदला लेना चाहता था। अत: उसने मालवा पर आक्रमण कर दिया और देवगुप्त को पराजित कर उसे अपने अधीन रहने के लिए बाध्य कर लिया।

वल्लभी

वल्लभी (गुजरात) का शासक पुष्यभूतियों का पुराना शत्रु था। उसने पश्चिम में अपनी शक्ति का विस्तार कर स्वयं को सशक्त बना लिया था। हर्षवर्धन दिग्विजयी बनना चाहता था। उसने वल्लभी के राजा ध्रुवसेन को पराजित करने का निर्णय किया, क्योंकि दक्षिण में पुलकेशिन द्वितीय की शक्ति का भी विकास हो रहा था। अत: इनको दबाने के लिए उसने पहले वल्लभी पर आक्रमण कर दिया। गुर्जर नरेश दद के नौसारी वाले दानपत्र से विदित होता है कि हर्ष ने ध्रुवसेन द्वितीय को युद्ध में पराजित कर दिया। उसने भागकर गुर्जरों के यहाँ शरण ले ली और कुछ समय पश्चात् गुर्जरों की सहायता से अपना राज्य वापस ले लिया। वह हर्षवर्धन के सामंत के रूप में शासन करता रहा। बाद में हर्ष ने अपनी पुत्री का विवाह उससे कर दिया। इस प्रकार दोनों की आपसी शत्रुता समाप्त हो गई।

सिंध विजय

बाणभट्ट ने लिखा है कि 'हर्ष ने सिंध के राजा को नष्ट' करके उसकी संपत्ति हथिया ली थी। सिंध के शासक प्रभाकर ने हर्ष की अधीनता स्वीकार कर ली थी और उसके अधीन सामंत बनकर शासन करता रहा। इसलिए चीनी यात्री ह्वेनसांग ने उसे एक शक्तिशाली राजा के रूप में वर्णित किया है।

मगध विजय

शशांक की मृत्यु के पश्चात् हर्ष ने पूर्वी भारत पर आक्रमण किया। उसने मगध को विजय करके समस्त पूर्वी राज्य को अपने अधिकार में कर लिया। उसने अब 'शिलादित्य' की उपाधि धारण कर ली। मगध के नवीन प्रदेश पर उसने मालवा के शासक देवगुप्त के पुत्र माधवगुप्त को शासक नियुक्त किया।

उड़ीसा विजय

हर्ष का दिग्विजय अभियान जारी रहा और उसने कोगोड़ या गंजाम की ओर सैनिक अभियान करते समय उड़ीसा में अपना सैनिक शिविर स्थापित किया। अंतत: उसने उड़ीसा पर अधिकार स्थापित कर लिया। इस दौरान महायान बौद्धों का एक सम्मेलन बुलाया। इस अधिवेशन में हर्ष ने प्रसिद्ध बौद्ध जयसेन को उड़ीसा के अस्सी नगरों का भूमिकर समर्पित किया।

नेपाल और कश्मीर

नेपाल और कश्मीर की हर्ष-विजय अनिश्चित एवं विवादास्पद है। 'हर्षचरित' एवं ह्वेनसांग दोनों ही हर्ष का अधिकार बर्फीले पर्वत वाले दुर्गम प्रदेश मानते हैं। इसे कश्मीर प्रदेश भी माना जा सकता है। कुछ विद्वानों ने नेपाल में हर्ष संवत् के प्रयोग को देखकर यह कहा है कि नेपाल पर भी हर्ष का अधिकार था, परंतु अधिकतर विद्वान् इस क्षेत्र में हर्ष का आधिपत्य स्वीकार नहीं करते।

दक्षिण संघर्ष

हर्ष ने दक्षिण के चालुक्य सम्राट् पुलकेशिन द्वितीय के साथ भी युद्ध किया। यह युद्ध 620 ई. में हुआ और हर्ष स्वयं इस युद्ध का संचालन कर रहा था। लेकिन पुलकेशिन द्वितीय ने डटकर सामना किया और हर्ष की सेना को क्षति पहुंचाई। अत: हर्ष को नर्मदा नदी से लौट जाना पड़ा और वही उसकी सीमाएं थीं।

हर्ष का साम्राज्य विस्तार

ह्वेनसांग के अनुसार हर्ष ने सौराष्ट्र, कान्यकुब्ज, गौड़, मिथिला और उड़ीसा के पांचों प्रदेशों पर अधिकार कर लिया। दक्षिण भारतीय अभिलेखों से ज्ञात होता है कि हर्ष ने सारे उत्तरापथ पर आधिपत्य कर लिया था। उसे 'सकलोत्तरापथनाथ' कहा गया है, लेकिन इस नाम से विद्वानों में मतभेद हो गया। कुछ विद्वान् मानते हैं कि हर्ष के राज्य में समस्त उत्तरी भारत कामरूप से कश्मीर तक और हिमालय से विंध्य तक फैला हुआ था। लेकिन **डॉ. रमाशंकर त्रिपाठी, डॉ. आर. सी. मजूमदार** आदि लेखक ह्वेनसांग के वृत्तांत, जिसमें उसने यह माना है कि कपिशा, कश्मीर, जालंधर, बैराट, मथुरा, मतीपुर (बिजनौर जिला) स्वर्णगौत्र देश, कपिलवस्तु, नेपाल, कामरूप (असम) महाराष्ट्र आदि हर्ष के साम्राज्य के अंतर्गत नहीं आते थे, को सही मानते हैं। अत: इन राज्यों को हर्ष के साम्राज्य का यदि हिस्सा न मानें तो हर्ष के राज्य की सीमाएं वर्तमान पूर्वी पंजाब, उत्तर प्रदेश, बिहार, बंगाल और उड़ीसा तक ही थीं।

अंतिम हिन्दू सम्राट्

हर्षवर्धन को अनेक पाश्चात्य और भारतीय विद्वान् अंतिम हिंदू सम्राट् मानते हैं। वह लगभग संपूर्ण उत्तरी भारत का अधिपति था और हिंदू भी था, लेकिन कुछ विद्वान् ह्वेनसांग के उद्धरणों के आधार पर मानते हैं कि हर्ष के साम्राज्य के अंतर्गत केवल पूर्वी पंजाब था, उत्तर काल के अभिलेख से भी इस बात का कोई संकेत नहीं मिलता, जिससे यह सिद्ध होता हो कि सम्राट् हर्ष के साम्राज्य का विस्तार संपूर्ण उत्तरी भारत पर था और कश्मीर, नेपाल आदि क्षेत्र भी उसके अधीन थे। अत: हर्षवर्धन को संपूर्ण भारत का सर्वश्रेष्ठ शक्तिशाली हिन्दू सम्राट् का खिताब देने में औचित्यता नहीं है। प्रतिहारों का साम्राज्य हर्ष के साम्राज्य से अधिक विस्तृत था।

हर्ष का शासन प्रबंध

प्राचीन भारत में हर्ष का स्थान अत्यंत महत्त्वपूर्ण है। गुप्त साम्राज्य के पतनोपरांत भारत में पुन: विकेंद्रीकरण की प्रक्रिया तेजी से चल रही थी। हर्ष ने इस प्रवृत्ति को रोकने के लिए दिग्विजय की नीति समुद्रगुप्त के पदचिह्नों पर चलाई। उसने एक विशाल साम्राज्य का निर्माण किया। हर्ष न केवल एक महान् विजेता था, वरन् एक कुशल शासक भी था। कला और धर्म में उसकी रुचि थी। साम्राज्य को व्यवस्थित रूप से चलाने के लिए उसकी प्रशासन प्रणाली सुदृढ़ एवं सुचारू थी।

सम्राट्

शासन व्यवस्था में सर्वोच्च स्थान सम्राट् का था। वह परमभट्टारक महाराजाधिराज, परमेश्वर, चक्रवर्ती आदि पदवियों से विभूषित था। लोग उन्हें देवतुल्य मानते थे तथा उसमें वरुण, यम, इंद्र आदि देवताओं के गुण देखते थे। उसको संपूर्ण शासन व्यवस्था को देखना होता था। वह मंत्रियों की नियुक्ति करता था। समस्त आज्ञा-पत्र तथा घोषणा-पत्र राजा द्वारा ही जारी किए जाते थे। वह न्यायाधीश एवं सेनाध्यक्ष के कार्य करता था। जनता की समस्याओं की व्यक्तिगत रूप से जानकारी लेने के लिए स्वयं दौरा किया करता था। उसने दुष्टों और अपराधियों को दंड तथा सदाचारियों को पुरस्कृत करने का प्रण किया था। अपने दैनिक कार्यों को दो भागों में बांटा था, एक भाग शासन और दूसरा भाग धर्म के कार्यों के लिए निश्चित था। राजा के सत्कर्मों का प्रभाव राजकर्मचारियों के कार्यों पर भी पड़ता था। इसलिए सभी कर्मचारी जन-कल्याण के लिए कार्य करते थे।

मंत्रिपरिषद्

विशाल साम्राज्य को सुचारू रूप से चलाने के लिए हर्ष ने अनेक मंत्रियों की नियुक्ति कर प्रशासन कार्य को बांट दिया था। सामंतों को भी मंत्रिपरिषद् में स्थान मिलता था। मंत्रिपरिषद् के कुछ सदस्य तो विभागीय प्रधान थे—जैसे सेना, राजस्व, जनहित, कृषि आदि। मंत्रियों को युद्धकला में प्रवीण भी होना चाहिए था। बाणभट्ट के अनुसार, भंडी नामक मंत्री हर्ष के साथ युद्धों में जाया करते थे।

हर्ष के पदाधिकारी

हर्ष ने अपने अधिकारियों को पदवियां देकर उनका कार्यक्षेत्र निश्चित किया था। 'हर्षचरित' एवं अन्य अभिलेखों के आधार पर लगभग 50 प्रशासनिक उपाधियों का वर्णन मिलता है। ये प्रमुख अधिकारी निम्न थे—

- **कुमारादित्य** : डॉ. भंडारकर के अनुसार, यह राजकुमारों की भी एक सलाहकार समिति थी, जिससे सम्राट् महत्त्वपूर्ण विषयों पर मंत्रणा करता था। इन राजकुमारों से ही 'कुमार' शब्द को लेकर अमात्य लगाकर 'कुमारामात्य' शब्द बना।
- **दौस्साधनिक** : इसका अर्थ है कठिन कार्य करने वाला या 'दुस्साहसी'। इसका उल्लेख 'ललित सुरदेव' के अभिलेख में मिलता है। ये अधिकारी ग्रामों का निरीक्षण करते थे।
- **दूतक** : यह अधिकारी स्थानीय अधिकारियों को दान के संबंध में सम्राट् के निर्देश व स्वीकृति पहुंचाता था। स्थानीय अधिकारी उसके अनुसार दान-पत्र लिखकर दानग्रहिता को समर्पित करता था। 'बांस खेड़ा' के ताम्रपत्र में इस अधिकारी के विषय में उल्लेख मिलता है, जिसमें इसका नाम महासामंत श्री स्कंदगुप्त लिखा है।
- **महाक्षपटलाधिकरणाधिकृत** : यह राजकीय कागज पत्रों को रखने वाला अधिकारी होता था। 'बांसखेड़ा' तथा 'मधुबन' अभिलेखों में इस पदाधिकारी का नाम महासामंत महाराज भानु तथा सामंत महाराज ईश्वर गुप्त मिलता है।
- **अक्षपटलिक** : यह निम्न स्तर का अधिकारी होता था। यह सभी राजकीय दौरों पर वरिष्ठ अधिकारियों के संग जाते थे और उनकी सहायता करते थे।
- **आयुक्त या अध्यक्ष** : ये राज्य के छोटे अधिकारी होते थे, जो बड़े अधिकारियों के साथ राजकीय दौरे पर जाते थे और उनकी सहायता करते थे।
- **लेखक व कर्णिक** : 'हर्षचरित' के अनुसार, ये लेखक या कर्णिक होते थे। इन्हें 'दिविर' भी कहा जाता था। शायद ये दानपत्र लिखनेवाले अधिकारी थे।
- **पुस्तपाल** : 'हर्षचरित' के विवरण के अनुसार, भूमि संबंधी लेखा-जोखा रखनेवाले अधिकारी थे यथा-पटेल या पटवारी। इन अधिकारियों की रिपोर्ट के अनुसार या आधार पर ही सरकार किसी को भूमि बेचने या खरीदने की अनुमति देती थी।
- **दूत** : अन्य देशों के साथ मैत्री अथवा मैत्री संधि स्थापित करने का कार्य दूत या राजदूत करते थे। हर्ष ने 641 ई.पू. में चीन से मैत्री संबंध स्थापित करने के लिए एक ब्राह्मण को राजदूत बनाकर तांग सम्राट् ताईजुंग के दरबार में भेजा। बाद में एक और दूत को भी चीन भेजा गया।
- **दीर्घाध्वज** : 'हर्षचरित' में इनका वर्णन 'डाकाधिकारियों' के रूप में किया गया है। ये एक स्थान से दूसरे स्थान तक तीव्रगति से डाक ले जाया करते थे।
- **लेखहारक** : लेखहारक पत्र पहुंचाने वाला हरकारा था। ये स्थायी रूप से नियुक्त थे और हर समय डाक ले जाते थे।
- **महाप्रतिहारक** : राजमहल का प्रमुख सुरक्षा अधिकारी था। राजा को प्रत्येक मिलने वाले की सूचना देकर और आज्ञानुसार ही राजा तक पहुंचने देता था।
- **वेत्री** : 'हर्षचरित' के अनुसार 'वेत्री' कंचुकी को कहते थे, जो ब्राह्मण हुआ करता था। ये भी राजप्रसाद के कर्मचारी होते थे।
- **मीमांसक** : ये संभवत: न्यायाधीश होते थे। ये मीमांसा दर्शन की व्याख्या का कार्य करते थे।
- **ज्योतिषी, मौहूत्तिक, पुरोहित-पौराणिक** : बाणभट्ट ने इन सब कर्मचारियों का वर्णन किया है। राजमहल में धार्मिक कृत्यों एवं अनुष्ठानों को करने के लिए ये ब्राह्मण अधिकारी होते थे। ज्योतिषी संबंधी कार्य ज्योतिष करते थे। मौहूत्तिक राजकार्यों, यात्रा व अभियान आदि के लिए

शुभ लग्न निकालते थे। पुरोहित पूजा कार्य करते थे तथा पौराणिक का कार्य होता था पुराण, इतिहास व गाथा आदि पढ़कर सुनाना।

- **केंद्रीय सचिवालय** : हर्षकाल में एक केंद्रीय सचिवालय होता था, जहाँ विभिन्न कर्मचारी कार्य करते थे। प्रत्येक विभाग का एक प्रमुख विभागाध्यक्ष होता था। ये प्रशासनिक कार्यों की देखभाल करते थे और राजकीय नीतियों के निर्माण एवं कार्यान्वयन में सहायता देते थे। ये स्थानीय सचिवालयों से भी संबंध स्थापित करते थे। ह्वेनसांग के अनुसार हर्षकाल में अभिलेखागार हुआ करते थे, जहाँ राज्य एवं प्रशासन संबंधी प्रमुख दस्तावेज सुरक्षित रखे जाते थे।
- **राजस्व विभाग** : यह शासन का एक महत्त्वपूर्ण विभाग था। राज्य की आय के स्रोतों को यह विभाग देखता था। बाण के अनुसार कृषि और वनों से राज्य को प्रमुख आय प्राप्त होती थी। वन विभाग लकड़ी की चोरी रोकते थे और राज्य का प्रमुख आय का स्रोत था। राज्य की ओर से भूमि की पैमाइश की जाती थी एवं कर की वसूली उपज के अनुसार होती थी। साधारणतः राज्य उपज का 1/6 हिस्सा कर के रूप में किसानों से लेता था। उद्रंग, उपरि कर, द्याय एवं हिरण्य इस काल में लिए जाने वाले प्रमुख कर थे। शुल्क एवं अर्थदंड से भी राज्य की आमदनी होती थी। चुंगी, आयात, चारागाह, खनिज, नावकर आदि द्वारा होने वाली आय राज्य की आय के अन्य स्रोत थे।

  राजकीय व्यय : ह्वेनसांग के अनुसार राजकीय कोष को प्रमुखतः चार मदों में खर्च किया जाता था—

  1. आर्थिक कार्यों व सरकारी कार्यों में खर्च।
  2. सार्वजनिक कार्यों पर खर्च।
  3. विद्वानों की सहायता एवं पुरस्कृत करने पर खर्च।
  4. दान-पुण्यों और धार्मिक कृत्यों पर खर्च।

प्रांतीय शासन

सम्राट् हर्ष का साम्राज्य भी शासन की सुविधा के लिए गुप्त साम्राज्य के समान ही बांटा हुआ था। संपूर्ण राज्य की भूमि राष्ट्र, देश या मण्डल कहलाती थी। देश अनेक प्रांतों में विभक्त था। प्रांतों के अधिकारी उपरिक, भोगपति, राजस्थानीय, राष्ट्रीय आदि कहलाते थे। सम्राट् इनकी नियुक्ति करता था। जिले के शासकों की नियुक्ति प्रांतपति ही करता था। अधिष्ठानों में विषयपति के कार्यालय होते थे, जिन्हें **'अधिकरण'** कहा जाता था। प्रांतीय एवं जिले के शासक की सहायता के लिए दांडिक, दंडपाशिक आदि पुलिस कर्मचारी हुआ करते थे।

स्थानीय स्वशासन

आधुनिक काल के समान हर्ष के समय में भी स्थानीय स्वशासन प्रचलित था। गाँव के मामलों की देखभाल गाँव के प्रतिष्ठित लोग ही करते थे। हर्षकालीन अभिलेखों के अनुसार स्थानीय शासन निम्न व्यक्तियों द्वारा संचालित होता था—

- **महत्तर** : संभवतः ग्राम के मुखिया को **'महत्तर'** कहते थे। ये गाँव के प्रतिष्ठित बुजुर्ग पुरुष होते थे। शहरों में भी श्रेष्ठ व्यक्तियों को 'महत्तर' कहा जाता था, जो ग्राम प्रशासन में सहायता देते थे।
- **अग्रहारिक** : ये देवताओं तथा ब्राह्मणों को दान की गई भूमि के प्रबंधक अधिकारी थे। ये समस्त भूमि का लेखा-जोखा रखते थे।
- **ग्रामाक्षपटलिक** : यह गाँव के प्रशासन संबंधी कागज-पत्रों को सुरक्षित रखने वाला अधिकारी था। हर्ष के प्रथम अभियान के समय यह अधिकारी अपने सहयोगियों सहित सम्राट् से मिला था और उसने महाराज हर्ष को नंदी के लक्षण युक्त एवं स्वर्ण की बनी मुहर भेंट की थी।
- **शौल्किक** : एक स्थान से दूसरे स्थान पर ले जाने वाले माल पर चुंगी वसूल करने वाला अधिकारी।
- **गौल्मिक** : वन का निरीक्षण करने वाला अधिकारी।
- **ध्रुवाधिकरण** : भूमि कर वसूल करने वाला।
- **पुस्तपाल** : लेखा रखने वाला अधिकारी।
- **दिविर** : क्लर्क या लेखक।
- **शासयित्त** : शासकीय व अशासकीय कागज-पत्रों की प्रतिलिपियां बनाने वाला अधिकारी।

दंड-व्यवस्था

देश में सुरक्षा एवं शांति व्यवस्था बनाए रखने के लिए सुदृढ़ न्याय प्रणाली आवश्यक है। अतः हर्षकाल में दंडविधान कठोर था। राजद्रोह के अपराध में जीवन-निर्वासन का दंड दिया जाता था। सामाजिक नैतिकता के विरुद्ध आचरण करने वाले को तथा माता-पिता की अवज्ञा करने वाले को अंगोच्छेद का दंड मिलता था। उन्हें जंगलों में भी छोड़ दिया जाता था। अग्नि, जल और विष के द्वारा अपराधियों की परीक्षा भी ली जाती थी, जैसे कि अपराधी व्यक्ति को गरम, तपता हुआ लोहा, जीभ से चाटना या उस पर बैठकर साफ बच जाने की कल्पना कोरी अंधविश्वास पूर्ण थी। विषपान कराकर यह कल्पना करना कि वह बोरे में पत्थर बांध नदी में छोड़ देने पर यह आशा रखना कि व्यक्ति सच्चा है और बच जाए, यह कल्पना भी नहीं की जा सकती। यदि ऐसा होता है तो यह अमानवीय एवं अनैतिक है। यह भी निश्चित नहीं है कि ऐसा दंडविधान था भी या नहीं! सार्वजनिक एवं अन्य खुशियों के मौकों पर अपराधियों को छोड़ भी दिया जाता था। ह्वेनसांग लिखता है कि दंडविधान कठोर होने के कारण कर्मचारी ईमानदार थे। अपराधियों की संख्या कम थी। लोग सुखी तथा सदाचारी थे।

सैनिक व्यवस्था

ह्वेनसांग के अनुसार हर्ष का शासन प्रबंध सुदृढ़ एवं उदार था। उस युग में साम्राज्य की दृढ़ता और स्थायित्व सम्राट् के व्यक्तित्व और सैन्य बल पर निर्भर करता था। सेना न केवल युद्धकाल में काम करती थी, बल्कि शांतिकाल में भी अनेक प्रशासनिक कार्यों में सहायक थी। हर्ष के पास पैदल सेना के अतिरिक्त साठ हजार हाथी तथा एक लाख अश्वारोही थे। रथों का प्रचलन भी बंद नहीं हुआ था। 'हर्षचरित' के अनुसार हर्ष की सेना में ऊंटों की सेना भी थी। सेना का प्रमुख कार्य सीमाओं की रक्षा करना तथा विद्रोहों को दबाना था। रात्रि में राजप्रासाद की सुरक्षा के लिए भी सेना तैनात होती थी।

हर्ष के अभिलेखों से तथा 'हर्षचरित' से उस काल के प्रमुख सेनाधिकारियों के नाम मिलते हैं तथा उन्हें सेनापति, महाबलाधिकृत तथा बलाधिकृत कहा जाता था। सेना प्रमुख या 'महाबलाधिकृत' युद्ध काल में सैन्य संचालन करता था। सेना का मुख्य सेनानी 'महासेनापति' और उसके नीचे का अधिकारी सेनापति होता था। 'हर्षचरित' में 'सिंहनाद' भी सेनापति का नाम था। अश्वसेना का प्रमुख सेनापति 'वृहदेश्वर' कहलाता था। इस पद पर कुंतल नाम मिलता है।

पैदल और अश्वसेना के मिले-जुले अधिकारी को 'भटाश्वापति' और हस्तिसेना के प्रधान को 'कटुक' नाम से जाना जाता था। सैनिक निवास के निरीक्षकों को 'पाति-पति' कहा जाता था। नियमित-अनियमित सैनिकों को 'चाट-भाट' कहते थे। युद्ध के समय जहाँ सेना पड़ाव डालती थी, उस स्थान को 'स्कंधावार' कहते थे। सैनिक कर्म पैतृक था और राष्ट्रीय रक्षक सेना में वीर योद्धा भर्ती किए जाते थे। सैनिकों की भर्ती सार्वजनिक घोषणा के द्वारा होती थी। वेतन इत्यादि भी पहले ही घोषित कर दिए जाते थे।

पुलिस व गुप्तचर विभाग

बाह्य सुरक्षा के लिए सेना के साथ-साथ हर्ष के काल में पुलिस व गुप्तचर विभाग भी सशक्त थे। यह विभाग जनता की सुरक्षा, शांति बनाए रखने तथा जान-माल की हिफाजत करता था। चोरों को पकड़ने एवं पता लगाने वाले अधिकारी को 'चोरोहरणिक' व 'दंडिक' कहते थे। 'यामचेटि' नाम से जानी जानेवाली स्त्री निरीक्षक भी होती थी। इससे पता चलता है कि उस काल में स्त्रियां भी अपराधी होती थीं। गुप्तचरों की भी नियुक्ति होती थीं, जो देश-विदेश की खबरें राजा को देते थे। 'हर्षचरित' में 'सर्वगता:' नामक अधिकारी का उल्लेख है। कठोर दंड-व्यवस्था के कारण अपराधी कम तो थे, लेकिन ह्वेनसांग को अपनी भारत-यात्रा काल में चोर-डाकुओं से काफी कष्ट हुआ था। फिर भी अपराध कम होते थे।

कन्नौज की सभा

प्रारंभ में हर्ष हिन्दू था, लेकिन बाद में उसने बौद्ध धर्म सम्मेलन का आयोजन किया। ह्वेनसांग शिविर से गंगा के किनारे-किनारे चलकर हर्ष की राजधानी कन्नौज पहुंचा। उसके साथ असम का भास्कर वर्मन, 20 हजार अनुचर, 30 हजार नावें थीं। 90 दिन में वह कन्नौज पहुंचा। इस सभा में 18 राजा, 3000 बौद्ध भिक्षु, 3000 ब्राह्मण तथा निर्ग्रंथ और 1000 नालंदा के विद्वान् सम्मिलित हुए थे। दो-दो हजार आदमियों के बैठने के लिए दो सभागार बनाए हुए थे। 100 फीट ऊंचे गुंबदवाला संघाराम भी बनवाया गया था।

सभा की अवधि 18 दिन की थी। सभा आरंभ होने से पूर्व एक विशाल जुलूस निकाला गया था, जिसके लिए लगभग 30 फीट सोने की महात्मा बुद्ध की एक प्रतिमा बनाई गई थी। इस सभा में ह्वेनसांग ने भी भाषण दिया था। धार्मिक विषयों पर विद्वानों में वाद-विवाद भी हुआ था। हर्ष ने ह्वेनसांग की विद्वता एवं तर्क से प्रसन्न होकर उसे अनेक बहुमूल्य उपहारों के साथ 10,000 सुवर्ण मुद्राएं व 30,000 रजत मुद्राएं प्रदान की थीं। लेकिन ह्वेनसांग इन भौतिक वस्तुओं में रुचि नहीं रखता था, अत: उसने ये भेट अस्वीकार कर दीं।

प्रयाग सभा

प्रयाग में भी उसी वर्ष एक सभा (मोक्ष परिषद्) का आयोजन किया गया। प्रयाग में आयोजित यह सभा छठी थी, जो रेत पर गंगा के किनारे आयोजित की गई थी। सभा में अठारह राजाओं ने भाग लिया। उस सभा में लगभग 5,00,000 लोग उपस्थित थे। उनके रहने और खाने का प्रबंध सभा स्थल पर ही किया गया था। प्रयाग में पहले ही दिन रेत के ऊपर एक अस्थायी इमारत पर एक बुद्ध मूर्ति स्थापित की गई थी। जनता को असंख्य बहुमूल्य वस्तुएं एवं वस्त्र बांटे गए। दूसरे और तीसरे दिन क्रमश: सूर्य और शिव की मूर्तियों को प्रतिष्ठित किया गया। लेकिन दान पहले दिन से आधा किया गया। चौथे दिन 10,000 भिक्षुओं को दान दिया गया। प्रत्येक भिक्षु को सोने के एक सौ सिक्के, एक मोती और एक सूती कपड़ा दिया गया। भोजन, पेय एवं सुगंधियां भी भेंट दी गईं। अगले दिन 20 ब्राह्मणों को दान दिया गया। जैन धर्मावलंबियों एवं सुदूर देश के तपस्वियों को आगामी दिनों में दान दिया गया। एक मास तक अपंगों, निर्धनों एवं अनाथों को दान मिला। ह्वेनसांग के अनुसार अब पाँच वर्षों तक का संचित धन व्यय हो चुका था। घोड़ों, हाथियों और सैनिक उपकरण जो राज संपत्ति की सुरक्षा व सुव्यवस्था के लिए आवश्यक थे, के अतिरिक्त कुछ नहीं बचा था। इनके अतिरिक्त राजा ने अपने हीरे, कपड़े, मालाएं, कांटें, कंगन, कंठहार और चमकीले शिरों के भूषण सब बिना भेदभाव के दान कर दिए। सबकुछ दान देने के बाद उसने अपनी बहन राज्यश्री से एक पुराना वस्त्र मांगकर पहना तथा दस दिशाओं में बुद्धों की पूजा की और प्रसन्नता अनुभव की कि उसका राजकोष दान-दक्षिणा में समाप्त हो गया।

धार्मिक सभा

सम्राट् हर्ष प्रतिवर्ष कन्नौज में एक धार्मिक सभा बुलाया करता था, जो 21 दिन चलती थी। इसमें प्रख्यात बौद्ध विद्वान् भाग लेते थे। इस सभा का प्रमुख विषय बौद्ध धर्म के सिद्धांत थे। इन सिद्धांतों को समयानुकूल बनाने का प्रयत्न किया जाता था। सम्राट् की ओर से इन्हें पुरस्कृत किया जाता था। इस तरह बौद्ध धर्म की प्रगति हो रही थी।

अन्य कार्य

सम्राट् हर्ष ने अनेक चैत्य विहार और संघाराम भी बौद्ध धर्म के लिए बनवाए। उसने कश्मीर से महात्मा बुद्ध के दांत का अवशेष मंगाया और कन्नौज में एक चैत्य में रखवाया। उसने यज्ञ में बलि देना वर्जित कर दिया। बलि देने वाले को दंड दिया जाता था। इस प्रकार बलि प्रथा कम होने लगी। हर्ष ने प्रमुख नगरों, गाँवों और मार्गों पर धर्मशालाएं बनवाईं। यहाँ भोजन एवं दवाइयां मुफ्त बांटी जाती थीं। इस दृष्टि से उसकी तुलना अशोक से की जाती है। हर्ष धार्मिक सहिष्णुता की नीति का आचरण करता था। वह सभी धर्मों का आदर करता था।

शिक्षा

हर्षकाल में शिक्षा अपने चरमोत्कर्ष पर थी। सभ्यता एवं संस्कृति भारावि चरमोत्कर्ष पर थी। गुप्तकाल से आरंभ हुआ उन्नति का मार्ग हर्षकाल में भी प्रशस्त रहा। बौद्ध विहारों में शिक्षा का समुचित प्रबंध था। नालंदा जगत् प्रसिद्ध विश्वविद्यालय था। राज्य की ओर से विश्वविद्यालयों को अनुदान भी मिलता था। अच्छे विद्यार्थियों तथा विद्वानों को धन के द्वारा सहायता दी जाती थी। हर्ष स्वयं एक महान् साहित्यकार एवं विद्वान् था। उसने **'नागानंद'**, **'रत्नावली'** तथा **'प्रियदर्शिका'** नामक तीन ग्रंथों की रचना की थी। हर्ष ने संस्कृत में ग्रंथ लिखे थे। बाणभट्ट ने 'कादंबरी' और 'हर्षचरित' की रचना सम्राट् हर्ष के संरक्षण में की थी। हरिदत्त एवं प्रकांड पंडित जयदेव, मयूर, मातंग दिवाकर, सुबंधु, कुकारदास जैसे विद्वान उसकी राजसभा में थे। विद्वानों और कवियों का आश्रयदाता होने के कारण सम्राट् हर्ष तत्कालीन भारत में 'विद्या संरक्षक' के नाम से विख्यात थे। हर्षकाल में न केवल भौतिक, बल्कि आध्यात्मिक एवं

बौद्धिक विकास के लिए भी सम्राट् की ओर से यथेष्ट प्रयत्न किए जाते थे। सम्राट् हर्ष कला के भी संरक्षक थे। अनेक चैत्य, विहार, मठ, स्तूप और मंदिरों का निर्माण हुआ था। शाहाबाद जिले में मुंडेश्वरी का अष्टकोणीय मंदिर, रायपुर जिले का राम-लक्ष्मण का मंदिर, कन्नौज का संबाराम एवं अनेक बुद्ध प्रतिमाएं इस काल की अति प्रसिद्ध स्थापत्यकला के उदाहरण हैं। हर्ष ने कुल 42 वर्ष तक राज्य किया। उसका देहांत 648 ई. में हुआ। उसका कोई पुत्र नहीं था। दूसरी ओर बहुतायत दान-दक्षिणा करने के कारण उसका राजकोष भी खाली हो गया था। उसकी मृत्यु के प्रश्चात् उसके मंत्री अरुणारव अथवा अर्जुन ने सिंहासन संभाला। हर्षवर्धन एक पराक्रमी सैनिक, सुयोग्य राजनीतिज्ञ तथा प्रजापालक शासक था। उसने विपरीत परिस्थितियों में प्राप्त राज्य को अत्यंत धैर्य एवं साहस से समृद्ध एवं खुशहाल बनाया। स्वेच्छाचारी एवं निरंकुश होते हुए भी 'सेवात्याग' की भावना को अपना प्रधान कर्तव्य माना। वह धर्मपरायण सम्राट् था। उसने आरंभ में हिंदू धर्म और बाद में बौद्ध धर्म को अपनाया। लेकिन वह धर्मनिरपेक्षता में विश्वास रखता था। उसमें अशोक और समुद्रगुप्त दोनों के गुण विद्यमान थे। वह महान् विजेता एवं दिग्विजयी होते हुए भी महान् दानी एवं निर्धनों का सहायक था।

महत्वपूर्ण बिंदु

* थानेश्वर का वर्द्धन वंश का संस्थापक पुष्यभूति था।
* हरियाणा के अंबाला जिले के थानेश्वर नामक स्थान पर पुष्यभूति वंश की स्थापना की गई।
* राज्यवर्द्धन के पश्चात् 16 वर्ष की उम्र में 606 ई. में हर्ष थानेश्वर का शासक बना।
* प्रियदर्शिका, रत्नावली तथा नागानंद नामक तीन संस्कृत नाटक ग्रंथों की रचना हर्ष ने की थी।
* हर्ष ने शशांक को पराजित करके कन्नौज पर अधिकार कर लिया तथा उसे अपनी राजधानी बनवाया।
* चीनी यात्री ह्वनेसांग हर्षवर्द्धन के शासन में भारत आया।
* हवेनसांग का यात्रा वृतांत चीनी ग्रंथ सी यू की से प्राप्त होता है।
* चीनी यात्री हवेनसांग से मिलने के बाद हर्ष ने बौद्ध धर्म की महायान शाखा को राज्याश्रय प्रदान किया तथा वह पूर्ण रूप से बौद्ध बन गया।
* बाणभट्ट हर्ष के दरबारी कवि थे। उन्होने हर्षचरित एवं कादम्बरी की रचना की।

❑❑❑

अध्याय

10

चोल वंश

[दक्षिण-पूर्वी एशियाई देशों में सामुद्रिक गतिविधियाँ, चोल प्रशासन एवं स्थापत्य कला]

चोल राजवंश

यह भारत का अत्यंत प्राचीन वंश था। इसका उल्लेख भारतीय और विदेशी, दोनों साक्ष्यों में हुआ है। चोल राज्य सुदूर दक्षिण में स्थित था। इसे चोलमण्डलम् या 'चोलराष्ट्र' कहते थे। यह पूर्वी समुद्र तट पर स्थित था, जिसमें आधुनिक तंजौर, त्रिचिनापल्ली व पुदुकोट्टा के प्रदेश सम्मिलित थे। चोल राज्य की प्राचीन राजधानी उरगपुर (त्रिचिनापल्ली) के पास उरैयूर, तत्पश्चात् कावेरीपट्टम और अंत में गंगाकोंड चोलपुरम् थी। दक्षिण में यह राज्य बहुत प्राचीन रहा, जिसका उल्लेख महाभारत, मेगस्थनीज के वृत्तांत व अशोक के शिलालेखों में मिलता है। 'संगम साहित्य' में अनेक चोल शासकों का वर्णन है, जो अति न्यायप्रिय थे। बौद्धग्रंथ 'महावंश', 'टॉलेमी' तथा पेरिप्लस ने भी चोल राज्य के नगरों तथा बंदरगाहों के विषय में लिखा है। चोल राज्य का अधिक महत्त्व पल्लवों के पतन के पश्चात् बढ़ गया। कुछ विद्वानों के अनुसार बिंदुसार ने चोलों को जीतने का प्रयत्न किया, लेकिन कलिंग राज्य की सहायता से चोलों ने यह प्रयास विफल कर दिया।

'चोल' या 'चुल' शब्द का तात्पर्य है 'भ्रमणकर'। इसका तात्पर्य है कि चोल एक भ्रमणकारी जाति थी। कुछ विद्वानों के अनुसार 'चोल' शब्द की उत्पत्ति तमिल भाषा के 'चोलम' शब्द से हुई है, जिसका तात्पर्य 'बाजरा' अर्थात् वह जगह, जहाँ बाजरा बहुत होता था। एक अन्य मतानुसार, अनार्य जाति कोलि या चोर का रूपांतर चोल शब्द है। लेकिन इनमें से कोई भी मंतव्य उचित नहीं लगता। डॉ. राजबलि पांडेय ने 'चोल' शब्द का अर्थ 'चूड़' यानी 'मस्तक' या 'श्रेष्ठ' बताया है। यह तर्कसंगत तथ्य लगता है, क्योंकि दक्षिण भारत में चोल जाति सर्वश्रेष्ठ थी। चोल नरेश संस्कृत साहित्य के संरक्षक थे तथा वे उत्तरी भारत के ब्राह्मणों एवं क्षत्रियों को अपने राज्य में बसने के लिए आमंत्रित करते थे। यह भी संभव है कि चोल उत्तरी भारत से दक्षिणी भारत में आए। ये प्राचीन क्षत्रिय वंश से संबंधित थे। अभिलेखों तथा साहित्य से ज्ञात होता है कि वे सूर्यवंशी थे। इनकी राजधानी ओर्कुरा थी। संगम साहित्य में भी चोल वंश का उल्लेख मिलता है। जिसके बारे में मिली जानकारी निम्न है:-

करिकाल

संगम साहित्य में 'करिकाल' को 'चोलवंश' कहा गया है। उसका उदयकाल द्वितीय शताब्दी निर्धारित किया गया है। वह बड़ा ही वीर तथा महत्वाकांक्षी व्यक्ति था। सिंहासनासीन होते ही उसने साम्राज्य-विस्तार करना शुरू किया। उसकी बढ़ती हुई शक्ति को देखकर पांड्यों, चेरों आदि जातियों ने उसके विरुद्ध एक संघ बनाया। किंतु करिकाल ने वेष्णि के युद्ध में संघ को पराजित किया और इसे छिन्न-भिन्न कर दिया। उसने अपनी पुत्री आदिनंदि का विवाह चेर राजकुमार अति के साथ कर दिया था। कहा जाता है कि उसने लंका पर भी आक्रमण किया था और वहाँ के 12000 युद्धबंदियों को अपने राज्य में ले आया था। उन्हीं की सहायता से उसने पुहार नामक नगर का दुर्गीकरण करवाया था। इस प्रकार, करिकाल ने चोल राज्य की सीमा का विस्तार किया। किंतु, **प्रो. नीलकंठ शास्त्री** का कथन है कि उसकी स्थायी विजयों का प्रसार कावेरी से आगे की भूमि तक नहीं था। कावेरीपत्तनम और पांडिचेरी के बंदरगाह करिकाल के राज्य में सम्मिलित थे।

करिकाल मात्र एक वीर विजेता ही नहीं, अपितु एक कुशल शासक भी था। उसने सघन वनों को कटवाकर वहाँ की भूमि को कृषि योग्य बनवाया। सिंचाई के लिए जलाशयों और नहरों का प्रबंध किया तथा बाढ़-नियंत्रण के लिए कावेरी नदी पर बांध बंधवाया। वह वैदिक धर्म का अनुयायी था और उसने यज्ञों का अनुष्ठान किया था।

नेदुयुदिकिल्लि

करिकाल के उपरांत उसका पुत्र नेदुयुदिकिल्लि गद्दी पर बैठा। वह एक दुर्बल शासक था। उसके शासनकाल में चोल वंश का पतन हो गया। पल्लवों की शक्ति बढ़ती गई। उसकी नौ-सेना भी शक्तिशाली नहीं थी, जिससे दस्युओं (pirates) के आक्रमण बढ़ गए। चोल वंश के प्रमुख शासक निम्न थे—

विजयालय (850-871 ई.)

9वीं शताब्दी के मध्य में विजयालय नामक राजा के नेतृत्व में चोल सत्ता का पुनरूत्थान हुआ। 850 ई. में विजयालय ने तंजौर पर कब्जा कर चोल वंश की स्थापना की।

आदित्य प्रथम (871-907 ई.)

विजयालय के बाद उसका पुत्र आदित्य प्रथम लगभग 871 ई. में गद्दी पर बैठा। वह बड़ा पराक्रमी राजा था। उसनें पल्लव साम्राज्य पर आक्रमण कर तथा पल्लव नरेश अपराजित की हत्या कर संपूर्ण पल्लव राज्य पर अधिकार कर लिया। उसने पांड्य राज्य पर भी आक्रमण कर दिया तथा पांड्य नरेश परांतक वीर नारायण को पराजित कर कोंगू प्रदेश पर अधिकार कर लिया। उसने राष्ट्रकूट नरेश कृष्ण द्वितीय की पुत्री से अपना विवाह किया और अपने पुत्र परांतक का विवाह चेर नरेश स्थाणुरवि की पुत्री के साथ किया। इन वैवाहिक संबंधों से राष्ट्रकूट और चेर उसके मित्र बन गए। आदित्य प्रथम शैव मतावलंबी था। उसने कावेरी नदी के तट पर अनेक शिव-मंदिरों का निर्माण किया था। 907 ई. में उसका देहांत हो गया।

परांतक प्रथम (907-955 ई.)

आदित्य प्रथम के उपरांत उसका पुत्र परांतक गद्दी पर बैठा। उसका शासनकाल 907 ई. से 955 ई. तक है। उसने पांड्य नरेश राजसिंह को पराजित कर उसके राज्य को अपने राज्य में मिला लिया। भागकर राजसिंह ने सिंहलद्वीप में शरण ली। परांतक ने सिंहलद्वीप पर भी आक्रमण किया, किंतु कोई लाभ नहीं हुआ। उसने वाणों के प्रदेश को पश्चिमी गंगों को सौंप दिया। उसने पल्लव शक्ति को समूल नष्ट कर दक्षिण में नेल्लोर तक अपनी सत्ता स्थापित कर ली। किंतु इसी बीच राष्ट्रकूट नरेश कृष्ण तृतीय ने गंग राजा वूतुंग की सहायता से परांतक को पराजित कर काँची और तंजौर पर अधिकार कर लिया। फलत: चोल राज्य छिन्न-भिन्न हो गया। परांतक शैव था और उसने अनेक शिव-मंदिरों का निर्माण किया था। वह विद्या-प्रेमी भी था। उसके शासनकाल में साहित्य-कला की बड़ी उन्नति हुई। संस्कृत के उत्कृष्ट विद्वान् वेंकट माधव ने ऋग्वेद पर टीका लिखी। त्रिचिनापल्ली में कोरंगनाथ मंदिर का निर्माण किया गया। 955 ई. में परांतक का देहांत हो गया।

परांतक प्रथम के निधनोपरांत तीस वर्ष तक चोलों का इतिहास अंधकारमय है। उसके पुत्र गडंरादित्य ने कुछ वर्षों तक शासन किया। उसके उपरांत उसके भाई अरिंजय ने केवल एक वर्ष तक शासन किया। उसके पश्चात् सुंदरचोल परांतक द्वितीय ने 957 ई. से 973 ई. तक शासन किया। उसने पांड्य नरेश वीर को पराजित कर उसकी हत्या कर दी। उसने सिंहल नरेश महेंद्र चतुर्थ पर भी आक्रमण किया, परंतु उसमें उसे सफलता नहीं मिली। 969 ई. में गडंरादित्य के पुत्र उत्तम चोल ने परांतक द्वितीय के पुत्र तथा युवराज आदित्य को षड्यंत्र रचकर मार डाला और अपने को युवराज घोषित कर दिया। 973 ई. में परांतक के निधन के पश्चात् उत्तम चोल राजा बन गया। वह एक निर्बल शासक था। चालुक्य नरेश तैलप द्वितीय ने उसे पराजित कर दिया।

राजराज प्रथम (985-1014 ई.)

परांतक द्वितीय का पुत्र राजराज प्रथम राजा बना। वह अति प्रतापी, पराक्रमी और महान् विजेता था। उसके राजा बनने के समय चोल राज्य छिन्न-भिन्न था और उसको दुबारा सुदृढ़ बनाने का पूर्ण श्रेय राजराज को जाता है। सिंहासनारूढ़ होते ही उसने चेर राजा भास्कर वर्मन को पराजित कर कुंदलूर में उसके जहाजी बेड़े को नष्ट कर दिया। राजराज ने वेंगी के चालुक्यों, मदुरा के पांड्यों और दक्षिण मैसूर के राजाओं को भी पराजित किया। वेंगी के राजा विमलादित्य के साथ उसने अपनी पुत्री का विवाह कर दिया। राजराज की शक्ति का डंका उस समय पूरे दक्षिण में बज रहा था। अपनी नौसेना के बल पर उसने लंका, लोकद्वीप तथा मालद्वीप पर विजय प्राप्त कर ली थी। उसने उत्तर-पूर्व में स्थित कलिंग को भी पराजित किया। 29 वर्षों के राजकाल में राजराज ने चोलों को उत्कृष्ट एवं शक्तिशाली साम्राज्य में परिवर्तित कर दिया।

राजराज शैव धर्मावलंबी था। तंजौर में उसने 1003-1010 ई. के बीच 'वृहदेश्वर' नाम से विशाल शिव मंदिर का निर्माण करवाया था। इस मंदिर को 'राजराजेश्वर' नाम से जाना जाता है। शैव होते हुए भी राजराज अन्य धर्मों के प्रति सहिष्णु थे।

राजेंद्र प्रथम (1014-1042 ई.)

राजराज की मृत्यु के पश्चात् उसका पराक्रमी एवं महत्त्वाकांक्षी पुत्र राजेंद्र प्रथम राजा बना। उसने अपने पिता के साम्राज्य की सीमाओं को विस्तृत किया। सबसे पहले केरल और पांड्यों को पराजित कर उनके राज्यों को अपने राज्य में मिला लिया। संपूर्ण दक्षिण सिंहल पर अधिकार कर लिया। दक्षिण भारत में कल्याणी के चालुक्यों, वनवासी के कदंबों और मध्य प्रदेश में गोंडवाना को पराजित किया। उसकी सेनाएं (1021-1025 ई.) कलिंग को पारकर ओड् (उड़ीसा), दक्षिण कोशल, बंगाल और मगध होती हुई गंगा तक पहुंचीं। इस विजय के कारण उसे 'गंगेकौंड' की उपाधि से विभूषित किया गया। राजेंद्र की जल सेना ने अंडमान-निकोबार तथा बर्मा के समुद्रतट अराकान, पेगू आदि प्रदेशों पर विजय पाई। उसका जहाजी बेड़ा मलाया, सुमात्रा, जावा और अन्य द्वीप समूहों तक पहुंचा। उसके काल में भारतीय व्यापार, उपनिवेश और संस्कृति का प्रसार हिंद-चीन और पूर्वी समूह में हुआ। राजेंद्र ने अनेक नए नगर बसाए। अनेक मंदिर, झील आदि बनवाए। वह शैव मतावलंबी था।

राजाधिराज (1042-1052 ई.)

राजेंद्र के पश्चात् उसका पुत्र राजाधिराज सिंहासन पर बैठा। उसके लिए शासन करना कठिन था। पांड्य और केरल तथा लंका के राजाओं ने एक संघ बनाकर राजाधिराज के विरुद्ध संघर्ष आरंभ किया। राजाधिराज ने उनको परास्त कर दिया। इस उपलक्ष्य में उसने अश्वमेध का अनुष्ठान किया। लेकिन वह चालुक्य सम्राट् सोमेश्वर से युद्ध करते हुए मारा गया।

राजेंद्र द्वितीय (1052-1064 ई.)

राजाधिराज की मृत्यु के पश्चात् उसका छोटा भाई राजेंद्र द्वितीय सिंहासन पर बैठा। उसने कोल्हापुर में अपना जयस्तंभ बनाया। चालुक्यों के साथ उसका युद्ध जारी रहा। वेंगी में उसकी सेना ने चालुक्यों को परास्त किया। चालुक्य सेनापति चामुंडराज इस युद्ध में मारे गए। राजेंद्र ने सिंहल प्रदेश पर आक्रमण किया और अधिकांश प्रदेश पर अपना कब्जा कर लिया। 1064 ई. में उसकी मृत्यु हो गई।

वीर राजेंद्र (1064-1070 ई.)

राजेंद्र द्वितीय का छोटा भाई वीर राजेंद्र 1064 ई. में राजा बना। उसके समय में चालुक्य राजा ने आक्रमण कर दिया। तुंगभद्रा नदी के पार कुदाल संगमम् नामक स्थान पर संघर्ष हुआ। वीर राजेंद्र ने अपने नामानुसार चालुक्यों को पराजित कर दिया। इस विजय के उपलक्ष्य में उसने तुंगभद्रा नदी के तट पर एक विजय स्तंभ बनवाया। इसके पश्चात् उसने वेंगी पर ध्यान दिया। गोदावरी नदी को पार करके उसने पश्चिमी चालुक्य सेना को परास्त करके कलिंग व चक्ककोटम पर अधिकार कर लिया। उसने लंका के राजा विजयबाहु को भी चोल से निकालने का प्रयत्न किया तथा उसने अपनी पुत्री का विवाह चालुक्य राजकुमार विक्रमादित्य से कर दिया। चालुक्य सम्राट् सोमेश्वर द्वितीय के साथ मित्रतापूर्ण संबंध स्थापित किए। 1070 ई. में उसकी मृत्यु हो गई।

अधिराजेंद्र (1070-1071 ई.)

वीर राजेंद्र की मृत्यु के पश्चात् अधिराजेंद्र अपने बहनोई चालुक्य राजकुमार विक्रमादित्य षष्ठ की सहायता से गद्दी पर बैठा। वह बहुत कम समय के लिए सिंहासन पर बैठा। वह पुत्रहीन था तथा 1071 ई. में उसकी मृत्यु हो गई।

कुलोत्तुंग प्रथम (1070-1120 ई.)

अधिराजेंद्र पुत्रहीन था, अत: चालुक्य वायसराय चोल राजकुमारों का पुत्र राजेंद्र तृतीय कुलोत्तुंग चोल के नाम से सिंहासनारूढ़ हुआ। वह मातृपक्ष की ओर

से चोल तथा पितृपक्ष की ओर से चालुक्य वंशीय था। इसलिए इसके अधीन चोल एवं चालुक्य एक हो गए। यश: करण कलचुरि ने 1073 ई. में वेंगी पर आक्रमण किया, लेकिन वह असफल रहा। कुलोत्तुंग ने लंका के राजा के साथ अपनी पुत्री का विवाह कर उसके साथ संबंध अच्छे बनाए। 1076 ई. में उसका चालुक्य सम्राट् विक्रमादित्य षष्ट से संघर्ष आरंभ हो गया। लेकिन इस संघर्ष का परिणाम स्पष्ट नहीं है। 1076 ई. में विजयादित्य की मृत्यु के पश्चात् कुलोत्तुंग ने अपने पुत्रों को वेंगी का वायसराय नियुक्त कर दिया। उसने कन्नौज के गहड़वाल वंशीय शासकों से मित्रतापूर्ण संबंध स्थापित किए। काडराम राज्य को भी अपने अधीन कर वहाँ अनेक सुविधाएं प्रदान कीं। वह महान् विजेता के साथ-साथ सफल प्रशासक भी था। जनसाधारण की सुविधाओं के लिए उसने जनकल्याण कार्य किए व कर कम कर दिए। कांची नगर उस काल में अत्यंत समृद्ध और वैभवशाली हो गया था। 1120 ई. में उसकी मृत्यु हो गई।

विक्रम चोल (1120-1135 ई.)

कुलोत्तुंग की मृत्यु के बाद उनका पुत्र विक्रम चोल 1120 ई. में राजा बना। उसने कोलार व गंगबाड़ी के कुछ भागों को अधिकृत कर लिया। वेंगी पर चोलों का अधिकार हो गया। उस काल में उत्तरी व दक्षिणी अर्काट में दुर्भिक्ष पड़ गया और बाढ़ भी आई। विक्रम चोल ने आम आदमी की रक्षा और सहायता के लिए अनेक प्रावधान किए। राज्य भर का दौरा किया और कैंप लगाकर सहायता की। अनेक मंदिरों का निर्माण करवाया। चिदंबरम् मंदिर का जीर्णोद्धार भी करवाया।

कुलोत्तुंग द्वितीय (1135-1150 ई.)

(1135-1150 ई.) विक्रमचोल की मृत्यु के पश्चात् उसका बेटा कुलोत्तुंग द्वितीय 1135 ई. में शासक बना। वह 15 वर्ष तक राजा रहा, लेकिन उसका कार्यकाल किसी भी महत्त्वपूर्ण घटना से रहित था। वह अन्य धर्मों के प्रति असहिष्णु था, क्योंकि उसने गोविंद राज की मूर्ति को समुद्र में फेंकने की आज्ञा दे दी थी। उसने चिंदबरम के मंदिर में दान आदि भी दिए थे।

राजराज द्वितीय (1150-1173 ई.)

1150 ई. में कुलोत्तुंग द्वितीय की मृत्यु के पश्चात् उसका पुत्र राजराज द्वितीय राजा बना। उसने 1173 ई. तक राज्य किया। उसके काल में होयसल राज्य की शक्ति का विकास हुआ एवं पांड्य राज्य में गृहयुद्ध की स्थिति उत्पन्न हो गई। इस कारण चोल शक्ति भी क्षीण हो गई।

राजाधिराज द्वितीय (1173-1178 ई.)

(1173-1178 ई.) राजराजा का उत्तराधिकारी बना राजाधिराज द्वितीय। उसने पांड्य राज्य पर आक्रमण कर मदुरा पर विजय प्राप्त कर ली और वीर पांड्य को अपनी ओर मिला लिया।

कुलोत्तुंग तृतीय (1178-1217 ई.)

राजाधिराज द्वितीय के पश्चात् चोल वंश को दृढ़ता और विकास देने वाला कुलोतुंग तृतीय गद्दी पर बैठा। लंका नरेश पराक्रमबाहु ने वीर पांड्य को अपनी ओर मिला लिया। कुलोत्तुंग तृतीय ने मदुरा पर आक्रमण कर वीर पांड्य को हराकर विक्रम पांड्य को वहाँ का राजा बना दिया। कुलोतुंग ने होयसलों के कुछ भागों पर कब्जा कर लिया। उसने चेरों को भी युद्ध में परास्त किया। तेलुगू चोलों के विद्रोह को भी उसने कुचल दिया। कुलोत्तुंग के काल में भीषण अकाल पड़ा, जिसका सामना और निवारण उसने कुशलतापूर्वक किया। उसने त्रिभुवन के भव्य मंदिर का निर्माण भी करवाया।

राजेंद्र तृतीय (1250-1279 ई.)

चोल वंश का यह अंतिम स्वतंत्र नरेश था। पांड्य नरेश पुष्यवर्मन ने चोल राज्य के बहुत बड़े भाग पर कब्जा कर लिया। उसने कांची पर अधिकार कर लिया। राजेंद्र तृतीय के काल में आंतरिक कलह, सामंतों के विद्रोह तथा पांड्य राज्य के विकास के कारण चोल राज्य छिन्न-भिन्न हो गया।

चोलों की प्रशासनिक व्यवस्था

चोलों ने एक विशाल साम्राज्य की ही स्थापना नही की बल्कि एक सक्षम प्रशासनिक तंत्र के भी स्थापना कर शासन पर अपनी पकड़ बनाये रखी। शासन का सर्वोच्च राजा था। राजतंत्रात्मक शासन प्रणाली मौजूद थी। राजपद वंशानुगत था तथा युवराज शासन में सहयोगी की भूमिका निभाता था। जीवनकाल में ही उत्तराधिकारी चुन लिया जाता था। इसी कारण चोलों को उत्तराधिकार संघर्ष की समस्या से जूझना नहीं पड़ा। शासकों ने राजपद का दैवीयकरण किया। फलत: शासकों की प्रतिमा मंदिर में स्थापित कर उनकी पूजा को प्रोत्साहित किया गया।

राजा की सहायता के लिए अधिकारियों की विभिन्न श्रेणियाँ थी। उच्च श्रेणी का अधिकारी 'पेरून्दम्' और निम्न का अधिकारी 'शिरून्दम्' कहलाता था। 'ओलइकुट्टम' नामक पदाधिकारी राजकीय आदेश को लिपिबद्ध करता था। अधिकारियों का वेतन नगद तथा भू-राजस्व के रूप में दिया जाता था।

राजा न्याय का प्रमुख था। न्यायालय को 'धर्मासन' तथा न्यायाधीश 'धर्मभट्ट' कहलाता था। दंडप्रणाली में जुर्माना तथा मृत्युदंड प्रचलित था।

चोलों ने एक विशाल सेना का गठन किया। जिसमें अश्व, गज, पैदल एवं नौ सेना शामिल थी। सेना को नियमित रूप से प्रशिक्षण दी जाती थी और विशेष सैनिक शिविर (कडगम) भी लगाया जाते थे। चोल सेना की प्रमुख विशेषता नौ-सेना थी। नौसेना के कारण ही चोल राजाओं द्वारा समुद्र पार अनेक द्वीपों पर विजय प्राप्त की थी। बंगाल की खाड़ी एक चोल झील बन गई थी। सेना में अनेक पद होते थे, जैसे- नायक, महादंडनायक आदि। विशेष वीरता दिखाने वालों को 'क्षत्रिय शिरवामणि' की उपाधि दी जाती थी। धनुर्धारी सैनिक को 'विल्लिगल' अश्वरोही सेना को 'कुडिरैच्चेवगर', राजा की व्यक्तिगत सुरक्षा में पैदल सेना को 'बर्डपेईकैक्कोलर', गजारोही सेना को 'कुजिरमल्लर' पैदल सोना में सर्वाधिक शक्तिशाली सेना को 'कैककोलर', राजा का व्यक्तिगत अंगरक्षक को 'वलैक्कार', भाला प्रहार करने वाली सेना को 'सैंगुन्दर' कहलाता था।

आय का प्रमुख स्त्रोत भू-राजस्व था। भूमि की माप कर भू-राजस्व का निर्धारण किया जाता था जो उपज का $\frac{1}{3}$ था। भू-राजस्व को 'कदमई' कहा जाता था। इसके अतिरिक्त विभिन्न व्यवसायों से कर प्राप्त किए जाते थे। राजस्व कर- 'आयम', व्यापारिक प्रतिष्ठानों पर कर- 'कढ़ैइरै' सुपारी कर- 'कडमै', आजीव को पर कर- 'आजीवक्काशु', द्वारकर- 'वाशल्पिरमम्', वृक्षकर- 'मरमज्जाडि', नस्पशुधन कर 'किडाक्काशु', गृहकर- 'मनैइरै', व्यवसाय कर- 'मगन्मै', ग्राम सुरक्षाकर- 'पाडिकावल' था।

प्रशासक की सुविधा हेतु साम्राज्य का विभाजन विभिन्न इकाइयों से हुआ। चोल साम्राज्य प्रांतों में विभाजित था, जिन्हें 'मण्डलम्' कहा जाता था। चोल साम्राज्य में 8 मण्डल थे। जिनका प्रशासन 'राजकुमार' या 'उच्च अधिकारी' के द्वारा की जाती थी। प्रत्येक मण्डल 'कोट्टम' में बँटा हुआ था। 'कोट्टम' 'नाडुओं' में विभाजित था। 'नाडु' जिले के समान थी। कई ग्रामों के समूह को 'कुर्रम' कहते थे। 'नाडु' की सभा 'नट्टार' कहलाती थी। इसका कार्य भू-राजस्व का प्रबंधन करना था। 'नाडु' अपने स्तर से दान देते थे। और लोगों से दान प्राप्त करते थे। 'नाडु' के खर्च के लिए 'नाडुविनियोगम' नामक कर लिया जाता था। नाडु के अंतर्गत अनेक ग्राम संघ थे। नगरों में 'नगरम्' नामक व्यापारियों की सभा होती थी। 'नगरम्' व्यापारिक केंन्द्रों प्रतिष्ठानों, उद्योगों पर कर की दरों का निर्धारण एवं वसूली करती थी। इस कर के माध्यम से नगरों के यातायात एवं तगर विकास को समुचित व्यवस्था की जाती थी।

चोलों का स्थानीय स्वायत प्रशासन

चोल प्रशासन की प्रमुख विशेषता उसका स्थानीय स्वशासन था। चोल शासक परांतक प्रथम के 'उत्तरमेरूर' अभिलेख से स्थानीय स्वायत्त शासन आरंभ तो पल्लवों के काल से दिखाई पड़ता है, किंतु चोलों के काल में इसका पर्याप्त विकास हुआ। यह ग्राम शासन विभिन्न 'ग्राम समूह' एवं 'सभाओं' के माध्यम से चलाया जाता था।

सामाजिक-धार्मिक आधार पर गाँव में अनेक समूह वर्गीकृत थे। जैसे- सोनार, लोहार, बढ़ई, सामाजिक समूह के अंतर्गत थे तो आर्थिक आधार पर 'वलंजयार' और 'मणिग्रामम्' जैसे समूह व्यापारिक गतिविधियों का संचालन करते थे। धार्मिक आधार पर 'मूलपरूदियार' संस्था थी, जो मंदिरों की देखरेख करती थी।

स्थानीय प्रशासन में ग्राम सभाओं की विशिष्ट भूमिका थी। चोल अभिलेखों में दो प्रकार की ग्राम सभाओं का उल्लेख मिलता हैं- 'उर' और 'सभा'। (उर) गाँवों में सामान्य लोगों की सभा थी और सभी ग्रामवासी पुरुष इसके सदस्य थे। इसके कार्य को 'उलंगुणम्' कहा जाता था। इसका मुख्य कार्य को 'उलंगुणम्' कहा जाता था। इसका मुख्य कार्य तालाब, बगीचों का निर्माण करना तथा उसके लिए भूमि का अधिग्रहण करना था।

'सभा' ब्राह्मणों की सभा थी। 'सभा' को 'पेरूगरि' एवं सदस्यों को 'पेरूमक्कल' कहा जाता था। सभा अपनी समितियों के माध्यम से कार्य करती थी, जिसे 'वरियम' कहते थे। इसके सदस्य 'वरियार' द्वारा संचालित होती थी। समिति के सदस्यों के निर्वाचन हेतु गाँव को 30 कुटुम्ब में बाँटा जाता था और प्रत्येक कुटुम्ब का चुनाव हेतु अर्हताएँ निर्धारित होती थी। डेढ़ एकड़ भूमि का स्वामी हो और भूमि पर अपना पक्का मकान हों। व्यक्ति की उम्र 35 से 70 वर्ष के बीच होनी चाहिए। इन योग्यताओं को रखने वाले व्यक्ति का निर्वाचन लॉटरी पद्धति 'कुडवोलै' से होता था। नाम को ताड़पत्र पर लिखकर एक बड़े पात्र में डाल दिया जाता था और फिर अबोध बच्चे के माध्यम से नाम की पर्ची निकाली जाती थी। निर्वाचित सदस्य विभिन्न समितियों में शामिल होते थे। 'समवत्सर वारियम' विद्वानों की समिति थी, जिसके अंतर्गत 12 सदस्य होते थे। 'तोट्टावारियम' बागों की देख-रेख करने वाली समिति थी, इससे 6 सदस्य शामिल थे। 'एनवारियम' सिंचाई की समिति, 'पंचभार' पंच बनकर झगड़ों का निपटारा करने वाली समिति, 'पोनपरयिम' स्वर्ण की समिति, पनीटावारियम चीनी समिति होती थी। समिति में सदस्यों की संख्या आवश्यकतानुसार घटाई-बढ़ायी जा सकती थी। सदस्यों की कार्य-अवधि तीन वर्ष की थी। यह नियम भी था कि "जो व्यक्ति पिछले 3 वर्षों' से किसी समिति का सदस्य नहीं रहा है, वहीं नया सदस्य चुना जाए"। इस तरह ग्राम वासियों को सदस्य बनने का अवसर उपलब्ध थे। 'समवत्सर वारियम्' अन्य समितियों की देख-रेख करती थी। इसका सदस्य पर्याप्त अनुभवी और पहले किसी समिति का सदस्य रह चुका होता था।

गाँव के सभी कार्य 'समवत्सर वारियम्' के अंतर्गत आते थे। इस दृष्टि से ये लघुगणतंत्र के रूप में मौजूद थे। गाँव की समस्त सार्वजनिक तथा व्यक्तिगत भूमि पर इनका अधिकार था। अतः इस पर नियंत्रण बनाये रखना इनका कार्य था। यह न्यायिक कार्य भी संपन्न करती थी। कृषि तथा वनों से संबंधित विवाद का निपटारा करती थी। ग्राम वासियों पर कर लगाना और वसूलना प्रमुख कार्य था। ग्रामवासियों के लिए पेयजल, सिंचाई, आवागमन के साधनों की व्यवस्था तथा स्वास्थ्य, जीवन एवं संपत्ति की रक्षा करना इनके कार्यों में शामिल थे।

सभा की बैठक तालाब के किनारे पेड़ के नीचे होती थी। बैठक के पूर्व तिथि, स्थान की जानकारी ढ़ोल बजाकर दी जाती थी।

चोलकालीन सभ्यता-संस्कृति व प्रशासन

चोल काल में दक्षिण की चहुंमुखी उन्नति हुई, क्योंकि चोल राजाओं की शासन व्यवस्था अत्यंत दृढ़ तथा सुव्यवस्थित थी। शासन तंत्र का प्रमुख कर्ता या केंद्र राजा स्वयं होता था। वह राज्य का सर्वश्रेष्ठ अधिकारी था। संपूर्ण राज्य की न्याय व्यवस्था, सुरक्षा एवं प्रशासन का दायित्व राजा का था। उसके आदेश मौखिक होते थे। उनको राजा का (प्रधान सचिव) 'औलेनायकम' लिखता था। चोल राज्य में मंत्री नहीं होते थे, किंतु अनेक अधिकारीगण होते थे, जो राजा को सलाह देते थे। ये अवैतनिक अधिकारी होते थे, लेकिन पारितोषिक के रूप में इन्हें भू-भाग का टुकड़ा दिया जाता था। अपने जीवनकाल में ही राजा अपना उत्तराधिकारी चुन लेता था, जिसे 'युवराज' कहा जाता था। शासन राजतंत्रात्मक तथा एकतांत्रिक था। राज्याभिषेक खूब शान से होता था। यह समारोह तंजौर, गंगेकोंडचोलपुरम्, चिदंबरम एवं कांचीपुरम् में होता था। राजा अश्वमेघादि यज्ञ करता था। मंदिरों में खूब दान दिया जाता था। विशेष मंदिरों के नाम राजा पर रखे जाते थे, जैसे राजराजेश्वर मंदिर और मंदिरों में उनकी प्रतिमाएं भी रखी जाती थीं। हालांकि राजा की शक्ति अनियंत्रित थी, किंतु वह स्थानीय नियम एवं परंपराओं का पालन करता था।

चोल शासन व्यवस्था के अंतर्गत गाँव, नगर, जिला, प्रांत आदि सभी शासन इकाइयों के प्रबंध के लिए सार्वजनिक समितियां होती थीं। मण्डलों की समितियों के विस्तृत कार्य होते थे। ये अकाल पड़ने पर लगान की छूट का निर्णय करती थीं। व्यापारियों की समितियां अलग होती थीं, जिन्हें 'नगरत्तार' कहते थे। गाँव की समितियां 'उर' कहलाती थीं।

आय-व्यय

अर्थव्यवस्था कृषि प्रधान थी। अतः इससे प्राप्त राजस्व ही राज्य का प्रमुख आय स्रोत था। सरकार उपज का छठा भाग लेती थी। राजस्व अन्न या सिक्कों के रूप में दिया जा सकता था। व्यापार के लिए बाजारों में सिक्कों एवं कौड़ियों

का प्रचलन था। राज्य की आय राज परिवार, राजकर्मचारियों, सड़कों-मंदिरों एवं जनकल्याण हेतु खर्च की जाती थी।

सैनिक व्यवस्था

इस काल में जल और स्थल सेनाएं अति विशाल एवं सुसंगठित थीं। देश के अनेक भागों में सैनिक छावनियां बनी हुई थीं। चोलों ने खेतिहरों और पशुपालकों को प्रशिक्षण देकर विशाल सेना तैयार कर ली थी। ब्राह्मण सेनापतियों को 'ब्रह्माधिराज' कहा जाता था। उनके अतिरिक्त सेना के अन्य उच्च अधिकारी और छोटी-छोटी इकाइयों के अध्यक्ष थे। सैन्य कला में चोल बड़े पटु एवं रण-कुशल थे।

न्याय व्यवस्था

न्याय व्यवस्था संगठित थी। मुकदमे स्थानीय संस्थाओं में पेश होते थे। जूरी की भी प्रथा थी। अंतिम अपील राजा के पास थी। कानून नरम था, चोरों, व्याभिचारियों इत्यादि को गधे पर बिठाकर घुमाया जाता था। संयोगवश हत्या हो जाने पर 16 गायों का जुर्माना किया जाता था। जिस व्यक्ति की हत्या होती थी, उसकी आत्मा की शांति के लिए राज्य मंदिर में दीपक जलवाता था।

सामाजिक व्यवस्था

चोल काल में समाज ब्राह्मणीय पद्धति के अनुसार चार वर्णों में बंटा हुआ था। व्यावसायिक दृष्टि से समाज में दो और भी इकाइयां 'वंलगाई' और 'इंडगाई' विद्यमान थीं। सजातीय विवाह प्रचलित था। लेकिन अंतर्जातीय विवाहों के भी अनेक उदाहरण मिलते हैं। जातीयता के आधार पर मोहल्ले बनने लगे थे।

समाज में स्त्रियों को सम्मान की दृष्टि से देखा जाता था। उन पर किसी भी प्रकार का प्रतिबंध नहीं था। अभिलेखों के अनुसार अभिजात्य वर्ग की स्त्रियां संपत्ति का अधिकार रखती थीं। तमिल समाज में सती प्रथा प्रचलित थी। समाज में देवदासियां भी थीं। ये मंदिरों में ही रहती थीं तथा नृत्य आदि में निपुण होती थीं। विशेष अवसरों पर मंदिरों में इनके नृत्य का आयोजन होता था। कुछ लेखक यह मानते हैं कि ये देवदासियां समाज में अनाचार फैलाती थीं, लेकिन कुछ अभिलेखों के अनुसार तमिल समाज में इनका स्तर गिरा हुआ नहीं था। कुछ देवदासियां विवाह कर गृहस्थ जीवन भी व्यतीत करती थीं। दास प्रथा भी समाज में प्रचलित थी। वास्तव में कृषि मजदूर दासों के समान थे। दासों की विभिन्न कोटियां होती थीं।

आर्थिक जीवन

चोल काल में कृषि प्रमुख व्यवसाय था। अधिकांश जनसंख्या गाँवों में रहती थी। कृषक भूमि का मालिक होता था। भूमि के मालिकाना हक के अनुसार समाज में कृषकों का सम्मान होता था। कृषि की उन्नति के लिए राज्य की ओर से लगातार प्रयास होते रहते थे। करिकाल चोल के समय कावेरी नदी पर बांध बनाया गया था। सिंचाई के लिए कुएं, तालाब और जलाशय भी खुदवाए गए। उत्तरमेरूर में बैरूमेघतड़ाग का निर्माण करवाया गया। परांतक ने वीरलोचन नामक तालाब खुदवाया था। चोल नरेशों ने दुर्भिक्ष को रोकने का भी भरसक प्रयत्न किया। पशुपालन का व्यवसाय करने वाले 'मंचादि' कहलाते थे। स्वर्णकार, मूर्तिकार, धातुकार आदि अन्य व्यवसायी भी नाना प्रकार की वस्तुओं का निर्माण करते थे। कांची वस्त्र उद्योग उन्नतशील था। कुमारी अंतरीप मरकनाम (दक्षिण अर्काट) तथा समुद्र तटवर्ती स्थानों में नमक तैयार किया जाता था। लौह उद्योग उन्नत था। इससे युद्धपोत और युद्ध हथियार बनाए जाते थे। राजमार्ग विकसित थे, जिससे आंतरिक व्यापार को प्रोत्साहन मिला। व्यापारियों की अनेक श्रेणियां थीं। नानादेश-तिसैयायरित्तु, अयन्नुरूवर नामक एक विशाल व्यापारिक श्रेणी का उल्लेख मिला है। इस व्यापारिक श्रेणी के सदस्य समुद्र पार के देश, जैसे चीन, मलाया, पूर्वी द्वीप समूह तथा फारस की खाड़ी इत्यादि देशों से व्यापार करते थे। 1077 ई. में कुलोत्तुंग ने 72 व्यापारियों का एक दूतमंडल चीन भेजा था।

चोलों का सामुद्रिक अभियान

चोल पल्लवों के सामंत थे और इनकी कमजोरी का लाभ उठाकर 9वीं सदी में विजयालय ने एक स्वतंत्र चोल राज्य की स्थापना की। दक्षिण भारतीय इतिहास में चोल शासकों ने राजनीतिक और आर्थिक कारणों से प्रेरित होकर अनेक सामुद्रिक कारणों से प्रेरित होकर अनेक सामुद्रिक अभियान किया। इन अभियानों के परिणाम स्वरूप चोल सत्ता का विस्तार श्रीलंका के अतिरिक्त दक्षिण-पूर्व एशिया में भी हुआ। चोलों के राजनीतिक सत्ता के विस्तार के फलस्वरूप श्रीलंका व दक्षिण-पूर्वी एशियाई देशों के साथ अर्थिक एवं सांस्कृतिक संबंधों का विकास हुआ।

9वीं शताब्दी में दक्षिण भारतीय राजनीति में बादामी के चालुक्य, मदुरा के पांड्य तथा काँची के पल्लवों के बीच राजनीतिक सर्वोच्चता को लेकर प्रतिद्वंद्विता चल रही थी। चोलों ने पांड्य-पल्लवों के संघर्ष में पल्लवों का साथ देकर तंजौर पर अपना अधिकार जमा लिया, साथ ही पल्लवों के कुछ क्षेत्रों पर भी अधिकार जमा लिया। बाद में आदित्य प्रथम ने पल्लव शासक अपराजित को पराजित कर संपूर्ण पल्लव क्षेत्र पर नियंत्रण स्थापित किया। मदुरा पर अधिकार को लेकर चोल तथा पांड्य राज्यों के बीच संघर्ष की शुरुआत हुई। मदुरा पांड्यों की राजधानी थी। अत: पांड्य शासक राजसिंह ने अपने मित्र श्रीलंका के शासक से सहायता मांगी। फलस्वरूप पांड्य एवं श्रीलंका की सम्मिलित सेना ने चोलों के विरुद्ध युद्ध आरंभ किया। परंतु इस युद्ध में चोल शासक परांतक प्रथम विजय हुआ, और मदुरा पर अपना नियंत्रण स्थापित किया। इसी के साथ श्रीलंका के विरुद्ध चोलों की आक्रमक नीति शुरू हो गयी।

985 ई. में चोल शासक राजराज प्रथम गद्दी पर बैठा और अपने आस-पास के राज्यों गंग, चेर राज्यों को पराजित किया। उसने श्रीलंका पर आक्रमण करने से पूर्व एक शक्तिशाली बेड़े का गठन किया। इस समय श्रीलंका का राजा महेंद्र पंचम था। राजराज प्रथम ने श्रीलंका पर आक्रमण कर उसके उत्तरी क्षेत्र पर अधिकार किया और उसकी राजधानी अनुराधापुर को नष्ट कर उसे चोल साम्राज्य का एक प्रांत बना दिया। इस प्रांत को मुमड़ि चोलमण्डलम् कहा गया। पोलन्नरूआ को प्रांत की राजधानी बनाई गई। राजराज प्रथम में पोलन्नरूआ में एक शिवमंदिर का निर्माण करवाया। यह विजय अर्थिक-सांस्कृतिक दृष्टि से महत्वपूर्ण थी। श्रीलंका से व्यापारिक संबंध पहले की अपेक्षा ज्यादा सुदृढ़ हुए। तमिल भाषा-संस्कृति, स्थापत्य कला का प्रसार श्रीलंका में भी हुआ। वहाँ भी तमिल बसने लगे।

राजराज प्रथम ने मालदीव के विरुद्ध अभियान कर उसपर अपना नियंत्रण स्थापित किया। फलत: चीन के साथ व्यापारिक संबंधों को बढ़ावा मिला और मालदीव में भी भारतीय संस्कृति का प्रचार-प्रसार हुआ।

राजराज प्रथम के पुत्र एवं उसका उत्तराधिकारी राजेंद्र चोल ने एक शक्तिशाली नौसेना का गठन कर बंगाल की खाड़ी को चोल झील में तब्दील कर दिया। इसने अपने शासन के पाँचवें वर्ष में श्रीलंका के दक्षिणी भाग पर हमला किया।

राजेद्र प्रथम ने अब 'कडारम' के विरुद्ध अभियान आयोजित किया। 'कडारम' पूर्वी व्यापार के लिए एक महत्वपूर्ण बंदरगाह था। इस अभियान के दौरान कडारम के श्री विजय साम्राज्य के शासक कुलोतुंगवर्मन पराजित हुआ। इसके पश्चात् जावा, मालाया, सुमात्रा जैसे क्षेत्रों पर भी अपना नियंत्रण स्थापित किया। राजेंद्र चोल के सामुद्रिक अभियानों से चोलों का प्रभाव दक्षिण-पूर्व एशिया तक पहुँच गया। इसकी शक्ति से भयभीत होकर कंबुज के शासक सूर्यवर्मन ने राजेंद्र प्रथम को बहुमूल्य उपहार देकर मैत्री की भी योजना की।

आगे चलकर चोल शासक कुलोत्तुंग प्रथम के समय श्रीलंका में चोलों की पकड़ कमजोर हो गई। कुलोतुंग ने अपनी पुत्री का विवाह श्रीलंका के राजकुमार से करके अपने संबंधों को सुदृढ़ किया। इससे दोनों के बीच सांस्कृतिक-व्यापारिक संबंधों की नई परंपरा शुरू हुई। चोल के साम्राज्य विस्तार ने भारत के बाहर भारतीय संस्कृति के प्रचार-प्रसार में गहरी भूमिका निभायी। भारत से औषधियाँ, मसाला, हाथी दांत की सामग्री, वस्त्र आदि का निर्यात विदेशों में हुआ तो मंदिर निर्माण शैली, मूर्ति कला, साहित्य, भारतीय पौराणिक कथानक का प्रसार भी हुआ। इस तरह चोलों ने अपनी युद्ध नीति के माध्यम में भारतीय संस्कृति का प्रसार किया।

धर्म

चोल शासक शैव थे। उनके समय में शैव धर्म की दक्षिण में बहुत उन्नति हुई। वैष्णव धर्म के प्रति भी वे श्रद्धा रखते थे। वे उदार थे। बौद्ध और जैन धर्म के प्रति वे दयालु थे। इस काल में अनेक मंदिरों का निर्माण हुआ। मंदिरों में दान दिया जाता था।

चोल स्थापत्य कला

स्थापत्य कला की दृष्टि चोलों ने मंदिर निर्माण की 'प्रविड़ शैली' को अपनाते हुए उसे शीर्ष रूप प्रदान किया। इस कारण 'फर्ग्यूसन' ने चोल कला के संदर्भ में कहा कि "चोल कलाकार राक्षस की तरह सोचते हैं और जौहरी के समान तराशते हैं।" चोल मंदिरों में गर्भगृह आयताकार, पिरामिडनुमा शिखर (विमान) तथा विशाल गोपुरम् और शीर्ष पर स्तूपिका मिलती है। चोल शासकों ने ईंटों के स्थान पर पत्थरों एवं शिलाओं का प्रयोग कर मंदिरों का निर्माण करवाया। इस समय के मंदिरों में सर्वाधिक महत्वपूर्ण मंदिर है- तंजौर में राजराज प्रथम द्वारा बनवाया गया राजराजेश्वर अथवा वृहदेश्वर मंदिर तथा राजेन्द्र प्रथम द्वारा बनवाया गया गंगैकोंडचोलपुरम का शिव मंदिर था। तंजौर का वृहदेश्वर मंदिर अत्यंत विशाल चतुष्कोणीय प्रांगण में तथा गेनाइट पत्थरों से बना है। इसका शीर्ष 13 मंजिल की संरचना के समान है। मंदिर चारों ओर से दीवार या परकोटे से घिरा है, जिसमें प्रवेश हेतु विशाल गोपुरम् बना हुआ है, गोपुरम् की विशालता तथा अलंकरण चोल कालीन आर्थिक समृद्धि तथा राजनीतिक विस्तार को दर्शाती है।

चोल काल में तिरूकट्टलाईं का सुंदेश्वर मंदिर, कन्नूर का बाल सुब्रह्मण्यम मंदिर, कुंभकोणम का नागेश्वर मंदिर, नरतमालें का विजयालय मंदिर व कदम्बर-मलाई मंदिर, दारासुरम का ऐरावतेश्वर मंदिर, त्रिभुवनम का कम्पहरेश्वर मंदिर आदि का निर्माण हुआ था। चोल स्थापत्य की सबसे बड़ी विशेषता है कि उन्होंने स्थापत्य में मूर्तिकला और चित्रकला का बेजोड़ संगम किया। चोल शासकों ने मंदिरों के अतिरिक्त अनेक भव्य महलों एवं झीलों का भी निर्माण किया।

चोलकालीन मूर्तिकला एवं चित्रकला

मंदिरों के निर्माण ने मूर्तिकला एवं चित्रकला के विकास को भी प्रभावित किया। यहाँ मूर्तियाँ पत्थर तथा धातु से बनती थी। इसमें मुख्यतः शिव और विष्णु की मूर्तियाँ उल्लेखनीय हैं। वस्तुतः चोल शासक काल में बनी तंजौर स्थित नटराज शिव की कांस्य मूर्ति इसका सर्वोत्कृष्ट उदाहरण है। इसमें नटराज शिव का तांडव रूप प्रदर्शित होता है, जो शिव के हर्षित या आनंदित नृत्य का प्रतीक है। उनके पैर के नीचे एक असुर का होना यह दर्शाता है कि वह अज्ञान का नाश कर रहे हैं, तो दूसरी तरफ चतुर्भुजाओं में एक में डमरू का धारण करना उनके स्वर या ध्वनि सृजन को संकेतिक करता है। इस तरह नटराज की प्रतिमा शिव को एक शिक्षक, एक सृजनकर्त्ता के रूप में स्थापित करती है।

चोल काल में चित्रकला का विकास भी वास्तुकला के साथ हुआ। मंदिर की दीवारों पर देवी-देवताओं के चित्र मिलते हैं। जैसे-वृहदेश्वर मंदिर में शिव का चित्रण दीवारों पर मिलता है, तो साथ ही फूल-पत्ती तथा सरोवर का भी अंकन मिलता है।

चोलकालीन साहित्य

चोल काल में तमिल भाषा-साहित्य का विकास हुआ। तमिल साहित्य के प्रख्यात विद्वान कंबन, पुगलेनिद तथा ओट्टकुट्टन त्रि-रत्न है। तमिल साहित्य में-कंबन ने 'रामायण', पुगलेनिद ने 'लनबेंबा', ज्ञानगोंदुर ने 'कल्लादानर' की रचना की। शेक्किलार की 'परिआपुराणम्' भी तमिल साहित्य की एक अमूल्य निधि है। जयागोंदान कुलोत्तुंग प्रथम के राजकवि थे। इनकी रचना 'कलिंगन्तुपणी' थी। सेक्कीललार कुलोत्तुंग प्रथम के दरबार में रहता था। वेंकट माधव ने परांतक प्रथम के संरक्षण में 'ऋग्यदीपिका' की रचना की। चोल शासक राजेंद्र प्रथम को भी महान विद्वान बताया गया है। इस काल में नंबियनदार नांबी नामक महान लेखक भी थे, जिन्हें तमिल व्यास के नाम से जाना जाता है।

महत्वपूर्ण बिंदु

* प्राचीन चोल साम्राज्य की राजधानी 'उरैयूर' थी।
* विजयालय ने 850 ई. में चोल वंश की स्थापना की, जिसकी राजधानी तंजौर थी।
* राजराज प्रथम शैव धर्म का अनुयायी था। इसने तंजौर में राजराजेश्वर का शिव मंदिर बनया।
* राजेंद्र प्रथम (1014-44 ई.) ने कलिंग और बंगाल पर विजय प्राप्त कर 'गंगैकोण्डचोल' की उपाधि धारण की।
* राजेंद्र प्रथम ने 1017 ई. में श्रीलंका नरंश महेंद्र पंचम को परास्त कर संपूर्ण सिंहल राज्य पर अधिकार कर लिया।
* राजेंद्र प्रथम को 'दक्षिण भारत का नेपोलियन' कहा जाता है।
* चोल वंश का अंतिम राजा राजेंद्र तृतीय था।
* चोलों के बारे में पहली जानकारी पाणिनी की अष्टाध्यायी में मिलती है।

❑❑❑

अध्याय 11

पल्लवों की सांस्कृतिक उपलब्धियां

पल्लव राजवंश

पल्लवों के मूल के संबंध में विद्वानों में अनेक मतभेद हैं, क्योंकि दक्षिण भारत की परंपरागत शक्तियों में चोल और पांड्य के नाम आते हैं, इसलिए कुछ विद्वान् पल्लवों को विदेशी कहते थे। वे पल्लवों को ईरानी मानते थे। **डॉ. वी. ए. स्मिथ** ने अपनी पुस्तक 'अर्ली हिस्ट्री ऑफ इंडिया' में यह सम्मति प्रकट की है कि पल्लव लोग पर्शियन अथवा पार्थियन मूल के थे।

प्रमाण के अभाव में पल्लवों की उत्पत्ति के बारे में स्पष्ट रूप से कुछ भी नहीं कहा जा सकता। पल्लवों का इतिहास सातवाहनों के पतन के पश्चात् शुरू होता है। कृष्णा नदी के दक्षिण के प्रदेश पर पल्लवों ने अपनी सत्ता स्थापित कर ली। कांचीपुरम् उनकी राजधानी थी। उसने तेलुगू आंध्रपथ तथा तमिल तोंडमण्डलम पर अपना अधिकार जमा लिया। तेलुगू आंध्रपथ का प्रधान नगर धान्यकटक था और तमिल तोंडमण्डलम की राजधानी कांची थी। बप्पादेव के बाद उसका पुत्र शिवस्कंदवर्मन राजा बना। उसने 'धर्म महाराज' की उपाधि ग्रहण की। अश्वमेध और वाजपेय यज्ञ करने वाला यह राजा अति शक्तिशाली था। उसका राज्य उत्तर में कृष्णा नदी और पश्चिम में अरब सागर तक फैला था। संभवत: 275 ई. के आस-पास इसका राज्य था। तत्पश्चात् पल्लवों का इतिहास कुछ-कुछ अस्पष्ट है। लेकिन छठी शताब्दी के अंतिम भाग से पल्लवों का इतिहास स्पष्ट होने लगा था। उनका राजनीतिक इतिहास निम्नलिखित है—

सिंह विष्णु

575 ई. में सिंह विष्णु गद्दी पर बैठा था। वह पल्लव वंश का प्रथम प्रतापी राजा था। उसने दक्षिण की कलाभ्र नामक शक्तिशाली जाति को परास्त किया तथा संपूर्ण चोल मण्डल को अपने अधिकार में करके अपने राज्य की सीमा को कावेरी नदी तक बढ़ा लिया। उसने पांड्य तथा सिंहल नरेशों के साथ भी युद्ध किया। वह वैष्णव धर्मावलंबी और विद्यानुरागी था। संस्कृत के सुप्रसिद्ध विद्वान् तथा 'किरातार्जुनीयम' का रचयिता 'भारवि' उनके दरबार में था। सिंहविष्णु का शासनकाल 575 ई. से 600 ई. तक है।

महेंद्र वर्मन प्रथम (600-630 ई.)

सिंह विष्णु की मृत्यु के पश्चात् उसका पुत्र महेंद्र वर्मन प्रथम 600 ई. में कांची की गद्दी पर आसीन हुआ और उसने 630 ई. तक राज्य किया। वह पल्लव वंश के महान् शासकों में गिना जाता है। उसे उपाधियां धारण करने का बड़ा शौक था, तभी तो उसने चेत्थकारी चित्रकारी पुल्ली, मत्त विलास और विचित्र चित्र इत्यादि उपाधियां धारण कीं।

प्रारंभ में महेंद्रवर्मन जैन धर्म का अनुयायी था। तब वह अन्य धर्म के अनुयायियों के साथ अच्छा व्यवहार नहीं करता था। किंतु संत अप्पार ने उसे बहुत प्रभावित किया और उनके प्रभाव से उसने जैन धर्म का परित्याग कर दिया और शिव का अनुयायी बन गया। अब उसने शिव व विष्णु की पूजा को प्रोत्साहन दिया।

उसके काल में पल्लवों व चालुक्यों में लंबा संघर्ष प्रारंभ हुआ। इस संघर्ष का प्रमुख कारण यह था कि चालुक्य नरेश पुलकेशिन द्वितीय (610-642 ई.) ने पल्लवों पर आक्रमण किया था। किंतु ऐहोल अभिलेख से स्पष्ट होता है कि पल्लवों ने पुलकेशिन द्वितीय के उत्थान का विरोध किया था, इसलिए यह संघर्ष हुआ। इस संघर्ष का एक कारण यह भी था कि पल्लवों तथा दक्षिण के कदंबों में घनिष्ठ संबंध थे और पुलकेशिन द्वितीय के पूर्वजों ने कदंबों की शक्ति को नष्ट किया था। महेंद्रवर्मन पुलकेशिन द्वारा कई बार परास्त हुआ और उसे वेंगी का प्रदेश पुलकेशिन को देना पड़ा।

महेंद्रवर्मन ने भी पुल्लापुर के समीप पुलकेशिन द्वितीय की सेनाओं को परास्त करके उसकी प्रगति को रोक दिया, परिणामस्वरूप उसके साम्राज्य के दूरवर्ती उत्तरी भागों पर ही पुलकेशिन का कब्जा हो सका। त्रिचिनापल्ली के अभिलेख में **महेंद्र वर्मन को 'पल्लवों का प्रिय'** कहा गया है और उसके राज्य की सीमाएं दक्षिण में कावेरी तक विस्तृत बताई गई हैं।

किंतु उसकी महानता विजयों पर आधारित नहीं है, बल्कि उन सुंदर भवनों, मंदिरों व तालाबों पर आधारित है, जो वास्तव में कला के उत्कृष्ट नमूने हैं। उसने त्रिचिनापल्ली, चिंगलपुर और उत्तरी तथा दक्षिणी अरकाट जिलों में पहाड़ी चट्टानों को काटकर मंदिर निर्माण करने की कला का प्रारंभ किया। उसका मदंगपट्ट अभिलेख इस प्रकार है—'ब्रह्मा, विष्णु और ईश्वर का यह बिना ईंट, लकड़ी, धातु और गारे-चूने का मंदिर राजा विचित्रचित्त ने बनवाया था।'

इसके अलावा वह साहित्य और कला का भी अनुरागी था और उसने संगीत पर भी एक पुस्तक लिखी, जिसकी पुष्टि सीतनवारूल की एक गुफा की जैन चित्रकारी से होती है, जो भूतपूर्व पुदुक्कोट्टई रियासत में स्थित है। 'चित्रकार पुल्ली' वाली उपाधि उसे चित्रकला का महान् संरक्षक सिद्ध करती है। इसी रियासत के कुडिमियामबाई अभिलेख से उसके संगीतप्रेमी होने की पुष्टि होती है। 'मत्तविलास प्रहसन' उसका एक परिहास नाटक है, जिसमें शैव तथा बौद्ध संन्यासियों की मूर्खताओं की हंसी उड़ाई गई है।

महाबलिपुरम् में उसकी दो रानियों की सुंदर मूर्तियां उसकी कला की याद दिलाती हैं। उसने तट पर शिवमंदिर निर्मित करवाया, जो आज भी उसकी याद दिलाता है। वह इस वंश का महान् सम्राट् था। लंबे शासन के पश्चात् उसकी मृत्यु 630 ई. में हुई।

नरसिंहवर्मन (630-668 ई.)

पल्लवों का दूसरा महान् शासक नरसिंहवर्मन था, उसे भी चालुक्यों के साथ युद्ध करना पड़ा। पुलकेशिन द्वितीय प्रारंभिक विजयों के बाद कांचीपुरम् की तरफ बढ़ा, परंतु उसे नरसिंहवर्मन ने अनेक बार परास्त किया। इनमें सबसे प्रमुख युद्ध मणिमंगल नामक स्थान पर हुआ। इन युद्धों में चालुक्यों की लगातार पराजय हुई। पल्लवों को युद्ध में लंका के एक राजकुमार की सहायता मिल रही थी, अतः बाद में नरसिंहवर्मन ने उसे लंका की राजगद्दी प्राप्त करने में मदद दी। पल्लवों ने चालुक्यों की राजधानी वातापी या बादामी को घेर लिया। पुलकेशिन युद्ध करते हुए मारा गया। बादामी पर पल्लवों का अधिकार हो गया। इस विजय के पश्चात् नरसिंहवर्मन ने 'वातापीकोंड' की उपाधि धारण की।

नरसिंहवर्मन ने चोल, पांड्य एवं कदंब शासकों को भी पराजित किया। उसने दो बार नौ सेनाएं सिंहल राजकुमार मानवर्मन के सहायतार्थ भेजीं उसकी मदद से यह राजकुमार लंका का राजा बन गया। नरसिंह वर्मन के समय में पल्लवों की शक्ति और प्रतिष्ठा में जितनी वृद्धि हुई, उतनी पहले कभी नहीं हुई थी। चीनी यात्री ह्वेनसांग उसी के समय में काँची गया था, उसने काँची की भव्यता का बड़ा ही सजीव वर्णन किया है।

महेंद्रवर्मन द्वितीय (668-670 ई.)

नरसिंह वर्मन की मृत्यु के पश्चात् उसका पुत्र महेंद्र वर्मन द्वितीय 668 ई. में राजा बना। उसका काल बहुत कम था, उसने अपने पिता के पदचिह्नों का ही अनुसरण किया। उसे चालुक्य नरेश विक्रमादित्य ने पराजित किया था। 670 ई. में स्वास्थ्य बिगड़ जाने के कारण उसका निधन हो गया।

परमेश्वर वर्मन प्रथम (670-695 ई.)

महेंद्र वर्मन के पश्चात् उसका पुत्र परमेश्वर वर्मन प्रथम 670 ई. में सिंहासनारूढ़ हुआ। इसके समय में चालुक्यों के साथ पुराना झगड़ा फिर से प्रारंभ हो गया। पुलकेशिन द्वितीय के पुत्र विक्रमादित्य प्रथम ने अपने पिता की पराजय का बदला पल्लवों से लेने का दृढ़ निश्चय किया। उसने पल्लव राज्य पर तीव्र सैनिक शक्ति के साथ आक्रमण किया और काँची पर अधिकार कर लिया। उसके 674 ई. के गढ़वाल अभिलेख से प्रकट होता है कि उसने नरसिंह वर्मन महामल्ल के वंश का विनाश किया और काँची पर विजय की। परंतु पल्लव प्रलेखों ने इस बात को स्वीकार नहीं किया है और उनमें परमेश्वर वर्मन प्रथम की विक्रमादित्य प्रथम, चालुक्य तथा अन्य शत्रुओं पर विजय दिखाई गई है। पल्लव अभिलेखों में कहा गया है कि यद्यपि चालुक्य नरेश विक्रमादित्य प्रथम की सेना कई लाख थी, फिर भी एक फटे हुए कपड़े से अपने शरीर को ढककर उसे पीरूवल्लनल्लर के युद्ध से भागना पड़ा। यद्यपि चालुक्यों के अभिलेखों को पूर्णतया स्वीकार नहीं किया जा सकता, लेकिन विक्रमादित्य चालुक्य त्रिचिनापल्ली के पास पहुंच गया था, इससे अनुमान लगता है कि शायद उसने काँची पर कब्जा कर लिया हो और उसका सैनिक अभियान सफल रहा हो, जोकि अपने पिता के अपमान का बदला लेने के लिए किया गया था। ऐसा भी संभव हो सकता है कि दो युद्ध हुए हों, जिसमें प्रथम युद्ध में चालुक्यों ने सफलता प्राप्त करके पल्लवों की राजधानी काँची को अधिकृत कर लिया हो तथा दूसरे युद्ध में परमेश्वर वर्मन पल्लव ने कांची को विक्रमादित्य चालुक्य से छीन लिया हो। यही संभावना दोनों के रिकॉर्डों के आधार पर सही प्रतीत होती है। परमेश्वर वर्मन प्रथम शिव का उपासक था और उसने कांची के निकट एक विशाल शिव मंदिर बनवाया। महाबलीपुरम् में भी उसने अनेक मंदिर तथा स्मारकों का निर्माण करवाया।

नरसिंह वर्मन द्वितीय (695-722 ई.)

परमेश्वर वर्मन प्रथम की मृत्यु के पश्चात् उसका पुत्र नरसिंह वर्मन द्वितीय 695 ई. में राजा बना और उसने 722 ई. तक राज्य किया। उसका काल पूर्ण शांति व्यवस्था का बना रहा। उसने विदेशों से राजनीतिक संबंध की स्थापना की और इसी तारतम्य में चीन में अपना दूतमण्डल भेजा। उसने साहित्य व कला के विकास में विशेष योगदान दिया। कांचीपुरम् का कैलाश मंदिर तथा महाबलीपुरम का गुहा मंदिर व अन्य मंदिर उसने निर्मित करवाए। कहा जाता है कि संस्कृत का प्रसिद्ध लेखक दंडी इसी के दरबार की शोभा था। इसके अलावा उसने अपने दरबार में अनेक विद्वानों को आश्रय दिया था। 722 ई. में उसकी मृत्यु हो गई। उसने 'राजसिंह' 'शंकरमल्ल' व 'आगम प्रिय' की उपाधि धारण की।

परमेश्वर वर्मन द्वितीय (729-730 ई.)

नरसिंहवर्मन द्वितीय के उपरांत उसका पुत्र परमेश्वर वर्मन द्वितीय गद्दी पर बैठा। उसने 729 ई. से 730 ई.तक शासन किया। उसके शासन काल में चालुक्य युवराज विक्रमादित्य द्वितीय ने गंग राजकुमार की सहायता से कांचीपुरम पर आक्रमण किया। इसमें परमेश्वर वर्मन की पराजय हो गई। परमेश्वर वर्मन द्वितीय ने अपनी इस पराजय का बदला लेने के लिए श्री पुरुष पर आक्रमण कर दिया। इस युद्ध में वह हार गया और मारा गया। वह शैव धर्मावलंबी था। उसने तिरूवडि में शैव मंदिर का निर्माण करवाया।

नंदिवर्मन द्वितीय (731-795 ई.)

परमेश्वर वर्मन निःसंतान था। अतः सिंहविष्णु के भाई के वंशज हिरंड् वर्मन का पुत्र नंदिवर्मन प्रजा द्वारा चुने जाने पर राजा बना। नंदिवर्मन को बार-बार चालुक्य नरेशों के आक्रमणों का सामना करना पड़ा, लेकिन बार-बार पराजित होने पर भी वह अडिग रहा। उसने गंगों को युद्ध में परास्त कर दिया। उसने पांड्य नरेश राजसिंह पर आक्रमण किया, लेकिन पराजित हुआ। नंदिवर्मन विष्णु धर्म उपासक था। तिरूमंगई अलवार नामक वैष्णवाचार्य उसी के काल में हुए थे। वह 730 से 800 ई. तक राजा रहा।

दंतिवर्मन (796-847 ई.)

नंदिवर्मन के पश्चात् दंतिवर्मन राजा बना। उसके शासनकाल में राष्ट्रकूट राजा गोविंद तृतीय ने लगभग 804 ई. में कांची पर आक्रमण कर दंतिवर्मन को परास्त कर दिया। लेकिन दंतिवर्मन ने पुनः अपना राज्य प्राप्त कर लिया तथा 847 ई. तक लगभग राज किया।

नंदिवर्मन तृतीय (847-869 ई.)

अब नंदिवर्मन तृतीय राजा बना, जो दंतिवर्मन का पुत्र था। उसने पांड्य नरेश श्रीमार श्रीवल्लभ के विरुद्ध एक संघ बनाया। इस संघ में गंग, चोल और राष्ट्रकूट उसके सहयोगी थे। उनकी सहायता से उसने श्रीमार श्रीवल्लभ को तेल्लरू के युद्ध में परास्त किया। नंदिवर्मन तृतीय के पास एक शक्तिशाली जहाजी बेड़ा था। इसने 847 ई. से 869 ई. तक राज्य किया। अंततः श्रीमार श्रीवल्लभ ने इसे पराजित किया था।

नृपतुंगवर्मन (870-879 ई.)

यह नंदिवर्मन तृतीय का बेटा था। इसने पांड्य नरेश श्रीमार को पराजित किया और 879 ई. तक राज्य किया।

पल्लवों की शासन पद्धति

भारत के प्राचीन इतिहास में कांची के पल्लवों का युग अविस्मरणीय है। इनका साम्राज्य पेनंग और तुंगभद्रा के दक्षिण और लंका तक फैला हुआ था। पल्लवों के अनेक ताम्रपत्र मिले हैं। उनमें से हिरहदगल्ली ताम्रपत्र के अनुसार, तीसरी शताब्दी के मध्य में ही पल्लव शासकों ने एक सुव्यवस्थित शासन प्रणाली को आरंभ किया। राजा प्रधान होता था। अनेक मंत्री, गवर्नर एवं विभागीय अमात्यगण मिलकर प्रशासन की देखभाल करते थे। उनका प्रशासनतंत्र मौर्यों और गुप्तों से प्रभावित था।

केंद्रीय शासन

पल्लवों के काल में राजा शासन का केंद्र होता था। अभिलेखों में उसे 'महाराजा' या 'धर्ममहाराज' कहा जाता था। विभिन्न विभागों में राजा को मंत्रणा देने के लिए मंत्रीगण हुआ करते थे। राजा की आज्ञा उसका निजी मंत्री (प्राइवेट सेक्रेटरी) लिखा करता था। राजा सेना का सर्वोच्च सेनापति होता था, वही सेना संबंधी सभी निर्णय लेता था। राजा के सलाहकार अनेक थे, जैसे कि—

सैनिक अधिकारी—महासेनापति, महादंडनायक, महासंधिविग्राहक, गोप्ता व सेनापति आदि।

नागरिक अधिकारी—राजपुरुष, आज्ञा संचारिका, काच्चुकी, महाप्रतिहार, राजपुत्र, महासामंत, राजनायक व सर्वाध्यक्ष आदि।

राजस्व व पुलिस अधिकारी—भंडारागाधिकृत (कोषाध्यक्ष), महाक्षपटालिक (रिकॉर्ड रखने वाला), शालमिक (भूमि कर इकट्ठा करने वाला), गोप (ग्रामों का अधिकारी), गौल्मिक (वन्य अधिकारी)।

चौरोद्धरणिक, दंडपाशिक तथा दंडिक पुलिस अधिकारी होते थे। अपकरिक न्याय तथा शासन संबंधी अधिकारी थे। इसके अलावा 'विनय-स्थित स्थापक' नामक अधिकारी होते थे, जो दीन-दुःखियों की परेशानियों को सुनकर उन्हें दूर करवाने का प्रयास करते थे। उनका कार्य नगर में व्यवस्था बनाए रखना तथा यह देखना था कि जंगलों में तपस्या करने वाले ऋषि-मुनियों के यज्ञ आदि में किसी प्रकार की कोई बाधा उपस्थित न हो।

प्रांतीय शासन

पल्लवों के विस्तृत साम्राज्य को शासन की सुविधा की दृष्टि से कई प्रांतों में विभाजित कर दिया गया था। प्रत्येक प्रांत को 'राष्ट्र' या 'मण्डल' कहते थे और इसके सर्वोच्च अधिकारी को 'राष्ट्रिक' या 'मांडलिक' कहते थे। ये प्रायः राजवंश के सदस्य या राजकुमार या सामंतों के वंश के होते थे। प्रत्येक मण्डल 'कोट्टम' में, प्रत्येक 'कोट्टम' 'नाडू', में 'नाडू', 'कुर्रम' एवं 'तरकुर्रम' में विभाजित होते थे। 'कोट्टम' आधुनिक जिले के समान, 'नाडू' तहसील के समान, 'कुर्रम' टप्पा के समान व 'तरकुर्रम' छोटे-छोटे ग्राम में विभाजित होते थे। स्थानीय प्रशासन हेतु समितियां होती थीं, जिनमें ग्राम के प्रतिष्ठित व्यक्ति रहते थे। ग्राम में न्याय व्यवस्था, सुरक्षा व्यवस्था, सड़कें, तालाब व अन्य सार्वजनिक हित के कार्य ग्राम की परिषद् या ग्राम सभा करती थी।

आय के स्रोत

राज्य की आय हेतु 18 प्रकार के कर व भूमि-कर लगे हुए थे। प्राचीनकाल में जो कर वसूल किए जाते थे, वही कर पल्लव राजाओं द्वारा भी वसूल किए जाते थे। राज्य की आय का सबसे प्रमुख साधन भूमि कर था, जो भूमि को नापकर उसकी उर्वराशक्ति के अनुसार 18% से 25% तक वसूल किया जाता था। जब फसल खराब हो जाती थी, अकाल पड़ जाता था, पैदावार कम होती थी, तो यह कर अपने आप आवश्यकतानुसार घट जाता था तथा माफ भी कर दिया जाता था। राज्य की आय का द्वितीय साधन चुंगी कर था, जो आयात व निर्यात की वस्तुओं पर लगाया जाता था इसके अलावा व्यवसायी व दलालों, कुम्हारों, गडरियों, दुकानों व सिंचाई कर से भी राज्य को आय होती थी। राज्य की आय का कुछ भाग सुरक्षित कोष में रखकर शेष सेना, प्रशासन, ब्राह्मणों को दान व धार्मिक कार्यों में खर्च किया जाता था।

सेना

पल्लव नरेशों के पास विजय, शांति एवं सुरक्षा के लिए एक विशाल संगठित सेना थी।

विदेशों से संबंध

पल्लवों के राजनीतिक व सांस्कृतिक संबंध भारत में ही सीमित नहीं रहे, बल्कि वे बृहत्तर भारत के विभिन्न देशों यथा जावा, सुमात्रा, मलाया, लंका, श्याम, चीन आदि देशों तक विस्तृत हो गए थे। सुदूरपूर्व तथा दक्षिण-पश्चिमी एशिया से भी उन नरेशों ने सांस्कृतिक-व्यापारिक संबंध स्थापित किए।

सामाजिक जीवन

पल्लव काल में वर्ण व्यवस्था व जाति प्रथा समाज का आधार थी। राजा का कर्तव्य वर्ण की शुद्धता को कायम रखना व वर्ण संकरता को रोकना था। परंतु थोड़ी मात्रा में इन नियमों का उल्लंघन सदा होता रहा। इस काल मंदिर निर्माण की एक नवीन शैली महेन्द्र शैली प्रारंभ हुई, जो 600 ई. से 625 ई. तक प्रचलित रही। इस शैली के मंदिर पहाड़ियों की ठोस चट्टानों को काटकर बनाए गए हैं। वृत्ताकार शिवलिंग, विशिष्ट प्रकार के तोरण इन मंदिरों की विशेषताएं हैं, महेंद्र वर्मन का एक अभिलेख एकांबरनाथ के मंदिर से उपलब्ध होता है कि उसने गुहा मंदिर की शैली को अपनाया। सित्तनवासल में कुछ जैन चित्र इसी शैली के आधार पर निर्मित किए गए।

धर्म

चीनी यात्री ह्वेनसांग, जिसने कांची की यात्रा की थी, उसके विवरण से तत्कालीन धर्म पर भी कुछ प्रकाश पड़ता है। चीनी विवरण से पता लगता है कि बौद्ध धर्म अभी भी उन्नत अवस्था में था। स्थाविर संप्रदाय के करीब 100 संघाराम एवं 10,000 बौद्ध भिक्षुक कांची में विद्यमान थे। निर्ग्रंथों का संप्रदाय भी काफी उन्नत अवस्था में था। पल्लव शासक स्वयं शिव एवं विष्णु के उपासक थे, परंतु वे धार्मिक दृष्टिकोण से सहिष्णु शासक थे। वे सभी धर्मों की इज्जत करते थे तथा सभी को समान रूप से दान देते थे। उन्होंने अनेक मंदिर भी बनवाए। ये मंदिर शिक्षा एवं सभ्यता के भी केंद्र थे।

साहित्य

इस काल में साहित्यिक प्रगति भी काफी अधिक हुई। इस समय संस्कृत भाषा का चरम विकास हुआ। कुछ प्रारंभिक अभिलेखों को छोड़कर पल्लवों के सारे अभिलेख संस्कृत में ही हैं। पल्लवों की राजधानी कांची शिक्षा एवं सभ्यता के प्रसिद्ध केंद्रों में से एक थी। ह्वेनसांग एवं प्रसिद्ध बौद्ध विद्वान् दिङ्नाग यहाँ काफी दिन ठहरे थे। पल्लव राजा विद्वानों की प्रतिष्ठा करते थे एवं प्रश्रय प्रदान करते थे। सिंह विष्णु ने प्रसिद्ध कवि भारवि को अपने राजदरबार में आमंत्रित किया था। दंडी नरसिंहवर्मन द्वितीय का दरबारी था। मात्रीदत्त इस काल का दूसरा प्रसिद्ध विद्वान् था। कुछ नरेश स्वयं भी उच्चकोटि के विद्वान् थे। महेंद्रवर्मन प्रथम ने दो प्रसिद्ध प्रहसनों की रचना की—'मत्तविलास' एवं 'भागवदज्जुक'। इन प्रहसनों में का पालिकों एवं बौद्धों पर व्यंग्य किया गया था। नंदिवर्मन तृतीय के समय के दो प्रसिद्ध ग्रंथों—'नंदिकालंबकंब' एवं 'भारतम्' का भी उल्लेख किया जा सकता है। संस्कृत के साथ-साथ तमिल साहित्य एवं भाषा की भी प्रगति इस समय हुई।

पल्लव कला एवं वास्तुकला

पल्लव शासनकाल में कला के क्षेत्र में भी अभूतपूर्व विकास हुआ। मंदिर एवं मूर्ति निर्माण कला के क्षेत्र में उनकी विशिष्ट देन रही है। विशाल देवालय बनवाए गए, जो अपनी कलात्मकता तथा शैली के लिए प्रसिद्ध हैं। पल्लवों द्वारा प्रचलित मंदिरों की कला शैली दक्षिण की सभी शैलियों का आधार बन गई। जिस मंदिर निर्माण शैली का प्रारंभ पल्लवों ने मामल्लपुरम् में किया, उसको दक्षिण भारत के शिल्पियों ने बड़ी संख्या में अपनाया।

पल्लवों ने मंदिरों की निर्माण कला में चार विभिन्न शैलियों का विकास किया—(1) महेंद्र शैली (610-640 ई.)(2) मामल्ल शैली (640-674 ई.) (3) राजसिंह शैली, (674-800 ई.) तथा (4) अपराजित शैली।

महेंद्र शैली

पल्लव शिल्पकला का विभिन्न शैलियों में नियमित विकास हुआ। महेंद्र वर्मन प्रथम ने एक नवीन शैली प्रारंभ की, जो 610 ई. से 640 ई. तक प्रचलित रही। इस शैली के मंदिर पहाड़ियों की ठोस चट्टानों को काटकर बनाए गए हैं। वृत्ताकार शिवलिंग, विशिष्ट प्रकार के तोरण व द्वार इस कला के विशेष नमूने थे। महेंद्र वर्मन का एक अभिलेख एकांबरनाथ मंदिर में उपलब्ध हुआ, जिसके अनुसार उसने गुहा मंदिरों का निर्माण किया।

मामल्ल शैली

इस शैली का विकास काल 625 से 647 ई. तक प्रमुख रूप से रहा। इस शैली का प्रवर्तक पल्लव नरेश नरसिंह वर्मन था। इसके द्वारा बसाए हुए नगर मामल्लपुरम् के पांच मंदिर मामल्ल शैली के सर्वोत्कृष्ट उदाहरण हैं। इस नगर में समुद्र तट पर निकली हुई चट्टानों को काटकर मंदिरों का निर्माण किया गया है। इस मंदिर की विशेषताएं अत्यधिक अलंकृत मुखद्वार, अष्टकोण सिंह स्तंभ तथा अलंकरण के लिए राजा-रानी की उत्कीर्ण मूर्तियां हैं। धर्मराज, भीम, अर्जुन, सहदेव व द्रौपदी रथ इसके नाम हैं। धर्मराज, भीम व सहदेव मंदिर तीन मंजिल के हैं एवं अन्य मंदिरों की तुलना में बहुत बड़े हैं। इनके शिखर व छतें विशिष्ट प्रकार की हैं। विद्वानों का मत है कि ये मंदिर बौद्ध गुफा मंदिरों तथा विशाल द्रविड़ मंदिरों के बीच की सरस कड़ियां हैं। इन पांच रथों के अतिरिक्त वाराह गुफा मंदिर भी है, जिसके बरामदे में सिंहों पर आधारित विशाल स्तंभ है। इस गुफा मंदिर में वाराह अवतार, सूर्य, दुर्गा, गज व लक्ष्मी के चित्र विशेष रूप से आकर्षक हैं। इनके समीप ही पल्लव नरेश सिंह विष्णु और महेंद्र वर्मन की तथा उनकी रानियों की मूर्तियां भी उत्कीर्ण की गई हैं। ये मूर्तियां कलापूर्ण एवं विलक्षण हैं। गंगावतरण का दृश्य भी उत्कीर्ण किया गया है। भागीरथ, जो गंगा को पृथ्वी पर लाया था, उसकी मूर्ति 30 मीटर लंबी और 13 मीटर चौड़ी चट्टान से काटकर बनाई गई है और द्वितीय चित्रावली में पल्लव काल में सामिष तथा निरामिष दोनों प्रकार के भोजन करने वाले दिखाए गए हैं।

सरकारी दफ्तरों, मठों व ऊंचे घरानों में समय का पता लगाने के लिए नादिकाएं (पानी की घड़ियां) होती थीं। इसके लिए एक बड़े घड़े में छोटा सा सुराख कर दिया जाता था। उसमें से थोड़ा-थोड़ा पानी एक और बरतन में धीरे-धीरे टपकता रहता था, जिसमें निशान होते थे। इससे अनुमान लगा लिया जाता था कि कितने समय में घड़े का कितना पानी समाप्त हो जाएगा! आमोद-प्रमोद के प्रमुख साधनों में शतरंज, चौपड़, शिकार, पशुओं की लड़ाई, नाटक, मेले आदि थे।

राजसिंह शैली

इस शैली का विकास 8वीं शताब्दी में हुआ। कांची का भव्य कैलाश मंदिर तथा महाबलिपुरम् का तट मंदिर इसके प्रतीक हैं। कांची के कैलाश मंदिर में पल्लव राजा व रानियों की सजीव मूर्तियां उत्कीर्ण की गई हैं। मंदिर में सिंहों पर आधारित अनेक स्तंभों वाली चपटी छत का मंडप है, जिसके चारों ओर कमरों की पक्तियां हैं।

अपराजित शैली

9वीं सदी में अपराजित शैली अंतिम पल्लव नरेश अपराजित ने आरंभ की थी। उसने पांडिचेरी के निकट वैलूर में मंदिरों का निर्माण किया। इस शैली में शिवलिंग ऊपर की ओर पतले बनाए गए और मंदिर के शिखर की गर्दन पहले की अपेक्षा अधिक चौड़ी हो गई तथा मंडप के स्तंभों के शीर्ष के ऊपर के फलक अधिक अलंकरणयुक्त व विशिष्ट शैली में बने हुए हैं। इस काल में अनेक आश्चर्यजनक एवं अपूर्व मंदिर निर्मित हुए। पल्लव काल में साहित्य, शिक्षा, वास्तुकला का अलौकिक विकास हुआ।

महत्वपूर्ण बिंदु

* कांची के पल्लव वंश की प्रथम जानकारी हरिषेण की प्रयाग प्रशस्ति एवं ह्वेनसांग के यात्रा विवरण से मिलती है। पल्लव पहले सातवाहनों के सामंत थे।
* सिंह विष्णु ने 575 ई. में पल्लव वंश की नींव डाली।
* सिंह विष्णु बौद्ध तथा वैष्णव दोनों धर्मों का अनुयायी था।
* पल्लव वंश की राजधानी काँची थी।
* महाबलीपुरम के एकाश्म मंदिर, जिन्हें रथ कहा गया है, का निर्माण पल्लव राजा नरसिंह वर्मन प्रथम के द्वारा करवाया गया था।
* नरसिंह वर्मन प्रथम के शासनकाल (641 ई.) में चीनी यात्री ह्वेनसांग काँची गया था।
* अरबों के आक्रमण के समय पल्लवों का शासक नरसिंह वर्मन-II था।
* महाबलिपुरम के सप्त पैगौडा का निर्माण नरसिंह वर्मन-I ने करवाया।
* पल्लव वंश का अंतिम शासक अपराजित (879-897 ई.) हुआ।

मध्य काल

अध्याय 12

भारत पर अरबों का आक्रमण

छठी शताब्दी में भारत में राजनैतिक एकता का सर्वथा अभाव था। संपूर्ण भारत छोटे-छोटे राज्यों में विभाजित था। इनके राजाओं में अक्सर साम्राज्य के लिए संग्राम होता था। केवल राजपूत राज्यों ने सामंतशाही परंपरा आरंभ कर दी, जिसमें सामंत अक्सर अपने राजा के प्रति वफादार होता था। जाति प्रथा में संकीर्णता की भावना होने के कारण समाज में भी एकता का अभाव था। राज्य जागीरों में विभाजित था, जिनमें परस्पर द्वेष, कलह एवं संघर्ष की भावना बलवती थी। सामंतों की अपनी सेना होती थी। करों की वसूली भी सामंत ही करते थे। शासन और सेना पर सामंतों का प्रभाव व्यापक रूप से बढ़ गया था, जो राजा और उसकी सत्ता के लिए घातक सिद्ध हुआ। पूरे देश में आंतरिक अराजकता एवं अशांति की स्थिति उत्पन्न हो गई थी। ऐसी परिस्थितियों में विदेशी आक्रमणों से बचना संभव नहीं था।

इस परिवेश में अरब के मुसलमान भारत पर आक्रमण करने की सोचने लगे। 7वीं शताब्दी के पूर्वार्द्ध में उन्होंने भारत पर आक्रमण करने की योजना बनानी शुरू कर दी।

प्रथम आक्रमण खलीफा उमर के काल में हुआ, किंतु उसमें कोई सफलता नहीं मिली। 643 ई. में दूसरा आक्रमण हुआ और इस बार अरबों का सीस्तान और मकरान (ब्लूचिस्तान का एक भाग) पर अधिकार हो गया। सिंध और मकरान के शासकों ने अरबों की प्रगति को रोकने का प्रयत्न किया। अरब आक्रांता भारत में आगे बढ़ना चाहते थे, लेकिन तत्कालीन उम्मयैद वंशीय खलीफा से प्रोत्साहन एवं सहायता न मिलने के कारण वे सिंध पर आक्रमण न कर सके। तत्पश्चात् 8वीं शताब्दी में सिंध पर तीसरा और सफल आक्रमण हुआ। इस आक्रमण के कारण निम्नलिखित थे—

- अरबों का सिंध पर आक्रमण करने का पहला लक्ष्य धन लूटना था। भारत के अपार वैभव को लूटने के लिए अरबों ने भारत पर हमला करने का कार्यक्रम बनाया।
- दूसरा उद्‌देश्य था—भारत में इस्लाम धर्म का प्रचार करना।
- तीसरा उद्‌देश्य था—अपने साम्राज्य की सीमाओं का विस्तार करना।

अरब आक्रमण

हज्जाज ने दो बार भारत पर अपने सेनापति को विशाल सेना देकर आक्रमण करवाया। किंतु दोनों बार असफल रहा। उसका सेनापति उबैदुल्ला भी इन आक्रमणों में मारा गया। उसने अब अपने दामाद मुहम्मद-बिन कासिम को विशाल सेना के साथ भारत पर आक्रमण के लिए भेजा। कासिम एक कुशल सेनापति तथा पराक्रमी योद्धा था। अरबों की सेना में 25,000 सैनिक थे, जबकि दाहिर की सेना बहुत कम थी। दाहिर ने सीमा पर कासिम को रोकने का प्रयत्न नहीं किया। वह अपनी राजधानी में निष्क्रिय पड़ा रहा। 712 ई. में अरब सेना देवल में आ गई। चार हजार भारतीय सैनिकों ने जमकर मुकाबला किया, किंतु एक भेदिए ने झंडे का भेद बता दिया। देवल में एक प्रसिद्ध मंदिर था, उसके ऊपर एक लाल ध्वज फहरा रहा था। अरबों ने उस झंडे को गिरा दिया। भारतीय अंधविश्वासी थे, उन्हें लगा कि झंडे के गिरने से उनकी हार निश्चित है। अत: सैनिकों के हौंसले पस्त हो गए। अंतत: मुहम्मद-बिन-कासिम की विजय हुई। उसने घोषणा करवा दी कि सब निवासी मुस्लिम धर्म स्वीकार कर लें। आज्ञा का पालन नहीं करने पर 17 वर्ष से ऊपर के सभी व्यक्तियों को मौत के घाट उतार दिया तथा स्त्रियों एवं बच्चों को दास बना लिया। कासिम ने लूट का कुछ भाग तथा 75000 स्त्रियां इराक के गवर्नर हज्जाज के पास भेज दीं तथा शेष धन सैनिकों में वितरित कर दिया। अब अरब सेना उत्तर की ओर बढ़ी। उसने नेरून एवं सर्विस्तान पर विजय प्राप्त कर ली।

मुल्तान पर अधिकार

बहमनाबाद पर विजय के पश्चात् कासिम ने 'अलोर' पर आक्रमण किया। यहाँ पर दाहिर का पुत्र राजा था, लेकिन वह भगोड़ा हो गया। अलोर की व्यवस्था कर कासिम मुल्तान की ओर अग्रसर हुआ। यद्यपि मुल्तान के शासक ने उसका वीरतापूर्वक सामना किया, किंतु बहुत देर तक वह कासिम के आगे टिक नहीं पाया और आत्म-समर्पण कर दिया, क्योंकि किले में पानी की भी कमी हो गई थी। कासिम ने हिन्दू सैनिकों की हत्या करवाई और उनके बीवी व बच्चों को गुलाम बना दिया। जनसाधारण के साथ वह अधिक कठोर नहीं हुआ। जिन लोगों ने जजिया देना स्वीकार कर लिया, उन्हें मुस्लिम भी नहीं बनाया गया। मंदिरों को भी नहीं तोड़ा गया, परंतु उनकी संपत्ति लूट ली गई।

अरबों की सफलता के कारण

सिंध की राजनीतिक और सामाजिक स्थिति

भारत छोटे-छोटे राज्यों में बंटा हुआ था। राजनीतिक तंत्र अस्त-व्यस्त था। एकता का अभाव तो था ही, साथ में कुछ सामंत दुश्मन से भी जा मिले थे। ऐसे अस्थिर वातावरण में सामाजिक परिस्थितियां भी प्रतिकूल होने के कारण अरबों को विजय मिली। समाज चार वर्णों में बंटा हुआ था। शूद्रों की स्थिति शोचनीय थी। दूसरी ओर बौद्ध और जैन समुदायों के कारण समाज और भी बंट गया था। बौद्ध विश्व-बंधुत्व की धारणा का पालन करते थे और हिंसा व रक्तपात के विरुद्ध थे। साथ ही उनके मन में अंन्य जातियों के प्रति वैमनस्य की भावना

आ चुकी थी। उनका यह भ्रम था कि शायद अरब आक्रमणकारी उन्हें अभय दान दे देंगे। लेकिन उनके साथ भी शत्रुओं वाला व्यवहार हुआ। भारत की हार का एक प्रमुख कारण था—सिंध के निवासियों के साथ उच्च वर्ग के लोगों के अमानुषिक व्यवहार ने सिंधी लोगों को आक्रमणकारियों का साथ देने के लिए मजबूर कर दिया। प्रांत के अयोग्य शासकों के पास न बल था, न साहस, अतः वह अरबों का सामना करने में सर्वथा असफल रहे।

अरब सेना का संगठन

जहाँ एक ओर भारतीय सेना दुर्बल एवं मनोबल हीन थी, तो दूसरी ओर अरब सेना सुसंगठित एवं अनुभवी थी। इसमें ईरान और सीरिया के प्रसिद्ध सैनिक एवं घुड़सवार थे। कासिम ने बड़े ही रणकुशल सैनिकों का चयन किया था। युद्ध में वे एक लक्ष्य को लेकर लड़े और विजयी हुए। भारतीय सैनिक लक्ष्यहीन थे। दूसरी ओर अरब सैनिकों की संख्या भी उनसे अधिक थी। युद्ध संबंधी साजो-सामान से भी वे सुसज्जित थे। भारतीयों के पास नवीन अस्त्रों का सर्वथा अभाव था। अतः उनकी पराजय तो निश्चित ही थी।

दाहिर की दुर्बलता

दाहिर शक्तिशाली तो था, लेकिन दूरदर्शी तथा नीतिज्ञ नहीं था। उसने अपनी सेना को सुदृढ़ एवं आधुनिक बनाने का कोई प्रयत्न नहीं किया। जल सेना तो बिल्कुल अक्षम थी। पश्चिम से भारत में आने के चार रास्ते थे। काबुल और जाबुल के राजाओं ने तथा बोलन के पास कीकान के जाटों ने उन्हें देश में घुसने नहीं दिया। लेकिन जलमार्ग तो अरबों के लिए खुला था और उन्होंने इसी मार्ग का प्रश्रय लेकर भारत में प्रवेश किया। साथ ही सिंध और मकरान के बीहड़ मार्गों को भी अपनाया। दाहिर ने न तो जल सेना को मजबूत करने की कोशिश की और न ही सिंध, मकरान की सीमा पर ही निगरानी बढ़ाई गई, जिसका परिणाम उसके लिए घातक सिद्ध हुआ।

सिंध की भौगोलिक स्थिति

सिंध एक रेगिस्तानी प्रांत था एवं शेष भारत से पूर्णतः पृथक् हो गया था। उसकी आबादी भी कम थी एवं साधन सीमित थे। संकट के काल में उसकी सहायता के लिए कोई भी राज्य आगे नहीं आया। दूसरी ओर मुहम्मद-बिन-कासिम की सेना धार्मिक भाव से प्रेरित हो जिहाद करने निकली थी, अतः उसका विजयी होना अवश्यंभावी था।

अरबों की सिंध विजय के परिणाम

अरबों की सिंध विजय के प्रभावी के संबंध में प्रसिद्ध **ब्रिटिश पुरातत्वविद् लेनपूल** के अनुसार- "सिंध पर अरब आक्रमण भारतीय इतिहास में एक ऐतिहासिक घटना तथा इस्लामी इतिहास में प्रभाव विहीन घटना थी।" इतिहासकारों के वर्ग का मानना है कि भारत पर अरब आक्रमण के प्रभाव शून्य थे। परंतु यह पूर्णतया सत्य प्रतीत नहीं होता है। क्योंकि सिंध विजय के राजनीतिक परिणाम भले ही अल्पकालीन रहे हो, लेकिन सांस्कृतिक दृष्टि से यह एक महत्वपूर्ण घटना थी। अरबों ने सिंध प्रवास के दौरान भारतीयों से प्रभावित होकर शासन व्यवस्था में इनकी भागीदारी सुनिश्चित कर यहाँ की सभ्यता एवं संस्कृति को आत्मसात् किया।

अरबों ने स्थानीय प्रशासन को चलाने के लिए बौद्धों और ब्राह्मणों को शामिल किया। प्रारंभ में बलपूर्वक धर्म परिवर्तन न करने का कोई प्रयास नहीं किया। हालांकि भारत में सर्वप्रथम जजिया कर लगाने वाला शासक मीर कासिम ही था। अरब शासक भारतीय भाषाओं, खगोल विज्ञान, गणित, औषधि, साहित्य दर्शन तथा अन्य विषयों से प्रभावित होकर इसका अध्ययन अपने विद्वानों से करवाया। अबूमशर नामक अरब ज्यातिष ने बनारस जाकर ज्योतिष शास्त्र का अध्ययन किया। अरब विद्वानों ने खलीफा मंसूर के काल में ब्रह्मगुप्त द्वारा रचित ग्रंथ 'ब्रह्मसिद्धांत' तथा हर्ष रचित 'खण्डन खण्ड खाद्यं' को अपने साथ अरब ले गए और अरबी में इसका अनुवाद करवाया गया। पंचतंत्र का फारसी अनुवाद खुसरो प्रथम के काल में किया गया। 'फलीला' और दिम्ना पंचतंत्र का अरबी अनुवाद है। खलीफा हारून बौद्ध मंदिर के विद्वान महंत बरामका को अपना प्रधानमंत्री नियुक्त किया। बरामका ने भारतीय विद्वानों को बगदाद बुलाकर चिकित्सा दर्शन और ज्योतिष दर्शन की संस्कृत भाषा की पुस्तकों का अरबी में अनुवाद करवाया। अरबों ने कला के क्षेत्र में भी मंदिरों के मंडपों के बुर्ज को मकबरों एवं मस्जिदों का बुर्ज बनाकर भारतीय कला का अनुकरण किया। अरबों ने भारतीय अंक प्रणाली को अपनाकर इसे यूरोप में प्रसारित किया।

भारत-अरब व्यापारिक संबंधों में इससे वृद्धि हुई। हालांकि अरबों का प्रथम आगमन केरल के मालाबार तट पर व्यापारियों के रूप में हुआ। भारत-अरब के बीच व्यापारिक संबध-पूर्व से ही बने हुए थे।

महत्वपूर्ण बिंदु
* अरबों के भारत आक्रमण का पहला उद्देश्य धन लूटना था।
* हज्जाज ने भारत आक्रमण हेतु अपने दामाद मुहम्मद-बिन-कासिम को भेजा था।
* देवल पर आक्रमण 712 ई. में हुआ।
* खलीफा द्वारा मुहम्मद-बिन-कासिम को मृत्यु दंड दिया गया।
* अरबों की सफलता का कारण-अरब सेना का संगठन प्रमुख था, साथ ही दाहिर की दुर्बलता भी।

❑❑❑

अध्याय

13

भारत पर तुर्क आक्रमण

[महमूद गजनवी और मुहम्मद गोरी के आक्रमण]

तुर्कों का आक्रमण

अरबों के बाद भारत पर आक्रमण करने वाले तुर्क थे। भारत में तुर्क मूलतः मध्य एशिया से आए थे। अल्प्तगीन नामक तुर्क ने 963 ई. गजनी में अपना स्वतंत्र राज्य स्थापित किया, लेकिन उसके उत्तराधिकारी अयोग्य थे। सुबुक्तगीन ने उन्हें मारकर सत्ता हथिया ली। वह अल्प्तगीन का दामाद तथा दास था। 977 ई. में वह शासक बना और लगभग 20 वर्षों तक शासन करता रहा।

सुबुक्तगीन

हिन्दूशाही वंश का शासक जयपाल एक अति पराक्रमी एवं महत्त्वाकांक्षी शासक था। उसने एक विशाल सेना लेकर गजनी पर आक्रमण करने की योजना बनाई, किंतु रास्ते में एक भयानक तूफान आ जाने के कारण उसकी सेना अस्त-व्यस्त हो गई। अंततः एक अपमानजनक संधि के अनुसार सुबुक्तगीन को 50 हाथी, कुछ धनराशि तथा भूमि का हिस्सा देना जयपाल ने स्वीकार किया। लेकिन लाहौर लौटने पर उसने ये शर्तें नामंजूर कर दीं। सुबुक्तगीन ने क्रोधित हो जयपाल पर आक्रमण कर दिया। जयपाल के साथ कन्नौज के प्रतिहार, चौहान तथा चंदेल राजाओं ने तुर्की सेना का मुकाबला किया, किंतु कुर्रम की घाटी में हुए इस युद्ध में भारतीय राजा हार गए। जयपाल को फिर से एक अपमानजनक संधि करनी पड़ी और सुबुक्तगीन की सेना को भी भारत में पेशावर में रहने की अनुमति देनी पड़ी। उसका शासन लमगान और पेशावर तक हो गया। सुबुक्तगीन ने भारत में इस्लामी शासन की नींव रखी, लेकिन वह इस्लाम धर्म के प्रसार का अधिक इच्छुक नहीं था। लेकिन उसके पुत्र महमूद गजनवी की विचारधारा पिता से विपरीत थी।

महमूद गजनवी

998 ई. में सुबुक्तगीन की मृत्यु के पश्चात् उसका ज्येष्ठ पुत्र महमूद गजनवी राजा बना। वह कुशल, वीर एवं साहसी योद्धा होने के साथ-साथ कट्टर मुस्लिम भी था। उसकी इस्लाम के प्रचार में अत्यधिक रुचि थी।

भारत पर तुर्क आक्रमण के समय स्थितियाँ

राजनीतिक स्थिति

भारत पर जिस समय तुर्की का आक्रमण हुआ, तब उत्तर भारत में राजनीतिक उथल-पुथल मची हुई थी। इस समय उत्तर-भारत राजनीतिक विखंडन से गुजर रहा था। सिंध तथा मुल्तान में अरबों का राज्य था। उत्तर-पश्चिम में काश्मीर से मुल्तान तक हिन्दूशाही वंश का राज था। कन्नौज में प्रतिहारों का शासन था, जो निर्बल हो चुके थे। कन्नौज पर नियंत्रण को लेकर चले त्रिपक्षीय संघर्ष में भागीदारी से गुर्जर प्रतिहार, राष्ट्रकूट एवं पालों की शक्तियाँ छिन्न हो गई थी।

दक्षिण भारत में चोल एवं उत्तरवर्ती चालुक्य शासक आपस में संघर्षरत थे। इन्हे उत्तर भारत की राजनीति में कोई रुचि नहीं थी।

राजपूत राज्य सामंती ढाँचे में स्वतंत्र रूप से शासन किया करते थे। एक सशक्त सेना का अभाव था। जनता की निष्ठा भी किसी एक शासक के प्रति नहीं थी। इस कारण यह राजनीतिक दुर्बलता का काल था। कोई भी शासक तुर्की के आक्रमण करने पर प्रतिरोध करने की स्थिति में नही थे।

सामाजिक स्थिति

पूर्व मध्यकाल में समाज विभिन्न वर्णों में बंटा हुआ था। सुरक्षा का भार केवल क्षत्रिय वर्ण के ऊपर ही था। राजपूतों में अपनी जाति एवं वंश परंपरा के प्रति लोगों की अत्यधिक निष्ठा थी। अतः इनमें संघर्ष की स्थिति सदैव बनी रहती थी। इस दुर्बल सामाजिक संरचना ने तुर्क विजय की राह आसान बना दी।

आर्थिक स्थिति

आर्थिक संरचना सामंती स्वरूप से युक्त थी। किसानों पर करों का अत्यधिक बोझ था। सामंत भोग-विलास से लिप्त थे। लोगों की धार्मिक प्रवृत्ति के कारण दान-दक्षिणा के रूप में धन का संकेद्रण मंदिर और मठों में होने लगा। यही धन तुर्क आक्रमणकारियों को आकर्षित करने लगा।

तुर्कों की सफलता का मूल कारण उत्तर-भारत की राजनीतिक संरचना में निहित दोष था। उत्तर-भारतीय शासकों में सामंती संरचना ने अलगाव को प्रेरित किया तो उनमें सामरिक सुरक्षा के दृष्टिकोण का भी अभाव था।

भारत पर महमूद गजनवी के प्रमुख आक्रमण

आक्रमण	आक्रमण वर्ष	आक्रमण वाले प्रदेश	आक्रमण वाले प्रदेश के शासक
पहला	1000 ई.	पंजाब के सीमावर्ती क्षेत्रों पर	हिन्दूशाही राजा जयपाल
दूसरा	1001-2 ई.	पेशावर	हिन्दूशाही राजा जयपाल
तीसरा	1004 ई.	भटिंडा	विजय राय
चौथा	1006 ई.	मुल्तान	अब्दुल-फतह-दाउद
पांचवां	1007-1008 ई.	मुल्तान	सुखपाल (नवासा शाह)

छठा	1008–1009 ई.	वैहिद (पेशावर)	हिन्दूशाही राजा आनंदपाल
7वां	1009 ई.	नारायणपुर (अलवर)	स्थानीय अज्ञात शासक
8वां	1010 ई.	मुल्तान	अब्दुल फतह दाउद
9वां	1011 ई.	थानेश्वर	राजाराम
10वां	1013 ई.	नंदन	त्रिलोचनपाल
11वां	1015 ई.	कश्मीर	भीमपाल
12वां	1018–1019 ई.	मथुरा एवं कन्नौज	प्रतिहार राज्यपाल
13वां	1020 ई.	बारी, बुंदेलखंड	गंड चंदेल एवं त्रिलोचनपाल
14वां	1021 ई.	ग्वालियर एवं कालिंजर	गंड चंदेल
15वां	1022 ई.	लोदोर्ग, चिकलोद, अंहिलवाड़ा	स्थानीय शासक
16वां	1025 ई.	सोमनाथ के मंदिर पर	भीमदेव
17वां	1027 ई.	सिंध, मुल्तान	जाट समुदाय का दमन

महमूद गजनवी का आक्रमण

महमूद गजनवी ने इस उथल-पुथल भरे वातावरण का लाभ उठाते हुए भारत पर आक्रमण कर दिया। उसने 1000 ई. से 1027 ई. तक 17 बार आक्रमण किए। पहला आक्रमण 1000 ई. में हुआ। कुछ सीमांत के किलों पर उसने कब्जा कर दिया। दूसरे वर्ष उसने एक विशाल सेना के साथ आक्रमण कर दिया। पेशावर में राजा जयपाल को उसने पराजित कर दिया। महमूद ने अब मुल्तान पर आक्रमण कर दिया। यहाँ पर करमाथी संप्रदाय का अनुयायी फतेह दाऊद राज्य करता था। महमूद ने 1006 में मुल्तान जीत लिया।

पांचवां आक्रमण उसने कांगड़ा घाटी में किया, जहाँ से वह बड़ी धन-संपत्ति को लूट ले गया। 1008-1009 में उसका छठा आक्रमण शाही वंश के राजा आनंदपाल पर हुआ। उस पर यह आरोप लगा कि उसने मुल्तान जाने के लिए गजनवी को रास्ता नहीं दिया। आनंदपाल संग उज्जैन, कालिंजर, कन्नौज, दिल्ली तथा अजमेर के राजाओं ने मिलकर महमूद गजनवी का सामना किया। महमूद गजनवी को प्रथम बार ऐसी संगठित सेना का सामना करना पड़ा और वह हारने लगा, लेकिन अचानक आनंदपाल का हाथी बिगड़ गया और रणभूमि से भाग निकला। राजा के हाथी को भागते देखकर सेना का मनोबल टूट गया और वह भी भागने लगी। महमूद सौभाग्यशाली था। उसने भागती सेना के ऊपर पीछे से हमला कर दिया। भारतीय सेना बुरी तरह पराजित हो गई। अब महमूद नगरकोट की ओर बढ़ा। यहाँ ज्वालाजी का प्रसिद्ध मंदिर था। इस मंदिर से अपार खजाना लूटकर वह गजनी लौट गया। पंजाब विजय के पश्चात् गजनवी का साहस बहुत बढ़ गया। अब उसने प्रत्येक वर्ष भारत पर आक्रमण करने शुरू कर दिए। 1010 ई. में तलाबाड़ी पर आक्रमण किया तथा 1011 में मुल्तान पर फिर से आक्रमण कर दिया और दाऊद को पूरी तरह से हरा दिया और धन लूटकर लौट गया। सन् 1012 में 9वां आक्रमण किया। राजा के पास भारी संख्या में हाथी थे। गजनवी उसे भी पराजित कर असीमित धनराशि, हाथी, घोड़े और दासों को लेकर गजनी लौट गया। 10वां आक्रमण लाहौर पर हुआ। वहाँ का राजा आनंदपाल का बेटा त्रिलोचनपाल था। लेकिन उसका पुत्र भीमपाल युद्ध के मैदान में उतरा, जहाँ उसे पराजय मिली। वह भागकर कश्मीर चला गया। महमूद गजनवी का 11वां आक्रमण कश्मीर पर हुआ। उसका मुख्य कारण भीमपाल को पकड़ना था। वह लोहकोट के दुर्ग में छिपा हुआ था। महमूद गजनवी लोहकोट के दुर्ग पर अधिकार नहीं कर सका और गजनी लौट गया।

महमूद का 12वां आक्रमण मध्य देश पर हुआ। अब गजनवी भारत के आंतरिक भागों तक पहुंच गया। कन्नौज, मथुरा और बुलंदशहर उसकी लूट के शिकार बने। उस समय कन्नौज में प्रतिहार वंश का राजा राज्यपाल शासक था। महमूद का 13वां आक्रमण कालिंजर पर हुआ, जिसका राजा गंड था। राजा शक्तिशाली था, लेकिन गजनवी के डर से भाग गया और गजनवी ने कालिंजर को लूटा और लौट गया। महमूद का 13वां आक्रमण 1020 ई. में पंजाब पर हुआ। उसने स्वात्, बाजों तथा काफिरस्तान के निवासियों को मुसलमान बनने के लिए बाध्य कर दिया। पंजाब को लूटने की बजाय उसने अपना शासन स्थापित करने का प्रयत्न किया। उसने प्रांतपतियों की नियुक्ति की और लौट गया। 1022 ई. में ग्वालियर एवं कालिंजर प्रांत पर दोबारा आक्रमण कर दिया। यहाँ के शासकों को अपने अधीन कर धन लूटकर लौट गया। महमूद का 15वां आक्रमण काठियावाड़ के तट पर स्थित सोमनाथ मंदिर पर हुआ। यह मंदिर मध्यकालीन हिंदुओं की भक्ति और श्रद्धा का महानतम प्रतीक था। 20 नवंबर, 1025 ई. में वह अंहिलवाड़ा पहुंचा और सोमनाथ के प्रसिद्ध मंदिर पर आक्रमण कर दिया। सोमनाथ पर आक्रमण करने के गजनवी के प्रमुख तीन कारण थे—

- महमूद की धन-लोलुपता ने उसे सोमनाथ मंदिर की अतुल्य धन-संपत्ति प्राप्त करने के लिए प्रोत्साहित किया।
- ऐसा माना जाता है कि सोमनाथ के पुजारियों और ब्राह्मणों ने महमूद पर व्यंग्य प्रहार किए थे। इससे कुपित होकर उसने सोमनाथ मंदिर पर आक्रमण किया।
- मंदिरों को लूटने और मूर्तियों को नष्ट-भ्रष्ट करने तथा काफिरों का कत्ल करने में महमूद को विशेष अभिरुचि थी।

सोमनाथ के मंदिर के आस-पास लगभग 10,000 गाँव थे। मंदिर में सोमनाथ की मूर्ति बीचोंबीच बिना किसी आधार के लटक रही थी। मूर्ति के निकट सोने की जंजीर थी, जिसका वजन लगभग 200 मन था। जब महमूद सोमनाथ के मंदिर पर लूट और विध्वंस के लिए पहुंचा, तब रक्षकों के दल मंदिर में से एक के बाद एक निकलकर आए और युद्ध में मारे गए। मंदिर के प्रवेशद्वार पर भीषण नर-संहार हुआ। मंदिर में प्रविष्ट होकर महमूद ने मंदिर की संपत्ति को खूब लूटा। यद्यपि मंदिर के पुजारियों ने उसे धन आदि का लालच देकर मूर्ति को विध्वंसित न करने का आग्रह किया, किंतु उसने मंदिर के शिवलिंग के टुकड़े-टुकड़े कर दिए और इन टुकड़ों को उसने गजनी, मक्का और मदीना भिजवा दिया। वहाँ इन टुकड़ों को गलियों एवं मस्जिदों की सीढ़ियों में लगवाया गया, जिससे वे वहाँ इन आने-जानेवाले मुसलमानों के पैरों से कुचले जा सकें। मूर्ति को तोड़ने पर उसमें से इतने बहुमूल्य रत्न, मणियां और मूल्यवान धातु निकलीं, जिसे देखकर महमूद की आंखें चकाचौंध हो गईं। सोमनाथ के मंदिर की लूट से उसे लगभग दो करोड़ दीनार मूल्य के सामान प्राप्त हुए। सोमनाथ की लूट के माल से लदा हुआ महमूद पश्चिम के मार्ग से सिंध होता हुआ गजनी की ओर लौट गया।

मुल्तान के जाटों और खोखरों पर आक्रमण

महमूद का 17वां और अंतिम आक्रमण 1027 ई.में मुलतान के जाटों और खोखरों पर हुआ। पंजाब राज्य के छिन्न-भिन्न हो जाने पर इन जातियों की शक्ति काफी बढ़ गई थी और वे आस-पास के क्षेत्रों में शासन स्थापित करने का प्रयास कर रहे थे। जब महमूद सोमनाथ पर विजय प्राप्त कर गजनी लौट रहा था, तब इन लोगों ने उसे काफी तंग किया था, अत: उनकी शक्ति को कुचलने और उनकी हिमाकत का दंड देने के लिए महमूद ने उन पर आक्रमण किया। तुर्की सेना ने जाटों और खोखरों को बुरी तरह से पराजित किया। उनकी बस्तियां जला दीं। कत्लेआम का बाजार गरम हो उठा। उनके बाल-बच्चों और स्त्रियों को पकड़कर दास बना लिया गया। यह महमूद का अंतिम आक्रमण था।

महमूद की मृत्यु

30 अप्रैल, 1030 ई. को महमूद की मृत्यु हो गई। महमूद की मृत्यु के समय गजनी का साम्राज्य अपने विस्तार की चरम सीमा पर था। शाही राजकोष धन-धान्य से परिपूर्ण था।

महमूद के समय के लेखक और उनके ग्रंथ

महमूद गजनवी के आक्रमणों को जिन लेखकों ने अपनी आँखों से देखकर लिपिबद्ध किया, उनमें 'महमूद उल-उत्बी, बुरिहां, अलबरूनी और इमाम वैहाकी' प्रमुख हैं-

- **महमूद उल-उत्बी** : यह महमूद गजनवी का मीर मुंशी था, हालांकि आक्रमणों में वह साथ नहीं था। उसने सुबुक्तगीन तथा महमूद के शासन-काल का सन् 1077 तक का इतिहास अरबी भाषा में अपने ग्रंथ 'किताब-उल-यामिनी' में लिखा है। इस किताब में महमूद के सन् 1027 तक के आक्रमणों का विस्तृत वर्णन मिलता है।
- **अलबरूनी** : मुस्लिम लेखकों में अलबरूनी का विवरण प्राय: पक्षपात रहित है। वह भारतीय दर्शन, ज्योतिष, इतिहास, आदि का उत्कृष्ट विद्वान् और धीर गंभीर प्रकृति का लेखक था। उसका जन्म एक छोटे से राज्य ख्यादिम में 4 सितंबर, सन् 973 में हुआ था। वह महमूद गजनवी के आक्रमणों में उसके साथ रहा था, किंतु उसको लूट-मार से कोई मतलब नहीं था। उसने अनेक भारतीय ग्रंथों का अरबी भाषा में अनुवाद भी किया।
- **इमाम वैहाकी** : उसका पूरा नाम इमाम अबुल फ़ज़ल वैहाकी था। वह महमूद गजनवी के दरबार में हाकिम था। उसने जो ग्रंथ लिखा, उसका नाम ''तारीख़-ए-अरब-ए-सुबुक्तगीन'' अर्थात् सुबुक्तगीन वंश का इतिहास। इसमें सुबुक्तगीन और उसके पुत्र-पौत्र महमूद गजनवी एवं उसके शासन-काल की घटनाओं का भी कुछ विवरण लिखा गया है, जो उल्लेखनीय ईमानदारी का प्रमाण है ! यह ग्रंथ तीन भागों में है, किंतु इस समय उसका केवल तीसरा भाग ही उपलब्ध है। आरंभ के दो भाग नष्ट हो गए हैं। उपलब्ध भाग फ़ारसी भाषा में है।

मुहम्मद गोरी

गजनवी और हेरात के बीच का स्थान गोर कहलाता था। सन् 1010 ई. में महमूद गजनवी ने इस राज्य पर भी आक्रमण किया। परंतु दोनों शासकों में संधि होने के कारण गजनवी ने गोर राज्य वापिस कर दिया। महमूद के देहांत के बाद इन दोनों राज्यों में पुन: युद्ध शुरू हो गया। इसको खत्म करने के लिए गजनवी के शासक बहराम ने अपनी पुत्री का विवाह गोर के शासक कुतुबुद्दीन के साथ कर दिया। लेकिन ऐसे काल में कुछ परिस्थितिवश कुतुबुद्दीन की हत्या कर दी गई। इससे दोनों वंशों में पुन: शत्रुता आरंभ हो गई। तभी कुतुबुद्दीन के भाई अलाउद्दीन हसन ने गजनवी पर आक्रमण कर दिया। गजनवी की पराजय हुई और बहुत सा धन लेकर वह गोर लौट गया। उसकी मृत्यु के पश्चात् उसका भतीजा गयासुदीन बिनसूरी सिंहासन पर बैठा। उसने गजनवी के राज्य पर पूर्ण अधिकार करके अपने भाई मुईनुद्दीन अर्थात् मुहम्मद गोरी को गजनवी का शासक नियुक्त कर दिया। मुहम्मद गोरी के भाई की मृत्यु हो गई और मुहम्मद गोरी का गजनवी एवं गोर पर एकछत्र शासन स्थापित हो गया।

भारत पर आक्रमण

मुहम्मद गोरी ने अब अपनी दृष्टि भारत की ओर डाली। भारत की राजनीतिक स्थिति अच्छी नहीं थी। उत्तरी-पश्चिमी भाग में गजनवी वंश के शासक थे। सिंध और मुल्तान भी मुस्लिम शासन के अधीन था। उत्तरी भारत में राजपूतों के राज्य थे। दिल्ली में तोमर और अजमेर में चौहान वंश का शासन था। चौहानों का राजा पृथ्वीराज चौहान अति पराक्रमी था। कन्नौज का राजा जयचंद प्रसिद्ध राठौड़ राजा था। बुंदेलखंड में चंदेल और बघेल शासन कर रहे थे। बिहार और बंगाल में पालों के स्थान पर सेन वंश का शासन था। क़श्मीर में विजयदेव का शासन था। लेकिन इन राजाओं का परस्पर वैमनस्य चलता रहता था। उदाहरणार्थ पृथ्वीराज और जयचंद में कट्टर दुश्मनी थी, क्योंकि पृथ्वीराज ने जयचंद की कन्या संयोगिता का अपहरण कर लिया था। इससे जयचंद की प्रतिष्ठा को भारी धक्का लगा। पारस्परिक द्वेष के कारण भारत की राजनीतिक दशा अव्यवस्थित एवं अराजक थी। भारत में कोई सार्वभौम सत्ता नहीं थी, जो विदेशी आक्रमणकारियों का सामना कर सके। पारस्परिक द्वेष ने हिन्दू समाज को पतनोन्मुख कर दिया।

गोरी का भारत पर आक्रमण का उद्देश्य

भारत पर आक्रमण के अनेक कारण थे। सर्वप्रथम वह गोर राज्य को पंजाब के गजनवी शासकों से बचाना चाहता था। वह मुल्तान के इस्माइलिया शियाओं से भी द्वेष रखता था। इसलिए गोर राज्य की रक्षा के लिए इन दोनों राज्यों को दबाना मुहम्मद गोरी के लिए आवश्यक था।

दूसरे, उसको महमूद गजनवी के समान धनलोलुपता थी तथा भारत को पराजित कर विश्व में अपना नाम करना चाहता था और मुस्लिम जगत् में प्रतिष्ठा पाना चाहता था वह कट्टर मुस्लिम था।

आक्रमण

मुहम्मद गोरी 1173 ई. में गजनवी का राजा बना और 1175 ई. उसने कच्छ राज्य पर आक्रमण कर दिया। उसे जीत लिया। तत्पश्चात् 1178 ई. में उसने गुजरात के राजा भीमदेव पर हमला बोल दिया। भीमदेव ने उसे परास्त कर खदेड़ दिया। लेकिन वह हार से निराश नहीं हुआ। 1180 में उसने पंजाब के गजनवी शासक पर आक्रमण कर दिया और उन्हें पराजित कर दिया। उनके कुछ प्रदेशों पर अधिकार करने के पश्चात् गोरी ने 1181 ई. में लाहौर पर आक्रमण कर दिया। लेकिन पराजित होकर लौट गया। अगले पांच वर्षों तक सैन्य तैयारी करता रहा और कश्मीर के राजा विजयदेव को अपने राज्य में मिला

लिया और 1186 में लाहौर पर आक्रमण कर उसे अपने अधिकार में कर लिया।

तराइन का पहला युद्ध 1191 ई.
लाहौर की विजय से गोरी का साहस बहुत बढ़ गया, अत: 1191 में उसने दिल्ली पर आक्रमण कर दिया। उस समय दिल्ली का राजा पृथ्वीराज चौहान था। उसने युद्ध की तैयारी पहले से ही कर ली थी और गोरी से मुकाबला करने के लिए तराइन के मैदान में पहुंचा, लेकिन राजपूतों ने पृथ्वीराज चौहान के नेतृत्व में मुहम्मद गोरी को बुरी तरह परास्त कर दिया। सरहिंद भी चौहानों ने जीत लिया।
तराइन का दूसरा युद्ध 1192 ई.
पृथ्वीराज को एक वर्ष का समय मिला। लेकिन उसने सैन्यशक्ति को सुदृढ़ करने का प्रयत्न नहीं किया। परंतु गोरी ने इस काल में सैन्यबल सुदृढ़ कर 1192 में तराइन में फिर से आक्रमण कर दिया। इस युद्ध में पृथ्वीराज की पराजय हुई। गोरी की सेना में दूर तक मार करने वाले धनुर्धर थे। घुड़सवारों में अधिक सचलता थी। राजपूत सेना में पैदल सिपाही अधिक थे। राजपूतों के पास हाथी अधिक थे, जो घोड़ों के मुकाबले कम गतिशील थे और बिगड़ जाने पर अपनी ही सेना को रौंद डालते थे। पृथ्वीराज युद्ध में पकड़ा गया और उसे मरवा दिया गया। पृथ्वीराज का सामंत गोविंदराज भी मारा गया। यह विजय उसकी दीर्घकालीन योजना के अंतर्गत हुई थी और यह युद्ध भारतीय इतिहास की एक युगांतरकारी घटना है। यह युद्ध निणार्यक सिद्ध हुआ। हमारे इतिहास में पहली बार गोरी ने हिंदुस्तान के बीचोंबीच एक विदेशी तुर्क राज्य की नींव डाली।

कन्नौज का युद्ध

तराइन की सफलता के बाद कुछ समय के लिए मुहम्मद गोरी गोर लौट गया। लेकिन 1194 में कन्नौज पर आक्रमण कर दिया। कन्नौज के शासक जयचंद ने उसका सामना किया। यमुना के तट पर इटावा के पास चदांवर में दोनों की सेनाओं के बीच घमासान युद्ध हुआ। अंतत: जयचंद पकड़ा गया और मारा गया।

अजमेर पर आक्रमण

कन्नौज-विजय के पश्चात् मुहम्मद स्वदेश लौट गया। भारत में उसने कुतुबुद्दीन ऐबक को अपना प्रतिनिधि बनाकर छोड़ दिया। पृथ्वीराज के भाई हेमराज ने दिल्ली पर अधिकार करने का प्रयास किया, लेकिन ऐबक ने उन्हें परास्त कर देने के पश्चात् अजमेर के किले को घेर लिया। अंतत: वह अजमेर पर विजय प्राप्त कर, वहाँ एक अधिकारी की नियुक्ति कर लौट गया।

बयाना और ग्वालियर का युद्ध

1195 ई. में मुहम्मद गोरी ने फिर भारत पर आक्रमण कर दिया। पहले बयाना के राजपूतों को पराजित किया, तत्पश्चात् 1197 ई. में ग्वालियर को जीत लिया।

ऐबक के अन्य आक्रमण

1197 ई. में ही कुतुबुद्दीन ऐबक ने गुजरात पर आक्रमण कर दिया। राजा भीमदेव ऐबक से हार गया। वहाँ उसने एक तुर्क अधिकारी नियुक्त कर दिया और लौट गया। लेकिन गुजरात के राजपूतों ने कुछ समय पश्चात् तुर्कों को खदेड़ दिया। ऐबक ने अब बदायूं को जीत लिया। तत्पश्चात् 1197 ई. से 1203 ई. तक कोटा, बूंदी, सिरोही, उज्जैन तथा काशी के क्षेत्रों पर अधिकार कर लिया। कालिंजर के किले पर ऐबक ने अधिकार कर बुरी तरह लूटा। कालिंजर में ऐबक ने हसन अली नामक प्रतिनिधि नियुक्त कर दिया। तत्पश्चात् ऐबक ने महोबा, खजुराहो और कालपी पर विजय प्राप्त की।

बंगाल और बिहार पर आक्रमण

गोरी ने 1197 ई. में बिहार पर भी आधिपत्य कर लिया। उसका श्रेय उसके सेनापति इख्तियारुद्दीन मुहम्मद-बिन-बख्तियार को है। उसने गंगा और सोन नदियों के बीच की जागीर को केंद्र बनाकर ही बिहार की राजधानी ओदंतपुर को अधिकार में ले लिया था। बिहार के बाद बंगाल को भी पराजित कर उसने उसे भी अधिकार में ले लिया।

गोरी की मृत्यु

ऐबक को अपना प्रतिनिधि बनाकर गोरी अपने देश गोर लौट गया। उसके भाई गयासुद्दीन की मृत्यु हो चुकी थी। उसका शत्रु एवं शक्तिशाली ख्वारिज्म का शाह उसके विरुद्ध विशाल सेना संगठित कर रहा था। गोरी ने ख्वारिज्म पर आक्रमण कर दिया, किंतु शाह ने उसे पराजित कर दिया। गोरी की शक्ति क्षीण होने लगी तथा उसके अधीन सरदार विद्रोह करने लगे। इन्हीं विद्रोहों को दबाकर जब वह पंजाब से लौट रहा था, तो जाट जाति के खोखरों ने 1206 ई में उसकी हत्या कर दी। अब कुतुबुद्दीन ऐबक ने स्वयं को स्वतंत्र शासक घोषित कर दिया। गोरी नि:संतान मरा था, अत: उसका कोई उत्तराधिकारी नहीं था। उसके विशाल साम्राज्य को उसके गुलामों ने आपस में बांट लिया।

तुर्कों की सफलता के कारण

भारत में तुर्क आक्रमणकारियों ने भारतीय शासकों को पराजित कर उनके राज्यों पर अपना अधिपत्य जमा लिया। यद्यपि उन शासकों ने तुर्क आक्रमणकारियों का सशक्त रूप से प्रतिरोध किया, किंतु भारत में तुर्कों की विजय और उत्तर भारतीय राजाओं की पराजय के लिए अनेक कारण उत्तरदायी थे:-

राजनीतिक कारण

उत्तर भारत की तात्कालीन परिस्थितियाँ राजपूत राजाओं की पराजय का कारण बनी। राजपूत राज्यों में राजनीतिक एकीकरण की भावना नहीं थी। उनमें सदैव संघर्ष की स्थिति बनी रहती थी। फलतः वे तुर्कों को सशक्त चुनौती नहीं दे पाए। लगभग 200 वर्षों तक चले उत्तर भारत में त्रि-पक्षीय संघर्ष के कारण पाल, प्रतिहार एवं राष्ट्रकूटों की शक्तियाँ छिन्न हुई। जिससे उत्तर भारत में राजनीतिक शून्यता की स्थिति पैदा हो गई। राजपूतों में सामरिक समझ का भी अभाव था, जो उनकी राजनीतिक अदूरदर्शिता को प्रदर्शित करता है। उन्होंनें शत्रुओं को वापस जाने के पश्चात् भी भारतीय सीमाओं की सुरक्षा हेतु कोई ठोस कदम नहीं उठाए। राजपूतों ने सदैव तुर्कों से आत्मरक्षा के लिए युद्ध किया। राजपूत राज्य सामंती ढ़ाँचे पर खड़े थे। सामंती सेना की निष्ठा भी सिर्फ सामंतों के लिए थी, न कि राज्य के लिए। इस भारतीय राजनीति की दुर्बलता का लाभ तुर्कों ने उठाया।

सैनिक दुर्बलता

युद्ध के समय सामंतों द्वारा भेजी गई सेना में एकरूपता नहीं थी। राजपूत शासकों ने भी कभी स्थायी सेना का विकास नहीं किया। तुर्कों का

सैन्य संगठन एवं युद्ध के रणनीति अत्यधिक उन्नत थी। तुर्क सेनाओं में धनुर्धर अश्वारोही तथा घुड़सवारों की भूमिका अत्यधिक होती थी। जबकि भारतीय सेना में हाथियों की भूमिका हुआ करती थी, जो उनकी सेनाओं को ही प्रतिकूल रूप से प्रभावित करते थे। जिनका लाभ तुर्कों को मिलता था। राजपूतों के लिए युद्ध वीरता का प्रदर्शन तथा मरना सम्मान की बात हुआ करती थी। आवश्यकता के अनुसार युद्ध भूमि से पीछे हटना वे अपना अपमान समझते थे। राजपूतों में युद्ध कौशल होते हुए भी रणनीति का अभाव था।

सामाजिक एवं धार्मिक कारण

राजपूत समाज वर्ण व्यवस्था, जातिप्रथा, नियतिवाद जैसे तत्वों पर आधारित थी। इस कारण वे कभी भी तुर्कों के समक्ष एकजुट होकर प्रतिरोध नहीं कर सके। सामाजिक विभेदता के कारण लोगों में देशप्रेम की भावना का अभाव था। इस कारण शासकों को जनता का साथ नहीं मिल पाया। तुर्क धर्म के नाम पर संगठित थे तथा वे धार्मिक भावना से ओत-प्रोत भी थे। साम्राज्य विस्तार के अतिरिक्त उनका उद्देश्य इस्लाम धर्म का प्रचार करना भी होता था।

इसके विपरीत भारतीय विभिन्न संप्रदायों में बंटे थे, इसमें संगठन का तत्व मौजूद नहीं था। ये कर्म की अपेक्षा भाग्य पर अत्यधिक बल देते थे। जिसके कारण ये अकर्मण्य एवं बुद्धिहीन हो गए थे। भारतीयों का संकीर्ण दृष्टिकोण भी उन्हें विश्व में हो रहे विभिन्न परिवर्तनों, जैसे- ज्ञान, विज्ञान, सैन्यकला के ज्ञान से वंचित रखने का कारण बना।

महत्वपूर्ण बिंदु

* महमूद गजनवी ने भारत पर 17 बार आक्रमण किया।
* महमूद गजनवी गज़नी का शासक था तथा अलप्तगीन की मृत्यु के बाद वह राजसिंहासन पर बैठा।
* सोमनाथ पर आक्रमण 20 नवंबर, 1025 को महमूद गजनवी ने किया।
* तराइन का पहला युद्ध 1191 में मुहम्मद गोरी व पृथ्वीराज चौहान के मध्य हुआ।
* तराइन के द्वितीय युद्ध में मुहम्मद गोरी, पृथ्वीराज चौहान को पराजित करने में सफल रहा।
* कन्नौज का शासक जयचंद था, जिसे मुहम्मद गोरी ने पराजित किया था

❑❑❑

अध्याय

14

दिल्ली सल्तनत

[अलाउद्दीन खिलजी की बाजार एवं सैनिक नीति, मुहम्मद बिन तुगलक के प्रयोग]

उत्तर भारत में 11वीं-12वीं शताब्दी में बार-बार होने वाले तुर्क आक्रमणों के कारण भारतीय शासक कमजोर होते चले गए। अंततः तुर्क शासकों ने बंगाल तक के क्षेत्र पर अधिकार कर भारत में दिल्ली सल्तनत राज्य की स्थापना की। सल्तनत को भारत में अपना अस्तित्व कायम रखने के लिए लगभग एक सदी अंदरूनी झगड़ों, विदेशी आक्रमणकारियों तथा उत्तर भारतीय शासकों से जूझना पड़ा। 1206 से 1290 ई. तक तुर्क शासकों के शासन ने दिल्ली सल्तनत के लिए मजबूत आधार तैयार किया।

कुतुबुद्दीन ऐबक (1206-1210 ई.)

15 मार्च, 1206 ई. में मुइज्जुद्दीन मोहम्मद गोरी की मृत्यु के पश्चात् उसके भारतीय राज्य-प्रदेशों के उत्तराधिकार के लिए गोरी के तीन प्रमुख विश्वासपात्रों ताजुद्दीन यल्दूज, नासिरूद्दीन कुबाचा और कुतुबुद्दीन ऐबक के बीच संघर्ष हुआ। अंततः कुतुबुद्दीन ऐबक सबसे योग्य साबित हुआ और भारतीय राज्य प्रदेश ऐबक को प्राप्त हुआ।

भारत में कुतुबुद्दीन ऐबक की स्थिति एक विजेता की थी। उसकी न्यायप्रियता एवं सुरक्षा की भावना उसके राज्य की विशेषताएँ थी। ऐबक उदार व्यक्तित्व का शासक था। उसने जनता के हितों की रक्षा और समृद्धि की ओर ध्यान दिया। 1210 ई. में चौगान खेलते समय घोड़े से गिर जाने से ऐबक को चोट लगी, जिससे उसकी मृत्यु हो गई। उसके पश्चात् उसका दामाद इल्तुतमिश दिल्ली की गद्दी पर बैठा।

इल्तुतमिश (1210-1236 ई.)

इल्तुतमिश बदायूँ का गवर्नर, ऐबक का विश्वासपात्र गुलाम तथा उसका दामाद भी था। 1210 ई. में कुतुबुद्दीन ऐबक की मृत्यु के पश्चात् कुछ तुर्क सरदारों ने उसके बेटे आरामशाह को लाहौर में सुल्तान घोषित कर दिया। परंतु कुछ अन्य तुर्क सरदारों ने आरामशाह को वैध उत्तराधिकारी नहीं माना और बदायूँ से इल्तुतमिश को दिल्ली आने का निमंत्रण भेजा। इस मौके का लाभ उठाकर इल्तुतमिश दिल्ली की ओर चला, परंतु आरामशाह से उसे रास्ते में युद्ध करना पड़ा। इल्तुतमिश ने युद्ध में आरामशाह को पराजित कर मार डाला। अब इल्तुतमिश निर्विरोध दिल्ली की गद्दी पर बैठा।

इल्तुतमिश के राज्यरोहण के समय कुबाचा ने स्वयं को मुल्तान का तथा अलीमर्दान ने स्वयं को बंगाल और बिहार का स्वतंत्र शासक घोषित कर दिया। राजपूतों ने भी दिल्ली सल्तनत को चुनौती देनी शुरू कर दी। मंगोलों का भी खतरा दिल्ली सल्तनल पर मंडराने लगा। दिल्ली सल्तनत में भी आंतरिक असंतोष फैल चुका था। इन समस्याओं को दूर कर इल्तुतमिश ने तुर्क सत्ता को स्थायित्व प्रदान किया।

इल्तुतमिश ने अपने शासन के आरंभिक वर्षो (1210-1220 ई.) में भारत के उत्तर-पश्चिमी सीमा पर ध्यान दिया। ख्वारिज्म शाह की मध्य एशिया में गजनी पर विजय से अब इल्तुतमिश को यल्दूज की चुनौतियों का सामना करने का डर था। यल्दूज गजनी से भागने के उपरांत लाहौर पर अपना अधिकार कर लिया और कुबाचा को लाहौर छोड़ना पड़ा। पंजाब और थानेश्वर पर भी यल्दूज ने अपना अधिकार कर लिया। इल्तुतमिश दिल्ली से यल्दूज को रोकने के लिए आगे बढ़ा। 1215-16 ई. में तराइन के मैदान में इल्तुतमिश ने यल्दूज को पराजित किया और उसे बंदी बनाकर बदायूँ भेज दिया गया, जहाँ उसकी हत्या कर दी गई। 1217 ई. में इल्तुतमिश कुबाचा के विरुद्ध लाहौर की ओर बढ़ा पर वह वहाँ से भाग गया। इल्तुतमिश ने कुबाचा का पीछा करके उसे पराजित किया और लाहौर में अपने पुत्र नासिरूद्दीन महमूद को नियुक्त किया। इल्तुतमिश को मंगोलों के होने वाले संभावित खतरों को भी उठाना पड़ा। चंगेज खाँ के प्रकोप से बचने के लिए ख्वारिज्म शाह का पुत्र मंगबरनी सिंधु घाटी की ओर भागा। चंगेज खाँ ने इल्तुतमिश के पास मंगबरनी की सहायता न करने के लिए अपना दूत भेजा। इससे इल्तुतमिश ने मंगबरनी की सहायता नही की और वह भारत से वापस चला गया। जिससे भारत पर मंगोलों का होने वाला खतरा टल गया। इस प्रकार अब इल्तुतमिश ने उत्तर-पश्चिम के इलाकों से निश्चित होकर अन्य इलाकों की ओर ध्यान देना शुरू किया।

इल्तुतमिश ने 1225 ई. में बंगाल पर आक्रमण करने को कूच किया, तब बंगाल के तत्कालीन शासक हुसामुद्दीन ने उसकी अधीनता स्वीकार कर ली। इल्तुतमिश ने मलिक जानी को दक्षिण बिहार का सूबेदार नियुक्त किया। इल्तुतमिश के दिल्ली वापस आते ही हुसामुद्दीन ने पुनः अपने आप को स्वतंत्र शासक घोषित कर दिया। इल्तुतमिश ने नासिरूद्दीन महमूद को बंगाल पर आक्रमण करने का आदेश दिया। नासिरूद्दीन महमूद ने हुसामुद्दीन को पराजित कर उसे मार डाला। नासिरूद्दीन महमूद को लखनौती का मुक्ता नियुक्त किया गया।

राजपूत भी दिल्ली सल्तनत को चुनौती दे रहे थे। उन्होने दिल्ली सल्तनत को कर देना बंद कर दिया था। इल्तुतमिश का इन राजपूत राज्यों पर अपना अधिपत्य स्थापित करना जरूरी था। उसने रणथंभौर और मंदौर पर आक्रमण करके अपना प्रभुत्व स्थापित किया। उसने इसके पश्चात् अजमेर, जालौर, नागौर, बयाना, ग्वालियर इत्यादि राज्यों पर अधिकार किया। उसने मेवाड़ की राजधानी नागदा पर भी हमला किया, किंतु इसमें सफलता नहीं मिली। गुजरात के चालुक्यों के खिलाफ भी सेना भेजी गई, परंतु इसमें भी उसे सफलता नहीं मिली।

बगदाद के खलीफा ने दिल्ली में अपने राजदूत को इल्तुतमिश के सम्मान में अभिषेक पत्र के साथ भेजा। जिससे इल्तुतमिश को सुल्तान के पद की वैधानिकता प्राप्त हुई। अपनी योग्यता और क्षमता के आधार पर ही इल्तुतमिश दिल्ली के सुल्तान के पद पर आसीन हुआ था। इल्तुतमिश ने ही भारत में तुर्क शासन को स्थायित्व प्रदान किया था। 30 अप्रैल, 1236 ई. को इल्तुतमिश की मृत्यु हो गई।

रजिया सुल्तान (1236-39 ई.)

इल्तुतमिश अपने जीवन के अंतिम वर्ष में उत्तराधिकार को लेकर चिंतित था। अपने छोटे पुत्र रूकुनुद्दीन फिरोजशाह को गद्दी के लायक नहीं समझता था। अत: अपना राज्य अपनी बेटी रजिया के हाथों में सौंपने का फैसला ले लिया था। परंतु तुर्क अमीरों ने इसे अपना अपमान समझा। इल्तुतमिश की मृत्यु के पश्चात् तुर्क अमीरों ने रूकुनुद्दीन फिरोजशाह को सुल्तान घोषित कर दिया। रजिया को गद्दी पर अपना दावा मनवाने के लिए अपने भाइयों एवं शक्तिशाली तुर्क अमीरों के खिलाफ संघर्ष करना पड़ा। अंतत: रजिया फिरोजशाह को पदच्युत कर दिल्ली की सुल्तान बनी। दिल्ली की जनता के समर्थन से रजिया को राजगद्दी प्राप्त हुई थी। रजिया के समक्ष अब सबसे बड़ी समस्या वैध उत्तराधिकार की थी। वजीर निजाम-उल-मुल्क जुनैदी ने भी अमीर तुर्क के साथ रजिया का विरोध करने लगें। राजपूतों ने भी विद्रोह के स्वर ऊँचे करने लगे थे। पूरे राज्य में अव्यवस्था एवं अराजकता फैल चुकी थी।

रजिया ने इन सभी परिस्थितियों पर नियंत्रण के लिए सबसे पहले कुछ अमीरों और तुर्क सरदारों को अपने पक्ष में कर जुनैदी की लड़ाई में हराकर जान बचाकर भागने पर मजबूर कर दिया। इससे अन्य सूबेदार एवं अमीर आतंकित हो गए और रजिया की सत्ता को स्वीकार कर लिया। राजपूतों को नियंत्रित करने के लिए रणथंभौर पर आक्रमण किया और उसके दुर्ग पर अधिकार कर लिया। इस तरह रजिया ने अपने राज्य में शांति सुव्यवस्था कायम की।

रजिया ने अपने प्रति वफादार अमीरों का एक दल खड़ा किया और गैर-तुर्कों को ऊँचा पद दिया। गैर-तुर्कों को ऊँचा पद देने से तुर्क अमीरों ने रजिया के खिलाफ विरोध करना शुरू कर दिया। लाहौर एवं सरहिंद में विद्रोह शुरू हुआ। इन विद्रोहों को रजिया द्वारा दबा दिया गया। अब एतगीन के नेतृत्व में तुर्क सरदारों ने रजिया के खिलाफ संगठित विद्रोह की शुरुआत की। रजिया को तबरहिंद में अल्तूनिया ने बंदी बना लिया। लेकिन रजिया ने अल्तूनिया को अपने पक्ष में कर उससे शादी कर ली। दोनों ने अब दिल्ली पर अधिकार करने की कोशिश की परंतु पराजित हो गए। 13 अक्टूबर, 1240 ई. को कैथल के निकट डाकुओं ने अल्तूनिया एवं रजिया की हत्या कर दी।

गयासुद्दीन बलबन (1266-87 ई.)

बलबन के सिंहासनारोहण के समय सल्तनत एवं सुल्तान की प्रतिष्ठा गिर गई थी। उसने सुल्तान की प्रतिष्ठा और शक्ति को पुन: स्थापित कर एक नई ऊँचाई पर पहुँचाया तथा सल्तनत का साम्राज्य, विस्तार किया। सुल्तान चहलगानी के रहमोकरम पर निर्भर था। सुल्तान नासिरूद्दीन महमूद के संपूर्ण शासन काल में शक्ति का केंद्र बलबन ही था। उसने अपने विरोधियों पर विजय प्राप्त किया तथा सैनिक अभियानों के द्वारा सल्तनत की सुरक्षा एवं साम्राज्य विस्तार किया। सुल्तान नासिरूद्दीन महमूद के साथ वैवाहिक संबंध स्थापित कर बलबन ने अपनी शक्ति और प्रतिष्ठा को चरमोत्कर्ष पर पहुँचा दिया।

सुल्तान बनने के समय बलबन के समक्ष अनेक समस्याएँ थी। बिना इन समस्याओं को दूर किए वह अपनी स्थिति को सुदृढ़ नहीं कर सकता था। बार-बार शासकों के परिवर्तन से प्रशासनिक व्यवस्था कमजोर हो गयी थी। दिल्ली के आस-पास मेवातियों का आंतक छाया हुआ था। राजदरबार गुटबाजियों का अड्डा बना हुआ था। आंतरिक स्तर पर राजपूतों की चुनौतियाँ मौजूद थी। मंगोल आक्रमण के कारण पश्चिमोत्तर सीमा क्षेत्र अशांत था तथा दिल्ली सल्तनत के लिए चुनौती बना हुआ था। बंगाल में भी विद्रोह की समस्या बनी हुई थी।

इन स्थितियों में एक शक्तिशाली सुल्तान की आवश्यकता थी, जो सभी समस्याओं को दूर कर सुल्तान और सल्तनत की प्रतिष्ठा पुनर्स्थापित करे। बलबन ने सत्ता प्राप्त करते ही दृढ़तापूर्वक इस स्थिति का सामना किया। उसने 'चालीसा' प्रभाव को समाप्त किया। मंगोलों से राज्य की सुरक्षा की व्यवस्था की, आंतरिक विद्रोहों को दबाया तथा प्रशासन का पुनर्गठन किया।

बलबन का राजत्व सिद्धांत

बलबन दिल्ली सल्तनत का प्रथम सुल्तान था, जिसने राजत्व का सिद्धांत प्रतिपादित किया और दैवीय सिद्धांत को अपनाया। इसका राजत्व का सिद्धांत फारस के राजत्व सिद्धांत से प्रभावित था। इसके द्वारा वह सुल्तान की सर्वोच्चता को स्थापित करना चाहता था। बलबन का मानना था कि "सुल्तान पृथ्वी पर ईश्वर की छाया है, और उसका स्थान केवल पैगम्बर के पश्चात् है।" बलबन ने सुल्तान को पृथ्वी पर ईश्वर का प्रतिनिधि "नियाबते-खुदाई" मानता था। इसका तात्पर्य यह है कि शासक कोई साधारण पुरुष नहीं है, बल्कि ईश्वर द्वारा चुना गया है। इस तरह बलबन ने अपने ऊपर लगे इस आरोप को हटाना चाहा कि "वह किसी षड्यंत्र या किसी की हत्या कर सिंहासन पर बैठा है"।

बलबन का मानना था कि शासक पृथ्वी पर ईश्वर का प्रतिनिधि है इसलिए सुलतान में असीम शक्तियाँ होती है। उसकी शक्तियों पर किसी का अंकुश नहीं है। इस दृष्टि से सुल्तान निरंकुश है।

बलबन ने अपने राजत्व सिद्धांत में स्वयं को शाही वंशज से जोड़कर और कुलीनता पर बल दिया। वह अपने आप को तुर्की 'अफरासियाब' का वंशज मानता था। शासक की दैवीय सिद्धांत को सिद्ध करने के लिए बलबन ने अपने दरबार में 'पाबोस' एवं 'सिजदा' की प्रथा प्रारंभ की। उसके सामने दरबार में बैठने, बात करने, मुसकुराने की आज्ञा किसी को नहीं थी। वह उच्च वर्ग और निम्न वर्ग में भेद करता था। वह गैर तुर्कों को कभी उच्च पद पर नहीं रखता था।

बलबन ने अपने इस कार्यों के द्वारा सुल्तान की शक्ति एवं प्रतिष्ठा को पुन: प्रभावशाली बनाया।

बलबन के प्रशासनिक सुधार

सैन्य सुधार- बलबन ने अपने निरंकुशता निर्धारित करने, आंतरिक विद्रोहों को दबाने तथा मंगोल आक्रमण से सुरक्षा के लिए सैन्य संगठन में सुधार किया। एक सैन्य विभाग दीवान-ए-अर्ज की भी स्थापना की। सैनिकों की

संख्या में वृद्धि की। सेना में योग्य सैनिकों एवं अधिकारियों को नियुक्त किया तथा उनके प्रशिक्षण एवं वेतन की व्यवस्था की गई।

प्रशासक का सुदृढ़ीकरण- बलबन ने शक्तिशाली केंद्रीय सरकार की स्थापना की। जिसमें अधिकारियों की नियुक्ति वह स्वयं करता था। उसने वजीर से सैनिक अधिकार वापस ले लिए ताकि शक्ति का केंद्रीकरण न हो। इक्तादारों पर नियंत्रण रखने हेतु 'ख्वाजा' नामक अधिकारियों की नियुक्ति की, जो इक्ता की आय-व्यय की जाँच करते थे।

गुप्तचर विभाग की स्थापना- बलबन ने राज्य के लोगों, पदाधिकारियों एवं विरोधियों पर निगरानी रखने के लिए एक सक्षम गुप्तचर विभाग की स्थापना की। वह गुप्तचरों (बरीद) की नियुक्ति स्वयं करता था। बलबन के शासन की सफलता का आधार उसका सक्षम गुप्तचर विभाग था।

तुर्क-ए-चहलगानी का दमन- दिल्ली सल्तनत में तुर्क-ए-चहलगानी आरंभिक समय में प्रशासनिक कार्यों को देखा करते थे। किंतु इनकी गुटबंदी और षड्यंत्रों ने राजनीतिक अस्थिरता को बढ़ावा दिया। सुल्तानों के ऊपर इसके सदस्यों का प्रभाव रहता था। अतः सुल्तान की संप्रभुता सीमित होती थी। इसलिए बलबन ने ताज की संप्रभुता सुल्तान में स्थापित करने के लिए चहलगानी का दमन किया।

इक्ताओं का पुनर्ग्रहण- इल्तुतमिश ने दोआब क्षेत्र में इक्ता प्रदान किया था। किंतु उसकी मृत्यु के पश्चात् अव्यवस्था का लाभ उठाकर इक्तादार स्वतंत्र हो गए और कुछ तो इतने वृद्ध हो गए थे कि सैनिक सेवा के योग्य नहीं रहे। इसलिए कुछ मुआवजा देकर वृद्धों के लिए पेंशन की व्यवस्था कर इक्ताओं का पुनर्ग्रहण किया गया।

अलाउद्दीन खिलजी (1296-1316 ई.)

अलाउद्दीन खिलजी का जन्म 1250 ई. में पश्चिम बंगाल के वीरभूम जिले में हुआ था। 1296 ई. में 46 वर्ष की उम्र में जलालुद्दीन खिलजी की हत्या करने के उपरांत अलाउद्दीन खिलजी ने गद्दी प्राप्त की। वह दिल्ली सल्तनत के खिलजी वंश का दूसरा सुल्तान था। खिलजी वंश के शासकों में अलाउद्दीन खिलजी सबसे अधिक प्रभावशाली शासक था। जिसने योग्यतापूर्ण तरीके से शासन करते हुए साम्राज्य का विस्तार किया। लगभग 20 साल शासन करने के उपरांत 1316 ई. में उसकी मृत्यु हो गई।

अलाउद्दीन खिलजी के समक्ष समस्याएँ

- जलालुद्दीन खिलजी की हत्या करने के पश्चात् अलाउद्दीन ने गद्दी प्राप्त की। अतः इसका औचित्य प्रमाणित कर प्रजा और अमीरों की स्वामीभक्ति प्राप्त करना एक चुनौती थी।
- अमीरों की शक्ति एवं महत्वाकांक्षा पर अंकुश लगाना जरूरी था। क्योंकि स्वयं अलाउद्दीन ने धन के बल पर अमीरों को अपने पक्ष में किया था। अतः धन के संकेंद्रण को रोकना चुनौती थी।
- प्रशासनिक, आर्थिक व्यवस्था को स्थापित करना भी एक चुनौती थी।

अलाउद्दीन का राजत्व सिद्धांत

अलाउद्दीन खिलजी ने निरंकुश राजतंत्र पर बल दिया। उसने शासक की सत्ता को सर्वोपरि बताया। सत्ता के लिए किसी धार्मिक समर्थन का सहारा नहीं लिया। उसके अनुसार सत्ता का स्त्रोत शक्ति में निहित है। सत्ता न तो ईश्वर की इच्छा से, न जनता के सहयोग से, न ही अमीर उलेमा के समर्थन से प्राप्त की जाती है। वह तो शक्ति से प्राप्त की जाती है। जब तक शासक शक्तिशाली रहता है तब तक उसकी सत्ता बनी रहती है। इस प्रकार शक्ति पर अतिशय बल और शासक की इच्छा ही कानून बताया।

अलाउद्दीन ने कहा "सुल्तान का कोई संबंधी नहीं होता" अर्थात् राजत्व रक्त संबंध नहीं जानता।

अलाउद्दीन खिलजी दिल्ली सल्तनत का पहला सुल्तान था। जिसने राजनीति को धर्म से अलग करने का प्रयास किया। उसने राजनीतिक प्रशासनिक क्षेत्र में उलेमाओं के हस्तक्षेप को समाप्त कर दिया।

अमीर खुसरो ने अलाउद्दीन के राजत्व सिद्धांत को न्यायसंगत बनाने का प्रयास किया। उसने कहा कि अलाउद्दीन जनता का समर्थन चाहता था। इसलिए उसने राज्य को धर्मनिरपेक्ष बनाने एवं जनकल्याण के कार्य किए। वह इस्लाम धर्म में आस्था रखते हुए भी राजनीति एवं प्रशासनिक कार्य में उलेमाओं के महत्व को समाप्त कर दिया।

अलाउद्दीन खिलजी का साम्राज्य विस्तार

अलाउद्दीन खिलजी का साम्राज्य विस्तार उसके राजत्व सिद्धांत में मौजूद था। उसके संसाधनों की प्राप्ति को साम्राज्य की विस्तारवादी नीति से जोड़ा। उसका उत्तर-दक्षिण अभियान इस विस्तारवादी नीति का हिस्सा थी।

गुजरात की विजय- गुजरात एक उपजाऊ तथा आबाद प्रदेश था। यहाँ मौजूद कैम्बे बंदरगाह पश्चिम एशिया के व्यापार में सहायक था। घोड़ों के व्यापार पर नियंत्रण बनाने के लिए गुजरात पर नियंत्रण आवश्यक था। क्योंकि यहाँ से अरबी-ईराकी घोड़ों की आपूर्ति सुनिश्चित हो सकती थी तथा ये घोड़े साम्राज्य विस्तार एवं सैन्य संगठन को मजबूत करने के लिए महत्वपूर्ण थे। इस समय उत्तर-पश्चिम के क्षेत्र में निरंतर मंगोल आक्रमण हो रहा था। जिससे इस मार्ग से घोड़ों की आपूर्ति बाधित हो रही थी। 1297 ई. में अलाउद्दीन खिलजी ने उलूग खाँ एवं नुसरत खाँ के नेतृत्व में एक सेना भेजी। गुजरात का शासक रायकर्ण बघेल अलाउद्दीन की सेना से मुकाबला किए बिना भाग खड़ा हुआ। अंततः अलाउद्दीन ने गुजरात पर नियंत्रण स्थापित कर इसे दिल्ली सल्तनत का एक प्रांत बना दिया।

रणथंभौर अभियान- गुजरात विजय को स्थायी बनाने के लिए तथा राजस्थान और मालवा पर प्रभावी नियंत्रण के लिए तत्कालीन राजपूताना क्षेत्र के महत्वपूर्ण दुर्गों को जीतना जरूरी था। अतः उसने रणथंभौर अभियान किया। 1299 ई. में जैसलमेर पर अधिकार करने के पश्चात् अलाउद्दीन रणथभौर की ओर मुड़ा। जहाँ चौहान वंश का शासक हमीर देव शासन करता था। 1301 ई. में उलुग खाँ एवं नुसरत खाँ के नेतृत्व में रणथंभौर पर आक्रमण के लिए अलाउद्दीन ने एक सेना भेजी। परंतु नुसरत खाँ की मृत्यु के कारण यह अभियान शुरुआत में असफल रही। इसके पश्चात् अलाउद्दीन स्वयं युद्ध का नेतृत्व करने के लिए वहाँ पहुँचा। अंततः रणथंभौर के शासक हमीर देव को पराजित किया।

दक्षिण अभियान-अलाउद्दीन के साम्राज्यवादी नीति की विशिष्ट उपलब्धि उसके दक्षिणी राज्यों की विजय थी। वह दिल्ली सल्तनत का प्रथम सुल्तान था, जिसने दक्षिणी क्षेत्रों को जीतने का प्रयास किया और सफल हुआ। दक्षिण का अभियान अलाउद्दीन की एक सोची-समझी नीति का सूचक है।

भौगेलिक दूरी, यातायात के साधनों की व्यावहारिक कठिनाइयों को देखते हुए उसने दक्षिणी राज्यों पर विजय प्राप्त करने के पश्चात् प्रत्यक्ष रूप से उन्हें साम्राज्य में नहीं मिलाया। उसने इन राज्यों पर अधिराजत्व का दावा किया। उन्हें वार्षिक कर तथा नजराना देने के लिए बाध्य किया।

दक्षिण में इस समय चार प्रमुख राज्य थे- देवगिरी, होयसल, वारंगल एवं मदुरै। इनके मध्य परस्पर कटुतापूर्ण संबंध थे। इस कारण अलाउद्दीन ने इस स्थिति का लाभ उठाना चाहा।

शासक बनने के पूर्व ही अलाउद्दीन ने देवगिरी को पराजित करने के पश्चात् वार्षिक कर प्राप्त किया था। परंतु उत्तर भारत की राजनीतिक अव्यवस्था के कारण देवगिरी के शासक रामचंद्र देव ने कर देना बंद कर दिया था। अतः अलाउद्दीन ने 1306-07 में मालिक काफूर के नेतृत्व में दक्षिण में देवगिरी पर आक्रमण के लिए सैन्य अभियान भेजा। देवगिरी का शासक रामचंद्र देव इस युद्ध में पराजित हुआ। परंतु अलाउद्दीन ने उसके साथ सम्मानपूर्वक व्यवहार किया। उसे रायरायान की उपाधि, उपहार आदि देकर अपना सहयोगी बनाया। देवगिरी के शासक ने अलाउद्दीन की अधीनता स्वीकार कर ली। पुनः वार्षिक कर देना भी स्वीकार किया। अलाउद्दीन इस बात से परिचित था कि दक्षिणी क्षेत्रों के विजय क्रम में देवगिरी का शासक सहायक की भूमिका निभा सकता है। आगे जब मलिक काफूर द्वारसमुद्र की विजय के लिए जा रहा था, तब देवगिरी के शासक रामचंद्र ने उसे अनेकों सहूलियतें दी।

वारंगल काकयतीय राज्य की राजधानी थी। वहाँ के शासक प्रताप रूद्रदेव ने मलिक काफूर के आरंभिक आक्रमण को विफल कर दिया, परंतु 1308-09 में मलिक काफूर ने प्रताप रूद्रदेव को पराजित कर अधीनता स्वीकार करने को बाध्य किया।

दक्षिण में होयसलों का राज्य था। जिसकी राजधानी द्वारसमुद्र में स्थित थी। 1311 ई. में मलिक काफूर के आक्रमण को वहाँ के शासक बल्लाल तृतीय ने वीरतापूर्वक सामना किया, परंतु वह मलिक काफूर के सामने टिक नहीं सका। उसने अलाउद्दीन ने उसके साथ भी उदार नीति अपनायी। अतः मदुरा अभियान में काफूर को इसका सहयोग मिला तथा इस अभियान से उसने अपार संपत्ति प्राप्त की।

अलाउद्दीन खिलजी के भू-राजस्व सुधार

अलाउद्दीन खिलजी का भू-राजस्व सुधार उसकी साम्राज्यवादी नीति से परिचालित थी। वस्तुतः उसके राजत्व सिद्धांत में साम्राज्य विस्तार तथा निरंकुश शासन की अवधारणा मौजूद थी। इसके लिए अलाउद्दीन को एक बड़ी सेना की आवश्यकता थी। जिसके लिए राज्य के पास पर्याप्त आर्थिक संसाधन होने चाहिए थे। राज्य की आय का मुख्य स्त्रोत भू-राजस्व था, इसलिए अलाउद्दीन ने भू-राजस्व सुधार पर बल दिया।

दिल्ली के सुल्तानों ने समय-समय पर विभिन्न वर्गों को संतुष्ट करने के लिए उन्हें कर मुक्त अनुदान भूमि (मिल्क, इनाम एवं वक्फ) दी गई। जिसे अलाउद्दीन खिलजी ने वापस लेकर उसे खालसा भूमि (राजकीय भूमि) में परिवर्तित कर दिया। फलतः राज्य की आय में वृद्धि हुई।

अलाउद्दीन खिलजी दिल्ली सल्तनत का पहला सुल्तान था, जिसने भूमि माप कर भू-राजस्व का निर्धारण किया। भूमि माप की इकाई में "बिस्वा" को आधार बनाया। माप की यह पद्धति 'मसाहत' कहलाती है।

अलाउद्दीन ने भूमि माप कर उपज का 50 प्रतिशत भू-राजस्व के रूप में निर्धारित किया। जो दिल्ली सल्तनत सर्वाधिक भूमिकर या 'खराज' था। इसके अतिरिक्त राजकीय आय में वृद्धि के लिए उसने 'चरी' एवं 'घरी' कर भी लगाया।

भू-राजस्व के क्षेत्र में 'खूत', 'मुकद्‌म', 'चौधरी' जैसे भूमिपति मौजूद थे। जो किसानों से भू-राजस्व वसूलकर राजकीय खजाने में जमा करते थे। और बदले में सरकार से 'हक-ए-खूती' और किसानों से 'किस्मत-ए-खूती' के रूप में धन की प्राप्ति करते थे। ये मध्यस्थ विशेषाधिकार प्राप्त लोग थे। इन्होंने कर मुक्त भूमि प्राप्त की, जिसके कारण यह वर्ग अत्यधिक धनी संपन्न हो गया और ये षड्यंत्र एवं विद्रोह को प्रोत्साहित करते थे। अलाउद्दीन ने साम्राज्यवादी नीति से प्रेरित होकर केंद्रीकरण पर बल दिया। इसने राजकीय आय में वृद्धि तथा विद्रोहों की आशंका को समाप्त करने के लिए मध्यस्थों के विशेषाधिकारों को समाप्त कर दिया। उनके खूत, मुकद्दमों, चौधरी जैसे अधिकारों को समाप्त कर उनकी भूमि की माप कर उसे कर युक्त बना दिया। राजकीय अधिकारियों के माध्यम से कर वसूली पर बल दिया।

भू-राजस्व व्यवस्था को सुचारू रूप से चलाने हेतु अलाउद्दीन ने व्यवस्थित नौकरशाही का निर्माण किया। इसके तहत 'आमिल', 'गुमाश्ता', 'मुहस्सिल', 'नवीसिन्दा' नामक अधिकारियों की नियुक्ति की गई। इसी प्रकार बकाया भू-राजस्व बसूली के लिए 'दीवान-ए-मुस्तखराज' को जिम्मेदारी सौंपी गई।

मुहम्मद-बिन-तुगलक

गयासुद्दीन तुगलक की मृत्यु के पश्चात् 1325 ई. में मुहम्मद-बिन-तुगलक दिल्ली सल्तनत की गद्दी पर बैठा। इसका राज्यारोहण अनुकूल परिस्थितियों में हुआ। इसे उन प्रतिकूल परिस्थितियों का सामना नहीं करना पड़ा, जैसा दिल्ली के सभी सुल्तानों को करना पड़ा था। राज्य में सर्वत्र शांति व्यवस्था एवं आर्थिक स्थिति अच्छी बनी हुई थी।

मुहम्मद-बिन तुगलक विरासत में मिली सल्तनत को नए सिरे से विस्तृत करने को उत्सुक था। राज्य की समृद्धि के लिए नई-नई योजनाएँ बनाता था। इसी क्रम में उसने प्रशासनिक, आर्थिक व सैनिक दृष्टि से और परियोजनाएँ बनायी। इनका मूल्यांकन मोहम्मद-बिन-तुगलक को एक कुशल या अकुशल या पागल सुल्तान के रूप में निर्धारित करने के लिए अध्ययन का एक रोचक पहलू प्रस्तुत करता है।

राजधानी का परिवर्तन- मुहम्मद-बिन-तुगलक के राज्यकाल की एक प्रमुख घटना दिल्ली से दौलताबाद राजधानी परिवर्तन की थी।

इस परिवर्तन के निम्नलिखित कारण थे-

- बरनी का कहना है कि दौलताबाद साम्राज्य के केंद्र में था। जहाँ से सक्षम तरीके से शासन चलाया जा सकता था।
- इब्नबतूता ने बताया कि दिल्ली के नागरिकों को दंडित करने के लिए उसने राजधानी परिवर्तन किया। क्योंकि लोग सुल्तान को अपमान जनक पत्र लिखते थे।
- कुछ विद्वानों के अनुसार दक्षिण में इस्लाम के प्रचार हेतु उसने राजधानी परिवर्तन किया।

दौलताबाद साम्राज्य के केंद्र में होने की बात तार्किक नहीं, क्योंकि उससे सभी दिशाओं की दूरी राज्य क्षेत्र में समान नहीं थी। जहाँ तक नागरिकों को दंड देने की बात है, तो दिल्ली के सभी निवासी शिक्षित नहीं थे, जो अपमान जनक पत्र लिखते। तो दूसरी तरफ स्वयं इब्नबतूता कहता है कि लोगों की सुविधा को ध्यान में रखकर राजधानी परिवर्तन के दौरान विभिन्न स्थानों पर सराय बनायी गयी। इस दृष्टि से दंड देने की बात निर्मूल साबित होती है।

मुहम्मद-बिन तुगलक दौलताबाद को सल्तनत की द्वितीय राजधानी के रूप में स्थापित कर प्रशासनिक कार्य करना चाहता था। वस्तुतः उसके शासन से पूर्व ही देवगिरी (दौलताबाद) सल्तनत का हिस्सा बन चुका था और दक्कन में सल्तनत की सेनाएँ मौजूद थी। ऐसे में दक्कन तक विस्तृत सल्तनत का प्रशासन प्रभावी तरीके से चलाने के लिए राजधानी परिवर्तन करना, प्रशासनिक पहलू के आलोक में राजधानी परिवर्तन के प्रयास को समझा जा सकता है।

मुहम्मद तुगलक ने कुछ समय पश्चात् दौलताबाद को राजधानी के रूप में रद्द कर एकमात्र दिल्ली को ही राजधानी के रूप में बनाया। वस्तुतः 1334-35 ई. में मदुरा क्षेत्र में विद्रोह हुआ और उसे दबाने हेतु सुल्तान स्वयं दक्कन गया। इस बीच प्लेग की महामारी और उसकी मृत्यु की अफवाह से अव्यवस्था फैली तथा अनेक क्षेत्रों में विदोह हुआ। अतः दिल्ली सल्तनत की पकड़ दक्षिण में कमजोर हुई। ऐसे में दौलताबाद को राजधानी बनाने का उद्देश्य ही समाप्त हो गया। इस प्रकार देवगिरी के गैर प्रशासनिक महत्व को समझकर वह राजधानी वापस दिल्ली ले आया। इस दृष्टि से वह पागलपन नहीं, बल्कि अपनी समझ का परिचय देता है।

सांकेतिक मुद्रा का चलन- मुहम्मद-बिन तुगलक का सबसे महत्वपूर्ण कार्य सांकेतिक मुद्रा का प्रचलन आरंभ करना था। उसने इस योजना के तहत चाँदी के सिक्के की जगह कांसे एवं तांबे के सिक्के चलवाये। जिनका मूल्य चाँदी के मूल्य के बराबर था। इस काल में वैश्विक स्तर पर चाँदी की कमी हो गयी। अतः राजकोष में इस बहुमूल्य धातु की उपस्थिति बनाए रखना जरूरी था।

मुहम्मद-बिन तुगलक की यह योजना असफल रही। क्योंकि लोगों ने चाँदी के टंके सुरक्षित रख लिए और घरों में बर्तनों को गलाकर तांबे एवं कांसे के सिक्के बनाकर नकली मुद्रा के माध्यम से अपने कर दायित्वों का भुगतान करने लगे। व्यापारियों ने ऐसे सिक्कों को लेना बंद कर दिया। विदेशी व्यापारियों ने वस्तुएँ लाना कम किया। अतः व्यापार पर प्रतिकूल प्रभाव पड़ा। अंततः सुल्तान को सांकेतिक मुद्रा वापस लेने पड़ी। राज्य की साख और जनता के विश्वास को बनाए रखने के लिए वह ताँबे की मुद्रा की जगह चाँदी की मुद्रा वापस करता है। इस दृष्टि से वह प्रयोगों के प्रति जागरूक था, पागल नहीं। उसने नकली मुद्रा निर्माण को रोकने के लिए कोई ठोस कदम नहीं उठाए। अतः यह योजना असफल रहीं।

दोआब में कर की वृद्धि- भू-राजस्व के क्षेत्र में ध्यान देने के मामले में अलाउद्दीन खिलजी के पश्चात् मुहम्मद-बिन-तुगलक दिल्ली सल्तनत का दूसरा शासक था। मुहम्मद तुगलक ने दोआब क्षेत्र में कर राशि में वृद्धि कर राजकोष को समृद्ध बनाने का प्रयास किया। प्रचलित लगान में $1/_{10}$ से $1/_{20}$ तक की वृद्धि की गई तथा अनेक नए कर (आबवाव) भी लगाए गए। परंतु किसानों एवं जमींदारों के विद्रोह के कारण यह कर वृद्धि वापस लेनी पड़ी। वस्तुतः अकाल के दौरान यह कर वृद्धि की गयी और कठोरता पूर्वक उसकी वसूली पर बल दिया गया। फलक: कृषक असंतोष उपजा और विद्रोह हुआ। किंतु जब सुल्तान को वास्तविक स्थिति का ज्ञान हुआ तो उसने न सिर्फ कर वृद्धि वापस ली, बल्कि किसानों को ऋण भी दिया। परंतु देरी से किए गए इस प्रयास के कारण किसानों को विशेष लाभ नहीं मिला। अतः योजना असफल हुई।

कृषि सुधार- मुहम्मद-बिन-तुगलक ने कृषि विकास के लिए 'दीवान-ए- कोही' (कृषि विभाग) की स्थापना की। इसका प्रधान 'अमीर-ए-कोही' था। वृहत् कृषि योजना के कार्यान्वयन के लिए दोआब का क्षेत्र चुना गया। 'दीवान-ए-कोही' के तहत् कृषि विस्तार तथा फसलों में सुधार पर बल दिया गया।

इसके तहत् राजकीय फार्म का निर्माण कर तीन वर्षों में 70 लाख रुपये व्यय कर बंजर भूमि को आबाद करना लक्ष्य निर्धारित किया गया। किंतु इन तीन वर्षों में बंजर भूमि का हजारवाँ हिस्सा भी कृषि योग्य नहीं बनाया जा सका। अधिकारियों ने भ्रष्टाचार करके ऋण वितरण का धन निजी प्रयोजन में व्यय किया। अतः योजना असफल रही।

महत्वपूर्ण बिंदु

* 1215-16 ई. में तराइन के मैदान में इल्तुतमिश ने यल्दूज को पराजित किया और उसे बंदी बनाकर बदायूँ भेज दिया।
* 30 अप्रैल, 1236 ई को इल्तुतमिश की मृत्यु हो गई।
* 13 अक्टूबर, 1240 ई. को कैथल के निकट डाकूओं ने अल्तूनिया एवं रजिया सुल्तान की हत्या कर दी।
* गयासुद्दीन बलबन ने 'चालीसा' प्रभाव को समाप्त किया।
* बलबन ने अपने दरबार में 'पाबोस' एवं 'सिजदा' की प्रथा प्रारंभ की।
* भू-राजस्व व्यवस्था को सुचारू रूप से चलाने हेतु अलाउद्दीन ने व्यवस्थित नौकरशाही का निर्माण किया और 'आमिल', 'गुमाश्ता', 'मुहतिस्ल', 'नवीसिन्दा' नामक अधिकारियों की नियुक्ति की गई।
* मुहम्मद-बिन-तुगलक ने कृषि विकास के लिए 'दीवान-ए-कोही' नामक कृषि विभाग की स्थापना की।
* मुहम्मद-बिन-तुगलक ने सांकेतिक मुद्रा का चलन प्रारंभ किया था। उसने चाँदी के सिक्के की जगह कांसे एवं तांबे के सिक्के चलाये।

❑❑❑

अध्याय

15

भारत पर मंगोलों का आक्रमण

13वीं और 14वीं शताब्दियों का मंगोल साम्राज्य दुनिया का एकमात्र खानाबदोश साम्राज्य (Nomadic Empire) माना जाता है, जो चंगेज खान के नेतृत्व में केवल एक पीढ़ी के अर्से में स्थापित हुआ था। मंगोल साम्राज्य दिल्ली सल्तनत के सुल्तानों के लिए एक ऐसे नए शत्रु के आने का संकेत था, जो उनके किसी भी अन्य बाहरी या आंतरिक शत्रु की तुलना में कहीं ज्यादा शक्तिशाली, विनाशकारी और आक्रामक था।

चंगेज खान

चंगेज खान का जन्म आधुनिक मंगोलिया के उत्तरी भाग में हुआ था। चंगेज खान का प्रारंभिक नाम तेमुचिन था। कियात कबीले के मुखिया येसुगेई बगाकुर उसके पिता थे तथा माता का नाम होयलन था।

चंगेज खान (1206-1227) के नेतृत्व में मंगोलों ने उत्तरी चीन (पेइचिंग सहित) को अपने अधीन किया, सुल्तान मुहम्मद ख्वारिज्म शाह को हराया और मध्य एशियाई राज्यों उज्बेकिस्तान, तजाकिस्तान, तुर्कमेनिस्तान तथा साथ ही अफगानिस्तान और ईरान के बड़े भाग और रूस में क्रीमिया को कब्जे में कर लिया था।

मंगोल राज्य
मंगोल राज्य की उत्तर-पश्चिम सीमा का इलाका एक भली-भांति निर्धारित और सुपरिभाषित क्षेत्र है, जिसका एक लंबा इतिहास है। उत्तर में यह हिन्दूकुश के पहाड़ों तक है तथा दक्षिण में बलूचिस्तान और थार के रेगिस्तान तक, जबकि पूर्व में यह कश्मीर और पंजाब प्रदेशों तथा पश्चिम में अफगानिस्तान से घिरा हुआ है। मध्य भाग खैबर दर्रे से लेकर बोलन दर्रे तक के इलाके में अनेक रास्ते मुहैया कराता है। दिल्ली सल्तनत की राजनीतिक स्थिरता बनाए रखने के लिए काबुल-गजनी-कंधार क्षेत्र पर, जोकि हिन्दूकुश शृंखला के पहाड़ों से विभाजित था, नियंत्रण रखना जरूरी होता था।

शिहाबुद्दीन मुहम्मद गोरी की मृत्यु के बाद सीमा का प्रश्न एक वास्तविक तथ्य बन गया जब गौर साम्राज्य कई टुकड़ों में खंडित हो गया और दिल्ली सल्तनत तुर्कों का एक स्वतंत्र साम्राज्य बन गयी। गोरी की मृत्यु से पहले मध्य एशिया के साथ संचार संपर्क बनाए रखने के लिए काबुल, गजनी और कंधार पर नियंत्रण बनाए रखना आवश्यक था। जितने समय तक गोर साम्राज्य अफगानिस्तान पर अपना नियंत्रण बरकरार रखने में सक्षम रहा, दिल्ली भी तब तक सुरक्षित रही। दिल्ली सल्तनत स्थापित होने के साथ ही सीमा की वास्तविक समस्या उठ खड़ी हुई, क्योंकि मध्य एशिया के लगातार बदलते राजनीतिक शक्ति-संतुलन के सामने अनाश्रित हो गयी थी। कुतुबुद्दीन ऐबक ने दिल्ली को मध्य एशियाई उलझनों से अलग रखने की निर्भीक कोशिश की, लेकिन ख्वारिज्म शाह द्वारा गजनी पर विजय पाने से अब सल्तनत की सीमा सिंधु नदी पर ही सिमट कर रह गयी थी।

चंगेज खान के उत्थान के साथ स्थिति में बदलाव आया। उसने ख्वारिज्म साम्राज्य का विलय कर लिया था और गजनी, पेशावर घाटी तथा अफगानिस्तान सहित और दूसरे बहुत सारे क्षेत्रों में बड़ी संख्या में सीमा चौकियां स्थापित की थीं। सिंधु नदी तब दिल्ली सल्तनत की राजनीतिक सीमा नहीं रह गयी थी। अब यह सीमा आजकल के पंजाब तक सिमट आयी थी।

1221 ई. में ख्वारिज्म शाह की मृत्यु के बाद उसका बेटा और उत्तराधिकारी जलाउद्दीन मंगबरनी दिल्ली सल्तनत की ओर भागा। सिंधु नदी पार कर उसने लाहौर और सतलुज नदी की मध्यवर्ती क्षेत्र में प्रवेश किया। सल्तनत की सीमाओं के पास मंगोल सेनाओं की उपस्थिति ने इल्तुतमिश के लिए अनेक आंतरिक और बाहरी समस्याएं पैदा कर दीं। चूंकि सिंध की अंतिम सुरक्षा चौकियां बन गए थे। इसलिए इल्तुतमिश, यल्दूज और नसीरूद्दीन कुबाचा के बीच इन दोनों क्षेत्रों पर नियंत्रण के लिए संघर्ष चल रहा था। इल्तुतमिश अभी अपनी राजनीतिक स्थिति सुदृढ़ करने की प्रक्रिया में ही था कि मंगोल सेनाओं की उपस्थिति और जलालुद्दीन के पंजाब में प्रवेश कर जाने की घटना ने उसकी स्थिति और भी कमजोर कर दी। यही वजह थी कि उसने अलगाव की नीति चुनी, उसने दिल्ली सल्तनत को मध्य एशिया की राजनीति से दूर रखने की भरसक कोशिश की। इल्तुतमिश के दरबार में पनाह पाने की कोशिश नाकाम होने के बाद जलालउद्दीन ने खोखर जातियों द्वारा अधिकृत क्षेत्रों में छापे मारे। खोखर सरदार के आत्मसर्मर्पण के बाद उससे विवाह संबंध स्थापित किये। जलालुद्दीन की स्थिति मजबूत हो रही थी और इल्तुतमिश को भय था कि जलालुद्दीन उसको उखाड़ फेंकने के लिए कहीं कुबाचा नसीरूद्दीन से संबंध न स्थापित कर ले। दिल्ली सल्तनत अब मंगोल सेनाओं के सीधे संपर्क में आ गयी थी, जोकि सिंध के पश्चिम के क्षेत्र को अधिकृत कर रहे थे। अंततः इल्तुतमिश ने "साल्ट रेंज" की पहाड़ी जातियों को अपने नियंत्रण में करने के लिए अपनी सेना भेजी तथा इस तरह अपने साम्राज्य और जलालुद्दीन के बीच सीमा स्थापित कर ली। लेकिन 1224 में जलालुद्दीन ने भारतीय भूमि छोड़ने का निश्चय कर लिया।

जलालुद्दीन मंगबरनी के अफगानिस्तान रवाना होने के बाद उसके नायब मालिक सैजुद्दीन हसन कुतलुग जीत हुए क्षेत्रों, किरमन, गजनी और बमियान का प्रभारी बनाया गया। दिल्ली सल्तनत की सीमाएं अब लाहौर और मुलतान तक बढ़ गयी थी। सल्तनत और मंगोलों के बीच

किसी भी शक्तिशाली मध्यस्थ राज्य के अभाव के कारण टकराव की आशंका वास्तविक बन रही थी। मंगोलों के निरंतर हमलों के कारण सैफुद्दीन को इनका अधिराजत्व स्वीकार करने के लिए मजबूर होना पड़ा। अंत में 1239-40 में सेनापति तायर बहादुर के नेतृत्व में मंगोल सेनाओं ने गजनी किरमन और बमियान को अपने अधिकार क्षेत्र में कर लिया। सैफुद्दीन को मजबूरन मुल्तान और सिंध की ओर भागना पड़ा और सुल्तान रजिया से मंगोलों के विरुद्ध एक संधि करने का प्रस्ताव किया। रजिया ने अलग-थलग रहने की नीति अपनाने का फैसला किया। मंगोलों की स्थिति भी कमजोर हो रही थी। मंगोल साम्राज्य औपचारिक रूप से चार भागों में विभाजित हो गया था। वे अपनी सीमाएं पूर्वी यूरोप, साम (Syria) और मिस्र में बढ़ाने में ज्यादा व्यस्त थे।

1240-1266 की अवधि में, तीन सुल्तानों मुइज्जुद्दीन बहराम शाह, अलाउद्दीन मसूद शाह और नासिरुद्दीन महमूद ने निरंतर थोड़े-थोड़े समय के लिये राज किया। तायर बहादुर ने 1241 में लाहौर तथा 1245 में मुल्तान पर आक्रमण किया। जिसके परिणामस्वरूप सल्तनत की सीमा झेलम से घटकर व्यास नदी तक ही रह गयी। इस स्थिति में दिल्ली सुल्तानों ने भी उदासीनता (Indifference) की नीति अपना रखी थी। संभवत: दिल्ली में चल रही राजनीतिक अस्थिरता भी इस नीति का एक कारण थी। फलस्वरूप, मंगोल आक्रमणों के विरुद्ध तब तक कोई ठोस नीति नहीं बन पायी थी।

दिल्ली सल्तनत की गद्दी पर सुल्तान बलबन के आसीन होने के समय (1266) तक, व्यास नदी ही सल्तनत की सीमा मान ली गयी थी और इस नदी के पार कोई भी कदम मंगोलों द्वारा प्रभावकारी ढंग से रोक दिया जाता था। यही कारण था कि बलबन ने सेना और नागरिक प्रशासन में अत्याधिक परिवर्तन किए जिससे वह अपनी आंतरिक स्थिति दृढ़ कर सके और मंगोलों के होने वाले हमलों को नियमित रूप से रोक सके।

मंगोल धावों को खदेड़ने के लिए बलबन ने शेर खान को पंजाब की सीमा पर तैनात किया। उसको सुनाम, भटिंडा, लाहौर और दीपालपुर का कार्यभार सौंपा गया। शेर खान ने भाटनेर के किले का पुन: निर्माण किया और एक सुसज्जित सेना की मदद से जाटों, खोखरों और उत्तर, पश्चिम सीमा क्षेत्र की दूसरी कबाइली जातियों को दबाया तथा इस प्रकार मंगोलों के प्रवेश पर प्रभावी रोक लगाई। मुल्तान और उच्छ के क्षेत्र दिल्ली सल्तनत के नियंत्रण में लाए गए, 1241 में मंगोलों द्वारा विध्वंस किए गए वहाँ के किले का पुन: निर्माण कराने के लिए बलबन ने 1270 में लाहौर का दौरा किया। शेर खान की मृत्यु के पश्चात मुल्तान का शहजादा मुहम्मद के नियंत्रण में रखा गया और समाना तथा सुनामा को मीर खान के अधीन रखा गया। पश्चिमी सीमा का पूर्ण उत्तरदायित्व शहजादे मुहम्मद के हाथों में था। यह सैनिक व्यवस्था महत्वपूर्ण युद्धनीति थी, क्योंकि व्यास नदी के पास कोई भी मंगोल आक्रमण अब तीन दिशाओं से रोका जा सकता था-सुमान से शहजादा बुगरा खां, मुल्तान से शहजादा महमूद और दिल्ली से मालिक बारबेक।

1285 में मंगोलों के साथ लड़ाई में शहजादे मुहम्मद की मृत्यु हो गयी 1295 तक मंगोल दिल्ली पर आक्रमण करने के इच्छुक नहीं थे। लेकिन सीमा क्षेत्रों पर उनके नियमित आक्रमणों के फलस्वरूप सुल्तानों को अपनी आंतरिक राजनीतिक और आर्थिक शक्तियों को संचित करने तथा बाहरी मंगोलों से प्रत्यक्ष संघर्ष करने की नीति अपनाने के लिए बाध्य होना पड़ा।

सुल्तान जलालुद्दीन खिलजी के गद्दी पर बैठने के पश्चात सुनाम-दिपालपुर- मुल्तान सीमा उसके पुत्र अरकली खां के अधीन सौंपी गयी। 1292 में चंगेज खां के वंशज उलूग खां ने सीमा क्षेत्र पर आक्रमण किया। लेकिन उसे बलबन की बनाई हुई सीमा रेखा पर भटिंडा और सुनाम के पास जलालुद्दीन खिलजी द्वारा परास्त कर दिया गया। अंतत: दोनों सेनाओं के बीच एक संधि हुई और बहुत से मंगोलों को दिल्ली में बसने की अनुमति दी गयी। इन लोगों ने इस्लाम धर्म को अपना लिया था। तथा 'मुगलपुरा' नामक श्रगह बसाया।

अलाउद्दीन खिलजी के शासनकाल में मंगोलों का पहला आक्रमण 1297-98 में हुआ। मंगोल सेनाओं का नेतृत्व ट्रांस-आक्सियाना के शासक दावा के सेनापति कादिर खां ने किया। अलाउद्दीन ने मंगोलों को रोकने के लिए अपने दो सेनापतियों उलूग खां और जफर खां के अधीन फौजें भेजीं, पर रोके जाने से पहले ही मंगोल सेनाओं ने व्यास, झेलम और सतलुज नदियां पार कर लीं। दोनों सेनाओं में मुजूरन-मंजौर (पंजाब के दो पुराने जिले-लाहौर और अमृतसर के बीच का क्षेत्र) के आस-पास भिड़ंत हुई। मंगोलों को हार का सामना करना पड़ा।

दूसरा आक्रमण 1299 में हुआ जब उलूग खां और नुसरत खां गुजरात में व्यस्त थे। सोल्दी के नेतृत्व में मंगोल सिंध के उत्तर-पश्चिमी भाग तक आ गए और उन्होंने सिविस्तान का किला अपने नियंत्रण में ले लिया। जफर खां को आक्रमणकारियों का सामना करने के लिए भेजा गया और उसने हरा भी दिया। 1299 ई. में मंगोलों ने कुतलग के अधीन आक्रमण किया अलाउद्दीन के पास इस आक्रमण की कोई पूर्व-सूचना नहीं थी। परिणामस्वरूप मंगोल लोग खिलजी की राजधानी सिरी के पड़ोस में कीली तक पहुंचने में सफल हो गए हैं। अलाउद्दीन ने अपने विश्वासपात्र सेनानायकों नुसरत खां, उलूग खां, जफर खां और अकत खां, को साथ लेकर मंगोल सेना का मुकाबला करने का फैसला किया। इस दौरान जफर खां ने सुल्तान की आज्ञा लिए बिना हिजलाक की सेना पर आक्रमण कर दिया और वह तार्गी द्वारा बिछाए गए जाल में फंस गया तथा घात लगाकर मार डाला गया। इस हानि के बाद भी अलाउद्दीन ने आक्रमण करने की आज्ञा नहीं दी। अंतत: कुतलुग ख्वाजा ने वापस लौटने का फैसला किया।

अलाउद्दीन ने 1303 में चित्तौड़ पर घेरा डाला हुआ था। इसका फायदा उठाकर मंगोलों ने 1303 में तार्गी के नेतृत्व में पुन: आक्रमण किया। मुल्तान दिपालपुर और समाना में तैनात सेनाएं मंगोलों को आगे बढ़ने से रोकने या वापस लौट कर सुल्तान की दिल्ली में मदद करने के लिए पर्याप्त शक्तिशाली नहीं थीं। अलाउद्दीन शहर से बाहर निकल आया और उसने शाही डेरा सीरी में लगा लिया। दोनों सेनाओं के बीच दो या तीन लड़ाइयां हुई, लेकिन अंतत: तार्गी ने वापिस लौटने का ही फैसला किया।

1305 में अली बेग, तार्ताक और तार्गी ने तुर्किस्तान से सिंध की ओर कूच किया। तार्गी तो रास्ते से ही लौट गया, लेकिन अली बेग और तार्ताक सिबालिक पहाड़ियों के नीचे से व्यास नदी के तटवर्ती क्षेत्रों को लुटते हुए आगे बढ़ते गए। उनकी सेना का एक भाग नागौर की ओर मुड़ गया और मुख्य सेना ने गंगा और यमुना के दोआब की ओर कूच किया। अलाउद्दीन ने उनसे मुकाबले के लिए मालिक नायक को नियुक्त किया, जिसने मंगोलों को अमरोह के निकट परास्त किया था अली बेग और तार्ताक को बंदी बना लिया गया।

मंगोलों ने अली बेग और तार्ताक की हार का बदला लेने के इरादे से 1306 ई. में तीन सेनापतियों के नेतृत्व में तीस सैन्य दल भेजे। पहले का नेतृत्व काबुक ने किया। इकबाल और ताई के नेतृत्व में दूसरी सेनाएं उसके पीछे-पीछे चलीं। उन्होंने सिंध पर अधिकार कर लिया और फिर वे नागौर की ओर मुड़ गए। लेकिन अलाउद्दीन के एक विश्वासपात्र गुलाम अफसर मलिक मुइज्जउद्दीन काफूर सुल्तानी ने आसानी से इन मंगोल टुकड़ियों को रोक दिया तथा उन्हें परास्त कर दिया। मंगोलों की हार का मुख्य कारण दावा खां की मृत्यु और उसकी वजह से चराताई राज्य में गृह युद्ध का आरंभ था। सुल्तान गयासुद्दीन तुगलक के समय में शिर मुगल के नेतृत्व में मंगोल सेना ने 1325 में एक बार फिर सिंध को पार किया। लेकिन उसे समाना के सूबेदार मलिक शादाब ने हरा दिया।

मंगोलों का आखिरी आक्रमण मुहम्मद-बिन-तुगलुक के शासनकाल में ट्रांस-ऑक्सियाना के शासक अलाउद्दीन तारमशिरीन खां द्वारा 1327 में हुआ।

इस प्रकार इल्बरी वंश के शासनकाल के दौरान इल्तुतमिश के संक्षिप्त काल को छोड़कर, उत्तर-पश्चिम सीमा प्राय: रावी और व्यास नदियों के बीच ही रही। समाना, सुनाम, दीपालपुर और लाहौर सीमा की महत्वपूर्ण इकाइयों के रूप में स्थापित हुए। तुगलक वंश के दौरान मुल्तान, दीपालपुर, लाहौर और समाना के किले मजबूत चौकियों की तरह काम कर रहे थे। लेकिन फिर भी नियमित मंगोल आक्रमणों को प्रभावी ढंग से रोकने के लिए कोई उपयुक्त सीमा-नियंत्रण नीति नहीं बन सकी थी।

मंगोलों का प्रभाव

मंगोल आक्रमणों ने परिस्थितियों में बदलाव उत्पन्न किए जिसका असर मौजूदा संस्थाओं और नीति पर भी पड़ा। दिल्ली सुल्तानों के लिए उत्तर-पश्चिम के लिए उत्तर-पश्चिम सीमा को नियंत्रण में रखना आवश्यक था क्योंकि इनसे उनको मध्य एशिया और मध्य-पूर्व के साथ व्यापार संपर्क बनाए रखने में मदद मिलती थी। इस क्षेत्र की जलवायु की दशा घोड़ों के पालन के लिए उपयुक्त थी। निरंतर मंगोल आक्रमण के दूरगामी प्रभाव भी पड़ सकते थे। उपजाऊ क्षेत्रों का नाश हो गया होता, जिससे इस क्षेत्र का सामाजिक-आर्थिक ढांचा नष्ट हो जाता। अंततः दिल्ली के सुल्तानों को अपनी राजनीतिक शक्ति और स्थिति सुरक्षित करनी थी।

प्रारंभिक अवस्थाओं में मंगोल आक्रमण लूटने के उद्देश्य से होते थे। लेकिन मंगोल साम्राज्य के विभाजन और विघटन के बाद उनकी लूटने की इच्छा शासन करने की इच्छा में बदल गयी।

मंगोल आक्रमणों का राजधानी दिल्ली शहर पर भी जबरदस्त प्रभाव पड़ा। बरनी के अनुसार दिल्ली इतनी बड़ी समुद्र हो गयी थी कि वह बगदाद और काहिरा की प्रतिद्वंद्वी थी। जलालुद्दीन खिलजी के काल में बहुत से मंगोलों ने दिल्ली में ही रहने का फैसला किया था और इस कारण किलगढ़ी, गयासपुर और इंद्रपत में मंगोलपुरी के नाम से विशेष बस्तियां स्थापित हुई थीं।

मंगोल आक्रमण के फलस्वरूप भारत में राजनीतिक, सामाजिक, आर्थिक, और सांस्कृतिक क्षेत्रों में इजतिहाद (Ijtihad) विचारधारा का पदार्पण हुआ। इसने भी कुछ हद तक विविध परिवर्तनों का मार्गदर्शन किया। सबसे अधिक महत्वपूर्ण बात थी इजतिहाद विचारधारा के भारत में पदार्पण से स्वतंत्र तर्कवाद (spirit of free enquiry) की राजनीतिक विचारधाराओं के पनपने में सहायता मिली।

महत्वपूर्ण बिंदु

* सबसे अधिक मंगोल आक्रमण अलाउद्दीन खिलजी के शासन काल में हुए।
* प्रथम मंगोल आक्रमण कादर-खाँ के नेतृत्व में 1297-98 ई. में हुआ था।
* 1303 ई. में तार्गी के नतृत्व में पुन: मंगोलों ने भारत में आक्रमण किया।
* मंगोलों का आखरी आक्रमण मुहम्मद-बिन-तुगलक के शासन काल में 1327 ई. में हुआ था।
* सुल्तान बलबन के समय व्यास नदी सल्तनत काल की सीमा थी।
* मंगोलों के आक्रमण से सुरक्षा के लिए उत्तर-पश्चिम में स्थित किलों की मरम्मत के साथ अनाज व चारे की भी व्यवस्था कराई गई।

❑❑❑

अध्याय

16

धार्मिक आन्दोलन : सूफी एवं भक्ति आन्दोलन

प्रारंभिक मध्यकाल में भारत में हिन्दू तथा इस्लाम धर्म के दो समानांतर आन्दोलनों का उदय हुआ, जो क्रमशः भक्ति एवं सूफी आन्दोलनों के द्योतक हैं। 15वीं और 16वीं शताब्दियों में इनका पूर्ण विकास हुआ। इन दोनों ही आन्दोलनों का इस्लाम के आगमन या भारत में तथाकथित मुस्लिम शासन से शायद ही कोई संबंध था।

भक्ति आन्दोलन के बीज उपनिषदों, भगवद्‌गीता, भागवत् पुराण आदि में मिलते हैं। 11वीं-12वीं शताब्दियों में अनेक सूफी संत भारत आकर बस गए थे, जिनमें सबसे प्रमुख और अति सुप्रसिद्ध संत **शेख मुइनुद्दीन चिश्ती** थे। इन्होंने पृथ्वीराज चौहान के शासनकाल में अजमेर शरीफ को अपना निवास स्थान बनाया। इन दोनों ही समानांतर धार्मिक आन्दोलनों की प्रमुख विशेषता यह है कि इन्होंने भारतीय समाज को सैद्धांतिक विश्वासों, कर्म-कांडों, जातिवाद तथा साम्प्रदायिक घृणा और इसी प्रकार की अन्य बुराइयों से मुक्त कराया।

भारतीय इतिहास और संस्कृति की मूल प्रकृति के अनुरूप ही इन दोनों आन्दोलनों का विकास न केवल आपसी सामंजस्य और सौहार्दपूर्ण परिवेश में निर्बाध रूप से हुआ, बल्कि इसके विपरीत इन दोनों ने एक-दूसरे के धार्मिक विचारों एवं पद्धतियों के विकास में योगदान दिया। ये दोनों ही आन्दोलन लोकतांत्रिक आन्दोलन थे, जिन्होंने जनभाषा में सामान्य धर्म का प्रचार किया। इन्हें न तो कोई राजनीतिक संरक्षक ही मिला और न ही इन पर राजनीतिक गतिविधियों का ही कोई प्रभाव पड़ा।

भक्ति और सूफी आन्दोलनों में समानताएं
दोनों ही में समर्पण भाव के साथ-साथ बौद्धिकता के तत्त्व भी मिलते हैं और दोनों ही कर्मकांड तथा विधि-विधान की अपेक्षा एक ही परम सत्ता की खोज और उसके प्रति प्रेम को अधिक महत्त्व प्रदान करते हैं। प्रेम और उदारता सूफी व भक्ति आन्दोलनों के मूल भाव हैं। दोनों की रहस्यवादी भावना ने संयुक्त रूप से व्यक्ति और समाज को वर्ग, धर्म, धन, शक्ति और पद के अवरोधों से ऊपर उठाकर उनकी नैतिक उन्नति में योगदान दिया।

भारतीय-मुस्लिम तत्त्वों ने भक्ति मार्ग के सूत्रों को, इस्लामी सूफी परंपराओं और भारतीय सामाजिक प्रथाओं को सामूहिक जीवन के तुर्की-ईरानी रीति-रिवाजों से आबद्ध कर भारत के राष्ट्रीय अस्तित्व की संरचना में समन्वित संस्कृति के एक नए ढांचे की रचना की है, इससे एक नए अंतः सांस्कृतिक संगठन का निर्माण हुआ, जिसमें मानव-मूल्यों तथा सामाजिक आचारशास्त्र की एक नई प्रकृति उभरकर सामने आई। इसलिए यह मान लेना आश्चर्य की बात नहीं है कि भारत में समन्वित संस्कृति का उद्‌भव खंडन के नहीं बल्कि सामंजस्य के, संघर्ष के नहीं बल्कि सहयोग के, परस्पर विनाश के नहीं बल्कि सह-अस्तित्व के परिवेश में हुआ था।

सूफी मत

उद्‌भव—मध्यकालीन भारतीय परिवेश में सूफी मत इस्लाम का अत्यधिक रोचक पक्ष था। भारत में इसका आगमन दिल्ली सल्तनत की स्थापना से पहले ही हो गया था। लेकिन तुर्की शासन की स्थापना के उपरांत विभिन्न इस्लामी देशों से भारत में सूफी के एक बड़े समूह का आव्रजन हुआ, जो हिंदुस्तान के अनेक भागों में आकर बस गए। प्रारंभिक सूफियों ने अपने विचार कुरान की कुछ आयतों तथा पैगंबर की हदीस से ग्रहण किए थे। तथापि उन्होंने इनकी रहस्यवादी व्याख्या की 'सूफी' शब्द की व्युत्पत्ति के संबंध में कई स्पष्टीकरण प्राप्त होते हैं। एक मत के अनुसार, सूफी संत निर्धनता के प्रतीक स्वरूप मोटे सन (सूफ) के वस्त्र धारण करते थे और 'सूफ' शब्द से सूफी नाम या शब्द की व्युत्पत्ति हुई, ऐसी सामान्यतया विद्वानों की मान्यता है। उनका कथन है कि जो लोग धर्मपरायण होते थे, वे 'सूफी' कहलाते थे। सूफी मत के संबंध में एक अरबी ग्रंथ के लेखक **अबू नसराल सर्राज** का यह कथन है कि 'सूफी' शब्द की व्युत्पत्ति 'सूफ' (ऊन) से हुई है। कुछ विद्वानों ने इसकी उत्पत्ति ग्रीक शब्द 'सोफिया' (ज्ञान) से मानी है।

यह प्रतीत होता है कि सूफी शब्द का प्रयोग करने वाले प्रथम लेखक **बसरा के जाहिज** (869 ई.) थे। **जामी** के अनुसार, 'सूफी' शब्द का प्रयोग 800 ई. के पहले कूफा के अबू हाशिम ने पहली बार किया था। **औल-कुरैशी** के अनुसार, यह शब्द 811 ई. में प्रचलन में आया। 50 वर्षों के भीतर ही यह शब्द इराक के सभी आध्यात्मवादियों का परिचायक हो गया और दो शताब्दियों उपरांत मुस्लिम आध्यात्मवादियों के पूरे समूह के लिए 'सूफिया' शब्द का प्रयोग होने लगा।

सूफी विचारधारा

सूफी मत इस्लामी रहस्यवाद के लिए प्रयुक्त होने वाला एक सामान्य शब्द है। लेकिन यह केवल एक ही संप्रदाय से संबंधित नहीं था और इसके धार्मिक सिद्धांत भी समान नहीं थे और वे विभिन्न सिलसिलों या धार्मिक मतों या संघों में संगठित थे। उन्होंने मोहम्मद के पैगंबरवाद तथा कुरान की सत्ता को स्वीकार किया, लेकिन समयानुसार उन्होंने विभिन्न स्रोतों, जैसे—ईसाई धर्म, नव-प्लेटोवाद, जरथुस्ट्र धर्म, बौद्ध धर्म तथा हिन्दू दार्शनिक पद्धतियों (वेदांत तथा योग) के विविध विचारों और व्यवहारों को आत्मसात् किया। अपनी प्रगतिशील अवस्था में सूफी मत 'एक ऐसी सरिता की तरह था, जो अनेक स्थलों से आने वाली सहायक नदियों के साथ मिलकर पर्याप्त जल संचय करती है। उदाहरण के लिए भारत में सूफियों ने प्रेमी और प्रेमिका के आपसी संबंध को आत्मा और परमात्मा के बीच के संबंध की अवधारणा के रूप में स्वीकार किया। शांति और अहिंसा, जिन्हें भारतीय सूफी संतों ने अपना लिया था, ईसाई धर्म तथा हिन्दू धर्म

के लिए भी अनूठे थे। कुछ योग पद्धतियां, जिनमें उपवास करना तथा शरीर को यातना देना शामिल है तथा धर्मानुष्ठान भी भारतीय मूल के थे।

भारत में, विशेषकर चिश्ती और सुहरावर्दी सिलसिलों के सूफियों ने ईश्वर की आराधना के रूप में समा और रक्स को ईश्वर की आराधना के लिए अपनाया। मजलिस-ए-समा, जिसका वे समर्थन करते थे, मजलिस-ए-तराब या संगीतमय मनोरंजन से पूर्णतया भिन्न था। सूफियों के लिए संगीत किसी लक्ष्य का एकमात्र साधन था। समा से उनकी आध्यात्मिक शक्ति सजीव हो उठती थी तथा उनके व ईश्वर के बीच का परदा उठ जाता था, जिससे उन्हें भावप्रवण तन्मयता की चरमावस्था प्राप्त करने में मदद मिलती थी।

पीर मुरीद नाम से ज्ञात आध्यात्मिक गुरु के आदेश की पद्धति भी सूफी मत में प्रचलित थी। जो लोग सूफी संतों के विशिष्ट बंधुत्व को मानते थे, उन्हें **'मुरीद शिष्य'** कहा जाता था। मुरीद को पीर नामक अपने आध्यात्मिक पथ-प्रदर्शक के प्रति पूर्ण आत्मसमर्पण तथा निष्ठावान होने की प्रतिज्ञा करनी पड़ती थी।

11वीं एवं 12वीं शताब्दी में लाहौर और मुल्तान में अन्य देशों के बहुत से सुप्रसिद्ध सूफियों का आगमन हुआ। भारत में सूफी मत के इतिहास में ख्वाजा मुइनुद्दीन चिश्ती महानतम व्यक्ति थे, जो गजनी से 1611 ई. में लाहौर आए थे और अजमेर में बस गए थे। जहाँ 1235-36 ई. में उनकी मृत्यु हो गई। वे भारत में सूफियों के चिश्ती सिलसिले के संस्थापक थे। शेख-फरीदुद्दीन गंज-ए-शंकर (1175-1265 ई.) इसी सिलसिले के थे, जो सिक्ख परंपरा में बाबा फरीद के रूप में प्रसिद्ध हैं। शेख निजामुद्दीन औलिया (1238-1325 ई.) उनके प्रिय अनुयायी थे।

तेरहवीं शताब्दी में शेख बहाउद्दीन जकारिया ने भारत में सुहरावर्दी सिलसिले की स्थापना की। सुहरावर्दियों का यह विचार था कि विलासितापूर्ण जीवन तथा राजनीतिक मामलों में सक्रिय भागीदारी आध्यात्मिक प्रगति में बाधक नहीं है। पंद्रहवीं शताब्दी के दौरान भारत में शेख अब्दुल्ला सत्तारी और सैयद घाऊ वाला पीर ने क्रमशः सत्तारी और कादिरी नामक दो नए सूफी सिलसिलों की स्थापना की। इस प्रकार सूफी लोग सिलसिलों या संप्रदायों में विभाजित थे, जिनका नाम प्रत्येक मत के संस्थापक के नाम पर पड़ा और वे विशाल खानकाहों या आश्रमों में रहते थे तथा उनकी व्यवस्था करते थे।

सूफी संप्रदाय (या सिलसिला)

सूफी मत सिलसिले में संगठित थे, जिनका नाम विशिष्ट सिलसिले के संस्थापक के नाम या उपनाम पर रखा गया था, जैसे-चिश्ती, सुहरावर्दी, नक्शबंदी आदि। प्रत्येक सूफी सिलसिले का एक खानकाह या आश्रम होता था, जहाँ लोग सूफी संतों से आध्यात्मिक सांत्वना तथा मार्ग निर्देशन प्राप्त करने के लिए एकत्र होते थे। सोलहवीं शताब्दी में, जैसा कि अबुल फजल ने उल्लेख किया है, 'भारत में कम-से-कम 14 सूफी सिलसिले थे। विभिन्न सिलसिलों में भारत के बाहर प्रमुख रूप से पाए जाने वाले केवल दो सिलसिले **सुहरावर्दी** तथा **चिश्ती** थे। ये पहले सिलसिले थे, जिन्होंने भारत भूमि पर स्वयं को पूर्णतया स्थापित करने में सफलता प्राप्त की। दो उप-सिलसिले फिरदौसी, सत्तारी, सुहरावर्दी सिलसिले की प्रशाखा के रूप में बिहार और बंगाल में सक्रिय थे। सिंध और मुल्तान सुहरावर्दी सिलसिले के संतों की आध्यात्मिक गतिविधियों के केंद्र बन गए थे। सर्वाधिक लोकप्रिय चिश्ती सिलसिला के मुख्य केंद्र अजमेर, नारनौल, सरवाल, नागौर, हांसी, अयोध्या, बंदायूँ तथा उत्तर प्रदेश के अन्य शहर थे। **चिश्ती सिलसिला अधिक लोकप्रिय हुआ**। इसने ख्वाजा मुइनुद्दीन चिश्ती, ख्वाजा कुतुबुद्दीन बख्तियार काकी, ख्वाजा फरीदुद्दीन गंज-ए-शकर, शेख निजामुद्दीन औलिया और शेख नासिरूद्दीन चिराग-ए-देहलवी, शेख अलाहल हक, शेख अधी सेराज तथा पांडुआ के नूर कुतुब आलम, शेख हुसामुद्दीन मानिकपुरी, बुरहानुद्दीन गरीब और दक्कन के हजरत गेसू दराज जैसी महान् आध्यात्मिक विभूतियों को उत्पन्न किया।

सूफियों, विशेषकर चिश्ती और फिरदौसी सिलसिलों के सूफी का सामान्यजन के साथ, उनके सुख और दुःख, उनकी घोर गरीबी तथा विपत्ति में बड़ा अभिन्न सहयोग रहता था। वे फुतुह तथा नजुर पर अपना निर्वाह करते थे। उनका पुत्र भूख से मरने वाला था। तब बाबा फरीद ने जवाब दिया कि वे असहाय हैं। ईश्वर का यही आदेश है और वह मर रहा है। जब उनका निधन हुआ, तब कफन खरीदने के लिए उनके घर में कुछ भी नहीं था तथा उनकी कब्र के लिए कच्ची ईंट उनके घर के द्वार को ध्वस्त करके निकाली गई थीं।

सूफी संप्रदाय एवं संस्थापक

क्र.सं.	संप्रदाय	संस्थापक
1.	फिरदौसी	शेख बदरुद्दीन
2.	चिश्ती	शेख मुइनुद्दीन चिश्ती
3.	सत्तारी	शाह अब्दुल्ला सत्तारी
4.	मदारी	शाह मदार
5.	कादिरी	शेख अब्दुल कादिर जिलानी
6.	रौशनिया	मिया बयाजिद अंसारी
7.	महदवी	सैयद मुहम्मद महदवी
8.	कलंदरी	नजीमुद्दीन कलंदर
9.	नक्शबंदी	ख्वाजा बाकी बिल्लाह
10.	सुहरावर्दी	बहाउद्दीन जकारिया

प्रमुख सूफी संत

- सल्तनत काल (1206-1526 ई.) में सक्रिय एकमात्र दूसरा सिलसिला सुहरावर्दी था, जिसका मुख्यालय मुल्तान में था और बाद में यह सिंध तक फैल गया। भारत में इसकी स्थापना शेख बहाउद्दीन जकारिया ने की थी।
- इसके बाद फिरदौसी सिलसिला आता है, जो मुख्यत: बिहार तक सीमित था। इसकी स्थापना शेख बदरूद्दीन समरकंदी ने की थी और 13वीं शताब्दी के आस-पास आध्यात्मिक साहित्य के बहुसर्जक रचनाकार शेख शरफुद्दीन या मुनीरों ने इसका प्रचार-प्रसार किया।
- उत्तर भारत के अग्रणीय सूफी संत शेख निज़ामुद्दीन औलिया थे। वे तुगलक सुल्तान ग्यासुद्दीन तुगलक के समकालीन थे, जिसने औलिया की अतिशय लोकप्रियता से भयभीत होने के कारण उन्हें दिल्ली छोड़ने का आदेश किया था।
- शेख निजामुद्दीन औलिया के सर्वाधिक प्रसिद्ध शिष्य अमीर खुसरो थे, जिन्होंने सल्तनतकालीन तीन राजवंशों—इल्बरी, खिलजी और तुगलक, सुल्तानों या इन वंशों के कुछ शहजादों का संरक्षण प्राप्त किया। शासक वर्ग

के घनिष्ठ संपर्क में रहने के बावजूद बहुमुखी प्रतिभा संपन्न और अतिशय आध्यात्मिक प्रवृत्तिवाले अमीर खुसरो अपने दिन सुल्तानों के साथ गुजारते थे और रातें शेख निज़ामुद्दीन औलिया के खानकाह में उपासना करते हुए व्यतीत करते थे।

- सूफी संतों की दरगाह पर उर्स अवसरों पर शताब्दियों से गाई जाने वाली कव्वालियों तथा सिलसिलों में ही संत निज़ामुद्दीन का प्रमुख रूप से उल्लेख हुआ है।
- शेख निज़ामुद्दीन औलिया के उदार एवं सहिष्णु दृष्टिकोण से धर्मांध पुरोहित वर्ग अपमानित हुआ, लेकिन पूरे देश में उनके संदेश का प्रसार हुआ और उन्हें 'महबूब-ए-इलाही' की लोकप्रिय उपाधि मिली। सुल्तान मुहम्मद-बिन-तुगलक ने दिल्ली में उनका मकबरा बनवाया।

चिराग-ए-दिल्ली के निधन के साथ ही चिश्ती सिलसिलों का पहला दौर समाप्त हो जाता है। उनके एक उत्तराधिकारी सैयद मुहम्मद गेसू दराज 1346 ई. में बहमनी सल्तनत (1347-1489 ई.) की स्थापना हो जाने पर कर्नाटक में गुलबर्गा नगर में आकर स्थायी रूप से बस गए। सैयद गेसू दराज एक बहुसर्जक लेखक थे। इन्होंने तसव्वुफ़ पर तीस से भी अधिक पुस्तकों की रचना की थी। दुखियों और दरिद्रों के प्रति उनके प्रेम तथा मानव अधिकारों की रक्षा करने के कारण उन्हें '**बंदानवाज**' की उपाधि प्राप्त हुई।

वे उर्दू भाषा के प्रारंभिक कवियों तथा लेखकों में से एक थे। यह भाषा एक ओर फारसी, तुर्की तथा अरबी का सम्मिश्रण तथा दूसरी ओर भारतीय देशी भाषाओं-खड़ी बोली, ब्रज तथा पंजाबी से मिलकर विकसित हुई थी। इसके मूल में संस्कृत वाक्य विन्यास तथा अनेक स्रोतों से लिए गए शब्द थे।

भारत में कादिरी सिलसिले की स्थापना शाह नियामतुल्लाह कादिरी तथा शत्तारी सिलसिलों की स्थापना शाह अब्दुल्ला सत्तारी (मृत्यु 1458) ने की थी। कादिरी सिलसिला उत्तर प्रदेश तथा दक्कन में फैला; जबकि सत्तारी सिलसिले का प्रसार मुख्यतः मध्य प्रदेश तथा गुजरात के क्षेत्रों में हुआ। अकबर के शासनकाल (1556-1605 ई.) में छः प्रमुख सिलसिलों में से अंतिम नक्शबंदी सिलसिले की स्थापना ख्वाजा बाकी बिल्लाह (1563-1603) ने की थी तथा शेख अहमद सरहिन्दी (मृत्यु 1625) इसके अति प्रसिद्ध संत थे, जो 'मुजाहिद आलिफसानी' के नाम से प्रसिद्ध थे। शाहजहाँ का ज्येष्ठ पुत्र शहजादा दारा शिकोह कादिरी सिलसिले का अनुयायी था और उसने लाहौर में मियां मीर (1550-1631) से भेंट की थी।

बुल्लेशाह
बुल्लेशाह का उल्लेख किए बिना नव-सूफीवाद का विवरण अधूरा रहेगा। बुल्लेशाह का जन्म संभवतया 1703 ई. में कुस्तुनतुनिया शहर के एक सैयद परिवार में हुआ था और काफी कम उम्र में ही वे आध्यात्मिक सत्य की खोज में पूरे पंजाब में भटकते रहे। भारतीय धार्मिक जीवन में उन्हें संक्षेप में वह सब कुछ प्राप्त हुआ, जिसकी खोज करने के लिए वे कुस्तुनतुनिया से निकले थे। भारत आने पर वे ध्यान और साधना हेतु सिंध के कसूर में आकर बस गए। वे कुरान और अन्य सभी धर्मग्रंथों के भयंकर आलोचक थे। धार्मिक वाद-विवादों या धर्म-चर्चाओं में कोई भी हिन्दू या मुसलमान धर्माचार्य उन्हें परास्त नहीं कर सकता था। कसूर में ही उन्हें दफनाया गया। जहाँ उनकी दरगाह, असंख्य तीर्थ-यात्रियों और धार्मिक लोगों के आकर्षण का केंद्र है।

जब मियां मीर की मृत्यु हुई, तब दारा मुल्तान शाह बदख्शी नामक उनके उत्तराधिकारी का शिष्य बन गया। अकबर और जहाँगीर के समकालीन **शेख अहमद सरहिन्दी** नक्शबंदी सिलसिले के एक महान् सूफी संत थे। उन्होंने ईश्वर के साथ एकत्व के रहस्यवादी दर्शन पर आक्षेप किया तथा उसे अस्वीकार कर दिया। उसके स्थान पर उन्होंने प्रत्यक्षवादी दर्शन का प्रतिपादन किया।

मध्यकालीन भारतीय परंपराओं में शहजादा दारा शिकोह को जितना मुगल शाहजादा के रूप में याद किया जाता है, उससे अधिक एक रहस्यवादी-दार्शनिक के रूप में याद किया जाता है। उसकी फारसी रचना 'मज्मा-उल-बहरीन' में सूफी विचारों और हिन्दू ब्रह्मांड विज्ञान पर रोचक परिचर्चाएं मिलती हैं।

सूफी मत पर हिन्दू धर्म का प्रभाव

- अलबरूनी के अनुसार, आत्मा के बारे में सूफी सिद्धांत पतंजलि के '**योगसूत्र**' के सिद्धांतों की ही भांति हैं '**योगसूत्र**' की भांति ही सूफी रचनाओं में भी यह विचार अभिव्यक्त किया गया।
- शेख अबदुल कुद्दस गंगोही ने सूर्य और शिव चंद्रमा के मिलन की तुलना किसी वृक्ष की शाखा या छत से उलटे लटके हुए ध्यानावस्थित योगी के साथ की। इन दृष्टांतों के द्वारा सूफी धार्मिक विश्वासों पर हिन्दू तंत्रवाद की क्रियाओं का स्पष्ट प्रभाव परिलक्षित होता है।
- कश्मीर की शैव महिला योगी लल्ल या लाल देद (लल्ल योगेश्वरी) द्वारा व्यक्त विचारों के साथ सूफी धारणाओं में समन्वय शेख नूरुद्दीन ऋषि के ऋषि आन्दोलन में परिलक्षित होता है। शेख की शिक्षाएं उनकी कश्मीरी कविताओं में निहित हैं, जिनमें से कुछ कविताएं प्रायः लल्ल द्वारा रचित कविताओं के समान हैं।
- मीर अब्दुल वृद्धि ने अपनी 'हकैक-ए-हिन्दी' में कृष्ण, राधा, गोपी, ब्रज, गोकुल, यमुना, गंगा, मथुरा तथा बंशी जैसे कृष्णकथा के रूपकों के लिए इस्लामी पर्याय देकर इस पद्धति को उचित ठहराने का प्रयास किया। उनका यह तर्क था कि इस तादात्म्य से हिन्दू वैष्णव कविता सुनने पर सूफियों को परमानंद की प्राप्ति हो जाने में कोई आपत्ति नहीं रह जाती है।
- सूफी संत जनता की भाषा में उपदेश देते थे तथा हिन्दी, बंगाली, पंजाबी, कश्मीरी आदि सभी प्रांतीय भाषाओं के विकास में उनका अत्यधिक योगदान रहा। शरीयत के कानूनों तथा परंपरागत पद्धतियों का कड़ाई से अनुपालन करते हुए हिंदुओं के धर्म, पौराणिक एवं लोक कथाओं की आलोचना करने के स्थान पर खुले आम हिन्दी काव्यों के माध्यम से उनका अध्ययन किया।
- मुहम्मद जायसी एक रूढ़िवादी मुसलमान होने के साथ-साथ एक महान् सूफी संत भी थे। उन्होंने अपनी हिन्दी कविताओं में न केवल हिन्दू-देवताओं का उल्लेख किया है, बल्कि उनकी रचनाओं से वेदांत दर्शन, योग, नाथ संप्रदाय की विचारधारा आदि के प्रति उनके गहन ज्ञान का भी पता चलता है। जायसी ने मृगावती, मधुमालती, मानसात और अन्य हिन्दी काव्यों के मुसलमान लेखकों का मार्ग प्रशस्त किया। सूफी कवि कुतुबन ने न केवल लोगों की स्थानीय भाषा में अपने काव्यों की रचना की, बल्कि वे हिन्दू पौराणिक आख्यानों से भी सुपरिचित थे। उन्हें हिन्दू धर्मग्रंथों एवं पौराणिक आख्यानों दोनों से ही कोई घृणा या विद्वेष नहीं था।

भक्ति आन्दोलन

सूफी आन्दोलनों की अपेक्षा भक्ति आन्दोलन अधिक प्राचीन है। उपनिषदों में इसकी दार्शनिक अवधारणा का पूर्ण प्रतिपादन किया गया है और परवर्ती काल में भगवद्गीता में ईश्वर मार्ग पर चलने के लिए प्रेम और भक्ति पर बल दिया गया। छठी शताब्दी ई. में भागवत पुराण में भक्ति की अवधारणा को अधिक ऊंचे आधार पर रखा गया। उत्तर भागवत काल के दौरान एकेश्वरवाद, प्रेम और भक्ति भारतीय धार्मिक विचारधारा की प्रमुख विशेषता बन गई थी। दक्षिण भारत में भक्ति की अवधारणा उस समय समृद्ध पीठ पर प्रतिष्ठापित हुई, जब शंकराचार्य ने वेदांत या अद्वैत की विचारधारा का पुनः प्रवर्तन किया। शंकराचार्य के उपरांत बारह तमिल वैष्णव संतों, जो संयुक्त रूप से 'अलवार' के नाम से प्रसिद्ध थे, ने भक्ति को काफी लोकप्रिय बनाया। अलवारों के बाद वैष्णव आचार्यों ने भक्ति आन्दोलनों को आध्यात्मिक आधार प्रदान किया। इस विचारधारा के अनुसार 'परमात्मा' निर्गुण नहीं बल्कि 'सगुण' है, जिसमें असीमित मात्रा में शिव और सुंदर के गुण विद्यमान हैं। भक्ति आन्दोलन के प्रारंभिक प्रणेता भारत के थे, जिनके शिष्य रामानंद भक्ति आन्दोलन को उत्तर भारत की ओर ले गए। इस दृष्टि से उन्हें दक्षिण और भारत के भक्ति आन्दोलन के बीच का सेतु मानना ठीक ही है।

संत और उनके संप्रदाय

संत	संप्रदाय
रामानुजाचार्य	श्री संप्रदाय
माध्वाचार्य	ब्रह्म संप्रदाय
वल्लभाचार्य	रूद्र संप्रदाय
संत लाल दास	लाल पंथ
गोविन्द प्रभु	महानुभाव पंथ
एकनाथ, तुकाराम, ज्ञानेश्वर	बरकरी संप्रदाय
रामदास बोध	धरकरी संप्रदाय
माधवाचार्य	हरियाली संप्रदाय
शंकरदेव	महापुरुषीय संप्रदाय
निम्बार्क	सनक् संप्रदाय
स्वामी हरिदास	सुखी संप्रदाय
जगजीवन साहब	सतनामी संप्रदाय
चंडीदास	बाउल संप्रदाय
पुस्थर दास	दासकूट संप्रदाय
नित्यानंद गोस्वामी	चैतन्य पंथ
गुरुनानक	सिख संप्रदाय
दादूदयाल	दादू पंथ एवं निपख संप्रदाय
हित हरिवंश	राधा वल्लभ संप्रदाय
रामानंद	रामवत संप्रदाय
श्रीचंद	उदासी संप्रदाय
जसलाल	बिश्नोई संप्रदाय
निरंजन	निरंजनी संप्रदाय
घीसादास	घीसा संप्रदाय

भक्ति आन्दोलन की विशेषताएं

- भक्ति की धारणा का अर्थ एकेश्वर के प्रति सच्ची निष्ठा है। भक्त की आराधना का उद्देश्य मुक्ति के लिए ईश्वर की कृपा प्राप्त करना है।
- भक्ति पंथ ने उपासना की विधियों के रूप में कर्मकांडों तथा यज्ञों का परित्याग किया तथा ईश्वर की अनुभूति के सरल मार्ग के रूप में हृदय और मन की पवित्रता के स्थान पर मानववाद तथा निष्ठा पर बल दिया।
- भक्ति आन्दोलन मुख्यतः एकेश्वरवादी पंथ था और भक्त एक ही ईश्वर की उपासना करते थे, जो या तो सगुण रूप में हो सकता था या निर्गुण रूप में। सगुणोपासक वैष्णव, के रूप में प्रसिद्ध थे और कृष्णमार्गी तथा राममार्गी दो शाखाओं में विभाजित थे। इनके आराध्य राम या कृष्ण दोनों ही विष्णु के अवतार थे। निर्गुण मतानुयायी मूर्तिपूजा को नहीं मानते थे। वे कहते थे कि ईश्वर सर्वव्यापी है तथा प्रत्येक व्यक्ति के हृदय में निवास करता है।
- दार्शनिक दृष्टि से सगुण और निर्गुण दोनों अद्वैत के औपनिषदिक दर्शन में विश्वास करते थे, जिनमें विभिन्न भक्ति संतों ने कई भेद सुझाए थे।
- उत्तर और दक्षिण भारत के भक्ति संत ज्ञान को भक्ति का एक तत्त्व मानते थे। चूंकि वह ज्ञान किसी शिक्षक या गुरु के माध्यम से प्राप्त किया जा सकता था, अतः भक्ति आन्दोलन ने गुरु से वास्तविक ज्ञान प्राप्त करने पर अत्यधिक जोर दिया।
- भक्ति आन्दोलन ने पुरोहित वर्ग के प्रभुत्व तथा कर्मकांडों की भी निंदा की। भक्ति संतों के अनुसार व्यक्ति निष्ठा और व्यक्तिगत प्रयास से ईश्वर की अनुभूति कर सकता है। अतः भक्ति आन्दोलन में यज्ञों तथा दैनिक कर्मकांडों के लिए कोई स्थान नहीं था।
- भक्ति संतों ने जनसाधारण की सामान्य भाषा में उपदेश दिया और इसीलिए आधुनिक भारतीय भाषाओं, जैसे—हिन्दी, मराठी, बंगाली और गुजराती के विकास में अत्यधिक योगदान दिया।

इस प्रकार यह देखा जा सकता है कि भक्ति पंथ एक व्यापक आन्दोलन था, जिसने भारत के समूचे महाद्वीप को कई शताब्दियों तक आंदोलित किया। यह एक जन-आन्दोलन था तथा इसमें उनकी गहरी रुचि पैदा हुई। संभवतया बौद्धधर्म के पतन के उपरांत हमारे देश में कभी कोई इतना अधिक व्यापक तथा लोकप्रिय आन्दोलन नहीं हुआ। यद्यपि अपने ईष्टदेव के प्रति इसमें प्रेम और भक्ति संबंधी मूल सिद्धांत पूर्णतया हिन्दू धर्म के ही हैं और देवत्व के एकता संबंधी सिद्धांत भी मुख्यतः हिन्दू धर्म के हैं, जिन पर उसकी शिक्षाएं निर्भर हैं, तथापि इस आन्दोलन पर इस्लामी विश्वास तथा पद्धतियों का गहरा प्रभाव था। भक्ति आन्दोलन के दो मुख्य उद्देश्य थे—

हिन्दू धर्म का सुधार करना था, ताकि वह इस्लामी प्रचार और धर्म परिवर्तन के आघात को रोकने में सक्षम हो सके। हिन्दू धर्म तथा इस्लाम के बीच समन्वय स्थापित करना था, ताकि हिन्दू और मुस्लिम समुदायों में मैत्रीपूर्ण संबंध स्थापित हो सकें।

उत्तरी भारत के बहुत से संतों ने भक्ति संप्रदाय का अनुसरण किया। रामानंद, कबीर, नानक, चैतन्य तथा अन्य संत इसके केंद्रबिंदु थे। प्रारंभिक काल के भक्ति आन्दोलन के अधिकतर संत दक्षिण से आए थे। दक्षिणी समूह से संबद्ध भक्ति आन्दोलन लोकप्रिय होने की अपेक्षा अधिक रूढ़िवादी था, लेकिन उत्तरी समूह के साथ ऐसी स्थिति नहीं थी। उत्तरी समूह के भक्त ब्रह्मज्ञान के गूढ़ प्रश्नों पर विचार नहीं करते थे। वस्तुत: उनके विचार एवं दृष्टिकोण विभिन्न दर्शन ग्राही; उदार एवं सिद्धांत-निरपेक्ष थे। नवीन भक्ति आन्दोलन में जाति कोई आधार नहीं थी। बहुत से भक्त कवियों का लक्ष्य निम्न जातियों से हुआ था। उनका संदेश धनी और गरीब, उच्च तथा निम्न जाति, शिक्षित और अशिक्षित दोनों के लिए था।

रामानुज (12वीं शताब्दी)

भक्ति आन्दोलन के प्रारंभिक प्रतिपादक महान् वैष्णव गुरु रामानुज थे, जो दक्षिण में बारहवीं शताब्दी के प्रारंभिक वर्षों में यद्यपि सक्रिय रहे थे। इनके विचारों से लोगों के उत्थान के लिए शक्तिशाली जन-आन्दोलन की नींव पड़ी। भक्ति आन्दोलन के दूसरे नायक रामानुज के समकालीन निम्बार्क थे। वे विशिष्टाद्वैत दर्शन में विश्वास करते थे तथा ईश्वर के प्रति समर्पण पर बल देते थे।

रामानंद (15वी शताब्दी)

रामानंद की ख्याति पंद्रहवी शताब्दी के पूर्वार्द्ध में फैली। ये उत्तरी भारत के पहले महान् भक्ति संत थे। इन्होंने बिना किसी जन्म, जाति-धर्म या लिंग के भेदभाव के, सभी के लिए भक्ति के द्वार खोल दिए। ये राम के उपासक थे तथा दो महान् सिद्धांतों (क) ईश्वर के प्रति पूर्ण प्रेम, तथा (ख) मानव बंधुत्व में विश्वास रखते थे। रामानंद ने उपदेश के माध्यम भाषा के रूप में हिन्दी को अपनाया, ताकि उनका संदेश प्रत्यक्ष रूप से जनसामान्य तक पहुंच सकें। इनकी शिक्षाओं में जातीय बंधन बहुत कम थे तथा शूद्रों को भी ईश्वर की दृष्टि में समान समझा जाता था। रामानंद ने अपने आध्यात्मिकता के द्वारा सभी जातियों के सदस्यों के लिए खोलकर हिंदुओं के अनुदार सामाजिक व्यवहार का परित्याग कर दिया था। धर्म अब विश्वास, भावना तथा भक्ति का प्रश्न हो गया। इनकी शिक्षाओं के परिणामस्वरूप उपेक्षित वर्गों का कोई भी सदस्य बिना किसी मध्यस्थ के अपने ईश्वर तक पहुंच सकता था। रामानंद ने विभिन्न धार्मिक संप्रदायों के विचार ग्रहण किए। उन्हें अपने हृदय के प्रेम और भक्ति से जीवंत बनाया तथा आध्यात्मिक अनुभूति के नवीन पथ का निर्माण किया।

इनके **प्रारंभिक 12 अनुयायी थे**—रविदास (मोची), कबीर (जुलाहा), धन्ना (जाट किसान), सेना (नाई), पीपा (राजपूत), भवानंद, सुखानंद, आशानंद, सुरासुनंद, परमानंद, महानंद और श्री आनंद। लेकिन इनमें से कुछ लोगों को इन्होंने व्यक्तिगत तौर पर दीक्षा नहीं दी थी। वे इनकी मृत्यु के काफी समय बाद इनके विचारों की ओर आकर्षित हुए थे।

कबीर (1440-1510 ई.)

कबीर रामानंद के अत्यधिक उग्र सुधारवादी शिष्य थे। जात-पांत के भेदभाव के विरुद्ध अपने उग्र वाद-विवादों के द्वारा रामानंद ने कबीर के लिए मार्ग तैयार किया था। कबीर ने परस्पर विरोधी मतों में धार्मिक तथा राष्ट्रीय समन्वय लाने का गंभीर प्रयास किया। कबीर न तो तत्वज्ञानी थे, न ही दार्शनिक। ये हमारे समक्ष एक गुरु के रूप में प्रकट होते हैं। इनके विचार से हिन्दूधर्म तथा इस्लाम दोनों में जो कुछ भी पाखंड तथा कृत्रिम था, उसकी भर्त्सना करने के लिए इनमें पर्याप्त साहस था।

कबीर की शिक्षाओं का मुख्य प्रतिपाद्य भक्ति है। कबीर ने जातीय भेदभाव या हिन्दू-दर्शन के छ: संप्रदायों की सत्ता या ब्राह्मणों द्वारा निर्धारित जीवन के चार आश्रमों को कोई भी मान्यता प्रदान नहीं की। रमैनी, साखी और दोहों के माध्यम से इन्होंने हिंदुओं और मुसलमानों को समान धार्मिक शिक्षा प्रदान की। इन्होंने किसी भी धर्म का समर्थन नहीं किया। ये बड़े गंभीर चिंतक थे और इनका उद्देश्य अपनी शिक्षाओं के द्वारा लोगों को खुश करना नहीं था। इन्होंने कर्मकांड के आधारों की भरपूर आलोचना की। इन्होंने तीर्थ-स्थलों का भ्रमण करने जैसे कर्मकांडीय अंधविश्वासों को दूर करने के लिए निरंतर संघर्ष किया।

कबीर एक महान् व्यंग्यकार थे और इन्होंने अपने समय की सभी संस्थाओं का उपहास किया। इन्होंने सती प्रथा में लोगों के विश्वास का विरोध किया। इसी तरह वे स्त्रियों के लिए परदा प्रथा के विरुद्ध थे। कबीर ने एक वर्ग के रूप में ब्राह्मणों की श्रेष्ठता को अस्वीकार कर दिया। ये यह भी विश्वास नहीं करते थे कि जाति विशेष में जन्म लेना पिछले जीवन के कर्मों का परिणाम होता है। इन्होंने शूद्रों और ब्राह्मणों की पूर्ण समानता का समर्थन किया। इन्होंने कहा कि शूद्रों और ब्राह्मणों, दोनों का जन्म समान रूप से हुआ है।

इन्होंने एक धार्मिक जीवन व्यतीत किया, फिर भी कबीर ने विवाह किया तथा इनकी पत्नी का नाम लोई था। इनका पुत्र कमाल चिंतक और भक्त दोनों था।

कबीरपंथी संप्रदाय के अनुयायियों का मुख्य धार्मिक ग्रंथ सुप्रसिद्ध 'बीजक' है, जोकि कबीर के दोहों का संकलन है। कालांतर में यह संप्रदाय मुख्यत: वेदांत सिद्धांतों की ओर उन्मुख हो गया।

दादू (1544-1603 ई.)

कबीर के आदर्शों के अनुयायियों में अत्यधिक प्रसिद्ध दादू थे। इनका जन्म सन् 1544 ई. में अहमदाबाद में ब्राह्मण परिवार में हुआ था तथा इनकी मृत्यु सन् 1603 ई. में राजस्थान के नराना या नारायण गाँव में हुई थी, जहाँ अब इनके अनुयायियों का मुख्य केंद्र है। इनके जीवन का महान् स्वप्न सभी धर्मों के विपथगामियों को प्रेम और बंधुत्व के एक सूत्र में आबद्ध करना था और इन्होंने इस महान् आदर्श को कार्यरूप में परिणत करने के लिए 'ब्रह्म संप्रदाय' या परब्रह्म संप्रदाय की स्थापना की। इनके विचारों में अत्यधिक उदारता तथा गहनता मिलती है और उन पर कबीर के प्रभाव की स्पष्ट छाप दिखाई देती है।

दादू धर्म-ग्रंथों की सत्ता में नहीं बल्कि आत्म-ज्ञान के महत्त्व में विश्वास करते थे। इनके अनुसार आत्मज्ञान अनुभूति प्राप्त करने के लिए हमें स्वयं को अहम् की सभी प्रकार की भावना से मुक्त करना चाहिए और अपना जीवन पूर्णरूपेण ईश्वर को समर्पित कर देना चाहिए। ईश्वर के सम्मुख सभी स्त्री-पुरुष, भाई-बहनों की भांति हैं। वह व्यक्तियों के हृदय में निवास करता है और हृदय से हमें उसका चिंतन करना चाहिए। ईश्वर से मिलन केवल प्रेम और भक्ति के माध्यम से ही संभव है। यह प्रेम और भक्ति प्रार्थनाओं से नहीं, अपितु ईश्वर की सेवा के द्वारा ही उसकी भक्ति और उसके साथ तादात्म्य प्राप्त किया जा सकता है, जो उस समय होता है, जब सभी पापों और दुष्कर्मों का परित्याग कर हम ईश्वरेच्छा के प्रति स्वयं को निष्ठापूर्वक समर्पित कर देते हैं।

दादू की शिक्षा

विनयशील बनों तथा अहम् से मुक्त रहो; दयालु बनो तथा कर्म में लगे रहो; निडर, ओजस्वी नायक बनो, अपने मन को साम्प्रदायिकता से और धर्म के सभी निष्क्रिय रूपों एवं प्रदर्शनों से अलग रखो, स्वभाव से क्षमाशील तथा दृढ़ विश्वासी बनो। सच्चा गुरु मिल जाने पर अनुभूति का मार्ग अपेक्षाकृत आसान हो जाता है।

ये स्वयं स्वभाव से अधिक सरल तथा दृढ़ विश्वासी थे और इनकी प्रार्थनाएं ओजपूर्ण तथा माधुर्ययुक्त होती थीं। ये गृहस्थ थे तथा इनका विश्वास था कि गृहस्थ का सहज जीवन आध्यात्मिक अनुभूति के लिए अधिक उपयुक्त है।

गुरु नानक (1469-1538 ई.)

जो भक्ति आन्दोलन उत्तर भारत में रामानंद के समय से ही आगे बढ़ रहा था, उसे गुरुनानक के रूप में उत्कृष्ट भक्त मिला। गुरु नानक से पहले ही इन विचारों का विकास हो गया था और इन्होंने अपने लब्धप्रतिष्ठ पूर्वजों द्वारा दिखाए गए मार्ग का अनुसरण किया। इन्होंने एक नए धर्म की स्थापना की, जो भारतीय समाज में एक स्थायी तत्त्व के रूप में शामिल है।

अपने समय की उदार दृष्टि में पूरी तरह भाग लेते हुए गुरु नानक ने हिन्दू और मुस्लिम भक्ति को समान रूप से व्यक्त करने के लिए सक्षम धर्म की खोज की। इन्होंने ईश्वर, राम, गोविंद, हरी, मुरारी, रब और रहीम के लिए हिन्दू और मुस्लिम दोनों उपनामों का प्रयोग किया। गुरु नानक दोनों संप्रदायों को विभाजित करने वाली दीवार को ध्वस्त करके, उन्हें एकता के सूत्र में बांधना चाहते थे।

गुरु नानक की सामाजिक शिक्षाएं मध्यकालीन एकेश्वरवादी धार्मिक सिद्धांत में अंतर्निहित मानवीय समानता के नैतिक विचारों के अनुरूप हैं। इनका विचार था कि जाति के अनुसार सोचना मूर्खता है। किसी व्यक्ति का सम्मान ईश्वर के प्रति उसकी निष्ठा के कारण होना चाहिए, न कि उसकी सामाजिक स्थिति के कारण। इनका कहना है, 'ईश्वर व्यक्ति के गुणों को जानता है, पर वह उसकी जाति के बारे में नहीं पूछता, क्योंकि दूसरे लोक में कोई जाति नहीं है।' गुरु नानक ने 'गुरु का लंगर' नाम से मुफ्त सामुदायिक रसोई की शुरुआत की। उनके अनुयायी किसी की भी जाति पर ध्यान दिए बिना एक साथ भोजन करते थे। उनका उद्देश्य अपने अनुयायियों में समानता और बंधुत्व की भावना का संचार करना था। गुरु नानक छुआछूत के सिद्धांत में विश्वास नहीं करते थे, जिसने समाज को अनेक टुकड़ों में विभाजित कर दिया था।

गुरु नानक ने निराकार ईश्वर की कल्पना की और इस निराकार ईश्वर को इन्होंने 'अकाल पुरुष' की संज्ञा दी। ये बड़े गहन और सशक्त विचारों वाले व्यक्ति थे, अत: इन्होंने बड़ी स्पष्टता या सार्वजनिक जीवन के नैतिक मानदंडों, सामाजिक अंधविश्वासों के विरुद्ध आवाज उठाई और इन्हें सांस्कृतिक एवं सामाजिक पिछड़ेपन का प्रतीक माना। इन्होंने अंधविश्वासों को धार्मिक मूल्यों से पृथक् करने के लिए लोगों को शिक्षित किया। उन्होंने हिन्दू और इस्लाम दोनों के अंधविश्वासों और रूढ़िवाद की निंदा की।

कबीर के विपरीत नानक सुशिक्षित व्यक्ति थे। इन्होंने अपनी मातृभाषा पंजाबी के अतिरिक्त फारसी और हिन्दी का अध्ययन किया था। उन्होंने समूचे भारत तथा अरब सहित मध्य एशिया के कुछ देशों का भी भ्रमण किया था और इस प्रकार ये भिन्न-भिन्न व्यवसायों, पेशों तथा धर्मों के लोगों के संपर्क में आए। इन्होंने प्रेरणादायी कविताओं एवं गीतों की रचना की, जिन्हें एक पुस्तक के रूप में संकलित किया गया था, जोकि बाद में 'आदि ग्रंथ' के नाम से प्रकाशित हुआ। इन्हें गुरु के रूप में मान्यता मिली और 1538 ई. में करतारपुर में इनका निधन हो गया।

चैतन्य महाप्रभु (1486-1533 ई.)

चैतन्य महाप्रभु भक्ति आन्दोलन के एक महान् संत थे। इनके जन्म से पूर्व ही बंगाल में आधुनिक वैष्णववाद, जिसे 'गौड़ीय वैष्णव धर्म' कहा जाता है, का संस्थापक माना जाता है। इन्होंने संपूर्ण बंगाल और उड़ीसा में वैष्णववाद को लोकप्रिय बनाया। चैतन्य का वास्तविक नाम विश्वंभर था, पर बाल्यावस्था का इनका नाम निमाई था। इनके पिता जगन्नाथ मिश्र बड़े धार्मिक और विद्वान् व्यक्ति थे तथा इनकी माता शची भी अत्यंत धर्मपरायण महिला थीं।

पंडित गंगादास ने विश्वभर को उच्च शिक्षा प्रदान की। कहा जाता है कि ये असाधारण रूप से प्रतिभावान छात्र थे और इन्होंने पंद्रह वर्ष की अल्पायु में ही संस्कृत भाषा, साहित्य, व्याकरण और तर्कशास्त्र में प्रवीणता प्राप्त कर ली थी। शिक्षा पूर्ण करने के उपरांत इन्हें 'विद्यासागर' की उपाधि प्रदान की गई। इनके अध्ययन काल में ही इनके पिता का देहांत हो गया। इनकी पहली पत्नी का नाम लक्ष्मी था, जिनकी सांप के काटने से मृत्यु हो गई। इनका पुनर्विवाह हुआ और इनकी दूसरी पत्नी उनके संन्यास ग्रहण और मृत्यु के बाद भी जीवित रहीं। बाइस वर्ष की आयु से पूर्व ही इन्होंने ईश्वरपुरी नामक एक संत पुरुष से दीक्षा ली, जिनसे गया में तीर्थयात्रा के दौरान उनकी भेंट हुई थी। इन्होंने किस प्रयोजन से संन्यास ग्रहण किया था, यह स्पष्ट नहीं है। संन्यास ग्रहण करने के उपरांत ये 'चैतन्य' कहलाए। सुल्तान अलाउद्दीन हुसैन के शासनकाल में इन्होंने बंगाल व बाद में उड़ीसा में वैष्णव धर्म का प्रचार किया। उड़ीसा नरेश प्रतापरुद्र गजपति उनके शिष्य थे। उनके संरक्षण में चैतन्य स्थायी रूप से पुरी में बस गए और वहीं इनका देहावसान हुआ।

संन्यास लेने के उपरांत ये सभी सांसारिक बंधनों से मुक्त हो गए और इनमें परमानंद की अनुभूति अपनी चरमावस्था पर पहुंच गई। इन्होंने कहा, 'मैं घर-घर जाकर ईश्वर के पवित्र नाम का प्रचार करूंगा, उसका नाम सुनकर चांडाल, निम्नतम जातियों के लोग, स्त्रियां और बच्चे आश्चर्यचकित रह जाएंगे और प्रेम से उसका नाम सुनेंगे।'

चैतन्य ने ईश्वर के प्रति जितना प्रेम व्यक्त किया, उतना संभवत: इनसे पूर्व या बाद में किसी ने भी नहीं किया। चैतन्य ने ईश्वर को कृष्ण या हरि नाम दिया और उसके प्रति परमनिष्ठा का उपदेश दिया।

ये कर्मकांडवाद के विरोधी थे। प्रेम, भक्ति, संगीत एवं नृत्य से परिपूर्ण इनकी ईश्वरभक्ति इतनी भावप्रवण होती थी कि भक्त मन में परमानंद की स्थिति में ईश्वर की अनुभूति करते थे।

ये वैष्णव धर्म के कृष्णमार्गीय संप्रदाय के महान् प्रवर्तक थे। इन्होंने राधा और कृष्ण की उपासना की और वृंदावन में राधा-कृष्ण को आध्यात्मिक स्वरूप प्रदान किया। इन्होंने जाति और संप्रदाय के भेदभाव के बिना सबको धर्मोपदेश दिया। इनका प्रभाव इतना गहन और स्थायी था कि इनके अनुयायी इन्हें कृष्ण या विष्णु का अवतार मानने लगे।

चैतन्य ने यह स्वीकार किया कि अकेले कृष्ण ही पूर्ण ईश्वर हैं। चैतन्य के नव-वैष्णववाद के धर्मोपदेशों ने बंगाल तथा उसके समीपवर्ती क्षेत्रों उड़ीसा और असम में अभूतपूर्व संचेतना एवं उत्साह जाग्रत् किया। हालांकि चैतन्य के अनेक अनुयायी थे, फिर भी ऐसा प्रतीत नहीं होता कि इन्होंने उन्हें किसी संप्रदाय या पंथ में संगठित किया था। इनके अनुयायी तथा निष्ठावान शिष्यों ने

ही अपने पथप्रदर्शक की मृत्यु के उपरांत इनकी शिक्षाओं को व्यवस्थित रूप दिया तथा स्वयं को '**गौड़ीय वैष्णव धर्म**' नामक संप्रदाय में संगठित किया।

मीराबाई (1498-1546 ई.)

मीराबाई सोलहवीं शताब्दी के भारत की एक महान् महिला संत थीं। वह मेड़ता के रत्नसिंह राठौर की इकलौती संतान थीं। इनका जन्म लगभग सन् 1498 ई. में मेड़ता जिले के कुदवी ग्राम में हुआ था और इनका विवाह 1516 ई. में राणा सांगा के बड़े पुत्र युवराज भोजराज से हुआ था। ये बचपन से ही अत्यधिक धार्मिक विचारों की थीं तथा अपने पिता और पितामह की तरह वैष्णव धर्म के कृष्णमार्ग की अनुयायी थीं। अपने पति की मृत्यु के उपरांत ये पूर्णत: धर्म-परायण जीवन व्यतीत करने लगीं। कृष्ण की सच्ची भक्त और धार्मिक व्यक्तियों की संरक्षिका के रूप में इनकी ख्याति दूर-दूर तक फैली, जिससे आकर्षित होकर सुदूर स्थानों से सामान्य स्त्री-पुरुषों और संतों का चित्तौड़ में आगमन हुआ, मेवाड़ के शासकों के साथ तनावपूर्ण संबंधों के कारण ये अपने चाचा बीरमदेव के साथ रहने लगी, जोकि मेड़ता के प्रमुख थे। वहाँ भी इन्होंने अपनी दैनिक चर्चा को जारी रखा। ये आध्यात्मिक चिंतन तथा धार्मिक संगीत एवं नृत्य में तल्लीन रहने लगीं। इन्होंने अन्य धार्मिक स्त्रियों और पुरुषों के साथ कीर्तन करना भी जारी रखा। इस प्रकार इन्होंने मेड़ता में कई वर्ष बिताए, किंतु जब उस नगर पर जोधपुर के मालदेव ने आक्रमण करके अधिकार कर लिया, तब इन्होंने द्वारका की तीर्थयात्रा करने का निश्चय किया। वहाँ इन्होंने एक भक्त का जीवन व्यतीत किया और 1546 ई. में इनका निधन हुआ।

मीरा ने अनेक भक्तिपरक गीतों की रचना की, जो इनकी प्रसिद्धि के मुख्य आधार हैं। इनके भक्ति गीत मुख्यत: ब्रज भाषा और आंशिक रूप से राजस्थानी में लिखे गए हैं तथा इनकी कुछ कविताएं गुजराती में भी हैं। ये गीत प्रेम और भक्ति की पर्याप्त अनुभूतियों से युक्त तथा इतने मधुर हैं कि प्रेम और भक्ति की टीस तथा कोमलतम मानवीय भावनाओं को तत्क्षण जाग्रत् कर देते हैं। मीरा ने अपने गीत कृष्ण को संबोधित किए हैं, जिनकी उपस्थिति इन्होंने अपने दैनिक जीवन के प्रत्येक कार्य में अनुभव की। मीरा के भक्ति गीत भावावेश तथा आध्यात्मिक परमानंद से युक्त हैं।

वल्लभाचार्य (1479-1531 ई.)

वल्लभाचार्य वैष्णव धर्म की कृष्णमार्गी शाखा के दूसरे महान् संत थे। इनका जन्म 1479 ई. में वाराणसी में उस समय हुआ था, जब इनके पिता लक्ष्मण भट्ट तेलंगाना से अपने परिवार के साथ काशी की तीर्थयात्रा पर आए थे। उसी समय उनके दूसरे पुत्र वल्लभाचार्य का जन्म हुआ था। इन्होंने संपूर्ण देश की यात्रा की तथा अंतत: वृंदावन में स्थायी रूप से निवास करने लगे, जहाँ से इन्होंने कृष्णभक्ति का उपदेश दिया। ये श्रीनाथजी के नाम से भगवान् कृष्ण की पूजा करते थे। कबीर और नानक की तरह इन्होंने विवाहित जीवन को आध्यात्मिक उन्नति के लिए बाधक नहीं माना। ये संस्कृत और ब्रजभाषा में बहुत सी पांडित्यपूर्ण कृतियों के लेखक थे।

वल्लभाचार्य का दर्शन एक वैयक्तिक तथा प्रेममयी ईश्वर की अवधारणा पर केंद्रित है। वे पुष्टि और भक्ति के पथ पर विश्वास करते थे। इन्होंने श्रीकृष्ण को सर्वोच्च ब्रह्म, पुरुषोत्तम और परमानंद के रूप में देखा।

वल्लभाचार्य के अनुसार व्यक्ति केवल अकेले ही ईश्वर की अनुभूति कर सकता है। ईश्वर की अनुभूति के लिए व्यक्ति को भक्ति का अभ्यास करना पड़ता है। पुष्टिमार्ग की अभिव्यक्ति में मार्ग शब्द का तात्पर्य पथ या पंथ है और पुष्टि का अर्थ ईश्वर की कृपा या अनुग्रह है। इसके द्वारा मुक्ति प्राप्त की जा सकती है। अन्य किसी भी प्रकार से मुक्ति नहीं मिल सकती। भक्ति बिना किसी उद्देश्य या बिना किसी रूप की इच्छा के की जानी चाहिए। इसके साथ प्रेम और सेवा होनी चाहिए।

सूरदास (16वीं-17वीं शताब्दी)

दो महान् हिन्दी कवियों सूरदास और तुलसीदास का वर्णन किए बिना भक्ति आन्दोलन का कोई विवरण पूर्ण नहीं हो सकता। दोनों ही उच्च कोटि के संत थे, लेकिन औपचारिक अर्थ में ये उपदेशक और सुधारक नहीं थे और न ही इनमें से कोई किसी संप्रदाय या मत का संस्थापक ही था। सूरदास के जीवन की प्रमुख घटनाओं और मृत्यु की तिथियों के बारे में भी कोई प्रामाणिक आधार उपलब्ध नहीं है।

सूरदास भगवान् कृष्ण और राधा के भक्त थे। इनका विश्वास था कि मुक्ति केवल कृष्ण-भक्ति से ही प्राप्त की जा सकती है, जोकि सगुण ईश्वर है। सूरदास द्वारा ब्रज भाषा में लिखित कृष्ण भक्ति के लालित्यपूर्ण पदों को इनके तीन ग्रंथों 'सूरसारावली', 'सूरसागर' एवं 'साहित्यलहरी' में संकलित किया गया, जिनमें सूरसागर सबसे प्रसिद्ध है। कहा जाता है कि 'सूरसागर' में सवा लाख पद थे, जिनमें से अब केवल पांच-सात हजार पद ही प्राप्त हुए, यह काव्य केवल प्रेम एवं भक्ति से ही भरपूर नहीं है। अपितु कृष्ण के बालरूप के वर्णन के लिए भी प्रसिद्ध है। कृष्ण के बालरूप का वर्णन करते समय बाल मनोविज्ञान का अनुपम विवेचन किया गया है। कहा जाता है कि सूरदास वल्लभाचार्य के समकालीन थे, जिनसे इन्होंने बल्लभ संप्रदाय में दीक्षा ग्रहण की।

तुलसीदास (1532-1623 ई.)

आधुनिक विद्वानों ने तुलसीदास को कवि और भक्त दोनों ही रूपों में सूरदास से बड़ा माना है। ये सन् 1532 ई. में या इसके आस-पास वाराणसी में एक सरयूपारी ब्राह्मण परिवार में पैदा हुए थे। इनके पिता का नाम आत्माराम दूबे तथा माता का नाम हुलसी था। अपनी पत्नी रत्नावली के व्यंग्य कटाक्ष के कारण इन्होंने एक धार्मिक संन्यासी का जीवन अपना लिया। ऐसा माना जाता है कि ये 42 वर्ष के थे, तभी से इन्होंने 'रामचरित मानस' लिखना प्रारंभ किया। इसके अतिरिक्त इन्होंने कई अन्य ग्रंथों की भी रचना की, जैसे—'गीतावली', 'कवितावली', 'विनय पत्रिका' आदि। 'रामचरित मानस' में सर्वोच्च कोटि की धार्मिक भक्ति का निरूपण किया है। तुलसीदास राम के उपासक थे तथा इन्होंने अपने इष्टदेव का आदर्श चित्र प्रस्तुत किया है। विक्रम संवत 1680 (1623 ई.) में तुलसीदास का निधन हुआ।

लघु भक्ति संप्रदाय तथा संत

शंकरदेव (1449-1568 ई.)

ये मध्यकालीन असम के महानतम धार्मिक सुधारक थे। इनका संदेश विष्णु या उनके अवतार कृष्ण के प्रति पूर्ण भक्ति पर केंद्रित था। एकेश्वरवाद इनकी शिक्षाओं का सार था। इनके द्वारा स्थापित संप्रदाय एक शरण संप्रदाय के रूप में प्रसिद्ध हुआ। इन्होंने सर्वोच्च देवताओं की महिला सहयोगियों (जैसे कि लक्ष्मी, राधा, सीता आदि) को मान्यता प्रदान नहीं की और निष्काम भक्ति पर

बल दिया। गुरुद्वारों में ग्रंथ साहिब की भांति श्रीमद्‌भागवत को इस संप्रदाय के मंदिरों की वेदी पर श्रद्धापूर्वक प्रतिष्ठित किया जाता था। शंकरदेव मूर्तिपूजा एवं कर्मकांड दोनों के विरोधी थे। ये अकेले कृष्णमार्गी वैष्णव संत थे, जो मूर्ति के रूप में कृष्ण की पूजा के विरोधी थे। असम के महानतम वैष्णव संत होने के कारण ये 'असम के चैतन्य' के रूप में प्रसिद्ध थे।

शंकरदेव ने जाति प्रथा की निंदा की तथा जनता में उनकी मातृभाषा के द्वारा अपने विचारों का प्रचार किया। उनके धर्म का, जो सामान्यतया महापुरुषीय धर्म के रूप में जाना जाता है, असम के जन-जीवन के सभी पक्षों पर व्यापक एवं दूरगामी प्रभाव पड़ा।

नरसी (नरसिंह) मेहता (1414-1481 ई.)

नरसी या नरसिंह मेहता गुजरात के एक सुप्रसिद्ध संत थे। ये 15वीं शताब्दी के उत्तरार्द्ध में प्रसिद्ध हुए। इन्होंने राधा और कृष्ण के प्रेम का चित्रण करते हुए गुजराती में गीतों की रचना की। ये प्रिय भजन 'गीत सुरतसंग्राम' में संकलित किए गए हैं। महात्मा गांधी के प्रिय भजन 'वैष्णव जन जो तेनो कहिए' के रचयिता नरसी मेहता ही थे।

जगजीवन (सत्रहवीं शताब्दी)

ये सतनामी (सत्यनामी पंथ) के रूप में ज्ञात संप्रदाय के संस्थापक थे। इन्होंने आध्यात्मिक अनुभूति को केवल ईश्वर कृपा के माध्यम से ही संभव बताते हुए धार्मिक जीवन के मूल तत्त्व के रूप में शुद्धता पर बल दिया। इनकी अभिलाषा प्रेम के माध्यम से हिन्दू और मुस्लिम धार्मिक जीवन की दो धाराओं को आपस में संयुक्त करना था।

जगजीवन के काल में पहले और बाद में भी इसी 'सतनामी' नाम से कुछ अन्य संप्रदाय जाने जाते थे। इनमें से एक संप्रदाय की स्थापना मोची जाति के घासीदास द्वारा की गई थी। इस धर्म के अनुयायी मांसाहार या मदिरा का स्पर्श नहीं करते थे, और न ही मूर्ति पूजा करते थे। हालांकि इन्हें अछूत समझा जाता था। फिर भी ये ब्राह्मणों और अन्य जातियों की श्रेष्ठता को नहीं मानते थे। उनके अनुसार प्रेरणा चरित्र और आचरण की शुद्धता और भक्ति में निहित होती है।

दरिया साहेब (1634-1780 ई.)

दरिया साहेब का जन्म 1634 ई. में बिहार के रोहतास जिले के एक सुप्रसिद्ध परिवार में हुआ। दरिया साहेब के धार्मिक जीवन पर कबीर के उपदेशों का गहरा प्रभाव पड़ा था। इनके अनुयायी खड़ी मुद्रा में, जिसे 'कॉर्निस' कहा जाता है, मुसलमानों की तरह प्रार्थना करते थे, जबकि आसीन मुद्रा में उनकी प्रार्थनाएं, सिजदा के रूप में जानी जाती हैं। ये धर्मग्रंथों, धार्मिक कर्मकांडों, व्रत-उपवास, तीर्थयात्रा, प्रतिज्ञा, परिधानों या मंत्रों में विश्वास नहीं रखते हैं। इस संप्रदाय में प्रतिमाओं या अवतारों की पूजा, जाति-भेदभाव, मांस या मदिरा का सेवन करना तथा सभी प्रकार की हिंसा का प्रबल निषेध किया गया है इनका मार्ग भक्तिप्रथ कहा जाता है।

एक अन्य दरिया साहेब भी थे, जिनका जन्म सन् 1616 ई. में मारवाड़ के कपास व्यापारियों के एक मुस्लिम परिवार में हुआ था। कबीर और दादू की शिक्षाओं से अत्यधिक समानता के कारण कुछ लोगों का विश्वास है कि ये दादू के अवतार थे। राजस्थान में इनके बहुत से अनुयायी हैं, जहाँ विभिन्न स्थलों पर इनके संप्रदाय के मठ पाए जाते हैं। ये राम और परमात्मा के नाम से ईश्वर की उपासना करते थे। इनकी संग्रहित कविताओं में 'ब्रह्मा-परिचय' शीर्षक खंड में योग के रहस्यों का उल्लेख मिलता है। इनके संप्रदाय के सदस्यों में गृहस्थ और संन्यासी दोनों ही सम्मिलित हैं और हिन्दू तथा मुसलमानों, दोनों में उनके गीत अधिक लोकप्रिय थे।

महाराष्ट्र में भक्ति आन्दोलन

महाराष्ट्र के संत कवियों द्वारा प्रचारित तथा उदारवादी कवियों द्वारा प्रचलित धर्म सामान्यतया 'महाराष्ट्र धर्म' के रूप में प्रसिद्ध है। यह मध्यकालीन भक्ति आन्दोलन की एक धारा है। किंतु सामाजिक रूप से यह अधिक गूढ़, एकात्मक तथा सामाजिक सुधारों के क्षेत्र में अत्यधिक उदारवादी आन्दोलन था। महाराष्ट्र में भक्ति पंथ पंढ़रपुर के मुख्य देवता विठोबा या विट्ठल के मंदिर के चारों ओर केंद्रित था, जिन्हें कृष्ण का अवतार माना जाता था। वह आन्दोलन पंढ़रपुर आन्दोलन के रूप में प्रसिद्ध है। पंढ़रपुर आन्दोलन के परिणामस्वरूप मराठी साहित्य का विकास जातीय विशिष्टता में सुधार, पारिवारिक जीवन की आत्मोन्नति, स्त्रियों की स्थिति में सुधार, मानवता एवं सहिष्णुता की भावनाओं का प्रसार हुआ। कर्मकांड के स्थान पर प्रेम एवं निष्ठा को महत्त्व दिया गया और बहुदेवतावाद के अतिवाद को सीमित किया गया।

महाराष्ट्र में भक्ति आन्दोलन मुख्य रूप से दो समुदायों में विभक्त था। रहस्यवादियों का प्रथम संप्रदाय बरकरी अर्थात् पंढ़रपुर के विट्ठल भगवान् के सौम्य भक्तों के रूप में तथा दूसरा संप्रदाय धरकरी संप्रदाय या भगवान् राम के भक्त इस समुदाय के अनुयायी स्वयं को रामदास अतिहित कहते हैं। बरकरी संप्रदाय अधिक भावुक, सैद्धांतिक तथा अमूर्त दृष्टिकोण वाला है, जबकि धरकरी संप्रदाय अधिक तार्किक, दो संप्रदायों के बीच अंतर वास्तविक नहीं, केवल बाह्य है। मानव जीवन के परम लक्ष्य के रूप में ईश्वरानुभूति दोनों के लिए समान है। विठोबा पंथ के तीन महान् गुरु ज्ञानेश्वर या ज्ञानदेव तथा नामदेव एवं तुकाराम थे।

रामदास को छोड़कर महाराष्ट्र के सभी संतों के जीवन की अन्य महत्त्वपूर्ण घटनाओं तथा जन्म-तिथियों का केवल अनुमान लगाया जा सकता है, तथापि यह एक ऐतिहासिक तथ्य है कि निवृत्तिनाथ तथा ज्ञानेश्वर महाराष्ट्र में रहस्यवादी संप्रदाय के संस्थापक थे। यह संप्रदाय आगे चलकर विकसित हुआ तथा नामदेव, एकनाथ तथा तुकाराम के हाथों इसने विभिन्न रूप धारण किए।

महाराष्ट्र के भक्ति संतों का विवरण इस प्रकार है—

ज्ञानेश्वर या ज्ञानदेव (1275-1296 ई.)

महाराष्ट्र के प्रारंभिक भक्ति संत ज्ञानेश्वर का अभ्युदय 13वीं शताब्दी में हुआ था। इन्होंने मराठी भाषा में गीता पर 'ज्ञानेश्वरी' नामक टीका लिखी, जिसकी गणना संसार की सर्वोत्तम रहस्यवादी रचनाओं में की जाती है। इनकी अन्य रचनाएं हैं—'अमृतानुभव' तथा 'चंगदेव प्रशस्ति'।

नामदेव (1270-1350 ई.)

नामदेव का जन्म एक दर्जी परिवार में हुआ था। हम यह जानते हैं कि बचपन में ये बहुत उग्र स्वभाव के थे। अपनी युवावस्था के प्रभाववश वे अध्यात्म की ओर अग्रसर हुए एवं समकालीन जीवन पर अपनी अमिट छाप छोड़ी। इन्होंने अपने जीवन का अधिकांश समय पंढ़रपुर में बिताया। वरकरी संप्रदाय के रूप में प्रसिद्ध विचारधारा की गौरवशाली परंपरा की स्थापना में इनकी मुख्य भूमिका रही थी। तिसोना खेचइ ने उन्हें रहस्यवादी जीवन की दीक्षा दी तथा ईश्वर

के सर्वव्यापी स्वरूप से परिचित करवाया। इन्होंने अपने कनिष्ठ समकालीन ज्ञानेश्वर के साथ यात्राएं कीं। इनके कुछ गीतात्मक पद्य ग्रंथ साहिब में संकलित हैं। इनके विचारों का सार ईश्वर के प्रति मन लगाने तथा सच्ची भक्ति में है। केवल ईश्वर के प्रति पूर्ण निष्ठा ही सच्ची भक्ति है। उनके अनुसार केवल कष्ट उठाकर ही हृदय का शुद्धीकरण हो सकता है और विशुद्ध प्रेम के द्वारा ही ईश्वर की अनुभूति की जा सकती है। इन्होंने अनेक भक्तिपरक मराठी गीतों की रचना की, जो 'अभंगों' के रूप में प्रसिद्ध है।

एकनाथ (1533-1599 ई.)

इनका जन्म पैठण (औरंगाबाद) में हुआ। इनका जीवन व्यावहारिक तथा आध्यात्मिक जीवन के सामंजस्य का प्रतिदर्श था। इन्होंने जाति और धर्म में कोई भेदभाव नहीं किया। एक बार तो इन्होंने अपने पूर्वजों को अर्पित करने के लिए तैयार किए गए श्राद्ध के भोजन को अछूतों को दे दिया था। इनकी सहृदयता की कोई सीमा नहीं थी। उन्होंने पवित्र जल को उस गधे के गले में उड़ेल दिया, जो प्यास से मर रहा था। इन्होंने पहली बार 'ज्ञानेश्वरी' का विश्वसनीय संस्करण प्रकाशित करवाया। ये बहुसर्जक लेखक थे और भगवद्गीता के चार श्लोकों पर लिखी गई इनकी टीका प्रसिद्ध है। प्रतिदिन कीर्तन (भक्ति गीत) गाना इनकी दिनचर्या थी और ये अपने जीवन के अंतिम दिन तक ऐसा करते रहे। इन्होंने अपनी रहस्यवादी अनुभूतियों को अपने अभंगों में बड़े ही स्पष्ट रूप से व्यक्त किया है। इन्होंने वेदांत दर्शन तथा पूर्ववर्ती संतों की रहस्यवादी शिक्षाओं को जनसामान्य की भाषा में प्रस्तुत किया। 1598 ई. में इनका निधन हो गया।

तुकाराम (1608-1650 ई.)

तुकाराम का जन्म एक किसान परिवार में हुआ था। इनके पास कुछ पशु तथा भू-संपत्ति थी। लेकिन एक बड़े दुर्भिक्ष में इन्होंने अपने माता-पिता, दो पत्नियों में से अपनी एक पत्नी तथा पुत्र के साथ सब कुछ खो दिया। ये दिवालिया हो गए तथा अपने जीवन से निराश हो गए। इनकी दूसरी पत्नी कर्कशा थी, जो इनके साथी भक्तों को गालियां देती थी। घर और बाहर दोनों ओर से दुःखी होकर तुकाराम, ज्ञानेश्वर, नामदेव, एकनाथ की रचनाओं के अध्ययन में जुट गए तथा मामहनाथ और भंडारा की पहाड़ियों में निर्जन स्थानों में रहकर ईश्वर का चिंतन-मनन करने लगे।

इन्होंने अनेक अभंगों की रचना की, जिनमें इनकी शिक्षाएं सन्निहित हैं और महाराष्ट्र में जिनका व्यापक रूप से गायन किया जाता है। ये शिवाजी के समकालीन थे तथा उनके द्वारा दिए गए विपुल उपहारों की भेंट इन्होंने स्वीकार करने से मना कर दिया।

रामदास (1608-1681 ई.)

इनका जन्म 1608 ई. में हुआ। इन्होंने 12 वर्षों तक पूरे भारत का भ्रमण किया तथा अंततः कृष्णा नदी के तट पर चकाल के पास बस गए, जहाँ इन्होंने एक मंदिर बनवाया। ये शिवाजी एवं छत्रसाल के आध्यात्मिक गुरु थे। रामदास का जन्म राजनीतिक उथल-पुथल के समय हुआ था। लेकिन उस जीवन से केवल आंशिक रूप में ही प्रभावित हुए।

वे ईश्वर की अनुभूति को प्राथमिक तथा राजनीति को केवल गौण महत्त्व देते थे। ये व्यावहारिक प्रकृति के संत थे। इन्होंने बड़े व्यावहारिक ढंग से अपने पंथ की स्थापना की थी। इन्होंने आध्यात्मिक तथा लौकिक क्षेत्रों में कार्य करने के लिए समस्त महाराष्ट्र में अपने मठों की स्थापना की। इन्होंने अपनी अति महत्त्वपूर्ण रचना 'दासबोध' में आध्यात्मिक जीवन के समन्वयवादी सिद्धांत के साथ विविध विज्ञानों एवं कलाओं के अपने विस्तृत ज्ञान को संयुक्त रूप से प्रस्तुत किया है। इन्होंने बहुत से अभंगों और कुछ लघु कृतियों की भी रचना की, जिनसे जीवन में ईश्वरानुभूति के प्रति गहन आसक्ति उत्पन्न होती है।

महाराष्ट्र में भक्ति आन्दोलन का महानतम योगदान महाराष्ट्र के लोगों को एक राष्ट्र के रूप में एकजुट करना था, जिससे शिवाजी के अधीन मराठा आन्दोलन के उत्थान में अत्यधिक सहायता मिली।

महत्वपूर्ण बिंदु

* सूफीवाद ईश्वर की प्राप्ति के सिद्धांत पर आधारित है।
* सूफीवाद भक्त व ईश्वर के बीच मध्यस्थता को अस्वीकार किया है।
* सूफी धार्मिक आन्दोलन कई सिलसिलों में विभक्त है।
* चिश्ती सिलसिला के संस्थापक ख्वाजा मोइनुद्दीन चिश्ती है।
* सुहारावर्दी सिलसिला का शासक वर्ग से घनिष्ठ संबंध था।
* गुरु नानक ने 'गुरु का लंगर' नाम से युक्त साम्प्रदायिक रसोई की व्यवस्था आरम्भ की थी।
* तुलसीदास ने कवितावली, गीतावली, विनय पत्रिका आदि की रचना की है।

❑❑❑

अध्याय

17

नई इस्लामिक संस्कृति का उदय

[इंडो-इस्लामिक स्थापत्यकला, उर्दू और हिन्दी भाषा का विकास]

इंडो-इस्लामिक स्थापत्य कला

12वीं शताब्दी के अंत में सल्तनत वास्तुकला की नवीन संरचना का विकास हुआ। इसको इंडो-इस्लामिक शैली कहा गया। तुर्क आक्रमण के साथ ही इस्लाम का आगमन भारत में हुआ। इस्लाम के आगमन से भारत की सामाजिक, राजनीतिक व आर्थिक क्षेत्र के साथ-साथ वास्तुकला भी प्रभावित हुई। इसमें भारतीय पद्धति पाबियत, बल्ली एवं शहतीर तथा इस्लामिक पद्धति अरकुएट, गुम्बद एवं मेहराब निहित थे। वस्तुत: शासकों की पहली आवश्यकता के लिए महल और अमीरों के लिए भवन की थी। तो साथ ही इस्लाम के समर्थकों के लिए धार्मिक स्थलों की थी। इस कारण सल्तनत के वास्तुकला के अंतर्गत महल, किले, मस्जिद, मकबरें और मीनारें बनी।

आरंभ में शासकों के पास समय की कमी थी। अत: उन्होंने हिन्दू मंदिरों में थोड़ा बदलाव कर मस्जिद का रूप दे दिया। दोनों संरचनाओं में कुछ बातें समान थी, जैसे- खुला आंगन तथा जल की सुविधा, चाहरदीवारी और अलंकरण किंतु जैसे-जैसे सल्तनत का सुदृढ़ीकरण होता गया। स्वतंत्र रूप से नवीन धार्मिक तथा आवासीय संरचनाएँ बनने लगी।

इंडो इस्लामिक स्थापत्य कला की विशेषता

इस काल में भवन निर्माण में पत्थरों का बहुतायत प्रयोग किया गया। भवन निर्माण में नींव को छोटे कंकड़-पत्थरों से भरा गया। जिससे कि ऊपर का ढाँचा मजबूत बन सकें और फिर भवनों को चूने, गारे, जिप्सम से जोड़कर प्लास्टर किया गया।

दिल्ली सल्तनत में गुम्बद एवं मेहराब का खूब प्रचलन हुआ। वस्तुत: कुषाणों के द्वारा इसका प्रचीन भारत में उपयोग किया गया, जो इन्होंने रोम से प्राप्त किया था। किंतु तुर्कों ने इस निर्माण की पद्धति को लोकप्रिय बनाया। वस्तुत: गुम्बद-मेहराब ने छतों को सहारा देने के लिए स्तंभों की आवश्यकता को समाप्त कर दिया।

इस्लाम में प्राणियों के चित्रण को निषिद्ध किया गया था। अत: सजावट में फूल-पत्ती एवं ज्यामितीय प्रतीकों का उपयोग होता था। कुरान की आयतें, जो अरबी लिपि में भवनों पर लिखी जाती थी; कूफी कहलाती थी। इन्हें फूल-पत्तियों के अलंकरण के साथ लिखा जाता था। यह पूरी संरचना अरबेस्क कहलाती थी।

इस अलंकरण में कमल तथा घंटे का भी प्रयोग होता था। इस तरह अलंकरण में धर्म निरपेक्ष पहलू भी शामिल था।

विभिन्न शासकों के समय इंडो स्थापत्यकला का विकास

गुलाम वंश (1206-90 ई.)- इस काल में कुतुबुद्दीन ऐबक ने 'कुव्वत-उल-इस्लाम' मस्जिद एवं कुतुबमीनार का निर्माण करवाया। कुतुबमीनार एक शंकु के आकार का है, जिसमें बाहर निकले हुए छज्जे मूल मीनार से 'स्टेलेक्टाइट-हनीकोमिंग' तकनीक से जुड़े है।

खिलजी वंश (1290-1320 ई.)- अलाउद्दीन खिलजी ने अलाई दरवाजा का निर्माण कराया। जिसमें घोड़े के नाल के आकार की कमल लगी झालरें मौजूद है। जिसकी भव्यता को देखकर **मार्शल** ने कहा कि "यह इस्लामी स्थापत्य कला के खजाने का सबसे बड़ा हीरा है।" इसके अतिरिक्त अलाउद्दीन ने हौज-ए-खास जमात-खाना मस्जिद का निर्माण करवाया।

तुगलक वंश (1320-1414 ई.)- इस काल में भवन निर्माण में खुरदुरे पत्थर, ढालू दीवारें प्रयोग किए गए। यह सलामी (ढ़ालू दीवारें) तुगलक स्थापत्य की विशेषता थी। तुगलक स्थापत्य में सस्ते और अनगढ़े पत्थरों का प्रयोग हुआ तथा सजावट पर कम बल दिया गया। इस काल की प्रमुख स्थापत्य-कालीन मस्जिद, खिड़की मस्जिद, तुगलकाबाद का किला आदि है।

सैय्यद वंश (1414-1451 ई.) एवं **लोदी वंश** (1451-1526 ई.)- सैय्यद काल में मकबरों का अत्यधिक निर्माण हुआ। अत: इसे मकबरों का काल भी कहा गया। अष्टकोणीय मकबरे भी बने, जैसे- खानेजहाँ तेलंगानी का मकबरा। लोदी काल की खास विशेषता यह है कि स्थापत्य को बागों के मध्य ऊँचे चबूतरे पर बनाया गया, जिसे "चारबाग शैली" कहा गया। जो मुगलों के स्थापत्य की खास पहचान बनी।

सल्तनतकालीन चित्रकला

इस्लाम में प्राणियों के चित्रण को महत्व नहीं दिया गया फिर भी भित्ति चित्र तथा पांडुलिपि चित्रण के रूप में चित्रकला मौजूद थी। इल्तुतमिश के काल में चित्रों के माध्यम से सजावट का प्रचलन था। 1229 ई में खलीफा के दूत के आगमन समारोह का पूरा चित्रण किया गया। **अब्दुल मलि** **इसामी** की पुस्तक 'फुतूह-उस-सलातीन' में लिखा है कि इल्तुतमि... समय चीनी चित्रकार दिल्ली आए थे। इसी तरह **अमीर खुसरो** की रच... "देवल रनी एवं खिज्र खाँ (आशिका)" में चित्रों को भी प्रस्तुत किया गया। यहाँ चित्र के निर्माण के लिए मकरबों का उल्लेख है।

खुसरो ने 'नूह सिपिहर' में चित्रित वस्त्रों का उल्लेख किया है। इस तरह चित्रकला की परंपरा केवल भित्ति तथ पांडुलिपि चित्रण तक ही नहीं, बल्कि पट्ट(वस्त्र) चित्र के रूप में भी मौजूद थी।

चित्रकला की चौर पंचशिका शैली लघुचित्रकारी से युक्त है। यह लोक कथानक पर आधारित विषयों के चित्रों से संबंधित है। ऐसे चित्र पुस्तकों पर मुख्य पृष्ठ पर चित्रित किए जाते हैं।

सल्तनतकालीन संगीत

सल्तनत में सूफी संतों एवं राजदरबार के प्रभाव से संगीत कला का विकास हुआ। कुतुबुद्दीन ऐबक स्वयं कुरान की पंक्तियों को सुर में गाता था। अतः उसे कुरान खां की उपाधि मिली।

इस काल में बलबन के वंशज कैकूबाद के महल में नृत्य, संगीत, गायन, वादन प्रचलित था। अलाउद्दीन भी संगीत प्रेमी था। उसने दक्षिण भारतीय गायक गोपालनायक को अपने दरबार में बुलाया।

अमीर खुसरो ने हिंदुस्तानी संगीत कला को नई ऊँचाई दी। उसने एनम, सनम, सरपदा आदि रागों का विकास किया। साथ ही कव्वाली के प्रचलन का श्रेय भी उसे ही दिया जाता है। ख्याल गायकी के विकास से भी खुसरो का नाम जोड़ा जाता है।

खुसरो ने भारतीय रागों को विभिन्न भागों में बाँटकर संगीत वाद्य यंत्रों का भी विकास किया। उसे सितार तथा तबले के विकास का श्रेय भी दिया जाता है।

फिरोज शाह तुगलक के समय भी संगीत को प्रोत्साहन मिला। उसने संगीत की पुस्तक 'रागदर्पण' का फारसी में अनुवाद कराया। सल्तनत से स्वतंत्र हुए क्षेत्रीय राज्यों में भी संगीत का विकास हुआ। इस संबंध में जौनपुर का शर्की वंश उल्लेखनीय है।

साहित्य एवं भाषा का विकास

सल्तनत युग, साहित्य के समृद्ध रूप से फलने-फूलने का युग रहा है। यह वह युग था, जब संस्कृति और साहित्य के क्षेत्र में असाधारण प्रगति के साथ-साथ नई भाषाओं का प्रयोग प्रारंभ हुआ। इस सांस्कृतिक और साहित्यिक संश्लेषण का प्रतिबिंबन, फारसी व संस्कृति के मध्य आपसी आदान-प्रदान द्वारा तथा उर्दू जैसी संश्लेषात्मक भाषा की उत्पत्ति और विकास में हुआ। संस्कृत और फारसी से काफी हद तक प्रभावित प्रादेशिक भाषाओं और साहित्य में इस युग की धार्मिक, सामाजिक और लोकप्रिय अभिवृत्तियों का प्रतिबिम्ब था। अमीर खुसरो और जायसी जैसे मुस्लिम लेखकों की हिन्दी रचनाएं और इसी तरह बंगाली मुस्लिम कवियों द्वारा रचित बंगाली-वैष्णव काव्य भी सांस्कृतिक संश्लेषण के इस युग की विशेषताएँ थीं।

संस्कृत साहित्य

सामान्य तौर पर यह कहा जा सकता है कि राजकीय संरक्षण के अभाव के कारण सल्तनत युग में संस्कृत साहित्य के स्तर में गिरावट आई। यद्यपि यह सही है कि राजभाषा के रूप में संस्कृत का स्थान फारसी ने ले लिया था, संस्कृत साहित्यिक रचनाओं के सृजन में संख्या की दृष्टि से कोई कमी नहीं आई। यह युग संस्कृत भाषा की विभिन्न शाखाओं में बड़ी संख्या में साहित्यिक रचनाओं के लिए महत्वपूर्ण है, जैसे-काव्य (कवितामय वृतान्त), धर्म और दर्शन शास्त्र, व्याकरण, नाटक, कहानियाँ, चिकित्सा विज्ञान, खगोल विज्ञान, विधि पुस्तकों पर टीका-टिप्पणियां और सार संग्रह तथा अन्य पारंपरिक संस्कृत रचनाएँ। न ही संस्कृत के लिए राजकीय संरक्षण का अभाव पूर्ण था, क्योंकि अभी भी कई राजा संस्कृत कवियों को संरक्षण देते थे-विशेष रूप से दक्षिण भारत और राजस्थान में। यद्यपि बड़ी संख्या में संस्कृत रचनाएँ लिखी गईं, इन रचनाओं के स्तर में गिरावट के स्पष्ट चिन्ह मौजूद थे। गिरावट की यह प्रक्रिया सल्तनत की स्थापना से पूर्व ही प्रारंभ हो गई थी, जो सल्तनत युग में अधिक स्पष्ट हो गई।

संस्कृत कवियों को कई राजपूत राजाओं का संरक्षण प्राप्त था। इन कवियों ने संस्कृत प्रशस्ति की शास्त्रीय विधा में अपने संरक्षकों के वंशों का इतिहास लिखा। इस प्रकार के वंश या कुटुम्ब इतिहास ने एक निश्चित सूत्र का अनुकरण किया, जो उस काल में एक स्थापित प्रवृत्ति का रूप धारण कर चुका था। इन संस्कृत रचनाओं में से कुछ जैसे-**पृथ्वीराज विजय** और **हम्मीर महाकाव्य** प्रसिद्ध हैं। मुस्लिम शासकों पर कई ऐतिहासिक कविताएं, जैसे-गुजरात के सुल्तान महमूद बेगड़ा की जीवनी 'राजविनोद' उसके दरबारी कवि उदयराज द्वारा लिखी गई। कश्मीर के राजाओं के इतिहास से संबंधित कल्हण की **राजतरंगिणी** (12वीं शताब्दी) के बाद सल्तनत युग में जौनराज द्वारा द्वितीय **राजतरंगिणी** की रचना की गई, जिसमें जयसिंह से सुल्तान जैन-उल-आबदीन (1420-1470) तक के कश्मीर शासकों का इतिहास शामिल है। श्रीवर द्वारा तृतीय **राजतरंगिणी** की रचना की गई, जिसमें 1486 ई. तक के कश्मीर के इतिहास का वर्णन है। इन सभी रचनाओं में उनके संरक्षकों का प्रशस्तियुक्त गुणगान है, परंतु उनमें उपयोगी ऐतिहासिक तथ्य भी सम्मिलित हैं। इन ऐतिहासिक काव्यों के अतिरिक्त, बड़ी संख्या में अर्द्ध-ऐतिहासिक रचनाएँ, **प्रबन्ध** भी लिखी गईं। ये **प्रबंध** काल्पनिक और संतचरित लेखन से परिपूर्ण थे। परंतु, उनमें से कुछ जैसे-मेरुतुंग द्वारा रचित **प्रबंध चिंतामणि**, और राजशेखर के प्रबन्धकोष में ऐतिहासिक महत्व की जानकारी है। तथापि, कुल मिलाकर, बड़ी संख्या में प्रकाशित सल्तनतयुगीन संस्कृत साहित्य अपनी मौलिक ओजस्विता और सृजनशीलता खो चुका था और इस साहित्य का अधिकांश हिस्सा उस काल की बौद्धिक प्रगति से अछूता रहा।

अरबी साहित्य

इस्लाम के उदय के पश्चात् कुछ शताब्दियों तक अरबी-इस्लामी दुनिया की मुख्य भाषा रही। यह पैगम्बर, इस्लाम धर्म और साथ ही धर्मशास्त्र की भाषा थी। यद्यपि दिल्ली सल्तनत की स्थापना के पश्चात भारत में अरबी भाषा को प्रचलित करने की ओर ध्यान गया, तुर्क शासक फारसी भाषा से अधिक प्रभावित थे, जो 10वीं शताब्दी से मध्य एशिया के मुस्लिम राज्यों की प्रधान भाषा के रूप में विकसित हो चुकी थी, जिसके फलस्वरूप अरबी में साहित्यिक रचना का कार्य केवल मुस्लिम विद्वानों और दर्शनशास्त्रियों के एक छोटे से वर्ग तक सीमित रहा। बुखारा पर चंगेज खाँ के आक्रमण के फलस्वरूप कई अरबी विद्वानों ने इल्तुतमिश के शासन काल में यहाँ शरण मांगी। सुल्तान फिरोजशाह तुगलक (1351-1388 ई.) ने कई अरबी विद्वानों को संरक्षण प्रदान किया व उसी काल में मजदुद्दीन फिरोज़ावादी द्वारा **कामूस** नामक वृहत् अरबी शब्दकोष की रचना की गई। दिल्ली सल्तनत के पतन के उपरांत कई प्रादेशिक राज्यों ने भी अरबी शिक्षा को संरक्षण दिया और इस काल में अरबी शिक्षा के केंद्रों के रूप में कई स्थान प्रसिद्ध हुए।

फारसी साहित्य

भारत में गजनवी शासन के दौरान पंजाब में एक नई भाषा-फारसी का प्रचलन हुआ। 10वीं शताब्दी के बाद से ईरान और मध्य एशिया में फारसी साहित्य के क्षेत्र में अपूर्व विकास हुआ। फारसी के कुछ महान कवियों जैसे-फिरदौसी और सादी ने अपनी कृतियों की रचना इसी दौरान की। लाहौर-जो 13 शताब्दी से पूर्व भारत में तुर्कों की राजनीतिक सत्ता का केंद्र था-ने ईरान और मध्य एशिया के मुस्लिम राज्यों से कई फारसी कवियों को आकर्षित किया।

भारत में फारसी साहित्य के विकास की दृष्टि से खिलजियों का शासनकाल एक गौरवशाली युग था। प्रसिद्ध समकालीन **इतिहासकार जियाउद्दीन बर्नी** के शब्दों में, ''दिल्ली में श्रेष्ठता और योग्यता की दृष्टि से ऐसे विद्वान थे, जिन्हें बुखारा, समरकन्द, तबरीज और इस्तेहान में ढूंढना मुश्किल था और अपनी बौद्धिक उपलब्धियों के लिहाज़ से वे राजी और गजाली के समतुल्य थे। प्रत्येक पत्थर के नीचे साहित्यिक श्रेष्ठता का एक बहुमूल्य हीरा छिपा था।'' इस युग के फारसी विद्वानों और कवियों में सबसे प्रभावशाली अबुल हसन थे, जो अपने उपनाम, अमीर खुसरो से प्रसिद्ध हुए।

अमीर खुसरो (1253-1325) फारसी कविता के उन चंद भारतीय लेखकों में से एक थे, जिनकी रचनाओं को विदेशों में भी पढ़ा और सराहा गया। उनकी रचनाएं भारत के फारसी साहित्य में एक नई प्रवृत्ति को इंगित करती हैं-भारतीय साहित्य के साथ बढ़ती घनिष्ठता की प्रवृत्ति और भारत के फारसी लेखन पर भारतीय साहित्य का प्रभाव।

अमीर खुसरो की उनकी काव्य रचना भावनात्मक रूप से मुख्यत: भारतीय थी, लेकिन शैली की दृष्टि से फारसी प्रतिमानों का अनुकरण करते थे। इस प्रकार उन्होंने फारसी की एक नई शैली विकसित की, जिसे **सबक-ए-हिंद** अथवा भारतीय शैली से जाना जाता है। अमीर खुसरो द्वारा रचित कुछ कृतियाँ अब उपलब्ध नहीं है। उनकी 5 श्रेष्ठ साहित्य कृतियाँ इस प्रकार हैं-**मतला-उल-अनवार**, **शिरीन-खुसरो**, **लैला-मजनूं**, **आइना-ए सिकन्दरी** और **हश्त-बिहिश्त**। इन सभी कृतियों को उसने अलाउद्दीन खिलजी को समर्पित किया। उसके पाँच **दीवानों** (गजल-संग्रह) में से **तुहफत-उस सिगार**, **बस्त-उल हयात**, **घुर्रत-उल कमाल**, **वकिया-नकिया** और **निहायत-उल-कमाल** प्रमुख हैं। उसकी रचनाओं में प्रसिद्ध मसनवियो में हैं- **तुगलकनामा**, **ख्वाजा-उल-फुतुह** तथा **तवारीख-ए-अलाई**।

हसन देहलवी के नाम से विख्यात शेख नजमुद्दीन हसन (मृत्यु ई. 1327), सल्तनत युग के एक अन्य प्रसिद्ध फारसी कवि थे। वे सुल्तान अलाउद्दीन खिलजी के दरबारी कवियों में से एक थे। अपनी गजलों की गुणवत्ता पर उन्हें 'हिन्दुस्तान के सादी' की पदवी प्राप्त हुई।

सल्तनत युग (और बाद में मुगल काल में) में फारसी साहित्य के महत्वपूर्ण योगदान में से एक इतिहास लेखन के क्षेत्र में था। कई इतिहासकारों ने फारसी में उस युग का इतिहास लिखा। इन इतिहासकारों में से प्रमुख थे : मिन्हाज-उस-सिराज (**तबकात-ए-नासिरी** के लेखक), शम्स-ए-सिराज अफीफ (**तारीख-ए-फिरोजशाही** के रचयिता) और इसामी (**फुतुह-उस-सलातीन** के रचयिता)। सुल्तानों में, फिरोज़शाह तुगलक ने **फुतुहात-ए-फिरोज़शाही** की रचना की। परंतु इस युग का सबसे प्रमुख इतिहासकार जियाउद्दीन बरनी था जिसकी कृति **तारीख-ए-फिरोज़शाही** उस युग की इतिहास-कृतियों में सर्वाधिक महत्वपूर्ण रचना है। बरनी की एक अन्य पुस्तक **फतवा-ए-जहाँदारी** राजनैतिक सिद्धांतों से संबंधित है।

अमीर खुसरो के अभिनव प्रयासों के फलस्वरूप उस युग के भारतीय समाज में साहित्यिक और सांस्कृतिक संश्लेषण की परम्परा स्थापित हुई। फारसी और संस्कृत में आदान-प्रदान की प्रक्रिया में वृद्धि हुई। कई संस्कृत रचनाओं का अरबी व फारसी में अनुवाद प्रारंभ हुआ। जिया नक्शबी (मृत्यु 1350 ई.) प्रथम विद्वान था, जिसने संस्कृत कहानियों का फारसी में अनुवाद किया। उसका **तूतीनामा**, एक संस्कृत कृति पर आधारित है। फिरोज़शाह तुगलक और सिकंदर लोदी के शासनकाल में कई संस्कृत रचनाओं का फारसी में अनुवाद किया गया। 15वीं शताब्दी में कश्मीर के प्रसिद्ध शासक जैन-उल-आबेदीन ने **महाभारत** और कल्हण की **राजतरंगिणी** का संस्कृत से फारसी में अनुवाद करवाया।

फारसी में कविता-लेखन, तुगलक और लोदी सुल्तानों के काल में जारी रहा। दिल्ली सल्तनत के विस्तार के फलस्वरूप फारसी साहित्य का प्रचार-प्रसार भारत के अन्य भागों में फैला। दिल्ली सल्तनत के पतन के पश्चात् क्षेत्रीय राज्यों की स्थापना ने भी इस प्रक्रिया में योगदान दिया। दक्खन में बहमनी राज्य की स्थापना के पश्चात् कई फारसी कवि और विद्वान गुलबर्गा जा बसे, जहाँ उन्हें बहमनी सुल्तानों का संरक्षण प्राप्त हुआ।

क्षेत्रीय भाषाओं में साहित्य

इस युग के इतिहास की महत्वपूर्ण विशेषताओं में से एक, भारत के विभिन्न भागों में क्षेत्रीय भाषाओं का साहित्यिक विकास था। इनमें से प्रत्येक भाषा की उत्पत्ति उसके अनुरूप की इण्डो-आर्य प्राकृत की अपभ्रंश अवस्था से हुई है। यह उत्पत्ति 7वीं-8वीं शताब्दी में देखी जा सकती है।

क्षेत्रीय भाषाओं के विकास की सामाजिक पृष्ठभूमि

इस युग में क्षेत्रीय भाषाओं के विकास के लिए महत्वपूर्ण कारण निम्नलिखित थे :

(i) उत्तर-गुप्त काल में, लगभग 7वीं-8वीं शताब्दी से, सामंतवादी समाज, अर्थव्यवस्था और राजनीति की प्रगति के फलस्वरूप क्षेत्रीय सत्ता और संस्कृति का आविर्भाव हुआ। क्षेत्रीयवाद के विकास का एक परिणाम, अपभ्रंश से क्षेत्रीय भाषाओं के प्रारम्भिक रूपों की उत्पत्ति था।

(ii) संस्कृत साहित्य की गुणवत्ता में कमी दिल्ली सल्तनत की स्थापना से बहुत पहले ही प्रारंभ हो गई थी। 10वीं-11वीं शताब्दियों में प्रकाशित संस्कृत साहित्य अधिकांशत: स्वाभाविकता हीन था और अलोकप्रिय था। यह साहित्य एक छोटे से ब्राह्मणीय दायरे तक सीमित रहा। सल्तनत युग में राजभाषा के रूप में संस्कृत का प्रतिस्थापन फारसी द्वारा दिए जाने से संस्कृत साहित्य के पतन की प्रक्रिया और भी तीव्र हो गयी। केन्द्र में इसको प्राप्त सरकारी संरक्षण के समाप्त होते ही कई राज्यों ने क्षेत्रीय भाषाओं के प्रयोग को बढ़ावा दिया, क्योंकि फारसी भारत के कई भागों में एक अपरिचित भाषा थी। कई राज्यों में, प्रशासकीय कार्यों हेतु, तुर्कों से पहले भी, संस्कृत के अतिरिक्त क्षेत्रीय भाषाओं का प्रयोग प्रचलित था। दिल्ली सुल्तानों के शासन काल में, कई प्रदेशों में, स्थानीय स्तर पर हिन्दी जानने वाले राजस्व अधिकारियों का उल्लेख मिलता है।

(iii) 14वीं शताब्दी के उपरांत उत्तर भारत में भक्ति आन्दोलनों की प्रगति ने, क्षेत्रीय भाषाओं के विकास और इन भाषाओं में साहित्य की विविध विधाओं को विकसित करने में अत्यंत प्रभावशाली योगदान दिया। भक्ति आन्दोलन के संत अपने छंदों की रचना आम बोल-चाल की भाषा में करते थे, जिससे वे लोगों में बहुत लोकप्रिय थे। वे लोकप्रिय मुहावरों, दंत-कथाओं और लोक-कथाओं का प्रयोग करते थे। भक्ति आन्दोलन ने एक आम तरीके से लोकप्रिय प्रादेशिक भाषाओं के विकास में योगदान दिया। भक्ति संतों ने, विशेष रूप से जिनका संबंध भक्ति आन्दोलन की पारंपरिक धारा से था, महाकाव्यों, पुराणों और **भगवद् गीता** का अनुवाद संस्कृत से क्षेत्रीय भाषाओं में किया, जिससे आम लोग उन्हें पढ़ सके। इस तरह से, भक्ति कवियों ने संस्कृत की विभिन्न कृतियों से भक्ति प्रसंग लेकर उनको लोकप्रिय बनाया। इन कृतियों के पाठों का न केवल क्षेत्रीय भाषाओं में अनुवाद किया गया, बल्कि उन्हें सरल तरीके से, लोगों के समझने हेतु, प्रस्तुत किया गया।

हिन्दी साहित्य का विकास

आज हम जिस हिन्दी को जानते हैं, उसका विकास मध्यकालीन भारत में विविध रूपों में हुआ। हिन्दी की उप-भाषाओं में, ब्रज भाषा, अवधी, राजस्थानी, मैथिली, भोजपुरी, मालवी इत्यादि सम्मिलित थीं। हमारे अध्ययन के युग में हिन्दी भाषा का साहित्य इन्हीं उप-भाषाओं में विकसित हुआ। इन उप-भाषाओं के अतिरिक्त खड़ी बोली, जिसका अर्थ अपरिष्कृत बोली थी, भी विकसित हो रही थी।

विद्वानों ने हिन्दी की उत्पत्ति का समय 7वीं और 10वीं शताब्दियों के मध्य बताया है-इस काल में ही अपभ्रंश से हिन्दी विकसित हो रही थी। 7वीं-8वीं शताब्दियों और 14वीं शताब्दी (भक्ति कविता की उत्पत्ति से पूर्व) के मध्य के युग को विद्वानों द्वारा ''वीर-गाथा काल'' कहा जाता है। इस युग को आदि काल (प्रारंभिक-युग) भी कहा जाता है। इस काल की अधिकतर काव्य-रचना भाटों द्वारा की जाती थी, जिन्हें विभिन्न राजपूत शासकों का संरक्षण प्राप्त था। भाट अपने मालिकों के शौर्य व पराक्रम का बढ़-चढ़ कर बखान करते थे। वे अपने काव्यात्मक वृत्तान्तों में प्रेम के पहलू को भी महत्ता देते थे। संक्षेप में, यह साहित्य, राजपूत शासक-वर्ग के नैतिक मूल्यों और दृष्टिकोण का परिचायक था। इस साहित्य के रचयिता, भाटों का आम जनता की आकांक्षाओं से कोई सरोकार नहीं था। इनकी अधिकांश काव्य-रचनाएं, हिन्दी की उप-भाषा राजस्थानी में रची गई थी। इनमें से सर्वाधिक प्रसिद्ध **पृथ्वीराज रासो** है जिसकी रचना का श्रेय दिल्ली के अंतिम राजपूत नरेश पृथ्वीराज के राजमंत्री **चन्दबरदाई** को दिया जाता है।

7वीं-8वीं शताब्दियों और 14वीं शताब्दी के मध्य का सम्पूर्ण हिन्दी साहित्य भाट-काव्य शैली का नहीं था। बौद्ध सिद्धों और बाद में नाथपंथियों ने हिन्दी के आद्यरूप में धार्मिक काव्य की रचना की। पश्चिम भारत में, जैन विद्वानों ने राजस्थानी में धार्मिक काव्य की रचना की, जिसमें लोगों के धार्मिक और सामाजिक जीवन के विभिन्न पहलुओं का चित्रण था। फारसी साहित्य में अमीर खुसरो के योगदान का वर्णन किया जा चुका है, परन्तु उसने हिन्दी के मिश्रित रूप में काव्य-रचना की, जो अंततः **खड़ी बोली** या **हिन्दुस्तानी** में विकसित हुई। उसने इसे **हिंदवी** नाम दिया। उसके कुछ हिन्दी छंद उसकी कृति **खालिक बारी** में पाये जाते हैं, जिसका श्रेय उसे दिया जाता है, परन्तु जो संभवतः बहुत बाद में लिखी गयी थी।

भक्ति कविता का युग हिन्दी-साहित्य की उन्नति का दूसरा काल 14वीं-15वीं शताब्दियों से प्रारंभ हुआ। भक्ति आन्दोलन की विभिन्न धाराओं का, उस काल के हिन्दी साहित्य पर गहरा प्रभाव पड़ा। हिन्दी साहित्य के इस काल को भक्ति काल कहा गया है, जो मुगल काल तक जारी रहा। यह युग जो कबीर से प्रारंभ हुआ, हिन्दी साहित्य के बहुत अधिक फलने-फूलने का युग था। इस काल के भक्त कवि दो प्रकार के थे : सगुण कवि (जो मानवीय रूप और लक्षणों युक्त ईश्वर में विश्वास करते थे) और निर्गुण कवि (जो अमूर्तवादी परम ईश्वर में विश्वास करते थे)। कबीर निर्गुण भक्त कवियों का अगुआ था, जिनमें से अधिकांश समाज के कमजोर वर्ग से थे एवं निर्धन और निरक्षर थे। कबीर की अपनी मातृभाषा भोजपुरी थी, परन्तु उसने मिश्रित बोली में अपनी रचनाएं लिखीं, जिसे उत्तर भारत के विभिन्न भागों के लोग समझ सकते थे। कबीर की भाषा का एक विशेष लक्षण 'सधुक्कड़ी' कहलाता है। कबीर और अन्य निर्गुण संतों के गैर-परम्परावादी और रूढ़ि-विरोधी विचारों का वर्णन भक्ति आन्दोलन के अध्याय में, पहले ही किया जा चुका है। साहित्यिक दृष्टि से कबीर की भाषा-शैली की विशेषता यह है कि इसमें अक्खड़पन के साथ ज्ञान और गूढ़ तथ्यों का समावेश था। उन्होंने अपने भावों को स्थानीय लोगों की भाषा में व्यक्त किया। अपने अधिकांश भावों को जिस साहित्यिक शैली में उन्होंने छोटे पदों में रखा, वे दोहे कहलाए।

उत्तर भारत के परंपरागत वैष्णव भक्ति आन्दोलन से संबंधित कवि अधिकतर ब्राह्मण थे और ब्राह्मण धर्मग्रंथों व संस्कृति-पाठों से परिचित थे। वैष्णव कवि एक वैयक्तिक ईश्वर के प्रति भक्ति की धारणा में विश्वास करते थे, और उसी के अनुसार वे राम-भक्तों और कृष्ण-भक्तों में बंट गए। हिन्दी में राम भक्ति काव्य ने मुख्य रूप से मुगल काल में समृद्धि प्राप्त की। इसके सबसे प्रमुख प्रतिनिधि कवि और संभवतयाः हिन्दी साहित्य का सर्वश्रेष्ठ कवि तुलसीदास (1532-1623 ई.) था, जिसने हिन्दी की अवधी बोली में प्रसिद्ध **रामचरितमानस** की रचना की। कृष्ण-भक्त कवियों में, विद्यापति ने मैथिली हिन्दी में राधा और कृष्ण के प्रेम से संबंधित छंदों की रचना की। उसके प्रगीतात्मक काव्य का प्रभाव बंगाल पर हुआ और कुछ बंगाली कवियों ने उसके गीतों का अनुकरण किया। सल्तनत काल के अंत तक मथुरा के निकट वृंदावन, वैष्णव भक्ति कविता के केन्द्र के रूप में उभरा। ये कवि कृष्ण-भक्त थे और इन्होंने अपने छन्दों की रचना ब्रज-भाषा में की। इनमें से सबसे प्रमुख कवि सूरदास (1483-1563) थे। वैष्णव भक्ति-काल में एक अन्य प्रमुख नाम मीरा बाई (1498-1543) का था। वह कृष्ण-भक्त थीं और अपने गीतों की रचना राजस्थानी भाषा में किया करती थीं, परंतु इनमें से अधिकांश गीतों को कालांतर में अन्य हिन्दी उप-भाषाओं और गुजराती में समविष्ट कर दिया गया।

इस युग के सूफी संतों और विद्वानों ने हिन्दी साहित्य के विकास में महत्वपूर्ण भूमिका निभाई। चिश्ती सूफियों ने सभा (भाव-विभोर गायन और नाच) बैठकों में भक्तिमय हिन्दी गीतों का प्रयोग किया। विभिन्न हिन्दी शब्दों जैसे 'गोपी' 'रासलीला' आदि की सूफी मतानुसार और अन्य कितपरक व्याख्या की गयी। सूफी कवियों ने इस्लामी

रहस्यवाद तथा भारतीय प्रेम कथाओं, लोकप्रिय दन्त-कथाओं और कहानियों को मिलाकर रचनाएं कीं। मुल्ला दाउद द्वारा रचित **चंदायन** (ई. 1379 में लिखी गई) ऐसी काव्य-रचनाओं में से सबसे पहली है। कुतुबन की **मृगावती** (1501 में रचित), हिन्दी में रहस्यवादी भावप्रवण काव्य की अन्य कृति हैं 1540 में अवधी हिन्दी में मलिक मोहम्मद जायसी द्वारा रचित **पद्मावत** अन्योक्तिपरक साहित्य का श्रेष्ठ नमूना है। सूफी कवियों की साहित्यिक रचनाओं के फलस्वरूप हिन्दी साहित्य में कई अरबी और फारसी शब्दों का समावेश संभव हुआ और इससे सांस्कृतिक और साहित्यिक संश्लेषण का मार्ग प्रशस्त हुआ।

उर्दू भाषा की उत्पत्ति और विकास

विद्वानों ने दिल्ली सल्तनत की स्थापना के बाद के युग में, उर्दू भाषा की उत्पत्ति के संबंध में विभिन्न मत प्रतिपदित किए हैं। हिन्दी की एक उप-भाषा की पहचान के संदर्भ में कई मत हैं, इस पर फारसी तत्व के प्रभाव के फलस्वरूप एक नई भाषा का जन्म हुआ। जिन उप-भाषाओं का उल्लेख हुआ, उनमें ब्रजभाषा, हरियाणवी और दिल्ली के आसपास बोली जाने वाली अन्य बोलियाँ और पंजाबी भाषा हैं। इन सभी उप-भाषाओं का अपनी प्रारंभिक अवस्था में उर्दू भाषा पर प्रभाव पड़ा और यह कहना मुश्किल है कि किस उप-भाषा के साथ फारसी के मिलाप से उर्दू का जन्म हुआ। तथापि, यह सुस्पष्ट है कि 14वीं शताब्दी के अंत तक उर्दू एक स्वतंत्र भाषा के रूप में प्रकट हुई। हिन्दी के समान, उर्दू की मूल संरचना खड़ी बोली पर एक संश्लेषणात्मक भाषा के विकास के लिए दिल्ली की एक आदर्श स्थिति थी, क्योंकि एक तरफ, यह विभिन्न उप-भाषाओं को बोलने वाले लोगों से घिरी थी, और दूसरी तरफ वहाँ फारसी-भाषी कुलीन शासक वर्ग था। इस प्रकार उर्दू फारसी लिपि और फारसी साहित्यिक परम्परा को अपनाते हुए हिन्दी उप-भाषाओं की मूल संरचना को समाविष्ट किया और अपनी स्वयं की वैयक्तिकता विकसित की।

उर्दू शब्द की उत्पत्ति तुर्की भाषा से हुई है और इसका शाब्दिक अर्थ सेना अथवा कैम्प है। अपनी प्रारंभिक अवस्था में, उर्दू का प्रयोग एक कामचलाऊ भाषा के रूप में, फारसी बोलने वाले तुर्क शासक वर्ग और सैनिकों द्वारा स्थानीय लोगों, जिनमें हाल ही में इस्लाम स्वीकार करने वाले भी थे, के साथ सम्पर्क हेतु हुआ। तथापि, इसने अभी एक साहित्यिक भाषा का रूप प्राप्त नहीं किया था। इस नई आम भाषा को एक मूर्त रूप प्राप्त करने में एक शताब्दी का समय लगा और इसे अमीर खुसरो ने **''हिन्दवी''** नाम दिया। खुसरो ने अपने छंदों की रचना **'हिन्दवी'** (फारसी लिपि का प्रयोग करते हुए) में की और इस प्रकार उर्दू साहित्य की नींव रखी।

तथापि, सर्वप्रथम दक्खन में उर्दू ने एक मानकीकृत साहित्यिक भाषा का दर्जा प्राप्त किया और वहाँ 15वीं शताब्दी में यह दक्खनी के नाम से जानी जाती थी। यह सर्वप्रथम बहमनी शासन काल में विकसित हुई और कालांतर में बीजापुर और गोलकुण्डा राज्यों में फली-फूली। गेसू दराज की **मिराज-उल आशिकी**, दक्खनी उर्दू की सबसे प्रारंभिक रचना है। 18वीं शताब्दी तक, उर्दू कई नामों से जानी जाती थी, जैसे **''हिन्दवी''**, **''दक्खनी''**, **''हिन्दुस्तानी''** या **''रेखता''** (कई भाषाओं को मिलाकर नई भाषा पैदा करना)। दक्खनी उर्दू अपने परिष्कृत रूप में उत्तर भारत पहुंची और शीघ्र ही इसने मुगल काल में लोकप्रियता प्राप्त की। 18वीं शताब्दी में मुगल साम्राज्य के पतन के समय उर्दू साहित्य अपने चरमोत्कर्ष पर था।

महत्वपूर्ण बिंदु

* इस्लाम में प्राणियों का चित्रण निषेध है।
* कुतुबुद्दीन ऐबक ने कुव्वत-उल-इस्लाम मस्जिद का निर्माण करवाया था।
* सितार व तबले के आविष्कार का श्रेय अमीर खुसरो को दिया जाता है।
* फिरोज शाह तुगलक के समय संगीत को प्रोत्साहन मिला।
* कश्मीर के शासक जैन-उल-आबदीन ने महाभारत और राजतरंगिणी का संस्कृत से फारसी में अनुवाद करवाया।
* तबकात-ए-नासिरी के लेखक मिन्हाज-उस-सिराज है।

❑❑❑

अध्याय
18

मुगल साम्राज्य

[युद्ध एवं उपलब्धियाँ, मुगल साम्राज्य की जागीरदारी एवं मनसबदारी प्रथा, मुगलों की आर्थिक नीति, मुगलों की धार्मिक एवं राजपूत नीतियाँ, स्थापत्यकला, चित्रकला]

भारत के इतिहास की अविस्मरणीय एवं युगांतरकारी घटना 1526 ई. में बाबर द्वारा इब्राहिम लोदी को पराजित करना था। तुर्कों और अफगानों द्वारा भारत पर लगभग तीन शताब्दियों तक शासन किया गया, लेकिन उनका शासनकाल भारत पर कोई स्थायी प्रभाव नहीं छोड़ सका। मुगल शासकों की बुद्धिमत्ता एवं शौर्य से किया गया शासन लगभग समस्त उत्तर भारत और दक्षिण के अधिकांश भागों को एक सूत्र में बांधने में समर्थ रहा; क्योंकि 1526 ई. में देश की राजनीतिक स्थिति दयनीय थी। केंद्रीय सत्ता के अभाव में चारों ओर अराजकता छाई हुई थी। विकेंद्रीकरण के कारण भारत छोटे-छोटे टुकड़ों में बंट गया था। लेकिन इन छोटे प्रांतों में भी आपसी एकता एवं शांति नहीं थी। इनमें ईर्ष्या और द्वेष की भावना थी, अत: ये आपस में मिलकर किसी भी शत्रु का सामना नहीं कर सकते थे। बाबर ने अपनी आत्मकथा 'तुजुक-ए-बाबरी' में भारत की राजनीतिक स्थिति का वर्णन करते हुए बताया है कि उस समय देश में पांच मुस्लिम तथा दो हिन्दू शक्तिशाली राज्य थे। बंगाल और बिहार में अफगान, गुजरात मालवा में बहमनी, दिल्ली में अफगान सुल्तान शासक थे। इसके अलावा मेवाड़ और विजयनगर के राजा हिन्दू थे।

बाबर (1526-30 ई.)

जहीरूद्दीन मुहम्मद बाबर का जन्म 14 फरवरी, 1483 ई. को फरगना में हुआ था। फरगना का शासक व उसके पिता उमर शेख मिर्जा तैमूर वंश से तथा माता कुतलुन निगार मंगोल नेता चंगेज़ खां के वंश से थी। उसमें मंगोलों की क्रूरता तथा तुर्कों की योग्यता एवं साहस का समन्वय था। बाबर 1511-12 ई. में समरकंद, बुखारा तथा खुरासान पर अधिकार कर लिया। अब बाबर ने काबुल पर भी अधिकार कर लिया। भारत पर आक्रमण करने से पूर्व उसने 12 वर्षों तक काबुल पर शासन किया। इस बीच तुर्क, मंगोलों, उजबेग, ईरानी और अफगानों के साथ युद्ध लड़ते-लड़ते वह युद्ध कौशल और सैनिक चालों में पूर्णत: पारंगत हो गया। 1519 ई. से लेकर 1525 ई. तक बाबर ने भारत पर पांच बार आक्रमण किया। अंतत: उसने 21 अप्रैल, 1526 ई. में पानीपत का निर्णायक युद्ध किया।

यह युद्ध बाबर की महत्त्वाकांक्षा का प्रतीक था।

पंजाब को विजित करने के पश्चात् बाबर दिल्ली की ओर बढ़ा। इब्राहिम लोदी एक विशाल सेना लेकर बाबर का सामना करने के लिए पानीपत पहुंचा। उसकी सेना में लगभग एक लाख सैनिक और एक हजार हाथी थे। इनमें शिविर रक्षक एवं नौकर-चाकर भी थे। 20 अप्रैल 1526 ई. को युद्ध आरंभ हुआ। मध्याह्न तक युद्ध चला। इसमें इब्राहिम लोदी अंतिम समय तक युद्ध करता रहा, अंतत: वह मारा गया। बाबर अब भारत का नया शासक बना। बाबर की विजय का प्रमुख कारण उसकी युद्ध प्रवीणता और दक्ष सेनापतित्व था। मुगलों ने युद्ध में तोपखाने और तुलुगमा-विधि का सफल प्रयोग किया। उसके सैनिक अधिक दक्ष एवं प्रशिक्षित थे। तोपखाने एवं धनलोलुप अनेक भारतीय सामंतों के सहयोग ने बाबर को भारत की भूमि पर आधिपत्य जमाने में सहयोग दिया।

अब बाबर ने पूरे भारत को जीतने का संकल्प किया, लेकिन उसके मार्ग में राणा सांगा बाधा बनकर खड़ा था। उसने इब्राहिम लोदी के भाई महमूद लोदी तथा रायसीन के सिलहदी हसन खां मेवाती एवं अनेक राजपूत और अफगान सरदारों के साथ मिलकर आगरा से 35 मील दूरी पर खानवा नामक गाँव के निकट 17 मार्च 1527 ई. को युद्ध आरंभ किया। आरंभ में तो बाबर की हार होने लगी, लेकिन बाबर ने अपने सैनिकों को प्रेरित किया और जेहाद के नाम पर युद्ध करने को उत्साहित किया। अंतत खानवा के युद्ध में राणा सांगा की हार हुई। 1528 ई. में उसने राजपूत शासक मेदिनी राय को पराजित कर चंदेरी पर आधिपत्य स्थापित किया। 1529 ई. में बिहार में घाघरा के युद्ध में महमूद लोदी के अधीन अफगान सैनिकों को पराजित किया। इन विजय अभियानों से बाबर हिंदुस्तान का राजा बन गया। लेकिन उसके भाग्य में भारत पर शासन करना नहीं लिखा था, क्योंकि 26 दिसंबर, 1530 ई. में आगरा में बाबर की मृत्यु हो गई।

हुमायूँ (1530-40 ई. एवं 1555-56 ई.)

बाबर के बाद हुमायूँ को विरासत में ऐसा राजतंत्र मिला, जिसे केवल युद्धकालीन परिस्थितियों में ही एकजुट बनाए रखा जा सकता था। बाबर की विजयों को मजबूत आधार नहीं मिल पाया था, सेना की शक्ति क्षीण हो गई थी। प्रशासन में अव्यवस्था फैली हुई थी। शाही खजाना खाली हो चुका था। सीमांत से आगे की शक्तिशाली राजनीतिक शक्तियां—मालवा, गुजरात और बंगाल मुगलों के विरुद्ध सेनाबद्ध हो गई थीं। हुमायूँ ने अपने राज्य को अपने तीन भाइयों कामरान, हिंदाल तथा अस्करी में बांट दिया था। अत: हुमायूँ को विरासत में छोटे-छोटे राज्यों का असंगठित समूह मात्र ही मिला था। बाबर बहुत कम समय तक शासन कर सका, इसलिए वह शासन को संगठित एवं सुव्यवस्थित नहीं कर सका। भारत की जनता मुगलों को अभी भी विदेशी आक्रमणकारी के रूप में ही देखती थी।

देश में सैन्य जागीरें चल रही थीं। सेना में राष्ट्रीयता की भावना की कमी थी, क्योंकि इस सेना में चुगताई, उजबेग, ईरानी एवं मुगल जाति के सैनिक थे। अत: उनमें अनेक प्रकार के मतभेद थे, जिससे सैन्य एकता क्षीण होती थी।

हुमायूँ की अन्य प्रमुख समस्या थी मिर्जा बेग, जो तैमूर वंश के थे। बाबर के साथ इनका रक्त का संबंध था। इसमें से मुहम्मद जमान मिर्जा प्रमुख था, जिसका विवाह हुमायूँ की सौतेली बहन से हुआ था। उसकी दिल्ली सिंहासन को पाने की उत्कट इच्छा थी। मुहम्मद सुल्तान मिर्जा, जो खुरासान के सुल्तान का नाती था एवं मेंहदी ख्वाजा मिर्जा, जो बाबर का बहनोई था, भी दिल्ली

सल्तनत हथियाने के लिए नाना प्रकार के षड्यंत्र करते रहते थे। चुगताई तुर्क जाति के उच्च अधिकारी वर्ग भी हुमायूँ के लिए अनेक समस्याएं उत्पन्न करते रहते थे। इब्राहिम लोदी का भाई महमूद लोदी, बिहार का शेर खां सूरी, बंगाल का नुसरत खां, मालवा और गुजरात का बहादुरशाह भी हुमायूं के प्रबल विरोधी थे।

हुमायूँ की व्यक्तिगत दुर्बलताएं

बाबर की मृत्यु के पश्चात् हुमायूँ को विरासत में एक असंगठित साम्राज्य मिला था। ऐसे में एक ऐसा शासक चाहिए था, जो कूटनीतिज्ञ होने के साथ-साथ सैन्य शक्तियां भी रखता हो। लेकिन हुमायूँ में अनेक दोष थे। वह राजनीतिक रूप से दक्ष नहीं था। अफीम और शराब का बेहद सेवन करता था, इसलिए सदैव नशे में रहता था। सुस्ती और निकम्मापन उसके चरित्र में आ गया था। अत: किसी भी प्रकार के निर्णय को लेने में वह पूर्णत: असमर्थ था। वह उदार तथा नम्र स्वभाव का था। अत: शासक के रूप में वह भय या सम्मान की भावना जाग्रत् नहीं कर सका।

हुमायूं ने सत्ता ग्रहण करते ही राज्य के एक बड़े हिस्से को अपने भाइयों में बांट दिया था। अब उसके कालिंजर, दोहरिया, चुनार के अभियान भी विफल हो गए। बहादुरशाह गुजरात का एक महत्त्वाकांक्षी राजा था। 1531 ई. में उसने मालवा पर आधिपत्य कर लिया। अहमदनगर और बरार को भी अपनी अधीनता में कर लिया। 1534 ई. में चितौड़ पर आक्रमण किया। वहाँ के शासक विक्रमादित्य की मां कर्णावती ने हुमायूं से सहायता की प्रार्थना की और राखी भी भेजी, लेकिन हुमायूँ सारंगपुर तक आया। लेकिन चितौड़ नहीं पहुंचा अगर राजपूत और मुगल मिल जाते तो बहादुरशाह पराजित हो जाता, साथ ही हुमायूँ को राजपूतों का सहयोग मिल जाता। लेकिन हुमायूँ यह मौका चूक गया।

शेर खां से संघर्ष

हुमायूँ का शेर खां के साथ लगातार संघर्ष चल रहा था। 1532 ई. में उसने चुनार के किले को घेर लिया, लेकिन शेर खां ने संधि कर हुमायूँ का घेरा उठवा दिया। 10 मई, 1539 ई. में हुमायूँ की टक्कर फिर से शेर खां के साथ चौसा के युद्ध में हुई, जिसमें वह हार गया। 10 मई, 1540 ई. में बिलग्राम (कन्नौज) के युद्ध में शेर खां ने हुमायूँ को पराजित कर दिल्ली की गद्दी पर अधिकार कर लिया। हुमायूँ भागकर लाहौर चला गया। शीघ्र ही पंजाब पर शेरशाह का आधिपत्य हो गया। अब हुमायूँ रोहरी पहुंचा, वहाँ उसने मीर अली अकबर की पुत्री हमीदा बानो बेगम से विवाह कर लिया। हुमायूँ को 22 अगस्त, 1542 ई. को अमरकोट के राणा वीरसाल ने बड़े सत्कार से अपने महल में शरण दी। उसे आर्थिक और सैन्य सहायता प्रदान की। 11 अक्तूबर, 1542 ई. को हुमायूँ सिंध विजय के लिए रवाना हुआ। उसे वहाँ समाचार मिला कि हमीदा बेगम ने एक पुत्र को जन्म दिया है। हुमायूँ ने उसका नाम जलालुद्दीन मुहम्मद अकबर रखा। हुमायूँ की समस्त योजनाएं विफल हो रही थीं। ऐसे में उसे समाचार मिला कि मई 1545 ई. में शेरशाह की मृत्यु हो गई। उसके उत्तराधिकारी इस्लामशाह, फिरोजशाह अथवा आदिलशाह अयोग्य थे। अत: हुमायूँ ने पुन: दिल्ली पर अधिकार कर लिया। उसके विश्वासपात्र अधिकारी बैरम खां ने पूर्ण सहायता की। उसे पंजाब का गवर्नर नियुक्त किया। इसके साथ ही उसने वे प्रदेश भी जीत लिये थे, जिन पर अन्य अमीरों का अधिकार था।

दिल्ली की गद्दी पर आरूढ़ होने के पश्चात् हुमायूँ राज्य को व्यवस्थित करने में लग गया। सबसे पहले उसने अपने विरोधियों को दबाने के लिए सैनिक कार्यवाही आरंभ कर दी। लेकिन उसने जनता का विश्वास जीतने के लिए कोई भी प्रयत्न नहीं किया। अभी उसका साम्राज्य संगठित और सुस्थापित भी नहीं हुआ था कि 24 जनवरी, 1556 ई. में अपने पुस्तकालय से अजान सुनकर तेजी से सीढ़ियां उतरते समय हुमायूँ फिसलकर गिर गया। उसे अनेक गंभीर चोटें लगीं। अंतत: 27 जनवरी 1556 ई. को हुमायूँ की मृत्यु हो गई।

द्वितीय अफगान साम्राज्य का उत्थान और पतन

पानीपत एवं घाघरा के युद्धों में बाबर द्वारा अफगानों की पराजय के परिणामस्वरूप भारत में मुगलों के साम्राज्य की नींव पड़ गई। खानवा-विजय के साथ बाबर ने मुगल वंश को भारत में प्रतिष्ठित किया। लेकिन उसका पुत्र हुमायूँ शक्तिशाली नहीं था। उसकी असमय मृत्यु ने अफगानों को दुबारा से सत्ता में आने का मौका दिया।

शेरशाह सूरी (शेर खां) (1540-1545 ई.)

इसका वास्तविक नाम फरीद खां था। वह सासाराम के जागीरदार हसन खां का पुत्र था। वह 1472 ई. में हिसार के फिरोज जिले में उत्पन्न हुआ। पिता के दुर्व्यवहार के कारण 22 वर्ष की अवस्था में 1494 ई. में जौनपुर चला गया। वहाँ उसने अरबी भाषा का गहन अध्ययन किया। उसके बुद्धि-कौशल और शौर्य को देखते हुए उसके पिता ने रिश्तेदार के कहने से शेर खां को वापस सासाराम बुला लिया। उसने 1497 ई. से 1518 ई. तक वहाँ का प्रशासन संभाला और आर्थिक, न्यायिक एवं सैन्य सुधारात्मक कार्य किए। प्रजा और साथ ही सैनिकों एवं अधिकारियों को भी इन नीतियों से लाभ प्राप्त हुआ।

फरीद के इन गुणों से प्रभावित होकर इब्राहिम लोदी ने हसन खां की मृत्यु के पश्चात् उसे खवासपुर और टांडा की जागीर सौंप दी। लेकिन उसे अपने सौतेले भाई से जागीर के अधिकार को चुनौती मिली, लेकिन फरीद ने इस विद्रोह को दबा दिया। साथ ही उसने बिहार के शासक मुहम्मद शाह लोहानी के दरबार में नौकरी कर ली। अपने गुणों के बलबूते वह लोहानी का प्रमुख परामर्शदाता बन गया। एक बार शिकार करते हुए उसने तलवार के एक वार से एक शेर को मार डाला। मुहम्मद शाह ने खुश होकर फरीद को 'शेर खां' की उपाधि प्रदान की। लेकिन शेर खां अधिक दिनों तक बिहार में नहीं टिक सका। अंतत: शेर खां ने बाबर के दरबार में नौकरी की। लेकिन मुगलों को उस पर विश्वास नहीं था, अत: उसने पुन: मुहम्मदशाह की नौकरी कर ली। 1528 ई. में मुहम्मद शाह की मृत्यु के पश्चात् जलाल खां का संरक्षक और मंत्री नियुक्त किया गया। उसने बिहार में स्वेच्छाचारी शासन शुरू कर दिया। अंतत: उसने बिहार पर आधिपत्य कर शासन शुरू कर दिया। 1529 ई. में नुसरत शाह की सेना ने शेर खां पर आक्रमण कर दिया। शेर खां ने उसे पराजित कर दिया। अब शेर खां बिहार का वास्तविक शासक बन गया। शेर खां ने अब चुनार के स्वर्गीय गवर्नर ताज खां की विधवा पत्नी लाड मलिका से विवाह कर अपनी आर्थिक तथा सैनिक शक्ति का विस्तार किया। लाड मलिका से शादी के बाद चुनार का अभेद्य दुर्ग तथा एक बड़ा खजाना उसे प्राप्त हुआ। हुमायूँ ने अब शेर खां पर आक्रमण कर दिया। लेकिन शेर खां ने हुमायूँ के साथ समझौता कर लिया और हुमायूँ आगरा लौट आया। यह उसकी भारी भूल थी। 1533 ई. से 1536 ई. तक शेर खां ने अपनी शक्ति का विस्तार किया तथा 'हजरत-ए-आला' की पदवी धारण कर अपने नाम के दाम नामक तांबे के और चाँदी के रुपए नामक सिक्के जारी किए।

शेर खां ने 25 जून, 1539 ई. में चौसा में हुमायूँ को हरा दिया। अब वह बिहार और बंगाल का निर्विरोध शासक बन गया। उसने 'शेरशाह' की उपाधि ग्रहण की और अपने नाम के सिक्के चलवाए तथा खुतबे पढ़वाए। इसके बाद कन्नौज (बिलग्राम) के समीप 17 मई, 1540 ई. को शेरशाह ने हुमायूँ को दोबारा बुरी तरह से पराजित किया। अब शेरशाह भारत का शहंशाह बन गया। शेरशाह का अपना साम्राज्य असम, कश्मीर, गुजरात को छोड़कर संपूर्ण उत्तरी भारत में फैला हुआ था। पूरब में सोनार गाँव से लेकर पश्चिम में गक्खर प्रदेश तक, उत्तर में हिमालय से लेकर दक्षिण में विंध्याचल पर्वत तक फैला हुआ था। अल्पकाल में ही शेरशाह ने एक अत्यंत विस्तृत साम्राज्य की स्थापना कर ली।

शेरशाह का प्रशासन

शेरशाह एक कुशल सेनानायक के साथ-साथ योग्य प्रशासक भी था। इसके प्रशासनिक सुधारों की प्रकृति में निरंतरता, पुनरूद्धार तथा नवीनता शामिल थी। शेरशाह के केंद्रीय प्रशासन में निरंतरता, सैन्य प्रशासन में पुनरूद्धार तथा भू-राजस्व एवं बंगाल की प्रशासनिक व्यवस्था में परिवर्तन के साथ-साथ नवीनता के तत्व शामिल थे।

केंद्रीय प्रशासन

शेरशाह का केंद्रीय प्रशासन अत्यंत केंद्रीकृत था। राज्य की समस्त शक्तियाँ शेरशाह के हाथों में थी। शासन को सुचारू रूप से संचालित करने के लिए विभिन्न प्रशासकीय विभागों में मंत्रियों को नियुक्त किया गया था। मंत्रियों की नियुक्ति शेरशाह स्वयं करता था। उन्हें निर्णय लेने का अधिकार नहीं था, वे केवल शेरशाह के आदेशों का पालन करते थे। शेरशाह के समय सल्तनत कालीन विभागों की चर्चा मिलती है जिनमें प्रमुख थें-

- **दीवान-ए-वजारत**- यह लगान और अर्थव्यवस्था के साथ अन्य मंत्रियों के कार्यों को भी देखता था।
- **दीवान-ए-आरिज**- सैन्य विभाग
- **दीवान-ए-रसालत**- विदेश/धार्मिक विभाग
- **दीवान-ए-इंशा**- पत्राचार

प्रांतीय प्रशासक- शेरखाह ने अपने संपूर्ण-साम्राज्य को 47 सरकारों में विभक्त किया था। प्रांतीय प्रशासन के संदर्भ में **परमात्मा शरण** ने कहा कि "शेरशाह के राज्य में प्रांत मौजूद थे।" किंतु **कानूनगो** के अनुसार "प्रांत नहीं था, सरकार ही सर्वोच्च प्रशासनिक इकाई थी।" प्रत्येक सरकार में दो प्रमुख अधिकारी होते थे-

(i) **शिकदार-ए-शिकदारान**- कानून व्यवस्था के लिए जिम्मेवार

(ii) **मुन्सिफ-ए-मुंसिफान**- भू-राजस्व व्यवस्था के लिए जिम्मेवार

परगना का शासन- प्रत्येक सरकार अनेक परगनों में बँटा होता था। यहाँ की शासन व्यवस्था एक शिकदार, एक मुंसिफ, एक फोतदार तथा दो कारकूनों के हाथों में होती थी।

- **शिकदार**- प्रशासन व्यवस्था की देखरेख
- **मुंसिफ**- राजस्व
- **फोतदार**- खजांची
- **कारकुन**- हिसाब-किताब

ग्राम प्रशासन- शेरशाह ने गाँव की परंपरागत व्यवस्था में कोई परिवर्तन नहीं किया। चौकीदार प्रशासनिक व्यवस्था तथा पटवारी की राजस्व संबंधी व्यवस्था की जिम्मेदारी होती थी।

भू-राजस्व व्यवस्था

शेरशाह ने राजकीय आय में वृद्धि, उत्पादन में वृद्धि तथा रैय्यतों की सुरक्षा के दृष्टिकोण से भू-राजस्व व्यवस्था को सुदृढ़ करने का प्रयास किया।

शेरशाह ने भूमि की उत्पादन क्षमता के आधार पर भूमि की तीन श्रेणियाँ बनायी- अच्छी, मध्यम एवं खराब। फिर भूमि माप कर भू-राजस्व का निर्धारण किया। भूमि माप के लिए 'गज-ए-सिकन्दरी' का प्रयोग किया और बीघा को आधार मानकर भू-राजस्व का निर्धारण किया। इस भू-राजस्व की पूरी पद्धति जब्ती पद्धति कहलाती है।

शेरशाह ने किसानों को पट्टा एवं कबूलियत प्रदान किया। पट्टा किसानों को दिया गया, जिससे भूमि क्षेत्र की किस्म, विस्तार एवं कर राशि का उल्लेख रहता था और कबूलियत के माध्यम से किसान उसे स्वीकार करता था। इसी तरह शेरशाह ने प्रति बीघा की दर से फसलदारों की सूची (राई) का निर्धारण किया।

शेरशाह ने भू-राजस्व की राशि कुल उत्पादन का $\frac{1}{3}$ निर्धारित किया। जो नगद एवं अनाज दोनों में वसूला जाता या किंतु नगद वसूली पर अधिक बल दिया जाता था। इसके अतिरिक्त किसानों से जरीबाना (सर्वेक्षण शुल्क) उपज का $2\frac{1}{2}$ प्रतिशत तथा महासिलाना (लगान कर्मचारियो के वेतन के रूप में) उपज का 5 प्रतिशत की दर से वसूला। इसके अतिरिक्त आपात कर के रूप में 2 प्रतिशत की दर से अनाज की वसूली की । जिसे आपदा के समय में उपयोग किया जा सके। शेरशाह का कर निर्धारण में स्पष्ट-मत था कि "निर्धारण में नरमी तथा वसूली में सरुती"।

शेरशाह ने किसानों से प्रत्यक्ष संबंध बनाने का प्रयास किया। फलतः उसकी पद्धति 'रैय्यतवाड़ी पद्धति' के नाम से जानी जाती है। उसने किसानों के प्रति सकारात्मक दृष्टिकोण रखा। मध्यस्थ के रूप में खूत एवं मुकद्दम जैसे वर्ग मौजूद थे। शेरशाह ने इन मध्यस्थों की भूमिका निर्धारित कर दी, जिससे किसानों के हित प्रतिकूल रूप से प्रभावित न हों।

मुद्रा सुधार

शेरशाह ने एक समान मुद्रा प्रणाली लागू करने का प्रयास किया। उसने सोने, चाँदी एवं ताँबे के सिक्के चलाए। उसने शुद्ध चाँदी के 'रुपए' तथा ताँबे के 'दाम' नामक सिक्का चलाया। चाँदी का रुपया 180 ग्रेन का होता था। इससे शुद्ध चाँदी की मात्रा 175 ग्रेन रखी गई। 167 ग्राम की सोने की अशर्फी भी निकाली गई। इसके अतिरिक्त चाँदी और ताँबे के सिक्कों के मूल्य के आधे, चौथाई, आठवें और सोलहवें भाग के छोटे सिक्के भी चलवाए। इन सिक्कों को सरकारी टकसाल में ढ़लवाया गया। जिस पर अरबी भाषा में बादशाह का नाम, टकसाल जिसमें ढ़ाला गया है, उस स्थान का नाम खुदवाया गया। सिक्कों का अनुपात रुपया: 64 दाम निर्धारित किया गया।

व्यापारिक सुधार

शेरशाह ने व्यापार-वाणिज्य को प्रोत्साहन देने के लिए व्यापारिक वस्तुओं पर लगने वाली जगह-जगह पर चुंगी को समाप्त किया और केवल प्रवेश तथा निकास पर ही कर लगाया। आवागमन हेतु सड़कें तथा सराय बनवायी, इन सरायों के अंदर बाजार भी होते थे। इसमें व्यापारियों को अधिक लाभ हुए। उपभोक्ताओं के हितों को देखते हुए वस्तुओं के मूल्य निश्चित कर दिए गए। जालसाज व्यापारियों के लिए कठोर दंड की व्यवस्था की गई।

सार्वजनिक निर्माण कार्य

शेरशाह ने अनेक सड़कों का निर्माण कराया एवं पुरानी सड़कों की मरम्मत करायी। उसके द्वारा बनवाई गई चार सड़कें अत्यंत प्रसिद्ध है-

- बंगाल में सोनारगाँव से शुरू होकर पंजाब में अटक तक
- आगरा से बुरहानपुर तक
- आगरा से जोधपुर होती हुई चितौड़ तक
- लाहौर से मुल्तान तक।

शेरशाह ने लगभग 1700 सरायों का निर्माण करवाया। ये सराय साम्राज्य रूपी शरीर की धमनियाँ थी। इस सरायों में बहुसंख्यक प्रजा के हितों को ध्यान में रखते हुए हिन्दू तथा मुस्लिमों के लिए अलग-अलग भोजन की व्यवस्था की गयी थी। प्रत्येक सराय की देखभाल एक शहना नामक अधिकारी करता था।

शेरशाह ने उत्तर-पश्चिम में सुरक्षा के लिए रोहतासगढ़ नामक किले का निर्माण कराया। तो दिल्ली मे पुराना किला बनवाया और सासाराम में स्वयं का मकबरा बनवाया। शेरशाह ने कन्नौज नगर को बर्बाद कर शेर सूर नामक नगर बसाया।

शिक्षा-साहित्य संबंधी कार्य

शेरशाह ने राज्य में शिक्षा की समुचित व्यवस्था की। राज्य की ओर से फारसी तथा अरबी में शिक्षा देने की व्यवस्था की गई। शेरशाह ने अनेक मदरसों तथा मकतबों का निर्माण कराया। इसके देखभाल मौलवियों के द्वारा की जाती थी। गरीबों को प्रोत्साहन के लिए छात्रवृत्ति प्रदान करने की व्यवस्था की गई। हिंदूओं को शैक्षणिक व्यवस्था का प्रबंध करने का अधिकार दिया गया तथा इसे राजकीय सहायता देने की भी व्यवस्था की गई। शेरशाह ने साहित्यकारों एवं विद्वानों को भी संरक्षण प्रदान की। उस काल के प्रसिद्ध कवि मालिक मुहम्मद जायसी थे। इनकी प्रसिद्ध रचना पद्मावत, अखरावट, आखरी कलाम तथा बारहमासा है।

दान-दक्षिणा संबंधी कार्य

शेरशाह का नाम दान-दक्षिणा के क्षेत्र में भी उल्लेखनीय है। दान-विभाग की स्थापना की गई। जिसके माध्यम से गरीब और असहाय लोगों को दान दिया जाता था। जगह-जगह नि:शुल्क भोजनालय भी बनवाये। शेरशाह ने दिल्ली में दान का लंगर स्थापित करवाया। जिसमें लगभग 500 अशर्फी प्रतिदिन खर्च होती थी।

अकबर (1556-1605 ई.)

प्रारंभिक जीवन

जलालुद्दीन अकबर का जन्म 23 नवंबर, 1542 ई. को अमरकोट में हुआ था। अकबर के जन्म के समय हुमायूँ की स्थिति दयनीय थी। वह अपने भाग्य की खोज में इधर से उधर मारा-मारा फिर रहा था। अत: अकबर के बाल्यकाल के दिन संकटों में व्यतीत हुए। अकबर वीरसाल के महल में अधिक दिनों तक नहीं रह पाया। 8 दिसंबर, 1542 ई. को उसे अपनी माता हमीदा बानू बेगम के साथ जून नामक स्थान पर हुमायूँ के शिविर में लाया गया। अभी भी हुमायूँ भाग्य से लड़ रहा था। जब उसे अपने भाइयों का सहयोग नहीं मिला तो उसने फारस में जाकर वहाँ के बादशाह से सहायता प्राप्त करने का निश्चय किया। हुमायूँ अपनी स्त्री एवं पुत्र के साथ कंधार के लिए रवाना हो गया। मार्ग में उसे अस्करी की वैमनस्यता की सूचना मिली। अस्करी का सामना करने में अपने को असमर्थ पाकर शिशु अकबर को वहीं छोड़कर वह अपनी बेगम के साथ भाग खड़ा हुआ। अकबर को इस तरह से छोड़ना अटपटा सा लगता है, किंतु ऐसा कुछ खास कारणों से किया गया। इस समय तक अकबर की अवस्था लगभग एक वर्ष की हो गई थी और उसका लालन-पालन दाइयों द्वारा ही किया जा रहा था। अगर हमीदा बानू पुत्र के मोह में रह जाती, तो अस्करी के द्वारा उसे बंदी बना लिया जा सकता था। इसके अतिरिक्त शिशु अकबर के लिए मार्ग की कठिनाइयों को सह पाना और विशेष रूप से उस क्षेत्र की ठंड को बरदाश्त करना कठिन था। अस्करी का हुमायूँ से बैर था, अपने भतीजे अकबर से नहीं। उसकी कोई संतान नहीं थी। अत: ऐसी उम्मीद की जा सकती थी कि वह शिशु अकबर का पालन-पोषण लगन से करेगा। हमीदा बानू बेगम ने अकबर की देख-रेख के लिए जौहर शम्सुद्दीन खां, माहमअनगा तथा जीजी अनगा को अपने पीछे छोड़ दिया था। इस प्रकार अकबर को अल्प आयु में ही अपने माता-पिता के प्रेम-स्नेह से वंचित होना पड़ा। आशा के अनुकूल अस्करी शिशु अकबर को कंधार ले गया और वहाँ अच्छे ढंग से उसकी देखभाल की गई। कालांतर में हुमायूँ ने फारस के शाह की मदद से सितंबर 1545 ई. में अस्करी के ऊपर आक्रमण कर कंधार को जीत लिया, किंतु कंधार विजय के बाद भी हुमायूँ अकबर को न पा सका, क्योंकि अस्करी ने पहले ही अकबर को काबुल भेज दिया था। काबुल में बाबर की बहन खानजाद बेगम ने बड़े लाड़-प्यार से अकबर का पालन-पोषण किया। कंधार विजय के पश्चात् हुमायूँ ने कामरान के विरुद्ध काबुल पर भी आक्रमण किए। 5 सितंबर, 1545 ई. को काबुल पर भी हुमायूँ का अधिकार हो गया। इस प्रकार काबुल विजय के पश्चात् अकबर को पुन: अपने माता-पिता का स्नेह प्राप्त हुआ। अकबर उस समय लगभग तीन वर्ष का था। यहाँ धूमधाम के साथ हुमायूँ ने अकबर का खतना संस्कार संपन्न किया, किंतु हुमायूँ के दुर्भाग्यों का अंत अभी भी नहीं हुआ था। हुमायूँ जब बदख्शा विजय के लिए निकला हुआ था, तब उसके दुष्ट भाई कामरान ने पुन: काबुल पर अधिकार कर लिया और अब उसने अकबर को अपने अधीन कर लिया। कहते हैं, जब हुमायूँ ने लौटकर पुन: काबुल पर कब्जा करना चाहा तो कामरान ने अकबर को किले की दीवार के सामने लटकाकर अग्निवर्षा करती हुई तोपों के सामने कर दिया, किंतु अकबर का भाग्य प्रबल था। अत: वह बच गया और फिर से उसे माता-पिता का वात्सल्य एवं संरक्षण प्राप्त हुआ। इस तरह से अकबर के जीवन के प्रारंभिक वर्ष अनेक दु:ख-संघर्षों से घिरे रहे।

अकबर की शिक्षा-दीक्षा

संभवत: जब अकबर की अवस्था 5 वर्ष की हुई तो हुमायूँ ने उसकी शिक्षा की व्यवस्था की। कहते हैं कि उसने एक-एक करके उसके लिए अनेक शिक्षक नियुक्त किए, किंतु उसमें से कोई भी उसे लिखना-पढ़ना सिखा न सका। अकबर पढ़ने-लिखने की अपेक्षा खेल-कूद में अधिक दिलचस्पी लेता था। शिशु अकबर की स्मरणशक्ति काफी तीव्र थी, किंतु वह जान-बूझकर वर्णमाला आदि सीखने के लिए तैयार नहीं था। संभवत: इस दृष्टिकोण से वह साक्षर भी नहीं था। अकबर की शिक्षा के विषय में उल्लेख करते हुए जहाँगीर ने अपने 'तुजुक-ए-जहाँगीरी' में कहा कि यद्यपि उसका पिता निरक्षर था, तथापि ज्ञान के क्षेत्र में विभिन्न स्थलों की विवेचना करने में वह इतना प्रवीण था कि किसी भी मनुष्य के लिए उसको निरक्षर समझना एक कल्पनातीत बात थी।

अबुल फजल के अनुसार, उसके पवित्र हृदय में कभी भी बाहरी विद्या को पढ़ने-लिखने की ओर अभिरुचि नहीं हुई। साक्षरता के प्रति उदासीन रहने पर भी उत्कृष्ट शास्त्रों का उसका ज्ञान, मानो समस्त मानवता के लिए इस बात का द्योतक था कि सम्राट् को ज्ञान कोश और समस्त विषयों की अनुपम सूझ पढ़कर नहीं प्राप्त हुई, बल्कि यह सब उसके लिए 'ईश्वर' का वरदान था, जिसके विकास में मानवीय श्रम का कोई स्थान न था। हालांकि पूर्व के इतिहासकारों ने अकबर को निपट निरक्षर माना है, किंतु आधुनिक शोधों के आधार पर यह प्रमाणित हो चुका है कि अकबर साक्षरता की असुविधाओं के रहते हुए भी अज्ञानी नहीं था। अध्यात्म, साहित्य, कविता, दर्शनशास्त्र, इतिहास एवं अन्य शास्त्रों के अनेक विद्वानों के संसर्ग द्वारा अथवा पुस्तकों का पाठ सुनकर उसने अत्यंत विस्तृत ज्ञान प्राप्त कर लिया था। उसकी स्मरणशक्ति इतनी तीव्र थी कि केवल सुनकर ही वह गहनतम विषयों की जानकारी हासिल कर लेता था। उसकी चिंतनधारा स्पष्ट होती थी और उसकी वाक्पटुता आश्चर्यजनक थी। इसी प्रकार किसी भी दृष्टिकोण से अकबर को निरक्षर मानना युक्तिसंगत प्रतीत नहीं होता है। इसके अतिरिक्त हथियार चलाना, कुश्ती लड़ना, घुड़सवारी करना तथा अनेक शौर्यपूर्ण कलाओं में उसकी योग्यता अद्वितीय कही जा सकती थी। उसमें मनुष्य को परखने की अनुपम क्षमता थी। संक्षेप में कहा जा सकता है कि अकबर सभी दृष्टिकोण से एक शिक्षित व्यक्ति था।

सैनिक तथा प्रशासनिक अनुभव

जीवन काल के प्रारंभ से ही उसे सैनिक तथा प्रशासनिक प्रशिक्षण प्राप्त हुए थे। 1551 ई. में हिंदाल की मृत्यु के पश्चात् नौ वर्ष की अवस्था में ही अकबर को गजनी का सूबेदार नियुक्त किया गया। इसी वर्ष हिंदाल की पुत्री के साथ उसकी सगाई भी कर दी गई। अकबर ने अपने पिता के साथ रहकर उसको भारतीय विजय में सहयोग भी दिया। सिंध पार करके हुमायूँ ने उसके युवराज पद की घोषणा भी कर दी। इसी समय मुनीम खां को अकबर का संरक्षक नियुक्त किया गया। सरहिंद में सिकंदर सूर को पराजित करने का श्रेय अब अकबर को ही दिया जाता है। इसी सफलता के बाद अकबर को पंजाब का सूबेदार भी बनाया गया। इस समय मुनीम खां के स्थान पर, जिसे काबुल में हुमायूँ के दूसरे लड़के मिर्जा हकीम का अंगरक्षक नियुक्त कर दिया गया, सुप्रसिद्ध तुर्क सेनापति बैरम खां को अकबर का संरक्षक नियुक्त किया गया।

हुमायूँ की मृत्यु, अकबर का राज्याभिषेक

1556 ई. बैरम खां के सहयोग से जब अकबर पश्चिम में अफगान शक्ति का दमन करने में जुटा हुआ था, उसे 27 जनवरी, 1556 ई. को दिल्ली के शेरमण्डल में स्थित पुस्तकालय की सीढ़ियों से गिर जाने के कारण कलानौर में हुमायूँ की मृत्यु की सूचना प्राप्त हुई। तत्काल बैरम खां ने वहीं एक उद्यान में ईंटों के एक सिंहासन का निर्माण करवाया और 14 फरवरी, 1556 ई. को उसी पर बैठकर अकबर का राज्याभिषेक किया गया। इस राज्याभिषेक के अवसर पर अकबर को जलालुद्दीन मुहम्मद अकबर के नाम से संपूर्ण भारत का सम्राट् घोषित किया गया। दिल्ली में इसकी घोषणा पहले की गई। अकबर के लिए राजपद फूलों की सेज नहीं था। उसने अनुभव किया कि वह चारों ओर से समस्याओं से घिरा हुआ है। स्मिथ के शब्दों में, ''जिस समय कलानौर में उसका राज्याभिषेक हुआ, उस समय उसे किसी का स्वामी नहीं कहा जा सकता, बैरम खां के नेतृत्व में एक छोटी-सी सेना बलपूर्वक पंजाब के कुछ जिलों पर नाममात्र का अधिकार किए हुए थी और उस सेना पर भी पूर्णतया विश्वास नहीं किया जा सकता था। उसे कम-से-कम अपने पिता के खोए हुए राज्य को पुनः प्राप्त करना था। मुहम्मद आदिल शाह, इब्राहिम शाह, सूर मुहम्मद शाह जैसे सूर अफगान नेता उसकी शक्ति को चुनौती दे रहे थे। आदिल शाह का मंत्री हेमू स्वयं भारत का सम्राट् बनने की बलवती इच्छा रखता था। उसके अतिरिक्त ग्वालियर, मालवा, बिहार आदि में भी अफगान प्रधान अपनी स्वतंत्रता को स्थापित रखने के इच्छुक थे।

अकबर के नवरत्न

अकबर स्वयं निरक्षर होते हुए भी इतिहासज्ञों, चित्रकारों, सुलेख लिखने वाले केलिग्राफिस्ट, विचारकों, धर्म-गुरुओं, कलाकारों एवं बुद्धिजीवियों का विशेष प्रेमी था। कहा जाता है कि अकबर के दरबार में ऐसे नौ (9) गुणवान दरबारी थे, जिन्हें कालांतर में अकबर के 'नवरत्न' के नाम से भी जाना गया।

अबुल फजल : इतिहासज्ञ अबुल फजल (1551-1602 ई.) ने अकबर के शासनकाल की प्रमुख घटनाओं को कलमबद्ध किया था। उन्होंने 'अकबरनामा' और 'आइन-ए-अकबरी' की रचना की थी। इनका जन्म आगरा में हुआ।

फैजी : फैजी (1547-1595 ई.) अबुल फजल के भाई थे, जो फारसी में कविता लिखते थे और जिन्हें अकबर ने अपने बेटे के गणित शिक्षक के पद पर नियुक्त किया था। यह राजकवि भी थे।

तानसेन : कवि तानसेन अकबर के दरबार के एक विलक्षण संगीतज्ञ थे। संगीत सम्राट् तानसेन की नगरी ग्वालियर के लिए कहावत प्रसिद्ध है कि यहाँ बच्चे रोते हैं तो सुर में और पत्थर लुढ़कते हैं तो ताल में। इस्लाम कबूलने से पहले इनका नाम रामतनु पांडेय था।

राजा बीरबल : राजा बीरबल (1528-1583 ई) अकबर के युद्ध सलाहकार थे। हास्य-परिहास में इनके अकबर के संग काल्पनिक किस्से आज भी कहे जाते हैं। बीरबल एक कवि भी थे, ब्रह्म के नाम से उन्होंने एक कवि के रूप में कविताएं लिखी हैं।

राजा टोडरमल : राजा टोडरमल अकबर के राजस्व और वित्तमंत्री थे। इन्होंने भूमि-पैमाइश के लिए विश्व की प्रथम मापन-प्रणाली तैयार की थी। ये भरतपुर अलवर के पास हरसाना ग्राम के थे। उत्तर प्रदेश राज्य के एकमात्र राजस्व प्रशिक्षण संस्थान का नाम इनके नाम पर 'राजा टोडरमल भूलेख प्रशिक्षण संस्थान' रखा गया है, जहाँ आईएएस, आईपीएस, पीसीएस, पीपीएस के अलावा राजस्व कर्मियों को भूलेख संबंधी प्रशिक्षण दिया जाता है।

राजा मानसिंह : अकबर की सेना के प्रधान सेनापति महाराजा मानसिंह जयपुर के आमेर (आंबेर) कच्छवाहा राजपूत राजा थे, जिनकी बुआ/बहन जोधाबाई अकबर की पटरानी थी।

अब्दुल रहीम खान-ए-खाना : रहीम एक प्रतिष्ठित कवि थे और अकबर के संरक्षक बैरम खान के बेटे थे।

मुल्ला दो प्याजा : मुल्ला दो प्याजा अकबर के सलाहकार थे।

हकीम हुकाम : यह अकबर का प्रधान रसोइया था। इनके स्थान पर बाद में फकीर अमिउद्दीन शामिल किए गए थे।

इस प्रकार अभी भी अफगानों के बीच आपसी फूट एवं द्वेष की भावना थी। अभी भी भारतवर्ष के एक बहुत बड़े क्षेत्र पर उनका आधिपत्य स्थापित था। यदि वे सम्मिलित होकर अपनी योजनाओं को कार्यान्वित करने का प्रयत्न करते होते तो अकबर के लिए उनका दमन करना न सिर्फ कठिन, बल्कि असंभव-सा था। हालांकि काबुल, कंधार और बदख्शां पर मुगलों का ही अधिकार था, परंतु इन मुगल प्रधानों से किसी प्रकार की सहायता पाने की आशा अकबर नहीं कर सकता था। ठीक इसके विपरीत मिर्जा हकीम जैसे मुगल प्रधान अपने-अपने क्षेत्रों में स्वतंत्र हो गए थे और वे अकबर को चुनौती देने लगे थे। इसी प्रकार काबुल का शासक अकबर का सौतेला भाई मिर्जा हकीम तथा बदख्शां में मिर्जा सुलेमान अपने-अपने क्षेत्रों में पूर्ण स्वतंत्र थे। कंधार के ऊपर फारस के शाह की गिद्ध दृष्टि पड़ी थी। राजस्थान में अनेक राजपूत प्रधान साम्राज्य से स्वतंत्र होकर अपनी शक्ति के विस्तार में लगे हुए थे। मेवाड़, जैसलमेर, आमेर आदि के शासक इस समय तक इतने शक्तिशाली हो चुके थे कि उनको दबाना अकबर के लिए कठिन कार्य था। इसी प्रकार मालवा, गुजरात, गोंडवाना आदि के शासक भी पूर्ण रूप से स्वतंत्र हो गए थे। दक्षिण के खानदेश, अहमदनगर, बीदर, बरार, बीजापुर और गोलकुंडा के शासक मुगल सम्राट् की सत्ता से स्वतंत्र थे। अरब सागर तथा पश्चिमी तट पर विदेशी पुर्तगालियों की शक्ति बढ़ रही थी। इस प्रकार भारत की राजनीतिक अवस्था अकबर के लिए एक चुनौती हो गई। **आर्थिक कठिनाइयां**

देश की आर्थिक स्थिति तो और अधिक चरमरा गई थी। लड़ाइयों का क्रम निरंतर चलने के कारण तथा अत्याचारों एवं लूटमार से कृषक वर्ग पीड़ित था और पैदावार काफी घट गई थी। उपजाऊ जमीन बरबाद की जा चुकी थी तथा चारों ओर आगरा के जिले में भीषण रूप से अकाल पड़ा हुआ था। राजधानी तो बिल्कुल बर्बाद हो चुकी थी। थोड़े से मकानों के अतिरिक्त अब वहाँ कुछ भी नहीं रह गया था। इसके साथ ही महामारी का प्रकोप हुआ और यह भारत के बहुत से शहरों में फैल गई। असंख्य व्यक्ति मर गए और मनुष्य-मनुष्य का भक्षण करने लगे। इक्के-दुक्के व्यक्तियों को अकेला पाकर उन्हें पकड़ने के लिए नरभक्षियों के दल संगठित हो गए थे। शाही खजाना भी प्रायः खाली हो चुका था। जनता कर देने के लिए तैयार नहीं थी। इन विषम आर्थिक परिस्थितियों में अकबर को मुगल साम्राज्य को व्यवस्थित अथवा विस्तृत करने में भारी कठिनाइयों का सामना करना पड़ा।

व्यक्तिगत कठिनाइयां

अकबर की कुछ व्यक्तिगत कठिनाइयां भी थी। राज्याभिषेक के समय वह मात्र तेरह वर्ष का था। शासन के विभिन्न विभागों को देखना, साम्राज्य को आंतरिक तथा बाह्य आक्रमणों से सुरक्षित रखना, साम्राज्य का समुचित विस्तार करना और देश से विद्रोह तथा षड्यंत्रों का दमन कर शांति, सुव्यवस्था स्थापित करना इस छोटे से बालक के बस की बात नहीं थी।

अब्दुलमाली के विद्रोह का दमन

1558 ई. की उपर्युक्त प्रतिकूल परिस्थितियों में अकबर भारत का शासक बना। प्रारंभ में अकबर के सामने दो महत्त्वपूर्ण समस्याएं आईं। प्रथम अफगान शासक मुहम्मद आदिलशाह के हिन्दू प्रधानमंत्री हेमू का विरोध और द्वितीय मुगल सरदार अब्दुलमाली का विद्रोह। अकबर ने सबसे पहले अब्दुलमाली के विद्रोह को शांत करने का प्रयत्न किया। अब्दुलमाली का अहंकार स्वर्गीय सम्राट् हुमायूँ की विशेष कृपा के कारण काफी बढ़ गया था और वह सनकी स्वभाव का हो गया था। वह सम्राट् तथा अन्य बड़े अधिकारियों के साथ अशिष्टता का व्यवहार करने लगा था। 14 फरवरी, 1556 ई. को उसने अकबर के राजतिलक में सम्मिलित होने से इंकार कर दिया था। उसकी इस अशिष्टता से बैरम खां ने उसे बंदी बना लिया था और वह उसकी हत्या करने की इच्छा रखता था, किंतु अकबर के बीच-बचाव के कारण उसकी जान बच गई। बाद में उसे लाहौर के दुर्ग में कैद कर दिया गया, किंतु अब्दुलमाली लाहौर के दुर्ग से भाग गया। पुनः उसे पकड़ लिया गया और बंदी बनाकर किले में भेज दिया गया।

भारतीय राजनीति में हेमू का उत्कर्ष

हेमू रेवाड़ी का रहने वाला वैश्य जाति का एक अत्यंत योग्य एवं मेधावी व्यक्ति था। जीवन के प्रारंभ में वह छोटा-मोटा व्यवसाय किया करता था। अफगान राज्य की सेवा में वह सर्वप्रथम बाजार में तौल करने वाले अधिकारी के रूप में नियुक्त हुआ। बाद में उसकी योग्यता एवं चातुर्य को देखकर इस्लाम शाह ने उसे एक महत्त्वपूर्ण पद पर नियुक्त कर दिया। आदिलशाह के शासनकाल में उसके पद और प्रतिष्ठा में काफी वृद्धि हुई। अंत में वह सम्राट् का प्रधानमंत्री बन बैठा। हेमू के व्यक्तित्व में बाह्य आकर्षणों की कमी थी। वह दुबला-पतला और कमजोर शारीरिक गठन का व्यक्ति था, किंतु वह अत्यंत पराक्रमी सिद्ध हुआ। उसने अनेक महत्त्वपूर्ण युद्धों में सहज ही सफलता प्राप्त कर ली। उसके अंदर साहस और धैर्य तथा सैन्य-संचालन की अपूर्व क्षमता थी। उसे अपने सैनिकों का विश्वास प्राप्त था और सैनिक उसकी भूरि-भूरि प्रशंसा करते थे। आदिलशाह की ओर से उसने अनेक लड़ाइयां लड़ी थीं और अपने प्रतिद्वंद्वियों को उसने अनेक बार पराजित किया था। हेमू ने इब्राहिम सूर और बंगाल के सूबेदार मुहम्मदशाह को अनेक बार पराजित किया था। जब हुमायूँ ने दिल्ली और आगरा के ऊपर अधिकार कर लिया तो इन क्षेत्रों को मुगलों से स्वतंत्र कराने के उद्देश्य से आदिलशाह ने हेमू को आगे बढ़ने का आदेश दिया था। हेमू के अपने पराक्रम से मुगलों में खलबली मच गई। वह एक विशाल सेना लेकर ग्वालियर से होते हुए आगरा पर टूट पड़ा। आगरा के मुगल हाकिम इस्कंदर खां के पलायन के पश्चात् भगदड़ में लगभग तीन हजार सैनिक मारे गए। आगरा पर हेमू का अधिकार हो गया और उसके हाथ एक विपुल धनराशि भी लगी। विजय के उल्लास में हेमू तेजी से दिल्ली की ओर बढ़ा। दिल्ली के सूबेदार तर्दी बेग खां ने 7 अक्टूबर, 1556 ई. को तुगलकाबाद में हेमू का सामना किया, किंतु हेमू ने उसे भी पराजित कर दिया। इस पराजय के बाद तर्दी बेग खां, इस्कंदर खां के साथ पंजाब की ओर भाग खड़ा हुआ। जब संभल के सूबेदार अलीकुली खां शेखानी को हेमू की इन सफलताओं की सूचना मिली, तो वह भी अपना पद छोड़कर इन व्यक्तियों के साथ भाग खड़ा हुआ। इस प्रकार ग्वालियर से सतलुज नदी का संपूर्ण क्षेत्र हेमू के अधिकार में आ गया। अब हेमू ''राजा विक्रमादित्य'' की उपाधि धारण कर एक स्वतंत्र शासक बन बैठा। अहमद यादगार के अनुसार, जब हेमू ने दिल्ली में प्रवेश किया तो उसने शाही छत्र धारण किया और अपने नाम के सिक्के चलवाए। संभवतः उसने दिल्ली के किले में अपना राजतिलक भी करवाया।

हेमू की महत्त्वाकांक्षा

हेमू द्वारा अपनी शक्ति का विस्तार किया जाना और कालांतर में दिल्ली का स्वतंत्र शासक बन बैठना मध्यकालीन भारतीय इतिहास की अत्यंत अति स्मरणीय एवं रोचक घटना समझी जाती है। मध्ययुगीन भारत का वह पहला

और अंतिम हिन्दू प्रधान था, जो अपनी शक्ति, योग्यता, महत्त्वाकांक्षा और अपूर्व पराक्रम के बल पर दिल्ली के राजसिंहासन पर आरुढ़ होने में सफल रहा। वैसे हेमू के इस कार्य की मध्यकालीन मुस्लिम इतिहासकारों तथा यूरोपीय इतिहासकारों ने भर्त्सना की है। उनके विचार में हेमू एक विश्वासघाती और राजद्रोही व्यक्ति था। उसने अपने स्वामी आदिल खां के विश्वास को तोड़ा था। वह उसकी मृत्यु के बाद अथवा उसे हटाकर स्वतंत्र शासक बन बैठने की इच्छा रखता था। वस्तुत: अपनी आगरा और दिल्ली की सफलताओं के पश्चात् उसने आदिल शाह की अधीनता को त्यागकर एक स्वतंत्र शासक के रूप में दिल्ली के किले में अपना राजतिलक भी करवाया। अत: उपर्युक्त इतिहासकारों ने इसके इन कार्यों के कारण ही उसे विश्वासघाती कहा है। हेमू को विद्रोही इसलिए कहा गया है, क्योंकि उसने अकबर के विरुद्ध विद्रोह कर उसके अधिकारों को चुनौती दी थी, किंतु इस संदर्भ में **डॉ. ए.एल. श्रीवास्तव** का मत ही युक्तिसंगत लगता है। डॉ. श्रीवास्तव ने हेमू के पक्ष का उल्लेख करते हुए लिखा है कि इतिहास का कोई भी निष्पक्ष विद्यार्थी हेमू की सफल नेतृत्व शक्ति की सराहना किए बिना नहीं रह सकता। उसने देश से विदेशी शासन सत्ता को समाप्त करने की तत्परता से चेष्टा की। जबकि विदेशी शासन को समाप्त करने के लिए तो क्रांति, यहाँ तक कि सशस्त्र क्रांति करने को ही न्यायोचित अधिकार माना गया है। वस्तुत: तीन सौ पचास वर्षों के विदेशी शासन को देश से उखाड़ फेंकने और दिल्ली में स्वदेशी शासन को पुन: स्थापित करने के हेमू के साहसपूर्ण प्रयत्नों की जितनी भी प्रशंसा की जाए, कम है।

पानीपत की दूसरी लड़ाई एवं अकबर का दिल्ली तथा आगरा पर अधिकार (1556 ई.)

अपने राजतिलक के पश्चात् हेमू ने दिल्ली और आगरा में अपनी स्थिति को सुदृढ़ किया और उसने पश्चिमी पंजाब की ओर अपनी सेना को भेजने का निश्चय किया। यहाँ हेमू ने कुछ गलतियां कीं, उसने व्यर्थ में अपने बहुमूल्य समय को नष्ट किया। दिल्ली और आगरा पर अधिकार कर सत्ता की स्थापना के पश्चात् अगर उसने उसी समय बढ़कर अकबर के ऊपर आक्रमण कर दिया होता तो अकबर के लिए उसकी सेना को पराजित करना असंभव-सा हो जाता। उसकी दूसरी भूल यह थी कि अपने तोपखाने को उसने हरावल के साथ भेज दिया। फलत: जब अलीकुली खाँ ने पानीपत के निकट हेमू पर आक्रमण किया, तब उसकी पूर्ण विजय हुई। फिर भी हेमू को अपनी विजय की पूरी आशा थी। 5 नवंबर, 1556 ई. को हेमू तथा मुगलों की सेना पानीपत के मैदान में एक-दूसरे के आमने-सामने आकर डट गई। हेमू के सैनिकों की संख्या मुगल सैनिकों से अपेक्षाकृत बहुत अधिक थी। उसकी सेना में 30,000 राजपूत सेना और अफगान घुड़सवार तथा 1500 हाथी थे। हाथी जिरहतरख्तारों से सुसज्जित थे और उनकी पीठ पर बंदूकची बैठे हुए थे, किंतु हेमू के पास उस समय दुर्भाग्यवश कोई तोपखाना नहीं था। हेमू के दाएं अंग की सेना का संचालन उसका भांजा रमाइया कर रहा था, किंतु हेमू स्वयं मध्य में स्थान ग्रहण किए हुए थे। मुगल सेना में दाहिनी तथा बाएं पार्श्व के सैनिकों का संचालन क्रमश: सिकंदर खां उजबेग तथा अब्दुला खां उजबेग के द्वारा किया जा रहा था। सेना के मध्य भाग के संचालन का भार अलीकुली को दिया गया था। अकबर तथा बैरम खां मुख्य सेना के साथ पाँच मील पीछे थे। मुगलों की सेना में शक्तिशाली तोपखानों की व्यवस्था थी। जब मुगल सेना ने हेमू की सेना पर आक्रमण किया, तो तोपखाने की कमी के कारण हेमू की स्थिति कुछ कमजोर-सी हो गई। इसके बावजूद हेमू ने मुगलों के दोनों पार्श्वों को ध्वस्त कर दिया और फिर उसने अपने भीमकाय हाथियों के द्वारा मुगलों के मध्यवर्ती सैनिकों को रोकना चाहा, किंतु सामने ही एक बड़ी गहरी खाई मिल जाने के कारण उसकी सेना आगे बढ़ न सकी। अलीकुली खां ने इस स्थिति का फायदा उठाकर हेमू की सेना पर पीछे से आक्रमण कर दिया। फिर भी हेमू का आगे बढ़ना जारी रहा। यद्यपि मुगल सेना लड़ रही थी, तथापि हेमू की विजय प्राय: निश्चित-सी लगने लगी। इसी बीच मुगलों ने इतना उन्मत्त होकर शत्रु पर धावा बोला कि हेमू की सेना में हड़बड़ी-सी फैल गई। फिर हेमू की हाथी सेना भड़ककर अनियंत्रित हो गई और हाथी पीछे मुड़कर भाग खड़े हुए। हेमू ने फिर उठकर आगे बढ़ना जारी किया। तोपों से लैस मुगल सेना के मध्य वह वीरता के साथ युद्ध करता रहा। किंतु इसी बीच आंख में अचानक एक बाण लग जाने के कारण वह घोर वेदना से अपने हाथी के होदे में ही गिर गया। उसकी अधिकांश सेना उसके घाव को प्राणांतक समझकर भाग गई। हेमू फिर उठ खड़ा हुआ और पूर्ण साहस के साथ युद्ध करने लगा। अपनी स्थिति को प्रतिकूल पाकर अब उसने अपने बचे हुए थोड़े से लोगों की सहायता से शत्रु सेना की पंक्ति को तोड़कर पीछे निकलने का प्रयत्न किया। लेकिन मुगल घुड़सवारों ने उसे पकड़कर बंदी बना लिया। तत्पश्चात् हेमू को अकबर के सामने लाया गया। बैरम खां ने अकबर को अपने हाथ से हेमू को मारकर गाजी की उपाधि धारण करने का परामर्श दिया, किंतु जैसा कि अबुल फजल ने कहा है, अकबर ने मानवीय कारणों से इस प्रस्ताव को अस्वीकृत कर दिया। शायद अबुल फजल ने अकबर की सहृदयता को दर्शाने के लिए ऐसी बात कही, क्योंकि **अहमद यादगार** तथा **आरिफ कंधारी** ने लिखा है कि अकबर ने बैरम खां के परामर्श को मानकर हेमू की गरदन तलवार से उड़ा दी।

पानीपत की दूसरी लड़ाई के परिणाम

पानीपत की ऐतिहासिक रणभूमि में दूसरी बार भारत के भाग्य का फैसला हुआ। इस युद्ध ने भारतवर्ष पर पुन: मुगलों का अधिकार सत्ता को स्वीकृति दे दी। हेमू के पतन के पश्चात् हिंदुओं के द्वारा मुसलमानों को खदेड़कर भारतवर्ष में फिर से एक हिन्दू साम्राज्य की स्थापना का स्वप्न टूटकर बिखर गया। उसकी सेना छिन्न-भिन्न हो गई और उसके पिता तथा पत्नी मेवाड़ भाग गए। मुगलों ने बाद में हेमू के पिता की भी हत्या कर दी। मई, 1557 ई. में सिकंदर शाह सूर ने मुगलों के सामने आत्म-समर्पण कर दिया। आरंभ में उसे कोई पद देकर बिहार भेज दिया गया। किंतु जल्द ही अकबर द्वारा उसे निकाल बाहर किया गया और बंगाल में इधर-उधर भटकते हुए उसकी मृत्यु हो गई। आदिल शाह को बंगाल के गवर्नर ने मुंगेर में पराजित किया और युद्ध में ही उसकी मृत्यु हो गई। मुगलों से अपनी सुरक्षा के लिए इब्राहिम शाह ने उड़ीसा में जाकर शरण ली। इसी प्रकार पानीपत की पराजय ने अफगानों की रीढ़ तोड़ डाली। अब अफगानों में निराशा व्याप्त हो गई और उनका उत्साह सदा के लिए ठण्डा हो गया। पानीपत के युद्ध के दो वर्ष के पश्चात् अफगानों में कोई भी ऐसा व्यक्ति न रह गया, जो अकबर को चुनौती दे सकता था। इस प्रकार पानीपत के युद्ध ने बाबर की विजय के कार्य को पूरा किया और मुगल वंश की डगमगाती हुई नौका को संभाल लिया।

अकबर के प्रारंभिक सुधार

भारत का स्वतंत्र सम्राट् बन जाने के पश्चात् अकबर ने अपने विशाल हृदय, मानवीय गुणों तथा श्रेष्ठता का परिचय देना शुरू किया। 1562 ई. के प्रारंभ में उसने युद्धबंदियों को गुलाम बनाने की प्रथा, जो संपूर्ण मध्य काल में चालू रही

और जिसके अनुसार युद्ध में पकड़े गए सैनिकों को गुलाम बनाकर इस्लाम धर्म में बलात् दीक्षित किया जाता था, पर रोक लगा दी। यह उसकी उदारता का परिचायक था। अपनी उदार नीति से प्रेरित होकर सम्राट् ने 1563 ई. में सर्वत्र तीर्थयात्रा कर को उठा लिये जाने की आज्ञा जारी की। 1564 ई. में अकबर ने गैर-मुसलमानों पर थोपे जानेवाले घृणित कर जजिया को बंद कर दिया। जजिया को बंद किए जाने से निश्चित रूप से राज्य की आर्थिक व्यवस्था पर प्रतिकूल प्रभाव पड़ा होगा, किंतु देश की बहुसंख्यक हिन्दू जनता के हृदय में इससे स्वाभाविक रूप से सम्राट् के प्रति सहानुभूति एवं शुभकामना जागी होगी। वस्तुतः इन कार्यों ने एक ऐसे साम्राज्य की आधारशिला रखी, जो बिना किसी धार्मिक भेदभाव के सभी नागरिकों के समान अधिकारों पर आधारित था।

मुगल साम्राज्य का विस्तार

दिल्ली की गद्दी पर बैठने वाले मुगल सम्राटों में अकबर सबसे अधिक महत्त्वाकांक्षी था। वह मुगलों के साम्राज्य की सीमा का यथासंभव विस्तार करने की कामना रखता था। अबुल-फजल के अनुसार, अकबर की विजय नीति का उद्देश्य स्थानीय शासकों के निरंकुश शासन से पीड़ित प्रजा को सुख-शांति एवं सुरक्षा प्रदान करना था। किंतु अबुल-फजल का यह विचार अकबर की प्रारंभिक विजयों के संदर्भ में उचित नहीं जंचता है। प्रारंभ में अकबर अपने साम्राज्य का विस्तार मात्र विजय की लालसा, राज्य के विस्तार की भावना तथा धन-दौलत और सत्ता प्राप्त करने की उत्कट अभिलाषा के कारण करना चाहता था। वह स्वयं कहा करता था 'एक राजा को विजय के लिए सदैव तत्पर रहना चाहिए, नहीं तो पड़ोसी शासक उसके विरुद्ध शस्त्र उठाने की चेष्टा करते हैं।' साथ-ही-साथ वह यह भी कहा करता था कि फौज को सदैव युद्ध में व्यस्त रखना चाहिए, क्योंकि युद्धाभ्यास के अभाव में वे (सैनिक) प्रमादी एवं विलासी हो जाते हैं। कम-से-कम उत्तर भारत की विजय में अकबर की साम्राज्य विस्तार की भावना ही काम कर रही थी। किंतु उत्तर भारत के अधिकांश भागों पर विजय के बाद अकबर की विजय नीति पर देशप्रेम एवं मानवतावादी भावनाओं का भी असर दिखाई देता है। अपने शासनकाल के उत्तरार्ध में वह प्राचीन हिन्दू आदर्शों से प्रेरित होकर संपूर्ण देश को एक राजनीतिक सूत्र में बांधने में एवं जनता को सुख-शांति एवं सुरक्षा प्रदान करने के लिए प्रयत्नशील हो गया।

जौनपुर तथा चुनार पर विजय अकबर की साम्राज्य विस्तार की नीति को दो भागों में विभक्त किया जा सकता है—उसकी उत्तर भारत की विजय तथा दक्षिण भारत की विजय।

उत्तर भारत की विजय

पानीपत की दूसरी लड़ाई के बाद अकबर ने दिल्ली, आगरा, पंजाब पर अपनी सत्ता को पूरी तरह जमाया। 1559 ई. में ग्वालियर पर मुगल सम्राट् का आधिपत्य हो गया। जौनपुर को अकबर के सेनापति जमाल खां ने 1560 ई. में जीत लिया था और 1561 ई. में चुनार पर भी मुगलों का कब्जा हो गया था।

मालवा-विजय

1561-1572 ई. के दौरान मालवा एक स्वतंत्र राज्य था। अकबर के शासनकाल में वहाँ का शासक बाज बहादुर था। अकबर मालवा को जीतकर अपने साम्राज्य में मिला लेना चाहता था। इस उद्देश्य से उसने आजम खां एवं पीर मुहम्मद को मुगल सेना का नेतृत्व देकर भेजा। बाज बहादुर पराजित हो गया और 29 मार्च, 1561 ई. को मालवा की राजधानी सारंगपुर पर मुगलों का कब्जा हो गया। वहाँ का शासन पीर मुहम्मद को सौंप दिया। किंतु पीर मुहम्मद के अत्याचारी शासन से इस क्षेत्र के लोग क्षुब्ध हो गए। बाज बहादुर ने पुनः आक्रमण कर उसे अपने अधिकार में कर लिया। अकबर इस घटना से बहुत दुःखी हुआ और उसने अब्दुल्ला खां उजबेग को मालवा-विजय का काम सौंप दिया। अब्दुल्ला खां ने जल्द ही 1572 ई. में मालवा पर अधिकार कर लिया। बाज बहादुर ने अकबर के सामने आत्म-समर्पण कर दिया और मालवा का राज्य मुगल साम्राज्य में मिला लिया गया।

गुजरात-विजय

अपनी साम्राज्यवादी लिप्सा को शांत करने के लिए अकबर गुजरात को भी मुगल साम्राज्य में मिलाना चाहता था। गुजरात का शासक मुजफ्फर शाह तृतीय एक अयोग्य शासक था। मुगल सेना ने 1512 ई. में आसानी से गुजरात पर कब्जा कर लिया। वहाँ का सूबेदार खान आजम मिर्जा नियुक्त किया गया। अकबर आगरा लौट आया। बाद में वहाँ मुगलों के विरुद्ध विद्रोह हो गया। इस बार अब्दुर्रहीम खानखाना को विद्रोह के दमन हेतु भेजा गया। मुगलों को सफलता मिली और 1584 ई. में गुजरात मुगल साम्राज्य का एक महत्त्वपूर्ण अंग बन गया।

बिहार, बंगाल एवं उड़ीसा की विजय

बंगाल का प्रांत मध्यकाल में हमेशा केंद्रीय सरकार के लिए सिरदर्द सिद्ध हुआ। अकबर के शासनकाल के प्रारंभ में यहाँ का शासक सुलेमान करानी था, जिसके अधीन दक्षिण बिहार भी था। अकबर के साथ उसके मित्रवत् संबंध थे, किंतु उसकी मृत्यु के बाद दाऊद खां बंगाल का शासक बना। उसने अकबर की अधीनता मानने से इनकार कर दिया। अकबर ने जौनपुर के सूबेदार मुनीम खां को दाऊद के खिलाफ भेजा। मुनीम खां के हाथों दाऊद पराजित हुआ और वह उड़ीसा भाग गया। पटना, जो उसकी राजधानी थी, मुगलों के अधीन हो गया। 1575 ई. में मुनीम खां की मृत्यु हो गई। दाऊद खां ने बंगाल के कुछ क्षेत्रों पर पुनः अधिकार कर लिया, किंतु अंत में वह मुगल सेना के द्वारा पराजित किया गया और 1576 ई. में बंगाल एवं बिहार के क्षेत्र मुगल साम्राज्य में मिला लिये गए। इसी तरह से 1590 ई. में मानसिंह के नेतृत्व में मुगल सेना ने उड़ीसा के हिन्दू राज्य को समाप्त कर उसे मुगल साम्राज्य में सम्मिलित कर लिया।

काबुल-विजय (1585 ई.)

काबूल का शासक मिर्जा मुहम्मद हकीम अकबर का सौतेला भाई था। वह कभी दिल्ली की गद्दी पर बैठने का भी स्वप्न देखता था। 1580 ई. में उसने पठान पर आक्रमण किया था, किंतु मुगल सेना ने उसे पीछे भगा दिया। बाद में उसने अकबर की अधीनता स्वीकार कर ली थी। 1585 ई. में जब उसकी मृत्यु हो गई, तो काबुल को मुगल साम्राज्य में सम्मिलित कर लिया गया।

सिंध-विजय (1591 ई.)

अकबर अन्य भारतीय प्रांतों की तरह सिंध की स्वतंत्रता को भी समाप्त कर मुगल साम्राज्य में मिला लेने की इच्छा रखता था। इस उद्देश्य से अब्दुर्रहीम खानखाना को सिंध भेजा गया। सिंध के शासक मिर्जा जानी बेग ने डटकर मुगल सेना का सामना किया, किंतु 1591 ई. में वह पराजित हुआ। अब सिंध भी मुगलों के अधीन हो गया।

कश्मीर-विजय

अकबर कश्मीर की सुंदरता पर मुग्ध होकर उसे अपने साम्राज्य में मिलाने का इच्छुक था। उसने भगवान् दास और कासिम खां के नेतृत्व में एक मुगल सेना इस उद्देश्य से कश्मीर भेजी। कश्मीर के शासक युसूफ ने अकबर की अधीनता को मान लिया, किंतु उसका पुत्र याकूब युद्ध पर उतारू था। युद्ध में उसकी पराजय हुई और कश्मीर को 1586 ई. में मुगल साम्राज्य में मिला लिया गया।

बलूचिस्तान-विजय (1595 ई.)

बलूचिस्तान पर अफगानों का राज्य था। अकबर इसे भी अपने अधिकार में करना चाहता था। 1595 ई. में उसने मीर मासूम को बलूचिस्तान विजय हेतु भेजा। अफगानों ने जमकर मुगल सेना का सामना किया, किंतु वे हार गए और यह क्षेत्र मुगल साम्राज्य का अंग बन गया।

कंधार-विजय (1590 ई.)

कंधार का आर्थिक एवं सामरिक महत्त्व बहुत अधिक था। उस समय कंधार में इराक के शासक का आधिपत्य था, किंतु वहाँ के प्रांतीय शासक मुज्जफर हुसैन मिर्जा ने निर्विरोध कंधार को मुगलों के हाथों में सौंप दिया।

कंधार-विजय के अतिरिक्त मुगल सेना ने उत्तर-पश्चिम की अनेक बर्बर एवं उपद्रवी जातियों को कुचलकर इस क्षेत्र में शांति कायम की। इन जातियों में उजबेग एवं युसुफ जाई जातियों के नाम उल्लेखनीय हैं।

राजस्थान-विजय

राजस्थान के राजपूत शासक अपनी स्वतंत्रता, शौर्य एवं आत्मसम्मान के लिए प्रसिद्ध थे। पूरे मध्यकाल में उन्होंने मुसलमान शासकों को शांति से नहीं रहने दिया। अकबर ने राजपूतों के प्रति एक विशिष्ट नीति अपनाई। इस नीति के फलस्वरूप राजस्थान के अनेक शासकों ने उसकी अधीनता स्वीकार कर उससे मित्रता कर ली और अपनी पुत्रियों का विवाह अकबर से कर दिया, किंतु 1568 ई. में रणथंभौर को अपने अधीन करने के लिए अकबर को सेना भेजनी पड़ी। यहाँ के शासक सूरजनाथ ने प्रारंभ में डटकर मुगल सेना का सामना किया, लेकिन अंततः निर्दोष जनता को मरता देख उसने मुगलों के सामने आत्म-समर्पण कर दिया। रणथंभौर के इस पतन को देखकर 1570 ई. में मारवाड़ के शासक राजचंद्रसेन, बीकानेर के शासक कल्याणमल और जैसलमेर के शासक रावल हरराय ने अकबर की अधीनता स्वीकार कर ली। इससे पूर्व मुगलों ने 1562 ई. में मेड़ता के किले पर भी आक्रमण किया और इसके शासक जयमल को परास्त कर उसे अपने अधीन कर लिया। अकबर का राजस्थान में कड़ा विरोध मेवाड़ के शासक के द्वारा किया गया। मेवाड़ की राजधानी चित्तौड़ थी और यहाँ के राजपूत अपनी वीरता के लिए प्रसिद्ध थे। मेवाड़ के शासक उदय सिंह ने अकबर की अधीनता नहीं मानी थी। अतः अकबर ने 1567 ई. में मेवाड़ पर आक्रमण कर दिया। महीनों युद्ध चलता रहा। राजपूत जयमल राठौर एवं फत्ता सिंह के नेतृत्व में जमकर लड़े, किंतु अंत में वीरगति को प्राप्त हुए और चित्तौड़ मुगलों के हाथ में चला गया। आसफ खां को वहाँ का प्रांतीय शासक नियुक्त किया गया; किंतु इस विजय के बाद भी मेवाड़ का अधिकांश भाग मुगलों के अधीन नहीं किया जा सका। राजपूत शिरोमणि राणा प्रताप सिंह (उदय सिंह का पुत्र) अभी भी मुगलों से लोहा लेने को तैयार थे। राजा मानसिंह व शहजादा सलीम के अधीन एक मुगल सेना ने 1576 ई. में मेवाड़ पर आक्रमण कर दिया। राणा एवं मुगल सेना के बीच हल्दीघाटी की प्रसिद्ध लड़ाई हुई। राणा ने बहादुरी से मुगलों का मुकाबला किया, किंतु अंत में वे जंगल की ओर भाग गए। वे सर्वस्व खोकर भी अकबर की अधीनता को स्वीकार करने के लिए तैयार न थे। जब अकबर की सेना मेवाड़ से वापस हुई, तो राणा ने मेवाड़ पर पुनः अपना अधिकार कर लिया। इस तरह मेवाड़ पूर्ण रूप से मुगलों द्वारा विजित नहीं किया जा सका।

कालिंजर का पतन

कालिंजर का किला आधुनिक उत्तर प्रदेश के बांदा जिले में है। यह शक्तिशाली दुर्ग समझा जाता था। अकबर इस पर अधिकार करने को लालायित था। उस समय यह किला रीवा शासक राजा रामचंद्र के अधिकार में था। 1569 ई. में अकबर ने मजनू खां काक शाह को इस पर अधिकार करने को भेजा। राजा रामचंद्र अकबर की शक्ति से परिचित था। अतः उसने जल्द ही इस दुर्ग को मुगलों के सुपुर्द कर दिया।

गोंडवाना की विजय (1564 ई.)

अपनी विजय-नीति का अनुकरण करते हुए अकबर ने अकारण ही गोंडवाना पर आक्रमण करने की योजना बनाई। आसफ खां के अधीन एक शक्तिशाली मुगल सेना इस कार्य हेतु भेजी गई। उस समय गोंडवाना का शासक राजा वीर नारायण नाबालिग था और अपनी मां दुर्गावती के संरक्षण में वह शासन करता था। उसकी पराजय हुई और गोंडवाना मुगलों के अधिकार में चला गया।

इस तरह से सिर्फ मेवाड़ के कुछ भाग को छोड़कर अकबर ने उत्तर भारत के शेष भागों को मुगल साम्राज्य में आत्मसात् कर लिया। अकबर की उत्तर भारत की विजय-नीति सफल एवं पूर्ण थी।

दक्षिण भारत की विजय

उत्तर भारत के विभिन्न राज्यों को अपने अधीन कर लेने के बाद अकबर की दृष्टि दक्षिण भारत की ओर गई। बहमनी राज्य की समाप्ति के बाद दक्षिण में चार राज्यों का उत्थान हुआ। ये राज्य थे—अहमदनगर, खानदेश, बीजापुर और गोलकुंडा। अकबर कतिपय कारणों से इन राज्यों पर भी अपना आधिपत्य कायम रखना चाहता था। सर्वप्रथम तो उसकी साम्राज्यवादी महत्त्वाकांक्षा थी। मुगल साम्राज्य के विस्तार हेतु दक्षिण के राज्यों पर अधिकार करना आवश्यक था। द्वितीय, डॉक्टर स्मिथ के शब्दों में, अकबर दक्षिण के क्षेत्रों पर इसलिए विस्तार करना चाहता था ताकि वह अपने साम्राज्य का विस्तार समुद्र तट तक कर सके, जिससे यूरोपवासियों की कोठियों पर उसका अधिकार हो जाए। बात ऐसी थी कि पुर्तगाली पश्चिमी और दक्षिणी-पूर्वी समुद्री किनारों पर अपनी शक्ति का विस्तार कर रहे थे। सिर्फ इस क्षेत्र का आर्थिक शोषण ही नहीं कर रहे थे, वरन् राजनीतिक दाव-पेंच भी खेल रहे थे। अकबर इन बातों को बरदाश्त नहीं कर सकता था। अतः उसने दक्षिण-विजय की नीति को अपनाया। तीसरा कारण अकबर का देश प्रेम एवं मानवतावादी भावना रही होगी। दक्षिण के शासक जनकल्याण की ओर से पूर्णतः विमुख थे और जनता उनके शासक से खुश नहीं थी। अतः इन्हें अपने अधीन कर अकबर यहाँ के लोगों का कल्याण करना चाहता था।

अकबर ने 1591 ई. में इन चारों राज्यों में इस आशय से अपने राजदूत भेजे कि ये राज्य उसकी प्रभुता स्वीकार कर लें। किंतु सिर्फ खानदेश को छोड़कर अन्य दूसरे राज्यों ने इसे नहीं माना। अतः 1595 ई. में एक मुगल सेना अहमदनगर-

विजय हेतु भेजी गई। 1596 ई. में मुगलों और अहमदनगर के बीच एक संधि की व्यवस्था की गई, किंतु यह क्षणिक सिद्ध हुई। अहमदनगर पुन: मुगल विरोधी हो गया। 1600 ई. में अहमदनगर मुगलों के अधीन कर लिया गया। अकबर स्वयं मुगल सेना के साथ दक्षिण गया। खानदेश ने मियां बहादुर शाह के अधीन अपनी स्वतंत्रता की घोषणा कर दी। अत: अकबर ने खानदेश के प्रसिद्ध दुर्ग असीरगढ़ को जा घेरा। उसने असीरगढ़ के दरवाजे को सोने की चाबी से खोला। अब शहजादा दानियाल को बरार, अहमदनगर एवं खानदेश का सूबेदार नियुक्त किया गया। गोलकुंडा एवं बीजापुर मुगल सत्ता से स्वतंत्र रहे। फिर भी अकबर ने दक्षिण के विजित क्षेत्रों को राजनीतिक, सामाजिक, प्रशासनिक, आर्थिक एवं सांस्कृतिक दृष्टिकोणों से संगठित करने का प्रयत्न किया और दक्षिण-विजय के बाद ही उसने सम्राट् की पदवी धारण की।

संगठित भारत का लक्ष्य

यह विवाद का प्रश्न है कि अकबर की राज्यसत्ता राष्ट्रीय भावना से अनुप्राणित थी और वह एक संगठित भारत का स्वप्न देख रहा था। डॉ. त्रिपाठी के मत में अकबर का आदर्श एक विश्वव्यापी साम्राज्य था, एक देशीय अथवा राष्ट्रीय नहीं। संभवत: उसकी मध्य एशिया और फारस की विजय कामना एवं उन्हें अपने साम्राज्य में शामिल कर लेने की इच्छा थी। **डॉ. त्रिपाठी** के इस मत के आधार हैं। किंतु **डॉ. ए.एल. श्रीवास्तव** एवं अनेक अन्य विद्वानों के मत में अकबर की राज्यसत्ता राष्ट्रीय भावना से ओत-प्रोत थी और वह एक संगठित भारत का निर्माण करना चाहता था। उसने भारत के राजनीतिक, सामाजिक, आर्थिक, सांस्कृतिक विकास एवं समृद्धि में उसी तरह की दिलचस्पी दिखलाई, जैसी कोई भी भारतीयता का प्रतिनिधित्व करने वाले शासक से अपेक्षित थी। उसका लक्ष्य एक संगठित भारत का निर्माण करना था। उसने संपूर्ण उत्तर भारत को जीतकर और दक्षिण भारत के एक बहुत बड़े भाग पर विजय प्राप्त की। उसके संपूर्ण साम्राज्य में शासन प्रणाली एक ही प्रकार की थी। अकबर के पूर्व यह चंद्रगुप्त, समुद्रगुप्त, अलाउद्दीन खिलजी एवं मुहम्मद तुगलक जैसे शक्तिशाली सम्राटों के अधीन थी। भारत का बहुत बड़ा क्षेत्र एक ही राज्य सत्ता को मानते थे, किंतु अकबर ने अपने साम्राज्य के सभी प्रांतों में शासन प्रणाली, भूमिकर, नौकरशाही एवं सिक्कों की एक ही तरह की व्यवस्था कायम की। सभी प्रांतों के राज कर्मचारियों के पद एक होते थे। यही कारण था कि सैनिक एवं गैर-सैनिक अधिकारियों का स्थानांतरण एक प्रांत से दूसरे प्रांत में किया जाता था।

इन राजनीतिक एवं शासन संबंधी प्रयोगों के अतिरिक्त अकबर ने संगठित भारत के उद्देश्य से सांस्कृतिक एकता का भी प्रयास किया। उदाहरणस्वरूप उसने फारसी भाषा को राजभाषा के रूप में प्रतिष्ठित किया। इस भाषा को संपन्न एवं समृद्ध बनाने के लिए तथा समस्त भारत में इसके विस्तार के लिए अकबर ने धार्मिक एवं अन्य दूसरी तरह की पुस्तकों की मौलिक रचनाएं इस भाषा में प्रकाशित करवाई तथा अन्य भाषा की पुस्तकों का फारसी में अनुवाद करवाया। उसका उद्देश्य भाषा के माध्यम से भारतीय जनता को एक सूत्र में बांधना था। इतना ही नहीं, उसने भवन निर्माण-कला, मूर्ति निर्माण कला, चित्रकला, संगीत आदि ललित कलाओं के स्वरूप में भी परिवर्तन किया और उनका राष्ट्रीयकरण किया।

अकबर ने भारत में वास्तविक एकता लाने के लिए साम्राज्यवादी नीतियों को अपनाया। अबुल फजल के अनुसार, अकबर की विजय नीति का उद्देश्य केवल साम्राज्य-सीमा का विस्तार नहीं था, बल्कि जनता को स्थानीय निरंकुश शासकों के अत्याचार से बचाना था। अपने शासन के उत्तरार्द्धकाल में उसने प्राचीन हिन्दू आदर्शों से प्रेरित होकर संपूर्ण देश को एक राजनैतिक सूत्र में बांधने के लिए मुस्लिम और हिन्दू जनता में भेदभाव को समाप्त किया तथा अनेक हिंदुओं को अपने प्रशासन में उच्च पद दिए। उसकी शासन व्यवस्था लोक कल्याण के नियमों पर आधारित थी। धर्म के स्थान पर योग्यता एवं प्रतिभा को स्थान दिया गया। वह पहला मुस्लिम शासक था, जिसने भारत में एक धर्मनिरपेक्ष तथा लौकिक शासन की स्थापना की, जहाँ केवल प्रतिभा को महत्त्व दिया जाता था।

शिक्षा एवं साहित्य के क्षेत्र में भी उसने धर्मनिरपेक्षता को अपनाया तथा फारसी को राजभाषा का स्थान दिया। हिन्दी, संस्कृत तथा उर्दू का भी विकास हुआ। हिन्दी और संस्कृत के ग्रंथों का अनुवाद फारसी में करवाया। अरबी, तुर्की, यूनानी भाषा के अमूल्य ग्रंथ भी फारसी भाषा में अनुवादित हुए। प्रजा को समस्त भाषाओं के उत्कृष्ट साहित्य को जानने का सुअवसर प्राप्त हुआ। अकबर ने विभिन्न कलाओं के विकास में भी योगदान दिया। चित्रकला, शिल्पकला, मूर्तिकला के क्षेत्र में हिन्दू और इस्लामिक शैलियों का सम्मिश्रण कर एक नवीन राष्ट्रीय शैली को विकसित किया। अन्य विदेशी सम्राटों के समान हिन्दू संस्कृति के प्रति अकबर के मन में विद्वेष की भावना नहीं थी।

अकबर की धार्मिक नीति

अकबर का परिवारिक वातावरण उदार था। बाबर ने इस्लाम के सुन्नी मतानुयायी होते हुए भी हुमायूँ को सलाह दी कि हिन्दू प्रजा से सम्मानजनक व्यवहार करना। अकबर के संरक्षक बैरम खाँ एवं गुरु अब्दुल लतीफ उदार दृष्टि से युक्त थे अकबर स्वयं व्यक्तिगत रूप से धर्म में रुचि रखता था।

15वीं-16वीं सदी में सूफी संतों ने धार्मिक समानता और सहिष्णुता पर बल दिया। अकबर जब गद्दी पर बैठा तो साम्राज्य के सुदृढ़ीकरण के लिए राजपूतों को एक समानांतर शक्ति के रूप से प्रयुक्त करना चाहा। वह बहुसंख्यक प्रजा के बीच स्वयं को इस तरह स्थापित करना चाहता था कि उसके निजी धर्म को भी कोई ठेस न लगे। इस उद्देश्य से परिचालित होकर अकबर की 'सुलह-ए-कुल' की नीति सामने आयी, जिसे धार्मिक स्तर पर विभिन्न चरणों में देखा जा सकता है।

प्रथम चरण (1556-74 ई.)- इस चरण में अकबर ने उदार दृष्टिकोण अपनाते हुए अनेक कार्य किए। 1562 ई. में युद्धबंदियों को जबरन दास बनाने की प्रथा पर रोक लगायी। 1563 ई. तीर्थयात्रा कर तथा 1564 ई. में जजिया कर की समाप्ति की। इस काल में वह राजपूतों से वैवाहिक संबंध स्थापित कर राजपूत स्त्रियों को धार्मिक स्वतंत्रता देता था। हिन्दू-त्योहारों में भाग लेता तथा उन्हीं के अनुकूल स्वयं तिलक, चंदन लगाना भी प्रारंभ किया।

द्वितीय चरण (1574-79 ई.)- इस काल तक अकबर की बौद्धिक चेतना का व्यापक विस्तार हुआ। वह विभिन्न धार्मिक नेताओं से मिलकर सभी धर्मों का सार जानने को उत्सुक हुआ। इसी क्रम में उसने 1575 ई. में 'इबादतखाने' का निर्माण किया, जिसे 1578 ई में सभी धर्म के लोगों के लिए खोल दिया गया। 'इबादतखाना' अकबर की धार्मिक नीति का एक पड़ाव थी। यहाँ हो रहे वाद-विवाद से उसने जाने कि सत्य सभी धर्मों में विद्यमान है और धार्मिक विभेद तो धार्मिक व्याख्याकारों के द्वारा पैदा किए जाते है। ज्ञानी पुरुष तो सभी धर्मों में मौजूद है। अकबर ने

इबादतखाना में सभी धर्मों हिन्दू, मुस्लिम, बौद्ध, इसाई, परासी को स्थान देकर इनकी बहस के माध्यम से धर्म के मूल तत्व की पड़ताल की। इन बहसों से धार्मिक विद्वानों की संकीर्णता, धर्मांधता, उद्दंडता खुलकर सामने आयी और इसी के साथ अकबर का रूढ़िवादियो से संबंध विच्छेद का आधार तैयार हो गया। फलतः वह 1579 ई. में इबादतखाना को बंद कर दिया और 'मजहरनामा' की घोषणा की।

'मजहरनामा' एक प्रमाणिक दस्तावेज के रूप में जाना जाता है। जिसे अकबर ने 1579 ई. में शेख मुबारक एवं फैजी से तैयार करवाया। इससे कहा गया कि "धार्मिक मामलों में विभेद होने की स्थिति में 'इंसान-ए-कामिल' होने के कारण साम्राज्य की जरूरतों को समझते हुए बादशाह जिस विचार को सर्वोत्तम समझे उसे मान्यता देगा।" इतना ही नहीं राजकीय आवश्यकतानुसार शासक कोई नया नियम बना सकता था, जो मानवता के हित में भी हो। मजहरनामा के उद्देश्य को लेकर विद्वानों में मतभेद रहा है। स्मिथ ने कहा कि "अकबर पोप बनना चाहता था" क्योंकि उसने धार्मिक स्तर पर व्याख्या का अधिकार स्वयं ले लिया। वस्तुतः मजहरनामा लाये जाने का मूल कारण यह था कि समाज में रूढ़िवादी उलेमाओं का प्रभाव बढ़ रहा था। अकबर चाहता था कि हिन्दू-मुस्लिम प्रजा से संबंधित सभी विषय उसके नियंत्रण में आ जाये। इस तरह वह भौतिक और धार्मिक सभी मामलों पर अपना नियंत्रण बढ़ाना चाहता था।

अकबर का रूढ़िवादी तत्वों से संबंध विच्छेद अवश्यभावी हो गया। इसी के साथ अकबर की "सुलह-ए-कुल" की नीति प्रभावशाली रूप से सामने आयी। अबकर ने उलेमाओं की शक्ति को नियंत्रित करने के लिए प्रांतों में 'सद्र' की नियुक्ति की और उनके द्वारा प्रदन अनुदानों की समीक्षा भी शुरू की। इस तरह मजहरनामा अकबर की धार्मिक 'सुलह-ए-कुल' की नीति का एक पड़ाव है। जिसका अगला चरण 'दीन-ए-इलाही' के रूप में देखा जा सकता है।

तृतीय चरण (1579 ई. के बाद)- इस काल तक अकबर का रूढ़िवादियों से संबंध विच्छेद हो गया और अब आवश्यकता थी विभिन्न धर्म के लोगों की अपेक्षाओं की पूर्ति हेतु शासन को मजबूती प्रदान करना। फलतः अकबर ने 1582 ई. में या 'दीन-ए-इलाही' के रूप में 'सुलह-ए-कुल' नीति का प्रतिपादन किया।

अकबर की उदारता, संप्रभुता की अवधारणा, ज्ञानशीलता एवं न्यायप्रियता ने उसके निजी विचार 'दीन-ए-इलाही' को जन्म दिया। वस्तुतः इबादत खाना के माध्यम से अकबर यह समझ गया कि सभी धर्मों का सार एक है और सभी धर्मों में ईश्वर के प्रति सच्ची आस्था विद्यमान है। अतः उसने सभी धर्मों के विचारों का समन्वय कर 'दीन-ए-इलाही' का प्रतिपादन किया। सभी धर्मों में सत्य का तत्व एक है, किंतु भिन्न-भिन्न आचरण के कारण धार्मिक मतभेद पैदा होते हैं। अतः 'दीन-ए-इलाही' के रूप में अकबर ने ऐसी अवधारणा प्रस्तुत की, जो कर्मकांड और आडंबरों से मुक्त हो और विभिन्न धर्मानुयायियों को स्वीकार हो।

अबुलफजल-ने 'दीन-ए-इलाही' की सदस्यता के लिए कुछ अर्हताओं की चर्चा की। अतः विद्वानों ने इसे धर्म घोषित कर दिया। ये अर्हताएं निम्न हैं-

- सदस्य आपस में अभिवादन के लिए अलाह-हू-अकबर का उच्चारण करेंगे।
- मृतक के सम्मान में दी जाने वाली दावत अपने जीवनकाल में ही दी जाए।
- जहाँ तक संभव हो सके, मांस का प्रयोग न किया जाए।
- कम आयु की कन्याओं अथवा वृद्ध स्त्रियों से विवाह न करे।
- एक पत्नी व्रत का पालन करे।
- जीवनकाल में 10 सदगुणों- क्षमा, उदारता, त्याग आदि का पालन करे।
- जो व्यक्ति धन, धर्म, जीवन और सम्मान बादशाह को सभी अथवा एक तत्व के रूप में अर्पित कर देगा। इस आधार पर उसे दीन-ए-इलाही की सदस्यता की श्रेणी दी जाएगी।

'दीन-ए-इलाही' में उल्लेखित धन, धर्म, जीवन और सम्मान चारों तत्वों का त्याग करने वाला प्रथम श्रेणी के सदस्यों में शामिल था। और किसी एक तत्व का त्याग करने वाला चतुर्थ श्रेणी के सदस्यों में शामिल अर्थात् कोई व्यक्ति जो धर्म को अपने पास रखते हुए अन्य तत्वों का त्याग करता था। वह भी दीन-ए-इलाही का सदस्य था। अर्थात् व्यक्तिगत धर्म का पालन करते हुए भी वह दीन-ए-इलाही का सदस्य बन सकता था।

'दीन-ए-इलाही' में शामिल प्रावधान समाज सुधार और लोगो को एक दूसरे से जोड़ने तथा मानवीय गुणों से संबंधित थे। यह एक सामाजिक आचार संहिता के रूप में मौजूद था। जिसमें विभिन्न धर्मों में कही गयी बातें शामिल थी। इससे समाज-सुधार के साथ मितव्ययता पर बल दिया गया था। यहाँ बौद्ध धर्म के 10 शील का तत्व भी दिखता है। वस्तुतः यहाँ सर्वधर्म समभाव की झलक दिखती है।

अकबर के काल की महत्वपूर्ण घटनाएं

क्र.सं.	कार्य	वर्ष
1.	अकबर का जन्म	1542 ई.
2.	अकबर की ताजपोशी	1556 ई.
3.	बैरम खां का पतन	1560 ई.
4.	हरमदल के प्रभाव की समाप्ति, दासप्रथा का अंत	1562 ई.
5.	तीर्थयात्रा कर की समाप्ति	1563 ई.
6.	जजिया कर की समाप्ति	1564 ई.
7.	मनसबदारी व्यवस्था शुरू	1567 ई.
8.	फतेहपुर सीकरी की स्थापना तथा राजधानी बनाना	1571 ई.
9.	दास प्रथा पुनः शुरू	1574 ई.
10.	इबादतखाना स्थापित	1575 ई.
11.	मजहर की घोषणा	1578 ई.
12.	दहसाला प्रणाली की शुरुआत	1579 ई.
13.	साम्राज्य 12 सूबों में बांटा	1580 ई.
14.	दीन-ए-इलाही की घोषणा	1582 ई.
15.	इलाही संवत् की स्थापना	1583 ई.
16.	अकबर की मृत्यु	1605 ई.

अकबर की प्रशासनिक व्यवस्था

मनसबदारी व्यवस्था

अपने साम्राज्यवादी उद्देश्यों की पूर्ति अकबर एक शक्तिशाली सेना के बिना नहीं कर सकता था। इस साम्राज्यवादी विस्तार के लिए अकबर को अपने अधिकारियों के वर्ग और सेना को संगठित करना जरूरी था। अकबर ने मनसबदारी पद्धति के द्वारा दोनों उद्देश्यो की पूर्ति का लक्ष्य रखा।

मनसब का अर्थ है पद

मनसबदारी व्यवस्था मुगल प्रशासनिक संरचना का आधार स्तंभ थी। यह अमीरों और सेना को एक सूत्र में संगठित करने की व्यवस्था थी।

मनसबदारों की नियुक्ति, पदोन्नति और उनपर नियंत्रण प्रत्यक्ष रूप से सम्राट द्वारा किया जाता था। इस व्यवस्था में रोक एवं संतुलन की पद्धति लागू थी। मीर-बख्शी, मनसबदारों की सूची सम्राट के समक्ष प्रस्तुत करता था और मनसबदारों को जागीर आवंटित करने का कार्य 'दीवान-ए-आला' का होता था। मनसबदारी व्यवस्था वंशानुगत नहीं थी। मनसबदार को वेतन नगद एवं जागीर के रूप में दिया जाता था। मनसब व्यवस्था में 'जात' एवं 'सवार' के दोहरे दर्जे को लागू किया गया। जात से किसी व्यक्ति के पद की स्थिति अर्थात् वेतन और सवार से उसके सैन्य उत्तरदायित्व का बोध होता था। मनसबदार को किसी भी प्रशासनिक सैनिक पद पर या बादशाह के व्यक्तिगत सेवा में रखा जा सकता था। इस तरह यह सैनिक तथा असैनिक स्वरूप से युक्त था। सवार पद की संख्या किसी भी हालत में 'जात' पद से अधिक नहीं हो सकती थी। 'जात' और 'सवार' के आधार पर मनसबदारों की तीन श्रेणियाँ थी-

प्रथम श्रेणी:- जहाँ 'जात' और 'सवार' का पद बराबर होता था।

द्वितीय श्रेणी:- जहाँ 'सवार' पद 'जात' पद से आधा या आधे से ज्यादा होता था।

तृतीय श्रेणी:- जहाँ सवार पद 'जात' पद से आधे से कम होता था।

अकबर ने जिस मनसबदारी व्यवस्था का आरंभ किया था उसमें समय-समय पर परिवर्तन आया। जहाँगीर ने 'दुह-अस्पा' एवं 'सिंह-आस्पा' की प्रथा चलायी।

जिसके तहत 'जात' पद बढ़ाये बिना ही 'सवारों' की संख्या में वृद्धि की जा सकती थी। इसका लाभ यह हुआ कि राजकोष पर अतिरिक्त बोझ डाले बिना ही सैन्य संगठन का विस्तार हुआ।

शाहजहाँ ने मनसबदारी व्यवस्था के अंतर्गत 'महाना' वेतन पद्धति लागू की। इसके अंतर्गत मनसबदारों को महीने के आधार पर कार्य की गणना कर वेतन दिया जाता था।

मनसबदारी व्यवस्था मुगल प्रशासनिक व्यवस्था के सुदृढ़ीकरण में सहायक सिद्ध हुई। इससे मुगल शासक को संगठित एवं वफादार प्रशासनिक वर्ग का निर्माण हुआ। शासन के केंद्रीकरण की प्रवृत्ति में वृद्धि हुई। क्योंकि मनसबदारों की नियुक्ति, पदोन्नति तथा अवन्नति सम्राट द्वारा होती थी और इन्हें साम्राज्य के किसी भी क्षेत्र में कार्य हेतु नियुक्त किया जा सकता था। मनसबदारी व्यवस्था ने राजनीतिक एवं प्रशासनिक क्षेत्र के साथ-साथ सामाजिक-सांस्कृतिक क्षेत्र पर भी प्रभाव डाला।

मुगल मनसबदारी व्यवस्था अकबर की एक मौलिक सोच थी और उसने मुगल सत्ता की मजबूती से सहायता दी।

जागीरदारी व्यवस्था

जागीरदारी-व्यवस्था मनसबदारी व्यवस्था से जुड़ी थी। वस्तुतः मनसबदार के वेतन प्रायः जागीर के रूप से प्रदान किए जाते थे। इसके तहत एक निश्चित भू-भाग की अनुमानित आय वेतन के रूप में दे दी जाती थी और इन जागीरदारों का अधिकार राजस्व प्राप्ति तक ही था। उन्हें यहाँ प्रशासनिक अधिकार नहीं था। यहाँ इक्तादारी व्यवस्था से अंतर दिखता है। इक्तादारों को राजस्व एवं प्रशासनिक दोनों अधिकार थे। इसी तरह जागीरदारी व्यवस्था में 'फवाजिल' की अवधारणा नहीं थी। जबकि इक्तादारी व्यवस्था में यह मौजूद थी। इसी तरह जागीरदारी व्यवस्था सामंती व्यवस्था से भी अंतर लिए हुए थी। सामंती व्यवस्था में भू-क्षेत्र पर सामंत का वंशानुगत अधिकार था।

मनसबदारों को वेतन के रूप में दी गयी जागीर 'तन्ख्वाह जागीर' कहलाती थी तो राजपूतों को उन्हीं के क्षेत्र में दी गयी जागीर 'वतन जागीर' कहलाती थी। कालांतर में जागीर भूमि मे कमी आने की वजह से जागीरी की समस्या सामने आयी, तो दूसरे तरफ जागीर में होने वाली वसूली की समस्या के कारण जागीर 'जोरतलब जागीर' के रूप में वर्गीकृत की गयी। जहाँ आसानी से राजस्व वसूली होती थी, उसे 'सैरहासिल जागीर' कहा गया। वस्तुतः 'सैरहासिल जागीर' को प्राप्त करने के लिए दरबारी गुटबंदी को बढ़ावा मिला। इतना ही नहीं 'जमादामी' (अनुमनित आय) तथा 'हासिलदामी' (वास्तविक) में अंतर के कारण जागीरदार उत्पीड़क बन गए और इनकी शोषक-प्रवृत्ति से कृषक विद्रोह सामने आये। इस दृष्टि से जागीरदारी व्यवस्था ने मुगल राज्य के पतन में भी भूमिका निभायी।

जागीरदारी के स्थानांतरण की वजह से उनका ध्यान भूमि के विकास पर नहीं रहा। राजस्व प्राप्ति ही मुख्य लक्ष्य था। अतः कृषक शोषण में वृद्धि हुई। फलतः किसान खेत छोड़कर भागने लगे। जिससे उत्पादन में कमी आयी। इन सबका सम्मिलित प्रभाव मुगल राजकोष एवं राज्य पर प्रतिकूल रूप से पड़ा।

मुगल भू-राजस्व व्यवस्था

अबुल फजल ने 'आइन-ए-अकबरी' में मुगल भू-राजस्व व्यवस्था को सैद्धांतिक आधार दिया। उसने इसे राज्य द्वारा दिए जाने वाले संरक्षण एवं न्याय व्यवस्था के बदले लिया जाने वाला संरक्षण शुल्क बताया। मुगलकाल में भू-राजस्व को 'मालवाजिब' कहा जाता था, जो उत्पादन में हिस्सा होता था।

अकबर की भू-राजस्व पद्धति शासन के 24वें वर्ष 1580 में सामने आयी जो 'आइने-दहसाला' के नाम से जानी जाती है। यह शेरशाह कालीन 'जब्ती' प्रणाली का सुधरा हुआ रूप था। वस्तुतः शेरशाह की पद्धति में कुछ कमियाँ मौजूद थी, जैसे भूमि की माप रस्सी से होती थी जिससे माप में त्रुटि की संभावना थी।

अकबर ने भूमि-माप के लिए 'जरीब' का प्रयोग किया। अर्थात् लोहे की कड़ियों से युक्त जंजीर और माप हेतु 'गज-ए-इलाही' को इकाई बनाया। अकबर ने उत्पादन की बारंबारता के आधार पर भूमि को चार वर्गो में बाँटा- पोलज, परती, चाचर और बंजर। 'पोलज' में एक वर्ष में दो फसलें होती थी। 'परती' भूमि में एक वर्ष भूमि को खाली छोड़कर खेती की जाती थी।

'चाचर' में तीन या चार वर्षों में खेती होती थी। जबकि बंजर में पाँच वर्षों तक खेती नहीं होती थी। इन भूमियों को उत्पादकता के आधार पर अच्छी, मध्यम और निम्न भूमि में बाँटा गया।

'पोलज' तथा 'परती' भूमि की उपज का 1/3 भाग निर्धारित किया गया, जबकि 'चाचर' भूमि की दर इससे कम रखी गयी। भू-राजस्व अनाज और नगद दोनों में वसूला जाता था। किंतु राज्य नगद वसूली पर अधिक बल देता था। इससे किसान और राज्य दोनों को लाभ था, परंतु पूरे भारत में यह व्यवस्था एक समान लागू नहीं थी। यह व्यवस्था लाहौर से इलाहाबाद तथा गुजरात एवं मालवा में लागू थी। राज्य के अन्य क्षेत्र में 'गल्लाबख्शी' या 'बटाई', 'नस्क' या 'कानकूत' व्यवस्था प्रचलित थी।

राजस्व वसूली से संबंधित अधिकारी केंद्रीय स्तर पर 'दीवान-ए-आला' प्रांतीय स्तर पर 'दीवान', सरकार के स्तर पर 'अमलगुजार' तथा ग्रामीण स्तर पर 'पटवारी', 'चौधरी' मौजूद थे।

'आइने-दहसाला' जब्ती व्यवस्था का ही संशोधित रूप था। यह 10 वर्षों के औसत के आधार पर निर्धारित किया जाने वाला प्रबंधन था। इस व्यवस्था में किसानों से प्रत्यक्ष संबंध बनाया गया। जिससे मध्यस्थों से होने वाले शोषण में कमी आयी। किसानों के हित में कृषि विकास को ध्यान में रखकर ऋण, बीज आदि प्रदान किए गए। भू-राजस्व क्षेत्र में इन सुधारों से राज्य की आर्थिक स्थिति अच्छी हुई।

अकबर की राजपूत नीति

राजपूत भारत के एक प्रमुख शासक वर्ग थे। सल्तनत काल में भी इनके महत्व को समझते हुए अलाउद्दीन खिलजी ने देवगिरी के शासक से संबंध स्थापित कर आर्थिक-राजनीतिक लाभ लिए और साम्राज्यवादी अवधारणा को व्यावहारिक रूप दिया। किंतु अकबर के काल में आकर मुगल राजपूत नीति को परिपक्वता प्राप्त हुई। मुगल राजपूत नीति का एक व्यापक राजनीतिक संदर्भ रहा है। जिसके तहत साम्राज्य का सुदृढ़ीकरण, नौकरशाही को संगठित करना और स्वायत्त राजाओं को नियंत्रित करना शामिल था। राजपूत नीति के पीछे सामरिक दृष्टिकोण भी निहित था। राजपूत शक्ति का केंद्र राजस्थान में था और गुजरात, मालवा तथा सिंध पर नियंत्रण रखने के लिए राजस्थान पर नियंत्रण जरूरी था। राजपूतों के अंदर वफादारी, त्याग, बलिदान जैसे गुण मुगल साम्राज्य के लिए महत्व के थे। राजपूतों को अपने प्रशासनिक वर्ग में शामिल कर मुगल अमीरों, अफगानों एवं उजबेगों पर नियंत्रण करने हेतु राजपूतों को एक संतुलनकारी तत्व के रूप में उपयोग किया जा सकता था।

अकबर की राजपूत नीति की विशेषताएँ

- राजपूतों के साथ संबंध बनाने के क्रम में अकबर ने आमेर के कछवाहा, जैसलमेर के भाटी वंशी के साथ वैवाहिक संबंध स्थापित कर उनका समर्थन प्राप्त किया।
- अकबर ने भारमल, मानसिंह, टोडरमल, बीरबल आदि राजपूतों को महत्वपूर्ण पद देकर मित्र बनाया। इससे अकबर मुगल दरबार में राजपूतों का एक शक्तिशाली दल तैयार कर सका, जिस पर वह विश्वास कर सकता था।
- अकबर ने राजपूतों को तिलक आदि लगाकर दरबार में आने की छूट दी। उनकी पुत्रियों को रानी बनाने के पश्चात् धार्मिक स्वतंत्रता प्रदान की। उन्हें अपने घर आने-जाने की स्वतंत्रता दी। इतना ही नहीं, अकबर ने हिंदुओं के प्रति उदारता भी दिखायी। तीर्थयात्रा कर एवं जजिया की समाप्ति की। फलतः राजपूतों के मन-मस्तिष्क पर इसका सकारात्मक प्रभाव पड़ा। वे मुगलों को सच्चा हमदर्द समझने लगे तथा विरोध का मार्ग छोड़कर सहयोगी बन गए।
- अबकर ने राजपूतों के प्रति दंड एवं पुरस्कार की नीति के तहत कार्यवाही की। जिन्होंने अकबर की अधीनता स्वीकार की, उन्हें पद तथा सम्मान दिया और जिन्होंने विरोध किया, उनके विरुद्ध सैन्य कार्यवाही की, जैसे- मेवाड़, गढ़कटंगा, मेड़ता, कालिंजर आदि।

अकबर की राजपूत-नीति मुगल साम्राज्य के विस्तार एवं सुदृढ़ीकरण में महत्वपूर्ण स्थान रखती हैं। इसके प्रभाव व्यापक एवं स्थायी महत्व वाले थे। मुगलों को बहादुर योद्धाओं की सेवा मिली और एक भरोसेमंद मित्र मिला। वस्तुतः जो राजपूत पिछले 300 वर्षों से इस्लामी शासकों के विरुद्ध तलवार उठाए थे, अब उसी तलवार का प्रयोग मुगलों ने अपने शासन की सुरक्षा एवं सुदृढ़ीकरण में किया। मुगल साम्राज्य के प्रशासन का सामाजिक आधार व्यापक हुआ। राजपूतों के रूप में मुगलों को एकक संतुलनकारी शक्ति प्राप्त हुई। अकबर की राजपूत नीति से राजपूतों को सामाजिक प्रतिष्ठा प्राप्त हुई। फलतः उनका सम्मान बढ़ा। मुगल सेवा आर्थिक दृष्टि से भी सहायक रही। उन्हें अपने प्रदेशों में 'वतन जागीर' मिली। हिन्दू-मुस्लिम समन्वित संस्कृत का विकास हुआ। कला के विविध क्षेत्रों में यह मिश्रित संस्कृति दिखलायी पड़ती है। राजपूतों ने क्षेत्रीय स्थापत्य, चित्रकला का विकास किया। जहाँ मुगल और ईरानी शैली के तत्व भी दिखाई पड़े, तो दूसरी तरफ मुगल कला पर राजपूत शैली का प्रभाव पड़ा।

न्याय व्यवस्था

अकबर ने अपने पूर्वोत्तर शासकों की मुस्लिम तथा गैर-मुस्लिम जनता के मध्य भेदभाव से भरी नीति को समाप्त करने का प्रयत्न किया। उसने न्याय प्रणाली को राजनीति से परे रखते हुए तथा इस्लामी न्याय प्रणाली को न स्वीकारते हुए एक निष्पक्ष न्याय व्यवस्था स्थापित की। न्याय का प्रधान स्रोत सम्राट् होता था, लेकिन यह विभाग 'काजी-उल-कुजात' चलाता था। उसके अधीन प्रत्येक न्यायालय में तीन प्रकार के न्यायाधीश होते थे—काजी, मीर अदल तथा मुफ्ती। फौजदारी के मुकदमों के नियम हिंदुओं और मुस्लिमों के लिए समान कानून थे। लेकिन माल और संपत्ति के मामलों में हिंदुओं के प्रति निर्णय लेते समय हिन्दू धर्म के नियमों का ध्यान रखा जाता था। अकबर के इस न्यायविधान की कठमुल्लों द्वारा कटु आलोचना हुई, लेकिन अकबर ने अपनी आदर्श न्याय पद्धति का परित्याग नहीं किया। वह प्रणाली कतिपय दोषों से युक्त थी। काजी प्रायः लालची तथा भ्रष्टाचारी होते थे। वे अकसर धन और उपहारों के लालच में आकर निर्णयों को लेने में पक्षपातपूर्ण रवैया अपना लेते थे। लेकिन अकबर की इस उदारवादी न्याय प्रणाली ने सम्राट् को जनलोकप्रिय बना दिया।

शिक्षा

अकबर की शिक्षा नियमित रूप से नहीं हुई थी। लेकिन उनका शिक्षा के प्रति पूर्ण रुझान था। शिक्षा को भी उसने राष्ट्रीय स्वरूप प्रदान किया। उसने हिन्दू-मुस्लिम शिक्षा का एक स्तर तो किया, साथ ही नारी शिक्षा को भी विकसित किया। इन दिनों मुस्लिम शिक्षा अव्यवस्थित तथा धर्म प्रधान थी, अकबर ने इन दोषों को दूर करने का प्रयत्न किया। उसने शिक्षा के क्षेत्र में इतिहास, दर्शनशास्त्र, तर्कशास्त्र, ज्योतिषशास्त्र, गणित, न्यायशास्त्र, ज्यामितिशास्त्र,

चिकित्साशास्त्र आदि लौकिक विषयों को भी बढ़ावा दिया। शिक्षा प्रणाली में समय का अपव्यय रोकने के लिए अकबर ने अनेक सुधारात्मक कदम उठाए। हालांकि मुस्लिम शिक्षा मुख्यत: मदरसों में ही दी जाती थी, लेकिन अकबर ने उदारपंथी सदरों की नियुक्ति कर इसे धार्मिक रूढ़िवादिता से मुक्त करने का प्रयत्न किया। हिन्दू-मुस्लिम शैक्षणिक संस्थानों को राज्य की ओर से संरक्षण प्रदान किया गया। उसके पास में ही अनेक हिन्दू विद्वानों ने फारसी का अध्ययन किया तथा मौलिक हिंदू ग्रंथों का अनुवाद किया गया।

साहित्य

अकबर का काल इतिहास का सृजन-काल कहा जा सकता है। अकबर को इतिहास में विशेष रुचि थी और वह अपने पूर्वजों की उपलब्धियों को लिखित रूप में सुरक्षित रखना चाहता था। अत: उसने अपने शासनकाल में यह आदेश जारी किया कि जिस किसी में इतिहास लिखने की क्षमता है और जो सम्राट् हुमायूँ के शासनकाल की कुछ भी बात जानता हो, वह उन्हें इतिहास के रूप में प्रस्तुत करे। उसके इसी आदेश का प्रतिफल था कि इस काल में 'हुमायूँनामा' तथा 'तजकिरा-ए-हुमायूँ' जैसे दो ऐतिहासिक ग्रंथों की रचना की गई। इन ग्रंथों के लेखकों का बादशाह हुमायूँ से व्यक्तिगत संपर्क था, अत: इन्होंने अपनी रचनाओं में हुमायूँ के जीवन की घटनाओं, उसकी विजयों, तत्कालीन सामाजिक, आर्थिक स्थिति आदि का सहज वर्णन किया है। इसी काल में फैजी ने शेख फरीद की सलाह पर अकबर पर एक स्वतंत्र रचना की, जिसे 'अकबरनामा' की संज्ञा दी गई। इस ग्रंथ की रचना में फैजी ने निजामुद्दीन के ग्रंथ 'तबकात-ए-अकबरी' तथा अबुल फजल की रचना 'अकबरनामा' की सहायता से की। यह ग्रंथ भाषा की सरलता और विचारों की स्पष्टता के लिए प्रसिद्ध है। रिजकुल्लाह मुस्ताकी की रचना 'वाकियात-ए-मुस्ताकी' लोदी एवं प्रारंभिक मुगल शासकों तथा अनेक प्रांतीय शासकों के विषय में हमें अनेक तरह की जानकारी देती है, जिसे साहित्यिक दृष्टिकोण से महत्त्वपूर्ण नहीं कहा जा सकता है।

अबुल फजल द्वारा रचित 'अकबरनामा' तथा 'आईन-ए-अकबरी' मुगलकाल की अद्वितीय ऐतिहासिक रचनाएं कही जा सकती हैं। इनका महत्त्व ऐतिहासिक सामग्री के अतिरिक्त अलंकृतों एवं लच्छेदारी भाषा के कारण भी है। 'अकबरनामा' की समाप्ति में अबुल फजल को सात वर्ष से अधिक समय लग गया था। 'आईन-ए-अकबरी' के सदृश उन दिनों संभवत: एशिया अथवा यूरोप में कोई रचना न की जा सकी थी। संक्षेप में अबुल फजल ने इन ग्रंथों की रचना महान् अकबर के व्यक्तित्व के अनुरूप ही की थी।

अकबर के काल की अन्य ऐतिहासिक रचनाओं में उल्लेखनीय हैं—हसन बेग रुमलू की रचना—'अहसान् उत-तवारीख', मुल्ला अब्दुल कादिर बदायूनी का ग्रंथ 'मुंतखाब-उल-तवारीख', निजामुद्दीन अहमद की 'तबकात-ए-अकबरी', हाजी मुहम्मद आरिफ की रचना 'तारीख-ए-मुहम्मद', आरिफ मीर अल्लाउद्दौला काजवानी की 'नफांइस-उल-मासीर' मीर याह्या की रचना 'लुबउत-तवारीख', मुल्ला अहमद की 'तारीख-ए-उल्फी', अब्बास खां शेरवानी की रचना 'तोहफा-ए-अकबरशाही', अब्दुल हक उद्दीहन देहलवी की 'तारीख-ए-खानदानिए तैमूरिया' आदि। 'मुंतखाब उल-तवारीख' को अपने व्यंग्य एवं उपहास के कारण एक विवादास्पद ग्रंथ समझा गया और जहाँगीर के शासनकाल में जब उसका प्रकाशन हुआ तो सम्राट् ने इसकी सारी प्रतियों को नष्ट कर देने का आदेश जारी किया था। सौभाग्यवश इसकी कुछ प्रतियां भविष्य के लिए बची रह गईं। 'तबकात-ए-अकबरी' निष्पक्ष एवं सीधे ढंग से लिखी गई एक ऐसी रचना है, जो अपनी ऐतिहासिकता के कारण मूल्यवान तो हो सकती है, किंतु सामान्य पाठकों के लिए यह नीरस एवं शुष्क है। अब्बास खां शेरवानी ने 'तोहफा-ए-अकबरशाही' की रचना अकबर के आदेश पर की थी। यह शेरशाह से संबंधित है। अस्तु, इस अफगान सम्राट् के विषय में अपनी रचना में उसने नई जानकारी दी है। **डॉ. निजामी** ने ठीक ही कहा है कि अब्बास की इसी रचना के कारण शेर खां शेरशाह के रूप में जाना जा सका, अन्यथा वह इतिहास में एक बागी शेर खां के नाम से संबोधित किया जाता। 'तारीख-ए-उल्फी' में इस्लाम के एक हजार वर्ष का इतिहास प्रस्तुत किया गया है। संक्षेप में अकबर का शासनकाल ऐतिहासिक ग्रंथों की रचना का स्वर्णकाल कहकर पुकारा जा सकता है।

अनुवाद

फिरोज तुगलक का शासनकाल अनुवाद के दृष्टिकोण से महत्त्वपूर्ण कहा जा सकता है, किंतु इस क्षेत्र में अकबर का योगदान सर्वाधिक प्रशंसनीय है। उसने अपने शासनकाल में एक अनुवाद विभाग गठित किया और विभिन्न भाषाओं की उत्कृष्ट रचनाओं को फारसी में अनुवाद करने के लिए अध्यवसायी विद्वानों के एक समूह की नियुक्ति की। अबुल फजल कहता है कि ''भाषाशास्त्री हिन्दू, यूनानी, अरबी और फारसी पुस्तकों को अन्य भाषाओं में अनुवाद करने के लिए सतत् लगे हुए हैं।'' इस काल में संस्कृत की निम्नलिखित पुस्तकों का अनुवाद फारसी में किया गया—महाभारत, रामायण, अथर्ववेद (अथर्वण), लीलावती, ताजक, हरिवास (हरिवंश), नल-दमयंती, सिंहासन बत्तीसी, पंचतंत्र तथा राजतरंगिणी। महाभारत का अनुवाद नकीब खां, मुल्ला अब्दुल कादिर, शेख सुल्तान थानेसारी, मुल्ला शेरी तथा फैजी के पर्यवेक्षण में किया गया। अकबर ने इसके अनुवाद में व्यक्तिगत दिलचस्पी ली और सतर्कतापूर्वक अनुवाद एवं मौलिक अंशों का परीक्षण किया तथा कभी-कभी कुछ अंशों का स्वयं ही अनुवाद किया। अनुवादित ग्रंथ को 'रज्मनामा' की संज्ञा दी गई। रामायण का फारसी में अनुवाद नकीब खां, मुल्ला अब्दुल कादिर तथा शेख सुल्तान थानेसारी के द्वारा किया गया। अथर्वण अथवा 'अथर्ववेद' का हाजी इब्राहिम सरहिन्दी ने फारसी में अनुवाद किया। लीलावती संस्कृत में लिखी गई गणित की एक उत्कृष्ट रचना है। फैजी ने इसका अनुवाद फारसी में किया। ज्योतिष की प्रसिद्ध संस्कृत पुस्तक 'ताजक' को गुजरात के मुहम्मद खां ने फारसी में अनुवाद किया। इसी प्रकार हरीवास (हरिवंश), नल-दमयंती, सिंहासन बत्तीसी, पंचतंत्र तथा राजतरंगिणी का फारसी में अनुवाद क्रमश: मुल्ला शेरी, फैजी, मुल्ला अब्दुल कादिर, बदायूंनी, अबुल फजल जैसे विद्वानों ने किया। अबुल फजल ने 'कालिया दमन' का अनुवाद 'यार-ए-दानिश' के नाम से फारसी में किया।

मुगल काल में फारसी में अनुवादित रचनाएं

पुस्तक	अनुवादक
रामायण	बदायूँनी
अथर्ववेद	सरहिन्दी
महाभारत (रज्मनामा)	बदायूंनी, नकीब खां, अब्दुल कादिर
लीलावती	फैजी
तुजुक-ए-बाबरी	पायदा खां/रहीम
राजतरंगिणी	शाह मुहम्मद शाहबादी

इस काल में अरबी, यूनानी, तुर्की तथा अन्य भाषाओं के ग्रंथों का भी अनुवाद फारसी भाषा में किया गया। 'तुजुक-ए-बाबरी' का फारसी अनुवाद अब्दुर्रहीम खानखाना ने किया। 'तारीखे रशीदी' के कुछ अंश को बदायूंनी ने अनूदित किया। अरबी में लिखी गई भूगोल की अत्यंत महत्त्वपूर्ण पुस्तक 'मुजाम-उल-बुलदान' का फारसी अनुवाद मुल्ला अहमद हट्टावी, कासिम बेग जैसे अनेक अरबी विद्वानों ने किया। बदायूंनी के अनुसार दस-बारह भारतीय तथा ईरानी विद्वान् इस कार्य में लगे रहे। अकबर ने 'जामियत तवारीख' के संक्षिप्त फारसी अनुवाद का भी आदेश दिया। अबुल फजल तथा शेख मुबारक ने अरबी रचना 'हयात-उल-हयवान' को फारसी में अनुदित किया। बदायूंनी के अनुसार अबुल फजल ने बाइबल को फारसी में अनुदित करने का कार्य अपने हाथों में लिया था। अकबर के आदेशानुसार कृष्णदास ने फारसी-संस्कृत शब्दकोश का भी निर्माण किया।

संगीत

अकबर में समस्त मानवीय गुण विद्यमान थे। उसे संगीत में गहरी रुचि थी। अकबर ने लाला कलावंत से संगीत की दीक्षा ग्रहण की। वह आरंभ में ही हिन्दू संगीत एवं गायन में पारंगत हो गया था। उसके दरबार में देश-विदेश के अनेक गायक विद्यमान थे। ईरानी, तुरानी, हिन्दू एवं कश्मीरी स्त्री-पुरुष गायक एवं गायिकाएं अकबर के प्रश्रय में रहते थे। संगीतकारों को सात श्रेणियों में बांटा गया था। सप्ताह के प्रत्येक दिन एक विभाग अकबर के दरबार में अपना कार्यक्रम पेश करता था। 'आईन-ए-अकबरी' के अनुसार, सम्राट् के दरबार में लगभग 36 प्रमुख गायक थे, जिनमें तानसेन, बाज बहादुर, रामदास, सूरदास, बैजू बावरा बहुत प्रसिद्ध थे। बाज बहादुर और उसकी प्रेमिका रूपमती उच्च कोटि के संगीतकार थे। अबुल फजल के अनुसार, ''हजार वर्ष से तानसेन के समान कोई संगीतकार नहीं हुआ था।'' तानसेन, रीवा के शासक राजा रामचंद्र का दरबारी गायक था। सम्राट् अकबर ने उसकी ख्याति देखकर इस संगीतज्ञ को अपने पास बुला लिया। तानसेन ने मुस्लिम धर्म को स्वीकार कर लिया। उसने अनेक राग-रागनियों की रचना की। अकबर ने उसे 'मिर्जा' की उपाधि से नवाजा। 1589 ई. में तानसेन की मृत्यु हो गई तथा ग्वालियर में उसको दफनाया गया। अकबर के काल में गायन के साथ-साथ अनेक वाद्ययंत्रों का आविष्कार भी हुआ।

मृत्यु

1565 ई. में जौनपुर में खान जमान तथा उसके भाई ने सम्राट् के विरुद्ध विद्रोह किया, जिसको स्वयं सम्राट् ने कुचल डाला। अकबर ने 1567 ई. में मिर्जाओं का विद्रोह दबाया, लेकिन 1567 ई. में ही खान जमान के विद्रोह का सामना फिर से करना पड़ा। अब खान जमान को अपना जीवन गंवाना पड़ा। 1599 ई. से लेकर 1603 ई. तक सम्राट् के बड़े बेटे सलीम ने लगातार अपने पिता के विरुद्ध विद्रोह किए। इलाहाबाद, अवध और बिहार में उसने अपने निजी अधिकारी नियुक्त कर दिए। उसने अपने नाम के सिक्के भी ढलवाने शुरू कर दिए। अकबर ने अबुल फजल को सलीम के विद्रोहों को दबाने के लिए भेजा, लेकिन सलीम के इशारों पर बुंदेला सरदार वीर सिंह बुंदेला ने अबुल फजल का सिर काटकर आगरा में अकबर के पास भेज दिया। अकबर अत्यंत क्रोधित हो गया, लेकिन सलीम आगरा आया और पिता के महल की देहरी चूमकर पिता के आगे माथा नीचे करके क्षमा याचना की। इसके बाद सलीम इलाहाबाद चला गया और फिर से विद्रोही कार्य करने लगा। 10 सितंबर, 1604 ई. को सलीम की माँ की 77 वर्ष की उम्र में मृत्यु हो गई। तत्पश्चात् अकबर के बड़े पुत्र दानियाल की भी मृत्यु हो गई। 16 नवंबर, 1604 ई. को सलीम राजधानी आ पहुंचा तथा वहीं पर ही रहने लगा। अंततः भारत के इस महान् गौरवशाली और उदार शासक की जीवन लीला 25-26 अक्टूबर 1605 ई. में समाप्त हो गई। अकबर के पार्थिव शरीर को आगरा से पांच मील दूर सिकंदरा में दफना दिया गया।

अकबर का मूल्यांकन

भारतीय इतिहास में अकबर का नाम सदैव चमकते हुए सितारे की तरह अमर रहेगा; क्योंकि उसने संपूर्ण भारत का एकीकरण एवं हिंदुओं तथा मुसलमानों में एकता स्थापित करने का अति महत्त्वपूर्ण कार्य किया। वह आज्ञाकारी पुत्र, स्नेही भ्राता, उदार पिता तथा अनुरागशील पति था। अपने मित्रों के प्रति वह अति भावुक एवं सहनशील था। उनमें से यदि किसी की मृत्यु हो जाती थी, तो अकबर बहुत दिनों तक दुःखी और व्याकुल रहता था। अकबर ने शिक्षा कहाँ तक प्राप्त की थी, यह तो निश्चित नहीं है, लेकिन वह ज्ञानी एवं विद्वान् था। एक महान् योद्धा एवं सम्राट् के गुण उसमें विद्यमान होने के साथ ही वह अर्थशास्त्र, अध्यात्म, साहित्य, चित्रकला, मूर्तिकला तथा दर्शनशास्त्र का भी ज्ञाता था। वह अफगानों द्वारा विखंडित भारत को एक सूत्र में बांधने वाला था। भारत का यह प्रथम ऐसा सम्राट् था, जो धर्मांध नहीं था। जिसने हिंदुओं और मुसलमानों के मध्य वैमनस्य की खाई को पाटकर एक ऐसे धर्म की स्थापना की, जहाँ सब बराबर थे। उसने अनवरत एवं अथक परिश्रम से एक अखंड भारत का निर्माण करने का प्रयास किया। संपूर्ण देश में धार्मिक, आर्थिक, राजनीतिक एवं सामाजिक एकता को स्थापित किया। समान सिद्धांतों पर आधारित राजस्व एवं राज्याधिकारों के सिद्धांतों ने भारतीय शासन को एक उच्च आदर्श पर प्रतिष्ठित कर दिया। वैसा ज्ञानशील, नीतिज्ञ एवं वीर योद्धा भारतीय इतिहास में दुबारा नहीं हुआ।

जहाँगीर (1605-1627 ई.)

जहाँगीर का जन्म 30 अगस्त, 1569 ई. को इसका पालन-पोषण फतेहपुरी सीकरी में ही हुआ। बैरम खां के पुत्र अब्दुर्रहीम खानखाना के संरक्षण में युवा राजकुमार शिक्षा प्राप्त करने लगा। उसने फारसी, अरबी, तुर्की, संस्कृत, हिन्दी के साथ-साथ गणित इतिहास, अर्थशास्त्र, भूगोल आदि विषयों में भी ज्ञान प्राप्त किया। फारसी भाषा में उसने 'तुजुक-ए-जहाँगीर' नाम से अपनी आत्मकथा की रचना की थी। वह युद्धकलाओं में भी पारंगत हुआ।

सलीम को 1571 ई. में 10 हजार मनसब पद प्राप्त हुआ। 1581 ई. में उसे काबुल पर आक्रमण के लिए भेजा गया। तत्पश्चात् उसने अनेक युद्ध लड़े। यहाँ तक कि अकबर के प्रति विद्रोह भी कर दिया। लेकिन अंततः 24 अक्टूबर, 1605 ई. में अकबर की मृत्यु के पश्चात् वह सिंहासन पर बैठा और अपना नाम 'मुइनुद्दीन मुहम्मद जहाँगीर बादशाह गाजी' धारण किया। जहाँगीर के नाम से उसने सम्राट् बनते ही 12 अध्यादेश जारी किए—

1. तमगानामी महसूल बंद करवा दी।
2. सड़कों के किनारे सराय, मस्जिद और कुओं के निर्माण का आदेश दिया।
3. व्यवसायी की जानकारी के बिना सामान की गांठ खोलना बंद करवा दिया।

4. मृत्यु के पश्चात् संपत्ति उसके पुरुष उत्तराधिकारी को मिलनी चाहिए और पुरुष उत्तराधिकारी के न होने पर संपत्ति पर अधिकार राज्य का हो जाता था तथा राज्य इस संपत्ति का प्रयोग कल्याण कार्यों के लिए करता था।
5. शराब तथा अन्य वस्तुओं का उत्पादन और क्रय निषिद्ध हो गया।
6. राज कर्मचारी बलपूर्वक किसी की संपत्ति पर अधिकार नहीं कर सकते थे।
7. नाक और कान काटने का दंड अवैध होगा।
8. कृषकों की भूमि पर बलपूर्वक अधिकार निषिद्ध हो गया।
9. परगनाधीश या जागीरदार को विवाह के लिए सम्राट् की आज्ञा लेना आवश्यक था।
10. निर्धन एवं असहायों की चिकित्सा सरकारी औषधालयों में मुफ्त होगी।
11. वर्ष के कुछ दिनों पशु-हत्या निषिद्ध होगी। विशेषत: रविवार को, जब अकबर का जन्म हुआ और शुक्रवार को जब जहाँगीर सिंहासन पर बैठा।
12. अकबर द्वारा नियुक्त सभी अधिकारी अपने स्थानों पर बने रहेंगे।

जहाँगीर ने अपनी प्रजा की सुविधा के लिए यमुना तट के एक सार्वजनिक स्थान से आगरे के शाही बुर्ज तक सोने की जंजीर से घंटियां लटकवाईं, जिसे कोई भी न्याय के लिए बजाकर सम्राट् तक अपनी प्रार्थना प्रेषित कर सकता था। जहाँगीर के लिए पहली समस्या उत्पन्न हुई, जब उसके अति प्रतिभाशाली, आर्कषक व्यक्तित्व वाले पुत्र ने विद्रोह कर दिया; क्योंकि अकबर, मानसिंह, अबुल फजल तथा अजीज कोका खुसरो को ही सम्राट् बनाना चाहते थे। खुसरो 16 अप्रैल, 1606 ई. को आगरा से 350 अश्वारोहियों के साथ दिल्ली की ओर बढ़ा। मिर्जा हसन बेग भी 300 अश्वारोहियों के साथ उससे आ मिला। दिल्ली से वह लाहौर की ओर बढ़ा। अब उसके साथ 12000 अनुयायी हो गए। सिक्ख गुरु अर्जुन सिंह से तरनतारन में आशीर्वाद प्राप्त किया। लाहौर के दीवान अब्दुल रहमान ने उसका साथ दिया। लेकिन वहाँ के सूबेदार ने उसका विरोध किया। तब जहाँगीर ने शेख फरीद को इस विद्रोही राजकुमार को पकड़ने के लिए भेजा। तत्पश्चात् स्वयं भी लाहौर पहुंचा। मई 1607 ई. में खुसरो को पकड़कर आगरा लाया गया। उसके अनुयायी भी पकड़े गए। कुछ मारे गए तथा अंतत: खुसरो की भी कारावास में मृत्यु हो गई। खुसरो को आशीर्वाद देने तथा उसका समर्थन करने के कारण जहाँगीर ने गुरु अर्जुन देव को भी मरवा दिया।

जहाँगीर के जीवनकाल की सबसे प्रमुख घटना उसकी नूरजहाँ से मुलाकात तथा निकाह थी। नूरजहाँ एक फारसी सरदार गियास बेग की बेटी थी। उसका विवाह शेर अफगान के साथ किया गया। इस अपूर्व सुंदरी पर जहाँगीर आरंभ से ही आसक्त था। कहा जाता है कि उसने शेर अफगान की हत्या करवा दी थी तथा अपनी विमाता सलीमा की देख-रेख में नूरजहाँ एवं उसकी बेटी लाडली बेगम को 1607 ई. में शाही महल में रखा। जहाँगीर ने 1611 ई. में उससे विधिवत विवाह किया तथा उसे 'नूरजहाँ' (Light of the World) का खिताब प्रदान किया। नूरजहाँ एक उदार हृदय एवं विदुषी महिला थी। उसने निर्धनों, यतीमों, परित्यक्ताओं, विधवाओं और विद्वानों की यथासंभव सहायता की। दूसरी ओर असीम सौंदर्य की मल्लिका ने अपने शृंगार, प्रसाधन, वेशभूषा और अलंकारों के कारण एक अमिट छाप छोड़ी। जहाँगीर के गिरते हुए स्वास्थ्य के कारण नूरजहाँ शासकीय कार्यों में भी भाग लेने लगी। नूरजहाँ के प्रभुत्व में कुछ अच्छा और कुछ बुरा भी हुआ। नूरजहाँ के प्रभाव के कारण ही जहाँगीर ने अफीम तथा शराब की मात्रा कम कर दी। उसने जहाँगीर को आत्मकथा लिखने के लिए प्रोत्साहित किया। चित्रकला के प्रति रुझान भी नूरजहाँ की ही देन है। नूरजहाँ ने शिक्षा के क्षेत्र में भी योगदान प्रदान किया। अनेक विद्वानों एवं शिक्षकों को शाही संरक्षण प्रदान करने के साथ-साथ अनेक शिक्षण संस्थाओं को भी आर्थिक अनुदान प्रदान किया गया। इस सौंदर्य साम्राज्ञी ने अपना प्रभाव जहाँगीर के जीवन पर इतना डाला कि कुछ सिक्कों पर भी इसका नाम खोदा जाने लगा। शाही फरमानों पर इसके दस्तखत भी होने लगे। लेकिन साम्राज्य पर इसके कुछ दुष्प्रभाव भी पड़े। उसके काल में दरबार में दलबंदी हो गई। आरंभ में वह शहजादा खुर्रम के पक्ष में थी, लेकिन अपनी बेटी लाड़ली बेगम की शादी शहरयार से करने के पश्चात् वह खुर्रम के विरुद्ध षड्यंत्र करने लगी, जिसके परिणामस्वरूप खुर्रम ने अपने पिता के विरुद्ध विद्रोह कर दिया। खुर्रम की 1623 ई. में बलोचपुर नामक स्थान पर पराजय हुई। जहाँ से खुर्रम भागकर मालवा चला गया। वहाँ से तेलंगाना पहुंच गया। 1625 ई. में वह बीमार पड़ गया तथा जहाँगीर को क्षमायाचना पत्र लिखा एवं अतीत की भूलों की माफी मांगी। इसका उत्तर सम्राट् ने स्वयं अपने हाथों से लिखा। उसके अनुसार जहाँगीर ने खुर्रम के पुत्रों दाराशिकोह तथा औरंगजेब को दरबार में भेज देने की आज्ञा दी। साथ ही रोहतास और असीरगढ़ के किलों को वापिस मांगा। खुर्रम ने इस आज्ञा का पालन किया। इस प्रकार जानोमाल की अपार क्षति के पश्चात् यह विद्रोह समाप्त हुआ।

महावत खां का विद्रोह जहाँगीर ने अपने राज्यारोहण के समय महावत खां को डेढ़ हजारी मनसब प्रदान की थी। जहाँगीर के प्रति वह अभी वफादार था। अंतत: वह 1622 ई. तक 6000 जात तथा 5000 सवार का मनसब हो गया था। लेकिन वह शासन पर नूरजहाँ के बढ़ते हुए प्रभाव को लेकर नाराज था। नूरजहाँ अपने दामाद शहरयार को उत्तराधिकारी बनाना चाहती थी, लेकिन महावत खां छोटे राजकुमार परवेज को उत्तराधिकारी पद पर बैठाना चाहता था। परवेज भी महावत खां के संरक्षण में रह रहा था। नूरजहाँ ने दोनों को पृथक् करने के मकसद से महावत खां को बंगाल का सूबेदार बनाकर वहाँ जाने की आज्ञा दे दी। इससे पहले महावत खां बंगाल जाता, नूरजहाँ ने उस पर अनेक घृणित एवं अपमानजनक आरोप लगाकर सम्राट् के समक्ष उसकी छवि बिगाड़ दी। महावत खां स्वाभिमानी योद्धा था। उसने 1626 ई. में प्रशिक्षित चार-पांच हजार राजपूत योद्धाओं के साथ झेलम के समीप आराम करते हुए सम्राट् और नूरजहाँ को घेरकर बंदी बना लिया। लेकिन नूरजहाँ ने अपनी बुद्धिमत्ता से जहाँगीर को महावत खां से कूटनीति से व्यवहार करने का परामर्श दिया। जहाँगीर ने महावत खां को प्रेमपूर्वक वश में कर लिया। महावत खां सम्राट् के इस व्यवहार को सत्य समझ बैठा। लेकिन नूरजहाँ ने महावत खां से बदला लेने के लिए एक शक्तिशाली गुट तैयार कर लिया। महावत खां को इसका पता चल गया और वह खुर्रम के पास भाग गया। इस प्रकार महावत खां के विद्रोह का अंत हो गया।

मृत्यु

जहाँगीर के मानसिक एवं शारीरिक स्वास्थ्य में निरंतर क्षीणता आ रही थी। खुर्रम एवं महावत खां के विद्रोहों ने उसे और भी कमजोर बना दिया था। 1627 ई. में सम्राट् स्वास्थ्य में सुधार लाने के उद्देश्य से कश्मीर पहुंचे। वह इतना अशक्त हो गया था कि घोड़े पर चढ़ना भी उसके लिए असंभव था। वह पालकी में बैठकर ही घूमता था। उसकी भूख समाप्त हो गई थी। केवल अंगूर के रस का पान ही करता था। वहाँ से सम्राट् लाहौर की ओर चल पड़ा, किंतु

भीमबार के समीप 7 नवंबर, 1627 ई. में उसकी मृत्यु हो गई। नूरजहाँ ने वहाँ पर एक स्मारक भी बनवाया था।

मूल्यांकन

जहाँगीर के शासनकाल में बहुत महत्त्वपूर्ण घटनाएं घटित नहीं हुई हैं। मेवाड़ और मुगल साम्राज्य के बीच 75 वर्षों से चली आ रही लड़ाई का अंत जहाँगीर और महाराणा प्रताप के पुत्र अमरसिंह के मध्य हुई संधि के साथ हुआ। इस संधि ने मेवाड़ की जनता की वर्षों से चली आ रही कठिनाइयों का अंत कर दिया, लेकिन अमरसिंह ने राज्य को परित्यक्त कर पश्चाताप किया। जहाँगीर अकबर के समान हिंदुओं के प्रति उदार नहीं था। उसके संपूर्ण शासनकाल में केवल तीन हिन्दू प्रांतीय शासक नियुक्त हुए। वह केवल मुसलमानों को प्रोत्साहित करता था। सिख गुरु अर्जुनदेव की निर्मम हत्या ने सिखों को मुगलों के विरुद्ध कर दिया। छठे गुरु अर्जुन देव के पुत्र हरगोविंद बने। वे मात्र 11 वर्ष के थे। उन्होंने मुगलों से बदला लेने के लिए सिखों को शस्त्र धारण करने के लिए आह्वान किया। उन्होंने हरमंदिर के पास अकाल तख्त की स्थापना की तथा स्वयं भी सैनिक वेशभूषा धारण की। उन्होंने 'मोरी' और 'पीरी' नाम की दो तलवारें धर्म और कर्म के प्रतीक के रूप में धारण कीं। जहाँगीर ने उन्हें ग्वालियर के किले में कैद कर दिया। वर्षों के बाद कैद से निकलने पर मुगलों के साथ उनकी मित्रता हो गई।

अकबर के काल से ही पुर्तगालियों ने पश्चिमी तट पर अनेक कोठियां खोल ली थीं। उनकी उद्‌दंडता बढ़ने लगी थी। सम्राट् ने 1623 ई. में खुर्रम की सहायता से उनकी बढ़ती हुई शक्ति को कुचल दिया। फिर जहाँगीर ने पुर्तगाली इसाइयों से संबंध सुधार लिये। उसके गले में ईसा मसीह तथा मरियम के चित्रों का ताबीज रहता था। अंग्रेजों का आगमन भी जहाँगीर के काल में शुरू हो गया था। इस काल में विलियम, हाकिंस, पालिकेनी, सर टामस रो एवं टेरी आदि भारत आए। जहाँगीर ने सर टामस रो को सूरत में एक कारखाना खोलने की अनुमति दे दी। जहाँगीर अपनी समस्त कमियों के बावजूद भी कोमल, न्यायप्रिय, उदार एवं सफल सम्राट् रहा है। उसके काल में साम्राज्य में शांति, समृद्धि एवं उन्नति का माहौल था। उसके संरक्षण में उद्योग, व्यापार तथा स्थापत्यकला की उन्नति हुई। साहित्य का भी समुचित विकास हुआ था। एक मनुष्य के रूप में उसमें कमियां भी थीं। वह क्रूर, सनकी, बर्बर था। लगातार अफीम और शराब के सेवन से उसका शरीर अस्वस्थ रहने लगा था। नूरजहाँ ने उसके विवेक और बुद्धि पर अधिकार कर उसको कठपुतली बना दिया था। इस कारण उसका दरबार गुटबंदियों का अखाड़ा बन गया था। **डॉ. स्मिथ** के अनुसार, ''जहाँगीर उदार तथा नृशंस, न्यायी और अन्यायी, सहृदयता तथा पाशविकता का अद्‌भुत मिश्रण था। वस्तुतः इसी विरोधाभास के कारण इतिहास में जहाँगीर का स्थान गौण पड़ जाता है।

शाहजहाँ (1627-1658 ई.)

शाहजहाँ का जन्म 5 जनवरी, 1592 ई. में लाहौर में हुआ था। उसकी माता मारवाड़ के राजपूत नरेश उदय सिंह की पुत्री जगत गोसाईं थी। खुर्रम के नाम से प्रसिद्ध इस राजकुमार का पालन-पोषण रुकैया बेगम ने किया था। वह अनेक गुणों से संपन्न था। अनेक भाषाओं और विषयों में पारंगत खुर्रम एक सुयोग्य सैनिक भी था। 1607 ई. में जहाँगीर द्वारा आठ हजार जात तथा पांच हजार सवार मनसब पद प्राप्त हुआ। इसी वर्ष उसकी पहली सगाई आसफ खां की पुत्री अर्जुमंद (मुमताज महल) से कर दी गई। 1608 ई. में खुर्रम हिसार फिरोजा का शासक बना। ईरान के शाह इस्माइल के वंशज मिर्जा मुजफ्फर हुसैन सैफवी की पुत्री से 1610 ई. में दूसरा विवाह हुआ। 1617 ई. में खुर्रम का तीसरा विवाह शाहनवाज खां की पुत्री से किया गया। इन सब में वह अर्जुमंद बेगम से सर्वाधिक प्रेम करता था। खुर्रम जब शाहजहाँ के नाम से सम्राट् बना, तब उसके और अर्जुमंद बेगम के चौदह बच्चे उत्पन्न हुए। लेकिन उसमें केवल सात बच्चे—जहाँआरा, दारा शिकोह, शाहशुजा, रोशनआरा, औरंगजेब, मुरादबख्श और गौहर आरा बेगम ही जीवित रहे। मुमताज (अर्जुमंद) बेगम की 1631 ई. में प्रसव पीड़ा में मृत्यु हो गई। शाहजहाँ को इस मृत्यु से गहरा सदमा पहुंचा। अपनी प्रिय रानी की याद में उसने आगरा में सुप्रसिद्ध ताजमहल बनवाया।

खुर्रम ने अपने पिता के काल में ही अनेक युद्धों में विजयश्री प्राप्त की। मेवाड़, दक्षिण के क्षेत्र, कांगड़ा में असाधारण सफलता मिली। मेवाड़ की विजय ने तो खुर्रम के रुतबे में चार चांद लगा दिए। सम्राट् ने 1616 ई. में गुजरात की सूबेदारी खुर्रम को सौंप दी। 1617 ई. में खुर्रम दक्षिण से लौट आया, लेकिन 1621 ई. में उसे दुबारा दक्षिण जाना पड़ा। इस बीच नूरजहाँ ने सम्राट् के दूसरे बेटे शहरयार को सम्राट् का उत्तराधिकारी बनाने का प्रयास किया। शहरयार नूरजहाँ का दामाद था। खुर्रम ने 1622 ई. में सम्राट् के विरुद्ध विद्रोह कर दिया। 1625 ई. में वह बीमार पड़ गया। अब उसके संगी-साथी भी छूट चुके थे। खुर्रम को अपनी गलतियों का अहसास हो गया था। उसने अपने पिता को क्षमा पत्र लिखा। जहाँगीर ने स्वयं पत्र लिख क्षमा तो कर दिया, लेकिन इस एवज में राजकुमार दाराशिकोह और औरंगजेब को रोहतास और असीर के किले के साथ समर्पण करने के लिए कहा। इन विशेष परिस्थितियों में 29 अक्टूबर, 1627 ई. में जहाँगीर की मृत्यु के पश्चात् सिंहासन को लेकर नूरजहाँ और खुर्रम के ससुर आसफ खां में संघर्ष शुरू हो गया। अंततः खुर्रम को लाहौर में सम्राट् घोषित किया गया। 4 फरवरी, 1628 ई. को खुर्रम ने आगरा में प्रवेश किया। इस अवसर पर उसने अबुल मुजफ्फर शिहाबुद्दीन मुहम्मद साहब ए-किरण-ए-सानी की उपाधि धारण की। उसने दिल खोलकर दान किया। अमीरों और सामंतों को धन-दौलत के साथ अनेक उपाधियां बांटी। नूरजहाँ को एक उचित पेंशन देकर लाहौर के समीप एक दुर्ग में सभी प्रकार की सुख-सुविधाओं के साथ रहने का अवसर प्रदान किया।

विजय एवं विद्रोह दमन

शाहजहाँ एक वीर योद्धा था। उसने अपने पिता एवं विद्रोह के काल से ही अनेक युद्ध लड़े और विजय पाई। उनमें से मेवाड़-विजय सर्वाधिक महत्त्वपूर्ण है।

खानजहाँ लोदी का विद्रोह (1628-1631 ई.)

अकबर के एक अधिकारी दौलत खां लोदी का पुत्र खानजहाँ लोदी जहाँगीर के समय में 5000 मनसबदार था। नूरजहाँ का प्रिय पात्र होने के कारण सभी से सम्मान पाता था। 1625 ई. में राजकुमार परवेज का परामर्शदाता नियुक्त हुआ। उसे लगता था कि जहाँगीर के पश्चात् शहरयार सम्राट् बनेगा। इसलिए उसने खुर्रम की उपेक्षा की। खुर्रम के सम्राट् बन जाने पर भी उसका व्यवहार सम्राट् के प्रति उपेक्षापूर्ण रहा। उसका स्वतंत्र शासक बनने का सपना था। उसने राजकोष से रुपयों का गबन भी किया, साथ ही निजामशाह से 30,000 रुपए

लेकर बालाघाट प्रदेश उसे सौंप दिया। खानजहाँ को ऐसा लगा कि अब सम्राट् बनकर खुर्रम उससे बदला अवश्य लेगा, अत: 5 अक्टूबर, 1629 ई. को वह राजधानी से भाग गया। शाहजहाँ स्वयं उसको पकड़ने के लिए गया। खानजहाँ मालवा होता हुआ पंजाब से बांदा जिले के सिहांबा नामक स्थान पर पहुंचा। वहाँ वह पकड़ लिया गया। उसकी एवं उसके पुत्र अजीज की हत्या कर उनके सिर राजधानी भेज दिए गए।

बुंदेलखंड में विद्रोह

1628 ई. से 1632 ई. तक बुंदेलखंड के वीर सिंह बुंदेला के पुत्र जुझार सिंह ने शाहजहाँ के विरुद्ध विद्रोह का झंडा फैलाए रखा। शाहजहाँ ने महावत खां, अब्दुल खां और खानजहाँ तथा जुझार सिंह के एक संबंधी भरत सिंह को इस विद्रोह को दबाने के लिए भेजा। 1629 ई. में शाहजहाँ स्वयं भी ग्वालियर पहुंच गया। चारों ओर से घिर जाने के पश्चात् जुझार सिंह मुगलों के आगे आत्मसमर्पण करने के लिए बाध्य हो गया। शाहजहाँ ने उसे क्षमा कर दिया। लेकिन 1635 ई. में जुझार सिंह ने गोंडवाना पर आक्रमण कर दिया। शाहजहाँ ने औरंगजेब को इस विद्रोही बुंदेल को दबाने के लिए भेजा। औरंगजेब धमौनी को जीतता हुआ चौरागढ़ पहुंचा। वहाँ से जुझार सिंह दक्षिण भाग गया। औरंगजेब दक्षिण पहुंच गया और बुंदेलों को युद्ध में पराजित किया। जुझार सिंह और उसका पुत्र जंगलों में छिप गए। गोंडों ने वहाँ उनकी हत्या कर दी। खानखाना ने उनके शवों को खोज कर उनका सिर काटकर दरबार में भेज दिया। जुझार के अन्य पुत्रों को मुस्लिम बना लिया गया तथा उनकी स्त्रियों को हरम में मुगल बेगमों की सहायता करने को भेज दिया गया। मुगलों के मित्र देवी सिंह को शासक नियुक्त कर दिया गया। 1639 ई. में महोबा के शासक संपत राय ने भी विद्रोह कर दिया।

1649 ई. में मरउनपुर के राजा जगत सिंह और उसके पुत्र रूपसिंह ने मुगल साम्राज्य के विरुद्ध विद्रोह कर दिया। अंतत: जगतसिंह ने मुगलों के आगे आत्म-समर्पण कर दिया तथा क्षमा के साथ जागीर भी पुन: प्राप्त की ली गई।

शाहजहाँ को पुर्तगालियों से बहुत चिढ़ थी, क्योंकि जब उसने अपने पिता के विरुद्ध विद्रोह किया था, तो पुर्तगालियों ने उसका साथ नहीं दिया था, अंतत: पुर्तगालियों के बढ़ते प्रभाव और आतंक के कारण शाहजहाँ ने बंगाल के सूबेदार कासिम खां को आज्ञा देकर जल और स्थल दोनों स्थानों से पुर्तगालियों को भयंकर पराजय दी। चार सौ के करीब पुर्तगाली बंदी बनाए गए तथा उनको मुसलमान बना दिया गया।

गढ़वाल का अभियान

शाहजहाँ ने गढ़वाल के विरुद्ध एक सेना भेजी। किंतु वीर राजपूतों ने मुगल सेना को इतनी भयंकर पराजय दी कि मुगल दो दशकों के बाद ही गढ़वाल पर पुन: आक्रमण करने का साहस कर सके। गढ़वाल के विरुद्ध भेजा गया दूसरा अभियान भी सफल नहीं हो सका। मुगल सम्राट् ने तोपखाने से लैस नई सैनिक टुकड़ियों को गढ़वाल भेजा। अंतत: गढ़वाल नरेश ने मुगल सम्राट् को कर देना तथा अपने पुत्र को शाही दरबार में भेजना स्वीकार कर लिया।

अहोमों के विरुद्ध आक्रमण (1636 ई.)

उत्तर-पूर्व में मुगल साम्राज्य की सीमाएं कूचबिहार एवं कामरूप तक विस्तृत थीं। 1636 ई. में अहोमों ने मुगलों के एक व्यापारी दूत की हत्या कर दी, जिसके परिणामस्वरूप अहोम-मुगल युद्ध प्रारंभ हो गया। अहोमों ने अत्यधिक वीरतापूर्वक मुगलों का सामना किया। अहोमों ने भूमि और नदी पर लड़े जाने वाले भयंकर युद्ध में मुगलों को नाकों चने चबा दिए। परिणामस्वरूप अपनी रक्षा के लिए मुगलों को विवशतापूर्वक पीछे हटना पड़ा। अहोमों तथा मुगलों में संधि हो गई, जिसके अनुसार मुगलों ने अहोमों की स्वतंत्र सत्ता को स्वीकार कर लिया।

शाहजहाँ और दक्षिण भारत

शाहजहाँ ने दक्षिण के प्रति अपने पूर्वजों की विस्तारवादी नीति का ही अनुसरण किया। शाहजहाँ ने अनेक प्रदेशों को मुगल साम्राज्य का अंग बना लिया।

अहमदनगर की विजय (1633-1636 ई.)

शाहजहाँ ने सर्वप्रथम अहमदनगर राज्य की ओर ध्यान आकर्षित किया। मुगल साम्राज्य के विद्रोही सरदार खानजहाँ लोदी ने अहमदनगर में शरण ली थी, अत: शाहजहाँ अहमदनगर को सबक सिखाना चाहता था। अहमदनगर के योग्य वजीर मलिक अंबर की मृत्यु और तत्पश्चात् राज्य में उत्पन्न हुई अव्यवस्था ने उसे सुअवसर प्रदान किया। मलिक अंबर का पुत्र फतेह खां, जो राज्य का वजीर बना, अयोग्य, स्वार्थी एवं धूर्त था। उसने वृद्ध सुल्तान मुर्तजा निजामशाह द्वितीय को विष देकर मरवा दिया और दस वर्षीय अबोध बालक हुसैन शाह को गद्दी पर बैठाकर राज्य की समस्त शक्तियां अपने हाथों में केंद्रित कर लीं।

मराठा सरदार शाहजी भोंसले को दिए गए कुछ प्रदेश भी उसने मुगलों को सौंप दिए। परिणामस्वरूप फतेह खां तथा शाहजी भोंसले के संबंध बिगड़ गए और शाहजी भोंसले ने बीजापुर के सुल्तान आदिलशाह की सहायता से अहमदनगर के विरुद्ध युद्ध की घोषणा कर दी। फतेह खां ने मुगलों से सहायता की प्रार्थना की। महावत खां के नेतृत्व में मुगल सेना ने शाहजी भोंसले और बीजापुर की सेनाओं को पराजित कर दिया। किंतु धूर्त फतेह खां ने बीजापुर के सेनापति से रिश्वत लेकर मुगलों के विरुद्ध गठजोड़ प्रारंभ कर दिया। परिणामस्वरूप मुगल सेनापति महावत खां ने दौलताबाद का घेरा डाल दिया। फतेह खां के विश्वासघात के कारण 1633 ई. में दौलताबाद के महत्त्वपूर्ण दुर्ग पर मुगलों का अधिकार हो गया।

किंतु दौलताबाद के पतन के बाद भी संपूर्ण अहमदनगर राज्य पर मुगल आधिपत्य स्थापित नहीं किया जा सका। बालाघाट जैसे कुछ प्रदेशों पर अहमदनगर के सरदारों का अधिकार बना रहा। इन सरदारों तथा शाहजी भोंसले ने संयुक्त रूप से बीजापुर के सुल्तान के सहयोग से मुगलों के विरुद्ध संघर्ष जारी रखा, किंतु वे अहमदनगर राज्य को स्वतंत्र कराने में असमर्थ रहे। मुगलों ने कूटनीति से काम लेते हुए 1636 ई. में अहमदनगर पर पूर्ण अधिकार कर लिया।

गोलकुंडा का अधीनता स्वीकारना

1636 ई. में मुगल सम्राट् ने गोलकुंडा के सुल्तान अब्दुल्ला कुतुबशाह के पास मुगल प्रभुसत्ता स्वीकार कर लेने के लिए फरमान भेजा। मुगल सैन्य-शक्ति से भयभीत होकर अब्दुल्ला कुतुबशाह ने मुगल प्रभुसत्ता को स्वीकार कर लिया तथा मुगल सम्राट् को छ: लाख रुपए वार्षिक कर के रूप में देने का वचन दिया।

बीजापुर के विरुद्ध युद्ध

1636 ई. में शाहजहाँ ने बीजापुर के सुल्तान मुहम्मद आदिलशाह को मुगल प्रभुत्व स्वीकार कर लेने का फरमान जारी किया, किंतु उसने मुगल सम्राट् की

अधीनता स्वीकार करने से इनकार कर दिया। अत: विशाल मुगल सेनाओं ने सुप्रसिद्ध शाही सेनापतियों खानदौरा, खानजामा और खानजहाँ लोदी के नेतृत्व में तीन ओर से बीजापुर पर आक्रमण कर दिया। विवश होकर मुहम्मद आदिल शाह ने मुगल सम्राट् से संधि कर ली, जिसके अनुसार बीजापुर ने मुगल प्रभुसत्ता को स्वीकार कर लिया तथा मुगल सम्राट् को बीस लाख रुपए वार्षिक कर देने का वचन दिया।

औरंगजेब की दक्षिण की प्रथम सूबेदारी

1636 ई. में शहजादा औरंगजेब को दक्षिण का सूबेदार नियुक्त किया गया। इस समय दक्षिण में मुगल साम्राज्य के चार महत्त्वपूर्ण प्रांत थे—खानदेश, बरार, दौलताबाद तथा तेलंगाना। औरंगजेब ने दक्षिण पहुंचते ही अत्यधिक योग्यता एवं तत्परता से इन प्रदेशों का शासनभार संभाला। उसने खानदेश एवं सूरत के मध्य स्थित प्रदेशों पर विजय प्राप्त करके उन्हें मुगल साम्राज्य का अंग बनाया तथा शाहजी भोंसले के कुछ दुर्गों पर भी अधिकार कर लिया। किंतु शाही दरबार के षड्यंत्रों और दारा की ईर्ष्या के कारण उसे 1644 ई. में दक्षिण की सूबेदारी से त्याग-पत्र देना पड़ा।

औरंगजेब की द्वितीय सूबेदारी

1653 ई. में शाहजहाँ ने औरंगजेब को दूसरी बार दक्षिण का सूबेदार बनाया। दक्षिण पहुंचते ही औरंगजेब ने गोलकुंडा की ओर अपना ध्यान आकर्षित किया। औरंगजेब ने शाहजहाँ की अनुमति से जनवरी, 1656 ई. में गोलकुंडा पर आक्रमण कर दिया। मार्च 1656 ई. में दोनों पक्ष में संधि हो गई। गोलकुंडा के सुल्तान अब्दुल्ला कुतुबशाह ने मुगल आधिपत्य स्वीकार कर लिया तथा अपनी पुत्री का विवाह शहजादा मुहम्मद से कर दिया। उसने 15 लाख रुपया युद्ध क्षतिपूर्ति के रूप में मुगलों को देना स्वीकार कर लिया। गोलकुंडा का कुछ भाग (रनगौर का जिला) मुगल साम्राज्य में सम्मिलित कर लिया गया। गोलकुंडा को पराजित करने के बाद औरंगजेब ने बीजापुर की ओर ध्यान आकर्षित किया। बीजापुर की आंतरिक अराजकतापूर्ण शासन व्यवस्था का लाभ उठाते हुए औरंगजेब ने 1637 ई. के प्रारंभ में बीजापुर पर आक्रमण कर दिया। किंतु इससे पूर्व कि बीजापुर पर मुगलों का अधिकार हो पाता, औरंगजेब को शाहजहाँ के आदेशानुसार विवशतापूर्वक बीजापुर के साथ संधि कर लेनी पड़ी। परंतु संधि की शर्तों को अभी क्रियान्वित भी नहीं किया जा सका था कि मुगल सम्राट् शाहजहाँ की अस्वस्थता के कारण उसके पुत्रों में उत्तराधिकार विषयक युद्ध प्रारंभ हो गया और औरंगजेब को उत्तर भारत लौटना पड़ा। बीजापुर के सुल्तान ने इस राजनीतिक परिवर्तन से लाभ उठाकर अपनी स्वतंत्रता को फिर से स्थापित कर लिया।

इस प्रकार शाहजहाँ की दक्षिण नीति अपने पूर्ववर्ती मुगल सम्राटों की दक्षिण नीति की अपेक्षा अधिक सफल रही।

शाहजहाँ की उत्तरी-पश्चिमी सीमांत नीति

शाहजहाँ की उत्तरी-पश्चिमी सीमांत नीति का प्रमुख उद्देश्य कंधार को पुन: मुगल आधिपत्य में लाना था। 1622 ई. में कंधार पर ईरान का अधिकार हो जाने से उत्तरी-पश्चिमी सीमा पर मुगलों की स्थिति दुर्बल हो गई थी। कंधार का आर्थिक और व्यापारिक महत्त्व तो था ही, काबुल की सुरक्षा और मध्य एशिया के प्रदेशों पर विजय प्राप्त करने के लिए कंधार पर मुगल आधिपत्य स्थापित करना आवश्यक था। शाहजहाँ को शीघ्र ही कंधार पर अधिकार कर लेने का सुअवसर प्राप्त हो गया। कंधार के ईरानी सूबेदार अली मर्दान खां के ईरान के सफाविद शासक शाह सफी से मधुर संबंध नहीं थे। दोनों एक-दूसरे को संदेह की दृष्टि से देखते थे। अत: शाह सफी ने अली मर्दान खां के स्थान पर एक नए सूबेदार की नियुक्ति कर दी और उसे अली मर्दान से कंधार का दुर्ग छीन लेने का आदेश दिया। अली मर्दान खां ने आत्मरक्षा के लिए मुगलों से सांठ-गांठ करके नए सूबेदार के कंधार पहुंचने के पूर्व ही फरवरी 1638 ई. में कंधार मुगलों को सौंप दिया।

इस प्रकार बिना किसी कठिनाई के कंधार पर मुगलों का अधिकार स्थापित हो गया। शाह सफी के लिए कंधार की हानि असीम हानि थी, किंतु अन्य युद्धों में व्यस्त रहने के कारण वह कंधार पर पुन: अधिकार करने का तत्काल प्रयत्न नहीं कर सका। किंतु शाह सफी के उत्तराधिकारी शाह अब्बास द्वितीय के काल में 11 फरवरी, 1649 ई. को कंधार पर ईरान का अधिकार हो गया।

मुगलों को कंधार का हाथ से निकल जाना अत्यंत बुरा लगा। शाहजहाँ ने अपने पुत्र औरंगजेब को बार-बार कंधार-विजय के लिए भेजा, किंतु कंधार पर उसकी विजय असंभव रही।

कंधार का प्रथम घेरा

1649 ई. को मुगल सेना ने शहजादा औरंगजेब के नेतृत्व में कंधार के दुर्ग का घेरा डाल दिया। मुगलों ने कुछ महत्त्वपूर्ण मोर्चों पर विजय तो प्राप्त की, किंतु शक्तिशाली ईरानी तोपखाने के सम्मुख वे शक्तिहीन सिद्ध हुए। अंत में सम्राट् के आदेशानुसार औरंगजेब ने सितंबर 1649 ई. को घेरा उठा लिया और लाहौर की ओर रवाना हो गया। इस प्रकार कंधार की प्राप्ति के लिए आयोजित प्रथम मुगल अभियान पूर्णरूपेण विफल हो गया।

कंधार का दूसरा घेरा

1652 ई. में पुन: औरंगजेब और सादुल्ला खां को कंधार के विरुद्ध प्रस्थान का आदेश शाहजहाँ ने दिया। इस बार भी मुगलों के लिए ईरानी तोपों का सफलतापूर्वक सामना करना दुष्कर हो गया। परिस्थितियों से विवश होते हुए शाहजहाँ ने औरंगजेब को युद्ध स्थगित करने का आदेश दिया। औरंगजेब दुर्ग-विजय के लिए एक और प्रयत्न करना चाहता था, किंतु सम्राट् की स्वीकृति न मिलने के कारण उसने विवशतापूर्वक 9 जुलाई, 1652 ई. को दुर्ग का घेरा उठा लिया।

कंधार का तीसरा घेरा

(1653 ई.) शाहजहाँ ने अपने ज्येष्ठ पुत्र दारा शिकोह के नेतृत्व में कंधार के विरुद्ध तीसरा अभियान भेजा। 23 अप्रैल, 1653 ई. को मुगल सेनाओं ने कंधार के दुर्ग का घेरा डाल दिया। मुगलों ने अत्यंत वीरता एवं उत्साहपूर्वक पांच बार दुर्ग पर आक्रमण किया, किंतु प्रत्येक बार उन्हें विवशतापूर्वक पीछे हटना पड़ा। परिणामस्वरूप 27 सितंबर, 1653 ई. में दुर्ग का घेरा उठा लिया गया और शहजादा हिंदुस्तान की ओर रवाना हो गया।

शाहजहाँ की उत्तरी-पश्चिमी सीमांत नीति के परिणाम

शाहजहाँ की उत्तरी-पश्चिमी सीमांत नीति के परिणाम अत्यधिक भयंकर एवं हानिकारक सिद्ध हुए—

1. कंधार के विरुद्ध आयोजित तीनों अभियानों में जन-धन की अपार हानि हुई, तथापि कंधार को मुगल साम्राज्य का अंग नहीं बनाया जा सका। इन

अभियानों पर लगभग 12 करोड़ रुपए की अपार धनराशि व्यय की गई, जो साम्राज्य की संपूर्ण आय के 50 प्रतिशत से भी अधिक थी। इससे साम्राज्य के आर्थिक संसाधनों को धक्का लगा। हजारों मुगल सैनिक एवं अधिकारी ईरान के विरुद्ध युद्ध करते हुए मौत के शिकार हो गए।

2. इन अभियानों में विशाल मुगल सेनाओं की असफलता से मुगल सैन्य संगठन की दुर्बलताएं सुस्पष्ट हो गईं, जिससे साम्राज्य के मान-सम्मान एवं प्रतिष्ठा को गहरा आघात लगा।
3. साम्राज्य के विभिन्न भागों में विद्रोह तथा उपद्रव प्रारंभ हो गए और नई-नई शक्तियों का उत्थान होने लगा।
4. मुगलों के विरुद्ध ईरान की सफलताओं ने ईरानियों में अद्भुत शक्ति एवं उत्साह का संचार किया। उनकी महत्त्वाकांक्षाएं बढ़ने लगीं और वे भारत-विजय के स्वप्न देखने लगे।
5. कंधार पर ईरान का अधिकार हो जाने से मुगलों का उत्तरी-पश्चिमी सीमांत प्रदेश सुरक्षा की दृष्टि से दुर्बल हो गया।

शाहजहाँ की मध्य एशियाई नीति

मुगल शासकों का मध्य एशिया के प्रति रुझान स्वाभाविक था, क्योंकि यह ट्रांस ऑक्सीजन उनकी जन्मभूमि थी। बाबर, हुमायूँ, अकबर तथा जहाँगीर इस क्षेत्र पर आधिपत्य स्थापित नहीं कर सके, लेकिन शाहजहाँ ने 1646 ई. में शहजादा मुराद तथा अलीमर्दन को बल्ख और बदख्शां पर विजय के लिए भेजा। इस समय वहाँ गृहयुद्ध की स्थिति चल रही थी। अब्दुल अजीज ने अपने पिता नजर मुहम्मद के विरुद्ध विद्रोह किया। अत: मुगलों को सरलता से यहाँ पर सफलता मिल गई। लेकिन शहजादा मुराद राजधानी वापिस लौट आया, क्योंकि वहाँ का मौसम उसके अनुकूल नहीं था। मुगलों ने इस क्षेत्र पर बाद में अधिक ध्यान नहीं दिया और यह क्षेत्र मुगलों के हाथ से निकल गए। 1647 ई. में औरंगजेब ने दुबारा बल्ख पर आक्रमण कर दिया। लेकिन उजबेगों ने उसे करारी हार दी। मुगल सेना को सैनिक, हाथी, घोड़ों एवं धन की अपार हानि हुई। युद्ध के दो वर्षों में चार करोड़ रुपए की हानि हुई थी। एक इंच भूमि भी साम्राज्य को नहीं मिली। न कोई वंश बेदखल हुआ और न ही बल्ख के वंशज मुगलों के मित्र बने। इससे मुगलों की सैनिक दुर्बलताएं और उजागर हो गईं।

शाहजहाँ के शासनकाल में आए विदेशी यात्रियों का विवरण

- फ्रांसिस बर्नियर (चिकित्सक फ्रांसीसी)
- निकोलों मनूची (इटली)
- पीटर मुंडी (इटली)
- जॉन बपतिस्ते ट्रैवनियर (जौहरी, फ्रांसीसी)

उत्तराधिकार युद्ध

1657 ई. में शाहजहाँ के पुत्रों में सम्राट् बनने के लिए मारा-मारी शुरू हो गई थी। कुरान के नियमों के अनुसार सम्राट् पद का फैसला व्यक्ति की योग्यता और शक्ति पर निर्भर होता था, न कि ज्येष्ठाधिकार पर। वैसे तो मुगल काल में सभी सम्राट् अपनी तलवार की शक्ति से ही गद्दी हासिल करते आए थे, लेकिन शाहजहाँ के उत्तराधिकारी की लड़ाई सभी प्रकार से भिन्न और रक्तरंजित थी। शाहजहाँ के स्वास्थ्य में लगातार गिरावट आने लग गई थी। 6 सितंबर, 1657 ई. को दिल्ली में वह अचानक बीमार पड़ गया। दाराशिकोह बादशाह के साथ था। उसने अपने पिता की खूब सेवा की, लेकिन पिता की बीमारी की सूचना बाहर नहीं जाने दी। दारा को सम्राट् के सभी अधिकार प्राप्त हो गए। दूसरी ओर मुराद, शुजा और औरंगजेब ने भी अपने आप को सम्राट् घोषित कर दिया। दारा उस समय शाहबुलंद की उपाधि के साथ बंगाल और उड़ीसा का सूबेदार था। वह योग्य सैनिक और सेनापति तो था, लेकिन विलासी और अकर्मण्य था। हिंदुओं से सहिष्णु होने के साथ-साथ वह सैन्य-संचालन में पारंगत नहीं था। दूसरा पुत्र शुजा बुद्धिमान एवं कुशल योद्धा था। उसका स्वभाव मृदुल और सुसंस्कृत था। दूरदर्शिता और राजनीति में वह बेहद कोरा था। वह भी विलासप्रिय था। शाहजहाँ का तीसरा पुत्र औरंगजेब अपने सभी भाइयों से अधिक योग्य था। उसका साहस, वीरता, संयम, अनुभव एवं व्यवहारकुशलता का कोई उदाहरण नहीं था, किंतु वह चिड़चिड़ा तथा धर्मांध था और अपनी महत्त्वाकांक्षा को साकार रूप देकर सम्राट् बनना चाहता था। पिता के काल में वह दक्षिण का सूबेदार बनाया गया था।

शाहजहाँ की बीमारी की बात पता चलने पर भी चारों भाइयों के बीच युद्ध हुआ, क्योंकि उन्हें मालूम था कि सम्राट् दाराशिकोह को ही साम्राज्य सौंपना चाहता था। सर्वप्रथम शुजा ने बंगाल में स्वयं को स्वतंत्र घोषित कर दिया तथा एक सेना लेकर दिल्ली की ओर चल पड़ा। शुजा के विद्रोह को दबाने के लिए सुलेमान शिकोह और राजा जयसिंह के नेतृत्व में एक बड़ी सेना भेजी गई। फरवरी 1658 ई. में बनारस के पास बहादुरपुर के पास दोनों सेनाओं में युद्ध हुआ। शुजा हार गया और मुंगेर भाग गया। मुराद ने भी सितंबर 1657 ई. में स्वयं को बादशाह घोषित कर दिया। अपने नाम के सिक्के ढलवाए तथा खुतबा पढ़वाया। औरंगजेब की सेना के साथ मिलकर अप्रैल 1658 ई. में उज्जैन तक पहुंच गया।

औरंगजेब सबसे अधिक चतुर योद्धा था। उसने नर्मदा के सभी घाटों पर अधिकार कर लिया। मीर जुमला को फुसलाकर उसने तोपखाने और विशाल कोष पर अधिकार कर लिया था। दक्षिण का भार उसने अपने बेटे मुअज्जम को सौंप दिया। अपनी सेना को लेकर वह उज्जैन पहुंचा। धरमत नामक स्थान पर 15 अप्रैल, 1638 ई. को दोनों सेनाओं का घमासान युद्ध आरंभ हुआ। युद्ध में शाही सेना पराजित हुई। दारा एक विशाल सेना लेकर सामूगढ़ पहुंचा। औरंगजेब ने फिर से शाही सेना को मात दे दी। अब औरंगजेब और मुराद की सेनाएं आगरा की ओर बढ़ीं। बेदनूर नामक स्थान पर उनकी फौजों ने डेरे डाल दिए। योजना अनुसार जल मार्ग पर कब्जा कर लेने के पश्चात् औरंगजेब आगरा किले की ओर बढ़ा। 8 जून, 1658 ई. को औरंगजेब ने शाही किले पर कब्जा कर लिया। उसने अपने वृद्ध पिता को बंदी बना लिया। शाहजहाँ को जीवन के आठ वर्ष पुत्र की कैद में बिताने पड़े। 22 जनवरी, 1666 ई. में मृत्यु ने ही उसे औरंगजेब की कैद से मुक्त किया।

दारा शिकोह पंजाब भाग गया। लेकिन औरंगजेब ने तो अपने सभी भाइयों को समाप्त करने की योजना बना ली थी। मुराद ने उसका सभी युद्धों में साथ दिया। लेकिन औरंगजेब ने मथुरा के पास मुराद को दावत के लिए आमंत्रित किया। उसकी खूब आवभगत करने के पश्चात् 20 लाख रुपए भी भेंट में दिए। उसके बाद नशे की हालत में मुराद को बंदी बना लिया गया। उसने 4 दिसंबर, 1661 ई. में उसे अपने दीवान अली नकी की हत्या के जुर्म में मृत्युदंड दे दिया। इस प्रकार औरंगजेब ने मुराद का अंत कर दिया।

सामूगढ़ की पराजय के पश्चात् दारा परिवार सहित पंजाब भाग गया। लेकिन औरंगजेब की सेनाएं उसका पीछा करती रहीं। दारा लाहौर, मुल्तान, सिंध होता हुआ अहमदाबाद पहुंचा। जसवंत ने उसे सहायता देने का वचन दिया। अब दारा वहाँ से पहुंचा। यहाँ औरंगजेब की सेना ने उसे फिर से घेर लिया। दारा

हार गया और 24 अगस्त, 1659 ई. में बंदी बनाकर दिल्ली लाया गया। उसकी हत्या कर दी गई एवं लाश को खुले में पूरे शहर में घुमाया गया। इतनी निर्मम एवं शर्मनाक मृत्यु शाही खानदान में किसी को प्राप्त नहीं हुई थी। दारा के पुत्र सुलेमान शिकोह को भी विष देकर मार दिया गया।

अब शुजा की बारी थी। सम्राट् बनने पर औरंगजेब ने शुजा को बंगाल, उड़ीसा तथा बिहार का सूबेदार बना दिया। लेकिन शुजा औरंगजेब पर विश्वास नहीं करता था। अक्टूबर 1658 ई. में औरंगजेब दारा का पीछा करते हुए पंजाब तक निकल गया। शुजा ने अच्छा समय देखकर आगरा पर चढ़ाई कर दी। औरंगजेब लौट आया और खजुआ में शुजा की सेना के साथ घमासान युद्ध में शुजा की हार हो गई और वह बंगाल भाग गया। वहाँ से अराकान पहुंचा। 1666 ई. में अराकान में ही औरंगजेब के इशारे पर शुजा की हत्या कर दी गई। अब औरंगजेब स्वछंद रूप से शासन करने लगा। उसका राज्याभिषेक 21 जुलाई, 1658 ई. में हो गया था, लेकिन स्वयं को वह अब वास्तविक सम्राट् समझने लगा था।

इस युद्ध के अनेक परिणाम निकले। यह युद्ध पश्चिम में सिंध तट से लेकर पूर्व में बंगाल तक तथा उत्तर में हिमालय की तराई से लेकर दक्षिण में मालवा तक फैला था। अनेक वर्षों तक चलने वाले इस युद्ध में अपार जान-माल की हानि हुई। इतिहास का अंधकार पक्ष एक पुत्र द्वारा पिता को कारावास में डालने का भी गवाह बना। सबसे बड़ा परिवर्तन यह हुआ कि औरंगजेब ने अकबर की सहिष्णु और धर्मनिरपेक्ष नीति को त्यागकर धर्मांधता और जिहाद की नीति को अपनाकर मुगल साम्राज्य को पतन की ओर धकेल दिया। इस नीति के कारण जाट, सतनामी, बुंदेल, राजपूत एवं सिख लगातार विद्रोह करते रहे।

मूल्यांकन

शाहजहाँ का शासनकाल मुगलकाल का स्वर्णिम काल माना जा सकता है। उसके काल में शांति और संपन्नता का वातावरण था। शाहजहाँ अपने पिता तथा पितामह के पदचिह्नों पर चला। वह अपने पिता के विरुद्ध इसलिए गया, क्योंकि नूरजहाँ की नीतियां उसके विरुद्ध थीं। शाहजहाँ ने अन्य मुस्लिम राजाओं के समान बहुपत्नीवादी होते हुए भी मुमताज महल के प्रति वर्षों अपना एकचित्त प्रेम रखा तथा ताजमहल का निर्माण करवाकर इस प्रेम को अमर बना दिया। वह व्यक्तिगत जीवन में सुशील, दयालु एवं अति सज्जन पुरुष था। साहित्य, स्थापत्य कला, ललित कला एवं शिक्षा को उसने संपूर्ण संरक्षण प्रदान किया। उसके काल में स्थापत्य कला का तो अद्‌भुत विकास हुआ। लालकिला, जामा मस्जिद तथा ताजमहल इस काल की स्थापत्य कला के उत्कृष्ट नमूने हैं।

शाहजहाँ एक सफल सेनानायक भी था। उसने मुगल सेना को सशक्त तथा क्रियाशील बनाया। उसने अहमदनगर, बीजापुर और गोलकुंडा के दक्षिण राज्यों पर भी विजय प्राप्त कर ली। शाहजहाँ के काल में सर्वत्र सुरक्षित एवं शांत जीवन था। उसने मनसबदारी व्यवस्था में भी अनेक सुधार किए। मनसबदारों के लिए अपने अधीन एक निश्चित सेना रखना अनिवार्य हो गया था। राजस्व व्यवस्था में भी अनेक परिवर्तन करके राजकोष में वृद्धि की गई। राजस्व मंत्री मुर्शिदकुली खां ने राज्य को 45 करोड़ सालाना कर के रूप में जमा करवाना शुरू कर दिया। शाहजहाँ एक निष्पक्ष सम्राट् था। पिता के समान वह अपनी प्रजा का पालन करता था। प्रत्येक बुधवार को वह अपने महल में आम लोगों की फरियाद सुनता था। अनेक सार्वजनिक हितों के कार्यों के लिए भी वह प्रसिद्ध था। उसने यमुना नहर का पुनर्निर्माण कर भूमि की सिंचाई की उचित व्यवस्था करवाई। अनेक सरायों, मस्जिदों, स्कूलों, बगीचों का निर्माण करवाया। ब्रह्ममुहूर्त में अकबर के समान जनता को झरोखा दर्शन देकर वह राजकार्यों में लग जाता था। 1650 ई. मे आये अकाल में दक्षिण में उसने अनेक दान और लंगर व्यवस्था द्वारा आम जनता की सहायता की। यह काल समृद्धि का था। शाहजहाँ ने प्रसिद्ध 'मयूर सिंहासन' (तख्ते ताऊस) का निर्माण करवाया था। विश्वप्रसिद्ध 'कोहिनूर हीरा' भी शाहजहाँ के काल में ही था। लेकिन शाहजहाँ ने समयानुसार निर्णय न लेकर तथा पुत्रों के साथ पक्षपातपूर्ण व्यवहार रखने के कारण मुगल सिंहासन को रक्तरंजित बना दिया। उसका अपना अंत अत्यंत दुर्भाग्यपूर्ण और शोचनीय हुआ था।

औरंगजेब (1658-1707 ई.)

अकबर के पश्चात् औरंगजेब ही ऐसा मुगल शासक था, जिसने लगभग पचास वर्षों तक भारत में साम्राज्य चलाया। सिंहासन पर बैठते समय औरंगजेब की परिस्थितियां अकबर की अपेक्षा बेहतरीन थीं। उसे सुसंगठित राज्य तथा भरा-पूरा राजकोष मिला था। औरंगजेब का जन्म 24 अक्टूबर 1618 ई. में माना जाता है। वह अपने मां-बाप की छठी संतान था। औरंगजेब के जन्म के समय शाहजहाँ दक्षिण का सूबेदार था। उसने अपने पिता के विरुद्ध विद्रोह कर दिया। जहाँगीर ने विद्रोह का अंत कर दिया तथा शाहजहाँ के सामने शर्त रखी कि वह अपने दो पुत्रों औरंगजेब तथा दारा शिकोह को उसके पास 10 लाख रुपयों के साथ भेज देगा। इस प्रकार औरंगजेब को बचपन में दो वर्ष तक अपने पितामह की कैद में रहना पड़ा। अपने पिता की इस ज्यादती को वह उम्र भर नहीं भूला पाया। उसकी बुद्धि बचपन से ही बहुत प्रखर थी। हालांकि उसकी औपचारिक शिक्षा दस वर्ष की आयु से आरंभ हुई थी, लेकिन अपने परिश्रम से वह अरबी, फारसी और तुर्की भाषाओं के साथ-साथ कुरान और हदीस में भी पारंगत हो गया। साहित्य, ज्ञान-विज्ञान आदि के साथ-साथ उसने सैनिक प्रशिक्षण भी लिया। अतः वह एक धैर्यशाली, साहसी एवं दार्शनिक प्रवृत्ति का व्यक्ति बना। उसे संगीत, ललित कलाओं एवं चित्रकला से घृणा थी। उसकी संपूर्ण रुचि प्रशासनिक कार्यों में ही थी।

औरंगजेब की शक्ति एवं दुस्साहस को देखते हुए शाहजहाँ ने 13 दिसंबर, 1634 ई. को उसे 10 हजार की मनसब सौंप दी। 1635 ई. में वह सेना सहित बुंदेलखंड का विद्रोह दबाने गया। झांसी के दुर्ग पर विजय प्राप्त कर लगभग एक करोड़ का धन लूट लिया। 1636 ई. से 1644 ई. तक दक्षिण की सूबेदारी में उदगीर औस, बगलाना आदि दुर्गों पर भी औरंगजेब ने कब्जा कर लिया। उसने औरंगाबाद को अपनी राजधानी बनाया। 18 मई, 1637 ई. में उसकी शादी फारस के राजघराने के शाहनवाज की पुत्री दिलरास बानू से हो गई। 1644 ई. में जहाँआरा बानू की बीमारी का समाचार सुनकर वह आगरा आ गया। उसने दक्षिण की सूबेदारी छोड़ दी। लेकिन जहाँआरा के अनुरोध पर शाहजहाँ ने 16 फरवरी, 1644 ई. में औरंगजेब को गुजरात का सूबेदार नियुक्त कर दिया। अल्पकाल में ही उसने गुजरात में अनेक परिवर्तन किए। 1647 ई. में बल्ख में औरंगजेब को असफलता मिली। 1648 ई. में उसे मुल्तान और सिंध का सूबेदार बनाया गया। 1649 ई. से 1652 ई. तक औरंगजेब कंधार विजय का प्रयत्न करता रहा, लेकिन वह असफल रहा। 1652 ई. में शाहजहाँ ने उसे दुबारा दक्षिण का सूबेदार बना दिया। औरंगजेब ने दक्षिण की डावांडोल स्थिति को संभालने का प्रयत्न किया। गोलकुंडा पर विजय पाने की कोशिश की। गोलकुंडा का पतन नजदीक ही था तो शाहजहाँ ने उसे युद्ध बंद करने की आज्ञा दे दी। तब औरंगजेब ने बीजापुर पर आक्रमण किया। जैसे ही बीजापुर में सफलता मिलने वाली थी, शाहजहाँ ने

वहाँ के सुल्तान आदिल की शर्तों को मानकर संधि कर ली। इस प्रकार बीजापुर और गोलकुंडा दोनों उसके हाथ से निकल गए। औरंगजेब बहुत क्षुब्ध हो गया। उसने एक शक्तिशाली सेना का गठन करना शुरू कर दिया।

औरंगजेब के समय में विद्रोह

विद्रोह	वर्ष
बुंदेला विद्रोह	1661
अफगान विद्रोह	1667
जाट विद्रोह	1669
सतनामी विद्रोह	1672
सिख विद्रोह	1675
अंग्रेजों का विद्रोह	1686
राजपूत विद्रोह	1679–1709

सितंबर 1657 ई. में गृहयुद्ध की स्थिति उत्पन्न हो गई। शाहजहाँ बीमार पड़ गया और उसके चारों बेटे सम्राट् बनने के लिए आपस में भिड़ गए। औरंगजेब ने अपनी योग्यता, परिश्रम, कूटनीति और विवेक के द्वारा इस उत्तराधिकार के संघर्ष को जीत लिया। 31 जुलाई, 1658 ई. में उसने अपना राज्याभिषेक करवाया तथा 'अबुल मुहीउद्दीन मुजफ्फर औरंगजेब बहादुर आलमगीर बादशाह गाजी' की उपाधि धारण की। अनेक दिनों तक उत्सव चलता रहा। सम्राट् ने दिल खोलकर धन खर्च किया। दावतें दीं, सामंतों तथा सरदारों को पदोन्नति प्रदान की और अपने समर्थकों को अनेक उपहार प्रदान किए।

उत्तराधिकार युद्ध के पश्चात् देश की आर्थिक, सामाजिक एवं राजनीतिक परिस्थितियां अत्यंत शोचनीय थीं। सर्वाधिक महत्त्वपूर्ण समस्या थी साम्राज्य में शांति एवं कानून की स्थापना। इसके लिए उसने दो मार्ग अपनाए—प्रथम, सामंतों और अधिकारियों के ऊपर अपना नियंत्रण स्थापित करना तथा दूसरे, आम जनता को राहत पहुंचाना। उसने 'रायदारी' तथा 'पानदारी' जैसे करों को हटा दिया। इससे जनता में संतुष्टि की भावना आई। राजस्व अधिकारियों को 'आबवाबों' कर न वसूलने की भी आज्ञा प्रदान की गई। हिंदुओं पर लगे दो कर, प्रथम, गंगा में मृतक के फूल विसर्जन पर लगा तथा हिंदुओं के घर लड़का उत्पन्न होने पर लिए जाने वाले कर को क्षमा कर दिया। इससे हिन्दू भी प्रसन्न हो गए।

औरंगजेब ने 1662 ई. में गोहाटी के अहोम शासकों को पराजित किया, जिन्होंने एक लाख बीस हजार तोला चाँदी तथा दो लाख तोला सोना, पचास हाथी तथा एक बेटी सम्राट् को भेंट की। कूच बिहार के शासक ने भी अंततः मुगलों से संधि कर ली। उन दिनों पुर्तगालियों ने बहुत आतंक मचाया हुआ था। औरंगजेब की आज्ञानुसार वहाँ के सूबेदार शाइस्ता खां ने तीन सौ नौकाओं का एक समुद्री बेड़ा निर्मित कर सनद्वीप तथा चटगाँव आदि स्थानों को मुगलों के अधीन कर लिया। अंग्रेजों ने भी हरिहरपुर, बालासोर, मद्रास तथा हुगली में अनेक कोठियां स्थापित की थीं। मार्च 1680 ई. में औरंगजेब ने अंग्रेजों को व्यापार करने की अनुमति प्रदान की। लेकिन मुगलों के साथ अंग्रेजों का मन-मुटाव हो गया। अंग्रेज कासिम बाजार की कोठी छोड़कर चले गए। लेकिन बाद में अंग्रेजों ने कूटनीति का सहारा लेकर फिर से मुगलों से क्षमा मांगकर अपना व्यापार फैलाना शुरू कर दिया।

उत्तर-पश्चिम सीमा नीति

राजनीतिक तथा आर्थिक विचारों से औरंगजेब को उत्तर-पश्चिम सीमा पर अग्रगामी नीति का अनुसरण करना पड़ा। वहाँ उपद्रवकारी मुस्लिम जातियां सदा से मुगल साम्राज्य के लिए महान् चिंता का साधन बनी हुई थीं। औरंगजेब ने इन उपद्रवी जातियों का दमन करने के लिए कठोर कदम उठाए।

यूसुफजई और औरंगजेब

सन् 1667 ई. में उत्तरी-पश्चिमी सीमांत प्रदेश में यूसुफ़जई कबीले ने अपने नेता भागू के नेतृत्व में विद्रोह कर दिया। भागू ने 'मुहम्मद शाह' की उपाधि धारण करके स्वयं को स्वात और बाजौर के प्रदेशों का स्वतंत्र शासक घोषित कर दिया और मुगलों की कई सैनिक चौकियों पर बलपूर्वक अधिकार कर लिया।

यूसुफजइयों की शक्ति का दमन करने के लिए औरंगजेब ने विस्तृत सैनिक अभियान का आयोजन किया। यूसुफजइयों ने अत्यधिक वीरतापूर्वक मुगलों का प्रतिरोध किया, परंतु अंततः पराजित हुए। शमशेर खां जैसे कुशल सेनानायक के नेतृत्व में मुगल सेनाओं ने यूसुफजाइयों के क्षेत्रों में प्रवेश करके उनकी धन-संपत्ति, मकानों, खेती सभी को नष्ट कर डाला तथा उनके क्षेत्रों पर अपना अधिकार स्थापित कर लिया। इस कठोर दमनकारी नीति से यूसुफजई शांत हो गए और आगामी कई वर्षों तक वे बिल्कुल शांत बने रहे।

अफरीदी और औरंगजेब

सन् 1672 ई. में अफरीदी कबीले ने अपने नेता अकमल खां के नेतृत्व में मुगल सत्ता को चुनौती देते हुए विद्रोह का झंडा खड़ा कर दिया। काबुल के मुगल सूबेदार मुहम्मद अमीन खां ने तत्काल ही विशाल सेना के साथ अफरीदियों के विरुद्ध प्रस्थान किया। अली मस्जिद नामक स्थान पर मुगलों और अफरीदियों में भयंकर संघर्ष हुआ, जिसमें मुगलों की पराजय हुई। इस भयंकर पराजय से मुगलों के मान-सम्मान को भारी आघात लगा।

खटीक और औरंगजेब

अफरीदियों की सफलता से प्रोत्साहित होकर बन्नू, पेशावर तथा कोहाट के प्रदेशों में निवास करने वाली खटीक जाति ने खुशहाल खां के नेतृत्व में मुगल अधिसत्ता के विरुद्ध विद्रोह का बिगुल बजा दिया। शीघ्र ही अफरीदी तथा कई अन्य कबीले भी इस विद्रोह में सम्मिलित हो गए और कंधार से लेकर अटक तक के समस्त उत्तरी-पश्चिमी सीमांत प्रदेश में व्याप्त इस विद्रोह ने एक राष्ट्रीय विद्रोह का रूप धारण कर लिया। प्रारंभ में मुगल सेनाओं को खटीकों के विरुद्ध सफलता नहीं मिली, किंतु अंत में सम्राट् ने शक्ति और कूटनीति से खटीकों को पराजित करने में सफलता प्राप्त कर ली।

औरंगजेब और दक्षिण

सन् 1681 ई. को मेवाड़ के महाराणा जयसिंह के साथ उदयपुर की संधि कर लेने के बाद औरंगजेब ने अपना पूर्ण ध्यान दक्षिण की ओर केंद्रित कर दिया और अपने जीवन के अंतिम दिनों तक दक्षिण भारत में ही उलझा रहा। 3 मार्च, 1707 ई. को अहमदनगर में अत्यंत निराशाजनक स्थिति में उसकी मृत्यु हो गई।

1. **बीजापुर-विजय** : (सन् 1686 ई.) बीजापुर का शिया राज्य मुगल साम्राज्य की सीमा पर स्थित था। औरंगजेब इसे मुगल साम्राज्य का अंग बनाकर

साम्राज्य की सीमाओं को सुरक्षित बनाना चाहता था। सन् 1665-66 ई. में राजा जयसिंह के नेतृत्व में मुगल सेनाओं ने बीजापुर पर आक्रमण कर दिया, किंतु उन्हें सफलता प्राप्त नहीं हो सकी।

1681 ई. से 1684 ई. तक की अवधि में मराठा-विरोधी गतिविधियों में व्यस्त रहने के कारण सम्राट् औरंगजेब बीजापुर की ओर अधिक ध्यान नहीं दे सका। अप्रैल, 1685 ई. को मुगल सेनाओं ने शहजादा आजम के नेतृत्व में बीजापुर नगर पर आक्रमण करके दुर्ग का घेरा डाल दिया। किंतु लगभग पंद्रह मास के घेरे के बाद भी मुगल सेनाओं का दुर्ग पर अधिकार नहीं हो सका। 13 जुलाई, 1686 ई. को औरंगजेब ने स्वयं बीजापुर की ओर प्रस्थान किया। अंततः विवश होकर सिकंदर आदिलशाह ने 12 सितंबर, 1686 ई. को आत्मसमर्पण कर दिया। औरंगजेब ने पराजित सुल्तान को 'खान' की उपाधि देकर सम्मानित किया तथा उसे एक लाख रुपए वार्षिक पेंशन देकर मनसबदार बना दिया। बीजापुर को मुगल साम्राज्य में सम्मिलित कर लिया गया।

2. **गोलकुंडा-विजय :** (1687 ई.) जुलाई 1685 ई. में उसने शहजादा मुअज्जम को गोलकुंडा पर विजय प्राप्त करने का आदेश दिया। शहजादा मुअज्जम ने विशाल मुगल सेना के साथ गोलकुंडा की राजधानी हैदराबाद पर आक्रमण कर दिया। गोलकुंडा के सेनापति मीर मुहम्मद इब्राहिम के विश्वासघात के कारण हैदराबाद पर मुगलों का अधिकार हो गया। विवश होकर सुल्तान अबुल हसन कुतुब शाह ने शहजादा मुअज्जम से संधि कर ली। किंतु सम्राट् औरंगजेब ने इस संधि को मान्यता प्रदान नहीं की। 7 फरवरी, 1687 ई. को मुगल सेनाओं ने गोलकुंडा के दुर्ग पर घेरा डाल दिया। किंतु आठ मास के सतत् प्रयासों के बाद भी मुगल गोलकुंडा पर विजय प्राप्त नहीं कर सके। अंत में छल-कपट की नीति का आश्रय लेते हुए मुगलों ने 2 अक्टूबर, 1687 ई. को दुर्ग पर अधिकार कर लिया। अबुल हसन कुतुबशाह को पचास हजार रुपए वार्षिक पेंशन देकर दौलताबाद के दुर्ग में भेज दिया गया और गोलकुंडा को मुगल साम्राज्य का अंग बना लिया गया।

मराठों से संघर्ष

(1680-1707 ई.) बीजापुर और गोलकुंडा की विजय के बाद औरंगजेब ने अपना ध्यान मराठों की ओर आकर्षित किया। मराठों ने वीर शिवाजी के नेतृत्व में अपने स्वतंत्र मराठा राज्य की स्थापना कर ली थी। औरंगजेब ने 1663 ई. से 1680 ई. तक की अवधि में मराठों के विरुद्ध अनेक शक्तिशाली अभियान भेजे, किंतु वह शिवाजी की शक्ति को कुचलने में असफल रहा। 1680 ई. में शिवाजी की मृत्यु के बाद उनका पुत्र शंभाजी राजसिंहासन पर बैठा। औरंगजेब ने 1681 ई. से 1684 ई. के बीच में शंभाजी को पराजित करके उन्हें व उनके मित्र कविकलश को बंदी बना लिया। 21 मार्च, 1689 ई. को सम्राट् के आदेश पर दोनों की अत्यंत निर्दयतापूर्वक हत्या कर दी गई। राजाराम के नेतृत्व में मराठों ने जिंजी से मुगलों के विरुद्ध संघर्ष जारी रखा और छापामार रण पद्धति से मुगल सम्राट् को जटिल समस्याओं में उलझा दिया।

राजपूत हिन्दू जाति का प्रतिनिधित्व करते थे, अतः उन्हें वह अपना शत्रु समझता था। वह राजपूत राज्यों के स्वतंत्र अस्तित्व को समाप्त करके उन्हें मुगल साम्राज्य का अंग बनाना चाहता था, किंतु कुशल कूटनीतिज्ञ औरंगजेब राजपूतों की शक्ति से भी भली-भांति परिचित था। अतः उसने राजपूतों के प्रति अत्यधिक सूझ-बूझ एवं कूटनीति से काम लिया। परिणामस्वरूप औरंगजेब ने राजपूतों के विरुद्ध कई युद्ध लड़ें—

1. **मारवाड़ के विरुद्ध प्रथम अभियान :** प्रकट रूप से औरंगजेब राजपूतों के प्रति मैत्रीपूर्ण नीति का अनुसरण कर रहा था, किंतु वास्तव में वह राजपूत-शक्ति का विनाश करना चाहता था, परंतु इसके लिए उसे उचित अवसर की प्रतीक्षा थी। औरंगजेब के सौभाग्य से 20 दिसंबर, 1678 ई. को अफगानिस्तान में जमरूद नामक स्थान पर जसवंत सिंह राठौर की मृत्यु हो गई। जसवंत सिंह का कोई उत्तराधिकारी जीवित नहीं था, अतः उसकी मृत्यु के लगभग तीन सप्ताह बाद ही औरंगजेब ने मारवाड़ को मुगल साम्राज्य में सम्मिलित करने के लिए सेना भेज दी। मारवाड़ की वीर राठौर सेना अफगानिस्तान में थी, अतः मुगल सेनाओं ने बिना किसी विशेष प्रतिरोध के मारवाड़ पर अधिकार कर लिया। राजा जसवंत सिंह का राजसिंहासन 36 लाख रुपए के बदले एक संबंधी सरदार इंद्रसिंह, जो मुगलों का स्वामिभक्त अनुयायी माना जाता था, को बेच दिया और उसे नाममात्र के लिए मारवाड़ का शासक स्वीकार कर लिया।
2. **अजीत सिंह का उत्तराधिकार अस्वीकार :** फरवरी 1679 ई. में अफगानिस्तान से वापस आते हुए लाहौर में राजा जसवंत सिंह की दो रानियों ने दो पुत्रों को जन्म दिया। उनमें से एक की तो जन्म के बाद ही मृत्यु हो गई, किंतु दूसरा 'अजीत सिंह' जीवित रहा। जसवंत सिंह का सेनापति दुर्गादास एवं कुछ अन्य महत्त्वपूर्ण राजपूत सरदार विधवा रानियों एवं अजीत सिंह के साथ दिल्ली पहुंचे और उन्होंने मुगल सम्राट् से मारवाड़ का राज्य अजीत सिंह को देने की प्रार्थना की। औरंगजेब ने अजीत सिंह सहित विधवा रानियों को कैद कर लिया और अजीत सिंह के इस्लाम स्वीकार कर लेने की स्थिति में ही मारवाड़ का राज्य उसे वापस करने की शर्त राजपूतों के सामने रखी। स्वाभिमानी राजपूतों ने इसे अपना घोर अपमान समझा। दुर्गादास के नेतृत्व में वे 13 जुलाई, 1679 ई. को अजीत सिंह तथा विधवा रानियों को मुगलों के चंगुल से निकालकर भेष बदलकर ले गए और मुगलों से संघर्ष का ऐलान कर दिया, ताकि आजादी की रक्षा कर सकें।

मारवाड़ के विरुद्ध अभियान

1679 ई. में औरंगजेब ने अपने पुत्र अकबर द्वितीय और अजमेर के सूबेदार तहव्वुर खां के नेतृत्व में मारवाड़ के विरुद्ध दूसरा अभियान भेजा। पुष्कर के निकट घमासान युद्ध हुआ। मेवाड़ के राणा राजसिंह की सहायता से राठौरों ने मुगलों का कड़ा मुकाबला किया, किंतु पराजित हुए। विजयी मुगल सेनाओं ने मारवाड़ में भयंकर लूटमार की और जनता पर अनेक अत्याचार किए। दुर्गादास राजकुमार अजीत सिंह को लेकर मारवाड़ के पर्वतीय प्रदेशों में चला गया और वहीं से वीर राठौरों ने छापामार रण-पद्धति द्वारा मुगलों के विरुद्ध संघर्ष जारी रखा, जो आगामी तीस वर्षों तक चलता रहा।

मेवाड़ के विरुद्ध युद्ध

मेवाड़ के राणा राजसिंह ने मुगलों के विरुद्ध मारवाड़ के राठौरों की सहायता की थी। अतः 1679 ई. में मुगल सेनाओं ने मेवाड़ पर आक्रमण कर दिया। राजपूतों ने अत्यंत वीरतापूर्वक मुगलों का सामना किया, किंतु मुगल तोपखाने के सम्मुख वह अधिक समय तक नहीं टिक सके। राणा राजसिंह अपनी राजधानी उदयपुर को छोड़कर पहाड़ियों में चला गया। 4 जनवरी, 1680 ई. को उदयपुर और चित्तौड़ के सुप्रसिद्ध दुर्गों पर मुगलों का अधिकार हो गया। मेवाड़ में भयंकर

लूटमार की गई तथा व्यापक रूप से मंदिरों का विनाश किया गया। सम्राट् के लौटते ही राणा राजसिंह वापस आ गया और उसने मुगलों पर आक्रमण करके बदनौर के स्थान पर शहजादा अकबर को करारी हार दी।

इसी बीच राजपूतों ने शहजादा अकबर को अपने पिता (सम्राट् औरंगजेब) के विरुद्ध युद्ध करने के लिए उकसाया। उन्होंने उसे विश्वास दिलाया कि औरंगजेब की हिन्दू विरोधी नीतियां मुगल साम्राज्य के पतन का कारण बन रही हैं। शहजादा अकबर उनसे सहमत था, किंतु सम्राट् ने कूटनीति से काम लेते हुए मुगल सेनाओं पर उनके संयुक्त हमले को असफल बना दिया। राजपूतों ने कई महीनों तक शहजादा अकबर को शरण दी और अंत में उसे महाराष्ट्र में शिवाजी के पुत्र एवं उत्तराधिकारी शंभाजी की शरण में पहुंचा दिया।

मेवाड़ से शांति संधि

विद्रोही राजकुमार का सामना करने के लिए औरंगजेब को अपनी अधिकांश सेना मेवाड़ से हटानी पड़ी। मेवाड़ का नया राणा जयसिंह भी युद्ध को समाप्त करने का इच्छुक था। अत: 24 जून, 1681 ई. को मेवाड़ और मुगलों के बीच उदयपुर की संधि हो गई। राणा ने जजिया के बदले कुछ जिले दे दिए तथा मुगल मेवाड़ से हट गए।

मारवाड़ द्वारा युद्ध जारी रखना

मेवाड़ ने मुगल सम्राट् से संधि करके मारवाड़ का साथ छोड़ दिया, तथापि मारवाड़ के वीर राठौरों ने साहस नहीं छोड़ा और वे अजीत सिंह तथा दुर्गादास के नेतृत्व में अकेले ही लगभग तीस वर्षों तक मुगलों के विरुद्ध संघर्षरत रहे। 1707 ई. में औरंगजेब की मृत्यु से उत्पन्न हुई अव्यवस्था का लाभ उठाते हुए वीर राठौरों ने मुगल अधिकारियों को मारवाड़ से निकाल बाहर किया और लगभग संपूर्ण मारवाड़ पर अपना अधिकार स्थापित कर लिया। 1708 ई. में अजीत सिंह को मारवाड़ का महाराजा घोषित कर दिया गया। अंतत: 1709 ई. में औरंगजेब के उत्तराधिकारी बहादुरशाह प्रथम ने उसे स्वतंत्र शासक के रूप में मान्यता दे दी।

राजपूतों को अपने विरुद्ध करके औरंगजेब को केवल उनके साथ युद्ध ही नहीं लड़ने पड़े, वरन् उसे कई अन्य प्रकार से भी हानि उठानी पड़ी। इस नीति से राजपूत जैसे वीर सैनिक भी उसे मिलने बंद हो गए। इन युद्धों में औरंगजेब का बहुत सा धन व्यय हुआ, जबकि उसके हाथ कुछ भी नहीं लगा। उसकी सैनिक शक्ति को काफी हानि पहुंची, क्योंकि उसके बहुत से योग्य सैनिक राजपूतों से लड़ते हुए मारे गए। राजपूतों को अपना शत्रु बना लेने का एक अन्य परिणाम यह भी हुआ कि राज्य की मान-मर्यादा को बहुत हानि पहुंची। देश में चारों ओर अशांति और अराजकता फैल गई और मुगल साम्राज्य का पतन बहुत समीप आ गया।

औरंगजेब और सिख

औरंगजेब एक धर्मांध सम्राट् था। उसने अपने पूर्वजों के समान सहिष्णुता तथा धर्मनिरपेक्षता की नीति को त्यागकर हिंदुओं और सिखों के प्रति अति कठोर नीति को अपनाया। सिख मत की नींव गुरु नानक ने 15वीं शताब्दी में रखी। पहले पाँच गुरुओं (गुरु नानक, गुरु अंगद देव, गुरु अमरदास, गुरु रामदास, गुरु अर्जुन देव) के अधीन सिख मत बिल्कुल शांतिप्रिय वर्ग के रूप में कार्य करता रहा। परंतु जहाँगीर के काल में जब 1606 ई. में गुरु अर्जुन देव का बलिदान कर दिया, तब सिख चुप नहीं बैठ सकें। अगले गुरु हरगोविंद ने उन सिखों को सैनिक शिक्षा देनी प्रारंभ कर दी। राजनीतिक कार्यों के लिए उन्होंने अमृतसर में 'अकाल तख्त' नाम से एक नए भवन का निर्माण कराया। जहाँगीर को जब यह समाचार मिला तो उसने गुरु हरगोविंद को कैद करके ग्वालियर के किले में बंद कर दिया। अपने अंतिम दिनों में जहाँगीर ने उन्हें छोड़ दिया।

शाहजहाँ के शासनकाल में भी मुगलों का सिख गुरुओं से संघर्ष हुआ था, किंतु उस संघर्ष के कारण धार्मिक नहीं, अपितु राजनैतिक एवं व्यक्तिगत थे। औरंगजेब के शासनकाल में सिख धर्म के अनुयायियों की संख्या में पर्याप्त वृद्धि हो गई थी। सिख गुरुओं ने 'पीरी और मीरी', को एक साथ धारण कर लिया था। उनकी राजसी शान-शौकत, सशस्त्र सेना और 'सच्चे पादशाह' की पदवी उनकी राजनैतिक सत्ता के परिचायक थे। किंतु 1675 ई. के पूर्व तक गुरु और औरंगजेब के मध्य कोई संघर्ष नहीं हुआ था। सम्राट् बनने के बाद औरंगजेब ने उन्हें दिल्ली अपने दरबार में बुलाया। गुरु ने अपने बड़े पुत्र रामराय को दरबार में भेज दिया। रामराय ने औरंगजेब को अपने पिता की निर्दोषता का विश्वास दिलाने का प्रयत्न किया। 1661 ई. में गुरु हरराय परलोकगामी हो गए। उनके पांच वर्षीय पुत्र हरकिशन सिखों के आठवें गुरु बने।

गुरु हरकिशन को भी सम्राट् औरंगजेब ने दिल्ली बुलाया। वह गाँव रायसीना में राजा जयसिंह के घर जाकर ठहरे, जहाँ आज वर्तमान गुरुद्वारा बंगला साहिब है। 1664 ई. में चेचक से गुरु हरकिशन की मृत्यु हो गई। मृत्यु से पहले उन्होंने गुरु तेगबहादुर को अपना उत्तराधिकारी मनोनीत कर दिया था। अत: 1664 ई. में तेगबहादुर सिखों के नौवें गुरु बने।

गुरु तेगबहादुर ने बिलासपुर के राजा के राज्य-क्षेत्र में मखोवाल के निकट एक गाँव को अपना केंद्र बनाया। यह स्थान 'आनंदपुर' के नाम से प्रसिद्ध हुआ। 1665 ई. में गुरु तेगबहादुर सिख संगतों से संपर्क स्थापित करने के लिए मखोवाल से गंगा के मैदानी इलाकों में चले गए। सम्राट् औरंगजेब के आदेश पर उन्हें बंदी बना लिया गया। किंतु राजा जयसिंह के पुत्र रामसिंह के अनुरोध पर उन्हें मुक्त कर दिया गया। दिल्ली के बाद गुरु आगरा, प्रयाग, बनारस, सासाराम, पटना और मुंगेर गए। मुंगेर से वह ढाका पहुंचे। 1668 ई. में रामसिंह भी ढाका आ गए। फिर गुरु रामसिंह के साथ असम गए। गुरु के प्रयास से राजपूतों और असमियों के मध्य समझौता हो गया। 1671 ई. में गुरु तेगबहादुर मखोवाल लौट आए। पटना में ही 22 दिसंबर, 1666 ई. में उनके पुत्र गोविंदराय-गुरु गोविंद सिंह का जन्म हुआ, जो सिखों के अंतिम (दसवें) गुरु बने।

1675 ई. में कश्मीरी ब्राह्मणों का एक जत्था गुरु तेगबहादुर से आकर मिला। उन्होंने गुरु को घाटी में हिंदुओं पर किए जाने वाले अत्याचारों के बारे में बताया। गुरु ने इन अत्याचारों का विरोध किया। औरंगजेब गुरु की दिन-प्रतिदिन बढ़ती हुई लोकप्रियता से पहले ही परेशान था। परिणामस्वरूप गुरु को बंदी बनाकर दिल्ली बुलाया गया। औरंगजेब ने उन्हें चमत्कार दिखाने अथवा इस्लाम स्वीकार कर लेने को कहा, जिसे गुरु ने स्वीकार नहीं किया। परिणामस्वरूप 11 नवंबर, 1675 ई. को चांदनी चौक में, जहाँ आजकल सीसगंज गुरुद्वारा है, गुरु को कत्ल कर दिया गया। औरंगजेब के इस क्रूर एवं अमानुषिक कार्य के परिणामस्वरूप सिखों में रोष की प्रबल लहर दौड़ने लगी।

गुरु गोविंद सिंह और औरंगजेब

गुरु गोविंद सिंह सिखों के 10वें और अंतिम गुरु बने। गोविंद सिंह का व्यक्तित्व अत्यधिक ओजस्वी था। वह संस्कृत और फारसी में दक्ष थे तथा काव्य और युद्धकला, दोनों में प्रवीण थे।

बिलासपुर के शासक भीमचंद, जिसके सिख गुरु अतिथि बने थे, ने पहाड़ों के मुगल फौजदारों के विरुद्ध पहाड़ी प्रमुखों की तरफ से गोविंद सिंह से सहायता मांगी। पहाड़ी प्रमुखों ने मुगलों को कर देना अस्वीकार कर दिया था, परिणामस्वरूप उन्हें सबक सिखाने के लिए एक शाही सेना भेजी गई। पहाड़ी प्रमुखों और गुरु की संयुक्त सेनाओं के सामने मुगल सेना को पराजित होना पड़ा। किंतु इसके शीघ्र ही बाद में भीमचंद ने मुगल प्रभुत्व को स्वीकार कर लिया और नियमित रूप से कर भुगतान करने का वचन दिया।

इस समय तक गुरु गोविंद सिंह के अनुयायियों की संख्या में भारी वृद्धि हो गई थी। औरंगजेब ने दक्खन से आनंदपुर में किसी प्रकार की भीड़ जमा न होने देने के निर्देश भेजे। आनंदपुर पर आक्रमण करने के लिए एक मुगल सेना भेजी गई। किंतु सिखों ने उसे पीछे हटने के लिए विवश कर दिया। एक दूसरी सेना को गुरु तथा पहाड़ी प्रमुखों की संयुक्त सेना ने पराजित कर दिया। तीसरी सेना को भी असफलता का सामना करना पड़ा।

1699 ई. में वैशाखी के दिन आनंदपुर में प्रांतभर के सिखों का दीवान लगाया गया, जिसमें लगभग 80 हजार लोगों ने भाग लिया। इसी दिन उन्होंने 'खालसा' अर्थात् पूर्णत: शुद्ध अथवा ईश्वर द्वारा चुने गए सिखों के संगठन की स्थापना की। गुरु ने एक नया दीक्षा संस्कार प्रारंभ किया। खालसा का सदस्य बनने वाले सिखों को 'पांच ककार'—केश, कृपाण, कच्छा, कंघी और कड़ा धारण करने थे। उन्हें अपने नाम के साथ 'सिंह' लगाना था। गुरु साहब ने स्वयं भी अपना नाम गोविंद राय के स्थान पर 'गोविंद सिंह' रख लिया। एक निराकार ईश्वर को मानना, जाति-पांति में विश्वास न करना, छुआ-छूत का खंडन करना आदि—खालसा के कुछ अन्य महत्त्वपूर्ण नियम थे। दोधारी तलवार (खंडे दा पाहुल) की दीक्षा से खालसा का गुरु से सीधा संपर्क स्थापित होता था। उल्लेखनीय है कि पहले पांच खालसा अर्थात् 'पंज पियारे' में से एक द्वारका से और एक-एक बीदर, पुरी, लाहौर और हस्तिनापुर से संबंधित थे।

खालसा की स्थापना

1699 ई. से लेकर मृत्युपर्यंत (1708 ई.) गुरु गोविंद सिंह प्राय: युद्धों में उलझे रहे। 1701 ई. में उन्हें पहाड़ी राजाओं के विरुद्ध शस्त्र उठाने पड़े। इस युद्ध का प्रमुख कारण यह था कि खालसा की स्थापना, गुरु साहिब की सिखों में बढ़ती हुई लोकप्रियता तथा उनकी सैनिक कारवाइयों से पहाड़ी राजा चिंतित हो गए थे। आनंदपुर में सिखों की निरंतर बढ़ती हुई संख्या से आपूर्ति की समस्या उत्पन्न हो गई थी। अत: गुरु और पहाड़ी राजाओं के संबंध तनावपूर्ण हो गए। पहाड़ी प्रमुखों ने मुगल सेनाओं के साथ मिलकर आनंदपुर का घेरा डाल दिया। दीर्घकाल तक घेराबंदी के बाद सिख उचित बर्ताव के वचन पर वह स्थान छोड़ने को तैयार हो गए। किंतु मुगल सेनाओं ने समझौते का उल्लंघन करके पलायन करते हुए सिखों पर आक्रमण कर दिया। गुरु साहेब के दो बड़े पुत्र चमकौर में लड़ते हुए वीरगति को प्राप्त हुए और दो छोटे पुत्रों, जिनकी आयु क्रमश: नौ और सात वर्ष थी, को इस्लाम स्वीकार न करने के कारण सरहिंद के फौजदार वजीर खां ने जिंदा दीवार में चिनवा दिया।

इस दौरान मुगल सम्राट् औरंगजेब दक्कन में था। उसे जब दक्कन में इन घटनाओं की जानकारी मिली, तो उसने गुरु से समझौता करके उन्हें दक्षिण में बुला लेना अधिक उचित समझा। गुरु ने सम्राट् पर विश्वासघात का आरोप लगाया, किंतु वे उससे मिलने के लिए तैयार हो गए। वास्तव में गुरु साहेब सम्राट् से भेंट करके उसे पंजाब के स्थानीय मुगल कर्मचारियों के दुर्व्यवहार एवं अत्याचारों की जानकारी देना चाहते थे, किंतु अभी वह राजस्थान में बघौड़ नामक स्थान पर ही पहुंचे थे कि उन्हें सम्राट् की मृत्यु की सूचना मिली। अत: वे वहाँ से ही वापस आ गए।

औरंगजेब की मृत्यु के बाद उसके पुत्रों, मुअज्ज्म तथा आजम में उत्तराधिकार के लिए संघर्ष प्रारंभ हो गया। गुरु साहेब ने बहादुरशाह को समर्थन दिया। बहादुरशाह ने गुरु को आगरा आने का निमंत्रण दिया तथा उन्हें बहुमूल्य उपहार भेंट किए। गुरु साहेब ने बहादुरशाह से सरहिंद के फौजदार तथा अन्य मुगल कर्मचारियों द्वारा सिखों पर किए गए अत्याचारों तथा सिखों को आनंदपुर वापस दिलाने के विषय पर बातचीत की। इस बीच बहादुरशाह को अपने भाई कामबख्श के विद्रोह को दबाने के लिए दक्षिण की ओर जाना पड़ा। गुरु साहेब भी अपने उद्देश्य की पूर्ति के लिए सम्राट् के साथ चल दिए। किंतु जब उन्हें लगा कि बहादुरशाह उनकी उचित मांगों को भी मानने के लिए तैयार नहीं हैं, तो उन्होंने सम्राट् का साथ छोड़ दिया और नांदेड़ चले गए। नांदेड़ में ही 7 अक्तूबर, 1708 को उनकी हत्या कर दी गई। गुरु गोविंद सिंह के पश्चात् गुरु परंपरा का अंत हो गया।

बंदा बहादुर और मुगल

गुरु गोविंद सिंह के पश्चात् उनके विश्वासपात्र शिष्य बंदा बहादुर (लछमन देव) ने सिखों का नेतृत्व किया। उसने पंजाब के जाटों और निम्न जाति के लोगों को संगठित करके विशाल सेना का निर्माण किया तथा मुगलों के विरुद्ध संघर्ष प्रारंभ कर दिया। उसने सरहिंद के सूबेदार वजीर खां, जो सिखों का प्रबल शत्रु माना जाता था, पर आक्रमण करके उसका वध कर डाला तथा सरहिंद और उसके आस-पास के सभी क्षेत्रों पर अधिकार कर लिया। बंदा बहादुर ने साढौरा के समीप लौहगढ़ को अपनी गतिविधियों का केंद्र बनाया तथा सहारनपुर, जालंधर, अमृतसर, जलालाबाद, बटाला, कलानौर और पठानकोट पर अधिकार करके दिल्ली के आस-पास के मुगल क्षेत्रों में लूटमार प्रारंभ कर दी। मुगल सम्राट् बहादुरशाह और उसका उत्तराधिकारी जहाँदारशाह सिखों का दमन करने में सफल नहीं हो सकें। अंतत: सम्राट् फर्रुखसियर के शासनकाल में विशाल मुगल सेना ने दिसंबर सन् 1715 ई. में बंदा बहादुर को छल से पराजित कर उसका वध कर डाला। निस्संदेह बंदा बहादुर वह पहला व्यक्ति था, जिसने पंजाब में मुगल शक्ति पर प्रबल प्रहार करके इस प्रांत में सिख-विजय का मार्ग प्रशस्त किया। यद्यपि उसे अंतिम रूप से मुगलों के हाथों पराजित होना पड़ा, तथापि उसकी उपलब्धियां सराहनीय थीं। मुगलों के विरुद्ध उसकी असफलता के प्रमुख कारण थे—मुगलों के विशाल सैनिक एवं आर्थिक संसाधन; सिखों में संगठन और अनुशासन का अभाव; पंजाब के संपन्न एवं उच्च वर्ग द्वारा बंदा को सहयोग एवं समर्थन न दिया जाना; पर्वतीय हिन्दू राजाओं का विरोध; बंदा के सीमित आर्थिक एवं सैनिक साधन तथा उसकी धार्मिक कट्टरता आदि। बंदा बहादुर की मृत्यु के कारण सिख शक्ति को प्रबल आघात पहुंचा और कुछ समय के लिए उसके विकास की गति अवरुद्ध हो गई।

जाटों और सतनामियों का विद्रोह

औरंगजेब इस्लाम धर्म के प्रचार और प्रसार में इतना अधिक खो गया था कि देश की बहुसंख्यक हिन्दू जाति को अपने विरुद्ध कर बैठा। उसका उद्देश्य भारत को 'दार-उल-हर्ब' से 'दार-उल-इस्लाम' में परिवर्तित करना था। उसकी इस हिन्दू विरोधी नीति से क्षुब्ध होकर मथुरा तथा आगरा के जाट और सतनामी

विद्रोह पर उतर आए। वे औरंगजेब की हत्या तक करने में उतारू हो गए। 1669 ई. में उधव वैरागी नामक साधु ने अपने चेलों के साथ मिलकर काजी मुकर्रम की हत्या कर दी। 1666 ई. में केशवराव के मंदिर से दारा शिकोह द्वारा भेंट किए गए पत्थर के नक्काशीदार जंगले को हटा दिया। 1669 ई. में गोकुल के नेतृत्व में जाटों ने मुगलों के विरुद्ध भयंकर विद्रोह कर दिया। अब्दुल नीव की विद्रोहियों ने गोली मारकर हत्या कर दी और सादाबाद के परगने को जी भरकर लूटा। सम्राट् ने भारी सेना भेजकर गोकुल को पकड़ लिया। अन्य जाटों को भी सजाएं मिलीं, लेकिन मथुरा में विद्रोह दबा नहीं। 1686 ई. में राजाराम तथा रामचेरा ने इस संघर्ष को आगे बढ़ाया। उनके नेतृत्व में सेनानायक युगीर खां पराजित हुआ। सिकंदरा में अकबर के मकबरे को भी तोड़-फोड़ दिया। 1689 ई. में औरंगजेब ने अपने पौत्र बीदर बख्श को जाटों के दमन के लिए भेजा। राजाराम सहित 1500 जाट इस युद्ध में मारे गए, क्योंकि मथुरा का मुगल अधिकारी आमेर नरेश बिशन सिंह भी जाटों के विरुद्ध लड़ा। राजाराम की मृत्यु के पश्चात् उसका बेटा चूड़ामन जाटों का नेतृत्व करता रहा। जाटों का विद्रोह थमा नहीं, बल्कि निरंतर चलता रहा। चूड़ामन ने बाद में भरतपुर के राजपरिवार की नींव डाली। इस जाट विद्रोह ने औरंगजेब की धर्मांधता का विरोध करते हुए मुगल वंश को समाप्त करने में एक अहम् भूमिका निभाई।

साहित्य

औरंगजेब कट्टर सुन्नी सम्राट् था। उसने ऐतिहासिक ग्रंथों की रचना पर रोक लगा दी। मुस्लिम विधि का सर्वाधिक प्रमाणित सार ग्रंथ 'फतवा-ए-आलमगीरी' की रचना इसी काल में हुई। खाफी खां का 'मुतंखाब-उल-लुआब', मुहम्मद काज्मी का 'आलमगीर', ईश्वर दास नागर का 'मआसिर-ए-आलमगीरी' भीमसेन का नुस्खा-ए-दिल कुशा, सुजान राय खत्री का 'खुलासाबुत तवारीख' आदि ग्रंथ इस काल में रचे गए। काव्य के प्रति औरंगजेब का रवैया अति कट्टर था, अत: इस क्षेत्र में कोई विशेष रचनाएं नहीं रची गईं। चित्रकला भी इस काल में राजकीय प्रोत्साहन के बिना रही। औरंगजेब ने अकबर के सिकंदरा के मकबरे के चित्रों पर सफेदी पुतवा दी। बीजापुर और गोलकुंडा के नक्काशीदार किलों को नष्ट करवा दिया। चित्रकारों ने हैदराबाद, मैसूर, बंगाल, मेवाड़, जयपुर, जोधपुर, बूंदी, किशनगढ़ आदि स्थानों में जाकर शरण ली। कांगड़ा शैली का उदय इसी काल में हुआ।

औरंगजेब की धार्मिक नीति

17वीं सदी के उत्तरार्द्ध तक अनेक राजनीतिक सामाजिक परिवर्तन हो चुके थे। सिख, मराठे और बुंदेल जैसी क्षेत्रीय शक्तियाँ मौजूद थी, जो धार्मिक तत्व को पूरा करना चाह रही थी। तो साथ ही कुछ संत और कवि मुगलों से स्वतंत्रता की बात करने लगे।

औरंगजेब ने शाहजहाँ के जीवन काल में ही उसे सत्ता से वंचित कर गद्दी प्राप्त की थी, जो एक असधाराण कार्य था। अत: उलेमाओं के सामने इसका औचित्य भी उसे सिद्ध करना था, तो साथ ही उसने दारा शिकोह को विधर्मी ठहरा कर मृत्युदंड दिया था। अत: धर्म के प्रति आग्रह उसकी रानीतिक बाध्यता थी, तो दूसरी तरफ शासक होने के कारण उसे अन्य वर्गों का सहयोग भी चाहिए था। इस कारण उसकी नीति में एक तरफ मुस्लिमों के साथ सहानुभूति और गैर मुस्लिमों का दमन, तो दूसरी तरफ गैर मुस्लिमों की शासन में भागीदारी के प्रमाण भी मिलते है। औरंगजेब की धार्मिक नीति के विभिन्न चरण निम्न है-

प्रथम चरण (1659-1679 ई.)- इस चरण में औरंगजेब ने इस्लाम के संदर्भ में नैतिक और धार्मिक विनियमन जारी किए। सिजदा पर रोक लगाई, क्योकि यह केवल अल्लाह के आगे करने की बात होती थी। सिक्कों पर कलमा लिखवाना बंद कर दिया, क्योंकि वे पैरों के नीचे आकर, इधर-उधर गिरकर नापाक हो जाते थे। सूबे में मुहतसिबों की नियुक्ति की, जिसका कार्य यह देखना था कि इस्लामिक लोग शरीयत के अनुसार आचरण कर रहे है या नहीं। साथ ही माप-तौल में गड़बड़ी तथा मादक पदार्थों के सेवन पर पाबंदी का भी कार्य देखता था। ये सारे कार्य उसकी इस्लाम के प्रति आस्था को दर्शाता है। उसके कुछ कार्य आर्थिक बचत के उद्देश्य से थे, जैसे-चाँदी की जगह चीनी मिट्टी की दावात का प्रयोग करना, तुलादान प्रथा को बंद करना, संगीत का निषेध करना आदि थे।

उसके कुछ कार्य भेद-भावपूर्ण भी थे। जो उसे धार्मिक कट्टरता से युक्त दर्शाता है, जैसे-मंदिर तुड़वाना, जजिया कर लगाना, सीमा शुल्क में कमी की सुविधा केवल मुस्लिमों को देना आदि थे। मंदिरों को तुड़वाना राजनीतिक कारणों से किया जाता था। क्योंकि मंदिरों में मुगल राज्य के प्रति प्राय: विद्रोह तथा षड्यंत्र की रूपरेखा निर्धारित होती थी। जैसे- मथुरा के जाटों ने मुगल सत्ता के विरुद्ध विद्रोह किया और मंदिरों को अपनी गतिविधियों का केंद्र बनाया। अत: उनके विरुद्ध कार्यवाही करते हुए मंदिरों को भी गिराया गया। औरंगजेब ने अपने सभी प्रांतपतियों को मंदिर तोड़ने का निर्देश नहीं दिया था और न ही साम्राज्य के सभी मंदिर तोड़े गए। मुसलमानों को सीमा शुल्क में रियायत इसलिए दी गयी कि वे व्यापार-वाणिज्य हेतु आगे बढ़ सकें और राज्य पर खैरात के लिए निर्भर न रहें।

औरंगजेब ने जजिया का आरोपण शासन के 20 वर्षो के पश्चात् 1679 ई. में किया और विद्वानों ने इसकी व्याख्या अलग-अलग की। और यह कहा गया कि औंरगजेब हिंदू विरोधी था, इसलिए उसने जजिया कर लगाया। किंतु यह मत तार्किक नहीं प्रतीत होता, क्योंकि शासन के 20 वर्षो पश्चात् उसने जजिया कर लगाया। यदि वह हिंदू विरोधी होता तो यह कार्य शासन के आरंभिक वर्षो में करता। साथ ही उसके काल में 31.5 प्रतिशत मनसबदार हिन्दू थे, जो मुगल काल में सर्वाधिक थी, जबकि अकबर के समय 22.5 प्रतिशत हिन्दू मनसबदार थे। जजिया की आय एक अलग मद में रखी जाती थी, जिसे 'जजिया-ए-खजाना' कहते थे और जिसे जरूरतमंदों में बाँटा जाता था। अत: राजकीय आय से कोई वृद्धि नहीं हुई। औरंगजैब ने राजनीतिक संकटों से निपटने के लिए एक समाधान के रूप में जजिया कर का आरोपण किया।

औरंगजेब का शिवाजी को संतुष्ट करने के सभी प्रयास असफल हो गए थे। शिवाजी ने राज्याभिषेक कर "हैन्दवधर्मोद्धारक" की उपाधि धारण कर राजनीतिक लाभ प्राप्त करने का प्रयास किया। अर्थात् धार्मिक नारे के माध्यम से अपनी राजनीतिक आवश्यकताओं को पूरा करना चाहा। इसी समय राजपूतों की गैर-वफादारी का मुद्दा भी औरंगजेब के सामने आ गया था। अत: इन सभी तत्वों से निपटने के लिए औरंगजेब ने भी मुस्लिम समुदाय का समर्थन एकजुट करना चाहा। इस दृष्टि से भी जजिया का करारोपण औरंगजेब की राजनीतिक आवश्यकता से परिचालित था। औरंगजेब के इन कदमों से उसे होने वाले संभावित लाभों की तुलना में

नुकसान ज्यादा हुआ, क्योंकि गैर-मुस्लिम समुदाय ने इसको भेदभाव के रूप में देखा।

द्वितीय चरण (1679 ई. के बाद):- अब औरंगजेब ने स्वयं को मुस्लिम पनाह के रूप में दिखाने की कोशिश की और बीजापुर, गोलकुंडा के शासकों की धार्मिक भावनाओं को उभार कर पक्ष में करना चाहा। मुस्लिमों को भौतिक प्रलोभन भी दिया गया। फिर भी उसने देखा कि मुस्लिम अभी भी मराठों के साथ थे। बीजापुर, गोलकुंडा का सहयोग भी उसे प्राप्त नहीं हुआ। ऐसे में 1704 ई. में दक्कन से जजिया कर की समाप्ति कर दी ताकि गैर-मुस्लिमों अर्थात् हिन्दू मराठों का समर्थन प्राप्त हो सकें। यह उसकी नीति का अंतर्विरोध था। औरंगजेब की धार्मिक नीति में एक के बाद एक अंतर्विरोध पैदा होते गए और अकबर की 'सुलह-ए कुल' की नीति से विचलन दिखता है। फलत: ऐसा वातावरण तैयार हुआ, जिसमें समाज का बहुसंख्यक हिस्सा और अमीर वर्ग असंतुष्ट था। इन नीतियों के कारण औरंगजेब ने बहुसंख्यक प्रजा का विश्वास खो दिया जिसे अकबर ने तैयार किया था।

मृत्यु

औरंगजेब ने अपने पिता के काल से ही मनमानी शुरू कर दी थी। सिंहासन पर आरुढ़ होते ही उसकी धर्मांधता ने सभी गैर-सुन्नी प्रजा को उसके विरुद्ध कर दिया। जीवन के अंतिम दिनों में वह अपने कुकृत्यों को याद करके पश्चाताप से भर उठा था। अपने घोर अपराधों पर पश्चाताप करता हुआ यह अंतिम महान् मुगल सम्राट् 4 मार्च, 1707 ई. में मृत्युलोक चला गया। इसके बाद मुगल साम्राज्य का पतन आरंभ हो गया। इस सम्राट् ने मरते समय समस्त अहंकार को त्यागते हुए अपने पुत्रों को कहा कि ''इस मिट्‌टी के शरीर को किसी निकट के कब्रिस्तान में दफना देना।''

मुगल स्थापत्य कला

मुगल शासन के अधीन भारत में बहुमुखी सांस्कृतिक गतिविधियों के कारण भारतीय इतिहास का 'द्वितीय क्लासिकी युग' कहा गया है। मुगलकालीन स्थापत्य भारतीय और मध्य एशिया की इस्लामी कला का मिश्रित रूप है। मुगल शासकों ने भव्य महलों, दरवाजों, किलों, बागों एवं मस्जिदों का बड़े पैमाने पर निर्माण करवाया।

मुगलकालीन स्थापत्यकला की शुरुआत बाबर काल से मानी जाती है। बाबर बागों का शौकीन था। उसने आगरा एवं लाहौर में अनेक बाग लगवाएँ। उसमें पानीपत के निकट काबुली बाग में एक मस्जिद 1524 ई. में बनवायी। 1528 ई. में बाबर के सेनापति मीर बांकी ने अयोध्या में बाबरी मस्जिद का निर्माण करवाया। इसके अतिरिक्त बाबर ने आगरा में लोदी किले के भीतर एक मस्जिद तथा रूहेलखंड में संभल की जामी मस्जिद बनवायी। आगरा में 'आराम बाग' का निर्माण करवाया।

हुमायूँ अपने साथ ईरान के कारीगरों को लेकर भारत आया। जिन्होंने स्थापत्यकला में अपना यहाँ योगदान दिया। हुमायूँ ने 1533 ई. में दिल्ली में 'दीन-पनाह महल' का निर्माण करवाया, जिसे आज 'पुराना किला' के नाम से जाना जाता है। इसके अतिरिक्त हुमायूँ ने आगरा तथा फतेहाबाद में मस्जिद का निर्माण करवाया।

1542 ई. में शेरशाह ने पुराना किला (दिल्ली) के 'किला-ए-कुहना' मस्जिद का निर्माण करवाया और किले की मरम्मत करवायी। शेरशाह की सबसे महत्वपूर्ण कृति सासाराम में स्वयं के मकबरे का निर्माण है, जो भारतीय एवं इस्लामी कला का अद्‌भुत नमूना है।

अकबर के काल में स्थापत्य कला का तेजी से विकास हुआ। उसने भवनों के निर्माण में लाल बलुआ पत्थरों का इस्तेमाल किया। अकबर पहला मुगल सम्राट था, जिसके पास बड़े पैमाने पर निर्माण करवाने के लिए समय और साधन दोनों थे। उसने कई किलों, मस्जिदों, मकबरों, सरायों आदि का निर्माण करवाया। उसमें सबसे प्रसिद्ध आगरे का किला है। लाल बलुआ पत्थरों से बने इस किले में कई भव्य द्वार हैं। 1572 ई. में अकबर ने आगरा के नजदीक फतेहपुर सीकरी में किलानुमा दुर्ग का निर्माण आरंभ किया। इसमें गुजरात, बंगाल, मुस्लिम तथा राजपूत शैलियों के अनेक महल बनवाए गए। यहाँ के महलों को सुंदर नक्काशीदार स्तंभों छतों तथा झरोखे से सजाया गया है। किले के अंदर एक कृत्रिम झील भी बनायी गई। दीवारों एवं छतों की शोभा बढ़ाने के लिए इस्तेमाल किए गए चमकीले नीले पत्थरों में ईरानी या मध्य एशिया का प्रभाव देखा जा सकता है। फतेहपुर सीकरी का सबसे प्रसिद्ध वहाँ की मस्जिद तथा बुलंद दरवाजा है, जिसे अकबर ने अपनी गुजरात विजय के स्मारक के रूप में बनवाया था। संगमरमर की सहायता से यहाँ शेख सलीम चिश्ती का मकबरा बनवाया गया। इसके अतिरिक्त अकबर काल में बना दिल्ली का हुमायूँ का मकबरा है, जो अद्‌भुत स्थापत्य का उदाहरण है। अकबर ने सिकंदरा में अपना मकबरा बनवाना आरंभ किया, जो पूरा न हो सका, जिसे जहाँगीर ने आगे चलकर पूरा किया।

जहाँगीर ने स्थापत्य कला की जगह चित्रकला को अधिक प्रश्रय दिया। फलस्वरूप इसके समय में बहुत कम भवनों का निर्माण हुआ। आगरा के निकट सिकंदरा में अकबर के मकबरे के निर्माण कार्य को जहाँगीर ने पूरा करवाया। उसने कश्मीर में निशात बाग और शालीमार बाग बनवाए। जहाँगीर के काल में सबसे उल्लेखनीय भवन आगरा में बना ऐतामादुद्दौला का मकबरा है। इसमें बड़े पैमाने पर संगमरमर का प्रयोग किया गया है तथा अलंकरण के लिए इस्लामिक भवनों में पहली बार पित्रादुर (फूलोंवाली आकृतियों) में कीमती पत्थरों एवं बहुमूल्य रत्नों की जड़ावट का प्रयोग मिलता है।

मुगल स्थापत्यकला का स्वर्ण युग शाहजहाँ के काल को माना जाता है। शाहजहाँ द्वारा निर्मित भवन अकबर द्वारा निर्मित भवनों की तरह भव्य तो नहीं है, परंतु सुंदरता, कलात्मकता में बेजोड़ नमूना पेश करती है। इसके काल में संगमरमर का प्रयोग भवनों के निर्माण में बहुतायत होने लगा। शाहजहाँ के समय की सबसे सुंदर इमारत आगरा में यमुना नदी के तट पर निर्मित प्रिय पत्नी मुमताज महल का मकबरा 'ताजमहल' है। इसे विश्व की आश्चर्यजनक निर्माण में एक मानी जाती है। इसकी मुख्य विशेषता इसका विशाल संगमरमर का गुंबद तथा मुख्य भवन के चबूतरे के चारों किनारों पर खड़ी मीनारें हैं। शाहजहाँ ने दिल्ली का लाल किला तथा दिल्ली स्थित जामा मस्जिद का निर्माण करवाया था। ये लाल बलुआ पत्थरों से बनवाये गये थे। इसके अतिरिक्त शाहजहाँ के काल में मोती मस्जिद, शीशमहल, खास महल आदि प्रमुख हैं।

औरंगजेब को कलाओं से कोई प्रेम नहीं था, अत: इसके काल में स्थापत्य की धीमी प्रगति हुई। औरंगजेब के काल में दिल्ली में लाल किला में मोती मस्जिद, लाहौर में बादशाही मस्जिद तथा औरंगाबाद में राबिया बीबी के मकबरे का निर्माण कराया गया।

मुगलकालीन चित्रकला

बाबर और हुमायूँ के समय के पूर्व ही भारत मे चित्रकला की परंपरा मौजूद थी। जिसे 'पट्ट चित्र' एवं 'भित्ति चित्र' के रूप में जाना जाता है। 15वीं सदी के आरंभ में फारसी तथा अवधी भाषा की पांडुलिपियों में चित्रकला की परंपरा मिलती है।

हुमायूँ के काल में मुगल चित्रकला का विकास हुआ। हुमायूँ ने अपने निर्वासन के दौरान ईरानी चित्रकला का परिचय प्राप्त कर इसे भारत में भी प्रचलित किया। हुमायूँ ने ईरानी चित्रकारों ख्वाजा अब्दुल समद सिराजी एवं पीर सैय्यद अली के माध्यम से "दास्तान-ए-अमीर हम्जा" का पांडुलिपि चित्रण किया। ख्वाजा समद की चित्रकला इतनी विकसित थी कि एक चावल के दाने पर उसने चौगान के खेल का दर्शकों सहित चित्रण किया।

अबुल फजल के अनुसार "चित्रकला के संदर्भ में अकबर के विकास श्रेष्ठ थे"। अकबर कहता है कि "मेरे अनुसार चित्रकला ईश्वर को जानने तथा अपने ज्ञान में वृद्धि करने का एक सशक्त माध्यम है। चित्रकला किसी वस्तु का चित्र बनाने अंग, प्रत्यंग का चित्रण करने में यह अवश्य अनुभव करेगा कि वह अपनी कृति को जीवन नही दे सकता।" इस प्रकार वह जीवन दाता अर्थात् ईश्वर के संबंध में सोचने और जानने को विवश होगा और उसके ज्ञान में वृद्धि होगी। इस प्रकार अकबर ने चित्रकला को एक दार्शनिक आधार दिया। साथ ही उसने चित्रकला को मनोरंजन का साधन भी माना।

अकबर कालीन चित्रों में प्रतिदिन प्रयोग किए जाने वाले भारतीय परिधानों का चित्रण किया गया। प्रकृति-चित्रण के तहत फूल-पत्ती, पौधे, पक्षियों का सजीव चित्रण करते हुए उसमें गतिशीलता शामिल की गयी। राजपूत चित्रकला से प्रभावित होकर चौड़े ब्रश के स्थान पर गोल ब्रश का प्रयोग तथा गहन नीले, लाल रंग का प्रयोग किया गया। यूरोपीय चित्रकला के प्रभाव से अकबर के काल में व्यक्ति विशेष का चित्रण, व्यंग्य तथा आलोचना के विषय को चित्रित करना, दृश्य में आगे दिखने वाली वस्तुओं को छोटे आकार में बनाना शामिल किया गया। अकबर के काल में चित्रकारी सामूहिक प्रयास था। एक से अधिक कलाकार किसी चित्र का चित्रित करते थे। लिपिक की सहायता से दरोगा चित्रकारों को आवश्यक सामग्री उपलब्ध कराता था और प्रत्येक सप्ताह बादशाह के समक्ष विभिन्न चित्रकारों के बनाये चित्र प्रस्तुत करता था। निम्न जाति के कलाकारों को भी योग्यता के आधार पर राजकीय कलाकार का दर्जा मिलता था, जैसे- दसवंत एक कहार का पुत्र था। अबुल फजल के अनुसार अकबर के चित्रशाला विभाग में 17 चित्रकार थे, जिसमें हिंदुओं की संख्या ज्यादा थी, जैसे- दसवंत, बसावन, महेश, जगन्नाथ आदि। दसवंत ने रज्मनामा का चित्रण किया। यह भारतीय पौराणिक ग्रंथ महाभारत की पांडु-लिपि चित्रण है। इसी तरह बसावन व्यंग्य का चित्रकार था, जिसने एक दुबले-पतले घोड़े के साथ 'मजनू' को निर्जन एवं उजाड़ क्षेत्र में भटकता हुआ दिखाया।

जहाँगीर के काल में चित्रकारी अपने चरमोत्कर्ष पर थी। उसने हेरात के 'आगा रजा' के नेतृत्व में आगरा में एक चित्रशाला की स्थापना की। इसके समय में बिशनदास, अबुल हसन, मंसूर, दौलत प्रमुख चित्रकार थे। मंसूर पशु-पक्षियों का चित्र बनाता था तो दौलत अपने साथी चित्रकारों का। अबुल हसन सर्वप्रमुख चित्रकार था। उसने जहाँगीर के सिंहासनारोहण का चित्र बनाया, जिसे 'तुजुक-ए-जहाँगीरी' के मुख्य पृष्ठ पर अंकित किया गया। इस चित्रकार को "नादिर-उल-जमा" की उपाधि दी गयी। बिशनदास को जहाँगीर ने ईरानी दरबार में चित्रण के लिए भेजा। इस तरह चित्रकला के माध्यम से वैदेशिक संबंधों को मजबूत बनाया गया।

मुगल चित्रकला का उत्कर्ष जहाँगीर के समय में दिखता है, इसलिए इस काल को चित्रकला का स्वर्णकाल कहलाते हैं। जहाँगीर चित्रकला का विशेष पारखी था। वह इतना दक्ष था कि एक चित्र के भिन्न-भिन्न भागों को विभिन्न व्यक्तियों द्वारा बनाए जाने पर भी उसकी पहचान कर लेता था। अपनी आत्मकथा 'तुजुक-ए-जहाँगीरी' में उसने ये बातें लिखीं।

जहाँगीर के समय अनेक यूरोपीय व्यापारी भारत में मौजूद थे। अतः चित्रकला के तत्व यूरोप से यहाँ भी प्रसारित हुए। इसी क्रम में चित्रकला की "मोरक्का शैली" का प्रयोग किया गया। अर्थात् किनारीदार चित्र बनाए गए और इसमें किनारे को फूल-पत्ती से अलंकृत किया गया। इस काल में छवि चित्रण की तुलना में पुाडुलिपि चित्रण का महत्व कम हो गया। चित्रकला में रूपवादी शैली की प्रधानता मिलती है और चित्रों को यथार्थ बनाने का प्रयास किया गया। चित्रों में रंगों की विविधता मौजूद है। चित्रों में युद्ध तथा राजदरबार के दृश्य प्रमुख रूप से बनाए गए। साथ ही शिकार के दृश्य; प्रकृति के विभिन्न दृश्य- फूल-पत्ती, पशु-पक्षी; बादलों का अंकन किया गया। राजा के दैवीय अधिकार के सिद्धांत को चित्रकला के माध्यम से दर्शाया गया। मुगल चित्रकारों ने यूरोपीय विषयों को भी अपनाया, जैसे-मरियम एवं यीशू का चित्र, पंख वाले देवदूत, प्रभामण्डल आदि। साथ ही चित्र अब त्रि-आयामी बनने लगे किंतु मुगल चित्रकारों ने तेल चित्रकला को नही अपनाया।

उत्तरकालीन मुगल शासक

(1707-1857 ई.) 18वीं शताब्दी भारतीय इतिहास का श्रीविहीन एवं गौरवहीन काल था। 1707 ई. में औरंगजेब की मृत्यु के साथ ही बाबर द्वारा जिस मुगल साम्राज्य की नींव रखी गई थी, वह चरमराने लग गई थी। मुगल साम्राज्य की शक्ति एवं प्रतिष्ठा का ह्रास होने लगा। मोनियर विलियम्स के शब्दों में, "ऐसा लगता था कि मानो गोलकुंडा के हीरे-जवाहरातों से जड़ा हुआ शाही ताज अचानक धराशायी हो गया हो और उसके बिखरे रत्नों के लिए लूट मच गई है।" तत्कालीन मुगल सम्राटों में इतनी शक्ति नहीं थी कि वे महत्त्वाकांक्षी और स्वार्थी सरदारों, विदेशी आक्रमणों एवं उभरती हुई मराठा शक्ति पर अंकुश लगा पाएं। अब देश में अनेक छोटे-छोटे स्वतंत्र राज्य स्थापित हो गए। मुर्शिदकुली खां ने बंगाल में, सआदत खां ने अवध में और निजामुल मुल्क ने हैदराबाद में स्वतंत्र राज्य स्थापित कर लिया। रुहेले अफगानों ने रुहेलखंड में स्वतंत्र सत्ता की घोषणा कर दी। मैसूर में हैदर अली, पंजाब में सिखों, राजस्थान में राजपूतों, महाराष्ट्र में मराठों ने भी मुगल सत्ता के विरुद्ध स्वतंत्रता का बिगुल बजाकर अपने-अपने राज्य स्थापित कर लिये।

उत्तराधिकार के लिए मुगलवंश में युद्ध करने की परंपरा बन गई थी। औरंगजेब के समय उसके तीनों पुत्र—मुअज्जम काबुल का, आजम गुजरात का और कामबख्श बीजापुर का सूबेदार था। पिता की मृत्यु के समय ये तीनों उसके पास नहीं थे। सम्राट् ने वसीयत बनाकर साम्राज्य का बंटवारा कर दिया, लेकिन उसकी इस वसीयत को एक ओर करते हुए तीनों पुत्रों में सम्राट् बनने की होड़ लग गई। सर्वप्रथम आजम ने दक्षिण में 14 मार्च, 1707 ई. में 'अबुल फैज कुतुबुद्दीन मुहम्मद आजमशाह गाजी' की उपाधि धारण कर स्वयं का राज्याभिषेक करवाया। अपने नाम के सिक्के भी चलवाए। लेकिन दक्षिण के

सभी सरदारों का सहयोग इसे प्राप्त नहीं था। वे आजम को शिया पक्षपाती मानते थे। आजम का पुत्र बेदरबख्श आगरा पर जल्द-से-जल्द कब्जा करना चाहता था। लेकिन आजम नहीं माना और सम्राट् बनने का सुनहरा अवसर खो बैठा। कामबख्श ने भी बीजापुर में स्वयं को सम्राट् घोषित कर अपने नाम के सिक्के चलवाए, किंतु मुअज्जम की स्थिति सबसे मजबूत थी। 22 मार्च, 1707 ई. में पिता की मृत्यु का समाचार पाते ही वह दिल्ली की ओर रवाना हो गया। उसने अपने पुत्रों मुईजुद्दीन तथा अजीम-उस-शान को आगरा पहुंचने का आदेश किया। मई 1707 ई. में मुअज्जम ने 'बहादुरशाह' की उपाधि धारण कर 'शाहदौला के पुल' नामक स्थान पर अपना राज्याभिषेक करवाया। जून 1707 ई. में वह दिल्ली में प्रविष्ट हुआ। इस बीच अजीम उश शान ने आगरा पर कब्जा कर लिया था। जून 1707 ई. में वह आगरा में अपने बेटे से जा मिला। अब दिल्ली और आगरा का किला तथा शाही राजकोष बहादुरशाह के हिस्से में आ गए। अब बहादुरशाह को अपने भाइयों से निपटना था। वह एक उदार और स्नेही व्यक्ति था। वह अपने भाइयों को उनका हिस्सा देना चाहता था। पिता के वसीयतानुसार वह आजम को दक्षिण के चार सूबे तथा गुजरात और अजमेर के प्रांतों को देने के लिए तैयार हो गया। लेकिन आजम तैयार नहीं हुआ। दोनों भाइयों में जाजमऊ नामक स्थान पर युद्ध हुआ। इस युद्ध में आजम, उसका बेटा बेदारबख्श, बलीजाह, रामसिंह हाड़ा, राव दलपत, जो बुंदेल था मारे गए। अब छोटे भाई कामबख्श के साथ भी उसने समझौता करने का प्रयत्न किया, लेकिन कामबख्श ने युद्ध करना उचित समझा। अंततः 1707 ई. में कामबख्श युद्ध में हार गया तथा मारा गया।

बहादुरशाह ने राजधानी में एक दरबार लगाकर अपने सगे-संबंधियों, पुत्रों तथा वफादार सामंतों को अनेक पदवियों एवं उपहारों से नवाजा। सम्राट् अत्यंत उदार एवं योग्य शासक था। वह आंशिक रूप से शिया था। इसलिए राजपूत, मराठे एवं सिख अब मुगलों के कट्टर विरोधी नहीं रह गए थे। सम्राट् ने मराठों और राजपूतों से मैत्रीपूर्ण संबंध स्थापित किए। सिखों के 10वें गुरु गोविंद सिंह के साथ संधि करके उन्हें ऊँचा मनसब प्रदान किया। किंतु गोविंद सिंह के उत्तराधिकारी बंदा बहादुर द्वारा पंजाब में विद्रोह किए जाने पर मुगल सम्राट् ने सिखों के प्रति कठोरता की नीति का परिचय दिया। सिखों के लौहगढ़ किले पर 1717 ई. में अधिकार कर लिया। बहादुरशाह ने बुंदेला सरदार छत्रसाल तथा जाट सरदार चूड़ामन के साथ भी संधि कर ली। मराठों के साथ भी मैत्रीपूर्ण संबंध सुदृढ़ करने के लिए शाहू जी को कारावास से मुक्त कर दिया।

बहादुरशाह धर्मपरायण तो था, लेकिन धर्मांध नहीं था। वह केवल 3 वर्ष तक सम्राट् रहा। वह सबको प्रसन्न रखकर शांति स्थापित करना चाहता था। वह कुशल राजनीतिज्ञ नहीं था। शीघ्र निर्णय लेना तथा निर्णयों के अनुरूप कार्य करने की क्षमता का उसमें नितांत अभाव था। प्रशासनिक एवं आर्थिक समस्याओं से जूझते हुए, बहादुरशाह प्रथम 18 फरवरी, 1712 ई. को इस संसार से विदा हो गया। जनसामान्य इस सम्राट् को 'शाहेबेखबर' के नाम से पुकारते थे।

जहाँदारशाह (1712-13 ई.)

बहादुरशाह की मृत्यु के पश्चात् उसका पुत्र जहाँदारशाह सम्राट् बना। वह अयोग्य एवं विलासप्रिय सम्राट् था। अतः प्रशासन का संपूर्ण भार उसके योग्य वजीर एवं ईरानी दल के मुखिया जुल्फिकार पर था। जुल्फिकार ने राजपूत राजाओं और मराठा सरदारों के प्रति उदार एवं मैत्रीपूर्ण नीति का अनुसरण किया। उसने हिंदुओं पर लगाया गया घृणित जजिया कर हटा दिया। आमेर के राजा जय सिंह को 'मिर्जा राजा सवाई' की उपाधि प्रदान कर मालवा का सूबेदार बना दिया। मारवाड़ के राजा अजीत सिंह को 'महाराजा' की पदवी प्रदान करके गुजरात का सूबेदार बना दिया। जुल्फिकार खां ने दक्षिण में चौथ के साथ-साथ सरदेशमुखी से होने वाली आय पर भी मराठा शासक साहू का अधिकार स्वीकार कर लिया। उसने बुंदेला राजा छत्रसाल और जाट राजा चूड़ामन के साथ भी मैत्रीपूर्ण संबंध बनाए रखे। किंतु सिखों के प्रति दमन नीति का परित्याग नहीं किया। जुल्फिकार की दिन-प्रतिदिन बढ़ती हुई शक्ति से ईर्ष्यालु सरदारों ने उसके विरुद्ध सम्राट् के कान भरने प्रारंभ कर दिए, जिसके परिणामस्वरूप इस योग्य वजीर का पतन हो गया। जनवरी 1713 ई. जहाँदारशाह के भतीजे फर्रुखसियर ने (अजीम-उस-शान का पुत्र) ने षड्यंत्र द्वारा जहाँदारशाह की हत्या करवा दी। वह तैमूर वंश का पहला सम्राट् था, जो शासन कार्य के लिए पूर्णतः अयोग्य निकला।

फर्रुखसियर (1713-1719 ई.)

11 जनवरी, 1713 ई. में फर्रुखसियर अपने ताऊ को मारकर सम्राट् बना। वह जवान एवं रोबीला तो था, किंतु कायर और चरित्रहीन भी था। वह प्रशासन के लिए दूसरों की राय पर निर्भर रहता था। उसने हुसैन अली को अपना वजीर नियुक्त किया। ज्येष्ठ भाई सैयद अबदुल्ला को मीरबख्शी का पद तथा 'अमीर-उल-उमरा फिरोज जगत' की उपाधि दी।

विरोधी सामंत असद खां तथा जुल्फिकार खां की हत्या कर उनकी समस्त संपत्ति जब्त कर ली। हिंदुओं का जजिया कर भी बंद हो गया। उसके काल में अमीरों एवं वरिष्ठ अधिकारियों की शक्तियों में अपूर्व विकास हुआ। जिनमें सैयद बंधुओं का स्थान विशेष था, क्योंकि फर्रुखसियर इनकी सहायता से ही सम्राट् बना था। लेकिन सम्राट् की निष्क्रियता तथा कुकृत्यों से तंग आकर सैयद बंधुओं ने मीर जुमला, ख्वाजा आसिफ और मराठा नेता शाहू की मदद से फर्रुखसियर को गद्दी से उतारकर 28 फरवरी, 1719 को रफी-उश-शान के पुत्र रफी-उद-दरजात को सम्राट् बना दिया। फर्रुखसियर को पहले अंधा कर दिया और बाद में उसे गला घोंटकर मार डाला गया। बीस वर्ष का रफी-उद-दरजात क्षय रोग से पीड़ित था। अतः सैयद बंधुओं ने अब उसके बड़े भाई रफीउद्दौला को सिंहासन पर बैठा दिया। लेकिन तीन महीने में पेचिश के कारण उसकी मृत्यु हो गई।

मुहम्मदशाह (रंगीला) (1719-1748 ई.)

'सम्राट् निर्माता' सैयद भाइयों ने रौशन अख्तर नामक शहजादे को मुहम्मदशाह के नाम से गद्दी पर बिठा दिया। अपने अय्याशी और रंगीले स्वभाव के कारण उसे 'मुहम्मदशाह रंगीला' कहा जाता था। 1739 ई. में नादिरशाह का आक्रमण इसके काल में ही हुआ था।

सैयद बंधुओं की बढ़ती हुई शक्ति से सम्राट् के साथ-साथ अन्य वरिष्ठ सामंत और सूबेदार, उदाहरणतः छबीला राम, आमेर का राजा जयसिंह, मालवा का सूबेदार निजाम-उल-मुल्क तथा मुहम्मद अमीन नाखुश थे। निजाम-उल-मुल्क ने दक्षिण के छः सूबों पर अधिकार कर स्वयं को स्वतंत्र घोषित कर दिया। हुसैन अली खां राजधानी का कार्यभार अपने बड़े भाई अब्दुल्ला खां पर छोड़कर, सम्राट् को लेकर दक्षिण की ओर कूच कर गया। रास्ते में ही मुहम्मद अमीन खां, हैदर अली खां तथा मुहम्मद मुनीम खां जैसे सैनिक अधिकारियों का इशारा पाकर हैदरजंग नामक सिपाही ने हुसैन अली खां की हत्या कर दी।

अब्दुल्ला को लगा कि सम्राट् ने यह हत्या करवाई है। अत: दिल्ली की गद्दी पर उसने इब्राहिम नामक राजकुमार का राज्याभिषेक करवा दिया। सम्राट् तेजी से दिल्ली वापिस लौटने लगा। बिलोचपुर नामक स्थान पर अब्दुल्ला और सम्राट् मुहम्मदशाह का युद्ध हुआ। अब्दुल्ला पराजित हुआ और कारावास में डाल दिया गया। 1721 ई. में कारावास में ही उसे विष देकर मार दिया गया। मुहम्मद शाह के काल में निजाम-उल-मुल्क ने दक्षिण में अपनी स्थिति दृढ़ कर ली थी। मराठों, राजपूतों तथा सिक्खों के उपद्रव भी बढ़ने लगे थे। फिर भी मुहम्मदशाह ने लगभग 29 वर्षों तक शासन किया और अंततः 26 अप्रैल, 1748 ई. में मुहम्मदशाह का स्वर्गवास हो गया।

अहमदशाह (1748-1754 ई.)

अहमदशाह मुहम्मदशाह रंगीला का 21 वर्षीय पुत्र था। 28 अप्रैल, 1748 ई. को वह गद्दी पर बैठा। उसने 'मुजाहिबुद्दीन अहमद गाजी' की उपाधि धारण की। वह अति विलासी तथा व्यभिचारी व्यक्ति था। उसने सफदरजंग को अपना वजीर नियुक्त किया। मुइन-उल-मुल्क को पंजाब का सूबेदार तथा सआदत खां को मीरबख्शी के पद पर आसीन किया। हिजड़ों के सरदार जावेद खां को अनेक उच्च पद प्रदान किए। जावेद खां ने सम्राट् पर पूर्णरूपेण अधिकार कर लिया था। उसके शासनकाल में अहमदशाह अब्दाली ने आक्रमण कर साम्राज्य की नींव हिला दी। विदेशी आक्रमण तथा घरेलू कलह ने देश को पतन की राह पर धकेल दिया। सफदरजंग ने जावेद खां की हत्या करवा दी। सम्राट् ने सफदरजंग को अवध का नवाब बनाकर दिल्ली से हटा दिया। उसकी जगह पर इमाद-उल-मुल्क को वजीर बनाया गया। आरंभ में वह सम्राट् का विश्वासपात्र था। लेकिन बाद में उसने सामंतों और अमीरों के साथ मिलकर अभागे सम्राट् को 2 जून, 1754 ई. में गद्दी से उतारकर तथा उसकी माता को अंधा बनाकर सलीमगढ़ के कारागार में डाल दिया। जहाँ इस सम्राट् का अंत हो गया, लेकिन इमाद-उल-मुल्क के समक्ष सम्राट् चुनने की समस्या आ गई, क्योंकि कोई भी राजकुमार ऐसी अव्यवस्थित एवं चरमराती मुगल शासन की बागडोर पकड़कर स्वयं डूबना नहीं चाहता था। अंततः सुल्तान अजीजुद्दीन को सम्राट् बनाया गया।

आलमगीर द्वितीय (1754-1759 ई.)

बहादुरशाह के पुत्र जहाँदारशाह के बेटे सुल्तान अजीजुद्दीन, जो एकांतवास में धर्मशास्त्रों का अध्ययन कर रहा था, को समझा-बुझाकर गद्दी पर बैठा दिया गया। वह अजीजुद्दीन मुहम्मद आलमगीर (द्वितीय) के नाम से सम्राट् बना। वह भी दुर्बल चरित्रहीन, विवेकहीन तथा धर्मभीरू व्यक्ति था। उसने इमाद-उल-मुल्क को अपना वजीर बनाया। उन दिनों मराठों की शक्ति भी बढ़ रही थी। 1759 ई. में लाहौर पर मराठों का आधिपत्य स्थापित हो गया। दूसरी ओर अहमदशाह अब्दाली के आक्रमण भी तेज हो गए और उसने पंजाब पर विजय पा ली। लेकिन इमाद-उल-मुल्क ने पंजाब पर आक्रमण कर, पुनर्विजय प्राप्त कर दीना बेग खां को सूबेदार नियुक्त किया। अब्दाली ने इसका बदला लेने के लिए 28 जनवरी, 1757 ई. में दिल्ली पर आक्रमण कर दिया। सम्राट् ने उसके सामने घुटने टेक दिए तथा बहुमूल्य उपहार, रुपए और स्त्रियां आदि देकर अब्दाली को खुश करके लौटा दिया। तत्पश्चात नजीबुदौला को अपना नया वजीर नियुक्त किया। लेकिन इमाद-उल-मुल्क ने उसे अपदस्थ कर स्वयं को वजीर घोषित कर दिया। अंततः उसने 29 नवंबर, 1759 ई. में सम्राट् की हत्या करवा दी और किसी ऐसे व्यक्ति को सम्राट् बनाने की कोशिश में पड़ गया, जो उसके हाथों की कठपुतली बन सके।

शाहआलम द्वितीय (1759-1806 ई.)

औरंगजेब के बाद मुगल साम्राज्य की चारदीवारी एक-एक करके ढहने लगी, क्योंकि अधिकतर उत्तराधिकारी दुर्बल, आलसी और विलासी थे। 1759 ई. में आलमगीर द्वितीय की मृत्यु के पश्चात् कुछ समय के लिए कामबख्श का परपौत्र मुही-उल-मिल्लत शाहजहाँ तृतीय के नाम से गद्दी पर बैठा, लेकिन बाद में उसे हटाकर आलमगीर द्वितीय के पुत्र अली गौहर ने स्वयं शाहआलम द्वितीय की उपाधि लेकर राज्याभिषेक करवा लिया। इमाद-उल-मुल्क के भय से वह दिल्ली या आगरा नहीं आया, बल्कि 12 वर्ष तक पूर्वी प्रांत से ही शासन करता रहा।

इन वर्षों में दिल्ली की गद्दी खाली पड़ी रही।

अंग्रेजों से मुठभेड़

भारत में उन दिनों अंग्रेजों की शक्ति का विस्तार जोर-शोर से हो रहा था। प्लासी के युद्ध के बाद अंग्रेजों ने मीरजाफर को बंगाल, बिहार तथा उड़ीसा का नवाब बना दिया था। शाहआलम इन प्रांतों को प्राप्त करना चाहता था, अत: उसने 1758 ई. में बिहार पर पहला घेरा डाला। बिहार का नवाब घबरा गया और उसने अंग्रेजों की सहायता मांगी। लॉर्ड क्लाइव ने बंगाल और ईस्ट इंडिया कंपनी की सेना लेकर शाहआलम का मुकाबला किया और शाही फौजों को पराजित कर दिया। शाहआलम ने 17 फरवरी, 1760 ई. को बिहार पर आक्रमण कर दिया तथा पटना तक पहुंच गया। उस समय अंग्रेजों की सेना का नेतृत्व ईस्ट इंडिया कंपनी का अधिकारी मेजर क्लाउड कर रहा था। नायब नाजिम रामनारायण बिहार की सेना को संगठित कर अंग्रेजों के साथ मिल गया। 22 फरवरी, 1760 ई. को शेरपुर के पास इन दोनों सेनाओं की मुठभेड़ हुई और शाहआलम द्वितीय की हार हुई। 30 अप्रैल, 1760 ई. में उसने बिहार का घेरा उठा लिया। जनवरी, 1761 ई. में शाहआलम ने फिर से बिहार पर आक्रमण किया, लेकिन 15 जनवरी, 1761 ई. में मेजर कारनाक ने सुआन के पास शाही फौज को पराजित कर दिया। अब सम्राट् ने फखरुल्ला खां को प्रतिनिधि के रूप में अंग्रेज अफसर कारनाक के पास भेजा। शाहआलम अंग्रेजों से सुरक्षा का वायदा चाहता था। अंग्रेज भी शांति चाहते थे, अत: उन्होंने शाहआलम को सम्मान सहित पटना भेज दिया। अंग्रेजों ने मीरजाफर के स्थान पर मीर कासिम को बंगाल का नवाब बना दिया। मीर कासिम ने 21 मार्च, 1761 ई. को शाहआलम को पटना में बहुमूल्य उपहारों से नवाजा तथा बदले में सम्राट् ने मीर कासिम को बंगाल, बिहार और उड़ीसा का स्थायी सूबेदार बना दिया। नवाब ने शाहआलम को वार्षिक 24 लाख रुपए देने का वायदा किया।

बक्सर का युद्ध

ईस्ट इंडिया कंपनी बंगाल के नवाब को अपने अधीन रखना चाहती थी, लेकिन मीर कासिम स्वतंत्र शासक बने रहना चाहता था। कंपनी के अधिकारी एलिस ने पटना पर अधिकार कर लिया। मीर कासिम ने अवध के नवाब शुजाउद्दौला के पास शरण ली। शाहजहाँ भी शुजाउद्दौला के पास ही था। इन तीनों ने मिलकर बक्सर में अंग्रेजी सेना का मुकाबला किया। सर हेक्टर मुनरो के नेतृत्व में अंग्रेज सेना ने इन्हें बुरी तरह से हरा दिया। मीर कासिम भाग गया। शाहआलम द्वितीय तथा शुजाउद्दौला ने आत्मसर्मपण कर दिया। लॉर्ड क्लाइव ने इन दोनों के साथ

16 अगस्त, 1765 ई. में इलाहाबाद में संधि की, जिसके अनुसार पचास लाख लेकर नवाब को अवध लौटा दिया गया। लेकिन कंपनी ने कड़ा एवं इलाहाबाद अपने पास रखा। सम्राट् को 26 लाख रु. वार्षिक पेंशन देने का वचन दिया। बदले में शाहआलम ने 20 अगस्त, 1765 ई. को एक शाही फरमान द्वारा अंग्रेजों को बंगाल, बिहार और उड़ीसा की दीवानी अधिकार प्रदान कर दिए। यह एक अति महत्त्वपूर्ण फरमान (घटना) था, जिससे अंग्रेजों की सत्ता वैधानिक रूप से भारत में स्थापित हो गई।

20 मार्च, 1761 ई. में अहमदशाह अब्दाली ने दिल्ली से लौटते ही शाहआलम को सम्राट् के रूप में मान्यता दे दी। दिल्ली में नजीबुदौला की मृत्यु के पश्चात् उसका पुत्र जाबिता खां वजीर बन गया था। जाबिता खां नीच प्रवृत्ति का था। अत: शाहआलम इलाहाबाद से दिल्ली आना चाहता था। 1770 ई. तक मराठों ने स्वयं को उत्तर भारत में प्रतिष्ठित कर लिया था। अब शाह आलम ने मराठों की सहायता से दिल्ली में प्रवेश करना चाहा। अत: मराठों से सहायता का आश्वासन पाकर 17 अप्रैल, 1771 ई. में सम्राट् ने दिल्ली को कूच किया। 6 जनवरी, 1772 ई. में वह दिल्ली पहुंचा। दिल्ली की गद्दी पर वह आरूढ़ तो हो गया, लेकिन उसकी भूखों मरने की नौबत आ गई, क्योंकि अंग्रेजों ने उसकी वार्षिक पेंशन बंद कर दी थी। मराठों को संधि के अनुसार 40 लाख का भुगतान नहीं हुआ। अस्तु, मराठों ने जनवरी 1773 ई. में शाही सेना को पराजित कर दिया तथा मिर्जा नजाफ खां के स्थान पर जाबिता खां को 'मीर बख्शी' का पद प्रदान कर दिया। दिल्ली की स्थिति और शोचनीय होने लगी तो शाहआलम ने नवंबर 1784 ई. को महादजी सिंधिया को (संरक्षक) वकील मुतल्लक का पद प्रदान किया। महादजी सिंधिया ने जाटों से आगरा और अलीगढ़ जीत लिये। लेकिन दरबारी षड्यंत्रों के कारण सिंधिया के स्थान पर जाबिता खां के बेटे गुलाम कादिर रुहेला को सितंबर 1787 ई. में मीरबख्शी नियुक्त किया गया। उसने दूसरे ही दिन सम्राट् को गद्दी से उतारकर भूतपूर्व सम्राट् अहमदशाह के पुत्र बीदरशाह को सिंहासनारुढ़ कर दिया। गुलाम कादिर ने 17 अगस्त, 1788 ई. को अपने खंजर से शाहआलम की आंखें निकाल दीं और साधारण वस्तुओं की मांग करने पर भी उस पर कोड़े बरसाए जाते थे। नए सम्राट् के साथ भी सख्ती का बरताव किया जाता था। गुलाम कादिर से मिलने के लिए उसे नंगे पांव जाना पड़ता था। गुलाम कादिर ने हरम में जाकर शाहआलम की बेगम तथा अन्य राजकुमारियों का अपमान कर उन्हें कनातों में रहने के लिए बाध्य कर दिया। सात दिनों तक शाहआलम को मोटी रोटी और पानी के अतिरिक्त कुछ नहीं मिला। अंतत: शाहआलम ने महादजी सिंधिया से जीवन रक्षा और आत्मसम्मान बचाने के लिए गुहार लगाई। सिंधिया ने 11 अक्तूबर, 1788 ई. तक दिल्ली पर अधिकार कर लिया। सिंधिया के सेनापति राना खां ने अंधे नवाब के प्रति सम्मान व्यक्त किया। महादजी सिंधिया की 12 फरवरी, 1794 ई. में मृत्यु हो गई। शाहआलम की स्थिति फिर से दयनीय होने लग गई। अब अंग्रेजों को दिल्ली दूर नहीं लगी। 14 सितंबर 1803 ई. को अंग्रेज सैनिक दिल्ली की ओर बढ़े। जनरल लेक के नेतृत्व वाली सेना का दिल्ली में स्वागत किया गया। 1805 ई. में शाहआलम और दिल्ली की सत्ता पर अंग्रेजों का पूर्ण अधिकार हो गया। वस्तुत: सम्राट् अपनी मृत्यु, 19 नवंबर, 1806 ई. तक, दयनीय अवस्था में अंग्रेजों का पेंशनर बनकर रहा। शाहआलम द्वितीय की मृत्यु के पश्चात् उसका पुत्र अकबर द्वितीय मुगलों की महान् गद्दी का वारिस बना। वह भी अंग्रेजों की पेंशन पर निर्भर रहता था। उसकी मृत्यु 1837 ई. में हो गई। अब उसका पुत्र बहादुरशाह सम्राट् बना। वह नाममात्र का सम्राट् था, लेकिन वह अंग्रेजों से घृणा करता था। उसने अंग्रेजों के विरुद्ध 1857 की क्रांति में भाग लिया था। अंग्रेजों ने उसे पकड़कर मुकदमा चलाया तथा रंगून में कैद कर लिया। रंगून में 7 नवंबर, 1862 ई. को उसकी मृत्यु हो गई और उसके साथ ही महान् मुगल साम्राज्य का पटाक्षेप हो गया।

1867 ई. में उसके परिवार को कैद से छोड़कर रंगून में कहीं भी बस जाने की आज्ञा मिल गई। जहाँ पर एक-एक करके सबकी मृत्यु हो गई।

महत्वपूर्ण बिंदु

* बाबर पितृवंश की ओर से तैमूर का पंचम वंशज तथा मातृवंश की ओर से चंगेज खाँ का 14वाँ वंशज था।
* बाबर ने 1507 ई. में पादशाह की उपाधि धारण की।
* पानीपत के प्रथम युद्ध में बाबर ने पहली बार तुलुगमा युद्ध नीति एवं तोपखाने का प्रयोग किया था।
* खानवा का युद्ध (1527 ई.) में बाबर ने राणा सांगा को पराजित किया एवं गाजी की उपाधि धारण की।
* बाबर ने तुर्की भाषा में अपनी आत्मकथा 'तुजुके बाबरी' (बाबरनामा) की रचना की, जिसका अनुवाद बाद में फारसी भाषा में अब्दुल रहीम खानखाना ने किया।
* चौसा का युद्ध बक्सर के निकट 25 जून, 1539 ई. में शेर खाँ एवं हुमायूँ के बीच हुआ। इस युद्ध में शेर खाँ विजयी रहा।
* बिलग्राम या कन्नौज का युद्ध 17 मई, 1540 ई. में शेर खाँ एवं हुमायुँ के बीच हुआ। इसमें शेर खाँ विजयी हुआ एवं आगरा तथा दिल्ली पर अधिकार कर लिया।
* सरहिंद के युद्ध में हुमायूँ ने पंजाब के सूरी शासक सिकंदर शाह को 1555 ई. में पराजित कर पुन: दिल्ली की गद्दी पर बैठा।
* शेरशाह ने ग्रैंड ट्रंक रोड की मरम्मत करवायी।
* शेरशाह ने 1541 ई. में पाटलिपुत्र को पटना के नाम से पुन: स्थापित किया।
* अकबर एवं हेमू के मध्य 5 नवंबर, 1556 ई. को पानीपत के मैदान में संघर्ष हुआ, जिसमें अकबर विजयी हुआ। यह 'पानीपत के द्वितीय युद्ध' के नाम से जाना जाता है।
* हल्दीघाटी का युद्ध 18 जून, 1576 ई. को मेवाड़ के शासक महाराणा प्रताप एवं अकबर के बीच हुआ। इसमें मुगल सेना का नेतृत्व मान सिंह एवं आसफ खाँ ने किया था।
* जहाँगीर के काल को चित्रकला का स्वर्णकाल कहा जाता है।
* जहाँगीर के दरबार में कैप्टन हॉकिन्स, सर टॉमस रो, विलियम फिंच एवं एडवर्ड टैरी यूरोपीय यात्री आए थे।
* शाहजहाँ ने इलाही संवत के स्थान पर हिजरी संवत चलाया।
* शाहजहाँ ने 1638 ई. में अपनी राजधानी आगरा से दिल्ली स्थानांतरित किया।
* शाहजहाँ के शासनकाल को स्थापत्य कला का स्वर्णयुग कहा जाता है।
* औरंगजेब ने कुरान को अपने शासन का आधार बनाया।
* औरंगजेब सुन्नी धर्म को मानता था, उसे 'जिन्दा पीर' भी कहा जाता था।
* औरंगजेब ने 1679 ई. में जजिया कर फिर से लागू कर दिया गया तथा 1665 ई. में हिंदुओं के होली के त्योहार पर भी प्रतिबंध लगाया।

❑❑❑

अध्याय

19

मराठों का उदय

[शिवाजी की उपलब्धियाँ, मराठों का उत्तर की ओर विस्तार एवं उनका पतन]

17वीं शताब्दी के पूर्वार्द्ध में शिवाजी के नेतृत्व में मराठों के उत्थान से मुगल साम्राज्य की नींव हिलने लगी। मुगलों को अपने सैन्य संसाधन मराठों को दबाने में लगाने पड़े। यहाँ तक कि औरंगजेब को भी दक्कन में 25 वर्ष मराठों के साथ संघर्षरत रहना पड़ा। मुगलों को सैन्य और आर्थिक हानि उठानी पड़ी, जो उनके पतन का एक प्रमुख कारण बनी। भारत में मराठों का अति दुर्जेय सत्ता के रूप में उदय हुआ और 1761 ई. में पानीपत के तृतीय युद्ध में उनकी पराजय तक वे अजेय बने रहे।

मराठों के मूल प्रदेश पश्चिमी महाराष्ट्र और कोंकण प्राय: मुस्लिम राजनीतिक प्रभाव से मुक्त थे। बीजापुर और गोलकुंडा बहमनी सुल्तानों के अधीन नाममात्र को ही थे। शिवाजी से पूर्व उनके पिता शाहजी और पितामह मालोजी के मलिक अंबर से घनिष्ठ संबंध थे। यथा समय इन्होंने सत्ता पर अपना अधिकार करना आरंभ कर दिया। मराठों के साहित्य ने भी इस जाति में साहस और एकता का संचार किया। संतों के महान् उपदेशों ने मराठों में राष्ट्रीय चेतना को जाग्रत् और सुदृढ़ किया।

शिवाजी (1627-1680 ई.)

शिवाजी का जन्म 1627 ई. में शिवनेर के किले में हुआ था। वे भोंसले वंश के थे। उनके पिता शाहजी को किसी कारणवश कर्नाटक में ही रहना पड़ा। माता जीजाबाई और दादाजी कोंडदेव शिवाजी के अभिभावक बने।

जब शिवाजी बड़े हो गए, तब उन्होंने आदिलशाही के बीजापुर में विद्रोह करते हुए कल्याण पर अधिकार कर लिया। 1660 ई. में आदिलशाह की विधवा ने सेनापति अफजल खां को शिवाजी को पकड़ने का कार्य सौंपा। अफजल खां ने शिवाजी को भेंट करने के बहाने बुलाकर गिरफ्तार करना चाहा। शिवाजी को गले लगाते हुए तलवार से वार किया, लेकिन शिवाजी ने अपने प्रयत्नों से अफजल खां को मार डाला।

इस दौरान औरंगजेब ने अपने मामा शाइस्ता खां को शिवाजी का दमन करने के लिए भेजा। 3 साल तक उनका संघर्ष जारी रहा। 1663 ई. में शिवाजी ने शाइस्ता खां पर आक्रमण कर उसको घायल कर दिया तथा उसके पुत्र को मार दिया। 1664 ई. में शिवाजी ने सूरत को लूट लिया। 1665 ई. में औरंगजेब ने आमेर के राजा जय सिंह को शिवाजी का दमन करने भेजा। उसने 1665 ई. में शिवाजी को संधि करने के लिए बाध्य कर दिया। 1666 ई. में शिवाजी दक्कन वापिस आ गए और तीन साल तक प्रशासनिक कार्य किए और अपनी शक्ति एवं क्षेत्र का विस्तार करना आरंभ कर दिया।

16 जून, 1674 ई. में शिवाजी ने शास्त्रविधि के अनुसार छत्रपति तथा गौ-ब्रह्म प्रतिपालक की उपाधियां धारण कीं तथा राज्याभिषेक करवाया। पंडित गंगाभट्ट ने उन्हें एक उच्चवर्गीय क्षत्रिय घोषित किया।

शिवाजी का प्रशासन

शिवाजी का महत्त्व भारतीय इतिहास में एक महान् योद्धा के साथ-साथ योग्य प्रबंधक के रूप में भी है। उनकी शासन प्रणाली का आधार हिंदुओं की आदर्श शासन प्रणाली था। किंतु इस पर दक्षिणी रियासतों की शासन व्यवस्था का भी गहरा प्रभाव था। मध्यकालीन व्यवस्था के अनुरूप राजा शासन का प्रधान था। शिवाजी भी निरंकुश लेकिन जनहित कल्याणकारी राजा थे। उनकी शासन व्यवस्था दो भागों में विभक्त थी। स्वराज अथवा मुल्क-ए-कादिम और भूमि का वह भाग, जो था तो मुगल साम्राज्य के अंतर्गत, लेकिन चौथ वसूलने का अधिकार मराठों को था। उच्च पदों पर हिन्दू नियुक्त थे। रघुनाथ पंडित हनुमंते के निरीक्षण में 'राज व्यापार कोश' नामक शासकीय शब्दावली का शब्दकोश तैयार किया गया। राज्याभिषेक के समय शिवाजी ने 'अष्ट प्रधान मण्डल' आधारित मंत्रिमण्डल का गठन किया। उनके मंत्रिपरिषद् के आठ मंत्री निम्नवत् थे—

अष्ट प्रधान मण्डल

1. **पेशवा अथवा मुख्य प्रधान**—यह राजा का प्रधानमंत्री होता था। यह प्रशासन के सभी कार्य संपादित करता था। सरकारी पत्रों एवं दस्तावेजों पर अपनी मुहर लगाता था तथा विजित किए गए जिलों की सुरक्षा का प्रबंध करता था।
2. **मजूमदार अथवा अमात्य**—यह वित्त एवं राजस्व मंत्री होता था।
3. **वाकिया नवीस अथवा मंत्री**—इसका कार्य आज के गृहमंत्री के समान होता था।
4. **दबीर या सुमंत**—यह विदेश विभाग का मंत्री होता था।
5. **श्रु-नवीस (सुरनिस) अथवा सचिव**—यह शाही पत्र-व्यवहार का कार्य देखता था।
6. **पंडित राव**—यह धर्ममंत्री होता था।
7. **सर-ए-नौबत अथवा सेनापति**—यह प्रमुख सेनानायक होता था तथा इस पद की गरिमा के अनुकूल उसके पास सेना होती थी।
8. **न्यायाधीश**—यह मुख्य न्यायाधीश होता था। इसके अधिकार-क्षेत्र में राज्य के समस्त दीवानी तथा फौजदारी के मामले आते थे।

विभागीय दायित्वों के निष्पादन के साथ-साथ तीन मंत्रियों—पेशवा, सचिव तथा मंत्री को बड़े प्रांतों का प्रभारी बनाया जाता था। यहाँ तक कि पंडित राव और न्यायाधीश के अतिरिक्त शेष मंत्रियों को तो युद्ध के समय रणभूमि में भी जाना पड़ता था। प्रत्येक मंत्री के अधीन आठ अधिकारियों का कार्यालय होता था, जो उनके आधिकारिक कार्यों के निष्पादन में सहयोग करते थे, इनमें—दीवान (सचिव), मजूमदार (लेखा-परीक्षक तथा लेखाकार), फड़निस

(उपलेखा परीक्षक), सबनिस या दफ्तरदार (कार्यालय प्रभारी), कारवानीस (रसद अधिकारी), चिटनिस (पत्राचार लिपिक), जमादार (खजांची) तथा पोटनिस (रोकड़िया) होते थे।

राज्य में 18 विभाग थे। इनका कार्य राजा के निर्देशन में मंत्रियों द्वारा किया जाता था। स्वराज प्रदेश सीधे शिवाजी के अधीन था। यह कई प्रांतों (जनपद समूहों) में विभक्त था। इन सब प्रांतों को मिलाकर तीन राज्य बनाए गए। प्रत्येक प्रांत या राज्य पर सूबेदार को नियुक्त किया जाता था। जागीर प्रथा समाप्त कर दी गई थी। अधिकारियों को नकद वेतन प्रदान किया जाता था। इससे राज्य-प्रशासन कुछ व्यवस्थित हुआ।

यद्यपि मराठा अधिकारी तंत्र समकालीन परिस्थितियों की दृष्टि से सक्षम था, किंतु भीतर-ही-भीतर इसमें विघटन के बीज भी विद्यमान थे। पंडित राव तथा न्यायाधीश के अतिरिक्त शेष सभी मंत्री मुगल अधिकारियों और सेनानायकों के स्तर की सुविधाओं का उपभोग करना चाहते थे। अतः इन्होंने अवसर मिलते ही अपनी स्वतंत्र सत्ता कायम करने का प्रयास करना प्रारंभ कर दिया। मराठा इतिहास के परवर्ती काल में ऐसा ही घटित हुआ। शिवाजी ने इस खतरे को भांपते हुए पहले ही यह नियम बना लिया था कि कोई भी पद वंशानुगत नहीं होगा, लेकिन उनकी मृत्यु के बाद इस परंपरा का निर्वाह नहीं हो सका और इस कारण उनकी समस्त योजनाएं अव्यवस्थित हो गईं।

राजस्व प्रणाली

शिवाजी की राजस्व प्रणाली अहमदनगर राज्य में मलिक अंबर द्वारा अपनाई गई पद्धति से ग्रहण की गई थी। राजस्व प्रयोजन के लिए स्वराज क्षेत्र को विभिन्न प्रांतों में विभक्त किया गया था। प्रत्येक प्रांत में दो या दो से अधिक जिले होते थे। शाहू के शासनकाल में जिलों की संख्या 37 थी। संभवतया इनमें कुछ शिवाजी की मृत्यु के बाद अस्तित्व में आए।

शिवाजी ने जनपदों के पाटिल, कुलकर्णी, देशमुख तथा देशपांडे सरीखे आनुवांशिक राजस्व अधिकारियों की प्रथा समाप्त कर दी थी। राजस्व वसूली का कार्य राजा द्वारा नियुक्त अधिकारियों को सौंप दिया गया था। प्रांत का प्रभारी अधिकारी सूबेदार, कारकून या मुख्य देशाधिकारी कहलाता था।

इसे 'सरसूबेदार' कहते थे। इन्हें नकद वेतन के बदले जागीरें प्रदान की जाती थीं, पर इन्हें किसानों पर प्रशासनिक अधिकार के प्रयोग का अधिकार नहीं था। शिवाजी को राजस्व वसूली की ठेकेदारी प्रथा भी पसंद नहीं थी, अतः उन्होंने सीधे वसूली की व्यवस्था प्रचलित की। उन्होंने देश को सूबों, सरकारों, परगनों और मौजों में बांटने की पुरानी प्रणाली के बदले महालों, प्रांतों, तराफों तथा मौजों में नया विभागीकरण किया। राजस्व वसूली के ठेके को समाप्त कर दिया गया तथा किन्हीं विशेष स्थितियों के कारण कुछ मंदिरों तथा धार्मिक संस्थानों को अनुदान में दी गई भूमि को पुनः वापस ले लिया गया। संपूर्ण राज्य में नकद वेतन भुगतान की व्यवस्था लागू की गई। भूमि का परिमापन काठी या जरीब से किया जाने लगा और खेतों का विवरण रखा जाने लगा तथा भू-स्वामियों से वार्षिक कबूलियत ली जाती थी। पहले भू-राजस्व 30 प्रतिशत निश्चित किया गया था, लेकिन जब अन्य सभी कर तथा उपकर समाप्त कर दिए गए तो शिवाजी ने इसे बढ़ाकर 40 प्रतिशत कर दिया था। किसानों को अनिश्चय की स्थिति में नहीं रखा गया, वे जानते थे कि उन्हें कितना भू-राजस्व अदा करना है। अकाल के अवसरों पर किसानों को बीज खरीदने के लिए अनाज और धन उपलब्ध कराया जाता था तथा इस अग्रिम धनराशि की वसूली ऋण लेनेवाले व्यक्ति की आय के अनुसार किश्तों में की जाती थी।

चौथ

मराठा कराधान प्रणाली में दो सर्वाधिक महत्त्वपूर्ण कर चौथ तथा सरदेशमुखी थे। चौथ सैन्य-कर था, जो तीसरी शक्ति के आक्रमण से सुरक्षा प्रदान करने के बदले में वसूल किया जाता था। इससे शिवाजी पर विदेशी आक्रमण या आंतरिक अव्यवस्था से किसी जनपद को सुरक्षा प्रदान करने के लिए अतिरिक्त वित्तीय भार नहीं पड़ता था।

सरदेशमुखी

यह आय का 10 प्रतिशत अंश होता था, जो एक अतिरिक्त कर था, जिसकी मांग शिवाजी न्यायसंगत मानते थे और जिसके एवज में उस राज्य में मराठों द्वारा लूटपाट न करने का आश्वासन मिलता था। इन करों के अतिरिक्त राज्य की आय के अन्य स्रोत थे—क्रय-विक्रय पर लगाए गए कर, व्यापार तथा उद्योगों से प्राप्त कर, भेंट, जकात, लूट से प्राप्त धनराशि भी राज्य की आय के महत्त्वपूर्ण स्रोत थे।

राज्य का व्यय

करों से प्राप्त धनराशि का बड़ा भाग राजा एवं राजमहल पर खर्च होता था। इसके पश्चात् सेना पर भी बहुत व्यय होता था। दुर्गों के निर्माण, राज्य कर्मचारियों की वेतन राशि, जनकल्याण एवं कृषि के उत्थान पर भी धन खर्च होता था।

न्याय व्यवस्था

राज्य में कोई नियमित न्यायालय नहीं था। न्याय लिखित कानूनों के अनुसार नहीं किया जाता था। केंद्र में प्रधान न्यायाधीश की बहाली होती थी। वह सैनिक और असैनिक मुकदमों का फैसला करता था। संभवतः अन्य सरकारी अधिकारियों को न्याय करने का अधिकार प्राप्त था। ग्रामों में न्याय-प्रशासन ग्राम पंचायतों द्वारा किया जाता था। अभियुक्तों को कड़ी सजा दी जाती थी। अग्नि तथा जल द्वारा अभियुक्तों को निर्दोष साबित करने की प्रथा भी प्रचलित थी।

सैनिक संगठन

शासन की सुव्यवस्था एवं स्थानीय सुरक्षा के लिए सेना का होना आवश्यक होता था। इस कारण शिवाजी ने अपने शासनकाल में दुर्गों को निर्मित करवाया। उनके पास 45000 पागा, 60000 घुड़सवार तथा 100,000 पैदल सैनिक थे। मराठा सेना के सभी अंगों का अध्यक्ष सेनापति होता था और स्वयं शिवाजी प्रधान सेनापति थे। इन विभागों के अतिरिक्त गुप्तचर विभाग की भी व्यवस्था थी। शिवाजी की सैनिक सफलता में इन गुप्तचरों का विशेष योगदान था और पूरे देश में साधारण (सादे) वस्त्रों में बिखरे रहते थे और विरोधी सूचनाएं राजा तक पहुंचाते थे। शिवाजी उनकी सूचनाओं के आधार पर अपनी कार्यशैली निश्चित करते थे। मराठी सेना पर शिवाजी का कठोर नियंत्रण था, इसलिए सेना में अनुशासन था। सेना में तोपखाने की व्यवस्था थी। सूरत के फ्रांसीसी डायरेक्टर से अस्सी तोपें खरीदी गई थीं। अबीसीनियन समुद्री डाकुओं के उत्पात की रोकथाम के लिए समुद्री बेड़े की व्यवस्था भी शिवाजी ने की थी। यह बेड़ा कोलाबा में स्थित था। इस बेड़े के द्वारा शिवाजी ने हेनरी-केनरी स्थान पर अंग्रेजों को परास्त किया था।

शिवाजी का व्यक्तित्व उदार, प्रभावशाली एवं अनुभवी योद्धा का था। उन्होंने अपने सैनिक अभियानों के संचालन में सदैव अत्यधिक व्यावहारिक और नैतिक

मानक बनाए रखे। मुगल इतिहासकार खाफी खां ने लिखा है कि, ''शिवाजी ने यह नियम बना दिया था कि जब कभी उनके सैनिक लूटमार करें तो मस्जिद, कुरान या किसी स्त्री को हानि न पहुंचाई जाए। जब कभी भी कोई कुरान की प्रति उनके हाथ में आती, वह उसे लेकर बड़े आदर के साथ किसी मुस्लिम भाई को सौंप देते थे। शिवाजी अपने राज्य के लोगों के सम्मान को बनाए रखने के लिए सदैव प्रयासरत रहे। बगावत के समय उन्होंने काफिलों को लुटने से बचाया। मानवमात्र को कभी कष्ट नहीं दिया, बल्कि अन्य दूसरे अपयश कार्यों से भी स्वयं को दूर रखा। यदि कोई मुस्लिम बच्चा या महिला उनके सामने पड़ जाते तो वे उनका आदर करते। इस संदर्भ में उनका अनुशासन बहुत कठोर था तथा उल्लंघन करनेवाले को कठोर दंड दिया जाता था।'' शिवाजी एक छोटे से जागीरदार के पुत्र से स्वतंत्र राजा और मुगल साम्राज्य के प्रबल शत्रु बने। उन्होंने मराठों को संगठित किया और उनमें आत्मगौरव, बलिदान तथा शौर्य की भावना का संचार किया। मराठों के उत्थान व भारत की स्वतंत्रता के लिए संघर्ष में उनका योगदान महानतम है।

शंभाजी (1680-89 ई.)

जब एक महानायक समाप्त होता है, तो उसका प्रभाव पूरे साम्राज्य पर पड़ता है। मराठा संघ में भी शिवाजी की मृत्यु के पश्चात् फूट पड़ गई और यह महाशक्तिशाली मराठा राज्य 10 वर्षों के अंदर ही पतनोन्मुख हो गया। शिवाजी की दो पत्नियों से उत्पन्न दो पुत्रों शंभाजी और राजाराम में सत्ता के लिए संघर्ष हो गया। शंभाजी 20 जुलाई, 1680 ई. को गद्दी पर बैठने के बाद उन्हें अनेक षड्यंत्रों का सामना करना पड़ा। उनके जागीरदारों ने विद्रोह कर दिया। अपने अविश्वासी स्वभाव के कारण वह अपने राज्य के पुराने और विश्वासपात्र सेवकों की निष्ठा अर्जित नहीं कर सके। 1680-81 ई. में जब औरंगजेब राजपूत युद्ध में उलझा हुआ था, तब उन्होंने मुगलों के साथ युद्ध छेड़ दिया। बुरहानपुर तथा अहमदनगर पर भी आक्रमण करने का प्रयास किया। औरंगजेब ने शहाबुद्दीन फिरोज जंग और उसके पुत्र निजाम-उल-मुल्क के नेतृत्व में मराठों पर आक्रमण किया। शंभाजी का प्रधान-सेनापति हमीर राव शहीद हो गया। उनके अनेक मित्र भी उनका साथ छोड़ गए। अंततः शंभाजी ने संगमेश्वर में जाकर शरण ली। फरवरी 1689 ई. में मुकर्रब खां ने उसे तथा कवि कलश को गिरफ्तार कर लिया। 21 मार्च, 1689 ई. को इन दोनों को नाना प्रकार की यातनाएं देकर इनकी हत्या करवा दी गई।

राजाराम

शंभाजी की मृत्यु के समय उनके पुत्र शाहूजी की आयु केवल 7 वर्ष थी। अतः मराठा मंत्रिपरिषद ने शिवाजी के छोटे पुत्र एवं शंभाजी के सौतेले भाई राजाराम को राजा घोषित कर दिया।

राजाराम की मृत्यु के पश्चात् उसका अवयस्क पुत्र शिवाजी-2 सिंहासनारूढ़ हुआ और उसकी माता ताराबाई वास्तव में शासन चलाने लगी। इस संकट और अव्यवस्थित घड़ी में उसने महिला होते हुए भी मराठा राज्य की रक्षा की। उसके दक्कन के छह सूबों में ऐसी सैनिक व्यवस्था थी कि औरंगजेब के मराठा राज्य पर आधिपत्य जमाने के सभी प्रयास विफल हो गए। वह जगह-जगह जाकर मराठा सेना को मुगलों के विरुद्ध दिशा-निर्देश प्रदान करती थी। मुगलों ने ताराबाई और शाहूजी में फूट डालने की नीति अपनाकर मराठों में फूट डालने का सफल प्रयास किया। 1714 ई. तक दोनों मराठा गुटों में गद्दी का संघर्ष चलता रहा। 12 अक्तूबर, 1707 में खेड़ा के निर्णायक युद्ध में शाहू ने ताराबाई को पराजित कर दिया और सतारा पर अपना अधिकार कर लिया।

मराठा राज्य अब दो विरोधी राज्यों में विभक्त हो गया। एक राज्य सतारा के प्रमुख शाहू का था और दूसरा राज्य कोल्हापुर के प्रमुख शिवाजी द्वितीय का था, जिसे ताराबाई चला रही थी। शिवाजी द्वितीय की आकस्मिक मृत्यु के पश्चात् राजाराम की दूसरी पत्नी रणसवाई से उत्पन्न शंभाजी द्वितीय कोल्हापुर की गद्दी पर बैठा। लेकिन 1731 ई. में 'वार्ना की संधि' के अनुसार दोनों मराठा शक्तियों का संघर्ष समाप्त हो गया। शाहू को इन बुरे दिनों में बालाजी विश्वनाथ ने अपना समर्थन प्रदान किया। अतः राज्य मिलते ही विश्वनाथ को शाहूजी ने सेनाकर्ते (सेना के निर्माता) का पद प्रदान किया। अंततः 1713 ई. में उन्होंने उसे पेशवा के पद पर आसीन किया। पेशवा के पद पर आसीन होने के बाद यह पद वंशानुगत हो गया। अब बालाजी और उनके उत्तराधिकारी राज्य के वास्तविक शासक बन गए और छत्रपति केवल नाममात्र के शासक रह गए।

बालाजी विश्वनाथ (1713-20 ई.)

बालाजी विश्वनाथ 1713 ई. में पेशवा बने। उन्होंने सर्वप्रथम शाहू की माता को मुगलों की हिरासत से छुड़वाने के लिए सैयद बंधुओं से बातचीत शुरू की। फरवरी 1719 ई. में शर्तानुसार शाहू की माता और परिवार को छोड़ दिया तथा शाहू को शिवाजी के गृहराज्यों का शासक स्वीकार कर लिया। कर्नाटक और तमिलनाडु के समान ही दक्कन के छह सूबों से चौथ और सरदेशमुखी वसूल करने की अनुमति भी प्रदान की। इसके बदले यह शर्त थी कि मराठे मुगलों की सेवा में 15,000 अश्वारोहियों का एक सैन्यदल रखेंगे और दक्कन की व्यवस्था देखेंगे। इस प्रकार बालाजी विश्वनाथ ने मराठा साम्राज्य की पुनर्स्थापना की। इसके लिए उन्होंने मराठा सरदारों को उनके द्वारा विजित प्रदेशों पर स्वतंत्रतापूर्वक शासन करने की अनुमति प्रदान की।

बालाजी ने राज्य के वित्त संसाधनों का निपुण प्रबंधन किया। उन्होंने स्वराज प्रदेशों में सीधे केंद्रित प्रशासन के अंतर्गत एक अति सुसंगठित राजस्व व्यवस्था की स्थापना की। राजस्व की वसूली का अधिकार मराठा सरदारों को था और वे नाममात्र का अंशदान केंद्र को करते थे। हालांकि इन सभी सरदारों से एक-दूसरे के क्षेत्र का अतिक्रमण न करने की अपेक्षा की जाती थी, फिर भी पारस्परिक स्वार्थों के कारण वे परस्पर उलझ जाते थे, जिसके कारण उनके बीच घातक प्रतिद्वंद्विता का उदय हुआ। वस्तुतः विश्वनाथ बालाजी की पेशवा के रूप में नियुक्ति मराठा राजसत्ता के पतन की सूचक थी।

पेशवा बाजीराव प्रथम (1720-40 ई.)

बालाजी विश्वनाथ की मृत्यु के बाद शाहू ने उनके सबसे बड़े पुत्र बाजीराव को पेशवा नियुक्त किया। इस बीस वर्ष के नवयुवक ने मराठा शक्ति को चरमोत्कर्ष पर पहुंचाया। उन्हें मुगलों की पतनोन्मुख स्थिति का ज्ञान था, अतः उन्होंने कहा, ''आओ, हम सूखते जा रहे वृक्ष के तने पर प्रहार करें, उसकी शाखाएं स्वयं गिर जाएंगी।'' इसलिए उन्होंने मुगलों के शक्ति केंद्रों पर एक के बाद एक अनेक आक्रमण किए और मराठा साम्राज्य को सुदृढ़ किया। भोपाल के समीप निजाम को पराजित कर उससे पचास लाख युद्ध के हर्जाने के रूप में वसूल किए। अपने दो दशकों में बाजीराव ने मालवा, बुंदेलखंड, बसीन तथा गुजरात पर विजय पाई। 1737 ई. में वे दिल्ली तक पहुंच गए। जंजीरा जीतने के बाद पुणे को अपनी राजधानी बनाया।

पेशवा बालाजी बाजीराव या नाना साहेब (1740-61 ई.)

पेशवा बाजीराव का 40 वर्ष की अल्पायु में देहांत हो गया था। तब उनका पुत्र बालाजी बाजीराव (नाना साहेब) गद्दी पर बैठा। वह अपने भाई सदाशिव राव भाऊ की सहायता से राज्य चलाते रहे। 20 वर्ष की आयु से उन्होंने गद्दी संभालते हुए अपने पिता बाजीराव की नीतियों को जारी रखा। लेकिन उन्होंने वित्तीय गतिविधियों को नियंत्रित करते हुए वित्तीय व्यवस्था में पर्याप्त सुधार किए। अप्रैल 1742 ई. में बुंदेलखंड में मराठा सत्ता को सुदृढ़ करने के लिए उन्होंने उत्तर की ओर प्रस्थान किया। 1743 ई. में उसने बंगाल में अली वर्दी खां से मुलाकात कर उसे शाहू को चौथ का भुगतान करने तथा पेशवा के सैनिक अभियान पर हुए खर्च के एवज में 22 लाख रुपए अदा करने के लिए सहमत कर लिया। 15 दिसंबर, 1749 ई. में शाहू का निधन हो गया। वे निस्संतान थे। उन्होंने मृत्यु पूर्व ताराबाई के पौत्र राजाराम को अपना उत्तराधिकारी घोषित कर दिया था।

मराठा कालीन शब्दावली	
अमात्य	आय-व्यय का लेखा-जोखा तैयार करना
इजारा व्यवस्था	पट्टे पर भूमि प्रदान करना
उपरिस	बंटाईदार
कर्जा पट्टी (जस्ती पट्टी)	जमींदारों पर लगने वाला कर
कारकून	जिले में नियुक्ति, घटनाओं की सूचना केन्द्र को भेजता था
कुलकर्णी	गाँव की भूमि का लेखा-जोखा रखता था
कामविसदार	जिले का एक अन्य अधिकारी/चौथ वसूलीकर्ता
गुमाश्ता	सरदेशमुखी वसूल करने वाला अधिकारी
चौगले	कुलकर्णी के लेखे की देखभाल करता था
चिटनिस	पत्राचार लिपिक
चौथ	कुल भूमि आय का एक-चौथाई
तरफ	सूबा
दबीर	विदेश मंत्री
देशमुख व देशपांडे	मामलतदार पर नियंत्रण रखने वाला जिलाधिकारी
नाइट	सशस्त्र घुड़सवार
पतदाम	विधवा विवाह प्रकरण
पटेल	गाँव का मुख्य अधिकारी/ भू-राजस्व
पंडित राव	धर्म भ्रष्ट करने वालों को दंड देना
पागा	घुड़सवार सेना
पाही	बगैर भूमि के किसान
पुलसिया	ताँबे का सिक्का
पेशवा	राज के प्रशासन व अर्थव्यवस्था की देखभाल करने वाला
पोतदार	सिक्कों की जाँच करने वाला
बाखर	मराठों का इतिहास
बारगी	सहायक सेना
महल	परगना
मजूमदार फड़नवीस	हवलदार की सहायता करने वाला
महातरफ	सीमा कर
मीरासदार	भू-स्वामित्व वाले काश्तगार
मीरासपट्टी	एक प्रकार का उपकर
मोकासा	भूमि अनुदान
मिलिशिया	नागरिक सेना
वालावाही	अंगरक्षकों का दस्ता
वाकिया नवीस	गृह विभाग व जासूसी से संबद्ध अधिकारी
सर-ए-नौबत	सेनापति
सरदेशमुखी	देशमुख (देशस्वामी) होने के नाते दिया जाने वाला कर
सुरनिस	शाही पत्राचार से संबंधित अधिकारी
शास्त्री (न्यायाधीश)	हिंदू न्याय की व्याख्या करने वाला
हवलदार	महल का मुख्य अधिकारी
हूण	शिवाजी के समय का प्रचलित सिक्का

1751 से 1761 ई. तक बालाजी ने उत्तर की ओर चार अभियान किए। अहमदशाह अब्दाली ने लाहौर, मुल्तान तथा कश्मीर को विजित कर लिया था। मुगल वजीर सफदरजंग ने अब्दाली के तीसरे आक्रमण के समय मराठों से सहायता मांगी। मई, 1752 ई. में समझौता हुआ और दिल्ली में मराठा सेना की नियुक्ति हो गई। एक तरह से दिल्ली पर मराठा राज्य स्थापित हो गया था। इस व्यवस्था से निश्चय ही 'संपूर्ण भारत पर मुगल-मराठा मित्र संघ के शासन' का शाहू का सपना साकार हो जाता है। लेकिन सफदरजंग को वजीर के पद से हटाकर निजाम-उल-मुल्क के पौत्र इमाद् उल मुल्क को वजीर बना दिया गया। बहादुरशाह का पौत्र आलमगीर मुगल सम्राट् बना। आरंभ में तो इमाद-उल-मुल्क मराठों का मित्र बना रहा, लेकिन बाद में वह मराठों को दोआब से तथा सफदरजंग के पुत्र शुजाउद्दौला को अवध की सूबेदारी से निष्कासित करने के लिए अहमदशाह अब्दाली से मिल गया। परिणामस्वरूप शुजा-उद-दौला, मराठे तथा राजा सूरजमल जाट आपस में मिल गए तथा अब्दाली और इमाद-उल-मुल्क के विरुद्ध संघर्ष करने लगे। सरहिंद का पतन हो गया। लाहौर पर अधिकार कर लिया गया तथा अफगानों को पंजाब से निष्कासित कर दिया गया। तैमूरशाह भाग खड़ा हुआ। तत्पश्चात् रघुनाथ राव वापस पंजाब को अदीना बेग खां के अधीन छोड़कर लौट गए। लेकिन अदीना बेग खां की आकस्मिक मृत्यु के कारण संभाजी सिंधिया को लाहौर की सूबेदारी सौंप दी गई, लेकिन अब्दाली ने एक विशाल सेना भेजकर संभाजी को लाहौर छोड़ने पर मजबूर कर दिया। अब्दाली ने लाहौर पर आधिपत्य जमा लिया था। लेकिन पेशवा इस स्थिति को नहीं संभाल पाए और अब्दाली के कब्जे से पंजाब को नहीं छुड़ा पाए।

पानीपत का तृतीय युद्ध (1761 ई.)

भाऊ की सेना ने 15 जनवरी, 1761 ई. में युद्ध के लिए प्रस्थान किया। सवा दो बजे तक विश्वास राव, भाऊ, जानकोजी सिंधिया, तुकोजी सिंधिया तथा इब्राहिम गार्दी शहीद हो गए। मराठा सरदारों की एक पूरी पीढ़ी युद्ध की बलि चढ़ गई। लगभग 50000 प्रथम पंक्ति में तथा 80000 सुरक्षित अफगानी सेना के मुकाबले में भाऊ के पास प्रथम पंक्ति में 45000 तथा दूसरी पंक्ति में 15000 पिंडारी थे, जो अफगानों की प्रशिक्षित एवं अनुशासित सेना के समक्ष टिक नहीं पाए। अब्दाली भी भाऊ के मुकाबले अधिक कुशल सेनानायक और युद्धनीति में पारंगत था। अत: भाऊ की अब्दाली के हाथों करारी हार हुई।

पेशवा बालाजी बाजीराव पानीपत के युद्ध के विनाशकारी आघात को सहन नहीं कर पाए। युद्ध के छ: माह पश्चात् उनकी मृत्यु (जून 1761 ई.) हो गई। अब उनका पुत्र माधवराव पेशवा 17 वर्ष की आयु में पेशवा बना। उसने अपने चाचा रघुनाथ राव की सहायता से राज्य करना शुरू किया। लेकिन 1772 ई. में पेशवा माधवराव की अकाल मृत्यु हो गई। इसके बाद मराठा साम्राज्य की प्रतिष्ठा का क्रमशः पेशवा नारायण राव (1772-74 ई.), पेशवा माधवराव नारायण (1774-95 ई.) और पेशवा बाजीराव द्वितीय (1796-1818 ई.) के पेशवा काल में तेजी से पतन हुआ। इस पतन के प्रमुख कारण आंतरिक कलह तथा अंग्रेजों के साथ युद्ध थे। अंतिम पेशवा ने अंग्रेजों के समक्ष आत्म-समर्पण कर दिया और पेशवाई राज्य का अंत हो गया।

मराठा शक्ति के पतन के कारण

मराठे भारत में एक शक्तिशाली साम्राज्य स्थापित करने में असफल रहे। इसके अनेक कारण थे—

शासन का निर्बल आधार—मराठा प्रशासन की नींव दृढ़ नहीं थी। इस महान् और विशाल साम्राज्य को वे संभाल नहीं पाए। शिवाजी के पश्चात् मराठा पतनोन्मुखी होते गए।

राजनैतिक एकता का अभाव—मराठा साम्राज्य में राजनैतिक एकता का अभाव था, क्योंकि मराठा सरदारों को अपने क्षेत्रों में प्रशासन प्रबंधन की स्वतंत्रता प्राप्त थी और केंद्रीय प्रशासन के प्रति वे वफादार नहीं होते थे, बल्कि ईर्ष्या रखते थे। मराठा साम्राज्य में नागपुर, बड़ौदा, ग्वालियर और इंदौर जैसे छोटे-छोटे राज्य थे, जो नाममात्र के ही पेशवा शासन के अधीन थे। उनमें अनुशासन का सर्वथा अभाव था और वे एक-दूसरे की कमजोरियों का लाभ उठाते थे।

मराठा साम्राज्य अत्यंत विशाल था। बालाजी बाजीराव के पश्चात् कोई भी पेशवा इतना शक्तिशाली नहीं हुआ, जो इस साम्राज्य को संभाल सके। लोककल्याण के कार्यों का सर्वथा अभाव था। निर्धनों का शोषण और रिश्वतखोरी जोरों पर थी, न्यायप्रणाली भेदभावपूर्ण थी। किसी भी प्रकार से उद्योगों या व्यापार को प्रोत्साहन नहीं मिलता था। अधिकतर जनता इनके विरुद्ध थी। चौथ और सरदेशमुखी को जबरन वसूला जाता था, जिससे अनेक राजपूत सरदार मराठों के विरुद्ध अंग्रेजों का साथ देते थे। सेना का संचालन भी दोषपूर्ण था। पहाड़ों की गुरिल्ला युद्ध प्रणाली मैदानों में असफल थी। मराठों की समुद्री सेना भी निर्बल थी और अंग्रेजी नौसेना का मुकाबला नहीं कर सकी।

महत्वपूर्ण बिंदु

* मराठा सम्राज्य के संस्थापक शिवाजी का जन्म 20 अप्रैल, 1627 ई. को शिवनेर दुर्ग में हुआ था।
* शिवाजी का पिता का नाम शाहजी भोंसले तथा माता का नाम जीजाबाई था।
* 1656 ई. में शिवाजी ने रायगढ़ को अपनी राजधानी बनाया।
* अप्रैल 1663 में शिवाजी ने शाइस्ता खाँ पर आक्रमण किया तथा उसके पुत्र को मार डाला।
* शाइस्त खाँ दक्षिण का राज्यपाल था तथा उसे औरंगजेब ने नियुक्त किया था।
* शिवाजी 5 जून, 1674 ई. को वाराणसी के प्रसिद्ध विद्वान श्री गंगाभट्ट से अपना राज्यभिषेक करवाया था।
* शिवाजी की सेना कुछ भागों में बंटी थी- पागा सेना- नियमित घुड़सवार, सिलहदार-अस्थायी घुड़सवार सैनिक, पैदल-पैदल सेना।
* चौथ, यह कर शिवाजी द्वारा पड़ोसी राज्यों पर आक्रमण नहीं करने के एवज में वसूला जाता था।
* शिवाजी ने मराठी को राजभाषा के रूप में प्रयोग किया।
* शिवाजी के अष्ट प्रधान में सर-ए-नौबत सैन्य विभाग का प्रधान था।
* अष्ट प्रधान में सुमन्त विदेशी मंत्री था।
* बालाजी बाजीराव नाना साहब के नाम से प्रसिद्ध थे।
* 15 जनवरी, 1761 को मराठों व अहमद शाह अब्दाली के मध्य युद्ध हुआ, जिसमें मराठा पराजित हुए।

❑❑❑

आधुनिक काल

अध्याय 20

यूरोपीय उपनिवेशों का प्रारम्भ

[ईस्ट इंडिया कंपनी का गठन एवं विकास; अंग्रेजी शक्ति का भारत में सुदृढ़ीकरण; प्लासी एवं बक्सर का युद्ध; मैसूर पर नियंत्रण; सहायक संधि; गोद प्रथा (विलय सिद्धांत)]

प्राचीन काल से ही भारत की समृद्ध आर्थिक परंपरा ने यूरोपीय व्यापारियों को आकर्षित किया है। प्राचीन काल में भारत और यूनान के बीच व्यापारिक संबंध थे। मध्यकाल में यूरोप और दक्षिण-पूर्व एशिया के साथ भारत का व्यापार काफी समृद्ध रहा था। 1453 ई. में कुस्तुनतुनिया साम्राज्य के पतन के बाद यूरोप और एशिया के बीच व्यापार अवरुद्ध हो गया, क्योंकि व्यापारिक मार्गों पर तुर्कों का नियंत्रण हो गया। कालांतर में पश्चिमी यूरोप के देशों ने एशिया और यूरोप के बीच बने व्यापारिक मार्गों को खोजकर एशिया के साथ व्यापारिक संबंधों को नया आयाम दिया।

15वीं-16वीं शताब्दी में भारत में यूरोपीय व्यापारिक कंपनियों का आगमन एशिया सहित समस्त विश्व के व्यापार और राजनीति के क्षेत्र में एक क्रांतिकारी घटना थी। 15वीं शताब्दी के उत्तरार्द्ध से ही व्यापार के उद्देश्य से यूरोपीय कंपनियों का भारत आने का सिलसिला शुरू हो गया।

पुर्तगालियों का भारत आगमन

वर्ष 1498 में पुर्तगाल के वास्कोडिगामा ने यूरोप से भारत तक नया मार्ग खोज निकाला, वास्कोडिगामा आशा अंतरीप से होते हुए अफ्रीका का चक्कर लगाते हुए कालीकट पहुँचा। यहाँ से वास्कोडिगामा जो माल लेकर वापस गया, उसे करीब 60 गुना दामों पर बेचा, इसके बाद व्यापार के लिए नए क्षेत्रों की खोज को बढ़ावा मिला तथा इसके लिए प्रयास और तेजी के साथ बढ़ा। इस क्षेत्र में स्पेन पुर्तगालियों की प्रतिस्पर्धी थी तथा यूरोपीय देशों ने अफ्रीका में अपने व्यापारिक गतिविधियों को आगे बढ़ाया। आरम्भ में यूरोपीय देशों को अफ्रीका के सोने और हाथी दांत ने आकर्षित किया, लेकिन जल्द ही यहाँ गुलामों का व्यापार आरम्भ हो गया। शुरुआत में स्पेन और पुर्तगाल का ही वर्चस्व था, किंतु धीरे धीरे अन्य यूरोपीय देश जैसे- डच, फ्रांसीसी और अंग्रेजों ने भी अपना प्रभाव बढ़ाने का प्रयास किया। अफ्रीका में आरम्भ हुए गुलामों की खरीद-फरोख्त ने बागनों व खदानों की उत्पादकता को बढ़ाया, साथ ही इनको बेचने से होने वाले मुनाफे से सम्बधित देश ने अत्याधिक मुनाफा कमाया और यही मुनाफा औद्योगिक क्रांति लाने में सहायक सिद्ध हुआ। बेतहाशा लाभ के कारण यूरोपीय देश अब एशियाई देशों में भी व्यापार करके लाभ कमाने की योजना बनाई, जिसमें वे सफल भी रहें।

पूर्वी व्यापार पर लम्बे समय तक पुर्तगालियों का शासन रहा। भारत में पुर्तगालियों ने गोवा, कोचीन व दमन-दीव पर अपने व्यापारिक केन्द्र को स्थापित किया तथा आरम्भ से ही व्यापार के साथ-साथ शक्ति का भी प्रयोग किया। पुर्तगालियों द्वारा भारत में कोचीन में अपना पहला दुर्ग 1503 में स्थापित किया गया था तथा गोवा को राजनीतिक केन्द्र के रूप में पुर्तगालियों ने विकसित करने का प्रयास किया। पुर्तगालियों की सफलता का प्रमुख राज उनके हथियार बंद समुद्री जहाज थे।

1505 में फ्रांसिस्को-डि-अल्मेडा भारत आया। अल्मेडा ने अपने अधिकार क्षेत्र में ब्लू वाटर पॉलिसी को लागू किया और हिन्द महासागर में पुर्तगालियों की स्थिति को मजबूत करने को प्रयास किया। 1509 में अल्बुकर्क द्वितीय पुर्तगाली वायसराय बनकर भारत आया तथा उसने 1510 ई. में बीजापुर के शासक युसुफ आदिल शाह से गोवा जीतकर अपने अधिकार में कर लिया। इस समय तक पुर्तगालियों ने अपना अधिकार फारस की खाड़ी में स्थित हरमुज से लेकर मलाया में स्थित मलक्का तक और इंडोनेशिया के स्पाइस आइलैंड तक एशिया के पूरे समुद्र तट पर अधिकार जमा लिया। अपने अधिकार को बनाए रखने के लिए यूरोप के कई अन्य देशों से भी कई लड़ाईया पुर्तगालियों द्वारा लड़ी गई।

1529 में नीनो-डी-कुन्हा भारत में पुर्तगाली वायसराय बनकर आया। उसने 1530 तक पुर्तगाली प्रशासन का मुख्य केन्द्र कोचीन से गोवा स्थानांतरित कर दिया। बंगाल के शासक महमूद शाह से पुर्तगालियों ने 1534 ई. में चटगाँव और सतगाँव में अपनी व्यापारिक फैक्ट्री खोलने की भी अनुमति प्राप्त कर ली, पुर्तगाली मालाबार और कोंकण तट से सर्वाधिक काली मिर्च का निर्यात करते थे। मालाबार तट से अदरक, दालचीनी, चंदन, हल्दी, नील आदि का निर्यात होता था। अल्फांसो-डी-अल्बुकर्क ने भारत में पुर्तगालियों की संख्या को बढ़ाने तथा स्थायी बस्तियाँ बसाने के उद्देश्य से पुर्तगालियों को भारतीय महिलाओं के साथ विवाह करने का प्रोत्साहित किया। भारतीय क्षेत्र में पुर्तगालियों के महत्वपूर्ण योगदान के रूप में तंबाकू की खेती, जहाज का निर्माण तथा प्रिंटिंग प्रेस की शुरुआत को माना जाता है।

पुर्तगालियों का भारत में अपने विस्तार को बढ़ाने के कई कारण थे- जैसे- दक्षिण भारत का साम्राज्य मुगलों से बाहर था, अतः उन्हें कभी मुगल ताकतों का सामना नहीं करना पड़ा, पुर्तगालियों का राज्य खुले समुद्र पर था तथा उनके सैनिक कड़े अनुशासन के पाबंद थे। इसका लाभ पुर्तगालियों को मिलता रहा, हालांकि पुर्तगाली द्वारा समुद्री डकेती, अमानवीय व्यवहार करने में भी पीछे नही हटते थे।

पुर्तगाली अपने विस्तृत अधिकार को काफी लम्बे समय तक बचा नहीं सके। यूरोप के अन्य देश, इंग्लैड, हालैंड और फ्रांस, पुर्तगाल व स्पेन जैसे देश के व्यापारिक एकाधिकार को खत्म करना चाहते थे तथा वे भी लाभ का भागीदार बनने के लिए आतुर थे, अतः उन्होंने स्पेन व पुर्तगाल के खिलाफ एक कड़ा संघर्ष क्षेत्र दिया। इस संघर्ष में स्पेन और पुर्तगाल की हार हुई। इसके बाद डच और अंग्रेज व्यापारी केप आफ गुड

होप से होकर भारत जाने वाले रास्ते का प्रयोग करने लगे। निकट भविष्य में अंग्रेज भारत, श्रीलंका और मलाया तथा डच इंडोनेशिया पर अधिकार करने में सफल रहें।

भारत में पुर्तगालियों के पतन के कारण

जब भारत में पुर्तगाली आए तो उस समय उनका कोई प्रतिद्वंद्वी नहीं था, किंतु कालान्तर में डचों और अंग्रेजों के आने के बाद उन्हें कड़ी चुनौती मिली तथा ब्राजील की खोज के बाद पुर्तगालियों ने अपना ध्यान पूर्वी क्षेत्र से पश्चिमी क्षेत्र की ओर लगाया, इसके साथ ही पुर्तगाली वायसरायों पर पुर्तगाली राजाओं का नियंत्रण भी पतन का एक कारण बना। व्यापार की गलत और अवैध नीतियों पुर्तगालियों के व्यापार को प्रभावित किया धार्मिक दृष्टि से असहिष्णु होना एवं बलात् ईसाई धर्मांतरण पर बल देने के कारण भारत में वे ज्यादा जगह नहीं बना सके।

डचों का भारत आगमन

वर्ष 1602 ई. में डच ईस्ट इंडिया कंपनी की स्थापना हुई। डच संसद ने चार्टर द्वारा कंपनी को संधि करने, युद्ध छेड़ने, इलाके जीतने व किले बनाने का अधिकार दे दिया। डचों की खास दिलचस्पी भारत में ना होकर इंडोनेशिया में थी, जहाँ मसाले खूब होते थे। ऐसे द्वीपों में जावा, सुमात्रा और स्पाइस आइलैंड प्रमुख थे। डचों ने मलय जलडमरूमध्य और इंडोनेशियाई द्वीपों से पुर्तगालियों को खदेड़ दिया तथा अधिकार हेतु प्रयासरत अंगेजों को भी डचों ने पराजित किया। डचों ने भारत में गुजरात के सूरत, भड़ौच, कैबें और अहमदाबाद, मद्रास के नागपत्तनम, आंध्र के मसूलीपट्टम, बंगाल के चिनसुरा, बिहार के पटना व उत्तर प्रदेश के आगरा में अपने व्यापारिक केन्द्र खोले तथा वर्ष 1658 में श्रीलंका से भी पुर्तगालियों को खदेड़ दिया।

डचों ने शीघ्र ही भारत के मसाला व्यापार पर एकाधिकार प्राप्त कर लिया तथा कई स्थानों पर अपने कारखाने भी स्थापित किए। बंगाल में प्रथम डच फैक्ट्री पीपली में स्थापित किए। पुर्तगालियों को 1632 ई. को बंगाल के हुगली क्षेत्र से भी खदेड़ दिया। बंगाल से डच मुख्यतः रेशम, सूती वस्त्र, शोरा, अफीम का निर्यात करते थे। भारत में डच फैक्ट्रियों की सबसे बड़ी विशेषता यह भी कि पुलीकट के अलावा सभी डच बस्तियों में कोई भी किलेबंदी नहीं थी। डच लोग मसूलीपट्टम से नील का निर्यात करते थे। सूरत स्थित व्यापार निदेशालय डच ईस्ट इंडिया कंपनी का सर्वाधिक लाभ कमाने वाला प्रतिष्ठान था।

एशियाई व्यापार पर भी अंग्रेज व्यापारियों की लालच भरी निगाहें जमी थी। पुर्तगालियों के व्यापारिक लाभ को देखते हुए अंग्रेज भी बहुत जल्द ही इस क्षेत्र पर कब्जा चाहते थे। डच ने पुर्तगालियों को तो बाहर कर दिया था, किंतु वे अंग्रेजों के नौसैनिक शक्तियों के सामने नहीं टिक पाए। 1759 ई. में बेदरा के युद्ध में अंग्रेजी नौ-सेना की सर्वश्रेष्ठता ने डचों को भारतीय व्यापार से बाहर कर दिया।

डेनों (डेनमार्क) का भारत आगमन

भारत के साथ व्यापारिक संबंध स्थापित करने के लिए 1616 ई. में डेनमार्क ईस्ट इंडिया कंपनी की स्थापना की गई थी। बंगाल में सेरामपुर डेनों का प्रमुख व्यापारिक केंद्र था। डेनों ने 1620 ई. में ट्रैंकूबार (तमिलनाडु) में तथा 1676 में सेरामपुर में व्यापारिक केंद्र स्थापित किए। डेनों ने भारत में अपनी समस्त व्यापारिक इकाईयों को 1845 में अंग्रेजों को बेच दिया।

फ्रांसीसियों का भारत आगमन

व्यापारी के रूप में भारत आने वाले समस्त यूरोपियों में फ्रांसीसी सबसे बाद में भारत आए। फ्रांस के सम्राट् लुई 14वें के मंत्री कोलबर्ट ने 1664 ई० में फ्रेंच ईस्ट इंडिया कंपनी की स्थापना की। इस कंपनी पर फ्रांसीसी सरकार का प्रत्यक्ष एवं पूर्ण नियंत्रण था। इसीलिए फ्रेंच ईस्ट इंडिया कंपनी को सरकारी व्यापारिक कंपनी भी कहा जाता है। 1667 ई. में फ्रांसिस कैरो के नेतृत्व में एक व्यापारिक मण्डल भारत आया, जिसने 1668 में सूरत में अपना पहला कारखाना स्थापित किया। 1669 ई. में फ्रांसीसियों ने गोलकुंडा के सुल्तान से अनुमति प्राप्त कर मसूलीपट्टम में दूसरी फ्रेंच फैक्ट्री स्थापित की। कंपनी निदेशक फ्रांसिस मार्टिन ने 1673 ई. में वलिकोंडापुर के सूबेदार शेर खां लोदी से पुदुचेरी नामक एक गाँव प्राप्त किया, जो कालांतर में 'पांडिचेरी' के नाम से फ्रांसीसियों का भारत में मुख्य केंद्र बना। फ्रांसिस मार्टिन को भारत में फ्रांसीसी बस्तियों का वास्तविक संस्थापक माना जाता है।

1693 ई. में डचों ने अंग्रेजों की सहायता से पांडिचेरी को फ्रांसीसियों से छीन लिया था, लेकिन 1697 में संपन्न रिजविक की संधि के बाद पांडिचेरी पुनः फ्रांसीसियों को हस्तगत हो गया। 1706 ई. में मार्टिन की मृत्यु के बाद भारतीय फ्रांसीसी गतिविधियों पर बुरा प्रभाव पड़ा। लेकिन 1731 में चंद्र नगर के प्रमुख के रूप में फ्रांसीसी गवर्नर डुप्ले की नियुक्ति के बाद फ्रांसीसियों में पुनः उत्साह का संचार हुआ। भारत में फ्रेंच ईस्ट इंडिया कंपनी की स्थापना व्यापारिक उद्देश्य से की गई थी, किंतु 1742 के बाद फ्रांसीसी भी व्यापारिक लाभों की उपेक्षा कर राजनीतिक उद्देश्यों की पूर्ति की दिशा में सक्रिय हो गए। पुर्तगालियों और डचों के भारत से जाने के बाद अब भारत में सिर्फ अंग्रेज और फ्रांसीसी ही बचे थे। फलस्वरूप इनमें संघर्ष की स्थिति उत्पन्न होना स्वाभाविक था। 1742 ई. में यूरोप में फ्रांस और इंग्लैंड के बीच युद्ध शुरू हो गया। यूरोप का यह युद्ध शीघ्र ही भारत में पहुंच गया और यहाँ स्थित दोनों देशों की कंपनियों के बीच वर्चस्व की लड़ाई शुरू हो गई। भारत में वर्चस्व स्थापित करने के लिए अंग्रेजों और फ्रांसीसियों के बीच हुए युद्धों को 'कर्नाटक युद्ध' के नाम से जाना जाता है।

डचों की तरह अंग्रेज भी पूर्वी दुनिया में मसालों के व्यापार के लिए आए थे। लेकिन अधिक संसाधनों से युक्त एवं मसालों के द्वीपों में पहले से ही पैर जमाए डचों की चुनौती के कारण अंग्रेजों को अपना रुख भारत की ओर करना पड़ा। जॉन मिडेन हाल नामक एक ब्रिटिश यात्री सर्वप्रथम व्यापार के उद्देश्य से 1599 में भारत आया था।

प्रथम कर्नाटक युद्ध (1746-48 ई.)

- अंग्रेजों और फ्रांसीसियों के बीच हुए प्रथम संघर्ष का तात्कालिक कारण ब्रिटिश कैप्टन बर्नेट के नेतृत्व में फ्रांसीसी जहाजों पर अधिकार कर लेना था। इसकी प्रतिक्रिया में डुप्ले के नेतृत्व में फ्रांसीसियों ने मद्रास (चेन्नई) पर कब्जा कर लिया।

- जून 1748 में अंग्रेज रियर एडमिरल बोस्काबेन के नेतृत्व में एक जहाजी बेड़े ने पांडिचेरी पर घेरा डाला, परंतु उन्हें सफलता नहीं मिली। इस समय फ्रांसीसी अंग्रेजों की तुलना में सशक्त स्थिति में थे।
- यूरोप में 1740 ई. में एक्स-ला-शैपेल संधि द्वारा फ्रांस और ब्रिटेन में शांति स्थापित हुई। इस संधि के साथ ही भारत में भी दोनों देशों की प्रतिद्वंद्वी कंपनियों के बीच संघर्ष समाप्त हो गया।

द्वितीय कर्नाटक युद्ध (1749-54 ई.)

- अंग्रेजों और फ्रांसीसियों के बीच लड़े गए दूसरे कर्नाटक युद्ध का प्रमुख कारण कर्नाटक के नवाब के पद को लेकर था।
- डुप्ले ने कर्नाटक की नवाबी के लिए चंदा साहिब को तथा दक्कन की सूबेदारी के लिए मुजफ्फर जंग को समर्थन दिया था। जबकि अंग्रेजों ने कर्नाटक की नवाबी के लिए अनवरुद्दीन और दक्कन की सूबेदारी के लिए नासिर जंग को समर्थन प्रदान किया था।
- 1749 ई. और 1750 ई. में क्रमशः अनवरुद्दीन और नासिर जंग युद्ध में मारे गए। इन दोनों के मारे जाने के उपरांत चंदा साहिब और मुजफ्फर जंग क्रमशः नवाब और सूबेदार बन गए।
- 1751 ई. में एक अंग्रेज सैनिक अधिकारी राबर्ट क्लाइव ने धारवाड़ पर आक्रमण कर फ्रांसीसी सेना को आत्मसमर्पण के लिए विवश किया। इसी संघर्ष में कर्नाटक के नवाब चंदा साहिब की हत्या कर दी गई।
- भारत में फ्रांसीसी सेना की पराजय के कारण फ्रांस की सरकार ने डुप्ले को गवर्नर पद से मुक्त करके वापस बुला लिया। डुप्ले के बाद भारत में गोडहू को 1754 ई. में फ्रांसीसी गवर्नर के रूप में नियुक्त किया गया।

तृतीय कर्नाटक युद्ध (1757-63 ई.)

- अंग्रेजों और फ्रांसीसियों के बीच हुए तृतीय और निर्णायक युद्ध का तात्कालिक कारण क्लाइव और वाटसन द्वारा फ्रांसीसी बस्ती चंद्र नगर पर अधिकार करना था।
- तीसरे संघर्ष में 22 जनवरी 1760 ई. को वांडीवॉश नामक स्थान में अंग्रेजों और फ्रांसीसियों के बीच निर्णायक युद्ध हुआ। इस युद्ध में अंग्रेजों ने आयरकूट के नेतृत्व में फ्रांसीसियों को पराजित किया। इस युद्ध में फ्रांसीसी सेना का नेतृत्व सेनापति काउंट लाली ने किया था।
- वांडीवॉश के युद्ध में पराजय के उपरांत फ्रांसीसियों का भारत में पतन शुरू हो गया। अंततः 16 जनवरी, 1761 को अंग्रेजों ने पांडिचेरी पर अधिकार कर लिया। इसी के साथ भारत में फ्रांसीसियों और अंग्रेजों के बीच वर्चस्व की लड़ाई समाप्त हो गई और अंग्रेजों का भारत में एकाधिकार स्थापित हो गया।

ईस्ट इंडिया कंपनी का गठन एवं विकास

वर्ष 1608 में इस कंपनी ने भारत के पश्चिमी तट पर सूरत में एक फैक्टरी खोलने का फैसला लिया, इसके आज्ञा हेतु जहाँगीर के शाही दरबार में कैप्टन हाकिंस को भेजा गया। परिणामस्वरूप पश्चिमी तट की अनेक जगहों पर अंग्रेज कंपनी को फैक्टरियाँ खोलने की अनुमति मिल गई। अंग्रेजों की मंशा अपने व्यापार को सम्पूर्ण भारत में फैलाने की थी। अतः 1612 में सर टॉमस रो को राजदूत के रूप में मुगल दरबार में भेजा और वह मुगल साम्राज्य के सभी भागों में फैक्टरियाँ खुलवाने के शाही फरमान को जारी कराने में सफल रहा। अंग्रेजों ने 1619 ई. तक अहमदाबाद, भड़ौच, आगरा, बड़ौदा में ब्रिटिश ईस्ट इंडिया कंपनी ने अपने व्यापारिक कारखाने स्थापित कर लिए थे। इस समय तक अंग्रजों का मुख्य प्रशासनिक केन्द्र सूरत में स्थित था। दक्षिण भारत में ईस्ट इंडिया कंपनी का प्रथम कारखाना 1677 ई. में मसूलीपट्टम में स्थापित हुआ, वहीं पूर्वी भारत में अंग्रेजों की पहली औद्योगिक ईकाई 1633 ई. में उड़ीसा के बालासोर में स्थापित हुई।

ब्रिटेन के चार्ल्स द्वितीय के साथ 1661 ई. में पुर्तगालियों ने अपनी राजकुमारी कैथरीन ब्रेगांज का विवाह सपन्न हुआ और पुर्तगालियों ने दहेज के रूप में बंबई ब्रिटेन को दे दिया और वहीं राजकुमार चार्ल्स ने 1668 ई. में बंबई को 10 पौंड वार्षिक किराए पर ईस्ट इंडिया कंपनी को दे दिया। अततः गोवा और दमन द्वीव को छोड़कर पुर्तगालियों के हाथ से भारत में उनके कब्जे वाले सभी क्षेत्र निकल गए। मसालों के व्यापार को लेकर डचों के साथ विरोध अंग्रेजों का चल रहा था और इंडोनेशिया में इन दोनों शक्तियों के बीच रह-रहकर लड़ाई हो रही थी। यह झड़प 1667 तक रह-रहकर चलती रही, आखिर अंग्रेजों ने इंडोनेशिया पर सारे दावे छोड़ दिए और बदले में डचों ने भारत की अंग्रेज बस्तियों को न छूने का वादा किया। अंग्रेजों ने एक संतुलित प्रक्रिया से अपने व्यापारिक केन्द्रों को बढ़ाया तथा प्रतिस्पर्धियों को अलग किया। इनके बाद अंग्रेजों ने भारत पर पूर्णतः ध्यान दिया और भारत व्यापारिक क्षेत्र से अब औपनिवेशिक क्षेत्र में बदलने का प्रयास आरम्भ किया।

- बंगाल के सूबेदार शाहशुजा द्वारा दिए गए एक विशेष फरमान द्वारा 1651 में अंग्रेजों को 3000 रुपए वार्षिक कर देने के एवज में अंग्रेजों को बंगाल के व्यापार में विशेषाधिकार प्राप्त हुआ।
- 1686 ई. में अंग्रेजों की अवैध व्यापारिक गतिविधियों से तंग आकर औरंगजेब ने अंग्रेजों को हुगली और बंगाल से बाहर निकालने के लिए अभियान छेड़ दिया। मुगलों ने हुगली से अंग्रेजों को पलायन करने के लिए विवश किया।
- 1698-99 में बंगाल के सूबेदार अजीमुश्मान की अनुमति के बाद कंपनी को 1200 रुपए देने पर सूतानाती, गोविंदपुर और कोलकाता की जमींदारी प्राप्त हुई।
- जॉब चारनौक नामक एक अंग्रेज ने सूतानाती, गोविंदपुर और कोलिकाता को मिलाकर आधुनिक कलकत्ता की स्थापना की। कलकत्ता (कोलकाता) में 1700 ई. में फोर्ट विलियम की स्थापना हुई। सर चार्ल्स आयर को फोर्ट विलियम का प्रथम गर्वनर बनाया गया। इसी समय बंगाल को मद्रास से पृथक् कर प्रेसीडेंसी बनाया गया। 1717 का वर्ष ईस्ट इंडिया कंपनी के इतिहास में सर्वाधिक महत्वपूर्ण घटना मानी जाती है। इसी वर्ष जॉन सॉरमन के नेतृत्व में भारत आए एक दूत मण्डल ने मुगल सम्राट् फर्रूखसियर से व्यापारिक रियायतें प्राप्त की। मुगल दरबार में आए इस दूतमण्डल में एडवर्ड

स्टीफेन्स, विलियम हैमिल्टन (सर्जन) तथा ख्वाजा सेहूर्द शामिल थे। सर्जन हैमिल्टन ने बादशाह को एक असाध्य बीमारी से मुक्ति दिलाई। बदले में फर्रुखसियर ने खुश होकर बंगाल, हैदराबाद और गुजरात में अंग्रेजों को व्यापारिक सुविधाएं प्रदान करने हेतु तीन फरमान जारी किए, जो इस प्रकार हैं–

(क) बंगाल में 3000 रु० वार्षिक कर देने पर कंपनी के समस्त व्यापार को सीमा शुल्क से मुक्त कर दिया गया। इस फरमान द्वारा कंपनी को कलकत्ता (कोलकाता) के आस-पास के 38 गाँवों को खरीदने का अधिकार भी मिल गया।

(ख) फर्रुखसियर के दूसरे फरमान द्वारा बंबई (मुंबई) में ढाले गए सिक्कों को समूचे मुगल साम्राज्य में प्रचलन की छूट मिल गई।

(ग) तीसरे फरमान द्वारा कंपनी को सूरत में उसके समस्त व्यापार आयात-निर्यात कर से मुक्त कर दिए गए। बदले में कंपनी द्वारा मात्र 10 हजार रुपए का वार्षिक कर देना निर्धारित हुआ।

- फर्रुखसियर द्वारा कंपनी को दिए गए फरमानों के परिणाम दूरगामी सिद्ध हुए। कंपनी के आधुनिक भारत के इतिहास में इन फरमानों को 'महाधिकार पत्र' की संज्ञा दी गई है।

प्लासी का युद्ध (1757)

अंग्रेजों और सिराजुद्दौला के मध्य आपसी मनमुटाव में वृद्धि होती जा रही थी। प्लासी से पहले ही दोनों के मध्य प्रारम्भ संघर्ष के कई कारण थे-

1. अंग्रेजों को यह आशंका थी कि अपने परिजनों के विरुद्ध भावी संघर्ष में सिराजुद्दौला हारेगा। इसलिए उन्होंने शौकत जंग का समर्थन किया और सिराजुद्दौला के किलेबन्दी के आदेशों की भी अवहेलना की।
2. नवाब के सिंहासनरोहण के समय भी अंग्रेजों ने सिराजुद्दौला को न तो कोई भेंट दी और न ही दरबार में उपस्थित हुए। उनकी यह कार्यवाही नवाब के प्रति अशिष्टता थी। इसी प्रकार नवाब ने जब कासिम बाजार फैक्ट्री देखने की इच्छा जताई तो अंग्रेजों ने दिखाने से मना कर दिया।
3. इस समय तक अंग्रेजों ने 1717 ई. में प्राप्त चुंगी मुक्त व्यापार की सुविधा, दस्तक प्रथा का भी दुरूपयोग करना शुरू कर दिया था, इससे नवाब को आर्थिक हानि हुई।
4. अंग्रेजों की बस्ती नवाब के विद्रोहियों के लिए आश्रय स्थली बन गई थी। सिराजुदौला के दीवान राजबल्लभ ने अपनी सम्पत्ति अपने पुत्र व कृष्णबल्लभ के साथ कलकत्ता भिजवा दी तथा दीवान ने घसीटी बेगम की सम्पत्ति को भी छिपाने का प्रयास किया।
5. फ्रांसीसियों ने तो नवाब के किलेबन्दी न करने के आदेश को मान लिया, परन्तु अंग्रेजों ने नवाब की आज्ञा का खुला उल्लंघन किया। सिराजुद्दौला ने अपने अधिकारियों को अंग्रेजों से बातचीत करने के लिए भेजा, लेकिन अंग्रेजों ने नवाब के शान्ति प्रस्ताव को ठुकरा दिया।

प्रारम्भिक संघर्ष

सिराजुद्दौला अब तक अच्छी तरह समझ गया था कि अंग्रेज उसके शत्रुओं से मिले हुए हैं। नवाब ने 4 जून, 1756 ई. को मुर्शिदाबाद के समीप स्थित अंग्रेजों की कासिम बाजार फैक्ट्री पर आक्रमण करके उस पर अधिकार कर लिया।

फैक्ट्री के अंग्रेज अधिकारी वाट्स ने समर्पण कर दिया। 15 जून को नवाब ने फोर्ट विलियम पर आक्रमण कर दिया। ब्रिटिश अधिकारी ड्रेक ने भागकर फुला में शरण ली। बाद में हालवेल को भी समर्पण करना पड़ा तथा कलकत्ता पर 20 जून, 1756 ई. को नवाब का अधिकार हो गया। हालवेल के विवरण के अनुसार, 146 अंग्रेज बन्दियों को 18×15 फुट की कोठरी में बन्द कर दिया, इनमें प्रातः 23 बन्दी ही जीवित रहे। यह घटना 'काल कोठरी' अथवा 'ब्लैकहोल' के नाम से जानी जाती है।

क्लाइव और वाट्सन दिसम्बर 1756 में सेना सहित कलकत्ता के पास फुल्टा द्वीप पहुंच गए। उन्होंने नवाब के अधिकारियों व सेठ साहूकारों को अपनी ओर मिलाने का प्रयास किया। इनमें राजा मानक चन्द, व्यापारी अमीचन्द, जगत सेठ, बंधु मीर जाफर आदि मुख्य थे। अंग्रेजों ने 2 जनवरी, 1757 को कलकत्ता पर अधिकार कर लिया। नवाब को 9 फरवरी, 1757 को अंग्रेजों के साथ अलीनगर की संधि करनी पड़ी, जिसकी प्रमुख शर्तें निम्न थीं–

- मुगल बादशाह सम्राट फर्रुखसियर द्वारा दिए गए अधिकार व सुविधाएं पुनः अंग्रेजों को प्रदान की गई।
- सिराजुद्दौला ने अंग्रेजों को तीन लाख रुपये क्षतिपूर्ति के रूप में देने का वचन दिया।
- कंपनी को कलकत्ता में अपनी इच्छानुसार किलेबन्दी का अधिकार मिल गया।
- कंपनी को निजी सिक्के ढालने का अधिकार भी दिया गया।
- उपर्युक्त सुविधाओं के बदले कंपनी ने नवाब को उसकी सुरक्षा का आश्वासन दिया।

प्लासी के युद्ध के कारण

सिराजुद्दौला के लिए यह संधि अपमानजनक थी। इस संधि ने अंग्रेज और फ्रांसीसियों के सम्भावित गठबंधन को रोक दिया। अलीनगर की संधि पर दोनों पक्षों ने विवशता में हस्ताक्षर किए थे, अतः संघर्ष होना अवश्यम्भावी था।

1. संधि की शर्तों का पूरा न होना सिराजुद्दौला और अंग्रेजों के मध्य संघर्ष का प्रमुख कारण था। नवाब ने 3 लाख रु. क्षतिपूर्ति देने का वचन पूरा नहीं किया। अंग्रेजों का मानना था कि जब तक सिराजुद्दौला रहेगा, अंग्रेजों के हितों पर खतरा बना रहेगा।
2. क्लाइव को यह भय भी था कि कहीं नवाब फ्रांसीसियों से मिलकर अंग्रेजों से अपना प्रतिशोध लेने की कोशिश न करे। इसलिए 14 मार्च, 1757 ई. को अंग्रेजों ने फ्रांसीसी बस्ती चन्द्र नगर पर आक्रमण कर अधिकार कर लिया।
3. नवाब की सेना का एक भाग बिहार की सीमा पर अहमदशाह अब्दाली के आक्रमण को रोकने के लिए गया हुआ था, इसलिए भी वह अंग्रेजों के प्रति दृढ़ नीति नहीं अपना सका।
4. लॉर्ड क्लाइव ने नवाब विरोधियों को अपनी ओर मिलाकर सिराजुद्दौला को गद्दी से हटाने का षड्यंत्र रचा। इन षड्यंत्रकारियों में मीर जाफर, मिर्जा अमीर बेग, हुसैन खां, जगत सेठ, बन्धु महताब खां, स्वरूप चन्द्र मुख्य थे। अंग्रेजों ने मीर जाफर को नवाब बनाने का निर्णय किया। मीर जाफर ने नवाब को युद्ध में सहायता न करने का वचन दिया। अमीचन्द की 30,000 पौण्ड की मांग को भी क्लाइव ने स्वीकार

कर लिया और वाट्सन के जाली हस्ताक्षर का एक संधि पत्र तैयार करके अमीचन्द को दे दिया।

23 जून, 1757 ई. को दोनों के मध्य संपर्क हुआ। नवाब की 50,000 की सेना थी, जबकि क्लाइव के पास 3 हजार सैनिक थे। केवल मीर मुइनुद्दीन के नेतृत्व में सेना के 1/4 भाग ने ही युद्ध किया। नवाब लोगों के विश्वासघात से घबरा गया और 2000 सैनिक सहित युद्ध के मैदान से भाग गया। बिना किसी विशेष प्रयास के ही क्लाइव ने युद्ध जीत लिया। 28 जून को मीर जाफर बंगाल का नवाब बना। 2 जुलाई, 1757 ई. को मीर जाफर के पुत्र मीरन ने सिराजुद्दौला की हत्या कर दी।

प्लासी के युद्ध का महत्व

सैनिक दृष्टि यह मामूली झड़प से अधिक नहीं था और सैनिक इतिहास में यह युद्ध कोई महत्व नहीं रखता है। क्लाइव ने युद्ध संचालन का कोई कुशल प्रमाण नहीं दिया था।

नैतिक दृष्टि से क्लाइव का आक्रमण एवं षड्यंत्र अनुचित था। अंग्रेजों ने प्रारम्भ से ही इसे धोखा दिया, जबकि नवाब ने अंग्रेजों को धोखा देने का प्रयास नहीं किया था। क्लाइव ने वाट्सन के जाली हस्ताक्षर करके भी अनैतिक कार्य किया था।

राजनैतिक एवं आर्थिक महत्व के कारण प्लासी का युद्ध भारतीय इतिहास में अधिक प्रसिद्ध है। इस युद्ध के परिणाम-स्वरूप राजनैतिक दृष्टि से बंगाल के नवाब का अंग्रेजी कंपनी के अधिकारियों पर नियंत्रण समाप्त हो गया। नवाब विदेशियों के हाथ में एक खिलौने के समान हो गया था, वास्तविक शासन सत्ता अंग्रेजों के हाथ में चली गई। अंग्रेजों का राजनैतिक प्रभुत्व इस बात से भी स्पष्ट हो जाता है कि बाद में मीर जाफर को पदच्युत करने में उन्हें किसी भी प्रकार का रक्तपात नहीं करना पड़ा।

इस युद्ध ने अंग्रेजों की महत्वाकांक्षाओं को जागृत कर दिया और वे भारत में साम्राज्य स्थापना का सपना देखने लगे। बंगाल को केन्द्र बनाकर सुगमता के साथ मुगलों की राजधानी दिल्ली का द्वार खटखटा सकते थे। इस प्रकार मुगल साम्राज्य के लिए भी यह युद्ध घातक सिद्ध हुआ।

बंगाल में अब अन्य यूरोपीय शक्तियों का प्रभाव क्षीण हो गया। फ्रांसीसी बंगाल की धरती पर फिर नहीं पनप सके और बंगाल में अंग्रेजों की सर्वोच्चता कायम हो गई।

आर्थिक दृष्टि से प्लासी के युद्ध के पश्चात वह युग आरम्भ हुआ, जिसमें अंग्रेजों का राज्य विस्तार तथा व्यापार के साथ-साथ हुआ। प्लासी से बंगाल की वह लूट आरम्भ हुई, जिसने भारत जैसे धनी देश को निर्धन बना दिया। 1757 से 1760 के मध्य मीर जाफर ने तीन करोड़ रुपये रिश्वत के रूप में अंग्रेजों को दिए। स्वयं क्लाइव को 30 हजार पौण्ड प्राप्त हुए और बाद में उसने 37,70, 833 पौण्ड क्षतिपूर्ति के रूप में प्राप्त किए। यहाँ के समृद्ध स्रोतों ने कंपनी को कर्नाटक का तीसरा युद्ध जीतने में सहायता दी।

बंगाल में कंपनी को 24 परगने की जागीर प्राप्त हुई। बंगाल से प्राप्त धन को कंपनी ने चीन के व्यापार में निवेश करना शुरू कर दिया। इस युद्ध के बाद कंपनी को बंगाल, बिहार और उड़ीसा के तीन सूबों में व्यवसाय करने का अधिकार मिल गया। अंग्रेजों ने तीनों प्रान्तों में अनेक फैक्ट्रियां व कोठियां स्थापित कीं तथा कलकत्ता में अपनी स्वतंत्र टकसाल स्थापित की। जहाँ से 19 अगस्त, 1757 को ईस्ट इण्डिया कंपनी का पहला सिक्का जारी हुआ।

प्लासी के युद्ध के बाद की स्थिति

1757 ई. की राजनैतिक क्रान्ति के बाद औपचारिक रूप से तो कोई परिवर्तन नहीं आया, परन्तु व्यावसायिक रूप से बंगाल का नवाब मीर जाफर अंग्रेजों पर निर्भर था। क्लाइव, जो मद्रास कौंसिल के अधीन एक कर्मचारी मात्र था, अब बंगाल में सबसे प्रभावशाली बन चुका था। इसलिए जून 1758 में कलकत्ता कौंसिल ने उसे बंगाल का गवर्नर निर्वाचित किया और संचालन समिति ने इसकी स्वीकृति बाद में भेजी।

क्लाइव ने राजनीति में पूरा हस्तक्षेप किया। मुगल राजकुमार अली गौहर के पटना आक्रमण के विरुद्ध मीर जाफर की सहायता की। मीरजाफर ने अंग्रेजी नियंत्रण से बचने के लिए डच कंपनी के प्रभाव को बढ़ाना चाहा, परन्तु 1759 में अंग्रेजों द्वारा युद्ध में डच कंपनी को हराकर बंगाल पर पूर्ण नियंत्रण स्थापित कर लिया गया।

1760 ई. का राजनैतिक परिवर्तन

क्लाइव फरवरी 1760 ई. में इंग्लैण्ड चला गया, उसके बाद हालवेल कार्यवाहक गवर्नर बना। मीर जाफर अंग्रेजों द्वारा लगातार मांगे जा रहे धन की पूर्ति नहीं कर सका। अंग्रेजों की शिकायत थी कि जाफर व उसका पुत्र मीरन उनका पूर्ण सहयोग नहीं कर रहे हैं। मीर जाफर ने अंग्रेज समर्थक दुर्लभ राय को मंत्री पद से हटा दिया। 3 जुलाई, 1760 को किसी ने मीरन की हत्या कर दी। इस अवसर का लाभ उठाकर नये गवर्नर वेन्सीटार्ट ने मीर जाफर के दामाद मीर कासिम से 27 सितम्बर, 1760 को एक गुप्त संधि करके उसे नवाब बनाने की बात कही और कासिम ने निम्नलिखित आश्वासन दिए।

- कासिम अंग्रेजों का घनिष्ठ मित्र बना रहेगा।
- सैनिक व्यय के लिए अंग्रेजों को बर्दवान, मिदनापुर और चिटगाँव के जिले देगा।
- आवश्यकता पड़ने पर अंग्रेजों ने मीर कासिम की सहायता करने का आश्वासन दिया।
- तीन वर्ष तक सिलहट में उत्पादित सीमेंट का 1/2 भाग खरीदने पर अंग्रेजों का अधिकार रहेगा।
- दक्षिण युद्ध के खर्च के लिए मीर कासिम ने कंपनी को पांच लाख रुपये देने का वचन दिया।
- मीर कासिम कलकत्ता कौंसिल के सदस्यों को 4,52,000 पौण्ड देगा, जिसमें से वेन्सीटार्ट को 50,000 पौण्ड, हालवेल को 27,000 पौण्ड और 25,000 पौण्ड कौंसिल के प्रत्येक सदस्य को देना तय हुआ।

अक्टूबर 1760 ई. में पर्याप्त निर्वाह भत्ता और सुरक्षा के आश्वासन के बाद मीरजाफर ने मीर कासिम के पक्ष में गद्दी त्याग दी।

बक्सर का युद्ध (1764 ई.)

मीर कासिम ने नवाब बनने के बाद बंगाल के प्रशासन पर अपना नियंत्रण स्थापित करने का प्रयास किया। लेकिन शीघ्र ही उसे यह अनुभव हो गया कि अंग्रेज अधिकारियों की मनमानी और अपने राजकीय अधिकारियों के अपमान के संदर्भ में वित्तीय व प्रशासनिक सुधार सम्भव नहीं है। फिर भी

उसने राजस्व विभाग का पुनर्गठन कर विश्वस्त अधिकारी बैठाए, पुराने भ्रष्ट अधिकारियों की सम्पत्ति जब्त कर ली। अंग्रेजी नियंत्रण कम करने की दृष्टि से वह अपनी राजधानी मुर्शिदाबाद से मुंगेर ले गया तथा वहाँ बारूद व तोपों का कारखाना स्थापित किया।

युद्ध के कारण

कंपनी व मीर कासिम के संबंध अधिक समय तक अच्छे नहीं रह सके। अंग्रेजों द्वारा अधिक सुविधाओं की प्राप्ति के लिए निरन्तर दबाव तथा अंग्रेजी व्यापार की मनमानी आर्थिक लिप्सा के कारण नवाब को आर्थिक नुकसान सहना पड़ता था। इन परिस्थितियों के कारण दोनों के मध्य मतभेद बढ़ते गए, जिसका अन्तिम परिणाम बक्सर के युद्ध के रूप में हुआ।

- 1761 में मीर कासिम को इस बात के लिए विवश किया गया कि शाह आलम को सम्राट माने तथा 12 लाख रुपये नजराने के रूप में दे। अंग्रेजों की इस कार्यवाही को नवाब ने अपनी स्वतंत्रता पर आघात माना।
- प्लासी के युद्ध के बाद बंगाल में कंपनी के कर्मचारियों को व्यापार करने की और अधिक स्वतंत्रता मिल गई। ये बिना चुंगी चुकाये धड़ल्ले से व्यापार करते थे। इससे एक तरफ तो भारतीय व्यापारियों का व्यापार चौपट हो गया तथा दूसरी ओर नवाब की आय घट गई। मीर कासिम ने कंपनी और उसके अधिकारियों के व्यापार पर अंकुश लगाने का निश्चय किया। कंपनी ने नवाब को यह आदेश वापिस लेने के लिए कहा, लेकिन नवाब नहीं माना।
- मीर कासिम ने कंपनी पर आरोप लगाया कि 1760 ई. की संधि के अनुसार नवाब की सहायता के लिए जिस अंग्रेजी सेना को रखने के व्यय के लिए तीन जिले दिए थे, वह सेना नवाब के विरुद्ध ही काम में लाई जा रही है। अत: नवाब ने उन जिलों व उससे प्राप्त राजस्व की पुन: मांग की।
- कलकत्ता कौंसिल ने ऐसी स्थिति में अपने सदस्य तथा अमायत को नवाब से बातचीत करने भेजा। नवाब ने उसको बन्दी बना लिया। अमायत भागकर पटना चला गया, ब्रिटिश प्रतिनिधि एलिस ने पटना पर आक्रमण कर दिया लेकिन असफल रहा, अमायत मारा गया।
- अंग्रेजों ने मीर कासिम के विरुद्ध सैनिक अभियान आरंभ कर दिया। 19 जुलाई, 1763 ई. को एडम्स ने कटवा के युद्ध में मीर कासिम को पराजित किया। वह पटना की ओर भाग गया।

बक्सर के युद्ध का महत्व

बक्सर के युद्ध का राजनैतिक एवं सैनिक दृष्टि से प्लासी की अपेक्षा अधिक महत्व है।

राजनैतिक दृष्टि से युद्ध में अंग्रेजों ने उत्तरी भारत के सबसे शक्तिशाली नवाब को हरा दिया था। अंग्रेजों की सफलता इतनी प्रभावशाली थी कि इसके बाद अगले 92 वर्षों तक अवध के किसी भी नवाब ने अंग्रेजों का विरोध करने का साहस नहीं किया।

इस युद्ध का दूसरा राजनैतिक महत्व यह था कि इस युद्ध के बाद न केवल बंगाल, बिहार पर अंग्रेजों का स्थायी अधिपत्य हो गया, बल्कि इससे अंग्रेजों का दिल्ली तक का मार्ग खुल गया। मुगल सम्राट भी अब और अधिक अंग्रेजी सहायता का इच्छुक हो गया। वह अंग्रेजों से ऐसा समझौता भी करने को तैयार था, जिसमें उसके नाममात्र के अधिकार सुरक्षित थे।

कंपनी ने बंगाल के नवाब के अधिकार पूर्णत: समाप्त कर दिए थे। अब ईस्ट इण्डिया कंपनी केवल बंगाल तक ही सीमित न रहकर एक अखिल भारतीय शक्ति बन गई थी। प्लासी में उसने बंगाल की सेना को परास्त किया, जबकि बक्सर में उसने उत्तरी भारत की श्रेष्ठ सेना को परास्त किया। वास्तव में बक्सर की विजय प्लासी की विजय की पूरक थी।

सैनिक दृष्टि से भी बक्सर का युद्ध अधिक महत्वपूर्ण था। वेन्सीटार्ट ने लिखा था कि जहाँ प्लासी की विजय क्लाइव के षड्यंत्रों का परिणाम थी, वहीं बक्सर की विजय अंग्रेजी सैनिक शक्ति की स्पष्ट विजय थी।

इस युद्ध के आर्थिक परिणाम भारतीयों के लिए और भी अधिक घातक सिद्ध हुए। अब बंगाल व बिहार की लूट में तेजी आई। बंगाल, बिहार और उड़ीसा के लगान अधिकार अंग्रेजों के पास आ गए। इससे भारतीय उद्योग-धंधों व व्यापार को हानि पहुंची।

इस प्रकार स्पष्ट है कि भारत में अंग्रेजी राज्य की स्थापना की जिस प्रक्रिया को प्लासी ने आरम्भ किया था, उसको बक्सर के युद्ध ने पूरा किया। बी.ए. स्मिथ ने इसलिए लिखा है-''बक्सर की लड़ाई एक निर्णायक युद्ध था जिसने प्लासी के कार्य को पूर्ण किया।''

इलाहाबाद की संधि

मई, 1765 ई. को जब क्लाइव बंगाल का गवर्नर बनकर भारत आया तो मुगल साम्राज्य कंपनी के चरणों में था। बंगाल की प्रशासन अवस्था भी एक कठिन कार्य था। बक्सर के युद्ध के बाद मुगल सम्राट शाह आलम और अवध के नवाब शुजाउद्दौला से किसी प्रकार की संधि नहीं हो पाई थी। क्लाइव ने इस समस्या के समाधान की ओर ध्यान दिया। 12 अगस्त, 1765 को अंग्रेजों ने मंगल सम्राट शाह आलम के साथ इलाहाबाद में संधि की, जिसके प्रमुख निम्न बिन्दु थे।

- अवध के नवाब से कड़ा और इलाहाबाद लेकर मुगल बादशाह को सौंप दिए गए।
- एक विशेष फरमान द्वारा मुगल बादशाह ने बंगाल, बिहार और उड़ीसा की दीवानी प्राप्त करने का अधिकार कंपनी को दे दिया। मीर जाफर के पुत्र नज्मुद्दौला को बादशाह ने नवाब स्वीकार किया।
- अंग्रेजों ने मुगल सम्राट को 26 लाख रुपये वार्षिक पेंशन देना स्वीकार किया।
- शाह आलम ने अंग्रेजों को हैदराबाद के उत्तरी जिले भी जागीर के रूप में दे दिए। इस प्रकार इस संधि के द्वारा वैधानिक रूप से अंग्रेजों का बंगाल, बिहार और उड़ीसा पर आधिपत्य स्थापित हो गया।

इसके उपरान्त 16 अगस्त, 1765 को अवध के नवाब के साथ एक अलग संधि की गई, जिसके अनुसार शुजाउद्दौला को उसका सम्पूर्ण राज्य क्षेत्र लौटा दिया गया। नवाब ने 50 लाख रुपये युद्ध के हर्जाने के रूप में कंपनी को तथा कड़ा व इलाहाबाद जिले शाह आलम के लिए दिए। इसके साथ ही यह भी निश्चित किया गया कि अवध के राज्य की रक्षार्थ कंपनी सैनिक सहायता देगी, परन्तु जिसका व्यय नवाब को देना होगा।

इस संधि से अवध पूर्णतया अंग्रेजों के प्रभाव में आ गया। क्लाइव ने मराठा सैनिकों के खतरे से बचने के लिए अवध को एक मध्यस्थ राज्य के रूप में प्रयोग किया।

बंगाल में द्वैध शासन

इस प्रकार बंगाल में निजामत (प्रान्त की रक्षा) व दीवानी अधिकार कंपनी के पास आ गए थे। शाह आलम को 26 लाख और नज्मुद्दौला को 53 लाख देने के बाद जो भी बचता, कंपनी के पास ही रहता। इस प्रकार कंपनी एक धनी और शक्तिशाली राज्य की स्वामी बन गई। क्लाइव ने मोहम्मद रजा खान, रायदुर्लभ व शिताबराय को नायब दीवान नियुक्त किया। मुगल शासन पद्धति में बंगाल का शासन दो भागों में बंटा हुआ था।

1. **दीवानी शासन** - कर वसूली व दीवानी न्याय
2. **निजामत** - शान्ति व्यवस्था, प्रान्त रक्षा व फौजदारी न्याय।

शासन के इन दो भागों को दो अलग-अलग शक्तियों को सौंप दिया जाता है, तो वह दोहरा या द्वैध शासन कहलाता है।

कंपनी को शासन सम्बन्धी अधिकार तो मिल गए, लेकिन इनको सम्पादित करने के लिए न तो साधन थे और न ही रुचि थी। अत: क्लाइव कंपनी को प्रत्यक्ष उत्तरदायित्व से दूर रखना चाहता था। अत: निजामत का कार्य नवाब के हाथों में ही रहने दिया गया, जबकि दीवानी का कार्य कंपनी के भारतीय अधिकारियों के माध्यम से चलाने का निश्चय किया गया और इसके लिए नायब नियुक्त किए गए। इस प्रकार सिद्धान्तत: शासन का भार कंपनी व नवाब में विभाजित हो गया, परन्तु वास्तविक रूप से सत्ता कंपनी के पास ही थी। यह व्यवस्था 1767 से 1772 तक कार्य करती रही।

मैसूर राज्य के अंग्रेजों से सम्बन्ध

1761 ई. में हैदर अली ने अपनी सैनिक, राजनीतिक योग्यता तथा व्यक्तिगत परिश्रम के आधार पर मैसूर राज्य पर नियंत्रण स्थापित किया था। 1762 से ही वह इस बात के लिए प्रयत्नशील था कि वह मराठों के विरुद्ध अपनी स्थिति मजबूत करने में अंग्रेजों की सहायता प्राप्त कर सके। हैदर अली की यह योजना थी कि वह यूरोपीय शक्तियों की परस्पर प्रतिद्वंद्विता से लाभ उठाकर आवश्यकता पड़ने पर अपने लिए सैनिक सामग्री तथा सहायता प्राप्त कर सके। इसी दृष्टि से उसने फ्रांसीसियों से घनिष्ठता बढ़ाई थी, जिसे अंग्रेजों ने हमेशा अपने विरुद्ध समझा। दक्षिण भारत की राजनीति में सन्तुलन बनाये रखने के लिए तथा मराठों को मद्रास से दूर रखने के लिए अंग्रेजों को मैसूर के अस्तित्व की आवश्यकता थी, किन्तु हैदर अली की योग्यता, कूटनीतिक सूझबूझ, सैनिक कुशलता ही अंग्रेजों की दृष्टि में उसका दोष था, क्योंकि इन योग्यताओं के आधार पर मैसूर राज्य अत्यधिक शक्तिशाली बन सकता था और ऐसा शक्तिशाली राज्य दक्षिण के शक्ति सन्तुलन को बिगाड़ कर बढ़ती अंग्रेजी सत्ता के लिए खतरा हो सकता था। इसलिए अंग्रेजों ने हैदर जैसे योग्य नेता को समर्थन देना अपने हितों के विरुद्ध समझा। यही नहीं, मैसूर की बढ़ती शक्ति को दबाने के लिए अंग्रेज शीघ्र ही युद्ध का बहाना ढूंढने लगे, जो दक्षिण भारतीय राजनीति ने शीघ्र ही उन्हें प्रदान कर दिया। इसी के साथ मैसूर तथा अंग्रेजों के मध्य युद्ध की उस शृंखला की शुरुआत हुई, जो हैदर अली की मृत्यु के बाद भी टीपू के नेतृत्व में जारी रही और अंग्रेजों ने मैसूर के पतन के बाद ही राहत की सांस ली।

प्रथम आंग्ल-मैसूर युद्ध (1767 ई.-69 ई.) के कारण

प्रथम आंग्ल-मैसूर युद्ध मद्रास सरकार द्वारा दक्षिण की राजनीति में भाग लेने के कारण हुआ। अंग्रेजों ने बंगाल में आशातीत सफलता प्राप्त की थी और मद्रास सरकार इसी प्रकार की सफलता को दक्षिण में दोहराना चाहती थी। 1765 में हैदराबाद के निजाम ने हैदर अली के विरुद्ध अंग्रेजों से सहायता मांगी और उत्तरी सरकार के इलाके को प्राप्त करने के बदले में अंग्रेज निजाम को सहायता देने के लिए तैयार हो गए। मराठे भी इस संधि में सम्मिलित हो गए और इस प्रकार 1766 में पहले मराठों ने मैसूर पर आक्रमण किया, किन्तु हैदर अली ने बहुत चालाकी से काम लिया। उसने इस गुट को तोड़ने और मराठों के आक्रमण से बचने के लिए कूटनीति का सहारा लिया। उसने आक्रमणकारी मराठों को 35 लाख रुपये देने का वादा किया। आधा धन उसी समय दे दिया गया तथा आधे धन के बदले में कोलार के जिले को रहन के रूप में मराठों को दे दिया। मराठे इससे सन्तुष्ट होकर वापस चले गए।

हैदर ने निजाम को भी प्रलोभन देकर अपनी ओर मिला लिया। मई, 1767 ई. में निजाम ने अंग्रेजों के विरुद्ध हैदर की सहायता करने के लिए एक संधि पर हस्ताक्षर किए, क्योंकि निजाम अंग्रेजों को उत्तरी सरकार देने के पक्ष में नहीं था।

निजाम और अंग्रेजों ने अप्रैल 1767 ई. में हैदर पर आक्रमण किया, किन्तु मई 1767 में निजाम हैदर की ओर मिल गया। युद्ध अब अंग्रेजों और हैदर अली में ही रह गया। अंग्रेज इस समय मैसूर में हैदर की शक्ति को आन्तरिक विद्रोह करवा कर भी समाप्त करने की योजना बना रहे थे। सितम्बर 1767 ई. में ब्रिटिश सेनापति स्मिथ को हैदर तथा निजाम की सम्मिलित सेनाओं से युद्ध करना पड़ा तथा त्रिनोपली वापस लौटना पड़ा, जहाँ कर्नल वुड की सेना भी उसके साथ हो गई। त्रिनोपली के युद्ध में निजाम और हैदर अली की सेनाओं को असफलता मिली और दिसम्बर 1787 में हैदर अली की एक अन्य स्थान पर भी हार हुई। इन असफलताओं को देखकर और यह जानकर कि अंग्रेज हैदराबाद पर भी आक्रमण करने के लिए सेना भेज रहे हैं, निजाम का साहस टूट गया और मार्च 1768 में उसने पुन: पाला बदलते हुए हैदर अली का साथ छोड़कर अंग्रेजों से सन्धि कर ली। निजाम के साथ मद्रास सरकार द्वारा की गई यह संधि अंग्रेजों और मैसूर राज्य के बीच स्थायी झगड़े का कारण बनी, क्योंकि इस मैत्री में अंग्रेजों ने हैदर के अस्तित्व को समाप्त करने तथा बंगाल की भांति मैसूर की दीवानी प्राप्त करने की योजना बनाई थी, हैदर को अपहरणकर्ता और विद्रोही घोषित किया गया था। इस संधि के पश्चात् हैदर को अपने अस्तित्व के लिए संघर्ष करना पड़ा।

इसके बाद अंग्रेजों ने मार्च 1768 ई. में मंगलोर के दुर्ग पर अधिकार कर लिया, लेकिन हैदर ने शीघ्र ही उस पर पुन: नियंत्रण स्थापित कर लिया। इससे हैदर की सैनिक प्रतिष्ठा बढ़ी तथा उसका अंग्रेजों के विरुद्ध लड़ने का निश्चय भी दृढ़ हुआ। उसने अंग्रेजों के विरुद्ध युद्ध शैली में परिवर्तन किया। एक स्थान पर युद्ध करने की अपेक्षा उसने अपनी घुड़सवार फौज से अंग्रेजी सेना को परेशान करना आरम्भ किया और 1768 ई. के अन्त तक हैदर विभिन्न स्थानों पर पुन: नियन्त्रण स्थापित कर सका। विजयी होकर हैदर ने अंग्रेजों से संधि वार्ता आरम्भ की। यह वार्ता दिसम्बर 1768 ई. से अप्रैल 1769 ई. तक चलती रही। डेढ़ वर्ष के अनिर्णायक युद्ध के पश्चात हैदर अली ने अंग्रेजों के विरुद्ध बाजी उलट दी तथा मद्रास को घेर लिया। मद्रास सरकार विवशता की स्थिति में थी, अत: भयभीत अंग्रेजों को हैदर के साथ संधि करनी पड़ी।

मद्रास की संधि (अप्रैल 1769 ई.) और युद्ध का अन्त

4 अप्रैल, 1769 ई. को हैदर अली तथा अंग्रेजों के मध्य जो संधि हुई, उसके परिणामस्वरूप-

- दोनों पक्षों ने एक-दूसरे के जीते हुए क्षेत्र लौटा दिए।
- हैदर अली के पास करूर का क्षेत्र रहने दिया गया।
- हैदर ने 205 अंग्रेज युद्धबन्दियों को छोड़ दिया।
- अंग्रेजों तथा हैदर अली ने एक-दूसरे को किसी भी बाह्य आक्रमण के अवसर पर परस्पर सहायता देने का वादा किया।

इस प्रकार यह एक प्रकार का रक्षात्मक समझौता था। मद्रास सरकार को इस युद्ध से कोई लाभ नहीं हुआ। निःसन्देह, युद्ध में हैदर अली को सफलता प्राप्त हुई थी और उसने ही संधि की शर्तों को निश्चित किया था, किन्तु यह संधि दो मित्रों के बीच न थी। अंग्रेज न तो हैदर अली को मित्र मानने को तैयार थे और ना ही इस संधि की शर्तों के अनुसार हैदर को उसके शत्रुओं के विरुद्ध सहायता देने के लिए तत्पर थे। 1771 ई. में मराठा पेशवा माधवराव ने मैसूर पर आक्रमण किया और हैदर द्वारा सहायता मांगने पर भी अंग्रेजों ने उसकी सहायता नहीं की। हैदर को पराजित होकर मराठों को भारी धनराशि देनी पड़ी। अंग्रेजों द्वारा की गई इस वादा खिलाफी से हैदर का विश्वास उन पर से उठ गया। 1771 ई. की यह घटना ही 10 वर्ष पश्चात् हैदर को अंग्रेजों के पक्ष में लाने में विफल रही।

द्वितीय आंग्ल-मैसूर युद्ध (1780 ई.-84 ई.) के कारण

1775 ई. के बाद मद्रास प्रशासन कुछ आन्तरिक कलह और विवादों में उलझा हुआ था। मराठा संघ भी आन्तरिक कठिनाइयों में उलझा हुआ था, इसलिए हैदर को अपनी शक्ति बढ़ाने का सुअवसर मिलता रहा। इस दौरान भी दोनों पक्षों में मतभेद रहे, जिन्होंने परिवर्तित परिस्थितियों में द्वितीय आंग्ल-मैसूर युद्ध के कारणों को जन्म दिया-

1. 1776 ई. में आरम्भ हुए अमेरिकी उपनिवेशों के स्वतंत्रता संग्राम में फ्रांस ने इंग्लैण्ड के विरुद्ध उपनिवेशों की सहायता की थी, इसलिए भारत में अंग्रेजी कंपनी के अधिकारियों ने फ्रांसीसियों के क्षेत्रों पर अधिकार करने का निश्चय किया। इसी क्रम में पाण्डिचेरी, मच्छलीपट्टम तथा 19 मार्च 1779 ई. को माही पर अंग्रेजों का नियंत्रण हो गया। मालाबार तट पर स्थित माही का यह फ्रांसीसी तट हैदर के नियंत्रण में था, जहाँ से सैनिक सामान मैसूर पहुंचता था।
2. अंग्रेजों ने हैदर को गुन्टूर सरकार के प्रश्न पर भी लड़ने के लिए बाध्य किया। 1778 में अंग्रेजों ने बसालत जंग (निजाम का सम्बन्धी) से गुन्टूर छीन लिया। यह कार्य हैदर अली विरोधी था, क्योंकि गन्टूर के निकट हैदर अली अपना प्रभाव स्थापित कर रहा था। अतः हैदर ने बसालत के विरुद्ध कार्यवाही की धमकी दी और अंग्रेजों ने बसालत की सहायता के लिए ऐसा मार्ग चुना, जो हैदर के राज्य से होकर जाता था। हैदर की अनुमति के बिना ही अंग्रेजी सेनाओं को मद्रास सरकार ने मैसूर राज्य से जाने का आदेश दिया। जब हैदर की सेना ने अंग्रेजी सेना का विरोध किया तो मद्रास सरकार ने इसे शत्रुता पूर्ण कार्य कहाँ यह युद्ध आरम्भ होने का दूसरा कारण था।
3. युद्ध का एक अन्य कारण हेस्टिंग्स की साम्राज्यवादी महत्वाकांक्षा थी। उसने मद्रास सरकार के साथ हैदर के 1778 ई. में सन्धि स्थापना के प्रस्ताव को अस्वीकार कर दिया। हेस्टिंग्स ने मराठों की राजनीति में हस्तक्षेप करके यह स्पष्ट कर दिया था कि उसकी महत्वाकांक्षा समस्त भारत में अंग्रेजी प्रभाव स्थापित करने की है, जिससे मैसूर राज्य भी अधिक दिनों तक नहीं बच सकता था।
4. अंग्रेजी नीति ने दक्षिण भारतीय शक्तियों को संगठित होने का अवसर दिया। हैदर अली अंग्रेजों से पहले ही असन्तुष्ट था, जबकि अंग्रेजों ने 1768 में निजाम के साथ की गई संधि के अनुसार उत्तरी सरकार के जिलों के बदले सात लाख रुपये वार्षिक देने के वादे को भी पूरा नहीं करने से इंकार कर दिया और बसालत जंग से गुन्टूर का जिला छीन लिया, इसलिए निजाम इस समय अंग्रेजों से असंतुष्ट था। उधर, मराठों के साथ अंग्रेजों का प्रथम युद्ध आरम्भ हो चुका था परिणामस्वरूप अंग्रेजों से नाराज इन तीनों दक्षिणी शक्तियों ने अंग्रेजों के विरुद्ध एक गुट बना लिया और एक निश्चित योजना के तहत यह तय किया गया कि मराठे बरार और मध्य भारत से होते हुए अंग्रेजों पर उत्तर भारत में आक्रमण करेंगे, निजाम उत्तरी सरकार पर आक्रमण करेगा तथा हैदर अली मद्रास तथा उसके आसपास के क्षेत्रों को जीतेगा। इस प्रकार द्वितीय आंग्ल-मैसूर युद्ध की पृष्ठभूमि तैयार हो गई।

द्वितीय आंग्ल-मैसूर युद्ध का आरम्भ और घटनाएं

फरवरी 1780 में अंग्रेज विरोधी गुट में शामिल होने के बाद हैदर ने तय योजना के अनुसार जुलाई 1780 में 83,000 सैनिकों तथा 100 तोपों के साथ कर्नाटक के मैदान में प्रवेश किया। मद्रास सरकार ने एक सेना कर्नल बेली और दूसरी बक्सर युद्ध के विजेता हैक्टर मुनरो के नेतृत्व में हैदर अली को आगे बढ़ने से रोकने के लिए भेजी। टीपू ने इन दोनों सेनाओं को मिलने से रोका। कांजीवरम के निकट हुए बेली के साथ मुकाबले में बेली मारा गया। मुनरो, जो कांजीवरम में बेली का इन्तजार कर रहा था, इतना घबराया कि उसने मद्रास में जाकर शरण ली। अक्टूबर 1780 में हैदर ने अकार्ट पर अधिकार कर लिया। अंग्रेजी प्रतिष्ठा अपने न्यूनतम बिन्दु पर पहुंच गई। अल्फ्रेड लॉयल ने उस समय की अंग्रेजों की स्थिति के बारे में लिखा है कि भारत में अंग्रेजों का भाग्य सबसे नीचे गिर चुका था। किन्तु वारेन हेस्टिंग्स ने बड़ी दृढ़ता से काम लिया और उसने बंगाल से एक बड़ी सेना सर आयर कूट के नेतृत्व में मद्रास भेजी। उसने कूटनीति का भी सहारा लिया। भोंसले तथा सिन्धिया को मैसूर की सहायता न करने के लिए सहमत कर लिया तथा निजाम को गुन्टूर का जिला देकर उसे भी हैदर अली से पृथक कर दिया, परिणामस्वरूप अंग्रेजों के विरुद्ध अब हैदर अकेला ही रह गया।

जुलाई 1781 ई. में अंग्रेजी सेनाध्यक्ष आयरकूट ने अवश्य हैदर अली को पोर्टोनोवा के स्थान पर हराया, किन्तु सर आयर कूट को इस सफलता से कोई लाभ प्राप्त नहीं हुआ। युद्ध स्थल से एक भी तोप नहीं मिल सकी। कूट के पास घोड़े नहीं थे, इसलिए वह हैदर अली का पीछा नहीं कर सका। उसने स्वयं लिखा कि उसकी स्थिति विजय की अपेक्षा पराजित सेना की सी थी। सितम्बर 1781 में आयरकूट ने हैदर अली को सोलिंगपुर के युद्ध में परास्त किया और नवम्बर में अंग्रेजों ने नागापट्टम पर अधि कार कर लिया। परन्तु इसके पश्चात अंग्रेजों की हार होनी आरम्भ हो गई। सन् 1782 के आरम्भ में ही एडमिरल सफरिन के नेतृत्व में फ्रांसीसियों

ने कुडालोर और त्रिनोपाली के बन्दरगाहों पर अधिकार कर लिया और आयरकूट का अनी पर अधिकार करने का प्रयास तथा बम्बई सरकार का मालाबार पर आक्रमण का प्रयत्न विफल रहा। वर्षा आरम्भ होने से युद्ध शिथिल पड़ गया। अंग्रेज मद्रास चले गए, फ्रांसीसी कुडालोर में तथा हैदर अली अकार्ट के निकट पड़ा रहा।

हैदर अली की मृत्यु से द्वितीय मैसूर युद्ध समाप्त नहीं हुआ, बल्कि उसका बेटा टीपू सुल्तान उससे भी अधिक महत्वाकांक्षी साबित हुआ और उसने युद्ध जारी रखा। यूरोप में फ्रांस तथा ब्रिटेन के मध्य पेरिस की संधि (1783) हो गई तथा फ्रांसीसी इस संघर्ष से अलग हो गए। यह टीपू के लिए हानिकारक था। 1783 में अंग्रेजों को पुनः सफलता मिली। अंग्रेजों ने पालघाट तथा कोयम्बटूर पर अधिकार कर लिया, किन्तु जब कर्नल फुलर्टन मैसूर की राजधानी श्रीरंगपट्टम की ओर बढ़ रहा था, तभी उसे मद्रास सरकार ने वापस बुला लिया, क्योंकि आर्थिक संसाधनों की अत्यधिक कमी के कारण मद्रास का गवर्नर मैकार्टने संधि के लिए उत्सुक था। इधर फ्रांसीसी यूरोप में अंग्रेजों से समझौता कर चुके थे, मराठों तथा अंग्रेजों में सालबाई की संधि हो गई थी और निजाम भी अंग्रेजों की ओर जा मिला था। इसीलिए अकेले संघर्षरत टीपू ने भी अंग्रेजों से संधि करना उचित समझा, परिणामस्वरूप दोनों पक्षों में मंगलोर की संधि हो गई।

मंगलोर की संधि (मार्च 1784 ई.)

आरम्भ में वारेन हेस्टिंग्स मद्रास सरकार के इस प्रस्ताव से सहमत नहीं था कि टीपू के साथ एक अलग संधि की जाए, लेकिन संचालक समिति के युद्ध समाप्ति के आदेश के बाद बंगाल सरकार के सामने कोई विकल्प नहीं रह गया। अतः मार्च 1784 ई. में दोनों पक्षों के बीच मंगलोर की संधि हुई। इस संधि के अनुसार–

- दोनों पक्षों ने एक-दूसरे के जीते हुए प्रदेश लौटा दिए तथा टीपू ने अंग्रेज बंदियों को छोड़ दिया।
- यह संधि टीपू के लिए एक प्रकार से कूटनीतिक सफलता थी, क्योंकि वह अंग्रेजों के साथ पृथक और मराठों की सर्वोच्चता स्वीकार करने का सफल विरोध कर सका था।
- उसने अपने राज्य में अंग्रेजों को कोई व्यापारिक अधिकार प्रदान नहीं किए।
- वारेन हेस्टिंग्स संधि से बिल्कुल भी सन्तुष्ट नहीं था और इंग्लैण्ड में बोर्ड ऑफ कन्ट्रोल ने युद्ध के पुनः आरम्भ होने के परिणाम को सोचकर संधि को स्वीकार कर लिया था।
- वस्तुतः मद्रास सरकार और टीपू दोनों उस समय युद्ध से तंग आ चुके थे और थोड़ा समय शांति के लिए चाहते थे अतः निश्चित था कि दोनों पक्ष एक बार फिर आमने-सामने होंगे।

तृतीय आंग्ल-मैसूर युद्ध (1790 ई.-92 ई.) के कारण

अंग्रेजी साम्राज्यवादी परम्परा के अनुकूल, मंगलोर की संधि को अंग्रेजों ने आने वाले आक्रमण के लिए सांस लेने का समय ही माना और टीपू को भी अंग्रेजों के विरुद्ध युद्ध अवश्यम्भावी प्रतीत होता था। ऐसी स्थिति में युद्ध के लिए निम्नलिखित कारण उत्तरदायी रहे।

1. 1784 के पिट्स इण्डिया अधिनियम में यह स्पष्ट कर दिया गया था कि कंपनी भारत में कोई नया प्रदेश जीतने का प्रयत्न नहीं करेगी, किन्तु भारत में अंग्रेजों की प्रधानता स्थापित करने के लिए कार्नवालिस यह आवश्यक समझता था कि टीपू को पराजित किया जाए, क्योंकि समकालीन भारतीय शासकों में टीपू सबसे अधिक योग्य, शक्तिशाली था तथा उसका राज्य भी सम्पन्न था।
2. टीपू ने भी अंग्रेजों के विरुद्ध युद्ध को अवश्यम्भावी मानते हुए अपनी स्थिति को दृढ़ करने के लिए उसने जुलाई 1787 में एक राजदूत मण्डल फ्रांस भेजा था तथा उसी वर्ष दूसरा राजदूत मण्डल टर्की के सुल्तान के यहाँ भेजा। यद्यपि दोनों स्थानों पर इन मण्डलों का अच्छा स्वागत हुआ, किन्तु आश्वासन के अलावा कोई विशेष भौतिक सहायता उसे मिल नहीं हो सकी। उसके इन कार्यों का अर्थ कार्नवालिस ने यह लिया कि टीपू अंग्रेजों की शक्ति को नष्ट करने के लिए कृत संकल्प था। यद्यपि सीक्रेट कमेटी ने लन्दन से जुलाई 1788 ई. में लिखा था कि फ्रांस सरकार ने ब्रिटेन के विरुद्ध ना तो कोई संधि की और ना ही किसी का विचार था। कमेटी ने यह भी आश्वासन दिया कि इंग्लैण्ड सरकार टीपू के दूत पर निगरानी रखेगी।
3. ट्रावनकोर पर टीपू द्वारा किया गया आक्रमण भी दोनों पक्षों में झगड़े का कारण बना। हैदर अली के समय से ही कालीकट तथा ट्रावनकोर के मध्य कोचिन पर उसका आधिपत्य बढ़ गया था। कोचिन के क्षेत्र में 40 मील लम्बी ट्रावनकोर लाइस थी, जो ट्रावनकोर की उत्तरी आक्रमण से रक्षा के लिए महत्वपूर्ण थी। इस रेखा तक पहुंचने का मार्ग दो स्थानों से नियंत्रित था-कांगनूर और आइकोटा। ये दोनों दुर्ग डच नियंत्रण में थे। टीपू के बढ़ाए हुए प्रभुत्व को रोकने के लिए ट्रावनकोर के शासक ने इन दोनों दुर्गों को डच गवर्नर से खरीद लिया, जबकि टीपू स्वयं उन्हें खरीदना चाहता था। कोचिन रियासत को अपने अधीन मानने के कारण टीपू ने ट्रावनकोर के शासक के इस कार्य को अपनी सत्ता में हस्तक्षेप मानते हुए उसने अप्रैल 1790 में ट्रावनकोर पर आक्रमण कर दिया। अंग्रेजों ने, जो इस युद्ध के लिए पहले से ही उद्यत बैठे थे, ट्रावनकोर के राजा का पक्ष लिया, क्योंकि 1784 में दोनों पक्षों के बीच इस आशय की संधि हुई थी। यद्यपि अंग्रेजी अनुमति के बिना ट्रावनकोर द्वारा दुर्गों को खरीदना स्वयं कार्नवालिस ने अनुचित माना था, फिर भी उसने टीपू के कार्य को युद्ध का कार्य समझा।
4. मैसूर पर आक्रमण करने से पहले कार्नवालिस ने इस बात की भी व्यवस्था की कि मराठे किसी भी कारण से टीपू का साथ देने को तैयार न हो जाएं। कार्नवालिस और टीपू में युद्ध किसी हद तक ट्रावनकोर के प्रश्न के फलस्वरूप हुआ था, यह इस बात से भी स्पष्ट होता है कि कार्नवालिस ने मराठों और निजाम से टीपू के विरुद्ध युद्ध के लिए अक्टूबर 1788 में ही वार्ता आरम्भ कर दी थी और अन्ततः इस युद्ध से ट्रावनकोर को कोई लाभ भी नहीं हुआ था। दो वर्षों के निरन्तर प्रयास के बाद ही मैलेट तथा कोनावे (पूना तथा हैदराबाद में अंग्रेज प्रतिनिधि) मराठों तथा निजाम के साथ क्रमशः समझौता कर सके। मराठों का संदेह दूर करने के लिए कार्नवालिस ने बम्बई की सैनिक टुकड़ी को मराठा सेनाध्यक्ष के नियंत्रण में रखना स्वीकार किया। 01 जून, 1790 ई. को मराठों के साथ तथा 4 जुलाई, 1790 ई. को निजाम के साथ अंग्रेजों ने मैत्री संधि कर ली, जिनके अनुसार मराठा तथा निजाम दोनों ने टीपू के विरुद्ध युद्ध में अंग्रेजों की सैनिक टुकड़ियों के साथ सहायता करने का वादा किया। अंग्रेजों ने युद्ध में जीते गए क्षेत्रों को आपस में बांटने का आश्वासन दिया। यद्यपि निजाम तथा

मराठों ने अंग्रेजों की बहुत कम सहायता की तथा युद्ध का अधिकांश भार अंग्रेजों पर ही रहा, परन्तु इससे मराठों तथा निजाम के टीपू के साथ जा मिलने की सम्भावना को खत्म कर दिया गया। इस प्रकार टीपू के आक्रमण को आरम्भ में ही रोका जा सकता था, क्योंकि इन राज्यों के साथ अंग्रेजों के मैत्रीपूर्ण सम्बन्ध थे, इस प्रकार टीपू के लिए राज्य विस्तार अत्यन्त कठिन हो गया था। उसे फ्रांस से भी कोई सहायता प्राप्त नहीं हो सकी, क्योंकि एक वर्ष पहले ही फ्रांस में जनक्रांति प्रारम्भ हो चुकी थी।

युद्ध का आरम्भ तथा घटनाएं

अप्रैल 1790 ई. में टीपू द्वारा ट्रावनकोर पर आक्रमण के बाद कार्नवालिस ने एक बड़ी सेना की सहायता से मद्रास के गवर्नर मिडोज के नेतृत्व में मैसूर पर आक्रमण का निर्णय लिया, किन्तु यह अभियान पूर्णतः विफल रहा। इस असफलता के पश्चात् कार्नवालिस ने डूंडास को लिखा था– ''युद्ध की शीघ्र और सफल समाप्ति की मधुर आशा अब कुछ धुंधली हो गई है। हम समय खो चुके हैं और शत्रु ने प्रतिष्ठा प्राप्त कर ली है।'' कार्नवालिस ने टीपू को आशा से अधिक शक्तिशाली पाया और इसलिए उसे स्वयं मद्रास पहुंचने और सेना का नेतृत्व सम्भालने के लिए विवश होना पड़ा। कार्नवालिस की इस असफलता को देखकर इंग्लैण्ड में उसकी नीति की आलोचना होने लगी। युद्ध को अनावश्यक, अनुचित तथा मराठों एवं निजाम के साथ की गई संधियों को 1784 ई. के एक्ट के विपरीत बताया गया। इससे कार्नवालिस बहुत क्रुद्ध हुआ। उसे यह विश्वास था कि टीपू के साधन तथा सैनिक शक्ति बहुत कम हो चुकी थी और यदि मराठे तथा निजाम अंग्रेजों का साथ देते रहे तो टीपू को शीघ्र ही संधि की याचना करनी पड़ेगी। वर्षा ऋतु की समाप्ति के बाद नवम्बर 1791 में कार्नवालिस ने पुनः टीपू के विरुद्ध सैनिक अभियान आरम्भ किया। फरवरी 1792 में कार्नवालिस ने श्रीरंगपट्टम पर घेरा डाला। टीपू ने अत्यन्त कुशल सैन्य संचालन का परिचय दिया, किन्तु अंग्रेजी सेनाएं श्रीरंगपट्टम के किले की दीवार तक आ पहुंचीं। हताश होकर टीपू को संधि की बातचीत आरम्भ करनी पड़ी और मार्च 1792 में संधि हो गयी।

श्रीरंगपट्टम की संधि (मार्च 1792 ई.)

जनवरी 1792 ई. में टीपू ने संधि वार्ता आरम्भ कर दी थी, लेकिन कार्नवालिस टीपू को निर्णायक रूप से हराना चाहता था, इसलिए श्रीरंगपट्टम की जीत निश्चित होने के बाद ही मार्च 1792 में संधि हो गई। इस संधि के अनुसार–

- टीपू का लगभग आधा राज्य उससे छीन लिया गया। अधिकांश भाग अंग्रेजों को प्राप्त हुआ, जिसमें मालाबार, दक्षिण में डिण्डीगुल तथा उसके समीप के सभी जिले, पूर्व बारामहल और आसपास के सभी पहाड़ी मार्ग शामिल थे, जिससे उनके राज्य का विस्तार ही नहीं हुआ, बल्कि उन्हें मैसूर में सैनिक और राजनीतिक महत्व के स्थान भी प्राप्त हुए।
- टीपू को 4 करोड़ रुपये युद्ध के हर्जाने के रूप में देने पड़े।
- अंग्रेजों को कुर्ग के राजा पर आधिपत्य प्राप्त हुआ।
- जब तक हर्जाना न चुका दिया जाए, टीपू के दो पुत्र अंग्रेजों के पास बंधक के रूप में रखे गए।

इस संधि से मैसूर राज्य की आर्थिक सम्पन्नता तथा सुरक्षात्मक व्यवस्था विच्छिन्न हो गई थी। बारामहल, कुर्ग तथा मालाबार के निकल जाने से मैसूर की प्राकृतिक सुरक्षा व्यवस्था समाप्त प्राय हो गई। ऐसी स्थिति में टीपू विशाल सेना का भार सहन नहीं कर सकता था। अन्ततः मैसूर की अंग्रेजों के विरुद्ध सफलता असम्भव हो गई।

चतुर्थ आंग्ल-मैसूर युद्ध (1799 ई.) के कारण

भारत में ईस्ट इण्डिया कंपनी की नीति का मुख्य अंग साम्राज्य विस्तार के लिए युद्ध लड़ना था और फिर युद्ध के लिए अपने आप को तैयार करने के लिए शांति की नीति अपनाना था। उधर तृतीय मैसूर युद्ध में शीघ्र ही अंग्रेज तथा टीपू पुनः युद्ध में उलझ गए, जिसके निम्नलिखित कारण थे–

- टीपू अपनी पराजय को स्वीकार नहीं कर पा रहा था, इसलिए श्रीरंगपट्टम की संधि के बाद वह पुनः अपनी स्थिति को मजबूत करने में लग गया। उसने अपने किले की किलेबन्दी मजबूत करना आरम्भ किया, अपनी घुड़सवार तथा पैदल सेना की संख्या बढ़ाई तथा प्रशिक्षण उन्नत किया, विद्रोही सरदारों को दबाया तथा कृषि अवस्था को उन्नत करने का प्रयास किया।
- 1798 ई. में लॉर्ड वेलेजली भारत का गवर्नर जनरल बनकर आया, जो साम्राज्यवादी नीति का प्रबल पक्षधर था और उसकी आक्रामक नीति ही चतुर्थ आंग्ल-मैसूर युद्ध के लिए मुख्य रूप से जिम्मेदार थी। टीपू के फ्रांसीसियों से सम्बन्धों को वेलेजली ने अंग्रेजों के प्रति शत्रुतापूर्ण कार्य माना।
- वेलेजली ने दृढ़ निश्चय किया था कि या तो टीपू को पूर्णतया समाप्त कर दिया जाए अथवा उसे पूर्णतया अंग्रेजों के अधीन कर लिया जाए। वह पहले टीपू के तटीय प्रदेशों को नियंत्रण में कर लेना चाहता था। उसने इस बात का भी प्रयत्न किया कि वह मराठों तथा निजाम के साथ उस त्रिगुट को पुनः टीपू के विरुद्ध स्थापित करे जिसे कार्नवालिस ने बनाया था। सितम्बर 1798 में सहायक संधि स्वीकार करके निजाम अंग्रेजों का मित्र बन गया। मराठों ने वेलेजली को कोई स्पष्ट उत्तर नहीं दिया। फिर भी अपने पक्ष को मजबूत करने के लिए वेलेजली ने अपनी ओर से मैसूर के जीते हुए क्षेत्रों में से आधे क्षेत्रों को पेशवा को देने की पेशकश की। इस प्रकार दक्षिण में अपनी स्थिति को दृढ़ करने के बाद वेलेजली ने आक्रमण की तैयारी आरम्भ कर दी।

जनरल हैरिस और आर्थर वेलेजली के नेतृत्व में एक सेना ने फरवरी 1799 में वैलोर से चलकर मार्च 1799 में मैसूर पर आक्रमण कर दिया, पश्चिम से एक दूसरी सेना ने जनरल स्टुअर्ट के नेतृत्व में मैसूर पर आक्रमण कर दिया। अब टीपू को श्रीरंगपट्टम के किले में शरण लेने के लिए बाध्य होना पड़ा। 17 अप्रैल, 1799 को श्रीरंगपट्टम का घेरा डाल दिया गया और 4 मई, 1799 को उस पर अधिकार कर लिया गया।

टीपू अपने किले पर युद्ध करते हुए मारा गया और उसके बेटों ने अंग्रेजों के समक्ष आत्मसमर्पण कर दिया। टीपू की राजधानी श्रीरंगपट्टम अंग्रेजी सेना के नियंत्रण में चली गई। टीपू के राजमहल तथा समस्त नगर को सेना ने खुले रूप से लूटा तथा विभिन्न स्थानों को जलाया। यह लूट

5 मई की सुबह आरम्भ हुई और 6 मई तक मकान जलते रहे। इस लूट में टीपू का पुस्तकालय भी था, जिसमें 2 हजार से अधिक पाण्डुलिपियां थीं। इनमें से अधिकांश या तो लूट ली गई या जला दी गई। लूट का आधा माल अंग्रेजी सेना में बांटा गया। टीपू का समस्त राज्य क्षेत्र अंग्रेजों के नियंत्रण में चला गया।

मैसूर का राजनीतिक निर्णय

मैसूर राज्य की निर्णायक पराजय के बाद वेलेजली समस्त मैसूर राज्य को ब्रिटिश साम्राज्य में मिला सकता था, किन्तु उसने ऐसा नहीं किया, क्योंकि ऐसा करने पर उसे आधा राज्य पूर्व शर्त के अनुसार निजाम को देना पड़ता और इससे निजाम के बढ़ते राजनीतिक प्रभाव से मराठों के भी असंतुष्ट होने की सम्भावना थी। टीपू के वंशजों को मैसूर की राजगद्दी सौंपना भी वेलेजली की निगाह में कूटनीतिक रूप से उचित नहीं था। अत: वेलेजली ने उपरोक्त सभी राजनीतिक समस्याओं का समाधान करने के लिए ऐसा मध्य मार्ग अपनाया, जिसके परिणामस्वरूप मैसूर राज्य को बनाये रखते हुए निजाम को भी कुछ क्षेत्र दिये गए और साथ ही कंपनी के राजनीतिक हितों को पूरी तरह सुरक्षित रख लिया गया। इस निर्णय के अनुसार-

- मैसूर में एक छोटा सा राज्य स्थापित किया गया, जिसका शासक पुराने चले आ रहे वाडियारवंश के दो वर्षीय कृष्णराजा को बनाया गया। उसके साथ अंग्रेजों ने सहायक संधि कर ली, जिसके अनुसार मैसूर राज्य को उसकी सुरक्षा के लिए रखी गई ब्रिटिश सेना का खर्च देना पड़ा। यह भी घोषणा की गई कि आवश्यकता पड़ने पर कंपनी कभी भी नये मैसूर राज्य के प्रशासन को अपने हाथ में ले सकती थी। इस अवस्था के परिणामस्वरूप मैसूर के समस्त संसाधन अंग्रेजों के उपयोग के लिए उपलब्ध हो गए तथा कंपनी पर राज्य विलय तथा साम्राज्य के अत्यधिक विस्तार का आरोप भी नहीं लगाया जा सकता था।
- निजाम को उत्तर-पूर्व में अपनी सीमाओं के निकट का भू-भाग प्राप्त हुआ, जिसमें गूटी, गुरुमकोण्डा और उसके किले को छोड़कर चित्तलदुर्ग के किले सम्मिलित थे।
- मराठा पेशवा द्वारा अंग्रेजों के साथ सहायक संधि कर लेने की शर्त पर मैसूर राज्य के कुछ क्षेत्र मराठों को भी देने का प्रस्ताव किया गया, किन्तु मराठों ने यह प्रस्ताव स्वीकार नहीं किया। अत: यह क्षेत्र भी कंपनी तथा निजाम के मध्य बांट लिया गया। अंग्रेजों ने पश्चिम कनारा, दक्षिण में काइनाद कोयम्बटूर तथा दारापुरम के जिले तथा श्रीरंगपट्टम को सम्मिलित करते हुए मैसूर का समस्त पश्चिमी समुद्र तट तथा दक्षिणी-पूर्व का कुछ भाग अपने अधिकार में ले लिया। इन क्षेत्रों के अंग्रेजी नियंत्रण में आने से एक लाभ तो यह हुआ कि दक्षिण भारत में ब्रिटिश साम्राज्य पश्चिम पूर्व तक फैल गया। मैसूर राज्य तीन ओर से ब्रिटिश सीमाओं से घिर गया और दूसरे, उत्तर में भी अधिकांश सीमा निजाम के क्षेत्र से मिलती थी, जो अंग्रेजों के साथ पहले ही सहायक संधि कर चुका था और बाद में निजाम ने सेना के खर्च के बदले में यह क्षेत्र भी अंग्रेजों को दे दिया।

इस प्रकार वेलेजली ने दक्षिण भारत में एक प्रभावशाली भारतीय चुनौती को समाप्त कर दिया, जिसकी इंग्लैण्ड में भी बहुत प्रशंसा हुई तथा वेलेजली को मारक्वेस का एक पद दिया गया। डीन हटन ने मैसूर विजय के सम्बन्ध में कहा है कि सैनिक आर्थिक और शांति स्थापना की दृष्टि से मैसूर की विजय, क्लाइव के काल के बाद अंग्रेजी शक्ति की सबसे महत्वपूर्ण विजय थी।

सहायक संधि प्रणाली

लॉर्ड वेलेजली 1796 में भारत का गवर्नर जनरल बना तथा भारत में ब्रिटिश साम्राज्य को मजबूत करने का प्रयास किया तथा इसके लिए उसने कई प्रकार की नीतियाँ आरम्भ की, जिसमें सहायक संधि साम्राज्य विस्तार हेतु अधिक प्रभावी रही।

सहायक संधि का अर्थ था 'आपस में सहायता' हेतु की जाने वाली संधि। इस सहायक संधि का मुख्य उद्देश्य सहायता का दिखावा कर भारतीय राजाओं की शक्ति को कमजोर करना था। इस संधि के कारण भारतीय राज्यों की निर्भरता ब्रिटिश हुकूमत पर बढ़ जाती थी।

अंग्रेजो द्वारा सहायक संधि को स्वीकार करने वाले राज्यों पर कई तरह की शर्तें आरोपित की जाती है:-

- कोई भी राज्य जो सहायक संधि स्वीकार करता है, तो उसे अपनी सुरक्षा में कंपनी की सेना को रखना पड़ता है और जिसका खर्च राज्य द्वारा उठाया जाएगा।
- यदि राज्य सैन्य खर्च देने में असमर्थ है, तो वह अपना कोई क्षेत्र ब्रिटिश हुकूमत को दे सकती है।
- सहायक संधि को स्वीकार करने वाले राज्यों की विदेश नीति पर कंपनी का अधिकार हो जाता था तथा कोई भी राज्य बिना अंग्रेजों की सहमति से विदेशी राज्यों से संबंध स्थापित नहीं कर सकता है।
- सहायक संधि मानने वाले राज्य को अपने दरबार में ब्रिटिश रेजिडेंट को रखना पड़ता था, जिसकी भूमिका सलाहकार की होती थी।
- इस संधि को स्वीकार करने वाले राज्य व कंपनी के बीच विवाद की स्थिति होने पर इसका समाधान गवर्नर जनरल द्वारा किया जाता था।
- सहायक संधि स्वीकार करने वाले राज्य अंग्रेजों के दुश्मनों की सहायता नहीं करेंगे। यह भी इस संधि में शामिल था।
- इसके साथ ही कंपनी के पास उस राज्य के संधि, युद्ध मित्रता आदि के अधिकार भी इस संधि के तहत् मिल जाते थे।

वेलेजली द्वारा अपनाया गया सहायक संधि एक ऐसा हथियार था, जिसके बिना लड़ाई-झगड़े के राज्य का अप्रत्यक्ष विलय आसानी से कर लिया जाता था। वेलेजली द्वारा इसको बढ़ावा देने के लिए देशी राज्यों पर दबाव डाला गया।

सहायक संधि पर हस्ताक्षर सर्वप्रथम हैदराबाद के निजाम ने किया। इस संधि के अनुसार हैदराबाद की सुरक्षा के लिए सैन्य बटालियन रखी गई तथा इस सेना के रख-रखाव के लिए ब्रिटिश हुकूमत को 24 लाख रूपया देना तय किया गया। वर्ष 1801 में अवध ने इस संधि को स्वीकार किया तथा सेना खर्च के बदले रूहेलखण्ड, गंगा व यमुना का क्षेत्र दे दिया, जिससे अंग्रेज कर वसूली करते थे।

मैसूर हमेशा से इस सहायक संधि के विरुद्ध था तथा टीपु सुल्तान ने इस संधि को स्वीकार नही किया, किंतु चतुर्थ आंग्ल-मैसूर युद्ध में टीपू सुल्तान की मृत्यु के पश्चात मैसूर में अंग्रेजों ने वाडियार वंश के नाबालिग को शासक बनाया तथा मैसूर को इस संधि के लिए बाध्य कर दिया गया।

मराठों बहुत लम्बे समय तक अंग्रेजों को परेशान रखा। मराठा शासकों को अपने अधीन लाने के लिए लॉर्ड वेलेजली ने युद्ध का सहारा लिया तथा मराठा संगठन में 'फूट डालो शासन करो' की नीति को भी अपनाया, जिसके परिणामस्वरूप 1802 में मराठा पेशवा ने सहायक संधि स्वीकार कर लिया, वही 1803 में सिंधिया व भौंसले ने इस संधि को स्वीकार किया तथा गायकवाड़ 1804 तथा होल्कर मराठा 1805 में इस संधि में शामिल हुए। इन राज्यों के अतिरिक्त सहायक संधि में तंजौर, सूरत व कर्नाटक भी शामिल हो गए।

सहायक संधि पूर्णत: अंग्रेजों के हितों की पोषक थी। इस संधि से अंग्रेजों को ज्यादा लाभ हुआ, सहायक संधि स्वीकार करने वाले सभी राज्य पूर्णत: अंग्रेजों पर आश्रित हो गए। उनके पास खुद की सेना भी समाप्त हो गई। ऐसी स्थिति में राज्यों द्वारा ब्रिटिश हुकूमत के प्रति विद्रोह की संभावना पूर्णत: खत्म हो गई। सेना के रख-रखाव हेतु राज्यों द्वारा धन की भी मनमानी लूट का प्रयास ब्रिटिश हुकूमत द्वारा किया जाता था, जिसके कारण भारतीय राज्य आर्थिक तौर पर कमजोर हो रहे थे, ऐसी स्थिति का बनना ब्रिटिश हुकूमत के हित में था, क्योंकि वे आर्थिक स्थिति से मजबूत हो रहे थे और अंत में राज्यों की स्थिति इतनी कमजोर हो गई कि अंग्रेजों द्वारा उनका विलय आसानी से कर लिया गया। ब्रिटिश हुकूमत द्वारा संधि समर्थित राज्यों में रेजिडेट रखने से राज्यों की आतंरिक स्थिति के बारे में अंग्रेज भलीभांति समझ गए, अत: आंतरिक कमजोरियों का लाभ उठाकर अग्रेंजों ने आसानी से उन राज्यों का विलय कर लिया। इस संधि से सबसे बड़ा लाभ अग्रेंजों को बिना किसी लागत के इतनी बड़ी सेना को बनाए रखना था। संधि समर्थित राज्यों ने अपनी प्रजा का ध्यान रखना छोड़ दिया, एक तरह से वे निश्चिंत हो गए; राज्यों का प्रशासन काफी शिथिल हो गया, एक तरह से राज्यों व प्रजा के बीच सहसबंध समाप्त प्राय: हो गया।

निष्कर्षत: कहा जाए तो वेलेजली की सहायक संधि देशी राज्यों के लिए ऐसी जकड़न थी, जिससे इनका बच पाना मुश्किल था और वेलेजली इसमें पूर्णत: सफल हुआ।

व्यपगत का सिद्धांत (गोद प्रथा)

भारत में 1848-1856 ई. तक लॉर्ड डलहौजी गवर्नर जनरल रहा, उसने ब्रिटिश साम्राज्य के विस्तार में विशेष भूमिका निभाई। लॉर्ड डलहौजी ब्रिटिश हुकूमत के विस्तार को किसी भी तरह बढ़ाने के पक्ष में था। डलहौजी उग्र साम्राज्यवादी था तथा उसने सिक्किम, पीगू तथा पंजाब को युद्ध के माध्यम से अपने राज्य में विलय किया तथा अन्य राज्यों के विलय हेतु गोद निषेध नीति को अपनाया। इस नीति के तहत् संतान विहीन राज्यों को दत्तक पुत्र लेने की अनुमति नहीं दी गई तथा ऐसी स्थिति में होने पर उस राज्य के विषय में फैसला लेने का हक कंपनी को होता था तथा डलहौजी इसी आधार पर उन राज्यों का विलय ब्रिटिश हुकूमत में कर लेता था। लॉर्ड डलहौजी ने संतानहीन भारतीय शासकों को गोद लेने की अनुमति नहीं दी, इस सिद्धांत के तहत व्यपगत किए गए राज्य–

- **सतारा:** डलहौजी ने इस हड़प नीति के तहत सबसे पहले सतारा को 1848 में अपने अधिकार क्षेत्र में लिया। सतारा के तत्कालीन राजा अप्पा साहिब द्वारा अपने मृत्यु के पूर्व एक बालक को गोद लिया गया था। लेकिन डलहौजी ने उत्तराधिकारी को अमान्य करते हुए सतारा को अपने राज्य में मिला लिया।
- **जैतपुर और संबलपुर:**- संबलपुर (उड़ीसा) का शासक नारायण सिंह की कोई संतान नहीं थी तथा वह नि:संतान ही मर गया। उसकी मृत्यु के पश्चात् उसकी विधवा रानी ने शासन प्रंबंधन को अपने हाथ में ले लिया, लेकिन डलहौजी ने इसे अमान्य घोषित कर दिया तथा संबलपुर को अपने राज्य में मिला लिया। इसी समय डलहौजी ने बुदेलखंड में स्थित जैतपुर को भी अपने राज्य में मिला लिया।
- डलहौजी द्वारा इस विलय नीति के तहत् 1853 में झांसी तथा 1854 में नागपुर का विलय अंग्रेजों ने कर लिया। इसी तरह भूतपूर्व पेशवा बाजीराव द्वितीय, जिसे बिठूर का राजा बना दिया गया था, जब बाजीराव द्वितीय की मृत्यु हुई तो डलहौजी ने उसका वेतन व पेंशन उसके दत्तक पुत्र नाना साहब को देने से इन्कार कर दिया।
- डलहौजी के विलय नीति से ब्रिटिश सम्राज्य और संगठित हुआ तथा ब्रिटिश क्षेत्र का विस्तार बढ़ा। डलहौजी ने ब्रिटिश सम्राज्य को बढ़ाने के लिए किसी भी तरह से नैतिकता का पालन नहीं किया, हालांकि उसके प्रति ब्रिटिश हुकूमत का दृष्टिकोण नैतिक व सकारात्मकता वाला था। डलहौजी ने इस देश में विस्तार, शक्ति के दम पर व जबरन किया, उसकी इस नीति से देश की प्रजा में असंतोष की भावना को बढ़ावा मिला और परिणामस्वरूप डलहौजी के वापस जाते ही 1857 का विद्रोह सामने आया।

महत्वपूर्ण बिंदु

* मई 1948 ई. में वास्कोडिगामा कालीकट पहुँचा। उस समय वहाँ का राजा जमेरिन था।
* पुर्तगालियों के भारत आगमन से तंबाकू की खेती, जहाज निर्माण तथा प्रिंटिंग प्रेस की शुरुआत हुई।
* डच लोग मसूलीपट्टम से नील का निर्यात करते थे। सूरत स्थित डच व्यापार निदेशालय डच ईस्ट इंडिया कंपनी सर्वाधिक लाभ कमाने वाला प्रतिष्ठान था।
* 1691 ई. में जॉब चारनॉक ने सूतानाती में ब्रिटिश फैक्ट्री स्थापित की।
* पूर्व भारत में अंग्रेजों की पहली औद्योगिक इकाई 1633 ई. में उड़ीसा के बालासोर में स्थापित हुई।
* प्रथम कर्नाटक युद्ध 1746-48 के मध्य लड़ा गया।
* प्लासी का युद्ध सिराजुदौला व अंग्रेजों के मध्य लड़ा गया, जिसमें अंग्रेजों की जीत हुई।

अध्याय

21

औपनिवेशिक शासन का विरोध

[कृषक आन्दोलन, जनजातीय एवं सांस्कृतिक पुर्नजागरण, 1857 का विद्रोह]

प्रमुख आंदोलन

किसानों द्वारा इस अवधि में किए गए आन्दोलनों में निम्न आन्दोलन मुख्य हैं-

नील आन्दोलन

1859-60 का नील आन्दोलन बंगाल में हुआ। नील की खेती कराने वाले अधिकतर बागान मालिक यूरोपीय थे, जिन्होंने किसानों को जबरदस्ती अग्रिम लेने, करार करने और नील उगाने हेतु बाध्य किया। भुगतान में भी काफी धांधली थी। सन् 1859 ई. के मध्य में नील कृषकों का असंतोष तब बढ़ गया, जब डिप्टी मजिस्ट्रेट हेम चंद्राकर के एक सरकारी आदेश का नील उत्पादकों पर कोई असर नहीं पड़ा। तब सितंबर 1859 ई. में नदिया जिले के गोविंदपुर गाँव में दिगंबर विश्वास एवं विष्णु विश्वास के नेतृत्व में किसान संगठित हुए और उन्होंने नील की खेती बंद कर दी। यह आन्दोलन शीघ्र ही बारासाल, जैसौर, खुलना, राजशाही, ढाका, मालदा आदि क्षेत्रों में फैल गया। किसानों ने कई जगहों पर उत्पादकों से अग्रिम लेने, करार करने व नील उगाने से इंकार कर दिया।

अपने अधिकारों के लिए वे कानूनी लड़ाई भी लड़ने लगे। इस आन्दोलन की एक उल्लेखनीय विशेषता यह थी कि समाज के सभी वर्गों का समर्थन इन शोषित किसानों को प्राप्त था व तत्कालीन बुद्धिजीवियों ने इसमें सक्रिय भूमिका निभाई थी। 'हिन्दू पैट्रियट' के संपादक हरिशचंद्र वर्मा ने इस आन्दोलन को अपने लेखों के माध्यम से काफी बल प्रदान किया। दीनबंधु मित्र ने बंगला में 'नीलदर्पण' लिखा और नील कृषकों की दुर्दशा को उजागर किया। सरकार ने बाध्य होकर एक नील आयोग की नियुक्ति की, जिसके सुझाव 1862 के अधिनियम 4 में रख दिए गए।

पाबना विद्रोह

पूर्वी बंगाल में स्थित 'पाबना' के रैयतों ने जमींदारों की ज्यादतियों के विरुद्ध 1870 के दशक में और 1880 के दशक के आरंभिक वर्षों में व्यापक प्रतिरोध किया। 1873 में पाबना के कृषकों द्वारा 'एगरेरियन लीग' की स्थापना। रैयतों का विरोध मुख्यत: कानूनी और शांतिपूर्ण था। कृषक ब्रिटिश शासन के विरोधी नहीं, बल्कि जमींदार विरोधी थे। रैयतों की सबसे बड़ी मांग यह थी कि वे 'महामहिम महारानी' की और केवल उन्हीं की रैयत रहना चाहते हैं।

कृषकों का विद्रोह

1875 का दक्कन उपद्रव मुख्यत: किसानों और साहूकारों के बीच तनाव का परिणाम था। यह विवाद सिरूर ताल्लुका में दिसंबर 1874 में आरंभ हुआ। मई-सितंबर 1875 तक दक्षिण के इस दंगे ने पूना और अहमदनगर जिलों के 6 ताल्लुकों में 33 स्थानों को प्रभावित किया। तत्पश्चात् सरकार द्वारा एक दक्कन उपद्रव आयोग नियुक्त किया गया, जिसे उपद्रव के कारणों का पता लगाना था। 1879 में इस आयोग की रिपोर्ट के आधार पर दक्कन **'कृषक राहत अधिनियम'** पारित किया गया।

अन्य किसान आन्दोलन

महाराष्ट्र में 1879 ई. में **वासुदेव बलवंत फड़के** के नेतृत्व में किसानों ने लूटपाट शुरू कर दी। पंजाब में बाबा **राम सिंह** ने **कूका आन्दोलन** का नेतृत्व किया। असम के कामरूप और दरांग के जिलों में किसानों ने स्थानीय जमींदारों के नेतृत्व में 1893-94 में लगान वृद्धि का विरोध किया। इसका नेतृत्व **पुष्पराम का हार** ने किया। स्थानीय नेताओं के नेतृत्व में किसानों ने 1896 ई. और 1897 ई. में महाराष्ट्र में लगान माफ कराने के उद्देश्य से लगान न देने का आह्वान किया।

इस अवधि में हुए किसान आन्दोलनों की सीमाएं

ज्यादातर मांगें आर्थिक और उनके संघर्ष का उद्देश्य अत्यंत सीमित थी। उपनिवेशवाद के विरुद्ध किसानों ने आवाज नहीं उठाई। इस आन्दोलन का दायरा सीमित था। संघर्ष में निरंतरता की कमी, खास उद्देश्य पूरा होते ही आन्दोलन समाप्त हो जाता था। कानून के प्रति किसान काफी जागरूक थे। आन्दोलनों का उद्देश्य अधीनस्थ व्यवस्था को समाप्त करना नहीं था, बल्कि किसानों की तात्कालिक समस्याओं से संबंधित था।

20वीं शताब्दी में किसानों ने न केवल तालुकदारी और जमींदारी व्यवस्था की ज्यादती के विरुद्ध विद्रोह किया, बल्कि 'किसान सभा' जैसे किसान संगठनों की स्थापना कर अपनी राजनीतिक जागरूकता का भी परिचय दिया। इस अवधि में कृषकों को स्वतंत्रता संग्राम की धारा में समाहित करने में गांधीजी का उल्लेखनीय योगदान रहा।

बिजौलिया आन्दोलन

बिजौलिया में एक परमार राजपूत के अधीन एक बड़ी मेवाड़ी जागीर थी। वहाँ किसानों पर 86 प्रकार के कर लगाए गए थे। 1913 में होने वाले विरोध का नेता **सीताराम दास** नाम का एक साधु था।

1915 से इस आन्दोलन को भूतपूर्व क्रांतिकारी भूप सिंह उर्फ **विजय सिंह पथिक** का नेतृत्व मिला।

चंपारण सत्याग्रह

1917-18 में गांधी जी के नेतृत्व में बिहार के चंपारण जिले में किसानों

ने नील बागान के मालिकों के खिलाफ संघर्ष किया। असंतोष का मुख्य कारण कृषकों का भूमि पर स्थायी अधिकार नहीं होना था। वस्तुत: जिस व्यवस्था के अंदर नील की खेती की जाती थी, वह **'तिनकठिया'** कहलाती थी, जिसमें किसान को अपनी भूमि के 3/20 हिस्से पर केवल नील की खेती ही करनी होती थी। अंतत: चंपारण के एक किसान **राजकुमार शुक्ल** ने गांधी जी को चंपारण आने के लिए आमंत्रित किया। भारत में **पहली बार** गांधीजी ने यहाँ अपने **सत्याग्रह का प्रयोग** किया।

सरकार ने बाध्य होकर **'चंपारण एगरेरियन कमेटी'** चंपारण किसान समिति का गठन किया, जिसमें गांधी जी भी एक सदस्य थे।

कमेटी की सिफारिशों को 1919 के **'चंपारण एगरेरियन एक्ट'** के रूप में पारित किया गया।

खेड़ा सत्याग्रह

लगान माफी के प्रश्न को लेकर बंबई (मुंबई) सरकार के विरुद्ध। किसानों की मांग था कि पूरी फसल न होने के कारण लगान माफ किया जाए। 22 मार्च, 1918 से गांधी जी द्वारा सत्याग्रह का प्रारंभ **नादियाद** से शुरू किया गया। इस सत्याग्रह में **इंदुलाल याज्ञनिक**, **विट्ठल भाई पटेल** और **अनुसुइया साराभाई** ने भी गांधीजी की मदद की। सरकार द्वारा रियायत की घोषणा के बाद गांधीजी ने सत्याग्रह वापस ले लिया।

उत्तर प्रदेश में किसान आन्दोलन

1920 के दशक में किसान आन्दोलन का मुख्य केंद्र उत्तर प्रदेश था, जहाँ 1918 ई. में किसान सभा का गठन किया गया। उत्तर प्रदेश में **बाबा रामचंद्र** ने जमींदारों के विरुद्ध अवध के किसानों को संगठित किया। प्रतापगढ़ जिले में **गौरीशंकर मिश्र** सक्रिय रहे। 17 अक्टूबर, 1920 को प्रतापगढ़ में **'अवध किसान सभा'** का गठन किया गया। 1921 में **'अवध लगान एक्ट'** पारित। 1921 के अंत व 1922 के प्रारंभ में हरदोई, बाराबंकी, सीतापुर आदि जिलों में किसानों ने 'एका आन्दोलन' आरंभ किया। किसानों की मुख्य शिकायतें लगान में बढ़ोतरी और उपज के रूप में लगान वसूल करने की प्रथा को लेकर थी।

इसका नेतृत्व-किसान नेता मदारी पासी ने किया।

इस आन्दोलन के नेता कांग्रेस और खिलाफत नेताओं के अनुशासित आन्दोलन के सिद्धांत के प्रति पूरी तरह प्रतिबद्ध नहीं थे।

'एका आन्दोलन' में छोटे-छोटे जमींदार भी शामिल थे, जिन्होंने प्रशासन और बड़े जमींदारों को चुनौती दी।

मोपला विद्रोह

अगस्त 1921 में मालाबार जिले के मोपला किसानों का विद्रोह हुआ। मोपला मुख्यत: मुस्लिम किसान थे और उनका संघर्ष प्रमुख रूप से मालाबार के नंबूदरी ब्राह्मण जमींदारों से था, किंतु जब खिलाफत आन्दोलन के दौरान इन्होंने ब्रिटिशों के विरुद्ध संघर्ष का आह्वान किया, तब औपनिवेशिक शासकों ने इसे सांप्रदायिक रूप दे दिया। विद्रोह के प्रथम चरण में बड़ी संख्या में हिंदुओं को बलपूर्वक मुसलमान बनाया गया। इस अदूरदर्शिता ने उन्हें नैतिक रूप से बाकी भारत से अलग-थलग कर दिया और वे औपनिवेशिक राज द्वारा दबा दिए गए।

बारदोली सत्याग्रह

1928-29 ई. में और 1930-31 ई. में गुजरात के बारदोली जिले में किसानों के दो संघर्ष हुए। 1927 ई. में कपास के मूल्य में गिरावट आने के बावजूद जब सरकार ने बारदोली में राजस्व बढ़ोतरी की घोषणा की तो **वल्लभभाई पटेल** के नेतृत्व में बारदोली सत्याग्रह आरंभ हुआ। इस आन्दोलन में पारसी महिला **मीलूबेन पेटिट**, **मनीबेन पटेल**, **शारदाबेन शाह** आदि का उल्लेखनीय योगदान रहा।

सरकारी अधिकारियों के विरुद्ध सामाजिक बहिष्कार का अस्त्र प्रयोग में लाया गया।

मैक्सवेल-ब्रूमफील्ड जांच समिति ने अपनी रिपोर्ट में यह स्वीकार किया कि 30 प्रतिशत लगान बढ़ोतरी उचित नहीं थी। इसे घटाकर 6.03 प्रतिशत कर दिया गया।

कुछ महत्वपूर्ण बिंदु

1923 ई. में आंध्र में रैयतों का एक संगठन बना। 1926-27 ई. में पंजाब, बंगाल और उत्तर प्रदेश के कुछ इलाकों में किसान सभाओं की स्थापना हुई। 1928 ई. में **एन.जी.रंगा** की अध्यक्षता में **आंध्र रैयत एसोसिएशन** बनी। 1931 ई. में लगानबंदी आन्दोलन आरंभ किया गया, जिसके अंतर्गत काश्तकारों ने जमींदारों को लगान देना बंद कर दिया। गुजरात, उत्तर प्रदेश, बिहार, पंजाब आदि जगहों पर 'टैक्स रोको अभियान' को सफलता मिली। समाजवादियों और कम्युनिस्टों के प्रयत्नों से अप्रैल 1936 ई. में लखनऊ में 'अखिल भारतीय किसान कांग्रेस' की स्थापना हुई। **स्वामी सहजानंद सरस्वती** को इस संगठन का अध्यक्ष नियुक्त किया गया। 1937-38 में 'बिहार प्रांतीय किसान सभा' ने स्वामी सहजानंद सरस्वती के नेतृत्व में जमींदारों के विरुद्ध एक जन आन्दोलन प्रारंभ किया, जो 'बकाश्त' के नाम से विख्यात हुआ। इस आन्दोलन के दौरान किसानों ने प्रमुखत: बेदखली के विरुद्ध संघर्ष किया। सरकार ने बाध्य होकर 'बकाश्त भूमि अधिनियम' तथा 'बिहार मुजारा अधिनियम' को लागू किया, जिससे कृषकों को कुछ राहत मिली। पंजाब प्रांत में 1937 में स्थापित 'पंजाब किसान समिति' ने विभिन्न किसान सभाओं को एकता के सूत्र में बांधकर अपनी उल्लेखनीय भूमिका निभाई। बंगाल में किसानों ने **बंकिम मुखर्जी** के नेतृत्व में 'नहर कर' में कमी के लिए सत्याग्रह किया। उत्तरी बंगाल के जिलों में **'हाट टोला'** आन्दोलन आरंभ हुआ, जिसमें किसानों ने बाजारों से होने वाले वसूली को देने से इंकार कर दिया। असम की सुरमा घाटी में जमींदारों के विरुद्ध 'लगान रोको आन्दोलन' चला। जोतदारों और बरगादारों के आपसी हितों के संघर्ष का परिणाम।

1946 ई. के उत्तरार्द्ध में बंगाल के बटाईदारों ने घोषणा कि अब वे भूस्वामियों को उपज के आधे हिस्से की बजाय एक-तिहाई हिस्सा देंगे।

बंगाल प्रांतीय किसान सभा द्वारा इस आन्दोलन का नेतृत्व किया गया। इसके सक्रिय नेता पंपा राम एवं भवन सिंह थे ।

प्रभावित क्षेत्र-जलपाईगुड़ी, दीनाजपुर, रंगपुर, मैमन सिंह, मेदनीपुर, खुलना आदि। 1950 में कांग्रेस सरकार ने बरगादार विधेयक पारित कर दिया और तेभागा आन्दोलन की अधिकांश मांगे मान ली गईं।

तेलंगाना आन्दोलन

हैदराबाद रियासत के तेलुगु भाषी तेलंगाना क्षेत्र का यह आन्दोलन 1946 ई. से 1951 ई. तक चला।

यह आन्दोलन वस्तुतः जमींदारों, साहूकारों, व्यापारियों तथा निजाम के अधिकारी वर्ग के विरुद्ध था।

आन्दोलन के कारण

1. काश्तकारों से किराए की उच्च दरें वसूल करना।
2. कमजोर काश्तकारों को समय-समय पर बेदखल करने की बढ़ती हुई प्रवृत्ति।
3. काश्तकारी की नीलामी।
4. लोगों से मुफ्त मजदूरी लेना।

- इस आन्दोलन में कम्युनिस्ट पार्टी की उल्लेखनीय भूमिका रही।
- 1947 के मध्य में विद्रोह ने व्यापक रूप धारण कर लिया और यह 1951 तक निरंतर चलता रहा।

20वीं सदी के कृषक आन्दोलन का स्वरूप

ये कृषक आन्दोलन अधिक व्यापक, प्रभावी, संगठित एवं सफल थे। ये आन्दोलन वस्तुतः राष्ट्रीय आन्दोलन के साथ जुड़े थे। राष्ट्रीय आन्दोलन ने अपना सामाजिक आधार बढ़ाने के लिए किसानों के साथ संबंध स्थापित किया।

इन किसान आन्दोलनों में संगठन को महत्वपूर्ण स्थान मिला। अतः ये आन्दोलन क्षेत्रीय मांगों पर आधारित नहीं थे। इसने विभिन्न किसान सभाओं का गठन किया, जैसे- अवध किसान सभा, आंध्र किसान सभा आदि।

1921 ई. तक कुछ स्थानीय नेताओं की गलतफहमी एवं आक्रोश के कारण किसान सभा आन्दोलनों ने हिंसक रूप धारण कर लिया, जैसे- अवध किसान आन्दोलन, मोपला विद्रोह आदि।

1930-40 के दशक में किसान आन्दोलनों में राष्ट्रीय स्तर पर संगठन के निर्माण का प्रयास देखा जा सकता है। उदाहरण के लिए 1936 ई. में अखिल भारतीय किसान सभा का गठन।

किसान आन्दोलनों की उपलब्धियां

इन आन्दोलनों ने स्वाधीनता के बाद किए गए विभिन्न कृषि सुधारों के लिए अनुकूल वातावरण का निर्माण किया, जैसे- जमींदारी प्रथा का उन्मूलन, भूमि सुधार कानून आदि। इन आन्दोलनों ने भूस्वामियों या किसानों को उनके वास्तविक अधिकारों से परिचित कराया और कृषि व्यवस्था में परिवर्तन की प्रक्रिया का सूत्रपात् किया।

ये किसान आन्दोलन राष्ट्रवादी विचारधारा पर आधारित थे। अतः इन आन्दोलनों ने राष्ट्रवाद को मूर्त रूप प्रदान करने का उल्लेखनीय कार्य किया।

लगभग सभी क्षेत्रों में किसान आन्दोलनों की प्रकृति समान थी। इन आन्दोलनों से किसानों में अपने अधिकारों के प्रति जागरूकता बढ़ी। इस प्रकार, इन आंदालनों ने किसानों को एक सामाजिक वर्ग के रूप में संगठित किया।

सन् 1857 का विद्रोह

सन् 1857 का विद्रोह भारत का पहला स्वतंत्रता संग्राम माना जाता है। झारखंड इससे अछूता नहीं रहा। यद्यपि सन् 1857 से ठीक पहले 1855-56 में हुए संथाल विद्रोह के कारण न सिर्फ सरकार सचेत थी, बल्कि स्थानीय लोग भी काफी हद तक थके हुए और हताश थे। इसी कारण सन् 1857 का विद्रोह झारखंड में व्यापक असरदार नहीं रहा। झारखंड में यह विद्रोह देवघर क्षेत्र के रोहणी ग्राम से प्रारंभ हुआ। 12 जून, 1857 को मेजर लैसली की हत्या कर दी गई। फलतः संथालों की एक सैन्य टुकड़ी तैयार कर देवघर में तैनात की गई।

दूसरी तरफ रामगढ़ बटालियन, जिसका मुख्यालय राँची था, के सैनिक भी विद्रोह के लिए उतारू थे। स्थिति को भाँपते ही कमिश्नर ने डोरंडा स्थित 8वीं नेटिव इनफेंटरी को दानापुर जाने का आदेश दे दिया। दानापुर छावनी में 25 जुलाई, 1857 को विद्रोह कर दिया गया। फलतः रामगढ़ बटालियन के सिपाहियों ने भी विद्रोह की तैयारियां प्रारंभ कर दी और 30 जुलाई, 1857 को हजारीबाग के सिपाहियों ने विद्रोह कर दिया और प्रथम प्रिंसिपल असिस्टेंट तथा अन्य अधिकारियों के बँगलों को आग में झोंक दिया। सरकारी कार्यालयों में आग लगा दी गई। जेल से कैदियों को छुड़ा लिया गया। खजाना लूटने वाले विद्रोहियों के हाथ बहत्तर हजार नगद मिले।

हजारीबाग को नियंत्रित करने के बाद विद्रोही राँची की ओर कूच कर गए, जिसका नेतृत्व सुरेंद्र शाही कर रहा था। चारों तरफ से घिरे और स्थानीय जमींदारों के विरोध के कारण वे राँची छोड़ने से लिए बाध्य हो गए, परंतु राँची छोड़ने से पूर्व उन्होंने काफी लूटपाट की। कमिश्नर डाल्टन के राँची पहुँचते ही राँची की स्थिति सामान्य हो गई थी। अब विद्रोही चतरा की ओर बढ़ गए दूसरी ओर, अंग्रेजों ने पलामू और शेरघाटी के सभी मार्गों की नाकेबंदी कर दी। 01 अक्तूबर, 1857 तक अंग्रेज भी चतरा पहुँच चुके थे। अब दोनों के बीच भीषण संघर्ष हुआ। इस दौरान कई अंग्रेज और सिख सैनिक मारे गए लैफ्टिनेंट डॉट ने अंग्रेजी सेना का नेतृत्व किया, दूसरी तरफ विद्रोहियों का नेतृत्व जयमंगल पांडे और सूबेदार माधव सिंह कर रहे थे। 3 अक्तूबर, 1857 को जयमंगल पांडे और नादिर अली को बंदी बनाकर मेजर सिंपसन ने मुकदमा चलाकर मौत की सजा दे दी। विश्वनाथ शाहदेव और गणपत राय भागने में सफल रहे तथा लोहरदगा में छापामार युद्ध प्रारंभ कर दिया। चतरा शहर में फँसीहारी पोखरा नामक तालाब में कई विद्रोहियों को फाँसी पर चढ़ा दिया गया।

पलामू में नीलांबर और पीतांबर ने 1857 के विद्रोह का नेतृत्व किया। पूरे सिंहभूम क्षेत्र में अर्जुन सिंह ने विद्रोह का नेतृत्व किया, इसके अलावा भगवान् सिंह, रामनाथ सिंह ने भी सिंहभूम में विद्रोहियों का नेतृत्व किया।

सरकारी दमन से विद्रोहियों को घुटने टेकने पर मजबूर कर दिया गया। 10 अगस्त, 1857 को पूरे झारखंड में मार्शल लॉ लागू कर दिया गया और क्रांतिकारियों को मृत्यु दंड देने का प्रावधान किया गया।

राँची के निकट टैगोर हिल पर उमराव सिंह तथा शेख भिखारी को फाँसी दे दी गई। इसी प्रकार ठाकुर विश्वनाथ शाहदेव और पांडे गणपत राय को भी फाँसी दे दी गई तथा ठाकुर के 97 गाँवों के साथ जगरनाथपुर मंदिर की संपत्ति भी जब्त कर ली गई। जमादार कुरबान अली को भी 14 वर्ष की कठोर सजा दी गई। पलामू के प्रमुख क्रांतिकारी नेता पीतांबर, नीलांबर को अप्रैल 1859 में लैसलीगंज में फाँसी दे दी गई। विद्रोही नेताओं की संपत्ति जब्त कर अंग्रेजों का साथ देनेवालों के बीच बाँट दी गई।

1857 ई. के विद्रोह के कारण

1857 में उत्तरी व मध्यभारत में शक्तिशाली जन विद्रोह हुआ, जिसने ब्रिटिश हुकूमत को हिलाकर रख दिया, इसका आरम्भ कंपनी की सेना में कार्यकर रहें भारतीय सैनिकों के द्वारा किया गया। इस विद्रोह में किसान दस्तकार तथा सिपाही बहादुरी के साथ ब्रिटिश हुकूमत के साथ लोहा लिया।

कारण

1857 के क्रांति के लिए औपनिवेशिक शासन नीतियाँ और कंपनी के शासन के प्रति भारतीय जनता की असंतुष्टता का परिणाम था। एक शताब्दी से अधिक समय तक अंग्रेजों द्वारा किए जा रहे शोषण व विलय की नीति के कारण लोगों में असंतोष की भावना ज्यादा थी। यही वह असंतोष था, जो आखिर में जनविद्रोह के रूप में भड़क उठा।

- जन-असंतोष का सबसे महत्वपूर्ण कारण ब्रिटिश हुकूमत द्वारा आर्थिक शोषण था। इस आर्थिक शोषण के कारण देश का परंपरागत आर्थिक ढ़ाचे का विनाश हो रहा था इस परंपरागत उद्योगों के सरण के कारण काफी तेजी के साथ किसान, दस्तकार, हस्तशिल्पियों के साथ-साथ जमीदार वर्ग भी निर्धन होते जा रहे थे। अंग्रेजो के जमीन व राजस्व नीतियों के कारण, जमीन की बहुत अधिक लगान के कारण जमीन का मालिकाना हक बहुत से किसानों के हाथ से निकल गया तथा यह सूदखोरो व व्यापारियों के हाथ में चला गया, इनके द्वारा किसानों का शोषण बढ़ा और वे कर्जदार होते चले गए।
- भारतीय कृषि को 1770 से 1857 के बीच 12 बड़े तथा अनेक छोटे अकालों का सामना करना पड़ा, अकाल की स्थिति के बाद भी जमींदारों के भू-राजस्व के कमी के बजाए बढ़ोत्तरी की गई, जिससे जमींदारों को भी समस्या का सामना करना पड़ा तथा इनकी जमीदारी जाने का खतरा मंडराने लगा। जमींदारों के अंदर भी ब्रिटिश के खिलाफ असंतोष की भावना पनपी।
- समाज के मध्य तथा उच्च वर्ग खासकर उत्तर भारत में प्रशासन के उच्च पदों पर शामिल नहीं किया जाता था। इससे उन पर बुरा असर पड़ा।
- डलहौजी की साम्राज्यवादी नीतियों ने 1857 की क्रांति को ज्यादा प्रेरित किया। डलहौजी साम्राज्य विस्तार के उद्देश्यों को प्राप्त करने के लिए विलय नीति को अपनाया तथा उन रियासतों का भी विलय किया, जो ब्रिटिश हुकूमत के संरक्षक थे। डलहौजी द्वारा निःसंतान राजाओं के गोद लेने पर प्रतिबंध लगा दिया तथा इसी आधार पर जैतपुर, सतारा, सम्भलपुर, उदयपुर, झाँसी, नागपुर आदि रियासतों का ब्रिटिश हुकूमत में विलय कर लिया गया। डलहौजी ने 1856 में कुशासन के आधार पर अवध को ब्रिटिश सम्राज्य में व्यपगत कर लिया। अवध के बहुत से युवक कंपनी के सेना में शामिल थे। कृषिगत नीतियाँ तथा कुशासन के आधार पर अवध का विलय उनके अंदर असंतोष की भावना से भर दिया।
- ब्रिटिश शासकों द्वारा भारतीय सामाजिक जीवन में भी हस्तक्षेप किया जाने लगा था। विलियम बैंटिक द्वारा सतीप्रथा को गैर कानूनी करना, कैनिंग द्वारा विधवा विवाह की प्रथा को मान्यता देना, 1856 में नियम बनाकर पैतृक सम्पत्ति के संबंध में कानून बनाकर उत्तराधिकार के नियमों को बदलना आदि सुधारों के कारण भारतीय जनमानस में असंतोष था। भारतीय रूढ़िवादी समाज में इतनी जागरूकता नहीं थी कि इन सकारात्मक बदलावों को स्वीकार कर सकें। ब्रिटिश हुकूमत द्वारा किये जाने वाले सुधारों को भारतीय समाज ने आनावश्यक व थोपा हुआ समझा तथा इस कारण भी उनके अन्दर व्यापक असंतोष पनपा।
- इसी बीच कुछ ऐसी घटनाएँ भी घटित हुई, जिनसे अंग्रेजी सेनाओं की अपराजेयता का भ्रम टूट गया और लोगों में यह विश्वास पनपने लगा कि ब्रिटिश शासन के दिन अब थोड़े ही रह गए हैं। अफगान युद्ध (1838-42), पंजाब के युद्ध (1845-49) तथा क्रीमियाई युद्ध (1854-56) में अंग्रेजी सेनाओं को बुरी तरह पराजय हुई। वही 1855-56 में बंगाल की संथाल जनजातियों ने अंग्रेजों को बुरी तरह से पराजित किया तथा जनविद्रोह की क्षमताओं को स्पष्ट किया। इन सब परिणामों से भारतीयों में यह भाव आया कि एकजुटता के साथ व लड़ने पर सफलता पाई जा सकती है। हलांकि इन सब विद्रोहों व युद्धों में अंत में ब्रिटिश हुकूमत को ही सफलता मिली।
- ब्रिटिश शासन धार्मिक क्षेत्र में हस्तक्षेप के कारण भी भारतीय जनता असंतुष्ट हुई। ईसाई मिशनारियाँ हमेशा इस्लाम व हिन्दू धर्म पर प्रहार करती तथा इन्हें ईसाई धर्म की तुलना में हीन बताती। ईसाई मिशनरियाँ हिन्दू व इस्लाम धर्म का मजाक उड़ाती थी तथा लोगो को ईसाई धर्म अपनाने के लिए प्रेरित करते थे। ये मिशनरियाँ सभी जगह दिखाई देती थी, जैसे- बाजार, अस्पताल, जेल आदि। अत: इससे लोगों को लगने लगा कि धर्म खतरे में है। जब ईसाइयो द्वारा हिन्दुओं का धर्मांतरण कराया जाता था तो विरोध की स्थिति में पुलिस द्वारा ईसाई मिशनरियों का संरक्षण किया जाता था, इससे धार्मिक खतरे के विश्वास को बल मिला।
- 1850 में सरकार ने कानून बनाया तथा इसके तहत ईसाई बनने वाले को भी पैतृक संपत्ति में अधिकार मिल गया। साथ ही सरकारी खर्चे पर सेना में ईसाई धर्म शिक्षकों की नियुक्ति की जाती थी तथा ये सेना में भी धार्मिक उपदेश देते थे। इससे भी सेनाओं में असंतोष की भावना पनप रही थी।
- 1857 के विद्रोह का तात्कालिक कारण चर्बी मिले कारतूस की घटना थी। नए एनफील्ड का उपयोग सबसे पहले सेना में ही आरम्भ किया गया, इनके कारतूसों पर चर्बी से सने कागज को दांतों से काटना पड़ता था। सेना में यह बात फैल गई कि इन कारतूसों में गाय व सुअर की चर्बी का प्रयोग हुआ है। इससे हिन्दुओं और मुसलमानों दोनों का धर्म भ्रष्ट होता, इस घटना ने उनके इस विश्वास को बल दिया कि सरकार जानबूझकर उनके धर्म को नष्ट करना चाह रही है। अत: अब विद्रोह करने का समय आ गया है। और सैनिकों ने विद्रोह बिगुल फूंक दिया।

विद्रोह का आरम्भ व प्रगति

विद्रोह का आरंभ 10 मई, 1857 को मेरठ से आरम्भ हुआ और जल्द ही सम्पूर्ण उत्तर भारत में फैल गया। इसका प्रभाव उत्तर में पंजाब से लेकर दक्षिण में नर्मदा तक तथा पूर्व में बिहार से लेकर पश्चिम में राजस्थान तक फैला हुआ था।

इस विद्रोह का आगाज बैरकपुर में 34वीं बंगाल इंफेन्ट्री के सिपाही मंगल पांडे ने किया था, तथा अकेले ही अपने अधिकारियों पर हमला कर दिया था। इस कारण इनको 29 मार्च, 1857 को फांसी दे दी गई थी। यह इस बात का संकेत था कि सैनिकों में विद्रोह की भावना पनप रही थी। 24 अप्रैल को तीसरी देशी घुड़सवार सेना के 90 लोगों ने चर्बीदार कातूस लेने से मना कर दिया था, ऐसा करने वालों को बरखास्त कर 10-10 साल की कठोर सजाएँ दी गई। इससे मेरठ में तैनात सिपाहियों का विद्रोह भड़क उठा तथा 10 मई को उन्होंने अपने साथियों को छुड़ा लिया।

इसके बाद मेरठ की सेना दिल्ली जा पहुँची, जहाँ की पैदल सेना उनके आकर मिल गई और दिल्ली में यूरोपीय अधिकारियों की हत्या कर पूरे शहर पर विद्रोही सिपाहियों ने कब्जा कर लिया और भारत के बहादुरशाह ज़फर को भारत का सम्राट घोषित कर दिया।

जल्द ही यह विद्रोह बंगाल, अवध, रूहेलखंड, दोआब, बुंदेलखंड, बिहार, मध्यभारत, पूर्वी पंजाब आदि क्षेत्रों में तेजी के साथ फैल गया। इंदौर के अनेक फौजी विद्रोह में आकर शामिल हो गए और इस तरह से इस विद्रोह का स्वरूप व्यापक होने लगा।

दिल्ली
11 मई को मेरठ की विद्रोही सेना दिल्ली पहुँच गई तथा 12 मई, 1857 को उन्होने दिल्ली पर अधिकार कर लिया तथा बादशाह को पुनः सम्राट घोषित कर दिया। दिल्ली के बहादुरशाह को प्रतीकात्मक नेतृत्व दिया गया तथा नेपथ्य में बख्त खाँ इस विद्रोह का नेतृत्व कर रहा था। सितंबर 1857 को अंग्रेजों ने दिल्ली पर पुनः अधिकार कर लिया। इस संघर्ष को दमित करने के लिए अंग्रेज अधिकारी हडसन, लॉरेंस व जॉन निकोलसन ने महत्वपूर्ण भूमिका निभाई। जान निकोलन इस विद्रोह को दबाने के दौरान मारा गया। बहादुरशाह जफर को गिरफ्तार करके रंगून भेज दिया गया, जहाँ 1862 में उसकी मृत्यु हो गई।
कानपुर
पेशवा बाजीराव द्वितीय के दत्तक पुत्र नाना साहब के नेतृत्व में कानपुर में विद्रोह प्रारम्भ हुआ तथा 5 जून, 1857 को कानपुर अंग्रेजों के हाथ से निकल गया। सिपाहियों की सहायता से अंग्रेजों को कानपुर से खदेड़ कर नाना साहब ने स्वयं को पेशवा घोषित कर दिया। नाना साहब की तरफ से उनके विश्वसनीय सेवक तात्या टोपे कुशलता के साथ विद्रोह का नेतृत्व संभाल रहे थे। तात्या टोपे का असली नाम रामचंद्र पांडुरंग था। दिसंबर 1857 में कैंपबेल ने कानपुर पर पुनः अधिकार कर लिया।
लखनऊ
लखनऊ में विद्रोह का नेतृत्व बेगम हमरत महल कर रही थी। उन्होंने अपने नाबालिग बेटे बिरजिस कादिर को नवाब घोषित कर दिया तथा अपने प्रशासन को स्थापित करते हेतु अवध के किसानों व नवाबों से सहायता मांगी तथा अंग्रेजों के खिलाफ युद्ध छेड़ दिया। चीफ कमिश्नर हेनरी लारेंस इस विद्रोह में मारा गया। लखनऊ के विद्रोह को दबाने में कैंपबेल को सफलता मिली तथा मार्च 1858 में वह लखनऊ पर पुनः कब्जा करने में सफल रहा।

झांसी
1857 के इस विद्रोह में झांसी की रानी लक्ष्मीबाई ने भी झंडा बुलंद किया। अंग्रेजों ने झांसी की गद्दी के लिए एक उत्तराधिकारी गोद लेने के रानी के अधिकार को नहीं माना तथा अंग्रेजों ने रानी के राज्य पर अधिकार कर लिया। झांसी के ह्यूरोज की सेना से पराजित होकर ग्वालियर पहुँची तथा वहीं तात्या टोपे झांसी की रानी से जाकर मिल गए। 17 जून, 1858 को रानी सिपाही के वेश में लड़ते हुए वीरगति को प्राप्त हुई।
बिहार
बिहार में विद्रोह का नेतृत्व जगदीशपुर में कुँवर सिंह ने किया। कुँवर सिंह जमींदार थे तथा अंग्रेजों की नीतियों के कारण वे असंतुष्ट थे। उनकी आयु लगभग 80 वर्ष थी। कुँअर सिंह की मृत्यु के बाद विद्रोह का नेतृत्व इनके भाई अमर सिंह ने किया था। बिहार के विद्रोह को विसेंट आयर व विलियम टेलर ने दबाया।
अन्य क्षेत्र
इस सबके अतिरिक्त अन्य क्षेत्र, जैसे–फैजाबाद, इलाहाबाद, बरेली, बनारस, राजस्थान, असम आदि क्षेत्रों में विद्रोहियों का प्रभाव था। फैजाबाद में विद्रोह का नेतृत्व अहमदुल्लाह कर रहे थे वहीं इलाहाबाद में इसकी कमान मौलवी लियाकत अली ने संभाल रखी थी, बरेली में खान बहादुर खाँ ने विद्रोहियों को नेतृत्व प्रदान किया तथा अपने आप को यहाँ 'नवाब' घोषित किया। राजस्थान में कोटा विद्रोह का प्रमुख केन्द्र था तथा यहाँ विद्रोह का नेतृत्व जयदयाल व हरदयाल कर रहे थे। असम में विद्रोह की शुरुआत मनीराम दत्त ने की थी। वहीं उड़ीसा में संबलपुर के राजकुमार सुरेंद्र साई विद्रोहियों के नेता बने।

इन विद्रोहों को दबाने में अंग्रेजों ने कोई कसर नहीं छोड़ी तथा वे इसमें सफल रहें। फैजाबाद व बरेली में कैंपबेल ने विद्रोह को दबाया, वहीं इलाहाबाद व बनारस के विद्रोह को कर्नल नील ने दबाया।

विद्रोह की असफलता के कारण

वर्ष 1857 का विद्रोह बहुत बड़े क्षेत्र में फैला था तथा इसे जनता का व्यापक समर्थन भी प्राप्त था, किन्तु कुछ करणों से यह विद्रोह सफल नहीं हो पाया।

- यह विद्रोह भारत के सम्पूर्ण भागों में नहीं फैल सका। पूर्वी और पश्चिम भागों में यह विद्रोह प्रभावी नहीं रहा, क्योंकि इस विद्रोह से पहले यहाँ कई विद्रोह हो चुके थे।
- कुछ महत्वपूर्ण वर्ग, जैसे- जमींदार, शिक्षित लोग, रजवाड़ों का सहयोग विद्रोहियों को नहीं मिला।
- सभी सैनिकों ने विद्रोह में भाग नहीं लिया, पंजाब, गोरखा व मद्रास के सैनिक विद्रोह के दमन में अंग्रेजों की मदद कर रहे थे, वहीं बंगाल के सैनिक विद्रोही थे।
- ग्वालियर के सिंधिया, हैदराबाद के निजाम, इंदौर के होल्कर, जोधपुर के राजा, भोपाल के नवाब, पटियाला, नाभा और जींद के

सिख शासक, कश्मीर के महाराजा आदि ने विद्रोह को कुचलने में अंग्रेजों की सहायता की।

- विद्रोहियों की हार का सबसे बड़ा कारण योग्य नेतृत्व का अभाव था। जॉन लॉरेंस का कथन था कि "यदि विद्रोहियों में कोई एक भी योग्य नेता होता तो हम सदा के लिए हार जाते"।
- विद्रोही अंधविश्वासों का उपयोग करते, प्रगतिशील सामाजिक उपायों का विरोध करते, इस कारण आधुनिक शिक्षा प्राप्त भारतीयों ने भी विद्रोह मे साथ नहीं दिया।
- भारतीयों में एकता का अभाव था, साथ ही उनके पास आधुनिक अस्त्रों-शस्त्रों का अभाव, समुचित संगठन का ना होना, अनुशासन का अभाव आदि इस विद्रोह की असफलता का कारण बना।

विद्रोह का महत्व

1857 के विद्रोह की विफलता ने भारतीय जनमानस को यह ज्ञान कराया कि मात्र सैनिक विद्रोह के द्वारा सफलता प्राप्त नहीं हो सकती, बल्कि इसमें समाज के सभी वर्गों का सहयोग आवश्यक है। 1857 की क्रांति के बाद ही भारतीयों में राष्ट्रीयता के बीज पैदा हुए तथा विदेशी सत्ता के विरुद्ध एकजुटता का भाव बढ़ा। इस विद्रोह के बाद अंग्रेजों ने भी अपने नीतियों में परिवर्तन लाया तथा राज्यों का विलय न करना, सामाजिक सुधार में अहस्तक्षेप करना तथा प्रशासन में भारतीयों की भागीदारी को बढ़ाना आरम्भ किया। लॉर्ड कैनिंग द्वारा 1 नवंबर, 1858 को इलाहाबाद में आयोजित दरबार में विक्टोरिया के उद्घोषणा को पढ़ा, जिसमें कंपनी के शासन को समाप्त कर सभी अधिकार क्राउन के अधीन कर दिया गया।

नेता (विद्रोह)	केन्द्र	समय	ब्रिटिश नायक
बख्त खाँ एवं बहादुरशाह जफर	दिल्ली	11, 12 मई, 1857	निकलसन, हडसन
नाना साहब, तात्यां टोपे	कानपुर	5 जून, 1857	कैंपबेल
हजरत महल	लखनऊ	4 जून, 1857	कैंपबेल
लक्ष्मीबाई, तात्यां टोपे	झांसी/ग्वालियर	जून, 1857	हयूरोज
कुँवर सिंह	जगदीशपुर (बिहार)	अगस्त, 1857	टेलर, आयर
लियाकत अली बनारस	इलाहाबाद	1857	टेलर, आयर
खानबहादुर खाँ	बरेली	1857	कर्नल नील
अल्ला	फैजाबाद	1857	मौलवी अहमद
अजीमुल्ला	फतेहपुर	1857	जनरल रेनर्ड

महत्वपूर्ण बिंदु

* "नील विद्रोह" 1859-60 ई. में बंगाल में घटित हुआ
* इस विद्रोह की प्रथम घटना बंगाल के नदिया जिले में हुई। इसके स्थानीय नेता दिगम्बर विश्वास और विष्णु विश्वास थे।
* "हिन्दू पैट्रियाट" के संपादक हरिश्चंद्र मुखर्जी का इस विद्रोह के समर्थन के प्रति विशेष भूमिका रही।
* इस विद्रोह का सजीव चित्रण दीनबन्धु मित्र ने अपने नाटक "नील दर्पण" में किया है।
* पाबना विद्रोह (1873-76) रैयतों द्वारा जमींदारों के शोषण के विरुद्ध शुरू किया गया था। पाबना पूर्वी बंगाल का हिस्सा था।
* जमींदारों के शोषण के विरुद्ध 1873 में पाबना जिले के युसुफुशाही परगने में 'एक किसान संघ' की स्थापना हुई थी।
* इस आन्दोलन के प्रमुख नेता ईशान चन्द्र राय तथा शंभूपाल थे।
* दक्कन विद्रोह (1874-75) महाराष्ट्र के पुणे और अहमदनगर के क्षेत्रों में साहूकारों के विरुद्ध हुआ था।
* फसल खराब होने व लगान में अत्यधिक वृद्धि के कारण किसानों को साहूकारों से कर्ज लेना पड़ता था और बदले में साहूकार किसानों के घर व जमीन को रेहम रखते थे।
* मोपला विद्रोह की घटनाएँ केरल के मालाबार क्षेत्र में 1836 से 54 के बीच घटित हुई, जिसमें लगभग 22 प्रमुख विद्रोह हुए।
* मोपला (मालाबार क्षेत्र में रहने वाले मुसलमान) छोटे किसान या छोटे व्यापारी थे जबकि यहाँ के बड़े किसान अधिकतर हिन्दू थे। इसलिए कई बार यह विद्रोह साम्प्रदायिक रूप धारण कर लेता था।
* 1921 ई. में द्वितीय मोपला विद्रोह शुरू हुआ जिसके मूल में भी कृषक असंतोष ही था।
* महात्मा गाँधी, मौलाना अबुल कलाम आजाद, खिलाफत नेता शौकत अली आदि नेताओं ने मोपला विद्रोहियों का समर्थन किया।
* चम्पारण सत्याग्रह (बिहार) वर्ष 1917 में गाँधीजी द्वारा शुरू किया गया था।
* चम्पारण (बिहार) में किसानों से अंग्रेज बागान मलिक (नीलहा साहब) ने एक करार कर रखा था, जिसके अंतर्गत किसानों को अपने कृषि क्षेत्र के 3/20 वें भाग पर नील की खेती करनी होती थी। इसे तिनकठिया पद्धति (बीघे में तीन कट्ठा) के नाम से भी जाना जाता है।
* कालांतर में रासायनिक रंगों की खोज ने नील के बाजार भाव में गिरावट ला दिया था, जिससे नील बागान मालिक अब नील की खेती बंद करना चाहते थे और किसानों को समझौते से मुक्त करने के लिए एवज में भारी लगान चाहते थे।
* चम्पारण के पीड़ित किसानों की तरफ से राजकुमार शुक्ल ने 1916 के लखनऊ कांग्रेस के दौरान गाँधीसे मुलाकात कर उन्हें चंपारण आने का आग्रह किया था।
* डॉ. राजेन्द्र प्रसाद, ब्रजकिशोर सहाय, महादेव देसाई, नरहरि पारिख, जे.बी. कृपलानी आदि चंपारण में गाँधीजी के प्रमुख सहयोगी रहे।
* चम्पारण सत्याग्रह के दौरान गाँधीजी के कुशल नेतृत्व से प्रभावित होकर गुरुदेव रवीन्द्र नाथ टैगोर ने उन्हें "महात्मा" की उपाधि से सुशोभित किया।

* 'सत्याग्रह' (भारत में) प्रयोग का गाँधीजी द्वारा किया गया यह प्रथम प्रयास था।
* खेड़ा सत्याग्रह (1981 ई.) गुजरात के खेड़ा जिले में किसानों द्वारा सरकार के विरुद्ध बढ़ी हुई लगान के वसूली के खिलाफ गाँधीजी के नेतृत्व में हुई।
* इस आन्दोलन में गाँधीजी के प्रमुख सहयोगी थे- बल्लभ भाई पटेल, इंदुलाल याज्ञनिक आदि।
* गौरीशंकर मिश्र, इन्द्र नारायण द्विवेदी तथा मदनमोहन मालवीय आदि प्रमुख लोगों द्वारा 1981 में अवध में उत्तर प्रदेश किसान सभा का गठन किया गया। इसका प्रमुख उद्देश्य शोषण के विरुद्ध आन्दोलन था।
* 1920 ई. में बाबा रामचन्द्र के प्रयास से 'वर्धा किसान सभा' का गठन किया गया, जिसे जवाहरलाल नेहरू आदि का भी समर्थन प्राप्त हुआ।
* बारदोली सत्याग्रह (1928 ई.) में गुजरात में हुई थी। गुजरात के बारदोली ताल्लुके में 1928 में किसानों द्वारा लगान न अदायगी का आन्दोलन शुरू किया गया।
* फरवरी, 1928 में बारदोली किसान सत्याग्रह का नेतृत्व बल्लभभाई पटेल ने संभाला।
* बारदोली सत्याग्रह के समय ही बल्लभ भाई पटेल की कार्यकुशलता से प्रभावित होकर यहाँ की महिलाओं की ओर से गाँधीजी ने उन्हें 'सरदार' की उपाधि प्रदान की।
* अप्रैल 1936 में लखनऊ में अखिल भारतीय किसान सभा की स्थापना की गई।
* स्वामी सहजानन्द सरस्वती इसके प्रथम अध्यक्ष तथा एन.जी.रंगा इसके प्रथम महासचिव नियुक्त हुए।

❑❑❑

अध्याय

22 हिन्दू समुदाय में सामाजिक सुधार आन्दोलन

19वीं शताब्दी के धार्मिक एवं सामाजिक सुधार आन्दोलनों का भारत के इतिहास में विशेष महत्व है। इनके बहुमुखी स्वरूप तथा व्यापकता की दृष्टि से इन आन्दोलनों को संघर्षपूर्ण आधुनिक इतिहास में एक महत्वपूर्ण घटना माना जा सकता है। इन आन्दोलनों ने जहाँ एक ओर धार्मिक तथा सामाजिक सुधारों का आह्वान किया, वहीं दूसरी ओर इन्होंने भारत के अतीत को उजागर कर भारतवासियों के मन में आत्मसम्मान तथा आत्मगौरव की भावना जगाने की कोशिश की। धार्मिक उपदेशों के साथ-साथ आन्दोलनों के नेताओं ने स्वतंत्रता तथा समानता के भी उपदेश दिए।

19वीं शताब्दी में भारतीय समाज धार्मिक अंधविश्वासों एवं सामाजिक कुरीतियों से जकड़ा हुआ था। पुरोहित समाज में अपना महत्वपूर्ण स्थान बनाए हुए थे तथा जनसामान्य पर विभिन्न कर्मकांडों तथा निरर्थक धार्मिक कृत्यों की सहायता से वर्चस्व स्थापित कर चुके थे। भारतीय सामाजिक व्यवस्था भी छुआछूत, भेदभाव, सती प्रथा, बाल विवाह एवं बहुविवाह जैसी बुराइयों से ग्रस्त थी।

वहीं ब्रिटेन में तर्कवाद, विज्ञानवाद, मानवतावाद की भावना अंग्रेजी समाज को प्रगति प्रदान कर रही थी। इन नवीन विचारों के विक्षोभ ने भारतीय संस्कृति में सुधार की भावना उत्पन्न की तथा ज्ञान का प्रसार किया। धीरे-धीरे आधुनिक पाश्चात्य संस्कृति एवं विदेशी शक्तियों को पराजित करने की चेतना ने जागृति की नई किरण फैलाई। इस सोच ने भारतवासियों में एक प्रतिक्रिया को जन्म दिया। अब भारतीय समाज तथा संस्कृति की विकृतियों को दूर करने के लिए त्वरित कार्यवाही की आवश्यकता महसूस की गई।

समाज तथा धर्म सुधार आन्दोलन को प्रेरित करने वाले कारक

- पाश्चात्य शिक्षा का प्रभाव।
- आधुनिक शिक्षा के माध्यम से उदारवादी विचारधारा का प्रभाव।
- ईसाई मिशनरियों का योगदान।
- भारतीयों द्वारा औपनिवेशिक शोषण के विरुद्ध प्रतिक्रिया।
- ब्रिटिश सरकार द्वारा समाज सुधार से संबंधित कानूनों का प्रभाव।
- आर्थिक परिवर्तनों के फलस्वरूप नवीन वर्ग का उदय। जैसे-नवीन शहरी वर्ग, नवीन पूंजीपति वर्ग।

सुधारों का आयाम

भारतीय समाज सुधारकों का प्रमुख उद्देश्य मानवतावाद, तर्कवाद तथा विश्वव्यापी नजरिए के आलोक में पूरी सामाजिक, धार्मिक मान्यताओं का आत्ममंथन करना तथा उसे ग्राह्य बनाना था। जिसके प्रमुख क्षेत्र निम्न थे :

धर्म

- धार्मिक अंधविश्वास
- मूर्तिपूजा
- बहुदेववाद
- पंडितों द्वारा शोषण

समाज

- जातिवाद, छुआछूत
- नारी मुक्ति (सती प्रथा, शिशु-हत्या, विधवा एवं बाल-विवाह)
- समाज उत्थान हेतु शिक्षा का प्रसार।

सुधारों की प्रणाली

1. **आंतरिक सुधार प्रणाली :** राजा राममोहन राय द्वारा प्रारंभ की गई यह प्रणाली इस विश्वास पर चलती थी कि सुधार को प्रभावशाली बनाने के लिए यह आवश्यक है कि वह समाज के अंदर से ही हो। इसके अंतर्गत, वाद-विवाद, पुस्तक लेखन, नवीन सोच व आलोचनात्मक वैज्ञानिक स्वभाव उत्पन्न करने का प्रयास किया गया।
2. **कानून द्वारा सुधार :** केशव चंद्र सेन, महादेव गोविंद रानाडे तथा वीर शेलिंगम पांतलु जैसे सुधारकों का मानना था कि सुधार के प्रयास वास्तव में तब तक प्रभावशाली नहीं हो सकते, जब तक उन्हें राज्य का सहयोग न प्राप्त हो।
3. **प्रतीकात्मक बदलाव द्वारा सुधार :** इसके अंतर्गत प्रमुखत: दक्षिणारंजन मुखर्जी, रामगोपाल घोष तथा कृष्ण मोहन बनर्जी ने परंपराओं का बहिष्कार किया और समाज के मान्यता प्राप्त मानदंडों के खिलाफ विद्रोह किया।
4. **सामाजिक कार्यों द्वारा सुधार :** आर्य समाज, रामकृष्ण मिशन, द्वारा सामाजिक कार्यों से सुधार व पुनर्जागरण के विचारों को बढ़ावा देने का प्रयास किया गया।

स्वरूप

- इन आन्दोलनों की प्रकृति को पश्चिमीकरण की प्रक्रिया के रूप में नहीं देखा जाना चाहिए, क्योंकि इसमें पाश्चात्य संस्कृति के अंधानुकरण का दृष्टिकोण नहीं था।
- इनमें सामान्यतया क्रांति का दृष्टिकोण अनुपस्थित था। अपवाद-यंग बंगाल आन्दोलन।
- यह आन्दोलन सामाजिक व धार्मिक दोनों सुधारों से जुड़े थे।

- सुधारों का स्वरूप प्रगतिशील विचारों के आधार पर निर्मित होने के कारण इसे आधुनिकीकरण की प्रक्रिया के तौर पर देखा जाना चाहिए।
- इसमें वैज्ञानिक दृष्टिकोण अपनाए जाने का दृष्टिकोण था।
- अधिकतर सुधारों का स्वरूप प्रजातांत्रिक था, जिसके अंतर्गत सामाजिक न्याय व समानता पर बल दिया गया था।
- इनमें व्यावहारिकता व सांसारिकता पर बल दिया गया था।
- सामान्य तौर पर ये आन्दोलन धर्मनिरपेक्ष स्वरूप के थे।

सुधार आन्दोलनों के परिणाम

- समाज में तर्कवाद, विज्ञानवाद व मानवतावाद का प्रसार।
- अतीत को उजागर कर आत्मसम्मान का भाव पैदा किया।
- धार्मिक तथा सामाजिक ढांचे में अनेक सुधार हुए। जैसे-सती प्रथा उन्मूलन, स्त्री शिक्षा।
- आन्दोलनों ने बाकी विश्व के साथ भारत के अलगाव को समाप्त कर दिया।
- धार्मिक उपदेशों के साथ-साथ स्वतंत्रता एवं समानता के भी उपदेश दिए।
- शैक्षिक क्षेत्र में आधुनिक धर्मनिरपेक्ष शिक्षा को प्रोत्साहन।
- आत्मविश्वास तथा सांस्कृतिक गौरव प्रदान कर राष्ट्रवाद के प्रसार में अहम् भूमिका निभाई।

सुधार आन्दोलन की सीमाएं

- सुधारकों ने यद्यपि भारतीय समाज के सामाजिक-धार्मिक स्वरूप को पहचान लिया, परंतु इसके राजनीतिक स्वरूप को पहचानने में चूक कर दी।
- सुधारकों ने आर्थिक समस्याओं (गरीबी, अकाल) को ज्यादा महत्व नहीं दिया।
- ग्रामीण क्षेत्र व निम्न वर्गों को ज्यादा प्रभावित नहीं कर सके।
- पुरातन तत्वों पर बल देने से सांप्रदायिकता के विकास को अप्रत्यक्ष रूप से मदद मिली। जैसे-आर्य समाज, वहाबी आन्दोलन।
- कई सुधारक विचारों को कार्यरूप देने में आंशिक रूप से ही सफल रहे। जैसे-यंग बंगाल आन्दोलन।

सुधार आन्दोलन : भारतीय पुनर्जागरण के रूप में

इसे पुनर्जागरण कहा जाना चाहिए, क्योंकि इसमें बुद्धिवाद के तत्व, तर्कवाद के तत्व, मानवतावाद के तत्व दिखाई देते हैं; साथ ही अतीत पर बल तथा सामाजिक-धार्मिक सुधारों पर भी बल दिया गया।

अत: यूरोपीय पुनर्जागरण की तरह यह भारतीय पुनर्जागरण था। परंतु तथ्यों का ठीक से मूल्यांकन करने पर यह धारणा सत्य प्रतीत नहीं होती, क्योंकि :

मानवतावाद का पक्ष बहुत संकीर्ण था तथा भौगोलिक खोज का पक्ष अनुपस्थित था। वैज्ञानिक आविष्कार की तरफ ध्यान नहीं दिया गया। कला व साहित्य में विशेष प्रगति नहीं हुई। आन्दोलनों का दृष्टिकोण क्षुद्र मनोवैज्ञानिकता पर आधारित था।

फिर भी इसे भारतीय नवजागरण कहा जाना चाहिए, इसकी कुछ उपलब्धियां क्रमश: इस प्रकार हैं:

सुधारों के प्रति ब्रिटिश सरकार की रुचि के कारण था। औद्योगिक पूंजीवाद की मांग के अनुकूल भारत का आंशिक आधुनिकीकरण हुआ। नवीन विचारधारा (उदारवादी, उपयोगितावाद) का प्रभाव पड़ा तथा तृतीय आंग्ल-मराठा युद्ध के पश्चात् शांति और स्थिरता के परिणामस्वरूप सुधार के काल का आरंभ हुआ। ब्रिटिश संसद के सम्मुख कंपनी के शासन का सामाजिक सुधारोन्मुखी औचित्य सिद्ध करना तथा नवीन शिक्षा प्राप्त भारतीयों द्वारा सुधार हेतु दबाव।

प्रमुख समाज सुधार कानून
शिशु-हत्या उन्मूलन कानून • 1795 के रेग्युलेशन द्वारा, पुनः 1804 तथा 1870 के रेग्युलेशन द्वारा प्रतिबंधित किया गया।
सती प्रथा • 1829 में बंगाल रेग्युलेशन XXVII द्वारा बंगाल में प्रतिबंधित। • 1830 में इसे बंबई तथा मद्रास में लागू किया गया। प्रतिक्रिया-राधाकांत देव (बंगाल)।
दास प्रथा • 1789 में कॉर्नवालिस द्वारा प्रतिबंध। • 1832 के रेग्युलेशन तीन द्वारा एक क्षेत्र से दूसरे में खरीद-बिक्री पर प्रतिबंध। • 1843 के रेग्युलेशन पाँच के अनुसार दास प्रथा को समाप्त कर दिया गया।
जाति अयोग्यता उन्मूलन अधिनियम • डलहौजी द्वारा 1850 के रेग्युलेशन XXI द्वारा।
विधवा पुनर्विवाह अधिनियम-1856 **बाल विवाह** • 1872 का सिविल मैरिज एक्ट • 1891 का एज ऑफ कंसेंट एक्ट • 1930 का शारदा एक्ट

प्रमुख व्यक्तियों द्वारा धार्मिक सुधार
हेनरी डेरोजियो तथा यंग बंगाल आन्दोलन
• 19 शताब्दी के तीसरे और चौथे दशक में बंगाल के बुद्धिजीवियों में उग्रवादी प्रवृत्ति का जन्म हुआ। इस आन्दोलन को **'यंग बंगाल आन्दोलन'** के नाम से जाना जाता है। • प्रणेता-हेनरी विवियन डेरोजियो (1809-31 ई.) • डेरोजियो एंग्लो-इंडियन थे, 1826-1831 तक हिन्दू कॉलेज में इतिहास के प्राध्यापक रहे। फ्रांस की महान् क्रांति से अतिशय प्रभावित थे। • उन्होंने अपने विद्यार्थियों को 'विवेकपूर्ण और मुक्त ढंग से सोचने', सभी आधारों की प्रामाणिकता की जाँच करने, मुक्ति, समानता और स्वतंत्रता से प्रेम करने तथा सत्य की पूजा करने के लिए प्रेरित किया। • नारी अधिकारों के पक्के हिमायती थे। • किसानों से संबंधित प्रश्न को नहीं उठाया। • इनकी परिचर्चा के विषय-विधवाओं का उद्धार और मूर्तिपूजा तथा सभी प्रकार की रूढ़िवादिता का विरोध था।

देवेन्द्र नाथ ठाकुर

- 1833 ई. में राममोहन राय की मृत्यु के पश्चात् 1836 में देवेन्द्र नाथ टैगोर ने 'ब्रह्म समाज' को संभाला।
- 1839 ई. में उन्होंने **'तत्वबोधिनी सभा'** की स्थापना की।
- **तत्वबोधिनी सभा** तथा उसके मुख्य अंग 'तत्वबोधिनी पत्रिका' ने बांग्ला भाषा में भारत के अतीत के सुव्यवस्थित अध्ययन को प्रोत्साहित किया।
- 1843 ई. में देवेन्द्र नाथ ठाकुर ने 'ब्रह्म समाज' का पुनर्गठन किया।
- समाज ने सक्रिय रूप से विधवा पुनर्विवाह, बहुविवाह का उन्मूलन, नारी-शिक्षा और आत्मसंयम के आन्दोलन का समर्थन किया।

केशवचन्द्र सेन (1834-1884 ई.)

- केशवचन्द्र के आचार्यत्व से 'ब्रह्म समाज' काफी लोकप्रिय हुआ। उत्तर प्रदेश, पंजाब और मद्रास में शाखाएं खुली।
- केशवचन्द्र के उदारवादी दृष्टिकोण के कारण ब्रह्म समाज में फूट-केशवचन्द्र कई बातों के आधार पर हिन्दू धर्म को संकीर्ण मानते थे और संस्कृत के मूल पाठों के प्रयोग को उचित नहीं मानते थे। उनकी सभा में सभी धर्मों के धर्म-ग्रंथों का पाठ होने लगा।
- अंत में 1865 ई. में केशवचन्द्र से **आचार्य** की उपाधि छीन ली गई।
- केशवचन्द्र ने एक अलग संगठन **'दि ब्रह्म समाज ऑफ इंडिया'** की स्थापना की।

- 1878 ई. में केशवचन्द्र सेन की 13 वर्षीय पुत्री का विवाह कूचबिहार के राजा के साथ किए जाने के प्रश्न पर 'ब्रह्म समाज' में पुनः फूट पड़ गई।
- 1878 ई. में **'साधारण ब्रह्म समाज'** की स्थापना हुई। आनंद मोहन बोस इसके अध्यक्ष थे।

ईश्वरचन्द्र विद्यासागर (1820-91 ई.)

- उन्होंने संस्कृत पढ़ाने के लिए नई तकनीक विकसित की।
- उन्होंने एक **बांग्ला वर्णमाला** लिखी, जो अब भी प्रचलित है।
- उन्होंने बांग्ला में **आधुनिक गद्य शैली के विकास** में सहायता दी।
- उन्होंने संस्कृत कॉलेज के दरवाजे गैर-ब्राह्मण विद्यार्थियों के लिए खोल दिए।
- उन्होंने संस्कृत कॉलेज में पाश्चात्य चिंतन का अध्ययन आरंभ किया।
- विद्यासागर ने विधवा पुनर्विवाह के लिए एक लंबा संघर्ष चलाया। इस संदर्भ में उन्होंने 14 अक्टूबर, सन् 1855 को कंपनी सरकार को एक ज्ञापन दिया, जो कि 16 जुलाई, 1856 में 'हिंदू विधवा पुनर्विवाह अधिनियम' के रूप में अस्तित्व में आया।
- 7 दिसंबर सन् 1856 ई. को कलकत्ता में उच्च वर्ण के हिन्दुओं में देश का पहला विधवा पुनर्विवाह संपन्न हुआ।
- सन् 1850 में विद्यासागर ने बाल विवाह का सक्रिय विरोध आरंभ किया।
- स्त्रियों की उच्च शिक्षा के वे प्रबल समर्थक थे।
- विद्यालय के निरीक्षक के रूप में उन्होंने 35 कन्या विद्यालयों की स्थापना की।
- बेथून स्कूल के सचिव के रूप में स्त्रियों की उच्च शिक्षा के लिए महत्वपूर्ण कार्य किए।
- सन् 1851 ई. में वह संस्कृत महाविद्यालय के प्रधानाचार्य के पद पर पहुंचने में सफल हुए।
- सन् 1855 व 1860 ई. के मध्य 25 विधवा पुनर्विवाह संपन्न हुए।

स्वामी विवेकानन्द व रामकृष्ण आन्दोलन

- स्वामी विवेकानन्द का जन्म सन् 1863 ई. में कलकत्ता के संभ्रांत कायस्थ परिवार में हुआ।
- बचपन का नाम नरेन्द्र नाथ था।
- वे रामकृष्ण परमहंस के महान् शिष्य थे। रामकृष्ण परमहंस (1834-86) कलकत्ता में काली मंदिर के पुजारी थे। वह मूर्ति पूजा में विश्वास रखते थे। उन्होंने तीनों प्रकार की-तांत्रिक, वैष्णव और अद्वैत आराधना की। उन्होंने इस बात पर बार-बार जोर दिया कि ईश्वर और मुक्ति तक पहुंचने के लिए अनेक मार्ग हैं और मानव सेवा ही ईश्वर की सेवा है, क्योंकि मानव ईश्वर का मूर्त्त रूप है।
- विवेकानन्द ने सामाजिक कर्म पर जोर दिया, सर्वधर्म सद्भाव की घोषणा की तथा धार्मिक मामलों में किसी भी प्रकार की संकीर्णता की निंदा की।
- वे स्वयं वेदांत के समर्थक थे। उन्होंने वेदांत को पूर्णरूपेण विवेकशील प्रणाली घोषित किया।
- विवेकानंद ने शेष संसार से संपर्क तोड़ लेने तथा गतिहीन और संवेदनहीन बन जाने के कारण भारतीयों की आलोचना की।
- उन्होंने लिखा-''गति ही जीवन का चिन्ह है।''
- सन् 1893 ई. में **शिकागो** और सन् 1900 ई. में **पेरिस** में आयोजित विश्व धर्म संसद में भारत का प्रतिनिधित्व किया।
- उन्होंने यूरोपीय देशों, सुदूर पूर्वी देशों और जापान आदि की व्यापक यात्राएं कीं।
- उन्होंने 1897 ई. में कलकत्ता में **'रामकृष्ण मठ'** की स्थापना की।

- 1897 ई. में उन्होंने मानवतावादी व समाज सेवा कार्य चलाने के लिए 'रामकृष्ण मिशन' की स्थापना की।
- उनके अनुसार 'भूखे व्यक्ति को धर्म की बात कहना ईश्वर तथा मानवता का अपमान है।''

ब्रह्म समाज

भारत में समाज सुधार आन्दोलन की शुरुआत बंगाल से माना जाता है। इन आन्दोलनों का नेतृत्व राजा राममोहन राय द्वारा किया गया। इन्हें सुधार आन्दोलनों का प्रवर्तक नवजागण का अग्रदूत, आधुनिक भारत का पिता तथा नवप्रभात का तारा कहा जाता है। राजा राममोहन राय प्राच्य और पाश्चात्य चिंतन के मिले-जुले रूप का प्रतिनिधित्व करते थे। राजा राममोहन राय हिन्दु समाज में व्याप्त बुराइयों को दूर करने का प्रयास किया। उन्होंने सती प्रथा, बहुविवाह, वेश्यागमन आदि को समाप्त करने का बीड़ा उठाया। रूढ़िवादी समाज में समाज सुधारक के तौर राजा राममोहन राय का योगदान अविस्मरणीय है।

राजा राममोहन राय द्वारा ब्रह्म सभा को स्थापना 1828 में कलकत्ता में की गई, जिसे बाद में ब्रह्म समाज कहा गया। ब्रह्म समाज का मुख्य उद्देश्य हिन्दु धर्म में सुधार लाना था। इन सुधारों के तहत् मूर्ति पूजा का विरोध, अन्य धर्मों की अच्छाइयों को अपनाना, एक ब्रह्म पूजा तथा एकेश्वरवाद का समर्थन कर सभी धर्मों के एकता पर बल राजा राममोहन राय ने दिया।

राजा राममोहन राय द्वारा ब्रह्मसमाज के सिद्धांतों का आधार मानव विवेक, वेद व उपनिषद को बनाया। राजा राममोहन राय दार्शनिक, धार्मिक व सामाजिक दृष्टिकोण में सूफीमत के रहस्यवाद, इस्लाम के एकेश्वरवाद, ईसाई धर्म के नीतिपरक शिक्षा व पश्चिमी उदारवादी- बुद्धिवादी सिद्धांत के भी समर्थक थे।

ब्रह्म समाज द्वारा समाज में योगदान

(i) बहुदेववाद तथा मूर्तिपूजा का प्रबल विरोध राजा राममोहन राय द्वारा किया गया। मूर्तिपूजा की आलोचना के दौरान अपने पक्ष को मजबूती देने के लिए वेदोक्तियों का सहारा लिया। कर्मकांडो का विरोध करने के साथ-साथ पुरोहितों के आर्थिक ग्रंथ व्याख्या की उन्होंने आलोचना की। राजा राममोहन राय द्वारा सामाजिक सुधार की अनुमति नहीं देने वाले धर्म को भी बदलने की बात कही।

(ii) बहुपत्नी प्रथा व सती प्रथा का विरोध: राजा राममोहन राय स्त्री पर हो रहे अत्याचार के प्रबल विरोधी थे तथा उन्होंने बहुपत्नी विवाह, सती प्रथा आदि की आलोचना मुखरता के साथ किया। राजा राममोहन के प्रयासों से ही सती प्रथा जैसी कुप्रथा पर रोक लगाई जा सकी।

(iii) इसके अतिरिक्त ब्रह्मसमाज द्वारा विधवा विवाह को समर्थन बाल विवाह का विरोध, छुआछूत, अंधविश्वास, जातिगत भेदभाव का भी पुरजोर विरोध ब्रह्म समाज द्वारा किया गया।

(iv) ब्रह्म समाज द्वारा बाांग्ला एवं अंग्रेजी शिक्षा के प्रचार-प्रसार का समर्थन किया गया।

राजा राममोहन राय का उद्देश्य किसी धर्म की स्थापना करना नही था, बल्कि हिन्दू धर्म में सुधार करना था। राजा राममोहन राय की मृत्यु के पश्चात् ब्रह्मसमाज की बागडोर देवेन्द्र नाथ टैगोर ने संभाली, उन्होंने ब्रह्मसमाज को नई चेतना एवं स्वरूप प्रदान किया। देवेन्द्र नाथ टैगोर के समय में ही स्त्री शिक्षा को बढ़ावा, विधवा विवाह को समर्थन, बहुपत्नी प्रथा पर रोक तथा धार्मिक कर्मकाण्डों को समाप्त करने वाले कार्य पर बल दिया गया। केशव चंद्र सेन द्वारा 1858 में ब्रह्म समाज की सदस्यता ग्रहण की गई। केशव चंद्र सेन के प्रयासों से ब्रह्म समाज के शाखाओं में विस्तार हुआ तथा ब्रह्म समाज की शाखाएँ बंगाल से बाहर बंबई, संयुक्त प्रांत, पंजाब व मद्रास में भी खुल गई। केशव चंद्र के उदारवादी विचारों के कारण देवेन्द्रनाथ टैगोर से उनका मतभेद हो गया तथा 1856 में केशव चंद्र सेन को आचार्य के पद से बर्खास्त कर दिया गया। इसके पश्चात केशव चंद्र सेन ने 1866 में 'भारतीय ब्रह्म समाज' के नाम से नई सभा का गठन किया।

वर्ष 1878 में केशब चंद्र सेन द्वारा अपनी 13 वर्षीय पुत्री का विवाह वैदिक कर्मकांडों के साथ कूच बिहार के राजा के साथ कर दिया, जिसका विरोध केशव चंद्र सेन के समर्थकों द्वारा किया गया। इस विरोध के कारण केशव चंद्र सेन भारतीय ब्रह्म समाज से अलग हो गए तथा उन्होंने साधारण ब्रह्म समाज की स्थापना की।

उत्तर भारत में सामाजिक-धार्मिक आन्दोलन

दयानन्द सरस्वती

- दयानन्द सरस्वती (1824-1883 ई.) का जन्म 1824 ई. में गुजरात में काठियावाड़ की मौरवी रियासत के एक ब्राह्मण परिवार में हुआ।
- इनके बचपन का नाम मूलशंकर था।
- इनके गुरु का नाम **स्वामी बिरजानन्द** था।
- **आर्य समाज** की स्थापना स्वामी दयानन्द सरस्वती ने 1875 ई. में **बंबई** में की। उत्तरी भारत में हिंदू धर्म और समाज में सुधार का कार्य आर्य समाज ने किया।
- पंजाब, उत्तर प्रदेश, राजस्थान, बिहार के कुछ भाग पर इसका प्रभाव अच्छा था। सबसे ज्यादा यह उत्तर-पश्चिमी भारत में लोकप्रिय हुआ।
- केशव चन्द्र से वे विशेष रूप से प्रभावित थे।
- उन्होंने अपनी प्रसिद्ध पुस्तक **'सत्यार्थ प्रकाश'** में अपने मूल विचारों को व्यक्त किया। 'सत्यार्थ प्रकाश' हिन्दी भाषा में लिखी गई। **दयानन्द** ने **'वेदभाष्य भूमिका'** (संस्कृत तथा हिन्दी भाषाओं में) तथा **'वेदभाष्य'** (संस्कृत में) दो अन्य कृतियों की भी रचना की।

स्वामी दयानन्द के विचार

(क) पुरोहितों ने पुराणों की सहायता से हिंदू धर्म को दूषित कर दिया है।

(ख) पुराण झूठी शिक्षाओं से भरे हुए हैं।

(ग) उन्होंने वेदों का सहारा लिया और इन्हें भ्रमों से परे बताया। उन्होंने कहा कि वेद भगवान् द्वारा प्रेरित हैं और संपूर्ण ज्ञान के स्रोत हैं। इस प्रकार इन्होंने 'वेदों की ओर लौटो' का नारा दिया।

(घ) उनका विश्वास था कि हर व्यक्ति की ईश्वर तक सीधी पहुंच है।

(ङ) हिंदू रूढ़िवादियों की भर्त्सना की। वे मूर्ति पूजा, कर्मकांड, पुरोहितों और विशेषकर जाति-प्रथा और ब्राह्मणों द्वारा प्रचारित हिंदू धर्म के विरोधी थे।

- सन् 1875 ई. में **आर्य समाज का संविधान** बनाया गया।
- सन् 1876 ई. से **लाहौर** से इसकी सक्रिय गतिविधियों का शुभारंभ किया गया।
- आर्य समाज के सिद्धांत तथा नियम सबसे पहले बंबई में गठित किए गए। पुनः उनको लाहौर में 1877 में संपादित किया गया।
- आर्य समाज ने **शुद्धि आन्दोलन** भी आरंभ किया, जिसके अन्तर्गत लोगों को अन्य धर्मों से हिंदू धर्म में लाने का प्रयत्न किया गया।
- वेलेन्टाइन शिरोल ने आर्य समाज को 'भारतीय अशांति का जन्मदाता' कहा है।
- महात्मा हंसराज, पंडित गुरुदत्त, लाला लाजपत राय और स्वामी श्रद्धानंद इसके विशिष्ट कार्यकर्ताओं में से थे।
- सन् 1883 ई. में दयानंद की अजमेर में मृत्यु हो गई।

शिक्षा के क्षेत्र में कार्य

- 1883 ई. में **लाहौर** में **दयानंद एंग्लो-वैदिक स्कूल** की स्थापना हुई, जो 1889 ई. में **दयानंद एंग्लो कॉलेज** बन गया।

- 1902 ई. में **हरिद्वार** (कांगड़ी) में **गुरुकुल विश्वविद्यालय** की नींव रखी गई।
- स्वामी दयानंद के आर्थिक विचारों में स्वदेशी का विशेष महत्व था। वह **पहले व्यक्ति** थे, जिन्होंने 'स्वराज्य' शब्द का प्रयोग किया और विदेशी वस्तुओं का बहिष्कार करने तथा स्वदेशी वस्तुओं के प्रयोग की शिक्षा दी। 'सत्यार्थ प्रकाश' के 1883 के प्रामाणिक संस्करण में उन्होंने लिखा 'कोई कितना ही कहे, परंतु स्वदेशी राज्य सर्वोपरि होता है।'
- सन् 1892 ई. में मांसाहारी भोजन तथा शैक्षणिक संस्थाओं के उद्देश्य, विषयों पर मतभेद होने के कारण आर्य समाज दो उप-संप्रदायों में विभाजित हो गया।
- 1892 में आर्य समाज ने 'गौरक्षिणी सभा' की स्थापना की।

पश्चिम भारत में सामाजिक सुधार आन्दोलन

- पश्चिम भारत में आन्दोलन की पहल तथा नेतृत्व करने वाले शुरुआत के बौद्धिकों में सर्वप्रमुख थे-बाल शास्त्री जांबेकर, दादोबा पांडुरंग, तारखड़कर और भास्कर पांडुरंग, गोपाल हरि देशमुख आदि।
- 1840 के दशक में **परमहंस मण्डली** की स्थापना के साथ महाराष्ट्र में धर्म सुधार आन्दोलन प्रारंभ हुआ। इसका उद्देश्य था, मूर्तिपूजा एवं जाति प्रथा का विरोध करना तथा विधवा-विवाह का समर्थन करना।
- पश्चिम भारत के पहले धर्म सुधारक **गोपाल हरि देशमुख** 'लोकहितवादी' थे, जिन्होंने हिंदू धर्म की रूढ़िवादिता पर गंभीर प्रहार किया। उन्होंने मराठी साप्ताहिक 'प्रभाकर' में अपने प्रसिद्ध 'शतपत्रेण' लिखे। उन्होंने एकेश्वरवाद का प्रचार किया एवं जाति प्रथा की निंदा की। 1877 में इन्होंने 'जातिभेद' नामक पुस्तक लिखी।

महादेव गोविन्द रानाडे

- महाराष्ट्र में 'ब्रह्म समाज' के प्रभाव से 'प्रार्थना समाज' की स्थापना हुई। प्रार्थना समाज की स्थापना **डॉ. आत्माराम पांडुरंग** (1833-98) के नेतृत्व में केशवचन्द्र सेन की प्रेरणा से हुई।
- **आर.जी. भण्डारकर** और **महादेव गोविन्द रानाडे** के इस संस्था में सम्मिलित हो जाने से समाज को एक नई शक्ति मिली।
- रानाडे ने डी. के. कर्वे के सहयोग से महाराष्ट्र में 1861 में '**विडो रि-मैरिज एसोसिएशन**' की स्थापना की तथा इन्हीं के प्रयत्नों से '**दक्कन एजुकेशनल सोसाइटी**' का जन्म हुआ। इसका रूपांतरण बाद में '**पूना फर्गुसन कॉलेज**' नाम से हो गया।
- 'प्रार्थना समाज' की सफलता का सर्वाधिक श्रेय रानाडे को है।
- नये ज्ञान की पृष्ठभूमि में हिंदू धर्म और समाज में सुधार लाने के उद्देश्य से इस संस्था का गठन किया गया।
- अछूत, दलितों तथा पीड़ितों की दशा सुधारने के उद्देश्य से कई कल्याणकारी संस्थाओं का गठन किया, जैसे- 'दलित जाति मण्डल', 'समाज सेवा संघ', दक्कन शिक्षा सभा' आदि।

प्रमुख आन्दोलन

- बंबई के अन्य सुधार आन्दोलनकर्ता थे-नौरोजी फरद्दोनजी, दादाभाई नौरोजी और एस. एस. बंगाली।
- 1851 ई. में उन्होंने '**रहनुमाई मजदायन सभा**' नामक धार्मिक संगठन की स्थापना की, जिसका उद्देश्य था पारसी आस्थाओं तथा सामाजिक प्रथाओं का आधुनिकीकरण।
- महिलाओं की शिक्षा के प्रवर्तक, उनको वैधानिक अधिकार दिलवाने और समूचे पारसी समुदाय में उत्तराधिकार व विवाह के लिए कानून बनवाने के लिए इस सभा ने संघर्ष चलाए।
- गुजरात में मेहताजी, दुर्गाराम मंचाराम प्रमुख समाज सुधारक थे। 1844 ई. में उन्होंने '**मानव धर्म सभा**' और '**यूनिवर्सल रिलिजियस सोसाइटी**' का गठन किया।
- अनेक शिक्षित नौजवानों ने 1848 ई. में **छात्र साहित्यिक और वैज्ञानिक समिति** की स्थापना की, जिसकी दो शाखाएं गुजराती और मराठी ज्ञान प्रसारक मण्डलियां थीं।
- विष्णुशास्त्री पंडित ने 19 सदी के छठे दशक में 'विधवा विवाह संघ' की स्थापना की। एक अन्य प्रमुख कार्यकर्ता **करसन दास मूलजी** थे, जिन्होंने 1852 ई. में विधवा पुनर्विवाह की वकालत के लिए गुजराती में 'सत्यप्रकाश' पत्र प्रारंभ किया।

दक्षिण भारत में सुधार आन्दोलन

थियोसोफिकल सोसाइटी

- थियोसोफिकल सोसाइटी की स्थापना संयुक्त राज्य अमेरिका में मैडम एच. पी. ब्लावत्सकी और कर्नल एच. एस. ऑलकाट ने की।
- भारत में थियोसोफिकल सोसाइटी का मुख्यालय 1882 ई. में मद्रास के निकट अडयार में स्थापित किया गया।
- 1907 ई. में एनी बेसेंट इसकी अध्यक्षा बनीं और फिर यह आन्दोलन काफी लोकप्रिय हुआ।
- श्रीमती एनी बेसेंट 1893 ई. में भारत आई।

सोसाइटी की मान्यताएं

(क) थियोसोफिस्टों ने हिंदू धर्म, जरथ्रुस्ट धर्म और बौद्ध धर्म जैसे प्राचीन धर्मों को पुनजीवित करने तथा मजबूत बनाने का प्रयास किया।

(ख) पुनर्जन्म तथा कर्म में विश्वास।

(ग) मानव को व्यापक बंधुत्व की शिक्षा दी।

(घ) वेदांत में विश्वास।

(ङ) उपनिषदों के दर्शन द्वारा प्रेरणा ग्रहण ली।

- **एनी बेसेंट** ने सन् 1898 ई. में बनारस में **सेन्ट्रल हिन्दू कॉलेज** की नींव रखी, जहाँ हिन्दू धर्म और पाश्चात्य वैज्ञानिक विषय पढ़ाए जाते थे। आगे चलकर 1916 ई. में यही बनारस हिन्दू विश्वविद्यालय बन गया।
- एनी बेसेंट ने आयरिश स्वराज्य लीग के नमूने पर 'भारतीय स्वराज्य लीग' का गठन किया।

अन्य आन्दोलन (दक्षिण भारत)

- केशवचन्द्र सेन की मिशनरी गतिविधियों के फलस्वरूप 1864 ई. में मद्रास में 'वेद समाज ऑफ साउथ इंडिया' की स्थापना।
- 1871 में **साधारण ब्रह्म समाज** के नेता **शिवनाथ शास्त्री** मद्रास गए और आन्दोलन को शक्ति प्रदान की।

- **एच. बुचीआह पंतलू** और **आर. वेंकट रत्नम** समाज के प्रमुख नेता थे।
- **मद्रास** में 'ब्रह्म समाज' से ज्यादा **प्रार्थना समाज** का प्रभाव रहा।
- दक्षिण में प्रार्थना समाज के प्रसार का सबसे बड़ा श्रेय **वीरेशलिंगम पुत्तुलु** को है। 1878 ई. में उन्होंने तेलुगु प्रदेश में आन्दोलन की शुरुआत की और **राजमुन्द्री सोशल रिफॉर्म एसोसिएशन** की स्थापना की।
- गुरुद्वारों का प्रबंध सुधारना था।
- अकालियों के नेतृत्व में 1921 में सिख जनता ने इसका विरोध किया और महंतों और उनकी सहायता करने वाली सरकार के विरुद्ध एक शक्तिशाली सत्याग्रह शुरू किया।
- **1922** ई. में **सिख गुरुद्वारा एक्ट** पारित किया गया, जिसे 1925 में संशोधित किया गया।

नारी मुक्ति के प्रयास

- **राजा राममोहन राय** ने तत्कालीन गवर्नर जनरल **विलियम बेंटिक** की सहायता से सती प्रथा के विरुद्ध जो व्यापक आन्दोलन चलाया, उसके फलस्वरूप सरकार ने **1829 ई. में सती प्रथा पर रोक** लगा दी। पहले यह नियम केवल बंगाल के लिए था, फिर 1830 में यह बंबई और मद्रास में लागू कर दिया गया।
- एक अन्य क्रूर प्रथा, जो विशेषत: बंगालियों और राजपूतों में प्रचलित थी, वह थी बालिका शिशुओं को एक महान आर्थिक भार मानकर उनकी शैशवकाल में हत्या करना। अंत में 1795 के बंगाल नियम 16वें और 1804 के नियम 3 से शिशु–हत्या को साधारण हत्या के बराबर मान लिया गया। इस दिशा में 1870 में कुछ और कड़े कानून बनाए गए।
- **विधवा विवाह**-विधवा पुनर्विवाह के पक्ष में **ईश्वर चन्द्र विद्यासागर** ने सर्वाधिक सशक्त आन्दोलन चलाया और 1856 ई. में हिंदू विधवा पुनर्विवाह अधिनियम उन्हीं के प्रयत्नों से पारित हो सका।
- पश्चिम भारत में **प्रोफेसर डी. के. कर्वे** और मद्रास में **वीरेशलिंगम** ने इस दिशा में विशेष प्रयत्न किए।
- प्रोफेसर **कर्वे** ने पूना में **1899 ई.** में **एक विधवा आश्रम** स्थापित किया। उन्होंने 1906 में बंबई में भारतीय **महिला विश्वविद्यालय** की भी स्थापना की।
- **बाल-विवाह का विरोध**–1872 ई. में सिविल मैरेज एक्ट पारित हुआ।
- बाल-विवाह के विरोध में पारसी सुधारक वी. एम. मालाबारी ने सक्रिय प्रयास किए और उनके प्रयत्नों के फलस्वरूप 1891 ई. में **सम्मति आयु अधिनियम** पारित किया गया। इसके अंतर्गत 12 वर्ष से कम आयु की कन्याओं के विवाह पर रोक लगा दी गई।
- 1930 ई. में **शारदा अधिनियम** द्वारा विवाह के लिए कन्या की न्यूनतम आयु **14** और युवकों की न्यूनतम आयु **18** वर्ष निश्चित की गई।

महत्वपूर्ण बिंदु

- **स्त्री-शिक्षा**-1819 में स्त्री-शिक्षा हेतु **'कलकत्ता तरुण स्त्री सभा'** की स्थापना हुई।
- **श्री जे. ई. डी. बेटन** ने 1849 ई. में कलकत्ता में **एक बालिका विद्यालय** स्थापित किया।
- पंडित ईश्वर चंद्र विद्यासागर बंगाल में कम-से-कम 35 बालिका विद्यालयों से संबधित थे।
- बंबई में **एलिफिंस्टन संस्थान** ने इस दिशा में उल्लेखनीय कार्य किया।
- 1854 ई. में **चार्ल्स वुड डिस्पैच** ने स्त्री शिक्षा की आवश्यकता पर बल दिया।
- 20वीं शताब्दी के सामाजिक सुधार आन्दोलन की विशेषता यह थी कि अखिल भारतीय और प्रादेशिक स्तर पर बहुत सी संस्थाएं इस उद्देश्य से बनीं।
- श्री **महादेव गोविंद रानाडे** ने सीमित उद्देश्यों को लेकर 1887 ई. में **भारतीय राष्ट्रीय सामाजिक सम्मेलन** की स्थापना की।
- 1903 में **बंबई समाज सुधारक सभा** बनाई गई।
- स्त्रियों ने स्वयं भी अपने अधिकारों की रक्षा हेतु 1927 में 'अखिल भारतीय महिला संघ' स्थापित किया।
- **हिंदू उत्तराधिकार अधिनियम, 1956** ने लड़की को लड़के के समान सह-उत्तराधिकारी बना दिया।
- **हिंदू विवाह अधिनियम 1955** ने विशेष परिस्थितियों में विवाह समाप्त करने की अनुमति दी।

❑❑❑

अध्याय

23

मुस्लिम समुदाय में सामाजिक सुधार आन्दोलन

[वहाबी एवं अलीगढ़ आन्दोलन]

मुस्लिम सुधार आन्दोलन

मुस्लिम समाज भी हिन्दू समाज की तरह कई कुरीतियों से जूझ राहा था। 19वीं शताब्दी के नव जागरण के समय कई मुस्लिम सुधार आन्दोलन हुए। मुस्लिम समाज सुधार आन्दोलनों में इस्लाम धर्म का पक्ष हमेशा हावी हो जाता था। इस कारण मुस्लिम वर्ग के सुधार की दर धीमी रही। मुस्लिम समाज में विभिन्न सुधारक आन्दोलन एक-दूसरे के विरोधी के तौर पर उभर रहे थे। अलीगढ़ आदोलन जहाँ प्रगतिवादी सोच के साथ समाज में व्यापक परिवर्तन लाने के हिमायती थे, वही देवबंद शाखा पूर्णतया अलीगढ़ आन्दोलन के विरुद्ध था। मुस्लिम समुदाय के सुधार के प्रति अंग्रेजों का रवैया भी उदासीन था तथा अपने हितों के लिए अंग्रेजों ने मुस्लिन समुदाय को हिन्दुओं के खिलाफ खड़ा किया ताकि आपस में दोनों समुदायों को लड़ाकर अपने आर्थिक हितों की पूर्ति की जा सके। अंग्रेजों की इस नीति के कारण देश को विभाजन का दंश भी झेलना पड़ा। समय के साथ मुस्लिम समुदाय में कई तरह के सुधारात्मक आन्दोलन होते रहे, किंतु इन आन्दोलनों का व्यापक सकारात्मक परिणाम बहुत ही कम देखने को मिला।

वहाबी आन्दोलन

शाह वलीउल्लाह ने 18वीं शताब्दी में भारतीय मुसलमानों के प्रथम नेता के तौर पर मुसलमानों की गिरती स्थिति को लेकर चिंता प्रकट की। वहाबी आन्दोलन रूढ़िवादी प्रकृति का था तथा पाश्चात्य प्रभावों से मुस्लिमों को बचाने के लिए प्रतिक्रिय के तौर पर इस आन्दोलन की शुरुआत हुई। इसका विस्तार मुख्यत: उत्तर-पश्चिम पूर्वी तथा मध्य भारत में सक्रिय रहा। इस आन्दोलन का मुख्य उद्देश्य हजरत मुहम्मद साहब के इस्लाम धर्म को पुनर्स्थापित करना था। बहावी नेता के आन्दोलन के नेता शाह वलीउल्लाह थे, लेकिन आन्दोलन को मुखरता प्रदान करने में संस्थापक सैय्यद अहमद बरेलवी का योगदान महत्वपूर्ण है। सैय्यद अहमद बरेलवी, अरब के अब्दुल वहाब व दिल्ली के संत शाह वलीउल्लाह से प्रभावित थे। बहावी आन्दोलन का उद्देश्य देश को 'दार-उल-हर्ब' से 'दार-उल-इस्लाम' में बदलना था। इस आन्दोलन का मुख्य केन्द्र पटना था। किंतु 1849 ई. में अंग्रेजों द्वारा पंजाब के विलय के पश्चात् यह आन्दोलन अंग्रेज विरोधी हो गया। यह आन्दोलन 1870 ई. तक चला, वहाबी आन्दोलन के सांप्रदायिक छवि के कारण यह आन्दोलन कभी भी राष्ट्रीय आन्दोलन का स्वरूप धारण नहीं कर सका।

अहमदिया आन्दोलन

अहमदिया आन्दोलन का प्रमुख उद्देश्य इस्लाम धर्म के सच्चे स्वरूप को स्थापित करना, साथ ही मुसलमानों को आधुनिक औद्योगिक तकनीक प्रगति को धार्मिकता के साथ समन्वित करना था। वास्तव में यह आन्दोलन सुधारवादी था। अहमदिया आन्दोलन की स्थापना 'मिर्जा गुलाम अहमद' द्वारा 19वीं शताब्दी के अंत में की गई थीं, इस आन्दोलन द्वारा जिहाद का विरोध किया गया तथा यह आन्दोलन कहीं-ना-कहीं हिन्दुओं के धार्मिक सुधार आन्दोलन से प्रभावित था। मिर्जा गुलाम अहमद ने अपनी पुस्तक 'बराहीन-ए-अहमदिया' में अपने सिद्धांतों की व्याख्या की। मिर्जा गुलाम अहमद ने स्वयं को मुहम्मद साहब के बाद एक और पैगंबर व कृष्ण का अवतार माना।

अलीगढ़ आन्दोलन

अलीगढ़ आन्दोलन की शुरुआत सर सैय्यद अहम्मद खाँ के द्वारा किया गया था। इन्होंने समाज सुधार और आधुनिक शिक्षा, वैज्ञानिक व तकनीकी विकास पर जोर दिया, वही सामाजिक कुरीतियों- पीरीमुरीद प्रथा, दास प्रथा इत्यादि के विरुद्ध आवाज उठाई। अलीगढ़ आन्दोलन अंग्रेजी शिक्षा व ब्रिटिश सरकार सहयोग के पक्ष में महत्वपूर्ण आन्दोलन था। सर सैय्यद अहमद खाँ द्वारा 1864 में कलकत्ता में सांइटिफिक सोसायटी की स्थापना की गई। इस संस्था द्वारा कुछ अंग्रेजी व हिन्दी किताबों का अनुवाद उर्दू में किया गया। इन्ही अनुवादित किताबों से मुस्लिम समाज पश्चिमी विचारों से परिचित हुआ। सर सैय्यद अहमद खाँ, 1857 के विद्रोह के समय अंग्रेजों के वफादार बने रहे तथा बहुत से यूरोपीयों की जान उन्होने बचाई।

सर सैय्यद अहमद खाँ द्वारा 1875 में मोहम्मडन एंग्लो ओरियंटल स्कूल की स्थापना अलीगढ़ में की गई, जिसे वर्ष 1920 में अलीगढ़ मुस्लिम विश्वविद्यालय में परिवर्तित कर दिया गया। चूँकि सैय्यद अहमद के कार्यक्रम का मुख्य केन्द्र अलीगढ़ था, अत: इस आन्दोलन को प्राय: 'अलीगढ़ आन्दोलन' के नाम से भी जाना जाता है। अलीगढ़ आन्दोलन में उनके प्रमुख सहयोगी के तौर पर चिराग अली, अल्ताफ हुसैन हाली, नजीर मुहम्मद और मौलाना शिबली नौमानी 'अलीगढ़ स्कूल' के प्रमुख नेताओं में शामिल थे।

वर्ष 1876 में सरकारी सेना से सेवानिवृत्त होने के बाद उन्हे इम्पीरियल लेजिस्लेटिव काउंसिल का सदस्य बनाया गया तथा अंग्रेजों ने उनके सेवा भाव के प्रसन्न होकर उन्हे 'नाइटहुड' की उपाधि प्रदान की। सर सैय्यद अहमद खाँ द्वारा अपने विचारों के प्रचार-प्रसार के लिए 'तहजीब-उल-अखलाक' नामक पत्रिका निकाला, आरम्भ में सर सैय्यद

खाँ हिन्दू-मुस्लिम एकता के समर्थक थे, किंतु समय के साथ उनका दृष्टिकोण साम्प्रदायिक होते चला गया।

देवबंद शाखा के संस्थापक मुहम्मद कासिम ननौत्वी व रशीद अहमद गंगोही थे। इस आन्दोलन के दो मुख्य उद्देश्य कुरान एवं हदीस की शिक्षाओं का मुसलमानों के मध्य प्रचार-प्रसार करना तथ गैर-मुसलमानों के विरुद्ध धार्मिक युद्ध 'जेहाद' प्ररम्भ करना।

देवबंद शाखा

देवबंद शाखा की स्थापना संयुक्त प्रांत के सहारनपुर जिले में देवबंद नामक स्थान पर हुआ था। यह आन्दोलन अलीगढ़ आन्दोलन के विरुद्ध था। अलीगढ़ आन्दोलन द्वारा मुस्लिम सुधारों के तहत् उदारवादी रूख के विरोध खड़ा था तथा देवबंद शाखा ने मुस्लिमों के धार्मिक उत्थान को अपना उद्देश्य बनाया। देवबंद शाखा के अनुयायी अलीगढ़ आन्दोलन से जुड़े लोगों ने जहाँ कांग्रेस की स्थापना का विरोध किया, वही देवबंद शाखा द्वारा 1888 में भारतीय राष्ट्रीय कांग्रेस के गठन का स्वागत किया गया। इस शाखा द्वारा सर सैय्यद अहमद खाँ के 'इंडियन पैट्रियाटिक एसोसिएशन' के विरुद्ध फतवा जारी किया। देवबंद शाखा द्वारा राष्ट्रवादी व इस्लामिक सिद्धातों के मध्य समन्वय स्थापित करने का महत्वपूर्ण कार्य किया गया। इस शाखा द्वारा राष्ट्रीय हितों को नुकसान पहुँचाये बिना मुस्लिम समाज का उत्थान करना था।

सुधार आन्दोलन की विशेषताएं/तत्व

सुधार आन्दोलन तर्कवाद, बुद्धिवाद पर आधारित थे। इसलिए इनमें धार्मिक सार्वभौमिकता, मानवतावाद, तर्कवाद एवं धर्मनिरपेक्षतावाद को प्रमुख स्थान दिया गया। सामाजिक प्रासंगिकता को तर्कवाद के रूप में मान्यता दी गई।

सुधार आन्दोलनों में मानवीय हितों को सर्वोच्च प्राथमिकता दी गई। इसलिए इसमें कर्मकांडों को अनावश्यक बताया गया।

सुधार आन्दोलन स्त्री केंद्रित थे, इसलिए इनमें स्त्रियों की स्थिति में सुधार पर बल दिया गया। महिलाओं की निम्न स्थिति के लिए अनेक कारक उत्तरदायी थे, जैसे—पर्दाप्रथा, बालविवाह, शिक्षा का अभाव, विवाह, तलाक एवं संपत्ति संबंधी अधिकारों में असमानता, बहुपत्नी प्रथा, विधवा पुनर्विवाह पर प्रतिबंध, सतीप्रथा, कन्या शिशुहत्या इत्यादि। सुधार आन्दोलनों में इन सामाजिक कुरीतियों को दूर करने पर बल दिया गया।

सुधार आन्दोलन जाति एवं लिंग आधारित शोषण के विरुद्ध संघर्ष थे। अत: इन्होंने जातीय कठोरता को कम किया। ब्रह्म समाज, प्रार्थना समाज, आर्य समाज, रामकृष्ण मिशन एवं थियोसोफिकल सोसायटी इत्यादि ने निम्न जाति के लोगों की दशा सुधारने के अनेक प्रयत्न किए।

सुधार आन्दोलनों ने अपने धर्म को सुधारने का प्रयत्न किया। किंतु उनका धर्म किसी एक धर्म तक सीमित न रहकर सार्वभौमिक था। उदाहरण के लिए, राजा राममोहन राय ने सभी धर्मों की मौलिक एकता पर बल दिया तथा एकेश्वरवाद का सिद्धांत प्रतिपादित किया।

अलीगढ़ आन्दोलन और सैय्यद अहमद खां

19वीं शताब्दी के मुस्लिम सुधारकों में सर सैय्यद अहमद खां (1817-98) का नाम विशेष महत्व रखता है।

इनका जन्म दिल्ली में हुआ।

चूँकि सैय्यद अहमद के कार्यक्रम का मुख्य केन्द्र अलीगढ़ था, अत: इस आन्दोलन को प्राय: **'अलीगढ़ आन्दोलन'** के नाम से जाना जाता है।

चिराग अली, अल्ताफ हुसैन हाली, नजीर मुहम्मद और मौलाना शिबली नौमानी 'अलीगढ़ स्कूल' के प्रमुख नेताओं में से थे।

सैय्यद अहमद ने कुरान पर एक टीका लिखी (**तकसीर-उल-कुरानों**) तथा **'तहजीब-उल-अखलाक'** नामक पत्रिका निकाली।

उन्होंने घोषित किया कि इस्लाम धर्म के लिए केवल कुरान ही मान्य ग्रंथ है।

1865 ई. में उन्होंने एक 'साइंटिफिक सोसाइटी' की स्थापना की।

1875 में उन्होंने अलीगढ़ में **'मोहम्मडन एंग्लो ओरियंटल कॉलेज'** की स्थापना की। यह स्कूल 1920 में **अलीगढ़ मुस्लिम विश्वविद्यालय** के रूप में विकसित हुआ। इसके प्रथम **प्राचार्य थियोडोर बेक** थे।

देवबंद शाखा (1867)

इसके संस्थापक-मुहम्मद कासिम ननौत्वी व रशीद अहमद गंगोही थे, ये अलीगढ़ आन्दोलन के पूर्णतया विरुद्ध थे।

1888 ई. में देवबंद के उलेमा ने सैय्यद अहमद खां की बनाई संयुक्त भारतीय राजभक्त सभा तथा मुस्लिम एंग्लो ओरियंटल सभा के विरुद्ध फतवा जारी किया।

बाद में महमूद-उल-हसन देवबंद शाखा के नए नेता हुए।

सुधार आन्दोलनों का सूत्रपात् मध्यवर्ग एवं पाश्चात्य शिक्षा प्राप्त भारतीयों के द्वारा हुआ। यह केवल शिक्षित शहरी वर्ग तक ही सीमित रहे, जनसाधारण तक इसका प्रसार नहीं हो सका।

सुधार आन्दोलनों का प्रभाव

सुधार आन्दोलनों के प्रभाव का मूल्यांकन उनके सकारात्मक एवं नकारात्मक प्रभावों के संदर्भ में किया जा सकता है:

सकारात्मक प्रभाव

सुधार आन्दोलनों ने व्यक्ति की स्वतंत्रता एवं समानता की अवधारणा का विकास किया। इस प्रकार भारतीय समाज के पुनर्गठन में इन आन्दोलनों का विशेष महत्व था।

समाज में पूजा का अधिकार जाति एवं लिंग भेद के बगैर प्रत्येक व्यक्ति को प्रदान किया गया।

सुधार आन्दोलनों ने मध्य वर्ग में सांस्कृतिक महत्व की स्थापना की। अत: आत्मसम्मान, मानवतावाद एवं तर्कवाद की अवधारणा का विकास हुआ।

सुधार आन्दोलनों के परिणामस्वरूप समाज में शिक्षा, विशेषरूप से पाश्चात्य वैज्ञानिक शिक्षा का प्रचार-प्रसार हुआ।

सुधार आन्दोलनों ने भारतीय समाज में आधुनिकता के विकास को प्रोत्साहित करने के लिए स्वस्थ सामाजिक वातावरण का निर्माण किया।

इन आन्दोलनों ने भारत के सांस्कृतिक एवं बौद्धिक पृथक्करण को समाप्त किया।

इन आन्दोलनों ने विभिन्न सामाजिक कुरीतियों पर प्रहार करके राष्ट्रीय चेतना का विकास एवं राष्ट्रीय आन्दोलन के सामाजिक आधार का विकास किया।

नकारात्मक प्रभाव

इन आन्दोलनों का सामाजिक आधार संकुचित था। ये आन्दोलन शिक्षित मध्यवर्ग तक सीमित रहे, जनसाधारण के बीच इनका प्रसार नहीं हो सका।

सुधार आन्दोलनों में संस्कृति के कुछ चुनिंदा पहलुओं को ज्यादा महत्व दिया गया, जिससे संस्कृति के अन्य क्षेत्र उपेक्षित रहे।

इन आन्दोलनों की धर्म पर अत्यधिक निर्भरता थी। इसलिए इनमें दार्शनिक पक्ष पर अधिक बल दिया गया, जबकि धर्मनिरपेक्ष एवं नैतिक पक्ष को नजरअंदाज कर दिया गया।

इन आन्दोलनों में प्राचीन भारतीय संस्कृति को अधिक महत्व मिला, अत: मध्यकालीन ऐतिहासिक संस्कृति की उपेक्षा हुई। इनमें हिंदुओं द्वारा प्राचीन भारतीय इतिहास को गौरवान्वित करने का प्रयास, जबकि मुसलमानों द्वारा मध्यकालीन इतिहास को महत्व देने का प्रयास किया गया। इसने लोगों के दो समूहों को उत्पन्न किया और सांप्रदायिक चेतना बढ़ी। इस प्रकार सांप्रदायिकता के उद्‌भव एवं विकास में इन आन्दोलनों ने अप्रत्यक्ष योगदान दिया।

इन आंन्दोलनों के परिणामस्वरूप समन्वित संस्कृति के उद्‌भव की ऐतिहासिक प्रक्रिया कुछ सीमा तक घिर गई।

महत्वपूर्ण बिंदु

* वहाबी आन्दोलन 1828 से आरम्भ होकर 1870 ई. तक चला था।
* वहाबी आन्दोलन को 'वलीउल्लाह आन्दोलन' के नाम से भी जाना जाता है।
* अहमदिया आन्दोलन के संस्थापक मिर्जा गुलाम अहमद थे।
* सर सैय्यद अहमद खाँ द्वारा अलीगढ़ आन्दोलन आरम्भ किया गया था।
* सैय्यद अहमद खाँ द्वारा 1875 'मोहम्मडन एंग्लो ओरियंटल कालेज' की स्थापना की गई।
* देवबंद शाखा की स्थापना मुहम्मद कासिम ननौत्वी व रशीद अहमद गंगोही के द्वारा की गई थी।
* 'बराहीम-ए-अहमदिया' की रचना मिर्जा गुलाम अहमद ने की थी।

❑❑❑

अध्याय

24

महिलाओं की स्थिति सुधार हेतु संघर्ष

[सती प्रथा उन्मूलन, विधवा विवाह अधिनियम, बाल विवाह उन्मूलन अधिनियम (कॉनसेन्ट एक्ट), स्त्री शिक्षा पर जोर]

19वीं सदी का सुधार आन्दोलन केवल धर्म तक ही सीमित न रहा, बल्कि इसका धर्म से ज्यादा सामाजिक क्षेत्र में प्रभाव पड़ा। तत्कालीन भारतीय समाज में कई ऐसी क्रूर एवं अमानवीय प्रथाएं एवं परम्पराएं विद्यमान थीं, जिनका आधार अंधविश्वास और अज्ञान था और सारा सामाजिक ढांचा अन्याय एवं असमानता पर आधारित था। इस तरह भारतीय समाज पिछड़ा, शक्तिहीन और दिशाहीन हो चुका था। ऐसी स्थिति में कुछ भारतीय समाज सुधारकों ने मानव विवेक, तर्क, व्यक्तिगत स्वतंत्रता, समानता और समसमायिक उपयोगिता को आधार बनाकर स्थिति से निपटने का प्रयास किया। इस तरह 19वीं सदी का समाज सुधार परिस्थिति की मांग थी, जिसे स्वीकृति एवं विरोध दोनों का सामना करना पड़ा।

सुधारकों का ध्यान सबसे पहले सदियों से शोषित एवं पीड़ित स्त्रियों की दशा सुधारने की ओर गया। इसके लिए सती प्रथा, शिशु कन्या वध, बाल विवाह, बहुविवाह, अनमेल विवाह, पर्दा प्रथा, विधवा विवाह का न होना, स्त्री शिक्षा का अभाव, स्त्री संपत्ति अधिकार का अभाव आदि कई तत्व जिम्मेवार थे।

सती प्रथा उमूलन

मानवतावादी एवं समतावादी भावनाओं के वाहक राजा राममोहन राय ने सती प्रथा पर पूरी ताकत से प्रहार किया। सती प्रथा अथवा हिन्दू विधवाओं को पतियों की चिंताओं पर जिंदा जलाए जाने की प्रथा थी, जो वीभत्स, अमानुषिक, क्रूर एवं अत्यंत ही प्राचीन थी। यद्यपि वह सारे भारत में समान रूप से प्रचलित न थी तथापि बंगाल, राजपूताना और दक्षिण भारत में विजयनगर रियासत में मुख्य रूप से प्रचलित थी। 1818 ई. से ही राजाराम मोहन राय इस प्रथा के विरुद्ध आन्दोलनरत थे, किन्तु 1829 ई. में उन्हें वांछित सफलता तब मिली, जब लॉर्ड विलियम बेंटिक ने एक कानून बनाकर सती प्रथा को मानव हत्या करार देते हुए बंगाल में रोक लगा दी।

1830 ई. में इस कानून को बम्बई एवं मद्रास प्रेसिडेंसी में लागू किया गया। बाद में कंपनी सरकार के दबाव एवं प्रयत्नों के फलस्वरूप देशी रियासतों ने भी इस क्रूर प्रथा को बंद कर दिया।

कन्या शिशु वध भी भारतीय समाज की एक क्रूर प्रथा थी। यह प्रथा बंगालियों और राजपूतों में विशेष रूप से प्रचलित थी। इस प्रथा के अनुसार कन्याओं को आर्थिक भार या अन्य कारणों से जन्म के समय या बचपन में ही हत्या कर दी जाती थी। प्रबुद्ध भारतीय समाज सुधारकों एवं अंग्रेजों दोनों ने ही इस अमानुषिक प्रथा की कटु आलोचना की। अंततः 1795 ई. में बंगाल के XXI कानून के अधीन बालिका हत्या को साधारण हत्या के बराबर माना गया। इस कुप्रथा को रोकने के लिए 1870 ई. में भी कुछ और कानून बनाये गए।

विधवा विवाह अधिनियम

स्त्रियों की स्थिति सुधारने की दिशा में विधवा विवाह की अनुमति एवं बाल विवाह निषेध के प्रश्न पर भी सुधारकों ने आन्दोलन चलाये। विधवा विवाह के प्रश्न पर ईश्वरचन्द्र विद्यासागर ने महत्वपूर्ण कार्य किया। उन्होंने विधवा विवाह के समर्थन में लगभग एक सहस्त्र हस्ताक्षरों से अनुमोदित एक प्रार्थना पत्र भारत सरकार को भेजा, अंततः 1856 ई. में हिन्दू विधवा पुनर्विवाह वैध मान लिया गया और ऐसे विवाह से पैदा हुए बच्चे वैध घोषित किये गये। इस दिशा में मद्रास में वीरेशलिंगम पंडुल तथा बम्बई में प्रो. डी. के कर्वे ने भी विशेष प्रयत्न किये। प्रो. कर्वे ने विधुर होने पर 1893 ई. में स्वयं एवं ब्राह्मण विधवा से विवाह किया। उन्होंने 1899 ई. में पूना में एक विधवा आश्रम की स्थापना की।

बाल विवाह उन्मूलन अधिनियम

सुधारकों ने बाल विवाह तथा बहुविवाह के विरुद्ध भी आवाज उठाई। राजाराम मोहन राय ने इस दिशा में काफी काम किया किन्तु इस सामाजिक बुराई के विरुद्ध केशवचन्द्र सेन के प्रयत्नों से सरकार ने 1872 ई. में 'नेटिव मैरिज एक्ट' पारित कर 14 वर्ष से कम उम्र की लड़कियों का विवाह वर्जित कर दिया तथा बहुविवाह को भी गैर-कानूनी घोषित कर दिया गया। साथ ही अंतर्जातीय विवाह को वैध घोषित किया गया। हालांकि यह कानून बहुत प्रभावशाली नहीं हो सका, तब एक पारसी समाज सुधारक बी.एम. मालाबारी के प्रयत्नों के फलस्वरूप 1891 ई. में सम्मति आयु अधिनियम (Age of Consent Act) पारित हुआ, जिसके अनुसार 12 वर्ष से कम आयु की कन्याओं का विवाह वर्जित कर दिया गया किन्तु भारत सरकार ने 1930 ई. में बाल विवाह के विरुद्ध सबसे महत्वपूर्ण कदम उठाया। इस वर्ष हरविलास शारदा के प्रयत्नों से बाल विवाह निरोधक कानून पास हुआ, जिसे 'शारदा एक्ट' के नाम से जाना जाता है। इस एक्ट के द्वारा 18 वर्ष से कम उम्र के लड़कों और 14 वर्ष से कम उम्र को लड़कियों का विवाह अवैध घोषित कर दिया गया। लेकिन सरकार की उदासीनता और भारतीयों की रूढ़िवादिता के चलते यह कानून बहुत सार्थक नहीं हो सका। इसी प्रकार 1831 ई. में बड़ौदा की सरकार ने 'बाल विवाह निवारण अधिनियम' के द्वारा बाल विवाह का निषेध किया।

स्त्री शिक्षा

भारतीय समाज में एक गलत धारणा प्रचलित थी कि हिन्दू शास्त्रों में स्त्री शिक्षा की अनुमति नहीं है। लेकिन जैसे ही सांस्कृतिक जागरण शुरू हुआ, सुधारकों ने इस क्रांति का जोरदार खंडन किया। हालांकि स्त्री शिक्षा के क्षेत्र

में ईसाई मिशनरियों द्वारा ही प्रारंभिक कदम उठाया गया। स्त्रियों के शिक्षा के लिए वह पहले लोग थे, जिन्होंने 1819 ई. में कलकत्ता में 'कलकत्ता तरुण स्त्री सभा' की स्थापना की थी। आगे चलकर शिक्षा परिषद् के अध्यक्ष जे.ई.डी. बेथ्यून ने कलकत्ता में 1849 ई. में एक बालिका विद्यालय की स्थापना की। बम्बई के एलफिंस्टन इंस्टीटयूट का भी स्त्री शिक्षा के प्रसार में महत्वपूर्ण योगदान था। 1854 ई. के चार्ल्स वुड के पत्र में भी स्त्री शिक्षा की आवश्यकता पर जोर दिया गया था। स्त्री शिक्षा पर भारतीय सुधारकों में सबसे महत्वपूर्ण एवं सराहनीय कार्य ईश्वरचन्द्र विद्यासागर ने किया। बंगाल में कम-से-कम 35 बालिका विद्यालयों से उनका संबंध था। उन्होंने स्त्रियों की उच्च शिक्षा के लिए सराहनीय कार्य किया। इसी कड़ी में पश्चिम भारत में ज्योतिबा फुले ने 1848 ई. में तथाकथित निम्न जातियों की कन्याओं के लिए स्कूल खोला। मुख्यत: उत्तरी भारत में कन्या गुरूकुल की स्थापना कर आर्य समाज ने स्त्री शिक्षा के क्षेत्र में महत्वपूर्ण कार्य किया।

भारत में दास प्रथा एक सामाजिक बुराई थी, जिसे समाप्त करने के लिए भारतीय सुधारकों एवं अंग्रेजों ने विशेष प्रयास किए। अत: 1833 ई. के चार्टर अधिनियम में एक धारा जोड़कर भारत में जल्द-से-जल्द दास प्रथा समाप्त करने के आदेश दिये गये। अंतत: 1843 ई. में सम्पूर्ण भारत में दासता अवैध घोषित कर दी गयी।

इस प्रकार 19वीं सदी में समाज सुधार अधिनियमों द्वारा समाज में प्रचलित बुराइयों को समाप्त करने के निमित्त सरकार और प्रबुद्ध भारतीयों द्वारा सराहनीय कार्य किये गये। लेकिन इन प्रगतिशील तथा मानवीय विधानों के प्रति प्रतिक्रिया के स्वर भी उभरे। राधाकांत देव और अनुयायियों ने सती प्रथा समाप्त करने के विरुद्ध प्रिवि कौंसिल का प्रार्थना-पत्र भेजा। हालांकि यह प्रार्थना पत्र स्वीकार नहीं हुआ और 1829 ई. का सती प्रथा को प्रतिबंधित करने वाला कानून यथावत रहा। फिर भी राधाकांत देव ने और उनके समर्थकों द्वारा राजाराम मोहन राय और उनके ब्रह्म समाज की कटु आलोचना होती रही।

महत्वपूर्ण बिंदु

* 1829 ई. में राजा राममोहन राय के अथक प्रयासों के कारण लॉर्ड विलियम बैंटिक ने कानून बनाकर सती प्रथा पर रोक लगायी।
* 1856 ई. में लॉर्ड कैनिंग के समय विधवा पुर्नविवाह अधिनियम पारित किया गया।
* पारसी समाज सुधारक वी. एम. मालाबारी के प्रयत्नों से 1891 ई. में भारतीय गवर्नर जनरल लैंसडाउन के समय सम्मति आयु अधिनियम पारित हुआ।
* केशवचंद्र सेन के प्रयासों से 1872 ई. में भारतीय गवर्नर जनरल लॉर्ड नार्थ ब्रुक के समय नेटिव मैरिज एक्ट पारित किया गया। इस एक्ट में 14 वर्ष से कम आयु की लड़कियों का विवाह वर्जित कर दिया गया।
* 1930 ई. में बाल विवाह के विरुद्ध लॉर्ड इरविन के समय शारदा एक्ट पारित किया गया। इसमें 18 वर्ष से कम आयु के लड़कों तथा 14 वर्ष से कम आयु की लड़कियों का विवाह अवैध घोषित कर दिया गया।
* 1843 ई. में संपूर्ण भारत में दास प्रथा पर प्रतिबंध लगा दिया गया।

❑❑❑

अध्याय

25

ब्रिटिश शासन के अन्तर्गत भू-राजस्व प्रशासन

[स्थायी बन्दोबस्त, रैय्यतवाड़ी तथा महालवाड़ी पद्धतियाँ]

भारत में ब्रिटिश सम्राज्य को विस्तारित करने व उसे सुदृढ़ता करने के लिए कंपनी को धन की अवश्यकता थी। ब्रिटिश हुकूमत अपने आर्थिक खर्चे, जैसे- कच्चे माल की खरीददारी, सिविल तथा सैनिक अधिकारियों के वेतन आदि की पूर्ति के लिए कृषि व्यवस्था में हस्तक्षेप के कारण भारतीय कृषि का परपरागत स्वरूप बदलने लगा। क्लाइव के समय तक भू-राजस्व पद्धति में कोई बड़ा परिवर्तन नहीं आया था तथा इस समय तक बिचौलियों के माध्यम से भू-राजस्व की वसूली होती थी। किन्तु इसके पश्चात् ब्रिटिश हुकूमत द्वारा नये प्रकार के कृषि संबंधों की शुरुआत हुई। ब्रिटिश हुकूमत द्वारा भारत में तीन प्रकार की भू-पद्धतियाँ अपनाई गई–

(i) स्थायी बन्दोबस्त

(ii) रैय्यतवाडी व्यवस्था

(iii) महालवाड़ी व्यवस्था

स्थायी बंदोबस्त

इसके अंतर्गत जमींदारों को भूमि का मालिकाना हक प्रदान करते हुए उनके साथ एक निश्चित भू-राजस्व अदायगी का समझौता किया गया। वस्तुत: यह बंदोबस्त ब्रिटेन में तत्कालीन समय में चल रही उदारवादी विचारधारा (फिजियो क्रेटिक) से प्रेरित था, जिसके अंतर्गत भू-स्वामी वर्ग एक प्रगतिशील जमींदार वर्ग में परिवर्तित हो गया था तथा इससे कृषि उत्पादन को प्रोत्साहन मिला एवं सरकार की आय सुनिश्चित हुई।

बिना किसी प्रशासनिक व्यय के भू-राजस्व की एक सुनिश्चित रकम प्राप्त करना।

जमींदारों के रूप में एक देशी समर्थक वर्ग का निर्माण करना।

यद्यपि प्रारंभ में इस व्यवस्था से संबंधित कुछ समस्याएं थीं :

- समझौता किससे किया जाए ? (किसान से या जमींदार से)
- राज्य को पैदावार का कितना भाग लगान के रूप में प्राप्त हो?
- यह समझौता कुछ वर्षों हेतु हो या स्थायी?

भूमि का मालिकाना हक जमींदार को दिया गया। लगान की वसूली का 10/11 भाग सरकार को तथा 1/11 भाग जमींदारों का हिस्सा तय हुआ। जमींदारों के लिए 'सूर्यास्त कानून' लाया गया। इसके अंतर्गत एक निश्चित तिथि तक जमींदारी को बेदखल किया जा सकता था। इसका विस्तार बंगाल, बिहार, उड़ीसा, पूर्वी उत्तर प्रदेश के कुछ क्षेत्र (1793 में इसे स्थायी कर दिया गया)। भारत में स्थायी बंदोबस्त लागू करने का श्रेय लॉर्ड कॉर्नवालिस तथा उनके सलाहकार जेम्स ग्रांट को जाता है।

कॉर्नवालिस की सोच थी कि जिस प्रकार ब्रिटेन में जमींदारों ने स्वयं के हिस्से में बढ़ोतरी के लिए कृषि को प्रोत्साहन दिया था तथा आधुनिक तरीके से कृषि शुरू की थी, जिससे ब्रिटेन में किसानों (ज्यादा उपज के रूप में), जमींदारों (ज्यादा लगान के रूप में), आम नागरिकों (खाद्यान्न उपलब्धता के रूप में) तथा सरकार (सुनिश्चित रकम के रूप में) सभी को फायदा हुआ था, उसी प्रकार इससे भी ऐसा ही होगा। किंतु कॉर्नवालिस की सोच सही साबित नहीं हुई तथा इस व्यवस्था के आमतौर पर नकारात्मक प्रभाव ही निकले, जो इस प्रकार हैं :

नकारात्मक प्रभाव

- किसानों की स्थिति अत्यंत खराब हो गई, क्योंकि जहाँ एक तरफ मालिकाना हक उनके हाथ से चला गया, वहीं दूसरी तरफ जमींदारों को लगान वसूली के संदर्भ में स्वतंत्र छोड़ दिया गया। उच्च लगान दरों के कारण किसान, साहूकार एवं महाजनों के ऋण जाल में फंस गए, क्योंकि भू-राजस्व नकद में वसूल किया जाता था।
- भूमि विक्रय की वस्तु बन जाने के कारण जोतों का विखंडनीकरण हुआ तथा साथ-ही-साथ ग्रामीण क्षेत्र का परंपरागत सद्भावनापूर्ण वातावरण समाप्त हो गया।
- कृषकों का सामूहिक भूमि एवं चारागाह इत्यादि पर से भी अधिकार समाप्त हो गया।
- कृषि के वाणिज्यीकरण को प्रोत्साहन मिला, जिससे खाद्यान्नों की कमी हुई एवं अकाल पड़ने लगे।
- 'सूर्यास्त कानून' के कारण 'दूरस्थ जमींदारों' को प्रोत्साहन।
- सरकारी भू-राजस्व स्थायी हो गया।

नकारात्मक प्रभाव के कारण

- भारत की स्थानीय परिस्थितियां भिन्न थीं। जैसे–बड़े-बड़े खेतों का अभाव, जमींदारों की संकीर्ण सोच एवं पूंजी निवेश की कमी इत्यादि।
- ब्रिटेन में सरकार का मुख्य उद्देश्य कृषि को प्रोत्साहन देना था, जबकि भारत में अपने औपनिवेशिक हितों की पूर्ति के लिए ज्यादा-से-ज्यादा राजस्व वसूलना प्रमुख लक्ष्य था।

सकारात्मक प्रभाव

- आत्मनिर्भर ग्रामीण अर्थव्यवस्था समाप्त हो गई।
- कृषि का वाणिज्यीकरण हुआ, इससे कृषि उत्पादों का मूल्यवर्द्धन हुआ।
- आर्थिक एकीकरण हुआ तथा इसने राष्ट्रवाद के विकास में योगदान दिया।
- आधुनिक उद्योग-धंधों के लिए कच्चा माल, जैसे–कपास, जूट इत्यादि की कृषि को प्रोत्साहन मिला।

रैय्यतवाड़ी व्यवस्था

इस व्यवस्था के अंतर्गत रैय्यत अर्थात् किसानों के साथ बंदोबस्त किया गया तथा उन्हें भूमि का मालिकाना हक प्रदान करते हुए, प्रशासनिक अमलों के माध्यम से भू-राजस्व वसूली की व्यवस्था की गई। यह व्यवस्था मद्रास के तत्कालीन गवर्नर थॉमस मुनरो (1820-27) द्वारा 1820 में प्रारंभ की गई। यह व्यवस्था मद्रास, बंबई, कर्नाटक तथा असम के कुछ भागों में लागू की गई। ब्रिटिश भारत का लगभग 51% भाग इसके अंतर्गत था।

इन क्षेत्रों में बड़े-बड़े जमींदार नहीं थे। स्थायी बंदोबस्त के अंतर्गत सरकार की रकम स्थिर हो गई थी, जिससे ब्रिटिश कंपनी को अतिरिक्त लाभ नहीं मिल पा रहा था। जमींदारों के अत्यधिक शोषण से कृषक असंतोष बढ़ता जा रहा था, जो खतरनाक हो सकता था। कंपनी स्थायी बंदोबस्त से प्रशासनिक झंझट में पड़ती जा रही थी (जमींदारी नीलामी प्रथा द्वारा)। रैय्यतवाड़ी व्यवस्था के तहत् कृषक को जमीन का मालिक मान लिया गया, जब तक वह सरकार को निर्धारित मालगुजारी देते रहें। निर्धारित समय पर भू-राजस्व नहीं देने पर सरकार जमीन को नीलाम कर सकती थी। भूमि को विक्रय योग्य माना गया।

नकारात्मक प्रभाव

- अधिकाधिक राजस्व वसूलने के लिए मनमाने ढंग से भू-राजस्व का निर्धारण किया गया तथा किसानों को बलपूर्वक खेत जोतने को बाध्य किया गया।
- राजस्व निर्धारण ज्यादा होने के कारण किसानों को लाभ नहीं हो पाया।
- इसने ग्रामीण समाज की सामूहिक संपत्ति की अवधारणा समाप्त कर दी।
- मालगुजारी नकद में चुकानी होती थी एवं उसका निर्धारण बाजार मूल्य के आधार पर हुआ, जबकि किसानों को बाजार मूल्य नहीं मिल पाते थे।
- अकाल तथा सूखे की स्थिति में कभी-कभी ही राहत मिलती थी।
- ग्रामीण ऋणग्रस्तता में वृद्धि हुई।
- भूमि का विखंडनीकरण तीव्र हुआ तथा जोत का आकार घटा।
- आर्थिक असमानता में वृद्धि हुई।

सकारात्मक प्रभाव

- कृषकों को जमीन पर मालिकाना हक मिला।
- मालगुजारी की रकम तय करते वक्त आगतों पर होने वाले खर्च को ध्यान में रखा गया।
- प्रचलित आत्मनिर्भर ग्रामीण अर्थव्यवस्था टूटकर अखिल भारतीय अर्थव्यवस्था का निर्माण हुआ।
- भारतीय अर्थव्यवस्था का सीमित पूंजीवादी रूपांतरण हुआ।

महालवाड़ी व्यवस्था

लॉर्ड हेस्टिंग्स के काल में ब्रिटिश सरकार ने लागू किया। यह व्यवस्था मध्य प्रांत, उत्तर प्रदेश (आगरा) एवं पंजाब में लागू की गई। इस व्यवस्था के अंतर्गत 30% भूमि थी। यह व्यवस्था रैय्यतवाड़ी तथा जमींदारी व्यवस्था का मिला-जुला स्वरूप थी। इसे पंजाब, राजस्थान एवं उत्तर प्रदेश के क्षेत्रों में लागू किया गया। इन क्षेत्रों में हालांकि जमींदार थे, परंतु जमींदारी प्रथा के नकारात्मक परिणामों को ध्यान में रखते हुए इसमें संशोधन आवश्यक था। दूसरी तरफ रैय्यतवाड़ी व्यवस्था में कृषकों को मालिकाना हक प्राप्त हुआ तथा सरकार को भी बढ़ी रकम मिलती थी, किंतु उसमें प्रशासनिक अमले का भी खर्च उठाना पड़ता था।

प्रावधान

'महाल' को राजस्व वसूली की इकाई निर्धारित किया गया। 'महाल' का अर्थ-गाँवों का समूह था। भू-राजस्व का बंदोबस्त महाल प्रमुख (लंबरदार) से किया गया। यह कमीशन एजेंट की तरह कार्य करता था। सैद्धांतिक रूप से भूमि पूरे गाँव या महाल की मानी जाती थी, परंतु व्यावहारिक रूप से किसान महाल की भूमि को आपस में बांट लेते थे तथा लगान महाल प्रमुख (लंबरदार) के पास जमा कर देते थे। महाल प्रमुख को यह अधिकार था कि वह लगान अदा न करने वाले किसान को उसकी भूमि से बेदखल कर सकता था। लगान का निर्धारण महाल, गाँव के उत्पादन के आधार पर किया गया था। किसानों से लगान वसूलने की दर निर्धारित कर दी गई तथा सरकार इसमें परिवर्तन कर सकती थी।

नकारात्मक प्रभाव

- भू-राजस्व दर ज्यादा होने के कारण किसान तबाह हो गए।
- अकाल तथा सूखे में भी राहत नहीं दी गई।
- कृषि उत्पादकता वृद्धि तथा कृषि निवेश न के बराबर हुआ।
- इसने महाल प्रमुखों को अत्यधिक शक्तिशाली बना दिया।
- किसान-सरकार के प्रत्यक्ष संबंध समाप्त हो गए।

सकारात्मक प्रभाव

महालवाड़ी व्यवस्था के अंतर्गत सरकार एवं लंबरदारों के फायदे के साथ-साथ कृषकों के शोषण की गुंजाइश भी कम थी। इस कारण महालवाड़ी क्षेत्रों में अकाल तथा विद्रोहों की बारंबारता नहीं दिखती।

इस प्रकार, अंग्रेजों द्वारा भारत में भू-राजस्व वसूलने की विभिन्न पद्धतियों को अपनाया गया। इन पद्धतियों को अलग-अलग क्षेत्रों में अलग-अलग समय पर लागू किया गया। किंतु इन सभी प्रयासों के पीछे मूल भावना अधिकाधिक भू-राजस्व हड़पकर अपनी आय में वृद्धि करना था। किसानों की भलाई से उनका कोई संबंध नहीं था। इसके कारण धीरे-धीरे भारतीय कृषक वर्ग कंगाल होने लगा तथा भारतीय कृषि बर्बाद हो गई।

महत्वपूर्ण बिंदु

* लॉर्ड कार्नवालिस द्वारा 1790 में 10 वर्षीय भू-राजस्व व्यवस्था लागू की गई थी।
* स्थायी बदोबस्त के तहत् लगान वसूली का 10/11 भाग सरकार का तथा शेष 1/11 भाग जमींदारों को नियत किया गया था।
* बंगाल, बिहार, उड़ीसा व पूर्वी उत्तर प्रदेश के क्षेत्रों में इसको लागू किया गया था।
* रैय्यतवाड़ी व्यवस्था का आरम्भ मद्रास के गवर्नर थामस मुनरो द्वारा 1820 में प्रारम्भ किया गया था।
* रैय्यतबाड़ी व्यवस्था के तहत् किसानों को ही जमीन का मालिक मान लिया गया था।
* लॉर्ड हेस्टिंग्स के काल में महालवाड़ी व्यवस्था को लागू किया गया था।
* महालवाड़ी व्यवस्था के गाँवो को इकाई रूप में लगान देना पड़ता था।

❑❑❑

अध्याय
26

19वीं शताब्दी के भारत में राष्ट्रवाद का उदय

[भारतीय राष्ट्रीय कांग्रेस का गठन, होमरूल लीग आन्दोलन]

19वीं शताब्दी में राष्ट्रवाद का उदय

आर्थिक दोहन का सिद्धांत

अंग्रेजों की आर्थिक नीतियों यथा व्यापार, उद्योग एवं कर नीतियों ने भारतीय समाज के लगभग सभी वर्गों को प्रतिकूल रूप से प्रभावित किया। अंग्रेजों की औद्योगिक नीति ने यहाँ के सामान्य जन से संबंधित कुटीर उद्योगों को नष्ट कर दिया, वहीं भारतीय उद्योगपतियों के लिए भी ये नीतियां लाभकारी नहीं थी।

आर्थिक तथा प्रशासनिक एकीकरण

अंग्रेजों ने प्रशासकीय कार्यप्रणाली को एकरूपता प्रदान कर पूरे देश को प्रशासनिक तौर पर एकीकृत कर दिया। फलस्वरूप एकीकृत भारतीय जनता में राष्ट्रीय भावनाओं का विकास आसानी से संभव हो सका।

पाश्चात्य शिक्षा का प्रभाव

लॉर्ड मैकाले ने भारत में पाश्चात्य शिक्षा का प्रसार ब्रिटिश साम्राज्य की प्रशासनिक, सैनिक एवं राजनीतिक आवश्यकताओं की पूर्ति के लिए किया था। परंतु उसके इस प्रयास से आधुनिक पाश्चात्य शिक्षा और चिंतन का भारत में प्रसार हुआ, जिसके परिणामस्वरूप आधुनिक, विवेकपूर्ण, धर्मनिरपेक्ष, लोकतांत्रिक और राष्ट्रवादी दृष्टिकोण से प्रेरित नेतृत्व भारत में उपलब्ध हो सका।

प्रेस एवं साहित्य का प्रभाव

इसके माध्यम से राष्ट्रवादी भारतीयों ने देशभक्ति की भावनाओं और आधुनिक आर्थिक-सामाजिक-राजनीतिक विचारों का प्रचार-प्रसार किया एवं इससे राष्ट्रीय आन्दोलन के विकास को बढ़ावा मिला।

धार्मिक-सामाजिक सुधार का प्रभाव

इन आन्दोलनों ने व्यक्ति स्वातंत्र्य, सामाजिक एकता और राष्ट्रवाद के सिद्धांतों पर जोर दिया और उनकी प्राप्ति के लिए संघर्ष भी किया।

आर्म्स एक्ट, 1878

लॉर्ड लिटन द्वारा लागू किए गए इस एक्ट से भारतीय निहत्थे हो गए, जबकि यूरोपवासियों पर यह लागू नहीं होता था। इस भेदभावपूर्ण अधिनियम का सर्वत्र विरोध हुआ एवं राष्ट्रीय जागृति का प्रसार हुआ।

वर्नाकुलर प्रेस एक्ट, 1878

लॉर्ड लिटन ने 1878 ई. में वर्नाकुलर प्रेस एक्ट पारित कर भारतीय भाषा में छपने वाले सभी समाचार पत्रों पर प्रतिबंध लगा दिया, यह एक्ट राष्ट्रवादी आलोचना को दबाने का प्रयास मात्र था, जिसका सर्वसाधारण जनता ने सर्वत्र विरोध किया। जनसभाएं आयोजित की गईं एवं ब्रिटिश प्रेस-नीति के विरुद्ध जनमत तैयार किया गया।

इल्बर्ट बिल विवाद-1883

भारतीय जिला मजिस्ट्रेट और सेशन जज यूरोपियनों के फौजदारी मुकदमों की सुनवाई कर सकें, इसके लिए यह बिल लॉर्ड रिपन द्वारा लागू होना था, परंतु इसका यूरोपियनों द्वारा काफी विरोध हुआ और रिपन और बिल दोनों की वापसी हो गई। इस घटना ने भारतीयों को अंदर से उद्वेलित किया।

भारतीय राष्ट्रीय कांग्रेस की पूर्ववर्ती संस्थाएं

भारतीय राष्ट्रीय आन्दोलन के उद्भव के कारण

- पाश्चात्य विचारों के प्रभाव से राष्ट्रवाद के आधुनिक विचारों तथा राजनीतिक संस्थानों का विकास हुआ।
- प्रथम राजनीतिक संगठन 'बंगभाषा प्रकाशन सभा' थी, जो 1836 में बनी।
- आधुनिक भारत में सबसे पहली सार्वजनिक संस्था थी **लैंड होल्डर्स सोसायटी।** यह बंगाल, बिहार और उड़ीसा के जमींदारों की संस्था थी और इसकी स्थापना 1838 में हुई थी।
- 1839 ई. में **एडम्स** ने इंग्लैंड में 'ब्रिटिश इंडिया सोसायटी' बनाई।
- 1843 ई. में 'बंगाल ब्रिटिश इंडियन सोसायटी' की स्थापना की गई।
- 1851 ई. में जमींदारी एसोसिएशन तथा बंगाल ब्रिटिश इंडिया सोसायटी को मिलाकर 'ब्रिटिश इंडियन एसोसिएशन' बनाई गई।
- **दादा भाई नौरोजी** ने 1866 ई. में 'ईस्ट इंडियन एसोसिएशन' की लंदन में स्थापना की।
- 1875 ई. में शिशिर कुमार घोष ने 'इंडिया लीग' की स्थापना की।
- 1876 ई. में **आनंद मोहन बोस** और **सुरेन्द्रनाथ बनर्जी** ने 'इंडियन एसोसिएशन' की स्थापना की।

बंबई प्रेसीडेंसी संस्थाएं

- 1852-बंबई एसोसिएशन का गठन।
- 1867-मद्रास महाजन सभा की स्थापना।

नोट-इंडियन एसोसिएशन की उपलब्धियां

- 1877 में भारतीय जनपद सेवा आन्दोलन चलाया।
- इस सवाल पर जनमत तैयार करने हेतु सुरेंद्रनाथ बनर्जी ने 1877-78 के दौरान देश के विभिन्न भागों का दौरा किया।
- भारतीय समाचार-पत्र अधिनियम तथा भारतीय शस्त्र अधिनियम के विरुद्ध आन्दोलन किया।
- इंडियन एसोसिएशन ने दिसंबर, 1883 में कलकत्ता में एक अखिल भारतीय नेशनल कॉन्फ्रेंस आयोजित की।

संगठनों का उदय

संगठन	वर्ष	संस्थापक	स्थान
लैंड होल्डर्स सोसाय्टी	1838	द्वारकानाथ टैगोर	कलकत्ता
ब्रिटिश इंडिया सोसायटी	1839	विलियम एडम्स	लंदन
बंगाल ब्रिटिश इंडिया सोसाइटी	1843	जॉर्ज थामसन	कलकत्ता
ब्रिटिश इंडिया एसोसिएशन (प्रथम दो संगठनों के विलय से बना)	1851	देवेंद्र नाथ टैगोर	कलकत्ता
मद्रास नेटिव एसोसिएशन	1852	अनुपलब्ध	मद्रास
बॉम्बे एसोसिएशन	1856	जगन्नाथ सेठ	बंबई
ईस्ट इंडिया एसोसिएशन	1866	दादा भाई नौरोजी	लंदन
नेशनल इंडियन एसोसिएशन	1867	मेरी कारपेंटर	लंदन
पूना सार्वजनिक सभा	1870	एस.एच. साठे, जी.वी. जोशी एम.जी. रानाडे इत्यादि	पूना
इंडियन सोसायटी	1872	आनंद मोहन बोस	लंदन
इंडियन एसोसिएशन	1876	आनंद मोहन बोस एवं एस. एन. बनर्जी	कलकत्ता
मद्रास महाजन सभा	1884	पी. रंगिया नायडू और एम. वीर राघवचारी, आनंद चारलू इत्यादि	मद्रास
बॉम्बे प्रेसीडेंसी एसोसिएशन	1885	फिरोज शाह मेहता, के.टी. तैलंग, बदरूद्दीन तैयब जी इत्यादि	बंबई

भारतीय राष्ट्रीय आन्दोलन

सामान्यतया, भारतीय राष्ट्रीय आन्दोलन की शुरुआत 1885 से मानी जाती है। सुविधा के दृष्टिकोण से इसके इतिहास को निम्नलिखित चरणों में बांटा जाता है-

1. उदारवादी आन्दोलन (1885-1905)
2. उग्रवादी आन्दोलन (1906-1919)
3. गांधी युग (1919-1947)

राष्ट्रीय आन्दोलन का प्रथम चरण (1885-1905)

भारतीय राष्ट्रीय कांग्रेस की स्थापना (1885)

- इसी काल में अवकाश प्राप्त सरकारी अफसर **ए.ओ. ह्यूम** के नेतृत्व में भारतीय राष्ट्रीय कांग्रेस की स्थापना हुई।
- बंबई में **गोकुल दास तेजपाल संस्कृत पाठशाला** के भवन में 28 दिसंबर, 1885 को इस कॉन्फ्रेंस का आयोजन किया गया।
- इसकी अध्यक्षता **व्योमेश चंद्र बनर्जी** ने की और इसमें 72 प्रतिनिधियों ने भाग लिया।

राष्ट्रीय कांग्रेस के घोषित लक्ष्य

1. देश के विभिन्न भागों के राष्ट्रवादी राजनीतिक कार्यकर्ताओं के बीच मैत्रीपूर्ण संबंधों को बढ़ावा देना।
2. जाति, धर्म या प्रांत के आधार पर बिना कोई भेदभाव किए राष्ट्रीय एकता की भावना का विकास और सुदृढ़ीकरण।
3. जनता की मांगों का सूत्रीकरण और सरकार के समक्ष उसका प्रस्तुतिकरण।
4. देश में जनमत का प्रशिक्षण तथा संगठन।

उदारवादियों की मुख्य मांगें

- विधान परिषद् का विस्तार, सुधार तथा प्रशासन पर लोकप्रिय नेताओं का नियंत्रण।
- सिविल सेवा में भारतीयों को अधिक अवसर।
- न्यायिक तथा कार्यकारी प्रशासन का पृथक्करण।
- औपनिवेशिक स्वराज्य की स्थापना।
- सार्वजनिक कोष पर भारतीय नियंत्रण की मांग।
- भारत सरकार के सैनिक खर्च में कमी की मांग।
- प्रशासनिक सेवाओं की उच्चतर श्रेणियों का भारतीयकरण।
- **उदार दल के राजनीतिक तरीके**-कानून की परिधि में संवैधानिक आन्दोलन चलाना और धीरे-धीरे व्यवस्थित राजनीतिक प्रगति प्राप्त करना।

उदारवादियों के कार्यक्रम एवं विचार

- ये नेता उदारवादी नीतियों एवं अहिंसक विरोध प्रदर्शन में विश्वास रखते थे।
- ये कानून के दायरे में रहकर अहिंसक एवं संवैधानिक आन्दोलन चलाना चाहते थे।
- अपने उद्देश्यों की प्राप्ति के लिए उदारवादियों ने दो प्रकार की नीतियों को अपनाया। प्रथम, भारतीयों में राष्ट्रप्रेम एवं चेतना जागृत करके राजनीतिक मुद्दों पर उन्हें शिक्षित करना एवं उनमें एकता स्थापित करना। द्वितीय, ब्रिटिश जनमत एवं ब्रिटिश सरकार को भारतीय पक्ष में करके भारत में सुधारों की प्रक्रिया का सूत्रपात् करना।
- उदारवादियों के अनुसार ब्रिटेन से भारत का संपर्क होना भारतीयों के पक्ष में है। इसलिए औपनिवेशिक शासन का उपयोग भारतीय शासन में परिवर्तन के लिए किया जाना चाहिए।

उदारवादियों का योगदान

- ब्रिटिश साम्राज्य की आर्थिक नीतियों की आलोचना करना एवं धन के निष्कासन का सिद्धांत प्रस्तुत करना।
- एक ऐसा जनमत तैयार करना, जिसका मानना था कि भारत की गरीबी एवं आर्थिक पिछड़ेपन का कारण औपनिवेशिक शासन है।
- गरीबी दूर करने के लिए भारत में आधुनिक उद्योगों के तीव्र प्रसार तथा स्वदेशी वस्तुओं के उपयोग एवं विदेशी वस्तुओं के बहिष्कार की मांग करना।
- परिषदों का विस्तार एवं उनमें भारतीयों की भागीदारी बढ़ाने, परिषदों में सुधार एवं उनके अधिकारों में वृद्धि की मांग करना।
- पक्षपातपूर्ण एवं भ्रष्ट नौकरशाही तथा लंबी एवं खर्चीली न्यायिक प्रणाली की आलोचना करना।
- ब्रिटिश सरकार की आक्रामक विदेश नीति की आलोचना करना, विशेष रूप से बर्मा के अधिग्रहण, अफगानिस्तान पर आक्रमण एवं उत्तर-पूर्व में जनजातियों के दमन का विरोध करना।
- विभिन्न कल्याणकारी मदों, जैसे–स्वास्थ्य, सफाई, सिंचाई, प्राथमिक शिक्षा इत्यादि के लिए ज्यादा व्यय की मांग करना।
- भारत के बाहर कार्यरत भारतीय मजदूरों की दशा में सुधार तथा उनके साथ हो रहे अत्याचार एवं प्रजातीय उत्पीड़न को रोकने की मांग करना।
- दीवानी अधिकारों की सुरक्षा जैसे–अभिव्यक्ति की स्वतंत्रता, प्रेस एवं भाषण की स्वतंत्रता, संगठन बनाने की स्वतंत्रता आदि की मांग करना।

उदारवादियों के कार्यों का मूल्यांकन

- उन्होंने अपने समय की सर्वाधिक प्रगतिशील शक्तियों का प्रतिनिधित्व किया एवं तत्कालीन भारतीय समाज को नेतृत्व प्रदान किया।
- उन्होंने साझा हित के सिद्धांतों पर आम सहमति बनाने एवं जागृति लाने में महत्वपूर्ण भूमिका निभाई।
- उन्होंने लोगों को राजनीतिक प्रशिक्षण प्रदान किया एवं आधुनिक विचारों को लोकप्रिय बनाया।
- उन्होंने उपनिवेशवादी शासन की आर्थिक शोषण की नीतियों को उजागर किया तथा धन के निष्कासन का सिद्धांत प्रस्तुत किया।
- उन्होंने भारतीयों में लोकतांत्रिक विचारों, राष्ट्रवाद तथा प्रतिनिधि संस्थाओं के विचार को लोकप्रिय बनाया।
- उन्होंने एक समान राजनीतिक एवं आर्थिक कार्यक्रम विकसित किया, जिससे आगे चलकर राष्ट्रीय आन्दोलन को गति मिली।
- उन्होंने इस सच्चाई को सार्वजनिक किया कि भारत का शासन भारतीयों के द्वारा ही उनके हित में हो सकता है।

सीमाएं

- वे अपने कार्यक्रमों एवं अभियानों का जनाधार नहीं बढ़ा सके।
- उदारवादी चरण में राष्ट्रीय आन्दोलन में महिलाओं की भागीदारी नगण्य रही।

द्वितीय चरण (1905-1919)

उग्र-राष्ट्रवादी आन्दोलन या अतिवादी राजनीति

उदय के कारण

1. ब्रिटिश राज्य के सही स्वरूप की पहचान तथा उदारवादियों के संवैधानिक आन्दोलन की विफलता।
2. सन् 1892 के सुधार कानून की अपर्याप्तता।
3. धार्मिक पुनरुत्थानवाद और सांस्कृतिक नवजागरण।
4. आर्थिक संकट।
5. लॉर्ड कर्जन का प्रतिक्रियावादी शासन:
    - 1898 में एक कानून बनाकर असंतोष की भावनाएं उभारने को अपराध घोषित कर दिया गया।
    - 1899 में कलकत्ता नगर निगम में भारतीयों की संख्या घटा दी गई।
    - 1904 में 'इंडियन ऑफिशियल सीक्रेट्स एक्ट' पारित।
    - 1904 में 'भारतीय विश्वविद्यालय अधिनियम' पारित।
    - 1905 में बंगाल का विभाजन।
    - अंतर्राष्ट्रीय घटनाओं का प्रभाव, विशेषकर 1896 में इथियोपिया द्वारा इटली की पराजय, 1899 के बोअर युद्ध तथा 1905 में जापान द्वारा रूस की पराजय ने यूरोपीय अपराजेयता के मिथक को तोड़ दिया।

उग्र-राष्ट्रवादियों के उद्देश्य के साधन

- विदेशी माल का बहिष्कार।
- स्वदेशी का प्रचार।
- राष्ट्रीय शिक्षा का प्रसार।

उग्रराष्ट्रीय नेता

- बाल गंगाधर तिलक, लाला लाजपत राय, विपिन चंद्र पाल और अरविंद घोष आदि।

बंग-भंग विरोधी आन्दोलन या स्वदेशी आन्दोलन

- बंगाल उस समय भारतीय राष्ट्रीय चेतना का केंद्रबिंदु था और साथ ही बंगालियों में प्रबल राजनैतिक जागृति थी, जिसे कुचलने के लिए कर्जन ने बंगाल को बांटना चाहा।
- दिसंबर, 1903 में बंगाल-विभाजन प्रस्ताव की खबर फैलने पर चारों ओर विरोधस्वरूप अनेक बैठकें हुईं, जिसमें अधिकतर ढाका, मेमन सिंह एवं चटगाँव में हुईं।
- सुरेंद्रनाथ बनर्जी के 'बंगाली', 'हितवादी' एवं 'संजीवनी' जैसे अखबारों द्वारा विभाजन के प्रस्ताव की आलोचना की गई।
- विरोध के बावजूद कर्जन द्वारा 19 जुलाई, 1905 को बंगाल विभाजन के निर्णय की घोषणा की गई। 7 अगस्त 1905 को कलकता के टाउन हॉल की बैठक में ऐतिहासिक 'बहिष्कार प्रस्ताव' पारित हुआ।

- 16 अक्टूबर, 1905 को बंगाल विभाजन की घोषणा के साथ ही विभाजन प्रभावी हो गया।
- विभाजन के बाद बंगाल पूर्वी बंगाल एवं पश्चिमी बंगाल में बंट गया। पूर्वी बंगाल में असम एवं बंगाल (पूर्वी) के कुछ जिले राजशाही, ढाका एवं चटगाँव मिलाए गए। इस प्रांत का मुख्यालय ढ़ाका में था।
- पश्चिमी बंगाल में बिहार एवं उड़ीसा तथा पश्चिमी बंगाल के कुछ जिले शामिल थे।
- विभाजन के दिन 16 अक्टूबर, 1905 को पूरे बंगाल में **'शोक दिवस'** के रूप में मनाने की घोषणा की गई।
- बंगाल विभाजन के विरोध में स्वदेशी एवं बहिष्कार आन्दोलन का सूत्रपात् किया गया। धीरे-धीरे यह आन्दोलन पूरे देश में फैलने लगा। तिलक ने इस आन्दोलन का प्रचार बंबई एवं पुणे में, अजीत सिंह एवं लाला लाजपत राय ने पंजाब एवं उत्तर प्रदेश में, सैय्यद हैदर रजा ने दिल्ली में तथा चिदंबरम पिल्लै ने मद्रास में किया।
- 1906 ई. में कलकत्ता में हुए कांग्रेस अधिवेशन की अध्यक्षता करते हुए दादाभाई नौरोजी ने पहली बार स्वराज्य की मांग प्रस्तुत की। कांग्रेस के मंच से **स्वराज्य की सर्वप्रथम मांग** करने का श्रेय **दादा भाई नौरोजी** को है।
- बंग-भंग होने के बाद राष्ट्रीय आन्दोलन में उग्रराष्ट्रवादी विचारों के नेताओं की पकड़ मजबूत होने लगी और जहाँ उदारवादी नेता हिंसा का विरोध करते, वहीं उग्रराष्ट्रवादी हिंसा के समर्थक थे।
- कांग्रेस के कलकत्ता अधिवेशन में दोनों के मध्य वैचारिक मतभेद दबा दिया गया।
- स्वदेशी आन्दोलन को चलाने के तरीके को लेकर उग्र राष्ट्रवादी और उदारवादी नेताओं के मध्य चल रहे मतभेद के परिणामस्वरूप 1907 ई. के कांग्रेस के सूरत अधिवेशन में उग्रराष्ट्रवादी नेताओं ने कांग्रेस से अपने को अलग कर लिया।
- बहिष्कार एवं स्वदेशी आन्दोलन ने विभाजन के विरुद्ध विशाल जनमत इकट्ठा कर लिया, जिसके फलस्वरूप ब्रिटिश सरकार ने विवश होकर 1911 ई. में बंगाल विभाजन को रद्द कर दिया।

सूरत विघटन (1907 ई.)

- 1907 में गोपाल कृष्ण गोखले की अध्यक्षता में हुए कांग्रेस के वाराणसी अधिवेशन (1905) में बंगाल के विभाजन का विरोध किया गया था। लेकिन उदारवादी, बहिष्कार संबंधी प्रस्ताव का खुला समर्थन करने के लिए तैयार नहीं थे, क्योंकि यह उनकी 'याचना और अनुनय' की नीति के विरुद्ध था।
- 1906 में दादाभाई नौरोजी की अध्यक्षता में कलकत्ता में कांग्रेस अधिवेशन हुआ। यहाँ कांग्रेस के उग्रवादी उस समय उदारवादियों के साथ बेहतर **'तालमेल'** बैठाने में सफल हुए, जब भारतीय राष्ट्रीय कांग्रेस ने स्वदेशी को अपना पूरा समर्थन देते हुए बहिष्कार को **'वैध'** मान लिया।
- स्वराज संबंधी प्रस्ताव, बहिष्कार तथा राष्ट्रीय शिक्षा के मामलों पर मतभेद खुलकर सामने आ गए। सूरत अधिवेशन (1907) का अंत शोर-शराबे से हुआ। उदारवादियों के प्रतिनिधि अधिक संख्या में थे, अत: उन्होंने संगठन पर अपना पूर्ण नियंत्रण स्थापित कर लिया और अंततः भारतीय राष्ट्रीय कांग्रेस से अलग हुए उग्रवादियों से 7 वर्षों तक कोई भी संबंध न रखने का निर्णय लिया।
- 1908 के इलाहाबाद अधिवेशन में कांग्रेस का नया संविधान पारित किया गया।

उग्र-राष्ट्रवादी चाहते थे

1. अधिवेशन नागपुर में हो।
2. तिलक अथवा लाजपत राय अध्यक्ष हों, तथा
3. बहिष्कार, स्वदेशी तथा राष्ट्रीय शिक्षा के प्रस्ताव की दृढ़तापूर्वक पुनरावृत्ति।

उदारवादी चाहते थे

1. अधिवेशन सूरत में हो ताकि तिलक अध्यक्ष न बने।
2. रासबिहारी घोष अध्यक्ष बनें।
3. बहिष्कार आदि का प्रस्ताव त्याग दिया जाए।

स्वदेशी आन्दोलन की असफलता के कारण

- ब्रिटिश सरकार ने आन्दोलनकारियों के प्रति कठोर दमनात्मक रुख अपनाया।
- आन्दोलन एक सक्रिय संगठन अथवा पार्टी का रूप नहीं ले सका। आन्दोलन के विभिन्न सिद्धांतों, जैसे- निष्क्रिय प्रतिरोध, सत्याग्रह, जेल भरो अभियान, समाज-सुधार इत्यादि को एक अनुशासनात्मक दिशा नहीं दी जा सकी।
- यह आन्दोलन आगे चलकर नेतृत्व विहीन हो गया। कांग्रेस के सूरत अधिवेशन के बाद आन्दोलन कमजोर हो गया।
- आन्दोलन साधारण जनता की शक्ति एवं ऊर्जा को संगठित करके सही स्वरूप एवं दिशा नहीं दे सका।
- आन्दोलन का प्रसार समाज के सभी वर्गों तक नहीं हो सका। यह केवल उच्च वर्ग, मध्य वर्ग एवं जमींदार वर्ग तक सीमित रहा। यह आन्दोलन मुसलमानों एवं किसानों को प्रभावित करने में पूर्णत: असफल रहा।
- बिना किसी सुनिश्चित योजना एवं रणनीति के किसी भी जन आन्दोलन को सही दिशा नहीं दी जा सकती थी। इस आन्दोलन की प्रमुख विसंगति भी यही थी।

मुस्लिम लीग की स्थापना (1906 ई.)

एस. एच. आगा खां के नेतृत्व में मुसलमानों का एक दल वायसराय लॉर्ड मिंटो से 1 अक्टूबर, 1906 को शिमला में मिला। इस प्रतिनिधिमण्डल ने वायसराय से अनुरोध किया कि प्रांतीय, केंद्रीय व स्थानीय निर्वाचन हेतु पृथक् सांप्रदायिक निर्वाचन व्यवस्था मुसलमानों के लिए की जाए।

- मिंटो ने इनकी मांगों का पूर्ण समर्थन किया और जिसके फलस्वरूप मुस्लिम नेताओं ने ढाका के नवाब सलीमुल्ला के नेतृत्व में 30 दिसंबर, 1906 ई. को ढाका में **'मुस्लिम लीग'** की स्थापना की।

- सलीमुल्ला खां मुस्लिम लीग के संस्थापक अध्यक्ष थे, जबकि प्रथम अधिवेशन की अध्यक्षता सैय्यद इमाम ने की। इस संस्था का प्रमुख उद्देश्य था-भारतीय मुसलमानों में ब्रिटिश सरकार के प्रति भक्ति उत्पन्न करना व भारतीय मुसलमानों के राजनैतिक व अन्य अधिकारों की रक्षा करना।
- 1908 ई. में अखिल भारतीय मुस्लिम लीग की एक **लंदन शाखा** की स्थापना **अमीर अली** के नेतृत्व में हुई।

मार्ले-मिंटो सुधार

1909 में भारत सचिव मार्ले एवं वायसराय लॉर्ड मिंटो ने सुधारों का 'भारतीय परिषद् अधिनियम, 1909, पारित किया जिसे 'मार्ले-मिंटो' सुधार कहते हैं। इसकी विस्तृत चर्चा 'संवैधानिक विकास' के अध्याय में है।

राजद्रोह सभा अधिनियम

उग्रवादी संगठनों ने मार्ले-मिंटो सुधार के प्रतिक्रियास्वरूप अपनी क्रांतिकारी गतिविधियां तेज कर दी, जिसके कारण ब्रिटिश सरकार ने इस अधिनियम के द्वारा प्रमुख उग्रवादी नेता लाला लाजपत राय एवं अजीत सिंह को गिरफ्तार कर आन्दोलन को दबाने का प्रयत्न किया।

दिल्ली दरबार

दिल्ली दरबार का भव्य आयोजन सम्राट् जार्ज पंचम एवं महारानी के स्वागत में किया गया, जिसकी प्रमुख घोषणा थी-

1. बंगाल विभाजन रद्द कर बंगाली भाषी क्षेत्रों को मिलाकर एक अलग राज्य बना एवं बिहार एवं उड़ीसा भी एक नवीन घोषणा के आधार पर राज्य बने।
2. भारत की राजधानी को कलकत्ता से दिल्ली स्थानांतरित करने की घोषणा हुई। इसका विधिवत् स्थानांतरण **दिसंबर 1912 ई.** में हुआ और इसी समारोह के दौरान वायसराय **लॉर्ड हार्डिंग पर बम** फेंका गया, जिसमें वह गंभीर रूप से घायल हो गया।

कामागाटामारू प्रकरण

1914 ई. में घटे कामागाटामारू प्रकरण के अंतर्गत कनाडा सरकार ने उन भारतीयों पर कनाडा में घुसने पर प्रतिबंध लगा दिया, जो भारत से सीधे कनाडा न आया हो। उस समय नौ परिवहन इतना विकसित नहीं था कि किसी एक नौका से इतनी दूर की यात्रा बगैर किसी पड़ाव के की जा सके। परंतु 1913 ई. में कनाडा के उच्चतम न्यायालय ने अपने एक निर्णय के अंतर्गत ऐसे 35 भारतीयों को देश में घुसने का अधिकार दे दिया, जो सीधे भारत से नहीं आए थे। इस निर्णय से उत्साहित होकर भारत के गुरदीप सिंह ने 'कामागाटामारू' नामक एक जहाज को किराये पर लेकर उस पर 376 यात्रियों को बैठाकर कनाडा के बंदरगाह बैंकूवर की ओर प्रस्थान किया। तट पर पहुंचने के बाद कनाडा की पुलिस ने भारतीयों की घेराबंदी कर उन्हें देश में घुसने से मना कर दिया।

हुसैन रहीम, सोहन लाल पाठक एवं बलवंत सिंह ने इन यात्रियों की लड़ाई लड़ने के लिए 'शोर कमेटी' (तटीय समिति) की स्थापना की। सं. रा. अमेरिका में भगवान सिंह, बरकतुल्ला, रामचंद्र एवं सोहन सिंह के नेतृत्व में यह आन्दोलन चलाया गया। भारत की ब्रिटिश सरकार ने जहाज को सीधे कलकत्ता लाने का आदेश दिया। जहाज के 'बजबज' पहुंचने पर यात्रियों एवं पुलिस के मध्य झड़पें हुईं, जिनमें 18 यात्री मारे गए और शेष 202 को जेल में डाल दिया गया।

होमरूल लीग आन्दोलन

आयरलैंड की तर्ज पर अप्रैल 1916 में तिलक ने इंडियन होमरूल लीग की स्थापना की और उसके पाँच महीने बाद सितंबर 1916 में श्रीमती एनी बेसेंट ने होमरूल लीग की स्थाना की। इन दोनों लीगों के मध्य यह समझौता हुआ कि श्रीमती बेसेंट का कार्य क्षेत्र महाराष्ट्र एवं केंद्रीय प्रांतों के अतिरिक्त संपूर्ण भारत होगा एवं महाराष्ट्र और केंद्रीय प्रांतों में बाल गंगाधर तिलक की इंडियन होमरूल लीग को कार्य करना था। इस तरह देखा जाए तो एनी बेसेंट का कार्य क्षेत्र व्यापक था। गुजरात के ग्रामीण क्षेत्र व उत्तर प्रदेश के कुछ भागों में यह आन्दोलन लोकप्रिय रहा, लोकप्रियता का मुख्य कारण विभिन्न जमीनी नेताओं का इस आन्दोलन में सहभागिता तथा प्रसार करना था जैसे- भूलाभाई देसाई, चितरजंन दास, तेजबहादुर सप्रू, मदनमोहन मालवीय, जवाहर लाल नेहरू, मुहम्मद अली जिन्ना आदि। लीग के प्रभाव से एनी बेसेंट को 1917 में कलकत्ता अधिवेशन में कांग्रेस के अधिवेशन की प्रथम महिला सदस्य चुना गया था। दोनों नेताओं द्वारा होमरूल के प्रचार-प्रचार के लिए अपने-अपने पत्रों- श्रीमती बेसेंट के **कॉमनवील** और **न्यू इंडिया** तथा तिलक के **मराठा** एवं **केसरी** के माध्यम से प्रसार करना आरम्भ किया। इन समाचार पत्रों के माध्यम से स्वशासन की मांग की गई, जिससे ब्रिटिश शासन के अंतर्गत स्वशासन को ध्यान में रखकर सामाजिक व राजनीतिक सुधारों, धार्मिक स्वतंत्रता राष्ट्रीय शिक्षा को बढ़ावा देने का प्रयास किया गया।

इस आन्दोलन के बहुत लोकप्रिय हो जाने के कारण, ब्रिटिश सरकार ने इसका दमन करने के लिए, तिलक द्वारा होमरूल की सभाओं में दिए गए उनके कुछ भाषणों के आधार पर जुलाई 1916 में उन पर मुकदमा चलाया गया तथा 1917 में श्रीमती एनी बेसेंट को भी नजरबंद कर लिया गया। 'मांटेग्यू घोषणा' के उपरांत श्रीमती बेसेंट ने अपने होमरूल लीग का काम बंद कर दिया, परंतु तिलक ने अपने आन्दोलन को जारी रखा।

होमरूल लीग आंदोलन कई मामलो में सफल रहा, इस आन्दोलन ने शिक्षित व्यक्तियों के साथ-साथ जन सामान्य व्यक्तियों को भी प्रभावित किया तथा यह स्वतंत्रता के स्वरूप को भी स्पष्ट करने में सहायक हुआ। तिलक एवं एनी बेसेंट के प्रयासों से कांग्रेस के लखनऊ अधिवेशन 1916 में गरम दल व नरम दल के मध्य समझौता हो गया, इसमें होमरूल आन्दोलन की भूमिका महत्वपूर्ण थी। होमरूल लीग आन्दोलन के कारण शीघ्र की ब्रिटिश सरकार को एक नवीन नीति के निर्धारण के लिए विवश होना पड़ा।

लखनऊ समझौता

1916 में भारतीय राष्ट्रीय कांग्रेस का लखनऊ अधिवेशन दो घटनाओं की दृष्टि से स्मरणीय था। पहली घटना, उग्र राष्ट्रवादी जिन्हें 9 वर्ष पूर्व कांग्रेस से निष्कासित कर दिया गया था, का कांग्रेस में पुनर्प्रवेश था। दूसरी घटना, कांग्रेस और मुस्लिम लीग के मध्य समझौता था।

दिसंबर 1916 में मुस्लिम लीग और कांग्रेस दोनों ने लखनऊ में अपने वार्षिक अधिवेशनों का आयोजन किया। इन दोनों दलों ने पृथक्-पृथक् रूप से संवैधानिक सुधारों की संयुक्त योजना के संबंध में प्रस्ताव पारित किए और संयुक्त कार्यक्रम के आधार पर राजनीतिक क्षेत्र में एक-दूसरे के साथ सहयोग करने के संबंध में एक समझौता किया। यह समझौता सामान्यतया **लखनऊ समझौता** या 'कांग्रेस-लीग योजना' के नाम से प्रसिद्ध है।

'लखनऊ समझौते' के अंतर्गत एक 19-सूत्री ज्ञापन-पत्र तैयार किया गया, जिसके द्वारा ब्रिटिश सरकार से भारत को शीघ्रातिशीघ्र स्वशासन प्रदान करने, प्रांतीय विधान परिषदों और गवर्नर जनरल (केंद्रीय) की विधान परिषद् का विस्तार करने एवं इन विस्तारित परिषदों में निर्वाचित सदस्यों को अधिक प्रतिनिधित्व देने के संबंधों में मांग की गई। इस ज्ञापन-पत्र में यह भी मांग की गई कि भारतीय प्रशासकीय सेवा (सिविल सर्विस) में नियुक्तियां करने का अधिकार भारत सरकार में निहित होना चाहिए और ब्रिटिश भारतीय सेना में सेना और नौसेना के कमीशंड और गैर-कमीशंड पदों पर भारतीय लोगों की नियुक्ति की जाए।

- 'लखनऊ समझौते' में कांग्रेस ने मुसलमानों के लिए पृथक् निर्वाचक-मण्डल की मांग को भी औपचारिक रूप से स्वीकार कर लिया, जो मुस्लिम लीग के लिए एक बहुत सकारात्मक उपलब्धि थी, क्योंकि कांग्रेस अब तक इसका विरोध करती आ रही थी।

खिलाफत आन्दोलन का उद्भव

विश्व एवं भारत के मुसलमानों द्वारा इस्लामी साम्राज्य के तुर्की के सुल्तान को 'खलीफा' मानते थे। किंतु प्रथम विश्वयुद्ध के समाप्त होने के बाद सेवर्स की संधि मित्र राष्ट्र ने तुर्की के साथ की इस संधि के तहत् खलीफा का पद समाप्त कर दिया गया। तुर्की के प्रति मित्र राष्ट्रों द्वारा किए गए इस व्यवहार से भारतीय मुसलमान काफी उत्तेजित हो गए। भारतीय मुसलमानों द्वारा तुर्की के ऑटोमान साम्राज्य की रक्षा एवं खलीफा के पद को बनाए रखने के लिए आन्दोलन शुरू कर दिया। इस आन्दोलन के दौरान दो प्रमुख मांगें मांगी गई-

(i) खलीफा के प्रभुत्व को पुर्नस्थापित किया जाए

(ii) खलीफा के प्रदेशों को पुर्नव्यवस्थित कर अधिक भू-क्षेत्र प्रदान किए जाए।

कुछ समय तक यह आन्दोलन धरनों, याचिकाओं व संभाओं तक ही सीमित रही, किंतु इन कार्यक्रमों से ज्यादा प्रभाव ब्रिटिश हुकूमत को नही पड़ रहा था, अत: यह मांग तेजी के साथ बढ़ने लगी कि अंग्रेजी शासन के विरुद्ध एक तीव्र व मजबूत विरोध किया जाए और अंग्रेजो के साथ असहयोगात्मक रवैया अपनाया जाए। सितंबर 1919 ई. में लखनऊ के एक सम्मेलन में अखिल भारतीय खिलाफ समिति का गठन किया, जिसके अध्यक्ष बंबई के सेठ चोटानी तथा सचिव मौलाना शौकत अली थे। फरवरी 1920 में ई. को मौलाना अबुल कलाम आजाद के नेतृत्व में खिलाफत सम्मेलन कलकत्ता में हुआ, जिसमें असहयोग आन्दोलन के पक्ष एक प्रस्ताव पारित हुआ तथा एक खिलाफत दिन मनाने का निर्णय लिया गया।

असफलता के कारण

- इस आन्दोलन में प्रभावी संगठन का अभाव था।
- 1917-18 के सांप्रदायिक दंगों का आन्दोलन पर नकारात्मक प्रभाव पड़ा।
- एनी बेसेंट की गिरफ्तारी के बाद कांग्रेस की सदस्यता ग्रहण करने वाले उदारवादी सरकार द्वारा सुधारों का आश्वासन देने एवं बेसेंट को रिहा करने पर संतुष्ट हो गए।
- 1918 में मांटेग्यू-चेम्सफोर्ड सुधारों के सार्वजनिक होने से राष्ट्रवादियों में आपसी मतभेद उत्पन्न हो गए।
- सितंबर 1918 में तिलक के एक मुकदमे के सिलसिले में विदेश जाने से आन्दोलन नेतृत्व विहीन हो गया।

20 अगस्त, 1917 की घोषणा

भारत सचिव मांटेग्यू द्वारा 20 अगस्त, 1917 को ब्रिटेन की कामन्स सभा में एक प्रस्ताव पढ़ा गया, जिसमें भारत में प्रशासन की हर शाखा में भारतीयों को अधिक प्रतिनिधित्व दिए जाने की बात कही गई थी। इसे 'मांटेग्यू घोषणा' कहा गया। 'मांटेग्यू घोषणा' को उदारवादियों ने 'भारत के मैग्नाकार्टा' की संज्ञा दी। नवंबर, 1917 ई. में मांटेग्यू-चेम्सफोर्ड ने व्यापक विचार-विमर्श के बाद 1919 ई. में मांटेग्यू-चेम्सफोर्ड रिपोर्ट को जारी किया। 1919 के 'भारत सरकार अधिनियम' के नाम से प्रसिद्ध इस एक्ट में प्रांतों में द्वैध शासन की स्थापना की गई।

भूमिका : मुस्लिम लीग के 1918 ई. के दिल्ली में वार्षिक अधिवेशन में एम.ए. अंसारी ने अरब भूमि को खलीफा को वापस करने की मांग की। गांधी के नेतृत्व में कांग्रेस ने अंसारी की भावना को दुहराया तथा मुस्लिमों के उद्देश्य को पूरा समर्थन दिया। सितंबर 1919 ई. में लखनऊ के एक सम्मेलन में अखिल भारतीय खिलाफ समिति का गठन किया गया, जिसके अध्यक्ष बंबई के सेठ चोटानी तथा सचिव मौलाना शौकत अली थे।

फरवरी 1920 ई. को मौलाना अबुल कलाम आजाद के नेतृत्व में खिलाफत सम्मेलन कलकत्ता में हुआ, जिसमें असहयोग आन्दोलन के पक्ष में एक प्रस्ताव पारित हुआ तथा एक खिलाफत दिन मनाने का निर्णय लिया गया। अगले कुछ महीनों में कई अन्य बैठकें हुईं। जब 15 मई, 1920 ई. को तुर्कों के साथ सेव्रे संधि की घोषणा हुई, तब केंद्रीय खिलाफत समिति ने अपनी बंबई बैठक में 1 अगस्त से असहयोग आन्दोलन शुरू करने का निर्णय लिया।

महत्वपूर्ण बिंदु

* आर्थिक दोहन का सिद्धांत दादा भाई नौरोजी द्वारा दिया गया था।
* सन् 1833 में इल्बर्ट बिल विवाद हुआ, यह रिपन के कार्यकाल में लागू हुआ था।
* सन् 1839 में इंग्लैड में ब्रिटिश इंडिया सोसायटी की स्थापना हुई थी।
* इंडिया लीग की स्थापना 1875 में शिशिर कुमार घोष द्वारा की गई थी।
* उग्र राष्ट्रवादियों ने विरोध के रूप में विदेशी माल का बहिष्कार, स्वदेशी का प्रचार तथा राष्ट्रीय शिक्षा के प्रचार पर बल दिया।
* उग्र राष्ट्रीय नेता-बाल गंगाधर तिलक, लाला लाजपत राय, विपिन चंद्र पाल व अरविंद घोष थे।
* पूना सार्वजनिक सभा का गठन 1870 में किया गया था।
* बाम्बे प्रेसीडेंसी एसोसिएशन की स्थापना 1885 में फिरोजशाह मेहता, के.टी. तैलंगा, बदरूद्दीन तैयब जी द्वारा की गई थी।

❑❑❑

अध्याय

27

महात्मा गाँधी और जन-आन्दोलन

[असहयोग आन्दोलन, सविनय अवज्ञा आन्दोलन, भारत छोड़ो आन्दोलन]

भारतीय राजनीतिक स्थिति

मोहनदास करमचन्द गाँधी, जो जल्द ही महात्मा गाँधी कहे जाने लगे, 1915 ई. में दक्षिण अफ्रीका में वहाँ की गोरी सरकार की रंगभेद नीति के विरुद्ध अपने सफल सत्याग्रह के अभियान के पश्चात् भारत लौटे थे। उस समय तक भारतीय राष्ट्रीय राजनीति में भागीदारी पश्चिमी शिक्षा प्राप्त पेशेवर लोगों के एक सीमित समूह की थी, जिनकी नई कुशलताओं ने उन्हें इस योग्य बनाया था कि प्रशासनिक पदों, जिला बोर्डों या प्रान्तीय विधायिकाओं की सीटों के रूप में अंग्रेजी सत्ता ने जो अवसर पैदा किए थे, उनका वे लाभ उठा सकें। उनका सरोकार अपने ही लिए एक कुलीन समाज और संस्कृति की रचना में अधिक था और वे ब्रिटिश कुलीन वर्ग या मध्यम वर्गों के विचारों व आदर्शों से प्रेरित थे।

सन् 1914 में गरमदल के नेता बालगंगाधर तिलक छः साल की सजा पूरी कर जेल से लौटे थे और चुप थे। लाला लाजपत राय देश-निर्वासन की सजा भुगत रहे थे। अरविंद घोष राजनीति से संन्यास लेकर पाण्डिचेरी आश्रम में जा बैठे थे। इन सब कारणों से देश में राजनीतिक आन्दोलन अत्यन्त मन्द हो गया था और युद्ध में उलझी हुई ब्रिटिश सरकार के लिए राष्ट्रीय आन्दोलन की शिथिलता एक वरदान ही थी।

प्रथम विश्व युद्ध से उत्पन्न आर्थिक व सामाजिक असंतोष

गाँधी के दर्शन और राजनीतिक कार्यक्रमों के प्रति जनता में व्यापक आकर्षण रहा था, इसे समझने के लिए पहले विश्वयुद्ध की अवधि में भारत के आर्थिक और सामाजिक वातावरण को समझना आवश्यक है। भारत से 13 लाख आदमी महायुद्ध में विभिन्न मोर्चों पर अंग्रेजों की सहायता के लिए ब्रिटिश सत्ता द्वारा भेजे गए थे। इनमें से 8 लाख सैनिक थे। इस विशाल सेना के लिए अधिकारी तैयार करने के उद्देश्य से भारत में कई सामरिक विद्यालय भी स्थापित किए गए थे, जिनमें प्रमुखतः गोरे युवकों को भर्ती किया गया था, भारतीयों को नहीं। युद्ध के लिए सरकार लगभग 40 करोड़ रुपये प्रतिवर्ष खर्च करती रही थी। युद्धकाल में भारत सरकार की कुल आमदनी लगभग 145 करोड़ रुपये वार्षिक थी। इसमें से 40 करोड़ रुपये एक ऐसे काम के लिए खर्च किए जा रहे थे, जिसका भारत के हितों से कोई सम्बन्ध नहीं था। धन की कमी को पूरा करने के लिए सरकार ने चंदे और कर्ज का सहारा लिया था। धनी लोगों को इस बात के लिए विवश किया गया था कि वे युद्ध कोष में धन राशि प्रदान करें।

प्रथम विश्वयुद्ध ने खाद्य पदार्थों का अभाव बढ़ाने और खाद्यान्न का दाम बढ़ाने में योग दिया। लाखों किसानों को फौज में भेज दिये जाने के कारण कृषि व्यवस्था खराब हो गई और अनाज का उत्पादन भी कम हो गया। खाद्यान्नों के दामों की वृद्धि से ब्रिटिश व्यापारिक कम्पनियों, भारतीय जमींदारों तथा व्यापारियों को बहुत लाभ हुआ, किन्तु साधारण जनता महँगाई, बेरोजगारी तथा निर्धनता के बोझ से डर गई।

इसी प्रकार फौज के लिए बलपूर्वक भर्ती 1914 और 1923 के बीच निरन्तर निर्व्यवधान होती रही, जिससे ग्रामीण क्षेत्रों में जन-असंतोष लगातार बढ़ता रहा था। इसका एक कारण यह भी था कि युद्ध के आर्थिक अभावों की मार ग्रामीण समाज के सभी वर्ग पहले से ही झेल रहे थे। इस काल में भूमिहीन होने वाले और बेदखली खेतिहर बनते जाने वाले किसानों की संख्या में स्पष्ट वृद्धि हुई और जमीनें, गैर-खेतिहर वर्गों के हाथों में पहुँचती रही। कुछ क्षेत्रों में किसानों की बढ़ती आर्थिक कठिनाई संगठित किसान सभाओं के प्रतिरोधों के रूप में व्यक्त हुई।

प्रथम विश्वयुद्ध के दौरान उद्योगों का प्रसार हुआ तथा संगठित उद्योगों में मजदूरों की संख्या में भी पर्याप्त वृद्धि हुई। परन्तु युद्धकाल में और उसके बाद व्यापारियों ने अधिक लाभ अर्जित किये, जबकि मजदूरों की वास्तविक मजदूरी की दर में गिरावट आई। हड़तालों के कारण यद्यपि वेतनों में वृद्धि हुई थी, परन्तु बढ़ती हुई महँगाई की तुलना में वह अपर्याप्त था।

इस प्रकार भारतीय जनता के लगभग सभी वर्गों में प्रथम विश्वयुद्ध ने सामाजिक और आर्थिक असंतोष उत्पन्न किया था और जनाक्रोश की अभिव्यक्ति की सम्भावना के लिए आवश्यक सामाजिक विद्रोह की स्थिति उत्पन्न की। विश्वयुद्ध ने पश्चिमी संस्कृति की चमक-दमक से प्रभावित शिक्षित नौजवानों का मोहभंग भी किया और अचानक उनको पश्चिमी सभ्यता का घृणित चेहरा दिखाई देने लगा। इस प्रकार महात्मा गाँधी जब दक्षिण अफ्रीका में अंग्रेजों से सफल टकराव की पृष्ठभूमि के साथ भारत आए तो नैतिक और राजनैतिक हताशा के वातावरण ने उनका स्वागत किया।

राजनीतिक एवं संवैधानिक प्रगति

प्रथम विश्वयुद्ध के समय तत्कालीन संविधान के प्रति असंतोष, स्वशासन तथा अधिक अधिकारों की मांग में और भी वृद्धि हुई। अब ब्रिटिश राज्य के राजनीतिक क्षेत्रों में भी भारत के स्वशासन के विचार को और अधिक स्वीकृति तथा लोकप्रियता मिली। इसके कारण ब्रिटिश सरकार की नीतियों में भी महत्वपूर्ण बदलाव आए। दिसम्बर 1916 में कांग्रेस और मुस्लिम लीग ने पहली बार लखनऊ में एक साझा संवैधानिक कार्यक्रम तैयार किया। होमरूल आन्दोलन के आरम्भ एवं अप्रैल 1917 में उसकी नेता एनी बेसेंट की नजरबंदी ने भारतीय राजनीति को और अधिक तीव्रता तथा उत्साह प्रदान किया।

महात्मा गाँधी का भारतीय राजनीति में प्रवेश

गाँधीजी के जनवरी 1915 में भारत आगमन पर भारतीय जनता ने अत्यधिक उत्साह और सौहार्द से उनका स्वागत किया। दक्षिण अफ्रीका में उनके संघर्षों और सफलताओं ने उन्हें भारत में बहुत लोकप्रिय बना दिया था। केवल पढ़े-लिखे लोग ही नहीं, अनपढ़ और देहाती भी गाँधीजी के कार्यों के बारे में जान गए थे और उनके प्रति आदर का भाव रखते थे।

गाँधीजी का विचार था कि किसी भी मुद्दे पर तब तक हस्तक्षेप नहीं करना चाहिए, जब तक सम्पूर्ण स्थिति का अध्ययन न कर लिए जाए। जब वह गोपालकृष्ण गोखले से मिले तो उन्होंने भी उनको यह सलाह दी थी कि वे पहले देशव्यापी भ्रमण करके सही राजनीतिक स्थिति की जानकारी प्राप्त करें। अतः वह साल भर देश का भ्रमण करते रहे। उन्होंने निर्णय किया कि तत्काल वह किसी राजनीतिक मुद्दे पर सार्वजनिक निर्णय लेने में शीघ्रता नहीं करेंगे। दूसरे साल भी वह सक्रिय राजनीति से दूर ही रहे। इसी अवधि में उन्होंने अहमदाबाद में साबरमती आश्रम की स्थापना की, जहाँ उनके अनुयायी और मित्र सत्य व अहिंसा के आदर्शों को सीख सके और व्यवहार में ला सकें।

उनकी मान्यता थी कि संघर्षों का एकमात्र तरीका है-सत्याग्रह। सत्याग्रह से उनका अभिप्राय था सत्य पर अटल रहना। सत्याग्रह असत्य को सत्य से और हिंसा को अहिंसा से जीतने का एक नैतिक शस्त्र है। सन् 1917 में ही उन्हें सक्रिय राजनीतिक में भाग लेने का अवसर भी मिल गया। 1917 में उन्होंने सत्याग्रह और अहिंसा के आधार पर दो प्रमुख सफलताएं प्राप्त की। पहली भारतीय मजदूरों को बलपूर्वक अंग्रेजी उपनिवेशों में काम करने के लिए ले जाने की पद्धति को बंद करवाना और चंपारण (बिहार) में नील की खेती करने वाले किसानों पर हो रहे अत्याचारों को दूर करवाना। चंपारण के बाद अहमदाबाद में मजदूरों की हड़ताल को सफल बनाना और खेड़ा जिले में कृषकों को लगान में छूट दिलवाना उनके अहिंसात्मक सत्याग्रह की सफलता थी। उपरोक्त तीनों संघर्ष स्थानीय आर्थिक मांगों से जोड़कर लड़े गये थे।

चंपारण में सत्याग्रह

चंपारन (बिहार) में अंग्रेज व्यापारी किसानों को तिनकठिया व्यवस्था के अन्तर्गत नील पैदा करने के लिए विवश करते थे। इस व्यवस्था में किसान अपनी जमीन के 3/20 भाग पर नील उगाने के लिए बाध्य थे। इसके खिलाफ किसानों का असंतोष, स्थानीय मध्यम और धनी वर्ग के किसान नेताओं के नेतृत्व में 1860 के दशक से ही बढ़ता चला आ रहा था। 19वीं सदी के समाप्त होते-होते जर्मनी के रासायनिक रंगों (डाईज) ने नील को बाजार से बाहर कर दिया। नील की मांग कम होने से चंपारण के किसान और यूरोपीय बागान मालिक नील की खेती बंद करने के लिए विवश हो गए। किसानों को अनुबन्ध से मुक्त करने के लिए बागान मालिकों ने लगान व अन्य गैर-कानूनी करों की दर मनमाने ढंग से बढ़ा दी। चंपारण के किसान नेता राजकुमार शुक्ल 1916 के लखनऊ काँग्रेस अधिवेशन में पहुँचे और गाँधीजी को बिहार आकर आन्दोलन का नेतृत्व करने के लिए तैयार किया। सरकार ने गाँधीजी के चम्पारण प्रवेश पर रोक लगा दी थी, परन्तु गाँधीजी ने इस आदेश का पालन अस्वीकार कर दिया। इसके लिए किसी भी सजा को भुगतने का फैसला कर लिया। लोगों के लिए यह आश्चर्यजनक प्रयास था। चूंकि भारत सरकार अब तक गाँधीजी को विद्रोही नहीं मानती थी और इस मुद्दे को अनावश्यक पहल नहीं देना चाहती थी, अतः उसने गाँधीजी को चंपारण के गाँवों में जाने की छूट देने का निश्चय किया।

गाँधीजी की जांच एवं प्रचार के फलस्वरूप तिनकठिया पद्धति समाप्त कर दी गई। नवम्बर 1918 में चंपारण कृषि कानून के पारित होने के साथ ही गाँधीजी का लक्ष्य पूरा हो गया। इस एक्ट से किसानों के कष्ट काफी हद तक दूर हो गये। गाँधीजी के हस्तक्षेप ने गरीब किसानों के मन से डर को बाहर निकाल फेंका, अब वे अंग्रेजी राज और यूरोप के नील की खेती करवाने वाले ठेकेदारों की सत्ता को चुनौती देने का साहस कर पाते थे। यह गाँधीजी की भारत में पहली विजय थी और इससे उनको यह विश्वास हो गया कि भारत में सत्याग्रह का प्रयोग किया जा सकता है।

गुजरात में खेड़ा आन्दोलन

1917 में गुजरात के खेड़ा जिले के किसान अनेक कठिनाइयों से घिर गये थे, जैसे-वर्षा में देरी होने से फसलों का नष्ट होना, खेतिहर मजदूरियों में एकाएक वृद्धि/खेड़ा के किसान इस स्थिति में नहीं थे कि सरकार को कर दे सकें। किसान मांग कर रहे थे कि मालगुजारी माफ की जाए, पर सरकार नहीं मान रही थी। गाँधीजी ने मार्च 1918 में खेड़ा के किसानों के समर्थन में सत्याग्रह की घोषणा कर दी। **सर्वेंट ऑफ इंडिया सोसायटी** के सदस्यों में **विट्ठल भाई पटेल**, **बल्लभभाई पटेल** तथा **गाँधीजी** ने पूरी जाँच-पड़ताल के बाद यह निष्कर्ष निकाला कि किसानों की मांग सही है और राजस्व संहिता के तहत पूरा लगान माफ किया जाना चाहिए।

गाँधीजी के नेतृत्व में गुजरात सभा ने इस आन्दोलन में महत्वपूर्ण भूमिका निभाई। याचिकाओं का जब असर नहीं पड़ा तो गाँधीजी ने किसानों से कहा कि लगान मत दो और सरकार के दमनकारी आदेश के विरुद्ध जुझारू संघर्ष करो। सरकार को यह बता दो कि वह नागरिकों की राय के बिना हुकूमत नहीं चला सकती। सरकार ने लगान न देने वाले किसानों की सम्पत्ति कुर्क करने का हुक्म दिया व उनके मवेशियों को हांकना शुरू कर दिया। गाँधी ने सरकार से कहा कि यदि वह गरीब किसानों का लगान माफ कर देती है, तो जो लोग लगान दे सकते हैं, वे स्वेच्छा से पूरा लगान दे देंगे। अप्रैल 1918 तक बम्बई की सरकार ने किसानों की मांग को अंशतः मान लिया, उन्हें मालगुजारी न दे सकने वाले किसानों की जमीन जब्त न करने के आदेश दिए। जिन किसानों की भूमि या पशु जब्त किए गये थे, वापस लौटा दिए गए। अतएव जून 1918 में गाँधीजी ने आन्दोलन को वापस ले लिया। इस प्रकार खेड़ा जिले के गाँवों में गाँधीजी ने एक ठोस राजनीतिक आधार बना लिया।

अहमदाबाद की वस्त्र मिलों में मिल-मालिकों व मजदूरों का वेतन संबंधी विवाद और गाँधीजी

अहमदाबाद के कपड़ा मिल मालिकों व मजदूरों के बीच औद्योगिक टकराव का तात्कालिक कारण प्लेग पीड़ितों की बोनस राशि को समाप्त किया जाना था। प्रथम विश्वयुद्ध के कारण वस्तुओं के दामों में असामान्य वृद्धि के कारण मजदूर बहुत कठिन दौर से गुजर रहे ये। इससे अहमदाबाद के मजदूरों में भारी असंतोष फैल गया। उनकी कपड़ा मजदूर सभा ने वेतन में वृद्धि की मांग के लिए संघर्ष छेड़ दिया। फरवरी-मार्च, 1918 के दौरान

गाँधीजी अहमदाबाद के कपड़ा मिलों की हड़ताल से भी जुड़े रहे। गाँधीजी ने मालिकों और मजदूरों को इस सारे मामले को एक मध्यस्थता बोर्ड को सौंप देने पर राजी कर लिया, लेकिन बाद में मिल-मालिकों ने हड़ताल पर पूरी पाबंदी की मांग को लेकर स्वयं को इस समझौते से अलग कर लिया। उन्होंने 20 फीसदी बोनस की घोषणा की और यह धमकी दी कि जो मजदूर इसे स्वीकार नहीं करेंगे, उन्हें नौकरी से निकाल दिया जाएगा।

मिल मालिकों के व्यवहार से गाँधीजी बहुत दुखी हुए। उन्होंने मजदूरों का पक्ष लेने का फैसला किया तथा मजदूरों को हड़ताल पर जाने के लिए कहाँ उत्पादन लागत, मुनाफा और मजदूरों के जीवन-निर्वाह खर्च का गहराई से अध्ययन करने के बाद गाँधीजी ने घोषणा की कि मजदूरों को 35 प्रतिशत बोनस मिलना चाहिए। उन्होंने और उनके साबरमती आश्रम के स्वयंसेवकों ने मजदूरों को एकजुट किया और साबरमती के तट पर मजदूरों की नियमित सभाएं आयोजित की, जिन में शुरू में हजारों श्रमिक शामिल होते थे। उन्होंने मजदूरों को हिंसा का रास्ता नहीं अपनाने की सलाह दी। लेकिन मिल मालिकों पर इसका कोई प्रभाव नहीं पड़ा, तब मजदूरों का मनोबल भी कम होने लगा। दैनिक सभाओं में उनकी संख्या कम होने लगी। अत: गाँधीजी ने मजदूरों का उत्साह बढ़ाने एवं संघर्ष को तीव्र गति देने के लिए अपने अन्तिम अस्त्र भूख-हड़ताल का सहारा लिया। गाँधीजी के अनशन का मिल मालिकों पर असर पड़ा और वे सारे मामले को एक मध्यस्थता बोर्ड को सौंपने को तैयार हो गए। अत: हड़ताल समाप्त हो गई, बाद में ट्रिब्यूनल ने 35 प्रतिशत बोनस देने का फैसला किया। यह आन्दोलन अहमदाबाद के मजदूरों को एकजुट करने में बहुत सफल रहा और इसने फरवरी 1920 में कपड़ा मजदूर सभा के गठन का मार्ग तैयार किया।

असहयोग आन्दोलन : स्वतंत्रता संग्राम की पहली बड़ी लहर (1919-1922 ई.)

20वीं सदी के दूसरे दशक का अंतिम वर्ष अर्थात् 1920 भारतीय जनता के लिये निराशा का वर्ष था। जनता को उम्मीद थी कि प्रथम विश्वयुद्ध की समाप्ति के बाद अंग्रेजी हुकूमत उनके लिये कुछ करेगी, लेकिन रॉलेट एक्ट, जालियाँवाला बाग कांड और पंजाब में मार्शल लॉ ने उनकी सारी आशाओं पर पानी फेर दिया। जनता समझ गई कि ब्रिटिश सत्ता उन्हें दमन के अतिरिक्त और कुछ नहीं देगी।

मांटेग्यू-चेम्सफोर्ड सुधारों (1919 ई.) का उद्देश्य भी जनता को संवैधानिक अधिकार देने के स्थान पर द्वैध शासन प्रणाली को प्रारम्भ करना था। इसी अवधि में कांग्रेस को भी यह आभास होने लगा था कि संवैधानिक तरीकों से कुछ प्राप्त होने वाला नहीं है। पिछले चार दशकों में राष्ट्रीय आन्दोलन ने भी भारतीय जनता के एक बड़े हिस्से को राजनीतिक रूप से सक्रिय बनाया था। ब्रिटिश शासन की धोखेबाजी और दमन से जनता आक्रोशित थी। विरोध की इस ऊर्जा को सही दिशा देने की आवश्यकता थी। असहयोग आन्दोलन ने इस ऊर्जा का उचित उद्देश्य के लिए प्रयोग कर दिखाया।

असहयोग आन्दोलन के कारण

(i) **प्रथम विश्व महायुद्ध (1914-1919 ई.) :** भारतीयों ने इस युद्ध में अपनी आर्थिक कठिनाइयों की उपेक्षा करते हुए अंग्रेजों की पूरी सहायता की थी, क्योंकि उनको अंग्रेजों की न्यायप्रियता पर पूरा विश्वास था। अंग्रेजों ने भी युद्ध में जीत के बाद भारतीयों को स्वशासन देने का वचन दिया था।

(ii) **अकाल और महामारी का प्रकोप :** 1918-19 और 1920-21 ई. में दो-दो बार फसलों की अभूतपूर्व हानि के कारण अनाज का उत्पादन कम रहा। इससे संयुक्त प्रांत, पंजाब, बम्बई, मध्य प्रांत, बिहार और उड़ीसा के बहुत बड़े क्षेत्र प्रभावित हुए। लेकिन जहाँ घरेलू उपयोग के लिए पहले से अनाजों की भारी कमी थी, वहीं बाहर लड़ रही फौजों के लिए खाद्यान्नों का निर्यात चालू था। भारतीय क्षेत्रों में लगभग अकाल जैसी स्थितियाँ उत्पन्न हो गई थी। प्लेग और इंफ्लूएंजा की महामारी ने जनता की दशा को और भी दयनीय बना दिया था। महामारी और अकाल से पीड़ित जनता के प्रति ब्रिटिश सरकार का व्यवहार बहुत ही उपेक्षापूर्ण रहा। इससे जनता के असंतोष में और वृद्धि हुई।

(iii) **1919 के मॉण्टेग्यू-चेम्सफोर्ड सुधारों के प्रति असंतोष :** सन् 1919 ई. में जो सुधार अधिनियम प्रस्तुत किया गया था, उसमें प्रांतों में द्वैध (दोहरा) शासन प्रणाली, आंशिक उत्तरदायित्व, केन्द्रीय व प्रांतीय विषयों का बंटवारा आदि विषय सम्मिलित थे। उस समय तक अनेक भारतीय अपनी भूमि पर स्वशासन के विचार से भी आगे बढ़ चुके थे। उनका नया स्वराज्य था, जो बाद में पूर्ण स्वाधीनता समूहों को संतुष्ट नहीं कर सका और न ही जन आन्दोलन के विस्फोट को रोक सका।

(iv) रॉलेट एक्ट सन् 1918 ई. में ब्रिटिश सरकार ने सर सिडनी रॉलेट की अध्यक्षता में एक समिति यह जांच करने के लिए नियुक्त की थी कि भारत में किस प्रकार और किस हद तक क्रांतिकारी आन्दोलन सम्बन्धी षड्यन्त्र फैले हुए हैं और उनसे निपटने के लिए किन कानूनों की आवश्यकता है। भारतीय सदस्यों के विरोध के बावजूद इंपीरियल लेजिस्लेटिव असेम्बली ने रॉलेट समिति की सिफारिशों के आधार पर 18 मार्च, 1919 को विधेयक पारित किया। इस अधिनियम के द्वारा सरकार राजनीतिक आन्दोलनकारियों पर राज्य में बिना मुकदमा चलाये किसी भी व्यक्ति को बन्दी बन सकती थी। इन रॉलेट विधेयकों को जनता ने काला कानून का नाम दिया था, क्योंकि इसका उद्देश्य जनता की स्वतंत्रता का हनन करना था।

(v) **जलियाँवाला बाग हत्याकाण्ड एवं पंजाब पर अत्याचार :** अमृतसर में सत्याग्रह के समर्थन में सभाएं हुई। इन सभाओं में पंजाब के लोकप्रिय नेताओं सत्यपाल और सैफुद्दीन किचलू को आमसभा में भाषण देने से मना किया गया। 10 अप्रैल को डी. किचलू एवं डॉ. सत्यपाल को भी गिरफ्तार कर लिया गया। इन नेताओं की गिरफ्तारी का पूरे पंजाब में विरोध किया गया। अमृतसर में जनता के उग्र प्रदर्शन के दमन के लिए जनरल डायर अपनी सशस्त्र टुकड़ी सहित पहुंचा। सरकार की दमनकारी नीतियों का विरोध करने के लिए 13 अप्रैल को अमृतसर के जलियाँवाला बाग में एक सभा आयोजित की गई थी। डायर ने इस सभा को गैर-कानूनी घोषित कर दिया, लेकिन अधिकांश नागरिकों को इसकी जानकारी नहीं थी। डायर ने उनका मनोबल तोड़ने के उद्देश्य से उनकी शांतिपूर्ण सभा पर गोलीबारी करके 379 निर्दोष लोगों की हत्या कर दी। काँग्रेस के आँकड़ों के अनुसार मृतकों की

संख्या 500 से 1000 के लगभग थी। जलियाँवाला बाग हत्याकाण्ड एवं अन्य अत्याचारों की पूरे देश में भर्त्सना की गई तथा ब्रिटिश शासन के प्रति घृणा की आग जल उठी।

नागपुर काँग्रेस अधिवेशन : असहयोग आन्दोलन का प्रस्ताव

दिसम्बर 1920 में नागपुर में राष्ट्रीय काँग्रेस का वार्षिक अधिवेशन हुआ। इसमें कांग्रेस ने अहिंसात्मक कार्यविधि अपनाने का निश्चय किया। सी.आर. दास ने इस सम्मेलन में असहयोग आन्दोलन से सम्बन्धित प्रस्ताव रखा, भारी बहुमत से यह प्रस्ताव स्वीकृत हो गया। इस अधिवेशन में यह निश्चय किया गया कि शान्तिपूर्ण व उचित साधनों से स्वराज्य प्राप्त किया जाए। इसने 'काँग्रेस को एक नया दृष्टिकोण, 'उत्साह, स्फूर्ति और साहस' प्रदान किया। काँग्रेस ने अब वैधानिक आन्दोलन की सीमा को छोड़कर सरकार का सक्रिय विरोध करने का निश्चय किया।*

महात्मा गाँधीजी के द्वारा 11 सूत्रीय मांगें:-गाँधीजी ने **यंग इंडिया** में लेख प्रकाशित किया तथा उसमें 11 सूत्रीय मांगें रखी तथा इन मांगों को स्वीकार करने के लिए अंग्रेजों को 31 जनवरी, 1930 का समय स्वीकार व अस्वीकार करने का दिया। गाँधीजी की 11 सूत्रीय मांगें:-

1. विदेशी वस्त्रों के आयात पर निषेध कर लगे।
2. सिविल सेवा तथा सेना पर किए जा रहे व्यय को 50 प्रतिशत तक कम किया जाए।
3. शस्त्र कानून में परिवर्तन कर भारतीयों को भी आत्मरक्षा के लिए शस्त्र रखने का लाइसेंस दिया जाए।
4. सभी राजनैतिक बंदियों को रिहाई की जाए।
5. डाक आरक्षण बिल पास किया जाए।
6. रुपए की विनिमय दर घटाकर 1 शीलिंग 4 पेंस की जाए।
7. नशीली वस्तुओं को बेचने में पूर्णतः प्रतिबंध लगाया जाए।
8. तटीय यातायात से संबंधित रक्षा विधेयक पास किया जाए।
9. लगान को 50 प्रतिशत तक कम किया जाए
10. नमक पर सरकारी एकाधिकार खत्म किया जाए तथा नमक कर समाप्त किया जाए।
11. गुप्तचर पुलिस को हटा दिया जाए अथवा उस पर जनता का नियंत्रण रहें।

ब्रिटिश सरकार द्वारा गाँधीजी के इन मांगों पर फरवरी 1930 तक कोई ध्यान नहीं दिया गया तथा साबरमती में सम्पन्न हुई कांग्रेस कार्यसमिति की बैठक निर्णय गाँधीजी के ऊपर छोड़ दिया गया कि सविनय अवज्ञा आन्दोलन की शुरुआत कब और कहाँ से की जाए।

आन्दोलन को प्रभावकारी बनाने के लिए सविनय अवज्ञा आन्दोलन के लिए केंद्रीय मुद्दे की आवश्यकता थी और इस मुद्दे के रूप में गाँधीजी ने नमक को चुना, नमक का मुद्दा गरीबों के साथ-साथ हर भारतीय को प्रभावित करने वाला तथा उनके प्रत्यक्ष रूप से जुड़ा हुआ था, अतः यह विषय जनता को व्यापक स्तर पर प्रभावित करने में सफल रहा।

सविनय अवज्ञा आन्दोलन 12 मार्च, 1930 को गाँधीजी के प्रसिद्ध दांडी मार्च के साथ शुरू हुई, इस दिन गाँधीजी 78 अनुयायियों को साथ लेकर साबरमती आश्रम की ओर चले और 6 अप्रैल, 1930 को दांडी गाँव पहुँचे, जो साबरमती से लगभग 375 किमी. दूर गुजरात के तट पर स्थित था। गाँधीजी ने समुद्र तट से मुट्ठी भर नमक उठाया और नमक कानून को तोड़ा।

आन्दोलन का स्वरूप:

9 अप्रैल को गाँधीजी ने एक निर्देश जारी किया तथा आन्दोलन के स्वरूप के लिए दिशा-निर्देश दिया:-

- जनता नमक कानून को तोड़कर नमक तैयार करें।
- विदेशी कपड़े की दुकानों, शराब की दुकानों तथा अफीम के ठेकों के समक्ष धरने का आयोजन
- करों की अदायगी का विरोध।
- वकील अपनी वकालत छोड़ सकते हैं।
- छात्रों द्वारा सरकारी स्कूलों-कालेजों द्वारा बहिष्कार करने का निर्देश।
- गाँधीजी की गिरफ्तारी के बाद स्थानीय नेता अहिंसा बनाये रहें।
- सविनय अवज्ञा आन्दोलन के दौरान खत्म व अहिंसा को सबसे ऊपर रखने का निर्देश गाँधीजी ने दिया

आन्दोलन का प्रसार

गाँधीजी द्वारा एक बार नमक कर कानून तोड़ने के बाद देश भर में नमक कानून को तोड़ने का सत्याग्रह प्रारम्भ हो गया। देश में हर जगह जनता हड़तालों प्रदर्शनों और विदेशी वस्त्रों के बहिष्कार में भाग लेने लगी तथा कर अदायगी का भी विरोध ब्रिटिश हुकूमत से करने लगी। देश के अनेक भागों में किसानों द्वारा जमीन को मालगुजारी और लगान देने से इन्कार किया जाने लगा।

तमिलनाडु में तंजौर के समुद्री तट पर सी. राजगोपालचारी ने 'त्रिचनापल्ली से वेदारव्यम' तक की नमक यात्रा प्रारंभ की असम में सत्याग्रहियों का एक दल सिलहट से बंगाल के नोवाखाली के समुद्र तट पर नमक बनाने पहुँचे, आन्दोलन भारत के एकदम उत्तर-पश्चिमी छोर तक भी पहुँचा और पठानों द्वारा भी इस आन्दोलन में सहभागिता हुई। 'सीमांत गाँधी' के नाम से जाना जाने वाले खान अब्दुल गफ्फार खान के नेतृत्व में 'खुदाई खिदमतगार गफ्फार' नामक संगठन बना लिया गया, जो लाल कुर्ती के नाम से मशहूर हुए। नमक कानून तोड़ने के अपराध में जवाहर लाल नेहरू को 14 अप्रैल को गिरफ्तार कर लिया गया इसके विरोध में कलकत्ता, मद्रास एवं कराची के नगरों में उग्र प्रदर्शन तथा बीच 4 मई 1930 को गाँधीजी को भी गिरफ्तार कर लिया गया। गाँधीजी के गिरफ्तार के पश्चात् जबरदस्त विरोध देखने को मिला।

विरोध का स्वरूप हिंसात्मक भी रहा। चटगाँव में सूर्यसेन के नेतृत्व में आन्दोलनकारियों ने शास्त्रागार पर हमला कर दिया तथा प्रांतीय सरकार के स्थापना की घोषणा कर दी। शोलापुर बंबई प्रेसीडेंसी के ओद्यौगिक नगर में गाँधीजी के गिरफ्तारी के विरोध में व्यापक तौर पर भाग लिया। प्रदर्शनकारियों ने रेलवे स्टेशन, पुलिस स्टेशन, नगरपालिका भवनों एवं न्यायालयों इत्यादि को आग के हवाले कर दिया। इस विद्रोह को दबाने के लिए पुलिस व प्रदर्शन कारियों के विरुद्ध कई झड़पें हुई, जिसमें अनेक लोग मारे गए तथा सैकड़ों लोग घायल हुए।

पूर्वोत्तर राज्य भी इस आन्दोलन से अछूते नहीं रहे। मणिपुर व नागालैंड ने भी इस आन्दोलन में महत्वपूर्ण भूमिका निभाई। यहाँ 13 वर्षीय रानी गैडिनल्यू ने ब्रिटिश शासन के खिलाफ झंडा उठा लिया। वर्ष 1932 में

रानी गैडिनल्यू को गिरफ्तार कर लिया गया और इन्हें आजीवन कारावास की सजा सुनाई गई। वर्ष 1937 जवाहर लाल नेहरू द्वारा उन्हें रानी की उपाधि दी गई। आन्दोलन को लोकप्रिय बनाने के लिए बच्चों द्वारा वानर सेना, लड़कियों ने मंजरी सेना का गठन किया। पत्र-पत्रिकाओं ने भी इस आन्दोलन को महत्वपूर्ण बनाने का प्रयास किया।

इस आन्दोलन के परिणामस्वरूप विदेशी वस्तुओं व कपड़ों के आयात में कमी आई। भू-राजस्व, उत्पाद शुल्क व शराब से प्राप्त होने वाले राजस्व में कमी आई। चुनावों का बहिष्कार व्यापक ढंग से हुआ। इस आन्दोलन में महिलाओं, छात्र, मुसलमानों एवं छोटे व्यवसायी, जनजातियों व दलित वर्ग आदि ने महत्वपूर्ण सहयोग प्रदान किया।

आन्दोलन की व्यापकता को देखते हुए सरकार नें शुरुआत में दमनात्मक रवैया अपनाने से बच रही थी, किन्तु कुछ समय पश्चात् अंग्रेजों द्वारा दमन चक्र अपनाया गया। ब्रिटिश हुकूमत द्वारा निहत्थे स्त्री-पुरुषों पर लाठी और गोली की बौछार की गई, 90,000 से अधिक सत्याग्रही को गिरफ्तार कर लिया गया तथा कांग्रेस को गैरकानूनी घोषित कर दिया गया तथा समाचार-पत्रो को प्रतिबंधित कर दिया गया। पुलिस के साथ झड़प में 110 से अधिक लोग मारे गए।

गोलमेज सम्मेलन व गाँधी-इरविन समझौता

इसी दौरान जुलाई 1930 में भारत के तत्कालीन वायसराय ने गोलमेज सम्मेलन का प्रस्ताव रखा। इसका उद्देश्य साइमन कमीशन की रिपोर्ट पर विचार करना डोमेनियन स्टेट्स की मांग पर चर्चा करना था।

प्रथम गोलमेज सम्मेलन 12 नवंबर, 1930 को लंदन में आयोजित किया गया। किंतु कांग्रेस द्वारा सम्मेलन का बहिष्कार किए जाने पर कोई भी निष्कर्ष नहीं निकल सका। इस सम्मेलन में मुस्लिम लीग, हिन्दू महासभा, दलित वर्ग, भारतीय रजवाड़ों और उदारवादियों ने भाग लिया। इस सम्मेलन शामिल सभी दल के प्रतिनिधि केवल अपने व्यक्तिगत हितों की पूर्ति के लिए प्रयासरत थे। अंतत: 19 जनवरी, 1931 को बिना किसी वास्तविक उपलब्धि के यह सम्मेलन समाप्त हो गया।

अब सरकार द्वारा कांग्रेस से किसी सहमति पर पहुँचने के लिए बातचीत शुरू हुई 25 जनवरी, 1931 को गाँधीजी तथा अन्य सभी प्रमुख नेताओं को बिना शर्त कारावास से रिहा कर दिया गया। इसके पश्चात् 19 फरवरी, 1931 को गाँधीजी ने भारत के तत्कालीन वायसराय लॉर्ड इरविन से मुलाकात जी तथा 15 दिनों तक चली बातचीत के बाद 5 मार्च, 1931 को एक समझौता हुआ, जिसे 'गाँधी इरविन समझौता' कहा जाता है। इस समझौते की प्रमुख बातें-

- हिंसात्मक अपराधियों के अतिरिक्त सभी राजनैतिक कैदियों की रिहाई।
- विभिन्न प्रकार के जुर्मानों की वसूली को हटाया जाए।
- जिन सम्पत्तियों का अपहरण किया गया है, उनको वापस किया जाए।
- एक निश्चित सीमा के भीतर समुद्र तट से नमक बनाने की अनुमति दी जाए।
- विदेशी वस्तुओं की दुकानों, मदिरा, अफीम की दुकानों के सामने शांतिपूर्ण विरोध प्रदर्शन की अनुमति दी जाए।
- आपातकाल कें दौरान जारी अध्यादेशों को वापस लिया जाए।
- सरकारी सेवाओं से त्यागपत्र दे चुके भारतीयों के मामले पर उदार पूर्वक विचार-विमर्श किया जाए।

किंतु गाँधीजी की दो मांगों को अस्वीकार कर दिया गया, जिनमें भगत सिंह व उनके साथियों के फांसी की सजा की माफी व पुलिस ज्यादतियों की जाँच शामिल थी। वहीं कांग्रेस द्वितीय गोलमेज सम्मेलन में इस शर्त में शामिल होने के लिए तैयार हुई कि संवैधानिक प्रश्नों के मुद्दे पर विचार करते समय परिसंघ, भारतीय हितों के संरक्षण अल्पसंख्यकों की स्थिति तथा भारत की वित्तीय शाख जैसे मुद्दों पर चर्चा की जानी चाहिए तथा कांग्रेस की ओर से गाँधीजी ने आश्वासन दिया गया कि सविनय अवज्ञा आन्दोलन को स्थगित कर दिया जाएगा।

भारत छोड़ो आन्दोलन, 1942

'भारत छोड़ो आन्दोलन' भारतीय स्वतंत्रता संग्राम के इतिहास का एक महान अध्याय है। औपनिवेशिक सत्ता के विरुद्ध प्रतिरोध एवं सामान्य जनों की भागीदारी दोनो ही दृष्टियों से यह अभूतपूर्व रहा। 1857 के महाविद्रोह या दूसरे शब्दों में कहे तो प्रथम राष्ट्रीय स्वतंत्रता संग्राम के पश्चात् यह ऐसा पहला विद्रोह था। जिसमें हिंसा के लिए भी स्थान था। भारत छोड़ो आन्दोलन जिस प्रतिकूल परिस्थितियों में प्रारंभ किया गया, वैसी प्रतिकूल परिस्थितियाँ उस समय तक राष्ट्रीय आन्दोलन के समक्ष प्रकट नहीं हुई थी। द्वितीय विश्व युद्ध इस समय अपन चरम पर था। साथ ही क्रिप्स मिशन भी अपनी असफल गाथा के साथ ब्रिटेन वापस लौट चुका था। पीछे छूटा था तो असमर्थ, दिशाहीन, छला और किंकर्तव्यविमूढ़ भारत।

क्रिप्स मिशन की असफलता, जापानी आक्रमण का भय आदि ने मिलकर देश में क्रोध और निराशा की स्थिति उत्पन्न कर दी थी। क्रिप्स मिशन द्वारा भारतीयों की मांग खारिज करने और इस मिशन के भारत से खाली हाथ वापस लौट जाने के उपरांत भारतीयों को विश्वासघात का अहसास हुआ। देश की इस मन:स्थिति को हवा देने वाले तत्वों में ब्रिटिश सरकार की पाखन्डता के अतिरिक्त कुछ अन्य तत्त्व भी शामिल थे। युद्ध के हालात दिन-प्रतिदिन बिगड़ते जा रहे थे। फरवरी में सिंगापुर, मार्च के शुरू में रंगून और मध्य मार्च एक जाते-आते अंडमान पर जापान के अधिकार होने से भारत के आसपास का समुद्री इलाका जापानी प्रभुत्व के अन्तर्गत आ गया। भारत की पूर्वी सीमा पर जापानियों के आक्रमण के बढ़ते खतरे ने भारत को भी वास्तविक संघर्ष की परिधि में ला खड़ा किया। मित्र राष्ट्रों की पराजय, पूर्वी एशिया तथा बर्मा से ब्रिटेन का पीछे हटना तथा असम-बर्मा सीमा से जख्मी सैनिकों से भरी रेलगाड़ियों के आगमन ने जापानी कब्जे का डर पैदा कर दिया। इसके अलावा युद्ध के कारण वस्तुओं की आवा-जाही प्रभावित हो रही थी, जिससे उनकी कीमतों में वृद्धि हो रही थी। साथ ही युद्ध के दौरान वस्तुओं की कमी के कारण जनता में असंतोष बढ़ रहा था। जापान के सामने ब्रिटिश पराजय के आसार ने इस असंतोष की सार्वजनिक अभिव्यक्ति को अपने चरण परिणति पर पहुँचा दिया और हमेशा की तरह पूरा देश भय और दुविधा की इस स्थिति में गाँधीजी की ओर देख रहा था।

इधर, क्रिप्स मिशन की असफलता ने गाँधीजी के लिए भी एक नैतिक संकट खड़ा कर दिया था। उनके लिए विश्वयुद्ध एक नैतिक विवाद था। **स्वतंत्रता एवं प्रजातंत्र** बनाम **तानाशाही** (नाजीवाद)। गाँधीजी ने ब्रिटेन को स्वतंत्रता एवं प्रजातंत्र के प्रतीक के रूप में देखा, परन्तु क्रिप्स ने उसकी

आशाओं पर पानी फेर दिया, जिसके कारण भारत के लोगों में ब्रिटेन के प्रति अविश्वास तथा शत्रुता का भाव आ गया था। युवाओं में विशेषकर एक द्वन्द्व का भाव घर कर रहा था और कांग्रेस की अहिंसात्मक नीति के प्रति उनके मन में मोह भंग की स्थिति उत्पन्न हो रही थी। वे एक बार फिर से हिंसात्मक क्रांति की तरफ मुड़ने की सोचने लगे थे। उधर हिंसात्मक क्रांति में विश्वास रखने वाले क्रांतिकारी विशेषकर बंगाल के क्रांतिकारी वैकल्पिक रास्तों की तलाश में थे।

उपर्युक्त सारे परिस्थितियाँ बड़ी तेजी से गाँधीजी और देश के शीर्ष नेताओं का पीछा कर रही थी। अत: अब मुद्दा यह था कि ब्रिटेन को इस पाखण्ड के दाग से कैसे मुक्त किया जाए और भारतीयों की मान, प्रतिष्ठा एवं विश्वास को वापस कैसे लाया जाये। ऐसे में गाँधीजी ने इन परिस्थितियों को इस प्रकार व्यक्त किया- "भारत में अंग्रेजों की उपस्थिति जापान के लिए भारत पर आक्रमण करने का आमंत्रण है और उनकी वापसी के द्वारा ही भारत इस खतरे से मुक्त हो सकता है।"

अप्रैल 1942 में गाँधी ने अपनी पत्रिका **'हरिजन'** में लिखा कि "भारत को ईश्वर के भरोसे छोड़ दो........। .... तक या तो विभिन्न दल आपस में जानवरों की भांति लड़ेंगे या यदि उन्हें अपनी जिम्मेदारियों का अहसास होगा तो वे आसपास में मिल बैठकर कोई सामन्जस्य पूर्ण हल निकालेंगे। भारत के लिए इसका परिणाम जो भी हो, इसकी तथा ब्रिटेन की वास्तविक सुरक्षा व्यवस्थित तथा सामयिक ब्रिटिश निष्कासन में है।"

दरअसल कांग्रेस ब्रिटेन तथा मित्र राष्ट्रों के युद्ध प्रयत्नों में किसी प्रकार की बाधा नहीं डालना चाहती थी, परन्तु क्रिप्स मिशन की असफलता के बाद यह अनुभव किया जाने लगा कि इस विषय पर किसी प्रकार की चुप्पी का अर्थ होगा ब्रिटेन को भारतीय इच्छाओं की परवाह किये बिना भारत के भविष्य का निर्णय करने का अधिकार देना। परन्तु इस विषय पर विचारों में काफी विभिन्नता थी। क्रिप्स के साथ बातचीत में नेहरू की आखिरी क्षण तक कोशिश रही कि कोई ऐसा हल निकाला जाए, जिससे भारत को प्रभावी ढंग से अपनी सुरक्षा करने का अवसर मिल सके तथा युद्ध को जनता के युद्ध में बदला जा सके। इन विचारों के विपरीत मौलाना अबुल कलाम आजाद चाहते थे कि जापानी आक्रमण के विरुद्ध कांग्रेस जनता को संगठित करे तथा किसी प्रकार का अहिंसावादी आन्दोलन आरंभ करने का विचार फिलहाल छोड़ दिया जाये। उधर राजगोपालाचारी का विचार था कि कांग्रेस को मुस्लिम लीग की मांग मान लेनी चाहिए तथा प्रांतीय विधानमन्डलों में लोकप्रिय सरकार दोबारा आरम्भ करनी चाहिए और इन सब बातों से महत्वपूर्ण यह था कि ये विशिष्ट मार्गदर्शक भी अपने मार्गदर्शक (गाँधीजी) के आदेशों का इन्तजार कर रहे थे।

यद्यपि संघर्ष की बात को लेकर कांग्रेस नेतृत्व में कुछ मतभेद जरूर था, परन्तु गाँधीजी अब इस राय के हो गए थे कि भारतीयों की भलाई इसी में है कि ब्रिटेन भारत छोड़कर तुरन्त चला जाए। अगर वह ऐसा नहीं करता, तो जन आन्दोलन शुरू करने के अलावा कोई अन्य विकल्प नहीं होगा।

उपरोक्त वातावरण के सन्दर्भ में अगला कदम उठाने से पहले कांग्रेस के अन्दर लम्बी चर्चायें चलती रही। मित्र राष्ट्रों के प्रति सहानुभूति के बावजूद (जिसने नेहरू को संकट की इस घड़ी में एक नर्म रवैया अपनाने का पक्ष लेने के लिए प्रेरित किया था) कांग्रेस ने गाँधीजी की सलाह पर एक संगठित जन आन्दोलन आरंभ करने का निर्णय लिया।

वर्धा प्रस्ताव: 14 जुलाई, 1942

14 जुलाई, 1942 ई. को वर्धा में कांग्रेस कार्यसमिति की बैठक का आयोजन किया गया, जिसमें एक प्रस्ताव पारित किया गया। इस प्रस्ताव को सामान्यत: "भारत छोड़ो" प्रस्ताव के नाम से जाना जाता है। इस प्रस्ताव में नए सिरे से माँग की गई कि "भारत में ब्रिटिश शासन शीघ्र समाप्त होना चाहिए।" प्रस्ताव में कांग्रेस ने उन सभी प्रयत्नों का संक्षिप्त विवरण दिया, जो भारत की स्वतंत्रता के लिए उठाये गये थे। प्रस्ताव के अनुसार केवल भारतीय हितों के दृष्टिकोण से ही नहीं, विश्व सुरक्षा के दृष्टिकोण तथा फासीवादी शक्तियों, सैन्यवादी विचारधारा तथा सभी प्रकार के साम्राज्यवादी विचारधारा को समाप्त करने के लिए भारत को स्वतंत्र करना आवश्यक है। नेहरू के शब्दों में, 'एक गुलाम देश के द्वारा विश्व प्रजातंत्र की स्थापना में योगदान देना दिवास्वप्न के समान है।' इसमें यह भी स्पष्ट कर दिया गया कि मित्र राष्ट्रों द्वारा किये जा रहे युद्ध प्रयत्नों में कांग्रेस किसी प्रकार की बाधा डालने का इरादा नहीं रखती। कांग्रेस ने ब्रिटिश सरकार से यह अपील की कि वह मैत्रीपूर्ण तरीके से भारत छोड़ दे ताकि भारत में एक सी आन्तरिक सरकार बनाई जाये, जो फासीवादी आक्रमण को रोकने में मित्र राष्ट्रों और विश्व के ऐसे देशों को, जो फासीवाद खतरो से भयाक्रांत है, पूरा सहयोग कर सके। साथ ही कांग्रेस ने चेतावनी भरे लहजों में यह भी कहा कि यदि उपरोक्त मांगे स्वीकार नहीं की जाती है, तो कांग्रेस को मजबूर होकर अपनी सम्पूर्ण अहिंसावादी शक्ति के साथ भारत की स्वतंत्रता के लिए जन आन्दोलन शुरू करना पड़ेगा।

मध्य जुलाई से लेकर अगस्त के प्रथम सप्ताह तक कई ऐसी घटनाएँ घटी, जिसने आगे के जन आन्दोलन का मार्ग प्रशस्त किया। कांग्रेस की इस अपील के प्रति सरकार का रवैया आरंभ से ही नकारात्मक रहा। सरकार ने कांग्रेस की मांगों को असामियक तथा शत्रुओं को भारत आक्रमण को बढ़ावा देने वाली कार्यवाही कहाँ सरकार ने ऐसे किसी भी जन-आन्दोलन के प्रति कड़ी कार्यवाही की चेतावनी दी, जिसमें उन्हें प्रत्यक्ष और अप्रत्यक्ष तरीके से मुस्लिम लीग और हिन्दू महासभा जैसे साम्प्रदायिक दलों का सहयोग मिला। तेज बहादुर सप्रू जैसे उदारवादी नेताओं ने भी ऐसे नाजुक मोड़ (विश्व युद्ध के कारण) पर कांग्रेस को किसी जन-आन्दोलन को विचार से दूर रहने की सलाह दी।

आन्दोलन का आरंभ एवं प्रगति

1 अगस्त, 1942 को इस आन्दोलन की घोषणा से पूर्व इलाहाबाद (वर्तमान में प्रयागराज) में तिलक दिवस, मनाया गया। नेहरू जी ने इस अवसर पर अपना मत व्यक्त करते हुए कहा कि "हम आग से खेलने जा रहे हैं। हम दोधारी तलवार का प्रयोग करने जा रहे हैं, जिसकी चोट उल्टी हमारे ऊपर भी पड़ सकती है।"

8 अगस्त, 1942 को बंबई के ऐतिहासिक ग्वालिया टैंक मैदान में अखिल भारतीय कांग्रेस की ऐतिहासिक सभा हुई, जिसमें कांग्रेस कार्य समिति ने ऐतिहासिक **"भारत छोड़ो"** प्रस्ताव को थोड़े बहुत संशोधनों के साथ स्वीकार कर लिया। इसी ऐतिहासिक सम्मेलन में गाँधी ने अपना प्रसिद्ध भाषण देते हुए नारा दिया था **"करो या मरो (Do or Die)"**।

गाँधीजी ने इसे और अधिक स्पष्ट करते हुए कहा कि प्रस्ताव पास हो जाने का अर्थ यह नहीं है कि वास्तविक संघर्ष शुरू हो गया है। कांग्रेस की मांगों को मनवाने के लिए वे अभी वायसराय से मिलेंगे। अपनी भावी रणनीति को स्पष्ट करते हुए उन्होंने साफ-साफ शब्दों में कहा कि ''मैं मन्त्रिमण्डल आदि पर वायसराय से समझौता नहीं करने जा रहा हूँ। सम्पूर्ण आजादी से कम किसी भी चीज से में सन्तुष्ट होने वाला नहीं .... मेरे शब्द होंगे "आजादी से कम और कुछ नहीं।" गाँधीजी ने कहा कि एक मन्त्र है जो मैं आपको देता हूँ। इसे आप हृदय में अंकित कर सकते हैं और अपनी प्रत्येक सांस के साथ अभिव्यक्त कर सकते हैं। वह मंत्र है- **'करो या मरो'** या तो हम भारत को आजाद करवायेंगे या इस कोशिश में अपनी जान दे देंगे। अपनी गुलामी का स्थायित्व देखने के लिए हम जिन्दा नहीं रहेंगें।"

सरकार की प्रतिक्रिया एवं आन्दोलन के विभिन्न चरणः- आन्दोलन की कोई विस्तृत रूपरेखा पहले से तैयार नहीं थी। गाँधीजी वायसराय के माध्यम से अपनी बात रखना चाहते थे। लेकिन सरकार किसी भी तरह की बातचीत के लिए तैयार नहीं थी और इस मुद्दे पर किसी भी तरह का रियायत देना नहीं चाहती थी। इस बार सरकार ने भी अपनी नीति से परिवर्तन किया। सरकार ने आन्दोलन के साथ सख्ती से पेश आने का निश्चय किया और इसे आरंभ में ही दबा देने का निर्णय लिया ताकि उसके युद्ध प्रयासों में किसी प्रकार की बाधा न उत्पन्न हो। सरकार ने आन्दोलन के औपचारिक रूप से आरम्भ होने का इन्तजार नहीं किया। कानून, न्याय और नैतिकता के सभी पैमानों को ताक पर रखकर सरकार ने अपनी संपूर्ण शक्ति का प्रयास किया। 9 अगस्त, 1942 की सुबह **"ऑपरेशन जीरो आवर"** के तहत कांग्रेस के सभी बड़े नेताओं को गिरफ्तार कर लिया गया। सरकार ने कांग्रेस एवं इससे जुड़ी सभी संस्थाओं को गैर-कानूनी घोषित किया। महात्मा गाँधी को गिरफ्तार कर पूना के **आगा खाँ पैलेस** में रखा गया। कांग्रेस कार्यकारिणी के कई सदस्यों को अहमद नगर दुर्ग में रखा गया। भारत सुरक्षा कानून लागू कर दिया गया ताकि लोगों को आसानी से बन्दी बनाकर लम्बे समय तक जेल में रखा जा सके।

लेकिन सरकारी दमन का उल्टा प्रभाव पड़ा। इन सभी दमनात्मक कार्यवाहियों से जनता में आक्रोश फैल गया। लोग भड़क उठे, पूरे देश में प्रदर्शन, जुलूस, हड़ताल आदि होने लगे। चूकि कांग्रेस के सभी शीर्ष नेताओं को बंदी बना लिया गया था, इसलिए आन्दोलन आरंभ होने से पहले ही कांग्रेस दल के अखिल भारतीय, प्रांतीय एवं जिला स्तर के नेताओं से वंचित हो गया और एक स्वतः स्फूर्तः राह पर चल पड़ा, जिसे हम विभिन्न चरणों में बाँट सकते हैं।

इसका पहला चरण गाँधीजी की गिरफ़तारी के तुरंत बाद शुरू हुआ। गाँधीजी की गिरफ्तारी की खबर ने लोगों को अचम्भे में डाल दिया। जनता की प्रतिक्रिया स्वभाविक और तात्कालिक थी। सार्वजनिक जीवन मानो ठहर सा गया। 9 से 13 अगस्त तक के इस चरण में दिल्ली, बम्बई, पुणे, अहमदाबाद आदि स्थानों पर व्यापक रूप में हिंसा एवं विरोध प्रदर्शन हुए। सार्वजनिक संपत्ति यथा-रेल, डाक, तार आदि को बड़े पैमाने पर नुकसान पहुँचा। सेना एवं पुलिस के विरुद्ध प्रदर्शन एवं हिंसा की अन्धाधुन्ध गोलीबारी की घटनाओं ने आन्दोलन को विकृत रूप धरने को विवश कर दिया और कई जगहों पर आन्दोलन ने दंगे का रूप ले लिया। अधिकतर नेताओं के जेल में बंद होने तथा बचे-खुचे नेताओं के भूमिगत हो जाने के कारण आम जनता लगभग दिशाहीन हो गई।

अगले चरण में यह आन्दोलन ग्रामीण क्षेत्रों में केन्द्रित हो गया। यह चरण मध्य अगस्त के बाद शुरू हुआ, जब पटना, बनारस, कटक जैसे केन्द्रों से दिशाहीन व उपद्रवी विद्यार्थी देहातों मे फैल गये तथा बड़े पैमाने पर संचार साधनों को नष्ट करना शुरू किया। पूर्वी उत्तर प्रदेश, बिहार, मिदनापुर, महाराष्ट्र, उड़ीसा आदि के क्षेत्र इस आन्दोलन के मुख्य केन्द्र थे। यहाँ समानान्तर सरकारों स्थपित करने का प्रयास किया गया। बलिया में **चित्त पांडेय** के नेतृत्व में पहली समानान्तर सरकार का गठन हुआ। सर्वाधिक लंबे समय तक चलने वाली समानान्तर सरकार 'सतारा' की थी, जो अगले 2-3 वर्षों तक कायम रही। इसका नेतृत्व **नाना पाटिल** ने किया था। बंगाल के मिदनापुर जिले में गठित राष्ट्रीय सरकार, जिसे **जातीय सरकार** के नाम से जाना जाता है, 1944 तक कायम रही।

सरकारी दमन की चरम परिणति के बीच सितम्बर 1942 के बाद आन्दोलन का सबसे लम्बा तथा कठिन चरण आरम्भ हुआ। इस चरण की विशेषता थी शिक्षित युवा वर्ग द्वारा आतंकवादी गतिविधियों को अंजाम देना। इसका मुख्य उदेश्य था पुलिस व सैन्य संचार व्यवस्था पर आक्रमण और जो कई बार गोरिल्ला युद्ध तक पहुँच गई। जयप्रकाश नारायण, राममनोहर लोहिया, अरुणा आसफ अली, सुचेता कृपलानी, बीजू पटनायक, अच्युत पटवर्धन जैसे नेताओं ने भूमिगत रहकर इस आन्दोलन को नेतृत्व देने का प्रयास किया। बंबई से उषा मेहता, राम मनोहर लोहिया आदि नेताओं ने भूमिगत रहकर कई महीनों तक कांग्रेस रेडियों का प्रसारण किया और जनता को आगे की रणनीतियों के बारे में जागरूक किया।

इस आन्दोलन को ब्रिटिश सरकार ने बड़ी क्रूरता से दमन किया। पाशविकता का जैसा नंगा नाच इस आन्दोलन को दबाने में सरकार ने दिखाया, वह आधुनिक भारत के इतिहास में बहुत ही कम देखने को मिलता हैं। प्रदर्शनकारियों पर लाठीचार्ज, कोड़े बरसाना, जेलों में अमानवीय व्यवहार, शारीरिक एवं मानसिक यातनाएँ दी गई। सरकार की इन दमनात्मक और अमानवीय नीतियों के विरोध में गाँधीजी ने **10 फरवरी, 1943** को **21 दिन** के उपवास की घोषणा की। इस घोषणा से यद्धपि सरकार पर कुछ दबाव बढ़ा परंतु यहाँ भी उसने असहिष्णुता का **बेशर्मी** से परिचय दिया, जब तत्कालीन प्रधानमंत्री विंस्टन चर्चिल ने कहा कि **"जब हम दुनिया में हर जगह जीत रहे हैं, तब ऐसे समय एक कमबख्त बुड्ढे के समक्ष कैसे झुक सकते हैं, जो वर्षो से हमारा शत्रु रहा है।"**

वायसराय की कार्यकारिणी के कई सदस्यों ने गाँधीजी की रिहाई की माँग करते हुए इस्तीफा दे दिया। भारत के लगभग सभी राजनीतिक दलों (मुस्लिम लीग को छोड़कर) तथा समूहों ने सरकार से अनुरोध किया कि वह बिना शर्त गाँधीजी को रिहा करे। 16 मई, 1944 को खराब स्वास्थ्य के कारण गाँधीजी को जेल से रिहा कर दिया गया।

विभिन्न दलों की प्रतिक्रियाः-इस व्यापक जन आन्दोलन को सभी दलों का सहयोग प्राप्त नहीं हुआ। मुस्लिम लीग ने भारत छोड़ो आन्दोलन की आलोचना करते हुए कहा- "इस आन्दोलन का लक्ष्य भारत की स्वतंत्रता नहीं, बल्कि भारत में हिन्दू तानाशाही की स्थापना करना है और मुसलमानों को दोयम दर्जे का नागरिक बनने पर विवश करना हैं।" भारतीय साम्यवादी दल भी इस आन्दोलन से अलग रहें, यद्यपि इसके निचले स्तर

के कार्यकर्त्ताओं ने निजी तौर पर आन्दोलनकारियो की अवश्य सहायता की। अंबेडकर ने इसे **पागलपन भरा कार्य** कहाँ सर तेजबहादुर सप्रू ने इसे **अविचारित** तथा असामयिक कहाँ हिन्दू महसभा तथा अकाली दल ने भी इस आन्दोलन की आलोचना की।

आन्दोलन का मूल्यांकन: यह सही है कि भारत छोड़ो आन्दोलन तात्कलिक रूप में कोई व्यापक परिवर्तन नहीं लाया और इस आन्दोलन को अभूतपूर्व ढंग से कुचल दिया गया तथा कांग्रेस द्वारा इसे औपचारिक रूप में वापस लिए बिना जी यह आन्दोलन स्वयं शिथिल पड़ गया। फिर भी इस आन्दोलन के महत्व को कम करके नहीं आंकना चाहिए, क्योंकि इसका दूरगामी प्रभाव कहीं अधिक व्यापक सिद्ध हुआ। इसने भारतीय राष्ट्रवाद को सुदूर ग्रामीण क्षेत्रों तक पहुँचा दिया और जनभागीदारी भी अभूतपूर्व रही। किसानों, श्रमिकों, महिलाओं विशेषकर स्कूल और कॉलेजों की छात्राओं (अरुणा आसफ अली, सुचेता कृपलानी) की इस आन्दोलन में महत्वपूर्ण भागीदारी रही। सबसे बढ़कर इस आन्दोलन ने बुद्धिजीवी और जनसामान्य के बीच की दूरी को पाट दिया।

इस आन्दोलन ने अंतर्राष्ट्रीय राजनीतिक परिदृश्य को भी ब्रिटिश के विरोध में खड़ा कर दिया और विश्व के कई राष्ट्रों की सहानुभूति एवं समर्थन भारतीय जनमानस को प्राप्त हुई। इससे भारत के सम्बन्ध में ब्रिटिश नीति अमेरिका और चीन के दबाव में आने लगी। तत्कालीन चीनी प्रधान सेनापति च्यांग-काई-शेक ने अमेरिकी राष्ट्रपति रूजवेल्ट को पत्र लिखा- **"भारत की पूर्ण स्वतंत्रता की श्रेष्ठ ब्रिटिश नीति होगी।"** रूजवेल्ट ने भी इसका समर्थन किया।

भारत छोड़ो आन्दोलन की महत्ता इस बात में है कि ब्रिटिश सत्ता को जता दिया कि वह भारत में शासन करने का वैध अधिकार खो चुकी है। इस आन्दोलन की एक बड़ी उपलब्धि यह रही कि इसमें विभिन्न वर्ग अपने निजी हितों से ऊपर उठकर एक सामूहिक लक्ष्य के प्रति साथ हुए। दूसरे शब्दों में कहा जाये तो, भारतीय जनमानस अब वास्तविक शत्रु को परजित करने के लिए आपसी भेदभाव भुलाने को तैयार हो चली। इस आन्दोलन की एक बड़ी विशेषता यह रही कि अब स्वतंत्रता की प्राप्ति राष्ट्रीय आन्दोलन की एकमात्र मांग बन गई इसने स्वतंत्रता को प्राथमिकता की प्रथम सूची में डाल दिया। स्वतंत्रता से कम अब कुछ भी मंजूर नहीं था। भारत छोड़ो के आह्वान के पश्चात् अब पीछे नहीं मुड़ा जा सकता था। कुचले जाने के बाद भी आन्दोलनकारी जीत चुके थे और भारत में रहकर भी ब्रिटिश हार चुके थे। आगे ब्रिटिश साम्राज्य की सारी ऊर्जा भारत छोड़ने की तैयारी में नष्ट हुई।

अंततः यदि कम शब्दों में कहा जाये तो इस आन्दोलन ने औपनिवेशिक सत्ता के प्रतिरोध के उस सिलसिले की शुरुआत की, जिससे स्पष्ट रूप से यह प्रतीत होने लगा कि यह न समाप्त होने वाले आन्दोलन में परिणत हो गया और इसके द्वारा निर्मित आधार और दबाव की तार्किकी परिणति अगस्त, 1947 में आजादी के रूप में हुई।

महत्वपूर्ण बिंदु

* चम्पारण सत्याग्रह तिकठिया प्रथा के विरोध में हुआ तथा इसका नेतृत्व महात्मा गाँधी के द्वारा किया गया।
* महात्मा गाँधी जनवरी 1915 में दक्षिण अफ्रीका से भारत वापस आए थे।
* मांटेग्यु चेम्सफोर्ड सुधारों की घोषणा वर्ष 1919 में की गई थी।
* सविनय अवज्ञा आन्दोलन की शुरुआत 12 मार्च, 1930 को दांडी मार्च के बाद आरम्भ हुई थी।
* प्रथम गोलमेज सम्मेलन का आयोजन 12 नवबर, 1930 को लंदन में हुआ था।
* तीनों गोलमेज सम्मेलन में भाग लेने वाले भारतीय नेता डॉ. भीमराव आम्बेडकर थे।
* 23 मार्च, 1931 को सुखदेव, भगत सिंह एवं राजगुरु को फांसी पर लटका दिया गया था।
* कांग्रेस ने वर्धा (1942) में 'अंग्रेजो भारत छोड़ो' प्रस्ताव पारित किया। कांग्रेस कार्यसमिति द्वारा 8 अगस्त, 1942 को इसे स्वीकार कर लिया गया था।
* 24 मार्च, 1946 को कैबिनेट मिशन भारत आया था। इसके सदस्य स्टेफोर्ड क्रिप्स, पैथिक लारेंस व वी. अलेक्जेंडर थे।
* 24 मार्च, 1947 ई. को मुस्लिम लीग ने पाकिस्तान दिवस के रूप में मनाया।
* 3 जून, 1947 को भारत विभाजन के लिए माउंटबेटन योजना को प्रकाशित किया गया।
* भारत की आजादी के समय इंग्लैड के सम्राट जॉर्ज षष्ट्म थे।
* रौलेट एक्ट को बिना अपील, बिना वकील तथा बिना दलील कानून कहा गया।

❑❑❑

अध्याय

28

भारत का विभाजन और इसके परिणाम

पाकिस्तान बनने की पृष्ठभमि

पाकिस्तान की मांग एकाएक सामने नहीं आयी। 1937 के बाद राजनीतिक गतिविधियों ने कुछ इस प्रकार का रुख लिया, जिससे शनैः-शनैः पाकिस्तान की मांग जोर पकड़ती गयी। 1937 के बाद हिन्दू और मुस्लिम साम्प्रदायिक शक्तियों की राजनीति में गंभीर परिवर्तन हुए। पाकिस्तान की मांग को स्वीकार कर और बढ़ावा देकर अंग्रेजों ने आग में घी डालने का काम किया।

मुस्लिम लीग के स्वरूप में परिवर्तन

1937 में मुस्लिम साम्प्रदायिकता ने एक नया रूख इख्तियार किया। 1937 में प्रांतीय विधान सभाओं के लिए हुए चुनाव में मुस्लिम लीग मुसलमानों के लिए आरक्षित 492 सीटों में से मात्र 109 सीटों पर ही विजय प्राप्त कर सकी अर्थात् उसे कुल मुस्लिम वोट का मात्र 4.8 प्रतिशत ही प्राप्त हुआ। चुनाव के इस नतीजे से लीग के सामने यह स्पष्ट हो गया कि उसे अपना प्रभाव मुस्लिम जनता, खासकर शहर में रहने वाले निम्न मध्यवर्गीय मुसलमानों के बीच बढ़ाना होगा। चूँकि लीग का मौजूदा सामाजिक आधार भूमिपतियों और वफादार लोगों तक ही सीमित था, अतः इस लक्ष्य की प्राप्ति के लिए एक सुधारवादी सामाजिक, आर्थिक और राजनीतिक कार्यक्रम की बात सोची नहीं जा सकती थी।

अतः लीग ने ''इस्लाम खतरे में है'' का नारा दिया और हिन्दू राज की आशंका से मुसलमानों को भयभीत किया। बहुत जल्द ही एक धर्म को खतरे से बचाने का नारा दूसरे धर्म अनुयायियों के प्रति विद्वेष में बदल गया। जिन्ना और अन्य लीग के नेताओं ने ऐलान कर दिया कि कांग्रेस का उद्देश्य स्वतंत्रता प्राप्ति नहीं बल्कि हिन्दू राज्य की स्थापना है। उनके अनुसार कांग्रेस का मूल उद्देश्य मुस्लिमों पर आधिपत्य स्थापित करना है और उनके धार्मिक विश्वास पर कुठाराघात करना है। एक बार मुसलमानों के मन में हिन्दू राज्य का भय बैठा देने के बाद लीग के नेताओं के लिए ऐसे राष्ट्र की मांग काफी आसान हो गयी, जिसमें मुसलमान स्वतंत्रता से जी सकें और अपने धार्मिक विश्वास की रक्षा कर सकें। 1937 के बाद की लीग की इस घृणा और भय फैलाने की नीति के फलस्वरूप पाकिस्तान की माँग सामने आयी। मार्च 1940 के लाहौर अधिवेशन में लीग ने प्रसिद्ध लाहौर प्रस्ताव जारी किया और इसमें मुसलमानों के लिए इस आधार पर अलग संप्रभु राज्य की मांग की कि ''हिन्दू'' और ''मुसलमान'' दो अलग राष्ट्र हैं।

हिन्दू साम्प्रदायिकता का उग्रवादी चरण

1937 के चुनाव में हिन्दू सम्प्रदायवादियों की स्थिति मुस्लिम सम्प्रदायवादियों की तुलना में बहुत खराब रही। अपने अस्तित्व की रक्षा के लिए अब उनके सामने एक ही रास्ता बचा कि वे जनता का सहयोग प्राप्त करें। उनकी स्थिति तब और नाजुक हो गयी, जब 1918 में कांग्रेस ने संप्रदायवादियों को अपने संगठन से अलग-अलग कर दिया। अब हिन्दू संप्रदायवादियों को नये आधार और नये कार्यक्रम की जरूरत थी। इसके लिए उन्होंने धर्म का सहारा लिया और मुस्लिम लीग की तरह उन्होंने घृणा और भय का प्रचार किया। मदन मोहन मालवीय के स्थान पर हिन्दू महासभा के वी.डी. सावरकर और राष्ट्रीय स्वयं सेवक संघ के एम.एस. गोलवलकर नये नेता के रूप में सामने आये, जिन्होंने अपने संगठनों को फासिस्ट स्वरूप प्रदान किया। उन्होंने भारत को हिन्दू राष्ट्र बनाने की घोषणा की और मुसलमानों से कहा कि या तो वे यह देश छोड़ दें या दूसरी श्रेणी के नागरिक बनकर रहने के लिए तैयार हो जायें। इस प्रकार हिन्दू संप्रदायवादियों ने दो राष्ट्र के सिद्धांत को स्वीकार किया और पृथक राष्ट्र की माँग को दृढ़ बनाया।

1946-47 तक हिन्दू संप्रदायवादियों का स्वर काफी द्वेषपूर्ण हो गया। दंगों के भड़कने और कांग्रेस द्वारा उन्हें रोकने में असफलता के कारण हिन्दू संप्रदायवादियों का प्रभाव काफी तेजी से बढ़ा। इसका सबसे बड़ा कारण यह था, कि उन्होंने अपने को हिन्दुओं का रक्षक कहाँ उन्होंने कांग्रेसी नेताओं पर यह आरोप लगाया कि वे अहिंसा और साम्प्रदायिक एकता पर बल देकर हिन्दुओं को कमजोर बना रहे हैं। हिन्दू सम्प्रदायवादियों ने हिन्दुओं से अपील की कि वे मुसलमानों से बदला लें और उन्हें सबक सिखायें। विभाजन के बाद उनकी स्थिति और मजबूत हो गयी, क्योंकि साम्प्रदायिक विद्वेष के वातावरण में उन्हें फलने-फूलने का अच्छा मौका मिला। उन्होंने मांग की कि पाकिस्तान एक इस्लामी राज्य है, अतः भारत को भी एक हिन्दू राज्य घोषित करना चाहिए। जब दंगों के जरिये अव्यवस्था फैला कर सरकार को उखाड़ फेंकने में वे असफल रहे, तब वे हिन्दू संप्रदायवादी नेताओं पर आक्षेप लगाने लगे। यहाँ तक कि गाँधीजी को भी नहीं बख्शा गया, क्योंकि मुसलमानों और पाकिस्तान के प्रति उनका रवैया नरमी का था।

ब्रिटिश नीति

मुस्लिम साम्प्रदायिकता को भड़काने में अंग्रेज सरकार की महत्वपूर्ण भूमिका थी। अंग्रेजों ने मुस्लिम संप्रदायवादियों की खुलेआम सरकारी सहायता की। उनकी 'फूट डालो और शासन करो' की नीति ने 1937 तक हिन्दू और मुसलमानों

के बीच कभी न पाटी जाने वाली खाई खोद डाली। हिंदुस्तानियों को विभाजित करने की दूसरे प्रकार की कोशिशें नाकाम हो चुकी थीं। इसके पहले उपनिवेशवादी शक्तियों ने राष्ट्रीय आन्दोलनों के खिलाफ भूमिपतियों तथा पिछड़ी और अनुसूचित जातियों को खड़ा करने की कोशिश की। उन्होंने कांग्रेस के वामपंथी और दक्षिणपंथी दलों को विभक्त करने की भी कोशिश की थी, पर उन्हें कोई सफलता नहीं मिली। 1937 के चुनाव के बाद यह स्पष्ट हो गया कि अंग्रेज सरकार के पास साम्प्रदायिकता का ही एक रास्ता बच गया था, जिसके माध्यम से हिंदुस्तानियों को विभाजित किया जा सकता था।

द्वितीय विश्वयुद्ध छिड़ने के बाद वाइसरॉय लिनलिथगो ने प्रयत्नपूर्वक मुस्लिम लीग को प्रोत्साहित किया। कांग्रेस इस बात पर अड़ी थी कि विश्वयुद्ध के बाद अंग्रेजों को भारत छोड़ देना होगा। लेकिन युद्ध से पहले की सत्ता हिंदुस्तानियों के हाथ में सौंप दी जानी चाहिए। अंग्रेजी शासन ने यह तर्क दिया कि पहले हिन्दू और मुस्लिम हस्तांतरण की प्रक्रिया पर सहमत हो जायें, तभी बात आगे बढ़ सकती है। सरकारी तौर पर लीग को मुस्लिम हित के प्रतिनिधि के रूप में स्वीकार किया गया। (हालांकि पिछले चुनाव का परिणाम मुस्लिम लीग के इस दावे से मेल नहीं खाता था) और अंग्रेजों ने उनसे यह भी वादा किया कि बिना लीग की सहमति से कोई भी राजनीतिक समझौता नहीं किया जायेगा। इस प्रकार लीग को ऐसी वीटो शक्ति प्राप्त हुई, जिसका उपयोग जिन्ना ने युद्ध की समाप्ति के बाद किया।

क्रिप्स मिशन (मार्च-अप्रैल, 1942)

मार्च 1942 में स्टैफोर्ड क्रिप्स के नेतृत्व में एक आयोग भारत पहुँचा। प्रकट रूप में जिसका उद्देश्य था जल्द-से-जल्द भारत में स्वशासी सरकार की स्थापना, पर क्रिप्स ने जिन प्रावधानों की घोषणा की, उससे काफी निराशा उत्पन्न हुई। इसमें पूर्ण स्वतंत्रता देने की बात नहीं की गई थी, बल्कि भारत को और वह भी युद्ध के बाद डोमिनियन स्टेटस का दर्जा देने की बात की गयी। इसमें प्रस्तावित संविधान सभा के निर्माण का प्रावधान था, जिसमें भारतीय रजवाड़ों का प्रतिनिधित्व राजाओं के प्रतिनिधियों द्वारा होना था। इसमें यह बिल्कुल स्पष्ट था कि नई कार्यकारिणी परिषद में नियंत्रण पूरी तरह अंग्रेज शासकों के अधीन रहना था। कांग्रेस ने इस प्रस्ताव को अस्वीकार कर दिया। एमरी, जो भारत में सचिव थे, ने इस प्रस्ताव को रूढ़िवादी, प्रतिक्रियावादी और संकुचित कहाँ लेकिन क्रिप्स प्रस्ताव ने अप्रत्यक्ष रूप से पाकिस्तान बनने में महत्वपूर्ण भूमिका निभायी। इसमें एक धारा थी, जिसे ''लोकल ऑप्शन'' (स्थानीय विकल्प) के रूप में जाना जाता है। इसके अनुसार प्रांतों को यह अधिकार दिया गया कि भविष्य में अपनी स्थिति निर्धारित करने के लिए ब्रिटेन से सीधा समझौता कर सकते हैं और इसके साथ-ही-साथ भविष्य में बनने वाले नये संविधान को स्वीकार भी कर सकते हैं।

हालांकि क्रिप्स मिशन असफल रहा, लेकिन इसने मुस्लिम लीग को एक तरह से प्रोत्साहित किया। प्रांतीय स्वायत्तता के प्रावधान ने पाकिस्तान बनने की माँग को वैधानिक रूप प्रदान किया। जिस समय भारतीयों द्वारा इस समस्या को बहुत हल्के ढंग से लिया जा रहा था, उस समय पाकिस्तान बनाने की माँग को सरकारी तंत्र ने काफी तेजी से प्रोत्साहित किया।

द्वितीय विश्वयुद्ध के बाद की परिस्थितियाँ

इस भाग में हम द्वितीय विश्वयुद्ध के बाद से लेकर पाकिस्तान बनने तक की घटनाओं का क्रमबद्ध विवरण आपके सामने प्रस्तुत करने जा रहे हैं। दो वर्ष की इस अवधि के दौरान जो घटनाएं घटीं, उनसे भारत के विभाजन और पाकिस्तान के निर्माण में काफी सहायता मिली।

शिमला कांफ्रेंस और चुनाव

द्वितीय विश्वयुद्ध की समाप्ति के बाद **वाइसरॉय वैवेल ने जून 1945 के** मध्य में कांग्रेसी नेताओं को जेल से रिहा कर दिया। उन्हें अंतरिम समझौते के लिए शिमला में आमंत्रित किया। इस कांफ्रेंस में इस बात पर विचार होना था कि भारतीय किस तरह अपने देश पर शासन करेंगे। कांग्रेस सहयोग के लिए तैयार थी और उसने अपने प्रतिनिधियों की सूची भी भेज दी। लेकिन जिन्ना अंग्रेजों द्वारा प्रदत्त अपनी वीटो शक्ति को आजमाना चाहते थे। उन्होंने जोर दिया कि कार्यकारिणी परिषद् में मुसलमानों को नामजद करने का अधिकार केवल लीग को ही है। सरकार मुस्लिम लीग के इस दावे के कारण धर्म संकट में पड़ गयी, क्योंकि इसमें पंजाब के उन यूनियनिस्ट पार्टी के मुसलमानों को प्रतिनिधित्व नहीं मिल पा रहा था, जिन्होंने युद्ध के दौरान अंग्रेजों की दृढ़तापूर्वक सहायता की थी। लेकिन वैवेल ने अतीत की वफादारी की अपेक्षा वर्तमान और भविष्य के हितों को अधिक महत्व दिया और उसने मुस्लिम लीग की मांग को अस्वीकार करने के बजाय कांफ्रेंस को भंग करने की घोषणा कर दी। जिन्ना की वीटो शक्ति कामयाब हुई।

केन्द्रीय और प्रांतीय विधान सभाओं के चुनावों में लीग ने सीधा साम्प्रदायिक नारा दिया-''लीग और पाकिस्तान के लिए वोट देने का मतलब है इस्लाम के लिए वोट देना।'' चुनाव की सभाओं के लिए मस्जिदों का उपयोग किया गया और पीरों से यह अनुरोध किया गया कि वे यह फतवा जारी करे कि मुसलमान लीग को ही वोट दें। मुस्लिम जनता से यह कहा गया कि कांग्रेस और लीग में से किसी एक को चुनने का मतलब है गीता और कुरान में से किसी एक को चुनना। इस साम्प्रदायिक माहौल में अगर लीग ने सभी मुस्लिम सीटों पर विजय प्राप्त की तो कोई आश्चर्य की बात नहीं है।

कैबिनेट मिशन

1946 के आरंभ में अंग्रेज अधिकारी पूरी तरह समझ गये थे कि अब उनके लिए यही अच्छा होगा कि वे सम्मानजनक ढंग से भारत से लौट जायें। मार्च 1946 में कैबिनेट मिशन भारत भेजा गया। इसका उद्देश्य एक राष्ट्रीय सरकार की स्थापना करना और सत्ता हस्तांतरण की संवैधानिक व्यवस्था को खोजना था। जब अंग्रेजों ने भारत को छोड़ने का निर्णय लिया तो यह विश्वास किया गया कि फूट डालो और राज करो की पुरानी नीति अब नहीं चल सकती। इसके पक्ष में यह तर्क भी सामने रखा गया कि स्वतंत्रता के बाद एकीकृत भारत ब्रिटेन के हक में लाभप्रद होगा। इस तर्क के पीछे यह विश्वास भी निहित था कि एकीकृत भारत की सैन्य शक्ति राष्ट्रमण्डल (कॉमनवेल्थ) की प्रतिरक्षा की सक्रिय सहयोगी बन सकेगी और यदि भारत और पाकिस्तान का बँटवारा हो गया तो भारत की सैन्य शक्ति दुर्बल हो जायेगी। भारत-पाकिस्तान के आपसी झगड़े से

राष्ट्रमण्डल (कॉमनवेल्थ) की शक्ति भी कमजोर होगी। इस नीति परिवर्तन के कारण कांग्रेस और लीग के प्रति अंग्रेजों का रवैया बदल गया। ब्रिटेन के प्रधानमंत्री एटली ने 15 मार्च, 1946 को घोषणा की कि ''बहुसंख्यक के निर्णय पर अल्पसंख्यकों को वीटो लगाने का अधिकार नहीं दिया जायेगा।'' यह नीति जून 1945 की शिमला कांफ्रेंस के समय वाइसरॉय वैवेल की नीति से बिल्कुल विपरीत थी, शिमला कांफ्रेंस में जिन्ना ने मुसलमानों को नामजद करने के एकाधिकार का दावा किया। जिन्ना की मांग रद्द कर दी गयी और कांफ्रेंस भंग कर दी गयी थी। कैबिनेट मिशन का यह भी विश्वास था कि पाकिस्तान का कोई अलग अस्तित्व नहीं है, इसलिए मिशन ने जो योजना बनायी। उसके अंतर्गत देश की एकता को ध्यान में रखते हुए मुस्लिम अल्पसंख्यक के हितों की रक्षा की बात की गयी। संविधान के स्वरूप निर्धारण के लिए कार्यकारी दल को तीन भागों में विभाजित किया गया। मद्रास, बंबई, संयुक्त प्रान्त, बिहार, मध्य प्रांत और उड़ीसा को समूह ''क'' में रखा गया। पंजाब, उत्तर-पश्चिम सीमांत प्रदेश और सिन्ध को समूह ''ख'' में रखा गया और समूह ''ग'' का निधारिण आसाम और बंगाल को मिलाकर हुआ। प्रतिरक्षा, विदेशी मामलों और संचार को केन्द्र के अधीन रखा गया। प्रथम आम चुनाव के बाद कोई प्रांत अपने समूह को छोड़ सकता था और 10 वर्ष के बाद समूह और केन्द्रीय संविधान में परिवर्तन की मांग कर सकता था।

समूहीकरण की नीति में अस्पष्टता

समूहीकरण के मसले पर कांग्रेस और लीग के बीच मतभेद हो गया। कांग्रेस की यह मांग थी कि प्रांतों के पास यह विकल्प होना चाहिए कि आरंभ में यदि वे न चाहे तो किसी समूह विशेष में शामिल न हों। आम चुनावों तक इस निर्णय के लिए इंतजार करना उचित नहीं है। कांग्रेस के इस विरोध का कारण यह था कि आसाम और उत्तर-पश्चिम सीमांत प्रदेश को समूह ''ग'' और ''ख'' में रखा गया था। जबकि दोनों प्रांतों में कांग्रेस की सरकार थी। लीग ने यह मांग की कि प्रांतों को केन्द्रीय संविधान में तुरंत परिवर्तन करने का अधिकार दिया जाये। इसके लिए आगे 10 वर्षों तक इंतजार करना ठीक नहीं। आधारभूत समस्या यह थी कि कैबिनेट मिशन प्लान में यह स्पष्ट रूप से नहीं कहा गया था कि समूहीकरण अनिवार्य था या वैकल्पिक। वस्तुत: जब कैबिनेट मिशन से स्पष्टीकरण मांगा गया तो उसने ऐसा करने से इंकार कर दिया। कैबिनेट मिशन का यह विश्वास था कि इस अस्पष्टता की नीति से कांग्रेस और लीग की परस्पर विरोधी स्थिति में सामंजस्य स्थापित हो जायेगा पर इससे मामला और उलझता गया।

इस अस्पष्टता के कारण स्वाभाविक रूप से लीग और कांग्रेस अपने फायदे के हिसाब से प्लान की व्याख्या करने लगे। सरदार पटेल यह निष्कर्ष निकालकर खुश हो रहे थे कि अब पाकिस्तान का मामला समाप्त हो चुका है और लीग की वीटो शक्ति वापस ले ली गयी है। 6 जून, 1946 को अपने वक्तव्य में लीग ने यह स्पष्ट कर दिया कि उसने प्लान को इसी कारण स्वीकार किया है, क्योंकि इसमें अनिवार्य समूहीकरण की बात की गयी है, जो पाकिस्तान निर्माण का आधार है। 7 जून, 1946 को अखिल भारतीय कांग्रेस कमेटी को नेहरू जी ने संबोधित करते हुए कहा कि कांग्रेस संविधान सभा में सम्मिलित होगी। एक संप्रभु निकाय होने के कारण विधान सभा केवल कार्यप्रणाली के नियमों को सूत्रबद्ध करेगी। यह समझा जा रहा था कि मिशन द्वारा बनाये गये नियमों को संशोधित किया जा सकता है। नेहरू के भाषण का तत्काल लाभ उठाकर 29 जुलाई, 1946 को लीग ने कैबिनेट मिशन प्लान को अस्वीकार कर दिया।

अंतरिम सरकार की स्थापना

अंग्रेज सरकार इस दुविधा में पड़ गयी कि वह लीग के सम्मिलित होने का इंतजार करे या योजना को कामचलाऊ रूप से कार्यान्वित करे और केवल कांग्रेस के साथ अंतरिम सरकार की स्थापना करे। वैवेल लीग को साथ लेकर चलना चाहते थे, पर ब्रिटेन की सरकार कांग्रेस को साथ लेकर चलने के पक्ष में थी। ब्रिटेन की सरकार को यह विश्वास था कि कांग्रेस के साथ सहयोग, आने वाले समय के लिए हितकारी होगा। इस नीति के तहत कांग्रेस को अंतरिम सरकार बनाने का निमंत्रण मिला। 2 सितम्बर, 1946 को जवाहर लाल नेहरू की अध्यक्षता में अंतरिम सरकार का गठन हुआ। जिन्ना और लीग को नजरअंदाज करते हुए अंतरिम सरकार की स्थापना ब्रिटिश नीति में एक महत्वपूर्ण परिवर्तन का संकेत करती है। पहली बार जिन्ना के इस दावे को अंग्रेजों ने नजरअंदाज कर दिया कि लीग की सहमति के बगैर कोई संवैधानिक समझौता नहीं किया जा सकता है।

लीग द्वारा प्रत्यक्ष कार्रवाई

हालांकि जिन्ना को विश्वास था कि अंग्रेज अपनी पुरानी नीति का अनुसरण करेंगे। उन्होंने ब्रिटिश प्रधानमंत्री एटली को चेतावनी दी कि यदि अंग्रेज कांग्रेस के समक्ष घुटने टेकते हैं और उन्हें अहमियत देते हैं, तो मुसलमान संघर्ष करने के लिए बाध्य हो जायेंगे। यह कोई खाली धमकी नहीं थी, क्योंकि लीग ने प्रत्यक्ष कार्रवाई की योजना अब तक बना ली थी। 16 अगस्त, 1946 को कलकत्ता में प्रत्यक्ष कार्रवाई का आह्वान किया गया और एक नया नारा लगाया गया। **''लड़कर लेंगे पाकिस्तान''** इस साम्प्रदायिक आग को मुसलमान साम्प्रदायिक दलों ने हवा दी। इस समय बंगाल में सुहरावर्दी के नेतृत्व में लीग का मंत्रिमण्डल था। उन्होंने प्रत्यक्ष रूप में तो नहीं, लेकिन इस मामले से उदासीन रहकर साम्प्रदायिक वातावरण को बिगड़ने का मौका दिया। इससे हिन्दू सम्प्रदायवादी तत्वों में प्रतिक्रिया हुई, दंगे हुए और पाँच हजार लोग मारे गये। इसे कलकत्ते के नरसंहार के नाम से जाना जाता है। अक्तूबर 1946 के आरंभ में पूर्वी बंगाल के नोआखली में गड़बड़ी पैदा हुई और प्रतिक्रिया स्वरूप अक्तूबर, 1946 के अंत में बिहार में मुसलमानों पर हमला किया गया। आने वाले महीनों में संयुक्त प्रांत, बम्बई और उत्तर-पश्चिमी सीमांत प्रांत में दंगे हुए। इस साम्प्रदायिक आंधी को रोका नहीं जा सका।

अंग्रेजों द्वारा लीग से समझौता

इस कत्लेआम को जिन्ना रोक सकते थे। अत: अंग्रेज अधिकारियों ने मुसलमानों को प्रसन्न करने की अपनी पुरानी नीति को फिर से अपनाया। वे यह जानते थे कि लीग उन्हीं का बनाया हुआ है पर अब उसका स्वरूप इतना घातक हो गया है कि उसे वश में नहीं किया जा सकता। वैवेल लगातार कोशिश कर रहे थे कि लीग को सरकार में शामिल किया जाये। इसी समय भारत सचिव (सेक्रेटरी ऑफ स्टेट) पैथिक लारेंस ने उनका समर्थन किया। लारेंस का कहना था कि यदि लीग को शामिल नहीं किया गया तो गृह युद्ध अवश्यम्भावी होगा। इस प्रकार 26 अक्तूबर, 1946 को लीग अंतरिम सरकार में शामिल हुई।

अंतरिम सरकार : संघर्ष का दूसरा दौर

अंतरिम सरकार में लीग के शामिल होने से झगड़ा समाप्त नहीं हुआ, बल्कि इससे संघर्ष का एक नया क्षेत्र खुल गया, लीग को अंतरिम सरकार में शामिल होने के लिए पाकिस्तान या सीधी कार्रवाई का त्याग करने की शर्त नहीं थी। इसके अतिरिक्त उन्होंने कैबिनेट मिशन प्लान के अल्पावधि और दीर्घावधि पहलुओं को स्वीकार नहीं किया था। लीग के नेताओं और खासकर जिन्ना ने खुलेआम यह घोषणा की कि अंतरिम सरकार अन्य तरीकों से गृह युद्ध जारी रखने का केवल एक माध्यम है। जिन्ना यह सोचते थे कि प्रशासन पर कांग्रेस का नियंत्रण लीग के हित में नहीं है और इसी कारण वे चाहते थे कि लीग को भी सत्ता में हिस्सा मिले। अंतरिम सरकार को उन्होंने एक ऐसे आधार के रूप में देखा, जिसके सहारे लीग को पाकिस्तान के निर्माण में मदद मिल सकती थी।

अंतरिम सरकार में कांग्रेस और लीग के सदस्यों के बीच मतभेद तुरंत उभरकर सामने आ गये। लियाकत अली खान के अलावा लीग ने अंतरिम सरकार में प्रतिनिधि के रूप में अपने दूसरे दर्जे के नेताओं (लियाक़त अली खान को छोड़कर) को भेजा, इससे उनका मन्तव्य साफ हो गया कि वे सरकार चलाने में कांग्रेस के साथ भागीदारी नहीं करना चाहते। दूसरी तरफ यह मंशा भी स्पष्ट हो गयी कि दोनों के बीच सहयोग असंभव है। लीग के मंत्रियों ने अपना एक सिद्धांत-सा बना लिया था कि कांग्रेसी मंत्रियों द्वारा लिये गये किसी भी निर्णय का विरोध किया जाये। कार्यकारिणी परिषद के पहले होने वाली तैयारी की बैठकों में लीग नेताओं ने कभी हिस्सा नहीं लिया, जिसमें कांग्रेसी सदस्य एक आम निर्णय लेते थे ताकि वैवेल की नीति सफल न हो सके।

अंतरिम सरकार टूटने के कगार पर

कांग्रेसी नेताओं ने आरम्भ में ही लीग के नेताओं को शामिल किये जाने पर असहमति व्यक्त की। उनका कहना था कि कैबिनेट मिशन प्लान को स्वीकार किये बिना लीग को अंतरिम सरकार में शामिल नहीं किया जाना चाहिए। बाद में जब सरकार के अन्दर और बाहर लीग की असहयोग नीति स्पष्ट हो गयी, तब कांग्रेसी सदस्यों ने यह मांग की कि लीग या तो प्रत्यक्ष कार्रवाई को बन्द करे या सरकार छोड़ दे। हालाँकि 6 दिसम्बर, 1946 को ब्रिटिश सम्राट ने लीग के समूहीकरण पर दृढ़ बने रहने का समर्थन किया था, फिर भी 9 दिसम्बर, 1946 के संवैधानिक सभा में लीग ने भाग लेने से इंकार कर दिया। टकराव की स्थिति उत्पन्न हो गयी। तब लीग ने यह मांग की कि संवैधानिक सभा को भंग कर देना चाहिए। क्योंकि यह अप्रतिनिधिक है। 5 फरवरी, 1947 को अंतरिम सरकार के कांग्रेसी सदस्यों ने वैवेल के पास एक पत्र भेजा, जिसमें यह माँग की गयी कि लीग के नेताओं को इस्तीफा देने के लिए कहा जाए। इससे एक संकट की स्थिति उत्पन्न हो गयी।

अंग्रेजों के वापस लौटने की समय सीमा का निर्धारण

एटली ने 20 फरवरी, 1947 को संसद में यह घोषणा की कि 30 जून, 1948 तक अंग्रेज भारत छोड़ देंगे। एटली की इस घोषणा से संकटपूर्ण स्थिति थोड़ी देर के लिए टली। वैवेल के स्थान पर माउंटबेटेन भारत के वाइसरॉय बनाये गये। इस संवैधानिक संकट का यह कोई हल नहीं था, पर एक बात स्पष्ट हो गयी कि अंग्रेज भारत छोड़ने के अपने निर्णय पर टिके हुए हैं। कांग्रेस ने एक बार फिर लीग से सहयोग की मांग की। नेहरू ने लियाक़त अली ख़ान से अनुरोध किया कि

"अंग्रेज अब हमारे देश से जा रहे हैं और इस निर्णय की जिम्मेदारी हम सब के कंधों पर समान रूप से पड़नी चाहिए। इसके लिए यह जरूरी है कि इस मामले पर विचार करने के लिए हम दूर-दूर रहकर बात न करें, बल्कि आपस में विचार-विमर्श कर हल निकालें।" लेकिन एटली की घोषणा की प्रतिक्रिया जिन्ना पर कुछ दूसरे ढंग से हुई। वे आश्वस्त थे कि अब उन्हें केवल पाकिस्तान की मांग पर अड़े रहने की जरूरत है। वस्तुतः उद्घोषणा से यह स्पष्ट था कि सत्ता का हस्तांतरण एक से अधिक प्राधिकारों के बीच होगा। ऐसा वातावरण इसलिए बन रहा था, क्योंकि संवैधानिक सभा में मुस्लिम बहुल प्रांत शामिल नहीं हो रहे थे और यह संपूर्ण भारतीय जनता का प्रतिनिधित्व नहीं कर रही थी।

एटली के वक्तव्य के सम्बन्ध में पंजाब के गवर्नर की यह चेतावनी सही साबित हुई कि अब इसके परिणामस्वरूप व्यवस्था का बिखरना अवश्यमभावी था और इस स्थिति में लोग अधिक-से-अधिक शक्ति इख्तियार करने की कोशिश करेंगे। उनकी चेतावनी सही सिद्ध हुई। लीग ने पंजाब में नागरिक अवज्ञा आन्दोलन शुरू किया। जब माउंटबेटन भारत पहुँचे, तब भारत की स्थिति पूरी तरह दुर्दमनीय थी। लीग युद्ध करने के लिए आमादा थी और वह संप्रभु पाकिस्तान से कम कुछ भी स्वीकार करने को तैयार नहीं थी। कैबिनेट मिशन प्लान की प्रासंगिकता समाप्त हो चुकी थी। अतः इस पर विचार करने का कोई मतलब नहीं था।

अब अंग्रेजों के सामने एक ही उपाय बचा था-देश की एकता को क़ायम करने के लिए सारा बल लगाना, क्योंकि लीग से और समझौता संभव नहीं था। कांग्रेस और लीग के बीच मध्यस्थता की नीति को छोड़ना अब जरूरी था। यह नीति अपनायी गयी कि जो एकता का विरोध करेंगे, उन पर दबाव डाला जायेगा और जो एकता के पक्षधर होंगे उन्हें समर्थन मिलेगा। हालांकि कुछ वर्षों बाद एटली ने कहा था, "हम संयुक्त भारत चाहते थे। हम अपने सम्पूर्ण प्रयत्नों के बाद ऐसा नहीं कर सकें।" पर सच्चाई यह थी कि अंग्रेजों ने अस्पष्ट नीति अपनायी और दोनों पक्षों को समर्थन देकर अपनी स्थिति सुरक्षित रखनी चाही। इस तथ्य में पूरी सच्चाई है कि अराजकता की स्थिति को अंग्रेजों ने रोकने की कोशिश नहीं की। उन्होंने दंगों को रोकने के लिए बल प्रयोग नहीं किया, जबकि ऐसा करना समय की मांग थी।

3 जून की योजना और इसका परिणाम

3 जून, 1947 की बैठक में भारत-पाकिस्तान के बँटवारे की बात तय हो गयी। इसमें तय किया गया कि भारत का विभाजन इस तरीके से किया जाये जिससे भारत की एकता सुरक्षित रहे। पाकिस्तान के निर्माण की बात मान कर लीग की अहम मांग पूरी की गयी थी, अतः कांग्रेस की भारत की एकता की मांग को अधिक-से-अधिक पूरा करने की कोशिश की गयी। मसलन माउंटबेटन ने कांग्रेस के इस प्रस्ताव का समर्थन किया कि भारतीय रजवाड़ों को स्वतंत्र रहने का विकल्प नहीं दिया जा सकता। माउंटबेटन यह महसूस कर रहे थे कि स्वतंत्रता के बाद भारत को कॉमनवेल्थ में रखने के लिए कांग्रेस को खुश रखना आवश्यक है। 3 जून योजना में यह निर्णय

लिया गया कि 15 अगस्त 1947 को भारत और पाकिस्तान को सत्ता का हस्तान्तरण डोमिनियन स्टेटस के आधार पर हो जायेगा।

कांग्रेस डोमिनियन स्टेटस का दर्जा प्राप्त करने के लिए राजी थी, क्योंकि इससे सत्ता का हस्तांतरण तुरन्त हो जाता और साम्प्रदायिक संकट से जूझने की शक्ति मिल जाती। साम्प्रदायिक विद्वेष और दंगों को रोकने में अंग्रेज अधिकारी बहुत उत्साहित नहीं थे। सरदार पटेल ने वायसरॉय को दिये गये अपने इस वक्तव्य में स्थिति को पूरी तरह स्पष्ट कर दिया। ''आप खुद शासन करना नहीं चाहते और न ही हमें शासन चलाने देना चाहते हैं। अंग्रेज उत्तरदायित्व छोड़ चुके थे। इसका सबसे बड़ा प्रमाण यह था कि उन्होंने भारत छोड़ने की तिथि घटाकर 15 अगस्त, 1947 कर दी।''

जिस तेजी से देश का विभाजन हुआ, वह भारतीय दृष्टिकोण से बड़ा ही दुखदायी था। अंग्रेजों को इससे फायदा हुआ, क्योंकि बिगड़ती साम्प्रदायिक स्थिति के उत्तरदायित्व से उन्हें मुक्ति मिल गयी। सत्ता का हस्तान्तरण और देश का विभाजन दोनों ही जटिल प्रक्रियाएँ थीं और ये दोनों ही 3 जून से 15 अगस्त, 1947 के बीच के 72 दिनों में सम्पन्न हुई। कुछ अंग्रेज अधिकारी जैसे सेनाध्यक्ष और पंजाब के गवर्नर का यह मत था कि शांतिपूर्ण विभाजन के लिए कम-से-कम दो वर्षों का समय मिलना चाहिए। जिन्ना ने मामले को यह कहकर और बिगाड़ दिया कि वे भारत और पाकिस्तान के लिए सामान्य गवर्नर जनरल के रूप में माउंटबेटन को स्वीकार नहीं करेंगे। अब कोई ऐसी संस्था नहीं रह गयी थी, जहाँ विभाजन से उठने वाली समस्याओं को रखा जा सके। यहाँ तक कि दिसम्बर 1947 में कश्मीर में युद्ध होने से संयुक्त रक्षा तंत्र भी टूट गया।

विभाजन के दौरान कत्लेआम

विभाजन की तीव्रता और सीमा आयोग के निर्णयों में विलम्ब ने विभाजन की त्रासदी को और गंभीर बना दिया। ये माउंटबेटन के निर्णय थे। संकटपूर्ण स्थिति के उत्तरदायित्व से बचने के लिए माउंटबेटन ने सीमा आयोग का निर्णय सुनाने में विलम्ब किया। (जबकि यह 12 अगस्त, 1947 को तैयार हो गया था।) इसके कारण आम नागरिक और अधिकारी उलझन में पड़ गये। लाहौर और अमृतसर के बीच के गाँवों में रहने वाले लोग इस आशा में अपने निवास स्थानों पर टिके रहे कि वे सही सीमा के अन्तर्गत रह रहे हैं। देशान्तरण उन्मत्त मामला बन जाता है और अक्सर इसका परिणाम होता है कत्लेआम। अधिकारीगण अपने स्थानांतरण के चक्कर में पड़े हुए थे और उन्हें कानून और व्यवस्था की कोई चिन्ता नहीं थी। लैकहर्ट (Lackhart) ने, जो 15 अगस्त से लेकर 3 दिसंबर, 1947 तक भारतीय सेनाध्यक्ष थे, इस स्थिति का स्पष्ट ब्यौरा इन शब्दों में दिया ''अगर प्रशासनिक सेवा और सैन्य सेवा के अधिकारियों को विभाजन के पहले अपने देश भेज दिया जाता, तो अव्यवस्था को रोकने में ज्यादा सफलता मिलती।''

कांग्रेस और विभाजन

सवाल यह पैदा होता है कि कांग्रेस ने विभाजन क्यों स्वीकार किया? लीग और अंग्रेजों की सहमति की बात तो समझ में आती है। पर कांग्रेस ने, जो इतने दिनों में भारत की एकता के लिए संघर्ष कर रही थी, अपना प्रयत्न क्यों छोड़ दिया? एक मत यह है कि सत्ता प्राप्ति के लोभ के कारण कांग्रेसी नेताओं ने विभाजन स्वीकार कर लिया। लेकिन यह मत सही नहीं है। भारत का विभाजन किसी नेता की व्यक्तिगत असफलता का परिणाम नहीं था, बल्कि सम्पूर्ण संगठन की बुनियादी असफलता का फल था।

कांग्रेस को अंततः विभाजन स्वीकार करना पड़ा, क्योंकि वे मुस्लिम जन समुदाय को राष्ट्रीय मुख्यधारा में शामिल नहीं कर पाये और 1937 के बाद मुस्लिम सम्प्रदाय के बढ़ते चरण को रोक भी नहीं पाये। 1946 तक कांग्रेसी नेताओं के सामने यह स्पष्ट हो गया कि मुसलमान लीग के साथ हैं क्योंकि चुनाव में 80% मुस्लिम आरक्षित सीटों पर लीग की विजय हुई थी। एक साल बाद विभाजन अवश्यमभावी हो गया, जब पाकिस्तान का मामला मत पेटी तक सीमित न रहकर सड़कों पर आ गया। साम्प्रदायिक दंगों से सारा देश आक्रांत हो उठा और अन्ततः कांग्रेसी नेताओं ने यह महसूस किया कि गृह युद्ध होने से अच्छा है कि भारत का विभाजन हो जाये।

अंतरिम सरकार की असफलता इस बात का स्पष्ट संकेत थी कि पाकिस्तान बनने की प्रक्रिया को अब कोई रोक नहीं सकता। नेहरू जी ने टिप्पणी की कि अंतरिम सरकार संघर्ष का क्षेत्र थी और सरदार पटेल ने 14 जून, 1947 की अखिल भारतीय कांग्रेस की बैठक में दिये गये अपने भाषण में कहा कि पाकिस्तान वास्तव में पंजाब और बंगाल में ही क्रियारत नहीं हैं, बल्कि उसके अंकुर अंतरिम सरकार में भी निहित हैं। सबसे बड़ी बात यह है कि अंतरिम सरकार को प्रांतों में हस्तक्षेप करने का कोई अधिकार नहीं था। (जबकि बंगाल में लीग का मंत्रिमण्डल था। कलकत्ता और नोआखाली में दंगे हुए। इन दंगों में लीग मंत्रिमण्डल न केवल निष्क्रिय रहा, बल्कि उसके मामले को और गंभीर बना दिया) नेहरू जी ने महसूस किया कि जब गलियों में हत्याएँ हो रही हों और व्यक्तिगत एवं सामूहिक स्तर पर क्रूरता का वातावरण छाया हुआ हो, तब पद पर बने रहने का कोई मतलब नहीं होता है। सत्ता के शीघ्र हस्तांतरण से एक ऐसी सरकार के हाथ में शक्ति आयेगी, जो अपना उत्तरदायित्व समझ सकें।

विभाजन को स्वीकार करने के पीछे एक कारण यह भी था कि कांग्रेस यह नहीं चाहती थी कि देश टुकड़ों में विभक्त हो जाये। कांग्रेस ने वायसराय और अंग्रेज सरकार की इस नीति का समर्थन किया था कि भारतीय रजवाड़ों को स्वतंत्र रहने का विकल्प नहीं दिया जाये। अनुरोध या बल प्रयोग द्वारा उन्हें भारत या पाकिस्तान की यूनियन में शामिल कर लिया जाये।

गांधीजी और विभाजन

यह सभी लोग मानते हैं कि भारत के विभाजन के समय गांधीजी इतने निराश हो गये थे कि उन्होंने 125 वर्ष तक जिन्दा रहने की इच्छा भी त्याग दी थी। एक आम धारणा यह भी थी कि सत्ता के लोभ में गांधीजी के शिष्यों नेहरू और पटेल ने उनकी सलाह की अवहेलना की थी। गांधीजी पर इस विश्वासघात का प्रतिकूल असर पड़ा। लेकिन सार्वजनिक रूप से वे (गांधीजी) अपने शिष्यों की आलोचना नहीं करना चाहते थे।

गांधीजी के शब्दों में, उनकी लाचारी का मुख्य कारण यह था कि जनता पूर्णरूप से साम्प्रदायिक हो गयी थी, मुसलमान हिन्दुओं पर संदेह करने लगे थे तथा हिन्दू और सिख भी यह विश्वास करने लगे थे कि अब परस्पर सह-अस्तित्व संभव नहीं था। हिन्दुओं और सिखों की विभांजन की इच्छा के कारण गांधीजी एक ऐसे जन नेता रह गये थे, जिन्हें एकता के लिए किए जा रहे संघर्ष में जनता का समर्थन प्राप्त नहीं था। मुसलमानों ने उन्हें अपना दुश्मन घोषित कर रखा था। जब अधिकांश जनता विभाजन

चाहती थी, तब उसे स्वीकार करने के अतिरिक्त गांधीजी के पास कोई चारा नहीं था। 4 जून, 1947 की प्रार्थना सभा में गांधीजी ने कहा था "आपकी मांगों की पूर्ति हुई, क्योंकि आपने इसकी इच्छा व्यक्त की थी। कांग्रेस ने कभी विभाजन की मांग नहीं की, लेकिन कांग्रेस जनता की नब्ज को पहचान सकती है। इसने महसूस किया कि हिन्दू और खालसा भी ऐसा चाहते हैं।"

समाजवादियों और गांधीवादियों ने गांधीजी से यह अपील की कि कांग्रेसी नेताओं को नजरअंदाज कर एकता के लिए संघर्ष की शुरुआत की जाय। गांधीजी ने स्पष्ट किया कि समस्या यह नहीं है कि अंग्रेजी नेताओं को छोड़कर वे आगे बढ़ने में हिचक रहे हैं। गांधीजी ने 1942 में कुछ कांग्रेसियों की असहमति के बावजूद भारत छोड़ो आन्दोलन शुरू किया था। उस समय उनका फैसला सही साबित हुआ। गांधीजी ने उपयुक्त माहौल देखकर ही इस आन्दोलन का आह्वान किया था। 1947 में खास समस्या यह थी कि प्रभावकारी शक्तियाँ लुप्त हो गयी थीं, जिनके आधार पर कोई कार्यक्रम बनाया जा सकता था। उन्होंने स्वीकार किया "आज मैं अनुकूल परिस्थितियों को दूर-दूर तक नहीं देख पा रहा हूँ। अतः मुझे उस समय का इन्तजार करना पड़ेगा।"

पर यह समय कभी नहीं आया। राजनीतिक गतिविधियाँ तेजी से करवट ले रही थीं। 3 जून को विभाजन की घोषणा हुई और 15 अगस्त, 1947 को भारत का विभाजन हो गया। 14 जून, 1947 के अखिल भारतीय कांग्रेस समिति की घोषणा में गांधीजी ने कांग्रेसियों को सलाह दी कि वर्तमान समय की माँग को देखते विभाजन को स्वीकार कर लेना चाहिए, लेकिन इसे हृदय से स्वीकार नहीं किया जाना चाहिए और जब स्थिति सुधर जाये तब फिर से भारत को एक करने की कोशिश करनी चाहिए।

साम्प्रदायिक समस्या के प्रति कांग्रेस का रवैया

कई बार ऐसा कहा जाता है कि यदि कांग्रेस जिन्ना से समझौता कर लेती तो विभाजन को रोका जा सकता था। यह समझौता 1940 में भी हो सकता था, जब जिन्ना ने पृथक राज्य की मांग की थी। 1942 में क्रिप्स मिशन भारत आया और 1946 में कैबिनेट मिशन प्लान आया। दोनों ही अवसरों पर जिन्ना से समझौता किया जा सकता था। **मौलाना आज़ाद** ने अपनी आत्मकथा "**इण्डिया विन्स फ्रीडम**" में इस पक्ष का समर्थन किया है। यह मत इस तथ्य की उपेक्षा करता है कि जिन्ना ने जो माँग की थी, वह कांग्रेस के लिए स्वीकार करना असंभव था। जिन्ना ने माँग की थी कि कांग्रेस से तभी समझौता हो सकता है जब कांग्रेस अपने हिन्दू निकाय और लीग को मुस्लिम के प्रतिनिधि के रूप में स्वीकार कर ले। इस मांग को स्वीकार कर लेने के बाद कांग्रेस का धर्मनिरपेक्ष ढाँचा नष्ट हो जाता। यह न केवल उन राष्ट्रवादी मुसलमानों के साथ विश्वासघात होता, जो अपनी व्यक्तिगत हानि की परवाह न करते हुए कांग्रेस के साथ थे, साथ ही भारतीय जनता और उनके भविष्य के साथ भी खिलवाड़ होता। जिन्ना की माँग स्वीकार करने पर भारत एक फासिस्ट हिन्दू राज्य ही बन पाता। राजेन्द्र प्रसाद के शब्दों में कांग्रेस "अपने अतीत को नकारकर, अपने इतिहास को झुठलाकर और अपने भविष्य के साथ छल करके ही ऐसा कर सकती थी।"

समझौते की नीति

कांग्रेस ने इन शर्तों पर जिन्ना से समझौता करने से इन्कार तो कर लिया, पर जिन्ना के दुराग्रह के बावजूद कांग्रेस ने मुसलमानों को रियायत देने की एकतरफा घोषणा की। कांग्रेस ने 1942 में क्रिप्स मिशन के साथ किये गये समझौते में मुस्लिम बहुल प्रांत की स्वायत्तता देने की बात मान ली। 1944 में गांधीजी ने जिन्ना से बात की और इस बात को स्वीकार किया कि मुस्लिम बहुल प्रांतों को आत्मनिर्णय का अधिकार मिलना चाहिए। जब कैबिनेट मिशन प्लान ने यह प्रस्ताव रखा कि अगर मुस्लिम चाहें तो मुस्लिम बहुल प्रांतों (समूह ख और ग) के लिए अलग संविधान सभा का गठन किया जायेगा, तब कांग्रेस ने इसका विरोध नहीं किया। कांग्रेस ने अनिवार्य समूहीकरण का विरोध किया, (क्योंकि इसके जरिए उत्तर-पश्चिमी सीमान्त प्रदेशों और आसाम को उन समूहों में शामिल होने के लिए बाध्य किया जा सकता था, जिनमें शामिल होने की उनकी इच्छा नहीं हो सकती थी।) लेकिन 1946 के अंत में नेहरू जी ने घोषणा की कि उनकी पार्टी संघ न्यायालय के निर्णय को स्वीकार करेगी कि समूहीकरण अनिवार्य होना चाहिए या वैकल्पिक। इसलिए जब ब्रिटिश कैबिनेट ने 6 दिसंबर, 1946 के अपने वक्तव्य में यह स्पष्ट किया कि समूहीकरण अनिवार्य होगा तो कांग्रेस ने उसे चुपचाप मान लिया। जैसे कि हमने पहले बताया है कि जब ब्रिटेन की सरकार ने 20 फरवरी, 1947 को भारत छोड़ने की घोषणा कर दी, तब नेहरू ने लियाकत अली ख़ान से सहयोग की अपील की। अतः जब कांग्रेस ने 3 जून की योजना और विभाजन को स्वीकार किया तो यह लीग की माँग के सामने अंतिम समर्पण था। वस्तुतः मुस्लिम बहुल राज्य संबंधी लीग की लगातार माँग के कारण ही भारत को कटु यथार्थ से गुजरना पड़ा और कांग्रेस ने इस कटु यथार्थ को स्वीकार किया।

इस प्रकार रियायत की नीति को जिसके सहारे मुसलमानों को यह आश्वासन दिया जाता रहा कि उनके हित सुरक्षित रहेंगे, साम्प्रदायिक माँगों के सामने झुकना पड़ा। उदाहरण के लिए कांग्रेस ने अलगाव की नीति को, मुसलमानों का भय समाप्त करने के लिए स्वीकार कर लिया। कांग्रेस को यह आशा थी कि मुसलमान इस अधिकार का उपयोग नहीं करेंगे। यह एक सद्भावना पूर्ण विचार था, जबकि 1940 तक आते-आते मुस्लिम साम्प्रदायिकता का आधार अल्पसंख्यकों का डर नहीं रह गया था, बल्कि उसका एक ही उद्देश्य था-एक स्वतंत्र संप्रभु मुस्लिम राष्ट्र की स्थापना। परिणामस्वरूप कांग्रेस हर बार रियायतें देती रही और यह देख कर कि कांग्रेस नरम पड़ रही है, जिन्ना अपनी मांगों को बढ़ाते गये। इन रियायतों में साम्प्रदायिकता की जड़ें कमजोर नहीं हुई बल्कि इससे जिन्ना और लीग की शक्ति और मजबूत हुई और उनकी इस कामयाबी को देखते हुए ज्यादा-से-ज्यादा मुसलमान उनके साथ आ गये। मुस्लिम साम्प्रदायिकता के साथ हिन्दू साम्प्रदायिकता भी तेजी के साथ उभरी। हिन्दू सम्प्रदायवादियों ने अपने को हिन्दुओं के हितों का एकमात्र संरक्षक प्रदर्शित किया और कांग्रेस पर आरोप लगाया गया कि मुसलमानों को अपने पक्ष में करने के लिए वह हिन्दुओं का अहित कर रही है।

बुनियादी असफलता

कांग्रेस साम्प्रदायिकता के बढ़ते चरण को रोक नहीं पायी। इसका सबसे बड़ा कारण यह था कि 1940 में साम्प्रदायिकता का जो चरित्र था, उसे

कांग्रेस समझ नहीं पायी। हालाँकि कांग्रेस धर्मनिरपेक्षता के प्रति प्रतिबद्ध थी और गांधीजी ने हिन्दू-मुस्लिम एकता के लिए अपनी जान दे दी, लेकिन बुनियादी कमजोरी यह थी कि राजनीति और विचारधारा के स्तर पर साम्प्रदायिकता से लड़ने की दूरगामी योजना सामने नहीं आ सकी। कांग्रेसी नेता यह विश्वास करते थे कि रियायतें देने और समझौता करने से साम्प्रदायिक समस्या हल हो जायेगी। **प्रो. विपिन चन्द्र** के अनुसार, ''साम्प्रदायिकता मूलत: एक विचारधारा है जिसे कभी भी स्वीकार नहीं करना चाहिए और न ही किया जा सकता है। इसके साथ संघर्ष करना चाहिए और इसका विरोध करना चाहिए........कांग्रेस और राष्ट्रीय आन्दोलन की सबसे बड़ी कमजोरी यह थी कि वह ऐसा नहीं कर सकी। ''इंडियाज़ स्ट्रगल फॉर इंडिपेन्डेंस''।

भारत विभाजन के कारण

भारत-विभाजन भारतीय इतिहास की एक महत्वपूर्ण घटना है और जिन परिस्थितियों में यह घटना घटी वह अत्यन्त दुखपूर्ण है। इसके प्रमुख कारण मुसलमानों की धार्मिक कट्टरता और उनकी साम्प्रदायिक भावना थी। सदियों तक साथ-साथ रहने के पश्चात् भी हिन्दू और मुसलमान अपने धार्मिक मतभेदों को भुला नहीं सके थे। शिक्षा और आधुनिक विचारों की कमी तथा अंग्रेजों की दासता के कारण धर्म से अधिक श्रेष्ठ और उपयोगी आदर्श उनके सम्मुख नहीं बन सका। ऐसी स्थिति में सर सैय्यद अहमद खां के नेतृत्व में आरम्भ हुआ अलीगढ़-आन्दोलन साम्प्रदायिक बन गया। धीरे-धीरे भारतीय मुसलमान यह विश्वास करने लगे कि उनका हित न केवल बहुसंख्यक हिन्दुओं से भिन्न है वरन् उनके विरोध में भी है। **सर मुहम्मद इकबाल** ने साम्प्रदायिकता की इस भावना का पोषण किया और उनके साथ अन्य बहुत से मुसलमान नेता सम्मिलित हो गये। मुस्लिम लीग और उसके नेता मुहम्मद अली जिन्ना ने इसमें विशेष रूप से भाग लिया। जिन्ना के नेतृत्व में लीग की नीति दृढ़ और स्पष्ट हो गयी तथा वह मुसलमानों को प्रभावित करने में सफल हुई, जिसका अन्तिम परिणाम पाकिस्तान का निर्माण था।

भारत विभाजन

20 फरवरी, 1947 ई. को प्रधान मंत्री एटली ने एक घोषणा से सारे जगत को स्तंभित कर दिया। पार्लियामेन्ट से उसने कहा कि 'सम्राट की सरकार यह स्पष्ट कर देना चाहती है कि वह जून 1948 ई. के पूर्व ही किसी तिथि को उत्तरदायी भारतीयों को शक्ति हस्तांतरित करने के लिए आवश्यक कार्रवाई करे। प्रधानमंत्री ने यह भी कहा कि यदि संविधान सभा सर्व-सम्मति से कोई संविधान बनाकर भेजती है, तो सरकार उसे संशोधित कर पार्लियामेन्ट के पास भेज देगी।'' उसी समय सरकार ने लॉर्ड बेवल की जगह लॉर्ड लुयिस माउण्ट बेटन को अपना अन्तिम वायसराय बनाने की भी घोषणा की।

14 मार्च को लॉर्ड माउण्ट बेटन ने अपना पदभार संभाला। उन दिनों भारत में एशियाई राष्ट्रों का सम्मेलन हो रहा था, जिसमें 30 राष्ट्रों के 230 प्रतिनिधि आये थे। जवाहरलाल नेहरू ने अपने उद्घाटन-भाषण में यह बताया कि 'हम यहाँ किसी देश की आन्तरिक राजनीतिक समस्याओं पर विचार न करेंगे। प्रत्युत, हमारी इच्छा है कि इस सम्मेलन के फलस्वरूप कोई ऐसी एशियाई संस्था स्थापित हो जाये जहाँ समान हितों की समस्याओं का अध्ययन किया जा सके और एशियाई राष्ट्रों में घनिष्टतर संबंध बन सके। 'मुस्लिम लीग ने इस सम्मेलन का भी बहिष्कार किया था। यह नेहरू के किसी कार्य में सहयोग करना नहीं चाहती थी।

पक्ष-विपक्ष का अध्ययन कर उसने कांग्रेस को आशा दिलायी और माउण्ट बेटन ने सुझाव दिया कि यदि वह भारत विभाजन के लिए तैयार है, तो अंग्रेज भारत छोड़ देंगे। कांग्रेस ने उसका सुझाव मान लिया। महात्मा गांधी उस समय बंगाल में थे। यह भारत विभाजन के पक्ष में न थे। वायसराय माण्उट बेटन ने मुस्लिम लीग को भी कहा कि यदि यह पाकिस्तान बनाना चाहती है, तो पंजाब और बंगाल में से हिन्दू-बहुल भू-भाग उसे छोड़ने पड़ेंगे। मुस्लिम लीग भी सहमत हो गयी। तब वायसराय माउण्ट बेटन इंग्लैण्ड गये और फिर 1 जून को भारत लौटे। 3 जून को उसने दिल्ली के रेडियो से भारत विभाजन और स्वाधीनता की घोषणा कर दी कि जून, 1948 ई. तक तत्काल सत्ता को हस्तांतरित कर दिया जायेगा। अंग्रेज वायसराय के भाषण के बाद जवाहरलाल नेहरू ने कांग्रेस की ओर से, जिन्ना साहब ने मुस्लिम लीग की ओर से और सरदार बलदेव सिंह ने सिखों की ओर से माउण्ट बेटन की योजना को मंजूर किया। मुस्लिम लीग और कांग्रेस के अधिवेशन ने भी उसी महीने उस पर अपनी-अपनी स्वीकृति दे दी। तब प्रान्तों की विधान सभाओं से स्वीकृति के लिए कहा गया। पंजाब और बंगाल ने तभी अपने विभाजन को स्वीकार कर लिया। सिंध और बलूचिस्तान, पाकिस्तान में सम्मानित होने को राजी थे ही। सीमा प्रान्त में कांग्रेस मंत्रिमण्डल था, वहाँ जनता से मत लिये गये कि वह भारत में रहना चाहते हैं या पाकिस्तान में? अब्दुल गफ्फार खां ने कहा कि मत इस पर लिया जाये कि सीमा प्रान्त पाकिस्तान में आये अथवा अलग पख्तूनिस्तान में रहे परन्तु उनकी बात किसी ने न सुनी। सीमा प्रान्त पाकिस्तान का अंग बना। असम के सिलहट जिले ने पाकिस्तान के पक्ष में अपना मत प्रकट किया। इस प्रकार वायसराय लॉर्ड माउण्ट बेटन की भारत विभाजन योजना संपादित हो गयी।

भारत का संवैधानिक विकास

ब्रिटिश राज का भारत की राजनीतिक और संवैधानिक ढाँचे पर गहरा प्रभाव पड़ा। कई अर्थो में यह प्रभाव इतना दूरगामी व चिरस्थायी रहा कि उसका असर हम स्वतंत्र भारत के संविधान में भी देख सकते हैं। यहाँ हम ब्रिटिश राज के अन्तर्गत संवैधानिक विकास की प्रक्रिया पर विचार करेंगे।

भारत के संवैधनिक विकास का महायात्रा सन् 1599 ई. (इसी वर्ष ईस्ट इंडिया कंपनी की स्थापना भी हुई थी) से आरंभ मानी जाती है, जब महारानी एलिजाबेथ ने ईस्ट इंडिया कंपनी को एक राजलेख द्वारा 15 वर्षो के लिए व्यापार का अधिकार प्रदान किया, जिसे "1599 ई. का चार्टर" कहा जाता है। इस राजलेख द्वारा कंपनी को पूर्वी देशों में व्यापार करने का अधिकार प्राप्त हो गया, साथ ही कंपनी की समस्त शक्तियाँ 24 सदस्यीय परिषद् में निहित कर दी गई। आगे 1726 ई. के राजलेख में यह प्रावधान बनाया तथा कि कलकत्ता, मद्रास और बम्बई प्रेसीडेन्सी के गवर्नरों को विधि बनाने संबंधी शक्ति होगी।

रेग्यूलेटिंग एक्ट, 1773

बक्सर के युद्ध (1764 ई.) ने कंपनी को बंगाल जैसे **आर्थिक लाभ के क्षेत्र** का लगभग निर्विवाद स्वामी बना दिया। परंतु इसके बावजूद भी कंपनी की आर्थिक हालत नाजुक बनी रही। वहीं दूसरी तरफ इसके कर्मचारियों व अधिकारी काफी फल-फुल रहे थे और इसके कई अधिकारी काफी सारा धन लेकर ब्रिटेन लौटे थे। इस विरोधाभासी प्रकरणों ने ब्रिटिश राजनीतिक जगत के कान खड़े कर दिये और यह बात लगभग स्पष्ट हो गई कि कंपनी राज को पूर्णतया निरंकुश छोड़ना भ्रष्टाचार और कुशासन पर मुहर लगाना है। ब्रिटिश राजनीतिक जगत की सोच यह बन रही थी कि कैसे भी हो कंपनी को ब्रिटिश सरकार अर्थात् 'क्राउन' के नियंत्रण में लाना ही होगा आर्थात् इसमें ब्रिटिश संसद की भूमिका बनानी ही होगी। इस प्रकार 1773 का आधार बनी। संक्षेप में कहा जाये तो ब्रिटिश सरकार ने कंपनी में व्याप्त भ्रष्टाचार एवं कुप्रशासन को दूर करने के लिए 1773 ई. को रेग्यूलेटिंग एक्ट पारित किया। यह अधिनियम एक प्रकार से भारत में कंपनी के प्रशासन पर ब्रिटिश संसदीय नियंत्रण के प्रयासों की शुरुआत की एक कड़ी के रूप में देखा जाता है। इस अधिनियम के प्रमुख प्रावधान निम्नवत है-

- इस अधिनियम में यह प्रावधान बनाया गया कि मद्रास और बम्बई प्रेसिडेंसियों कलकत्ता प्रेसीडेन्सी के अधीन कार्य करेंगी, जिसका प्रमुख एक गवर्नर जनरल होगा। यद्यपि कुछ विशेष परिस्थितियों में वे (मद्रास व बम्बई प्रेसीडेंसी) बिना बंगाल सरकार की स्वीकृति के स्वतंत्र रूप से कार्य कर सकते थे। गवर्नर जनरल का नियंत्रण अपूर्व था। गवर्नर जनरल के सहयोग हेतु चार सदस्यों (गवर्नर जनरल के अतिरिक्त) की एक समिति (कौंसिल) बनाई गई, जिनसे विचाराधीन मामलों में बहुमत से निर्णय लेने का प्रावधान था। गवर्नर जनरल परिषद् के बहुमत से कार्य करने को बाध्य थे, परंतु मतों की बराबरी की स्थिति में वे निर्णायक की स्थिति में थे। परिषद् का कार्यकाल पाँच वर्ष निर्धारित किया गया।
- इस एक्ट द्वारा क्राउन (सरकार) को अधिकृत किया गया कि राजकीय आदेश द्वारा एक सर्वोच्च न्यायालय (सुप्रीम कोर्ट ऑफ जस्टिस) स्थापित करे, जिसमें एक प्रधान न्यायधीश व तीन अन्य न्यायाधीश हों। आगे कलकत्ता में एक सुप्रीम कोर्ट की स्थापना हुई। सुप्रीम कोर्ट के निर्णय से असहमति पर लंदन स्थित प्रिवी कांउसिल में अपील की जा सकती थी। सुप्रीम कोर्ट को प्राथमिक तथा पुनर्विचार संबंधी अधिकार दिये गये। यह न्यायालय 1774 ई. में स्थापित की गई एवं सर एलीजा इम्पे इसके प्रथम मुख्य न्यायाधीश नियुक्त हुए।
- इस अधिनियम के द्वारा कर्मचारियों का व्यक्तिगत व्यापार निषिद्ध कर दिया गया। अब कंपनी के कर्मचारी किसी भी प्रकार का उपहार, दान या परितोषिक ग्रहण नहीं कर सकते थे।
- गवर्नर जनरल को 25,000 पौंड तथा कौंसिल के अन्य सदस्यों को 10,000 पौंड एवं मुख्य न्यायाधीश को 8,000 पौंड वार्षिक निश्चित किया गया।
- कंपनी की वित्तीय स्थिति को देखते हुए 14 लाख पौंड का ऋण स्वीकृत किया गया।

अधिनियम के दोषः-यह अधिनियम 1784 ई. तक प्रभावी रहा। इस अधिनियम में कुछ मौलिक व व्यवहारिक दोष थे, जिससे भारतीय शासन एवं गृह-सरकार में **बहुधा भ्रम व द्वन्द्व** की स्थिति उत्पन्न हो जाती थी। कुछ प्रमुख आधार निम्नवत है, जिससे यह अधिनियम आलोचना का शिकार हुई:-

- गवर्नर जनरल और उसकी कौंसिल के सदस्यों एवं उच्चतम न्यायालय के बीच निश्चित कार्य क्षेत्र का स्पष्ट विभाजन नहीं किया गया, जिससे अक्सर दोनों के बीच क्षेत्राधिकार के उलंघन की संभावनाएँ बनी रहती थी। माना जाता है कि इसे लेकर वारेन हेस्टिंग्स (तत्कालीन गवर्नर जनरल) एवं सर्वोच्च न्यायालय के मुख्य न्यायधीश (सर एलिजा इम्पे) के संबंध कभी अच्छे नहीं रहे।
- मद्रास व बम्बई प्रेसीडेंसी को पर्याप्त शक्ति नहीं दी गई थी। यद्यपि कुछ विशेष परिस्थिति में वे स्वतंत्र निर्णय ले सकते थे। इस समूची प्रक्रिया ने एक जटिल वातावरण तैयार किया, जिसके फलस्वरूप अक्सर वे नीतिगत पंगुता का शिकार हो जाते, साथ ही ये शक्तियाँ संगठित होने के बजाये एक दूसरे से बैर-भाव जैसा व्यवहार करने लगती थी।
- यदि कौंसिल के तीन सदस्य किसी विचाराधीन मुद्दे पर हावी होने का प्रयास करता था तो ऐसी स्थिति में नीतियों का क्रियान्वयन संभव नहीं हो पाता था। गवर्नर जनरल को अपनी समिति के निर्णय को दरकिनार करने हेतु कोई निर्णायक अधिकार नहीं प्राप्त था।
- ब्रिटिश जज सामान्यतः भारतीय प्रचलित कानूनों से अनभिज्ञ थे। अतः भारतीयों पर अंग्रेजी कानून थोप दिये जाते थे और आम जनता इस अरोपित न्याय प्रणाली से परेशान व विवश हो गई थी।

कुछ व्यवहारिक दोषों के बावजूद इस अधिनियम में निहित विशेषताओं को नकारा नहीं जा सकता है। इस अधिनियम द्वारा ही कंपनी पर संसद के नियत्रण की शुरुआत हुई। इस अधिनियम द्वारा ही ब्रिटिश भारत के लिए एक लिखित संविधान प्रणाली का सूत्रपात हुआ, साथ ही भविष्य में किये जाने वाले संवैधानिक प्रावधानों के लिए आधारशिला तैयार हुई। इस अधिनियम ने एक प्रकार से कंपनी को एक राजनीतिक सत्ता के रूप में स्थापित किया। मद्रास व बम्बई प्रेसीडेंसी को कलकत्ता प्रेसीडेंसी के अधीन करके प्रशासनिक केन्द्रीयकरण का मार्ग प्रशस्त करने की कोशिश की गई। इस प्रकार, रेग्यूलेटिंग एक्ट, 1773 के माध्यम से ब्रिटिश भारत में एक ईमानदार व स्वस्थ्य शासन व्यवस्था का आधारभूत सिद्धांत निर्धारित किया गया।

पिट्स इंडिया एक्ट, 1784

1783 ई. तक आते-आते रेग्यूलेटिंग एक्ट की व्यावहारिक खामियाँ स्पष्ट रूप से उजागर होने लगी, जब मद्रास व बम्बई प्रेसीडेंसियों द्वारा अनावश्यक व आर्थिक रूप से बोझिल युद्धों में उलझने का प्रकरण सामने आया। उस पर बंगाल सरकार के अप्रभावी नियंत्रण ने स्थिति को नासूर बना दिया। यद्यपि वारेन हेस्टिंग्स ने व्यक्तिगत योग्यता व प्रयास से मराठों के साथ जैसे-तैसे यथास्थिति बनाये रखने का एक सफल प्रयास किया। परंतु इन घटनाओं ने ब्रिटिश पार्लियामेन्ट को आगे की आवश्यकताओं को ध्यान में रखते हुए कुछ नए उपाय लाने की ओर ध्यान आकृष्ट किया। इन्हीं सब आलोक में व कंपनी पर अपने प्रभाव को मजबूत करने के उदेश्य से ब्रिटिश पार्लियामेंट ने सन् 1748 में पिट्स इंडिया एक्ट पारित किया।

इस एक्ट के प्रमुख प्रावधान इस प्रकार थे-

- इस अधिनियम द्वारा 6 कमिश्नरों का एक "नियंत्रण बोर्ड" (बोर्ड ऑफ कंट्रोल) की स्थापना की गई।
- भारत में गवर्नर-जनरल के परिषद् की सदस्य संख्या चार से घटाकर तीन कर दी गई, जिनमें एक मुख्य सेनापति भी था। गवर्नर को अभी भी बहुमत से कार्य करना था।
- गवर्नर-जनरल की नियुक्ति का अधिकार यद्यपि संचालक मण्डल में निहित था। परंतु उसे वापस बुलाने का अधिकार बोर्ड ऑफ कंट्रोल को दिया गया।
- इस अधिनियम द्वारा मद्रास व बम्बई के गवर्नर पूर्णरूप से गवर्नर जनरल के अधीन हो गए।
- पहली बार भारत में कंपनी के अधिकृत प्रदेशो को एक नए नाम 'ब्रिटिश अधिकृत भारतीय प्रदेश' से संबोधित किया जाने लगा।
- देशी रियासतों व राजाओं से युद्ध तथा संधि से पूर्व गवर्नर-जनरल को कंपनी के डायरेक्टरों की अनुमति अनिवार्य बना दी गई।
- इस एक्ट ने कंपनी के राजनीतिक व व्यापारिक क्रिया-कलापों को एक दूसरे से पृथक कर दिया। कंपनी के वाणिज्य सम्बन्धी मामलों को छोड़कर सभी सैनिक व असैनिक मामले बोर्ड ऑफ कंट्रोल के अधीन चले गये।

अधिनियम का महत्व

- चूकिं नियंत्रण बोर्ड का अध्यक्ष मंत्रिमण्डल का सदस्य था, इसी प्रकार इस एक्ट ने भारतीय शासन पर ब्रिटिश सरकार का एक प्रकार से निश्चित अधिकार स्थापित कर दिया। यह पद अपने आप में इतना महत्वपूर्ण रहा कि जब 1858 के एक्ट में कंपनी के अधिकारों की समाप्ति की घोषणा हुई तो बोर्ड ऑफ कंट्रोल के अध्यक्ष को ही भारत सचिव बनाया गया।
- गवर्नर-जनरल की शक्ति में वृद्धि हुई। चूँकि कौंसिल के सदस्यों की संख्या तीन कर दी गई, इस प्रकार अब एक भी सदस्य यदि गवर्नर-जनरल से सहमति रखता तो गवर्नर-जनरल को नीति के क्रियान्ययन में कठिनाई महसूस नहीं होती थी।
- इस एक्ट द्वारा द्वैध शासन प्रणाली की शुरुआत हुई। एक कंपनी द्वारा तथा दूसरा संसदीय बोर्ड द्वारा।

1786 का अधिनियम

माना जाता है कि कार्नवालिस को भारत के गवर्नर-जनरल पद के लिए तैयार करने के लिए इस अधिनियम को लाया गया था। इस अधिनियम द्वारा गवर्नर-जनरल को मुख्य सेनापति का भी अधिकार दे दिया गया।

इस अधिनियम में यह प्रावधान था कि गवर्नर-जनरल विशेष परिस्थिति मे परिषद् (कौसिल) के निर्णयों को रद्द कर सकता है तथा उसे अपने निर्णय को क्रियान्वित करने का विशेषाधिकार होगा।

चार्टर अधिनियम, 1793

1793 ई. का चार्टर अधिनियम दरअसल कंपनी के चार्टर के नवीनीकरण व इसके कार्यो और संगठनों में बेहतर तालमेल बैठाने का प्रयास था। यह एक विस्तृत चार्टर था, जिसमें कई पुराने कानूनों को निरस्त कर वर्तमान में प्रचलित कानूनों को प्राथमिकता दी गई। इसमें कंपनी को स्पष्ट निर्देश दिया गया कि उसे भारत में एक व्यवस्थित रूप में लिखित कानून की व्यवस्था करनी होगी ताकि न्यायालय को कानूनों की व्याख्या करने में आसानी हो, जिससे कि भारत में कानून के शासन की नयी परंपरा कायम की जा सके।

प्रमुख प्रावधान

- इस चार्टर एक्ट द्वारा कंपनी के व्यापारिक अधिकारों को 20 वर्ष के लिए बढ़ा दिया गया।
- मद्रास तथा बम्बई प्रेसिडेन्सियों पर गवर्नर-जनरल के अधिकार को स्पष्ट कर दिया गया।
- यदि गवर्नर-जनरल बंगाल से बाहर जाएगा तो उसे अपनी परिषद् के असैनिक सदस्यों में से किसी एक को उप-प्रधान नियुक्त करना होगा।
- मुख्य सेनापति का गवर्नर-जनरल की परिषद् का स्वतः ही सदस्य होने का अधिकार समाप्त कर दिया गया। सभी सदस्यों का वेतन भारतीय राजस्व से दिया जायेगा, आगे यह व्यवस्था सन् 1919 तक प्रभावी रही।

1813 का चार्टर अधिनियम

1793 के चार्टर एक्ट में कंपनी को, जो अधिकार-पत्र (20 वर्षों के लिए) मिला था, वह सन् 1813 में समाप्त हो रहा था। अतः स्वभाविक रूप में प्रश्न खड़ा हुआ कि कंपनी के व्यापारिक अधिकारों को आगे जारी रखा जाये या नहीं। इसी समय एक महत्वपूर्ण घटनाक्रम के रूप में नेपोलयन की महाद्वीपीय व्यवस्था भी कार्य कर रही थी। फ्राँसीसी शासक नेपोलियन बोनापार्ट द्वारा अपनाई गई अथवा लादी गई महाद्वीपीय पद्धति ने अंग्रेजों के यूरोपीय व्यापार को बुरी तरह प्रभावित किया था, अतः स्वभाविक तौर पर ब्रिटेन में इच्छा जगने लगी कि कंपनी का व्यापारिक अधिकार समाप्त किया जाए। इन्हीं आलोकों में इस चार्टर का प्रतिपादन हुआ। इस चार्टर प्रमुख उपबन्ध निम्नवत् थे-

- कंपनी का अधिकार-पत्र 20 वर्ष के लिए बढ़ा दिया गया।
- कंपनी के भारतीय व्यापार के एकाधिकार को समाप्त कर दिया गया।
- यद्यपि उसके चीनी तथा चाय के व्यापार का एकाधिकार चलता रहा।
- इस अधिनियम द्वारा न केवल नियंत्रण बोर्ड (बोर्ड ऑफ कंट्रोल) की अधीक्षण तथा नियंत्रण शक्ति को सुस्पष्ट रूप से परिभाषित किया गया वरन् उसका विस्तार भी हुआ।
- कंपनी के कर्मचारियों (सैनिक व असैनिक) के प्रशिक्षण संबंधी प्रावधान बनाया गया।
- भारत में साहित्य के सुधार व पुनरूत्थान तथा शिक्षा के प्रोत्साहन के लिए एक लाख रुपये की धनराशि अलग रखने का प्रावधान था।

चार्टर अधिनियम, 1833

- कंपनी के अधिकार-पत्र को 20 वर्षो के लिए और बढ़ा दिया गया, साथ ही यह निश्चित किया गया कि वह भारत के राज्य क्षेत्र का प्रशासन एक ट्रस्टी के रूप में चलायेगा।
- इस अधिनियम द्वारा कंपनी के व्यापारिक एकाधिकार को पूरी तरह समाप्त कर दिया गया अर्थात् चीन से व्यापार तथा चाय संबंधी व्यापारिक एकाधिकार भी समाप्त हो गये।

- बंगाल का गवर्नर-जनरल अब भारत का गवर्नर-जनरल कहा जाने लगा।
- कानून बनाने की प्रक्रिया व शक्तियों के केन्द्रीकरण की कोशिश की गई। इस एक्ट के लागू होने से पूर्व प्रेसीडेन्सियाँ अपने-अपने कानून बना सकती थी, लेकिन अब समान व सुव्यवस्थित कानून पद्धति संपूर्ण क्षेत्र में लागू करने हेतु मद्रास तथा बंबई प्रेसिडेन्सियों से उनके कानून-निर्माण संबंधी अधिकार वापस ले लिए गये। सपरिषद् गवर्नर-जनरल को ही भारत के लिए कानून बनाने की शक्ति दी गई।
- किसी भी प्रकार का कर सपरिषद् गवर्नर-जनरल की आज्ञा से ही लगाये जा सकते थे। इस प्रकार प्रशासन के साथ-साथ सारी वित्तीय शक्तियाँ भी गवर्नर जनरल व उसकी परिषद् के हाथों में आ गई।
- विधि विशेषज्ञ के रूप में एक चौथा सदस्य गवर्नर-जनरल की परिषद् में सम्मिलित किया गया। इस पद को **सुशोभित** करने वाला प्रथम व्यक्ति **मैकाले** था।
- भारत में दास-प्रथा गैर-कानूनी घोषित की गई तथा भारत से इसके उन्मूलन के लिए गवर्नर-जनरल को आवश्यक कदम उठाने को कहा गया।
- कंपनी अपने प्रदेश में रहने वाले किसी भी भारतीय को धर्म, वंशाक्रम आदि के आधार पर किसी पद से, जिसके वह योग्य हो, वंचित नहीं कर सकती।

चार्टर अधिनियम, 1853

इस समय तक आते-आते सिन्ध (1843 ई.) तथा पंजाब (1849) अंग्रेजी साम्राज्य का हिस्सा बन चुके थे तथा लॉर्ड डलहौजी की हड़प नीति ने इस विस्तार को और बढ़ा दिया था। इस प्रकार देश के प्रादेशिक व राजनीतिक मानचित्र में व्यापक परिवर्तन उभर आया था। अत: इन नये जुड़े भागों के संवैधानिक स्थिति का प्रश्न भी आ खड़ा हुआ था। एक माँग यह भी उठी कि शक्तियों के विकेन्द्रीकरण पर विचार हो, साथ ही भारतीयों को भी अपने मामलों के प्रबंध में सहभागिता (सीमित स्तर पर) का अवसर दिया जाए। इन्हीं परिस्थितियों में यह अधिनियम को लाया गया। इसके प्रमुख प्रावधान कुछ इस प्रकार थे:-

- कंपनी का ट्रस्टी के रूप में भारतीय प्रदेशों पर अधिकार तभी तक रहेगा जब तक कि संसद कोई दूसरी व्यवस्था नहीं करती।
- इस एक्ट में कार्यपालिका और विधायी शक्तियों के पृथक्करण हेतु स्पष्ट प्रावधान किये गये। भारत के लिए एक पृथक विधान-परिषद् की स्थापना की गई।
- विधान-परिषद् में 12 सदस्य थे- कमान्डर-इन-चीफ, गवर्नर-जनरल, गवर्नर-जनरल की परिषद् के 4 सदस्य व 6 सभासद।
- डायरेक्टरों की संख्या 24 से घटाकर 18 कर दी गई और उनमें से एक तिहाई (6) को मनोनीत करने का अधिकार ब्रिटिश सम्राट के पास ही रहा।
- विधि सदस्य को गवर्नर-जनरल की कार्यकारी परिषद् का पूर्णसदस्य बना दिया गया।
- विधान-परिषद् की बैठक में प्रश्न पूछे जा सकते थे और कार्यकारी परिषद् की नीति की विवेचना भी की जा सकती थी, यद्यपि निर्णयक स्थिति कार्यकारी परिषद् को ही प्राप्त था।

भारत सरकार अधिनियम, 1858

सन् 1853 के चार्टर अधिनियम ने कंपनी को स्पष्ट रूप से सूचना दे दी थी कि उसका (कंपनी) ट्रस्टी के रूप में भारतीय प्रदेशों पर अधिकार तभी तक रहेगा, जब तक कि संसद कोई दूसरी व्यवस्था नहीं करती। भारत में इसी बीच 1857 के महाविद्रोह की घटना घटी। इस विद्रोह ने जटिल व असाधारण परिस्थितियों में कंपनी की प्रशासनिक सीमाओं को स्पष्ट रूप से उजागर कर दिया। इंग्लैण्ड में यह भावना पनपने लगी कि विद्रोह के लिए कंपनी दोषी है। साथ ही 19वीं सदी के मध्य तक आते-आते इंग्लैण्ड के राजनीतिक विचारक इस धारा के साथ बहने लगे कि भारत जैसे विशाल साम्राज्य का एक कंपनी द्वारा शासित होना अव्यवारिक ही नहीं अनुचित भी है। 1857 की क्रांति ने उन्हें कंपनी शासन के समापन का बहाना मुहैया करा दिया। इस अधिनियम में उल्लिखित कुछ प्रमुख उपबंध इस प्रकार थे-

- इस अधिनियम द्वारा भारत का प्रशासन कंपनी के हाथों से निकलकर सम्राट् के हाथों में आ गया।
- भारत राज्य-सचिव को ब्रिटिश साम्राज्ञी तरफ से भारतीय राज-काज का प्रबंधन करना था, इसमें उनकी सहायता के लिए 15 सदस्यीय भारत परिषद् (इंडिया काउंसिल) का गठन किया गया। भारत के शासन से संबंधित किसी भी कार्य के लिए भारत राज्य-सचिव की पूर्वानुमति अनिवार्य कर दी गयी, जबकि भारत परिषद की प्रकृति केवल सलाहकारी थी। इस प्रकार भारतीय शासन हेतू पिट्स इण्डिया एक्ट (सन 1748) द्वारा स्थापित दोहरी शासन व्यवस्था, जो न केवल असुविधाजनक बल्कि बहुत धीमी भी थी, का समापन हो गया।
- भारत परिषद् के 15 सदस्यों में 8 सदस्यों की नियुक्ति क्राउन द्वारा तथा शेष की नियुक्ति डायरेक्टरों की सभा द्वारा होने थी।
- इस अधिनियम में एक महत्वपूर्ण व्यवस्था यह थी कि भारत में कम-से-कम 10 वर्षों का सेवा अनुभव रखने वाले व्यक्ति ही इस परिषद् की सदस्यता पाने के योग्य होंगे।
- भारत का गवर्नर-जनरल अब ताज (क्राउन) के प्रतिनिधि के रूप में कार्य करने लगा तथा उसे 'वायसराय' की उपाधि मिली।
- चूँकि भारत राज्य सचिव ब्रिटिश मंत्रिमण्डल का सदस्य होता था, अत: वह स्वाभाविक रूप से ब्रिटिश संसद के प्रति उत्तरदायी था।
- भारत राज्य-सचिव को एक निगमित निकाय (Body Corporate) घोषित किया गया, जिस पर भारत एवं इंग्लैड में दावा किया जा सकता था अथवा जो दावा दायर कर सकता था।
- अब एक खुली प्रतियोगिता द्वारा अनुबद्ध सिविल सेवा में नियुक्ति का प्रावधान किया गया।

भारत परिषद् अधिनियम, 1861

सन् 1853 के चार्टर अधिनियम में एक विधान-परिषद् के गठन का प्रावधान था। परंतु बढ़ते समय के साथ यह देखा गया कि यह परिषद प्राय: विधान-परिषद की जगह विवाद-परिषद का रूप धारण करने लगती थी, परिणामस्वरूप विधि-निर्माण पर इसका नकारात्मक असर पड़ने लगा। विधि-निर्माण की त्रुटिपूर्ण प्रणाली, विधान परिषद में भारतीयों का न के

बराबर प्रतिनिधित्व आदि ने मिलकर 1861 के भारत परिषद अधिनियम का आधार तैयार किया। इस अधिनियम के प्रमुख उपबंध निम्नवत थे-

- वायसराय की कार्यकारी परिषद् में पाँचवें सदस्य के रूप में एक विधि वेत्ता को शामिल किया गया।
- वायसराय की परिषद् को विधि-बनाने की शक्ति प्रदान की गई। इससे प्रेरित होकर लॉर्ड कैनिंग ने विभागीय प्रणाली की शुरुआत की। इसमें प्रशासन का अलग-अलग विभाग अलग-अलग व्यक्तियों के जिम्मे डाल कर एक प्रकार से मंत्रिमण्डलीय प्रणाली की नींव डाली गई।
- वायसराय अपनी कार्यकारी परिषद् में अधिकतम 12 और न्यूनतम 6 अतिरिक्त सदस्य मनोनीत कर सकते थे।
- वायसराय अतिविशेष परिस्थितियों में विधान परिषद् की सलाह के बिना ही अध्यादेश जारी कर सकता था। यद्यपि ये अध्यादेश केवल 6 माह ही क्रियाशील थे।
- इस अधिनियम द्वारा मद्रास व बम्बई प्रेसिडेंसियों को अपने लिए कानून बनाना एवं उसमें संशोधन करने का अधिकार प्रदान किया।

भारत परिषद् अधिनियम, 1892

1857 के महाविद्रोह ने ब्रिटिश शासकों को यह जता दिया था कि लोगों की भावनाओं को जान्ने-समझने के लिए भारत के लोगों का प्रशासन से कुछ-न-कुछ जुड़ाव आवश्यक है ताकि समय रहते उनके मनोभाव को पढ़ा जा सके और एक सीमा के अन्दर ही सही, इसके निराकरण का प्रयास किया जा सके। इस प्रकार 1857 की क्रान्ति के फलस्वरूप भारतीय में उपजी राष्ट्रीयता की भावना, कांग्रेस की स्थापना (1885 ई.) तथा इल्बर्ट बिल विवाद आदि ने मिलकर इस संवैधानिक अधिनियम की आधारशिला रखी। इस अधिनियम के प्रमुख उपबन्ध निम्नवत थे-

- केन्द्रीय तथा प्रांतीय विधान परिषदों की सदस्य संख्या में वृद्धि की गई। केन्द्रीय विधान परिषद् मे न्यूनतम 10 और अधिकतम 16 सदस्य निर्धारित किया गया।
- परिषद् के अधिकारों में वृद्धि की गई। परिषद् के भारतीय सदस्यों को वार्षिक बजट पर बहस करने और सार्वजनिक हित से जुड़े मुद्दों पर प्रश्न पूछने का अधिकार दिया गया, यद्यपि परिस्थिति विशेष में बिना कारण बताये प्रश्नों के उत्तर देने से मना किया जा सकता था।
- इस अधिनियम द्वारा मद्रास और बम्बई के प्रांतीय विधानमण्डलों को न्यूनतम 8 तथा अधिकतम 20 सदस्यों द्वारा बढ़ा दिया गया, साथ ही ये सदस्य 6 दिन की अग्रिम सूचना देकर प्रश्न भी पूछ सकते थे।
- इस अधिनियम की एक बड़ी महत्वपूर्ण विशेषता भी चुनाव पद्धति (निर्वाचन पद्धति) की शुरुआत की। हालाँकि कानून में 'निर्वाचन' शब्द का प्रयोग नहीं किया गया था। केन्द्रीय विधान मण्डल में अधिकारियों के अतिरिक्त 10 गैर-सरकारी सदस्य चारों प्रांतों के प्रांतीय विधानमण्डल के गैर-सरकारी सदस्यों तथा कलकत्ता के वाणिज्य मण्डल के सदस्यों द्वारा निर्वाचित होते थे तथा शेष 5 गैर-सरकारी सदस्यों का मनोनयन वायसराय के अधिकार क्षेत्र में था। उधर, प्रांतीय विधानमण्डलों के सदस्यों को नगरपालिका, जिला बोर्ड, विश्वविद्यालय तथा वाणिज्य-मण्डल निर्वाचित करती थी (अप्रत्यक्ष निर्वाचक व्यवस्था थी, साथ ही इन्हें मनोनीत की संज्ञा दी जाती थी)।

भारतीय परिषद् अधिनियम, 1909

1885 ई. में कांग्रेस की स्थापना के बाद उदारवादी कांग्रेसियों ने संवैधानिक सुधारों की माँग रखते हुए औपनिवेशिक सत्ता पर दबाव बनाया, परंतु उन्हें 1892 के अधिनियम से गहरी निराशा हुई। 20वीं सदी के आरंभ से ही राष्ट्रीय आन्दोलन उग्रवादी चरण में प्रवेश कर चुका था। बंगाल विभाजन और स्वदेशी आन्दोलन ने देश की राजनीति का तेवर ही बदल दिया और 1909 तक आते-आते राष्ट्रीय स्वतंत्रता आन्दोलन अनेक आयामों को ग्रहण कर लिया था। कांग्रेस की कार्यप्रणाली (अनुनय-विनय) से असंतुष्ट अनेक युवा क्रांतिकारी आतंकवाद की राह पकड़ चुके थे और जिनका मानना था कि हिंसक गतिविधयों द्वारा भय और आतंक का माहौल बनाकर वे अंग्रेजों को भारत छोड़ने पर मजबूर कर सकते हैं। सूरत अधिवेशन ने कांग्रेस को स्पष्ट रूप में दो फाड़ कर दिया था, जहाँ गरम दल या उग्र राष्ट्रवादी अंग्रेजों से सीधी टक्कर लेने को उत्सुक थे, वहीं नरम दल वालों को अभी भी शांतिपूर्ण प्रक्रियाओं में विश्वास था अथवा वे अपनी सीमाओं को पहचानते थे।

दूसरी तरफ मुस्लिम जनता में भी अंग्रेजों के प्रति मोहभंग होने लगा था और उन्हें अपना बेहतर भविष्य राष्ट्रीय आन्दोलन के साथ रहने में ही दिखा। इन सब कारणों के साथ ही 1857 ई. की क्रांति की पुनरावृत्ति का भय आदि ने मिलकर इस अधिनियम की पृष्ठभूमि तैयार की। इस समय जान मार्ले भारत सचिव व लॉर्ड मिण्टो भारत के वायसराय थे, इसलिए इसे **मार्ले-मिण्टो सुधार** के नाम से भी जाना जाता है। इस अधिनियम के प्रमुख प्रावधान निम्नवत थे-

- केन्द्रीय विधान परिषद में सदस्य संख्या को बढ़ाकर 69 कर दिया गया, जिनमें 9 पदेन सदस्य थे। कुल 69 सदस्यों में से 37 स्थान शासकीय सदस्यों के लिए तथा शेष 32 स्थान गैर-शासकीय सदस्यों के लिए सुरक्षित थे। 37 शासकीय सदस्यों में से 28 सदस्य (9 पदेन सदस्यों को छोड़कर) गवर्नर जनरल द्वारा मनोनीत किये जाते थे। 32 अशासकीय सदस्यों में से 5 गवर्नर जनरल द्वारा नामजद किए जाते थे तथा शेष 27 सदस्य निर्वाचित किए जाते थे।
- निर्वाचन प्रक्रिया अप्रत्यक्ष थी। निर्वाचन परिषद् का गठन स्थानीय निकायों से होना था, जो प्रांतीय विधान परिषदों के सदस्यों का निर्वाचन करती थी। प्रांतीय विधान परिषदों के सदस्य केन्द्रीय व्यवस्थापिका के सदस्यों का चुनाव करती थी।
- इस अधिनियम द्वारा मुस्लिम समुदाय के लिए पृथक मताधिकार तथा पृथक निर्वाचन क्षेत्रों का गठन किया गया।
- गवर्नर-जनरल की कार्यकारिणी में एक भारतीय सदस्य की नियुक्ति का प्रावधान किया गया। सत्येन्द्र प्रसाद सिन्हा प्रथम भारतीय सदस्य के रूप में नियुक्त हुए।

समीक्षा

1909 के मार्ले-मिण्टो सुधारो से जनता को **'नाममात्र'** सुधार ही प्राप्त हुआ। मार्ले के शब्दों में ही "..........यदि किसी को संदेह हो तो मेरा आशय इस अधिनियम द्वारा भारतीयों को **उत्तरदायी सरकार** प्रदान करना व **संसदीय प्रणाली** लागू करना बिल्कुल नहीं है, ... अपितु विधान परिषदों को केवल परामर्शदात्री संस्थाओं के रूप में विकसित करना है"।

उपरोक्त कथन साफ-साफ शब्दों में इस अधिनियम के लक्ष्यों और प्रभावों को इंगित करते हैं।

दूसरी तरफ सुधारों का आवरण देकर पृथक **निर्वाचन व्यवस्था** द्वारा साम्प्रदायिकता का जो घृणित कांड खेला गया, उसने बड़े गहरे स्तर पर ऐसा विष का बीज बो दिया, जिसकी फसल हमें धर्म के आधार पर देश के विभाजन के रूप में देखने को मिली।

डॉ. राजेन्द्र प्रसाद के शब्दों में "देश के बँटवारे के लिए मिण्टो ही उत्तरदायी था"। आगे वोट देने संबंधी अधिकार में संपत्ति की योग्यता का प्रावधान भी इसके प्रभाव को सीमित करती थी। सर्वोच्च विधान परिषदों में अभी भी शासकीय बहुमत बना रहा तथा गैर-शासकीय सदस्य अल्पमत में ही रहे। प्रशासनिक विकेन्द्रीकरण की दृष्टि से भी यह अधिनियम बेदम साबित हुआ। न तो केन्द्रीय सरकार पर भारत सचिव एवं उसकी परिषद् के नियंत्रण में कोई कमी आई और न ही प्रांतीय सरकारों पर केन्द्रीय सरकार का नियंत्रण को ही कम किया गया।

भारत सरकार अधिनियम, 1919: मान्टेग्यू-चेम्सफोर्ड सुधार

1919 तक भारतीय राष्ट्रीय आन्दोलन की अपेक्षाएँ काफी बढ़ गई थी। 1909 से 1919 के बीच ऐसी कई महत्वपूर्ण घटनाएँ घटी, जिसने भारतीय आकांक्षाओं व असंतोष को बढ़ावा दिया। उदाहरण के लिए प्रथम विश्व युद्ध व उसके मध्य रूसी क्रांति, श्लेट एक्ट, आदि घटनाएँ। होमरूल ने भी भारतीय जन-आकांक्षाओं को जागृत करने का काम किया। प्रथम विश्व युद्ध के समय अमेरिका और ब्रिटेन के राजनीतिज्ञों ने कहा कि वे युद्ध में भाग इसलिए ले रहे है कि विश्व में प्रजातंत्रीय प्रणाली सुरक्षित रहे। इस प्रचार ने कांग्रेस के नेताओं को भी आशान्वित किया कि संभवतः सरकार युद्ध पश्चात कुछ सुधारों पर ध्यान देगी। इस प्रकार भारतीय बुद्धिजीवी वर्ग की तरफ से सरकार पर यह दबाव बढ़ने लगा कि वह नये संवैधानिक सुधारों को क्रियान्वित करे। इन्हीं सब बातों के बीच यह सुधार अधिनियम ने अपना आकार ग्रहण किया। इस अधिनियम के समय लॉर्ड मॉन्टेग्यू भारत सचिव तथा चेम्सफोर्ड गवर्नर-जनरल थे, इसलिए इसे 'मॉण्टेग्यू- चेम्सफोर्ड सुधार' भी कहा जाता है। इसके प्रमुख प्रावधान इस प्रकार थे-

- इस अधिनियम में प्रथम बार "उत्तरदायी-शासन" शब्द का स्पष्ट प्रयोग किया गया था।
- अब तक भारत सचिव का वेतन भारतीय राजस्व से मिलता था, लेकिन अब यह खर्च ब्रिटिश संसद द्वारा स्वीकृति धनराशि में से किया जायेगा।
- इस अधिनियम द्वारा केन्द्र में द्विसदनी व्यवस्था का गठन हुआ। इनमें एक राज्य परिषद् नामक सदन था तथा दूसरा केन्द्रीय विधान सभा। केन्द्रीय विधान सभा को निचला सदन कहा गया तथा इसके सदस्यों की संख्या 145 निर्धारित की गई। इनमें से 104 सदस्यों का निर्वाचन व शैष 41 सदस्यों का मनोनयन होना था। वही राज्य परिषद के सदस्यों की संख्या 60 निर्धारित की गई। इनमें उप निर्वाचित तथा शेष 26 मनोनीत होते थे।
- प्रश्न पूछने के अलावा सदस्य अनुपूरक माँगें भी पेश कर सकते थी।
- गवर्नर-जनरल की कार्यकारणी के 8 सदस्यों में 3 भारतीय की नियुक्ति ने भारतीयों की भूमिका को प्रभावशाली बनाने का कार्य किया। इन्हें- विधि, शिक्षा, उद्योग आदि विभाग सौंपे गये।
- केन्द्रीय सरकार तथा प्रांतीय सरकारों के बीच प्रशासन के सभी विषयों को 'केन्द्रीय' तथा 'प्रांतीय' दो वर्गों में विभक्त किया गया। जिन विषयों में एक से अधिक प्रांतों के हित टकराते थे, उन्हें केन्द्रीय विषय के अंतर्गत लाया गया। विदेशी मामले, यातायात, डाकतार, सुरक्षा मामले जैसे विषय केंन्द्रीय सरकार के पास रहें, वहीं स्थानीय स्वशासन, कृषि, शिक्षा, स्वास्थ्य आदि प्रांतीय सरकारों के पास। सभी अवशिष्ट शक्तियाँ केन्द्रीय सरकार में निहित कर दी गई।
- इस अधिनियम की एक महत्वपूर्ण विशेषता थी प्रांतों में आंशिक उत्तरदायी सरकार की स्थापना तथा द्वैध शासन की स्थापना करना। प्रान्तीय विषयों की दो श्रेणियों में वर्गीकृत किया गया- आरक्षित तथा हस्तान्तरित विषय। हस्तांतरित विषयों का प्रशासन गवर्नर द्वारा मंत्रियों के सहयोग से चलाना था, वहीं आरक्षित मामले गवर्नर अपने कार्यकारणी परिषद् के सहयोग से संपादित करते थे। शिक्षा, समाज कल्याण, स्थानीय स्वशासन आदि विषय हस्तांतरित विषयों की सूची में थे, वहीं पुलिस, जल-प्रशासन, भू-राजस्व जैसे विषय आरक्षित विषयों की सूची में।
- प्रांतीय व्यवस्थापिका सभाओं की सदस्य-संख्या बढ़ा दी गई।
- मताधिकार में भी वृद्धि हुई तथा सांप्रदायिक निर्वाचन पद्धति का विस्तार किया गया
- स्त्रियों को भी मत देने का अधिकार दिया गया।

मूल्यांकन

इस अधिनियम द्वारा आंशिक तौर पर ही सही ब्रिटिश संसद ने पहली बार भारत में उत्तरदायी शासन स्थापित करने की दिशा में कदम बढ़ाया था। साथ ही इसमें हमें प्रांतीय स्तर पर सीमित अर्थों में एक संसदीय शासन व्यवस्था के शुरुआती तत्व की झलक भी दिखलाई पड़ती है। किंतु इसकी सीमाओं ने राष्ट्रीय नेताओं को स्पष्ट कर दिया कि देश की संवैधानिक और प्रशासनिक व्यवस्था में जो परिवर्तन किये गए, वे प्रायः अधूरे, दोषपूर्ण और अव्यवहारिक थे। दोहरी शासन व्यवस्था के अंतर्गत प्रांतीय विषयों को आरक्षित व हस्तांतरित विषयों में बिना किसी उचित आधार के विभाजित कर दिया गया था। इससे अक्सर भ्रम की स्थिति उत्पन्न हो जाती था। गवर्नर अपने मंत्रियों की नियुक्ति विधान मण्डल के निर्वाचित सदस्यों की मदद से ही करता था, किंतु इस मंत्रियों में मंत्रिमण्डल की भावना नहीं थी, क्योंकि ये व्यक्तिगत रूप से गवर्नर के प्रति उत्तरदायी होते थे। इस प्रकार यह प्रावधान एक उत्तरदायी सरकार की स्थापना के लिए सबसे कठोर अवरोधक था। फिर, इस अधिनियम में संमवर्ती सूची जैसी कोई अलग विषय सूची नहीं बनाई गई थी। मंत्रियों का सामूहिक उत्तरदायित्व न होने के कारण उनमें परस्पर सहयोग की भावना का विकास नहीं हो पाता था।

भारत सरकार (शासन) अधिनियम, 1935

कांग्रेस प्रारंभ से ही 1919 के अधिनियम की आलोचना कर रही थी। अपने आन्दोलन के प्रत्येक चरण में उसने इस तथ्य की रेखांकित किया था। स्वराज पार्टी द्वारा इस अधिनियम को परिषद् के अन्दर से ही विफल करने और इसका वास्तविक चेहरा उजागर करने की प्रक्रिया चलाई गई। स्वराज पार्टी ने जनता के सामने स्पष्ट कर दिया कि 1919 के अधि

नियम द्वारा प्रदान की स्वतंत्रता अपर्याप्त व दिखावटी है। आगे, 1919 के अधिनियम में एक प्रावधान यह भी था कि 10 वर्षों के पश्चात इस अधिनियम की समीक्षा की जायेगी, परंतु 1929 से दो वर्ष पूर्व ही साइमन कमीशन की नियुक्ति कर सरकार ने भी इसकी विफलता के संकेत दे दिये। साइमन कमीशन ने परोक्षतः 1919 के अधिनियमों की कमियों की ओर संकेत करते हुए सुधारों की आवश्यकता पर बल दिया। आगे नेहरू-रिपोर्ट ने साम्प्रदायिक निर्वाचक-मण्डल की आलोचना करते हुए केन्द्र और प्रांतों के लिए पूर्ण स्वायत्तता की माँग की। देश में इस समय वामपंथी लहर भी प्रभावी उपस्थिति दर्ज कर रहा था, जिसका नेतृत्व अपेक्षाकृत एक युवा राष्ट्रवादी जवाहरलाल नेहरू के हाथों में था। नेहरू का मानना था कि वामपंथी जन-आन्दोलन निरतर चलते रहना चाहिए ताकि सरकार पर दबाव बना रहे। 1930 के दशक में तीव्र हो रहे राष्ट्रवादी आन्दोलन ने सरकार पर दबाव बना दिया कि यह तत्काल संवैधानिक सुधारों की तरफ ध्यान दें। इस प्रकार साइमन आयोग की रिपोर्ट, नेहरू रिपोर्ट, तीनों गोलमेज सम्मेलन आदि ने मिलकर इस अधिनियम को आकार लेने में सहायता की। 1935 का भारत शासन अधिनियम ब्रिटिश संसद के इतिहास का सबसे बड़ा व सबसे जटिल अधिनियम था। यह अधिनियम 14 भाग तथा 10 अनुसूचियों में विस्तृत था, जिनमें कुल मिलाकर 451 धाराएँ शामिल थी। इस अधिनियम के प्रमुख प्रावधान कुछ इस प्रकार थे-

- इस अधिनियम के तहत् एक अखिल भारतीय संघ के निर्माण का प्रावधान किया गया। प्रस्ताविक संघ ब्रिटिश भारतीय प्रातों मुख्य कमिश्नर के प्रांतों तथा देशी राज्यों का मिलाकर बनाया जाना था। समस्त ब्रिटिश प्रांतों के लिए संघ में शामिल होना अनिवार्य था, परंतु देशी रियासतों के संदर्भ में इसे वैकल्पिक बनाया गया।
- इस अधिनियम द्वारा केन्द्रीय स्तर पर द्वैध शासन प्रणाली का शुरुआत की गई।
- केन्द्रीय सरकार की कार्यकारिणी शक्ति गवर्नर जनरल में निहित थी।
- संघीय प्रशासन के विषय दो भागों मे विभाजित थे। संरक्षित विषयों में विदेशी मामले- रक्षा, धार्मिक मामले व जनजातीय मामलों से संबंधित विषयों को रखा गया था, जबकि शेष सभी विषयों को हस्तांतरित विषयों की सूची में डाला गया था।
- केन्द्रीय विधानमण्डल के दो भाग थे- राज्य परिषद तथा संघीय सभा। केन्द्रीय विधान मण्डल की शक्तियाँ सीमित थी। गवर्नर-जनरल अपने विवेकाधीन शक्तियों का प्रयोग कर एक साथ दोनों सदनों को आहूत कर सकता था। उसे विधेयक पर वीटो शक्ति प्राप्त थी।
- इस अधिनियम द्वारा बर्मा को ब्रिटिश भारत से अलग कर दिया गया तथा उड़ीसा एवं सिंध नाम से दो नये प्रांतों का गठन किया गया।
- इस अधिनियम द्वारा प्रांतो में द्वैध शासन समाप्त कर स्वायत्तता प्रदान की गई। अब वे सीधे क्राउन (ताज) के नियंत्रण में आ गये। गवर्नर अपने प्रांत में क्राउन का मनोनीत प्रतिनिधि होता था, जो अपने सभी कार्यों का संचालन एवं नियंत्रण क्राउन की ओर से करता था। गवर्नर के पास कानून-व्यवस्था, अल्पसंख्यक मामले इत्यादि से संबंधित विशेष अधिकार होते थे।
- इस अधिनियम द्वारा कुछ प्रांतों में द्विसदनीय व्यवस्था का प्रावधान बनाया गया। द्विसदनीय व्यवस्था के तहत उच्च सदन विधान परिषद् तथा निम्न सदन विधान सभा कहलाई। सभी सदस्यों का निर्वाचन प्रत्यक्ष रूप से होता था।
- इस अधिनियम द्वारा विषयों को तीन सूचियों के अन्तर्गत वर्गीकृत किया गया- संघ सूची, प्रांतीय सूची तथा समवर्ती सूची।
- एक संघीय न्यायालय के गठन का प्रावधान था, जिसके निर्णय के विरुद्ध प्रिवी कौंसिल में अपील की जा सकती थी।

मूल्यांकन

1935 का अधिनियम भारत में ब्रिटिश शासन के इतिहास में सर्वाधिक विस्तृत अधिनियम था। यह अधिनियम भारतीय संवैधानिक इतिहास में एक महत्वपूर्ण प्रस्थान-बिन्दु है, जिसका असर स्वतंत्र भारत के संविधान पर भी देखा जा सकता है। इसने भारत को एक संघीय ढाँचा प्रदान किया, यद्यपि इसकी अपनी सीमायें रही। उदाहरण के लिए प्रस्तावित संघीय व्यवस्था दोषपूर्ण थी, क्योंकि देशी रियासतों की सहमति को अनिवार्य न बनाकर पहले ही घड़े में छिद्र कर दिया गया। केन्द्र में द्वैध शासन की स्थापना का विचार भी औचित्यहीन व अदूरदर्शी नजर आता है, क्योंकि साइमन आयोग ने इसे दोषपूर्ण (प्रांतों में) माना था। प्रांतीय स्वायत्तता पर भी एक सीमा के बाद गवर्नर के विशेषाधिकार रोड़ा के समान था।

सूक्ष्मता से विश्लेषण करने पर यह साफ-साफ दिखाई पड़ता है कि ब्रिटिश सरकार इस अधिनियम द्वारा संवैधानिक सुधारों की प्रक्रिया को आगे बढ़ाने का प्रयास कम व भारतीय राष्ट्रीय आन्दोलन को विभाजित व भ्रमित करने का प्रयास ज्यादा किया। इस अधिनियम का एकमात्र उदेश्य राष्ट्रवादी शक्तियों में फूट डालते हुए एक संगठन के रूप में कांग्रेस व अन्य राष्ट्रीय संगठनों कमजोर करना था।

उपरोक्त कमियों की वजह से कांग्रेस सहित अन्य राजनीतिक दलों ने इसी अधिनियम की कड़ी आलोचना की। कांग्रेस की कार्यकारिणी ने इस अधिनियम की कड़े शब्दों में निंदा करते हुए प्रस्ताव पारित किया कि इस अधिनियम के साथ किसी भी प्रकार का सहयोग राष्ट्रीय आन्दोलन के साथ विश्वासघात है। नेहरूजी ने इस अधिनियम को ऐसी गाड़ी कहा "जिसमें इंजन नहीं था, परन्तु अनेक ब्रेक लगे हुए थे"। जिन्ना ने भी इसे मूलरूप से बुरा व पूरी तरह से अस्वीकृत होने योग्य बताया।

परिणाम : 1947 को भारतीय स्वाधीनता अधिनियम

4 जुलाई, 1947 को भारत विभाजन योजना को क्रियान्वित करने के लिए पार्लियामेन्ट में विधेयक पेश किया गया। 15 जुलाई को वह पारित हो गया। 15 अगस्त से भारत दो भागों में विभक्त हो गया। इस एक्ट की धाराएं निम्नलिखित थीं :-

1. 15 अगस्त, 1947 ई. को भारत का विभाजन करके भारत और पाकिस्तान नामक दो स्वतन्त्र राज्य हों।
2. ये दोनों राज्य स्वेच्छा से यह निर्णय करेंगे कि उन्हें ब्रिटिश-राष्ट्रमण्डल (British Commonwealth of Nations) का सदस्य रहना है अथवा नहीं।
3. जब तक दोनों राज्यों में संविधानों का निर्माण न हो जाये, उस समय तब दोनों राज्यों की संविधान-सभाओं को 1935 ई. के कानून के अनुसार विधि-निर्माण के अधिकार प्राप्त होंगे।

4. ब्रिटिश सम्राट दोनों के लिए पृथक्-पृथक् वायसराय (Viceroy) नियुक्त करेगा, परन्तु यदि दोनों एक ही वायसराय रखना चाहें, तो रख सकेंगे।
5. ब्रिटिश सम्राट की देशी नरेशों से सर्वोच्च-सत्ता (Paramountcy) समाप्त हो जायेगा।
6. जब तक नवीन संविधानों का निर्माण न हो जाये, तब तक 1935 ई. के कानून के आधार पर शासन चलाया जाये, परन्तु गवर्नर-जनरल और गवर्नर पूर्णतया संवैधानिक प्रधान रहेंगे। मंत्रिमण्डल पूर्णतया स्वतन्त्र होंगे। वे केवल व्यवस्थापिका सभाओं के प्रति उत्तरदायी होंगे।
7. भारत-सचिव तथा सहयोगी समाप्त कर दिये गये। भारत और पाकिस्तान से सम्बन्ध स्थापित रखने के लिए कॉमनवेल्थ सचिव (Common Wealth Secretary) को अधिकार दिये गये।
8. ब्रिटिश-सम्राट की भारत सम्राट की उपाधि समाप्त कर दी गयी। इस प्रकार भारत के संवैधानिक विकास का दूसरा चरण समाप्त हुआ।

सरकार की सम्पूर्ण सम्पत्ति दो भागों में विभ्रक्त हो गयी और उसी दिन से दो स्वतंत्र सरकारें-एक दिल्ली में और दूसरी कराची में काम करने लगी। भारत ने अपना वायसराय माउण्ट बेटन को ही बनाये रखा। जिन्ना साहब पाकिस्तान के वायसराय बने। भारत को तोड़कर ब्रिटिश सरकार ने उसे छोड़ दिया। भारत को खंडित करते समय पंजाब में हत्याकांड न हो, इसकी रोक-थाम के लिए एक अंग्रेजी सेनापति से आदेश में सीमा-सेना नियुक्त कर दी गयी थी। 10-11 अगस्त को जब पश्चिमी और पूर्वी पंजाब से क्रमशः हिन्दू और मुस्लिम पुलिस, सेना एवं सरकारी अधिकारी हटाये गये, तब असहाय जनता पर मुस्लिम और हिन्दू गुन्डे टूट पड़े तथा अपने सम्प्रदाय की पुलिस व सेना की सहायता पाकर मार-काट करने, संपत्ति को लूटने और आग लगाने लगे। जहाँ अंग्रेज सेनापति की सेना थे, वहाँ भी हजारों को घेर कर मार डाला गया। यह विभाजन का पहला फल मिला। भारत विभाजन से दो सरकारों की स्थापना के समय जो रक्तपात हुआ, उसकी क्रिया महीनों तक जारी रही। रीवा नदी के पश्चिम में लाखों हिन्दू इतिहास के आदि काल से निवास करते थे। भारत में तुर्क सल्तनत और मुगल बादशाहत के समय से वे वहीं बसते आये। वर्षों तक पंजाब में अफगानिस्तान का राज्य रहा, तब भी हिन्दुओं को अपने घरबार छोड़ने की आवश्यकता नहीं पड़ी थी। परन्तु विभाजित भारत की योजना के अंतर्गत सीमाप्रांत की सारी हिन्दू जनता और सिन्ध की अधिकांश हिन्दू जनता को बलात् उनके घरबार से निकाल दिया गया। पूर्वी पंजाब के मुस्लिमों की भी यही दशा हुई। उस समय पीड़न और क्रूरता ने जो रूप धारण किया, उसका शब्दों में वर्णन करना संभव नहीं है। लाखों मनुष्यों की जाने गयीं। करीब 150 लाख मनुष्य दोनों ओर से अपने-अपने घरों से उजड़ कर बेघर हो गये। बंगाल में यद्यपि मारकाट का क्रम पहले आरंभ हो गया था, परन्तु विभाजित भारत के दो राज्यों के स्थापना के समय उतनी मारकाट न हुई। वहाँ के लोग निःसंदेह लाखों की संख्या में अपने को पूर्वी बंगाल में आरक्षित और अपकृत समझ कर भारत में चले आये और अभी तक वह सिलसिला बंद नहीं हुआ।

करोड़ों की संख्या में जनता के विशाल समूहों का इस प्रकार का अन्तरण विश्व इतिहास में एक नयी घटना है। इस अन्तरण के कारण दोनों सरकारों को उन्हें स्थापित करने की कठिन समस्याओं का सामना करना पड़ा। दूसरे, विभाजन से दोनों देशों की आर्थिक और सामाजिक व्यवस्था की जड़ें हिल गयीं। पश्चिम से आने वाले अधिकतर हिन्दू व्यापारी और बुद्धिजीवी थे तथा भारत से जाने वाले मुस्लिम मजदूर, कारीगर और किसान। दोनों देशों के आर्थिक ढांचों में उन्हें किस प्रकार खपाया जाये, यह समस्या विकट रूप से सामने आ खड़ी हुई।

भारत ने बड़े धैर्य और साहस से विस्थापितों की समस्या का समाधान किया और धीरे-धीरे उनके अनुकूल आर्थिक अवस्थाएं उत्पन्न करने का प्रयत्न किया। स्वतंत्रता का पहला वर्ष तो इसी समस्या को सुलझाने में लगा, दूसरा कोई रचनात्मक कार्य न हो सका।

महत्वपूर्ण बिंदु

- ईस्ट इंडिया कंपनी की कार्यकुशलता में सुधार के लिए रेग्युलेटिंग एक्ट 1773 ई. में लाया गया।
- पिट्स इंडिया एक्ट (1784 ई.) के तहत एक नियंत्रण बोर्ड (बोर्ड ऑफ कांट्रोल) का गठन किया गया।
- 1813 के चार्टर एक्ट द्वारा कंपनी के भारतीय व्यापार के एकाधिकार को समाप्त कर दिया गया।
- 1813 एक्ट के द्वारा भारत में शिक्षा के विकास के लिए 1 लाख रुपये की धनराशि के व्यवस्था की बात की गई।
- 1833 के चार्टर एक्ट द्वारा कंपनी के व्यापारिक अधिकार पूरी तरह (चाय और चीन के साथ व्यापार की) समाप्त कर दिये गए। बंगाल का गवर्नर-जनरल अब भारत का गवर्नर जनरल कहलाने लगा।
- भारत सरकार अधिनियम 1858 द्वारा भारत का प्रशासन कंपनी के हाथों से निकलकर सम्राट् के हाथों में आ गया।
- भारत का गवर्नर-जनरल अब ताज के प्रतिनिधि के रूप में वायसराय भी कहा जाने लगा।
- भारत परिषद् अधिनियम, 1909 (मार्ले-मिंटो सुधार) द्वारा पृथक मताधिकार तथा पृथक निर्वाचन क्षेत्रों (साम्प्रदायिक आधार पर) का गठन किया।
- भारत सरकार अधिनियम, 1919 (मान्टेग्यू-चेम्सफोर्ड सुधार) द्वारा **प्रांतों में द्वैध** शासन की स्थापना की गई। साथ ही सांप्रदायिक निर्वाचन पद्धति का विस्तार भी हुआ।
- भारत सरकार (शासन) अधिनियम, 1935 द्वारा प्रांतों से द्वैध शासन हटाकर केन्द्र में लगा दिया गया। इस अधिनियम द्वारा विषयों को तीन सूचियों **संघ सूची, प्रान्तीय सूची** तथा **समवर्ती सूची** में वर्गीकृत किया गया।

❑❑❑

अध्याय
29

स्वतंत्रोत्तर भारत

[भारतीय संघ में देशी रियासतों का एकीकरण, राज्यों का भाषायी आधार पर पुनर्गठन, नेहरू और इंदिरा गांधी के अधीन गुट निरपेक्ष नीति, बांग्लादेश का पृथक्करण]

भारतीय संघ में देशी रियासतों का एकीकरण

स्वतंत्रता प्राप्ति के अवसर पर भारत में प्राय: 140 राज्य ऐसे थे, जहाँ जनतन्त्रीय शासन-व्यवस्था न थी, बल्कि वहाँ के नवाब अथवा राजा वहाँ का शासन करते थे। वे अंग्रेजी शासन की प्रभुसत्ता के अधीन थे। यद्यपि आन्तरिक शासन में वे स्वतंत्र थे। अन्तरिम सरकार के निर्माण होने और ब्रिटिश सरकार द्वारा भारत को छोड़ने के निश्चय को जानकर इन राज्यों को अपने विषय में चिन्ता हो गयी। उन्होंने ब्रिटिश सरकार से इस संबंध में बातचीत की, परन्तु वे एक निश्चित आश्वासन पाने में असफल रहे। जब ब्रिटिश-संसद ने 1947 ई. में भारतीय स्वतन्त्रता कानून बनाया, तब उसमें इन राज्यों के विषय में उल्लेख किया गया कि ब्रिटिश प्रभुसत्ता भारतीय राज्यों पर से समाप्त हो जायेगी और उनसे की गयी सन्धियां और समझौते उसी दिन समाप्त हो जायेंगे, जिस दिन भारत तथा पाकिस्तान के स्वतंत्र राज्यों का निर्माण होगा।

इससे यह स्पष्ट हो गया कि ब्रिटेन ने इन राज्यों के बारे में कोई निर्णय नहीं किया था। इस कारण इन राज्यों के सम्मुख दो विकल्प थे-भारत या पाकिस्तान में से किसी एक राज्य से समझौता करके उसके साथ मिल जाना अथवा अपने को स्वतंत्र बनाने का प्रयत्न करना। भारत की ओर से इन राज्यों से बातचीत करने का उत्तरदायित्व अन्तरिम सरकार के गृह मंत्री सरदार बल्लभ भाई पटेल पर था। उन्होंने प्रयत्न किया कि भारत की सीमाओं के निकट अथवा उसके अन्तर्गत जितने भी राज्य थे, वे भारत के साथ सम्मिलित हो जायें। उनके दृढ़ निश्चय और लॉर्ड माउण्ट बेटन तथा वी.पी. मेनन के सहयोग ने उनके कार्य में सहायता दी। राजाओं की परिषद (Chamber of Princes) के चान्सलर महाराजा पटियाला ने भी इस कार्य में भारत सरकार को पूर्ण सहयोग दिया। इनके प्रयत्नों के फलस्वरूप 15 अगस्त, 1947 ई. तक प्राय: 136 भारतीय राज्यों ने भारत में सम्मिलित होना स्वीकार कर लिया।

जूनागढ़, हैदराबाद और कश्मीर तीन राज्य ऐसे थे, जिन्होंने भारत के साथ सम्मिलित होने में कठिनाई प्रस्तुत की।

जूनागढ़

सितम्बर, 1947 ई. में जूनागढ़ ने पाकिस्तान में सम्मिलित होना स्वीकार किया, परन्तु इस राज्य की बहुसंख्यक जनता हिन्दू थी तथा यह भारतीय सीमाओं से घिरा हुआ था। राज्य के नागरिकों ने अपने नवाब के निश्चय का विरोध किया और एक 'स्वतंत्र अस्थायी हुकूमत' की स्थापना कर ली। नवाब अपने राज्य को छोड़कर पाकिस्तान भाग गया और बाद में फरवरी, 1948 ई. में जनमत-संग्रह करके जूनागढ़ को भारत में सम्मिलित कर लिया गया।

हैदराबाद

हैदराबाद भी भारतीय सीमाओं से घिरा हुआ था तथा वहाँ की बहुसंख्यक जनता हिन्दू थी, परन्तु हैदराबाद के निजाम ने अपने लिये स्वतंत्र राज्य की स्थापना करने का प्रयत्न किया। लॉर्ड माउण्ट बेटन के प्रयत्नों से नवंबर, 1947 ई. में भारत और हैदराबाद में एक अस्थायी समझौता हो गया, परन्तु निजाम ने उस समझौते का पालन नहीं किया और मुस्लिम रजाकारों को प्रोत्साहन दिया। राज्य में हिन्दुओं पर अत्याचार होने आरम्भ हो गये, हिन्दू-मुस्लिम दंगे होने लगे, आवागमन के साधनों को हानि पहुंचाई गयी और रजाकारों के नेता कासिम रिजवी ने यहाँ तक धमकी दी कि वह सम्पूर्ण भारत को विजय करके दिल्ली के किले पर निजाम का आसफजाही झण्डा फहरायेगा। जून 1948 ई. में लॉर्ड माउण्ट बेटन के भारत से चले जाने के पश्चात् स्थिति अधिक गम्भीर हो गयी। अन्त में, हैदराबाद के रुख को देखकर भारत ने पुलिस कार्यवाही करने का निर्णय लिया और सितम्बर, 1948 ई. में भारतीय सेना ने हैदराबाद में प्रवेश किया। पाँच दिन में ही हैदराबाद के भाग्य का निर्णय हो गया। 18 सितम्बर, 1948 ई. को मेजर-जनरल जे.एन. चौधरी ने हैदराबाद के सैनिक-गवर्नर का पर संभाला और हैदराबाद को भारत में सम्मिलित कर लिया गया। निजाम ने इसे स्वीकार कर लिया।

जम्मू-कश्मीर

जम्मू-कश्मीर राज्य के सम्बन्ध में अधिक गम्भीर समस्या उत्पन्न हुई। वहाँ के शासक राजा हरि सिंह ने भी अपने को स्वतंत्र रखने का प्रयत्न किया। कश्मीर का राजा हिन्दू था, परन्तु बहुसंख्यक निवासी मुसलमान थे। जूनागढ़ और हैदराबाद के संबंध में भारत ने उन राज्यों पर इसलिए दबाव डाला था, क्योंकि वहाँ की बहुसंख्यक हिन्दू प्रजा अपने राज्यों को भारत में सम्मिलित करना चाहती थी। इस कारण भारत कश्मीर के संबंध में भी वहाँ की जनता की राय जानना चाहता था। अतएव कश्मीर पर भारत ने कोई दबाव नहीं डाला, परन्तु पाकिस्तान ने कश्मीर पर दबाव डाला। कश्मीर ने पाकिस्तान से एक अस्थायी समझौता कर लिया, बाद में पाकिस्तान के व्यवहार से राजा हरि सिंह को चिन्ता हुई। पाकिस्तान ने अस्थायी समझौते की शर्तों को पूरा नहीं किया और राजा पर दबाव डालने के लिए सीमा पर झगड़े करने आरम्भ कर दिये।

22 अक्टूबर, 1948 ई. को पाकिस्तान के सैनिक अधिकारियों के नेतृत्व में कबाइलियों ने साथ दिया और कबाइली कश्मीर की राजधानी श्रीनगर के

निकट तक पहुंच गये। 24 अक्टूबर को राजा हरि सिंह ने भारत से सैनिक सहायता मांगी और उसने कश्मीर को भारत में सम्मिलित करना स्वीकार कर लिया। 26 अक्टूबर को कश्मीर के मुख्यमंत्री मेहरचन्द महाजन ने पं. जवाहरलाल नेहरू से भेंट की, परन्तु पं. नेहरू उस समय तक कश्मीर को सहायता देने के लिए तैयार न हुए, जब तक कि राज्य के मुख्य राजनीतिक दल-राष्ट्रीय दल के नेता शेख अब्दुला ने पं. नेहरू को यह आश्वासन नहीं दिया कि राज्य में संवैधानिक शासन की शर्तों पर वह और उनका दल कश्मीर को भारत के साथ सम्मिलित किये जाने के पक्ष में है। अन्त में, कश्मीर को भारत में सम्मिलित करने के प्रस्ताव को स्वीकार कर लिया गया। यह भी निश्चित किया गया कि बाद में कश्मीर में इस विषय पर जनमत-संग्रह किया जायेगा।

इस समझौते के पश्चात् 27 अक्टूबर को हवाई-मार्ग से भारतीय सेना श्रीनगर भेजी गयी, जिसने श्रीनगर को बचा लिया। कश्मीर को अपने हाथ से निकलते देखकर पाकिस्तान की सेना ने कबाइलियों के नाम से युद्ध द्वारा हस्तक्षेप किया। यह संघर्ष जनवरी, 1949 ई. में समाप्त हुआ, जबकि संयुक्त राष्ट्र-संघ के हस्तक्षेप के कारण भारत और पाकिस्तान दोनों ने युद्ध बन्द करना स्वीकार कर लिया।

भारतीय देशी रियासतों के राज्यों का भारत में सम्मिलित होना एक गंभीर समस्या का केवल एक पहलू था। उसका पुनर्गठन जिससे वह शासन की उपयोगी इकाइयां बन सकें और वहाँ प्रजातंत्रीय शासन की स्थापना हो सके, इस समस्या के अन्य पहलू थे। सरदार पटेल ने इस कार्यों की पूर्ति भी साथ-साथ की।

बड़े-बड़े राज्यों जैसे कश्मीर, मैसूर, हैदराबाद आदि की सीमाएं यथावत् रहने दी गयी। कुछ छोटे-छोटे राज्यों को भारतीय राज्यों (पहले के प्रान्तों) में सम्मिलित कर लिया गया, जैसे–उड़ीसा के छोटे-छोटे राज्य उड़ीसा में, कुछ अन्य राज्य मध्य भारत में तथा गुजरात को बम्बई में सम्मिलित कर दिया गया। कुछ अन्य राज्यों को एक-दूसरे के साथ सम्मिलित करके नवीन राज्य बना दिये गये, जैसे मत्स्य, पेप्सू, राजस्थान, काठियावाड़ यूनियन आदि। कुछ छोटे राज्यों का शासन भारत सरकार ने अपने हाथों में ले लिया, जैसे–हिमाचल प्रदेश, विन्ध्यप्रदेश, त्रिपुरा, मणिपुर, भोपाली, बिलासपुर और कच्छ। इस प्रकार भारत में भारतीय नरेशों के राज्यों का अस्तित्व समाप्त हो गया और ये राज्य भारत में सम्मिलित हो गये। इन्हें शासन की विभिन्न इकाइयों में बांट दिया गया और इनमें से अधिकांश के नाम भी बदले गये। इस कार्य के साथ-साथ सभी राज्यों में प्रजातन्त्रीय शासन-व्यवस्था को आरम्भ किया गया।

भारतीय नरेशों को अपने राज्यों में शासन करने का अधिकार न रहा। उनमें से अधिकांश नरेशों को धन (Privy Purse) देकर राज्य से अलग कर दिया गया और कुछ को 'राज-प्रमुख' का पद देकर उन्हें राज्यों के शासन का संवैधानिक प्रधान मात्र बना दिया गया। सम्पूर्ण भारत की शासन-व्यवस्था एक कर दी गयी और भारत का नवीन संविधान भारत की सम्पूर्ण सीमाओं में समान रूप से लागू किया गया।

भारतीय नरेशों के राज्यों का भारत संघ-राज्य में विलय, उनका प्रजातन्त्रीकरण और पुनर्गठन स्वतंत्रता प्राप्ति के पश्चात् की एक बहुत महत्वपूर्ण घटना थी, जिसकी सफलता का मुख्य श्रेय सरदार बल्लभ भाई पटेल को था।

राज्यों का भाषायी आधार पर पुनर्गठन

भारत में अंग्रेजी राज के समय देश के राजनीतिक विभागों को प्रान्त (प्राविसेज) नाम दिया गया था। उनके निर्धारण में ब्रिटिश सरकार का दृष्टिकोण सैनिक सुरक्षा, शासन-सुविधा तथा अपने-अपने क्षेत्रों के लिए भारतीयों की परंपरागत मान्यता का अंत करना था। उनके निर्माण में किसी वैज्ञानिक अथवा सांस्कृतिक योजना का समावेश नहीं था। इसी कारण भारतीय राष्ट्रीय कांग्रेस ने भाषा के आधार पर प्रान्तों के निर्माण की मांग की तथा जब लॉर्ड कर्जन ने बंगाल का विभाजन किया, तब जनमत से उसे राष्ट्रीयता पर कुठाराघात समझकर अंग्रेजी राज के विरुद्ध घोर आन्दोलन किया। स्वतंत्रता-प्राप्ति के समय भारत में (क) जो ब्रिटिश प्रान्त के राज्यपालों द्वारा प्रशासित राज्यों का रूप दिया गया। ऐसे 10 राज्य थे। (ख) बड़े-बड़े रजवाड़ों को राज-प्रमुख द्वारा प्रशासित राज्यों का रूप दिया गया। ये संख्या में 9 थे। (ग) कुछ छोटे-छोटे संघक्षेत्र थे, जो मुख्य आयुक्त अथवा उपराज्यपाल के प्रशासन में रखे गये। उनकी संख्या भी 9 थी। इस प्रकार समूचे देश में 28 राज्य थे। यह व्यवस्था केवल कामचलाऊ और अंग्रेजों द्वारा की विरासत मात्र थी। देश के अनेक भागों का जागरूक जनमत उसके विरुद्ध था।

अत: शीघ्र ही संविधान सभा के प्रालेखन समिति द्वारा एक विशेष आयोग की नियुक्ति की गयी और उससे कहा गया कि आंध्र, कर्नाटक, केरल और महाराष्ट्र के राज्यों के निर्माण के औचित्य अथवा अनौचित्य पर आर्थिक, वित्तीय और प्रशासनिक दृष्टिकोण से विचार करें। उसका प्रतिवेदन दिसम्बर, 1948 ई. को प्रकाशित हुआ। वह प्रतिवेदन उक्त राज्यों के निर्माण के विरुद्ध था। आयोग ने इस बात पर बल दिया कि राज्यों की सीमाओं में परिवर्तन या पुनर्गठन करते समय राष्ट्रीयता में सहायक तथ्यों को ध्यान में रखना चाहिए। केवल भाषा के आधार पर राज्यों का निर्माण देश की एकता में बाधक बन सकता है।

कांग्रेस द्वारा निर्मित एक विशेष समिति ने भी (जिसके सदस्य जवाहरलाल नेहरू, सरदार बल्लभ भाई पटेल और डा. सीतारम्मैया थे, उक्त आयोग के प्रतिवेदन की पुष्टि की तथा इस बात पर बल दिया कि राज्यों के पुनर्गठन में भारत की सुरक्षा, एकता और आर्थिक प्रति को प्राथमिक महत्व दिया जाना चाहिए तथा विघटन की प्रवृत्तियों को कठोरता से रोकना चाहिए। समिति का विचार था कि भाषा क्षेत्रीय एकता पैदा कर सकती है, परन्तु उससे राष्ट्र में विग्रह और विघटन भी उत्पन्न हो सकता है।

कांग्रेस द्वारा निर्मित उपयुक्त समिति ने आवश्यकता पड़ने पर राज्यों के पुनर्गठन के संबंध में कई सिद्धांतों का भी प्रतिपादन किया था। दक्षिण के तेलगु भाषी लोग मद्रास राज्य को विभक्त करके 'आन्ध्र प्रदेश' के निर्माण के लिए बड़े व्यग्र थे और उनकी मांग पुनर्गठन संबंधी सिद्धांतों के अनुरूप भी थी। उसी क्रम में एक जननेता पोत्ति श्री रामुलु ने अनशन किया और इसमें उनका प्राणान्त हो गया। इससे भारी खलबली मची। 1 अक्टूबर, 1953 ई. में मद्रास से पृथक आंध्र प्रदेश राज्य बनाने की घोषणा भारत सरकार ने कर दी।

आन्ध्र प्रदेश ने निर्माण के फलस्वरूप राज्यों के पुनर्गठन के प्रश्न ने जो अभी तक प्राय: गौण था, प्रमुखता प्राप्त कर ली थी। अत: भारत सरकार ने केवल तीन महीना के भीतर भारत संघ के राज्यों का पुनर्गठन आयोग

नियुक्त किया। उसका प्रतिवेदन अक्टूबर, 1955 ई. में प्रकाशित हुआ। उस प्रतिवेदन में बड़े विस्तार के साथ विवेकपूर्ण पुनर्गठन की उपयोगिता, तत्सम्बन्धी आवश्यक सिद्धांत, पुनर्गठनीय राज्यों के विवरण आदि का विवेचन किया गया है।

भारत संघ के तत्कालीन विभिन्न राज्यों और भारत संघ की संसद ने पुनर्गठन आयोग पर पर्याप्त विचार विमर्श किया। अन्ततः संसद ने पुनर्गठन अधिनियम पारित किया जो 1 नवम्बर, 1956 ई. में लागू हुआ। समानाधिकार वाले 14 राज्यों तथा उसके 2 प्रतिशत जन-समुदाय को 6 केन्द्र प्रशासित क्षेत्रों में व्यवस्थित किया गया। राज्यों के (क) और (ख) भेद मिटा दिये गये तथा राजप्रमुखों का पद समाप्त कर दिया गया। इन 13 राज्यों में एक राज्य बम्बई नाम से था, जो 1 मई, 1960 ई. में दो राज्यों महाराष्ट्र और गुजरात में विभक्त हो गया। 1 दिसम्बर, 1963 ई. से नागालैण्ड को भारत संघ का 16वां राज्य घोषित किया गया। 1 नवम्बर, 1966 ई. में पंजाब को विभक्त कर हरियाणा भारत का 17वां राज्य बना।

नेहरू तथा इंदिरा गांधी के अधीन गुटनिरपेक्ष

भारत की वैदेशिक नीति पर पंडित जवाहर लाल नेहरू के व्यक्तित्व एवं विचारधारा का व्यापक प्रभाव रहा। नेहरू साम्राज्यवाद, उपनिवेशवाद और फासीवाद के प्रबल विरोधी थे और विवादों के शांतिपूर्ण समाधान के पक्षधर थे। वे मैत्री, सहयोग और सह-अस्तित्व के पोषक तो थे ही, साथ ही अन्यायपूर्ण आक्रमण का प्रतिवाद करने के लिए शक्ति के प्रयोग को भी उतना ही महत्व देते थे। शीत युद्ध एवं गुटों की विश्व राजनीति में भारत के लिए ही नहीं, अपितु विश्व के सभी नव-स्वाधीन राष्ट्रों के लिए वे गुट निरपेक्षता की नीति को सर्वोत्तम मानते थे।

गुट निरपेक्ष आन्दोलन (NAM) का जन्म और विकास भारत के प्रथम प्रधानमंत्री जवाहर लाल नेहरू के प्रयासों से ही संभव हुआ। इस आन्दोलन का लक्ष्य दो ध्रुवों में बंटे विश्व के देशों को अंतर्राष्ट्रीय क्षितिज पर एक अन्य विकल्प देना तथा उन देशों के साथ दोस्ताना संबंध कायम करना था, जो औपनिवेशिक साम्राज्य कायम करने वाले देशों से स्वतंत्र होने की दिशा में प्रयासरत थे। गुट निरपेक्ष आन्दोलन का प्रमुख उद्देश्य निरस्त्रीकरण, विकास, स्वाधीनता, गरीबी तथा निरक्षरता का उन्मूलन करने के साथ ही शांति के पथ पर कदम-दर-कदम आगे बढ़ना तय किया गया।

गुट निरपेक्षता की भावना की उत्पत्ति भारत के औपनिवेशिक अनुभव और अहिंसात्मक स्वतंत्रता संघर्ष के फलस्वरूप हुआ। उस समय भारत शीत युद्ध की संधियों, पश्चिमी पूंजीवाद तथा रूसी साम्यवाद से प्रभावित था। गुट निरपेक्षता के सिद्धांत का प्रतिपादन नेहरू और उनके उत्तराधिकारियों जो भारतीय स्वतंत्रता को सुरक्षित रखने के पक्षधर थे, और विश्व के किसी भी गुट से संबंध बनाये रखने के पक्ष में नहीं थे, के द्वारा किया गया। ये लोग विशेषकर उन गुटों के विरुद्ध थे, जिनका नेतृत्व संयुक्त राज्य अमेरिका (United States of America) या सोवियत संघ (Soviet Union) द्वारा संचालित था। 1940 के उत्तरार्द्ध में गुट निरपेक्षता भारतीय विदेश नीति की एक महत्वपूर्ण विशेषता रही, जिसे भारत में शिक्षित वर्ण के लोगों द्वारा बहुत ही मजबूत सहयोग और सराहना प्राप्त हुई।

गुट निरपेक्ष (Non-Alignment) शब्द का सर्वप्रथम प्रयोग वी.के. मेनन द्वारा 1953 में अपने भाषण के दौरान किया गया, जिसका उल्लेख बाद में भारतीय प्रधानमंत्री जवाहर लाल नेहरू द्वारा 1954 में श्रीलंका के कोलंबो भाषण के दौरान किया गया। नेहरू तथा चीनी प्रमुख चाऊ-इन-लाइ ने भारत-चीन संबंधों को मजबूत करने के लिए पाँच स्तम्भों का जिक्र किया, जिसे **पंचशील** नाम से जाना गया जो कि आगे चलकर गुट-निरपेक्ष आन्दोलन (Non Alignment Movement) का आधार बना। एक प्रकार से नेहरूजी गुट निरपेक्ष आन्दोलन के वास्तुकार थे।

पंचशील के पाँच सिद्धांत	
1.	एक दूसरे के क्षेत्रीय एकता एवं सम्प्रभुता का परस्पर सम्मान करना
2.	परस्पर एक दूसरे पर आक्रमण न करना
3.	एक-दूसरे के आंतरिक मामलों में दखल नहीं देना।
4.	समानता एवं पारस्परिक लाभ
5.	शान्तिपूर्ण सह-अस्तित्व

भारतीय विदेश नीति के सिद्धांत

भारतीय विदेश नीति के आधारभूत सिद्धांतों की व्याख्या इस प्रकार की जा सकती है :

(i) भारत कभी भी द्विपक्षीय या बहुपक्षीय सैन्य संधि के पक्ष में नहीं रहा है। विश्व की समस्याओं को सुलझाने में सैन्य शक्ति की भूमिका का भारत ने हमेशा विरोध किया है। शीत युद्ध शुरू होने के बाद अमरीका और सोवियत संघ में अस्त्र बढ़ाने की होड़ लग गयी। नये-नये आण्विक अस्त्र तैयार हुए और नयी-नयी सैन्य संधियाँ कायम की गयीं। भारत का विचार था कि ऐसा करने से देशों के बीच तनाव बढ़ेगा और इसकी परिणति सशस्त्र संघर्ष में होगी। अतः भारत में शांति कायम करने की दृष्टि से अपने को हर तरह के गुटों से अलग रखा।

(ii) भारतीय विदेश नीति अपने आप में स्वतंत्र, भारत दो बड़ी शक्तियों में से किसी के गुट में शामिल नहीं है। पर ऐसा मानना सही नहीं है। कि भारत की विदेश नीति ''तटस्थ'' है। वस्तुतः अन्तर्राष्ट्रीय मुद्दों पर भारत कभी ''तटस्थ'' नहीं रहा, बल्कि इसके गुण और दोष के आधार पर विभिन्न अन्तर्राष्ट्रीय मंचों से अपनी सम्मति स्पष्ट रूप से जाहिर करता रहा है। भारत की इस नीति से कुछ बड़ी शक्तियां खुश नहीं थीं, लेकिन तीसरे विश्व के कई देशों ने भारत की इस नीति की प्रशंसा की।

(iii) भारत ने सभी देशों से मित्रता बनाये रखने की कोशिश की। खास बात यह है कि भारत ने अमरीकी गुट (पूँजीवादी व्यवस्था) और सोवियत गुट (साम्यवादी व्यवस्था) के देशों से बिना किसी भेदभाव के मित्रता की। भारत ने कभी भी एक देश को दूसरे देश से लड़ाने की नीति पर अमल नहीं किया। भारत में सरकार का ढाँचा लोकतांत्रिक है। लेकिन विदेश नीति के मामले में भारत न पश्चिमी लोकतांत्रिक देशों से अधिक जुड़ा और न ही साम्यवादी देशों से इस कारण दूर हुआ।

(iv) भारत बहुत दिनों तक ब्रिटेन का उपनिवेश रहा, अतः इसने स्वतंत्रता प्राप्ति के बाद से ही उपनिवेशवाद विरोधी नीति का अनुगमन किया। विश्व के मानचित्र पर भारत के एक स्वतंत्र शक्ति के रूप में उभरने के साथ ही एशिया-अफ्रीका-लातिनी अमरीका के देशों में उपनिवेशों के स्वतंत्र होने का सिलसिला शुरू हुआ। भारत की आज़ादी के बाद श्रीलंका, बर्मा और इंडोनेशिया आज़ाद हुए। इसके बाद भारत ने विभिन्न

अन्तर्राष्ट्रीय मंचों से उपनिवेशवाद के खिलाफ बोलकर अफ्रीकी देशों की स्वतंत्रता में महत्वपूर्ण भूमिका निभाई।

(v) भारत ने अपनी विदेश नीति के तहत नस्लवाद विरोधी नारा बुलंद किया। गांधीजी ने 19वीं शताब्दी के आरंभ में दक्षिण अफ्रीका में नस्लवाद के खिलाफ संघर्ष किया था। लेकिन मानव सभ्यता के लिए यह शर्मनाक बात है कि नस्लवाद अपने क्रूर रूप में आज भी दक्षिण अफ्रीका में मौजूद है। यह नस्लवाद विश्व मत और सभ्यता के सभी सिद्धांतों को नकारता हुआ आज भी विद्यमान है। भारत ने सबसे पहले 1946 में संयुक्त राष्ट्र संघ में यह मुद्दा उठाया था। उसके बाद आज तक भारत विश्वव्यापी नस्लवाद विरोधी आन्दोलन में सक्रिय हिस्सा ले रहा है।

(vi) भारत इस विचार का समर्थक रहा है कि अस्त्रों की होड़ और सैन्य संधियों को रोके बिना विश्व शांति कायम करना असंभव है। भारत निरस्त्रीकरण को विश्वशांति की कुंजी मानता है। इसके अतिरिक्त निरस्त्रीकरण से अस्त्रों पर खर्च की जाने वाली विशाल राशि की बचत होगी और इस राशि का उपयोग ग़रीब देशों के विकास के लिए किया जा सकता है।

भारतीय विदेश नीति का विकास

स्वतंत्रता के आरंभिक वर्षों में कुछ लोग भारतीय विदेश नीति को ''तटस्थ'' मानते थे। क्योंकि भारत दोनों गुटों (पश्चिमी गुट और सोवियत गुट) से अलग था, लेकिन तटस्थता एक वैधिक अवधारणा है और इस दृष्टि से भारत कभी भी ''तटस्थ'' नहीं रहा। वस्तुत: इसने सभी महत्वपूर्ण अन्तर्राष्ट्रीय मुद्दों पर उनकी गुणवत्ता के आधार पर अपनी राय (सम्मति) प्रकट की है। अत: भारत की विदेश नीति को स्वतंत्र विदेश नीति कहना चाहिए, न कि तटस्थ 1955 की बांडुग कांफ्रेंस के बाद ''गुट निरपेक्ष'' शब्द सामने आया और गुट-निरपेक्ष देशों की पहली कान्फ्रेंस 1961 में बेलग्रेड में हुई। पहली बार जब भारतीय विदेश नीति के सिद्धांत सामने आये, उस समय विश्व दो गुटों में बंटा हुआ था। संयुक्त राज्य अमरीका और सोवियत संघ इन दो गुटों का प्रतिनिधित्व कर रहे थे और इनके बीच विश्व पर प्रभाव जमाने के लिए प्रतिस्पर्धा चल रही थी। पचास और साठ के दशकों में भारत ने कई अन्तर्राष्ट्रीय मुद्दों पर अपनी अलग राय व्यक्त की। बहुत बार यह राय बड़ी शक्तियों को पसन्द नहीं आई।

जैसे-जैसे समय बीतता गया, भारतीय विदेश नीति की प्रशंसा की जाने लगी। दो बड़ी शक्तियों के बीच तनाव आने पर भारतीय विदेश नीति का महत्व और भी बढ़ गया। दोनों देशों के बीच आण्विक और परम्परागत अस्त्रों की होड़ ने विश्व में एक नयी स्थिति उत्पन्न कर दी। शक्ति संतुलन में निम्नलिखित कारणों से आधारभूत परिवर्तन आया :

- चीन-सोवियत संघ टकराव,
- वियतनाम में अमरीकी हस्तक्षेप,
- फ्रांस का स्वतंत्र आण्विक क्षमता हासिल करने का निर्णय,
- चीन द्वारा आण्विक हथियारों का निर्माण।

इस प्रकार शक्ति संतुलन द्विध्रुवीय से बदल कर विश्व के बहुत से देशों से बंटकर बहुध्रुवीय हो गया। कुछ समय बाद भारत ने भी अपनी सैन्य शक्ति बढ़ा ली, जिसे नजरअंदाज नहीं किया जा सकता था। परिस्थितियों के बदलने के साथ भारतीय विदेश नीति में भी परिवर्तन आया पर इसने अपने आधारभूत सिद्धांतों को नहीं छोड़ा। भारतीय विदेश नीति बहुत कुछ इन बातों पर निर्भर थी :

- उत्तरी और पश्चिमी सीमाओं पर सुरक्षा की मांग,
- हिन्द महासागर क्षेत्र में होने वाले परिवर्तन से उत्पन्न चुनौतियाँ,
- विदेश से अनुदान और सहायता प्राप्त करने की जरूरत, और
- दूसरे देशों के साथ व्यापार का विकास।

गुट-निरपेक्ष आन्दोलन

गुट-निरपेक्ष आन्दोलन भारत के प्रयासों का परिणाम था। इस आन्दोलन ने अन्तर्राष्ट्रीय मसलों पर बड़ी शक्तियों की ''गुट राजनीति'' को चुनौती दी। इसके अतिरिक्त इससे उन देशों के बीच मैत्री संबंध स्थापित हुए, जो उपनिवेशवादी प्रभुत्व से स्वतंत्र होना चाहते थे। इस आन्दोलन का दूसरा लक्ष्य विश्व-शान्ति के लिए प्रयास करना था। 1961 की बेलग्रेड कांफ्रेंस में गुट-निरपेक्ष आन्दोलन का स्वरूप स्पष्ट रूप से सामने आया।

गुट-निरपेक्ष आन्दोलन के पांच पथ-प्रदर्शक नेता थे

- यूगोस्लाविया के राष्ट्रपति टीटो
- मिस्र के राष्ट्रपति नासिर
- घाना के राष्ट्रपति क्वामे क्रूमाह (N krumah)
- इन्डोनेशिया के राष्ट्रपति सुकार्नो
- भारत के प्रधानमंत्री नेहरू*

पहली गुट-निरपेक्ष कांफ्रेंस की प्रारंभिक समिति ने गुट-निरपेक्ष देशों के लिए निम्नलिखित मानक सूत्रबद्ध किए :

(i) इन देशों को सह-अस्तित्व और गुट-निरपेक्षता के आधार पर स्वतंत्र नीति अपनानी चाहिए या इस नीति के पक्ष में रहना चाहिए।

(ii) इन्हें हमेशा राष्ट्रीय स्वतंत्रता का समर्थन करना चाहिए।

(iii) इन्हें बहुपक्षीय सैन्य संधियों में हिस्सा नहीं लेना चाहिए और बड़ी शक्तियों के आपसी टकराव के साथ नहीं जुड़ना चाहिए।

(iv) अगर इन्होंने दूसरे देश की सेना को अपने यहाँ अड्डा बनाने की छूट दी है, तो यह रियायत बड़ी शक्तियों के संघर्ष के संदर्भ में नहीं दी जानी चाहिए।

(v) अगर ये किसी द्विपक्षीय या क्षेत्रीय रक्षा समझौता के सदस्य हैं, तो यह समझौता बड़ी शक्तियों की राजनीति के संदर्भ में नहीं होना चाहिए।

साधारणत: गुट-निरपेक्ष कांफ्रेंस हर तीसरे साल होती है। इसकी दूसरी बैठक 1964 में काहिरा में हुई।

पाकिस्तान

पाकिस्तान भारत का प्रमुख विरोधी रहा है। पाकिस्तान और भारत के बीच अनबन का कारण पाकिस्तान और भारत के विभाजन के तरीके में निहित है। 1947 के विभाजन से दोनों देशों के सामने कुछ नयी समस्यायें खड़ी हो गयीं। दोनों देश अस्त्रों की होड़ में लग गये, जिसका परिणाम हुआ भारत-पाक युद्ध में खर्च हो गयी। आरंभ से ही पाकिस्तान सभी क्षेत्रों में भारत की बराबरी करने की कोशिश कर रहा था। उसकी दूसरी समस्या अपनी अलग पहचान बनाने की भी थी। विभाजन बनावटी और अप्राकृतिक

था, 1947 तक यह हिस्सा (जो बाद में पाकिस्तान बना) भूगोल, इतिहास, परम्परा और संस्कृति की दृष्टि से भारत का एक अंग था। इसलिए पाकिस्तान के लिए यह जरूरी हो गया कि वह अपनी स्वतंत्र पहचान स्थापित करे। इसलिए सभी अन्तर्राष्ट्रीय मंचों पर पाकिस्तान ने भारत से होड़ शुरू कर दी और प्रमुखता प्राप्त करने के लिए सभी प्रकार के हथकंडों का उपयोग करने लगा। उदाहरण के लिए, पाकिस्तान ने पश्चिमी एशिया के मुस्लिम राज्यों से धार्मिक संबंध स्थापित करने शुरू किये। लेकिन इसके बावजूद पश्चिमी एशियाई देशों के साथ भारत के संबंध बहुत सौहार्दपूर्ण रहे।

पाकिस्तान की प्रतिरक्षा की दृष्टि से भारत का आकार, जनसंख्या, संसाधन और कार्यक्षमताएं गंभीर चुनौती बने हुए थे। इसका परिणाम यह हुआ कि पाकिस्तान अपनी सैन्य शक्ति बढ़ाने में विशेष रूप से संलग्न रहा। इस उद्देश्य से उसने विश्व के अनेक देशों से सैनिक सहायता मांगी। पाकिस्तान पश्चिमी गुट में शामिल हो गया और इस तरह वह भी शीत युद्ध का भागीदार बन गया। भारत ने भी प्रतिरक्षा के लिए अपनी सैन्य शक्ति को मज़बूत बनाया। हालांकि भारत ने हमेशा एक साथ बैठकर विभिन्न मुद्दों को सुलझाने की नीति की वकालत की।

कश्मीर

कश्मीर, भारत और पाकिस्तान के बीच एक अहम् समस्या बना रहा। भारत ने 26 अक्तूबर, 1947 को कश्मीर को अपना हिस्सा बना लिया, लेकिन पाकिस्तान इसे मानने के लिए तैयार नहीं था और उसने जनजातीय कबीलों की आड़ में छुपकर आक्रमण किया। भारत ने पाकिस्तानी आक्रमण ाकारियों को कश्मीर से खदेड़ दिया। इसमें शेख अब्दुल्लाह के नेतृत्व में जन समुदाय ने महत्वपूर्ण भूमिका अदा की। दुर्भाग्य की बात यह है कि भारत ने इस काम को पूरा किये बगैर संयुक्त राष्ट्र संघ की सुरक्षा परिषद में शिकायत दायर कर दी। यह मामला जनवरी, 1948 में दायर किया गया, फलत: 1 जनवरी, 1949 को युद्ध विराम की घोषणा की गई। 1947 में भारत ने अन्तर्राष्ट्रीय निरीक्षण के अन्तर्गत कश्मीर में जनमत संग्रह कराने का प्रस्ताव रखा, लेकिन 1955 में कुछ बदली हुई परिस्थितियों के कारण, इसे वापस ले लिया गया। हालांकि कश्मीर के मसले पर संयुक्त राष्ट्र और अन्य अन्तर्राष्ट्रीय मंचों पर कूटनीतिक लड़ाई चलती रही, पर युद्ध की नौबत 1964 तक नहीं आई। लेकिन कश्मीर की समस्या का कोई समाधान नहीं निकला और दोनों देशों के संबंधों पर इसका प्रतिकूल असर पड़ा। वस्तुत: अब दोनों देश अपनी सीमा की रक्षा करने में तत्पर हो गये और इनमें से कोई भी बलपूर्वक इसे बदलने की इच्छा ज़ाहिर नहीं कर रहा था।

सिन्धु नदी जल विवाद

विभाजन ने अनेक समस्याएं उत्पन्न की, जिनमें एक है सिन्धु नदी जल का बंटवारा। दोनों देश सिन्धु और सहायक नदियों के जल का ज्यादा-से-ज्यादा उपयोग करना चाहते थे। भारत और पाकिस्तान खाद्यान्न में आत्मनिर्भर होना चाहते थे, अत: वे सिंधु के जल का अधिक-से-अधिक उपयोग करना चाहते थे। विभाजन के बाद सिन्धु नदी से सिंचित होने वाले 280 लाख एकड़ क्षेत्र में से 50 लाख एकड़ भूमि भारत के पास रह गयी। अधिकांश पश्चिमी नदियाँ समुद्र में मिल जाती थीं। जबकि पाकिस्तानी नहरें पूर्वी नदियों पर आश्रित थीं। इन नदियों का पानी पूर्वी पंजाब से होकर पाकिस्तान में जाता था। भारत का कृषि विकास भी रावी, व्यास और सतलज जैसी पूर्वी नदियों के जल पर आश्रित था। पाकिस्तान की नहरों का वह भाग, जो नदी से जुड़ा था, भारतीय भूभाग में पड़ता था। तनाव का कारण यही था। पाकिस्तान में बाढ़ आने या अकाल पड़ने पर पाकिस्तानी शासक भारत को दोषी ठहराते थे। उन्होंने पानी की समस्या के लिए भारत को दोषी ठहराया और न्यायसंगत बंटवारे की मांग की। दूसरी ओर भारत इस समस्या को सुलझाने के लिए तत्पर था। विश्व बैंक की देख-रेख में 17 अप्रैल, 1959 को वाशिंगटन में नहर के जल के बंटवारे से संबंधित अंतरिम समझौता हुआ। इसके बाद दोनों देशों के बीच व्यापक समझौतों का एक सिलसिला चला। 19 सितम्बर, 1969 को कराची में नहर जल संधि पर हस्ताक्षर किए गये।

पाकिस्तान को सैन्य सहायता

पाकिस्तान ने संयुक्त राज्य अमरीका के साथ परस्पर प्रतिरक्षा सहयोग समझौता किया और सितम्बर, 1954 में वह दक्षिण-पूर्व एशिया संधि संगठन (South-East Asia Treaty Organisation-SEATO) का सदस्य बन गया। 1955 में पाकिस्तान केन्द्रीय संधि संगठन (बगदाद समझौता) का सदस्य बन गया। 1959 में पाकिस्तान ने संयुक्त राज्य अमरीका के साथ सहयोग का द्विपक्षीय समझौता किया, जिससे अमरीका ने पाकिस्तान को बड़े पैमाने पर आर्थिक और सैनिक सहायता देना शुरू किया। इसके कारण पाकिस्तान की सैनिक शक्ति बढ़ गयी। इससे भारत को अपनी सुरक्षा का खतरा पैदा हो गया। इसके बावजूद भारत ने किसी प्रमुख शक्ति के साथ गठबंधन नहीं किया।

अफ्रीकी देश

भारत ने अफ्रीकी देशों में चल रहे स्वतंत्रता आन्दोलनों को अपना समर्थन दिया। इसने एशिया में उपनिवेशवाद के खिलाफ़ चल रहे संघर्ष को अफ्रीका के साथ जोड़ने की कोशिश की और उपनिवेशवाद के खिलाफ़ विश्व मत बनाने में सक्रिय भूमिका निभाई। 1949 के बाद संयुक्त राष्ट्र संघ में अफ्रीकी-एशियाई गुट का उदय, अफ्रीका और एशिया के लोगों की सामान्य इच्छा का प्रतिफलन था। बाद में जब भारत, मिस्र और अन्य देशों ने मिलकर गुट-निरपेक्ष आन्दोलन की शुरुआत की तो कई अफ्रीकी देशों ने इसका सदस्य बनकर अफ्रीकी-एशियाई बंधुत्व को मज़बूत किया। भारत ने अपनी आज़ादी के पहले ही दक्षिण अफ्रीका की नस्लवादी नीति का विरोध किया था। स्वतंत्रता प्राप्ति के बाद इसने दक्षिण अफ्रीका की नस्लवादी भेदभाव और रंगभेद की नीति का विरोध सभी अन्तर्राष्ट्रीय मंचों पर किया। भारत ने दक्षिण अफ्रीका से अपने सभी व्यापारिक संबंध तोड़ दिये। जाम्बिया, तंजानिया, कीनिया और सूडान भारत के अच्छे दोस्त रहे हैं। बाद में अल्जीरिया, लीबिया, मोरक्को, ट्यूनीशिया आदि देशों के साथ भी दोस्ती और सहयोग के संबंध स्थापित हुए। भारत ने इन देशों को कपड़ा, जूट, चाय, तम्बाकू, मसाला, चीनी और हल्के इंजीनियरिंग के सामान निर्यात किये और कच्चा सूत, ताँबा, फास्फेट आदि खनिज पदार्थ आयात किये। कई अफ्रीकी देशों के साथ भारत के संबंध सौहार्दपूर्ण है।

बांग्लादेश का पृथक्करण

1971 के भारत-पाक युद्ध के बाद बांग्लादेश अस्तित्व में आया। बांग्लादेश को पहले पूर्वी पाकिस्तान कहा जाता था। तब बांग्लादेश पाकिस्तान का

ही हिस्सा था। प्रधानमंत्री इंदिरा गाँधी के समय में भारत ने सैन्य कार्यवाही करके पूर्वी पाकिस्तान (अब बांग्लादेश) को पाकिस्तान से आजादी दिलाई।

21–22 मार्च 1971 को मुजीब की गिरफ्तारी और याहिया खान के पूर्वी पाकिस्तान पर सैन्य कहर के बीच 28 मार्च, 1971 को बाँग्लादेश की अस्थायी सरकार बनी। सैन्य दबाव/अत्याचार तथा व्यापक हिंसा के परिणामस्वरूप अनेक हिंदू–मुस्लिम शरणार्थी पूर्वी पाकिस्तान से भागकर भारत के असम, मणिपुर, त्रिपुरा और पश्चिम बंगाल में आ गए। हालाँकि भारत ने बाँग्लादेश सरकार को औपचारिक रूप से मान्यता नहीं दी थी, फिर भी यह इस सरकार का सामान्य रूप से समर्थन कर रहा था। सर्वप्रथम सरकार को भारतीय सीमा पर तथा उसके बाद कलकत्ता में ठहरने की अनुमति दी गई।

पाकिस्तान बनने के बाद भारत किसी भी रूप से ऐसी ऐतिहासिक पुनरावृत्ति नहीं चाहता था और न ही वह पाकिस्तान का क्षेत्र अपने साथ पुनः मिलाना चाहता था। इसके बावजूद नई दिल्ली अपने इस विचार पर अडिग रही कि मात्र धर्म ही किसी राष्ट्र के निर्माण का आधार नहीं हो सकता। पाकिस्तान के दो भागों के बीच भारत गणराज्य का हजारों मील तक फैला भाग है। भौगोलिक तथा राजनीतिक दृष्टि से विसंगति पाई जाती है। भारत को युद्ध के दौरान पाकिस्तान के दोनों भागों पर लड़ाई का सामना करना पड़ता था। विशेष बात यह है कि जब पूर्वी पाकिस्तान के संबंध में सामरिक दृष्टि से चीन–पाकिस्तान की संयुक्त अनुक्रिया होती थी ऐसे में बाँग्लादेश के मुक्ति संग्राम को सहायता देना भारत की आवश्यकता भी थी और विवशता भी।

3 दिसंबर 1971 को यह मामला स्पष्ट हो गया, जब याहिया खान ने भारतीय पंजाब और जम्मू–कश्मीर के भारतीय वायुसेना के अड्डों पर हमला करने के आदेश दिए। पूर्वी पाकिस्तान के स्वतंत्रता सेनानियों का मुक्ति संग्राम भारत–पाक के बीच युद्ध में बदल गया। 13 दिन की लड़ाई के पश्चात् पाकिस्तान ने घुटने टेक दिए। भारत ने 93 हजार पाकिस्तानी सैनिक युद्धबंदी बनाए। भारत ने पंजाब और सिंध के पश्चिमी पाकिस्तान क्षेत्र के भागों पर कब्जा कर लिया।

इस युद्ध में संयुक्त राज्य ने आक्रामक सैन्य रवैया अपनाया। निक्सन ने संयुक्त राज्य का सातवां बेड़ा (Seventh Fleet of the United States), 'यू.एस.एस. एंटरप्राइज' बंगाल की खाड़ी में भेजने का आदेश दिया। फिर भी 16 दिसंबर, 1971 को ढाका में याहिया की फौज के समर्पण के साथ यह युद्ध समाप्त हो गया और पश्चिमी क्षेत्र में भारत ने एकपक्षीय युद्ध विराम (सीज़ फायर) घोषित कर दिया। भारत ने 5 दिसंबर, 1971 को स्वतंत्र देश के रूप में बाँग्लादेश को मान्यता दे दी।

महत्वपूर्ण बिंदु

* स्वतंत्रता प्राप्ति के समय भारत में 140 रियासतें थी। जिसमें 136 रियासतों ने 15 अगस्त, 1947 ई. को भारत में सम्मिलित होना स्वीकार किया।
* 1948 ई. में जनमत संग्रह के माध्यम से जूनागढ़ को भारत में सम्मिलित किया गया।
* 1 अक्टूबर, 1953 ई. में मद्रास से पृथक आंध्र प्रदेश राज्य बनाने की घोषणा भारत ने कर दी।
* 1 नवंबर, 1956 ई. में संसद ने पुनर्गठन अधिनियम पारित किया।
* गुटनिरपेक्ष आन्दोलन का जन्म और विकास भारत के प्रथम प्रधानमंत्री जवाहरलाल नेहरू के प्रयासों से संभव हुआ।
* गुटनिरपेक्ष शब्द का सर्वप्रथम प्रयोग वी.के. मेनन द्वारा 1953 में किया गया।
* 1955 ई. की बांडुग कांग्रेस के पश्चात् गुटनिरपेक्ष शब्द सामने लाया तथा गुटनिरपेक्ष देशों का पहला सम्मेलन 1961 में बेलग्रेड में हुआ।
* विश्व बैंक की देख-रेख में सितंबर 1969 को वांशिगटन में सिंधु जल समझौता पर हस्ताक्षर हुए।

❑❑❑

अध्याय

30

आदि धर्म : सरना

[झारखंड की जनजातियों का पंथ]

आदि धर्म : सरना

जनजातियों की अपनी एक अलग पहचान, विश्वास और आस्था होती है। वे अलौकिक शक्ति सिंगबोंगा में विश्वास प्रकट करते हैं। बोंगा का वास साल के पेड़ में होता है। सरना धर्म की उत्पत्ति की कहानी अत्यंत रोचक है। संथाल समुदाय के पौराणिक कथा के अनुसार एक बार संथाल लोग शिकार पर जंगल की ओर गए थे और वे सृष्टि के निर्माता और संरक्षक जैसे मुद्दे पर विवाद करने लगे। उन्होंने स्वयं से प्रश्न किया कि ईश्वर कौन है? सूरज हवा या बादल। अन्त में उन्होंने निश्चय किया कि वे एक तीर छोड़ेंगे, जहाँ पर तीर जाकर गिरेगा वहीं ईश्वर का निवास होगा और उन्होंने आकाश की ओर एक तीर छोड़ा जो कि एक साल वृक्ष के नीचे जाकर गिरा और वे तब से उस वृक्ष की पूजा करने लगे और उन्होंने अपने धर्म का नाम सरना दिया, क्योंकि यह साल के वृक्ष से प्रारंभ किया गया। इस प्रकार सरना धर्म अस्तित्व में आया। प्रत्येक संथाल गाँव में एक पुजारी **नायक** और उसका **कुडम नायक** होता है।

झारखंड में हिन्दू धर्मावलम्बियों की संख्या सर्वाधिक (68.6%) है, किन्तु हिन्दू जनजाति मात्र 39.8% है। जनजातीय आबादी की 45% जनसंख्या दूसरे धर्मों और सिद्धान्तों का पालन करती है। ईसाई जनजाति की आबादी राज्य में 14.5% और आधा से भी कम (0.4%) मुस्लिम हैं। बड़े जनजातीय समूहों में संथालों की संख्या कुल जनजातीय आबादी का आधा से अधिक (56.6%) है, जो सरना धर्म को मानते हैं। उरांव और मुण्डाओं की आबादी का 50% से अधिक लोग दूसरे धर्मो खासकर ईसाई धर्म से प्रभावित है। हो जनजाति का अनुपात 91% उन लोगों में सर्वाधिक है, जो सरना धर्म या साढ़ी धर्म (सच्चा धर्म) के अनुयायी हैं। भारत के जनजातीय लोगों का मूल धर्म सरना माना जाता है।

उनकी अपनी पूजन भूमि होती है, जिसे **सरना स्थल** या **जाहेर** के नाम से जाना जाता है। उनका एक धार्मिक झंडा होता है, जिसे **सरना झंडे** के नाम से जाना जाता है, जिसे राँची जिला में बड़ी संख्या में देखा जा सकता है। **सरहुल त्योहार** के दिन उरांव लोग राँची में जमा होते हैं और एक बड़ी रैली का आयोजन करते हैं। ऐसे अवसर पर राँची में उन्हें प्रत्येक जगह सरना संग देखा जा सकता है। उनका धर्म मौखिक परम्पराओं से प्रेरित है, जो कि एक पीढ़ी से दूसरी पीढ़ी को हस्तांतरित होता गया। उनका धर्म एवं सिद्धांत बहुत ही गहराई से संस्कृति एवं परम्परा से जुड़ा हुआ है, जो कि इस संसार और प्रकृति की शक्ति की सर्वोच्चता में दृढ़ आस्था रखता है। वे एक ही **ईश्वर धर्मेश** में अपना विश्वास प्रकट करते हैं, जो सर्वोच्च सर्व शक्तिमान और महान है और वह सम्पूर्ण विश्व को नियन्त्रित करता है। यह धर्मेश साल वृक्ष में निवास करता है।

उनके दर्शनशास्त्र के अनुसार, भगवान धर्मेश अत्यंत शक्तिशाली और महत्वपूर्ण देवता है। वह सम्पूर्ण विश्व का निर्माता होने के साथ-साथ लोगों के संरक्षक भी हैं। वास्तव में वे ही सम्पूर्ण विश्व को नियमित तथा नियंत्रित करते हैं। कुडुख में धर्मेश का सामान्य अर्थ सर्वशक्तिमान होता है, जिसे महादेव भी कहा जाता है। महान धर्मेश को सफेद वस्तुओं की बलि चढ़ाई जाती है, जैसे-सफेद बकरा, सफेद पक्षी, सफेद गुलेनची फूल, सफेद कपड़ा, चीनी, दूध आदि। वास्तव में उरांव जनजातियों में सफेद रंग पवित्र माना जाता है।

अनेक महत्वपूर्ण देवी-देवताओं के बीच सरना देवी अत्यन्त महत्वपूर्ण एवं सम्मान योग्य है। ऐसी मान्यता है कि साल वृक्ष सरना देवी का निवास स्थान है और वे उरांव जनजातियों की रक्षा और पालन करती हैं। सरहुल पर्व के दिन पाहन देवी की पूजा सम्पन्न कराते हैं। सरना धर्म के अनुसार देवी, चाला कुट्टी स्थान में पाहन के पास रखे लकड़ी के सूप में वास करती हैं। कुट्टी नामक स्थान में साल या बाँस की लकड़ी की बनी छड़ी को गढ़ा जाता है, जहाँ देवी के सूप को रखा जाता है।

सरना स्थल में साल वृक्ष के नीचे जनजातीय लोग अपने संस्कारों को पूरा करते हैं जिसे जाहेर नाम से भी जाना जाता है। उरांव लोगों के गाँवों में कोई भी व्यक्ति पवित्र धार्मिक स्थल सरना को देख सकता है जहाँ पवित्र साल और दूसरे वृक्ष भी होते हैं। कभी-कभी जाहेर गाँव में न होकर समीप के जंगल में स्थित होता है।

सरना स्थल (जाहेर) सम्पूर्ण ग्राम के लिए एक पवित्र स्थान होता है और गाँव के सभी सामाजिक एवं धार्मिक समारोहों को यहाँ सम्पन्न किया जाता है। इन समारोहों में गाँवों के सभी लोग हर्षोल्लास के साथ भाग लेते हैं, जिसमें गाँव के पुजारी 'पाहन' और उसका सहयोगी पुजार या पनभारा की भूमिका महत्वपूर्ण होती है।

सरना संस्कृति

सच कहा जाए तो सरना एक धर्म से अधिक आदिवासियों के जीने की पद्धति है जिसमें लोक व्यवहार के साथ पारलौकिक आध्यात्मिकता या आध्यात्म भी जुड़ा हुआ है। आत्मा और परम-आत्मा की आराधना लोक जीवन से इतर न होकर लोक और सामाजिक जीवन का ही एक भाग है। धर्म यहाँ अलग से विशेष आयोजित कर्मकांडीय गतिविधियों के उलट जीवन के हर क्षेत्र में सामान्य गतिविधियों में गुंफित रहता हैं।

प्रकृति की उपासना का धर्म

सरना अनुगामी प्रकृति का पूजन करता है। वह घर के चूल्हा, बैल, मुर्गी, पेड़, खेत-खलिहान, चांद और सूरज सहित सम्पूर्ण प्राकृतिक प्रतीकों का

पूजन करता है। वह पेड़ काटने के पूर्व पेड़ से क्षमा याचना करता है। गाय, बैल, बकरियों का जीवन सहचार्य होने के लिए धन्यवाद देता है। पुरखों को निरंतर मार्गदर्शन और आशीर्वाद देने के लिए भोजन करने, पानी पीने के पूर्व उनका हिस्सा भूमि पर गिरा कर देते हैं। धरती माता को प्रणाम करने के बाद ही खेतीबाड़ी के कार्य शुरू करते हैं।

आप प्रकृति के प्रति अपनी श्रद्धा की अभिव्यक्ति कहीं भी कर सकते हैं या कहीं भी न करें तो भी आपको कोई मजबूर नहीं करेगा, क्योंकि हर व्यक्ति की भक्ति की शक्ति या शक्ति की भक्ति के अपनी अवधारणाएं हैं। एक समूह का अंग होकर भी आपके वैचारिक और मानसिक व्यक्तित्व' समूह से इतर हो सकते हैं। अपनी वैयक्तिक अवधारणा बनाए रखने और उसे लोक व्यवहार में प्रयोग करने के लिए आप स्वतंत्र हैं। यही सरना धर्म की अपनी विशेषता और अनोखापन है।

उपासना पद्धति में खुलापन

इसकी पूजन पद्धति में कहीं भी रूढ़िवादिता नहीं है। कोई भी सरना लोक और परलोक के प्रतीकों में से किसी का भी पूजन कर सकता है और किसी का भी न करे तो भी वह सरना ही होता है। कोई किसी एक पेड़ की पूजा करता है तो जरूरी नहीं कि दूसरा भी उसी पेड़ का पूजन करे। दिलचस्प और ध्यान देने वाली बात तो यह है कि जो आज एक विशेष पेड़ की पूजा कर रहा है, जरूरी नहीं कि वह कल भी उसी पेड़ की पूजा करे। यहाँ पेड़ किसी मंदिर, मस्जिद या चर्च की तरह रूढ़ नहीं है। वह तो विराट प्रकृति का सिर्फ एक प्रतीक है और हर पेड़-प्रकृति का जीवंत प्रतीक है, इसलिए किसी एक पेड़ को रूढ़ होकर पूजन करने का कोई मतलब नहीं। अमूर्त शक्ति की उपासना के लिए एक मूर्त प्रतीक की सिर्फ आवश्यकतावश वह उस या इस पेड़ का पूजन करता है।

लिखित ग्रंथ से मुक्त स्वच्छंद उपासना

सरना धर्म किसी धार्मिक ग्रंथ और पोथी का मोहताज नहीं है। पोथी आधारित धर्म में अनुगामी नियमों को खूंटी से बांधा गया होता है। जहाँ अनुगामी एक सीमित दायरे में अपने धर्म की प्रैक्टिस करता है। जहाँ वर्जनाएं हैं, सीमा है, खास क्रिया-क्रमों को करने के खास नियम और विधियां हैं, जिसका प्रशिक्षण खास तरीके से दिया जाता है। पोथीबद्ध धर्म के इतर सरना धार्मिकता के उच्च व्यक्तिगत स्वतंत्रता की गारंटी देयता का धर्म है। जहाँ सब कुछ प्रकृति से प्रभावित है और सब कुछ प्रकृतिमय है। कोई नियम, वर्जनाएं नहीं हैं। आप जैसे हो वैसे ही बिना किसी कृत्रिमता के सरना हो सकते हैं और प्राकृतिक ढंग से इसे अपने जीवन में अभ्यास कर सकते हैं। जीवंत और प्राणमय प्रकृति, जो जीवन का अनिवार्य अंग है, आप उसके एक अंग हैं। आप चाहे तो इसे मान्यता दें या न दें। आप पर किसी तरह की बंदिश नहीं है। यह किसी रूढ़ बनाए या ठहराए गए धार्मिक, सामाजिक या नैतिक नियमों से संचालित नहीं होता है। आप या तो सरना स्थल में पूजा कर सकते हैं या जिंदगी भर न करें। यह आपकी व्यक्तिगत स्वतंत्रता का भरपूर सम्मान करता है। आप चाहे तो अपने बच्चों को सरना स्थल में ले जाकर वहाँ प्रार्थना करना सिखाएं या न सिखाएं। कोई आप पर किसी तरह की मर्जी को लाद नहीं सकता है।

इसमें व्यक्ति धार्मिक, सामाजिक और ऐच्छिक रूप से स्वतंत्र है। आपको पकड़कर कर न कोई प्रार्थना रटने के लिए कहा जाता है न ही आपको किसी प्रकार से मजबूर किया जाता है कि आप धार्मिक स्थल जाएं और वहाँ अपनी हाजिरी लगाएं और कहे गए निर्देशों का पालन करें। सरना धर्म के कर्मकांड करने के लिए कहीं किसी को न प्रोत्साहित किया जाता है, न ही इससे दूर रहने के लिए किसी का धार्मिक और सामाजिक रूप से तिरस्कार और बहिष्कार किया जाता है। सरना धर्म किसी को धार्मिक, मानसिक, मनोवैज्ञानिक और सामाजिक रूप से नियंत्रित नहीं करता है और न ही उन्हें अपने अधीन रखने के लिए किसी भी तरह के बंधन बनाकर उन पर थोपता है।

सरना धर्म में धर्मांतरण की औपचारिकता नहीं

सरना बने रहने के लिए कोई नियम या सीमा रेखा नहीं बनाई गई है। इसमें घुसने के लिए या बाहर निकलने के लिए आपको किसी अंतरण अर्थात् (धर्मांतरण) करने की जरूरत नहीं है। कोई किसी धार्मिक क्रिया-कलाप में शामिल न होते हुए भी सरना बनके रह सकता है। उसका धार्मिक झुकाव या कर्मकांड में शामिल नहीं होने या दूर रहने के लिए कोई सवाल-जवाब नहीं किया जाता है। सरना धर्म का कोई पंजी या रजिस्टर नहीं होता है। इसके अनुगामियों के बारे में कहीं लेखा-जोखा नहीं रखा जाता है, न ही किसी धार्मिक नियमों से संबंधित जवाब के न देने पर नाम ही काटा जाता है।

सरना बनने के लिए किसी जाति में जन्म लेने की जरूरत नहीं है। वह उरांव, मुण्डा, हो, संथाल, खड़िया, महली या चिक-बड़ाइक कहीं के भी आदिवासी, मसलन, उड़ीसा, छत्तीसगढ़, महाराष्ट्र, गुजरात या केरल के हों, जो किसी अन्य किताबों, ग्रंथों, पोथियों आधारित धर्म को नहीं मानता है और जिसमें सदियों पुरानी जीवनयापन के अनुसार जिंदगी और समाज चलाने की आदत रही है। सरना या प्राकृतिक धर्म का अनुगामी कहा जा सकता है, क्योंकि उन्हें नियन्त्रित करने वाला न तो कोई संगठन है, न समुदाय है, न ही उन्हें मानसिक और मनोवैज्ञानिक रूप से नियंत्रण में रखने वाला बहुत चालाकी से लिखी गई किताबें हैं। कोई भी आदमी सरना बनकर जीवनयापन कर सकता है, क्योंकि उसे किसी धर्मांतरण के क्रिया-कलापों से होकर गुजरने की जरूरत नहीं है।

वैयक्तिक स्वतंत्रता का हिमायती

सरना अनुगामी जन्म से मरण तक किसी तरह के किसी निर्देशन, संरक्षण, प्रवचन, मार्गदर्शन या नियंत्रण के अधीन नहीं होते हैं। उसे धार्मिक रूप से आग्रही या पक्का बनाने की कोई कोशिश नहीं की जाती है। वह धार्मिक रूप से न तो कट्टर होता है और न ही धार्मिक रूप से कट्टर बनाने के लिए उसका ब्रेनवाश किया जाता है। क्योंकि ब्रेनवाश करने, उसे धार्मिकता के अंध-कुंए में धकेलने के लिए कोई तामझाम या संगठन होता ही नहीं है। इसीलिए इसे प्राकृतिक धर्म भी कहा गया है। प्राकृतिक अर्थात् जो जैसा है, वैसा ही स्वीकार्य है। इसे नियमों और कर्मकांडों के अधीन परिभाषित भी नहीं किया गया है। क्योंकि इसे परिभाषा से बांधा नहीं जा सकता है।

जन्म, विवाह, मृत्यु सभी संस्कारों में उनकी निष्ठा का कोई परिचय न तो लिया जाता है न ही दिया जाता है। हर मामले में वे किसी आधुनिक देश में लागू किए सबसे आधुनिक संवैधानिक प्रावधानों के अनुसार ही (समता-स्वतंत्रतापूर्ण जीवन जीने जैसे मूल अधिकार की तरह) सदियों से व्यक्तिगत और सामाजिक स्वतंत्रता का उपभोग करते आ रहा है।

उसके लिए कोई निजी कानून नहीं है। वह शादी भी अपनी मर्जी से जिसमें सामाजिक मर्जी स्वयं सिद्ध रहती है, से करता है और तलाक भी अपनी मर्जी से करता है। लड़कियां सामाजिक रूप से लड़कों की तरह ही स्वतंत्र होती हैं। धर्म उनके किसी सामाजिक कार्यों में कोई बंधन नहीं लगाता है।

पुजारी का समाज में विशिष्ट दर्जा नहीं

सरना धर्म में सरना अनुगामी खुद ही अपने घर की पूजा-पाठ या धार्मिक कर्मकांड करता है। लेकिन सार्वजनिक पूजापाठ जैसे सरना स्थल में पूजा करना, करम और सरहूल में पूजा करना, गांव देव की पूजा या बीमारी दूर करने के लिए गाँव की पूजा या बीमारी दूर करने के लिए गाँव की सीमा पर किए जाने वाले डंगरी पूजा वगैरह पाहन करता है। पाहन का चुनाव विशेष प्रक्रिया जिसे थाली और लोटा चलाना कहा जाता है, के द्वारा किया जाता है। जिसमें चुने हुए व्यक्ति को पाहन की जिम्मेदारी दी जाती है। लेकिन अलग-अलग जगहों में पृथक ढंग से भी पाहन का चुनाव किया जाता है। चुने गए पाहन पहनाइ जमीन पर खेती बाड़ी कर सकता है या उसे चारागाह बनाने के लिए छोड़ सकता है। उल्लेखनीय है कि सरना पाहन सिर्फ पूजापाठ करने के लिए पाहन होता है। वह समाज को धर्म का सहारा लेकर नियंत्रित नहीं करता है। वह हमेशा पाहन की भूमिका में नहीं रहता है। वह सिर्फ पूजा करते वक्त ही पाहन होता है। पूजा की समाप्ति पर अन्य सामाजिक सदस्यों की तरह ही रहता है और सबसे व्यवहार करता है। वह पाहन होने पर कोई विशिष्टता प्राप्त नागरिक नहीं होता है। अन्य धर्मों में पूजा करने वाला व्यक्ति न सिर्फ विशिष्ट होता है बल्कि वह हमेशा उसी भूमिका में समाज के सामने आता है और आम जनता को उसे विशिष्ट सम्मान अदा करना पड़ता है। सम्मान नहीं अदा करने पर ध ार्मिक रूप से उदण्ड व्यक्ति को सजा दी जा सकती है, उसकी निंदा की जा सकती है। पाहन धार्मिक कार्य के लिए कोई आर्थिक लाभ नहीं लेता है। वह किसी तरह का चंदा भी नहीं लेता है। वह अपनी जीविकोपार्जन स्वयं करता है और समाज पर आश्रित नहीं रहता है।

सरना धर्म हिन्दू धर्म का हिस्सा नहीं

कई लोग अनजाने में या विशेष प्रयोजनवश सरना धर्म को हिन्दू धर्म का एक भाग कहते हैं और सरना आदिवासियों को हिन्दू कहते हैं, लेकिन दोनों धर्मों में कई विश्वास या कर्मकांड सदृश्य होते हुए भी दोनों बिल्कुल ही जुदा हैं। यह ठीक है कि सदियों से सरना और हिन्दू धर्म सहअस्तित्व में रहते आए हैं इसलिए कई बातें एक-सी दिखती हैं। लेकिन आदिवासी सरना और हिन्दू धर्म के बीच 36 का आंकड़ा है। आदिवासी धर्म में मूल्य, विश्वास तथा आध्यात्म हिन्दू धर्म से बिल्कुल जुदा है, इसलिए किसी आदिवासी का हिन्दू होना मुमकिन नहीं है। हिन्दू धर्म कई किताबों पर आधारित है और उन किताबों के आधार पर चलाए गए विचारों से यह संचालित होता है, जबकि इन किताबों के लिए आदिवासियों के मन में सम्मान नहीं है। इन किताबों में आत्मा, पुनर्जन्म, सृष्टि और उसका अंत, चौरासी कोटी देवी-देवता, ब्राह्मणवाद की जमींदारी और मालिकाना विचार आदि केन्द्र बिन्दू हैं। यह जातिवाद का जन्मदाता और पोषक है और सामंतवाद को यहाँ धार्मिक मान्यता प्राप्त है। यहीं हिन्दू धर्म सरना धर्म के उलट रूप में प्रकट होता है। ब्राह्मणवाद और जातिवाद से पीड़ित यह जबरदस्ती बहुसंख्यक, कर्मवीर और श्रमशील लोगों को नीचे घोषित करता है और लौकिक और परलौकिक विषयों की ठेकेदारी ब्राह्मण और उनकी मनोवैज्ञानिक उच्चता का बोध कराने के लिए बनाए गए नियमों को सर्वोच्चता प्रदान करता है। यह वैज्ञानिक, मनोवैज्ञानिक रूप से अत्यंत अन्यायकारी और दृष्टतापूर्ण है। इंसानों को अन्यायपूर्ण रूप से धार्मिक भावनाओं के बल पर जानवरों की तरह गुलाम बनाने के हर औजार इन किताबों में मौजूद हैं।

ऐसा धार्मिक नियम, परंपरा और लोक व्यवहार सरना समाज में मौजूद नहीं हैं। सरना समाज में जातिवाद और सामंतवाद दोनों ही नहीं है। यहाँ सिर्फ समुदाय है, जो न तो किसी दूसरे समुदाय से ऊँचा है न नीचा है। सरना धर्म के समता के मूल्य और सोच के बलवती होने के कारण किसी समुदाय का शोषण का कोई सोच और मॉडल न तो विकसित हुई है और न ही ऐसे किसी प्रयास की मान्यता मिली है।

कई लोग आदिवासियों के अनुमान और महादेव के पूजन को हिन्दू धर्म से जोड़कर इसे हिन्दू सिद्ध करना चाहते हैं। लेकिन सरना वालों ने कहीं इसका मंदिर न तो खुद बनाए हैं न ही सामाजिक धर्म और पर्वों में इनके घरों में पूजा की जाती है। ऐतिहासिक रूप से अभी तक कुछ स्पष्ट नहीं हो पाया है लेकिन अनेक विद्वान हनुमान और महादेव को प्राक् आदिवासी मानते हैं। हजारों सालों से एक ही धरती पर निरंतर साथ रहने के कारण दोनों के बीच कहीं अंतरण हुआ होगा, लेकिन ये आदिवासी हिन्दू नहीं हैं, यह स्पष्ट है।

सरना धर्म को विकृत करने का प्रयास

हाल ही में हिन्दुत्व, ईसाईयत, इस्लाम से प्रभावित कुछ उत्साही, जो अपने को सरना के रूप में परिचय देते हैं, लोगों ने सरना को परिभाषित करने, उसका कोई प्रतीक चिन्ह, तस्वीर, मूर्ति, मठ, पोथी आदि बनाने की कोशिश की है, जिसे निहायत ही आईडेंटिटी क्राइसेस से जूझ रहे लोगों का प्रयास माना जा सकता है। इन चीजों के बनने का सरना धर्म के मूल्यों में ह्रास होगा और इसका अनूठापन खत्म होगा। सरना धर्म में विचार, चिंतन की स्वतंत्रता उपलब्ध है। वे भी स्वतंत्र हैं अपने धार्मिक चिंतन को एक रूप देने के लिए। लेकिन ऐसे परिवर्तन को सरना कहना, एक मजाक के सिवा कुछ नहीं है। सरना किसी मूर्ति, चिन्ह, तस्वीर या मठ का मोहताज नहीं है। फिर यह भी दूसरे धर्म की धार्मिक बुराइयों का शिकार हो जाएगा। यदि सरना के दर्शन के शब्दों में कहा जा तो यह सब चिन्ह अपनी पहचान गढ़ने, रचने और उसके द्वारा वैयक्तिक पहचान बनाने के कार्य हैं, जिसका इस्तेमाल, सामाजिक व राजनैतिक, सांस्कृतिक और वैचारिक साम्राज्य गढ़ने और वर्चस्व स्थापित करने के लिए एक हथियार के रूप में किया जाता रहा है। ऐसी चीजों का अपना एक बाजार होता है और उसके सैंकड़ों लाभ मिलते हैं, लेकिन सरना दर्शन का सोच, विचार, विश्वास, मान्यता से कोई संबंध नहीं है।

कुल मिलाकर यही कहा जा सकता है कि सरना एक अमूर्त शक्ति को मानता है और सीमित रूप से उसकी आराधना करता है। लेकिन इस आराधना को वह सामाजिक, राजनैतिक और आर्थिक रूप में नहीं बदलता है। वह आराधना करता है लेकिन उसके लिए किसी तरह के शोशेबाजी नहीं करता है। यदि वह करता है तो फिर वह कैसे सरना? लेकिन किसी मत को कोई मान सकता है और नहीं भी, क्योंकि व्यक्ति के पास अपना विवेक होता है और यह विवेक ही उसे अन्य प्राणी से अलग करता है,

विवेकवान होने के कारण अपनी अच्छाइयों को पहचान सकता है सब अच्छाइयां, कल्याणकारी पथ खोजने के लिए स्वतंत्र हैं। इंसान की इसी स्वतंत्रता की जय-जयकार हर युग में हर तरफ हुई है।

सरना संघ

ऑल इंडिया सरना धर्म, उड़ीसा के मयूर भंज जिले में स्थित है। इस संघ के माध्यम से देश के विभिन्न भागों जैसे-झारखंड, उड़ीसा, बंगाल, मध्य प्रदेश आदि में ड्रम और अन्य उपकरणों (तुमडी, तमक, घुरी, सार खड़ां तरवाले आदि) के साथ जुलूस एवं प्रदर्शनी का आयोजन किया जाता है, जिसका मुख्य उद्देश्य राज्य एवं केन्द्र सरकारों तक अपनी विलुप्त होती संस्कृति एवं परम्परा को बचा के रखने हेतु उचित प्रयास के लिए अपनी आवाज को पहुंचाना था। इस संघ का अपना नियम एवं आदेश है जो कि कैबिनेट कमेटी द्वारा लागू किया गया है और सभी सरना लोग इसे मानते हैं। संघ अपने नियमों और आदेशों को सरना लोगों के बीच प्रचारित करने के लिए सेमिनार और सभाओं का आयोजन भी करता है। अनेक ऐसी चैरिटेबल संस्थाएं हैं, जो चिकित्सीय सुविधाएं उपलब्ध कराते हैं, वे अनेक स्कूलों और कॉलेजों का भी संचालन करते हैं।

महत्वपूर्ण बिंदु

* सरना धर्म झारखंड के आदिवासियों का प्रमुख धर्म है।
* सरना धर्म प्रकृति पूजा से संबंधित है तथा इसमें साल वृक्ष की पूजा की जाती है।
* पूजा करने वाले को पाहन कहा जाता है तथा इसके पुजारी को विशिष्ट दर्जा नहीं दिया जाता।
* सरना धर्म प्रकृति के जुड़ाव व व्यक्तिगत स्वतत्रंता को बढ़ावा देने वाला धर्म है।
* सरना धर्म में किसी प्रकार की औपचारिकताएँ नहीं है।

❑❑❑

अध्याय

31

सदान की अवधारणा और नागपुरिया भाषा का उद्भव

सदान झारखंड के मूल गैर-जनजाति लोग हैं, लेकिन सभी गैर-जनजातियां सदान नहीं हैं। 'सदान' शब्द का अर्थ ऐसे लोगों से हैं, जो यहाँ बैठे हुए थे या बसे हुए थे। सदानी भाषा में नागपुरी में घर में बसनेवाले कबूतर को 'सद परेवा' कहा जाता है और जंगली कबूतर को या घर में नहीं रहने वाले कबूतर को 'बनया कबूतर' कहा जाता है। ठीक इसी प्रकार सदानों को 'सद परेवा' की तरह समझना चाहिए। आदिवासी और सदानों में मूलभूत अंतर है, जहाँ आदिवासी कबीलाई होते हैं, वहीं सदान समुदायी होते हैं। आदिवासी घुमंतू स्वभाव के होते हैं, जबकि सदान स्थायी निवास स्थान बनाते हैं।

धर्म की दृष्टि से हिन्दू ही प्राचीन सदान हैं। इस्लाम का उद्भव छठी शताब्दी में हुआ है। इनके पूर्व के जैन धर्मावलंबी भी सदान हैं। आज इन सभी धर्मावलंबी की मातृ भाषा जैन, उर्दू या अरबी फारसी न होकर खोरठा, नागपुरी, पंचपरगनियाँ, कुरमाली आदि ही हैं। चाहे वह किसी धर्म का हो, वह सदान तभी हो सकता है, जब उसकी मातृ भाषा सादरी हो।

प्रजातीय दृष्टि से सदान आर्य हैं। कुछ द्रविड़वंशी भी सदान हैं। यहाँ तक कुछ आग्नेय लोग भी सदान हैं। उराँव और मुंडाओं के पड़हा पंचायत में चार-पाँच स्तंभों में दीवान, ठाकुर, पांडे, कर्ता, और लाल कौन थे? अगर मानकी मुंडा, पाहन, महतो अपने खूँट के होते थे सहायक के रूप में लाल, पांडे, ठाकुर, दीवान आदि होते होंगे, तभी राज चलता होगा। कहने का तात्पर्य यह है कि राज व्यवस्था में या अन्य व्यापारिक क्रियाओं में भी मुंडा और उराँव के साथ सदान सदैव रहे।

इतिहास कहता है, असुर से पहले कोई एक सभ्य प्रजाति यहाँ थी। निश्चय ही ये सभ्य प्रजाति सदानों की होगी, जो यहाँ के मूलवासी थे। आखिर असुरों का लोहा बनाने का कार्य किसी अन्य के लिए ही किया जाता था। असुरों के बाद मुंडा और उसके बाद उराँव आते हैं। सदान उनके यहाँ आने से पूर्व बसे हुए थे। मुंडा और उराँव का स्वागत सदानों ने ही किया था। अंग्रेज एक साजिश पूर्ण नीति के तहत् दिकू उपनाम को सदानों पर थोपने में सफल हुए। जिससे आदिवासी भ्रमित हुए और 1831-32 का कोल विद्रोह भी भ्रमित हो गया, जिसमें सदान और आदिवासी आपस में ही भिड़ गए बाद में बिरसा मुंडा ने अंग्रेजों की इस साजिश को समझा और उन्होंने केवल अंग्रेजों को ही निशाना बनाया था। बिरसा युग में मुगल, पठान, सिख, किरानी बाबू और अंग्रेजों को ही 'दिकू' कहा जाता था, जो यहाँ के आदिवासियों का शोषण एवं उनमें तथा सदानों में मतभेद उत्पन्न करते थे।

जाति की दृष्टि से सदानों के प्रकार

- झारखंड में वैसी जातियां, जो झारखंड में हैं तथा देश के अन्य हिस्सों में भी है, जैसे—ब्राह्मण, राजपूत, माली, कुम्हार, कुर्मी, सोनार, बनिया, डोम, अहिर, चमार, दुशाध, ठाकुर और नागजाति आदि।
- वैसी जातियां, जो केवल छोटानागपुर में मिलती हैं—बड़ाइक, देशावली, पाइक, धानु, रौतिया, गोडाइत, घासी, भुइयाँ, पान, प्रमाणिक, तांतिक, स्वांसी, ओष्टा, रक्सैल, बिंद, लोहड़िया आदि।
- कई सदान जातियां ऐसी हैं, जिनका गोत्र अवधिया, कनैजिया, तिरहुतिया, गौड़, दखिनाहा आदि है, इनसे पता चलता है कि इनका मूल स्थान यहाँ न होकर कहीं बाहर है।

सदानों की सामाजिक एवं सांस्कृतिक रूपरेखा

सदानों एवं आदिवासियों की सांस्कृतिक संरचना लगभग एक जैसी है। सदान परिवार की सांस्कृतिक संरचना अधिकतर सनातनी परिवार की तरह है, लेकिन अनेक सामाजिक, धार्मिक एवं सांस्कृतिक कार्य आदिवासियों की तरह संपन्न होते हैं, जैसे—शादी-विवाह, पर्व-त्योहार, नृत्य-गान, भाषा आदि। सदान और आदिवासी दोनों झारखंड के मूल निवासी हैं। इनकी साझा संस्कृति है। इसके कारण सदानों में आर्यपन के साथ-साथ आदिवासीपन की झलक दिखाई पड़ती है।

धर्म

सदान सराक नामक एक छोटे क्षेत्र में अवस्थित जाति जैन धर्म से प्रभावित है। जैनियों की तरह सूर्यास्त के बाद भोजन नहीं करते तथा मांस-मछली का सेवन नहीं करते। ये लोग सूर्य एवं मंशा के उपासक हैं। कुछ सदान वैष्णव परंपरा से प्रभावित हैं। हिंदुओं के देवी-देवताओं की पूजा-अर्चना के साथ-साथ सदान लोग कुल देवी-देवता की भी पूजा करते हैं। ओझा मति के साथ-साथ डायन और भूत भी प्रचलित हैं। यह कहना अप्रसांगिक नहीं होगा कि सदानों की धार्मिक परंपरा पुरोहितवाद और कर्मकांड से व्याप्त है।

शारीरिक गठन

सदानों के शारीरिक गठन में आर्य, द्रविड़ एवं ऑस्ट्रिक तीनों के लक्षण दिखाई पड़ते हैं। सदानों में गोरे, काले और साँवले तीनों रंग दिखाई पड़ते हैं। ऊँचाई में भी नाटे मध्यम, लंबे—तीनों दिखाई पड़ते हैं।

वेशभूषा

सदान धोती, कुरता, गमछा, चादर का प्रयोग परंपरागत रूप से करते हैं। लेकिन वर्तमान में पैंट, शर्ट, कोट, टाई आदि का भी प्रयोग करने लगे हैं।

आभूषण

बंगाल और बिहार में प्रचलित आभूषणों का प्रयोग सदान लोग करते हैं। पोला, सांखा, कंगन, बिछिया, हार, हंसली, सिकड़ी, छूछी, बुलाक, बेसर,

नथिया, तरकी, करन, फूल, मनटिका आदि आभूषण प्रचलित हैं। सदानों में आदिवासियों की तरह गोदना का भी प्रचलन है।

गृहस्थी के सामान

गाँवों में सदान लोग मिट्टी के बरतन का प्रयोग करते हैं। घरों में हड़िया, गगरी, चूका, ढकनी जरूर दिखाई पड़ते हैं। सदानों में पीतल और काँसा का बरतन रखना समृद्धि का द्योतक माना जाता है। सामूहिक भोज में पत्तल का दोना ही प्रयोग होता है। खेतीबारी में सदान और आदिवासी एक ही उपकरण का प्रयोग करते हैं।

शिकार के औजार

सदान शिकार के लिए आदिवासियों के तरह ही मछली मारने के लिए जाल, कुमनी बंसीडाग, पोलइ आदि औजार तीर-धनुष और तलवार, भाला, लाठा, चोंगी आदि औजार कर प्रयोग करते हैं। सदानों ने बंदूक रखने की परंपरा जमींदारी के कारण आई।

नातेदारी

सदान समाज पितृ सत्तात्मक होता है। पिता के बड़े भाई को बड़का बाबूजी, माता की बहन को मौसी, पिता का छोटा भाई कका। मातृ-पितृ कुल में वैवाहिक संबंध वर्जित है।

पर्व-त्योहार

सदानों का पर्व-त्योहार पहचान का बहुत बड़ा आधार है। जो व्यक्ति सदान नहीं है, उसे यहाँ के पर्व-त्योहारों में आनंद नहीं आएगा। होली, दीवाली, दशहरा, काली-पूजा के अतिरिक्त जितिया, सोहराई, करमा, सरहुल, मकर संक्रांति, टुसु, तीज आदि सदानों के प्रमुख त्योहार हैं। मुसलमान ईद, मुहर्रम आदि मनाते हैं।

नृत्य एवं गीत

सदानों की गाँव की पहचान **अखरा** से होती है। करमा उत्सव में लड़कियों का सामूहिक नृत्य अखरा में होता है। जावा जगाने के लिए रात भर नृत्य होता है। इसके अतिरिक्त शादी-विवाह में भी महिलाएँ नृत्य करती हैं। डमकच, झूमटा, झूमर आदि सामूहिक नृत्य है। घटवारी नृत्य, जामदा नृत्य, चोकरा नृत्य, संथाल नृत्य, लूरी सावरी नृत्य, राजपूत झलक नृत्य—ये सभी नृत्य एक साथ रंगीन अथवा माले कहा जाता है। इसके अतिरिक्त गणेश नृत्य, कार्तिक नृत्य इन्हें शास्त्रीय नृत्य कहा जाता है।

सदानों का गीत उनके राग एवं सुर के नाम पर नामित है। जैसे—डमकच, झूमटा, अगनयी, सोहर, मर्दानी झूमर, सोहराई आदि।

सदान आदिवासियों के समकालीन भी हैं, उनसे प्राचीन भी हैं, जो झारखंड का मूल निवासी है। अंग्रेजों ने आदिवासियों और सदानों की आपसी मित्रता देखकर इनमें दरार उत्पन्न करने की चेष्टा की। इसमें इन्हें आंशिक सफलता मिली। झारखंड में 'दिकू' का प्रयोग अंग्रेजों ने इनके लिए किया।

नागपुरिया साहित्य

नागपुरी भाषा के उद्‌भव से संबंधित विषय पर विद्वानों का अलग-अलग मत रहा है। **सर जॉर्ज अब्राहम ग्रियर्सन** ने अपने ग्रंथ 'द लिंग्विस्टिक सर्वे आर्फ इंडिया' में नागपुरी को भोजपुरी की एक उप बोली कहा है। **प्रोफेसर केसरी कुमार सिंह** ने अपने आलेख 'नागपुरी भाषा एवं साहित्य' में मगही और मैथिली की तरह नागपुरी को भी मागधी अपभ्रंश से प्रसूत एक निश्चित भाषा कहा है। **डॉ. श्रवण कुमार गोस्वामी** ने अपने शोध 'नागपुरी शिष्ट साहित्य' में नागपुरी को आर्यभाषा परिवार की 'औरस' संतान मानते हुए इसे अर्द्धमागधी अपभ्रंश से उत्पन्न माना है। नागपुरी झारखंड के राँची, लोहरदगा, गुमला, सिमडेगा, सिंहभूम, लातेहार तथा छत्तीसगढ़ के जसपुर सरगुजा, कोरबा एवं उड़ीसा के सुंदरगढ़, क्योंझर एवं बारीपदा जिलों में तथा असम के चाय बागानों में बोली जाती है।

नागपुरी लोक साहित्य के अंतर्गत लोकगीत, लोक कथा, पहेली आदि साहित्य बहुत ही समृद्ध पाई जाती हैं। नागपुरी में ठेठ नागपुरी लोकगीत एवं बंगला मिश्रित नागपुरी गीत की प्रचुरता पाई जाती है। नागपुरी लोक कथाओं की तुलना की जाय तो वेदों के आख्यान, जातक कथाएँ, कथासरितसागर, बैताल पचीसी, सिंहासन बत्तीसी, हितोपदेश, पंचतंत्र आदि कथाओं से मिलती-जुलती प्रतीत होती हैं। नागपुरी शिष्ट साहित्य में गीत, कविता, कहानी, उपन्यास, नाटक, निबंध, संस्करण आदि सभी साहित्यक विधाओं का सृजन हुआ है। **नागपुरी के प्रथम कवि के रूप में रघुनाथ नृपति को माना जाता है।** प्रथम परंपरा के कवियों में रघुनाथ नृपति के अलावा हनुमान सिंह, बरजुराम, जय गोविंद, घासी राम, महंत घासी, कंचन आदि को माना जाता है। इनकी रचनाएँ सगुण भक्ति धारा से संबंधित है। निर्गुण भक्ति परंपरा को सोबरन, महंत घासी, रूंगटू मलार, अर्जुन एवं मृत्युंजय नाथ शर्मा ने आगे बढ़ाया। आधुनिक काल के कवियों में प्रफुल्ल कुमार राय, सहनी उपेंद्र पाल नहन, शिव अवतार चौधरी, लाल रणविजय नाथ शाहदेव, डॉ. बी.पी. केसरी, रामदयाल मुंडा, गिरिधारी राम गोंझू, गिरिराज आदि प्रमुख हैं।

नागपुरी गद्य साहित्य का विकास 1900 ई. के आसपास ईसाई धर्म प्रचारकों द्वारा आरंभ माना जाता है। **ई.एच. हिव्टली** ने 1896 ई. में नागपुरी का प्रथम व्याकरण 'नोट्स ऑन दि गँवारी डायलेक्ट ऑफ लोहरदगा, छोटानागपुर, लिखा, जिसे नागपुरी में गद्य साहित्य का प्रारंभ माना जाता है। नागपुरी साहित्य में अनेक रचनाएँ की गईं, जो निम्नलिखित हैं—

रचना	रचनाकार
नागवंशावली	बेनीराम महथा
नागपुरी फागशतक, लाल रंजना, दुर्गासप्तशती, नागवंशावली, झूमर	घासीराम
सुदामा चरित्र, कृष्ण चरित्र, महाभारत, लंका कांड, उषा हरण	कंचन
नल-चरित्र, कोराम्बे उपाख्यान	दृगपालराम देवधरिया
जीतिया कहानी, फोगली बुढ़िया कर कहानी, नारद मोह लीला, करम महात्मय, श्रीकृष्ण चरित	धनीराम बक्शी
नोट्स ऑन दि गँवारी डायलेक्ट ऑफ लोहरदगा छोटानागपुर (व्याकरण)	ई.एच. हिव्टली
ग्रामर ऑफ दि नागपुरिया सदानी लैंग्वेज	कोनराड बुकआउट

नेरूआ लोटा उर्फ सांस्कृतिक अवधारणा (निबंध), ठाकुर विश्वनाथ शाही (लघु नाटक), कांटी (कहानी-संग्रह)	बी.पी. केसरी
सेवा और नौकरी (एकांकी नाटक), तेतर की छाँह	डॉ. श्रवण कुमार गोस्वामी
मरंङ गोमके : जयपाल सिंह, महाराजा मदरा मुंडा	गिरिधारी राम गोंझू
सोनझइर (कहानी-संग्रह)	प्रफ्फुल कुमार राय
मेंजुर पाँइख	नइमुद्दीन मिरदाहा
काका कर कहनी	बड़ाईक ईश्वरी, प्रसाद सिंह
खुंखड़ी रूगड़ा	काली कुमार सुमन

महत्वपूर्ण बिंदु

* सदान का अर्थ झारखंड के मूल गैर-जनजाति लोगों से है।
* प्रजातीय दृष्टिकोण से आर्यों को सदान माना गया है।
* सदान सराक नाम छोटे क्षेत्र में अवस्थित है तथा जैन धर्म से प्रभावित है।
* सदान के शरीरिक गठन में कार्य, द्रविड़ एवं ऑस्ट्रिक तीनों के लक्षण दिखाई पड़ते है।
* नागपुरी को भोजपुरी की एक उपबोली माना जाता है।
* नागपुरी गद्य साहित्य का विकास 1900 ई. के आसपास ईसाई धर्म प्रचारकों द्वारा माना जाता है।
* नागवंशावली के रचनाकार बेनीराम महथा है।

❑❑❑

अध्याय

32

झारखंड में जनजातीय विद्रोह और राष्ट्रवादी संघर्ष

जब कंपनी ने सन् 1767 में इस क्षेत्र में पदार्पण किया, तभी यहाँ असंतोष व्याप्त हो गया था। जनजातीय शैली वैसे भी कठिन थी और फिर ऊपर से प्राकृतिक अकालों एवं आपदाओं ने इनके सामने बड़े भीषण संकट पैदा कर दिए। आर्थिक कठिनाइयों और अन्न के अभाव ने इन जनजातियों को तोड़कर रख दिया। उस पर भी मुगलों, मराठों एवं स्थानीय जमीदारों ने इनका दमन व शोषण करके इन्हें विद्रोही बना दिया।

प्रशासकीय स्तर पर जनजातीय लोगों के हितों एवं अधिकारों का हनन तथा दमन किया जा रहा था। इसके साथ इन लोगों को अपनी सभ्यता एवं संस्कृति पर भी खतरा मँडराता दिखाई दे रहा था। इस प्रकार के सभी कारणों ने जनजातीय विद्रोह को जन्म दिया।

इन जनजातीय लोगों को अपनी संस्कृति, अधिकारों एवं स्वतंत्रता में किसी का भी हस्तक्षेप पसंद नहीं था। अंग्रेजों के साथ आई उनकी दुरूह संस्कृति ही भारतीयों को पसंद नहीं थी, तो फिर जनजातीय लोग इसे कैसे सहन करते?

अंग्रेजों के आने से जनजातीय लोगों को अपनी पहचान व स्वतंत्रता खतरे में पड़ती दिखाई देने लगी थी। 17वीं शताब्दी के अंत में जनजातीय विद्रोह शुरू हो गए थे, जबकि अंग्रेज यहाँ केवल दो दशक पहले ही आए थे। इन जनजातीय विद्रोहों में अंग्रेजों की पक्षपातपूर्ण नीति का भी हाथ था। अंग्रेज किसी एक के हितैषी बनकर अन्य सबको शोषण की भट्ठी में झोंक देते थे। राजा, जमींदार, अधिकारी सभी जनजातीय प्रजा के लिए यमदूत सिद्ध हो गए थे। इन विद्रोहों के पीछे इन लोगों का स्वाभिमान स्पष्ट झलकता था। अंग्रेजी शासन में कुल 13 जनजातीय विद्रोह हुए, जिनमें से मुख्य विद्रोहों का वर्णन इस प्रकार है—

तमाड़ विद्रोह

सन् 1771 में अंग्रेजों ने छोटानागपुर पर अपना अधिकार जमा लिया था और यहाँ के राजाओं एवं जमींदारों को कंपनी का संरक्षण मिल चुका था, जिससे इन लोगों को प्रजा के शोषण की छूट मिल गई थी। जमींदारों ने किसानों की जमीनें हड़पनी शुरू कर दी थीं। इस शोषण नीति ने उराँव जनजाति के लोगों में विद्रोह की आग भड़का दी। इस जनजाति ने सन् 1789 में अपने विद्रोही तेवर दिखाने शुरू कर दिए और जमींदारों पर टूट पड़े। सन् 1794 तक इन विद्रोहियों ने जमींदारों को इतना भयभीत कर दिया कि उन्होंने अंग्रेज सरकार से अपनी रक्षा करने की गुहार लगाई।

अंग्रेजों ने परिस्थिति को भाँपा और पूरी शक्ति से विद्रोह को कुचल दिया। इससे कई व्यवस्थाओं का सूत्रपात हुआ और कुछ समय तक शांति बनी रही। जब दुबारा इनकी जमीन को हड़पा जाने लगा तो यह विद्रोह व्यापक हो गया।

चेरो विद्रोह

यह आंदोलन सन् 1800 में चेरो किसानों ने अपने राजा के विरुद्ध शुरू किया। यह विद्रोह तब अंग्रेजों की पक्षपातपूर्ण नीति के विरोध में हुआ, जब कंपनी ने कूटनीति से जयनाथ सिंह को अपदस्थ कर दिया और उसके स्थान पर गोपाल राय को राजा बना दिया। कुछ समय बाद गोपाल राय कुछ विद्रोही चेरो सरदारों के साथ मिल गया, जिससे अंग्रेज रुष्ट हो गए। अंग्रेजों ने गोपाल राय को बंदी बनाकर पटना जेल में डाल दिया। इसके बाद अंग्रेजों ने चूड़ामन को वहाँ का राजा बना दिया। चूड़ामन राय कोई भी कार्य अंग्रेजों की सलाह से ही करता था और इससे जनजातीय हित प्रभावित होते थे। इससे लोगों में असंतोष व्याप्त हो गया और चेरो सरदार भूषण सिंह के नेतृत्व में खुला विद्रोह शुरू हो गया। चूड़ामन राय ने अंग्रेजों से मदद की गुहार लगाई और इस विद्रोही दल पर टूट पड़ा। कर्नल जोंस ने इस विद्रोह को कुचलने के हरसंभव प्रयास किए, लेकिन उसे अपेक्षित सफलता नहीं मिली। दो वर्षों तक चेरो विद्रोही अंग्रेजों और चूड़ामन राय को छकाते रहे। अंततः भूषण सिंह को गिरफ्तार कर लिया गया। सन् 1802 में इस विद्रोही चेरो नेता को फाँसी दे दी गई और इसके बाद यह विद्रोह भी धीरे-धीरे समाप्त हो गया।

हो विद्रोह

यह विद्रोह सन् 1821-22 छोटानागपुर के 'हो' लोगों ने सिंहभूम के राजा जगन्नाथ सिंह के विरुद्ध किया। जगन्नाथ सिंह के प्रति 'हो' लोग तटस्थ थे और इनका किसी से भी कोई झगड़ा नहीं था। नागवंश के राजा ने इन पर एक-दो बार आक्रमण किया था, लेकिन सिंहभूम के राजा के साथ इनके मैत्रीपूर्ण संबंध थे। जब बाद में सिंहभूम के राजा ने अंग्रेजों की अधीनता स्वीकार कर ली और अंग्रेजों की नीति के फलस्वरूप अपने ही 'हो' मित्रों के साथ वह दुर्व्यवहार करने लगा तो 'हो' लोग भड़क उठे। मेजर रफसेज ने भी इन लोगों को अपने कई स्वार्थों में प्रयोग किया और इन्हें झूठे आश्वासन देकर बेवकूफ भी बनाया।

'हो' लोग जल्दी ही समझ गए थे कि उन्हें मूर्ख बनाकर उनके भोलेपन का लाभ उठाया जा रहा है। जब उन्होंने इसका विरोध किया तो रफसेज समझ गया कि वे लोग विद्रोही होते जा रहे हैं। उनके विद्रोह की झलक चाईबासा में एक वापसी दल को लूटने और कुछ लोगों की जान लेने से मिली। रफसेज ने तुरंत एक सेना की टुकड़ी 'हो' लोगों के विरुद्ध भेजी। 'हो' लोगों ने एकत्रित होकर इस सेना को तहस-नहस कर दिया। इससे रफसेज घबरा गया, इसलिए उसने अपनी सेना को गुटियालोर गाँव भेज दिया, जहाँ 'हो' लोगों की संख्या

अधिक थी। अंग्रेजों ने गाँव में आग लगाने के साथ-साथ वहाँ बहुत तबाही मचाई। 'हो' लड़ाकों ने भी हथियार नहीं डाले और वे जी-जान से लड़ते रहे। रफसेज को हालात चिंताजनक लगने लगे। अत: उसने और सैनिक बुला लिये। एक महीने तक लगातार संघर्ष करने के बाद 'हो' विद्रोहियों को आत्मसमर्पण करना पड़ा। इस प्रकार कुछ शर्तों और करों के साथ अंतत: शांति स्थापित हो सकी।

कोल विद्रोह

यह व्यापक विद्रोह छोटा नागपुर, पलामू, सिंहभूम और मानभूम की कई जनजातियों का संयुक्त विद्रोह था, जो अंग्रेजों के बढ़ते हस्तक्षेपों के शोषण के खिलाफ उपजा था। अंग्रेज समर्थित जमींदार इन वर्गों विशेषकर कृषकों का ऐसा खून चूस रहे थे कि इन्हें भोजन के लिए भी तरसना पड़ रहा था। कितने ही अवांछित करों और जबरन वसूली ने इन लोगों को खून के आँसू रुला दिया था। कृषि और शिकार पर आश्रित इन लोगों से मनमाना कर वसूलने के लिए इन पर तरह-तरह के अत्याचार किए जाते तथा कर चुकाने की असमर्थता में इनकी जमीन 'दीकुओं' (बाहरी लोग) को दे दी जाती थी। जमींदार इनसे बेगार कराते। वे स्वयं पालकी में चलते और कहारों का कार्य आदिवासी लोग करते। इनके पशुओं की देखभाल भी आदिवासी ही करते।

इनके अतिरिक्त भी कुछ ऐसे नैतिक कारण थे, जिन्होंने इन आदिवासी लोगों के मन में विद्रोह की भावना पैदा कर दी थी। अत: इन लोगों में असंतोष व्याप्त हो गया था और यह कभी भी ज्वालामुखी की तरह फट सकता था। मुंडा जनजाति ने बंदगाँव में आदिवासियों की एक सभा बुलाई। इस सभा में लगभग सात कोल आदिवासी आए और वहीं से यह भीषण विद्रोह आरंभ हुआ। इसकी चपेट में दीकू, अंग्रेज और उनके समर्थित जमींदार आए। विद्रोहियों ने गाँव-के-गाँव जला दिए। इसका परिणाम यह हुआ कि इस विद्रोह और इसके तात्कालिक कारण ने विद्रोह की आग को सिंहभूम, टोरी, हजारीबाग और मानभूम तक के क्षेत्रों में प्रज्वलित कर दिया। उनके इस विद्रोह में लगभग 1,000 लोग मारे गए।

इस व्यापक विद्रोह को दबाने के लिए अंग्रेज सरकार ने रामगढ़ में सेना एकत्रित की और बाहर से भी सेना बुलाई गई। विद्रोहियों का नेतृत्व बुद्धू भगत, सिंग राय और सूर्य मुंडा कर रहे थे। अंग्रेजी सेना की कमान कैप्टन विलकिंसन के हाथों में थी। जब अंग्रेजी सेना का विद्रोहियों से सामना हुआ तो बहुत जन-धन की हानि हुई। बुद्धू भगत अपने 150 सहयोगियों के साथ मारा गया। यह विद्रोह लगभग पाँच साल तक चला, जिसमें मरनेवाले विद्रोहियों की संख्या अधिक रही, तब कंपनी को भी इसकी चिंता हुई।

कंपनी ने विद्रोह के कारणों की जाँच-पड़ताल की और झारखंड की शासन व्यवस्था में आमूल-चूल परिवर्तन किए गए बेहतर न्याय व्यवस्था और पारदर्शी प्रणाली के गठन की आवश्यकता महसूस हुई। उस समय तक झारखंड में अंग्रेजों ने बंगाल के ही सामान्य नियम लागू कर रखे थे, लेकिन अब परिस्थिति की जटिलता को देखकर कंपनी ने 'रेगुलेशन-XIII' नाम से एक नया कानून बनाया, जिसके अंतर्गत रामगढ़ जिले को विभाजित किया गया। एक और अलग नए प्रशासनिक क्षेत्र का गठन किया गया, जिसमें जंगल महाल और ट्रिब्यूटरी महाल के साथ एक नन-रेगुलेशन प्रांत बनाया गया। इस प्रशासनिक क्षेत्र को जनरल के प्रथम एजेंट के रूप में गवर्नर के अधीन किया गया। इस व्यवस्था में विल्किंसन को पहला गवर्नर बनाया गया, जो पहले सेना में कैप्टन था और इस विद्रोह के दमन के लिए भेजा गया था। 'कोल विद्रोह' झारखंड के इतिहास में महत्त्वपूर्ण स्थान रखता है, क्योंकि इसके अनेक दूरगामी परिणाम हुए। इसी विद्रोह ने प्रशासनिक व्यवस्था के सुधार की नींव रखी।

भूमिज विद्रोह

भूमिज विद्रोह को 'गंगानारायण हंगामा' भी कहा जाता है। यह विद्रोह जनजातीय जमीदारों और जनजातीय लोगों का संयुक्त विद्रोह था, जिसकी अगुआई बड़ाभूम के राजा बेलाक नारायण के पोते गंगानारायण ने की थी। इस विद्रोह के पीछे कुछ राजनीतिक कारण तो थे ही, साथ ही मूल रूप से यह विद्रोह आदिवासी उत्पीड़न से उपजा था। बड़ाभूम की जागीर को गंगानारायण से उसके भाई माधव सिंह ने हड़पने का षड्यंत्र रचा था। माधव सिंह दीवान था। उसने जनता का बहुत शोषण किया था। जब गंगानारायण ने उसका विरोध किया तो वह कंपनी सेना की शरण में जा पहुँचा। गंगानारायण ने भी हालात की गंभीरता को समझा और उसने उन जमींदारों से संपर्क किया, जो अंग्रेजी व्यवस्था से त्रस्त थे। उनके साथ गंगानारायण को जनजातीय लोगों का भी समर्थन मिला, क्योंकि आदिवासी लोग भी इस व्यवस्था से बहुत निराश थे। कोल और 'हो' जाति के लोग तो बुरी तरह से नाराज थे। इस प्रकार गंगानारायण के नेतृत्व में एक संयुक्त विद्रोह की भूमिका बनी, जिसमें जनजातीय लोगों की भूमिका रही। सन् 1832 में ही, जब कोल विद्रोह को दबाने के प्रयास चल रहे थे, तभी उस दौरान गंगानारायण ने अपने विद्रोही गुट के साथ विद्रोह का बिगुल बजा दिया। इस विद्रोह को अंग्रेजों ने 'भूमिज विद्रोह' की संज्ञा दी। शीघ्र ही विद्रोह ने व्यापक रूप ले लिया और कंपनी सेना इन विद्रोहियों को दबाने के लिए लेफ्टिनेंट बैंडन और टिमर के नेतृत्व में निकल पड़ी। खरसावाँ का ठाकुर अंग्रेजों की ओर से लड़ा।

इस लड़ाई में गंगानारायण मारा गया और खरसावाँ के ठाकुर ने उसका सिर काटकर कैप्टन विल्किंसन को उपहार में भेज दिया। विद्रोह का दमन हो चुका था, लेकिन विल्किंसन को इस विद्रोह ने कुछ और सोचने पर विवश कर दिया। उसने अपने वरिष्ठ अधिकारियों को वस्तुस्थिति समझाकर उनसे परामर्श लिया और जंगल महाल में प्रशासकीय परिवर्तन की आवश्यकता बताई। रेगुलेशन XIII के अंतर्गत जंगल महाल जिला को स्थगित कर इसकी दीवानी अदालत बंद कर दी गई। नई गठन नीति लागू हुई, जिसमें शेरगढ़, विष्णुपुर और सोनपहाड़ी को वर्द्धमान में शामिल कर लिया गया तथा शेष भागों को मिलाकर मानभूम को जिला बना दिया गया। इस जिले में झालदा, धनबाद, सुपुर, रायपुर, अंबिका नगर, बड़ाभूम और श्यामसुंदरपुर सहित कई मुख्य क्षेत्रों को शामिल किया गया। इसका तात्कालिक मुख्यालय मानबाजार बनाया गया, जिसे सन् 1838 में बदलकर पुरुलिया ले जाया गया।

इस प्रकार 'भूमिज विद्रोह' भी प्रशासनिक व्यवस्था के सुधार का एक कारण बना। अंग्रेज अधिकारी जान गए थे कि आदिवासी लोगों को न्याय व्यवस्था की पारदर्शिता न मिलना और उनका किसी भी प्रकार का उत्पीड़न रोज नए विद्रोह को जन्म देने वाले कारण थे। प्रशासनिक व्यवस्था को गवर्नर के अधीन करके इस दिशा में सार्थक कदम उठाया गया था।

संथाल विद्रोह

वीरभूम, ढालभूम, सिंहभूम, मानभूम और बांकुड़ा के जमींदारों द्वारा सताए गए संथाल 1790 ई. से ही संथाल परगना क्षेत्र, जिसे **दामिन-ए-कोह** कहा जाता

था, में आकर बसने लगे। इन्हीं संथालों द्वारा किया गया यह विद्रोह झारखंड के इतिहास में सबसे अधिक चर्चित हुआ, क्योंकि इसने कंपनी और उसके समर्थित जमींदारों, सेवकों और अधिकारियों को बहुत बड़ी संख्या में जनहानि पहुँचाई थी। इस प्रकार विद्रोह के कारणों में कृषक उत्पीड़न प्रमुख था। संथाल जनजाति भी कृषि और वनों पर निर्भर थी, लेकिन जमींदारी प्रथा ने इन्हें इनकी ही भूमि से बेदखल करना शुरू कर दिया था। अंग्रेज समर्थित जमींदार पूरी तरह से संथालों का शोषण कर रहे थे और साथ ही कंपनी ने कृषि करों को इतना अधिक कर दिया था कि संथाल लोग इसे चुकाने में अक्षम थे। इसके अतिरिक्त बाहरी लोगों के आवागमन ने इन संथालों को अपनी ही भूमि पर सिमटने को विवश और निर्धन कर दिया था। संथाल जीवन-निर्वाह के लिए साहूकारों व जमींदारों के शोषणचक्र में फँस रहे थे। ये लोग ऊँची ब्याज दर पर ऋण देते थे और फिर वसूली के नाम पर मानसिक एवं शारीरिक शोषण भी करते थे। इस कारण संस्थालों में बँधुआ मजदूरी की प्रथा शुरू हुई। बँधुआ मजदूर को 'कमियाँ' या 'कम्योटी' भी कहा जाता था। न्याय व्यवस्था भी इन्हीं संपन्न एवं समृद्ध शोषकों का साथ देती थी। इस उत्पीड़न जाल से बाहर निकलने का मार्ग संथालों के सामने न होने से ये लोग आत्महत्या कर रहे थे।

ऐसी विकट स्थिति में तो साधारण लोग ईश्वर के अवतार की ही कामना करते हैं। ईश्वर भी ऐसे लोगों की पुकार अनसुनी नहीं करता, तभी तो संथालों के ऐसे घोर उत्पीड़न का विरोध करते सिद्धू-कान्हू नामक दो जवान सामने आए। इन दोनों ने दिन-रात एक करके संथालों में विद्रोह का साहस भरा और उन्हें एकजुट होने के लिए प्रोत्साहित किया।

सन् 1855 में हजारों संथालों ने भोगनाडीह के चुन्नु माँझी के चार पुत्रों सिद्धू, कान्हू, चाँद तथा भैरव के नेतृत्व में एक सभा की, जिसमें उन्होंने अपने उत्पीड़कों के विरुद्ध लामबंद लड़ाई लड़ने की शपथ ली। सिद्धू-कान्हू ने लोगों में एक नई ऊर्जा व उत्साह भर दिया। उन्होंने एकजुट होकर अपनी भूमि से दीकुओं को चले जाने की चेतावनी दी। इन दीकुओं में अंग्रेज और उनके समर्थित कर्मचारी, अधिकारी तथा जमींदार आदि थे। सरकारी आज्ञा न मानने, दामिन क्षेत्र में अपनी सरकार स्थापित करने और लगान न देने की घोषणा की गई। इसी बीच दरोगा महेशलाल दत्त की हत्या कर दी गई। चेतावनी देने के दो दिन बाद संथालों ने अपने शोषकों को चुन-चुनकर मारना शुरू कर दिया। अंबर के जमींदार की हवेली जला दी गई। महेशपुर राजमहल पर विद्रोहियों ने कब्जा करने का प्रयास किया। अधिकारी और जमींदार इनके मुख्य निशाने पर थे, फिर जो बाहरी व्यापारी लोग थे, उनके मकान एवं दुकानों को तोड़ दिया गया। यह खुला सशस्त्र विद्रोह था, जो कहलगाँव से राजमहल तक फैल गया। यह विद्रोह 1856 में वीरभूम, बांकुड़ा और हजारीबाग में भी फैल गया। यह देख कंपनी चिंतित हो गई और बातचीत के द्वारा संथालों को समझाने का प्रयास किया जाने लगा, लेकिन धैर्य की सीमा पार करके उपजा संथालों का आक्रोश कुछ भी सुनने को तैयार नहीं था। संथाल तो अपनी भूमि से अंग्रेजों और उनके समर्थकों को भगाने या समाप्त करने की शपथ ले चुके थे। इस विद्रोह का मुख्य नारा था—''करो या मरो, अंग्रेजों हमारी माटी छोड़ो।'' अंग्रेजों के कार्यालयों को भस्म किया जाने लगा। जहाँ भी कोई अंग्रेज दिखाई देता, उसे वहीं ढेर कर दिया जाता। संथाल साक्षात् काल बन गए थे। दुर्दांत होकर उन्होंने अंग्रेज महिलाओं और बच्चों को भी मार डाला।

संथालों के हंगामे से अंग्रेजी प्रशासन में हड़कंप मच गया। कंपनी ने सेना को खुली छूट देकर इस विद्रोह को दबाने का आदेश दिया। अंग्रेजों ने भी संथालों के प्रति बहुत बर्बरता दिखाई और उनके गाँव-के-गाँव जला दिए। अंग्रेजी सेना संथाल के नेताओं की धरपकड़ में दिन-रात एक करने लगी और इसमें उसे सफलता भी मिली। अधिकांश विद्रोही नेता या तो मारे गए थे या फिर बंदी बना लिये गए थे। चाँद और भैरव गोलियों के शिकार हो वीरगति को प्राप्त हुए। सिद्धू और कान्हू पकड़े गए, उन्हें बरहेट में फाँसी दे दी गई। इस विद्रोह को फिर भी कुछ सफलता अवश्य मिली थी, क्योंकि संथालों ने अपने क्षेत्र में से अधिकांश अंग्रेजों और उनके समर्थकों को या तो मार दिया था या भगा दिया था। जो शेष बचे भी थे, वे भी बहुत समय तक आतंक के साए में जीते रहे। इस विद्रोह के जनक सिद्धू-कान्हू झारखंड के लोगों के लिए पूजनीय हो गए और आज भी उन्हें झारखंड के जननायक के रूप में याद किया जाता है। सिद्धू-कान्हू की गाथाएँ आज भी झारखंड के लोगों के लिए ओज एवं शक्ति की प्रेरणास्रोत हैं।

जनवरी 1856 ई. तक संथाल परगना क्षेत्र में संथाल विद्रोह दबा दिया गया, लेकिन सरकार ने संथालों की वीरता और शौर्य को स्वीकार किया। सरकार को प्रशासनिक परिवर्तनों की अनिवार्यता स्वीकार करनी पड़ी। इस संथाल विद्रोह के परिणामस्वरूप 30 नवंबर, 1856 ई. को विधिवत संथाल परगना जिला की स्थापना की गई और एशली एडेन को प्रथम जिलाधीश बनाया गया। प्रत्येक साल इस विद्रोह की याद में राज्य में 'हूल' अर्थात् संथाल विप्लव दिवस 30 जून को मनाया जाता है।

बिरसा मुंडा आन्दोलन

सन् 1890-92 के कालखंड में छोटा नागपुर के अधिकतर वनवासी चर्च के पादरियों के बहकावे में आकर ईसाई हो गए थे। बिरसा का परिवार भी इनमें शामिल था, परंतु शीघ्र ही पादरियों की असलियत भाँपकर बिरसा न केवल ईसाई मत त्यागकर हिन्दू धर्म में लौट आये, वरन् उसने उस क्षेत्र के अन्य वनवासियों का भी हिन्दू धर्म में परिवर्तन कराया। यही बिरसा मुंडा आगे चलकर एक महान क्रांतिकारी तथा 'धरती-आबा' (जगत्-पिता) के नाम से विख्यात हुआ।

मुंडा जनजाति झारखंड की राजधानी राँची के दक्षिण में रहती थी। मुंडा लोग जमीन के एक टुकड़े पर सामूहिक रूप से खेती करके जीवन यापन करते थे। इस प्रकार की कृषि व्यवस्था को 'खूँटकट्टी' कहा जाता था। 19वीं सदी में उत्तर के मैदान से लोग यहाँ आने लगे और मुंडा लोगों की कृषि-भूमि हड़पने लगे। इतना ही नहीं, उन्होंने मुंडा लोगों की सामाजिक व्यवस्था में भी सेंध लगानी आरंभ कर दी। इससे मुंडा लोगों की खूँटकट्टी कृषि-व्यवस्था बुरी तरह चरमरा गया। सामाजिक तंत्र ढीला पड़ने लगा।

इसी बीच ईसाई मिशनरियों ने यहाँ पदार्पण किया और लोगों को ईसाई बनाने लगीं। इस प्रकार पारंपरिक मुंडा समुदाय बिखरने लगा। शुरू में मुंडा लोगों ने अपनी जमीन को बचाने के लिए 1880 के दशक में कानूनी लड़ाई लड़ी। उनकी यह लड़ाई 'सरदारी लड़ाई' के नाम से जानी जाती है, लेकिन उनकी इस लड़ाई में उन्हें इंसाफ नहीं, धोखा मिला। उन्होंने सरकार से इंसाफ माँगा, मिशनरियों की मदद माँगी, लेकिन कहीं से सहायता नहीं मिली। अब उनके पास इसके अलावा कोई चारा नहीं था कि वे अपने में से ही किसी व्यक्ति को चुनकर उसके नेतृत्व में विद्रोह करते। ऐसे में बिरसा मुंडा उनकी आशा बनकर उभरा।

बिरसा मुंडा आन्दोलन मुख्यत: भूमि-समस्या से संबंधित था। जमींदारों ने आदिवासियों की भूमि पर अधिकार कर लिया था। वे उनसे बेगार करवाते। इसके बदले में उन्हें अपमान, तिरस्कार और भुखमरी के सिवाय कुछ नहीं मिलता था। यही कारण था कि बिरसा के नेतृत्व में आदिवासी अन्याय के विरुद्ध एक साथ उठ खड़े हुए थे। यह पहले ही निश्चित हो चुका था कि वे सशस्त्र क्रांति के रूप में विद्रोह करेंगे। लेकिन जमींदारों के साथ-साथ ब्रिटिश अधिकारी भी उनके शत्रु थे, इसलिए आन्दोलन को दो स्तर पर चलाने का निर्णय लिया गया। इसके अंतर्गत पहला हमला अंग्रेजों पर किया जाना था। इसके बाद उनके पिट्ठू जमींदारों से निबटने की योजना थी। बिरसा को विश्वास था कि एक बार कड़ा प्रहार करने पर अंग्रेज भयभीत हो जाएँगे। उस स्थिति में साधारण जनता आदिवासियों के पक्ष में आ जाएगी। विशाल जनसमूह के समक्ष अंग्रेज कठोर कदम नहीं उठाएँगे और विवश होकर उन्हें घुटने टेकने पड़ेंगे।

22 दिसंबर 1899 को मुंडा सरदारों द्वारा की गई सभा में बिरसा ने क्रांति का दिन निश्चित किया। इसके लिए क्रिसमस से एक दिन पूर्व का अर्थात् 24 दिसंबर का दिन चुना गया। यह दिन इसलिए भी उपयुक्त था, क्योंकि दूसरे दिन क्रिसमस होने के कारण अंग्रेज अधिकारी उसकी तैयारियों में मग्न थे। बिरसा उनकी इसी असावधानी का फायदा उठाना चाहता था। इस निर्णय के पीछे बिरसा की गहन सूझबूझ काम कर रही थी। ऐसा नहीं है कि अंग्रेज उसकी इस योजना से अनभिज्ञ थे। वरन् जमींदारों के माध्यम से उन्हें पहले ही इस हमले की सूचना मिल चुकी थी। सरकार ने मुंडारी भाषा जानने वाले एक पुलिस इंस्पेक्टर और कुछ सिपाहियों को इसकी पड़ताल करने के लिए भेजा था। उन्होंने आदिवासी क्षेत्रों में घूम-घूमकर गुप्त रूप से इसके बारे में सूचना एकत्रित करने का प्रयास किया, लेकिन बिरसा के समर्थकों के चलते उन्हें असफलता हाथ लगी। अनेक प्रयत्न करने के बाद भी जब हमले से संबंधित ठोस सूत्र नहीं मिले तो इस सूचना को मात्र एक अफवाह मान लिया गया।

निर्धारित दिन आदिवासियों ने अस्त्र-शस्त्र से सुसज्जित होकर अंग्रेजों पर हमला कर दिया। एक साथ अनेक क्षेत्रों में विद्रोह का बिगुल बज उठा। खूँटी में गिरजाघर के साथ-साथ थाने का भी घेराव करके तीरों की वर्षा की गई।

'बिरसा के नेतृत्व में आदिवासियों ने विद्रोह कर दिया है' यह सूचना शीघ्र ही राँची तक पहुँच गई। परंतु सरकार ने इसे गंभीरता से नहीं लिया। आदिवासियों से निपटने के लिए डिप्टी कमिश्नर ए॰सी॰ स्ट्रीटफील्ड और सिपाहियों की एक छोटी टुकड़ी भेजी गई। स्थिति का आकलन करने के बाद स्ट्रीटफील्ड को विद्रोहियों की शक्ति का अनुमान हो गया। वे समझ गए कि इन्हें कुचलना आसान नहीं है। अत: विद्रोह के मुख्य गढ़ों अर्थात् सिंहभूम, खूँटी, तमाड़ और राँची जिले में पुलिस की टुकड़ियाँ नियुक्त कर दी गईं। सैनिक टुकड़ियाँ आस-पास के सभी गाँवों में नियमित गश्त करने लगीं। इनके व्यय का सारा बोझ स्थानीय लोगों पर डाल दिया गया। यह स्थानीय लोगों को आन्दोलन से काटने तथा उनका मनोबल तोड़ने के लिए किया गया उपाय था। लेकिन इस बार उनकी कोई भी कूटनीति आदिवासियों को विखंडित नहीं कर सकी।

सरकार द्वारा तत्परता दिखाए जाने के कारण 26 दिसंबर से 5 जनवरी तक का समय शांतिपूर्वक बीता। इस दौरान विद्रोहियों ने न तो कहीं हिंसात्मक गतिविधियाँ कीं और न ही सभा का आयोजन। चारों ओर जनजीवन सामान्य होने लगा। स्थिति नियंत्रण में आने के बाद बिरसा को तलाशने का कार्य आरंभ किया गया। अनेक संदेहास्पद स्थानों पर छापे मारे गए; गाँवों की तलाशी ली गई; लोगों को पकड़-पकड़कर बिरसा के बारे में जानकारी उगलवाने की कोशिशें की गईं। लेकिन लाख प्रयत्न करने के बाद भी वे बिरसा की परछाईं तक नहीं छू पाएँ।

आन्दोलन की माँगें

आदिवासी जमींदारों के अत्याचारों तथा ब्रिटिश सरकार की नीतियों से छुटकारा पाना चाहते थे। अत: दूर-दराज के अनेक आदिवासी इस आन्दोलन से जुड़ गए। और फिर देखते-ही-देखते बिरसा आन्दोलन ने एक बड़ा रूप धारण कर लिया। इस आन्दोलन की महत्वपूर्ण माँगें निम्नलिखित थीं-

- प्राचीन समय से जमींदार तथा उच्चवर्गीय समुदाय निर्धन एवं असहाय आदिवासियों को बेगार करने के लिए विवश करते आए हैं। आदिवासियों को पीढ़ी-दर-पीढ़ी उनकी गुलामी करनी पड़ती है। लेकिन अब वे उनकी बेगार नहीं करेंगे।
- जमींदारों के अत्याचारों से पीड़ित आदिवासियों के लिए सरकार कानून बनाए। इसके अंतर्गत आदिवासियों पर अत्याचार करने वाले जमींदार को दंडित किया जाए।
- जमींदारों सहित उच्चवर्गीय समुदाय को जो अधिकार प्राप्त हैं, आदिवासियों को भी वे प्राप्त हों।
- क्षेत्रीय वन-संपदा, भूमि, खेती, पहाड़ एवं खनिज संपदा पर जमींदारों तथा उच्चवर्गीय समुदाय का प्रभुत्व समाप्त कर दिया जाए तथा आदिवासियों का उन पर समान अधिकार हो।
- आदिवासियों के आर्थिक शोषण पर रोक लगाई जाए। उन्हें उनके परिश्रम के अनुसार पारिश्रमिक देने की व्यवस्था की जाए।
- भूमि को लगान मुक्त घोषित करके जमींदारों को लगान देना बंद किया जाए।
- भूमि को मालगुजारी से मुक्त किया जाए।
- आदिवासी महिलाओं के सम्मान और सुरक्षा हेतु सरकार ऐसा कानून बनाए, जिससे जमींदारों तथा उच्चवर्गीय समुदाय द्वारा उनका शारीरिक शोषण बंद हो। यदि कोई व्यक्ति इस कानून का उल्लंघन करे तो उसे कठोर दंड देने का प्रावधान हो।
- आदिवासियों के बच्चों को शिक्षा ग्रहण करने का अधिकार हो। उनकी शिक्षा के लिए उचित व्यवस्था की जाए।
- समाज में आदिवासियों को उच्च वर्ग के समान अधिकार प्राप्त हों। उन्हें मंदिर आदि धार्मिक स्थलों पर जाने की स्वतंत्रता हो।
- आदिवासियों के साथ अछूत या नीच-जैसा व्यवहार प्रतिबंधित हो। ऐसा कानून बनाया जाए, जिससे मल-मूत्र आदि उठाने जैसे घृणित कार्य के लिए उन्हें विवश न किया जाए।
- आदिवासियों को धार्मिक स्वतंत्रता का अधिकार प्राप्त हो। ईसाई मिशनरियों पर प्रतिबंध लगाया जाए, जिससे आदिवासियों के धर्म-परिवर्तन पर रोक लगे।

यदि विस्तृत विश्लेषण किया जाए तो उपर्युक्त सभी माँगें तत्कालीन आदिवासी समुदायों की आर्थिक एवं सामाजिक दशा को स्पष्ट करती हैं। इससे जमींदारों और उच्चवर्ग द्वारा किए जाने वाले शोषण एवं अत्याचारों का अंदाजा सहज ही लगाया जा सकता है। उपर्युक्त माँगों द्वारा बिरसा ने जो समाज-सुधार की नींव रखी थी, वह इतनी गहरी थी कि स्वंतत्रता के बाद भारतीय संविधान में निम्न वर्ग के कल्याण के लिए विशेष कानून बनाए गए।

तानाभगत आन्दोलन

यह आंदोलन बिरसा आंदोलन से ही जन्मा था। यह भी एक बहुआयामी आंदोलन था, क्योंकि इसके नायक भी अपनी सामाजिक अस्मिता, धार्मिक परंपरा और मानवीय अधिकारों के मुद्दों को लेकर आगे आए थे। यह आंदोलन सन् 1914 में शुरू हुआ। टाना भगत कोई व्यक्ति नहीं, बल्कि उराँव जनजाति की एक शाखा थी, जिसने फुडुख धर्म अपनाया था। इन लोगों की स्थिति अत्यंत दयनीय थी और इनसे अधिकांशतः श्रम वाले कार्य ही कराए जाते थे। सुबह से शाम तक भवन, सड़क आदि के निर्माण कार्यों के लिए ये लोग ईंट, पत्थर ढोते रहते और मजदूरी के नाम पर इन्हें कुछ विशेष नहीं मिलता था। एक प्रकार से इन्हें खच्चरों की भाँति प्रयोग किया जाता था। इस आंदोलन के नायक के नाम पर 'जतरा भगत' नामक नौजवान को मान्यता मिली थी, जो अलौकिक सिद्धियों में रत रहता था। जनश्रुति के आधार पर इसी जतरा भगत को 'धर्मेश' नामक उराँव देवता ने दर्शन दिए थे और उसे कुछ निर्देश देकर इस आंदोलन को शुरू करने की आज्ञा दी थी।

जतरा भगत ने 'धर्मेश' देवता का आदेश पाकर भूत-प्रेत की साधना का कार्य छोड़ दिया और निरामिष हो गया। उसने लोगों को अंधविश्वास में आस्था रखने से मना किया और आचरण में सात्विकता लाने का संदेश दिया। साथ ही उसने बेगार-या कम मजदूरी पर काम करने वालों को ऐसा काम न करने का आदेश दिया। लोगों में जल्दी ही वह बहुत लोकप्रिय हो गया और लोग उसकी प्रत्येक बात को आत्मसात् करने लगे। इससे अंग्रेज घबरा गए और उन्होंने जतरा भगत को गिरफ्तार कर लिया। इससे उराँव लोगों में रोष फैल गया। अंग्रेज इस आंदोलन से संबंधित सभी लोगों को गिरफ्तार करने में जुट गए परिणाम यह हुआ कि हिंसा भड़क उठी और एक सामाजिक जनजागरण व्याप्त हो गया। अंग्रेजों ने बड़ी क्रूरता से इस आंदोलन को दबा दिया, फिर भी यह आंदोलन सामाजिक चेतना जगाने में सफल रहा।

इस प्रकार अंग्रेज सरकार के विरुद्ध हुए जनजातीय विद्रोहों ने कुछ हद तक झारखंड के दबे-कुचले लोगों को उनके अधिकार दिलाने में महत्त्वपूर्ण भूमिका निभाई। इन आंदोलनों में आक्रामकता, बर्बरता, आक्रोश, शक्ति संगठन और नीतिगत कारण जैसे वे सभी तत्त्व मौजूद थे, जो विद्रोह को जन्म देते हैं। झारखंड की तत्कालीन स्थिति दयनीय थी और विडंबना यह थी कि प्राकृतिक रूप से संपन्न इस क्षेत्र का शोषण और दोहन करने पहुँचे बाहरी लोगों ने यहाँ की मूल जनजातियों को लगभग बेदखल ही कर दिया था। शिक्षा से दूर और सुविधाओं से वंचित यह जनजातीय समाज शांतिपूर्वक अपना जीवन निर्वाह कर रहा था। उनके अपने पर्वों, रीतियों और अपने सामाजिक ताने-बाने में ही उनके लिए सभी खुशियां थीं। लगभग 300 वर्ष अस्थिरता, अराजकता, शोषण, दमन, अपमान और निर्धनता के साए में रहकर भी इन जनजातियों ने अपने अस्तित्व को बचाए रखा तो यह उनकी जिजीविषा ही है। इतने पर भी झारखंड के लोगों ने देश के प्रति अपने कर्तव्यों का निर्वाह किया। इन लोगों ने भारत के स्वतंत्रता संग्राम में अतुलनीय योगदान दिया, जिसे विस्मृत नहीं किया जा सकता।

सरदारी आन्दोलन

1850 ई. और उसके बाद इस क्षेत्र में अनेक आदिवासियों द्वारा ईसाई धर्म अपना लेने से भूमि की समस्या और बद्तर हो गई। ईसाई धर्म के व्यापक प्रचार-प्रसार के विरुद्ध जनजातीय सुधारवादी आन्दोलन चले। इन्हीं में सरदारी आन्दोलन सन् 1859 से 1881 के मध्य चला। इसका उल्लेख एक्सी राय ने अपनी पुस्तक 'द मुंडाज' में किया है। वास्तव में यह भूमि के लिए लड़ाई थी। इसका मूल उद्‌देश्य जमींदारों को बाहर निकालना, बेगारी प्रथा को समाप्त करना और भूमि पर लगाए गए प्रतिबंधों का विरोध करना था। सामान्यतः यह आन्दोलन तीन चरणों में पूर्ण हुआ। प्रथम भूमि आन्दोलन (1858-81 ई.) द्वितीय पुराने मूल्यों को पुनः स्थापना संबंधी आन्दोलन (1881-90 ई.) और तृतीय राजनीतिक आन्दोलन (1890-95 ई.)। इस आन्दोलन को ही साफा-होर आन्दोलन भी कहा जाता है।

खरवार आन्दोलन

खरवार (संथाल) आन्दोलन, जिसका नेतृत्व भागीरथ माँझी ने किया था, का उद्‌देश्य प्राचीन मूल्यों और जनजातीय परंपराओं को पुनः स्थापित करना था। इसके साथ ही वे भूमि संबंधी समस्याओं में सुधार के अलावा सामाजिक कर्मों में शुद्धि के प्रवर्तक भी थे। इसीलिए मदिरा आदि का इसमें विरोध किया गया। आन्दोलन के प्रति पूर्ण समर्पण वाले सफाहोर कहलाए और उदासीन लोग बाबजीया कहलाए। बेमन पूजकों को मेलबरागर कहा गया। इस आन्दोलन को ही साफा-होर आन्दोलन भी कहा जाता है।

महत्वपूर्ण बिंदु

* हो विद्रोह सन् 1821-22 राज जगन्नाथ सिंह के विरुद्ध किया गया था
* कोल विद्रोह कई जनजातियों का संयुक्त विद्रोह था, इसका विस्तार था– छोटा नागपुर, पलामू, सिंहभूमि आदि जगह फैला हुआ था।
* भूमिज विद्रोह को 'गंगानारायण का हंगामा' भी कहा जाता है।
* संथाल परगना क्षेत्र को 'दामिन-ए-कोह' कहा जाता था।
* संथाल विप्लव दिवस 30 जून को मनाया जाता है।
* बिरसा मुंडा का जन्म 15 नवंबर 1875 को राँची के उलीहातू गाँव में हुआ था।
* अंग्रेजों द्वारा अत्याधिक लगान वसूली व मुंडा आदिवासी पर शोषण के विरुद्ध विद्रोह कर दिया।
* 1 अक्टूबर, 1894 को नौजवान नेता के रूप में लगान माफी के लिए अंग्रेजों के खिलाफ आन्दोलन कर दिया।
* 1898 में तांगा नदी के किनारे मुंडाओं का मुकाबला अंग्रेजो से हुआ।
* बिरसा मुंडा की मृत्यु 9 जून, 1900 को राँची कारागार में हुई थी।
* ताना भगत आन्दोलन सन् 1914 में शुरू हुआ था।
* ताना भगत उराँव जनजाति से संबंधित है।

❑❑❑

अध्याय

33

झारखंड के वीर क्रान्तिकारी

1857 ई. की क्रान्ति ने पूरे देश के साथ-साथ झारखंड में भी राष्ट्रवाद का बीजारोपण कर दिया था। 1857 की क्रान्ति तथा उसके पूर्व झारखंड में अंग्रेजी शासन के खिलाफ हुए विद्रोहों ने आगामी राष्ट्रवादी आन्दोलनों के लिए आधार का काम किया था। पलामू के चेरो शासक, कोल्हान के लड़ाका कोली, हजारीबाग, मानभूम तथा संथाल परगना के भूमिज-संथाल तथा बिरसा एवं उनके अनुयायियों ने ब्रिटिश शासन के अत्याचार एवं शोषण के विरोध में जिस क्रांति का सूत्रपात किया था, वह 1885 ई. में भारतीय राष्ट्रीय कांग्रेस की स्थापना होने तक वृहद राष्ट्रीय आन्दोलन का स्वरूप ग्रहण कर चुका था।

गाँधीजी का राष्ट्रीय आन्दोलन में प्रवेश 1919 ई. में हुआ। गाँधीजी का अहिंसा पर आधारित असहयोग आन्दोलन का समर्थन छोटानागपुर के लोगों ने भी किया। छोटानागपुर खास के टाना भगतों ने, जो जतरा भगत के नेतृत्व में 1914 ई. से पुनरूत्थानवादी आन्दोलन चला रहे थे, 1920 ई. में महात्मा गाँधी द्वारा प्रारंभ किए गए असहयोग आन्दोलन में बढ़-चढ़ कर हिस्सा लिया। लोहरदगा जिला के कुडु के सिद्ध भगत के नेतृत्व में टाना भगतों ने असहयोग आन्दोलन में भाग लिया, जिससे टाना भगत आन्दोलन का उद्देश्य राजनीतिक स्वरूप ग्रहण कर लिया और आगे चलकर स्वतंत्रता आन्दोलन में प्रमुख भूमिका निभाई। कांग्रेस के 1920 ई. के कलकत्ता के विशेष अधिवेशन तथा लाहौर के वार्षिक अधिवेशन में और 1922 ई. के गया अधिवेशन में टाना भगतों ने शामिल होकर झारखंड का नेतृत्व किया था। टाना भगतों ने सरदार पटेल द्वारा 1928 ई. में गुजरात के बारदोली में चलाए गए किसान आन्दोलन का भी समर्थन किया था। टाना भगतों से ही प्रभावित होकर महात्मा गाँधी को छोटानागपुर कई बार आना पड़ा।

महात्मा गाँधी के राष्ट्रीय आन्दोलन में आने से किसान मजदूर भी बड़ी संख्या में आन्दोलन से जुड़ने लगे थे। 1918 ई. में ही जमशेदपुर के टाटा आयरन एवं स्टील वर्क्स के मजदूरों ने भी हड़ताल की थी। 1922 ई. एवं 1925 ई. में भी मजदूरों ने हड़ताल किया था। 1925 ई. में महात्मा गाँधी के अनुरोध पर श्रमिकों द्वारा हड़ताल खत्म किया गया था। महात्मा गाँधी पहली बार 4 जून, 1917 ई. को श्याम कृष्ण सहाय, जो लंदन में रहते थे, उनके निमंत्रण पर ब्रजकिशोर प्रसाद, कस्तूरबा गाँधी, रामदास गाँधी तथा देवदास गाँधी के साथ राँची आए थे।

1918 ई. में रॉलेट एक्ट का पूरे देश के साथ-साथ झारखंड में भी विरोध किया गया था। राँची में रॉलेट एक्ट का विरोध करने वाले प्रमुख नेता बारेश्वर सहाय तथा गुलाब तिवारी थे। पलामू में जिला स्कूल के शिक्षक रामदीन पाण्डेय ने 6 अप्रैल 1919 को 6 विद्यार्थियों के साथ उपवास रखा। अप्रैल, 1916 ई. में मौलाना आजाद कलकत्ता से राँची आकर रहने लगे थे। मौलाना अबुल कलाम आजाद को राँची में 8 जुलाई 1916 ई. को तीन वर्ष के लिए नजरबंद कर दिया गया था। उन्होंने राँची में अगस्त 1917 ई. में अंजुमन इस्लामिया तथा मदरसा इस्लामिया की स्थापना की। राँची में गजनफर मिर्जा, मोहम्मद अली, डॉ. पूर्णचंद्र मित्र, देवकीनंदन प्रसाद, गुलाम तिवारी, नागरमल मोदी आदि मौलाना आजाद का सहयोग कर रहे थे। 27 दिसंबर 1919 को मौलाना अब्दुल कलाम आजाद रिहा होने के बाद 3 जनवरी 1920 को कलकत्ता चले गए।

1920 के असहयोग आन्दोलन में अनेक लक्ष्य निर्धारित किए गए थे, जिसमें एक प्रमुख लक्ष्य था जिला स्तर तक कांग्रेस समिति की स्थापना करना। इसी लक्ष्य को ध्यान में रखते हुए झारखंड के विभिन्न जिलों में कांग्रेस कमिटियों की स्थापना की गई। 1919 ई. में बिन्देश्वरी पाठक तथा भागवत पाण्डेय ने पलामू जिला कांग्रेस कमिटी की स्थापना की। राँची एवं हजारीबाग जिला कमिटी 1920 में स्थापित हुई। 1920 ई. में भारतीय राष्ट्रीय कांग्रेस के कलकत्ता के विशेष अधिवेशन में झारखंड अनेक लोगों विशेष रूप से टाना भगतों ने भाग लिया था। इस समय धनी सिंह को पलामू का राजा घोषित कर दिया गया था। महात्मा गाँधी ने इस समय कहा कि "कपास बोओ, चरखा चलाओ, कपड़ा बुनो, छोटानागपुर आजाद हो जाएगा"। असहयोग आन्दोलन में विदेशी वस्त्र, अदालत तथा स्कूल कॉलेज जो सरकारी सहायता से चल रहा था, उसका बहिष्कार का नारा दिया गया था। राँची में भी धर्मशाला के सामने विदेशी कपड़ों की होली जलाई गई।

असहयोग आन्दोलन का एक प्रमुख उद्देश्य शिक्षण संस्थानों का बहिष्कार करना था। अतः पूरे देश में स्वदेशी स्कूल-कॉलेज की स्थापना की जा रही थी। इसी क्रम में डाल्टेनगंज में राष्ट्रीय विद्यालय की स्थापना हुई, जिसके प्रधानाध्यापक बिन्देश्वरी पाठक बनाए गए हुसैनाबाद में राष्ट्रीय माध्यमिक विद्यालय की स्थापना की गई थी। 1921 में डाल्टेनगंज, पांकी, जपला में हुई जन सभाओं का नेतृत्व रामनाथ पाण्डेय, भागवत पाण्डेय, बिन्देश्वरी पाठक जैसे लोगों ने किया। इन सभाओं में कई महत्वपूर्ण निर्णय लिए गए, जिसमें—

- चरखा चलाना- खादी बुनना
- स्वदेशी कपड़ों का प्रयोग एवं विदेशी वस्त्रों का बहिष्कार
- मद्य निषेध
- अस्पृश्यता निवारण
- असहयोग, आदि

वाराणसी के योग आश्रम के मणीन्द्रनाथ स्वामी जनवरी 1922 ई. में डाल्टेनगंज आए तथा इन आन्दोलनकारियों को अपने भाषणों से प्रेरित किया। झारखंड में राँची असहयोग आन्दोलन का प्रमुख केन्द्र था। आन्दोलन की बढ़ती हुई गतिविधियों को देखकर हजारीबाग में बजरंग सहाय, कृष्ण बल्लभ सहाय, सरस्वती देवी, त्रिवेणी प्रसाद, शालिग्राम सिंह जैसे आन्दोलनकारियों को गिरफ्तार कर लिया गया था। बिहार स्टूडेन्ट कांफ्रेंस का 16वां अधिवेशन अक्टूबर 1921 में हजारीबाग में आयोजित किया गया था। जिसमें सरला देवी, रामनारायण सिंह, बजरंग सहाय, कृष्ण बल्लभ सहाय आदि शामिल हुए थे।

अप्रैल 1923 ई. में राष्ट्रीय सप्ताह मनाया गया। 1923 ई. में नागपुर झंडा सत्याग्रह में टाना भगत भारी संख्या में शामिल हुए थे। 1925 ई. में गाँधीजी ने झारखंड की यात्रा की इस समय गाँधीजी ने हजारीबाग के सेंट कोलम्बस कॉलेज में सभा की थी। असहयोग आन्दोलन के समय जमशेदपुर (पूर्वी सिंहभूम) के गोलमुरी मैदान में 5 से 9 फरवरी, 1921 तक अनेक जन-सभाओं का आयोजन किया गया, जिसकी अध्यक्षता जमशेदपुर श्रमिक संघ के भी.जी. सारठे ने की थी। काठियावाड़ (गुजरात) के हरिशंकर व्यास भी इस सभाओं में शामिल हुए थे। भारतीय राष्ट्रीय कांग्रेस का 36वां अधिवेशन 1921 ई. में अहमदाबाद में हुआ था जिसमें झारखंड का प्रतिनिधित्व गुरुचरण हो द्वारा किया गया था। असहयोग आन्दोलन की आग जनवरी 1921 ई. तक संथाल परगना तक पहुंच चुका था। देवघर में छात्रों ने विनोदानंद झा तथा प्रफुल्ल चन्द्र सेन ने नेतृत्व में राष्ट्रीय स्कूल स्थापित करने की मांग की थी। जनवरी 1922 ई. में रेलवेकर्मियों द्वारा साहेबगंज में हड़ताल का आयोजन किया गया था। 1924 ई. में झारखंड के आदिवासियों ने उन दिनों लगने वाले हाट कर देना बंद कर दिया। हाट कर न देने का आन्दोलन चलाने वाले बिष्णु मादुरी को गिरफ्तार कर लिया गया था।

1925 ई. में गाँधीजी सी.एफ. एंड्रूज के अनुरोध पर जमशेदपुर आए थे। इस समय टाटा कंपनी के संस्थापक जहाँगीर रतन जी दादाभाई टाटा तथा टाटा कंपनी के महाप्रबंधक सी.ए. एलेक्जेंडर ने गाँधीजी का स्वागत किया था। 1925 ई. के झारखंड प्रवास के समय गाँधीजी हजारीबाग, राँची, देवघर आदि जगहों पर भी गए थे। 1925 ई. में गाँधी जी देवघर यात्रा के समय मधुपुर एवं खड़गडीहा भी गए थे। इस समय मधुपुर में निर्मित टाउनहाल का उन्होंने उद्घाटन किया था।

3 फरवरी 1928 ई. को सात सदस्यीय साइमन कमीशन भारत आया था। बंबई पहुंचने पर पूरे देश में ''साइमन गो बैक'' के नारे के साथ उसका विरोध प्रारम्भ हो गया। राँची में भी साइमन कमीशन के विरोध में प्रदर्शन होने लगा, जिसमें पलामू जिला के पाटन के कोहड़ा पाण्डेय ने मुख्य भूमिका निभाई थी। 1928 ई. में जमशेदपुर में टाटा कंपनी के मजदूरों ने तथा 1929 ई. में गोलमुरी (जमशेदपुर) के टीन प्लेट कंपनी के मजदूरों ने हड़ताल की थी। चाईबासा में प्रकाशित 'तरूणशक्ति' के संपादक आनन्द कमल चक्रवर्ती को सरकार विरोधी लेख लिखने के कारण गिरफ्तार कर लिया गया था।

सविनय अवज्ञा आन्दोलन के समय पूरे देश के साथ-साथ झारखंड में भी कुछ घटनाओं जैसे 1928 ई. में साइमन कमीशन का विरोध, 1928 ई. का नेहरू रिपोर्ट, 1929 ई. के लाहौर कांग्रेस अधिवेशन में पूर्ण स्वराज की घोषणा, गाँधी जी द्वारा लॉर्ड इरविन के सामने रखे गए 11 सूत्री मांग को अस्वीकार कर देना आदि ने एक बड़े आन्दोलन की भूमिका तैयार कर दी थी। 6 अप्रैल, 1930 ई. को दाण्डी के समुद्र तट पर नमक बनाकर सविनय अवज्ञा आन्दोलन की शुरुआत गाँधीजी ने की। 13 अप्रैल को झारखंड में भी आन्दोलनकारियों ने अनेक स्थानों पर नमक बनाकर नमक कानून को तोड़ा। कृष्ण बल्लभ सहाय को हजारीबाग स्थित खजांची तालाब में नमक बनाने के कारण एक साल की सजा सुनाई गई। पलामू में सविनय अवज्ञा आन्दोलन का नेतृत्व चन्द्रिका प्रसाद वर्मा तथा सोनार सिंह खरवार, जमशेदपुर में ननी गोपाल मुखर्जी, राँची में नागरमल मोदी, पी.सी. मित्रा, देवकी नन्दन लाल, सैयद अली अहमद रिजवी, नन्द कुमार साहू आदि ने किया था।

राँची स्थित चुटिया में 8 अप्रैल, 1930 ई. को नागरमल मोदी के नेतृत्व में विरोध प्रदर्शन किया गया था। आन्दोलन भड़काने के आरोप में 12 मई 1930 ई. को नागरमल मोदी, पी.सी. मित्रा एवं देवकी नन्दन लाल को गिरफ्तार कर लिया गया था। झारखंड में सभी जिलों में 26 जनवरी, 1930 ई. को पूर्ण सवाधीनता दिवस मनाया गया। 10 अप्रैल को खूंटी में टाना भगतों ने विरोध प्रदर्शन किया था, जिसमें पी.सी. मित्रा, विजय घोष तथा कोहड़ा पाण्डेय आदि शामिल हुए थे। सैयद अली अहमद रिजवी, जो पटना के रहने वाले थे, इन्होंने 20 जून को राँची के जामा मस्जिद में एक सभा का आयोजन किया था। राँची में सितम्बर में स्वदेशी सप्ताह तथा 16 नवम्बर को जवाहर दिवस का आयोजन किया गया था। जनवरी 1932 में राँची के तरूण संघ पर प्रतिबंध लगा दिया गया।

सविनय अवज्ञा आन्दोलन से हजारीबाग भी अछूता नहीं था। 1930 ई. में हजारीबाग में आन्दोलन का नेतृत्व बजरंग सहाय तथा सुखलाल सिंह ने किया था। अनेको आन्दोलनकारियों को गिरफ्तार कर छह माह की सजा सुनाई गई, जिनमें सरस्वती देवी, साधना, महोदव पाण्डेय, मथुरा सिंह, चमन लाल, सीताराम, जयप्रकाश लाल, राधागोविन्द प्रसाद आदि प्रमुख थे। सविनय अवज्ञा आन्दोलन के समय गिरफ्तार कर डॉ. राजेन्द्र प्रसाद को भी हजारीबाग जेल में रखा गया था। हजारीबाग के मोपना माँझी तथा चेतन महतो की मौत पटना कैंप जेल में हो गई थी, जिसके विरोध में हजारीबाग में 6 मार्च, 1932 ई. को विरोध सभा का आयोजन किया गया था। नमक सत्याग्रह में हजारीबाग क्षेत्र में संभाल जनजाति ने उल्लेखनीय भूमिका निभाई। 8 मार्च को डुमरी में संथालों की सभा हुई थी। संथाल आन्दोलनकारियों का नेतृत्व गोमिया के बोरोगेरा ग्राम का बंगम माँझी कर रहा था। 12 अक्टूबर को हजारीबाग के केशव हाल में श्रीकृष्ण सिंह के नेतृत्व में सभा का आयोजन किया गया।

सिंहभूम में सविनय अवज्ञा आन्दोलन में सिखों ने महत्वपूर्ण भूमिका निभाई थी। हरिहर महतो, हरि सिंह तथा लाल बाबू के नेतृत्व में चक्रधरपुर में जंगलों को काटकर विरोध प्रदर्शन किया गया, जिसके कारण हरिहर महतो तथा लाल बाबू को गिरफ्तार कर लिया गया था। 25 मार्च, 1931 ई. को भी भगत सिंह एवं अन्य क्रान्तिकारियों के फांसी के विरोध में जमशेदपुर में पूर्ण हड़ताल का आयोजन किया गया था। 1932 ई. को गाँधी जी तथा सरदार पटेल आदि के गिरफ्तारी के विरोध में 5 जनवरी, 1933 ई. को गोलमुरी मैदान में सभा एवं विरोध प्रदर्शन किया गया। इस विरोध प्रदर्शन का नेतृत्व परमेश्वर भट्ट सोली, भावेश्वर भट्ट सोली तथा के.पी. हाती कर रहे थे।

1930-32 ई. के नमक आन्दोलन के समय 8 मई, 1930 ई. को डालटेनगंज एवं गढ़वा में तथा 11 मई को लातेहार में हड़ताल का आयोजन किया गया था। डालटेनगंज में चन्द्रिका प्रसाद, देवकी प्रसाद, नागेश्वर प्रसाद सिंह तथा गढ़वा में गुलाब मिस्त्री तथा जगन्नाथ साहू ने आन्दोलन का नेतृत्व किया था। डालटेनगंज में आन्दोलन को कुचलने में ठाकुर भोला सिंह ने सरकार की मदद की थी, जिसके कारण उसे सरकार ने राय बहादुर की उपाधि प्रदान की थी। 1934 ई. में राँची जिला के मांडर क्षेत्र के गाँव के टाना भगतों को गिरफ्तार कर जेल भेज दिया गया था। मई 1934 ई. में महात्मा गाँधी ने भी इस गाँव की यात्रा की थी। नवम्बर 1936 ई. में चतरा में सभा का आयोजन किया गया था जिसमें कांग्रेस के कई नेता जैसे राजेन्द्र प्रसाद, श्री कृष्ण सिंह, अनुग्रह नारायण सिंह, रामदयालु सिंह, मथुरा प्रसाद आदि भी उपस्थित हुए थे।

महात्मा गाँधी ने 1940 ई. में व्यक्तिगत सत्याग्रह आन्दोलन प्रारंभ किया था। व्यक्तिगत सत्याग्रह के समय 1940 ई. में महात्मा गाँधी अंतिम बार राँची आए थे तथा निवारण बाबू से मिलने निवारणपुर गए थे, जहाँ उन्होंने एक सभा भी की थी। रामगढ़ अधिवेशन जो भारतीय राष्ट्रीय कांग्रेस का 53वां वार्षिक अधिवेशन था, 17 से 20 मार्च, 1940 ई. को झारखंड के रामगढ़ में आयोजित

किया गया था। यह झारखंड में आयोजित होने वाला कांग्रेस का प्रथम अधिवेशन था। इस अधिवेशन की अध्यक्षता मौलाना अबुल कलाम आजाद द्वारा की गई थी। इस सभा स्थल का नाम मजहर नगर रखा गया था। डॉ. राजेन्द्र प्रसाद ने स्वागत भाषण तथा भारत एवं विश्व संकट पर प्रस्ताव प्रस्तुत किया था।

इस अधिवेशन के दौरान ही सुभाष चन्द्र बोस की अध्यक्षता में अखिल भारतीय समझौता विरोधी सम्मेलन का आयोजन किया गया, जिसमें बिहार के किसान नेता सहजानन्द सरस्वती ने महत्वपूर्ण भूमिका निभाई थी। व्यक्तिगत सवज्ञा आन्दोलन करने के कारण जमशेदपुर में माइकल जॉन के साथ-साथ कुछ अन्य लोगों को गिरफ्तार किया गया था 1942 ई. की ग्रीष्म ऋतु में राजेन्द्र प्रसाद तथा कृष्ण सिंह ने छोटानागपुर का दौरा किया था तथा भारत छोड़ो आन्दोलन की पृष्ठभूमि तैयार करने में भूमिका निभाई।

1942 ई. के 'भारत छोड़ो आन्दोलन' में भी झारखंड में लोगों ने बढ़-चढ़कर हिस्सा लिया। 14 अगस्त, 1942 ई. को राँची के जिला स्कूल के विद्यार्थियों ने जुलूस निकालकर भारत छोड़ो आन्दोलन की शुरुआत की। 17 अगस्त, 1942 ई. में राँची में एक जुलूस निकाला गया। इस जुलूस में राँची जिला के कांग्रेस कमिटी के कोषाध्यक्ष शिवनारायण मोदी को गिरफ्तार कर लिया गया। 18 अगस्त को टाना भगतों ने विशुनपुर थाना को जला दिया। आन्दोलनकारियों ने 22 अगस्त को इटकी तथा टांगर बसली के बीच रेल की पटरी उखाड़ दी। 22 अगस्त को राँची में पी.सी. मित्रा को गिरफ्तार कर लिया गया। 11 अगस्त 1942 ई. को हजारीबाग में सरस्वती देवी के नेतृत्व में आन्दोलन की शुरुआत हुई। अबरख की खानों में काम करने वाले श्रमिकों ने झुमरी तिलैया में जुलूस निकाला, जिसमें 113 लोग गिरफ्तार किए गए डोमचांच में भी एक जुलूस निकाला गया, जिस पर पुलिस ने गोली चलाई जिसमें दो व्यक्ति मारे गए तथा 22 लोग घायल हुए।

जमशेदपुर में मिल मजदूरों एवं व्यवसायियों ने 10 अगस्त, 1942 ई. को पूर्ण हड़ताल का आयोजन किया। 15 अगस्त को प्रमुख आन्दोलनकारी एम.के. घोष, एम. जॉन, एन.एन.बनर्जी, त्रेता सिंह तथा टी.पी. सिन्हा आदि को गिरफ्तार कर लिया गया। 30 अगस्त की रात में सैकड़ों लोगों को गिरफ्तार करने के कारण 31 अगस्त को जमशेदपुर में पूर्ण हड़ताल की गई थी।

पलामू क्षेत्र में आन्दोलन की शुरुआत 11 अगस्त को हुई थी। यहाँ इस आन्दोलन का नेतृत्व करने वाले प्रमुख नेता यदुनन्दन तिवारी, जगनारायण पाठक, महावीर बर्मा, यदुवंश सहाय, गौरी शंकर ओझा, राजेश्वरी सरोज दास आदि थे। 13 अगस्त को छात्रों द्वारा जुलूस निकाला गया था। 17 अगस्त को डालटेनगंज में आदिवासियों ने आन्दोलन किया जिसमें विष्णु प्रसाद, गनौरी सिंह आदि को गिरफ्तार कर लिया गया था। विष्णु प्रसाद और गनौरी सिंह को एक वर्ष की सजा सुनाई गई थी। 1 सितम्बर को लातेहार में गिरिजानन्द सिंह को गिरफ्तार कर एक वर्ष की सजा दी गई।

इस आन्दोलन के दौरान संथाल परगना क्षेत्र में देवघर में विनोदानंद झा के नेतृत्व में सभा हुई। गोड्डा कचहरी पर आन्दोलनकारियों ने 13 अगस्त को राष्ट्रीय ध्वज फहराया तथा रेल की पटरियों, तार एवं टेलीफोन लाईनों को नष्ट कर दिया। संथाल एवं पहाड़िया जनजाति के बड़ी संख्या में सम्मिलित होने से आन्दोलन और तीव्र हो गया था। अनेक महिलाओं, छात्रों, आदिवासियों को भारत सुरक्षा अधिनियम के तहत गिरफ्तार किया गया था। 25 अगस्त को आदिवासियों ने अलुबेरा में डाक बंगला एवं वन विभाग के भवनों में आग लगा दी। आन्दोलनकारियों पर पुलिस ने गोली चलाई, जिसमें त्रिगुनानन्द खबारे मारे गए थे।

भारत छोड़ो आन्दोलन में देश के अन्य भागों से गिरफ्तार कई राष्ट्रीय स्तर के नेताओं को हजारीबाग जेल में बंदी बनाकर रखा गया था, जिसमें सबसे प्रमुख समाजवादी नेता जयप्रकाश नारायण थे। 8 नवम्बर 1942 ई. को दीपावली की रात में जयप्रकाश नारायण, योगेन्द्र शुक्ल, सूर्यनारायण सिंह, गुलाली प्रसाद, शालिग्राम सिंह और रामानन्द मिश्र के साथ जेल से भाग गए थे। 22 अगस्त 1943 ई. को वाचस्पति त्रिपाठी की गिरफ्तारी झारखंड में 'भारत छोड़ो आन्दोलन' संबंधित अंतिम घटना भारत छोड़ो आन्दोलन में झारखंड में सर्वाधिक व्यक्ति की मृत्यु, गिरफ्तारी, नजरबंदी अथवा सामूहिक जुर्माने की घटना हजारीबाग जिले में हुई थी। 11 अगस्त को सरस्वती देवी को हजारीबाग में जुलूस का नेतृत्व करने के कारण गिरफ्तार कर लिया गया था। दुमका में महादेवी केजरीवाल को गिरफ्तार किया गया था।

झारखंड-क्रांतिकारी राष्ट्रवाद

क्रांतिकारी नेता गणेश चन्द्र घोष के नेतृत्व में राँची क्रांतिकारियों का एक प्रमुख केंद्र बन गया था। बेलूर मठ के शचिन्द्र कुमार सेन, हेमंत कुमार बोस, रजतनाथ राय आदि हमेशा राँची आकर रहते थे। 1913 ई. में नायक गुरु के नेतृत्व में मानगढ़ आदिवासी आन्दोलन हुआ था, जिसमें सैंकड़ों आदिवासी शहीद हो गए थे। 1913 ई. में निर्मल चन्द्र बनर्जी द्वारा 'आवर स्वाधीन भारत' शीर्षक वाला परचा गिरिडीह में चिपकाया गया था। संत कोलम्बस कॉलेज, हजारीबाग के छात्र रामविनोद सिंह को 14 दिसम्बर, 1918 ई. को गिरफ्तार कर लिया गया था, जिसके कारण हजारीबाग के छात्र और उग्र हो गए थे। रामविनोद सिंह को हजारीबाग का 'जतिन बाघा' कहा जाने लगा था। बंगाल के इन क्रान्तिकारियों के संपर्क में झारखंड के आन्दोलनकारी भी थे। झारखंड के इन क्रान्तिकारियों में दुर्गादास बनर्जी, सतरंजन, अमरनाथ मुखर्जी आदि प्रमुख थे। सुधांशु भूषण मुखर्जी, जो अप्रैल 1916 ई. में अलीपुर जेल से रिहा हुए थे, अपनी रिहाई के बाद सोनुआ (सिंहभूम) में तथा हजारीबाग में रह रहे थे। दुर्गा दास बनर्जी जो टाटा कंपनी में कार्यरत थे, उनका बंगाल के क्रांतिकारियों से गहरा संबंध था। क्रान्तिकारियों का संबंध देश के बाहर के क्रान्तिकारी समूहों से भी था। जिनमें सबसे प्रमुख संगठन अमेरिका स्थित हिन्दुस्तान एसोसिएशन था। कुछ क्रान्तिकारियों का संपर्क जापान के रिवोल्युशनरी पार्टी से भी था। इस तरह झारखंड का सिंहभूम क्षेत्र प्रारंभ में क्रान्तिकारी गतिविधियों का केन्द्र बना हुआ था। 1902 ई. में गिरिन्द्रनाथ मुखर्जी ने अमेरिका तथा जापान की यात्रा की थी तथा वहाँ से क्रांतिकारी साहित्य झारखंड में सक्रिय क्रांतिकारियों को उपलब्ध कराते थे। काकोरी षड्यंत्र (9 अगस्त 1925) के प्रमुख क्रांतिकारी असफाकुल्ला खां, प्रफुल्ल चन्द्र घोष, ज्योतिपंत राय झारखंड में ही रह रहे थे। 1931-32 ई. छोटानागपुर क्षेत्र में क्रांतिकारी आन्दोलन का नेतृत्व डॉ. यदुगोपाल मुखर्जी तथा बसावन सिंह के हाथों में था। बसावन सिंह को 26 जनवरी 1940 ई. को इन्हें पलामू जिला के हुसैनाबाद अनुमण्डल में गिरफ्तार कर लिया गया था।

अलीपुर बम षड्यंत्र, जो 1908 ई. में हुआ था और जिसका संबंध अनुशीलन समिति जैसी क्रांतिकारी संस्था से था, इस षड्यंत्र के प्रमुख अभियुक्त अरविंद घोष थे। अरविंद घोष को इस षड्यन्त्र केस में 1908 ई. में गिरफ्तार कर लिया गया था। उनकी गिरफ्तारी के बाद देवघर के रोहिणी में भी पुलिस द्वारा छापेमारी की गई थी, जहाँ से अलीपुर षड़यंत्र में सम्बंधित अनेक साक्ष्य मिले थे।

झारखंड के स्वतंत्रता सेनानी

झारखंड के जिन वीर सपूतों ने अंग्रेजों के विरुद्ध अंतिम साँस तक विद्रोह की ज्वाला सुलगाए रखी, उनकी संख्या बहुत है। अपने प्राण देकर रक्त से क्रांति की मशाल सुलगाने वाले इन आदिवासी शहीदों का वर्णन संभवत: किसी महाकाव्य में संकलित हो सके, लेकिन हम उन सबका सम्मान करते हुए कुछ महान् आत्माओं का वर्णन कर
रहे हैं, जिन्होंने देश के लिए अपने प्राण बलिदान कर दिए।

तिलका माँझी

इस अमर शहीद की दूरदृष्टि ने अंग्रेजों की इच्छा को उसी समय भाँप लिया था, जब अंग्रेजों ने सन् 1767 में झारखंड में अपने पाँव रखे थे। तब 17 वर्ष के इस किशोर ने तुरंत भाँप लिया था कि पहले से राजाओं, नवाबों और जमींदारों के शोषण एवं अत्याचारों से पीड़ित झारखंड एक नई मुसीबत के हाथों में जा रहा है। संथाल जाति के तिलका माँझी एक योग्य वक्ता और कुशल तीरंदाज थे। वे जिस कार्य को करने की ठान लेते, उसे पूरा करके ही साँस लेते थे। उनका जन्म स्वतंत्र वातावरण में हुआ था, इसीलिए उन्हें स्वतंत्रता अत्यंत प्रिय थी। जब अंग्रेजों के कदम झारखंड की भूमि पर पड़े, तभी से उन्होंने देश में चल रही अंग्रेजों की अनीतिकारी शोषण व्यवस्था और 'फूट डालो, राज करो' की सूचना लोगों तक पहुँचाकर उन्हें संगठित करना शुरू कर दिया। जब एक दल तैयार हो गया तो तिलका माँझी ने इन विदेशी शासकों के खिलाफ भागलपुर के वनचरीजोर से विद्रोह की शुरुआत कर दी।

अंग्रेज अधिकारी ऑगस्ट्स क्लीवलैंड जब राजमहल क्षेत्र का अधीक्षक बनकर आया तो उसने फूट डालने का काम शुरू कर दिया। उसने 9 महीनों के अंदर 40 पहाड़ी गाँवों के सरदारों को अपने झाँसे में लेकर उन्हें सभी प्रकार के करों से मुक्त कर दिया। तिलका माँझी ने इस पक्षपात को अपने हक में प्रयोग करके लोगों में विश्वास जगाया, क्योंकि अन्य जनजातियों को तो कर देना ही पड़ता था। अब केवल संथाल ही नहीं, बल्कि अन्य जनजाति के लोग भी तिलका माँझी के साथ आ खड़े हुए। इस संगठन ने कर की ऐसी दोहरी नीति का विरोध करने हेतु बल का प्रयोग भी किया।

इस संगठन की सक्रियता और तिलका माँझी की लोकप्रियता ने अंग्रेज अधिकारियों को चिंतित कर दिया। क्लीवलैंड ने एक सचल दल की सहायता से तिलका माँझी को पकड़ने का अभियान चलाया। एक दिन मौका देखकर तिलका माँझी ने क्लीवलैंड को अपने तीर का लक्ष्य बनाकर मार डाला। अंग्रेजों के लिए यह बड़ा आघात था। बड़े पैमाने पर तिलका माँझी और उनके साथियों के खिलाफ सैन्य कार्रवाई की गई, लेकिन वे उनके हाथ नहीं आए। उनके छापामार हमलों से अंग्रेजों को बहुत हानि उठानी पड़ रही थी। अंतत: तिलका माँझी को पकड़ लिया गया और सन् 1785 में उन्हें भागलपुर में पेड़ से लटकाकर फाँसी दे दी गई। तिलका माँझी ने झारखंड के पहले ऐसे शहीद का गौरव पाया, जिसने अंग्रेज सरकार का विरोध करने पर फाँसी पाई।

बिरसा मुंडा

बिरसा मुंडा भारत के एक आदिवासी स्वतंत्रता सेनानी और लोक नायक थे, जिनकी ख्याति अंग्रेजों के खिलाफ स्वतंत्रता संग्राम में काफी हुई थी। उन्होंने ब्रिटिश शासन, जमींदारों और महाजनों के विरुद्ध आन्दोलन किया, जिसे बिरसा उलगुलान के नाम से जाना जाता है। केवल 25 वर्ष के जीवन में उन्होंने इतने मुकाम हासिल कर लिये थे कि आज भी भारत की जनता उन्हें याद करती है और भारतीय संसद में एकमात्र आदिवासी नेता बिरसा मुंडा का चित्र टंगा हुआ है।

राँची जिले से लगभग 60 किलोमीटर दूर दक्षिण-पूर्व क्षेत्र में उलिहातु नामक एक छोटा सा गाँव है। इसी गाँव में 'सुगना मुंडा' अपनी पत्नी 'करमी' के साथ रहता था। सुगना मुंडा जहाँ गाँव में अपने परिश्रम और ईमानदारी के लिए पहचाना जाता था; वहीं करमी अपनी दया, स्नेह, मृदु भाषा और सेवाभाव के लिए स्त्रियों में सम्माननीय थी। सुगना और करमी का परस्पर प्रेम अनेक गृहस्थों के लिए आदर्श था। इसी दंपती के यहाँ 15 नवंबर, 1875 को बृहस्पतिवार के दिन बिरसा का जन्म हुआ। उनका जन्म बृहस्पतिवार को हुआ, इसलिए मुंडा जनजातियों की परंपरा के अनुसार उनका नाम बिरसा मुंडा रखा गया। इनके पिता एक गरीब खेतिहर मजदूर थे। बिरसा बचपन से ही बड़े प्रतिभाशाली और मजबूत इरादों के व्यक्ति थे। बिरसा की शुरुआती शिक्षा उनके मामा के पास हुई। बाद में उन्होंने जर्मन मिशन स्कूल में प्रवेश लिया। इसके लिए बिरसा और उनके परिजन को ईसाई धर्म अपनाना पड़ा।

सन् 1886 से 1890 तक बिरसा जर्मन मिशन स्कूल में रहे। इसके बाद प्रसिद्ध वैष्णव भक्त आनंद पांडे के संपर्क में आए। आनंद से उन्होंने भारतीय दर्शन और संस्कृति के साथ-साथ रामायण, महाभारत, हितोपदेश, गीता आदि धर्मग्रंथों की शिक्षा ली। इसके बाद झारखंड में घूम-घूमकर उन्होंने हिन्दू धर्म और भारतीय संस्कृति का प्रचार शुरू कर दिया। उनके विचारों से प्रभावित हो बहुत से वनवासी उनके शिष्य बन गए। धीरे-धीरे एक समाज सुधारक एवं महात्मा के रूप में बिरसा की ख्याति दूर-दूर तक फैल गई।

बिरसा के बढ़ते प्रभाव और लोकप्रियता को देख अंग्रेज सरकार ने उन्हें गिरफ्तार कर लिया। बिरसा को अब तक लोग भगवान का अवतार मानने लगे थे। अत: उनकी गिरफ्तारी से वनांचल में असंतोष फैल गया। वनवासियों ने घेराव किया और उन्हें छोड़ने की माँग की। अंग्रेज सरकार ने वनवासी मुंडाओं पर भी राजद्रोह का आरोप लगाकर उन पर मुकदमा चला दिया। बिरसा को दो वर्ष के सश्रम कारावास की सजा सुना दी गई। बिरसा के मन में अंग्रेजों के प्रति घृणा और बढ़ गई और उन्होंने अंग्रेजी शासन को उखाड़ फेंकने का संकल्प लिया।

जेल से मुक्त होकर बिरसा ने गुप्त सभाएं कीं और अंग्रेजी शासन के विरुद्ध सशस्त्र क्रांति की शुरुआत कर दी। सन् 1899 में बिरसा के नेतृत्व में क्रांतिकारियों ने राँची से लेकर चाईबासा तक पुलिस चौकियों को घेर लिया और अंग्रेज अधिकारियों पर तीरों की बौछार कर दी। राँची में कई दिनों तक कर्फ्यू जैसी स्थिति रही। अंग्रेजों ने और सेना बुलवा ली। अब दोनों पक्षों में सीधी लड़ाई छिड़ गई।

उन्होंने अंग्रेज सरकार के खिलाफ नारा दिया 'रानी का शासन खत्म करो और हमारा साम्राज्य स्थापित करो।' अंग्रेजों ने आदिवासी कृषि प्रणाली में बदलाव किया जिससे आदिवासियों को काफी नुकसान होता था। 1895 में लगान माफी के लिए उन्होंने आदिवासियों एवं स्थानीय लोगों का नेतृत्व कर अंग्रेजों के विरुद्ध मोर्चा खोल दिया था। उन्होंने मुंडा समाज में सुधारवादी आन्दोलन चलाया और 'बिरसाइत संप्रदाय' के प्रवर्त्तक बने। बिरसा मुंडा ने सन् 1900 में अंग्रेजों के विरुद्ध विद्रोह करने की घोषणा करते हुए कहा—''हम ब्रिटिश शासन तंत्र के विरुद्ध विद्रोह की घोषणा करते है और कभी अंग्रेजों के

नियमों का पालन नही करेंगे।'' अंग्रेज सरकार ने बिरसा की गिरफ्तारी पर 500 रुपए का इनाम रखा था।

बिरसा और उनकी गैर-प्रशिक्षित सेना ने जान की बाजी लगाकर अंग्रेज सेना का मुकाबला किया। अंत में बिरसा के सैकड़ों सेनानी मारे गए। बिरसा को गिरफ्तार करने का बहुत प्रयास किया गया, लेकिन वे बचते रहे। कुछ दिन बाद मुखबिर की सूचना पर राँची के अंग्रेज कप्तान मेयर्स ने सन् 1895 की 24 अगस्त को बिरसा मुंडा को सोते समय रात को गिरफ्तार कर लिया। उन्हें जंजीरों में जकड़कर राँची जेल में भेज दिया गया, जहाँ उन्हें कठोर यातनाएं दी गईं।

जेल से छूटकर बिरसा ने सशस्त्र क्रांति का रास्ता अपनाया। सैनिक संगठन शुरु किया गया। इस दल के कई क्रांति-प्रचारक नियुक्त हुए, जो गुप्त बैठकें करते थे। उनका मकसद देश को स्वतंत्र कराना तथा अपने समाज के लोगों को अंग्रेजों और जमींदारों के चंगुल से बचाना था।

बिरसा जीवन-पर्यंत संघर्षरत रहा । सरकार ने बिरसा को पकड़वाने पर 500 रुपए के इनाम की घोषणा की थी। आखिरकार विश्वासघातियों की मुखबिरी से रातोंरात सोते समय बिरसा गिरफ्तार कर लिए गये।

उस समय 460 आदिवासियों को भी उनके साथ गिरफ्तार किया गया। 9 जून, 1900 को राँची जेल में उनकी रहस्यमय तरीके से मौत हो गई और अंग्रेज सरकार ने मौत का कारण हैजा बताया था, जबकि उनमें हैजा के कोई लक्षण नहीं थे।

यह मुंडा विद्रोह (1899-1900) दर्द के साथ कुछ उपलब्धियाँ भी छोड़ गया। सरकार को इस क्षेत्र में खूँटकट्टी के अधिकार को मान्यता देनी पड़ी। जबरन बेगार पर प्रतिबंध लगाया गया। इस प्रकार बिरसा मुंडा का नाम इतिहास में वीर लड़ाके के रूप में दर्ज हो गया। आज भी उसका नाम आदर के साथ लिया जाता है।

केवल 25 वर्ष की उम्र में उन्होंने ऐसा काम कर दिया कि आज भी बिहार, झारखंड और उड़ीसा की आदिवासी जनता उनको याद करती है और उनके नाम पर कई शिक्षण संस्थानों के नाम रखे गए हैं।

बुद्धू भगत

ये कोल विद्रोह के प्रमुख नेताओं में से एक थे। बुद्धू भगत का जन्म राँची जिला के चान्हों प्रखंड के अंतर्गत कोयल नदी के तट पर स्थित सिंलगाई गाँव में 17 फरवरी, 1792 को उराँव परिवार में हुआ था। बुद्धू भगत ही झारखंड के प्रथम क्रांतिकारी थे, जिन्हें जिंदा या मुरदा पकड़ने के लिए ब्रिटिश सरकार ने 1000 रुपए इनाम की घोषणा की थी। सन् 1831 में अपनी जमीन छिन जाने, न्याय न मिलने और जमींदारों के घोर उत्पीड़न से उपजे असंतोष ने 'कोल विद्रोह' को जन्म दिया। बुद्धू भगत ने अपने साथियों और 700 कोल लोगों के साथ सिंहभूम, राँची, हजारीबाग, टोरी तथा मानभूम में अत्याचारियों के विरुद्ध ऐसा भीषण प्रदर्शन किया कि लगभग 1,000 लोग मारे गए इस महान् आन्दोलन का यह नायक जब अंग्रेजों की विशाल सेना से घिर गया तो इसने बेटे, भतीजे और अन्य 150 साथियों के साथ 14 फरवरी, 1832 को वीरगति प्राप्त की।

पांडेय गणपत राय

17 जनवरी, 1809 ई. में भौरों गाँव में जनमे इस वीर सिपाही ने बचपन से ही अच्छे संस्कार पाए। ये छोटानागपुर के दीवान सदाशिव राय के भतीजे थे, जो उन्हीं के साथ पालकोट में रहकर बहुभाषी उच्च शिक्षा प्राप्त कर रहे थे। सदाशिव राय की मृत्यु के बाद छोटानागपुर के राजा ने योग्य, कर्मठ और प्रतिभाशाली गणपत राय को अपना दीवान बना लिया। थोड़े ही समय में गणपत राय ने अपनी कार्यकुशलता से राजा को प्रभावित कर दिया। छोटानागपुर के उत्तराधिकारी जगन्नाथ सहदेव को अंग्रेजों ने अपदस्थ करके एक अंग्रेज अधिकारी एडम ह्यूम को वहाँ का प्रबंधक बना दिया था। इस अन्याय ने गणपत राय को अंग्रेजों का घोर शत्रु बना दिया। यही कारण था कि उन्होंने जल्दी ही अंग्रेजों के विरुद्ध विद्रोह कर दिया।

देशभर में सन् 1857 का विद्रोह शुरू हो गया था और डोरंडा छावनी में भी अंग्रेजों के खिलाफ विद्रोह शुरू हो गया। इस विद्रोही सैनिक दल का नेतृत्व गणपत राय और राजा विश्वनाथ सहदेव ने किया। उन्होंने राँची में हाहाकार मचा दिया। कचहरी में आग लगा दी गई, कोषागार लूट लिया गया और जेल से 300 कैदियों को मुक्त कराकर उन्हें विद्रोहियों ने अपने साथ मिला लिया।

अंग्रेजों ने एक देशद्रोही जमींदार महेश साही की सहायता से गणपत राय को पकड़ लिया और 21 अप्रैल, 1858 को उन्हें राँची के जिला स्कूल के गेट पर उसी कदंब वृक्ष पर, जिस पर ठाकुर विश्वनाथ शाहदेव को फाँसी दी गई थी, फाँसी दे दी गई।

सिद्धू और कान्हू

संथाल विद्रोह के ये नायक सहोदर भाई थे, जिन्होंने अपने दो भाइयों चाँद और भैरों के साथ मिलकर अंग्रेजी शासन की नींव हिला दी थी। सन् 1815 से 18 35 के बीच जन्मे इन चारों भाइयों ने जिस कुशलता, निर्भिकता और स्वातंत्र्य भावना से 'संथाल विद्रोह' की कमान सँभाली तथा अपने प्राण न्योछावर कर दिए, यह अपने आप में एक अद्वितीय उदाहरण है। सबसे बड़े भाई सिद्धू में अद्भुत नेतृत्व की क्षमता एवं वाक् कुशलता थी। अधिकारों की लड़ाई को धर्म से जोड़कर उसने संथालों सहित लगभग सभी जनजातियों को संगठित कर दिया था। उसने अपने भाइयों के साथ मिलकर परंपरागत ढंग से समय की माँग के अनुसार लोगों में स्वतंत्रता की भावना को जाग्रत् किया। 30 जून, 1855 को भगनाडीह में उन्होंने विशाल जनसमूह एकत्र करके उन्हें धार्मिक आख्यानों, धर्मयुद्ध और सत्य की विजय आदि जोशीले संदेशों से एकता और अधिकार प्राप्ति के साथ स्वराज का नारा दिया। संगठन ने सिद्धू को राजा, कान्हू को मंत्री, चाँद को प्रशासक और भैरों को सेनापति के रूप में स्वीकार कर लिया। इसके बाद सशस्त्र आन्दोलन शुरू हो गया।

अंग्रेज सरकार ने इस विद्रोह को दबाने के लिए सेना भेजी। 10 जुलाई, 1855 को सिद्धू-कान्हू ने इस सेना को हरा दिया और राजमहल के किले पर कब्जा कर लिया। अंग्रेजों ने 10 नवंबर, 1855 को मार्शल लॉ लगा दिया। 'संथाल विद्रोह' अंग्रेजों पर भारी पड़ रहा था। अंग्रेजों ने अपनी सेना में इजाफा कर लिया और उन चारों भाइयों पर भारी इनाम घोषित कर दिया, लेकिन फिर भी कोई बात नहीं बनी। जब बरहैत में संथालों और अंग्रेजों का सामना हुआ तो इसमें चाँद और भैरो वीरगति को प्राप्त हुए। फरवरी 1856 में कान्हू को उपरबंदा में पकड़ लिया गया तथा सिद्धू भी वहीं पकड़ा गया। 26 जुलाई, 18 56 को दोनों भाइयों को फाँसी दे दी गई। इस प्रकार सहोदर क्रांतिकारियों ने देशहित के लिए अपने प्राणों का बलिदान देकर एक अनूठा और अविस्मरणीय उदाहरण पेश किया।

विश्वनाथ शाहदेव

अंग्रेजों ने विश्वनाथ शाहदेव से ही छोटा नागपुर का उत्तराधिकार हड़पा था। ठाकुर एनी साह ने, जिसने राँची के प्रसिद्ध जगरनाथ मंदिर की स्थापना की थी, की सातवीं पीढ़ी में ठाकुर विश्वनाथ शाहदेव का जन्म 12 अगस्त, 1817 को बड़कागढ़ की राजधानी सतरंजी में हुआ था। इनके पिता का नाम रघुनाथ शाहदेव एवं माता का नाम बानेश्वरी था। उन्होंने गणपत राय के साथ मिलकर अंग्रेजों के खिलाफ 'डोरंडा सैनिक विद्रोह' का नेतृत्व किया और कई सफलताएँ अर्जित कीं। एक विश्वासघाती की सहायता से उन्हें पकड़ लिया गया और 16 अप्रैल, 1858 को राँची के जिला स्कूल के उसी गेट पर फाँसी दे दी गई, जिस पर बाद में गणपत राय को फाँसी दी गई थी।

शेख भिखारी

राँची के ओरमाँझी प्रखंड के खुदिया गाँव के जमींदार शेख पहलवान के घर पर सन् 1816 में जन्मे इस स्वतंत्रता प्रेमी ने भी अंग्रेजों को नाकों चने चबवा दिए थे। लगभग सभी युद्ध-कलाओं में प्रवीण शेख भिखारी एक कुशल नेतृत्वकर्ता भी थे। खटंगा के राजा टिकैट उमराव सिंह के दीवान शेख भिखारी 31 जुलाई, 1857 को स्वतंत्रता संग्राम में कूद पड़े थे। राजा उमराव सिंह भी इनके साथ ही रहे। संथाल विद्रोहियों सहित कितने ही स्वतंत्रता के दीवाने इनके साथ आ मिले थे। हजारीबाग में व्यापक पैमाने पर विद्रोह हुआ, जिसे अंग्रेजी सेना ने बड़ी निर्ममता से दबा दिया। इस विद्रोह में अंग्रेजों ने लगभग 200 विद्रोहियों को फाँसी पर लटका दिया था। 6 जनवरी, 1858 को इन दोनों वीरों को चुटुपाली घाटी के पास पकड़ लिया गया और 8 जनवरी को इन्हें फाँसी दे दी गई। इससे यह स्पष्ट होता है कि अंग्रेज सरकार इनसे कितना डरती थी कि इन्हें दो दिन में ही फाँसी दे दी गई।

टिकैत उमराव सिंह

इनका जन्म राँची जिले के ओरमाँझी प्रखंड के निकट खटंगा गाँव में हुआ था। शेख भिखारी टिकैत उमराव सिंह के दीवान थे। 1857 के विद्रोह के समय टिकैत उमराव सिंह, उनके छोटे भाई घासी सिंह और दीवान शेख भिखारी ने मिलकर चुटूपालू घाटी तथा चारू घाटी में अंग्रेज सेना के प्रवेश को रोक दिया था। टिकैत उमराव सिंह और शेख भिखारी को 8 जनवरी, 1858 ई. को चुटूपालू घाटी में एक वटवृक्ष की डाली से लटकाकर फाँसी दे दी गई थी, जबकि घासी सिंह की मृत्यु जेल में हुई थी।

सिंदराय और बिंदराय

सिंदराय और बिंदराय झारखंड में 1831 ई. में हुए कोल-विद्रोह के नायक थे। उन्होंने आदिवासी आन्दोलन का नेतृत्व किया था। इस विद्रोह का मुख्य कारण यह है कि अंग्रेजों ने झारखंड में प्रवेश करने के साथ ही यहाँ अधिकार जमाना शुरू कर दिया था। अंग्रेज शासकों द्वारा आदिवासियों पर तरह-तरह के कर लगाने शुरू कर दिए। उनके परंपरागत पेय पदार्थ पर टैक्स वसूला जाने लगा। इनकी अपनी व्यवस्था पहड़ा पंचायत को छिन्न-भिन्न किया जाने लगा। इस तरह धीरे-धीरे आदिवासियों के बीच अंग्रेजों के खिलाफ आग सुलगने लगी थी।

अत्याचार, उत्पीड़न और अपमान के कारण आक्रोश बढ़ता गया। इसके बाद सिंदराय और बिंदराय के नेतृत्व में 11 दिसंबर, 1831 को यह विद्रोह फूट पड़ा। इनके नेतृत्व में 700 लोगों ने उन गाँवों पर हमला बोल दिया, जो उनसे छीन लिये गए थे। राँची और सिंहभूम के कोल सब एक साथ लड़ाई के मैदान में कूद पड़े। सिंहभूम के 'हो' आदिवासी भी इनके साथ आ मिले तथा लड़ाई और तेज वे गई। यह विद्रोह राँची ही नहीं, हजारीबाग, पलामू के टोरी परगने, मानभूम के पश्चिम हिस्से तक फैल गया। विद्रोही गाँव-गाँव जाते और जो भी गैर-आदिवासी मिलते, उन्हें मौत के घाट उतार देते। तेजी से बढ़ते कोल-विद्रोह को दबाने के लिए अंग्रेजों को बड़े पैमाने पर सैनिक कार्रवाई करनी पड़ी। विद्रोहियों के नेता सिंदराय और बिंदराय अंत तक लड़ते रहे।

फूलो-झानो

सन् 1853-1856 के संथाल हूल में फूलो-झानो ने महत्वपूर्ण भूमिका निभाई। फूलो-झानो का जन्म झारखंड के एक संथाल परिवार में संथाल परगना के भगनाडीह गाँव में हुआ। इनके पिता का नाम चुन्नी मुर्मू था। सन् 1855-56 में ब्रिटिश सत्ता, साहूकारों, व्यापारियों व जमींदारों के खिलाफ संथाल विद्रोह में सक्रिय भागीदारी निभाने वाले चाँद, भैरव, सिद्धू और कान्हू, फूलो तथा झानो के भाई थे।

30 जून, 1855 को भगनाडीह की सभा में सिद्धू को राजा, कान्हू को मंत्री, चाँद को प्रशासक, भैरव को सेनापति तथा फूलो-झानो को प्रमुख सहयोगी के तौर पर चुना गया। संथाल विद्रोह का मुख्य नारा था 'करो या मरो, अंग्रेजों हमारी माटी छोड़ो'। सिद्धू ने अपनी दैवीय शक्ति का हवाला देते हुए फूलो-झानो को साल की टहनी गाँव-गाँव घुमाने और गाँववालों को संथाल हूल के लिए तैयार रहने को कहा।

7 जुलाई, 1855 को अपमान का बदला लेने हुए जंगीपुरा के अत्याचारी महेशलाल एवं प्रताप नारायण नामक दरोगा की हत्या कर दी गई। इसमें फूलो-झानो का बड़ा हाथ था। फूलो-झानो घोड़ों पर बैठ साल का पत्ता लेकर गाँव-गाँव जाकर हूल का निमंत्रण देती थीं और मौका मिलने पर अंग्रेज सिपाहियों को उठाकर ले आती थीं और उनकी हत्या कर देती थीं। महेशपुर मुठभेड़ में सिद्धू, कान्हू के घायल हो जाने के बाद संथाल हूल की कमान सफलतापूर्वक फूलो-झानो ने सँभाली। झारखंड में हूल अर्थात् संथाल विप्लव विश्व का पहला ऐसा आन्दोलन था, जिसमें फूलो-झानो जैसी महिलाओं ने अहम् भागीदारी निभाई थी।

नीलांबर-पीतांबर

इन सगे वीर भाइयों ने पलामू में जन्म लिया और चेरो व खरवार जनजाति को इकट्ठा कर एक शक्तिशाली विद्रोही दल गठित कर लिया। सन् 1857 की क्रांति में इन्होंने पलामू क्षेत्र का नेतृत्व कर अंग्रेजों के छक्के छुड़ा दिए। छापामार युद्ध के विशेषज्ञ इन दोनों भाइयों को भी त्वरित दंड प्रक्रिया के तहत् गिरफ्तारी के कुछ समय बाद ही अप्रैल 1858 ई. में लेस्लीगंज में एक पेड़ के नीचे फाँसी पर लटका दिया गया।

तेलंगा खड़िया

इनका जन्म गुमला जिला के सिसई थाना के अंतर्गत मुर्गू गाँव में टुइया पाहन के घर 9 फरवरी, 1806 को हुआ था। सरना धर्म के प्रति उनका अटूट प्रेम था। इन्होंने अपने संगठन का नाम 'जुड़ी पंचायत' रखा। तेलंगा खड़िया ने 1831-32 के कोल विद्रोह को अपनी आँखों से देखा था। एक दिन तेलंगा खड़िया सुबह सिसई स्थित अखाड़े में अपने अनुयायियों को प्रशिक्षण देने के लिए पहुँचे। वहीं नजदीक की झाड़ी में हत्यारे बोधन सिंह ने मौका मिलते ही तेलंगा पर गोली चला दी। इसी जगह तेलंगा खड़िया की मौत हो गई। इनके समाधि स्थल को 'तेलंगा तोपा डाँड़' कहा जाता है। इनके मृत्यु के दिन 23 अप्रैल को 'शहादत दिवस' के रूप में मनाया जाता है।

जतरा भगत

गुमला जिले के विशुनपुर प्रखंड के चिंगारी नवाटोली में सन् 1888 में जतरा भगत का जन्म एक गरीब उराँव परिवार में हुआ था। इनके पिता का नाम कोदल उरांव, माता का नाम लिबरी तथा पत्नी का नाम बुधनी भगत था। प्रत्येक वर्ष 1 अक्टूबर को इनकी जयंती मनाई जाती है। जतरा भगत ने अप्रैल 1914 में टाना भगत आन्दोलन प्रारंभ किया। सरकार ने जतरा भगत को उराँव जातियों को भड़काने के आरोप में सन् 1916 में बंदी बना लिया। उन्हें डेढ़ वर्ष की सजा दी गई। 1918 में जब गाँधीजी राँची आए, तब गाँधीजी को टाना भगत से मिलवाया गया। टाना भगत ने सन् 1921 के गया कांग्रेस अधिवेशन तथा 1927 ई. में साइमन कमीशन के खिलाफ अभियान में भी शरीक हुए।

जयपाल सिंह

झारखंड पृथक् आन्दोलन के नेता के रूप में जयपाल सिंह का नाम अमर है। इनका जन्म खूँटी जिला के टकरा गाँव में 3 जनवरी, 1903 ई. को हुआ था। इनके सांस्कृतिक गुरु सुकरा पाहन थे। इस प्रदेश के लोग इन्हें सर्वोच्च नेता (मरांग गोमाँग) के नाम से पुकारते हैं। जनवरी 1939 ई. में छोटा नागपुर के पृथक्तावादी आन्दोलन के इतिहास में एक नए युग की शुरुआत हुई। 'छोटा नागपुर आदिवासी महासभा' ने अपने सर्वोच्च नेता जयपाल सिंह के नेतृत्व में असाधारण प्रगति की। झारखंड पार्टी के संस्थापक अध्यक्ष थे। जयपाल सिंह का उपनाम था 'सिंग अर्थात् सूर्य'।

1928 ई. के एम्सटर्डम ओलंपिक में इन्हें भारतीय हॉकी टीम के नेतृत्व की जिम्मेदारी सौंपी गई। इस ओलंपिक में भारत ने सर्वप्रथम स्वर्ण पदक प्राप्त किया। 23 मार्च, 1970 ई. में आदिवासियों के इस मरांग गोमाँग की मृत्यु हो गई। वे पहले ऐसे झारखंडी हैं, जिन्हें यह सर्वोच्च गौरव प्राप्त है।

पोटो सरदार

1820-21 एवं 1830-32 के कोल-विद्रोह के बाद भी अंग्रेजी दमन-चक्र चलता रहा। 1837 ई. तक कंपनी का विरोध करने वाले गाँवों पर कंपनी की शासन-व्यवस्था लागू कर दी गई। इस क्षेत्र में दक्षिण-पश्चिम सीमांत एजेंसी की स्थापना-कर कैप्टन थॉमस विल्किंसन को एजेंट नियुक्त कर दिया गया, जिसके विरोध में कोल्हान क्षेत्र के टोंटो प्रखंड स्थित सेरेंगसिया घाटी के राजबासा पीड़ (इलाका) के पोटो सरदार के नेतृत्व में 22 पीड़ों के लोगों ने विद्रोह आरंभ कर दिया। कंपनी की सेना को कई जगहों पर पराजय का मुँह देखना पड़ा।

हो विद्रोहियों ने वालंडिया में गुप्त सभा की। इसमें सेरेंगसिया और बागलिया घाटियों को अपने अधिकार में लेने का निर्णय लिया गया। ग्राम प्रधानों को तीर भेजकर विद्रोह में शामिल होने का निमंत्रण दिया गया। विद्रोह प्रारंभ हो चुका था। अंग्रेजों को इसका अनुमान भी नहीं था कि हो आदिवासी इतनी वीरता से विरोध करेंगे। इससे विचलित होकर विल्किंसन ने 12 नवंबर, 1837 को चाईबासा में अपने अफसरों की बैठक की। विरोध को दबाने के लिए 17 नवंबर, 1837 ई. को कैप्टन आर्मस्ट्रांग के नेतृत्व में 400 सशस्त्र सैनिक, 60 घुड़सवार सिपाहियों और दो तोपों के साथ बाढ़पीड़ रवाना हुए। इसकी खबर पोटो सरदार को लग गई। 19 नवंबर, 1937 ई. को पोटो सरदार की विद्रोही सेना ने आर्मस्ट्रांग की टुकड़ी पर हमला बोल दिया। भीषण लड़ाई हुई और कंपनी की सेना को हार का मुँह देखना पड़ा। इसके बाद अंग्रेजों ने पोटो सरदार के गाँव एवं आस-पास के गाँवों पर हमला कर दिया। उनके पिता को कैद कर लिया गया। तड़ागहातु गाँव में आग लगा दी गई तथा बर्बरता के साथ विद्रोह का दमन किया गया। 8 दिसंबर, 1933 को पोटो सरदार गिरफ्तार कर लिये गए 1 जनवरी, 1838 को जगन्नाथपुर में हजारों लोगों के बीच सेरेंगसिया घाटी के लड़ाके पोटो सरदार, नारो हो और बड़ाय हो को फाँसी दे दी गई। एक दिन बाद 2 जनवरी, 1838 ई. को बोड़ो हो और पंडुआ हो को सेरेंगसिया गाँव में सार्वजनिक तौर पर फाँसी पर लटका दिया गया।

वर्तमान समय में सेरेंगसिया के लोग इन शहादतों की तारीखों पर मेला लगाते हैं।

महत्वपूर्ण बिंदु

* 1923 ई. में नागपुर झंडा सत्याग्रह में टाना भगत भारी संख्या में शामिल हुए थे।
* भारतीय राष्ट्रीय कांग्रेस का 36वां अधिवेशन 1921 ई. में अहमदाबाद में हुआ था जिसमें झारखंड का प्रतिनिधित्व गुरुचरण हो द्वारा किया गया था।
* जनवरी 1922 ई. में रेलवेकर्मियों द्वारा साहेबगंज में हड़ताल का आयोजन किया गया था।
* 13 अप्रैल को झारखंड में भी आन्दोलनकारियों ने अनेक स्थानों पर नमक बनाकर नमक कानून को तोड़ा।
* राँची स्थित चुटिया में 8 अप्रैल, 1930 ई. को नागरमल मोदी के नेतृत्व में विरोध प्रदर्शन किया गया था।
* जनवरी 1932 में राँची के तरूण संघ पर प्रतिबंध लगा दिया गया।
* हजारीबाग के मोपना माँझी तथा चेतन महतो की मौत पटना कैंप जेल में हो गई थी, जिसके विरोध में हजारीबाग में 6 मार्च, 1932 ई. को विरोध सभा का आयोजन किया गया था।
* सिंहभूम में सविनय अवज्ञा आन्दोलन में सिक्खों ने महत्वपूर्ण भूमिका निभाई थी।
* 1930-32 ई. के नमक आन्दोलन के समय 8 मई, 1930 ई. को डालटेनगंज एवं गढ़वा में तथा 11 मई को लातेहार में हड़ताल का आयोजन किया गया था।
* व्यक्तिगत सत्याग्रह के समय 1940 ई. में महात्मा गाँधी अंतिम बार राँची आए थे
* भारतीय राष्ट्रीय कांग्रेस का 53वां वार्षिक अधिवेशन था, 17 से 20 मार्च, 1940 ई. को झारखंड के रामगढ़ में आयोजित किया गया था।
* जमशेदपुर में मिल मजदूरों एवं व्यवसायियों ने 10 अगस्त, 1942 ई. को पूर्ण हड़ताल का आयोजन किया।
* भारत छोड़ो आन्दोलन में झारखंड में सर्वाधिक व्यक्ति की मृत्यु, गिरफ्तारी, नजरबंदी अथवा सामूहिक जुर्माने की घटना हजारीबाग जिले में हुई थी।

❑❑❑

भूगोल

भौतिक भूगोल (सामान्य सिद्धांत)

अध्याय 1

पृथ्वी की उत्पत्ति एवं विकास

[पृथ्वी की आंतरिक संरचना, वेगनर का महाद्वीपीय विस्थापन सिद्धांत, प्लेट विवर्तनिकी, ज्वालामुखी, भूकम्प एवं सुनामी]

पृथ्वी सौर परिवार में सूर्य से तीसरा ग्रह है। भौगोलिक एवं भूगर्भिक रूप से यह एक जीवन्त ग्रह है, जहाँ अन्य ग्रहों की अपेक्षा जीवन का संगीत सुनाई व दिखाई देता है। इतने विशाल ब्रह्माण्ड में ऐसा नहीं हो सकता कि पृथ्वी के अतिरिक्त कहीं और जीवन न हो, लेकिन वर्तमान के वैज्ञानिक साक्ष्य एवं प्रमाण पृथ्वी पर ही जीवन होने का संकेत करते हैं। तारों के आस-पास का ऐसा क्षेत्र, जहाँ परिक्रमा करने वाले ग्रह की सतह पर तरल पानी काफी मात्रा में मौजूद रह सकता है, इस प्रकार की अवस्था को गोल्डीलॉक्स जोन या इसे 'निवास करने योग्य जोन' भी कहा जाता है। पृथ्वी पर जीवन तथा सूर्य से एक निश्चित दूरी एवं इस प्रकार की अवस्था को 'गोल्डीलॉक्स पेटी' (Goldilocks Zone) के नाम से जाना जाता है। जिसमें सूर्य से एक निश्चित दूरी होने पर ग्रह पर जल द्रव्य अवस्था में पाया जाता है, जैसे–पृथ्वी। इसी अवस्था वाले ग्रहों की खोज वैज्ञानिक कर रहे हैं और कुछ ग्रह पृथ्वी जैसे वातावरण वाले प्राप्त भी हुए हैं, जहाँ भविष्य में पृथ्वी जैसे जीवन का परिष्करण (Refinement) हो पाएगा, और मानव प्रजाति 'बहुग्रहीय प्रजाति' बन जाएगी। वह दिन पृथ्वी एवं मानवता के लिए संक्रान्ति काल होगा।

पृथ्वी की उत्पत्ति

पृथ्वी की उत्पत्ति के संबंध में विभिन्न दार्शनिकों व वैज्ञानिकों ने अनेक परिकल्पनाएँ प्रस्तुत की हैं। इनमें से एक प्रारंभिक एवं लोकप्रिय मत जर्मन **दार्शनिक इमैनुअल कांट** (Immanuel Kant) का है। 1796 ई. में **गणितज्ञ लाप्लेस** (Laplace) ने इसमें संशोधन प्रस्तुत किया, जो 'निहारिका परिकल्पना' (Nebular hypothesis) के

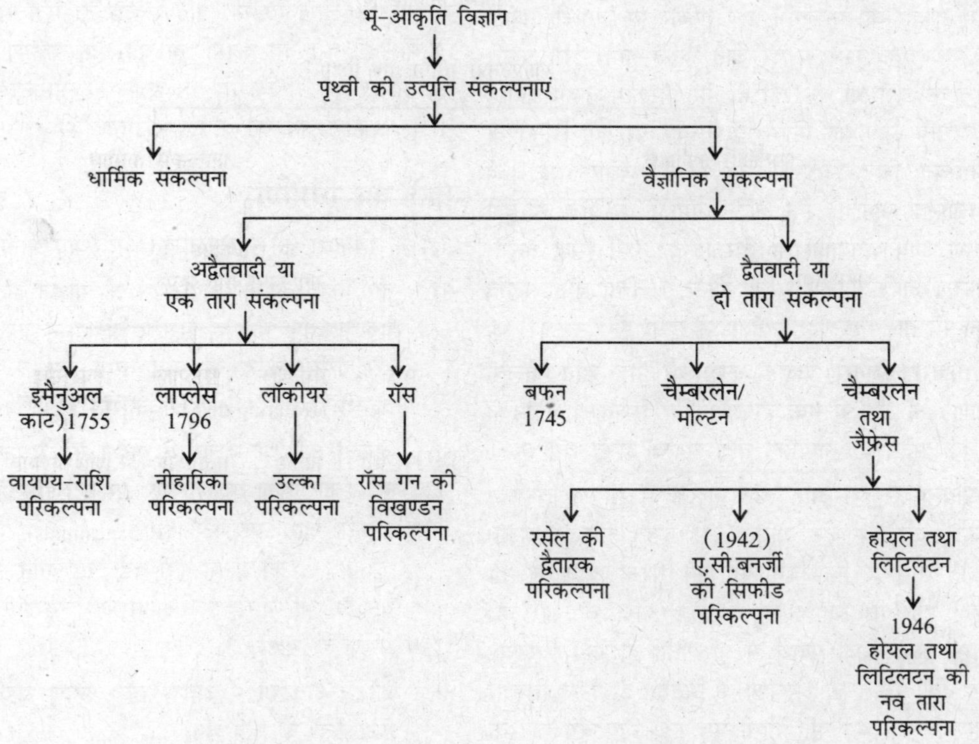

नाम से जाना जाता है। इस परिकल्पना के अनुसार, ग्रहों का निर्माण धीमी गति से घूमते हुए पदार्थों के बादलों से हुआ, जो कि सूर्य की युवा अवस्था से संबद्ध थे। बाद में 1900 ई. में **चैम्बरलेन** और **मोल्टन** (Chamberlain & Moulton) ने कहा कि ब्रह्मांड में एक अन्य भ्रमणशील तारा सूर्य के नजदीक से गुजरा। इसके परिणामस्वरूप तारे के गुरुत्वाकर्षण से सूर्य की सतह से सिगार के आकार का कुछ पदार्थ निकलकर अलग हो गया। यह तारा जब सूर्य से दूर चला गया तो सूर्य की सतह से बाहर निकला हुआ यह पदार्थ सूर्य के चारों तरफ घूमने लगा

और यही धीरे-धीरे संघनित होकर ग्रहों के रूप में परिवर्तित हो गया। पहले **सर जेम्स जींस** (Sir James Jeans) और बाद में **सर हेरॉल्ड जैफरी** (Sir Harold Jeffrey) ने इस मत का समर्थन किया। यद्यपि कुछ समय बाद के तर्क सूर्य के साथ एक और साथी तारे के होने की बात मानते हैं। ये तर्क **'द्वैतारक सिद्धांत''** (Binary theories) के नाम से जाने जाते हैं। 1950 ई. में रूस के **ऑटो श्मिड** (Otto Schemid) व जर्मनी के **कार्ल वेल्जास्कर** (Carl Welzascar) ने निहारिका परिकल्पना (Nebular hypothesis) में कुछ संशोधन किया। उनके विचार से सूर्य एक सौर निहारिका से घिरा हुआ था, जो मुख्यत: हाइड्रोजन, हीलियम और धूलकणों की बनी थी। इन कणों के घर्षण व टकराने (Collision) से एक चपटी तश्तरी की आकृति के बादल का निर्माण हुआ और अभिवृद्धि (Accretion) प्रक्रम द्वारा ही ग्रहों का निर्माण हुआ। इसके पश्चात् वैज्ञानिकों ने पृथ्वी या अन्य ग्रहों की ही नहीं वरन् पूरे ब्रह्मांड की उत्पत्ति संबंधी समस्याओं को समझने का प्रयास किया।

ब्रह्मांड की उत्पत्ति

आधुनिक समय में ब्रह्मांड की उत्पत्ति संबंधी सर्वमान्य सिद्धांत 'बिग बैंग सिद्धांत' (Big Bang Theory) है। इसे विस्तारित 'ब्रह्मांड परिकल्पना' (Expanding Universe Hypothesis) भी कहा जाता है। 1929 ई. में **एडविन हब्बल** (Edwin Hubble) ने प्रमाण दिए कि ब्रह्मांड का विस्तार हो रहा है। समय गुजरने के साथ आकाशगंगाएँ एक-दूसरे से दूर जा रही हैं। आप प्रयोग करके जान सकते हैं कि ब्रह्मांड विस्तार का क्या अर्थ है? एक गुब्बारा लें और उस पर कुछ निशान लगाएँ जिनको आकाशगंगाएँ मान लें। जब आप इस गुब्बारे को फुलाएँगे, तब गुब्बारे पर लगे ये निशान गुब्बारे के फैलने के साथ एक-दूसरे से दूर जाते प्रतीत होंगे। इसी प्रकार आकाशगंगाओं के बीच की दूरी भी बढ़ रही है और परिणामस्वरूप ब्रह्मांड विस्तारित हो रहा है। यद्यपि आप यह पाएँगे कि गुब्बारे पर लगे चिन्हों के बीच की दूरी के अतिरिक्त, चिन्ह स्वयं भी बढ़ रहे हैं जबकि यह तथ्य के अनुरूप नहीं है। वैज्ञानिक मानते हैं कि आकाशगंगाओं के बीच की दूरी बढ़ रही है, परंतु प्रेक्षण आकाशगंगाओं के विस्तार को नहीं सिद्ध करते। अत: गुब्बारे का उदाहरण आंशिक रूप से ही मान्य है। बिग बैंग सिद्धांत के अनुसार ब्रह्मांड का विस्तार निम्न अवस्थाओं में हुआ है–

(i) आरम्भ में वे पदार्थ, जिनसे ब्रह्मांड बना है, अति छोटे गोलक (एकाकी परमाणु) के रूप में एक ही स्थान पर स्थित थे, जिसका आयतन अत्यधिक सूक्ष्म एवं तापमान तथा घनत्व अनंत था।

(ii) बिग बैंग की प्रक्रिया से इस अति छोटे गोलक में भीषण विस्फोट हुआ। इस प्रकार की विस्फोट प्रक्रिया से वृहत् विस्तार हुआ। वैज्ञानिकों का विश्वास है कि बिग बैंग की घटना आज से **14 अरब वर्षों** पहले हुई थी। ब्रह्मांड का विस्तार आज भी जारी है। विस्तार के कारण कुछ ऊर्जा पदार्थ में परिवर्तित हो गई। विस्फोट (Bang) के बाद एक सेकेंड के अल्पांश के अंतर्गत ही वृहत् विस्तार हुआ। इसके बाद विस्तार की गति धीमी पड़ गई। बिग बैंग होने के आरंभिक तीन मिनट के अंतर्गत ही पहले परमाणु का निर्माण हुआ।

(iii) बिग बैंग से 3 लाख वर्षों के दौरान, तापमान लगभग 42,00 डिग्री सेंटीग्रेड तक गिर गया और परमाणुवीय पदार्थ का निर्माण हुआ। इससे ब्रह्मांड पारदर्शी हो गया।

ब्रह्मांड के विस्तार का अर्थ है, आकाशगंगाओं के बीच की दूरी में विस्तार का होना। हॉयल (Hoyle) ने इसका विकल्प **'स्थिर अवस्था संकल्पना'** (Steady State Concept) के नाम से प्रस्तुत किया। इस संकल्पना के अनुसार, ब्रह्मांड किसी भी समय में एक ही जैसा रहा है। यद्यपि ब्रह्मांड के विस्तार संबंधी अनेक प्रमाणों के मिलने पर वैज्ञानिक समुदाय अब ब्रह्मांड विस्तार सिद्धांत का ही पक्षधर हैं।

तारों का निर्माण

प्रारंभिक ब्रह्मांड में ऊर्जा व पदार्थ का वितरण समान नहीं था। घनत्व में आरंभिक भिन्नता से गुरुत्वाकर्षण बलों में भिन्नता आई, जिसके परिणामस्वरूप पदार्थ का एकत्रण हुआ। यही एकत्रण आकाशगंगाओं के विकास का आधार बना। एक आकाशगंगा असंख्य तारों का समूह है। आकाशगंगाओं का विस्तार इतना अधिक होता है कि उनकी दूरी हजारों प्रकाश वर्ष में (Light years) मापी जाती है। एक अकेली आकाशगंगा का व्यास लगभग 80 हजार से 1 लाख 50 हजार प्रकाश वर्ष के बीच हो सकता है। एक आकाशगंगा के निर्माण की शुरुआत हाइड्रोजन गैस से बने विशाल बादल के संचयन से होती है, जिसे 'निहारिका' (Nebula) कहा गया। क्रमश: इस बढ़ती हुई निहारिका में गैस और धूल-कण संगठित हुए। ये संगठित घने गैसीय पिंड बने, जिनसे तारों का निर्माण आरंभ हुआ। ऐसा विश्वास किया जाता है कि तारों का निर्माण लगभग **5 से 6** अरब वर्ष पहले हुआ।

प्रकाश वर्ष (Light year) समय का नहीं वरन् दूरी का माप है। प्रकाश की गति 3 लाख कि.मी. प्रति सेंकेंड है। एक साल में प्रकाश 9.5 खरब कि.मी. की दूरी तय करेगा, तो वह एक प्रकाश वर्ष होगा। पृथ्वी व सूर्य की औसत दूरी 14 करोड़ 98 हजार किलोमीटर है। प्रकाश वर्ष के संदर्भ में यह प्रकाश वर्ष का केवल 8 मिनट है।

ग्रहों का निर्माण

ग्रहों के विकास की निम्नलिखित अवस्थाएँ मानी जाती हैं :

(i) तारे निहारिका के अंदर गैस के गुंथित झुंड हैं। इन गुंथित झुंडों में गुरुत्वाकर्षण बल से गैसीय बादल में क्रोड का निर्माण हुआ और इस गैसीय क्रोड के चारों तरफ गैस व धूलकणों की घूमती हुई तश्तरी (Rotating disc) विकसित हुई।

(ii) अगली अवस्था में गैसीय बादल का संघनन आरंभ हुआ और क्रोड को ढकने वाला पदार्थ, गोले संसज (अणुओं में पारस्परिक आकर्षण) प्रक्रिया द्वारा ग्रहाणुओं (Planetesimals) में विकसित हुए संघटन (Collision) की क्रिया द्वारा बड़े पिंड बनने शुरू हुए और गुरुत्वाकर्षण बल के परिणामस्वरूप आपस में जुड़ गए। छोटे पिंडों की अधिक संख्या ही ग्रहाणु है।

(iii) अंतिम अवस्था में अनेक छोटे ग्रहाणु सहवर्धित होने पर कुछ बड़े पिंड ग्रहों के रूप बने।

सौरमण्डल

हमारे सौरमण्डल में आठ ग्रह हैं। निहारिका को सौरमण्डल का जनक माना जाता है। उसके ध्वस्त होने व क्रोड के बनने की शुरुआत लगभग 5 से

5.6 अरब वर्षों पहले हुई एवं ग्रह लगभग 4.6 से 4.56 अरब वर्षों पहले बने। हमारे सौरमण्डल में सूर्य (तारा), 8 ग्रह, 183 उपग्रह, लाखों छोटे पिंड, जैसे- क्षुद्र ग्रह (Asteroids), धूमकेतु (Comets) एवं वृहद् मात्रा में धूलकण व गैसें हैं।

इन आठ ग्रहों में **बुध, शुक्र, पृथ्वी व मंगल** 'भीतरी ग्रह' (Inner planets) कहलाते हैं, क्योंकि ये सूर्य व क्षुद्रग्रहों की पट्‌टी के बीच स्थित है। अन्य चार ग्रह 'बाहरी ग्रह' (Outer planet) कहलाते हैं। पहले चार ग्रह 'पार्थिव ग्रह' (Terrestrial) ग्रह कहे जाते हैं। इसका अर्थ है कि ये ग्रह पृथ्वी की भाँति ही शैलों और धातुओं से बने हैं और अपेक्षाकृत अधिक घनत्व वाले ग्रह हैं। अन्य चार ग्रह गैस से बने 'विशाल ग्रह' या 'जोवियन ग्रह' (Jovian) कहलाते हैं। जोवियन का अर्थ है, बृहस्पति (Jupiter) की तरह। इनमें से अधिकतर पार्थिव ग्रहों से विशाल हैं और हाइड्रोजन व हीलियम से बना सघन वायुमण्डल है। सभी ग्रहों का निर्माण लगभग 4.6 से 4.56 अरब वर्षों पहले एक साथ हुआ।

सौरमण्डल

ग्रह	बुध	शुक्र	पृथ्वी	मंगल	बृहस्पति	शनि	अरुण	वरुण
दूरी	0.387	0.723	1.000	1.524	5.203	9.539	19.182	30.058
घनत्व	5.44	5.245	5.517	3.945	1.33	0.70	1.17	1.66
अर्धव्यास	0.383	0.949	1.000	0.533	11.19	9.460	4.11	3.88
उपग्रह	0	0	1	2	67	82	27	14

*सूर्य से दूरी खगोलीय इकाई में है अर्थात् अगर पृथ्वी की मध्यमान दूरी 14 करोड़ 95 लाख 98 हजार कि.मी. एक इकाई के बराबर है।

घनत्व ग्राम प्रति घन सेंटीमीटर (gm/cm)
अर्धव्यास : अगर भूमध्यरेखीय अर्धव्यास 6378.137 कि.मी. = 1 है।

(i) पार्थिव ग्रह जनक तारे के बहुत समीप बने, जहाँ अत्यधिक तापमान के कारण गैसें संघनित नहीं हो पाई और घनीभूत भी न हो सकीं। जोवियन ग्रहों की रचना अपेक्षाकृत अधिक दूरी पर हुई।

(ii) सौर वायु सूर्य के नजदीक ज्यादा शक्तिशाली थी। अत: पार्थिव ग्रहों से ज्यादा मात्रा में गैस व धूलकण उड़ा ले गई। सौर पवन इतनी शक्तिशाली न होने के कारण जोवियन ग्रहों से गैसों को नहीं हटा पाई।

(iii) पार्थिव ग्रहों के छोटे होने से इनकी गुरुत्वाकर्षण शक्ति भी कम है। जिसके परिणामस्वरूप इनमें से निकली हुई गैस इन पर रुक न सकी।

अभी तक प्लूटो को भी एक ग्रह माना जाता था, परन्तु अंतर्राष्ट्रीय खगोलिकी संगठन ने 24 अगस्त, 2006 को चेक गणराज्य के प्राग सम्मेलन में इसे ग्रह की श्रेणी से बाहर कर दिया, जिसके पश्चात् प्लूटो को 'बौने ग्रह' (Dwarf planet) के रूप में माना गया तथा इसका नया नाम 134340 रखा गया है। 'प्लूटो' वामन ग्रह के कुल 05 प्राकृतिक उपग्रह हैं, शैरॉन, निक्स, हाइड्रा, स्टिक्स और कर्बेरॉस है।

चंद्रमा

पृथ्वी का एकमात्र प्राकृतिक उपग्रह चंद्रमा है। पृथ्वी की तरह ही चंद्रमा की उत्पत्ति संबंधी मत प्रस्तुत किए गए हैं। सन् 1838 ई. में सर **जार्ज डार्विन** (Sir George Darwin) ने सुझाया कि प्रारंभ में पृथ्वी व चंद्रमा तेजी से घूमते एक ही पिंड थे। यह पूरा पिंड डंबल (बीच से पतला व किनारों से मोटा) की आकृति में परिवर्तित हुआ और फिर टूट गया। उनके अनुसार, चंद्रमा का निर्माण उसी पदार्थ से हुआ है, जहाँ आज प्रशांत महासागर एक गर्त के रूप में मौजूद है।

यद्यपि वर्तमान समय के वैज्ञानिक इनमें से किसी भी व्याख्या को स्वीकार नहीं करते हैं। ऐसा विश्वास किया जाता है कि पृथ्वी के उपग्रह के रूप में चंद्रमा की उत्पत्ति एक बड़े टकराव (Giant impact) का नतीजा है, जिसे **द बिग स्प्लैट** (The big splat) कहा गया है। ऐसा मानना है कि पृथ्वी के बनने के कुछ समय बाद ही मंगल ग्रह के 1 से 3 गुणा बड़े आकार का एक हिस्सा टूटकर अंतरिक्ष में बिखर गया। टकराव से अलग हुआ यह पदार्थ फिर पृथ्वी के कक्ष में घूमने लगा और क्रमश: आज का चंद्रमा बना। यह घटना या चंद्रमा की उत्पत्ति लगभग 4.44 अरब वर्ष पहले हुई।

चंद्रमा की उत्पत्ति लगभग 4.6 मिलियन वर्ष पूर्व माना जाता है।

- यह एकमात्र पृथ्वी का उपग्रह है, जो पृथ्वी से 3,84,400 किलोमीटर दूर है। चंद्रमा का व्यास, पृथ्वी के व्यास का एक चौथाई है।
- चंद्रमा का प्रकाश पृथ्वी पर 1.3 मिनट में पहुँचता है।
- पृथ्वी के नजदीक होने के कारण चंद्रमा बड़ा प्रतीत होता है।
- चंद्रमा पृथ्वी का एक चक्कर लगभग 27 दिन में पूरा करता है। इसकी गति के साथ ही लगभग इतने समय में यह अपने अक्ष 2,286 मील प्रति घण्टे की गति साथ चक्कर भी पूरा कर लेता है। इसी प्रक्रिया के परिणामस्वरूप पृथ्वी से हमें चंद्रमा का केवल एक ही भाग दिखाई देता है।
- चंद्रमा पर वायुमण्डल तथा जल का अभाव पाया जाता है, जिससे वहाँ की परिस्थितियाँ जीवन के अनुकूल नहीं हैं। इसकी सतह पर पर्वत, मैदान तथा गड्ढों की उपस्थिति देखी गई है।
- चंद्रमा के विपरीत सतह या पृष्ठ भाग के काले धब्बों वाले क्षेत्र धूल के मैदान को 'शांति सागर' (Sea of Tranquility) कहा जाता है। यह क्षेत्र अंधकारमय रहता है। इसी क्षेत्र में मानवयुक्त चंद्रयान **अपोलो**-11, 20 जुलाई, 1969 ई. को उतरा था, जिससें **नील आर्मस्ट्रांग** तथा **एडविन बज एल्ड्रिन** गए थे तथा चंद्रमा पर उतरने वाले ये पहले व्यक्ति थे।
- चंद्रमा, पृथ्वी की परिक्रमा **परवलयाकर** कक्षा में करता है, जिस कारण पृथ्वी एवं चंद्रमा के बीच की दूरी परिवर्तित होती रहती है।

पृथ्वी का उद्भव

प्रारंभ में पृथ्वी चट्टानी, गर्म और वीरान ग्रह थी, जिसका वायुमण्डल विरल था, जो हाइड्रोजन व हीलियम से बना था। यह आज की पृथ्वी के वायुमण्डल से बहुत अलग था। कुछ ऐसी घटनाएँ एवं क्रियाएँ हुई, जिनके कारण चट्टानी, वीरान और गर्म पृथ्वी एक ऐसे सुंदर ग्रह में परिवर्तित हुई, जहाँ बहुत-सा पानी तथा जीवन के लिए अनुकूल वातावरण उपलब्ध हुआ। अगले कुछ भागों में आप जानेंगे कि आज से 460 करोड़ सालों के दौरान इस ग्रह पर जीवन का विकास कैसे हुआ।

पृथ्वी की संरचना परतदार है। वायुमण्डल के बाहरी छोर से पृथ्वी के क्रोड तक जो पदार्थ हैं, वे एक समान नहीं हैं। वायुमण्डलीय पदार्थ का घनत्व सबसे कम है। पृथ्वी की सतह से इसके भीतरी भाग तक अनेक मण्डल हैं और हरेक एक भाग के पदार्थ की अलग विशेषताएँ हैं।

भू-गर्भिक समय मापन

इयान	महाकल्प	कल्प	युग	आयु/आधुनिक वर्ष पहले	जीवन/मुख्य घटनाएँ
		चतुर्थ कल्प (Quatemary)	अभिमत अत्यन्त नूतन	0 से 10,000 वर्ष 10,000 से 20 लाख वर्ष	आधुनिक मानव आदिमानव (Homosapiens)
	नवजीवन (Cenzole) (आज से 6.3 करोड़ वर्ष पहले)	तृतीय कल्प (Tertiary)	अतिनूतन अल्पनूतन अधिनूतन आदिनूतन पुरानूतन	20 लाख से 50 करोड़ वर्ष 50 लाख से 50 करोड़ वर्ष 2.4 लाख से 3.7 करोड़ वर्ष 3.7 लाख से 5.6 करोड़ वर्ष 5.8 करोड़ से 6.5 करोड़ वर्ष	आरंभिक मनुष्य के पूर्वज वनमानुष, (फूल वाले पौधे और वृक्ष मनुष्य से मिलता-जुलता) वनमानुष जंतु खरगोश। छोटे स्तनपायी चूहे आदि।
मध्यजीवी (Mesozoic) 6.5 करोड़ वर्ष पहले 24.5 करोड़ वर्ष पहले स्तनपायी	क्रिटेशियस जुरेसिक ट्रियासिक			6.7 करोड़ से 14.4 करोड़ वर्ष 14.4 से 20.8 करोड़ वर्ष 20.8 से 24.5 करोड़ वर्ष	डायनासोर का विलुप्त होना। डायनासोर का युग। मेंढक व समुद्री कछुआ।

पुराजीव 24.5 करोड़ वर्ष से 57.0 करोड़ वर्ष पहले	परमियन कार्बोनिफेरस डवोनियन प्रवालवदि/सिलरियन ऑडोविसयन कैम्ब्रियन			24.5 करोड़ से 28.6 करोड़ वर्ष 36.0 से 40.8 करोड़ वर्ष 36.0 से 40.8 करोड़ वर्ष 40.8 करोड़ से 42.8 करोड़ वर्ष 43.8 से 50.5 करोड़ वर्ष 50.5 से 57.0 करोड़ वर्ष	• रेंगने वाले जीवों की अधिकता जल-स्थलचर • पहले रेंगने वाले जंतु-रीढ़ की हड्डी वाले पहले जीव • स्थल व जल पर रहने वाले जीव • स्थल पर जीवन के प्रथम चिन्ह; पौधे • पहली मछली • स्थल पर कोई जीवन नहीं, जल में बिना रीढ़ की हड्डी वाले जीव
या प्राक्‌जातीय (Proterozoic) आद्य मंहाकल्प हेडियन	57 करोड़ से 4 अरब 80 करोड़ वर्ष पहले			57 करोड़ से 2.5 अरब वर्ष, 2.5 अरब से 3.8 अरब वर्ष पहले, 3.8 अरब से 4.8 अरब वर्ष पहले	कई जोड़ों वाले जीव ब्लू-ग्रीन शैवाल: एक कोशीय जीवाणु महाद्वीप व महासागरों का निर्माण, महासागरों व वायुमण्डल में कार्बन डाईऑक्साइड की अधिकता
तारों की उत्पत्ति सुपरनोवा बिग बैंग	5 अरब से 13.7 अरब वर्ष पहले			5 अरब वर्ष पहले 12 अरब वर्ष पहले 13.7 अरब वर्ष पहले	सूर्य की उत्पत्ति ब्रह्मांड की उत्पत्ति

स्थलमण्डल का विकास

ग्रहाणु व दूसरे खगोलीय पिंड ज्यादातर एक जैसे ही घने और हल्के पदार्थों के मिश्रण से बने हैं। उल्काओं के अध्ययन से हमें इस बात का पता चलता है। बहुत-से ग्रहाणुओं के इकट्ठा होने से ग्रह बने। पृथ्वी की रचना भी इसी प्रक्रम के अनुरूप हुई है। जब पदार्थ **गुरुत्व बल के कारण एकत्र हो रहा था**, तो उन इकट्ठा होते पिंडों ने **पदार्थ को प्रभावित किया**। इससे **अत्यधिक ऊष्मा उत्पन्न** हुई। यह क्रिया जारी रही और उत्पन्न ताप से पदार्थ पिघलने/गलने लगा। ऐसा पृथ्वी की उत्पत्ति के दौरान और उत्पत्ति के तुरंत बाद हुआ। अत्यधिक ताप के कारण, पृथ्वी आंशिक रूप से द्रव अवस्था में रह गई और तापमान की अधिकता के कारण ही हल्के और भारी घनत्व के मिश्रण वाले पदार्थ घनत्व के अंतर के कारण अलग होना शुरू हो गए। इसी अलगाव से भारी पदार्थ (जैसे लोहा), पृथ्वी के केन्द्र में चले गए और हल्के पदार्थ पृथ्वी की सतह या ऊपरी भाग की तरफ आ गए। समय के साथ यह और ठंडे हुए और ठोस रूप में परिवर्तित होकर छोटे आकार के हो गए। अन्त में, यह पृथ्वी की भूपर्पटी के रूप में विकसित हो गए। हल्के व भारी घनत्व वाले पदार्थों के पृथक् होने की इस प्रक्रिया को 'विभेदन' (Differentiation) कहा जाता है। चंद्रमा की उत्पत्ति के दौरान, भीषण टकराव (Giant Impact) के कारण पृथ्वी का तापमान पुनः बढ़ा था। इससे पुनः ऊर्जा उत्पन्न हुई और यह विभेदन का दूसरा चरण था। विभेदन की इस प्रक्रिया द्वारा पृथ्वी का पदार्थ अनेक परतों में अलग हो गया। पृथ्वी के धरातल से क्रोड तक कई परतें पाई जाती हैं, जैसे-पर्पटी (Crust), प्रावार (Mantle), बाह्य क्रोड (Outer core) और आंतरिक क्रोड (Inner core)। पृथ्वी के ऊपरी भाग से आंतरिक भाग तक पदार्थ का घनत्व बढ़ता है।

पुच्छल तारे

पुच्छल तो (कॉमेट) हमारे सौरमण्डल के सबसे आकर्षक आकाशीय पिण्ड होते हैं। ये सूर्य के चारों ओर अपनी निश्चित अण्डाकार कक्षा में परिक्रमण करते हैं। इनके नाभिकीय भाग ठोस, चट्टानी होते हैं, जिसमें खनिज, हिमकण, क्रिस्टल, धूलकण, कार्बन डाइऑक्साइड, कार्बन मोनो ऑक्साइड, मीथेन आदि गैसों का आवरण होता है। इनमें से कुछ की कक्षा लाखों कि.मी. लम्बी होती है, जिससे सूर्य के पास आने में सैकड़ों वर्ष लग जाते हैं।

ये जब सूर्य के निकट आते हैं, तो ऊष्मा के कारण इनमें पाए जाने वाले पदार्थ एवं गैसें सूर्य के विपरीत दिशा में फैल कर विकिरण और सौर हवाओं के प्रभाव से 'पुच्छ' (Tail) का निर्माण करती हैं। इनकी लम्बाई लाखों किमी. भी हो सकती है। कुछ वैज्ञानिकों का मानना है कि पृथ्वी पर जल एवं जीवन 'कॉमेट' के माध्यम से प्राप्त हुआ है।

उल्का

मंगल एवं बृहस्पति ग्रहों के मध्य असंख्य छोटे-बड़े चट्टानों के पिण्ड पाए जाते हैं, जो 'क्षुद्रग्रह' (Asteroid) कहलाते हैं। जब ये पिण्ड पृथ्वी के गुरुत्वाकर्षण में आते हैं, तो वायुमण्डल से गुजरते हुए घर्षण के कारण ये ज्वाला (अग्नि) पकड़ लेते हैं। ये आकाश से अग्नि के **शोलों (Meteors)** के रूप में पृथ्वी के धरातल की तरफ आते हैं, इन्हें 'टूटते या गिरते तारों' (Shooting stars) के नाम से भी पुकारा जाता है। पृथ्वी पर इनकी राख ही पहुँच पाती है। जो पिण्ड आकार में बड़े होते हैं तथा वायुमण्डलीय घर्षण इन्हें राख में नहीं बदल पाता, तब पृथ्वी तल पर पहुँच कर ये **'बम' की तरह टकराते हैं** तथा इनसे भारी जन-धन की हानि होती है। ये 'उल्का पिण्ड' (Meteorite) कई खनिजों के बने होते हैं, जिनका अध्ययन कर हमारे वैज्ञानिक सौरमण्डल की रहस्यमयी गुत्थी सुलझाने का प्रयास करते हैं। अमेरिका के ऐरिजोना प्रान्त तथा साइबेरिया (रूस) में उल्का पिण्ड गिरने से बड़े खड्डों या गर्तो (Creaters) का निर्माण हुआ, जिसने कई किमी. के क्षेत्रफल को प्रभावित किया।

वायुमण्डल एवं जलमण्डल का विकास

पृथ्वी के वायुमण्डल की वर्तमान संरचना में **नाइट्रोजन 78% एवं ऑक्सीजन 21%** का प्रमुख योगदान है। वर्तमान **वायुमण्डल के विकास** की तीन अवस्थाएँ हैं। इसकी पहली अवस्था में आदिकालिक वायुमण्डलीय गैसों का ह्रास है। दूसरी अवस्था में, पृथ्वी के भीतर से निकली भाप एवं जलवाष्प ने वायुमण्डल के विकास में सहयोग किया। अंत में वायुमण्डल की संरचना को जैव मण्डल के प्रकाश संश्लेषण प्रक्रिया (Photosynthesis) ने संशोधित किया।

प्रारंभिक वायुमण्डल, जिसमें हाइड्रोजन व हीलियम की अधिकता थी, सौर पवन के कारण पृथ्वी से दूर हो गया। ऐसा केवल पृथ्वी पर ही नहीं, वरन् सभी पार्थिव ग्रहों पर हुआ अर्थात् सभी पार्थिव ग्रहों से सौर पवन के प्रभाव के कारण आदिकालिक वायुमण्डल या तो दूर धकेल दिया गया या समाप्त हो गया। यह वायुमण्डल के विकास की पहली अवस्था थी।

पृथ्वी के ठंडा होने और विभेदन के दौरान, पृथ्वी के अंदरूनी भाग से बहुत-सी गैसें व जलवाष्प बाहर निकले। इसी से आज के वायुमण्डल का उद्भव हुआ। आरंभ में वायुमण्डल में जलवाष्प, नाइट्रोजन, कार्बनडाइऑक्साइड, मीथेन व अमोनिया अधिक मात्रा में और स्वतंत्र ऑक्सीजन बहुत कम थी। वह प्रक्रिया, जिससे पृथ्वी के भीतरी भाग से गैसें धरती पर आईं, को गैस उत्सर्जन (Degassing) कहा जाता है। लगातार ज्वालामुखी विस्फोट से वायुमण्डल में जलवाष्प व गैसें बढ़ने लगीं। पृथ्वी के ठंडा होने के साथ-साथ जलवाष्प का संघनन शुरू हो गया। वायुमण्डल में उपस्थित कार्बन डाइऑक्साइड के वर्षा के पानी में घुलने से तापमान में और अधिक गिरावट आई, फलस्वरूप अधिक संघनन व अत्यधिक वर्षा हुई। पृथ्वी के धरातल पर वर्षा का जल गर्तों में इकट्ठा होने लगा, जिससे महासागर बनें। पृथ्वी पर उपस्थित महासागर पृथ्वी की उत्पत्ति से लगभग 50 करोड़ वर्षों में बने। इससे पता चलता है कि महासागर 400 करोड़ साल पुराने हैं। लगभग 380 करोड़ सालों पहले जीवन का विकास आरंभ हुआ। यद्यपि लगभग 250 से 300 करोड़ सालों पहले प्रकाश संश्लेषण प्रक्रिया प्रारम्भ हुई। लंबे समय तक जीवन केवल महासागरों तक सीमित रहा। प्रकाश संश्लेषण की प्रक्रिया द्वारा ऑक्सीजन में बढ़ोत्तरी महासागरों की देन है। धीरे-धीरे महासागर ऑक्सीजन से संतृप्त हो गए और वायुमण्डल में ऑक्सीजन की मात्रा 200 करोड़ वर्ष पूर्व पूर्ण रूप से भर गई।

जीवन की उत्पत्ति

पृथ्वी की उत्पत्ति का अंतिम चरण जीवन की उत्पत्ति व विकास में संबंधित है। निःसंदेह पृथ्वी का आरंभिक वायुमण्डल जीवन के विकास के लिए अनुकूल नहीं था। आधुनिक वैज्ञानिक जीवन की उत्पत्ति को एक तरह की रासायनिक प्रतिक्रिया बताते हैं, जिससे पहले जटिल जैव (कार्बनिक) अणु (Complex Organic molecules) बने और उनका समूहन हुआ। यह समूहन ऐसा था जो अपने आपको दोहराता था। (पुनः बनने में सक्षम) था और निर्जीव पदार्थ को जीवित तत्वों में परिवर्तित कर सका। हमारे ग्रह पर जीवन के चिन्ह अलग-अलग समय की चट्टानों में पाए जाने वाले जीवाश्म के रूप में हैं।

महत्वपूर्ण बिंदु

- सौर परिवार में ग्रहों के दो वर्ग हैं –
  (अ) आन्तरिक ग्रह (बुध, शुक्र, पृथ्वी एवं मंगल)
  (ब) बाह्य ग्रह (बृहस्पति, शनि, अरुण, वरुण)
- तारे से एक निश्चित दूरी तथा अनुकूलतम सूर्यातप होने से किसी भी ग्रह पर पानी द्रव्य अवस्था में प्राप्त होता है, जिससे वहाँ जीवन पाए जाने की सम्भावना सर्वाधिक रहती है। ऐसी सीमा को **'गोल्डीलॉक्स पेटी'** (Goldilocks zone) के नाम से जाना जाता है। पृथ्वी की सूर्य से स्थिति इसी सीमा में आने से यहाँ जीवन सम्भव हो पाया है।
- पृथ्वी जैसे वातावरण वाले अनेक ग्रहों की खोज की गई है, जहाँ भविष्य में मानव, पेड़-पौधे, जीव-जन्तुओं का संवर्धन कर नई पृथ्वी बनाई जा सकेगी। यह कार्य मानवता के लिए संक्रान्ति काल माना जाएगा।
- आधुनिक मत से ब्रह्माण्ड की उत्पत्ति 'महाविस्फोट सिद्धान्त' (Big bang theory) से मानी जाती है। इसके प्रारम्भ में सभी शक्ति या ऊर्जा एक स्थान पर संकेन्द्रित थी। जिसमें अज्ञात कारणों से महाविस्फोट हुआ और वह ऊर्जा (धूल, वाष्प बादल, पदार्थ आदि) चारों ओर फैल गई और उसके पश्चात् गुरुत्व के प्रभाव के कारण तथा ब्रह्म कणों के जुड़ाव से तारों, ग्रहों, निहारिकाओं, आकाशगंगाओं आदि का निर्माण हुआ। इसी प्रक्रिया के अन्तिम चरणों में हमारे सौर परिवार की भी रचना हुई।
- पृथ्वी के सम्पूर्ण इतिहास को चार बड़े महाकल्पों में बाँटा गया है, जिसके अन्तिम महाकल्प 'सिनेजॉइक' (Conozoic) में मानव या मानव जैसे प्राणी की उपस्थिति पृथ्वी पर दर्ज हुई।

300 करोड़ साल पुरानी भूगर्भिक शैलों में पाई जाने वाली सूक्ष्मदर्शी संरचना आज की शैवाल (Blue green algae) की संरचना से मिलती-जुलती है। यह कल्पना की जा सकती है कि इससे पहले समय में साधारण संरचना वाली शैवाल रही होगी।

यह माना जाता है कि जीवन का विकास लगभग 380 करोड़ वर्ष पहले आरंभ हुआ। एककोशिकीय जीवाणु से आज के मनुष्य तक जीवन के विकास का सार भूवैज्ञानिक काल मापनी से प्राप्त किया जा सकता है, जो भूगर्भिक समय मापनी में दर्शाया गया है।

पृथ्वी का स्वरूप, गतियाँ, स्थिति एवं समय की गणना

मानव प्रारम्भ से ही जिज्ञासु प्राणी रहा है। सभ्यता के विकास के साथ मानव ने आस-पास के पर्यावरण, पृथ्वी और आकाश के बारे में अधिक जानने का प्रयास शुरू कर दिया। प्राचीन काल में समस्त ब्रह्माण्ड को 'पृथ्वी केन्द्रित' माना जाता था तथा पृथ्वी को स्थिर, चपटा या तश्तरीनुमा बताया गया। भारतीय ग्रंथों, जैसे वेदों, 'आर्यभट्टीय' (आर्यभट्ट द्वारा लिखित ग्रंथ) में पृथ्वी को गोलाकार (खगोल, भूगोल) बताया गया। महान भारतीय खगोल वैज्ञानिक आर्यभट्ट ने पृथ्वी को गेंद की तरह गोल तथा अपने अक्ष पर पश्चिम दिशा से पूर्व दिशा में भ्रमण करता हुआ बताया है, जिससे दिन-रात का निर्माण होता है। आर्यभट्ट एवं भास्कराचार्य (द्वितीय) ने सूर्य एवं चन्द्र ग्रहणों तथा गुरुत्वाकर्षण के बारे में वैज्ञानिक तथ्य प्रस्तुत किए, जिनका ज्ञान यूरोपियन को 15-16 शताब्दी में जाकर हुआ था। हालाँकि यूरोपीय विद्वानों पाइथागोरस और अरस्तू ने पृथ्वी को गोलाकार बताया, परन्तु बाद के विद्वानों ने इस तथ्य को भुला दिया। इसके पश्चात् 16वीं शताब्दी में कॉपरनिकस और गैलीलियो नामक खगोल वैज्ञानिकों ने सूर्य को सौर मण्डल के मध्य में बताते हुए, पृथ्वी एवं अन्य सभी आकाशीय पिण्डों को गोल बताया तथा ग्रहों की दैनिक एवं वार्षिक गति पश्चिम से पूर्व दिशा में बताई।

यह एक वैज्ञानिक तथ्य है कि पृथ्वी गोलाकार (Spherical in shape) है, जिसे कई प्रमाणों द्वारा सिद्ध किया जा सकता है, जैसे- ग्रहण के समय हमेशा गोल छाया का उभरना, सभी आकाशीय पिण्डों का विभिन्न कोणों से गोल दिखना, सभी आकाशीय पिण्डों का क्षैतिज अवस्था (Horizon) से वक्र रेखा में आना, अपोलो एवं अन्य मानव निर्मित उपग्रहों के अध्ययन के पश्चात् यह सिद्ध हो गया है कि पृथ्वी गोलाकार है, परन्तु ध्रुवों पर चपटी होने के कारण इसे 'चपटा या लक्ष्वाभ गोलाभ' (Oblate spheroid) रूप में माना जाता है।

इसी प्रकार पृथ्वी की परिधि 256 ई.पू. में यूनानी विद्वान इरैटोस्थनीज ने बड़ी आसान तकनीक अपनाते हुए वर्तमान वैज्ञानिक गणना के बराबर बताई। भारतीय विद्वानों ने भी पृथ्वी की आयु, परिधि, व्यास एवं अर्द्धव्यास आदि भूगणितीय पहलुओं पर अपनी गणनाएँ प्रस्तुत कीं, जो वर्तमान वैज्ञानिक गणनाओं से बहुत समानता रखती हैं। वैज्ञानिक गणनाओं के आधार पृथ्वी के तथ्यों को सारणी में प्रस्तुत किया गया है।

पृथ्वी के कुछ महत्वपूर्ण तथ्य

भूमध्य रेखीय व्यास	-	12,756 किमी.
ध्रुवीय व्यास	-	12,713 किमी.
भूमध्य रेखीय परिधि	-	40,077 किमी.
ध्रुवीय परिधि	-	40,000 किमी.
कुल क्षेत्रफल	-	510 मिलियन वर्ग किमी.
(i) स्थलीय क्षेत्रफल	-	149 मि. वर्ग किमी. (29.22%)
(ii) महासागरीय क्षेत्रफल	-	361 मि. वर्ग किमी. (70.78%)
पृथ्वी का आयतन	-	416 मिलियन क्यूबिक किमी.
पृथ्वी का घनत्व	-	5,517
पृथ्वी का द्रव्यमान	-	5.882×10" टन
पृथ्वी का भार	-	6,600 खरब टन
धरातल पर वक्रता	-	7.98" प्रति मील

पृथ्वी की गतियाँ

पृथ्वी की दो महत्वपूर्ण गतियाँ हैं, जिनसे पृथ्वी पर दिन-रात तथा ऋतुएँ बनती हैं।

1. **दैनिक या घूर्णन गति (Rotation)**-पृथ्वी 24 घण्टों में अपने अक्ष पर घूमती है, जिससे दिन-रात होते हैं। पृथ्वी के सूर्य के सम्मुख वाले भाग पर दिन तथा पिछले भाग पर रात होती है। यह गति **पश्चिम से पूर्व दिशा** में होती है, जिसके कारण सूर्य पूर्व से उदय एवं पश्चिम में अस्त होता है। पृथ्वी के पश्चिम से पूर्व दिशा में घूर्णन के कारण ही सभी नक्षत्रों एवं तारों की भ्रमण दिशा भी पूर्व से पश्चिम दिशा में रहती है। पृथ्वी की इस गति के कारण भूमध्य रेखीय क्षेत्र में अधिक 'उभार' एवं ध्रुवों पर 'चपटापन' पैदा हुआ है। इसके अतिरिक्त, इस गति के कारण हवाओं और धाराओं की दिशा में बदलाव भी आता है। दैनिक गति या परिभ्रमण की भूमध्य रेखा पर सर्वाधिक गति (1,600 कि.मी. प्रति घण्टा) 45° उत्तरी एवं दक्षिणी अक्षांशों पर (दोनों गोलार्द्धों में) गति कम हो जाती है (1,120 कि.मी. प्रति घण्टा) तथा ध्रुवों पर जाकर लगभग शून्य हो जाती है।

   पृथ्वी का 'अक्ष' पृथ्वी की कक्षा पथ पर समकोण न बना कर 23½° झुकाव लिए हुए है। यह 23½° का झुकाव सूर्य की परिक्रमा के समय एक ही दिशा में बना रहता है। पृथ्वी के इस झुकाव के फलस्वरूप उत्तरी एवं दक्षिणी ध्रुव बारी-बारी से सूर्य के सामने आते हैं, जिससे दोनों गोलार्द्धों में अलग-अलग ऋतुओं का आगमन होता है। अगर यह 'अक्षीय झुकाव' नहीं होता तो पृथ्वी पर रात-दिन बराबर होते तथा विभिन्न ऋतुओं का बनना भी असम्भव होता।

2. **परिक्रमण (Revolution)**-पृथ्वी की दूसरी महत्वपूर्ण गति सूर्य के चारों ओर पश्चिम से पूर्व दिशा में अपनी 'कक्षा' में वार्षिक यात्रा करना है। पृथ्वी की कक्षा लगभग 965 मिलियन कि.मी. लम्बी है, जो लगभग 365¼ दिनों में 29.6 किमी. प्रति सेकेंड की गति से सम्पन्न होती है। पृथ्वी की कक्षा वृत्ताकार न होकर अण्डाकार है, जिससे सूर्य और पृथ्वी की दूरी परिक्रमण के दौरान बदलती रहती है। पृथ्वी और

सूर्य के मध्य औसत दूरी 150 मिलियन किमी. है। जब पृथ्वी सूर्य से सर्वाधिक दूरी (152 मिलियन कि.मी.) पर होती है, तब इसे **अपसौर (Aphelion)** और जब निकटतम दूरी (147 मिलियन कि.मी.) पर हो तो इसे **उपसौर (Perihelion)** कहा जाता है। 'उपसौर' की स्थिति में पृथ्वी की यात्रा तुलनात्मक रूप से जल्दी सम्पन्न होती है। इसके विपरीत 'अपसौर' की स्थिति में परिक्रमण में अधिक समय लगता है। इससे सूर्य-दिवस की अवधि घटती-बढ़ती रहती है। पृथ्वी के परिक्रमण के फलस्वरूप विभिन्न ऋतुओं का बनना सम्भव हो पाता है। पृथ्वी की दोनों गतियों और स्थिति में बदलाव के फलस्वरूप ही पृथ्वी पर सौर ऊर्जा का वितरण निश्चित होता है।

3. **अयनान्त या संक्रान्ति तथा विषुव (Solstices and Equinoxes)**-पृथ्वी के एक भाग पर हमेशा उजाला तथा दूसरे भाग पर अँधेरा रहता है। उजाले एवं अँधेरे भाग को अलग करने वाली रेखा को **प्रदीपन या प्रकाश वृत्त** (Circle of Illumination) कहा जाता है।

पृथ्वी 21 जून एवं 22 दिसम्बर को प्रत्येक वर्ष क्रमशः ग्रीष्म संक्रान्ति एवं शीत संक्रान्ति की स्थिति में होती है। 21 जून एवं 22 दिसम्बर को सूर्य की लम्बवत् स्थिति क्रमशः कर्क एवं मकर रेखा पर होती है। पृथ्वी के 23½° अक्ष के झुकाव के कारण दोनों गोलार्द्धों में यह स्थिति बनती है। 21 जून को सूर्य के कर्क रेखा पर लम्बवत् चमकने के कारण उत्तरी गोलार्द्ध में ग्रीष्म ऋतु तथा इसके विपरीत दक्षिण गोलार्द्ध में शीत ऋतु का प्रभाव रहता है। इसके विपरीत 22 दिसम्बर, को विपरीत स्थिति होती है। सूर्य की लम्बवत् किरणें मकर रेखा पर होती हैं, जिससे दक्षिण गोलार्द्ध में ग्रीष्म एवं उत्तर गोलार्द्ध में शीत ऋतु की स्थिति होती है। पृथ्वी पर सूर्य की लम्बवत् किरणों का प्रभाव कर्क एवं मकर रेखाओं (23½° उत्तरी गोलार्द्ध 23½° दक्षिणी गोलार्द्ध) के मध्य ही बना रहता है। ये दोनों वर्तन बिन्दु के रूप में कार्य करते हैं। संक्रान्तियाँ पृथ्वी को गतिशीलता प्रदान करती हैं तथा सूर्य, तारों और नक्षत्रों की स्थिति में बदलाव भी होता है। विश्व के विभिन्न देशों में संक्रान्तियों पर कई उत्सव एवं त्यौहार मनाए जाते हैं। हमारे देश में मकर संक्रान्ति का विशेष महत्व है।

4. **विषुव (Equinox)**-जब पृथ्वी पर 21 मार्च और 23 सितम्बर को सूर्य की स्थिति भूमध्य रेखा पर लम्बाकार होती है तो इस विषुवीय स्थिति में पृथ्वी पर दिन एवं रात की लम्बाई लगभग बराबर होती है। उत्तरी गोलार्द्ध में 21 मार्च से वसन्त ऋतु का प्रारम्भ होता है, इसलिए इसे **'वसन्त विषुव'** कहा जाता है। इसके विपरीत 23 सितम्बर, को **'शरद विषुव'** होता है। इस अवस्था में **'प्रदीपन वृत्त'** पूरी पृथ्वी को ध्रुव से ध्रुव तक समान भागों में विभाजित करता है। सूर्य के सम्मुख भाग में उजाला एवं पिछले भाग में अँधेरा रहता है। विषुवीय स्थिति में सूर्य प्रातः 06:00 बजे पूर्व में उदय होता है और लगभग इसी समय ही पश्चिम में अस्त होता है।

अक्षांश एवं देशान्तर

अक्षांश और देशान्तर रेखाएँ ग्लोब पर खींची (अंकित) गई काल्पनिक रेखाएँ हैं, जो क्रमशः पूर्व से पश्चिम एवं उत्तर से दक्षिण दिशाओं में बनाई गई हैं। इनके बने 'ग्रिड या जाल' का पृथ्वी पर स्थिति निर्धारण में बहुत महत्व है। इसे **'भू जाल'** कहा जाता है। अक्षांश-देशान्तर रेखाएँ एक-दूसरे को समकोण पर काटती हैं।

अक्षांश-भूमध्य रेखा पृथ्वी को दो समान गोलार्द्धों में विभाजित करती है, उत्तरी व दक्षिणी गोलार्द्ध। अक्षांशों का निर्धारण भूमध्य रेखा से उत्तर व दक्षिण दिशाओं में समानान्तर होता है। इनके कोणों का निर्धारण पृथ्वी के केन्द्र से होता है। भूमध्य रेखा के उत्तर व दक्षिण दिशाओं में जाने पर इन अक्षांश वृत्तों का आकार छोटा होता जाता है। भूमध्य रेखा को 0° एवं उत्तर व दक्षिण ध्रुवों को 90° से अंकित किया जाता है। दोनों ध्रुवीय बिन्दु के रूप में होते हैं। इस प्रकार 90° अक्षांश उत्तरी गोलार्द्ध एवं 90° दक्षिण गोलार्द्ध में पाए जाते हैं। सभी अक्षांशों के मध्य की दूरी 111 किमी. होती है, जो ध्रुवों पर उनके चपटा होने के कारण थोड़ा-सा अधिक होती है। किसी स्थान की बिल्कुल सही स्थिति प्राप्त करने के लिए डिग्री को मिनट में एवं मिनट को सेकेंड में बाँटा जाता है, जैसे-मुम्बई की स्थिति 18°55'08" (18 डिग्री, 55 मिनट एवं 08 सेकेंड) उत्तर अक्षांश लिखी जाएगी।

अक्षांशीय ग्लोब का समान विभाजन 0° भूमध्य रेखा द्वारा होता है। इसके उत्तर दिशा में 23½° उत्तर अक्षांश कर्क रेखा तथा 66½° उत्तरी अक्षांश आर्कटिक वृत्त एवं 90° उत्तरी ध्रुव केन्द्र या बिन्दु के रूप में होता है। इसी प्रकार भूमध्य रेखा के दक्षिण में 23½° दक्षिणी अक्षांश मकर रेखा एवं 66½° दक्षिणी अक्षांश अण्टार्कटिक वृत्त तथा 90° दक्षिणी ध्रुव केन्द्र या बिन्दु के रूप में प्रदर्शित होता है। ग्लोब पर 0° भूमध्य रेखा से 30° उत्तर एवं दक्षिण अक्षांशों के मध्य के क्षेत्र को 'निम्न अक्षांशीय क्षेत्र', 30° से 60° उत्तर एवं दक्षिण अक्षांशों के मध्य का क्षेत्र 'उच्च अक्षांशीय क्षेत्र' होता है। इसी प्रकार 0° से 23½° उत्तर एवं दक्षिण अक्षांशों के मध्य के क्षेत्र को **'उष्ण कटिबन्ध जलवायु पेटी'**, 23½° से 66½° उत्तर एवं दक्षिण अक्षांशों के क्षेत्र को, **'उत्तर एवं दक्षिण शीतोष्ण कटिबन्ध जलवायु पेटी'** तथा 66½° से 90° उत्तर व दक्षिण अक्षांशों वाले क्षेत्र को **'शीत कटिबन्ध जलवायु पेटी'** के नाम से जाना जाता है। इसी आधार पर वनस्पति एवं जीव-जन्तुओं की पेटियों का भी निर्धारण होता है। किसी भी स्थान का अक्षांश निर्धारण यंत्रों तथा सूर्य, तारों, चन्द्र आदि की स्थिति से होता है। वर्तमान में जी.पी.एस. (ग्लोबल पोजिशनिंग सिस्टम) की मदद से अक्षांशों की सही स्थिति ज्ञात की जाती है।

देशान्तर-ग्लोब पर जिन काल्पनिक रेखाओं को उत्तर-दक्षिण दिशा में खींचा जाता है, वे **'देशान्तर रेखाएँ'** कहलाती हैं। लंदन के पास स्थित 'ग्रीनवीच' स्थान से उत्तर-दक्षिण दिशा में खींची गई रेखा को **'प्रधान मध्यान्ह रेखा'** या **'ग्रीनविच रेखा'** कहा जाता है, जिसको 0° से प्रदर्शित किया जाता है। इसके पूर्व एवं पश्चिम दिशा में 180°-180° देशान्तर बनाए गए हैं, जिनका कुल योग 360° होता है। इनका निर्धारण पृथ्वी के केन्द्र से कोणात्मक दूरियों द्वारा होता है। केन्द्रीय या प्रधान देशान्तर (0°) के विपरीत दिशा में 180° 'अन्तर्राष्ट्रीय तिथि रेखा' की स्थिति होती है। देशान्तरों के मध्य की सर्वाधिक दूरी भूमध्य रेखा पर होती है। भूमध्य रेखा से ध्रुवों की तरफ जाने पर इनके मध्य का अन्तर कम होता जाता है। ध्रुवों पर सभी देशान्तर केन्द्रीय (बिन्दु) स्थिति प्राप्त कर लेते हैं यानि भूमध्य रेखा पर दो देशान्तरों के मध्य 111 कि.मी. का अन्तर होता है। 30° उत्तरी व दक्षिणी अक्षांशों पर यह अन्तर 96.5 कि.मी., 60° उत्तरी व दक्षिणी अक्षांशों पर 55.4 किमी., 80° उत्तरी व दक्षिणी अक्षांशों पर 19.3 कि.मी. तथा 90° उत्तरी व दक्षिणी ध्रुव बिन्दु पर शून्य रह जाता है। अक्षांश

रेखाओं की तरह ही देशान्तर रेखाओं को भी डिग्री, मिनट एवं सेकेंड में बाँटा जाता है, जैसे मुम्बई का देशान्तरीय विस्तार 72°54'10" (72 डिग्री, 54 मिनट एवं 10 सेकेंड) है। केन्द्रीय या प्रधान मध्यान्ह रेखा से पूर्व में जाने पर प्रत्येक देशान्तर पर 4 मिनट तथा प्रत्येक 15° देशान्तर पर एक घण्टे की वृद्धि होती है। इसके विपरीत, पश्चिम में जाने पर कमी होती जाती है। प्रत्येक मध्यान्ह रेखा पर 'स्थानीय समय' समान रहता है। इसी प्रकार सभी 360° देशान्तर रेखाएँ जब एक वृत्त के रूप में परिवर्तित होती हैं तब ये 'वृहत् वृत्त' बन जाती है। भूमध्य रेखा भी वृहत् वृत्त के रूप में मानी जाती है। 'वृहत् वृत्त' वे वृत्त होते हैं, जो पृथ्वी या ग्लोब को समान मण्डलों से विभाजित करते हैं। इनकी कुल संख्या 181 है।

समय

देशान्तर और समय- पृथ्वी गोल है और इस गोले में 360° होती हैं। प्रत्येक डिग्री को 'देशान्तर' कहते हैं। देशान्तर रेखाएँ वे कल्पित रेखाएँ हैं, जो पृथ्वी पर उत्तरी ध्रुव से दक्षिणी ध्रुव की ओर खींची हुई मानी जाती हैं। एक देशान्तर रेखा पर जितने स्थान होते हैं, उन सभी पर एक साथ ही मध्यान्ह होता है। अतः देशान्तर रेखाओं को हम **'मध्यान्ह रेखाएँ'** (Meridian) भी कहते हैं।

पृथ्वी 24 घण्टे में लगभग 360° घूमती है। इस प्रकार एक घण्टे में पृथ्वी 15° घूमती है। इसी के अनुसार 1° देशान्तर को घूमने में 4 मिनट लगते हैं। पृथ्वी पश्चिम से पूर्व की ओर घूमती है। अतः जो स्थान पूर्व में है, वहाँ सूर्य पहले दिखाई देगा। हमारे देश का चेन्नई नगर 80° पूर्वी देशान्तर पर स्थित है। यदि वहाँ पर सूर्योदय के समय प्रातःकाल के 06:00 बजे हैं, तो जो स्थान चेन्नई से पश्चिम में 65° देशान्तर पर है, वहाँ 05:00 ही बजेंगे। वहाँ पर सूर्य एक घण्टे बाद दिखाई देगा। यदि हमें ग्रीनविच का और अपना स्थानीय समय मालूम हो तो हम बड़ी सरलता से देशान्तर रेखा निकाल सकते हैं, जैसे यदि ग्रीनविच में इस समय दिन के 12:00 बजे रहे हों और हमारी घड़ी में सायंकाल 06:00 बजे हों तो निश्चित है कि हम ग्रीनविच के पूर्व में हैं और हमारी देशान्तर रेखा $15 \times 6 = 90^\circ$ है।

स्थानीय समय- प्रत्येक स्थान पर अपने देशान्तर के अनुसार जो समय होता है, वह वहाँ का **'स्थानीय समय'** कहलाता है। इस समय को धूप-घड़ी ठीक-ठीक बता सकती है। स्थानीय समय का सम्बन्ध मध्यान्ह-कालीन सूर्य की ऊँचाई से है। इससे एक ही देशान्तर रेखा पर उत्तर-दक्षिण स्थित समस्त नगरों में एक ही समय मध्यान्ह होता है, अतः उनके स्थानीय समय में कोई अन्तर नहीं पड़ता। पूर्व-पश्चिम स्थित नगर विभिन्न मध्यान्ह रेखाओं पर होंगे। इस कारण उनमें भिन्न समय पर मध्यान्ह होगा। यही कारण है कि पूर्व-पश्चिम स्थित नगरों के स्थायी समयों में अन्तर होना स्वाभाविक है। स्थानीय समय सदा धूप घड़ी के मध्यान्ह के अनुसार ही होता है।

प्रामाणिक समय- स्थानीय समय अपने नगर के लिए तो ठीक हो सकता है, परन्तु यात्रा करके जब हम दूसरे स्थान पर पहुँचते हैं, तो समय में अन्तर पड़ जाता है। ऐसी अवस्था में समय को ठीक रखने के लिए पूर्व या पश्चिम की ओर यात्रा करने पर अपनी घड़ी को प्रत्येक देशान्तर को पार करने पर 4 मिनट आगे या पीछे करना पड़ता है। इस कठिनाई को दूर करने के लिए प्रत्येक राष्ट्र में वहाँ का प्रामाणिक समय माना जाता है।

प्रामाणिक समय के लिए प्रत्येक देश में किसी एक देशान्तर रेखा को 'प्रामाणिक देशान्तर रेखा' मान लिया जाता है। प्रायः राष्ट्र अपने उपयुक्त देशान्तर पर स्थित स्थान के स्थानीय समय को प्रामाणिक समय मान लेते हैं। उस नगर की देशान्तर रेखा, उस देश के लिए बड़े महत्व की होती है। देश के सभी नगरों की घड़ियाँ प्रामाणिक रेखा पर स्थित नगर के समय के अनुसार मिला ली जाती हैं। इस प्रकार जो किसी विशेष स्थान का समय सारे देश में माना जाए, वह उस देश का प्रामाणिक समय कहलाता है। हमारे देश में 82½° पू.दे. का स्थानीय समय सारे राष्ट्र का प्रामाणिक समय माना गया है। प्रत्येक देश के प्रामाणिक समय एवं अन्तर्राष्ट्रीय समय अर्थात् ग्रीनविच समय के बीच का अन्तर पूरे एक या डेढ़ घण्टों में रखा जाता है, जैसे पाकिस्तान का 5 घण्टे का एवं भारत का 5½ घण्टों का है।

समय कटिबन्ध- यदि कोई देश पूर्व-पश्चिम के विस्तार में बड़ा हो तो वहाँ पर सारे राष्ट्र के लिए एक ही प्रामाणिक समय रखने से काम नहीं चल सकता, क्योंकि ऐसे देशों में पूर्व में स्थित स्थान और पश्चिम में स्थित स्थान के समय में 4 या 5 घण्टे का अन्तर पड़ जाता है। कनाडा और संयुक्त राज्य अमेरिका जैसे देशों में कुछ स्थानों के स्थानीय समय में यह अन्तर दृष्टिगत होता है। समुद्री जहाजों को भी प्रत्येक स्थान का स्थानीय समय स्मरण रखने में बड़ी कठिनाई हो जाती है। इसी असुविधा को दूर करने के लिए सारी पृथ्वी को 24 भागों में बाँट दिया गया है। ऐसे प्रत्येक भाग को **'समय-कटिबन्ध'** कहते हैं। प्रत्येक समय-कटिबन्ध में एक ही प्रामाणिक समय रहता है। इन समय-क्षेत्रों को 24 भागों में इसलिए बाँटा गया है कि प्रत्येक समय-क्षेत्र में एक-एक घण्टे का अन्तर रहे। प्रत्येक क्षेत्र में 15° देशान्तर होते हैं।

कनाडा का पूर्व-पश्चिम विस्तार अधिक है; अतः उस देश को पाँच समय-कटिबन्धों में बाँट दिया गया है। प्रत्येक कटिबन्ध में एक केन्द्रीय मध्यान्ह रेखा होती है, जिसका स्थानीय समय ही उस सम्पूर्ण कटिबन्ध का प्रामाणिक समय माना जाता है। कनाडा के पाँचों क्षेत्रों में 60°, 75°, 90°, 105° और 120° पश्चिमी देशान्तर रेखाओं के स्थानीय समय वहाँ के क्रमशः पाँचों कटिबन्धों के प्रामाणिक समय माने जाते हैं।

संयुक्त राज्य अमेरिका के मुख्य भाग में चार समय-क्षेत्र हैं। ये क्रमशः पूर्वी, मध्यवर्ती, पर्वतीय तथा प्रशान्तीय समय कहलाते हैं। इनमें 75°, 90°, 105° और 120° देशान्तरों के समय को प्रामाणिक समय माना जाता है। अलास्का एवं हवाई द्वीप समूह, जो संयुक्त राज्य के ही अंग है, अलग समय क्षेत्रों में पड़ते हैं। इसी प्रकार यूरोप महाद्वीप को तीन समय-क्षेत्रों में विभक्त किया गया है, रूस में 11 समय क्षेत्र हैं और प्रत्येक क्षेत्र में ग्रीनविच के समय से एक-एक घण्टे का अन्तर रखा गया है।

समय की पेटियाँ विषुवत् रेखा पर सबसे अधिक चौड़ी होती हैं। ध्रुवों की ओर वे सँकरी होती जाती हैं; यहाँ तक कि ध्रुवों पर सभी समय-कटिबन्धों का बिन्दु या केन्द्र पर मिलान होता है।

अन्तर्राष्ट्रीय समय- अन्तर्राष्ट्रीय स्तर पर यह तय किया गया कि लन्दन नगर के निकट ग्रीनविच नामक स्थान से होकर जाने वाली देशान्तर प्रधान मध्यान्ह रेखा मानी जाएगी। उसे शून्य देशान्तर माना जाता है और रेखाओं की गणना उसके पूर्व और पश्चिम की ओर होगी, यथा 15° पूर्वी देशान्तर और 15° पश्चिमी देशान्तर। ध्यान रखने वाली बात यह है कि 180° पूर्वी और पश्चिमी देशान्तर रेखा एक ही है।

समस्त समय-कटिबन्धों के समय की गणना मध्यान्ह रेखा के अनुसार ही होती है। सारे विश्व में समय की समानता बताने के लिए ग्रीनविच के समय की सहायता ली जाती है; इसलिए वहाँ का समय **'अन्तर्राष्ट्रीय समय'** कहलाता है।

अन्तर्राष्ट्रीय तिथि रेखा

केन्द्रीय या प्रधान मध्यान्ह रेखा से पश्चिम की ओर यात्रा करने पर प्रति देशान्तर की दूरी पार करने पर हमें अपनी घड़ी का समय 4 मिनट घटाना पड़ता है, परन्तु पूर्व की ओर यात्रा करने पर 4 मिनट प्रति देशान्तर बढ़ाना पड़ता है। अतः यदि हम सम्पूर्ण पृथ्वी की परिक्रमा करें अर्थात् 360° (180° पू. + 180° प.) देशान्तर पार करें तो उस समय तक अपनी घड़ी को 24 घण्टे आगे कर चुके होंगे। इस प्रकार एक दिन का अन्तर पड़ जाता है। पूर्व से पश्चिम की यात्रा में एक दिन घट जाएगा और पश्चिम से पूर्व की यात्रा में एक दिन बढ़ जाएगा। यही बात कैप्टन कुक के साथ घटित हुई, जब वह विश्व-भ्रमण करने के पश्चात् तीन वर्ष में घर पहुँचा तो उसे ऐसा लगा कि उसकी यात्रा में एक दिन की भूल हुई है। इस कठिनाई को दूर करने के लिए भिन्न-भिन्न राष्ट्रों ने एकमत होकर 180° देशान्तर रेखा के साथ-साथ अन्तर्राष्ट्रीय तिथि-रेखा निश्चित कर ली है। इस रेखा से ही दिन का निकलना माना जाता है। इस प्रकार की कल्पना करने में विश्व की परिक्रमा में जो एक दिन की भूल होती थी, वह दूर हो जाती है।

जो स्थान इस रेखा के पश्चिम में है अर्थात् एशिया की ओर उसके लिए यदि सोमवार आरम्भ होता है तो पूर्व अर्थात् अमेरिका की ओर के स्थानों के लिए रविवार का आरम्भ होता है। जब कोई जहाज इस रेखा को पार कर अमेरिका की ओर जाता है तो जहाज वाले उसी दिन को, जिस दिन यह रेखा पार की जाती है, दुबारा गिनते हैं अर्थात् यदि इस रेखा को उन्होंने रविवार के दिन पार किया है, तो अगले दिन को वे सोमवार न मानकर रविवार मानेंगे और यदि वे इस रेखा को पार कर एशिया की ओर जाते हैं, तो अपने कैलेण्डर में से एक दिन निकाल लेते हैं। यदि रविवार को रेखा पार करते हैं, तो उनके लिए अगला दिन मंगल होगा, न कि सोमवार।

अन्तर्राष्ट्रीय तिथि रेखा की स्थिति-इसका क्या कारण है? यह रेखा 180° देशान्तर के एक छोर से दूसरे छोर तक ठीक उसके ऊपर से नहीं निकलती है। बहुत-से स्थानों पर उससे हटकर टेढ़ी-मेढ़ी इधर-उधर हो जाती है, क्योंकि 180° देशान्तर तो प्रशान्त महासागर के बहुत-से ऐसे द्वीपों के बीच से होकर जाती है जो एक ही राज्य के अधीन हैं। अतः यदि अन्तर्राष्ट्रीय तिथि रेखा भी 180° देशान्तर के ऊपर से ही गुजरती हुई मान ली जाती तो कहीं-कहीं एक ही द्वीप पर एक ही दिन में दो तिथियाँ हो जातीं, जिसके फलस्वरूप बड़ी गड़बड़ी हो सकती थी। इसलिए इस रेखा को 180° देशान्तर रेखा के साथ न रखकर आवश्यकतानुसार टेढ़ा-मेढ़ा बनाया गया है।

तिथि रेखा से स्पष्ट होता है कि इसका सबसे पहला मोड़ पूर्व की ओर है। साइबेरिया और अलास्का के बीच बेरिंग जलडमरूमध्य में यह 180° देशान्तर से हटकर पूर्व की ओर मुड़ जाती है। इससे थोड़ा दक्षिण की ओर एल्यूशियन द्वीप समूह को बचाने के लिए इस रेखा को पश्चिम की ओर मुड़ना पड़ता है। इस प्रकार साइबेरिया और अलास्का की तिथियों में अन्तर रहता है। यदि मान लीजिए, साइबेरिया में जुलाई की 15 तारीख है, तो अलास्का में जुलाई की 14 तारीख ही होती है। 180° देशान्तर रेखा फिजी द्वीप समूह के एक द्वीप के मध्य से होकर निकलती है, इसलिए तिथि रेखा के द्वारा एक ही द्वीप समूह के दो भागों के बीच समय में अन्तर होने के कारण काफी असुविधा हो सकती है। अतः दक्षिण गोलार्द्ध में यह रेखा फिजी व टोगा द्वीपों को बचाते हुए इनके चारों ओर घूमकर जाती है। इन द्वीपों में न्यूजीलैण्ड के समान ही तिथि का अंकन होता है।

महत्वपूर्ण बिंदु

* पृथ्वी की मुख्य रूप से दो गतियाँ हैं, पहली, दैनिक या घूर्णन, दूसरी, वार्षिक या परिक्रमण। दोनों गतियों से पृथ्वी पर कई प्रकार के बदलाव आते हैं, जैसे दिन-रात का होना एवं ऋतुओं का परिवर्तन।
* सूर्य स्थिर रहता हैं, इसके चारों ओर पृथ्वी पश्चिम से पूर्व दिशा में अपनी कक्षा में परिक्रमा करती है, जिससे उत्तरायण एवं दक्षिणायन की स्थिति बनती है। उत्तरायण की स्थिति में सूर्य उत्तरी गोलार्द्ध पर कर्क रेखा तक लम्बवत् चमकता है, जिससे यहाँ गर्मी की ऋतु होती है तथा दक्षिणी गोलार्द्ध में शीत ऋतु होती है। दक्षिणायन की स्थिति में इससे बिल्कुल विपरीत स्थिति बनती है।
* अक्षांश एवं देशान्तर ग्लोब पर खींची गई काल्पनिक रेखाएं हैं। अक्षांश पूर्व से पश्चिम दिशा में तथा देशान्तर उत्तर से दक्षिण दिशा में खींचे जाते हैं। इन रेखाओं से 'भूजाल' (Geo Grid) की रचना होती है, जिनकी सहायता से पृथ्वी पर स्थिति ज्ञात की जाती है।
* समस्त देशान्तर रेखाएं (360°) वृत्त बनकर 180° वृहत् वृत्तों (Great Circles) की रचना करती हैं, 181° वां वृहत् वृत्त भूमध्य रेखा होती है।

पृथ्वी की आंतरिक संरचना

पृथ्वी का आंतरिक भाग अदृश्य व अगम्य है। मनुष्य ने खनन एवं वेधन क्रियाओं के द्वारा इसके कुछ ही किलोमीटर तक के आन्तरिक भाग को प्रत्यक्ष रूप में देखा है। गहराई के साथ तापमान में तेजी से वृद्धि के कारण अधिक गहराई तक खनन व वेधन कार्य करना संभव नहीं हो सका है। भूगर्भ में इतना अधिक तापमान है कि वह वेधन में प्रयोग किए जाने वाले किसी भी प्रकार के यंत्र को पिघला सकता है। अतः वेधन कार्य कम गहराई तक ही सीमित है। इसलिए पृथ्वी के गर्भ के विषय में प्रत्यक्ष जानकारी के मिलने में कई कठिनाइयाँ आती हैं। ज्वालामुखी उद्गार से निकले लावा एवं गैस आन्तरिक संरचना के बारे में प्रत्यक्ष जानकारी के अन्य स्त्रोत है, परन्तु यह निश्चय कर पाना कठिन होता है कि यह मैग्मा कितनी गहराई से निकला है, भूकम्प विज्ञान से भूगर्भ की संरचना के विषय में अधिक वैज्ञानिक व प्रामाणिक जानकारी प्राप्त होती है।

भूगर्भ की संरचना की जानकारी के साधन

1. **अप्राकृतिक साधन**

(अ) **तापमान** : भूगर्भिक सर्वेक्षणों से यह बात प्रमाणित होती है कि सामान्यतः पृथ्वी की सतह से केन्द्र की ओर प्रति 32 मीटर की गहराई पर 1°C तापमान बढ़ता है। तापमान की इस वृद्धि दर के अनुसार भूगर्भ में सभी पदार्थ पिघली हुई अवस्था में होने चाहिए, परन्तु वास्तव में ऐसा नहीं होता है। अधिक गहराई के साथ बढ़ते दबाब के कारण चट्टानों के पिघलने का तापमान बिन्दु उतना ही ऊँचा होता जाता है एवं धरातल के नीचे तापमान के बढ़ने की दर पृथ्वी के केन्द्र की ओर

घटती जाती है। इस गणना के अनुसार पृथ्वी केन्द्र का तापमान लगभग 2000°C से अधिक है।

(ब) दबाव : भूगर्भ में मोटी-मोटी परतों के बढ़ते दबाव के कारण केन्द्र की ओर घनत्व बढ़ता जाता है। केन्द्र पर उच्च तापमान के कारण यहाँ पाए जाने वाले पदार्थों का द्रव रूप में होना स्वाभाविक है, परन्तु ऊपरी दबाव के कारण वह द्रव रूप ठोस का आचरण करता है। अत: केन्द्र में अधिक दबाव व अधिक तापमान के कारण शैल प्लास्टिकनुमा ठोस होता है।

(स) घनत्व : पृथ्वी के केन्द्र की ओर निरन्तर दबाव बढ़ने व भारी पदार्थों के होने के कारण उसकी परतों का घनत्व भी बढ़ता जाता है। न्यूटन के गुरुत्वाकर्षण के सिद्धान्त के अनुसार सम्पूर्ण पृथ्वी का घनत्व 5.5 (धरातल का घनत्व 2.6-3.3 एवं केन्द्र का औसत घनत्व 11 परिकलित किया गया है।

2. **उल्कापात :** उल्कापिण्ड (Meteorite) सौर परिवार के ही अंग हैं। ये ग्रहों की उत्पत्ति के समय अलग होकर अन्तरिक्ष में फैल गए थे। इनका निर्माण धूल व गैस से होता है। पृथ्वी के गुरुत्वाकर्षण शक्ति के कारण इनका प्रवेश पृथ्वी के वायुमण्डल में होता है और ये उल्काएँ धरातल पर गिरती हैं। इस क्रिया को **'उल्कापात'** (Meteorite Shower) कहते हैं।

3. **प्राकृतिक साधन**

(अ) ज्वालामुखी उद्गार : ज्वालामुखी उद्गार से निकले तत्व व तरल मैग्मा से यह स्पष्ट होता है कि पृथ्वी के अन्दर का कुछ भाग तप्त व तरल मैग्मा अवस्था में है।

(ब) भूकम्प विज्ञान के साक्ष्य : यह वह विज्ञान है, जिसमें भूकम्पीय तरंगों का सिस्मोग्राफ द्वारा अंकन करके अध्ययन किया जाता है। **भूकम्प (Earthquake)** भूपटल का आकस्मिक कम्पन है, जो भूगर्भ में उत्पन्न होता है। **भूकम्प मूल** भूगर्भ में स्थित वह स्थान है जहाँ से कम्पन सर्वप्रथम उत्पन्न होता है। **भूकम्पीय तरंगें** भूकम्प के समय भूकम्प के कम्पन द्वारा अपनाया गया मार्ग होती हैं। ये तरंगें तीन प्रकार की होती हैं। प्राथमिक (P) तरंगें सबसे तीव्र गति से चलती हैं एवं ठोस, तरल व गैस, तीनों प्रकार के पदार्थों से गुजर सकती हैं। द्वितीयक (S) तरंगें केवल ठोस पदार्थों के माध्यम से चलती हैं, तरल पदार्थों से होकर नहीं गुजर सकतीं। धरातलीय (L) तरंगें धरातल पर ही चलती हैं एवं अधिकेन्द्र पर सबसे बाद में पहुँचती हैं व सर्वाधिक विनाशकारी होती हैं। **भूकम्पीय छाया क्षेत्र** भूकम्प अधिकेन्द्र से 105° व 140° के बीच का क्षेत्र होता है। जहाँ कोई भी भूकम्पीय तंरगें अभिलेखित नहीं होती हैं।

भूकम्पीय तरंगों के भ्रमण पथ व गति के आधार पर पृथ्वी के आंतरिक भाग के विषय में जानकारी प्राप्त होती है। ये लहरें समान घनत्व वाले भाग में सीधी चलती हैं, परन्तु भूकम्प केन्द्रों पर इन लहरों के अंकन से ज्ञात होता है कि ये लहरें एक सीधी दिशा में न चलकर वक्राकार मार्ग का अवलम्बन करती हैं। इससे प्रमाणित होता है कि भीतर के घनत्व में विभिन्नता है। परिणामस्वरूप, उनका मार्ग भी वक्राकार हो जाता है। चूंकि आंतरिक भाग की ओर घनत्व बढ़ता है, अत: कोर में ये लहरें (P व S) वक्राकार होकर सतह की ओर अवतल हो जाती हैं। चूंकि S लहरें तरल पदार्थ से होकर नहीं गुजरती हैं एवं 2,900 किमी. से अधिक गहराई अर्थात् भू-क्रोड में विलुप्त हो जाती हैं, इससे प्रमाणित होता है कि इस 2,900 कि.मी. से अधिक गहराई वाला भाग तरल अवस्था में है, जो केन्द्र के चारों ओर विस्तृत है। चूंकि चट्टानों के घनत्व में अन्तर के साथ ही इन तरंगों की गति में तीन जगहों पर अधिक अन्तर आता है, अत: इन आधारों पर पृथ्वी के आन्तरिक भाग की तीन परतें निश्चित की गई हैं।

पृथ्वी की आन्तरिक संरचना

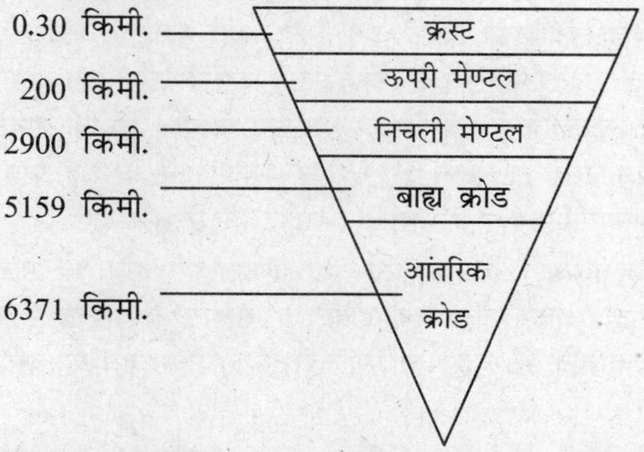

1. **भूपर्पटी क्रस्ट (The Crust)**-यह पृथ्वी की सबसे ऊपरी परत है। इसकी औसत मोटाई 30 किमी. है। यह परत हल्की चट्टानों से बनी है एवं इसका घनत्व 3 ग्राम प्रति घन सेंमी. है।

2. **अनुपटल (The Mantle & Substratum) :** भूपर्पटी के नीचे 2,900 किमी की गहराई तक अनुपटल का विस्तार है। अनुपटल का ऊपरी भाग **'दुर्बलता मण्डल'** (Asthenosphere) कहलाता है। ज्वालामुखी उद्गार के दौरान जो लावा धरातल पर पहुँचता है, उसका मुख्य स्रोत यही भाग है। S तरंगें 2,900 किमी. के बाद लुप्त हो जाती हैं अर्थात् अनुपटल ठोस शैलों से निर्मित है।

3. **अभ्यांतर/भूक्रोड (The Core):** 2,900 किमी. से 6,371 किमी. की गहराई वाला यह भाग पृथ्वी का सबसे आन्तरिक भाग है, जिसका औसत घनत्व 11 ग्राम प्रति घनसेंमी. है। इस भाग में S तरंगें नहीं पहुँच पाती हैं। इसके दो भाग किए जाते हैं। प्रथम भाग बाह्य अभ्यांतर है जो तरल अवस्था में है एवं 2,900 से 5,150 कि.मी. की गहराई तक विस्तृत है। द्वितीय भाग आन्तरिक अभ्यांतर है, जो कि सघन है एवं 5,150 से 6,371 किमी. की गहराई तक विस्तृत है।

स्वैस का वर्गीकरण

स्वैस के अनुसार, भूपटल का ऊपरी भाग परतदार शैलों का बना है। इस भाग में स्वैस ने रासायनिक संघटन के आधार पर तीन परतों की स्थिति मानी है।

1. **सियाल (Sial)**-इस परत में सिलिका (Silica-Si) एवं एल्यूमीनियम (Aluminium-al) की प्रधानता होती है, इसलिए इस परत को **सियाल** (si + al = sial) कहा जाता है। इसका **औसत घनत्व 2.9 है** व औसत गहराई 50 से 300 किलोमीटर है।

2. **सीमा (Sima)**-इस परत में **सिलिका** (Silica-Si) एवं **मैग्नीशियम** की (Magnesium-ma) प्रधानता होती है, इसलिए इस परत को **'सीमा'** (si + ma = sima) कहा जाता है। **इसका घनत्व 2.9 से 4.7 हैं** एवं गहराई 1,000 से 2,000 किलोमीटर तक विस्तृत है।

3. **निफे (Nife)**-इस परत में निकल (Nickel-ni) व फेरीयम (Ferrium-Fe) की प्रधानता होती है, इसलिए इस परत को **'निफे'** (ni + fe = nife) कहा जाता है। इस परत का घनत्व 11 है एवं यह भूकेन्द्र तक विस्तृत है।

वान डर ग्राक्ट का वर्गीकरण

वान डर ग्राक्ट (Van der Gracht) ने पृथ्वी की आन्तरिक संरचना की चार परतें बताई हैं, जिनको निम्नानुसार वर्गीकृत किया जा सकता है:

1. **बाह्य सिलिका पर्पटी**-इस परत की मोटाई महाद्वीपों के नीचे 60 किलोमीटर तक होती है। अटलाण्टिक महासागर के नीचे 20 किलोमीटर एवं प्रशान्त महासागर के नीचे 10 किलोमीटर तक है। इस परत का घनत्व 2.75 से 3.1 तक होता है। यह परत सिलिका, एल्यूमीनियम, पोटैशियम एवं सोडियम से बनी है।

2. **आन्तरिक सिलिकेट परत तथा मैण्टल**-इस परत की मोटाई 60 से 1,200 किलोमीटर तक होती है। इस परत का घनत्व 3.1 से 4.75 तक होता है। यह परत सिलिका, मैग्नीशियम एवं कैल्शियम से बनी है।

3. **मिश्रित धातुओं तथा सिलिका की परत**-इस परत की मोटाई 1,200 से 2,900 किलोमीटर तक होती है। इस परत का घनत्व 4.75 से 7.8 तक होता है। यह परत निकिल, लोहा, सिलिका, मैग्नीशियम आदि के मिश्रण से बनी है।

4. **धात्विक केन्द्र अथवा धात्विक पिण्ड**-यह परत 2,900 किलोमीटर से भूकेन्द्र तक विस्तृत है। इस परत का घनत्व 11 से अधिक होता है। यह परत निकिल एवं लोहे से बनी है।

महत्वपूर्ण बिन्दु

* पृथ्वी की आन्तरिक संरचना की सीमित जानकारी का प्रमुख कारण आन्तरिक भाग का प्रत्यक्ष पर्यवेक्षण से परे होना है।
* आन्तरिक संरचना की जानकारी के मुख्य स्रोत तापमान, घनत्व, दबाव, उल्कापात, ज्वालामुखी क्रियाएं भूकम्प विज्ञान के साक्ष्य हैं।
* भूकम्पीय लहरों की गति एवं भ्रमण पथ के वैज्ञानिक विश्लेषण के आधार पर पृथ्वी के आन्तरिक भाग की तीन परतें निश्चित की गई हैं।

  (अ) भूपर्पटी (ब) अनुपटल (स) भूक्रोड
* स्वैस का वर्गीकरण - (अ) सियाल (ब) सीमा (स) निफे
* वान डर ग्राक्ट का वर्गीकरण -

  (अ) बाह्य सियाल पर्पटी

  (ब) आन्तरिक सिलिकेट परत तथा मैण्टल

  (स) मिश्रित धातुओं तथा सिलिकेट की परत

  (द) धात्विक केन्द्र

महाद्वीप व महासागरों की उत्पत्ति

महाद्वीप एवं महासागर प्रथम श्रेणी के उच्चावच हैं। उनकी उत्पत्ति व विकास के विषय में अनेक विद्वानों ने अलग-अलग सिद्धान्त प्रस्तुत किए हैं, जिनमें दो सर्वाधिक स्वीकार्य व वैज्ञानिक सिद्धान्त 'महाद्वीपीय विस्थापन' व 'प्लेट विवर्तनिक सिद्धान्त' को माना गया है।

महाद्वीपीय विस्थापन सिद्धान्त

यद्यपि महाद्वीपीय विस्थापन का विचार 1620 में फ्रांसिस बेकन, 1885 में स्नाइडर व 1910 में एफ. जी. टेलर ने प्रस्तुत किया था, परन्तु सिद्धान्त रूप में इसका प्रतिपादन 1912 में जर्मन अल्फ्रेड वेगनर ने किया था। वेगनर एक जलवायुवेत्ता थे, जो भूतकाल में हुए जलवायु परिवर्तन की समस्या का समाधान चाहते थे। अण्टार्कटिका मे कोयले की परतों की उपस्थिति एवं मरुस्थलों में हिमावरण के लक्षणों के मिलने के कारण वेगनर के सामने दो विकल्प थे:

1. जलवायु कटिबन्धों का स्थानान्तरण हुआ व स्थल भाग स्थिर रहे।
2. जलवायु कटिबन्ध स्थिर रहे व स्थल भागों का स्थानान्तरण हुआ।

वेगनर ने दूसरे विकल्प को अपनी परिकल्पना का आधार बनाते हुए स्पष्ट किया कि कार्बोनिफेरस युग मे समस्त महाद्वीप एक स्थलखण्ड के रूप में स्थित थे, जिसे उन्होंने 'पेंजिया' कहा। वेगनर के अनुसार सियाल निर्मित यह पेंजिया अगाध सागरीय तली, जिसे उन्होंने 'सीमा' कहा है, पर निर्बाध रूप से तैर रहा था तथा कार्बोनिफेरस युग में पेंजिया का विभाजन हुआ।

पेंजिया एवं पेंथालासा

प्रथम विभाजन में टैथिस भूसन्नति बनी, जिसके उत्तर में स्थित भाग को 'अंगारालैण्ड' (लोरेशिया) तथा दक्षिणी भाग को **'गोंडवाना लैण्ड'** कहा गया। कालान्तर में इनके क्रमशः विखण्डन व विखण्डित भागों के विषुवत् रेखा व पश्चिम की ओर प्रवाह से महाद्वीपों की वर्तमान स्थिति बनी। वेगनर ने महाद्वीपों के दो दिशाओं में प्रवाह के लिए निम्न बलों को उत्तरदायी माना।

1. **गुरुत्वाकर्षण और प्लवनशीलता बल** - इनसे भू-भागों का प्रवाह भूमध्यरेखा की ओर हुआ, जिससे भारत, ऑस्ट्रेलिया, मेडागास्कर व अण्टार्कटिका का निर्माण हुआ।

2. **ज्वारीय बल** - इससे भू-भागों का प्रवाह पश्चिम की ओर हुआ, जिससे उत्तरी तथा दक्षिणी अमेरिका बने।

वेगनर के अनुसार, उत्तरी व दक्षिणी अमेरिका के अलग होने से उस रिक्त स्थान पर अंधमहासागर तथा ऑस्ट्रेलिया-अण्टार्कटिका के पृथक् होने से रिक्त स्थान पर हिन्द महासागर तथा शेष बचा पेंथालासा प्रशान्त महासागर कहलाता है।

महाद्वीपीय विस्थापन के पक्ष में प्रमाण

1. **भौगोलिक प्रमाण :**

   * **अटलाण्टिक तटों में साम्य स्थापन (JIG-SAW-FIT in Atlantic Coast)**— जर्मनी के प्रसिद्ध विद्वान अल्फ्रेड वेगनर ने सन् 1912 में महाद्वीपीय विस्थापन सिद्धांत का प्रतिपादन किया था। उनके अनुसार, वर्तमान के सभी महाद्वीपों को अगर मिला दिया जाए तो एक भौगोलिक समानता प्राप्त की जा सकती है। उनके द्वारा इस सिद्धांत को

(Jig-saw ft) 'भौगोलिक साम्यरूपता' कहा गया। अटलाण्टिक महासागर के पूर्व व पश्चिम तटों में अद्भुत साम्य स्थापना है। अटलाण्टिक महासागर के दोनों तटों को पुन: परस्पर सटाया जा सकता है। इसे उनके अनुसार पश्चिम अफ्रीकी उभार कैरीबियन सागर में तथा दक्षिण अमेरिका का उत्तरी-पूर्वी भाग गिनी की खाड़ी में सटाया जा सकता है।

- **पर्वतों का संरेखन**-यदि विस्थापित महाद्वीपों को सटाकर देखा जाए तो सभी युगों की पर्वतमालाओं के संरेखण में काफी समानता देखने को मिलती है। यह संरेखण केलोडियन, हर्सीनियन, अल्पाइन आदि सभी पर्वतमालाओं में देखने को मिलता है।
- **नवीन मोड़दार पर्वतों की उत्पत्ति**-वेगनर ने रॉकीज, एण्डीज, आल्प्स एवं हिमालय पर्वतों वाले स्थान पर भूसन्नितयों के विद्यमान होने की कल्पना की है, जिनमें जमा तलछट पर दबाव पड़ने से मोड़दार पर्वतों का उद्भव हुआ।

2. **भूगर्भिक प्रमाण**
   - **संरचनात्मक समानता :** अटलाण्टिक महासागर के दोनों ओर के तटीय क्षेत्रों की शैल संरचना में समानता से प्रमाणित होता है कि ये दोनों तट कभी सटे हुए थे।
   - **स्तर विन्यास की समानता :** अटलाण्टिक महासागर के दोनों तटों की चट्टानों की विभिन्न परतों के क्रम में पाई जाने वाली समानता उनके कभी सटे हुए होने के प्रमाण है।
3. **भू-ज्यामितीय प्रमाण :** भूज्यामितीय अध्ययनों से ऐसे प्रमाण मिले हैं कि ग्रीनलैण्ड धीरे-धीरे कनाडा की ओर विस्थापित हो रहा है, जो महाद्वीप विस्थापन को प्रमाणित करता है।
4. **जैविक प्रमाण**
   - **पुराजीवाश्मीय प्रमाण :** अटलाण्टिक महासागर के दोनों तटों पर समान प्रजाति व प्रकार के जीवाश्म के प्रमाण यह प्रमाणित करते हैं कि दोनों तट कभी सटे हुए थे।
   - **जैविक स्वभाव :** जीवशास्त्रियों के शोध के अनुसार, नार्वे में लैमिंग (Liming) नामक जन्तु पश्चिम की ओर चलते-चलते अटलाण्टिक महासागर में डूबकर मर जाते हैं। इसका कारण यह माना गया कि उनकी यह आदत उस काल की है, जब उत्तरी अमेरिका यूरोप में सटा हुआ था और वही आदत आज भी है।
5. **पुराजलवायु का प्रमाण :** कार्बोनिफेरस युग के हिमानीकरण का प्रभाव भारत, द. अमेरिका, अफ्रीका एवं ऑस्ट्रेलिया से प्राप्त होना। यह तभी सम्भव हो सकता है, जब ये एक रहे हों।

महाद्वीपीय विस्थापन सिद्धान्त की आलोचनाएँ

1. **भौगोलिक आलोचना**

   (अ) अटलाण्टिक तटों में साम्य स्थापन दोषपूर्ण है, क्योंकि ब्राजील के तट को गिनी की खाड़ी से मिलाने पर 15^oC का अन्तर शेष रहता है।

   (ब) 'मध्य अटलाण्टिक कटक' दोनों तटों को सटाने में बाधक है, जिसका वेगनर ने कोई स्पष्टीकरण नहीं दिया।

   (स) इस सिद्धान्त की दो प्रक्रियाएँ विस्थापन एवं वलन परस्पर विरोधाभासी हैं। एक ओर वेगनर के अनुसार सियाल रूपी महाद्वीप सीमा में तैर रहे हैं, जबकि दूसरी ओर उन्होंने बताया कि जमे हुए तलछट में विस्थापन के फलस्वरूप बढ़ते दबाव के कारण वलन पड़े।
2. **भूगर्भिक आलोचना :** भूगर्भशास्त्रियों के अनुसार, अटलाण्टिक तटों पर संरचनात्मक व स्तर विन्यास की केवल आंशिक समानताएँ हैं। अत: इन्हें पूर्ण प्रमाण नहीं माना जा सकता है।
3. **भूगणितीय आलोचना :** वैगनर के अनुसार, पश्चिम की ओर विस्थापन सूर्य व चन्द्रमा के गुरुत्वाकर्षण बल के कारण होता है जबकि गणितज्ञों ने सिद्ध किया है कि अमेरिका को पश्चिम की ओर विस्थापित करने के लिए जितने गुरुत्वाकर्षण बल की आवश्यकता होगी, वह वर्तमान बल से दस अरब गुना अधिक होना चाहिए। गणितज्ञ आलोचकों का मानना है कि इतने बल का होना असम्भव है, तथापि यदि इसे सम्भव मान भी लिया जाए तो उतने अधिक बल के कारण पृथ्वी की परिभ्रमण गति ही बाधित हो जाएगी।
4. **जैविक आलोचना :** समकालीन जीवाश्म के प्रमाण को आलोचक आंशिक प्रमाण ही मानते हैं।
5. **पुराजलवायु की आलोचना :** स्टीयर्स ने बताया कि उत्तरी-पश्चिमी अफ्रीका, यू.एस.ए. में बोस्टन क्षेत्र (जो उस समय भूमध्य रेखा पर था) व अलास्का में टाइलाइट जैसे हिमयुगीन निक्षेप पाए जाते हैं। वेगनर के अनुरूप महाद्वीपीय पुनर्गठन (Reconstruction) से स्टीयर्स द्वारा इंगित विसंगति का स्पष्टीकरण नहीं मिलता है।

अनेक कमियों के बावजूद भी इस सिद्धान्त की महत्ता इस कारण है कि इसने सर्वाधिक वैज्ञानिक सिद्धान्त-प्लेट विवर्तनिकी के लिए एक आधार प्रस्तुत किया, जो महाद्वीपीय विस्थापन की ही बात को पुष्ट करता है।

प्लेट विवर्तनिकी

1960 के दशक के अनेक पुराचुम्बकीय, भूकम्पीय सर्वेक्षणों एवं सागर नितल प्रसरण सम्बन्धी अनुसंधानों के आधार पर महाद्वीपों व महासागरों की उत्पत्ति के सम्बन्ध में प्लेट विवर्तनिक सिद्धान्त का प्रतिपादन हुआ। सागर नितल प्रसरण सिद्धान्त का जनक हैरी हैस (1960) को माना जाता है।

प्लेट : सर्वप्रथम **प्लेट** शब्द का प्रयोग टूजो विल्सन (Tuzo Willson) ने पृथ्वी की बाहरी परत के लिए किया। यह परत क्रस्ट (Crust) एवं ऊपरी मेण्टल (Upper Mantle) की सम्मिलित इकाई है, जो **'स्थल मण्डल'** (Lithosphere) के नाम से जानी जाती है। इसकी मोटाई 100 किमी. व विस्तार महाद्वीप एवं महासागर, दोनों पर है। यह बाहरी परत कठोर, पतली, भंगुर व उल्टी सूप प्लेट के समान है।

सिद्धान्त के अनुसार, समस्त स्थल मण्डल 6 बड़ी व सम्भवत: 20 छोटी प्लेटों में विभक्त है, जोकि निर्बल तापमण्डल पर सतत् रूप से एक-दूसरे के संदर्भ में गतिशील होते हुए अभिसरित, अपसरित व रगड़ खाती हैं, जिससे भूकम्प, ज्वालामुखी एवं गर्त जनन जैसी विवर्तनिक क्रियाएँ होती हैं। प्लेटो के इस सम्पूर्ण गतिक्रम को 'प्लेट विवर्तनिक' कहते हैं।

प्रमुख प्लेटें (Major Plates)-प्लेटों की संख्या के बारे में विद्वान एक मत नहीं है। फिर भी मॉर्गन ने सम्पूर्ण स्थल मण्डल को 6 बड़ी व 20 छोटी प्लेटों में विभाजित किया है। प्रमुख बड़ी प्लेटें निम्नलिखित हैं-

1. **इण्डो-ऑस्ट्रेलियन प्लेट**-इस प्लेट के अन्तर्गत भारतीय उपमहाद्वीप व ऑस्ट्रेलिया की स्थलीय पर्पटी तथा हिन्द महासागर एवं प्रशान्त महासागर की दक्षिणी-पश्चिमी महासागरीय पर्पटी सम्मिलित है।
2. **यूरेशियन प्लेट** -यह एकमात्र ऐसी प्लेट है, जो अधिकांशतः महाद्वीपीय पर्पटी से निर्मित है। यह प्लेट पश्चिम में मध्य अटलाण्टिक कटक, दक्षिण में आलप्स-हिमालय पर्वतीय क्रम एवं पूर्व में द्वीपीय चापों तक फैली हुई है।
3. **अफ्रीकी प्लेट**-यह एक मिश्रित महाद्वीपीय व महासागरीय प्लेट है। इसका विस्तार पूर्व में हिन्द-ऑस्ट्रेलियाई प्लेट, दक्षिण में अण्टार्कटिका, पश्चिम में मध्य अटलाण्टिक कटक व उत्तर में यूरेशियन प्लेट तक है।
4. **अमेरिकी प्लेट**-इसके अन्तर्गत उत्तरी व दक्षिणी अमेरिका की महाद्वीपीय पर्पटी एवं पूर्व की ओर मध्य अटलाण्टिक कटक तक फैली महासागरीय पर्पटी सम्मिलित है। यह प्लेट अमेरिकी महाद्वीपों के पश्चिमी तट तक विस्तृत है एवं प्रशान्त महासागरीय प्लेट से मिलती है। यह प्लेट एक इकाई के रूप में पश्चिम की ओर गतिमान है। इसके परिणामस्वरूप अमेरिकी महाद्वीपों के पूर्वी किनारों पर कोई विवर्तनिकी हलचलें नहीं होतीं।
5. **प्रशान्त प्लेट**-पूर्वी प्रशान्त कटक (East Pacific Rise) से पश्चिम की ओर सम्पूर्ण प्रशान्त महासागर पर फैली यह एकमात्र ऐसी प्लेट है, जो पूर्णरूप से महासागरीय पर्पटी से निर्मित है।
6. **अण्टार्कटिक प्लेट**-अण्टार्कटिक प्लेट का अधिकांश भाग हिमाच्छादित है। यह प्लेट अण्टार्कटिक महाद्वीप के चारों ओर मध्य महासागरीय कटकों तक विस्तृत है।

   प्लेटों के प्रकार : संरचना के आधार पर प्लेटें तीन प्रकार की होती हैं-

   1. **महाद्वीपीय प्लेट** - जिस प्लेट का सम्पूर्ण या अधिकांश भाग स्थली हो, वह **महाद्वीपीय प्लेट** कहलाती है।
   2. **महासागरीय प्लेट** - जिस प्लेट का सम्पूर्ण या अधिकांश भाग महासागरीय तली के अन्तर्गत होता है, वह **महासागरीय प्लेट** कहलाती है।
   3. **महासागरीय-महाद्वीपीय प्लेट** - जिस प्लेट पर महाद्वीप व महासागरीय तली, दोनों का विस्तार होता है।

प्लेट किनारे

भू-गर्भ की सारी विवर्तनिक क्रियाएँ इन प्लेटों के किनारे पर सम्पन्न होती हैं। ये प्लेट किनारे तीन प्रकार की होती हैं-

1. **रचनात्मक प्लेट किनारा**- इन किनारों के सहारे दो प्लेटों का अपसरण होता है अर्थात् प्लेट एक-दूसरे से दूर होती जाती है। इससे जो रिक्त स्थान बनता है, उससे मैग्मा बाहर निकलकर लावे के रूप में जमा। इससे वहाँ क्षेत्रीय विस्तार होता है, इसलिए इन्हें **'रचनात्मक किनारे'** कहते हैं। अटलाण्टिक कटक पर ऐसे ही पार्श्व मिलते हैं।
2. **विनाशात्मक किनारा** - इन किनारों के सहारे दो प्लेटों के अभिसरण के कारण एक प्लेट दूसरी प्लेट के ऊपर चढ़ जाती है एवं दूसरी प्लेट का अवतलन होता है। अवतलित प्लेट का अग्रभाग टूटकर मेण्टल में प्रवेश करने पर पिघल जाता है। अतः इसे **'विनाशात्मक किनारा'** कहा जाता है। यह पिछला पदार्थ पुनः कमजोर भूपटल से बाहर निकलकर ज्वालामुखी एवं द्वितीय चाप को जन्म देता है। प्रशान्त महासागरीय प्लेट के किनारों पर द्वीपीय व ज्वालामुखी शृंखला विस्तृत है।
3. **संरक्षी किनारा :** इन किनारों के सहारे दो प्लेटें आसपास से सरकती हैं, जिनमें न तो किसी प्लेट का क्षरण होता है और न ही वहाँ नए पदार्थों का सृजन होता है, केवल रूपान्तरण भ्रंश का निर्माण होता है। अतः इसे **'संरक्षी किनारा'** कहते हैं। उत्तरी अमेरिका के पश्चिमी भाग में सैन एण्ड्रियास भ्रंश के सहारे दो उप प्लेटों का संरक्षी किनारा ही है।

प्लेटों में गति के कारण

पृथ्वी में स्थित रेडियोधर्मी तत्व धर्मत्व से उत्पन्न भूतापीय ऊर्जा संवहनीय तरंगों के रूप में ऊपर उठकर प्लेटों में गति उत्पन्न करते हैं। प्लेटों के एकदम नीचे संवहन तरंगों का प्रवाह उन्हें क्षैतिजीय गति देता है। मध्य महासागरीय कटकों के क्षेत्र में भीतर से मैग्मा का ऊपर आना एवं अभिसारी पार्श्व पर प्लेट का नीचे धंसकर मेण्टल में पहुँचना संवहन तरंग की मुख्य गतिविधियाँ हैं।

प्लेट विवर्तनिकी के साक्ष्य

1. **सागर नितल प्रसरण**-अपसारी पार्श्व पर दो प्लेटों के विपरीत दिशा में प्रवाह से रिक्त स्थान बनते हैं। इन रिक्त स्थानों में नीचे से संवहन क्रिया द्वारा मैग्मा उठता है एवं यह लावे के रूप में ऊपर जमा हो जाता है, जिससे नई शैलों की उत्पत्ति होती है। इस प्रक्रिया के निरन्तर चलने से नई शैल पर्पटी बनने का क्रम चलता रहता है। परिणामस्वरूप, महासागरीय तली का विस्तारण होता है, जैसे मध्य अटलाण्टिक कटक के दोनों ओर लावा बाहर निकलकर नवीन पर्पटी का निर्माण कर रहा है, जिससे अटलाण्टिक, महासागरीय का फैलाव हो रहा है। महासागरीय तली के विस्तारण से महाद्वीप व महासागरों की अस्थिरता की संकल्पना भी प्रमाणित होती है।
2. **महाद्वीपीय विस्थापन** - पुरा चुम्बकत्व (Paleomagnetism) व सागर तलीय प्रसरण से सम्बन्धित नवीनतम खोजों से इस तथ्य को बल मिला है कि महाद्वीप व महासागरीय बेसिन कभी-भी स्थिर व अस्थाई नहीं रहे हैं। इन खोजों के आधार पर अभी तक पिछले 20 करोड़ वर्ष से पूर्व की महाद्वीपीय विस्थापन से सम्बन्धित जानकारी उपलब्ध है।
3. **दरारी घाटियों का चौड़ा होना** - जिन प्लेट पार्श्वों पर दरार घटियाँ हैं, वे चौड़ी होती जा रही हैं। लाल सागर व अदन की खाड़ी में विस्तारण की दर 1 सेंमी प्रतिवर्ष है। कैलिफोर्निया की खाड़ी का भी विस्तारण हो रहा है।
4. **अन्य प्रभाव** - प्लेट विवर्तनिकी के कारण अनेक अन्य प्रभाव भी पड़े हैं, जिनको इसी अध्याय में अन्य बिन्दुओं के विवरण में समझाया जा चुका है। भूकम्प की घटनाएँ, ज्वालामुखी क्रिया, पर्वत निर्माण द्वीपीय चापों (Island/Festoons) का निर्माण आदि ऐसे अन्य प्रभाव हैं।

   इस प्रकार निष्कर्ष स्वरूप यह कहा जा सकता है कि अधिकांश भूगोलवेत्ता, भूगर्भशास्त्री तथा भूवैज्ञानिक महाद्वीपीय विस्थापन की

सच्चाई को अब पुनः मानने लगे हैं। वर्तमान में विस्थापन के लिए केवल सक्षम नोदकबल (Propelling Force) विवादास्पद बिन्दु है। नवीनतम शोध अध्ययनों ने तापीय संवाहनिक धाराओं की संकल्पना की विश्वसनीयता को प्लेट विवर्तनिकी के सन्दर्भ में पुनर्जीवित किया है।

इस प्रकार प्लेट विवर्तनिक सिद्धान्त ने वैज्ञानिक प्रमाणों के आधार पर न केवल महाद्वीपीय विस्थापन सिद्धान्त को बल प्रदान किया वरन् इसके द्वारा भूकम्प, ज्वालामुखी क्रिया, द्वीपीय चाप की उपस्थिति आदि अन्य कई क्रियाओं का भी स्पष्टीकरण किया जा सकता है।

महत्वपूर्ण बिंदु

- महाद्वीपों व महासागरों को प्रथम श्रेणी के भू-आकार कहते हैं।
- वेगनर के महाद्वीपीय विस्थापन सिद्धान्त का प्रमुख आधार है। जलवायु कटिबन्ध स्थिर रहे तथा स्थल खण्डों की स्थिति परिवर्तनशील रही है।
- वेगनर ने सियाल रूपी महाद्वीपों को सीमा की परत पर तैरता हुआ माना।

भूकम्प

पृथ्वी का भू-पटल अन्तर्जात तथा बहिर्जात बल के कारण सदैव परिवर्तनशील रहता है। भूकम्प आकस्मिक अन्तर्जात बल के कारण होने वाली एक प्रमुख प्राकृतिक आपदा है। भूपृष्ठ के कम्पन को **'भूकम्प'** कहते हैं।

भूगोलवेत्ता एफ.जे. मोंकहाउस के अनुसार, भू-पटल की शैलों में संचलन व समायोजन की क्रिया द्वारा बाहर की ओर सभी दिशाओं में होने वाले प्रत्यास्थ प्रघाती तरंगों के संचार को **'भूकम्प'** कहते हैं। साधारण शब्दों में भूकम्प को इस प्रकार परिभाषित किया जा सकता है, "भूगर्भिक शक्तियों के परिणामस्वरूप धरातल के किसी भाग में उत्पन्न होने वाले आकस्मिक कम्पन को **'भूकम्प'** कहते हैं।"

भूकम्प उत्पत्ति के कारण

भूकम्प उत्पत्ति के कारण

- प्लेट विवर्तनिक
- भ्रंशन
- ज्वालामुखी
- जलीय भार
- भू-पटल का संकुचन
- समस्थिति समायोजन
- प्रत्यास्थ पुनश्चलन
- अन्य कारण

किसी क्षेत्र की समस्थिति में अस्थाई रूप से उत्पन्न असंतुलन से भूकम्प आता है। धरातल की संतुलन व्यवस्था में असंतुलन उत्पन्न करने वाले निम्नलिखित कारक हैं, जिनसे भूकम्प उत्पन्न होते हैं:

भ्रंशन - भूगर्भिक शक्तियों द्वारा तनाव व सम्पीड़न के कारण शैलों में चटकन व दरारें पड़ जाती हैं एवं भ्रंशन उत्पन्न होते हैं। इन क्रियाओं के दौरान भूकम्प आते हैं।

ज्वालामुखी क्रिया - ज्वालामुखी क्रिया भूकम्प के आने का प्रमुख कारण है। ज्वालामुखी उद्गार के समय जब तीव्र व वेगवती गैसें पृथ्वी के अभ्यांतर से बाहरी भाग पर प्रकट होने के लिए धक्का लगाती हैं तो भू-पटल पर कम्पन पैदा होता है। एटना, क्राकाटोवा, विसुवियस आदि ज्वालामुखी विस्फोट के समय विनाशकारी भूकम्प आए थे।

जलीय भार - कुछ विद्वानों के अनुसार बड़े बांधों के निर्माण के फलस्वरूप धरातलीय भाग पर अत्यधिक मात्रा में जल का भण्डारण होने से जल भण्डार की तली के नीचे स्थित शैलों में हेर-फेर होने लगता है, जिससे भूकम्प आते हैं। दिसम्बर 1967 को महाराष्ट्र के कोयना भूकम्प का एक कारण कोयना बांध को माना जाता है।

भू-पटल का संकुचन - कुछ विद्वानों ने भूकम्पों की उत्पत्ति का कारण भू-पटल में संकुचन को माना है। उनके अनुसार, पृथ्वी के तापक्रम में निरन्तर विकिरण की क्रिया के फलस्वरूप ह्रास हो रहा है, जिससे भू-पटल ठण्डी होने से सिकुड़ रही है। जब यह क्रिया शीघ्र व तीव्रता से होती है, तो भूकम्प उत्पन्न होते है। डाना, ब्यूमाउण्ट, जेफ्रीज इसी मत के समर्थक हैं।

समस्थिति समायोजन - सामान्यतया भू-पटल के विविध भू-आकारों यथा पर्वत, पठार, मैदान व महासागरीय गर्त में संतुलन बना रहता है। जब कभी अपरदनकारी क्रिया द्वारा निक्षेपित मलबे से समुद्री क्षेत्रों में भार अधिक हो जाता है, तो इस संतुलन व्यवस्था में क्षणिक रूप से असन्तुलन होने से भूकम्प आते हैं। हिमालय पर्वतीय क्षेत्र में भूकम्प प्रायः इसी कारण से आते हैं।

प्रत्यास्थ पुनश्चलन सिद्धान्त - प्रो. एफ. एस. रीड के अनुसार, शैलें रबड़ की भांति एक सीमा तक खिंचती है, उसके बाद टूट जाती हैं एवं टूटे हुए भूखण्ड पुनः खींचकर अपना स्थान ग्रहण करते हैं। इससे भूकम्प उत्पन्न होते हैं।

प्लेट विवर्तनिकी - विभिन्न प्लेट किनारों पर भूप्लेटें अपसरित, अभिसरित या दाएँ-बाएँ सरकती हैं। इन क्रियाओं के दौरान होने वाली हलचलों के कारण भूकम्प आते हैं।

अन्य कारण - उपर्युक्त कारणों के अलावा गैसों के फैलाव, भू-स्खलन, समुद्रतटीय भागों में भृगुओं के टूटने, कन्दराओं की छतों के ढहने आदि के कारण लघु प्रभाव वाले भूकम्प आते हैं। इसके अतिरिक्त मानवीय कारणों यथा-आणविक विस्फोट, खनन क्षेत्रों में विस्फोट, गहरे छिद्रण आदि से भी स्थानीय प्रभाव वाले भूकम्प उत्पन्न होते हैं।

भूकम्प विज्ञान

भूकम्प विज्ञान में भूकम्पीय लहरों का **सिस्मोग्राफ** द्वारा अंकन किया जाता है। भूगर्भ में जिस स्थान पर भूकम्प की उत्पत्ति होती है, उसे **'भूकम्प मूल'** (Focus) कहते हैं। भूकम्प मूल के समकोण पर भूकम्प का वह केन्द्र होता है, जहाँ पर भूकम्पीय लहरों का अनुभव सबसे पहले होता है। इस स्थान को **अधिकेन्द्र** (Epicentre) कहते हैं।

भूकम्पीय तरंगें

भूकम्प मूल पर आघात उत्पन्न होने से शैलों में कम्पन होता है, जिससे तरंगें उत्पन्न होती है। तरंगों के चलने की विधि व गति के अनुसार भूकम्पीय तरंगों को तीन भागों में विभाजित किया जाता है, पी-तरंगें, एस-तरंगें और एल-तरंगें।

1. **पी-तरंगें (P-Waves)** - इन्हें **'प्राथमिक तरंगें'** भी कहते हैं। भूकम्प मूल से प्रारम्भ होकर ये तरंगें धरातल पर सबसे पहले पहुँचती हैं। इनकी औसत गति 6 से 13 किमी. प्रति सेकेंड होती है। इन तरंगों के

शैल में से होकर गुजरने पर शैल कणों में कम्पन तरंगों की गति की दिशा में आगे-पीछे होता है। ये तरंगें ठोस, द्रव व गैस तीनों माध्यमों से गुजरती हैं।

2. **एस-तरंगें (S-Waves)** - इन्हें **'द्वितीयक तरंगें'** भी कहते हैं। इनकी औसत गति 4 से 7 किलोमीटर प्रति सेकेंड होती है। इन तरंगों के शैलों से होकर गुजरने पर शैल कणों में गति तरंग की दिशा में समकोण पर होती है। यह तरंग केवल ठोस भाग से गुजरती है, तरल भाग में लुप्त हो जाती है।

3. **एल-तरंगें (L-Waves)** - धरातल पर ये तरंगें सबसे लम्बा मार्ग तय करती हैं एवं केवल धरातल पर अधिकेन्द्र से चारों ओर फैलती हैं। इसलिए इन तरंगों को **'लम्बी व धरातलीय तरंगें'** कहते हैं। ये तरंगें तीन किलोमीटर प्रति सेकेंड की गति से चलती हैं। इन तरंगों से भूकम्प क्षेत्र सर्वाधिक क्षति होती है। अधिकेन्द्र पर तीनों तरंगों का अभिलेखन एक साथ होता है। अतः इनमें भिन्नता ज्ञात नहीं होती है, किन्तु इनकी गति भिन्न होने के कारण अधिकेन्द्र से दूर इनके पहुँचने का समय अलग-अलग होता है। अतः ये तरंगें एक के बाद एक पहुँचती हैं, जिससे इनमें स्पष्ट विभेद किया जा सकता है।

Pg व Sg लहरें - गुण में ये P तथा S की भाँति होती हैं, लेकिन इनकी गति कम होती है। ये लहरें धरातल के निकट चलती हैं।

P* व S* लहरें - इनकी गति Pg तथा Sg से अधिक होती है। ये पृथ्वी की मध्यवर्ती परत में चलती हैं।

भूकम्प के प्रकार

अनेक प्रकार के भूकम्प पृथ्वी के विभिन्न भागों को प्रभावित करते रहते हैं। स्वभाव तथा कारणों के आधार पर भूकम्पों को निम्नलिखित प्रकारों में वर्गीकृत किया जाता है–

कृत्रिम भूकम्प : ये भूकम्प मानवीय क्रियाओं द्वारा उत्पन्न होते हैं। ये भूकम्प स्थानीय प्रभाव वाले होते हैं और इनकी तीव्रता बहुत कम होती है, जैसे–खान खोदने, परमाणु विस्फोट, भूमिगत आण्विक परीक्षण आदि से उत्पन्न भूपटल कम्पन।

प्राकृतिक भूकम्प : ये प्राकृतिक कारणों से उत्पन्न क्रियाशील भूकम्प होते हैं, जोकि निम्नलिखित प्रकार के होते हैं–

- **ज्वालामुखी भूकम्प** - जो भूकम्प ज्वालामुखी क्रिया या उद्‌गार के समय उत्पन्न होते हैं, भूकम्प ज्वालामुखी भूकम्प कहलाते हैं, यथा– विसुवियस, एटना, क्राकाटोवा उद्‌गार के समय उत्पन्न भूकम्प।
- **विवर्तनिक भूकम्प** - ये संरचनात्मक भूकम्प हैं, जो भूगर्भ की विवर्तनिक हलचलों, यथा–तनाव, संपीड़न आदि से उत्पन्न होते हैं। ऐसे भूकम्प अधिक गहराई पर उत्पन्न नहीं होते, यथा-कैलिफोर्निया का भूकम्प।
- **संतुलन मूलक भूकम्प** - ये भूकम्प भूपटल की संतुलन व्यवस्था में अव्यवस्था उत्पन्न होने के फलस्वरूप आते हैं। इस प्रकार के भूकम्प प्रायः नवीन मोड़दार पर्वतीय क्षेत्र हिमालय आदि में आते हैं, यथा-वर्ष 2015 में हिन्दूकुश तथा नेपाल का भूकम्प।
- **प्लूटोनिक भूकम्प** - धरातल से अत्यधिक गहराई पर उत्पन्न होने वाले भूकम्प **'प्लूटोनिक या पातालीय भूकम्प'** कहलाते हैं। ऐसे भूकम्प की उत्पत्ति तथा शक्ति के बारे में बहुत कम ज्ञान हैं।

स्थिति के अनुसार भूकम्प - इस आधार पर भूकम्पों को दो वर्गों में विभाजित किया जा सकता है–

- **स्थलीय भूकम्प** - स्थल पर आने वाले भूकम्प को स्थलीय भूकम्प कहते हैं। मध्य महाद्वीपीय पेटी में आने वाले भूकम्प अधिकांशतः इसी श्रेणी के हैं।
- **सामुद्रिक भूकम्प** - समुद्री में आने वाले भूकम्पों को **'सामुद्रिक भूकम्प'** कहते हैं। इस तरह के अन्तः सागरीय भूकम्पों द्वारा उत्पन्न ऊंची विनाशकारी सागरीय लहरों को जापानी भाषा में **'सुनामी'** (Tsunami) कहते हैं। मार्च 2011 को जापान के होंशू द्वीप के निकट आए तीव्र भूकम्प की वजह से उत्पन्न सुनामी से फुकुशिमा नगर पूरी तरह से नष्ट हो गया।

भूकम्प का विश्व वितरण

विश्व के अधिकांश भूकम्प नवीन मोड़दार पर्वतों, ज्वालामुखी क्षेत्रों, समुद्री तटीय क्षेत्रों में आते हैं। ये वे क्षेत्र हैं, जहाँ भूसंतुलन अव्यवस्थित है या कमजोर भूपटल है। भूकम्प की घटना प्लेटों के किनारों पर होती है। विश्व में भूकम्पों की निम्नलिखित पेटियां हैं–

1. **परिप्रशांत पेटी :** यह विश्व का सबसे विस्तृत भूकम्प क्षेत्र है, जहाँ पर विश्व के 2/3 (लगभग 63 प्रतिशत) भूकम्प आते हैं। यह पेटी प्रशांत महासागर के चारों ओर एक वृत्त की परिधि की तरह द्वीपों तथा महाद्वीपों में स्थित है। यहाँ पर भूकम्प की चार प्रमुख दशाएँ सागर तथा स्थल-मिलन क्षेत्र, नवीन वलित पर्वत क्षेत्र, ज्वालामुखी क्षेत्र विनाशकारी प्लेट सीमा अपसरण क्षेत्र से मिलती हैं। इसमें उत्तरी तथा दक्षिणी अमेरिका के पश्चिम तटीय क्षेत्र, एशिया के कमचटका प्रायद्वीप से पूर्वी एशिया के द्वीप, यथा–क्यूराइल, जापान, ताइवान, फिलीपींस आते हैं।
2. **मध्य महाद्वीपीय पेटी :** इसे **'भूमध्यसागरीय पेटी'** भी कहते हैं। यहाँ पर भ्रंशमूलक तथा संतुलन क्रिया के कारण भूकम्प आते हैं। विश्व के 21 प्रतिशत भूकम्प इसी भाग में आते हैं। इस पेटी में पुर्तगाल से लेकर हिमालय, तिब्बत तथा दक्षिण-पूर्वी द्वीप समूह आते हैं। भारत का भूकम्पीय क्षेत्र भी इसी पेटी में आता है। यहाँ के प्रमुख क्षेत्र - इटली, चीन, एशिया माइनर हिन्दूकुश, हिमालय, आल्पस, म्यांमार हैं।
3. **मध्य अटलांटिक कटक पेटी :** यह पेटी मध्य अटलांटिक कटक के सहारे स्थित है, जो अटलांटिक महासागर में पश्चिमी द्वीप समूह से लेकर दक्षिण में बोवेट द्वीप तक विस्तृत है। इसकी एक शाखा नीलघाटी से होकर अफ्रीका की महान दरार घाटी तक विस्तृत है। यहाँ पर भूकम्प मुख्य रूप से रूपान्तरण भ्रंश के निर्माण, प्लेटों के अपसरण से और ज्वालामुखी क्रिया के कारण आते हैं। भूमध्य रेखा पर सर्वाधिक भूकम्प आते हैं।

भूकम्प का प्रभाव

भूकम्प एक प्राकृतिक आपदा है, जो कम समय में अत्यधिक विनाशकारी प्रभाव भूपटल पर लाती है। भूकम्प की तीव्रता रिएक्टर पैमाने पर मापी जाती है। इसमें 0 से 9 बिन्दु होते हैं। आगे का प्रत्येक एक बिन्दु पिछले एक बिन्दु से 10 गुना अधिक तीव्रता तथा 31.6 गुना अधिक ऊर्जा पैदा करता है। भूकम्प

की गहनता मरकैली पैमाने पर मापी जाती है। यह अनुभवमूलक प्रणाली है। इसे मानव पर पड़ने वाले प्रभाव के संदर्भ में देखा जाता है, जोकि 1 से 12 तक होती है। भूकम्प प्राय: मानव के लिए विनाशकारी प्रभाव लाते हैं। इससे लाभ की अपेक्षा हानिकारक प्रभाव अधिक हैं। अत: यह मानव के लिए अभिशाप है।

भूकम्प से हानियाँ

- भूकम्प से अपार जन-धन की हानि होती है। लाखों व्यक्ति मारे जाते हैं, मकान, बांध व जलाशय टूट जाते हैं।
- भूकम्प से भूपटल की शैल टूट जाती है, नदियों के मार्ग बदल जाते हैं, रेल तथा सड़क यातायात पर बुरा प्रभाव पड़ता है। अत्यधिक तीव्र भूकम्प से सम्पूर्ण नगर नष्ट हो जाता है।
- भूकम्पों से सागरीय भागों में सुनामी लहरें उठती हैं, जिससे तटीय क्षेत्र, द्वीप जलमग्न हो जाते हैं।

भूकम्प से लाभ

- भूकम्प से ऊँचे भाग की उत्पत्ति हो जाती है, जो कि उस क्षेत्र की जलवायु पर सकारात्मक प्रभाव डालता है।
- समुद्री क्षेत्र में जलमग्न भूमि के सतह से ऊपर आने पर उपजाऊ मैदान निर्मित हो जाता है, जो कि कृषि कार्य के लिए उपयोगी है। जब समुद्रतटीय भूमि नीचे धँस जाती है, तो बंदरगाह गहरे हो जाते हैं।
- भूकम्प से पृथ्वी की आंतरिक संरचना समझने में सहायता मिलती है।

सुनामी

सुनामी जापानी भाषा का एक शब्द है जिसका अर्थ है- 'तट पर आती लहरें'। ये विशिष्ट प्रकार की समुद्री लहरें सागर के नितल में आए भूकम्प, भूस्खलन, उल्कापात एवं ज्वालामुखी विस्फोटों से उत्पन्न भू-विवर्तनिक शक्तियों की देन है। वैज्ञानिक शाखा में सुनामी को अत्यधिक लम्बी तरंगदैर्ध्य वाली सागरीय लहरों की श्रृंखला के रूप में परिभाषित किया जाता है, जिसका निर्माण भूकम्पों विशेषकर 7.5 या इससे अधिक तीव्रता वाले भूस्खलन तथा अंत: समुद्रीय हलचल के कारण जल के अचानक हुए विस्थापन से होता है।

ज्वालामुखी

ज्वालामुखी भूगर्भिक शक्तियों द्वारा जनित एक आकस्मिक क्रिया है, जिसमें भूपटल के कटक या दरार से गैसें, शैल पदार्थ एवं तप्त तरल मैग्मा बाहर निकलते हैं।

वुलॅरिज व मॉर्गन के अनुसार, ज्वालामुखी वह क्रिया है, जिसके अन्तर्गत पृथ्वी के भीतर तथा बाहर प्रकट होने की सभी क्रियाएँ सम्मिलित की जाती हैं।

सामान्य शब्दों में - **'ज्वालामुखी क्रिया'** एक व्यापक शब्द है, जिसमें शैल पदार्थ की उत्पत्ति, प्रवाह, निक्षेप व ठण्डा होकर ठोस होने की क्रियाएँ सम्मिलित हैं।

ज्वालामुखी क्रिया के कारण

भूगर्भिक असन्तुलन - भूगर्भिक असन्तुलन के कारण भूगर्भिक क्षेत्रों में संरचनात्मक परिवर्तन होते हैं, जिनसे ज्वालामुखी क्रिया होती है।

गैसों की उत्पत्ति - भूगर्भिक जल दरारों से पृथ्वी के आन्तरिक भाग में पहुँचकर वाष्प में परिवर्तित हो जाता है, जो कि उद्गार में नोदक शक्ति (Propelling Force) का कार्य करती है।

भूगर्भ में ताप वृद्धि - भूगर्भ में स्थित रेडियो सक्रिय पदार्थों के निरंतर विखण्डन से निकलते ताप से शैलें द्रवित होकर कमजोर एवं आयतन में बढ़ जाती हैं। तत्पश्चात् कमजोर दरारों से लावा के रूप में बाहर निकलती हैं।

दाब में कमी - ऊपरी परतों के दबाव के कारण भूगर्भ की शैलें ठोस अवस्था में रहती हैं और दबाव कम होने पर पिघल जाती हैं, जो ज्वालामुखी क्रिया को प्रोत्साहित करती हैं।

प्लेट विवर्तनिकी (Plate Tectonic) - भूपृष्ठ की विभिन्न प्लेटों की गतियों के कारण भी ज्वालामुखी क्रिया होती है। प्लेटों के एक-दूसरे के सम्मुख दिशा में गति करने से यह क्रिया अधिक होती है।

ज्वालामुखी के प्रकार

ज्वालामुखियों को मुख्यत: दो आधार पर वर्गीकृत किया जाता है। (1) उद्गार की अवधि (2) उद्गार के स्वरूप।

उद्गार की अवधि के आधार पर ज्वालामुखियों के प्रकार-

(i) **सक्रिय या जाग्रत ज्वालामुखी** - इस प्रकार के ज्वालामुखियों से बहुधा उद्गार होते रहते हैं। इटली के एटना व स्ट्राम्बोली सक्रिय ज्वालामुखी हैं।

(ii) **सुषुप्त ज्वालामुखी** - ऐसे ज्वालामुखियों से कुछ समय की सुषुप्ति के पश्चात् पुन: उद्गार होते रहते हैं। इटली का विसुवियस इसी प्रकार का ज्वालामुखी है, जिसमें सन् 1631, 1812, 1906 तथा सन् 1943 में उद्गार हो चुके हैं।

(iii) **शान्त या मृत ज्वालामुखी** - जिन ज्वालामुखियों में दीर्घावधि से कोई उद्गार नहीं हुए एवं ज्वालामुखी में जलादि भर जाते हैं, उन्हें **'शान्त ज्वालामुखी'** कहते हैं। म्यांमार का माउण्ट पोपा, ईरान का कोहे सुल्तान आदि शान्त या मृत ज्वालामुखी हैं।

उद्गार के स्वरूप के आधार पर ज्वालामुखियों के प्रकार

(अ) **केन्द्रीय उद्गार वाले ज्वालामुखी :** जिन ज्वालामुखियों से उद्गार एक नली मार्ग एवं एक मुख से होता है, उन्हें **'केन्द्रीय उद्गार वाले ज्वालामुखी'** कहते हैं। उद्भेदन के आधार पर केन्द्रीय उद्गार वाले ज्वालामुखी को निम्नलिखित प्रकारों में विभाजित किया जाता है-

(i) **हवाई तुल्य ज्वालामुखी** - इस प्रकार के ज्वालामुखी में विस्फोटक क्रिया कम होती है एवं उद्गार शांत ढंग से होता है। इसका मुख्य कारण लावा का पतला होना और गैस की तीव्रता में कमी होना है। इस प्रकार के ज्वालामुखी उद्गार के उदाहरण मुख्यत: हवाई द्वीप में देखने को मिलते हैं। अत: इन्हें **'हवाई तुल्य ज्वालामुखी'** कहा जाता है।

(ii) **स्ट्राम्बोली तुल्य ज्वालामुखी** - इस प्रकार के उद्गार में लावा अपेक्षाकृत तीव्रता के साथ प्रकट होता है और गाढ़ा होता है। कभी-कभी विस्फोटक उद्गार भी होता है। स्ट्राम्बोली ज्वालामुखियों में इस प्रकार का उद्गार होता है तथा इसी के नाम पर इस तरह के उद्गार वाले ज्वालामुखियों को **'स्ट्राम्बोली तुल्य ज्वालामुखी'** कहते हैं।

(iii) **वल्कैनो तुल्य ज्वालामुखी (Volcanian Type of Volcanoes)** - इस प्रकार के ज्वालामुखी से पदार्थ भयंकर विस्फोट व अधिक तीव्रता के साथ बाहर निकलते हैं और विस्फोट के पश्चात् राख और धूल से भरी गैसें विशाल काले बादलों के रूप में काफी ऊँचाई तक ऊपर उठती हैं और फूलगोभी के रूप में दिखाई पड़ती हैं। इस प्रकार के ज्वालामुखियों का नामकरण लिपारी द्वीप समूह स्थित वल्कैनो (Volcano) नामक ज्वालामुखी के आधार पर किया जाता है।

(iv) **पीलियन तुल्य ज्वालामुखी** - ऐसे ज्वालामुखियों में उद्गार सबसे अधिक विस्फोटक एवं भयंकर रूप में तथा सर्वाधिक विनाशकारी होता है। पश्चिमी द्वीप समूह के मार्टिनिक द्वीप में पीलि (Pelee) ज्वालामुखी में हुए विस्फोटक उद्गार के समान ज्वालामुखियों को **'पीलियन तुल्य ज्वालामुखी'** कहते हैं।

(ब) **दरारी उद्गार वाले ज्वालामुखी** - ऐसे ज्वालामुखियों में लावा दरारों के माध्यम से बिना विस्फोट के शांतिपूर्वक निकलता है। लावा प्रायः पतला होता है। फलस्वरूप, लावा पठार का निर्माण होता है। कोलंबिया के पठार एवं भारत में दक्कन का पठार दरारी उद्गार वाले लावा से निर्मित पठार हैं।

ज्वालामुखी से निस्सृत पदार्थ

गैस व जल वाष्प - ज्वालामुखी के उद्भेदन के साथ ही जलवाष्प एवं कार्बन डाइऑक्साइड, सल्फर डाइऑक्साइड, कार्बन मोनोऑक्साइड, हाइड्रोक्लोरिक एसिड, अमोनिया क्लोराइड आदि गैसें निकलती हैं। गीजर (Fumaroles) गर्म पानी के स्त्रोत हैं, जिनसे उष्ण वाष्प एवं जल तीव्रता से निकलता है। गैसें, अम्ल, गन्धक आदि पदार्थ तीव्र धार के रूप में बाहर आते हैं। 'सोल्फतारा' (Solftara) गन्धकीय धुआँरा कहलाता है।

ठोस पदार्थ - ज्वालामुखी से सूक्ष्म धूल या राख से लेकर बड़े आकार के शिलाखण्ड निकलते हैं।

तरल पदार्थ - धरातल के नीचे समस्त पिघला शैल पदार्थ **'मैग्मा'** कहलाता है एवं ज्वालामुखी से जब यह धरातल पर आता है, तो उसे 'लावा' के नाम से जाना जाता है।

ज्वालामुखियों का विश्व वितरण

विश्व में ज्वालामुखियों का वितरण निम्न मेखलाबद्ध वितरण प्रणाली में प्रस्तुत किया जा सकता है

- **परिप्रशान्त महासागरीय मेखला (Circum Pacific Belt)** - विश्व के दो-तिहाई से कुछ अधिक ज्वालामुखी केवल इसी मेखला में पाए जाते हैं। यह मेखला प्रशान्त महासागर के चारों ओर तटवर्ती क्षेत्र में फैली हुई है। यही पेटी अण्टार्कटिका के एरबस पर्वत से प्रारम्भ होकर एण्डीज, रॉकीज पर्वत होती हुई अलास्का से मुड़कर दक्षिण-पूर्वी तटीय भागों के सहारे होती हुई मध्य महाद्वीपीय पेटी में मिल जाती है। इस मेखला में जापान का फूजीयामा, फिलीपाइन का माउण्टताल, अमेरिका का शास्ता, रेनियर आदि प्रमुख ज्वालामुखी पर्वत हैं।
- **मध्यमहाद्वीपीय मेखला (Mid-Continental Belt)** - यह मुख्य रूप से आल्पस हिमालय पर्वतीय श्रृंखला के क्षेत्र में फैली हुई है। भूमध्य सागर के ज्वालामुखी भी इसी मेखला में फैले हैं। बैरन, माउण्ट पोपा, एल्बुर्ज, एटना, विसुवियस, स्ट्राम्बोली आदि इसी मेखला के ज्वालामुखी हैं।
- **मध्य अटलाण्टिक कटक मेखला (Mid-Atlantic Ridge Belt)**- अटलाण्टिक महासागर में S की आकृति में यह मेखला फैली हुई है। यह मेखला उत्तर में आइण्लैण्ड से लेकर मध्य में अटलाण्टिक कटक के सहारे दक्षिण में अण्टार्कटिका महाद्वीप तक फैली है। हैकला, कटला, एसेंशियन, सेंट हैलेना इस मेखला के प्रमुख ज्वालामुखी हैं।
- **पूर्वी अफ्रीका मेखला (East African Belt)** - यह मेखला उत्तर में इजराइल में दक्षिण में लाल सागर तथा पूर्वी अफ्रीकी दरार घाटी में होते हुए मेडागास्कर तक विस्तृत है। एलान, तिबेस्ती व किलिमंजारो इस मेखला के अंग हैं।
- **अन्य ज्वालामुखी क्षेत्र**- उक्त मेखला के अतिरिक्त अन्य कुछ ज्वालामुखी एकाकी रूप में विस्तृत हैं। इनमें प्रशान्त महासागर के हवाई द्वीप तथा हिन्द महासागर के मॉरिशस, कमोरो, रियूनियन आदि द्वीपों पर स्थित ज्वालामुखियों को सम्मिलित किया जाता है।

ज्वालामुखी क्रिया के प्रभाव

रचनात्मक प्रभाव - ज्वालामुखी से निकलने वाला लावा बिखराव के बाद अत्यधिक उपजाऊ मृदा को जन्म देता है। भारतीय प्रायद्वीप की काली मिट्टी ज्वालामुखी उद्गार के लाभप्रद पक्षों का एक उदाहरण है। विभिन्न प्रकार के खनिज युक्त भूपट्टियों के विकास में ज्वालामुखी प्रक्रिया की महत्वपूर्ण भूमिका है।

ध्वन्सात्मक प्रभाव - ज्वालामुखी उद्गार के साथ बहते हुए लावा एवं अन्य पदार्थों व गैसों से मानव जीवन व वातावरण की हानि के साथ ही सांस्कृतिक भूदृश्य की भी हानि होती है। करोड़ों जीवन ज्वालामुखी उद्गार से नष्ट हो जाते हैं। तटीय क्षेत्रों में जलप्लावन से अपार क्षति होती है। करोड़ों की संख्या में समुद्री जीव-जन्तु मर जाते हैं।

महत्वपूर्ण बिंदु

* भूगर्भिक शक्तियों के परिणामस्वरूप धरातल के किसी भाग में उत्पन्न होने वाले आकस्मिक कम्पन को 'भूकम्प' कहते हैं।
* भ्रंशन, ज्वालामुखी, भूपटल का संकुचन, जलीय भार इत्यादि भूकम्प के प्रमुख कारण हैं।
* भूकम्पीय तरंगें तीन प्रकार की होती हैं- P तरंगें, S तरंगें एवं L तरंगें।
* ज्वालामुखी भूगर्भिक शक्तियों द्वारा जनित एक आकस्मिक क्रिया है, जिसमें भू-पटल के छिद्र या दरार से गैस, शैल पदार्थ एवं मैग्मा बाहर निकलते हैं।
* सक्रिय, सुषुप्त, शान्त, केन्द्रीय उद्गार वाले और दरारी उद्गार वाले ज्वालामुखी के प्रमुख प्रकार हैं।

□□□

अध्याय

2

चट्टानें, नदी तथा हिमानी

[चट्टानों के प्रमुख प्रकार एवं उनकी विशेषताएँ, नदी, हिमानी, शुष्क और कार्स्ट प्रदेशों में स्थलाकृतियों का विकास एवं विशेषताएं]

पृथ्वी की ऊपरी परत, जिसे **भू-पटल** (Crust) कहा जाता है, विभिन्न प्रकार के खनिज तत्वों के संगठित होने से बनी है। साधारण भाषा में **'शैल'** शब्द किसी कठोर वस्तु के लिए प्रयोग होता है, जबकि एक भू-वैज्ञानिक के अनुसार,वे समस्त पदार्थ, जिनसे भूपर्पटी का निर्माण हुआ है, चाहे वे ग्रेनाइट की भांति कठोर हों अथवा चीका की भांति मुलायम **'शैल'** कहलाते हैं। अत: संश्लिष्ट रूप से भूपर्पटी में विभिन्न खनिजों का मिश्रित ठोस रूप **'शैल'** कहलाता है। ये निम्न प्रकार की होते हैं–

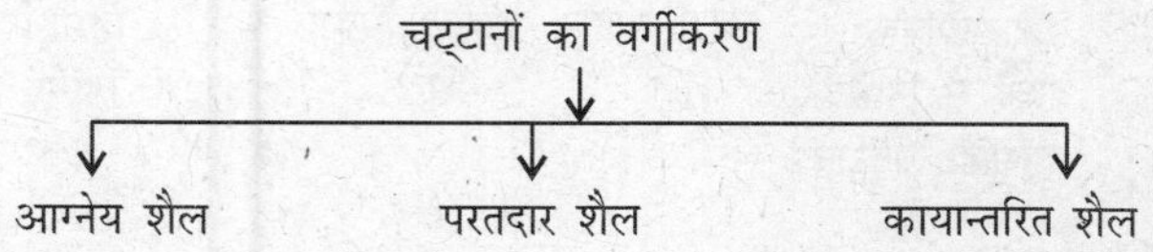

आग्नेय शैलें

पृथ्वी के निर्माण होने के समय तप्त तरल मैग्मा व लावे के ठण्डा होकर जमने से निर्मित शैल को **आग्नेय शैल** कहा जाता है। ये शैलें सबसे पहले बनीं। अत: इसे **प्राथमिक शैल** भी कहा जाता है। पृथ्वी की प्रारम्भिक भूपर्पटी आग्नेय शैलों से बनी है। अत: सभी शैलों का निर्माण आग्नेय शैलों से ही हुआ है। इनमें अन्य जीवावशेष नहीं पाए जाते हैं। भूपर्पटी के सबसे ऊपर 16 किमी. की मोटाई में आग्नेय शैल का 95 प्रतिशत भाग होता है।

आग्नेय शैलों की विशेषताएँ

- इन शैलों में परतों का अभाव पाया जाता है।
- ये शैलें अरन्ध्री होती हैं।
- ये शैलें रवेदार होती हैं।
- इन शैलों में जीवाश्म (Fossils) नहीं पाए जाते हैं।
- ये शैलें अत्यधिक कठोर होती हैं।
- इन शैलों पर रासायनिक अपक्षय की तुलना में भौतिक अपक्षय का प्रभाव अधिक होता है।
- इन शैलों में धात्विक खनिज मिलते हैं।

शैलों के खनिजों की रचना, रंग, कणों की बनावट, आकार एवं निर्माण स्थल के आधार पर आग्नेय शैलों का वर्गीकरण निम्न वर्गों में किया जाता है–

1. निर्माण स्थल के आधार पर आग्नेय शैलों का वर्गीकरण

(अ) आन्तरिक आग्नेय शैल : ये शैलें धरातल के नीचे मैग्मा जमने से बनती हैं। धरातल के नीचे मैग्मा के धीरे-धीरे ठण्डा होने के कारण इन शैलों में बड़े आकार के रवे बनते हैं। गहराई के अनुसार ये दो प्रकार की होती हैं–

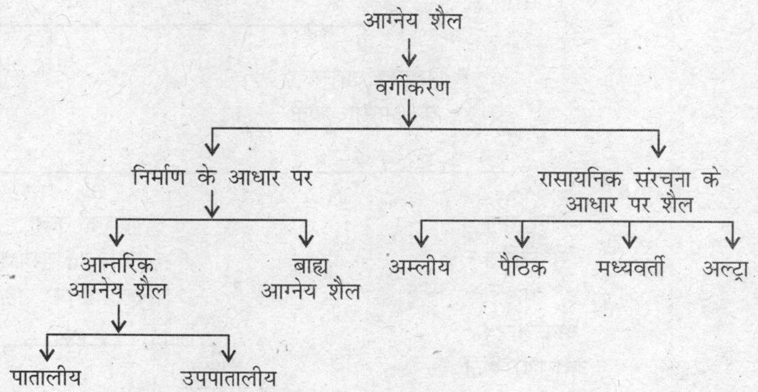

(i) पातालीय : मैग्मा के पृथ्वी के भीतर बहुत अधिक गहराई पर ठण्डा होकर जमने से ये शैलें बनती हैं। बहुत अधिक गहराई पर ठण्डा होने की प्रक्रिया धीमी गति से होने के कारण इनमें रवे बड़े आकार के बनते हैं। ग्रेनाइट इसका सर्वोत्तम उदाहरण है।

(ii) उपपातालीय : मैग्मा के धरातल के कुछ ही नीचे दरारों व सन्धियों में जम जाने से ये शैलें बनती हैं। ठण्डा होने में अपेक्षाकृत कम समय लगने के कारण इनमें रवे छोटे आकार के बनते हैं। उपपातालीय शैलों के रूप में मैग्मा फैकोलिथ, लेकोलिथ, लोपोलिथ डाइक, सिल आदि की आकृतियां ग्रहण करता है।

(ब) बाह्य आग्नेय शैल : ये शैलें धरातल के ऊपर लावा के ठण्डा होकर जमने से बनती हैं। लावा के जल्दी ठण्डा होने से इनमें रवे का आकार बड़ा होता है। ग्रेबो एवं बेसाल्ट बाह्य आग्नेय शैलों के सर्वोत्तम उदाहरण हैं।

2. रासायनिक संरचना के अनुसार वर्गीकरण

(अ) अम्लीय शैलें : इन शैलों में सिलिका की मात्रा **65 प्रतिशत** से अधिक होती है। ये कठोर व मजबूत शैलें होती हैं। ग्रेनाइट इसका प्रमुख उदाहरण है।

(ब) पैठिक शैलें : इन शैलों में सिलिका की मात्रा 45 से 55 प्रतिशत के मध्य होती है। ये क्षारीय होती हैं, जैसे-बेसाल्ट व ग्रेबो।

(स) मध्यवर्ती शैलें : इन शैलों में सिलिका की मात्रा अम्लीय व पैठिक शैलों के मध्य होती है। डायोराइट इसका प्रमुख उदाहरण है।

(द) अल्ट्रा पैठिक : इनमें सिलिका की मात्रा 45 प्रतिशत से कम होती है। पेरिडोटाइट इसका प्रमुख उदाहरण हैं।

मैग्मा तीन प्रकार के होते हैं-

1. बेसाल्टिक (तापमान : 1,000° - 1,200° से.),
2. एण्डेसाइटिक (तापमान : 800° - 1,000° से.),
3. रायोलिटिक (तापमान : 650° - 800° से.)।

परतदार शैलें

पृथ्वी की उत्पत्ति के बाद से ही उस पर अनाच्छादन की शक्तियाँ कार्यरत रहती हैं, जिसमें अपक्षय व अपरदन के द्वारा शैलें टूटकर उसी स्थान पर या अन्यत्र जमा होती जाती हैं। इन विभिन्न शैलों के द्वारा प्राप्त शैल चूर्ण, जीवावशेष एवं वनस्पतियों के एक के ऊपर एक परतों के रूप में जमा होने से निर्मित शैल को **अवसादी शैल** कहते हैं। ये शैल भू-पृष्ठ के **75 प्रतिशत** भाग पर विस्तृत हैं।

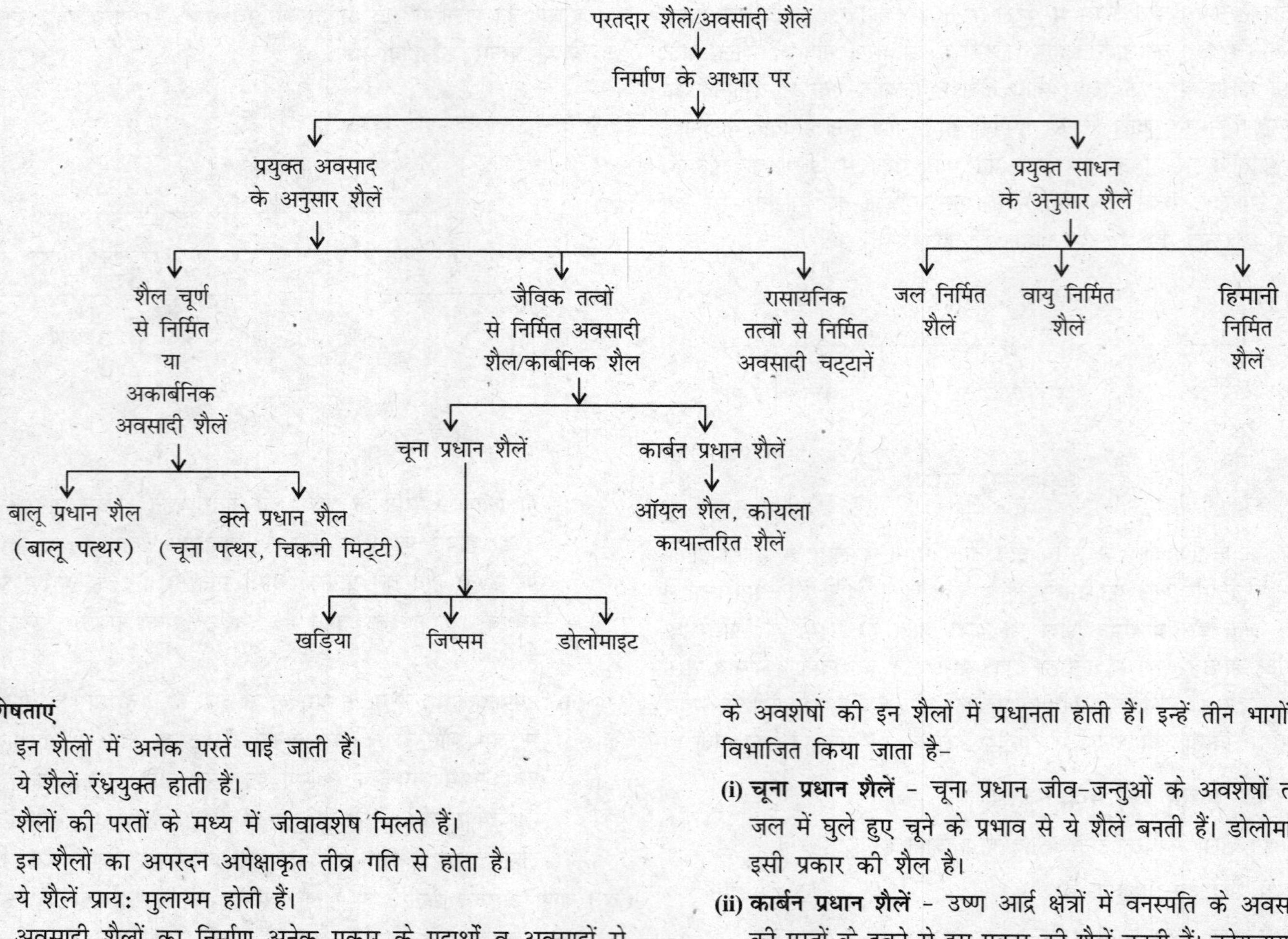

विशेषताएं

- इन शैलों में अनेक परतें पाई जाती हैं।
- ये शैलें रंध्रयुक्त होती हैं।
- शैलों की परतों के मध्य में जीवावशेष मिलते हैं।
- इन शैलों का अपरदन अपेक्षाकृत तीव्र गति से होता है।
- ये शैलें प्राय: मुलायम होती हैं।

अवसादी शैलों का निर्माण अनेक प्रकार के पदार्थों व अवसादों से होता है और निर्माण में अनेक प्रक्रम भाग लेते हैं। अत: अवसादी शैलों का वर्गीकरण निम्न आधार पर किया जा सकता है–

(1) निर्माण में प्रयुक्त अवसाद के अनुसार - इस आधार पर अवसादी शैलों को निम्न भागों में वर्गीकृत किया जाता है–

(अ) शैल चूर्ण से निर्मित - अपक्षय व अपरदन क्रिया से प्राप्त शैल चूर्ण एक स्थान से दूसरे स्थान पर परतों के रूप में जमा होते रहते हैं। कालान्तर में ये संगठित होकर अवसादी शैल का रूप धारण कर लेते हैं। बालूका पत्थर, कांग्लोमेरेट, चीका मिट्टी एवं लोयस इनके प्रमुख उदाहरण हैं।

(ब) जैविक तत्वों से निर्मित अवसादी शैलें - जीव-जन्तुओं एवं वनस्पति के अवशेषों की इन शैलों में प्रधानता होती हैं। इन्हें तीन भागों में विभाजित किया जाता है–

(i) चूना प्रधान शैलें - चूना प्रधान जीव-जन्तुओं के अवशेषों तथा जल में घुले हुए चूने के प्रभाव से ये शैलें बनती हैं। डोलोमाइट इसी प्रकार की शैल है।

(ii) कार्बन प्रधान शैलें - उष्ण आर्द्र क्षेत्रों में वनस्पति के अवसादों की परतों के दबने से इस प्रकार की शैलें बनती हैं। कोयलायुक्त शैलें इसी श्रेणी में सम्मिलित की जाती हैं।

(स) रासायनिक तत्वों से निर्मित अवसादी चट्टानें - बहते जल के मार्ग में घुलनशील शैलों के स्थित होने की दशा में जल घुलनशील पदार्थों को घोलकर अपने साथ परिवहित करके ले जाता है एवं इनका जमाव अन्यत्र करता जाता है, जिससे इन शैलों का निर्माण होता है। खड़िया मिट्टी, सेलखड़ी एवं नमक की शैलें इस प्रकार की शैलों के प्रमुख उदाहरण हैं।

(2) निर्माण में प्रयुक्त साधन के आधार पर-

(अ) जल निर्मित शैलें (Aqueous Rocks) - इनका निर्माण जलीय भागों में अवसादों के निक्षेपण से होता है। जमाव स्थल के आधार पर

ये शैलें तीन प्रकार की होती हैं– सागरीय शैल, झीलकृत शैल एवं नदीकृत शैल।

(ब) वायु निर्मित शैलें (Aeolian Rocks) - ये शैलें वायु द्वारा कणों के परिवहन व निक्षेपण से बनती हैं। लोयस इसका प्रमुख उदाहरण है।

(स) हिमानी निर्मित शैलें (Glacial Rocks) - ये शैलें हिमानी द्वारा कंकड़, गोलाश्मों के परिवहन व निक्षेपण से बनती हैं। इन्हें **'हिमोढ़'** कहते हैं।

कायान्तरित शैलें

कार्यान्तरित शैलें
↓
रूपान्तरण के आधार पर
↓
तापीय | गतिक या क्षेत्रीय | जलीय | ताप-जलीय

किसी मौलिक शैल में विघटन व वियोजन के बिना उसके गुण और संरचना में मूलभूत परिवर्तन से बनी भिन्न प्रकार की शैलें **'कायान्तरित शैलें'** कहलाती हैं। ये मौलिक शैलें, आग्नेय, अवसादी या कायान्तरित भी हो सकती हैं। यह कायान्तरण जल, ताप व दाब अथवा तीनों के प्रभाव से हो सकता है।

कायांतरित शैलों की विशेषताएँ-

1. ये गौण शैलें (Secondary Rocks) होती हैं, क्योंकि इनका निर्माण अन्य शैलों के कायान्तरण अथवा रूप परिवर्तन से होता है।
2. ये मौलिक शैलों की अपेक्षा अधिक संगठित व कठोर होती हैं।
3. इनमें धात्विक खनिजों की प्रधानता होती है। अत: ये शैलें आर्थिक दृष्टि से महत्वपूर्ण होती हैं।
4. ये शैलें अरन्ध्रपूर्ण होती हैं।

सामान्य रूप से रूपान्तरण को निम्न भागों में विभाजित किया जा सकता है-

1. **तापीय रूपान्तरण (Thermal Metamorphism):** ज्वालामुखी क्रिया के समय जब शैलों का मैग्मा से सम्पर्क होता है, तब ज्वालामुखी नली के आस-पास की शैलों में उच्चताप के कारण कायान्तरण होता है। इसे **'तापीय या संस्पर्शीय रूपान्तरण'** कहते हैं।
2. **गतिक या क्षेत्रीय कायान्तरण (Dynamic or Regional Metamorphism):** इस प्रकार के रूपान्तरण की क्रिया एक विस्तृत क्षेत्र में घटित होती है, इनमें सम्पीड़न व ताप, दोनों का प्रभाव होता है। इस प्रकार का रूपान्तरण प्राय: मोड़दार पर्वतीय क्षेत्रों में होता है।
3. **जलीय रूपान्तरण (Hydro Metamorphism):** ऐसे रूपान्तरणों में जल के साथ रासायनिक पदार्थों के मिलने से घोल के रूप में शैल के खनिज में परिवर्तन आ जाता है।
4. **ताप जलीय रूपान्तरण (Thermo Hydro Metamorphism):** जब शैलों के ऊपर गर्म जल होता है, तब दबाव व जल वाष्प से शैलों में इस प्रकार का रूपान्तरण होता है।

कायान्तरित शैलों का वर्गीकरण

मौलिक शैल जिनके रूपान्तरण से रूपान्तरित शैल बनी, इस आधार पर शैलों को निम्नलिखित भागों में बाँटा जाता है-

कायान्तरित शैलों का वर्गीकरण
↓
आग्नेय शैल | परतदार शैल | कायान्तरित शैल

आग्नेय शैल

मौलिक शैल	रूपान्तरित शैल
ग्रेनाइट	नीस
बेसाल्ट	एम्फी बोलाइट
ग्रेबो	सर्पेण्टाइन

परतदार शैल

मौलिक शैल	रूपान्तरित शैल
बालू पत्थर	क्वार्ट्जाइट
चूना पत्थर	संगमरमर
शैल	स्लेट
कोयला	ग्रेफाइट हीरा

कायान्तरित शैल

कायान्तरिक	कायान्तरित शैल
स्लेट	शिष्ट
शिष्ट	फाइटलाइट

महत्वपूर्ण बिंदु

* भूपर्पटी में विभिन्न खनिजों का मिश्रित ठोस रूप **'शैल'** कहलाता है।
* शैलों के तीन मुख्य प्रकार-आग्नेय, परतदार एवं कायान्तरित।
* पृथ्वी के निर्माण के समय तप्त तरल मैग्मा के ठण्डा होकर जमने से निर्मित शैलों को **'आग्नेय शैल'** कहा जाता है।
* आग्नेय शैलें परतरहित, जीवावशेष रहित, कठोर, रवेदार, अरन्ध्री तथा धात्विक खनिजों से युक्त होती है।
* जल, ताप व दाब के प्रभाव से मौलिक शैलों में परिवर्तन से बनी शैलें कायान्तरित शैलें कहलाती हैं। ये अधिक संगठित और धात्विक खनिजों से युक्त होती हैं।

अपरदन

अपरदन: बाह्य बल के द्वारा भू-पटल का अपक्षप व अपरदन होता है। बाह्य बल से जब चट्टानें अपने ही स्थानों पर टूटने, सड़ने व विखण्डित होने लगती है, तो इसे **'अपक्षप'** कहते है और इन्ही अपाक्षयित पदार्थो का स्थानान्तरण (जैसे- जल, वायु आदि) **'अपरदन'** कहलाता है।

अपरदन के कारण

मृदा अपरदन: जल तथा वायु के द्वारा मृदा की ऊपरी परत के कटाव को मृदा **'अपरदन'** कहते हैं। अपरदन मुख्यत: वनस्पति विहीन, ढालू तथा कम ह्यूमस वाले क्षेत्रों में अधिक होता है।

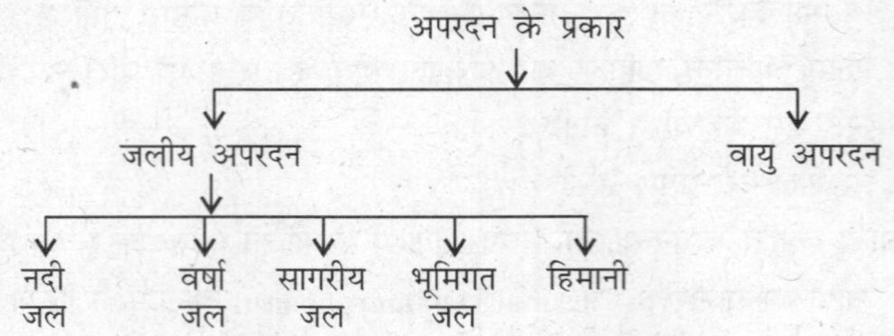

पृथ्वी की सतह पर आन्तरिक व बाहरी शक्तियाँ विभिन्न स्थलाकृतियों का निर्माण करती हैं। बाहरी शक्तियाँ (अपक्षय, अपरदन व सामूहिक स्थानान्तरण की क्रिया द्वारा) शैलों के अनावृत्तिकरण का कार्य करती हैं। इन क्रियाओं के द्वारा स्थलाकृतियों के स्वरूप में निरन्तर परिवर्तन होता है और विभिन्न स्थलाकृतियों का निर्माण होता है।

अपरदन एक गतिशील प्रक्रम है। अपरदन में भाग लेने वाली शक्तियों, यथा–नदी, सागरीय तरंगें, पवनें, हिमानी एवं भूमिगत जल को अपरदन का कारक कहा जाता है। यह आवश्यक नहीं कि ये सभी कारक समान रूप तथा समान गति से अपरदन का कार्य करें, क्योंकि सम्बन्धित क्षेत्र की जलवायु, अवस्थिति, चट्टानों की संरचना व संगठन आदि अपरदन को प्रभावित करते हैं।

अपरदन के निम्नलिखित कारकों की अपरदनात्मक व निक्षेपणात्मक क्रियात्मक क्रियाएँ पृथ्वी सतह पर विभिन्न स्थलाकृतियों के निर्माण में महत्वपूर्ण भूमिका निभाती हैं।

अपरदन द्वारा निर्मित स्थलाकृतियाँ

- नदी – जलीय स्थलाकृतियाँ
- सागरीय लहरें – तटीय स्थलाकृतियाँ
- पवन – शुष्क स्थलाकृतियाँ
- हिमानी – हिमानीकृत स्थलाकृतियाँ
- भूमिगत जल – कार्स्ट स्थलाकृतियाँ

नदी - जलीय स्थलाकृतियाँ

बहता हुआ जल घाटी के पार्श्व भाग व तली को खरोंचता व कुरेदता हुआ शैल सामग्री को अलग कर अपने साथ परिवहित कर अन्य जगह निक्षेपित करता है। इससे निम्नलिखित अपरदनात्मक व निक्षेपात्मक स्थलाकृतियों का निर्माण होता है

अपरदनात्मक स्थलाकृतियाँ	
गॉर्ज	यह खड़े पार्श्व वाली संकरी एवं गहरी होती है।
केनियन	केनियन गॉर्ज की अपेक्षा अधिक तंग व गहरी घाटी है।
जलप्रपात	अकस्मात उर्ध्वाधर ढाल पर जल के तीव्र गति से गिरने पर जलप्रपात निर्मित होता है।
क्षिप्रिकाएँ	नदी मार्ग के वे भाग, जहाँ ऊपर उठी कठोर शैलों के कारण नदी उछलती हुई बहती है।
जल गर्तिका	यह नदी की तली में जल के वेग की छेदन क्रिया से निर्मित गर्त होते हैं।
संरचनात्मक पीठिकाएँ	यह कठोर व कोमल शैलों की क्रमशः क्षैतिज परतों से घाटी के पार्श्व में बनी सोपान जैसी आकृतियाँ हैं।
नदी विसर्प	ये नदी के अत्यधिक घुमावदार मोड़ होते हैं, जहाँ नदी सांप की भांति बहती हुई लगती हैं।
समप्राय मैदान	यह नदी द्वारा निर्मित आकृति विहीन कम ढाल वाला मैदान होता है।

निक्षेपात्मक स्थलाकृतियाँ	
जलोढ़ शंकु	यह नदी के पर्वत से मैदान में प्रवेश करते समय पर्वतीय ढाल पर शंकु आकार के मलबे का जमाव होता है।
जलोढ़ पंख	यह नदी के पर्वत से मैदान में प्रवेश करते समय मलबे के पंखेनुमा आकार के जमाव होते हैं।
डेल्टा	नदी के मुहाने पर जलोढ़क के निक्षेपण से निर्मित त्रिभुजाकार आकृति वाला क्षेत्र **'डेल्टा'** कहलाता है।
प्राकृतिक तटबंध	ये पानी के उतर जाने के पश्चात् नदी के दोनों ओर निर्मित रेतीली मिट्टी की दीवारें होती हैं।
बाढ़ के मैदान	नदी का वह भाग जहाँ नदी बाढ़ के समय जलोढ़क का निक्षेपण करती है, **'बाढ़ का मैदान'** कहलाता है।
गोखुर झील	जब नदी विसर्पित मार्ग छोड़कर सीधी बहती है एवं उसके वक्राकार भाग जलपूर्ण होकर गोखुरनुमा छाड़न झील का निर्माण करते हैं।

सागरीय लहरें- तटीय स्थलाकृतियाँ

हवा के प्रहार से सागरतल पर उठने वाली तरंगों को **'लहरें'** कहा जाता है। लहरें तटवर्ती भागों पर जलगति क्रिया, अपघर्षण, सन्निघर्षण व जलीय दाब क्रिया एवं मलबे के निक्षेपण से अनेक प्रकार की अपरदनात्मक व निक्षेपात्मक स्थलाकृतियों का निर्माण करती हैं।

अपरदनात्मक स्थलाकृतियाँ	
भृगु	लहरों द्वारा आधार पर निरन्तर प्रहार से अपरदन के कारण निर्मित लम्बवत् किनारा **'भृगु'** कहलाता है।
लघुनिवेशिका	तट के समानान्तर कठोर व कोमल शैलों वाले क्षेत्रों में कोमल शैलों के कटाव से बनी अण्डाकार आकृति को **'लघु निवेशिका'** कहते हैं।
कन्दरा	तटवर्ती भागों में लहर निर्मित खांचों का लगातार कटाव होने से समुद्री गुफाएँ बनती हैं।
वात छिद्र	तटवर्ती कन्दरा की छत पर ज्वारीय तरंगें छेद कर देती है, जिसे वात छिद्र कहते हैं।
मेहराब	समुद्र तट पर दो ओर से बनने वाली गुफाओं के परस्पर मिल जाने से मेहराब की रचना होती है।
गुहा स्तम्भ	मेहराब की छत के टूटने से निर्मित स्तम्भ **'गुहा स्तम्भ'** कहलाता है।
तरंग घर्षित वेदिका	यह भृगु के निरन्तर पीछे हटने से निर्मित चबूतरा होता है।

निक्षेपात्मक स्थलाकृतियाँ	
पुलिन	सागर तट के सहारे लहरों द्वारा मलबे के निक्षेपण से पुलिन का निर्माण होता है।
कस्प पुलिन	सागर की ओर लम्बाई में विस्तारित कंकर-पत्थर, वजरी निर्मित त्रिकोण के रूप में बने बीच को **'कस्प पुलिन'** कहते हैं।
स्पिट	लहरों द्वारा सागर की ओर जिह्वा के रूप में किया गया निक्षेपण **'स्पिट'** कहलाता है।
रोधिका	तरंगों या धाराओं द्वारा निक्षेपित कटक या बांध को **'रोधिका'** कहते हैं।
अपतट रोधिका	तट से दूर, किन्तु उसके समान्तर बनी बांध या दीवार **'अपतट रोधिका'** कहलाती है।
हुक	स्पिट के अर्द्धचन्द्राकार घुमावदार जमाव को **'हुक'** कहते हैं।
लूप	जब हुक छल्ले की ओर मुड़कर तट से मिल जाता है तो लूपनुमा आकृति बनती है।
संयोजक रोधिका	दो द्वीपों को जोड़ने वाले बांध या दीवार को **'संयोजी रोधिका'** कहते हैं।
लैगून एवं खाड़ी रोधिका	किसी खाड़ी के दोनों छोर निक्षेपित दीवार या बांध से जुड़ जाते हैं, जो उस दीवार को **'खाड़ी रोधिका'** तथा इस बन्द खाड़ी को **'लैगून'** कहते हैं।
टोम्बोलो	द्वीपों को तट से जोड़ने वाली रोधिका **'टोम्बोलो'** कहलाती है।

पवन-शुष्क स्थलाकृतियाँ

मरुस्थलीय क्षेत्रों में पवनों की अपरदनात्मक व निक्षेपणात्मक क्रियाओं द्वारा विभिन्न स्थलरूपों का निर्माण होता है। पवनें मरुस्थली क्षेत्रों से अपवाहन, अपघर्षण एवं सन्निघर्षण द्वारा शैलों को काटते, छाँटते एवं उन शैलकणों का परिवहन कर अन्यत्र निक्षेपण करती है, जिससे मरुस्थली क्षेत्रों में पवनों द्वारा अपरदनात्मक एवं निक्षेपणात्मक स्थलरूपों का निर्माण होता है।

अपरदनात्मक स्थलाकृतियाँ	
वातगर्त	वे गर्त, जो पवन द्वारा ढीली व असंगठित शैलों को उड़ाकर ले जाने से बनते हैं, **'वातगर्त'** कहलाते हैं।
द्वीपाभगिरी इंसेलबर्ग	ये मरुस्थल रूपी विशाल महासागर में कठोर शैलों के उभरे टीले होते हैं, जो द्वीप या पर्वत की भांति दिखाई देते हैं।
छत्रक शैल	ये कठोर चट्टानों के अपशिष्ट भाग हैं, जिनकी आकृति छतरी के समान होती है।
भू-स्तम्भ	ये वे भू-स्तम्भ हैं, जो मरुस्थलों में कठोर शैलों के आवरण से संरक्षित होते हैं।
तिपहल शिला	यह हवा के घर्षण से बना तीक्ष्ण पार्श्व वाला शैल का टुकड़ा होता है।
अश्मिक जालिका	यह एक जालीदार शैल है, जो भिन्न संरचना वाली शैलों पर पवन की अपघर्षण क्रिया से बनती है।
ज्यूगेन	ये क्षैतिज रूप में एकान्तर क्रम में बिछी कठोर व कोमल शैलों की परतों के हवा के अपरदन निर्मित खांचे होते हैं।
यारडंग	ये कोमल व कठोर शैलों की क्रमशः लम्बवत् परतों से बने नुकीले, भू-आकार होते हैं।

निक्षेपात्मक स्थलाकृतियाँ	
बालुका स्तूप	ये रेत के छोटे-छोटे गतिशील ढेर या टीले होते हैं, जो पवन के साथ स्थानान्तरित होते हैं।
उर्मिकाएँ	ये सागरीय तरंगों की भांति मरुस्थलों की रेतीली सतह पर उभरने वाले भू आकार हैं।
बालुका प्रवाह	ये स्थलाकृतिक अवरोध के सहारे बालू की लम्बाकार गतिशील श्रेणियाँ होती हैं।
बालुका कगार	ये बालू की लम्बाकार चौड़े शिखर वाली श्रेणियाँ होती हैं।
लोयस	पवन द्वारा उड़ाकर लाए गए सूक्ष्म धूलकणों के निक्षेप को **'लोयस'** कहते हैं।

हिमानीकृत स्थलाकृतियाँ

हिमानी या हिमनद हिम की ऐसी राशि है, जो धरातल पर संचय के स्थान से धीरे-धीरे खिसकती है। हिमच्छादित क्षेत्रों में हिमानी उत्पादन व अपघर्षण करते हुए शैलों का अपरदन करती है एवं विभिन्न रूपों में हिमोढ़ का निक्षेपण करती हैं, जिससे हिम क्षेत्रों में अनेक अपरदनात्मक एवं निक्षेपात्मक स्थलाकृतियों का निर्माण होता है।

अपरदनात्मक स्थलाकृतियाँ	
यू-आकार की घाटी	हिमानी नदी निर्मित घाटियों को घिसकर खड़े पार्श्व व चौड़े सपाट तल वाली यू-आकार की घाटी का निर्माण करती है।
लटकती घाटी	यू-आकार की मुख्य गहरी घाटी में उसकी सहायक हिमानी की घाटी ऊपर लटकती प्रतीत होती है।
हिम गह्वर या सर्क	यह हिमानी द्वारा आरामकुर्सी की आकृति में निर्मित गर्त होता है।
टार्न	यह सर्क रूपी बेसिन में जल भरने से निर्मित झील होती है।
नूनाटक	हिम क्षेत्रों में उभरे टीले **'नूनाटक'** कहलाते हैं।
कॉल	यह दो आसन्न सर्क के मिलने से निर्मित आर-पार मार्ग होता है।
श्रृंग व पुंच्छ	हिमानी क्षेत्रों में ऐसी शिलाएँ, जिनके हिम सम्मुख ढाल तीव्र व ऊबड़-खाबड़ व विमुख ढाल सपाट व मंद होते हैं, **'श्रृंग व पुंच्छ'** कहलाती हैं।
मेषशिला	यह हिमानी अपरदित भेड़ की पीठ के समान शिला होती है।
फियोर्ड	यह हिमानी निर्मित घाटियों के जलमग्न होने से निर्मित कटे-फटे तट होते हैं।

निक्षेपात्मक स्थलाकृतियाँ	
हिमोढ़	हिमानी द्वारा निक्षिप्त कंकड़ पत्थर व गोलाश्म के जमाव **'हिमोढ़'** कहलाते हैं, जो हिमानी के किनारों, उसके अन्तिम भाग या तल पर निक्षेपित होते हैं।
एस्कर	ये हिमानी जलोढ़क के जमाव से निर्मित लम्बे, संकरे एवं लहरदार कटक होते हैं।
केम	यह हिमानी जलोढ़क से निर्मित तीव्र ढालयुक्त टीले होते हैं।
कैटल	ये हिमखण्डों के पिघलने से निर्मित गर्त होते हैं।
ड्रमलिन	गोलाश्म मृतिका (Boulder Clay) **'ड्रमलिन'** कहलाती है।
हिमानी अवक्षेप मैदान	ये हिमजल के प्रवाह से मलबे के दूर तक फैलने से निर्मित पंखे के आकार वाले मैदान होते हैं।

भूमिगत जल-कार्स्ट स्थलाकृतियाँ

पृथ्वी की ऊपरी सतह के नीचे भूपृष्ठीय चट्टानों के छिद्रों तथा दरारों में स्थित जल को **'भूमिगत जल'** कहते हैं। चूने-पत्थर वाली चट्टानों के क्षेत्र में भूमिगत जल के द्वारा सतह के ऊपर तथा नीचे विभिन्न प्रकार के स्थलरूपों का निर्माण घोलन क्रिया द्वारा होता है। चूने के प्रदेश को **'कार्स्ट प्रदेश'** कहा जाता है। 'कार्स्ट' शब्द की उत्पत्ति यूगोस्लेव भाषा के **'क्रास'** (Krass) शब्द से हुई है, जिसका तात्पर्य चूने के प्रदेश से होता है। **'कार्स्ट प्रदेश'** शब्द यूगोस्लाविया के कार्स्ट प्रदेश से लिया गया है। इसी नाम के आधार पर विश्व के सभी देशों में चूना पत्थर प्रदेश में निर्मित स्थलरूपों को **'कार्स्ट स्थलाकृति'** कहते हैं, जहाँ अपरदनात्मक एवं निक्षेपात्मक क्रियाओं द्वारा विभिन्न स्थलाकृतियों का निर्माण होता है।

अपरदनात्मक स्थलाकृतियाँ	
टेरा रोसा	घोलन क्रिया से निर्मित लाल व भूरी मिट्टियाँ टेरा-रोसा कहलाती हैं।
लेपिज	ये सरशैया सदृश्य नुकीली व कंटीली भू-आकृतियां होती हैं।
घोलरन्ध्र	ये कार्बन डाइऑक्साइड युक्त जल की घुलने क्रिया से निर्मित गर्त होते हैं। विलय रन्ध्र व डोलाइन भी इसी प्रकार के गर्त होते हैं जो आकार में क्रमशः बड़े होते हैं।
विलय रन्ध्र	यह घोल रन्ध्रों से बड़े आकार वाले रन्ध्र होते हैं।
डोलाइन	बड़े आकार के विलयन रन्ध्रों को **'डोलाइन'** कहते हैं।
सकुण्ड	ये अनेक डोलाइन के आपस के मिलने से निर्मित विस्तृत गर्त होते हैं।
राजकुण्ड	यह अनेक युवाला के आपस में मिलने से निर्मित विस्तृत गर्त है।
धँसती निवेशिका	चूने की सतह पर असंख्य छिद्रों से, जहाँ जल धँसता हुआ दिखाई देता है, धँसती निवेशिका कहलाता है।
अन्धी घाटी	चूने के प्रदेश में प्रवाहित नदी डोलाइन आदि छिद्रों से भूमिगत हो जाती है तो उसके आगे की घाटी शुष्क पड़ी रहती है, जिसे **'अन्धी घाटी'** कहते हैं।

निक्षेपात्मक स्थलाकृतियाँ	
आश्चुताश्म स्टेलैक्टाइट	यह कंदरा की छत से लटकती हुई ठोस व नुकीली आकृति है जो छत से रिसते हुए जल के वाष्पीकरण से बनती है।
निश्चुताश्म स्टेलैग्माइट	यह कंदरा के फर्श पर बनी स्तम्भाकार आकृति है, जो फर्श पर जल के टपकने से बनते हैं।
गुहा स्तम्भ	यह आश्चुताश्म व निश्चुताश्म के मिलने से बनी स्तम्भाकार आकृति है।
ड्रिपस्टोन	यह कन्दरा की तली पर परदे जैसा चूने का स्तम्भ होता है।
नोडल्स	शैल छिद्रों में एक प्रकार के खनिज घोल से हुए जमाव को **'नोडल्स'** कहते हैं।

महत्वपूर्ण बिंदु

* नदी, सागरीय, तरंगें, पवनें, हिमानी और भूमिगत जल अपरदन के प्रमुख कारक।
* जब नदी विसर्पित मार्ग छोड़कर सीधी बहती है, तो उसके वक्राकार भाग जल पूर्ण होकर गोखुरनुमा छाड़न झील का निर्माण करते हैं।
* गॉर्ज, जलप्रपात, क्षिपिकाएँ, जलोढ़ शंकु, प्राकृतिक तटबन्ध तथा डेल्टा आदि नदी निर्मित प्रमुख स्थलाकृतियाँ हैं।
* भृगु, लघुनिवेशिका, कन्दरा, पुलिन, कस्प पुलिन, स्पिट, रोधिका, लैगून, खाड़ी रोधिका, कगार इत्यादि सागरीय लहरों से निर्मित प्रमुख स्थलाकृतियाँ हैं।
* वातगर्त, द्वीपाभगिरी, छत्रकशैल, ज्यूगेन, यारडंग, लोयस इत्यादि पवनों द्वारा निर्मित प्रमुख स्थलाकृतियाँ हैं।
* टार्न, लटकती घाटी, नूनाटक, श्रृंग-पुच्छ, मेषशिला, एस्कर, केम इत्यादि हिमानी निर्मित प्रमुख स्थलाकृतियाँ हैं।
* टेरा, रोसा, लेपिज, घोलरन्ध्र, डोलाइन, अन्धी घाटी, ड्रिपस्टोन, नोडल्स इत्यादि भूमिगत जल निर्मित प्रमुख स्थलाकृतियाँ हैं।

❑❑❑

अध्याय

3

भू-आकृतिक प्रक्रियाएं

[अपक्षय, वृहत् क्षरण, अपरदन एवं निक्षेपण, मृदा निर्माण, भू-आकृति चक्र, डेविस एवं पेंक के विचार]

स्थलाकृतियों का स्वरूप निरन्तर परिवर्तित होता रहता है। अन्तर्जात शक्तियाँ भू-पटल पर विषम स्थलाकृतियों (पर्वत, पठार, मैदान आदि) का निर्माण करती हैं, तो बहिर्जात शक्तियाँ समतलीकरण की प्रक्रिया के दौरान स्थलाकृतियों के स्वरूप में परिवर्तन करती हैं। वह क्रिया, जिसके द्वारा भूपटल की निम्नस्थ शैलों का आवरण उतरता है, उसे **'अनावृत्तिकरण'** या **'अनाच्छादन'** कहते हैं। अनाच्छादन या अनावृत्तिकरण में निम्नलिखित प्रक्रिया उल्लेखनीय हैं–

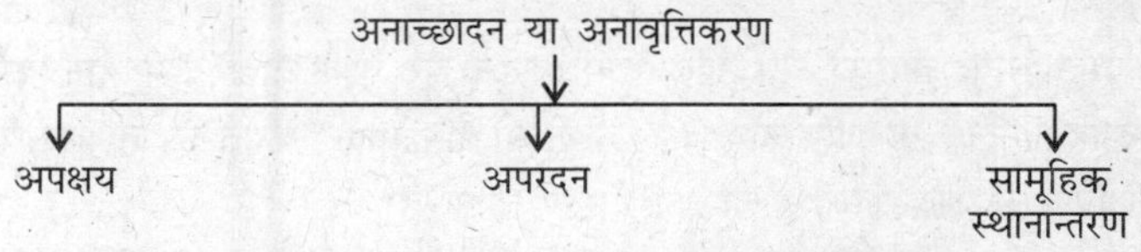

अपक्षय - यह एक स्थैतिक प्रक्रिया है। इसमें शैलें अपने ही स्थान पर विघटन (Disinitegration) एवं वियोजन (Decomposition) द्वारा टूटती-फूटती रहती हैं, इस प्रक्रिया को 'अपक्षय' कहते हैं।

अपरदन - यह एक गतिशील प्रक्रिया है। इसमें शैलें गतिशील शक्तियों (हिम, वायु, लहरों, भूमिगत जल व नदी) द्वारा घिसती, कटती व स्थानान्तरित या परिवहित होती रहती हैं। इस प्रक्रिया को **'अपरदन'** कहते हैं।

सामूहिक स्थानान्तरण - अपक्षयित शैल पदार्थों का गुरुत्वाकर्षण बल के द्वारा ढाल के सहारे संचलित होना **'सामूहिक स्थानान्तरण'** कहलाता है।

अपक्षय

अपक्षय - शैलों का अपने ही स्थान पर भौतिक व रासायनिक क्रियाओं द्वारा विघटन (Disinitegration) व वियोजन (Decomposition) से टूटने को **'अपक्षय'** कहते हैं।

अपक्षय को प्रभावित करने वाले कारक

शैल संरचना एवं संगठन - रंध्रपूर्ण व घुलनशील खनिजों वाली शैलों में रासायनिक अपक्षय अधिक होता है। उर्ध्वाधर परतों वाली चट्टानों में यांत्रिक अपक्षय व क्षैतिज परतों वाली चट्टानों में रासायनिक अपक्षय अधिक होता है।

भूमि का ढाल - मंद एवं न्यून ढाल वाली भूमि पर तीव्र ढाल वाली भूमि की तुलना में अपक्षय कम होता है।

जलवायु में भिन्नता - उष्ण आर्द्र प्रदेशों में रासायनिक अपक्षय जबकि उष्ण व शुष्क प्रदेशों में यांत्रिक अपक्षय अधिक सक्रिय होता है।

वनस्पति का प्रभाव - वनस्पतियाँ आंशिक रूप से अपक्षय की कारक भी हैं और आंशिक रूप से उसके लिए अवरोधक भी हैं। वनस्पति विहीन उष्ण प्रदेशों में सूर्याताप की अधिकता के कारण अपक्षय की मात्रा भी अधिक रहती है।

अपक्षय के प्रकार

विघटन व वियोजन में भाग लेने वाले कारकों के आधार पर अपक्षय को निम्नलिखित प्रकारों में वर्गीकृत किया जा सकता है–

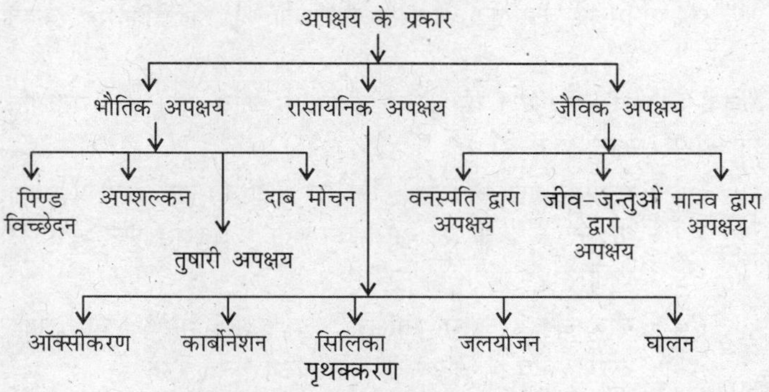

भौतिक अपक्षय - सूर्याताप, तुषार, जल एवं वायु दबाव द्वारा चट्टानों में विघटन होने की क्रिया भौतिक **'अपक्षय'** कहलाती है।

(अ) **पिण्ड विच्छेदन (Block disinitegration)** - गर्म मरुस्थलों में शैलों में अत्यधिक दैनिक तापान्तर होने से शैलों में दरारें पड़ जाती हैं और कालान्तर में शैल बड़े-बड़े टुकड़ों में विघटित हो जाती है। इसे **'पिण्ड विच्छेदन'** कहते हैं।

(ब) **अपशल्कन (Exfoliation)** - शैलों की ऊपरी परत के गर्म व ठण्डी होने से शैलों का छिलकों की तरह टूटना **'अपशल्कन'** कहलाता है।

(स) **तुषारी अपक्षय (Forest Weathering)** - बहुत ठण्डे क्षेत्रों में निरन्तर रूप से पानी के शैलों की दरारों में जमने व पिघलने के परिणामस्वरूप शैलों का टूटना **'तुषारी अपक्षय'** कहलाता है।

(द) **दाब मोचन (Pressure Release)** - जब कभी ऊपरी चट्टानों के हटने से निचली चट्टानों पर पड़ने वाला दबाव कम होता है तो उनमें चटकन पड़ने लगती है।

रासायनिक अपक्षय - रासायनिक प्रक्रिया द्वारा शैलों का जल व गैस की सहायता से टूटना, घुलना, सड़ना व नए यौगिकों में बदलना **'रासायनिक अपक्षय'** कहलाता है।

(अ) ऑक्सीकरण (Oxidation) - वायुमण्डलीय ऑक्सीजन जल में घुलकर शैल खनिजों को ऑक्साइड में बदल देती है, जिसे **'ऑक्सीकरण'** कहते हैं। इससे शैलों का शीघ्र अपघटन होता है। इसका सबसे अधिक प्रभाव लोहे के खनिजों पर होता है।

(ब) कार्बोनेशन (Carbonation) - वायुमण्डलीय कार्बन डाइऑक्साइड गैस जल में मिलकर कार्बनिक अम्ल बनाती है। इसके सम्पर्क में आकर चूनायुक्त शैलें तीव्रता से घुल जाती हैं।

(स) सिलिका पृथक्करण (Desilication) - शैलों से सिलिका के अलग होने को **'डिसिलिकेशन'** कहते हैं। आर्द्र प्रदेशों में आग्नेय शैलों पर जल क्रिया से सिलिका पृथक् हो जाती है और उनका अपक्षय हो जाता है।

(द) जलयोजन (Hydration) - शैल खनिजों में जल के अवशोषण को **'हाइड्रेशन'** कहते हैं। बॉक्साइट, फेल्सपार आदि शैलें जल्दी जल सोखती हैं, जिससे उनका भार बढ़ जाता है और वे बिखर जाती हैं।

(य) घोलन (Solution) - वर्षा जल शैल पदार्थों से अनेक प्रकार के अम्लों एवं कार्बनिक तत्वों को घोल लेता है एवं नया रासायनिक मिश्रण बना लेता है। इसी अभिक्रिया को **'हाइड्रोलिसिस'** कहते हैं।

जैविक अपक्षय : भू-पटल पर अनेक प्रकार के जीव-जन्तु और वनस्पति अपक्षय में संलग्न रहते हैं।

(अ) वनस्पति द्वारा अपक्षय - विभिन्न वृक्षों की जड़ें शैलों में प्रवेश कर उनके कणों को ढीला कर देती हैं, जिससे शैलें शीघ्र टूट जाती हैं।

(ब) जीव-जन्तुओं द्वारा अपक्षय - केंचुआ, दीमक, चूहे आदि अनेक जीव भू-पटल को असंगठित करते रहते हैं।

(स) मानव द्वारा अपक्षय - मनुष्य द्वारा कृषि, खनन व निर्माण क्रियाओं से अपक्षय होता है।

अपरदन

'अपरदन' शब्द लैटिन भाषा के 'Erodere' शब्द से बना है, जिसका तात्पर्य घिसना या कुतरना होता है। अपरदन एक गतिशील प्रक्रिया है, जिसमें शैलें, हिमानी, भूमिगत जल, लहरों, वायु व नदियों द्वारा घिसती, कटती एवं स्थानान्तरित या परिवहित होकर निक्षेपित होती रहती हैं। नदी, भूमिगत जल, हिमानी, पवन, लहरों आदि द्वारा अपरदन निम्नलिखित विधियों से होता है-

अपघर्षण - जब अपरदनकारी कारक (नदी, हिमनद, पवन, महासागरीय तरगें) अपने साथ चट्टानी मलबे व चूर्ण को बहाकर ले जा रहे होते हैं, तो ये पदार्थ धरातलीय शैलों का घर्षण करते जाते हैं, जिसे **'अपघर्षण'** कहते हैं।

सन्निघर्षण - पवन, नदी या लहरों के साथ प्रवाहित शैल कण एवं टुकड़े आपस में रगड़ खाकर टूटते रहते हैं, जिसे **'सन्निघर्षण'** कहते हैं।

जलदाब क्रिया - नदी जल के भारी दबाव से या जल भँवर के दबाव से चट्टानों के अपरदन की क्रिया को **'जलदाब क्रिया'** कहते हैं।

संक्षरण - जल की रासायनिक क्रिया द्वारा चट्टानों के खनिजों का जल में घुलकर बह जाना **'संक्षरण'** कहलाता है।

अपवाहन - पवन द्वारा बालू मिट्टी को एक स्थान से दूसरे स्थान पर उड़ाकर ले जाना अपवहन कहलाता है।

गुहिकायन - नदी में उत्पन्न भंवर से उठने वाली तरगें नदी के तल में अनेक प्रकार के छिद्रों का निर्माण करती है। जल गर्तिकाएँ तथा अवनमित कुण्ड ऐसे छिद्रों के उदाहरण हैं।

उत्पाटन - जब हिमानी अपने मार्ग में आने वाले शैल खण्ड उखाड़कर उनका परिवहन अपने साथ करती है, तो उस क्रिया को **'उत्पाटन'** या **'उत्खनन'** कहते हैं।

अपरदित पदार्थ प्राय: तीन रूपों में प्रवाहित होता है-

1. **घुलकर (Solution)** - जल में अनेक पदार्थ घुलकर उसके साथ प्रवाहित होते हैं।
2. **निलम्बन** - अपरदनकारी कारकों (जल या पवन) के साथ तैरते हुए या लटकते हुए पदार्थ प्रवाहित होते हैं।
3. **लुढ़ककर** - चट्टानों के बड़े-बड़े टुकड़े गिरते व लुढ़कते हुए नदी तल पर प्रवाहित होने को **'कर्षण'** या **'घसीटना'** कहा जाता है।

निक्षेपण

अपरदनात्मक कारकों की गति धीमी पड़ने पर तथा ढाल कम होने पर प्रवाहित मलबे के जमा होने की क्रिया को **'निक्षेपण'** कहते हैं। तलछटीय निक्षेपण से अवसादीय शैलों का निर्माण होता है।

वृहत स्थानान्तरण

वृहत् मात्रा में शैल मलबे के गुरुत्वाकर्षण बल के द्वारा ढाल के सहारे संचलित व स्थानान्तरित होना **'सामूहिक स्थानान्तरण'** कहलाता है। असंगठित शैल मलबे के लुढ़कने में गुरुत्वाकर्षण शक्ति उत्तरदायी होती है। ढालों से खिसककर शैल कणों (Rock Waste) का तलहटी पर ढेर लग जाता है। चट्टान चूर्ण का यह ढेर **'टालस'** (Talus) कहलाता है। ढीली चट्टानों के शंकुनुमा ढेर को **'टालस शंकु'** (Talus Cone) कहते हैं। असंगठित ढीले पदार्थ के लुढ़कने या सरकने की मात्रा व गति के अनुसार सामूहिक स्थानान्तरण को तीन वर्गों में विभाजित किया जाता है-

1. **मन्द गति सामूहिक स्थानान्तरण** - जल की नमी कम मात्रा में होने के कारण भग्न चट्टान चूर्ण (Rock Waste) धीमी गति से सरकता है। उपध्रुवीय शीत प्रदेशों में मंद बहाव की क्रिया अधिक होती है। मन्दवाह क्रिया के अन्तर्गत भूमि सर्पण (Solifluction) शैल सर्पण (Rock Creep), टालस सर्पण (Talus Creep) एवं मृदा सर्पण (Soil creep) शामिल किए जाते हैं।
2. **तीव्र गति सामूहिक स्थानान्तरण** - जल की प्रचुरता से शैलचूर्ण संतृप्त होकर तीव्रता से खिसकता है। तीव्र वाह के अन्तर्गत भूमिवाह (Earthflow) पंकवाह (Mudflow) एवं चादरवाह (Sheet Wash) को शामिल किया जाता है। नदी घाटियों की दीवारों पर खिसकते पंकवाह को देखा जा सकता है।
3. **अत्यधिक तीव्र सामूहिक स्थानान्तरण** - अति तीव्रवाह के लिए जल की नमी का होना आवश्यक नहीं है। बड़े शिलाखण्ड गुरुत्व बल से अचानक गिरने लगते हैं। इसके अन्तर्गत भूमि स्खलन (Land Slide) शैल स्खलन (Rock Slide), शैल पात (Rock Fall) मलबा स्खलन (Debris

Slide) मलबापात (Debris Fall) तथा अवपातन (Slump) की प्रक्रिया शामिल की जाती है।

अपरदन चक्र की संकल्पना

मोरिस डेविस का अपरदन चक्र

अमेरिकी भूगोलविद् विलियम मोरिस डेविस (W.M. Davis) ने सन् 1899 में अपरदन चक्र की संकल्पना प्रस्तुत की। इन्होंने बताया कि अपरदन चक्र की अवधि के दौरान उत्थित भू-भाग अपरदित होकर आकृति विहीन समप्राय मैदान में रूपान्तरित होता है।

डेविस ने आगे कहा कि भू-दृश्य संरचना, प्रक्रम एवं अवस्था का परिणाम होता है।

(i) **संरचना (Structure)** - किसी भूभाग पर पहले शैल संरचना विकसित होती है। उसके बाद वहाँ विविध भूदृश्यों का निर्माण होता है।

(ii) **प्रक्रम (Process)** - भूदृश्यों या स्थलाकृतियों के विकास में नदी, पवन, लहरें, हिमनद, भूमिगत जल आदि परिवर्तनकारी प्रक्रमों में से किसी-न-किसी प्रक्रम की अहम् भूमिका रहती है।

अवस्था - मानव जीवन की भांति भूदृश्यों के विकास की तीन अवस्थाएँ होती हैं, जैसे - युवावस्था, प्रौढ़ावस्था और वृद्धावस्था। अवस्थाओं की अवधि प्रक्रम की गतिशीलता और शैल संरचना पर आधारित होती है।

1. **युवावस्था** - इस अवस्था में नदी निम्नवर्ती कटाव से घाटी को गहरा करती है।
2. **प्रौढ़ावस्था** - इस अवस्था में नदी पार्श्ववर्ती कटाव (Lateral Erosion) के द्वारा अपनी घाटी को चौड़ा करती है।
3. **वृद्धावस्था** - इस अवस्था में भूपटलीय विषमताएँ घट जाती हैं तथा सम्पूर्ण क्षेत्र एक समप्राय मैदान (Peneplain) में परिवर्तित हो जाता है।

पेंक का अपरदन चक्र

जर्मन भूगोलविद् वॉल्टर पेंक ने अपरदन चक्र को भूदृश्यों के विकास की अवस्था, (Phase) उनके उत्थान की दर (Rate of Upliftment) तथा उनके निम्नीकरण (Degradation) के पारस्परिक सम्बन्धों का योग बताया है।

1. **प्रथम अवस्था** - इस अवस्था में पेंक के अनुसार उत्थान व अपरदन की क्रिया साथ-साथ चलती है, किन्तु अपरदन की अपेक्षा उत्थान अधिक होता है।
2. **द्वितीय अवस्था** - इस अवस्था में उत्थान व अपरदन समान रूप से सक्रिय रहते हैं। परिणामस्वरूप, घाटियाँ चौड़ी और गहरी होने लगती हैं।
3. **तृतीय अवस्था** - इस अवस्था में उत्थान व अपरदन क्रिया की प्रतिस्पर्द्धात्मक दर के कारण ऊपरी तथा निचले वक्र का पृष्ठीय अन्तर समान रहता है।
4. **चतुर्थ अवस्था** - इस अवस्था में उत्थान की दर शिथिल व क्षीण हो जाती है और अपरदन उसी गति से प्रभावी रहता है। परिणामस्वरूप, घाटियाँ गहरी व दोआब नीचे होने लगते हैं।
5. **पंचम अवस्था** - इस अवस्था में उत्थान के साथ-साथ अपरदन की दर भी शिथिल व क्षीण हो जाती है। दोनों वक्रों का पृष्ठीय अन्तर घट जाता है।

डेविस और पेंक के मतों में अन्तर

1. डेविस के अनुसार, पहले उत्थान होता है, उसके बाद अपरदन प्रारम्भ होता है। जबकि पेंक के अनुसार, उत्थान व अपरदन एक साथ प्रारम्भ होते हैं।
2. डेविस के विचार में उत्थान अल्पावधि में होता है, जबकि पेंक की दृष्टि में उत्थान अधिक समय तक चलता है।
3. डेविस के चक्र में युवावस्था, प्रौढ़ावस्था व वृद्धावस्था का उल्लेख किया गया है, जबकि पेंक के चक्र में आफस्तीजिण्डे (Aufsteigende) अर्थात् बढ़ती गति, ग्लीकफार्मिगे (Gleichfermige) अर्थात् समान गति और आबस्तीजिण्डे (Absteigende) अर्थात् घटती गति का उल्लेख मिलता है।
4. डेविस के चक्र में भूदृश्य संरचना, प्रक्रम और अवस्था का प्रतिफल बताया गया है। पेंक के चक्र में भूदृश्य उत्थान व निम्नीकरण की दर का प्रतिफल बताया गया है।
5. डेविस का चक्र तीन अवस्थाओं में पूरा होता है, जबकि पेंक का अपरदन चक्र पांच अवस्थाओं से गुजरता है।

महत्वपूर्ण बिंदु

* अनाच्छादन अपक्षय, अपरदन एवं सामूहिक स्थानान्तरण की क्रियाओं का योग है।
* शैलों का अपने ही स्थान पर विघटन व वियोजन द्वारा टूटने को अपक्षय कहते हैं।
* **'अपरदन'** शब्द लैटिन भाषा के 'Erodere' शब्द से बना है, जिसका तात्पर्य घिसना या कुतरना है।
* हवा, नदी या लहरों के साथ प्रवाहित शैल कण एवम् टुकड़े आपस में रगड़ खाते हैं, जिसे **'सन्निघर्षण'** कहते हैं।
* हवा द्वारा बालू, मिट्टी को एक स्थान से दूसरे स्थान पर उड़ाकर ले जाने को **अपवाहन (Deflation)** कहा जाता है।
* विलियम मोरिस डेविस के अनुसार, भूदृश्य संरचना, प्रक्रम एवं अवस्था का प्रतिफल होता है।
* पेंक के अनुसार, उत्थान एवं अपरदन एक साथ प्रारम्भ होते हैं।

प्रमुख स्थलाकृतिक स्वरूप

भू-पटल पर दिखाई देने वाले विविध स्थल महाद्वीप, महासागर, पर्वत, पठार, मैदान झील आदि स्थल रूपों के आकार में पर्याप्त भिन्नता है। प्रमुख स्थलाकृतिक स्वरूपों को तीन वर्गों में विभाजित किया जाता है-

1. **प्रथम श्रेणी के उच्चावच** (First Order Relief feature - Continents and Oceans) - महाद्वीप व महासागर
2. **द्वितीय श्रेणी के उच्चावच** (Second Order Relief feature - Mountains, Plateau and plains) - पर्वत, पठार व मैदान
3. **तृतीय श्रेणी के उच्चावच** (Third Order Relief feature - Valleys, Deltas etc.)- घाटियाँ, डेल्टा आदि

भूपटल के विविध स्थल रूपों का निर्माण पृथ्वी के आन्तरिक एवं बाह्य बलों की पारस्परिक क्रियाओं के परिणामस्वरूप होता है।

पर्वत

आसपास के सामान्य धरातल से एकदम ऊँचे भाग, जिनका शिखर संकुचित व ढाल तीव्र हो, ऐसे स्थलाकृतिक स्वरूप **'पर्वत'** कहलाते हैं।

फिंच के अनुसार, पर्वत समुद्रतल से 600 मीटर या अधिक ऊँचे तथा 260 डिग्री से 350 डिग्री के ढाल वाले होते हैं।

पर्वतों के प्रकार एवं वर्गीकरण - संसार में पाए जाने वाले सभी पर्वत एक जैसे नहीं हैं। वे अपनी निर्माण प्रक्रिया, ऊँचाई, आयु, अवस्थिति, संरचना एवं बनावट में अनेक प्रकार के होते हैं।

उत्पत्ति के आधार पर पर्वतों का वर्गीकरण

पर्वत
↓
उत्पत्ति के आधार पर पर्वतों का वर्गीकरण

- वलित पर्वत
- गुम्बदाकार पर्वत
- संग्रहित पर्वत
- भ्रंशोत्थ अथवा ब्लॉक पर्वत
- अवशिष्ट पर्वत

वलित पर्वत - पृथ्वी के भीतर उत्पन्न सम्पीड़नात्मक बल से धरातलीय चट्टानों में वलन या मोड़ पड़ने से इन पर्वतों का निर्माण होता है। सम्पीड़न शक्ति से मुड़कर उठे भाग को अपनति तथा नीचे धंसे भाग को 'अभिनति' कहा जाता है। तीव्रगामी भूगर्भिक हलचलें इन अभिनतियों और अपनतियों के मोड़ों को ऊँचा उठा देती है एवं कालान्तर में वलित पर्वतों का उत्थान हो जाता है। हिमालय, यूराल एवं एण्डीज पर्वत वलित पर्वतों के उदाहरण हैं। ये संसार के नवीनतम पर्वत हैं एवं इनकी शैलों में जीवशेष नहीं पाए जाते हैं।

गुम्बदाकार पर्वत - पृथ्वी के भीतर उबला तप्त मैग्मा धरातल पर आने की भरसक चेष्टा करता है। जब यह मैग्मा बाहर नहीं आ पाता तो धरातलीय चट्टानें गुम्बदाकार रूप में ऊपर उठ जाती हैं। उत्तरी अमेरिका के उटाह राज्य में स्थित हेनरी और यूण्टा इसी प्रकार के पर्वत हैं।

संग्रहित पर्वत - हवा, नदी, हिमनद, लहरों एवं ज्वालामुखी के द्वारा बड़े ढेर के रूप में संग्रहित निक्षेपित पदार्थ एवं एकत्रित मलबे से इन पर्वतों का निर्माण होता है। जापान का फूजीयामा, इटली का विसुवियस एवं अफ्रीका का किलिमंजारो ज्वालामुखी संग्रहित पर्वत हैं।

भ्रंशोत्थ अथवा ब्लॉक पर्वत - जब दो समान्तर दरारों का मध्यवर्ती भाग ऊपर की ओर उठ जाए और मध्य भाग के दोनों ओर के भाग नीचे धँस जाएँ तो ब्लॉक पर्वत की उत्पत्ति होती है। भ्रंश के द्वारा इनका निर्माण होने के फलस्वरूप इन्हें **'भ्रंशोत्थित पर्वत'** भी कहते हैं।

अवशिष्ट पर्वत - अनाच्छादनकारी कारकों, यथा-नदी, पवन, लहर, हिमनद आदि के अपरदनात्मक प्रभाव से अछूता कठोर चट्टानी भू-भाग आसपास के क्षेत्र से ऊँचा उठा रह जाता है तो उसे **'अवशिष्ट पर्वत'** कहा जाता है। जब नदी पठारी भू-भाग को काटकर समतल मैदान में बदल देती है किन्तु मध्यवर्ती कठोर चट्टानों वाले भाग का कटाव नहीं हो पाता, तो वह अवशिष्ट पर्वत का रूप ले लेता है।

आयु के आधार पर पर्वतों का वर्गीकरण

अब तक चार प्रमुख पर्वत निर्माणकारी हलचलें घटित हुई हैं। हलचलों के मध्य एक लम्बा शांतकाल रहा है। शांतकाल के दौरान सम्पीड़नात्मक बल संग्रहित हुआ, जिसके फलस्वरूप निम्नलिखित पर्वत निर्माणकारी हलचलें घटित हुई-

आयु के आधार पर पर्वतों का वर्गीकरण

- आर्कियन पर्वत (40 करोड़ वर्ष)
- केलेडोनियन पर्वत (32 करोड़ वर्ष)
- हर्सिनियन पर्वत (22 करोड़ वर्ष)
- अल्पाइन पर्वत (3 करोड़ वर्ष)

आर्कियन पर्वत - आज से 40 करोड़ वर्ष पूर्व कैम्ब्रियन काल में आर्कियन पर्वत निर्माणकारी हलचलें घटित हुई। इस समय यूरोप में फेनोस्कैण्डीनेविया तथा भारत में अरावली पर्वत का निर्माण हुआ।

केलेडोनियन पर्वत - लगभग 32 करोड़ वर्ष पूर्व घटित हलचलों के दौरान अमेरिका में अप्लेशियन, यूरोप में स्कॉटिश अपलैण्ड एवं आयरलैण्ड के पर्वतों का निर्माण हुआ।

हर्सिनियन पर्वत - लगभग 22 करोड़ वर्ष पूर्व घटित इन हलचलों को **'अल्टाइड'**, **'वारिस्कन'** व **'आरमोरिकन'** आदि नामों से भी जाना जाता है। एशिया में थ्यानशान, अल्टाइ, खिंगन व नानशान पर्वत, ऑस्ट्रेलिया में पूर्वी कार्डिलेरा, यूरोप में पेनाइन आदि पर्वत इसी प्रक्रिया से बने।

अल्पाइन पर्वत - आज से लगभग 3 करोड़ वर्ष पूर्व इन नवीनतम मोड़दार पर्वतों का निर्माण प्रारंभ हुआ, जिनमें हिमालय, कुनलुन, कराकोरम, अराकान, एल्ब्रुज, हिन्दूकुश, रॉकीज, एण्डीज, आल्पस, बाल्कन, पैरेनीज आदि पर्वत श्रेणियां उल्लेखनीय हैं।

ऊँचाई के अनुसार पर्वतों का वर्गीकरण	
अधिक ऊँचे पर्वत	पर्वत 6,000 फीट या 2,000 मीटर से अधिक ऊँचे होते हैं।
साधारण ऊँचाई वाले पर्वत	ये पर्वत सामान्यतया 4,500 से 6,000 फीट या 1,500 से 2,000 मीटर ऊँचे होते हैं।
कम ऊँचे पर्वत	कम ऊँचे पर्वतों की ऊँचाई 3,000-4,500 फीट या 1,000 से 1,500 मीटर के मध्य होती है।
निम्न पर्वत	ये पर्वत सामान्यत: 200-3,000 फीट या 700 से 1,000 मीटर तक ऊँचे होते हैं।

पठार

आसपास के धरातल से ऊँचे उठे हुए भाग, जिनका शीर्ष भाग समतल, चौड़ा व किनारे तीव्र ढाल युक्त हो, **'पठार'** कहलाते हैं।

उत्पत्ति के आधार पर पठारों का वर्गीकरण

लावा निर्मित पठार - भूगर्भ से लावा उद्गार व्यापक क्षेत्र पर फैलकर ऐसे पठारों का निर्माण करते हैं। कोलम्बिया एवं दक्षिण भारत के पठार इसके उदाहरण हैं।

हिमानीकृत पठार - उच्च अक्षांशीय में लेब्रेडोर, स्केण्डेनिविया, अलास्का आदि ऐसे पठार हैं।

वायुजनित पठार - पवन द्वारा उड़ाकर लाई गई मिट्टी के अत्यधिक निक्षेपण से इन पठारों का निर्माण होता है। पाकिस्तान में पोतवार तथा चीन में लोयस का पठार इसके उत्तम उदाहरण हैं।

जलज पठार - समुद्री भाग अथवा भूसन्नतियों से निरन्तर जमा हुए अवसाद जब कभी आंतरिक हलचलों से समुद्रतल से ऊपर उठ जाते हैं तो जलज पठार जन्म लेते हैं।

स्थिति के आधार पर पठारों का वर्गीकरण

अन्तर्पर्वतीय पठार - पर्वतों के मध्य स्थित होने के कारण ये **'अन्तर्पर्वतीय पठार'** कहलाते हैं। हिमालय और कुनलुन पर्वतों के मध्य तिब्बत का पठार इसका उदाहरण हैं।

पर्वतपदीय पठार - ये पठार पर्वतों की तलहटी में स्थित होते हैं, जिनके एक ओर पर्वत तथा दूसरी ओर समुद्र या मैदान होता है। अर्जेंटीना का पैटागोनिया का पठार एण्डीज पर्वत की तलहटी में स्थित है।

महाद्वीपीय पठार - ये पठार किसी देश या महाद्वीप के सम्पूर्ण भाग पर विस्तृत होते हैं, जैसे - दक्कन का पठार, ग्रीनलैण्ड का पठार और अण्टार्कटिका का पठार आदि।

जलवायु के आधार पर पठारों का वर्गीकरण

आर्द्र पठार - इन पठारों पर प्राय: 50 प्रतिशत आर्द्रता तथा अच्छी वर्षा होती है। उदाहरण के लिए, मेघालय व मालागासी के पठार आर्द्र पठारों की श्रेणी में आते हैं।

शुष्क पठार - इन पठारों पर वाष्पीकरण की मात्रा वर्षा से अधिक रहने के कारण शुष्कता बनी रहती है, जैसे-तारिम, गोबी व पोतवार के पठार।

हिममण्डित पठार - ऊँचे प्रदेशों व उच्च अक्षांशों में अत्यधिक ठण्ड के कारण वर्ष भर अधिकांश भाग हिमाच्छादित रहता है, जैसे-ग्रीनलैण्ड व अण्टार्कटिका के पठारों पर।

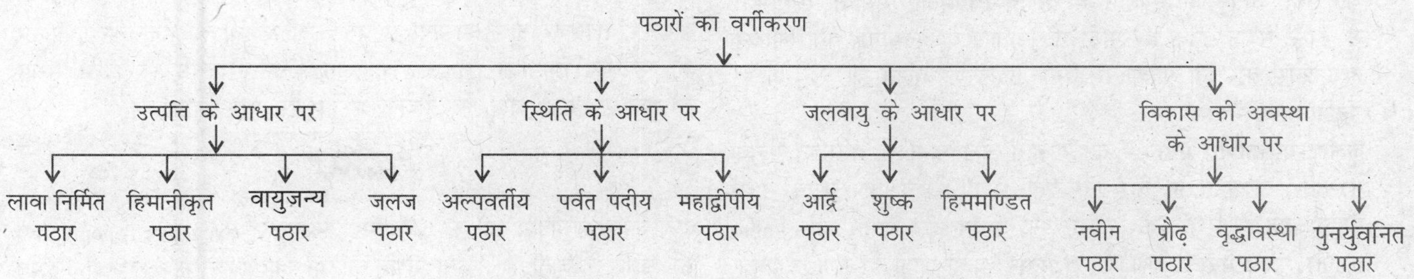

विकास की अवस्था के आधार पर पठारों का वर्गीकरण

नवीन पठार - ये पठार आसपास के मैदान से तीक्ष्ण कगार द्वारा अलग होते हैं। इन पर बहने वाली नदियाँ गहरी घाटी बनाती हैं।

प्रौढ़ पठार - ऊबड़-खाबड़ एवं विषम धरातल वाले इन पठारों पर कन्दराएँ और कटक तीव्र ढाल वाले होते हैं। इनके किनारे सीढ़ीनुमा दिखाई देते हैं, जैसे कि अप्लेशियन का पठार।

वृद्धावस्था के पठार - पठार के उच्चावच समप्राय: मैदान में परिवर्तित हो जाते हैं, जैसे रांची का पठार।

पुनर्युवनित पठार - आन्तरिक हलचलों के कारण वृद्धावस्था प्राप्त कर चुके पठार का पुन: उत्थान हो जाता है। उस पर पुन: अपरदन प्रारम्भ हो जाता है।

पठार का महत्व

आर्थिक दृष्टि से पठार पर्वतों की अपेक्षा अधिक आबाद होते हैं। इनकी उपजाऊ मिट्टी पर गहन कृषि होती है। ये बहुमूल्य खनिजों के भण्डार होते हैं। इनके तीव्र ढालों से उतरती हुई नदियां जल-प्रपात बनाती हैं। इनके कठोर धरातल पर जलाशयों का निर्माण किया जाता है। पठारों पर पर्वतों की अपेक्षा यातायात के साधन अधिक विकसित होते हैं। यद्यपि मैदानों की तुलना में पठार बहुत कम विकसित मिलते हैं।

मैदान

अपेक्षाकृत समतल, क्रमिक व मन्द ढाल तथा निम्न उच्चावच वाले धरातलीय भू-भाग को **'मैदान'** कहते हैं। समुद्रतल से ऊँचाई की दृष्टि से मैदान में काफी असमानता है, जैसे-हॉलैण्ड का पोल्डर्स मैदान समुद्रतल से भी नीचा है, तो कश्मीर में झील मैदान 1,700 मीटर की ऊँचाई पर है, वहीं भारत का उत्तरी मैदान डेल्टा के निकट 1.8 मीटर से लेकर पंजाब में 200 मीटर तक ऊँचा है।

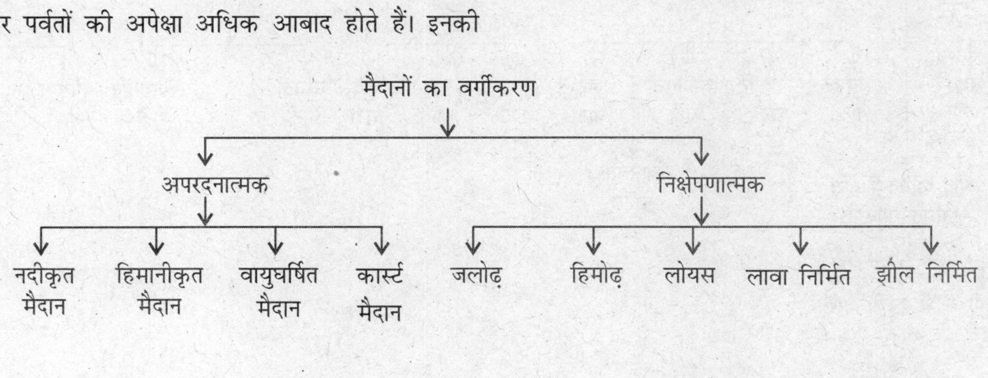

(अ) अपरदनात्मक मैदान - अपरदन चक्र की समाप्ति पर सभी उच्चावच समप्राय मैदान में परिवर्तित हो जाते हैं।

नदीकृत मैदान (Riverine Plain) - नदियाँ अपने मार्ग में आने वाले विषम धरातल को अपरदन के द्वारा समतल बनाकर समप्राय मैदानों का निर्माण करती हैं। इन मैदानों में जहाँ-तहाँ कठोर प्रतिरोधी शैल - मोनाडनॉक टीलों के रूप में दिखाई देते हैं। पेरिस व लन्दन बेसिन इसी तरह के मैदान हैं।

हिमानीकृत मैदान - उच्च पर्वत शिखरों एवं उच्च अक्षांशों पर हिमावरण छाया रहता है। बर्फ के नीचे का धरातल रगड़ और घर्षण के द्वारा समतल होता रहता है। कनाडा, स्वीडन, फिनलैण्ड में हिमानीकृत मैदान पाए जाते हैं।

वायुघर्षित मैदान - यांत्रिक अपक्षय द्वारा ढीले एवं टूटे शैल कण हवा उड़ाकर ले जाती है। मार्ग में पड़ने वाली उत्थित चट्टानों का यह हवा अपघर्षण (Abrasion) करती है। इसी क्रिया से वायु घर्षित मैदान का निर्माण होता है, जिसे **'पेडीप्लेन'** कहते हैं।

कार्स्ट मैदान - चूने की शैलों वाले क्षेत्र में भूमिगत जल के अपरदन चक्र की अंतिम अवस्था में धरातलीय विषमताएँ समाप्त प्राय: होने से कार्स्ट मैदान बनता है। भारत में नैनीताल व अल्मोड़ा, यूगोस्लाविया तथा फ्रांस के चूना प्रदेशों में इसके उदाहरण मिलते हैं।

(ब) निक्षेपात्मक मैदान

जलोढ़ या कांपीय मैदान - नदियों द्वारा ऊँचे भागों से अपरदित मलबा (Debris) प्रवाहित हो कर निम्नवर्ती भागों में निक्षेपण करने से ये मैदान बनते हैं। स्थिति के अनुसार इन्हें **'पर्वतपदीय मैदान'** (Peidmont Plain), **'बाढ़ मैदान'** तथा **'डेल्टा मैदान'** कहा जाता है। गंगा, ब्रह्मपुत्र, नील नदियों के डेल्टाई मैदान बहुत उपजाऊ व घने बसे हुए हैं।

हिमोढ़ मैदान - ये मैदान हिमानी द्वारा किए गए निक्षेपण से बनते हैं। हिमरेखा के नीचे हिमानी द्वारा लाए गए कंकड़-पत्थर व बजरी जमा होने से बट्टड़-मृतिका (Till Plains) मैदानों तथा हिमानी के पिघले जल द्वारा बारीक मिट्टी के निक्षेपण से अवक्षेप मैदानों का निर्माण होता है।

लोयस मैदान - मरुस्थलीय प्रदेशों में हवा के साथ प्रवाहित बारीक मिट्टी के जमाव से इनका निर्माण होता है। चीन, अर्जेंटीना, केस्पियन सागर के सहारे लोयस के मैदान उल्लेखनीय है।

लावा निर्मित मैदान - ज्वालामुखी विस्फोट के साथ निकला लावा, राख व बारीक शैल कण विस्तृत क्षेत्र पर जमा होने से इन मैदानों का निर्माण होता है। दक्षिण भारत में लावा निर्मित मैदान पाए जाते हैं।

झील निर्मित मैदान - जब कभी नदियों के अवसादीय निक्षेपण से झील भर जाती है तो जमा तलछट उपजाऊ मैदान का रूप ले लेता है। जब कभी आंतरिक हलचलों से झील की तली ऊपर उठ जाती है तो उसका जल इधर-उधर फैल जाता है और तली मैदान में परिवर्तित हो जाती है। हंगरी का मैदान, अमेरिका के प्रेयरी प्रदेश झील निर्मित मैदान हैं।

मैदानों का महत्व

विश्व की 80 प्रतिशत से अधिक जनसंख्या मैदानों में निवास करती है। विश्व की प्रमुख सभ्यताएँ-सिन्धु घाटी सभ्यता, दजला-फरात की बेबिलोनियन सभ्यता, नील घाटी सभ्यता इत्यादि मैदानों में विकसित हुई। इसीलिए मैदानों को 'सभ्यताओं का पालना' (Cradle of Civilizations) कहते हैं। मानव बसाव, कृषि, चरागाह, यातायात एवं परिवहन की दृष्टि से मैदान सुगम एवं उपयोगी होते हैं। समतल होने के कारण रेलमार्ग, सड़क मार्ग और हवाई अड्डे बनाने के लिए मैदान सुविधाजनक रहते हैं। मैदानों में सिंचाई के साधन, विशेषकर नहरें आसानी से बनाई जा सकती है। मैदान सभी प्रकार की मानवीय क्रियाओं (Human Activities) के सर्वोत्तम स्थल हैं। संसार की घनी आबादी वाले क्षेत्र मैदानों में ही बसे हुए मिलते हैं।

घाटियाँ

घाटी को सामान्यतया नदी के **'ऋणात्मक स्थलरूप'** (Negative Topography) की संज्ञा दी जाती है, किन्तु सभी घाटियाँ आवश्यक रूप से नदी निर्मित नहीं होती हैं। घाटियों का निर्माण पटल विरूपण (Diastrophism) के द्वारा भी होता है। घटियाँ भूमिगत जल और हिमानियों द्वारा भी बनाई जाती हैं। घाटी वस्तुत: दो ढालों के मध्य अवतलित या अपरदित खाई होती है, जिसकी रचना विवर्तनिक घटनाओं (Tectonic Movement) या बाह्य शक्तियों (Exogenetic Forces) के द्वारा होती है।

विवर्तनिक घटनाओं द्वारा निर्मित घाटियाँ

अन्तर्जात बलों द्वारा प्रेरित हलचलों से निर्मित घाटियाँ विवर्तनिक श्रेणी के अन्तर्गत आती हैं। इनके निम्नलिखित रूप उल्लेखनीय हैं-

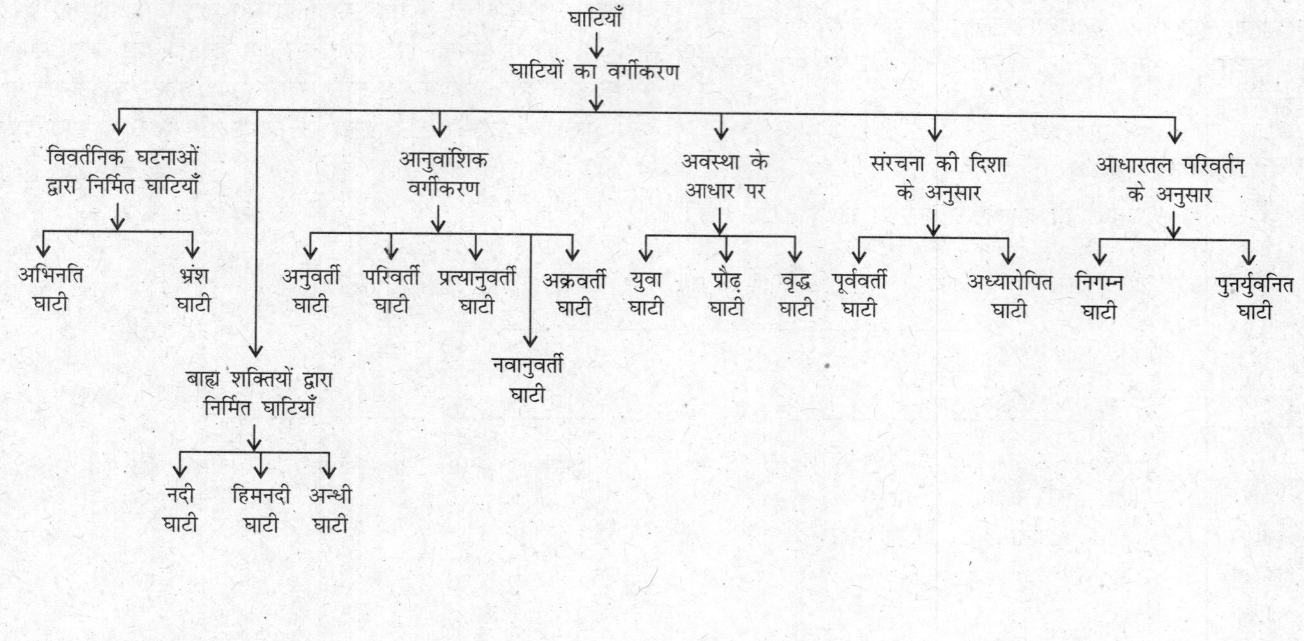

घाटियों का वर्गीकरण

अभिनति घाटी - विवर्तनिक क्रिया के सम्पीड़नात्मक बल से शैलों में लम्बाकार मोड़ पड़ जाता है। फलरूस्वरूप, वलन के अवतलित भाग में अभिनति घाटी का निर्माण होता है।

भ्रंश घाटी- दो समानान्तर भ्रंशों के मध्य स्थल भाग नीचे धँसने से भ्रंश घाटी का निर्माण होता है। नर्मदा नदी की घाटी भ्रंश घाटी का उदाहरण है।

बाह्य शक्तियों द्वारा निर्मित घाटियाँ

बाहरी अपरदनकारी शक्तियों द्वारा निम्न प्रकार की घाटियाँ बनती हैं-

नदी घाटी - वर्षा का जल धरातल पर बहते हुए लम्बवत् एवं क्षैतिज कटाव करके नदी घाटी का निर्माण करता है। नदी घाटी का विकास उसकी गहराई, चौड़ाई और लम्बाई से होता है।

हिमनदी घाटी - हिमाच्छादित ऊँचे पर्वतों से सरकने वाली बर्फ चौड़ी व खड़े ढाल वाली U आकार की घाटी का निर्माण करती है। बड़ी हिमानी में ऊँचाई से आकर मिलने वाली सहायक हिमनद लटकती घाटी (Hanging Valleys) का निर्माण करती है।

अन्धी घाटी - चूने के प्रदेश में धरातल पर बहने वाली नदी गहराई में कटाव करते हुए चूने की चट्टानों में बने घोल रन्ध्र में समा जाती है, जिससे रंध्र के बाद बची शुष्क घाटी को **'अन्धी घाटी'** कहा जाता है।

आनुवांशिक वर्गीकरण

1. **अनुवर्ती घाटी (Consequent Valley)** - ढाल की नति के सहारे बनने वाली घाटी को **'अनुवर्ती'** या **'नति घाटी'** कहते हैं।
2. **परिवर्ती घाटी (Subsequent Valley)** - अनुवर्ती घाटी के निर्माण के बाद ढाल के नति लम्ब के सहारे बनने वाली घाटी को **'परिवर्ती'** या **'अनुदैर्ध्य घाटी'** कहते हैं।
3. **प्रत्यानुवर्ती घाटी (Obsequent Valley)** - मुख्य अनुवर्ती के विपरीत दिशा में बहने वाली परिवर्ती नदी की सहायक नदी प्रत्यानुवर्ती घाटी का निर्माण करती हैं।
4. **नवानुवर्ती घाटी (Resequent Valley)** - अनुवर्ती नदी की दिशा के अनुरूप बहने वाली परिवर्ती नदी की सहायक नदी नवानुवर्ती घाटी का निर्माण करती है।
5. **अक्रमवर्ती घाटी (Insequent Valley)** - संरचना और ढाल से अप्रभावित नदी घाटी **'अक्रमवर्ती घाटी'** कहलाती हैं।

अवस्था के आधार पर

1. **युवा घाटी (Youth Valley)** - युवावस्था में घाटी का ढाल तीव्र होता है इसलिए लम्बवत् कटाव अधिक होने से गहरी घाटी का निर्माण होता है।
2. **प्रौढ़ घाटी (Mature Valley)** - प्रौढ़ावस्था में घाटी का ढाल मन्द हो जाता है, इसलिए पार्श्ववर्ती कटाव अधिक होने से घाटियाँ चौड़ी होने लगती हैं।
3. **वृद्ध घाटी (Old Valley)** - यह घाटी की अंतिम अवस्था कही जा सकती है। इस अवस्था में उसका ढाल अति मन्द हो जाता है और घाटी समतल होने लगती है।

संरचना की दिशा के अनुसार

1. **पूर्ववर्ती घाटी (Antecedent Valley)** - किसी भूखण्ड के उत्थान से पूर्व विकसित घाटी में भूमि के उत्थान के बाद भी नदी पूर्व निर्मित घाटी में बहती है, तो उसे **'पूर्ववर्ती घाटी'** कहते हैं।
2. **अध्यारोपित घाटी (Superimposed Valley)**- धरातल की ऊपरी परतों पर निर्मित घाटी जब निचली कठोर चट्टानी परतों पर भी उसी दिशा का अनुसरण करती हो तो उसे **'अध्यारोपित घाटी'** कहा जाता है।

आधारतल परिवर्तन के अनुसार

1. **निमग्न घाटी (Drowned Valley)** - सागरतल ऊपर उठने पर घाटियों के मुहाने जलमग्न हो जाते हैं, जिसमें निमज्जित घाटी का निर्माण होता है।
2. **पुनर्युवनित घाटी (Rejuvenated Valley)** - सागरतल के नीचे चले जाने पर नदियाँ पुनः निम्नवर्ती कटाव करने लगती हैं, जिसे **'पुनर्युवनित घाटी'** कहते हैं।

स्थलरूप विकास की संकल्पना

धरातल पर महाद्वीप और महासागर सबसे बड़े स्थलरूप हैं। पर्वत-पठार और मैदान दूसरी कोटि के स्थलरूप हैं तथा इन पर बाह्य बलों द्वारा निर्मित होने वाले असंख्य भूरूप तीसरी कोटि के स्थल रूप हैं। इनमें से कोई भी स्थलरूप धरातल पर स्थाई नहीं हैं। अन्तर्जात बलों द्वारा जैसे ही कोई स्थलरूप विकसित होता है, बहिर्जात बलों द्वारा उसके विनाश (Degradation) की क्रिया प्रारम्भ हो जाती है। आज जहाँ हिमालय पर्वत खड़ा है, वहाँ पहले टेथिस सागर लहराता था। पर्वत अपरदित होकर पठारों एवं मैदानों का रूप ले लेते हैं तथा मैदान जलमग्न होकर समुद्रों का इस प्रकार स्थलरूपों के विकास का चक्र निरन्तर चलता रहता है। स्थलाकृतियों के विकास में पर्याप्त जटिलता पाई जाती है। सभी महाद्वीप और महासागर छोटी-बड़ी 20 भू-प्लेटों (Tectonic Plates) से निर्मित हैं। भू-प्लेटों के खिसकने से उनके किनारों पर विवर्तनिक क्रियाएँ होती हैं, जो विभिन्न प्रकार के स्थलरूपों का विकास करती हैं। भू-प्लेट विवर्तनिक संकल्पना (Concept of Plate) के द्वारा पर्वतीकरण, भूकम्प, ज्वालामुखी एवं महाद्वीपीय विस्थापन (Continental drift) जैसी समस्याओं के निराकरण में सहायता मिली है। इसी प्रकार भू-आकृति चक्र (Geomorphic Cycle) तथा अपरदन चक्र (Cycle of Erosion) की संकल्पनाओं से तीसरी कोटि के असंख्य स्थलरूपों के विकास की समस्याओं के समाधान के मार्ग प्रशस्त हुए हैं।

महत्वपूर्ण बिंदु

* भू-पटल के विविध स्थलरूपों का निर्माण पृथ्वी के आन्तरिक व बाह्य बलों की पारस्परिक क्रियाओं के परिणामस्वरूप होता है।
* वलित पर्वत शृंखलाएँ विश्व के नवीनतम पर्वत हैं, जिनकी शैलों में जीवावशेष पाए जाते हैं। इनका उत्थान भूसन्नतियों से हुआ है।
* हिमालय, यूराल एवं एण्डीज पर्वत वलित पर्वतों के उदाहरण हैं।
* आसपास के सामान्य धरातल से एकदम ऊँचे भाग जिनका शिखर संकुचित व ढाल तीव्र हो, ऐसे स्थलाकृतिक **'स्वरूप पर्वत'** कहलाते हैं।
* आसपास के धरातल से ऊँचे उठे हुए भाग, जिनका शीर्ष समतल, चौड़ा व एक या अधिक किनारे तीव्र ढालयुक्त हैं, **'पठार'** कहलाते हैं।
* अपेक्षाकृत समतल, क्रमिक व मंद ढाल, निम्न उच्चावच वाले धरातलीय भू-भाग को **'मैदान'** कहते हैं।

❑❑❑

अध्याय 4

वायुमण्डल का संघटन, संरचना एवं स्तरीकरण

वायुमण्डल का परिचय

पृथ्वी को चारों ओर से घेरे हुए वायु के विस्तृत आवरण को **'वायुमण्डल'** कहते हैं। वायु का यह आवरण एक लिफाफे के रूप में है, जो पृथ्वी के गुरुत्वाकर्षण के कारण इसका एक अभिन्न अंग बन गया है। इस वायु का न कोई रंग है, न स्वाद तथा न ही गंध है। पवन के संचार से ही हम वायु को अनुभव कर सकते हैं।

पृथ्वी के गैसीय आवरण को **'वायुमण्डल'** कहा जाता है, जिसकी ऊँचाई हजारों किलोमीटर है। पृथ्वी से वायुमण्डल को स्थलमण्डल तथा जलमण्डल की तरह अलग नहीं किया जा सकता। वायुमण्डल में अनेक गैसें व्याप्त हैं। कोई भी व्यक्ति या जीव बिना वायु के जीवित नहीं रह सकता। वायु संसार के सभी प्राणियों के जीवन का आधार है।

फिंच एवं ट्रिवार्था के अनुसार, वायुमण्डल गैसों का आवरण है जो धरातल से सैकड़ों मील की ऊँचाई तक विस्तृत है तथा पृथ्वी का अभिन्न अंग है।

मॉंक हाउस के अनुसार, वायुमण्डल गैस की एक पतली परत है, जो गुरुत्वाकर्षण के कारण पृथ्वी के साथ जुड़ी हुई है।

वायुमण्डल का महत्व

वायुमण्डल में ऑक्सीजन, नाइट्रोजन, कार्बन डाइऑक्साइड, हाइड्रोजन तथा अनेक उपयोगी गैसें पाई जाती हैं। वायुमण्डल के आवरण के कारण ही पराबैंगनी किरणों के हानिकारक प्रभाव से हमारी रक्षा हो पाती है। शायद यही कारण है कि मानव जाति के इतिहास के शुरू से ही वायुमण्डल हम सबके लिए कौतूहल का विषय रहा है। वायुमण्डल में निहित तापमान व आर्द्रता मानव जीवन को प्रभावित करती है। यह हमारे लिए तरह-तरह के प्राकृतिक दृश्य उपस्थित करता है तथा इसकी रचना हमें जीवित रखती है।

वायुमण्डल कई गैसों का मिश्रण है। गैसों के अलावा वायुमण्डल में जलवाष्प तथा धूलकण भी पाए जाते हैं। वायुमण्डल में मुख्य रूप से 9 प्रकार की गैसें पाई जाती हैं, जिनमें ऑक्सीजन, नाइट्रोजन, ऑर्गन, कार्बन डाइऑक्साइड, हाइड्रोजन, हीलियम, नियॉन, क्रिप्टॉन तथा ओजोन प्रमुख हैं। इन सभी गैसों में नाइट्रोजन एवं ऑक्सीजन महत्वपूर्ण है।

वायुमण्डल में सर्वाधिक महत्वपूर्ण एवं समस्त प्राणियों के लिए अनिवार्य गैस ऑक्सीजन है। धरातल का कोई भी प्राणी इसके बिना जीवित नहीं रह सकता। वायुमण्डल में सर्वाधिक मात्रा 78.8 प्रतिशत नाइट्रोजन गैस की है। दूसरे स्थान पर ऑक्सीजन 20.95 प्रतिशत है। इस प्रकार ये दोनों गैसें वायुमण्डल के लगभग 99 प्रतिशत आयतन घेरे हुए हैं।

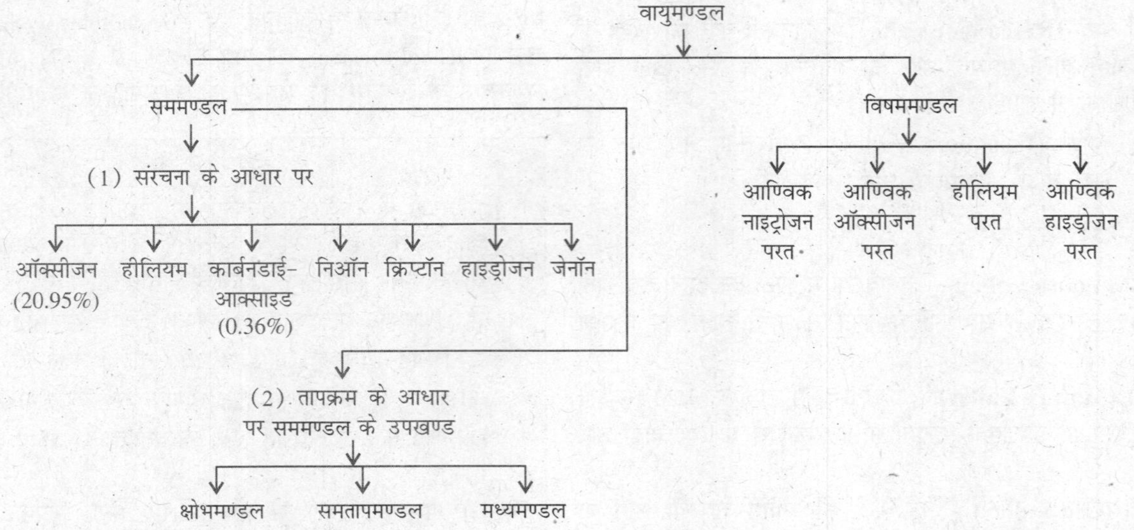

वायुमण्डल का रासायनिक संघटन

वायुमण्डल को रासायनिक संघटन की दृष्टि से दो परतों में विभाजित किया गया है- (1) सममण्डल (Homosphere) (2) विषममण्डल (Heterosphere)

सममण्डल का निर्माण ऑक्सीजन, कार्बन डाइऑक्साइड, हीलियम, नियान, क्रिप्टान, जेनान, हाइड्रोजन इत्यादि।

- **सममण्डल** - इस मण्डल को सममण्डल इसलिए कहा जाता है, क्योंकि रासायनिक दृष्टि से इस मण्डल में सभी गैसों का अनुपात

समान होता है। ये गैसें लगभग 90 किमी. ऊँचाई तक पायी जाती हैं। इस मण्डल का निर्माण ऑक्सीजन, कार्बन डाइऑक्साइड, हीलियम, नियॉन, क्रिप्टॉन, हाइड्रोजन, जेनॉन इत्यादि गैसों के मिश्रण से हुआ है।

- **विषममण्डल** - इस मण्डल में गैसों का अनुपात असमान होता है, जिस कारण इसे **'विषयमण्डल'** कहते है। इस मण्डल की ऊँचाई लगभग 90-10,000 किमी. तक पाई जाती है।

पृथ्वी सतह से विभिन्न गैसों की ऊँचाई

10,000 किमी. ⟶ आण्विक हाइड्रोजन की परत
3,500 किमी. ⟶ हीलियम की परत
1,100 किमी. ⟶ आण्विक ऑक्सीजन परत
200 किमी. ⟶ आण्विक नाइट्रोजन परत
90 किमी. ⟶ सममंडल

विषममंडल

पृथ्वी की सतह

1. **आण्विक नाइट्रोजन परत**- यह परत पृथ्वी की सतह से 200 किमी. की ऊँचाई तक तथा सममण्डल के बाद अर्थात् 90-200 किमी. की ऊँचाई पर पाई जाती है। इसमें मुख्य रूप से नाइट्रोजन के अणुओं की प्रधानता होती है।
2. **आण्विक ऑक्सीजन परत**- यह परत 200-1,100 किमी. की ऊँचाई तक पाई जाती है। यह नाइट्रोजन के बाद पाई जाती है। इस परत में ऑक्सीजन के अणुओं की प्रधानता होती है।
3. **हीलियम परत**- यह परत आण्विक ऑक्सीजन के ऊपर 1,100-3,500 किमी. की ऊँचाई तक पाई जाती है। इस परत में हीलियम के अणुओं (He) की प्रधानता होती है।
4. **आण्विक हाइड्रोजन परत**- यह परत हीलियम परत के ऊपर लगभग 10,000 किमी. की ऊँचाई पर पाई जाती है। इस में हाइड्रोजन के अणुओं की प्रधानता होती है।

कुछ महत्वपूर्ण गैसों की विशेषताएं

नाइट्रोजन - वायुमण्डल में सर्वाधिक मात्रा में मौजूद गैस है। नाइट्रोजन की उपस्थिति के कारण ही वायुदाब, पवनों की शक्ति तथा प्रकाश के परावर्तन का आभास होता है। इस गैस का कोई रंग, गंध या स्वाद नहीं होता है। यह गैस वस्तुओं को तेजी से जलने से बचाती है। इस गैस से पेड़-पौधों में प्रोटीन का निर्माण होता है, जो भोजन का मुख्य अंग है। यदि वायुमण्डल में नाइट्रोजन गैस न होती तो आग पर नियंत्रण रखना कठिन हो जाता। यह सम्पूर्ण प्रक्रिया **'नाइट्रोजन चक्र'** कहलाती है।

वायुमण्डल में विभिन्न गैसों का प्रतिशत

गैस	सूत्र	आयतन का प्रतिशत
नाइट्रोजन	N_2	78.8
ऑक्सीज़न	O_2	20.95
ऑर्गन	Ar	0.93
कार्बन-डाईआक्साइड	CO_2	0.03
नियोन	Ne	0.0018
हीलियम	He	0.0005
ओजोन	O_3	0.00006
हाइड्रोजन	H	0.00005

ऑक्सीजन - यह जीवनदायिनी या प्राणदायिनी गैस मानी गई है। ऑक्सीजन गैस अन्य रासायनिक तत्वों के साथ सरलता से मिलकर अनेक प्रकार के यौगिकों का निर्माण करती है। वस्तुओं के जलने के लिए यह गैस आवश्यक है। अत: यह ऊर्जा का प्रमुख स्रोत है। कार्बोहाइड्रेट निर्माण में ऑक्सीजन महत्वपूर्ण होती है। यह वायुमण्डल में 64 किमी. तक पाई जाती है।

कार्बन डाइऑक्साइड - यह एक भारी गैस है। यह वस्तुओं के जलने से उत्पन्न होती है। सभी प्रकार की वनस्पतियाँ कार्बनडाइऑक्साइड का उपयोग प्रकाश-संश्लेषण में करती हैं। वैज्ञानिकों का मानना है कि इस गैस की मात्रा में होने वाली वृद्धि से वायुमण्डल की निचली परतों के तापमान में वृद्धि हो रही है, भूमण्डलीय तपन बढ़ रहा है और जलवायु परिवर्तन हो रहा है।

ओजोन - यह वायुमण्डल की एक अन्य अत्यन्त महत्वपूर्ण गैस है। इसका निर्माण ऑक्सीजन के तीन परमाणुओं से होता है। जलवायु की दृष्टि से इस गैस का विशेष महत्व है। यह सूर्य से आने वाली तेज पराबैंगनी विकिरण के कुछ अंश को अवशोषित कर लेती है। इस प्रकार सौर विकिरण का केवल उतना ही भाग धरातल पर पहुँचने दिया जाता है, जितना आवश्यक और उपयोगी होता है। ओजोन किरणें सतह तक पहुँच जाएँ तो धरातल के तापमान में अत्यधिक वृद्धि हो जाती है। इसके साथ ही इस किरण से चर्म कैंसर का खतरा होता है। यह गैस **समतापमण्डल में 15-35 किमी. की ऊँचाई पर सघन मात्रा में पाई जाती है।** ओजोन परत के ह्रास के प्रमुख कारणों में **क्लोरो-फ्लोरो कार्बन** का योगदान महत्वपूर्ण होता है, जो रेफ्रिजरेटर, एयरकंडीशनर, नाइट्रस ऑक्साइड इत्यादि के द्वारा उत्सर्जित किया जाता है।

> ओजोन परत को क्षीणता/ह्रास से बचाने के लिए मॉण्ट्रियल प्रोटोकॉल (ओजोन परत के संरक्षण के लिए वियना सम्मेलन में पारित-प्रोटोकॉल) अंतर्राष्ट्रीय संधि **16 सितंबर 1987** को पारित हुआ तथा **1** जनवरी, **1989** से यह प्रभाव में है।

जलवाष्प - जलवाष्प अधिकांश वायुमण्डल की निचली परतों तक सीमित रहती है। ऊँचाई में वृद्धि के साथ जलवाष्प की मात्रा में कमी होती जाती है। वायुमण्डल के सम्पूर्ण जलवाष्प का 90 प्रतिशत भाग 8 किलोमीटर की ऊँचाई तक सीमित है। इसके ऊपर जलवाष्प की मात्रा काफी कम हो जाती है। वायुमण्डल में जलवाष्प की औसत मात्रा 2-4% प्रतिशत है।

यह उष्णार्द्र क्षेत्रों में 4% तक तथा मरुस्थलीय क्षेत्रों में 1% तक पाई जाती है। यह विषुवत रेखा पर अधिक मात्रा में तथा ध्रुवों पर कम मात्रा

में पाई जाती है। इसके साथ ही यह कार्बन डाइऑक्साइड की भांति ग्रीन हाउस गैस भी है। यह ठोस, द्रव और गैस, तीनों अवस्थाओं में पाई जाती है। जलवाष्प सूर्य से आने वाले सूर्यताप के कुछ भाग को अवशोषित कर लेता है तथा पृथ्वी द्वारा विकिरित ऊष्मा को संजोए रखता है। इस तरह यह एक कम्बल का काम करता है, जिससे पृथ्वी न तो अत्यधिक गर्म और न ही अत्यधिक ठण्डी हो सकती है। जलवाष्प के संघनन से वर्षा होती है।

धूलकण - वायुमण्डल में पवन की गति के कारण सूक्ष्म धूल के कण उड़ते रहते हैं। ये धूलकण विभिन्न स्रोतों से प्राप्त होते हैं। इनमें सूक्ष्म मिट्टी, धूल, समुद्री नमक, ज्वालामुखी राख, उल्कापात के कण शामिल होते हैं। ये धूलकण प्राय: वायुमण्डल की निचली परतों में ही रहते हैं।

वायुमण्डल में गैस अथवा जलवाष्प के अलावा जो भी ठोस पदार्थ कणों के रूप में उपस्थित रहते हैं, वे सभी '**धूलकण**' कहलाते हैं। वायुमण्डलीय गैसों तथा धूलकणों से होने वाले वर्णात्मक प्रकीर्णन से ही आकाश का रंग नीला दिखाई देता है तथा इसी कारण सूर्योदय या सूर्यास्त के समय आकाश का रंग लाल हो जाता है। आर्द्र प्रदेशों की अपेक्षा औद्योगिक नगरों तथा शुष्क प्रदेशों की वायु में अपेक्षाकृत अधिक धूलकण पाए जाते हैं।

वायुमण्डल की संरचना

वायुमण्डल को अनेक परतों में विभाजित किया गया है। सामान्य विचारधारा के अनुसार वायुमण्डल को निम्नलिखित पाँच मुख्य परतों में विभाजित किया गया है, जिसका आधार वायुमण्डल में तापमान का उर्ध्वाधर वितरण है।

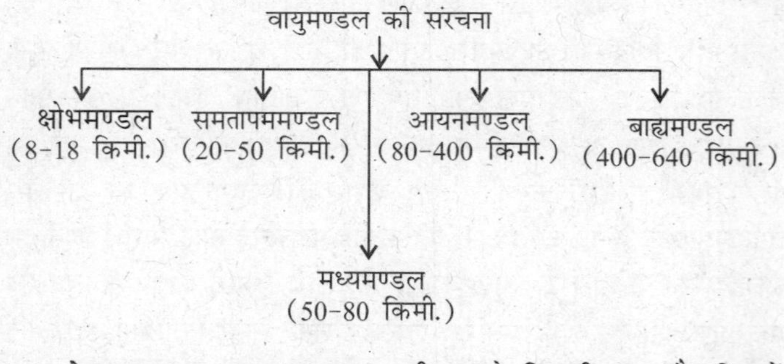

1. **क्षोभमण्डल :** यह वायुमण्डल की सबसे निचली परत है, जिसमें वायुमण्डल के कुल भार का 75 प्रतिशत भाग केन्द्रित है। इस परत की धरातल से औसत ऊँचाई 13 किमी. है। इसकी ऊँचाई भूमध्य रेखा पर 18 किमी एवं ध्रुवों पर 8 से 10 किमी है। यह वायुमण्डल की सबसे महत्वपूर्ण परत है, क्योंकि सभी मौसमी घटनाएँ इसी परत में होती हैं। ऊँचाई में वृद्धि के साथ तापमान में गिरावट इस परत की सबसे बड़ी विशेषता है। इसमें प्रति 1 किमी. की ऊँचाई पर 6.5 डिग्री सेल्सियस तापमान गिर जाता है, जिसे तापमान की 'सामान्य ह्रास दर' कहते हैं। ऋतु तथा मौसम संबंधी लगभग सभी घटनाएँ जो मानव पर प्रभाव डालती हैं, इसी परत में होती हैं। इस परत में धूल कण तथा जलवाष्प सबसे अधिक मात्रा में होते हैं, जिनसे बादल बनते हैं, वर्षा होती है तथा अन्य जलवायु एवं मौसम संबंधी घटनाएँ घटती हैं। यह मौसम वैज्ञानिकों के गहन अध्ययन का मण्डल है। क्षोभमण्डल की ऊपरी सीमा को 'क्षोभ सीमा' कहते हैं। इसकी मोटाई केवल 1.5 किमी. है। इस सीमा के ऊपर वायुमण्डलीय स्थिरता रहती है। इसे 'मौसमी परिवर्तनों की छत' भी कहते हैं। इस परत से 20 किमी. ऊपर तक वायुमण्डल के तापमान का गिरना बंद हो जाता है।
2. **समतापमण्डल :** धरातल से इसकी औसत ऊँचाई 50 किलोमीटर मानी जाती है। इसकी मोटाई भूमध्य रेखा पर कम तथा ध्रुवों पर अधिक होती है। अनेक वैज्ञानिकों ने ओजोन मण्डल को समतापमण्डल का ही एक भाग मान लिया है, जिस कारण इस परत की ऊँचाई 50 से 55 किमी. मानी जाती है। यहाँ तापमान समान रहने के कारण इस परत को समतापमण्डल कहते हैं। इस मण्डल में ओजोन परत पाई जाती है, जो सूर्य से आने वाली पराबैंगनी किरणों का अवशोषण कर लेती है।
3. **मध्यमण्डल :** यह समताप मण्डल के ऊपर 50–80 किमी. की ऊँचाई तक विस्तृत है। इस परत में ऊँचाई के साथ तापमान गिरने लगता है तथा –100°C तक जाता है। इसके आगे तापमान बढ़ने लगता है। इस परत में वायुदाब अत्यधिक न्यून है। मध्य मण्डल की ऊपरी सीमा को '**मध्य मण्डल सीमा**' कहते हैं।
4. **आयनमण्डल :** यह परत मध्य मण्डल सीमा के ऊपर 80–640 किमी. की ऊँचाई तक फैली है। इस परत के अस्तित्व का ज्ञान सर्वप्रथम रेडियो तरंगों द्वारा हुआ। यहाँ पर उपस्थित गैस के कण विद्युत आवेशित होते हैं। ऐसे विद्युत आवेशयुक्त कणों को '**आयन**' कहते हैं। अत: इस परत का नाम आयनमण्डल रखा गया है। इसकी ऊपरी सीमा पर तापमान 1100°C हो जाता है। इसी भाग में 'ध्रुवीय ज्योति' (Aurora) भी दृष्टिगोचर होती है। इस मण्डल को 'थर्मोस्फीयर' भी कहते हैं।
5. **बाह्यमण्डल :** यह वायुमण्डल की सबसे ऊपरी परत है। इस परत में वायु बहुत ही विरल है और धीरे-धीरे बाह्य अन्तरिक्ष में विलीन हो जाती है। इसकी कोई ऊपरी सीमा नहीं है। फिर भी वैज्ञानिकों ने इसकी ऊँचाई 1,000 किमी तक मानी है।

मौसम एवं जलवायु के तत्व

किसी स्थान विशेष पर किसी विशेष समय में वायुमण्डलीय दशाओं के योग को **मौसम (Weather)** कहते हैं। अत: मौसम से वायुमण्डल की विशिष्ट दशाओं का बोध होता है। वायुमण्डलीय दशाओं में तापमान, वायुदाब, वर्षा, हवाएँ, आर्द्रता आदि कारकों को सम्मिलित किया जाता है। इन घटकों को **मौसम के तत्व** कहते हैं। मौसम सम्बन्धी दशाओं में प्राय: परिवर्तन होता रहता है। फलस्वरूप मौसम के तत्व भी बदलते रहते हैं। अत: किसी स्थान विशेष का मौसम भी बदलता रहता है। यह परिवर्तन एक दिन से दूसरे दिन या एक स्थान से दूसरे स्थान पर मौसम के तत्वों की मात्रा, सक्रियता तथा वितरण में अन्तर के कारण होता है। मौसम के तत्वों के इस परिवर्तन को नियंत्रित करने वाले कारकों को '**मौसम के नियंत्रक**' कहते हैं। इसके अंतर्गत अक्षांश, जल तथा स्थल का असमान वितरण, समुद्री धाराओं, वायुदाब, समुद्र तल से ऊँचाई, पर्वतीय अवरोध, धरातल स्वभाव, वायु विक्षोभ आदि को सम्मिलित किया जाता है।

महत्वपूर्ण बिन्दु

* पृथ्वी के चारों ओर वायुमण्डल का आवरण पाया जाता है।
* वायुमण्डल एक विशाल **'काँच घर'** का काम करता है।
* वायुमण्डल का 99 प्रतिशत भाग नाइट्रोजन व ऑक्सीजन गैसों द्वारा बना होता हैं। शेष 1 प्रतिशत में ऑर्गन, कार्बन डाइऑक्साइड, हाइड्रोजन, हीलियम, ओजोन, नियॉन, जिनॉन आदि गैसें सम्मिलित हैं।
* जलवाष्प, धूल के कण, धुआँ, नमक के कण आदि भी वायुमण्डल के अन्य संघटक हैं।
* वायुमण्डल की 5 मुख्य परतें – क्षोभमण्डल, समतापमण्डल, मध्यमण्डल, आयनमण्डल एवम बाह्यमण्डल हैं।
* मौसम के तत्वों में तापमान, वायुदाब, वर्षा, हवाओं, आर्द्रता आदि को सम्मिलित किया जाता है।

❑❑❑

अध्याय

5

सूर्यातप एवं पृथ्वी का ऊष्मा बजट

वायुमण्डल का हजारों किलोमीटर का आवरण हमारी पृथ्वी को सूर्य की प्रचण्ड किरणों तथा अत्यधिक गर्मी से बचाता है। रात में वायुमण्डल पार्थिव विकिरण को कम्बल की तरह रोककर हमें शीत से बचाता है। पृथ्वी के लिए ताप का मुख्य स्रोत सूर्य है, जिसकी सतह पर 6,000°C तापमान रहता है। यह ताप सूर्य सतह से विकिरण द्वारा पृथ्वी पर आता है, जो सूर्य के ताप का अत्यन्त सूक्ष्म भाग होता है। सूर्य पृथ्वी से 15 करोड़ किमी. दूर स्थित है। सूर्य के अलावा ऊष्मा के अन्य स्रोत लगभग नगण्य हैं। सूर्य एक दहकता हुआ गैसीय पिण्ड है, जिससे लगातार ऊर्जा का विकिरण होता रहता है। सूर्य के प्रकाश को पृथ्वी तल तक पहुँचने में लगभग 8 मिनट 20 सेकेंड का समय लगता है।

सूर्यातप

सूर्य से पृथ्वी तक पहुँचने वाले सौर विकिरण को **'सूर्यातप'** कहते हैं तथा सूर्य की सतह से चारों ओर विकरित होकर फैलने वाले ताप को सौर विकिरण कहते हैं। पृथ्वी द्वारा सौर विकिरण का ग्रहण किया जाना सूर्यातप या सूर्यातपकी प्राप्ति है। **क्रिचफील्ड** के अनुसार परिभाषा–''सूर्य से पृथ्वी तक पहुँचने वाली विकिरण ऊर्जा को **सूर्यातप** कहते हैं''।

धरातल पर आने वाले सौर विकिरण को सूर्यातप कहते हैं, किन्तु सारा सूर्यातप पृथ्वी तल तक नहीं पहुँच पाता, उसका कुछ अंश वायुमण्डल द्वारा शोषित हो जाता है। यह ऊर्जा लघु तरंगों के रूप में सूर्य से पृथ्वी तक पहुँचती है। ट्रिवार्था के अनुसार सम्पूर्ण पृथ्वी प्रति मिनट सूर्य से इतनी ऊर्जा प्राप्त करती है, जितनी मानव जाति वर्ष भर में अपने विविध कार्यों के लिए उपयोग करती है। अतः पृथ्वी तल पर प्राप्त होने वाली यही सौर ऊर्जा सम्पूर्ण भौतिक एवं जैविक घटनाओं का संचालन करती है। इस प्रकार पृथ्वी के किसी निश्चित क्षेत्र पर, किसी निश्चित समय में सौर विकिरण का जो अंश प्राप्त किया जाए, वह सूर्यातपया सूर्यातप कहलाता है और यह सभी क्षेत्रों में एक समान नहीं है। सूर्यातप का मापन **पाइरोहेलियोमीटर** द्वारा किया जाता है।

सूर्यातप को प्रभावित करने वाले कारक

- सूर्य की किरणों का नति कोण पर झुकाव
  - क्षेत्रफल
  - वायुमण्डल की मोटाई
- वायुमण्डल की अवस्था
- पृथ्वी की सूर्य से दूरी
- सौर कलंकों की संख्या
- भूमि की ढाल
- दिन की लम्बाई अथवा धूप की अवधि
- स्थल एवं जल का प्रभाव
- पार्थिव अवशोषण एवं विकिरण

सूर्य की किरणों का नति कोण पर झुकाव

सूर्यातप को प्रभावित करने वाले कारकों में सूर्य की किरणों का एक नति कोण पर झुकाव महत्वपूर्ण स्थान रखता है। यह किसी स्थान अक्षांश पर निर्भर करता है। अर्थात् उच्च अक्षांशों (ध्रुव) पर सूर्य की किरणों का झुकाव कम एवं निम्न अक्षांशों (विषुवत रेखा पर) सूर्य की किरणों का झुकाव अधिक होता है।

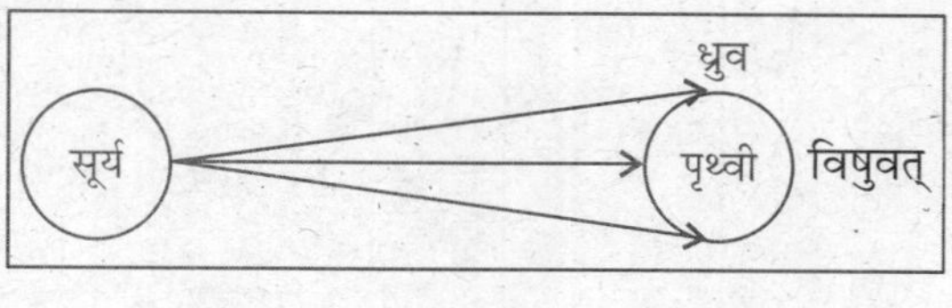

सूर्य की किरणों के झुकाव को अध्ययन की सुविधानुसार दो भागों में विभाजित किया गया है–

(1) क्षेत्रफल (2) वायुमण्डल की मोटाई

क्षेत्रफल- सूर्य की लंबवत् किरणों के धरातल के कम क्षेत्र पर पड़ने के कारण उस क्षेत्र में अधिक सूर्यातप मिलता है अर्थात् सूर्य की किरणें विषुवत् रेखा पर लम्बवत् जब पड़ती है, वहीं इसके विपरीत सूर्य की तिरछी किरणें उतनी मात्रा में धरातल के अधिक क्षेत्र में पड़ती हैं अर्थात् ध्रुवों के तरफ, सूर्यातप की मात्रा कम हो जाती है।

ताप का वितरण

पृथ्वी तल पर तापमान का वितरण सभी जगह एक समान नहीं पाया जाता। तापमान के वितरण पर अन्य कारकों की अपेक्षा अक्षांश का सर्वाधिक प्रभाव

पड़ता है। प्राचीन यूनानवासियों को इस बात का ज्ञान था कि भूमध्य रेखा पर सर्वाधिक गर्मी पड़ती है और उसके उत्तर या दक्षिण ध्रुवों की तरफ तापमान क्रमशः कम होता जाता है। इसी आधार पर उन्होंने हमारी पृथ्वी को पाँच ताप कटिबंधों में बाँटा। हम प्रायः सूर्यातप एवं तापमान को पर्यायवाची ही समझते हैं, परन्तु इन दोनों के अर्थ भिन्न हैं। फिर भी, सूर्यातप तथा तापमान का गहरा संबंध है, क्योंकि सूर्यातप पर तापमान निर्भर करता है। यहाँ तापमान का आशय वायुमण्डलीय ताप से है, जिसका स्रोत सूर्य है।

तापमान के क्षैतिज वितरण का अर्थ तापमान के अक्षांशीय वितरण से है। भूमध्य रेखा से ध्रुवों तक तापमान के वितरण में परिवर्तन आता रहता है। मानचित्र पर तापमान का वितरण समताप रेखाओं द्वारा दर्शाया जाता है। समताप रेखा वह काल्पनिक रेखा है, जो मानचित्र पर समान तापमान वाले स्थानों को मिलाती हुए खींची जाती है।

विश्व के अधिकांश भागों में जनवरी तथा जुलाई के महीनों में न्यूनतम तथा अधिकतम तापमान पाया जाता है। इसलिए तापमान के विश्लेषण के लिए साधारणतः जनवरी तथा जुलाई के माह ही चुने जाते हैं।

सूर्यातप तथा तापमान में अंतर

सूर्यातप	तापमान
पृथ्वी के पृष्ठ तल पर सूर्य से प्राप्त होने वाले लघु तरंगदैर्ध्य रूप में ऊर्जा को **'सूर्यातप'** या **'सौर विकिरण'** कहते हैं।	किसी भी स्थान पर मानक अवस्था में मापी गई भू-तल से लगभग 1 मीटर ऊँची वायु की गर्मी को उस स्थान का **तापमान** कहते हैं।
सूर्य की ऊर्जा को **कैलोरी** में मापा जाता है।	ताप को **थर्मामीटर** के द्वारा अंशों में मापा जाता है।
सूर्य की ऊर्जा/ऊष्मा से किसी भी वस्तु का तापमान बढ़ जाता है।	तापमान ऊष्मा का माप होता है।
सूर्य ऊर्जा का सबसे बड़ा स्रोत है।	वायु के तापमान को सेंटीग्रेड (C°), फॉरेनहाइट (F) तथा रिमूर में प्रदर्शित किया जाता है।
सूर्यातप से प्राप्त होने वाली ऊष्मा को जब कोई वस्तु धारण करती है, तो उसका तापमान बढ़ जाता है।	तापमान पर सूर्य की ऊर्जा का प्रभाव होता है, जिस कारण तापमान तथा सूर्यातप में प्रभाव तथा कारण का संबंध होता है।
सूर्यातप से ऊष्मा एक पदार्थ से दूसरे पदार्थ की ऊष्मा की मात्रा में परिवर्तन होने पर नहीं चलती है।	तापमान की ऊष्मा, एक पदार्थ से दूसरे पदार्थ की मात्रा में परिवर्तन होने पर चलती है।
सूर्यातप में अधिक ऊष्मा नहीं होने पर भी किसी वस्तु या पदार्थ का तापमान अधिक हो सकता है।	तापमान कम होते हुए भी किसी वस्तु या पदार्थ में अधिक ऊष्मा हो सकती है।

पृथ्वी का ऊष्मा बजट

- पृथ्वी पर औसत तापमान एक समान रहता है। यह सूर्यातप एवं भौमिक विकिरण में संतुलन के कारण ही संभव हुआ है। इस संतुलन को ही **'पृथ्वी का ऊष्मा बजट'** कहा जाता है।
- वायुमण्डल की ऊपरी सतह पर प्राप्त होने वाली कुल ऊष्मा को यदि 100 इकाई मान लिया जाए तो इसमें से 35 इकाइयाँ पृथ्वी के धरातल पर पहुँचने से पहले ही अंतरिक्ष में लौट जाती हैं। सौर विकिरण की इस मात्रा (35 इकाई) को **'एल्बिडो' (Albedo)** कहा जाता है।
- इन 35 इकाइयों में से 27 इकाइयां बादल के ऊपरी छोर से तथा 2 इकाइयां पृथ्वी के हिमाच्छादित क्षेत्रों द्वारा परावर्तित होकर अंतरिक्ष में लौट जाती हैं। शेष 6 इकाइयां प्रकीर्णन द्वारा अंतरिक्ष में लौट जाती हैं।
- शेष 65 इकाइयां वायुमण्डल (14 इकाई) एवं पृथ्वी के धरातल (51 इकाई) द्वारा अवशोषित होती हैं।
- पृथ्वी के धरातल द्वारा अवशोषित 51 इकाइयों मे से 17 इकाईयां विकिरण द्वारा अंतरिक्ष में लौट जाती हैं।
- शेष 34 इकाइयां वायुमण्डल द्वारा अवशोषित होती हैं। इन 34 इकाइयों में से 6 इकाईयां विकिरण द्वारा, 9 इकाइयां संवहन के द्वारा एवं 19 इकाइयां संघनन की गुप्त ऊष्मा के रूप में वायुमण्डल को प्राप्त होती हैं।
- इन 34 इकाइयों के अलावा वायुमण्डल 14 इकाई ऊर्जा का प्रत्यक्ष रूप से अवशोषण करता है। इस प्रकार वायुमण्डल द्वारा 48 इकाइयों का अवशोषण होता है। वायुमण्डल विकिरण द्वारा इन 48 इकाइयों को भी अंतरिक्ष में वापस लौटा देता है।
- इस प्रकार पृथ्वी के धरातल तथा वायुमण्डल से अंतरिक्ष में लौटने वाली विकिरण की इकाइयां क्रमशः 17 एवं 48 हैं। वापस लौटने वाली ये इकाइयां उन 65 इकाइयों का संतुलन कर देती हैं, जो सूर्य से प्राप्त होती हैं।

पृथ्वी का विकिरण संतुलन

(धरातल + वायुमण्डल का ऊर्जा संतुलन)	
आने वाला सौर विकिरण	**प्रतिशत**
ओजोन द्वारा अवशोषण	3
H_2O एवं एरोसोल द्वारा अवशोषण	13
मेघों द्वारा अवशोषण	2
मेघों द्वारा अंतरिक्ष को वापस	24
हवा तथा एरोसोल द्वारा वापस	7
धरातल द्वारा वापस	4
योग	**53**
भूमि द्वारा अवशोषण	
सूर्य से	25
मेघों एवं वायुमण्डल से	22
योग	**47**
आने वाला कुल विकिरण	**100**
पृथ्वी से जाने वाला विकिरण	
लघु तरंग	
H_2O, CO_2 तथा मेघों से वापस विकिरण	31
भूमि से अंतरिक्ष को वापस विकिरण	4

दीर्घ तरंग	
भूमि से वापस विकिरण	5
H_2O, CO_2 तथा मेघों से वापस विकिरण	60
बाहर जाने वाला कुल विकिरण	**100**
धरातलीय संतुलन (वायुमण्डल के बाहर आने वाले सौर विकिरण का प्रतिशत)	
आने वाला	
सूर्य से	25
वायुमण्डल से	26
योग	**56**
बाहर जाने वाला	
वायुमण्डल को	
H_2O, CO_2 तथा मेघ को दीर्घ तरंग	13
गुप्त ताप	24
संवेदय ऊष्मा	5
बाह्य अंतरिक्ष	
भूमि से वापस	4
दीर्घ तरंग	5
योग	**51**

अक्षांशीय ऊष्मा संतुलन

- पृथ्वी के प्रत्येक अक्षांश पर प्राप्त ऊष्मा एवं खोई गई ऊष्मा में समानता नहीं होती है। इसके बावजूद, किसी भी अक्षांश के तापक्रम में न तो लगातार वृद्धि होती है और न ही लगातार ह्रास। यह स्थिति उष्मा के स्थानांतरण के कारण संभव होती है।
- 37° उत्तरी एवं दक्षिणी अक्षांशों के बीच प्राप्त ऊष्मा खोई गई ऊष्मा की तुलना में अधिक होती है। इसके विपरीत, 37° अक्षांश से लेकर ध्रुवों के बीच प्राप्त उष्मा की मात्रा खोई गई उष्मा की तुलना में कम होती है। पवन एवं सागरीय धाराओं द्वारा ऊष्मा का स्थानान्तरण निम्न अक्षांशों से उच्च अक्षांशों की ओर होता रहता है। वास्तविकता यह है कि ऊष्मा के असंतुलन के कारण ही पवनों एवं समुद्री धाराओं की उत्पत्ति होती है।
- चूंकि अधिकतर ऊष्मा का आदान-प्रदान मध्य अक्षांशों (30° से 50°) के बीच होता है, अतः अधिकांश तूफानी मौसम इसी क्षेत्र से जुड़े होते हैं।
- ट्रिवार्था के अनुसार, 75% उष्मा का स्थानांतरण पवनों के द्वारा एवं 25% महासागरीय जल धाराओं के द्वारा होता है।

तापमान

सामान्यतः **'ऊष्मा'** एवं **'तापमान'**, दोनों शब्दों का प्रयोग पर्यायवाची शब्दों के रूप में किया जाता है, परंतु वास्तविकता यह है कि इन दोनों के बीच एक सूक्ष्म अंतर होता है। ऊष्मा वास्तव में ऊर्जा का एक रूप है जो वस्तुओं को गर्म करती है, अर्थात् ऊष्मा से ऊर्जा की मात्रा का बोध होता है, जबकि तापमान यह बतलाता है कि कोई पदार्थ कितना गर्म या ठंडा है? इस प्रकार यह कहा जा सकता हैं कि उष्मा कारण (cause) है एवं तापमान उसका प्रभाव (Effect)। एक गिलास एवं एक बाल्टी पानी का तापमान एक समान होने पर भी एक बाल्टी पानी में एक गिलास पानी की तुलना में अधिक उष्मा हो सकती है।

- मरुस्थलीय भागों में वायुमण्डल में जलवाष्प की कमी होने के कारण ही रात्रि का तापमान काफी नीचा हो जाता है, क्योंकि ऐसी अवस्था में पार्थिव विकिरण द्वारा तापमान आसानी से शून्य में चला जाता है।
- ऊँचाई के साथ-साथ आने वाले अंतर्गामी (Incoming) एवं बर्हिगामी (Outgoing), दोनों ही विकिरण बढ़ते जाते हैं, अतः उच्च पर्वतों को **'पृथ्वी की विकिरण'** खिड़की कहा जाता है।
- पृथ्वी दोपहर को 12 बजे अधिकतम सौर्यिक ऊर्जा प्राप्त करती है, परंतु उच्चतम तापमान 12 बजे न होकर 2 बजे दिन में होता है, क्योंकि वायुमण्डल पृथ्वी से धीरे-धीरे उष्मा प्राप्त करता है। इसी प्रकार न्यूनतम तापमान 12 बजे रात्रि में न होकर प्रातः काल 4 से 5 बजे के बीच होता है।
- दिन के अधिकतम एवं न्यूनतम तापमान के औसत को औसत दैनिक तापमान कहा जाता है, अर्थात् दिन का उच्चतम तापमान +
  औसत दैनिक ताप = दिन का न्यूनतम तापमान/2
  कुछ देशों में औसत दैनिक तापमान निकालने के लिए दिन के प्रत्येक घण्टे या अन्य निश्चित समय के तापों का औसत लिया जाता है।
- एक महीने के प्रतिदिन के उच्चतम तथा निम्नतम तापमान का औसत क्रमशः औसत मासिक उच्चतम एवं औसत मासिक न्यूनतम तापमान को बतलाता है।
- इसी प्रकार वर्ष के 12 महीनों के उच्चतम एवं न्यूनतम तापमान के औसत द्वारा क्रमशः औसत वार्षिक उच्चतम एवं औसत वार्षिक न्यूनतम तापमान ज्ञात किया जाता है।

तापमान के वितरण को प्रभावित करने वाले कारक

(i) **अक्षांश** : भूमध्य रेखा से ध्रुवों की ओर जाने पर तापमान प्रायः कम होता जाता है। इसके बावजूद सर्वाधिक तापमान विषुवत् रेखा पर नहीं, बल्कि उसके कुछ उत्तर या दक्षिण में अंकित किया जाता है। उदाहरण के लिए जुलाई में अधिकतम तापमान 20° उत्तरी अक्षांश पर अंकित किया जाता है।

(ii) **समुद्र तल से ऊँचाई** : चूंकि वायुमण्डल मुख्यतः नीचे से ऊपर की ओर गर्म होता है, अतः ऊँचाई में वृद्धि के साथ तापमान में कमी आती है।

(iii) **स्थल एवं जल** : स्थल खण्ड सूर्यातप के कारण सागर की अपेक्षा अधिक तेजी से एवं अधिक मात्रा में गर्म हो जाते हैं। इसी प्रकार ताप विकिरण के कारण जल की तुलना में स्थल शीघ्र शीतल हो जाता है। इस प्रकार महासागर देर से शीतल एवं देर से गर्म होने के कारण जलवायु को सम बनाने में सहायक होते हैं। महासागरों की अपेक्षा स्थल खंडों पर तापांतर अधिक होता है।

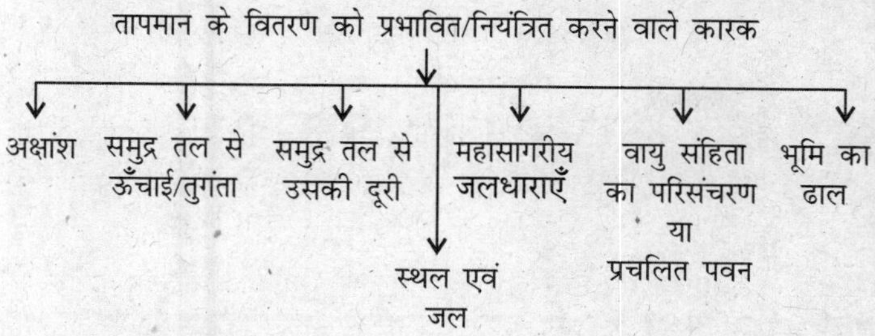

जल एवं स्थल के तापमानों में अंतर ग्रीष्म ऋतु की तुलना में शीत ऋतु में अधिक होता है। जल की तुलना में स्थल के शीघ्र गर्म एवं ठंडा होने के कई कारण हैं।

(क) स्थल की तुलना में जल में सूर्य की किरणें अधिक गहराई तक प्रवेश कर जाती हैं।

(ख) स्थल की तुलना में जल की विशिष्ट ऊष्मा (Specific Heat Capacity) अधिक होती है।

(ग) जल में ऊष्मा का स्थानान्तरण आसानी से होता रहता है।

(घ) सागरीय भागों में वाष्पीकरण अधिक होने के कारण सूर्यातप की अधिक मात्रा खर्च होती है।

(ड़) स्थल की अपेक्षा जल द्वारा सौर विकिरण का परावर्तन अधिक होता है।

(iv) महासागरीय जलधाराएं : गर्म जलधाराएँ समुद्रतटीय क्षेत्र में तापमान को बढ़ाती हैं, जबकि ठण्डी जलधाराएँ तापमान को कम करती हैं।

(v) प्रचलित पवन : उच्च अक्षांशों से निम्न अक्षांशों की ओर चलने वाली पवन तापमान को कम कर देती है।

सागरीय भागों से स्थलीय भागों की ओर चलने वाली पवन वहाँ सागरीय प्रभाव लाती है, जिसके कारण तापांतर कम हो जाता है।

पर्वतों के ऊपरी भाग से आने वाली हवाएँ तापमान को कम कर देती हैं। चक्रवातों के आगमन के समय तापमान ऊँचा एवं चले जाने के पश्चात् अचानक कम हो जाता है।

(vi) भूमि की ढाल दिशा : सूर्य की ओर झुकी ढाल विपरीत दिशा में झुकी ढाल की अपेक्षा अधिक सूर्यातप ग्रहण करती है। यही कारण है कि उत्तरी गोलार्द्ध में कर्क रेखा के उत्तर में स्थित अनेक पर्वतीय घाटियों में दक्षिणी ढालों पर मानव बस्तियाँ एवं कृषि कार्य केन्द्रित हैं। हिमालय पर्वतीय क्षेत्र में भी यही स्थिति देखने को मिलती है।

❑❑❑

अध्याय

6

तापमान का क्षैतिज एवं लम्बवत् वितरण

तापमान का क्षैतिज वितरण

तापमान के क्षैतिज वितरण का तात्पर्य अक्षांश के अनुसार तापमान के वितरण से है। मानचित्र पर तापमान के क्षैतिज वितरण को समताप रेखाओं के माध्यम से प्रदर्शित किया जाता है। समताप रेखा समान तापमान वाले स्थानों को मिलाने वाली काल्पनिक रेखा है। ऊँचाई के प्रभाव से मुक्त रखने के लिए किसी भी स्थान के तापमान को घटाकर समुद्र तल के बराबर कर लिया जाता है। इस प्रकार समताप रेखाएँ किसी स्थान के वास्तविक तापमान को नहीं प्रदर्शित करती हैं, बल्कि उनके द्वारा किसी स्थान का समुद्र तल पर अनुमानित तापमान ही दिखलाया जाता है।

- सामान्यत: समताप रेखाएँ पूर्व से पश्चिम की ओर अक्षांश रेखाओं के समानान्तर होती हैं। समताप रेखाओं की यह प्रवृत्ति दक्षिणी गोलार्द्ध में, जहाँ उत्तरी गोलार्द्ध की अपेक्षा कम स्थल खंड हैं, स्पष्ट दिखाई पड़ती है।
- जहाँ समताप रेखाएँ जल से स्थल पर या स्थल से जल पर जाती हैं, उनमें अचानक मोड़ आ जाता है। ऐसा विशेष रूप से उत्तरी गोलार्द्ध मे अधिक देखने को मिलता है। इसका कारण जल एवं स्थल के गर्म होने की दर में असमानता है।
- समताप रेखाओं की परस्पर दूरी ताप प्रवणता अर्थात् तापांतर दर की तीव्रता को बतलाती हैं। यदि समताप रेखाएँ पास-पास होती हैं तो उनके बीच की कम दूरी तापांतर की ऊँची दर (तीव्रता) को बतलाती है, जबकि यदि समताप रेखाएँ दूर-दूर होती हैं, तो उनके बीच की अधिक दूरी तापांतर की धीमी दर को बतलाती है। ताप प्रवणता सर्दी में अधिक एवं गर्मी में कम होती है।
- दक्षिणी गोलार्द्ध में समताप रेखाएँ अधिक सीधी तथा परस्पर दूर-दूर होती हैं, क्योंकि वहाँ महासागरों की अधिकता के कारण धरातल अधिक समांगी (Homogeneous) है।
- उच्च अक्षांशों में बहने वाली गर्म जलधाराओं के प्रभाव से समताप रेखाएँ ध्रुवों की ओर मुड़ जाती हैं एवं शीतल समुद्री धाराएँ अक्षांश रेखाओं को भूमध्य रेखा की ओर झुका देती हैं।
- दोनों ही गोलार्द्धों में शीत ऋतु में निम्नतम तापमान एवं ग्रीष्म ऋतु में उच्चतम तापमान महाद्वीपों पर ही पाए जाते हैं।
- सर्वाधिक तापांतर ध्रुवों पर न होकर एशिया एवं उत्तरी अमेरिका में 60° अक्षांश के आस-पास पाया जाता है।

जनवरी में तापमान का क्षैतिज वितरण

- उत्तरी गोलार्द्ध में महाद्वीपों की तुलना में महासागर अधिक गर्म रहते हैं, अत: समताप रेखाएँ महाद्वीपों पर विषुवत् रेखा की ओर एवं महासागरों पर ध्रुवों की ओर मुड़ जाती हैं। दक्षिणी गोलार्द्ध में इसके विपरीत स्थिति पाई जाती है।
- उत्तरी गोलार्द्ध का सबसे गर्म एवं दक्षिणी गोलार्द्ध का सबसे ठंडा महीना जनवरी होता है।
- सभी महाद्वीपों के पश्चिमी किनारे सामान्यत: पूर्वी किनारे की तुलना में अधिक गर्म होते हैं (पछुआ हवा के कारण)।
- उत्तरी गोलार्द्ध में इस समय समताप रेखाएँ स्थल खंडों के अधिक विस्तार के कारण अनियमित एवं पास-पास होती हैं, जबकि दक्षिणी गोलार्द्ध में समताप रेखाएँ अधिक नियमित एवं दूर-दूर होती हैं।
- जनवरी की औसत तापीय भू-मध्य रेखा की स्थिति भू-मध्य रेखा के दक्षिण में पाई जाती हैं। इस महीने में धरातल पर सर्वोच्च तापमान की पट्टी 30° दक्षिणी अक्षांश के समीप महाद्वीपों पर पायी जाती है।

जुलाई में तापमान का क्षैतिज वितरण

- इस ऋतु में अधिकतम तापमान उत्तरी गोलार्द्ध में 10° से 40° अक्षांशों के मध्य स्थित खंडों पर पाया जाता है। साथ ही, न्यूनतम तापमान भी उत्तरी गोलार्द्ध में ही ग्रीनलैण्ड के मध्य भाग में पाया जाता है।
- इस समय उत्तरी गोलार्द्ध में समताप रेखाएँ महासागरों पर विषुवत् रेखा की ओर तथा महाद्वीपों पर ध्रुवों की ओर मुड़ी हुई होती हैं। दक्षिणी गोलार्द्ध में इसके विपरीत स्थिति पाई जाती है।
- महाद्वीपों की अपेक्षा महासागरों पर समताप रेखाओं के बीच की दूरी अधिक होती है।
- उत्तरी गोलार्द्ध में इस समय समताप रेखाएँ जनवरी की तुलना में कम एवं परस्पर दूर-दूर पाई जाती हैं।
- उत्तरी गोलार्द्ध में जुलाई का महीना सर्वाधिक गर्म एवं दक्षिणी गोलार्द्ध में सर्वाधिक ठंडा होता है।

तापमान का प्रादेशिक वितरण

- प्राचीन ग्रीक विद्वानों ने तापमान की दृष्टि से संपूर्ण ग्लोब को तीन प्रमुख कटिबंधों में विभाजित किया है :
  (i) उष्ण कटिबंध - 0° से $23\frac{1}{2}^{\circ}$ अक्षांशों के बीच।

(ii) शीतोष्ण कटिबंध - $23\frac{1}{2}^\circ$ से $66\frac{1}{2}^\circ$ अक्षांशों के बीच।

(iii) शीत कटिबंध - $66\frac{1}{2}^\circ$ से 90° अक्षांशों के बीच।

- सूपन ने अक्षांशों की जगह समताप रेखाओं के आधार पर विश्व को विभिन्न ताप कटिबंधों में विभाजित किया है।

तापमान की विलोमता या व्युत्क्रमण

सामान्य नियमानुसार क्षोभमण्डल में ऊँचाई के साथ तापमान में कमी आती है, परंतु कभी-कभी किसी विशेष समय या स्थान पर ऊँचाई के साथ तापमान में वृद्धि अंकित की जाती है। इसे **'ऋणात्मक ताप पतन दर' (Negative Lapse Rate)** की संज्ञा प्रदान की जाती है। इस स्थिति को **'तापमान का प्रतिलोमन'** कहा जाता है।

- मध्य एवं उच्च अक्षांशों के हिमाच्छादित क्षेत्रों में जाड़े की रातें काफी लंबी होती हैं। रात के समय धरातल को सौर्यिक ऊष्मा की प्राप्ति नहीं हो पाती है एवं पार्थिव विकिरण तेजी से होने के कारण धरातल तीव्र गति से ठण्डा होता है। इसके फलस्वरूप धरातल के संपर्क में आने वाली वायु भी ठण्डी हो जाती है, जबकि ठीक इसके ऊपर गर्म वायु की परत होती है। इस प्रकार नीचे कम तापमान एवं ऊपर अधिक तापमान होने के कारण तापीय विलोमता की स्थिति उत्पन्न हो जाती है। इस प्रकार की विकिरणजनित तापीय विलोमता के लिए अनुकूल परिस्थितियाँ निम्नलिखित हैं-

  (i) शीतकालीन लंबी रातें

  (ii) स्वच्छ एवं मेघ रहित आकाश

  (iii) शुष्क पवन

  (iv) शांत एवं स्थिर वायुमण्डल

  (v) हिमाच्छादित धरातल

- पर्वतीय घाटियों में विकिरण एवं संवहन की प्रक्रिया द्वारा तापमान की विलोमता की स्थिति उत्पन्न हो जाती है। यहाँ जाड़े की रात्रि में ढलानों के ऊपरी भाग पार्थिव विकिरण के कारण तेजी से ठण्डे हो जाते हैं, जिसके फलस्वरूप संपर्क में आने वाली वायु भी ठण्डी हो जाती है। इसके विपरीत, घाटी की तली में विकिरण से अपेक्षाकृत कम ऊष्मा ह्रास के कारण तापमान ऊँचा रहता है एवं संपर्क क्षेत्र की वायु भी गर्म हो जाती है। ऊपर स्थित वायु ठण्डी होने के कारण भारी होती है। फलस्वरूप, यह वायु गुरुत्वाकर्षण के प्रभाव से नीचे की ओर खिसक कर घाटियों में भर जाती है। इन पर्वतीय हवाओं को **केटाबेटिक पवन (Katebatic wind)** कहा जाता है। ये केटाबेटिक हवाएँ घाटी की तली के तापमान को कम कर देती हैं। इसके विपरीत, घाटी की तली की गर्म वायु हल्की होकर ऊपर उठती हैं एवं यह वायु **एनाबेटिक पवन (Anabatic Wind)** कहलाती है। इस प्रकार ऊपरी भाग में गर्म एवं निचले भाग में ठंडी वायु होने के कारण विलोमता की स्थिति उत्पन्न हो जाती है।
- पर्वतीय क्षेत्रों में तापमान की विलोमता का काफी महत्व है। तापमान की विलोमता के कारण ही अंतरापर्वतीय घाटियों में बस्तियाँ एवं खेत घाटी के निचले भाग में नहीं, बल्कि पर्वतीय ढालों पर ऊपरी भाग में स्थित होते हैं। उदाहरण के लिए, कैलिफोर्निया एवं हिमालय क्षेत्र में फलों के बागान घाटियों में नहीं, बल्कि ऊपरी ढालों पर स्थित हैं। इसी प्रकार ब्राजील में कहवा एवं जापान के सुवा बेसिन में शहतूत की कृषि ऊपरी ढालों पर ही की जाती है। स्विट्जरलैण्ड एवं हिमालय क्षेत्र में होटल आदि ढालों के ऊपरी भाग में ही स्थित हैं, क्योंकि घाटियों में पाला पड़ता है, जबकि ऊपरी भाग अपेक्षाकृत गर्म रहता है।
- जब उष्ण एवं शीतल वायु राशियाँ आमने-सामने होती हैं तो भारी होने के कारण शीतल वायु गर्म वायु को ढकेलकर ऊपर कर देती है या गर्म वायु स्वतः ढाल के सहारे ऊपर चढ़ने लगती है। इस प्रकार नीचे ठंडी वायु एवं ऊपर गर्म वायु के होने के कारण तापमान की विलोमता की स्थिति उत्पन्न हो जाती है। तापमान की इस विलोमता को **'वाताग्री विलोमता' (Frontal Inversion)** या **'चक्रवाती विलोमता'** कहा जाता है।
- शीत काल में महाद्वीपों के धरातल अधिक शीतल हो जाते हैं। जब उनकी ओर समीपवर्ती महासागरों के ऊपर से होकर चलने वाली उष्ण वायु आती है, तब ठंडी वायु की परत के ऊपर गर्म वायु की स्थापना हो जाती है। इसी प्रकार ग्रीष्म काल में महासागरों के तुलनात्मक रूप से अधिक ठंडे होने के कारण जब महाद्वीपीय उष्ण वायु महासागरीय शीतल वायु के ऊपर स्थापित हो जाती है तो तापमान की विलोमता की स्थिति उत्पन्न हो जाती है।
- तापीय प्रतिलोमन के फलस्वरूप कुहरे का भी निर्माण होता है। कहीं-कहीं पर फसलों तथा फलों की कृषि के लिए कुहरा लाभप्रद होता है, जैसे यमन की पहाड़ियों पर दोपहर तक कुहरा छाया रहता है। इसके कारण कहवे के पौधों का सूर्य की तेज किरणों से बचाव हो जाता है एवं छायादार पौधे लगाने की आवश्यकता नहीं होती है।
- तापमान की विलोमता आर्थिक एवं जलवायु, दोनों की दृष्टियों से विशेष महत्वपूर्ण होती है। मेघों के स्वरूप का निर्धारण, वर्षा, वायुमण्डल की दृश्यता आदि पर तापमान की विलोमता का प्रभाव पड़ता है।

तापमान विसंगति

- किसी स्थान के औसत तापमान एवं उस अक्षांश में औसत तापमान के अंतर को **'तापमान विसंगति'** कहा जाता है।
- उत्तरी गोलार्द्ध में तापमान की अधिकतम विसंगति पाई जाती है एवं दक्षिणी गोलार्द्ध में न्यूनतम।
- जब किसी स्थान का औसत तापमान उस अक्षांश के औसत तापमान से कम होता है तो तापमान विसंगति ऋणात्मक होती है। इसके विपरीत, जब किसी स्थान का तापमान उस अक्षांश के औसत तापमान से अधिक होता है, तो तापमान विसंगति धनात्मक होती है।
- जनवरी में उत्तरी गोलार्द्ध में महासागरों तथा महाद्वीपों के ऊपर क्रमशः धनात्मक एवं ऋणात्मक विसंगति पाई जाती है।
- यूरोप का पश्चिमोत्तर भाग शीतकाल में अधिकतम धनात्मक तापीय विसंगति के लिए विशेष रूप से उल्लेखनीय है।
- जुलाई के महीने में उत्तरी गोलार्द्ध में स्थित महाद्वीपों पर धनात्मक विसंगति पाई जाती है। इसका कारण है, स्थल भाग का अधिक गर्म होना। इस समय महासागरों पर तापमान विसंगति धनात्मक एवं विषुवत रेखा की ओर ऋणात्मक होती है।

- यदि वार्षिक औसत तापमान लिया जाए तो 40° अक्षांश से ध्रुवों की ओर तापमान विसंगति ऋणात्मक एवं विषुवत रेखा की ओर धनात्मक होती है। इसके विपरीत, महासागरों पर तापमान विसंगति 40° अक्षांश से ध्रुवों की ओर धनात्मक एवं विषुवत रेखा की ओर ऋणात्मक होती है।

रुद्धोष्म या एडियाबेटिक ताप परिवर्तन

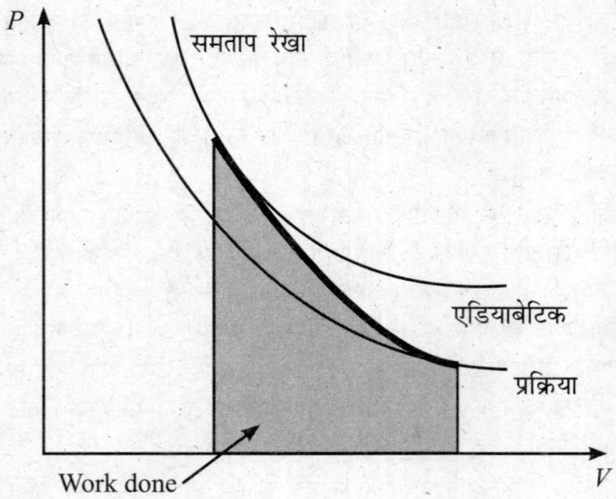

एक साधारण पदार्थ के लिए एक एडियाबेटिक प्रक्रिया के दौरान, जिसमें मात्रा बढ़ जाती है, काम करने वाले पदार्थ की आंतरिक ऊर्जा में कमी होनी चाहिएँ

जब किसी वस्तु में ऐसा परिवर्तन होता है कि वह वस्तु न तो बाहरी माध्यम को ऊष्मा दे एवं न ही उससें ऊष्मा ले, परंतु उसका ताप बदल जाए, तब ऐसे परिवर्तन को **'रुद्धोष्म परिवर्तन' (Adiabatic Change)** कहा जाता है। इस प्रकार, रुद्धोष्म परिवर्तन में किसी वस्तु की ऊष्मा ऊर्जा में, बिना ताप के परिवर्तन के ही, परिवर्तन हो जाता है। (Change in temperature without change in heat energy)

जब कोई वायु गर्म होकर ऊपर उठती है तो दबाव में कमी के कारण उसके आयतन में वृद्धि होती है। जब कोई वस्तु फैलती है, तब उसे ऊष्मा की आवश्यकता पड़ती है। यदि अपेक्षित ऊष्मा बाहर से नहीं मिल पाती तो उस वस्तु को अपनी आंतरिक ऊष्मा का व्यय करना पड़ता है जिससे वह ठंडी होने लगती है। इस प्रकार आरोही वायु क्रमशः फैलती हैं एवं शीतल होती जाती है। इन परिस्थितियों में आरोही वायु 1^oC प्रति 100 मीटर की दर से ठंडी होने लगती है।

इस ताप ह्रास दर को **'एडियाबेटिक'** या **'रुद्धोष्म ताप ह्रास दर'** कहा जाता है। यह उल्लेखनीय है कि इस प्रक्रिया के अंतर्गत आरोही या अवरोही वायु के तापमान में परिवर्तन के बावजूद उसकी ऊष्मा की मात्रा में कोई परिवर्तन नहीं होता है।

इसी प्रकार अवरोही (Descending) वायु राशि अधिक दबाव के क्षेत्र में आने के कारण संपीड़ित एवं गर्म होती है। आरोही वायु के तापमान में 1^oC प्रति 100 मीटर की दर से वृद्धि होती है।

इस प्रकार यह स्पष्ट है कि रुद्धोष्म परिवर्तन का एकमात्र कारण वायु दाब में परिवर्तन है। इस प्रक्रिया में आरोही अथवा अवरोही वायु एवं समीपवर्ती वायु के मध्य चालन अथवा विकिरण के माध्यम से ऊष्मा का बिल्कुल ही संचरण नहीं होता है। अतः आरोहण अथवा संकुचन से उत्पन्न ताप परिवर्तन को रुद्धोष्म ताप परिवर्तन, कहा जाता है।

शुष्क रुद्धोष्म ताप परिवर्तन

किसी शुष्क वायु राशि के ऊपर उठने अथवा नीचे उतरने के कारण उसके तापमान में एक निश्चित दर से परिवर्तन होता है। इसे ही **'शुष्क रुद्धोष्म परिवर्तन'** कहा जाता है। शुष्क रुद्धोष्म ताप परिवर्तन की दर $101^oC/1000$ मीटर या $5.51^oF/1000$ फीट होती है। यहाँ यह ध्यान रखना चाहिए कि वायु की सामान्य ताप पतन दर $6.51^oC/1000$ मीटर है। यह रुद्धोष्म ताप पतन दर से भिन्न है। रुद्धोष्म ताप पतन दर ऊपर उठती हुई एक निश्चित वायु राशि के शीतलन को व्यक्त करती है। इसके विपरीत, वायुमण्डल में विभिन्न ऊँचाइयों पर वायु के तापमान का मापन, यदि तापमापी को उसी ऊँचाई पर ले जाकर किया जाए तो इस प्रकार के तापमान में अंकित किए गए ह्रास से उसके सामान्य ताप ह्रास दर का बोध होता है।

आर्द्र रुद्धोष्म ताप परिवर्तन

वायुमण्डल में ऊपर उठते समय संतृप्त वायु राशि (Saturated Air Mass) जिस दर से शीतल होती है, उसे **'आर्द्र रुद्धोष्म ताप ह्रास दर'** कहा जाता है। जब कोई आर्द्र वायु राशि ऊपर उठती है, तो जब तक वह संतृप्त नहीं हो जाती एवं उसमें संघनन क्रिया प्रारंभ नहीं हो जाती है, तब तक वह शुष्क रुद्धोष्म ताप ह्रास दर से ठंडी होती है, परंतु ज्यों ही वह संघनन स्तर को पार करती है, उसकी ताप ह्रास दर में कमी आ जाती है। ताप ह्रास दर में इस कमी का कारण संघनन की गुप्त ऊष्मा है। संतृप्त वायु राशि की इस नवीन ताप ह्रास दर को आर्द्र **'रुद्धोष्म ताप ह्रास दर'** कहा जाता है। आर्द्र रुद्धोष्म ताप परिवर्तन की दर $3^oC/1000$ फीट या $6^oC/1000$ मी. है।

ऊष्मा द्वीप (Heat Islands) : नगरों का तापमान इसके चारों ओर के ग्रामीण क्षेत्रों की तुलना में काफी अधिक होता है। इसका मुख्य कारण यह है कि शहरों का अधिकाधिक भू-भाग पक्की संरचना (सड़क, मकान आदि) के रूप में होता है। साथ ही, यहाँ वनस्पतियों का भी अभाव होता है। इस प्रकार इन अपेक्षाकृत उच्च ताप वाले नगरों को ही **ऊष्मा द्वीप** कहा जाता है।

महत्वपूर्ण बिंदु

- सूर्य से विकिरित की जाने वाली सम्पूर्ण ऊष्मा को प्रायः **सौर विकिरण (Solar Radiation)** कहा जाता है, यद्यपि इसमें प्रकाश आदि विकिरण भी सम्मिलित होते हैं।
- पृथ्वी पर पहुँचने वाले सौर विकिरण को ही **सूर्यातप** (Insolation) कहते हैं। यह ऊष्मा या लघु तरंगों के रूप में पृथ्वी पर पहुँचती है और हमारी पृथ्वी का धरातल इसी विकिरित ऊर्जा को प्रति सेकेण्ड **2 कैलोरी प्रति वर्ग सेमी.** की दर से प्राप्त करता है।
- वायुमण्डल की सबसे बाह्य परत पर पहुँचने वाली कुल सौर विकिरित ऊर्जा का **51% भाग** ही पृथ्वी को प्रत्यक्ष एवं अप्रत्यक्ष रूप से प्राप्त होता है जबकि शेष **49% भाग वायुमण्डल** से गुजरते समय गैस कणों एवं धूलकणों से बिखरकर, बादलों से परावर्तित होकर तथा जलवाष्प द्वारा अवशोषित होकर मार्ग में ही रुक जाता है।

- सूर्यातप की सर्वाधिक मात्रा **विषुवत रेखा** के पास उपलब्ध होती है क्योंकि यहाँ **दिन-रात की अवधि** बराबर होती है।
- **उच्चतम व न्यूनतम तापमान–दोपहर (12:00 बजे)** के समय पृथ्वी सर्वाधिक सौर ऊर्जा प्राप्त करती है एवं अधिकतम ताप दिन के **2 से 4 बजे** के बीच प्राप्त होता है, क्योंकि इस समय पृथ्वी द्वारा प्राप्त की गई ऊष्मा पृथ्वी द्वारा अवशोषित व परावर्तित की गई ऊष्मा से अधिक होती है। इसे **दिन का उच्चतम तापमान** कहते हैं।
- **तापमान का प्रतिलोमन (Temperature Inversion)**–पर्वतीय क्षेत्रों में ढालों पर नीचे की ओर ठण्डी हवा के नीचे आने से भी धरातल अत्यधिक ठण्डा हो जाता है। ऐसी दशा में ऊँचाई के साथ तापमान घटने की बजाय बढ़ने लगता है और तापमान के ऊर्ध्वाधर वितरण का क्रम उलट जाता है।
- ऐसी विपरीत परिस्थिति को ही **तापमान का व्युत्क्रमण** या **तापीय प्रतिलोमन** कहा जाता है।
- **एल्बिडो**–किसी भी सतह से परावर्तित होने वाली सूर्यातप की मात्रा एवं उसी सतह को प्राप्त होने वाली मात्रा के अनुपात को **एल्बिडो** कहते हैं। पृथ्वी का **एल्बिडो 35** है।
- पृथ्वी का **औसत तापमान 15°C** है।
- पूर्वी साइबेरिया में स्थित **बर्खोयान्सक** को **पृथ्वी का शीत ध्रुव** कहा जाता है।
- **तापमान विसंगति (Thermal Anomaly):** किसी स्थान के औसत तापमान एवं उस अक्षांश में औसत तापमान के अन्तर को **तापमान विसंगति** कहा जाता है। उत्तरी गोलार्द्ध में तापमान की अधिकतम विसंगति पाई जाती है एवं दक्षिणी गोलार्द्ध में न्यूनतम।

❑❑❑

अध्याय

7

वायु राशियाँ, वाताग्र एवं चक्रवात

[उष्ण एवं शीतोष्ण कटिबंधीय चक्रवात]

वायुराशियाँ

'वायुराशियाँ' वायुमण्डल के उस विस्तृत तथा घने भाग को कहते हैं, जिसके भौतिक गुण, विशेषकर तापमान और आर्द्रता, क्षैतिज रूप में लगभग एक समान होते हैं, उसे **'वायु राशि'** कहते हैं। सामान्यत: वायुराशि सैकड़ों किलोमीटर तक विस्तृत होती है और उसमें कई परतें होती हैं। प्रत्येक परत समान गुणों वाली होती है। जब किसी विस्तृत समतल धरातल पर वायुमण्डल सम्बन्धी दशाएँ स्थिर होती हैं, तो वहाँ की वायु में धरातल की आर्द्रता तथा तापमान सम्बन्धी विशेषताएँ समाहित हो जाती हैं और वायुराशियों की उत्पत्ति होती है। एक बार उत्पन्न होने के बाद वायुराशियाँ उद्गम क्षेत्र पर स्थिर नहीं रह पातीं। वे आगे की ओर प्रवाहित हो जाती हैं और सम्पर्क में आने वाले क्षेत्र को प्रभावित करती हैं। इस प्रक्रिया के दौरान इसके भी गुणधर्मों में परिवर्तन हो जाता है, परन्तु विस्तृत आकार के कारण परिवर्तन मन्द गति से होता है।

उत्पत्ति क्षेत्र

वायुराशियों का उद्गम क्षेत्र

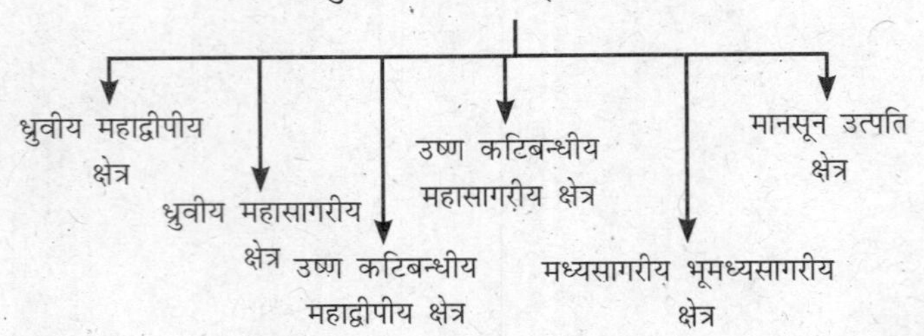

वे प्रदेश जहाँ वायुराशियाँ उत्पन्न होती हैं, **'उत्पत्ति क्षेत्र'** कहलाते हैं। आदर्श उत्पत्ति क्षेत्र के लिए निम्नलिखित दशाएँ आवश्यक होती हैं–

(i) विस्तृत एवम् समान स्वभाव वाला क्षेत्र होना चाहिए, ताकि उस क्षेत्र में तापमान और आर्द्रता सम्बन्धी दशाएँ समान हों। उत्पत्ति क्षेत्र या तो पूर्णतया स्थलीय भाग होना चाहिए या पूर्णतया सागरीय भाग।

(ii) वायु की गति बहुत कम और इसका अपसरण (Divergence) होना चाहिए, जिससे दूसरे क्षेत्र की वायु प्रवेश न कर सके।

(iii) वायुमण्डल सम्बन्धी दशाएँ लम्बे समय तक स्थिर होनी चाहिए, ताकि वायु धरातलीय विशेषताओं को ग्रहण कर सके।

पृथ्वी पर वायुराशियों के निम्नलिखित 6 आदर्श उत्पत्ति क्षेत्र पाए जाते हैं–

(i) ध्रुवीय सागरीय क्षेत्र (अटलांटिक एवम् प्रशान्त महासागर के उत्तरी क्षेत्र-शीतकाल में),

(ii) उप ध्रुवीय महाद्वीपीय क्षेत्र (यूरेशिया तथा उत्तरी अमेरिका के हिमाच्छादित भाग और आर्कटिक प्रदेश-शीतकाल में),

(iii) मानसूनी क्षेत्र (दक्षिणी-पूर्वी एशिया),

(iv) उष्ण कटिबन्धीय महासागरीय क्षेत्र (प्रति चक्रवाती क्षेत्र-शीत एवम् ग्रीष्मकाल),

(v) उष्ण कटिबन्धीय महाद्वीपीय क्षेत्र (उत्तरी अफ्रीका, एशिया तथा संयुक्त राज्य अमेरिका का मिसीसिपी घाटी क्षेत्र),

(vi) विषुवत् रेखीय क्षेत्र (वर्षभर)

वायुराशियों का वर्गीकरण

वायुराशियों को निम्नलिखित दो आधारों पर वर्गीकृत किया जाता है–

(i) उत्पत्ति क्षेत्र का स्वभाव, तथा

(ii) वायुराशि में होने वाला रूपान्तरण

उत्पत्ति क्षेत्र के स्वभाव के आधार पर वायुराशियाँ दो प्रकार की होती हैं – उष्ण कटिबन्धीय तथा ध्रुवीय। चूँकि उत्पत्ति क्षेत्र महासागर या महाद्वीप में से कोई भी हो सकता है, इसलिए इन्हें दो-दो उपवर्गों में बाँट सकते हैं – समुद्रीय उष्ण कटिबन्धीय, महाद्वीपीय उष्ण कटिबन्धीय, समुद्री ध्रुवीय तथा महाद्वीपीय ध्रुवीय। समुद्री वायुराशियों में आर्द्रता अधिक होने के कारण ये अधिक मात्रा में वर्षा करती हैं। इसके विपरीत, महाद्वीपीय वायुराशियाँ शुष्क होती हैं और इनसे वर्षा भी कम होती है।

वायु राशियाँ उत्पत्ति क्षेत्र छोड़ने के बाद जब अन्य क्षेत्रों से गुजरती हैं तो इनका क्रमश: रूपान्तरण होने लगता है। यह रूपान्तरण दो प्रकार का होता है - ऊष्मागतिक (Thermodynamic) तथा यांत्रिक (Mechanical)। जब धरातल और वायु राशि के आधारीय तल के बीच ऊष्मा के आदान-प्रदान के कारण वायुराशि नीचे से गर्म या ठण्डी होती है तो इसे **'ऊष्मागतिक रूपान्तरण'** कहते हैं। वायुराशि में होने वाले उस रूपान्तरण को, जो धरातल द्वारा दी गई गर्मी और ठण्डक से मुक्त होता है, 'यांत्रिक रूपान्तरण' कहते हैं। उदाहरण के लिए, चक्रवातों, प्रतिचक्रवातों तथा वायु के ऊर्ध्वाधर संचरण के कारण होने वाले रूपान्तरण। वायुराशि में गतिशीलता होने पर उसे **'अस्थिर' (Unstable-U)** तथा गतिशीलता नहीं होने पर उसे **'स्थिर वायुराशि' (Stable-S)** कहते हैं।

P = ध्रुवीय वायुराशि

T = उष्ण कटिबन्ध वायुराशि

c = महाद्वीपीय वायुराशि

m = महासागरीय वायुराशि
K = ठण्डी वायुराशि
W = गर्म वायुराशि
s = स्थिर वायुराशि
u = अस्थिर वायुराशि।

उत्पत्ति क्षेत्र के स्वभाव के आधार पर वायुराशियों को दो वर्गों में विभाजित किया जाता है:

(i) ध्रुवीय वायु राशि (Polar Air Mass) : यह वायु राशि उच्च अक्षांशों में उत्पन्न होती है। इसे P अक्षर द्वारा प्रकट किया जाता है। कनाडा में उत्पन्न होने वाली वायु राशियाँ ध्रुवीय वायु राशियों के उदाहरण हैं। आर्कटिक वायु राशियों को भी इसी वर्ग में सम्मिलित किया जाता है।

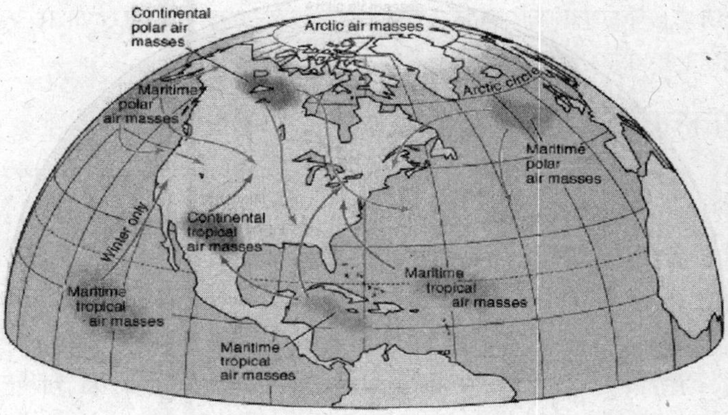

(ii) उष्ण कटिबंधीय वायु राशि (Tropical Air Mass) : इसके अंतर्गत निम्न अक्षांशों में उत्पन्न वायु राशियों को सम्मिलित किया जाता है। विषुवत रेखीय वायु राशियों को भी इसी वर्ग में सम्मिलित किया जाता है। इसे T अक्षर द्वारा प्रकट किया जाता है।

उपरोक्त दोनों ही वायु राशियों को तल की प्रकृति के आधार पर पुन: दो-दो उपवर्गों में विभाजित किया जाता है-

(i) महाद्वीपीय वायु राशि (Continental Air Mass) : इस वायु राशि की उत्पत्ति महाद्वीपों पर होती है, जिसके कारण इसमें आर्द्रता का अभाव होता है, परंतु जब यह वायु राशि महासागरों के ऊपर से होकर गुजरती है तो इनमें आर्द्रता का समावेश हो जाता है। फलस्वरूप, इसमें महासागरीय वायु राशि के लक्षण उत्पन्न हो जाते हैं। इसे C अक्षर द्वारा प्रकट किया जाता है।

(ii) महासागरीय वायु राशि (Maritime Air Mass) : महासागरों के ऊपर उत्पन्न होने के कारण इस वायु राशि में प्रारंभ से ही आर्द्रता की अधिक मात्रा होती है। अत: वर्षा की दृष्टि से इनका काफी महत्व होता है। इस वायु राशि को M अक्षर द्वारा प्रकट किया जाता है।

इस प्रकार उत्पत्ति क्षेत्र एवं उनकी प्रकृति के आधार पर वायु राशियों को चार वर्गों में विभाजित किया जाता है :

(i) महाद्वीपीय ध्रुवीय वायु राशि (CP)
(ii) महासागरीय ध्रुवीय वायु राशि (MP)
(iii) महाद्वीपीय उष्ण कटिबन्धीय वायु राशि (CP)
(iv) महासागरीय उष्ण कटिबन्धीय वायु राशि (MT)

उत्पत्ति के पश्चात् वायु राशियाँ अन्य प्रदेशों की ओर गतिमान होती हैं। अत: वायु राशियों के गमन मार्ग (Trajectory) के आधार पर इन्हें पुन: दो भागों में विभाजित किया जाता है:

(i) ठंडी वायु राशि: यदि वायु राशि का तापमान उस क्षेत्र के तापमान की अपेक्षा, जिस पर वह स्थित हो या संचरण कर रही हो, कम हो तो उस वायु राशि को **'ठंडी वायु राशि'** कहा जाता है। उसे K अक्षर द्वारा प्रकट किया जाता है।

(ii) गर्म वायु राशि : यदि वायु राशि का तापमान उस क्षेत्र के तापमान की अपेक्षा जिस पर वह स्थित हो या गमन कर रही हो, अधिक है तो उस वायु राशि को 'गर्म वायु राशि' कहा जाता है।

पुन: वायु राशियों को स्थिर एवं अस्थिर प्रकारों में रखा जाता है-

(i) स्थिर वायु राशि : वह वायु राशि, जिसमें वायु ऊपर से नीचे बैठती है, **'स्थिर वायु राशि'** कहलाती है। इसे S अक्षर द्वारा प्रकट किया जाता है।

यदि वायु राशि मार्ग में आने वाले किसी पर्वतीय ढाल से नीचे उतरती है तो ताप बढ़ने के कारण वायु असंतृप्त हो जाती है एवं वायु राशि में स्थायित्व का गुण आ जाता है। इसी प्रकार यदि वायु राशि किसी प्रति चक्रवात की वायु व्यवस्था का अंग बन जाए तो भी वायु नीचे बैठने लगती है एवं उसमें स्थायित्व (Stability) का गुण आ जाता है।

(ii) अस्थिर वायु राशि : जिस वायु राशि में वायु नीचे से ऊपर की ओर उठती है, **'अस्थिर वायु राशि'** कहलाती है। इसे U अक्षर द्वारा प्रकट किया जाता है।

यदि वायुराशि को पर्वत के ढाल पर ऊपर चढ़ना पड़े तो वायु के ठंडे हो जाने के कारण संघनन करने की क्षमता बढ़ जाती है एवं वायुराशि अस्थिर (Unstable) हो जाती है। इसी प्रकार चक्रवातों की वायु व्यवस्था में फंस जाने से भी वायु में अस्थायित्व का गुण आ जाता है।

वायु राशियों का रूपांतरण

वायु राशियाँ अपने उत्पत्ति क्षेत्र से अन्य प्रदेशों की ओर गतिमान होती हैं। फिर भी उनकी अधिकांश भौतिक विशेषताएँ, जिन्हें अपनी उत्पत्ति क्षेत्र में विकसित कर चुकी होती हैं, लंबे समय तक पूर्ववत् बनी रहती हैं। इसके बावजूद वायु राशियाँ अपना उद्गम क्षेत्र छोड़ने के बाद अन्य क्षेत्रों में संचरण करती हैं, तो उनका क्रमश: रूपान्तरण होने लगता है। ये रूपान्तरण मुख्यत: दो प्रकार के होते हैं :

(i) ऊष्मागतिक रूपान्तरण (Thermodynamic Modification) : जब धरातल एवं वायु राशि के आधारीय तल के बीच ऊष्मा के आदान-प्रदान के कारण वायु राशि नीचे से गर्म या ठंडी होती है, तो इसे **'उष्मागतिक रूपान्तरण'** कहते हैं। यह तीन कारकों पर निर्भर करता है–

(a) धरातल की प्रकृति
(b) उत्पत्ति क्षेत्र से प्रभावित क्षेत्र तक वायु राशि का मार्ग
(c) उत्पत्ति क्षेत्र से प्रभावित क्षेत्र तक पहुँचने में लगा समय।

जब एक उष्ण वायु राशि किसी ठंडे धरातल पर संचरण करती है तो इसकी निचली परत ठंडी हो जाती है। इसके फलस्वरूप तापमान की विलोमता हो जाती है। वायु राशि के ठंडी होने की प्रक्रिया का ऊपर की

ओर प्रसरण काफी हद तक सीमित हो जाता है। इसके फलस्वरूप संतुलन की दशा उत्पन्न हो जाती है।

इसके विपरीत, जब एक ठंडी वायु राशि किसी गर्म धरातल पर संचरण करती है तो इसकी निचली परतें गर्म हो जाती हैं। इससे वायु राशि की संतुलन स्थिति भंग हो जाती है, वायु असंतुलित हो जाती है एवं संवहन की प्रक्रिया प्रारम्भ हो जाती है।

(ii) गतिज रूपांतरण (Dynamic Modification) : वायु राशि में होने वाले उस रूपांतरण को जो धरातल द्वारा दी गई गर्मी या ठंडक से मुक्त होती है, **'यांत्रिक रूपांतरण'** कहा जाता है, जैसे चक्रवातों या प्रति-चक्रवातों के कारण वायु के उर्ध्वाधर संचरण के फलस्वरूप वायु राशि में रूपांतरण का होना। चक्रवात में वायु केन्द्र की ओर प्रवाहित होने के क्रम में ऊपर की ओर उठ जाती है। फलस्वरूप, उसमें असंतुलन की स्थिति उत्पन्न हो जाती है जबकि प्रतिचक्रवात में केन्द्रीय भाग में वायु के ऊपर से नीचे उतरने के कारण उसमें संतुलन आ जाता है।

वाताग्र की परिभाषा

'वाताग्र' या **'सीमाग्र'** शब्द का सर्वप्रथम प्रयोग विश्वयुद्ध के दौरान किया गया था। जब दो विपरीत स्वभाव वाली वायु राशियां (ठण्डी व गर्म) आकर मिलती हैं तो वे तापमान एवं आर्द्रता संबंधी अपनी पहचान बनाए रखने की लगातार कोशिश करती है। इस प्रक्रिया में इनके बीच में एक ढलुआ सीमा का विकास हो जाता हैं। इसे **'वाताग्र'** कहते हैं। जब दो भिन्न गुणों वाली वायुराशियाँ एक-दूसरे के सम्पर्क में आती हैं तो वे अपने आप ही आपस में नहीं मिल जातीं अपितु काफी समय तक परस्पर अलग रहती हैं। ब्लयेर का कहना है कि जिस सतह या रेखा के सहारे वायुराशियाँ पृथक रहती हैं उसे **'वाताग्र'** या **'सीमाग्र'** कहते हैं। जलवायु विज्ञान में वाताग्र का अत्यधिक महत्व है, क्योंकि ये मौसम की विशिष्ट दशाओं को जन्म देते हैं, जिन्हें हम **'चक्रवात' या 'प्रति चक्रवात'** कहते हैं। इसलिए वाताग्र को **'चक्रवातों व प्रति चक्रवातों का पालना'** भी कहते हैं।

वाताग्र की उत्पत्ति : वाताग्र की उत्पत्ति के लिए निम्न दशाएँ आवश्यक हैं-

(i) भिन्न स्वभाव वाली वायुराशियाँ अर्थात् गर्म व ठण्डी वायुराशियाँ

(ii) आर्द्रता में अन्तर

(iii) वायुमण्डलीय संचार

वाताग्रों के प्रकार : पेटर्सन ने वाताग्रों को चार भागों में विभाजित किया है, जिनका मध्य अक्षांशीय चक्रवातों के अन्तर्गत पूर्ण रूप से विकास होता है।

(1) **उष्ण वाताग्र-** गर्म एवं हल्की वायु के तीव्रता से ठण्डी एवं भारी वायु के ऊपर चढ़ने पर बनने वाला वाताग्र **'उष्ण वाताग्र'** कहलाता है।

(2) **शीत वाताग्र :** ठण्डी एवं भारी वायु द्वारा गर्म एवं हल्की वायु को ऊपर उठा देने पर जो वाताग्र बनता है, वह **'शीत वाताग्र'** कहलाता है।

(3) **स्थिरवत् या स्थायी वाताग्र :** दो विपरीत वायुराशियों के समानान्तरण रूप में अलग होने एवं वायु की लम्बवत् गति के अभाव में बने वाताग्र को **'स्थायी वाताग्र'** कहते हैं।

(4) **संरोधित या अधिविष्ट वाताग्र :** शीत वाताग्र के गर्म वाताग्र से मिलने एवं गर्म वायु का नीचे धरातल से सम्पर्क खत्म होने से उत्पन्न होने वाला वाताग्र **'अधिविष्ट वाताग्र'** कहलाता है।

चक्रवात

चक्रवात से अभिप्राय सामान्यत: निम्न वायुदाब के केन्द्र से होता है, जिसके चारों ओर बाहर की ओर वायुदाब क्रमशः बढ़ता जाता है, जिस कारण सभी दिशाओं से हवाएँ अन्दर केन्द्र की तरफ प्रवाहित होने लगती हैं। फैरल के नियम के अन्दर ये हवाएँ उत्तरी गोलार्द्ध में घड़ी की सूई की दिशा के विपरीत तथा दक्षिणी गोलार्द्ध में घड़ी की सूई के अनुसार होती हैं अर्थात् उत्तरी गोलार्द्ध में अपनी दाई ओर तथा दक्षिणी गोलार्द्ध में अपने बाई ओर मुड़ जाती हैं। ट्रिवार्था के अनुसार चक्रवात अपेक्षाकृत वे निम्न वायुदाब क्षेत्र होते हैं, जो संकेन्द्रीय एवं सटी हुई समदाब रेखाओं से घिरे रहते हैं। चक्रवातों का आकार प्राय: अण्डाकार, गोलाकार या v अक्षर के समान होता है।

चक्रवातों की विशेषताएँ

(i) चक्रवात निम्नदाब के केन्द्र होते हैं तथा इनमें वायुदाब केन्द्र से बाहर की ओर बढ़ता है।

(ii) इनमें हवाएँ परिधि से केन्द्र की ओर चलती हैं।

(iii) चक्रवातों का आकार अण्डाकार, गोलाकार या V अक्षर के समान होता है।

(iv) चक्रवात मौसम को प्रभावित करते हैं, जिससे वायुदाब का गिरना, चन्द्रमा व सूर्य के चारों तरफ प्रभामण्डल का स्थापित होना, तीव्र वर्षा का होना इत्यादि।

(v) उत्तरी गोलार्द्ध में हवाएँ घड़ी की सूई के विपरीत तथा दक्षिणी गोलार्द्ध में घड़ी की सूई के अनुकूल होती हैं।

चक्रवातों के प्रकार

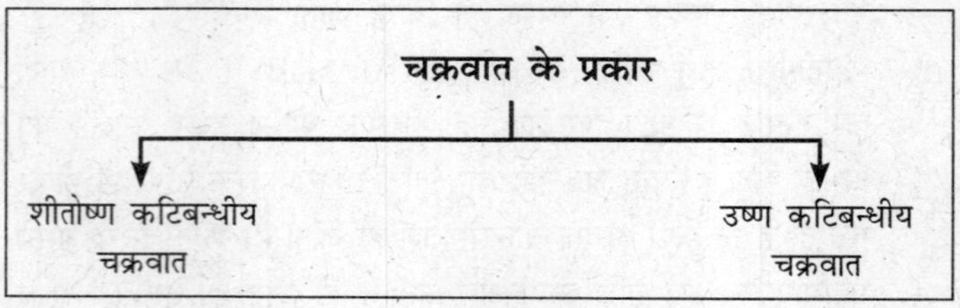

शीतोष्ण कटिबन्धीय चक्रवात

मध्य अक्षांशों में मौसम कभी एक समान नहीं रहता है। प्राय: यहाँ मौसम परिवर्तित होता रहता है। मध्य अक्षांशों में बनने वाले वायु-विक्षोभ के केन्द्र में कम दाब तथा बाहर की ओर अधिक दाब होता है और प्राय: ये गोलाकार, अण्डाकार या अंग्रेजी के V अक्षर के आकार के होते हैं जिससे इन्हें **'निम्न'** या **'गर्त'** या **'ट्रफ'** कहते हैं। इनका निर्माण दो विपरीत स्वभाव वाली ठण्डी तथा गर्म हवाओं के मिलने से होता है। इन चक्रवातों का क्षेत्र 35° से 65° अक्षांशों के मध्य दोनों गोलार्द्धों में पाया जाता है, जहाँ पर ये पछुआ हवाओं के प्रभाव में पश्चिम से पूर्व दिशा में चलते हैं। इनका चलने का क्रम वैसा ही रहता है जैसा कि नदी की धारा में भँवरें ऊपर से

नीचे चला करती हैं। इनके द्वारा वायुमण्डल में मेघों की उत्पत्ति होती है, जो अनुकूल परिस्थितियों में जलवृष्टि या हिमवृष्टि प्रदान करते हैं। इनसे वायुदाब एवं तापमान में परिवर्तन होता है। इन चक्रवातों की गति अनिश्चित होती है। ग्रीष्मकाल की अपेक्षा शीतकाल में इनकी गति तीव्र होती है।

शीतोष्ण कटिबंधीय चक्रवातों की उत्पत्ति

शीतोष्ण कटिबंधीय चक्रवातों की उत्पत्ति मुख्य रूप से ध्रुवीय वाताग्रों पर होती है, किन्तु अयनवर्ती क्षेत्रों से बाहर इनकी उत्पत्ति कहीं भी हो सकती है। इनकी उत्पत्ति व विकास शीत ऋतु में अधिक होता है। उत्तरी गोलार्द्ध में ये चक्रवात उत्तरी प्रशान्त महासागर के पश्चिमी तटवर्ती क्षेत्र से अल्यूशियन निम्न दाब क्षेत्र एवं उत्तरी अटलांटिक महासागर के पश्चिमी किनारे से **आइसलैण्ड** स्थित निम्नदाब क्षेत्र तक तथा इसके अलावा **चीन, फिलीपींस, साइबेरिया** प्रमुख क्षेत्र हैं। दक्षिणी गोलार्द्ध में ग्रीष्म व शीतकाल में इन चक्रवातों की उत्पत्ति समानरूप से होती है। यहाँ पर 60° दक्षिणी अक्षांश के आसपास सर्वाधिक चक्रवात उत्पन्न होते हैं।

शीतोष्ण कटिबंधीय चक्रवातों के प्रकार

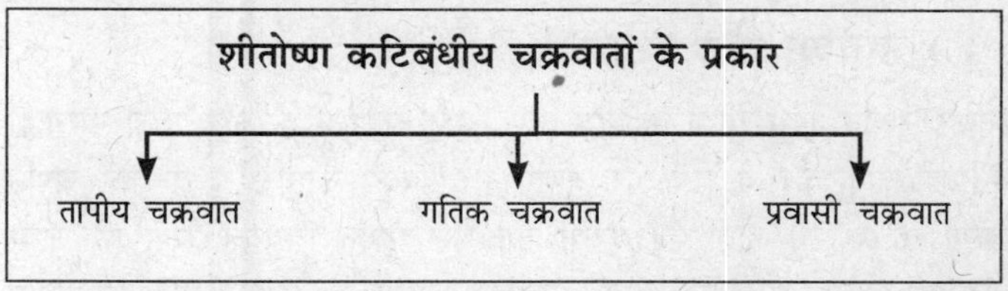

इन चक्रवातों को तीन भागों में विभाजित किया गया है- (i) तापीय चक्रवात (ii) गतिक चक्रवात (iii) प्रवासी चक्रवात

इन चक्रवातों के आने से पूर्व आकाश में सफेद बादलों की लम्बी लेकिन पतली टुकड़ियाँ दिखाई देने लगती हैं। जब कभी बैरोमीटर में निरन्तर पारा गिरने लगे, हवाएँ अपनी दिशा बदलने लगें, सूर्य और चन्द्रमा के चारों ओर प्रभामण्डल बन जाए तथा हवा बंद होने से नालियों में बदबू आने लगे तो समझना चाहिए कि चक्रवात आने वाला है।

उष्ण कटिबंधीय चक्रवात

उष्ण कटिबन्धीय चक्रवात भूमध्य रेखा से दोनों ओर कर्क ओर मकर रेखाओं के मध्य पाए जाते हैं। ये चक्रवात अनेक रूपों में दिखाई देते हैं। ये प्रभावित क्षेत्र में तीव्र गति से उग्र रूप धारण कर उत्पात मचाते रहते हैं। शीतोष्ण चक्रवातों के समान इनमें समरूपता नहीं पाई जाती है। इन चक्रवातों की प्रमुख विशेषताएँ निम्नलिखित हैं-

(i) इनके केन्द्र में न्यून दाब होता है तथा इनकी समदाब रेखाओं का आकार गोलाकार होता है।

(ii) इनकी गति में भिन्नता पाई जाती है। कहीं पर इनकी गति 32 किमी. प्रति घण्टा तथा कहीं पर 200 किमी. प्रति घण्टा होती है।

(iii) इनके आकारों में काफी भिन्नता होती है। साधारणतया इनका व्यास 80 से 300 किमी. तक होता है।

(iv) ये चक्रवात स्थायी होते हैं। ये एक स्थान पर कई दिनों तक वर्षा करते हैं।

(v) ये चक्रवात अधिक विनाशकारी होते हैं।

(vi) ये चक्रवात सागरों के ऊपर तीव्र गति से चलते हैं, परन्तु स्थल पर आते ही कमजोर पड़ जाते हैं।

उत्पत्ति

उष्ण कटिबन्धीय चक्रवातों की उत्पत्ति 8° से 15° उत्तरी अक्षांशों के मध्य महासागरों पर होती है। ये ग्रीष्म काल में अधिक उत्पन्न होते हैं। इनका जन्म तथा विकास क्षेत्र सागरीय भाग ही होते हैं। स्थल पर आते-आते विलीन हो जाने वाले ये चक्रवात अत्यधिक शक्तिशाली तथा विनाशकारी तूफान होते हैं। इनको पश्चिमी द्वीप समूह के निकट हरीकेन, चीन, फिलीपींस व जापान में टाइफून तथा हिन्द महासागर में **'साइक्लोन'** कहते हैं। इन चक्रवातों की उत्पत्ति उत्तरी अटलांटिक महासागर, **मैक्सिको** की खाड़ी, पश्चिमी द्वीप समूह, कैरेबियन सागर, उत्तरी तथा दक्षिणी महासागर, चीन सागर तथा प्रशान्त महासागर के अधिकांश क्षेत्रों पर होती है।

उष्ण कटिबन्धीय चक्रवातों को निम्न भागों में बांटा गया है- (1) क्षीण चक्रवात (2) प्रचण्ड चक्रवात (3) हरीकेन या टाइफून (4) टारनैडो

हरीकेन : संयुक्त राज्य अमेरिका में उष्ण कटिबन्धीय प्रचण्ड चक्रवात का नाम।

टाइफून : हरिकेन की तरह चीन में पूर्वी तट पर आने वाला प्रचण्ड चक्रवात।

टारनैडो : आकार की दृष्टि से सबसे छोटा, किन्तु सर्वाधिक भयंकर एवं विनाशकारी उष्ण कटिबन्धीय चक्रवात, जो मुख्यत: संयुक्त राज्य अमेरिका की मिसीसिपी घाटी तथा गौण क्षेत्र ऑस्ट्रेलिया में आते हैं।

चक्रवात उत्पत्ति के सिद्धान्त : चक्रवातों की उत्पत्ति के संबंध में निम्न प्रमुख सिद्धान्त प्रतिपादित किए गए हैं-

(1) स्थानीय तपन सिद्धान्त

(2) गतिक सिद्धान्त (लैम्पर्ट तथा शॉ)

(3) ध्रुवीय वाताग्र सिद्धान्त (बर्कनीज 1918)

प्रति चक्रवात

प्रति चक्रवात वृत्ताकार समवायुदाब रेखाओं द्वारा घिरा एक ऐसा क्रम है, जिसके केन्द्र में वायुदाब उच्च होता है और बाहर की ओर वायुदाब क्रमश: घटता जाता है। अत: प्रति चक्रवात में हवाएँ केन्द्र से परिधि की ओर चलती हैं। प्रति चक्रवात स्वभाव, प्रकृति, गुण, वायु व्यवस्था, मौसम आदि के दृष्टिकोण से चक्रवात से विलोम होते हैं। इनको **'उच्चदाब क्रम'** तथा **'कटक'** भी कहते हैं। आकार की दृष्टि से ये चक्रवातों से अधिक विशाल होते हैं। इनमें हवाओं की गति मन्द होती है तथा ये प्राय: स्थायी होते हैं। इनमें हवाएँ शीतल व धीमी गति से चलती हैं, आकाश स्वच्छ रहता है। **'प्रति चक्रवात'** शब्द का सर्वप्रथम प्रयोग गाल्टन ने सन् 1861 में किया। विश्व के प्रमुख प्रति चक्रवात 30° अक्षांश के आसपास दोनों गोलार्द्धों में महासागरों पर लगभग स्थायी रूप में पाए जाते हैं। वायुमण्डल के ऊँचे स्तरों में इनका लोप हो जाता है।

विशेषताएँ

(i) प्रति चक्रवात के केन्द्र में उच्च वायुदाब होता है, जो परिधि की ओर कम होता जाता है।

(ii) इनमें हवाएँ उत्तरी गोलार्द्ध में घड़ी की सूई की दिशा में और दक्षिणी गोलार्द्ध में घड़ी की सूई के विपरीत दिशा में चलती हैं।

(iii) ये आकार में चक्रवातों से बड़े होते हैं। इनका आकार प्राय: गोलाकार होता है।

(iv) प्रति चक्रवातों के आने से मौसम साफ, आकाश स्वच्छ तथा हवाएँ मन्द हो जाती हैं।

(v) ये उपोष्ण कटिबंधीय उच्चदाब क्षेत्रों में अधिक उत्पन्न होते हैं।

प्रति चक्रवातों के प्रकार

प्रसिद्ध मौसम वैज्ञानिक हैजिल्क ने सन् 1909 में प्रति चक्रवात् को दो भागों में विभाजित किया–

(1) शीतल प्रति चक्रवात

(2) उष्ण प्रति चक्रवात

लेकिन जलवायुवेत्ताओं की नवीन खोज के आधार पर

(3) अवरोधी प्रति चक्रवात का प्रादुर्भाव हुआ। अत: प्रति चक्रवात तीन प्रकार के होते हैं।

(1) शीतल प्रति चक्रवात

इन चक्रवातों की उत्पत्ति ध्रुवीय प्रमुख रूप से आर्कटिक क्षेत्रों में होती है, जहाँ से ये पूर्व तथा दक्षिणी पूर्व दिशा में अग्रसर होते हैं। उष्ण प्रति चक्रवातों की तुलना में इनका आकार छोटा होता है और ये तीव्र गति से आगे बढ़ते हैं। इनकी गहराई कम होती है तथा ऊँचाई 3,000 मीटर से अधिक नहीं होती। ये दो प्रकार के होते हैं–

(i) अस्थायी व क्षणिक प्रति चक्रवात : ये चक्रवात अधिकतर मार्ग में ही विलीन हो जाते हैं। केवल कुछ ही उष्ण प्रदेशों तक पहुँच पाते हैं।

(ii) अर्द्ध–स्थायी प्रति चक्रवात : ये अधिक सक्रिय होते हैं और इनका मार्ग भी लम्बा होता है।

शीतल प्रति चक्रवातों की उत्पत्ति तापीय होती है। आर्कटिक प्रदेशों में शीतकाल में विकिरण द्वारा अत्यधिक तापमान के कम होने से तथा सूर्यातप कम मिलने से उच्च वायुदाब बन जाता है, जिससे शीतल प्रति चक्रवातों की उत्पत्ति होती है, जिनके प्रमुख रूप से दो मार्ग है– (1) कनाडा के उत्तर में तथा (2) साइबेरिया के उत्तर में।

(2) उष्ण प्रतिचक्रवात

इन प्रति चक्रवातों की उत्पत्ति शीतोष्ण उच्च वायुदाब की पेटी में होती है। इस पेटी में हवाओं का अपसरण होता है। इनका आकार विशाल होता है। ये कम सक्रिय होते हैं तथा प्राय: दक्षिणी–पूर्वी संयुक्त राज्य अमेरिका व पश्चिमी यूरोपीय देशों में अधिक सक्रिय रहते हैं। इनमें हवा मन्द और आकाश मेघ रहित और स्वच्छ रहता है।

(3) अवरोधी प्रति चक्रवात

जलवायुवेत्ताओं की नवीन खोज के आधार पर इस प्रति चक्रवात का प्रादुर्भाव हुआ। क्षोभ मण्डल के ऊपरी भाग में वायु संचार के अवरोध के कारण इन प्रति चक्रवातों की उत्पत्ति होती है। इनमें वायु प्रणाली, वायुदाब तथा मौसम संबंधी विशेषताएँ उष्ण प्रति चक्रवातों के समान होती है। इनका आकार छोटा व गति मन्द होती है। ये अटलांटिक महासागरीय भाग तथा प्रशान्त महासागर के पश्चिमी भाग में उत्पन्न होते हैं।

जेट स्ट्रीम

मध्य अक्षांशीय क्षोभमण्डल के ऊपरी स्तरों में, क्षोभ–सीमा के पास, अत्यधिक तीव्र गति से बहने वाली हवाओं को **'जेट स्ट्रीम'** कहते हैं। ये सँकरी, सर्पीली एवम् तेज गति वाली वायु धाराओं की पट्टियाँ हैं। ये पृथ्वी का चक्कर लगाती रहती हैं। इनकी चौडाई 40 से 160 किमी. तक तथा मोटाई 2 से 3 किमी. तक होती है। इनकी गति 120 किमी. प्रति घण्टा से भी अधिक होती है। शीतकाल में इनकी गति अधिक तीव्र होती है।

इन वायुधाराओं की स्थिति मौसम के अनुसार बदलती रहती है। जेट स्ट्रीम के मार्ग गर्मियों में ध्रुवों की ओर तथा सर्दियों में विषुवत् रेखा की ओर खिसक जाते हैं। इन वायुधाराओं की सर्वप्रथम जानकारी द्वितीय विश्व युद्ध के दौरान हुई थी। युद्ध समाप्ति के बाद इनके विषय में व्यापक खोजबीन की गई। यद्यपि मौसम वैज्ञानिक इनकी उत्पत्ति एवम् कुछ अन्य पहलुओं पर एकमत नहीं हैं, फिर भी इनके विषय में काफी जानकारी जुटा लेने से वायुयान चालकों द्वारा इनके प्रवाह का अनुकूल दिशा में उपयोग कर लिया जाता है। जेट स्ट्रीम को दो वर्गों में विभक्त किया जाता है–

(1) उपोष्ण जेट स्ट्रीम

इनकी स्थिति क्षोभ सीमा के पास 30° - 35° अक्षांशों के बीच दोनों गोलार्द्धों में पाई जाती है। ये वर्ष भर बहती हैं। इनकी उत्पत्ति पृथ्वी की घूर्णन क्रिया के कारण होती है। पृथ्वी का यह घूर्णन विषुवत् रेखा के ऊपर वायुमण्डल में अधिकतम गति उत्पन्न करता है। इसके परिणामस्वरूप विषुवतीय कटिबन्ध में ऊपर उठने वाली वायुधाराएँ ऊपर जाकर उत्तर और दक्षिण की ओर फैलकर अधिक तेज गति से बहने लगती हैं। ये वायुधाराएँ कॉरिआलिस बल के कारण उत्तरी गोलार्द्ध में अपनी दाईं ओर तथा दक्षिणी गोलार्द्ध में अपनी बाईं ओर विक्षेपित हो जाती हैं। ये ही वायुधाराएँ लगभग 30° अक्षांशों पर पहुँचकर उपोष्ण जेट स्ट्रीम बन जाती हैं।

(2) मध्य अक्षांशीय या ध्रुवीय वाताग्री जेट स्ट्रीम

इनकी उत्पत्ति तापान्तर के कारण होती है और ये ध्रुवीय वाताग्र से घनिष्ठ सम्बन्ध रखती हैं। इनकी स्थिति 40° - 60° अक्षांशों के बीच दोनों गोलार्द्धों में होती है। इनकी स्थिति उपोष्ण जेट स्ट्रीम की उपेक्षा अधिक परिवर्तनशील होती है। ग्रीष्म ऋतु में ये ध्रुवों की ओर तथा शीत ऋतु में विषुवत रेखा की ओर खिसक जाती हैं।

यद्यपि जेट स्ट्रीम को अभी तक पूर्णत: नहीं समझा जा सका है, तथापि मौसमी दशाओं पर इनका महत्वपूर्ण प्रभाव पडता है। चक्रवात, प्रति चक्रवात, मानसून, प्रचण्ड वायु तथा तूफान जैसी मौसमी घटनाओं को निर्मित करने, प्रेरित करने और भयंकर बनाने में इन वायुधाराओं की महत्वपूर्ण भूमिका होती है।

महत्वपूर्ण बिंदु

* मध्य अक्षांशों में क्षोभमण्डल के ऊपरी स्तरों में अत्यधिक तीव्र गति से बहने वाली हवाएँ **'जेट स्ट्रीम'** कहलाती हैं।
* भिन्न गुणों वाली वायुराशियों के मिलने की सीमा **'वाताग्र'** कहलाती है। गुणों के आधार पर वाताग्र दो प्रकार के होते हैं – उच्च वाताग्र एवं शीत वाताग्र।

* चक्रवात-निम्न दाब केन्द्र में और बाहर की ओर उच्च दाब पाया जाता है। उत्तरी गोलार्द्ध में घड़ी की सूई के प्रतिकूल एवं दक्षिणी गोलार्द्ध में घड़ी की सूई के अनुकूल वायु प्रवाह आंधी, तूफान, गर्जना के साथ वर्षा होती है।
* प्रतिचक्रवात - वायुदाब एवं पवनों की गति चक्रवातों के ठीक विपरीत होती है, इसमें मौसम शुष्क एवं साफ रहता है।

वायुदाब की पेटियाँ एवं पवनें

वायुदाब

पृथ्वी तल से हजारों किलोमीटर ऊपर तक फैला वायुमण्डल पृथ्वी तल पर दबाव या दाब उत्पन्न करता है। पृथ्वी तल के नजदीक वायुदाब सर्वाधिक मिलता है। ऊपर जाने पर वायुदाब कम होता जाता है। वायुदाब तथा पवन जलवायु के ऐसे महत्वपूर्ण तत्व हैं जो इसके अन्य तत्वों को गहराई से प्रभावित करते हैं।

हमारी पृथ्वी के चारों ओर वायुमण्डल व्याप्त है, जो अनेक गैसों से निर्मित हजारों किलोमीटर मोटा आवरण है। यह गैसीय आवरण धरातल पर दबाव डालता है, जिसे **'वायुदाब'** कहते हैं। संक्षेप में, वायुमण्डलीय दबाव का अर्थ है-किसी दिए गए स्थान व समय पर वहाँ की हवा के स्तंभ का भार। वायुदाब की खोज सर्वप्रथम ग्यूरिक (Guericke-1651) ने की थी। किसी स्थान का वायुदाब निरन्तर परिवर्तनशील होता है। वायुमण्डल में दाब सब जगह और सारे समय समान नहीं रहता, यह वायुताप द्वारा नियंत्रित होता है। अधिक ताप पाकर वायु फैलती है, जिससे इसके घनत्व में कमी आती है। फलस्वरूप, वायुदाब घटता है।

गुरुत्वाकर्षण बल के कारण धरातल के निकट की वायु ऊपरी वायुमण्डल की अपेक्षा अधिक सघन होती है। अधिक ऊँचाई पर वायु अपेक्षाकृत विरल होती है। इसलिए पर्वतों अथवा पठारों पर मनुष्य को अपेक्षित मात्रा में ऑक्सीजन के लिए अधिक बार सांस लेनी पड़ती है। इस कारण पर्वतरोहियों को ऑक्सीजन का सिलेण्डर साथ ले जाना आवश्यक होता है।

वायुदाब के क्षैतिज वितरण की अपेक्षा उसका ऊर्ध्वाधर वितरण अधिक महत्वपूर्ण होता है। मौसम विभाग में वायुदाब का अध्ययन जलवायु अथवा मौसम के नियंत्रक के रूप में किया जाता है। वायुदाब में होने वाला थोड़ा परिवर्तन भी मौसम को प्रभावित करता है। मौसम के अन्य तत्व, जैसे बादल, वर्षा, तूफान, आँधी तथा पवन इत्यादि वास्तव में वायुदाब से ही नियंत्रित होते हैं। अतः मौसम के पूर्वानुमान में वायुदाब का विशेष महत्व है। वायुदाब **मापने की अधिक प्रचलित इकाई मिलीबार** (mb.) है। एक मिलीबार का अर्थ है-एक वर्ग सेंटीमीटर पर एक ग्राम भार का बल। तापमान, जलवाष्प, समुद्रतल से ऊँचाई, गतिक कारक आदि वायुदाब को प्रभावित करने वाले प्रमुख कारक हैं।

पवनें

वायुदाब एवं पवन संचार का घनिष्ठ संबंध है। वायुदाब में अन्तर ही पवनों की उत्पत्ति का कारण होता है। वायुदाब का अन्तर वर्षा एवं तापमान को भी प्रभावित करता है। पवनों द्वारा निम्न अक्षांशों और उच्च अक्षांशों के मध्य ऊष्मा का स्थानान्तरण होता है, जिसमें अक्षांशीय ताप संतुलन बनाए रखने में सहायता मिलती है। पवनों के द्वारा ही महासागरों से महाद्वीपों को आर्द्रता पहुंचाई जाती है, जिससे वर्षा संभव होती है।

वायुदाब की पेटियाँ

वायुदाब पेटियों के निर्धारण का प्रमुख आधार, तापमान तथा पृथ्वी को एक ही प्रकार का धरातल (स्थल या जल) मानकर ये पेटियाँ निश्चित की गई हैं। अतः ये पेटियाँ अत्यधिक साधारणीकृत हैं। इसे समदाब रेखाओं के द्वारा दर्शाया जाता है। यह एक काल्पनिक रेखा होती है, जो समान वायुदाब वाले स्थानों को मिलाती है। समदाब रेखाओं की परस्पर दूरियाँ वायुदाब में अंतर एवं उसके दर की प्रदर्शित करती हैं, जिसे **'दाब प्रवणता'** कहा जाता है। भूमण्डल पर वायुदाब के कारकों की भिन्नता के कारण वायुदाब का विषम वितरण होना स्वाभाविक है। पृथ्वी तल पर उल्लिखित वायुदाब पेटियाँ प्रत्येक गोलार्द्ध में पायी जाती हैं।

वायुमण्डलीय दाब व पवन

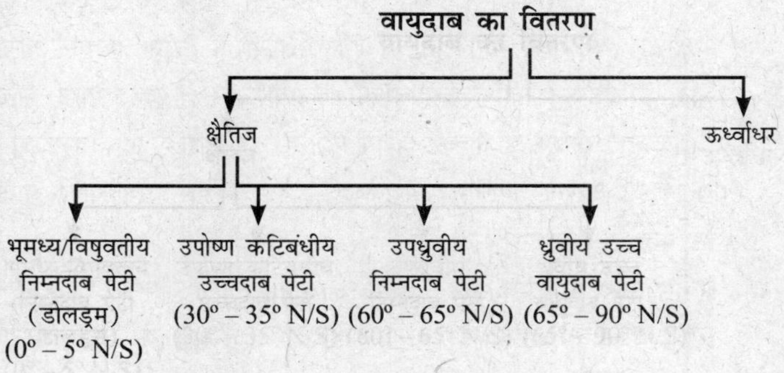

वायमुण्डल का सरलतम सामान्य परिसंचरण

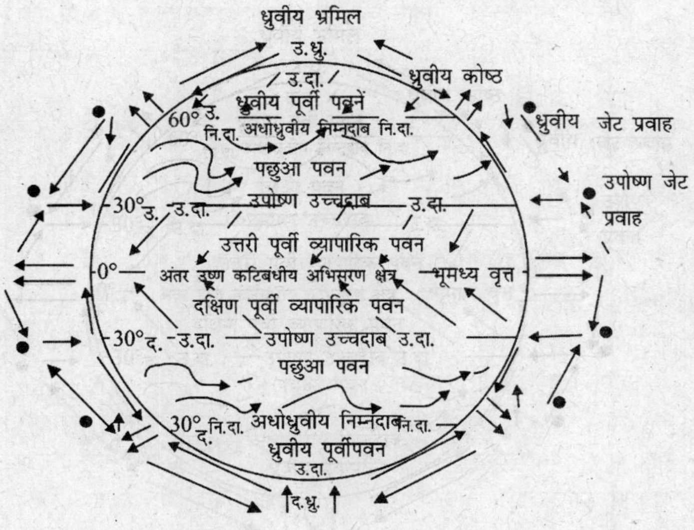

1. **भूमध्य रेखीय निम्नदाब पेटी** : इस पेटी का विस्तार भूमध्य रेखा के 5° उत्तर से 5° दक्षिण अक्षांशों तक विस्तृत है। यहाँ वर्ष भर सूर्य की सीधी किरणें पड़ने के कारण तापमान सदैव ऊँचा तथा वायुदाब कम रहता है। वायुमण्डल में जलवाष्प की अधिकता रहती है तथा वायु का घनत्व कम रहता है। भूमध्य रेखा पर भू-घूर्णन का वेग सर्वाधिक होता है, जिससे यहाँ अपकेन्द्रीय बल सर्वाधिक होता है।

इस पेटी में धरातलीय क्षैतिज पवनें नहीं चलतीं अपितु तापमान के कारण वायु हल्की होकर ऊपर उठती है और संवहनीय धाराओं का जन्म होता है। इसलिए इस कटिबंध को भूरेखीय **शान्त कटिबंध** या **डोलड्रम पेटी** भी कहते हैं। यह तापजन्य पेटी है।

2. **उपोष्ण कटिबंधीय उच्चदाब पेटी :** विषुवत् रेखा के दोनों ओर 30° से 35° अक्षांशों के मध्य से पेटियाँ स्थित हैं। यहाँ पर वर्ष भर उच्च तापमान, उच्च वायुदाब एवं मेघरहित आकाश पाए जाते हैं।
   इस पेटी की मुख्य विशेषताओं में एक यह भी है कि विश्व के सभी उष्ण मरुप्रदेश इसी पेटी में महाद्वीपों के पश्चिमी किनारों पर स्थित हैं। वायुमण्डल के ऊपरी भाग में घर्षण का अभाव होने से उत्तरी व दक्षिणी गोलार्द्धों में ये हवाएं क्रमश: अपने दाईं तथा बाईं ओर मुड़ जाती हैं। इन उच्चदाब के क्षेत्रों को **अश्व अक्षांश** भी कहते हैं। यह गतिजन्य पेटी है।
3. **उपध्रुवीय निम्नदाब पेटी :** यह पेटी 60° से 65° उत्तरी व दक्षिणी अक्षांशों के मध्य में स्थित है। इन अक्षांशों में निम्न तापमान पाया जाता है, लेकिन यहाँ उच्चदाब की बजाय निम्न वायुदाब पाया जाता है, जिसका कारण पृथ्वी की घूर्णन गति है। इन क्षेत्रों में गर्म जलधाराएँ चलने के कारण तापक्रम अधिक होने से वायुभार कम पाया जाता है। यह भी गतिजन्य पेटी है।
4. **ध्रुवीय उच्च वायुदाब पेटी** - ध्रुवों के निकट निम्न तापमान के कारण सदैव उच्चदाब रहता है। दोनों गोलार्द्धों में स्थित ये दोनों पेटियाँ ताप जनित हैं। यहाँ पर तापमान वर्ष भर कम रहने के कारण ध्रुवों तथा उनके निकटवर्ती क्षेत्रों का धरातल सदैव हिमाच्छादित रहता है। इसलिए धरातल के निकट की वायु अत्यधिक शीतल व भारी रहती है। इसी कारण से यहाँ धरातलीय दाब संबंधी आँकड़े प्रचुर मात्रा में प्राप्त नहीं किए जा सकते।

अश्व अक्षांश (30°–35 N/S) : प्राचीन समय में नौकाओं से घोड़ों को ले जाया जाता था। घोड़ों का वजन अधिक होने से नौकाओं को चलाने में परेशानी होती थी, जिस कारण घोड़ों को समुद्र में फेंक दिया जाता था, जिससे इन अक्षांशों को **अश्व अक्षांश** भी कहा जाता है।

वायुदाब का वितरण : मानचित्रों पर वायुदाब को समदाब रेखाओं द्वारा दर्शाया जाता है। तापमान की भाँति वायुदाब के लिए भी वर्ष के दो महीने (जनवरी तथा जुलाई) चुने जाते हैं।

जनवरी में वायुदाब की स्थिति : जनवरी में सूर्य दक्षिणी गोलार्द्ध में मकर रेखा पर लगभग लम्बवत् चमकता है। इस कारण वहाँ तापमान अधिक तथा वायुभार कम होता है। निम्न वायुदाब के क्षेत्र दक्षिण अमेरिका, दक्षिण अफ्रीका तथा ऑस्ट्रेलिया के आन्तरिक भागों में है। उत्तरी गोलार्द्ध पूर्णत: विकसित उपोष्ण उच्च वायुदाब क्षेत्र महाद्वीपों पर पाए जाते हैं।

जुलाई में वायुदाब की स्थिति : जुलाई में सूर्य उत्तरी गोलार्द्ध में कर्क रेखा पर लगभग लम्बवत् चमकता है। यह खिसकाव एशिया में सर्वाधिक होता है। उत्तरी गोलार्द्ध में स्थल के अधिक गर्म हो जाने के कारण वहाँ पर निम्न वायुदाब का क्षेत्र विकसित हो जाता है तथा दक्षिणी गोलार्द्ध में उच्च वायुदाब की पेटी विकसित होती है।

वायुदाब की पेटियों का ऋतुवत् परिवर्तन

वायुदाब की पेटियों का उपर्युक्त वितरण सदैव एक-सा नहीं रहता है। सूर्य के उत्तरायण एवम् दक्षिणायन की स्थितियों, स्थल एवम् जल के स्वभाव में अन्तर आदि कारकों के कारण वायुदाब में दैनिक तथा वार्षिक परिवर्तन होते रहते हैं। गर्मियों में सूर्य उत्तरी गोलार्द्ध में होता है, तो ये पेटियाँ औसत स्थिति से 5° उत्तर की ओर एवम् सर्दियों में जब सूर्य दक्षिणी गोलार्द्ध में सीधा चमकता है, तो ये पेटियाँ औसत स्थिति से 5° दक्षिण की ओर खिसक जाती हैं। इनकी आदर्श स्थिति केवल 21 मार्च तथा 23 सितम्बर को होती है, जब सूर्य विषुवत् रेखा पर लम्बवत् होता है। वायुदाब की पेटियों के खिसकाव के समय विषुवत् रेखीय पेटी 5° अक्षांश के स्थान पर $0^o — 10^o$ अक्षांशों के मध्य ऋतु के अनुसार उत्तरी व दक्षिणी गोलार्द्ध में स्थित हो जाती है। इसी प्रकार उपोष्ण पेटी 30° से 35° अक्षांशों के स्थान पर 30° से 40° अक्षांशों के मध्य, जबकि उपध्रुवीय पेटी 60° से 65° अक्षांशों के स्थान पर 60° से 70° अक्षांशों के मध्य पाई जाती है। ध्रुवीय प्रदेशों में विशेषकर उत्तरी ध्रुवीय प्रदेश में महाद्वीपीय विस्तार के कारण इसका अधिक प्रभाव पड़ता है, क्योंकि यहाँ ग्रीष्मकाल में ध्रुवीय पेटी बहुत संकरी हो जाती है। दक्षिणी ध्रुवीय प्रदेश में भूखण्ड के संकरे होने व महासागरीय विस्तार के कारण इनमें विशेष परिवर्तन नहीं मिलता है।

वायुमण्डलीय दाब का ऊर्ध्वाधर वितरण

पास्कल (Pascal, 1643) ने सर्वप्रथम बताया था कि वायुमण्डल में ऊँचाई के साथ वायुदाब कम होता है। वायुमण्डल की निचली परतों का घनत्व अधिक होता है, क्योंकि यहाँ ऊपर की वायु का दबाव पड़ता है। इसके परिणामस्वरूप वायुमण्डल की निचली परतों की हवा का घनत्व और दाब, दोनों अधिक होते हैं। इसके विपरीत, ऊपरी परतों की वायु कम दबी हुई होती है। अत: उसके घनत्व और दाब दोनों कम होते हैं। इसीलिए ऊँचाई के साथ वायुदाब हमेशा घटता जाता है, लेकिन इसके घटने की दर हमेशा एक समान नहीं होती है। यह वायु के घनत्व, तापमान, जलवाष्प की मात्रा तथा पृथ्वी की गुरुत्वाकर्षण शक्ति पर निर्भर होती है। इन सभी कारकों के परिवर्तनशील होने के कारण ऊँचाई और वायुदाब के बीच कोई सीधा आनुपातिक सम्बन्ध नहीं होता है। फिर भी, सामान्य रूप से क्षोभमण्डल में वायुदाब घटने की औसत दर प्रति 165 मीटर की ऊँचाई पर 1 डिग्री सेल्सियस की औसत दर से घटता है। अधिक ऊँचाई पर गैसें तेजी से विरल और हल्की होती जाती हैं। परिणामस्वरूप, वायुदाब अत्यधिक कम हो जाता है। इसीलिए मनुष्य ऊँची पर्वत चोटियों पर चढ़ते समय ऑक्सीजन के सिलेण्डर एवम् विशेष सूट का उपयोग करता है।

पवनें

क्षैतिज रूप में गतिशील वायु को **'पवन'** कहते हैं। पवनें उच्च वायुदाब क्षेत्र से निम्न वायुदाब क्षेत्र की ओर बहती हैं। वायुदाब की विषमताओं को संतुलित करने का प्रकृति का प्रयास है। यदि पृथ्वी स्थिर होती और इसका धरातल एक समान समतल होता तो पवनें उच्च-वायुदाब से निम्न-वायुदाब स्थानों की ओर समदाब रेखाओं पर समकोण बनाते हुए चलतीं, किन्तु वास्तव में ऐसा नहीं होता है, क्योंकि पवनों की दिशा और गति को कई कारक प्रभावित करते हैं। ये कारक निम्नलिखित हैं–

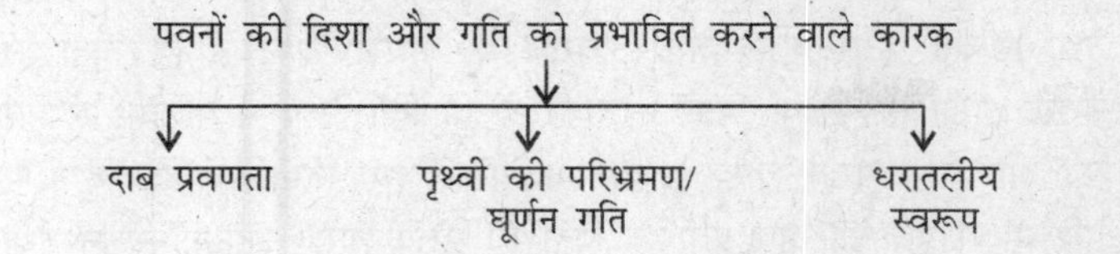

दाब प्रवणता - किन्हीं दो स्थानों के बीच वायुदाब के अन्तर को **'दाब प्रवणता'** कहते हैं। यह प्रवणता क्षैतिज दिशा में होती है। दाब प्रवणता को **'बैरोमेट्रिक ढाल'** भी कहते हैं। किन्हीं दो स्थानों के बीच दाब प्रवणता अधिक होने पर पवनों की गति अधिक होती है, इसके विपरीत दाब प्रवणता कम होने पर पवनों की गति धीमी होती है।

पृथ्वी की परिभ्रमण/घूर्णन गति - पृथ्वी की परिभ्रमण/घूर्णन गति के कारण पवनें विक्षेपित हो जाती हैं। इसे **कोरिऑलिस बल (Coriolis Force)** और इस बल के प्रभाव को **कोरिऑलिस प्रभाव (Coriolis Effect)** कहते हैं। इस प्रभाव के कारण पवनें उत्तरी गोलार्द्ध में अपनी दाहिनी ओर तथा दक्षिणी गोलार्द्ध में अपनी बाईं ओर विक्षेपित हो जाती है। इस प्रभाव को फेरल नामक वैज्ञानिक ने सिद्ध किया था, इसलिए इसे **फेरल का नियम** भी कहते हैं

धरातलीय स्वरूप - पृथ्वी पर धरातलीय असमानताएँ पवनों के मार्ग में अवरोध उत्पन्न करती हैं, जिससे पवनों की दिशा और गति प्रभावित होती है। अपेक्षाकृत समतल महासागरीय तल पर घर्षण की मात्रा कम होती है, जिससे पवनें अधिक तेज गति से प्रवाहित होती हैं। इसके विपरीत, स्थलखण्डों पर घर्षण की मात्रा अधिक होती है, जिससे पवनों की गति काफी धीमी हो जाती है। यही कारण है कि दक्षिणी गोलार्द्ध में महासागरीय विस्तार के कारण पछुआ पवनें अधिक तेज तथा निश्चित दिशा में प्रवाहित होती हैं जबकि उत्तरी गोलार्द्ध में स्थलीय भागों के कारण पछुआ पवनों की गति अपेक्षाकृत धीमी हो जाती है।

पवनों का नामकरण

जिस दिशा में पवनें चलती हैं, उसी दिशा के अनुसार उनका नामकरण किया जाता है। पश्चिम दिशा से आ रही पवनों को पछुआ (Westerly) तथा पूर्व दिशा से आ रही पवनों को पुरवा (Easterly) कहते हैं।

पवनों के प्रकार

पवनों को उनके प्रभाव क्षेत्र व अवधि के आधार पर तीन वर्गों में रखा जाता है-

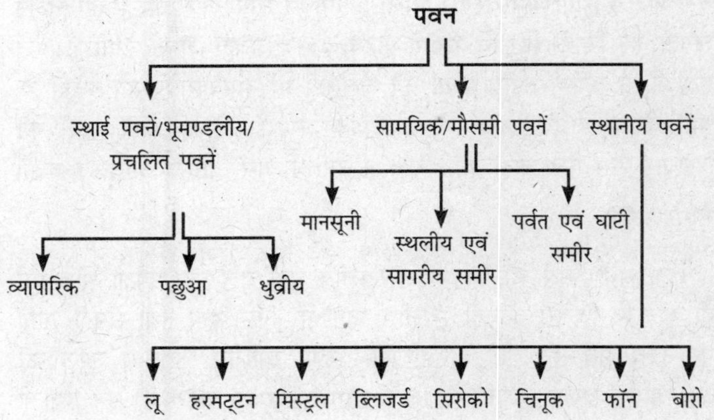

(1) स्थाई पवनें

जो पवनें वर्षभर एक निश्चित दिशा तथा निश्चित क्रम में चलती हैं, उन्हें **'स्थाई पवन'** कहते हैं। इन्हें प्रचलित पवनों, ग्रहीय पवनों, भूमण्डलीय पवनों, सनातनी पवनों आदि नामों से भी जाना जाता है। ये पवनें वायुदाब की पेटियों से सम्बन्धित हैं। इनमें प्रमुख हैं - व्यापारिक पवन, पछुआ पवन तथा ध्रुवीय पवन।

- **व्यापारिक पवनें** - दोनों गोलार्द्ध में उपोष्ण उच्च वायुदाब पेटियों से विषुवतीय निम्न वायुदाब पेटी की ओर चलने वाली हवाओं को **'व्यापारिक पवनें'** कहते हैं। ये पवनें सीधी न चलकर फैरल के नियम के अनुसार उत्तरी गोलार्द्ध में अपने दाहिनी ओर और दक्षिणी गोलार्द्ध में अपने बाईं ओर विक्षेपित हो जाती हैं। अतः दिशानुरूप इन पवनों को उत्तरी गोलार्द्ध में 'उत्तरी-पूर्वी व्यापारिक पवनें' तथा दक्षिणी गोलार्द्ध में में 'दक्षिणी-पूर्वी व्यापारिक पवनें' कहा जाता है। ये पवनें प्राचीन काल में पालयुक्त जलयानों को व्यापार में सुविधा प्रदान करती थीं, इसलिए इन्हें 'व्यापारिक पवनें' कहा जाता है।

  इन पवनों की विभिन्न भागों में विभिन्न विशेषताएँ होती हैं। उपोष्ण उच्च वायुदाब के पास हवाओं के नीचे उतरने के कारण ये हवाएँ शुष्क और शांत होती हैं। ये पवनें जैसे-जैसे आगे अग्रसर होती हैं, मार्ग में जलराशियों से जलवाष्प ग्रहण कर लेती हैं। विषुवत् रेखा के पास पहुँचते-पहुँचते ये हवाएँ जलवाष्प से लगभग संतृप्त हो जाती हैं, जहाँ अस्थिर होकर वर्षा करती हैं। विषुवत् रेखा के पास दोनों गोलार्द्धों की व्यापारिक पवनें आपस में टकराती हैं और संवहनीय धारा के रूप में ऊपर उठकर घनघोर वर्षा करती हैं।

- **पछुआ पवनें** - दोनों गोलार्द्धों में उपोष्ण उच्च वायुदाब पेटियों से उपध्रुवीय निम्न वायुदाब पेटियों की ओर बहने वाली पवनों को **'पछुआ पवन'** कहते हैं। इनकी दिशा उत्तरी गोलार्द्ध में दक्षिण-पश्चिम से उत्तर-पूर्व की ओर होती है। उत्तरी गोलार्द्ध में स्थलखण्ड की अधिकता तथा मौसमी परिवर्तन के कारण इन पवनों का पश्चिमी प्रवाह अस्पष्ट हो जाता है। दक्षिणी गोलार्द्ध में महासागरीय विस्तार के कारण ये पवनें अधिक नियमित और स्थाई होती हैं। दक्षिणी गोलार्द्ध में इनका वेग भी अधिक होता है। इनकी प्रचण्डता के कारण ही इन्हें दक्षिणी गोलार्द्ध में 40°—50° अक्षांशों में **'गरजता चालीसा' (Roaring Forties)**, 50° दक्षिणी अक्षांश के पास **'भयंकर पचासा' (Furious Fifties)** तथा 60° दक्षिणी अक्षांश के पास **'चीखता साठा' (Shrieking/Screaming Sixties)** कहते हैं। ध्रुवों की ओर पछुआ पवनों की सीमा अस्थिर होती है। ये हवाएँ मौसम में अस्थिरता उत्पन्न करती है।

- **ध्रुवीय पवनें** - दोनों गोलार्द्ध में ध्रुवीय उच्च वायुदाब से उपध्रुवीय निम्न वायुदाब की ओर चलने वाली हवाओं को **'ध्रुवीय पवनें'** कहते हैं। उत्तरी गोलार्द्ध में इनकी दिशा उत्तर-पूर्व से दक्षिण-पश्चिम तथा दक्षिणी गोलार्द्ध में दक्षिण-पूर्व से उत्तर-पश्चिम की ओर होती हैं। ध्रुवीय शीत क्षेत्रों से चलने के कारण ये हवाएँ अत्यन्त ठण्डी तथा शुष्क होती है। तापमान कम होने के कारण इनकी जलवाष्प धारण करने की क्षमता भी कम होती है। उत्तरी गोलार्द्ध में तीव्र गति से चलने वाली ध्रुवीय पवनों को **'नॉरईस्टर' (Nor'easter)** कहते हैं। जिसका सर्वाधिक प्रभाव उत्तर-पूर्वी कनाडा एवं यू.एस.ए. पर पड़ता है।

सामयिक पवनें

जिन हवाओं की दिशा में मौसम अथवा समय के अनुसार परिवर्तन होता है, उन्हें **'सामयिक पवनें'** कहते हैं; इनमें निम्न प्रकार की पवनें सम्मिलित की जाती हैं-

(अ) मानसूनी पवनें

मानसून शब्द की उत्पत्ति अरबी भाषा के **'मौसिम'** शब्द से हुई है, जिसका अर्थ **'मौसम'** होता है। अत: **मानसूनी पवनें** उन हवाओं को कहते हैं, जो मौसम के अनुसार अपनी दिशा परिवर्तित कर लेती हैं। इनकी उत्पत्ति के विषय में निम्नलिखित संकल्पनाएँ प्रचलित हैं–

तापीय संकल्पना

इस विचारधारा के अनुसार, मानसून की उत्पत्ति पृथ्वी के असमान संगठन (स्थलीय तथा जलीय भाग) तथा उनके गर्म एवम् ठण्डा होने के विरोधी स्वभाव के कारण होती है। गर्मियों में अधिक सूर्यातप के कारण स्थलीय भाग सागरों की अपेक्षा अधिक गर्म हो जाने के कारण निम्न दाब के क्षेत्र हो जाते हैं, जिससे सागरीय भागों से स्थल की ओर हवाएँ चलने लगती हैं। इसे **ग्रीष्मकालीन मानसून** कहते हैं। इसके विपरीत, सर्दियों में सूर्य के दक्षिणायन होने के कारण स्थलीय भाग उच्च दाब के केन्द्र बन जाते हैं तथा सागरीय भाग निम्न दाब के केन्द्र। परिणामस्वरूप, स्थलीय भाग से सागरों की ओर हवाएँ चलती हैं, जिन्हें **शीतकालीन मानसून** कहते हैं। इसे ही **उत्तरी-पूर्वी मानसून** भी कहते हैं।

फ्लॉन की गति संकल्पना

फ्लॉन ने मानसून की तापीय उत्पत्ति का खण्डन करके गतिक उत्पत्ति (Dynamic Origin) की संकल्पना का प्रतिपादन किया। इनके अनुसार मानसून हवाओं की उत्पत्ति वायुदाब तथा हवाओं की पेटियों के खिसकाव के कारण होती है। विषुवत् रेखा के पास व्यापारिक पवनों के मिलने से अभिसरण (Convergence) का आविर्भाव होता है। इसे **अन्त:विष्ट कटिबन्धीय अभिसरण (Inter-Tropical Convergence-ITC)** कहते हैं। इसकी उत्तरी सीमा को NITC तथा दक्षिणी सीमा को SITC कहते हैं। इस ITC के मध्य डोलड्रम की मेखला होती है, जिसमें विषुवतीय पछुआ हवाएँ चलती हैं। सूर्य के उत्तरायण की स्थिति के समय NITC खिसककर 30° उत्तरी अक्षांश तक विस्तृत हो जाती है, जिससे दक्षिण-पूर्वी एशिया इसके अन्तर्गत आ जाता है। अत: इन भागों पर डोलड्रम की विषुवत् रेखीय पछुआ पवनें स्थापित हो जाती हैं, जो कि गर्मी की दक्षिण-पश्चिमी मानसून पवनें होती हैं। इसी प्रकार सूर्य के दक्षिणायन होने पर दक्षिण-पूर्वी एशिया से NITC हट जाती है तथा उस पर उत्तरी-पूर्वी व्यापारिक पवनें पुन: स्थापित हो जाती है। यह शीतकालीन उत्तरी-पूर्वी मानसून होता है।

आधुनिक संकल्पना

इसे **'जेट स्ट्रीम'** संकल्पना के नाम से भी जाना जाता है। दक्षिण एशिया में यह जेट स्ट्रीम नामक तीव्र प्रवाह क्षोभमण्डल में लगभग 12 किमी. की ऊँचाई पर पश्चिम से पूर्व की ओर चलता है। इसे यहाँ पर **उपोष्ण कटिबन्धीय पछुआ जेट स्ट्रीम** कहते हैं। 60° उत्तरी अक्षांश पर इसकी ऊँचाई 9 से 10 किमी. तथा ध्रुवों पर ऊँचाई और कम होती है। उत्तरी गोलार्द्ध में सर्दियों में इस उच्च तलीय पछुआ जेट स्ट्रीम का हिमालय तथा तिब्बत पठार के यांत्रिक अवरोध के कारण विभाजन हो जाता है। उत्तरी शाखा तिब्बत के पठार के उत्तर में चापाकार रूप में पश्चिम से पूर्व की ओर तथा मुख्य शाखा तिब्बत के पठार तथा हिमालय के दक्षिण में पश्चिम से पूर्व की ओर प्रवाहित होती है। मुख्य शाखा अफगानिस्तान तथा पाकिस्तान के ऊपर से होकर चक्रवातीय मार्ग का अनुसरण करती है। इसी के प्रभाव से शरदकालीन मानसून की उत्पत्ति होती है।

गर्मियों में 21 मार्च के बाद सूर्य की स्थिति उत्तरायण हो जाती है, जिस कारण ध्रुवीय धरातलीय उच्च वायुदाब कमजोर होने लगता है। उच्च तलीय ध्रुवीय भँवर के उत्तर की ओर खिसकने के कारण उच्चतलीय पछुआ जेट स्ट्रीम भी उत्तर की ओर खिसकने लगती है। भारत से यह जेट स्ट्रीम मध्य जून तक पूर्णत: लुप्त हो जाती है। अब जेट स्ट्रीम तिब्बत के पठार के उत्तर में शीतकालीन मार्ग के विपरीत बहने लगती है। ईरान के उत्तरी भाग एवम् अफगानिस्तान के ऊपर इस उच्च तटीय जेट स्ट्रीम का प्रवाह मार्ग चक्रवातीय वक्र (घड़ी की सूई के विपरीत दिशा में) के रूप में होता है, जिससे क्षोभमण्डल में गतिक निम्नदाब तथा चक्रवातीय दशा बन जाती है। यह उच्च तलीय निम्न दाब उत्तर-पश्चिमी भारत व पाकिस्तान तक विस्तृत होता है। इसके नीचे धरातल पर पहले से ही तापजन्य निम्न दाब स्थित होता है। इस स्थिति के कारण धरातलीय निम्न दाब से हवाएँ ऊपर उठती हैं तथा उच्च तलीय निम्न दाब इन हवाओं को अधिक ऊपर तक खींचता है, जिस कारण दक्षिण-पश्चिम मानसून का अचानक प्रस्फोट (बौछार) होता है।

(ब) स्थल समीर और सागर समीर

ये मानसूनी हवाओं का ही छोटा रूप हैं, जिनकी दिशा में 24 घण्टे में दो बार परिवर्तन होता है। स्थलीय तथा सागरीय समीर के चलने का एकमात्र कारण स्थल तथा जल के गर्म तथा ठण्डा होने में परस्पर विरोधी स्वभाव का होना है। सागर तटीय क्षेत्रों में या झील के किनारों पर इन पवनों का अनुभव प्रतिदिन किया जा सकता है।

स्थल समीर

रात्रि के समय स्थलीय भाग में जल की अपेक्षा तीव्र गति से पार्थिव विकिरण होने से ऊष्मा का ह्रास अधिक होता है, जिससे स्थलीय भाग जल की अपेक्षा शीघ्र ठण्डा हो जाता है।

इसके कारण स्थलीय भाग पर उच्च दाब तथा सागरों पर निम्न दाब बन जाता है। परिणामस्वरूप, स्थलीय भाग से सागर की ओर हवाएँ चलने लगती हैं, जिन्हें **स्थलीय समीर** कहते हैं। ये हवाएँ शुष्क होती हैं। इन हवाओं के कारण तटीय भागों की जलवायु पर समकारी प्रभाव पड़ता है। यही कारण है कि भारत में कोलकाता, मुम्बई, चेन्नई आदि नगरों की जलवायु सम पाई जाती है, अर्थात् न अधिक गर्म और न अधिक ठण्डी।

सागर समीर

दिन के समय सूर्य की किरणों से स्थलीय भाग जल की अपेक्षा शीघ्र गर्म हो जाते हैं, जिससे तटवर्ती स्थलीय भागों पर निम्न दाब तथा समुद्री भागों पर उच्च दाब बन जाते हैं। परिणामस्वरूप, सागरीय भागों से स्थल की ओर हवाएँ चलने लगती हैं, जिन्हें **सागरीय समीर** कहते हैं। इन हवाओं

का संचार सुबह 10-11 बजे प्रारम्भ होता है तथा 1 से 2 बजे के बीच सर्वाधिक सक्रिय हो जाता है तथा रात्रि में 8 बजे तक समाप्त हो जाता है। उष्ण कटिबन्धीय प्रदेशों में तटीय भागों पर इन हवाओं के आगमन के साथ ही 15-20 मिनट के अन्दर 5°-7° सेल्सियस तापमान गिर जाता है। परिणामस्वरूप, मौसम सुहावना तथा स्वास्थ्यप्रद हो जाता है। ये हवाएँ आगे चलकर तटीय भागों पर वर्षा करती हैं। इन हवाओं का संचार केवल गर्मियों में दिन के समय ही हो पाता है।

(स) पर्वत समीर और घाटी समीर

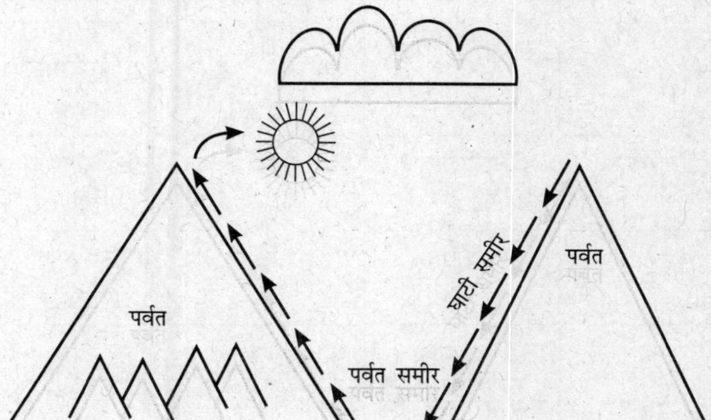

दिन के समय सूर्य की किरणों से पर्वतों के ढाल घाटी-तल की अपेक्षा अधिक गर्म हो जाते हैं, जिससे यहाँ निम्न दाब और घाटी-तल में उच्च दाब बन जाता है। परिणामस्वरूप, हवाएँ घाटी-तल से पर्वतीय ढाल की ओर बहने लगती हैं। इसे **घाटी समीर** कहते हैं। सूर्यास्त के बाद यह व्यवस्था पलट जाती है। रात्रि के समय पर्वतीय ढालों पर विकिरण द्वारा ताप ह्रास अधिक होता है। इससे पर्वतीय ढालों पर उच्च दाब और घाटी-तल में निम्न दाब बन जाता है। ऐसी परिस्थिति में पर्वतीय ढालों की ऊँचाइयों से ठण्डी और भारी हवा नीचे घाटी की ओर उतरने लगती है। इसे **पर्वत समीर** कहते हैं।

इन हवाओं के कारण तापीय प्रतिलोमन की स्थिति बन जाती है। इसके कारण रात्रि में घाटियों में पाला या तुषार पड़ता है जबकि ऊपरी भाग पालामुक्त रहते हैं। हिमाचल प्रदेश में ऐसी दशाएँ विकसित होती हैं।

(2) स्थानीय पवनें

जो हवाएँ किसी स्थान विशेष के तापमान और वायुदाब में अन्तर के कारण चलती हैं, उन्हें **स्थानीय पवनें** कहते हैं। ये पवनें वहाँ चलने वाली प्रचलित पवनों के विपरीत स्वभाव वाली होती हैं। ये पवनें स्थानीय विशेषताओं के अनुरूप गर्म, ठण्डी, बर्फ से भरी, धूल से युक्त आदि कई प्रकार की हो सकती हैं। ये प्रभावित क्षेत्रों में लाभकारी अथवा हानिकारक प्रभाव डालती है। मुख्य स्थानीय पवनों में चिनूक, फोन, बोरा, सिराको, हरमट्टन, खमसिन, मिस्ट्रल, ब्लिजार्ड, ब्रिक फिल्डर, विली-विली आदि हैं।

लू

उत्तरी भारत और पाकिस्तान के मैदानी क्षेत्रों में गर्मियों में साधारणत: दोपहर बाद, अति गर्म और शुष्क हवाएँ पश्चिम दिशा से बहती है। इन्हें ही **'लू'** कहते हैं। इनका तापमान 40° से 50° सेल्सियस के बीच रहता है; इस मौसम में घर से बाहर निकले व्यक्तियों को लू लगने की संभावना रहती है। इन हवाओं के कारण प्रभावित क्षेत्र का मौसम कष्टदायक हो जाता है।

हरमट्टन

अफ्रीका के सहारा रेगिस्तान के पूर्वी भाग में उत्तर-पूर्व तथा पूर्व दिशा से पश्चिम दिशा में चलने वाली गर्म व शुष्क हवाओं को **'हरमट्टन'** कहते हैं। इनकी गति तीव्र होती है। अफ्रीका का पश्चिमी तट उष्ण तथा आर्द्र होता है, जिससे मौसम अस्वास्थ्यकर हो जाता है। हरमट्टन के आने पर यहाँ का मौसम शुष्क हो जाने के कारण सुहावना एवम् स्वास्थ्यप्रद हो जाता है। इसी प्रभाव के कारण गिनी तट पर इस हवा को **'डॉक्टर हवा' (Doctor Winds)** की संज्ञा दी जाती है।

इसी तरह की गर्म एवम् शुष्क हवाएँ ऑस्ट्रेलिया के विक्टोरिया प्रान्त में चलती हैं, जिन्हें **'ब्रिकफिल्डर' (Brickfielder)** कहते हैं।

मिस्ट्रल

ये ठण्डी, शुष्क और तीव्र गति से चलने वाली हवाएँ हैं, जोकि भूमध्य सागर के उत्तरी-पश्चिमी भाग, विशेषकर स्पेन तथा फ्रांस को प्रभावित करती हैं। मिस्ट्रल सामान्य रूप से 56-64 किमी. प्रति घण्टे की चाल से चलती हैं, परन्तु कभी-कभी इनकी गति 128 किमी. प्रति घण्टे तक हो जाती है। इससे वायुयानों के चलने में कठिनाई होती है।

ब्लिजर्ड

इन्हें **'झंझावात'** भी कहते हैं। ये मुख्य रूप से संयुक्त राज्य अमेरिका, कनाडा तथा साइबेरिया में चला करती हैं। इनकी गति 80-96 किमी. प्रति घण्टा होती है। हिम कणों से युक्त होने के कारण इनसे दृश्यता समाप्त हो जाती है। इनके आगमन से तापमान अचानक हिमांक के नीचे चला जाता है तथा सतह बर्फ से ढक जाती है। संयुक्त राज्य अमेरिका में पश्चिम-पूर्व धरातलीय अवरोध के अभाव में ये हवाएँ समस्त मध्यवर्ती मैदान को प्रभावित करती हुई दक्षिणी प्रान्तों तक पहुँच जाती हैं। यहाँ इन्हें **'नॉर्दन' (Northern)** तथा साइबेरिया में **'बुरान' (Buran)** कहते हैं।

सिरोको

ये गर्म, शुष्क तथा रेत से भरी हवाएँ होती हैं, जोकि सहारा के रेगिस्तान से उत्तर दिशा में भूमध्यसागर की ओर चलकर इटली, स्पेन आदि को प्रभावित करती हैं। सिराको के साथ लाल रेत की मात्रा अधिक होती है। जब ये भूमध्य सागर से गुजरती हैं तो नमी धारण कर लेती हैं। दक्षिण इटली में लाल मिट्टी वर्षा के साथ नीचे उतरती है, इस वर्षा को **'रक्त वर्षा' (Blood rain)** के नाम से जाना जाता है। एटलस पर्वत के उत्तरी ढाल के सहारे नीचे उतरने पर इसकी शुष्कता तथा तापमान बढ़ जाते हैं। इन हवाओं को अलग-अलग स्थानों पर अलग-अलग नामों से जाना जाता है। इटली में **सिराको,** सहारा में **सिमूम,** लीबिया में **गिबली,** ट्यूनीशिया में **चिली (Chili),** स्पेन में **लेवेश (Leveche)** आदि नामों से जाना जाता है। अरब के रेगिस्तान में चलने वाली गर्म व शुष्क हवा को **'सिमूम' (Simoom)** कहते हैं। इन हवाओं का वनस्पति, कृषि एवम् फलों के बागों पर विनाशकारी प्रभाव पड़ता है।

चिनूक तथा फॉन

पर्वतीय ढालों के सहारे चलने वाली गर्म और शुष्क स्थानीय हवाओं को उत्तरी अमेरिका में **'चिनूक'** तथा यूरोप में **'फॉन'** कहते हैं। चिनूक पवनों का प्रभाव संयुक्त राज्य अमेरिका के प्रेयरी मैदानों पर विशेष रूप से पाया जाता है। मुख्यरूप से ये पवनें शीत ऋतु में चलती हैं, इस ऋतु में उत्तरी अमेरिका के वृहत् मैदानों में बर्फ की परत बिछ जाती है। किन्तु जब ये गर्म व शुष्क चिनूक हवाएँ रॉकी पर्वतों को पारकर पूर्व के प्रेयरी घास के मैदानों में उतरती हैं, तो उस बर्फ की परत को शीघ्र ही पिघला देती हैं। इसलिए इन पवनों को **हिम-भक्षिणी पवनें (Snow Eaters)** भी कहते हैं।

चिनूक पवनों के समान गुणों वाली **'फॉन'** पवनें हैं, जो कि आल्प्स पर्वत के दक्षिणी ढाल से चढ़कर उत्तर की ओर ढाल के सहारे नीचे उतरती हैं। इन पवनों के कारण प्रभावित क्षेत्रों का ताप एकदम तेजी से बढ़ जाता है, अर्थात् एक या दो मिनट में 8° से 10° सेल्सियस तक। इससे वहाँ जमी बर्फ पिघल जाने से घास उग आती है, पशुओं के लिए चारागाह तैयार हो जाते हैं तथा कृषि आरम्भ कर दी जाती है।

बोरा

यह शुष्क तथा ठण्डी प्रचण्ड हवा है, जो कि एड्रियाटिक सागर के पूर्वी किनारे पर चलती है, विशेषकर उत्तरी इटली का भाग इन हवाओं द्वारा अधिक प्रभावित होता है। इसकी तेज गति के कारण रास्ते में इमारतों की छतें उड़ जाती हैं तथा पेड़-पौधे धराशायी हो जाते हैं। कभी-कभी तो ये कई दिनों तक लगातार चलती हैं। नमीयुक्त होने से इनसे वर्षा भी हो जाती है।

विश्व की प्रमुख स्थानीय पवनें			
गर्म स्थानीय पवनें		ठण्डी स्थानीय पवनें	
पवन	**स्थान**	**पवन**	**स्थान**
सिरोको	सहारा रेगिस्तान, इटली, स्पेन	लेवेंटर	दक्षिणी स्पेन में पूर्व से पश्चिम
खमसिन	मिस्र	बुरान	साइबेरिया
लेस्ट	मोरक्को, कनारी, मडीरा, मोडिश द्वीप	बोरा	एड्रियाटिक सागर के पूर्वी किनारे (उत्तरी इटली)
हरमट्टन	सहारा रेगिस्तान	बाइस	फ्रांस
लेवेच/लेवेश	स्पेन	मिस्ट्रल	स्पेन एवं फ्रांस
गिबली	लीबिया	पैम्पेरो	दक्षिण अमेरिका का पम्पास क्षेत्र
चिनूक	संयुक्त राज्य अमेरिका (रॉकी पर्वत पर)	ब्लिजर्ड	उत्तरी तथा दक्षिणी ध्रुवीय क्षेत्र
फॉन	यूरोप (आल्पस पर्वत)	पुर्गा	रूसी टुंड्रा
सांताअना	दक्षिण कैलिफार्निया (U.S.A)	पुना	एंडीज क्षेत्र
ब्लैक रोलर	ग्रेट प्लेन्स (U.S.A)	दक्षिणी बर्स्टर	न्यू साउथ वेल्स (ऑस्ट्रेलिया)
हबूब	सूडान	विरासेन	पेरू तथा चिली का पश्चिमी क्षेत्र
नॉरवेस्टर	न्यूजीलैण्ड	मैस्ट्रो	भूमध्य सागरीय क्षेत्र
जोंडा	अर्जेंटीना	नॉर्टे	संयुक्त राज्य अमेरिका
यामों	जापान	–	–
शामल	मेसोपोटामिया एवं फारस की खाड़ी	–	–
ब्रिक फील्डर	विक्टोरिया (ऑस्ट्रेलिया)	–	–
लू	उत्तर भारत तथा पाकिस्तान	–	–

महत्वपूर्ण बिंदु

* वायुमण्डल द्वारा पृथ्वी के धरातल पर पड़ने वाला दबाव का बैरोमीटर द्वारा मापन होता है। वायुदाब को प्रभावित करने वाले कारक-तापमान, समुद्र तल से ऊँचाई, पृथ्वी का परिभ्रमण/घूर्णन, जलवाष्प आदि है।
* वायुदाब की पेटियों का ऋतुवत् परिवर्तन होता है। धरातल से ऊँचाई के साथ वायुदाब कम होता है।
* पवनें तथा उनकी दशा व गति को प्रभावित करने वाले कारक दाब प्रवणता, पृथ्वी की परिभ्रमण/घूर्णन गति, धरातलीय स्वरूप आदि आते है।
* स्थाई पवनें-व्यापारिक, पछुआ व ध्रुवीय पवनें होती हैं तथा सामयिक पवनें-मानसूनी, स्थल समीर, समुद्र समीर, पर्वत समीर और घाटी समीर, मानसूनों की उत्पत्ति-तापीय, फ्लॉन की गति एवम् आधुनिक संकल्पनाएँ।
* स्थानीय पवनें-चिनूक व फॉन, सिराको, हरमट्टन, मिस्ट्रल, बोरा, ब्लिजर्ड, लू आदि।

❑❑❑

अध्याय
8
वाष्पीकरण और संघनन
[ओस, पाला, तुषार, कोहरा, धुंध, मेघ और वर्षण के रूप]

वाष्पीकरण

वाष्पीकरण वह प्रक्रिया है जिसके द्वारा द्रव या ठोस अवस्था का जल गैस या जलवाष्प में बदलता है। वायुमण्डल को आर्द्रता वाष्पीकरण द्वारा ही प्राप्त होती है। अतः जिस प्रक्रिया द्वारा जल, जलवाष्प में बदलता है, वह **वाष्पीकरण** है। वाष्पीकरण की मात्रा तथा तीव्रता वायु की गति, तापक्रम तथा शुष्कता पर निर्भर करती है। स्थल की अपेक्षा सागरों पर वाष्पीकरण अधिक होता है। एक ग्राम बर्फ को पानी में बदलने के लिए 79 कैलोरी की आवश्यकता होती है तथा एक ग्राम पानी को वाष्प में बदलने के लिए 607 कैलोरी की आवश्यकता होती है।

महाद्वीपों पर सर्वाधिक वाष्पीकरण **10° उत्तर से 10° दक्षिणी** अक्षांशों में तथा महासागरों पर सर्वाधिक वाष्पीकरण दोनों गोलार्द्धों में 10° से 20° अक्षांशों के मध्य होता है। उच्च अक्षांशों की ओर वाष्पीकरण की मात्रा क्रमशः घटती जाती है। वाष्पीकरण हर जगह पर समान नहीं होता। वाष्पीकरण की मात्रा मुख्य रूप से (1) तापमान (2) वायु की शुष्कता (3) जल क्षेत्र का विस्तार (4) बादल (5) पवन का वेग आदि पर निर्भर करती है।

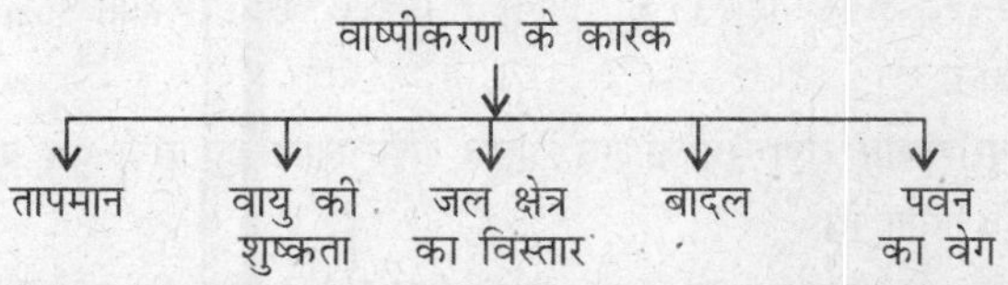

संघनन

जल की गैसीय अवस्था के तरल या ठोस अवस्था में बदलने की क्रिया को **संघनन** कहते हैं। संघनन की क्रिया वायुमण्डल में स्थित सापेक्षिक आर्द्रता की मात्रा पर निर्भर करती है। जिस तापक्रम पर हवा संतृप्त होती है, उसे **'ओसांक'** या **'ओस बिन्दु'** कहते हैं। यदि वायु का तापमान ओसांक के नीचे चला जाए अथवा जलवाष्प की मात्रा बढ़ जाए तो संघनन शुरू होता है। यह दो दशाओं में होता है-

(1) ताप में कमी होने की दशा में।

(2) आर्द्रता में वृद्धि होने से।

संघनन के लिए सर्वाधिक अनुकूल परिस्थिति तापमान में गिरावट के कारण उत्पन्न होती है।

(1) **ओस :** दिन के समय पृथ्वी गर्म हो जाती है तथा रात्रि में ठण्डी। अतः कभी-कभी पृथ्वी का तल इतना अधिक ठण्डा हो जाता है कि उससे छूने वाली वायु का तापमान ओसांक से नीचे गिर जाता है। इससे वायु में उपस्थित जलवाष्प का संघनन हो जाता है तथा वह छोटी-छोटी बूँदों के रूप में पौधों की पत्तियों तथा अन्य प्रकार के तलों पर जम जाती है। इसे **ओस** कहते हैं। ओस बनने के लिए आवश्यक है कि (1) वायु में जलवाष्प हो और साथ ही (2) धरातल का तापमान इतना कम हो जाए कि वह वायु को ठण्डा करके वाष्प को घनीभूत कर सके।

(2) **पाला :** जब वायु में उपस्थित जलवाष्प घनीभूत हो रहा हो और वायु का **तापमान** 0° C **हो या इससे कम** हो, तो जलवाष्प ओस का रूप न लेकर ठोस (हिमकण) का रूप लेने लगता है, इसे **पाला** कहते हैं। पाला बनने के लिए आवश्यक है कि वायु का ताप शीघ्रता से व लम्बे समय तक गिरता रहे, आकाश मेघरहित हो, वायु में जलवाष्प रहे तथा वायु का तापमान हिमांक से नीचे आ जाये।

(3) **कोहरा :** इसकी उत्पत्ति धरातल के निकट जलवाष्प के संघनन होने से होती है। कोहरा वायुमण्डल की पारदर्शिता कम कर देता है। धरातल या वायुमण्डल की दृश्यता जब एक किलोमीटर से कम हो जाती है, तो संघनित जलवाष्प के इस रूप को **'कोहरा'** कहते हैं। कोहरे के लिए आवश्यक है, तापमान का ओसांक के नीचे गिरना तथा मन्द गति से पवन का प्रवाह। दृश्यता के आधार पर कोहरा निम्न प्रकार का होता है- हल्का, साधारण, सघन तथा अति सघन। कोहरे की दृश्यता का मापन **'ट्रांसमिसोमीटर' (Transmissometer)** यंत्र द्वारा किया जाता है। दृश्यता अत्यधिक कम होने की दशा को **'कुहासा' (Mist) या धुंध** कहा जाता है।

(4) **बादल/मेघ :** वायुमण्डल में काफी ऊँचाई पर खुली स्वच्छन्द हवा में जलवाष्प के संघनन से बने कणों या हिमकणों की विशाल राशि को **बादल** कहा जाता है। बादल अधिकतम 12,000 मीटर की ऊँचाई तक पाए जाते हैं। बादलों का निर्माण पृथ्वी की सतह से कुछ ऊँचाई पर होता है, इसलिए ये अलग-अलग आकार के होते हैं।

- रुद्धोष्म प्रक्रिया (Adiabatic Process) द्वारा वायु के ठंडा होने एवं उसके तापमान के ओसांक से नीचे गिरने के कारण बादलों का निर्माण होता है।

जिन मेघों की उत्पत्ति वायु के प्रबल तरंगों से होती है, उनका स्वरूप धुनी हुई रूई के समान होता है, परन्तु जिन मेघों का विकास वायु के धीरे-धीरे ऊपर उठन के कारण होता है, उनका निर्माण परतों में होता है।

अन्तर्राष्ट्रीय मौसम विज्ञान परिषद द्वारा मेघों को निम्नलिखित 10 वंशों (Genera) में विभक्त किया गया है:

(A) उच्च मेघ (High Clouds) : इनकी ऊँचाई 6,000 मीटर से 12,000 मीटर के बीच होती है :

(i) पक्षाभ मेघ (Cirrus Clouds) : ये मेघ वायुमण्डल में सर्वाधिक ऊँचाई पर पाए जाते हैं।

- इनका निर्माण हिम कणों द्वारा होता है।
- इनका रंग उजला होता है एवं इनकी आकृति पक्षी के पंखों के समान होता है।
- इनसे न तो धरातल पर छाया बनती है एवं न ही वर्षा होती है।
- ये चक्रवात के आगमन के सूचक होते हैं।

(ii) पक्षाभ स्तरी मेघ (Cirro-Stratus Clouds)

- ये मेघ पृथक्-पृथक् न होकर महीन एव सफेद चादर के समान संपूर्ण आकाश में छा जाते हैं।

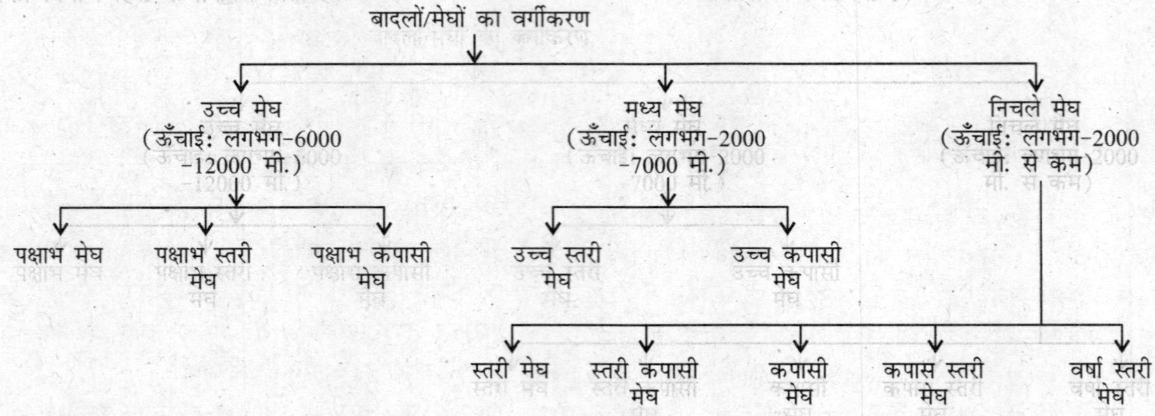

- इन मेघों से दिन में सूर्य एवं रात्रि में चंद्रमा के चारों ओर प्रभा मण्डल (Halo) का निर्माण होता है।
- ये मेघ भी चक्रवात के आगमन के सूचक होते हैं।

(iii) पक्षाभ कपासी मेघ

- ये मेघ लहर चिन्ह (Ripples) के रूप में होते हैं।
- इनमें कपास के ढेर जैसे बादल भी रहा करते हैं।
- ये प्राय: छायाहीन होते हैं।
- इन्हें Mackerel Sky भी कहा जाता है।

(B) मध्यम ऊँचाई के बादल

- ये मेघ धरातल से 2,000 मीटर से 7,000 मीटर के बीच पाये जाते हैं।

(i) मध्य स्तरी मेघ

- इन मेघों की परतें मोटी होती हैं एवं इनका रंग भूरा या नीलाभ होता है।

(ii) मध्य कपासी मेघ

- ये मेघ भूरे अथवा श्वेत रंग के होते हैं।
- आकाश में ये बड़ा ही मनोहर दृश्य उपस्थित करते हैं।

(C) निचले मेघ : इनकी ऊँचाई धरातल से 2,000 मीटर से भी कम होती है।

(i) स्तरी कपासी मेघ

- ये बड़े-बड़े गोलाकार चक्कतों के रूप में पाए जाते हैं।

(ii) स्तरी मेघ

- ये मेघ धरातल से कुछ ऊँचाई पर होते है एवं कोहरे की भांति आकाश को ढक लेते हैं।

(iii) वर्षा स्तरी मेघ : इसका रंग गहरा भूरा होता है।

- इनकी सघनता के कारण धरातल पर अंधकार छा जाता है।
- इनसे काफी वर्षा होती है।

(D) उर्ध्वाधर विकास वाले मेघ : इन मेघों की ऊँचाई आधार से शीर्ष तक 18 किलोमीटर या अधिक होती है।

(i) कपासी मेघ

- इन मेघों के शीर्ष की तुलना गोभी के फूल से की जाती है।
- ये मेघ धुनी हुई रूई या कपास के ढेर जैसे प्रतीत होते हैं।
- इनसे कभी-कभी वर्षा होती है।

(ii) कपासी वर्षी मेघ

- ये मेघ अत्यधिक लम्बवत् विकास वाले मेघ होते हैं।
- इनके ऊपरी हिस्से की आकृति निहाई जैसी (Anvil Shaped) होती है।
- मूसलाधार वर्षा, ओला एवं तड़ित झंझा लाना इन मेघों की प्रमुख विशेषता है।

नोट : (i) कपासी मेघ एवं कपासी वर्षा मेघों को निचले मेघ में सम्मिलित किया जाता है।

(ii) जिन मेघों के साथ Nimbo शब्द जुड़ा रहता है, वे मेघ वर्षा लाने वाले मेघ होते हैं।

अत: इनकी ऊँचाई, घनत्व, विस्तार तथा पारदर्शिता के आधार पर बादलों को निम्न रूपों में विभाजित किया गया है- (i) पक्षाभ मेघ (ii) कपासी मेघ (iii) स्तरी मेघ (iv) वर्षा मेघ।

वर्षण

एक निश्चित स्थान पर निश्चित अवधि में वर्षामापी द्वारा मापी गई वर्षा की कुल मात्रा, इसमें हिम, ओले तथा बादलों से गिरने वाली बूंदें सम्मिलित होती हैं। जब वायुमण्डल में उपस्थित जलवाष्प संघनन द्वारा तरल या ठोस अवस्था में परिवर्तित होकर धरातल पर गिरती हैं, तो इसे **वृष्टि** या **वर्षण** कहते हैं। यह द्रव या ठोस अवस्था में हो सकता है। वर्षण जब पानी के

रूप में होता है तो उसे **वर्षा** कहते हैं। जब **तापमान 0^0 C से कम** होता है, तब वर्षण हिमकणों के रूप में होता है उसे **हिमपात** कहा जाता है। वर्षण के अन्तर्गत ओले, हिम और जल तीनों को सम्मिलित किया जा सकता है। वर्षा से साधारण अर्थ जल वर्षा से ही लिया जाता है। इसके लिए दो बातों का होना आवश्यक है- (i) **वायु में पर्याप्त जलवाष्प का रहना** और (ii) **ऐसे साधन का होना, जिससे वाष्पयुक्त वायु ठण्डी होकर धनीभूत** हो सके।

वर्षण के रूप

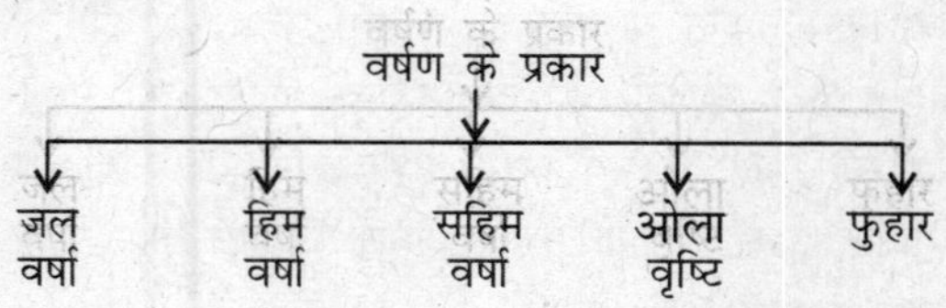

वर्षण जल के रूप में या ठोस हिम के रूप में या दोनों के मिश्रण के रूप में हो सकती है।

- **जल वर्षा :** जब वर्षा जल की बूँदों के रूप में धरातल पर गिरती है, तो इसे **जल वर्षा** या **जल वृष्टि** कहते है। इसका आकार 0.5 से 0.7 मिलीमीटर होता है।
- **हिमवृष्टि :** जब तापमान हिमांक से नीचे होता है, तो वर्षण हिम कणों के रूप में होती है, जिसे **हिमवृष्टि या हिमपात (Snow Fall)** कहा जाता है।
- **सहिम वृष्टि :** जल वृष्टि और हिम वृष्टि के मिश्रण को **सहिम वृष्टि** (Sleet) कहा जाता है। जब धरती के पास वाली हवा की परत का तापमान हिमांक से ऊपर हो तो ऐसी परिस्थिति में **सहिम वृष्टि** होती है।
- **ओला वृष्टि :** जब बर्फ की कड़ी एवं बड़ी गोलियों की बौछार होने लगती है, तो इसे **ओले (Hail)** पड़ना कहा जाता है। ओले में बर्फ की कई संकेन्द्रीय परतें पाई जाती हैं।
- **फुहार :** जब वर्षा की बूंदें अत्यंत सूक्ष्म, सघन एवं समान आकार की होती हैं तथा वायु प्रवाह की दिशा में उड़ती हुई प्रतीत होती हैं तो ऐसी वृष्टि को **फुहार (Drizzle)** कहा जाता है। फुहार में जल कणों का आकार 0.5 से.मी. से भी कम होता है।

वर्षण के सिद्धांत

(i) संलयन सिद्धांत : ई.जी. बोवेन

(ii) हिम-कण सिद्धांत : बर्गरान

(iii) मेघ अस्थिरता सिद्धांत : फिडिन्सन

वर्षा के प्रकार

आर्द्र वायु के ऊपर उठने के आधार पर वर्षा के तीन प्रकार हैं:

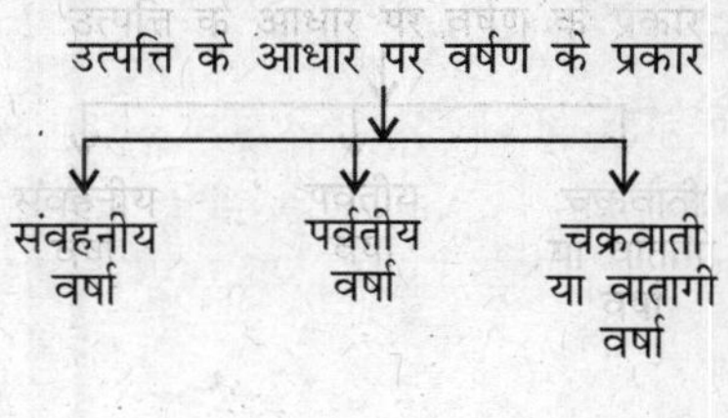

(i) **संवहनीय वर्षा:** धरातल के अत्यधिक गर्म होने के फलस्वरूप वायुमण्डल में उत्पन्न संवहन धाराओं से होने वाली वर्षा को **'संवहनीय वर्षा'** कहा जाता है। जब धरातल के अत्यधिक गर्म होने के कारण वायु गर्म होकर उठती है, तो वायु का शीतलन शुष्क रुद्धोष्म ताप ह्रास दर (Dry Adiabatic Rate) से होता है। इसके फलस्वरूप वायु संतृप्त हो जाती है एवं जलवाष्प संघनन होता है तथा वर्षा प्रारंभ हो जाती है। संघनन के कारण गुप्त उष्मा मुक्त होती है, जो वहाँ की वायु को पुनः गर्म करती है एवं उसे और ऊपर उठने को बाध्य कर देती है, जिससे और संघनन एवं वर्षा होती है। संवहनीय वर्षा अल्पकालिक एवं मूसलाधार होती है। इसके द्वारा मेघाच्छादन की न्यूनतम मात्रा से अधिकतम वर्षा की प्राप्ति होती है। इस प्रकार की वर्षा बिजली की चमक एवं बादलों की गरज के साथ होती है। यह वर्षा मुख्यतः विषुवतीय क्षेत्रों में होती है, जहाँ प्रतिदिन दोपहर एक धरातल के गर्म होने के कारण संवहन धाराएँ उठने लगती हैं एवं शाम को घनघोर वर्षा प्रारंभ होती है।

(ii) **पर्वतीय वर्षा :** उष्ण एवं आर्द्र वायु जब पर्वतों से टकराती है, तो वह बाध्य होकर ऊपर उठती है, इससे जो वर्षा होती है उसे **पर्वतीय वर्षा** कहा जाता है। पर्वतों के द्वारा वायु के ऊपर उठने में जो सहायता मिलती है, उसे **ट्रिगर प्रभाव (Trigger Effect)** कहा जाता है। विश्व में पर्वतीय वर्षा ही सर्वाधिक होती है।

पर्वतीय वर्षा में पवन विमुखे (Leaward Side) की तुलना में पवनाभिमुख ढालों पर वृष्टि की मात्रा काफी अधिक होती है। इसका कारण यह है कि पवनाभिमुख ढालों पर अधिक वर्षा करने के कारण हवा में जलवाष्प की मात्रा काफी कम हो जाती है। साथ ही, पवन विमुख ढालों पर हवा जब नीचे उतरती है, तो वह क्रमशः गर्म होती जाती है। इस प्रकार पवन विमुख ढाल एवं उनके आस-पास की निम्न भूमि में अपेक्षाकृत काफी कम वर्षा होती है। इन्हें **वृष्टि छाया क्षेत्र (Rain Shadow Area)** कहा जाता है। उदाहरणस्वरूप, महाबलेश्वर एवं पुणे के एक-दूसरे के निकट स्थित होने के बावजूद पवनाभिमुख ढाल पर स्थित होने के कारण महाबलेश्वर में वार्षिक वर्षा की मात्रा 600 से.मी. है, जबकि पुणे में मात्र 70 से.मी. वर्षा होती है।

(iii) **चक्रवाती या वाताग्री वर्षा:** दो विपरीत स्वभाव वाली हवाएँ जब आपस में टकराती हैं, तो वाताग्र (Front) का निर्माण होता है। इस वाताग्र के सहारे गर्म वायु ऊपर की ओर उठती है एवं वर्षा होने लगती है। यह वर्षा मुख्य रूप से शीतोष्ण कटिबंधीय क्षेत्र में शीतोष्ण चक्रवातों द्वारा होती है।

इस वर्षा की एक महत्वपूर्ण विशेषता यह है कि इस प्रकार की वर्षा मूसलाधार नहीं, बल्कि सालों भर फुहारों के रूप में होती है।

विश्व में वर्षा का वितरण

पृथ्वी के धरातल पर विभिन्न क्षेत्रों में वर्षा की मात्रा भिन्न-भिन्न होती है। धरातल पर वर्षा का वितरण बहुत ही असमान है। वर्षा कहीं 200 सेमी. से अधिक होती है, तो कहीं 20 सेमी. से भी कम। वर्षा के वितरण को प्रभावित करने वाले कारकों में तापमान, स्थल-जल का वितरण,

हवाओं की दिशा, पर्वतों की दिशा आदि महत्वपूर्ण हैं। पृथ्वी पर वर्षा की निम्नलिखित 6 पेटियाँ हैं-

1. **अत्यधिक वर्षा वाली विषुवत्‌रेखीय पेटी**-इस पेटी का विस्तार विषुवत् रेखा के दोनों ओर 10° अक्षांशों तक पाया जाता है। इसमें दक्षिणी अमेरिका की अमेजन घाटी, अफ्रीका का कांगो बेसिन, मध्य अमेरिका का पवनमुखी तटवर्ती क्षेत्र, न्यू गिनी, फिलीपींस एवं मेडागास्कर के पूर्वी तटीय क्षेत्र मुख्य हैं। यहाँ वार्षिक वर्षा 175 सेमी. से 200 सेमी. तक होती है। वर्षा मुख्य रूप से संवहनीय प्रकार की होती है। यहाँ प्रतिदिन मेघ गर्जन तथा विद्युत चमक के साथ दोपहर बाद वर्षा होती है।
2. **व्यापारिक पवनों की वर्षा पेटी**-इस पेटी का विस्तार विषुवत् रेखा के दोनों ओर 10° से 20° अक्षांशों के बीच पाया जाता है। यहाँ व्यापारिक हवाओं द्वारा महाद्वीपों के पूर्वी भागों में वर्षा होती है। मानसूनी वर्षा भी इसी पेटी में आती है।
3. **उपोष्ण कटिबन्धीय न्यूनतम वर्षा पेटी**-यह पेटी 20° से 30° अक्षांशों के मध्य दोनों गोलार्द्ध में स्थित है। यह उच्च दाब की पेटी है, जिसमें हवाएँ ऊपर से नीचे उतरती हैं। अत: प्रतिचक्रवातीय दशाएँ पाई जाती हैं। मिस्र, सहारा, थार का मरुस्थल इसी पेटी में स्थित हैं। यहाँ वार्षिक वर्षा का औसत 25 सेमी. से भी कम होता है।
4. **भूमध्य सागरीय वर्षा पेटी**-इसका विस्तार 30° से 40° अक्षांशों के मध्य दोनों गोलार्द्धों के पश्चिमी समुद्रतटीय भागों में पाया जाता है। इसमें कैलिफोर्निया, मध्य चिली, दक्षिण अफ्रीका का दक्षिणी-पश्चिमी भाग तथा पश्चिमी ऑस्ट्रेलिया का दक्षिणी-पश्चिमी भाग आता है। यहाँ सर्दियों में पछुआ पवनों से वर्षा होती है। वर्षा साधारण तथा चक्रवातीय होती है। वर्षा का वार्षिक औसत 100 सेमी. तक रहता है। शुष्क ग्रीष्म ऋतु इस पेटी की विशेषता है, क्योंकि इस समय यह पेटी शुष्क व्यापारिक हवाओं के प्रभाव में रहती है।
5. **मध्य अक्षांशीय अधिक वर्षा की पेटी**-विषुवत् रेखा के दोनों ओर 40° से 60° अक्षांशों के मध्य यह पेटी पाई जाती है। यहाँ महाद्वीपों के पश्चिमी भागों में अधिक वर्षा होती है। जलीय भाग की अधिकता के कारण उत्तरी गोलार्द्ध की अपेक्षा दक्षिणी गोलार्द्ध में वर्षा अधिक होती है। यहाँ ध्रुवीय तथा पछुआ हवाओं के मिलने से चक्रवातीय वर्षा होती है। यहाँ वार्षिक वर्षा का औसत 100 से 125 सेमी. तक होता है।
6. **ध्रुवीय निम्न वर्षा पेटी**-इसका विस्तार 60° अक्षांश से ध्रुवों तक दोनों गोलार्द्धों में है। ध्रुवों की ओर वर्षा की मात्रा घटती जाती है। यहाँ अधिकांश वर्षा हिमपात के रूप में होती है तथा वर्षा का औसत 25 सेमी. तक होता है।

	वर्षा प्रतिरूप	**अक्षांश**
(i)	वर्ष भर वर्षा, अधिकतम वर्षा	5°-7° उ. से 5°-7° द.
(ii)	ग्रीष्मकालीन वर्षा, शीतकाल शुष्क	5°-7° से 15°-16°
(iii)	हल्की ग्रीष्मकालीन वर्षा	16° से 20°
(iv)	सभी मौसम शुष्क, न्यूनतम वर्षा	20° से 30°
(v)	हल्की शीतकालीन वर्षा	30° से 35°
(vi)	ग्रीष्मकाल शुष्क, शीतकाल में पर्याप्त वर्षा	35° से 45°
(vii)	सभी मौसमों में वर्षा, परंतु ग्रीष्म काल में अधिकतम	40° से 70°
(viii)	सभी मौसम में अल्प वर्षा, अधिकांश हिमपात के रूप में	70° से 90°

- वैसे स्थानीय तूफान या झंझावत, जिनमें ऊपर की ओर तीव्र हवाएँ चलती हैं तथा बिजली की चमक एवं बादलों की गरज के साथ घनघोर वर्षा होती है एवं कभी-कभी इतनी तेज वर्षा होती है कि ऐसा प्रतीत होता है मानो मेघ ही फूट पड़े हों। इस प्रकार की वर्षा को **वर्षा प्रस्फोट (Cloud Burst)** कहा जाता है।

उत्पत्ति के आधार पर वर्षा के प्रकार

पृथ्वी पर होने वाली वर्षा को उत्पत्ति के आधार पर तीन भागों में बाँटा गया है-

1. संवहनीय वर्षा 2. पर्वतीय वर्षा 3. चक्रवातीय वर्षा

समवृष्टि रेखाएँ : संसार के मानचित्र पर समान वर्षा वाले स्थानों को मिलाती हुई जो रेखाएँ खींची जाती हैं, उन्हें **'समवृष्टि रेखाएँ'** या **'समवर्षा रेखाएँ' (Isohyets)** कहते हैं।

वर्षामापी : वर्षा की माप एक विशेष प्रकार के यंत्र से होती है, जिसे **'वर्षामापी यंत्र' (Rain gauge)** कहते हैं। वर्षा इंचों या मिलीमीटरों में मापी जाती है।

वर्षा पर प्रभाव डालने वाले प्रमुख कारक-

(i) अक्षांश (ii) ऊँचाई
(iii) प्रचलित पवनें (iv) जल धाराएँ
(v) समुद्र से दूरी (vi) जल व स्थल की स्थिति
(vii) पर्वत श्रेणियों की दिशा इत्यादि।

आर्द्रता

जल वायुमण्डल में अपने तीनों रूप में मौजूद रहता है। यह गैसीय अवस्था में जल वाष्प, तरल अवस्था में जल की बूंदों एवं ठोस अवस्था में हिम कणों के रूप में रहता है। वायुमण्डल में मौजूद अदृश्य जलवाष्प की मात्रा को ही **'आर्द्रता'** कहा जाता है। वायुमण्डल में 16 कि.मी. से अधिक ऊँचाई पर आर्द्रता नहीं पाई जाती है।

किसी भी वायु में जलवाष्प धारण करने की क्षमता उस वायु के तापमान पर निर्भर करती है। तापमान बढ़ने से आर्द्रता धारण करने की क्षमता भी बढ़ जाती है। इसी प्रकार यदि वायु का तापमान कम हो जाए, तो उसकी आर्द्रता धारण करने की क्षमता भी कम हो जाती है। वायुमण्डल की आर्द्रता को निम्नलिखित रूपों में व्यक्त किया जाता है :

(i) निरपेक्ष आर्द्रता: हवा के प्रति इकाई आयतन में विद्यमान जलवाष्प की मात्रा को **'निरपेक्ष आर्द्रता'** कहा जाता है। इसे ग्राम प्रति घनमीटर ($gram/m^3$) के रूप में व्यक्त किया जाता है। यह एक विश्वसनीय सूचकांक नहीं है, क्योंकि तापमान एवं वायुदाब में परिवर्तन के साथ

ही हवा के आयतन में भी परिवर्तन हो जाता है एवं इस प्रकार निरपेक्ष आर्द्रता भी परिवर्तित हो जाती है।

(ii) **विशिष्ट आर्द्रता:** आर्द्रता को व्यक्त करने का यह अधिक उपयोगी तरीका है। हवा के प्रति इकाई भार में जलवाष्प के भार को **विशिष्ट आर्द्रता** कहा जाता है। इसे ग्राम प्रति किलोग्राम के रूप में व्यक्त किया जाता है। चूंकि इसे भार की इकाइयों के रूप में मापा जाता है, अतः इस पर वायु दाब एवं तापमान में परिवर्तन का कोई प्रभाव नहीं पड़ता है।

(iii) **सापेक्षिक आर्द्रता:** किसी निश्चित तापमान पर वायु में विद्यमान जलवाष्प की मात्रा एवं उस वायु के जलवाष्प धारण करने की क्षमता के अनुपात को **सापेक्षिक आर्द्रता** कहा जाता है। इसे प्रतिशत (%) के रूप में व्यक्त किया जाता है। उदाहरण के लिए, यदि 30° तापमान पर किसी वायु के इकाई आयतन में विद्यमान जलवाष्प की मात्रा 5 ग्राम हो एवं इसी तापमान पर उसकी जलवाष्प धारण करने की क्षमता 10 ग्राम हो, तो वायु की सापेक्षित आर्द्रता 50% होगी। इस प्रकार–

$$\text{सापेक्षिक आर्द्रता} = \frac{\text{निरपेक्ष आर्द्रता}}{\text{आर्द्रता सामर्थ्य}} \times 100\%$$

सापेक्षिक आर्द्रता में दो प्रकार से परिवर्तन होता है :

(i) यदि वाष्पीकरण द्वारा हवा में और अधिक मात्रा में जलवाष्प मिल जाये तो हवा की सापेक्षिक आर्द्रता बढ़ जाएगी, या (ii) यदि हवा का तापमान बढ़ा दिया जाए तो उसकी जलवाष्प धारण करने की क्षमता भी बढ़ जाएगी एवं सापेक्षिक आर्द्रता कम हो जाएगी। इसी प्रकार यदि हवा का तापमान घट जाए तो इसकी जलवाष्प धारण करने की क्षमता भी कम हो जाएगी एवं वायु की सापेक्षिक आर्द्रता बढ़ जाएगी। अतः स्पष्ट है कि जहाँ तापमान और वायु की आर्द्रता सामर्थ्य में सीधा संबंध होता है, वहीं तापक्रम एवं सापेक्षिक आर्द्रता में विपरीत संबंध होता है।

हवा की सापेक्षिक आर्द्रता का जलवायु की दृष्टि से काफी महत्व होता है, क्योंकि सापेक्षिक आर्द्रता ही वाष्पीकरण की मात्रा एवं दर को निर्धारित करती है। साथ ही, आपेक्षिक आर्द्रता की मात्रा पर ही वर्षण की संभावना निर्भर करती है।

विषुवतरेखीय प्रदेशों में अधिकतम सापेक्षिक आर्द्रता होती है। 30° उ. एवं द. अक्षांशों पर यह न्यून हो जाती है एवं उच्च अक्षांशों की ओर यह पुनः बढ़ने लगती है।

दोनों ही गोलार्द्धों में 0° से 10° एवं 40° से 74° अक्षांशों के मध्य वाष्पन की अपेक्षा वर्षण की अधिकता होती है, जबकि 10° से 40° अक्षांशों के मध्य वर्षण की अपेक्षा वाष्पन अधिक होता है।

- यदि वायु किसी निश्चित तापमान पर अपने में इतना जलवाष्प धारण किए हुए है, जितनी उसकी क्षमता है तो उस वायु को **'संतृप्त वायु' (Saturated Air)** कहा जाता है। इस प्रकार संतृप्त वायु की सापेक्षिक आर्द्रता 100% होती है।
- वायु का कोई भी नमूना बिना जलवाष्प की मात्रा को बढ़ाए संतृप्त हो सकता है, यदि उसके तापमान में आवश्यक मात्रा में गिरावट हो जाए। हवा का कोई भी नमूना जिस तापमान पर संतृप्त हो जाए, उस तापमान को ओस **बिंदु** या **ओसांक (Dew-Point)** कहा जाता है। अतः स्पष्ट है कि ओस बिन्दु कोई एक निश्चित तापमान नहीं है।

वाताग्र

- जब दो विपरीत स्वभाव वाली वायु राशियां एक-दूसरे के संपर्क में आती हैं, तो इनके बीच एक असांतत्य पृष्ठ का निर्माण हो जाता है। इसे ही **वाताग्र** कहा जाता है। इस प्रकार वाताग्र वह सीमातल है, जो दो वायुराशियों को एक-दूसरे से अलग करता है।

इन वाताग्रों का निर्माण या क्षीणप्रायः वाताग्रों के पुनः शक्तिशाली होने की प्रक्रिया को **'वाताग्र जनन'** कहा जाता है। इस शब्द का प्रयोग सर्वप्रथम बर्गरान द्वारा किया गया था। वाताग्रों के निर्बल होने या पूर्ण रूप से विघटित होने की प्रक्रिया को **वाताग्र क्षय (Frontolysis)** कहा जाता है।

दो अलग-अलग तापमान एवं घनत्व वाली वायु राशियों के अभिसरण से वाताग्र जनन होता है। पेटरसन ने वाताग्रों को चार वर्गों में विभक्त किया है। इनमें से प्रत्येक का पूर्ण रूप से विकास शीतोष्ण कटिबंधीय चक्रवातों में ही संभव होता है :

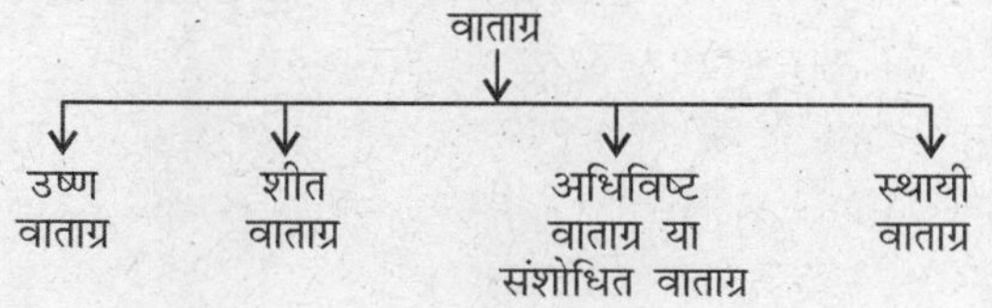

उष्ण वाताग्र

- वह वाताग्र, जिसमें उष्ण व हल्की वायु राशि आक्रामक होकर ठण्डी व भारी वायु राशि के ऊपर चढ़ती है, **उष्ण वाताग्र** कहलाता है।
- इस वाताग्र का ढाल 1:100 से 1:400 तक होता है।
- इस वाताग्र में विभिन्न ऊँचाई पर विभिन्न प्रकार के मेघों का निर्माण होता है।
- इस वाताग्र की ढाल हल्की होने के कारण मौसम परिवर्तन में कई दिन लग जाते हैं। ढाल हल्की होने के कारण इनका प्रभाव दूर तक दिखाई देता है।
- किसी स्थान से जब उष्ण वाताग्र गुजरता है, तो वहाँ के तापमान एवं वायुदाब में वृद्धि अंकित की जाती है।
- उष्ण वाताग्र में वर्षा धीरे-धीरे व लंबे समय तक होती है।

शीत वाताग्र

- जब ठण्डी एवं भारी वायु राशि आक्रामक होती है तथा गर्म एवं हल्की वायु को तेजी से ऊपर उठा देती है, तो शीत वाताग्र का निर्माण होता है।
- शीत वाताग्र की ढाल उष्ण वाताग्र की तुलना में चार गुनी (1:25 से 1:100) होती है।
- किसी स्थान से इस वाताग्र के गुजरने पर तापमान में कमी एवं वायुदाब में वृद्धि अंकित की जाती है।

- ठण्डी वायु राशि द्वारा गर्म वायु राशि को तेजी को ऊपर उठाने के कारण बिजली की गरज के साथ मूसलाधार वर्षा होती है।
- यहाँ उष्ण वाताग्र की तुलना में वर्षा की मात्रा कम होती है। साथ ही वर्षा की अवधि भी कम होती है।

अधिविष्ट वाताग्र या संशोधित वाताग्र

- प्रायः शीत वाताग्र उष्ण वाताग्र की तुलना में अधिक तेजी से आगे बढ़ता है। इस प्रकार की तीव्र गति से आगे बढ़ता हुआ शीत वाताग्र जब उष्ण वाताग्र तक पहुंच कर उससे मिल जाता है, तब संशोधित वाताग्र का निर्माण होता है।
- इस अवस्था में उष्ण वायु पूर्ण रूप से ऊपर उठ जाती है एव धरातल से उसका संपर्क टूट जाता है।

स्थायी वाताग्र

- जब दो विपरीत स्वभाव वाली वायु राशियाँ एक-दूसरे के समानान्तर हो जाती हैं एवं उष्ण वायु ऊपर की ओर नहीं उठ पाती हैं, तो स्थायी वाताग्र का निर्माण होता है।
- इस प्रकार के वाताग्र के कारण कई दिनों तक आकाश में बादल छाए रहते हैं एवं कुहरे के रूप में हल्की वर्षा होती है।
- धरातल पर वायु प्रवाह का अवलोकन किया जाए तो दो ऐसे प्रमुख क्षेत्र हैं, जहाँ पर हवाएँ अभिसरित होती हैं तथा वाताग्रों का निर्माण होता है। ये हैं-भूमध्यरेखीय भाग तथा निम्न दाब क्षेत्र।

महत्वपूर्ण बिंदु
* वायुमण्डल में जलवाष्प की मात्रा होती है, जिसके कारण बादल, वर्षा, हिम वर्षा, ओस, पाला, कोहरा आदि घटनाएँ होती हैं।
* वायु में पाई जाने वाली जलवाष्प की मात्रा को **आर्द्रता** कहते हैं। यह निरपेक्ष एवम् सापेक्ष, दो प्रकार की होती है।
* वायु में उसकी जलवाष्प धारण की क्षमता के बराबर आर्द्रता होती है, तो उसे **संतृप्त वायु** कहते हैं। इसका तापमान से घनिष्ठ सम्बन्ध होता है।
* जलवाष्प के जल अथवा हिम में बदलने को **संघनन** कहते हैं। ओस, पाला, कुहरा, धुन्ध आदि संघनन के विभिन्न रूप हैं।
* वर्षा संवहनीय, पर्वतीय और चक्रवाती प्रकार की होती है।

❑❑❑

अध्याय

9

जलवायु का वर्गीकरण

[कोपेन वर्गीकरण, ग्रीन हाउस प्रभाव, भूमण्डलीय उष्मन और जलवायु परिवर्तन]

किसी स्थान पर ताप, वायुदाब, आर्द्रता, मेघ, वर्षा, पवनों का प्रवाह इत्यादि तत्वों को **मौसम एवं जलवायु** के तत्व कहते हैं। मौसम व जलवायु में अन्तर होता है।

मौसम- किसी स्थान पर किसी विशेष क्षण में मौसम के घटकों (जैसे तापमान, वायुदाब, पवन, आर्द्रता, वर्षा, मेघ) के संदर्भ में वायुमण्डल की अल्पकालीन दशाओं के योग को **मौसम** कहते हैं। मौसम सदैव बदलता रहता है। दूसरे शब्दों में कहें, तो मौसम वायुमण्डल की क्षणिक अवस्था है।

जलवायु- किसी स्थान विशेष के मौसम की औसत दशा को **जलवायु** कहते हैं। जलवायु में एक विस्तृत क्षेत्र में दीर्घकाल की वायुमण्डलीय अवस्थाओं का विवरण होता है। अतः मौसम की तुलना में **जलवायु** शब्द का अर्थ व्यापक होता है। मोंकहाऊस (Monkhouse) के अनुसार "जलवायु वस्तुतः किसी स्थान विशेष की दीर्घकालीन मौसमी दशाओं के विवरण को सम्मिलित करती है।"

जलवायु का वर्गीकरण

संसार के विभिन्न क्षेत्रों में विभिन्न प्रकार की जलवायु पाई जाती है। इसका प्रमुख कारण जलवायु को प्रभावित करने वाले कारक हैं, जिनमें सर्वप्रमुख **अक्षांशों की स्थिति, सागर तट से दूरी, पर्वतीय अवरोध, समुद्री धाराएं, पवनों की दिशा, सागर तल से ऊँचाई, विक्षोभ** आदि हैं।

संसार की जलवायु के वर्गीकरण का प्रथम प्रयास प्राचीन यूनानवासियों ने किया था। उन्होंने तापमान के आधार पर संसार को तीन कटिबंधों 1. उष्ण कटिबंध, 2. शीतोष्ण कटिबंध व 3. शीत कटिबंध में विभाजित किया था। अतः जलवायु के विभिन्न आंकड़ों का संग्रह करके उसे क्रमबद्ध रूप से गठित कर उनकी व्याख्या करना तथा उनसे प्राप्त निष्कर्षों के आधार पर उनके क्षेत्रीय विवरण को स्पष्ट करना ही **जलवायु का वर्गीकरण** कहलाता है। कोई भी जलवायु वर्गीकरण अपने आप में पूर्ण नहीं है। इसलिए सामान्यीकृत वर्गीकरण किए जाते हैं। विश्व के अनेक विद्वानों ने जलवायु का वर्गीकरण किया है, जिनमें कोपेन, मिलन, थार्नवेट, टिवार्था प्रमुख हैं।

जलवायु मानव की सभी शारीरिक एवं मानसिक क्रियाओं पर व्यापक प्रभाव डालती है। जलवायु इस बात का निश्चय करती है कि पृथ्वी पर मानव कहाँ रह सकता है और विकास कर सकता है। मनुष्य के व्यवसाय, व्यापार, स्वास्थ्य, शारीरिक एवं मानसिक क्षमता आदि पर जलवायु का व्यापक प्रभाव होता है।

कोपेन के अनुसार जलवायु वर्गीकरण

जर्मनी के प्रसिद्ध जलवायुवेत्ता ब्लॉडिमिर कोपेन ने विश्व की जलवायु का वर्गीकरण सर्वप्रथम 1900 ई. में प्रस्तुत किया, जिसका आधार संसार के वनस्पति प्रदेश थे। उन्होंने अपने वर्गीकरण को 1900 ई. से 1936 ई. के दौरान कई बार संशोधित भी किया। **कोपेन ने वर्गीकरण का आधार तापमान, वर्षा** तथा **उनके मौसमी स्वभावों को** माना। उन्होंने इन तत्वों का वनस्पति के साथ संबंध जोड़ने का प्रयास किया, क्योंकि उनको विश्वास था कि जलवायु की सम्पूर्णता का सबसे अच्छा दर्शन प्राकृतिक वनस्पति में मिलता है। इस प्रकार कोपेन ने जलवायु के वर्गीकरण की ऐसी मात्रात्मक पद्धति अपनाई, जो जलवायु का वनस्पति से गहरा संबंध स्थापित कर सके। कोपेन ने संसार की जलवायु को पाँच मुख्य भागों में बाँटने के लिए अंग्रेजी के बड़े अक्षरों **A, B, C, D** तथा **E** का प्रयोग करते हुए उनके उपविभाग किए हैं, जिनके लिए बड़े अक्षरों के साथ छोटे अक्षरों का प्रयोग किया गया है।

सारणी-कोपेन के अनुसार जलवायु वर्गीकरण

	जलवायु के वर्ग	लक्षण
A	उष्ण-कटिबंधीय जलवायु	तापमान सभी महीनों में 18° C से आर्द्र जलवायु सदैव ऊँचा रहता है। शीत ऋतु का अभाव, वाष्पीकरण की अपेक्षा वर्षा अधिक।
B	शुष्क जलवायु	वर्षा की अपेक्षा वाष्पीकरण अधिक, जल का अभाव
C	उष्ण-शीतोष्ण जलवायु	ग्रीष्म व शीत, दोनों ऋतुएँ पाई जाती हैं, सबसे ठण्डे महीने का औसत तापमान 18°C से कम तथा 3°C से अधिक होता है।
D	शीत-शीतोष्ण जलवायु	कठोर शीत ऋतु, शरद काल में औसत तापमान – 3°C से कम तथा ग्रीष्मकाल का औसत तापमान 10° C से अधिक रहता है।
E	ध्रुवीय जलवायु	ग्रीष्म ऋतु का अभाव, सबसे गर्म माह का औसत तापमान 10°C से कम रहता है।

कोपेन का जलवायु वर्गीकरण का विवरण निम्नानुसार है-

1. A **उष्ण कटिबंधीय आर्द्र जलवायु**-यहाँ पर वर्ष के प्रत्येक महीने में औसत तापमान 18°C से अधिक रहता है। इस जलवायु में शीत ऋतु का अभाव होता है। यहाँ वर्ष भर वर्षा होती है। यहाँ पर वाष्पीकरण

की अपेक्षा वर्षा सदैव अधिक होती है। वर्षा, ताप तथा शुष्कता के आधार पर इसके तीन उप-विभाग किए गए हैं–

(i) **Af-उष्ण कटिबंधीय आर्द्र जलवायु**-जहाँ पर वर्ष भर वर्षा हो, वार्षिक तापान्तर बिल्कुल नहीं होता तथा शुष्कता का अभाव है।

(ii) **Am-उष्ण कटिबंधीय मानसूनी वर्षा**-इसे **मानसूनी जलवायु** भी कहते हैं। यहाँ पर वर्षा की अधिकता होने के कारण वन भी अधिक मिलते हैं। यहाँ एक लघु शुष्क ऋतु पाई जाती है।

(iii) **Aw-उष्ण कटिबंधीय आर्द्र एवं शुष्क जलवायु**-इसे **उष्ण कटिबंधीय सवाना जलवायु** भी कहते हैं। यहाँ पर वर्ष भर उच्च तापमान रहता है। यहाँ पर ग्रीष्मकाल में वर्षा होती है तथा शीतकाल शुष्क रहता है।

2. B **शुष्क जलवायु**-इसमें वर्षा की अपेक्षा वाष्पीकरण अधिक होता है। अत: यहाँ अतिरिक्त जल की कमी रहती है। तापमान तथा वर्षा के कारण इसे दो भागों में बाँटा जा सकता है-

(i) **BS-स्टैपी प्रदेश**-यहाँ वर्षा की मात्रा शुष्क घास के लिए उपयुक्त रहती है।

(ii) **BW-मरुस्थलीय प्रदेश**-यहाँ वर्षा की मात्रा वनस्पति के लिए अपर्याप्त होती है। स्टैपी तथा मरुस्थलीय जलवायु को तापमान के आधार पर दो-दो उप-विभागों में बाँटा गया है–

(i) BSh-उष्ण कटिबंधीय स्टैपी जलवायु

(ii) BSk-शीत कटिबंधीय स्टैपी जलवायु

(iii) BWh-उष्ण कटिबंधीय मरुस्थलीय जलवायु

(iv) BWk-शीत कटिबंधीय मरुस्थलीय जलवायु

3. C **उष्ण-शीतोष्ण आर्द्र जलवायु**-इसे **सम शीतोष्ण आर्द्र जलवायु** भी कहते हैं। यहाँ पर सबसे ठण्डे महीने का औसत तापमान 18^oC से कम तथा 3^oC से अधिक होता है। यहाँ पर ग्रीष्म व शीत, दोनों ऋतुएँ पाई जाती है। इसमें शीत ऋतु कठोर नहीं होती। वर्षा के मौसमी वितरण के आधार पर इसे निम्नलिखित तीन भागों में बांटा गया है–

(i) Cf- वर्ष पर्यन्त

(ii) Cw- ग्रीष्मकाल में अत्यधिक वर्षा

(iii) Cs- शीतकाल में अधिक वर्षा

इसके अन्य उप-विभाग a-गर्म ग्रीष्म काल, b-शीत-ग्रीष्म काल c-अल्पकालिक ग्रीष्म काल।

4. D **शीतोष्ण जलवायु**-इस जलवायु में सर्वाधिक ठण्डे महीने का तापमान -3^oC से कम होता है तथा सबसे गर्म महीने का औसत तापमान 10^oC से अधिक होता है। यहाँ पर कोणधारी वन पाए जाते हैं। इसके दो मुख्य उप-विभाग हैं-

(i) Df-वर्ष पर्यन्त वर्षा

(ii) Dw-ग्रीष्मकाल में वर्षा, शीत ऋतु शुष्क

5. E **ध्रुवीय जलवायु**-(i)**Et-टुण्ड्रा तुल्य जलवायु**-इसमें ग्रीष्मकालीन तापमान 0^oC से 10^oC के मध्य रहता है।

(ii) **EF-हिमाच्छादित जलवायु**-यहाँ ग्रीष्मकालीन तापमान 0^oC से कम रहता है। यहाँ पर वर्ष भर बर्फ जमी रहती है।

इस प्रकार कोपेन ने संक्षिप्त सूत्रों के आधार पर वर्षा, तापमान संबंधी गौण विशेषताओं का समावेश कर विश्व का जलवायु का वर्गीकरण प्रस्तुत किया। कुछ विद्वानों ने कोपेन के वर्गीकरण को अपर्याप्त माना है। जलवायुवेत्ता थार्नवेट, जोन्स, एकरमेन आदि ने इसकी आलोचना की है। उनका कहना है कि यह वर्गीकरण मैदानी भागों के लिए तो उपयुक्त लगता है, लेकिन पर्वतीय प्रदेशों के लिए भ्रमित करता है। सारे विश्व को पाँच मुख्य जलवायु प्रदेशों में बाँटना पर्याप्त नहीं है, लेकिन इन सबके बावजूद भी कोपेन के जलवायु वर्गीकरण को भौगोलिक शिक्षण में मान्यता दी जाती है, क्योंकि इस वर्गीकरण की लोकप्रियता इसकी सरलता के कारण है। अध्ययन एवं अध्यापन की सुविधा इस जलवायु वर्गीकरण की सबसे बड़ी विशेषता है।

हरित गृह प्रभाव

अधिक ठण्डे प्रदेशों में, जहाँ सूर्यातप का सर्दियों में अभाव रहता है, विशेषकर फलों व सब्जियों के पौधों को पैदा करने के लिए हरित गृहों का प्रयोग किया जाता है। इन हरित गृहों के शीशे से सूर्य की ऊष्मा अन्दर तो पहुँच जाती है, किन्तु दीर्घ तरंगों के रूप में होने वाला पुनर्विकिरण इन हरित गृहों से बाहर नहीं जा पाता है। परिणामस्वरूप, हरित गृह के अन्दर तापमान बढ़ जाता है। पृथ्वी पर वायुमण्डल भी हरित गृह के समान कार्य करता है। यह पृथ्वी पर औसत तापमान 35° सेल्सियस बनाए रखता है।

वायुमण्डल में पाई जाने वाली कार्बन डाइऑक्साइड गैस, जलवाष्प, मीथेन, नाइट्रस ऑक्साइड, क्लोरो-फ्लोरो कार्बन आदि पृथ्वी पर हरित गृह प्रभाव के लिए उत्तरदायी हैं। सूर्य से आने वाली लघु तरंगीय किरणों को तो ये गैसें पृथ्वी तक आने देती हैं, किन्तु पृथ्वी से होने वाले दीर्घ तरंगीय विकिरण, विशेषकर अवरक्त किरणों को सोख कर पुन: पृथ्वी की ओर भेज देती हैं। परिणामस्वरूप, धरातलीय सतह निरन्तर गर्म होती रहती है। इस प्रभाव को ही **हरित गृह प्रभाव** कहते हैं।

जलवाष्प प्राकृतिक रूप से पृथ्वी को गर्म बनाए रखती है, परन्तु मानवीय कारणों से **कार्बन डाइऑक्साइड, मीथेन, नाइट्रस ऑक्साइड, क्लोरो-फ्लोरो कार्बन** आदि गैसें पृथ्वी पर हरित गृह प्रभाव उत्पन्न कर रही हैं। इन गैसों को **'हरित गृह गैसें'** भी कहते हैं। हरित गृह प्रभाव उत्पन्न करने वाली गैसों में **कार्बन डाइऑक्साइड** प्रमुख है। वायुमण्डल में इसकी मात्रा में निरन्तर वृद्धि हो रही है।

तीव्र औद्योगिकीकरण तथा वाहनिक प्रदूषणों के कारण इसकी मात्रा लगातार बढ़ती जा रही है। कोयला, खनिज तेल, लकड़ी आदि के जलने, प्राणियों की श्वसन क्रिया, ज्वालामुखी उद्गार, वनस्पतियों के सड़ने-गलने आदि के कारण वायुमण्डल में कार्बन डाइऑक्साइड की मात्रा बढ़ रही है। मीथेन की उत्पत्ति धान के खेत, प्राकृतिक दलदली भूमियों, खनन, दीमक, जैवीय पदार्थों के जलने आदि से होती है। नाइट्रस ऑक्साइड मुख्यत: नाइट्रोजन युक्त खादों के प्रयोग, जैविक पदार्थों एवं जीवाश्मी ईंधनों के जलने से उत्पन्न होती है। नायलोन के औद्योगिक उत्पादन से भी इसकी मात्रा बढ़ती है। क्लोरो-फ्लोरो कार्बन का निर्माण रासायनिक क्रियाओं द्वारा होता है। वैज्ञानिकों द्वारा किए गए अध्ययनों के अनुसार हरित गृह प्रभाव में **कार्बन डाइऑक्साइड का योगदान 57 प्रतिशत, मीथेन का योगदान 18 प्रतिशत, नाइट्रस ऑक्साइड का योगदान 6 प्रतिशत, क्लोरो-फ्लोरो का योगदान 17 प्रतिशत** होता है।

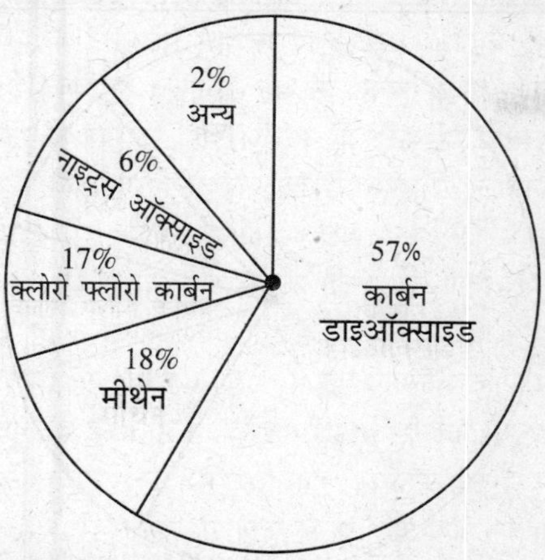

हरित गृह प्रभाव के प्रमुख दुष्परिणाम :

1. **तापमान में वृद्धि :** पृथ्वी के तापमान में हो रही वृद्धि मानव जनित हरित गृह प्रभाव का एक प्रमुख दुष्परिणाम है। प्रकृति में हरित गृह गैसों का बढ़ना इसका प्रमुख कारण है। तापमान में वृद्धि के कारण पृथ्वी पर अनेक जलवायु परिवर्तन होंगे। मौसम में हो रही विसंगतियाँ इसी का परिणाम हैं।
2. **वर्षा में वृद्धि :** पृथ्वी का तापमान बढ़ने से जलीय भागों से वाष्पीकरण अधिक होगा। परिणामस्वरूप, वर्षा अधिक होगी।
3. **ध्रुवों का बर्फ पिघलना :** पृथ्वी पर तापमान में वृद्धि के कारण ध्रुवों एवं पर्वत चोटियों की बर्फ पिघलने लगेगी।
4. **समुद्रों के जलस्तर में वृद्धि :** विश्व के औसत तापमान में वृद्धि के कारण ध्रुवीय तथा पर्वतीय क्षेत्रों की बर्फ पिघलने से समुद्रों का जलस्तर ऊपर उठेगा। परिणामस्वरूप, अनेक समुद्र तटीय भाग जल में डूब जाएँगे।
5. **कृषि पर प्रभाव :** वर्षा के प्रतिरूप में परिवर्तन होने से कृषि भी प्रभावित होगी।
6. **जीव जन्तुओं एवं वनस्पतियों पर प्रभाव :** जिन जीव-जन्तुओं की ताप सहन करने की क्षमता कम है, वे नष्ट हो जाएँगे। समुद्री जलस्तर में वृद्धि होने से तटवर्ती भागों की वनस्पति जलमग्न हो जाएगी। विश्व में जैव विविधता का ह्रास होगा।

हरित गृह प्रभाव को नियंत्रित करने के उपाय

हरित गृह प्रभाव के कारण सम्पूर्ण जैव मण्डल के लिए खतरा उत्पन्न हो गया है। इस प्रभाव को नियंत्रित करने के प्रमुख उपाय निम्नलिखित हैं-

1. हरित गृह प्रभाव के लिए सर्वाधिक योगदान करने वाली गैस कार्बन डाइऑक्साइड की मात्रा में हो रही वृद्धि पर रोक लगानी होगी। इसके लिए जीवाश्मी ईंधनों को जलाने में कमी करनी होगी। वैकल्पिक ऊर्जा साधनों का अधिक प्रयोग करना होगा।
2. बड़े स्तर पर हो रहे वन विनाश को रोकने के साथ ही वन क्षेत्रों का विस्तार किया जाना चाहिए।
3. जनसंख्या वृद्धि को रोकने के कारगर उपाय करने होंगे।
4. वाहनों तथा उद्योगों में ऐसे उपकरण लगाए जाएँ, जिससे प्रदूषित गैसें कम से कम निकलें तथा वायुमण्डल में जाने से पूर्व ही उनका विघटन हो जाए।
5. क्लोरो-फ्लोरो कार्बन के उत्पादन को निम्नतम स्तर पर लाने का प्रयास हो।
6. रासायनिक उर्वरकों का प्रयोग सीमित मात्रा में किया जाए। इनके स्थान पर जैविक खादों का उपयोग किया जाना चाहिए।

भूमण्डलीय ऊष्मन

हरित गृह गैसों में वृद्धि के कारण पृथ्वी का तापमान निरन्तर बढ़ रहा है। पेड़-पौधों द्वारा उपयोग की गई कार्बन डाइऑक्साइड से अधिक मात्रा उद्योगों एवं मोटर वाहनों द्वारा उत्सर्जित की जा रही है। परिणामस्वरूप, वायुमण्डल में कार्बन डाइऑक्साइड गैस की मात्रा में 2 प्रतिशत की दर से प्रतिवर्ष वृद्धि हो रही है। यह गैस भारी होने के कारण **वायुमण्डल के निचले भाग में धरातल** के समीप ही एक परत के रूप में जमा हो जाती है। यह परत पृथ्वी से होने वाले पार्थिव विकिरण को वापस पृथ्वी की ओर लौटा देती है। इसके कारण पृथ्वी पर तापमान में वृद्धि होती है। पृथ्वी के औसत तापमान में वृद्धि को ही **भूमण्डलीय ऊष्मन** कहते हैं।

सन् 1400 के बाद से अब तक के तापमानों का अध्ययन करके वैज्ञानिकों ने पाया है कि वर्ष 1990, 1995 और 1997 अब तक के सबसे गर्म वर्ष रहे हैं। ऐसा अनुमान है कि पिछले 50 वर्षों में पृथ्वी का औसत **ताप 1° सेल्सियस बढ़ा** है। वैज्ञानिकों का मानना है कि **21वीं सदी** के मध्य तक वातावरण में कार्बन डाइऑक्साइड गैस की मात्रा औद्योगिक युग (सन् 1860) से पूर्व की तुलना में दुगनी हो जाएगी। इसके परिणामस्वरूप सन् **2050 तक पृथ्वी का औसत तापमान 1.5° से 4.5° सेल्सियस तक बढ़ सकता है।**

राष्ट्रीय विज्ञान अकादमी, संयुक्त राज्य अमरीका (2015, National Academy of Sciences, US) द्वारा 3,000 वर्षों से अधिक काल में हुए विश्व ऊष्मन से महासागरीय जलस्तर में वृद्धि का अध्ययन किया गया। अकादमी के अनुसार, अगर विश्व ऊष्मन इसी प्रकार चलता रहा तो इस सदी के अन्त तक 1.5 मीटर महासागरों का जलस्तर बढ़ जाने की संभावना है। इससे विश्व में तटीय क्षेत्रों में निवास करने वाली लगभग 20 करोड़ से अधिक जनसंख्या प्रभावित होगी। इससे **चीन, भारत, जापान, इण्डोनेशिया, वियतनाम, बांग्लादेश, मालदीव एवं प्रशान्त महासागर के हजारों द्वीपीय देश सर्वाधिक प्रभावित होंगे।** संयुक्त राष्ट्र की रिपोर्ट के अनुसार, बांग्लादेश का **16 प्रतिशत क्षेत्र** तथा **15 प्रतिशत जनसंख्या इस खतरे से प्रत्यक्ष रूप से** जुड़ी है। प्रशान्त महासागर के अनेकों द्वीप, जैसे टोरा, सोलोमन, मार्शल, नौरू, तुवालु आदि तथा निम्नतलीय द्वीपों वाले देश जो कोरल एवं ज्वालामुखी से बने हैं। इनका अस्तित्व ही खतरे में है।

किरबाती एवं कई अन्य द्वीपीय देश **'गौरव संग स्थानान्तरण' (Migration with dignity)** की नीति अपनाते हुए वैश्विक मंचों पर गुहार लगा रहे हैं। किरबाती (Kirbati) प्रवाल द्वीप समूह देश से बाहर जाने वाले तो बहुत होंगे, लेकिन महासागरीय जलस्तर बढ़ जाने के कारण अपने घर वापस आने की संभावना नहीं होगी। इस जलवायवीय कारणों से भविष्य में मानव जनसंख्या के स्थानान्तरण बड़े पैमाने पर होने वाले हैं। अतः विश्वस्तर पर सामाजिक, सांस्कृतिक एवं आर्थिक सामन्जस्य स्थापित करना सभी की नैतिक एवं मानवीय जिम्मेदारी होनी चाहिए।

भूमण्डलीय ऊष्मन के प्रभाव

पृथ्वी के तापमान में वृद्धि के निम्नलिखित प्रभाव होंगे :

- तापमान में वृद्धि के कारण जलवायु में बहुत बड़े परिवर्तन होंगे। वर्तमान में मौसम में देखी जा रही विसंगतियाँ इसी तापमान वृद्धि का परिणाम हैं।
- पृथ्वी के तापमान में वृद्धि से वर्षा के प्रारूप में व्यापक परिवर्तन होगा। तापमान बढ़ने से जलीय भागों का वाष्पीकरण अधिक होगा। अधिक जलवाष्प तथा तापमान से वर्षा अधिक होती है। फलस्वरूप, ऋतु चक्र बदल जाएगा। ग्रीष्मकाल की अवधि बढ़ेगी तथा शीतकाल की कम होगी।
- भूमण्डलीय ऊष्मन के कारण अलनीनो प्रभाव में वृद्धि होगी तथा चक्रवातों की आवृत्ति बढ़ेगी।
- विश्व के औसत तापमान में वृद्धि के कारण ध्रुवीय क्षेत्रों तथा पर्वतीय शिखरों की बर्फ पिघलने से समुद्रों का जलस्तर ऊपर उठेगा। इसके फलस्वरूप समुद्र तटीय भाग जलमग्न हो जाएँगे। महासागरों में स्थित द्वीप डूब जाएँगे।
- तापमान में वृद्धि के कारण हिमनदों की बर्फ अधिक मात्रा में पिघलेगी। फलस्वरूप, उनसे निकलने वाली नदियों में पानी की मात्रा बढ़ने से भीषण बाढ़ आ सकती है।
- **तापमान में वृद्धि** के कारण होने वाले **ऋतु चक्र परिवर्तन** का **सर्वाधिक प्रभाव कृषि पर पड़ेगा।** इससे कृषि का प्रारूप बदल जाएगा तथा कृषि प्रणालियाँ बदल जाएँगी।
- तापमान वृद्धि के कारण पेड़-पौधों एवं जीव-जन्तुओं का अस्तित्व खतरे में पड़ जाएगा।

भूमण्डलीय ऊष्मन को नियंत्रित करने के उपाय

विश्व के तापमान में हो रही वृद्धि को नियंत्रित करने के लिए निम्नलिखित उपाय किए जाने चाहिए :

- **जीवाश्मी ईंधनों**, जैसे - कोयला, खनिज तेल, गैस आदि के उपयोग में **कमी की जानी** चाहिए। इनके स्थान पर वैकल्पिक ऊर्जा का उपयोग किया जाना चाहिए।
- पृथ्वी पर **वृक्षारोपण** करके वन क्षेत्रों का विस्तार किया जाना चाहिए।
- जनसंख्या वृद्धि को नियंत्रित किया जाना चाहिए।
- उद्योगों एवं वाहनों में ऐसे उपकरण लगाए जाएँ, जिससे इनके कारण होने वाला प्रदूषण कम हो।

जलवायु परिवर्तन

किसी स्थान में लम्बी अवधि तक औसत मौसमी दशाओं को **जलवायु** कहते हैं। जब इन औसत मौसमी दशाओं (तापमान, वर्षा, आर्द्रता, दाब आदि) में परिवर्तन हो जाता है, तो उसे **जलवायु परिवर्तन** कहते हैं। पृथ्वी के भूगर्भिक इतिहास के अध्ययनों से यह प्रमाणित हो चुका है कि पृथ्वी पर आरम्भ से जलवायु परिवर्तन हो रहे हैं। जहाँ वर्तमान में मरुस्थलीय प्रदेश हैं, वहाँ प्राचीनकाल में हरे-भरे खेत लहलहाते थे। इसी प्रकार जहाँ आज स्थलीय भाग हैं, वहाँ पहले जलीय भाग थे ये इन परिवर्तनों के प्रमाण हैं। इन जलवायु परिवर्तनों को शैलों के स्वरूप, शैल क्रम, झीलों व जलीय भागों में जमा निक्षेपों, जीवाश्मों, रेडियो आइसोटोप्स आदि के अध्ययनों के आधार पर प्रमाणित किया जाता है। इस बात के भी प्रमाण हैं कि पृथ्वी पर चुम्बकीय ध्रुवों की स्थितियों में परिवर्तन होते रहे हैं। पृथ्वी पर क्रमिक रूप से हिमयुगों का आगमन होता रहा है। इन हिमयुगों के समय पृथ्वी के सभी भागों पर बर्फ की चादर फैल गई थी।

सन् 1640 में वायुदाब मापी तथा थर्मामीटर एवं सन् 1676 में वर्षामापी के आविष्कार के बाद जलवायु का व्यवस्थित अध्ययन किया जाने लगा। परिणामस्वरूप जलवायु परिवर्तनों का अध्ययन भी विधिपूर्वक होने लगा। वर्तमान में पृथ्वी की जलवायु में निम्नलिखित प्रकार के परिवर्तन हो रहे हैं।

- पृथ्वी के औसत तापमान में वृद्धि हो रही है। वैज्ञानिकों का अनुमान है कि सन् 2050 तक पृथ्वी का तापमान 1.5° से 4.5° सेल्सियस तक बढ़ जाएगा।
- पृथ्वी पर वर्षा की मात्रा एवं क्षेत्रीय वितरण तथा ऋतु चक्र में परिवर्तन हो रहा है।
- हिमनदों की बर्फ पिघल रही है। फलस्वरूप, वे पीछे की ओर सिकुड़ रहे हैं।
- समुद्रों के जलस्तर में वृद्धि हो रही है। इसके परिणामस्वरूप समुद्र तटीय भागों पर जल का विस्तार हो रहा है। मालदीव एवं असंख्य प्रशान्त महासागरीय द्वीप इस खतरे की चपेट में आ चुके हैं।

महत्वपूर्ण बिंदु

* किसी स्थान विशेष पर किसी विशेष समय में वायुमण्डलीय दशाओं को मौसम कहते हैं। किसी बड़े क्षेत्र पर लम्बी अवधि तक औसत मौसमी दशाओं को **जलवायु** कहते हैं।
* ट्रिवार्था ने कोपेन के वर्गीकरण में संशोधन करके जलवायु का अपेक्षाकृत सरल वर्गीकरण प्रस्तुत किया। ट्रिवार्था ने विश्व की जलवायु को कुल 6 प्रमुख समूहों में विभाजित किया।
* हरित गृह प्रभाव के कारण पृथ्वी का तापमान निरन्तर बढ़ रहा है। कार्बन-डाइऑक्साइड, जलवाष्प, मीथेन, नाइट्रस ऑक्साइड, क्लोरो-फ्लोरो कार्बन आदि गैसें इस हरित गृह प्रभाव के लिए उत्तरदायी हैं।
* हरित गृह प्रभाव के कारण समस्त जैवमण्डल को खतरा उत्पन्न हो गया है। पृथ्वी के औसत तापमान में वृद्धि को **भूमण्डलीय ऊष्मन** कहते हैं।

❑❑❑

अध्याय

10

जलीय चक्र

[महासागरीय जल के तापमान का वितरण, महासागरीय तरंग, ज्वार-भाटा, धाराएँ, समुद्र सतही भू-आकृति की विशेषताएँ]

जलीय चक्र

जल एक चक्रीय संसाधन के रूप में इस पृथ्वी पर उपस्थित है, जो एक रूप से दूसरे रूप में परिवर्तित होते रहता है, जैसे-गैस तथा तरल अवस्था में इसका प्रयोग एवं पुनः प्रयोग भी किया जाता है। पृथ्वी पर जल की उपस्थिति के कारण इसे अंतरिक्ष से देखने पर नीला ग्रह प्रतीत होता है, जिस कारण इसे **'नीला ग्रह'** भी कहा जाता है। इसके अतिरिक्त जल की उपस्थिति के कारण पृथ्वी पर जीवन सम्भव हो पाया है। इसलिए पृथ्वी को **'जलीय ग्रह'** तथा **जैव ग्रह** कहा जाता है।

इसे **'जल चक्र'** भी कहते हैं। इसमें जल की गति और उसका गैस, तरल और ठोस अवस्था में परिवर्तन सम्मिलित रहता है। इसकी मुख्य प्रक्रिया संघनन है, जिसके द्वारा वर्षा होती है। पृथ्वी पर अथवा भूमिगत जल का संचयन और प्रवाह, वाष्पीकरण और आर्द्रता का वहन सम्मिलित है। अतः जलीय चक्र में जल की जलमण्डल, वायुमण्डल तथा स्थलमण्डल पर नियमित चक्रीय अवस्था को सम्मिलित किया जाता है।

जल सागरों, झीलों, नदियों, स्थल भाग, पौधों आदि से वाष्पीकरण एवं वाष्पोत्सर्जन द्वारा वायु मण्डल में पहुँचता है तथा बदलती मौसमी दशाओं के अन्तर्गत संघनन द्वारा बादल बनकर यह जलराशि पुनः वर्षा के रूप में जलमण्डल तथा स्थलमण्डल पर पहुँचती है।

जल की विभिन्न रूपों में सम्पन्न होने वाली चक्रीय अवस्थाएँ **जलीय चक्र** कहलाती हैं। जल चक्र में जल का परिसंचरण विभिन्न परिमण्डलों में भी स्वतंत्र रूप से होता है। इसमें वायुमण्डल में वायु का उर्ध्वाधर तथा क्षैतिज परिसंचरण एक स्थान से दूसरे स्थान पर नमी का स्थानान्तरण जलमण्डल में सागरीय धाराओं द्वारा जल संचलन तथा स्थलमण्डल से नदियों एवं हिमनदों द्वारा जल सागरों की ओर जाता है। इसी प्रकार मृदा से वाष्पीकृत एवं पौधों द्वारा वाष्पोत्सर्जित स्थल से अन्तः स्पन्दन द्वारा भूमि में पहुँचता है। प्रतिवर्ष पृथ्वी पर उपलब्ध जल का 1 प्रतिशत जल ही जलीय चक्र में संचारित होता है। जल चक्र में सहभागी जल का बड़ा भाग ही शुद्ध जल है। शेष भाग स्थायी हिम के रूप में जमा हुआ है। जल चक्र में नदियों की महत्वपूर्ण भूमिका है, क्योंकि वे स्थल से महासागरों तथा सागरों की ओर जल को प्रवाहित करती है। अतः महासागरों, हिम टोपियों तथा शैलों में जल लम्बे समय तक संचित रहता है, जबकि नदियों तथा वायुमण्डल में कम समय तक ही संचित रह पाता है।

जल चक्र की क्रियाविधि

जलचक्र के प्रमुख घटक एवं प्रक्रियाएँ

घटक	प्रक्रिया
महासागरों में संग्रहित जल	वाष्पीकरण, वाष्पोत्सर्जन, ऊर्ध्वपातन
वायुमण्डल में जल	संघनन, वर्षण
हिम एवं बर्फ में पानी का संग्रहण	हिम पिघलने पर नदी-नालों के रूप में बहना
धरातलीय जल बहाव	जलधारा के रूप में, ताजा जल संग्रहण व जल रिसाव
- भौम जल संग्रहण	भौम जल का विसर्जन, झरने

जल का वाष्प में परिवर्तित होकर वायु मण्डल में जमा होना अत्यन्त महत्वपूर्ण प्रक्रिया है, जिस पर मौसम परिवर्तन निर्भर करता है। पृथ्वी पर संचालित होने वाले जल चक्र के मध्य अनेक ऐसे अभिकरण होते हैं, जो जल की गतिशीलता को प्रभावित करते हैं। सूर्य से प्राप्त ऊर्जा के कारण महासागरों का जल वाष्प का रूप धारण कर वायुमण्डल में प्रवेश करता है। महासागरों में स्थल की ओर चलने वाली पवन इस जलवाष्प को गति देती है तथा उनको एक स्थान से दूसरे स्थान की ओर स्थानान्तरित करती है। इससे जलवाष्प संघनित होकर धरातल पर वर्षा कराती है तथा वर्षा से प्राप्त जल नदी-नालों के रूप में धरातल पर बहता हुआ अन्त में सागरों में पहुँचता है। इस प्रकार वर्षा से प्राप्त इस जल का कुछ भाग वनस्पतियों द्वारा वाष्पोत्सर्जन होने से कम हो जाता है तथा कुछ जल नदियों, झीलों, तालाबों आदि से वाष्पीकरण द्वारा पुनः वायु मण्डल में पहुँच जाता है।

जलीय चक्र की प्रमुख अवस्थाएँ- इसकी तीन प्रमुख अवस्थाएँ होती हैं-

(1) वाष्पीकरण तथा वाष्पोत्सर्जन - इनके द्वारा जल धरातल से वायुमण्डल में पहुँचता है।

(2) वर्षण - इसके द्वारा जल वायुमण्डल से पुनः पृथ्वी की सतह पर पहुँचता है।

(3) वायु संचरण - इसमें पवनें तथा मौसम तंत्र को शामिल किया गया है, जिसके द्वारा वायुमण्डल में जल का एक स्थान से दूसरे स्थान पर पुनः वितरण संभव होता है।

प्रकृति में जल चक्र का महत्व

जल का वाष्प में परिवर्तित होकर वायुमण्डल में जमा होना अत्यन्त महत्वपूर्ण प्रक्रिया है, जिस पर मौसम परिवर्तन निर्भर करता है। अतः पृथ्वी तल पर जलीय चक्र अनेक जैविक क्रियाओं के लिए महत्वपूर्ण है, क्योंकि जलीय संचार के बिना जल संतुलन बिगड़ जाएगा, जिससे जीवन असंभव हो जाएगा। प्रकृति में जलीय चक्र मानव, वनस्पतियों, जलवायु एवं समस्त प्राणी जगत् के लिए जीने का आधार है।

जलराशियाँ

सम्पूर्ण पृथ्वी का क्षेत्रफल 50.995 करोड़ वर्ग किमी. है, जिसमें से 36.106 करोड़ वर्ग किमी. क्षेत्रफल पर जलमण्डल और 4.889 करोड़ वर्ग किमी. क्षेत्रफल पर स्थलमण्डल विस्तृत है। जलमण्डल और स्थलमण्डल के विस्तार के सम्बन्ध में सर्वप्रथम **डॉ. लोंग (Dr. Long) ने सन्** 1742 में पृथ्वी पर **स्थल और जल** का अनुपात **1:2.81** अर्थात् 26 प्रतिशत और 74 प्रतिशत बताया, जबकि **वेगनर (Wegener)** ने स्थल का विस्तार सम्पूर्ण पृथ्वी के 28.3 प्रतिशत और जल विस्तार 71.7 प्रतिशत माना। वैज्ञानिकों द्वारा नवीन यंत्रों की सहायता से ध्रुवीय क्षेत्रों में किए गए अन्वेषणों के आधार पर स्थल और जल का अनुपात 1:2.43 अर्थात् 29.2 प्रतिशत और 70.8 प्रतिशत निर्धारित किया गया है। इन अन्वेषणों से यह भी ज्ञात हुआ है कि समस्त जलमण्डल का **43 प्रतिशत जल उत्तरी** गोलार्द्ध और 57 प्रतिशत जल दक्षिणी गोलार्द्ध में स्थित है।

स्थल और जल के वितरण को अधिक स्पष्ट करने के लिए यदि हम पृथ्वी पर दो काल्पनिक गोलार्द्धों की रचना करें, तो स्थिति इस प्रकार होगी-

1. स्थलमण्डल को दर्शाने के लिए यदि फ्रांस के तट पर लॉयर नदी के मुहाने को केन्द्र तथा इस केन्द्र से सिंगापुर तक की दूरी को अर्द्धव्यास मानते हुए एक काल्पनिक गोलार्द्ध की रचना करें, तो इस गोलार्द्ध के 47.3 प्रतिशत भाग पर स्थल और 52.7 प्रतिशत भाग पर जल का विस्तार मिलेगा।
2. जलमण्डल को दर्शाने के लिए यदि न्यूजीलैण्ड के दक्षिणी-पूर्वी भाग को केन्द्र और इस केन्द्र से सुमात्रा के उत्तरी-पूर्वी तट तक अर्द्धव्यास लेते हुए एक काल्पनिक गोलार्द्ध की रचना करें तो इस गोलार्द्ध के 90.5 प्रतिशत भाग पर जल और केवल 9.5 प्रतिशत भाग पर स्थल का विस्तार मिलेगा।

इसी प्रकार ग्लोब को ध्यान से देखने पर जल और स्थल के वितरण में निम्न दो विशेषताएँ स्पष्ट दृष्टिगोचर होती हैं-

1. जल और स्थल भाग एक-दूसरे के विपरीत स्थित हैं, जैसे प्रशान्त महासागर के विपरीत अमेरिका का स्थल भाग, हिन्द महासागर के विपरीत अफ्रीका का स्थल भाग और आर्कटिक महासागर के विपरीत अण्टार्कटिका का स्थल भाग स्थित है।
2. महाद्वीपों और महासागरों का आकार लगभग त्रिभुजाकार है। महासागरों का आधार दक्षिणी गोलार्द्ध में तथा शीर्ष उत्तर में है, वहीं महाद्वीपों का आधार उत्तर में और दक्षिण की ओर है।

विश्व की जलराशियों के अन्तर्गत विशाल महासागरों (प्रशान्त, अटलांटिक, हिन्द और आर्कटिक) के अतिरिक्त परावृत्त समुद्र जैसे-भूमध्यसागर, लालसागर आदि, महाद्वीपों के किनारे स्थित खाड़ियाँ, जैसे-मन्नार की खाड़ी, बेसिन खाड़ी आदि और महाद्वीपों पर स्थित सागर व झीलें, जैसे-कैस्पियन सागर, वृहत झीलें, मृत सागर आदि सम्मिलित हैं। इन सभी का क्षेत्रफल एवं जलराशि के आयतन को निम्न सारणी में दर्शाया गया है।

जलराशियों के क्षेत्रफल एवं आयतन का वितरण

क्र. सं.	जलराशि	क्षेत्रफल का प्रतिशत	आयतन का प्रतिशत
1.	महासागर	88.91	96.46
2.	परावृत्त समुद्र	0.63	0.03
3.	महाद्वीपों के किनारे स्थित खाड़ियाँ	2.29	0.52
4.	महाद्वीपों पर स्थित सागर व झीलें	8.17	2.99

जिस प्रकार ऋतु विज्ञान में वायु राशियों का अध्ययन महत्वपूर्ण स्थान रखता है, ठीक उसी प्रकार समुद्र विज्ञान में जलराशियों का विशिष्ट स्थान है। मध्य एवं निम्न अक्षांशीय क्षेत्रों में क्षैतिजिक दिशा के विपरीत लम्बवत् दिशा में प्रवाहित जलराशियाँ विस्तृत क्षेत्रों में चलती है। गहराई के अनुसार लम्बवत् रूप में जल का घनत्व बढ़ जाता है तथा ध्रुवीय क्षेत्रों में **लम्बवत् दिशा की अपेक्षा क्षैतिजिक रूप से जलराशियाँ** चला करती हैं।

घनत्व के आधार पर विभिन्न जलराशियों के स्वभाव में अन्तर स्पष्ट किया जा सकता है। **हेलैंड हेंसन** के अनुसार, समान तापमान और लवणता के जल में समान घनत्व का होना आवश्यक नहीं है। दूसरे शब्दों में, भिन्न तापमान और लवणता की जलराशियों का घनत्व समान भी हो सकता है।

विभिन्न जलराशियों के स्वभाव का ज्ञान तथा उनका सीमांकन तापमान और लवणता का निरीक्षण करके किया जा सकता है। जिस प्रकार वायु मण्डल में परतें स्थित हैं, उसी प्रकार महासागरों में भी परतें पाई जाती हैं। विषुवत रेखा के निकट मध्य अक्षांशों में सागर की सतह पर अधिक तापमान, कम लवणता एवं कम घनत्व की परत होती है, जिसमें तीव्र गति वाली धाराएँ पाई जाती हैं। इसके नीचे अपेक्षाकृत अधिक घनत्व की परत होती है। अन्त में तली में तीसरी परत होती है, जिसका घनत्व सबसे अधिक होता है।

जलराशियों की संरचना में निम्न कारकों का प्रभाव पड़ता है-

(1) अक्षांशीय दूरी
(2) वर्षा अथवा हिम से स्वच्छ जल की प्राप्ति
(3) स्थायी पवनों की दिशा
(4) जल का डूबना या अपसरण
(5) समुद्री धाराएँ
(6) महासागरीय भँवर आदि।

जलराशियों का वितरण

अधिकांश विद्वानों द्वारा **तापमान** और **लवणता को आधार मानकर** जलराशियों का वर्गीकरण प्रस्तुत किया गया है। एक जलराशि में यह आवश्यक है कि उसके अधिक-से-अधिक भाग में तापमान और लवणता की समानता

पाई जाएँ विभिन्न सागरीय क्षेत्रों में एक समान तापक्रम लवण एवं घनत्व वाली जलराशियाँ प्रवाहित होती हैं, परन्तु प्रशान्त महासागर एवं अटलांटिक महासागर की जलराशियों में काफी विभिन्नता रहती है। अटलांटिक महासागर में भूमध्यरेखीय जलराशि नहीं मिलती है। उत्तरी एवं दक्षिणी अमेरिका के पश्चिमी भागों में भूमध्यरेखीय प्रशान्त जलराशि का विस्तार अधिक मात्रा में रहता है। इसी प्रकार उत्तरी प्रशान्त महासागर एवं उत्तरी अटलांटिक महासागर की केन्द्रीय जलराशि में काफी अन्तर है।

महासागरों में निम्न जलराशियाँ मुख्य रूप से प्रवाहित होती हैं, जिनका विश्व वितरण निम्न प्रकार से है–

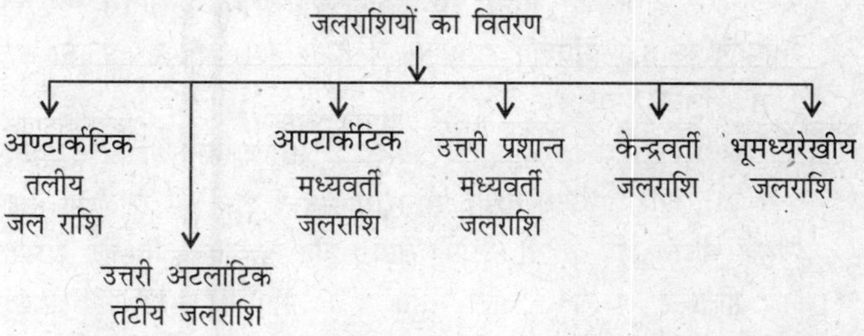

1. **अण्टार्कटिक तलीय जलराशि**- यह जलराशि अण्टार्कटिक महाद्वीप के निकट हिन्द एवं अन्ध महासागर के दक्षिण में पाई जाती है। महाद्वीपीय स्तर के समीप जल के द्रवणांक के कारण लवणता की मात्रा बढ़ती जाती है। इस भाग में जल की लवणता 34.62 प्रतिशत रहती है तथा तापमान -1.9° C एवं घनत्व 27.89 होता है। हिमांक प्राप्त कर लेने से इस जल का घनत्व बढ़ जाता है तथा वह तली में बैठ जाता है, क्योंकि समीपवर्ती सागर का जल अपेक्षाकृत उष्ण होता है, जिससे **लवणता 34.68, तापमान 0.5° C** तथा घनत्व 27.84 होता है। यह एक विशिष्ट प्रकार का जल है, जो तली में फैलकर तथा मिश्रण द्वारा एक विशिष्ट जल राशि का रूप धारण कर लेता है।
2. **उत्तरी अटलांटिक तटीय जलराशि** - यह जलराशि **लेब्रोडोर सागर** तथा **आइसलैंड** व **दक्षिणी ग्रीनलैंड** के मध्य पाई जाती है। यहाँ पर उत्तरी अटलांटिक सागरीय प्रवाह का उष्ण एवं लवण युक्त जल पूर्वी ग्रीनलैंड के सम्पर्क में आकर ठण्डा हो जाता है और उसका घनत्व बढ़ जाता है। इस जल का अभिसरण 1,000 मीटर से भी अधिक गहराई में होता है। उस समय इसका घनत्व 27.88 लवणता 34.90 तथा तापमान 2.8° C से 3.3° C के मध्य होता है।
3. **अन्टार्कटिक मध्यवर्ती जलराशि** - यह अन्टार्कटिक झुकाव क्षेत्र के कारण उत्पन्न होता है। इसकी उत्पत्ति अन्टार्कटिक महाद्वीप के चारों ओर है। उत्पत्ति का वास्तविक कारण विदित नहीं हो सका, परन्तु इतना अवश्य है कि इसकी लवणता 33.8, तापमान 2.2° C तथा घनत्व 27.0 सभी स्थानों पर समान होता है तथा तीव्र पछुआ पवनों की पेटी इसका प्रभाव क्षेत्र है।
4. **उत्तरी प्रशान्त मध्यवर्ती जलराशि**- यह उत्तरी प्रशान्त महासागर में उत्तर पूर्व की ओर 40° उत्तरी अक्षांश के निकट उत्पन्न होती है। इसके जल में ऑक्सीजन की कमी आंकी गई है। दक्षिणी तथा पश्चिमी दिशा में प्रसार के कारण अध:स्थल पर अन्य प्रकार का जल भी सम्मिलित हो जाता है। यही कारण है कि इस जलराशि का गुण अभिसरित होते हुए भी वैसा नहीं होता, जैसा कि उसे होना चाहिएँ
5. **केन्द्रवर्ती जलराशियाँ** - ये जलराशियाँ शीतकालीन उपोष्ण अभिसरण के क्षेत्रों में 35° से 42° उत्तरी व दक्षिणी अक्षांशों के मध्य उपस्थित मिलती हैं। इन जलराशियों में सतह पर तापमान व लवणता की मात्रा ऊँचे अक्षांशों की दिशा में घटती जाती है, किन्तु घनत्व बढ़ता जाता है। इन जलराशियों की मोटाई अधिक नहीं होती। इनकी अधिकतम गहराई 900 मीटर सारगैसों सागर में मिलती है। प्रशान्त, हिन्द तथा अटलांटिक महासागरों में उपस्थित इस जलराशि का तापमान व लवणता का संबंध एक समान नहीं है। इन जलराशियों में तापमान -0.8° C से -1.2° C तथा लवणता की मात्रा 34.89 से 34.92 प्रतिशत तक होती है।
6. **भूमध्य रेखीय जलराशि** - यह जलराशि प्रशान्त एवं हिन्द महासागर में भूमध्य रेखा के सहारे स्थित है। अटलांटिक महासागर की विशेष आकृति के कारण यह जलराशि इस सागर में बिल्कुल नहीं पाई जाती। यहाँ पर जल अधिक उष्ण पाया जाता है और जलराशि की मोटाई 100 से 200 मीटर के मध्य होती है। ऋतु परिवर्तन के साथ जल का तापमान व लवणता बदल जाती हैं।

महासागर : उच्चावच, तापमान एवं लवणता

पृथ्वी के लगभग 71 प्रतिशत भाग पर जल–ही–जल है जिसे **जल मण्डल** कहते हैं। इसमें सागर तथा महासागर सम्मिलित हैं। पृथ्वी के अतिरिक्त अन्य कोई ऐसा ग्रह नहीं है जिस पर इतना जल मौजूद है। इस आधार पर पृथ्वी को **'जलीय ग्रह'** भी कहते हैं। स्थल खण्ड की तरह महासागरीय तल भी विषम एवं जटिल है। महासागरों की औसत एवं वास्तविक गहराई स्थल खण्ड की औसत ऊँचाई से कहीं अधिक है। जहाँ स्थल खण्ड का सर्वोच्च शिखर माउण्ट एवरेस्ट 8,850 मीटर ऊँचा है, वहीं महासागरों की सबसे गहरी खाई मेरियाना ट्रेंच (प्रशान्त महासागर) 11,033 मीटर गहरी है। महाद्वीपों की औसत ऊँचाई 840 मीटर है, जबकि महासागरों की औसत गहराई 3,808 मीटर है।

महासागरों की स्थलाकृतियाँ

समुद्र तल के नीचे भी स्थल के समान पर्वत, पठार, मैदान और गहरी खाइयाँ पाई जाती हैं। स्थलाकृति में किसी स्थान के धरातलीय आकारों का वर्णन किया जाता है। विश्व में मौजूद महासागरों में एक समान स्थलाकृतियाँ नहीं पाई जातीं।

प्रशान्त महासागर विश्व का सबसे बड़ा महासागर है, जो पृथ्वी के लगभग 1/3 भाग को घेरे हुए है। यह त्रिकोणात्मक आकृति में पूर्व से पश्चिम में 18,000 किमी. चौड़ा है तथा उत्तर से दक्षिण में 16,740 किमी. लम्बा है। इसके तटों पर ज्वालामुखी पर्वत श्रेणियाँ, भूकम्प प्रभावित क्षेत्र व द्वीप समूह पाए जाते हैं। इसमें 20,000 से अधिक द्वीप हैं, जिनको तीन भागों में (1) मेलानेशिया (2) माइक्रोनेशिया तथा (3) पोलिनेशिया में विभाजित किया गया है। यहाँ पर अनेक द्रोणियाँ, लम्बे कटक, पठार, कगार व चबूतरे मौजूद हैं। इसी प्रकार विश्व के सबसे अधिक व्यस्त महासागर अटलांटिक महासागर के दोनों ओर विश्व के सम्पन्न देश स्थित हैं। इसकी आकृति अंग्रेजी के S अक्षर के समान है। इसमें मैक्सिको की खाड़ी, भूमध्य सागर, उत्तरी सागर, बिस्के की खाड़ी, बाल्टिक सागर, कैरिबियन

सागर, काला सागर आदि स्थित हैं। यह महासागर विषुवत रेखा पर काफी संकरा है। इसके दो भाग हैं-उत्तरी व दक्षिणी अटलांटिक महासागर। उत्तरी अटलांटिक महासागर 9,600 किमी. चौड़ा है। यहाँ पर अनेक द्रोणियाँ हैं जिनमें ब्राजील द्रोणी, कनारी द्रोणी, गिनी द्रोणी, उत्तरी अमेरिका द्रोणी प्रमुख हैं। इसके अलावा प्यूर्टोरिको गर्त, रोमांशे गर्त प्रमुख गर्त हैं।

हिन्द महासागर की स्थलाकृतियाँ-इस महासागर के उत्तर में गोण्डवाना लैण्ड के भाग प्रायद्वीपीय भारत, अफ्रीका का पठार, ऑस्ट्रेलिया का पश्चिमी भाग, महाद्वीपीय मग्न स्थल आते हैं। प्रमुख द्रोणियों में सेडमाली द्रोणी, अरेबियन द्रोणी, मॉरीशस द्रोणी, अण्डमान द्रोणी है तथा प्रमुख गर्तों में सुण्डा गर्त है। अण्डमान-निकोबार, जंजीबार, रियूनीयन प्रमुख द्वीप मौजूद हैं। यहाँ पर अनेक जगह भ्रंश व दरार घाटियाँ जलमग्न रूप में पाई जाती हैं।

आर्कटिक महासागर की स्थलाकृतियाँ- उत्तरी ध्रुव पर स्थित इस महासागर के बारे में अभी विस्तृत जानकारी प्राप्त नहीं हुई है, क्योंकि इसका अधिकांश भाग वर्ष के अधिकतर समय बर्फ से ढका रहता है। इसका निमग्न स्थल काफी चौड़ा है। इस महासागर पर कई द्वीप हैं, जिनमें बेरण्टस, होप, स्पीट्स बर्जन, नावाया आदि प्रमुख हैं। नार्वे सागर, लेपटेव सागर, पूर्वी साइबेरिया सागर व ग्रीनलैण्ड सागर प्रमुख है। यहाँ पर अनेक जलमग्न कटक मौजूद हैं।

उच्चावच

पृथ्वी के धरातल की भौतिक आकृतियाँ- पर्वत, पठार, मैदान और पठार अर्थात् धरातलीय भूदृश्य को **'उच्चावच'** कहते हैं। प्राय: यह शब्द पृथ्वी के धरातल के रूप तथा आकृति में असमानताओं और भिन्नताओं को स्पष्ट करने के लिए प्रयुक्त किया जाता है। महासागरीय नितलों पर अनेक प्रकार के उच्चावचों के लिए चार प्रमुख प्रक्रियाएँ उत्तरदायी हैं। यह उच्चावच विर्वतनिक, ज्वालामुखीय, अपरदनकारी तथा निक्षेपकारी प्रक्रियाओं के पारस्परिक क्रियाओं के कारण उत्पन्न होता है।

महासागर तल या तली के विन्यास तथा उच्चावच लक्षणों से अभिप्राय महासागरों में जल के नीचे के भू-पृष्ठ की रचना से है अर्थात् समुद्रों के पेंदे पर ऊँचाइयों एवं गहराइयों का विस्तार कितना-कितना है। महासागर भी महाद्वीपों की तरह प्रथम श्रेणी के उच्चावच हैं। स्थल की ऊँचाई व महासागरों की गहराई को उच्चतादर्शी वक्र द्वारा प्रदर्शित किया जाता है। इस आधार पर महासागरीय तली को निम्न चार उच्चावच वर्गों में विभाजित किया गया है।

महासागरीय उच्चावच
↓
महाद्वीपीय मग्नतट | महाद्वीपीय ढाल | गहरे सागरीय मैदान | महासागरीय गर्त

1. **महाद्वीपीय मग्न तट :** इसका अर्थ डूबे हुए तट से होता है। अत: महाद्वीपों के वे भाग जो समुद्र में डूबे रहते हैं, **महाद्वीपीय मग्न तट** कहलाते हैं। इनकी अधिकतम गहराई सामान्यत: **100 फैदम और ढलान 1°से 3°तक** होती है। कम ढाल वाले मग्न तट की चौड़ाई अधिक तथा अधिक ढाल वाले मग्न तट की चौड़ाई कम होती है। इसकी औसत चौड़ाई 75 किमी. होती है। ये तट महासागरों के कुल क्षेत्रफल के 7.6 प्रतिशत भाग पर फैले हुए हैं। इस भाग में सूर्य की किरणों के प्रवेश करने जाने से वनस्पति व जीव-जन्तुओं की वृद्धि होती है। नदियों द्वारा लाई गई तलछट यहीं पर जमती है। इसलिए समुद्र का यह भाग मानव के लिए काफी लाभदायक है। यहाँ पर अनेक **खनिज, खाद्य पदार्थ, मत्स्य, खनिज तेल, गैस** इत्यादि प्रमुख रूप से पाए जाते हैं।
2. **महाद्वीपीय ढाल :** महाद्वीपीय मग्न तट के आगे महासागरीय नितल का ढाल अचानक तीव्र हो जाता है। इन ढालों की सबसे बड़ी विशेषता यह है कि इनका **विस्तार 3,600 मीटर से 8,100 मीटर की गहराई** तक होता है। यहाँ पर काँप मिट्टी का निक्षेप बहुत कम पाया जाता है। प्रकाश की कमी तथा पोषक पदार्थों के अभाव में यहाँ वनस्पति व समुद्री जीवों की मात्रा कम पाई जाती है। महासागरों के कुल **क्षेत्रफल के 8.5 प्रतिशत भाग** पर ये ढाल पाए जाते हैं। इनका **ढाल 2°से 5°तक** होता है।
3. **गहरे सागरीय मैदान :** महाद्वीपीय ढाल के समाप्त होते ही ढाल एकदम कम हो जाती है और गंभीर **सागरीय मैदान शुरू** हो जाते हैं, जिसे **नितल मैदान** भी कहते हैं। महासागरों का यह एक विस्तृत समतल क्षेत्र होता है, जिसका ढाल बहुत कम होता है। यहाँ पर अपरदन प्रक्रमों का अभाव पाया जाता है।
4. **महासागरीय गर्त :** इसका तात्पर्य महासागरों के नितल पर पाए जाने वाले सबसे अधिक गहरे गर्तों से है। आकार के आधार पर इनको दो वर्गों में विभाजित किया जाता है- 1. खाइयाँ तथा 2. द्रोणियाँ। महासागरीय नितल पर स्थित तीव्र ढाल वाले लम्बे, पतले तथा गहरे अवनमन को **खाई** या **गर्त** कहते हैं। इनकी **उत्पत्ति वलन** अथवा **भ्रंश** से होती है। इनकी औसत गहराई **5500 मीटर** होती है। ये **सागरीय कैनियन** भी कहलाते हैं। प्रमुख उदाहरण **मेरियाना, चेलेंजर, टोंगा और सुण्डा** आदि हैं।

महासागरीय तापमान

महासागरीय तापमान वनस्पति जगत तथा जीव जगत्, दोनों के लिए महत्वपूर्ण होता है। महासागरीय जल का तापमान न केवल महासागरों में रहने वाले जीवों तथा वनस्पतियों को प्रभावित करता है, अपितु तटवर्ती स्थलीय भागों की जलवायु को (परिणामस्वरूप, जीव तथा वनस्पति को) भी प्रभावित करता है। सागरीय जल के तापमान का सर्वाधिक महत्वपूर्ण स्रोत सूर्य है। सूर्य के अलावा तापमान कुछ दबाव प्रक्रिया से प्राप्त होता है, परन्तु यह मात्रा नगण्य होती है।

महासागरीय जल के तापमान को प्रभावित करने वाले कारक

अक्षांश - भूमध्यरेखा से उत्तर या दक्षिण अर्थात् ध्रुवों की ओर जाने पर सतही जल का तापक्रम घटता जाता है, क्योंकि सूर्य की किरणें ध्रुवों की ओर तिरछी होती जाती हैं। परिणामस्वरूप, सूर्यातप की मात्रा भी ध्रुवों की ओर घटती जाती है। भूमध्यरेखा से 40°से उत्तरी तथा दक्षणी अक्षांशों के मध्य महासागरीय जल का तापक्रम वायु के तापक्रम से कम, किन्तु 40° से ध्रुवों के बीच अधिक रहता है।

जल एवं स्थल के वितरण में असमानता - उत्तरी गोलार्द्ध में स्थल की अधिकता तथा दक्षिणी गोलार्द्ध में जल की अधिकता के कारण तापक्रम के वितरण में असमानता पाई जाती है।

दिन की अवधि - दिन की लम्बाई अधिक होने पर सूर्यातप की मात्रा अधिक प्राप्त होने के कारण महासागरीय जल अपेक्षाकृत अधिक गरम होता है। इसके विपरीत, दिन की अवधि छोटी होने पर महासागरीय जल में सूर्यातप की मात्रा कम ग्रहण हो पाती है।

वायुमण्डल की स्वच्छता - वायुमण्डल स्वच्छ होने पर सूर्यातप अधिक मात्रा में जल तल तक पहुँचने के कारण महासागरीय जल को अधिक गरम करता है। वायुमण्डल के पारगम्यता में कमी के कारण सूर्यातप कम प्राप्त होने से महासागरीय जल कम गरम होता है, क्योंकि सूर्यातप की काफी मात्रा वायुमण्डल के उथलेपन को बढ़ाने वाले धूलकण अवशोषित कर लेते हैं।

सूर्य से पृथ्वी की दूरी - जब पृथ्वी सूर्य के निकटतम होती है, तो सूर्यातप अधिक प्राप्त होने से महासागरीय जल अधिक गरम होता है।

सौर्य कलंकों की संख्या - पृथ्वी की ओर सौर्य कलंकों की संख्या अधिक होने पर सूर्यातप अधिक व इनकी संख्या कम होने पर सूर्यातप कम प्राप्त होता है। कलंकों का सम्बन्ध सूर्य की चुम्बकीय शक्ति से होता है।

समुद्री धाराएँ- समुद्री धाराएँ अपने प्रवाह क्षेत्र के सागरीय तापमान को प्रभावित करती हैं। ठण्डी धाराएँ अपने प्रवाहित क्षेत्र में सागरीय जल के तापमान को कम तथा गरम धाराएँ तापमान को बढ़ाती हैं।

महासागरीय तापमान का क्षैतिज वितरण

महासागरीय जल में तापमान सामान्यत: बढ़ते अक्षांशों के साथ-साथ घटता जाता है। महासागरीय जल के तापमान के क्षैतिज वितरण का विस्तृत रूप निम्नानुसार तालिका में दिया है-

महासागरीय सतह का तापमान
(डिग्री सेल्सियस में)

अक्षांश	आन्ध्र अटलांटिक महासागर	हिन्द महासागर	प्रशान्त महासागर
70-60 उ.	5.60	-	-
60-50 उ.	8.66	-	5.74
50-40 उ.	13.16	-	9.99
40-30 उ.	20.40	-	18.62
30-30 उ.	24.16	26.14	23.38
20-10 उ.	25.81	27.23	26.42
10-0 उ.	26.66	27.88	27.20
0-10 द.	25.18	27.41	26.01
10-20 द.	25.18	25.85	25.11
20-30 द.	21.20	25.53	21.53
30-40 द.	16.90	17.00	16.98
40-50 द.	8.68	8.67	11.16
50-60 द.	1.76	1.63	5.00
60-70 द.	1.30	1.53	1.03

उपरोक्त तालिका से स्पष्ट है कि तापमान सामान्यत: ध्रुवों की ओर घटता जाता है। केवल अटलाण्टिक महासागर में 20°से 30°उत्तरी अक्षांशों के मध्य तापमान में थोड़ी वृद्धि होकर पुन: गिरावट का क्रम जारी रहता है। हिन्द महासागर में 20 से 30 डिग्री अक्षांशों तक विस्तार कम होने के कारण तापमान की गिरावट की दर काफी कम रहती है। मोटे रूप में ध्रुवों की ओर तापमान के कम होने की दर आधा डिग्री सैल्सियस प्रति अक्षांश है।

तापमान का लम्बवत् वितरण

महासागरीय जल में तापमान का लम्बवत् वितरण ताप अवशोषण की मात्रा, जल धारा द्वारा उसके क्षैतिज विस्थापन तथा जल की लम्बवत् गति पर निर्भर करता है।

महासागरीय जल में सूर्य की किरणें 25 मीटर तक प्रवेश करके उष्णता प्रदान करती हैं। इस गहराई के बाद सूर्य विकिरण का प्रभाव नगण्य हो जाता है। अत: सूर्यातप के कारण महासागरीय सतही जल अधिक गरम होता है। ध्रुवीय क्षेत्रों में ठण्डा जल भारी होने के कारण नीचे बैठता है और भूमध्य रेखीय क्षेत्रों का उष्ण जल हल्का होने के कारण सतही धाराओं के ध्रुवों की ओर प्रवाहित होता रहता है। इस प्रकार महासागरीय जल के तापमान का संचरण होता रहता है।

महासागरीय जल की सतह से गहराई की ओर तापमान 2,000 मीटर की गहराई तक तीव्र गति से गिरता है। इस गहराई के पश्चात् तापमान की गिरावट दर काफी कम हो जाती है। यह तथ्य खुले महासागरों में देखने को मिलता है। आंशिक रूप से घिरे हुए महासागरों में, जैसे भूमध्य सागर व लाल सागर आदि में तापमान की गिरावट निकटवर्ती खुले महासागरों की अपेक्षा काफी कम होती है।

महासागरीय लवणता

सामान्य रूप से सागरीय जल के भार एवम् उसमें घुले हुए पदार्थों के भार के अनुपात को **सागरीय लवणता** कहते हैं।

महासागरीय जल में उपस्थित लवणता के कारण समुद्र का जल खारा होता है। एक घन किलोमीटर समुद्री जल में लगभग 4.10 करोड़ टन नमक होता है। इस आधार पर यदि सारे जलमण्डल के नमक को पृथ्वी पर समान रूप से बिछाया जाए तो संपूर्ण पृथ्वी पर **150 मीटर मोटी नमक की परत** बिछ जाएगी। सामान्य रूप से सागरीय लवणता को प्रति हजार ग्राम जल में स्थित लवण की मात्रा को प्रतिशत (%) में व्यक्त किया जाता है। समुद्री जल की लवणता लगभग **36 प्रति हजार प्रतिशत (%)** है, अर्थात् समुद्र के एक हजार ग्राम जल में लगभग 35 ग्राम लवण होता है। महासागरीय लवणता का मुख्य स्रोत पृथ्वी ही है। मुख्य रूप से लवण इकट्ठा करने के साधनों में **नदियाँ, सामुद्रिक लहरें, हवाएँ, ज्वालामुखी विस्फोट** प्रमुख हैं।

यद्यपि महासागरीय जल में लवणों की मात्रा में भिन्नता पाई जाती है, तो भी लवणों का सापेक्षिक अनुपात लगभग एक-सा ही रहता है।

डिटमार (W. Dittmar, 1884) के अनुसार, समुद्र के जल में 47 विभिन्न प्रकार के लवण हैं।

अनुमानत: महासागरीय जल में विभिन्न प्रकार के लवणों की कुल **मात्रा 50 लाख अरब टन** है, जिसमें सर्वाधिक मात्रा **सोडियम क्लोराइड** की है।

महासागरों में पाए जाने वाले लवण

क्र.	लवण का नाम	मात्रा (प्रति हजार ग्राम)	कुल लवणों का प्रतिशत
01	सोडियम क्लोराइड	27.213	77.8
02	मैग्नीशियम क्लोराइड	3.807	10.9
03	मैग्नीशियम सल्फेट	1.658	4.7
04	कैल्शियम सल्फेट	1.260	3.6
05	पोटेशियम सल्फेट	0.863	2.5
06	कैल्शियम कार्बोनेट	0.123	0.3
07	मैग्नीशियम ब्रोमाइन	0.076	0.2
	कुल	35.000	10

लवण प्राप्ति के स्रोत

नदियाँ महासागरीय जल में लवण प्राप्ति का सर्वाधिक महत्वपूर्ण स्रोत हैं, जो प्रति वर्ष स्थलीय क्षेत्रों से 16 करोड़ टन लवण बहाकर महासागरों में जमा करती हैं। महासागरीय जल का वाष्पीकरण होता रहता है, किन्तु लवणता उसमें बनी रहती है। लवणता के गौण स्रोत लहरें व पवनें हैं, जो स्थलीय भागों से लवण समुद्रों में जमा करती रहती हैं। ज्वालामुखी उद्गार से भी विभिन्न प्रकार के लवण निकलकर महासागरीय जल में मिलते रहते हैं। कुछ विद्वानों के अनुसार, अधिकतर लवण सागरों के निर्माण के समय भूपटल की शैलों से ही प्राप्त हुए हैं।

महासागरीय जल में लवणता को प्रभावित करने वाले कारक

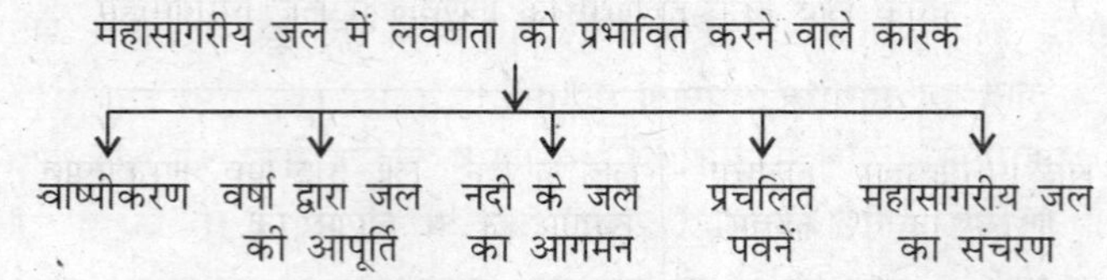

वाष्पीकरण - वाष्पीकरण तथा लवण की मात्रा में सीधा सम्बन्ध होता है, अर्थात् जितना ही वाष्पीकरण तीव्र तथा अधिक होता है, लवणता उतनी ही बढ़ती जाती है। वाष्पीकरण के साथ पवन में आर्द्रता की न्यूनता का होना अनिवार्य होता है। जहाँ पर तापक्रम ऊँचा रहता है और वाष्पीकरण अधिक होता है, वहाँ पर लवणता अधिक होती है, जैसे कि कर्क तथा मकर रेखाओं के पास।

वर्षा द्वारा जल की आपूर्ति - स्वच्छ जल की अधिक मात्रा के कारण लवणता कम हो जाती है। जिन भागों में अत्यधिक जल वर्षा होती है, वहाँ पर लवणता कम हो जाती है। भूमध्यरेखीय प्रदेशों में उच्च तापक्रम के होते हुए भी घनघोर वृष्टि के कारण लवणता कम पाई जाती है, जबकि अयनवर्ती भागों में अपेक्षाकृत न्यून वर्षा तथा उच्च तापक्रम के कारण अधिक लवणता पाई जाती है। ध्रुवीय तथा उप-ध्रुवीय भागों में अत्यधिक हिम वर्षा के कारण निर्मित हिमनद सागरों में हिम पहुँचाते रहते हैं, जोकि शीतोष्ण प्रदेशों में पहुंचने पर पिघलकर सागर की लवणता को कम कर देते हैं।

नदी के जल का आगमन - यद्यपि नदियाँ सागर में अपने साथ लवण लाती हैं, तथापि उनके साथ स्वच्छ जल की मात्रा इतनी अधिक होती है कि उनके मुहाने के पास लवणता में कमी आ जाती है। उदाहरण के लिए गंगा, कांगो, नाइजर, अमेजन, सेण्ट लारेन्स आदि नदियों के मुहाने वाले भागों में कम लवणता पाई जाती है।

प्रचलित पवनें - उष्ण व शुष्क क्षेत्रों में महासागरों की ओर चलने वाली तथा तीव्रगामी पवनों से वाष्पीकरण अधिक होता है। अतः महासागरों के ऐसे भागों में लवणता अधिक पाई जाती है। इसके विपरीत, शीत व आर्द्र तथा मन्दगामी पवनों वाले क्षेत्रों में वाष्पीकरण कम होता है, फलस्वरूप, लवणता भी कम होती है।

महासागरीय धाराएँ - कम लवणता वाले क्षेत्रों से बहने वाली धाराएँ अपने साथ न्यून लवणता युक्त जल लाती हैं और प्रवाह मार्ग पर लवणता की मात्रा को कम करती हैं। इसके विपरीत अधिक लवणता वाले महासागरीय क्षेत्रों से चलने वाली धाराओं के मार्ग पर लवणता अधिक रहती है।

महासागरीय जल का संचरण - खुले महासागरों में लवणता का वितरण महासागरीय जल के संचरण से सामान्य होता रहता है। अधिक खारा जल भारी होकर नीचे बैठता है तथा कम खारे जल की ओर गहराई में गति करता है। इसका स्थान लेने के लिए कम खारा जल सतही प्रवाह के रूप में गति करता है। इस प्रकार इस संचरण से महासागरीय जल के खारेपन का सन्तुलन बना रहता है।

> उच्चतम लवणता वाले क्षेत्र
> (1) मृत सागर में (238%)
> (2) टर्की की वॉन झील (330%)
> (3) ग्रेट साल्ट झील (220%)

महासागरीय जल में लवणता का क्षैतिज वितरण

अयनरेखीय क्षेत्रों में लवणता का असमान वितरण पाया जाता है। खुले समुद्रों, घिरे हुए सागरों एवं आंशिक रूप से घिरे हुए सागरों में भी लवणता का वितरण समान नहीं है।

खुले महासागरों में लवणता का वितरण

अयनरेखीय क्षेत्रों में लवणता की मात्रा सर्वाधिक (36 प्रति हजार) पायी जाती है। उच्च तापमान, प्रचलित उष्ण व शुष्क पवनें, वाष्पीकरण की अधिकता, वर्षा का अभाव एवं स्वच्छ जल की कम आपूर्ति के कारण इस क्षेत्र में लवणता अधिक पाई जाती है। अयनरेखीय क्षेत्रों से दोनों ओर अर्थात् भूमध्य रेखा एवम् ध्रुवों की ओर लवणता की मात्रा कम होती जाती है, किन्तु लवणता की मात्रा भूमध्यरेखीय क्षेत्रों की अपेक्षा ध्रुवीय क्षेत्रों में कम पाई जाती है। इसका कारण यह है कि ध्रुवीय प्रदेशों में हिम से पिघले हुए जल की आपूर्ति अधिक एवं वाष्पीकरण कम होता है। भूमध्यरेखीय क्षेत्रों में स्वच्छ जल की आपूर्ति एवं वाष्पीकरण, दोनों ही अधिक होते रहते हैं। महासागर के तटीय क्षेत्र में लवणता के वितरण में भी स्थानीय भिन्नताएँ मिलती हैं। उदाहरण के लिए अमेजन, कांगो, नाइजर, सिन्धु आदि नदियों के मुहानों पर स्वच्छ जल की आपूर्ति होते रहने के कारण लवणता कम पाई जाती है।

उत्तरी अटलाण्टिक महासागर के सारगैसो क्षेत्र में लवणता 38 प्रति हजार मिलती है। इस उच्च लवणता का कारण यह है कि यहाँ महासागरीय धाराओं के चक्रीय प्रवाह से मध्यवर्ती जल का मिश्रण अन्य क्षेत्रों के जल से नहीं हो पाता।

महासागरीय क्षेत्रों में समान लवणता वाले स्थानों को मिलाने वाली रेखाएँ **समलवणता रेखाएँ (Isohaline)** कहलाती हैं।

आंशिक रूप से घिरे सागरों में लवणता का वितरण

आंशिक रूप से घिरे सागरों में लवणता का वितरण स्थानिक परिस्थितियों पर निर्भर करता है। भूमध्य सागर में लवणता का वितरण काफी भिन्न पाया जाता है। इसके उत्तर-पूर्वी भाग में लवणता 39 प्रति हजार एवं दक्षिण-पूर्व में 41 प्रति हजार पायी जाती है। लाल सागर के उत्तरी भाग में 41 प्रति हजार एवं दक्षिणी भाग में 36 प्रति हजार लवणता की मात्रा मिलती है। फारस की खाड़ी में लवणता की मात्रा 48 प्रति हजार पाई जाती है। वर्षा का अभाव, स्वच्छ जल की आपूर्ति, उच्च तापमान, वाष्पीकरण की अधिकता आदि कारणों से यहाँ लवणता अधिक रहती है।

नदियों द्वारा प्रचुर स्वच्छ जल की आपूर्ति, हिम से पिघले हुए जल की आपूर्ति, निम्न तापमान, निम्न वाष्पीकरण दर आदि कारणों से **काला सागर में लवणता** की मात्रा **18 प्रति हजार, बाल्टिक सागर में 15 प्रति** हजार, **बोथनिया की खाड़ी** में 8 प्रति हजार और फिनलैण्ड की खाड़ी में केवल 2 प्रति हजार ही पाई जाती है।

आन्तरिक सागरों में लवणता का वितरण

आन्तरिक सागर एवं झील पूर्णत: स्थल से घिरे रहते हैं। उच्च तापमान, अत्यधिक गर्म एवं शुष्क पवनें, वाष्पीकरण की अधिकता, वर्षा का अभाव आदि कारणों से **मृत सागर में लवणता की मात्रा 238 प्रति हजार** पाई जाती है। कैस्पियन सागर के दक्षिणी भाग में लवणता की मात्रा **170 प्रति हजार** एवं उत्तरी भाग में केवल 14 प्रति हजार पाई जाती है। कैस्पियन सागर के उत्तरी भाग में यूराल, वोल्गा आदि नदियाँ स्वच्छ जल की आपूर्ति करती हैं। विश्व में सर्वाधिक लवणता टर्की की वॉन झील में **330 प्रति हजार** मिलती है।

महासागरीय जल में लवणता का ऊर्ध्वाधर वितरण

गहराई की ओर लवणता के वितरण में कोई निश्चित प्रवृत्ति देखने को नहीं मिलती। फिर भी, लवणता के गहराई की ओर वितरण से कुछ प्रवृत्तियाँ उभरकर आती हैं-

1. ध्रुवीय क्षेत्रों में सतह पर लवणता कम तथा गहराई की ओर बढ़ती है। हिम के पिघले हुए स्वच्छ जल की आपूर्ति होते रहने से लवणता सतह पर कम रहती है।
2. मध्य अक्षांशों में **400 मीटर की गहराई तक लवणता** बढ़ती है तत्पश्चात् गहराई के साथ इसकी मात्रा कम होती जाती है। सतह पर स्वच्छ जल की आपूर्ति कम व वाष्पीकरण अधिक होने से ऐसा होता है।
3. भूमध्यरेखीय क्षेत्रों में सतह पर लवणता कम, एक हजार मीटर तक वृद्धि तत्पश्चात् पुन: कम होती जाती है।

उपरोक्त प्रवृत्तियाँ सामान्यीकृत हैं। वैसे विभिन्न महासागरों में भिन्न-भिन्न प्रवृत्तियाँ मिलती हैं। उदाहरण के लिए, दक्षिण अटलांटिक महासागर में सतही लवणता 35.67% प्रति हजार, 400 मीटर पर 34.5 प्रति हजार यथा 1,200 मीटर पर 34.8 प्रति हजार हो जाती है, किन्तु 20° दक्षिणी अक्षांश के निकट सतह पर 37 तथा तली पर 35 हजार लवणता रहती है। भूमध्य रेखीय भाग में सतह पर 34 व तली पर 35 एवं उत्तरी अटलाण्टिक महासागर में सतह पर 35.5 व तली पर 34 प्रति हजार लवणता रहती है। आंशिक रूप से घिरे सागरों में लवणता के वितरण में काफी विभिन्नताएँ मिलती हैं।

लवणता वाले प्रदेश

- सामान्य से अधिक लवणता वाले प्रदेश (37 – 41%)
  - लाल सागर (37 – 41%)
  - फारस की खाड़ी (37 – 38%)
  - रूम सागर (37 – 39%)
- सामान्य लवणता वाले प्रदेश (32 – 36%)
  - कैरेबियन सागर (35 – 36%)
  - बास ज़लडमरूमध्य (35.5%)
  - कैलिफोर्निया की खाड़ी (35.5%)
- सामान्य से कम लवणता वाले प्रदेश (20 – 35%)
  - आर्कटिक सागर
  - ओखोटस्क सागर
  - अण्डमान सागर
  - बाल्टिक सागर
  - बेरिंग सागर
  - जापान सागर
  - चीन सागर
  - उत्तरी सागर
  - हडसन की खाड़ी
  - सेंट लारेन्स की खाड़ी
  - इंगलिश चैनल
  - उ. ऑस्ट्रेलिया सागर

महासागरीय जल कभी भी स्थिर नहीं रहता है, क्योंकि इस पर विभिन्न कारकों का प्रभाव पड़ता है। इसका संचरण एक अत्यधिक जटिल परिघटना है, जिसे नियंत्रित एवं प्रभावित करने वाले कारकों में विविधता पाई जाती है। वायु तथा महासागरीय जल के घर्षण से जल में उर्मिकाएँ या लहरें पैदा होती हैं। पवनों का प्रभाव सागरों के भीतर लगभग 100 मीटर की गहराई तक पड़ता है। महासागरों में तीन मुख्य प्रकार की गतियाँ होती हैं।

महासागरों की गतियाँ

- लहरें
- ज्वार-भाटा
- धाराएँ

1. **महासागरीय लहरें या तरंगें**-महासागरीय जल की सतह पर सदैव लहरें उठती व गिरती रहती हैं। **रिचर्ड के मतानुसार- "लहरें महासागर की तरल सतह का विक्षोभ है"।** यह महासागरीय जल की सबसे व्यापक तथा सर्वत्र होने वाली गति है। महासागरीय लहरों की उत्पत्ति के दो मुख्य कारण हैं-

1. पवन का चलना
2. भू-पटल में गति होने से जल की सतह का तरंगित होना।

लहरें महासागरीय सतह की दोलायमान गति है। इसमें सागर के जल का स्तर नीचा या ऊँचा होता रहता है, परन्तु अपने स्थान से बहकर अन्य स्थान पर नहीं जाता। यदि कोई तैरने वाली वस्तु (जैसे-लकड़ी का टुकड़ा) जल स्तर पर फेंक दी जाए तो वह अपने ही स्थान पर ऊपर नीचे या आगे-पीछे होती रहेगी, जबकि तरंगें आगे बढ़ती दिखाई देंगी। तरंग/लहरों की संरचना-तरंग के निम्न भाग होते हैं-

(1) **तरंग श्रृंग** - तरंग का एक भाग ऊपर उठा हुआ होता है, जिसे तरंग श्रृंग कहते हैं।

(2) **तरंग गर्त** - तरंग का दूसरा भाग नीचे धँसा हुआ होता है, जिसे तरंग गर्त कहते हैं।

(3) **तरंगदैर्ध्य** - दो तरंग श्रृंगों के बीच की दूरी को **तरंगदैर्ध्य** कहते हैं।

तरंग की गति-तरंग की गति उसके दैर्ध्य तथा आवर्तकाल से संबंधित है और इसे निम्न सूत्र से ज्ञात किया जा सकता है-

तरंग की गति = तरंगदैर्ध्य/तरंग का आवर्त-काल

लहर या तरंग बनने के कारण - लहरें मुख्यत: पवन के दबाव तथा घर्षण के कारण बनती हैं। तरंगों का आकार व बल तीन बातों पर निर्भर करता है।

(1) पवन की गति

(2) पवन के चलने की अवधि

(3) पवन के निर्विघ्न बहने की दूरी

अत: यदि पवन की गति 160 किमी. प्रति घण्टा की दर से 50 घण्टे तक 1,600 किमी. से अधिक दूरी तक निर्विरोध तथा निरन्तर चलती रहे तो वह जल में 15 मीटर ऊँची लहरों का निर्माण कर सकती है।

पवन द्वारा उत्पन्न तरंगें तीन प्रकार की होती हैं-

1. **सी** - जब कभी सागर में विभिन्न तरंगदैर्ध्य तथा दिशाओं वाली तरंगें एक साथ उत्पन्न हो जाती हैं तो एक अनियमित तरंग प्रारूप बन जाता है, जिसे 'सी' कहते हैं।
2. **स्वेल या महातरंग** - जब तरंगें उन पवनों के प्रभाव क्षेत्र से दूर चली जाती हैं जिन्होंने उन्हें बनाया है, तब वे तरंगें एक समान ऊँचाई तथा आवर्त काल के साथ नियमित रूप धारण कर लेती हैं। इनको **स्वेल** या **महातरंग** कहते हैं।
3. **सर्फ** - जब तरंगें समुद्री तट के निकट पहुँचती हैं तो उनकी ढालें तीव्र हो जाती हैं और ऊँचाई बढ़ जाती है। तट पर पहुँचने के बाद ये वापस सागर की ओर आती हैं। तटीय क्षेत्रों में इन टूटती हुई तरंगों को सर्फ या फेनिल कहते हैं।

अन्य तरंगें - पवन निर्मित तरंगों के अलावा कई अन्य प्रकार की समुद्री तरंगें भी होती हैं। इनमें प्रलयकारी तरंगें (सुनामी), तूफानी तरंगें, अत: तरंगें आदि प्रमुख हैं। इन तरंगों की रचना भूकम्प, ज्वालामुखी या महासागरीय भूस्खलन से होती है।

2. **ज्वार भाटा (Tides)**-ज्वार भाटा सागरीय जल की गतियों का महत्वपूर्ण प्रक्रम है, क्योंकि चन्द्रमा व सूर्य के आकर्षण से उत्पन्न ज्वारीय तरंगें नियमित रूप से ऊपर उठती तथा गिरती हैं। समुद्र का जलस्तर सदा एक-सा नहीं रहता। यह समुद्री जल दिन में दो बार निश्चित अन्तराल पर ऊपर उठता तथा नीचे गिरता है। समुद्री जलस्तर के ऊपर उठने को **ज्वार** तथा नीचे उतरने को **भाटा** कहते हैं। ज्वार भाटा की उत्पत्ति पृथ्वी, चन्द्रमा तथा सूर्य की **गुरुत्वाकर्षण** शक्ति के कारण होती है। ज्वार-भाटा का स्वभाव तथा ऊँचाई विभिन्न स्थानों पर अलग-अलग होती है।

ज्वार-भाटा की उत्पत्ति-ज्वार-भाटा की उत्पत्ति का कारण चन्द्रमा, सूर्य तथा पृथ्वी की पारस्परिक गुरुत्वाकर्षण शक्ति है। गुरुत्वाकर्षण द्वारा सम्पूर्ण पृथ्वी, सूर्य तथा चन्द्रमा की ओर खिंचती है, परन्तु इसका प्रभाव स्थल की अपेक्षा जल पर अधिक पड़ता है। यद्यपि सूर्य, चन्द्रमा से बहुत बड़ा है तब भी चन्द्रमा के **गुरुत्वाकर्षण का प्रभाव** सूर्य के प्रभाव से लगभग दो गुना है। इसका कारण यह है कि सूर्य, चन्द्रमा की अपेक्षा पृथ्वी से बहुत अधिक दूरी पर स्थित है।

ज्वार-भाटे संबंधी विशेषताएँ

(1) खुले सागरों एवं महासागरों में जल के निर्बाध रूप से बहने के कारण कम ऊँचा ज्वार उत्पन्न होता है। उथले समुद्रों तथा खाड़ियों में ज्वारीय तरंगें अधिक ऊँची होती हैं।

(2) ज्वार तथा भाटा के बीच सागरीय सतह का अन्तर ज्वारीय परिसर कहलाता है।

(3) खुले सागरों में ज्वार का अन्तर कम होता है। उथले समुद्र खाड़ियों में ज्वार का अन्तर अधिक पाया जाता है।

(4) ज्वार ऊँचाई पर तटरेखा का प्रभाव पड़ता है।

(5) ज्वार-भाटा का समय प्रत्येक स्थान पर भिन्न-भिन्न होता है।

ज्वारा-भाटे के समय में अन्तर

प्रत्येक स्थान पर ज्वार 12 घंटे 26 मिनट के अन्तराल के बाद आता है। पृथ्वी अपनी धुरी पर 24 घंटे में एक चक्कर पूरा कर लेती है। इस प्रकार प्रत्येक स्थान पर 12 घंटे बाद ज्वार उत्पन्न होना चाहिए, लेकिन ऐसा नहीं होता। इस अन्तर का यह कारण है कि पृथ्वी का एक परिभ्रमण पूर्ण होने पर चन्द्रमा भी अपने पथ पर आगे बढ़ जाता है। चन्द्रमा 28 दिन में पृथ्वी की परिक्रमा पूर्ण करता है। 24 घंटे या एक दिन में यह वृत्त का 1/28 भाग तय कर लेता है। पृथ्वी का वह स्थान चन्द्रमा के समक्ष पहुँचने में 52 मिनट लगता है। अत: प्रत्येक स्थान पर 12 घंटे 26 मिनट बाद दूसरा ज्वार आता है।

ज्वार-भाटे के प्रकार

पृथ्वी, चन्द्रमा तथा सूर्य की अपेक्षित स्थिति के अनुसार उनकी ऊँचाई घटती तथा बढ़ती रहती है। इस आधार पर ज्वार-भाटा दो प्रकार के होते हैं-

ज्वार-भाटा के प्रकार
↓
वृहत अथवा दीर्घ ज्वार | लघु-ज्वार

1. **वृहत अथवा दीर्घ ज्वार** - यह स्थिति पूर्णिमा तथा अमावस्या के दिन होती है। जब **सूर्य**, **पृथ्वी एवं चन्द्रमा** तीनों एक सीधी रेखा में होते हैं। यह स्थिति **युत-वियुत** अथवा **सिजिगी** कहलाती है। हर महीने में इन दोनों बार सबसे वृहत अथवा दीर्घ ज्वार उत्पन्न होते हैं। जब सूर्य व चन्द्रमा, दोनों पृथ्वी के एक ओर होते हैं, तो उसे **'युति'** कहते हैं तथा जब सूर्य और चन्द्रमा के बीच में पृथ्वी होती है, तो उसे **'वियुति'** कहते हैं (Syzygy)। इस प्रकार युति की स्थिति अमावस्या को एवं वियुति की स्थिति पूर्णिमा को होती है। ऐसी स्थिति में पृथ्वी पर चन्द्रमा व सूर्य के सम्मिलित गुरुत्वाकर्षण का प्रभाव पड़ता है, जिससे दीर्घ ज्वार का निर्माण होता है।
2. **लघु ज्वार**- ये साधारण ज्वार की अपेक्षा 20 प्रतिशत कम ऊँचे होते हैं। महीने के दो दिन शुक्ल पक्ष व कृष्ण पक्ष की अष्टमी को जब सूर्य, पृथ्वी एवं चन्द्रमा समकोण की स्थिति में होते हैं, लघु ज्वार

उत्पन्न होते हैं। सूर्य तथा चन्द्रमा में गुरुत्वाकर्षण एक-दूसरे के विरुद्ध काम करते हैं। फलस्वरूप एक कम ऊँचाई वाले ज्वार का निर्माण होता है, जिसे **निम्न या लघु ज्वार** कहते हैं।

ज्वार-भाटे के लाभ

- ज्वार ऊर्जा के स्रोत हैं, क्योंकि जल के ऊपर उठने तथा नीचे गिरने से ऊर्जा पैदा की जा सकती है। फ्रांस व जापान में ज्वारीय विद्युत का उत्पादन किया जाता है।
- विश्व के बड़े बंदरगाह समुद्र से दूर नदी के मुहानों पर स्थित हैं (लंदन, कोलकाता आदि) ज्वारीय जल के साथ जलयान भीतर तक आ पाते हैं।
- मछली पकड़ने वाले नाविक ज्वार के साथ खुले समुद्र में मछली पकड़ने जाते हैं तथा भाटा के साथ सुरक्षित तट पर लौट आते हैं।
- ज्वार-भाटे की वापसी लहर समुद्र तट पर बसे नगरों की सारी गंदगी समुद्र में बहाकर ले जाती है।
- ज्वार-भाटे की लहर वापस में जाते समय कई समुद्री वस्तुएँ, जैसे-शंख, घोंघे आदि किनारे पर छोड़ जाती है।
- ज्वार-भाटे के कारण समुद्री जल गतिशील एवं साफ रहता है तथा जल जमता नहीं है।

3. महासागरीय धाराएँ

महासागरों के एक भाग से दूसरे भाग की ओर विशेष दिशा में जल के निरन्तर प्रवाह को **महासागरीय धारा** कहते हैं। धारा के दोनों किनारों पर तथा उसके नीचे जल स्थिर रहता है। दूसरे शब्दों में, महासागरीय धाराएँ स्थलीय नदियों की अपेक्षा कहीं अधिक विशाल होती है।

मॉन्कहाऊस के अनुसार "धारा की जलराशि का संचालन एक निश्चित दिशा में होता है"। धाराओं में जल केवल सतह पर ही नहीं अपितु गहराई में भी चलता है। तापक्रम के अनुसार धाराएँ दो प्रकार की होती हैं-(1) उष्ण धारा तथा (2) ठण्डी धारा। इनकी गति, आकार तथा दिशा में पर्याप्त अन्तर होता है।

1. **उष्ण या गर्म धाराएँ**- ये धाराएँ गर्म क्षेत्रों से ठण्डे क्षेत्रों की ओर चलती हैं। ये प्राय: भूमध्य रेखा से ध्रुवों की ओर चलती हैं। इनके जल का तापमान अधिक होने के कारण ये धाराएँ जिन क्षेत्रों में चलती हैं, वहाँ का तापमान बढ़ा देती हैं।
2. **ठण्डी धाराएँ**- ये धाराएँ ठण्डे क्षेत्रों से गर्म क्षेत्रों की ओर चलती हैं। ये प्राय: ध्रुवों से भूमध्य रेखा की ओर चलती हैं। इनके जल का तापमान कम होता है। अत: ये जिन क्षेत्रों में चलती हैं, वहाँ के तापमान को घटा देती हैं।

धाराओं की उत्पत्ति के लिए उत्तरदायी कारक

(1) पृथ्वी का स्वभाव-गुरुत्वाकर्षण, घूर्णन।
(2) बाहरी समुद्री कारण-वायुदाब एवं पवनें, वाष्पीकरण एवं वर्षा।
(3) अन्त: समुद्री कारण-दाब, ताप, लवणता, घनत्व, हिम का पिघलना।
(4) धाराओं को रूपान्तरित करने वाले कारक-तटरेखा की आकृति, ऋतु परिवर्तन, सागर तली की रचना इत्यादि।

अटलांटिक (अंध) महासागर की धाराएँ :

अटलांटिक महासागर को दो भागों में बाँटा गया है- उत्तरी अटलांटिक महासागर तथा दक्षिणी अटलांटिक महासागर।

उत्तरी अटलांटिक महासागर की धाराएँ

- **उत्तरी भूमध्य रेखीय गर्म धारा** - यह 5° से 20° उत्तरी अक्षांशों के मध्य भूमध्य रेखा के समीप बहती है। यह पूर्व में अफ्रीका के तट से पश्चिमी द्वीप समूह तक बहती है। इस धारा का उल्लेख सर्वप्रथम **फिण्डले** (1853) ने किया था।
- **एण्टीलीज गर्म धारा** - ब्राजील के साओरॉक अंतरीप के निकट दक्षिणी भूमध्यरेखीय धारा दो भागों में बँट जाती है। उत्तरी शाखा उत्तरी भूमध्यरेखीय धारा में मिलकर कैरीबियन सागर तथा मैक्सिको की खाड़ी में प्रवेश करती है। इसका शेष भाग पश्चिमी द्वीप समूह के पूर्वी किनारे पर **एण्टीलीज धारा** के नाम से चलती है।
- **फ्लोरिडा धारा** - यह वास्तव में उत्तरी भूमध्यरेखीय धारा का ही विस्तार है जो युकाटन चैनल से होकर मैक्सिको की खाड़ी में प्रवेश करती है। इनके लक्षण विषुवतीय जलराशि जैसे ही हैं।
- **उत्तरी अटलांटिक धारा** - ग्रांड बैंक से दूर गल्फस्ट्रीम पर पछुआ पवनों का प्रवाह स्पष्ट दिखाई देता है। यह पूर्व की ओर मुड़ जाती है।
- **गल्फ स्ट्रीम गर्म धारा** - हाल्टेरस अन्तरीप से ग्राण्ड बैंक तक इस धारा को गल्फस्ट्रीम कहते हैं। गल्फस्ट्रीम धारा को मैक्सिको की खाड़ी में पर्याप्त मात्रा में गर्म जल प्राप्त होता है, जिसको यह ठण्डे क्षेत्रों में ले जाती है।
- **कनारी धारा** - यह उत्तरी अफ्रीका के पश्चिमी तट पर मडेरिया से केपवर्ड द्वीपों के मध्य बहती है। गल्फस्ट्रीम का गर्म जल यहाँ तक पहुँचने पर ठण्डी धारा में बदल जाता है। यह धारा अन्त में उत्तरी भूमध्यरेखीय धारा में मिल जाती है। इस धारा में मौसमी परिवर्तन होते हैं।
- **लेब्रोडोर ठण्डी धारा** - यह धारा उत्तरी अटलांटिक महासागर में बहने वाली ठण्डी धारा है, जो बेफिन की खाड़ी से वेनिस जलडमरूमध्य तक दक्षिण की ओर बहती है। यह धारा सागर तल को संतुलित करने का कार्य करती है। गर्म तथा ठण्डे जल के मिलने से न्यू फाउण्डलैण्ड के आसपास घना कोहरा छाया रहता है। यह मत्स्य उद्योग के लिए आदर्श अवस्था होती है।
- **सारगैसो सागर** - उत्तरी अटलांटिक महासागर में गल्फस्ट्रीम, कनारी तथा उत्तरी भूमध्यरेखीय धाराओं के चक्र के बीच में शांत जल के क्षेत्र को **सारगैसो सागर** कहते हैं। इसके तट पर समुद्री घास तैरती रहती है, जिसे पुर्तगाली भाषा में **सारगैसो (शैवाल)** कहते हैं। जिसके नाम पर इसका नाम **सारगैसो सागर** रखा गया है। इसका क्षेत्रफल लगभग 11,000 वर्ग किमी. है।

दक्षिणी अटलांटिक महासागर की धाराएँ

- **दक्षिणी विषुवतीय गर्म धारा** - यह धारा विषुवत रेखा के दक्षिण में उसके समानान्तर पूर्व से पश्चिमी की ओर चलती है।

- **ब्राजील गर्म धारा** - दक्षिणी विषुवतीय धारा पश्चिम में पहुँचकर ब्राजील के तट के साथ बहने लगती है। यह एक कमजोर धारा है।
- **फाकलैण्ड ठण्डी धारा** - दक्षिणी अमेरिका के दक्षिण पूर्व तट के साथ दक्षिण से उत्तर की ओर बहती है। यह अपने साथ अण्टार्कटिका प्रदेश से हिम शिलाएँ बहाकर लाती है। गर्म व ठण्डे जल के मिलने से यहाँ भी कुहासा छाया रहता है।
- **बैंग्युला ठण्डी धारा** - यह अफ्रीका के दक्षिण-पश्चिमी तट के सहारे उत्तर की ओर बहने वाली एक अनियमित तथा कमजोर धारा है।
- **दक्षिणी अटलांटिक ड्रिफ्ट** - तीव्र पछुआ पवनों के प्रभाव से 40° से 60° दक्षिणी अक्षांश के मध्य पश्चिम से पूर्व की ओर जल प्रवाहित होता है। यह वास्तव में ब्राजील धारा का ही पूर्वी विस्तार है, किन्तु इसकी प्रकृति बदल जाती है।

प्रशान्त महासागर की धाराएँ

अध्ययन के दृष्टिकोण से प्रशान्त महासागर की धाराओं को भी उत्तरी व दक्षिणी प्रशान्त महासागर की धाराओं में बाँटा गया है, जो निम्न हैं-

उत्तरी प्रशान्त महासागर की धाराएँ -

- **उत्तरी विषुवतीय धारा** - यह धारा मध्य अमेरिका के पश्चिमी तट से आरंभ होकर पूर्व से पश्चिम की ओर बहती हुई फिलीपाइन द्वीप समूह तक पहुँचती है।
- **क्यूरोशिवो की गर्म धारा** - उत्तरी भूमध्यरेखीय धारा फिलीपाइन द्वीप तक पहुँचने के बाद ताइवान तथा जापान के तट के साथ उत्तरी दिशा में बहने लगती है तथा **क्यूरोशिवो धारा** के नाम से जानी जाती है।
- **उत्तरी प्रशान्त गर्म धारा** - जापान के दक्षिणी-पूर्वी तट पर पहुँचने के बाद क्यूरोशिवो धारा प्रचलित पछुआ पवनों के प्रभाव से महासागर के पश्चिम से पूर्व की ओर बहने लगती है।
- **कैलिफोर्निया की ठण्डी धारा** - यह उत्तरी प्रशान्त धारा का ही विस्तार मानी जाती है, क्योंकि यह ठण्डे क्षेत्र से गर्म क्षेत्र की ओर बहती है। इसलिए इसे **कैलिफोर्निया की ठण्डी धारा** कहा जाता है।
- **अलास्का धारा** - उत्तरी अमेरिका के पश्चिमी तट पर उत्तरी प्रशान्त महासागर की दूसरी धारा घड़ी की सुई के विपरीत दिशा में उत्तर की ओर मुड़ जाती है।
- **ओयाशिवो की ठण्डी धारा** - यह बेरिंग जलडमरूमध्य से शुरू होकर कमचटका प्रायद्वीप के पूर्वी तट के समीप उत्तर से दक्षिण की ओर बहने वाली ठण्डे जल की धारा है।
- **ओखोटस्क अथवा क्यूराइल की ठण्डी धारा** - यह ओखोटस्क सागर से शुरू होकर सखालिन द्वीप के पूर्वी तट के साथ-साथ बहती हुई जापान के होकैडो द्वीप के समीप ओयोशिवो धारा से मिल जाती है।

दक्षिणी प्रशान्त महासागर की धाराएँ

- **दक्षिणी विषुवतीय गर्म धारा** - यह गर्म जल धारा है, जो पूर्व में मध्य अमेरिका के तट से पश्चिम में ऑस्ट्रेलिया के पूर्वी तट तक जाती है।
- **दक्षिणी प्रशान्त धारा** - यह तस्मानिया के निकट पूर्वी ऑस्ट्रेलिया धारा पछुआ पवनों के प्रभाव में आ जाती है और पश्चिम से पूर्व की ओर बहने लगती है। यहाँ पर इसे **दक्षिणी प्रशान्त धारा** के नाम से जानते हैं।
- **पूर्वी ऑस्ट्रेलिया गर्म धारा** - यह ऑस्ट्रेलिया के पूर्वी तट के साथ बहती है। यह गर्म जल धारा है।
- **पेरू की ठण्डी धारा** - दक्षिणी अमेरिका के दक्षिण-पूर्वी तट पर पहुँचकर यह उत्तर की ओर मुड़ जाती है और पेरू के तट के साथ-साथ बहने लगती है। यह ठण्डे क्षेत्र से गर्म क्षेत्र की ओर चलती है।

हिन्द महासागर एक अर्द्ध महासागर है। यह उत्तर में भारत, पूर्व में ऑस्ट्रेलिया तथा पश्चिम में अफ्रीका से घिरा हुआ है। भूमध्य रेखा के उत्तर में इसका विस्तार बहुत कम है। इसलिए इसकी धाराओं पर प्रचलित मानसून पवनों का प्रभाव बहुत प्रबल होता है और शीत तथा ग्रीष्म ऋतुओं में उनकी दिशा उलटने के साथ-साथ धाराओं की दिशाएँ भी उल्टी हो जाती हैं। मानसून पवनों द्वारा प्रभावित धाराएँ **मानसून ड्रिफ्ट** या **मानसून अपवाह** कहलाती हैं। प्रशान्त महासागर व अटलांटिक महासागर की भाँति हिन्द महासागर की धाराओं को भी दो भागों में विभक्त किया गया है- (1) उत्तरी हिन्द महासागर की धाराएँ तथा (2) दक्षिणी हिन्द महासागर की धाराएँ।

उत्तरी हिन्द महासागर की धाराएँ

- **उत्तरी-पूर्वी मानसून ड्रिफ्ट** - इसे **उत्तर-पूर्वी मानसून अपवाह** भी कहते हैं। यह ड्रिफ्ट मल्लका जलडमरूमध्य से शुरू होकर बंगाल की खाड़ी के तट के साथ-साथ बहती हुई अरब सागर में प्रविष्ट होती है।
- **विरुद्ध विषुवतीय धारा** - पश्चिम में जंजीबार द्वीप के निकट से आरंभ होकर पूर्व की ओर प्रवाहित होती है।

दक्षिणी हिन्द महासागर की धाराएँ

- **दक्षिणी विषुवतीय धारा** - यह धारा भूमध्य रेखा के समीप दक्षिण में पूर्व से पश्चिम की ओर बहती है।
- **मेडागास्कर गर्म धारा** - दक्षिणी भूमध्यरेखा के मेडागास्कर द्वीप के पूर्वी तट पर बहने वाली शाखा मेडागास्कर धारा कहलाती है।
- **मोजाम्बिक गर्म धारा** - मेडागास्कर द्वीप के पास पहुँचने पर दक्षिण भूमध्यरेखीय धारा दो शाखाओं में बँट जाती है। एक शाखा मेडागास्कर द्वीप के परे दक्षिण की ओर तथा दूसरी मोजाम्बिक चैनल में प्रविष्ट हो जाती है।
- **अगुलहास गर्म धारा** - मेडागास्कर द्वीप के परे दक्षिण में मोजाम्बिक धारा व मेडागास्कर धारा मिलकर एक हो जाती है। यह संयुक्त धारा **अगुलहास धारा** कहलाती है।
- **पछुआ पवन ड्रिफ्ट** - यह हिन्द महासागर के दक्षिण में पश्चिम से पूर्व की ओर बहती हुई ऑस्ट्रेलिया के पश्चिमी तट के दक्षिणी सिरे के निकट तक पहुँच जाती है।
- **पश्चिमी ऑस्ट्रेलिया ठण्डी धारा** - पछुआ पवन ड्रिफ्ट की एक शाखा ऑस्ट्रेलिया के दक्षिण में बहती हुई निकल जाती है तथा दूसरी शाखा ऑस्ट्रेलिया के पश्चिमी तट से उत्तर की ओर मुड़ जाती है। इस दूसरी शाखा को **पश्चिमी ऑस्ट्रेलियाई ठण्डी** धारा कहते हैं।

महासागरीय धाराओं का प्रभाव : जलधाराएँ निकटवर्ती समुद्रतटीय क्षेत्रों की जलवायु पर गहरा प्रभाव डालती हैं। ये **तापमान, आर्द्रता और वृष्टि**

को प्रभावित करती हैं। ठण्डी धाराएँ ध्रुवीय तथा उपध्रुवीय क्षेत्रों से अपने साथ प्लवक लाती हैं और मछलियों के लिए खाद्य पदार्थ की आपूर्ति करती हैं। इसके परिणामस्वरूप इन क्षेत्रों में मछलियों की वृद्धि होती है। महासागरों के व्यावसायिक समुद्री जलमार्ग यथासंभव इन जलधाराओं का अनुसरण करते हैं।

महासागरीय संसाधन

पृथ्वी के धरातल के कुल क्षेत्रफल के लगभग 71 प्रतिशत भाग पर महासागरों का तथा शेष 29 प्रतिशत भाग पर स्थल का विस्तार है। पृथ्वी की सतह पर महासागरों का फैलाव पाया जाता है, जिसमें महाद्वीपों की उपस्थिति से विश्व महासागरों को तीन मुख्य तथा एक गौण महासागरों में विभक्त किया गया है। इनमें प्रशान्त महासागर, अटलांटिक महासागर तथा हिन्द महासागर मुख्य हैं। चौथा महासागर आर्कटिक महासागर है, जिसकी गहराई तथा क्षेत्रफल अन्य महासागरों की अपेक्षा बहुत कम है। सभी महासागरों में प्रशान्त महासागर विश्व का सबसे बड़ा तथा सर्वाधिक गहरा महासागर है।

महासागर प्रत्यक्ष एवं परोक्ष, दोनों ही रूपों में मानव को प्रभावित करते हैं। महासागरों की विशाल जल राशि हमारे लिए कई चुनौतियाँ एवं संसाधन प्रस्तुत करती है। महासागरों में अनेक प्रकार के खनिज तथा ऊर्जा के संसाधन मौजूद हैं।

महासागर हमें अनेक प्रकार के संसाधन उपलब्ध करवाते हैं। साथ ही, महासागर हमारी जलवायु पर प्रभाव डालते हैं तथा परिवहन के सबसे सस्ते साधन है। समुद्री खनिज, भोजन, ऊर्जा तथा महासागरीय परिवहन महासागर के प्रत्यक्ष लाभ हैं, जबकि महासागरों से जलवायु पर प्रभाव परोक्ष लाभ हैं। स्थल से प्राप्त संसाधन समाप्त प्राय है। ऐसी स्थिति में महासागर ही भविष्य के भण्डार है। महासागरों की समीपता मानव के स्वास्थ्य के लिए अनुकूल है। सागरों द्वारा मनोरंजन, दृश्यावलोकन, खेल, तैराकी, नौकायन आदि होता है। महासागरों का मानव सभ्यता पर गहरा प्रभाव पड़ता है। महाद्वीपों पर वर्षा का मूल स्रोत महासागर ही है। अतः महासागरों का मनुष्य के लिए अपार महत्व है।

महासागरों की उपयोगिता

विश्व में जनसंख्या की तीव्र वृद्धि से खाद्यान्न तथा प्राकृतिक संसाधनों के अभाव का संकट उत्पन्न होना निश्चित है। महासागर मानव जाति को इस भयावह संकट से निकालने में सक्षम है।

महासागरीय संसाधन : महासागरीय संसाधनों को निम्न भागों में बाँटा गया है :

(1) महासागर एवं खनिज संसाधन

(2) महासागर एवं खाद्य संसाधन

(3) महासागर एवं ऊर्जा संसाधन

(4) महासागर एवं पेयजल संसाधन

(5) महासागर एवं यातायात, व्यापार

(6) महासागर का सामरिक महत्व

1. महासागर एवं खनिज संसाधन

सागर की तली एवं उसके जल में अनेक प्रकार के खनिज संसाधन मौजूद हैं, परन्तु उनका विदोहन बहुत सीमित है। एक अनुमान के अनुसार, एक घन किलोमीटर समुद्री जल में 50 टन चाँदी, 25 टन सोना, 11 से 35 टन तांबा, मैंगनीज, जिंक तथा सीसा, 8 टन यूरेनियम, 42 टन पोटेशियम सल्फेट, 185 लाख टन मैग्नीशियम क्लोराइड, अनेक खनिज व रासायनिक तत्व विद्यमान हैं। प्रमुख खनिज संसाधन निम्नांकित है।

खनिज तेल : यह महासागरों से प्राप्त होने वाला सबसे महत्वपूर्ण संसाधन है। विश्व के 40 प्रतिशत खनिज तेल भण्डार समुद्री नितल में हैं। विश्व के अनेक देश समुद्रों से तेल प्राप्त कर रहे हैं। भारत में भी समुद्र तट से 150 किमी. दूर मुम्बई हाई पर 2,000 मीटर की गहराई से खनिज तेल निकाला जा रहा है।

फॉस्फेट : खनिज से युक्त असंगठित तलछटी निक्षेप को फॉस्फोरस कहते हैं। महासागरों में यह सामान्यतः गांठों के रूप में मिलता है।

मैंगनीज : इसकी गांठों से उतना ही निकिल तथा तांबा प्राप्त होता है, जितना ही स्थलीय संसाधनों से प्राप्त हो सकता है। यह प्रशान्त महासागर में सबसे अधिक पाया जाता है।

नमक : समुद्रों से प्राप्त होने वाला एक महत्वपूर्ण खनिज है। महासागरीय जल खारा होता है। इसमें घुले लवणों की मात्रा 3.5 प्रतिशत होती है। कुल लवणों का 78 प्रतिशत सोडियम क्लोराइड (खाने योग्य नमक) होता है, जिसे वाष्पीकृत करके खाने का नमक बनाया जाता है। विश्व में प्रतिवर्ष 200 मिलियन डॉलर मूल्य का नमक बनाया जाता है।

अन्य खनिज : अन्य खनिज संसाधनों में रेत, बजरी, सोना, प्लेटिनम, टिन, मैग्नेटाइट, लोहा, टंग्स्टन, थोरियम महत्वपूर्ण है।

2. महासागर एवं खाद्य संसाधन

विश्व के कुल खाद्य पदार्थों का लगभग 10 प्रतिशत महासागरों से प्राप्त किया जाता है। मछली एक उत्तम प्रोटीनयुक्त आहार है, जो महासागरीय संसाधन है। मत्स्य उत्पादन विश्व का प्रमुख व्यवसाय है। विश्व के अनेक समुद्रतटीय देश इस व्यवसाय में प्रमुख रूप से जुड़े हैं। उनकी आजीविका का प्रमुख साधन मत्स्य संसाधन है। मछली के अलावा अनेक प्रकार के शैवाल, पादप, प्लवक, मोलस्क, अनेक समुद्री जीव भी समुद्रों से प्राप्त किए जाते हैं। महासागरों में पाए जाने वाले कोरल (मूंगा/प्रवाल) जीवों को आश्रय एवं खाद्य पदार्थ प्रदान करते हैं। बढ़ते प्रदूषण के कारण कोरल (Coral) भण्डार का अस्तित्व खतरे में है। रासायनिक प्रदूषण के कारण इनका प्राकृतिक रंग बदल रहा है।

3. महासागर एवं ऊर्जा संसाधन

महासागर पृथ्वी द्वारा प्राप्त सूर्याताप का लगभग तीन-चौथाई भाग अवशोषित करते हैं। इस ऊर्जा से पवनें एवं समुद्री धाराएँ चलती हैं तथा समुद्री जल के तापमान में वृद्धि करती हैं। इससे ऊर्जा प्राप्त होती है। महासागरों से प्राप्त ऊर्जा में ज्वारीय ऊर्जा, सागरीय ताप ऊर्जा तथा भू-तापीय ऊर्जा प्रमुख है। ज्वारभाटा से ज्वारीय ऊर्जा प्राप्त कर विद्युत उत्पादन किया जाता है। भारत में खम्भात की खाड़ी, कच्छ की खाड़ी से विद्युत उत्पादित की जा सकती है। समुद्र से उठने वाली तरंगों से भी विश्व के अनेक देशों में ऊर्जा प्राप्त की जा रही है। ज्वालामुखी के विस्फोट से भूतापीय ऊर्जा प्राप्त की जा सकती है।

4. महासागर एवं पेयजल संसाधन

महासागरों का जल पीने योग्य नहीं होता, किन्तु भविष्य में इसका उपयोग पीने व घरेलू कार्यों के अतिरिक्त उद्योगों आदि में भी किया जा सकेगा। इस खारे जल को पीने योग्य बनाया जाना आवश्यक होगा। इसके लिए विश्व में लगभग 500 संयंत्र लगाए जा चुके हैं। खाड़ी देशों में इस प्रकार के संयंत्र बड़ी संख्या में लगाए गए हैं।

5. महासागर एवं यातायात व व्यापार

प्राचीन काल में महासागर दो भू-भागों के मध्य बाधक माने जाते थे, परन्तु अब ये सबसे सरल और सस्ते यातायात की सुविधा प्रदान करते हैं। ये प्रकृति द्वारा प्रदत्त हाई-वे हैं। जल की सतह समतल होती है, अतः इस पर प्रवर्तक बल कम खर्च करना पड़ता है। महासागर ऐसे आवागमन के मार्ग प्रस्तुत करते हैं, जिनका स्वतंत्रतापूर्वक उपयोग किया जा सकता है, क्योंकि इन पर किसी देश का अधिकार नहीं होता। विश्व में कई प्रमुख अन्तर्राष्ट्रीय जल मार्ग हैं। अन्तर्राष्ट्रीय जलमार्गों में उत्तरी अटलांटिक जलमार्ग सबसे प्रमुख है। यह जलमार्ग उत्तरी अमेरिका को पश्चिमी यूरोपीय देशों से जोड़ता है। भार के अनुसार विश्व में किए गए कुल सामुद्रिक व्यापार का चौथाई व्यापार केवल इसी जलमार्ग पर होता है। इस सामुद्रिक व्यापार का सर्वोच्च महत्व इसलिए भी है कि यह दो उद्योग प्रधान क्षेत्रों को परस्पर जोड़ता है। विश्व का प्रमुख अन्तर्राष्ट्रीय जलमार्ग स्वेज जलमार्ग है, जो लन्दन को टोकियो से जोड़ता है। आशा अन्तरीप से होकर यह जल मार्ग काफी लम्बा पड़ता है।

6. महासागर का सामरिक महत्व

महासागर विभिन्न महाद्वीपों के मध्य सम्पर्क में अवरोध माने जाते थे, किन्तु नौसंचालन के विकास के साथ-साथ इनके व्यापारिक एवम् सामरिक महत्व में वृद्धि हुई है। इसके कई कारण हैं। विभिन्न देश महासागरों में खनिजों के दोहन के लिए अपना प्रभुत्व बढ़ाना चाहते हैं। आज के युग में बढ़ती आर्थिक गतिविधियों एवम् प्रतिस्पर्द्धाओं के कारण नौसेना क्रे महत्व में काफी वृद्धि हुई है।

महत्वपूर्ण बिंदु

* महासागर पृथ्वी की जलवायु एवं मौसम को बहुत गहराई तक प्रभावित करते हैं। सभी प्रकार के संचलनों में महासागरों का महत्वपूर्ण स्थान है।
* महासागर संसाधनों के भण्डारगृह है। यहाँ जैविक एवं अजैविक, दोनों प्रकार के संसाधन पाए जाते है।
* महासागर ऊर्जा, यातायात एवं व्यापार में महत्वपूर्ण भूमिका अदा करते हैं। यहाँ से खनिज तेल प्राप्त किया जाता है।
* औद्योगिक विकास के कारण वर्तमान में महासागर विभिन्न प्रदूषण के शिकार हो रहे हैं। इससे जैविक संसाधनों को हानि हो रही है।
* महासागरों में पाए जाने वाले प्रवाल/मूंगा जीव तथा प्रवाल भित्ति का रासायनिक प्रदूषण के कारण मूल रंग बदल रहा है तथा इनकी वृद्धि भी प्रभावित हो रही है।

अन्तर्राष्ट्रीय मंचों पर भारत हिन्द महासागर को नौसैनिक प्रतिस्पर्धाओं से स्वतंत्र रखने के लिए प्रयासरत है। वर्तमान में बढ़ते अन्तर्राष्ट्रीय तनावों के कारण नौसैनिक गतिविधियों का काफी विस्तार हुआ है। पाकिस्तान को मोहरा बनाकर कई बड़े देश, विशेषकर अमेरिका, चीन व रूस हिन्द महासागर में अपना प्रभुत्व बढ़ाने में लगे हुए हैं। इन बाहरी एवम् दूरस्थ देशों का हिन्द महासागर में अनावश्यक रूप से बढ़ता प्रभुत्व हमारे देश के लिए संकटपूर्ण व चुनौतीपूर्ण हो सकता है तथा इस क्षेत्र में अस्थिरता पैदा कर सकता है, हमारे देश को इस प्रकार की बदनीयती के प्रति सतर्क रहना चाहिएँ, ताकि हमारे देश की प्रगति बाधित न हो सके।

महासागरीय निक्षेप

- महासागरीय नितल पर निक्षेपित असंगठित पदार्थों को **महासागरीय निक्षेप** कहा जाता है।

स्रोत के आधार पर इन निक्षेपों को निम्नलिखित वर्गों में विभाजित किया जाता है :

1. **भूमिज पदार्थ या स्थलीय पदार्थ** : महासागरों में निक्षेपित भूमिज पदार्थों को कणों के आकार के आधार पर निम्नलिखित भागों में विभाजित किया जाता है :

प्रकार			व्यास
(i)	बजरी	–	2-256 मिमी.
(ii)	बालू	–	1-1/6 मिमी.
(iii)	सिल्ट	–	1/32-1/256 मिमी.
(iv)	क्ले	–	1/512-1/8 192 मिमी.
(v)	पंक	–	1/8 192 मिमी.

- **मर्रे** ने पंक को तीन प्रकारों में विभाजित किया है :

(i) **नीला पंक** : इसका निर्माण लोहे के सल्फाइड तथा जैविक तत्वों से युक्त चट्टानों के विघटन से प्राप्त पदार्थों के द्वारा होता है। अन्य दोनों प्रकार के पंक की तुलना में यह अधिक क्षेत्र में पाया जाता है।

(ii) **लाल पंक** : लोहे के ऑक्साइड के कारण इसका रंग लाल होता है।

(iii) **हरा पंक** : इसमें पोटेशियम सिलिकेट एवं आयरन सिलिकेट की प्रधानता होती है, जिसे **ग्लूकोनाइट (Glauconite)** भी कहा जाता है।

2. **ज्वालामुखी पदार्थ (Volcanic)** : यह स्रोतों से प्राप्त होता है :
   (i) स्थल खंड पर होने वाले ज्वालामुखी उद्गार से
   (ii) महासागर में होने वाले ज्वालामुखी उद्गार से

- इसका रंग गहरा भूरा एवं काला होता है।

3. **जैविक पदार्थ (Organic Matters)** : इसके अंतर्गत सागरीय जीवों के चूना प्रधान एवं सिलिका प्रधान अवशेषों को सम्मिलित किया जाता है। इसे दो वर्गों में विभाजित किया जाता है–

(i) **नेरेटिक पदार्थ (Neretic Matters)** : यह सामान्यतः महाद्वीपीय मग्न तटों पर पाया जाता है एवं उसके ऊपर भूमिज पदार्थों का

आवरण पाया जाता है। इसके अंतर्गत सागरीय जीवों के अस्थि पंजर (Skeletons) एवं वनस्पतियों के अन-अपघटित (Undecomposed) अवशेषों को सम्मिलित किया जाता है।

(ii) पेलेजिक पदार्थ (Pelagic Deposits) : इसके अंतर्गत गहन सागर में निक्षेपित वनस्पतियों (मुख्यत: शैवाल) एवं समुद्री जीवों के वैसे अवशेष सम्मिलित किए जाते हैं, जो यांत्रिक एवं रासायनिक प्रक्रियाओं द्वारा कीचड़ में परिवर्तित हो चुके हैं। इसे **ऊज (Oozes)** भी कहा जाता है।

ऊज दो प्रकार का होता है :

(A) चूना प्रधान ऊज : चूने की अधिकता के कारण ऊज शीघ्र ही घुल जाते हैं। अत: ये पदार्थ अपेक्षाकृत कम गहराई पर पाए जाते हैं। प्रमुख जीवों के आधार पर चूना प्रधान ऊज को पुन: दो उप-भागों में विभाजित किया जाता है :

(a) टेरापॉड ऊज (Pteropod Ooze) : इसमें चूने की मात्रा 80% होती है। यह अधिकतम 2,000 फैदम की गहराई तक जाती है।

- इसका निर्माण टेरापॉड नामक मोलस्क (Molluscs) द्वारा होता है।

(b) ग्लोबिजेरिना ऊज (Globigerina Ooze) : इसका निर्माण मुख्यत: ग्लोबिजेरिना नाम फोरामेनिफेरा जैव के द्वारा होता है। यह 2,000-4,000 फैदम के बीच पाया जाता है।

- इसका निक्षेप मुख्य रूप से निम्न अक्षांशों में पाया जाता है।

(B) सिलिका प्रधान ऊज : कम घुलनशील होने के कारण यह अधिक गहराई वाले भागों में भी पाया जाता है। इसे पुन: दो उप-विभागों में विभाजित किया जाता है :

(i) रेडियोलेरियन ऊज (Radiolarian Ooze) : इसका निर्माण रेडियो लेरियन नामक जीव के अवशेषों द्वारा होता है, जो एक प्रोटोजोआ (Protozoa) जीव है। साथ ही, इसमें फोरोमेनिफेरा वर्ग के जीवों के अवशेष भी मौजूद रहते हैं। यह ऊज 2,000-5,000 फैदम की गहराई तक पाया जाता है।

(ii) डायटम ऊज (Diatom Ooze) : इसका निर्माण अत्यंत सूक्ष्म पौधों द्वारा होता है।

पेलेजिक निक्षेप संपूर्ण महासागर के 75% भाग में फैला हुआ है। इसके प्रमुख अवयव (Component) निम्नलिखित हैं :

	पेलेजिक निक्षेप के अवयव	प्रतिशत क्षेत्रफल
(i)	लाल चीका	36.1%
(ii)	ग्लोबिजेरिना ऊज	29.2%
(iii)	डायटम ऊज	6.4%
(iv)	रेडियोलेरियन ऊज	3.4%
(v)	टेरापॉड	0.4%

4. अजैविक निक्षेप : जब तापमान की वृद्धि या कार्बन डाइऑक्साइड (CO_2) की मात्रा में कमी होने के कारण वायुमण्डल में परिवर्तन होता है, तो ठोस पदार्थ पृथ्वी की सतह पर गिरते हैं एवं महासागरों में निक्षेपित हो जाते हैं।

- इनमें डोलोमाइट, सिलिका, लोहा, मैंगनीज ऑक्साइड, फॉस्फेट, बेराइट्स, आदि खनिज एवं तत्व प्रमुख हैं।

5. लाल चीका : यह सर्वाधिक विस्तृत क्षेत्रों में पाया जाने वाला पेलेजिक निक्षेप है।

- इसमें मुख्यत: एल्युमीनियम के हाइड्रेटेड सिलिकेट एवं लोहे के ऑक्साइड की प्रधानता होती है।

प्रवाल एवं प्रवाल-भित्तियां

प्रवाल-भित्तियों का निर्माण मूंगा या प्रवाली जीवों के अस्थि-पंजरों के समकेन एवं संयोजन द्वारा होता है। मृत कैल्शियम युक्त जीवों के अवशेषों के एकत्रित होने से इनकी संरचना उभरकर सामने आती है। यह सागर नितल से दीवार के रूप में समुद्र तल के ऊपर तक आती है।

प्रवाली जीवों के विकास के लिए आवश्यक दशाएँ निम्नवत् हैं–

- प्रवाल मुख्य रूप से उष्ण कटिबंधीय सागरों-(30^oN से 30^oS) में पाए जाते हैं, क्योंकि इनके जीवित रहने के लिए 20^oC से 21^oC तापमान उपयुक्त होता है।
- प्रवाल कम गहराई (200-250 फीट या 66-77 मी.) पर पाए जाते हैं, क्योंकि अधिक गहराई पर सूर्य के प्रकाश एवं ऑक्सीजन का अभाव होता है।
- प्रवालों के विकास के लिए जल को अवसाद रहित होना चाहिए, क्योंकि अवसादों के कारण प्रवाल का मुख बंद हो जाता है एवं वे मर जाते हैं।
- पूर्ण स्वच्छ जल प्रवालों के विकास के लिए हानिकारक होता है। यही कारण है कि नदियों के मुहाने के पास प्रवाल कम पाए जाते हैं।
- अत्यधिक सागरीय लवणता भी प्रवाल के विकास के लिए हानिकारक होता है। प्रवालों के समुचित विकास के लिए औसत सागरीय लवणता 27% से 30% होनी चाहिएँ
- प्रवालों के विकास के लिए विस्तृत अंत: सागरीय चबूतरे उपयुक्त होते हैं।

प्रवाल भित्ति के प्रकार

(i) तटीय प्रवाल-भित्ति (Fringing Reef) : महाद्वीपीय या द्वीपीय तट से लगी प्रवाल भित्तियों को **तटीय प्रवाल भित्तियाँ** कहा जाता है। हालांकि ये प्रवाल-भित्तियाँ तट से सटी रहती हैं, परंतु कभी-कभी इनके एवं स्थल भाग के बीच अंतराल हो जाने के कारण उनमें छोटे लैगून का निर्माण हो जाता है **जिसे बोट चैनल (Boat Channel)** कहा जाता है।

प्रवाल-भित्ति के प्रकार

↓

तटीय प्रवाल-भित्ति | अवरोधक प्रवाल-भित्ति | वलयाकार प्रवाल-भित्ति

- दक्षिणी फ्लोरिडा, मलेशिया, समोआ द्वीप, अंडमान एवं मन्नार की खाड़ी में रामेश्वरम् के समीप ये देखने को मिलती हैं।

(ii) अवरोधक प्रवाल भित्ति (Barrier Reef)

- यह प्रवाल भित्ति अन्य दोनों प्रकार की प्रवाल भित्तियों की तुलना में विशालतम होती है।
- तट या द्वीप से कुछ दूर हटकर इनकी स्थिति, इसकी प्रमुख विशेषता है।
- इनका विकास तट के समानांतर होता है।
- विश्व की सबसे बड़ी प्रवाल-भित्ति ऑस्ट्रेलिया के उत्तर-पूर्वी तट पर स्थित ग्रेट-बैरियर रीफ है। इसकी लंबाई 1900 कि.मी. से भी अधिक एवं चौड़ाई 160 कि.मी. है।

(iii) वलयाकार प्रवाल भित्ति (Atoll)

- इसकी आकृति घोड़े के नाल या मुद्रिका के समान होती है।
- इसकी स्थिति प्रायद्वीप के चारों ओर या जलमग्न पठार के ऊपर होती है।
- इस प्रवाल भित्ति के बीच में लैगून होता है।

एटॉल प्राय: तीन प्रकार के होते हैं :

(i) वास्तविक प्रवाल वलय, जिसमें एक वृत्ताकार भित्ति छिछले लैगून को चारों ओर से घेरे हुए हो एवं उस लैगून में कोई द्वीप नहीं हो।

(ii) एक ऐसा प्रवाल वलय, जिसमें भित्ति एक ऐसे लैगून को घेरती हो, जिसमें एक द्वीप हो।

(iii) ऐसी वलयाकार प्रवाल भित्ति, जिसके मध्य में पहले से कोई द्वीप नहीं हो, परंतु आगे चलकर सागरीय तरंगों के अपरदन एवं निक्षेपण क्रिया द्वारा एक नए द्वीप का निर्माण हो गया हो।

- एलिस द्वीप का फुनाफुटी एटॉल (Funafuti Atoll) वलयाकार प्रवाल भित्ति का उदाहरण है।

प्रवाल-भित्तियों की उत्पत्ति से संबंधित सिद्धांत

(i) **भू-अवतलन सिद्धांत**–डार्विन

(ii) ***स्थिर स्थल सिद्धांत***–मर्रे

(iii) **हिमानी नियंत्रण सिद्धांत**–डेली

- अवतलन सिद्धांत का सर्वप्रथम प्रतिपादन **कैमिसो** (Chamisso) ने किया था, परंतु इसकी पूर्ण एवं विस्तृत व्याख्या **डार्विन** (Darwin) द्वारा की गई। इसी सिद्धांत का स्वतंत्र रूप से **डाना** (Dana) ने भी प्रतिपादन किया।
- **मर्रे** के अलावा **एगासीज, गार्डिनर** एवं **डेली** का सिद्धांत स्थल खंड की स्थिरता पर आधारित है।

महत्वपूर्ण बिंदु

1. जलमण्डल का कुल क्षेत्रफल 36,106 करोड़ वर्ग किमी. और स्थलमण्डल का कुल क्षेत्रफल 14,889 करोड़ वर्ग किमी. है, जो सम्पूर्ण धरातल का क्रमश: 70.8 प्रतिशत और 29.2 प्रतिशत है।
2. समस्त जलमण्डल का 43 प्रतिशत भाग उत्तरी गोलार्द्ध में और 57 प्रतिशत भाग दक्षिणी गोलार्द्ध में स्थित है।
3. जल और स्थल के वितरण की स्थिति को 2 गोलार्द्धों द्वारा स्पष्ट किया गया है।
4. जलीय चक्र प्रत्यक्ष एवं अप्रत्यक्ष रूप से सूर्य से जुड़ा है। इसके फलस्वरूप पृथ्वी को हमेशा स्वच्छ जल प्राप्त होता रहता है। इसमें वाष्पीकरण एवं संघनन की प्रमुख भूमिका होती है।
5. महासागरीय तली के चार मुख्य भाग-महाद्वीपीय निमग्नतट, महाद्वीपीय ढाल, गहन महासागरीय मैदान व महासागरीय गर्त।
6. अटलाण्टिक महासागर - फैलाव विश्व के 16 प्रतिशत भाग पर, प्रशान्त महासागर का आधा, औसत गहराई 3 किमी. से अधिक, आकृति 'S' अक्षर के समान, महाद्वीपीय निमग्नतट अपेक्षाकृत चौड़े, डॉगर व ग्रांड बैंक मुख्य, इसकी तली पर कई कटकें - मध्य अटलाण्टिक कटक मुख्यत: कई द्रोणियाँ गहराई में गायना द्रोणी व विस्तार में उत्तरी अमेरिकी द्रोणी सर्वाधिक, गर्तों की संख्या 19, कई द्वीप;
7. प्रशान्त महासागर - सबसे बड़ा महासागर, विश्व के एक-तिहाई क्षेत्र पर फैलाव त्रिभुजाकार, नवीन मोड़दार पर्वत श्रेणियों से घिरा हुआ, महाद्वीपीय निमग्नतट कम विस्तृत, विस्तार को देखते हुए कटकों की संख्या कम, द्रोणियाँ अधिक व गहरी, फिलीपीन द्रोणी सबसे गहरी, गर्तों की संख्या 32 व गहराई भी अधिक, मैरियाना गर्त सबसे गहरा, द्वीपों की संख्या भी सर्वाधिक-लगभग 20 हजार।
8. हिन्द महासागर-छोटा व कम विस्तृत, उत्तर में स्थल से घिरा हुआ, सभी ओर प्राचीन पठारों से घिरा हुआ, चौड़े महाद्वीपीय निमग्नतट, चैगोस-लक्षद्वीष कटक सबसे लम्बी, 90 डिग्री पूर्व कटक महत्वपूर्ण व उत्तर-दक्षिण दिशा में विस्तृत, अनेक द्रोणियां, द्वीप व गर्त।
9. महासागरीय जल के तापमान को प्रभावित करने वाले कारक - सूर्य की किरणों का तिरछापन, दिन की अवधि, वायुमण्डल की स्वच्छता, सूर्य से पृथ्वी की दूरी, सौर्य कलंकों की संख्या आदि।
10. महासागरीय जल में औसत लवणता 35 प्रति हजार। मुख्य लवण - सोडियम क्लोराइड, मैग्नीशियम क्लोराइड, मैग्नीशियम सल्फेट, कैल्शियम सल्फेट, कैल्शियम कार्बोनेट व पोटेशियम सल्फेट।
11. महासागरीय धाराओं की उत्पत्ति व दिशा को प्रभावित करने वाले कारक- (अ) भू-परिभ्रमण संबंधी कारक (ब) महासागरीय कारक-तापमान की भिन्नता व लवणता, (बाह्य) सागरीय कारक-प्रचलित पवनों की दिशा व द्वीपीय विरोध, (द) रूप-परिवर्तक कारक-तटीय आकार, तलीय आकृति और मौसमी परिवर्तन।
12. महासागरीय जल के ऊपर उठने को ज्वार व नीचे गिरने को भाटा कहते है। उत्पत्ति के कारण-गुरुत्वाकर्षण बल तथा अपकेन्द्रीय बल हैं।
13. चन्द्रमा की परिक्रमण गति के कारण पुन: उसी स्थान पर एक ही प्रकार का ज्वार 52 मिनट देरी से आता है। गुरुत्वाकर्षण बल के कारण प्रत्यक्ष ज्वार तथा अपकेन्द्रीय बल के कारण अप्रत्यक्ष ज्वार आता है।
14. सूर्य, चन्द्रमा तथा पृथ्वी के सीधी रेखा में होने पर वृहत् ज्वार तथा परस्पर समकोण पर होने पर लघु ज्वार आता है। इसे युति-वियुति (Syzygy) कहते है। 24 घंटों में एक बार दैनिक ज्वार व दो बार अर्द्ध-दैनिक ज्वार आते हैं।

❑❑❑

अध्याय

11

भारत की भौतिक संरचना

[भौतिक विभाजन, हिमालय और प्रायद्वीपीय क्षेत्रों में अपवाह प्रतिरूप]

भारत की स्थिति, आकार और विस्तार

भारत भूमध्य रेखा के उत्तर में **$8^0 4'$ से $37^0 6'$** अक्षांश तक तथा **$68^0 7'$ से $97^0 25'$** पूर्वी देशान्तर तक फैला हुआ है। कर्क रेखा अर्थात् **23½°** उत्तरी अक्षांश हमारे देश के लगभग मध्य से गुजरती है। यह रेखा भारत को दो भागों में विभक्त करती है (1) **उत्तरी भारत**, जो **शीतोष्ण कटिबन्ध** में फैला है तथा (2) **दक्षिणी भारत**, जिसका विस्तार **उष्ण कटिबन्ध** है। भारत का सबसे उत्तरी छोर बर्फीले हिमालय पर्वत तंत्र का अंग है, जो एशिया के हृदय-स्थल में स्थित **संसार** की छत **पामीर** के दक्षिण की ओर फैला हुआ है। कन्याकुमारी इसका दक्षिणतम छोर है। ये दोनों सिरे लगभग 30° अक्षांशीय दूरी पर स्थित है। यह दूरी भूमध्य रेखा से उत्तरी ध्रुव की दूरी का लगभग **एक-तिहाई** है। भारत की स्थिति उत्तरी गोलार्द्ध में है। कन्याकुमारी से भूमध्य रेखा केवल **876 किलोमीटर** दक्षिण में है। यहाँ भारत मन्नार की खाड़ी व पाक जलडमरूमध्य द्वारा श्रीलंका अलग होता है। कर्क रेखा के दक्षिण में कुमारी अंतरीप की ओर प्रायद्वीपीय भारत धीरे-धीरे संकरा होता जाता है। यह हिन्द महासागर को दो भागों में विभक्त करता है। पश्चिमी भाग अरब सागर एवं पूर्वी भाग बंगाल की खाड़ी कहलाता है।

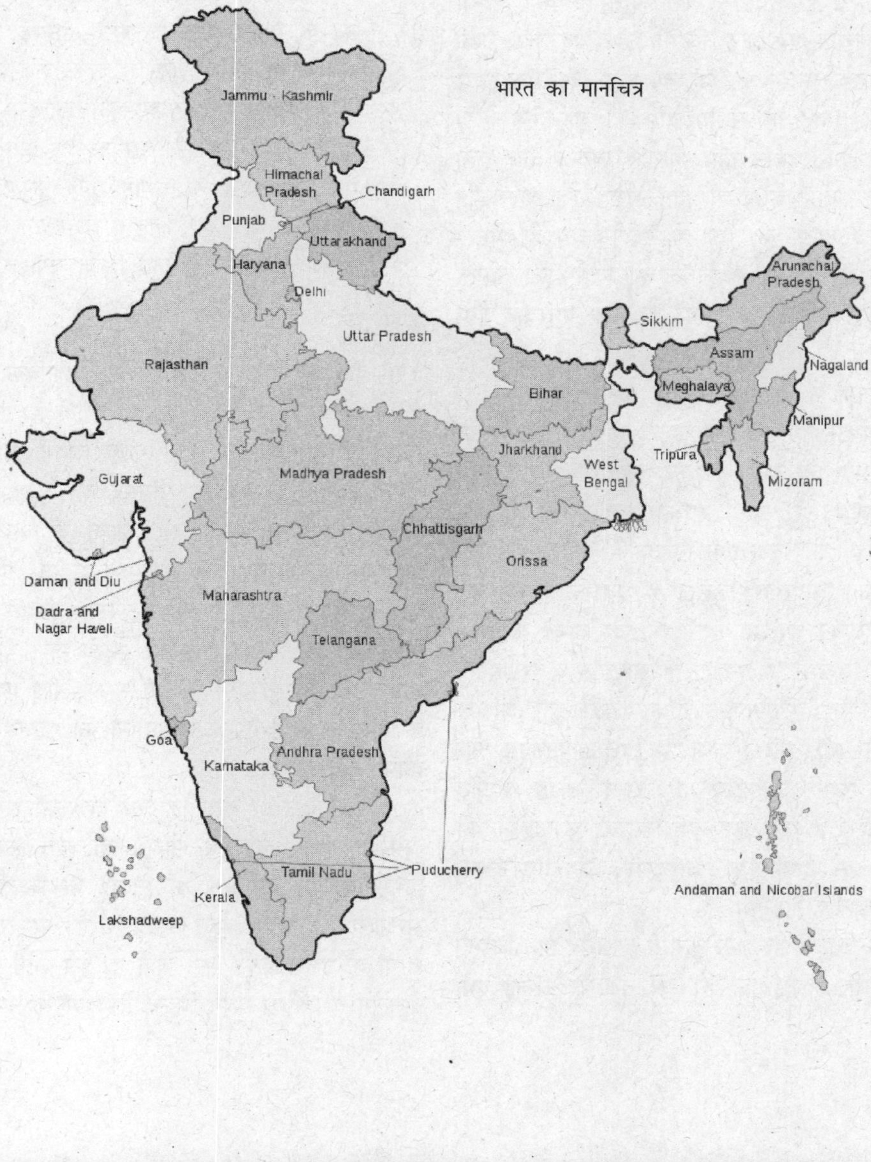

भारत का मानचित्र

भारत का सुदूर पश्चिमी बिन्दु कच्छ के रन का क्षारीय दलदली छोर है। अछूते वनों से आच्छादित पर्वतीय क्षेत्र इसका सुदूरपूर्वी बिन्दु है, जहाँ इसकी सीमा म्यांमार (बर्मा) तथा चीन से मिलती है। इन दोनों छोरों के मध्य लगभग 30° देशान्तरीय दूरी है। यह दूरी ग्लोब के कुल देशांतरीय विस्तार का लगभग 1/12 वां भाग है। इतने विस्तार के कारण ही अरुणाचल प्रदेश में सूर्योदय के दो घण्टे पश्चात् काठियावाड में सूर्य के दर्शन होते हैं। अत: $82\frac{1}{2}^{\circ}$ पूर्वी देशान्तर रेखा का स्थानीय समय भारत का प्रामाणिक समय (Indian Standard Time) माना जाता है। यह रेखा **इलाहाबाद** के पास से गुजरती है।

भारत की **उत्तर से दक्षिण** तक लम्बाई लगभग **3,214** किलोमीटर तथा पूर्व से **पश्चिम** तक **चौड़ाई 2,933** किलोमीटर है। सम्पूर्ण देश का क्षेत्रफल लगभग **32.88 लाख** वर्ग किलोमीटर है। क्षेत्रफल के अनुसार भारत का **विश्व में सातवां** स्थान है। **रूसी गणराज्य, कनाडा, चीन, यू.एस.ए., ब्राजील व ऑस्ट्रेलिया भारत** से बड़े देश हैं। भारत का आकार जापान से नौ गुना तथा इंग्लैण्ड से 14 गुना बड़ा है। भारत सम्पूर्ण विश्व का लगभग 1/46वां भाग है। इसकी **स्थलीय सीमा लगभग 15,200** किलोमीटर तथा तटीय सीमा लगभग 6,700 किलोमीटर है।

तटरेखा

भारत के क्षेत्रफल की दृष्टि से इसकी तट रेखा बहुत ही कम लम्बी है। इसकी कुल लम्बाई केवल 7,516.6 किमी. है। यह तट रेखा प्राय: सीधी एवं सपाट है। यही कारण है कि तट रेखा पर सामान्यत: अच्छे बन्दरगाहों की कमी है। तट के समीप द्वीप भी बहुत कम हैं। पूर्वी तट के द्वीपों में **हेयर द्वीप, पम्बन द्वीप** और हरिकोटा द्वीप तथा पश्चिमी तट के द्वीपों में लक्षद्वीप व ट्रॉम्बे द्वीप मुख्य हैं। अण्डमान और निकोबार द्वीप बंगाल की खाड़ी के द्वीपों में उल्लेखनीय हैं। **मुम्बई साल्सेट नामक** द्वीप पर बसा है और इसके निकट ही एलीफेण्टा नामक द्वीप भी है। चिल्का झील और बंगाल की खाड़ी के बीच **पारिकुद द्वीप** स्थित हैं।

भारत की तट रेखा को दो भागों में बांटा जा सकता है-

(1) **पूर्वी तट** - इसका विस्तार गंगा नदी के डेल्टा से कुमारी अन्तरीप तक है। इसके उत्तरी भाग को उत्तरी सरकार तट तथा दक्षिणी भाग को **कोरोमण्डल तट** कहते हैं। उत्तरी सरकार तट कृष्णा नदी के डेल्टा से लेकर गंगा नदी के डेल्टा तक विस्तृत है। यह तट उथला है। यहाँ स्थित कोलकाता बन्दरगाह छिछला है, जिसके कारण बडे जहाजों के लिये अनुपयुक्त है। इस कमी को दूर करने के लिए **हल्दिया बन्दरगाह** का विकास कोलकाता के सहायक बन्दरगाह के रूप में किया गया है। यहाँ मशीनीकृत डॉक पद्धति और अधिक ड्राफ्ट वाले जहाजों के प्रवेश की सुविधा है। विशाखापट्टनम और पाराद्वीप बन्दरगाहों की स्थिति व्यापारिक दृष्टि से अच्छी है, क्योंकि इनके समीप समुद्र शान्त है तथा बड़े-बड़े जहाजों के ठहरने की सुविधा है। इस तट पर **काकीनाडा, वॉल्टेयर, विमलीपट्टनम, गोपालपुर व पुरी** अन्य बन्दरगाह हैं।

कोरोमण्डल तट कृष्णा नदी के डेल्टा से कुमारी अन्तरीप तक विस्तृत एक सपाट, छिछला और बलुई तट है। इस तट पर **चेन्नई एक महत्वपूर्ण कृत्रिम बन्दरगाह** है। कन्याकुमारी, रामेश्वरम, धनुषकोटि, कारीकल, पांडिचेरी, कुड्डालोर, पुतुच्चोरि, नागापट्टम तथा तूतीकोरन आदि भी इस तट पर प्रमुख बन्दरगाह हैं। इस तट पर स्थित सेतुबन्ध व रामेश्वरम तीर्थयात्रियों के लिए मुख्य आकर्षण हैं।

(2) **पश्चिमी तट** - यह खम्भात की खाड़ी से कुमारी अन्तरीप तक फैला है। इस तट को तीन भागों में बाँटा जा सकता है।

पश्चिमी तट
↓ ↓ ↓
मालाबार तट | कोंकण तट | सौराष्ट्र तट

मालाबार तट - इसका विस्तार गोवा से कुमारी अन्तरीप तक है। यह तट रेखा कटी-फटी होने के कारण यहाँ प्राकृतिक बन्दरगाह है, लेकिन तेज हवाओं के कारण इसके समीप बालू एकत्रित हो जाती है। **अनूप झीलें** इस तट की विशेषता है। कोचीन ऐसी ही एक अनूप झील पर स्थित होने के कारण एक श्रेष्ठ बन्दरगाह है। यहाँ जलयान बनाने का कारखाना है। **मंगलौर, एलेप्पी, कोजीकोड, तिरुवनन्तपुरम** आदि इस तट के अन्य बन्दरगाह हैं।

कोंकण तट - यह गोवा से सूरत तक फैला है। यह तट सपाट और कठोर चट्टानों से बना हुआ है। द्वीपों और पश्चिमी तट के वनों से घिरा होने के कारण यह मानसूनी तूफानों से सुरक्षित रहता है। इस तट के प्रमुख **बन्दरगाह सूरत, मुम्बई, रत्नागिरी, गोवा** आदि हैं।

सौराष्ट्र तट - यह सूरत से कच्छ तक विस्तृत है। इसी तट पर कोरी, क्रीव, खम्भात व कच्छ की खाड़ियाँ हैं, जिनके कारण यह तट काफी कटा-फटा है। इस तट पर अनेक द्वीप हैं। **पोरबन्दर, ओखा पोर्ट, काण्डला, भावनगर** आदि प्रमुख बन्दरगाह हैं। काण्डला का विकास पंजाब, हरियाणा व राजस्थान राज्यों को व्यापारिक सुविधाएँ उपलब्ध कराने के लिए किया गया है।

सीमाएँ

हमारे देश की दक्षिणी सीमा पूर्णत: प्राकृतिक है तथा अरब सागर, बंगाल की खाड़ी व हिन्द महासागर द्वारा बनती है। इस महासागर पर स्थित अन्य किसी भी देश की तट-रेखा भारत जितनी लम्बी नहीं है।

भारत के इस जलीय सीमान्त की कुल लम्बाई पृथ्वी के अर्द्धव्यास जितनी है। इसके अतिरिक्त, भारत के कई द्वीप-समूह भी हैं, जैसे- अण्डमान-निकोबार द्वीप समूह, लक्षद्वीप, पम्बन द्वीप आदि। भारत के आकार को देखते हुए इसकी तट रेखा अधिक लम्बी नहीं है, क्योंकि इसके अधिकांश तट सपाट हैं। अन्तर्राष्ट्रीय जल यातायात, व्यापार व नौसैनिक गतिविधियों में वृद्धि के कारण भूमण्डलीय एवं हिन्द महासागरीय रणनीति के परिप्रेक्ष्य में हमारे जल-सीमान्त का महत्व और सुरक्षात्मक उत्तरदायित्व काफी बढ़ गया है।

भारत के उत्तरी शीर्ष पर चार देशों की सीमाएँ मिलती हैं- पाकिस्तान, अफ़गानिस्तान, चीन व भारत। सोवियत रूस से विघटित तजाकिस्तान की सीमा भी इस क्षेत्र के निकट ही स्थित है। अत: यह शीर्ष स्थल सुरक्षात्मक दृष्टि से बहुत महत्वपूर्ण है। परम्परागत रूप से हिमालय हमारी सीमा के उत्तरी प्रहरी माने जाते हैं। इस शीर्ष स्थल पर हिन्दुकुश, मुश्ताग, कुनलुन व अग्रिल पर्वत मिलते हैं। यहाँ से लगभग 2,400 किलोमीटर तक

दक्षिण-पूर्व व पूर्व की ओर हिमालय की हिमाच्छादित श्रेणियाँ व चोटियाँ हमारी सीमा की प्रहरी हैं। इसी बीच पर्वतीय क्षेत्र में नेपाल व भूटान के हिमालयी राज्य हैं, जिनसे हमारे प्रगाढ़ ऐतिहासिक सम्बन्ध हैं। भूटान से पूर्व की ओर भारत-चीन के बीच में मैकमोहन सीमा रेखा इन्हीं हिमाच्छादित शिखरों से होकर गुजरती है। सुदूर उत्तर-पूर्व में तीन देशों-चीन, म्यांमार (बर्मा) व भारत की सीमाएँ मिलती हैं। वहाँ से दक्षिण की ओर हिमालय की उपशाखाएं, जैसे- मिशमी, पटकोई, नागा व मिज़ो पहाड़ियाँ भारत व म्यांमार (बर्मा) के बीच पूर्वी सीमा बनाती हैं। यही पहाड़ियाँ दक्षिण की ओर म्यांमार में अराकानयोमा के रूप में विस्तृत हैं, जिनके निचले भाग बंगाल की खाड़ी में डूबकर पुनः अण्डमान-निकोबार द्वीप समूह के रूप में उभरते हैं। उत्तरी एवं पूर्वी पड़ोसियों से हमें अलग करने वाला यह पर्वतीय क्रम परम्परागत रूप से अभेद्य व अप्रवेश्य माना जाता रहा है, जिसमें कुछ दर्रे व नदी-घाटियाँ ही आवागमन के मार्ग थे, किन्तु भारत पर चीन के आक्रमण ने सिद्ध कर दिया है कि आधुनिक तकनीकी विकास तथा वायु-परिवहन के प्रगतिशील चरणों के द्वारा यह पर्वतीय सीमा अब अभेद्य व अप्रवेश्य नहीं रह गई है। अतः हमारी उत्तरी व पूर्वी सीमाओं का सामरिक महत्व बढ़ गया है।

पूर्व में हमारी सीमाएँ बांग्लादेश (भारत की सबसे लंबी सीमा 4,067 किमी.)से भी मिलती हैं। भारत के पाँच राज्य - मिज़ोरम, त्रिपुरा, मेघालय, असम व पश्चिम बंगाल, बांग्लादेश की सीमा पर स्थित हैं।

सन् 1947 में विभाजन के फलस्वरूप हमारी भूमि से अलग हुआ पाकिस्तान हमारी पश्चिमी सीमा रेडक्लिफ बनाता है। उस भूमि से हमारे सांस्कृतिक सम्बन्ध के प्रमाण आज भी सिन्ध के मोहनजोदड़ो में उपलब्ध हैं। पाकिस्तान के साथ हमारी पश्चिमी सीमा स्थलीय एवं कृत्रिम है। पाकिस्तान के साथ हमारे देश की सीमा जम्मू-कश्मीर, पंजाब, राजस्थान व गुजरात राज्यों से मिलती है। हमारे जम्मू-कश्मीर राज्य के कुछ भाग पर पाकिस्तान अवैधानिक रूप से अधिकार किये हुए है। भारत-पाक सम्बन्धों में तनाव का कारण भी यही है। शांतिप्रियता भारतीय संस्कृति का मूल है। मध्य एशिया के कुछ शहरों में खुदाई से प्राप्त भारतीय वस्तुएँ, चीनी मठों में रखी बौद्ध पांडुलिपियाँ, दक्षिणी-पूर्वी एशिया के कई देशों के मन्दिर हमारी शांतिप्रियता और सह-अस्तित्व के प्रमाण हैं। इतिहास में इस बात के कोई प्रमाण नहीं है कि भारतीय सेनाओं ने कभी किसी देश पर आक्रमण किया हो, किन्तु हम अपने देश की स्वतंत्रता व सीमाओं की रक्षा के प्रति निष्ठावान हैं। राष्ट्रीय एकता हमारी सबसे बड़ी शक्ति है।

भारत की अवस्थिति - एक कारक

उपमहाद्वीपीय अवस्थिति - दक्षिण एशिया में तीन प्रायद्वीप हैं। इन तीनों प्रायद्वीपों (Peninsular) में भारतीय उपमहाद्वीप (Indian Sub-continent) सबसे बड़ा है। विश्व के सबसे बड़े महाद्वीप-एशिया के दक्षिण-मध्य भाग में स्थित भारत एक उपमहाद्वीप के रूप में विस्तृत है। इसके उत्तर में चीन, नेपाल व भूटान, दक्षिण में श्रीलंका व हिन्द महासागर, पूर्व में बांग्लादेश, म्यांमार (बर्मा) व बंगाल की खाड़ी तथा पश्चिम में पाकिस्तान व अरब सागर है।

विश्व में कदाचित प्रकृति द्वारा इतना स्पष्ट रूप से परिभाषित व सीमांकित क्षेत्र अन्य कोई नहीं है जितना भारत। इसीलिए इसे उपमहाद्वीप की संज्ञा दी गई है। यह उपमहाद्वीप उत्तर में विशाल हिमालय पर्वतीय शृंखला, पश्चिम में मरुस्थल, पूर्व में सघन वनों से आच्छादित पर्वत श्रेणियों व गहरी घाटियों तथा अन्यत्र विशाल जलराशि द्वारा सीमांकित है। वैसे भारतीय उपमहाद्वीप में कई प्राकृतिक व सांस्कृतिक भिन्नताएँ पाई जाती हैं। सर्वोच्च पर्वत श्रेणियाँ व विशाल समतल मैदान, नवीन मोड़दार पर्वत व प्राचीन पठार, उष्ण मरुस्थल व सदाबहार वन, विश्व के सर्वाधिक आर्द्र व अति शुष्क क्षेत्र, झूमिंग व विकसित यांत्रिक कृषि, हस्तकला की वस्तुएँ व आधुनिकतम औद्योगिक उत्पाद, घोड़ा-खच्चर, बैलगाड़ी व आधुनिक आवागमन के साधन, वन-क्षेत्रीय आवास व महानगरीय संस्कृति, विभिन्न स्वदेशी व विदेशी धर्मों का सहअस्तित्व तथा भाषा, रीति-रिवाज आदि की भिन्नताएँ कुछ उदाहरण हैं, किन्तु इन सभी व्यापक भिन्नताओं के बावजूद भारतीय उपमहाद्वीप प्राकृतिक व सांस्कृतिक दृष्टि से एकता के सूत्र में बँधी हुई एक विशिष्ट भौगोलिक इकाई है। इसलिए विविधताओं में एकता (Unity in diversity) भारत की अनूठी विशेषता मानी जाती है।

पड़ोसी देशों के सन्दर्भ में भारत की अवस्थिति - इस दृष्टि से भारत के महत्व को बढ़ाने में हिन्द महासागर की उपयोगी भूमिका रही है। हिन्द महासागर भारत सहित प्राच्य विश्व (पूर्वी अफ्रीका, पश्चिमी एशिया तथा दक्षिणी-पूर्वी एशिया) कौ एकता के सूत्र में बाँधता है। पिछले चार हजार वर्षों से भी अधिक समय से भारत के व्यापारिक व सांस्कृतिक सम्बन्ध पश्चिम में बेबीलोन, मिस्र आदि देशों से तथा पूर्व में हिन्द चीन व दक्षिण-पूर्वी एशिया के देशों से रहे हैं। महासागरीय व्यापारिक मार्गों के विकास से काफी पहले भारत के क्षेत्रीय सम्बन्धों के विस्तार में स्थलीय मार्गों ने योगदान किया। यद्यपि अप्रवेश्य व अभेद्य हिमालय हमारे देश की उत्तरी सीमा बनाते हैं, तथापि इन्हीं दर्रों व घाटियों से होकर आवागमन के मार्ग विकसित हुए। इन्हीं मार्गों से होकर हमारे देश में आक्रमणकारी आए और इन्हीं से होकर बौद्ध भिक्षु तिब्बत, चीन, कोरिया व जापान तक अपना शांति संदेश ले गए। पश्चिमी, मध्य-पूर्वी व दक्षिणी-पूर्वी एशिया के मध्य सम्पर्क सूत्र वाली अवस्थिति के कारण भारत के लिए यह सम्भव हुआ।

विश्व के परिप्रेक्ष्य में अवस्थिति -पूर्वी गोलार्द्ध के मध्य में हिन्द महासागर के शीर्ष पर भारत की अवस्थिति ग्लोबीय दृष्टि से अत्यन्त महत्वपूर्ण है। इस अवस्थिति के कारण ही भारत अन्तर्राष्ट्रीय व्यापारिक मार्गों का संगम बन गया है। स्वेज मार्ग, अटलाण्टिक समुद्री मार्ग, आशा अन्तरीप मार्ग एवं प्रशान्त महासागरीय मार्ग भारत में आकर मिलते हैं, जिससे देश के आयात व निर्यात व्यापार में वृद्धि हुई है। पश्चिमी देशों से सुदूर-पूर्व को जाने वाले अन्तर्राष्ट्रीय समुद्री मार्ग ही नहीं, बल्कि वायुमार्ग भी भारत से होकर गुजरते हैं। दिल्ली, मुम्बई, चेन्नई और कोलकाता अन्तर्राष्ट्रीय महत्व के हवाई अड्डे हैं। अन्तर्राष्ट्रीय व्यापारिक मार्गों का मिलन स्थल होने के कारण यहाँ वाणिज्यिक, व्यापारिक एवं संचार सुविधाओं का भी तीव्र गति से विकास हुआ है।

अवस्थितिजन्य लाभ

भारत को अपने गौरवशाली अतीत, सम्मानपूर्ण वर्तमान एवं आशातीत भविष्य पर गर्व है। भारत के गौरवपूर्ण इतिहास की आधारशिला इसकी भौगोलिक स्थिति ही है। भारत की भौगोलिक स्थिति पूर्वी गोलार्द्ध के मध्य में है, जिसका विशेष महत्व है।

1. भारत हिन्द महासागर के शीर्ष पर स्थित होने के कारण व्यापारिक मार्गों का संगम बन गया है। अन्तर्राष्ट्रीय समुद्री मार्ग, जैसे-स्वेज मार्ग,

आशा अन्तरीय मार्ग, अटलाण्टिक मार्ग एवं प्रशान्त महासागरीय मार्ग भारत में आकर मिलते हैं, जिससे देश के आयात व निर्यात में वृद्धि हुई है।

2. पश्चिमी देशों से सुदूर-पूर्व को जाने वाले वायुमार्ग भी भारत से होकर गुजरते हैं। दिल्ली, मुम्बई, चेन्नई और कोलकाता आदि अन्तर्राष्ट्रीय महत्व के हवाई अड्डे हैं। अत: यहाँ संचार एवं सम्पर्क की सुविधा है।
3. भारत के उष्ण व शीतोष्ण, दोनों ही कटिबन्धों में स्थित होने का कारण यहाँ प्राय: दोनों प्रकार की कृषि फसलें पैदा की जाती हैं।
4. भारत की स्थिति के कारण ही देश के बन्दरगाह वर्ष भर खुले रहते हैं।
5. भारत के पड़ोसी देश, जैसे-नेपाल, भूटान, बांग्लादेश, श्रीलंका, अफगानिस्तान, पाकिस्तान और अफ्रीका के देश अविकसित हैं। अत: भारत का निर्मित माल निकट के बाजारों में ही खप जाता है।
6. भारत के उत्तर में हिमालय पर्वत है, जो उत्तर से आने वाली ठण्डी हवाओं से देश की रक्षा करता है तथा दक्षिणी-पश्चिमी मानसून को रोककर देश में वर्षा होने में सहायक होते हैं।
7. इस विशिष्ट स्थिति के कारण ही भारत का क्षेत्रीय व अन्तर्राष्ट्रीय महत्व बढ़ा है। अत: ईर्ष्यावश एवं इस क्षेत्र में अपना महत्व बढ़ाने के उद्देश्य से कुछ विदेशी ताकतें हमारे देश में अस्थिरता उत्पन्न करने का प्रयास करती रहती हैं। इनसे हमें सावधान रहना चाहिए।
8. भारत की स्थिति का महत्व इस बात से और भी स्पष्ट हो जाता है कि इसके निकटवर्ती महासागर का नाम इसी के आधार पर हिन्द महासागर पड़ा है।
9. हिन्द महासागर में भारत की विशिष्ट स्थिति इसे उपमहाद्वीप बनाती है।

महत्वपूर्ण बिन्दु

* विविधताओं में एकता के सूत्र के द्वारा हमारे देश का भविष्य भी उज्ज्वल है।
* स्थिति - $8^o 4'$ से $37^o 6'$ उत्तरी अक्षांश तथा $68^o 7'$ से $97^o 25'$ पूर्वी देशान्तर के मध्य भारत स्थित है।
* कर्क रेखा हमारे देश के लगभग मध्य से होकर गुजरती है।
* भारत की अधिकतम लम्बाई उत्तर से दक्षिण तक 3,214 कि.मी. तथा अधिकतम चौड़ाई पूर्व से पश्चिम तक 2,933 कि.मी. तथा क्षेत्रफल 32.88 लाख वर्ग कि.मी. है।
* क्षेत्रफल की दृष्टि से रूस, कनाडा, चीन, यू.एस.ए., ब्राजील व ऑस्ट्रेलिया भारत से बड़े देश हैं।
* हमारे देश की स्थलीय सीमा, 15,200 कि.मी. तथा कुल जलीय सीमा 7,516 कि.मी. है।
* पूर्वी तट - उत्तरी सरकार तट व कोरोमण्डल तट।
* पश्चिमी तट - मालाबार तट, कोंकण तट व सौराष्ट्र तट।
* भारत की अवस्थिति एक कारक के रूप में अति महत्वपूर्ण है।
* भारत का सबसे पूर्वी बिन्दु किबिथु (अरुणाचल प्रदेश), पश्चिमी बिन्दु गुहार मोती, सरक्रीक (गुजरात), उत्तरी बिन्दु इंदिरा काल (जम्मू-कश्मीर) तथा दक्षिणतम बिन्दु इंदिरा प्वांइट (ग्रेट निकोबार द्वीप) अंडमान एवं निकोबार है।

संरचना

भारत के उच्चावच तथा स्थलाकृतिक स्वरूपों को समझने से पूर्व यहाँ की भूगर्भिक संरचना का ज्ञान होना आवश्यक है। हमारे देश के विभिन्न भागों की शैलें भिन्न-भिन्न कल्पों और युगों में निर्मित हुई हैं। प्रत्येक देश के उच्चावच और स्थलाकृतिक स्वरूप वहाँ की भूगर्भिक संरचना पर काफी निर्भर करते हैं। यही नहीं, खनिज संसाधन, मृदा संसाधन, प्राकृतिक वनस्पति, भूमिगत जल संसाधन आदि भी भूगर्भिक संरचना पर निर्भर करते हैं। भारत का भूगर्भिक इतिहास आद्य कल्प (Archean Era) से लेकर वर्तमान के नवीन नवजीवी कल्प (Quarternary Era) तक विस्तृत है। अत: इसमें कई क्रमों (Systems) की शैलें पाई जाती हैं। इन्हें मुख्यत: चार वर्गों में बाँटा जाता है।

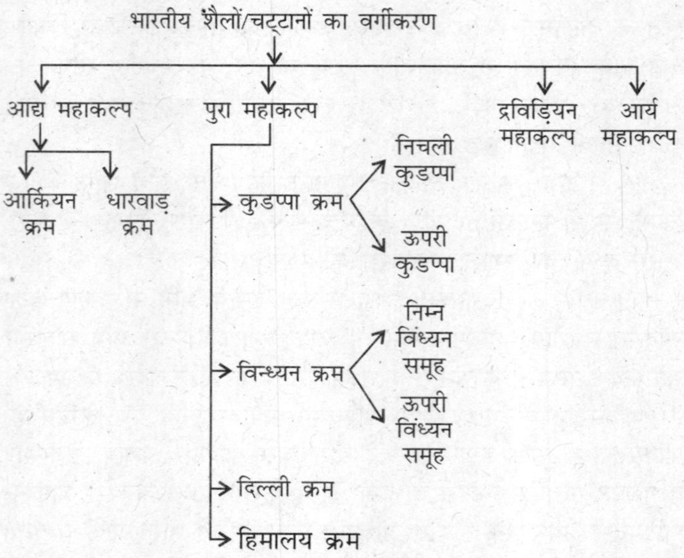

आद्य कल्प

इस काल की शैलों को दो प्रमुख उपभागों में विभक्त किया जाता है।

आद्यक्रम की शैलें (Archean System) - इस क्रम की शैलें अत्यन्त प्राचीन व रवेदार शैलें हैं, जिनमें जीवावशेषों का अभाव पाया जाता है। इस क्रम की शैलों के तीन प्रमुख क्षेत्र हैं - (क) लाल नाइस (ख) बुन्देलखण्ड नाइस तथा (ग) नीलगिरी नाइस।

धारवाड़ क्रम की शैलें (Dharwar System) - आद्य क्रम की शैलों के ऊपर धारवाड़ क्रम की शैलें मिलती हैं। कुछ स्थानों पर इन दोनों क्रमों की शैलें पास-पास भी पाई जाती हैं। आद्यक्रम की शैलें बनने के बाद उनका कायान्तरण तथा अपरदन होता रहा। अपरदित पदार्थों के निक्षेप से तलछट शैलों की रचना हुई। यही धारवाड़ क्रम की प्राचीनतम तलछट शैलें हैं। दीर्घ भूगर्भिक इतिहास में इनका भी कायान्तरण हुआ है। ये शैलें मुख्यत: (क) मैसूर-धारवाड़-बेल्लारी क्षेत्र, (ख) छोटा नागपुर के पठारी क्षेत्र, (ग) राजस्थान में अरावली क्षेत्र, (घ) पंजाब तथा (ङ) उपहिमालय के कुछ क्षेत्रों में मिलती हैं। इस क्रम की शैलों में न केवल धात्विक खनिज बल्कि संगमरमर जैसी कायान्तरित शैलें भी पाई जाती हैं।

2. पुरा कल्प (Pura Era)

इस कल्प की शैलों को भी दो उपभागों में बांटा गया है-

कुडप्पा क्रम की शैलें (Kudappah System) - आद्यक्रम तथा धारवाड़ क्रम की शैलों के अपरदित पदार्थो का निक्षिप्त रूप कालान्तर में परतदार शैलों का रूप धारण करता गया। इनका काफी अंश कायान्तरण की लम्बी प्रक्रिया से गुजर चुका है। इनको **कुडप्पा क्रम** की संज्ञा दी गई है। इनमें स्लेट, क्वार्टजाइट तथा चूने के पत्थर के जमाव मिलते हैं। इस क्रम की शैलें अधिकांशतः कृष्णा व पेन्नार नदियों के मध्य स्थित पर्वतीय श्रेणी, कुडप्पा (पापकनी नदी) की घाटी, नानामलाई तथा वेनीकोण्डा पर्वतश्रेणियों, गोदावरी घाटी, दिल्ली क्रम तथा कश्मीर के कई क्षेत्रों में पाई जाती हैं।

विंध्यन क्रम की शैलें (Vindhayayan System) - इस क्रम की अधिकांश शैलें विंध्याचल पर्वत के सहारे स्थित हैं। इस क्रम की शैलें कुडप्पा क्रम की शैलों के ऊपर मिलती हैं। इनका विस्तार बिहार के सासाराम एवं रोहतास क्षेत्रों से लेकर अरावली में चित्तौड़ से होते हुए विंध्याचल पर्वतों तक पाया जाता है। इन शैलों में बालुका पत्थर, शैल, क्वार्टजाइट व चूना पत्थर मिलते हैं। इसी क्रम में पन्ना, अनन्तपुर एवं गोलकुण्डा के हीरे भी प्राप्त होते हैं। इस क्रम में विभिन्न रंगों के बालुका पत्थर तथा सीमेंट बनाने के काम में आने वाला चूना पत्थर मिलता है।

3. द्रविड़ कल्प (Dravid Era) – इस कल्प में गोण्डवाना क्रम की शैलें पाई जाती हैं। इनका विस्तार अधिकांशतः दामोदर घाटी, महानदी घाटी, गोदावरी घाटी, सतपुड़ा श्रेणी, राजमहल पहाड़ी, कच्छ, काठियावाड़, पश्चिमी राजस्थान, कश्मीर, स्पीति आदि में है। इन शैलों का अधिकांश विस्तार दक्षिणी भारत में है।

4. आर्यकल्प (Aryan Era) – इस कल्प की शैलों का निर्माण कार्बोनिफेरस युग से प्रारम्भ हुआ। अतः इन शैलों का कार्बनिक खनिज अर्थात् कोयला, खनिज तेल व प्राकृतिक गैस की दृष्टि से अत्यधिक महत्व है। इस क्रम की शैलें नवीनतम शैलें हैं।

उच्चावच

यहाँ प्राकृतिक स्वरूपों की विविधता पाई जाती है। एक ओर इस विविधता के फलस्वरूप प्राकृतिक नीरसता न होकर सजीवता रहती है, वहीं दूसरी ओर इसके कारण हमारे देश के लोगों, उनकी जीवन शैली, भोजन, वेशभूषा, भाषा, रीति-रिवाज, संसाधनों की उपलब्धि, विकास के स्तर आदि में आकर्षक, किन्तु समायोज्य भिन्नताएँ पाई जाती हैं। उच्चावच की विविधता के कारण ही जलवायु, प्राकृतिक वनस्पति, जीव-जन्तुओं आदि की भी भिन्नताएँ उत्पन्न हुई हैं।

भारत में उच्चावच की विषमता के बावजूद अधिकांश क्षेत्र मानवोपयोगी हैं। हमारे देश की कुल भूमि का लगभग 33.4 प्रतिशत भाग समुद्रतल से 200 मीटर से कम ऊँचा है। देश के कुल क्षेत्रफल के लगभग एक-तिहाई भाग में भूमि का ढाल 5° से भी कम है। ऐसे क्षेत्र गंगा-सतलुज के मैदान, ब्रह्मपुत्र घाटी, त्रिपुरा व पश्चिमी बंगाल के अधिकांश भाग तथा प्रायद्वीपीय भारत के तटीय भाग हैं। दिल्ली से बंगाल की खाड़ी के मध्य लगभग 1,600 किलोमीटर लम्बे मैदान की ऊँचाई में केवल 200 मीटर की गिरावट आती है। हमारे देश की दो-तिहाई से कुछ कम भूमि समुद्रतल से 500 मीटर से कम ऊँची है। इतना बड़ा भाग उच्चावच की दृष्टि से मानवीय बसाव, कृषि व अन्य आर्थिक क्रियाओं के लिये सुलभ है। देश के कुल क्षेत्रफल का लगभग 28.3 प्रतिशत भाग 200 से 500 मीटर, 18.6 प्रतिशत भाग 500 से 1,000 मीटर, 8.7 प्रतिशत भाग 1,000 से 2,000 मीटर तथा 11 प्रतिशत भाग 2,000 मीटर से अधिक ऊँचा है। देश के लगभग 20 प्रतिशत भाग में धरातल का ढाल 15° से अधिक है।

स्थलाकृतिक प्रदेश

भारत की विशालता के कारण यहाँ अनेक भौगोलिक विविधताओं का मिलना स्वाभाविक है। इन विविधताओं में धरातल के विभिन्न स्वरूप भी सम्मिलित हैं।

अतः वृहतर अध्ययन की दृष्टि से भारत को पाँच भू-आकृतिक प्रदेशों में विभक्त किया जा सकता है-

भारत के भू-आकृतिक/धरातीय प्रदेश
- हिमालय पर्वतीय प्रदेश
- उत्तर भारत का विशाल मैदान
- प्रायद्वीपीय पठार
- तटीय मैदान
- सौराष्ट्र तट

(1) उत्तरी पर्वतीय प्रदेश

हमारे देश की उत्तरी सीमा पर हिमालय पर्वत पश्चिम से पूर्व की ओर एक वृहत चाप के रूप में 5 लाख वर्ग किलोमीटर क्षेत्र में फैला है। यह क्षेत्र लगभग 2,400 किलोमीटर लम्बाई में तथा 250 से 400 किलोमीटर की चौड़ाई में विस्तृत है। यह विश्व का सबसे ऊँचा पर्वत है। **हिमालय** शब्द का अर्थ हिम का घर है। औसतन 5,000 मीटर से अधिक ऊँचे उठे भाग सदा हिमाच्छादित रहते हैं। वैसे हिमालय के पश्चिमी भाग में हिमरेखा की ऊँचाई 5,700 मीटर तथा पूर्वी भाग में 4,200 मीटर है। इन नवीन मोड़दार पर्वत श्रेणियों की चौड़ाई पूर्व से पश्चिम की ओर बढ़ती जाती है, लेकिन ऊँचाई कम होती जाती है। यह पर्वत शृंखला कई श्रेणियों से बनी हैं। इन श्रेणियों के मध्य में पठार तथा घाटियाँ मिलती हैं। इन श्रेणियों का ढाल भारत की ओर तीव्र तथा तिब्बत की ओर धीमा है। हिमालय के पूर्वी भाग उत्तर प्रदेश व पश्चिम बंगाल के मैदान से एकदम ऊँचे उठे हुए हैं। अतः एवरेस्ट तथा कंचनजंघा चोटियाँ इस मैदान से दृष्टिगोचर होती हैं, तथा कम दूरी पर ही स्थित है, किन्तु पश्चिमी हिमालय मैदान से धीरे-धीरे ऊपर उठा हुआ है, अतः पर्वतीय चोटियाँ काफी दूरी पर स्थित हैं तथा नंगा पर्वत, बद्रीनाथ, नन्दादेवी आदि चोटियाँ मैदान से दिखाई नहीं देती हैं।

हिमालय की उत्पत्ति

नवीन मोड़दार पर्वतों की उत्पत्ति के विषय में कई सिद्धान्त प्रस्तुत किए गए हैं, किन्तु भू-सन्नति (Geosynclines) से नवीन मोड़दार पर्वतों की उत्पत्ति का मत अधिक मान्य है। यही बात हिमालय की उत्पत्ति पर भी लागू होती है। **हॉग** (Haug), **हॉल** (Hall), **डाना** (Dana), **स्टीअर्स** (Steers) आदि विद्वानों ने लम्बे, संकरे, छिछले व कमजोर तली वाले सागरीय भागों को **भू-सन्नति** कहा है। करोड़ों वर्ष पूर्व विश्व के सभी महाद्वीप एक बड़े स्थलखण्ड के रूप में थे, जिसे **'पेंजिया'** नाम दिया गया है। इसका उत्तरी भाग **'लॉरेशिया'** तथा दक्षिणी भाग **'गोंडवाना लैण्ड'** के नाम से जाना जाता है। यूरेशिया वाले भाग को **'अंगारा लैण्ड'** कहा जाता है। आज जहाँ

हिमालय है, वहाँ अंगारा लैण्ड व गोंडवाना लैण्ड के मध्य टेथिस सागर (Tethys Sea) नामक विशाल भूसन्नति थी। इसमें दोनों ओर से बहकर आने वाली नदियों द्वारा तलछट जमा होती रही। यद्यपि भूसन्नति छिछली होती है, किन्तु निश्चित तलछट के दबाव से इसकी तली धँसती रहती है तथा तलछट जमा होती रहती है। इस प्रकार टेथिस सागर में हजारों फीट की गहराई तक तलछट जमा होती रही। तत्पश्चात् विभिन्न कारणों से इस तलछट पर दबाव पड़ने से इसमें वलन या मोड़ पड़े, जिसके परिणामस्वरूप हिमालय की उत्पत्ति हुई। दबाव पड़ने की दिशा व कारणों के बारे में काफी मत भिन्नताएँ हैं।

कोबर (Kober) का मानना है कि भू-सन्नेति में निक्षिप्त तलछट पर दोनों ओर से दबाव पड़ने के कारण मोड़दार पर्वतों की उत्पत्ति होती है। दबाव डालने वाले दोनों ओर के इन प्रदेशों को उन्होंने **अग्र प्रदेश (Foreland)** कहा। अग्र प्रदेशों के दबाव के कारण इनके तटीय क्षेत्रों में वलन पड़ते हैं, तथा मध्यवर्ती भाग साधारणत: इस वलन-प्रक्रिया से अछूता रहने के कारण समतल उच्च भूमि के रूप में रह जाता है, जिसे **कोबर मध्य पिण्ड (Median Mass)** कहते हैं। उनके अनुसार हिमालय के संदर्भ में अंगारा लैण्ड व गोण्डवाना लैण्ड, दोनों ही अग्र प्रदेश हैं तथा तिब्बत का पठार एक मध्य पिण्ड है। यद्यपि दोनों ओर से दबाव पड़ने की प्रक्रिया को डेली (Daly) व होम्स (Holmes) ने भी स्वीकार किया है, किन्तु इसके लिए उन्होंने भिन्न-भिन्न कारण बताए हैं। **डेली** ने मोड़दार पर्वतों के निर्माण के लिये दोनों ओर से महाद्वीपीय स्खलन (Continental Sliding) को उत्तरदायी बताया है। **होम्स** ने दो अग्र प्रदेशों के बीच भूसन्नति बनने, उसके निरन्तर गहरा होने तथा उसमें जमा हुई तलछट पर दोनों ओर से महाद्वीपीय दबाव पड़ने के लिए पृथ्वी के अन्दर उत्पन्न होने वाली संवाहनिक तरंगों (Convectional currents) को उत्तरदायी माना है।

कुछ विद्वानों का मत इससे भिन्न है। वे महाद्वीपीय दबाव एक ही दिशा से मानते हैं। इन विद्वानों ने दबाव डालने वाले या धक्का देने वाले महाद्वीपीय पिण्ड को **पृष्ठ प्रदेश (Hinterland)** तथा स्थिर भू-भाग अर्थात् प्रतिरोधक महाद्वीपीय पिण्ड को **अग्र प्रदेश (Foreland)** कहा, किन्तु इन विद्वानों में भी वलन के लिये उत्तरदायी धक्का आने की दिशा के बारे में मत भिन्नता है।

कुछ विद्वान धक्का आने की दिशा उत्तर से (अंगारा लैण्ड की ओर से) मानते हैं, जबकि कुछ अन्य विद्वान अंगारालैण्ड को स्थिर मानते हुए दक्षिण की ओर से (गोण्डवाना लैण्ड से) दबाव पड़ने में विश्वास रखते हैं। **स्वैस** (Suess) सिद्धान्तत: मानते हैं कि पर्वतीय वलन के लिए एक ही दिशा से दबाव पर्याप्त है, जिसे पृष्ठ प्रदेश कहा गया है, तथा दूसरी ओर महाद्वीपीय पिण्ड (अग्र प्रदेश) इस दबाव का प्रतिरोध करता है। **आरगण्ड** (Argand) व **वेगनर** (Wegner) की मान्यता है कि गोण्डवाना लैण्ड का कुछ भाग टेथिस सागर की ओर प्रवाहित हुआ तथा अंगारा लैण्ड स्थिर रहा। ऑस्ट्रेलियाई भूगर्भशास्त्रियों **पॉवेल** व **कानेघन** (Powell & Conaghan) ने भी बताया कि टेथिस सागर की ओर खिसकते भारतीय उपमहाद्वीप तथा तिब्बतीय भूखण्ड के प्रतिरोध के फलस्वरूप हिमालय बना। जब कि वाडिया (Wadia) की मान्यता है कि हिमालय की उत्पत्ति उत्तर से आने वाले धक्कों के सम्मुख भारतीय प्रायद्वीप द्वारा प्रस्तुत प्रतिरोध (Resistance) के कारण हुई है।

हिमालय का भौगोलिक वर्गीकरण

हिमालय कई पर्वत श्रेणियों से मिलकर बना है। इसे भौगोलिक दृष्टि से तीन मुख्य भागों में बाँटा जाता है-

हिमालय का भौगोलिक वर्गीकरण

↓

महान हिमालय | लघु हिमालय | उप-हिमालय

1. **महान हिमालय (Greater Himalayas)** - यह सबसे उत्तरी पर्वतमाला है, जिसे **मुख्य हिमालय (Main Himalayas)**, **हिमाद्री (Himadri)**, **आन्तरिक हिमालय (Inner Himalayas)**, **बर्फीले हिमालय (Snowy Himalayas)** आदि नामों से भी जाना जाता है। यह श्रेणी उत्तर-पश्चिम में सिन्धु नदी के मोड़ से लेकर पूर्व में ब्रह्मपुत्र नदी के मोड़ तक लगभग 2,500 किलोमीटर लम्बाई में फैली हुई है। चाप की आकृति में फैली हुई यह सर्वोच्च श्रेणी लगभग 73° पूर्व से 97° पूर्व देशान्तर तक विस्तृत है। इसकी औसत ऊँचाई लगभग 6,000 मीटर तथा चौड़ाई 100 से 200 किलोमीटर तक है। यहाँ 40 पर्वतीय चोटियाँ 7,000 मीटर से भी अधिक ऊँची हैं। देश की सबसे ऊँची चोटियाँ इसी पर्वत श्रेणी में है। माउण्ट एवरेस्ट (8,848 मीटर), गॉडविन ऑस्टिन (8,611 मीटर), कंचनजंगा (8,885 मीटर), मकालू (8,481 मीटर), धौलागिरि (8,172 मीटर), नंगा पर्वत (8,126 मीटर), अन्नपूर्णा (8,078 मीटर), नन्दा देवी (7,818 मीटर) आदि हिमाच्छादित चोटियाँ इसी श्रेणी में स्थित हैं। यह श्रेणी विवर्तनिक दृष्टि से सक्रिय है, अत: अभी भी ऊँची उठ रही है। भारत की ओर इस श्रेणी का ढाल तीव्र होने के कारण नदियों की घाटियाँ संकीर्ण एवं खड़े ढालों वाली हैं। सिन्धु, सतलुज, गंगा, यमुना, ब्रह्मपुत्र आदि नदियाँ यहाँ से निकलती हैं। यद्यपि ऊबड़-खाबड़ व तीव्र ढाल के कारण यह श्रेणी आवागमन में बाधक है, किन्तु जोजीला, कराकोरम, शिपकीला, माना, नीति आदि दर्रे इसमें आवागमन की सुविधा प्रदान करते हैं।

   महान हिमालय की दक्षिणी-पूर्वी शाखा भारत की पूर्वी सीमा पर होती हुई म्यांमार (बर्मा) तक चली गई है। गारो, खासी, जयन्तिया, पटकोई, नागा, बुम व लुशाई आदि पहाड़ियाँ इसी का भाग हैं। ये सभी पहाड़ियाँ बहुत ही दुर्गम हैं तथा घने वनों से ढकी हैं। ये भारत की पूर्वी भौगोलिक सीमा बनाती हैं।

   महान हिमालय की उत्तरी-पश्चिमी शाखा पाकिस्तान और अफगानिस्तान की सीमा पर फैली है। सुलेमान, किरथर, हिन्दुकुश व कराकोरम आदि इसकी प्रमुख श्रेणियाँ हैं। इनमें खैबर, गोमल, टोची, बोलन आदि दर्रे हैं, जिनका उपयोग स्थलीय मार्गों द्वारा अन्तर्राष्ट्रीय व्यापार के लिए होता है।

2. **लघु हिमालय (Lesser Himalayas)** - यह पर्वत शृंखला महान हिमालय के दक्षिण में स्थित है। इसे **मध्य हिमालय (Middle Himalayas)** या **हिमाचल हिमालय (Himachal Himalayas)** के नाम से भी जाना जाता है। यह श्रेणी महान हिमालय के दक्षिण में उसके समानान्तर फैली हुई है। इसकी चौड़ाई 80 से 100 किलोमीटर

तक है। इसकी औसत ऊँचाई 3,000 मीटर है, किन्तु अधिकतम ऊँचाई 5,000 मीटर तक पाई जाती है। इसमें कई छोटी-छोटी श्रेणियाँ हैं, जिनमें धौलाधार, पीरपंजाल, नागटिब्बा, महाभारत, मसूरी आदि मुख्य हैं। यहाँ शीत ऋतु में 3-4 महीने तक बर्फ गिरती है, किन्तु ग्रीष्म ऋतु सुहावनी व स्वास्थ्यवर्द्धक रहती है। अत: इस श्रेणी के निचले भागों में कई पर्वतीय पर्यटक स्थान, जैसे शिमला, मसूरी, नैनीताल, दार्जिलिंग, रानीखेत आदि स्थित हैं। इस श्रेणी के उच्च ढालों पर कोणधारी वन तथा निम्न ढालों पर घास के क्षेत्र पाए जाते हैं, जिन्हें कश्मीर में **'मर्ग'** (जैसे गुलमर्ग, सोनमर्ग आदि) तथा उत्तराखंड में **'बुग्याल'** व **'पयार'** कहते हैं। लघु हिमालय विवर्तनिक दृष्टि से अपेक्षाकृत अधिक सन्तुलित व स्थिर हो गया है।

3. **उप-हिमालय (Sub-Himalayas)** - हिमालय की यह सबसे दक्षिणी श्रेणी है। इसे **बाह्य हिमालय (Outer Himalayas)** या **शिवालिक श्रेणी** के नाम से जाना जाता है। हिमालय की सभी श्रेणियों में यह नवीनतम रचना है। यह श्रेणी पोटवार बेसिन से प्रारम्भ होकर पूर्व की ओर कोसी नदी तक विस्तृत है। यह श्रेणी 10 से 50 किलोमीटर चौड़ी है तथा इसकी औसत ऊँचाई 1,000 मीटर है। शिवालिक श्रेणी से नदियाँ संकीर्ण घाटियाँ या गॉज बनाती हुई मैदान में प्रवेश करती हैं, जहाँ अनेक जलोढ़ पंख मिलते हैं। इन्हें स्थानीय रूप से **भाबर** नाम से जाना जाता है। भाबर का दक्षिणी भाग दलदली है, जो **तराई** कहलाता है। यह सम्पूर्ण भाग आच्छादित है। मध्यवर्ती भाग में हिमालय व शिवालिक के बीच नदियों की मिट्टी व बालू से निर्मित कुछ ऊँचे घाटी-मैदान भी मिलते हैं, जिन्हें पूर्व में **द्वार** (जैसे हरिद्वार) तथा पश्चिम में **दून** (जैसे देहरादून) कहते हैं।

हिमालय का प्रादेशिक वर्गीकरण

प्रादेशिक आधार पर हिमालय पर्वतीय क्षेत्र को निम्न चार भागों में विभाजित किया जाता है।

हिमालय का प्रादेशिक वर्गीकरण
- हिमाचल हिमालय
- कुमाऊँ हिमालय
- नेपाल हिमालय
- असम हिमालय

1. **हिमाचल हिमालय** - इसका विस्तार **सिन्धु नदी से सतलुज नदी** तक है। यह भाग **570 किलोमीटर की लम्बाई** में विस्तृत है। इसका अधिकांश भाग जम्मू-कश्मीर तथा हिमाचल प्रदेश में विस्तृत है। इस भाग की मुख्य पर्वत श्रेणियाँ पीरपंजाल, धौलाधार, जास्कर तथा लद्दाख है। इनके उत्तरी ढाल ऊबड़-खाबड़, निर्जन व शुष्क हैं तथा दक्षिणी ढाल वनाच्छादित हैं। काँगड़ा, लाहुल व स्पीति घाटियाँ यहीं स्थित हैं, जिनमें फलों की कृषि की जाती है।

2. **कुमाऊँ हिमालय** - यह भाग लगभग **320 किलोमीटर लम्बाई** में फैला है। हिमाचल का यह भाग **सतलुज नदी से काली नदी** तक विस्तृत है। यह हिमाचल हिमालय से अधिक ऊँचा है। इसमें बद्रीनाथ (7,040 मीटर), केदारनाथ (6,831 मीटर), त्रिशूल (6,707 मीटर), गंगोत्री (6,508 मीटर) आदि प्रमुख चोटियाँ हैं। गंगा, यमुना आदि नदियों के उद्गम स्थान इसी क्षेत्र में है। बद्रीनाथ, केदारनाथ, गंगोत्री, जमुनोत्री आदि प्रमुख स्थान भी इसी क्षेत्र में स्थित हैं।

3. **नेपाल हिमालय** - यह भाग **लगभग 800 किलोमीटर लम्बाई** में फैला है। हिमालय का यह भाग **काली नदी से तीस्ता नदी तक** विस्तृत है। इसका अधिकांश भाग नेपाल में विस्तृत होने से **नेपाल हिमालय** तथा अन्यत्र सिक्किम में इसे **सिक्किम हिमालय**, पश्चिम बंगाल में इसे **दार्जिलिंग हिमालय** तथा भूटान में इसे **भूटान हिमालय** कहा जाता है। हिमालय का यह सर्वोच्च भाग है, जहाँ एवरेस्ट, कंचनजंघा, मकालू, धौलागिरि, अन्नपूर्णा आदि ऊँची व हिमाच्छादित चोटियाँ है।

4. **असम हिमालय** - यह भाग **तीस्ता नदी से ब्रह्मपुत्र नदी** तक फैला है। **लगभग 740 किलोमीटर लम्बे** इस भाग को **असम हिमालय** कहते हैं। काबरू, वुमलहारी, जांग सांगला, कुला कांगड़ी, पौहुली आदि इस क्षेत्र की प्रमुख चोटियाँ हैं। इसी क्षेत्र में नागा पहाड़ियाँ भारत व म्यांमार (बर्मा) के बीच जल-विभाजक का कार्य करती है। यह घना वनाच्छादित क्षेत्र है, जिसमें कई जनजातियाँ निवास करती हैं।

हिमालय का महत्व

महाकवि कालिदास ने हिमालय को पर्वतों का राजा एवं देवताओं का निवास स्थान बताया है। हिमालय पर्वत की भौतिक रचना, स्थिति, विस्तार, संरचना आदि देश के लिए बड़ी ही महत्वपूर्ण और उपयोगी है, क्योंकि-

- ये देश के उत्तर व पूर्व में प्राकृतिक सीमा बनाते हैं।
- उत्तर में प्रहरी के रूप में इनकी अवस्थिति के कारण देश को पारम्परिक रूप से बाह्य आक्रमणों से सुरक्षित माना जाता रहा है। वैसे आधुनिक तकनीकी उपलब्धियों के कारण अब ये उतने अभेद्य नहीं रहे हैं। अत: अब हमें अपनी उत्तरी व पूर्वी सीमाओं की सुरक्षा के प्रति भी पहले की अपेक्षा अधिक सजग रहना पड़ता है।
- यह उच्च पर्वतीय दीवार उत्तर की ओर से आने वाली ठण्डी ध्रुवीय हवाओं से भारत की रक्षा करती है।
- उत्तर से आने वाली ठण्डी ध्रुवीय हवाओं के रुक जाने के कारण ही भारत की मौसमी परिस्थितियों में स्थिरता रहती है।
- ये दक्षिण से आने वाली मानसूनी हवाओं को हिमालय से परे उत्तर की ओर जाने से रोकते हैं। इससे इन आर्द्र पवनों का लाभ भारत को मिलता है।
- हिम का पिघला हुआ जल प्राप्त होते रहने के कारण यहाँ से नित्यवाही नदियाँ निकलती हैं, जिनसे गंगा-सिंधु के विस्तृत मैदानों में सिंचाई की जाती है।
- इनमें पाए जाने वाले जल प्रपात जल-विद्युत के महत्वपूर्ण स्रोत हैं।
- इनसे निकली नदियों द्वारा बहाकर लाई गई बारीक कांप मिट्टी के जमा कर देने से गंगा-सतलुज के विशाल, समतल व उपजाऊ मैदान बने हैं, जो भारत के लिये आर्थिक दृष्टि से अत्यन्त महत्वपूर्ण हैं। यही नहीं, ये नदियाँ प्रतिवर्ष मिट्टी की नई परत बिछाकर इन मैदानों के उपजाऊपन का प्राकृतिक रूप से नवीनीकरण करती रहती हैं।
- यहाँ विभिन्न ऊँचाइयों पर जलवायु सम्बन्धी भिन्नताओं के कारण विभिन्न प्रकार के वन, वनस्पतियाँ, लकड़ी, कन्द-मूल-फल, गोंद, लाख, औषधियाँ व जड़ी-बूटियाँ इत्यादि मिलती हैं।

- वनों से प्राप्त कच्चे पदार्थों पर देश के कई उद्योग-धन्धे आधारित हैं।
- विशाल वन सम्पदा के कारण यहाँ विभिन्न प्रकार के वन्य जीव, जैसे शेर, चीते, हाथी, सांभर, हिरन, भालू, तेन्दुए, बन्दर आदि मिलते हैं।
- पहाड़ी ढालों पर केसर, चाय, आलू, फलों आदि की कृषि होती है, तथा पशुचारण होता है।
- हिमालय की विशिष्ट संरचना के कारण यहाँ विभिन्न प्रकार के खनिज भण्डार उपलब्ध हैं। यहाँ तैलीय शैल के कारण खनिज तेल पाए जाने की सम्भावनाएँ भी हैं।
- अनेक प्राकृतिक झीलों, स्वास्थ्यवर्द्धक एवं मनोरम स्थानों के कारण इसका पर्यटक महत्व है। शिमला, मसूरी, नैनीताल, भीमताल, गरुड़ताल, रानीखेत, अल्मोड़ा, कसौली, चम्बा, कुल्लू, मुक्तेश्वर, अमरनाथ, भुवानी, कलिमपोंग, शेषनाग, पहलगाँव, गुलमर्ग, सोनमर्ग आदि स्थानों पर बड़ी संख्या में स्वदेशी व विदेशी पर्यटक जाते हैं।
- उपर्युक्त भौतिक महत्ता के अतिरिक्त हिमालय का पौराणिक दृष्टि से आध्यात्मिक महत्व भी है। यहाँ देवताओं का वास माना गया है। बद्रीनाथ, केदारनाथ, अमरनाथ, कैलाश मानसरोवर, विष्णुप्रयाग, देवप्रयाग, कर्णप्रयाग, हरिद्वार, उत्तरकाशी, जोशीमठ, गंगोत्री, यमुनोत्री आदि अनेक प्रमुख तीर्थस्थल यहाँ स्थित हैं। स्वयं भूनाथ, तबांग, हैमिस, ध्यागबोचे आदि प्रसिद्ध बौद्ध मठ भी यहाँ हैं।

विशाल मैदान

यह मैदान हिमालय पर्वत तथा प्रायद्वीपीय पठार के मध्य स्थित है। भारत के विभाजन से पूर्व इसे गंगा-सिन्धु मैदान के नाम से जाना जाता था, किन्तु विभाजन के कारण सिन्धु व उसकी सहायक नदियों झेलम, चिनाब व रावी के मैदान पाकिस्तान में चले गए हैं। अत: अब भारतीय क्षेत्र को **सतजल-गंगा-ब्रह्मपुत्र** का मैदान कहते हैं, जो इनके व इनकी सहायक नदियों द्वारा बिछाई गई तलछट मिट्टी से बना है। इस धनुषाकार मैदान की लम्बाई लगभग 2,400 किलोमीटर व चौड़ाई 150 से 480 किलोमीटर तक है। यह धीमे ढाल वाला अत्यन्त समतली मैदान है। वाराणसी से गंगा के डेल्टा तक इसका ढाल केवल 10 से.मी. प्रति किलोमीटर है। इसमें अरावली पर्वत जल-विभाजक का कार्य करते हैं। अरावली को छोड़कर इसकी अधिकतम ऊँचाई 185 मीटर है। इसमें तलछट के जमाव की गहराई के बारे में मतभेद है, किन्तु कई स्थानों पर इसकी परत 3,000 मीटर से भी अधिक मोटी है। यह विश्व के सबसे अधिक विस्तृत, उपजाऊ व घने आबाद मैदानों में से एक है।

भौगोलिक वर्गीकरण

यद्यपि समतलता के कारण इसे उच्चावच रहित (Featureless Plain) कहा जाता है, तथापि भौगोलिक दृष्टि से चार वर्गों में विभाजित किया जाता है-

भौगोलिक वर्गीकरण

- भाबर प्रदेश
- तराई प्रदेश
- बांगर प्रदेश
- खादर प्रदेश

- **भाबर प्रदेश** - शिवालिक के पर्वतपदीय क्षेत्र में सतलुज नदी तीस्ता नदी तक 8 से 16 किलोमीटर चौड़ी पट्टी में इसका विस्तार है। पर्वतीय कक्ष से निकलकर मैदानी कक्ष में प्रवेश करते ही (ढाल के स्वरूप में परिवर्तन के कारण) नदियाँ भारी चट्टान चूर्ण गिरिपद क्षेत्र में जमा कर देती हैं। इस क्षेत्र में अधिकांश नदियों का भूमिगत प्रवाह होता है। कृषि की दृष्टि से अनुपयोगी इस क्षेत्र में लम्बी जड़ों वाले वृक्ष पाए जाते हैं।
- **तराई प्रदेश** - यह भाबर के दक्षिण में मैदान का वह भाग है, जहाँ भाबर प्रदेश का भूमिगत जल प्रवाह फिर धरातल पर प्रकट हो जाता है। अनियमित जल प्रवाह के कारण यहाँ दलदल पाए जाते हैं। इस प्रदेश में सघन वन, लम्बी घासें (जैसे - कांस, हाथी घास आदि) व वन्य जीव मिलते हैं। पश्चिमी भाग में वर्षा की कमी के कारण तराई का अभाव उत्तर प्रदेश में इस भाग को साफ करके तथा जल प्रवाह को नियंत्रित करके विभिन्न फसलों व जूट आदि की कृषि के सफल प्रयास किए गए हैं।
- **बांगर प्रदेश** - प्राचीन तलछट से निर्मित वे उच्च मैदान **बांगर** कहलाते हैं, जहाँ नदियों के बाढ़ का जल नहीं पहुंच पाता है। ये उत्तर प्रदेश के उत्तर-पश्चिमी भाग तथा उत्तराखंड में अधिक पाए जाते हैं।
- **खादर प्रदेश** - ये नई तलछट व कांप मिट्टी से बने हुए निचले मैदान हैं। यहाँ बाढ़ का पानी प्रति वर्ष पहुँच कर मिट्टी की नई परत जमाता रहता है। ऐसे निचले मैदानों को **खादर** कहते हैं। ये पूर्वी उत्तर प्रदेश, झारखण्ड, बिहार व पश्चिम बंगाल में अधिक हैं।

प्रादेशिक वर्गीकरण

सतलुज नदी के पूर्व की ओर ब्रह्मपुत्र नदी की घाटी तक फैले हुए इस विस्तृत मैदान को प्रादेशिक आधार पर चार मुख्य भागों में बाँटा जाता है-

च   का वर्गीकरण

- आग्नेय शैल
- परतदार शैल
- कायान्तरित शैलें

- **पंजाब-हरियाणा का मैदान** - विशाल मैदान का यह भाग पंजाब व हरियाणा राज्यों में विस्तृत है। इस मैदान का उत्तर-पश्चिमी भाग सिन्धु एवं उसकी सहायक नदियों - सतलुज, व्यास, रावी, चिनाब, झेलम द्वारा जमा की गई कांप मिट्टी के जमाव से बना है। दो नदियों के मध्य स्थित मैदानी क्षेत्र को स्थानीय भाषा में **दोआब** कहा जाता है। व्यास व सतलुज के बीच **बिस्त दोआब**, रावी व व्यास के **बीच बारी दोआब**, चिनाब व रावी के बीच **रचना दोआब,** झेलम व चिनाब के बीच **चाज दोआब** एवं सिंधु व झेलम के बीच **सिन्धु सागर दोआब** है। इनमें से केवल **बिस्त-बारी** दोआब ही **भारत** में है, शेष भाग विभाजन के फलस्वरूप पाकिस्तान में चला गया है। नदियों के दोनों ओर 10 से 20 किलोमीटर चौड़ा क्षेत्र खादर या बाढ़ग्रस्त है। ऐसे क्षेत्रों को स्थानीय भाषा में **'बेट' (Bet)** कहते हैं। शिवालिक पहाड़ियों के साथ लगते मैदानी भागों में छोटी-छोटी नदियों द्वारा अपरदन के कारण कई खड्ड बन गए हैं, जिन्हें स्थानीय भाषा में **चो (Cho)** कहते हैं। ऐसे चो होशियारपुर जिले में अधिक मिलते हैं। इसके दक्षिण-पूर्व में घग्घर नदी तक फैले मैदान को **हरियाणा**

का मैदान कहते हैं। सिंचाई की सुविधा में वृद्धि के साथ हरियाणा के मैदान का कृषि उपयोग तेजी से बढ़ा है।

- **गंगा का मैदान** - यह एक विशाल, समतल एवं अत्यन्त उपजाऊ मैदान है जो गंगा व उसकी सहायक नदियों यमुना, गोमती, घाघरा, गण्डक, कोसी, बेतवा, केन, चम्बल, सोन आदि द्वारा जमा की गई उपजाऊ कांप मिट्टी से बना है। इसका विस्तार अरावली श्रेणियों के पूर्व से प्रारम्भ होकर पश्चिम बंगाल तक है, अर्थात् यह पूर्वी राजस्थान, उत्तराखण्ड, उत्तर प्रदेश, झारखण्ड, बिहार व पश्चिम बंगाल में फैला है। इस मैदान का सामान्य ढाल पूर्व तथा दक्षिण-पूर्व की ओर है। इस मैदान में खादर व बांगर भूमि मिलती है। बांगर प्रदेश अर्थात् उच्च मैदानों के कुछ शुष्क भागों में छोटे-छोटे टीले मिलते हैं, जिन्हें स्थानीय भाषा में **भूड़ (Bhoor)** कहते हैं। उत्तर प्रदेश के पूर्वी भाग में इसे **गंगा-यमुना दोआब**, उत्तर-मध्य भाग में **रूहेलखण्ड का मैदान** (Ruhelkhand) तथा उत्तरी-पूर्वी भाग को **अवध का मैदान** कहा जाता है। बिहार में गंगा नदी के दोनों ओर इसे क्रमशः **झारखण्ड का मैदान** व **बिहार का मैदान** कहते हैं। झारखण्ड के मैदान में घाघरा, गण्डक, कोसी आदि नदियाँ बहती हैं। इसका ढाल दक्षिण-पूर्व की ओर है। बिहार के मैदान में छोटा नागपुर के पठार से निकलकर सोन व अन्य नदियाँ उत्तर व उत्तर-पूर्व की ओर प्रवाहित होकर गंगा नदी में मिलती हैं। पश्चिम बंगाल में हिमालय पदीय क्षेत्र से गंगा के डेल्टा तक **उत्तरी बंगाल का मैदान (North Bengal Plain)** विस्तृत है। इसमें गंगा व ब्रह्मपुत्र नदियाँ प्रवाहित होती हैं। यहाँ पर्वतपदीय क्षेत्र को **दुआर (Duar)** कहते हैं, जहाँ चाय के बहुत सारे बागान हैं।
- **ब्रह्मपुत्र का मैदान** - असम राज्य में हिमालय व गारो पहाड़ियों के मध्य फैला यह एक संकरा एवं लम्बा मैदान है, जो ब्रह्मपुत्र नदी द्वारा जमा की गई कांप मिट्टी से बना है। धुबरी (Dhubri) से सदिया (Sadiya) तक फैला यह मैदान लगभग 650 किलोमीटर लम्बा एवं 100 किलोमीटर चौड़ा है। ब्रह्मपुत्र नदी के जल में मिट्टी की अधिकता के कारण बहाव में थोड़ी सी रुकावट आने से ढेरों मिट्टी एकत्रित हो जाती है। इसी कारण ब्रह्मपुत्र नदी में द्वीप बहुत हैं।
- **गंगा-ब्रह्मपुत्र का डेल्टा** - यह अत्यन्त समतल क्षेत्र है तथा समुद्रतल से बहुत कम ऊँचा है। इस क्षेत्र में ज्वार का जल फैल जाता है, अतः यह भाग दलदली रहता है। ज्वारीय जल की डूब में न आने वाली उच्च भूमि पर, जिसे **चर (Chars)** कहते हैं, बस्तियाँ हैं। निम्न भूमि को **बिल (Bill)** कहते हैं, जिनमें जूट धोने के लिए पर्याप्त जल मिल जाता है।

विशाल मैदान का महत्व	
1.	यह मैदान कांप मिट्टी से बना है, अतः यह अत्यन्त उपजाऊ है।
2.	प्रति वर्ष बाढ़ द्वारा मिट्टी की नई परत बिछ जाने से मिट्टी की उर्वरता का प्राकृतिक रूप से नवीनीकरण होता रहता है।
3.	इस मैदान में नदियों का जाल-सा बिछा है। इनके पानी का उपयोग सिंचाई, जल परिवहन, जल-विद्युत उत्पादन तथा उद्योगों में किया जाता है।
4.	समतल मैदान होने के कारण नहरों के निर्माण एवं कुओं की खुदाई पर अधिक व्यय नहीं होता है। अतः सिंचाई के साधन सस्ते व सुलभ हैं।
5.	यह मैदान पूर्वी भाग में गन्ना, चाय व चावल तथा पश्चिमी भाग में गेहूँ, कपास आदि का प्रमुख उत्पादक क्षेत्र है।
6.	यहाँ देश की लगभग 45 प्रतिशत जनसंख्या निवास करती है।
7.	समतल होने के कारण यहाँ सभी प्रकार के आवागमन के साधनों का सघन जाल है।
8.	भारत के अधिकांश बड़े-नगर, व्यापारिक व औद्योगिक केन्द्र इसी मैदान में स्थित हैं।
9.	इस मैदान में प्रचुर जीवनोपयोगी सुविधाएँ उपलब्ध हैं।
10.	यहाँ व्यापार की सुविधाएँ सुलभ हैं।
11.	विभिन्न सुविधाओं के कारण इस क्षेत्र में औद्योगिक प्रगति को प्रोत्साहन मिला है।

थार का मरुस्थल

थार का मरुस्थल पश्चिमी राजस्थान में विस्तृत है। कुछ भूगोलवेत्ता इसे प्रायद्वीपीय भारत के अध्ययन में सम्मिलित करते हैं, क्योंकि इस क्षेत्र की आधारभूत चट्टानें दक्षिण के पठार का ही विस्तार हैं। अन्य भूगोलवेत्ता विशाल मैदान के साथ इसकी निरन्तरता के कारण इसे गंगा-सतलुज के मैदान के अंग के रूप में अध्ययन करते हैं। भौतिक दृष्टि से इस क्षेत्र की अपनी विशिष्टता व समस्याएँ हैं, अतः यहाँ इसे एक अलग प्रदेश के रूप में सम्मिलित किया गया है।

थार के मरुस्थल की उत्पत्ति

थार के मरुस्थल की उत्पत्ति के सम्बन्ध के मत में भिन्नताएँ हैं। कुछ विद्वान यहाँ बालू की उपस्थिति स्थानीय चट्टानों के विघटन से मानते हैं, किन्तु धरातलीय चट्टानों के प्राथमिक अपरदन के लक्षण जलीय प्रभाव का प्रदर्शन करते हैं। अतः कुछ विद्वानों का मत है कि इस क्षेत्र की जलवायु पहले आर्द्र थी, किन्तु कालान्तर में यहाँ शुष्कता बढ़ती गई तथा यह क्षेत्र एक शुष्क मरुस्थल बन गया। जैसलमेर के निकट आकल में Wood Fossil Park इसका प्रमाण है, जहाँ करोड़ों वर्षों पूर्व के विशाल वृक्षों के अवशेष मिट्टी में दबे हुए मिले हैं। भूगर्भशास्त्रियों का मत है कि यह क्षेत्र पहले एक बहुत ही उपजाऊ भाग था, जहाँ बड़ी-बड़ी नदियाँ बहती थीं, किन्तु भूगर्भिक हलचलों द्वारा इस क्षेत्र के ऊपर उठ जाने से इस क्षेत्र का जल प्रवाह गंगा या सिन्धु नदी में मिल गया तथा यहाँ शुष्कता बढ़ती गई। **ला टूश** (La Touche) नामक विद्वांन ने पश्चिमी राजस्थान में बालू की उपलब्धि के विषय में बताया कि यह मिट्टी यहाँ प्रचलित दक्षिण पश्चिमी झंझावातों द्वारा लाई गई और पश्चिमी राजस्थान के अधिकांश भागों में जमा हो गई है। वैसे, जलवायु की शुष्कता इस क्षेत्र को मरुस्थली रूप देने में सबसे प्रभावशाली कारक है।

भौगोलिक विशेषताएँ

यह मरुस्थल अरावली पर्वत के पश्चिम व उत्तर-पश्चिम में सिन्धु के मैदान तक विस्तृत है। भारत व पाकिस्तान के बीच अन्तर्राष्ट्रीय सीमा इसी क्षेत्र

से होकर गुजरती है। थार का मरुस्थल एक निम्न भूमि का प्रदेश है। यह लगभग 150 से 380 मीटर तक ऊँचा, 640 किलोमीटर लम्बा व 160 किलोमीटर चौड़ा क्षेत्र है। यहाँ तेज हवाएँ बालुका-स्तूपों एवं रेत के टीलों का निर्माण करती हैं। ये टीले स्थानान्तरित होते रहते हैं। कहीं-कहीं इन टीलों के बीच में निम्न भूमि मिलती है, जिसे **तल्ली** कहते हैं। वर्षा का जल भर जाने से ये **तल्लियाँ** अस्थायी झीलें बन जाती हैं, जिन्हें **ढंढ** या **रन (Rann)** कहते हैं। यहाँ सांभर, लूणकरणसर, डीडवाना, पचपद्रा आदि खारे पानी की मुख्य झीलें हैं। इनमें नमक तैयार किया जाता है।

पवनों द्वारा बालुका स्तूपों के स्थानान्तरण एवं बालू के उड़ने से ऐसा अनुमान लगाया जाता है कि थार का मरुस्थल प्रतिवर्ष एक किलोमीटर की गति से पूर्व की ओर बढ़ रहा है। इसके प्रसार को रोकने के लिये वृक्षों की पंक्तियाँ लगाई गई हैं, अर्द्ध मरुस्थली वनस्पति उगाई गई है एवं केन्द्रीय मरु क्षेत्र अनुसंधान संस्थान (CAZRI) अन्य उपाय भी कर रहा है। इन्दिरा गांधी नहर के पूरा हो जाने पर इससे प्राप्त सिंचाई की सुविधा से इस मरुस्थल की काया पलट हो जायेगी। इस नहर का निर्माण कार्य इसी सम्भावना का लाभ उठाने के लिये पूर्णता की ओर धीरे-धीरे आगे बढ़ रहा है।

थार के मरुस्थल का महत्व

- ग्रीष्म ऋतु में अत्यधिक गर्म हो जाने से यहाँ पर गहन निम्न दाब बन जाता है, जो दक्षिणी-पश्चिमी मानसून को तीव्रता से आकर्षित करता है।
- यहाँ के कम वर्षा वाले क्षेत्रों के चारागाहों में पशुपालन महत्वपूर्ण व्यवसाय है।
- यहाँ कई प्रकार के खनिज पाए जाते हैं। अभ्रक, जिप्सम, एस्बेस्टॉस, कोयला, ताँबा, घीया पत्थर, संगमरमर, इमारती पत्थर, रॉक फॉस्फेट, फेल्डस्पार, खनिज तेल, प्राकृतिक गैस आदि मुख्य हैं।
- मिट्टियाँ उपजाऊ होने के कारण, जल उपलब्ध हो जाने की स्थिति में कृषि विकास की सम्भावनाएं हैं।
- भौतिक विविधता के कारण यह पर्यटकों के आकर्षण का क्षेत्र है। जैसलमेर में भरने वाला वार्षिक मरु मेला इसकी पुष्टि करता है।
- पाकिस्तान के साथ सीमा पर स्थित होने के कारण इसका सुरक्षात्मक महत्व है।

दक्षिण का पठार

यह एक अति प्राचीन भूभाग है, जो लगभग 16 लाख वर्ग किलोमीटर क्षेत्र में फैला है। यह भारत के विशाल मैदान के दक्षिण में फैला त्रिभुजाकार पठार है। इसके तीन ओर समुद्र (पूर्व में बंगाल की खाड़ी, पश्चिम में अरब सागर व दक्षिण में हिन्द महासागर) है। इस त्रिभुजाकार पठार का आधार उत्तर में विंध्याचल पर्वतमाला तथा शीर्ष दक्षिण में कुमारी अन्तरीप है। दक्षिण-पूर्वी राजस्थान की उच्च भूमि से कन्याकुमारी तक इसकी अधिकतम लम्बाई 1,800 किलोमीटर तथा अधिकतम चौड़ाई लगभग 1,400 किलोमीटर है। इस पठार की औसत ऊँचाई समुद्रतल से 600 मीटर है। इसका विस्तार दक्षिण-पूर्वी राजस्थान, गुजरात, झारखण्ड, मध्य प्रदेश, छत्तीसगढ़, बिहार, ओडिशा, महाराष्ट्र, आन्ध्र प्रदेश, कर्नाटक, तमिलनाडु व केरल में आंशिक रूप से है। यह एक प्राचीन पठार है, जो अत्यन्त कठोर, पुरानी व रवेदार चट्टानों से बना है। इस पठार का ढाल पूर्व की ओर है। अतः नर्मदा व ताप्ती को छोड़कर सभी बड़ी नदियाँ पूर्व की ओर बहती हुई बंगाल की खाड़ी में गिरती हैं। इन नदियों ने इस पठार को कई भागों में विभक्त कर दिया है। यहाँ कई प्राचीन अवशिष्ट पर्वत श्रेणियाँ भी हैं।

दक्षिण के पठार की उत्पत्ति

यह पठार करोड़ों वर्ष पूर्व टेथिस सागर के दक्षिण में फैले हुए गोण्डवाना लैण्ड का भाग था। कालान्तर में भूगर्भिक हलचलों के कारण इस महाद्वीप में दरारें पड़ गईं और इसके खण्डित भागों ने एक-दूसरे से अलग होकर वर्तमान दक्षिणी गोलार्द्ध के महाद्वीपों का रूप ले लिया। प्रायद्वीपीय भारत गोण्डवाना लैण्ड से खण्डित होकर उत्तर-पूर्व की ओर प्रवाहित होता हुआ वर्तमान रूप में आया।

दक्षिण के पठार का वर्गीकरण

प्रायद्वीपीय भारत को निम्न प्रकार से उप-विभाजित किया जा सकता है-

- **पश्चिमी घाट** - दक्षिण के पठार का पश्चिमी किनारा पश्चिमी घाट के रूप में ऊँचा उठा हुआ है, जिसे **सह्याद्रि (Sahayadri)** भी कहा जाता है। इनका अरब सागर की ओर ढाल तीव्र तथा पूर्व की ओर धीमा ढाल है। लगभग 1,000 मीटर औसत ऊँचाई वाले सह्याद्रि का ताप्ती घाटी से कुमारी अन्तरीप तक क्रमिक विस्तार है। इसमें **भोरघाट, थालघाट व पालघाट** दर्रे हैं। दक्षिण में सह्याद्रि पूर्वी घाट से मिल गए हैं, जहाँ नीलगिरि पर्वत पर इसकी सबसे ऊँची चोटी दोदाबेटा (2,637 मीटर) है। यहीं अन्नामलाई, इलायची व पालनी श्रेणियों का संगम है। निकट ही प्रसिद्ध पर्यटक स्थान ऊटकमण्ड, कोडाईकनाल आदि स्थित हैं। महाराष्ट्र में महाबलेश्वर (1,438 मीटर) भी पर्यटक महत्व का स्थान है। सह्याद्रि का उत्तरी भाग लावे से ढका है तथा दक्षिणी भाग **नाइस, शिस्ट** तथा **चर्नोकाइट शैलों** से निर्मित हैं। इससे निकलने वाली अधिकांश नदियाँ, जैसे-**गोदावरी, भीमा, कृष्णा, तुंगभद्रा, पेन्नार, कावेरी, ताम्रपर्णी, पेरियार, वेगाई** आदि पूर्व की ओर बहती हुई बंगाल की खाड़ी में गिरती हैं। जहाँ ये नदियाँ सह्याद्रि से पठार पर उतरती हैं, वहाँ जलप्रपात बनाती हैं। महाबलेश्वर के **येना प्रपात (183 मीटर)**, कावेरी नदी का **शिवसमुद्रम प्रपात (100 मीटर)**, ताम्रपर्णी नदी का पापनासम प्रपात मुख्य है। पश्चिम की ओर बहकर अरब सागर में गिरने वाली नदियाँ कम हैं, किन्तु वे भी जल प्रपात बनाती हैं। **नर्मदा व ताप्ती** के अतिरिक्त **शरावती** नदी का जोग **(श्री महात्मा गांधी)** प्रपात (250 मीटर) मुख्य हैं। ये सभी प्रपात सस्ती जल-विद्युत उत्पादन के लिये अनुपम प्राकृतिक भेंट हैं।
- **पूर्वी घाट** - ये घाट पूर्वी तट के समानान्तर लगभग 800 किलोमीटर की लम्बाई में फैले हैं। ये पश्चिमी घाट से भिन्न है, क्योंकि उनकी अपेक्षा ये नीचे, तट से काफी दूर स्थित एवं अक्रमिक हैं। ये उत्तर में महानदी की घाटी से दक्षिण में नीलगिरि पर्वत तक फैले हैं। पूर्व की ओर बहने वाली सभी नदियों ने पूर्वी घाट को काफी छिन्न-विच्छिन्न कर दिया है। पूर्वी घाट की औसत ऊँचाई 600 मीटर है, किन्तु इसमें नीलगिरि 1,516 मीटर व महेन्द्रगिरि 1,501 मीटर ऊँची चोटियाँ हैं। पूर्वी घाट के निर्माण में आग्नेय व **अवसादी** उत्पत्ति की **शिस्ट, नीस, चर्नोकाइट, खौंडलाइट** आदि शैलों का योगदान है।

- **दक्षिणी पठार** - यह पठार अत्यन्त प्राचीन, कठोर एवं कायान्तरित आग्नेय शैलों, बलुआ पत्थर, चूना-पत्थर, कायान्तरित धारवाड़ शैलों एवं गोंडवाना शैलों (कोयला युक्त) से बना एक प्राचीन पिण्ड है। इसके काफी बड़े भाग पर ज्वालामुखी उद्गार से निकला लावा जम गया था। इसी से विघटित उपजाऊ काली मिट्टी इस पठार के धारातल पर लगभग 5 लाख वर्ग किलोमीटर क्षेत्र में फैली है। यह मिट्टी दक्षिणी-पूर्वी राजस्थान के कुछ भाग में, गुजरात, मध्य प्रदेश, महाराष्ट्र, आन्ध्र प्रदेश एवं कर्नाटक में पाई जाती है। इस पठार के कुछ भाग में विक्षालित (Tilted) है, इसलिए इस पठार की अधिकांश नदियाँ पूर्व की ओर बहती हैं। इन नदियों ने इसे छोटे-छोटे पठारों में विभक्त कर दिया है, जैसे छत्तीसगढ़, मैसूर का पठार, रॉयल सीमा का पठार, तेलंगाना का पठार आदि। छत्तीसगढ़ उच्च पठारी भूमि से घिरा समतल प्राय: उच्च क्षेत्र है, जो समुद्रतल से 300 मीटर ऊँचा है। भूगर्भशास्त्रियों का मानना है कि शिलांग का पठार इसी का सुदूर उत्तर-पूर्वी विस्तार है।

दक्षिण के पठार का महत्व

- गोण्डवाना लैण्ड से सम्बन्धित प्राचीन कठोर पिण्ड होने के कारण यह एक स्थिर भूभाग है, जो आकस्मिक भूगर्भिक घटनाओं, जैसे-भूकम्प, ज्वालामुखी आदि से सुरक्षित है।
- समुद्र से घिरा होने के कारण यहाँ की जलवायु अधिक विषम नहीं होती।
- यह क्षेत्र प्राचीन चट्टानों से बना होने के कारण खनिज पदार्थों में धनी है।
- इसके उत्तरी-पश्चिमी भाग में उपजाऊ काली मिट्टी मिलती है। यह मिट्टी कपास व मूंगफली की कृषि के लिये सर्वाधिक उपयुक्त है।
- लैटराइट मिट्टी वाले भागों में **चाय, कहवा एवं रबर** का उत्पादन होता है।
- यहाँ **साल, सागवान, शीशम तथा चन्दन** के बहुमूल्य वन मिलते हैं।
- यहाँ की नदियों के मार्ग में जल-प्रपात होने के कारण सस्ती जल-विद्युत उत्पादन के लिये प्राकृतिक परिस्थितियाँ हैं।
- कठोर धरातल व पत्थर की आसान उपलब्धि के कारण यहाँ सड़क मार्गों का विकास अधिक हुआ है।
- यहाँ कच्चा माल, शक्ति संसाधन, श्रम और बाजार आदि की सुविधाएँ उपलब्ध होने के कारण कई आधारभूत उद्योग, जैसे - **लौह इस्पात, एल्यूमीनियम, जलयान, शस्त्र उद्योग** आदि विकसित हुए हैं।

5. **समुद्र तटीय मैदान (Coastal Plains) :** दक्षिण के पठार के दोनों तरफ तटीय मैदान स्थित हैं। इन दो तटीय मैदानों का निर्माण या तो तटवर्ती भागों के समुद्रतल से ऊपर उठ जाने या नदियों द्वारा मिट्टी के जमने से हुआ है। ये तटीय मैदान दो भागों में विभक्त किए जाते हैं-

(अ) पश्चिमी तटीय मैदान एवं (ब) पूर्वी तटीय मैदान।

(अ) पश्चिमी तटीय मैदान - ये मैदान खम्भात की खाड़ी से कुमारी अन्तरीप तक फैले हैं। इनकी औसत चौड़ाई 64 किलोमीटर है तथा अधिकतम ऊँचाई 180 मीटर है। यहाँ बहने वाली नदियाँ तीव्रगामी तथा छोटी हैं। इसलिए मिट्टी के जमाव का कार्य नहीं करतीं। दक्षिणी भाग में लम्बी तथा संकरी अनूप झीलें पाई जाती हैं। कोचीन बन्दरगाह ऐसी ही एक अनूप झील पर स्थित है। मुम्बई व मंगलौर इस तट के प्रमुख बन्दरगाह हैं। यह मैदान उत्तर में चौड़ा होकर नर्मदा-ताप्ती का मैदान बनाता हुआ गुजरात तक चला गया है। मैदान के उत्तरी भाग को **कोंकण** तथा दक्षिणी भाग को **मालाबार तट** कहते हैं। इस मैदान में उत्तम जलवायु, उपजाऊ मिट्टी, चावल की उपज, औद्योगिक विकास तथा व्यापार की सुविधाएँ होने के कारण सघन जनसंख्या पाई जाती है।

(ब) पूर्वी तटीय मैदान - यह पूर्वी घाट और बंगाल की खाड़ी के मध्य स्थित है। यह उत्तर में उड़ीसा से दक्षिण में कुमारी अन्तरीप तक फैला है। यह पश्चिम तटीय मैदान की अपेक्षा अधिक चौड़ा है। इसकी चौड़ाई 160 किलोमीटर से 480 किलोमीटर है। देशान्तरीय आधार पर यह मैदान दो भागों में बांटा जा सकता है- (1) निचला भाग, जिसमें नदियों के डेल्टा हैं। महानदी, गोदावरी, कृष्णा, कावेरी आदि नदियों ने पठार के ऊपरी भागों से कांप मिट्टी लाकर यहाँ बिछा दी है। समुद्र के निकटवर्ती भागों में बालू के ढेरों की लम्बी श्रृंखला मिलती है, जो लहरों द्वारा बनाई गई है। इन ढेरों से घिरकर चिलका और पुलीकट छिछली झीलें बन गई हैं। ऐसी झीलों को **'लैगून'** कहते हैं। ऊपरी भाग में कांप मिट्टी के अवशिष्ट मैदान हैं, जो अधिकांशत: नदियों की ऊपरी घाटियों में हैं। ये मैदान कहीं-कहीं नदियों द्वारा जमा की हुई उपजाऊ मिट्टी से ढके हैं तथा शेष भागों में पुरानी चट्टानें स्पष्ट दिखाई पड़ती हैं। इसके उत्तरी भाग को उत्तरी सरकार तट और दक्षिणी भाग को **कारोमण्डल तट** कहा जाता है। चेन्नई व विशाखापट्टनम इस तट के प्रमुख बन्दरगाह हैं।

समुद्री तटीय मैदानों का महत्व

- इन उपजाऊ मैदानों में चावल की खेती व्यापक रूप से की जाती है। तटों पर नारियल, काजू, सुपारी, रबर व ताड़ के बागान (Plantations) मिलते हैं।
- मालाबार तट तथा पूर्वी नदियों के डेल्टाई क्षेत्रों में मछलियाँ पकड़ी जाती हैं।
- इन्हीं तटों पर देश के प्रमुख बन्दरगाह स्थित हैं, जिनसे आयात-निर्यात किया जाता है।
- इन तटों पर नमक बनाया जाता है।
- पश्चिमी तट पर केरल में मोनोजाइट जैसा आणविक महत्व का बहुमूल्य खनिज मिलता है।
- प्राकृतिक सौंदर्य का आनन्द लेने के लिए बड़ी संख्या में पर्यटक पणजी, वास्कोडिगामा, मझगाँव, जुहू, चेन्नई, पुरी आदि के सामुद्रिक तटों पर आते हैं।

द्वीप-समूह

यद्यपि भारतीय तट अधिक कटे-फटे नहीं हैं तथापि इनके कट पर कई द्वीप पाए जाते हैं। स्थिति के अनुसार इन द्वीपों को दो भागों में विभाजित किया जाता है-

1. **तटीय द्वीप (Coastal Islands)**

(अ) कांप मिट्टी के द्वीप (Alluvial Islands) - ऐसे द्वीप पूर्वी तट पर पाए जाते हैं। यहाँ चिल्का झील के निकट भासरा-मांडला द्वीप पथरीला) को छोड़कर शेष सभी द्वीप कांप मिट्टी से निर्मित हैं। हुगली नदी के मुहाने पर सागर द्वीप, महानदी-ब्राहमणी डेल्टा में शॉर्ट द्वीप तथा मुहाने पर ह्वीलर द्वीप, भारत-श्रीलंका के बीच 'रामसेतु' या आदम का पुल (Adam's Bridge), रामेश्वरम का पम्बन द्वीप, मन्नार की खाड़ी में क्रोकोडाइल, अंडा व कोटा द्वीप कांप मिट्टी से बने हैं।

(ब) पथरीले द्वीप (Rocky Islands) - ऐसे द्वीप अधिकांशतः पश्चिमी तट पर मिलते हैं। मुम्बई के निकट हैनरे, कैनरे, बुचर, एलीफैण्टा, पिजन द्वीप व काठियावाड़ तट पर पीरम, भैंसला आदि पथरीले द्वीप हैं।

2. **दूरस्थ द्वीप (Distant Islands)** - इस वर्ग में वे द्वीप सम्मिलित हैं, जो तट से काफी दूर स्थित हैं। संरचनात्मक दृष्टि से इन्हें भी दो उप-विभागों में बांटा जाता है-

(अ) पर्वतीय द्वीप (Hilly Islands) - इस वर्ग में वे द्वीप आते हैं, जो डूबी हुई पर्वत श्रेणियों के समुद्रतल से ऊपर उठे हुए भागों से बने हैं। बंगाल की खाड़ी में स्थित अण्डमान निकोबार द्वीप समूह इसके उदाहरण हैं। **अराकानयोमा** नामक श्रेणी म्यांमार (बर्मा) के दक्षिण में बंगाल की खाड़ी में डूब गई है। इसके जो ऊँचे भाग समुद्रतल से ऊपर रह गए हैं, उनसे ही **अण्डमान-निकोबार** द्वीप समूह बने हैं। इनमें से कुछ द्वीपों की उत्पत्ति ज्वालामुखी उद्गारों के कारण हुई है। इस समूह में लगभग 200 छोटे-बड़े द्वीप सम्मिलित हैं, जो 350 किलोमीटर की दूरी तक फैले हैं। अण्डमान द्वीप समूह **दस डिग्री जलमार्ग (Ten Degree Channel)** द्वारा **निकोबार द्वीप समूह** से अलग हुए हैं।

(ब) प्रवाल द्वीप (Coral Islands) - अरब सागर में केरल के तट से पश्चिम की ओर स्थित लक्षद्वीप ऐसे ही द्वीप हैं। लगभग 21 वर्ग किलोमीटर क्षेत्र में फैले इस समूह में लक्षद्वीप, अमीनदीवी, मिनीकॉय, कावारत्ती, इलायची द्वीप आदि सम्मिलित हैं। ये सभी प्रवाल द्वीप हैं, जो अपने प्राकृतिक सौन्दर्य के कारण पर्यटकों के आकर्षण के केन्द्र हैं।

द्वीपों का महत्व

- सागरों से घिरा होने के कारण यहाँ की जलवायु सम रहती है।
- अनुपम प्राकृतिक सौन्दर्य के कारण द्वीप पर्यटक आकर्षण के केन्द्र होते हैं।
- मुख्य भू-भाग से अलग होने के कारण यहाँ जैविक विशिष्टता रहती है।
- व्यापारिक जलयानों को ईंधन, संक्षिप्त विश्राम व संकटकालीन स्थिति में शरण देने में इनका विशेष योगदान रहता है।
- हिन्द महासागर में विशिष्ट स्थिति के कारण इनका सुरक्षात्मक महत्व है। कुछ विदेशी ताकतों द्वारा हिन्द महासागर में अपना प्रभाव बढ़ाने के सन्दर्भ में इनका नौसैनिक महत्व और भी बढ़ गया है।

महत्वपूर्ण बिंदु

* भारत में शैल संरचना **आद्य कल्प, पुरा कल्प, द्रविड़ कल्प** तथा **आर्य कल्प** में विभाजित।
* उच्चावच व स्थलाकृतिक प्रदेशों की अनेक भिन्नताएँ - **उत्तरी पर्वतीय प्रदेश, विशाल मैदान, थार का मरुस्थल, दक्षिण का पठार,** तटीय मैदान व द्वीप समूह।

नदियाँ

भारतीय सभ्यता और संस्कृति का विकास नदी-घाटियों में ही हुआ है। मानसूनी जलवायु के परिप्रेक्ष्य में नदियों का भारत में विशेष महत्व है। यहाँ के अधिकांश ऐतिहासिक व धार्मिक महत्व के नगर नदियों के किनारे ही बसे हैं। आज के प्रमुख औद्योगिक व व्यापारिक केन्द्र भी नदियों के किनारे विकसित हुए हैं। जल-विद्युत, सिंचाई, आन्तरिक जल-परिवहन, औद्योगिक उपयोग आदि की सुविधाओं के कारण भारत के आर्थिक विकास में नदियों का महत्वपूर्ण स्थान है। भारतीय जल-प्रवाह के अध्ययन से पूर्व इससे सम्बन्धित कुछ संकल्पनाओं की संक्षिप्त जानकारी आवश्यक है।

मार्ग परिवर्तन

भूगर्भशास्त्री मानते हैं कि भारत की कई नदियों के मार्ग में समय-समय पर परिवर्तन हुए हैं। इनमें सबसे रोचक परिवर्तन सिन्धु-ब्रह्मपुत्र प्रवाह-तन्त्र से सम्बन्धित है। यह नदी-तन्त्र, जिसे **शिवालिक नदी** भी कहा गया है, असम के उत्तरी पूर्वी भाग से निकलकर हिमालय के समानान्तर पश्चिम की ओर बहती हुई सुलेमान-किरथर श्रेणियों तक जाकर दक्षिण की ओर प्रवाहित होती हुई अरब सागर में गिरती थी। बाद की भौगोलिक घटनाओं के परिणामस्वरूप इस इण्डो ब्रह्म या शिवालिक श्रेणी का उत्तर-पश्चिमी भाग सिन्धु के रूप में तथा पूर्वी भाग ब्रह्मपुत्र व अन्य नदियों के रूप में अलग हो गया। इसी प्रकार सरस्वती नदी का प्रवाह भी कालान्तर में लुप्त हो गया है। ब्रह्मपुत्र, गंगा, कोसी आदि नदियों ने पिछली दो शताब्दियों में अपने मार्ग में कई बार परिवर्तन किए हैं।

जल विभाजक

किसी प्रदेश के जल प्रवाह को विशिष्ट दिशाओं में विभाजित करने वाले क्षेत्र को जल विभाजक कहते हैं। भारत को तीन प्रमुख जल-प्रवाह क्षेत्रों में विभाजित किया जाता है-**(1) अरब सागर का प्रवाह क्षेत्र, (2) बंगाल की खाड़ी का प्रवाह क्षेत्र एवं (3) अन्तः प्रवाह क्षेत्र।** यह जल-विभाजक रेखा हिमालय के निकट **मानसरोवर झील से प्रारम्भ** होकर **कामेत पर्वत** होती हुई शिमला के पूर्व से अरावली के साथ-साथ उदयपुर तक जाती है। यहाँ से दक्षिण में इन्दौर के निकट से यह जल-विभाजक रेखा नर्मदा व ताप्ती की घाटियों को अरब सागरीय प्रवाह क्षेत्र में सम्मिलित करती हुई पश्चिमी घाट के सहारे होकर कन्याकुमारी तक जाती है। इस रेखा के जिस ओर का जल अरब सागर में प्रवाहित होता है, उसे **अरब सागरीय प्रवाह क्षेत्र** कहते हैं। जिस क्षेत्र का जल बंगाल की खाड़ी में गिरता है, उसे **बंगाल की खाड़ी का प्रवाह क्षेत्र** कहते हैं। राजस्थान के उत्तर-मध्य भाग का कुछ क्षेत्र ऐसा है, जहाँ से जल किसी खुले समुद्र की ओर प्रवाहित

नहीं होता, इसे **अन्तः प्रवाह क्षेत्र** कहा जाता है। भौगोलिक दृष्टि से भारत के प्रवाह तन्त्र को तीन मुख्य भागों में बांटा जाता है-

(1) हिमालयी प्रवाह तन्त्र या उत्तरी भारत की नदियाँ,

(2) प्रायद्वीपीय प्रवाह तन्त्र अथवा दक्षिण भारत की नदियाँ तथा

(3) अन्तः प्रवाह तन्त्र।

हिमालयी प्रवाह तंत्र या उत्तर भारत की नदियाँ

उत्तर भारत की अधिकांश नदियाँ हिमालय पर्वत से निकलती हैं। हिमालय से निकलने वाली नदियाँ नित्यवाही होती हैं, क्योंकि शुष्क काल में भी इनमें हिम का पिघला हुआ जल आता रहता है। इन नदियों को तीन प्रवाह-क्रमों में विभाजित किया जाता है

आग्नेय शैल
↓
वर्गीकरण
↓

सिन्धु अपवाह

इसके अन्तर्गत सिन्धु व उसकी सहायक नदियाँ - सतलुज, व्यास, रावी, चिनाब व झेलम सम्मिलित हैं। इसका जलग्रहण क्षेत्र लगभग साढ़े ग्यारह लाख वर्ग किलोमीटर है, जिसमें से सवा तीन लाख वर्ग किलोमीटर क्षेत्र भारत में है तथा शेष पाकिस्तान में चला गया है। इस क्रम की सभी नदियाँ अपनी ऊपरी घाटियों में गॉर्ज (Gorge) बनाती हैं। सतलुज नदी मानसरोवर झील के निकट राक्षस ताल से निकलकर पर्वतीय क्षेत्र को पार करने के बाद पंजाब में रोपड़ के निकट मैदानी भाग में प्रवाह करती है। वहीं भाखड़ा बाँध बनाया गया है।

गंगा अपवाह

इसका कुल अपवाह क्षेत्र लगभग 8.6 लाख वर्ग किलोमीटर है। गंगा नदी का उद्गम गंगोत्री हिमनद से है। देवप्रयाग में अलकनंदा व भागीरथी जलधाराएँ मिलकर गंगा नदी बनाती हैं। ये हरिद्वार के निकट मैदानी भाग में प्रवेश करती हैं। विंध्याचल पर्वतों से निकलकर चम्बल, बेतवा, केन आदि अपनी सहायक नदियों सहित यमुना में मिलती हैं। यमुना नदी इलाहाबाद के निकट गंगा में मिलती है, जो **'संगम'** या **'प्रयाग'** के नाम से जाना जाता है। उत्तर से रामगंगा, गोमती, घाघरा (सरयू), गंडक, कोसी व महानन्दा तथा दक्षिण से सोन आदि नदियों को मिलाकर गंगा फरक्का के निकट बांग्लादेश में प्रवेश करती है। यहाँ इसे **'पद्मा नदी'** कहा जाता है, जो बंगाल की खाड़ी में गिरने से पहले ब्रह्मपुत्र से मिलकर डेल्टा बनाती है। कोसी नदी में मार्ग परिवर्तन व बाढ़ की घटनाएँ अक्सर होने से काफी धन-जन की हानि होती है, अतः इसे **'बिहार का शोक'** कहते हैं।

ब्रह्मपुत्र अपवाह

ब्रह्मपुत्र नदी मानसरोवर झील के निकट कैलाश पर्वत से निकलकर पूर्व में बहती हुई हिमालय के पूर्वी छोर तक जाती है। यहाँ इसे **'सांम्पो नदी'** कहते हैं। यहाँ से दक्षिण तथा फिर पश्चिम में मुड़कर यह नदी असम में बहती हुई बांग्लादेश में जाकर गंगा में मिल जाती है। इसके दाहिने किनारे पर मिलने वाली सहायक नदियाँ भारेली, सुबंसीरी, मानस आदि हैं। दिवांग, लेहित, कपिली, धनसिरि, बूढ़ी दिहांग (Buri Dihing) आदि नदियाँ बाएँ किनारे पर मिलती हैं। इसके प्रवाह में मिट्टी की अधिकता होती है। डेल्टाई भाग में गंगा-ब्रह्मपुत्र नदियाँ मधुमती, पद्मा, सरस्वती, हुगली, भागीरथी आदि जलधाराओं में बँट जाती हैं।

प्रायद्वीपीय प्रवाह तन्त्र या दक्षिण भारत की नदियाँ

बंगाल की खाड़ी में गिरने वाली नदियाँ

इस क्रम में दामोदर, स्वर्णरेखा, ब्राह्मणी, महानदी, गोदावरी, भीमा, कृष्णा, तुंगभद्रा, पेन्नार, पालार, कावेरी, वेगाई आदि नदियाँ सम्मिलित हैं। प्रायद्वीपीय पठार के पूर्व की ओर झुका होने के कारण ये नदियाँ पूर्व में बहकर बंगाल की खाड़ी में गिरती हैं। प्रायद्वीपीय पठार की अधिकांश नदियाँ पश्चिमी घाट में जन्म लेती हैं तथा जल प्रपात बनाती हैं। दामोदर नदी बाढ़ के प्रकोप व मार्ग परिवर्तन के लिये कुख्यात है, अतः इसे **'बंगाल का शोक'** कहते हैं। महानदी, गोदावरी, कृष्णा व कावेरी नदियाँ पूर्वी तट पर डेल्टा बनाती हैं।

अरब सागर में गिरने वाली नदियाँ

इस क्रम में नर्मदा व ताप्ती सबसे लम्बी व प्रमुख नदियाँ हैं। नर्मदा मैकाल पर्वत में अमरकण्टक चोटी से निकलकर संकीर्ण भ्रंश घाटी में बहती हुई कई प्रपात बनाती है। कपिलधारा, दूधधारा, सहस्त्र धारा, धुआंधार, घाघरी व हिरन प्रपात प्रसिद्ध हैं। नर्मदा के समानान्तर दक्षिण में ताप्ती नदी बहती है। इनके अतिरिक्त लूनी, साबरमती, माही, सूकड़ी, बांडी, शरावती आदि नदियाँ भी अरब सागर में गिरती हैं।

अन्तःप्रवाह क्षेत्र

भारत में अन्तः प्रवाह क्षेत्र अधिक विस्तृत नहीं है। इसका विस्तार केवल राजस्थान में सांभर झील से हरियाणा में घग्घर प्रवाह तक है। इस क्षेत्र की सभी नदियाँ मौसमी हैं, जो या तो सांभर व अन्य छोटी-छोटी झीलों में गिरकर समाप्त हो जाती हैं या मरुस्थल में समा जाती हैं।

महत्वपूर्ण बिंदु

* भारत में मानसूनी जलवायु के परिप्रेक्ष्य मे नदियों का विशेष महत्व है।
* कई भारतीय नदियों में मार्ग परिवर्तन होते रहे हैं।
* जल विभाजक भारतीय प्रवाह तन्त्र को तीन मुख्य वर्गों में विभाजित करता है - हिमालयी, प्रायद्वीपीय एवं अन्तः प्रवाह तन्त्र।
* हिमालयी प्रवाह तन्त्र के मुख्य घटक - सिन्धु अपवाह, गंगा अपवाह तथा ब्रह्मपुत्र अपवाह।
* प्रायद्वीपीय प्रवाह तन्त्र के मुख्य घटक - बंगाल की खाड़ी का अपवाह, अरब सागरीय अपवाह। अन्तः प्रवाह तन्त्र - सांभर - घग्घर क्षेत्र।

भारत की जलवायु

अत्यधिक विस्तार व भू-आकारों की भिन्नता के कारण हमारे देश के विभिन्न भागों में जलवायु सम्बन्धी विविधताएँ पाई जाती हैं, किन्तु मानसूनी प्रभाव के कारण देश की जलवायु सम्बन्धी विविधताओं में भी एकता दृष्टिगोचर होती है। इसी कारण भारत की जलवायु को **मानसूनी जलवायु** कहते हैं। भारत की जलवायु को अनेक भौगोलिक कारक प्रभावित करते हैं। हमारे देश की जलवायु को भलीभांति समझने के लिये इन सभी कारकों का अध्ययन आवश्यक है।

जलवायु को प्रभावित करने वाले कारक

- **समुद्र तल से ऊँचाई** - इसका तापमान से विपरीत सम्बन्ध है। सामान्यत: प्रति 165 मीटर की ऊँचाई पर 1 से. तापमान कम होता जाता है। इसी कारण हिमालय के उच्च ढालों पर हमेशा बर्फ जमी रहती है। एक ही अक्षांश पर स्थित होते हुए भी ऊँचाई की भिन्नता के कारण ग्रीष्मकालीन औसत तापमान मसूरी में 24^oसे., देहरादून में 32^oसे. तथा अम्बाला में 40^oसे. रहता है।
- **समुद्र से दूरी** - समुद्र का नम व सम प्रभाव पड़ता है। इसलिए समुद्र तट पर स्थित नगरों में तापान्तर अति न्यून रहता है तथा जलवायु नम रहती है। जैसे-जैसे समुद्र से दूरी बढ़ती जाती है, वैसे-वैसे विषमता अर्थात् तापान्तर एवं शुष्कता बढ़ती जाती है। पश्चिमी तटीय क्षेत्रों में वर्षा का वार्षिक औसत 200 से.मी. से अधिक रहता है, जबकि जैसलमेर में यह औसत घटते-घटते 5 से.मी. रह जाता है।
- **भूमध्य रेखा से दूरी** - यह तापमान को प्रभावित करने वाला आधारभूत कारक है। बढ़ते हुए अक्षांश के साथ तापमान में कमी आती जाती है, क्योंकि सूर्य की किरणों का तिरछापन बढ़ता जाता है। इससे सूर्यातप की मात्रा प्रभावित होती है। इसी कारण हिमालय के दक्षिणी ढालों पर हिमरेखा की ऊँचाई अधिक है, किन्तु तिब्बत की ओर अर्थात् उत्तरी ढालों पर इसकी ऊँचाई कम है। कर्क रेखा भारत के लगभग मध्य से गुजरती है। अत: उत्तरी भारत शीतोष्ण प्रदेश में तथा दक्षिणी भारत उष्ण प्रदेश में सम्मिलित किया जाता है।
- **पर्वतों की स्थिति** - जलवायु को प्रभावित करने वाला यह भी एक महत्वपूर्ण कारक है। पश्चिमी घाट की स्थिति प्रायद्वीपीय भारत के पश्चिमी तट के निकट है। इस कारण दक्षिणी-पश्चिमी मानसून से इनके पश्चिमी ढालों पर प्रचुर वर्षा होती है, जबकि इसके विपरीत ढाल एवं प्रायद्वीपीय पठार दक्षिणी-पश्चिमी मानसून के वृष्टि-छाया क्षेत्र में आते हैं।
- **पर्वतों की दिशा** - हिमालय पर्वत की स्थिति व दिशा के कारण ही भारत की जलवायु सौम्य है। हिमालय साइबेरियाई ठण्डी पवनों से हमारे देश की रक्षा करता है। साथ ही, ग्रीष्मकालीन मानसून को रोककर भारत में ही वर्षा करने के लिए बाध्य करता है। पश्चिमी राजस्थान में शुष्कता का एक कारण यह भी है कि अरावली श्रेणी की दिशा दक्षिणी-पश्चिमी मानसून के समानान्तर है। अत: यह पवनों के मार्ग में अवरोध उपस्थित नहीं करती।
- **पवनों की दिशा** - पवनें अपने उत्पत्ति के स्थान एवं मार्ग के गुण लाती हैं। ग्रीष्मकालीन मानसून हिन्द महासागर से चलने के कारण उष्ण व आर्द्र होते हैं, अत: सामान्यत: शीत व शुष्कता लाते हैं।
- **उच्च स्तरीय वायु संचरण** - नवीनतम शोध के अनुसार, उच्चस्तरीय वायु संचरण का मानसून से गहरा सम्बन्ध है। भारत की जलवायु मानसूनी होने से काफी हद तक क्षोभमण्डल की गतिविधियों से प्रभावित होती है। मानसून की कालिक व मात्रात्मक अनिश्चितता भी उच्चस्तरीय वायु संचरण की दशाओं पर निर्भर करती है।

इसके अतिरिक्त मेघाच्छादन की मात्रा, वनस्पति आवरण, समुद्री धारा आदि भी भारत के जलवायु को आंशिक रूप से प्रभावित करती हैं।

जलवायु की परिस्थितियाँ

भारत सरकार के मौसम विभाग ने मानसून काल को ध्यान में रखते हुए वर्ष को निम्नांकित ऋतुओं में बांटा है-

जलवायु परिस्थितियाँ
- उत्तर-पूर्वी या शीतकालीन मानसून काल
  - शीत ऋतु दिसम्बर से फरवरी तक
  - ग्रीष्म ऋतु मार्च से मध्य जून तक।
- दक्षिणी-पश्चिमी या ग्रीष्मकालीन मानसून काल
  - वर्षा ऋतु मध्य जून से मध्य सितम्बर तक
  - शरद ऋतु मध्य सितम्बर से दिसम्बर तक

(अ) उत्तर-पूर्वी या शीतकालीन मानसून काल

शीत ऋतु

भारत में शीत ऋतु दिसम्बर से फरवरी तक रहती है। इस ऋतु में आकाश स्वच्छ रहता है। इस ऋतु की यह विशेषता है कि इसमें हवाएं धीमी गति से चलती हैं तथा इनमें आर्द्रता की कमी रहती है।

तापमान - इस ऋतु में उत्तर से दक्षिण की ओर तापमान में वृद्धि होती जाती है। उत्तरी भारत में औसत तापमान 8^oसे. से 21^oसे. तथा दक्षिणी भारत में औसत तापमान 21^oसे. से 26^oसे. तक रहता है। पश्चिमी राजस्थान में रात के समय विकिरण के कारण तापह्रास तीव्र गति से होता है इसलिए इन क्षेत्रों में अनेक बार तापमान हिमांक से नीचे गिर जाता है। हिमालय के उच्च पर्वतीय ढालों तथा जम्मू-कश्मीर, पंजाब व हिमाचल प्रदेश में शीतकालीन तापमान न्यूनतम रहते हैं।

वायुदाब - भारतीय उपमहाद्वीप में सामान्यत: सर्दियों में तापमान काफी कम हो जाता है, जिसके परिणामस्वरूप स्थल पर उच्च दाब विकसित होता है। सम्पूर्ण एशिया महाद्वीप के वायुदाब तन्त्र में सर्वाधिक वायुदाब का एक केन्द्र बैकाल झील के पास, दूसरा पाकिस्तान में पेशावर के निकट तथा तीसरा उत्तरी-पश्चिमी राजस्थान में विकसित होता है। इस ऋतु में जलीय क्षेत्र अपेक्षाकृत उष्ण रहते हैं, अत: हिन्द महासागर में निम्न दाब विकसित हो जाता है।

पवनें - पवनें उच्च दाब से निम्न दाब की ओर चलती हैं। अत: भारत में इस ऋतु में पवनें स्थल से जल की ओर चलने लगती हैं। ये पवनें भारत में उत्तर-पश्चिमी दिशा से गंगा मैदान की ओर चलती है। मैदानी भाग को

पार करने के बाद ये पवनें उत्तर-पूर्वी दिशा से चलने लग जाती हैं। इन पवनों को उत्तरी-पूर्वी मानसून के नाम से जाना जाता है। चूंकि पवनों का यह विशिष्ट क्रम शीत ऋतु में विकसित होता है, इसलिये इन्हें शीतकालीन मानसून के नाम से भी जाना जाता है। इस ऋतु में पश्चिमी यूरोप में भी जिह्वा के आकार का उच्च दाब क्षेत्र विकसित हो जाता है। यह नुकीला उच्च दाब क्षेत्र वहाँ प्रचलित पछुआ पवनों व उनसे सम्बन्धित चक्रवातों को दो शाखाओं में विभक्त कर देता है। इसमें से एक शाखा भूमध्यसागर, इजराइल, सीरिया, जॉर्डन, इराक, ईरान, अफगानिस्तान व पाकिस्तान होती हुई भारत के उत्तरी पश्चिमी भाग तक पहुँचती है।

वर्षा - स्थल से जल की ओर चलने के कारण इस ऋतु में पवनें अधिकांशत: शुष्क होती हैं। परिणामस्वरूप, इन पवनों से भारत में बहुत कम वर्षा होती है। इस ऋतु में भूमध्य सागर से जन्म लेकर आने वाले चक्रवातों से थोड़ी वृष्टि (Precipitation) जम्मू-कश्मीर, हिमाचल प्रदेश, पंजाब, हरियाणा, उत्तराखंड, राजस्थान तथा उत्तर प्रदेश में होती है। इस वर्षा को **मावट** कहते हैं। यह फसलों के लिये अत्यन्त लाभप्रद होती है। उत्तरी-पूर्वी मानसून से थोड़ी-सी वर्षा उत्तरी-पूर्वी भारत के पर्वतीय क्षेत्रों में भी होती है। जैसे-जैसे ये पवनें आगे बढ़ती हैं, वैसे-वैसे ये शुष्क होती जाती हैं, किन्तु बंगाल की खाड़ी के ऊपर चलते समय ये पवनें पुन: आर्द्रता ग्रहण कर लेती हैं। इसका लाभ तमिलनाडु को शीतकालीन वर्षा के रूप में मिलता है। अत: शीतकालीन वर्षा का अधिकतम भाग तमिलनाडु को प्राप्त होता है।

ग्रीष्म ऋतु

इसकी अवधि मार्च से मध्य जून तक मानी जाती है। इस ऋतु में मई व जून सर्वाधिक गर्म महीने होते हैं। यह ऋतु शुष्क एवं गर्म होती है। इस ऋतु में प्राय: धूलभरी आंधियाँ चला करती हैं। इन गर्म व शुष्क हवाओं को **लू** कहते हैं। इन तीव्रगामी पवनों के कारण कई बार काफी मात्रा में धूलकण उड़कर आकाश में छा जाते हैं, जिससे आकाश का रंग पीला हो जाता है। उत्तरी व पश्चिमी राजस्थान में इस ऋतु में आंधियाँ प्राय: प्रतिदिन चलती रहती हैं।

तापमान - मार्च के पश्चात् सूर्य की स्थिति उत्तरायण होने लगती है, जिसके कारण भारत में तापमान धीरे-धीरे बढ़ने लगता है। इस अवधि में तापमान बढ़ते-बढ़ते जून तक उत्तरी-पश्चिमी भारत में 45° सेल्सियस से भी अधिक हो जाता है। उत्तरी भारत के वृहत् मैदानी क्षेत्र में भी तापमान काफी उच्च रहते हैं। तटीय क्षेत्रों की ओर तापमान अपेक्षाकृत कम रहते हैं। अत: दक्षिणी भारत में सागरीय प्रभाव के कारण तापमान उत्तरी भारत की अपेक्षा कम रहते हैं। हिमालय पर्वतीय क्षेत्र में भी समुद्रतल से ऊँचाई के कारण तापमान काफी कम रहते हैं। इसीलिए इस क्षेत्र में कई पर्वतीय नगर विकसित हुए हैं, जैसे - शिमला, मसूरी, नैनीताल, दार्जिलिंग तथा अरावली पर्वत श्रेणी में माउण्ट आबू आदि।

वायुदाब - ग्रीष्म ऋतु के उच्च तापमान के कारण उत्तरी भारत में निम्न वायुदाब विकसित हो जाता है। सर्वाधिक तापमान थार के मरुस्थल में होने के कारण न्यूनतम वायुदाब भी इसी क्षेत्र में विकसित होता है। दक्षिण भारत में तापमान अपेक्षाकृत कम रहने के कारण वायुदाब अधिक रहता है। अत: इस ऋतु में सर्वाधिक वायुदाब हिन्द महासागर के जलीय क्षेत्र में पाया जाता है।

पवनें - इस ऋतु में उत्तरी भारत में तापमान तेजी से बढ़ता है, जिसके कारण वायुदाब तेजी से कम होने लगता है। यह न्यून वायुदाब चारों ओर के पवनों को आकर्षित करता है। अत: इस ऋतु में धूलभरी, गर्म और शुष्क हवाएँ चलती हैं जिन्हें **लू** कहते हैं। राजस्थान, हरियाणा तथा पंजाब में इन धूलभरी आंधियों का सर्वाधिक प्रभाव रहता है। इन आंधियों से कई बार स्थानीय वर्षा हो जाती है। तटीय क्षेत्रों में तथा दक्षिणी भारत में भी पवनों का क्रम जल से स्थल की ओर होने लगता है। अत: दक्षिणी भारत में इस ऋतु में थोड़ी वर्षा हो जाती है, जिसे यहाँ **आम की बौछार** (Mango Showers) तथा विशेष रूप से कहवा उत्पादक क्षेत्रों में **फूलों की बौछार** के नाम से जाना जाता है।

(ब) दक्षिणी-पश्चिमी या ग्रीष्मकालीन मानसून काल

वर्षा ऋतु

इस ऋतु की अवधि का विस्तार मध्य जून से मध्य सितम्बर तक होता है। कृषि प्रधान भारत के सन्दर्भ में इस ऋतु का सर्वाधिक महत्व है, क्योंकि इस ऋतु में देश के अधिकांश भागों में व्यापक वर्षा होती है।

वायुदाब, पवनें तथा वर्षा - ग्रीष्म ऋतु के अन्तर्गत दिए गए विवरण में तापमान, वायुदाब एवं पवनों की दिशा के बारे में स्पष्ट किया गया था। ये परिस्थितियाँ भारत में जल से स्थल की ओर चलने वाली पवनों के सूत्रपात का आधार बनती है। इस ऋतु में भूमध्य रेखा के दक्षिण में चलने वाली दक्षिण-पूर्वी व्यापारिक पवनें उत्तरी-पश्चिमी भारत में विकसित न्यून दाब की ओर आकर्षित होकर भूमध्य रेखा को पार करती हैं।

भूमध्य रेखा को पार करने पर फैरल नियम के अनुसार ये पवनें दिशा बदलकर अपने दाहिनी ओर मुड़ जाती हैं। अत: इनकी दिशा दक्षिणी-पश्चिमी हो जाती है इसलिए इन्हें दक्षिणी-पश्चिमी मानसून के नाम से जाना जाता है। जल से स्थल की ओर चलने के कारण ये पवनें अत्यन्त आर्द्र होती हैं। इसीलिए इनसे भारत में व्यापक वर्षा होती है। भारत में कुल वार्षिक वर्षा का लगभग 90 प्रतिशत भाग इसी ऋतु में प्राप्त होता है। प्रायद्वीपीय भारत की स्थिति के कारण ग्रीष्मकालीन मानसूनी पवनें दो शाखाओं में विभक्त हो जाती हैं-

(क) अरब सागरीय मानसून तथा

(ख) बंगाल की खाड़ी का मानसून।

(क) अरब सागरीय मानसून - मानसून की यह शाखा अत्यन्त वेगवती होती है। पश्चिमी घाट के पश्चिमी ढालों पर इसकी तीव्रता के कारण वर्षा का प्रारम्भ घनघोर रूप से होता है। इसलिए प्रथम घनघोर वर्षा को **मानसून का फटना (Burst of Monsoon)** कहते हैं। इसका वेग पश्चिमी घाट तथा पश्चिमी तटीय मैदान में ही समाप्त हो जाता है। पश्चिमी तट पर लगभग 250 से.मी. तथा पश्चिमी घाट के **पवनोन्मुखी उच्च ढालों पर 500 से.मी. से भी अधिक वर्षा** होती है। पश्चिमी घाट पार करने पर न केवल इनमें जल की कमी हो जाती है, बल्कि पूर्वी ढालों पर उतरते समय गर्म होकर ये पवनें शुष्क भी हो जाती हैं। अत: वृष्टि छाया प्रभाव के कारण पश्चिमी घाट के पूर्वी ढालों और दक्षिण के पठार पर कम वर्षा होती है। पूर्व में चेन्नई तक पहुँचने पर इनसे 38 से.मी. से भी कम वर्षा होती है। इस प्रकार दक्षिण के पठार का पूर्वी भाग वृष्टि छाया प्रभाव में रहता है। पश्चिमी घाट को पार करने के बाद अरब सागरीय मानसून की एक

शाखा तो चेन्नई की ओर जाती है तथा दूसरी शाखा विन्ध्याचल व सतपुड़ा श्रेणियों के मध्य से होकर छोटा नागपुर के पठार तक जाती है। इस मार्ग में वर्षा का औसत 150 से.मी. से प्रारम्भ होकर दूरी बढ़ने के साथ-साथ 100 से.मी. तक रह जाता है। इसी मानसून की तीसरी शाखा कच्छ, राजस्थान, हरियाणा और पंजाब को पार करके पश्चिमी हिमालय तक पहुँच कर हिमाचल प्रदेश में वर्षा करती है। इन पवनों से राजस्थान को अधिक लाभ नहीं मिलता है, क्योंकि ये पवनें अरावली पर्वत श्रृंखला के समानान्तर गुजर जाती हैं। खम्भात की खाड़ी के क्षेत्र में औसत रूप से 50 से.मी. वर्षा की मात्रा से दूरी बढ़ने के साथ-साथ वर्षा की मात्रा कम होती जाती है।

(ख) **बंगाल की खाड़ी का मानसून** - बंगाल की खाड़ी से प्रारम्भ होकर इसकी एक शाखा हिमालय के पूर्वी भाग में काफी वर्षा करती है। यहाँ पर खासी की पहाड़ियों में स्थित मॉसिनराम नामक स्थान पर 1,300 से.मी. से भी अधिक वर्षा होती है। वर्षा का यह औसत विश्व में सर्वाधिक है। इस मानसून की एक अन्य शाखा पूर्व में असम की ओर जाती है, जो ब्रह्मपुत्र नदी की घाटी में काफी वर्षा करती है। यह औसत 200 से.मी. से अधिक रहता है। इस मानसून की तीसरी उपशाखा हिमालय पर्वत के समानान्तर पश्चिम की ओर क्रमशः बिहार, झारखण्ड, उत्तर प्रदेश, उत्तराखंड, पंजाब, हरियाणा व राजस्थान तक जाती है। समुद्र से दूरी बढ़ने के साथ-साथ इस शाखा से वर्षा के औसत में भी कमी होती जाती है। उदाहरण के लिये कोलकाता में यह औसत 170 से.मी. रहता है, जो धीरे-धीरे कम होता हुआ पटना में 120 से.मी. इलाहाबाद में 85 से.मी., आगरा में 70 से.मी., दिल्ली में 65 से.मी., बीकानेर में 28 से.मी. तथा जैसलमेर में 5 से.मी. रह जाता है। इस मानसून की एक शाखा छोटा नागपुर के पठार की ओर बढ़ती हुई बंगाल की खाड़ी के मानसून की शाखा से मिल जाती है। इस कारण इन दोनों शाखाओं से इस क्षेत्र में औसत रूप से 100 से.मी. तक वर्षा होती है।

शरद ऋतु

इस ऋतु की अवधि मध्य सितम्बर से दिसम्बर तक रहती है। यह मानसून का प्रत्यावर्तन काल है।

तापमान - इस ऋतु में सूर्य धीरे-धीरे दक्षिणायन होने लगता है, जिसके परिणामस्वरूप भारत में तापमान धीरे-धीरे कम होता है। इस ऋतु में अधिकतम औसत तापमान 30^oसे 35^oसे. के मध्य रहता है, जो कि दिसम्बर तक धीरे-धीरे घटकर तटीय क्षेत्रों एवं दक्षिणी भारत में औसत रूप से 25^oसे. तथा उत्तरी भारत में 5^oसे. तक गिर जाता है। उच्च पर्वतीय क्षेत्रों में तापमान हिमांक से नीचे रहता है।

वायुदाब व पवनें - तापमान के अनुरूप वायुदाब में भी परिवर्तन आता जाता है। चूंकि तापमान में धीरे-धीरे गिरावट आती है, अतः उसके साथ-साथ कुछ समय तक वायुदाब की अनिश्चित-सी स्थिति रहती है। धीरे-धीरे वायुदाब ग्रीष्म ऋतु के वायुदाब की अपेक्षा विपरीत विकसित होता जाता है। इन परिस्थितियों के कारण मानसूनी पवनों का प्रत्यावर्तन होने लगता है।

वर्षा - इस ऋतु में वर्षा की मात्रा एवं उसका क्षेत्रीय वितरण सीमित रहता है। पीछे हटते हुए मानसून (Retreating Monsoon) के कारण तमिलनाडु एवं तटीय क्षेत्रों में कुछ वर्षा होती है।

भारत में वर्षा का वितरण

भारत के विभिन्न भागों में वर्षा की मात्रा में विषमता पाई जाती है, जैसे-मॉसिनराम में 1,300 से.मी. तथा थार-मरुस्थल के जैसलमेर में केवल 5 से.मी. वर्षा का औसत है, जबकि देश की वर्षा का औसत 110 से. मी. है। वर्षा के सामान्य वितरण के आधार पर हम भारत को चार वृहत् भागों में बँट सकते हैं-

- **अधिक वर्षा वाले क्षेत्र** - इसके अन्तर्गत 200 से.मी. से अधिक वर्षा वाले क्षेत्र आते हैं। पश्चिमी तटीय मैदान, पश्चिमी घाट के पश्चिमी पवनोन्मुखी ढाल, पूर्वी उत्तर प्रदेश, पूर्वी बिहार व झारखण्ड, पश्चिमी बंगाल का उत्तरी भाग, असम, मेघालय आदि ऐसे ही क्षेत्र हैं।
- **साधारण वर्षा वाले क्षेत्र** - इस वर्ग में वे क्षेत्र सम्मिलित हैं, जिनमें वर्षा 100 से.मी. से 200 से.मी. तक होती है। इसके अन्तर्गत पश्चिमी घाट के पूर्वी भाग, पश्चिमी बंगाल के दक्षिणी-पश्चिमी भाग, ओडिशा, बिहार के आन्तरिक भाग, छत्तीसगढ़, दक्षिण-पूर्वी उत्तर प्रदेश, हरियाणा और हिमाचल प्रदेश की संकीर्ण पेटी शामिल है। इन्हें **मध्यम वर्षा वाले क्षेत्र** भी कहते हैं।
- **न्यून वर्षा वाले क्षेत्र** - इस वर्ग में वे क्षेत्र शामिल है, जहाँ वर्षा का औसत 50 से 100 से.मी. के बीच रहता है। मध्य प्रदेश, उत्तरी-पश्चिमी आन्ध्र प्रदेश, कर्नाटक, पूर्वी राजस्थान, दक्षिणी पंजाब, हरियाणा और दक्षिणी व पश्चिमी उत्तर प्रदेश इसमें सम्मिलित हैं। इस क्षेत्र में वर्षा की अनिश्चितता अधिक रहती है।
- **अपर्याप्त वर्षा वाले क्षेत्र** - इसमें 50 से.मी. से कम वर्षा वाले भाग शामिल हैं। इस वर्ग में पश्चिमी राजस्थान, पश्चिमी पंजाब, तमिलनाडु का रॉयल सीमा क्षेत्र, कच्छ व लद्दाख आदि क्षेत्र सम्मिलित हैं।

भारतीय वर्षा की विशेषताएँ

1. भारत की कुल वर्षा का 90 प्रतिशत भाग ग्रीष्म ऋतु में दक्षिणी-पश्चिमी मानसून से प्राप्त होता है।
2. कालिक दृष्टि से मानसूनी वर्षा अनिश्चित होती है। यह वर्षा कभी जल्दी, तो कभी देर से प्रारम्भ होती है; कभी जल्दी प्रारम्भ होकर जल्दी समाप्त हो जाती है, तो कभी देर तक चलती रहती है।
3. वर्षा का क्षेत्रीय वितरण अत्यन्त असमान है।
4. यह वर्षा लगातार नहीं होती, वरन् कुछ दिनों के अन्तर से रुक-रुक कर हुआ करती है। कभी-कभी यह अन्तराल अधिक हो जाता है, जिससे फसलें सूख जाती हैं।
5. कुछ भागों में वर्षा मूसलाधार होती है और कुछ में बौछारों के रूप में होती है। जब वर्षा तेज होती है तो वर्षा का जल मिट्टी का अपरदन कर उसे कृषि के अयोग्य बना देता है।
6. शीत ऋतु प्रायः शुष्क होती है। देश की 10 प्रतिशत वर्षा शरदकालीन मानसून तथा चक्रवातों से प्राप्त होती है।
7. भारत में वर्षा के दिनों की संख्या बहुत कम है, जैसे कोलकाता में

118 दिन, चेन्नई में 55 दिन, मुम्बई में 75 दिन आदि। अतः सिंचाई की आवश्यकता होती है।

8. वर्षा में अनियमितता बहुत है। राजस्थान के जिन भागों में वर्षा केवल 12 से.मी. होती है, वहाँ वर्षा की अनियमितता 30 प्रतिशत होती है, परन्तु कानपुर में 20 प्रतिशत तथा कोलकाता में 11 प्रतिशत अनियमितता का औसत रहता है।

महत्वपूर्ण बिंदु

* भारत में मानसूनी जलवायु पाई जाती है।
* भारत के जलवायु को प्रभावित करने वाले कारक – समुद्रतल से ऊँचाई, समुद्र से दूरी, भूमध्य रेखा से दूरी, पर्वतों की स्थिति, पर्वतों की दिशा, पवनों की दिशा, उच्च स्तरीय वायु संचरण आदि।
* जलवायु परिस्थितियाँ – (अ) उत्तरी-पूर्वी या शीतकालीन मानसून काल (शीत व ग्रीष्म ऋतु), (ब) दक्षिणी-पश्चिमी या ग्रीष्मकालीन मानसून काल (वर्षा ऋतु व शरद ऋतु)।
* वर्षा का वितरण अत्यन्त असमान; वर्षा के वितरण के आधार पर प्रमुख क्षेत्र – (i) अधिक वर्षा वाले क्षेत्र, (ii) साधारण वर्षा वाले क्षेत्र (iii) न्यून वर्षा वाले क्षेत्र तथा (iv) अपर्याप्त वर्षा वाले क्षेत्र।

मानसून तन्त्र

भारत की जलवायु को **मानसूनी जलवायु** कहा जाता है, क्योंकि यहाँ की जलवायु में मानसून की सर्वाधिक भूमिका रहती है। यही कारण है कि हमेशा मानसून की भविष्यवाणी करने के प्रयास किए जाते हैं। चूंकि हमारे देश की अर्थव्यवस्था मानसून पर निर्भर करती है, अतः इसकी भविष्यवाणी आवश्यक भी है, किन्तु यह भी आवश्यक है कि इसकी भविष्यवाणी सर्वमान्य एवं तार्किक आधार पर हो ताकि यह खरी उतरे। मानसून की उत्पत्ति के विषय में अनेक अवधारणाएँ समय-समय पर दी जाती रही हैं। अतः इन सभी को समझना आवश्यक है।

मानसून की अवधारणा

मानसून शब्द अरबी भाषा के **मौसिम (Mausim)** शब्द से बना है, जिसका अर्थ है मौसम या ऋतु। मानसूनी पवनें वस्तुतः मौसमी हवाएँ ही हैं। ये वर्ष के छः माह स्थल की ओर से तथा शेष छः माह जल की ओर से चलती हैं। हमारा देश वर्ष भर मानसूनी हवाओं के प्रभाव में रहता है। अतः यहाँ की जलवायु इन हवाओं द्वारा निर्धारित होती है। जलवायु पर ही हमारे देश की कृषि, कृषि आधारित उद्योग एवं अन्य सम्बन्धित आर्थिक पहलू निर्भर करते हैं। इसीलिए भारतीय अर्थव्यवस्था को **मानसून का जुआ (Gamble in Monsoons)** कहा जाता है।

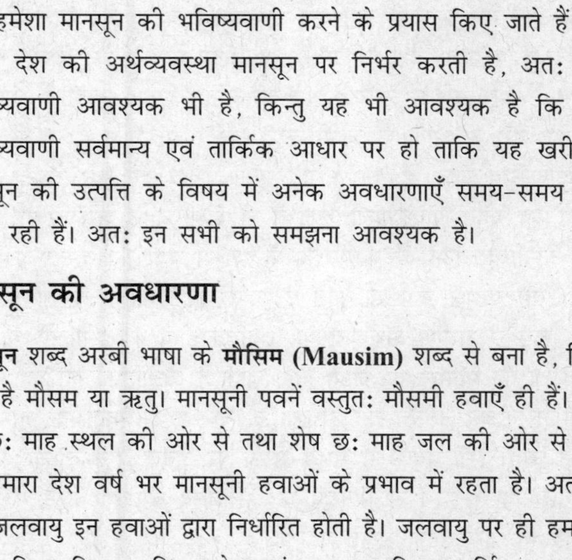

1. संस्थागत परिकल्पना

यह अवधारणा स्थल व जल के वितरण तथा इनकी ताप-ग्रहण व ताप मुक्ति के सन्दर्भ में भिन्न गुणों से सम्बन्धित है। स्थली भाग शीघ्र गर्म व ठण्डे होते हैं, जबकि जल देर से गर्म व ठण्डा होता है। ग्रीष्म ऋतु में स्थल के शीघ्र गर्म हो जाने से न्यून वायुदाब बन जाता है, जबकि जल शीघ्र ताप ग्रहण न कर पाने के कारण ठण्डा रहता है तथा वहाँ उच्च दाब बन जाता है। अतः इस ऋतु में जल से स्थल की ओर पवनें चलने लगती हैं। जलीय क्षेत्र से उद्गम होने के कारण ये पवनें आर्द्र होती हैं। इसलिए इन पवनों से व्यापक वर्षा होती है।

शीत ऋतु में यह प्रक्रिया विपरीत हो जाने से पवनों की दिशा भी विपरीत हो जाती है। शीत ऋतु में स्थली भागों के शीघ्र ठण्डे हो जाने से उच्च दाब तथा जलीय क्षेत्रों के अपेक्षाकृत गर्म रहने से वहाँ निम्न वायुदाब बन जाता है। अतः पवनें स्थल से जल की ओर चलने लगती हैं। इन पवनों का उद्गम स्थल से होने के कारण ये शुष्क होती हैं। अतः सामान्यतः इन पवनों से वर्षा नहीं होती।

इस प्रकार ऋतुओं के अनुसार बदली हुई परिस्थितियों के कारण क्रमशः ग्रीष्मकालीन तथा शरदकालीन मानसून की उत्पत्ति होती है।

2. अन्तःउष्ण कटिबन्धीय अभिसरण परिकल्पना

जर्मन मौसम विज्ञान शास्त्री **फ्लोन** (Flohn) ने बताया कि भूमध्यरेखीय निम्नदाब की ओर चलने वाली दोनों व्यापारिक पवनों के मिलने से वाताग्र (Front) उत्पन्न हो जाता है। यही वाताग्र (Front) मानसून की जननी है। ग्रीष्म ऋतु में यह वाताग्र उत्तर की ओर खिसक जाता है। अतः इनसे उत्पन्न चक्रवात भारत में ग्रीष्मकालीन मानसून के रूप में वर्षा करते हैं। शीत ऋतु में न केवल यह वाताग्र दक्षिण की ओर खिसक जाता है, बल्कि वायुदाब पेटियों के दक्षिण की ओर खिसक जाने से भारत में इस समय उपोष्ण उच्च दाब का प्रभाव भी बढ़ जाता है। अतः प्रतिचक्रवातीय दशा उत्पन्न होने से उत्तर-पूर्वी मानसून चलते हैं। इस प्रकार फ्लोन के अनुसार, मानसूनी पवनों की दिशा में मौसमी परिवर्तन तापीय कारणों से न होकर, ग्रहीय वायुक्रम में व्यापारिक पवनों के पुनर्स्थापन का प्रतीक है। मानसून की उत्पत्ति के विषय में यह अवधारणा फ्लोन की परिकल्पना के नाम से भी जानी जाती है।

3. स्पेट की चक्रवातीय परिकल्पना

ऑस्ट्रेलियाई भूगोलवेत्ता **स्पेट** का मानना है कि मानसून पवनें चक्रवातों की उत्पत्ति का परिणाम हैं। ये चक्रवात विभिन्न वायुपुंजों (Air Masses) के मिलने पर बने वाताग्रों के कारण उत्पन्न होते हैं। उनकी मान्यता है कि ग्रीष्म ऋतु में वाताग्र बनने की प्रक्रिया अत्यन्त शक्तिशाली होती है। अतः ये वाताग्र महासागर से वर्षाभरी पवनों को आकर्षित करते हैं। इसके विपरीत, शीत ऋतु में स्पेट के अनुसार ये वाताग्र अत्यन्त दुर्बल व छिछले होते हैं।

4. जेट स्ट्रीम परिकल्पना

इस परिकल्पना के मूल में कई भौगोलिक तथ्य निहित हैं। इसमें मानसून की उत्पत्ति के लिये केवल धरातलीय जलवायु दशाओं को ही उत्तरदायी नहीं माना गया, बल्कि क्षोभमण्डल (Troposphere) में वायु प्रवाह को भी महत्वपूर्ण माना गया है। इसे **उच्च स्तरीय वायु संचरण** (Upper Air Circulation) कहा जाता है। इस संचरण में वायु की एक तीव्र प्रवाह

वाली धारा चलती रहती है, जिसे **जेट स्ट्रीम** (Jet Stream) के नाम से जाना जाता है। इस प्रकार जेट स्ट्रीम हिमालय व तिब्बत क्षेत्र में उच्चस्तरीय वायु संचरण (Upper Air Circulation) का प्रमुख अंग है। कोटेश्वरम, पन्त, रामामूर्ति, रामास्वामी, फ्लोन, हैमिल्टन आदि वैज्ञानिकों ने क्षोभमण्डल में चलने वाली जेट स्ट्रीम का मानसून से घनिष्ठ सम्बन्ध माना है। **हैमिल्टन** मानसून का सहसम्बन्ध पूरे क्षोभमण्डल की परिस्थितियों से स्थापित करते हैं, जबकि अन्य विद्वान क्षोभमण्डल के निम्न भाग से ही सम्बन्धित मानते हैं।

उच्च स्तरीय वायु संचरण के अंग के रूप में जेट स्ट्रीम पश्चिम से पूर्व की ओर प्रवाहित होती रहती है। यह मार्ग में मौसम के अनुसार थोड़ा परिवर्तित होती रहती है। हमारी ग्रीष्म ऋतु में इसका सम्पूर्ण प्रवाह तिब्बत के पठार के उत्तर में सीमित रहता है। हमारी शीत ऋतु में वायुदाब व पवनों का प्रवाह भी दक्षिण की ओर खिसक जाता है, किन्तु तिब्बत के पठार की उपस्थिति के कारण यह दो शाखाओं में विभक्त हो जाता है। एक शाखा तिब्बत के पठार के उत्तर में तथा दूसरी शाखा उसके दक्षिण में प्रवाहित होने लगती है।

शीत ऋतु में सूर्य दक्षिणायन हो जाता है अर्थात् सूर्य मकर रेखा पर सीधा चमकता है। इसके परिणामस्वरूप सभी वायुदाब की पेटियाँ एवं उनके अनुरूप सभी पवनों की पेटियाँ दक्षिण की ओर खिसक जाती हैं। इस ऋतु में जेट स्ट्रीम का प्रवाह भी दक्षिण की ओर खिसकता है। दक्षिण की ओर खिसकने पर तिब्बत के पठार की स्थिति के कारण जेट स्ट्रीम दो शाखाओं में विभक्त हो जाती है। इसकी उत्तरी शाखा तिब्बत के पठार के उत्तर में चलती है। यह शाखा अपेक्षाकृत क्षीण होती है। दूसरी शाखा तिब्बत के पठार के दक्षिण में चलती है। पवनों की पेटियों के दक्षिण की ओर खिसकने के कारण जेट स्टीम का दक्षिणी प्रवाह 20° से 25° उत्तरी अक्षांश के मध्य होने लगता है। मौसम वैज्ञानिकों के अनुसार जेट स्ट्रीम की यही दक्षिणी शाखा शरदकालीन मानसून को उत्पन्न करती है। भारत में उत्तर-पश्चिम की ओर से आने वाले चक्रवातीय विक्षोभों का प्रवेश भी जेट स्ट्रीम की इसी धारा की देन है।

ग्रीष्म ऋतु में सूर्य उत्तरायण हो जाता है अर्थात् सूर्य कर्क रेखा पर सीधा चमकता है। इसके परिणामस्वरूप सभी वायुदाब की पेटियाँ तथा उनके अनुरूप सभी पवनों की पेटियाँ उत्तर की ओर खिसक जाती हैं। अत: जेट स्ट्रीम का सम्पूर्ण प्रवाह मुख्य धारा के रूप में तिब्बत के पठार के उत्तर में प्रवाहित होने लगता है। इस प्रवाह के उत्तर की ओर खिसकने के फलस्वरूप बने स्थान के कारण हिन्द महासागरीय क्षेत्र से पवनें उत्तर की ओर चलने लगती हैं। यही ग्रीष्मकालीन मानसून के बनने की प्रक्रिया है।

5. अल नीनो-ला नीना परिकल्पना

कुछ मौसम विज्ञान शास्त्रियों ने भारतीय मानसून की प्रक्रिया में दक्षिणी प्रशान्त महासागर में पेरू तट के निकट महासागरीय तापमान की परिस्थितियों को महत्वपूर्ण निर्धारक कारक माना है। इन वैज्ञानिकों के अनुसार क्रिसमस के आस-पास दक्षिणी प्रशान्त महासागर में पेरू के तट के निकट महासागरीय जल के तापमान की महत्वपूर्ण भूमिका होती है। ये परिस्थितियाँ तापमान के सामान्य से 2° से 4° सेल्सियस तक अधिक या कम हो जाने से बनती हैं। सामान्य से अधिक तापमान हो जाने की स्थिति को **अल नीनो प्रभाव (El Nino Effect)** कहा जाता है। सामान्य से कम तापमान हो जाने की स्थिति को ला नीना प्रभाव (La Nina Effect) कहा जाता है। चूंकि यह असामान्य परिस्थितियाँ क्रिसमस के आस-पास उत्पन्न होती है, अत: मौसम वैज्ञानिकों ने इन्हें **क्राइस्ट शिशु (Children of Christ)** की संज्ञा दी है।

ऐसा माना गया है कि अल नीनो की परिस्थितियाँ विकसित होने पर भारत में मानसून की प्रक्रिया कमजोर हो जाती है। इसके विपरीत ला नीना की परिस्थितियाँ विकसित होने पर भारत में मानसून की सक्रियता बढ़ जाती है।

अल नीनो प्रभाव की यांत्रिकी-दक्षिणी प्रशान्त महासागर में ये तट के निकट तापमान सामान्य से अधिक हो जाने पर वायुदाब की परिस्थितियाँ प्रभावित होती हैं। तापमान में वृद्धि के प्रभाव के कारण इस क्षेत्र में वायुदाब सामान्य से कम हो जाता है। भूमण्डलीय वायुदाब तन्त्र तथा वायुप्रवाह तन्त्र पर इसके प्रभाव पड़ने की कल्पना की गई है। पेरू तट के निकट सामान्य से कम वायुदाब हो जाने के कारण यहाँ से दक्षिणी-पूर्वी व्यापारिक पवनों को धकेलने वाला बल (Push Factor) क्षीण हो जाता है। इसके स्थान पर यहाँ व्यापारिक पवनों को आकर्षित करने वाला या खींचने वाला बल (Pull Factor) प्रभावी हो जाता है। इसके कारण इन व्यापारिक पवनों का एशिया की ओर प्रवाह भी कमजोर पड़ जाता है। इसके परिणामस्वरूप भारत में ग्रीष्मकालीन मानसून के देरी से आने की तथा कमजोर होने की सम्भावनाएँ व्यक्त की जाती हैं।

ला नीना प्रभाव की यांत्रिकी - दक्षिणी प्रशान्त महासागर में पेरू तट के निकट तापमान सामान्य से कम हो जाने की स्थिति में वायुदाब सामान्य से अधिक विकसित हो जाता है। इस कारण यहाँ से पवनों को धकेलने वाला बल शक्तिशाली हो जाता है। इसके परिणामस्वरूप भारत में मानसून के शीघ्र आने एवं बलवती होने की सम्भावनाएँ व्यक्त की जाती हैं।

भारत एक कृषि प्रधान देश है। अत: हमारे लिये मानसून का विशेष महत्व है। मानसून की प्रक्रिया में अनेक प्रकार की अनिश्चितताएँ निहित हैं। मानसून कभी बहुत देरी से आता है, कभी बहुत जल्दी आ जाता है। कभी बहुत जल्दी क्षीण पड़ जाता है, तो कभी इसका प्रभाव देर तक चलता रहता है। कभी यह बहुत शक्तिशाली होता है तो कभी बहुत कमजोर रह जाता है। इन अनिश्चितताओं के कारण हमारे देश में वर्षा का प्रारूप प्रभावित होता है। यह प्रत्यक्ष रूप से कृषि उत्पादन को प्रभावित करता है तथा अप्रत्यक्ष रूप से सम्पूर्ण अर्थव्यवस्था प्रभावित होती है। इसीलिए भारतीय अर्थव्यवस्था को **मानसून का जुआ** कहा जाता है। वैज्ञानिकों का यह प्रयास है कि मानसून की उत्पत्ति की प्रक्रिया के बारे में अधिकाधिक जानकारी प्राप्त की जाए। इसी प्रयास में समय-समय पर अनेक परिकल्पनाएँ प्रस्तुत की गई हैं; किन्तु इनमें से मानसून की सर्वमान्य व्याख्या करने में अभी तक कोई भी परिकल्पना सक्षम नहीं है।

महत्वपूर्ण बिंदु

* **मानसून** शब्द की उत्पत्ति अरबी भाषा के **मौसिम** शब्द से हुई है।
* मानसून की उत्पत्ति के विषय में अनेक परिकल्पनाएँ प्रचलित हैं।
* संस्थापित परिकल्पना जल व स्थल पर भिन्न तापीय परिस्थितियों के विकास पर आधारित है।
* अन्तर-उष्ण कटिबन्धीय अभिसरण परिकल्पना जर्मन वैज्ञानिक फ्लोन ने दी थी। उन्होंने मानसून की उत्पत्ति दोनों व्यापारिक पवनों के अभिसरण से मानी है।

* अनेक वैज्ञानिकों ने उच्चस्तरीय वायु संचरण के अंग के रूप में जेट स्ट्रीम के प्रवाह एवं उसके मार्ग में विचलन को मानसून की उत्पत्ति का कारक माना है।
* जेट स्ट्रीम का प्रवाह उच्चस्तरीय संचरण में पश्चिम से पूर्व की ओर होता है।
* जेट स्ट्रीम का प्रवाह ग्रीष्म ऋतु में सम्पूर्ण रूप से तिब्बत के पठार के उत्तर में सीमित रहता है तथा शीत ऋतु में इसका प्रवाह दक्षिण में खिसक जाने से तिब्बत के पठार के अवरोध के कारण दो शाखाओं में विभक्त होकर इसके उत्तर व दक्षिण में प्रवाहित होने लगता है।

* दक्षिणी प्रशान्त महासागर में पेरू तट के निकट औसत से अधिक तापमान हो जाने को अल नीनो तथा कम हो जाने को ला नीना कहा जाता है। चूंकि ये परिस्थितियाँ क्रिसमस के आस-पास होती हैं, अतः इन्हें **क्राइस्ट शिशु** कहा जाता है।
* अल नीनो की स्थिति में भारत में मानसून के देर से आने एवं कमजोर पड़ने की कल्पना की जाती है।
* ला नीना की स्थिति में भारत में मानसून के शीघ्र आने एवं बलवती होने की कल्पना की जाती है।

❑❑❑

अध्याय 12

भारतीय जलवायु

[भारतीय मानसूनः क्रियाविधि, आगमन एवं परावर्तन, जलवायु के प्रकार (कोपेन और थॉर्नथ्वेट)]

- भारत मानसूनी जलवायु का देश है, परंतु इसके वृहद् भौगोलिक विस्तार, प्रायद्वीपीय आकृति एवं हिमालय जैसी विशाल पर्वत श्रृंखला की उपस्थिति के कारण भारत की जलवायु में काफी अधिक आंतरिक विषमता देखने को मिलती है।
- भारत का आधा भाग शीतोष्ण कटिबंध में स्थित है। इसके बावजूद हिमालय पर्वत-माला की उपस्थिति के कारण भारत में उष्ण एवं उपोष्ण प्रकार की जलवायु पाई जाती है। अतः कई विद्वानों ने भारत को अनेक जलवायु वाला देश माना जाता है। जलवायु की दृष्टि से भारत में रूस से भी अधिक विविधता पाई जाती है। इन्हीं विविधताओं को ध्यान में रखकर अनेक जलवायु वैज्ञानिकों ने भारत को विभिन्न जलवायु प्रदेशों में विभाजित करने का कार्य किया है। इनमें से निम्न तीन विद्वानों का कार्य विशेष महत्व रखता है:

(1) थॉर्नथ्वेट का 1933 ई. का जलवायु वर्गीकरण

(2) कोपेन का 1936 ई. का जलवायु वर्गीकरण

(3) ट्रिवार्था द्वारा 1948 ई. में किया गया जलवायु वर्गीकरण

1. थॉर्नथ्वेट का जलवायु वर्गीकरण

- थॉर्नथ्वेट (Thornthwaite) द्वारा किया गया जलवायु वर्गीकरण वर्षा की सार्थकता (जल संतुलन) पर आधारित है। वर्षा की सार्थकता, वर्षा प्राप्ति व वाष्पीकरण के बीच का अनुपात है। इसके अलावा उन्होंने तापमान व वर्षा के मौसमी व मासिक वितरण को भी ध्यान में रखा है।
- जिन क्षेत्रों में वर्ष के सभी महीनों में जल का अधिशेष (Surplus) पाया जाता है, वहाँ की जलवायु अति आर्द्र होती है एवं जिन क्षेत्रों में वर्षा के सभी महीनों में जल का अभाव पाया जाता है अर्थात् वर्षण की तुलना में वाष्पीकरण अधिक होता है, वहाँ की जलवायु शुष्क होती है। इन दो अतिशयताओं के बीच जल के अधिशेष व जल के अभाव की विविध मात्रा के आधार पर अन्य प्रकार के जलवायु का निर्धारण होता है।

थॉर्नथ्वेट का जलवायु वर्गीकरण

जलवायु प्रकार	क्षेत्र
A-अति आर्द्र	उत्तर-पूर्वी भारत में मिजोरम, त्रिपुरा, मेघालय, निचला असम और अरुणाचल प्रदेश तथा गोवा के दक्षिण में पश्चिमी तट।
B-आर्द्र	नागालैंड, ऊपरी असम और मणिपुर, उत्तरी बंगाल और सिक्किम तथा पश्चिमी तटवर्ती क्षेत्र।
C_2-नम उप-आर्द्र	प. बंगाल, उड़ीसा, पूर्वी बिहार, पंचमढ़ी, पश्चिमी घाट के पूर्वी ढाल।
C_1-शुष्क उप-आर्द्र	गंगा का मैदान, मध्य प्रदेश, छत्तीसगढ़, झारखण्ड उत्तर पूर्वी आंध्र प्रदेश, उत्तरी पंजाब और हरियाणा, उत्तरी पूर्वी तमिलनाडु, उत्तराखंड, हिमाचल प्रदेश तथा जम्मू-कश्मीर।
D-अर्द्ध शुष्क	तमिलनाडु, आंध्र प्रदेश, पूर्वी-कर्नाटक, पूर्वी महाराष्ट्र, उत्तर-पूर्वी गुजरात, पूर्वी राजस्थान, पंजाब और हरियाणा का अधिकतर भाग।
E-शुष्क	पश्चिमी राजस्थान, पश्चिमी गुजरात और दक्षिणी पंजाब।

2. कोपेन का जलवायु वर्गीकरण

- कोपेन ने सर्वप्रथम 1918 ई. में भारत को तीन जलवायु क्षेत्रों में विभाजित किया। इसके पश्चात् इन्होंने इस योजना में 1931 व 1936 ई. में संशोधन किया। कोपेन ने जलवायु प्रदेशों के निर्धारण हेतु निम्नलिखित चरों (Variables) का प्रयोग किया है :

(i) वार्षिक एवं मासिक औसत तापमान

(ii) वार्षिक एवं मासिक वर्षा

(iii) वनस्पति

कोपेन ने विभिन्न जलवायु प्रदेशों के लिए अंग्रेजी के संकेताक्षरों का प्रयोग किया है। उपरोक्त कारकों के आधार पर कोपेन ने भारत को पांच मुख्य जलवायु प्रदेशों में विभाजित किया है। इन्हें व्यक्त करने के लिए कोपेन ने A, B, C, D तथा E का प्रयोग किया है। पुनः वर्षा एवं तापमान के वितरण प्रतिरूप में मौसमी भिन्नता के आधार पर इन पांच मुख्य प्रकारों को पुनः नौ उप-प्रकारों में विभाजित किया है। इन उप प्रकारों के लिए कोपेन ने अंग्रेजी के छोटे वर्णों m, w, s, h, g, f, c का प्रयोग किया है।

कोपेन का जलवायु वर्गीकरण

	जलवायु का प्रकार	विशेषताएँ (तापमान, वर्षा, वनस्पति आदि)	वितरण
1.	लघु शुष्क ऋतु का मानसून जलवायु (Amw)	• तापांतर कम पाया जाता है। • वर्षा की मात्रा 300 सें.मी. से अधिक होती है। • वर्षा मुख्यत: ग्रीष्म ऋतु में दक्षिण-पश्चिम मानसून के द्वारा होती है।	• मालाबार एवं कोंकण तट एवं गोवा के दक्षिण पश्चिमी घाट • उत्तर-पूर्वी भारत के कुछ भाग • अंडमान एवं निकोबार द्वीप समूह
		• शुष्क ऋतु की अवधि छोटी होती है, यह शुष्कता शीत ऋतु में होती है। • उष्ण कटिबंधीय सदाबहार वनस्पति पाई जाती है।	
2.	उष्ण कटिबंधीय सवाना जलवायु (Aw)	• वर्षा अधिकतर ग्रीष्म ऋतु में होती है। • वर्षा की मात्रा 75-150 सें.मी. होती है। • Amu की तुलना में तापांतर अधिक होता है। • ग्रीष्म ऋतु काफी गर्म एवं शीत ऋतु शुष्क होती है। • सवाना प्रकार की वनस्पति पाई जाती है।	• प्रायद्वीपीय भारत में कर्क रेखा के दक्षिण का अधिकांश भाग। • उत्तर-पूर्वी भारत के कुछ भाग।
3.	शुष्क ग्रीष्म ऋतु की मानसूनी जलवायु (As)	• शीत ऋतु में उत्तर-पूर्वी मानसून से अधिकांश वर्षा होती है। ग्रीष्म ऋतु में वर्षा की मात्रा काफी कम होती है। • तापांतर कम पाया जाता है। • शुष्क सदाबहार वनस्पति पाई जाती है।	• पूर्वी तमिलनाडु एवं आंध्र प्रदेश का दक्षिण-पूर्वी भाग।
4.	अर्द्ध शुष्क स्टेपी जलवायु (Bshw)	• वार्षिक औसत तापमान $18^{O}C$ से अधिक होता है। • वर्षा ग्रीष्म काल में (30-60 सेमी.) होती है। शीत काल में वर्षा का अभाव होता है। • स्टेपी प्रकार की वनस्पति (कांटेदार झाड़ियाँ एवं घास) पाई जाती है।	• मध्यवर्ती राजस्थान, पश्चिमी पंजाब एवं हरियाणा • पश्चिमी घाट का वृष्टि-छाया प्रदेश।
5.	उष्ण मरुस्थलीय जलवायु (Bwhw)	• वर्षा काफी कम (30 सेमी. से भी कम) होती है। • तापमान काफी अधिक होता है। • मरुस्थलीय प्रकार की वनस्पति (नागफनी आदि) पाई जाती है।	• राजस्थान का पश्चिमी क्षेत्र, उत्तरी गुजरात एवं हरियाणा का दक्षिणी भाग।
6.	शुष्क शीत ऋतु की मानसूनी जलवायु (Cwg)	• वर्षा मुख्यत: ग्रीष्म ऋतु (75-200 सेमी.) में होती है। • ग्रीष्म काल काफी गर्म होता है। • शीत काल शुष्क होता है।	• उत्तर का विशाल मैदान। • उत्तर-पूर्वी भारत, मुख्यत: असम में।

7.	लघु ग्रीष्म की शीतल आर्द्र-शीत जलवायु (Dfc)	• वर्ष में चार महीने तापमान $10^{O}C$ से कम परंतु हिमांक से अधिक। • ग्रीष्म काल छोटी, परंतु वर्षा वाली। • शीत ऋतु अधिक ठंडी।	• हिमालय का पूर्वी भाग।
8.	टुंड्रा जलवायु (ET)	• वर्ष भर तापमान $10^{O}C$ से भी कम। • शीत-काल में वर्षा हिमपात के रूप में होती है। फलस्वरूप, यह प्रदेश हिमाच्छादित रहता है।	• कश्मीर, लद्दाख एवं हिमाचल प्रदेश में 3,000 से 5,000 मी. की ऊँचाई वाले क्षेत्रों में।
9.	ध्रुवीय जलवायु (EF)	• तापमान $0^{O}C$ से भी कम। • वर्षा हिमपात के रूप में। • वर्ष भर हिमाच्छादित।	• हिमालय के पश्चिमी एवं मध्यवर्ती भाग के अधिक ऊँचाई वाले क्षेत्रों में (5,000 मी. से अधिक)।

ट्रिवार्था का जलवायु वर्गीकरण

	जलवायु का प्रकार	विशेषताएँ (तापमान, वर्षा, वनस्पति आदि)	वितरण
1.	उष्ण कटिबंधीय मानसूनी वर्षा वन जलवायु (Amw)	• तापमान वर्ष भर ऊँचा रहता है। • वार्षिक तापांतर काफी कम ($10-11^{O}C$)। • सबसे गर्म महीने का औसत तापमान $29^{O}C$ । • सबसे ठण्डे महीने का औसत तापमान $18^{O}C$ । • वर्षा 250 सेमी. से अधिक; वर्ष के अधिकांश महीनों में वर्षा। • उष्ण सदाबहार वनस्पति।	• पश्चिमी तटीय प्रदेश, मुम्बई में दक्षिण का पश्चिमी घाट। • उत्तर-पूर्वी भारत (त्रिपुरा व असम के दक्षिणी क्षेत्र, मेघालय, पश्चिमी मिजोरम। • अंडमान व निकोबार द्वीपसमूह।
2.	उष्ण कटिबंधीय मानसून सवाना (Aw)	• शुष्क ऋतु की लंबी अवधि (पांच से सात महीने) • सबसे ठण्डे महीने का औसत तापमान $32^{O}C$ (मई से)। • सबसे ठण्डे महीने का औसत तापमान $18^{O}C$ (दिसंबर में)। • वार्षिक वर्षा-75-150 सेमी. (वर्षा मुख्यत: ग्रीष्म ऋतु में); तटीय भाग में कुछ वर्षा मानसून पूर्व एवं मानसून पश्चात चक्रवात से भी। • तमिलनाडु तट पर मुख्यत: जाड़े में वर्षा।	• पश्चिमी घाट पर्वत के वृष्टि-छाया प्रदेश को छोड़कर संपूर्ण प्रायद्वीपीय पठार।

3.	उष्ण कटिबंधीय अर्द्धशुष्क स्टेपी जलवायु (BS)	• सबसे गर्म महीने का औसत तापमान $33^{O}C$ (मई में) • सबसे ठण्डे महीने का औसत तापमान $20^{O}C$ (दिसंबर में)। • वार्षिक वर्षा-40-75 सेमी. (मुख्यत: ग्रीष्म ऋतु में)। • वनस्पति के रूप में झाड़ियां एवं घास।	• पश्चिमी घाट पर्वत का वृष्टि-छाया जलवायु (BS में) प्रदेश; इसके अंतर्गत कर्नाटक, तमिलनाडु का आंतरिक भाग, पश्चिमी आंध्र प्रदेश, मध्य महाराष्ट्र शामिल हैं।
4.	उष्ण एवं उपोष्ण कटिबंधीय स्टेपी (Bsh)	• सबसे गर्म महीने का औसत तापमान $35^{O}C$ (जून में) • सबसे ठण्डे महीने का औसत तापमान $12^{O}C$ (जनवरी में)। • वार्षिक वर्षा-30-65 सेमी. (मुख्यत: गर्मी में द.प. मानसून द्वारा)। • आर्द्र एवं शुष्क भारत के बीच स्थित भारत का संक्रमण जलवायु क्षेत्र।	• कच्छ से लेकर पंजाब तक फैला हुआ एक अर्द्ध-चंद्राकार क्षेत्र।
5.	उष्ण एवं उपोष्ण मरुस्थलीय जलवायु (Bwh)	• सबसे गर्म महीने का औसत तापमान $35^{O}C$ (जून में)। • सबसे ठण्डे महीने का औसत तापमान $11^{O}C$ (जनवरी में)। • वार्षिक वर्षा काफी कम (30 सेमी. से भी कम)। • अत्यधिक वार्षिक एवं दैनिक तापांतर।	• पश्चिमी राजस्थान एवं कच्छ का क्षेत्र।
6.	शुष्क जाड़े की ऋतु वाली आर्द्र उपोष्ण जलवायु (Caw)	• जाड़े की ऋतु में शुष्कता। • पश्चिमी भाग में वर्षा की मात्रा 65 सेमी. एवं उत्तर-पूर्वी भाग में 250 सेमी. वर्षा मुख्यत: ग्रीष्म ऋतु में। • पश्चिमी भाग में कुछ वर्षा पश्चिमी विक्षोभ के कारण • जाड़े की ऋतु में हल्की ठण्ड, जाड़े की ऋतु छोटी एवं ग्रीष्म ऋतु गर्म। • पूर्वी भाग पश्चिमी भाग की तुलना में जाड़े में अपेक्षाकृत गर्म (लगभग $3.3^{O}C$) एवं गर्मी में अपेक्षाकृत ठंडा (लगभग $5.6^{O}C$)।	• उत्तर भारत का विशाल मैदान एवं ब्रह्मपुत्र घाटी।
7.	पर्वतीय जलवायु (H)	• उपोष्ण जलवायु से लेकर टुंड्रा जलवायु। • ऊँचा दैनिक एवं वार्षिक तापांतर; तापमान की विलोमता	(i) 1,500 मीटर से अधिक ऊँचाई का हिमालय एवं ट्रांस-हिमालय क्षेत्र।

		• ट्रांस-हिमालय क्षेत्र काफी शुष्क एवं ठण्डा; वनस्पति का अभाव। • हिमालय क्षेत्र में पश्चिम से पूर्व की ओर बढ़ने पर वर्षा की मात्रा में वृद्धि। ऊँचाई के साथ-साथ वर्षा की मात्रा में कमी।	

महत्वपूर्ण बिंदु

- अरब शाखा का मानसून सबसे पहले भारत के केरल राज्य में जून के प्रथम सप्ताह में आता है और यहाँ यह पश्चिमी घाट पर्वत से टकराकर केरल के तटों पर वर्षा करता है।
- अरब सागर शाखा देश के **पश्चिमी तट**, **पश्चिमी घाट**, **महाराष्ट्र**, **गुजरात** एवं **मध्य प्रदेश** के कुछ हिस्सों में वर्षा करती है।
- अरब सागर के मानसून की उत्तरी शाखा गुजरात, कच्छ की खाड़ी व राजस्थान से प्रवेश करती है, परन्तु यहाँ पर्वतीय अवरोध न होने के कारण इन क्षेत्रों में वर्षा नहीं करती तथा सीधे हिमालय की पर्वतमालाओं से टकराकर जम्मू-कश्मीर व हिमाचल प्रदेश में भारी वर्षा करती है।
- दक्षिण-पश्चिम मानसून की **अरब शाखा बंगाल की खाड़ी के मानसून** की अपेक्षा तीन गुना अधिक वर्षा करती है। इसका कारण अरब सागर का बंगाल की खाड़ी की अपेक्षा तीन गुना होना तथा बंगाल की खाड़ी के मानसून का एक ही भाग भारत में प्रवेश करना है और दूसरा भाग म्यांमार व थाइलैंड की ओर मुड़ जाना है।
- **गारो**, **खासी** एवं **जयन्तिया पहाड़ियों** पर बंगाल की खाड़ी से आने वाली हवाएँ अधिक वर्षा लाती हैं, जिसके कारण यहाँ स्थित मॉसिनराम (मेघालय) में विश्व की सर्वाधिक वर्षा होती है।
- बंगाल की खाड़ी की शाखा उत्तर दिशा में पश्चिम बंगाल, बांग्लादेश व म्यांमार की ओर बढ़ती है।
- हिमालय पर्वतमाला के समानान्तर बढ़ते हुए यह गंगा के मैदान में वर्षा करती है।
- **तमिलनाडु** पश्चिमी घाट के पर्वत वृष्टि छाया क्षेत्र में पड़ता है। अत: यहाँ दक्षिण-पश्चिम मानसून द्वारा काफी कम वर्षा होती है। यहाँ अधिक वर्षा उत्तरी-पूर्वी मानसून से होती है।
- दक्षिणी-पश्चिमी मानसून की अवधि के दौरान **तमिलनाडु के शुष्क** रहने का प्रमुख कारण इसका वृष्टि-छाया क्षेत्र में स्थित होना है।
- गुवाहाटी से चंडीगढ़ तक मानसूनी वर्षा ह्रासमान प्रवृत्ति की होती है।
- शरद ऋतु को मानसून **प्रत्यावर्तन का काल (Retreating Monsoon Season)** कहा जाता है।
- इस ऋतु में बंगाल की खाड़ी एवं अरब सागर में उष्णकटिबंधीय चक्रवातों की उत्पत्ति होती है। इन चक्रवातों से पूर्वी तटीय क्षेत्रों में मुख्यत: आन्ध्र प्रदेश एवं ओडिशा तथा पश्चिमी तटीय क्षेत्र में गुजरात में काफी क्षति पहुँचती है।

❑❑❑

अध्याय

13

प्राकृतिक वनस्पति

[वनों के प्रकार और वितरण]

वन्यजीव संरक्षण, जैव आरक्षित क्षेत्र

प्राकृतिक वनस्पति

भारत में जलवायु की दृष्टि से काफी विविधता पाई जाती है। फलस्वरूप, भारत के विभिन्न जलवायु प्रदेशों में विभिन्न प्रकार की प्राकृतिक वनस्पति का विकास हुआ है। सामान्यत: ऐसा कहा जा सकता है कि भारत की प्राकृतिक वनस्पति वर्षा का अनुसरण करती है।

हिमालय की प्राकृतिक वनस्पति पर ऊँचाई के कारण तापमान में होने वाली कमी का काफी अधिक प्रभाव पड़ा है। इस प्रकार भारत की वनस्पति के विकास पर जलवायु एवं उच्चावच, दोनों का ही प्रभाव पड़ा है। सामान्यत: भारत में पाई जाने वाली प्राकृतिक वनस्पति को निम्नलिखित वर्गों में विभाजित किया जा सकता है:

प्राकृतिक वनस्पति के प्रकार

उष्ण कटिबन्धीय सदाहरित वनस्पति	उष्ण कटिबन्धीय आर्द्र मानसूनी वनस्पति	उष्ण कटिबन्धीय शुष्क वनस्पति	मरुस्थलीय व अर्द्ध मरुस्थलीय वनस्पति	ज्वारीय वनस्पति

उष्ण कटिबन्धीय सदाहरित वनस्पति

यह वनस्पति ऐसे क्षेत्रों में पाई जाती है, जहाँ वार्षिक वर्षा 200 से.मी. से अधिक होती है। तापमान वर्ष भर ऊँचा (वार्षिक औसत तापमान 24°C) एवं वायु में आर्द्रता 70% से अधिक होती है।

इनका वितरण मुख्यत

(i) उत्तर-पूर्वी भारत : इस क्षेत्र में यह वनस्पति 1,067 मीटर की ऊँचाई तक पाई जाती है।

(ii) पश्चिमी घाट पर्वत का पश्चिमी ढाल : यहाँ यह वनस्पति 457 मीटर से लेकर 1,370 मी. की ऊँचाई तक पाई जाती है।

(iii) अंडमान एवं निकोबार द्वीप समूह

- अधिक वर्षा के कारण वृक्ष काफी सघन एवं सदाहरित रहते हैं। वृक्षों की लंबाई 30 से 60 मीटर तक होती है। वृक्षों की लकड़ियाँ काफी कड़ी होती हैं।
- विभिन्न प्रकार की लताओं, गुल्मों, झाड़ियों आदि की अधिकता के कारण ऐसे वन प्राय: दुर्गम होते हैं। इस प्रकार के वनों में वनस्पतियों एवं जन्तुओं की विविधता काफी अधिक होती है।
- लकड़ियाँ कड़ी होने के कारण ये वन आर्थिक दृष्टि से ज्यादा महत्व नहीं रखते हैं। इनका उपयोग जलावन के कार्य में होता है, परंतु यह प्राकृतिक वनस्पति, जैव विविधता एवं पारिस्थितिक दृष्टि से पर्याप्त महत्व रखती है।
- हाल के वर्षों में इस वनस्पति क्षेत्र में रबड़ एवं तेल ताड़ के वृक्ष लगाए जा रहे हैं। ऐसे वनों में आर्किड की विभिन्न प्रजातियाँ देखने को मिलती हैं।
- रबड़, महोगनी, आबनूस (Ebony), लौह-काष्ठ (Iron wood) ताड़, बांस, बेंत, सिनकोना आदि के वृक्ष यहाँ पाए जाते हैं।
- भारत में इस प्राकृतिक वनस्पति का समुचित विदोहन नहीं हुआ है। इसके कई कारण हैं, जैसे-अत्यधिक सघन होना, मिश्रित वृक्षों का पाया जाना, परिवहन सुविधाओं का अभाव आदि।

उष्ण कटिबंधीय आर्द्र मानसूनी वनस्पति

इस वनस्पति का विकास उन क्षेत्रों में हुआ है, जहाँ वर्षा की मात्रा 100 से 200 से.मी. के बीच होती है। इन्हें **पतझड़ वन** भी कहा जाता है।

इनका वितरण मुख्यत:

(i) पश्चिमी घाट पर्वत का पूर्वी ढाल

(ii) हिमालय की तराई का क्षेत्र

(iii) बिहार, झारखण्ड, उत्तर प्रदेश, उड़ीसा, पश्चिम बंगाल, महाराष्ट्र, आंध्र प्रदेश, कर्नाटक, मध्य प्रदेश, छत्तीसगढ़, तमिलनाडु एवं केरल।

- शुष्क गर्मी की ऋतु में आर्द्रता की कमी के कारण वृक्ष अपनी पत्तियां गिरा देते हैं, ताकि उनकी नमी नष्ट न हो सके।
- इस वनस्पति प्रदेश में वृक्षों की औसत ऊँचाई सामान्यत: 20 से 45 मीटर होती है।
- वृक्षों के नीचे झाड़ियों, लताओं आदि का अभाव होता है।
- मानसूनी वन आर्थिक दृष्टि से काफी अधिक महत्व रखते हैं।
- इन वनों में सागवान, साल, चंदन, शहतूत, महुआ, आंवला, जामुन, कुसुम, शीशम जैसे वृक्ष तथा सबई घास आदि पाए जाते हैं। हाल के वर्षों में कृषि फार्मों के विस्तार हेतु इन वनों की काफी कटाई की गई है।

उष्ण कटिबंधीय शुष्क मानसूनी वनस्पति

यह वनस्पति उन क्षेत्रों में पाई जाती है, जहाँ वार्षिक वर्षा 50 से 100 से.मी. के बीच होती है।

वितरण एवं विशेषताएँ

यह वनस्पति मुख्यत: पूर्वी राजस्थान, उत्तरी गुजरात, पश्चिमी मध्य प्रदेश, दक्षिण-पश्चिम उत्तर-प्रदेश, दक्षिणी पंजाब, हरियाणा एवं पश्चिमी घाट पर्वत के वृष्टि छाया प्रदेश में पाई जाती है।

वृक्षों की ऊँचाई सामान्यत: 6 से 9 मीटर तक होती है।

- वृक्षों की जड़ें काफी लंबी होती हैं ताकि वे गहराई से जल प्राप्त कर सकें।
- अनेक वृक्षों की छाल मोटी, पत्ते मोटे एवं कांटेदार होते हैं, जिससे वाष्पीकरण की गति को धीमा किया जा सके।
- इन वनों में महुआ, बबूल, पलाश, तेंदू, खैर, कीकर, बैर, रीठा, बरगद, पीपल आदि के वृक्ष पाए जाते हैं।
- कृषि कार्य के विस्तार हेतु इन वनों की काफी सफाई की गई है।

मरुस्थलीय व अर्द्ध-मरुस्थलीय वनस्पति

- इस प्रकार की वनस्पति 50 से.मी. से कम वर्षा वाले भागों में पाई जाती है।
- ये वृक्ष, छोटी-छोटी झाड़ियों के रूप में होते हैं। सामान्यत: वृक्षों की अधिकतम ऊँचाई 6 मीटर तक होती है। वृक्षों की जड़ें लंबी, पत्तियां मोटी एवं कंटीली होती हैं।

वितरण एवं विशेषताएँ

(i) पश्चिमी राजस्थान, उत्तरी गुजरात

(ii) पश्चिमी घाट पर्वत का वृष्टिछाया प्रदेश

- खेजड़ी, खजूर, नागफनी, बबूल इनके मुख्य वृक्ष हैं।

ज्वारीय वनस्पति

- कच्छ वनस्पतियाँ (मैंग्रोव) विश्व के उष्ण तथा उपोष्ण कटिबंधीय क्षेत्रों व समूचे भारतीय समुद्र तट पर परिरक्षित मुहानों, ज्वारीय खाड़ियों, पश्च जल, क्षार दलदलों और दलदली मैदानों में पाई जाती हैं।
- भारत में कच्छ वनस्पतियाँ विश्व का लगभग पांच प्रतिशत हैं और ये तटीय राज्यों, केन्द्र शासित प्रदेशों में लगभग 4,500 वर्ग किमी. क्षेत्र में फैली हुई हैं। भारत में कच्छ वनस्पतियों के कुल क्षेत्र का आधे से थोड़ा-सा कम पश्चिम बंगाल के सुंदरवन में है।
- इस प्रकार की वनस्पति समुद्री तट एवं निम्न डेल्टाई भागों में पाई जाती है, जहाँ ज्वार के कारण नमकीन जल का फैलाव होता है।
- यहाँ की मिट्टी दलदली होती है, वृक्षों की जड़ें जटा की तरह होती हैं एवं तने को उपर उठाकर रखती हैं।
- वृक्षों की ऊँचाई 30 मीटर तक होती है एवं वे सदैव हरे-भरे रहते हैं।

वितरण एवं विशेषताएँ

(i) गंगा-ब्रह्मपुत्र डेल्टा एवं महानदी, कृष्णा, गोदावरी, कावेरी आदि नदियों के डेल्टाई भाग में।

(ii) पूर्वी एवं पश्चिमी तट।

- नारियल, ताड़, बेंत, बांस, सुन्दरी, सेनोरीटा, फोनिक्स आदि वृक्ष यहाँ पाए जाते हैं।
- सुन्दरी वृक्षों की अधिकता के कारण ही गंगा-ब्रह्मपुत्र डेल्टा के मैंग्रोव वन को **सुन्दरवन** कहा जाता है।
- तमिलनाडु के तट पर ताड़ एवं केरल के तट पर नारियल के वृक्षों की प्रधानता है।

आर्द्र उपोष्ण पहाड़ी वनस्पति

- यह वनस्पति प्रायद्वीपीय भारत में 1,070 से 1,500 मीटर की ऊँचाई पर पाई जाती है। यह वनस्पति सदाबहार होती है। वृक्षों की लकड़ियाँ मुलायम होती हैं।

वितरण एवं विशेषताएँ

- पश्चिमी घाट, पूर्वी घाट, सतपुड़ा, महादेव एवं मैकाल, नीलगिरी, कार्डामम एवं अन्नामलाई की पहाड़ियों पर इस प्रकार की वनस्पति का विस्तार है।
- इन वनों को 'शोलास' (Sholas) के नाम से जाना जाता है।

आर्द्र शीतोष्ण पहाड़ी वनस्पति

- यह वनस्पति 1500 मीटर से अधिक ऊँचाई पर पाई जाती है।
- **वितरण एवं विशेषताएँ :** अन्नामलाई, नीलगिरि एवं पालनी की पहाड़ी।
- ये वन अधिक घने नहीं होते हैं, परंतु सतह पर झाड़ियों की उपस्थिति होती है। परजीवी पौधे, फर्न, काई आदि पाए जाते हैं।
- मैग्नोलिया, लारेल, यूक्लिप्टस, एल्म आदि वृक्ष पाए जाते हैं।

हिमालय क्षेत्र की वनस्पति

हिमालय क्षेत्र में वनस्पति के वितरण पर ऊँचाई का महत्वपूर्ण प्रभाव है, क्योंकि ऊँचाई बढ़ने के साथ-साथ तापमान में कमी आती है। अत: यहाँ उष्ण कटिबंधीय वनस्पति से लेकर टुंड्रा वनस्पति की पेटियाँ पाई जाती हैं। हिमालय का पूर्वी भाग कर्क रेखा एवं समुद्र के अधिक निकट है, साथ ही इस भाग में वर्षा अधिक होती है। हिमालय का पश्चिमी भाग न केवल कर्क रेखा से अधिक उत्तर में है, बल्कि यहाँ महाद्वीपीय जलवायु का भी प्रभाव है। इस भाग में वर्षा की मात्रा भी कम है। यही कारण है कि इन दोनों भागों की वनस्पति की पेटियों की ऊँचाई एवं सघनता में अंतर देखने को मिलता है।

(क) उष्ण कटिबंधीय आर्द्र पर्णपाती वन

- यह वनस्पति 900 मीटर की ऊँचाई तक पाई जाती है।
- साल, शीशम, सागवान, बांस एवं सवाई घास आदि महत्वपूर्ण वनस्पतियाँ हैं।

(ख) उपोष्ण वनस्पति

- यह वनस्पति 900 से लेकर 1,830 मीटर की ऊँचाई में पाई जाती है।
- ओक, चेस्टनट आदि वृक्ष यहाँ पाए जाते हैं।

(ग) शीतोष्ण वनस्पति

- इस वनस्पति की पेटी का विस्तार 1,830 मीटर से लेकर 2,740 मीटर की ऊँचाई तक पाया जाता है।
- इस पेटी में ओक, बर्च, मैपिल, मैग्नेलिया, एल्डर, लारेल जैसी चौड़ी पत्तियों के वृक्ष पाए जाते हैं।

(घ) शीत शीतोष्ण वनस्पति

- यह वनस्पति 2,740 मीटर से लेकर 3,660 मीटर की ऊँचाई तक पाई जाती है।
- चीड़, स्प्रूस, देवदार जैसी नुकीली पत्तियों वाले वृक्ष इस पेटी में पाए जाते हैं।
- यह शंकुधारी वनों की पेटी है।

(ङ) अल्पाइन वनस्पति

- यह वनस्पति 3,660 मीटर से लेकर 4,876 मीटर के बीच पाई जाती है।
- इस पट्टी में सिल्वर, फर, जूनीफर आदि वृक्ष पाए जाते हैं।

(च) टुंड्रा वनस्पति

- यह वनस्पति 4,876 मीटर से लेकर 5,100 मीटर की ऊँचाई तक पाई जाती है।
- इस भाग में छोटी झाड़ियाँ, घास, काई एवं फूल वाले पौधे पाए जाते हैं।
- ग्रीष्म ऋतु में बर्फ के पिघलने पर अल्पाइन झाड़ियों एवं अन्य पौधों में फूल निकल आते हैं एवं घास के उगने से चरागाह का विकास हो जाता है।

पूर्वी हिमालय क्षेत्र में वनस्पति की पेटियाँ

पश्चिमी हिमालय की वनस्पति

- पश्चिमी हिमालय तुलनात्मक रूप से शुष्क एवं ठंडा होने के कारण पूर्वी हिमालय की वनस्पतियों से भिन्नता रखता है। पूर्वी हिमालय के विपरीत पश्चिमी हिमालय में परजीवी पौधों एवं फर्न का अभाव पाया जाता है। पर्वत पाद (Foot-hill) क्षेत्र में मुख्यत: शुष्क सवाना वनस्पति का विस्तार विशाल क्षेत्रों में देखने को मिलता है।
- पश्चिमी हिमालय में उपोष्ण कटिबंधीय वनस्पति का विस्तार 1,520 मीटर की ऊँचाई तक ही पाया जाता है। 1,520 मीटर से लेकर 3,660 मीटर की ऊँचाई तक शीतोष्ण कटिबंधीय वनों का विस्तार पाया जाता है, जिसमें चौड़ी पत्ती एवं नुकीली पत्ती वाले वृक्ष मिश्रित रूप में पाए जाते हैं। 3,660 से 4,570 मीटर की ऊँचाई तक अल्पाइन वनस्पति पाई जाती है।
- **प्रायद्वीपीय पर्वतीय वनस्पति :** प्रायद्वीपीय क्षेत्रों में पर्वतीय वनस्पति के तीन विशिष्ट क्षेत्र पश्चिमी घाट, विंध्याचल और नीलगिरि हैं। मात्र 1,500 मी. की ऊँचाई होने के कारण ऊँचे ढलानों पर शीतोष्ण कटिबंधीय वनस्पति पाई जाती है। केरल, कर्नाटक और तमिलनाडु के कम ऊँचाई वाले ढलानों पर उपोष्ण कटिबंधीय वनों को **'शोला'** कहते हैं। सतपुड़ा और मैकाल पर्वत श्रेणियों पर भी ऐसे ही वन पाए जाते हैं।

आर्थिक आधार

वन संसाधन

- एक अनुमान के अनुसार, भारत में पौधों की 45,000 प्रजातियां पाई जाती हैं। इनमें से 5,000 प्रजातियां ऐसी हैं, जो केवल भारत में ही पाई जाती हैं। भारत में जीव-जन्तुओं की 75,000 प्रजातियां पाई जाती हैं। पक्षियों की प्रजातियों की संख्या लगभग 2,000 है।
- भारत के कुल भौगोलिक क्षेत्रफल के लगभग 24.60% क्षेत्र में वन पाए जाते हैं। सघन वन मात्र 12% भाग पर ही पाए जाते हैं। देश में वनों एवं वृक्षों से आच्छादित कुल क्षेत्रफल 8,07,276 वर्ग किमी. (कुल भौगोलिक क्षेत्रफल का 24.56%) में है।
- भारत में पाए जाने वाले वनों में 3% शंकुधारी व 97% चौड़ी पत्ती वाले हैं। प्रशासनिक आधार पर वनों को तीन वर्गों में विभाजित किया गया है। इस समय भारत में 8,07,276 वर्ग किमी. भूमि पर वनों का विस्तार है, जो भौगोलिक क्षेत्र का लगभग 24.56 प्रतिशत है। कुल वन क्षेत्र का 54.4 प्रतिशत भाग आरक्षित वनों, 29.2 प्रतिशत भाग संरक्षित वनों तथा शेष 16.4 प्रतिशत भाग अवर्गीकृत वनों के अंतर्गत आता है। देश में 59 प्रतिशत सघन वन हैं। देश में मैंग्रोव वनस्पति में वर्ष 2017 की तुलना में कुल 54 वर्ग किमी. (1.10%) की वृद्धि हुई है।
- भारत में भौगोलिक प्रदेशों के आधार पर वनों का वितरण :

	भौगोलिक प्रदेश	**वनों का प्रतिशत**
1.	हिमाचल प्रदेश	334 वर्ग किमी.
2.	विशाल मैदान	5.0
3.	प्रायद्वीपीय पहाड़ियाँ एवं पठार	56.0
4.	पश्चिमी घाट एवं तटीय प्रदेश	10.0
5.	पूर्वी घाट एवं तटीय प्रदेश	10.0
	कुल	**100.0**

भारत में वन स्थिति रिपोर्ट-2021

- यह भारत के वन और वृक्ष आवरण का आकलन है। इस रिपोर्ट को द्विवार्षिक रूप से 'भारतीय वन सर्वेक्षण' द्वारा प्रकाशित किया जाता है।
- वर्ष 1987 में पहला सर्वेक्षण प्रकाशित हुआ था। वर्ष 2021 में भारत वन स्थिति रिपोर्ट (India State of Forest Report-ISFR) का यह 17वाँ प्रकाशन है।
- ISFR का उपयोग वन प्रबंधन के साथ-साथ वानिकी और कृषि वानिकी क्षेत्रों में नीतियों के नियोजन एवं निर्माण में किया जाता है।
- वनों की तीन श्रेणियों का सर्वेक्षण किया गया है जिनमें शामिल हैं- अत्यधिक सघन वन (70% से अधिक घनत्व), मध्यम सघन वन (40-70%) और खुले वन (10-40%)।

- स्क्रबस (घनत्व 10% से कम) का भी सर्वेक्षण किया गया लेकिन उन्हें वनों के रूप में वर्गीकृत नहीं किया गया।
- इसने पहली बार टाइगर रिज़र्व, टाइगर कॉरिडोर और गिर के जंगल जिसमें एशियाई शेर रहते हैं में वन आवरण का आकलन किया है।
- वर्ष 2011-2021 के मध्य बाघ गलियारों में वन क्षेत्र में 37.15 वर्ग किमी (0.32%) की वृद्धि हुई है, लेकिन बाघ अभयारण्यों में 22.6 वर्ग किमी (0.04%) की कमी आई है।
- इन 10 वर्षों में 20 बाघ अभयारण्यों में वनावरण में वृद्धि हुई है, साथ ही 32 बाघ अभयारण्यों के वनावरण क्षेत्र में कमी आई।
- बक्सा (पश्चिम बंगाल), अन्नामलाई (तमिलनाडु) और इंद्रावती रिज़र्व (छत्तीसगढ़) के वन क्षेत्र में वृद्धि देखी गई है जबकि कवल (तेलंगाना), भद्रा (कर्नाटक) और सुंदरवन रिजर्व (पश्चिम बंगाल) में कमी हुई है।
- अरुणाचल प्रदेश के पक्के टाइगर रिज़र्व में सबसे अधिक लगभग 97% वन आवरण है।

वनों से होने वाले लाभ

वनों से मनुष्य को प्रत्यक्ष व अप्रत्यक्ष तौर पर कई लाभ मिलते हैं-

- वनों से मानव व जन्तुओं को खाद्य पदार्थ की आपूर्ति होती है। साथ ही घरों के निर्माण हेतु लकड़ियाँ भी प्राप्त होती हैं।
- उद्योग का एक बहुत बड़ा क्षेत्र कच्चे माल के लिए वनों पर निर्भर करता है। उदाहरण के तौर पर, कागज उद्योग पूर्णत: वनों पर आश्रित है। इसके अतिरिक्त बीड़ी उद्योग, दियासलाई उद्योग, खेलों का सामान आदि के लिए कच्चे माल की आपूर्ति भी वनों के माध्यम से होती है।
- पशुपालन के विकास के लिए वनों का होना अत्यंत आवश्यक है। वन क्षेत्रों में उपलब्ध घास दुधारू पशुओं का मुख्य आहार है। इन पशुओं से मानव को दुग्ध के रूप में प्रोटीन प्राप्त होता है।
- आजीविका के स्तर पर व सरकारी आय के लिए भी मानव समुदाय वनों के ऊपर निर्भर है। विभिन्न जनजातियों का आश्रय वन पर ही हैं।
- मृदा अपरदन खेती हेतु एक समस्या के रूप में उभर रही है। मृदा अपरदन से अन्न उत्पादन में कमी आती है तथा भूमि बंजर बन जाती है। वन मृदा अपरदन की दर को कम करते हैं तथा मिट्टी के उपजाऊपन को बरकरार रखते हैं।
- वन हमारे जलवायु को भी प्रभावित करते हैं। अत्यधिक वनों के कारण वर्षा सामान्य होती है। कार्बन डाइऑक्साइड का अवशोषण तथा ऑक्सीजन का अत्यधिक उत्सर्जन होता है। वन जलवायु तापन संतुलन को बरकरार रखते हैं। वनों के अत्यधिक कमी से वैश्विक तापन की समस्या उत्पन्न हो रही है।
- वनों द्वारा जल का अवशोषण अच्छी तरह से होता है। वर्षा के जल का अधिकांश पानी पेड़-पौधों के माध्यम से जड़ों में चला जाता है। जिससे बाढ़ जैसी समस्या उत्पन्न नहीं होती। वर्तमान समय में शहरों में अल्प वर्षा से ही जल भराव की स्थिति बन जा रही है।

वनों की स्थिति व वन संरक्षण

- वर्तमान समय में वनों का दोहन काफी तीव्रता के साथ बढ़ा है और उसके दुष्परिणाम भी हमारे सम्मुख आ रहे हैं। स्वस्थ पर्यावरण संतुलन के लिए 33% क्षेत्रों पर वनावरण होना आवश्यक है, किन्तु भारत में वनों का आवरण 21.67% है। सरकार द्वारा विभिन्न प्रकार के माध्यम से इसे बढ़ाने का प्रयास किया जा रहा है। ध्यातव्य है कि वन असंतुलन होने से मौसम चक्र में परिवर्तन, वैश्विक तापन में वृद्धि, मृदा अपरदन, समुद्री जलस्तर का बढ़ना, वायु प्रदूषण में वृद्धि जैसी तमाम समस्याओं का सामना मानव जाति को करना पड़ रहा है। वन संरक्षण हेतु कई उपाय सरकार व गैर सरकारी संगठनों द्वारा किया जा रहा है।
- वन नीति में संशोधन (1952 तथा 1988) कर उसे और प्रभावी बनाने का प्रयास किया गया है। इसके तहत प्राकृतिक संरक्षण, जलाशयों का संरक्षण, वन उत्पादों को बढ़ाने का उपाय आदि शामिल है।
- इसके अलावा सामाजिक वानिकी को बढ़ावा, वनों की कटाई पर रोक, वृक्षारोपण को प्रोत्साहन जैसे उपायों को भी बढ़ावा दिया जा रहा है।
- वन मंत्रालय की स्थापना, जो कि वन विभाग के माध्यम से वनों का संरक्षण व संवर्धन में विशेष भूमिका निभा रही है।

राष्ट्रीय उद्यान व वन्य जीव अभ्यारण्य

वन्य जीव संरक्षण हेतु राष्ट्रीय उद्यानों की स्थापना की जाती है। इसमें जीव-जन्तुओं को रखा जाता है तथा ये हैबिटेट ओरिएण्टेड होते हैं। वन्य जीव संरक्षण अधिनियम 1972 के तहत राष्ट्रीय उद्यानों की स्थापना की गई है। वन्य जीव अभ्यारण्य को भी वन्य जीव संरक्षण अधिनियम 1972 के तहत स्थापित किया गया है। इस तरह के अभ्यारण्य में विशिष्ट प्रजाति आधारित जन्तुओं, पशु-पक्षियों आदि का संरक्षण किया जाता है।

प्रोजेक्ट टाइगर	प्रोजेक्ट एलीफेण्ट	मगरमच्छ प्रजनन परियोजना
शुरुआत 1973 में	• शुरुआत फरवरी 1992 में	• शुरुआत 1974 में
• बाघों का संरक्षण व उनकी संख्या में वृद्धि का प्रयास।	• हाथियों को उनके आवास में ही लम्बे समय तक रखना तथा उनका संरक्षण करना।	• वर्ष 1978 तक कुल 16 मगरमच्छ प्रजनन केन्द्र स्थापित किए गए थे।
• 'राष्ट्रीय बाघ संरक्षण प्राधिकरण' की स्थापना 4 सितंबर, 2006 में। उद्देश्य बाघ संरक्षण की योजना बनाना व रिपोर्ट संसद को देना।	• 'गजतमे' नाम से चल रही यह परियोजना 14 राज्यों में संचालित है।	• केन्द्रीय मगरमच्छ प्रजनन व प्रबंधन प्रशिक्षण संस्थान आंध्र प्रदेश में स्थित है।

भारतीय वनों से प्राप्त होने वाली प्रमुख वस्तुएँ

सागवान
यह मुख्य रूप से मध्य प्रदेश के पश्चिमी एवं मध्यवर्ती भाग (जबलपुर, होशंगाबाद); महाराष्ट्र के उत्तरी कनारा, चांदा एवं खानदेश, राजस्थान के बांसवाड़ा में पाया जाता है। इसके अलावा यह तमिलनाडु, उड़ीसा, झारखण्ड एवं असम में भी पाया जाता है। सागवान का सर्वाधिक क्षेत्रफल म.प्र. में है। इन वनों का क्षेत्रफल 57,200 वर्ग किमी. है। इस लकड़ी की कठोरता औसत एवं वजन मध्यम होता है। यह काफी टिकाऊ लकड़ी है, जिसके रेशे सुंदर होते हैं। इसका उपयोग फर्नीचर, जहाजरानी आदि उद्योगों में होता है।
साल
साल के वन हिमाचल प्रदेश के कांगड़ा से लेकर असम के नवगाँव जिले तथा मेघालय में गारो की पहाड़ियों तक, हिमालय के निचले ढालों एवं तराई के भागों में विस्तृत रूप से पाये जाते हैं। उत्तर प्रदेश, उत्तराखंड, झारखण्ड, बिहार, असम, छोटानागपुर, मध्य प्रदेश, छत्तीसगढ़, उत्तरी तमिलनाडु और उड़ीसा में ये वन फैले हैं। इसके वन 1,06,500 वर्ग किमी. में फैले हैं। इसके अलावा साल के वन संपूर्ण तराई क्षेत्र में पाए जाते हैं। इसकी लकड़ी कठोर एवं टिकाऊ होती है, जिसका प्रयोग रेलवे स्लीपर, इमारती लकड़ी के रूप में होता है।
आबनूस
यह काले रंग की मजबूत, कठोर एवं टिकाऊ लकड़ी है। यह मुख्यत: पश्चिमी घाट क्षेत्र में पाई जाती है। इसका अधिकांश भाग भारत से निर्यात कर दिया जाता है।
शीशम
यह मुख्यत: उत्तर प्रदेश, उत्तराखंड, झारखंड, छत्तीसगढ़, बिहार, तमिलनाडु, मध्य प्रदेश एवं पश्चिम बंगाल में पाई जाती है। यह कठोर लकड़ी है, जिसका प्रयोग फर्नीचर, रेलगाड़ी के डिब्बे, दरवाजे, खिड़कियाँ आदि बनाने में होता है।
चंदन
यह मुख्यत: दक्षिण भारत (कर्नाटक एवं तमिलनाडु) में पाया जाता है। इसकी लकड़ी कठोर एवं सुगंधित होती है। इसका धार्मिक महत्त्व है। इससे तेल निकाला जाता है। चन्दन की लकड़ी का उपयोग सजावट की सामग्री व अगरबत्ती आदि बनाने में किया जाता है।
देवदार
यह हिमालय क्षेत्र में 1,700 से 2,500 मीटर की ऊँचाई पर पाया जाता है। इसकी लकड़ी कठोर, सुगंधित एवं टिकाऊ होती है। इसकी लकड़ी से तेल भी निकाला जाता है।
चीड़
इस पेड़ की लकड़ी हल्की होती है, जिसका उपयोग चाय की पेटी, नाव, पैकिंग के डिब्बे आदि बनाने में किया जाता है। इस पेड़ से तारपीन का तेल एवं रेजिन प्राप्त किया जाता है।

राष्ट्रीय उद्यान एवं वन्य जीव अभयारण्य

नाम	राज्य
बांधवगढ़ राष्ट्रीय उद्यान	बांधवगढ़ (मध्य प्रदेश)
कान्हा किसली राष्ट्रीय उद्यान	मण्डला एवं बालाघाट (मध्य प्रदेश)
इन्द्रावती राष्ट्रीय उद्यान	बस्तर (छत्तीसगढ़)
फॉसिल राष्ट्रीय उद्यान	भोपाल (मध्य प्रदेश)
पन्ना राष्ट्रीय उद्यान	पन्ना (मध्य प्रदेश)
संजय राष्ट्रीय उद्यान	सीधी एवं सरगुजा (मध्य प्रदेश)
सतपुड़ा राष्ट्रीय उद्यान	होशंगाबाद (मध्य प्रदेश)
सिंचौली वन्य जीव अभयारण्य	रायसेन (मध्य प्रदेश)
रातापानी वन्य जीव अभयारण्य	रायसेन (मध्य प्रदेश)
तमोई पिंगला वन्य जीव अभयारण्य	सरगुजा (छत्तीसगढ़)
सीतानदी वन्य जीव अभयारण्य	रायपुर (छत्तीसगढ़)
उदयन्ती वन्य जीव अभयारण्य	रायपुर (छत्तीसगढ़)
भैरवगढ़ वन्य जीव अभयारण्य	बस्तर (छत्तीसगढ़)
पुष्पावती राष्ट्रीय उद्यान	चमोली गढ़वाल (उत्तराखंड)
कॉर्बेट राष्ट्रीय उद्यान	नैनीताल (उत्तराखंड)
दुधवा राष्ट्रीय उद्यान	लखीमपुर खीरी (उत्तर प्रदेश)
गोविन्द पशु विहार	उत्तर काशी (उत्तराखंड)
मालन पशु विहार	पौड़ी गढ़वाल (उत्तराखंड)
नन्दादेवी पशु विहार	चमोली (उत्तराखंड)
चन्द्रप्रभा वन्य जीव अभयारण्य	वाराणसी (उत्तर प्रदेश)
काजीरंगा राष्ट्रीय उद्यान	जोरहाट (असम)
मानस वन्य जीव अभयारण्य	बारपेट (असम)
गरम पानी वन्य जीव अभयारण्य	दिकू (असम)
सोनाई रूपा वन्य जीव अभयारण्य	तेजपुर (असम)
हजारीबाग राष्ट्रीय उद्यान	हजारीबाग (झारखंड)
बेतला राष्ट्रीय उद्यान	पलामू (झारखंड)
भीमबंध वन्य जीव अभयारण्य	मुंगेर (बिहार)
डालमा वन्य जीव अभयारण्य	सिंहभूम (झारखंड)
गौतमबुद्ध वन्य जीव अभयारण्य	गया (बिहार)
बांदीपुर राष्ट्रीय उद्यान	बान्दीपुर (कर्नाटक)
वेणुगोपाल राष्ट्रीय उद्यान	मैसूर (कर्नाटक)
नागरहोल राष्ट्रीय उद्यान	दुर्ग (कर्नाटक)
तुंगभद्रा वन्य जीव अभयारण्य	बेलारी (कर्नाटक)
सोमेश्वर वन्य जीव अभयारण्य	कनारा (कर्नाटक)
शरावती वन्य जीव अभयारण्य	शिमोगा (कर्नाटक)
गिर राष्ट्रीय उद्यान	जूनागढ़ (गुजरात)
केवलादेव पक्षी विहार	भरतपुर (राजस्थान)
रणथम्भौर वन्य जीव अभयारण्य एवं टाइगर रिजर्व	सवाई माधोपुर (राजस्थान)
सरिस्का वन्य जीव अभयारण्य	अलवर (राजस्थान)

परम्बिकुलम वन्य जीव अभयारण्य	पालघाट (केरल)
पेरियार वन्य जीव अभयारण्य	इडुक्की (केरल)
सुन्दर वन टाइगर रिजर्व	चौबीस परगना (प. बंगाल)
जलदापारा वन्य जीव अभयारण्य	जलपाईगुड़ी (प. बंगाल)
मदुमल्लाई वन्य जीव अभयारण्य	नीलगिरि (तमिलनाडु)
नामदाफ़ वन्य जीव अभयारण्य	तिरप (अरुणाचल प्रदेश)
दाचीगाम वन्य जीव अभयारण्य	श्रीनगर (जम्मू-कश्मीर)
रास द्वीप राष्ट्रीय उद्यान	रास द्वीप (अंडमान एवं निकोबार)
भीतरकनिका राष्ट्रीय उद्यान	उड़ीसा
राजाजी राष्ट्रीय उद्यान	उत्तराखंड
साइलैंट वैली राष्ट्रीय उद्यान	केरल
वाल्मीकि राष्ट्रीय उद्यान	बिहार

जीवमण्डल निचय

जीवमण्डल निचय के तहत् विशेष क्षेत्र के पादप एवं जीव प्रजातियों को संरक्षण प्रदान किया जाता है। ऐसे तटीय व भौमिक पारिस्थितिकी तंत्र को यूनेस्को द्वारा मान्यता प्रदान की जाती है। संरक्षण, विकास व व्यवस्था प्राप्त करना जीवमण्डल निचय का मुख्य उद्देश्य होता है। भारत में 18 जैवमण्डलीय आरक्षित क्षेत्र हैं।

जैवमण्डलीय आरक्षित क्षेत्र

	नाम	राज्य	वर्ष	क्षेत्रफल (किमी.)
1.	नीलगिरि	तमिलनाडु, केरल, कर्नाटक	1986	5,520
2.	नंदा देवी	उत्तराखंड	1988	6,497.03
3.	नॉकरेक	मेघालय	1988	820
4.	मन्नार की खाड़ी	तमिलनाडु	1989	10,500
5.	सुंदरवन	पश्चिम बंगाल	1989	9,630
6.	मानस	असम	1989	2,837
7.	ग्रेट निकोबार	अंडमान निकोबार	1989	885
8.	सिमलीपाल	ओडिशा	1994	4,374
9.	डिब्रू सैखोवा	असम	1997	765
10.	पंचमढ़ी	मध्यप्रदेश	1999	-4,926.28
11.	दिहांग-दिबाग	अरुणाचल प्रदेश	1999	5,111.50
12.	कंचनजंगा	सिक्किम	2000	2,619.92
13.	अगस्त्यमलाई	तमिलनाडु, केरल	2001	3,500.36
14.	अचानकमार अमरकंटक	मध्यप्रदेश, छत्तीसगढ़	2005	3,835.51
15.	कच्छ का रन	गुजरात	2008	2,454
16.	कोल्ड डेजर्ट	हिमाचल प्रदेश	2009	7,770
17.	शेषाचलमम पहाड़ी	आंध्र प्रदेश	2010	4,755.99
18.	पन्ना	मध्य प्रदेश	2011	2,999.98

यूनेस्को में सूचीबद्ध

- विश्व स्तर पर मान्यता प्राप्त यूनेस्को में सूचीबद्ध जैवमण्डल नियम है-नोक्रेक, नंदा देवी, सुन्दरवन, मन्नार की खाड़ी व नीलगिरी, पचमढ़ी, सिमलीपाल, अमरकंटक, ग्रेट निकोबार, अगस्त्यामलाई व कचनजंगा।
- सबसे बड़ा जैवमण्डल आरक्षित क्षेत्र मन्नार की खाड़ी छोटा डिब्रू सैखोवा है।

महत्वपूर्ण बिंदु

- भारत में प्राकृतिक वनस्पतियों की विभिन्नता का कारण भिन्न जलवायु, मिट्टी तथा भू-आकृति है।
- **उष्ण कटिबन्धीय चिर हरित**-यह वनस्पति उन क्षेत्रों में पाई जाती है जहाँ वार्षिक वर्षा 200 सेमी. से अधिक होती है।
- **उष्ण कटिबन्धीय चिर हरित**-वन मुख्यत: उत्तर-पूर्वी भारत, नीलगिरि पहाड़ियाँ, पश्चिमी घाट पर्वत का पश्चिमी ढाल, अंडमान एवं निकोबार द्वीप समूह में पाए जाते हैं।
- **उष्णकटिबन्धीय आर्द्र मानसूनी वन**-पश्चिमी घाट पर्वत के पूर्वी ढाल, हिमालय का तराई क्षेत्र, बिहार, उत्तर प्रदेश, ओडिशा, पश्चिम बंगाल, महाराष्ट्र, आन्ध्र प्रदेश, कर्नाटक, मध्य प्रदेश आदि क्षेत्रों में पाए जाते हैं।
- **उष्णकटिबन्धीय शुष्क मानसूनी वनस्पति**- यह वनस्पति वार्षिक वर्षा 50 से 100 सेमी. वाले क्षेत्र में पाई जाती है।
- **उष्णकटिबन्धीय शुष्क मानसूनी वनस्पति**–पूर्वी राजस्थान, उत्तरी गुजरात, पश्चिमी मध्य प्रदेश, दक्षिण-पश्चिम उत्तर प्रदेश, दक्षिणी पंजाब, हरियाणा आदि क्षेत्रों में पाई जाती है।
- **वृक्ष**–महुआ, बबूल, पलाश, तेन्दू, बेर, बरगद, पीपल आदि।
- **उष्णकटिबन्धीय आर्द्र मानसूनी वनस्पति या उष्णार्द्र पतझड़ वन**-यह वनस्पति उन स्थानों पर पाई जाती है, जहाँ वार्षिक वर्षा 100 से 200 सेमी. के बीच होती है। इसे **पतझड़ वन** भी कहते हैं।

❑❑❑

अध्याय

14

मिट्टी (मृदा)

[मिट्टी के प्रमुख प्रकार और उनका वितरण, मिट्टी का ह्रास और संरक्षण]

मिट्टी की परिभाषा–मिट्टी भूपटल पर पाई जाने वाली एक पतली परत है। जिसका निर्माण चट्टानों के टूटे हुए खनिज कणों, पेड़-पौधों एवं जीव-जंतुओं के गले-सड़े अंश से होता है। मिट्टी को उनके संगठन के आधार पर कुछ वर्गों में विभाजित किया जा सकता है।

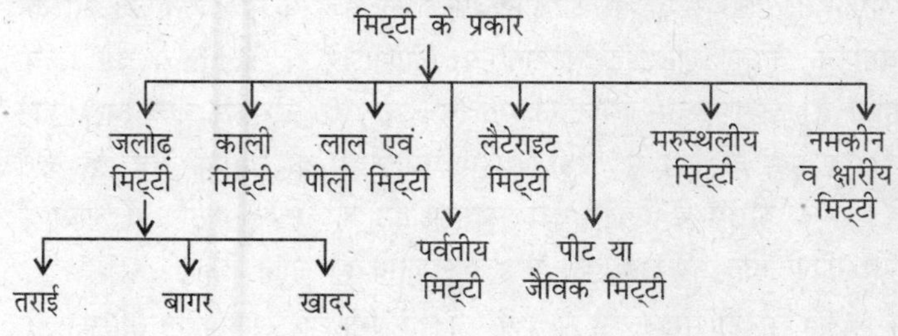

जलोढ़ मिट्टी

- इस मिट्टी का विस्तार 7.7 लाख वर्ग किलोमीटर क्षेत्र में पाया जाता है, जो भारत के कुल भौगोलिक क्षेत्रफल का लगभग 22% है।
- इस मिट्टी के दो प्रमुख क्षेत्र हैं :

(i) उत्तर का विशाल मैदान

(ii) तटवर्ती मैदान

इसके अलावा नदियों की घाटियों एवं डेल्टाई भाग में भी यह मिट्टी पाई जाती है। इस मिट्टी का निर्माण नदियों द्वारा लाए गए तलछट के निक्षेपण से हुआ है। इस प्रकार यह एक अक्षेत्रीय मिट्टी है। इस मिट्टी में नाइट्रोजन, फॉस्फोरस एवं ह्यूमस की कमी होती है, परंतु इस मिट्टी में पोटाश एवं चूने का अंश पर्याप्त होता है। इस मिट्टी को सामान्यत: तीन वर्गों में विभाजित किया जाता है :

तराई

यह भाबर के दक्षिण में पाया जाता है। इसमें महीन कंकड़, रेत, चिकनी मिट्टी, छोटे-छोटे पत्थर आदि पाए जाते हैं। बड़े चट्टानी कणों की उपस्थिति के कारण इसकी जलग्राह्यता अधिक होती है। साथ ही, चूने की मात्रा अधिक होने के कारण यह मिट्टी गन्ने की कृषि के लिए काफी उपयुक्त होती है।

बांगर

यह पुरानी जलोढ़ मृदा है। यह मिट्टी सतलज एवं गंगा के मैदान के ऊपरी भाग तथा नदियों के मध्यवर्ती भाग में पाई जाती है, जहाँ सामान्यत: बाढ़ का पानी नहीं पहुंच पाता है। इसमें चीका एवं बालू की मात्रा लगभग बराबर होती है, साथ ही इसका रंग गहरा होता है। बांगर मृदा की सतह के नीचे चूने की गांठें (Nodulus) पाई जाती हैं, जिसे **कंकर (Kankar)** के नाम से जाना जाता है। बांगर का मैदान रबी फसलों की कृषि के लिए अधिक उपयुक्त है। इसमें गेहूं, कपास, तिलहन, दलहन, मक्का जैसी फसलों की कृषि बहुतायत से होती है। पूर्वी तटीय मैदान के ऊपरी भाग में भी बांगर मिट्टी पाई जाती है, जिसमें तम्बाकू व मक्का की कृषि बहुतायत से होती है। हाल के वर्षों में इस मृदा के क्षेत्र में कपास एवं गन्ने की कृषि को भी प्रधानता दी जा रही है।

खादर

यह नवीन जलोढ़ मृदा है। बाढ़ के पानी के लगभग प्रतिवर्ष पहुँचते रहने के कारण इस मृदा का नवीनीकरण होता रहता है। इस मृदा में सिल्ट एवं क्ले (Clay) तुलनात्मक रूप से अधिक पाया जाता है एवं इसका रंग हल्का होता है। यह मृदा निम्न गंगा का मैदान, ब्रह्मपुत्र घाटी एवं डेल्टाई क्षेत्रों में पाई जाती है। यह मृदा खरीफ फसलों, मुख्यत: चावल एवं जूट की कृषि के लिए विशेष रूप से उपयुक्त होती है।

काली मिट्टी

यह मृदा लगभग 5 लाख वर्ग किलोमीटर क्षेत्र में फैली हुई है। यह 10° से 25° उत्तरी अक्षांश एवं 73° से 80° देशांतर के बीच पाई जाती है। इसे **'रेगुर'** नाम से भी जाना जाता है। यह मृदा मुख्यत: महाराष्ट्र, दक्षिण एवं पूर्वी गुजरात, पश्चिमी मध्य प्रदेश, उत्तरी कर्नाटक, उत्तरी आंध्र प्रदेश, उत्तर-पश्चिम तमिलनाडु, दक्षिण-पूर्वी राजस्थान आदि क्षेत्रों में पाई जाती है।

- इस मिट्टी का निर्माण लावा पदार्थों के विखंडन से हुआ है। इस मृदा के काले रंग का होने का कारण इसमें कुछ विशिष्ट लवणों (salts), जैसे-लोहा एवं एल्यूमीनियम के टिटानीफेरस मैग्नेटाइट यौगिक आदि की उपस्थिति है।
- यह मिट्टी काफी उपजाऊ है। उच्च क्षेत्रों की काली मिट्टी की उर्वरता निम्न क्षेत्रों की काली मिट्टी की तुलना में कम है।
- यह मिट्टी गीली होने पर काफी चिपचिपी हो जाती है। सूख जाने के बाद सिकुड़ने के कारण इसमें लंबी एवं गहरी दरारें पड़ जाती हैं। इस प्रकार इस मिट्टी की जुताई स्वत: होती रहती हैं।
- इस मिट्टी में लोहा, एल्यूमीनियम, मैग्नेशियम एवं चूने की अधिकता होती है तथा नाइट्रोजन, फास्फोरस एवं जैविक सामग्री की कमी होती है।

- यह मिट्टी कपास की कृषि के लिए उत्तम होती है। इसके अलावा यह मिट्टी मूंगफली, तम्बाकू, गन्ना, दलहन एवं तिलहन की कृषि के लिए अनुकूल है।
- इस मिट्टी की जलधारण क्षमता अधिक है। यही कारण है कि यह मिट्टी शुष्क कृषि के लिए अनुकूल है।
- यह एक क्षेत्रीय मिट्टी है एवं मिट्टी का आदर्श पार्श्व चित्र देखने को मिलता है।

लाल एवं पीली मिट्टी

इस मिट्टी का विस्तार लगभग 5.18 लाख वर्ग कि.मी. क्षेत्र में पाया जाता है। इसका निर्माण ग्रेनाइट एवं नीस तथा शिष्ट जैसी रूपांतरित चट्टानों के विखंडन से हुआ है।

- लोहे के ऑक्साइड की उपस्थिति के कारण इसका रंग लाल होता हैं। इस मिट्टी का रंग कुछ क्षेत्रों में चॉकलेटी व पीला भी देखने को मिलता है।
- यह मिट्टी प्रवेश्य होती है एवं इसमें कंकड़ भी पाए जाते हैं।
- यह मिट्टी झारखण्ड के संथाल परगना एवं छोटानागपुर पठार, पश्चिम बंगाल के पठारी क्षेत्र, तमिलनाडु, कर्नाटक, दक्षिण-पूर्वी महाराष्ट्र, पश्चिमी एवं दक्षिणी आन्ध्र प्रदेश, मध्य प्रदेश एवं छत्तीसगढ़ के अधिकांश भाग, उड़ीसा एवं उत्तर प्रदेश के झाँसी, ललितपुर, मिर्जापुर, बांसा क्षेत्रों में पाई जाती है। पश्चिमी घाट के गिरिपद क्षेत्र की एक लंबी पट्टी में लाल दोमट मृदाएँ पाई जाती हैं।
- इस मिट्टी में नाइट्रोजन, फॉस्फोरस एवं ह्यूमस की कमी होती है।
- ऊँचाई वाले भागों में ये मिट्टियाँ पतली, कंकड़ीली व हल्के रंग की होती हैं, जबकि निम्न मैदानों की मिट्टी गहरे रंग की एवं तुलनात्मक रूप से अधिक उपजाऊ है।
- इस मिट्टी में मुख्यत: मोटे अनाज, दलहन एवं तिलहन की कृषि की जाती है। हाल के वर्षों में तमिलनाडु एवं कर्नाटक में इस मिट्टी में रबड़ एवं कहवा के बागानों का विकास किया जा रहा है।

पर्वतीय मिट्टी

इसे **वनीय मिट्टी (Forest Soil)** भी कहा जाता है। इसका विस्तार 2.85 लाख वर्ग किलोमीटर क्षेत्र में पाया जाता है।

- पर्वतीय ढालों पर विकसित होने के कारण इस मिट्टी की परत पतली होती है।
- इस मिट्टी में जीवांश की अधिकता होती है। ये जीवांश अधिकतर अनपघटित (Undecomposed) होते हैं। फलस्वरूप, ह्यूमिक अम्ल का निर्माण होता है एवं मिट्टी अम्लीय हो जाती है।
- इस मिट्टी में पोटाश, फॉस्फोरस एवं चूने की कमी होती है। इस मिट्टी की ऊर्वरा शक्ति कम होती है।
- ढालों पर स्थित होने के कारण यह मिट्टी बागानी फसलों (Plantation Crop) की कृषि के लिए विशेष रूप से उपयोगी है। भारत में चाय, कहवा, मसाले एवं फलों की कृषि इसी मिट्टी में की जाती है।
- जनजातियों द्वारा झूम कृषि (Jhum Farming) इसी मिट्टी में की जाती है।
- यह मिट्टी मुख्यत: हिमालय क्षेत्र, उत्तर-पूर्वी भारत के पहाड़ी क्षेत्र, पश्चिमी एवं पूर्वी घाट तथा प्रायद्वीपीय भारत के पहाड़ी क्षेत्रों में पाई जाती है।
- वनों की कटाई एवं कृषि कार्य के विस्तार से इस मृदा प्रदेश में भूमि क्षरण की गंभीर समस्या उत्पन्न हो सकती है, यही कारण है कि इस मृदा प्रदेश में वनीकरण को प्रधानता दी गई है।

लैटेराइट मिट्टी

यह स्थानबद्ध मिट्टी है, जो लगभग 1.26 लाख वर्ग किमी. क्षेत्र में पाई जाती है। यह वास्तव में लाल मिट्टी का ही एक विशिष्ट प्रकार है, जिसका निर्माण मानसूनी जलवायु की विशिष्टता का परिणाम है। मानसूनी जलवायु में आर्द्र एवं शुष्क मौसम वैकल्पिक (Alternate) रूप में पाया जाता है, जिसके फलस्वरूप इस मिट्टी का निर्माण होता है। यह मिट्टी सामान्यत: 200 से.मी. से अधिक वर्षा वाले क्षेत्रों में पाई जाती है। अधिक वर्षा के कारण लेटेराइट चट्टानों पर अपक्षलन (Leaching) की क्रिया होती है। फलस्वरूप, सिलिका एवं चूने के अंश रिसकर नीचे चले जाते हैं एवं मृदा के रूप में लोहा एवं एल्यूमीनियम के यौगिक बचे रह जाते हैं। शुष्क मौसम में यह मिट्टी सूखकर ईंट की भांति कठोर हो जाती है एवं गीली होने पर लही की तरह लिपलिपी हो जाती है।

- यह मिट्टी मुख्य रूप से पूर्वी एवं पश्चिमी घाट, राजमहल की पहाड़ी, केरल, कर्नाटक के कुछ क्षेत्र, उड़ीसा के पठारी क्षेत्र, छोटानागपुर के पाट प्रदेश, असम के कुछ क्षेत्र एवं मेघालय के पठार पर पाई जाती है। इसका सर्वाधिक विस्तार केरल में है।
- इस मिट्टी में चूना, नाइट्रोजन, पोटाश एवं ह्यूमस की कमी होती है। चूने की कमी के कारण यह मृदा अम्लीय होती है।
- इस मिट्टी की उर्वरा शक्ति लाल मिट्टी से भी कम होती है। इस मिट्टी में मोटे अनाज, दलहन एवं तिलहन की कृषि की जाती है। अम्लीय होने के कारण इस मिट्टी में चाय की भी कृषि की जाती है।

पीट या जैविक मिट्टी

- यह मिट्टी लगभग 1 लाख वर्ग किलोमीटर क्षेत्र में पाई जाती है।
- दलदली क्षेत्रों में काफी अधिक मात्रा में जैविक पदार्थों के जमा हो जाने से इस मिट्टी का निर्माण होता है।
- इस प्रकार की मिट्टी काली, भारी एवं काफी अम्लीय होती है।
- केरल में इस प्रकार की मिट्टी में नमक के भी अंश पाए जाते हैं इसे यहाँ **'कारी' (kari)** कहा जाता है।
- यह मिट्टी मुख्यत: केरल के अलेपी जिलों, उत्तर प्रदेश के अल्मोड़ा, सुंदरवन डेल्टा एवं अन्य निम्न डेल्टाई क्षेत्रों में पाई जाती है।
- जल की मात्रा कम होने से ऐसी मिट्टी में चावल की कृषि की जाती है। तराई प्रदेश में इस मिट्टी में गन्ने की कृषि भी की जाती है।
- इस मृदा में फॉस्फेट एवं पोटाश की कमी होती है। इस मिट्टी की उर्वरा शक्ति काफी कम होती है।

मरुस्थलीय मिट्टी

- इस मिट्टी का भौगोलिक विस्तार 1.42 लाख वर्ग किलोमीटर क्षेत्र में पाया जाता है।
- यह मिट्टी मुख्यत: पश्चिमी राजस्थान, दक्षिणी पंजाब, दक्षिणी हरियाणा एवं उत्तरी गुजरात में पाई जाती है। हाल के वर्षों में मरुस्थल का फैलाव पूर्व की ओर हुआ है एवं दक्षिण-पश्चिमी उत्तर-प्रदेश के कुछ क्षेत्र भी इससे प्रभावित हुए हैं।
- यह वास्तव में बलुई मिट्टी है, जिसमें लोहा एवं फॉस्फोरस पर्याप्त होता है। परंतु इसमें नाइट्रोजन एवं ह्यूमस की कमी होती है।
- इस मिट्टी में मुख्यत: मोटे अनाजों की कृषि की जाती है, परंतु जहाँ सिंचाई की पर्याप्त सुविधा है, वहाँ कपास एवं गेहूं की भी कृषि की जाती है। हाल के वर्षों में गंगानगर जिले में चावल एवं गन्ने की भी कृषि प्रारंभ की गई है।

नमकीन एवं क्षारीय मिट्टी

- इस मिट्टी को **रेह, ऊसर** या **कल्लर** नाम से भी जाना जाता है।
- यह मिट्टी 1 लाख वर्ग किलोमीटर क्षेत्र में पाई जाती है। यह मिट्टी छिटपुट रूप से पाई जाती है।
- इस मिट्टी का विकास वैसे क्षेत्रों में हुआ है, जहाँ जल निकासी की समुचित व्यवस्था का अभाव है। ऐसी स्थिति में केषिका कर्षण (Capillary action) की क्रिया द्वारा सोडियम, कैल्शियम एवं मैग्नेशियम के लवण मृदा की ऊपरी सतह पर निक्षेपित हो जाते हैं। फलस्वरूप, इस मिट्टी में लवण की मात्रा काफी बढ़ जाती है। समुद्र तटीय क्षेत्रों में ज्वार के समय नमकीन जल के भूमि पर फैल जाने से भी इस मृदा का निर्माण होता है।
- नमकीन मिट्टियों में सोडियम क्लोराइड एवं सोडियम सल्फेट की अधिकता होती है तथा क्षारीय मृदा में सोडियम बाइकार्बोनेट की अधिकता होती है। ऐसी मृदाओं में नाइट्रोजन की कमी होती है।
- यह एक अंत:क्षेत्रीय मिट्टी है, जिसका विस्तार सभी जलवायु प्रदेशों में पाया जाता है। यह मिट्टी मुख्यत: दक्षिणी पंजाब, दक्षिणी हरियाणा, पश्चिमी राजस्थान, गंगा के बाएं किनारे के क्षेत्र, केरल तट, सुंदरवन क्षेत्र सहित वैसे क्षेत्रों में भी पाई जाती है, जहाँ अत्यधिक सिंचाई के कारण जल स्तर ऊपर उठ गया है।
- यह एक अनुपजाऊ मिट्टी है। तटीय क्षेत्रों में इस मिट्टी में नारियल एवं तेल ताड़ (oil palm) की कृषि की जाती है।
- इस मिट्टी के सुधार के लिए निम्नलिखित उपाय किए जा सकते हैं:

(i) हरी घास एवं जिप्सम का प्रयोग
(ii) जल निकासी की उत्तम व्यवस्था
(iii) खेतों को जल से भर कर, लवण के घुल जाने के पश्चात् जल को बहाकर।
(iv) नहरों से रिसने वाले जल पर काबू पाना एवं समुचित सिंचाई व्यवस्था अपनाना।

मिट्टी की समस्याएँ

वर्तमान समय में हमारे देश में मिट्टी निम्न समस्याओं के दौर से गुजर रही है :

(i) मृदा अपरदन
(ii) जल जमाव
(iii) अम्लीयता, लवणीयता एवं क्षारीयता
(iv) बंजर भूमि की समस्या
(v) मरुस्थलीकरण
(vi) मानव द्वारा भूमि का अत्यधिक दोहन

मृदा अपरदन की समस्या

वर्तमान समय में भारत में मृदा अपरदन की समस्या काफी गंभीर है। 'भारतीय कृषि अनुसंधान परिषद् (ICAR)' के अनुसार, भारत की 60% भूमि मृदा क्षरण की समस्या से ग्रसित है। रसेल के अनुसार, भारत में प्रतिवर्ष 1/8 से.मी. मोटी मृदा परत का क्षरण हो जाता है। इस मृदा परत के क्षरण के लिए प्राकृतिक एवं मानवीय, दोनों ही कारण उत्तरदायी हैं।

हाल के वर्षों में मानव द्वारा कृषि भूमि के अवैज्ञानिक प्रयोग के कारण मृदा अपरदन की समस्या गंभीर होती जा रही है। चंबल नदी की द्रोणी में बीहड़ बहुत विस्तृत है। मध्य प्रदेश के ग्वालियर, मुरैना और भिंड जिलों में तथा उत्तर प्रदेश के आगरा, इटावा और जालौर जिलों में बीहड़ 6 लाख हेक्टेयर भूमि में फैले हैं। तमिलनाडु के दक्षिणी व उत्तरी अर्काट, कन्याकुमारी, तिरुचिरापल्ली, चिंग्लीपुत, सेलम और कोयंबटूर जिलों में भी बीहड़ पाए जाते हैं। पश्चिम बंगाल के पुरुलिया जिले के कंगसाबती नदी के ऊपरी जलग्रहण क्षेत्रों में अनेक अवनलिकाएँ और बीहड़ हैं। देश की लगभग 8,000 हेक्टेयर भूमि प्रतिवर्ष बीहड़ बन जाती है।

मृदा अपरदन के प्रकार

(i) परत अपरदन : जब जल या वायु, मिट्टी की ऊपरी परत को बहाकर या उड़ाकर ले जाते हैं, तो इसे परत अपरदन कहा जाता है। जैसे-पश्चिमी भारत में।

(ii) अवनलिका अपरदन : जब तीव्र गति से बहता हुआ जल, मिट्टी को काटकर गहरी नालियों, खड्डों का निर्माण कर देता है, तो इसे अवनलिका अपरदन कहा जाता है। जैसे-चम्बल क्षेत्र में।

* भारत में जल एवं वायु दोनों ही कारकों द्वारा मृदा अपरदन का कार्य होता है।

जल अपरदन से प्रभावित क्षेत्र

(i) शिवालिक एवं हिमालय पर्वत, मुख्यत: मध्य एवं पूर्वी भाग
(ii) यमुना एवं चम्बल नदी की घाटी
(iii) उत्तर-पूर्वी भारत
(iv) उत्तर-प्रदेश का ब्रज भूमि क्षेत्र
(v) पश्चिमी घाट पर्वतीय क्षेत्र
(vi) तमिलनाडु एवं पश्चिम बंगाल के कुछ क्षेत्र

वायु अपरदन से प्रभावित क्षेत्र

(i) पश्चिमी राजस्थान

(ii) दक्षिणी पंजाब

(iii) दक्षिणी हरियाणा

* भारत के मैदानी भागों में वर्षा ऋतु में जल द्वारा एवं शुष्क मौसम में वायु द्वारा अपरदन का कार्य होता है।

मृदा अपरदन के कारण
• तीव्र एवं मूसलाधार वर्षा • तीव्र वायु • भूमि का तीव्र ढाल • मिट्टी का हल्कापन • वनों की कटाई • अतिचारण • अवैज्ञानिक कृषि जैसे ढाल के समानांतर खेत की जुताई, फसल चक्र न अपनाना, अत्यधिक सिंचाई एवं उर्वरक का प्रयोग आदि। • झूम कृषि • विकास कार्य-जैसे खनिजों के लिए खुदाई। सड़क एवं बांध आदि का निर्माण।

मृदा अपरदन की समस्या से प्रभावित प्रमुख क्षेत्र

1. **मध्य भारत में चंबल, यमुना एवं उसकी सहायक नदियों की घाटी:** इस क्षेत्र में 36 लाख हेक्टेयर भूमि मृदा अपरदन की समस्या से ग्रसित है, जिसमें से 20 लाख हेक्टेयर क्षेत्र मध्य प्रदेश में है। यह भाग अवनलिका अपरदन से बुरी तरह प्रभावित है। इस क्षेत्र की मिट्टी काफी हल्की है एवं वनस्पति के आवरण के अभाव में मृदा का अपरदन काफी तीव्र गति से होता है।
2. **उत्तर-पूर्वी भारत : इसे रेंगती मिट्टी (Creeping soil) का क्षेत्र** कहा जाता है। इस भाग की 60% भूमि गंभीर रूप से मृदा अपरदन की समस्या से ग्रसित है। इसका कारण वनों की कटाई, झूम एवं सीढ़ीनुमा कृषि तथा भारी वर्षा है।
3. **हिमालय एवं शिवालिक क्षेत्र :** वनों की कटाई एवं कृषि कार्य के विस्तार के कारण असम एवं कुमायूं हिमालय में यह समस्या है। हिमालय प्रदेश एवं जम्मू-कश्मीर में इस समस्या का कारण अतिचारण है।
4. **छोटानागपुर प्रदेश :** इस क्षेत्र में मृदा अपरदन का सर्वाधिक महत्वपूर्ण कारण वनों की कटाई है।
5. **मरुस्थलीय क्षेत्र :** इसके अंतर्गत पश्चिमी राजस्थान के जिले आते हैं, जहाँ वायु द्वारा अपरदन की क्रिया अधिक प्रभावी है।

इसके अलावा पश्चिमी घाट पर्वत क्षेत्र, तमिलनाडु, उड़ीसा एवं बंगाल में भी मृदा अपरदन की गंभीर समस्या है।

भारत में मृदा अपरदन की समस्या से निपटने के लिए सरकार द्वारा सन् 1953 में 'केन्द्रीय भूमि संरक्षण बोर्ड' (Central Soil Conservation Board) की स्थापना की गई है। इसके तीन उद्देश्य हैं :

(i) असमतल (ऊबड़-खाबड़) भूमि को कृषि योग्य बनाना।

(ii) मरुस्थल के विस्तार को नियंत्रित करना।

(iii) वर्तमान कृषित भूमि की उर्वरा शक्ति को बनाए रखना।

मृदा अपरदन रोकने के उपाय

- वृक्षारोपण, विशेषकर पहाड़ी ढालों, बंजर भूमि एवं नदियों के किनारे।
- अतिचारण को नियंत्रित करना।
- फसल चक्र की कृषि पद्धति को अपनाना।
- जल के तीव्र वेग को रोकने के लिए मेड़बन्दी करना।
- समोच्च रेखीय (Contour) एवं ढाल के लम्बवत् जुताई करना।
- ऊबड़-खाबड़ भूमि को समतल करना।
- पट्टीदार कृषि अपनाना।
- कृषित भूमि की परतों एवं खुला हुआ कम-से-कम छोड़ना। भूमि को वनस्पतियों, पुआल आदि के आवरण से ढक कर रखा जाए (Milching) ताकि मृदा में नमी की मात्रा बनी रहे।
- समुचित उर्वरक एवं सिंचाई द्वारा मृदा की उपजाऊ शक्ति को बनाए रखना।

महत्वपूर्ण बिंदु
• भारत के कुल क्षेत्रफल के **लगभग 22%** भाग पर जलोढ़ मिट्टी का जमाव (सर्वाधिक) है। • जलोढ़ मिट्टी में जब बालू के कणों और चीका की मात्रा लगभग बराबर होती है, तो उसे **दोमट मिट्टी** कहते हैं। • जलोढ़ मिट्टी में नाइट्रोजन, फॉस्फोरस एवं ह्यूमस की कमी होती है, परन्तु इस मिट्टी में पोटाश एवं चूने की बहुलता होती है। • नवीन जलोढ़ मिट्टी को खादर तथा पुरानी जलोढ़ मिट्टी को **बांगर** कहा जाता है। यह मिट्टी काफी उपजाऊ होती है। इसमें **गेहूँ, धान, मक्का, तिलहन, दलहन आदि फसलें** उगाई जाती हैं। • काली मिट्टी मुख्यत: दक्कन के लावा क्षेत्र में पाई जाती है। इसे **रेगुर मृदा** भी कहते हैं। • काली मिट्टी को **स्वत: जुताई वाली मिट्टी** भी कहते हैं। क्योंकि इसमें नमी की समाप्ति के बाद दरारें पड़ जाती हैं। • काली मिट्टी कपास की खेती के लिए सर्वाधिक उपयुक्त है। अन्य फसलों में **गेहूँ, ज्वार, बाजरा** आदि हैं। • लैटराइट मिट्टी मुख्य रूप से पूर्वी एवं पश्चिमी घाट पर्वत, मालाबार तटीय प्रदेश, राजमहल के पहाड़ी क्षेत्र, केरल, कर्नाटक, ओडिशा, छोटानागपुर एवं मेघालय के पठार में पाई जाती है। • लवणीय मिट्टी को रेह, ऊसर या कल्लर के नाम से जाना जाता है। इसका विकास शुष्क जलवायु वाले क्षेत्र में हुआ है। जहाँ जल निकास की समुचित व्यवस्था का अभाव है। इसमें **सोडियम, कैल्शियम एवं मैग्नीशियम** के लवण पाए जाते हैं, परन्तु नाइट्रोजन एवं चूने की कमी होती है। • लवणीय मिट्टी का विस्तार दक्षिणी पंजाब, दक्षिणी हरियाणा, पश्चिमी राजस्थान, केरल तट, सुन्दर वन-क्षेत्र आदि में हुआ है। तटीय क्षेत्र में इस मृदा में नारियल के पेड़ बहुतायत में मिलते हैं।

❑❑❑

अध्याय

15

प्राकृतिक आपदाएँ

[बाढ़, सूखा, चक्रवात और भू-स्खलन]

प्राकृतिक आपदाएँ

परिवर्तन लगातार होने वाली क्रिया है। परिवर्तन प्रकृति में भी सदैव होते रहते हैं। जिन परिवर्तनों का प्रभाव मानव के हित में होता है, उन्हें **'प्रकृति का वरदान'** कहा जाता है। लेकिन जब परिवर्तनों का प्रभाव मानव समाज का अहित करता है तो इन्हें **प्राकृतिक आपदा** कहा जाता है। जैसे- जब वर्षा समयानुसार व मानव की आवश्यकतानुसार होती है, तो मानव उसे वरदान मानता है। जब वर्षा अत्यधिक मात्रा में होती है, तो वह बाढ़ के रूप में प्राकृतिक आपदा बन जाती है, जिसे **अतिवृष्टि** भी कहा जाता है और यदि बहुत कम वर्षा हो तो वही अनावृष्टि के रूप में प्राकृतिक आपदा बन जाती है। जिन प्राकृतिक परिवर्तनों का दुष्प्रभाव मानव समाज पर पड़ता है, उन्हें **प्राकृतिक आपदाएँ** कहते हैं।

प्राकृतिक आपदा तथा संकट

प्राकृतिक आपदा तथा **संकट** में बहुत बारीक अन्तर है। प्राकृतिक आपदा प्रकृति में कुछ ही समय में घट जाने वाली घटना या परिवर्तन है। ऐसी घटनाओं के घट जाने के बाद मानव समाज को जिन समस्याओं का सामना करना पड़ता है, वे समस्याएँ संकट मानी जाती हैं।

फ्रेंच भाषा में Dis का अर्थ बुरा (Bad) तथा Aster का अर्थ सितारे से है। अत: Disaster का अर्थ है–सितारे बुरे होना। प्राकृतिक आपदाओं (Disaster) को **प्राकृतिक संकट (Hazards)** भी कहा जाता है। भारत में प्राकृतिक आपदाओं को **प्रकृति का प्रकोप** भी कहते हैं। प्राकृतिक आपदाओं के कारण ही संकट व समस्याओं की स्थिति बनती है। प्राचीन काल में प्राकृतिक आपदाओं को प्रकृति के साथ की गई छेड़-छाड़ के लिए प्रकृति द्वारा दिया गया दंड माना जाता था।

प्राकृतिक आपदाओं की उत्पत्ति के कारण

किसी प्राकृतिक आपदा की उत्पत्ति के लिए कौन-सा कारण जिम्मेदार है, इसे निर्धारित करना बहुत कठिन है। किसी भी प्राकृतिक आपदा के लिए एक नहीं अनेक कारण संयुक्त रूप से जिम्मेदार होते हैं। पृथ्वी की आन्तरिक एवं बाह्य शक्तियों का प्रभाव कुछ आपदाओं को सीधे प्रभावित करता है, जैसे–भूकम्प व ज्वालामुखी। मानव ने प्राकृतिक संसाधनों का अविवेकपूर्ण विदोहन अनवरत जारी रखा है। बढ़ती जनसंख्या की मांगों की पूर्ति हेतु भूमि उपयोग के स्वरूप को विकृत किया है। फलस्वरूप, वनों का विनाश, भूमि का क्षरण व जल संकट जैसी समस्याओं ने पर्यावरण को संकट में डाल दिया है। इससे ग्लोबल वार्मिंग की समस्या पैदा होती जा रही है, जो कहीं-न-कहीं अतिवृष्टि व अनावृष्टि जैसी आपदाओं को उत्पन्न कर रही है। भूस्खलन व समुद्री तूफान जैसी प्राकृतिक आपदाएँ भारत में भी बढ़ती जा रही हैं। मानव का उपभोक्तावादी दृष्टिकोण अन्धाधुन्ध विकास के लिए प्राकृतिक संतुलन को बिगाड़ रहा है। मानव के ये कार्य प्राकृतिक आपदाओं को अप्रत्यक्ष रूप से आमंत्रण दे रहे हैं।

प्राकृतिक आपदाओं का वर्गीकरण

उत्पत्ति के आधार पर प्राकृतिक आपदाओं का वर्गीकरण निम्नलिखित रूप में किया जा सकता है-

1. **मौसमी आपदाएँ** - इनमें वे प्राकृतिक आपदाएँ सम्मिलित की जाती हैं, जो मौसमी परिवर्तन के कारण उत्पन्न होती हैं, जैसे-चक्रवात, अतिवृष्टि, अनावृष्टि व हिमपात।
2. **स्थलाकृतिक आपदाएँ** - इनमें वे प्राकृतिक आपदाएँ सम्मिलित की जाती हैं, जो स्थलाकृतिक स्वरूप में अचानक परिवर्तन होने से उत्पन्न होती हैं, जैसे-भूस्खलन, हिमस्खलन, भूकम्प व ज्वालामुखी। भारत में ज्वालामुखी सक्रिय नहीं है।
3. **जीवों द्वारा उत्पन्न आपदाएँ** - इनमें वे प्राकृतिक आपदाएँ सम्मिलित की जाती हैं, जो जीवों व जीवाणुओं द्वारा उत्पन्न होती हैं, जैसे-टिड्डी दल का आक्रमण, महामारियाँ, मृत पशु, प्लेग, मलेरिया इत्यादि।

प्राकृतिक आपदाएँ व प्रबन्धन

प्रबन्धन वे कार्य हैं, जो आपदा व संकट के निवारण हेतु किये जाते हैं। प्राकृतिक आपदाओं से जो संकट की घड़ी आती है, उसका मुकाबला करने के लिए देश व समाज को प्रबन्धन के क्षेत्र में बहुत जिम्मेदारी व ईमानदारी से हिस्सा लेना होता है। प्रबन्धन से आशय है–संकट से राहत पाने के लिए प्रत्येक स्तर पर जो जिम्मेदारियाँ निर्धारित हैं, उनके अनुसार समयबद्ध कर्तव्य का पालन किया जाना। देश व समाज के चरित्र का परिचय प्राकृतिक आपदा के बाद मानव सेवा में उनके द्वारा किए गए कार्यों से मिलता है। प्रबन्धन को निम्नलिखित कारक प्रभावित करते हैं–

1. आर्थिक स्थिति
2. व्यक्ति की सकारात्मक सोच
3. सहयोग की भावना
4. सामाजिक ईमानदारी व निष्ठा
5. भौगोलिक परिस्थितियाँ
6. परिवहन व संचार के साधनों की स्थिति
7. जनसंख्या घनत्व

बाढ़ एवं आपदा प्रबंधन

भारत के भौगोलिक परिप्रेक्ष्य के कारण भारत में बाढ़ की बारम्बरता ज्यादा होती है। वर्षा की अनिश्चितता तथा वर्षा के मौसम में अत्यधिक जल प्रवाह बाढ़ के एक प्रमुख कारण के तौर पर विद्यमान है। बाढ़ के कारण जान-माल का ज्यादा नुकसान होता है तथा इससे गरीब तबका व्यापक तौर पर प्रभावित होता है। बाढ़ के कारण प्रकृति को भी नुकसान झेलना पड़ता है।

वस्तुतः **बाढ़** की स्पष्ट व्याख्या नदी के उफान के समय जल अपने मार्ग को छोड़ते हुए मानव बस्तियों में पहुँच जाना है। बाढ़ का आना अचानक नहीं होता है, बल्कि वर्षा ऋतु में विशेष क्षेत्र में जल वाहिकाओं में अधिक जल प्रवाह होने लगता है। इस अत्यधिक जल प्रवाह के कारण जल, जल वाहिकाओं से हटकर मैदान के निचले हिस्सों में फैल जाता है। इसके अतिरिक्त बाढ़ आने के कई अन्य कारण भी हैं, जैसे-

1. जमीन के जल अवशोषण की क्षमता कम होना
2. वनों की विस्तृत तौर पर कटाई
3. लम्बे समय तक वर्षा का होना
4. नदी में बाढ़ का पानी जमा होना एवं नदी का प्रदूषण बढ़ना।
5. बांध का निर्माण करना या नदी प्रवाह को अवरुद्ध करना।
6. कछारी क्षेत्र या नदी तट के करीब मानव अधिवास को बढ़ाना।
7. भारी वर्षा के कारण पहाड़ी क्षेत्रों में बादल फटने से भी बाढ़ जैसे स्थिति बन जाती है।

बाढ़ के कारण कई दुष्परिणाम दिखाई देते हैं, जिसके कारण भारतीय समाज व अर्थव्यवस्था को व्यापक नुकसान उठाना पड़ता है।

बिहार, पश्चिम बंगाल, राजस्थान, पूर्वी उत्तर प्रदेश, गुजरात आदि ऐसे कई राज्य है, जो बाढ़ की बारम्बारता से पीड़ित है। इसके कारण इन राज्यों की आधारभूत संरचना, जैसे- रेलों, सड़कों, पुलों व मानव बस्तियों को नुकसान पहुँचता है। बाढ़ प्रभावित क्षेत्रों में बीमारियों का भी प्रकोप ज्यादा रहता है। ऐसे क्षेत्रों में हेपेटाइटिस, हैजा, आंत्रशोध व मच्छरों के कारण होने वाली बीमारियों का खतरा रहता है। अगर बाढ़ के सकारात्मक परिणामों को देखा जाए तो इससे खेतों को लाभ होता है। बाढ़ के कारण खेतों में उपजाऊ मिट्टी जमा हो जाती है। अगर बाढ़ के पानी का संचय सही तरीके से किया जाए तो बांधों में जल संग्रहण में वृद्धि के साथ-साथ भूमिगत जल में भी वृद्धि होगी, जिसका उपयोग बखूबी तौर पर किया जा सकता है।

बाढ़ का प्रबंधन

बाढ़ प्रबंधन राज्य सूची का विषय है। आपदा की स्थिति में एवं इसके प्रबंधन के लिए केन्द्र सरकार राज्यों को आर्थिक मदद प्रदान करती है। राष्ट्रीय जल नीति 2012 के तहत् बाढ़ प्रबंधन हेतु नीतियों का निर्धारण किया गया था इसके तहत्-

1. नदी द्वारा तटबंधों के कटान को रोकने के लिए योजना बनाना, निगरानी रखना तथा भू-आकृति विलानियों की सहायता लेकर उसके अनुरूप कार्य करना।
2. बाढ़ को रोकने या बाढ़ द्वारा होने वाली क्षति को कम करने के लिए यह अति आवश्यक है कि बाढ़ का पूर्वानुमान लगाया जाए ताकि सही समय रहते उचित कार्रवाई के माध्यम से जान-माल की क्षति को रोका जा सके या कम किया जा सके।
3. जलाशयों का विकास मैदानी क्षेत्र में इस तरह से करना चाहिए कि वे वर्षा ऋतु में बाढ़ के जल को समायोजित कर सके तथा अवसादन की क्रिया को कम कर सकें।
4. बाढ़ को पूर्ण तरीके से नियंत्रित करना संभव नही है। अतः बाढ़ से निपटने वाली पद्धतियों को बढ़ावा देने का प्रयास करना चाहिए। बारम्बारता वाले क्षेत्रों का मानचित्रण तथा बाढ़ से निपटने के लिए कार्य योजना का निर्माण तथा समुदायों को जागरूक करने का प्रयास करना चाहए।
5. बाढ़ की आकस्मिक स्थिति से निपटने के लिए आपातकालीन कार्रवाई, आपदा प्रबंधन योजनाओं को तैयार रखना चाहिए और इन्हे समय-समय पर अद्यतन करते रहना चाहिए।
6. पर्वतीय क्षेत्रों में, भूस्खलन, झील जनित बाढ़, ग्लेशियर आदि की नियमित तौर पर निगरानी व अध्ययन कार्य होना चाहिए ताकि कुछ हद तक विषम परिस्थिति में क्षति को कम किया जा सके।

इन नीतियों के अतिरिक्त अन्य प्रयास के तहत्

1. बाढ़ की स्थिति के पूर्व या बाढ़ की स्थिति में जनता को शीघ्रता के साथ सूचना संप्रेषित करना चाहिए।
2. बाढ़ नियंत्रण के लिए प्रशिक्षण संस्थानों की स्थापना करनी चाहिए तथा स्थानीय लोगों को प्रशिक्षित किया जाना चाहिए।
3. सूचना संचार की ऐसी व्यवस्था निर्मित की जानी चाहिए कि बाढ़ की स्थिति में भी सुचारू रूप से कार्य कर सके।
4. बाढ़ की प्रकृति के अनुसार सुरक्षा व सहायक दल को प्रशिक्षित करने का प्रयास करना चाहिए, ताकि आवश्यकता पड़ने पर उनकी सेवाएँ जरूरत के अनुसार तुरंत ली जा सकें।
5. रिमोट सेसिंग तकनीक के माध्यम से पूर्वानुमान व चेतावनी प्रणाली को मजबूत किया जाए।
6. संरचनात्मक उपाय के तहत् जल निकासी को मजबूत बनाना, तटीय सुरक्षा के लिए दीवार बनाने जैसा उपाय, तटबंध के कटाव को रोकने हेतु उचित नीतियों का क्रियान्वयन करना चाहिए।
7. बाढ़ प्रभावित इलाकों में मानव अधिवास की अनुमति नही देनी चाहिए। साथ ही सार्वजनिक उपयोग के स्थलों आदि का निर्माण नहीं करना चाहिए।
8. बाढ़ प्रबंधन और बाढ़ से बनने वाली स्थिति के विषय में लोगों को समय रहते सचेत करना चाहिए।
9. बाढ़ के दौरान हुई क्षति का आकलन करना चाहिए तथा उसकी भरपाई का समुचित प्रयास करना चाहिए।

सूखा प्रबंधन

जब कभी किसी इलाके में पानी की उपलब्धता आवश्यकता से कम हो जाए तो ऐसी स्थिति को सूखा कहते हैं। भारत की भौगोलिक परिस्थिति व जलवायु परिस्थितिकी के कारण भारत में कहीं-न-कहीं सूखे की स्थिति बनी रहती है। मौसम विज्ञान द्वारा वर्षा के आधार पर सूखे का वर्गीकरण किया जाता है।

(i) अगर वर्षा 25% कम हो तो सामान्य (ii) अगर वर्षा में 26-50% की कमी हो तो मध्यम तथा (iii) अगर वर्षा में 50% या उससे अधिक की कमी हो तो अधिक गंभीर।

भारत कृषि प्रधान देश है। अत: यहाँ कृषि को प्राप्त वर्षा जल के आधार पर सूखे का वर्गीकरण किया जाता है।

सूखे की वजह से कृषि क्षेत्र व सामाजिक क्षेत्र व्यापक तौर पर प्रभावित होता है। इसके अलावा उद्योगों की निर्भरता कृषि क्षेत्र में होने के कारण आर्थिक क्षेत्र भी व्यापक तौर पर प्रभावित होता है। सूखे के कारण बेरोजगारी, भुखमरी, कई स्वास्थ्य जनित बीमारियाँ बढ़ती हैं। बुंदेलखंड क्षेत्र, कर्नाटक, ओडिशा, महाराष्ट्र आदि राज्य सूखे की चपेट में हैं। किसानों द्वारा की जा रही आत्महत्याएँ सूखे प्रभावित क्षेत्र में ज्यादा हैं, उदाहरण के तौर पर विदर्भ (महाराष्ट्र)।

जल की पर्याप्त उपलब्धता व सही समय पर इसकी प्राप्ति को सुनिश्चित कर सूखे जैसे आपदा से निपटा जा सकता है। जल का व्यापक स्रोत वर्षा है। अत: जल संग्रहण की तकनीक को बढ़ावा देना चाहिए। जल संचयन की अनिवार्यता सभी के लिए होना चाहिए तथा परपंरागत जल संचयन विधि को बढ़ावा देना चाहिए। उदाहरण के तौर पर कुएँ, तालाब, पोखर, झालरा आदि को बढ़ावा देना चाहिए।

1. पानी रिसाइकल करना जल संरक्षण में काफी मददगार साबित हो सकता है। शहरों में व्यापक तौर पर जल का दुरुपयोग होता है। अगर प्रदूषित जलों को कृत्रिम तरीके से स्वच्छ किया जाए तो इस जल का प्रयोग सिंचाई के क्षेत्र के साथ-साथ अन्य क्षेत्रों में भी किया जा सकता है।
2. वर्षा में कमी होने का एक और प्रमुख कारण वनावरण में कमी होना है। यह स्पष्ट है कि वन वर्षा कराने में सहायक है, अत: विभिन्न कार्यक्रम व नीतियों के माध्यम से वनावरण को बढ़ाने का प्रयास करना चाहिए। इससे पर्यावरण के क्षेत्र में सकारात्मक बदलाव देखने को मिलेगे।
3. पृथ्वी में पानी की विशाल उपलब्धता सागरीय जल के रूप में है, किंतु यह मानव के उपयोग के लिए उपयुक्त नहीं है। अगर तकनीक के माध्यम से सागरीय जल को मानव उपयोग हेतु बनाया जाए तो बहुत बड़े स्तर पर समस्या को हल किया जा सकता है।
4. जन समुदाय को जागरूक करके भी जल संचय को बढ़ाया जा सकता है, साथ ही, सरकारी सहयोग के वॉटर हार्वेस्टिंग जैसे उपयोगी तरीके को बढ़ावा दिया जा सकता है।
5. कृषि के क्षेत्र में ऐसे उन्नत बीजों का उपयोग करना चाहिए, जिनके विकास में कम जल की आवश्यकता हो।

चक्रवात

चक्रवात भारत के तटवर्ती क्षेत्रों को प्रभावित करने वाली प्रमुख आपदा हैं। यह एक प्रकार का हिंसक तूफान है। ये एक प्रकार की तेज और बहुत उच्च वेग वाली हवाएँ हैं, जो निम्न वायुमण्डलीय दबाव के शांत केंद्र के चारों ओर तीव्रता से घूमती हैं। यह शांत केंद्र प्राय: आगे की ओर बढ़ता है, जिसमें हवा का बल 34 समुद्री मील या 63 किलोमीटर प्रतिघण्टे से अधिक होता है। चक्रवात अचानक ही घटित होता है, जबकि इनको बनने में लंबा समय लग जाता है। चक्रवात के पश्चात् प्राय: तेज वर्षा होती है, जिसके कारण तटवर्ती क्षेत्रों में बाढ़ भी आ जाती हैं समुद्र का अधिक गर्म तापमान, उच्च सापेक्ष आर्द्रता एवं वायुमण्डलीय अस्थिरता का आपस में संयोजन, उष्णकटिबंधीय चक्रवात का प्रमुख कारण है।

भारत की लगभग 7,516 कि.मी. लंबी तट रेखा को विश्व के उष्णकटिबंधीय क्षेत्र में उठने वाले लगभग 10 प्रतिशत चक्रवातों को झेलना पड़ता है। इस क्षेत्र का लगभग 71 प्रतिशत भाग दस राज्यों गुजरात, महाराष्ट्र, गोवा, कर्नाटक, केरल, तमिलनाडु, पुडुचेरी, आंध्रप्रदेश, ओडिशा एवं पश्चिम बंगाल में आता है। अंडमान निकोबार तथा लक्षद्वीप पर भी चक्रवात का संकट बना रहता है। बंगाल की खाड़ी तथा अरब सागर में औसतन पांच या छ: उष्णकटिबंधीय चक्रवात बनते हैं और वे भारतीय तट से टकराते हैं। मानसून के बाद चक्रवात अक्सर आते है और आमतौर पर उनकी तीव्रता अधिक विनाशकारी होती है।

चक्रवात के प्रभाव

चक्रवात अपनी तेज हवाओं से बड़ी-बड़ी इमारतों और ढांचों को बर्बाद करके गंभीर नुकसान करने के लिए पहचाना जाता है। चक्रवाती तूफान के साथ आने वाली तेज हवाएँ इमारतें, आवासों, संचार तंत्र और पेड़ों को नुकसान पहुँचाती हैं, जिससे जान-माल का नुकसान होता है।

चक्रवातों से जुड़ी मूसलाधार-वर्षा नुकसान का मुख्य कारण होती है। यह वर्षा अभूतपूर्व बाढ़ को जन्म देती है। तूफान के बाद की वर्षा उन लोगों के लिए भी एक गंभीर समस्या बन जाती है, जो चक्रवात के कारण बेघर हो जाते है। चक्रवात से होने वाली भारी बारिश बड़े पैमाने पर मिट्टी के कटाव एवं तटबंधों को कमजोर करती है।

समुद्र के तटवर्ती क्षेत्रों में आए चक्रवात से समुद्री सतह में वृद्धि होती है, जिसके कारण समुद्र का पानी तट के नीचे वाले क्षेत्रों को डुबो देता है, जिससे मानवीय जीवन को नुकसान पहुँचता है। इसके अतिरिक्त तटवर्ती क्षेत्रों की वनस्पतियों को भी नुकसान पहुँचाती है। तटवर्ती क्षेत्रों के निचले इलाकों में समुद्र का खारा जल के भरने के कारण मिट्टी की उर्वरा शक्ति भी कम हो जाती है तथा पीने योग्य जल की आपूर्ति पर भी प्रतिकूल प्रभाव पड़ता है।

चक्रवात प्रबंधन

चक्रवात संभावित क्षेत्रों की पहचान करनी चाहिए, क्योंकि चक्रवात आने के बाद समय नहीं मिलता है। अगर कोई क्षेत्र इसकी चपेट में आता है, तो कम समय में ही पूरे क्षेत्र को तबाह कर देता है। अत: भारत में भारतीय मौसम विज्ञान विभाग चक्रवातों की घटनाओं का अनुमान लगाने का कार्य करता है। इसरो ने ओशनसेट-2 के विकिरणमापी आंकड़ों से निर्मित वायु प्रतिमानों के प्रयोग द्वारा एक ऐसा मॉडल तैयार किया है, जो कम दबाव को चक्रवात में बदलने से पूर्व ही उसका पूर्वानुमान लगाता है। समय-समय पर भारतीय सेना को भी चक्रवात की तबाही से बचाने के लिए तैयार की गई है। इसके अलावा 'राष्ट्रीय आपदा प्रतिक्रिया बल (NDRF)' राहत कार्यों के लिए जिम्मेदार है।

भारत के तटवर्ती राज्यों, उड़ीसा व आंध्रप्रदेश में क्रमश: फैलिन व हुदहुद जैसे विनाशकारी चक्रवात आए, जिसमें जान-माल की भारी क्षति हुई।

भूस्खलन

मिट्टी तथा चट्टानों का ढलान पर ऊपर से नीचे की ओर खिसकने, लुढ़कने तथा गिरने की प्रक्रिया को **भूस्खलन** कहते हैं। भूस्खलन यदि बहुत बड़े परिमाण में होता है, तो उस क्षेत्र में गड़गड़ाहट की आवाज धीरे-धीरे शुरू होती है। बाद में तेज आवाज के साथ मलबा नीचे की ओर गिरता है।

भूस्खलन के कारण

भूस्खलन के लिए किसी एक कारक को उत्तरदायी नहीं माना जाता है अपितु कई कारक मिलकर भूस्खलन जैसी आपदा को जन्म देते हैं। भूस्खलन के लिए उत्तरदायी कारकों को दो वर्गों में रखा गया है–

1. **प्राकृतिक कारक** - इसमें चट्टानों की संरचना, भूमि की ढाल, चट्टानों में वलन व भ्रंशन, वर्षा की मात्रा व वनस्पति का आवरण आदि कारक प्रमुख हैं। नवीन मोड़दार पर्वतीय क्षेत्रों में भूस्खलन अधिक होते हैं, क्योंकि वहाँ उत्थान की सतत् प्रक्रिया के कारण चट्टानों के जोड़ कमजोर होते रहते हैं व ढाल भी अधिक होता है। ऐसे में, यदि वर्षा तीव्र हो जाए तो वह स्नेहक का काम करती है। कमजोर जोड़ों पर से चट्टानें नीचे की ओर खिसकने लगती हैं व वर्षा जल की मात्रा बढ़ने पर फिसल कर नीचे गिरती हैं। गुरुत्वाकर्षण बल इसमें और सहयोग करता है। जहाँ ढाल तीव्र होता है वहाँ गुरुत्वाकर्षण बल और बढ़ जाता है। जो ढाल 45° से अधिक कोण के होते हैं, वहाँ भूस्खलन अधिक तीव्र होता है। पश्चिमी घाट में कोंकण रेल मार्ग पर वर्षा ऋतु में भूस्खलन इसीलिए अधिक होता है। पर्वतीय क्षेत्रों में नदी की अपरदन शक्ति अधिक होती है। नदी किनारों पर अपरदन से उनके ऊपरी क्षेत्र में भूस्खलन होता है।
2. **मानवीय कारक** - भूस्खलन जैसी प्राकृतिक आपदा को मानव ने अनियंत्रित विकास के कारण और अधिक बढ़ा दिया है। कागज व इमारती लकड़ी के लिए वनों का अतिदोहन किया है। इस वन विनाश से चट्टानों व मिट्टियों पर वृक्षों की जड़ें अपनी मजबूत पकड़ को छोड़ देती हैं, अत: मृदा अपरदन प्रारम्भ हो जाता है। यही मृदा अपरदन धीरे-धीरे भूस्खलन का रूप ले लेता है। सड़कें, रेल मार्ग, सुरंगों के निर्माण तथा खनन के रूप में मानव भूस्खलन को बढ़ावा देता है। पर्वतीय क्षेत्रों में आवागमन मार्गों के निर्माण में पर्वतों पर से वनों व मिट्टी की बहुत बड़ी मात्रा को हटाया जाता है। ये पदार्थ नीचे की ओर सरक कर भूस्खलन की मात्रा को बढ़ाते हैं।

भूस्खलन प्रवृत्त क्षेत्र

भारत में भूस्खलन हिमालय क्षेत्र में अधिक होता है। इसके बाद पश्चिमी घाट क्षेत्र हैं। इन क्षेत्रों में जहाँ नदियों के प्रवाहित प्रवाह क्षेत्र है, वहाँ भूस्खलन अधिक होते हैं। पूर्वोत्तर भारत व जम्मू-कश्मीर क्षेत्र में जहाँ नई सड़कों का निर्माण कार्य हुआ है, उन क्षेत्रों में भी भूस्खलन अधिक होते हैं। समुद्री किनारों पर सागरीय लहरों के अपरदन के कारण भी भूस्खलन होते हैं। कोंकण तट पर इसके प्रमाण देखे जा सकते हैं।

भूस्खलन एक संकट

भूस्खलन भूकम्प की तरह महाविनाशकारी आपदा नहीं है, लेकिन जब कभी भी भूस्खलन होता है, तो वह विनाश तो करता ही है। कहीं यह नदियों के मार्ग अवरुद्ध कर देता है, तो कहीं आवागमन के मार्गों को अवरुद्ध कर देता है। मार्ग अवरुद्ध होने से जनजीवन अस्त-व्यस्त हो जाता है। मांग व पूर्ति का संतुलन बिगड़ जाता है। अत: भूस्खलन होते ही पहले मार्ग को खोला जाता है ताकि आवागमन के अवरुद्ध होने से जो संकट खड़े हुए हैं, उन्हें दूर किया जा सके।

जब कभी भूस्खलन आबादी वाले क्षेत्रों में होता है, तो उससे जन व धन दोनों की हानि होती है। लोग मकान के मलबे के ढेर में दब जाते हैं। सन् 1993 में नीलगिरि की पहाड़ियों पर हुए भूस्खलनों में 40 लोग मारे गए थे। सड़कें टूट गई थी व कई मकान ढह गए थे। इसी वर्ष उत्तराखंड में भी भूस्खलनों से जन-धन की भारी हानि हुई थी।

सारणी

भारत में होने वाले भयंकर भूस्खलन

क्र.	वर्ष	स्थान	प्रभाव
1.	1971	अलकनंदा (उत्तराखंड)	भूस्खलन से अस्थायी बांध बन गया। इसके टूटने से कई गाँव क्षतिग्रस्त।
2.	1993	नैनीताल (उत्तराखंड)	मूसलाधार वर्षा के बाद भूस्खलन। एक सप्ताह तक नैनीताल क्षेत्र के गाँव बाहरी दुनिया से कटे रहे, सड़कें क्षतिग्रस्त।
3.	1993	नीलगिरी की पहाड़ियाँ (तमिलनाडु)	मूसलाधार वर्षा के बाद भूस्खलन। लगभग 40 लोग मारे गए। सड़कें व मकान क्षतिग्रस्त।
4.	1998	मालपा गाँव (वर्तमान उत्तराखंड)	विशाल चट्टान के टूटकर गिरने से भूस्खलन। कैलाश मानसरोवर की यात्रा करने गए 380 लोगों की मृत्यु।
5.	2013	केदारनाथ (उत्तराखंड)	मूसलाधार वर्षा के बाद बाढ़ के साथ भूस्खलन। केदारनाथ मंदिर का प्रवेश द्वार, दीवारें और आस-पास का इलाका क्षतिग्रस्त। 500 लोगों की मृत्यु

कई बार भूस्खलनों से नदियों के मार्ग अवरुद्ध हो जाते हैं तथा वहाँ अस्थायी झील बन जाती है। यह झील जब कभी टूटती है, तो बाढ़ से जन-धन की हानि होती है। 1971 में भारी भूस्खलन से अलकनंदा नदी (उत्तराखंड) पर अस्थायी झील बन गई थी। उसके टूटने से बेलाकुची गाँव पूरा-का-पूरा बह गया था।

भूस्खलन का प्रबन्धन

1. **सरकारी व सामाजिक स्तर पर** - भारत में होने वाले भूस्खलनों का अध्ययन करने पर एक बात स्पष्ट है कि 90 प्रतिशत से अधिक भूस्खलन वर्षा ऋतु में होते हैं। अत: पर्वतीय क्षेत्रों में जहाँ कहीं भी परिवहन मार्गों का निर्माण हुआ है, उन मार्गों के दोनों ओर वर्षा जल निकासी की समुचित व्यवस्था होनी चाहिए। मार्गों के निर्माण के दोनों ओर 45° के कोण तक के मलबे को निर्माण के दौरान ही हटा देना

चाहिए। यदि हटाना सम्भव न हो तो मजबूत दीवार बनाकर चट्टानों को सहारा दे दिया जाए। गाँवों की बसावट भूस्खलन से निरापद क्षेत्रों में की जाए। यातायात मार्गों पर भूस्खलन क्षेत्र के चेतावनी संकेत लगाए जाए।

2. **व्यक्तिगत स्तर पर** - स्वयं के वाहनों पर जाते समय यदि भूस्खलन सम्भावित क्षेत्र में वर्षा प्रारम्भ हो गई हो तो वाहन को एक किनारे पर रोक दिया जाए। पर्वतीय क्षेत्रों में मकान मजबूत धरातल पर बनाए जाए। पर्वतीय क्षेत्रों में नदी तटों पर मकान न बनाए जाएँ। भूस्खलन से मार्ग अवरुद्ध होने पर फंसे हुए व्यक्तियों की हर तरह की हर सम्भव मदद की जाए। आवागमन के मार्गों पर यदि भूस्खलन हुआ है, तो सम्बन्धित विभाग को नागरिक सूचित करें।

महत्वपूर्ण बिंदु

- प्रकृति में परिवर्तन सदैव होते रहते हैं। जिन प्राकृतिक परिवर्तनों का दुष्प्रभाव मानव समाज पर पड़ता है, उन्हें **प्राकृतिक आपदाएँ** कहते हैं।
- भारत में प्राकृतिक आपदाओं को **प्राकृतिक प्रकोप** भी कहते हैं।
- पृथ्वी के कम्पन को **भूकम्प** कहते हैं।
- भूकम्प की तीव्रता को रिक्टर पैमाने पर मापा जाता है।
- भारत में उत्तरी पर्वतीय क्षेत्र में भूकम्प अधिक आते हैं।
- समुद्री क्षेत्र में भूकम्प आने पर सुनामी लहरों की उत्पत्ति का खतरा रहता है। ये लहरें उत्पन्न होने पर तटीय क्षेत्रों में महाविनाश लाती हैं।
- भूकम्प आने का आभास होते ही घरों से बाहर खुले में निकल जाना चाहिए।
- मिट्टी व चट्टानों के ढलान पर नीचे खिसकने की प्रक्रिया को **भूस्खलन** कहते हैं।
- भूस्खलन वर्षा ऋतु में अधिक आते हैं। वर्षा का जल मिट्टी व चट्टानों में स्नेहन का कार्य करता है।
- भारत में भूस्खलन की घटनाएँ हिमालय पर्वतीय क्षेत्रों व पश्चिमी घाट में अधिक होती हैं।
- भूस्खलन से परिवहन मार्गों व नदी मार्गों में रूकावट पैदा होती है।

❑❑❑

अध्याय

16

भारतः जनसंख्या वितरण, घनत्व एवं वृद्धि

किसी भी राष्ट्र का विकास उसके प्राकृतिक व मानवीय संसाधनों पर निर्भर करता है। देश की प्रगति प्राकृतिक तथा मानवीय संसाधनों के उचित अनुपात पर निर्भर करती है। भारत का क्षेत्रफल विश्व का लगभग 2.4 प्रतिशत है, परन्तु यहाँ विश्व की लगभग 17.5 प्रतिशत जनसंख्या निवास करती है। चीन के बाद भारत 121.01 करोड़ (2011) की जनसंख्या के साथ विश्व का दूसरा अधिकतम आबादी वाला देश है।

संसाधनों की अपेक्षा जनसंख्या का अधिक घनत्व होने पर प्रायः राष्ट्र के आर्थिक विकास की दर धीमी रहती है। भू-क्षेत्रीय संसाधनों की तुलना में भारत की जनसंख्या अनुकूलतम सीमा को पार कर विस्फोटक स्थिति तक पहुँच गयी है। भारत जैसे विकासोन्मुख देश के लिये बढ़ती हुई जनसंख्या बेरोजगारी, भुखमरी, निम्नतर जीवन स्तर जैसी देश-व्यापी समस्याओं के लिए उत्तरदायी हैं। इस अध्याय में हम भारत की जनसंख्या के वितरण, घनत्व एवं वृद्धि की विवेचना करेंगे।

जनसंख्या

भारत की जनसंख्या की एक प्रमुख विशेषता उसका असमान वितरण है। देश के उत्तर प्रदेश, महाराष्ट्र, बिहार, पश्चिम बंगाल तथा आन्ध्र प्रदेश जैसे पाँच राज्यों में देश के 30 प्रतिशत क्षेत्र पर राष्ट्र की 50 प्रतिशत जनसंख्या निवास करती है। वहीं उत्तरी तथा उत्तर-पूर्वी 10 पर्वतीय राज्यों में देश के 16 प्रतिशत क्षेत्र पर देश की 4 प्रतिशत से भी कम जनसंख्या निवास करती है।

किसी भी देश में जनसंख्या का वितरण वहाँ के भौगोलिक कारकों पर निर्भर करता है। सामान्य रूप से मानवीय संसाधनों को जीविका चलाने के लिए रोजगार के साधनों की आवश्यकता होती है। यही कारण है कि समतल मैदान सघन बसे हुए क्षेत्र हैं, जो अन्य पठारी एवं पहाड़ी क्षेत्रों की तुलना में अधिक जनसंख्या को आकर्षित करते हैं। वितरण की दृष्टि से मैदानी क्षेत्र अपना प्रथम स्थान रखते हैं। सन् 2011 की जनगणना के अनुसार, भारत के मध्यवर्ती मैदानी क्षेत्र में उत्तर प्रदेश (19.96 करोड़), पंजाब (27.7 करोड़), बिहार (10.38 करोड़), पं. बंगाल (9.13 करोड़), हरियाणा (2.54 करोड़), राजस्थान (6.86 करोड़) में जनसंख्या का वितरण सर्वाधिक है। देश की 42.7 प्रतिशत जनसंख्या इसी क्षेत्र में निवास करती है।

जनसंख्या के वितरण में दक्षिण के पठार वाले राज्य अपना द्वितीय स्थान रखते हैं। इसे क्षेत्र में महाराष्ट्र (11.24 करोड़), मध्य प्रदेश (7.26 करोड़), कर्नाटक (6.11 करोड़), आन्ध्र प्रदेश (8.47 करोड़) में जनसंख्या का अधिकतम वितरण शहरी क्षेत्रों में है।

तीसरी श्रेणी में भारत के सभी समुद्री तटवर्ती क्षेत्र, उत्तर-पूर्वी पर्वतीय राज्य एवं राजस्थान का पश्चिमी मरुस्थली भाग सम्मिलित है। यातायात सुविधाओं का अभाव, प्राकृतिक एवं धरातलीय विषमता के कारण यहाँ जनसंख्या की कमी दृष्टिगोचर होती है।

भारत में जनसंख्या वितरण में विषमता तथा क्षेत्रीय भिन्नता पायी जाती है। वास्तव में, जनसंख्या वितरण अनेक प्राकृतिक, सामाजिक, आर्थिक, जनांकिकीय, राजनीतिक तथा ऐतिहासिक कारकों द्वारा नियंत्रित होता है।

ये कारक स्थान व काल के संदर्भ में परिवर्तनशील होते रहते हैं। यह भी निश्चित है कि इन कारकों का एकाकी रूप में नहीं अपितु सामूहिक रूप से प्रभाव पड़ता है। भारतीय अर्थव्यवस्था कृषिपरक है, अच्छी कृषि के विकास में सहायक तत्व भी जनसंख्या वितरण को नियन्त्रित करते हैं।

जनसंख्या वितरण को नियन्त्रित करने वाले कारक

किसी भी क्षेत्र में जनसंख्या वितरण अनेकों कारकों द्वारा नियन्त्रित होता है। कुछ विद्वान प्राकृतिक कारकों को अधिक महत्वपूर्ण मानते हैं। **क्लार्क** के मत में आर्थिक व्यवस्था, तकनीकी विकास, सामाजिक संगठन, सरकारी नीति आदि कारक जनसंख्या वितरण में अधिक महत्वपूर्ण भूमिका निभाते हैं। जनसंख्या के वितरण को प्रभावित करने वाले कारकों का संक्षिप्त विवेचन अग्रलिखित है–

जनसंख्या को नियन्त्रित करने वाले कारक

जलवायु	धरातल	जल प्राप्ति	खनिज संसाधन	परिवहन की सुविधा	सामाजिक मनोवैज्ञानिव कारक	राजननीतिक व आर्थिक कारक

- **जलवायु :** इसी कारण हिमालय के पर्वतीय क्षेत्र, राजस्थान का शुष्क मरुस्थल एवं पूर्वी हिमालय बहुत कम आबाद है। तराईं के क्षेत्र अस्वास्थ्यकर जलवायु के कारण कम आबाद रहे हैं।
- **धरातल :** जटिल भौम्याकृति वाले क्षेत्रों में अल्प जनसंख्या मिलती है। विषम धरातल वाले क्षेत्रों में कृषि योग्य भूमि की कमी, कृषि कार्यों में कठिनाई, परिवहन की बाधा तथा अलग-थलग स्थिति के कारण आबादी कम पायी जाती है।
- **जल-प्राप्ति :** मानव जीवन एवं क्रिया-कलापों का आधार जल ही है। उत्तरी भारत में वर्षा की मात्रा के साथ जनसंख्या का घनत्व पूर्व से पश्चिम की ओर घटता जाता है। राजस्थान के शुष्क उत्तर-पश्चिमी भाग में नहर द्वारा जल आपूर्ति होने के कारण अपेक्षाकृत घनी

आबादी मिलती है। प्राचीनकाल से ही नदी घाटियों व डेल्टाओं में सघन जनसंख्या का जमाव रहा है। उदाहरणस्वरूप, सिंधु घाटी सभ्यता।

- **खनिज-संसाधन :** खनिज व सम्पन्न क्षेत्रों में औद्योगिक एवं आर्थिक विकास की उत्तम संभावनाएँ मनुष्य के लिये आकर्षक होती हैं। इसी कारण दामोदर घाटी, छोटा नागपुर के पठार, कोलार क्षेत्र आदि खनिज क्षेत्रों में जनसंख्या का जमाव सम्भव हुआ।
- **परिवहन की सुविधा :** मैदानी भागों में पर्वतों तथा पठारों की अपेक्षा परिवहन की सुविधाएँ अधिक मिलती हैं, इसलिये मैदान अधिक सघन आबाद होते हैं।
- **सामाजिक-मनोवैज्ञानिक कारक :** जनसंख्या के संकेन्द्रण में सामाजिक, मनोवैज्ञानिक, धार्मिक तथा सांस्कृतिक कारकों की भी निश्चित भूमिका होती है।

सारणी : भारत में जनसंख्या का वितरण एवं घनत्व 2011

क्र. सं.	राज्य एवं केन्द्र शासित प्रदेश	जनसंख्या					
		कुल	पुरुष	महिलाएँ	दशकीय वृद्धि (2001-11) (%)	कुल जनसंख्या का प्रतिशत	घनत्व
1.	आन्ध्रप्रदेश	846665533	42509881	42155652	11.10	7.00	308
2.	अरुणाचल प्रदेश	1382611	720232	662379	25.92	0.11	17
3.	असम	31169272	15954927	15214345	16.93	2.58	397
4.	बिहार	103804637	54185347	49619290	25.07	8.58	1102
5.	छत्तीसगढ़	25540196	12827915	12712281	22.59	2.11	189
6.	गोवा	1457723	740711	717012	8.17	0.12	394
7.	गुजरात	60383528	31482282	28901346	19.17	4.99	308
8.	हरियाणा	25353081	13505130	11847951	19.90	2.09	573
9.	हिमाचल प्रदेश	8856509	3473892	33826160	12.81	0.57	123
10.	जम्मू-कश्मीर	12548926	6665581	5883365	23.71	1.04	124
11.	झारखंड	32988238	16931688	16034550	22.34	2.72	414
12.	कर्नाटक	611306004	31057742	30072962	15.67	5.05	319
13.	केरल	33387677	16021290	17366387	4.86	2.76	859
14.	मध्य प्रदेश	72597565	37612920	34984647	20.30	6.00	236
15.	महाराष्ट्र	12372972	58361397	54011575	15.99	9.29	365
16.	मणिपुर	2721756	1369784	1351992	18.65	0.22	122
17.	मेघालय	2984007	1492888	1471339	27.82	0.24	132
18.	मिजोरम	1091014	552339	538675	22.78	0.09	52
19.	नागालैण्ड	1980602	1025707	954895	0.47	0.16	119
20.	उड़ीसा	41947358	21201678	20745880	13.97	3.47	269
21.	पंजाब	27704236	14834819	130069417	13.73	2.29	550
22.	राजस्थान	68621012	35820088	33000926	21.44	5.67	201
23.	सिक्किम	607688	321661	286027	12.36	0.05	86
24.	तमिलनाडु	72138958	36158871	35980087	15.60	5.96	555
25.	त्रिपुरा	3671032	1871887	1799165	14.75	0.30	350
26.	उत्तर प्रदेश	199581477	104596415	94985062	20.09	6.49	828
27.	उत्तराखंड	10116752	5154178	4962574	19.17	0.84	189
28.	पश्चिम बंगाल	91347736	46929389	44420347	13.93	7.55	1029

केन्द्रशासित प्रदेश							
1.	अण्डमान-निकोबार द्वीप समूह	379944	202330	177614	6.68	0.03	46
2.	चण्डीगढ़	1054686	580282	474404	17.10	0.09	9252
3.	दादरा-नगर हवेली	342853	193178	149675	55.50	0.03	698
4.	दमन-दीव	242911	150100	92811	53.54	0.02	2169
5.	रा.रा. क्षेत्र दिल्ली	16753235	8976410	7776825	20.96	1.38	11297
6.	लक्षद्वीप	64429	33106	31323	6.23	0.01	2013
7.	पाण्डिचेरी	1244484	810485	633979	27.72	0.10	2598
	भारत	**1210193422**	**623724248**	**586469174**	**17.64**	**100.0**	**392**

इन कारकों में सामाजिक संगठन, सामाजिक संरचना, रीति-रिवाज, शिक्षा, चिकित्सा, जातिवाद, धार्मिक संरचना, सामाजिक व धार्मिक मूल्य सम्मिलित होते हैं। ये कारक प्रत्यक्ष तथा अप्रत्यक्ष रूप से जनसंख्या के वितरण को प्रभावित करते हैं।

- **राजनीतिक व आर्थिक कारक :** राजनीतिक उथल-पुथल, असन्तोष, असुरक्षा, आदि राजनीतिक कारक तथा औद्योगीकरण, नगरीकरण आदि आर्थिक कारण भी जनसंख्या वितरण की क्षेत्रीय भिन्नतों के लिए उत्तरदायी हैं। उदाहरण के लिए भारत के सीमावर्ती राज्यों जम्मू-कश्मीर, पंजाब, असम में आतंकवाद बढ़ने के कारण जनसंख्या स्थानान्तरण की दर तीव्र हुई है।

जनसंख्या का घनत्व

यह धरातल पर मानव के वितरण सम्बन्धी विभिन्नताओं के विश्लेषण के लिए उपयोगी है। जनसंख्या के आंकड़ों के संक्षेपण में जनसंख्या घनत्व से विशेष सहायता मिलती है। अतः जनसंख्या का घनत्व भूमि पर जनसंख्या के दबाव को दर्शाता है।

कुल जनसंख्या पर कुल भौगोलिक क्षेत्र के अनुपात को जनसंख्या का गणितीय घनत्व कहा जाता है।

$$\text{गणितीय घनत्व} \; \frac{\text{प्रदेश की कुल जनसंख्या}}{\text{प्रदेश का कुल क्षेत्रफल}}$$

किसी भी क्षेत्र में जनसंख्या की सामान्य वृद्धि और वितरण को भी घनत्व के माध्यम से समझा जा सकता है। जनसंख्या वृद्धि के साथ ही जनसंख्या घनत्व में भी सापेक्षित रूप में वृद्धि होती है।

सन् 1901 में भारत में जनसंख्या का औसत घनत्व 77 व्यक्ति (प्रति वर्ग किमी) था जो 1951 में बढ़कर 117 व्यक्ति, 1981 में 216 व्यक्ति, 2001 में 325 व्यक्ति तथा 2011 में 382 व्यक्ति प्रति वर्ग कि.मी हो गया।

केन्द्रशासित प्रदेशों में दिल्ली (11297) तथा अण्डमान-निकोबार द्वीप (46) क्रमशः अधिकतम एवं न्यूनतम जन घनत्व दर्शाते हैं।

घनत्व			
औसत घनत्व से अधिक जनसंख्या घनत्व वाले राज्य		**औसत से कम घनत्व वाले राज्य**	
बिहार	(1102)	महाराष्ट्र	(365)
प.-बंगाल	(1029)	कर्नाटक	(319)
केरल	(859)	आन्ध्र प्रदेश	(308)
उत्तर प्रदेश	(828)	राजस्थान	(201)
हरियाणा	(573)	मेघालय	(132)
तमिलनाडु	(555)	मणिपुर	(122)
पंजाब	(550)	सिक्किम	(86)
झारखंड	(414)	मिजोरम	(52)
असम	(397)	अरुणाचल प्रदेश	(17)
गोवा	(394)	अण्डमान-निकोबार द्वीप	(46)
दिल्ली	(11297)		
चण्डीगढ़	(9252)		
पाण्डिचेरी	(2598)		
दमन-दीव	(2,169)		
लक्षद्वीप	(2013)		

जनसंख्या घनत्व के आधार पर भारत को तीन प्रदेशों में विभाजित किया जा सकता हैं—

1. **उच्च घनत्व के क्षेत्र:** इसका विस्तार पश्चिम बंगाल, बिहार, उत्तर प्रदेश तथा हरियाणा में है। यहाँ जनसंख्या का घनत्व 500 से अधिक व्यक्ति प्रति वर्ग किमी. पाया जाता है। यह देश का कृषि प्रधान, ग्रामीण-बहुल क्षेत्र है। समतल उर्वर मैदान, काँप मिट्टियाँ, सिंचाई एवं पेयजल की उपलब्धता के कारण यहाँ सघन आबादी मिलती है।

दक्षिण भारत में मालाबार तट एवं तमिलनाडु उच्च प्रदेश में उच्च घनत्व मिलता है। तमिलनाडु के उच्च प्रदेशों में बागानी कृषि तथा

कावेरी डेल्टा में गहन कृषि के साथ ही लघु गृह उद्योगों के विकसित होने के कारण घनी आबादी मिलती है।

2. **मध्यम घनत्व के क्षेत्र:** इस प्रकार के क्षेत्रों में 300-500 व्यक्ति प्रति वर्ग किमी. घनत्व पाया जाता है। ये उच्च तथा निम्न घनत्व क्षेत्रों के मध्य संक्रमण क्षेत्र के रूप में अवस्थित हैं। उत्तरी भारत में उच्च घनत्व के निकटवर्ती क्षेत्रों में महाराष्ट्र, गुजरात के अधिकांश भाग, तेलंगाना, आन्ध्र प्रदेश के तटवर्ती भागों एवं छोटा नागपुर के पठार आदि में मध्यम घनत्व पाया जाता है। धरातल की विषमता तथा जल की कमी के कारण यहाँ कृषि अधिक विकसित नहीं हो सकी।
3. **निम्न घनत्व के क्षेत्र:** यहाँ 300 व्यक्ति प्रति वर्ग किमी से भी कम जनसंख्या का घनत्व पाया जाता है। ऐसे क्षेत्र उत्तरी-पूर्वी हिमालय में पर्वतीय धरातल के कारण, पश्चिमी राजस्थान में मरुस्थल के कारण जनसंख्या का अल्प घनत्व मिलता है। मध्य प्रदेश, छत्तीसगढ़ एवं उड़ीसा के पठारी एवं जनजातीय क्षेत्रों, कर्नाटक के पूर्वी भाग एवं आन्ध्र के मध्यवर्ती भाग में भौतिक अवरोधों के कारण कृषि अविकसित होने से विरल जनसंख्या पायी जाती है।

जनसंख्या वृद्धि

सन् 1871 के पूर्व भारत में जनसंख्या के विश्वसनीय आँकड़े प्राप्त नहीं हैं। भारत की प्रथम जनगणना सन् 1872 में सम्पूर्ण भारत में न होकर प्रयोगात्मक आधार पर देश के कुछ राज्यों तक ही सम्पन्न हुई थी। भारत में जनसंख्या की गणना की सर्वमान्य जानकारी सन् 1881 के उपरान्त मानी गई है। इससे पूर्व विधिवत् रूप से कोई जनगणना नहीं हुई है। **मोरलैण्ड** के अनुसार, 17वीं शताब्दी के आरम्भ में भारत में 10 करोड़ जनसंख्या का अनुमान है। सन् 1850 के आस-पास भारत में अनुमानित 15 करोड़ जनसंख्या थी।

सन् 1874-75 में से एक संसदीय प्रपत्र में भारत की जनसंख्या 23.8 करोड़ उद्धृत है। 1881 ई. के पूर्व जनगणना के अनुसार अविभाजित भारत की जनसंख्या 25 करोड़ थी। सन् 1901 से 2011 के मध्य जनसंख्या वृद्धि को चार अवस्थाओं में विभाजित किया जा सकता है।

भारत की दशकीय जनसंख्या वृद्धि दर (1901-2011)

वर्ष	कुल जनसंख्या	दशकगत अन्तर कुल संख्या	वृद्धि दर (%)	औसतन
1901	238396327	–	–	–
1911	252093390	(+) 113697063	5.75	0.56
1921	251321213	(–) 772117	–0.31	–0.03
1931	278977238	(+) 27656025	11.60	1.64
1941	318660580	(+) 69683342	14.22	1.33
1951	361088090	(+) 42420485	13.31	1.25
1961	439234771	(+) 77682873	21.51	1.96
1971	548159652	(+) 108924881	24.80	2.22
1981	6883329097	(+) 135169445	24.66	2.20
1991	846302688	(+) 162973591	23.85	2.14
2001	1028610328	(+) 182305640	21.54	1.95
2011	1210193422	(+) 181583094	17.64	1.64

सारणी में भारत की सन् 1911 से 2011 तक की जनसंख्या की प्राकृतिक वृद्धि दर को प्रकट किया गया है।

भारत में जन्म एवं मृत्यु दर एवं प्राकृतिक वृद्धि

वर्ष	जन्म दर (प्रति 1000)	मृत्यु दर (प्रति 1000)	प्राकृतिक वृद्धि दर
1911	49	43	6
1921	48	47	1
1931	46	36	10
1941	45	31	14
1951	40	27	13
1961	42	23	19
1971	41	19	22
1981	38	15	23
1991	30	10	20
2001	25	8	17
2011	23	7	16

1. **मन्द वृद्धि का काल (1901-1921):** इस अवधि में देश की जनसंख्या अति धीमी गति (0.27 प्रतिशत प्रति वर्ष) से बढ़ते हुए 23.84 करोड़ से बढ़कर 25.13 करोड़ हो गई। 1911-21 दशक के दौरान देश में पड़ने वाले भीषण अकाल, महामारी तथा अन्नाभाव के कारण जनसंख्या में जन्मदर के साथ उच्च मृत्यु दर होने से जनसंख्या में नकारात्मक वृद्धि रही।
2. **स्थिर वृद्धि का काल (1921-1951):** 1921-51 के दौरान देश की जनसंख्या औसतन 1.45 प्रतिशत की दर से बढ़कर 25.13 करोड़ से 36.11 करोड़ हो गयी। तीन दशकों में केवल 11 करोड़ की वृद्धि हुई है। इसका प्रमुख कारण अकाल एवं महामारियों पर नियंत्रण होने से मृत्युदर में कमी एवं जन्मदर पूर्ववत् ही रही, जिसके कारण जनसंख्या में वृद्धि होती रही।
3. **तीव्र वृद्धि का काल (1951-1981):** वर्ष 1951 को द्वितीय जनांकिकीय विभाजक कहा जाता है। इसके बाद देश की जनसंख्या में तीव्र वृद्धि प्रारम्भ हुई। 1951 से 1981 के मध्य जनसंख्या वृद्धि 2.2 प्रतिशत की दर से हुई। जिससे देश की जनसंख्या 32 करोड़ से अधिक हो गयी। 1961-71 के मध्य सर्वाधिक वृद्धि (24.8 प्रतिशत प्रतिदशक) दर्ज हुई जो विकास कार्यों में तेजी तथा स्वास्थ्य सुविधाओं में सुधार के कारण थी। इस अवधि में मृत्यु दर 27 प्रति हजार से

घटकर 15 प्रति हजार पहुँच गयी, जबकि जन्मदर में मात्र 4 प्रति हजार की गिरावट दर्ज की गयी। इसके परिणामस्वरूप जनसंख्या में उच्च वृद्धि दृष्टिगोचर हुई।

भारत में दशकीय जनसंख्या वृद्धि

		दशकीय वृद्धि (प्रतिशत)		
क्र. सं.	राज्य एवं केन्द्र शासित प्रदेश	1991-2001	2001-2011	दशकीय परिवर्तन (प्रतिशत)
1.	आन्ध्रप्रदेश	14.59	11.1	3.49
2.	अरुणाचल प्रदेश	27.00	25.92	1.08
3.	असम	18.92	16.93	1.99
4.	बिहार	28.62	25.07	3.55
5.	छत्तीसगढ़	18.27	22.59	4.32
6.	गोवा	15.21	8.17	7.04
7.	गुजरात	22.66	19.17	3.49
8.	हरियाणा	28.43	19.90	8.53
9.	हिमाचल प्रदेश	17.54	12.81	4.23
10.	जम्मू-कश्मीर	29.43	23.70	5.73
11.	झारखंड	23.36	22.34	1.02
12.	कर्नाटक	17.51	15.67	1.84
13.	केरल	9.43	4.86	4.57
14.	मध्य प्रदेश	24.26	20.30	3.96
15.	महाराष्ट्र	22.73	15.99	6.74
16.	मणिपुर	24.86	18.65	6.21
17.	मेघालय	30.65	27.82	2.83
18.	मिजोरम	28.82	22.78	6.04
19.	नागालैण्ड	64.53	0.47	65.00
20.	उड़ीसा	16.25	13.97	2.28
21.	पंजाब	20.1	13.73	6.37
22.	राजस्थान	28.41	21.44	6.97
23.	सिक्किम	33.06	12.36	20.70
24.	तमिलनाडु	11.72	15.06	3.34
25.	त्रिपुरा	16.03	14.70	1.33
26.	उत्तर प्रदेश	25.85	20.09	5.76
27.	उत्तराखंड	20.41	19.17	1.24
28.	पश्चिम बंगाल	17.77	13.93	3.84
	केन्द्रशासित प्रदेश			
1.	अण्डमान-निकोबार द्वीप समूह	26.9	6.68	20.22
2.	चण्डीगढ़	40.28	17.10	23.18
3.	दादरा-नगर हवेली	59.22	55.50	3.72
4.	दमन-दीव	55.73	53.54	2.19
5.	रा.रा. क्षेत्र दिल्ली	47.02	20.96	26.06
6.	लक्षद्वीप	17.3	6.23	11.07
7.	पाण्डिचेरी	20.62	27.72	7.10
	भारत	**21.54**	**17.64**	**3.90**

4. **घटती वृद्धि का काल (1981-2011):** सन् 1981 के जनसंख्या में उच्च वृद्धि की प्रवृत्ति जारी रहते हुए भी वृद्धि दर में क्रमिक ह्रास दृष्टिगोचर हो रहा है। 1981-91 के दौरान जन्मदर में कमी आयी। इस दशक में जन्मदर प्रति हजार 38 शिशु (1981) से घटकर 1991 में 30 शिशु प्रति हजार हो गई। 1981-91 में जनसंख्या की औसत वार्षिक घातीय वृद्धि 2.14 प्रतिशत थी, जो 1991-2001 में घटकर 1.95 प्रतिशत रही तथा 2001-2011 में 1.64 प्रतिशत रह गयी। इस दौरान जन्मदर 38 शिशु प्रति हजार (1981) से घटकर 26 शिशु प्रति हजार (2001) तथा मृत्युदर 15 प्रति हजार से घटकर 8 प्रति हजार रह गयी। जनसंख्या में ह्रास की यह प्रवृत्ति परिवार नियोजन कार्यक्रम की सफलता तथा छोटे परिवार अपनाने की प्रेरणा के कारण है।

जनसंख्या वृद्धि का स्थानिक प्रतिरूप

1991-2001 तथा 2001-2011 के दशक के दौरान राज्यों एवं केन्द्र शासित प्रदेशों की दशकीय जनसंख्या वृद्धि दरों के तुलनात्मक अध्ययन से स्पष्ट होता है कि लगभग सभी राज्यों एवं केन्द्रशासित प्रदेशों में 1991-2001 की अपेक्षा 2001-2011 में ह्रास दर्ज हुआ है। छ: सर्वाधिक संकुल राज्यों (उत्तर प्रदेश, महाराष्ट्र, बिहार, पश्चिम बंगाल, आन्ध्रप्रदेश एवं मध्यप्रदेश) में 1901-2001 की अपेक्षा 2001-2011 में दशकीय वृद्धि दर के प्रतिशत में गिरावट दर्ज हुई है। न्यूनतम ह्रास आन्ध्रप्रदेश में (3.49 अंक) दर्ज हुआ तथा महाराष्ट्र में अधिकतम (6.74 अंक) दर्ज हुआ। इसके विपरीत तमिलनाडु (3.34 अंक) तथा पाण्डिचेरी (7.10 प्रतिशत अंक) में वृद्धि दर्ज हुई है।

सन् 2001-2011 के दशक में छत्तीसगढ़, तमिलनाडु तथा पुदुचेरी के अपवाद सहित सभी राज्यों तथा केन्द्र शासित प्रदेशों में दशकीय वृद्धि दर में गिरावट दर्ज हुई है। सर्वाधिक ह्रास दर्ज करने वाले राज्य क्रमश: नागालैण्ड (-65.00 प्रतिशत) सिक्किम (-26.70 प्रतिशत), चण्डीगढ़ (-23.18 प्रतिशत) तथा अण्डमान एवं निकोबार द्वीप समूह (-20.22 प्रतिशत) में अवरोही क्रम में सर्वाधिक ह्रास दर्ज हुआ। देश में जनसंख्या वृद्धि के 2001 से 2011 के मध्य के आंकड़ों के विश्लेषण से तीन प्रकार के क्षेत्र स्पष्ट रूप से दिखाई देते हैं।

(1) **तीव्र जनवृद्धि के क्षेत्र**–भारत में इस अवधि में 30 प्रतिशत से अधिक जनसंख्या वृद्धि के राज्यों के अन्तर्गत मुख्य रूप से केन्द्र शासित प्रदेश दादरा-नगर हवेली तथा दमन दीव आदि हैं।

(2) **मध्यम जनवृद्धि के क्षेत्र**–ऐसे राज्य या प्रदेश, जिनमें इस काल में 20-30 प्रतिशत के मध्य दशकीय वृद्धि दर रही थी, उनमें बिहार, जम्मू-कश्मीर, झारखण्ड, मध्य प्रदेश, मेघालय, मिजोरम, राजस्थान, उत्तर प्रदेश, दिल्ली तथा पुदुचेरी आदि थे।

(3) **कम जनसंख्या वृद्धि के क्षेत्र**–ये वे राज्य एवं प्रदेश, जिनकी दशकीय वृद्धि दर 20 प्रतिशत से कम रही थी–जैसे आन्ध्रप्रदेश, असम, गोआ, गुजरात, हरियाणा, हिमाचल प्रदेश, कर्नाटक, केरल, महाराष्ट्र, मणिपुर, नागालैण्ड, उड़ीसा, पंजाब, सिक्किम, तमिलनाडु, त्रिपुरा, उत्तराखण्ड, पं. बंगाल, अण्डमान-निकोबार द्वीप, चण्डीगढ़ तथा लक्षद्वीप आदि रहे।

जनसंख्या वृद्धि के प्रभाव

भारत में जनसंख्या की वृद्धि तीव्र गति से हो रही है। सन् 1901 में भारत की जनसंख्या 23.8 करोड़ थी, जो 1991 में बढ़कर 84.64 करोड़, 2001 में 102.87 करोड़ तथा 2011 में 121.05 करोड़ हो गयी। पृथ्वी पर हर छठा व्यक्ति भारतीय है। जनसंख्या में इस वृद्धि के परिणामस्वरूप नियोजित आर्थिक विकास के सारे प्रयास निष्फल सिद्ध हो रहे हैं।

अनियंत्रित रूप से बढ़ रही आबादी हमारी विकासशील अर्थव्यवस्था के लिए सबसे बड़ी चुनौती बनी हुई है। यह देश के विकास गतिविधियों को लगातार सीमित, नाकाफी और अपर्याप्त साबित करने पर तुली हुई है। गाँव से शहरों की ओर पलायन, आवास, खाद्यान्न एवं जलापूर्ति की समस्या, पारिस्थितिकीय असन्तुलन आदि बढ़ी आबादी के परिणाम हैं।

- जनसंख्या वृद्धि से पर्यावरण की समस्या उत्पन्न हो गई है।
- अधिक जनसंख्या व भौतिकवादी सुविधाओं के चलते प्राकृतिक सम्पदाओं का निर्मम एवं अवैधानिक तरीके से विदोहन किया गया है, जिससे हमारी प्रकृति असन्तुलित हो गई है।
- अत्यधिक आबादी के लिए प्रचुर मात्रा में खाद्य चाहिए। इसके लिए खेती के नाम पर कीटनाशक एवं रासायनिक उर्वरकों का प्रयोग अत्यधिक किया जा रहा है, जिससे लोगों के स्वास्थ्य पर प्रतिकूल प्रभाव पड़ा है।
- इतनी बड़ी आबादी हेतु आवासीय समस्या हल करने के लिए कृषि योग्य भूमि पर मकानों का निर्माण अव्यवस्थित रूप में किया गया है। यदि यही स्थिति रही तो कुछ समय पश्चात् खाद्यान्न की समस्या अपना विकराल रूप धारण कर लेगी।
- अनेक पशु-पक्षियों एवं वन्य जीवों का अस्तित्व ही खतरे में हो गया है, जो कि हमारे पर्यावरण को सन्तुलित करने में बहुत अधिक सहायक होते थे।
- देश में उपलब्ध जल का 70 प्रतिशत भाग प्रदूषित जल की श्रेणी में आ गया है, जिसमें 30 प्रतिशत विषाक्तता के स्तर पर पहुँच चुका है, जो संक्रामक रोगों को फैलाने में बहुत सहायक होता है। इससे 15 लाख बच्चों की प्रतिवर्ष मृत्यु हो जाती है।
- जल का स्तर दो गुना तथा कहीं-कहीं तीन गुना तक नीचे चला गया है। यदि जनसंख्या वृद्धि इसी गति से होती रही तो भविष्य में जल की समस्या विकराल रूप धारण कर लेगी।
- लोगों द्वारा अनेक जगहों पर पर्यटन स्थल विकसित करने से लोग उन जगहों पर एकत्रित होते हैं और गन्दगी एवं कूड़ा-करकट फैलाकर प्रकृति के साथ छेड़छाड़ करते हैं, जिससे अनेक औषधियुक्त पौधे भी विलुप्त होने के कगार पर हैं।
- प्रकृति के साथ अनावश्यक छेड़छाड़ करने से प्रत्यक्ष या परोक्ष रूप से मौसम परिवर्तन, समुद्र व जीव जन्तुओं पर प्रतिकूल प्रभाव पड़ा है और तापमान में वृद्धि होकर बर्फ सामान्य से अधिक मात्रा में पिघलने लगी है। साथ ही कार्बन डाइऑक्साइड जैसी ग्रीन हाउस प्रभाव वाली गैस निरन्तर बढ़ी है, जो मानव के जीवन पर प्रतिकूल प्रभाव डालती है।
- अधिक मात्रा में वाहनों का प्रयोग होने लगा है, जिससे दुर्घटनाएँ एवं वाहनों से निकले धुएँ से वायु प्रदूषण एवं ध्वनि प्रदूषण निरन्तर बढ़ता जा रहा है।,जो मानव के स्वास्थ्य पर प्रतिकूल प्रभाव डालता है।
- सरकार विकास हेतु बनाई गई योजनाओं को लागू नहीं कर पाती, क्योंकि वह धन अन्य विकास कार्यक्रमों पर खर्च जो जाता है।
- अधिक आबादी के कारण अधिकतर लोग कुपोषण का शिकार हो रहे हैं। आए दिन भूख से मरने की घटनाएँ देखने और सुनने को मिलती हैं।
- जन आधिक्य से देश का आर्थिक विकास एवं वृद्धि अवरुद्ध हो रही है।
- जानलेवा बीमारियों, जैसे-एड्स, यौन रोग, पोलियो, खसरा, चेचक आदि के संक्रमण का खतरा बढ़ रहा है।

जनसंख्या वृद्धि को नियंत्रित करने के उपाय

- **विवाह की आयु में वृद्धि** : विवाह की निर्धारित न्यूनतम आयु लड़कों के लिये 21 वर्ष एवं लड़कियों के लिए 18 वर्ष में वृद्धि करना आवश्यक है। यदि लड़कियों की विवाह योग्य आयु बढ़ेगी तो वे न केवल शिक्षित होंगी, बल्कि सामाजिक एवं सांस्कृतिक कार्यों में भाग लेने में भी उनकी रुचि जाग्रत होगी, जिसके कारण सन्तानोत्पत्ति पर नियंत्रण संभव होगा।
- **उत्पादन में वृद्धि** : मानव की भौतिक रुचि उत्पादन में वृद्धि के प्रयास करने में बढ़ती है। अत: इसके कारण जीवन स्तर ऊँचा होने पर वह भविष्य के लिए अनेक योजनाओं का निर्माण करता है। इससे भी जनसंख्या नियंत्रण को बल मिलता है।
- **परिवार कल्याण कार्यक्रमों का विस्तार** : राष्ट्रीय एवं अन्तर्राष्ट्रीय स्तर पर सरकारी एवं गैर सरकारी संस्थानों द्वारा इस क्षेत्र में जन जागरण अभियान चलाकर इस सम्बन्ध में आम जन को अधिकाधिक जोड़ने का प्रयास करना चाहिए।
- **शिक्षा** : शिक्षा द्वारा सामाजिक-सांस्कृतिक समस्याओं का हल निकाला जा सकता है। अत: परिवार कल्याण कार्यक्रमों की उचित क्रियान्विति के लिये अधिकाधिक जनसंख्या को शिक्षित करना अति आवश्यक है। इसके माध्यम से लोग न केवल परिवार को छोटा रखने एवं जीवन स्तर को ऊँचा उठाने के लिए प्रयास करेंगे अपितु वे जीवन के प्रति बुद्धि-संगत दृष्टिकोण भी विकसित कर सकेंगे।

महत्वपूर्ण बिंदु

- मानव बसाव को नियन्त्रित करने में जलवायु सबसे महत्वपूर्ण कारक है। अत्यधिक शीतल, अति ऊष्ण तथा अति आर्द्र जलवायु मानव निवास तथा उसके क्रिया-कलाप के लिये अनुपयुक्त होती है।
- जनसंख्या घनत्व से तात्पर्य जनसंख्या एवं धरातल के एक निश्चित अनुपात से है। जिसमें जनसंख्या-जमाव की मात्रा का मापन होता है। घनत्व को प्रति इकाई-क्षेत्र व्यक्तियों की संख्या के रूप में व्यक्त किया जाता है।
- जनगणना वर्ष 2011 में बिहार (1,102 व्यक्ति) सर्वाधिक जन घनत्व वाला राज्य है। जबकि अरुणाचल प्रदेश (17 व्यक्ति) में न्यूनतम जनघनत्व पाया गया है।
- भारत में वर्तमान (2011) में जनसंख्या घनत्व 382 व्यक्ति प्रति वर्ग किमी. है।
- सम्पूर्ण देश के लिए समान आधारों पर जनसंख्या की प्रथम पूर्ण गणना 1881 में सम्पन्न हुई। उसके उपरान्त भारत में जनगणना प्रत्येक 10 वर्षों के अन्तराल पर लगातार सम्पन्न की जा रही है। वर्ष 1921 को भारतीय जनसंख्या विकास में एक महान् जनांकिकीय विभाजक कहा जाता है। इसके बाद जनसंख्या में निरन्तर वृद्धि की प्रवृत्ति देखी गयी।
- 2011 की जनगणना के अनुसार भारत में साक्षरता का प्रतिशत 73.0 है। स्त्रियों का साक्षरता अनुपात पुरुषों की अपेक्षा बहुत कम है।
- भारत में संयुक्त परिवार प्रथा विद्यमान है। संयुक्त परिवार में पैदा होने वाले बच्चे के भरण-पोषण का दायित्व माता-पिता पर न होकर सम्पूर्ण परिवार पर होता है।

❑❑❑

अध्याय

17

आयु और लिंगानुपात

[ग्रामीण-नगरीय संघटन]

आयु संरचना

जनसंख्या के आयुवर्ग के अध्ययन से श्रम-शक्ति, आश्रित जनसंख्या, दीर्घायु आदि के बारे में जानकारी प्राप्त होती है। आयु वर्ग की दृष्टि से जनसंख्या को तीन प्रमुख वर्गों में रखा जा सकता है–

(अ) किशोर (15 वर्ष से कम आयु)

(ब) प्रौढ़ (15-55 वर्ष की आयु)

(स) वृद्ध (60 वर्ष से अधिक आयु)

इससे एक ओर भारत की अधिक कार्यशील जनसंख्या तथा उच्च निर्भरता अनुपात का बोध होता है, वहीं दूसरी ओर किशोर वर्ग के ऊँचे प्रतिशत से भविष्य में तीव्र जनसंख्या वृद्धि का भी संकेत मिलता है। आर्थिक दृष्टि से यह एक आश्रित तथा अनुत्पाद वर्ग है, जिसकी भोजन, वस्त्र, शिक्षा, चिकित्सा आदि पर सर्वाधिक खर्च होता है।

भारत जनांकिकीय संक्रमण की तृतीय अवस्था में है, क्योंकि यहाँ प्राकृतिक वृद्धि दर उच्चतम है। भारतीय जनसंख्या की आयु संरचना का विवेचन यदि आयुवर्ग के अनुसार किया जाता है, तो निम्न प्रकार से चारों वर्गों की विशेषताएं दृष्टिगत होती हैं-

(अ) बाल आयुवर्ग (0-14 आयु समूह)–वर्ष 1991 की जनसंख्या के अनुसार 36.5%, 2001 में 35.6% तथा 2011 में 29.5% प्रतिशत जनसंख्या किशोर आयु वर्ग की है।

(ब) युवा आयुवर्ग (15-59 आयु समूह)–इस आयु वर्ग में 2001 में 58.1 प्रतिशत तथा 2011 में 62.5 प्रतिशत लोग पाए गए, जो जनसंख्या के अधिकांश भाग को प्रकट करती है। यह कार्यशील जनसंख्या है।

(स) वृद्ध आयुवर्ग (60 से अधिक आयु समूह)–वर्ष 2001 में इस आयुवर्ग का प्रतिशत 6.3 जो 2011 में बढ़कर 8.0 प्रतिशत हो गया, जो पाश्चात्य देशों की तुलना में अभी भी बहुत ही कम है।

सारणी : भारत की जनसंख्या का आयु संघटन
(जनसंख्या का प्रतिशत)

जनगणना	आयु वर्ग		
वर्ष	0-14	15-59	60 से अधिक
1901	38.1	56.8	5.1
1911	37.8	56.9	5.2
1921	38.6	56.0	5.4
1931	38.5	56.4	5.1
1941	39.1	55.2	5.7
1951	37.5	56.9	5.6
1961	41.0	53.3	5.6
1971	42.0	52.0	6.0
1981	39.7	54.1	6.2
1991	36.5	57.1	6.4
2001	35.6	58.1	6.3
2011	29.5	62.5	8.0

जनगणना-2011 में बाल जनसंख्या (0-6 वर्ष आयु) की विशेषत: गणना की गई। देश में 2001-2011 के दौरान बाल जनसंख्या में 3.08 प्रतिशत की नकारात्मक वृद्धि दर्ज की गई, किन्तु कुल जनसंख्या में बाल जनसंख्या के प्रतिशत की दृष्टि से क्रमश: मेघालय (18.75), बिहार (17.90), जम्मू एवं कश्मीर (16 01), झारखण्ड (15.89), राजस्थान (15.31), मिजोरम (15.17) तथा उत्तर प्रदेश (14.90) राज्यों का स्थान रहा। तमिलनाडु (9.56), गोवा (9 57) तथा केरल (9.95) राज्यों में न्यूनतम बाल जनसंख्या प्रतिशत दर्ज हुआ।

लिंगानुपात

जनसंख्या में स्त्री-पुरुष की संख्या के अनुपात को **लिंगानुपात** कहते हैं। इसमें प्रति 1000 पुरुषों पर स्त्रियों की संख्या की गणना की जाती है। अर्थव्यवस्था और समाज के विकास में यह (स्त्री-पुरुष) अनुपात एक महत्वपूर्ण कारक है।

$$\text{लिंगानुपात} = \frac{\text{कुल स्त्रियों की जनसंख्या}}{\text{कुल पुरुषों की जनसंख्या}} \times 100$$

सारणी : ग्रामीण एवं नगरीय जनसंख्या, 2011

क्र. सं.	राज्य एवं केन्द्र शासित प्रदेश	जनसंख्या	
		ग्रामीण	नगरीय
1.	आन्ध्रप्रदेश	56311788	28353745
2.	अरुणाचल प्रदेश	1069165	313446

3.	असम	26780516	4388756
4.	बिहार	92075028	11729609
5.	छत्तीसगढ़	19603658	5936538
6.	गोवा	551414	906309
7.	गुजरात	34670817	25712811
8.	हरियाणा	16531493	8821588
9.	हिमाचल प्रदेश	6167805	688704
10.	जम्मू-कश्मीर	9134820	3414106
11.	झारखंड	25036946	7929292
12.	कर्नाटक	37552529	23578175
13.	केरल	17455506	15932171
14.	मध्य प्रदेश	52537899	20059666
15.	महाराष्ट्र	61545441	50827531
16.	मणिपुर	1899624	822132
17.	मेघालय	2368971	595036
18.	मिजोरम	529037	561977
19.	नागालैण्ड	1406861	573741
20.	उड़ीसा	34951234	6996124
21.	पंजाब	17316800	10387436
22.	राजस्थान	51540236	17080776
23.	सिक्किम	455962	151726
24.	तमिलनाडु	37189229	34949729
25.	त्रिपुरा	2710051	960981
26.	उत्तर प्रदेश	155111022	44470455
27.	उत्तराखंड	7025583	3091169
28.	पश्चिम बंगाल	62213676	29134060
केन्द्रशासित प्रदेश			
1.	अण्डमान-निकोबार द्वीप समूह	244411	135533
2.	चण्डीगढ़	29004	1025682
3.	दादरा-नगर हवेली	183024	159829
4.	दमन-दीव	60331	182580
5.	रा.रा. क्षेत्र दिल्ली	419319	16333916
6.	लक्षद्वीप	14121	50308
7.	पाण्डिचेरी	394341	850123
	योग	**833087662**	**377105760**

भारत में लिंगानुपात

भारत में सन् 1901 में 972, सन् 1931 में 950 तथा सन् 1981 में 934 लिंगानुपात था। 1991 में यह अब तक का न्यूनतम 927 रह गया। भारत में प्रति हजार पुरुषों पर स्त्रियों की संख्या क्रमशः कम होती गयी। भारत में प्रायः सभी विकसित देशों की तुलना में स्त्रियों की संख्या कम है। इसका प्रमुख कारण बालिकाओं की अपेक्षा बालकों को प्राथमिकता देना, बाल विवाह, स्त्रियों के निम्न सामाजिक स्तर एवं सामाजिक कार्यों में पुरुषों की प्रधानता आदि प्रमुख कारण स्त्रियों की संख्या में कमी के लिये विशेष उत्तरदायी समझे जा सकते हैं।

सारणी : भारत में लिंगानुपात (1901-2011)

जनसंख्या वर्ष	प्रति हजार पुरुषों पर स्त्रियाँ
1901	972
1911	964
1921	955
1931	950
1941	945
1951	946
1961	941
1971	930
1981	934
1991	927
2001	933
2011	940

वस्तुतः भारत में यौन अनुपात बीसवीं सदी के प्रारम्भ से ही नकारात्मक रहा है। सारणी से स्पष्ट है कि स्वतंत्रता के पूर्व 1901-1941 के जनगणना के दौरान यौन अनुपात में निरन्तर गिरावट दर्ज हुई है, जो 1971 में घटकर मात्र 930 रह गया। लिंगानुपात का कम होना कई सामाजिक समस्याओं का कारण बनता है।

भारतः जनसंख्या संरचना

किसी भी देश की जनसंख्या संरचना वहाँ की जनसंख्या की सामाजिक विशेषताओं को प्रकट करती है, जिसमें आयु व लिंग का विश्लेषण, निवास का स्थान, मानवजातीय लक्षण, जनजातियों, भाषा, धर्म, वैवाहिक स्थिति, साक्षरता और शिक्षा व्यावसायिक विशेषताओं आदि का अध्ययन किया जाता है। यहाँ हम भारत की जनसंख्या संरचना, ग्रामीण-नगरीय विशेषताओं, लिंगानुपात, आयु वर्ग के प्रतिरूपों, साक्षरता तथा जनसंख्या के प्रजातीय भाषाई और धार्मिक संघटन का अध्ययन करेंगे।

ग्रामीण-नगरीय

भारत मूलतः ग्राम प्रधान देश है। सन् 1921 में यहाँ 88.8 प्रतिशत जनसंख्या गाँवों में निवास करती थी, किन्तु क्रमशः औद्योगिक विकास होने पर नगरीकरण की प्रवृत्ति बढ़ी तथा नगरीय जनसंख्या में वृद्धि हुई। सारणी 14.1 में विगत दशकों में ग्रामीण नगरीय जनसंख्या की क्रमिक वृद्धि प्रदर्शित है।

ग्रामीण जनसंख्या

भारत की अधिकतर जनसंख्या गाँवों में निवास करती है। ग्रामीण जनसंख्या की सबसे बड़ी विशेषता कृषि और उससे जुड़े प्राथमिक कार्यों पर निर्भरता है। देश में ग्रामीण जनसंख्या का सर्वाधिक केन्द्रण निम्न राज्यों में है। हिमाचल प्रदेश (89.96%), बिहार (88.70%), असम (85.92%), उड़ीसा (83.32%), मेघालय (79.92%), उत्तर प्रदेश (77.72%) तथा अरुणाचल प्रदेश (77.33%) आदि राज्यों में जनसंख्या गाँवों में निवास करती है।

नगरीय जनसंख्या

सन् 1981 की जनगणना के अनुसार, भारत में विभिन्न आकार वाले 3245 नगर थे, जिनमें 19.50 करोड़ जनसंख्या निवास करती थी। इस प्रकार देश की कुल जनसंख्या में नगरीय जनसंख्या का अनुपात 23.4 प्रतिशत था। 20वीं सदी के प्रारम्भ में नगरों में बसने वाली कुल जनसंख्या मात्र 1.99 करोड़ थी।

सन् 1931 तक नगरीय जनसंख्या की वृद्धि प्राकृतिक वृद्धि के समकक्ष थी। तदुपरान्त नगरीय वृद्धि के इतिहास में एक महत्वपूर्ण जनांकिकी विभाजन दृष्टिगत होता है। सन् 1951-61 के दशक को छोड़कर 1931 के बाद नगरीय जनसंख्या में सतत् वृद्धि अंकित की गई है।

नगरीय जनसंख्या : राज्यस्तर 2011

2011 की जनसंख्या की संरचना में नगरीय जनसंख्या का उच्च प्रतिशत दर्ज करने वाले राज्य इस प्रकार रहे हैं–मिजोरम (51.51%) तथा न्यूनतम हिमाचल प्रदेश (10.04%) में मिलता है।

देश के तमिलनाडु (48.45%), केरल (47.72%), महाराष्ट्र (45.23%), गुजरात (42.58%), कर्नाटक (38.57%) तथा पंजाब (37.49%) राज्य में जनसंख्या नगरों में निवास कर रही है।

भारत में नगरीय जनसंख्या वृद्धि के कारण

भारत में आर्थिक प्रगति के साथ-साथ जनसंख्या में नगरीकरण की प्रवृत्ति बढ़ रही है। देश में जहाँ सन् 1911 में नगरीय जनसंख्या कुल जनसंख्या का केवल 10 प्रतिशत था, वह सन् 2011 में बढ़कर 31.20 प्रतिशत हो गया। भारत में नगरीकरण की प्रवृत्ति के बढ़ने के निम्न कारण हैं–

(1) ग्रामीण क्षेत्रों में रोजगार का अभाव
(2) नगरों में गाँवों की अपेक्षा अधिक सुविधाएँ
(3) नगरीय आकर्षण
(4) शिक्षा का प्रसार
(5) औद्योगिकीकरण
(6) परिवहन एवं संचार साधनों का विकास
(7) कृषि का अलाभकारी होना
(8) लघु एवं कुटीर उद्योगों की समाप्ति

इन कारणों से ग्रामीण क्षेत्र की जनसंख्या नगरों की ओर स्थानान्तरित हुई है। नगरों के बढ़ते आकार के कारण नगरीय पर्यावरण, लिंगानुपात, सामुदायिक सुविधाओं पर विपरीत प्रभाव दिखायी दे रहा है।

राज्य स्तर पर लिंगानुपात

2011 के अनुसार, भारत में औसत लिंगानुपात (940) है। इसके द्वारा एक औसत स्थिति का आकलन होता है, परन्तु एक राज्य से दूसरे राज्य में लिंगानुपात में बहुत विषमताएँ दिखाई देती हैं। सन् 2011 की जनगणना के अनुसार, औसत लिंगानुपात 940 को आधार मानकर राज्यों को दो भागों में विभक्त किया जा सकता है–

सारणी : भारत में लिंगानुपात (1901-2011)

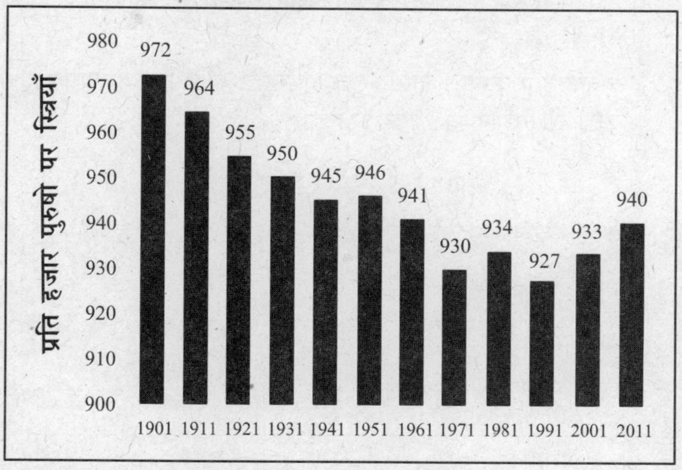

(1) **राष्ट्रीय औसत से अधिक लिंगानुपात वाले राज्य :** केरल (1084), तमिलनाडु (995), आन्ध्र प्रदेश (992), राज्यों तथा पाण्डिचेरी (1031), लक्षद्वीप (945) आदि केन्द्रशासित प्रदेशों में अवरोही क्रम में उच्च लिंगानुपात दर्ज किया गया है।

(2) **राष्ट्रीय औसत से कम लिंगानुपात वाले राज्य :** 2011 में राज्यों में न्यूनतम यौन अनुपात हरियाणा (877) जम्मू कश्मीर (883) एवं सिक्किम (889) तथा केन्द्रशासित प्रदेशों में दमन एवं दीप (618), दादरा एवं नगर हवेली (775) तथा चण्डीगढ़ (818) में पाया गया है।

सारणी एवं मानचित्र के विश्लेषण से स्पष्ट होता है कि 2001 एवं 2011 की अवधि में तीन बड़े राज्यों (बिहार, जम्मू-कश्मीर तथा गुजरात) तथा तीन केन्द्रशासित प्रदेशों (दमन एवं दीव, दादरा एवं नगर हवेली तथा लक्षद्वीप) में लिंगानुपात के अनुपात में कमी आई है। सर्वाधिक गिरावट दमन एवं दीव (92) में दर्ज हुई है। एक दशक में सर्वाधिक वृद्धि मिजोरम में व सबसे कम वृद्धि उत्तराखंड में हुई है। राष्ट्रीय राजधानी क्षेत्र दिल्ली में लिंगानुपात में भी वृद्धि हुई है।

भारत में लिंगानुपात कम होने के कारण

(1) **बालिकाओं की अपेक्षा बालकों को प्राथमिकता देना :** भारत में अनेक सामाजिक, आर्थिक एवं धार्मिक कारणों से लड़कों को वरीयता दी जाती रही है। पुत्र की इच्छा के कारण जन्म से पूर्व ही लिंग जाँच करवाकर कन्या-भ्रूण की हत्या करवाना प्रमुख कारण रहा है।

(2) **बाल-विवाह के कारण प्रसव काल में मृत्यु :** भारत में बाल-विवाह के कारण बहुत-सी बालिकाओं का कम उम्र में ही मातृत्व भार तथा दाम्पत्य जीवन में संतानोत्पति के कारण स्वास्थ्य बिगड़ जाता है। असामायिक मृत्यु होने से स्त्रियों की संख्या में कमी आती है।

(3) **स्त्रियों की आर्थिक परतंत्रता :** भारत में स्त्रियाँ आर्थिक दृष्टि से पुरुषों पर निर्भर रहती हैं। उनको गरीबी में आर्थिक संकटों से जूझना, चिन्ताग्रस्त रहना और पर्याप्त स्वास्थ्य एवं चिकित्सा के अभाव में

कम अवस्था में ही मृत्यु हो जाने के कारण स्त्रियों की संख्या घट रही है।

(4) **बालिका शिक्षा का अभाव :** देश में बालिका शिक्षा की कमी के कारण वे आर्थिक रूप से आत्मनिर्भर नहीं है। अपने स्वयं के साथ हुए मानसिक, शारीरिक व सामाजिक अन्याय का प्रतिरोध नहीं कर सकती है।

(5) **बढ़ता नगरीकरण :** नगरीकरण की प्रवृत्ति से ग्रामीण व नगरीय दोनों क्षेत्रों में लिंगानुपात बिगड़ रहा है।

सारणी : राज्यवार लिंगानुपात

क्र. सं.	राज्य एवं केन्द्र शासित प्रदेश	जनसंख्या (2011)		
		2001	2011	अन्तर (2001-11)
1.	आन्ध्र प्रदेश	978	992	14
2.	अरुणाचल प्रदेश	893	920	27
3.	असोम	935	954	19
4.	बिहार	919	916	3
5.	छत्तीसगढ़	989	991	2
6.	गोवा	961	968	7
7.	गुजरात	920	918	2
8.	हरियाणा	861	877	16
9.	हिमाचल प्रदेश	968	974	6
10.	जम्मू-कश्मीर	892	883	9
11.	झारखंड	941	947	6
12.	कर्नाटक	965	968	3
13.	केरल	1058	1084	26
14.	मध्य प्रदेश	919	934	15
15.	महाराष्ट्र	922	925	3
16.	मणिपुर	974	987	13
17.	मेघालय	972	986	14
18.	मिजोरम	935	975	40
19.	नागालैण्ड	900	931	31
20.	उड़ीसा	972	978	6
21.	पंजाब	876	893	17
22.	राजस्थान	921	926	5
23.	सिक्किम	875	889	14
24.	तमिलनाडु	987	995	8
25.	त्रिपुरा	948	961	13
26.	उत्तर प्रदेश	898	908	10
27.	उत्तराखंड	962	963	1
28.	पश्चिम बंगाल	934	947	13
	केन्द्रशासित प्रदेश			
1.	अण्डमान-निकोबार द्वीप समूह	846	878	32
2.	चण्डीगढ़	777	818	41
3.	दादरा-नगर हवेली	812	775	37
4.	दमन-दीव	710	618	92
5.	रा.रा. क्षेत्र दिल्ली	821	866	45
6.	लक्षद्वीप	948	946	2
7.	पाण्डिचेरी	1001	1038	37
	योग	**933**	**940**	**07**

महत्वपूर्ण बिंदु

- 2011 की जनगणना के अनुसार, देश की 35.6 प्रतिशत जनसंख्या किशोर वर्ग, 58.1 प्रतिशत प्रौढ़ वर्ग तथा 6.3 प्रतिशत वृद्ध वर्ग में समाहित है।
  उच्च जन्मदर के कारण 0-14 आयुवर्ग में 29 प्रतिशत से अधिक जनसंख्या पाई जाती है। भारत का आयु पिरामिड चौथे आधार तथा नुकीले शिखर वाला है, जो जनसंख्या की गतिशीलता का द्योतक है।
- भारत की लगभग 33 प्रतिशत जनसंख्या युवा है।
- देश में कुल बाल जनसंख्या 15,87,89,287 दर्ज हुई, जो देश की कुल जनसंख्या का 13.12 प्रतिशत है।
- कुल बाल जनसंख्या की दृष्टि से उत्तर प्रदेश (2 करोड़ 97 लाख) तथा बिहार (एक करोड़ 85 लाख) राज्य क्रमशः प्रथम व द्वितीय, स्थान पर रहे।
- भारत में लिंगानुपात विश्व के औसत (984) से बहुत कम है।
- 2011 में जनगणना वर्ष की 2001 अपेक्षा 7 अंकों की वृद्धि के साथ देश में लिंगानुपात 940 दर्ज हुआ है।
- वर्ष 2011 की जनगणना के अनुसार देश में कुल गाँवों की संख्या 6,40,867 है। गाँवों की संख्या की दृष्टि से उत्तर प्रदेश (106,704), मध्य प्रदेश (54,903), उड़ीसा (51,313), बिहार (44,874), राजस्थान (44,672), महाराष्ट्र (43,663) तथा पश्चिम बंगाल (40,203) क्रमशः महत्वपूर्ण है।
- सन् 2011 में भारत में नगरों की कुल संख्या 7935 है। नगरों की संख्या की दृष्टि से तमिलनाडु (721), उत्तर प्रदेश (648), मध्य प्रदेश (364), महाराष्ट्र (256), कर्नाटक (220), गुजरात (195) तथा राजस्थान (185) राज्य का महत्वपूर्ण स्थान है।

❑❑❑

अध्याय

18

जनसंख्याः पर्यावरण एवं विकास

पर्यावरण

मेरियम-वेबस्टर के अनुसार, **पर्यावरण अनुकूल** या **इको-फ्रेंडली** शब्द का शाब्दिक अर्थ पर्यावरण की दृष्टि से हानिकारक नहीं है और इसका पहला ज्ञात उपयोग सन् 1989 में हुआ था। हालांकि पर्यावरण के अनुकूल उत्पाद भी भूमि, वायु और जल तथा अन्य प्रदूषण को रोकते हैं।

आज हमारा देश कई समस्याओं से जूझ रहा है, जिसमें एक महत्वपूर्ण समस्या है, घरों की कमी। तेजी से बढ़ती जनसंख्या और उससे कहीं तीव्रता से बढ़ रहे शहरीकरण ने देश में घरों की उपलब्धता की समस्या खड़ी कर दी है। 2012-17 के बीच यह अनुमान लगाया गया था कि भारत में शहरी क्षेत्रों में 18.78 मिलियन घरों की कमी होगी जबकि ग्रामीण क्षेत्रों में यह संख्या लगभग 43.90 मिलियन होगी।

इसी प्रकार ग्रामीण क्षेत्रों में गरीबी रेखा से नीचे जीवनयापन करने वाले लगभग 90 प्रतिशत लोग घरों की उपलब्धता की समस्या से जूझ रहे हैं। इस स्थिति में सरकार एवं नीति-निर्धारकों के सामने एक महत्वपूर्ण चुनौती है, सबके लिये सस्ते घर उपलब्ध कराना (एनबीएच 2015)।

इस समस्या के समाधान के प्रयास वर्षों से चल रहे हैं। ये सारे प्रयास मुख्यतः शहरी क्षेत्रों तक ही सीमित नहीं रहे हैं। केन्द्र सरकार, राज्य सरकारें एवं अन्य सरकारी संस्थाओं ने इसके लिये कई कदम उठाए हैं, जैसे-शहरी क्षेत्रों में निम्न आय वर्ग मकान, जनता फ्लैट, आर्थिक रूप से कमजोर वर्गों के लिये मकान इत्यादि, साथ ही ग्रामीण क्षेत्रों में भी गरीबी रेखा से नीचे के परिवारों के लिए समय-समय पर सस्ते घर उपलब्ध कराने के प्रयास किए गए।

हाल ही में भारत सरकार ने देश में आवास की कमी को दूर करने के लिये कई महत्वाकांक्षी परियोजनाएँ प्रस्तावित कीं और उनमें से कई पर कार्य प्रारम्भ भी हो चुका है, जिसमें शामिल हैं : वर्ष 2022 तक सभी के लिये घर (शहरी) मिशन, अटल शहरी सुधार एवं कायाकल्प मिशन (अमृत) और स्मार्ट सिटी परियोजना। इन घरों के निर्माण का सीधा प्रभाव प्रकृति के ऊपर पड़ेगा क्योंकि इनके निर्माण के लिये आवश्यक पदार्थ की पूर्ति प्रकृति से ही होनी है। इतना ही नहीं, इन घरों की एक मूलभूत आवश्यकता होगी, बिजली।

यह अनुमान किया जा रहा है कि अतः ऐसे घरों का विकास और निर्माण आवश्यक है, जो न केवल प्राकृतिक संसाधनों का उपयोग कम या सन्तुलित तरीके से करें, बल्कि उनका पुनर्चक्रण हो सकता हो। उदाहरणस्वरूप, उसमें दिन के समय प्राकृतिक रोशनी की सुविधा हो ताकि दिन के समय रोशनी के लिये बिजली का उपयोग न करना पड़े।

इन्हीं समस्याओं को ध्यान में रखते हुए हाल ही में ईसीबीसी में समयानुकूल संशोधन किए गए हैं ताकि पर्यावरण अनुकूल घरों को बढ़ावा दिया जा सके।

पर्यावरण अनुकूल घर जलवायु परिवर्तन की रफ्तार को नियंत्रित करने में भी सहायता प्रदान करते हैं। जैसा कि हम सभी जानते हैं कि सम्पूर्ण विश्व जलवायु परिवर्तन के प्रभाव को महसूस कर रहा है, जिसका मुख्य कारक अतः सरकार और व्यक्ति, दोनों पर्यावरण अनुकूल घरों के निर्माण का कार्य अधिक गम्भीरता से ले रहे हैं।

पर्यावरण के प्रति लोगों में बढ़ती जागरूकता के कारण पर्यावरण अनुकूल घरों की माँग पिछले कुछ वर्षों में लगातार बढ़ती रही है। माँग बढ़ने के कारण इस क्षेत्र में नई तकनीकों का विकास भी किया जा रहा है। साथ ही, पहले से उपलब्ध तकनीकों में भी सुधार हो रहा है। इन तकनीकों में पवन टरबाइन से, सौर पैनलों तक, उच्च दक्षता प्रकाश व्यवस्थाएं, अति कुशल इन्सुलेशन, ग्लेजिंग, जल संरक्षण, रीसाइक्लिंग और बहुत कुछ शामिल हैं।

हरित भवनों को उनके संरक्षित संसाधन और ऊर्जा कुशल निर्माण सामग्री के साथ एक स्वस्थ वातावरण सुनिश्चित करने के लिये निर्मित किया जाता है, जो नवीकरणीय होते हैं। दुनिया भर के लोग घर में रहने का विकल्प चाहते हैं जो उनके लिये स्वस्थ, सुरक्षित और सस्ता हो और साथ-ही-साथ पर्यावरण संरक्षण में भी सहयोगी हो। मौजूदा भवन निर्माण सामग्री के पुनर्नवीनीकरण और पानी का पुनः उपयोग, एक आधुनिक घर के निर्माण और चालू परिचालन के पर्यावरणीय प्रभाव को काफी कम करता है।

घर के कार्बन पदचिन्ह को कम ऊर्जा की खपत जल संरक्षण और अपशिष्ट रीसाइक्लिंग जैसे तरीकों से कम किया जा सकता है। हरित ढांचा पारिस्थितिकी के अनुकूल ऐसी प्रथाओं को सन्दर्भित करता है, जो किसी व्यक्ति को प्राकृतिक संसाधनों के अवशोषण के प्रति अधिक जागरूक बनाता है। कम पानी, गैस और बिजली का उपयोग करने वाली दैनिक आदतें इसका सामान्य उदाहरण हैं कि हर कोई हरित पर्यावरण में योगदान कर सकता है।

हाल के वर्षों में, पूरी दुनिया के साथ-साथ बहुत से भारतीयों ने भी अपने घरों को टिकाऊ प्रौद्योगिकी का उपयोग करके पर्यावरणीय प्रभाव और वित्तीय परिव्यय दोनों को कम करने के प्रयास शुरू कर दिये हैं।

टिकाऊ इमारत में होने वाला उछाल वास्तुकला नवाचार के नए तरीकों के विकास में योगदान दे रहा है।

ग्रीन घरों में अपशिष्ट घटाना, रीसाइक्लिंग, स्थानीय और नवीकरणीय सामग्री का उपयोग, अक्षय ऊर्जा स्रोतों का उपयोग और आवास के बेहतर तरीके के कार्यान्वयन को प्रोत्साहित करना शामिल है। ये रसायन हवा, पानी और खाद्य शृंखला में निर्माण कर सकते हैं, जिससे कैंसर, प्रतिरक्षा प्रणाली की क्षति और हार्मोन के व्यवधान जैसी गम्भीर स्वास्थ्य समस्याएँ उत्पन्न हो सकती हैं।

किसी भी पर्यावरण घर की एक प्रमुख विशेषता कम ऊर्जा का उपयोग है। वास्तव में, हरे घर सामान्य घरों से 20 प्रतिशत कम ऊर्जा का उपयोग करते हैं। जल संरक्षण और रीसाइक्लिग सिद्धान्तों को घर के निर्माण और इसके दैनिक कार्यों के लिये लागू किया गया है। पर्यावरण अनुकूल भूनिर्माण गर्मियों में शीतलन की छाया प्रदान करने के लिये आसपास के पौधों व वृक्षों से बना सकते हैं जिससे ऊर्जा वातानुकूलन की आवश्यकता कम हो सकती है।

अधिक-से-अधिक घरों के मालिक पर्यावरण मित्रता और टिकाऊ घरों की ओर झुक रहे हैं, जो उनकी जेब के लिये अच्छे हैं, उनके स्वास्थ्य के लिये अच्छा है और वास्तु के लिये अच्छा है। इन दिनों पर्यावरण के अनुकूल घर को किसी अन्य नवनिर्मित आवास से अलग नहीं दिखना चाहिए।

पर्यावरण अनुकूल घर और उनसे होने वाले फायदों को समझने के लिये हम सब बेंगलुरु और केरल के कुछ घरों को उदाहरणस्वरूप देख सकते हैं।

होमबेलाकु

हस्तिनिर्मित मिट्टी के बक्से, वर्षाजल संचयन इकाइयाँ एक वनस्पति उद्यान, वारली कला और सूरज की प्राकृतिक रोशनी की चकाचौंध से भरपूर **होमबेलाकु** बेंगलुरु के हरित घरों में से एक है। यह घर लोकप्रिय कन्नड़ कवि चेन्नवीर कानावी के पुत्र एवं पुत्रवधू करुण प्रसाद कानावी और विशाखा कानावी का है। उन्होंने अपने पिता की कविताओं के संग्रह के नाम पर अपने घर का नाम **होमबेलाकु** रखा है। इस घर की पर्यावरणीय विशेषताएँ निम्न हैं :

1. मिट्टी और कीचड़ के ब्लॉक का इस्तेमाल ईंटों के बजाय निर्माण के लिये किया गया है, जिससे ईंट बनाने के समय ऊर्जा के उपभोग में कमी आई है।

2. दीवालों को प्लास्टर और पेंट नहीं किया गया है ताकि सीसा और वोलाटाइल कार्बनिक उत्पादों के उपयोग से बचा जा सके।

3. साधारण कोटा टाइलों का उपयोग मोजैक टाइलों के स्थान पर किया गया है।

4. सौर ऊर्जा आधारित व्यवस्थाएँ लगाई गई हैं।

5. दिन के समय रोशनी के लिये सूरज की रोशनी का उपयोग किया जाता है।

6. अपशिष्ट पृथक्करण की व्यवस्था की गई है तथा कम्पोस्ट का निर्माण किया जाता है।

7. वर्षाजल संग्रहण की व्यवस्था।

8. भूरे जल ग्रे वॉटर की रीसाइक्लिग और उपयोग की व्यवस्था ताकि रसोई और कपड़े धोने की मशीन से निकलने वाले दूषित जल का पुनः उपयोग हो सके।

9. सीमेंट प्लास्टर या पेंट का उपयोग नहीं होने के कारण निर्माण की कीमतों में कमी आई है।

कचरा घर

इस घर का निर्माण जी. वी. दशरथी ने किया है। इस घर के निर्माण में 'एक व्यक्ति का अपशिष्ट दूसरे के लिये खजाना हो सकता है' के सिद्धान्त का उपयोग हुआ है। इनके घर का नाम **कचरा** है, जिसका शाब्दिक अर्थ है **कचरा घर**। यह घर पर्यावरण संरक्षण के '4-आर' रिड्यूस, रियूज, रिसाइकिल एंड रिथिंक सिद्धान्त को शब्दशः लागू करता है। उन्होंने अपने घर का निर्माण गिराए गए घरों तथा बाजार से लिये गए सेकेंड हैंड सामान का इस्तेमाल करके किया है। इस घर की पर्यावरणीय विशेषताएँ निम्न हैं :

1. 80 प्रतिशत फिटिंग गिराए गए घरों से ली गई हैं, लकड़ी स्क्रैप से ली गई है तथा ज्यादातर घरेलू चीजें सेकेंड हैंड हैं।

2. सौर ऊर्जा आधारित व्यवस्थाएँ, वर्षा जल संचयन और भूरा जल पुनर्चक्रण की व्यवस्थाएँ हैं।

3. इसे बनाने में समय एवं धन, दोनों की बचत हुई है।

चोकालिंगम मुथिया का घर

इस घर की सबसे बड़ी विशेषता यह है कि यह घर पूरी तरह से ऊर्जा स्रोत के आधार पर ऑफ ग्रिड है अर्थात् अपनी ऊर्जा आवश्यकताओं की पूर्ति के लिये सार्वजनिक विद्युत प्रणाली पर निर्भर नहीं है बल्कि आत्मनिर्भर है। मुथिया इस बात पर विश्वास करते हैं कि केवल उन्हीं उत्पादों का उपयोग किया जाये जो उत्पादित या संरक्षित हो सकते हों। इस घर की पर्यावरणीय विशेषताओं में शामिल हैं:

1. मिट्टी के ब्लॉक का उपयोग ताकि सीमेंट के उपयोग को कम-से-कम रखा जाए।

2. अच्छी वायु संचरण की व्यवस्था एवं सूरज की रोशनी का अधिकतम उपयोग।

3. पूरी तरह सौर ऊर्जा आधारित विद्युत व्यवस्था।

4. वर्षाजल संचयन एवं उपयोग की सुविधा।

5. भूरे जल के पुनर्चक्रण की व्यवस्था।

आशा और हरि का घर

केरल के कुन्नूर जिले में अवस्थित यह घर पर्यावरण अनुकूल घर के सर्वोत्तम उदाहरणों में से एक है। यह एक ऐसा घर है, जिसमें 40 डिग्री के तापमान में भी ए.सी.-कूलर तो दूर, पंखे की भी जरूरत महसूस नहीं होती। उन्होंने अपने जीवन को प्रकृति से जोड़ लिया है। उनके घर के चारों ओर एक छोटा जंगल तैयार हो गया है। इस प्रकार के प्रकृति आधारित जीवनशैली का सबसे बड़ा लाभ यह है कि उन्होंने पिछले 17 वर्षों में किसी भी दवा का उपयोग नहीं किया है। इस घर की पर्यावरणीय विशेषताएँ निम्न हैं-

1. मिट्टी की दीवारें, जो केरल की स्थानीय जनजातियों के घरों से प्रेरित हैं, इन्हें हम जीवित भी मान सकते हैं, क्योंकि ये दीवारें हवा को घर के अन्दर आने और बाहर जाने में सहायता करती हैं। दिन के समय

सूरज का ताप धीरे-धीरे घर के अन्दर आता है, जिससे घर धीरे-धीरे गर्म होता है, शाम तक घर गर्म हो जाता है और रात में 11 बजे तक गर्म रहता है, उसके बाद धीरे-धीरे ठंडा होता रहता है और यह प्रक्रिया लगातार चलती रहती है।

2. विद्युत का उपयोग कम-से-कम करने का प्रयास किया गया है और पूरे घर में प्राकृतिक रोशनी की व्यवस्था की गई है।

3. सोलर पैनल और बायो गैस का उपयोग किया जाता है।

4. एक सामान्य घर में कम-से-कम 50 यूनिट प्रतिमाह बिजली की खपत होती है, जबकि इस घर में केवल 4 यूनिट प्रतिमाह। जबकि उनके घर में भी अन्य घरों की तरह सभी घरेलू उपकरण हैं, जैसे-टी. वी. मिक्सर ग्राइंडर, कम्प्यूटर इत्यादि।

उपरोक्त उदाहरणों के आधार पर हम कह सकते हैं कि एक पर्यावरण अनुकूल घर, एक ऐसा घर है जो ऊर्जा खपत कम करता है अर्थात् उसका कार्बन फुट प्रिंट बहुत ही कम होता है (जो नोवेह के टेक्नोइकोसिस्टम के उलटा काम करता हो), जो पर्यावरण संरक्षण में सहायक हो, प्राकृतिक संसाधनों के दोहन में नहीं बल्कि प्रकृति के साथ मिलकर चलने वाला हो। इस प्रकार के घर न केवल प्रकृति एवं प्राकृतिक संसाधनों का संरक्षण करते हैं, बल्कि स्वास्थ्य के दृष्टिकोण से भी उचित हैं, जो हम आशा और हरि के घर के उदाहरण से समझ सकते हैं। एक घर को हम पर्यावरण अनुकूल घर तब मान सकते हैं, जब उसमें निम्नलिखित विशेषताएँ हों :

1. सीमेंट का कम-से-कम उपयोग।

2. पारम्परिक ऊर्जा स्त्रोतों से तैयार किये गए विद्युत का कम-से-कम उपयोग हो या ऊर्जा के क्षेत्र में लगभग अथवा पूर्ण स्वावलम्बी हो, इसके लिये सौर ऊर्जा और बायो गैस का उपयोग करना उचित है तथा जिन स्थानों पर वायु की गति 15 किमी प्रति घंटे से ज्यादा हो, वहाँ पवन चक्कियों का उपयोग हो सकता है।

3. अपशिष्टों का समुचित निस्तारण हो, जिसके लिये उसे गीले एवं सूखे में तथा जैविक व अजैविक में विभाजित किया जा सकता है। पर्यावरण अनुकूल घरों में सामान्य तौर पर अजैविक अपशिष्ट उत्पादित नहीं होते हैं।

4. खाद के रूप में कम्पोस्ट का उपयोग हो सकता है। साथ ही, बायो गैस प्लांट में बचे अवशेष बेहतरीन खाद होते हैं।

5. प्लास्टिक का उपयोग न के बराबर करना।

6. जल संरक्षण, जिसमें वर्षाजल संचयन से लेकर भूरे जल के पुनः उपयोग तक की कई अलग-अलग व्यवस्थाएँ शामिल हैं।

महत्वपूर्ण बिंदु

- **पर्यावरण अनुकूल** शब्द सन् 1971 से भी पुराना है। इस शब्द का सबसे अधिक उपयोग हरे रहने और अन्य टिकाऊ प्रथाओं में योगदान करने वाले उत्पादों के सन्दर्भ में किया जाता है
- निम्न आय वर्ग एवं आर्थिक रूप से कमजोर वर्ग शहरी क्षेत्रों में लगभग 95 प्रतिशत घरों की कमी का सामना कर रहे हैं।
- केन्द्रीय सांख्यिकी आयोग की 2016 की रिपोर्ट में बताया गया है कि भारत में उपभोग में लाई जाने वाली बिजली का कुल 23 प्रतिशत आवासीय उपयोग में आता है।
- वर्तमान दर के अनुसार वर्ष 2050 तक आवासीय बिजली की माँग में 8 गुना वृद्धि हो जाएगी।
- वर्ष 2001 के ऊर्जा संरक्षण कानून के अन्तर्गत देश के भवनों के लिये ऊर्जा संरक्षण कोड (ईसीबीसी) विकसित किये गए।
- कार्बन डाइऑक्साइड गैस है, जो लगभग 55 प्रतिशत वैश्विक तापन के लिये जिम्मेदार है।
- एक हरित ढाँचा वह पर्यावरणीय अनुकूल इमारत है, जो पर्यावरणीय दुष्प्रभावों को कम करने के लिये निर्मित और संचालित है।
- एक ग्रीन हाउस की मुख्य पर्यावरणीय विशेषता पीवीसी से मुक्ति है पीवीसी या पॉली विनाइल क्लोराइड, निर्माण में प्रयुक्त सबसे आम और सबसे हानिकारक सामग्री में से एक है।
- अपशिष्ट प्रबन्धन, जिसमें सबसे पहले अपशिष्टों को सूखे एवं गीले में बाँटा जाता है, उसके बाद सूखे अपशिष्टों को बीबीएमपी को दिया जाता है, जबकि गीले के द्वारा बायो गैस तथा कम्पोस्ट का निर्माण किया जाता है, जिसके द्वारा रसोई की आवश्यकताओं की पूर्ति की जाती है।

❑❑❑

अध्याय 19

मानव अधिवास

[बस्तियों के प्रकार, ग्रामीण एवं नगरीय आकारिकी, नगरीय बसाव का कार्यात्मक वर्गीकरण, भारत में मानव बस्तियों की समस्याएँ]

मानव अधिवास का अभिप्राय

पृथ्वी के धरातल पर मानव द्वारा निर्मित एवं विकसित आवासों के संगठित समूह को **अधिवास** कहते हैं। **मानव अधिवास** को **मानव बस्ती** भी कहा जाता है। मानव अधिवास साधारणतया स्थायी रूप से बसे होते हैं, किन्तु कुछ अधिवास अस्थायी भी होते हैं। ये एकाकी एवं संकुल भी होते हैं।

अधिवासों का महत्वपूर्ण उपयोग मानव विकास के लिये होता है। मानव के अपने सामाजिक, आर्थिक, सांस्कृतिक, धार्मिक आदि कार्यों को पूरा करने के लिए भी अधिवासों का उपयोग होता है।

आवास, मकान, घर या निवास स्थान अधिवास की मूलभूत इकाई होती है, जो एक झोंपड़ी या भव्य इमारत हो सकती है। अधिवास मकानों के समूह होते हैं, जो पाँच से लेकर सैकड़ों व हजारों मकानों के समूह में हो सकते हैं। बस्तियाँ छोटे रूप में विकसित होकर नगरों, महानगरों, विराट् नगरों, विश्व नगरों एवं मिलियन सिटी का रूप धारण कर सकती हैं। आवासों के परस्पर सम्पर्क के लिए पगडण्डी, गली, सड़क, नहर, परिवहन मार्ग आदि होते हैं।

प्रो. विडाल डी लॉ ब्लॉश के अनुसार 'मानव द्वारा स्वयं के आवास एवं अपनी सम्पत्ति को रखने के लिए निर्मित संरचना से है।'

मानव अधिवासों की उत्पत्ति : मानव ने अपनी विकास यात्रा में जब एकत्रीकरण और आखेट की अवस्था को पार कर पशुपालन अवस्था के साथ ही कृषि कार्य करना प्रारम्भ कर दिया तो पशुओं की, स्वयं की सुरक्षा और अनाज भण्डारण के लिए उसे स्थायी आवास की आवश्यकता हुई। प्राचीनकाल में सभी मानव बस्तियाँ पशुचारकों और कृषकों पर ही आधारित थीं। जनसंख्या बढ़ने और संघर्ष की स्थिति में सुरक्षा की दृष्टि से आवासों की संख्या में वृद्धि होने लगी। लोग अलग-अलग दूरियों पर घर बनाकर रहने लगे। धीरे-धीरे मानव ने विकास किया। उत्पादन में वृद्धि से व्यापार एवं परिवहन का विकास हुआ। तकनीकी विकास और जनसंख्या वृद्धि से गाँवों की संख्या में वृद्धि हुई। पुराने गाँवों के आकार बढ़ने से नगरों के विकास की परम्परा प्रारम्भ हुई। वर्तमान में 5000 वर्ष पूर्व मिस्र, सिन्धु, दजला-फरात की घाटियों में विशाल नगरों की उत्पत्ति एवं विकास हुआ।

मानव अधिवासों की उत्पत्ति मूलतः अपने निवास के लिए होती है। इस आधार पर अधिवासों की उत्पत्ति को दो भागों में बांटा जा सकता है–

(अ) अस्थायी अधिवास (ब) स्थायी अधिवास

(अ) अस्थायी अधिवास : प्राचीन काल में मानवं द्वारा कुछ अधिवास शिकार, मौसम की अनुकूलता, पशुचारण एवं सुरक्षात्मक दृष्टिकोण से कुछ समय के लिये निर्मित किए जाते थे। आज के आधुनिक युग में भी नागां जैसे कई जनजातियों द्वारा स्थानान्तरण कृषि के लिये अस्थायी अधिवासों का निर्माण किया जाता है। मध्य एशिया के स्टेपी मैदान में खिरगीज जनजाति द्वारा पशुओं को चराने के लिए चारे की उपलब्धता तक तम्बुओं द्वारा अस्थायी अधिवास निर्मित किये जाते हैं। एस्किमो लोगों द्वारा मौसम की अनुकूलता के लिए ध्रुवीय क्षेत्रों के इग्लू (बर्फ के घर) को छोड़कर ग्रीष्मकाल में रेण्डियर और सील की खाल से अस्थायी आवास बनाए जाते हैं। इनके अतिरिक्त भी अनेक जनजातियाँ, जैसे-अरब व सहारा के बद्दू, रॉकी पर्वत के पूर्वी भागों में रेड इण्डियन, अफ्रीका के कालाहारी मरूस्थल में बुशमैन द्वारा बनाए गए आवास अस्थायी अधिवासों के प्रमुख उदाहरण हैं। राजस्थान के मारवाड़ प्रदेश की रेबारी, गायरी जाति तथा बंजारे पशुचारण हेतु मूल स्थान को छोड़ कर प्रवास के दौरान अस्थायी आवास बनाते हैं। सामाजिक, आर्थिक और धार्मिक कार्यों को पूरा करने के लिए भी अस्थायी अधिवासों का उपयोग होता है।

(ब) स्थायी अधिवास : स्थायी अधिवासों की उत्पत्ति कब और कैसे हुई, वास्तविक रूप में यह कहना 1कठिन है, किन्तु विद्वान उत्तर पाषाण काल में स्थायी कृषि के साथ ही स्थायी अधिवासों की उत्पत्ति मानते हैं। यह कहा जा सकता है कि मानव के विकास क्रम में जब से मानव समूह में रहने लगा, तभी से स्थायी अधिवासों का विकास हुआ होगा।

मानव अधिवास मानव की सभ्यता और संस्कृति के प्रतीक माने जाते हैं। किसी मानव बस्ती का स्थायित्व निम्न बातों पर निर्भर करता है–

- स्थानीय संचित संसाधन
- बाह्य विश्व से सम्बन्ध
- भावी उन्नति की संभावना
- सुरक्षा
- धार्मिक, सांस्कृतिक और आर्थिक कारक।

मानव अधिवासों का निर्माण निम्न उद्देश्यों की पूर्ति के लिये किया जाता है–

- भौतिक वातावरण की कठोरता को कम करने के लिये-यथा मौसमी परिस्थितियों से सुरक्षा हेतु।
- खाद्य व उपयोगी सामग्री के भण्डारण हेतु
- जंगली जानवरों व पशुओं से सुरक्षा।
- सामाजिक, सांस्कृतिक, धार्मिक, आर्थिक व शैक्षिक कार्यों के लिए।
- पारिवारिक एवं विलासिता पूर्ण जीवन जीने के लिए।

मानव अधिवासों का वर्गीकरण

मानव अधिवासों को प्राकृतिक दशाओं और आधारभूत कार्यों के आधार पर दो वर्गों में वर्गीकृत किया जाता है–

(1) ग्रामीण अधिवास (2) नगरीय अधिवास

ग्रामीण अधिवास (ग्रामीण बस्तियाँ)

ग्रामीण अधिवासों की अर्थव्यवस्था प्राथमिक व्यवसायों पर निर्भर होती है, जैसे– कृषि, पशुपालन, लकड़ी काटना, मछली पकड़ना, खनन एवं वनों से प्राप्त पदार्थों का संग्रहण आदि। अतः ग्रामीण अधिवास मुख्यतः भूमि के विदोहन पर आधारित होते हैं।

ग्रामीण अधिवासों पर आधुनिकता का प्रभाव नगण्य होता है। इसलिए यहाँ सामाजिक संगठन सुदृढ़ एवं मानव मूल्यों में प्रगाढ़ता पाई जाती है। सामाजिक मूल्यों (हितों) को व्यक्तिगत मूल्यों से ऊपर रखा जाता है।

ग्रामीण अधिवास के प्रकार

मकानों की संख्या और उनके बीच की दूरी के आधार पर किए गए विभाजन को अधिवासों का प्रकार कहा जाता है।

ग्रामीण अधिवासों के प्रकारों के लिये भौतिक लक्षण सामाजिक एवं सांस्कृतिक कारक (जाति-धर्म) और सुरक्षा आदि अनेक कारक उत्तरदायी हैं। सामान्यतः ग्रामीण अधिवासों के निम्नलिखित 4 प्रकार दृष्टिगोचर होते हैं–

1. सघन या गुच्छित अधिवास
2. प्रकीर्ण या एकाकी अधिवास
3. मिश्रित अधिवास
4. पल्ली अधिवास

सघन या गुच्छित अधिवास

इन ग्रामीण अधिवासों को **पुंजित, संहत, संकेन्द्रित, संकुलित** आदि नामों से भी जाना जाता है। सघन ग्रामीण अधिवास उपजाऊ मैदानी भागों, समतल तथा पर्याप्त जल की उपलब्धता वाले क्षेत्रों में विकसित होते हैं। जिनमें आवास गृह, पास-पास होते हैं। और सम्पूर्ण गाँव सघन बसा होता है। आसान पहुँच के लिये इनके साथ सड़कों का निर्माण होता है। आवासों के साथ-साथ विद्यालय, सामाजिक व धार्मिक स्थल भी बने होते हैं।

विशेषताएँ–

- अधिवास प्रायः खेतों के मध्य किसी ऊँचे एवं बाढ़ से सुरक्षित स्थानों पर बसे होते हैं।
- सभी आवास पास-पास बने होते हैं।
- सभी आवास एक स्थान पर संकेन्द्रित होते हैं एवं बाहरी आक्रमणों का मिलकर मुकाबला करते हैं।
- सामाजिक प्रगाढ़ता होने से एक-दूसरे के सुख-दुःख में सहभागी होते हैं।
- इनमें आवासों की संख्या 40-50 से लेकर सैकड़ों तक हो सकती है।
- इनकी जनसंख्या उपलब्ध संसाधनों के आधार पर 500 से 1,000 या अधिक हो सकती है।

सघन अधिवासों का वितरण : इस प्रकार के अधिवास नदियों के उपजाऊ मैदानों में सघन जनसंख्या वाले क्षेत्रों में पाए जाते हैं। भारत में सघन ग्रामीण अधिवास गंगा-सतलुज के मैदान, मालवा के पठार, विंध्यन पठार, नर्मदा घाटी और राजस्थान के मैदानी भाग में पाए जाते हैं।

प्रकीर्ण या एकाकी अधिवास

ऐसे अधिवास छितरे और बिखरे होते हैं। इसलिए आवास एक-दूसरे से दूर और कृषि भूमि को छोड़कर बनाए जाते हैं।

विशेषताएँ

- आवास एक-दूसरे से दूर होते हैं।
- व्यक्ति एकाकी रूप में रहते हैं।
- व्यक्ति स्वतंत्र जीवन-यापन के आदि होते हैं।
- एक-दूसरे के सहयोग की भावना कम होती है।
- कृषि में संलग्न जातियों में ऊँच-नीच की भावना होती है।

वितरण : उत्तरी अमेरिका में संयुक्त राज्य अमेरिका और कनाडा के प्रेयरी प्रदेश, एशिया के स्टेपी मैदान, गंगा के खादर क्षेत्र, हिमालय पर्वतीय क्षेत्र व तराई तथा भाबर क्षेत्र, मध्य द. अमेरिका में अर्जेण्टीना के पम्पाज, ऑस्ट्रेलिया के डाउन्स तथा दक्षिणी अफ्रीका में वेल्ड प्रदेश, दक्षिणी राजस्थान के उदयपुर, राजसमन्द, डूँगरपुर, प्रतापगढ़ और बांसवाड़ा जिलों में तथा मरुस्थली प्रदेश में प्रकीर्ण अधिवास प्रमुखता से पाए जाते हैं।

मिश्रित अधिवास

इन अधिवासों को **अर्द्ध सघन** या **अर्द्ध केन्द्रीय अधिवास** भी कहा जाता है। यह सघन व प्रकीर्ण अधिवासों के बीच की अवस्था होती है, जो सामान्यतया किसी परिवार की संख्या में वृद्धि होने से आवासों की संख्या बढ़ने के कारण उत्पन्न होती हैं। इसकी उत्पत्ति में पर्यावरणीय कारणों के स्थान पर पारिवारिक कारण उत्तरदायी होते हैं, जैसे–सांगोद (कोटा) तहसील का खुर्द गाँव।

पल्ली या पुराना अधिवास

इस प्रकार के अधिवासों में आवास एक-दूसरे से अलग, किन्तु एक ही बस्ती में बसे होते हैं। इसलिए उन सबका नाम एक रहता है। बस्ती के अलग-अलग भागों में अलग-अलग जातियों के लोग रहते हैं।

वितरण : पर्वतीय प्रदेशों की निचली घाटियों तथा खनन वाले क्षेत्रों में इस प्रकार के आवास दृष्टिगोचर होते हैं।

ग्रामीण अधिवासों के प्रतिरूप

अधिवासों के बसाव की आकृति के आधार पर किए गए विभाजन को **अधिवासों के प्रतिरूप** कहा जाता है। ग्रामीण अधिवासों के प्रतिरूपों को प्राकृतिक कारक (धरातल का स्वरूप, नदियाँ, जलाशय), ऐतिहासिक कारक, सामाजिक, सांस्कृतिक, कारक, परिवहन मार्ग एवं धार्मिक स्थल आदि निर्धारित करते हैं। आकृति के आधार पर ग्रामीण अधिवासों के निम्नलिखित प्रतिरूप निर्धारित किए जा सकते हैं।

रेखीय प्रतिरूप

जब ग्रामीण क्षेत्रों में सड़क मार्ग, रेलमार्ग, नहर, नदी घाटी में या सागर तट के सहारे बस्ती का विकास होता है, तब रेखीय प्रतिरूप वाले अधिवास का निर्माण होता है। इस प्रतिरूप में आवास पास-पास एवं पंक्तिबद्ध होते हैं, जैसे गंगा-यमुना के मैदान एवं मध्य हिमालय क्षेत्र में

इस प्रकार के अधिवास पाए जाते हैं। जयपुर जिले का बरवाड़ा गाँव रेखीय प्रतिरूप का उदाहरण है। इन्हें पंक्तिनुमा, मार्गोन्मुख और अर्द्धचन्द्राकार प्रतिरूप भी कहते हैं।

तीर प्रतिरूप

किसी अन्तरीप के शीर्ष पर नदी के विसर्प के सहारे या दोआब के बीच विकसित अधिवास का प्रतिरूप प्रायः तीरनुमा होता है। ऐसे स्थान पर अग्रभाग में अधिवास के विकास के लिए भूमि उपलब्ध नहीं होती है या नदी की सीमा इसके विकास में बाधा डालती है, जिससे अधिवास का विकास पृष्ठभाग की तरफ होता है, जैसे-दक्षिण भारत में कन्याकुमारी और उड़ीसा में चिल्का झील तट पर बने अधिवास आदि।

त्रिभुजाकार प्रतिरूप

जब नदियों, नहरों या सड़कों का संगम होता है और वे एक-दूसरे को काटती नहीं हैं, तब त्रिभुजाकार प्रतिरूप का निर्माण होता है। ऐसे संगम स्थलों पर अधिवास को विकसित होने के लिए दोनों नदियों, नहरों या सड़कों द्वारा निर्मित त्रिभुज के अन्दर की भूमि पर ही अधिवास विकसित होता है। भारत में हरियाणा और पंजाब में ऐसे अधिवास मिलते हैं।

आयताकार या चौक पट्टी प्रतिरूप

जब दो सड़कें आपस में मिलती हैं और उनके मिलन स्थल से दोनों सड़कों के किनारे लम्बवत् गलियों का निर्माण होता है, तब आयताकार प्रतिरूप बनते हैं। विश्व में समतल उपजाऊ मैदानी भागों में ऐसे प्रतिरूपों का विकास होता है।

अरीय त्रिज्या प्रतिरूप

जब किसी गाँव में एक स्थान पर अनेक दिशाओं से कच्ची या पक्की सड़कें मिलती हैं, तो मिलन स्थान से त्रिज्याकार मार्गों पर मकानों का निर्माण होता है, परन्तु सभी गलियाँ मुख्य चौराहों पर मिलने से समानान्तर नहीं होती हैं।

विश्व में घनी आबादी वाले उपजाऊ मैदानी भाग में ऐसे प्रतिरूप पाये जाते हैं। भारत में गंगा के ऊपरी मैदान एवं तमिलनाडु राज्यों में इस प्रकार के प्रतिरूप दृष्टिगोचर होते हैं।

वृत्ताकार प्रतिरूप

प्रायः किसी झील, तालाब, कुएँ, किले, धार्मिक स्थल या चौपाल के चारों ओर मकानों के बसने से बस्ती का आकार वृत्ताकार हो जाता है। इसलिए इसे **वृत्ताकार प्रतिरूप** कहते हैं। नाभिक प्रतिरूप इसकी प्रारम्भिक अवस्था होती हैं।

तारा प्रतिरूप

तारा प्रतिरूप प्रारम्भ में अरीय प्रतिरूप के रूप में विकसित होता है, किन्तु बाद में बाहर की ओर जाने वाली सड़कों के किनारे मकान बनने से इसकी आकृति तारे जैसी हो जाती है। इसलिये इसे **तारा प्रतिरूप** कहा जाता है।

पंखा प्रतिरूप

जब किसी गाँव में केन्द्रीय स्थल के चारों और मकान बनते हैं। इसके बाद बस्ती का विकास सड़क के किनारे रेखीय प्रतिरूप में होने से पंखानुमा प्रतिरूप विकसित होता है।

अनियमित प्रतिरूप

मानव द्वारा अपनी सुविधानुसार बिना किसी योजना के मकानों का निर्माण होने से आकाररहित अधिवास विकसित होता है, जिसे **अनाकार प्रतिरूप** कहते हैं। सड़कें तथा गलियाँ शेष भूमि पर बाद में विकसित होती है, जो टेढ़ी-मेढ़ी, घुमावदार और प्रायः संकरी होती हैं। भारत में अधिकांश गाँव इसी श्रेणी में आते हैं। राजस्थान के बाँरा जिले में लिसाड़ी गाँव अनाकार प्रतिरूप का उदाहरण है।

सीढ़ीनुमा प्रतिरूप

इस प्रकार के गाँव पर्वतीय ढालों पर होते हैं, जिनमें मकान परस्पर सटे हुए, परन्तु दूर-दूर दोनों ही रूपों में मिलते हैं। इन मकानों की पंक्तियाँ ढाल के अनुसार कई स्तरों में दिखाई देती हैं। हिमालय, रॉकीज, एण्डीज और आल्पस पर्वतों में ग्रामीण बस्तियाँ इसी प्रतिरूप से बसी है।

मधु छत्ता प्रतिरूप

भारत में आदिवासी जनजातियों के गुम्बदनुमा झोपड़ियों के गाँव टोडा जनजाति, आन्ध्र प्रदेश के समुद्र तटीय मछुआरों के गाँव तथा दक्षिणी अफ्रीका के जुलू लोग इस प्रकार के प्रतिरूप में निवास करते हैं, जो दूर से मधुमक्खी के छत्ते जैसा दिखाई देता है।

अन्य प्रतिरूप

अन्य प्रतिरूपों में टेढ़ा-मेढ़ा प्रतिरूप मकड़ी प्रतिरूप प्रमुख है।

ग्रामीण अधिवासों की समस्याएँ

सामान्यतः ग्रामीण अधिवासों में निम्न समस्याएँ दृष्टिगोचर होती हैं—

(i) **आवागमन के साधनों का अभाव :** ग्रामीण अधिवासों तक पहुँचने के लिए सार्वजनिक परिवहन साधनों का अभाव होता है। व्यक्तिगत साधन ही उपलब्ध होते हैं, इसलिए साधन रहित लोगों के सामने आवागमन एक गंभीर समस्या है।

(ii) **स्वच्छ पेयजल का अभाव :** वर्तमान में पेयजल की समस्या ग्रामीण अधिवासों में विकराल रूप धारण करती जा रही है। इससें यहाँ के निवासी कई बीमारियों के शिकार हो रहे हैं।

(iii) **स्वास्थ्य सेवाओं का अभाव :** यहाँ के निवासियों को छोटी-छोटी स्वास्थ्य सुविधाओं के लिए समीपवर्ती नगर में जाना पड़ता है। आवागमन के साधनों के अभाव में समय पर उपचार नहीं मिलने के कारण मरीज की मृत्यु तक हो जाती है।

(iv) **विद्युत आपूर्ति का अभाव :** ग्रामीण अधिवासों में नियमित एवं पर्याप्त विद्युत आपूर्ति का अभाव होता है, इससे दैनिक एवं कृषि कार्यों में बाधा उत्पन्न होती है।

(v) **रोजगार के अवसर नहीं होना :** यहाँ रोजगार के अवसर नहीं होने से तीन प्रकार की बेरोजगारी (अ) पूर्ण बेरोजगारी, (ब) छिपी बेरोजगारी (स) मौसमी बेरोजगारी पाई जाती है। युवा शक्ति रोजगार की तलाश में नगरों की ओर पलायन कर कम मजदूरी के कारण नारकीय जीवन व्यतीत करते हैं।

(vi) **सूचना तकनीक एवं दूरभाष सुविधाओं का अभाव :** इनके कारण ग्रामीण अधिवास सूचना तकनीक एवं इंटरनेट से नहीं जुड़ पाते, जिससे छोटे-छोटे कार्यों के लिए समीपवर्ती कस्बे या नगर में जाना पड़ता है। इस प्रकार धन का समय का दुरुपयोग होता है।

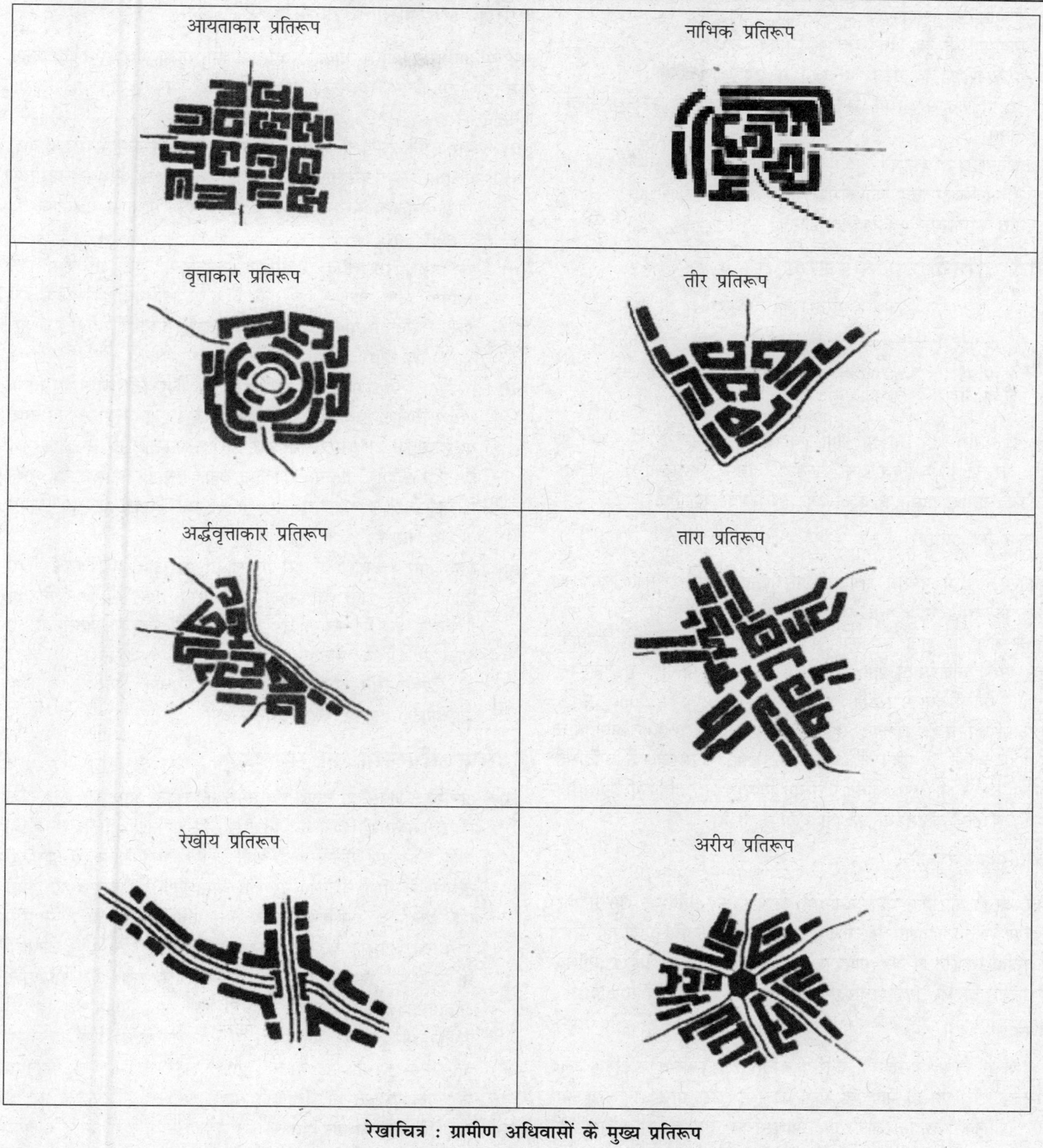

रेखाचित्र : ग्रामीण अधिवासों के मुख्य प्रतिरूप

(vii) **उच्च एवं तकनीकी शिक्षा संस्थानों का अभाव :** उच्च एवं तकनीकी शिक्षा उपलब्ध नहीं होने से अधिकांश युवक-युवतियों को प्राथमिक, उच्च प्राथमिक, माध्यमिक एवं उच्च माध्यमिक शिक्षा के बाद अध्ययन कार्य बन्द करना पड़ जाता है।

नगरीय अधिवास

नगरीय अधिवासों की अर्थव्यवस्था, निर्माण उद्योग, परिवहन, व्यापार, वाणिज्य, संचार, शिक्षा, चिकित्सा, प्रशासन, न्याय और अन्य सेवाओं पर निर्भर करती है। दूसरे शब्दों में, नगरीय अर्थव्यवस्था द्वितीयक, तृतीयक, चतुर्थक और पंचम व्यवसायों पर निर्भर करती है। नगरीय अधिवासों की निम्न विशेषताएँ होती हैं–

(i) उच्च जनसंख्या घनत्व

(ii) त्वरित गतिशीलता

(iii) पक्की सड़कें एवं पक्के मकान

(iv) रोजगार की उपलब्धता

(v) यातायात के व्यक्तिगत एवं सार्वजनिक साधन

(vi) उच्च शिक्षा एवं गहन चिकित्सा सुविधा

(vii) 50 प्रतिशत से अधिक जनसंख्या का गैर-प्राथमिक कार्यों में संलग्न होना।

(viii) जटिल श्रम विभाजन

(ix) सामाजिक प्रगाढ़ता का अभाव

(x) तीव्र सामाजिक एवं आर्थिक अन्तर

नगरीय बस्तियों का वर्गीकरण

नगरीय बस्तियों का वर्गीकरण
↓
जनसंख्या का आकार | व्यावसायिक सरचना | प्रशासन | आवश्यक दशाएँ

विश्व में नगरीय क्षेत्र की परिभाषा एक देश से दूसरे देश में भिन्न है। नगरीय बस्तियों के वर्गीकरण के सामान्य आधार, जनसंख्या का आकार, मानव व्यवसाय, प्रशासनिक ढाँचा और आवश्यक दशाएँ हैं।

जनसंख्या का आकार

अधिकांश देशों में नगरीय क्षेत्र को परिभाषित करने के लिए जनसंख्या आकार को प्रमुख माना गया है। विश्व के अलग-अलग देशों में नगरीय क्षेत्र की श्रेणी में आने के लिए जनसंख्या की न्यूनतम सीमा डेनमार्क, स्वीडन एवं फिनलैण्ड में 250, आइसलैण्ड में 300, कनाडा व वेनेजुएला में 1,000, कोलम्बिया में 1,500, पुर्तगाल एवं अर्जेन्टीना में 2,000, संयुक्त राज्य अमेरिका एवं थाइलैण्ड में 2,500, जापान में 3,000 और भारत में 5,000 व्यक्ति निर्धारित है। भारत में 5,000 जनसंख्या के अतिरिक्त जनसंख्या घनत्व भी 400 व्यक्ति प्रति वर्ग किमी होना चाहिए एवं प्राथमिक व्यवसाय में लगी जनसंख्या को भी देखा जाता है।

व्यावसायिक संरचना

नगरीय बस्ती के लिए जनसंख्या के आधार के अतिरिक्त इटली जैसे कुछ देशों में 50 प्रतिशत से अधिक जनसंख्या गैर-कृषि कार्यों में संलग्न होनी चाहिए। भारत में यह मापदण्ड 75 प्रतिशत है। यहाँ प्रमुख आर्थिक गतिविधियों को भी नगरीय बस्तियों के लिए मापदण्ड माना गया है।

प्रशासन

कुछ देशों में किसी बस्ती को नगरीय बस्ती में सम्मिलित करने के लिए प्रशासनिक ढाँचे को ही मापदण्ड माना जाता है, जैसे भारत में किसी नगर में नगर पालिका, छावनी बोर्ड और अधिसूचित नगरीय क्षेत्र समिति होने पर उसे नगरीय बस्ती माना जाता है। ब्राजील और बोलिविया में जनसंख्या के आकार के स्थान पर प्रशासकीय केन्द्र को नगरीय केन्द्र माना जाता है।

आवश्यक दशाएँ

विश्व में नगरीय केन्द्रों की गणना सम्पादित कार्यों के आधार पर की जाती है, जैसे—अवकाश, पर्यटन स्थल की आवश्यक दशाएँ, औद्योगिक नगर, समुद्री पत्तन नगर, सेना नगरों में भिन्न होती है।

नगरीय अधिवासों के प्रकार

नगरीय अधिवास अपने आकार, उपलब्ध सुविधाओं एवं सम्पादित किए जाने वाले कार्यों एवं जनसंख्या के आधार कई नामों से जाने जाते हैं, जो निम्नानुसार है–

(i) **नगर :** एक लाख से अधिक किन्तु 10 लाख से कम जनसंख्या वाले अधिवास नगर कहलाते हैं। इनमें 50 प्रतिशत से अधिक जनसंख्या गैर प्राथमिक कार्यों में संलग्न होती है, जैसे–भारत में राजस्थान का बीकानेर नगर।

(ii) **महानगर :** 10 लाख से अधिक जनसंख्या वाले अधिवासों को **महानगर** कहा जाता है। ये औद्योगिक, व्यापारिक, प्रशासनिक एवं शैक्षिक गतिविधियों के केन्द्र होते हैं, जैसे–भारत में जयपुर, जोधपुर और कोटा नगर। इन्हें **मेट्रोसिटी** भी कहते हैं।

(iii) **सन्नगर :** 1915 में **पैट्रिक गिडिज** ने इस शब्दावली का प्रयोग किया था। ये विशाल विकसित नगरीय क्षेत्र होते हैं, जो अलग-अलग नगरों या शहरों के आवास से मिलकर विशाल नगरीय क्षेत्र में बदल जाते हैं। ग्रेटर लंदन, टोकियो, शिकागो आदि इसके उदाहरण हैं। भारत में ग्वालियर, लश्कर-मुरार, दिल्ली-गुरुग्राम, दिल्ली-नोएडा, सन्नगर के उदाहरण हैं।

(iv) **वृहत नगर :** अंग्रेजी में इसे **मेगालोपोलिस** कहते हैं, जिसका अर्थ विशाल नगर होता है। इसका प्रयोग सन् 1857 में **जीन गोटमेन** ने किया था। ये अत्यन्त बड़े नगर होते हैं, जिनकी जनसंख्या 50 लाख से अधिक होती है। इन नगरों को **विश्व नगरी** भी कहते हैं, जैसे–ग्रेटर लंदन, टोकियो, पेरिस, न्यूयॉर्क, मॉस्को, बीजिंग, कोलकाता, मुम्बई, दिल्ली, चेन्नई आदि।

नगरीय अधिवासों की समस्याएँ

(i) **अत्यधिक जनसंख्या घनत्व एवं नगरों का बढ़ता आकार :** कृषि क्षेत्रों में मशीनीकरण, शिक्षा का विकास और ग्रामीण क्षेत्रों में जनसंख्या वृद्धि के कारण रोजगार की कमी होने से युवा शक्ति रोजगार की तलाश, नौकरियों के लिए नगरों में बसने लगी है। फलस्वरूप, नगरों का आकार व जनसंख्या घनत्व तीव्र गति से बढ़ रहा है। नगरीय भूमि की अधिक कीमतें बढ़ने से लोगों को छोटे-छोटे आवासों में रहना पड़ रहा है। यातायात भार बढ़ने से सुबह एवं सायंकाल आवागमन बाधित होता है एवं दुर्घटनाओं का अनुपात बढ़ रहा है। अकेले भारत में ही सन् 1981 में 9 महानगर थे। जिनकी संख्या वर्तमान में 53 हो गई है। सन् 2005 में विश्व में 438 महानगरों के स्थान पर वर्तमान में इनकी संख्या 600 से भी अधिक है।

(ii) **गन्दी बस्तियों का प्रादुर्भाव :** नगरों में जनसंख्या तथा घनत्व में वृद्धि से, आवासीय भवनों की कमी से गन्दी बस्तियों का प्रादुर्भाव होने लगा है। औद्योगिक और व्यापारिक महानगरों में तो एक छोटे-से कमरे में पूरा परिवार रहता है। महानगरों में धीरे-धीरे गन्दी बस्तियों का आकार बढ़ता जा रहा हैं। ये बस्तियाँ प्रकाश, वायु एवं स्वच्छ पेयजल की सुविधाओं से वंचित है। मुम्बई में लगभग 10 प्रतिशत लोग गन्दी बस्तियों में निवास करते हैं और 60 प्रतिशत लोग सड़कों पर रात गुजारते हैं।

(iii) **पर्यावरण प्रदूषण :** नगरीकरण के कारण नगरों में अनेक प्रकार की पर्यावरणीय प्रदूषण की समस्याएँ बढ़ रही हैं। उद्योगों की चिमनियों से निकलता काला जहरीला धुआँ और बाधित परिवहन के कारण वाहनों से निकलता धुआँ वायुमण्डल को प्रदूषित करता है, जो मानव और पशुओं के साथ वनस्पति पर भी कुप्रभाव डालता है। प्रदूषित वायु से हृदय, श्वसन, नाड़ी तंत्र, मानसिक स्वास्थ्य तथा त्वचा सम्बन्धी रोगों में अत्यधिक वृद्धि हुई है। टोकियो में तो वायु प्रदूषण इतना हो गया है कि व्यक्ति को बीच-बीच में कृत्रिम ऑक्सीजन गैस लेनी पड़ती है। भारत में दिल्ली, मुम्बई तथा कोलकाता में कुछ वर्षों में ही वायु प्रदूषण दो गुना हो गया है।

(iv) **उपभोक्ता वस्तुओं का उच्च मूल्य :** नगरों में दैनिक उपभोग की वस्तुओं, जैसे दूध, घी, फल, सब्जी आदि समीपवर्ती ग्रामीण क्षेत्रों से आती हैं। दूर क्षेत्रों से लाने में परिवहन व्यय, दलाली और मुनाफा वसूली से ये पदार्थ महँगे होने से उच्च मूल्य पर उपलब्ध होते हैं।

(v) **खाद्य पदार्थों में मिलावट :** नगरों में व्यापारी अधिक लाभ कमाने के लिए खाद्य पदार्थों में मिलावट करते हैं। मिलावटी भोजन सामग्री नागरिकों के स्वास्थ्य पर प्रतिकूल प्रभाव डालती है और नागरिकों को अनेक बीमारियों का सामना करना पड़ता है।

(vi) **अपराधों का बढ़ता स्तर :** ग्रामीण क्षेत्रों से रोजगार की तलाश में नगरों में आने वाली जनसंख्या में पुरुषों की संख्या अधिक होती है, जिससे नगरों में लिंगानुपात का सन्तुलन बिगड़ जाता हैं। परिणामस्वरूप, अपहरण, दुष्कर्म, हत्या आदि घटनाएँ बढ़ जाती हैं। पर्याप्त मजदूरी नहीं मिलने या शीघ्र धनवान बनने के लालच मे युवावर्ग समाजकण्टकों के चक्कर में आकर थोड़े-से रुपयों की खातिर अपराध करने लगते हैं। अपहरण, जेब तराशी, चोरी, बैंक लूटने और हत्या जैसी घटनाएँ समाचार-पत्रों और दूरदर्शन के माध्यम से आए दिन सुनने को मिलती हैं। पुलिस और प्रशासन के लगातार चौकन्ना रहने पर भी अपराधों की संख्या बढ़ती ही जा रही है।

(vii) **तीव्र सामाजिक-आर्थिक विषमता एवं सामाजिक असहयोग :** नगरों में मकानों और संसाधनों की उपलब्धता में अन्तर होने से सामाजिक-आर्थिक विषमता दृष्टिगोचर होती है। व्यक्तिगत स्वार्थ से प्रेरित होने के कारण सामाजिक सहयोग का अभाव पाया जाता है। महानगरों में एक तरफ गगनचुम्बी, विशाल, वातानुकूलित इमारतें दिखाई देती हैं, दूसरी तरफ फुटपाथ में खुले आसमान के नीचे जीवन का संघर्ष दिखाई देता है।

(viii) **स्वास्थ्य एवं चिकित्सा सुविधाओं की कमी :** नगरों में जनसंख्या वृद्धि के कारण प्रदूषण बढ़ने से नागरिक रोग ग्रसित हो जाते हैं। जनसंख्या के अनुपात में चिकित्सा और चिकित्सालयों की कमी होती है। निजी महँगी चिकित्सा सुविधा आम जनता की पहुँच से बाहर हो जाती है। इससे रोगियों को समय पर पूरी चिकित्सा सुविधा नहीं मिलती।

नगरीय कच्ची (गन्दी) बस्तियों की समस्याएँ एवं समाधान

नगरीय कच्ची बस्तियाँ रेलमार्गों, सड़कों, नालों आदि के सहारे विकसित अभावग्रस्त अस्थाई या स्थाई छत से बनी झोपड़पट्टियाँ होती हैं, जिनमें सड़कों के नाम पर 2 से 4 फुट चौड़ी घुमावदार ऊबड़-खाबड़ गलियाँ होती हैं। ये बस्तियाँ न्यूनतम या अवांछित आवासीय क्षेत्र में होती हैं, जहाँ जीर्ण-शीर्ण मकान, खुली हवा, प्रकाश, पेयजल तथा स्वास्थ्य की निम्न सुविधाओं और शौच सुविधाओं जैसी मूलभूत आवश्यकताओं का अभाव पाया जाता है। यह क्षेत्र बहुत ही भीड़-भाड़, पतली, सँकरी व घुमावदार गलियों और आग जैसे गंभीर खतरों के जोखिम से युक्त होता है। यहाँ के निवासी कम वेतन और जोखिम पूर्ण कार्य करने को विवश होते हैं। अल्प पोषण से निवासियों में विभिन्न रोगों और बीमारियों की संभावना लगातार बनी रहती है। ये लोग अपने बच्चों के लिए उचित शिक्षा का खर्च भी वहन नहीं कर सकते हैं। गरीबी इन्हें शराब, अपराध, पलायन, गुण्डागर्दी, नशीली दवाओं के सेवन और सामाजिक बहिष्कार की तरफ अग्रसर करती है। नगरों, महानगरों में बसे ऐसे स्थानों को **स्लम या गन्दी बस्तियाँ** कहा जाता है।

कच्ची बस्तियों में वे लोग निवास करते हैं, जो विवशता में रोजगार की तलाश में नगरीय क्षेत्रों में प्रवास करते हैं। धनाभाव में पर्यावरण की दृष्टि से अनुपयुक्त और निम्नीकृत क्षेत्रों पर कब्जा कर बस्तियाँ बसा लेते हैं। इनमें एक कमरे में पूरा परिवार निवास करता है। कच्ची बस्तियों की निम्नलिखित समस्याएँ उभर कर आती हैं–

- अस्वास्थ्यपूर्ण पर्यावरण में आवासों का निर्माण।
- सड़कों का अभाव।
- पेयजल, प्रकाश, शुद्ध वायु की कमी।
- अत्यधिक भीड़-भाड़ से संक्रमण का खतरा।
- कच्चे मकान होने से आग लग जाने का खतरा।
- शौचालय जैसी मूलभूत सुविधा का अभाव।
- शिक्षा हेतु विद्यालयों का अभाव।
- कम मजदूरी में जोखिम पूर्ण कार्य करने से असुरक्षित जीवन।
- अल्प पोषण से विभिन्न रोगों का खतरा।
- छोटे, कम ऊँचे एवं असुरक्षित आवास।
- समाज द्वारा हेय दृष्टि से देखना।
- कानून एवं व्यवस्था बनाए रखने की समस्या।

कच्ची बस्तियों की समस्याओं हेतु समाधान

(i) **सरकार द्वारा निम्नतम दर पर आवास उपलब्ध कराना :** कच्ची बस्ती के स्थान पर ही बहुमंजिले आवासों में ऐसे लोगों को बसाने से वायु, प्रकाश, शौचालय की सुविधा स्वत: हीं पूरी हो जाएगी। स्वास्थ्यप्रद वातावरण में जीवन प्रत्याशा भी अधिक बढ़ जाएगी। कोटा और अहमदाबाद की तर्ज पर कच्ची बस्तियों के लोगों को निम्नतम दर पर आसान किश्तों में परिवार के आकार के अनुसार आवास उपलब्ध कराए जाने चाहिए।

(ii) नल या टैंकरों द्वारा स्वच्छ पेयजल की आपूर्ति न्यूनतम दर पर या नि: शुल्क की जानी चाहिए।

(iii) ग्रामीण क्षेत्रों के मनरेगा की तरह न्यूनतम मजदूरी दर निर्धारित कर रोजगार उपलब्ध कराया जाना चाहिए।

(iv) कच्ची बस्ती में ही विद्यालय खोलकर बच्चों की शिक्षा हेतु समुचित व्यवस्था करनी चाहिए।

(v) कच्ची बस्तियों के पास सामुदायिक स्वास्थ्य केन्द्र खोलकर नि:शुल्क चिकित्सा उपलब्ध कराई जानी चाहिए।
(vi) ग्रामीण क्षेत्रों में रोजगार के साधन उपलब्ध कराए जाने चाहिए जिससे नगरीय क्षेत्रों में प्रवास कम-से-कम हो।
(vii) चौड़ी सड़कों का निर्माण करना।
(viii) भूमि की उपलब्धता होने पर बगीचों की व्यवस्था करना।
(ix) स्वरोजगार के लिए ऋण उपलब्ध करवाना।
(x) परिवार कल्याण कार्यक्रम अपनाने पर जोर देना।
(xi) कानून एवं व्यवस्था को सुचारू रूप से बनाए रखना।

मुम्बई की धारावी बस्ती का विशेष अध्ययन

मुम्बई की धारावी कच्ची बस्ती (स्लम) एशिया की विशालतम कच्ची बस्ती है। विश्व के अन्य देशों की कच्ची बस्तियों की तरह यहाँ का जनजीवन भी घोर नारकीय है।

धारावी कच्ची बस्ती का परिदृश्य निम्न प्रकार से वर्णित किया जा सकता है–

(i) **धारावी बस्ती की स्थापना :** 18वीं शताब्दी में यहाँ एक द्वीप था। 70 वर्ष पूर्व गुजरात के कुम्हारों ने इसे बसाया था। उनकी संख्या लगभग 10,000 थी।

(ii) **अवस्थिति एवं विस्तार :** यह कच्ची बस्ती मुम्बई शहर में जुहू से 12 किमी दक्षिण-पूर्व में उपनगरीय रेलमार्गों के बीच स्थित है। इसका क्षेत्रफल लगभग 557 एकड़ है, जो 12 बस्तियों से मिलकर बनी है।

(iii) **जनसंख्या :** वर्ष 2011 के अनुसार यहाँ की जनसंख्या 6,00,000 है, जो 100,000 घरों में निवास करती है। एक घर में 10 से 15 व्यक्ति तक एक ही कमरे में निवास करते हैं। यहाँ के लगभग 60 प्रतिशत परिवार 60 वर्षों से रह रहे हैं।

(iv) **परिवहन :** इस गन्दी बस्ती से केवल एक मुख्य सड़क गुजरती है, जो **नाइंटीफुट रोड** के नाम से जानी जाती है। जिसकी चौड़ाई घटते-घटते आधे से भी कम रह गई है। यहाँ परिवहन निगम की बसें बस्ती की परिधि के बाहर से गुजरती हैं। ऑटो रिक्शा भी बस्ती के अन्दर नहीं आ सकता है। धारावी बस्ती केन्द्रीय मुम्बई में एक ऐसा भाग है, जहाँ तिपहिया वाहनों का प्रवेश भी निषेध है। कुछ गलियाँ एवं पगडण्डियाँ इतनी सँकरी हैं कि वहाँ से एक साइकिल का निकलना भी मुश्किल लगता है।

(v) **भवन या आवास :** सम्पूर्ण बस्ती में अस्थाई निर्माण के भवन हैं, जो दो से तीन मंजिलें बने हैं तथा इनमें जंग लगी लोहे की सीढ़ियाँ लगी हैं। यहाँ एक कमरे को किराए पर लेकर 10-15 व्यक्ति तक भी रहते हैं। आवास अलग-अलग ऊँचाई तथा अलग-अलग रंगों में पुते हैं।

(vi) **आधारभूत सुविधाएँ :** शुद्ध पेयजल, वायु एवं प्रकाश की पर्याप्त व्यवस्था नहीं है। यहाँ लगभग 1500 व्यक्तियों के लिए एक शौचालय है। गन्दे जल की निकासी की व्यवस्था नहीं होने से ठहरे गन्दे पानी से गड्ढे भरे रहते हैं। अत: आधारभूत सुविधाओं का अभाव है। जगह-जगह काले कौओं और लम्बे, भूरे चूहों की बहुतायत है।

(vii) **व्यवसाय एवं रोजगार :** जगह-जगह मिट्टी के उत्पाद पकाने और ईंटों के भट्टे हैं। प्लास्टिक पुनर्चक्रण में सौन्दर्य प्रसाधनों से लेकर कम्प्यूटर के बोर्ड आदि प्रत्येक वस्तु का पुन:चक्रण होता है। जहाँ ग्रेट ब्रिटेन (U.K.) में 23 प्रतिशत कचरे का पुन:चक्रण होता है, वहीं मुम्बई में 80 प्रतिशत कचरे का पुन:चक्रण धारावी में होता है, जिससे काला, जहरीला धुआँ फैला रहता है। सँकरी गन्दी गलियों वाली बस्ती में मछुआरों की बहुलता है, जो मछली पकड़ने का कार्य करते हैं। कई उपयोगी कार्यों में बस्ती की ख्याति है।

धारावी में मिट्टी के बर्तन, मृत्तिका शिल्प (सेरेमिक्स), कशीदाकारी, जरी का काम, परिष्कृत चमड़े का काम, धातु का कार्य, उत्कृष्ट आभूषण, फर्नीचर, उच्च फैशन के कपड़े सिलने आदि का कार्य होता है। यह बड़ा पर्यटन केन्द्र तथा फिल्मों के कनिष्ठ कलाकारों का बड़ा केन्द्र भी है। 85 प्रतिशत लोग स्वयं या स्लम में रोजगार पाते हैं।

(viii) **व्यापार :** यहाँ बनी वस्तुएँ मुम्बई के अतिरिक्त देश के अन्य भागों के साथ-साथ अरब देशों, संयुक्त राज्य अमेरिका, यूरोपीय देशों में निर्यात होती हैं। एक अध्ययन के अनुसार, एक वर्ष में यहाँ 650 मिलियन (U.S.) डॉलर का व्यवसाय होता है।

महत्वपूर्ण बिंदु

- संरचना, आकार, जनसंख्या का विकास तथा कार्य के आधार पर ग्रामीण बस्तियों को मोटे तौर पर दो वर्गों में विभाजित किया गया है:
  (1) सघन अथवा केन्द्रीयकृत बस्तियाँ
  (2) परिक्षिप्त अथवा प्रकीर्ण बस्तियाँ
- सघन बस्ती का एक सुनिश्चित रूप होता है, जहाँ घर एक छोटे से स्थान में गुच्छित होते हैं।
- परिक्षिप्त बस्तियों में फार्म घरों का पूर्ण रूप से विस्तार 'माऊजा' भूमि में होता है।
- आयताकार बस्तियों का विकास सामान्यत: देश के गहन कृषि वाले उत्पादक मैदानों में होता है।
- रेखीय बस्तियों का विकास एक पंक्ति में होता है तथा उनका एक रेखीय आकार होता है। ऐसी बस्तियां पर्वतों की तंग घाटी, ऊँचे तटबन्धों के निकट, गोखुर झील अथवा जलमार्गों के निकट पायी जाती है। इस प्रकार की बस्तीयों सड़कों, नहरों तथा रेलवे लाइन के निकट पाई जाती हैं।
- वृत्तीय तथा अर्द्धवृत्तीय प्रतिरूप सामान्यत: किसी तालाब, झील या समुद्र तट के चारों ओर विकसित होती है।
- ग्रामीण बस्तियों के तारे जैसे प्रतिरूप का विकास उस स्थान पर होता है, जहाँ कई सड़कें आकर मिलती हैं।

❑❑❑

भारत के प्राकृतिक संसाधन : विकास एवं उपयोगिता

अध्याय 20

भारतीय कृषि

[भूमि संसाधन, भूमि का सामान्य उपयोग, कृषि योग्य भूमि का उपयोग, प्रमुख फसलें–चावल, गेहूँ, कपास, जूट, गन्ना, रबर, चाय और कॉफी की भौगोलिक स्थिति और उनका वितरण]

अति प्राचीन काल से कृषि करने वाले देशों में भारत का प्रमुख स्थान रहा है। इतिहास साक्षी है कि जब विश्व के अधिकांश देश असभ्य थे, उस समय भारतवासी कृषि व्यवसाय में निपुण थे। हड़प्पा व मोहनजोदड़ो जैसी विकसित सभ्यता मौजूद थी, जिसमें बड़े विकसित नगर एवं खाद्यान्नों के भण्डारण की व्यवस्था भी रखी जाती थी।

विश्व के अधिकांश कृषि विद्वान अन्नोत्पादन एवं पशुपालन का प्रारम्भ 8000 ई.पू. से मानते हैं। उनमें से अधिकतर यह मानते हैं कि कृषि का प्रारम्भ दक्षिण-पूर्वी मानसून से एशिया में हुआ है।

कृषि का महत्व

आज भी भारत एक कृषि प्रधान देश है, जिसकी 54.6 प्रतिशत जनसंख्या कृषि पर प्रत्यक्ष तौर पर निर्भर है। कृषि जीवन-निर्वाह का सबसे महत्वपूर्ण साधन है। ऐसे कई उद्योग हैं। जो प्रत्यक्ष-अप्रत्यक्ष रूप से कृषि पर निर्भर है। ये लाखों व्यक्तियों को रोजगार प्रदान करते हैं।

भारतीय कृषि की मानसून पर निर्भरता के कारण भारतीय कृषि और अर्थव्यवस्था को **मानसून का जुआ** कहते हैं। भारत के कुल निर्यात में कृषि का महत्वपूर्ण स्थान रहता है। देश के कुल निर्यात मूल्य का 12.7 प्रतिशत के लगभग कृषि उत्पादों से प्राप्त होता है।

भारतीय संस्कृति कृषि से ओत-प्रोत है। हमारे अनेक त्यौहार तथा उत्सव कृषि से ही सम्बन्धित हैं। इस तरह स्पष्ट होता है कि भारत की अर्थव्यवस्था, समाज एवं संस्कृति का मूलाधार कृषि ही है।

प्रकृति ने भी भारत जितनी विविधता सम्पूर्ण विश्व में किसी भी अन्य राष्ट्र को प्रदान नहीं की है। उसी भाँति उत्कृष्ट भौगोलिक स्थिति, समतल भूमि, उपजाऊ मृदा, पर्याप्त जलापूर्ति, मानसूनी जलवायु जैसे कारकों ने भारत को कृषि के क्षेत्र में विशिष्ट देश बना दिया है।

भारत का क्षेत्रफल 32,87,263 वर्ग कि.मी. है। इसके 40.5 प्रतिशत भाग पर कृषि कार्य होता है। इन्हीं विशेषताओं के कारण भारत में कृषि पद्धतियों एवं फसलों में भी विविधता दिखाई देती है।

भारतीय कृषि का महत्व निम्न बिन्दुओं से स्पष्ट है–

- सर्वाधिक रोजगार का साधन
- उद्योगों के लिए कच्चे माल की प्राप्ति
- राष्ट्रीय आय का साधन
- विदेशी मुद्रा की प्राप्ति
- पौष्टिक पदार्थों का उत्पादन
- यातायात संसाधनों का विकास

भारत में अति प्राचीनकाल से अधिकांशतः खाद्यान्न के रूप में एवं परम्परागत रूप से कृषि की जाती रही है। विगत दशकों से कृषि का आधुनिकीकरण एवं वैज्ञानीकरण हो रहा है। भारतीय कृषि की मुख्य विशेषताएँ इस प्रकार हैं–

भारतीय कृषि की विशेषताएँ	भारतीय कृषि की मुख्य समस्याएँ
• जनसंख्या की निर्भरता	• भूमि पर जनसंख्या का बढ़ता हुआ भार
• मानसून पर निर्भरता	• भूमि का असन्तुलित वितरण
• सिंचाई की सुविधाओं का अभाव	• कृषि की न्यून उत्पादकता
• प्रति हेक्टेयर कम उत्पादन	• मौसम की मार, कभी अति वृष्टि, अनावृष्टि
• चारा फसलों की कमी	• किसान का भाग्यवादी दृष्टिकोण।
• कृषि जोतों का छोटा आकार	• कृषि व्यवसाय के रूप में न लेकर जीवनयापन के रूप में है।
• खाद्यान्नों की प्रधानता	• सिंचाई के साधनों का सीमित विकास
• फसलों की विविधता	• कृषि का अशिक्षित एवं परम्परावादी होना
	• उचित विक्रय व्यवस्था का लाभ न मिलना
	• विभिन्न योजनाओं का सामान्य किसान तक लाभ नहीं पहुँचना आदि

कृषि के प्रकार

भारत की प्राकृतिक दशा, जलवायु, मिट्टी में पर्याप्त भिन्नता के कारण देश के विभिन्न भागों में कई प्रकार की कृषि की जाती है। भारत में मुख्यतः निम्न प्रकार की कृषि प्रचलित है–

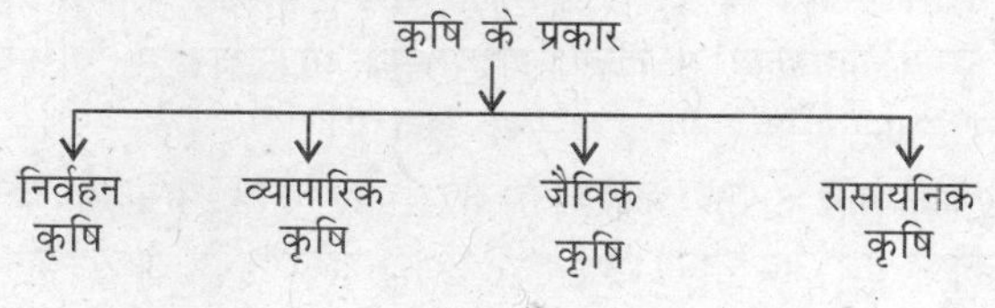

निर्वहन कृषि

भारत में जीवन निर्वहन कृषि एक परम्परागत कृषि विधि रही है। स्वतंत्रता पूर्व से यह जीवन निर्वहन करने वाली एक गहन कृषि के रूप में प्रचलित थी। उस समय किसान की जोत का आकार छोटा था और बैलों की सहायता से हल चलाकर खेती करता था। इन खेतों पर परिवार के सदस्य ही श्रमिक के रूप में कार्य करते थे। खेती करने का तरीका पुराना ही था। रासायनिक उर्वरकों का उपयोग नहीं किया जाता था। कृषि का मुख्य उद्देश्य परिवार की खाद्यान्न आवश्यकता की पूर्ति करना ही रहता था। अतिरिक्त उत्पादन नहीं होता था और यदि होता तो भी अगले वर्ष हेतु अपनी आवश्यकता की पूर्ति के लिए रख लिया जाता था। किसान की आवश्यकता और सोच थोड़ी और साधारण होती थी। कुछ आवश्यक वस्तुएँ प्राकृतिक वातावरण से मिल जाती थीं, जिससे किसान अधिक उत्पादन के लिए प्रोत्साहित नहीं होता था। इस प्रकार कृषि में खाद्यान्नों के उत्पादन एवं छोटे क्षेत्र में ही अपनी आवश्यकताओं के अनुरूप विभिन्न प्रकार की फसलों का उत्पादन करता था।

पशुपालन भी निर्वहन कृषि का एक मुख्य अंग है। स्वतंत्रता के बाद भूमि-सुधारों को लागू किया गया। 1960 के बाद हरित क्रान्ति एवं अतिरिक्त उत्पादन की आवश्यकता महसूस की गई और जैविक के साथ रासायनिक कृषि का विकास हुआ। निर्वहन कृषि भी निम्न प्रकार की होती है-

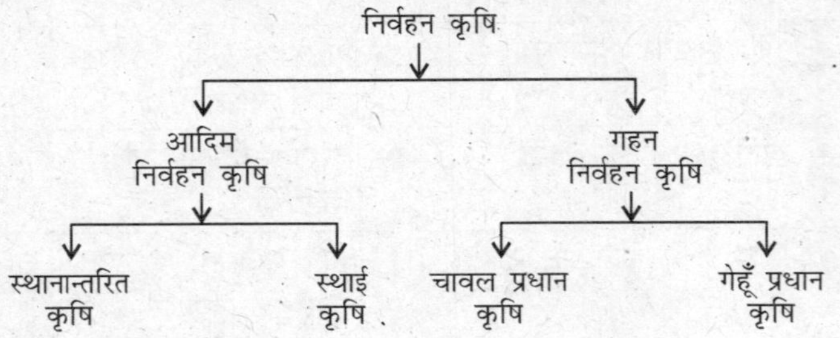

आदिम निर्वहन कृषि

आदिम निर्वहन कृषि को दो प्रकार में विभक्त किया जाता है-

(i) **स्थानान्तरित कृषि :** स्थानान्तरित कृषि आज भी भारत वर्ष के कई क्षेत्रों में वनवासियों द्वारा आदिम कालीन ढंग से निर्वाह कृषि के रूप में की जाती है। ये कृषक केवल उतनी ही भूमि पर खेती करते हैं, जितने से उसके परिवार के जीवित रहने के लिए आवश्यक भोज्य मिल जाता है।

इसके अतिरिक्त वनों को जलाकर, भूमि को साफ करके दो से तीन वर्षों तक फसलें उगाई जाती हैं और भूमि की उर्वरता नष्ट होने पर उसे परती छोड़ दिया जाता है। अन्यत्र जाकर पुनः इसी प्रक्रिया को अपनाया जाता है, अतः इसे **स्थानान्तरित कृषि** कहते हैं।

यहाँ मुख्यतः खाद्यान्न फसलें उगाई जाती हैं, कहीं-कहीं तम्बाकू भी उगाया जाता है। भारत के उ.पू. भाग में झूमिंग, मध्य प्रदेश व छत्तीसगढ़ में बेवर, आन्ध्र प्रदेश में पोदू, केरल में पोनम, दक्षिणी भारत में (गोण्ड द्वारा) छिप्पा, पैण्डा, पश्चिमी घाट में कुमारी, हिमालय में खील, दक्षिण-पूर्वी राजस्थान में विभिन्न नामों से स्थानान्तरित कृषि को जाना जाता है।

(ii) **स्थाई कृषि :** ऐसे आदिवासी क्षेत्र, जहाँ कृषि भूमि पर जनसंख्या का दबाव बढ़ जाता है, वहाँ स्थानान्तरित कृषि का स्थान स्थाई कृषि लेने लगती है। इस प्रकार की कृषि स्थानान्तरित से उन्नत होती है और आवश्यकता से कुछ अधिक अन्न उत्पादन हो जाता है। भूमि की उर्वरता को बनाए रखने के लिए पशु खाद का उपयोग किया जाता है। कृषि के साथ पशुपालन भी किया जाता है, जिसका उपयोग कृषि कार्य में सहयोग के लिए किया जाता है। मध्य हिमालय तथा प्रायद्वीप के उत्तरी पूर्वी भाग में इसका प्रचलन है।

गहन निर्वहन कृषि

भारत के विशाल मैदान तथा तटीय मैदानों में यह कृषि की जाती है। पर्याप्त वर्षा वाले क्षेत्रों में चावल व कम वर्षा वाले क्षेत्रों में गेहूँ प्रमुख फसल के रूप में बोई जाती है। इस प्रकार की कृषि में मानव श्रम का प्रयोग अधिक होता था, अब मशीनों का प्रयोग बढ़ रहा है। गहन निर्वहन कृषि में फसल आवर्तन भी किया जाता है। भारत के अधिकांश क्षेत्रों में यह प्रचलित है। फसल प्रधानता के आधार पर यह दो प्रकार की होती है-

(i) **चावल प्रधान गहन निर्वहन कृषि :** यह कृषि 100 सेमी. से अधिक वर्षा वाले क्षेत्रों में होती है। यहाँ जलोढ़ मिट्टी पाई जाती है। मुख्य उत्पादक राज्य पश्चिम बंगाल, बिहार, पूर्वी उत्तर प्रदेश, पूर्वी मध्य प्रदेश एवं तटीय मैदान है। इन सभी क्षेत्रों में चावल मुख्य फसल है, जिसकी वर्ष में 2 या 3 बार फसल उत्पादित की जाती है।

(ii) **गेहूँ प्रधान गहन निर्वहन कृषि :** यह कृषि पंजाब, हरियाणा, पश्चिमी उत्तर प्रदेश, पश्चिमी मध्य प्रदेश, राजस्थान तथा प्रायद्वीपीय पठार के पश्चिमी भागों में प्रचलित है। इन क्षेत्रों में वर्षा की कमी के कारण चावल के स्थान पर गेहूँ की खेती की जाती है। कपास, ज्वार, बाजरा, दालें आदि फसलें भी उगाई जाती हैं। जहाँ सिंचाई के साधन विकसित है, वहाँ व्यापारिक अन्न उत्पादन विकसित हो गया है। इसमें मशीनों, उर्वरकों, फसल आवर्तन का विशेष योगदान है।

व्यापारिक कृषि

व्यापारिक कृषि के अन्तर्गत निर्यात की दृष्टि से अतिरिक्त उत्पादन किया जाता है। परिवहन, यातायात व संचार के साधनों के विकास के साथ-साथ निर्भरता बढ़ी है। इस प्रकार की कृषि में कई फसलों के स्थान पर भौगोलिक परिस्थितियों के अनुकूल एक ही फसल का उत्पादन, बढ़ाकर निर्यात से आय में वृद्धि करने का प्रयास किया जाता है। पंजाब, हरियाणा, उत्तर प्रदेश, गुजरात, महाराष्ट्र, केरल आदि राज्यों में इस प्रकार की कृषि का प्रचलन बढ़ रहा है।

आर्द्र कृषि

आर्द्र कृषि उन क्षेत्रों में की जाती है, जहाँ फसलों के लिए आवश्यक मात्रा में अथवा उससे अधिक वर्षा होती है। सामान्यतः इन क्षेत्रों में वर्षा का औसत 100 से 200 सेमी तक रहता है। गंगा की मध्यवर्ती घाटी, प्रायद्वीपीय भारत के उत्तर-पूर्वी भागों एवं तटीय आर्द्र क्षेत्रों में इस प्रकार की कृषि की जाती है। इन क्षेत्रों में वर्ष में दो तथा कहीं-कहीं तीन फसलें तक प्राप्त की जा सकती हैं। उत्तर प्रदेश के पूर्वी भाग से अरुणाचल प्रदेश तक आर्द्र कृषि की जाती है।

शुष्क कृषि

शुष्क कृषि भारत के उन क्षेत्रों में की जाती है, जहाँ वार्षिक वर्षा 50 सेमी. से कम होती है, साथ ही सिंचाई की सुविधाओं का भी अभाव होता है। कृषि की इस पद्धति में उपलब्ध जल संसाधनों का अधिकतम उपयोग किया जाता है। फव्वारों द्वारा सिंचाई, स्प्रिंकलर सिस्टम, बूँद-बूँद सिंचाई जैसी सिंचाई पद्धति का उपयोग किया जाता है। इस कृषि में उन्हीं फसलों को बोया जाता है, जो शुष्कता सहन कर सकती हैं। गेहूँ, जौ, ज्वार, बाजरा, चना, कपास आदि शुष्क कृषि की फसलें हैं। शुष्क कृषि की प्रमुख विशेषताएँ निम्नलिखित हैं-

(1) वर्षा से पहले खेत जोत दिए जाते हैं ताकि भूमि नर्म हो जाए।

(2) प्रत्येक वर्षा के बाद गहरी जुताई की जाती है ताकि वर्षा का जल भूमि के अन्दर जा सके।

(3) वर्षा के जल को नियंत्रित करने के लिए भूमि पर मेड़ बनाकर कई भागों में बांट कर जल को व्यर्थ बहने से रोका जाता है।

(4) जोती हुई भूमि में नमी सुरक्षित रखने के लिए सूखी मिट्टी की एक परत बिछा दी जाती है।

(5) जल के दुरुपयोग रोकने के लिए अनावश्यक वनस्पति को निकाल दिया जाता है।

(6) इसमें शुष्कता को सहन करने वाली फसलों को ही उगाया जाता है।

भारत में इस प्रकार की कृषि पश्चिमी उत्तर प्रदेश, अरावली के पश्चिम में प. राजस्थान, गुजरात, महाराष्ट्र, आन्ध्र प्रदेश आदि राज्यों के कम वर्षा वाले क्षेत्रों में की जाती है।

भारत में शुष्क कृषि अनुसंधान कार्यालय राँची में स्थापित किया जाता है। यह भारत के शुष्क क्षेत्रों की जलवायु, प्राकृतिक दशा तथा बीजों का चयन करके शुष्क क्षेत्रों हेतु कृषि की योजना बनाता है।

गहन कृषि

भारत में शताब्दियों से गहन कृषि का प्रचलन रहा है, जो देश के अधिकांश भागों में की जाती है। इसके अन्तर्गत कम क्षेत्र में अधिक उत्पादन का उद्देश्य रहता है, जिसका प्रमुख कारण सघन आबादी एवं कृषि की कमी होना है। इस कृषि की विशेषताएँ निम्नलिखित हैं–

(1) गहन कृषि क्षेत्रों में जनसंख्या के अनुपात में भूमि कम होती है।

(2) प्रति हेक्टेयर भूमि में खेतिहर श्रमिकों की संख्या अधिक होती है।

(3) वर्ष में एक से अधिक फसलें उगाई जाती हैं।

(4) इसमें फसल चक्रण को अपनाया जाता है।

(5) भूमि पर जनसंख्या का भार अधिक होने से सीमित भूमि से अधिक पैदावार की जाती है।

(6) गहन कृषि में पूँजी निवेश व यांत्रिक उपयोग की अपेक्षा मानवीय श्रम की प्रधानता होती है।

उत्तर भारत के अधिकांश भागों में गहन कृषि ही की जाती है।

विस्तीर्ण कृषि

विस्तीर्ण कृषि उन देशों में की जाती है, जहाँ जनसंख्या के अनुपात में भूमि अधिक होती है। इसीलिए खेतों का आकार बड़ा होता है, जहाँ कृषि कार्य करने के लिए बड़ी मशीनों एवं यांत्रिक उपकरणों की आवश्यकता होती है। अत: कृषि के लिए अधिक पूँजी की आवश्यकता होती है, उपरोक्त विशेषताओं वाली कृषि को **विस्तीर्ण कृषि** कहते हैं।

भारत में जनसंख्या की अपेक्षा भूमि कम है तथा पारिवारिक बँटवारे में भूमि का निरन्तर विभाजन एवं उप-विभाजन होते रहने से खेतों का आकार छोटा होता गया और गहन खेती की जाती है। इन छोटे व बिखरे खेतों में लागत अधिक एवं उत्पादन कम होता है इससे निपटने के लिए चकबन्दी योजना आरम्भ की गई, जिसके अन्तर्गत साढ़े चार से पांच करोड़ हेक्टेयर भूमि पर चकबन्दी की जा चुकी है।

इस योजना में बिखरे हुए खेतों को मिलाकर चक बना देते हैं, जिसके फलस्वरूप खेतों की देखभाल में आसानी रहती है और सिंचाई करने में भी सुविधा हो जाती है। पंजाब, हरियाणा व उत्तर प्रदेश में यह कार्य लगभग पूर्ण हो चुका है। इन राज्यों के अधिकांश भागों में यांत्रिक आधार पर विस्तीर्ण कृषि की जा रही है व अन्य राज्यों में भी कार्य प्रगति पर है। जैसे–राजस्थान का राजस्थान नहर का सिंचित क्षेत्र विस्तीर्ण कृषि के नवीन क्षेत्रों में हैं।

उद्यान कृषि

व्यापारिक कृषि में उद्यान कृषि एक ऐसी सघन कृषि है, जिसमें बहुत उच्च स्तर का विशेषीकरण होता है और जो अधिकतर छोटे पैमाने पर की जाती है। डेयरी उद्योग के समान, उद्यान कृषि भी संसार के नगरीय बाजारों के द्वारा शाक-सब्जियों और फलों की माँग के कारण विकसित हुई है। इसमें भूमि के छोटे से क्षेत्रफल में ही भोजन की बहुत बड़ी मात्रा उत्पन्न कर ली जाती है।

उद्यान कृषि के उपभेद

उद्यान कृषि के छ: उपभेद होते हैं (i) बाजार के समीप सब्जी उत्पादन, (ii) ट्रक कृषि, (iii) ग्रीन हाउस फार्मिंग, (iv) पुष्प कृषि, (v) पादप नर्सरी, (vi) व्यापारिक फलोद्यान।

इनमें सब्जी उत्पादन, ट्रक कृषि और व्यापारिक फलोद्यान सबसे अधिक महत्वपूर्ण है।

भारत में प्रमुख बागवानी फसलें

2018-19 के अनुसार-भारत में सबसे अधिक फलों का उत्पादन तमिलनाडु, मसाले उत्पादन में गुजरात प्रथम, फलों के उत्पादन में महाराष्ट्र, सब्जियों के उत्पादन में पश्चिम बंगाल तथा आलू के उत्पादन में उत्तर प्रदेश प्रथम स्थान रखता है। 2017-18 में बागवानी फसलों का उत्पादन 300.64 मिलियन टन था, जो 2018-19 में बढ़कर 314.87 मिलियन टन हो गया।

जैविक कृषि

भारत में जैविक कृषि का आरम्भ सभ्यता के आरम्भ या यों कहें कृषि

युग के प्रारम्भ से ही हो गया था, जो गैर-जैविक (रासायनिक कृषि) के प्रारम्भ तथा हमारे पूर्वजों ने प्रकृति के साथ सामंजस्य स्थापित करके अपनी आर्थिक क्रियाओं द्वारा भरण-पोषण किया तथा अपना विकास करते आए। विकास की इस प्रक्रिया में मनुष्य या प्रकृति के मध्य स्थापित सम्बन्ध कभी खराब नहीं हुए। बढ़ती आबादी के भरण-पोषण तथा अनाज संकट को दूर करने के लिए 60 के दशक में गैर-जैविक कृषि (हरित क्रांति अर्थात् रासायनिक कृषि) की और आकर्षण बढ़ा।

अधिक उत्पादन के लालच में किसान ने नई-नई तकनीकों के प्रयोग के साथ-साथ रासायनिक खादों तथा कीटनाशक दवाओं का प्रयोग प्रारम्भ किया। इससे कुछ फसलों के उत्पादन में 2-4 गुना प्रति हेक्टेयर वृद्धि भी हुई। इस वृद्धि से अति उत्साही किसानों ने गुणवत्ता एवं स्वास्थ्य के दुष्प्रभावों को नजरअन्दाज कर अति उत्साह में प्रयोग अधिक प्रारम्भ कर दिए। इससे न केवल अनाज दूध, सब्जियाँ, फल-फूल आदि दूषित हुए, साथ ही जल स्रोत भी दूषित हो गए। रासायनिक कृषि का विनाशकारी प्रभाव जीवधारियों व कीड़ों-मकोड़ों पर भोजन श्रृंखला के माध्यम से होने लगा, साथ ही जैव विविधता का क्षरण भी तीव्र गति से होने लगा। मिट्टी की गुणवत्ता में कमी आना तथा कई जीवधारियों व कीड़े-मकोड़े की प्रजातियों के विलुप्त होने का संकट भी मंडरा रहा है।

रासायनिक कृषि से जल की माँग ही नहीं बढ़ी अपितु भूमिगत जल स्तर में भी गिरावट के साथ-साथ भूमि की उर्वरा शक्ति का भी तीव्रता से ह्रास हुआ है। जब से मनुष्य को रासायनिक कृषि के दुष्परिणामों की जानकारी प्राप्त हुई है, तब से मनुष्य स्वास्थ्य तथा पर्यावरण संरक्षण सन्दर्भ में जागरूक हुआ और विश्व पुनः जैविक कृषि अर्थात् परम्परागत कृषि की और लौटने लगा। आज विश्व में लगभग 3.7 करोड़ हेक्टेयर भूमि पर जैविक कृषि की जा रही है, जो विश्व की कुल कृषि भूमि का 0.9 प्रतिशत है, लेकिन निरन्तर इसके क्षेत्र में वृद्धि हो रही है। पर्यावरण एवं जीवन के लिए उपयोगी होने के कारण इसे **प्राकृतिक कृषि (ऑर्गेनिक फार्मिंग)** कहते हैं। भारत में जैविक खेती के अन्तर्गत 27.77 लाख हेक्टेयर क्षेत्र को आच्छादित किया गया है।

भारत में जैविक कृषि

भारत में लगभग 7.23 लाख हेक्टेयर क्षेत्रफल पर जैविक खेती की जा रही है। महाराष्ट्र, मेघालय, मिजोरम, पंजाब, उत्तर प्रदेश, आन्ध्र प्रदेश, कर्नाटक, झारखंड, बिहार, राजस्थान आदि के किसान जैविक खेती में अच्छा काम कर रहे हैं।

सिक्किम देश का पहला पूर्ण जैविक खेती करने वाला राज्यः 18 जनवरी, 2016 को गंगटोक (सिक्किम) में आयोजित 'टिकाऊ कृषि सम्मेलन' में सिक्किम को पूर्णतया जैविक खेती करने वाला देश का पहला राज्य घोषित किया। सिक्किम में जैविक कृषि की खेती वर्ष 2003 में शुरू की गई थी। पर्यावरण सुरक्षा के लिए सिक्किम में रासायनिक उर्वरकों के प्रयोग को पूर्णतः निषिद्ध कर दिया गया है। सिक्किम ने अपनी लगभग 75,000 हेक्टेयर भूमि को टिकाऊ कृषि के लिए जैविक भूमि में परिवर्तित कर दिया है। हालांकि प्रमाणिक जैविक खेती का सबसे अधिक रकबा मध्य प्रदेश में है।

केंद्रीय आयात-निर्यात बोर्ड (एपीडा-APEDA) के मुताबिक, भारत ने 2017-18 में लगभग 1.70 मिलियन मीट्रिक टन प्रमाणिक जैविक उत्पादन पैदा किया। साथ ही, भारत ने 2017-2018 में 4.58 लाख मीट्रिक ऑर्गेनिक उत्पाद निर्यात भी किए, जिससे देश को 3,453.48 करोड़ रुपये प्राप्त हुए।

रासायनिक कृषि

मृदा ह्रास व बंजर भूमि के कारण उत्पादक कम होती है या नहीं होती है, ऐसी स्थिति में उत्पादन को बढ़ाने के लिए रासायनिक खादों का प्रयोग किया जाता है तथा कीटों से संरक्षण के लिए कीटनाशकों का प्रयोग इस तरह की कृषि में की जाती है, जिससे यह कृषि **रासायनिक कृषि** कहलाती है। बढ़ती आबादी हेतु खाद्यन्न उपलब्धता व कृषि क्षेत्र से व्यावसायिक लाभ लेने हेतु रासायनिक कृषि का प्रचलन काफी तेजी के साथ फैल रहा है।

- रासायनिक उत्पादों का अगर संतुलित मात्रा में प्रयोग किया जाए तो इसके सकारात्मक परिणाम प्राप्त होते हैं, वहीं अत्यधिक प्रयोग से इसके दूरगामी नकारात्मक प्रभाव पड़ते हैं; जैसे भूमि का पूरी तरह से अनुर्वर हो जाना, कीटनाशकों के अत्यधिक प्रयोग से अनाज का विषाक्त होना आदि।
- इस तरह की कृषि से पर्यावरण पर भी बुरा प्रभाव पड़ता है। जल के माध्यम से उर्वरक व कीटनाशक, नदी-तालाबों तक पहुँचते हैं तथा वहाँ के पारिस्थितिकी तंत्र को दूषित व प्रभावित करते हैं।
- अनाजों में उर्वरक की हानिकारक मात्रा आने तथा इसके खाद्यान्न के रूप में उपयोग से यह मानव के शरीर में पहुँचता है तथा यह हमारे शरीर को प्रभावित करने के साथ-साथ आने वाली पीढ़ियों को भी प्रभावित करता है।

मौसम के आधार पर फसलों का वर्गीकरण

भारत में भौगोलिक विविधता के साथ-साथ मौसमी विविधता भी पाई जाती है, जिसके कारण यहाँ फसलों में भी ऋतु अनुसार विविधता दिखाई देती है। भारत में मुख्यतः शीत, ग्रीष्म व वर्षा ऋतु फसल उत्पादन की प्रकृति को निर्धारित करती है। इस आधार पर इन्हें खरीफ, रबी और जायद फसलों में बांटा गया हैं।

खरीफ

मानसून आगमन से पूर्व जून-जुलाई से सितम्बर-अक्टूबर के मध्य वर्षा काल में उत्पादित फसलों को **खरीफ** के नाम से पहचाना जाता है। इनमें चावल, ज्वार, बाजरा, मक्का, कपास, जूट, मूँगफली, तिल, गन्ना, उड़द, मूँग, मोठ आदि फसलें सम्मिलित हैं।

रबी

शीतकाल में अक्टूबर-नवम्बर से लेकर मार्च-अप्रैल के मध्य होने वाली फसलों को **रबी** की फसल कहते हैं, जिनमें सिंचाई की आवश्यकता रहती है। गेहूँ, जौ, चना, सरसों, मटर, अरहर, मसूर आदि फसलें इसमें शामिल हैं।

जायद

रबी व खरीफ के अतिरिक्त मध्यवर्ती समय में बोई जाने वाली फसल को **जायद** फसल के नाम से जाना जाता है। इनमें सब्जियाँ, ककड़ी, तरबूज, खरबूजा, चरी (ज्वार) प्रमुख हैं।

जैविक कृषि तथा रासायनिक कृषि में अन्तर

जैविक कृषि तथा रासायनिक कृषि में अपने स्वभाव, उत्पादन की विधियों एवं कृषि के अन्य दृष्टिकोण से भारी अन्तर है, जो इस तालिका में स्पष्ट किए हैं–

जैविक कृषि	रासायनिक कृषि
जैविक खाद एवं परम्परागत तरीके से की जाने वाली कृषि को **जैविक कृषि** कहते हैं।	रासायनिक खाद व कीटनाशक दवाओं के प्रयोग से की जाने वाली कृषि को **रासायनिक कृषि** कहते हैं।
जैव पदार्थों द्वारा निर्मित खादों का प्रयोग किया जाता है।	रासायनिक खाद एवं कीटनाशक दवाओं का प्रयोग किया जाता है।
जैविक कृषि में मानव श्रम अधिक लगता है।	मानव श्रम के स्थान पर मशीनों का उपयोग अधिक होता है।
जैविक खाद घर अथवा फार्म पर ही तैयार की जाती है।	रासायनिक खाद औद्योगिक केन्द्र (कारखानों) में तैयार की जाती है।
जैविक खाद भूमि के उपजाऊपन को बढ़ाने में सहायक होती है।	रासायनिक खाद से भूमि की उर्वरा शक्ति नष्ट होती है।
जैविक कृषि में प्रकृति के साथ आदर्श रिश्ता उन्नत रखते हुए कृषि उत्पादन का बढ़ाया जाता है।	रासायनिक कृषि में पर्यावरण के साथ लाभ-हानि को सोचे बिना रासायनिक खादों का उपयोग करके कृषि उत्पादन बढ़ाया जाता है।
जैविक कृषि से उत्पादित खाद्यान्न के उपयोग से मनुष्य के स्वास्थ्य पर अनुकूल प्रभाव पड़ता है।	रासायनिक कृषि से उत्पन्न खाद्यानों के उपयोग से मनुष्यों तथा अन्य जीवों में अनेक प्रकार की बीमारियाँ उत्पन्न हो रही हैं।
जैविक कृषि से जैव-विविधता पर नकारात्मक विनाशात्मक प्रभाव नहीं पड़ता।	रासायनिक कृषि से जैव-विविधता पर विनाशात्मक प्रभाव पड़ता है।
जैविक खाद में कम्पोस्ट, गोमूत्र, काऊ पेट पिट, वर्मी कम्पोस्ट, नीम केक इत्यादि खादें सम्मिलित की जाती हैं जो कि जीवों से सड़े-गले पदार्थों से बनाई जाती हैं।	रासायनिक खादों में फॉस्फेट, नाइट्रोजन, अमोनिया जैसे रासायनिक तत्व शामिल होते हैं। जिसके नकारात्मक परिणाम भूमि पर दिखाई पड़ते हैं।
जैविक कृषि द्वारा भूमि की उर्वरा शक्ति व उत्पादन, दोनों में धीरे-धीरे वृद्धि होती है।	रासायनिक कृषि में भूमि की उर्वरा शक्ति कुछ ही समय तक बनी रहती है। उसके पश्चात् उर्वरा शक्ति का क्षीण होना प्रारम्भ हो जाता है।
जैविक कृषि में जल की आवश्यकता नहीं पड़ती है।	रासायनिक कृषि में जल का अधिक मात्रा में उपयोग किया जाता है।
भूमिगत जल की शुद्धता पर कोई विपरीत प्रभाव नहीं पड़ता है।	रासायनिक कृषि में उपयोग होने वाले कई रसायनों का विपरीत प्रभाव पड़ता है।
जैविक कृषि के उपज स्वास्थ्य के लिए उपयोगी होने के कारण माँग अधिक रहती है।	रासायनिक खाद एवं कीटनाशकों का प्रभाव शरीर के लिए हानिकारक होता है। साथ ही, भूमिगत जल एवं एकत्रित जल के उपयोग से विभिन्न प्रकार की बीमारियां हो रही है। उदाहरण के लिए पंजाब।
जैविक कृषि पूर्ण रूप से प्रकृति पर निर्भर है, क्योंकि इस कृषि में बीज प्रकृति, खाद पशुओं से, कीटनाशक जंगलों से, सिंचाई प्रकृति से प्राप्त होती है तथा मेहनत स्वयं किसान करता है।	रासायनिक कृषि पूरी तरह से बाजार पर निर्भर होती है, क्योंकि बीज, रासायनिक खाद, कीटनाशक दवाइयाँ, कृषि यंत्र, तकनीक आदि बाजार से खरीदी जाती हैं।

उपयोग के आधार पर विभाजन

- खाद्यान्न फसलें : चावल, गेहूँ, बाजरा, ज्वार, मक्का, दालें
- बागानी फसलें : चाय, कहवा, तम्बाकू
- नगदी फसलें : गन्ना, तिलहन, सोयाबीन, राई, सरसों
- रेशेदार : कपास एवं जूट

मुख्य कृषि फसलों का वर्णन इस प्रकार है–

गेहूँ

इसके लिए समशीतोष्ण सर्वोत्तम जलवायु है। मोहनजोदड़ो की खुदाई में जौ, गेहूँ के दाने मिले हैं। इससे इतिहासकारों का मत है कि भारत ही गेहूँ का सम्भवतः आदि स्थान रहा है। 'ऋग्वेद' की ऋचाओं में भी चावल, जौ, गेहूँ, मूंग का वर्णन मिलता है। भारत की यह दूसरी वृहत् खाद्य फसल है, जो उगाई व भोजन में काम आती है। विश्व उत्पादन का 13 प्रतिशत मात्र भारत से प्राप्त होता है। खाद्यान्न उत्पादन में लगी कुल भूमि के 23 प्रतिशत भाग पर गेहूँ उगाया जाता है।

भौगोलिक दशाएँ

तापमान : गेहूँ शीतोष्ण कटिबन्धीय उपज है, जिसका उत्पादन भारत में अक्टूबर-नवम्बर से मार्च के मध्य किया जाता है। बोते समय 10°C प्रतिशत बढ़ते समय 15°C तथा पकते व काटते समय 20°C से 28°C तापमान की आवश्यकता रहती है। साथ ही, 100 दिन पाला रहित होना आवश्यक है।

वर्षा : गेहूँ के लिए आदर्श वर्षा 50 से 75 सेमी. है, लेकिन कम होने पर सिंचाई की आवश्यकता होती है। मावट इसके लिए श्रेष्ठ होती है।

मिट्टी : गेहूँ के लिए हल्की, दोमट, बलुई, काली मिट्टी उपयुक्त रहती है।

धरातल : समतल धरातल होना चाहिए, जहाँ कृषि यंत्रों का उपयोग आसानी से किया जा सके और जल निकास हो सके।

श्रम : विभिन्न कार्यों हेतु सस्ते श्रम की आवश्यकता रहती है, लेकिन अब तीव्र गति से यंत्रीकरण हो रहा है।

खाद : उत्पादन बढ़ाने के लिए कम्पोस्ट, जैविक, गोबर के साथ रासायनिक उर्वरकों का उपयोग भी तेजी से बढ़ा है।

उत्पादन एवं वितरण

भारत में गेहूँ उत्पादन की दृष्टि से सतलुज, यमुना एवं ऊपरी गंगा का मैदानी भाग सर्वाधिक महत्वपूर्ण है। पर्याप्त जल, उपजाऊ एवं समतल भूमि के कारण यह क्षेत्र देश के 68 प्रतिशत गेहूँ का उत्पादन करता है। 2017-2018 में देश में गेहूँ का उत्पादन 9 करोड़ 98 लाख 70 हजार टन हुआ था, जबकि 2018-2019 में गेहूँ का उत्पादन 10 करोड़ 12 लाख टन तक जा पहुँचा।

उत्तर प्रदेश : यह भारत का आदर्श गेहूँ उत्पादक राज्य है। यहाँ केवल उत्तरी पर्वतीय एवं दक्षिणी पठारी क्षेत्रों को छोड़कर सर्वत्र गेहूँ की कृषि की जाती है। राज्य में गंगा-यमुना, गंगा-घाघरा दोआब गेहूँ की कृषि के लिए विशेष रूप से जाना जाता है, जहाँ राज्य का 75 प्रतिशत गेहूँ पैदा होता है। मुख्य उत्पादक जिले सहारनपुर, मुजफ्फ़रनगर, मेरठ, मुरादाबाद, रामपुर, बदायूँ, बुलन्दशहर आदि है।

पंजाब : हरित क्रान्ति के प्रभाव से पंजाब में गेहूँ की उपज में उल्लेखनीय वृद्धि हुई है। यहाँ कुल कृषि भूमि के 30 प्रतिशत भाग पर गेहूँ की कृषि की जाती है। सिंचाई सुविधा एवं उपजाऊ मिट्टी, उन्नत खाद बीज के उपयोग से राज्य की औसत उपज 5,017 किग्रा प्रति हेक्टेयर पर है, जो देश का सर्वाधिक है। मुख्य उत्पादक जिले-लुधियाना, जालन्धर, अमृतसर, कपूरथला, फिरोजपुर, भटिण्डा, पटियाला तथा संगरूर हैं।

हरियाणा : क्षेत्रफल की दृष्टि से छोटा, लेकिन सिंचाई सुविधाओं के कारण 13.5 प्रतिशत गेहूँ का उत्पादन कर यह बड़ा उत्पादक राज्य बन गया है। यहाँ रोहतक, हिसार, जींद, कुरुक्षेत्र, सिरसा, फतेहाबाद, अम्बाला, गुरुग्राम फरीदाबाद जिलों में देश का 8 प्रतिशत गेहूँ उत्पादन क्षेत्र स्थित है।

मध्यप्रदेश : मैदानी भागों और मालवा की काली मिट्टी क्षेत्रों में सिंचाई द्वारा गेहूँ उत्पादन किया जाता है।

राजस्थान : वर्षा की कमी के कारण सिंचाई द्वारा गेहूँ की फसल बोई जाती है। राज्य की कुल कृषि भूमि के 18 प्रतिशत भाग पर गेहूँ की कृषि की जाती है। इन्दिरा गाँधी नहर निर्माण के पश्चात् राजस्थान में गेहूँ की उपज में वृद्धि हुई है। यहाँ देश का 7-9 प्रतिशत गेहूँ उत्पादित किया जाता है। प्रमुख उत्पादक जिले श्रीगंगानगर, भरतपुर, कोटा, अलवर, बाँरा, जयपुर, भीलवाड़ा, सवाई माधोपुर, बाँसवाड़ा आदि हैं।

बिहार : बिहार के उत्तरी मैदानी भागों में गेहूँ का उत्पादन किया जाता है, जहाँ कृषि भूमि के 14 प्रतिशत भाग पर कृषि की जाती है। राज्य में देश का 6 प्रतिशत गेहूँ उत्पादित होता है। चम्पारण, शाहबाद, दरभंगा, गया, मुजफ्फरपुर, पटना आदि प्रमुख उत्पादक जिले हैं।

अन्य गेहूँ उत्पादक राज्य : पश्चिम बंगाल (मुर्शिदाबाद, नादिया, वीरभूमि, दिनाजपुर), हिमाचल प्रदेश (कांगड़ा मण्डी, शिमला), कर्नाटक (बीजापुर, धारवाड़, बेलगाम), महाराष्ट्र, गुजरात, तमिलनाडु तथा आन्ध्र प्रदेश 500 किग्रा प्रति हेक्टेयर औसत उत्पादन कर सबसे पीछे हैं।

चावल

चावल भारत के प्रमुख खाद्यान्नों में से एक है। यह देश के तीन-चौथाई मनुष्यों का भोज्य पदार्थ है। विश्व उत्पादन का लगभग 20 प्रतिशत चावल भारत से प्राप्त होता है। रूसी विद्वान **वेविलोव** के अनुसार, चावल का मूल स्थान भारत है, जहाँ से इसका प्रसार पूर्व की ओर चीन तक 3000 ई.पू. तक हो चुका था। मोहनजोदड़ो एवं हड़प्पा व समकालिक सभ्यताओं में भी चावल के अवशेष मिले हैं। वैदिक काल में चावल का, धार्मिक, सांस्कृतिक कार्यों में उपयोग किया जाता था।

भौगोलिक दशाएँ

तापमान : चावल उष्णकटिबन्धीय पौधा है। यह 19°C से कम तापमान में पैदा नहीं हो सकता। बोते समय 20°C तापमान, पकने के समय 27°C की आवश्यकता होती है।

वर्षा : खेतों में 75 दिनों तक पानी भरा रहना चाहिए। 100 सेमी से 200 सेमी वार्षिक वर्षा आवश्यक है। इससे कम होने पर सिंचाई की आवश्यकता होती है।

मिट्टी : चावल की कृषि हेतु जलोढ़ चिकनी मिट्टी सर्वोत्तम है, जो नदियों के डेल्टाई क्षेत्रों में तथा तटवर्ती भागों में मिलती है।

धरातल : चावल की कृषि के लिए समतल धरातल उपयुक्त रहता है,पहाड़ी क्षेत्रों में सीढ़ीनुमा खेती बनाकर भी खेती की जा सकती है।

श्रम : चावल के खेत तैयार करने, पौधे लगाने, फसल काटने हेतु सस्ते श्रम की आवश्यकता होती है। यह श्रम आधारित फसल है।

खाद : चावल की खेती के लिए हरी एवं गोबर खाद, हड्डियों की खाद, अमोनिया सल्फेट व नाइट्रेट खाद की आवश्यकता होती है।

चावल की किस्में

भारत में चावल की 200 किस्में मिलती हैं। निम्न भूमि की फसल का चावल स्वादिष्ट होता है और प्रति हेक्टेयर उत्पादन भी अधिक होता है। भारत का अधिकांश चावल दलदली या निम्न भूमि में ही उत्पादित किया जाता है। उच्च भूमि में उपजाया गया चावल का पौधा छोटा होता है, इसका दाना छोटा तथा लाल रंग का होता है। यह थोड़ी-सी वर्षा में उग जाता है और जल्दी पक कर तैयार हो जाता है, जो सख्त एवं खाने में कम स्वादिष्ट होता है।

उत्पादन क्षेत्र

पश्चिम बंगाल : यह देश का 14 प्रतिशत चावल क्षेत्र है। वर्ष 2014-15 के आधार पर 14.32% चावल उत्पादन कर प्रथम स्थान पर है। राज्य के हर जिले में कृषि भूमि के 70 प्रतिशत से अधिक क्षेत्र पर चावल की कृषि की जाती है। कुल उत्पादन का 75 प्रतिशत अमन फसल से प्राप्त होता है। मुख्य उत्पादक जिले कूचबिहार, जलपाईगुड़ी, बाँकुड़ा, मिदनापुर, दार्जिलिंग हैं। यहाँ ओस, अमन एवं बोरों तीनों फसलें पाई जाती हैं। बाढ़ की उपजाऊ मिट्टी के कारण खाद की कम आवश्यकता रहती है।

उत्तर प्रदेश : हरित क्रान्ति के पश्चात् उत्पादन में अभूतपूर्व वृद्धि हुई। पूर्व में यहाँ देश का 6 से 8 प्रतिशत उत्पादन होता था, जो बढ़कर देश का 12 प्रतिशत हो गया है। प्रमुख उत्पादक जिलों में सहारनपुर,

देवरिया, गोरखपुर, लखनऊ, बहराइच, गोंडा, बलिया, रायबरेली, पीलीभीत आदि हैं। राज्य के पश्चिमी जिलों में सिंचाई की सहायता से चावल की कृषि की जाती है।

आन्ध्र प्रदेश : देश में वर्ष 2014-15 के उत्पादन के आधार पर 11 प्रतिशत उत्पादन के साथ आन्ध्र प्रदेश तीसरे स्थान पर है। प्रमुख उत्पादन किस्मों की भी खेती की जाती है।

पंजाब : परम्परागत रूप से गेहूँ उत्पादक राज्य ने हरित क्रान्ति के बाद चावल उत्पादन में देश में सबसे ज्यादा वृद्धि दर्ज की है। प्रमुख उत्पादक जिले यहाँ होशियारपुर, गुरदासपुर, जालन्धर, अमृतसर, रूपनगर, लुधियाना, कपूरथला आदि हैं।

बिहार : राज्य में चावल की वर्ष में 2 फसलें पैदा की जाती हैं। कुल कृषि भूमि के 40 प्रतिशत भाग पर चावल उगाया जाता है। प्रमुख उत्पादक जिलों में सारन, चम्पारण, गया, दरभंगा, मुंगेर, पूर्णिया आदि जिलों में धान पैदा किया जाता है।

तमिलनाडु : इस राज्य की देश के कुल चावल उत्पादन में 6-10 प्रतिशत तक भागीदारी है। यहाँ कावेरी नदी के डेल्टा में स्थित अकेला तंजावूर जिला तमिलनाडु का 25 प्रतिशत चावल पैदा करता है।

छत्तीसगढ़ : छत्तीसगढ़ का मैदानी भाग चावल कृषि के लिए महत्वपूर्ण है और इसे प्राय: **'चावल का कटोरा'** कहा जाता है। बिलासपुर, बस्तर, सरगुजा, रायगढ़, दंतेवाड़ा, नारायणपुर आदि प्रमुख उत्पादन जिले हैं।

मध्यप्रदेश : राज्य की कुल कृषि भूमि के 14 प्रतिशत भाग पर चावल उगाया जाता है। यहाँ नर्मदा तथा तापी नदी की घाटियों में चावल की कृषि होती है। यहाँ देश का सबसे कम प्रति हेक्टेयर 1,474 किग्रा. औसत उत्पादन होता है।

ओडिशा : राज्य की कुल कृषि भूमि के 58 प्रतिशत भाग पर चावल उत्पादन किया जाता है। यह राज्य देश का 6 से 8 प्रतिशत भाग उत्पादित करता है। बालासोर, कटक, पुरी, मयूरभंज, कालाहाँडी आदि चावल उत्पादक जिले हैं। **भारतीय चावल अनुसंधान संस्थान** कटक में है।

राजस्थान : डूँगरपुर, बूँदी, बाँसवाड़ा, हनुमानगढ़, गंगानगर जिलों में चावल की फसल पैदा होती है।

महाराष्ट्र, कर्नाटक, असोम, केरल, मेघालय, गोवा, मणिपुर, नागालैण्ड, मिजोरम अन्य चावल उत्पादक राज्य हैं।

कपास

कपास का जन्म स्थान भारत देश है। 'ऋग्वेद' एवं 'मनुस्मृति' में कपास के धागे का विवरण मिलता है। सिन्धु नदी की घाटी की खुदाई से सूती वस्त्रों के प्राप्त अवशेषों से भी ज्ञात होता है कि भारत में 5,000 से 8,000 वर्ष पूर्व सूती वस्त्रों का प्रयोग होता था। यूनानी विद्वानों **हेरोडोटस** तथा **मार्कोपोलो** के स्मरणों एवं आलेखों में भारत में कपास के उपयोग, उत्पादन का पता चलता है।

भारत से विश्व का 12 प्रतिशत कपास प्राप्त होता है। प्रति हेक्टेयर में भी वृद्धि हो रही हैं। कपास एक झाड़ीनुमा पौधा है, जो 1.5 से 2 मीटर तक बढ़ता है, जिसके ऊपर अनेक डोडियाँ लगती हैं। इन डोडियों में बीज (बिनौला) होता है, जिसके चारों ओर रेशे लिपटे रहते हैं। पूरे विश्व में सूती वस्त्र उद्योग के कच्चे माल के रूप में कपास का प्रयोग होता है। कपास की एक गांठ 170 किलोग्राम की होती है।

भौगोलिक दशाएँ

तापमान : कपास उपोष्ण तथा उष्ण कटिबन्धीय पौधा है। 21 से 25 संटीग्रेड तापमान आदर्श रहता है, किन्तु 40 संटीग्रेड तक में भी इसे पैदा किया जा सकता है। 200 दिन पाला रहित साफ आकाश आवश्यक है।

वर्षा : कपास हेतु 50 से 100 सेमी. वर्षा पर्याप्त है, लेकिन थोड़े-थोड़े अन्तराल पर आवश्यक वर्षा कम होने पर सिंचाई द्वारा भी कमी पूरी की जाती है।

मिट्टी : कपास यथासंभव सभी मिट्टियों में पैदा किया जाता है। कच्छारी, उत्तर भारत एवं दक्षिण पठारी प्रदेश में काली मिट्टी सर्वाधिक उपयुक्त है। इसे **'रेगुर मिट्टी'** भी कहते हैं।

धरातल : कपास की खेती के लिए अच्छे जल प्रवाह युक्त धरातल की आवश्यकता होती है। खेतों में पानी भरा रहना फसल के लिए हानिकारक होता है।

श्रम : कपास की खेती में बीज बोने, सिंचाई, कपास चुनने जैसे कार्यों के लिए अधिक श्रम की आवश्यकता रहती है।

तापमान

देश के कुल कपास उत्पादन का 60 प्रतिशत मात्र चार राज्य, गुजरात, महाराष्ट्र, कर्नाटक एवं तेलंगाना करते हैं।

गुजरात : गुजरात भारत के कुल उत्पादन का 35 प्रतिशत कपास उत्पादित कर प्रथम स्थान पर है। यहाँ की जलवायु एवं मिट्टी कपास के लिए आदर्श है। यहाँ का 70 प्रतिशत कपास वडोदरा, अहमदाबाद, सूरत, भड़ौच, साबरमती, पंचमहल, सुरेन्द्र नगर जिलों में उत्पादित होता है। गुजरात में कपास की खेती का कुल क्षेत्रफल 2.45 मिलियन हेक्टेयर है।

महाराष्ट्र : यह देश का 20.45 प्रतिशत कपास उत्पादन कर दूसरे स्थान पर है। यहाँ 40 लाख हेक्टेयर खेती पर कपास उगाई जाती है। यहाँ अब लम्बे रेशे वाली कपास उगाई जाती है। राज्य की लावायुक्त काली मिट्टी कपास की कृषि हेतु बहुत उपयुक्त है। नागपुर, अकोला, अमरावती, वर्धा, नाँदेड़, जलगाँव, बुलढ़ाना आदि प्रमुख कपास उत्पादक जिले हैं।

आन्ध्र प्रदेश : आन्ध्र प्रदेश तीसरा बड़ा उत्पादक राज्य है। यह देश का 13.92 प्रतिशत कपास का उत्पादन करता है। यहाँ करीब 5.84 लाख हेक्टेयर में कपास की खेती होती है। राज्य में कपास की खेती कृष्णा नदी की घाटी में की जाती है। पिछले दशक में कपास उत्पादन तीव्रता से बढ़ा है। गुन्तूर, अवन्तपुर, कुर्नूल, कृष्णा प्रमुख उत्पादक जिले हैं।

पंजाब : उपजाऊ मिट्टी तथा सिंचाई की सुविधा के कारण यहाँ पर कपास की प्रति हेक्टेयर उपज भी देश में सर्वाधिक है। अधिकतम उत्पादन में अमेरिकन-पंजाब कपास पैदा की जाती है। फिरोजपुर, भटिण्डा, लुधियाना, अमृतसर तथा संगरूर मुख्य उत्पादक जिले हैं।

हरियाणा : उपजाऊ मिट्टी एवं सिंचाई सुविधा के रहते प्रति हेक्टेयर उत्पादन में दूसरा स्थान है। यहाँ लम्बे रेशे वाली कपास पैदा की जाती है। हरियाणा में हिसार और सिरसा, दोनों जिले राज्य की 80 प्रतिशत कपास पैदा करते हैं।

राजस्थान : राज्य में सिंचाई की सहायता से ही कपास की कृषि की जाती है। देश का 6.6 प्रतिशत कपास उत्पादन राज्य में होता है।

अकेला हनुमानगढ़ जिला राज्य का 30 प्रतिशत कपास का उत्पादन करता है। अन्य जिलों में श्रीगंगानगर, भीलवाड़ा, अजमेर, बूंदी, टोंक, पाली, कोटा, झालावाड़ आदि हैं। राज्य में सिंचाई की सुविधा बढ़ाने पर कपास उत्पादन की अपार संभावना है।

तमिलनाडु : यह राज्य कपास का 5 प्रतिशत उत्पादन करता है। तमिलनाडु लम्बे रेशे एवं उच्च गुणवत्ता वाली कपास के लिए प्रसिद्ध है। मदुरई, कोयम्बटूर, तिरुचिरापल्ली, सलेम, तंजावुर प्रमुख उत्पादक जिले हैं।

कर्नाटक : राज्य के कपास उत्पादन के दो प्रमुख क्षेत्र हैं। प्रथम क्षेत्र काली मिट्टी का है, जिसे **सलहट्टी** कहते हैं। इसके अन्तर्गत बेलारी, शिमोगा, चिकमंगलूर, चित्तल दुर्ग आते हैं। द्वितीय दक्षिणी क्षेत्र लाल मिट्टी का है, इसे **दौड़हट्टी** कहते हैं, जिससे रायचूर एवं धारवाड़ जिले राज्य की 50 प्रतिशत से अधिक कपास का उत्पादन करते हैं।

अन्य उत्पादक क्षेत्र : मध्यप्रदेश में नर्मदा, ताप्ती घाटी एवं मालवा का पठार, राज्य का 80 प्रतिशत कपास का उत्पादन करते हैं। कुछ मात्रा में केरल, उड़ीसा, हिमाचल प्रदेश, जम्मू-कश्मीर, असम, बिहार में भी कपास का उत्पादन किया जाता है।

बी.टी. कॉटन

बीटी कपास (Bt-Cotton) को मिट्टी में पाए जानेवाले जीवाणु बेसीलस थूरीनजिएंसिस से जीन निकालकर निर्मित किया गया है। इस जीन को 'Cry 1AC' का नाम दिया गया है। यह कीटों के प्रति प्रतिरोधकता पैदा करता है, जिससे कीटनाशकों के उपयोग की आवश्यकता नहीं रहती है। बीटी की कुछ नस्लें ऐसे प्रोटीन का निर्माण करती हैं, जो कुछ विशिष्ट कीटों को समाप्त करने में सहायक हैं।

गन्ना

भारत को गन्ने की जन्मस्थली होने का गौरव प्राप्त है। पूर्वी भारत में गन्ने की खेती का वृतान्त वैदिक साहित्य में भी उपलब्ध है। चीन, जावा एवं अन्य देशों में गन्ने की खेती का विस्तार भारत से ही हुआ है।

भारत में गन्ना मुख्य व्यापारिक फसल है। विश्व के गन्ना उत्पादक क्षेत्र का 35 प्रतिशत क्षेत्र भारत में पाया जाता है। गन्ना उत्पादन में भी भारत प्रथम-द्वितीय स्थान पर होता रहता है। ब्राजील एवं क्यूबा भी भारत के लगभग बराबर ही गन्ना उत्पादन करते हैं।

भौगोलिक दशाएँ

गन्ना अयन वृत्तीय पौधा है। इसकी खेती 8° उत्तरी अक्षांश से 32° उत्तरी अक्षांश तक की जाती है।

तापमान : 20°C से 30°C तापमान आवश्यक है। पाला गन्ने के लिए हानिकारक रहता है। निरन्तर समान तापमान रहने पर गन्ने की मिठास की मात्रा बढ़ जाती है।

वर्षा : 100 से 200 सेमी वर्षा फसल के लिए उपयुक्त होती है। सूखा या वर्षा कम होने पर सिंचाई द्वारा गन्ना उत्पादन किया जा सकता है।

मिट्टी : गन्ना उत्पादन हेतु नाइट्रोजन एवं जीवांश युक्त उपजाऊ मिट्टी आवश्यक है। उपजाऊ दोमट गहरी चिकनी एवं लावायुक्त काली मिट्टी फसल के लिए उपयुक्त है।

खाद : गन्ने की अच्छी फसल हेतु गोबर, कंपोस्ट, हरी खाद, जैविक एवं रासायनिक खाद की आवश्यकता होती है।

भारत में गन्ना उत्पादक क्षेत्र में उत्तरी भारत का स्थान प्रमुख रहा है, लेकिन वर्तमान में इसका विस्तार दक्षिण क्षेत्र में हो रहा है। समुद्रतटीय जलवायु गन्ना उत्पादन के लिए अनुकूल है, जहाँ प्रति हेक्टेयर उत्पादन भी अधिक होता है। उपज की अनेक प्रतिकूल परिस्थितियों के बावजूद गन्ने की 60 प्रतिशत उपज उत्तर भारत से प्राप्त होती है।

भारत में उत्पादित गन्ने का 40 प्रतिशत गुड़ एवं 50 प्रतिशत चीनी बनाने में प्रयुक्त होता है। देश में उत्तर प्रदेश, महाराष्ट्र, कर्नाटक मिलकर देश के कुल उत्पादन का 73 प्रतिशत गन्ना पैदा करते हैं।

उत्तर प्रदेश : उत्तर प्रदेश देश का 48 प्रतिशत गन्ना उत्पादन कर प्रथम स्थान पर रहनेवाला राज्य है, साथ ही कृषि क्षेत्रफल की दृष्टि से भी प्रथम रहा है। यहाँ दो प्रमुख उत्पादक क्षेत्र है (अ) तराई क्षेत्रः रामपुर से बरेली, पीलीभीत, सीतापुर, खीरी, मुरादाबाद, फैजाबाद, आजमगढ़, जौनपुर, गोरखपुर होते हुए बिहार के चम्पारण जिले तक विस्तृत है। (ब) दोआब क्षेत्र : गंगा-यमुना का दोआब क्षेत्र, जो मेरठ से प्रारम्भ होकर इलाहाबाद तक विस्तृत है। मेरठ का गन्ना उत्तम कोटि का है, जिसका यहाँ गुड़ बनाने में उपयोग किया जाता है।

महाराष्ट्र : दूसरा सबसे बड़ा गन्ना उत्पादक राज्य है। यहाँ गोदावरी नदी की ऊपरी घाटी गन्ने की कृषि के लिए प्रसिद्ध है। अधिकांश गन्ने से शक्कर बनाई जाती है। राज्य शक्कर के उत्पादन में प्रथम स्थान पर है। यहाँ उच्च कोटि का गन्ना पैदा किया जाता है। अहमदनगर, नासिक, पुणे, सोलापुर, रत्नागिरि प्रमुख गन्ना उत्पादक जिले हैं।

तमिलनाडु : गन्ने का तीसरा बड़ा उत्पादक राज्य है। प्रति हेक्टेयर उत्पादन (113.41 टन) में देश के अधिकतम उत्पादन करने वाले राज्यों में से है। यहाँ भारत के कुल उत्पादन का 10.68 प्रतिशत गन्ना उत्पादित होता है। कोयम्बटूर में राष्ट्रीय गन्ना अनुसंधान संस्थान स्थित है। राज्य में समुद्रतटीय जलवायु के कारण गन्ने में मिठास अधिक होती है।

कर्नाटक : यहाँ गन्ने की कृषि नदी घाटियों में होती है। तटीय क्षेत्र में उपजाऊ मिट्टी, अनुकूल समुद्री जलवायु से उत्पादकता अधिक है और निरन्तर इसके क्षेत्र में वृद्धि हो रही है। यहाँ देश का 10 से 12 प्रतिशत गन्ने का उत्पादन होता है। बेलगाँव, बेलारी, माण्डवा, कोलार, मैसूर, तुमकुर, रायचूर प्रमुख उत्पादक जिले हैं।

आन्ध्र प्रदेश : राज्य में कृष्णा-गोदावरी नदियों के डेल्टाई क्षेत्र में गन्ने का उत्पादन होता है। यहाँ देश का 4.67 प्रतिशत गन्ना पैदा होता है। मुख्य उत्पादक जिले पूर्वी एवं पश्चिमी गोदावरी, श्रीकाकुलम, विशाखापट्टनम तथा चित्तूर है।

गुजरात : यहाँ देश का 3.17 प्रतिशत गन्ना उत्पादन होता है। सूरत, भावनगर, जामनगर, राजकोट तथा जूनागढ़ प्रमुख उत्पादक जिले हैं।

पंजाब : भारत वर्ष का 2.21 प्रतिशत गन्ना पैदा किया जाता है। अमृतसर, जालंधर, फिरोजपुर, गुरदासपुर प्रमुख उत्पादक जिले हैं।

हरियाणा : यहाँ देश का 2.04 प्रतिशत गन्ना पैदा किया जाता है। पंजाब की तरह यहाँ भी उपजाऊ मृदा एवं सिंचाई साधनों के कारण गन्ना उत्पादन क्षेत्र व प्रति हेक्टेयर उत्पादन में निरन्तर वृद्धि हो रही है।

राजस्थान : बूंदी, उदयपुर, भीलवाड़ा, श्रीगंगानगर, चित्तौड़गढ़, कोटा प्रमुख गन्ना उत्पादन जिले हैं।

अन्य उत्पादक क्षेत्र : बिहार के उत्पादक क्षेत्र तराई के समीपवर्ती चम्पारण, गया, दरभंगा, सारन प्रमुख उत्पादक जिले हैं। उड़ीसा में पुरी, कटक, सम्बलपुर तथा मध्य प्रदेश में मुरैना, ग्वालियर, शिवपुरी आदि प्रमुख उत्पादक जिले हैं।

गन्ना उत्पादन की समस्याएँ

(1) गन्ने के लिए आदर्श दशाएँ भारत के दक्षिण में सागर तटीय क्षेत्रों में मिलती हैं, किन्तु अब भी इसका उत्पादन उत्तर भारत में होता है, जहाँ शुष्क ऋतु लम्बी होने से गन्ने में रस की मात्रा कम होती है।

(2) उन्नत तकनीक का यथोचित उपयोग नहीं हो पाना।

(3) किसानों को समय पर फसल मूल्य का भुगतान नहीं होना।

(4) मौसम की मार।

(5) गन्ने की फसल का उचित मूल्य निर्धारण न होना।

चाय

चाय रोपण कृषि की सबसे महत्वपूर्ण उपज है, जो एक स्फूर्तिदायक पेय पदार्थ है। भारत में चाय के पौधे पूर्वोत्तर पहाड़ियों पर अति प्राचीन काल से ही जंगली अवस्था में उगते थे।

भारत में पहली बार व्यावसायिक स्तर पर 1830-40 के दशक में अंग्रेज सरकार द्वारा परीक्षण हेतु (भारत के) उत्तरी-पूर्वी पहाड़ी क्षेत्र में इसे लगाया गया। चाय के लिए अनुकूल परिस्थितियाँ होने के कारण आज क्षेत्रफल एवं उत्पादन में प्रथम स्थान रखता है।

स्थानीय उपभोग की अधिकता के कारण चाय के निर्यात में श्रीलंका के बाद भारत का दूसरा स्थान है। चाय के निर्यात से भारत 80 करोड़ डॉलर का प्रति वर्ष विदेशी मुद्रा अर्जित करता है। इस बागानी फसल से देश में प्रत्यक्ष-अप्रत्यक्ष रूप से 30 लाख लोगों को रोजगार मिल रहा है। असम के बागानों में ही 4 लाख लोग श्रमिक के रूप में कार्य करते हैं।

आवश्यक भौगोलिक दशाएँ

तापमान : यह उष्ण कटिबन्धीय पौधा है। इसके लिए 25°C से 30°C तापमान आदर्श रहता है। चाय की झाड़ी एवं पौधों की वृद्धि के लिए छाया, अनुकूल व शुष्क हवा प्रतिकूल रहती है।

वर्षा : 200 से 250 सेमी. आवश्यक है। वर्ष में बार-बार वर्षा की बौछारें उपयुक्त रहती हैं। प्रात:कालीन धूप फसल के विकास के लिए अच्छी रहती है।

मिट्टी : चाय के लिए मिट्टी गहरी और गंधक युक्त होनी चाहिए। वनों को साफ करके तैयार की गई भूमि अच्छी मानी जाती है।

धरातल : सुप्रवाहित धरातल आवश्यक होता है। पौधे की जड़ों में पानी एकत्र होना हानिकारक रहता है। चाय के बागान ढालू पहाड़ियों पर ही लगाए जाते हैं।

श्रम : चाय की खेती के लिए पौधे उगाने, निराई-गुड़ाई तथा पत्तियाँ तोड़ने के लिए सस्ते व कुशल श्रम की आवश्यकता होती है। चाय की कोमल पत्तियों को तोड़ने में महिला श्रमिकों की जरूरत रहती हैं।

चाय का उत्पादन एवं वितरण

चाय की खेती भारत के 16 राज्यों में की जाती है। असम अखिल भारतीय उत्पादन का लगभग 53 प्रतिशत और विश्व में उत्पादित चाय के लगभग 1/6वें हिस्से का उत्पादन करता है। असम, पश्चिम बंगाल, तमिलनाडु, केरल मिलकर देश की कुल चाय का 95 प्रतिशत तक उत्पादन करते हैं।

असम : सभी आवश्यक भौगोलिक दशाएं अनुकूल होने से यहाँ देश का 52 प्रतिशत चाय क्षेत्र एवं 53 प्रतिशत चाय उत्पादन कर दोनों तरफ से प्रथम स्थान पर है। 701 मिलियन किलोग्राम के उत्पादन के साथ असम देश का सबसे बड़ा चाय उत्पादक प्रदेश है। शिवसागर, लखीमपुर, दरांग, गोलपाड़ा, नौगाँव आदि जिले मुख्य हैं। देश के अन्य राज्यों विशेष दक्षिण राज्यों में उत्पादन बढ़ने से असम की चाय का सापेक्षिक महत्व कुछ कम होता जा रहा है।

प. बंगाल : 344 मिलियन किलोग्राम चाय उत्पादन के साथ पश्चिम बंगाल दूसरा बड़ा चाय उत्पादक राज्य है जो देश का 22.36 प्रतिशत चाय का उत्पादन करता है। दार्जिलिंग, जलपाईगुड़ी, कूचबिहार, पुरुलिया मुख्य उत्पादक जिले हैं। दार्जिलिंग की चाय उत्तम व सुगन्धित होती है, जिसकी देश व विदेश में बहुत अधिक माँग रहती है।

तमिलनाडु : यह देश का 12 प्रतिशत चाय का उत्पादन कर तृतीय स्थान पर है। नीलीगिरी व अन्नामलाई की पहाड़ियाँ क्रमशः 46 एवं 33 प्रतिशत चाय का उत्पादन करती हैं। यहाँ की चाय की माँग यूरोपियन देशों में अधिक रहती है।

केरल : यहाँ देश की 8.5 प्रतिशत चाय पैदा होती है। त्रिचूर, पालघाट, कन्नूर, त्रिवेन्द्रम, कोझीकोड, मालापुरम प्रमुख उत्पादक जिले हैं।

अन्य उत्पादक राज्य : हिमाचल प्रदेश-कांगड़ा मण्डी जिले में हरी चाय, उत्तराखंड में देहरादून, अल्मोड़ा, गढ़वाल जिले, कर्नाटक-कुर्ग, मैसूर, चिकमंगलूर जिले। मणिपुर, त्रिपुरा, मेघालय, अरुणाचल प्रदेश में भी अल्प मात्रा में चाय पैदा की जाती है। ये सभी राज्य मिल कर देश की 1 प्रतिशत चाय का उत्पादन करते हैं।

ट्रक फार्मिंग

ट्रक फार्मिंग उद्यान कृषि का ही एक प्रकार है। महानगरों में जनसंख्या की अधिकता से वहाँ फलों एवं सब्जियों की आपूर्ति स्थानीय रूप से नहीं होकर बहुत दूर, जहाँ फलों एवं सब्जियों के उत्पादन के लिए अनुकूल जलवायु तथा मिट्टी होती है, वहाँ उनको पैदा करके ट्रकों तथा प्रशीतन युक्त गाड़ियों द्वारा महानगरों तक पहुँचाया जाता है। इस प्रकार की फलों व सब्जियों की कृषि को **ट्रक फार्मिंग** कहते हैं। ट्रक फार्मिंग कृषि सर्वप्रथम संयुक्त राज्य अमेरिका के कैलिफोर्निया में प्रारम्भ की गई। उसके पश्चात् उत्तरी पश्चिमी यूरोप में ब्रिटेन, बेल्जियम, जर्मनी, डेनमार्क में प्रारम्भ हुई।

भारतीय महानगरों में व औद्योगिक केन्द्रों तक फलों एवं सब्जियों की माँग की आपूर्ति रेलगाड़ियों, ट्रकों व अन्य साधनों से निकटवर्ती एवं दूरस्थ दोनों क्षेत्रों से हो जाती है। हमारे देश में फलों व सब्जियों का उत्पादन बहुत बड़ी मात्रा में तो होता ही है, साथ ही उत्पादन में विविधता देखी जाती है। इस विविधता के पीछे देश की जलवायु दशाएँ हैं।

ट्रक फार्मिंग कृषि की विशेषताएँ

- खेतों के छोटे आकार
- गहन कृषि वर्ष में 3-4 फसलें (सब्जियाँ) पैदा करना।
- श्रम की अधिकता
- खेतों का प्रबन्धन वैज्ञानिक तरीकों से किया जाता है।
- उर्वरता बनाए रखने के लिए अधिक मात्रा में खाद एवं उर्वरक डाले जाते हैं।
- प्रतिशतन युक्त ट्रकों की भी आवश्यकता होती है।
- पूँजी की अधिकता

फलों एवं सब्जियों के उत्पादन में भारत का विश्व में दूसरा स्थान है। भारत में कृषि क्षेत्र के सकल घरेलू उत्पाद में बागवानी क्षेत्र का योगदान लगभग 30 प्रतिशत है, जबकि बोए गए क्षेत्रफल का 17 प्रतिशत ही है।

भारत में फलों की प्रति व्यक्ति उपलब्धता 189 ग्राम प्रतिदिन है। जबकि सब्जियों की 357 ग्राम है। सब्जियों के उत्पादन में भारत चीन के बाद दूसरे स्थान पर है। भारत मटर उत्पादन में प्रथम स्थान पर, बैंगन, गोभी के उत्पादन में दूसरे स्थान पर तथा आलू एवं टमाटर में तीसरे स्थान पर है। 2019-20 की रिपोर्ट के अनुसार फलों में केला, पपीता तथा आम के उत्पादन में भारत प्रथम स्थान पर है।

फलों की कृषि

फल उत्पादन की दृष्टि से भारत को निम्न प्रदेशों में विभाजित किया जा सकता है–

(1) **हिमालय पर्वतीय शीतोष्ण क्षेत्र :** इसमें श्रीनगर की घाटियाँ, कुल्लू, काँगड़ा, कुमाऊँ की पहाड़ियाँ, हिमाचल प्रदेश आदि क्षेत्र सम्मिलित हैं। सेब, अंगूर, नाशपाती, लीची, अंजीर, आलू-बुखारा, बादाम, अखरोट, बेर, खुबानी, स्ट्राबेरी यहाँ के प्रमुख फल हैं।

(2) **पूर्वोत्तर आर्द्र प्रदेश :** इसके अन्तर्गत पश्चिमी बंगाल, झारखण्ड, बिहार, पूर्वी उत्तर प्रदेश, छत्तीसगढ़, ओडिशा जैसे राज्य आते हैं। आम, केला, अमरूद, नाशपाती, लीची, अनानास, चीकू, पपीता, सीताफल प्रमुख फल है।

(3) **शुष्क एवं अर्द्ध शुष्क प्रदेश :** इस क्षेत्र में पंजाब, राजस्थान, पं. उत्तर प्रदेश, मध्य प्रदेश राज्य आते हैं। आम, जामुन, मौसमी, माल्टा, केला, नींबू, अनार, खजूर, अंगूर, बेर, पपीता, अमरूद, अंजीर प्रमुख फल हैं।

(4) **दक्षिणी प्रदेश :** इसके अन्तर्गत महाराष्ट्र, केरल, तमिलनाडु, आन्ध्र प्रदेश राज्य सम्मिलित हैं। आम, संतरा, केला, अमरूद, अनानास, अंगूर, अनार, नारियल, काजू, पपीता आदि प्रमुख फल हैं।

(5) **तटीय प्रदेश :** इसके अन्तर्गत प्रायद्वीपीय भारत के तटीय भाग सम्मिलित है। यहाँ नारियल, केला, आम, पपीता, संतरा, मुख्य फल हैं।

सब्जियों की कृषि

भारत में प्राकृतिक विविधता के कारण विविध प्रकार की सब्जियाँ पैदा की जाती हैं। भिण्डी, कद्दू, तुरई, मूली, गाजर, लौकी, गोभी, टमाटर, मटर, पालक, मेथी, चुकन्दर, शलजम, रतालू, जिमीकन्द, फलियाँ, करेले, बैंगन, आलू, प्याज, लहसुन, धनिया, पुदीना, पत्ता गोभी जैसी अनेक सब्जियाँ लगभग सभी जगह उगाई जाती हैं, फिर वहाँ से नगरों, महानगरों तक ट्रकों के माध्यम से पहुँचाई जाती हैं।

महत्वपूर्ण बिंदु

- कृषि भारत के निवासियों की आजीविका का सबसे महत्वपूर्ण साधन है। कार्यशील जनसंख्या का 53% भाग कृषि में लगा हुआ है।
- भारत कृषि योग्य भूमि की उपलब्धता की दृष्टि से काफी धनी देश है। यहाँ कुल क्षेत्रफल का लगभग 47% भाग शुद्ध बोया गया क्षेत्र है।
- 2018 के अनुसार भारत के सकल घरेलू उत्पाद में कृषि का योगदान 17.32% है।
- भारत अभी भी नाइट्रोजनी उर्वरकों की अपनी खपत का 94% व फॉस्फेटी उर्वरकों की खपत का 82% ही उत्पादन कर पाता है। पोटाशी उर्वरकों के लिए तो भारत पूरी तरह से आयात पर ही निर्भर है।
- पेड़ों एवं वनस्पतियों को काटकर स्थान को साफ करके बची हुई वनस्पतियों को जलाकर उस स्थान पर जो कृषि की जाती है, उसे **स्थानांतरी** या **झूम कृषि** कहते हैं।
- उर्वरक उत्पादन में भारत का विश्व में चीन और अमेरिका के बाद तीसरा स्थान है एवं उपभोग में दूसरा सबसे बड़ा उपभोक्ता है।
- भारत में मुख्यत: तीन प्रकार की फसलें बोई जाती हैं: (1) रबी की फसल–यह अक्टूबर-नवम्बर माह में बोई जाती है और मार्च-अप्रैल माह में काटी जाती है। इसकी मुख्य फसलें–गेहूँ, जौ, चना, मटर, सरसों आदि हैं। इन फसलों की सिंचाई की जाती है। (2) खरीफ की फसल–यह जुलाई माह में बोई जाती है और अक्टूबर माह में काटी जाती है। इसकी फसलें–चावल, ज्वार, बाजरा, मक्का, अरण्डी, तिल, मूंगफली, कपास, जूट, सन, तम्बाकू आदि हैं। ये फसलें प्राकृतिक रूप से वर्षा द्वारा ही सींची जाती हैं। (3) जायद की फसल–यह मार्च माह में बोई और जून माह में काट ली जाती है। इसमें खरबूजा, तरबूज, खीरा, करेला, ककड़ी एवं अन्य सब्जियाँ पैदा की जाती हैं।
- भारतीय फसलें मुख्यत: पांच प्रकार की होती हैं: (1) खाद्य पदार्थ–चावल, गेहूँ, ज्वार, बाजरा, जौ, चना, मक्का व दालें; (2) तिलहन–सरसों, तिल, अलसी, अरंडी, मूंगफली; (3) पेय पदार्थ–चाय, कहवा, तम्बाकू; (4) रेशे वाली फसलें–कपास, जूट, सन; (5) नकदी फसलें–गन्ना, रबर, नील, कपास, जूट, चाय, कहवा, तम्बाकू आदि।
- **गेहूँ**–उपजाऊ मिट्टी, 50 सेमी. से 75 सेमी. तक वर्षा, पहले 10°C तापमान बाद में 20°C से 25°C तापमान। उत्तर प्रदेश, पंजाब, हरियाणा, बिहार तथा मध्य प्रदेश में अधिक, परन्तु राजस्थान, महाराष्ट्र, गुजरात में सामान्य उत्पादन।
- **तिलहन**–गुजरात, मध्य प्रदेश, राजस्थान, महाराष्ट्र, बिहार, ओडिशा, उत्तर प्रदेश व पश्चिम बंगाल में मुख्य उत्पादन।

- **चावल**–चिकनी उपजाऊ मिट्टी, गर्म जलवायु, 75 सेमी. से 200 सेमी. तक वर्षा, बोते समय 20°C और पकते समय 27°C तापमान। पश्चिम बंगाल, उत्तर प्रदेश, पंजाब, छत्तीसगढ़, आन्ध्र प्रदेश, मध्य प्रदेश, बिहार, तमिलनाडु व ओडिशा में मुख्य उत्पादन।
  IR. 20 और रत्ना धान की प्रमुख किस्में हैं।
- **बाजरा**–बलुई मिट्टी, 50 सेमी. से 70 सेमी. तक वर्षा, 25°C से 35°C तापमान। महाराष्ट्र, तमिलनाडु, पंजाब, आन्ध्र प्रदेश, राजस्थान व उ. प्र. में मुख्य उत्पादन।
- **जौ**–कम उपजाऊ मिट्टी, 70 सेमी. से 9 सेमी. तक वर्षा, 15°C से 18°C तापमान। उत्तर प्रदेश, राजस्थान, बिहार और पंजाब में मुख्य उत्पादन।
- **मक्का**–गहरी दोमट मिट्टी, 50 सेमी. से 100 सेमी. तक वर्षा, 25°C से 30°C तापमान। मध्य प्रदेश, कर्नाटक, बिहार, आन्ध्र प्रदेश, उत्तर प्रदेश, पंजाब और राजस्थान में मुख्य उत्पादन।
- **चना व दालें**–कम उपजाऊ मिट्टी, 30 सेमी. से 50 सेमी. तक वर्षा, 15°C से 25°C तापमान। मध्य प्रदेश, उत्तर प्रदेश, राजस्थान, महाराष्ट्र, पंजाब व कर्नाटक में मुख्य उत्पादन।
- **गन्ना**–चूनायुक्त चिकनी दोमट उपजाऊ मिट्टी, 100 से 200 सेमी. तक वर्षा तथा 20°C से 26°C तापमान। उत्तर प्रदेश, महाराष्ट्र, कर्नाटक, तमिलनाडु, आन्ध्र प्रदेश, हरियाणा, पंजाब, बिहार, गुजरात व पश्चिम बंगाल में मुख्य उत्पादन।
- **कपास**–काली मिट्टी, 20°C से 40°C तापमान, 50 सेमी. से 100 सेमी. तक वर्षा। कपास के लिए कम-से-कम 210 दिन पाला रहित होना आवश्यक है। गुजरात, महाराष्ट्र, आन्ध्र प्रदेश, मध्य प्रदेश, पंजाब, कर्नाटक व तमिलनाडु में मुख्य उत्पादन।
- **मूँगफली**–15°C से 25°C तापमान एवं 75 से 150 सेमी. वर्षा अपेक्षित। मुख्य उत्पादक क्षेत्र हैं–तमिलनाडु, आन्ध्र प्रदेश, कर्नाटक, गुजरात, महाराष्ट्र व मध्य प्रदेश। मूँगफली उत्पादन में भारत का विश्व में प्रथम स्थान है।
- **चाय**–24°C से 30°C तक तापमान एवं औसत वर्षा 250 सेमी. तक। मुख्य उत्पादक क्षेत्र हैं–असम, पश्चिम बंगाल, केरल, कर्नाटक, तमिलनाडु, त्रिपुरा, हिमाचल प्रदेश व उत्तर प्रदेश। चाय उत्पादन एवं उपभोग में भारत विश्व में शीर्ष स्थान पर है।

❑❑❑

अध्याय

21

जल संसाधन

जल एक प्राथमिक प्राकृतिक संसाधन है, एक मूल मानवीय जरूरत तथा एक अमूल्य राष्ट्रीय धरोहर। जल के दो मुख्य स्रोत हैं (i) सतही जल (ii) भूमिगत जल। प्रतिवर्ष देश की सभी नदियों द्वारा ढोए जा रहे जल की कुल मात्रा लगभग 1,645,000 मिलियन त्रिघाती मीटर है। 77 प्रतिशत उपलब्ध जल का उपयोग सिंचाई के लिए, 13 प्रतिशत विद्युत-शक्ति उत्पन्न करने के लिए, 3 प्रतिशत उद्योगों के लिए तथा 6 प्रतिशत घरेलू उपयोग के लिए किया जाता है।

भारतः जल उपयोग

हजार मिलियन क्यूबिक मीटर में				
क्षेत्र	% उपयोग	उपयोग किए जल की मात्रा	व्ययित जल	पुनः उपयोग किए जल की मात्रा
कृषि				
(i) सिंचाई	77.0	860	774	86
(ii) पशुधन	1.0	9	9	–
विद्युत शक्ति	13.0	150	5	145
उद्योग	3.0	35	10	25
नगर 1 ग्रामीण	6.0	62	31	31
घरेलू उपयोग				

भारत जैसे कृषि प्रधान एवं वर्षा की अनिश्चितता एवं अनियमितता वाले देश में सिंचाई साधनों का विकास अनिवार्य है।

सिंचाई की आवश्यकता

भारत में सिंचाई की आवश्यकता के निम्नलिखित कारण हैं-

- **वर्षा की अनिश्चितता :** मानसूनी वर्षा काफी अनिश्चित होती है। कभी सामान्य से अधिक वर्षा हो जाती है, तो कभी वर्षा की मात्रा सामान्य से काफी कम होती है। सामान्यतः औसतन तीन से चार वर्ष में एक बार सूखा पड़ जाता है। वर्षा की मात्रा (variability) उन क्षेत्रों में अधिक होती है, जहाँ वर्षा की मात्रा की कम आवश्यकता होती है। अतः वैसे क्षेत्र वर्षा की अनिश्चितता से काफी प्रभावित होते हैं एवं उन क्षेत्रों में सिंचाई साधनों का विकास अनिवार्य हो जाता है।

वर्षा की मात्रा (से.मी. में)	विभिन्नता (%) में
50 से कम	30 से अधिक
50-75	25-30
75-100	20-25
100-200	15-20
200 से अधिक	15 से कम

- **वर्षा की अनियमितता :** कभी मानसून देर से आता है, तो कभी काफी पहले ही चला जाता है। ऐसा पाया गया है कि 10 वर्षों में केवल 2 वर्ष ही मानसून समय पर आता है एवं समय पर चला भी जाता है। शेष 8 वर्षों में उसके आने व जाने का समय अनिश्चित होता है।
- **वर्षा का असमान वितरण :** भारत में औसत वर्षा की मात्रा 109 से.मी. है, परंतु वर्षा का वितरण अत्यंत ही असंतुलित है। एक ओर जहाँ पश्चिमी तटीय प्रदेश एवं उत्तर-पूर्वी भारत में 250 से.मी. से अधिक वर्षा होती है, वहीं दूसरी ओर विशाल मैदान के पश्चिमी भाग एवं पश्चिमी घाट पर्वत के वृष्टि-छाया प्रदेश में वर्षा की मात्रा 75 से.मी. से भी कम होती है। ऐसे क्षेत्रों में सिंचाई के साधनों का विकास अत्यंत आवश्यक है।
- **मानसून की विभंगता :** कभी-कभी वर्षा काल के बीच में लगातार कुछ सप्ताह तक वर्षा अत्यल्प या बिल्कुल ही नहीं होती है, जिससे खड़ी फसलें सूखने लगती हैं। ऐसे समय में सिंचाई की आवश्यकता पड़ती है।
- **वर्षा का कुछ महीनों में सीमित होना :** भारत में 80% से भी अधिक वर्षा जून एवं सितंबर के बीच 4 महीनों में होती है। इन चार महीनों में भी वास्तविक वर्षा के दिन कम ही होते हैं। अतः वर्ष के शेष भाग में उगायी जाने वाली फसलों (विशेषकर रबी फसल) के लिए सिंचाई सुविधाओं का विकास अनिवार्य हो जाता है।

सिंचाई के स्रोत

भारत में स्थलाकृति एवं जलवायु की दृष्टि से काफी विविधता पाई जाती है। इस विविधता के कारण भारत के विभिन्न क्षेत्रों में अलग-अलग सिंचाई साधनों का प्रयोग होता है। सिंचाई के स्रोतों के चयन पर मानव-बसाव, आर्थिक एवं राजनीतिक कारकों का भी प्रभाव पड़ा है। भारत में सिंचाई के तीन मुख्य साधन हैं, जिनके द्वारा शुद्ध बोए गए क्षेत्र (1,360 लाख हेक्टेयर) के लगभग 33% भाग पर सिंचाई की जाती है। विश्व का दूसरा सर्वाधिक सिंचित क्षेत्र (विश्व का लगभग 20%) भारत में पाया जाता है।

स्वतंत्रता के बाद भारत में कुल सिंचित क्षेत्र लगभग चार गुना बढ़ गया है। आज लगभग 8.50 लाख हेक्टेयर भूमि सिंचित है। भारत में शुद्ध

बोए गए क्षेत्र के लगभग 38 प्रतिशत भाग में सिंचाई होती है। विभिन्न राज्यों में सिंचित क्षेत्र के वितरण में बहुत असमानता है। मिजोरम में शुद्ध बोए गए क्षेत्र का केवल 7.3 प्रतिशत सिंचित है, जबकि पंजाब में यह 90.8 प्रतिशत है। कुल सिंचित क्षेत्र का अनुपात शुद्ध बोए गए क्षेत्र के संदर्भ में बहुत असमान है।

पंजाब, हरियाणा, उत्तर प्रदेश, बिहार, जम्मू और कश्मीर, तमिलनाडु और मणिपुर में बोए गए कुल क्षेत्र का 40 प्रतिशत से अधिक भाग सिंचाई के अंतर्गत है। आंध्र प्रदेश के तटीय जिले तथा गोदावरी-कृष्णा के डेल्टाई भाग, उड़ीसा का महानदी डेल्टा, तमिलनाडु में कावेरी डेल्टा, पंजाब, हरियाणा तथा पश्चिमी उत्तर प्रदेश देश के सघन सिंचित क्षेत्र हैं।

सिंचाई का स्त्रोत

भूमिगत जल	धरातलीय जल			
पक्का कुआँ	कच्चा कुआँ	नलकूप	तालाब	नहर
	प्राकृतिक	कृत्रिम	नित्यवाही	अनित्यवाही

1. नहरें

नहरें भारत में सिंचाई का एक महत्वपूर्ण साधन हैं। भारत में विश्व का सर्वाधिक नहर सिंचित क्षेत्र है। नहरें मुख्यत: दो प्रकार की हैं :

(i) अनित्यवाही : इनमें वर्षा के मौसम में ही जल रहता है। ऐसी नहरों की लंबाई कम है। उदाहरण : कृष्णा एवं कावेरी डेल्टा की नहरें।

(ii) नित्यवाही : ऐसी नहरों में साल भर जल रहता है, क्योंकि ये नहरें सदावाहिनी नदियों में बने बांधों से निकाली जाती हैं। उत्तर भारत के विशाल मैदान की नहरें इसी प्रकार की हैं। भारत में नहर सिंचाई का विकास मुख्यत: उत्तर के विशाल मैदान में हुआ है। इसके निम्नलिखित कारण हैं :

(i) हिमालय से निकलने के कारण विशाल मैदान की नदियों में सालभर जल रहता है, अत: इनसे नित्यवाही नहरें निकाली जा सकती हैं।

(ii) यह एक समतल मैदान है, जिसका ढाल इतना धीमा है कि नदियों के ऊपरी भाग से निकाली गई नहरों का जल आसानी से समूचे मैदान में फैल जाता है।

(iii) विशाल मैदान की चट्टानें मुलायम हैं, अत: नहरें बनाना तुलनात्मक रूप से सुगम एवं कम खर्चीला है।

(iv) विशाल मैदान की मृदा उपजाऊ है, अत: नहरों पर किया गया व्यय कुछ ही वर्षों में प्राप्त किया जा सकता है।

(v) विशाल मैदान की अधिकांश जनसंख्या कृषि कार्यों में संलग्न है।

नहर सिंचाई से होने वाली हानि

(i) अधिक सिंचाई के कारण भूमिगत जलस्तर ऊपर आ जाता है। इसके कारण जल जमाव, अम्लीयता, क्षारीयता एवं लवणीयता की समस्या उत्पन्न होती है। उदाहरण-पंजाब एवं हरियाणा।

(ii) नहरों से जल के रिसने के कारण भूमि दलदली हो जाती है एवं मलेरिया तथा अन्य संक्रामक रोग फैलने का डर रहता है। उदाहरण-राजस्थान।

(iii) जल के वाष्पीकरण के कारण भी जल की हानि होती है एवं सिंचाई क्षमता का समुचित उपयोग नहीं हो पाता है।

राज्य		कुल सिंचाई में नहर सिंचाई का योगदान
(i)	जम्मू-कश्मीर	92.6%
(ii)	उड़ीसा	66.0%
(iii)	पश्चिम बंगाल	64.0%
(iv)	असम	63.0%
(v)	हरियाणा	53.0%

2. कुएँ एवं नलकूप

1950-51 में नहरें सिंचाई का सबसे बड़ा साधन थीं। परंतु अब इनका महत्व सापेक्षित रूप से कम हो गया है। वर्तमान समय में कुओं एवं नलकूपों का योगदान 57% है। इनमें नलकूप अधिक महत्वपूर्ण बनते जा रहे हैं एवं उनका योगदान 30% तक पहुंच गया है।

भारत में कुओं द्वारा सिंचाई मुख्य रूप से जलोढ़ मृदा के क्षेत्र में होती है। इसके दो मुख्य कारण हैं:

(i) जलोढ़-मृदा के क्षेत्र भूमिगत जल के उत्तम संग्राहक हैं। अत: ऐसे क्षेत्रों में भूमिगत जल का स्तर तुलनात्मक रूप से ऊँचा होता है।

(ii) ऐसे क्षेत्रों में चट्टानों के मुलायम होने के कारण कुएँ खोदना सस्ता एवं आसान है।

भारत में कुओं द्वारा सिंचाई मुख्यत: उत्तर के विशाल मैदान एवं पूर्वी तटीय प्रदेश में होती है। विशाल मैदान के पश्चिमी भाग में जल की गहराई सामान्यत: 7 से 10 मीटर के बीच होती है। इस भाग में पक्के कुओं की प्रधानता है। विशाल मैदान के पूर्वी भाग एवं तटीय प्रदेश में भूमिगत जल स्तर की गहराई 4 से 5 मीटर के बीच है, अत: इन भागों में कच्चे व कम गहरे कुएँ अधिक मिलते हैं।

नलकूपों द्वारा सिंचाई मुख्य रूप से पश्चिमी उत्तर प्रदेश, पंजाब, हरियाणा एवं गुजरात में की जाती है। इन क्षेत्रों की चट्टानें मुलायम हैं एवं 15 से 90 मीटर की गहराई के बीच भूमिगत जल का भंडार काफी अधिक मात्रा में मौजूद है। नलकूपों की सर्वाधिक संख्या (50% से भी अधिक) उत्तर प्रदेश में है। पुन: भारत के तीन-चौथाई नलकूप पंजाब, हरियाणा एवं उत्तर प्रदेश में है।

जल संरक्षण के उपाय	
नदियों पर बांध	भारत में वर्तमान, निर्माणाधीन तथा विचाराधीन कुल जल संग्रहण क्षमता अधिक-से-अधिक 4 करोड़ हेक्टेयर मीटर हो सकती है, जो पानी की मांग से कम है। इसे बढ़ाया जाना चाहिए। हमारे देश के बराबर जल संसाधन वाले संयुक्त राज्य अमेरिका में 6 करोड़ हेक्टेयर मीटर की क्षमता है।
प्रदूषित जल का पुनर्चक्रण	आज प्रदूषित जल को साफ करने पीने के योग्य बनाने की तकनीक उपलब्ध है। जरूरत है, इसे उपयोग में लाने की। उद्योगों में तीन R जरूरी हैं-Reduce, Recycle and Reuse अर्थात् पानी का उपभोग घटाओ, पुनर्चक्रण करो और पुन: उपयोग करो।

सिंचाई की नई पद्धतियाँ	प्लव सिंचाई में बहुत-सा पानी बेकार चला जाता है। इसके स्थान पर आवश्यकतानुसार सिंचाई की फव्वारा और टपकन विधियों का उपयोग करना चाहिए। इन विधियों से मृदा का उपजाऊपन बना रहता है, कम पानी लगता है, फसलों को रोग कम लगते हैं, खरपतवार कम होते हैं और उपज बढ़ती है।
कम जल चाहने वाली फसलें	शुष्क क्षेत्रों में चावल जैसी अधिक पानी वाली फसलों की खेती न करने से काफी पानी बच सकता है।
सिंचाई में पाइपों का उपयोग	खुली नालियों से वाष्पीकरण बहुत होता है तथा पानी रिसकर या नाली तोड़कर इधर-उधर बेकार बह जाता है।
जल का अंतर्द्रोणी अंतरण	जल प्रबंधन से जुड़े अनेक विशेषज्ञों का विचार है कि आज की उपलब्ध प्रौद्योगिकी के द्वारा गोदावरी और महानदी का अतिरिक्त जल कृष्ण, पेन्नार, पालार और कावेरी में, नहर द्वारा डाला जा सकता है। लागत का अनुमान 50,000 करोड़ रुपए है। केरल और कर्नाटक में पश्चिम से पूर्व की ओर बहने वाली नदियों का मुंह पठार के मध्य की प्यासी धरती की ओर मोड़ा जा सकता है।

वर्षा जल संग्रहण

वर्षा के जल को भविष्य के उपयोग के लिए इकट्ठा करना ही **वर्षा जल संग्रहण** कहलाता है। वर्षा जल संग्रहण के दो रूप हैं-एक तो धरातल पर एकत्र करना तथा दूसरा, धरातल के नीचे भू-जल का पुनर्भरण करना। वर्षा जल की संग्रहण निम्न उद्देश्यों को पूरा करने के लिए किया जाता है-

- जल की लगातार बढ़ रही मांग को पूरा करना।
- सड़कों पर जल भराव को रोकना।
- भौम जल के भंडारों को बढ़ाना तथा जलस्तर को ऊँचा उठाना।
- भौम जल को प्रदूषित होने से रोकना।
- भौम जल की गुणवत्ता में सुधार करना।
- मृदा अपरदन को कम करना।

वर्षा जल संग्रहण की प्राचीन परंपरा-वर्षा जल का संग्रहण करने की भारत में बहुत पुरानी परंपरा है। उत्तर से लेकर दक्षिण तक पूर्व से लेकर पश्चिम तक भारत के लोग स्थानीय आवश्यकताओं और स्थानीय साधनों के द्वारा अनेक विधियों से वर्षा जल का संग्रह करते आ रहे हैं। मरुस्थल में, जहाँ वर्षा का वार्षिक औसत 20 से.मी. से कम है, लोग रहते हैं तथा पूरे वर्ष के लिए पानी को इकट्ठा करते रहे हैं।

वर्षा जल संरक्षण की विधियाँ-देश के अलग-अलग भागों में पेयजल तथा सिंचाई के लिए वर्षा जल संग्रहण की विभिन्न विधियाँ अपनाई जाती हैं-

- **मकानों की छत के वर्षा जल को सहेजना**-छतों पर गिरने वाले वर्षा जल को नलों द्वारा घरों के आस-पास बने कुओं, कुंडों, बावलियों आदि में एकत्र करना। घरों के चारों ओर बनी खाइयों में छत के वर्षा जल को एकत्र करके भू-जल का पुनर्भरण किया जा सकता है। इस प्रक्रिया से भू-जल का स्तर ऊँचा हो जाता है।
- **खेतों में तालाब या पूरे गाँव के तालाब**-सिंचाई और पेयजल के लिए वर्षाजल को तालाबों में जमा किया जा सकता है। तालाब स्थानीय आवश्यकताओं और सुविधाओं के अनुसार छोटे-बड़े हो सकते हैं। ऐसे तालाबों का जल रिस कर भूमिगत हो जाता है।
- **मेड़बंदी**-खेतों में ऊँची-ऊँची मेड़ बनाकर वर्षा जल को बहने से रोका जा सकता है। धीरे-धीरे यह जल रिसकर भूमिगत हो जाता है तथा मृदा की नमी को बढ़ाता है।
- **सीढ़ीदार खेत**-पहाड़ी ढालों पर सीढ़ीदार खेतों में वर्षा जल जमा कर लिया जाता है। इससे मिट्टी का कटाव रुकता है।
- **बरसाती नदी नालों पर छोटे-बड़े रोक बांध**-नालों के मार्ग में मिट्टी, पत्थर, वनस्पति आदि से छोटे-बड़े रोक बांध बनाकर उनके पीछे वर्षा जल, जमा कर लिया जाता है। इससे मिट्टी का कटाव रुकता है। बड़ी नदियों में बाढ़ कम होती है।
- **जल रिसाव तालाब**-खराब और बेकार-सी भूमि में ऐसे तालाब बनाकर इसमें जल इकट्ठा किया जाता है। इस जल का उपयोग सिंचाई आदि के लिए नहीं किया जाता। इनका उद्देश्य केवल भू-जल का पुनर्भरण होता है।
- **वनरोपण**-कृषि की अयोग्य भूमि पर स्थानीय पर्यावरण के अनुसार पेड़ लगा दिये जाते हैं। पेड़ और अन्य वनस्पति वर्षा जल के बहने में अवरोध पैदा करते हैं और जल रिस कर भूमिगत हो जाता है।
- **मृदा की नमी के संरक्षण के लिए गहरी जुताई**-वर्षा ऋतु में खेती की बार-बार जुताई करके वर्षा जल को अधिक-से-अधिक मात्रा में मृदा में रिसने पर बाध्य किया जाता है। इस तरह पूरी बरसात में खेत नमी से भरपूर हो जाता है। ऐसे खेतों में रबी और गन्ने की फसलें एक सीमा तक बिना सिंचाई के भी पैदा की जाती हैं। पश्चिमी उत्तर प्रदेश में इस विधि को 'धरवाड़' रोकना कहते हैं।

जलछाजन प्रबंधन

जल संभर पर आधारित सतत् पोषणीय भूमि प्रबंधन का विचार काफी पुराना है। तालाबों से सिंचाई विशेष रूप से दक्षिण भारत में हिमालय क्षेत्र की गुहले, (गूल या जूल) वन पंचायतें सामुदायिक संस्थाएं प्राचीन काल में प्रयुक्त जल संभर प्रबंधन के प्रभाग हैं।

आधुनिक जलछाजन योजनाओं का प्रारंभ-कृषि और सहकारिता मंत्रालय ने 1990-91 में राष्ट्रीय जलछाजन विकास कार्यक्रम 25 राज्यों और दो केन्द्र शासित प्रदेशों में शुरू किया। इसका मुख्य उद्देश्य वर्षा-पोषित क्षेत्रों में प्राकृतिक संसाधनों के सतत् पोषणीय या टिकाऊ उपयोग के द्वारा कृषि की उत्पादकता और उत्पादन बढ़ाना है। इस योजना को 500-2,000 हेक्टेयर के जलछाजन तथा कहीं-कहीं 25,000-30,000 हेक्टेयर के जलछाजनों में लागू किया गया है। महेश्वरम् (आंध्र प्रदेश) और परुआनाला (मध्य प्रदेश) बड़े जलछाजन हैं।

जलछाजन योजना के उद्देश्य को पूरा करने के उपाय-

1. कृषि योग्य और गैर-कृषि योग्य भूमि का उपचार
2. अप्रवाह धाराओं का उपचार (सुधार करना)

3. कृषि योग्य और गैर कृषि योग्य भूमियों के उत्पादन व्यवस्था को सुधारना। इसके लिए कई फसलों तथा मिश्रित फसलों की पट्टियों में बोया गया। मृदा की उर्वरता बनाए रखने के लिए फलीदार फसलों को पैदा किया गया। यही नहीं, इस कार्यक्रम में जैव कृषि, शुष्कभूमि उद्यान कृषि, कृषि-वानिकी, वनों और चारागाहों के संवर्धन और पशुपालन प्रबंध पर बल दिया गया।
4. जलछाजन में लोगों और महिलाओं को कार्यक्रम में भागीदार बनाया गया।
5. सामुदायिक प्राकृतिक संसाधन के सक्षम प्रबंध पर बल दिया गया।

जलसंभर योजना के लाभ-हरियाली में वृद्धि, भू-जल पुनर्भरण, मृदा अपरदन में कमी, प्राकृतिक जलाशयों में गाद भरने में कमी, जैव विविधता में वृद्धि, रोजगार के अवसरों में वृद्धि, पीने और सिंचाई के लिए जल की सुनिश्चित आपूर्ति तथा जल संभर की आर्थिक समृद्धि।

भारत के विभिन्न क्षेत्रों में लोगों के सहयोग से जलछाजन का इतना अच्छा विकास हुआ है कि वे सूखाग्रस्त, जल के अभाव से पीड़ित और विकृत पर्यावरण से दुःखी लोगों के लिए आदर्श उदाहरण और प्रेरणा स्रोत बन गए हैं।

महत्वपूर्ण बिंदु

देश की औसत वार्षिक जल उपलब्धता लगभग 1,869 बिलियन त्रिघाती मीटर है।

- देश में कुल उपयोगी जल संसाधन 1,123 B.CM आंकी गई है, सतही जल 690 BCM तथा भूमिगत जल 433 B.CM है।
- प्रतिवर्ष देश की सभी नदियों द्वारा ढोए जा रहे जल की कुल मात्रा लगभग 1645,000 मिलियन त्रिघाती मीटर है।
- 77 प्रतिशत उपलब्ध जल का उपयोग सिंचाई के लिए, 13 प्रतिशत विद्युत शक्ति उत्पन्न करने के लिए, 3 प्रतिशत उद्योगों के लिए तथा 6 प्रतिशत घरेलू उपयोग के लिए किया जाता है।

❑❑❑

अध्याय

22

खनिज एवं ऊर्जा संसाधन : वितरण और उपयोगिता

खनिज संसाधन की दृष्टि से भारत एक धनी देश है। कोयला, लौहअयस्क, अभ्रक, मैंगनीज, इल्मेनाइट, बॉक्साइट, चूना पत्थर, डोलोमाइट, जिप्सम, क्रोमाइट आदि खनिज यहाँ पर्याप्त मात्रा में पाए जाते हैं। भारत में खनिज तेल, निकेल, टिन, गंधक, ग्रेफाइट, कोबाल्ट, चाँदी, पोटाश, प्लैटिनम, जस्ता, सीसा आदि खनिजों की कमी है एवं इसके लिए भारत को विदेशों पर निर्भर रहना पड़ता है। लौह अयस्क, अभ्रक, कायनाइट, संगमरमर, ग्रेनाइट, मोनाजाइट आदि के उत्पादन में भारत महत्वपूर्ण स्थान रखता है एवं इन खनिजों का निर्यात भी करता है। इनके अलावा भारत मैंगनीज व बॉक्साइट का भी निर्यातक है।

कोयला, सोना, चूना पत्थर, डोलोमाइट, तांबा, जिरकन, पाइराइट, शीरा आदि खनिजों में भारत लगभग आत्मनिर्भर है।

भारत में खनिजों का संकेंद्रण कुछ निश्चित पेटियों में पाया जाता है।

झारखंड, उड़ीसा एवं पश्चिम बंगाल की पेटी
यह पेटी इन राज्यों के सीमावर्ती क्षेत्र में फैली हुई है। इस क्षेत्र में कोयला, लौह अयस्क, तांबा, मैंगनीज एवं अभ्रक के काफी बड़े भंडार हैं। इसके अलावा इस पेटी में क्रोमाइट, बॉक्साइट, चूना पत्थर आदि खनिज भी पाए जाते हैं।
मध्य प्रदेश, छत्तीसगढ़, आंध्र प्रदेश एवं महाराष्ट्र की पेटी
इस क्षेत्र में मैंगनीज, बॉक्साइट, हीरा, चूना पत्थर, डोलोमाइट, एस्बेस्टस, ग्रेफाइट, ताँबा, कोयला आदि खनिजों की प्रधानता है।
कर्नाटक, तमिलनाडु, दक्षिणी आंध्र प्रदेश की पेटी
इस पेटी में सोना, लौह अयस्क, चूना पत्थर, जिप्सम, मैंगनीज, लिग्नाइट, बॉक्साइट आदि खनिज पाए जाते हैं।
राजस्थान, गुजरात की पेटी
इस पेटी में पेट्रोलियम, ताँबा, जस्ता, सीसा, यूरेनियम, अभ्रक, नमक, लिग्नाइट, संगमरमर, चूना पत्थर आदि खनिजों की बहुलता है।

उपरोक्त प्रमुख पेटियों के अलावा उत्तर-पूर्वी भारत में पेट्रोलियम एवं लिग्नाइट तथा केरल के तटवर्ती क्षेत्रों में आणविक खनिजों की प्रधानता है।

लौह अयस्क

भारत लौह अयस्क के भंडार व उत्पादन की दृष्टि से विश्व में महत्वपूर्ण स्थान रखता है। भारत में लौह अयस्क मुख्य रूप से प्रायद्वीपीय भारत की धारवाड़ संरचना में पाया जाता है। यहाँ मुख्य रूप से चार प्रकार के लौह अयस्क पाए जाते हैं :

1. **मैग्नेटाइट (Fe_3O_4) :** यह काले रंग का होता है, जिसमें धातु का अंश 72 प्रतिशत तक होता है। यह सर्वोत्तम किस्म का लौह अयस्क है। भारत में यह दक्षिण-पूर्वी सिंहभूम, कर्नाटक (कुद्रेमुख), तमिलनाडु (सलेम) एवं आंध्र प्रदेश में मुख्य रूप से पाया जाता है।
2. **हेमेटाइट (Fe_2O_3) :** यह लाल या भूरे रंग का होता है, जिसमें धातु का अंश 60 से 70 प्रतिशत तक होता है। भारत में कुल संचित भंडार का 2/3 से भी अधिक लौह अयस्क इसी प्रकार का है। यह मुख्यतः झारखंड (सिंहभूम), उड़ीसा (मयूरभंज, क्योंझर, सुंदरगढ़) महाराष्ट्र, कर्नाटक व गोवा में पाया जाता है।
3. **लिमोनाइट ($2FeO_3$) :** इसमें धातु का अंश 10 प्रतिशत से 40 प्रतिशत तक होता है। इसका रंग पीला होता है। यह परतदार चट्टानों में पाया जाता है। पश्चिम बंगाल के रानीगंज क्षेत्र में यह पाया जाता है।
4. **सिडेराइट (FeCo) :** इसमें लोहा एवं कार्बन का मिश्रण होता है। इसमें धातु का अंश 48 प्रतिशत तक होता है। लिमोनाइट एवं सिडेराइट निम्न कोटि के लौह अयस्क हैं।

- भारतीय भूगर्भ विभाग के अनुसार, भारत में लोहे का अनुमानित भंडार 3,200 करोड़ टन है, जिसमें 85 प्रतिशत हेमेटाइट, 8 प्रतिशत मैग्नेटाइट एवं 7 प्रतिशत अन्य प्रकार का है। भारत में हेमेटाइट का सबसे बड़ा संचित भंडार है। विश्व का लगभग 20 प्रतिशत लौह अयस्क भारत में संचित है। भारतीय लौह अयस्क उत्तम कोटि का है एवं इसमें गंधक की मात्रा काफी कम (0.6 प्रतिशत से भी कम) होती है।

उत्पादन एवं वितरण

(i) **झारखंड :** यहाँ लोहा मुख्यतः सिंहभूम जिले में पाया जाता है। यहाँ उच्च कोटि का हेमेटाइट अयस्क पाया जाता है। नोआमुंडी, गुआ, जामदा एवं मनोहरपुर सिंहभूम जिले में लौह खनन के मुख्य केन्द्र हैं।

(ii) **उड़ीसा :** इस राज्य के क्योंझर, बोनाई एवं मयूरभंज जिले लौह उत्पादन की दृष्टि से महत्वपूर्ण हैं। गुरुमहीषानी, बादाम पहाड़, सुलेपत, किरीबुरु, बरसुआ, दैमत्री उड़ीसा के महत्वपूर्ण लौह अयस्क खनन केन्द्र हैं।

(iii) **छत्तीसगढ़ :** छत्तीसगढ़ में बस्तर जिले का बैलाडीला एवं रावघाट तथा दुर्ग जिले का डल्ली-राजहरा महत्वपूर्ण उत्पादक क्षेत्र हैं। बैलाडीला से लौह अयस्क जापान को निर्यात किया जाता है।

- झारखंड, उड़ीसा एवं छत्तीसगढ़ में लौह अयस्क के निक्षेप पहाड़ियों के रूप में पाए जाते हैं।

(iv) कर्नाटक : कर्नाटक में चिकमंगलूर जिले का बाबाबूदन पहाड़ी एवं कुद्रेमुख क्षेत्र, बेल्लारी जिले का होस्पेट, संदूर क्षेत्र के अलावा चित्रदुर्ग व शिमोगा जिले से भी लौह अयस्क प्राप्त किया जाता है। कुद्रेमुख क्षेत्र से लोहे का निर्यात ईरान को किया जाता है।

(v) महाराष्ट्र : महाराष्ट्र में लोहे का उत्पादन चांदा जिले के पीपलगाँव एवं लोहरा तथा दक्षिण-पश्चिम में रत्नागिरी जिले में किया जाता है।

(vi) गोवा : गोवा का लौह अयस्क साधारण कोटि का है। यहाँ मांडवी तथा जुएरी नदियों की घाटियों में कई खनन केंद्र स्थित हैं। पिरना-अदोल, पाले ओनडा, कुदनेम सुरला, कुदनेम पिसरूलेम यहाँ के महत्वपूर्ण खनन केंद्र हैं। गोवा से प्राप्त लौह अयस्क को मार्मागाओ बन्दरगाह से जापान को निर्यात किया जाता है।

(vii) तमिलनाडु : यहाँ सलेम जिले में लौह अयस्क पाया जाता है। शिवराय, कोल्लामलाई, तीर्थमलाई आदि पहाड़ियों पर मैग्नेटाइट किस्म का लोहा पाया जाता है।

(viii) आंध्र प्रदेश : आंध्र प्रदेश में लोहे का खनन कृष्णा, कुर्नूल, कुडप्पा, चित्तूर, गुंटूर एवं वारंगल जिले में किया जाता है।

इसके अलावा राजस्थान, पश्चिम बंगाल, हिमाचल प्रदेश आदि राज्यों में भी कुछ लौह अयस्क पाया जाता है।

संचित भंडार : (i) कर्नाटक (ii) झारखंड (iii) उड़ीसा (iv) मध्य प्रदेश एवं छत्तीसगढ़ (v) गोवा

- कर्नाटक का अधिकांश लौह अयस्क साधारण एवं निम्न कोटि का है।

मैंगनीज

भारत में विश्व के मैंगनीज अयस्क के कुल भंडार का पाँचवा भाग पाया जाता है। मैंगनीज अयस्क में भंडार की दृष्टि से जिम्बाब्वे के बाद भारत का संसार में दूसरा स्थान है। भारत का 97 प्रतिशत मैंगनीज अयस्क महाराष्ट्र, मध्य प्रदेश, उड़ीसा, कर्नाटक और आंध्र प्रदेश राज्यों से निकाला जाता है। देश में मैंगनीज का सर्वाधिक भण्डार कर्नाटक में है। महाराष्ट्र और मध्य प्रदेश, दोनों मिलकर राष्ट्रीय उत्पादन का आधे से अधिक मैंगनीज अयस्क का उत्पादन करते हैं। भारत में यह खनिज धारवाड़ चट्टानों में पाया जाता है। मैंगनीज का प्रयोग मुख्यतः फेरो मैंगनीज एवं स्टील बनाने में किया जाता है। इसके अलावा इसका प्रयोग रंग एवं कांच उद्योग तथा शुष्क बैटरी के निर्माण में भी होता है। भारतीय मैंगनीज उच्च कोटि का है, क्योंकि इसमें धातु की मात्रा 40 से 60 प्रतिशत तक है।

क्षेत्र	संचित भंडार
बालाघाट-भंडारा-नागपुर	78 प्रतिशत
सिंहभूम-क्योंझर-बोनाई	11 प्रतिशत
उत्तरी कनारा	6 प्रतिशत

मध्य प्रदेश एवं महाराष्ट्र की सीमा पर 205 किलोमीटर लंबी, 16 किलोमीटर चौड़ी एवं 25 मीटर गहरी पेटी पाई जाती है, जिसका विस्तार मध्य प्रदेश के बालाघाट, छिंदवाड़ा से लेकर महाराष्ट्र के नागपुर एवं भंडारा जिले तक है।

प्रमुख क्षेत्र

1. **उड़ीसा :** इस राज्य में मैंगनीज मुख्य रूप से क्योंझर, बोनाई, सुंदरगढ़, कालाहांडी एवं कोरापुट में पाया जाता है।
2. **कर्नाटक :** कर्नाटक में मैंगनीज मुख्यतः बेल्लारी, शिमोगा, उत्तरी कनारा, चितलदुर्ग, चिकमंगलूर एवं बेलगाँव जिलों से प्राप्त किया जाता है।
3. **मध्य प्रदेश एवं छत्तीसगढ़ :** यहाँ मैंगनीज बालाघाट, छिंदवाड़ा, मण्डला, बिलासपुर, जबलपुर, झाबुआ आदि जिलों में पाया जाता है।
4. **महाराष्ट्र :** नागपुर, भंडारा एवं रत्नागिरी जिलों में मैंगनीज पाया जाता है।
5. **आंध्र प्रदेश :** इस राज्य में विशाखापत्तनम एवं आदिलाबाद से मेंगनीज प्राप्त किया जाता है।

इसके अलावा गुजरात के वडोदरा एवं पंचमहल, झारखंड के सिंहभूम जिला एवं गोआ (परनेग एवं बारदेर) से भी मैंगनीज प्राप्त किया जाता है।

संचित भंडार : I. मध्य प्रदेश II. महाराष्ट्र III. उड़ीसा IV. कर्नाटक

बॉक्साइट

- भारत में उच्च कोटि के बॉक्साइट का पर्याप्त भंडार मौजूद है। विश्व में बॉक्साइट संसाधन के मामले में भारत का पाँचवां स्थान है। इस खनिज की उत्पत्ति धारवाड़ एवं क्रिटेशियस संरचना से मानी जाती है। भारत में बॉक्साइट का कुल निक्षेप लगभग 2650 मिलियन टन है। बॉक्साइट एल्यूमीनियम का अयस्क है एवं इसकी उत्पत्ति का संबंध लेटेराइट चट्टानों से है।

प्रमुख क्षेत्र

1. **झारखंड :** इस राज्य में बॉक्साइट मुख्यतः राँची, पलामू एवं लोहरदगा जिलों में पाया जाता है। पलामू का बॉक्साइट भारत में सर्वोत्तम माना जाता है।
2. **मध्य प्रदेश एवं छत्तीसगढ़ :** यहाँ बॉक्साइट के दो प्रमुख क्षेत्र हैं :

(i) कटनी जबलपुर क्षेत्र : यहाँ बरगावान पहाड़ी में उत्तम कोटि का गुलाबी रंग का बॉक्साइट मिलता है।

(ii) अमरकंटक क्षेत्र : इस क्षेत्र में शहडोल, मण्डला, बिलासपुर, दुर्ग, बालाघाट, सरगुजा एवं रायगढ़ जिले में बॉक्साइट मिलता है। परिवहन सुविधाओं के अभाव के कारण इस क्षेत्र से बॉक्साइट का पर्याप्त उत्पादन नहीं हो पा रहा है।

3. **उड़ीसा :** इस राज्य में बॉक्साइट कालाहांडी, सम्बलपुर एवं कोरापुट जिले में पाया जाता है। उड़ीसा में बोलांगीर एवं सम्बलपुर में उच्च कोटि के बॉक्साइट के दो विशाल संचित भंडार मिले हैं।

(i) पंचपत्तमल्ली (ii) गंध मर्दन

इन क्षेत्रों में बॉक्साइट के परत की मोटाई 15 मीटर है। इसे विश्व का द्वितीय सबसे बड़ा निक्षेप माना जाता है।

4. **आन्ध्र प्रदेश :** उत्तर-पूर्वी आंध्र प्रदेश में बॉक्साइट के विशाल निक्षेप मिले हैं, जहाँ यह लगभग 300 किलोमीटर की लंबाई के क्षेत्र में फैला हुआ है।
5. **गुजरात :** इस राज्य में बॉक्साइट कच्छ की खाड़ी एवं खंभात की खाड़ी के बीच पाया जाता है। खेड़ा, जामनगर और कच्छ महत्वपूर्ण उत्पादक जिले हैं।

6. **महाराष्ट्र :** यहाँ कोल्हापुर, थाने एवं रत्नागिरी महत्वपूर्ण बॉक्साइट उत्पादक जिले हैं।
7. **तमिलनाडु :** इस राज्य के सलेम जिले की शिवराय पहाड़ी में बॉक्साइट का निक्षेप पाया जाता है।

संचित भंडार-1. उड़ीसा, 2. आन्ध्र प्रदेश 3. मध्य प्रदेश 4. झारखंड

तांबा

भारत में तांबे की कमी है। देश में यह सल्फाइड (कैल्फोपाइराइट, कैल्कोसाइट, ब्रोनाइट) के रूप में मिलता है। इसके अलावा यह ऑक्साइड (क्यूप्राइट) एवं कार्बोनेट (मैलाकाइट) के रूप में भी पाया जाता है। तांबा चाँदी, टिन, सोना आदि के साथ मिश्रित रूप में भी पाया जाता है। यह चट्टानों की नसों (veins) में भी संचित रहता है। भारत के ताँबा अयस्क में 1 प्रतिशत से भी कम (अंतर्राष्ट्रीय औसत 2.5 प्रतिशत) तांबे का तत्व होता है। भारत में ताँबा प्राचीन रवेदार, कुडप्पा एवं अरावली संरचना में पाया जाता है। भारत में तांबे का कुल संचित भंडार लगभग 56.7 करोड़ टन है। इसमें तांबे का शुद्ध अंश 56 लाख टन होने का अनुमान है।

प्रमुख क्षेत्र

1. **झारखंड :** इस राज्य में उड़ीसा की सीमा के निकट के क्षेत्रों में तांबे का निक्षेप 140 किलोमीटर लंबी पेटी में पाया जाता है। यहाँ का सिंहभूम जिला तांबे का प्रमुख उत्पादक है। मोसाबनी, राखा, सोनामाखी तांबे के प्रमुख खनन केंद्र हैं। यहाँ स्थित घाटशिला में तांबे का खनन एवं शोधन किया जाता है। इसके अलावा संथाल परगना एवं हजारीबाग में भी कुछ ताँबा मिलता है।
2. **राजस्थान :** यहाँ खेतड़ी नगर तांबे का प्रमुख क्षेत्र है। खेतड़ी में तांबे की पेटी झुंझनू जिले के सिंघावा से लेकर सीकर के रघुनाथगढ़ तक 80 किलोमीटर की लम्बाई में फैली हुई है। अलवर जिले के दरीबा क्षेत्र से भी ताँबा प्राप्त किया जाता है। इसके अलावा उदयपुर, भीलवाड़ा एवं झालवाड़ में भी ताँबा पाया जाता है।
3. **आन्ध्र प्रदेश :** यहाँ गुंटूर, नैल्लोर, नालकोंडा जिलों में तांबे की खानें हैं। गुंटूर जिले की अग्नि-गुंडाला पेटी ताँबा निक्षेप की दृष्टि से महत्वपूर्ण है।
4. **मध्य प्रदेश :** यहाँ बालाघाट जिले के मलजखंड क्षेत्र में तांबे का निक्षेप पाया जाता है।

अन्य क्षेत्र

कर्नाटक-कल्याणी, चित्तलदुर्ग, गुलबर्ग, हसन

सिक्किम-डिक्चू (Dikchu)

उत्तराखंड-गढ़वाल (धानपुर, पोखरी), देहरादून (काल्सी)

संचित भंडार : I. राजस्थान II. झारखंड III. आंध्र प्रदेश

भारत में तांबे की कमी है। अतः यह यू.एस.ए., कनाडा, जाम्बिया एवं अन्य अफ्रीकी देशों से तांबे का आयात करता है।

संसाधनों का वर्गीकरण, संरक्षण एवं पोषकीय विकास

संसाधन संकल्पना

संसाधन एक ऐसी प्राकृतिक और मानवीय सम्पदा है, जिसका उपयोग हम अपनी आवश्यकताओं की पूर्ति में करते हैं। दूसरे शब्दों में, मानवीय जीवन की प्रगति, विकास तथा अस्तित्व संसाधनों पर निर्भर करता है। प्रत्येक प्राकृतिक संसाधन मानव-जीवन के लिए उपयोगी है, किन्तु उसका उपयोग उपयुक्त तकनीकी विकास द्वारा ही सम्भव है। जिम्मरमेन ने लिखा है, ''संसाधन का अर्थ किसी उद्देश्य की प्राप्ति करना है। यह उद्देश्य व्यक्ति की आवश्यकताओं तथा सामाजिक लक्ष्यों की पूर्ति करना है।''

इस पृथ्वी पर कोई भी वस्तु संसाधन की श्रेणी में तभी आती है, जब वह निम्नलिखित दशाओं में खरी उतरती है–

- वस्तु का उपयोग सम्भव हो।
- इसका रूपान्तरण अधिक मूल्यवान तथा उपयोगी वस्तु के रूप में किया जा सके।
- जिसमें निश्चित उद्देश्यों की पूर्ति की क्षमता हो।
- इन वस्तुओं के दोहन की योग्यता रखने वाला मानव संसाधन उपलब्ध हो।
- संसाधनों के रूप में पोषणीय विकास करने के लिए आवश्यक पूँजी हो।

उपर्युक्त दशाओं के आधार पर ही हम किसी भी जैविक, अजैविक घटक को संसाधन की श्रेणी में सम्मिलित करेंगे।

मानव स्वयं संसाधन होने के साथ-साथ संसाधनों का जनक भी है। मानव ही अपने श्रम एवं तकनीकी ज्ञान द्वारा किसी पदार्थ को मानव उपयोगी बनाकर संसाधन का निर्माण करता है। इसीलिए कहा जाता है कि संसाधन होते नहीं है, बनाए जाते हैं। वस्तुतः मानव ही संसाधनों का निर्माण करता है। इसीलिए मानव को संसाधनों का जनक कहा जाता है।

संसाधनों का वर्गीकरण

संसाधनों के विस्तृत अध्ययन के लिये इनका वर्गीकरण करना आवश्यक है, जो इस प्रकार है–

- **जैविक संसाधन :** सभी प्रकार के जैविक घटकों से सम्बन्धित संसाधन **जैविक संसाधन** कहलाते हैं, जैसे- मानव, पशु-जीव जन्तु, चारागाह, वनस्पति आदि। सभी जैविक संसाधन अपनी प्रजनन क्षमता से वंश वृद्धि कर नव्यकरणीय होने के कारण असमाप्य हैं। इनके नवीनीकरण की क्षमता व दर प्राकृतिक वातावरण के अनुसार अलग-अलग हो सकती है।

  मानव व जीव-जन्तु गतिशील होने के कारण चल जैविक संसाधन तथा वनस्पति स्थिर होने के कारण अचल जैविक संसाधन है।
- **अजैविक संसाधन :** सभी प्रकार के जड़ तथा निर्जीव घटकों से सम्बन्धित संसाधन **अजैविक संसाधन** कहलाते हैं, जैसे–समस्त खनिज, भूमि, मिट्टी, पवन, जल, सौर, ज्वारीय तथा भूतापीय ऊर्जा आदि। अजैविक संसाधन प्रजनन क्षमता के अभाव में अनव्यकरणीय होने से समाप्य हैं।

ऊर्जा संसाधन

ऊर्जा (शक्ति) संसाधन किसी देश के सर्वांगीण विकास की महत्वपूर्ण कड़ी होते हैं। मानव सभ्यता और उसका आर्थिक विकास ऊर्जा संसाधनों के उपयोग से जुड़ा हुआ है। किसी भी देश के औद्योगिक विकास हेतु ऊर्जा या शक्ति के संसाधन एक आवश्यक तत्व है। आधुनिक औद्योगिक युग में शक्ति के साधन ही किसी भी देश की आर्थिक प्रगति का सूचक और आधार हैं। ऊर्जा के विभिन्न स्रोतों को रेखाचित्र में प्रदर्शित किया गया है।

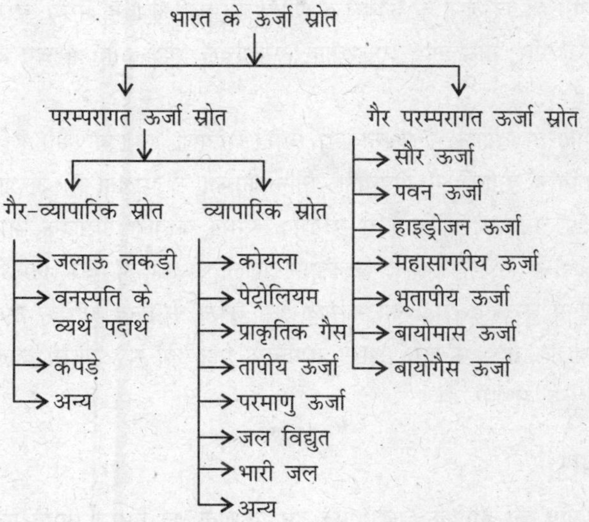

भारत में ऊर्जा संसाधनों की स्थिति कई हद तक संतोषप्रद नहीं है। भारत में परम्परागत ऊर्जा स्रोतों में कोयला, पेट्रोलियम, प्राकृतिक गैस, ताप ऊर्जा, परमाणु ऊर्जा और जल विद्युत का प्रयोग किया जाता है। औद्योगिक विकास और उनके संचालन के लिये विद्युत एक महत्वपूर्ण तत्व है। देश के अधिकांश विद्युत शक्ति का उत्पादन आज भी परम्परागत ऊर्जा के संसाधनों के आधार पर किया जा रहा है। कोयला आज भी तापीय विद्युत का सबसे बड़ा साधन है।

कोयला

ब्रिटेन में हुई औद्योगिक क्रान्ति के आधार कोयले को उद्योगों की जननी, काला सोना और शक्ति का प्रतीक कहा जाता है। देश में आज भी कोयला शक्ति का सबसे महत्वपूर्ण साधन है। विश्व में आधुनिक औद्योगीकरण का सूत्रपात करने का श्रेय कोयले को ही है।

भारत में कोयले का उपयोग प्राचीनकाल से होता आया है, परन्तु वर्तमान कोयला खनन उद्योग का विकास सन 1774 में आरम्भ हुआ, जब अंग्रेजों द्वारा रानीगंज में कोयले का पता लगाया गया। भारत विश्व में कोयला उत्पादन की दृष्टि से चीन व अमेरिका के बाद तीसरे स्थान पर है। भारत विश्व का 4.7 प्रतिशत कोयला उत्पादित करता है। भारत की ऊर्जा का लगभग 60.0 प्रतिशत भाग कोयले से प्राप्त होता है।

कार्बन की मात्रा के आधार पर विश्व स्तर पर कोयले को चार प्रकारों में विभाजित किया जाता है।

कोयले के प्रकार		
(1)	एंथ्रेसाइट	कार्बन की मात्रा 80 से 90 प्रतिशत तक।
(2)	बिटुमिनस	कार्बन की मात्रा 75 से 80 प्रतिशत तक।
(3)	लिग्नाइट	कार्बन की मात्रा 50 प्रतिशत तक।
(4)	पीट	कार्बन की मात्रा 50 प्रतिशत से कम।

कोयला उत्पादन क्षेत्र

भारत में उपलब्ध कोयला दो भू-वैज्ञानिक काल खण्डों (अ) गोंडवाना युगीन, (ब) टर्शियरी काल से सम्बन्धित है।

गोंडवाना युगीन

उत्पादन व उपभोग की दृष्टि से गोंडवाना युगीन कोयले का सर्वाधिक महत्व है। भारत वर्ष में इस प्रकार का कोयला विभिन्न नदियों की घाटियों में पाया जाता है।

गोदावरी घाटी क्षेत्र

आन्ध्र प्रदेश राज्य में विस्तृत गोदावरी नदी की घाटी में देश के लगभग 7.5 प्रतिशत कोयले के भण्डार हैं। आदिलाबाद, करीमनगर, खम्माम, वारंगल और पश्चिमी गोदावरी मुख्य उत्पादक जिले हैं। गोदावरी और तन्दूर नदियों के बीच के 250 वर्ग किमी क्षेत्र में प्रसिद्ध कोयला क्षेत्र फैला हुआ है। राज्य में सिंगरेनी कोयले का बड़ा उत्पादक क्षेत्र है। यहाँ बाराकर श्रेणी की चट्टानें 54 वर्ग किमी में फैली हुई हैं। यहाँ कोयले की परतें दो मीटर से भी अधिक मोटी हैं। आन्ध्र प्रदेश का वार्षिक कोयला उत्पादन 332 लाख टन है।

महानदी घाटी क्षेत्र

उड़ीसा राज्य में देश के लगभग 25 प्रतिशत कोयले के भण्डार मिलते हैं। कुल उत्पादन का 15.3 प्रतिशत भाग यहाँ से प्राप्त होता है। राज्य में ढेंकनाल जिले में तालचर कोयला क्षेत्र 548 वर्ग किमी में फैला है। यहाँ का कोयला विद्युत उत्पादन, उर्वरक तथा गैस उत्पादन में प्रयुक्त होता है।

दामोदर घाटी क्षेत्र

देश का सबसे बड़ा कोयला उत्पादक क्षेत्र है। यहाँ से देश का 50 प्रतिशत से भी अधिक कोयला प्राप्त होता है। यह झारखण्ड एवं पश्चिम बंगाल राज्य में फैला हुआ है। पश्चिम बंगाल के वर्धमान, बांकुड़ा और पुरुलिया जिलों में विस्तृत रानीगंज कोयला क्षेत्र (1,092 वर्ग किमी) भारत का सबसे महत्वपूर्ण और बड़ा उत्पादक क्षेत्र है। अकेले इस क्षेत्र से देश का 29 प्रतिशत कोयला प्राप्त होता है। झारखण्ड में झरिया सबसे बड़ा कोयला क्षेत्र है, जो 436 वर्ग किमी. क्षेत्र में फैला है। यहाँ उत्तम किस्म के बिटुमिनस कोयले के भण्डार है। हजारीबाग, बोकारो, गिरिडीह, उत्तरी व दक्षिणी करणपुर और रामगढ़ प्रमुख कोयला उत्पादक क्षेत्र हैं।

पश्चिमी दामोदर घाटी क्षेत्र

यह झारखण्ड राज्य के पलामू जिले में फैला हुआ है। यहाँ पर औरंगा (240 वर्ग किमी.), डाल्टनगंज (80 वर्ग किमी.) एवं हुतार प्रमुख कोयला उत्पादक क्षेत्र है। इसी घाटी में राजमहल पहाड़ियों के पश्चिम में राजमहल कोयला क्षेत्र 182 वर्ग किमी. में फैला हुआ है।

सोन नदी घाटी क्षेत्र

इस क्षेत्र के अन्तर्गत मध्य प्रदेश के उमरिया, सोहागपुर और सिंगरोली कोयला क्षेत्र सम्मिलित होते हैं। राज्य के शहडोल व सिधी जिलों में स्थित सिंगरौली 2037 वर्ग किमी. में फैला मुख्य कोयला उत्पादक क्षेत्र है।

छत्तीसगढ़ कोयला क्षेत्र

कोयले के उत्पादन में इसका तीसरा स्थान है। यहाँ पर 16 प्रतिशत कोयले का उत्पादन होता है। प्रमुख कोयला क्षेत्रों में रामकोला, तातापानी, कोरबा, झिलमिल, विश्रामपुर, लखनपुर, चीरीमिरी मुख्य हैं। रामकोला, तातापानी क्षेत्र 250 वर्ग किमी. क्षेत्र में फैला है। हालाँकि यहाँ का कोयला घटिया किस्म का है। कोरबा क्षेत्र के निकट बिलासपुर में 515 वर्ग किमी. क्षेत्र में कोयले के भण्डार हैं। यहाँ पर कोयले की खानें महानदी व उसकी सहायक अहराम व बुराँग नदियों के आर-पार फैली हुई हैं।

सतपुड़ा कोयला क्षेत्र

नर्मदा नदी की घाटी के दक्षिण में सतपुड़ा के उत्तरी ढालों के तल में नरसिंहपुर जिले में मोहपानी कोयला क्षेत्र स्थित है। यहाँ 4 करोड़ टन कोयले के भण्डार अनुमानित किए गए हैं। इसी के निकट कान्हन घाटी क्षेत्र में 7 करोड़ टन कोयले के भण्डार है। मध्य प्रदेश और महाराष्ट्र के अधिकांश कोयला क्षेत्र इसी सतपुड़ा में फैले हैं। बैतूल जिले में भी पाथरखेड़ा कोयला क्षेत्र का कोयला यहीं के तापीय विद्युत गृह में काम में आता है।

महाराष्ट्र-वर्धा घाटी

महाराष्ट्र के इस क्षेत्र के अन्तर्गत चन्द्रपुर, वल्लारपुर, यवतमाल, बरोरा और नागपुर के कोयला क्षेत्र सम्मिलित होते हैं। यहाँ देश के कुल कोयला भण्डारों का 3 प्रतिशत है। कुल भण्डार 50 करोड़ टन कोयले के आंकलित किए गए हैं। यहाँ का कोयला हल्की किस्म और चूरे के रूप में मिलता है। इसका प्रयोग ताप विद्युत गृहों में ही किया जा रहा है।

पश्चिम बंगाल

राज्य में वर्धमान, बांकुड़ा, पुरुलिया, वीरभूम, दार्जिलिंग और जलपाईगुड़ी में देश के 11 प्रतिशत कोयले के भण्डार हैं। पश्चिम बंगाल देश का 6 प्रतिशत कोयला उत्पादित करता है।

टर्शियरी काल

भारत का 2 प्रतिशत कोयला टर्शियरी काल की एवं मेसोजाइक काल की चट्टानों में प्राप्त होता है। इस प्रकार के कोयले के 225 करोड़ टन के भण्डार आंकलित किये गये हैं। इन श्रेणी के कोयले के प्राप्ति के मुख्य क्षेत्रों में असम, मेघालय, जम्मू-कश्मीर, तमिलनाडु, राजस्थान, अरुणाचल प्रदेश और पश्चिम बंगाल राज्य हैं।

पश्चिम बंगाल में पनकाबाड़ी प्रमुख कोयला उत्पादक क्षेत्र है। यहाँ का कोयला बनावट में गोंडवाना युगीन कोयले से मिलता है। अरुणाचल प्रदेश में डफाला पहाड़ियों में डीगरॉक प्रमुख कोयला उत्पादक क्षेत्र है। असम राज्य में लखीमपुर, शिवसागर जिलों में माकूम क्षेत्र 80 किमी लम्बाई में फैला है। यहाँ का कोयला गैस बनाने के लिये अधिक उपयोगी है। मेघालय राज्य में गारो, खासी जयन्तियां पहाड़ियों में टर्शियरी काल के कोयले के भण्डार हैं।

व्यापार

घरेलू माँग की पूर्ति के बाद भारत द्वारा कोयले का निर्यात अपने पड़ोसी देशों बांग्लादेश, नेपाल, भूटान, म्यांमार एवं श्रीलंका को किया जाता है। वर्ष 2010 में 521 करोड़ रुपये के कोयले का निर्यात किया गया। भारत में उच्च कोटि का कोकिंग कोयला ऑस्ट्रेलिया, कनाडा व अन्य यूरोपीय देशों से आयात किया जाता है।

सारणी : भारत में कोयला भण्डार व उत्पादन

क्र.सं.	राज्य	प्रमाणित भण्डार (%)	कुल भण्डार (%)	उत्पादन (%)	प्रमुख क्षेत्र
1.	मध्य प्रदेश	6.35	7.77	15.85%	शहडोल, छिंदवाड़ा, सीधी, नरसिंहपुर, बैतूल
2.	छत्तीसगढ़	11.48	16.31	21.07	सरगुजा, बिलासपुर, रामगढ़, कोरबा, विश्रामपुर, बस्तर
3.	झारखण्ड	36.85	28.08	19.08	झरिया उत्तरी व दक्षिणी, करणपुरा, पश्चिम व पूर्वी बोकारो, राजमहल, रामगढ़, देवगढ़, हुतार, औरंगा, डाल्टनगंज
4.	आन्ध्र प्रदेश-तेलंग. ाना	8.74	6.75	9.37	खम्मान, आदिलाबाद, वारंगल, तन्दूर, सिंगरेनी, कलापल्ली, सस्सी
5.	महाराष्ट्र	4.84	3.57	6.12	चन्द्रपुर (वर्धा घाटी), कम्बटी (नागपुर), यवतमाल (बल्लाखूर)
6.	पश्चिम बंगाल	11.84	10.94	4.14	रानीगंज, वर्धमान, बांकुड़ा, पुरुलिया, वीरभूम, दार्जिलिंग, न्यू जलपाईगुड़ी
7.	उड़ीसा	17.59	24.39	21.03	ढेंकानल, सम्बलपुर, तालचर, सुन्दरगढ़, इब नदी घाटी, ब्राह्मणी नदी घाटी
8.	उत्तर प्रदेश	0.80	0.42	2.42	सोनभद्र

9.	पूर्वी राज्य	0.15	0.23	0.10	मेघालय, अरुणाचल प्रदेश, नागालैंड
10.	अन्य	1.36	1.54	5.78	
	गोंडवाना कोयला	99.73	99.68	93.56	उपरोक्त सभी राज्य
11.	टर्शियरी कोयला	0.27	0.34	6.87	असम (माकूम, नजीरा), पलाना (राजस्थान), नवेली (तमिलनाडु)

पेट्रोलियम

पेट्रोलियम शब्द का शाब्दिक अर्थ चट्टानों से प्राप्त तेल से है। भारत में लगभग 30 लाख वर्ष पुरानी अवसादी चट्टानों में इसके भण्डार उपलब्ध हैं। एक अनुमान के अनुसार, भारत में विश्व का कुल संचित तेल का 0.5 प्रतिशत खनिज तेल उपलब्ध है।

कच्चा तेल भारत में टर्शियरी काल की चट्टानों की अपनतियों और भ्रंशों में पाया जाता है। भारत में तेल की प्राप्ति अकस्मात हुई है। जब सन् 1860 में असम रेलवे कंपनी द्वारा रेलवे लाइन बिछाने के लिए मार्गरिटा क्षेत्र में खुदाई की जा रही थी। विधिवत रूप से असम राज्य में तेल के कुओं की खुदाई 1866 में माकूम नामक स्थान पर 36 मीटर की गहराई पर की गई और यहाँ से तेल प्राप्त किया गया है। सन् 1890 में डिगबोई में 202 मीटर की गहराई पर तेल प्राप्त हुआ। सन् 1899 में असम ऑयल कंपनी का गठन किया गया। सन् 1915 में बर्मा ऑयल कंपनी ने सिलचर के निकट सूरमा घाटी में तेल खनन का कार्य प्रारम्भ किया। सन् 1938 में नाहरकटिया क्षेत्र में तेल की खोज हुई। सन् 1956 में शिवसागर जिले में तेल उपलब्ध हुआ। सन् 1959 में बर्मा ऑयल कंपनी और भारत सरकार के **साझे** में ऑयल इण्डिया लिमिटेड की स्थापना हुई।

तेल एवं प्राकृतिक गैस आयोग (ONGC) : 1953 से भारतीय भू वैज्ञानिक सर्वेक्षण विभाग ने देश के विभिन्न हिस्सों में प्राकृतिक तेल की खोज का कार्य प्रारम्भ किया। सन् 1956 में तेल एवं प्राकृतिक गैस आयोग का गठन किया गया। यह आयोग समुद्र के भीतर एवं स्थल भागों पर खनिज तेल की खोज का कार्य करता है।

भारत पेट्रोलियम कार्पोरेशन : जनवरी 1976 से भारत सरकार ने बर्मा शैल रिफाइनरी और बर्मा शैल ऑयल कंपनी पर अधिकार करके भारत पेट्रोलियम कारपोरेशन बनाया गया।

ऑयल इण्डिया लिमिटेड : खनिज तेल एवं प्राकृतिक गैस की खोज, खुदाई और उत्पादन करके उन्हें तेल शोधन कारखानों और उपभोक्ताओं तक पहुँचाने का कार्य ऑयल इण्डिया लिमिटेड करता है।

उत्पादन एवं व्यापार

भारत में खनिज तेल की माँग निरन्तर बढ़ती जा रही है। देश की आवश्यकताओं की पूर्ति के लिये विदेशों से खनिज तेल आयात करना पड़ता है। भारत में खनिज तेल के उत्पादन और आयात को सारणी में प्रदर्शित किया गया है।

वर्तमान में देश के निम्नलिखित क्षेत्रों में खनिज तेल के लिए खनन किया जा रहा है।

(1) **असम :** राज्य में डिग्बोई, सुरमा घाटी और नवीन क्षेत्रों में खनिज तेल के भण्डार उपलब्ध है। लखीमपुर जिले में डिग्बोई, बधापुंग, हंसापुंग स्थानों पर खनिज तेल की प्राप्ति 2,000 मीटर की गहराई पर होती है। यहाँ पर डिगबोई में तेल शोधन कारखाना स्थापित है, जो वर्ष में लगभग 4.0 मैट्रिक टन तेल का शोधन करता है। असम के सुरमा घाटी क्षेत्र में बदरपुर, मशीनपुर और पथरिया स्थानों पर सन् 1971 से तेल का खनन किया जा रहा है। इस क्षेत्र का खनिज तेल लगभग समाप्त हो चुका है।
ब्रह्मपुत्र घाटी के नवीन तेल क्षेत्रों में नाहरकटिया, हुगरीजन और मोरन स्थानों पर सन् 1953 से उत्पादन प्रारम्भ हुआ। प्रति वर्ष लगभग 25 लाख मैट्रिक टन खनिज तेल प्राप्त किया जा रहा है। यहाँ पर रुद्र सागर, लकवा, गालेकी, अमगरी में तेल का खनन किया जाता है। इन क्षेत्रों का तेल नूनामती व बरौनी की तेल शोधन शालाओं में शुद्ध किया जाता है।

(2) **गुजरात :** राज्य में लगभग 15,500 वर्ग किमी क्षेत्र में कच्छ की खाड़ी, सूरत, वडोदरा, भड़ौच, मेहसाना और खेड़ा जिलों में तेल के भण्डार हैं। यहाँ पर अंकलेश्वर क्षेत्र में 1,200 मीटर की गहराई पर खनिज तेल प्राप्त होता है। यहाँ का वार्षिक उत्पादन 30 लाख टन है। अंकलेश्वर का पेट्रोल ट्राम्बे और कोयल शोधन शालाओं में भेजा जाता है। गुजरात में खम्भात की खाड़ी में 15 लाख टन तेल और 5 लाख घन मीटर गैस प्रति वर्ष प्राप्त हो रही है। अहमदाबाद के पश्चिम में कलोल के निकट नवगाँव, मेहसाणा, साणन्द, कोथाना स्थानों पर भी तेल प्राप्त हुआ है।

(3) **उत्तरी क्षेत्र :** पंजाब के लुधियाना, होशियारपुर और दासूजा क्षेत्र, हिमाचल प्रदेश के ज्वालामुखी, धर्मशाला और नूरपुर तथा जम्मू कश्मीर के मुसलगढ़ में खनिज तेल प्राप्ति की भरपूर संभावनाए हैं। अभी इन स्थानों पर प्राकृतिक गैस प्राप्त हुई है।

(4) **अपतटीय क्षेत्र :** भारत का समुद्री मग्नतट क्षेत्र 385 हजार वर्ग किमी. में फैला हुआ है। तेल एवं प्राकृतिक गैस आयोग ने कच्छ व खम्भात की खाड़ी, अरब सागर, कोरोमण्डल तट, कृष्णा व गोदावरी डेल्टा, सुन्दर वन के क्षेत्रों में सर्वेक्षण किए हैं। उसके पश्चात् कई क्षेत्रों में पेट्रोलियम का व्यावसायिक उत्पादन प्रारम्भ किया गया, जिनमें से (i) गुजरात के सौराष्ट्र में भावनगर से 45 किमी दूर अरब सागर में स्थित अलीयाबेट द्वीप में तेल के भण्डारों का पता चला है। रूस की सहायता से यहाँ पर तेल की खोज की गई। (ii) मुम्बई से 176 किमी. उत्तर पश्चिम में अरब सागर में स्थित मुम्बई हाई नामक क्षेत्र में तेल व गैस प्राप्त की गई। सागर सम्राट् नामक जलयान के प्लेटफॉर्म की सहायता 1,416 मीटर की गहराई पर तेल एवं प्राकृतिक गैस का व्यावसायिक उत्पादन सन् 1976 से किया जा रहा है। यहाँ से देश का अधिकतम पेट्रोल प्राप्त होता है। (iii) मुम्बई हाई के दक्षिण में वसई नामक स्थान पर तेल के भण्डार मिले है। 1,900 मीटर की गहराई पर स्थित वसई के तेल भण्डार मुम्बई हाई से अधिक समृद्ध

है। (iv) 1980 के दशक में ओएनजीसी के प्रयासों से देश में कई नए तेल क्षेत्रों व भण्डारों का पता लगाया गया है। इनमें कावेरी व कृष्णा तथा गोदावरी बेसिनों के अपतटीय क्षेत्रों में तेल प्राप्त हुआ है। यहाँ 1981 से रानयम तट पर कुओं से 1,500 बैरल प्रतिदिन की दर से तथा 1988 से मदनम तट पर 4,300 बैरल प्रतिदिन, 1986 में नागपट्टीनम में 200 बैरल प्रतिदिन की दर से, कोविलकल्लपल में 206 बैरल प्रतिदिन की दर से तेल प्राप्त हुआ है। (v) आन्ध्र प्रदेश के कृष्णा और गोदावरी बेसिन में तेल की खोज में 49 तेल के कुओं का खनन किया गया। इनमें से अधिकांश कम उत्पादक सिद्ध हुए। (vi) राजस्थान के बाड़मेर जिले में क्रेयनर्स एनर्जी लिमिटेड द्वारा खनिज तेल का खनन किया जा रहा है।

तेल शोधनशालाएँ

देश में कुल 22 तेल शोधन कारखाने कार्यरत हैं। इनमें से 17 सार्वजनिक क्षेत्र में, 2 संयुक्त क्षेत्र तथा 3 निजी क्षेत्र में कार्यरत हैं। तेल शोधनशालाओं की संक्षिप्त जानकारी सारणी में दी गई है।

पाइप लाइनें

कच्चे तेल को साफ करने के लिए उसे उत्पादक क्षेत्रों से तेल शोधन शालाओं तक पहुँचाना पड़ता है। देश में कुल 13,000 किमी लम्बी तथा पेट्रोलियम उत्पादों की 7,700 किमी. लम्बी पाइप लाइनें हैं।
उनका संक्षिप्त विवरण इस प्रकार है–

(1) देश में सर्वप्रथम पाइप लाइन असम में नाहरकटिया से नूरमती होकर बरौनी (बिहार) तक 1,152 किमी. लम्बाई में बिछाई गई। इसकी वार्षिक परिवहन क्षमता 40 लाख टन है। यह 78 छोटी-बड़ी नदियों को पार करती है। इसके मार्ग में 9 पम्पिंग स्टेशन स्थापित हैं। यह रुद्र सागर, लचाया तेल क्षेत्रों से भी जुड़ी है। इसकी सहायक लाइनें नूनमाती से सिलीगुड़ी, बरौनी से कानपुर, बरौनी से हल्दिया व मोरीग्राम, नूनमाती से बोंगाई गाँव है।

(2) द्वितीय प्रमुख पाइप लाइन मुम्बई हाई व गुजरात के तेल उत्पादन क्षेत्रों को कोयली तेल शोधनशाला से जोड़ती है। मुम्बई हाई से मुम्बई तट पर 210 किमी लम्बी दो पाइप लाइनें (तेल व गैस के लिये पृथक्) बिछाई गई हैं।

(3) एक अन्य पाइप लाइन कच्छ की खाड़ी के तट पर स्थित सलाया स्थान से मथुरा तक 1,870 किमी. लम्बाई में विस्तृत है। यह भी कोयली से जुड़ी है। यह पाइप लाइन मुम्बई हाई से अशुद्ध तेल को मथुरा शोधनशाला तक पहुँचाती है।

(4) मथुरा से परिष्कृत तेल दिल्ली-अम्बाला होकर जालन्धर तक पाइप लाइन द्वारा भेजा जाता है।

(5) कर्नाटक तथा आन्ध्र प्रदेश में पेट्रोलियम पदार्थों के परिवहन के लिये एक अन्य पाइप लाइन मुम्बई से पुणे तक बिछाई गई है।

(6) विशाखापट्टनम-विजयवाड़ा-सिकन्दराबाद पाइप लाइन 572 किमी. लम्बी है।

(7) हाजिरा (गुजरात)-विजयपुर-जगदीशपुर (HBJ) गैस पाइप लाइन 1,750 किमी. लम्बी है।

(8) कांडला (गुजरात)-भटिण्डा (पंजाब) पाइप लाइन 1,331 किमी. लम्बी है।

(9) चेन्नई-त्रिची-मदुरै पाइप लाइन (683 किमी. लम्बी) IOC द्वारा निर्माणाधीन है।

सारणी : तेल शोधन कारखाने

क्र. सं.	तेल शोधन कारखाने	शोधन का स्थान	वर्तमान क्षमता
1.	इण्डियन ऑयल कार्पो. लि.	गुवाहाटी	1.00
2.	इण्डियन ऑयल कार्पो. लि.	बरौनी	6.00
3.	इण्डियन ऑयल कार्पो. लि.	कोयली	13.70
4.	इण्डियन ऑयल कार्पो. लि.	हल्दिया	7.50
5.	इण्डियन ऑयल कार्पो. लि.	मथुरा	8.00
6.	इण्डियन ऑयल कार्पो. लि.	डिगबोई	0.65
7.	इण्डियन ऑयल कार्पो. लि.	पानीपत	15.00
8.	इण्डियन ऑयल कार्पो. लि.	बोंगाई गाँव	2.35
9.	हिन्दुस्तान पेट्रोलियम कार्पो. लि.	मुम्बई	6.50
10.	हिन्दुस्तान पेट्रोलियम कार्पो. लि.	विशाखापट्टनम	8.30
11.	भारत पेट्रोलियम कार्पो. लि.	मुम्बई	12.00
12.	भारत पेट्रोलियम कार्पो. लि.	कोच्चि	9.50
13.	चेन्नई पेट्रोलियम कार्पो. लि.	मनाली	10.50
14.	चेन्नई पेट्रोलियम कार्पो. लि.	नागपट्टीनम	1.00
15.	नुमालीगढ़ रिफाइनरी लि.	नुमालीगढ़	3.00
16.	मंगलौर रिफाइनरी एण्ड पेट्रो केमिकल्स लि.	मंगलौर	15.00
17.	ऑयल एण्ड नेचुरल गैस कार्पो. लि.	तातीपाका	0.66
	कुल (I) **II संयुक्त उद्यम क्षेत्र**		120.88
18.	भारत ओमान रिफाइनरी लि.	बीना	6.00
19.	एचपीसीएल लि.	भटिण्डा	9.00
	कुल (II)		15.00
	III निजी क्षेत्र		
20.	रिलायन्स इण्डस्ट्रीज लि.	मोती खावड़ी, जामनगर	33.00
21.	रिलायन्स पेट्रोलियम लि.	एस.ई.जेड. जामनगर	27.00
22.	एस्सार ऑयल लि.	वाडिनार	18.00
	कुल (III)		78.00
	कुल योग (I + II + III)		213.66

जल विद्युत

ऊर्जा के सभी रूपों में विद्युत शक्ति सबसे व्यापक और सहज है। इसकी माँग देश के उद्योग, परिवहन, कृषि एवं घरेलू क्षेत्रों में तेजी से बढ़ रही है। विद्युत शक्ति के अनेक विशिष्ट गुण है। इसलिये इसकी मांग भी अधिक है।

विकास

भारत में जल विद्युत शक्ति का विकास सन् 1897 में दार्जिलिंग में विद्युत आपूर्ति के साथ प्रारम्भ हुआ। बाद में कर्नाटक में शिवसमुद्रम में जल विद्युत शक्ति गृह की स्थापना की गई। 1947 तक देश में जल विद्युत शक्ति का विशेष विकास नहीं हुआ, परन्तु पंचवर्षीय योजना के दौरान तेजी से जल विद्युत का विकास हुआ। इसके लिए देश के विभिन्न हिस्सों में जल विद्युत योजनाओं में भारी पूँजी का निवेश किया गया।

विद्युत के विकास के लिये **'केन्द्रीय विद्युत प्राधिकरण'** की स्थापना की गई। **1975 में जल विद्युत के विकास** के लिये **राष्ट्रीय जल विद्युत शक्ति निगम** की स्थापना की गई। वर्तमान में 18 राज्यों में राज्य विद्युत बोर्ड स्थापित है।

देश में लघु जल विद्युत परियोजनाओं की कुल अनुमानित क्षमता 15,000 मेगावाट है। 31 दिसम्बर, 2007 तक 611 जल विद्युत की परियोजनाएँ पूरी कर ली गई थीं तथा 225 परियोजनाएँ निर्माणाधीन हैं। विभिन्न राज्यों की प्रमुख जल विद्युत परियोजनाएँ इस प्रकार हैं–

आन्ध्र प्रदेश : नार्गाजुन सागर, सिलेरू, श्रीशैलम, मचकुण्ड, तुंगभद्रा तथा निजाम सागर।

हिमाचल प्रदेश : बैरासिउल, नापचा, झाखड़ी, रामपुर, लुहरी, खाद्य चमेरा, परावती, चिरचिन्द-चम्बा।

पंजाब : देहर (व्यास), भाखड़ा, पोंग, गंगवान, कोटला, सनाम, भोरूका।

उत्तराखण्ड : खटीमा, टिहरी, देवसारी, विष्णुगाद पिपलकोटी।

झारखण्ड : सुवर्णरेखा, मैथान।

राजस्थान : राणा प्रताप सागर, जवाहर सागर, माही बजाज सागर।

उड़ीसा : हीराकुंड, बालीमेला।

महाराष्ट्र : जल विद्युत उत्पादन में अग्रणी है। यहाँ जल विद्युत के विकास की उत्तम भौगोलिक दशाएँ मौजूद है। टाटा जलविद्युत (तीन शक्ति गृह), भिवपुरी, खोपोली, मीरा, कोयना, पूर्णा, वेतरणा, भटनागर-बीड़ मुख्य जल विद्युत केन्द्र है।

जल विद्युत उत्पादन क्षेत्र

क्र. सं.	राज्य	प्रमुख परियोजनाएँ
1	आन्ध्र प्रदेश -तेलंगाना	नागार्जुन, सिलेरू, श्रीशैलम, मचकुण्ड, तुंगभद्रा, निजाम सागर
2	कर्नाटक	शरातवी, काली नदी, जोग लिंगने, मक्की, शिवासमुद्रम, भदा, मुनीराबाद, शिम्मापुरा
3	महाराष्ट्र	कोयना, टाटा, वैतरणी
4	पंजाब	टेहर, भाखड़ा, पाँग, मंगवाल, कोटला, सनाम
5	तमिलनाडु	पापानाशम, सरकरपाटी, सुरूलियार, नायार, अलियार, पाइकारा, शलिवार, काडियार, पेरियार, नेटूर, कुण्डा
6	ओडिशा	हीराकुंड, बालीमला
7	केरल	इदुकी, सबरीगिरी, कुलियाड़ी, शैलनावार, सगुलम, नरिया, मंगलम, पल्ली, वासल, पानियार, परन्द्रिकुलम
8	मध्य प्रदेश	गांधी सागर, नर्मदा सागर, हंसदेव, बांगो, बन सागर
9	हिमाचल प्रदेश	बेरा, सिऊल, गिरीबाग, रानपुर, सुबरी, खाब, बस्सी, चमेरा, देबर
10	पूर्वोत्तर राज्य	उमियाज (असम), कर्दनकुलाई (मेघालय), निचला लाग्वाप (सिक्किम), लोकदल (मणिपुर), दोयांग (नागालैण्ड), रांगानदी (अरुणाचल प्रदेश)
11	अन्य राज्य	राजस्थान, बिहार, झारखंड, जम्मू-कश्मीर, उत्तर प्रदेश

कर्नाटक : विद्युत शक्ति का उत्पादन सर्वप्रथम इसी राज्य में हुआ था। कावेरी पर शिवसमुद्रम, शिमला, जोग, तुंगभद्रा, भद्रा, शरावती, आदि प्रमुख जल विद्युत योजनाएँ हैं।

तमिलनाडु : पायकारा, कावेरी, पर मैटूर, ताम्रपणी पर पापनासम, मोदार, कुण्डा, पेरियार, परम्बिकुलम, अलियार प्रमुख योजनाएँ हैं।

केरल : पश्चिमी घाट की सदावाहिनी तीव्रगामी नदियों के कारण यहाँ जलविद्युत का पर्याप्त विकास हुआ है। पल्लीवासर, सेंगुतम, शीलयार, पोरिंगतकुथु, नेरियामंगस, पोन्नियार, शबारगिरी, इदुक्की, कटियाडी आदि प्रमुख जल विद्युत योजनाएँ हैं।

उत्तर प्रदेश : ऊपरी गंग नगर पर गंगा इलेक्ट्रिक ग्रिड महत्वपूर्ण है। जिसके अन्तर्गत पधरी, मुहम्मदपुर, निरगाजनी, चितौरा, सलावा, भोला, पालेडा, सुमेरा आदि स्थानों पर कृत्रिम बाँध बनाकर जलविद्युत का विकास किया गया है। रिहन्द, माताटीला, यमुना हाइड्रिल, रामगंगा तथा माताटीला जलविद्युत योजनाएँ भी उल्लेखनीय हैं।

जम्मू-कश्मीर : सिन्ध, झेलम, सलाल, चेनानी, आदि मुख्य जल विद्युत योजनाएँ हैं।

आणविक ऊर्जा

देश में ऊर्जा की बढ़ती हुई माँग और सीमित संसाधनों को देखते हुए परमाणु ऊर्जा का विकास किया गया है। यह ऊर्जा रेडियोधर्मी परमाणुओं के विखण्डन से प्राप्त की जाती है। प्राकृतिक विखण्डन जटिल एवं खर्चीला होता है, परन्तु इससे प्राप्त विद्युत पर्याप्त सस्ती पड़ती है। इसका कारण है कि एक किलोग्राम यूरेनियम से जितनी विद्युत पैदा की जा सकती है, उसके लिए 20 से 25 लाख किलोग्राम कोयले की आवश्यकता होती है। भारत में परमाणु ऊर्जा का विकास अन्य देशों की तुलना में अभी कम है। यहाँ देश के कुल ऊर्जा का तीन प्रतिशत भाग परमाणु ऊर्जा से सम्बन्धित है। देश में परमाणु ऊर्जा के विकास करने के लिये सन् 1954 में परमाणु ऊर्जा विभाग स्थापित किया गया है।

परमाणु शक्ति के स्रोत

परमाणु शक्ति के लिये रेडियोधर्मिता युक्त विशिष्ट प्रकार के खनिजों, यूरेनियम, थोरियम, बेरेलियम, इल्मेनाइट, जिरकोनियम, ग्रेफाइट और एण्टीमनी

का प्रयोग किया जाता है। भारत में इस प्रकार के खनिजों की उपलब्धता का संक्षिप्त विवरण इस प्रकार है-

सारणी : परमाणु विद्युत गृह

क्र.सं.	विद्युत गृह	प्रारम्भ होने का समय	क्षमता (MW)
1	तारापुर (महाराष्ट्र)	1970	160 × 2
2	कोटा (राजस्थान)	1981	200 × 2
3	कलपक्कम (तमिलनाडु)	1986	235 × 2
4	नरौरा (उत्तर प्रदेश)	1992	235 × 2
5	काकरापार (गुजरात)	1995	235 × 2
6	कैगा (कर्नाटक)	2000	235 × 2
7	रावतभाटा (राजस्थान)	2000	235 × 2
8	तारापुर (महाराष्ट्र)	2006	500 × 2
9	कैगा (कर्नाटक)	2007	235 × 4
10	रावतभाटा (राजस्थान)	2008	500 × 4
11	कुडुनकुलुम (तमिलनाडु)	2008	1000 × 2
12	कलपक्कम (तमिलनाडु)	2010	500

(1) **यूरेनियम :** बिहार के सिंहभूम और राजस्थान की धारवाड़ एवं आर्कियन चट्टानों से, उत्तरी बिहार, आन्ध्र प्रदेश के नैल्लौर, राजस्थान के अभ्रक के क्षेत्रों में पैग्मेटाइट चट्टानों से, केरल के समुद्र तटीय भागों से, मोनोजाइट निक्षेपों से, हिमाचल प्रदेश के कुल्लू, चमोली जिलों की चट्टानों से यूरेनियम प्राप्त किया जाता है।

(2) **थोरियम :** केरल के समुद्र तटीय रेत में 8-10 प्रतिशत तथा बिहार के रेत में 10 प्रतिशत तक मोनोजाइट खनिज प्राप्त होता है। जिससे थोरियम प्राप्त किया जाता है।

(3) **इल्मेनाइट :** भारत के पश्चिमी तट पर कुमारी अन्तरीप, नर्मदा नदी के एस्चूरी तथा महानदी की रेत से प्राप्त किया जाता है। केरल की रेत में इल्मेनाइट के 93 प्रतिशत भण्डार उपलब्ध है।

(4) **बेरेलियम :** राजस्थान, बिहार, आन्ध्र प्रदेश, तमिलनाडु के अभ्रक खनन क्षेत्रों से बेरिलियम प्राप्त किया जाता है।

(5) **जिरकन :** केरल के बालू रेत से जिरकन प्राप्त किया जाता है।

(6) **ग्रेफाइट :** उड़ीसा में कालाहाण्डी, गंजाम, कोरापुट जिलों, आन्ध्र प्रदेश में वारंगल, विशाखापट्टनम, पश्चिमी गोदावरी, तमिलनाडु में तीरूनवेली, कर्नाटक में मैसूर, राजस्थान में जयपुर, अजमेर, मध्य प्रदेश में बैतूल, बिहार में भागलपुर, सिक्किम में सूंचताग्ग जिलों से प्राप्त किया जाता है। ग्रेफाइट के कुल उत्पादन का 50 प्रतिशत उड़ीसा, 20 प्रतिशत बिहार, 18 प्रतिशत आन्ध्र प्रदेश से प्राप्त होता है।

परमाणु शक्ति का विकास

भारत में परमाणु कार्यक्रम के शुभारम्भ कर्ता डॉ. होमी जहांगीर भाभा थे। 1948 में 'परमाणु ऊर्जा आयोग' की स्थापना हुई। 1954 में परमाणु ऊर्जा संस्थान ट्रॉम्बे में स्थापित किया गया, जिसे 1967 में 'भाभा अनुसंधान केन्द्र' नाम दिया गया। 1987 में भारतीय परमाणु विद्युत निगम की स्थापना की गई। जिसके अधीन 10 परमाणु गृह है। जिनकी कुल स्थापित विद्युत क्षमता 2770 मेगावाट है। वर्तमान में देश में 17 परमाणु रियेक्टर संचालित हो रहे हैं जिनकी कुल विद्युत उत्पादन क्षमता 2019 तक बढ़कर 10080 मेगावाट हो गई। भारत में स्थापित परमाणु ऊर्जा केन्द्रों का विवरण इस प्रकार है-

गैर-परम्परागत ऊर्जा संसाधन

भारत में परम्परागत ऊर्जा के संसाधनों के बारे में विस्तृत अध्ययन के पश्चात् अध्याय के इस भाग में गैर-परम्परागत संसाधनों का संक्षिप्त विवरण दिया जा रहा है। परम्परागत ऊर्जा के सभी संसाधन सीमित और समाप्त प्राय है। पर्यावरण की दृष्टि से भी वे अधिक प्रदूषणकारी होते हैं। इसलिए सम्पूर्ण विश्व और भारत में ऊर्जा के नव्यकरणीय और गैर-परम्परागत संसाधनों का उपयोग पर बल दिया जा रहा है। 1982 में ऊर्जा मंत्रालय के अधीन गैर-परम्परागत ऊर्जा विभाग स्थापित किया गया। 1987 में विश्व बैंक की सहायता से भारतीय नव्यकरणीय विकास एजेंसी (IRDA) की स्थापना की गई है। इस संस्था द्वारा भारत में सौर ऊर्जा, पवन ऊर्जा, जैविक ऊर्जा, महासागरीय ऊर्जा, हाइड्रोजन ऊर्जा के विकास, उपयोग पर जोर दिया जा रहा है। पवन ऊर्जा उत्पन्न करने के मामले में भारत चौथे स्थान पर है। भारत की पवन ऊर्जा के उत्पादन में कुल वैश्विक भागीदारी 5.8 प्रतिशत है।

पवन ऊर्जा

2019 तक भारत जैसे विशाल देश में पवन ऊर्जा की कुल उत्पादन क्षमता 37,505 मेगावाट थी। एशिया महाद्वीप की विशालतम पवन ऊर्जा द्वारा विद्युत उत्पादन की 150 मेगावाट उत्पादन क्षमता की परियोजना मुप्पडाल, तमिलनाडु में स्थित है।

देश में पवन ऊर्जा के उत्पादन के क्षेत्र में तमिलनाडु राज्य का स्थान प्रथम है। ध्यातव्य है कि भारत की संपूर्ण ऊर्जा क्षमता में 3.2 लाख मेगावाट के साथ पवन ऊर्जा का योगदान तकरीबन 10 फीसदी का है।

भारत सरकार ने 2022 के आखिर तक 60 गीगावाट पवन ऊर्जा को संस्थापित करने का लक्ष्य रखा है। इस लक्ष्य को प्राप्त करने के लिए कई योजनाओं पर काम चल रहा है।

सारणी : पवन ऊर्जा के शीर्ष उत्पादक राज्य

क्र.सं.	राज्य	उत्पादन मेगावाट
1.	तमिलनाडु	6,007
2.	महाराष्ट्र	2,310
3.	गुजरात	2,884
4.	कर्नाटक	1,730
5.	राजस्थान	1,524

2. सौर ऊर्जा

भारत एक उष्ण कटिबंधीय देश है, जहाँ पर सौर ऊर्जा के उत्पादन की अपार संभावनाएँ उपलब्ध हैं। देश के अधिकांश भागों में 300 से भी अधिक दिन खुली और स्वच्छ धूप प्राप्त होती है। यहाँ प्रति वर्ष 5,000 लाख किलोवॉट/प्रति घण्टा सूर्य विकिरण प्राप्त होता है। 2019 में भारत सौर ऊर्जा उत्पादन के मामले में विश्व में पाँचवें स्थान पर है। मध्य प्रदेश के बैतूल जिले का बांचा गाँव देश का पहला 'सोलर विलेज' है।

सौर ऊर्जा से पानी गरम करने, फसलें पकाने, भोजन बनाने, विद्युत पम्प चलाने जैसे एवं औद्योगिक एवं घरेलू विद्युत उत्पादन का कार्य किया जाने लगा है। ऊर्जा मंत्रालय द्वारा राष्ट्रीय स्तर पर सौर तापीय ऊर्जा कार्यक्रम एवं सौर फोटोवोल्टिक कार्यक्रम चलाए जा रहे हैं। भारत में आन्ध्र प्रदेश के तिरुपति बालाजी देवस्थान द्वारा विश्व की सबसे बड़ी सौर ऊर्जा संचालित भोजन बनाने की प्रणाली अक्टूबर, 2002 में शुरू की गई, जिसमें 60-70 हजार लोगों का प्रतिदिन भोजन तैयार किया जा रहा है। इसी प्रकार राजस्थान में बिड़ला इंस्टीट्यूट ऑफ टेक्नोलॉजी एण्ड साइंस, पिलानी में राजस्थान का सबसे बड़ा सौर ऊर्जा वॉटर हीटर लगाया गया है, जहाँ 55 हजार लीटर पानी को गर्म किया जा रहा है। 2020 में प्रधानमंत्री नरेन्द्र मोदी ने मध्य प्रदेश के रीवा में स्थापित 750 मेगावाट की 'रीवा सौर परियोजना' को राष्ट्र को समर्पित किया है।

देश में सौर ऊर्जा के विकास के लिये 11 जनवरी, 2010 को 'जवाहर लाल नेहरू सोलर मिशन' प्रारम्भ किया गया। इस मिशन में 13वीं पंचवर्षीय योजना के तहत 2022 तक 100 गीगावॉट सौर ऊर्जा के उत्पादन का लक्ष्य रखा गया है। देश में सौर ऊर्जा उत्पादन को सारणी में दर्शाया गया है।

सारणी : सौर ऊर्जा के शीर्ष उत्पादक राज्य

क्र.सं.	राज्य	उत्पादन मेगावाट	प्रतिशत
1.	तमिलनाडु	15.0	1.5
2.	महाराष्ट्र	20.0	2.0
3.	गुजरात	654.8	66.9
4.	आन्ध्र प्रदेश	21.9	2.2
5.	राजस्थान	197.5	20.2

जैविक ऊर्जा

जैविक ऊर्जा के विकास के लिये राष्ट्रीय कार्यक्रम संचालित किया जा रहा है, जिसका उद्देश्य विभिन्न प्रकार की बायोमास सामग्री का अधिकतम उपयोग करना है। इसमें वन और कृषि अपशिष्टों से ऊर्जा उत्पादन सम्मिलित हैं। भारत सरकार ने 2022 के अंत तक 10 गीगावॉट बायोमास ऊर्जा विकसित करने का लक्ष्य रखा गया है। बायोमास बिजली की संचित उपलब्धि 2017-18 तक 818.170 मेगावॉट विद्युत क्षमता प्राप्त की गई है।

ग्रामीण क्षेत्रों में गोबर, कूड़ा-करकट और मानव मल से बायोगैस का विकास किया गया है। इसका उद्देश्य गाँवों में सस्ते एवं वैकल्पिक ऊर्जा स्रोत उपलब्ध कराना है। नगरों एवं उद्योगों से निकलने वाले कूड़े-कचरे का उपयोग ऊर्जा के उत्पादन में किया जाने लगा है। महानगरों में इस कार्यक्रम को संचालित कर पर्यावरण की रक्षा के साथ-साथ ऊर्जा के वैकल्पिक साधनों का भी विकास किया जा रहा है। इस प्रकार के संयंत्र तानूकू (आंध्र प्रदेश), फैजाबाद (उत्तर प्रदेश), अंकलेश्वर (गुजरात), मुक्तसर (पंजाब), बेलगाम (कर्नाटक) में स्थापित किये गये हैं। बायोगैस से बिजली उत्पादन के लिये कचरे से ऊर्जा प्राप्त करने की 2017-18 के दौरान देश में 49.8 लाख बायोगैस संयंत्र हैं।

प्राकृतिक गैस

पर्यावरणीय प्रदूषण को कम करने व ऊर्जा जरूरतों को पूर्ण करने हेतु प्राकृतिक गैस एक प्रमुख संसाधन है। यह स्वतंत्र रूप में पाये जाने वाला स्वच्छ ऊर्जा का स्रोत है। प्राकृतिक गैस का उपयोग मुख्यतः विद्युत उत्पादन, मशीनों का संचालन तथा रासायनिक उर्वरकों के निर्माण में किया जाता है। प्राकृतिक गैस की प्रकृति के कारण इसे पर्यावरण हितैषी माना जाता है। कम लागत में इसका परिवहन आसानी के साथ एक क्षेत्र से दूसरे क्षेत्र में किया जा सकता है।

प्राकृतिक गैस को मुख्यतः दो भागों में बांटा जाता है (1) द्रवीकृत प्राकृतिक गैस, तथा (2) कंप्रेस्ड नेचुरल गैस। द्रवीकृत प्राकृतिक गैस का निर्माण मीथेन से होता है। इसे द्रव रूप में परिवर्तित कर इसका परिवहन किया जाता है। यह वाहनों में प्रयुक्त होने वाले कंप्रेस्ड नेचुरल गैस को 200-250 किग्रा. के दबाव में लाकर प्रयोग में लिया जाता है।

महत्वपूर्ण बिंदु

- **कोयला**–भारत में कोयला गोंडवाना क्षेत्र में प्रचुर मात्रा में पाया जाता है। पश्चिम बंगाल में यह रानीगंज, झारखंड में झरिया, बोकारो-करनपुरा और गिरिडीह में पाया जाता है। अन्य महत्वपूर्ण क्षेत्र आन्ध्र प्रदेश, ओडिशा, मध्य प्रदेश, महाराष्ट्र तथा असम हैं। अरुणाचल प्रदेश, नागालैंड, मेघालय और जम्मू-कश्मीर में टर्शियरी युग का कोयला प्राप्त होता है। गुजरात, जम्मू-कश्मीर, राजस्थान और तमिलनाडु में लिग्नाइट कोयला मिलता है। ओडिशा व झारखंड 55 प्रतिशत कोयले का उत्पादन करते हैं। मध्य प्रदेश के सिंगरौली कोयला क्षेत्र में भी कोयले का विशाल भंडार है।
- **एल्यूमीनियम**–अलवाय (केरल), कोरबा (छत्तीसगढ़), आसनसोल (प. बंगाल), रत्नागिरि (महाराष्ट्र), रेणुकूट (उत्तर प्रदेश) व हीराकुंड (ओडिशा) में मुख्य रूप से पाया जाता है।
- **ऐस्बेस्टॉस**–बिहार, कर्नाटक, राजस्थान, आन्ध्र प्रदेश, मणिपुर में उपलब्ध है।
- **एन्टीमनी**–पंजाब तथा कर्नाटक में पाया जाता है।
- **बॉक्साइट**–आन्ध्र प्रदेश, झारखंड, बिहार, गोवा, गुजरात, जम्मू-कश्मीर, कर्नाटक, केरल, मध्य प्रदेश, महाराष्ट्र, ओडिशा, राजस्थान, तमिलनाडु व उत्तर प्रदेश में उपलब्ध है।
- **ताँबा**–सिंहभूम, हजारीबाग, संथाल परगना, (झारखंड), बालाघाट जिला (मध्य प्रदेश), झुंझुनूं व अलवर जिले (राजस्थान), भोंटांग (सिक्किम), खम्मम जिला (आन्ध्र प्रदेश), चित्रदुर्ग व हासन जिले (कर्नाटक) में पाया जाता है।
- **सोना**–कर्नाटक में कोलार क्षेत्र-कोलार जिला, हट्टी क्षेत्र-रायचूर जिलों से निकाला जाता है। इन खानों का सन् 1956 में राष्ट्रीयकरण कर दिया गया। सोना आन्ध्र प्रदेश के चित्तूर व अनंतपुर जिलों की रामगिरि खान में भी पाया गया है।
- **कोबाल्ट**–राजस्थान और केरल में उपलब्ध है।

❑❑❑

अध्याय

23

भारत में उद्योगों का विकास

[उद्योगों के प्रकार, औद्योगिक अवस्थिति के कारक, चयनित उद्योगों के बदलते स्वरूप (लौह और इस्पात, सूती वस्त्र, चीनी, पेट्रो रसायन) वेबर का औद्योगिक अवस्थिति का सिद्धांत]

भारत में औद्योगिक विकास

भारत में कुटीर उद्योगों का विकास अति प्राचीन काल में प्रारंभ हो गया था, जिसके साक्ष्य हमें सिन्धु घाटी सभ्यता से भी मिलते हैं। उस काल खण्ड में भारतवर्ष में सूती कपड़ा, कांसे के बर्तन, मिट्टी के बर्तन तथा अन्य वस्तुएँ बनाई जाती थीं। 18वीं शताब्दी तक भारत जलयान निर्माण में अग्रणी था। यहाँ उत्तम प्रकार के वस्त्र, आभूषण, धातु के बर्तन, सजावट एवं वैभव सदृश्य सामग्री के बदले संसार के अधिकांश देशों का सोना हमारे देश की तरफ खिंचा चला आता था। इसलिए भारत को **'सोने की चिड़िया'** कहा जाता था, किन्तु बिटिश शासन में अंग्रेजों की शोषणपूर्ण नीति एवं औद्योगिक क्रान्ति के विकास ने भारतीय हस्तकलाओं को चौपट कर दिया। भारत कच्चा माल भेजने की मण्डी व तैयार माल का बाजार बनकर रह गया।

इस काल में दो प्रकार के उद्योगों को प्रोत्साहन मिला (1) भारतीय बाजार की माँग पूर्ति ब्रिटेन के उद्योग नहीं कर पा रहे थे, जैसे–सूती वस्त्र, ऊनी वस्त्र, सीमेन्ट, कागज उद्योग; (2) वैसे उद्योग जिनका कच्चा माल ब्रिटेन ले जाना लाभकारी नहीं था, जैसे–चीनी, जूट उद्योग।

सन् 1779 में तमिलनाडु के अर्काट जिले में लौह इस्पात उद्योग की स्थापना का असफल प्रयास किया गया। 1872 में कुल्टी के बर्नपुर में लौह-इस्पात उद्योग की स्थापना का प्रयास सफल रहा, जो आज भी कार्यरत है।

एल्यूमीनियम उद्योग 1837 में जे.के. नगर, पं. बंगाल में लगाया गया। 1904 में सीमेंट उद्योग का पहला असफल प्रयास चेन्नई में किया गया। रासायनिक उर्वरक उद्योग के अंतर्गत 1906 में रानीपेट तथा तमिलनाडु में सुपर फॉस्फेट संयंत्र की स्थापना की गई।

औद्योगिक विकास हेतु 1923 में एक औद्योगिक नीति का निर्माण भी किया गया, जिसका उद्देश्य औद्योगिक विकास कर विश्व युद्ध की परिस्थितियों से लाभ अर्जन करना था। इस समय कई उद्योग स्थापित किए गए, लेकिन देश के विभाजन से पुन: भारतीय अर्थव्यवस्था पर वज्रपात हुआ।

जहाजरानी उद्योग 1941 में विशाखापट्टनम में हिन्दुस्तान शिपयार्ड के नाम से स्थापित किया गया। कागज उद्योग में प्रथम मिल पं. बंगाल के सेरामपुर में लगाई गई, परन्तु यह असफल रही। 1879 में लखनऊ एवं 1881 में टीटागढ़ (पं. बंगाल) में कागज उद्योग स्थापित किया गया।

सूती वस्त्र उद्योग की स्थापना का 1818 में फोर्ट ग्लास्टर (कोलकाता) में असफल प्रयास किया गया। 1854 में डाबर द्वारा मुम्बई में प्रथम सफल सूती मिल की स्थापना की गई। ऊनी वस्त्र की प्रथम मिल की स्थापना 1876 में कानपुर में 'लाल इमली' के नाम से की गई।

द्वितीय विश्व युद्ध के मध्य एवं बाद में सरकारी संरक्षण में लौह-इस्पात, चीनी, सीमेन्ट, काँच, साबुन, वनस्पति, इंजीनियरिंग उद्योगों की स्थापना की गई, जिनका विकास सीमित रहा।

स्वतंत्रता प्राप्ति के पश्चात् आर्थिक एवं सामाजिक उद्देश्यों को पूरा करने के लिए सर्वप्रथम **6 अप्रैल, 1948** को औद्योगिक नीति घोषित की गई, जिसका उद्देश्य प्रादेशिक असन्तुलन को कम करना था। यही कारण रहा कि अधिकतर सरकारी उद्योग पिछड़े क्षेत्रों में लगाए गए। भारत ने मिश्रित अर्थव्यवस्था के आधार पर अपने विकास को चुना। सन् 1950 में 'राष्ट्रीय योजना आयोग' की स्थापना की गई, इसके द्वारा नियोजित पंचवर्षीय योजनाओं के कारण देश में चहुँमुखी विकास संभव हुआ और हम आत्मनिर्भर बन सकें।

लोहा और इस्पात उद्योग

लोह-इस्पात उद्योग एक आधारभूत उद्योग है, जिसका उत्पादन अन्य सभी वस्तुओं के निर्माण के लिए आवश्यक होता है। लौह-इस्पात उद्योग से किसी भी देश में औद्योगिक विकास की नींव पड़ती है।

भारत में लोहा पिघलाने, ढालने तथा इस्पात तैयार करने का कार्य अत्यन्त प्राचीन काल से ही अगारिया जाति द्वारा किया जाता रहा है। इनके द्वारा तैयार किया गया लौह-इस्पात उच्च क्वालिटी का होता था। ऐतिहासिक तथ्यों के अनुसार, पश्चिमी एशिया के दमिश्क नगर में बननेवाली तलवारें भारतीय इस्पात से बनती थीं। सदियों से सर्दी, गर्मी, बरसात की मार सहकर भी यह वैसा-का-वैसा ही है। इसमे कहीं भी जंग नहीं लगा है। इससे भारत में समुन्नत लौह-इस्पात निर्माण की जानकारी मिलती है।

भारत में लौह-इस्पात उद्योग का आरम्भ सन् 1870 में हुआ था, जब बंगाल आयरन वर्क्स कंपनी ने झरिया के निकट कुल्टी (पश्चिम बंगाल) में अपने संयंत्र की स्थापना किया। यह कारखाना केवल ढलवाँ लोहे का ही उत्पादन कर पाया।

भारत में लौह-इस्पात उद्योग की आधुनिक परम्परा वास्तव में जमशेदजी टाटा द्वारा रखी गई। इन्होंने 1907 में साकची (वर्तमान जमशेदपुर) नामक स्थान पर एक आधुनिक कारखाना 'टाटा आयरन एण्ड स्टील कंपनी' (TISCO) की स्थापना की। इसके बाद 1919 में बर्नपुर में 'इण्डियन आयरन एण्ड स्टील कंपनी' (IISCO) की स्थापना हुई। ये दोनों ही इकायाँ निजी क्षेत्र में स्थापित की गई। सन् 1923 तक भद्रावती में 'विश्वेश्वरैया आयरन एण्ड स्टील वर्क्स' की स्थापना (MISCO) के साथ सार्वजनिक क्षेत्र

की पहली इकाई ने कार्य प्रारम्भ किया। भिलाई, छत्तीसगढ़ में (सोवियत संघ के सहयोग से), दुर्गापुर, पश्चिम बंगाल में (ब्रिटेन के सहयोग से) और राउरकेला, ओडिशा (प. जर्मनी के सहयोग से) लौह-इस्पात उत्पादन इकाइयाँ स्थापित की गई।

1936 में कुल्टी व हीरापुर के दोनों कारखानें 'इण्डियन आयरन एण्ड स्टील कंपनी' में मिला दिए गए। 1953 में बर्नपुर को भी इसमें शामिल कर लिया गया और इस्को की तीन इकाइयाँ (कुल्टी, हीरापुर, बर्नपुर) हो गई।

चौथी पंचवर्षीय योजना में इन कारखानों की वर्तमान क्षमता का अधिक उपयोग होने लगा तथा सेलम (तमिलनाडु), विजयनगर (कर्नाटक), विशाखापट्टनम (आंध्र प्रदेश) में नए इस्पात कारखाने स्थापित हुए। सन् 1978 में बोकारो इस्पात संयंत्र के प्रथम चरण के पूरा हो जाने पर इस्पात उत्पादन क्षमता में वृद्धि संभव हो पाई।

1974 में सरकार ने 'स्टील अथॉरिटी ऑफ इण्डिया' (SAIL) की स्थापना की तथा कंपनी को इस्पात उद्योग में विकास की जिम्मेदारी दी गई। इसके अन्तर्गत भिलाई, दुर्गापुर, राउरकेला, बोकारो व बर्नपुर इकाईयों को सम्मिलित कर एकीकृत इस्पात संयंत्रों के प्रबन्धन के लिए उत्तरदायी बनाया गया।

14 जुलाई, 1976 को IISCO (इस्को) का स्वामित्व भी सरकार ने अपने हाथ में लेकर उसका SAIL में विलय कर दिया। सन्दर्भित विलय 1 अप्रैल, 2005 से प्रभावी माना गया और SAIL के अधीन एकीकृत संयंत्रों की संख्या 5 हो गई।

उद्योगों का स्थानीयकरण

लौह-इस्पात उद्योग में प्रयुक्त होने वाला कच्चा माल कोयला, लौह अयस्क, चूनें का पत्थर, मैंगनीज आदि भारी एवं कम मूल्य का होता है। अतः इसे दूर तक ले जाना आर्थिक दृष्टि से ठीक नहीं है। इसलिए अधिकांश लौह-इस्पात उद्योग कच्चे माल के प्राप्ति स्थान पर ही लगाए जाते हैं।

एक टन कच्चा लोहा (Pigiron) बनाने के लिए 1.5 टन लौह-अयस्क, 1.4 टन कोयला, 0.3 टन चूने का पत्थर, 0.1 टन मैंगनीज तथा 0.1 टन डोलोमाइट की आवश्यकता होती है। यही कारण है कि विश्व के लौह-इस्पात कारखाने कोयले एवं लोहे की खानों के समीप ही स्थापित किए जाते हैं। इसके अतिरिक्त लौह-इस्पात उद्योग में जल, सस्ता परिवहन, पूँजी, कुशल श्रमिक, बाजार की समीपता भी आवश्यक है।

भारत में लौह-इस्पात उद्योग की स्थापना 4 भिन्न स्थितियों वाले क्षेत्रों में हुई है–

1. कोयला क्षेत्रों के निकट-बर्नपुर, हीरापुर, कुल्टी, दुर्गापुर, बोकारो।
2. लौह-अयस्क क्षेत्रों के निकट-भिलाई, राउरकेला, भद्रावती, सलेम, विजयनगर (कर्नाटक)।
3. कोयला एवं लौह-अयस्क के मध्य-टाटा इस्पात कारखाना।
4. तटीय क्षेत्र एवं व्यापार की सुविधा : विशाखापट्टनम (आन्ध्र प्रदेश)

1. **टाटा आयरन एण्ड स्टील कंपनी (TISCO) टाटा लौह-इस्पात कंपनी :** भारत का पहला बड़ा कारखाना, जहाँ भारत का 20% इस्पात तैयार होता है। इस कारखाने में इस्पात के अतिरिक्त लोहे के गार्डर, रेल का सामान, कांटेदार तार आदि भी बनाए जाते हैं। कंपनी वैश्विक स्तर पर प्रति वर्ष 27 मिलिटन टन स्टील का उत्पादन करती है। साथ ही, 1.86 करोड़ टन इस्पात का भी उत्पादन करती है।

   स्टील अथॉरिटी ऑफ इंडिया लिमिटेड (SAIL) वित्त वर्ष 2019-20 के दौरान 161.5 लाख टन कच्चे स्टील का उत्पादन करके भारत में कच्चा स्टील उत्पादन करने वाली बड़ी कंपनी बनकर उभरी है। टाटा लौह इस्पात कंपनी कोलकाता रेलवे मार्ग के बहुत निकट स्थित है। संयंत्र के लिए पर्याप्त जल सुवर्णरेखा, खार, कोई नदियों से, लोहा नोआमुण्डी और बादाम पहाड़ से मिल जाता है। कोयला झरिया, रानीगंज व बोकारो से प्राप्त होता है। यहाँ से 240 किमी. दूर कोलकाता बन्दरगाह है, जहाँ से मशीनों के आयात एवं इस्पात के निर्यात की उत्तम सुविधा उपलब्ध है।

2. **भारतीय लोहा और इस्पात का कारखाना (IISCO) :** सन् 1874 में स्थापित किया गया। बर्नपुर में फिर से 2 इकाइयों को शामिल किया गया और कंपनी में 3 इकाईयाँ हो गई–कुल्टी, बर्नपुर, और हीरापुर। ये तीनों ही कारखानें रेल मार्ग से जुड़े हुए हैं। कुल्टी बराकर नदी पर स्थित है तथा कोलकाता से 215 किमी. दूर है। हीरापुर आसनसोल से 6 किमी और कुल्टी 11 किमी. दूर है। हीरापुर में कच्चा लोहा (PMI) पिग आइरन बनता है, जिसको कुल्टी कारखाने में इस्पात के रूप में तैयार किया जाता है और यहाँ से बर्नपुर भेजा जाता है, जहाँ रोलिंग मिल के द्वारा चादरें, छड़े, पाइप, रेलवे-स्लीपर, एंगल, पत्ती, तार मुख्य रूप से बनाए जाते हैं। ये तीनों इकाईयाँ संगठित रूप से काम करती हैं। 1976 से इनका प्रबन्ध पूर्णतः **SAIL** के पास आ गया है।

   यहाँ की इस्पात निर्माण की वार्षिक क्षमता 10 लाख टन है, जिसे बढ़ाकर 23 लाख टन किया गया है।

   इण्डियन आयरन एण्ड स्टील कंपनी के तीनों संयंत्र दामोदर घाटी कोयला क्षेत्रों (रानीगंज, झरिया, रामगढ़) के निकट कोलकाता-आसनसोल रेलमार्ग पर स्थित हैं।

   लौह अयस्क सिंहभूम (झारखंड), जल दामोदर नदी की सहायक नदी बराकर से प्राप्त किया जाता है।

3. **विश्वेश्वरैया आयरन एण्ड स्टील कंपनी लिमिटेड :** इस कंपनी की स्थापना 1923 में कर्नाटक में भद्रावती नदी के किनारे भद्रावती नामक स्थान पर की गई थी।

   यह बाबाबूदन की पहाड़ियों, केमान गुंडी के लौह अयस्क क्षेत्र के निकट स्थित है। चूना माँडीगुडा तथा डोलोमाइट शंकरगुडा से आता है। लकड़ी के कोयले के बाद अब शिवसमुद्रम से जल विद्युत प्राप्त की जाती है। कारखाने की उत्पादन क्षमता 1 लाख टन थी, जिसे बढ़ाकर 1.3 लाख टन किया गया है। यहाँ विशिष्ट एवं अलौय किस्म का इस्पात बनाया जाता है। अब यह SAIL के स्वामित्व में है।

4. **राउरकेला :** हिन्दुस्तान स्टील लिमिटेड के इस कारखाने की स्थापना उड़ीसा के सुन्दरगढ़ जिले में साख और कोइल नदियों के संगम पर जर्मनी की क्रूप्स व डिमाग कम्पनियों की सहायता से की गई।

   संयंत्र को कच्चे माल की निकटता के आधार पर स्थापित किया गया था, जिससे परिवहन मूल्य कम हो जाता है। लौह-अयस्क उड़ीसा के क्योंझर एवं सुन्दरगढ़ जिले से तथा कोयला झरिया, मैंगनीज क्योंझर से, चूना पत्थर वीर मिश्रपुर से प्राप्त होता है। हीराकुंड से जल विद्युत

तथा कोयला व शंख नदियों से जल प्राप्त होता है। कोलकाता-मुम्बई रेल मार्ग से परिवहन सुविधा प्राप्त होती है।

राउरकेला में अधिकतम चपटे (Flat) आकार की वस्तुएँ, अलग-अलग मोटाई की प्लेटें, पत्तियाँ, टीन की चादरें आदि बनाई जाती हैं। इनका उपयोग जहाज एवं रेल के डिब्बें बनाने के लिए किया जाता है। इसकी क्षमता 19 लाख टन इस्पात है।

उप-उत्पादों के रूप में हल्का तेल, प्रांगविक तेल, नेफ्थलिन तेल, बॉश ऑयल, एंथ्रेसिन तेल, पिच आदि महत्वपूर्ण हैं। नाइट्रोजन तथा उर्वरक बनाने के लिए 10 लाख टन क्षमता वाला संयंत्र स्थापित किया गया है।

5. **भिलाई का इस्पात संयंत्र :** छत्तीसगढ़ में रायपुर से 21 किमी. दूर भिलाई नामक स्थान पर रूस की सहायता से यह संयंत्र बनाया गया है। यह भारत का सफल एवं आदर्श कारखाना माना जाता है। 2018 के बाद भिलाई इस्पात संयंत्र की मापित उत्पादन क्षमता 4 से बढ़कर 7 मिलियन टन हो गई है। इसके साथ ही भिलाई इस्पात संयंत्र (बीएसपी) हर साल 70 लाख टन इस्पात बनाने वाला देश का इकलौता संयंत्र बन गया है। कच्चा लोहा 32 किमी. दूर डल्ली राजहरा की पहाड़ियों से, कोकिंग कोयला कोरवा (छत्तीसगढ़) एवं करमाली (झारखंड) कोयला खानों से, मैंगनीज बालाघाट-भंडारा से, डोलोमाइट-रायपुर, स्वच्छ जल तंदुला बाँध से प्राप्त होता है। यह कोलकाता-मुम्बई रेलमार्ग पर स्थित है। उत्पादित इस्पात का अधिकांश भाग विशाखापट्टनम के हिन्दुस्तान शिपयार्ड में चला जाता है।

6. **दुर्गापुर इस्पात संयंत्र :** पश्चिम बंगाल के वर्द्धमान जिले में आसनसोल-कोलकाता यह रेल मार्ग पर दामोदर नदी के किनारे ब्रिटिश सरकार के सहयोग से इस कारखाने की स्थापना की गई। वर्तमान में यह SAIL के द्वारा संचालित है।

   कोयला-रानीगंज, झरिया, बोकारो खानों से, DUC से जल विद्युत प्राप्त हो जाता है। लौह-अयस्क नोआमण्डी तथा गुहा खान से, चूना पत्थर क्योंझर व सुन्दरगढ़ से, मैंगनीज क्योंझर की बदाजामादा खानों से तथा कोलकाता के निकट होने से बन्दरगाह की सुविधा प्राप्त है। संयंत्र की उत्पादन क्षमता 40 लाख टन है। यहाँ पर रेल के पहिए, पटरियों, धुरियों, छड़ों आदि का उत्पादन होता है।

7. **बोकारो इस्पात संयंत्र :** हिन्दुस्तान स्टील लिमिटेड का चौथा कारखाना रूस की सहायता से बोकारो एवं दामोदर नदियों के संगम पर स्थापित किया गया। 1972 में इसकी उत्पादन क्षमता 17 लाख टन थी। वर्तमान में इसे बढ़ाकर 40 लाख टन कर दिया गया है। भविष्य में उत्पादन क्षमता 100 लाख टन किया जाना प्रस्तावित है।

   इस संयंत्र को लौह अयस्क उड़ीसा के क्योंझर की किरीबुरू खानों से, चूने का पत्थर पलामू जिले से, कोयला झरिया से, विद्युत दामोदर घाटी निगम से प्राप्त होती है। जल दामोदर व बोकारो नदियों से प्राप्त होता है। रेलमार्ग एवं सड़क मार्ग द्वारा बोकारो कोलकाता एवं अन्य नगरों से जुड़ा हुआ है।

8. **विशाखापट्टनम इस्पात कारखाना :** बन्दरगाह पर स्थित यह भारत का पहला इस्पात संयंत्र है। यह अति आधुनिक तकनीक के आधार पर बनाया गया है। लौह-अयस्क बैलाडिला खानों से, कोयला दामोदर घाटी से, मैंगनीज, डोलोमाइट, चूने का पत्थर छत्तीसगढ़ एवं उड़ीसा की खानों से प्राप्त होता है। बन्दरगाह पर स्थित होने से उत्पादों को निर्यात की सुविधा रहती है।

9. **विजयनगर इस्पात संयंत्र :** यह कर्नाटक के हास्पेट जिले के विजयनगर में स्थित पूर्णतः स्वदेशी तकनीक पर आधारित है। इसकी उत्पादन क्षमता 32 लाख टन उच्च कोटि का इस्पात पिण्ड तैयार करने की है, जिसे दुगना किया जाना प्रस्तावित है। इस क्षेत्र में उच्च कोटि का लौह अयस्क, चूना पत्थर, डोलोमाइट आदि प्रचुर मात्रा में उपलब्ध है। नरम इस्पात उत्पादन संयंत्र की मुख्य विशेषता है।

10. **सेलम :** तमिलनाडु के सेलम नामक स्थान पर मिश्र इस्पात तथा लोहा मिश्र इस्पात का कारखाना स्थापित किया गया है। जहाँ 1982 से उत्पादन किया जा रहा है। समीपवर्ती क्षेत्र से मेग्नेटाइट लोहा, चूना पत्थर, डोलोमाइट प्रचुर मात्रा में उपलब्ध है। नेवेली लिग्नाइट से कोयला प्राप्त हो जाता है। जंग नहीं लगने वाले इस्पात का भी निर्माण किया जाता है। इसकी वार्षिक उत्पादन क्षमता 70,000 टन जंग रहित इस्पात, 75,000 टन सिलीकन इस्पात, 30,000 टन, विशेष प्रकार का इस्पात एवं 20,000 टन नरम इस्पात तैयार करने की है।

राष्ट्रीय इस्पात नीति : केन्द्र सरकार द्वारा 2 नवम्बर, 2005 को राष्ट्रीय इस्पात नीति को स्वीकृति दी गई, जिसके अन्तर्गत वर्ष 2019-2020 तक वर्तमान उत्पादन 4 करोड़ 21 लाख टन से बढ़ाकर 11 करोड़ टन करने का लक्ष्य निर्धारित किया गया है। लक्ष्य को प्राप्त करने के लिए निजी एवं सार्वजनिक क्षेत्र की ओर से लगभग 2.5 लाख करोड़ रुपए का निवेश किए जाना प्रस्तावित है।

साथ ही मूलभूल सुविधाओं का विस्तार किया जाएगा, उत्पादन बढ़ाने हेतु वित्तीय प्रोत्साहन दिया जाएगा। इस नीति का उद्देश्य वैश्विक स्तर पर लागत लाना, गुणवत्ता एवं उत्पादकता में प्रतिस्पर्धा बढ़ाना है।

सूती वस्त्र उद्योग

भारत में सूती वस्त्र निर्माण की परम्परा अति प्राचीन है। जब आज के विकसित देश कपास को नहीं जानते थे, तब भारत में उत्तम कोटि का सूती वस्त्र तैयार किया जाता था। **हेरोडोटस** 434 ईसा पूर्व में भारत आया और उसने लिखा की भारतीय सफेद फूल के पौधों से बने सुन्दर कपड़े बनाकर पहनते थे। आज से 5,000 से 8,000 वर्ष पूर्व भी उत्तम कपड़ा बुना जाता था, जिसको हड़प्पा एवं मोहनजोदड़ो की खोज ने प्रमाणित किया है। मिस्र में ईसा से 2,000 वर्ष पूर्व पिरामिडो में मृत शरीर भारतीय मलमल से लिपटे हुए पाए गए हैं। प्राचीन रोम में भारतीय रेशम और छींट के वस्त्र पहनना रोमन महिलाएँ गौरव समझती थीं।

भारतीय सूती वस्त्र उद्योग के विषय में मुगल यात्री **ट्रेवर्नियर** लिखते हैं 'भारतीय रेशम' इतने सुन्दर थे कि वे तुम्हारे हाथ में है, यह ज्ञान भी नहीं होता था। यह अति कोमलता से काते हुए तागों (धागों) से बुना जाता था। यह मलमल का टुकड़ा अंगूठी में से निकाला जा सकता था।'' यह सारा उद्योग उस समय हथकरघों द्वारा ही होता था। उद्योग के मुख्य केन्द्र पूर्वी तट पर नागपट्टनम से ढाका के मध्य तथा पश्चिमी तट पर कैम्बे सूरत तथा भड़ौच मुख्य थे। कालीकट में कैलिकी कपड़ा विशेष रूप से बनाया जाता था।

अहमदाबाद तथा वाराणसी में सूती कपड़े के साथ सोने एवं चाँदी के तारों के धागे काम में लिए जाते थे। यह कुटीर वस्त्र उद्योग 18वीं शताब्दी तक चलता रहा, लेकिन यूरोप की औद्योगिक क्रान्ति ने उद्योग को बहुत बड़ा झटका दिया। मशीन युग ने इस उद्योग को जर्जर बना दिया, साथ ही भारत में रेल मार्ग का विकास एवं पूर्व पश्चिम के बीच स्वेज मार्ग का खुल जाना अन्तिम आघात था। उपरोक्त कारणों से गौरवशाली भारतीय वस्त्र उद्योग अतीत के गर्भ में विलीन हो गया। **बुकानन** ने अपने विचार इस प्रकार व्यक्त किए ''भारत के लिए सूती वस्त्र उद्योग अतीत का गौरव, भूत और वर्तमान का संकट और सदैव की आशा रहा है।''

भारत में आधुनिक वस्त्र उद्योग का प्रारम्भ सन् 1818 में कोलकाता में कावासाजी डावर द्वारा मुम्बई में किया गया। सन् 1861 तक वस्त्र मिलों की संख्या 12 हो गई। सन् 1945 तक इन मिलों की संख्या 417 हो गई। स्वतंत्रता प्राप्ति तक इस उद्योग का काफी विकास हो चुका था। देश के विभाजन का इस पर बुरा प्रभाव पड़ा।

लेकिन स्वतंत्रता के पश्चात् सूती वस्त्र उद्योग का निरन्तर विकास होता गया। आज कृषि के बाद सूती वस्त्र उद्योग ही वह क्षेत्र है, जहाँ सर्वाधिक जनसंख्या काम करती है। औद्योगिक उत्पाद का 14 प्रतिशत, सकल घरेलू उत्पाद (GDP) का लगभग 40 प्रतिशत, कुल विर्निमित औद्योगिक उत्पादन का 20 प्रतिशत व कुल निर्यातों के 11 प्रतिशत की आपूर्ति करता है। आयात खर्च में 2-3 प्रतिशत तक ही है। यह उद्योग देश के लगभग 4.5 करोड़ लोगों को रोजगार प्रदान करता है।

भारत में सूती वस्त्र उद्योग के स्थानीयकरण को निम्नलिखित कारक प्रभावित करते हैं- (1) कच्चा पदार्थ, (2) परिवहन सुविधा, (3) बाजार की सुविधा, (4) आर्द्र एवं नम जलवायु, (5) नियमित विद्युत आपूर्ति, (6) पर्याप्त कुशल श्रमिक, (7) पूँजी, (8) आधुनिक तकनीकी।

सूती वस्त्र उद्योग का वितरण

आरम्भिक काल में सूत्री वस्त्र उद्योग कपास उत्पादक क्षेत्रों में ही स्थापित किए गए, पर आज यह सर्वाधिक विकेन्द्रीत उद्योग है। वर्तमान में सर्वाधिक कारखाने गंगा के मैदान एवं दक्षिण प्रायद्वीपीय प्रदेश में है। देश का सूती वस्त्र उद्योग का राज्यवार विवरण इस प्रकार है-

महाराष्ट्र : भारत में सूती वस्त्र उत्पादन की दृष्टि से इसका प्रथम स्थान है, यहां भारत का 38 प्रतिशत कपड़ा तथा 30 प्रतिशत सूत तैयार किया जाता है। 2019 के आंकड़ों के अनुसार यहाँ 119 मिलें कार्यरत हैं। मुम्बई सर्वाधिक महत्वपूर्ण केन्द्र है। देश की प्रथम मिल यहीं स्थापित की गई। अकेले मुम्बई में 65 सूती वस्त्र मिले हैं। इसी कारण **मुम्बई को सूती वस्त्र की राजधानी कहते हैं।** अन्य केन्द्रों में शोलापुर, अकोला, अमरावती, पूना, सतारा, कोल्हापुर, साँगली, औरंगाबाद, जलगाँव, नागपुर आदि में लगभग 30 लाख श्रमिक इस उद्योग में कार्य कर रहे हैं।

यहाँ उद्योग के विकास के प्रमुख कारण (1) समुद्री नम जलवायु (2) कपास उत्पादन क्षेत्र, (3) टाटा विद्युत उत्पादन केन्द्र से पर्याप्त जल विद्युत शक्ति की प्राप्ति, (4) बन्दरगाह से आयात-निर्यात की सुविधा (5) स्थानीय बाजार, (6) परिवहन की सुविधा। इन सबके उपरान्त भी मुम्बई से वस्त्र उद्योग का स्थानान्तरण होने लगा है, जिनमें पेट्रोलियम उद्योग की स्थापना, भूमि का अधिक मूल्य, श्रमिकों का महँगा होना है।

गुजरात : भारत में गुजरात दूसरा सबसे बड़ा सूती वस्त्र उत्पादक राज्य है जहाँ 118 मिलें कार्यरत हैं। जिनमें से 67 अकेले अहमदाबाद में हैं। अहमदाबाद को **'पूर्व का बोस्टन'** कहते हैं। मुम्बई जैसी सुविधाएँ गुजरात में मिलती हैं। अहमदाबाद में उत्तम एवं महीन कपड़ा अधिक बनाया जाता है। सूरत, वडोदरा, अहमदाबाद, हिम्मतनगर मुख्य केन्द्र हैं।

तमिलनाडु : कपास उत्पादक राज्य नहीं होने के उपरान्त भी यहाँ सबसे ज्यादा सूती मिलें हैं। ये मिलें आकार में गुजरात एवं महाराष्ट्र से छोटी हैं।

यहाँ का सर्वाधिक महत्वपूर्ण केन्द्र कोयम्बटूर है, जहाँ राज्य की 50 प्रतिशत मिलें स्थित हैं। मदुरै, सेलम, चेन्नई, तिरुचिरापल्ली, रामनाथपुरम, तूतीकोरन अन्य महत्वपूर्ण केन्द्र हैं। यहाँ सूती वस्त्र उद्योग के विकास का कारण पर्याप्त एवं सस्ती जल विद्युत, सस्ते श्रमिक, बन्दरगाहों की सुविधा, नम जलवायु, नवीन कपास उत्पादक क्षेत्र जैसी सुविधाएँ हैं।

पश्चिम बंगाल : पश्चिम बंगाल में कोलकाता के आस-पास 24 परगना, हावड़ा और हुगली जिलों में सूती कपड़ों की पर्याप्त मिलें हैं। विकास के कारण (1) कोलकाता बन्दरगाह एवं द. पू. एशियाई देशों से निकटता, (2) आयात की सुविधा (मशीन एवं उन्नत रूई), (3) रानीगंज एवं झरिया से कोयले की प्राप्ति, (4) विकसित परिवहन तंत्र, (5) कोलकाता में पूँजी एवं अन्य व्यापारिक सुविधाएँ मिल जाना, (6) आर्द्र एवं नम जलवायु, (7) विशाल स्थानीय बाजार, (8) पूर्वोत्तर राज्यों में उद्योग का विकास नहीं होना।

उत्तर प्रदेश : राज्य में 36 सूती वस्त्र मिलें स्थित हैं, जो आयातित कपास पर निर्भर हैं। कानपुर राज्य का प्रमुख केन्द्र है, जहाँ 10 मिलें हैं। कानपुर को **'उत्तरी भारत का मेनचेस्टर'** कहते हैं। मुरादाबाद, मोदीनगर, सहारनपुर, अलीगढ़, आगरा, हाथरस, इटावा, बरेली आदि महत्वपूर्ण केन्द्र हैं।

कर्नाटक : राज्य में बेंगलुरु के समीपवर्ती क्षेत्रों में सूती वस्त्र उत्पादक क्षेत्र हैं जिनमें छुणली, बेल्लारी, बेलगाँव, गुलबर्गा आदि मुख्य हैं।

आन्ध्र प्रदेश : आन्ध्र प्रदेश एक नवीन उभरता हुआ सूती वस्त्र उत्पादक राज्य है। यहाँ का वस्त्र उद्योग तेलंगाना की कपास पर निर्भर है। हैदराबाद, वारंगल, गुंटूर, सिकन्दराबाद मुख्य उत्पादक केन्द्र हैं।

राजस्थान तथा अन्य सूती वस्त्र उत्पादक राज्य : यहाँ भीलवाड़ा, बाँसवाड़ा, उदयपुर, ब्यावर, पाली में इस उद्योग के कारखाने हैं।

पंजाब (अमतृसर, लुधियाना), केरल (तिरुवनंतपुरम, अलवाए), बिहार (पटना, मुंगेर, भागलपुर, गया) आदि मुख्य उत्पादक क्षेत्र हैं। सूती वस्त्र का निरन्तर उत्पादन बढ़ रहा है, साथ ही नवीन मिलों में उत्तम प्रकार का वस्त्र निर्माण किया जा रहा है और घरेलू उपयोग की पूर्ति कर विश्व के 50 से अधिक देशों को निर्यात किया जा रहा है।

चीनी उद्योग

भारत में चीनी (शक्कर) का उत्पादन गन्ने से किया जाता है। चीनी उद्योग कृषि आधारित उद्योग में सूती वस्त्र के बाद द्वितीय स्थान पर आता है। भारत में शक्कर (चीनी) उद्योग का विकास 3000 ईसा पूर्व से कुटीर उद्योग के रूप में किया जाता रहा है। वैदिक साहित्य, चाणक्य के **अर्थशास्त्र**, मेगस्थनीज की **इण्डिका** में भारत के लोगों द्वारा गन्ने से गुड़, खाण्डसारी बनाने की कला का विस्तृत वर्णन किया गया है, किन्तु बड़े उद्योग के रूप में इसका विकास 20वीं सदी से प्रारम्भ हुआ। इसके पूर्व 1841-42 एवं 1899 में भी प्रयास किए, जो असफल रहे। 1903 में अंग्रेजों द्वारा बिहार

के मढ़ोंरा (सारण जिला) में प्रथम सफल चीनी मिल की स्थापना की गई। इसके पश्चात् बिहार से सटे उत्तर प्रदेश में भी कई चीनी मिलों की स्थापना की गई थी। 1932 तक लगभग 35 चीनी मिलों की स्थापना हो चुकी थी। 1951 में भारत में शक्कर के 138 कारखाने थे, जिनकी उत्पादन क्षमता 15 लाख टन थी। भारतीय चीनी मिल संघ के अनुसार, 2017-2018 में भारत में 732 चीनी मिलें हैं, जिसमें से 50 प्रतिशत निजी क्षेत्र की हैं।

चीनी उद्योग का स्थानीयकरण

चीनी उद्योग एक वजन ह्रास उद्योग है। 100 किलोग्राम गन्ने से 9 से 12 किग्रा. चीनी की प्राप्ति होती है। चीनी की उत्पादन लागत में 60 प्रतिशत व्यय गन्ने पर होता है। चीनी की तुलना में गन्ने का परिवहन कठिन है। गन्ने की कटाई के 24 घण्टे के अन्दर ही पिराई हो जानी चाहिए। पिराई में देरी होने पर सुक्रोज की मात्रा घटती रहती है। अत: चीनी मिलों की स्थापना गन्ने के उत्पादन क्षेत्र में ही लगाने की आवश्यकता होती है।

चीनी उद्योग का वितरण

भारत में 90% चीनी उत्तर प्रदेश, महाराष्ट्र, बिहार, आन्ध्र प्रदेश, तमिलनाडु तथा कर्नाटक में तैयार की जाती है।

उत्तर प्रदेश : वर्ष 2015-16 से चीनी उत्पादन व मिलों की दृष्टि से द्वितीय स्थान पर है। उत्तर प्रदेश में गंगा-यमुना दोआब तथा तराई का क्षेत्र महत्वपूर्ण गन्ना उत्पादक क्षेत्र है। उत्तर प्रदेश में 2018-2019 के दौरान 119 चीनी मिलें चलायमान थीं। उत्तर प्रदेश में 2018-2019 में चीनी का उत्पादन 1.18 करोड़ टन दर्ज किया गया, जबकि 2017-2018 में 1.2 करोड़ टन चीनी उत्पादित की गई थी। राज्य में तकरीबन 53.37 लाख गन्ना किसान हैं, जो 182 गन्ना और चीनी मिल सहकारी समितियों के साथ जुड़े हुए हैं। राज्य में 119 चीनी मिलों में से 94 निजी क्षेत्र की हैं।

महाराष्ट्र : राज्य का सबसे बड़ा केन्द्र अहमदनगर, है जहाँ 11 मिलें स्थापित हैं। वर्तमान में महाराष्ट्र में 287 चीनी मिलें हैं, जो देश में सर्वाधिक है। महाराष्ट्र में 10.75 लाख हेक्टेयर क्षेत्र में गन्ना फसल है। 2017-18 में देश के सबसे बड़े चीनी उत्पादक राज्य महाराष्ट्र में चीनी का उत्पादन 74.70 लाख टन दर्ज किया गया था, जबकि 2018-2019 में 82.90 लाख टन रहा है।

आन्ध्र प्रदेश : यहाँ 7 चीनी मिलें हैं। पूर्वी तथा पश्चिमी गोदावरी जिले, विशाखापट्टनम, निजामाबाद स्थानों पर चीनी उत्पादन में उल्लेखनीय वृद्धि हुई है।

कर्नाटक : यहाँ चीनी की 45 मिलें थीं। जिनमें 3 ही चलायमान हैं। बेलगाँव, रायपुर में मिलें स्थापित हैं।

बिहार : उत्तरी बिहार मुख्य चीनी उत्पादक है जहाँ चम्पारण, सारण, दरभंगा, पटना मुख्य उत्पादक जिले हैं। वर्तमान में बिहार में चीनी उद्योग की 28 चीनी मिलें हैं, जिनमें से 9 संचालित हैं।

तमिलनाडु : सभी मिलें कोयम्बटूर, उत्तर-दक्षिण अरकाट, तिरूचिरापल्ली तथा रामनाथपुरम में हैं। यहाँ के गन्ने में समुद्री हवाओं के कारण मिठास अधिक होती है।

राजस्थान : कैशोरायपाटन (बूंदी), श्रीगंगानगर।

पंजाब : नवाँशहर, धूरी, होशियारपुर, गुरुदासपुर, अमृतसर में चीनी मिलें हैं। हरियाणा में यमुनानगर, पानीपत, रोहतक, सोनीपत, पलवल आदि स्थानों पर चीनी मिलें हैं। गुजरात में अहमदाबाद तथा भावनगर चीनी उद्योग के मुख्य केन्द्र हैं। पंजाब में 2020 तक की अवधि में 24 चीनी मिलें हैं, जिनमें से 16 सहकारी क्षेत्र में हैं और 8 निजी क्षेत्र में हैं। 16 सहकारी चीनी मिलों में से 7 बंद हैं और एक निजी क्षेत्र की चीनी मिल बंद है।

प. बंगाल : बेलडांगा, मुर्शिदाबाद, प्लाली (नदिया), बशीरहाट (24 परगना), हावड़ा में चीनी मिलें लगी हुई हैं।

पिछले कुछ दशकों में चीनी उद्योग का दक्षिण भारत की ओर स्थानान्तरण हो रहा है।

समस्या एवं सुझाव

चीनी उद्योग की उन्नति के सुझाव

चीनी उद्योग की अपनी अनेकानेक समस्याएँ हैं, लेकिन उसके उपरान्त भी उत्पादन बढ़ाया जा सकता है।

1. उचित निरीक्षण की व्यवस्था हो।
2. पुरानी के स्थान पर नई मशीनों की व्यवस्था हो।
3. मिल गन्ना उत्पादक क्षेत्र में ही स्थापित होना अनिवार्य किया जाए।
4. गन्ने की फसल के अनुसंधान कार्य पर विशेष बल दिया जाए।
5. गन्ने की मात्रा के साथ-साथ गुण (रस) को भी देखकर कीमत में समावेश किया जाए।
6. श्रमिकों के रोजगार की व्यवस्था की जाए ताकि वे वर्ष भर कार्यशील रहें।
7. गौण उपजों का भी पूर्ण उपयोग किया जाए।
8. कर व्यवस्था में सुधार किया जाए।
9. गन्ने के मूल्य का भुगतान किसान को गन्ना बेचते समय ही किया जाए।

पेट्रो रसायन उद्योग

पेट्रो रसायन उद्योग मुख्य रूप से हाइड्रोकार्बन पर आधारित होते हैं। प्राकृतिक गैस व कच्चे तेल से हाइड्रोकार्बन व्युत्पन्न होते हैं। कच्चे तेल के निस्तारण के बाद नेफ्था, केरोसिन, पेट्रोलियम गैसें आदि प्राप्त होते हैं। आर्थिक विकास के लिए पेट्रो रसायन उद्योग प्रमुख भूमिका निभाता है।

भारत के औद्योगिक क्षेत्र में पेट्रो रसायन का उद्योग के रूप में प्रवेश 1970 के दशक में हुआ था। इस उद्योग में तेजी का दौर 1980-1990 के दौर में आरम्भ हुआ। पेट्रो रसायन उद्योग के तहत् सिंथेटिक डिटर्जेंट, इंटरमीडिएट्स प्लास्टिक प्रसंस्करण उद्योग, पालिमर, सिंथेटिक रबर आदि शामिल हैं।

उद्योग की समस्याएँ

इंजीनियरिंग उद्योग में निरन्तर विकास हो रहा है, लेकिन इस उद्योग की कुछ समस्याएँ हैं–

1. **कच्चे माल का अभाव :** कल-पुर्जो के निर्माण में जिस इस्पात का उपयोग किया जाता है, वह देश में कम ही बनता है। अत: आयात करना पड़ता है।
2. **पूँजी का अभाव :** इस उद्योग के लिए अधिक पूँजी की आवश्यकता होती है। दुर्भाग्य से देश में पूँजी की कमी है और इसी कारण कारखानें सार्वजनिक क्षेत्र में खुले हैं।

3. **अत्यधिक कर भार :** उद्योग के उत्पादन पर भारी कर लगा होने से निर्यात में कठिनाई आती है।
4. **अन्य समस्याएँ :** विदेशी प्रतिस्पर्द्धा, उत्पादन क्षमता का पूर्ण उपयोग न होना, गुणवत्ता नियंत्रण का अभाव।

उद्योग का भविष्य

उद्योगों का भविष्य उज्जवल है। हम अमेरिका, चीन, ब्रिटेन, रूस जैसे देशों को इंजीनियरिंग माल का निर्यात कर रहे हैं, जो निरन्तर बढ़ रहा है। देश में स्थानीय स्तर पर भी माँग बढ़ रही है। अत: इस उद्योग को अपना विकास करने का पूर्ण अवसर है।

'मेक इन इण्डिया' कार्यक्रम : निवेश को बढ़ावा देकर औद्योगिक विकास की गति को तेज करने तथा देश को 'मेन्यूफैक्चरिंग हब' बनाने के लिए **मेक इन इण्डिया** कार्यक्रम की औपचारिक शुरुआत 25 सितम्बर, 2014 को की गई।

वेबर का औद्योगिक अवस्थिति का सिद्धांत

जर्मनी के अर्थशास्त्री **अल्फ्रेड वेबर** ने 1909 ई. में **न्यूनतम परिवहन लागत सिद्धांत** को प्रतिपादित किया था। यह सिद्धांत उन्होने अपनी पुस्तक 'थ्योरी ऑफ द लोकेशन ऑफ इंडस्ट्री' में दिया था। इस सिद्धांत के तहत् उद्योगों से संबंधित कई मुख्य सिद्धांतों की चर्चा की है-

- अधिकांशत: उद्योगों का स्थानीयकरण कच्चे माल की उपलब्धता वाले स्थान पर होता है।
- अगर कच्चे माल की उपलब्धता सभी स्थान पर है, तो उद्योगों का संकेद्रण बाजार के निकट होगा ताकि व्यापार में तेजी लाई जा सके।
- यदि कच्चा माल भारह्रासी न हो तो ऐसी स्थिति में उद्योगों का संकेन्द्रण कच्चे माल के क्षेत्र व बाजार के बीच कहीं भी स्थित हो सकता है।
- वेबर के अवस्थिति त्रिकोण का संबंध एक से अधिक कच्चे माल पर आधारित उद्योगों के लिए है। उदाहरण के लिए, सीमेंट उद्योग के लिए चूना पत्थर व कोयला की आवश्यकता होती है।
- अवस्थिति त्रिकोण के संबंध में वेबर ने एक से अधिक कच्चे माल के संबंधित उद्योगो को दो खंडों में बांटा है- (1) भारह्रासी उद्योग, (2) गैर भारह्रासी उद्योग।
- वेबर ने अपने सिद्धांत में यह भी बताया है न्यूनतम परिवहन लागत भी उद्योगों के संकेन्द्रण में सहायक है। उदाहरण- विशाखापत्तनम में लौह-इस्पात उद्योग का संकेन्द्रण।
- वेबर ने अपने सिद्धांत में श्रम को भी महत्वपूर्ण माना है। वेबर के अनुसार अगर सस्ते श्रम उपलब्ध हो तो न्यूनतम परिवहन लागत के स्थान के उद्योगों का संकेन्द्रण सस्ते श्रम वाले स्थान पर हो जाता है।

महत्वपूर्ण बिंदु

उत्पादन विशेषता के आधार पर भारतीय उद्योग को छ: भागों में विभक्त किया जा सकता है।

1. **धातुकर्मी उद्योग**–लौह इस्पात, एल्यूमीनियम, ताँबा, सीसा-जस्ता आदि।
2. **वस्त्र उद्योग**–सूती वस्त्र, ऊनी वस्त्र, रेशमी वस्त्र, कृत्रिम धागा, पटसन उद्योग आदि।
3. **इंजीनीयरिंग उद्योग**–भारी मशीन, मोटर-गाड़ी, जलयान, लोकोमॉटिव, वायुयान आदि।
4. **रसायन उद्योग**–रासायनिक उर्वरक, सोडा ऐश, गन्धक तेजाब, कॉस्टिक सोडा, सीमेंट, कांच, प्लास्टिक, औषधि, पेट्रोलियम उद्योग आदि।
5. **खाद्यान्न उद्योग**–चीनी उद्योग, वनस्पति उद्योग, दाल उद्योग, तेल उद्योग, बिस्कुट उद्योग आदि।
6. **अन्य**–कागज उद्योग, दियासलाई उद्योग, प्रसाधन उद्योग, फर्नीचर उद्योग आदि।

- 1907 में जमशेदपुर (झारखंड) में जमशेदजी टाटा द्वारा टाटा लौह एवं इस्पात कंपनी की स्थापना से भारत में लोहा एवं इस्पात उद्योग की शुरुआत हुई।
- विश्व इस्पात संघ के अनुसार 2019-2020 में विश्व में इस्पात उत्पादन में **भारत** का **दूसरा स्थान** है।
- भारत से इस्पात का सर्वाधिक निर्यात **चीन** को होता है।
- वर्तमान में देश में एल्यूमीनियम बनाने के **8 कारखाने** हैं, जो पश्चिम बंगाल, केरल, उत्तर प्रदेश, महाराष्ट्र, छत्तीसगढ़, तमिलनाडु तथा उड़ीसा में कार्यरत हैं। संयुक्त क्षेत्र की भारत एल्यूमीनियम कंपनी (BALCO। सार्वजनिक क्षेत्र की नेशनल एल्यूमीनियम कंपनी लि. (नालको), पंचपतमाली (कोरापुट) की बॉक्साइट खान।
- देश में सूती वस्त्रों के निर्यात में सिले-सिलाए वस्त्रों की प्रधानता है। संयुक्त राज्य अमेरिका, यूनाइटेड किंगडम, रूस, फ्रांस, नेपाल और सिंगापुर भारतीय वस्त्रों के सबसे बड़े खरीददार हैं।
- देश में वस्त्रों के निर्यात को प्रोत्साहन देने हेतु एकीकृत वस्त्र पार्क योजना के तहत 11 टेक्सटाइल पार्क की स्थापना **ट्रोनिका सिटी** और **कानपुर** (उत्तर प्रदेश) **कांचीपुरम** और **तिरुपुर** (तमिलनाडु), **तिरुवनंतपुरम** (केरल), **विशाखापट्टनम** (आन्ध्र प्रदेश), **बंगलुरु** (कर्नाटक), **सूरत** (गुजरात), **लुधियाना** (पंजाब), **इन्दौर** (मध्य प्रदेश) और **जयपुर** (राजस्थान) में की गई है।
- भारत में जूट उद्योग की **शुरुआत 1859 में कोलकाता** से हुई और अब यह देश के लिए विदेशी मुद्रा प्राप्त करने का एक बड़ा साधन बन चुका है।
- भारत जूट और जूट से निर्मित वस्तुओं का सबसे बड़ा उत्पादक देश है और विश्व का 60% जूट भारत में उत्पादित होता है।
- भारत विश्व का दूसरा सबसे बड़ा **रेशम उत्पादक** देश है। (2018)
- भारत में वस्त्रोद्योग मुख्यत: सूत पर ही आधारित रहा है, तथा देश में कपड़े की खपत का 70 प्रतिशत भाग सूत से ही प्राप्त होता है। कपड़े के उत्पादन में मिल क्षेत्र का हिस्सा 3.4%, बिजली करघे का हिस्सा 82.0% तथा हथकरघे एवं अन्य का हिस्सा 14.6% है। देश के कुल निर्यात में लगभग 20 प्रतिशत की आपूर्ति इस उद्योग द्वारा की जाती है।
- **वस्त्र पार्क**–सिले-सिलाए वस्त्रों के निर्यात संवर्द्धन के लिए एक वस्त्र पार्क की स्थापना **तमिलनाडु के तिरुवर** में एटीवरम्पलायम गाँव में की गई है।

- महाराष्ट्र में मुम्बई के अतिरिक्त सूती वस्त्र उद्योग के प्रमुख केन्द्र **सोलापुर, नागपुर, पुणे, अमरावती** और **औरंगाबाद** हैं। देश में सूती वस्त्र का दूसरा सर्वाधिक उत्पादक राज्य गुजरात है। यहाँ **अहमदाबाद, सूरत, भड़ौच, वडोदरा, भावनगर** और **राजकोट** इस उद्योग के उल्लेखनीय केन्द्र हैं। पश्चिम **बंगाल में कोलकाता, हावड़ा, सिरामपुर,** और **मुर्शिदाबाद; तमिलनाडु** में **कोयम्बटूर, चेन्नई, मदुरै** और **सेलम** तथा **उत्तर प्रदेश में कानपुर, मोदीनगर, वाराणसी** और **हाथरस** सूती वस्त्र उद्योग के प्रमुख केन्द्र हैं।
- चीन के बाद भारत **टसर सिल्क** का दूसरा सबसे बड़ा उत्पादक देश है।
- मूंगा सिल्क के उत्पादन में भारत का विश्व में एकाधिकार है, जो असम में होता है।
- भारत के कुल कपड़ा निर्यात में रेशमी वस्त्रों का हिस्सा लगभग 3 प्रतिशत है।
- 1870 में कानपुर और 1883 में धारीवाल में ऊन मिलों की स्थापना के साथ ही भारत में आधुनिक ऊनी वस्त्र उद्योग की शुरुआत हुई।
- भारत का प्रथम रेयॉन कारखाना **1950 ई. में रायपुरम** (केरल) में त्रावणकोर रेयॉन लि. के नाम से स्थापित हुआ।
- यह उद्योग केवल महाराष्ट्र, गुजरात, उत्तर प्रदेश, पश्चिम बंगाल, तमिलनाडु और दिल्ली में ही सीमित है।
- लौह एवं इस्पात उद्योग के लिए भारी मशीनें तथा वस्त्र उद्योग, सीमेंट उद्योग, चाय उद्योग, रसायन उद्योग, आदि सभी उद्योगों के लिए मशीनों एवं उपकरणों का उत्पादन इंजीनियरिंग उद्योग ही करता है।

❑❑❑

अध्याय 24

परिवहन, संचार और अंतर्राष्ट्रीय व्यापार

[सड़क, रेलवे और जलमार्ग, अंतर्राष्ट्रीय व्यापार के आधार, भारत के विदेश व्यापार का बदलता स्वरूप]

परिवहन से आशय यात्रियों एवं वस्तुओं को एक स्थान से दूसरे स्थान पर लाने-ले जाने से है। परिवहन के साधन किसी देश के उद्योग व कृषि के विकास में महत्वपूर्ण भूमिका निभाते हैं। जिस तरह शरीर में रक्त वाहिकाओं (धमनियों) का कार्य है, वही महत्व (उपयोग) किसी राष्ट्र के लिए वहाँ के परिवहन का है।

किसी भी देश में परिवहन तंत्र की सघनता और आधुनिकता वहाँ के आर्थिक विकास का संकेत है। भारत एक विशाल देश है, जिसमें प्राकृतिक, आर्थिक, सामाजिक व अन्य विविधताएँ पाई जाती हैं। इन विविधताओं को एकता के सूत्र में बांधने में परिवहन साधनों का विशेष योगदान है।

परिवहन के माध्यम से ही कृषि तथा औद्योगिक उत्पाद उपभोक्ताओं तक पहुँचते हैं।

परिवहन तंत्र के विकास को प्रभावित करने वाले कारक

भारत एक विशाल देश है, जहाँ सभी प्रकार की विविधताएँ उपस्थित हैं। परिवहन के साधन, उनका वितरण और सघनता कई कारकों द्वारा नियंत्रित होती है। परिवहन तंत्र के विकास को प्रभावित करने वाले कारकों का विवरण इस प्रकार है-

1. **भौतिक कारक :** 50 प्रतिशत से अधिक रेलमार्ग उत्तर भारत में है। कच्ची सड़क सर्वाधिक मैदानी भाग में, जबकि पक्की सड़कें पठारी क्षेत्र में हैं।
2. **सांस्कृतिक कारक :** पश्चिमी रेगिस्तान में कम विकास हुआ है। वहाँ जनसंख्या का निवास कम है।
3. **आर्थिक कारक :** खनिज एवं औद्योगिक बहुलता वाले क्षेत्रों में परिवहन मार्गों का विकास अधिक होता है।
4. **सुरक्षात्मक कारक :** सीमाओं की सुरक्षा एवं सैनिकों की आवश्यकताओं, सैन्य सामग्री पहुँचाने के लिए परिवहन का विकास किया जाता है। सन् 1962 में चीन के आक्रमण का मुकाबला हम परिवहन साधनों के अभाव में ही पूरी शक्ति के साथ नहीं कर सके।
5. **राजनीतिक कारक :** सरकारी नीति व राजनीतिक इच्छा शक्ति व उद्देश्य का भी परिवहन विकास पर प्रभाव पड़ता है।

सड़क परिवहन

भारत में सड़क परिवहन का महत्व आदिकाल से रहा है। यह परिवहन के अन्य साधनों का आधार स्तम्भ है।

मोहनजोदड़ो और हड़प्पा में की गई खुदाई से पता लगा कि 5,000-8,000 वर्ष पूर्व भी भारत में पक्की सड़कें थीं। चन्द्रगुप्त मौर्य ने पाटलिपुत्र को उत्तरी-पश्चिमी सीमान्त से जोड़ने के लिए एक सड़क का निर्माण करवाया था, जो पक्की थी एवं उसमें पानी की निकासी की भी समुचित व्यवस्था थी। सम्राट् अशोक ने भी इस सड़क का विस्तार किया एवं अन्य राजकीय मार्गों का सुधार किया।

ईसा से लगभग 400 वर्ष पूर्व से 300 ई. तक उत्तरी भारत में दो मार्गों से आन्तरिक व्यापार होता था, जो पाटलिपुत्र से काबुल तथा सिन्धु घाटी तक विस्तृत था।

700 ई. में चीनी यात्री ताओसन ने भारत और चीन के मध्य तीन मुख्य व्यापारिक मार्गों का उल्लेख किया है।

शेरशाह सूरी ने ढाका से वाराणसी, आगरा, दिल्ली होते हुए लाहौर और वहाँ से सिन्धु नदी तक ग्रांड ट्रंक रोड बनवाया, जिसकी शाखाएँ आगरा से जोधपुर, आगरा-इन्दौर और लाहौर से मुल्तान तथा आगरा से चित्तौड़गढ़ तक जाती थीं।

ब्रिटिश शासकों ने भी भारत में सड़क मार्गों का निर्माण करवाया, लेकिन रेलवे परिवहन के आ जाने के पश्चात् उन्होंने सड़क परिवहन की अपेक्षा उस पर अधिक ध्यान दिया। स्वतंत्रता प्राप्ति के पश्चात् पुन: सड़क मार्गों का विकास तीव्र गति से हुआ। उपलब्ध आंकड़ों के अनुसार, देश में सड़कों की कुल लम्बाई 66 लाख किमी. है, जिनमें से नेशनल हाइवे 1,42,126 किमी., स्टेट हाइ-वे 1,01,209 किमी. हैं।

सड़क परिवहन का महत्व

1. उपभोक्ता के घर तक पहुँच।
2. **व्यापकता :** ऊबड़-खाबड़, मरुस्थली, सभी धरातलीय क्षेत्रों में सड़क निर्माण संभव।
3. **कृषि विकास में सहायक :** कृषि उपकरण, बीज तथा खाद को खुले व अतिरिक्त उत्पादन को बाजार तक पहुँचाने में सहायक।
4. **लचीलापन :** कहीं भी रोक कर संचारी व सामान लिया जा सकता है।
5. **शीघ्र खराब होने वाली वस्तुओं का परिवहन :** दूध, सब्जी, फल जैसी सामग्रियों को मांग क्षेत्र तक पहुँचाने में सहायक।
6. सड़क निर्माण और मरम्मत का खर्च अन्य परिवहन साधन की अपेक्षा कम।
7. कम दूरी के लिए आदर्श परिवहन साधन।

8. युद्ध एवं अकाल, प्राकृतिक आपदा के समय सड़क मार्ग ही सदैव उपयुक्त रहते हैं।
9. ग्रामीण भारत के समुचित विकास हेतु सर्वप्रिय साधन।
10. लघु से वृहत उद्योग के विकास में सहायक।

भारतीय सड़कों के प्रकार

सड़क मार्ग को उपयोग एवं महत्व की दृष्टि से 5 भागों में विभक्त किया जा सकता है–

1. राष्ट्रीय राजमार्ग
2. राज्यीय/राज्य राजमार्ग
3. जिला सड़कें
4. ग्रामीण सड़कें
5. सीमावर्ती सड़कें

1. **राष्ट्रीय राजमार्ग :** राष्ट्रीय राजमार्ग का निर्माण एवं रख-रखाव केन्द्रीय सरकार के नियंत्रण में है। 1950–51 में इनकी लम्बाई 19.700 किमी. थी जो 2020 में 1,42,126 किमी. हैं। देश में कुल 292/233 राष्ट्रीय राजमार्ग हैं। राष्ट्रीय राजमार्गों की लम्बाई पूरे देश की कुल सड़कों की लम्बाई की मात्र 1.8 प्रतिशत है किन्तु ये सड़कें यातायात का 40 प्रतिशत भाग वहन करती हैं।

स्वर्णिम चतुर्भुज परियोजना : पूर्व प्रधानमंत्री अटल बिहारी वाजपेयी की महत्वाकांक्षी योजनाओं में से एक इस योजना अन्तर्गत 5,846 किमी. लम्बे 4 व 6 लेन वाले राष्ट्रीय राजमार्ग, जो देश के चार महानगरों दिल्ली-मुम्बई-चेन्नई-कोलकाता को जोड़ते हैं। इसके निर्माण के बाद महानगरों के बीच समय, दूरी तथा यातायात की लागत बहुत कम हो गई है।

उत्तर-दक्षिण तथा पूर्व-पश्चिम गलियारा : जम्मू व कश्मीर के 'श्रीनगर' को तमिलनाडु के 'कन्याकुमारी' से जोड़ने वाला **उत्तर दक्षिण गलियारा** तथा असम के 'सिलचर' को गुजरात के 'पोरबन्दर' से जोड़ने वाला **पूर्व-पश्चिम गलियारा** है। उत्तर-दक्षिण तथा पूर्व-पश्चिम गलियारे का संगम उत्तर प्रदेश के झाँसी में होता है। उत्तर दक्षिण गलियारे की कुल लम्बाई 3,806 कि.मी. तथा पूर्व-पश्चिम गलियारे की कुल लम्बाई 3,507 किमी. है। उत्तर-दक्षिण तथा पूर्व-पश्चिम गलियारे परियोजना के अन्तर्गत NH-44 तथा NH-27 आते हैं।

BOT (Built Operate and Transfer) : सड़क मार्गों पर भारी दबाव तथा सड़कों के विकास के लिए बजट आवंटन अपर्याप्त होने के कारण राष्ट्रीय राजमार्गों के विकास के लिए BOT परियोजना शुरू की गई है।

1. **एक्सप्रेस राजमार्ग :** देश में 5 एक्सप्रेस राजमार्ग बनाए गए हैं-(क) मुम्बई-सांताक्रुज-सुकिन्धखान क्षेत्र, (च) दुर्गापुर-(कोलकाता राजमार्ग)
2. **राज्य राजमार्ग :** इन सड़कों का निर्माण एवं रख-रखाव का कार्य राज्य सरकार द्वारा किया जाता है। ये राजधानी से जिला मुख्यालय को जोड़ती हैं। ये मार्ग राष्ट्रीय राजमार्गों से जुड़े होते हैं।
3. **जिला सड़क मार्ग :** जिला मुख्यालय को जिले के अन्य स्थानों से मिलाती है।
4. **ग्रामीण सड़कें :** ग्रामीण क्षेत्रों को शहरों, कस्बों एवं ग्रामीण सड़क मार्गों को जोड़ने के लिए प्रधानमंत्री ग्राम सड़क योजना कार्य प्रगति पर है। भारत की कुल सड़क का लगभग 80 प्रतिशत भाग ग्रामीण सड़क के रूप में है।
5. **सीमावर्ती सड़कें :** 1960 में 'सीमा सड़क संगठन' (Border Road Organisation) की स्थापना की गई। संगठन का मुख्य उद्देश्य सीमावर्ती क्षेत्रों में सड़कों के निर्माण को बढ़ावा देना था। सीमा सड़क संगठन ने लद्दाख से लेह तथा संसार की सबसे ऊँची सड़क का भी निर्माण किया है।

रेल परिवहन

भारतीय रेल देश का सबसे बड़ा राष्ट्रीयकृत उपक्रम है। यह भारतीय अर्थव्यवस्था के सभी क्षेत्रों (कृषि, उद्योग, व्यापार सेवा) के विकास में सहयोग करने वाला मुख्य परिवहन माध्यम है।

रेल परिवहन राष्ट्रीय सुरक्षा, शान्ति व्यवस्था, भौगोलिक एवं सांस्कृतिक एकता स्थापित करने एवं उसे बनाए रखने में महत्वपूर्ण भूमिका निभाता रहा है।

भारत में रेलों का विकास

विश्व की प्रथम रेल इंग्लैण्ड में 1825 में चलाई गई थी। भारत में प्रथम रेल 16 अप्रैल, 1853 में मुम्बई से ठाणे के मध्य 34 किमी. में चलाई गई। 1857 की क्रान्ति के बाद अंग्रेज़ों ने भारत के प्रशासन पर अपनी पकड़ बनाने, विदेशी आक्रमणों में मदद पहुँचाने तथा इंग्लैण्ड के हितों को साधने के लिए रेलमार्गों का तीव्र विकास किया।

विशाल रेलमार्ग के साथ भारतीय रेलवे एशिया की सबसे बड़ी व विश्व की दूसरे स्थान की रेल प्रणाली हो गई है। 2020 तक देश में रेलवे स्टेशनों की संख्या 8,338 है। भारतीय रेलवे में 1,308 लाख श्रमिकों को रोजगार मिला हुआ है। 2016-17 के आंकड़ों के अनुसार रेलमार्ग की कुल लंबाई 67,415 किमी. है।

रेलों की प्रशासनिक व्यवस्था

भारतीय रेलवे का संचालन केन्द्र सरकार द्वारा किया जाता है। सन् 1949 में देश में 9 राजकीय एवं 28 देशी रियासतों की रेल चलती थी, जिनका 1950 में राष्ट्रीयकरण कर 8 रेलमण्डल बनाए गए। 1966 में अधिनियम द्वारा भारतीय रेलवे को 9 रेलमण्डलों में विभक्त किया गया।

भारतीय रेल निरन्तर प्रगति पथ पर अग्रसर है और रेलमार्गों का जाल निरन्तर सघन होता जा रहा है, जिसके कारण यात्री एवं माल के आवागमन में तीव्र वृद्धि होने के कारण रेलमण्डलों के पुनर्गठन की आवश्यकता महसूस की गई और 27 जुलाई, 2019 से 18 मण्डल कार्यशील हैं।

सारणी : देश के विभिन्न रेल मण्डल

क्र.सं.	रेल मण्डल का नाम	मुख्यालय
1.	उत्तर रेलवे	नई दिल्ली
2.	पूर्वोत्तर रेलवे	गोरखपुर
3.	उत्तर-पूर्व सीमान्त रेलवे	मालेगाँव (गुवाहाटी)
4.	उत्तर-मध्य रेलवे	इलाहाबाद
5.	उत्तर-पश्चिम रेलवे	जयपुर
6.	पूर्वी रेलवे	कोलकाता
7.	दक्षिण-पूर्व रेलवे	कोलकाता

8.	पूर्वी-मध्य रेलवे	हाजीपुर
9.	पूर्वी-तटवर्ती रेलवे	भुवनेश्वर
10.	दक्षिण-पूर्व-मध्य रेलवे	बिलासपुर
11.	मध्य रेलवे	मुम्बई सेंट्रल
12.	पश्चिम रेलवे	चर्चगेट, मुम्बई
13.	पश्चिमी-मध्य रेलवे	जबलपुर
14.	दक्षिण रेलवे	चेन्नई
15.	दक्षिण मध्य रेलवे	सिकन्दराबाद
16.	दक्षिण-पश्चिम रेलवे	हुबली
17.	मेट्रो रेलवे कोलकाता जोन	कोलकाता*
18.	दक्षिण तटीय रेलवे	विशाखापट्टनम

*25 दिसम्बर, 2010 को जोन की घोषणा। इसके अन्तर्गत एक ही जोन डिविजन है।

भारतीय रेलमार्ग का वितरण

भारतीय रेल का वितरण असमान है। कहीं दूर-दूर तक रेल मार्ग दिखाई नहीं देते तो कहीं सघन जाल फैला हुआ है।

1. **सघन रेल मार्ग वाला क्षेत्र :** भारत के उत्तरी मैदान में अमृतसर से कोलकाता के मध्य रेलमार्ग का जाल बिछा है। मुख्य केन्द्र दिल्ली है।
2. **दक्षिण भारत में रेलमार्ग का वितरण :** पठारी एवं विषम सतह वाला होने से रेल मार्ग का समुचित विकास नहीं हो पाया है।
3. **विरल रेलमार्गों वाले क्षेत्र :** पं. राजस्थान, हिमालय क्षेत्र, उ.पू. पहाड़ी में रेलमार्गों का विकास कम हुआ है।

भारतीय रेल का तेजी से आधुनिकीकरण हो रहा है। भारतीय रेल के महत्वपूर्ण तथ्यों का बिन्दुवार वर्णित किया गया है।

- **वन्दे भारत एक्सप्रेस**

देश की सबसे तेज ट्रेन **वन्दे भारत** है, जिसका परिचालन 15 फरवरी, 2019 को किया गया। पहली वन्दे भारत ट्रेन का परिचालन नई दिल्ली व वाराणसी के मध्य किया गया है। दूसरी ट्रेन का परिचालन नई दिल्ली व कटरा के मध्य किया गया है। यह ऑटोमेटिक ट्रेन भारत में निर्मित पहली सेमी-हाई-स्पीड ट्रेन है।

- **तेजस एक्सप्रेस**

परिवहन के क्षेत्र में, खासकर रेलवे की गति को बढ़ाने और निजी क्षेत्र को सहभागी बनाने के उद्देश्य से निजी क्षेत्रों को भी ट्रेनों के परिचालन की अनुमति दी गई है।

4 अक्टूबर, 2019 से नई दिल्ली से लखनऊ के बीच इस ट्रेन का परिचालन प्रारम्भ हो गया है। इसका परिचालन रेलवे की सहायक कंपनी आईआरसीटीसी कर रही है।

- **गतिमान एक्सप्रेस**

गतिमान एक्सप्रेस ट्रेन को रेलमंत्री ने 5 अप्रैल, 2016 को हजरत निजामुद्दीन स्टेशन से रवाना किया, जो आगरा छावनी तक 187 किमी. की दूरी 100 मिनट में तय करती है। इस रेलगाड़ी में सुरक्षा के साथ परिचायिका भी है। यह वाई-फाई के साथ, आधुनिक तकनीकों से सुसज्जित ट्रेन है।

- **शान-ए-पंजाब एक्सप्रेस**

अमृतसर से दिल्ली के मध्य चलने वाली इस ट्रेन का शुभारम्भ 8 अप्रैल, 2016 को हुआ, इसके सभी 21 कोचों में सीसीटीवी कैमरे हैं।

- **हिमसागर एक्सप्रेस**

देश की सबसे लम्बी दूरी 3,787 किमी. तय करने वाली ट्रेन जो कन्याकुमारी से जम्मूतवी तक चलती है।

- **भारत में बुलेट ट्रेन**

देश की पहली बुलेट ट्रेन मुम्बई-अहमदाबाद रेलमार्ग पर 508 किलोमीटर का फासला 2 घंटे 58 मिनट में पूरी करेगी।

- **देश का पहला रेल विश्वविद्यालय**

वडोदरा (गुजरात) में स्थापित करने की घोषणा 25 फरवरी, 2016 को रेल बजट में की गई।

- **विश्व विरासत में भारतीय रेल**

1. माउंट रेलवे (दार्जिलिंग हिमालयन रेलवे)-1999
2. नीलगिरि पर्वतीय रेलवे-2005 में शामिल किया गया।
3. कालका-शिमला रेलवे-2008 में शामिल किया गया।

- **फ्रेट कॉरिडोर परियोजना**

भारतीय रेल की अब तक की सबसे महत्वाकांक्षी परियोजना डेडिकेटिड फ्रेट कॉरिडोर परियोजना के अन्तर्गत देश के चार महानगरों (दिल्ली, मुम्बई, कोलकाता, चेन्नई) को जोड़ने का परिचालन किया जाएगा।

- **कोंकण रेलवे परियोजना**

देश का समृद्ध पश्चिमी तटीय प्रदेश 26 जनवरी, 1998 तक रेल सेवा से वंचित था। उबड़-खाबड़ धरातल, जिसमें हजारों छोटी-बड़ी नदियों की घाटियाँ हों, पर रेलमार्ग बनाना नामुमकिन-सा था। भारतीय इंजीनियरों ने इस नामुमकिन कार्य को मुमकिन कर दिखाया। यह मार्ग मुम्बई के निकट रोहा से मंगलोर तक 760 किमी. लम्बा है। मार्ग में 2000 पुल (जिसमें 179 बड़े) तथा 91 सुरंगें (एक सुरंग 6.5 किमी. लम्बी है) शरावती नदी पर पुल 2065.8 मीटर लम्बा है।

- **मेट्रो रेल :** भारत में मेट्रो रेल का शुभारम्भ 1972 में कोलकाता मेट्रो स्टेशन के साथ हुआ है। इसके पश्चात् दिल्ली मेट्रो, बेंगलूरु मेट्रो, चेन्नई मेट्रो, हैदराबाद मेट्रो, जयपुर मेट्रो का शुभारंभ हो चुका है। यह अन्तःनगरीय द्रुतगामी रेल सेवा है।
- **मोनो रेल :** देश की पहली मोनो रेल मुम्बई में 1 फरवरी, 2014 को प्रारम्भ हुई।

वायु परिवहन

वायु परिवहन, परिवहन का सबसे तीव्रतम, आधुनिक व महँगा साधन है। विशाल क्षेत्र एवं औद्योगिक एवं व्यापारिक केन्द्रों के मध्य अत्यधिक दूरियों को शीघ्रता से पार करने के लिए वायु परिवहन ही महत्वपूर्ण साधन है। इसके साथ ही यह दुर्गम दूरस्थ स्थानों पर पहुँच, प्राकृतिक आपदाओं में राहत हेतु उत्तम माध्यम है। भारत में इसकी शुरुआत सन् 1911 में इलाहाबाद एवं नैनी के बीच हुई थी। देश (भारत) में वायु परिवहन की सुविधाएँ प्रदान करने का दायित्व भारतीय विमान पत्तन प्राधिकरण को है। भारतीय विमान पत्तन प्राधिकरण (एयरपोर्ट अथॉरिटी ऑफ इंडिया) के मुताबिक, वर्तमान समय (2020) में भारत में कुल 486 एयरपोर्ट है, जिनमें से बंद पड़ी हवाई पट्टियों तथा सेना के एयरबेस का इस्तेमाल नागरिक उड़ानों के

लिए किया जाता है। प्राधिकरण 24 अन्तर्राष्ट्रीय हवाई अड्डों सहित 97 घरेलू हवाई अड्डों और 25 नागरिक विमान टर्मिनलों सहित 127 हवाई अड्डों का प्रबन्धन कर रहा है। भारत द्वारा 57 देशों के साथ वैमानिक समझौते किए गए हैं।

1953 में भारत के वायु परिवहन का राष्ट्रीयकरण किया गया और सभी कम्पनियों को दो नवनिर्मित निगमों **इण्डियन एयरलाइंस निगम** व **एयर इण्डिया** के अन्तर्गत कर दिया गया। इसके बाद **वायुदूत** व **हंस लिमिटेड** अन्तर्देशीय वायु परिवहन हेतु स्थापित की गई।

1 मार्च, 1994 से इण्डियन एयरलाइंस व एयर इण्डिया का एकाधिकार समाप्त कर दिया गया, परन्तु अब सार्वजनिक क्षेत्र की इण्डियन एयरलाइंस व एयर इण्डिया के विलय के पश्चात 'द नेशनल एविएशन कंपनी ऑफ इण्डियाज लिमिटेड' नामक कंपनी गठित की गई है, लेकिन यह कंपनी 'एयर इण्डिया' के नाम से ही सेवा उपलब्ध कराती है।

एयर इण्डिया के वायुमार्ग

कोलकाता से दिल्ली-मुम्बई-काहिरा-रोम-डसेलडोर्फ-जिनेवा-पेरिस-लन्दन-न्यूयॉर्क जाते हैं। पूर्व में रंगून, हांगकांग, शंघाई, पीकिंग, सिओल व टोक्यो जाते हैं।

- **ग्रीन फील्ड हवाई अड्डा**

भारत में हैदराबाद का 'राजीव गांधी अन्तर्राष्ट्रीय हवाई अड्डा' एशिया का प्रथम ग्रीन एयरपोर्ट है। जुलाई 2012 में जोधपुर हवाई अड्डे को भी ग्रीन फील्ड के रूप में विकसित करने की अनुमति भारतीय वायु सेना द्वारा प्रदान कर दी गई थी। ग्रीन एयरपोर्ट से तात्पर्य ऐसे हवाई अड्डों से है, जहाँ पर कार्बन उत्सर्जन को कम करने सम्बन्धी विधियों को प्रयोग में लाया जाता है।

- **पूर्वोत्तर क्षेत्र में ग्रीन फील्ड हवाई अड्डा**

एएआई ने पूर्वोत्तर क्षेत्र में ग्रीन फील्ड हवाई अड्डे के निर्माण की योजना बनाई है। सिक्किम में वेरूयांग हवाई अड्डे का निर्माण भी आरंभ हो चुका है। जिसकी लागत 309.46 करोड़ है। चेतू (नागालैण्ड), इटानगर (अरुणाचल प्रदेश) में भी ग्रीन फील्ड हवाई अड्डे का निर्माण संभावित है।

भारतीय हवाई अड्डों को 4 श्रेणियों में बांटा जा सकता है-

1. **अन्तर्राष्ट्रीय हवाई अड्डे :** इसमें प्रमुख हैं-दिल्ली का इन्दिरा गांधी अन्तर्राष्ट्रीय हवाई अड्डा, कोलकाता का नेताजी सुभाष चन्द्र बोस हवाई अड्डा (दमदम), मुम्बई का सांताक्रूज (छत्रपति शिवाजी) हवाई अड्डा, चेन्नई का मीनाम्बक्कम हवाई अड्डा तथा अहमदाबाद, हैदराबाद, बेंगलुरु हैं।
2. **बड़े हवाई अड्डे :** इसमें जयपुर, लखनऊ, नागपुर, वाराणसी, अगरतला जैसे हवाई अड्डे शामिल हैं।
3. **मध्यम श्रेणी :** इलाहाबाद, औरंगाबाद, भुवनेश्वर, भुज, गया, गोरखपुर, इंदौर आदि।
4. **छोटे हवाई अड्डे :** इसमें अकोला, सतना, सोलापुर, जोधपुर, जबलपुर, बिलासपुर, झांसी आदि हवाई अड्डे शामिल हैं।

- **हवाई अड्डों के लिए अनुकूल दशाएँ**

1. भारत का विशाल आकार।
2. भारत की स्थिति विश्व के प्रमुख वायु मार्गों पर है।
3. वायुयान निर्माण के लिए पर्याप्त एल्यूमीनियम उपलब्ध है।
4. वायुयान निर्माण हेतु तकनीकी ज्ञान भी देश में उपलब्ध है।
5. हवाई अड्डों के निर्माण हेतु समतल एवं कठोर भूमि की उपलब्धता है।
6. देश की विशाल जनसंख्या।
7. देश का आर्थिक विकास।
8. देश का विशाल पर्यटन उद्योग।

ऐसे अनेक कारक है, जो इस परिवहन के साधन के विकास में अपनी भूमिका का निर्वहन करते हैं।

राष्ट्रीय नागरिक उड्डयन नीति-2016

घरेलू उड्डयन को बढ़ावा देने के लिए देश की पहली राष्ट्रीय नागरिक उड्डयन नीति (Civil Aviation Policy), 15 जून, 2016 को घोषित की गई। इस नीति के मुख्य उद्देश्यों में निम्नलिखित बिन्दु शामिल हैं-

(i) नागरिक उड्डयन के मामले में देश को 2022 तक 9वें से तीसरा बड़ा बाजार बनाना। वर्तमान में भारत का नवां स्थान है।
(ii) घरेलू टिकटिंग को वर्ष 2015 में रु. 8 करोड़ से बढ़ाकर रु. 30 करोड़ तक करना।
(iii) वाणिज्यिक उड़ानों के लिए हवाई अड्डों की संख्या 2016 से 77 से बढ़कर 2019 तक 127 करना।
(iv) मालवाहक सामान की मात्रा को चार गुना बढ़ाकर 2027 तक 10 मिलियन टन करना।
(v) विमान सेवाओं की पहुँच आम आदमी तक ले जाना।
(vi) ग्रीन फील्ड हवाई अड्डों व हेलिकॉप्टर अड्डों का विकास करना।
(vii) वर्ष 2025 तक गुणवत्ता प्रमाणित 3.3 लाख कुशल कर्मियों की उपलब्धता सुनिश्चित करना।
(viii) लचीली एवं मुक्त 'ओपन इकाई पॉलिसी' व कोड शेयरिंग समझौते।
(ix) नियमों में ढील, आसान प्रक्रिया व ई-गवर्नेंस द्वारा व्यापार करने में सुगमता।
(x) नागरिक उड्डयन क्षेत्र में 'मेक इन इण्डिया' को प्रोत्साहन।

उपर्युक्त लक्ष्यों को प्राप्त करने के लिएं जो प्रावधान किए गए हैं, उनमें एक घंटे तक की उड़ान के लिए टिकट का मूल्य 2,500 व आधे घण्टे तक के लिए 1,200 तक सीमित रखने का निर्णय लिया गया। इसके लिए विमान कम्पनियों को होने वाले नुकसान की भरपाई केन्द्र व राज्य सरकार द्वारा 80:20 के अनुपात में वहन की जाएगी। साथ ही, कुछ अन्य सुधार किए गए प्रथम उड्डयन नीति में।

जल परिवहन

जल परिवहन सबसे सस्ता है। इसमें परिवहन मार्ग, निर्माण एवं रखरखाव की समस्या नहीं आती है तथा भारी-भरकम सामानों का सुरक्षित परिवहन होता है।

भारत के जल परिवहन के विषय में मेगस्थनीज व एरियन के लेखों से ज्ञात होता है कि गंगा और उसकी 17 सहायक नदियों एवं सिन्धु और उसका 13 सहायक नदियों में नौकाओं द्वारा परिवहन होता था।

भारतीय सामुद्रिक मार्ग पर चोल राजाओं का एकाधिकार था और उनका जहाजी बेड़ा इतना सस्ता था कि उन्होंने सामुद्रिक मार्ग से विदेशियों

को हमले का दु:साहस नहीं करने दिया। पिछली शताब्दी तक ब्रह्मपुत्र में डिब्रूगढ़ तक तथा गंगा में पटना के आगे तक तथा यमुना में आगरा तक स्टीमर चला करते थे।

रेलमार्गों के विकास से आन्तरिक जल परिवहन कम होने लगा, किन्तु इसके विकास के लिए पर्याप्त संभावनाएँ हैं। भारत व्यापारिक जहाजरानी बेड़े की दृष्टि से विश्व में 16वें स्थान पर है।

भारत के जलमार्ग को दो भागों में विभक्त किया जा सकता है-

(अ) आन्तरिक जल परिवहन

(ब) महासागरीय जल परिवहन

(अ) आन्तरिक जल परिवहन

भारत के पास अन्तर्देशीय जहाजरानी के लिए 14,500 किमी. का जलमार्ग है, जिसमें नदियों एवं नहरों का योगदान सर्वाधिक है। इसमें से बड़ी नदियों के 3,700 किमी. लम्बे मार्ग यंत्रीकृत नौकाओं द्वारा नौगम्य है। इसमें से भी 2,000 किमी. लम्बे जलमार्गों का ही प्रयोग किया जाता है। इसके अतिरिक्त देश में 4,300 किमी. नौगम्य नहरें भी हैं, जिनमें से केवल 900 किमी. लम्बे नहर मार्ग ही यंत्रीकृत जलपोत नौगम्य हैं।

देश के सर्वाधिक आन्तरिक जलमार्ग क्रमश: उत्तर प्रदेश, पं. बंगाल, आन्ध्र प्रदेश, असम, केरल, बिहार तथा उड़ीसा में हैं।

जलमार्ग के लिए 27 अक्टूबर, 1986 को 'भारतीय देशीय जलमार्ग प्राधिकरण' (Inland Water Ways Authority of India) का गठन किया गया। नदियों में स्थाई जल मार्ग विकसित करने के लिए सरकार ने 6 महत्वपूर्ण जलमार्गों को राष्ट्रीय जलमार्ग घोषित किया है। ये मार्ग हैं-(i) गंगा में हल्दिया से इलाहाबाद तक 1,620 किमी. (ii) ब्रह्मपुत्र में धुबरी से सादिया तक 891 किमी. (iii) केरल चम्पाकारा नहर 14 किमी. (iv) पश्चिम तट नहर कोल्म-कोटापुरम खण्ड 168 किमी., (v) केरल में उद्योग मण्डल नहर 22 किमी. (vi) असम में भागा से लखीपुर।

केन्द्रीय सरकार ने इसे और मजबूत करने के लिए राष्ट्रीय जलमार्ग विधेयक, 2015 पारित किया।

जलमार्ग प्राधिकरण वित्तीय संसाधनों को एकत्र कर राष्ट्रीय जलमार्गों के विभिन्न खण्डों को शिपिंग और नौवहन के लिए विकसित करेगा। अनुमानित व्यय 3,500 करोड़ रुपए होगा।

आन्तरिक जल परिवहन के विकास में बाधाएँ

(i) नदियों का मौसमी होना

(ii) जल स्तर में परिवर्तन

(iii) जल प्रपात

(iv) अवसाद की अधिकता

(v) सदावाहिनी नदियों से सिंचाई की नहरें निकालने से जल में कमी आना

(vi) तटीय क्षेत्र की नदियों का लवणीय होना

आन्तरिक जल परिवहन के लाभ

(i) सबसे सस्ता परिवहन साधन

(ii) अन्य साधनों की तरह रख-रखाव पर खर्च नहीं

(iii) ऊर्जा की बचत

(iv) भारी सामान के लिए उपयुक्त

(v) वर्षा काल में पूर्वोत्तर में सड़कें तथा रेलमार्ग अवरुद्ध हो जाते हैं

(vi) जल परिवहन में प्रदूषण कम होता है

समुद्र अथवा नदी के किनारे पर स्थित वह नगर, जिसमें एक पोताश्रय होता है जहाँ जहाजों से माल उतारने तथा चढ़ाने की सुविधा होती है, **बन्दरगाह** कहलाता है।

(ब) महासागरीय जल परिवहन

भारत की 7517 किमी. लम्बी समुद्र तट रेखा व 20 लाख वर्ग किमी. से अधिक का समुद्री आर्थिक क्षेत्र है। सम्पूर्ण तट रेखा पर 13 प्रमुख पत्तन तथा 20 लघु एवं मध्यम पत्तन (बन्दरगाह) हैं।

देश का लगभग 95% (मूल्य स्तर पर 70%) व्यापार समुद्री मार्ग से होता है। 13 बड़े बन्दरगाहों द्वारा कुल समुद्री व्यापार का 76% पूरा किया जाता है। देश में 200 मध्यम एवं छोटे बन्दरगाह हैं, जिसमें पश्चिमी तट पर गुजरात राज्य में 40, महाराष्ट्र में 53, गोवा में 5, दमन एवं दीव में 2, कर्नाटक में 9, केरल में 13, लक्षद्वीप में 40, तमिलनाडु में 14, पुदुचेरी में 1, प. बंगाल में 1, अण्डमान निकोबार में 23 बन्दरगाह स्थित हैं।

भारतीय जहाजरानी निगम लिमिटेड

भारतीय नौवहन निगम भारत सरकार की सार्वजनिक क्षेत्र की जहाजरानी कंपनी है। यह भारतीय और अंतर्राष्ट्रीय नौवहन हेतु जहाज चलाती है। 18 सितम्बर, 1992 को देश की सबसे बड़ी जहाजरानी, कंपनी को 'प्राइवेट लिमिटेड' से बदलकर 'पब्लिक लिमिटेड' कर दिया गया। कंपनी को भारत सरकार ने 24 फरवरी, 2000 को 'मिनी रत्न' का खिताब दिया।

देश की कुल परिवहन भार वहन क्षमता का 35 प्रतिशत कंपनी के जिम्मे है। वर्तमान में कंपनी के पास बेड़े में 84 पोत हैं।

पाइप लाइन परिवहन

पाइप लाइन परिवहन का एक नया साधन है। जल आपूर्ति के लिए पाइप लाइन का उपयोग लम्बे समय से हो रहा है। खनिज तेल, पेट्रोलियम तथा प्राकृतिक गैस के परिवहन हेतु पाइप लाइन सस्ता एवं द्रुतगामी साधन है।

भारत में 1980 में 5,035 किमी. पाइप लाइनें थीं, जो 2017 में बढ़कर लगभग 10,772 किमी. हो गई।

पाइन लाइन परिवहन के लाभ

(i) सस्ता साधन

(ii) सुगम परिवहन

(iii) उबड़-खाबड़ मार्ग से परिवहन

(iv) ऊर्जा की बचत

(v) समुद्री जल में भी पाइप लाइन बिछाई जा सकती है

(vi) सुनिश्चित आपूर्ति

(vii) समय की बचत

(viii) प्रदूषण कम

भारत में पाइप लाइनें

1. **नाहरकटिया-नूनमती-बरौनी पाइप लाइन :** भारत में सबसे पहली पाइप लाइन, जो असम के तेल कुओं से निकले तेल को नूनमती

तेल शोधनशाला तक 443 किमी. की दूरी तय करती है। नूनमती से 724 किमी. दूर बिहार के बरौनी तक पाइप लाइन को बढ़ाया गया। इस प्रकार पाइप लाइन की कुल लंबाई 1,167 किमी. है। यह पाइप लाइन छोटी-बड़ी 80 नदियों को पार करती है, इसके मार्ग में 9 पम्पिंग स्टेशन बनाए गए हैं। बरौनी से कानपुर-बरौनी-हल्दिया कार्य 1966 तक पूर्ण हो गया था। लाकवा-रुद्रसागर पाइप लाइन 1968 में पूर्ण हुई।

2. **गुजरात की पाइप लाइनें :** अंकलेश्वर-कोयली तेल पाइन लाइन का निर्माण 1965 में पूर्ण हो गया था। इसके अतिरिक्त कलोल-साबरमती तेल पाइप लाइन, नवगाँव-कालेल-कोयली तेल पाइप लाइन, केम्बे-धुबरन गैस पाइप लाइन, अंकलेश्वर-बड़ौदा गैस पाइप लाइन, कोयली अहमदाबाद पाइप लाइनें भी हैं। इसी तरह स्थानीय महत्व की कुछ और लाइनें बिछाई गई हैं।
3. **सलाया-कोयली-मथुरा पाइप लाइन :** कच्छ की खाड़ी के समीप स्थित सलाया से मथुरा के मध्य पाइप लाइन बिछाई गई है। यह 1,256 किमी. लम्बी पाइप लाइन है, जो मुम्बई हाई से एवं प्राप्त आयातित तेल को मथुरा शोधनशाला पहुँचाती है। साफ किया तेल जालंधर तक ले जाया गया है और कोयली पाइप लाइन से जोड़ दिया गया है।
4. **मुम्बई-हाई-मुम्बई-अंकलेश्वर-कोयली पाइप लाइन :** महाराष्ट्र में मुम्बई हाई से मुम्बई तट तक तेल तथा गैस लाने के लिए दो अलग-अलग पाइप लाइनें बिछाई गई हैं, जिसमें प्रत्येक की लम्बाई 210 किमी. है।
5. भारतीय गैस प्राधिकरण लिमिटेड की स्थापना 1984 में की गई थी, जो 14,400 किमी. लम्बी पाइप लाइनों का संचालन करता है।
6. **हजीरा-विजयपुरा-जगदीशपुर (HUJ) पाइप लाइन :** यह विश्व की सबसे लम्बी भूमिगत गैस पाइप लाइन है, जो 1,750 किमी. लम्बी है। इस पाइप लाइन द्वारा उत्तर प्रदेश के 4, मध्य प्रदेश व राजस्थान के 1-1 उर्वरक कारखानों तथा औरैया (उत्तर प्रदेश), अन्ता (राजस्थान), कावस (गुजरात) ताप विद्युत गृहों को गैस पहुँचाई जाती है।

अंतर्राष्ट्रीय व्यापार का आधार तथा प्रकार

व्यापार का प्रमुख आधार संसाधनों के वितरण में असमानता तथा उत्पादन एवं सेवाओं के क्षेत्र में क्षेत्रीय विशिष्टीकरण है। चूंकि संसार में विभिन्न प्राकृतिक संसाधनों की आपूर्ति एक समान नहीं है, इसलिए सभी राष्ट्र सभी वस्तुओं का उत्पादन नहीं कर सकते। साथ ही, एक ही वस्तु का उत्पादन करने वाले सभी राष्ट्रों में उत्पादन लागत में भी अंतर पाए जाते हैं। अत: जो देश किसी भी वस्तु अथवा पदार्थ का उत्पादन अधिक मात्रा में तथा कम लागत पर कर सकते हैं, वे उन वस्तुओं का निर्यात करते हैं और जिन वस्तुओं को वे देश में उत्पादन नहीं कर सकते हैं, उनका आयात करते हैं। इस प्रकार सभी देश उन पदार्थों अथवा वस्तुओं का निर्यात करते हैं, जिनकी उनके पास अधिकता है तथा उन वस्तुओं का आयात करते हैं, जिनकी उनके पास कमी है। परन्तु इस सामान्यीकरण के कुछ अपवाद भी देखने को मिलते हैं। किसी भी देश को आयात करने के लिए विदेशी मुद्रा की आवश्यकता होती है। इसलिए कई बार विदेशी मुद्रा कमाने के लिए कुछ राष्ट्रों को ऐसी वस्तुओं का निर्यात भी करना पड़ता है, जिनमें वे विशेष रूप से धनी नहीं हैं।

अन्तर्राष्ट्रीय व्यापार मुख्यत: दो प्रकार का होता है:

(क) द्विदेशीय व्यापार: जब वस्तुओं का विनिमय दो देशों के बीच सीधे तौर पर किया जाता है, तो इसे **द्विदेशीय व्यापार** कहा जाता है। इस प्रकार के व्यापार के अंतर्गत दोनों देश अपने अतिरिक्त उत्पादन का निर्यात एक-दूसरे को करते हैं।

(ख) बहुदेशीय व्यापार: इस प्रक्रिया में व्यापार देशों के बीच सीधे रूप से नहीं होता, बल्कि अन्य देशों के माध्यम से होता है।

अन्तर्राष्ट्रीय व्यापार की प्रमुख प्रवृतियां: संसार का प्रत्येक देश किसी-न-किसी वस्तु का आयात करता है तथा किसी-न-किसी पदार्थ अथवा सेवा का निर्यात करता है। किसी राष्ट्र द्वारा निर्यात तथा आयात की गई वस्तुओं अथवा सेवाओं के मूल्य में अंतर को उस राष्ट्र का **व्यापार संतुलन** कहा जाता है। यदि किसी देश द्वारा निर्यात किए गए पदार्थों का मूल्य आयात किए गए पदार्थों के मूल्य से अधिक हो तो व्यापार संतुलन धनात्मक होता है। इससे विपरीत परिस्थिति (जब आयातों का मूल्य अधिक हो) को **ऋणात्मक व्यापार संतुलन** कहा जाता है।

अन्तर्राष्ट्रीय व्यापार के विषय में कुछ सामान्य प्रवृतियां देखने को मिलती है। आमतौर पर विकसित देशों की सकल व्यापार में भागीदारी विकासशील राष्ट्रों से अधिक होती है। साथ ही, इनका व्यापार संतुलन भी आमतौर पर धनात्मक होता है। ये राष्ट्र औद्योगिक तथा उच्च तकनीकी वस्तुओं का निर्यात करते हैं तथा खनिज एवं कृषि पदार्थों का आयात करते हैं। इसके विपरीत विकासशील तथा कम विकसित देश आमतौर पर कच्चे माल (खनिज तथा कृषि उत्पाद) का निर्यात तथा औद्योगिक उत्पादों का भी निर्यात करते हैं, जिनमें मानव-श्रम अधिक लगता है। अधिकांश विकासशील तथा कम विकसित देशों का व्यापार संतुलन भी आमतौर पर ऋणात्मक होता है। भारत तथा चीन जैसे विकासशील राष्ट्र सेवाओं के भी महत्वपूर्ण निर्यातक बन चुके हैं।

व्यापार सन्तुलन

- व्यापार सन्तुलन से तात्पर्य-एक निश्चित समय-सीमा के अन्दर किसी भी देश में वस्तुओं के निर्यात-आयात के सन्तुलन से है। व्यापार सन्तुलन में सेवाओं के शुद्ध अन्तरण का योग कर **चालू खाता सन्तुलन** (Current Account Balance³CAB) प्राप्त होता है।
- चालू खाते के घटकों से संव्यवहार के कारण आई हुई प्राप्तियों से अधिक का प्रवाह भुगतान के रूप में होने पर चालू खाते का घाटा (Current Account Deficit³CAD) प्राप्त होता है।
- यदि प्राप्तियाँ अदायगी से अधिक हों तो इसे चालू खाते का अधिशेष (Surplus) माना जाता है।

  व्यापार सन्तुलन में तीन सम्भावनाएँ बनती हैं-

1. सन्तुलित व्यापार सन्तुलन → निर्यात = आयात

2. प्रतिकूल व्यापार सन्तुलन → निर्यात < आयात

3. अनुकूल व्यापार सन्तुलन → निर्यात > आयात

- केवल ऐसी वस्तुओं को निर्यात मानना चाहिए, जो भौतिक होती हैं और जिन्हें दृश्य मदों के रूप में सीमा को पार करते हुए देखा जा

सकता है। घरेलू बाजारों में विदेशी पर्यटकों द्वारा खरीदी गई वस्तुओं को निर्यात नहीं मानना चाहिए। इसी प्रकार, शेष विश्व में घरेलू पर्यटकों द्वारा खरीदी गई वस्तुओं को आयात नहीं मानना चाहिए।

व्यापार शेष तथा भुगतान शेष का चालू खाता

व्यापार शेष

1. व्यापार शेष वह खाता है, जो केवल वस्तुओं के आयात एवं निर्यात के अन्तर का रिकॉर्ड रखता है।
2. यह दृश्य मदों के निर्यात तथा दृश्य मदों के आयात का अंतर है।
3. इसमें भौतिक वस्तुओं से संबंधित अंतर्राष्ट्रीय लेन-देन शामिल किए जाते हैं, जिन्हें सीमा रेखा को पार करते हुए देखा जा सकता है।

भुगतान शेष का चालू खाता

1. भुगतान शेष का चालू खाता वह खाता है, जो **(a)** वस्तुओं के आयात एवं निर्यात, **(b)** सेवाओं के आयात एवं निर्यात तथा **(c)** चालू हस्तांतरणों का रिकॉर्ड रखता है।
2. यह व्यापार शेष तथा अदृश्य मदों के शेष का कुल योग है। अदृश्य मदों के शेष में **(a)** गैर-कारक सेवाओं के शेष, **(b)** कारक सेवाओं के कारण उत्पन्न आय के शेष तथा **(c)** हस्तांतरणों के शेष को शामिल किया जाता है।
3. इसमें भौतिक वस्तुओं से संबंधित अंतर्राष्ट्रीय लेन-देन (जिन्हें सीमा रेखा को पार करते हुए देखा जा सकता है) तथा सेवाओं से संबंधित अंतर्राष्ट्रीय लेन-देन (जिन्हें सीमा रेखा को पार करते हुए नहीं देखा जा सकता है) शामिल किए जाते हैं।
4. चालू खाते के लेन-देन शेष विश्व की तुलना में एक देश की परिसंपत्ति-देयता की स्थिति को प्रभावित नहीं करते हैं।
5. चालू खाते के लेन-देन अल्पकालीन होते हैं।
6. चालू खाते के लेन-देन पूँजी खाते के लेन-देनों को प्रभावित करते हैं। उदाहरण: चालू खाते में घाटे के कारण साधारणत: उधार लिया जाता है (जो कि पूँजी खाते का एक महत्वपूर्ण घटक है)।

भुगतान शेष का पूँजी खाता

1. यह एक देश के निवासियों तथा शेष विश्व के बीच हुए ऐसे सभी लेन-देन को रिकॉर्ड करता है, जिससे परिसंपत्तियों के स्वामित्व में परिवर्तन होता है।
2. पूँजी खाते के लेन-देन शेष विश्व की तुलना में एक देश की परिसंपत्ति-देयता की स्थिति को प्रभावित करते हैं।
3. पूँजी खाते के लेन-देन अधिकतर दीर्घकालीन होते हैं।
4. पूँजी खाते के लेन-देन चालू खाते के लेन-देनों को प्रभावित करते हैं। उदाहरण: विदेशी प्रत्यक्ष निवेश (FDI) के कारण शेष विश्व को कारक आय दी जाती है (जो कि चालू खाते का एक महत्वपूर्ण घटक है)।
5. भुगतान शेष के पूँजी खाते के मुख्य घटक हैं-
   (a) उधार **(b)** विदेशी निवेश।

भुगतान शेष

1. भुगतान शेष एक देश के शेष विश्व के साथ सौदों का संक्षिप्त विवरण है।
2. यह वस्तुओं तथा सेवाओं से संबंधित लेन-देनों को रिकॉर्ड करता है।
3. यह चालू खाते तथा पूँजी खाते दोनों के लेन-देन को रिकॉर्ड करता है।
4. भुगतान शेष सदैव संतुलित होता है, यदि इसमें भारतीय रिज़र्व बैंक (RBI) के कोष (सरकारी) प्रकट किए जाते हैं।

व्यापार शेष

1. व्यापार शेष दृश्य निर्यातों तथा दृश्य आयातों के बीच का अंतर है।
2. यह केवल वस्तुओं से संबंधित लेन-देनों को रिकॉर्ड करता है।
3. यह पूँजी खाते के लेन-देन को रिकॉर्ड नहीं करता है।
4. यह या तो धनात्मक होता है या ऋणात्मक ($X < M$) होता है। यह केवल तब संतुलित होता है जब $X = M$ हो।

भारत का विदेशी व्यापार मुख्य आयात

- कच्चा तेल
- भारी मशीनरी
- स्वर्ण
- इलेक्ट्रॉनिक वस्तुएँ
- रसायन

मुख्य निर्यात

- पेट्रोलियम उत्पाद
- इंजीनियरिंग वस्तुएँ
- कृषि उत्पाद
- रसायन
- रत्न एवं आभूषण

सेवा क्षेत्र में भारत का प्रमुख निर्यात

1. व्यापार सेवाएँ (Business Services)
2. पर्यटन (Tourism)
3. सूचना प्रौद्योगिकी सेवाएँ (IT-Services)

विदेश व्यापार नीति-2015-20

देश के वस्तुगत एवं सेवाओं के निर्यातों को गति प्रदान कर वैश्विक बाजार में भारत की हिस्सेदारी बढ़ाने के लिए 5 वर्षों के लिए (2015-20) बहुप्रतीक्षित विदेश व्यापार नीति की घोषणा की गई थी। इस नीति के तहत किए गए उपायों की मदद से वर्ष 2020 तक देश के निर्यात को 900 अरब डॉलर के सालाना स्तर पर ले जाने का लक्ष्य निर्धारित किया गया था। इस व्यापार से भारत की विश्व व्यापार में हिस्सेदारी 2% से बढ़कर 3.5% तक हो जाएगी। इस नीति में प्रत्येक ढाई वर्ष बाद इसकी समीक्षा की बात की गई थी।

1. इस नीति में पहले से चली आ रही पाँच निर्यात प्रोत्साहन योजनाओं को समाप्त करके दो निर्यात प्रोत्साहन योजनाएँ लाई गई थी। इनमें से एक भारत से वस्त्र निर्यात स्कीम (Merchandise Export from India Scheme) और दूसरी भारत से सेवाओं के निर्यात की स्कीम (Service Export from India Scheme) थी।

2. वस्तुगत निर्यात हेतु चल रही योजनाएँ, फोकस प्रोडक्ट स्कीम, मार्केट लिंक्ड फोकस प्रोडक्ट स्कीम, फोकस मार्केट स्कीम, एग्री इन्फ्रास्ट्रक्चर इन्सेंटिव स्कीम, बीकेजीयूवाई का (MEIS) में विलय कर दिया गया।

3. सेवाओं के निर्यात को बढ़ावा देने के लिए सर्ब्ड-फ्रॉम इंडिया स्कीम (SFIS) के स्थान पर नई सर्विस एक्सपोटर्स फ्रॉम इंडिया स्कीम (SEIS) लाई गई थी।

4. पूँजीगत सामान घरेलू उत्पादों से ही खरीदने की स्थिति में ईपीसीजी योजना के तहत निर्यात दायित्व 90% से घटाकर 75% किया गया था।

5. कालीकट एयरपोर्ट (केरल) व अराकोणम आईसीडी (तमिलनाडु) भी अब आयात-निर्यात के लिए पंजीकृत बंदरगाह के रूप में अधिसूचित।

6. 33 शहर अभी तक टाउंस ऑफ एक्सपोर्ट एक्सीलेंस के रूप में अधिसूचित थे। अब दो अन्य शहरों (विशाखापट्टनम व भीमावरम (आंध्र प्रदेश) को इस सूची में शामिल किया गया था।

महत्वपूर्ण बिंदु

- भारत की सड़क प्रणाली विश्व की तीसरी बड़ी सड़क प्रणाली है।
- राष्ट्रीय राजमार्ग की लम्बाई देश की कुल सड़कों की **लम्बाई** का मात्र 2% है, किन्तु ये सड़क यातायात के 40% भाग का भार वहन करती है।
- **राष्ट्रीय राजमार्ग** वे सड़कें हैं, जिनके निर्माण एवं मरम्मत की जिम्मेदारी केन्द्र सरकार की होती है। इसका नियंत्रण केन्द्रीय लोक निर्माण विभाग द्वारा किया जाता है। ये व्यापार केन्द्रों और राजधानियों को जोड़ते हैं।
- राष्ट्रीय राजमार्ग-31 एकमात्र राष्ट्रीय राजमार्ग है, जो उत्तर-पूर्वी भारतीय राज्यों को शेष भारत से जोड़ता है।
- **स्वर्णिम चतुर्भुज योजना** (Golden Quadrilateral) के अन्तर्गत 5846 किमी. लम्बे राष्ट्रीय राजमार्ग द्वारा चार बड़े महानगरों-दिल्ली, मुम्बई, चेन्नई, कोलकाता को जोड़ा गया।
- **राष्ट्रीय राजमार्ग विकास कार्यक्रम** के अन्तर्गत बनने वाले उत्तर-दक्षिण गलियारे से श्रीनगर को कन्याकुमारी से तथा पूर्व-पश्चिम गलियारे से सिलचर को पोरबन्दर से जोड़ा गया। जिसकी कुल लम्बाई 7,313 किमी. है।

❑❑❑

अध्याय 25

झारखंड का भूगोल

[भू-गर्भिक इतिहास, भू-आकृति, अपवाह तंत्र, जलवायु, मृदा के प्रकार, वन, कृषि एवं सिंचाई, दामोदर एवं स्वर्णरेखा नदी घाटी परियोजना]

झारखंडः भौगोलिक स्थिति

झारखंड 24 जिलों से मिलकर बना है। यह भारत का 28वाँ राज्य है। इसकी भौगोलिक स्थिति निम्न प्रकार है—

- झारखंड उत्तरी गोलार्द्ध में 21^0 58′ से 25^0 18′ उत्तरी अक्षांश के बीच स्थित है।
- इसका देशांतरीय विस्तार 83^0 19′ से 87^0 57′ पूर्व के बीच है।
- इसका क्षेत्रफल 79,714 वर्ग किलोमीटर है।
- इसकी पूर्वी सीमा पर पश्चिम बंगाल स्थित है। इसकी पश्चिमी सीमा पर छत्तीसगढ़ और उत्तर प्रदेश स्थित हैं।
- इसकी उत्तरी सीमा पर बिहार स्थित है।
- इसकी दक्षिणी सीमा पर ओड़िशा स्थित है।

झारखंड की जनसंख्या 2011 की जनगणना के अनुसार 32,988,134 है। 19वीं शताब्दी से पहले झारखंड बंगाल का हिस्सा था और 1 अप्रैल, 1912 को यह अलग होकर बिहार में आ गया। बिहार में भी इसकी भौगोलिक स्थिति में परिवर्तन हुए। सन् 1936 में बिहार से पृथक् हो उड़ीसा राज्य बना और सन् 1948 में इसमें सरायकेला, खरसावाँ को सम्मिलित किया गया। सन् 1953 में पुनर्गठन आयोग ने इसके 5,573 किमी. भू-भाग को बंगाल में मिला दिया। इस प्रकार तीन बार विभाजन के बाद बिहार का कुल क्षेत्रफल 1,74,038 वर्ग किमी. रह गया। इसमें से 79,714 वर्ग किमी. क्षेत्रफल के रूप में झारखंड राज्य अलग हुआ।

जनसंख्या की दृष्टि से भारत की कुल जनसंख्या का 2.72 प्रतिशत मार्ग झारखंड में है। इस आधार पर यहाँ का जनसंख्या घनत्व 414 व्यक्ति प्रति घन किमी. है।

भू-गर्भिक संरचना

झारखंड क्षेत्र अति प्राचीन संरचना गोंडवाना भूखंड का उत्तरी-पूर्वी क्षेत्र है। यह क्षेत्र एक लंबे भूगर्भिक काल में अनेक भूगर्भिक हलचलों एवं परिवर्तनों को देखता रहा। इन परिवर्तनों के परिणामस्वरूप ही यहाँ अनेक युगों की विविधता चट्टानों और खनिजों में मिलती है।

झारखंड के भूगर्भिक निर्माण के प्रमुख चरण इस प्रकार हैं—

1. प्राचीन युग का आर्कियन निर्माण
2. नवीन आग्नेय निर्माण
3. विंध्य युगीन निर्माण
4. गोंडवाना युगीन निर्माण
5. राजमहल ट्रैप
6. तृतीय कल्प के निर्माण
7. लेटेराइट निर्माण
8. नवीन जलोढ़ निक्षेप।

झारखंड के भूगर्भिक निर्माण के उपरोक्त चरणों का विश्लेषण निम्नवत् हैं—

झारखंड क्षेत्र के आधार का निर्माण आर्कियन युग की प्रचीनतम शैलों अथवा चट्टानों से हुआ है। इनमें ग्रेनाइट, नीस और शिस्ट प्रमुख हैं। इस पठार के 90 प्रतिशत भाग पर इन्हीं चट्टानों का विस्तार है। अन्य प्रमुख चट्टानों में, जो शेष 10 प्रतिशत पाई जाती हैं, वे गोंडवाना युग की परतदार कोयला प्रधान चट्टानें, विंध्य युग की बलुआ पत्थर एवं चूना पत्थर प्रधान चट्टानें, राजमहल ट्रैप, लेटेराइट निर्माण (बॉक्साइट) और नदियों द्वारा निक्षेपित जलोढ़ प्रमुख हैं। आर्कियन युग की चट्टानें मुख्यतः दो वर्गों में विभाजित की जाती हैं। प्रथम, कायांतरित परतदार चट्टानें अथवा धारवाड़ क्रम की चट्टानें तथा द्वितीय, विस्तृत भाग को घेरने वाली आग्नेय चट्टानें। प्रथम वर्ग की धारवाड़ युगीन परतदार चट्टानें कोल्हान क्रम के रूप में पठार के दक्षिणी क्षेत्र अर्थात् सिंहभूम में पाई जाती हैं। इन चट्टानों में लौह अंश की प्रमुखता के कारण इन्हें **'लौह क्रम'** भी कहा जाता है। धारवाड़ युग की चट्टानों का दूसरा विस्तार गया (बिहार) तथा हजारीबाग से मुंगेर तक है। इस युग की संरचना में लोहा, मैंगनीज, ताँबा, कायनाइट, क्रोमाइट जैसे बहुमूल्य खनिज दक्षिण भाग में तथा अभ्रक, चीनी मिट्टी, केल्साइड, चूना पत्थर जैसे अधात्विक खनिज उत्तरी क्षेत्र में पाए जाते हैं।

दूसरे वर्ग के अंतर्गत इस युग की आग्नेय चट्टानें हैं। आग्नेय चट्टानों की रंध्रों में, खासकर सिंहभूम क्षेत्र में, क्रोमाइट, एस्बेस्टॉस का निक्षेपण मिलता है। इसी काल में पर्वत निर्माणकारी हलचलों का प्रभाव यहाँ पड़ा, जिसके फलस्वरूप परतों में वलन और भ्रंशन हुए, जिनसे छोटी-छोटी पहाड़ियों का निर्माण हुआ। इन पहाड़ियों का कालांतर में अपरदन होता रहा है। इसी दौरान दालमा-धनजोरी क्षेत्र में लावा का उद्गार हुआ, जिसमें समतलप्राय ग्रेनाइट, नीश, पेनीप्लेन पर लावा का जमाव हो गया। यह लावा वलित के रूप में पाया जाता है। रोहतास पठार का दक्षिणी भाग, जिसमें पलामू, गढ़वा जिलों का भाग आता है, के परतदार चट्टानों में बलुआ पत्थर, चूना पत्थर, क्वार्टजाइट और डोलोमाइट की प्रधानता है।

गोंडवाना युगीन चट्टानों की प्रधानता दामोदर घाटी और औरंगा घाटी में है। पठारी भाग के विस्तृत कोयला निक्षेप इन्हीं चट्टानों में पाए जाते हैं। उच्च कोटि के कोयला निक्षेपों के कारण पठार का महत्त्व काफी बढ़ जाता है। गोंडवाना तलछटों का निक्षेपण जिन क्षेत्रों में हुआ है, उनमें सबसे विशाल क्षेत्र दामोदर-नदी घाटी क्षेत्र है। यह हार्सीनियन परिवर्तन काल की भ्रंश घाटी का क्षेत्र है। दामोदर

घाटी में निरंतर तलछटों के निक्षेपण के कारण ट्रियासिक कल्प तक में 5,000 फीट मोटी परत के रूप में मध्य गोंडवाना या महादेव शृंखला का निर्माण हुआ। छोटानागपुर पठार के पश्चिमी भाग की उच्च भूमि को पाट क्षेत्र कहा जाता है। यह पश्चिमी भाग राँची (वर्तमान लोहरदगा) से लेकर दक्षिणी पलामू जिले तक फैला है। इसमें उत्पन्न लेटेराइट से अपरदन क्रिया के फलस्वरूप बॉक्साइट का निक्षेप हुआ है। पठारी भाग में लेटेराइट का निक्षेप ऊँचे स्थलीय भागों में पाया जाता है। राजमहल के पहाड़ी क्षेत्रों में राजमहल ट्रैप का उद्भव हिमालय उत्थान से पूर्व की घटना है। जलोढ़ के निक्षेप कुछ सीमित क्षेत्रों, जैसे-राजमहल के पूर्वी भाग, सोन घाटी, स्वर्णरेखा की निचली घाटी और पठार के उत्तरी छोर पर पाए जाते है। झारखंड में कुडप्पा क्रम की चट्टानों का न पाया जाना यह सिद्ध करता है कि यह क्षेत्र हमेशा समुद्र तल से ऊपर रहा है।

संरचनात्मक विकास एवं शैल संस्तरण

यह उल्लेखनीय है कि प्रायद्वीपीय क्षेत्र संपूर्ण भारत में एक स्थिर पठार के रूप में है। झारखंड का पठारी भू-भाग इसके उत्तर-पूर्वी छोर का एक अंश है। यह भू-भाग क्रिस्टलीय और रूपांतरित चट्टानों से निर्मित है। पठार के प्रारंभिक संरचनात्मक आधार स्तर, जिस पर धरवाड़ चट्टानों का निर्माण हुआ था, इस प्रकार रूपांतरित हो चुकी हैं कि उनके मूल रूप को पहचानना कठिन हो गया है। आर्कियन (आद्यकल्प) की चट्टानों को छोड़कर अन्य काल की चट्टानें अधिकांशतः क्षैतिज ही पाई जाती हैं। आर्कियन काल के बाद इस क्षेत्र में गोंडवाना, शैलसंध के निक्षेपण, दक्कन ट्रैप, ज्वालामुखी सक्रियता का प्रभाव, क्रिटेशियस काल में या उसके बाद गोंडवाना लैंड के विघटन के साथ टर्शियरी काल में हुए हलचल के बाद और कोई विवर्तनिक या संरचना में हलचल नहीं हुई है। झारखंड के उत्तरी और मध्यवर्ती तथा दक्षिण-पूर्वी भागों में स्थित अवशिष्ट पहाड़ियां प्री-कैम्ब्रियन कालीन पर्वत हैं।

कैंब्रियन पूर्व (आद्य महाकल्प)

इस कल्प की चट्टानें जीवाश्मरहित हैं। इस महाकल्प को दो भागों में विभाजित किया जाता है—प्रोटोरोजोइक समूह और आर्कियन समूह।

आर्कियन समूह की चट्टानों को '**आधार जटिल समूह**' या '**मूल नाइस समूह**' कहा जाता है। इनकी उत्पत्ति के संबंध में अनेक विचारधाराएँ हैं। संरचनात्मक विक्षोभ, विवर्तन एवं आग्नेय सक्रियता के कारण इनमें रूपांतरण हुआ है। झारखंड क्षेत्र में इस समूह का वर्गीकरण इस प्रकार है—नए डोलेराइट, आर्कनिज ग्रेनोफायर एवं सोडा ग्रेनाइट, चक्रधरपुर नाइस, छोटानागपुर नाइस, अत्यल्प सिलिक शैल, ग्रेबो, अनार्थोसाइड, कोल्हान संग, दालमा, धनगोरी लावा, धनजोरी बलुआ पत्थर व कॉग्लोमरेट। इसके अलावा लौह अयस्क संघ के अंतर्गत झारखंड में शामिल हैं—सिंहभूम ग्रेनाइट (ऊपरी शैल बलुआ पत्थर, ज्वालामुखी शैल) पट्टी हेमाटाइड, क्वार्टजाइट निम्न शैल, लावा प्रभाव, बलुआ पत्थर कॉग्लोमरेट।

पूर्ववर्ती रूपांतरित चट्टानें—इस आधारभूत समूहों में अभ्रक, कोलोराइट, क्वार्टज शिस्ट, हार्नब्लैंड आदि पाए जाते हैं। ये सभी लौह अयस्क संघ के निक्षेपण के पूर्व वलित एवं अपरदित हो चुके हैं। इस चट्टान समूह के ऊपर विषम विन्यास पाया जाता है। इसके ऊपर अयस्क निक्षेप पाया जाता है। संपूर्ण छोटानागपुर में यह मेगमेटाइटीकरण के कारण अभ्रकी शिस्ट नाइस में परिवर्तित हो गया है। चक्रधरपुर नाइस इन्हीं के भाग हैं।

अत्यल्पशिलिक शैल—यह दक्षिण सिंहभूम में परिवर्तित पेरिडोटाइड के रूप में मिलता है। चाईबासा के निकट सैस्सोनाइट जैसे अल्पशिलिक चट्टान के साथ क्रोमाइट का निक्षेप पाया जाता है।

छोटानागपुर नाइस—सिंहभूम और गंगपुर के उत्तर में विस्तृत नाइस चट्टानें '**छोटानागपुर नाइस**' के नाम से जानी जाती हैं। इसमें क्वाट्र्ज, माइक्रोक्लिन, बायोटाइट आदि खनिज पाए जाते हैं।

सिंहभूम ग्रेनाइट—यह बैथोलिथिक आकार में सैकड़ों वर्ग कि.मी. में विस्तृत है। इसमें बायोटाइट, ग्रेनोडायोराइट से लेकर एडामेलाइट, ट्रोजेमाइट तथा हल्के रंग के ग्रेनाइट पाए जाते हैं।

नए डोलाराइट—यह सिंहभूम में पाया जाता है और 700 मी. तक मोटा होता है। ये डोलाराइट चट्टानें हैं, लेकिन कहीं-कहीं अन्य चट्टानें भी बन गई हैं। इनका विस्तार मुख्यतः उत्तर, उत्तर-पूर्व से दक्षिण-पश्चिम दिशा में है। झारखंड के उत्तर-पश्चिमी भाग में सीमा का निर्धारण करती सोन नदी घाटी का कुछ क्षेत्र शामिल है। यहाँ भी आर्कियन समूह की उपस्थिति पाई जाती है। ये शिस्ट चट्टानें हैं। इसे दो भागों में रखा गया है। निचले अगोरी समूह में स्लेट, कोलोराइट, शिस्ट क्वाट्र्जाइट, जैस्पर, चूना पत्थर आदि, जबकि ऊपरी समूह में स्लेट, ग्रेनाइट आदि प्रमुख हैं। इसी कल्प में झारखंड के दक्षिणी क्षेत्र में समपनति, समभिनति, भूसंचलन, लावा निरूसरण, अंतर्वेधन तथा अवसादन की जो घटनाएँ घटीं, उनकी छाप आज भी सुरक्षित है। इस संदर्भ में आर्कियन युगीन महास्कंधों एवं सिंहभूम आर्कनिज ग्रेनाइट, दालमा तथा धनजोरी लावा विशेष रूप से उल्लेखनीय हैं।

कुडप्पा श्रेणी को झारखंड क्षेत्र में '**कोल्हान संघ**' के नाम से जाना जाता है। यह दक्षिणी सिंहभूम एवं क्योंझर (उड़ीसा) जिले के उत्तरी क्षेत्र में लौह अयस्क संघ के ऊपर विषम विन्यास के साथ अवस्थित है। यह संघ या श्रेणी कॉग्लोमरेट, शैल, बलुआ पत्थर के साथ मिलता है। विंध्यन श्रेणी का विकास झारखंड के उत्तर-पश्चिमी सोन क्षेत्र से संबंधित है, लेकिन यह स्पष्टतः झारखंड की सीमा से लगभग 30 कि.मी. आगे डेहरी ऑनसोन क्षेत्र में अमझरिया के बीजागढ़ शैल में अवसादी पायराइट के रूप में पाया जाता है। सोन घाटी क्षेत्र में '*सेमरी श्रेणी*' के नाम से प्रसिद्ध रोहतास समूह 120-150 मी. मोटे चूने के पत्थर और शैल के स्तर रूप में निक्षेपित है।

पुराजीव महाकल्प (कैंब्रियन काल से पर्मियन काल)

कैंब्रियन काल से लेकर पर्मियन काल तक छह कल्प हैं। इनमें कैंब्रियन सबसे प्राचीन है। पुराजीव महाकल्प के संपूर्ण भारत में या विश्व में दो भाग मिलते हैं—कैंब्रियन से मध्य कार्बनीफेरस का निचला स्तर और ऊपरी कार्बनीफेरस से पर्मियन काल तक का ऊपरी स्तर। झारखंड में इस महाकल्प के तहत् एक महत्त्वपूर्ण तथ्य यह है कि कैंब्रियन काल से लेकर परमियन काल तक यह क्षेत्र न केवल समुद्र तल से ऊपर रहा, बल्कि यह किसी व्यापक विवर्तनिक घटनाओं से भी मुक्त रहा। ऊपरी कार्बनीफेरस से परमियन कल्प में छोटानागपुर पठार के मध्यवर्ती भाग में भ्रंशघाटी की रचना हुई। इसमें दामोदर नदी का विस्तार हुआ। इस भ्रंश घाटी और अन्य बेसिनों में गोंडवाना युगीन अवसादन की एक लंबी प्रक्रिया चली। इन्हीं अवसादी शैल स्तरों में कोयला पाया जाता है। इस प्रकार गोंडवाना महासंघ का काल ऊपरी कार्बनीकल्प से ट्रियासिक कल्प तक माना जाता है। यह केवल गोंडवाना अवसादों का समूह माना जाता था, लेकिन भौगोलिक विस्तार और निक्षेपण के समय की व्यापकता को देखते हुए अब इसे महासंघ की मान्यता दी गई है। झारखंड में केवल दामोदर घाटी के भ्रंश क्षेत्र का

क्रम पाया जाता है। गोंडवाना में तालचीर और दामोदा संघ है। ऊपरी गोंडवाना में महादेव संघ है और निचला स्तर पंचेत श्रेणी है।

तालचर संघ-गोंडवाना महासंघ का यह सबसे निचला समूह है। यह उन सभी स्थानों में पाया जाता है, जहाँ निचला गोंडवाना महासंघ का विस्तार हुआ। इनका नाम उड़ीसा के तालचीर नामक स्थान पर आधारित है। इसके ऊपर हरे रंग के शैल तथा बलुआ पत्थर पाए जाते हैं, जो 100-125 मीटर मोटे हैं।

दामोदा संघ-तालचीर संघ के ऊपर कोयले के स्तरों से युक्त चट्टानों की मोटी शृंखला मिलती है, जो **दामोदा संघ** कहलाती है। इसे चार समूहों में विभाजित किया गया है- 1. करहरबारी, 2. बराकर, 3. अनुत्पादक लौह प्रस्तर 4. रानीगंज समूह।

करहरबारी समूह दामोदर घाटी में विकसित हुआ है। यह समूह गिरिडीह कोयला क्षेत्र में तालचीर श्रेणी से अलग होते हुए दिखाई देता है। इसमें 60-120 मीटर मोटी ग्रीट, बलुआ पत्थर, शैल आदि पाए जाते हैं। बराकर समूह का नाम बराकर नदी पर आधारित हैं। यह समूह गोंडवाना महासंघ का सर्वाधिक प्रमुख कोयला समूह क्षेत्र है। यहाँ 750 मीटर मोटे सफेद या भूरे रंग के बलुआ पत्थर पाए जाते हैं। इन्हीं परतों के बीच कोयले की परतें भी पाई जाती हैं। झरिया कोयला क्षेत्र में ऐसी परतें पाई जाती हैं। अनुत्पादक लौह प्रस्तर समूह बराकर और रानीगंज समूहों में स्थित है। यहाँ 420 मीटर मोटे बलुआ पत्थरों का जमाव पाया जाता है, लेकिन यहाँ कोयले के स्तर नहीं मिलते, इसीलिए इसे अनुत्पादक शैल समूह के नाम से जाना जाता है। यहाँ कई स्थानों पर लिमोनाइट उपस्थित है। इस्पात कारखाने में इसका प्रयोग अयस्क के रुप में किया जाता है। रानीगंज समूह की स्थिति इन्हीं अनुत्पादक लौह प्रस्तर समूहों के ऊपर है। यहाँ 1000 मीटर मोटी कोयले की परतों का समूह है। सबसे अधिक विकास रानीगंज में ही होने के कारण इस समूह का नाम **रानीगंज समूह** पड़ गया। इनमें पाए जाने वाले बलुआ पत्थर बराकर समूह के बलुआ पत्थरों की तुलना में महीन कणों वाले हैं। बराकर कोयला संस्तरों की तुलना में रानीगंज समूह के कोयला स्तरों में वाष्पशीलता एवं नमी की मात्रा कम पाई जाती है।

महादेव संघ-महादेव संघ के निचले स्तर पर पंचेत समूह का जमाव है। इस समूह के निर्माण के साथ ही निचले और मध्यवर्ती गोंडवाना महाकल्प की सीमा खत्म हो जाती है। इसके ऊपरी गोंडवाना महासंघ के शैलों का निक्षेपण हुआ है। पंचेत समूह 450-600 मीटर मोटे बलुआ पत्थरों के ऐसे संस्तरों का नाम है, जो रानीगंज के द क्षिण में रानीगंज समूह के ऊपर विकसित हुआ है।

मध्यजीवी महाकल्प

इस महाकल्प के तीन कल्प हैं। सबसे प्रारंभिक काल **ट्रियाशिक**, मध्यकाल को जुरासिक और अंतिम काल को **क्रिटैशियम** कहते हैं। ट्रियाशिक कल्प में ऊपरी गोंडवाना के स्तर पाए जाते हैं। ये महादेव और राजमहल तथा पंचेत श्रेणी के रूप में पाए जाते हैं। रानीगंज में पंचेत श्रेणी के निचले भाग में हरे और भूरे रंग के बलुआ पत्थर अभ्रकी और बलुआ पत्थर पाए जाते हैं। इसके समान समूहों का विकास औरंगाबाद और बोकारो कोयला क्षेत्रों में हुआ है। जुरासिक कल्प में गोंडवाना क्षेत्र में गोंडवाना समूह का निक्षेपण जारी रहा है। गोंडवाना समूह के ऊपर अवस्थित राजमहल समुदाय के पादपाश्मों के आधार पर साहनी ने उन्हें जुरासिक काल के समतुल्य माना है। **डॉ. स्पैथ** के मत में यह निम्न क्रिटैशियम युगीन है। जुरासिक कल्प में ही राजमहल क्षेत्र लावा निस्सरण से प्रभावित हुआ। इसके परिणामस्वरूप इस क्षेत्र में ग्रेनाइट का अपरदित धरातल तथा गोंडवाना के अवसादी बेसिन लावा की परत से ढक गए।

क्रिटैशियस काल का अंतिम चरण आग्नेय गतिविधियों का काल था। बुंदेलखंड और झारखंड के बॉक्साइट और लेटेराइट पहाड़ियाँ डेक्कन ट्रैप का ही प्रमाण प्रस्तुत करती हैं। कुछ विद्वानों की मान्यता है कि ट्रैपेशियस काल में राँची पठार के पश्चिमी भाग में स्थानीय रूप से लावा प्रवाह उत्पन्न हुआ था, इस परिकल्पना के आधार पर राजमहल ट्रैप को डेकन ट्रैप के समान ही बताया गया है। अतः राजमहल ट्रैप जुरासिक काल का है। जबकि पश्चिमी राँची या पाट क्षेत्र का ट्रैप क्रिटैशियस काल का है।

नूतनजीवी महाकल्प

नूतनजीवी महाकल्प मध्यजीवी महाकल्प की समाप्ति के बाद आया। इस कल्प के प्रारंभ में पृथ्वी से विशालकाय जीवों का समापन हो गया था। वनस्पतियों में भी इस प्रकार जिमनोस्पर्म और साइकाडोफाइट विलुप्त हो गए। उनके स्थान पर एंजिओस्पर्म पाए जाने लगे। इस महाकल्प में स्तनधारियों और खासतौर पर मनुष्य की उत्पत्ति की विशेष घटना घटित हुई। यही कारण है कि इस कल्प को **नूतनजीवी महाकल्प** के नाम से पुकारा जाता है। इस महाकल्प के शैलों में जीवित जातियों के जीवाश्म पाए जाते हैं। इस महाकल्प का प्रारंभ पैलियोसीन युग से होता है। झारखंड में संरचनात्मक विकास की प्रक्रिया तृतीय कल्प की विवर्तनिक प्रक्रियाओं द्वारा पूरी होती है। इसके लिए हिमालय के क्रमिक उत्थान को जिम्मेदार समझा गया है। द्वितीय उत्थान मध्य मायोसीन काल में हुआ तथा तृतीय उत्थान प्लीस्टोसीन काल में हुआ। इसी क्रम में झारखंड में भी तीन उत्थान हुए। प्रथम उत्थान की घटना के कारण पश्चिमी राँची का लावा क्षेत्र का भू-भाग ऊपर उठा और लगभग 300 मीटर ऊँचा पठार बन गया। द्वितीय उत्थान के समय पश्चिमी उत्थित पठार तथा छोटानागपुर का मध्यवर्ती भाग पुनः 300 मीटर तक उठ गया। तीसरे उत्थान में संपूर्ण छोटानागपुर पुनः 200-300 मीटर तक ऊपर उठ गया।

भौतिक विभाग

झारखंड पठारी क्षेत्र प्रायद्वीपीय पठार का पूर्वी भाग है। यह त्रिधरातलीय पठार के द्वितीय क्षेत्र रूप में है, जो **पाट पठार, राँची पठार, हजारीबाग पठार, कोडरमा पठार** के नाम से प्रसिद्ध है। इन सभी पठारों की औसत ऊँचाई 760 मीटर है। सबसे ऊँची चोटी पार्श्वनाथ की पहाड़ी है, जिसकी ऊँचाई 1,365 मीटर है। राज्य को भौतिक विभाग के आधार पर चार भाग में बाँटा गया है-

- पाट का पठार
- राँची का पठार
- निचला छोटानागपुर पठार
- राजमहल उच्चभूमि और अपरदित मैदानी भूभाग।

पाट पठार में नेतरहाट और बागडू आदि क्षेत्र हैं। इस पठार की अधिकतम ऊँचाई 3,600 फीट और न्यूनतम ऊँचाई 2,500 फीट है। यह पठार झारखंड के लोहरदगा, लातेहार, पलामू और गुमला जिलों में फैला हुआ है।

राँची के पठार का विस्तार लोहरदगा और गुमला जिलों तक है। इस पठार के सीमावर्ती क्षेत्रों में ढाल पाए जाते हैं, जिनसे बहती हुई नदियाँ जलप्रपात का निर्माण करती हैं। छोटानागपुर स्थित राँची का पठार संप्राय मैदान का उदाहरण है। इन पठारों की ऊँचाई लगभग 2,000 फीट है। इसके ऊपरी भाग को **'टाँड'** और निचले भाग को **'दोन'** कहा जाता है। हुँडरू जलप्रपात 73 मीटर ऊँचा और दशम जलप्रपात 39 मीटर ऊँचा है। राँची का पठार और हजारीबाग का पठार प्राचीन काल में एक ही थे, जो बाद में दामोदर नदी की धारा के कारण अलग हो गए। हजारीबाग के पठार की ऊँचाई 1,000 फीट है।

छोटानागपुर का निचला पठार धरातलीय है, जो संप्राय है। इसकी ऊँचाई 350 फीट है और यह बोकारो, हजारीबाग, गिरिडीह, धनबाद और सिंहभूम जिले में फैला हुआ है। यह खनिजपूर्ण पठार है।

अपरदित मैदानी भूभाग नदी-घाटियों का भूभाग है और समतल निम्न मैदानी भाग का क्षेत्र है। इन चट्टानों में ग्रेनाइट और नीस की प्रचुर मात्रा है। दामोदर बेसिन और राजमहल की पहाड़ी इसी निम्न क्षेत्र में स्थित हैं।

भूवैज्ञानिकों ने स्वीकार किया है कि झारखंड की चट्टानों में प्राचीन काल से अब तक हुए भौगोलिक परिवर्तन के स्पष्ट प्रमाण मिलते हैं।

इसकी औसत ऊँचाई 620 मीटर मिलती है, लेकिन कुछ भाग 3800 फीट से भी अधिक ऊँचे हैं, तो कुछ क्षेत्र 250 फीट से भी कम ऊँचे हैं। झारखंड प्राचीनतम पठार का भाग है। अतः लंबे अपरदन एवं उत्थान के कारण यहाँ अत्यधिक कटे-फटे एवं ऊँचे-नीचे धरातल, अवशिष्ट पहाड़ियों, भ्रंश कगारों, दरार घाटियों आदि का विकास हुआ है। झारखंड के उच्चावच संबंधी शोध से स्पष्ट होता है कि झारखंड एक पठार नहीं वरन् पठारों के क्रम के रूप में फैला हुआ है तथा प्रत्येक पठार भ्रंश कगारों द्वारा एक-दूसरे से पृथक् है। 500 फीट की सम्मोच्च रेखा इसे बिहार के मैदान से पृथक करती है।

उच्चावच के दृष्टिकोण से झारखंड को निम्नवत् प्रमुख इकाइयों में विभाजित किया जा सकता है-

पाट प्रदेश-झारखंड का सबसे पश्चिमी एवं सबसे ऊँचाई वाला भाग पाट प्रदेश के नाम से जाना जाता है। इसका विस्तार पलामू, गढ़वा, लोहरदगा तथा उत्तरी गुमला में मिलता है। इसकी औसत ऊँचाई 2,500-2,600 फीट है। नेतरहाट सबसे ऊँचा क्षेत्र है, जिसकी ऊँचाई 3514 फीट (1070 मीटर) है। पाट वस्तुतः एक स्थानीय नामकरण है, जो सपाट चोटियों से युक्त पहाड़ियों को इंगित करता है।

राँची तथा हजारीबाग का पठार-पाट प्रदेश के पूर्व में समान ऊँचाई (औसत ऊँचाई 2,000 फीट) के दो पठार राँची पठार और हजारीबाग पठार पाए जाते हैं। ये दोनों पठार दामोदर घाटी द्वारा एक-दूसरे से अलग हैं।

बाहरी छोटानागपुर का पठार-इसकी औसत ऊँचाई 1,000 फीट पाई जाती है, परंतु झारखंड की सबसे ऊँची चोटी पारसनाथ की पहाड़ी 4,480 फीट (1,365 मीटर) इसी में है।

राजमहल की पहाड़िया-यह संथाल परगना में 500-1,000 फीट ऊँचा लावा से निर्मित क्षेत्र है।

चाईबासा का मैदान-यह उत्तर में दालमा, पूरब में ढालभूम, पश्चिम में सारंडा और दक्षिण में कोल्हान श्रेणी से घिरा है। यह क्षेत्र लगभग 500 फीट ऊँचा है।

झारखंड की जलवायु

झारखंड को मौसम वैज्ञानिकों ने जलवायु के आधार पर पर्याप्त आर्द्रता और अधिक वर्षा वाला क्षेत्र माना है। उष्णकटिबंधीय क्षेत्र होने के बाद भी ऊँचा पठारीय क्षेत्र होने से जलवायु में उतार-चढ़ाव होते रहते हैं। यहाँ तीन प्रकार की ग्रीष्म, वर्षा एवं शीत ऋतु पाई जाती हैं।

ग्रीष्म ऋतु

यह ऋतु 15 मार्च से 15 जून तक रहती है। इस ऋतु में झारखण्ड का औसत तापमान 290 सेंटीग्रेड से 430 सेंटीग्रेड तक हो जाता है। इस उच्च तापमान का कारण सूर्य का उत्तरायण होना, दिन की लंबाई बढ़ना और सूर्याताप का बढ़ते जाना है। बढ़ते तापमान के कारण पठार के उत्तरी-पूर्वी भाग में निम्नदाब उत्पन्न हो जाता है। इस ऋतु में आर्द्रता कम होने लगती है।

वर्षा ऋतु

15 जून से 15 अक्तूबर तक वर्षा ऋतु रहती है। इस समय वर्षा अधिक होती है। यद्यपि प्रारंभ में ग्रीष्मकालीन प्रभाव रहता है, लेकिन वर्षा बढ़ने के साथ ही मौसम में परिवर्तन होने लगता है। क्षेत्रीय विषमताओं के कारण यहाँ वर्षा में भी भिन्नता पाई जाती है। यहाँ ऊँचे क्षेत्रों में अधिक वर्षा होती है। वर्षा की मात्रा दक्षिण से उत्तर और पूरब से पश्चिम की ओर कम होती जाती है। सर्वाधिक वर्षा वाला स्थान नेतरहाट (लातेहार) है।

शीत ऋतु

अक्टूबर के उत्तरार्द्ध से ही सर्दियाँ प्रारंभ हो जाती हैं और फरवरी के अंत तक रहती हैं। सर्दी का प्रभाव पूर्णतया मार्च के पहले सप्ताह में ही समाप्त हो जाता है, जब धीरे-धीरे ग्रीष्म ऋतु का आगमन होता है। यहाँ का सबसे ठंडा स्थान नेतरहाट है। यहाँ का तापमान जनवरी में 7.50 से.ग्रे. से भी नीचे चला जाता है। यहाँ की अपेक्षा मैदानी इलाकों में ठंड कम होती है। छोटानागपुर की जलवायु को मौसम वैज्ञानिकों ने सात भागों में विभाजित किया है। अयोध्या प्रसाद ने इन सात जलवायु क्षेत्रों का वर्णन अपनी पुस्तक में किया है, जो निम्न है -

- उत्तरी व उत्तर-पश्चिमी जलवायु क्षेत्र।
- मध्यवर्ती जलवायु क्षेत्र।
- पूर्वी संथाल परगना (डेल्टाई प्रभाव क्षेत्र)।
- पूर्वी सिंहभूम (सागरीय प्रभाव वाला जलवायु क्षेत्र)।
- दक्षिण-पश्चिमी वर्षा क्षेत्र।
- राँची और हजारीबाग पठार का जलवायु क्षेत्र।
- पाट जलवायु क्षेत्र।

उत्तरी एवं उत्तर-पश्चिमी जलवायु क्षेत्र

यह जलवायु क्षेत्र चतरा, गढ़वा, पलामू और हजारीबाग जिले सहित गिरिडीह जिले के मध्यवर्ती भाग में है। इन क्षेत्रों में इस जलवायु से ग्रीष्मकाल में अधिक गरमी और शीतकाल में अधिक ठंड बन जाती है। देवघर, दुमका और गोड्डा के पश्चिमी भाग में भी इसका प्रभाव देखने को मिलता है। जब ठंड ज्यादा हो जाती है, तब पाले की स्थिति पैदा हो जाती है। वर्षा अपेक्षाकृत कम ही होती है।

मध्यवर्ती जलवायु क्षेत्र

इस क्षेत्र में वर्षा 50-60 से.मी. होती है। तेज हवाओं का आगमन होने से लू तथा तेज आँधी भी इस क्षेत्र में यदा-कदा चलती रहती है, लेकिन इसका प्रभाव कोई अधिक नहीं होता। इसमें हजारीबाग, बोकारो और धनबाद शामिल हैं।

पूर्वी संथाल जलवायु क्षेत्र

इस क्षेत्र में सापेक्षिक आर्द्रता अधिक होती है, क्योंकि यहाँ औसत वर्षा 60 से.मी. से भी अधिक हो जाती है। राजमहल की पहाड़ियाँ उष्ण पश्चिमी वायु और बंगाल की खाड़ी की आर्द्र वायु के बीच दीवार बनकर खड़ी हो जाती हैं। गर्मियों में ये अधिक वर्षा का कारण भी बनती हैं।

सागरी प्रभाव वाला जलवायु क्षेत्र

इस क्षेत्र में औसत वर्षा 55 सेमी. से 60 से.मी. तक होती है। यहाँ शीतकाल की अवधि कम होती है। स्वर्णरेखा घाटी, चाईबासा और पंचपरगना के समतल मैदानों में इसका विस्तार होता है। समुद्र का समीपवर्ती होने के कारण यह नार्वेस्टर से भी प्रभावित क्षेत्र है। इसे झारखंड में सबसे अधिक वर्षा वाला क्षेत्र माना जाता है।

दक्षिण-पश्चिमी जलवायु क्षेत्र

पश्चिमी सिंहभूम का दक्षिणी क्षेत्र, जिसमें कोयल व शंख नदी हैं, इस जलवायु के विस्तार क्षेत्र हैं। यहाँ पहाड़ी क्षेत्र के कारण समुद्री हवाओं का आगमन नहीं

हो पाता। इसी कारण यहाँ शुष्कता रहती है और यह शुष्कता सघन वन क्षेत्रों के कारण गरमी पैदा करती है। यहाँ वार्षिक वर्षा औसत रूप में 60 से.मी. होती है।

राँची और हजारीबाग जलवायु क्षेत्र

यहाँ गर्मियों में तापमान अधिक रहता है और रातें अपेक्षाकृत ठंडी रहती हैं। यहाँ मानसून का आगमन जून के उत्तरार्द्ध में होता है और तापमान में निरंतर कमी होती रहती है। दिसंबर और जनवरी के मध्य ठंडी हवाएँ चलती हैं। 2,000 फीट की ऊँचाई के कारण गरम पश्चिमी मैदानी हवाएँ इस क्षेत्र में नहीं आ पातीं और यह क्षेत्र लू व आँधी से मुक्त रहता है।

पाट जलवायु क्षेत्र

वनों की सघनता और क्षेत्र की ऊँचाई अधिक होने से यहाँ वर्षा अधिक होती है और मौसम सुखद रहता है। इस क्षेत्र में बाँगडू और नेतरहाट आदि क्षेत्र आते हैं।

मौसम अध्ययन के अनुसार, ग्रीष्मकालीन तापमान जमशेदपुर में सर्वाधिक और हजारीबाग में सबसे कम रहता है। राज्य भर में वार्षिक वर्षा का औसत 1,200 मि.मी. है। इससे कई क्षेत्रों में बाढ़ की स्थिति भी पैदा हो जाती है। वर्षा के असमान वितरण और कहीं-कहीं अधिकता से कृषि को हानि भी पहुँचती है। राज्य में जिलेवार वर्षा का विवरण कृषि निदेशालय, झारखंड के अनुसार सन् 2014 में आँका गया, जिसका वर्णन इस प्रकार है—

झारखंड में वर्षा की स्थिति—वर्ष 2014

जिला	वर्षा की मात्रा (मी.मी.)	जिला	वर्षा की मात्रा (मी.मी.)
राँची	831.4	गिरिडीह	822.4
खूँटी	957.6	बोकारो	903.9
हजारीबाग	916.8	धनबाद	730.9
कोडरमा	1046.4	गुमला	844.8
रामगढ़	537.8	सिमडेगा	1141.5
चतरा	695.5	लोहरदगा	717.5
दुमका	601.4	पूर्वी सिंहभूम	897.9
जामताड़ा	897.9	पश्चिमी सिंहभूम	995.0
देवघर	1,003.0	सरायकेला-खरसावाँ	942.6
गोड्डा	754.3	पलामू	474.09
साहेबगंज	752.5	गढ़वा	476.3
पाकुड़	992.9	लातेहार	806.5

(स्रोत : कृषि विभाग : 2014)

उपर्युक्त सारणी से स्पष्ट होता है कि **सिमडेगा में वर्षा सबसे अधिक** और **कोडरमा में सबसे कम होती है**। यद्यपि कुछ वर्षों में वर्षा की न्यूनता भी रही है, जिससे राज्य में सूखे की स्थिति भी उत्पन्न हुई। जलवायु के आधार पर झारखंड में प्राकृतिक वर्षा पर्याप्त होती है, लेकिन प्राकृतिक वनों के कटाव से इनमें कमी आ रही है, जबकि कुछ क्षेत्रों में अतिवृष्टि भी होती है।

जल संसाधन एक प्राकृतिक वरदान है, जिसके अभाव में जैवमण्डल का विकास संभव नहीं है। झारखंड का कुल जल संसाधन 28,781 मिलियन घन मीटर अनुमानित है, जिसका 82.7 प्रतिशत (23,789 मिलियन घन मीटर) सतही जल संसाधन के रूप में है। 17.3 प्रतिशत (4,992 मिलियन घन मीटर) भूमिगत जल के रूप में है। झारखंड के लिए जल संसाधन का संरक्षण अनिवार्य है, क्योंकि यहाँ औसत वार्षिक वर्षा 125 से 150 से.मी. के बीच होती है। खनन, औद्योगिकीकरण एवं शहरीकरण के कारण जंगलों का विनाश तेजी से हुआ है। यह राज्य पहाड़ी सतह का क्षेत्र है। इसी कारण इसमें वर्षा का जल ठहर नहीं पाता है। अत: भूमिगत जल का भंडार काफी सीमित है। यही कारण है कि नदियाँ तथा नदी घाटियाँ राज्य में जल के मुख्य भंडार और स्रोत का कार्य करती हैं। झारखंड की अधिकतर नदियाँ मौसमी हैं। अत: वर्षाकाल में यहाँ की नदियों में पर्याप्त जल उपलब्ध रहता है। इसके विपरीत, ग्रीष्मकाल में दामोदर तथा स्वर्णरेखा को छोड़कर अन्य नदियाँ जलविहीन हो जाती हैं या उनमें जल की मात्रा बहुत ही कम पाई जाती है।

झारखंड की प्रमुख नदियाँ

राज्य की प्रवाह प्रणाली को दो वर्गों में विभाजित किया जा सकता है-

1. गंगा में मिलने वाली नदियों की प्रवाह प्रणाली,
2. दक्षिण में बहने वाली नदियों की प्रवाह प्रणाली।

झारखंड की प्रमुख नदियों में दामोदर, उत्तरी कोयल, स्वर्णरिखा, शंख, दक्षिणी कोयल, अजय तथा मोर हैं। उत्तरी कोयल तथा दामोदर प्रथम वर्ग में शामिल नदियाँ हैं। स्वर्ण रेखा, शंख, दक्षिणी कोयल दूसरे वर्ग में शामिल नदियाँ हैं। इन दोनों के बीच स्थित जल विभाजक झारखंड के लगभग मध्यवर्ती भाग में पूर्व से पश्चिम दिशा की ओर फैला है।

झारखंड की प्रमुख नदियों का वर्णन निम्न प्रकार है-

सोन नदी

मैकाल पर्वत के अमरकंटक पठार से निकली यह नदी पटना के निकट गंगा नदी में मिलने से पूर्व 780 कि.मी. की दूरी तय करती है। क्षेत्र विशेष में इसे अन्य नामों से भी पुकारा जाता है, जैसे—सोनभद्र, हिरण्यवाह। यह अपने उद्गम से निकलकर उत्तर की ओर बहती है और उत्तर-पूर्वी क्षेत्रों से होकर पूरब हो जाती है। यह झारखंड के लिए 45 कि.मी. लंबी सीमा बनाती है। अमरकंटक से आते-आते इसका प्रवाह पूरब हो जाता है। यह नदी झारखंड की उत्तर-पश्चिमी छोर पर सीमा का निर्माण करती है। यह पलामू की उत्तरी सीमा बनाती हुई प्रवाहित होती है। इसकी एक विशाल सहायक नदी उत्तरी कोयल है, जिसका उद्भव पठारी भूखंड से ही हुआ है। इस नदी का दूसरा नाम हिरण्यवाह भी है, क्योंकि इसमें सोने के कण इसके सुनहली रेत में पाए जाते हैं। इसका महत्त्व झारखंड के लिए सिर्फ सीमा के रूप में ही है।

दामोदर नदी

झारखंड में प्रवाहित होने वाली सबसे लंबी नदी दामोदर छोटानागपुर के पठार में पलामू क्षेत्र से निकलकर वनक्षेत्र से होती हुई हजारीबाग और मानभूम के रास्ते आगे बढ़ती है।

इस नदी का उद्गम स्थल पलामू जिले में है। दामोदर नदी 'देवनद' नाम से प्राचीन साहित्य में उपलब्ध है। यह पलामू जिले से निकलकर हजारीबाग, गिरिडीह, धनबाद होते हुए बंगाल में प्रवेश करती है, जहाँ रानीगंज, आसनसोल औद्योगिक क्षेत्र से होती हुई दुर्गापुर से वर्द्धमान और बाँकुड़ा जिले की सीमा में प्रवेश कर जाती है। हजारीबाग से वर्द्धमान जिले तक इस नदी की धारा काफी तेज होती है। दामोदर बाँकुड़ा के निकट से होती हुई यह हुगली के साथ

मिलकर बंगाल की खाड़ी में मिल जाती है। इस नदी की लंबाई 290 कि.मी. है। दामोदर की सहायक नदियों में कोनार, बोकारो और बराकर प्रमुख हैं। ये नदियाँ गिरिडीह, हजारीबाग और बोकारो जिले में हैं। दामोदर नदी धनबाद के जिस स्थल में प्रवेश करती है, वहीं पर इसमें जमुनिया नदी आ मिलती है। जमुनिया नदी तट की पश्चिमी सीमा गिरिडीह जिले के साथ सीमा-निर्माण करती है। इससे पूर्व में दामोदर से कतरी नदी मिलती है, जो पारसनाथ के पादप प्रदेश से निकलती है तथा चीरकुंडा के पास दामोदर में बराकर नदी मिलती है। इसी बराकर नदी पर मैथन डैम बना हुआ है।

स्वर्णरिखा नदी

यह नदी भी छोटानागपुर के पठारी भू-भाग से राँची जिले के नगड़ी गाँव से बहती हुई उड़ीसा में प्रवेश करती है। राँची जिले से बहती हुई स्वर्णरिखा पूर्वी सिंहभूम जिले में प्रवेश करती है। यहाँ से यह उड़ीसा राज्य में चली जाती है। यह मौसमी नदी मुख्यतः बरसाती है। वर्षाकाल में यह पानी से भरी रहती है। इसके सुनहरी रेत में सोना मिलने की संभावना के कारण ही इसे 'स्वर्णरिखा' नदी कहा जाता है। यद्यपि इससे सोना प्राप्त नहीं होता, क्योंकि यह रेत के कणों में अल्पांश ही होता है। पठारी भाग की चट्टानों वाले प्रदेश से प्रवाहित होने के कारण स्वर्णरिखा नदी तथा इसकी सहायक नदियाँ गहरी घाटियां तथा जल प्रपात का निर्माण करती हैं। यह राँची से 28 कि.मी. उत्तर-पूर्व दिशा में हुंडरू जलप्रपात बनाती है, जहाँ से यह 320 फीट की ऊँचाई से गिरती है। राढू (राँची) इसकी सहायक नदी है, जो होरहाप से निकलकर सिल्ली से दक्षिण तोरांग रेलवे स्टेशन से दक्षिण-पश्चिम में मिलती है। यह नदी मार्ग में जोन्हा के पास एक जलप्रपात का निर्माण करती है, जो 150 फीट की ऊँचाई पर है। यह जलप्रपात 'गौतम धारा' के नाम से जाना जाता है। इसकी एक प्रमुख सहायक नदी काँची है, जो राढू के संगमस्थल से दक्षिण में मिलती है। यह भी तौमार से दक्षिण में दशम जलप्रपात का निर्माण करती है, जिसकी ऊँचाई 144 फीट है। स्वर्णरिखा नदी की एक विलक्षण विशेषता यह है कि उद्‌गम से लेकर सागर में मिलने तक यह किसी की सहायक नदी नहीं बनती है। यह सीधे बंगाल की खाड़ी में गिरती है। इसकी तीन प्रमुख सहायक नदियां राढू, काँची और खरकई हैं, जो पूरब दिशा से बहती हुई इसमें आ मिलती हैं।

बराकर नदी

यह भी बरसाती नदी है, जो छोटानागपुर के पठार से निकलकर हजारीबाग, गिरिडीह, धनबाद और मानभूम में जाकर दामोदर नदी में मिल जाती है। यह बरसात में उमड़कर बहती है और फिर मंद गति से अपना अस्तित्व बनाए रहती है। इस नदी पर दामोदर घाटी परियोजना के अंतर्गत मैथन बाँध बनाया गया है, जिससे बिजली का उत्पादन किया जाता है। इस नदी का उल्लेख बौद्ध एवं जैन धार्मिक ग्रंथों में हुआ है। गिरिडीह के नजदीक इस नदी के तट पर बराकर नामक स्थान है, जहाँ जैन मंदिर है। मैथन के पास बराकर नदी के तट पर कल्याणेश्वरी नामक देवी का मंदिर है।

उत्तरी कोयल

यह नदी राँची के पठार से निकलकर पाट क्षेत्र में ढालों पर घूमती हुई उत्तर की ओर प्रवाहित होती है। अपनी यात्रा में यह औरंगा और अमानत नदियों को भी स्वयं में विलीन कर लेती है तथा साथ ही कई छोटी नदियों को समाहित करते हुए 255 कि.मी. की पहाड़ी एवं मैदानी दूरी तय कर सोन नदी में मिल जाती है। औरंगा और अमानत नदी इसकी सहायक नदियाँ हैं। यह नदी गरमी के मौसम में सूख जाती है, लेकिन वर्षा के दिनों में बाढ़ के साथ उमड़कर बहने लगती है। बूढ़ा नदी महुआ डांड क्षेत्र से निकलकर सेरेंगदाग पाट के दक्षिण में इससे मिलती है। इन दोनों नदियों के मिलन का महत्त्व बूढ़ाघाघ जलप्रपात के कारण बढ़ जाता है। इस बूढ़ाघाघ जलप्रपात की ऊँचाई 142 मीटर है।

दक्षिणी कोयल

यह नदी राँची के निकट नगड़ी गाँव की पहाड़ी से पश्चिम में बहती हुई लोहरदगा पहुँचती है और फिर उत्तर-पूर्वी होकर दक्षिणावर्त हो जाती है। फिर यह गुमला जिले से होकर सिंहभूम के रास्ते शंख नदी में जा मिलती है। लोहरदगा से 8 कि.मी. उत्तर-पूरब में यह दक्षिण दिशा की ओर मुड़ जाती है और यह लोहरदगा तथा गुमला जिले से होते हुए सिंहभूम में प्रवेश कर जाती है। अंत में यह नदी गंगापुर के पास शंख नदी में मिल जाती है। इसकी सबसे बड़ी सहायक नदी कारो है। इसी स्थान पर 'कोयलाकारो परियोजना' का निर्माण किया गया है।

कन्हर नदी

यह नदी राज्य के उत्तर-पश्चिमी क्षेत्र में पलामू की दक्षिण-पश्चिमी सीमा का निर्माण करती हुई उत्तर की ओर बहती है। कन्हर नदी सरगुजा को पलामू से 80 कि.मी. तक बाँटती है। इस नदी की उत्पत्ति सरगुजा से होती है, लेकिन यह नदी गढ़वा में भंडरिया प्रखंड में प्रवेश करती है। यह रंका प्रखंड की पश्चिमी सीमा से होती हुई धुर्की प्रखंड में प्रवेश करती है। यह नदी पश्चिम की ओर मुड़कर उत्तर प्रदेश में प्रवेश कर जाती है।

फल्गु नदी

यह नदी भी छोटानागपुर पठार के उत्तरी भाग से निकलती है। अनेक छोटी-छोटी सरिताओं के मिलने से इस नदी की मुख्य धारा बनती है, जिसे **'निरंजना'** भी कहते हैं। इसको **'अंत:सलिला या लीलाजन'** भी कहते है। बोधगया के पास मोहना नामक सहायक नदी से मिलकर यह विशाल रूप धारण कर लेती है। गया के निकट इसकी चौड़ाई सर्वाधिक पाई जाती है। पितृपक्ष के समय देश के विभिन्न भागों से लोग फल्गु स्नान के लिए आते हैं और पिंडदान करते हैं।

सकरी नदी

यह नदी भी छोटानागपुर से निकलकर हजारीबाग, पटना, गया और मुंगेर जिलों से होकर प्रवाहित होती है। झारखंड से निकलकर यह उत्तर-पूरब की ओर बहती हुई किउल और मोरहर नदियों के साथ मिलकर गंगा के ताल क्षेत्रों में बिखर जाती है। 'रामायण' में इस नदी को **'सुमागधी'** के नाम पुकारा गया है। उस काल में यह नदी राजगीर के निकट से प्रवाहित होती थी। यह नदी अपना मार्ग बदलने के लिए प्रसिद्ध है।

पुनपुन नदी

झारखंड में पुनपुन एवं उसकी सहायक नदियों का उद्‌भव हजारीबाग के पठार व पलामू के उत्तरी क्षेत्रों से होता है। यह तथा इसकी सहायक नदियाँ उत्तरी कोयल प्रवाह क्षेत्र के उत्तर से निकलकर सोन के समानांतर बहती हैं। पुनपुन का महत्व हिन्दू धर्म में बहुत अधिक है। इस नदी को पवित्र नदी के रूप में पूजा जाता है। पुनपुन नदी को **'कीकट नदी'** भी कहा जाता है, लेकिन इसे

कहीं-कहीं '**बमागधी**' भी कहा जाता है। गंगा में मिलने से पूर्व इसमें दरधा और मोरहर नामक सहायक नदियां भी आ मिलती हैं।

चानन नदी

इसे '**पंचाने**' भी कहा जाता है। वास्तव में इसका नाम '**पंचानन**' है, जो कालांतर में '**चानन**' बन गया। यह नदी पाँच जलधाराओं के मेल से विकसित हुई है, इसलिए इसे '**पंचानन**' कहा गया है। छोटानागपुर पठार से इसकी सभी धाराएँ निकलती हैं तथा पैमार, तिलैया, घरांजे, महाने सभी धाराएँ राजगीर की पहाड़ी के अवरोध के कारण एक साथ गिरियक के निकट मिलती हैं। यहाँ से यह बिहार शरीफ की ओर बढ़ती है।

शंख नदी

शंख नदी नेतरहाट पठार के पश्चिमी छोर में उत्तरी कोयल के विपरीत बहती है। पाट क्षेत्र के दक्षिणी छोर से इसका उद्गम होता है। यह गुमला जिले के रायडीह के दक्षिण से प्रारंभ होती है। यह नदी प्रारंभ में काफी सँकरी एवं गहरी खाई का निर्माण करती है। मार्ग में यह राजाडेरा के पास 200 फीट ऊँचा जलप्रपात बनाती है, जो '**सदनीघाघ जलप्रपात**' के नाम से जाना जाता है।

अजय नदी

इस नदी का उद्गम क्षेत्र मुँगेर है, जहाँ से प्रवाहित होती हुई यह देवघर जिले में प्रवेश करती है। यहाँ से यह दक्षिण-पूर्वी दिशा में बढ़ती हुई प्रवाहित होती है। पश्चिम से आकर इसमें पथरो नदी मिलती है। आगे चलकर इसमें जयंती नदी आ मिलती है। ये दोनों सहायक नदियाँ हजारीबाग, गिरिडीह जिले से निकलती हैं। अजय नदी जामताड़ा जिले में कजरा के पास प्रवेश करती है। संथाल परगना के दक्षिणी छोर में यह नदी कुसवेदिया से अफजलपुर तक प्रवाहित होती है।

मोर या मयूराक्षी नदी

यह नदी देवघर जिले के उत्तर-पूर्वी किनारे पर स्थित त्रिकुट पहाड़ी से निकलती है। यह दुमका जिले के उत्तर-पश्चिमी भाग में प्रवेश करती है। यह दक्षिण-पूर्व दिशा में बहती हुई आमजोरा के पास दुमका से अलग होती है। झारखंड से निकालकर यह बंगाल में सैंथिया रेलवे स्टेशन के पास गंगा में मिल जाती है। यह नदी अपने ऊपरी प्रवाह क्षेत्र में '**मोतिहारी**' के नाम से भी जानी जाती है। यह भूरभूरी नदी के साथ मिलकर '**मोर**' के नाम से पुकारी जाती है। इसका दूसरा नाम '**मयूराक्षी**' है। इसकी प्रमुख सहायक नदियों में टिपरा, पूसरो, भामरी, दौना, धोवाई आदि प्रमुख हैं। इस नदी पर कनाडा के सहयोग से मसानजोर डैम का निर्माण किया गया है। इस डैम को **कनाडा डैम** भी कहा जाता है।

गुमानी नदी

यह राजमहल की पहाड़ियों से निकलकर उत्तर-पूर्वी खड्ड का निर्माण करती है। बरहैत में इससे मेरेल नदी आकर मिलती है, जहाँ से गुमानी पूरब की दिशा में बहती हुई तेजी से दक्षिण की ओर मुड़ जाती है। झारखंड की सीमा को पार कर यह गंगा में मिल जाती है।

ब्राह्मणी नदी

दुमका जिले के उत्तर में स्थित दुधवा पहाड़ी से इस नदी का उद्गम होता है। यह नदी दामिन-ए-कोह में झिलीमिली और मोसनिया होते हुए बहती है। यह दरिन मौलेश्वर के पास दुमका जिले को छोड़कर झारखंड से बाहर निकलती हुई नलहाती रेलवे स्टेशन के पास गंगा में मिल जाती है। ब्राह्मणी नदी की प्रमुख सहायक नदियों में गुमरो और एरो हैं।

बांसलोई नदी

यह नदी गोड्डा जिले के पास बांस पहाड़ी से निकलती है। यह पूर्व की ओर बहती हुई दुमका जिले की उत्तरी सीमा बनाती हुई उसे गोड्डा और पाकुड़ से अलग करती है। यह महेशपुर में झारखंड को छोड़ती है। यह नदी मुराराई रेलवे स्टेशन के पास गंगा में मिल जाती है।

बूढ़ा नदी

यह नदी महुआटाँड़ क्षेत्र से निकलकर सरेंदाग पाट के दक्षिण में उत्तरी कोयल से मिल जाती है। बूढ़ाघाघ जलप्रपात इसी नदी पर स्थित है, जो झारखंड का सबसे ऊँचा जलप्रपात है।

औरंगा नदी

यह नदी उत्तरी कोयल की सहायक नदी है। यह नदी लोहरदगा जिले के किस्को प्रखंड के उल्दाग गाँव के पास से निकलती है। यहाँ से आगे बढ़ने पर इसकी सहायक नदियाँ घाघरी, गोवा, नाला, धधारी, सुकरी आदि इससे मिलती हैं। औरंगा नदी मनिका के दक्षिणी भाग से प्रवाहित होती हुई आगे लेस्लीगंज और बरवाडीह प्रखंडों की सीमा बनाती हुई कोयल नदी में मिल जाती है।

अमानत नदी

यह नदी उत्तर कोयल की सहायक नदी है। यह करीब 100 किलोमीटर की लंबी दूरी तय कर कोयल नदी में मिलती है। यह चतरा जिले से आरंभ होकर बालूमाथ की उत्तरी सीमा बनाती हुई पाँकी प्रखंड में प्रवेश करती है। इसके आगे लेस्लीगंज, पाटन की सीमा बनाते हुए डाल्टनगंज से उत्तर में यह कोयल नदी में मिल जाती है। इसकी प्रमुख सहायक नदियां जिंजोई, माइला, जमुनिया, खैरा, चाको, सलाही व पाटन हैं।

मुहाने नदी

मुहाने या मोहिनी फल्गु नदी की सहायक नदी है। यह नदी हजारीबाग से 20 किलोमीटर उत्तर-पश्चिम के बक्सा में दक्षिण से निकलती है। यह बोधगया में दक्षिण से पूर्व फल्गु में मिल जाती है। इस नदी में तमाशीन, चानी और वरंडी के पास डैम साइट है।

तिलैया नदी

यह नदी कोडरमा के पवड़ से निकलती है। आगे चलकर नवादा क्षेत्र होकर बहती है।

हरमू नदी

हरमू नदी राँची के नगड़ी प्रखंड के पास से निकलकर कुल 14 किलोमीटर की यात्रा तय कर नामकुम में स्वर्णरेखा नदी में जा मिलती है।

कांची नदी

यह नदी राँची जिले के तमाड़ इलाके से निकलती है। सिल्ली होते हुए यह मूरी में स्वर्णरेखा नदी में जाकर मिल जाती है।

तजना नदी

तजना नदी बुंडू-तमाड़ क्षेत्र से निकलकर खूँटी जिले से होते हुए कारो नदी में जाकर मिल जाती है। तजना नदी के किनारे खूँटी में असुर सभ्यता के अवशेष भी पाए जाते हैं।

रोरो नदी

यह नदी पश्चिमी सिंहभूम जिले के रोसे पवड़ियों से निकलती है। इसकी कुल लंबाई 58 किलोमीटर है। इसकी सहायक नदी जमीरा है। इसके किनारे चाईबासा शहर बसा हुआ है।

वैतरिणी नदी

वैतरिणी नदी झारखंड के कोल्हान एवं उड़ीसा के क्योंझर के बीच सीमा बनाती है। जैतगढ़ से 12 किलोमीटर पश्चिम में इस नदी में एक जलप्रपात, जलाशय एवं रामतीर्थ है।

देव नदी

यह नदी गम्हरिया पठार (सरायकेला-खरसावाँ) के पश्चिमी भाग में कोल्हान से निकलकर लगभग 100 किलोमीटर चलकर दक्षिण कारो नदी में मिल जाती है। इसकी सहायक नदी फुलगरा है।

काइना नदी

काइना नदी सारंडा के दक्षिण-पूर्व से निकलकर दक्षिण कोयल नदी में मिल जाती है। इसकी लंबाई करीब 100 किलोमीटर है। हिरणीघाघ जलप्रपात राँची-चाईबासा मार्ग पर 72 किलोमीटर की दूरी पर जंगल के बीचोबीच एक मनोरम स्थल है।

गंगा नदी

गंगा नदी झारखंड की सीमारेखा को सबसे पहले संथाल परगना के साहेबगंज जिला में तेलियागढ़ी से कुछ कि.मी. पश्चिम में छूती और पूर्व दिशा में प्रवाहित हुई होती दक्षिण-पूर्व की ओर मुड़ जाती है। यह नदी साहेबगंज जिले में 80 कि.मी. की दूरी तय करती है।

प्रमुख जलप्रपात, झीलें और बाँध

झारखंड की भौगोलिक संरचनाओं में यहाँ के जलप्रपात, झील और बाँध विशेष महतव रखते हैं। ये झारखंड के दर्शनीय पर्यटक स्थल भी हैं। यहाँ इनका संक्षिप्त विवरण प्रस्तुत है—

उसरी जलप्रपात

यह जलप्रपात गिरिडीह जिले में गिरिडीह-टुंडी मार्ग पर शहर से लगभग 13 किलोमीटर की दूरी पर स्थित है। उसरी नदी की धारा से बना होने के कारण इस जलप्रपात को **'उसरी जलप्रपात'** कहा जाता है। यह जलप्रपात अन्य की तुलना में काफी छोटा है, लेकिन आस-पास में घना जंगल होने के कारण यहाँ का दृश्य मनोहर एवं रोमांचकारी प्रतीत होता है। इस जलप्रपात की एक विशेषता यह है कि यहाँ नदी का जल कुछ ऊपर उठकर नीचे की ओर गिरता है। यहाँ वर्ष भर पर्यटकों का आना-जाना लगा रहता है।

कांति जलप्रपात

यह जलप्रपात चंदवा-कुडू मार्ग पर सेन्हा गाँव से लगभग 6 किलोमीटर की दूरी पर स्थित है। इसके निकट ही हरा-भरा जंगल है। मनोहर हरियाली और मुख्य मार्ग से कम दूरी पर होने के कारण यह जलप्रपात लोगों के लिए अच्छा 'पिकनिक स्पॉट' बन गया है।

जोन्हा जलप्रपात (गौतम धारा जलप्रपात)

यह जलप्रपात राँची-पुरुलिया मार्ग पर राढ़ू नदी पर स्थित है। जोन्हा गाँव के निकट होने के कारण इसका नाम **'जोन्हा जलप्रपात'** पड़ा। इसकी ऊँचाई लगभग 150 फीट है। दिसंबर से फरवरी महीने तक यहाँ का दृश्य बड़ा विहंगम होता है। यह स्थान अत्यंत गहराई में स्थित होने के कारण यहाँ नीचे उतरने के लिए पक्की सीढ़ियाँ बनी हुई हैं।

दशम जलप्रपात

यह जलप्रपात राँची-जमशेदपुर मार्ग पर राँची से लगभग 40 किलोमीटर की दूरी पर स्थित है। लगभग 144 फीट की ऊँचाई से इसकी जलधारा जिस स्थान पर गिरती है, उसकी गहराई बहुत अधिक है। कहा जाता है कि ऊँचाई से गिरने के बाद इसकी जलधारा 10 धाराओं में बँट जाती है। इसी कारण इसका नाम **'दशम जलप्रपात'** पड़ा। राँची के बुंडू प्रखंड के निकट यह जलप्रपात तैमारा घाटी में काँची नदी पर स्थित है।

पंचघाघ जलप्रपात

यह जलप्रपात चाईबासा मार्ग पर खूँटी से लगभग 14 किलोमीटर की दूरी पर स्थित है। यहाँ ऊँचाई से गिरकर जलधारा पाँच धाराओं में बँट जाती है। इसी कारण इसका नाम 'पंचघाघ जलप्रपात' पड़ा। दिसंबर से फरवरी माह तक यहाँ का दृश्य अत्यंत मनोहर होता है।

बूढ़ा घाघ जलप्रपात

यह जलप्रपात महुआ डाँड़ से लगभग 14 किलोमीटर की दूरी पर स्थित है। यह झारखंड का सबसे ऊँचा जलप्रपात है, जिसकी ऊँचाई 143 मीटर है। इसे **'लोधा जलप्रपात'** के नाम से भी जाना जाता है।

सुखलदरी जलप्रपात

यह जलप्रपात नगर उँटारी से लगभग 35 किलोमीटर दक्षिण में कन्हर नदी पर स्थित है। इसकी जलधारा लगभग 100 फीट की ऊँचाई से गिरते हुए बड़ा ही नयनाभिराम दृश्य उपस्थित करती है।

हुंडरू जलप्रपात

यह जलप्रपात राँची जिले के अनगड़ा प्रखंड में राँची से लगभग 32 किलोमीटर की दूरी पर स्थित है। स्वर्णरेखा नदी पर स्थित इस जलप्रपात की ऊँचाई लगभग 98 मीटर (322 फीट) है। यह राँची का निकटवर्ती और सुप्रसिद्ध जलप्रपात है। यह झारखंड का दूसरा सबसे ऊँचा और भारत का 21वाँ सबसे ऊँचा जलप्रपात है।

हिरणी जलप्रपात

यह जलप्रपात खूँटी-चाईबासा मार्ग पर मुरहू बाजार से कुछ आगे बाईं ओर स्थित है। यद्यपि इसकी जलधारा अधिक ऊँचाई से नहीं गिरती, फिर भी इसके निकट का हरा-भरा और नयनाभिराम दृश्य पर्यटकों को बहुत आकर्षित करता है। इसी कारण यह अच्छा 'पिकनिक स्पॉट' बन गया है।

सीता जलप्रपात

सीता जलप्रपात राँची-पुरूलिया मार्ग पर राँची से 45 किलोमीटर दूर स्थित है। इस जलप्रपात की ऊँचाई 350 फीट है। यहाँ पर 350 सीढ़ी उतरकर झरने पर

पहुँचा जा सकता है। झरना के पास ही सीता माता का मंदिर है, जिसका निर्माण बिरला परिवार ने कराया था। ऐसी मान्यता है कि वनवास के दौरान भगवान राम, लक्ष्मण और सीता के साथ कुछ दिन यहाँ ठहरे थे।

घघारी जलप्रपात

राँची जिले के लापुंग प्रखंड में जमुनी नदी पर यह जल प्रपात स्थित है। इसकी ऊँचाई 130 फीट है। इस जलप्रपात के किनारे घघारी बाबाधाम है, जहाँ मकर संक्राति के अवसर पर एक प्रसिद्ध मेले का आयोजन किया जाता है। यहाँ से करीब 3 किलोमीटर दूरी प्रसिद्ध साईं मंदिर स्थित है।

सदनी जलप्रपात

गुमला जिले में शंख नदी पर सदनी जलप्रपात स्थित है। इसकी ऊँचाई लगभग 200 फीट है। इस जलप्रपात का आकार एक सर्प रूप का है, जो बड़ा ही मोहक है।

अपर घाघरी व लोअर घाघरी जलप्रपात

नेतरहाट विद्यालय से 2 किलोमीटर की दूरी पर अपर घाघरी जलप्रपात एवं 8 किलोमीटर दूरी पर लोअर घाघरी जलप्रपात स्थित है। यह एक लोकप्रिय पिकनिक स्थल है।

तातापानी

डाल्टेनगंज से 17 किलोमीटर दूर एवं बरवाडीह जंक्शन से 15 किलोमीटर दूर स्थित पहाड़ी से निकला हुआ यह गरम जल का झरना है।

सतबहिनी जलप्रपात

गढ़वा जिला मुख्यालय से 35 किलोमीटर दूरी पर गढ़वा कांडी वाले मार्ग पर यह जलप्रपात स्थित है। यह जलप्रपात सतबहिनी नदी के ऊपर पहाड़ी से गिरने के कारण बनता है।

डिमना झील

यह झील जमशेदपुर से लगभग 7 किलोमीटर की दूरी पर स्थित है। झील का स्वच्छ जल और उसके आस-पास का मनोहारी दृश्य झील में नौका-विहार के लिए सभी को बहुत आकर्षित करता है।

मसानजोर बाँध (कनाडा बाँध)

यह बाँध झारखंड और पश्चिम बंगाल की सीमा पर दुमका जिले के मसानजोर नामक स्थान पर स्थित है। 47 मीटर ऊँचा और 640 मीटर लंबा यह बाँध मयूराक्षी नदी (मोर नदी) पर बनाया गया है। यहाँ वन विभाग का विश्रामगृह बना है।

मैथन बाँध

यह बाँध धनबाद जिले के कुमारडुबी प्रखंड के निकट स्थित है। 56 मीटर ऊँचे और 4357 मीटर लंबे मैथन बाँध का निर्माण सन् 1958 में बराकर नदी पर किया गया था। बाँध के जल से विद्युत् उत्पादन के लिए जल-विद्युत् केंद्र की स्थापना की गई है। यहाँ नौकायन की सुविधा भी है। दिसंबर से फरवरी तक यहाँ पर्यटक अधिक संख्या में आते हैं।

झारखंड से प्रवाहित होने वाली या उसकी सीमाओं को छूने वाली प्रमुख नदियों के अलावा कई झरने भी राज्य में पाए जाते हैं। संथाल परगना में कई झरने हैं। इनमें सबसे प्रमुख झरना 'मोती झरना' है। यह महाराजपुर रेलवे स्टेशन से 2 मील दक्षिण-पश्चिम में राजमहल पहाड़ी पर स्थित है।

नदी घाटी परियोजनाएँ

जल संसाधन विभाग ने राज्य में सभी स्रोतों से जल की उपलब्धता का आकलन उसके संचयन एवं संरक्षण हेतु वृहद्, मध्यम एवं लघु सिंचाई योजनाओं का निर्माण कराकर सिंचाई क्षेत्र के विस्तार का प्रयास किया है। इसके अतिरिक्त भू-गर्भ जल के संरक्षण, संवर्धन, दोहन एवं बेहतर उपयोग के लिए संरचनाओं के निर्माण का कार्य किया जा रहा है। जल संसाधन विभाग द्वारा निर्मित विभिन्न योजनाओं से कुल 9.198 लाख हेक्टेयर कृषि योग्य भूमि में सिंचाई क्षमता का सृजन हुआ है, जो कुल सिंचाई क्षमता योग्य भूमि 24.59 लाख हेक्टेयर का 37.40 प्रतिशत है। राज्य में बहुद्देशीय नदी घाटी परियोजना का निर्माण किया गया है, जिसका उद्देश्य निम्न है—

- सिंचाई क्षेत्र का विस्तार
- विद्युत् उत्पादन और औद्योगिक विकास
- बाढ़ नियंत्रण
- मत्स्य पालन
- पेय जल एवं पशुओं के लिए चारा उत्पादन

प्रमुख सिंचाई परियोजनाएँ

राज्य की प्रमुख बहुद्देशीय परियोजनाओं में दामोदर घाटी परियोजना एवं स्वर्णरेखा बहुद्देशीय परियोजना प्रमुख है।

दामोदर नदी घाटी परियोजना—इसका निर्माण 1948 ई. में संयुक्त राज्य अमेरिका में निर्मित टेनेसी नदी परियोजना के आधार पर किया गया है। यह भारत की प्रथम बहुद्देशीय परियोजना है। इसके अंतर्गत 8 बाँधों का निर्माण किया गया है, जो इस प्रकार हैं—

क्र. सं.	नदी	बाँध
1.	बराकर नदी	तिलैया, मैथन और बाल पहाड़ी
2.	दामोदर नदी	पंचेत, अय्यर और बेरमो
3.	बोकारो नदी	बोकारो और कोनार

इस योजना का मुख्य उद्देश्य विद्युत् उत्पादन एवं सिंचाई कार्य है। इस योजना के अंतर्गत 8 लाख हेक्टेयर में सिंचाई होती है तथा 1200 मेगावाट बिजली का उत्पादन किया जाता है।

स्वर्णरेखा बहुद्देशीय परियोजना—यह एक अंतर्राज्यीय परियोजना है, जो झारखंड, प. बंगाल और ओडिशा की संयुक्त परियोजना है। इस योजना के तहत् स्वर्णरेखा नदी पर चांडिल डैम एवं गालूडीह बराज तथा खरकई नदी पर ईचा डैम और खरकई बराज का निर्माण किया गया है। इस योजना का निर्माण 1982-83 में प्रारंभ किया गया था तथा 2003 में प्रथम चरण का निर्मांण पूरा हो चुका है। इस परियोजना के तहत् हुंडरू जलप्रपात से 120 मेगावाट विद्युत् का उत्पादन किया जा रहा है।

राज्य की अन्य प्रमुख सिंचाई योजनाओं में निम्नलिखित प्रमुख हैं—

कोनार सिंचाई परियोजना—यह योजना हजारीबाग जिले के विष्णुगढ़ प्रखंड के बनासो गाँव के पास स्थित है। इसका निर्माण डी.वी.सी. द्वारा किया

गया है, जिसका सिंचाई लाभ हजारीबाग, गिरिडीह और बोकारो जिले को मिलता है।

अजय बराज परियोजना—यह परियोजना देवघर एवं दुमका जिले में स्थित है। इस योजना के अधीन देवघर जिला के सारठ प्रखंड के सिकटिया ग्राम के पास अजय नदी पर बराज बनाया गया है। इसके अंतर्गत 110.8 किलोमीटर लंबा नहर निर्मित किया गया है, जिससे जामताड़ा, नाला एवं कुंडहित प्रखंड में सिंचाई किया जाता है।

गुमानी बराज परियोजना—इस परियोजना में बाँध का निर्माण गुमानी नदी पर साहेबगंज जिला में बरहेट प्रखंड के पेटरखासा गाँव के पास किया गया है। इसके अंतर्गत साहेबगंज और पाकुड़ जिला के बरहेट, पतना, बड़हरवा, लिट्टीपाड़ा एवं हिरणपुर प्रखंडों में सिंचाई सुविधा उपलब्ध कराई जाती है।

पुनासी जलाशय परियोजना—इस योजना के अंतर्गत देवघर जिला के पुनासी गाँव के पास बाँध का निर्माण किया जा रहा है। इस योजना से देवघर जिला के चानन कटोरिया, सरैयाहाट, मोहनपुर एवं सारवाँ प्रखंड को सिंचाई का लाभ मिलेगा।

अमानत बराज परियोजना—इस योजना का निर्माण पलामू जिले के पांकी प्रखंड में अमानत नदी पर किया जा रहा है। इस योजना से पलामू जिला के पांकी, मनातू, पाटन प्रखंड को सिंचाई का लाभ प्राप्त होगा। इस योजना के पूर्ण होने पर इससे 25,000 हेक्टेयर भूमि में सिंचाई की सुविधा प्रदान की जाएगी।

उत्तरी कोयल जलाशय परियोजना—इस योजना का निर्माण गढ़वा जिला के कुटकु गाँव के पास उत्तर कोयल नदी पर किया जा रहा है। इस योजना के तहत् कोयल नदी पर एक कंपोजिट डैम और एक बराज का निर्माण किया जा रहा है। बराज से दाईं मुख्य नहर से जो 109 किलोमीटर लंबा है, पलामू जिले को सिंचाई सुविधा दी जाएगी, जबकि बाईं मुख्य नहर, जिसकी लंबाई 11.81 किलोमीटर है, इससे गढ़वा जिले को सिंचाई सुविधा दी जाएगी। इस योजना से 24 मेगावाट विद्युत् का उत्पादन भी किया जाएगा। इस योजना के डूब क्षेत्र में बेतला नेशनल पार्क भी स्थित है।

बटेश्वर स्थान गंगा पंप नहर योजना—यह झारखंड और बिहार की अंतर्राज्यीय योजना है। इस योजना के तहत् गंगा नदी से लिफ्ट कर पानी को नहर में छोड़ा जाएगा। इस योजना से गोड्डा जिले के मेहरमा एवं महगामा प्रखंडों में सिंचाई की सुविधा प्रदान की जाएगी।

अपरशंख जलाशय योजना—इस योजना का निर्माण शंख नदी पर गुमला जिला के डुमरी प्रखंड के टंगाल गाँव के पास बाँध बनाकर किया जा रहा है।

सोनुआ जलाशय योजना—इस योजना का निर्माण संजय नदी पर प. सिंहभूम जिला के सोनुआ प्रखंड अंतर्गत परशुआ गाँव के पास किया जा रहा है। इस योजना से सोनुआ प्रखंड के 8 हजार हेक्टेयर भूमि पर सिंचाई होगी।

पंचखेरो जलाशय योजना—यह योजना पंचखेरो नदी पर निर्माणाधीन है। इस योजना के अंतर्गत गिरिडीह जिला का राजधनवार प्रखंड और कोडरमा जिला का मरकच्चो प्रखंड शामिल है। इस योजना से 2,548 हेक्टेयर में खरीफ तथा 537 हेक्टेयर में रबी फसल की सिंचाई होगी।

सुकरी जलाशय योजना—इस योजना का निर्माण सुकरी नदी पर लोहरदगा जिला के किस्को प्रखंड के बंजारी गाँव के पास किया जा रहा है। इस योजना से किस्को प्रखंड की 440 हेक्टेयर भूमि पर सिंचाई होगी।

भैरवी जलाशय योजना—इस योजना का निर्माण भैरवी नदी पर रामगढ़ जिला के गोला प्रखंड के सोनाई गाँव के पास किया जा रहा है। इस योजना के तहत् 3,643 हेक्टेयर में खरीफ तथा 1,214 हेक्टेयर में रबी फसल की सिंचाई होगी।

रामरेखा जलाशय योजना—इस योजना का निर्माण सिमडेगा जिला के उतयल नाला पर कैरबैरा गाँव के पास किया जा रहा है। इस योजना से सिमडेगा जिला के सिमडेगा प्रखंड के 4,405 हेक्टेयर भूमि पर सिंचाई की सुविधा उपलब्ध होगी।

बटाने जलाशय योजना—यह योजना बटाने नदी पर पलामू जिला के धाबुडीह गाँव के पास निर्मित किया जा रहा है। यह झारखंड और बिहार की संयुक्त परियोजना है। इससे पलामू जिले की 2360 हेक्टेयर भूमि में सिंचाई की सुविधा उपलब्ध होगी। उपर्युक्त सिंचाई योजनाओं के अतिरिक्त कुछ नई सिंचाई योजनाएँ भी प्रस्तावित हैं, जो इस प्रकार है—

- तिलैया सिंचाई योजना — जयनगर, कोडरमा
- डोमनीनाला सिंचाई योजना — खरौंधी, गढ़वा
- बुढ़ई जलाशय योजना — मधुपुर, देवघर
- राढ़ू जलाशय योजना — सिल्ली, राँची
- दाहरबाटी जलाशय योजना — किस्को, लोहरदगा

उपर्युक्त सिंचाई योजनाओं के अतिरिक्त झारखंड में जल संसाधन के विकास के लिए केंद्र सरकार की नीतियों के आधार पर राज्य में 'जल क्रांति अभियान' वर्ष 2015-16 में प्रारंभ किया गया है। इसके तहत् राज्य के 24 जिलों के 48 गाँव (प्रत्येक जिले में से दो) जल-ग्राम के रूप में चयनित हुए हैं। इन ग्रामों को जल के सभी आयामों में स्वावलंबी होने हेतु **CIWSP (Comprehensive Integrated Water Security Plan)** तैयार करवाया गया है। राँची जिला अंतर्गत कांची वीयर योजना के कमांड एरिया के विकास हेतु कमांड क्षेत्र विकास जल प्रबंधन योजना (CADWM) के लिए 50 प्रतिशत राशि केंद्र सरकार द्वारा प्रदान की जा रही है। इस योजना से राँची जिले के 3 प्रखंड यथा बुंडु, तमाड़, सोनावतु एवं खूँटी जिले के अड़की प्रखंड में सिंचाई कार्य होगा। दुमका जिले में मयूराक्षी जलाशय योजना के कमांड क्षेत्र के विकास हेतु भारत सरकार द्वारा स्वीकृति प्रदान की गई है।

झारखंड की प्रमुख सिंचाई परियोजनाएँ

क्र.सं.	योजना का प्रकार	योजना का नाम	नदी	जिला/राज्य
1.	केंद्रीय बहुद्देशीय योजना	i. दामोदर नदी घाटी परियोजना	दामोदर	झारखंड और प. बंगाल राज्य
2.	ए.आई.बी.पी. के अंतर्गत वृहद् सिंचाई योजना	i. स्वर्णरेखा बहुद्देशीय परियोजना	स्वर्णरेखा एवं खरकई	झारखंड, प. बंगाल एवं ओडिशा

3.	राज्य की वृहद् सिंचाई योजना	i. कोनार सिंचाई परियोजना	कोनार	हजारीबाग़
		ii. अजय बराज परियोजना	अजय	देवघर
		iii. गुमानी बराज परियोजना	गुमानी	साहेबगंज
		iv. पुनासी जलाशय परियोजना	अजय	देवघर
		v. अमानत बराज परियोजना	अमानत	पलामू
		vi. उत्तरी कोयल जलाशय परियोजना	उत्तरी कोयल	गढ़वा, पलामू, लातेहार
		vii. बटेश्वर स्थान गंगा पंप नहर योजना	गंगा	गोड्डा
4.	राज्य की मध्यम सिंचाई योजना	i. अपरशंख जलाशय योजना	शंख	गुमला
		ii. सोनुआ जलाशय योजना	संजय	प. सिंहभूम
		iii. पंचखेरो जलाशय योजना	पंचखेरो	गिरिडीह एवं कोडरमा
		iv. सुकरी जलाशय योजना	सुकरी	लोहरदगा
		v. भैरवी जलाशय योजना	भैरवी	रामगढ़
		vi. रामरेखा जलाशय योजना	उतयल नाला	सिमडेगा
		vii. केशो जलाशय योजना	सकरी	कोडरमा
		viii. बटाने जलाशय योजना	बटाने	पलामू
		ix. रैसा जलाशय योजना	रैसा	राँची
		x. तजना जलाशय योजना	तजना	खूँटी
		xi. सुरंगी जलाशय योजना	सुरंगी नाला	तमाड़, राँची
		xii. नकटी जलाशय योजना	नकटी नाला	बंदगाँव, पश्चिमी सिंहभूम
		xiii. शुरू जलाशय योजना	शुरू नाला	पश्चिमी सिंहभूम एवं सरायकेला-खरसाँवा

झारखंड की सतही मिट्टी

जल के अलावा झारखंड राज्य की सतही मिट्टी भी इसके भौतिक स्वरूप में महत्त्वपूर्ण भूमिका निभाती है। यहाँ की मिट्टी में खनिज पदार्थ प्रचुर मात्रा में पाए जाते हैं। वर्गीकरण के आधार पर झारखंड की मिट्टी को पाँच भागों में बाँटा गया है, जो निम्न प्रकार हैं—

- लाल मिट्टी
- अभ्रकीय लाल मिट्टी
- रेतीली मिट्टी
- काली मिट्टी
- लेटेराइट मिट्टी

लाल मिट्टी

यह मिट्टी लगभग समूचे झारखंड में पाई जाती है। अपवाद के लिए दामोदर घाटी की गोंडवाना चट्टानों और राजमहल की ऊँची भूमि में यह नहीं पाई जाती। यह शुष्क और आर्द्र जलवायु के कारण लौह ऑक्साइड से भरपूर चट्टानों के टूटने-पिसने से बनती है। इसमें कहीं-कहीं खनिजों के अंश होने से इसका रंग पीला हो जाता है। कृषि की दृष्टि से यह मिट्टी कम उपजाऊ होती है और इसमें अन्न के रूप में बाजरा ही पैदा हो पाता है। लौह तत्त्वों की मात्रा अधिक होने से यह अति रंध्रयुक्त होती है। रवेदार चट्टानों से निर्मित यह मिट्टी स्थान और ऊँचाई के आधार पर परिवर्तित होती रहती है।

अभ्रकीय लाल मिट्टी

यह रेतीली मिट्टी अभ्रक के अंशों से प्रभावित होकर चमकदार होती है। शुष्कता के कारण इसका रंग हल्का गुलाबी हो जाता है और नमी के कारण पीला। झारखंड राज्य के अभ्रक की खानवाले क्षेत्रों, जैसे-कोडरमा, झुमरीतलैया, माँडू और बड़का गाँव में यह अधिक पाई जाती है। कृषि की दृष्टि से यह अधिक उपयोगी नहीं है। कहीं-कहीं इस मिट्टी में कोदो, कुरमी आदि फसलें उगाई जाती हैं।

रेतीली मिट्टी

यह दामोदर घाटी की परतदार चट्टानों के घिसने व टूटने से बनती है। यह रवेदार होती है। इसका रंग धूसर और पीला होता है, जो हल्की लालिमा लिये रहता है। कृषि की दृष्टि से यह मोटे अनाज के लिए उपयुक्त रहती है।

काली मिट्टी

यह बेसाल्टिक मिट्टी सिलिकन पदार्थों से युक्त होती है। इसमें पोटाश, कायोलीन, मैग्नीशियम और लौह ऑक्साइड आदि मुख्य रूप से पाए जाते हैं। नमी के संपर्क में आते ही यह मिट्टी अपनी ऊपरी परत पर क्ले मिट्टी

का निर्माण करती है। यह मिट्टी राजमहल की पहाड़ियों में पाई जाती है और नमी व आर्द्रता बनाए रखने की क्षमता के कारण कृषि में उपयोगी होती है। नमी के कारण यह भुरभुरी बन जाती है। यह चने और धान की खेती के लिए उपयुक्त होती है।

लेटेराइट मिट्टी

गहरे लाल रंग की इस मिट्टी में लौह ऑक्साइड के साथ चूना, फास्फोरस और पोटाश भी पाया जाता है, लेकिन इसमें लौह ऑक्साइड की मात्रा अधिक होती है। इसमें एल्युमीनियम और मैंगनीज भी भरपूर मात्रा में पाए जाते हैं। इसी कारण इसकी उर्वरा शक्ति कम होती है। इसमें अरहर और अरंड की खेती होती है।

इस प्रकार कहा जा सकता है कि इस राज्य में उपजाऊ मिट्टी कम है, फिर भी कृषक लोग अपने श्रम और मवेशियों की खादों से कृषि योग्य भूमि बना ही लेते हैं। धान यहाँ की मुख्य फसल है और यहाँ गेहूँ का उत्पादन भी अच्छा होता है।

खान एवं खनिज

झारखंड के खनिज पट्टियों में भारत के कुल खनिज का 40 प्रतिशत भाग पाया जाता है। यहाँ के आर्कियन, धारवाड़ और गोंडवाना कालीन चट्टानों में धात्विक, अधात्विक एवं ऊर्जा खनिज का भंडार मौजूद हैं। वितरण के आधार पर इसे तीन भागों में बाँटा जा सकता है। ये तीनों खनिज पट्टियाँ पश्चिम से पूर्व तक फैली हैं-

1. दक्षिण में धात्विक प्रधान खनिज पट्टी।
2. मध्य में ईंधन खनिज प्रधान पट्टी।
3. उत्तर में अधात्विक खनिज प्रधान पट्टी।

लोहा (लौह अयस्क)

इस लौह अयस्क का रूप काले या गेरुए रंग का होता है, जो हैमेटाइट, मैग्नेटाइट, लिमोनाइट, सिडेराइट वर्गों में होता है। ये सभी लोहे की कठोरता के अनुसार हैं। हैमेटाइट में लोहे का 64 प्रतिशत भाग होता है और यह झारखंड में प्रचुर मात्रा में पाया जाता है। लौह अयस्कों का लगभग 99 प्रतिशत हैमेटाइट ही पाया जाता है। देश भर में लौह अयस्क उत्पादन में राज्य का पाँचवां स्थान है। राज्य में इसकी उपलब्धता 2,657 मीट्रिक टन अनुमानित और 1,825 मिलियन मीट्रिक टन प्रमाणित रूप में है। राज्य में लौह अयस्क की 28 खानें हैं, जिनमें पश्चिमी सिंहभूम की चिड़िया, वनरसियाबुरु, नोआमुंडी, वुदाबुरू, शंशागदा, गुआ, जामदा, नेतुबुरू, लोकदुबुरू, झिंलिंगबुरू, पवसीराबुरू, बादाम पहाड़, किरूबुरू, गुरुमहिसानी और नाटुबुरू की खानें उल्लेखनीय हैं।

झारखंड के खनिज

भारत के खनिज सम्पदा के कुल उत्पादन का 50% हिस्सा झारखण्ड से ही प्राप्त किया जाता है। यह प्रदेश देश का 58% अभ्रक, 30% कायनाइट, 33% ताम्बा, 33% कोयला,32 % बाक्साइट तथा 23% के आसपास लोहा उत्पादित करता है।

कोयला

कोयला एक ठोस कार्बनिक पदार्थ है, जिसको ईंधन के रूप में प्रयोग में लाया जाता है। ऊर्जा के प्रमुख स्रोत के रूप में कोयला अत्यन्त महत्वपूर्ण हैं। कुल प्रयुक्त ऊर्जा का 35% से 40% भाग कोयले से प्राप्त होता हैं। कोयले से अन्य दहनशील तथा उपयोगी पदार्थ भी प्राप्त किए जाते हैं। भारत में कोयला मुख्य रूप से गोण्डवाना तथा टरशियरी कोयला क्षेत्रों में पाया जाता है। भारत के कुल कोयला भण्डार एवं उसके उत्पादनों का 98% गोण्डवाना कोयला क्षेत्रों से प्राप्त होता है तथा शेष 2% टरशियरी कोयला क्षेत्रों से मिलता है। गोण्डवाना कोयला क्षेत्र गोण्डवाना काल में बनी परतदार शैल समूहों के अन्तर्गत अवस्थित है। इनका भौगोलिक वितरण भी भू-वैज्ञानिकी कारकों से नियंत्रित है। झारखंड में यह मुख्य रूप से दामोदर नदी घाटियों में वितरित हैं।

झारखंड 80,716 मिलियन टन कोयले के अनुमानित भंडारण के साथ देश में कोयला आरक्षित राज्यों की सूची में कोयला भण्डार एवं उत्पादन की दृष्टि से पूरे देश में सर्वप्रथम है। धनबाद जिले में झरिया खदान राज्य की मुख्य कोयला खदानों में से एक है। चतरा जिले की मगध खदानों को 2019-20 तक एशिया की सबसे बड़ी कोयला खदान होने की उम्मीद है। कोयला झारखंड के धनबाद, हजारीबाग एवं पलामू जिलों में मिलता है। झरिया एवं चन्द्रपुरा के महत्त्वपूर्ण कोयला क्षेत्र धनबाद जिला में आते हैं।

अभ्रक

अभ्रक एक जटिल सिलिकेट यौगिक है। इसमें पोटेशियम, सोडियम और लीथियम जैसे क्षारीय पदार्थ भी मिले रहते हैं। आग्नेय चट्टानों में प्रायः अभ्रक पाया जाता है। वायु तथा धूप आदि से प्रभावित होकर कभी-कभी सिलिकेट खनिज भी अभ्रक में बदल जाता है। यह अधातु खनिज है। इसकी मुख्य विशेषता यह है कि यह जलता नहीं है। झारखंड के कोडरमा में अभ्रक की खानें हैं। कोडरमा पहले विश्व स्तर पर अभ्रक के उत्पादन के लिए प्रसिद्ध था और इसे भारत की **"माइका कैपिटल"** या **"अब्राह-नगरी"** के रूप में जाना जाता था। हजारीबाग के कोडरमा सब डिवीजन के भीतर वर्तमान में कोडरमा जिले में हजारों एकड़ से अधिक मीका खनन के पट्टे हैं। वन संरक्षण अधिनियम 1980 के लागू होने के बाद ही सभी अभ्रक खानों को बंद कर दिया गया था, क्योंकि सभी खनन पट्टे जंगल के अभयारण्य क्षेत्र में आते हैं।

बॉक्साइट

बॉक्साइट एल्युमीनियम का एक अयस्क है। यही विश्व में एल्यूमीनियम का मुख्य स्रोत है। इसमें गिब्साइट $Al(OH)_3$, बोमाइट (boehmite γ-AlO(OH) तथा डायास्पोर तथा दो लोहे के आक्साइड गोथाइट एवं हेमाटाइट और एनातेज (anatase TiO_2) की अल्प मात्रा मिश्रित होती है। झारखंड में बॉक्साइट के भंडार चार जिलों रांची, गुमला, लोहरदगा और पश्चिमी जिलों में है। लोहरदगा जिला **"बॉक्साइट खनिज"** के नाम से जाना जाता है। यह बॉक्साइट क्षेत्र पाखर, हिसरी, रुधली पाट, खामार पाट, गुमला और लातेहार जिला तक फैला हुआ है, जो कि उत्तरी-पश्चिमी सीमा तक जाता है। विश्वस्तर पर लोहरदगा बॉक्साइट उत्पादन के लिए प्रसिद्ध है और उसे **बॉक्साइट नगरी** भी कहा जाता है। बॉक्साइट खनिज के 16 खनन पट्टे हैं। जिलो में हिण्डाल्को इंडस्ट्री लिमिटेड के 9 खनन पट्टे एव अन्य के 7 खनन पट्टे पारित हैं। जिले में वार्षिक लगभग 11 लाख टन बॉक्साइट खनिज के खनन की स्वीकृति प्राप्त है, लोहरदगा जिले के बॉक्साइट से, मुरी एवं रेनुकुट स्थित एल्युमीनियम संयंत्र को बॉक्साइट की आपूर्ति की जा रही है। लोहरदगा जिले में भू-तात्विक अन्वेषण का कार्य भी राजकीय भू-तत्व विभाग एवं भारत सरकार की संस्था एम० ई० सी० एल० द्वारा किया जा रहा है। 16 बॉक्साइट खनन पट्टे में से 10 बंद हैं एवं 6 कार्यरत हैं।

मैंगनीज़

मैंगनीज़ एक रासायनिक तत्व है, जो रासायनिक नज़रिये से संक्रमण धातु समूह का सदस्य है। प्रकृति में यह शुद्ध रूप में नहीं मिलता बल्कि अन्य तत्वों के साथ बने यौगिकों में मिलता है, जिनमें अक्सर लोहे के यौगिक शामिल होते हैं। शुद्ध करने के बाद इसका रंग सलेटी होता है और अगर इसे इस्पात में मिलाया जाये तो इस्पात ज़ंग नहीं खाता है। झारखंड और पश्चिम बंगाल की ओडिशा सीमा से सटे भुमरू पहाड़ पर खान एवं भूतत्व विभाग की टीम ने मैंगनीज अयस्क की गुफा खोजी है। अंग्रेजों के जमाने की यह गुफा उच्च श्रेणी का मैगनीज अपने में समेटे हुई है। भुमरू पहाड़ पूर्वी सिंहभूम के घाटशिला प्रखंड अंतर्गत गालूडीह क्षेत्र से करीब 25 किलोमीटर भीतर है।

लौह अयस्क

झारखंड से अब 18 प्रतिशत लौह अयस्क प्राप्त किया जाता है। झारखंड से प्राप्त होने वाला अधिकांश लोहा हेमेटाइट प्रकार का है। झारखंड का सिंहभूम जिला लौह-अयस्क के उत्पादन के लिए विश्व-विख्यात है। नोआमुंडो, गुआ और जामदा इसके प्रमुख लौह-अयस्क उत्पादक केंद्र हैं। झारखंड राज्य के सिंहभूम जिले की बरजामदा खानों में लौह-अयस्कों के भंडार हैं।

वन एवं वनों के प्रकार

वन्य सम्पदा एवं वन्य जीव जन्तु प्रकृति के द्वारा झारखंड को दिए हुए अमूल्य उपहार हैं। इंडिया स्टेट ऑफ फॉरेस्ट रिपोर्ट, 2021 के अनुसार राज्य के कुल भौगोलिक क्षेत्रफल 79,716 वर्ग किलोमीटर के 23,721.14 वर्ग किलोमीटर क्षेत्र में जंगल अवस्थित है, जो झारखंड के कुल क्षेत्रफल का 29.76 प्रतिशत है। यहाँ के वन क्षेत्रफल 2019 ई. के 23,611.41 वर्ग किलोमीटर की तुलना में 109.73 वर्ग किलोमीटर अधिक है। भारत के कुल वन क्षेत्रफल का 3.41 प्रतिशत भाग झारखंड का वन क्षेत्र है जबकि पूरे भारत के कुल क्षेत्रफल का 2.42 प्रतिशत झारखंड का क्षेत्रफल है। झारखंड राज्य में वनों पर कई प्रकार के दबाव जैसे अनियंत्रित चराई, जलावन, लघु वन पदार्थों का संग्रहण, जैविक दबाव, खनन इत्यादि के प्रतिकूल प्रभाव के बावजूद भी झारखंड में विभिन्न प्रयासों जैसे- अधिसूचित वन भूमि तथा सरकारी गैर-मजरूआ भूमि पर वृक्षारोपण, वनों की सुरक्षा की नीति तथा जागरूकता के कारण वन क्षेत्रफल में वृद्धि हुई है। राज्य का वनावरण वर्ष 2001-2015 की अवधि में 22,531 वर्ग किलोमीटर से बढ़कर 23,721 वर्ग किलोमीटर हुआ, जो 2021 में बढ़कर 23,721.14 वर्ग किलोमीटर हो गया है। झारखंड में प्रति व्यक्ति वनों का आच्छादन इस प्रकार 0.08 हे. है।

राज्य में वनावरण की स्थिति

भारत सरकार, पर्यावरण, वन एवं जलवायु परिवर्तन मंत्रालय, भारतीय वन सर्वेक्षण, देहरादून की इंडिया स्टेट ऑफ फॉरेस्ट रिपोर्ट, 2021 के अनुसार राज्य में वनावरण की स्थिति निम्नवत् है-

क्र. सं.	वनावरण	क्षेत्रफल (वर्ग किलोमीटर)
1.	अत्यंत सघन वन (वनावरण घनत्व 70 प्रतिशत से अधिक)	2601.05 (3.26%)
2.	सामान्य सघन वन (वनावरण घनत्व 40 से 70 प्रतिशत)	9688.91 (12.16%)
3.	खुले वन (वनावरण घनत्व 10 से 40 प्रतिशत)	11431.18 (14.34%)
	कुल योग	**23,721.14 (29.76%)**
	वृक्षावरण	
4.	बाह्य वन वृक्ष (TOF) (<1.00 Hec)	2867 (3.56%)
	कुल वनावरण एवं वृक्षावरण	26,58.14 (33.32%)

Sources: India State of Forest report, 2021

झारखंड में वन क्षेत्र का जिलावार विवरण (2019)

क्र. सं.	जिला का नाम	जिला का कुल भौगोलिक क्षेत्रफल (वर्ग किलोमीटर)	कुल वन क्षेत्र (वर्ग किलोमीटर)	वन क्षेत्र का प्रतिशत
1.	चतरा	3718	1782.09	47.93
2.	कोडरमा	2540	1023.05	40.28
3.	पलामू	4393	1215.73	27.67
4.	पश्चिमी सिंहभूम	7224	3368.44	46.63
5.	हजारीबाग	3555	1363.19	38.35
6.	गढ़वा	4093	1431.72	34.98
7.	लोहरदगा	1502	504.42	33.58
8.	साहेबगंज	2063	573.95	27.82
9.	पूर्वी सिंहभूम	3562	1080.69	30.34
10.	बोकारो	2883	576	19.98
11.	गुमला	5360	1443.15	26.92
12.	राँची	5097	1168.78	22.93
13.	गोड्डा	2266	423.35	18.68
14.	गिरिडीह	4962	905.91	18.26
15.	पाकुड़	1811	287	15.85
16.	दुमका	3761	577.63	15.36
17.	देवघर	2477	205.02	8.31
18.	धनबाद	2040	218.18	10.70
19.	जामताड़ा	1811	106.02	5.85
20.	खूँटी	2535	913.74	36.04
21.	लातेहार	4291	2403.04	56
22.	रामगढ़	1341	331.26	24.70
23.	सरायकेला-खरसावाँ	2657	574.60	21.63
24.	सिमडेगा	3774	1243.40	32.95
	कुल	**79714**	**23721.14**	**29.76**

Sources: India State of Forest Resource, 2021

राज्य में वनों के प्रकार

झारखंड में जलवायु और वृक्षों के प्रकार के आधार पर तीन प्रकार के वन मिलते हैं, जो निम्नवत् हैं—

शुष्क पतझड़ वन

राज्य के जिन क्षेत्रों में 1,200 मिलीमीटर से कम वार्षिक वर्षा होती है, वहाँ पर ये वन पाए जाते हैं। साल इस वन का प्रमुख वृक्ष है। इस तरह के वन में साल, महुआ, सेमल, शीशम, खैर, पलाश, आसन, बाँस, अमलतास आदि वृक्ष पाए जाते हैं। इन वन क्षेत्रों का प्रसार प्रदेश के तीन क्षेत्रों में मिलता है—(क) उत्तरी गढ़वा, पलामू और चतरा जिला के क्षेत्रों में; (ख) उतरी हजारीबाग, कोडरमा, गिरिडीह और देवघर जिला क्षेत्रों में; (ग) राजमहल पहाड़ी की पश्चिमी ढाल क्षेत्रों में।

शुष्क प्रायद्वीपीय वन

झारखंड के जिन क्षेत्रों में वर्षा मध्यम कोटि की होती है, वहाँ पर इस प्रकार के वन पाए जाते हैं। शुष्क का मतलब अल्पवृष्टि से है। इन वनों का विस्तार हजारीबाग पठार के निचले क्षेत्र, राँची, सिंहभूम तथा पाट क्षेत्र में पाए जाते हैं। इसमें साल, आम, कटहल, बाँस आदि के वृक्ष प्रमुख रूप से मिलते हैं।

आर्द्र प्रायद्वीपीय वन

इस प्रकार के वन ज्यादा वर्षा वाले क्षेत्र में पाए जाते हैं। इस तरह के वनों में साल, महुआ, जामुन, कुसुम, पियार, गम्हार, करंज सेमल आदि के वृक्ष पाए जाते हैं। राज्य के कुल 50 प्रतिशत से अधिक वन क्षेत्र में ये वन मिलते हैं। चतरा, कोडरमा, गिरिडीह, बोकारो, पलामू एवं गढ़वा जिले में इस तरह के वनों का विस्तार है।

वनों की सुरक्षा के आधार पर राज्य में वनों की तीन श्रेणियां हैं—

आरक्षित वन

वैसे वन, जिनमें पशुओं को चराने तथा लकड़ी काटने की अनुमति नहीं होती, अर्थात् इन्हें सरकारी संरक्षण में रखा जाता है। राज्य में संरक्षित वनों का क्षेत्रफल 4,387 वर्ग किलोमीटर है, जो कुल वन क्षेत्र का 18.58 प्रतिशत है। राज्य का सबसे बड़ा संरक्षित वन क्षेत्र कोल्हान एवं पोरहाट वन क्षेत्र है। राज महल और पलामू क्षेत्र के वन इसी श्रेणी के है। सुरक्षित वन के अंतर्गत सर्वाधिक क्षेत्रफल पश्चिम सिंहभूम जिले में है।

सुरक्षित वन

वैसे वन जिनमें पशुओं को चराने एवं एक सीमा तक लकड़ी काटने की अनुमति सरकार के द्वारा प्रदान की जाती है, 'रक्षित वन' कहलाते हैं। इन वनों का कुल क्षेत्रफल 19,185 वर्ग कि.मी. है, जो कुल वन क्षेत्र का 81.28 प्रतिशत है। इनका सर्वाधिक विस्तार हजारीबाग में है। इसके बाद गढ़वा, पलामू, राँची, लातेहार का स्थान है।

अवर्गीकृत वन

वैसे वन, जिनमें पशुओं को चराने तथा लकड़ी काटने के लिए सरकार का कोई प्रतिबंध नहीं होता, लेकिन सरकार इसके लिए शुल्क लेती है, 'अवर्गीकृत वन' की श्रेणी में आते हैं। इनका कुल क्षेत्रफल 33 वर्ग किलोमीटर है, जो कुल वन क्षेत्र का 0.14 प्रतिशत है। राज्य में इस तरह के वन साहेबगंज, पश्चिम सिंहभूम, दुमका, हजारीबाग, पलामू एवं गुमला में पाए जाते हैं।

राज्य में वनों का वर्गीकरण

क्र. सं.	प्रकार	क्षेत्रफल (वर्ग किमी.)	प्रतिशत
1	आरक्षित वन	4387.00	18.58
2	सुरक्षित वन	19185.00	81.28
3	अवर्गीकृत वन	33.00	0.14
कुल वन क्षेत्र		**23605.00**	**29.61**

स्रोत : वन, पर्यावरण एवं जलवायु परिवर्तन विभाग, झारखंड, वार्षिक प्रतिवेदन 2016-17

वन संपदा

वनों से प्राप्त होने वाली उपजों को वन संपदा के अंतर्गत शामिल किया जाता है। इनको दो वर्गों में रखा जाता है—

मुख्य उपज

मुख्य उपज में केवल लकड़ियों के उत्पादन को गिना जाता है। झारखंड में जिन वृक्षों की लकड़ियों को वृहद् उपयोग में लाया जाता है, उनका संक्षिप्त विवरण इस प्रकार है—

साल—ये वृक्ष लगभग संपूर्ण झारखंड क्षेत्र में मिलते हैं। साल झारखंड का राजकीय वृक्ष है। यह वृक्ष यहाँ के जनजातीय समाज में बड़े धार्मिक महत्त्व का है। इसका उपयोग मकान, फर्श, फर्नीचर, रेल के डिब्बे एवं पटरियों को रखने के लिए स्लैब आदि बनाने में होता है। इसका बीज तेल निकालने के काम में भी आता है।

महुआ—झारखंड में महुआ लगभग सभी जगहों पर पाया जाता है। इसके फूल, फल एवं लकड़ी, सभी उपयोगी होते हैं। फूल से शराब, पके फलों के बीज से तेल निकाला जाता है। कच्चे फलों को सब्जी के रूप में उपयोग किया जाता है। इसकी लकड़ियाँ काफी मजबूत होती हैं, जो पानी में भी जल्दी नहीं सड़तीं।

शीशम—राज्य में उत्तरी एवं मध्यवर्ती क्षेत्रों में शीशम का वृक्ष अधिकांशत: मिलते हैं। इसकी लकड़ियां चिकनी और धारदार होती हैं। फर्नीचर बनाने में ये सर्वाधिक उपयोगी माने जाते हैं।

सागौन—सारंडा, पोरहाट और कोल्हान क्षेत्र में अपेक्षाकृत आर्द्र जलवायु होने के कारण इन वृक्षों का रोपण किया जाता है। इसकी लकड़ी बहुत ही मजबूत एवं सुंदर होती है। इनका उपयोग रेल के डिब्बे, हवाई जहाज आदि बनाने में होता है।

हरड़ बहेड़ा—हर्रे का उपयोग दवाई के लिए, जबकि बहेड़ा का उपयोग दवाई एवं लकड़ी के लिए किया जाता है। रँगाई की सामग्री बनाने में भी इनका उपयोग होता है।

सेमल—सेमल की लकड़ियां हल्की, मुलायम और सफेद होती हैं। इनका सर्वाधिक उपयोग पैकिंग के लिए पेटियां बनाने में और खिलौने बनाने में होता है। इसकी रूई काफी उपयोगी होती है।

इसके अलावा गम्हार, आम, जामुन, कुसुम, करंज, पैसार, कटहल आदि वृक्ष भी बहुत उपयोगी वृक्ष में आते हैं।

गौण उपज

लाह—भारत में लाह के कुल उत्पादन का 50 प्रतिशत झारखंड में प्राप्त होता है। लेसिफर लक्का या लाह के कीड़े से इसका उत्पादन होता है। इन कीड़ों की वृद्धि कुसुम, बरगद, सरेस, खैर, अरहर, रीठा, पीपल, बबूल आदि वृक्षों पर होती है। राज्य में इनके कीड़ों को बेर, पलाश और कुसुम के वृक्षों पर पाला जाता है। लाह के उत्पादन के लिए खूँटी-राँची जिला, गढ़वा-पलामू-लातेहार क्षेत्र, सिंहभूम क्षेत्र, संथाल परगना क्षेत्र और हजारीबाग क्षेत्र प्रमुख हैं। खूँटी सबसे बड़ा लाह उत्पादक जिला है। लाह का उत्पादन चार मौसमों में होता है, जिसके आधार पर वैशाखी, जैठवी, कतकी, अगहनी तरह के लाह होते हैं।

ग्रामीणों को लाह की खेती से स्वरोजगार एवं अतिरिक्त आय उपलब्ध कराने के उद्देश्य से परंपरागत लाह उत्पादन क्षेत्रों के चिह्नित जिलों राँची, खूँटी, पश्चिमी सिंहभूम, लातेहार, सिमडेगा, गुमला, पलामू, सरायकेला, गढ़वा, गिरिडीह, दुमका, देवघर में 1,750 संयुक्त वन प्रबंधन समिति एवं स्वयं सहायता समूह के माध्यम से 1,75,000 लाह पोषक वृक्षों पर लाह की खेती वर्ष 2014-15 में की गई है, जिसमें 17,500 परिवारों को लाह की खेती से जोड़ा गया है। लाह से संबंधित शोध कार्य के लिए भारतीय कृषि अनुसंधान परिषद् के अंतर्गत झारखंड के नामकुम (राँची) में 1924 ई. में भारतीय लाह शोध अनुसंधान केंद्र (द इंडियन इंस्टीट्यूट ऑफ नेचुरल रेजीन एंड गम्स—आई.आई.एन.आर.जी.) की स्थापना की गई है।

केंदू पत्ता—केंदू पत्ता झारखंड के वनोत्पाद में बहुत ही प्रमुख वस्तु एवं अत्यधिक राजस्व का साधन माना जाता है। पलामू, गढ़वा, सिंहभूम, गिरिडीह एवं हजारीबाग जिलों में इसका उत्पादन होता है। केंदू पत्ता का व्यापार अन्य सभी लघु वन उपज संग्रहक की तरह बिक्री हेतु स्वतंत्र नहीं है। इसके लिए सरकार द्वारा बेचने की अनुमति प्रदान की जाती है। केंदू पत्ता व्यापार में ठेकेदारों की भूमिका नगण्य करने, प्राथमिक संग्रहकों को केंदू पत्ता संग्रहण के बदले उचित मजदूरी का भुगतान करने के उद्देश्य से झारखंड राज्य केंदू पत्ता नीति, 2015 को दिनांक 27.01.2016 से अधिसूचित की गई है।

तसर/मलबरी व रेशम—भारत के कुल तसर उत्पादन का 60 प्रतिशत झारखंड में उत्पादन होता है। झारखंड में लगभग 1.3 लाख जनसंख्या इसमें संलग्न है। रेशम के उत्पादन में साल, अर्जुन, आसन एवं शहतूत वृक्षों की आवश्यकता होती है। राँची के नगड़ी में भारत सरकार ने 'तसर अनुसंधान केंद्र' स्थापित किया है। रेशम आधारित उत्पादों के विकास के लिए झारखंड सरकार ने 2006 ई. में 'झारखंड सिल्क, टेक्सटाइल एवं हैंडीक्राफ्ट डेवलपमेंट कॉरपोरेशन' (झारक्राफ्ट) की स्थापना की है।

वर्ष 2015-16 में कोकून का उत्पादन 17,548 लाख टन हुआ तथा कच्चे सिल्क का उत्पादन 2,281 मिट्रिक टन हुआ है। झारखंड देश का सबसे बड़ा कोकून और टसर का उत्पादक राज्य है। सिल्क के सूत प्राप्त करने के लिए कोकून की खेती की जाती है। इसकी खेती राज्य में दो मौसम में होती है। प्रथम मई-जून से अगस्त-सितंबर तक तथा दूसरा सितंबर-अक्तूबर से नवंबर-दिसंबर तक। कोकून की खेती से 17000 किसान जुड़े हुए हैं।

हेनार हनी

पलामू व्याघ्र परियोजना के अंतर्गत लातेहार जिला के गारू प्रखंड के हेनार, मारोमार, बारेसांढ, कोटाम, कबरीसूद, कारबाई, जगीर आदि आदिवासी बहुल गाँवों एवं उनके आस-पास के क्षेत्रों में प्राकृतिक मधुमक्खी के छत्तों से मधु संग्रहीत किया जा रहा है, जिसका नाम 'हेनार' रखा गया है। इस कार्य के लिए मधु प्रसंस्करण संयत्र की स्थापना के लिए 7.50 लाख रुपए की व्यवस्था की गई है तथा इसके लिए वन, पर्यावरण एवं जलवायु परिवर्तन विभाग द्वारा मधुमक्खी ग्राम सोसायटी मारोमार का निबंधन किया जा रहा है। इस कार्य से 1,000 परिवारों को लाभ मिल रहा है, जिससे उनकी आय दोगुनी होने की संभावना है।

चकुलिया काजू

पूर्वी सिंहभूम जिला के जमशेदपुर वन प्रमंडल के चकुलिया क्षेत्र में 2000 हेक्टेयर में काजू के पौधों का वृक्षारोपण किया गया था, जिससे 4,000-5,000 क्विंटल काजू के फल प्राप्त हो रहे हैं। चकुलिया क्षेत्र में काजू प्रसंस्करण संयत्र नहीं होने के कारण काजू फल उड़ीसा एवं पश्चिम बंगाल में भेजा जाता है, लेकिन सरकार द्वारा इसी क्षेत्र में तीन काजू प्रसंस्करण संयत्रों की स्थापना की जा रही है, जिसके लिए 13.50 लाख रुपए की व्यवस्था की गई है। इस कार्य से 1,000 परिवारों को लाभ होगा तथा उनकी आमदनी दोगुनी हो जाएगी। वन, पर्यावरण एवं जलवायु परिवर्तन विभाग द्वारा चकुलिया काजू सोसायटी के निबंधन का कार्य किया जा रहा है।

इनके अलावा साल बीज, महुआ बीज, महुआ पत्ता, बाँस, चिरौंजी, इमली, आँवला, कत्था आदि महत्त्वपूर्ण वन उत्पाद हैं। ग्रामीणों की आय में वृद्धि हेतु लाह के अतिरिक्त पत्तल निर्माण, सेवई घास से रस्सी निर्माण, मधुमक्खी पालन, काजू-प्रसंस्करण एवं बाँस से बम्बू क्राफ्ट इत्यादि के निर्माण हेतु मशीन एवं विपणन के लिए राशि उपलब्ध कराई गई है।

वन नीति

स्वतंत्र भारत की प्रथम वन नीति 1952 में बनी थी। 1952 से 1988 के बीच वनों का इतना विनाश हुआ कि वनों और उनके उपयोग पर एक नई नीति बनाना आवश्यक हो गया। पहले की वन नीतियों का केंद्र केवल राजस्व का सृजन था। 1980 के दशक में स्पष्ट हो गया कि वनों का संरक्षण उनके अन्य कार्यों के लिए भी आवश्यक है, जैसे मृदा और जल व्यवस्थाओं के संरक्षण के लिए, जो पारितंत्र को सुरक्षित रखने में सहायक होते हैं। इनमें स्थानीय निवासियों के लिए वनों से प्राप्त वस्तुओं और सेवाओं के उपयोग की व्यवस्था भी होनी चाहिए। इन्हीं बातों को ध्यान में रखते हुए 1988 ई. में राष्ट्रीय वन नीति की घोषणा की गई।

भारत की राष्ट्रीय वन नीति, 1988 के अनुसार किसी प्रदेश के कुल क्षेत्रफल के 33.33 प्रतिशत भाग पर वन का विस्तार होना चाहिए। झारखंड के कुल क्षेत्रफल के 29.61 प्रतिशत भाग पर वन हैं। राज्य में वन क्षेत्र को 33 प्रतिशत से अधिक करने के लिए झारखंड सरकार ने वन नीति बनाई है, जिसमें निम्न बातों का उल्लेख है—

1. प्रत्येक गाँव में एक वन समिति होगी, जिसमें गाँव के प्रत्येक परिवार का एक सदस्य होगा। राज्य में 200 वन समितियों का गठन किया गया है।
2. ग्रामीणों की आवश्यकतानुसार वृक्षारोपण किया जाएगा।
3. वन उत्पादों की सरकारी एजेंसियों के माध्यम से खरीद की जाएगी।
4. वनों की सुरक्षा का भार ग्रामीण और वन विभाग दोनों के ऊपर होगा।

वन प्रबंधन

झारखंड में वन प्रबंधन का सर्वप्रथम प्रयास 1882/85 में **जे.एफ. हेबिट** द्वारा किया गया था। इसी आलोक में तत्कालीन बंगाल सरकार ने 1909 में वनों की सुरक्षा के लिए एक समिति गठित की थी। आजादी के पूर्व यहाँ पर 95 प्रतिशत वन निजी थे, जिनका सरकारीकरण हुआ। राज्य में 33 प्रतिशत या उससे ज्यादा वन क्षेत्र बनाने के लिए वन प्रबंधन की आवश्यकता है।

राज्य में वनों के बेहतर प्रबंधन के उद्देश्य से 31 प्रादेशिक प्रमण्डलों, 10 सामाजिक वानिकी प्रमण्डलों एवं 04 विश्व खाद्य कार्यक्रम प्रमण्डलों का सृजन किया गया है, जिनके माध्यम से वनों एवं वन्य प्राणियों के प्रबंधन, संवर्धन एवं विकास का कार्य किया जाता है। झारखंड राज्य में वनों के प्रबंधन का दायित्व प्रधान सचिव/सचिव, वन, पर्यावरण एवं जलवायु परिवर्तन विभाग के अतिरिक्त भारतीय वन सेवा संवर्ग के पदाधिकारियों, राज्य वन सेवा संवर्ग के पदाधिकारियों, वनों के क्षेत्र पदाधिकारियों, वन परिसर पदाधिकारियों एवं वन

उप परिसर पदाधिकारियों का है। विभाग में वनों के प्रबंधन, संवर्धन, संरक्षण एवं सुरक्षा तथा विकास योजनाओं के कार्यान्वयन हेतु प्रधान मुख्य वन संरक्षक का पद स्वीकृत है।

- वनों के प्रबंधन एवं संरक्षण में व्यापक जन सहभागिता सुनिश्चित करने के उद्देश्य से राज्य सरकार द्वारा संयुक्त वन प्रबंधन संकल्प 2001 में यथा संशोधित प्रतिपादित किया गया है, जिसके आलोक में संयुक्त वन प्रबंधन समितियाँ गठित की गई हैं एवं वनों के विकास एवं संरक्षण हेतु योजनाओं के क्रियान्वयन के लिए राज्य के सभी प्रादेशिक वन प्रमण्डलों में 35 वन विकास अभिकरण का गठन एवं निबंधन कार्य पूर्ण किया गया है।
- राज्य में 9 लाख हेक्टेयर से ज्यादा बंजर भूमि है। इस भूमि पर वन रोपण का कार्य किया जा रहा है।
- वन प्रबंधन प्रशिक्षण के लिए राँची में बिरसा कृषि विश्वविद्यालय से संबद्ध वानिकी कॉलेज में एक वानिकी संकाय स्थापित की गई है।
- राज्य में कई स्थायी पौधशालाओं की स्थापना किया गया है।
- शहरी वानिकी के माध्यम से राज्य के नगरों में वृक्षारोपण किया जा रहा है।
- सामाजिक वानिकी से ग्रामीण जनसंख्या की वनों पर निर्भरता कम कर उनकी आवश्यकताओं की पूर्ति कराने का काम भी किया जा रहा है।
- वन समितियां गठित कर वन क्षेत्रों के प्रबंधन एवं संरक्षण कार्य किए जा रहे हैं।
- निजी वन भूमि पर वृक्षारोपण के लिए मुख्यमंत्री जनवन योजना की शुरुआत की गई है।
- बाँस वृक्ष के रोपण पर विशेष बल दिया जा रहा है।
- राज्य में 116 स्थायी नर्सरी को और अधिक उन्नत बनाया जा रहा है।
- जंगली जानवरों के आक्रमण से किसी व्यक्ति की मृत्यु होने पर 2.5 लाख रुपए दिया जाएगा।
- ग्रामीणों के आय के संसाधन बढ़ाने हेतु Self Help Group एवं ग्राम वन प्रबंधन समितियों के माध्यम से पलास एवं कुसुम के पौधों पर लाह उत्पादन हेतु निःशुल्क प्रशिक्षण, प्रयुक्त होने वाले मशीन एवं टूल्स तथा लाह का कीट उपलब्ध कराया जा रहा है।
- ई-गवर्नेंस के तहत् विभागीय बेवसाइट तैयार की गई है, ताकि सूचनाएँ तुरंत उपलब्ध हो सकें। वेबसाइट का नाम forest.jharkhand.gov.in है।
- जनसाधारण में प्रकृति के प्रति लगाव उत्पन्न करने, विशेषकर उन्हें वन्य प्राणियों एवं संरक्षित क्षेत्रों के संरक्षण के प्रति जागरूक करने के लिए संरक्षित क्षेत्रों तथा इनके बाहर उपयुक्त वन क्षेत्रों में Environmental Friendly, sustainable तरीके से ईको-टूरिज्म को प्रोत्साहित करने के लिए ईको-टूरिज्म नीति, 2015, अक्तूबर, 2015 में अधिसूचित की गई है।
- अधिसूचित वन भूमि, गैर-वन भूमि पर मुख्य रूप से स्थल विशिष्ट वनरोपण योजनाएँ, भूसंरक्षण योजना, शीघ्र बढ़ने वाले पौधे की योजना, तसर वनरोपण, शीशम वनरोपण के लिए वित्तीय वर्ष 2015-16 में 6900 लाख का बजट उपबंध स्वीकृत है।
- पथ-तट रोपण सह शहरी वानिकी योजना के अंतर्गत आम नागरिकों को स्वच्छ, स्वास्थ्य कारक एवं आरामदेह वातावरण उपलब्ध कराने के उद्देश्य से सड़कों के किनारे, सरकारी परिसरों तथा स्कूलों, कॉलेजों, सरकारी कार्यालयों, पहाड़ियों इत्यादि पर उपयुक्त छायादार/फलदार एवं फूलदार/इमारती काष्ट/अन्य सौंदर्यकारक प्रजातियों का वृक्षारोपण किया जा रहा है।
- स्थायी पौधशाला एवं सीड ऑर्चर्ड्स योजनांतर्गत मुख्य रूप से बॉस गैबियन वृक्षारोपण हेतु औसतन 5 से 8 फीट लंबे पौधे तैयार किए जा रहे हैं।

वन प्रबंधन में संयुक्त वन प्रबंधन की नीति एक सफल और उपयोगी नीति है, जो वनों के प्रति आम नागरिकों में उनके कर्तव्यों के प्रति जागरूकता उत्पन्न करती है। झारखंड में वन संवर्धन और प्रबंधन की विधिवत् शिक्षा के लिए राँची में बिरसा कृषि विश्वविद्यालय से संबद्ध वानिकी कॉलेज में वानिकी संकाय स्थापित है। केंद्र संपोषित राष्ट्रीय वानिकीकरण योजना से राज्य में 18 प्रादेशिक एवं वन्य प्राणी प्रमण्डलों में वन विकास अधिकरण का गठन हुआ है, जिनकी योजनाओं के कार्यान्वयन के लिए केंद्र सरकार से राशि उपलब्ध कराई जाती है। झारखंड में प्राकृतिक संसाधनों के बेहतर प्रबंधन के लिए वन अभिलेखों एवं वन सीमाओं का डिजिटेलाइजेशन एवं जियोरेफरेंसिंग करने की योजना है। राज्य में वन भूमि को चिह्नित करने के लिए कुल 10,66,039 सीमा स्तंभ का निर्माण कराया जाना है। वन अभिलेखों का डिजिटेलाइजेशन तथा जियोरेफरेंसिंग वन भूमि से संबंधित कार्यों के क्रम में कुल-15,000 केडस्टल मानचित्रों में से 13,900 मानचित्रों का कार्य पूर्ण किया गया है। शहरी क्षेत्रों में अवस्थित पार्कों के प्रबंधन एवं विकास हेतु झार-पार्क्स का गठन कर उसका निबंधन किया गया है।

वन्य जीव-जंतु एवं सरंक्षण

भारत में वन्य जीवन संरक्षण की योजनाओं के क्रियान्वयन एवं निर्देशन करने वाला शीर्ष संस्थान भारतीय वन्य जीवन बोर्ड है। इसके अध्यक्ष प्रधानमंत्री होते हैं। वन्य जीवन (सुरक्षा) अधिनियम, 1972 जम्मू और कश्मीर को छोड़कर शेष अन्य राज्यों पर लागू किया जा चुका है। इस अधिनियम में वन्य जीवन के संरक्षण एवं विलुप्त होती जा रही प्रजातियों के संरक्षण के लिए दिशा-निर्देश दिया गया है। इसके द्वारा दुर्लभ और खत्म होती जा रही प्रजातियों के व्यापार पर रोक लगा दी गई है। झारखंड में बेतला नेशनल पार्क, जिसकी स्थापना 1986 ई. में की गई थी। यह एकमात्र राष्ट्रीय उद्यान है। इसके अलावा ग्यारह वन्य जीवन अभ्यारण्य आश्रयणी-शरणस्थली एवं कई जैविक उद्यान हैं। हाथी परियोजना की शुरुआत दलमा वन्य जीव अभ्यारण्य से हुई। भारत सरकार द्वारा देश का प्रथम गज संरक्षण केंद्र पूर्वी सिंहभूम में स्थापित है। साहेबगंज जिला में राजमहल की पहाड़ियों पर 'नेचर क्लब' द्वारा राजमहल 'जीवाश्म उद्यान' विकसित किया गया है। 'टाटा स्टील जंतु उद्यान' जमशेदपुर में स्थित है। 2002 के झारखंड वन्य प्राणी गणना के अनुसार राज्य में कुल बाघ-34, तेंदुए-164, हाथी-758, लंगूर-44,920, बंदर-64,685, जंगली सूअर-18,550, नीलगाय-1,262, सांभर-3,052, स्लोथ भालू-1,808 की संख्या में पाई गई है। पक्षी गणना 2018 के अनुसार वर्ष 2017 की तुलना में पक्षियों की संख्या में 34.73 प्रतिशत की कमी आयी है। 2018 में पक्षियों की कुल संख्या 46,883 थी। इस गणना के अनुसार 26,996 प्रवासी पक्षी झारखण्ड आये थे।

झारखंड का वन्य प्राणी संरक्षित क्षेत्र

क्र.सं.	संरक्षित क्षेत्र का नाम	जिले का नाम	वन्य प्राणी	कुल क्षेत्र (वर्ग कि.मी.)
1.	बेतला राष्ट्रीय उद्यान	लातेहार	बाघ, हाथी, सांभर	261.67
2.	हजारीबाग वन्य प्राणी आश्रयणी	हजारीबाग	तेंदुआ, हिरण, सांभर आदि	186.25
3.	दलमा वन्य प्राणी आश्रयणी	पूर्वी सिंहभूम	हाथी, तेंदुआ, हिरण	193.22
4.	लावा-लौंग वन्य प्राणी आश्रयणी	चतरा	बाघ, तेंदुआ, सांभर, नीलगाय, हिरण	207.00
5.	पारसनाथ वन्य प्राणी आश्रयणी	गिरिडीह	तेंदुआ, सांभर, हिरण, नीलगाय	43.33
6.	राजमहल पक्षी आश्रयणी	साहेबगंज	कबूतर, चुंडूल, खंजन, मधुमक्खी, बुलबुल	6.65
7.	उधवा जल पक्षी आश्रयणी	साहेबगंज	बनकर, जलकौआ, बटाम खंजन, किंगफिशर	5.65
8.	पालकोट वन्य प्राणी आश्रयणी	गुमला	तेंदुआ, वाइल्ड बोअर्स वाले हिरण	183.18
9.	कोडरमा वन्य प्राणी आश्रयणी	कोडरमा	तेंदुआ, सांभर, हिरण	177.35
10.	तोपचाँची वन्य प्राणी आश्रयणी	धनबाद	तेंदुआ, वाइल्ड बोअर्स वाले हिरण	8.75
11.	महुआ डांड भेड़िया वन्य प्राणी आश्रयणी	लातेहार	भेड़िया, हिरण	63.25
12.	पलामू वन्य प्राणी आश्रयणी	लातेहार	हाथी, सांभर	794.33
13.	गौतमबुद्ध अभ्यारण्य	कोडरमा	चीता, बाघ	177.35

इसके अलावा राज्य में निम्न जैविक उद्यान अवस्थित हैं, जो निम्नवत् हैं—

1. बिरसा भगवान् जैविक उद्यान, ओरमाँझी, राँची में अवस्थित है। यह राष्ट्रीय राजमार्ग 33 पर स्थित है।
2. मगरमच्छ प्रजनन केंद्र, रुक्का, राँची में अवस्थित है।
3. बिरसा मृग बिहार, कालामाटी जंगल, खूँटी में अवस्थित है।
4. जवाहरलाल नेहरू जैविक उद्यान, सिटी पार्क, बोकारो में अवस्थित हैं।

राज्य में वन एवं वन्य प्राणियों के संरक्षण के लिए अनेक योजनाओं का क्रियान्वयन किया जा रहा है। 2014 ई. में **पलामू व्याघ्र संरक्षण फाउंडेशन** का गठन किया गया है। राज्य सरकार द्वारा झारखंड राज्य वन विकास निगम लिमिटेड को राज्य में काष्ठ एवं बाँस, दोनों के विदोहन एवं वितरण के लिए एजेंट के रूप में नियुक्त किया गया है। राज्य में रूट, टेनर, ग्राफ्ट एवं क्लोनर इत्यादि के लिए आधुनिक पौधाशालाओं की स्थापना गड़खटंगा (राँची), गम्हरिया (सरायकेला-खरसावाँ), महेशपुर (देवघर) में की गई है।

वित्तीय वर्ष 2016-17 में वन्य प्राणी संरक्षण के लिए 800 लाख रुपए का प्रावधान किया गया, जिसका उपयोग राज्य में अवस्थित आश्रयणियों, पलामू व्याघ्र आरक्षित क्षेत्र, बिरसा मृग विवर (कालामाटी), मूटा मगर प्रजनन केंद्र के रख-रखाव के लिए किया गया। वर्मी कंपोस्ट एवं अच्छे किस्म के पौधे

उगाने के लिए प्लस ट्री से बीज का संग्रहण गड़खटंगा, वट गम्हरिया, महेशपुर में स्थापित पौधाशाला से किया जाता है। झारखंड में वन एवं वन्य जीवों के संरक्षण के लिए निम्नलिखित कार्यक्रम चलाए जा रहे हैं—

- **ग्रीन इंडिया मिशन**—यह भारत सरकार का नेशनल एक्शन प्लान ऑन क्लाइमेट चेंज के 8 मिशनों में से एक है। यह केंद्र-प्रायोजित योजना है, जिसमें केंद्र एवं राज्य की हिस्सेदारी 60:40 के अनुपात में है।
- **इन्टेसिफिकेशन ऑफ फॉरेस्ट मैनेजमेंट योजना**—यह एक केंद्र-प्रायोजित योजना है, जिसमें केंद्र एवं राज्य की हिस्सेदारी 60:40 के अनुपात में है। इस योजना में वनों में अग्नि सुरक्षा, सर्वे, सीमांकन और वन सीमा स्तंभ का निर्माण किया जा रहा है।
- **पलामू व्याघ्र परियोजना**—यह केंद्र-प्रायोजित योजना है, जिसमें पहले शत् प्रतिशत व्यय केंद्र सरकार द्वारा किया जाता था। वर्तमान समय में केंद्र एवं राज्य की हिस्सेदारी 60:40 के अनुपात में है।
- **वन्यप्राणी पर्यावास का समेकित विकास योजना**—यह केंद्र-प्रायोजित योजना है, जिसमें केंद्र एवं राज्य की हिस्सेदारी 60:40 के अनुपात में है। इस योजना में राज्य में स्थित एक राष्ट्रीय उद्यान एवं 11 वन्य प्राणी आश्रयणियों में विकास एवं उनके रख-रखाव का कार्य किया जा रहा है।
- **हाथी परियोजना**—यह केंद्र-प्रायोजित योजना है, जिसमें केंद्र एवं राज्य की हिस्सेदारी 60:40 के अनुपात में है। इस योजना के अंतर्गत सिंहभूम गज आरक्षित्र क्षेत्र एवं राज्य के अन्य क्षेत्रों में हाथियों के पर्यावास का विकास एवं हाथी कॉरिडोर विकसित करने का कार्य किया जा रहा है।
- **नेशनल प्लान फॉर कंजर्वेशन ऑफ एक्वाटिक इको सिस्टम**—यह केंद्र-प्रायोजित योजना है, जिसमें केंद्र एवं राज्य की हिस्सेदारी 60:40 के अनुपात में है। इस यौजना के तहत् साहेबगंज स्थित उधवा जल पक्षी आश्रयणी एवं राज्य के अन्य वेट लैंड के संरक्षण एवं विकास संबंधी कार्य किए जा रहे हैं।
- **राष्ट्रीय वनीकरण कार्यक्रम**—यह केंद्र-प्रायोजित योजना है, जिसमें केंद्र एवं राज्य की हिस्सेदारी 60:40 के अनुपात में है।

राज्य में स्थित 1 राष्ट्रीय उद्यान, 1 गज परियोजना तथा 11 वन्य प्राणी आश्रयणी वन, पर्यावरण एवं जलवायु परिवर्तन विभाग के नियंत्रण में है। इन वन्य जीव क्षेत्रों में अक्सर वन्य जीवों का अवैध शिकार एवं उनके अंगों का अवैध व्यापार होता रहता है। अतः उन पर प्रभावी रूप से नियंत्रण स्थापित करने के लिए विभाग द्वारा वन्य प्राणी अपराध नियंत्रण प्रकोष्ठ का गठन करने का प्रस्ताव है।

प्रमुख उद्यान एवं अभ्यारण्य

बिरसा जैविक उद्यान

बिरसा जैविक उद्यान राँची-रामगढ़ मार्ग पर राँची से लगभग 20 किलोमीटर की दूरी पर ओरमाँझी प्रखंड के अंतर्गत चकला नामक गाँव के निकट अवस्थित है। इस जैविक उद्यान में विभिन्न प्रजातियों के जीव-जंतु, पशु-पक्षी एक विस्तृत क्षेत्र में फैले शाल वृक्षों के वन के बीच प्राकृतिक अवस्था में रखे गए हैं। कई एकड़ में फैले उद्यान भ्रमण करने के लिए अभी पर्यटन विभाग द्वारा इको-फ्रेंडली गाड़ी उपलब्ध कराई गई है, जिस पर सवार होकर जीव-जंतुओं को देखना सुखद लगता है। बच्चों के मनोरंजन के लिए इसी में नौका-विहार की भी व्यवस्था है। बिरसा जैविक उद्यान के समीप ही मूटा मगर प्रजनन केंद्र है, जहाँ वैज्ञानिकों की देख-रेख में मगर प्रजनन कराया जाता है।

बिरसा मृग विहार

राँची-खूँटी मार्ग पर **जोड़ा पुल** नामक स्थान के निकट बिरसा मृग विहार अवस्थित है। राँची से इसकी दूरी सड़क मार्ग से 20 किलोमीटर है, जो मार्ग के निकट ही मिलता है। मृग विहार के निकट से ही एक पहाड़ी नदी बहती है, जो उस स्थान को वनभोज के लिए उपयुक्त बनाती है। इस नदी पर एक के बाद एक दो पुल बने होने के कारण ही स्थान **'जोड़ा पुल'** के नाम से प्रसिद्ध है। मृग विहार को विभिन्न प्रकार के हिरणों की आश्रय स्थली के रूप में विकसित किया गया है।

तोपचाँची अभ्यारण्य

वन्य पशुओं की आश्रयणी के रूप में विकसित यह अभ्यारण्य धनबाद जिले के तोपचाँची में अवस्थित है। सड़क मार्ग से धनबाद से इसकी दूरी 37 किलोमीटर है। झारखंड के अन्य अभ्यारण्यों की तुलना में यह एक छोटा अभ्यारण्य है, जो 8.75 वर्ग किलोमीटर में फैला हुआ है। इस अभ्यारण्य में चीता, जंगली सूअर, लंगूर, हिरण जैसे वन्य पशुओं को उनके प्राकृतिक रूप में देखा जा सकता है।

पालकोट अभ्यारण्य

राँची से इस अभ्यारण्य की दूरी लगभग 120 किलोमीटर है। यह गुमला जिले के पालकोट प्रखंड के अंतर्गत चैनपुर वन प्रमंडल क्षेत्र में अवस्थित है। इसके चारों ओर से कई नदियां प्रवाहित होती हैं। इन नदियों में शंख, बॉकी, सिंजरा, पाईलमारा, तोरपा इत्यादि प्रमुख हैं। इस अभ्यारण्य में चीता, भालू, लकड़बग्घा, भेड़िया, सियार, बंदर, खरगोश इत्यादि पशु हैं। पालकोट झारखंड के ऐतिहासिक स्थलों में से एक हैं, जहाँ छोटानागपुर के राजा के महल के अवशेष भी आकर्षण का केंद्र है।

हजारीबाग अभ्यारण्य

यह वन्य पशु अभ्यारण्य राँची-पटना मार्ग पर हजारीबाग के निकट अवस्थित है। हजारीबाग से इसकी दूरी लगभग 22 किलोमीटर है। करीब 186.25 वर्ग किलोमीटर क्षेत्र में फैले इस अभ्यारण्य में अनेक प्रकार की प्राकृतिक वनस्पति एवं जीव-जंतु पाए जाते हैं, इनमें सांभर, चीता, नीलगाय, चीतल, भालू, बाघ, गेंडा, जंगली सूअर, लंगूर, हिरण आदि वन्य पशु प्रमुख हैं। वन्य पशुओं एवं अभ्यारण्य का अवलोकन करने के लिए चार ऊँचे वॉच-टॉवर बनाए गए हैं, जिनकी ऊँचाई 200 फीट है।

कोडरमा अभ्यारण्य

राँची-पटना मार्ग पर हजारीबाग से आगे कोडरमा से लगभग 10 किलोमीटर की दूरी पर यह अभ्यारण्य अवस्थित है। 177.35 वर्ग किलोमीटर में सघन साल वन में फैले इस अभ्यारण्य में सांभर, चीता, नीलगाय, जंगली सूअर, लंगूर, हिरण, खरगोश, मोर आदि वन्य प्राणी प्रमुखता से देखने को मिलते हैं।

बेतला राष्ट्रीय उद्यान

यह झारखंड का प्रसिद्ध वन्य प्राणी की राष्ट्रीय उद्यान है। यह राष्ट्रीय उद्यान लातेहार जिले में अवस्थित है। राँची-डाल्टेनगंज सड़क मार्ग पर राँची से लगभग 156 किलोमीटर की दूरी पर यह अभ्यारण्य अवस्थित है। इस अभ्यारण्य के प्रमुख जीव-जंतुओं में शेर, रॉयल बंगाल टाइगर, हाथी, चीता, चीतल, हिरण, बंदर आदि प्रमुख हैं। पर्यटकों के ठहरने के लिए वन विभाग के विश्राम गृह सहित निज़ी होटल एवं रेस्ट हाउस यहाँ उपलब्ध हैं।

दलमा अभ्यारण्य

पूर्वी सिंहभूम जिले में लौह नगरी टाटा नगर के निकट यह अभ्यारण्य लगभग 195 वर्ग किलोमीटर क्षेत्र में फैला हुआ है। यहाँ पर हिरण, बंदर, नीलगाय, हाथी आदि वन्य प्राणी देखने को मिलते हैं, जिनमें मुख्य आकर्षण का केंद्र हाथी है।

उधवा पक्षी अभ्यारण्य

संथाल परगना प्रमंडल के साहेबगंज जिले से लगभग 40 किलोमीटर की दूरी पर स्थित यह अभ्यारण्य विभिन्न प्रजातियों के पक्षियों के कारण प्रसिद्ध है। यह लगभग 650 वर्ग किलोमीटर क्षेत्र में फैला हुआ है। यहाँ एक विस्तृत झील भी है, जो प्रवासी पक्षियों के निवास के लिए उपयुक्त है। जाड़े में इन प्रवासी पक्षियों को देखने के लिए संपूर्ण देश से पर्यटक एवं पक्षी प्रेमी यहाँ आते हैं। यहाँ पर कबूतर, चुंडुल, वनमुर्गी, खंजन, बुलबुल, नीलकंठ आदि पक्षी ज्यादातर पाए जाते हैं।

जंगली जानवरों द्वारा हुई क्षति का मुआवजा

क्षति का प्रकार	मुआवजा राशि की दर
मनुष्य की मृत्यु होने पर	
(क) 18 वर्ष या उससे अधिक आयु के व्यक्ति	2,50,000.00 (दो लाख पचास हजार रुपए)
(ख) 18 वर्ष से कम आयु के व्यक्ति	1,50,000.00 (एक लाख पचास हजार रुपए)

मनुष्य के घायल होने पर

(क) गंभीर रूप से घायल होने पर	
1. 18 वर्ष या उससे अधिक आयु के व्यक्ति	50,000.00 (पचास हजार रुपए)
2. 18 वर्ष से कम आयु के व्यक्ति	50,000.00 (पचास हजार रुपए)
(ख) साधारण/आंशिक से घायल होने पर	10,000.00 (दस हजार रुपए)

मनुष्य के स्थायी रूप से अपंग होने पर

(क)18 वर्ष या उससे अधिक आयु के व्यक्ति	1,50,000.00 (एक लाख पचास हजार रुपए)
(ख)18 वर्ष से कम आयु के व्यक्ति	1,50,000.00 (एक लाख पचास हजार रुपए)

पूर्ण रूप से क्षतिग्रस्त मकान

(क) पक्का मकान (ढलाईवाला छत)	75,000.00 (पचहत्तर हजार रुपए)
(ख) पक्का मकान (बिना ढलाई वाला छत)	10,000.00 (दस हजार रुपए)
(ग) कच्चा मकान	7,500.00 (सात हजार पाँच सौ रुपए)

गंभीर रूप से क्षतिग्रस्त मकान

(क) पक्का मकान (ढलाईवाली छत)	15,000.00 (पंद्रह हजार रुपए)
(ख) पक्का मकान (बिना ढलाईवाली छत)	10,000.00 (दस हजार रुपए)
(ग) कच्चा मकान	7,500.00 (सात हजार पाँच सौ रुपए)
साधारण रूप से क्षतिग्रस्त मकान	5,000.00 (पाँच हजार रुपए)
भंडारित अनाज	1,000.00 प्रति क्विंटल (एक हजार प्रति क्विंटल) अधिकतम 5,000.00 (पाँच हजार रुपए)
भैंस/गाय/बैल की मृत्यु	10,000.00 (दस हजार रुपए)
बछड़े/बाछी की मृत्यु	3,000.00 (तीन हजार रुपए)
भेड़/बकरे/बकरी की मृत्यु	2,000.00 (दो हजार रुपए)
फसल की क्षति	10,000.00—प्रति हेक्टेयर अधिकतम 25,000.00 (पच्चीस हजार रुपए)

स्रोत : वन, पर्यावरण एवं जलवायु परिवर्तन विभाग, झारखंड सरकार

- 15 से 49 वर्ष की महिलाओं में 2017 तक एनीमिया रोग को 70.4 प्रतिशत से घटाकर 28 प्रतिशत तक करना।
- टी.बी. से होने वाली मृत्यु को 1990 की तुलना में आधा करना।
- कुष्ठ रोग 1 प्रति हजार से कम करना।
- मलेरिया जैसे रोग से होने वाली मृत्यु 2.93 से घटाकर 1 से कम करना।
- 0 से 6 आयु वर्ग में लिंगानुपात 943 से बढ़ाकर 950 करना।

- इस लक्ष्य की प्राप्ति के लिए 256 हेल्थ सब-सेंटर (HSC), 38 प्राईमरी हेल्थ सेंटर (PHC), 31 कम्युनिटी हेल्थ सेंटर (CHC) और 9 मातृ शिशु स्वास्थ्य केन्द्र कार्यरत हैं।इसके अलावा 2015-16 में 150 एच.एस. सी., 30 पी.एच.सी., 13 सी.एच.सी. बनाया जाना है।
- राजेन्द्र आयुर्विज्ञान संस्थान (RIMS), पाटलिपुत्र मेडिकल कॉलेज एवं हॉस्पिटल (PMCH), धनबाद, महात्मा गाँधी मेमोरियल कॉलेज एवं हॉस्पिटल (MGMCH) जमशेदपुर, राँची इंस्टीट्यूट ऑफ न्यूरो साइक्यट्रि एंड एलाईड साइंसेज (RINPAS), काँके और पाँच ए.एन. एम. स्कूल भी संचालित हैं।

स्वास्थ्य ढांचा

उपकेन्द्र	3,958
पीएचसी	330
सीएचसी	188
परामर्शी अस्पताल	32
उपविभागीय अस्पताल	10
जिला अस्पताल	24

शहरीकरण

भारत के 32.2 प्रतिशत की तुलना में झारखण्ड में मात्र 24 प्रतिशत निवासी शहरों में निवास करते हैं। उम्मीद की जाती है कि 2030 तक 32 प्रतिशत झारखण्ड की आबादी शहरों में निवास करेगी। 2012 में अनुमानित था कि 6.3 लाख परिवारों के पास आवास नहीं था। प्रधानमंत्री आवास योजना के तहत 2022 तक सभी को आवास उपलब्ध करा देने की योजना है।

	ग्रामीण	शहरी
कुल जनसंख्या (जनगणना 2011)	75.95%	24.05%
जनसंख्या वृद्धि	19.50%	32.29%
लिंगानुपात	960	908
बाल लिंगानुपात (0-6 वर्ष)	952	904
बाल लिंगानुपात (0-6 वर्ष)	16.96	12.49
औसत साक्षरता	62.40%	83.30%
पुरुष साक्षरता	74.57%	89.78%
महिला साक्षरता	49.75%	76.17%

महत्वपूर्ण बिंदु

- छोटा नागपुर पठार के पश्चिमी भाग की उच्च भूमि को **पाट क्षेत्र** कहा जाता है। यह पश्चिमी भाग राँची (वर्तमान लोहरदगा) से लेकर दक्षिणी पलामू जिले तक फैला है। इसमें उत्पन्न लेटेराइट से अपरदन क्रिया के फलस्वरूप बॉक्साइट का निक्षेप हुआ है। पठारी भाग में लेटेराइट का निक्षेप ऊँचे स्थलीय भागों में पाया जाता है।
  मैकाल पर्वत के अमरकंटक पठार से निकली सोन नदी पटना के निकट गंगा नदी में मिलने से पूर्व 780 कि.मी. की दूरी तय करती है। क्षेत्र विशेष में इसे अन्य नामों से भी पुकारा जाता है, जैसे—सोनभद्र, हिरण्यवाह।
- पुनपुन नदी को '**कीकट नदी**' भी कहा जाता है, लेकिन इसे कहीं-कहीं '**बमागधी**' भी कहा जाता है। गंगा में मिलने से पूर्व इसमें दरधा और मोरहर नामक सहायक नदियां भी आ मिलती हैं।
- बूढ़ा घाघ जलप्रपात महुआ डाँड़ से लगभग 14 किलोमीटर की दूरी पर स्थित है। यह झारखंड का सबसे ऊँचा जलप्रपात है, जिसकी ऊँचाई 143 मीटर है। इसे '**लोधा जलप्रपात**' के नाम से भी जाना जाता है।
- भारत में लाह के कुल उत्पादन का 50 प्रतिशत झारखंड में उत्पादित होता है। लेसिफर लक्का या लाह के कीड़े से इसका उत्पादन होता है। इन कीड़ों की वृद्धि कुसुम, बरगद, सरेस, खैर, अरहर, रीठा, पीपल, बबूल आदि वृक्षों पर होती है।
- राज्य में वनों के बेहतर प्रबंधन के उद्देश्य से 31 प्रादेशिक प्रमण्डलों, 10 सामाजिक वानिकी प्रमण्डलों एवं 04 विश्व खाद्य कार्यक्रम प्रमण्डलों का सृजन किया गया है, जिनके माध्यम से वनों एवं वन्य प्राणियों के प्रबंधन, संवर्धन एवं विकास का कार्य किया जाता है।
- झारखंड में वन संवर्धन और प्रबंधन की विधिवत् शिक्षा के लिए राँची में बिरसा कृषि विश्वविद्यालय से संबद्ध वानिकी कॉलेज में वानिकी संकाय स्थापित है।
- राष्ट्रीय वन नीति 1988 में हरियाली के लिए 2022 तक निर्धारित लक्ष्य को झारखंड ने 2020 में पूरा कर लिया है।

❑❑❑

अध्याय

26

झारखंड की जनजातियाँ, परम्पराएँ, पर्व एवं मेले

[जनजातीय जनसंख्या और उनका वितरण, जनजातीय विकास योजनाओं की समस्या, जनजातीय परंपरा, पर्व-त्योहार एवं मेले]

झारखंड की जनजातियाँ

झारखंड में जनजातीय समूहों की जनसंख्या 2011 ई. की जनगणना के अनुसार 86,45,042 है, जो राज्य की कुल जनसंख्या का 26.2% है। झारखंड में मुख्य रूप से 32 जनजातियाँ निवास करती हैं, जिनमें 8 आदिम जनजाति एवं 24 अनुसूचित जनजाति के रूप में चिन्हित हैं। आदिम जनजाति की कुल जनसंख्या 29,2359 है, जो राज्य की कुल जनजातीय जनसंख्या का 2.4% है। इनमें लगभग 91.7% ग्रामीण क्षेत्र एवं लगभग 8% शहरी क्षेत्र में रहते हैं। झारखंड देश में जनजातीय जनसंख्या की दृष्टि से चौथे स्थान पर है।

निर्वाह के आधार पर जनजातियों को चार भागों में बाँटा जा सकता है, जो निम्न हैं—

निर्वाह के आधार पर वर्गीकरण

- घुमंतू जनजाति
- घुमंतू कृषक जनजाति
- कृषक जनजाति
- शिल्प जनजाति

घुमंतू जनजाति—इसके अंतर्गत बिरहोर, हिल, खड़िया जैसी जनजातियाँ आती हैं। इनका जीवन घुमंतू होता है और ये अस्थायी बस्ती '**टंडा**' बनाकर रहती हैं। ये एक स्थान पर कुछ दिन ठहरती हैं। इसके बाद दूसरे स्थान के लिए प्रस्थान कर जाती हैं। 'टंडा' में 10-15 झोंपड़ियां होती हैं, जो लकड़ियों से निर्मित होती हैं तथा इनमें वृक्ष की शाखाओं, पत्तियों और घास-फूस आदि का प्रयोग होता है। भोजन के लिए ये कंद-मूल, फल-फूल, जंगली जानवरों के मांस आदि पर आश्रित रहती हैं। ये भोजन का संग्रह करने में विश्वास करती हैं। इन जनजातियों के अधिकांश बरतन वृक्षों के पत्तों के बने होते हैं और खाना पकाने के लिए मिट्टी के बरतनों को प्रयोग में लाते हैं तथा जमीन पर चटाई की तरह बड़े-बड़े पत्ते बिछाकर सोते हैं। इनकी वेश-भूषा अतिसाधारण होती है और वस्त्र के नाम पर कमर से घुटनों तक ढकने वाला कपड़ा प्रयोग करते हैं, जिसे '**करेया**' कहते हैं।

जंगल से प्राप्त लकड़ियों से ये लोग ओखली, कठौती और ढोलकी आदि बनाकर हाट-बाजारों में बेचते हैं, जिनसे मिर्च-मसाला और अन्य वस्तुओं को खरीदकर लाते हैं। पशुपालन में इनके पशु बकरी, मुर्गी, मुर्गे के अतिरिक्त कुत्ते भी होते हैं, जो शिकार में इनके सहयोगी बनते हैं। इस वर्ग में कुछ लोग कृषि से भी जुड़ गए हैं, लेकिन इनकी संख्या कम है। इन्हें '**जाँघी**' कहा जाता है। झूम कृषि के अलावा कुछ स्थानों पर स्थायी खेती भी होने लगी है।

घुमंतू कृषक जनजाति—इसके अंतर्गत सौरिया, पहाड़िया और कोरबा जनजातियां आती हैं। ये लोग भी घुमक्कड़ प्रवृत्ति के होते हैं, लेकिन इनका मुख्य व्यवसाय झूम कृषि है। ये एक स्थान पर आकर वहाँ पेड़ों को साफ करके कृषि योग्य भूमि तैयार करते हैं। जब ये दूसरे स्थान पर जाते हैं, वहाँ भी पुनः नए खेत तैयार करते हैं। कृषि कार्यों के लिए इनके पास नुकीले और धारदार औजार होते हैं। खेती के अतिरिक्त इनके भोजन में शिकार और कंद-मूल-फल भी शामिल होते हैं। इनकी खेती को 'कुरवा' कहा जाता है। 'कुरवा' से जंगल में अवैध कटाव बहुत हुआ है, जिसने वनक्षेत्र को कम किया है। ये पशुपालन में छोटे जीवों को पालते हैं। यद्यपि राजमहल के माल पहाड़िया अब पुरानी पद्धति छोड़कर स्थायी कृषि को अपना चुके हैं। कोरबा भी पलामू क्षेत्र में स्थायी खेती करने लगे हैं।

कृषक जनजाति—इसके अंतर्गत संथाल, उराँव, हो, मुंडा और भूमिज जैसी प्रमुख जनजातियाँ हैं, जो पूर्व में भले ही शिकार और झूम कृषि पर आश्रित रही हों, लेकिन बाहरी संपर्कों ने इन्हें जल्दी ही स्थायित्व का महत्त्व समझा दिया और इन सबने ने भूमि अधिग्रहण कर स्थायी खेती का व्यवसाय अपनाया।

अब ये लोग कृषि और पैदावार के तरीकों में अनुभवी हो चुके हैं और हल-बैल के साथ खाद, पानी की महत्ता भी जान चुके हैं। कुछ लोगों ने कृषि के अलावा नकदी लाभ के लिए व्यवसाय में भी कदम रखे हैं। अब ये जनजातियाँ धनप्राप्य मांसाहार करने लगी हैं और बहुधा पर्व आदि के अवसर पर ही सामूहिक आखेट पर जाती हैं।

शिल्प जनजाति—इसके अंतर्गत वे जनजातियाँ हैं, जो अपने जीवनयापन के लिए गृह उद्योगों पर आश्रित हैं। इनमें महली, करमाली, लोहरा, चीक बड़ाइक आदि जनजातियाँ प्रमुख हैं। ये जनजातियाँ मिश्रित जनसंख्या वाले गाँव में रहती हैं। इनका विकास मुख्यतः भूमिज, संथाल और उराँव आदि बस्तियों में होता है, जहाँ इनके उत्पाद सरलता से क्रय हो जाते हैं। चीक-बड़ाइक जहाँ कपड़े बुनते हैं, वहीं लोहरा और करमाली कृषि के काम में आने वाले औजारों की मरम्मत करते हैं और इस तरह अपना जीवनयापन करते हैं।

स्पष्ट होता है कि इन जनजातियों की जीवन-शैली जटिल और श्रमशील होती है तथा लगभग अभावग्रस्त रहती है। यद्यपि इन जनजातियों ने समय के साथ अपने परंपरागत कार्यों को छोड़कर नए व्यवसायों को अपना लिया है। कभी असुर जनजाति लौह कार्यों में लगी थी, लेकिन अब मशीनी युग में औजारों की आवश्यकता घट जाने से इन्होंने यह कार्य छोड़कर अन्य नकदी लाभवाले व्यवसायों को अपना लिया है। स्थायित्व की भावना से अब जनजातियों में उद्योग-धंधों में भी रुचि बढ़ी है और कारखानों आदि में जनजातीय श्रमिक बहुतायत संख्या में देखे जाते हैं। चाय बागानों में जनजातीय स्त्रियाँ अधिक श्रमशील और सफल सिद्ध हो रही हैं। अब शिक्षा के कारण ये जागरूक हो गए हैं और जनजातीय युवक तथा स्त्रियाँ सरकारी उपक्रमों में और अर्द्धसरकारी कार्यालयों में भी पदासीन देखे जा सकते हैं।

पारिवारिक परिप्रेक्ष्य में लगभग सभी जनजातियों के नियम एक जैसे ही हैं। पितृसत्तात्मक परिवार प्रणाली लगभग सभी जनजातियों में मान्य हैं। यद्यपि कुछ समय पूर्व तक 'हो' जनजाति में मातृसत्तात्मक व्यवस्था रही है। बाद में यह व्यवस्था पितृप्रधान हो गई। पैतृक संपत्ति पर बड़े पुत्र का अधिकार होता है और कहीं-कहीं अविवाहित पुत्रियों को भी इसमें हिस्सा देने की प्रथा है। प्रमुख जनजातियों मुंडा और उराँव में स्त्रियों पर अधिक सामाजिक बंधन थे तथा वे पूजा-पद्धति, शिकार एवं सभाओं में भागीदारी से वंचित थीं।

झारखंड की जनजातियों एवं आदिम समूहों का विवरण निम्न है—

संथाल जनजाति

जनसंख्या की दृष्टि से संथाल जनजाति **झारखंड की सबसे बड़ी जनजाति** है। ये मुख्य रूप से झारखंड के संथाल परगना प्रमण्डल एवं धनबाद, बोकारो, गिरिडीह, हजारीबाग, चतरा, कोडरमा, पूर्वी सिंहभूम, पश्चिमी सिंहभूम आदि जिलों में निवास करते हैं। प्रजातीय दृष्टि से इन्हें प्रोटो-ऑस्ट्रोलॉयड श्रेणी में रखा जाता है। इनकी अपनी भाषा 'संथाली' एवं अपनी लिपि 'ओलचिकी' है। ये 12 गोत्र में विभाजित हैं, जो मुरमू, हंसदा, सोरेन, हेम्ब्रम, किस्कू, बासके, बेसरा, पोरिया, टुडू, गेंडुवार, चोड़े एवं मरांडी हैं।

संथाल सुव्यवस्थित गाँव में रहते हैं। गाँव के बीच में इनका 'माँझीथान' होता है, जहाँ गाँव का माँझी पूजा-पाठ करता है। 'माँझीथान' माँझी हड़ाम बोंगा का निवास स्थान माना जाता है। गाँव की पंचायतें भी प्रायः यहीं बैठती हैं। गाँव के बाहर एक किनारे सखुआ या महुआ पेड़ों के झुरमुट के बीच 'जहेर थान' होता है, जहाँ 'जाहेर एरा' के अतिरिक्त संथालों के अन्य प्रमुख देवी-देवता निवास करते हैं। इनका सर्वोच्च देवता 'मरांग बुरू' है। इन्हें 'ठाकुरजी' भी कहा जाता है। गाँव के मुखिया का घर बीच में माँझीथान के पास होता है।

संथालों का आर्थिक जीवन अन्य जनजातियों की तरह अभावग्रस्त होता है। कृषि ही इनकी आजीविका का मुख्य आधार है। धान इनकी मुख्य फसल है। इनका भोजन सादा एवं साधारण होता है। चावल इनका मुख्य भोजन और पोचाई (चावल की शराब) प्रिय पेय है। संथालों में गोदना गोदने का प्रचलन पाया जाता है। पुरुष के बाएँ हाथ में सिक्के का चिह्न होता है। बिना सिक्का चिह्नवाले पुरुष के साथ समाज की कोई लड़की विवाह करना नहीं चाहती। संथाली समाज बहिर्विवाही गोत्रों में विभक्त है। सगोत्रीय विवाह एक गंभीर अपराध समझा जाता है। गोत्र चिह्न के प्रति असीम श्रद्धा एवं अज्ञात भय-भाव बना रहता है। गोत्र-चिह्न को मारना, नष्ट करना या खाना वर्जित है।

संथाली जाति में अनेक प्रकार के विवाहों का प्रचलन है, जैसे किरिंग (बहू) बापला, किरिंग जबाई, इतुत, निर्बोलोक, टुनकी दिपिल बापला, घर दी जमाई, सेवा विवाह, सांगा विवाह आदि। किरिंग बापला सर्वाधिक प्रचलित विवाह है। वर-पक्ष की ओर से कन्या पक्ष को जो वधू-मूल्य प्रदान किया जाता है, उसे **'पोन'** कहा जाता है। संथाल जनजाति मुख्य रूप से बाहा या बा, सोहराई, सरहुल, करम, बंधना, एरोक, माघसिम, हरिहारसिम आदि पर्व मनाते हैं। इनके अधिकतर पर्व कृषि या प्रकृति से संबंधित होते हैं।

संथालों का परिवार ही उनकी पहली सामाजिक इकाई होती है। प्रत्येक संथाल ग्राम में एक ग्राम पंचायत होती है, जिसका प्रमुख माँझी होता है। वह अपने पंचायत का सभापति भी होता है। माँझी को गाँव के प्रशासनिक एवं न्यायिक अधिकार प्राप्त होते हैं। वह ग्रामीणों से संबंधित सभी प्रकार के विवादों का निपटारा करता है। पराणिक गाँव का उप-प्रधान होता है, जो माँझी की सहायता करता है। माँझी का एक और सहायक जोगमाँझी होता है, जो समाज के लोगों के आचरण पर निगाह रखता है। वह वैवाहिक समस्याओं को सुलझाने में सहायता प्रदान करता है। जोगमाँझी को **संथाली युवक-युवतियों का सरदार** भी कहा जाता है। माँझी की अनुपस्थिति में उसके कार्यों का निष्पादन प्रामाणिक करता है। संथाल समाज में लोगों से संबंधित सभी प्रकार की सूचनाओं का एकत्रीकरण गोड़ैत करता है। वह संदेशवाहक के रूप में सभी प्रकार की सूचनाओं का संप्रेषण उच्च अधिकारियों को करता है।

5-8 गाँव पर एक देशमाँझी होता है। वैसे विषय, जिनका निपटारा ग्राम स्तर पर नहीं हो पाता, उन विषयों को माँझी द्वारा देशमाँझी के पास निपटारे हेतु भेज दिया जाता है। 15-20 गाँव को मिलाकर परगना का निर्माण होता है। इसका प्रधान **परगनैत** कहलाता है। यह संथाल समाज की सर्वोच्च प्रशासनिक एवं न्यायिक संस्था है। वैसे विषय, जिनका निपटारा माँझी अथवा देशमाँझी के द्वारा नहीं हो पाता है, तो उनका समाधान परगनैत द्वारा किया जाता है। परगनैत एक से अधिक गाँव के बीच उत्पन्न विवादों का निपटारा करता है।

संथाली समाज में अपराध के लिए आर्थिक, सामाजिक तथा शारीरिक दंड का प्रावधान है। सगोत्रीय विवाह, विजातीय विवाह, गैर-जनजातीय, यौन अपराध तथा अन्य गंभीर अपराधों के लिए सबसे कठोर सजा **विटलाहा** (सामाजिक बहिष्कार) का प्रावधान है। छोटे अपराध के लिए जुर्माना, भोज-भात की व्यवस्था करने आदि जैसे दंड दिए जाते हैं। दोषी व्यक्ति को समाज के समक्ष क्षमा याचना के साथ लोगों को सामूहिक रूप से भोज की व्यवस्था करनी पड़ती है। इसके बाद ही दोषी व्यक्ति के अपराध समाप्त होते हैं और वह पुनः संथाली समाज का अंग बन जाता है।

वर्तमान समय में भी संथालों की पारंपरिक संस्थाएँ सक्रिय हैं। हत्या, डकैती जैसे गंभीर अपराधों को छोड़कर अन्य अपराधों का निर्णय इनकी पारंपरिक संस्थाएँ ही करती हैं।

उरांव जनजाति

उराँव झारखंड की एक महत्त्वपूर्ण एवं जनसंख्या की दृष्टि से **झारखंड की दूसरी सबसे बड़ी जनजाति** है। ये मुख्य रूप से राँची, पलामू, लातेहार, हजारीबाग, सिंहभूम तथा संथाल परगना क्षेत्रों में पाए जाते हैं। उराँव भाषा एवं प्रजाति, दोनों दृष्टि से द्रविड़ जाति से संबंधित हैं।

उराँव का **मुख्य पेशा कृषि** है। शिकार करना इनका पेशा न रहकर शौक बन गया है। ये प्रतिवर्ष वैशाख में 'विसू सेंदरा,' फागुन में 'फागु सेंदरा' और वर्षा ऋतु के प्रारंभ में 'जेठ शिकार' करते हैं। इसके अलावा सुविधा एवं इच्छानुसार 'दौराहा' शिकार करते हैं, जो अनौपचारिक होता है। उराँव जनजाति में 'पसरी' प्रथा भी प्रचलन में है, जिसमें किसी को हल-बैल देकर मदद करने के बदले में उससे खेत जोतने-कोड़ने में सहायता मिलती है या फिर मेहनत का विनिमय होता है, जिसके तहत् एक-दूसरे के कृषि कार्य में सहयोग करते हैं। पहले इनमें 'पाचा' पद्धति प्रचलन में खूब था। युवागृह के धांगर-महतो के माध्यम से युवकों की मदद मिल जाती थी। बदले में खाने को और हड़िया पीने को दे दिया जाता था। अब नकदी रकम तय कर ली जाती है। 'घर-दी-जमाई' की व्यवस्था भी मदद पाने के लिए ही की जाती है। एक 'शौकिया' प्रथा है, जिसमें कोई रहने खाने की व्यवस्था पर धांगर की तरह मजदूरी करता है।

परिवार उराँव जनजाति का मूल एवं सबसे छोटी सामाजिक इकाई है। इनका परिवार पितृसत्तात्मक एवं पितृवंशीय होता है। उराँव कई टोटेमिक गोत्रों में

बँटे हुए हैं, जिन्हें '**किली**' कहा जाता है। तिर्की, कच्छप, मिंज, खलखो, एक्का, खाखा, केरकेट्टा, लकड़ा, टोप्पो, कुजूर आदि इनके कुछ प्रमुख गोत्र हैं। इनमें अनके प्रकार के विवाह देखने को मिलता है। ये 'समग्रामा विवाह' के सिद्धांत को नहीं मानते हैं। एक ही गाँव में लड़का-लड़की का विवाह पसंद नहीं किया जाता है। ये आपस में कृत्रिम ढंग से नाता स्थापित करने के लिए 'सहिया' का चुनाव करते हैं। इसे '**सहियारो**' कहते हैं। यह नाता बहुत सुदृढ़ होता है। प्रत्येक तीन वर्ष धनकटनी के बाद 'सहिया-चयन समारोह' होता है। गाँव की कुँवारी लड़कियां आपस में 'गोई' या 'करमडार' आदि के रूप में मित्रता बनाती हैं। इसी प्रकार लड़कों में मित्रता का स्वरूप 'लार' या 'संगी' है। विवाह के बाद उनकी पत्नियां भी एक-दूसरे को 'लारिन' या 'संगिनी' कहकर बुलाती हैं।

उराँव जनजाति के सामाजिक व्यवस्था में युवागृह 'धुमकुड़िया' एवं 'अखरा' का महत्त्वपूर्ण स्थान है। 'धुमकुड़िया' एक साधारण घर होता है, जहाँ अविवाहित युवक- युवतियाँ रहते हैं। लड़के और लड़कियों के लिए अलग-अलग धुमकुड़िया का प्रबंध होता है। लड़कों के धुमकुड़िया को '**जोंख-एरेपा**' और लड़कियों के धुमकुड़िया को '**पेल-एरेपा**' कहते हैं। जोंख-एरेपा को '**धांगर कुड़िया**' भी कहते हैं। जोंख एरेपा के नियंत्रण और देखभाल के लिए किसी लड़के को मुखिया के रूप में नियुक्त कर दिया जाता है, जिसे '**महतो**' या '**धांगर महतो**' कहते हैं। पेल-एरेपा की लड़कियों की देखभाल और उन पर नजर रखने का दायित्व किसी प्रौढ़ या विधवा महिला को सौंपा जाता है। वह '**बड़की धांगरिन**' कहलाती है। धुमकुड़िया में प्रवेश लगभग 10-11 वर्ष की उम्र में हो जाता है और विवाह के पूर्व तक इसके सदस्य रहते हैं। इनकी तीन श्रेणियाँ होती हैं—1. पूना जोखर, जो नए प्रवेश करते हैं। 2. माँझ जोखर (तीन साल बाद)। 3. कोहा जोखर। धांगर महतो का एक सहायक होता है, जो **कोतवार** कहलाता है। धुमकुड़िया में कठोर अनुशासन बनाए रखा जाता है। इसके अधिकारी प्रत्येक 3 वर्ष पर बदल दिए जाते हैं। इसके लिए एक सरल साधारण समारोह '**मुखिया हंडी**' (हड़िया पीना) होता है। धुमकुड़िया में प्रवेश 3 वर्ष में एक बार दिया जाता है। इसके लिए सुसंपन्न 'दीक्षा समारोह' होता है। धुमकुड़िया एक आर्थिक, सामाजिक, धार्मिक संगठन का पुरातन स्वरूप प्रस्तुत करता है। यह जनजातीय प्रशिक्षण केंद्र होता है, जहाँ एक सफल सामाजिक व्यक्ति बनने की शिक्षा दी जाती है। इन्हें अपने जनजातीय रीति-रिवाज, परंपरा, लोकगीत, लोकनृत्य, लोक संस्कृति, आस्था-विश्वास आदि से परिचित कराते हुए व्यावहारिक ज्ञान दिया जाता है।

अखरा उराँव का एक महत्त्वपूर्ण सामाजिक, सांस्कृतिक संस्था है। यह विराम स्थल है, प्रकृति का शरण स्थल है, जहाँ दिनभर की कड़ी मेहनत के बाद युवक- युवतियाँ अपनी थकान मिटाते हैं।

उराँव जनजाति के लोग मिश्रित धर्म मानते हैं। इनका प्रमुख देवता 'धर्मेश' है, जो सिंगबोंगा या सूर्य का प्रतीक है। धरती माता उनकी दंपती मानी जाती है। अन्य देवी-देवताओं में मरांग बुरू (पहाड़ देवता), ठाकुर देव (ग्राम देवता), डीहवार (सीमांत देवता), पूर्वजात्मा (कुल देवता) आदि हैं। पाहन इनका धर्म प्रधान व पुजारी होता है। 'सरना' इनका मुख्य पूजा स्थल होता है। पूर्वजों की आत्मा 'सासन' में निवास करती है। साल में एक बार प्राय: जनवरी में 'हड़बोरा' संस्कार होता हैं, जिसमें वर्ष भर में मरे गोत्र के सभी लोगों की हड्डी 'गोत्र-खुँदी' (नदी) में निक्षेपित की जाती हैं। हड़बोरा के बाद उनकी आत्माएँ पूर्वजों की आत्माओं से जा मिलती हैं। आत्माओं की इस मिलन को '**कोहाबेंजा**' कहते हैं। उराँव के मुख्य पर्व सरहुल, करमा, जितिया, नवाखानी, फागु जतरा आदि हैं। इनमें सेवा विवाह, गोलट विवाह, आयोजित विवाह, विधवा विवाह आदि का प्रचलन है।

उराँव जनजाति की राजनीतिक एवं प्रशासनिक व्यवस्था बहुत सुदृढ़ है। सर्वप्रथम जब इनका आगमन छोटानागपुर क्षेत्र में हुआ तो उन्होंने जंगलों को साफकर कृषि-कार्य प्रारंभ किया। सबसे पहले आकर बसनेवाले एवं कृषि कार्य करने वाले **उराँव भूईंहर** कहलाए तथा इनकी भूमि **भूईंहरी भूमि** कहलाई। इनके द्वारा बसाया गया गाँव **भूईंहर गाँव** कहलाया। बाद में आने वाले उराँव '**रैयत**' या '**जेठ रैयत**' कहलाए।

प्रारंभ में गाँव का प्रबंधन एवं संचालन तथा धार्मिक कार्यों का संपादन पाहन करता था। बाद में गाँव का प्रशासनिक एवं न्यायिक कार्य करने वाला महतो कहलाया तथा पाहन केवल धार्मिक कार्यों को ही सम्पन्न करने लगा। उराँव की आबादी बढ़ने के साथ-साथ इनके ग्रामों की संख्या भी बढ़ने लगी, जिससे अनेक प्रकार की समस्याएँ उत्पन्न होने लगीं। प्राकृतिक समस्याओं के साथ-साथ समाज में अनेक प्रकार के विवाद उत्पन्न होने लगे। इन समस्याओं के समाधान हेतु 7, 12, 21 या 22 गाँव को मिलाकर पड़हा पंचायत का गठन किया गया, जिसके प्रधान को **पड़हा राजा** कहा गया। पड़हा पंचायत द्वारा एक से अधिक गाँव के बीच उत्पन्न समस्याओं का समाधान किया जाता है। संपत्ति का बँटवारा, विवाह संबंधी विवाद, यौन अपराध, चोरी आदि से संबंधित मामले ग्रामीण स्तर पर या **पड़हा पंचायत** में सुलझाए जाते हैं। सामान्यत: पंचायत की बैठकी अखरा में होती है, जहाँ लोकतांत्रिक ढंग से विवादों का निपटारा किया जाता है। अपराध सिद्ध होने पर जुर्माना, शारीरिक दंड या जाति बहिष्कार की सजा का प्रावधान है। जाति बहिष्कार एवं पुनर्प्रवेश का निर्णय केवल पड़हा पंचायत द्वारा ही दिया जाता है। जुर्माने की राशि को पूजा-पाठ एवं अन्य कल्याणकारी कार्यों पर व्यय किया जाता है।

वर्तमान समय में झारखंड में **उराँव जनजाति को सबसे अधिक शिक्षित जनजाति** माना जाता है। ये सामाजिक तथा राजनीतिक रूप से सबसे अधिक जागरूक एवं अपने पारंपरिक रीति-रिवाजों के प्रति सचेत हैं। पंचायती राज व्यवस्था लागू होने पर भी इनकी पारंपरिक संस्थाएँ काफी सक्रिय हैं।

मुंडा जनजाति

मुंडा झारखंड में कोलेरियन समूह की एक सशक्त और शक्तिशाली जनजाति है। झारखंड में यह आबादी की दृष्टि से तीसरी सबसे बड़ी जनजाति है। प्रजातीय दृष्टि से मुंडा को प्रोटो-ऑस्ट्रोलॉयड समूह में रखा जाता है। इनकी भाषा मुंडारी ऑस्ट्रो-एशियाटिक भाषा परिवार के अंतर्गत आती है। ये अपनी भाषा को '**होड़ो जगर**' भी कहते हैं। इनका मुख्य निवास स्थल राँची, हजारीबाग, पलामू, गुमला, गिरिडीह, सिंहभूम, संथाल परगना आदि है। मुंडा समुदाय झारखंड के मूल निवासी हैं और झारखंड क्षेत्र में इनका प्रवेश लगभग 600 ईसा पूर्व हुआ था। मुंडाओं के अनेक गोत्र होते हैं। आईंद, कंडुलना, केरकेट्टा, टुटी, डुंगडुंग, तिर्की, तोपनो, पूर्ति, बरला, बागे, बलमुचू, बेंगरा, बोदरा, भेंगरा, सुरीन आदि मुंडा जनजाति के प्रमुख गोत्र हैं।

इनका **मुख्य देवता 'सिंगबोंगा'** है। इनका ग्राम देवता '**हातुबोंगा**' तथा पहाड़ देवता '**बुरूबोंगा**' है। देशाउली गाँव की सबसे बड़ी देवी है। इन देवी-देवताओं को खुश रखने के लिए पाहन सरना में पूजा करता है। प्रत्येक घर में ओड़ाबोंगा (कुल देवता) की पूजा परिवार का मुखिया करता है। मुंडा '**टोटेम**' (इष्ट चिह्न) की भी पूजा करते हैं।

मुंडा के मुख्य पर्व सरहुल (बा), करमा, सोहराई, माघे, फागु, नवाखानी, जीतिया, अनौबा आदि है। अधिकांश पर्व कृषि और प्रकृति से जुड़े हैं। फागु पर्व के समय सामूहिक शिकार का आयोजन किया जाता है। सरहुल को '**बा**' पर्व एवं **फूलों का पर्व** भी कहा जाता है। धान रोपनी के समय '**रोआपुना**' और नए अनाज घर आने पर '**जोमनवा**' पर्व विशिष्ट रूप से मनाया जाता है। आषाढ़ में खेत जुताई और चौरसीकरण के पहले 'बतौली' (छोटा सरहुल) पर्व मनाया जाता है।

इनके गाँव के मुखिया को '**हातुमुंडा**' या '**मुंडा**' कहा जाता है तथा धार्मिक प्रधान '**पाहन**' कहलाता है। मुंडा पूरे गाँव का प्रतिनिधित्व करता है। वह ग्रामीणों से लगान वसूलता है। गाँव में विधि-व्यवस्था बनाए रखता है तथा गाँव के विवादों का निपटारा करता है। पाहन गाँव के कल्याण, कुशलता एवं सुरक्षा के लिए देवी-देवताओं का पूजन-अर्चन करता है तथा बलि चढ़ाता है। पाहन के सहायक को '**पुजार**' या '**पनभरा**' कहते हैं। पाहन को थोड़ी लगान-मुक्त भूमि मिली रहती है, जिसे 'डाली-कटारी भूमि' कहते हैं। एक प्रकार की और सेवा भूमि उसे मिलती है, जिसे '**भूत खेता**' कहते हैं, जिसकी उपज या आय से भूत-प्रेत की पूजा व्यवस्था चलती रहती है। कई गाँवों को मिलाकर अंतर्ग्रामीण पंचायत बनती है, जिसे '**पड़हा पंचायत**' कहते हैं। गाँव-गाँव के बीच के झगड़ों-विवादों का निपटारा '**पड़हा पंचायत**' करती है। इनका प्रधान '**मानकी**' कहलाता है। यह मुंडा का सर्वोच्च न्यायपालिका, कार्यपालिका और विधायिका माना जाता है। इसमें पड़हा राजा, दीवान, ठाकुर, कोतवार, पांडे, लाल, कर्ता आदि अधिकारी होते हैं। मुंडा एवं मानकी का पद वंशानुगत होता है।

हो जनजाति

जनसंख्या की दृष्टि से झारखंड की चौथी बड़ी जनजाति हो जनजाति है, जो प्रोटो-ऑस्ट्रेलॉयड श्रेणी से संबंधित है। कुछ विद्वान् हो जनजाति को मुंडा जनजाति का ही अंश मानते हैं। इनकी भाषा 'हो' मुंडारी तथा संथाली से काफी मिलती-जुलती है। वर्तमान समय में इन्होंने अपनी लिपि 'बारङचिति' बनाई है। झारखंड में यह मुख्य रूप से पूर्वी एवं पश्चिमी सिंहभूम, सरायकेला-खरसावाँ जिलों में निवास करते हैं।

हो गाँव माल भूमि या कटक पर बसे होते हैं। कुछ गाँवों के बीच में अखड़ा मिलता है, जिसे '**एटे तुरतुड**' कहते हैं। आम सभा या ग्राम पंचायत की बैठक यहीं होती है। यहाँ नाच-गान कथा-वार्त्ता के माध्यम से मनोरंजन और प्रशिक्षण दोनों उद्देश्य की पूर्ति होती है। कुछ गाँव में 'गीति ओड़ा' भी पाए जाते हैं, जहाँ अस्त्र-शस्त्र और वाद्य-यंत्र रखे रहते हैं। गाँव के छोर पर 'जाहेर' मिलता है। कोल्हान में गाँवों को 26 पीड़ में बाँटा गया है। प्रत्येक पीड़ में 5 से 10 गाँव होते हैं। प्रत्येक पीड़ का एक मानकी होता है। मानकी व्यवस्था को अंग्रेजों ने भी मान्यता दे रखी थी। इनके रसोईघर के एक कोने में 'अदिग' होता है, जो पूर्वजों का पवित्र स्थान होता है।

हो की जीविका का मुख्य साधन खेती है। इनकी भूमि की तीन श्रेणियां हैं—'**बेड़ो** जो निम्न भूमि एवं उपजाऊ होती है। दूसरी—'**वादी**' अर्थात् धनखेती तथा तीसरी—'**गोड़ा भूमि**' जिसमें मोटे अनाज उपजाए जाते हैं और यह कम उपजाऊ होती है। 'इली' हो का प्रिय एवं पवित्र पेय पदार्थ है। देवी-देवताओं को भी '**इली**' चढ़ाते हैं।

हो परिवार पितृसत्तात्मक एवं पितृवंशीय होता है। हो अनेक गोत्रों में विभाजित हैं, जिनमें बोदरा, बिरूआ, पिगुंवा, बोयोपाई, बिरउली, बालमुचू, बागे, बड़ाय, गागराई, जामुदा, लुगुन, लागुरी आदि प्रमुख हैं। हो समाज में मुख्य रूप से पाँच प्रकार के विवाह देखे जाते हैं—आंदि बापला, दिकू आंदि, ओपोरतिपि, राजी-खुशी तथा अनादर विवाह। इसके अलावा बहुत कम ही सेवा-विवाह या गोलट विवाह के उदाहरण पाए जाते हैं। घर-जवाँई विवाह बहुत कम होते हैं। आंदि विवाह बहुत प्रचलित एवं लोकप्रिय है। वधू-मूल्य को '**गोनोंग या पोन**' कहा जाता है। गैर-जनजातियों के साथ विवाह को '**दिकू आदी** कहा जाता है। हो जनजाति में अंतर्गोत्रीय विवाह को निषेध माना जाता है। प्रायः वैवाहिक संबंध बनाने का प्रस्ताव वर पक्ष की ओर से ही किया जाता है। इस जनजाति में एक पत्नी परंपरा प्रचलित है, किंतु बहुपत्नीक परंपरा भी देखने को मिल जाती है। विधुर और विधवा विवाह पर किसी प्रकार का प्रतिबंध नहीं है।

बोंगा पूजा हो धर्म का सार है। इनका सर्वोच्च देवता सिंगबोंगा है। इसके अलावा अन्य देवी-देवताओं में देसउली या पाहुई बोंगा (ग्राम देवता), ओटी बोड़ोम (पृथ्वी देवता), मरांग बुरू, नागे-बोंगा आदि प्रमुख हैं। ये सूर्य, चंद्र, नदी और पहाड़ के साथ दुर्गा, काली और हनुमान के भी उपासक होते हैं। हो के मुख्य पर्व-त्योहारों में माघे, बाहा, हेरो, बताउली, दमुराई (धनरोपी), जोमनामा, कोलोभ आदि हैं। प्रायः सभी पर्व कृषि एवं प्रकृति से जुड़े हैं। माघे हो का मुख्य पर्व माना जाता है।

खड़िया जनजाति

झारखंड में खड़िया जनजाति का निवास प्राचीनकाल से ही रहा है। वैसे इनका मूल निवास मगध एवं रोहतास क्षेत्र माना जाता है। झारखंड में इनका निवास गुमला, सिंहभूम, हजारीबाग और मानभूम में है। झारखंड के अलावा वर्तमान में ये मध्य प्रदेश, छत्तीसगढ़, उड़ीसा, पश्चिम बंगाल और असम में भी पाए जाते हैं। प्रजातीय दृष्टि से ये प्रोटो-ऑस्ट्रेलॉयड श्रेणी में आते हैं। इनकी भाषा खड़िया मुंडारी भाषा की एक शाखा है, जो ऑस्ट्रिक-एशियाटिक भाषा परिवार से संबंधित है।

खड़िया के तीन प्रमुख वर्ग हैं—पहाड़ी खड़िया, ढेलकी खड़िया और दूध खड़िया। इनमें पहाड़ी खड़िया सबसे अधिक पिछड़ा और दूध खड़िया सर्वाधिक उन्नत है। ढेलकी और दूध खड़िया एक साथ रहते हैं। पहाड़ी खड़िया तो बीहड़ क्षेत्रों में पहाड़ की चोटी, ढाल और गिरिपद में—'लूट लाओ और कूट खाओ' की जिंदगी बसर करते हैं। खड़िया जनजाति में अनेक गोत्र पाए जाते हैं, जिनमें किरो, कुल्लू, गुलगु, जस, बरलिया, चाहा, टेसा, टोपनो, टोप्पो, डुंगडुंग, मुरू, भुइयाँ, विलुंग, सोरेंग, हेम्ब्रोम आदि प्रमुख हैं।

इस जनजाति की वैवाहिक परंपरा में गोत्र प्रणाली का महत्त्वपूर्ण योगदान है। सगोत्रीय विवाह वर्जित है। इनमें कन्या-मूल्य देकर विवाह करने की प्रथा सर्वाधिक मान्य और लोकप्रिय है। इसे '**ओलोलदाय**' या '**असल विवाह**' कहते हैं। अन्य विवाह 'उघरा-उघरी' (सह पलायन), तापा या तनिला (अपहरण), ढुकु चोलकी (अनाहूत), सगाई, झींका या राजी-खुशी (प्रेम विवाह) आदि है। सगाई विधवा/विधुर विवाह है। परित्यक्ता के साथ दूसरे विवाह को भी '**सगाई**' कहा जाता है।

इनके मुख्य पर्व '**बा बिड,**' '**बंगारी,**' '**कादो लेटा,**' '**नयोदेम**' आदि हैं। फागु शिकार उत्सव है, जो सभी खड़िया मनाते हैं। इस अवसर पर 'पाट' और बोराम की पूजा करते हैं तथा सरना में बलि चढ़ाते हैं। 'बा बिड' बीजारोपण का पर्व है। यह सार्वजनिक त्योहार है। नया अन्न या चावल खाने के पहले 'नयोदेम' या 'धाननुआ खिया' पूजा पूर्वजों को अर्पित करने का पर्व है।

इनके यहाँ ग्राम पंचायत होती है। गांव में एक मुखिया होता है, जो **प्रधान** कहलाता है। उसके सहायक को 'नेगी' कहते हैं। संदेशवाहक भी होता है, जिसे

'**गंड़ा**' कहते हैं। पंचायत का मुख्य कार्य जाति के रीति-रिवाजों को निर्धारित करना, उनका संचालन और नियंत्रण करना, उसके उल्लंघन करने वालों को दंडित करना, किसी दोष के कारण निष्कासित व्यक्ति या परिवार को पुनः समाज में शामिल करना, उत्तराधिकार के झगड़ों को निपटाना आदि है। इनके समाज में खान-पान में जातीय नियमों का उल्लंघन करना, निषेधों का खंडन, अवैध यौन संबंध, समगोत्र यौन संबंध आदि अपराध माने जाते हैं। डायन को सामाजिक शत्रु समझा जाता है। उसे गांव से बाहर निकाल दिया जाता है या कभी उसकी हत्या कर दी जाती है। इनकी एक 'डोकलो सोहोर' महासभा होती है, जो मुंडा-उराँव के पड़हा पंचायत की तरह कार्य करती है।

वर्तमान समय में खड़िया समाज में परिवर्तन आया है। इनका जीवन स्तर ऊपर उठा है। इनमें राजनीतिक जागरूकता एवं चेतना आयी है।

भूमिज जनजाति

भूमिज झारखंड की एक ऐसी जनजाति है, जिसे जनजाति का हिन्दू संस्करण कहा जाता है। इन्हें कोलेरियन समूह का माना जाता है। ये प्रजातीय दृष्टि से प्रोटो-ऑस्ट्रोलॉयड वर्ग में रखे जाते हैं। इन्हें **धनबाद के सरदार** के नाम से भी जाना जाता है। इसकी जनसंख्या 2011 की जनगणना के अनुसार 2,09,448 है जो राज्य की जनजातीय जनसंख्या का 2.4 प्रतिशत है। इनका निवास स्थल सिंहभूम, हजारीबाग, राँची, धनबाद आदि जिले हैं। इनकी अपनी भाषा मुंडारी है लेकिन ये कहीं-कहीं मिश्रितभाषी भी देखे जाते हैं। घने वन में रहने वाले भूमिज को '**चुहाड़**' उपनाम दिया गया है।

भूमिज की अपनी जातीय पंचायत होती है। इसका मुखिया **प्रधान** कहलाता है। यह पद वंशानुगत होता है। गाँव वालों के सारे विवादों का निपटारा यही पंचायत करती है। इनके अपने परंपरागत नियम-कानून हैं। इनकी परम्परा है कि पैतृक सम्पत्ति का बँटवारा भाइयों में बराबर-बराबर हो और पुत्र नहीं रहने पर पुत्री को हक मिले बशर्ते उसका पति उसके साथ ससुराल में आकर रहे। इनमें सगोत्रीय विवाह वर्जित है और इसका उल्लंघन अपराध माना जाता है। व्यभिचार गंभीर अपराध माना जाता है। निकट या रक्त संबंधियों के बीच यौन संबंध निकृष्ट माना जाता है। दूसरी जाति या जनजाति के साथ यौन संबंध को गंभीरता से लेते हुए व्यक्ति को समाज से निष्कासित कर दिया जाता है। वर्तमान समय में इनमें अनेक परिवर्तन देखे जाते हैं। सरकारी पंचायत की स्थापना से इनकी ग्राम पंचायतें कमजोर हुई हैं।

असुर जनजाति

असुर झारखंड की लघु आदिम जनजातियों में से एक है। इसकी जनसंख्या 2011 की जनगणना के अनुसार 22,459 है जो राज्य की जनजातीय जनसंख्या का 0.26 प्रतिशत है। असुरों को सिंधु सभ्यता के प्रतिष्ठापक के रुप में माना जाता है। 'ऋग्वेद', 'उपनिषद्' आदि ग्रंथों में असुर का जिक्र मिलता है। प्रजातीय दृष्टिकोण से असुर को प्रोटो-आस्ट्रोलॉयड श्रेणी में रखा जाता है। इनकी भाषा असुरी है, जो आस्ट्रो-एशियाटिक (आग्नेय) भाषा परिवार से संबंध रखती है। वर्तमान में यह भाषा आदिवासी समुदाय से विलुप्तप्राय: हो गया है। असुरी भाषा को '**मालेय भाषा**' भी कहते हैं। इनका मुख्य निवास स्थल पाट क्षेत्र है जो गुमला, लोहरदगा, लातेहार तथा पलामू जिले के अन्तर्गत स्थित है।

इनकी तीन उपजातियाँ-वीर असुर, बिरजा असुर और अगरिया असुर पायी जाती हैं। आदिकाल से ही असुर लौहकर्मी रहे हैं। लोहा गलाना ही उनका पारंपरिक पेशा और आजीविका का एकमात्र साधन था। वर्तमान में ये कृषि एवं पशुपालन का कार्य भी करते हैं। ये सुबह के खाने को '**लोलो घोटो जोमकू**' और शाम के खाने को '**बियारी घोटो जोमको**' कहते हैं। हड़िया को '**बोथा**' या '**झरनुई**' कहा जाता है।

असुर प्रायः संयुक्त परिवार में रहते हैं किन्तु एकाकी परिवार भी पाया जाता है। इनका समाज पितृसत्तात्मक एवं पितृवंशीय होता है। असुर जाति कई गोत्रों में बँटी हुई है। बेंग, इन्दवार, टोप्पो, खुसर, केरकेट्टा, ठिठइयो, बारवा, बघना, आइन्द, ऊलू, आदि मुख्य गोत्र हैं। असुर गोत्र को '**पारस**' कहते हैं। असुर समाज में 'चामबंदी' संस्कार का रिवाज है। सुरक्षा के लिए शिशु को चमड़े का धागा पहनाया जाता है, जो बहुधा विवाह के समय ही खुलता है। असुरों में वधू मूल्य **(डाली टका)** देने की प्रथा है। असुरों में '**ईदी-मी**' **(इदी-ताई-मा)** विवाह की अनोखी विधि है। इसमें लड़का-लड़की बिना विवाह की औपचारिकता निभाए पति-पत्नी की तरह रहने लगते हैं किन्तु कभी न कभी उन्हें शादी के रस्म को पूरा करना पड़ता है। असुर धर्म में सिंगबोंगा सर्वश्रेष्ठ देवता है। इनके अन्य प्रमुख देवता मरंग बोंगा, धरती माता, दुआरी, पाटदरहा, तूसहुसीद आदि है। सोहराई, सरहुल, फगुआ, कथदेली, नवाखानी आदि इनके प्रमुख पर्व हैं। पूजा में '**बैगा**' और उसका सहायक '**सुबारी**' महत्वपूर्ण भूमिका अदा करते हैं।

बनजारा जनजाति

बनजारा एक घुम्मकड़ जनजाति है। इसकी जनसंख्या 2011 की जनगणना के अनुसार 487 है जो राज्य की जनजातीय जनसंख्या का 0.01 प्रतिशत है। ये झारखंड के लगभग सभी क्षेत्रों में देखे जाते हैं, लेकिन इनका मुख्य सकेन्द्रण स्थल संथाल परगना प्रमण्डल के राजमहल और दुमका क्षेत्र में है। 1956 में इन्हें अनुसूचित जनजाति की श्रेणी में शामिल किया गया। ये अपने भाषा को '**लम्बाड़ी**' कहते हैं। ये चार समूहों चौहान, पवार, राठौर और उर्वा में विभाजित हैं। बनजारा समाज में वैसे तो गोत्र नहीं पाया जाता है किन्तु कुछ लोग अपने को '**कश्यप**' गोत्र बतलाते हैं। राय की उपाधि इनमें काफी प्रचलित है। सगाई के समय कन्या पक्ष के द्वारा वर पक्ष को कुछ बैल या नगद 140 रुपये दिये जाते हैं। वधू-मूल्य (हरजी) का रिवाज है। इसमें नगद एवं सामान दिये जाते हैं। इनमें विधवा विवाह का प्रचलन है जिसे '**नियोग**' कहा जाता है। नरसिंहा, ठपरा, चिंकारा, ढोल आदि इनके मुख्य वाद्य-यंत्र हैं। ये 'आल्हा-उदल' को अपना वीर पुरुष मानते हैं और यह लोकगाथा बहुत लोकप्रिय है। इनके गीतों में पृथ्वीराज चौहान का उल्लेख प्रायः मिलता है। इनका अत्यन्त प्रचलित लोक नृत्य 'दंड-खेलना' है। इनकी अराध्या बंजारी देवी है।

बथुडी जनजाति

बथुडी भी बनजारा की तरह झारखंड की एक लघु जनजाति है। इसकी जनसंख्या 2011 की जनगणना के अनुसार 3,464 है जो राज्य की जनजातीय जनसंख्या का 0.04 प्रतिशत है। यह जनजाति भूई अथवा भूईयां के पूर्वज है। बथुडी जनजाति अपना संबंध क्षत्रिय से जोड़ते हैं। प्रजातीय दृष्टि से प्रोटो-ऑस्ट्रेलॉयड समूह का प्रतिनिधित्व करने वाली बथुडी जनजाति का कद छोटा, त्वचा का रंग सांवला से काला, बाल काले एवं सीधे होते है। ये सरदार या मुण्डा उपाधि भी धारण करते हैं। ये मुण्डारी बोलते हैं। बथुडी की अधिकांश जनसंख्या सिंहभूम क्षेत्र के धालभूम की पहाड़ियों एवं स्वर्णरिखा घाटी में पायी जाती है।

अधिकांश बथुडी भूमिहीन कृषक हैं। इनके आय का स्रोत मजदूरी है। ये टोटम के आधार पर कई गोत्रों में बँटे हुए हैं। बथुडी में बहिर्गोत्रीय विवाह का प्रचलन है। ये एक पत्नी विवाही होते हैं। इनके प्रमुख गोत्र सालुका, कोक, नाग,

पानीपट, हुटुक आदि हैं। ये नृत्य संगीत के शौकीन होते हैं। बथुडी में चार प्रकार के मुख्य वाद्‍य यंत्र कहंगु, वंशी, झाल और मांदर होते हैं। इनका सर्वश्रेष्ठ देवता ग्राम देवता है। इनके पुजारी को **देहरी** कहा जाता है। इनके प्रमुख पर्व रसपूर्णिमा, देहरी पूजा, सरोल पूजा, मकर संक्रांति आदि है। इनमें गोत्र के अन्दर यौन संबंध या सगोत्रीय विवाह गंभीर अपराध माना जाता है। इसके लिए गंभीर दण्ड का प्रावधान है। डायन को गाँव से बहिष्कृत कर दिया जाता है।

बेड़िया जनजाति

प्रजातीय दृष्टि के आधार पर बेड़िया जनजाति प्रोटो-ऑस्टोलाईड से संबंध रखती है। इसकी जनसंख्या 2011 की जनगणना के अनुसार 1,00,161 है जो राज्य की जनजातीय जनसंख्या का 1.16 प्रतिशत है। इनका निवास स्थल राँची, हजारीबाग, बोकारो जिला है। इनकी अपनी कोई भाषा नहीं है।

बेड़िया का आर्थिक आधार कृषि है। इनके जीविकोपार्जन के अन्य साधान वन्य पदार्थ और मजदूरी है। बेड़िया जनजाति परंपरागत वस्त्रों को धारण करते हैं। पुरुष का परंपरागत वस्त्र 'करेया', 'काच्छा' या 'भगवा' है, जबकि महिलाओं का परिधान 'ठेठी' और 'पाचन' है। इनका परिवार पितृसत्तात्मक एवं पितृवंशीय होता है। बेड़िया में अनेक गोत्र मिलते हैं, जो प्राकृतिक पदार्थों एवं प्राणियों के बोधक होते हैं। चिडरा, बड़वार, फेचा, काछिम, आहेर, बाम्बी, महुआ, सुइया, शेरहार आदि इनके कुछ प्रमुख गोत्र हैं। वैवाहिक संस्कार में लड़की पक्ष वाले को वधू-मूल्य दिया जाता है। इनमें आयोजित विवाह सर्वाधिक प्रचलित है। विजातीय विवाह को निषेध माना जाता है तथा इसे '**ठुकुर ठेनी**' कहा जाता है।

बिंझिया जनजाति

उड़ीसा और मध्य प्रदेश से आकर झारखंड में बसने वाली बिंझिया जनजाति को **विंध्यनिवासी** भी कहा जाता है, क्योंकि इनका मूल निवास स्थल विंध्य पर्वत में रहा है। इसकी जनसंख्या 2011 की जनगणना के अनुसार 14,404 है जो राज्य की जनजातीय जनसंख्या का 0.17 प्रतिशत है। प्रजातीय दृष्टि से प्रोटो ऑस्ट्रेलॉयड प्रजाति का प्रतिनिधित्व करने वाली बिंझिया मुख्य रुप से राँची, गुमला, सिमडेगा जिला में निवास करती है। बिंझिया जनजाति भी बथुडी की तरह अपना संबंध क्षत्रिय से जोड़ती है।

कई गोत्रों में विभक्त बिंझिया समाज पितृवंशीय और पितृसत्तात्मक होता है। इनके प्रमुख गोत्र कुलुमर्थी नाग, डडूल, काँसी, भैरव, कश्यप, कौशिक, अग्निहोत्री, करटाहा, मांझी, प्रधान, दादुल, साहुल आदि हैं। इनमें तीन गोत्र कुलुमर्थी, दादुल और साहुल टोटमी गोत्र है। इनमें बहिर्गोत्रीय विवाह प्रथा पायी जाती है। इनमें वधू मूल्य (डाली कटाही) की परम्परा है। बिंझिया जनजाति में विवाह के प्रमुख प्रकार आयोजित विवाह (वधू मूल्य), गुलैची विवाह, गोलट विवाह, ढुकु विवाह, सगाई संघा विवाह आदि का प्रचलन है। सामाजिक जीवन में अन्य जनजातियों की तरह इनमें युवागृह नहीं पाया जाता है। इनका कृषि मुख्य पेशा तथा चावल-दाल मुख्य भोजन है। ये दूध पीते हैं, लेकिन इनमें हड़िया पीना वर्जित है। कृषि के बाद मजदूरी करना अन्य प्रमुख पेशा है। बिंझिया विंध्यवासिनी देवी, ग्राम्य देवी, चरडी देवी की पूजा करते हैं। इनके प्रमुख पर्व होली, जिउतिया, दशहरा, सरहुल, करमा, सोहराई आदि हैं। बिंझिया तुलसी पौधा को पूजनीय मानते हैं। 'बैगा' इनके पुजारी होते हैं। ये धार्मिक कार्यो को सम्पन्न करते हैं।

बिरजिया जनजाति

बिरजिया झारखंड की एक लघु आदिम जनजाति है, जो प्रोटो-ऑस्ट्रेलॉयड प्रजाति से संबंध रखती है। इसकी जनसंख्या 2011 की जनगणना के अनुसार 6,276 है जो राज्य की जनजातीय जनसंख्या का 0.07 प्रतिशत है। ये मुख्य रुप से लातेहार के बरवाडीह, गारू, महुआडाँड़, बालूमाथ, गढ़वा का भंडरिया, गुमला जिले के बिशुनपुर, रायडीह तथा लोहरदगा जिले के सेन्हा एवं किस्को प्रखण्ड में पाये जाते हैं। बिरजिया जाति का मुख्य पेशा खेती है। पहाड़ के ऊपर पाट-क्षेत्र में बसे बिरजिया स्थानान्तरित खेती करते हैं। काश्तकारी इनका मुख्य उप पेशा है। ये सुबह के खाने को '**लुकमा**', दिन के खाने को '**कलवा**' और रात के खाने को '**बियारी**' कहते हैं। बिरजिया को सामाजिक व्यवस्था के अनुसार दो भागों सिंदूरिया और तेलिया में बाँटा गया है। तेलिया बिरजिया के दो उपभाग दूध बिरजिया और रस बिरजिया हैं। सिंदूरिया बिरजिया विवाह में सिंदूर का प्रयोग करते हैं, जबकि तेलिया बिरजिया सिंदूर का प्रयोग नहीं करते। उसी तरह दूध बिरजिया गाय का दूध पीते हैं, परंतु मांस नहीं खाते, जबकि रस बिरजिया दूध भी पीते हैं और मांस भी खाते हैं। इनमें बहुविवाह प्रचलित है।

बिरहोर जनजाति

बिरहोर झारखंड की विलुप्त होती जा रही अल्पसंख्यक आदिम जनजाति है। यह एक घुमंतू जनजाति है, जो छोटे-छोटे समूहों में परंपरा से जंगलों में रहकर घूम-फिर कर कंदमूल, फलफूल आदि वन्य पदार्थों का संग्रह कर तथा शिकार द्वारा अपना जीवन यापन करती है। प्रजातीय दृष्टि से इनको प्रोटो-ऑस्ट्रोलॉयड समूह में रखा जाता है। ये बिरहोरी बोलते हैं, जो मुंडारी भाषा का ही एक अंग है। भाषा विज्ञान की दृष्टि से इसे ऑस्ट्रिक भाषा परिवार की ऑस्ट्रो-एशियाटिक भाषा उप-परिवार में रखा जाता है। ये मुख्य रूप से हजारीबाग, चतरा, कोडरमा, राँची, सिमडेगा, गुमला, लोहरदगा, सिंहभूम, बोकारो, गिरिडीह और धनबाद में पाए जाते हैं।

बिरहोर की बस्ती को 'टंडा' कहा जाता है। बिरहोर छोटी-छोटी झोंपड़ियों में रहते हैं, जिसे 'कुंबा' या 'कुरहर' कहते हैं। कुछ टंडा में 'गितिओड़ा' पाया जाता है, जो कुँवारे लड़के-लड़कियों के सांस्कृतिक स्थल होते हैं। लड़कों के गितिओड़ा को 'डोंडा कांठा' और लड़कियों के गितिओड़ा को 'डींडी कुंडी' के नाम से जाना जाता है। उथलू बिरहोर के त्रिभुजाकार कुंबे भी होते हैं। बड़े कुंबे को 'ओड़ा कुंबा' तथा छोटे को 'चू-कुंबा' कहते हैं। अधिकांश बिरहोर 'लूट लाओ, कूट खाओ' की जिंदगी जीते हैं। इनका एक उपवर्ग-जाँघी बिरहोर स्थायी कृषक हो गए हैं। इनकी जमीन तीन तरह की होती है—'बेरा' (निम्न भूमि), 'गोड़ा' (उच्च भूमि) और 'बादी' (बीच की भूमि)। इनकी भूमि सामुदायिक संपत्ति मानी जाती है, जिसे बेचना मना होता है। पीतल, तांबे और काँसे की कारीगरी में बिरहोर निपुण होते हैं। जीवनयापन के ढंग पर बिरहोर को दो उपवर्गों में रखा जा सकता है—उथलू या भूलिया (घुम्मकड़) और जाँघी या थानिया (अधिवासी)। उथलू बिरहोर वर्षा ऋतु को छोड़कर सालों भर छोटे-छोटे समूहों में जंगल-जंगल भोजन की तलाश में घूमते रहते हैं। जाँघी स्थायी रूप से बस गए हैं और इनके पास भूमि है। वे खेती करते हैं।

बिरहोर में अनेक विवाह प्रचलित है, जिनमें—नपम बापला, उद्रा-उद्री बापला, बोलो बापला, सिपुंदुर, हिरूम, बेंग-कढ़ी आदि प्रमुख हैं। सिंगबोंगा इनका प्रमुख देवता है। पारिवारिक देवी-देवताओं में 'हेपरोम' प्रमुख है। इनके नृत्य तीन प्रकार के होते हैं—डोंग, लागरी और मुतकर।

बैगा जनजाति

बैगा जनजाति झारखंड की एक अल्पसंख्यक जनजाति है, जो प्रोटो-ऑस्ट्रोलॉयड

प्रजाति से संबंध रखती है। ये मुख्य रूप से पलामू, गढ़वा, राँची, लातेहार, हजारीबाग आदि जिलों में निवास करते हैं।

बैगा जाति में अन्य कोलेरियन समूह की तरह टोटेमिक गोत्र नहीं पाया जाता है। ये बाघ को पवित्र पशु मानते हैं। इनमें अनेक प्रकार के विवाह प्रचलित हैं। 'लाम सेना' विवाह को '**सेवा विवाह,**' 'पैठुल विवाह' को '**ढुकु विवाह**' तथा '**उठावा विवाह**' को '**राजी-खुशी विवाह**' भी इनके यहाँ कहा जाता है। करमा नृत्य बैगा का प्रधान नृत्य है। अन्य बैगा नृत्य में '**झरपट,**' '**विमला**' आदि प्रमुख हैं। पुरुष 'दशन' या 'सैला' तथा स्त्री 'रीना नृत्य' करते हैं। इनका मुख्य देवता 'बड़ा देव' है, जो 'सखुआ गाछ' में निवास करता है। अन्य देवताओं में 'ठाकुर देव,' 'धरती माता,' 'आजी-दत्ती,' 'रात माई' आदि हैं। इनका वर्ष का पहला पर्व 'चरेता' है, जो बच्चों का बाल भोज है। अन्य पर्व में 'बिदरी,' 'हरेली,' 'नवभोज,' 'फाग' आदि हैं। ये प्रत्येक नौ वर्ष पर 'रस-नावा' पर्व मनाते हैं।

चेरो जनजाति

चेरो झारखंड की एक प्राचीन जनजाति है, जो प्रोटो-ऑस्ट्रोलॉयड प्रजाति से संबंध रखती है। इन्हें '**बारह हजारी**' एवं '**तेरह हजारी**' के नाम से भी जाना जाता है। ये मुख्य रूप से लातेहार, पलामू, गढ़वा जिलों में निवास करते हैं।

पलामू के चेरो दो अंतर्विवाही समूहों में बँटे हुए हैं—'बारह हजारी' और 'तेरह हजारी'। बारह हजारी अपने को श्रेष्ठ मानते हैं। ऐसा कहा जाता है कि 'तेरह हजारी' 'बारह हजारी' की अवैध पत्नी के संतान हैं। चेरो समाज में तेरह हजारी का स्थान निम्नतर है, लेकिन इन्हें '**वीर बंधिया**' चेरो भी कहा जाता है। दोनों समूह बारह समानांतर गोत्रों में बँटे हुए हैं, जिसे '**पारी**' कहा जाता है। इनके मुख्य गोत्र हैं—छोटा मउआर, बड़ा मउआर, छोटा कुँवर, बड़ा कुँवर, महतो, मंझिया, समबात, रौतिया आदि। संडर ने एक गोत्र और '**सोनहैत**' बतलाया है। इनमें अन्य जनजातियों की तरह गोत्र टोटेमिक नहीं होते हैं। चेरो अपने को **चौहान वंशी** या **चंद्रवंशी राजपूत** कहते हैं। इनमें विवाह के मुख्य दो ढंग हैं— '**ढोला**' और '**चढ़ा**'। ढोला विवाह लड़के के घर में लड़की लाकर होता है, जबकि चढ़ा विवाह लड़की के घर में बारात जाकर होता है।

चीक बड़ाईक जनजाति

चीक बड़ाईक झारखंड की एक बुनकर जनजाति है। ये मुख्यरूप से कपड़ा बुनने का काम करते हैं। इन्हें **हाथों से बने कपड़ों का जनक** भी कहा जाता है। ये मुख्य रूप से राँची, खूँटी, गुमला, सिमडेगा और लोहरदगा जिले में पाए जाते हैं।

इनकी संस्कृति मिली-जुली है। ठाकुर द्वारा विवाह, पाहन द्वारा पूजा, बलि-तपावन की पद्धति, वर पक्ष द्वारा कन्या की खोज, वधू-मूल्य (गोनोड़) का प्रचलन, नेड़ा, टोटेम-गोत्र तथा कुछ उनके पर्व त्यौहारों को मनाना इनकी संस्कृति का जनजातीय विशिष्टता है। इनमें विधवा विवाह और पुनर्विवाह, दोनों की प्रथा है। पुनर्विवाह को '**सगाई**' कहते हैं। सिंगबोंगा इनका सर्वोच्च देवता और देवी-माई को सर्वोच्च देवी मानते हैं। अन्य देवी-देवताओं में ग्राम देवता, डिहवर देवता, पितर देव, नाग देव, बाघ देव आदि हैं। वैशाख में 'बड़ पहाड़ी' और 'सुरजाही' पूजा होती है। पहले इनके यहाँ नर बलि की प्रथा थी। जिस पर रोक लगा दी गई है। कपड़ा बनना, कृषि तथा मजदूरी करना इनका मुख्य पेशा है। चावल इनका मुख्य भोजन है।

गोंड जनजाति

गोंड भारत की दूसरी सबसे बड़ी जनजाति है। इनका मूल निवास स्थान गोंडवाना क्षेत्र माना जाता है। झारखंड में ये मुख्य रुप से गुमला, सिमडेगा, पश्चिमी सिंहभूम, सरायकेला, पलामू, गढ़वा, लातेहार, गिरिडीह, धनबाद, बोकारो आदि जिलों में निवास करते हैं। इसकी जनसंख्या 2011 की जनगणना के अनुसार 53,676 है जो राज्य की जनजातीय जनसंख्या का 0.62 प्रतिशत है। गोंड की भाषा गोंडी है, जिसे द्रविड़ भाषा परिवार का एक अंग माना जाता है। झारखंड की गोंड जनजाति बोलचाल में सादरी, नागपुरी का ही प्रयोग करते हैं।

गोंड की अर्थव्यवस्था वस्तुतः खेती और मजदूरी पर टिकी है। ये पहले स्थानांतरित खेती करते थे, जिसे '**दीपा**' या '**बेवार**' कहते हैं। इनका समाज तीन वर्गों में विभक्त हैं। पहला अभिजात वर्ग है, जिसे '**राजगोंड**' कहा जाता है। इसमें मालगुजार, पटेल और गाँव की जमीन के मालिक होते हैं। मुखिया प्रायः इसी समुदाय का होता है। दूसरे वर्ग में धुर-गोंड आते हैं, जो सामान्य वर्ग के हैं। ये कृषक होते हैं। तीसरे वर्ग में भूमिहीन श्रमिक मजदूर है, जिन्हें '**कमिया**' कहते हैं। गोंड में चार भातृदल (फ्रेटरी) तथा अनेक टोटेमिक गोत्र होते हैं। इनमें समगोत्रीय विवाह वर्जित माना जाता है। साथ ही एक ही गाँव में विभिन्न गोत्रों के बीच वैवाहिक संबंध नहीं होता है अर्थात् गोंड '**गाँव-वहिर्विवाही**' के नियम का पालन भी करते हैं। प्रत्येक कुल या गोत्र 'परसापन' नामक कुल-देवता की पूजा करता है। इस कार्य को करने वाले को '**फरदंग**' (भाट व चाल) कहा जाता है। इनके प्रमुख देवता 'ठाकुर देव' और '**ठाकुर देई**' हैं, जो सूर्य और धरती के प्रतीक हैं। इनका पुजारी '**बैगा**' कहलाता है। '**मति**' उसका सहायक होता है।

गोड़ाइत जनजाति

गोड़ाइत झारखंड की एक लघु जनजाति है। गोड़ाइत को **गोड़ैत** भी कहा जाता है। इसकी जनसंख्या 2011 की जनगणना के अनुसार 4,937 है जो राज्य की जनजातीय जनसंख्या का 0.06 प्रतिशत है। ये प्रोटो-ऑ स्ट्रिलॉयड प्रजाति से संबंध रखते हैं। भाषा की दृष्टि से ये ऑ स्ट्रिक भाषा परिवार के वर्ग में आते हैं, जिसे स्थानीय रुप में **मुण्डा भाषा वर्ग** कहा जाता है। झारखंड में ये मुख्य रुप से राँची, हजारीबाग, सिंहभूम, धनबाद, पलामू, संथाल परगना में निवास करते हैं। ये प्राचीन काल में पहरेदारी का काम करते थे।

गोड़ाइत में अनेक टोटेमिक गोत्र पाए जाते हैं, जैसे - टुडू, बाघ, इन्दुआर, खलखो, टोप्पो आदि। ये देवी माई और पुरुविया की पूजा करते हैं। पुरुविया एक जनजातीय भूतात्मा है, जिसे साल में एक बार बकरे की बलि दी जाती है। बैगा इनका पुजारी होता है। करमा, सरहुल, सोहराई, जितिया, नवाखानी, फागु आदि इनके प्रमुख पर्व-त्यौहार हैं।

करमाली जनजाति

करमाली झारखंड की एक अति प्राचीन जनजाति है। ये पाषाण युग से ही इस क्षेत्र में निवास करते आ रहे हैं। इसकी जनसंख्या 2011 की जनगणना के अनुसार 64,154 है जो राज्य की जनजातीय जनसंख्या का 0.74 प्रतिशत है। इन्हें प्रोटो-ऑस्ट्रोलॉयड प्रजाति समूह में रखा जाता है। इनकी भाषा कुरमाली है, जो ऑस्ट्रिक भाषा परिवार की है। करमाली शिल्पकार होते हैं। ये अस्त्र-शस्त्र बनाने में निपुण माने जाते हैं। इनका निवास स्थल हजारीबाग, संथाल परगना, राँची, बोकारो, सिंहभूम आदि जिले हैं।

करमाली जनजातियों में अनेक प्रकार के विवाह देखे जाते हैं, जैसे - आयोजित विवाह, गोलट विवाह, विनिमय विवाह, उढ़री विवाह, राजी-खुशी विवाह, ढुकू विवाह, सांघा विवाह आदि। इनमें वधू-मूल्य को '**पोन**' या '**हथुआ**' कहा जाता है। **ये दामोदर को पवित्र नदी मानते हैं।** इनका सर्वोच्च

देवता सिंगबोंगा होता है। इनके धार्मिक कार्यों का सम्पादन करने वाला '**पाहन**' या '**नाया**' कहलाता है। इसमें गुनी ओझा पाया जाता है, जिसका पवित्र स्थल '**देउकरी**' कहलाता है। इनके प्रमुख त्यौहार सरहुल, करमा, सोहराई, नवाखानी तथा टुसू है। टुसू को ये '**मीठा परब**' या '**बड़का परब**' कहते है।

कंवर जनजाति

झारखंड में कंवर को अनुसूचित जनजाति की श्रे णी में 31वें स्थान पर 2003 में विधि न्याय मंत्रालय, नई दिल्ली द्वारा गजट में प्रकाशित कर शामिल किया गया है। प्रजातीय दृष्टि से कंवर को प्रोटो-ऑ स्ट्रिलॉयड वर्ग में रखा जाता है। झारखंड में कंवर गुमला, सिमडेगा, पलामू, लातेहार आदि जिलों में पाये जाते हैं। इसकी जनसंख्या 2011 की जनगणना के अनुसार 8,145 है जो राज्य की जनजातीय जनसंख्या का 0.09 प्रतिशत है। इनकी भाषा 'कंवराती' या 'कवरासी' कहलाती है।

कंवर में क्रय विवाह सर्वाधिक प्रचलित है। इसमें वधू-मूल्य देना पड़ता है। वर पक्ष वाले अपने वंश या गोत्र को छोड़कर कन्या ढूंढते हैं और चयन करते हैं। इसे 'कुटमैती' प्रथा कहते हैं। वधू-मूल्य को '**सुकदाम**' कहा जाता है। इसमें नगद रुपये, वस्त्र के अलावा 10 खंडी चावल देना पड़ता है, जिसे '**सुक मोल**' कहते हैं। कंवर सरना धर्मावलंबी होते हैं। सर्वश्रेष्ठ देवता को **भगवान** कहते हैं। इनका पुजारी पाहन होता है, जिसे **बैगा** भी कहते हैं।

खरवार जनजाति

खरवार झारखंड की एक लड़ाकू जनजाति मानी जाती है। पलामू एवं लातेहार में इस जनजाति को '**अठारह हजारी**' के नाम से भी जाना जाता है। इसकी जनसंख्या 2011 की जनगणना के अनुसार 2,48,974 है जो राज्य की जनजातीय जनसंख्या का 2.88 प्रतिशत है। इनका निवास स्थल पलामू, लातेहार, गढ़वा, लोहरदगा, राँची, हजारीबाग, चतरा आदि जिलों में है।

इनका परम्परागत पेशा खैर वृक्ष से कत्था बनाना रहा है। पलामू एवं लातेहार में '**अठारह हजारी**' के नाम से प्रसिद्ध खरवार अपने को सूर्यवंशी राजपूत हरिश्चन्द्र रोहिताश्व का वंशज मानते हैं। खरवार जनजाति के मूल स्थान एवं उत्पति के बारे में काफी मतभेद है। शारीरिक रुप से इनका कद मध्यम, दीर्घ कपाली, नाक चपटा तथा बाल काला होता है।

खरवार की भाषा आस्ट्रिक परिवार से संबंधित है, लेकिन वर्तमान में ये सामान्यतः हिन्दी बोलते हैं। समतल भूमि पर निवास करने वाले खरवार का गाँव मिश्रित होता है। इनका मुख्य व्यवसाय कृषि है तथा ये स्थायी कृषक हैं। इनके सुबह का नाश्ता लुकमा, दिन का भोजन बियारी तथा रात का भोजन कलेबा कहलाता है। पितृसत्तात्मक एवं पितृवंशीय खरवार जनजाति में एकल परिवार एवं एक विवाही परम्परा पायी जाती है। इनमें वधू मूल्य का प्रचलन पाया जाता है अर्थात् आयोजित विवाह सबसे प्रचलित विवाह है। इसके अतिरिक्त इनमें सेवा विवाह, अपहरण विवाह, गोलट विवाह आदि पाये जाते हैं। खरवार अनेक उपजाति एवं टोटम आधारित गोत्रों में विभाजित है। इन गोत्रों में प्रमुख काँसी, नीलकंठ, हंसगढ़िया, बेसरा, साहिल, तिर्की, चंडीयार, लोहवार आदि हैं। इनका मुख्य देवता सिंगबोंगा है। इनका धार्मिक प्रधान **बैगा** कहलाता है।

खोंड जनजाति

खोंड जनजाति झारखंड की एक लघु जनजाति है। ये जाति द्रविड़ प्रजाति से संबंध रखते हैं। यह जनजाति मुख्य रुप से उड़ीसा में पायी जाती है, लेकिन इसकी कुछ संख्या झारखंड के संथाल परगना, उत्तरी छोटानागपुर प्रमण्डल तथा दक्षिणी छोटानागपुर प्रमण्डल में भी पायी जाती है। इसकी जनसंख्या 2011 की जनगणना के अनुसार 221 है जो राज्य की जनजातीय जनसंख्या का 0.003 प्रतिशत है। खोंड की बोली '**कोंधी**' कहलाती है। पुराने जमाने में खोंड में नर बली की प्रथा पायी जाती थी, जिसे '**मरियाह**' प्रथा कहा जाता था।

इनके तीन समूह पाये जाते हैं। 'कुहिया' खोंड पहाड़ी भागों में रहते हैं। 'डोंगरिया' खोंड निचली पहाड़ी भूमि में निवास करते हैं एवं बागवानी का कार्य करते हैं। 'देषिया' खोंड समभूमि या निम्न भूमि में निवास करते हैं। खोंड का एक अन्य चैथा समूह 'सीथ' कोरापुट में रहता है। कुहिया और डोंगरिया खोंड स्थानान्तरित खेती करते हैं, जिसे 'पोड़चा' कहा जाता है। इनके प्रमुख देवता बूरा पेनू या बेलापून है। अन्य देवताओं में ग्राम देवता, ठाकुरदेव, ठाकुरदेई, मरांगबुरू आदि हैं। 'नाबानंद' त्यौहार अन्य जनजातियों के नवाखानी त्यौहार के समान है, जिसमें नए चावल को पकाया जाता है।

किसान जनजाति

किसान झारखंड की एक लघु अनुसूचित जनजाति है। यह अपने को **नगेसिया** कहते हैं। प्रारम्भ में ये खेती-बारी का काम करते थे। इसलिए इनकी पहचान किसान के रुप में बनी। इसकी जनसंख्या 2011 की जनगणना के अनुसार 3,7265 है जो राज्य की जनजातीय जनसंख्या का 0.43 प्रतिशत है। इनका निवास स्थल झारखंड के पलामू, राँची, सिंहभूम, लोहरदगा आदि जिले हैं। किसान जनजाति में उच्च लिंगानुपात पाया जाता है। किसान समाज दो मुख्य भागों, सिंदूरिया और तेलिया में विभक्त हैं। एक वर्ग में विवाह के अवसर पर सिंदूर और दूसरे वर्ग में तेल का महत्वपूर्ण स्थान है। इनमें कई प्रकार के विवाह प्रचलित हैं। सर्वाधिक लोकप्रिय आयोजित विवाह होता है। बारात ले जाकर लड़की के घर में विवाह करने को '**चढ़उआ**' विवाह कहते हैं। अपने घर लड़की लाकर विवाह करने को '**गुरूबां**' विवाह कहा जाता है।

कोल जनजाति

झारखंड की 32वीं जनजाति के रुप में कोल जनजाति को मान्यता 2003 में मिली। प्रजातीय समूह की दृष्टि से कोल को प्रोटो-ऑ स्ट्रिलॉयड के अन्तर्गत रखा जाता है। इसकी जनसंख्या 2011 की जनगणना के अनुसार 53,584 है जो राज्य की जनजातीय जनसंख्या का 0.62 प्रतिशत है। इनकी भाषा संथाली से मिलती-जुलती बताई जाती है। प्रारंभिक काल में **कोल** शब्द का प्रयोग झारखंड क्षेत्र के आदिवासियों के संदर्भ में किया गया था। झारखंड में कोल मुख्य रुप से दुमका, देवघर, गिरिडीह आदि जिले में पाये जाते हैं। इनकी शारीरिक विशेषताएँ त्वचा का रंग सांवले से काला, बाल काले एवं घुंघराले, कद छोटा से मध्यम, होंठ मोटे तथा नाक चौड़ी आदि हैं। इनमें 'बी' रक्त समूह की अधिकता पायी जाती है। ये सरना धर्म के अनुयायी हैं तथा सिंगबोंगा को सर्वशक्तिमान देवता मानते हैं।

कोल जनजाति अनेक टोटमी गोत्र में विभक्त है। इनके प्रमुख गोत्र हाँसदा, सोरेन, किस्कू, मराण्डी, टूडू, चैड़े, हेम्ब्रोम, बास्को, बेसरा, मुर्मू आदि हैं। पितृसत्तात्मक एवं पितृवंशीय कोल में एकल परिवार तथा गोत्र बर्हिविवाही परम्परा पायी जाती है। इनमें वधू-मूल्य की परम्परा पायी जाती है। इसे '**पोटे**' कहा जाता है। इनका प्रमुख देवता सिंगबोंगा है। ये अनेक हिन्दू देवी देवताओं की भी पूजा करते हैं। ये प्रकृतिवादी हैं तथा सखुआ, महुआ, आम आदि वृक्षों की भी पूजा करते हैं। परम्परागत रुप से लोहा गलाने का पेशा करने वाली कोल जनजाति

का वर्तमान में कृषि तथा मजदूरी प्रमुख पेशा है। कोल जनजाति में परम्परागत पंचायत व्यवस्था पायी जाती है। इसका मुखिया प्रधान **मांझी** कहलाता है। इनके पंचायत में ही जातीय, सामाजिक एवं अन्य विवादों का समाधान किया जाता है।

कोरा (कोड़ा) जनजाति

कोरा झारखंड की एक लघु जनजाति है। इस जनजाति को '**दाँगर**' भी कहा जाता है। कोरा को जनजातीय सूची में 1931 की जनगणना में शामिल किया गया। कोरा प्रोटो-ऑस्ट्रोलॉयड प्रजाति के माने जाते हैं। इसकी जनसंख्या 2011 की जनगणना के अनुसार 32786 है जो राज्य की जनजातीय जनसंख्या का 0.38 प्रतिशत है। कोरा शब्द की व्युत्पत्ति मुण्डारी शब्द **कोड़ा** से बतायी जाती है, जिसका अर्थ होता है - मिट्टी कोड़ना-काटना और इनका परम्परागत पेशा मिट्टी कोड़ना ही रहा है। झारखंड में कोरा मुख्य रुप से हजारीबाग, बोकारो, धनबाद, सिंहभूम एवं संथाल परगना जिलों में पाये जाते हैं।

कोरा अनेक वहिर्विवाही गोत्रों में बंटे हुए हैं, जो टोटेमिक हैं। बुटकोई, मेरोम, कौड़ी, चीरा, कच, चिरवेल, मागढू, आदि इनके प्रमुख गोत्र हैं। सबसे ऊपर कच और सबसे नीचे बुटकोई गोत्र माना जाता है। गोत्रों को '**गुष्टी**' कहते हैं। कोरा के मुख्य नृत्य खेमटा, झिंगफुलिया, गोलवारी और दोहरी नृत्य हैं। '**गोदना**' इनका एक प्रमुख संस्कार है, जिसे ये स्वर्ग या नरक में अपने सगे-संबंधियों को पहचानने का चिन्ह मानते हैं। इनका पूजा स्थल पिंगी, अखड़ा, बोंगाथान, अहिरथान, दादीथान आदि है। इनका पुजारी बैगा कहलाता है।

कोरबा जनजाति

कोरबा झारखंड की एक आदिम जनजाति है, जो प्रोटो-ऑ स्ट्रिलॉयड से संबंधित है। इनकी भाषा कोरबा ऑस्ट्रा`-एशियाटिक भाषा परिवार की है। झारखंड में कोरबा मध्य प्रदेश से आये हैं। इसकी जनसंख्या 2011 की जनगणना के अनुसार 35,606 है जो राज्य की जनजातीय जनसंख्या का 0.41 प्रतिशत है। ये मुख्य रुप से गढ़वा, पलामू और लातेहार जिलों के पहाड़ी क्षेत्रों में पाये जाते हैं। पहाड़ पर रहने वालों को '**पहाड़ी कोरबा**' और नीचे गाँव में रहने वाले को '**डिहारिया कोरबा**' कहते हैं।

कोरबा की अर्थव्यवस्था मिली-जुली है, जिसमें कृषि, शिकार, पशुपालन, शिल्प निर्माण, मजदूरी आदि शामिल हैं। यह स्थानान्तरित कृषि भी करते हैं, जिसे 'बियोड़ा' कहते हैं। कोरबा में गोत्र या किली व्यवस्था है, जिसमें हुटरटियें, कासी, सूइया, खरपो, कोकट, बुचुंग आदि प्रमुख हैं। इनका प्रमुख देवता सिंगबोंगा है, जिसे ये भगवान कहते हैं। धरती माई, ग्राम देवता, कुल देवता, रकसेल, डरहा चांडी, सोखा आदि इनके प्रमुख देवी-देवता हैं। इनका पुजारी बैगा होता है।

लोहरा जनजाति

लोहरा झारखंड की अनुसूचित जनजातियों में एक पेशेवर जाति है। प्रजातीय दृष्टि से लोहरा को प्रोटो-ऑस्ट्रोलॉयड समूह में रखा जाता है। इसकी जनसंख्या 2011 की जनगणना के अनुसार 2,16,226 है जो राज्य की जनजातीय जनसंख्या का 2.50 प्रतिशत है। ये मुख्य रुप से राँची, गुमला, सिमडेगा, लोहरदगा, सिंहभूम, संथाल परगना, हजारीबाग, पलामू, धनबाद, बोकारो, गिरिडीह जिलों में पाये जाते हैं। लोहरा सदानी भाषा का प्रयोग करते हैं। इनकी भाषा सदानी है।

लोहरा जनजाति की परम्परागत पेशा लोहारी करना है। ये मुख्य रुप से कृषि संबंधी लोहे का उपकरण बनाते हैं। इस कारण इनमें जजमानी व्यवस्था भी पायी जाती है। पितृसत्तात्मक एवं पितृवंशीय लोहरा जनजाति में एकल विवाह एवं बर्हिगोत्रीय विवाह की परम्परा पायी जाती है। इनमें टोटम पर आधारित गोत्र प्रणाली पायी जाती है। इनमें प्रमुख गोत्र साठ, सोन, मगहिया, तुतली, कछुआ, धान, तिर्की आदि हैं। इनमें वधू-मूल्य (आयोजित विवाह) का प्रचलन पाया जाता है। इसके अतिरिक्त राजी-खुशी विवाह, सेवा विवाह, गोलट विवाह आदि भी पाया जाता है। सिंगबोंगा और धरती माई इनके प्रमुख देवता हैं। इनका प्रमुख पर्व-त्यौहार सरहुल, करमा, सोहराई, फगुआ आदि है।

महली जनजाति

महली झारखंड की शिल्पी जनजाति है, जो बाँस की कला में दक्ष एवं प्रवीण मानी जाती है। इसकी जनसंख्या 2011 की जनगणना के अनुसार 1,52,663 है जो राज्य की जनजातीय जनसंख्या का 1.77 प्रतिशत है। ये मुख्य रुप से राँची, लोहरदगा, गुमला, सिमडेगा, सिंहभूम, संथाल परगना, हजारीबाग, धनबाद आदि जिलों में पाये जाते हैं। महली प्रोटो-ऑस्ट्रोलॉयड प्रजाति से संबंधित है। इनमें 'बी' रक्त समूह की अधिकता होती है।

महली पाँच उपजातियों में बंटे हुए हैं-

1. बाँस फोड़ महली - बाँस से जुड़ा कार्य।
2. पातर महली - बाँस के उपकरण बनाना एवं खेती कार्य। ये मुख्य रुप से तमाड़ क्षेत्र में पाये जाते हैं।
3. सुलकी महली - खेती और मजदूरी का कार्य।
4. ताँती महली - शादी-विवाह के अवसर पर पालकी ढोने एवं बाजा बजाने का कार्य।
5. महली मुंडा - मजदूरी एवं कृषि कार्य।

महली के सांस्कृतिक विरासत बहुत धनी है। 'संगीत-सृजन' नाम की संस्था के अधिकांश सदस्य महली जनजाति के ही हैं। नागपुरी के महान गीतकार घासी राम इस जनजाति की उपशाखा के थे, जिन्हें लोगों ने **नागपुरी के विद्यापति** कहा है। इनका सर्वोच्च देवता 'सूरजी देवी' है। अन्य देवताओं में 'बड़ पहाड़ी', 'मनसा देवी' प्रमुख हैं। महली पुरखों की पूजा 'गोड़ाम साकी' के रुप में करते हैं। बंगरी, हरियरी, नवाखानी आदि पर्व मनाते हैं। सिल्ली क्षेत्र में महली 'उतूर पूजा' करते हैं।

माल पहाड़िया जनजाति

माल पहाड़िया पहाड़िया जाति की दो प्रमुख शाखाओं में से एक है। प्रजातीय दृष्टि से माल पहाड़िया को प्रोटो-ऑस्ट्रोलॉयड समूह में रखा जाता है। इनकी भाषा को मालतो कहा जाता है, जो द्रविड़ परिवार की भाषा मानी जाती है। इसकी जनसंख्या 2011 की जनगणना के अनुसार 1,35,797 है जो राज्य की जनजातीय जनसंख्या का 1.57 प्रतिशत है। माल पहाड़िया मुख्य रुप से संथाल परगना के दुमका, जामताड़ा, गोड्डा, देवघर, पाकुड़ आदि जिलों में पाये जाते हैं।

माल पहाड़िया मुख्य रुप से खेती, लघु वन पदार्थों का संग्रह, मजदूरी आदि का कार्य करते हैं। ये झूम या कुरवा खेती भी करते हैं। माल पहाड़िया अपनी भूमि को चार श्रेणी में बांटते हैं - सेम, टिकुर, डेम और घर-बाड़ी। 'सेम' भूमि काफी उपजाऊ होती है। 'टिकुर' कम उपजाऊ जमीन है। इन दोनों के बीच की भूमि '**डेम**' भूमि कहलाती है। 'बाड़ी' भूमि घर से सटे 'किचेन गार्डेन' है,

जहां सब्जी उगायी जाती है। माल पहाड़िया में वधू-मूल्य के रुप में सूअर देने की प्रथा है। माल पहाड़िया में गोत्र नहीं पाया जाता है।

विवाह योग्य होने पर लड़की के पिता 'सिथू या सिथूदार' (अगुवा) के माध्यम से कन्या की खोज करता है। वधू मूल्य के रूप में 'पोन' या बंदी दिया जाता है। नकद को पोन टका या पोन एवं सामान को **बंदी** कहा जाता है। पूर्वज पूजा माल पहाड़िया के धर्म का केन्द्र बिन्दु है। इनका प्रमुख देवता धरती गोरासी गोसाई हैं, जिसे **'वसुमति गोसाईं या वीरू गोसाई'** भी कहते हैं।

सौरिया पहाड़िया जनजाति

पहाड़िया जनजाति की दूसरी शाखा को सौरिया पहाड़िया के नाम से जाना जाता है। इसकी जनसंख्या 2011 की जनगणना के अनुसार 46,222 है जो राज्य की जनजातीय जनसंख्या का 0.53 प्रतिशत है। यह झारखंड की एक आदिम जनजाति है। ये अपने को **'मलेर'** कहते हैं। प्रजातीय दृष्टि से इन्हें प्रोटो-ऑस्ट्रोलॉयड श्रेणी में रखा जाता है। इनकी बोली मालतो है, जो द्रविड़ भाषा परिवार से संबंधित है। मालतो भाषा उराँव की भाषा कुडुख से काफी मिलती-जुलती है। ये मुख्य रुप से संथाल परगना के साहेबगंज, पाकुड, दुमका, जामताड़ा, गोड्डा एवं देवघर जिले में निवास करते हैं।

सौरिया पहाड़िया के गाँव प्रायः पहाड़ियों की चोटियों तथा वनाच्छादित पहाड़ी ढलानों पर अवस्थित होते हैं। इनके आवासों को **'अड्डा'** कहा जाता है। इनकी अर्थव्यवस्था कृषि एवं वन पर आश्रित है। ये स्थानान्तरित कृषि (कुरवा) का कार्य भी करते हैं। इसके अतिरिक्त ये लांगल खेती या हलवाही एवं सवाई खेती भी करते हैं। ढाल पर बसे लोग जोत कोड़कर खेती करते हैं, जिसे **'भीठा'** या **'धामी'** कहते हैं। गोमांस भक्षण के कारण ही इन्हें मालपहाड़िया अपवित्र मानते हैं। सौरिया पहाड़िया अंतर्विवाही समुदाय है। इनके बीच गोत्र नहीं पाया जाता है। विवाह कार्यक्रम का संचालन **'वेद सीदू'** (पुरोहित) करता है। सौरिया में शव को दफनाने की प्रथा है। इनका युवागृह **'कोड़बाह'** या **'कोड़वाहा अड्डा'** कहलाता है। युवकों के लिए **'मर्समक कोडबाह'** और युवतियों के लिए **'पेलमक कोडबाह'** होते हैं, जहाँ युवक युवतियों को सामाजिक, सांस्कृतिक, धार्मिक एवं आर्थिक जीवन के पक्षों की जानकारी परंपरागत अनौपचारिक शिक्षा के माध्यम से दी जाती है।

सौरिया पहाड़िया के धार्मिक जीवन में पूर्वज पूजा का महत्वपूर्ण स्थान है। इनके मुख्य देवता बेरू गोसाई (सूर्य), बिल्प गोसाई (चाँद), लैहू गोसाई (सृष्टिकर्त्ता), दरमारे गोसाई (सत्य देव), जरमात्रे गोसाई (जन्मदेव) आदि हैं। लैहू गोसाई सर्वश्रेष्ठ एवं सर्वशक्तिमान देवता है। पो गोसाई राजमार्ग का देवता है तथा औटगा शिकार का देवता है। धार्मिक कार्यों का संचालन 'कान्दो मांझी' करता है। 'कोतवार' एवं 'चालवे' उसकी सहायता करते हैं। जाहेरथान में चाल गोसाई की पूजा की जाती है। फसल से संबंधित ये भादो में 'गांगी आड़या', कार्तिक में 'ओसरा आड़या' तथा पूस में 'पुनू आड़या' पर्व मनाते हैं। माघ या चैत में सौरिया की सलियानी पूजा होती है।

परहिया जनजाति

परहिया झारखंड की एक लघु आदिम जनजाति है। इसकी जनसंख्या 2011 की जनगणना के अनुसार 25,585 है जो राज्य की जनजातीय जनसंख्या का 0.30 प्रतिशत है। ये मुख्य रुप से लातेहार, पलामू, गढ़वा एवं हजारीबाग के जिलों में निवास करते हैं। प्रजातीय दृष्टि से परहिया को प्रोटो-ऑ स्ट्रोलॉयड वर्ग में रखा जाता है। परहिया जनजाति की आर्थिक स्थिति बहुत दयनीय है। इनके झोंपड़ीनुमा घर को **'झाला'** कहा जाता है। पहले ये बिरहिया जनजाति की तरह पहाड़ियों में स्थानांतरित कृषि (बियोड़ा या झूम) करते थे। इनके यहाँ परिवार की गिनती 'कुराला' (चूल्हे) से होती है। व्यवहारिक स्तर पर इनके यहाँ गोत्र व्यवस्था नहीं है, लेकिन नातेदारी की व्यवस्था है, जो 'पारी' में विभाजित है। नातेदारी दो भागों में बंटी है - 'धैयानिया' और 'सनाही'। धैयानिया संबंध जन्म से जुड़ा होता है और इसके सदस्य **'कुल-कुटुम्ब'** कहलाते हैं। सनाही संबंध शादी के द्वारा बनता है और इसके सदस्य **'हित-कुटुम्ब'** कहलाते है। इनमें वधू मूल्य देने की प्रथा है, जिसे **'डाली'** कहा जाता है।

परहिया का दृढ़ विश्वास है कि पूरा जीवन अलौकिक शक्तियों के द्वारा संचालित एवं नियंत्रित होता है। इनके मुख्य देवी देवता सिंगबोंगा, चण्डी, दुआरपार, बघौत आदि हैं। 'मुआ पूजा' (पूवर्ज पूजा) का विशेष महत्व है। परहिया गाँव का पुरोधा बैगा होता है। कुछ गाँवों में बैगा के अलावा 'देवरा' भी होता है, जो गौंवहेल में प्रेतात्मा-डरहा एवं डाकिन का उपशमन करता है ताकि अच्छी फसल हो सके। इनके मुख्य धार्मिक स्थल डिहवार थान, देवी थान आदि होते हैं। गृह-देवता या कुल-देवता खूंट के मुखिया के घर में या नातेदारी के सबसे वरीय सदस्य के घर में स्थित होता है। परहिया के मुख्य पर्व सरहुल, करमा, जीतिया, सोहराई, फागु, रामनवमी, लंकारी आदि हैं।

सबर जनजाति

सबर झारखंड की एक लघु आदिम जनजाति है। इस जाति का इतिहास बहुत प्राचीन और गौरवशाली है। लाखों वर्ष पूर्व त्रेता युग में सबर जाति के अस्तित्व का उल्लेख मिलता है। सबर को **पहाड़ी खड़िया** भी कहा जाता है। इसकी जनसंख्या 2011 की जनगणना के अनुसार 9,688 है जो राज्य की जनजातीय जनसंख्या का 0.11 प्रतिशत है। ये मुख्य रुप से पूर्वी एवं पश्चिमी सिंहभूम में पाये जाते हैं। इसके अलावा इनकी आबादी गिरिडीह, धनबाद, बोकारो, गुमला, राँची, लोहरदगा आदि जिलों में भी मिलती है। सबर की चार उपजातियाँ है, जिसमें तीन 'झरा', 'बासु' और 'जंटापति' तो उड़ीसा में पायी जाती हैं और चौथी उपजाति 'जाहरा' यहाँ धालभूम में आ बसी है। इनके यहाँ गोत्र प्रणाली नहीं है।

उडीसा की महानदी घाटी से झारखंड में आकर वास करने वाली सबर की चार उपजातियाँ हैं। इसमें तीन 'झरा', 'बासु' और 'जंटापति' आज भी उड़ीसा में पायी जाती हैं, जबकि चौथी उपजाति 'जाहरा' झारखंड के धालभूम में रहती है। इनके त्वचा का रंग गहरा सांवला से काला, कद छोटा, नाक चौड़ी, बाल काले एवं लहरदार होते हैं। सबर में गोत्र प्रणाली नहीं है। इनमें पूर्वज पूजा की प्रथा पायी जाती है। मृत पूर्वज को **बूढ़ा-बूढ़ी या महीमसान** कहा जाता है। उन्हें मुर्गे की बली चढ़ाई जाती है। सबर जनजाति में युवागृह का अभाव पाया जाता है। इनमें वधू मूल्य की परम्परा पायी जाती है। परम्परागत नियम-कानून एवं रीति-रिवाज इनके सामाजिक आचरण को नियंत्रित करते हैं।

विभिन्न वैवाहिक परंपराएँ

वैवाहिक संबंधों को लेकर इन जनजातियों में सजगता देखी जाती है। इनमें समगोत्रीय विवाह वर्जित है। ऐसा करने वालों के लिए सामाजिक बहिष्कार के साथ कठोर दण्ड का भी प्रावधान है, जिसे **'बिठलाहा'** प्रथा के नाम से जाना जाता है। नियम के अनुसार ही विवाह सम्पन्न होते हैं और कहीं-कहीं बाल विवाह को भी मान्यता है। **बाल विवाह अक्सर मुंडा जनजाति में ही मान्य** है, अन्य में नहीं।

विभिन्न जनजातियों में वैवाहिक संस्कारों में आंशिक भिन्नता देखी जाती है। इनके विवाह के अनेक क्षेत्रीय रुप भी देखने को मिलता है। सादाई वापला, गोलटी वापला, घरदी जाँवाय आदि कई क्षेत्रीय विवाह प्रथाएँ इनमें प्रचलित हैं। संथाल जनजाति जनसंख्या में अधिक होने एवं प्रकीर्ण निवास के कारण उनमें कई प्रकार की क्षेत्रीय विवाह प्रथाओं को मान्यता है। जनजातियों में वधू-मूल्य की परंपरा देखी जाती है। कुछ विशेष परिस्थितियों में वधू-मूल्य वापस करने की प्रथा भी देखने को मिलती है, जैसे वधू की मृत्यु, बाँझपन या तलाक, वधू-मूल्य लौटाने के कारण होते हैं। कोरबा जनजाति में वर-मूल्य होता है और आं शिक दहेज ही मान्य है। इसमें कपड़े और अन्न आदि वस्तुएँ दी जाती हैं। यौन स्वच्छन्दता नियमों में बँधी होती है। यह खरवारों में भी तब देखी गई जब उन्होंने बाल विवाह को स्वीकृति दी।

वैवाहिक संबंधों में जनजातियों की मान्यताएँ भिन्न-भिन्न हैं। मुंडा जनजाति के सभी प्राकृतिक देवी-देवताओं में परस्पर विवाह संबंध की मान्यता है। कोल्हान की 'हो' जनजाति में निर्जीव पदार्थो के विवाह की परंपरा है। इनमें सूर्य, चन्द्रमा तथा पृथ्वी के विवाह की भी मान्यता है। विवाह के लिए लड़के या लड़कियों को कुछ आवश्यक शर्तों पर खरा उतरना होता है अन्यथा उन्हें विवाह की अनुमति नहीं दी जाती। लड़के को दक्ष शिकारी और निपुण सामाजिक व्यक्ति बनने के उपरांत ही विवाह की अनुमति दी जाती है तो लड़की को गृह कार्यो में कुशल होने के बाद विवाह की अनुमति मिलती है। सामान्यतः लड़कों के लिए विवाह की आयु 18 से 24 वर्ष के बीच और लड़कियों के लिए 16-18 वर्ष के बीच मानी गयी है।

जनजातियों में कई प्रकार के विवाह प्रचलित हैं, जिनमें मुख्य विवाह निम्नलिखित हैं:-

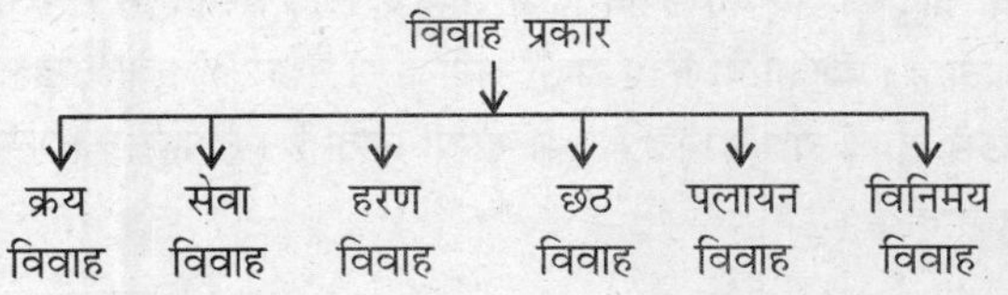

क्रय विवाह - इसमें कन्या के माता-पिता को कन्या मूल्य के रुप में कुछ धन प्रदान कर विवाह किया जाता है। इस वधू-मूल्य को संथाल में पोनटका, मुंडा में कुरी गोनोंग, हो में दुतम, पहाड़िया में **बिते** कहते हैं।

सेवा विवाह - वधू-मूल्य की अदायगी नहीं कर पाने की स्थिति में वर अपने भावी सास-ससुर को यह वचन देता है कि वधू-मूल्य के एवज में वह उनकी सेवा कर मूल्य चुकता करेगा। यह विवाह **सेवा विवाह** कहा जाता है। इसमें 5-6 वर्ष तक ससुराल में लड़के को रहना पड़ता है। मुंडा, बिरहोर, संथाल में यह विवाह प्रचलित है।

हरण विवाह - कन्या का अपहरण कर जब विवाह किया जाता है तो वह **अपहरण विवाह** कहलाता है। यह हरण हाट या बाजार या मेला आदि किसी भी स्थान में लड़की पसंद होने पर किया जाता है। वस्तुतः यह प्रेम विवाह ही होता है। यह प्रथा खड़िया, बिरहोर, मुंडा, सौरिया पहाड़िया आदि में प्रचलित है।

हठ विवाह - इस विवाह में उभयपक्षीय प्रेम होना जरूरी नहीं है। अगर लड़की को कोई लड़का पसंद आ गया है तो वह बगैर किसी से विचार-विमर्श किए स्वयं उसके घर जाकर रहने लगती है। वह इस अवधि में कुछ अधिक खाती-पीती भी नहीं है। इस कारण वह मरणासन्न स्थिति में पहुँच जाती है। ऐसे में संभव है कि लड़के के माता-पिता उसे अपना लें या फिर उसे काफी अपमानित भी करें। तब भी अगर वह लड़की नहीं हटती है तो माँ-बाप उसका विवाह कर देते हैं। मुंडा, हो, खड़िया, बिरहोर आदि में यह प्रथा है।

पलायन विवाह - जब युवक-युवती विवाह करना चाहते हैं और माता-पिता की अनुमति नहीं मिलती हैं तो वे एक साथ कहीं भाग जाते हैं। ऐसे में या तो दोनों के रिश्तेदार उन्हें बुलाते हैं अथवा बाद में स्वयं चले आते हैं और शादी कर लेते हैं। मुंडा, खड़िया, बिरहोर आदि में यह प्रथा अधिक प्रचलित है।

विनिमय या गोलट विवाह - एक लड़के की शादी दूसरे परिवार की लड़की से और दूसरे परिवार की लड़की की शादी पहले परिवार के लड़के से सम्पन्न हो तो उसे **विनिमय विवाह या गोलट विवाह** कहते हैं।

प्रमुख पर्व-त्योहार

पर्व एवं त्योहारों की विविधता भारतीय समाज को एक-दूसरे से जोड़े रखती है। त्योहारों पर परस्पर बधाइयों और उपहारों का आदान-प्रदान भी होता है। यांत्रिक दिवस पर भगवान् विश्वकर्मा की पूजा सभी औद्योगिक इकाइयों में की जाती है। ग्राम-नगरों के बीच जनजातीय त्योहार भी अपना विशेष स्थान रखते हैं, जो पूरे उत्साह व उल्लास से मनाए जाते हैं। जनजातीय पर्व एवं त्योहार भी राज्यवासियों में मिश्रित जनभावना का संचार करते हैं। ग्रामीण क्षेत्र में मनाए जाने वाले ये पर्व एवं त्योहार अपनी प्राचीनता तथा समय की नवीनता से तालमेल करते हुए और भी मनमोहक हो जाते हैं। इनमें से कुछ प्रमुख पर्व एवं त्योहारों का यहाँ वर्णन किया जा रहा है—

फगुआ

यह जनजातीय त्योहार फाल्गुन (मार्च) माह को विदाई देने और चैत्र माह के आगमन के उपलक्ष्य में मनाया जाता है। पूर्णिमा के दिन अखरा में सेमल की डाली गाडकर उसके आसपास पुआल और लकड़ियों का ढेर बना दिया जाता है तथा रात को उसमें आग लगा दी जाती है। रात भर नाच-गाना और शोर-शराबा रहता है, फिर सुबह किसान उस आग की राख का तिलक (टीका) लगाकर उसे अपने खेतों में बिखेरने चल पड़ते हैं। इसके बाद सभी नदी, तालाब या झरने पर स्नान कर अपने पितरों का तर्पण करते हैं। घर आकर ये लोग हंडिया का तपान और मुर्गे की बलि चढ़ाते हैं। लगभग इस दिन सभी उपवास करते हैं और दिनभर एक-दूसरे पर रंग डालते हैं। इसके बाद संध्या के समय अबीर-गुलाल लगाया जाता है और सभी पुराने वैमनस्य भुला दिए जाते हैं। शाम के समय सभी सामूहिक रूप से इकट्ठे होते हैं और फगुआ गीतों से सब दिशाओं को गुंजायमान कर देते हैं। रातभर नाच-गान के बाद संवत् का पहला शिकार करने समूह में जाते हैं। एक प्रकार से यह पर्व होली का झारखंडी रूप है।

सरहुल

यह त्योहार भी प्रकृति के परिवर्तन और उल्लास के स्वागत के रूप में मनाया जाता है। इसकी कोई निश्चित तिथि नहीं होती, लेकिन अधिकांशतः इसे वैशाख माह के अंतिम दिन मनाने का रिवाज है। '**सरहुल**' को मुंडा जनजाति में '**बा**' और उराँव जनजाति में '**खद्दी**' कहा जाता है। खड़िया लोग इसे '**जंकारे सोहराई**' के नाम से मनाते हैं। पृथक् नामों के कारण ही यह वैशाख माह की भिन्न तिथि... भिन्न गाँवों में मनाया जाता है। 'हो' और उराँव इसे एक ही दिन मनाते ... के वृक्षों पर फूलों के गदराने के उपलक्ष्य में मनाते हैं। जनजातियों ...व के रूप में मनाए जाने वालेइस त्योहार में पाहन की मुख्य

भूमिका होती है। साखू के फूलों को पवित्र सरना में चढ़ाकर पाहन-पाहनाइन का 'प्रतीक विवाह' होता है।

पाहन द्वारा सरना में हंडिया का तपान (चढ़ावा) और मुर्गे की बलि दी जाती है तथा चावल-मुर्गे का प्रसाद बनाकर सबको बाँटा जाता है। वहाँ से लौटकर नगाड़ों की धुन पर नाच-गाना होता है। अगली सुबह गाँव का बलिष्ठ युवक पाहन को कंधे पर बिठाकर घर-घर घुमाता है, जहाँ पाहन हर घर में दरवाजे या छप्पर में फूल खोंसता है और घरवाले पाहन के पाँव पखारकर उनमें तेल लगाते हैं। पाहन सबको सुख-समृद्धि और शांति का आशीर्वाद देता है।

मंडा पर्व

यह महादेव की पूजा और उपवास का पर्व है, जिसमें मुख्य भूमिका भगत और उसके पाट भगतों की होती है। अक्षय तृतीया को मनाया जाने वाला यह पर्व रात्रि जागरण और आकर्षक सामूहिक 'छऊ' नृत्य के साथ शुरू होता है। इन भगतों को धार्मिक आस्था के कठिन नियमों का पालन करना होता है। रात्रि में आग जलाकर इन भगतों को अग्निशिखा के ऊपर लटकाया जाता है, फिर इन्हें नंगे पाँव अंगारों पर चलना होता है। उलटा लटकाने की क्रिया को '**धुवाँसी**' कहते हैं। अगले दिन भी इन्हें ऊँचे भवनों पर लगी लगभग 20 फीट ऊँची चरखी पर लटकाकर झुलाया जाता है।

कदलेटा

यह जनजातीय पर्व मेंढकी भूत की शांति के लिए वृक्ष की पूजा करके मनाया जाता है। इसके पीछे मान्यता है कि इसके मनाने से फसल में कोई रोग नहीं लगता। इसका समय भाद्रपद माह में होता है, जो पाहन तय करता है, क्योंकि इसके बाद 'करम पूजा' का बड़ा पर्व आता है। इसमें पाहन हंडिया उठाने के लिए घर-घर से चावल एकत्रित करता है। निश्चित दिन पाहन के साथ गाँव के हर घर से एक आदमी जंगल जाता है और लकड़ियां काट-काटकर 'अखरा' में जमा करता है। इसके बाद पाहन इन डालियों की पूजा हंडिया के तपान और मुरगे की बलि से करता है, फिर मिट्टी के नए बरतन में मुरगे और चावल की खिचड़ी बनाई जाती है। इसे स्थानीय भाषा में '**ताहरी**' कहा जाता है। 'ताहरी' का भोग पहले भगवान् को दिया जाता है। सादे रूप में मनाया जाने वाला यह त्योहार जनजातीय मान्यताओं का प्रतीक है।

करम पूजा

इस पूजा को राज्य में बहुत धूमधाम से मनाया जाता है। यह भाई-बहन के प्रेम को प्रदर्शित करने वाला त्योहार है और इसमें गैर-आदिवासी भी उत्साहपूर्वक भाग लेते हैं। हिंदुओं के रक्षाबंधन से मिलता-जुलता यह पर्व एकता, सद्भाव के साथ कर्म को धर्म और धर्म को कर्म बनाने का संदेश देता है। करम पूजा से पहले ही सभी भाई अपनी विवाहित बहनों को ससुराल से विदा कराकर लाते हैं, लेकिन इस पूजा में माता बन चुकी बहनें भाग नहीं लेतीं। हाँ, उन्हें वहाँ बुलाया अवश्य जाता है।

करम पूजा से सात दिन पहले बहनें नदी से स्वच्छ बालू टोकरी में लेकर आती हैं और उसमें सात प्रकार के अनाज बो देती हैं। इन अनाजों में जौ, गेहूँ, मकई, उड़द, कुर्थी, चना और मटर होते हैं, फिर विधि-विधान से पूजा और गान के द्वारा 'जावा' जगाया जाता है। पूजा के दिन भाई उपवास रखता है और करम वृक्ष की डाली काटकर लाता है। इसे घर के आँगन में गाड़ दिया जाता है। ऐसी ही एक डाली पाहन भी लाकर अखरा में गाड़ देता है। फिर सभी बहनें सामूहिक रूप से अखरा में डाली के आसपास पूजा पर बैठ जाती हैं। पूजा में खीरे की बेल सांकेतिक रूप से चढ़ाई जाती है। यहाँ पाहन सबको करम की कथा सुनाता है, जो करमा-धरमा आदि सात भाइयों की कथा है। पाहन के स्थान पर कहीं-कहीं यह कथा गाँव के बुजुर्ग या वृद्धा द्वारा सुनाई जाती है। अगले दिन करम देवता की पूजा करके घर-घर से नदी में विसर्जन के लिए ले जाया जाता है और फिर रातभर नृत्य-गान चलता रहता है। जावा को इसमें आशीर्वाद और प्रसाद के रूप में बाँटा जाता है। इस पर्व में भी गैर-आदिवासियों की उपस्थिति बहुत संख्या में रहती है।

सोहराई

भारतीय जन-जीवन की यह विशेषता है कि यहाँ जनमानस के हृदय में पशु-पक्षी भी श्रद्धा के पात्र हैं। इसलिए भारत में गाय को 'माता' कहते हैं और कौए को 'पितर' कहते हैं। हमारी परंपराओं में जीव-जगत् की सभी जातियों के लिए वर्ष भर में एक दिन सम्मान के लिए होता है। वर्ष भर काँव-काँव करने वाले कौए पितृपक्ष में सम्मान पाते हैं। इसी प्रकार जनजातीय समाज में झारखंड राज्य में मवेशियों की पूजा और सम्मान के लिए सोहराई पर्व मनाया जाता है।

कार्तिक अमावस्या को जब दीपावली का त्योहार समस्त भारत में मनाया जाता है, तब यहाँ सोहराई मनाया जाता है। इसमें सभी पशुओं को नहलाया-धुलाया और गोशाला को सजाया जाता है। गोशाला के मार्ग में रंगों से अल्पना बनाकर पशुओं को उसमें आदर सहित प्रवेश कराया जाता है। रात्रि में उनके सींगों पर तेल और सिंदूर लगाते हैं और काली मुर्गी या सूअर की बलि देते हैं। अगले दिन गोशाला जाकर रंगुआ मुर्गे (बोलने वाला मुरगा, जो सिखाया जाता है) की बलि दी जाती है और गौरैया पूजा (मिट्टी का पिंड रखकर) की जाती है। इसके बाद हंडिया का तपान दिया जाता है। इसे प्रसाद के रूप में वितरित किया जाता हैं। पशुओं के लिए सातों अनाजों से तैयार 'पखवा' खिलाया जाता है और इसे लोगों द्वारा प्रसाद रूप में खाया जाता है। दोपहर को सभी पशुओं की दौड़ होती है।

देव उठान

हिन्दू धर्म में मान्यता है कि आषाढ़ माह की नवमी को सभी देवतागण शयन करने चले जाते हैं और कार्तिक माह की चतुर्दशी तक सोए रहते हैं। इस बीच कोई नवीन कार्य करने की प्रथा नहीं है। देवों को जगाने के लिए कार्तिक चतुर्दशी को 'देव उठान' मनाया जाता है।

इस दिन घर की महिलाएँ आँगन और घर की सफाई करके अच्छी तरह से गोबर से लीपती हैं और फिर खड़िया घोलकर चौक पूरती हैं। दीवार पर चावल के घोल में रंग मिलाकर देवी-देवताओं की तस्वीरें बनाई जाती हैं। घर के सदस्य पुरुष पितरों की पूजा करके चौकी पर देव बिठाकर उनकी पूजा आदि करते हैं। चौकी को पाँच बार उठाकर देव को जाग्रत् किया जाता है। 'देव उठान' संपन्न करने के बाद शादी-विवाह के कार्य आरंभ हो जाते हैं।

जनी शिकार

यह जनजातीय शिकार पर्व पूरी तरह जनजातीय स्त्रियों के साहस और शक्ति-प्रदर्शन पर आधारित है, जो कुंभ मेले की भाँति 12 वर्ष के अंतराल पर मनाया जाता है। इस अनोखे त्योहार में निश्चित दिन आदिवासी महिलाएँ पुरुषों के वस्त्र पहनकर और हथियार लेकर एक गाँव से दूसरे गाँव शिकार खेलने जाती हैं तथा वहाँ पहुँचकर मुर्गे, बकरे, भेड़, सूअर, जो भी इनके सामने आता है,

ये मारती जाती हैं। विशेषता यह है कि इनके शिकार में कोई पुरुष दखल नहीं देता, चाहे जिसका जितना नुकसान हो। पाहन गाँव में मरे पड़े सभी शिकारों को अखरा में इकट्ठा करता है और इसे गाँव भर में बाँटा जाता है या सामूहिक रूप से पकाकर खा लिया जाता है।

सावन पूजा

सावन शुक्लपक्ष सप्तमी के दिन देवी की पूजा एक बकरे की बलि देकर की जाती है। बकरा सामूहिक चंदे से खरीदा जाता है। प्रसाद रूप में बलि पशु का मांस घर-घर पूरे गाँव में वितरित किया जाता है।

बहुरा

भादो के कृष्णपक्ष चतुर्थी के दिन वर्षा के अच्छी समाप्ति के निमित्त तथा स्वस्थ संतान-प्राप्ति के लिए यह पर्व स्त्रियां संपन्न करती हैं। इसे '**राइज बहरलक**' भी कहा जाता है।

भलवा फारेक (भाख काटेक)

कदलेटा पर्व के दो-तीन दिन बाद यह पर्व मनाया जाता है। पाहन गाँव के हर आँगन या खलिहान में जाकर चूल्हे की मिट्टी, कोयला, अरवा चावल, चावल का आटा, मुरगी अंडा, हड़िया, भेलवा की डाली आदि पूजन सामग्री के साथ पूजा करता है।

चाँद बारेक

भादो के कृष्णपक्ष में दो दिन रात्रि में चाँद न देखने का व्रत घर की बड़ी-बूढ़ी महिलाएँ रखती हैं। यह प्रथा अब समाप्ति पर है।

नवाखानी (तुस्गो)

करम पूजा के बाद नया अनाज गोंदली गोडा धान पकने पर यह पर्व मनाया जाता है। इसमें नहा-धोकर पूजा कर ओखल में नए अनाज से चूड़ा बनाया जाता है। देव-पितरों को हड़िया का तपान अर्पित कर दही-चूड़ा अर्पित किया जाता है। नवीन अन्न ग्रहण करने का यह एक छोटा त्योहार है।

सूरजाही पूजा

अगहन मास में सूर्य की पूजा सफेद मुर्गे की बलि तथा हड़िया के तपान से की जाती है। इसे घर की बारी या टांड में किया जाता है। इस पूजा में केवल पुरुष ही भाग लेते हैं।

देशउली

यह देव-भूत की पूजा है। यह बारह वर्षों में एक बार की जाती है। पूरे गाँव के लोग मिलकर काड़ा (भैंसा) की बलि देते हैं। गाँव का भुईहरदार बलि चढ़ाता है। इसी क्रम में प्रत्येक वर्ष जो बलियां चढ़ाई जाती हैं, वे हैं—बड़पहाड़ी या मरडबुरू के नाम पर सुअर की, भूत के नाम भेड़ा, देव-देवी के नाम पर बकरे की तथा इष्टदेव के नाम पर मुर्गे की बलि दी जाती है।

पाटो सरना

यह खड़िया समाज का प्रमुख त्योहार है, जो वैशाख मास में मनाया जाता है। इसमें विविध देवताओं के नाम पर भैंसा या भेड़ा तथा पाँच मुरगों की बलि दी जाती है। प्रधान पुजारी 'कालो' पूजा संपन्न करता है। सरना स्थल पर दूध उबालकर उसके गिरने की दिशा देखकर वर्षा की भविष्यवाणी की जाती है।

सरना पूजा

यह खड़िया समाज की पूजा है। इसमें सरना स्थल पर पाँच मुर्गों की बलि दी जाती है। सरना पर तीन घड़े उलटकर रख दिए जाते हैं। प्रतीकात्मक रूप में इसी पर भात और बलि दिए गए मुर्गे का एक-एक टुकड़ा मांस फूलों के साथ चढ़ाया जाता है।

जाडकोर पूजा

यह खड़िया समाज का सर्वप्रमुख त्योहार है। यह पूजा प्रत्येक खड़िया घर में तथा सार्वजनिक रूप में प्रधान पुजारी 'कालो' द्वारा संपन्न होता है। पूर्णिमा को उपवास रखकर सरना स्थल पर लोगों के साथ इस पूजा को संपन्न करता है। यह पूजा मानव एवं पालतू पशुओं की रक्षा के लिए की जाती है। 'कालो' को बलिष्ठ युवा कंधे पर बिठाकर घर-घर घुमाता है। पुजारी महुआ तथा साल का फूल प्रसाद रूप में बाँटता है।

कुटी दहन पूजा

यह पूजा गाँव भर में बीमारी से बचने और आकाशीय बिजली से बचने की कामना से की जाती है। इसमें सभी लोग एक झोंपड़ी बनाते हैं और इसके आगे रास्ते में सेमल और रेंड की डालियां गाड़ देते हैं। शाम के समय पुजारी के साथ नृत्य-गान करते हुए लोग आते हैं। पुजारी झोंपड़ी में पूजा की विधि करके चावल का ढेर लगा देता है, फिर वह इस पर अंडा रख देता है। दीपक जलाकर सभी पूजा-सामग्री चावल के ढेर पर रखी जाती है। पुजारी पूर्व दिशा में मुँह करके ध्यानमग्न होकर सभी देवों के नाम से चावल के दाने गिराता है, फिर सफेद मुर्गा देवता को सौंपने का संकल्प लेकर उसे चावल चुगने के लिए छोड़ देता है। मुर्गा जब गिरे हुए चावल खा लेता है तो पुजारी द्वारा उसे चाकू से काटकर बलि दी जाती है। इसके बाद दूसरे मुर्गे की ग्राम देवता की बलि चढ़ाई जाती है। अंत में पुजारी झोंपड़ी में आग लगा देता है और सभी गाँववाले उस आग से होकर गुजरते हैं। पुजारी द्वारा रेंड व सेमल की डालियों को छोटे-छोटे भाग में काट दिया जाता है, जिन्हें पवित्र मानकर लोग उन्हें अपने घर ले जाते हैं और अपने दरवाजों पर टाँग देते हैं।

सेंदरा

सेंदरा उराँवों की संस्कृति और परंपरा इतिहास का जीवित साक्ष्य है। **सेंदरा** का शाब्दिक अर्थ '**शिकार**' होता है। यह एक ऐसा पर्व है, जो उनकी आत्मरक्षा, युद्ध विद्या, भोजन एवं अन्य जरूरतों को पूरा करता है। उराँवों के बीच महिलाओं द्वारा भी शिकार खेलने की परंपरा है। इसे उराँव अपनी कुड़ुख भाषा में **मुक्का सेंदरा** भी कहते हैं। सेंदरा कई प्रकार के होते हैं। इस पर्व का आयोजन अलग-अलग समय और अवसरों पर होता है। **फग्गु सेंदरा** का आयोजन फागुन महीने में होता है। **विशु सेंदरा** वैशाख महीने में होता है। सेंदरा पर निकलने के पूर्व गाँव का पाहन पूजा-पाठ करता है। छछड़ा बेचना एक अन्य प्रकार का सेंदरा पर्व होता है, जो पक्षी विशेष के सहयोग से आयोजित किया जाता है। इस सेंदरा में शिकरा नामक पक्षी की मुख्य भूमिका होती है। इस पक्षी को उराँव लोग बहुत शौक से पालते हैं।

बुरू पर्व

यह पर्व दिसंबर-जनवरी में मनाया जाता है। **बुरू** का अर्थ **पहाड़** होता है। यह पर्व मुंडा जनजाति के गाँव में धूम-धाम से मनाया जाता है। इस पर्व में सर्वप्रथम

मरांग बुरू यानी सबसे बड़े पहाड़ की पूजा करना अत्यावश्यक है। इस पर्व के अवसर पर बुरू बोंगा (पहाड़ देवता) को स्मरण किया जाता है। हिमालय के उपर कैलाश पर्वत, जहाँ शंकर का निवास माना जाता है, के प्रतीकात्मक रूप में मुंडा जनजाति के लोग अपने क्षेत्र में स्थित पर्वत की पूजा करते हैं। यह पर्व तीन दिनों तक चलता है। इस पर्व में मानव कल्याणार्थ बलि की भी परंपरा है। यह पर्व सुकन बुरू मरांग बुरू, हाई बुरू, पड़ासी बुरू आदि स्थलों पर मनाया जाता है।

माघे पर्व

इस पर्व को झंडा पर्व भी कहा जाता है। यह पर्व मुंडा जनजाति द्वारा राँची जिले के कई प्रखंडों में मनाया जाता है। इस पर्व के अवसर पर जतरा निकाला जाता है। इस पर्व के लिए यह आवश्यक है कि साल फूल के गिरने से पहले ही इसे मना लिया जाए। इस पर्व के समय अगले साल के लिए कृषि श्रमिकों की सेवाओं का नवीनीकरण किया जाता है। कृषि श्रमिक को तेल लगाया जाता है और उससे पूछा जाता है कि क्या वह अगले साल के लिए भी उसके खेत में हल चलाने का इच्छुक है। यदि वह इसके लिए तैयार हो जाता है तो उसे विशिष्ट भोजन एवं पेय दिए जाते हैं। नियोक्ता उसे कृषि उपकरण आदि देकर ससम्मान विदा करता है।

बोरा बलौंजी पर्व

यह पर्व चैत माह के अंत में मनाया जाता है। यह पर्व गोंदली के बीज तथा बेरा धान बोने के पहले मनाया जाता है। इस पर्व के समय पूरे गाँव की आनुष्ठानिक सफाई की जाती है। प्रत्येक घर से टूटे हुए बर्तन, पुराने पात्र, झाड़ू, टूटे हुए हल आदि एकत्रित कर गाँव की सीमा के बाहर फेंक दिया जाता है। इस पर्व के अवसर पर गाँव के लोग चावल, दाल, गोईठा आदि लाने बाहर जाते हैं तथा गाँव के बाहर अपना भोजन पकाते हैं। इस अवसर पर गाँव के लोग दिन भर बाहर रहते हैं तथा संध्या वापस लौटते हैं। दूसरे दिन सभी लोग बेरा धान तथा गोंदली के बीज अपने खेतों में बोते हैं।

हेरो-अंगा पर्व

यह पर्व बोरा बलौंजी पर्व के एक माह बाद मनाया जाता है। इस पर्व में देउरी ग्राम देवता को एक बकरे की बलि चढ़ाता है तथा यह प्रार्थना करता है कि उसकी फसल को कोई हानि न पहुँचाए। इस पर्व के अवसर पर यह आवश्यक होता है कि पूरा गाँव एक साथ ग्राम देवता के प्रति धन्यवाद ज्ञापन के लिए जमा हो तथा उनका आशीर्वाद प्राप्त करे।

रोग खेदना पर्व

यह पर्व रोगों को गाँव से बाहर निकालने के लिए मनाया जाता है। इस पर्व में पाहन गाँव से चंदा लेकर तपान का हड़िया उठाता है। निश्चित दिन सभी अपने घर-आँगन की लिपाई कर लूंड़ा तथा तावा (लीपने में उपयोग की गई सामग्री) अखड़ा में जमा करते हैं। पहनाईन के नेतृत्व में गाँव की महिलाएँ अपने-अपने लूंड़ा तथा तावा को सामूहिक रूप से गाँव की सीमा के बाहर फेंक आती हैं। यह रोग बहिष्कृत करने का एक पर्व है।

बा पर्व

'बा' का शाब्दिक अर्थ **'फूल'** होता है अर्थात् यह बसंत का त्योहार है, इस पर्व में पवित्र साल वृक्ष के फूल को प्रमुखता दी जाती है। यह पर्व तीन दिन मनाया जाता है। सर्वप्रथम बागुरी के दिन घर-आँगन की लिपाई-पुताई की जाती है। मरंग बा मुख्य पर्व होता है। तीसरे दिन बा बसि मनाया जाता है, जिसमें पूर्वजों, मृत आत्माओं एवं देवताओं के नाम दाल-भात, हड़िया अर्पित किया जाता है। जब तक बा पर्व नहीं मनाया जाता, तब तक साल फूल को घर में लाना वर्जित होता है।

अयप्पा पूजा

यह पर्व राँची में रह रहे दक्षिण भारतवासी लोग मनाते हैं। यह पर्व श्री अयप्पा पूजा समिति एवं प्रीति शास्ता समिति द्वारा दिसंबर महीने में मनाया जाता है। इस पर्व में धार्मिक अनुष्ठान के साथ-साथ थालापोली और चेंदामेलम मुख्य आकर्षण होता है। इस पर्व में केरल की पारंपरिक कला चकायर कूथ की प्रस्तुति भी होती है। इस पर्व पर चेंदामेंलम कंसर्ट की प्रस्तुति भी होती है। इस मेले में दक्षिण भारतीय नृत्य की भी प्रस्तुति होती है।

इन जनजातीय पर्वों के अतिरिक्त भी ये लोग कितने ही पर्व और भी मनाते हैं। सभी जनजातीय पर्व विधि-विधान में मुख्यतः बलि, नृत्य-गान और पूजा के आधार पर समान लगते हैं, लेकिन इनके मनाने के पीछे भिन्न-भिन्न कारण होते हैं। सामाजिक एकता के लिए किसी भी क्षेत्र में स्थानीय पर्वों का होना आवश्यक है, इसीलिए जनजातीय त्योहार अपना अस्तित्व बचा सके हैं, क्योंकि ये इनके परस्पर सह-अस्तित्व का मूल हैं। यद्यपि पशु संरक्षण अधिनियम के तहत् बलि-प्रथा पर लोगों को जागरूक होना चाहिए। पूजा पद्धति में कुछ कुप्रथाएँ चली आ रही हैं, उन्हें भी इनसे पृथक् कर पूजा को सात्त्विक करने के प्रयास करने चाहिए। पूजा ईश्वर से प्रार्थना के निमित्त की जाती है और ईश्वर इसमें रक्तपात की आज्ञा नहीं देता। हर पर्व को अब वैज्ञानिक आधार भी प्राप्त है, लेकिन कुछ कुप्रथाएँ इनके लाभकारी पहलू को बीभत्स भी कर रही हैं।

प्रमुख मेलें

'मेला' शब्द हम सबका जाना-पहचाना है। भारत के सभी प्रांतों में मेलों की परंपरा बहुत समय से प्रचलित है। मेला कहने से हमारे मन में अनेक प्रकार की सजी-सजाई दुकानें, खेल, तमाशे, खान-पान की दुकानें, सर्कस और दैनिक जीवन के उपयोग में आने वाली वस्तुओं की दुकानों की तस्वीरें घूम जाती हैं। हमारे देश में मेले का आयोजन दैनिक जीवन की एकरसता से मुक्त होने का पारंपरिक साधन व माध्यम, दोनों है।

झारखंड में मेलों की प्राचीन परंपरा रही है। विभिन्न क्षेत्रों में विभिन्न अवसरों पर मेले अयोजित होते हैं। शहरी क्षेत्रों में मनोरंजन के अन्य साधन उपलब्ध रहने के कारण भले ही मेले का स्वरूप आधुनिक हो गया हो, तथापि उद्देश्य एक ही है—उत्सव का वातावरण एवं आनंद की प्राप्ति, परंतु इनका अपना व्यापारिक पक्ष भी होता है।

ब्रिटिश शासनकाल में झारखंड के आदिवासी क्षेत्रों में कुछ खास मेलों का आयोजन तत्कालीन प्रशासन की ओर से किया जाता था। इन मेलों का प्रमुख उद्देश्य सुदूर ग्रामीण क्षेत्रों में निवास करने वाले आदिवासी समूहों को मेले के उत्सव जैसे माहौल की ओर आकृष्ट करके उनकी उपस्थिति सुनिश्चित करना था, ताकि उनके सोच-विचार और रहन-सहन की शैली में आए परिवर्तन का मूल्यांकन किया जा सके। इसके अतिरिक्त, ब्रिटिश प्रशासकों के लिए मेले आदिवासियों की विशिष्ट सांस्कृतिक परंपरा से अवगत होने का एक अच्छा अवसर हुआ करते थे।

झारखंड के आदिवासी बहुल क्षेत्रों में मेले को '**जतरा**' कहा जाता है। ऐसे मेलों का स्वरूप प्रमुख रूप से सामाजिक व सांस्कृतिक होता है, जिसमें समस्त झारखंड की झारखंडी संस्कृति के दर्शन किए जा सकते हैं। इस कारण आदिवासी अथवा झारखंडी संस्कृति में मेलों का स्थान अत्यंत महत्त्वपूर्ण माना जाता है।

झारखंडी संस्कृति की प्रारंभिक जानकारी के लिए आइए झारखंड के प्रमुख मेलों के बारे में जानते हैं—

देवघर का श्रावणी मेला

देवघर हिन्दू धर्मावलंबियों का प्रसिद्ध तीर्थस्थल है। झारखंड-बिहार में यह '**बाबा धाम**' के नाम से भी जाना जाता है। शिव पुराण के अनुसार देवघर का 'बाबा धाम' बारह ज्योतिर्लिंगों में से एक माना जाता है। अविभाजित बिहार के समय से ही देवघर राज्य के प्रमुख तीर्थस्थल व पर्यटक स्थल के रूप में विख्यात रहा है। ऐसी मान्यता है कि रावण द्वारा भगवान् शिव को लंका ले जाने के क्रम में उनकी यहाँ स्थापना हुई थी।

इस मंदिर की स्थापना सन् 1556 में उस समय में हुई, जब बैजू नाम के एक व्यक्ति ने खोए हुए शिवलिंग को खोजा था। इसी के बाद से बैजू के नाम पर यहाँ के मंदिर का नाम '**वैद्यनाथ धाम**' पड़ा। श्रद्धालु इसे '**कामनालिंग**' भी कहते हैं और मनोकामना पूर्ति की कामना करते हैं।

प्रत्येक वर्ष सावन मास में यहाँ श्रावणी मेला लगता है, जो एक महीने तक चलता है। इस मौसम में श्रद्धालु काँवड़ियों के रूप में भागलपुर के सुल्तानगंज से गंगाजल लेकर देवघर स्थित 'बाबा धाम' तक 98 किलोमीटर की दूरी पैदल ही तय करके बाबा को जल चढ़ाते हैं। सावन (जुलाई-अगस्त) मास में 'बाबा धाम' में जल चढ़ाने की यात्रा का प्रारंभ सुल्तानगंज से होता है।

सुल्तानगंज से श्रद्धालु गंगा नदी से पवित्र जल पात्रों में भरते हैं और 'बोल बम' के जयकारे के साथ देवघर की ओर चल देते हैं। विधान है कि इस संपूर्ण यात्रा के क्रम में पवित्र जल से भरे पात्र का संपर्क भूमि से न होने पाए। वर्तमान में देवघर का श्रावणी मेला इतना सुप्रसिद्ध हो चुका है कि बिहार, झारखंड सहित देश के अन्य प्रांतों से भी श्रद्धालुओं का समूह बड़ी संख्या में काँवड़ियों के रूप में देवघर आता है। इस अवसर पर इतने अधिक श्रद्धालु जुटते हैं कि बाबा धाम में प्रवेश कर दर्शन व पूजन के लिए सात से आठ किलोमीटर तक की लंबी कतारें लग जाती हैं।

परंपरा के अनुसार, देवघर 'बाबा धाम' की यात्रा को तब तक संपूर्ण नहीं माना जाता, जब तक देवघर से 42 किलोमीटर की दूरी पर जरमुंडी नामक स्थान में अवस्थित 'बासुकीनाथ धाम' का दर्शन और पूजन नहीं किया जाता है। इसके फलस्वरूप अनेक श्रद्धालु 'बासुकीनाथ धाम' की भी यात्रा करते हैं।

श्रावणी मेले के अवसर पर सुल्तानगंज से लेकर देवघर तक का मार्ग शिव-भक्तों से भरा होता है। मार्ग में 'सूइया पहाड़' नामक स्थान पर दुर्गम पहाड़ी रास्ता है। इसे पार करते समय शिव-भक्तों के पाँवों में नुकीले पत्थर चुभते हैं, परंतु मतवाले काँवड़िए इसकी चिंता न करके 'बोल बम' के जयकारे लगाते हुए इसे सहजता से पार कर लेते हैं। भक्ति से सराबोर कुछ शिव-भक्तों को साष्टांग दंडवत् करते हुए बाबा धाम की ओर जाते हुए देखा जा सकता है।

कुछ दशक पहले तक श्रावणी मेले के अवसर पर देवघर बाबा धाम की यात्रा में अधिसंख्य मध्यम आयु के श्रद्धालु दिखते थे, परंतु अब इस मेले में महिलाओं, किशोरों और युवाओं की अच्छी उपस्थिति देखी जा सकती है। श्रावणी मेले के अवसर पर देवघर बाबा धाम की यात्रा धार्मिक दृष्टिकोण से तो महत्त्वपूर्ण है ही, इसमें अब पर्यटन का पक्ष भी सम्मिलित हो गया है।

दुमका का हिजला मेला

दुमका वर्तमान झारखंड की उप-राजधानी है। यह संथाल परगना प्रमण्डल का एक प्रमुख और पुराना जिला मुख्यालय है। दुमका मुख्यालय से लगभग 3 किलोमीटर दक्षिण में हिजला पहाड़ी है। इसी हिजला पहाड़ी के नाम पर इस मेले का नाम '**हिजला मेला**' रखा गया है।

सन् 1890 में तत्कालीन अंग्रेज उपायुक्त द्वारा प्रारंभ किए गए इस सरकारी मेले का प्रमुख उद्देश्य सुदूर ग्रामीण इलाकों में निवास करने वाले संथाल समुदाय के आदिवासियों की सामाजिक, आर्थिक और सांस्कृतिक स्थिति का मूल्यांकन करने के साथ-साथ सरकार की कल्याणकारी योजनाओं से जनसाधारण को अवगत कराना था।

वर्तमान में जिला प्रशासन द्वारा आयोजित इस मेले का प्रमुख उद्देश्य राज्य सरकार द्वारा चलाए जाने वालेविकास के विभिन्न कार्यक्रमों की जानकारी जनसाधारण को देना है। इसके साथ ही मेले में आए किसानों को उन्नत कृषि के तौर-तरीकों की जानकारी देना और परंपरागत खेल-कूद तथा सांस्कृतिक विरासत को प्रोत्साहन देना है। इस मेले का प्रमुख आकर्षण यहाँ आयोजित होने वाली विभिन्न खेल-कूद प्रतियोगिताएँ, गीत-संगीत, कृषि प्रदर्शनी, विभिन्न नृत्यों और नाटकों का प्रदर्शन है।

एक सप्ताह तक चलने वाले इस मेले में प्रतिदिन संध्या के समय मनोरंजन कार्यक्रमों का आयोजन होता है। इसमें प्रमुख रूप से स्थानीय सांस्कृतिक दलों द्वारा पारंपरिक लागड़ें, दोंग, पइकाहा और सोहराय आदि आदिवासी नृत्य-संगीत प्रस्तुत किए जाते हैं। इस अवसर पर बंगाल, असम, ओड़िशा और बिहार जैसे पड़ोसी राज्यों के लोक कलाकार भी आमंत्रित किए जाते हैं।

खेल-कूद प्रतियोगिताओं में दौड़ प्रतियोगिता, चिकनाई लगे मलखँभ पर चढ़ना, तीरंदाजी, कबड्डी और बच्चों के लिए बोरा रेस, तीन पैरों की दौड़, जलेबी रेस, सुई-धागा रेस, म्यूजिकल चेयर आदि मनोरंजक खेलों का आयोजन किया जाता है।

राँची का जगन्नाथपुर मेला

झारखंड की राजधानी राँची से लगभग 11 किलोमीटर दक्षिण-पश्चिम में सार्वजनिक क्षेत्र का विशाल कारखाना भारी अभियंत्रण निगम (हैवी इंजीनियरिंग कॉरपोरेशन) के अहाते से सटा प्रसिद्ध ऐतिहासिक जगन्नाथ मंदिर है। मंदिर के कारण इस स्थान का नाम भी 'जगन्नाथपुर' है। इस मंदिर परिसर में रथयात्रा के उपलक्ष्य में प्रत्येक वर्ष आषाढ़ द्वितीया के अवसर पर विशाल मेले का आयोजन होता है, जो संपूर्ण झारखंड सहित पड़ोसी राज्यों ओड़िशा और पश्चिम बंगाल में भी 'जगन्नाथपुर मेला' के रूप में सदियों से विख्यात है।

जगन्नाथपुर में रथयात्रा एवं मेले का प्रारंभ बडकागढ़ के राजा ठाकुर ऐनीनाथ शाहदेव के शासनकाल में सन् 1691 में हुआ था। उसी समय से यह मेला भगवान् के भक्तों व दर्शनार्थियों के लिए आयोजित होता आ रहा है। परंपरानुसार रथयात्रा के दिन पूजन एवं रथ खींचने में भी ठाकुर ऐनीनाथ शाहदेव के वंशज प्रमुख रूप से सहभागिता करते हैं।

रथयात्रा के अवसर पर आयोजित इस मेले में भगवान् जगन्नाथ, भैया बलभद्र और बहन सुभद्रा को नंदी रथ पर विराजमान कराया जाता है। मेले में उपस्थित श्रद्धालु और भक्तगण रथ को सामूहिक रूप से खींचकर मौसीबाड़ी

ले जाते हैं, जहाँ भगवान् जगन्नाथ, भैया बलभद्र और बहन सुभद्रा आठ रातों तक निवास करने के बाद नौवें दिन अपने घर लौट जाते हैं।

यह मान्यता है कि नेत्रदान से 16 दिन पूर्व भगवान् के अस्वस्थ हो जाने के बाद वे स्वास्थ्य-लाभ हेतु मौसीबाड़ी जाते हैं।

रथयात्रा के अवसर पर जगन्नाथपुर में नौ दिन तक चलने वाले मेले को स्थानीय लोग 'रथ मेला' कहते हैं। इसका समापन नौवें दिन 'घुरती-रथयात्रा' के साथ होता है। मेले में आदिवासी और अन्य झारखंडी लोगों के उपयोग में आने वाली चीजों, जैसे धनुष-बाण, बाँस का छाता, खजूर के पत्तों की चटाई, चकला-बेलन और तवा-कड़ाही से लेकर विभिन्न प्रकार के पारंपरिक वाद्य-यंत्र जैसे माँदर, नगाड़ा, ढोल, झाँझ, बाँसुरी आदि की बिक्री मुख्य रूप से होती है। इसके अलावा सौंदर्य प्रसाधन, कपड़े, खान-पान की सामग्री और जूते-चप्पलों की दुकानें भी लगाई जाती हैं।

इस ऐतिहासिक मेले में लोग विशेष रूप से भगवान् जगन्नाथ, भैया बलभद्र और बहन सुभद्रा के दर्शन के लिए तो आते ही हैं, साथ ही यह मेला पारंपरिक वाद्य-यंत्रों एवं अन्य पारंपरिक चीजों के विक्रयस्थल के रूप में भी प्रसिद्ध है।

मुड़मा जतरा

राँची से लगभग 28 किलोमीटर दूर राँची-डाल्टनगंज मार्ग पर मुड़मा नामक गाँव है। यहाँ प्रतिवर्ष दशहरे से दस दिन बाद 'मुड़मा जतरा' का भव्य आयोजन होता है। झारखंड के आदिवासी समुदायों में मेला को 'जतरा' कहा जाता है।

इस मेले की अपनी एक अलग सामाजिक, सांस्कृतिक और ऐतिहासिक पहचान है। 'मुड़मा जतरा' कब प्रारंभ हुआ, यद्यपि इसका कोई लिखित प्रमाण नहीं है, तथापि लोकगीतों में वर्णित प्रसंग एवं मौखिक इतिहास के अनुसार 'मुड़मा जतरा' के स्थापना काल का संबंध उराँव आदिवासी समुदाय के रोहतासगढ़ से भागकर आने से जोड़ा जाता है।

छोटानागपुर के इतिहास के अनुसार, जब मुगलों ने रोहतासगढ़ पर अधिकार कर लिया तो वहाँ रह रहे उराँव समुदाय के लोगों को गढ़ छोड़कर भागना पड़ा था। इस क्रम में वे सोन नदी पार कर वर्तमान पलामू होते हुए वर्तमान राँची जिले की ओर बढ़े। मुड़मा में उनका सामना इस क्षेत्र में रह रहे मुंडा आदिवासी समुदाय से हुआ; परंतु कुछ विद्वानों का मानना है कि जब उराँव लोगों ने अपनी व्यथा कथा मुंडाओं को सुनाई तो उन्होंने इन लोगों को पश्चिम वन-क्षेत्र को साफ करके वहाँ रहने का सुझाव दिया। यह समझौता मुड़मा में ही हुआ था। इसी कारण बाद में उराँव समुदाय के 40 पड़हा के लोग उस ऐतिहासिक समझौते की स्मृति में 'मुड़मा जतरा' का आयोजन करने लगे।

सभी दल 'जतरा खूँटा' की परिक्रमा करते हैं, प्रणाम करते हैं और इसके बाद अपने-अपने दलों के साथ नृत्य-गान करके प्रसन्नता व्यक्त करते हैं। नृत्य-गान समाप्त होने के साथ ही मेले का सामाजिक-सांस्कृतिक पक्ष पूर्ण हो जाता है और फिर खरीदारी एवं मनोरंजन के कार्यक्रम लोगों को आकर्षित करने लगते हैं। शाम ढलते-ढलते 'मुड़मा जतरा' लगभग समाप्त हो जाता है।

टुसू मेला

झारखंड के पंच परगना क्षेत्र में टुसू मेले का आयोजन किया जाता है। टुसू मेले का संबंध एक पौराणिक कथा से है। इस कथा के अनुसार, टुसू किसी निर्धन कुरमी किसान की बेटी थी। उसकी सुंदरता की चर्चा तत्कालीन क्रूर राजा के कानों में भी पड़ी। राजा ने सुंदरी टुसू को हासिल करने के लिए एक कुटिल चाल चली। उसने किसानों पर दुगुना कर लगा दिया, जबकि चारों ओर अकाल पड़ा था और सूखे के कारण फसल भी नहीं हुई थी। मकर संक्रांति का दिन टुसू महोत्सव और मेले का अंतिम दिन होता है। इस पूर्व रात्रि में जागरण होता है और 8 प्रकार के अनाजों को भूनकर टुसू का भोग लगाया जाता हैं। युवतियाँ टुसू की प्रतिमा का निर्माण कर रंग-बिरंगा श्रृंगार करती हैं। एक निश्चित स्थान पर प्रतिमा स्थापित करके रात्रि में टुसू के गीत गाए जाते हैं। सूर्योदय से पूर्व ही प्रतिमा का विसर्जन कर दिया जाता है।

गिरिडीह का लँगटा बाबा मेला

गिरिडीह से लगभग 40 किलोमीटर दूर खडकडीह नामक स्थान पर पौष पूर्णिमा के दिन प्रतिवर्ष इस मेले का आयोजन किया जाता है। इस स्थान पर 'लँगटा बाबा' नामक सिद्ध पुरुष की समाधि है। उन्हीं की स्मृति में यह मेला लगता है और मान्यता है कि बाबा के प्रताप से सभी मनोकामनाएँ पूर्ण होती हैं।

ऐसी मान्यता है कि सर्दी, गरमी और बरसात-सभी ऋतुओं में लँगटा बाबा केवल एक वस्त्र ही धारण किया करते थे। इसी कारण उनका नाम 'लँगटा बाबा' पड़ा। बाबा को झारखंड की साँझी संस्कृति का प्रतीक माना जाता है। उनकी समाधि पर एक ओर हिन्दू श्रद्धालु पूजा-अर्चना करते हैं, तो दूसरी ओर मुस्लिम भक्त उनकी मजार पर चादर चढ़ाते हैं और फातिहा पढ़ते हैं।

इस मेले में विभिन्न प्रकार की दुकानें सजती हैं, भंडारे का आयोजन होता है और रोचक-मनोरंजक कार्यक्रम आयोजित किए जाते हैं। प्रायः श्रद्धालु अपनी-अपनी मनोकामनाओं की पूर्ति हेतु इस मेले में आते हैं।

पलामू का भूत मेला

पलामू के हैदरनगर में सुविख्यात 'देवी धाम' है। इसका इतिहास लगभग सौ वर्ष पुराना माना जाता है। लगभग 2 एकड़ के 'देवी धाम' परिसर में प्रत्येक वर्ष चैत्र मास की प्रतिपदा से पूर्णिमा तक 15 दिनों का अनोखा 'भूत मेला' आयोजित किया जाता है। भूत-प्रेत से ग्रस्त लोग अथवा जिनके घर में सुख-शांति नहीं होती या संतान की मनोकामना वाले निस्संतान लोग इस मेले में बड़ी संख्या में आते हैं। यहाँ की मान्यता के अनुसार, देवी धाम में हलवाइयों के एक विशेष समुदाय द्वारा चीनी की बनाई गई मिठाइयाँ ही चढ़ाई जाती हैं।

जनश्रुति है कि इस मेले का विस्तार जम्होर (औरंगाबाद) से आए हलवाइयों के एक समूह के आने के बाद ही हुआ। इस समूह में एक ओझा भी था। उस समय से आज तक मेले में भूत-प्रेत से ग्रस्त लोगों को ओझाओं द्वारा झाड़-फूँक करते देखा जा सकता है।

जामताड़ा का करमदाहा मेला

नारायणपुर के करमदाहा नामक स्थान पर मकर संक्रांति के अवसर पर ऐतिहासिक करमदाहा मेले का आयोजन किया जाता है। प्रतिवर्ष बाबा दु:खहरण (भगवान् शिव) के मंदिर परिसर में यह मेला आयोजित होता है। पंद्रह दिन तक चलने वाले इस मेले में न केवल आसपास के लोग आते हैं, बल्कि अन्य प्रांतों के श्रद्धालु भी भाग लेते हैं।

एक मान्यता के अनुसार, दुखिया महादेव शिवलिंग की खोज कर्ण नामक एक महाप्रतापी राजा द्वारा की गई थी, किंतु कालांतर में लोग इस स्थान को 'कर्णदाहा' के बजाय 'करमदाहा' कहकर पुकारने लगे।

जनश्रुति के अनुसार, यह ऐतिहासिक मेला सत्रहवीं सदी के मध्य से आयोजित किया जा रहा है। कहा जाता है कि दुखिया महादेव के पास से कोई

भी श्रद्धालु भक्त खाली हाथ नहीं लौटता है। इसी कारण प्रतिवर्ष मकर संक्रांति के अवसर पर हजारों की संख्या में श्रद्धालुजन यहाँ दर्शन-पूजन के लिए आते हैं।

फुसरो का हथिया पथर मेला

बोकारो जिले के अंतर्गत फुसरो नामक स्थान पर इस क्षेत्र का विख्यात 'हथिया पत्थर मेला' आयोजित किया जाता है। फुसरो के समीप ही 'हथिया पत्थर' नामक स्थान है। यहाँ जरीडीह नामक बाजार में शिव मंदिर के निकट नदी तट पर मकर संक्रांति के अवसर पर इस विशाल मेले का आयोजन किया जाता है।

श्रद्धालुजन यहाँ अपनी-अपनी मनोकामनाएँ लेकर आते हैं। जिन लोगों की मनोकामनाएँ पूर्ण होती हैं, वे निकट ही स्थित देवी मंदिर में श्रद्धापूर्वक बलि चढ़ाते हैं। इस मेले के बारे में एक लोककथा प्रचलित है कि दक्षिण के एक राजा अपने पुत्र की बरात लेकर दामोदर नदी पर पहुँचे तो नदी की धारा प्रचंड वेग से बह रही थी। उस समय नदी को पार करना असंभव था। राजा ने तब नदी से करबद्ध होकर प्रार्थना की कि यदि वे अपने पुत्र का विवाह संपन्न कराकर सकुशल लौट आए तो तट पर बकरे और भैंसे की बलि चढ़ाएँगे। राजा की प्रार्थना सुनकर नदी की धारा शांत हो गई और राजा बरातियों के साथ पार उतर गए पुत्र का विवाह कराकर राजा पुत्रवधू के साथ पुन: नदी पार आ गए।

श्रद्धालुजन इस मेले में आकर नदी में स्नान करते हैं। यहाँ स्थित शिव मंदिर में पूजा-अर्चना करते हैं और मेले में आयोजित कार्यक्रमों का भरपूर आनंद उठाते हैं।

नुनबिल मेला

यह मेला संथाल परगना के दुमका जिले में केंद्र घाटा नामक गाँव के नजदीक नुनबिल नदी के किनारे हर साल मकर सक्रांति के मौके पर एक सप्ताह तक लगता है। यह पहाड़िया जनजाति का एक प्रमुख मेला है। इस मेले में सुदूर गाँव-देहात से लोग पहुँचते हैं। नुनबिल नदी के गरम कुंड में स्नान करते हैं और नदी के किनारे नुनबूढ़ी देवी के पिंड पर नमक और बतासा चढ़ाकर पूजा करते हैं।

बिसुआ मेला

यह मेला गोड्डा जिले के बसंत राय प्रखंड में प्रत्येक वर्ष 14 अप्रैल को लगता है। इस मेले के शुरू होने से पहले साफा होड़ आदिवासी समुदाय के लोग प्रसिद्ध तालाब में डुबकी लगाकर पूजा-अर्चना करते हैं। प्राचीन परंपरा का निर्वहन करते हुए समुदाय के लोग बाहरी जिले से आए समुदाय के लोगों के साथ आस्था की डुबकी लगाते हैं। इस मेले में तालाब में तीन दिनों तक साफा होड़ आदिवासी डुबकी लगाते हैं। इस मेले में सिर्फ शहरी क्षेत्र के लोग ही नहीं वरन दूर-दराज के लोग भी आते हैं। यह मेला आदिवासी एवं सदानों को आपस में जोड़ता है।

महत्वपूर्ण बिन्दु

- गाँव के बीच में इनका 'माँझीथान' होता है, जहाँ गाँव का माँझी पूजा-पाठ करता है। 'माँझीथान' माँझी हड़ाम बोंगा का निवास स्थान माना जाता है। गाँव की पंचायतें भी प्राय: यहीं बैठती हैं।
- संथाली समाज में अपराध के लिए आर्थिक, सामाजिक तथा शारीरिक दंड का प्रावधान है। सगोत्रीय विवाह, विजातीय विवाह, गैर-जनजातीय, यौन अपराध तथा अन्य गंभीर अपराधों के लिए सबसे कठोर सजा विटलाहा (सामाजिक बहिष्कार) का प्रावधान है।
- खड़िया के तीन प्रमुख वर्ग हैं—पहाड़ी खड़िया, ढेलकी खड़िया और दूध खड़िया है। इनमें पहाड़ी खड़िया सबसे अधिक पिछड़ा और दूध खड़िया सर्वाधिक उन्नत है।
- धुमकुड़िया एक आर्थिक, सामाजिक, धार्मिक संगठन का पुरातन स्वरूप प्रस्तुत करता है। यह जनजातीय प्रशिक्षण केंद्र होता है, जहाँ एक सफल सामाजिक व्यक्ति बनने की शिक्षा दी जाती है।
- मुंडा जनजाति के मुख्य देवता 'सिंगबोंगा' है। इनका ग्राम देवता 'हातुबोंगा' तथा पहाड़ देवता 'बुरुबोंगा' है। देशाउली गाँव की सबसे बड़ी देवी है। इन देवी-देवताओं को खुश रखने के लिए पाहन सरना में पूजा करता है। प्रत्येक घर में ओड़ाबोंगा (कुल देवता) की पूजा परिवार का मुखिया करता है। मुंडा 'टोटेम' (इष्ट चिह्न) की भी पूजा करते हैं।
- हो समाज में मुख्य रूप से पाँच प्रकार के विवाह देखे जाते हैं—आंदि बापला, दिकू आंदि, ओपोरतिपि, राजी-खुशी तथा अनादर विवाह। इसके अलावा बहुत कम ही सेवा-विवाह या गोलट विवाह के उदाहरण पाए जाते हैं।
- खड़िया के तीन प्रमुख वर्ग हैं—पहाड़ी खड़िया, ढेलकी खड़िया और दूध खड़िया है। इनमें पहाड़ी खड़िया सबसे अधिक पिछड़ा और दूध खड़िया सर्वाधिक उन्नत है।
- बैगा जनजाति में इनमें अनेक प्रकार के विवाह प्रचलित हैं। 'लाम सेना' विवाह को 'सेवा विवाह,' 'पैठुल विवाह' को 'ढुकु विवाह' तथा 'उठावा विवाह' को 'राजी-खुशी विवाह' भी इनके यहाँ कहा जाता है। करमा नृत्य बैगा का प्रधान नृत्य है। अन्य बैगा नृत्य में 'झरपट,' 'विमला' आदि प्रमुख हैं। पुरुष 'दशन' या 'सैला' तथा स्त्री 'रीना नृत्य' करते हैं।
- बिरजिया जनजाति के मुख्य गोत्र हैं— छोटा मउआर, बडा मउआर, छोटा कुँवर, महतो, मंझिया, समबात, रौतिया आदि। सेंडर ने एक गोत्र और 'सोनहैत' बतलाया है। इनमें अन्य जनजातियों की तरह गोत्र टोटेमिक नहीं होते हैं।
- करम पूजा से सात दिन पहले बहनें नदी से स्वच्छ बालू टोकरी में लेकर आती हैं और उसमें सात प्रकार के अनाज बो देती हैं। इन अनाजों में जौ, गेहूँ, मकई, उड़द, कुर्थी, चना और मटर होते हैं, फिर विधि-विधान से पूजा और गान के द्वारा 'जावा' जगाया जाता है।
- झारखंड के आदिवासी बहुल क्षेत्रों में मेले को 'जतरा' कहा जाता है। ऐसे मेलों का स्वरूप प्रमुख रूप से सामाजिक व सांस्कृतिक होता है, जिसमें समस्त झारखंड की झारखंडी संस्कृति के दर्शन किए जा सकते हैं।
- जगन्नाथपुर मेले में उपस्थित श्रद्धालु और भक्तगण रथ को सामूहिक रूप से खींचकर मौसीबाड़ी ले जाते हैं, जहाँ भगवान् जगन्नाथ, भैया बलभद्र और बहन सुभद्रा आठ रातों तक निवास करने के बाद नौवें दिन अपने घर लौट जाते हैं।
- राज्यपाल राज्य का संवैधानिक प्रधान होता है। इनकी नियुक्ति संविधान के अनुच्छेद-153 के तहत् की जाती है। संविधान के अनुच्छेद-153 से 162 तक में राज्यपाल के कार्य एवं अधिकार का वर्णन है।

❑❑❑

अध्याय

27

औद्योगिक एवं नगरीय विकास

[प्रमुख उद्योग, लौह इस्पात, सीमेंट एवं कुटीर उद्योग]

झारखंड के प्रमुख उद्योग-धंधे

प्राकृतिक संसाधनों के परिप्रेक्ष्य में झारखंड राज्य के आर्थिक विकास की प्रबल संभावनाएँ हैं। राज्य की अर्थव्यवस्था में जितने उद्योग हैं, वे सभी इन संसाधनों पर निर्भर करते हैं। राज्य में औद्योगिक विकास की गति अच्छी है और यह इस राज्य के लिए अच्छे संकेत हैं। प्रकृति ने इस राज्य को उद्योगों के लिए पर्याप्त संसाधन दिए हैं। उद्योगों से रोजगार के अवसर और आर्थिक सुदृढता, दोनों में वृद्धि होती है। निर्यात वृद्धि होने से बिक्री और उत्पादन द्वारा राजस्व वृद्धि होती है, जो अन्य नागरिक सुविधाओं को बहाल रखती है। राज्य के उद्योग-धंधों को दो भागों—लघु उद्योग और वृहद् उद्योग में बाँटा जा सकता है।

लघु उद्योगों में ग्रामीण उद्योगों सहित वे सभी उद्योग आते हैं, जिनमें कम पूँजी और कम उत्पादन होता है। कई बार लघु उद्योग कम पूँजी से ज्यादा उत्पादन भी करते देखे जाते हैं। इन उद्योगों में खादी, हैंडलूम, रस्सी, पॉवरलूम जैसे सभी लघु उद्योग, अति लघु उद्योग और कुटीर उद्योग आते हैं। पूँजी के आधार पर 60 लाख रुपए तक निवेश से शुरू उद्योग लघु उद्योग और 5 लाख रुपए तक के निवेश से शुरू उद्योग अति लघु उद्योग की श्रेणी में आते हैं। कुटीर उद्योगों में बहुत कम पूँजी की आवश्यकता होती है और अधिकांशतः इनमें व्यक्ति का पुश्तैनी कार्य ही होता है। राष्ट्रीय योजना आयोग ने कुटीर उद्योगों को निम्न श्रेणियों में वर्गीकृत किया है—

लघु उद्योग

1. कृषि सहायक उद्योग

यह कृषि उत्पादन से अन्य उत्पाद बनाने वाले उद्योग हैं। इनमें अनाज पीसना, तेल-पिराई, गुड़ बनाना, फलों से मुरब्बे, अचार, चटनी और सिरका बनाना, तंबाकू बनाना, बीड़ी बनाना, पशुपालन करना, दूध के क्रय-विक्रय का कार्य करना, फलों एवं अनाजों का क्रय-विक्रय करना आदि आते हैं।

2. वस्त्र उद्योग

इसमें रूई साफ करना, धागा कातना, कपड़ा बुनना एवं रँगना, कपड़ों पर कढ़ाई करना, कपड़े सिलने और क्रय-विक्रय का कार्य करना आदि कार्य आते हैं।

3. लकड़ी उद्योग

यह कुछ लोगों का पुश्तैनी कार्य होता है और कुछ लोग इसमें लाभ की आशा से जुड़ते भी हैं। इसमें लकड़ी चीरना, फर्नीचर बनाना, इमारती सामग्री बनाना, खिलौने बनाना, लकड़ी का क्रय-विक्रय करना आदि काष्ठ संबंधी कार्य आते हैं।

4. चर्म उद्योग

चमड़ा शुद्ध करना, चमड़ा रँगना, चमड़े से जूते एवं पर्स आदि अनेक उत्पाद बनाना, हड्डियों से खाद व बटन बनाना आदि कई कार्य चर्म उद्योग में किए जाते हैं।

5. धातु उद्योग

इसमें कच्ची धातु को शुद्ध करना, पुरानी धातुओं का क्रय-विक्रय, लौह धातु से औजार बनाना, गहने बनाना, घरेलू कार्यों में प्रयोग होने वाली धात्वीय वस्तुओं का निर्माण करना आदि कार्य आते हैं।

6. मिट्टी उद्योग

यह भी पुश्तैनी कार्य होता है और इसे कुम्हार जाति के लोग करते हैं। बरतन बनाने का यह कार्य सदियों से चला आ रहा है। मिट्टी उद्योग का बड़ा कार्य ईंट उद्योग है।

7. सूती वस्त्र उद्योग

राज्य में ये उद्योग कम ही हैं। हथकरघा से कपड़े बुनने का कार्य यहाँ बहुत समय से जाति विशेष द्वारा होता रहा है। को-ऑपरेटिव सोसाइटी ने इस कार्य की संभावनाओं को देखते हुए इसका विकास किया और लगभग 20,000 हथकरघों से प्रतिवर्ष 26,000 गज कपड़े का उत्पादन किया। राँची के ओरमाँझी गाँव में सूत का एक कारखाना है। इरवा राँची में 'छोटानागपुर रीजनल हैंडलूम वीवर्स सोसाइटी' इस उद्योग में बड़ा नाम है।

8. रेशमी वस्त्र उद्योग

झारखंड में 'टसर' रेशम का उत्पादन देश भर में सबसे अधिक होता है। इसका उत्पादन राज्य में राँची, पलामू, हजारीबाग सहित कई जिलों में होता है। टसर रेशम की गुणवत्ता को अंतर्राष्ट्रीय स्तर पर मान्य किया गया है। अंतर्राष्ट्रीय स्तर पर झारखंड के तसर रेशम को 'ऑर्गेनिक सर्टिफिकेशन' मिला है। राज्य के गोड्डा जिला के भगैया में 'टसर को-ऑपरेटिव सोसाइटी' कार्यरत है। जबकि नगड़ी, राँची में 'टसर अनुसंधान केंद्र' इस रेशम उद्योग को एक व्यापक उद्योग बनाने में प्रयासरत हैं।

9. अन्य उद्योग

इन उद्योगों में मछली का तेल निकालना, लाख उत्पादन, प्लास्टिक के खिलौने, चूड़ियाँ, रंग, साबुन, अगरबत्ती, मोमबत्ती, वार्निश, शहद इकट्ठा करना जैसे सैकड़ों कार्य आते हैं।

इन ग्रामीण लघु उद्योगों से बेरोजगारी से काफी हद तक मुक्ति मिलती है, संसाधनों के उपयोग में वृद्धि होती है और हस्तकला को बढ़ावा मिलता है। साथ ही ये ग्रामीण व्यवस्था के अनुकूल होते हैं, क्योंकि इनमें ज्ञान की कम ही आवश्यकता रहती है। इससे परिवार की अतिरिक्त आय भी होती है और कृषि पर जनसंख्या का बोझ कम होता है। इन ग्रामीण उद्योगों से उत्पादन शीघ्र होता है और कच्चे माल की उपलब्धता भी बढ़ती है।

इनके अतिरिक्त राज्य में कृषि आधारित व्यावसायिक लघु उद्योग भी विकसित हुए हैं, जिनमें कम पूँजी लागत में अधिक उत्पादन और रोजगार की दर में वृद्धि होती है।

वृहद् उद्योग

झारखंड में सभी बड़े उद्योग खनिज उत्पादनों पर आधारित हैं। राज्य में खनिज आधारित लगभग 309 बड़े और मध्यम श्रेणी के उद्योग हैं। लौह इस्पात के निर्माण में आवश्यक कच्चे माल की आपूर्ति में अनेक मध्यम उद्योग सक्रिय हैं, जो टाटा लौह इस्पात कंपनी और बोकारो इस्पात कंपनी को अपने उत्पादन देते हैं। इन वृहद् उद्योगों के कारण राज्य की आर्थिक स्थिति अच्छी कही जा सकती है।

1. टाटा लौह इस्पात कंपनी

इस कंपनी को झारखंड के पूर्वी सिंहभूम जिला के साकची नामक स्थान पर स्थापित करने का श्रेय भारत के सुप्रसिद्ध समूह 'टाटा समूह' को जाता है। सन् 1907 में इस समूह के चेयरमैन जमशेदजी टाटा ने झारखंड में 'टिस्को' कंपनी की स्थापना की। संयत्र की स्थापना के बाद सन् 1911 में इसमें उत्पादन शुरू हुआ। भौगोलिक परिस्थिति और आवश्यक सुविधाओं को देखते हुए इसकी स्थापना स्वर्णरेखा और खरकई नदी के संगम पर की गई। कारखाने को कच्चा लोहा सरलता से सौ कि.मी. के क्षेत्र में नोआमुण्डी, गुआ, होक्लातबुरू स्थानों से प्राप्त हो जाता है तो आवश्यक कोयले की पूर्ति झरिया व रानीगंज से हो जाती है। अधिकांश कच्चा माल सिंहभूम के क्षेत्र में ही मिलता है, इसलिए कंपनी का स्थापना-स्थल उचित स्थान पर है।

स्वच्छ जल और बालू, दोनों की आपूर्ति नदियों से हो जाती है। माल की ढुलाई के लिए रेलमार्ग की सुविधा निकट बंदरगाह कोलकाता तक है। सन् 1948 में यहाँ टाटा समूह ने कार्य-विस्तार के अंतर्गत 'टाटा इंजीनियरिंग ऐंड लोकोमोटिव' की स्थापना की। साकची को जमशेदपुर का नाम कंपनी के संस्थापक जमशेदजी के नाम पर मिला। 'टाटानगर' के नाम से भी पहचाना जानेवाला यह औद्योगिक नगर रेलवे वैगन, बॉयलर, ट्रक और अन्य गाड़ियों के चेसिस बनाने के लिए विश्व भर में प्रसिद्ध है।

2. बोकारो लौह इस्पात कंपनी

भारत सरकार ने भारतीय इस्पात प्राधिकरण के माध्यम से और सोवियत संघ के सहयोग से सन् 1964 में इस कंपनी की स्थापना की, जिसका उत्पादन सन् 1972 में शुरू हुआ। यहाँ की उत्पादन क्षमता 32 लाख टन और भंडारण क्षमता 40 लाख टन है। विश्व के गिने-चुने परिष्कृत कारखानों में से यह कारखाना दामोदर घाटी के तेनुघाट और गरगा डैम के समीप है। इस कारखाने को दामोदर बिजली परियोजना से सस्ती बिजली उपलब्ध है। सभी कच्चे मालों की आपूर्ति सरलता से हो जाती है। ढुलाई के लिए कोलकाता-दिल्ली मार्ग सुगम साधन है, जहाँ से आगे बंदरगाह तक भी पहुँचना सरल हो जाता है।

3. एच.ई.सी. (हैवी इंजीनियरिंग कॉर्पोरेशन)

भारत सरकार ने रूस और चेकोस्लोवाकिया के सहयोग से झारखंड में एच.ई.सी. की स्थापना सन् 1958 में कर भारतीय उद्योग जगत् को उच्चता के शिखर पर ला खड़ा किया। राँची के समीप हटिया नामक स्थान के पास इस वृहद् औद्योगिक इकाई की तीन शाखाएँ कार्यरत हैं, जिनमें लोहे को गलाकर उससे सैकड़ों उत्पाद, सीमेंट, खाद्य तेल, उद्योग और मशीनी इस्पाती उपकरण बनाए जाते हैं।

पहली शाखा एफ.एफ.पी. (फाउंड्री फोर्ज प्लांट) है, जिसमें भारी मशीनों के निर्माण और उसके उपकरणों को बनाने के लिए लोहे को उच्च तापीय बॉयलरों में गलाकर आवश्यक आकृतियों में ढाला जाता है। इस शाखा की स्थापना में चेकोस्लोवाकिया का सहयोग रहा है। इस कारखाने की क्षमता 140 हजार मीट्रिक टन है।

दूसरी शाखा एच.एम.बी.पी. (हैवी मशीन बिल्डिंग प्लांट) है, जो रूस के सहयोग से स्थापित हुई है। इसकी उत्पादन क्षमता प्रतिवर्ष 30 हजार टन मशीनरी उत्पादन की है। इसमें भारी मशीनरी इस्पात के अलावा सीमेंट, खनन, खाद्य तेल उद्योग और ड्रिलिंग मशीनरी का कार्य होता है।

तीसरी शाखा एच.एम.टी.पी. (हैवी मशीन टूल्स प्लांट) है, जिसके निर्माण में रूस का सहयोग रहा है। यह प्लांट भारी मशीन एवं उपकरण बनाता है। इसमें 274 प्रकार के मशीनी पुर्जे बनाए जाते हैं। बोकारो इस्पात को यहीं से आवश्यक मशीन और उपकरण उपलब्ध होते हैं।

एच.ई.सी. के परिसर में ही 'गार्डन रीच शिपबिल्डर्स ऐंड इंजीनियर्स लि.' भी है, जो भारत सरकार के ही अधीन है। इस कारखाने में जहाज के इंजनों और डीजल इंजन का निर्माण किया जाता है।

4. रासायनिक उद्योग

भारत सरकार ने भारत उर्वरक उद्योग निगम के अंतर्गत सन् 1951 में धनबाद जिले के सिंदरी में एक विशाल उर्वरक कारखाने की स्थापना की। विश्व की आधुनिक तकनीक से युक्त यह कारखाना अमोनियम सल्फेट, नाइट्रेट और यूरिया का बड़े पैमाने पर उत्पादन करता है। दामोदर घाटी परियोजना से बिजली की आपूर्ति और जल की प्राप्ति होती है। प्रतिवर्ष 20 हजार टन यूरिया, 3 लाख टन अमोनियम सल्फेट और 2 लाख टन नाइट्रेट का उत्पादन करने वाला यह कारखाना इस समय कई समस्याओं से जूझ रहा है और इस प्लांट में इस्पात उद्योग लगाने पर विचार चल रहा है। झारखंड में भौगोलिक विषमताओं से कच्चे माल की आपूर्ति में समस्या आ जाना बड़ी बात नहीं है। यह कारखाना भी ऐसी ही समस्याओं से जूझ रहा है।

5. एल्यूमीनियम उद्योग

बॉक्साइट से प्राप्त होने वाला एल्युमीनियम राज्य में बॉक्साइट की प्रचुर उपलब्धता से आदर्श स्थिति में है। राज्य में बॉक्साइट का भंडार 100 लाख टन है, जो लोहरदगा में सर्वाधिक उपलब्ध है। एल्युमीनियम उत्पादन के लिए कंपनी की स्थापना 'इंडियन एल्युमीनियम कंपनी' ने सन् 1938 में राँची के निकट मुरी में की, जो लोहरदगा-राँची रेलमार्ग से जुड़ा है। परिवहन की इस सुगम व्यवस्था से कारखाने को बॉक्साइट की पर्याप्त उपलब्धता है, जिससे यहाँ एल्युमीनियम का उत्पादन होता है। इस कारखाने की उत्पादन क्षमता 1.60 लाख टन है। यह कंपनी बिरला समूह ने खरीद ली थी। इसका वर्तमान नाम 'हिंडाल्को' है।

6. तांबा उद्योग

राज्य के घाटशिला में भारत सरकार ने देश का पहला तांबा उत्पादक कारखाना सन् 1924 में 'इंडियन कॉपर कॉरपोरेशन' के माध्यम से स्थापित किया, जिसमें 1930 में तांबे का शुद्धीकरण होना आरंभ हो गया था। तांबा शोधन की प्रक्रिया बड़ी जटिल है। मुसावनी और बेदिया की खानों से कच्चा अयस्क निकालकर उसका चूर्ण बनाया जाता है, जिसे रोपवे के द्वारा कारखाने तक लाया जाता है। छह मील रोपवे पर ढोने के बाद उसे विद्युत्-भट्ठी में डाला जाता है और तांबे से गंधक को पृथक् कर दिया जाता है। इस क्रिया के माध्यम से लगभग 10 प्रतिशत तक शुद्ध तांबा प्राप्त किया जाता है।

प्रमुख बड़े उद्योग

क्र.सं.	कंपनी	उद्योग	स्थान
1.	बोकारो इस्पात लिमिटेड	स्टील	बोकारो
2.	टिस्को	स्टील	जमशेदपुर
3.	टिनप्लेट	टिन की चादर	जमशेदपुर
4.	एग्रिको	कृषि उपकरण	जमशेदपुर
5.	टी.आर.एफ.	औद्योगिक मशीनें	जमशेदपुर
6.	टेल्को	वाहन	जमशेदपुर
7.	टाटा टिमकेन	रॉलर बियरिंग	जमशेदपुर
8.	टाटा याडोगोवा	स्टील	जमशेदपुर
9.	ई.सी.एल.	कोयला	संथाल परगना
10.	सी.सी.एल.	कोयला	राँची
11.	बी.सी.सी.एल.	कोयला	धनबाद
12.	उषा मार्टिन	स्टील	राँची, पू. सिंहभूम
13.	एच.ई.सी	भारी मशीन	राँची
14.	हिंदुस्तान कॉपर	ताँबा	पू. सिंहभूम
15.	उषा बेल्ट्रान	केबुल	राँची
16.	ए.सी.सी.	सीमेंट	धनबाद, पू. सिंहभूम
17.	एक्सप्लोसिव फैक्टरी	विस्फोटक	गोमिया
18.	बिहार स्पंज आयरन	स्पंज लोहा	चांडिल, सरायकेला खरसावाँ
19.	हिंडाल्को	एल्युमीनियम	मुरी, राँची
20.	बिहार कास्टिक सोडा ऐंड केमिकल्स	कास्टिक सोडा	पलामू
21.	हैदराबाद इंडस्ट्रीज	एस्बेस्टस	देवघर
22.	जिंदल स्टील ऐंड पॉवर	स्टील	रामगढ़
23.	इलेक्ट्रॉ स्टील	स्टील	बोकारो
24.	इंडियन स्टील ऐंड वायर	स्टील का छड़	पू. सिंहभूम
25.	हिंदुस्तान जिंक लिमिटेड	जिंक	धनबाद
26.	पाइराइट्स फॉस्फेट एंड केमिकल्स	फॉस्फेट	सिंदरी

7. काँच उद्योग

भारत में काँच उद्योग सदैव से फला-फूला है। काँच का प्रयोग मानव जीवन में खूब होता है। झारखंड में काँच का कारखाना रामगढ़ जिले में भुरकुंडा नामक स्थान पर 'इंडो असाई ग्लास' नाम से स्थापित है। यह उद्योग बहुत सारे खनिजों को कच्चे माल के रूप में प्रयोग करता है। इनमें सिलिका, चूना-पत्थर, सीसा, सुरमा, सुहागा, शीरा, पोटेशियम कार्बोनेट, सोडियम, सल्फेट आदि पदार्थ हैं। ये सभी पदार्थ कारखाने को राजमहल की पहाड़ी में मंगल घाट और पत्थर घाट क्षेत्र से उपलब्ध हो जाते हैं।

8. सीमेंट उद्योग

सीमेंट की आवश्यकता के बारे में तो सभी जानते हैं। यह भवन-निर्माण की अनिवार्यता है। झारखंड में इसके कारखाने कुमारडुब्बी, सिंदरी, जपला, चाईबासा, बोकारो, खेलारी जैसे स्थानों पर स्थित हैं। एक टन सीमेंट के उत्पादन में लगभग 2 टन कच्ची सामग्री की आवश्यकता होती है, जो राज्य में पर्याप्त मात्रा में उपलब्ध है।

इसके अतिरिक्त राज्य में 'इंडियन एक्सप्लोसिव लिमिटेड' के नाम से बोकारो के गोमियो में विस्फोटक-उत्पादन का कारखाना है। रिफैक्टरी उद्योग में धनबाद, झरिया, रामगढ़ और चिरकुंडा जैसे स्थानों पर कारखाने स्थापित हैं, जिनमें आग्नेय मिट्टी से उच्च ताप सहनेवाली ईंटों का निर्माण किया जाता है और इन ईंटों से लौह इस्पात कारखानों में लोहा गलाने की भट्ठियाँ बनाई जाती हैं।

राज्य में टाटा समूह के सात बड़े कारखाने हैं, जो लौह इस्पात से भारी मशीनें, वाहन, रेल उपकरण और कल-पुर्जे आदि बनाते हैं। टाटा समूह के ये सभी कारखाने जमशेदपुर में हैं। टिस्को, टिन प्लेट, एग्रिको, टी.आर.एफ. टेल्को, टाटा टिमकेन नाम के ये कारखाने झारखंड राज्य की आर्थिक अर्थव्यवस्था में अभूतपूर्व योगदान करते हैं।

भारत सरकार ने भी यहाँ केंद्रीय प्रबंधन के अंतर्गत सात बड़े कारखाने खोले हैं।

कंपनी	स्थान
बोकारो इस्पात लि.	(बोकारो)
ई.सी.एल.	(संथाल परगना)
सी.सी.एल.	(राँची)
बी.सी.सी.एल.	(धनबाद)
एच.ई.सी.	(राँची)
हिंदुस्तान कॉपर लि.	(पूर्वी सिंहभूम)

इसके अलावा बिड़ला समूह के दो कारखाने हैं। मुरी में स्थित हिंडाल्को एल्युमीनियम उद्योग से जुड़ा है, तो पलामू में स्थित कारखाना 'बिहार कास्टिक सोडा ऐंड केमिकल्स' रासायनिक उत्पादन करता है। इसके साथ ही उषा मार्टिन समूह के 'उषा मार्टिन स्टील' राँची और सिंहभूम में तथा 'उषा बेल्ट्रान' राँची में

केबल उत्पादन करती है। देश भर में प्रसिद्ध ए.सी.सी. ग्रुप का सीमेंट कारखाना धनबाद व सिंहभूम में स्थित है।

विदेशी कंपनी आई.सी.आई. का कारखाना गोमिया (बोकारो) में है, तो इंडो-असाई ग्लास रामगढ़ में स्थित है। निजी क्षेत्रीय कंपनी 'हैदराबाद इंडस्ट्रीज' (देवघर) ऐस्बेस्टस का उत्पादन करती है, तो 'इंडियन स्टील ऐंड वायर' (पूर्वी सिंहभूम) स्टील की छड़ों का निर्माण करती है।

झारखंड राज्य में औद्योगिक विकास की अपार संभावनाओं को देखते हुए राज्य सरकार ने त्रिस्तरीय योजना बनाई है, जिसमें मेगा, मिनी और माइक्रो उद्योगों के तहत् राज्य भर में उद्योग संजाल को फैला दिया जाएगा। राज्य के बारह जिलों में जिला उद्योग केंद्र कार्यरत हैं, जिन्हें और भी अधिकार देकर सुदृढ किया जा रहा है। बड़े व मध्यम उद्योगों के सामने आ रही समस्याओं के समाधान में राज्य सरकार ने महत्त्वपूर्ण कदम उठाए हैं। इनमें घाटे में चल रही इकाइयों को प्रोत्साहन देने की योजना है, तो नए उद्योगों के स्वागत में प्रोत्साहन अनुदान की भी योजना है।

राज्य में औद्योगिक दृष्टि से पिछड़ रहे जिलों के विकास के लिए एक 'ग्रोथ केंद्र' की स्थापना की गई है, जो एक सराहनीय कदम है। राज्य सरकार ने आयात-निर्यात के लिए विशेष प्रयासों के तहत् जमशेदपुर में इनलैंड कंटेनर डिपो की स्थापना की है, जहाँ से प्रतिमाह 250 कंटेनर बाहर भेजे जा रहे हैं। विशेष आर्थिक क्षेत्र के अंतर्गत राज्य सरकार ने 'सिंगल विंडो' योजना की दिशा में कदम बढ़ाए हैं, जहाँ उद्योग से जुड़े सभी विभागों को एक ही छत के नीचे अवस्थित कर दिया जाएगा।

झारखंड में औद्योगिक विकास

झारखंड संसाधन के मामले में परिपूर्ण होते हुए भी औद्योगिक विकास की दृष्टि से बीमार और पिछड़ा हुआ है, लेकिन सरकार की कई दूरगामी नीतियों के कारण झारखंड के दिन बहुरने लगे हैं। इसका जीता जागता उदाहरण यह है कि कारोबार के दृष्टि से सुगम राज्यों की सूची में जहाँ पहले 29 वें स्थान पर विराजमान था, वहाँ से लंबी छलाँग लगाते हुए तीसरे स्थान पर पहुँच चुका है। बहुतों के लिए यह विश्वास करने वाली बात नहीं है, लेकिन विश्व बैंक के व्यापार सुगमता सूचकांक में इस सत्य को उजागर कर झारखंड के लिए नई और बेशकीमती ऊर्जा का संचार कर दिया है।

विश्व बैंक ने 14 सितंबर, 2016 को 'इज़ ऑफ डूइंग बिजनेस' या व्यापार सुगमता सूचकांक पर रिपोर्ट जारी की, जिसमें गुजरात शीर्ष पर है वहीं आंध्र प्रदेश दूसरे पायदान पर है। तीसरे स्थान पर झारखंड पहुँच चुका है। वर्तमान में यह राज्य तीसरे से सातवें स्थान पर आ गया है। इसका अर्थ है कि देश के सभी राज्यों में शीर्ष तीन प्रदेश जहाँ व्यापार चलाना और लगाना सबसे आसान है। उनमें से एक झारखंड भी है। इस रिपोर्ट से निश्चित रूप से निवेशकों में झारखंड के प्रति विश्वास पैदा होगा और आने वाले दिनों में राज्य में उद्योगों का संजाल नजर आ सकता है। विश्व बैंक की रिपोर्ट के अनुसार उभरते सात राज्यों में झारखंड शुमार है। झारखंड के अलावा गुजरात, आंध्र प्रदेश, मध्य प्रदेश, चंडीगढ़, उड़ीसा और राजस्थान भी तेजी से उभरते राज्यों में शामिल है। औद्योगिक विकास में झारखंड को मिली अभूतपूर्व सफलता के पीछे टीमवर्क से 'मेक-इन-झारखंड' के लिए अल्प समय में किए गए समेकित प्रयासों का नतीजा है। 'मेक-इन-इंडिया' के लिए 'इज ऑफ डूइंग बिजनेस' के क्षेत्र में झारखंड देश का तीसरा राज्य बन गया है। इससे देश के इन्सपाइरिंग लीडर्स की श्रेणी में आने वाले राज्यों में शामिल हो गया। हमें बदलते हुए झारखंड में विकासोन्मुख कार्यों को और गति देनी है, ताकि निश्चित तौर पर झारखंड देश के समृद्ध राज्यों की श्रेणी में खड़ा हो। इस कार्य को करने के लिए राज्यों के मुख्य सचिवों की बैठक 29 दिसंबर, 2014 को आयोजित की गई थी। इसके अंतर्गत 98 बिंदुओं का 'एक्शन प्लान' तैयार किया गया था। व्यापार सुधार के इन 98 बिंदुओं के 'एक्शन प्लान' के अंतर्गत विभिन्न राज्यों द्वारा मार्च 2015 से किए गए प्रयासों के संबंध में विश्व बैंक के द्वारा समीक्षोपरांत डी.आई.पी.पी. के लिए एक रिपोर्ट जारी की गई। इसी रिपोर्ट में झारखंड को यह सम्मान प्राप्त हुआ। 25 जून, 2016 को देश के प्रतिष्ठित व्यावसायिक और औद्योगिक समूह अदानी ने राज्य में निवेश के लिए सहमति-पत्र पर हस्ताक्षर किए हैं।

झारखंड के विकास के लिए राज्य सरकार समग्र एवं त्वरित औद्योगिक विकास के लिए निरंतर प्रयत्नशील है। इस उद्देश्य को प्राप्त करने के लिए विगत एक वर्षों में सरकार द्वारा अनेक कदम उठाए गए हैं। यह प्रयास किया गया है कि राज्य में एक अनुकूल, औद्योगिक वातावरण का निर्माण हो, जिससे कि न सिर्फ राज्य में पूँजीनिवेश का निरंतर प्रवाह बने बल्कि रोजगार के अवसर उत्पन्न हो सकें। 12वीं पंचवर्षीय योजना वित्तीय वर्ष 2012-13 से प्रारंभ है। वर्ष 2016-17 12वीं पंचवर्षीय योजना का अंतिम वर्ष है। राज्य सरकार का यह प्रयास है कि आगामी वर्षों में राज्य में बड़े पैमाने पर विनिर्माण औद्योगिक इकाइयों की स्थापना हो, ताकि 'मेक-इन-इंडिया' कार्यक्रम के अंतर्गत झारखंड औद्योगिक रूप से एक सशक्त राज्य के रूप में अपनी पहचान बना सके।

झारखंड राज्य खनिज संपदा से परिपूर्ण है। देश की लगभग 40 प्रतिशत खनिज संपदा इस राज्य में उपलब्ध है। खनिज संपदा से परिपूर्ण होने के बावजूद झारखंड राज्य में बड़े पैमाने पर मूल्यवर्धित उत्पाद करने वाले औद्योगिक इकाइयों की कमी है। राज्य सरकार का यह प्रयास है कि खनिज के मूल्यवर्धन करने वाले उद्योगों को प्रोत्साहित किया जाय, जो अधिक-से-अधिक मूल्यवर्धित सामग्री का उत्पादन करें।

झारखंड राज्य की स्थापना के बाद राज्य का औद्योगिक विकास निश्चित रूप से हुआ है, इसके बावजूद राज्य के कई क्षेत्र औद्योगिक विकास से आज भी वंचित है। विभाग का यह प्रयास है कि औद्योगिक विकास से वंचित रहे क्षेत्र में औद्योगिक आधारभूत संरचना का निर्माण किया जाए, ताकि इस क्षेत्र की औद्योगिक प्रगति हो सके। इसको ध्यान में रखते हुए औद्योगिक रूप से पिछड़े हुए क्षेत्र खासकर संथाल परगना के औद्योगिक विकास हेतु विशेष प्रयास किए जा रहे हैं। गोड्डा में भारत सरकार के सहयोग से मेगा हैड्लूम कलस्टर का कार्य प्रारंभ है, जिससे संथाल परगना के सभी छह जिलों के बुनकरों को लाभ होगा। राज्य सरकार 'मेक-इन-इंडिया' के लक्ष्य को ध्यान में रखते हुए व्यवसाय प्रारंभ करने के लिए प्राप्त किए जाने वाले प्रमाण-पत्रों/निबंधनों के आवेदनों सरलीकरण कर ऑनलाइन आवेदन प्राप्त करने तथा निर्धारित समयावधि ऑन लाइन निर्गत किए जाने की व्यवस्था की गई है। निवेशकों के लिए संबंधित विभागों से त्वरित अनापत्ति प्रमाण-पत्र एवं स्वीकृति के लिए उद्योग विभाग द्वारा सिंगल विंडो पोर्टल (www.advantage.jharkhand.gov.in) विकसित किया गया है। इस व्यवस्था के तहत् निवेशकों को सभी प्रकार की आवश्यक सूचनाएँ उपलब्ध कराई जाएगी एवं ऑनलाइन आवेदन की सुविधा उपलब्ध है। एकल हस्ताक्षर तकनीक लागू करने वाला झारखंड भारत का प्रथम राज्य है। वर्तमान में यह सुविधा उद्योग विभाग, वाणिज्यकर विभाग, श्रम विभाग, औद्योगिक क्षेत्र विकास प्राधिकार, झारखंड राज्य प्रदूषण नियंत्रण बोर्ड में लागू है।

झारखंड में औद्योगिक विकास को गतिशील बनाने हेतु चार विशिष्ट नीति बनाई गई है—

1. झारखंड खाद्य प्रसंस्करण उद्योग नीति, 2015
2. झारखंड फीड प्रसंस्करण उद्योग नीति, 2015
3. झारखंड औद्योगिक पार्क नीति, 2015
4. झारखंड निर्यात नीति, 2015।

राज्य के सभी औद्योगिक क्षेत्र विकास प्राधिकारों में निवेश हेतु भू आवंटन प्रस्तावों के ऑनलाइन माध्यम से समयबद्ध एवं पारदर्शी, निष्पादन हेतु राज्य सरकार द्वारा चार विनियमन पारित किए गए हैं—

1. आदित्यपुर औद्योगिक क्षेत्र विकास प्राधिकरण विनियमन, 2015
2. बोकारो औद्योगिक क्षेत्र विकास प्राधिकरण विनियमन, 2015
3. राँची औद्योगिक क्षेत्र विकास प्राधिकरण विनियमन, 2015
4. संथाल परगना औद्योगिक क्षेत्र विकास प्राधिकरण विनियमन, 2015

झारखंड ने राष्ट्रपिता महात्मा गांधी के इन विचारों को, ''यदि आर्थिक गुलामी से मुक्ति पाना है तो प्रत्येक हाथ को काम करना होगा,'' आत्मसात् किया है। राज्य सरकार राज्य के बुनकरों को परंपरागत शिल्पियों एवं रेशम उत्पादन से जुड़े हुए राज्य के गरीब नागरिकों को स्वरोजगार के प्रति दृढ संकल्पित है। इस उद्देश्य की पूर्ति के लिए बुनकरों एवं शिल्पियों को उन्नत प्रशिक्षण दिया जा रहा है। राँची में NID अहमदाबाद के सहयोग से CRAFT AND DESIGN संस्थान की स्थापना की जा रही है। C-DAC के माध्यम से पाँच स्थानों पर कंप्यूटर आधारित डिजाइन में प्रशिक्षण की व्यवस्था की गई है। इसके अतिरिक्त, आधुनिक रेशम परिधानों का उत्पादन राज्य में ही हो तथा उत्पादों की गुणवत्ता में सुधार के साथ ही रोजगार सृजन एवं रेशम उत्पादन से जुड़े लोगों की आय में भी वृद्धि हो सके, इसके लिए सिल्क पार्क की स्थापना की जा रही है, ताकि मूल्यवर्धन को बढ़ाया जा सके एवं उच्च गुणवता वाले रेशम उत्पादों के उत्पादन राज्य में हो सके। झारक्राफ्ट के माध्यम से हस्तशिल्प तथा हस्तकरघा के उत्पादों को विपणन का मंच प्रस्तुत किया गया है। स्व रोजगार हेतु राज्य में कौशल विकास के माध्यम से प्रशिक्षण दिया जा रहा है। एम.एस.एम.ई. टूल रूम, राँची एवं गवर्नमेंट टूल रूम, दुमका के द्वारा कौशल विकास से जुड़े विभिन्न औद्योगिक ट्रेडो में प्रशिक्षण दिया जा रहा है, जिससे कि राज्य में कुशल औद्योगिक, कामगार, उपलब्ध हो सके। साथ ही, दोनों टूल रूमों द्वारा चार वर्षीय डिप्लोमा कोर्स के प्रशिक्षणार्थियों को शत-प्रतिशत रोजगार प्राप्त हो रहा है।

12वीं पंचवर्षीय योजना में उद्योग विभाग द्वारा राज्य के औद्योगिक विकास हेतु सतत प्रयास किया जा रहा है। जिसके फलस्वरूप कई क्षेत्रों में आशातीत सफलता प्राप्त हुई है।

तसर रेशम के उत्पादन में झारखंड राज्य का देश में प्रथम स्थान है। वर्तमान में रेशम कृषक, प्रति फसल लगभग 40-50 हजार तक की आय अर्जित कर रहे हैं। Integrated Silk Prodiction Chain स्थापित होने से राज्य में नाभिकीय बीज, बुनियादी बीज एवं वाणिज्यिक बीजों के लिए अन्य संस्थानों पर निर्भरता समाप्त हुई तथा अन्य राज्यों को भी वाणिज्यिक बीजों की आपूर्ति की गई।

झारखंड राज्य खादी ग्रामोद्योग बोर्ड न सिर्फ सफलतापूर्वक राज्य में खादी के विकास एवं प्रसार में उत्कृष्ट भूमिका निभा रहा है बल्कि ग्रामीण स्तर पर स्वरोजगार भी उपलब्ध करा रहा है। 4 अक्तूबर, 2015 को झुमरीतिलैया, कोडरमा में आधुनिक रेडीमेड, गारमेंट इकाई का शुभारंभ किया गया एवं 5 दिसंबर, 2015 को मेदिनीनगर (पलामू) में खादी भवन एवं प्रशिक्षण-सह-उत्पादन केंद्र का शुभारंभ किया गया। राज्य खादी बोर्ड एवं खादी आयोग तथा ग्रामीण विकास विभाग के संयुक्त तत्त्वावधान में फरवरी 2016 में राष्ट्रीय खादी एवं सरस महोत्सव का आयोजन राँची में किया गया।

राज्य में हथकरघा के विकास हेतु हथकरघे को तकनीकी एवं वित्तीय सहायता मिली, जिसके फलस्वरूप इनकी आर्थिक स्थिति में काफी सुधार हुआ है। C-DAC के माध्यम से राज्य के पाँच स्थानों-राँची, हजारीबाग, लातेहार, देवघर एवं सरायकेला-खरसावाँ में कंप्यूटर एडेड डिजाइन में प्रशिक्षण हेतु योजना की स्वीकृति एवं राशि आवंटित की गई।

झारखंड हस्तशिल्प कला से परिपूर्ण राज्य है। काथा, एपलिक, ढोकरा, टेराकोटा इत्यादि पारंपरिक हस्तशिल्प सामग्रियों को विकसित करने हेतु पूरे राज्य में कार्यरत विभागीय हस्तशिल्प केंद्रों एवं झारक्राफ्ट के सहयोग से उन्नत प्रशिक्षण दिया जा रहा है। NID अहमदाबाद के सहयोग से राँची में 'झारखंड इंस्टीट्यूट ऑफ क्राफ्ट ऐंड डिजाइन' की स्थापना की स्वीकृति प्रदान की गई है। आदित्यपुर में Electronic Manufacturing Cluster की स्थापना तथा बरही में ग्रोथ सेंटर के रूप में Integrated Manufacturing Cluster की स्थापना। राँची-पतरातू-रामगढ़ इंडस्ट्रीयल कोरिडोर का निर्माण, जो न सिर्फ औद्योगिक गतिविधियों को बढ़ाने में सहायक होंगे, बल्कि पूँजी निवेश के नए अवसर के सृजन में भी सहायक होंगे। 'औद्योगिक गलियारे' की स्थापना हेतु परियोजना प्रतिवेदन 'जिन्फ्रा' द्वारा तैयार किया गया है। भारत सरकार के द्वारा Eastern Dedicated Freight Corridor के साथ-साथ 'अमृतसर-दिल्ली-कोलकाता Industrial Corridor' विकसित करने की महात्वकांक्षी योजना है। इस योजना का 196 किलोमीटर झारखंड राज्य से गुजरता है। इसी के पास Integrated Manufacturing cluster की बरही में ग्रोथ सेंटर को चिह्नित किया गया।

आज के वैश्विकरण युग में उद्योगों द्वारा उत्पादित सामग्रियों के विपणन में काफी प्रतिस्पर्धा है। राज्य की औद्योगिक इकाइयों को विश्वस्तर की प्रतिस्पर्धा में बने रहने के उद्देश्य से Modified Industrial Infra Structure upgradation Scheme (MIIUS) की योजना कार्यान्वित की जा रही है। इसके अंतर्गत औद्योगिक इकाइयों को Common Facilities तथा Zero Liquid Discharge effluent Treatment Plant स्थापना एवं बुनयादी सुविधाएँ उपलब्ध कराई जाएगी।

विशिष्ट आर्थिक क्षेत्र

निर्यातोन्मुखी उद्योगों को बढ़ावा देने के उद्देश्य से 'विशिष्ट आर्थिक क्षेत्र' स्थापित करने की योजना है। इसके अंतर्गत, ऑटोमोबाइल एवं ऑटो कम्पोनेंट 'विशिष्ट आर्थिक क्षेत्र' की योजना है।

औद्योगिक पार्क की स्थापना

झारखंड औद्योगिक पार्क नीति 2015 के अंतर्गत औद्योगिकीकरण में निजी भागिदारी को प्रोत्साहित करने हेतु 'निजी औद्योगिक पार्क' एवं PPP Mode पर 'औद्योगिक पार्क' की स्थापना का प्रस्ताव है। इसके अंतर्गत वस्त्र/परिधान पार्क, आई.टी.ई.एस. पार्क, जैव प्रौद्योगिकी पार्क, रत्न एवं आभूषण पार्क, जड़ी-बूटी पार्क, रासायनिक एवं औषधीय पार्क की स्थापना की जानी है।

झारखंड औद्योगिक आधारभूत संरचना विकास निगम (जिडको)

'जिडको' की स्थापना राज्य में औद्योगिक आधारभूत संरचना के निर्माण के उद्देश्य से किया गया है। 'जिडको' की कुल शेयर पूँजी 50 करोड़ है। राज्य के औद्योगिक विकास में 'जिडको' की महत्त्वपूर्ण भूमिका होने वाली है। जगदीशपुर हल्दिया गैस पाइप लाइन की योजना 'जिडको' एवं गेल के संयुक्त तत्त्वावधान में की जाएगी। जिला उद्योग केंद्र में कार्मिकों की कमी को 'जिडको' हॉस कीपिंग सपोर्ट प्रदान करेगा। 'जिडको' एक लाभ अर्जित करने वाला लोक उपक्रम है।

निर्यात प्रोत्साहन

झारखंड एक Land Locked राज्य है। जिसके कारण यहाँ के उद्यमियों एवं व्यापारियों को अपने उत्पादों को निर्यात करने में न सिर्फ कठिनाई होती है बल्कि उन्हें अत्यधिक लागत का भी वहन करना पड़ता है। उद्योग विभाग द्वारा राँची में एयर कार्गो, कॉम्पलेक्स की स्थापना की जा रही है। इसके लिए भारतीय विमान पत्रन प्राधिकरण के साथ समझौता किया है एवं निर्यात को प्रोत्साहित करने हेतु झारखंड निर्यात नीति, 2015 अधिसूचित किया गया है।

इन प्रयासों से झारखंड में औद्योगिक विकास का माहौल बना है, जिससे भविष्य में राज्य औद्योगिक दृष्टि से संपन्न होगा और भारत में विकसित राज्यों की श्रेणी में सम्मिलित हो जाएगा।

महत्वपूर्ण बिन्दु

- साकची को जमशेदपुर का नाम कंपनी के संस्थापक जमशेदजी के नाम पर मिला। 'टाटानगर' के नाम से भी पहचाना जानेवाला यह औद्योगिक नगर रेलवे वैगन, बॉयलर, ट्रक और अन्य गाड़ियों के चेसिस बनाने के लिए विश्व भर में प्रसिद्ध है।
- भारत सरकार ने भी यहाँ केंद्रीय प्रबंधन के अंतर्गत सात बड़े कारखाने खोले हैं। बोकारो इस्पात लि. (बोकारो), ई.सी.एल. (संथाल परगना), सी.सी.एल. (राँची), बी.सी.सी.एल. (धनबाद), एच.ई.सी. (राँची), हिंदुस्तान कॉपर लि. इस राज्य में भारतीय उद्योग की रीढ़ हैं।
- औद्योगिक विकास में झारखंड को मिली अभूतपूर्व सफलता के पीछे टीमवर्क से 'मेक-इन-झारखंड' के लिए अल्प समय में किए गए समेकित प्रयासों का नतीजा है।
- एकल हस्ताक्षर तकनीक लागू करने वाला झारखंड भारत का प्रथम राज्य है। वर्तमान में यह सुविधा उद्योग विभाग, वाणिज्यकर विभाग, श्रम विभाग, औद्योगिक क्षेत्र विकास प्राधिकार, झारखंड राज्य प्रदूषण नियंत्रण बोर्ड में लागू है।
- एकल हस्ताक्षर तकनीक लागू करने वाला झारखंड भारत का प्रथम राज्य है। वर्तमान में यह सुविधा उद्योग विभाग, वाणिज्यकर विभाग, श्रम विभाग, औद्योगिक क्षेत्र विकास प्राधिकार, झारखंड राज्य प्रदूषण नियंत्रण बोर्ड में लागू है।

❑❑❑

अध्याय

28

नगरीय बस्तियों का प्रतिरूप तथा प्रदूषण समस्याएँ

ग्रामीण-नगरीय सांतत्य

- ग्रामीण-नागरीय सांतत्यक संकल्पना का विकास सन् 1938 में **एलविर्थे** की नगर की सामाजिक विशिष्टताओं के अध्ययन के द्वारा हुआ। इस संकल्पना के अनुसार ग्रामीण अधिवासों में नगरीय विशषताओं का धीरे-धीरे विकसित होना तथा नगरीय अधिवासों में ग्रामीण अधिवासों के सामान्य सांस्कृतिक एवं सामाजिक तत्वों के प्रभावों का पाया जाना माना गया है
- ग्रामीण-नगरीय संकल्पना के संदर्भ में सन् 1966 में आई.ई. फल ने बताया कि, 'जनसंख्या के किसी क्षेत्र विशेष में राष्ट्रीय तथा स्थानीय दोनों ही व्यक्तियों तथा समूहों का एक स्थान से दूसरे स्थान पर घटा-बढ़ी के साथ संतुलन स्थापित हो सकता है। सर्वप्रथम ग्रामीण अधिवासों का उद्‌भव होता है। धीरे-धीरे विकास के साथ समय परिवर्तन की दृष्टि से ग्रामीण अधिवास नगरीय अधिवासों में परिवर्तित हो जाते हैं। परिवर्तन के बाद नगर में ग्रामीण विशेषताओं का कुछ अंश पाया जाता है। अत: गाँव तथा नगर दोनों का अध्ययन अलग-अलग न करके सम्मिलित रूप से ही किया जा सकता है।
- नगर को ग्रामीण वातावरण से अलग करने में जनसंख्या, आकार तथा घनत्व, व्यावसायिक संरचना, गृहों की संख्या तथा उनके बीच की दूरी एवं घनत्व, प्रशासकीय स्तर, जीवन-निर्वाह की पद्धति, नगरीय वातावरण आदि कारकों की विविधता को आधार माना जाता है। अत: इन सामाजिक, सांस्कृतिक कारकों की विविधता के आधार पर ही ग्रामीण तथा नगरीय अधिवासों में अंतर स्थापित किया जाता है।

भारतीय दृष्टिकोण

- नगर की परिभाषा के प्राय: सभी देशों के मापदण्ड अलग-अलग होते हैं, जैसे डेनमार्क, स्वीडन तथा फिनलैण्ड में 205, आइसलैण्ड में 300, कनाडा व स्कॉटलैण्ड में 2.50, भारत, आस्ट्रेलिया तथा बेल्जियम में 5,000, रूस में 12,000 तथा जापान में 30,000 न्यूनतम से अधिक जनसंख्या वाला अधिवास नगरीय अधिवास के अंतर्गत आता है जबकि कनाडा व वेनेजुएला में नगरीय बस्तियों की जनसंख्या 100 होनी चाहिए।
- भारत में नगरों का विभाजन एवं नगर विशेष का आधार जनसंख्या को माना गया है। सर्वप्रथम 1961 में भारतीय जनगणना में नगरों के लिए सामान्य विशेषताओं का होना आवश्यक माना गया, जो वर्तमान समय तक अपरिवर्तित है। भारत में नगर की परिभाषा हेतु भारतीय जनगणना आयोग ने निम्नांकित मानक निर्धारित किए हैं-

(i) यह समस्त गृह तथा क्षेत्र जो किसी नगर निगम, नगरपालिका छावनी, नोटीफाइट एरिया, टाउन एरिया के अंतर्गत पाए जाते हैं, नगर कहलाते हैं।

(ii) उस क्षेत्र विशेष की जनसंख्या कम से कम 5,000 हो,

(iii) 400 व्यक्ति प्रति वर्ग किमी. जनसंख्या घनत्व पाया जाए।

(iv) वहाँ के 75 प्रतिशत कार्यशील पुरुष गैर-कृषि कार्यों में लगे हों।

नगरों के विभिन्न स्वरूप

- **अनुमार्गी बस्ती (Roadside Settlements) :** किसी यातायात मार्ग के दोनों ओर किसी स्थान विशेष में मनुष्य के सामान्य उपयोग की वस्तुओं की दुकानें, चाय-कॉफी की दुकानें, भोजन की सुविधा, परिवहन साधनों हेतु तेल, पेट्रोल की सुविधा तथा कुछ आवासीय बस्तियों युक्त अधिवासों को **अनुमार्गी बस्ती** कहते हैं।
- **नगरीय पुरुष (Urban Hamlet) :** इसे **नगरीय पल्ली** भी कहा जाता है। इसमें सामान्यतया 20 से 150 तक की संख्या में लोग रहते हैं।
- **नगरीय गाँव (Urban Village) :** नगरीय गाँव में ग्रामीण तथा नगरीय दोनों प्रकार के सामाजिक-सांस्कृतिक वातावरण की विशेषताएं पायी जाती हैं। अत: इसे **ग्रामीण नगर** भी कहा जाता है। यहाँ 150 से 500 तक की जनसंख्या पायी जाती है।
- **कस्बा (Town) :** जिस नगर विशेष में मनुष्यों की संख्या 500 ये 50,000 तक पायी जाती है, उसे **कस्बा** कहा जाता है। जनसंख्या रखने वाले कस्बे को **चरम कस्बा** कहा जाता है।
- **नगर (City) :** नगर में कुल जनसंख्या 50,000 से अधिक पायी जाती है। विभिन्न प्रशासनिक कार्यालय पाये जाते हैं। 10 लाख जनसंख्या वाले नगर को मिलियन सिटी कहा जाता है।
- **महानगर (Metropolis) :** महानगर में 10 लाख से अधिक जनसंख्या पायी जाती है। किसी राज्य विशेष की या किसी प्रदेश विशेष की यहाँ प्रादेशिक राजधानी पायी जाती है।
- **सन्ननगर (Conurbation) :** विभिन्न नगरीय बस्तियों के बाहरी विस्तार के परिणामस्वरूप कई नगरों के आपस में मिल जाने से बने विस्तृत नगरीय क्षेत्र को **सन्ननगर** कहते हैं। सामान्यत: सन्ननगर को **सतत् नगरीयकरण** भी कहा जाता है।
- **मेगालोपोलिस (Megalopolis) :** जिन नगरों की जनसंख्या 50 लाख से अधिक होती है तथा जो बड़े क्षेत्र में फ़ैले होते है, उन्हें मेगालोपोलिस

कहा जाता है। सर्वप्रथम 1957 में जीन गोटमेन ने संयुक्त राज्य अमेरिका के पूर्वी समुद्र तटीय क्षेत्र में स्थित बोस्टन से वाशिंगटन के मध्य 1000 किमी. की लम्बाई में फैले विस्तृत नगरीय क्षेत्र के लिए मेगालोपोलिस शब्द का प्रयोग किया। इसके बाद मनफोर्ड ने जिन नगरों की जनसंख्या 50 लाख से अधिक थी, उन्हें मेगालोपोलिस कहाँ अत: मेगालोपोलिस नगर का चरम एवं विस्तृत रूप है जिसमें सघन जनसंख्या बहुत बड़े विस्तृत क्षेत्र में रहती है।

नगरों का वर्गीकरण

1. स्थिति के आधार पर नगरों का वर्गीकरण

(i) **नदी तटीय नगर :** विश्व में विभिन्न नदियों के तट पर स्थित नगरों को **नदी तटीय नगर** कहा जाता है। न्यूयॉर्क हडसन नदी पर, पेरिस सीन नदी पर, लन्दन टेम्स नदी पर तथा भारत का हरिद्वार, कानपुर, वाराणसी, इलाहाबाद, पटना, हावड़ा आदि नगर गंगा नदी पर, दिल्ली यमुना नदी पर बसे हुए हैं। अत: ये **तटीय नगर** कहलाते हैं।

(ii) **झील तटीय नगर :** विश्व में विभिन्न झीलों व तट पर स्थित नगर झील तटीय नगर कहलाता है। संयुक्त राज्य अमेरिका की महान झीलों के तट पर शिकागो, गैरी (मिशिगन), क्लीवलैण्ड एवं बफेलो (इरी), किंग्स्टन (ओंटेरियो), डेट्रायट (ह्यूरन) तथा कनाडा में विनीपेग झील पर वीनोपेंन नगर आदि **झील तटीय नगर** कहलाते हैं।

(iii) **बन्दरगाह के रूप में विकसित नगर :** समुद्र तट पर जलयानों के रूकने तथा माल को लादने-उतारने के रूप में विकसित नगर बन्दरगाह कहलाता है। मुम्बई, कोलकाता, चेन्नई, टोकियो, लन्दन, न्यूयार्क, शंघाई आदि बंदरगाहों के रूप में विकसित नगर हैं।

(iv) **मैदानी भाग में स्थित मैदानी नगर :** नदियों द्वारा निर्मित समतल प्राय मैदान में विकसित नगर **मैदानी नगर** कहलाते हैं। मास्को, बर्लिन, टेक्सास, ताशकन्द, इर्कुटस्क, जयपुर, लुधियाना, मेरठ आदि मैदानी भागों में विकसित नगर है।

(v) **पठारी भाग :** पठारी भाग में समतल प्राय क्षेत्र में स्थित नगर जैसे- बेंगलौर, पुणे, हैदराबाद, क्योटो आदि **पठारी नगर** कहलाते हैं।

(vi) **पर्वतपदीय नगर :** पर्वत के तटीय क्षेत्र में स्थित नगर **पर्वतपदीय नगर** कहलाते हैं। इनके एक ओर पर्वत श्रृंखला होती है तथा दूसरी और नगर फैला होता है। एटलांटा, ग्रिनीवले, चारलौट, होशियारपुर, चण्डीगढ़, पीलीभीत आदि पर्वत के तटीय क्षेत्र में स्थित नगर हैं।

(vii) **प्रपात नगर :** पर्वतीय एवं पठारी क्षेत्रों से निकलने वाले झरनों के समीप स्थित नगर **प्रपाती नगर** कहलाते हैं। उदाहरणार्थ, संयुक्त राज्य अमेरिका के ट्रैण्टन, नेवार्क, फिलाडेल्फिया आदि नगर प्रपातों के समीप स्थित हैं। यहाँ जल विद्युत उत्पादन की प्रमुख सुविधा पायी जाती है।

(viii) **मरुधान नगर :** विस्तृत रेगिस्तानी क्षेत्रों में जहाँ जलयुक्त मरुधान पाये जाते हैं, वहाँ नगरों का विकास हो जाता है। इन्हें **मरुधान नगर** कहते हैं। सहारा एवं कालाहारी अफ्रीका मरूस्थलों में बजेमा, बेनी अब्बास, थार रेगिस्तान में बीकानेर, जैसलमेर, बाड़मेर आदि मरुधान नगर कहलाते हैं।

व्यवसाय एवं कार्य की प्रधानता के आधार पर नगरों का वर्गीकरण

(i) **औद्योगिक नगर :** विश्व के जिन नगरों का उद्भव, विकास तथा अस्तित्व विभिन्न वस्तु निर्माण तथा औद्योगिक प्रक्रियाओं पर आधारित होता है, उन्हें **औद्योगिक नगर** कहा जाता है। औद्यिगिक नगर की अधिकतम जनसंख्या विभिन्न उद्योगों में क्रियाशील रहती है तथा विभिन्न उपभोक्ता वस्तुओं का निर्माण ही इन नगरों का कार्य होता है। विश्व में बर्मिघंम, शिकागो, क्लीवलैण्ड, ड्रेट्रायट, बोस्टन, ग्लासगो, लीवरपूल, म्यूनिख, मास्को, क्रिवोइराग, गोर्की, शंघाई, टोकियो, ओसाका, मुम्बई, बंगलौर, अहमदाबाद आदि औद्योगिक नगर हैं।

(ii) **व्यापारिक नगर :** विभिन्न व्यापारिक तथा वाणिज्य वस्तुओं के थोक तथा फुटकर व्यापार की दृष्टि से विकसित नगर **व्यापारिक नगर** कहलाते हैं। न्यूयार्क, विनीपेग, लंदन, एम्सटर्डम, हांगकांग, सिंगापुर, मुम्बई, कोलकाता, केपटाउन, साओपोलो, ब्यूनस आयर्स आदि नगरों का विकास व्यापारिक आदान-प्रदान के कारण ही हुआ है।

(iii) **परिवहन नगर :** विभिन्न परिवहन मार्गों के मिलन बिन्दु पर या यातायात मार्ग पर विकसित नगर **परिवहन नगर** कहलाते हैं। न्यूयॉर्क, शिकागो, सेन फ्रांसिसको, लन्दन, पेरिस, मॉस्को, शंघाई, चेन्नई, विशाखापट्टनम, कोलम्बो, केपटाउन, काहिरा, पोर्ट एलिजाबेथ, सेन्टियागो, पर्थ, एडीलेड आदि नगरों का विकास परिवहन व्यवस्था के कारण ही हुआ है।

(iv) **प्रशासकीय नगर :** जिन नगरों का विकास किसी देश या प्रान्तीय राजधानी के रूप में होता है तथा जहाँ सरकारी कार्यालयों की प्रधानता पायी जाती है, **प्रशासकीय नगर** कहलाते हैं। प्रशासकीय नगरों में सरकारी कार्यालय, सचिवालय, निदेशालय, न्यायालय, विभिन्न राजनेताओं के आवासीय स्थल रूप आदि की प्रधानता पायी जाती है। वाशिंगटन, ओटावा, ब्यूनस आयर्स, लंदन, पेरिस, मास्को, नई दिल्ली, जयपुर, हैदराबाद आदि नगरों का विकास प्रशासकीय कार्यों के अस्तित्व के कारण हुआ है

(v) **खनन नगर :** विश्व में जिन नगरों का विकास किसी खनिज पदार्थ की प्राप्ति स्थल के पास होता है **खनन नगर** कहलाते हैं। विभिन्न खनिज, जैसे-लोहा, कोयला, पेट्रोलियम, सोना, चाँदी, मैंगनीज आदि के प्राप्ति केद्रों के पास नगरों का विकास हो जाता है। आस्ट्रेलिया के कूलगार्डी एवं कालगूर्ली नगरों का विकास सोना प्राप्ति के कारण ही हुआ है। मेसाबी, पेन्सिलवानिया, किम्बरले, रानीगंज, झरिया, बोकारो आदि नगरों का विकास खनिजों के मिलने के कारण ही हुआ है।

(vi) **सैन्य नगर :** जिन नगरों का विकास सुरक्षा की दृष्टि से छावनी के रूप में किया जाता है, वे **सैनिक नगर** कहलाते हैं। ये नगर सैनिक कार्यों के लिए बनाये जाते हैं। जिब्राल्टर, सिंगापुर, पोर्ट ब्लेयर, डियागोगार्सिया, पोर्ट सईद, पनामा, अम्बाला, मेरठ, जोधपुर, चकराता, सूरत, दिल्ली कैंट आदि नगरों का विकास सुरक्षा तथा सैनिक कार्यों के लिए किया गया है।

(vii) मत्स्य केन्द्र : मछली व्यवसाय की दृष्टि से समुद्र तटीय भागों में स्थित नगर **मत्स्य नगर** कहलाते हैं। यहाँ मत्स्य व्यवसाय का प्रमुख कार्य होता है।

(viii) शैक्षिक नगर : जिन नगरों का विकास शिक्षण कार्य एवं प्रशिक्षण संस्थाओं के रूप में होता है, उन्हें **शैक्षिक नगर** कहते हैं। इन नगरों में विश्वविद्यालय, महाविद्यालय, मेडिकल कॉलेज, इंजीनियरिंग कॉलेज, प्रशिक्षण महाविद्यालय आदि शैक्षिक एवं प्रशिक्षण संस्थाओं की प्रधानता पायी जाती है। ऑक्सफोर्ड, कैम्ब्रिज, हार्वर्ड, मेसाचुसेट्स, हाइडेलबर्ग, पेरिस, साइबेरिया में एकेडेमगोराड (विज्ञान नगर), लेनिनग्राड, मास्को, पंतनगर, रूड़की, देहरादून, इलाहाबाद, अलीगढ़, आगरा, वाराणसी, पिलानी, पुणे आदि नगरों का विकास शैक्षणिक क्रियाओं के कारण ही हुआ है।

(ix) धार्मिक नगर : इन नगरों का विकास किसी धार्मिक मस्जिद स्थल, मन्दिर, गुरुद्वारा, गिरजाघर आदि की स्थिति के कारण होता है तथा धार्मिक क्रियाओं की प्रधानता पायी जाती है। सऊदी अरब में मक्का-मदीना, यरूशलम, प्रयाग, काशी, मथुरा, हरिद्वार आदि नगरों का विकास धार्मिक नगरों के रूप में हुआ है।

(x) स्वास्थ्य तथा पर्यटन नगर : अति उष्ण क्षेत्रों में पर्वतीय भागों पर स्थित शीतल क्षेत्र, सागर तटीय, सम जलवायु में स्थित नगर आदि का विकास स्वास्थ्य की दृष्टि से उत्तम जलवायु पाये जाने का कारण हुआ है। ये नगर अपनी उत्तम स्थिति तथा अनुकूल जलवायु के कारण विभिन्न देशों के पर्यटकों को आकर्षित करते हैं। अत: इन्हें **स्वास्थ्य तथा पर्यटक नगर** कहते हैं। भारत के शिमला, डलहौजी, दार्जिलिंग, मसूरी, नैनीताल आदि प्रमुख पर्यटन नगर हैं।

नगर विकास की अवस्थाएँ

नगरीय विकास की अवस्थाओं को कई भूगोलवेत्ताओं ने अपने अनुसार विभाजित किया है–

गिडीज के अनुसार
- पैलियोटेकनीक
- नियोटेकनीक

- **गिडीज के अनुसार :** गिडीज ने नगरों के आर्थिक, सामाजिक सांस्कृतिक व राजनीतिक आदि कार्यों का अध्ययन करने के बाद नगरों को दो भागों में विभाजित किया है।

ममफोर्ड के अनुसार
- इओपोलिस
- पोलिस
- मेट्रोपोलिस
- मैगालोपोलिस
- टायरेनोपोलिस
- नेक्रोपोलिस

(i) पैलियोटेकनीक (Palaeotechnique) : वह नगर, जिसके अंतर्गत वर्तमान उच्च समय तक भी पुरानी अर्थव्यवस्थाओं का प्रभाव पाया जाता है, **पैलियोटैकनीक नगर** कहलाता है।

(ii) नियोटेकनीक (Neotechnique) : वह नगर जिसमें आधुनिक तकनीकी तथा औद्योगिक क्रियाओं का वर्तमान स्वरूप पाया जाता है, **नियोटैकनीक नगर** कहलाता है।

- **ममफोर्ड के अनुसार :** ममफोर्ड ने अपनी पुस्तक 'Culture of the Cities' में नगरों के प्राचीनकाल में उद्‌भव से लेकर आधुनिक स्वरूप में विकसित होने की अवस्था के आधार पर नगरों को निम्नांकित भागों में विभाजित किया है।

(i) इओपोलिस (Eoplis) : नगरीय विकास की प्रारम्भिक अवस्था इओपोलिस कहलाती है। सर्वप्रथम गाँव व छोटे-छोटे उद्योगों का विकास होना प्रारम्भ होता है। विभिन्न उपभोक्ता वस्तुओं की दुकानें तथा बाजार विकसित होने लगते हैं। ऐसे नगर वर्तमान समय में अविकसित देशों में पाये जाते हैं।

(ii) पोलिस (Polis): गाँव का रूप कस्बे के रूप में परिवर्तित हो जाता है। औद्योगिक संस्थानों की संख्या बढ़ती जाती है। परिवहन मार्गों का विकास होने लगता है। एक दो गाँव आपस में मिल जाते हैं। यह **अवन्य नगर** की **पोलिस अवस्था** कहलाती है।

(iii) मेट्रोपोलिस (Metropolis) : बड़े-बड़े महानगर जो किसी देश या राज्य की राजधानी भी हो सकते हैं तथा जिनमें, उद्योग, व्यापार, व्यावसायिक क्रियाएं, वाणिज्य, यातायात मार्ग तथा प्रशासनिक क्रियाओं का उच्च स्तर पाया जाता है वे नगर **मेट्रोपोलिस** कहलाते हैं।

(iv) मैगालोपोलिस (Megalopolis) : यह नगर विकास की चरम या अंतिम अवस्था होती है। जहाँ बहुमंजिली इमारतों पर उद्योगपतियों तथा पूजीपतियों का एकाधिकार पाया जाता है।

(v) टायरेनोपोलिस (Tyranopolis) : जब कभी शासन व्यवस्था की कमी या आर्थिक-सामाजिक कारणों से नगर का विकास अवरूद्ध हो जाता है तथा चारों ओर बेरोजगारी फैलने लगती है तथा नगर का ह्रास होना प्रारम्भ हो जाता है। उस अवस्था को ममफोर्ड ने **टायरेनोपोलिस** कहा है।

(vi) नेक्रोपोलिस (Nekropolis) : नेक्रोपोलिस नगरों के विनाश या नष्ट होने की अवस्था है जिसके अंतर्गत नगर विभिन्न आर्थिक-सामाजिक या प्राकृतिक कारणों से बर्बाद हो जाता है।

नगरों का बसाव-स्थान एवं बसाव स्थिति

किसी नगर का विस्तार किस दिशा में होगा यह नगर के बसाव स्थान पर निर्भर करता है। बसाव स्थिति (Situation) का तात्पर्य आस-पास के क्षेत्रों में नगर की स्थिति से है। बसाव स्थान वास्तव में बसाव स्थिति का एक छोटा-सा अगं है। बसाव-स्थान भौतिक विशेषताओं पर अधिक बल देता है, जबकि बसाव स्थिति में प्राकृतिक के साथ-साथ मानवीय परिस्थितियों पर भी ध्यान दिया जाता है। इस प्रकार बसाव स्थान विशिष्टता (Specific) रखने वाला होता है, जबकि बसाव स्थिति व्यापक (Gencal) होती है। नगर के लिए तुलनात्मक दृष्टि से बसाव स्थान की अपेक्षा बसाव स्थिति का अधिक महत्व होता है। उदाहरण के लिए कोलकाता नगर का बसाव स्थान कम उपयुक्त है, परंतु उसकी बसाव स्थिति इतनी महत्वपूर्ण है कि वह देश का बहुत बड़ा नगर बन गया है।

नोट : प्राचीन नगरों के साथ प्रयुक्त बर्घ (Burgh) या चेस्टर (Chester) का अर्थ अर्द्ध नौसैनिक दुर्ग अथवा सैन्य स्थल होता है।

बसाव के स्थान के आधार पर नगरों का वर्गीकरण

1. **नदियों के संगम पर स्थित नगर-उदाहरण**-इलाहाबाद, जमशेदपुर, देव प्रयाग, गोर्की (रूस), वुहान (चीन)। खारतूम (सफेद एवं ब्लू नील), ऑक्सफोर्ड, मिलान, बेलग्रेड।
2. **नदियों के मोड़ पर स्थित नगर-उदाहरण**-वाराणसी, आगरा, शेफील्ड (डॉन नदी), स्टालिनग्राड (वोल्गा), टिम्बकूट (नाइजर), खारतूम (नील)।
3. **प्राकृतिक बांध पर स्थित नगर-उदाहरण**-पटना, मुजफ्फरपुर।
4. **नदी पार करने के उथले स्थान पर-उदाहरण**-न्यूकैसल, ब्रेडाफोर्ड, वृन्दावन, कटक, विजयवाड़ा, राजमुन्द्री। ऐसे नगरों को **फोर्ड नगर (Ford Town)** कहा जाता है।
5. **पुल के निकट स्थित नगर**-काहिरा, लन्दन, तुरीन, जेनेवा, पेरिस, कोलोन, बुडापेस्ट, श्रीनगर आदि।
6. **जल प्रपात के निकट स्थित नगर**-शिवसमुद्रम, नियाग्रा, अमेरिका में प्रपात रेखा पर स्थित वाशिंगटन, बाल्टीमोर आदि नगर।
7. **नदियों के मुहाने के निकट स्थित नगर**-क्यूबेक (सेंट लारेंस), कोलकाता (हुगली), ढाका (पद्मा), कराची (सिंधु), रंगून (इरावदी) आदि।
8. **झील के किनारे स्थित नगर**- अमेरिका के महान झील के किनारे स्थित नगर जैसे-शिकागो (मिशिगन), डुलुथ (सुपीरियर), डेट्रायट (ह्यूरन), क्वीवलैंड (ईरी) आदि; पुष्कर, उदयपुर, जेनेवा आदि।
9. **नदी के दोनों किनारों पर स्थित नगर**-ऐसे नगरों को जुड़वां नगर (Twins City) कहा जाता है। जैसे- कोलकाता एवं हावड़ा, मिलान एवं तुरीन, बुडा पेस्ट, इलाहाबाद एवं नैनी, दिल्ली एवं शाहदरा आदि।
10. **नदियों के टापू पर बसे नगर**-पेरिस
11. **पर्वत व मैदान के मिलन स्थल पर स्थित नगर**-देहरादून, सहारनपुर, पठानकोट, कालका, सिलीगुड़ी आदि।
12. **मरुस्थल के सीमावर्ती क्षेत्र में स्थित नगर**-टिम्बकुट, कानो, भरतपुर, रियाद आदि।
13. **बन्दरगाह पर स्थित नगर**-जिब्राल्टर, हांगकांग, सिकन्द्रिया, रियो-डी-जेनेरो, मेलबोर्न, सिडनी, टोकियो आदि।
14. **पहाड़ों के शिखर पर बसे नगर**-एडिनबरा, एथेन्स, चितौड़गढ़ आदि।
15. **दो विभिन्न प्रकार के उच्चावच के बीच स्थित नगर**-ऐसे स्थानों में परिवहन साधनों में परिवर्तन के कारण नगरों का विकास हो जाता है। इसे Break–O–Bulk Town कहा जाता है। जैसे-जम्मू-तवी, काठगोदाम आदि।
16. **यातायात मार्गों के मिलन स्थल पर विकसित नगर**-लंदन, पेरिस, बर्लिन, दिल्ली, कानपुर, भोपाल आदि।
17. **रेलों के जंक्शन पर विकसित नगर**-शिकागो, मुगलसराय, टुंडला, इटारसी आदि।
18. **सीमावर्ती क्षेत्रों में स्थित नगर**-रक्सौल, पुंछ, कारगिल आदि।
19. **समुद्री पुलिन पर स्थित नगर**-मियामी (फ्लोरिडा), कोवलम् (केरल) आदि।
20. **केन्द्रीय नगर (Nodel Town)**–समरूप उच्चावच वाले प्रदेशों के केन्द्र में स्थित नगर। जैसे- दिल्ली, कानपुर आदि।

नोट:- शिकागो विश्व का सबसे बड़ा रेलवे जंक्शन है।

नगरों का प्रकार्यात्मक वर्गीकरण

नगरों का कार्यिक वर्गीकरण एक कठिन विषय है क्योंकि एक नगर के लोग कई प्रकार के कार्यों में लगे हुए होते हैं। फिर भी, एक नगर में जो कार्य या व्यवसाय प्रधान होता है, उसी आधार पर उस नगर की मान्यता होती है। नगरों के कार्यिक वर्गीकरण के लिए मुख्य रूप से तीन प्रकार की विधियां काम में लायी जाती हैं :

1. **परंपरागत विधि (Empirical Method) :** यह विधि पर्यवेक्षण पर आधारित है। इसे **गुणात्मक विधि** भी कहा जाता है। इस विधि की कमी यह है कि यह नगरों के कार्यों का सही विश्लेषण नहीं कर पाती है और न ही कार्यों की गहनता की तुलना कर पाती है। इस विधि में वस्तुनिष्ठता (Objectivity) का अभाव है।
2. **परंपरागत व सांख्यिकी विधि (Empirical–Cum–Statistical Method)** यह विधि मात्रात्मक एवं गुणात्मक दोनों विधियों का मिश्रण है। मात्रात्मक विश्लेषण केवल उन कार्यों का ही किया जा सकता है जिनके बारे में नगर सही आंकड़े प्रस्तुत करते हैं। हैरिस प्रथम विद्वान था जिसने अमेरिकी नगरों का वर्गीकरण करने के लिए मात्रात्मक विधि का प्रयोग किया। उसने इस विधि को **कार्यिक विश्लेषण की सांख्यिक विधि (Quantitative Method of Functional Analysis)** नाम दिया। उसने पर्यवेक्षण (Observation) के आधार पर प्रत्येक कार्य के लिए विभिन्न अनुपात नियत किए एवं उसके आधार पर नगरों का वर्गीकरण किया। उदाहरण के लिए, जिस नगर की जनसंख्या का 60% विनिर्माण कार्यों में लगा है, उसने उस नगर को औद्योगिक विनिर्माण नगर के रूप में मान्यता दी। इसी प्रकार 20% से अधिक जनसंख्या थोक व्यापार में रखने वाले नगर को उसने थोक व्यापार नगर के रूप में मान्यता दी। इस प्रकार उसने अमेरिकी नगरों को 9 वर्गों में रखा।

इस विधि की सबसे बड़ी कमी यह है कि नगर में कार्य की महत्ता बताने के लिए जो मापदण्ड निर्धारित किए गए हैं वे सभी काल्पनिक हैं एवं इन मापदडों को सभी क्षेत्रों में प्रयोग में नहीं लाया जा सकता है।

3. **शुद्ध सांख्यिकीय विधि (Pure Statistical Method) :** यह विधि पूर्णतः आकड़ों पर निर्भर करती है। प्रत्येक कार्य के लिए अनेक अंकगणितीय मापदण्ड तय किए गए हैं, जिनका प्रयोग सभी क्षेत्रों में एक साथ किया जा सकता है।

नेल्सन ने नगरों के कार्यिक वर्गीकरण हेतु मानक विचलन विधि (Standard Deviation Method) का प्रयोग किया।

मोसर एवं स्कॉट ने ब्रिटिश नगरों के कार्यिक वर्गीकरण हेतु बहु चर विश्लेषण विधि अपनाई।

सामान्यतः व्यवसाय एवं कार्य की प्रधानता के आधार पर नगरों को निम्नलिखित वर्गों में विभाजित किया जाता है–

(i) **प्रशासनिक नगर (Administrative Towns)** – वाशिंगटन मैक्सिको सिटी, ब्यूनस आयर्स, बीजिंग, सियोल, पेरिस, नई दिल्ली, चण्डीगढ़, लखनऊ, भोपाल आदि।

(ii) **औद्योगिक नगर (Industrial Towns)** – बर्मिघम, मैनचेस्टर, ओसाका, शंघाई, नागासाकी, पिट्सबर्ग, शिकागो, यंगसटाउन, जमशेदपुर, बोकारो, भिलाई, बरौनी, कानपुर, दुर्गापुर आदि।

(iii) व्यापारिक नगर (Commercial Towns) – न्यूयॉर्क, लंदन, वनिपेग, हांगकांग, मुम्बई, कोलकाता आदि।

(iv) परिवहन नगर (Transport Towns) – शिकागो, वेनिस, चटगाँव, मॉण्ट्रियल, पर्थ, ब्लाडिवोस्टक, मुगलसराय, टुंडला आदि।

(v) खनन केन्द्र (Mining Centres) – जोहान्सबर्ग, कालगूर्ली, कुलगार्डी, झरिया, धनबाद, कोलार आदि।

(vi) सुरक्षा कार्य के नगर (Defensive Towns) – मऊ, मेरठ, खड़गवासला, पेशावर, नोवास्कोशिया, आदि।

(vii) शैक्षिक नगर (Educational Town) – कैम्ब्रिज, ऑक्सफोर्ड, हार्वर्ड, मेसाचुसेट्स, रुड़की, पिलानी, शांति निकेतन जादवपुर आदि

(viii) धार्मिक केन्द्र (Religious Centres) – मक्का, यरूशलम, रोम, वेटिकन सिटी, गया, हरिद्वार, मथुरा, वृंदावन, पुरी, वाराणसी, द्वारिका, ऋषिकेश आदि।

(ix) पर्यटन केन्द्र (Tourist Centres) – न्यू जर्सी, जेनेवा, शिमला, नैनीताल, दार्जिलिंग, ऊटकमण्ड, आबू, डलहौजी, कुल्लू, मनाली आदि।

(x) मिश्रित केन्द्र-कोलकाता, बंगलौर, मेरठ आदि।

नगरों की आंतरिक संरचना से संबंधित सिद्धांत

नगरों की आंतरिक संरचना से संबंधित सिद्धांतों को **नगरीय विकास के सिद्धांत (Theories of Urban Growth)** एवं **नगरीय आकारिकी के सिद्धांत (Urban Morphology)** के नाम से भी जाना जाता है। इन सिद्धांतों को **नगरीय भूमि उपयोग संबंधी सिद्धांत (Theories of Land use)** भी कहा जाता है।

1. **संकेन्द्रीय वलय सिद्धांत (Concentric Zone Theory) :** इस सिद्धांत का प्रतिपादन 1927 ई. में अमेरिकी समाजशास्त्री बर्गेस (Burgess) ने किया था। उनका सिद्धांत अमेरिकी नगरों, विशेष रूप से शिकागो के अध्ययन पर आधारित है।

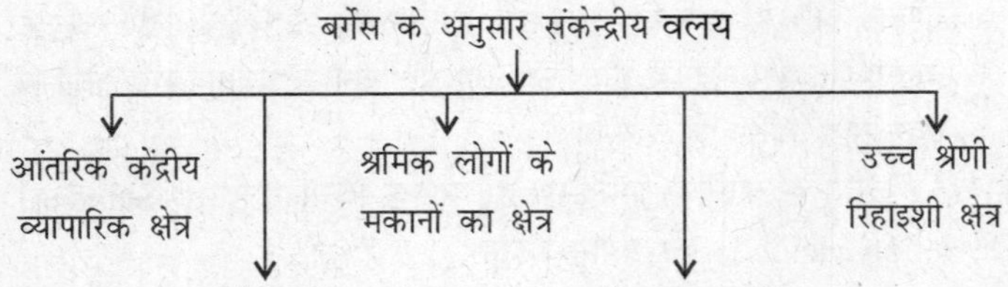

बर्गेस के अनुसार नगरीय विकास को इन पांच संकेंद्रीय वलयों द्वारा समझा जा सकता है :

(i) **आंतरिक केंद्रीय व्यापारिक क्षेत्र (Central Business District) :** यह वह स्थान है जहाँ गगनचुंबी इमारतें मिलती हैं। यहाँ पर ही दुकानें, थियेटर, होटल, दफ्तर तथा अन्य व्यापारिक प्रतिष्ठान होते हैं। यह क्षेत्र वास्तविक रूप से खुदरा व्यापार क्षेत्र, इनके विनिर्माण और व्यापारिक मनोरंजन की सुविधा वाला होता हैं

(ii) **संक्रमण पेटी (Zone of Transition) :** यह क्षेत्र औद्योगिक व व्यापारिक क्षेत्र के मध्य का क्षेत्र होता है जिसका अतिक्रमण इन दोनों क्षेत्रों द्वारा ही किया जाता है इसीलिए इसे **संक्रमण क्षेत्र** कहा गया है। इस क्षेत्र को उसके उपयोग व बदली हुई विशेषता के आधार पर आसानी से पहचाना जा सकता है।

(iii) **श्रमिक लोगों के रिहाइशी मकानों का क्षेत्र (Zone of Working men's Houses) :** यहाँ पर उद्योगों में काम करने वाले श्रमिक रहते हैं। ये लोग संक्रमण पेटी में तो रहना पसंद नहीं करते लेकिन नगर के भीतरी भाग के पास में ही रहना पसंद करते हैं ताकि वे नगर में अपने काम करने के स्थान पर आसानी से पहुंच सकें।

(iv) **श्रेष्ठतर रिहाइशी मकानों का क्षेत्र (The Zone of Better Residences):** यह पेटी श्रमिक लोगों के रिहाइशी मकान की पेटी के बाहर विस्तृत रूप से फैली रहती है, जहाँ पर व्यावसायिक कार्यों में लगे लोग रहते हैं, जिनमें छोटे-छोटे व्यापारिक संस्थानों के मालिक, मैनेजर, क्लर्क आदि रहते हैं। यहाँ होटल भी देखने को मिलते हैं।

(v) **नगर को अभिगमन करने वालों का क्षेत्र (The Commuter's Zone)** यह नगर की बाहरी पेटी होती है जिसमें स्थित उपनगरीय क्षेत्रों तथा अनुषंगी नगरों के साथ अभिगमन होता रहता है। कुछ विद्वानों ने इस बाहरी पेटी की बस्तियों को **शयनागर नगर (Bedroom Towns)** का नाम भी दिया है क्योंकि ये नगर में काम वालों को रात में आश्रय प्रदान करती है और दिन में ये लोग नगर में काम करने जाते हैं।

2. **खण्ड सिद्धांत (Sector Theory) :** इस सिद्धांत का प्रतिपादन होमर हॉयट (Home Hoyt) द्वारा 1939 ई. में किया गया। यह सिद्धांत 142 अमेरिकी नगरों के अध्ययन पर आधारित है।

1. केन्द्रीय व्यापारिक क्षेत्र
2. थोक एवं हल्के विनिर्माण
3. निम्न श्रेणी आवास
4. मध्यम श्रेणी आवास
5. उच्च श्रेणी आवास

3. **बहुनाभिक सिद्धांत (Multiple Nuclei Theory) :** हैरिस एवं उलमैन (C.d Harris and Ulman) द्वारा अमेरिकी नगरों के अध्ययन के आधार पर 1945 ई. में इस सिद्धांत का प्रतिपादन किया गया।

1. केन्द्रीय व्यापारिक क्षेत्र (C.B.D.)
2. थोक व्यापार एवं हल्के निर्माण उद्योग
3. निम्न श्रेणी रिहायशी
4. मध्यम श्रेणी रिहायशी
5. उच्च श्रेणी रिहायशी
6. भारी विनिर्माण
7. बाहरी व्यापारिक पेट्टी
8. रिहायशी उपनगर
9. औद्योगिक उपनगर

4. **संयुक्त वृद्धि सिद्धांत (Fused Growth Theory) :** गैरीसन द्वारा 1962 में कोलकाता महानगर के अध्ययन के आधार पर इस सिद्धांत का प्रतिपादन किया गया। यह सिद्धांत उपरोक्त तीनों सिद्धांतों का मिश्रित रूप है।

केन्द्रीय व्यापारिक क्षेत्र

इसे अमेरिका में **डाऊन टाऊन (Down Town)** एवं पूर्वी यूरोपीय देशों में **केन्द्रीय सांस्कृतिक क्षेत्र (C.C.D.)** कहा जाता है।

यह नगर के केन्द्र में स्थित होता है जहाँ गंगनचुंबी इमारतें देखने को मिलती हैं।

यहाँ मुख्यत: वाणिज्य, व्यापार, वित्त आदि का कार्य होता है। अत: यहाँ पर दुकानें, थियेटर, होटल, दफ्तर एवं अन्य व्यापारिक प्रतिष्ठान स्थित होते हैं। इस प्रकार यह मुख्यत: गैर रिहाइशी (Non Residential) क्षेत्र होता है। इसी क्षेत्र में सभी ओर से आने वाले परिवहन सुविधाओं का अभाव होता है।

ग्रामीण-नगरीय उपान्त

नगर की बाहरी सीमा पर नगरीय व ग्रामीण भूमि उपयोग के बीच एक संक्रमण क्षेत्र पाया जाता है जो ग्रामीण एवं नगरीय, दोनों ही विशेषताएं रखता है। इसे ही **ग्रामीण-नगरीय उपान्त** कहा जाता है। ग्रामीण नगरीय उपान्त कानूनी दृष्टि से तो ग्रामीण है क्योंकि वह नगर की सीमा से बाहर स्थित है, परन्तु वह व्यावहारिक दृष्टि से नगरीय है, क्योंकि इसकी संरचना, कार्यिक एवं सांस्कृतिक गतिविधियां पूर्ण रूप से मुख्य नगर से जुड़ी हुई हैं।

इसकी निम्नलिखित विशेषताएँ होती हैं : (i) यहाँ खेतों का आकार छोटा होता है, (ii) यह गहन कृषि का क्षेत्र होता है जिसे मार्केट फार्मिंग (Market Farming) कहा जाता है, (iii) सार्वजनिक सुविधाओं का अभाव होता है, (iv) जनसंख्या का घनत्व कम होता है, (v) भू-उपयोग में लगातार परिवर्तन होता रहता है, (vi) भूमि उपयोग का मिश्रित रूप पाया जाता है एवं ग्रामीण तथा नगरीय दोनों जीवन की झलक मिलती है।

प्रदूषण समस्या

पर्यावरण प्रदूषण एक ऐसी परिस्थिति है जिसमें जैविक पदार्थों एवं मानव का जीवन दुर्लभ हो जाए। पर्यावरण के प्रदूषण के लिए बहुत हद तक मानव स्वयं जिम्मेदार है। वर्तमान में पर्यावरण प्रदूषण एक गंभीर समस्या है। वायु, जल तथा मृदा, मानव जीवन तथा अन्य सभी जीवों के लिए अनिवार्य है। यदि प्रदूषण एक सीमा को पार कर जाये तो लोगों की मौत भी हो सकती है। मृदा प्रदूषण से कृषि योग्य भूमि का क्षेत्रफल घट सकता है तथा जल प्रदूषण से महामारी फैल सकती है। इसलिए पर्यावरण प्रदूषण के बारे में लोक जन में जानकारी बढ़ाना अनिवार्य है।

- **जल प्रदूषण**-खनन संबंधी गतिविधियां स्थानीय क्षेत्रों को प्रदूषित करती हैं। निकाले गये खनिज और मिट्टी का ढेर जमीन पर जमा हो जाता है जो कि बहकर नजदीक के जलाशयों और भूमि में जाता है। ऐसा अनुमान है कि 2006 में 1.6 बिलियन टन अपशिष्ट पदार्थ, कोल, लौह अयस्क, चूना पत्थर और बॉक्साइट का ढेर जमा हुआ था। इसके साथ ही खनन द्वारा होने वाले वायु प्रदूषण और खनिजों का परिवहन आस-पास के वातावरण को प्रदूषित करते हैं। अत: पानी से उत्पन्न समस्या एक सामान्य घटना है जिसका खान प्रबंधकों और सदस्यों द्वारा सामना किया जाता है। खनन इलाके में गंदे जल का जमाव भूमिगत जल को गन्दा करते हैं। इस क्षेत्र में बड़े खनन कार्यों के कारण कई क्षेत्रों में भूगर्भीय जल स्तर पर प्रतिकूल प्रभाव पड़ा है और नतीजतन कुओं से निकलने वाले पानी में भारी कमी हुई है। खनन स्थलों से निकाले गये निस्सारी जलधाराओं और आसपास के क्षेत्र के भूगर्भीय जल को प्रदूषित करते हैं। दामोदर नदी, जिसे संथाली आदिवासी पवित्र मानते हैं। गंदगी, कचड़े एवं दुर्गन्धयुक्त नाले में तब्दील हो चुकी है। पश्चिम सिंहभूम जिले में कान्हो नदी नोआमुण्डी, गुआ एवं चरिया लौह खदानों से निकलने वाले रेड ऑक्साइड से प्रदूषित हो गयी है। जमशेदपुर के कारखानों से निकलने वाले जहरीले अपसर्जित पदार्थों, घाटशिला में हिन्दुस्तान कॉपर लि. एवं जादुगोड़ा में यूरेनियम कॉर्पोरेशन ऑफ इंडिया लि. के कारखाने एवं तालाबों में निकले रेडियोएक्टिव कचरे की वजह से स्वर्णरेखा एवं इसकी सहायक नदियां प्रदूषित होती हैं।
- **मृदा प्रदूषण**-पृथ्वी के ऊपर मृदा की एक पतली परत है जिसकी मोटाई और संगठन अलग-अलग जगहों पर अलग-अलग होती है। यह मृदा पृथ्वी का वह हिस्सा है जिस पर पेड़-पौधे पैदा होते हैं। इस मृदा के संगठन में किसी प्रकार का बदलाव जो उसके उत्पादक क्षमता, पेड़, पौधों की प्रकृति तथा भूमिगत जल के रिसाव को प्रभावित कर दे उसे **मृदा प्रदूषण** कहते हैं। इस प्रदूषण का कारण औद्योगिक उत्पादन, कृषि कार्य, घरेलू अपशिष्ट और जंगल की कटाई तथा खुदाई है। इसके कारण मृदा का रासायनिक संघटन और उर्वरक शक्ति प्रभावित होती है। भू-अपरदन के कारण होने वाली मृदा प्रदूषण बाढ़ तथा सूखे की संभावना बढ़ा देता है।

  मृदा प्रदूषण पर नियंत्रण हेतु रासायनिक या संश्लेषित उर्वरकों का उपयोग कम से कम करना चाहिए या फिर मृदा के परीक्षण के पश्चात् आवश्यकतानुसार उपयोग करना चाहिए। जैव खाद के उपयोग से मृदा पर कोई प्रतिकूल प्रभाव नहीं पड़ता है।
- **वायु प्रदूषण**-यदि वायु में प्रदूषण-कणों की मात्रा अधिक हो जाये तो उसको **वायु प्रदूषण** कहते हैं। राज्य की आर्थिक स्थिति उद्योग और खनन पर निर्भर है। बड़ी मात्रा में कोल का उपलब्ध होना उद्योग के विकास को सुनिश्चित करता है। कोल की प्रचुर मात्रा खनिज आधारित और स्टील उद्योगों के विकास और राज्य के आर्थिक प्रगति में अपनी महत्वपूर्ण भूमिका अदा करता है। यही कारण है कि देश के प्रमुख औद्योगिक केन्द्र, जैसे जमशेदपुर, राँची, बोकारो और धनबाद झारखंड में स्थित हैं। उद्योगों से उत्सर्जित होने वाले पदार्थ पर्यावरण को प्रदूषित करते हैं। झारखंड के कोयले की खानों से कोयले का चूर्ण एवं कण वायु प्रदूषित करता है, जिसके वजह से वहाँ के लोगों के स्वास्थ्य पर बुरा असर पड़ रहा है। यह कोयले का कण काला कैंसर (Black Lung Cancer) के लिए जिम्मेदार है।
- **ध्वनि प्रदूषण**-यदि ध्वनि के द्वारा शोर-शराबा अत्यधिक हो और उससे बेचैनी उत्पन्न हो या स्वास्थ्य पर खराब प्रभाव पड़े तो उसको **ध्वनि प्रदूषण** कहते हैं। जैसे-जैसे झारखंड में औद्योगीकरण एवं नगरीकरण बढ़ रहा है। ध्वनि प्रदूषण की समस्या भी बढ़ती जा रही है। झारखंड के पूर्वी सिंहभूम (जमशेदपुर के आस-पास का क्षेत्र), सरायकेला खरसांवा (आदित्यपुर के आस-पास के क्षेत्र), बोकारो, धनबाद एवं राँची आदि जैसे स्थानों पर औद्योगीकरण एवं नगरीकरण के साथ इन क्षेत्रों में ध्वनि प्रदूषण की समस्या उत्पन्न हो रही है।

झारखंड राज्य प्रदूषण नियंत्रण बोर्ड

'झारखंड राज्य प्रदूषण नियंत्रण बोर्ड' का गठन (Under Section 4 of the Water (Prevention and Control of Pollution Act, 1974) राज्य में पहली बार 9 सितम्बर, 2001 को हुआ, जिसने राज्य में 15 दिसम्बर, 2001 से कार्य करना प्रारंभ किया। इसमें एक माननीय अध्यक्ष के अलावा 15 मनोनीत सदस्य होते हैं तथा कार्यों के सुचारू सम्पादन हेतु सरकार की ओर से एक सचिव सदस्य को भी नियुक्त किया जाता है। मनुष्य एवं वाहन दोनों की संख्या में हुई आशातीत वृद्धि के कारण पिछले वर्षों में प्रदूषण की समस्या काफी गंभीर हो गयी है, जिस पर नियंत्रण पाना झारखंड राज्य प्रदूषण बोर्ड के लिए एक चुनौती है। बोर्ड यह सुनिश्चित करती है कि उद्योगों में नये एवं विकसित तकनीकों का प्रयोग हो ताकि गाँवों की शुद्धता बनी रहे और विकास की गति भी बाधित न हो।

महत्वपूर्ण बिंदु

- वे सभी स्थान जिनमें नगरपालिका, निगम छावनी बोर्ड तथा अधिसूचित क्षेत्र होते हैं **नगरीय बस्ती** कहलाते है।
- गोवा देश का सबसे नगरीकृत राज्य है जहाँ लगभग 50% नगरीय जनसंख्या है।
- भारत की जनगणना के अनुसार महानगर की आबादी एक मिलियन या उससे अधिक होती है।
- भारत में वर्ष 2011 की जनगणना के अनुसार मिलियन नगरों की संख्या 53 है।
- भारतीय मेगा नगरों में दिल्ली, मुम्बई, कोलकाता, बेगलूरू तथा चेन्नई सम्मलित है।
- देश का दक्षिणी तथा पश्चिमी भाग उत्तर पूर्वी भाग की तुलना में अधिक नगरीकृत है।

❑❑❑

सामाजिक विज्ञान

(इतिहास एवं भूगोल)

पेपर-III (2016)

इतिहास

1. **वस्तुनिष्ठ प्रश्न**
सभी प्रश्नों के उत्तर दें :

(I) किसने मगध साम्राज्य में वज्जि गणसंघ को हराकर-आत्मसात किया ?
(a) चन्द्रगुप्त मौर्य
(b) अशोक
(c) महापद्मनन्द
(d) अजातशत्रु

(II) हड़प्पा किस नदी के किनारे अवस्थित था ?
(a) व्यास
(b) सतलुज
(c) रावी
(d) घग्गर

(III) निम्नलिखित में से किसने महमूद गजनवी के हमले के बाद सोमनाथ मंदिर का पुनर्निर्माण किया ?
(a) भीमराज प्रथम
(b) भीमदेव
(c) मूलराज
(d) जयसिंह सिद्धराज

(IV) किस मुगल शासक ने भारत में आटोमन युद्ध पद्धति को अपनाया ?
(a) अकबर (b) शाहजहाँ
(c) बाबर (d) उपरोक्त में से कोई नहीं

(V) 'हुमायूँ नामा' की रचना किसने की ?
(a) बदायूँनी
(b) अबुल फजल
(c) अहमद यादगार
(d) उपरोक्त में से कोई नहीं

(VI) किस वर्ष में डच भारत आये ?
(a) 1603 (b) 1605
(c) 1610 (d) 1615

(VII) "मित्र मेला' का बाद का पुनर्नामकरण हुआ-
(a) अनुशीलन समिति
(b) अभिनव भारत समिति
(c) युगान्तर
(d) निबन्धमाला

(VIII) स्वराज पार्टी निम्नलिखित में से किस घटना के परिणामस्वरूप बनाई गयी ?
(a) चौरी चौरा
(b) भारत छोड़ो आन्दोलन
(c) साइमन कमीशन का आगमन
(d) बारदोली सत्याग्रह

(IX) बंगम मांझी नेता था-
(a) हरिबाबा आन्दोलन
(b) सत्यधरम
(c) सफा होर
(d) सरदार आन्दोलन

(X) टाना भगत आन्दोलन की शुरुआत की-
(a) जतरा उराँव
(b) शिबु उराँव
(c) ठेबले उराँव
(d) उपरोक्त में से कोई नहीं

2. **चोल शासकों की स्थानीय शासन प्रणाली की मुख्य विशेषताओं का वर्णन करें।**

3. **मुहम्मद बिन तुगलक की सांकेतिक मुद्रा नीति का आलोचनात्मक परीक्षण करें।**

4. **बंगलादेश मुक्ति आन्दोलन में भारत की भूमिका का आलोचनात्मक परीक्षण करें।**

5. **बिरसा आन्दोलन किस हद तक सरदार आन्दोलन से प्रभावित था ? बिरसा आन्दोलन के प्रभावों की विवेचना करें।**

भूगोल

1. सभी प्रश्नों के उत्तर दें :

(A) **किसने सर्व प्रथम यह स्थापित किया कि सभी ग्रह सूर्य की परिक्रमा करते हैं ?**

(a) निकोलस कोपरनिकस

(b) जे. केपलर

(c) सी. गेलिलियो

(d) डी. इमेनुअल कान्ट

(B) **आर्द्रता परिणाम है**

(a) वाष्पीकरण का

(b) वाष्पोत्सर्जन का

(c) उष्मा की उपस्थिति का

(d) हवा में नमी की उपस्थिति का

(C) **निम्नलिखित में से कौन-सी स्थलाकृति कार्ट प्रदेश में पायी जाती है ?**

(a) पॉट होल (b) सिंक होल

(c) ब्लो होल (d) प्लाया

(D) **भारत में उष्ण कटिबंधीय वर्षावन की उपस्थिति है-**

(a) आसाम और नागालैण्ड में

(b) उड़ीसा और छत्तीसगढ़ में

(c) उत्तरप्रदेश और महाराष्ट्र में

(d) आसाम और केरल में

(E) **निम्नलिखित खनिजों में से भारत किस खनिज का विश्व का सर्वाधिक भण्डारक है ?**

(a) लौह अयस्क (b) कोयला

(c) कायनाइट (d) मैंगनीज

(F) **भारत में लेटेराइट मृदा का सर्वाधिक जमाव किस राज्य में है ?**

(a) जम्मू और कश्मीर

(b) आन्ध्र प्रदेश

(c) झारखण्ड

(d) राजस्थान

(G) **भारत में कौन-सा जनगणना वर्ष बृहत विभाजक' या 'जनांकिकीय विभाजक' के नाम से जाना जाता है ?**

(a) 1911 (b) 1921

(c) 1931 (d) 1941

(H) **'टोडा' जनजाति मुख्यतः निवास करती है-**

(a) आसाम में

(b) जम्मू कश्मीर में

(c) तमिलनाडु में

(d) राजस्थान में

(I) **झारखण्ड का सबसे ऊँचा जलप्रपात है-**

(a) जोन्हा (b) हुण्डरू

(c) दसम (d) बुढ़ाघाघ

(J) **झारखण्ड में काली मिट्टी कहाँ पायी जाती है ?**

(a) दामोदर घाटी प्रदेश (b) स्वर्णरिखा नदी घाटी प्रदेश

(c) राजमहल पहाड़ी प्रदेश (d) पलामु प्रदेश

2. **पृथ्वी की आंतरिक संरचना पर भूकम्प विज्ञान किस प्रकार प्रकाश डालता है ? व्याख्या कीजिए।**

3. **वर्तमान समय में भारत का चीनी उद्योग उत्तर से दक्षिण की ओर स्थानांतरित हो रहा है, व्याख्या कीजिए।**

4. **स्वतंत्रता के पश्चात् भारत के तीव्र नगरीकरण का सकारण विवरण प्रस्तुत कीजिए ।**

5. **झारखण्ड में ग्रामीण अधिवास के प्रकारों की व्याख्या कीजिए।**

❑❑❑

सामाजिक विज्ञान

(इतिहास एवं भूगोल)

पेपर-III (2021)

इतिहास

सही विकल्प चुनिए :

1. मोहनजोदड़ो में पाई गई नृत्य करती हुई लड़की की सुन्दर मूर्ति किस धातु की बनी है?
   (a) चांदी
   (b) कांसा
   (c) सोना
   (d) उपर्युक्त में से कोई नहीं

2. स्थानीय स्वशासन किसका असाधारण गुण था?
   (a) चोल प्रशासन का
   (b) गुप्त प्रशासन का
   (c) विजयनगर प्रशासन का
   (d) मुगल प्रशासन का

3. दिल्ली सल्तनत के दौरान सैन्य विभाग को किस नाम से जाना जाता था?
   (a) दीवाने-रिसालत
   (b) दीवाने-अर्ज़
   (c) दीवाने-ईन्शा
   (d) दीवाने-अमीर कोही

4. शेरशाह सूरी का वास्तविक नाम क्या था?
   (a) फरीद (b) अकबर
   (c) जहीर (d) शहाब

5. दारा शिकोह निम्नलिखित में से किस पुस्तक का लेखक था?
   (a) सफीनत-उल-औलिया
   (b) सकीनत-उल-औलिया
   (c) मजमा-उल-बहरैन
   (d) उपर्युक्त सभी

6. भारत में नशीली दवाओं की तस्करी की जाँच करने हेतु राजकीय आयोग किस वर्ष गठित किया गया था?
   (a) 1858
   (b) 1875
   (c) 1893
   (d) उपर्युक्त कोई भी नहीं

7. गांधी को उनके प्रथम श्रेणी के डिब्बे से बाहर फेंक दिया गया, जब वह अपनी प्रथम यात्रा में डरबन से किस स्थान पर जा रहे थे?
   (a) केपटाउन
   (b) ट्रांस्वाल
   (c) नाताल
   (d) प्रिटोरिया

8. "चलो दिल्ली" का प्रसिद्ध नारा किसने दिया था?
   (a) जवाहरलाल नेहरू
   (b) सुभाष चन्द्र बोस
   (c) महात्मा गाँधी
   (d) हसरत मोहानी

9. 30 नवम्बर, 1897 ई. को सजा की अवधि की समाप्ति के पूर्व बिरसा मुण्डा को जेल से क्यों रिहा किया गया था?
   (a) उनकी सेहत खराब थी।
   (b) सम्राज्ञी विक्टोरिया की हीरक जयंती थी।
   (c) सरकार पर लोगों का दबाव था।
   (d) ईसाई मिशनरियों द्वारा उनकी तरफ से दया याचिका दाखिल की गई थी।

10. भारतीय राष्ट्रीय कांग्रेस का गया अधिवेशन किस वर्ष आयोजित किया गया जिसमें छोटानागपुर के 800 आदिवासियों ने हिस्सा लिया?
   (a) 1922 (b) 1920
   (c) 1924 (d) 1938

दीर्घ उत्तरीय प्रश्न :

1. सिंधु घाटी सभ्यता की विशेष प्रभावशाली विशेषताओं की चर्चा करें।
2. शेरशाह सूरी की उपलब्धियों और योगदान का आलोचनात्मक परीक्षण करें।
3. भारतीय राष्ट्रीय आंदोलन में महात्मा गाँधी की भूमिका का वर्णन करें।
4. "बिरसा मुण्डा आंदोलन के पश्चात् झारखंड के आदिवासियों के संघर्ष ने अपना उग्रवादी एवं हिंसात्मक स्वरूप त्यागकर संवैधानिक और शांतिपूर्ण स्वरूप अपना लिया।" आप इस कथन से कहाँ तक सहमत हैं?

भूगोल

सही विकल्प चुनिए :

1. वेगनर के अनुसार महाद्वीप प्रवाहित हुए:
(a) भूमध्यरेखा एवं उत्तरी ध्रुव की ओर
(b) भूमध्यरेखा एवं पश्चिम की ओर
(c) भूमध्यरेखा एवं दक्षिण ध्रुव की ओर
(d) भूमध्यरेखा एवं पूर्व की ओर

2. शीतोष्ण चक्रवात किन अक्षांशों के मध्य उत्पन्न होते हैं?
(a) 35° से 65° उत्तर और दक्षिण
(b) 40° से 70° उत्तर और दक्षिण
(c) 30° से 60° उत्तर और दक्षिण
(d) 50° से 70° उत्तर और दक्षिण

3. महासागरों का औसत वार्षिक तापमान कितना होता है?
(a) 63° फा० (b) 74° फा०
(c) 35° फा० (d) 55° फा०

4. कारगिल जिस नदी के किनारे स्थित है, वह है–
(a) सतलुज नदी (b) झेलम नदी
(c) सुरु नदी (d) चेनाब नदी

5. तेनुघाट ऊर्जा संयंत्र सम्बन्धित है–
(a) प्राकृतिक गैस
(b) आण्विक शक्ति
(c) जल विद्युत
(d) ताप विद्युत

6. निम्नांकित में से कौन-सा एक भारत में सबसे लम्बा राष्ट्रीय राजमार्ग है?
(a) NH 16 (b) NH 44
(c) NH 48 (d) NH 66

7. द्वैतारक परिकल्पना किसने प्रतिपादित की?
(a) लाप्लास (b) काण्ट
(c) जेम्स जीन्स (d) रसेल

8. अपरदन का कौन-सा कारक ज्यूजेन का निर्माण करता है?
(a) नदी
(b) हिमनद
(c) पवन
(d) भूमिगत जल

9. 2011 की जनगणना के हिसाब से निम्नलिखित किस समूह के जिलों में झारखंड में सर्वाधिक जनजातियों का जमाव (%) पाया जाता है?
(a) गुमला, पश्चिमी सिंहभूम एवं जामताड़ा
(b) पाकुड़, दुमका एवं जामताड़ा
(c) खूँटी, सिमडेगा एवं गुमला
(d) खूँटी, सिमडेगा एवं पश्चिमी सिंहभूम

10. झारखंड के निम्नलिखित जिलों में से कहाँ सर्वाधिक सिंचित क्षेत्र है?
(a) राँची (b) पलामू
(c) हजारीबाग (d) गढ़वा

दीर्घ उत्तरीय प्रश्न :

1. उष्ण-कटिबंधीय चक्रवातों के मौसम का वर्णन कीजिए। ये चक्रवात कहाँ उत्पन्न होते हैं? प्रायः ये कौन-से मार्ग से गुजरते हैं?

2. भारत में वार्षिक वर्षा के वितरण एवं इसकी प्राकृतिक वनस्पति के अंतर्संबंध का वर्णन कीजिए।

3. भारत में लौह एवं इस्पात उद्योग की स्थापना एवं विकास में सहायक कारकों की समीक्षा कीजिए।

4. झारखंड में कोयले की उत्पत्ति एवं वितरण की विस्तार से चर्चा करें।

❑❑❑